FLORENCE BRAUNSTEIN ▪ JEAN-FRANÇOIS PÉPIN

Kilo KULTUR

C.H.BECK

Wie schwer wiegt Allgemeinbildung? Ziemlich schwer, denn sie erleichtert Schule, Studium, Beruf, Flirt und Smalltalk, und sie wiegt jetzt genau 1 Kilo. Das «Kilo Kultur» gibt einen Überblick über die gesamte Kulturgeschichte der Menschheit von der Vorgeschichte bis heute. Es lässt sich als spannender Crash-Kurs von vorne bis hinten lesen, aber es ermöglicht durch die klare Gliederung nach Epochen, Ländern und Kulturformen - Philosophie, Literatur, Musik, Architektur, Malerei u. a. - auch den gezielten Zugriff auf einzelne Themen. Das erste Kilo, das Flügel verleiht.

Florence Braunstein hat 25 Jahre lang Studium-generale-Kurse an großen Pariser Universitäten gegeben. Von ihr sind rund dreißig Bücher erschienen, darunter die beiden mit Jean-François Pépin verfassten Bestseller «La Culture générale pour les nuls» (mehr als 200 000 Exemplare) und «1 Kilo de culture générale».

Jean-François Pépin lehrt als Professor für Geschichte, Ökonomie und Soziologie an verschiedenen Pariser Universitäten. Zahlreiche Publikationen, vor allem zur Kulturgeschichte der Antike.

Alexander Kluy lebt als freier Journalist und Kritiker in München. Er ist Autor und Herausgeber von zwanzig Büchern, darunter kulturgeschichtliche Reiseführer und Anthologien, Sachbücher und Biographien.

Vor- und Frühgeschichte
1
Die frühen Hochkulturen des Nahen und Mittleren Ostens
2
Die klassische Antike in Europa
3
Das Mittelalter
4
Die Renaissance in Europa
5
Die Welt im 17. Jahrhundert
6
Die Welt im 18. Jahrhundert
7
Die Welt im langen 19. Jahrhundert
8
Die erste Hälfte des 20. Jahrhunderts
9
Die zweite Hälfte des 20. Jahrhunderts
10
Der Start ins 21. Jahrhundert
11

FLORENCE BRAUNSTEIN ▪ JEAN-FRANÇOIS PÉPIN

1 Kilo KULTUR

Unter Mitarbeit von
Alexander Kluy
für die deutsche
Ausgabe

Aus dem
Französischen von
Nikolaus de Palézieux

C.H.BECK

Für meinen Vater Aurel Braunstein
in memoriam

Titel der französischen Originalausgabe:
«1 kilo de culture générale»

Die Originalausgabe wurde für die deutsche Ausgabe gekürzt und bearbeitet.

Für die deutsche Ausgabe:

Satz: Janß GmbH, Pfungstadt
Druck und Bindung: CPI – Claussen & Bosse, Leck
Umschlaggestaltung und Layout: Geviert, Grafik und Typografie, Christian Otto
Vignetten: © Shutterstock
Gedruckt auf säurefreiem, alterungsbeständigem Papier
(hergestellt aus chlorfrei gebleichtem Zellstoff)
Printed in Germany
C.H.Beck Paperback 6266
ISBN 978 3 406 70597 7

www.chbeck.de

Inhalt

1 ■ Vor- und Frühgeschichte

2 ■ Die frühen Hochkulturen des Nahen und Mittleren Ostens

3 ■ Die klassische Antike in Europa

4 ■ Das Mittelalter

5 ■ Die Renaissance in Europa

7 ■ Die Welt im 18. Jahrhundert

8 ■ Die Welt im langen 19. Jahrhundert

9 ■ Die erste Hälfte des 20. Jahrhunderts

10 ■ Die zweite Hälfte des 20. Jahrhunderts

11 ■ Der Start ins 21. Jahrhundert

1

ERSTER TEIL

VOR- UND FRÜHGESCHICHTE

I

Das Universum erklären

Die Existenz eines Universums, das die Menschen nur schwer jenseits von kosmogonischen Begründungen begreifen können, die ihnen ihr religiöses Denken vorgibt, lässt sie nach vernunftgemäßen Erklärungen für diese Existenz suchen – Erklärungen, die auf Schlussfolgerungen aus eigenen Beobachtungen basieren. Die ersten Erklärungsmodelle werden von griechischen Geographen, Mathematikern und Philosophen vorgelegt – in einem Moment, da das aufkommende Denken den Menschen auffordert zu begreifen, was er selbst ist und wie die Welt ist, die ihn umgibt. Gleichwohl sind es erst die Arbeiten von **Nikolaus Kopernikus** (1473–1543), die uns eine erste moderne Vorstellung über unser Universum geben. Die Grundlagen seines Denkens lassen uns nach dem Ursprung des Universums fragen. Diese Aufgabe stellt sich gleich zwei Wissenschaftlern, dem russischen Physiker und Mathematiker **Alexander Friedmann** (1888–1925) und dem belgischen Kanoniker **Georges Lemaître** (1894–1966), Astronom und Physiker. Beide stehen sie am Ursprung dessen, was ihr britischer Kollege **Fred Hoyle** (1915–2001) nicht ohne Ironie im Rahmen einer BBC-Radiosendung mit dem Titel *The Nature of Things* (Die Natur der Dinge) als Theorie des *Urknalls* bezeichnet. Der Urknall erweist sich so lange als erfolgreich, bis er seit der Wende zu den 1990er Jahren durch die Stringtheorie in Frage gestellt wird, die der Unvereinbarkeit der beiden großen Systeme der Physik, der Relativitätstheorie **Albert Einsteins** (1879–1955) und der Quantenphysik, ein Ende bereiten will. Nachdem die erstgenannte, die klassische Physik, an der Beschreibung des unendlich Kleinen scheiterte, will die Stringtheorie die allgemeine Relativität, die relative Gravitation sowie die Quantenmechanik, das Studium der kleinsten physikalischen Maßeinheiten, miteinander versöhnen. Dieses Projekt sollte eine neue Erklärung der Entstehung des Universums liefern.

1. Die Griechen und die ersten vernunftgemäßen Erklärungen

Thales von Milet (um 625–547 v. Chr.) ist der erste Denker, der sich auf Beobachtungen stützt, um eine nichtreligiöse Erklärung zur Entstehung des Universums zu liefern. Dieser Philosoph und Mathematiker, berühmt wegen des Lehrsatzes, der seinen Namen trägt, erklärt das Wasser zum ersten Seinsgrund des Universums. Die Erde ist demnach einer Holzscheibe ähnlich, die auf dem Wasser schwimmt; das Wasser seinerseits ist eine flüssige Masse, die die Grundmaterie bildet. Das Universum ist von seinem Ursprung her Wasser und bleibt dies auch durch alle Transformationen hindurch: So ist die Erde kondensiertes Wasser, die Luft ist verdünntes Wasser. Über der Erde, die auf dem Wasser schwimmt, bildet ein konkaver Himmel in Form einer Halbkugel die Luft. Thales hinterlässt keine Schriften, anders als sein Nachfolger als Haupt der Schule von Milet, **Anaximander** (um 610–546 v. Chr.), der als Erster sein Werk schriftlich festhält: über die Natur, über die Erdrotation, über feste Körper, über die Sphäre, alles nach der *Suda*, der griechischen Enzyklopädie vom Ende des 10. Jahrhunderts. Dort, wo Thales das Wasser als Ursprung des Universums denkt, ersetzt Anaximander es durch das *Apeiron*, das Unendliche, das Unbegrenzte, das Nicht-Geschaffene. Es handelt sich hierbei um ein Prinzip, nicht um eine Materie; ewiger Quell des Lebens wie auch Prinzip seiner Regenerierung und Ursache aller Zerstörung. So entsteht alle Materie aus dem *Apeiron*, entwickelt sich dank seiner und kehrt am Ende des Kreislaufs dorthin zurück. Die Urmaterie organisiert sich durch die Trennung der Gegensätze, des Warmen und des Kalten, des Trockenen und des Feuchten. Im Zentrum des Universums schwimmt die Erde, von zylindrischer Form, unbeweglich im Unendlichen: dem *Apeiron*. Am Anfang trennen sich das Warme und das Kalte. Dieses Phänomen bewirkt die Ausbildung einer Feuerkugel, welche die Erde umgibt. Indem sie platzt, lässt diese Feuerkugel das Universum entstehen, in Gestalt von leeren konzentrischen Kreisen, die gefüllt sind mit Feuer. Ein jeder Kreis ist von einem Loch durchstoßen. Damit finden wir Folgendes vor: im Zentrum des Universums die unbewegliche Erde, dann den Kreis der Sterne, den des Mondes, den der Sonne, wobei sich ein jeder um sich selbst dreht. Je weiter der Kreis von der Erde entfernt ist, desto größer ist sein Umfang und desto intensiver ist das innere Feuer, das ihn verzehrt. So wie die aus dem *Apeiron* geborenen Elemente am Ende dorthin zurückkehren, stellt uns Anaximander die Welt in dem Sinne vor, dass sie eine Entstehung, eine

Existenz und ein Ende habe. Ihre Existenz und ihre verschiedenen Aktivitätsphasen bewirken, dass sie einander folgen: Einige entstehen, wenn andere vergehen, bis dann das Umgekehrte stattfindet. Die Modernität dieser Hypothesen findet sich im Ursprung des Lebens wieder, das laut Anaximander aus dem Meer in Gestalt von stacheligen Panzertieren hervorgegangen ist, die im Lauf der Zeit verschwanden; dann in Gestalt von mit Schuppen umhüllten Menschen; Schuppen, die infolge der klimatischen Entwicklung abfielen.

Parmenides aus Elea (Ende des 6. Jahrhunderts bis Mitte des 5. Jahrhunderts v. Chr.) macht aus der Erde eine Kugel, angesiedelt im Zentrum eines Universums, dessen grundlegende Bestandteile die Erde und das Feuer sind. Dann ist es ein Philosoph, **Aristoteles** (384–322 v. Chr.), der das physikalische Modell der Organisation des Universums liefert, das von all seinen Nachfolgern bis zur Infragestellung durch Kopernikus aufgegriffen wurde. Die unbewegliche Erde ist das Zentrum des Universums. Um sie herum drehen sich die weiteren Gestirne. Gleichwohl stellt das Universum eine doppelte Natur dar: einerseits die der sinnlichen Welt, die alle Objekte zwischen Erde und Mond umfasst und die aus den vier Elementen Erde, Wasser, Luft und Feuer besteht; andererseits die der himmlischen Welt, jenseits des Mondes, deren Körper unveränderlich sind und auf immer im Äther ruhen, einer feinen Flüssigkeit, die den Raum ausfüllt. Doch dauert es bis zum Beginn unserer Zeitrechnung, bis jenes Werk entsteht, das das Studium der Astronomie bis zur kopernikanischen Revolution beherrschen wird: der *Almagest* des **Claudius Ptolemäus** (um 90–168 n. Chr.), kurz Ptolemäus genannt. Der *Almagest*, also das «sehr große» oder das «größte Buch», ist das erste vollständige Werk über Astronomie und Mathematik, das überliefert ist.

Dennoch stellt das System, das zu Ehren dieses Ptolemäus errichtet wurde, ein doppeltes Problem dar. Einerseits setzt es einen Gott als Ursprung des Universums im Sinne einer demiurgischen Schöpfung, was eine Umkehr im Hinblick auf die Suche nach vernunftgemäßen Erklärungen darstellt. Andererseits wird sich dieses System, das in diesem Punkt die vollständige Billigung der katholischen Kirche fand, bis zur Renaissance als das beherrschende erweisen. Die von Ptolemäus formulierten Strukturen des Universums in Frage zu stellen, ist gleichbedeutend mit der Infragestellung der *pagina sacra*, der Heiligen Schrift.

2. Nach Ptolemäus: Von Kopernikus bis Einstein

Es ist die intellektuelle Weiterentwicklung der Renaissance, die trotz der von der Kirche und von konservativen Körperschaften geäußerten Vorbehalte die kopernikanische Revolution ermöglicht. Der **Geozentrismus** weicht dem **Heliozentrismus**. Die Erde ist nicht länger das Zentrum des Universums; sie dreht sich um die Sonne, griechisch *helios*, die den Platz der Erde als zentrale Gestalt eingenommen hat.

■ **Nikolaus Kopernikus** (1473–1543) ist ein polnischer Kanoniker. Als echter Sohn der Renaissance erwirbt er sich Kenntnisse in vielen Bereichen und verbindet Medizin, Physik, Mechanik, Mathematik und Astronomie. An italienischen Universitäten studiert er kanonisches Recht, das Recht der Kirche, und kehrt dann nach Polen zurück. Sein Onkel, ein Bischof, verleiht ihm kanonische Pfründe in Frombork, einer Stadt in Nordpolen. Zwischen 1510 und 1514 widmet Kopernikus sich einem *Kommentar* zum *Almagest* des Ptolemäus; bei dieser Gelegenheit legt er die Heliozentrismus-Hypothese vor. Darauf aufbauend, arbeitet Kopernikus sechzehn Jahre weiter und sammelt seine Beobachtungen, Notizen und Überlegungen, die zusammen 1530 das Material zu seinem Werk *De revolutionibus orbium coelestium*, zu Deutsch *Die Umschwünge der himmlischen Kugelschalen*, bilden. Es wird postum 1543 in Nürnberg veröffentlicht, dank Georg Joachim von Lauchen, genannt **Rheticus** (1514–1574), einem jungen österreichischen Mathematiker, der von Kopernikus' Arbeit begeistert ist, auch wenn jener sie, wie es scheint, nie zur Veröffentlichung vorgesehen hat. Indem er die Thesen von Aristoteles und Ptolemäus umstürzt, nach denen die Erde unbeweglich im Zentrum des Universums ruht, stellt Kopernikus eine radikale Hypothese auf: die sogenannte *Kopernikanische Wende*. Die Erde dreht sich an einem Tag um sich selbst, und diese *Rotation* ist von einem Umlauf der Erde um die Sonne innerhalb eines Jahres begleitet. Nicht nur die Erde bewegt sich um sich selbst und um die Sonne, sondern auch die anderen Planeten tun dies. Eine bewegliche Erde und ein heliozentrisches Universum sind indes – mit Sigmund Freud formuliert – eine Beleidigung der göttlichen Schöpfung, wie sie die Kirche lehrt. Kopernikus, der kurz vor der Veröffentlichung seines Werkes stirbt, erlebt den kirchlichen Bannstrahl nicht mehr; dieser trifft aber seinen Bewunderer und Nachfolger **Galileo Galilei**, den italienischen Physiker und Astronom.

■ **Galileo Galilei** (1564–1642) lässt in seinem *Dialogo sopra i due massimi sistemi – Dialog über die beiden hauptsächlichen Weltsysteme* (1632) drei Personen auftreten, eine von ihnen verteidigt mit Nachdruck das kopernikanische System. Ihr steht ein eher kümmerlicher Verteidiger des aristotelischen und folglich auch des ptolemäischen Systems gegenüber, mit dem bezeichnenden Namen Simplicio, der Schlichte. Nun verurteilt aber 1616 die katholische Kirche offiziell die kopernikanische These. Ein monatelanger Prozess vor dem Tribunal der Inquisition in Rom bringt Galilei dazu, der Ketzerei abzuschwören, welche darin besteht, die Sonne ins Zentrum des Universums zu stellen. Der *Dialog* wird verboten, sein Verfasser zu lebenslangem Gefängnis verurteilt; die Strafe wird dann zum Hausarrest in Florenz abgemildert. 1757 erst wird der *Dialog* durch die entsprechende Kongregation von der Liste der verbotenen Bücher entfernt. Unter dem Pontifikat Johannes Pauls II. (Papst von 1978 bis 2009) wird Galilei geehrt, ohne dass sich es hierbei um eine formelle Rehabilitation handelt. Im Februar 2009 wird zu seinen Ehren vom Präsidenten der Päpstlichen Kommission für die Kulturgüter der Kirche, Erzbischof Gianfranco Ravasi (geb. 1942), eine Messe zelebriert.

■ **Tyge Ottesen Brahe** oder **Tycho Brahe** (1546–1601), dänischer Astronom, profitiert einen Großteil seines Lebens von außergewöhnlichen Umständen, die ihm erlauben, seine Beobachtungen zu machen. Einer vornehmen und vermögenden Familie entstammend, wird er nach juristischen und philosophischen Studien an der Universität Kopenhagen zu einer Karriere als Diplomat bestimmt. Doch der junge Mann entdeckt für sich die Leidenschaft zur Astronomie. Nach dem Tode seines Vaters kann er sich dank des großen Erbes dieser Leidenschaft ohne Einschränkungen widmen. Im November 1572 beobachtet er den Lauf eines Sterns im Sternbild Kassiopeia, in Wahrheit eine *Supernova*, ein Stern, der mit sehr großer Leuchtkraft verglüht. Die Tatsache, dass dieser Stern sich bewegt, widerspricht der Theorie der Fixsterne. Tycho Brahe veröffentlicht seine Beobachtung in dem 1573 publizierten Werk *De nova et nullius aevi memoria prius visa Stella – Vom neuen und nie zuvor gesehenen Stern*. Im folgenden Jahr bietet ihm König Friedrich II. von Dänemark die Insel Ven in der Nähe von Kopenhagen an, damit er dort ein astronomisches Observatorium errichten kann. Brahe nennt diesen Ort Uraniborg, Palast der Urania, nach der Muse der Astronomen. Er entwickelt das Modell eines geoheliozentrischen Universums, das den Geozentrismus des Ptolemäus mit dem Heliozentrismus des Kopernikus verbindet. Wenn die Erde auch unbewegt und das Zentrum des Universums bleibt und Sonne und Mond sich um sie drehen, so drehen sich doch Merkur, Venus, Mars, Jupiter und Saturn um die Sonne. Die Sterne sind an den Rand dieses Ensembles versetzt. Dieses System modifiziert zwar die Organisation des Universums, stellt dabei aber dessen göttlichen Ursprung nicht in Frage; das Universum bleibt die Frucht des demiurgischen Willens.

■ **Johannes Kepler** (1571-1630) wird auf der Suche nach Erklärungen für die Strukturen des Universums zum Nachfolger Tycho Brahes. Eine Zeitlang ist er in den letzten Jahren Brahes dessen Assistent - eine bewegte Zusammenarbeit, sind doch ihre Standpunkte sehr verschieden. Als Protestant, der sich dazu berufen fühlt, Pastor zu werden, studiert Kepler an der Universität Tübingen zugleich Astronomie und Theologie und stößt dort auf das heliozentrische System des Kopernikus. Seine doppelte Ausbildung gestattet ihm, dessen Wesen zu begreifen, was er mit der Veröffentlichung seines *Mysterium Cosmographicum - Weltgeheimnis* (1596) präsentiert. Damit will er zeigen, dass das Universum, von Gott ersonnen, quantitativen Verhältnissen entspricht, welche die Vollkommenheit der Schöpfung bestätigen. Ein jeder der damals bekannten fünf Planeten außer der Erde beschreibt einen Kreis, der eingeschlossen ist von einem regelmäßigen Vieleck, das seinerseits wiederum von einer weiteren Kugel umhüllt wird, die selbst wieder von einem weiteren regelmäßigen Vieleck umschlossen ist, und so weiter bis zum vollständigen Einsatz aller schon Platon bekannten fünf regelmäßigen Polyeder, der sogenannten *platonischen Körper*. Der Leser möge sich an dieser Stelle eine Verschachtelung vorstellen, wie man sie von den russischen Holzpuppen kennt, wobei hier die jeweils größere *Matrjoschka* abwechselnd durch eine Kugel und einen Polyeder ersetzt wird. Jupiter wird dabei dem regelmäßigen Tetraeder (der Pyramide) zugeordnet, Saturn dem regelmäßigen Hexaeder (Würfel), Merkur dem Oktaeder (einer Form mit acht gleichmäßigen Flächen), Mars dem Dodekaeder (mit zwölf solcher Flächen), Venus dem Ikosaeder (mit zwanzig derartigen Flächen). Seine Beobachtungen brachten Kepler dazu, einen bestimmten Aspekt der kopernikanischen Theorie zu korrigieren: Die Bewegungen der Planeten um die Sonne beschreiben eine Ellipse und keinen Kreis. Die Eigenschaften der Planetenbewegung um die Sonne werden durch das **Kepler'sche Gesetz** definiert, dargelegt in seiner *Astronomia Nova* (1609), der *Neuen Astronomie*. Es handelt sich hierbei um

- **das Gesetz der Kreisbahnen:** die Planeten beschreiben elliptische Umlaufbahnen um die Sonne;
- **das Gesetz der Flächen:** je näher ein Planet der Sonne ist, desto höher ist

die Geschwindigkeit seiner Bewegung; die Sonne übt also auf die Planeten eine Anziehungskraft aus, die proportional zu ihrer Entfernung abnimmt;
- **das Gesetz der Perioden oder das harmonische Gesetz Keplers:** die Bewegungen sämtlicher Planeten sind durch ein universelles Gesetz geeint: die durch die Anziehung ausgeübte Kraft ist der Masse eines jeden Planeten proportional.

Ausgehend vor allem von diesem dritten Gesetz, erarbeitet der englische Mathematiker und Physiker Isaac Newton seine Theorie der universellen Gravitation. Wie auch die anderen Wissenschaftler seiner Zeit unterscheidet Kepler dennoch nicht zwischen Astronomie und Astrologie und bezeichnet beide als Wissenschaften. Großen Ruhm erlangt er durch seine auf Mathematik gegründeten Werke wie auch durch seine Horoskopberechnungen. Ganz wie die Pythagoräer, die Verteidiger der Harmonie der Sphären – einem Universum, in dem die Planeten nach musikalischen Proportionen angeordnet sind; der Raum, der sie trennt, entspricht musikalischen Intervallen –, weist Kepler jedem Planeten ein musikalisches Thema zu. Die mehr oder weniger hohe Geschwindigkeit der Planeten wird durch unterschiedliche musikalische Noten ausgedrückt. Dies ist Gegenstand seiner *Harmonices Mundi* (veröffentlicht 1619), der *Harmonie der Welt*.

■ **Isaac Newton** (1643–1727) lässt die Astronomie einen entscheidenden Schritt nach vorne tun. Als Mathematiker, Physiker, Astronom, aber auch als Philosoph und Alchimist definiert er 1687 die *universelle Gravitation* in seinen *Philosophiae Naturalis Principia Mathematica*, den *Mathematischen Prinzipien der Naturlehre*. Um die durch Anziehung bewirkte Bewegung eines Körpers zu bestimmen, benutzt Newton den lateinischen Ausdruck der *gravitas*, Gewicht, das seinerseits zur Schwerkraft wird. Eine Legende besagt, dass ihm die Idee dazu gekommen sei, als ihm ein Apfel auf den Kopf fiel, während er sich unter einem Apfelbaum ausruhte. Es ist nicht auszuschließen, dass das Fallen eines reifen Apfels ausgerechnet auf den Kopf des Wissenschaftlers seine Inspiration angeregt hat. Die Schwerkraft ist Ergebnis einer Wechselwirkung, hier der gegenseitigen Anziehung zweier Festkörper, bedingt durch ihre Masse. So üben zwei punktuelle Festkörper, ein Apfel und die Erde, auf den jeweils anderen eine Schwerkraft aus. Der Unterschied in der Masse macht, dass der Apfel der irdischen Anziehungskraft nicht entkommen kann und daher fällt. Die Schwerkraft zeugt von der Anziehungskraft der Erde, die uns davon abhält, davonzufliegen; zeugt auch von den Bewegungen der Meere, den Mondphasen, dem Lauf der Planeten um die Sonne – alles ist bestimmt von der Schwerkraft. Dadurch schlägt Isaac Newton eine Bresche in die Theorie eines Universums, bei der der Raum zwischen den Planeten mit einer Flüssigkeit gefüllt ist. Newton wird dort allerdings keine Leere lassen, denn ein leerer Raum würde wieder die Schöpfung Gottes als unvollkommen erscheinen lassen. Newton stört sich derart daran, dass er stattdessen den Äther wieder ins Spiel bringt, doch in Gestalt eines «sehr feinen Geistes», eines mechanischen Äthers, der die Schwerkraft vermittelt, ohne ihr unterworfen zu sein. Eine einfache Hypothese, die nie Eingang fand in seine Berechnungen; demnach kann der Äther unbeschadet teilhaben an einem Raum, der als *sensorium Dei* vorgestellt ist, als Sinnesorgan Gottes. Andernorts erklärt Newton die Bewegung der Planeten, die allerdings von der Kirche immer noch als unbeweglich seit dem Zeitpunkt ihrer Schöpfung angesehen werden. Zutiefst gläubig, bringt Newton die Ansprüche seiner Wissenschaft in Einklang mit denen seines Glaubens, indem er sagt, dass, wenn die Schwerkraft die Bewegung der Planeten erklärt, sie doch wiederum nicht erklären kann, was sie in diese Bewegung bringt, wodurch er Gott seine Allmacht zurückgibt.

■ **Albert Einstein** (1879–1955): Es dauert bis zum Beginn des 20. Jahrhunderts, bis die Inexistenz des Äthers bewiesen wird – ein unvermeidlicher Schritt, der den Weg für die *spezielle Relativitätstheorie* öffnet, 1905 von Einstein formuliert. In einem Artikel mit dem Titel «Zur Elektrodynamik bewegter Körper»* entwickelt er drei fundamentale Punkte: Der Äther ist eine rein zufällige Vorstellung; die Geschwindigkeit der Bewegung des Lichts in Bezug zum Beobachter hängt nicht von dessen Eigengeschwindigkeit ab, sie beträgt konstant 299 792 km/s; die Gesetze der Physik folgen dem **Relativitätsprinzip**. Gemäß dieser letzten Aussage hängen die Gesetze der Physik nicht von den Beobachtern ab; die vorgenommenen Messungen bewirken dieselben Gleichungen; identische Gesetze ergeben identische Ergebnisse für alle Beobachter mit konstanter Geschwindigkeit – auch wenn das Bezugssystem ein anderes ist. Die spezielle Relativität betrifft nur Objekte in Bewegung, sie geht aus von der konstanten Geschwindigkeit des Lichts, egal, wie groß diejenige des Beobachters ist. Wenn aber die Geschwindigkeit des Lichts konstant ist, dann ist es die Zeit, die sich verändert und in einem bestimmten Abschnitt langsamer als in einem anderen voranschreitet; die sich also zusammenzieht oder sich ausdehnt. Alle Objekte im Universum bewegen sich ihrerseits mit derselben Geschwindigkeit, der des Lichts. Die

* Erschienen in: *Annalen der Physik*, Band 17, 30. Juni 1905, S. 891–921.

Bewegung bewirkt eine Verlangsamung der Zeit: Eine automatische Uhr an Bord eines Flugzeugs geht langsamer als eine auf der Erde. Dieser Unterschied ist der Geschwindigkeit des Flugzeugs geschuldet. Der Raum und die Zeit sind also relativ: Ein erster Beobachter auf einem Bahnsteig sieht einen Zug vorbeifahren und ist sich der Geschwindigkeit von dessen Fortbewegung durchaus bewusst. Ein zweiter Beobachter, der sich in einem Zug befindet, der sich parallel zum ersten Zug auf gerader Strecke mit derselben Geschwindigkeit bewegt, hätte den Eindruck, der Zug bewege sich gar nicht; er wäre unbeweglich. Einstein hat daraus geschlossen, dass Masse nichts anderes ist als Energie in besonderer Form. In Bewegung versetzt, vergrößert sich die Masse, je größer die Geschwindigkeit wird. Damit ergibt sich die Energie durch die Multiplikation der Masse mit dem Quadrat der Geschwindigkeit, was die **berühmte Formel** ergibt: $E = mc^2$. Die Entdeckungen Einsteins haben die Physik revolutioniert, aber auch die Astronomie. Es wird nun möglich, eine wissenschaftliche Erklärung zur Entstehung des Universums zu geben.

3. Big Bang – Der Urknall

Paradoxerweise übernimmt Einstein, um den Erfordernissen seiner eigenen Theorie der allgemeinen Relativität zu genügen, die er 1916 formulierte, nicht das Modell des sich ausdehnenden Universums, das er allerdings erahnt, sondern das des statischen Universums. Im Januar 1933, als er in Kalifornien an einer Reihe von Seminaren mit Georges Lemaître teilnimmt, hat Einstein Gelegenheit zu hören, wie der seine Urknall-Theorie vorbringt. Begeistert erhebt sich Einstein am Ende der Darstellung und sagt: «Das ist die schönste und befriedigendste Erklärung der Schöpfung, die ich jemals gehört habe.» Dieses *kosmologische Modell* wird von dem englischen Astrophysiker **Fred Hoyle** (1915–2001), dem österreichischen Physiker **Thomas Gold** (1920–2004) und dem austro-englischen Physiker **Hermann Bondi** (1919–2001) verteidigt. Das Universum wird als unbeweglich, unendlich und ewig dargestellt. Zu einem gegebenen Zeitpunkt mit sich selbst an allen Orten des Raumes identisch, kennt es mögliche Veränderungen dank eines Phänomens der *ständigen Schöpfung* von Materie, hervorgebracht durch das C-Feld, wobei C für Creation steht. Doch das geschieht nur, um seine tatsächliche Ausdehnung zu kompensieren, die ja ansonsten die Dichte der Materie verringern würde. Eine derartige Unbeweglichkeit schließt die Möglichkeit einer Erwärmung aus, auch diejenige einer erhöhten Dichte und der anfänglichen Explosion durch den Urknall. Diese Theorie, bis zu den 1950er Jahren dominierend, wird heute durch einige Beobachtungen ernsthaft in Frage gestellt. Das Universum ist nicht stationär: Es entstand vielmehr durch eine gigantische Explosion vor ca. 13,7 Milliarden Jahren. Es ist weder ewig noch kontinuierlich durch Materie erzeugt und wird in 100 Milliarden Jahren verschwinden, wie es die Theorie des *Big Crunch* besagt.

Fred Hoyle widerspricht der spektralen Verschiebung der Galaxien in Richtung Rot, was anzeigt, dass sie sich mehr und mehr entfernen. Nun ist dies aber das fundamentale Element einer jeden Theorie eines sich ausdehnenden Universums. 1929 entdeckt der amerikanische Astrophysiker **Edwin Powell Hubble** (1889–1953) nach einer Reihe von Beobachtungen, die er mit einem gewaltigen Teleskop macht, die spektrale Rotfärbung der Galaxien. Würden sie näher kommen, würde das Spektrum immer violetter. Also bezeugt die Rotfärbung eine fortgesetzte Entfernung. So formuliert Hubble das Gesetz, das seinen Namen trägt und wonach die Galaxien sich jeweils mit einer Geschwindigkeit entfernen, die proportional zu ihrer Distanz ist. Weil aber die Galaxien sich entfernen, kann das Universum nicht stationär sein. Es muss in steter Expansion begriffen sein und kennt keine Grenzen. Der belgische Kanoniker **Georges Lemaître** (1894–1966), Professor für Physik und Astronomie an der katholischen Universität in Löwen, erarbeitet das erste Modell eines sich ausdehnenden Universums; ausgehend von dem, was er die «Hypothese des Ur-Atoms» nennt. Im Gegensatz zu Einstein, der glaubt, eine «konstante Kosmologie» halte das Universum stabil, sagte Lemaître seit seinen Berechnungen und – noch vor Hubble – seit der Beobachtung der Rotfärbung des Sternenspektrums, dass die Galaxien sich von uns entfernen und das Universum sich ausdehnt.* 1927 veröffentlicht er einen Artikel dazu, der anfänglich unbeachtet bleibt. Einstein hält Lemaîtres Berechnungen wohl für korrekt, seine Vorstellung der Physik aber für abscheulich. Alles aber ändert sich, als Hubble 1929 durch sein Gesetz die Aussage des Artikels von Lemaître bestätigt. Die königliche Gesellschaft für Astronomie veröffentlicht ihrerseits im März 1931 eine Übersetzung des Artikels in den *Monthly Notices*. Nach Lemaître ist das Universum aus einem einzigen Atom entstanden, «am vorgestrigen Tag», und hat dabei vor 13,7 Milliarden Jahren durch die Explosion eine Temperatur von mehreren Milliarden Grad

* Georges Lemaître, «Un univers homogène de masse constante et de rayon croissant rendant compte de la vitesse radiale des nébuleuses extragalactiques», in: *Annales de la Société scientifique de Bruxelles*, Bd. 47, April 1927, S. 49.

freigesetzt. Der Ausdruck «am vorgestrigen Tag» besagt, dass vor der Schöpfungsexplosion des Urknalls die Zeit nicht existierte und die vier Grundkräfte (Gravitation, Elektromagnetismus, schwache Wechselwirkung, starke Wechselwirkung) noch ununterschieden waren. Es ist dies die *Planck-Zeit*, benannt nach dem Physiker **Max Planck** (1858–1947), dem Urheber dieser Theorie der Zeit vor dem Urknall. Die Urknall-Theorie ermöglicht, das Erscheinen von Zeit zu datieren, als Funktion ihrer Phasen. Tatsächlich geschieht der Urknall in 10^{-43} Sekunden, wird dann von mehreren Etappen gefolgt: Nach 10^{-35} Sekunden erscheint die Materie, nach 10^{-33} Sekunden verringert sich die Temperatur; nach 10^{-4} Sekunden bilden sich Protonen und Neutronen. Danach beschleunigt sich die Zeit: Bei +3 Minuten verbinden sich Protonen und Neutronen zu Heliumkernen; bei +2 Milliarden Jahren bilden sich die Galaxien. Der Ausdruck Urknall ist ausgerechnet einem erbitterten Kritiker dieser Konzeption zu verdanken, **Fred Hoyle**. Als Wissenschaftschronist der BBC verspottet er 1950 in einem Aufsatz mit dem Titel *The Nature of Things* (Die Natur der Dinge) Lemaîtres Theorie, wobei er sie mit dem Begriff *Big Bang* belegt, der *Grand Bang*, der Große Knall; die Lautmalerei unterstreicht, wie wenig Glauben Hoyle all dem schenkte. Rasch populär geworden, ist es indes ebendiese ironische Bezeichnung, derer man sich bis heute bedient, um umgangssprachlich die These einer Expansion des Weltalls auszudrücken. Seit dem Beginn des 21. Jahrhunderts ermöglicht sie, dass sich die Wissenschaftsgemeinde auf ein *Standardmodell der Kosmologie* einigt. Inspiriert vom Standardmodell der Teilchenphysik, gestattet dieses Modell die detaillierte Beschreibung des Universums, ohne jedoch auf die Rätsel seiner grundlegenden Komponenten eine Antwort geben zu können.

1988 veröffentlicht der englische Professor **Stephen Hawking** (geb. 1942) in den USA *A Brief History of Time. From the Big Bang to Black Holes*, auf Deutsch erschienen als *Eine kurze Geschichte der Zeit*. Dort erklärt er den Urknall im Licht seiner persönlichen Forschungsergebnisse und erweitert sie durch die Analyse der *Stringtheorie*. Als Mathematiker und Physiker, der an der Universität Cambridge lehrt, vertieft er das Forschungsfeld der Kosmologie. Er präsentiert ein Universum, das aus dem Urknall entstand, seinerseits dann Raum und Zeit hervorbrachte und dazu bestimmt ist, in *Schwarzen Löchern* zu enden. Schwarze Löcher sind massive Objekte, deren Gravitationsfeld so gewaltig ist, dass es sämtliche Materie daran hindert, ihm zu entkommen. Hawking zeigt – im Gegensatz zur herrschenden Theorie –, dass diese Löcher eine Strahlung haben, die sogenannte *Hawking-Strahlung*, die durch Auflösung in einem kurzen Moment reinster Energie endet. Hawking stellt die Hypothese auf, dass der Urknall von der Verteilung Schwarzer Löcher im Weltraum begleitet sei, deren Größe von einem Proton bis zur millionenfachen Masse der Sonne variiere. Das grenzenlose Universum ist entstanden in einer *imaginären Zeit;* eine Vorstellung, die die allgemeine Relativitätstheorie und die Quantenphysik versöhnt, da das Universum weder Anfang noch Ende hat und auch keine Grenze.

Woraus besteht das Universum?

- **Ca. 5 Prozent baryonische Materie** oder gewöhnliche Materie, Protonen, Neutronen; so bezeichnet nach dem griechischen *barys,* «schwer». Die Baryonen sind im Allgemeinen schwerer als die anderen Teilchen. Sie bilden die Atome und Moleküle und alles, was im Universum an Sternen und Galaxien zu beobachten ist.
- **Kosmische Hintergrundstrahlung**, fossile elektromagnetische Strahlung, die vom Urknall herrührt, einer Zeit größter Hitze, die sich seitdem abkühlt. Die Wellenlänge dieser Strahlung liegt im Mikrowellenbereich.
- **Kosmischer Neutrinohintergrund**, durch Zusammenschluss der Elementarteilchen (Neutrinos) entstanden, die beim Urknall freigesetzt wurden. Deren Existenz gilt als sicher, doch sie bleiben unsichtbar mangels eines geeigneten Messinstruments, das ihre winzige individuelle Energie misst.
- **25 Prozent Schwarze Materie** oder *Dunkle Materie*, eine offenbar unentdeckbare Materie, nichtbaryonisch.
- **70 Prozent Schwarze Energie** oder *Dunkle Energie*, deren Natur experimentell noch nicht nachgewiesen wurde, die dennoch ausgestattet ist mit negativem Druck, der bewirkt, dass sie sich entsprechend der negativen Gravitationskraft verhält. Zuweilen wird sie als aus unbekannten Teilchen bestehend beschrieben, häufiger aber mit der Quantenvakuum-Energie verglichen. Eine Dunkle Energie, die im gesamten Universum gleichförmig und konstant und unveränderlich in Bezug zur Zeit ist, entspricht der Hypothese Albert Einsteins einer konstanten Kosmologie.

Diese kühne Hypothese der imaginären Zeit ermöglicht neue Forschungen, die das Ende des Universums betreffen. Traditionellerweise stehen sich hier zwei Meinungen gegenüber. Im ersten Fall, dem des geschlossenen und begrenzten Universums, wird dieses seine maximale Ausdehnung in ungefähr 50 Milliarden Jahren erreichen. Dann werden seine eigenen Beschränkungen

zur Umkehrung der Bewegung führen. Das Universum wird sich zusammenziehen, die sich nähernden Galaxien schlagen um von Rot zu Blau. Die Freisetzung der dadurch entstehenden Hitze wird so extrem sein, dass die gesamte Masse des Universums schmelzen und in sich zusammenbrechen wird. Das ist die Theorie des *Big Crunch*. Während diese Theorie auf der Kontraktion des Raumes basiert, sagt eine gegensätzliche Theorie eine Streckung des Universums voraus, derart, dass eine Lücke entsteht, und zwar durch die Vergrößerung der Dichte der Materie. Es ist die Ausdehnung des Raumes, die die Materie auseinanderreißt. Dieses Zusammenbrechen in sich selbst, das Untergehen des Universums – das ist der *Big Rip*. Im einen wie im anderen Fall hindert uns nichts daran, eine neue Geburt des Universums anzunehmen, in einer Gestalt, die ihrerseits noch unbekannt ist. Im zweiten Fall ist das Universum offen, es besteht aus Galaxien aus Sternen und Gas. In 1000 Milliarden Jahren wird dieses Gas vollständig von den Sternen aufgebraucht sein; sie werden mit den Planeten vergehen, aufgesogen von einem gewaltigen Schwarzen Loch, das seinerseits explodieren wird.

4. Die Stringtheorie

Die Stringtheorie behandelt das Problem der Anzahl der Dimensionen im Universum. 1919 will der polnische Mathematiker **Theodor Kaluza** (1885–1954) die beiden großen Entdeckungen versöhnen, die in der Physik die Interaktion von Körpern betreffen – den Elektromagnetismus von **James Clerk Maxwell** (1831–1879) und die Relativitätstheorie **Albert Einsteins** (1879–1955) –, indem er eine fünfte Dimension vorschlägt. Der schwedische Physiker **Oskar Klein** (1894–1977) erklärt 1926, warum diese Dimension unserer Aufmerksamkeit entgeht: Sie ist um sich selbst aufgerollt, wie ein Blatt Papier in Form eines Zylinders. Doch der Radius dieses Zylinders ist zu klein, als dass wir seinen Durchmesser messen könnten. In den 1930er Jahren begründen **Erwin Schrödinger** (1887–1961), österreichischer Physiker und Nobelpreisträger 1933, sowie **Werner Heisenberg** (1901–1976), deutscher Physiker und Nobelpreisträger 1932, die *Quantenmechanik*. Diese Theorie bringt die Existenz einer Interaktion von Materieteilchen im Bereich des unendlich Kleinen ans Licht, wobei kleine Energiebündel, *Quanten* genannt, ausgetauscht werden. 1968 entwickelt dann der italienische Physiker **Gabriele Veneziano** (geb. 1942) die *Stringtheorie:* Das Universum ist keine Anhäufung von Teilchen, die Punkten ähneln; es besteht vielmehr aus Strings, aus unendlich kleinen Fasern von nur einer Dimension. Diese Hypothese versöhnt die allgemeine Relativitätstheorie Einsteins mitsamt ihren vier Grundkräften (Gravitation, Elektromagnetismus, schwache Wechselwirkung, starke Wechselwirkung) mit dem unendlich Kleinen der Quantenmechanik. Doch die Stringtheorie wird trotz wissenschaftlicher Arbeiten aus mehreren Ländern nicht weiterverfolgt – bis zu den Publikationen des amerikanischen Mathematikers und Physikers **Edward Witten** (geb. 1951), in denen die *Superstrings* behandelt werden, winzige symmetrische Strings, deren gesamte Partikel und Grundkräfte die Vibrationen sind. Die Ergebnisse von Wittens Forschungen, die sogenannte *M-Theorie*, vereinigt sämtliche frühere Theorien über die *Superstrings*. Nach Witten umfasst das Universum elf Dimensionen – oder sechs Dimensionen plus die Zeit. Dieser zeitlichen Dimension (vorher/nachher) schließen sich drei räumliche Dimensionen an (Vertikale, Horizontale, Tiefe); die sieben fehlenden Dimensionen sind für uns nicht wahrnehmbar: So sehr sind sie um sich selbst aufgerollt, gekrümmt über eine so geringe Distanz, dass sie für uns nicht zu beobachten sind.

II

Geschichte der Erde – Entstehung und Evolution

Die Entstehung der Erde geht ungefähr 4,5 Milliarden Jahre zurück. Zu Beginn bildet eine Wolke aus Gasmolekülen und rotierenden kosmischen Staubkörnern die Sonne, dann entstehen die Planeten und der Mond in Strudeln. Die Bewegung bewirkt einen unaufhörlichen Anstieg der Temperatur, und während Millionen von Jahren entreißt die Erde der Ursprungswolke weitere neue Materie. Dazu kommen Meteoriten, die in diese glühende Kugel, Erde genannt, stürzen, wodurch deren Masse wächst. Als der Kulminationspunkt der Erhitzung erreicht ist, nehmen die Elemente, die die Erde bilden, ihren Platz in der schmelzflüssigen Masse ein, die schwersten im Zentrum, die weniger schweren auf der Oberfläche. Die leichtesten, Wasserdampf und Kohlen-

stoffoxid, schwimmen auf der Oberfläche und lassen eine gasförmige Hülle entstehen, die Atmosphäre. Während des folgenden Zeitraums von ungefähr einer Milliarde Jahren kühlt die Erde ab; die Materie der Erdrinde bildet die Kontinente. Die Temperatur sinkt auf unter 100 Grad Celsius, den Siedepunkt des Wassers, das ab jetzt kondensieren und eine Wasserhülle ausbilden kann, die Hydrosphäre. Dennoch lässt der Übergang des Wassers vom gasförmigen zum kondensierten Zustand, sofern dies von Regen begleitet ist, noch nicht die Ausbildung der Ozeane zu. Denn zunächst muss die Temperatur der Erde weiter sinken, damit der gerade gefallene Regen nicht verdampft, kondensiert, erneut fällt und alles wieder von vorne beginnt – was während Tausenden von Jahren passiert. **Ungefähr drei Milliarden Jahre** vor unserer Zeitrechnung ist die Erdoberfläche dann kalt genug, es entstehen Meere und Seen und schließlich die Ozeane.

Die Struktur der Erde

Die Struktur der Erde besteht aus einer Abfolge konzentrischer Schichten: der kontinentalen Erdkruste, der ozeanischen Kruste, dem Mantel und dem Kern. Die beiden Letzteren werden ihrerseits unterteilt.

- **Die kontinentale Erdkruste**, der «älteste» Teil der Erdrinde, auch als Lithosphäre bezeichnet. Ihre Stärke variiert zwischen 50 und 100 km, die innere Temperatur liegt unter 500 °C, die Dichte beträgt 2,8. Von fester Konsistenz, stellt sie 2 % des Volumens der Erde dar.
- **Die ozeanische Kruste**, der «jüngste» Teil der Erdrinde, auch als Astheosphäre bezeichnet. Sie besteht aus sehr dichten Felsen, in denen Silicium und Magnesium vorherrschen. Sie hat eine Dichte von 33,3; die Temperatur schwankt zwischen 500 und mehr als 1000 °C; sie ist etwa 200 km dick.
- **Der Mantel**, die Zwischenschicht zwischen Astheosphäre und Kern, wird wegen unterschiedlicher physikalischer Eigenschaften in den oberen und den unteren Mantel unterteilt. Der obere Mantel hat eine Stärke von 700 km, eine Dichte von 4,3, eine Temperatur von 1400 °C und ist von dickflüssiger Konsistenz. Der untere Mantel hat eine Stärke von 2200 km, eine Dichte von 5,5 und ist von fester Konsistenz, es herrscht eine Temperatur von 1700 °C.
- **Der Kern**, gleichfalls unterteilt in äußeren und inneren Erdkern. Ersterer ist von flüssiger Konsistenz bei einer Dichte von 10, einer Stärke von 2250 km und einer Temperatur von 5000 °C. Der innere Erdkern ist von fester Konsistenz, hat eine Dichte von 13,6, eine Stärke von 1300 km und eine Temperatur von 5100 °C.

Die irdische Atmosphäre
Sie umhüllt die Erde mit einer Stärke von ca. 1000 km. Je größer die Höhe ist, umso weniger Gas enthält die Atmosphäre. Auf Erdniveau besteht sie zu 78 % aus Stickstoff, 21 % Sauerstoff und 1 % seltener Gase. Die Atmosphäre ist vor ca. drei Milliarden Jahren entstanden, nachdem wolkenbruchartige Regenfälle sich auf die Erde ergossen haben. Im Lauf der Zeit hat sie sich mit Sauerstoff angereichert und in 25 km Höhe eine Ozonschicht gebildet (blaues toxisches Gas von starkem Geruch), einen echten Schirm, der die tödliche Strahlung, die von der Sonne abgegebenen ultravioletten Strahlen, herausfiltert und die Strahlen durchlässt, die wir zur Aufrechterhaltung des Lebens benötigen. Jeden Tag brauchen wir 12 bis 15 m^3 Luft zum Atmen. Und so setzt sich die Atmosphäre zusammen:

- **Die Troposphäre**, der Teil der Atmosphäre, der im Durchschnitt bis zu einer Höhe von 15 km liegt (7 km über den Polen, 18 km über dem Äquator). Hier bilden sich die Wolken, weil hier 90 % der Luftmasse und des Wasserdampfs konzentriert sind. Die Temperatur beträgt bis –56 °C in der Zone, die sie von der Stratosphäre trennt. Mit der Höhe verringert sich die Temperatur alle 100 m um ca. 10 °C. Hier entstehen und entwickeln sich die meteorologischen Phänomene (Donner, Blitz, Hochdruckgebiete, Tiefausläufer, Stürme, Tornados, Taifune, Orkane, Regen, Schnee).
- **Die Stratosphäre**, etwa zwischen 15 km und 60 km Höhe. Die Temperatur steigt an, erreicht in 50 km Höhe fast 0 °C und liegt an der Grenze zur Troposphäre bei –80 °C. Hier befindet sich die Ozonschicht, die die gefährlichen ultravioletten Sonnenstrahlen absorbiert. Von großer Stabilität in ihren verschiedenen Schichten, wird sie durch den gleichmäßigen Anstieg ihrer inneren Temperatur aufrechterhalten. Da sie sich wenig bewegen, ähneln die verschiedenen Schichten denen der Erde, auch Strata genannt, daher die Bezeichnung Stratosphäre.
- **Die Mesosphäre**, wörtlich die «mittlere Sphäre», liegt in ca. 50–80 km Höhe. Als dritte und höchste Schicht der Atmosphäre ist sie die eigentliche Trennschicht zwischen dem terrestrischen Bereich und dem interstellaren Raum. Die Temperatur fällt erneut ab bis auf –80 °C. Meteoriten und (Sternen-)Staubwolken entzünden sich beim Durchqueren dieser Schicht und lassen Sternschnuppen entstehen.
- **Die Thermosphäre**, «die die Sphäre anheizt», ist die äußere Schicht der Atmosphäre. Sie erstreckt sich jenseits von 85 km Höhe. Die Temperatur steigt mit der Höhe an und erreicht 500 °C bei 250 km Höhe und 1600 °C bei 500 km. Von geringer Dichte, enthält sie keine Luft und entzündet daher die

Objekte nicht, die sie durchqueren. Jenseits der 10 000 km wird die Thermosphäre zur **Exosphäre**, zur äußeren Atmosphäre. Es ist dies eine komplexe Schicht, da sie in den Weltraum übergeht, von dem sie nur schwer abzugrenzen ist.

1. Das Präkambrium

Das Präkambrium ist die Zeit, die die drei ersten *Äonen* umfasst, eine lange Periode von willkürlicher Dauer; die drei Äonen sind: das **Hadaikum**, das **Archaikum**, das **Proterozoikum** (griechisch, «vor dem Tier»); das Präkambrium währt ca. von 4,5 Milliarden Jahre bis 542 Millionen Jahre vor unserer Zeitrechnung (v. u. Z.). Die nachfolgende Epoche wird *Phanerozoikum* genannt («sichtbares Tier»), entsprechend dem Auftauchen kleiner Schalentiere. Der wesentliche Teil der Erdgeschichte, ca. 87 Prozent, gehört somit dem *Präkambrium* an. Diese Bezeichnung ist abgeleitet von *Kambrium*, das die darauf folgende Periode bezeichnet, die von ca. 542 bis 488 Millionen Jahre v. u. Z. dauerte und gekennzeichnet ist vor allem durch bestimmtes Gestein, das in Wales (lateinisch *Cambria*) gefunden wurde.

■ **Das Hadaikum** ist die früheste Periode des Präkambriums, ca. 4,5 bis 3,8 Milliarden Jahre v. u. Z., gefolgt vom **Archaikum**, ca. 3,8 bis 2,5 Milliarden Jahre v. u. Z. Das Hadaikum beginnt mit dem Erscheinen von Leben auf der Erde, vermutlich in Gestalt von Einzellern ohne Kern, einfachen Bakterien, blauen oder grünen Algen, Thermophilen. Sie leben anfänglich von Kohlenstoffdioxid; ihr System der Reproduktion ist das der Zellteilung; ihre Größe beträgt 0,001 mm im Durchmesser. Diese ersten Lebewesen werden unter dem Namen *Archaeon* zusammengefasst.

Das **Proterozoikum** ist das letzte und jüngste Zeitalter des Präkambriums. Es erstreckt sich ungefähr von 2,5 Milliarden bis 542 Millionen Jahre v. u. Z. und weist viele größere Umwälzungen auf, nach denen man **drei Unterteilungen** bildet, das *Paläoproterozoikum* (2,5 bis 1,6 Milliarden Jahre v. u. Z.), das *Mesoproterozoikum* (1,6 bis 1 Milliarde Jahre v. u. Z.) und das *Neoproterozoikum* (1 Milliarde bis 542 Millionen Jahre v. u. Z.).

■ **Das Paläoproterozoikum** bzw. das Alte Proterozoikum ist gekennzeichnet durch die Proliferation der Cyanobakterien oder blauen Algen, die in der Lage sind, die Sauerstoff-Photosynthese durchzuführen. Sie binden das Kohlenstoffdioxid (CO_2) und setzen, indem sie Lichtenergie in chemische Energie umwandeln, Sauerstoff (O_2) frei. Das vergrößert die Menge an Sauerstoff auf der Erde und ermöglicht das Aufkommen neuer Lebensformen. In den Ozeanen tragen diese, in festen Kolonien zusammengefasst, zur Entsäuerung der Meere bei. Jedoch ist diese Veränderung von der Zerstörung einer großen Zahl primitiver Arten begleitet, die die oxidierenden Wirkungen des Sauerstoffs nicht vertragen; daher die Bezeichnung *Große Sauerstoffkatastrophe*, die diesem Phänomen beigefügt wurde, das sich ungefähr 2,4 Milliarden Jahre vor unserer Zeit zutrug.

■ **Das Mesoproterozoikum** bzw. das Mittlere Proterozoikum ist gekennzeichnet durch die Auffaltungen der Erdkruste, die durch den gigantischen inneren Druck zerrissen wird. Das hat das Auftauchen von gewaltigen Bergketten zur Folge, von ozeanischen Gräben, begleitet von einem allgemeinen Beben der Erde und von Vulkanausbrüchen. Der erste *Superkontinent*, der alle heutigen Kontinente umfasst, *Rodinia* genannt (aus dem Russischen für «Heimatland»), bildet sich vor etwa 1,1 Milliarden Jahren, ehe er vor etwa 750 Millionen Jahren in acht Kontinente zerfällt, die dann den zweiten Superkontinent bilden, *Pangaea*. Die ersten Pflanzen, die ersten Tiere mit sexueller Reproduktion entstehen. In den Ozeanen gehören die Acritarchen (griechisch, «von ungewissem Ursprung»), Mikrofossilien, zum Phytoplankton oder pflanzlichen Plankton; sie sind die grünen Algen. Es ist dies zugleich der Augenblick des Entstehens der ersten *Eukaryoten* («von gutem Kern»), gekennzeichnet durch Zellen, die einen Kern besitzen. Diese Organismen bergen den Ursprung der Tiere, der Pilze, der Pflanzen und der *Protisten*, einer Gruppe von Einzellern, die weder Tier noch Pflanze sind, etwa die *Protozoen*.

■ **Das Neoproterozoikum** oder das Neue Proterozoikum, die dritte und letzte Ära des Proterozoikums, ist gekennzeichnet durch das Aufkommen von Kupfererz, Eisenerz, Nickelerz und Golderz. Vielzellige Wesen entstehen und werden komplexer, haben einen Verdauungsapparat und ein embryonales Nervensystem. Dennoch sind die aufgefundenen Fossilien äußerst schwer zu identifizieren und zu datieren. Der größte Teil der Weichkörperlebewesen hat keine Spuren hinterlassen; vielleicht sahen sie aus wie frühe Formen der zukünftigen Quallen. Die Fauna der letzten Periode des Neo-

proterozoikums heißt die *Fauna des Ediacarium*, benannt nach der Gruppe der Ediacara-Hügel, nördlich von Adelaide, Australien, wo die ersten Fossilien von Organismen in tierischer Form entdeckt wurden, vielleicht ein Wurm, *Cloudina*. 0,8 bis 15 cm lang und mit einem Durchmesser, der von 0,3 bis 6,5 mm variiert, hat uns Cloudina sein Exoskelett hinterlassen, das äußere Skelett; es besteht aus Kalkspat, einem Kalziumkarbonat, in Form eines «Panzers» oder einer Schale, gebildet aus mehreren Segmenten ineinandergefügter Kegel.

2. Das Phanerozoikum

Das **Phanerozoikum** (griechisch für die Zeit der «sichtbaren Tiere») entspricht der Periode, die vor rund 542 Millionen Jahren begann. Nur schwer kann man deren Beginn vom Ende des vorhergehenden Äons trennen, da nämlich eines der Datierungskriterien beiden Epochen gemeinsam ist: das Auftauchen kleiner Schalentiere. Das Phanerozoikum teilt sich in drei Perioden: das *Paläozoikum* (die Ära des «alten Tieres», 542 bis 250 Millionen Jahre v. u. Z.; das *Mesozoikum*, die Ära des «mittleren Tieres», zwischen 250 und 65,5 Millionen Jahre v. u. Z.; das *Känozoikum*, griechisch für das «neue Leben», die derzeitige Ära seit 65,5 Millionen Jahren.

Das Paläozoikum

Das Paläozoikum beginnt zu der Zeit, als der Superkontinent Rodinia sich in acht Teile spaltet. Meist wird diese Ära in sechs Perioden unterteilt: *Kambrium* (542–488 Ma),* *Ordovizium* (488–435 Ma), *Silur* (435–408 Ma), *Devon* (408–355 Ma), *Karbon* (355–295 Ma), *Perm* (295–250 Ma).

■ **Das Kambrium** (542–488 Ma) verdankt seinen Namen dem lateinischen *Cambria* für Wales, und zwar wegen einer geologischen Schicht, deren Ausstriche in Wales sichtbar sind. Das Klima, subtropisch zu Beginn, bildet sich allmählich zu einer heißen und trockenen Variante aus. Die Meere treten über

* Ma: 1 Jahrmillion (Megaannum) vor unserer Zeitrechnung.

die Ufer, Westeuropa ist unter einem flachen Meer verborgen. Es gibt unzählige Meerestierarten, unter ihnen sind neue Gruppen mit harten Füßen ausgestattet. Zahlreich vorhanden sind die *Trilobiten*, das sind Arthropoden («mit Gelenkfüßen», Gliederfüßer) mit gliedartigen Körperteilen, die ihnen die Bewegung erleichtern; *Brachiopoden* («deren Arm der Fuß ist», Armfüßer), gestielte Schalentiere; *Echinodermen* («mit stacheliger Haut») wie zum Beispiel Seeigel; viele Arten von Gelenkwürmern und Quallen. Im Laufe des Kambriums entstehen Hunderte von Phyla (Singular: Phylum), d. h. komplexe genetische Linien lebender Arten – daher spricht man von der *kambrischen Explosion*.

■ **Das Ordovizium** (488–435 Ma) verdankt seinen Namen gleichfalls einem geologischen Ausstrich in Wales, wo sich die Ordovicer niedergelassen hatten, ein keltisch-britannischer Volksstamm. Das Klima ist subtropisch, die Temperatur steigt zu Beginn der Periode allmählich an, dann ist um 460 Millionen Jahre v. u. Z. eine Abkühlung in den Meeren zu verzeichnen, die eine größere Biodiversität begünstigt zu haben scheint. Die Trilobiten und Brachiopoden der vorangegangenen Periode überlassen neuen Arten ihren Platz, den *Cephalopoden* («deren Fuß den Kopf überragt», Kopffüßer), wie Kraken, Tintenfische, *Crinoiden* (Seelilien), also fixe Echinodermen (Stachelhäuter), die einer Blütenpflanze ähneln, die am Meeresboden festsitzt, daher ihr griechischer Name für «in Gestalt einer Lilie». Die *Eurypteriden*, Gliederfüßer, die der Languste und dem Skorpion ähneln, erreichen eine Länge von bis zu zwei Metern und haben gewaltige Scheren. Sie besitzen zwei Paar Kiemen: das eine, um unter Wasser, das andere, um außerhalb des Meeres zu atmen. Sie sind die ersten Eroberer des Festlands. Es entstehen außerdem Weichtiere und Korallen.

■ **Das Silur** (435–408 Ma), benannt nach den geologischen Schichten, die in Südwales entdeckt wurden, verdankt seinen Namen einem weiteren keltischen Stamm, den Silurern. Während des Silurs wird die Erde von zwei Superkontinenten beherrscht: *Gondwana* im Süden, das die zukünftigen Gebiete Afrikas, Südamerikas, Arabiens, Indiens, Madagaskars, Australiens und Neuseelands umfasst; *Laurasia* im Norden, bestehend aus dem zukünftigen Nordamerika, Europa und Asien. Parallel dazu vollzieht sich die Ausbildung der Ozeane. Deren ältester, *Lapetus*, trennt die Kontinente der Nordhemisphäre, er zieht sich aufgrund des Anwachsens dieser Kontinente durch die Bildung des Superkontinents Pangaea wieder zurück. Als Pangaea sich in Gondwana

und Laurasia aufteilt, entsteht ein neuer Ozean: *Tethys*. Er zieht sich etwa 80 Millionen Jahre v. u. Z. zurück, dafür entstehen die heutigen Ozeane Südatlantik und Indischer Ozean. Dann schließlich bilden sich auch der Pazifik und der Nordatlantik. Die *Graptolithen* («auf Stein geschrieben») sind die am weitesten verbreiteten Tiere. Es handelt sich um in Kolonien lebende Tiere, die zunächst aus einem Individuum bestehen, sich danach in Form von Achsen oder Armen entwickeln, den Dendriten. Am Ende des Silurs ergreifen mehrzellige Pflanzen Besitz vom Festland. Es sind dies vaskuläre (Gefäß-) Pflanzen, d. h., in ihrem Inneren zirkulieren Wasser und verdünnte Nährstoffe, wie bei den *Lykophyten*.

■ **Das Devon** (408–355 Ma) verdankt seinen Namen der englischen Grafschaft Devonshire, wo dieses geologische System zum ersten Mal identifiziert wurde. Der Meeresspiegel des Ozeans *Panthalassa*, der Laurasia und Gondwana umspannt, ist angestiegen, und die Kontinente sind überwuchert von erdverwachsenen Pflanzen. Ohne dass man genau die Gründe benennen kann, verschwinden, als ein Meteorit die Erde trifft und auf eine Wärmeperiode eine abrupte Abkühlungsperiode folgt, mehr als 70 Prozent der Arten, vor allem der Meerestiere. Das geschieht zwischen 380 und 360 Millionen Jahre v. u. Z.; diese Episode wird als das *Devon-* oder *Kellwasser-Ereignis* bezeichnet. Es gibt einer neuen Fauna Raum: Arthropoden, Skorpionen, Myriapoden (Tausendfüßer), Spinnen. Auf der Erde treten die ersten Knochenfische auf, deren Schwimmblase sich zu den zukünftigen Lungen entwickelt; am Anfang ist es ein einfacher Lungenbeutel. Manche dieser Tiere haben ein inneres gegliedertes Skelett, das ihnen ermöglicht, außerhalb des Wassers auf ihren Flossen zu kriechen; Amphibien wie die Tetrapoden oder ihr naher Verwandter *Tiktaalik roseae* (*tiktaalik* ist Inuit und bedeutet «großer Fisch aus tiefen Wassern»), ein Knochenfisch mit einem Alligatorkopf. Die ersten Haie erscheinen.

Am Ende dieser Periode, im Oberdevon, entstehen Amphibien wie etwa die Lurche. Die Larven atmen mittels ihrer Kiemen, die erwachsenen Tiere benutzen Lungen. Doch vor allem die Flora geht im Devon auf. Regelrechte Wälder aus riesigen Farnen, die mehr als 15 Meter groß werden können, bilden sich aus. Die sexuelle Reproduktion setzt ein, trennt Pflanzen in männlich und weiblich und ermöglicht die Produktion von Samen. Diese wichtige Etappe erklärt auch die zeitgleiche Entstehung von Insekten, die sich in wechselseitiger Abhängigkeit von Pflanzen entwickeln. Außer den Farngewächsen, den *Progymnospermen*, «die ihren Samen mit dem Wind verstreuen», erscheinen die Pilze, die *Sphenophyten*, wie etwa der Schachtelhalm.

▪ **Das Karbon** (355–295 Ma) verdankt seinen Namen der Versteinerung von Pflanzen des Devons in den Sumpfgebieten, wodurch die ältesten Kohleschichten entstehen. Nach einer Periode der Meeresabsenkung gegen Ende des Devons steigt das Meer wieder an, das Klima ist warm und feucht, bis auf den Süden der australischen Hemisphäre. Dieser südlichste Teil von Gondwana ist unter Eis verborgen. *Pangaea*, das aus Gondwana und Laurasia besteht, formiert sich gerade. Es umfasst sämtliche Landteile in einem einzigen Superkontinent; daher seine griechische Bezeichnung für «die ganze Erde». Auf diesen Landteilen erreichen – außer den Sumpfgebieten – die Pflanzenarten des Devons immer gigantischere Ausmaße; einige sind höher als 35 Meter. Die Futtergräser und ersten Bäume mit holziger Rinde enthalten *Lignin*, das sich schlecht zersetzt, was wiederum zum Anwachsen der Kohleschichten beiträgt, vor allem der Braunkohle, eines Sedimentgesteins zwischen Torf und Steinkohle. Der Sauerstoffgehalt der Luft steigt an und wird für den Riesenwuchs der ersten Insekten verantwortlich sein, beispielsweise für Libellen mit einer Spannweite von 75 cm. Die Amphibien vervielfachen sich, werden zugleich größer; manche Gruppen erleben den Anfang einer Evolution, aus der Reptilien hervorgehen.

▪ **Das Perm** ist der letzte Zeitraum des Paläozoikums. Sein Name leitet sich von der russischen Stadt Perm her, wo man Spuren dieser geologischen Formation gefunden hat. Das mittlere Meeresniveau ist während dieser gesamten Periode relativ niedrig. Pangaea ist vollständig ausgebildet und von einem riesigen Ozean umgeben, dem *Panthalassa;* griechisch für «alles Meer». Während die Trilobiten und Brachiopoden verschwinden, erscheinen die ersten gepanzerten Fische. Einige Reptilien werden mit Membranen ausgestattet, die ihnen das Gleiten ermöglichen, nicht aber den Ruderflug nach Art der Vögel, die mit ihren Flügeln schlagen können. Große Amphibien und Reptilien bereiten den Dinosauriern den Weg. Die Flora wird dominiert von Nacktsamern und diversifiziert sich mit ersten Nadelbäumen und Ginkgos. Etwa 250 Millionen Jahre v. u. Z. kommen wahrscheinlich mehrere verhängnisvolle Elemente zusammen: eine *Anoxie*, ein Ersticken der Ozeane aufgrund der Verminderung der kontinentalen Oberfläche, weil stattdessen einzig Pangaea entsteht. Hinzu kommt eine gesteigerte Vulkantätigkeit als Auswirkung eines oder mehrerer Meteoriteneinschläge. Immerhin 95 Pro-

zent der Meerestiere und 70 Prozent der Landwesen sterben aus – das *Massenaussterben des Perms*.

Das Mesozoikum

Auf das **Paläozoikum** folgt das **Mesozoikum** (250–65,5 Ma), seinerseits unterteilt in **drei Perioden**, die ein weiteres Mal durch ein genaues geologisches System identifiziert werden: Trias (250–199 Ma), Jura (199–145 Ma) und Kreide (145–65,5 Ma).

▪ **Die Trias** (250–199 Ma) hat ihren Namen von den drei stratigraphischen Schichten, die sie ausmachen: *Buntsandstein*, *Muschelkalk* und *Keuper*. Das Klima ist insgesamt warm, mit örtlichen Variationen auf den Kontinenten, was mit der immensen Größe von Pangaea zu tun hat. Nach dem Massenaussterben im Perm entwickeln sich die überlebenden Arten nur langsam, während andere für eine kurze Zeit auftauchen und neue Arten anfangen, das Mesozoikum zu dominieren. Die Schildkröten sind schon kurz vor ihrem heutigen Entwicklungsstadium. Die gezahnten Reptilien, die Saurier, entwickeln sich, mit den Krokodilen und Dinosauriern oder den *Pterosauriern*, den Flugsauriern. Die Gruppe der *Cynodontia* oder «säugetierähnlichen Reptilien», Vorläufer der Säugetiere, legt Eier, doch das Weibchen, das über Brustdrüsen verfügt, säugt die Jungen nach dem Schlüpfen. In den Meeren wimmelt es allmählich von großen Meeresreptilien, den *Ichthyosauriern*, deren Aussehen an das der heutigen Delphine erinnert. So wie es mit einem gewaltigen Aussterben angefangen hat, endet die Trias mit einem weiteren solchen Ereignis, dem *Massenaussterben des Trias-Jura*, das etwa die Hälfte der biologischen Vielfalt dahinrafft. Ursache dafür ist vielleicht das Auseinanderbrechen von Pangaea, der sich in Laurasia und Gondwana teilt. Die Flora ist gekennzeichnet durch die stete Entwicklung der Laubwälder in der nördlichen Hemisphäre, andernorts dominieren der Ginkgo und die *Cycadeen* (Palmfarne), die den Fächerpalmen ähneln.

▪ **Der Jura** (199–145 Ma) beginnt mit der Teilung von Pangaea. Er hat seinen Namen von den Kalksteinen des Juragebirges. Laurasia im Norden umfasst, ehe es gegen Ende der Periode auseinanderbricht, Nordamerika und Eurasien. Gondwana im Süden umfasst Afrika, Südamerika, die Antarktis, Arabien, Indien, Madagaskar, Neuseeland und Australien. Der Ozean Tethys vergeht.

Das Klima diversifiziert sich in den verschiedenen Zonen des Globus. Insgesamt bleibt es warm, wie in der Trias. Die erdgebundene Fauna ist die der großen Zeit der Dinosaurier, mit Giganten wie dem *Apatosaurus* (auch Brontosaurus genannt). Er hat eine Länge von 22 m, eine Höhe von 8 m und ein Gewicht von ca. 30 Tonnen. Er zieht in Gruppen umher, um die Baumkronen abzufressen. Die anderen Dinosaurier-Arten im Jura sind der Diplosaurus, der Camarasaurus, auch sie Pflanzenfresser. Auf vier Pfoten gehend, sind sie langsam, wie die fleischfressenden (karnivoren) Saurier-Reptilien, die fleischfressenden Dinosaurier aus der Ordnung der *Sarischia* (Echsenbeckensaurier); als Zweibeiner bewegen sie sich schneller. Diese Raubtiere sind furchterregend, etwa der bekannteste unter ihnen, der *Tyrannosaurus rex*. Die Saurier eroberten auch den Himmel, etwa die Pterodaktylen, «Flügelfinger»; dieser Begriff stammt von **Georges Cuvier** (1769–1832). Diese Tiere konkurrieren mit den ersten Vögeln von der Art des *Archeopteryx*, die gegen Ende des Jura vor ca. 150 Millionen Jahren erscheinen. Die Meere sind die Domäne nicht nur des aufkommenden Planktons, sondern auch der *Ammoniten*, einschaliger Weichtiere mit gerollten Schalen; sie treten in großer Zahl auf. Im Meer leben auch Arten höher entwickelter Fische und Reptilien, *Plesiosaurier*, im Meer lebende Krokodile. Das Klima ist warm und feucht und begünstigt die Eroberung der Erdmassen durch üppige Wälder: Nadelbäume oder Ginkgos, je nach Breitengrad.

■ **Die Kreide** (145–65,5 Ma), auch *Cretazeum*, verdankt ihren Namen den Kreideablagerungen (lateinisch *creta*, «Kreide»), aus dieser Periode sehr häufig in Europa – in England und vor allem in Frankreich – gefunden. Diese Zeit endet mit einem weiteren großen Massenaussterben, dem der Dinosaurier und großen Reptilien, und zwar im Zusammenhang mit aktiven Vulkanen, verstärkt durch den Einschlag eines Meteoriten. Die Teilung Pangaeas ist beendet, die heutigen Kontinente treten an seine Stelle. Der Indische Ozean und der Südatlantik entstehen, der Anstieg des Wassers versenkt ca. 30 Prozent der Landmassen. Nach einer Periode der Abkühlung zu Beginn dieser Ära ist das Klima in der Kreidezeit insgesamt warm. Die vorhandenen Säugetiere sind von geringer Größe und leben unbemerkt in einer Welt, in der die Reptilien herrschen. Manche entwickeln sich in Richtung der heutigen Vögel mit ihren Flügeln, einem kräftigen Brustbein und einem verkürzten Schwanz. Im Meer sind Rochen, Haie und Knochenfische weit verbreitet. Die **ersten Blütenpflanzen** entwickeln sich zur gleichen Zeit wie die Insekten, Bienen, Termiten, Ameisen und Schmetterlinge. Laubbäume und Palmen verbreiten sich

weiterhin auf der Erde, mit Farnen, Schachtelhalmen, Laubbäumen wie den Magnolien und den Feigen. Die Kreidezeit endet mit dem *Massenaussterben der Kreide*, auch *KT-Massenaussterben* genannt, nach der *Kreide-Tertiär-Grenze*. Bekannt ist diese Zeit vor allem durch das Verschwinden der Dinosaurier – bis auf die Vögel, die darauf folgen. Dieses Massensterben wird einem Meteoriten zugeschrieben, der auf Yukatan trifft, was eine Aufwirbelung kleinster Partikel auslöst, die die Sonnenstrahlen abschirmen. Es betrifft viele Arten, die gleichfalls terrestrisch sind und die mangels Nahrung verschwinden: die Pflanzenfresser und die, die sie jagen; doch auch Meerestiere, aus Mangel an *Phytoplankton*, dem pflanzlichen Plankton. Es überleben die am besten angepassten Tiere: Fleischfresser, Aasfresser, terrestrische wie marine; große Bestände an Meerestieren ernähren sich von Abfällen.

Das Känozoikum

Die auf die Kreidezeit folgende geologische Ära, das **Känozoikum**, beginnt vor ca. 65 500 000 Jahren und dauert bis heute an. Das Känozoikum (oder Periode des «neuen Lebens») wird in zwei Teile unterteilt, das ältere Paläogen und das jüngere Neogen. Eine ältere Klassifizierung unterteilt außerdem in Tertiär (65,5–2,6 Ma) und Quartär (2,6 Ma bis heute).

Das Paläogen

Das **Paläogen** ist die geologische Periode, die sich von 65,5 bis 23,5 Millionen Jahre v. u. Z. erstreckt. Es wird seinerseits meist eingeteilt in das Paläozän (65,5–56 Ma), das Eozän (56–34 Ma) und das Oligozän (34–23,5 Ma).

▪ **Das Paläozän** (65,5–56 Ma) beginnt mit dem gewaltigen Kreide-Tertiär-Massenaussterben, das fatal ist für spezialisierte Arten von großem Wuchs. Die anderen Arten bleiben bestehen, vor allem die Reptilien, jedoch in weniger großer Anzahl, und sie treiben ihre Evolution voran. Die Säugetiere sind die großen Nutznießer des Verschwindens der Riesen der Kreidezeit. Es handelt sich um kleine Säugetiere, Huftiere, Fleischfresser, alles bei spektakulärer Vervielfachung der Arten, etwa einer Verzehnfachung der Stammhuftiere *(Condylarthra)* wie dem Phenocodus. Die Vögel erreichen gewaltige Ausmaße, wie der *Gastornis*, dem Aussehen nach eine Art Strauß, mit kräftigen Klauen, einem starken Schnabel, der Knochen brechen kann; ein Fleischfresser von fast 2 Meter Größe und 2 Zentnern Gewicht. Die Flora entwickelt sich mit den *Angiospermen* (Bedecktsamern) vom Ende der Kreidezeit, auch mit Blütenpflanzen, laubabwerfenden Bäumen, die sich ausbreiten. Das Klima im Paläogen ist durch eine deutliche Erwärmung gekennzeichnet; es wird subtropisch, wodurch dichte Wälder begünstigt werden.

■ **Das Eozän** (56–34 Ma), dessen griechische Bezeichnung für «neue(r) Morgen(röte)» auf die Ankunft der heutigen Säugetiere hinweist, beginnt mit dem höchsten mittleren Temperaturanstieg, ca. 11 °C. Manche Arten überleben das nicht, doch sind diese Bedingungen günstig für Tiere von geringerer Größe, Nagetiere, Primaten, Fledermäuse. Die Huftiere entwickeln sich mit dem *Eohippus* (griechisch für «Pferd der Morgenröte»), einem kleinen Vorfahren des Pferdes von der Größe eines Hundes. In den warmen Meeren tauchen die ersten Wale auf.

■ **Das Oligozän** (34–23,5 Ma) beginnt durch den Einschlag eines oder zweier Meteoriten in der Chesapeake-Bucht auf der Ostseite der Vereinigten Staaten und in Russland, der erneut ein gewaltiges Massenaussterben in Gang setzt. Das allgemeine Klima kühlt seit dem Ende des Eozäns ab. Diese Abkühlung setzt sich während der gesamten Periode fort. Wenig neue und heutige Säugetiere entstehen im Vergleich zu ihrer Vervielfachung während des Eozäns, doch ist bereits etwa ein Fünftel aller heutigen Arten vorhanden. Wenn auch die primitiven Säugetiere verschwinden, so entstehen doch stattdessen Nagetiere, Biber, Ratten, Mäuse; auch Huftiere: Zebras, Pferde, Esel, Rhinozerosse, Flusspferde. Und es erscheinen Schweine, Kamele, Antilopen und die ersten Affen.

Das Neogen

Auf das Paläogen folgt das Neogen, unterteilt in das Miozän (23,5–5,5 Ma) und das Pliozän (5,5–1,8 Ma).

■ **Das Miozän** (23,5–5,5 Ma), dessen griechische Bezeichnung «wenig neu» bedeutet, ist durch fortgesetzte Abkühlung gekennzeichnet. Die tropischen Wälder gehen zugunsten von Savannen und Steppen zurück und begünstigen die Ausbreitung der Huftiere, die diese durchstreifen; dazu gehören Pferde in der Größe von Ponys. Räuberische Wölfe und Wildkatzen leben in dieser Epoche. In den Meeren gesellen sich zu den Pottwalen und Walen die Del-

phine, Tümmler, heutige Haie und das räuberischste Meerestier, der *Megalodon* («mit großen Zähnen»); diese konnten bis zu 22 cm lang sein, bei einer Körpergröße von bald 20 m. Im Laufe des Miozäns vermehren sich auch die **Hominiden**. Diese Familie von Primaten umfasst die großen Affen: Bonobo, Schimpanse, Orang-Utan, Gorilla und den Menschen. Doch es teilen sich die Linien der Menschen und der großen Affen. Der **Tourmaï**, der als das möglicherweise älteste Fossil der Menschenlinie gilt, lebte auf dem Gebiet des heutigen Tschad vor ca. 7 Millionen Jahren.

■ **Das Pliozän** (5,5–1,8 Ma), dessen griechische Bezeichnung für «neuer» im Unterschied zum «wenig neuen» Miozän sich auf die heutigen Säugetiere bezieht, ist die Epoche, die zu den großen Eiszeiten hinführt. In dieser Zeit nehmen die Kontinente ihre heutige Position ein. Die Huftiere gehen zurück, *Mastodonten* (Rüsseltiere) oder «gezahnte Säuger» verbreiten sich in Nordamerika. In Größe und Gestalt ähneln sie den Mammuts. Die Nager gedeihen in Afrika, die Beuteltiere in Australien. Die Abkühlung des Klimas verändert die Flora. Die tropischen Wälder sind auf die Äquatorregion begrenzt und werden anderswo durch gemäßigte Wälder mit laubabwerfenden Bäumen ersetzt. Weiter nördlich dehnen sich Steppen und Tundren aus.

3. Die großen Eiszeiten

Die großen Eiszeiten ereignen sich im **Pleistozän** (1,8 Ma–11 500 v. u. Z.). Sie treten zyklisch auf und bedecken in ihrer Hochzeit 30 Prozent der Erdmasse. Es lassen sich vier Eiszeiten unterscheiden (Günz, Mindel, Riss, Würm), unterbrochen von drei Warmzeiten (Günz-Mindel, Mindel-Riss, Riss-Würm).

- **Günz** (1,2–0,7 Ma) verdankt seinen Namen einem Zufluss der Donau.
- **Mindel** (650 000–350 000 v. u. Z.) hat seinen Namen von einem Fluss im Allgäu.
- **Riss** (300 000–120 000 v. u. Z.) ist benannt nach der Riss, einem Donau-Zufluss.
- **Würm** (115 000–10 000 v. u. Z.) ist nach einem oberbayerischen Fluss benannt.

Im Laufe der Eiszeiten fließen die Gletscher zusammen und bilden so gigantische Massen, wie etwa das *Inlandeis*, das sich von Skandinavien bis England erstreckt. Die Dicke der Gletscher kann bis zu 3000 m erreichen. Der *Perma-*

frost, unterirdisches andauerndes Eis, erstreckt sich über mehrere Hundert Kilometer vor den Gletschern. Während der Zwischeneiszeit-Perioden bewirkt die relative Erwärmung ein Ansteigen des Wassers, was zu gewaltigen Seen führt, die mehrere Hundertmillionen Quadratkilometer bedecken. Und es kommt zu einem neuen Massenaussterben: Mammuts, Mastodonten, Säbelzahntiger. Die Repräsentanten der Gattung *Homo*, die Menschen und nah verwandte Arten, teilen sich weiter auf und verschwinden dann, bis auf den *Homo sapiens*, den «verständigen Menschen», unseren direkten Vorfahren.

Warum gab es die Eiszeiten?

Verschiedene Hypothesen wurden dazu seit dem 19. Jahrhundert vorgebracht, doch im Allgemeinen wird der sogenannten *Milankowitsch-Theorie* gefolgt, die auf die Position der Kontinente auf dem Globus anspielt. Während der kalten Phasen bedecken die Gletscher fast ganz Nordeuropa und die Alpen, das Massif central und die Pyrenäen. Der Meeresspiegel variiert aufgrund von Eisablagerung auf den Kontinenten, in der Größenordnung von 120 m Dicke, was die letzte Eiszeit betrifft. Die beiden letzten Inlandeis-Flächen (eine sehr ausgedehnte Eisdecke, auch als Polkappe bekannt) sind bis heute das Grönlandeis und die Antarktis. Das Vorhandensein von Gletschermoränen und von Spuren der Gletschererosion lässt Rückschlüsse auf die Landschaft zu, die diese Phänomene hinterlassen haben. Die mittlere Temperatur war um 8 bis 12 °C niedriger als die heutige. Ausgiebige Regengüsse finden zu jener Zeit in Nord-, Ost- und Südafrika statt. Die großen Wüsten, die Kalahari oder die Sahara, sind bewohnbar. Als das Meeresniveau sinkt, trocknet die Landbrücke zwischen Asien und Amerika erneut aus, ähnlich wie der Isthmus von Panama, wodurch erneut Zugänge zwischen den drei Kontinenten möglich sind.

4. Das Holozän

Das darauf folgende **Holozän** ist die jüngste geologische Periode, sie beginnt 10 000 Jahre vor unserer Ära. Es ist dies eine Zwischeneiszeit, gekennzeichnet durch das Ansteigen der Ozeane infolge des Abschmelzens der Gletscher. Die Temperatur steigt an, der Tropenwald reicht bis in den Norden, Savannen ersetzen die Wüsten. Die **Megafauna**, Tiere von großem Körperwuchs, **ver-**

schwindet aus Nordamerika. Andere Arten verschwinden gleichfalls, werden zu Opfern des Menschen. Der nutzt das Feuer, spitzt Steine zu, entwickelt neue Strategien der Jagd mit dem Bogen oder mithilfe des Speerwurfs.

III

Die Vorgeschichte: 7 Millionen Jahre bis zur Erfindung der Metallurgie (2500 Jahre v. u. Z.)

Die Vorgeschichte einer Geschichte

Alles beginnt mit **Jacques Boucher de Perthes** (1788–1868), der 1842 die Frage nach einem Menschen vor der Sintflut stellt. Die Schlussfolgerungen, die er 1849 im ersten Band seiner *Antiquités celtiques et antédiluviennes (Keltische und vorsintflutliche Antike)* veröffentlicht, haben nicht den Erfolg, den er sich erhofft. Nach einem Jahrzehnt haben sich die Entdeckungen vervielfacht, doch die Kritiker lehnen Boucher de Perthes' Ansatz immer noch ab, vor allem der Geologe **Élie de Beaumont** (1798–1874), Schüler von Georges Cuvier. Wenn auch 1858 die berühmte Schädeldecke aus dem Neandertal zutage gefördert wird, so dauert es doch noch bis 1859, bis die Vorgeschichte als wissenschaftliche Disziplin geboren wird. Der Besuch eines englischen Paläontologen, **Hugh Falconer** (1808–1865), zu diesem Zeitpunkt in Abbeville, der seine Entdeckungen mit denen Boucher de Perthes' vergleichen will, hat zur Folge, dass nicht nur die Gleichzeitigkeit von Mensch und verschwundenen Arten anerkannt, sondern auch ein Teil der gelehrten Welt an die Vorgeschichte des Menschen herangeführt wird. Wenn auch die Zustimmung noch keine vollständige ist, so wird sie doch größer, als Perthes 1863 in Moulin-Quignon einen menschlichen Kiefer in einer geologischen Schicht entdeckt, die außerdem behauene Feuersteine und Reste von untergegangenen Tierarten aufweist. Diese Entdeckung wird sich später als Täuschung entpuppen. Denn der Kiefer von Moulin-Quignon hat, im anatomischen Vergleich mit heute bekannten menschlichen Fossilien, eher moderne Züge. Die Bedeutung dieser

Täuschung besteht aber zu jener Zeit darin, überhaupt eine Kommission aus Wissenschaftlern, Geologen, Paläontologen, Archäologen unter der Leitung von **Henri Milne-Edwards** (1800–1885) zu versammeln. Sie wollen den Ausgrabungsort in Moulin-Quignon inspizieren. Die Aufzeichnungen der Disputation werden in den *Mémoires de la société d'anthropologie de Paris* (1863) veröffentlicht. Seitdem setzt sich die Idee eines progressiven und unendlichen Wachstums der Menschen durch, einer notwendigen Kontinuität der Lebensformen. Diese Idee gründet auf der Stratigraphie, der Schichtenkunde, die die Geschichte der Lebewesen und der Menschen erkennen lässt. Dem englischen Naturforscher **John Lubbock** (1834–1913) verdanken wir die 1865 veröffentlichte Einteilung der Vorgeschichte in zwei Perioden: das Paläolithikum, Zeitalter der alten Steine, und das Neolithikum, Zeitalter der jüngeren Steine.

Heute gehen die Forscher davon aus, dass die Vorgeschichte in dem Moment endet, als die ersten Schriftzeugnisse auftauchen, was um das 4. Jahrtausend im Vorderen Orient geschieht. Doch diese Abgrenzung bleibt unklar. Denn die ethnologischen Daten zeigen, dass zahlreiche Kulturen weiterhin existiert haben, wie etwa die paläolithischen oder mesolithischen Kulturen. Ein präzises Datum des Auftauchens der Menschen zu geben wirft ebenfalls Probleme auf. Alles hängt davon ab, was man unter «Mensch» versteht. Wo soll man die Grenze ziehen, die ihn vom Tier trennt? In welchem Augenblick wird er wirklich zum Menschen? Die Antwort muss den Erwerb gewisser **anatomischer Eigenschaften** berücksichtigen: Entwicklung des Hirns, Erwerb der Bipedie, des aufrechten Gangs, doch auch den von **kulturellen Besonderheiten**: Herstellung von Werkzeugen, Beherrschung gewisser Techniken in Bezug auf Feuer, Malerei, Herstellung von Statuetten, Bau von immer besseren Wohnstätten. **André Leroi-Gourhan** (1911–1986) hat 1965 eine anthropologische Synthese vorgelegt, indem er das Aufkommen von Handarbeit, die Entwicklung des Gehirns sowie Morphologie und Kultur miteinander verbindet.*

* André Leroi-Gourhan, *Hand und Wort. Die Evolution von Technik, Sprache und Kunst*, Suhrkamp, Frankfurt am Main 2006.

1. Das Paläolithikum

Die verschiedenen Zeitalter des Paläolithikums

- **Vor-Paläolithikum:** 7 Ma–1,7 Ma. Australopithecus – *Homo habilis* – Geröllgerät
- **Unteres Paläolithikum:** 1,7 Ma–300 000 v. u. Z. Faustkeil – *Homo erectus* – Abbevillien – Acheuléen – Micoquien
- **Mittleres Paläolithikum:** 300 000–30 000 v. u. Z. Neandertaler – Moustérien – Levalloisien – Grablegung – *Homo sapiens* im Vorderen Orient
- **Oberes Paläolithikum:** 30 000–10 000 v. u. Z. Abschlagen von Steinsplittern– Aurignacien – Gravettien – Solutréen – Magdalénien – Epipaläolithikum – Höhlenkunst

Die Vorgeschichte: Welches Klima in welcher Umwelt?

Die ersten großen Etappen der Menschheitsgeschichte spielen sich im geologischen und paläo-klimatischen Quartär-Erdzeitalter ab. Der Ausdruck «Quartär» wurde 1829 von dem Geologen **Jules Desnoyers** geprägt. Das Quartär ist zweigeteilt: in das Pleistozän, ab 2,7 Ma (dieser Begriff wurde 1839 von dem britischen Geologen **Charles Lyell** eingeführt), und in das Holozän, ca. 10 000 v. u. Z. bis heute (dieser Begriff wurde von dem Franzosen **Paul Gervais** 1867 geprägt, um die jüngeren Ablagerungen zu definieren). Dieser jüngste Teil der Erdgeschichte folgt auf das Primär-, Sekundär- und Tertiär-Zeitalter. Doch das Quartär unterscheidet sich von seinen Vorgängern durch zweierlei: bedeutende, durchgehende klimatische Schwankungen und die Anwesenheit des Menschen. Die wesentliche Forschung betrifft also den Menschen und seine Umgebung. Große Eiszeitphasen sind durch wärmere Zwischeneiszeiten getrennt und gelten als weitere Kennzeichen dieser Zeit. Die Donau-Eiszeit (2,1 bis 1,8 Ma) am Ende des Tertiärs ist bereits zeitgleich mit den ersten Hominiden in Afrika. Im Quartär folgt darauf die Günz-Eiszeit oder Günz-Kaltzeit (1,2 bis 0,7 Ma), danach gegen 700 000 v. u. Z. die Günz-Mindel-Zwischeneiszeit, gekennzeichnet durch eine klimatische Erwärmung. Zwischen dem Ende des Altpleistozäns und dem Beginn des Mittelpleistozäns folgen die Mindel-Eiszeit (650 000 – 350 000 v. u. Z.) und die Mindel-Riss-Zwischeneiszeit. Noch im Mittelpleistozän setzt eine neue Periode der Abkühlung ein, die Riss-Eiszeit (300 000–120 000 v. u. Z.). Vor rund 120 000 Jahren kommt es wieder zu einer Periode der Erwärmung, zur Riss-Würm-Zwischeneiszeit, der wiederum die letzte große Eiszeit folgt, die Würm-Zeit (75 000–10 000 v. u. Z.).

Die großen Eiszeiten des Quartärs

- vor 1 200 000–700 000 Jahren: Günz-Eiszeit
- vor 700 000–650 000 Jahren: Erste Zwischeneiszeit, genannt Günz-Mindel
- vor 650 000–350 000 Jahren: Mindel-Eiszeit
- vor 350 000–300 000 Jahren: Zweite Zwischeneiszeit, genannt Mindel-Riss
- vor 300 000–120 000 Jahren: Riss-Eiszeit
- vor 120 000–75 000 Jahren: Dritte Zwischeneiszeit, genannt Riss-Würm
- vor 75 000–10 000 Jahren: Würm-Eiszeit

Seit 10 000 Jahren erlebt die Erde eine neue Zwischeneiszeit; warm und feucht, könnte sie in ca. 1000 Jahren zu Ende gehen.

Im Quartär erlebt die Entwicklung der Säugetiere einen Aufschwung mit dem Auftauchen riesiger Arten, darunter der *Dinotherium*, im Tal des Omo (Äthiopien), der Säbelzahntiger, der sein Maul bis 180 Grad öffnen kann. Während des warmen Klimas am Anfang des Quartärs erscheinen weitere Arten: der *Elephans africanus*, die Gattung *Equus* und die Gattung *Bos*. In den Tundren, die sich infolge des Rückgangs der Wälder bis zum Südrand der Alpen ausbreiten, tauchen Mammuts auf, Rentiere, Höhlenbären. Die Flora entwickelt sich während der Zwischeneiszeiten bis zum Beginn des Holozäns und unterscheidet sich kaum von den Laubbäumen und den Blütenpflanzen, die wir heute kennen. Während der Eiszeiten ziehen sich die Wälder nach Süden zurück, in den warmen Perioden nach Norden. Das Ende der Eiszeit vor rund 10 000 Jahren bewirkt ein wahrhaftes Massensterben innerhalb der Fauna: Aus dem Landschaftsbild verschwinden die großen Säuger, der *Megaceros* (Riesenhirsch), Mammuts, wollige Rhinozerosse. Die einzigen Überlebenden werden die Elefanten sein, die Rhinozerosse, die Bisons in Amerika und die Giraffen in Afrika und Asien.

Die großen Etappen der Vorgeschichte

- **Das Paläolithikum**, die Altsteinzeit, die längste Periode der Vorgeschichte, beginnt vor ca. 7 Millionen Jahren und endet mit dem Anfang des
- **Neolithikums**, der Jungsteinzeit, im Vorderen Orient, vor ca. 10 000 Jahren, in Europa erst im 2. Jahrtausend v. Chr.
- **Die Frühgeschichte** setzt mit dem Gebrauch von Metall ein: Kupfer zwischen 2500 und 1800 v. Chr., Eisen ab dem 7. Jahrhundert v. Chr.

Das Paläolithikum in Afrika

Sechs große, auf Westafrika begrenzte Zonen liefern die wichtigsten Funde des Australopithecus (von *pithèque*, «Affe», und *austral*, «südlich»): Rift Valley, die Gegend von Aouach, von Melka Kunturé, das Tal des Omo, der Turkana-See (früher Rudolph-See genannt), der Baringo-See, der Eyasi-See sowie der alte Victoria-See im Norden Kenias. Reich an Relikten sind auch der Tschad und Südafrika. Die Ablagerungen, denen sie entstammen, sind fluvialen (im Fluss vorkommend), lakustrischen (im See vorkommend) oder deltaischen Ursprungs. Dank der Trockenheit im Rift ist eine bedeutende Dokumentation der Fossilien bewahrt geblieben, besser konserviert als in den bewaldeten Zonen.

Die Australopithecus-Saga

Die verschiedenen Arten des Australopithecus leben im Laufe des Pliozäns, zwischen 5,3 und 2,6 Ma, und im Pleistozän, 2,6 bis 1,7 Ma. Sie stellen eine Verbindung menschlicher und affenartiger Spuren dar. Wie die Menschen sind sie Bipeden, bewegen sich auf zwei Füßen. Doch wie die Affen haben sie ein Gehirn von geringer Größe, etwa 400 cm^3. Das bekannteste Exemplar des Australopithecus ist sicherlich Lucy, ein bemerkenswert gut erhaltenes fossiles Skelett aus Afar in Äthiopien, dessen Alter auf 3,2 Millionen Jahre datiert wird. Die Entdeckung 1974 durch ein internationales Team unter Leitung von Yves Coppens, Donald C. Johanson und Maurice Taieb war eine Sensation. Mit ihren 52 Knochen war beinahe die Hälfte ihres Skeletts intakt. Dieser weibliche Australopithecus wurde ungefähr 20 Jahre alt und war 1,10 m groß. Ihr Gehirnvolumen betrug ca. 400 cm^3 (zum Vergleich: unseres hat 1200 cm^3). Lucy war, wenn man der Neigung ihres Rückgrats und ihrem großen Becken

Glauben schenken kann, zum aufrechten Gang fähig, doch führte sie alternativ auch ein Leben auf Bäumen, was dadurch bezeugt wird, dass ihre oberen Gliedmaßen länger waren als die unteren. Die Hypothese einer Anpassung an eine immer trockenere klimatische Umwelt wurde vorgebracht, auch wenn nicht alle Anthropologen sie als Erklärung für den Beginn der Bipedie anerkennen. Seither erhielt Lucy Gesellschaft durch die Entdeckung weiterer und noch älterer Exemplare des Australopithecus, wie dasjenige des Paläontologen Michel Brunet, der 1996 den *Australopithecus bahrelghazali* fand, der «Abel» getauft wurde.

Eine große Familie

Vor vier Millionen Jahren erscheinen also die ersten bekannten Hominiden, die Australopithecinen. Heute unterscheidet man fünf verschiedene Arten: *Australopithecus anamensis*, *A. afarensis*, *A. africanus*, *A. bahrelghazali*, *A. garhi*. Sie entwickeln sich während einer Million Jahre; wir wissen nicht, welcher davon der Vorfahr des *Homo habilis* ist. Lucy kann auf diesen Titel keinen Anspruch erheben, ist doch ihre Bipedie, der aufrechte Gang, viel älter als die mancher Vertreter des Australopithecus. Die Form von Lucys Kiefer und ihres Schädels ist sehr archaisch. Eine weitere klimatische Veränderung findet zwischen 3 und 2 Ma statt, aufgrund einer großen Trockenheit in Afrika. Dann erscheinen die Paranthropen, der *Homo habilis* und der *Homo rudolfensis*.

- **Die Paranthropen**, auch *Australopithecus robustus* genannt, haben die robuste Australopithecus-Gestalt. Ihre Kiefer sind kräftig, ihr Gehirn hat ein Schädelvolumen von 450 bis 600 cm^3. Sie weisen einen sagittalen Schädelkamm auf, wie die Gorillas. Ihre Nahrung ist, wie die Analyse ihrer Zähne zeigt, ausschließlich fleischlich. Die Paranthropen leben zwischen 2,7 und 1,2 Ma.

- **Der *Homo habilis*** wiegt ungefähr 50 kg und hat ein Schädelvolumen von 650 bis 800 cm^3. Seine Bipedie ist konstant. Man trifft ihn in Ost- und Südafrika, vor 2,5 bis 1,8 Ma. Er stellt Werkzeuge her und schützt sich durch notdürftige Unterstände, sogenannte Abris (Windschirm von Olduvai).

- **Der *Homo rudolfensis*** hat seinen Namen vom Rudolfsee (Ostafrika), wo er entdeckt wurde; er ist robuster und korpulenter als seine Vorgänger. Sein Schädelvolumen beträgt ungefähr 700 cm^3. Die gefundenen Exemplare sind

Omnivoren (Allesesser) von geringer Größe, im Mittel 1,30 Meter. Er lebt zur gleichen Zeit wie der *Homo habilis*.

Aus der Zeit dieser ältesten Menschen datiert das «Geröllgerät»; Werkzeuge, die *chopper* genannt werden, wenn sie nur eine behauene Seite, *chopping tools*, wenn sie deren zwei haben. Auch Überreste der Wohnstätten gehören hierher, wie im Olduvai-Tal (Nordtansania, Ostafrika). Vor rund 1,9 Millionen Jahren setzt eine weitere klimatische Veränderung mit einer Abkühlung ein. Ein neuer *Homo* erscheint, der *Homo ergaster*, der mit der Tradition des Lebens auf den Bäumen bricht. Manche Forscher betrachten ihn als Abart des *Homo erectus* und seines Vorfahren. Sein Gehirn erreicht eine Ausdehnung von 850 cm^3. Seine Größe variiert zwischen 1,50 m und 1,70 m. Er schneidet Faustkeile und wird der erste Vertreter des *Homo* sein, der wandert, um neue Lebensräume zu erobern. Man kann seine Spuren in Asien, in Loguppo in Südchina, aber auch im Norden Spaniens, in den Atapuerca-Bergen, finden. Die ältesten menschlichen Relikte in Europa weisen die gleichen Charakteristika auf.

Wo ist der Platz des Australopithecus in der Evolution?

Bei jeder relevanten Entdeckung sind Hypothesen zum Rang des Australopithecus innerhalb der menschlichen Evolution vorgebracht worden. Alles beginnt mit derjenigen von Raymond Dart 1924 in Taung, Afrika. Der dortige Australopithecus wird *Australopithecus africanus* getauft. Damals nimmt man an, dass es sich um das laut *Eugène Dubois* fehlende Glied *(missing link)* handelt (s. u.). Robert Brown fördert 1936 den ersten erwachsenen Australopithecus zutage, den er *Plesianthropus transvaalensis* tauft. Seit den 1970er Jahren ermöglichen die Funde vieler neuer Fossilien, vor allem in Afrika durch die Familie Leakey, sowie die Entwicklung von Datierungsmethoden, den Vertretern des Australopithecus in unserem Stammbaum ihren Platz zuzuweisen. Jedes neue Fossil erhält eine eigene Benennung; sie werden verglichen und neu geordnet. Der Pithecanthropus aus Java und der Pekingmensch, der Sinanthropus, der *Homo heidelbergensis* werden unter der Bezeichnung *Homo erectus* zusammengefasst. In den 1960er Jahren findet man in Olduvai in Tansania Hominiden mit einem Schädelvolumen von 500 bis 675 cm^3; 1964 werden sie in einer neuen Gruppe zusammengefasst, dem *Homo habilis*. Sie wird als solche erst 1968 nach der Entdeckung von Twiggy (1,8 Millionen Jahre) anerkannt. Die Hypothese einer rein linearen Entwicklung drängt sich auf: *Australopithecus (afarensis* oder *africanus)* → *Homo habilis* → *Homo erectus* → *Homo sapiens*

Der Platz des Neandertalers ist noch nicht eindeutig bestimmt, er wird zwischen den *Homo erectus* und den *Homo sapiens* gestellt. Heute hat die imposante Zahl der während der letzten 25 Jahre gefundenen Fossilien zur Bildung neuer Arten des *Australopithecus* und des *Homo* geführt. In den 1980er Jahren kennt man nur zwei Arten des Australopithecus, den *A. africanus* und *A. afarensis*, Lucy und die Fossilien aus Hadar (Äthiopien). Vierzehn Jahre später erreicht der *Australopithecus ramidus*, umbenannt in *Ardipithecus ramidus* und sehr viel älter als Lucy, ein Alter von 4,5 Millionen Jahren. Dann wird 1995 in Kenia der *Australopithecus anamensis* mit seinen 4 Millionen Jahren gefunden – zu den 21 Fossilien gehören Ober- und Unterkiefer, Teile des Schädels und ein Teil des Schienbeins – sowie im Tschad, nahe dem Bahr el Ghazal, dem «Gazellenfluss», der *Australopithecus bahrelghazali* mit 3,5 Millionen Jahren. Letzerer, Abel genannt, ist der erste Australopithecus westlich des Rift Valley, er hat wie der *A. anamensis* in bewaldeten Gegenden gelebt. Der *Australopithecus garhi* wird 1999 gefunden, in der Nähe von Steinindustrien. Im Jahr 2000 entdecken Martin Pickford und Brigitte Senut in der Lukerno-Formation in den Tugen Hills von Kenia den «Millenium Man», den *Orrorin tugenensis*. Nach den Knochenfunden könnte er 1,40 m groß gewesen sein, bei 50 kg; er war Bipede und ist der älteste Vertreter des Australopithecus mit 6 Millionen Jahren. Er bestätigt die Hypothese eines sehr alten Bipeden. Ein Jahr darauf fördert Mary Leakey den *Kenyanthropus platyops* (griechisch, «Mensch mit plattem Gesicht aus Kenia») und den *Sahelanthropus tchadensis* zutage. 2002 wird in Dmanissi in Georgien der älteste bekannte Europäer ausgegraben, der *Homo georgicus*. Er zeigt Merkmale, die zwischen dem *Homo habilis* und dem *Homo erectus* angesiedelt sind, mit 700 cm^3 Schädelvolumen beim größten und 600 cm^3 beim kleinsten; er wird auf 1,8 Millionen Jahre datiert.

Wer war der Vorfahr des Menschen?

Einzig der *Homo habilis* kann bis heute den Anspruch erheben, Vorfahr des Menschen zu sein, weil sein Fuß sämtliche Charakteristika eines menschlichen Bipeden aufweist, und er behaut Steinwerkzeuge. Die Australopithecinen haben Charakteristika, die nur ihnen eigen sind und die sie weder zu Menschen noch zu Affen machen. Sie haben Kennzeichen des Menschen: die Robustheit des Fersenbeins, einen Fersenknochen, der die aufrechte Haltung

ermöglicht; und sie haben Charakteristika der Affen: den abstehenden großen Zeh etwa, mit dem sie Äste umgreifen können. Der Vorfahr des Menschen dürfte also keinen spezialisierten Fuß haben, sondern im Gegenteil, er bräuchte die Möglichkeit, sich weiterzuentwickeln. Er hat die bewohnten Teile des subsaharischen Afrika bevölkert, vielleicht vor 2 bis 1 Million Jahren. 1950 und 1960 werden die ersten Fossilien in den Schluchten von Olduvai entdeckt, in Nordtansania. Diese Entdeckung markiert einen Wendepunkt der Paläanthropologie, weil die ältesten bis dahin bekannten menschlichen Fossilien dem asiatischen *Homo erectus* angehörten. Als weitere Vertreter an Orten wie dem nordkenianischen Kobi Fora ans Tageslicht befördert werden, erkennen die Forscher, dass diese Hominiden anatomisch anders waren als der Australopithecus. Diese Entdeckungen führen 1964 die Anthropologen Louis Leakey und Phillip Tobias zu der Annahme eines *Homo habilis;* sie weisen auf die Vergrößerung des Schädelvolumens (800 cm^3) hin, vergleichen hintere und vordere Backenzähne der Fossilien und bemerken, dass der Handknochen auf die Fähigkeit hindeutet, Gegenstände sehr genau zu handhaben.

Weitere Charakteristika des *Homo habilis* scheinen entwicklungsgeschichtlich intermediär gewesen zu sein, angesiedelt zwischen dem Australopithecus, einer relativ primitiven Art, und dem *Homo habilis*, der fortgeschrittener war. Der menschliche Fuß steht nicht flach auf dem Boden wie derjenige anderer Primaten. Seine Fußwölbung unterstützt den gesamten Körper und hält das Gleichgewicht. Einfache Steinwerkzeuge, *chopping tools* und *choppers*, wurden bei den Fossilien gefunden. All diese Charakteristika lassen die Anatomie und das Verhalten des *Homo erectus* und *Homo sapiens* ahnen, des späteren Menschen, was den *Homo habilis* außerordentlich wichtig macht, auch wenn nur wenige Reste von ihm erhalten blieben. Die Genetiker nehmen an, dass der gemeinsame Vorfahr von Mensch und großen Affen vor ungefähr 15 Millionen Jahren erschienen ist und vom Ursprung her ein Australopithecus war. Nach aktuellem Kenntnisstand war der erste Hominide, der die Bipedie erreicht hatte, der Toumaï, der *Sahelanthropus tchadensis*, vor ungefähr 7 Millionen Jahren.

Schrittspuren und aufrechter Gang

Fußspuren, die im natürlichen Umfeld erhalten blieben, sind die Ausnahme. Dennoch sind uns einige überliefert, chronologisch verteilt auf mehrere Millionen Jahre bis 350 000 v. u. Z. für die jüngsten Spuren. Alle Primaten halten sich für eine mehr oder weniger lange Zeit auf ihren hinteren Pfoten aufrecht. Diese Bipedie, diesen aufrechten Gang kann man aber nicht mit dem des heutigen Menschen vergleichen. Bei diesem handelt es sich um eine komplexe Aktion, die die Gelenke und Muskeln des gesamten Körpers beansprucht, und es ist wahrscheinlich, dass die Entwicklung des menschlichen Gehens sich nach und nach über einen Zeitraum von 10 Millionen Jahren entwickelte. Beim Menschen ist die Ferse sehr kräftig, und der große Zeh ist konstant in einer Reihe mit den vier kleineren seitlichen Zehen. Im Gegensatz zu Primatenfüßen besitzt der Fuß des Menschen eine stabile Wölbung, die den Fuß verstärkt. Daher ist der Fußabdruck des Menschen einzigartig und leicht von denen anderer Tiere zu unterscheiden. Es scheint, dass vor ca. 3,5 Millionen Jahren eine Hominiden-Art, die dem *Australopithecus afarensis* angehörte, ein Bipede war. Die in Laetoli (Nordtansania) gefundenen Spuren, datiert auf 3,5 Millionen Jahre, zeigen die Schritte dreier Seite an Seite gehender Individuen auf der feuchten Vulkanasche. Doch auch das ist noch nicht die moderne Bipedie. Eine Forschergruppe um den Engländer Matthew Bennett hat zwischen 2005 und 2008 in Kenia Spuren entdeckt, in der Nähe von Ileret, die 1,5 Millionen Jahre alt sind. Es handelt sich um etwa 20 Abdrücke von Hominiden auf vier Fährten und mehrere weitere Spuren, die den Erwerb der modernen Bipedie bezeugen. Sehr viel älter als die Schrittspuren von Roccamonfina (Italien), die auf ca. 345 000 Jahre datiert werden, gehören die 56 auf der Vulkanasche hinterlassenen Spuren (in Kenia) zu Hominiden, die 1,35 m groß waren und möglicherweise dem *Homo heidelbergensis* zuzuordnen sind.

Das Altpaläolithikum in Europa

Frankreich

Die Fundstelle von **Chilhac** (Dep. Haute-Loire) vom Ende des Pliozäns hat Knochen einer ungewöhnlichen Fauna bewahrt, die dank des Geröllgeräts auf 2 Millionen Jahre – genauer: auf 1,9 Millionen Jahre – datiert wurden. Ein Wasserlauf, damals gesäumt von Moorland, hatte große Säugetiere wie das Südmammut, *Mammuthus meridionalis*, einen Mastodonten, *Annacus arvensis*, Hirsche, *Eucladoceros senezensis*, ein Pferd, *equus slenonis*, eine Gazellenart, *Gazellospira torticornis*, sowie Bären, Hyänen, eine Säbelzahnkatze angelockt. Die **Grotte von Vallonet** (Dep. Alpes-Maritimes) war vom Menschen zwischen 1 Ma und 900 000 Jahren belegt. Die 1958 entdeckte Höhle wurde von Marie-

Antoinette und Henry de Lumley erforscht. Es ist die älteste bekannte Höhlenbehausung in Europa. Sie öffnet sich in 110 m Höhe im gleichnamigen Tal, nahe Roquebrune-Cap-Martin. In ihrem Inneren fanden sich rudimentäre Steinwerkzeuge neben vielgestaltiger Fauna: Hyäne, europäischer Jaguar, Bär, Bison, Geweihträger. Ungefähr gleichen Alters, bietet die Fundstelle von **Soleihac** im Velay, in der Gemeinde Blanzac im Departement Haute-Loire, sämtliche Entwicklungsstufen des Villafranchium – die älteste gehört zu den ersten Lagerplätzen im Freien. Sie wurde auf 800 000 Jahre datiert; es handelt sich wahrscheinlich um ein Lager von Jägern, die auf Elefanten, Flusspferde und Rhinozerosse aus waren. Die Spuren der Wohnstatt sind unbestreitbar; Blöcke aus Basalt und Granit begrenzten eine Siedlungsfläche an den Ufern eines alten Vulkansees. Die Steinwerkzeuge sind sehr vielfältig: *choppers*, Scherben, dicke Schaber.

Spanien

In Spanien wurde der älteste Europäer bei Atapuerca gefunden und auf 1,2 Ma datiert. Er gehört derselben Art an wie der *Homo antecessor*. Das erhaltene Unterkieferfragment mitsamt den behauenen Steinen verschiebt das Alter des Menschen in Europa um 400 000 Jahre zurück. Die Forschungen in Atapuerca haben 1976 eingesetzt. Drei Fundstellen sind bislang zutage gefördert worden, darunter **Sima del Elefant** und **Gran Dolina**; Letztere barg ebenfalls Reste der Art *Homo antecessor* wie auch Werkzeuge und fossile Tierknochen. Bis in die 1990er Jahre haben spanische Fundorte Datierungen von 1,2 Millionen Jahren ergeben, weil sie sehr reich an Fauna sind, wie etwa **Fuente Nueva 3** und **Barranco León**, doch keiner dieser Orte enthielt menschliche Überreste.

Italien

In der Nähe des Berges Poggiolo in der Romagna, in einem Ort namens Casa Belvedere, wurden ab 1983 Tausende von Steinstücken gefunden, die von großer Wichtigkeit für das Paläolithikum sind; sie wurden auf 800 000 v. u. Z. datiert.

Georgien

Auf dem Freiluftgelände von Dmanissi wurden vier Schädel, drei Kiefer, ungefähr 15 postcraniale Teile und ein gutes Dutzend einzelner Zähne gefunden. Diese Fundstücke gehören zu mindestens vier Individuen, zwei Heranwachsenden und zwei Erwachsenen. Verschiedene Datierungen ergaben ein Alter von 1,8 Millionen Jahren. Zum ersten Mal ist der Mensch in einer so weit zurückliegenden Epoche in Europa präsent, in Transkaukasien. Die Ansiedlung dieser Menschengruppe war vielleicht durch eine feuchtere Umwelt bedingt, die einer Trockenzeit folgte; das Schädelvolumen der Funde beträgt 600 bis 700 cm^3.

Das untere Paläolithikum

Die Unterteilung des Altpaläolithikums in **Abbevillien** und **Acheuléen** geht auf die namengebenden Orte zurück, an denen jeweils Steinwerkzeug gefunden wurde. Bis zur Entdeckung der Grotte von Vallonet stellte das Abbevillien die älteste bekannte Werkzeugindustrie dar, in Chelles (Dep. Seine-et-Marne) und an den Terrassen der Garonne. Die Faustkeile aus dem Acheuléen sind meist auf beiden Seiten behauen («retuschiert»); neu hinzu kommt die Bearbeitung mit einem zylindrischen Schlagbolzen. Die ältesten Faustkeile sind harte, nierenförmige Steine, um Splitter abzuspalten. Die Levallois-Technik, Vorform des Kernsteins, tritt vor allem im Mittel-Acheuléen auf. Zunächst ziemlich dick, werden die Faustkeile immer dünner, die Grate immer geradliniger. Die Formen sind symmetrischer, darunter auch flache eiförmige Gebilde in Fischform, sogenannte «Limandes». Die Entwicklung im Acheuléen kulminiert in langen, lanzettartigen Formen, wie die Faustkeile aus dem Micoquien, mit breiter Basis und schmaler Spitze. Im Verlauf des Acheuléen haben sich vermutlich weitere Industrien wie das Clactonien in England unabhängig entwickelt. Der Übergang vom Abbevillien zum Acheuléen ist kaum erforscht. Die Acheuléen-Kultur, bezeugt v. a. in der Gegend von Amiens an der Fundstelle von Saint-Acheul, aber auch in den Höhlen von Arago, Lazaret, La Micoque, Terra Amata (alle Frankreich) und Olduvai (Tansania), dauert bis ungefähr 80 000 Jahre v. u. Z., in Kalambo Falls (Sambia) bis ca. 55 000 v. u. Z.

Der Homo erectus

Der Held dieser Geschichte aus der Zeit vor 700 000 Jahren ist der *Homo erectus*, dessen erste afrikanische Vertreter nicht der Linie des *Homo ergaster* angehören, die einer anderen Art zugeschrieben wird. Der *Homo erectus* ist der erste Mensch, der Afrika in Richtung Asien verlässt und nach Nordafrika und in das Jordantal geht, die Domestizierung des Feuers entdeckt und Faustkeile schneidet. Seine morphologischen Kennzeichen sind die eines großen Menschen, etwa 1,75 m,

mit einem Schädelvolumen von 850 cm^3. Der Name von **Eugène Dubois** (1858–1940) ist an die Entdeckung dessen gebunden, was man damals als das fehlende Glied ansah. Bei der Publikation und Beschreibung der am Ufer des Solo-Flusses auf Java zutage geförderten Fossilien verwendet Dubois die Bezeichnung *Pithecanthropus erectus*, womit er auf dessen aufrechte Position anspielt. Erst nach dem Zweiten Weltkrieg wird die menschliche Natur des Pithecanthropus aus Java erkannt – er wird bald in *Homo erectus* umbenannt. Fußabdrücke, die im Norden Kenias gefunden wurden, zeigen, dass der *Homo erectus* vor einer Million Jahren auf die gleiche Weise ging wie wir. Der große Zeh ähnelt den anderen Zehen, was einen entscheidenden Unterschied zu den großen Affen darstellt, bei denen er absteht, um damit Äste umgreifen zu können. Der *Homo erectus* ist der erste Hominide, der die gleichen Körperproportionen wie der *Homo sapiens* aufweist: kürzere Arme, längere Beine.

Das untere Paläolithikum in Frankreich: Die Fundorte

Die ersten Lagerplätze im Freien oder in Grotten schließen für manche Forscher die Domestizierung des Feuers mit ein. Bis dahin waren nur vereinzelte Hinweise in Afrika gefunden worden – in Chesowanja (Kenia), in Gadeb (Äthiopien), in Sterkfontein (Südafrika) –, doch in keinem war die Beherrschung des Feuers bezeugt gewesen. Die Integration des Feuers in das Wohnumfeld ist seit 500 000 Jahren in Frankreich (Terra Amata, Menez Dregan), in Deutschland (Bilzingsleben), in Ungarn (Vetessolos) nachgewiesen. Die Entdeckung des Feuers hat bedeutende psychologische Konsequenzen für die Lebensweise der Menschen: Man lebt nicht mehr nur nach dem Rhythmus des Sonnenlichts; man kann seine Nahrung kochen, man kann diese Lichtquelle transportieren; man kann sich selbst wärmen, aber auch den Feuerstein erhitzen, um seine Wirkung zu steigern.

▪ **Die Höhle von Arago**, eine gigantische Karsthöhle, beherrscht auf bald hundert Metern das Tal von Tautavel. Sie bietet zwei Vorteile: Zum einen ist dies ein strategischer Punkt, um weithin die Lage zu beobachten; und sie liegt unweit einer Wasserstelle, zu der die Tiere zur Tränke kommen. Nahebei ist ein Durchgang, über den man zu einem anderen Jagdrevier gelangt: dem Plateau. Gruppen von Nomaden kommen vor 550 000 Jahren regelmäßig hierher, um ihr Lager aufzuschlagen und die Körper der Rentiere und der Hirsche zu zerlegen. Ungefähr 30 km weiter nördlich liefern ihre Feuersteine weitere Aufschlüsse. Die Dauer ihres Aufenthaltes wird auf sechs bis 15 Tage geschätzt. Mehr als 20 Wohnstätten, datiert zwischen 700 000 und 100 000 v. u. Z., zeigen eine Besiedlung durch Gruppen des *Homo erectus*. Der interessanteste Fund ist der Schädel Arago XXI, im Juli 1971 entdeckt, der in einer prähistorischen Wohnstätte lag, die auf 450 000 Jahre v. u. Z. datiert wird. Dieser sogenannte **Mensch von Tautavel** hatte ein Schädelvolumen von 1160 cm^3 und muss 1,65 m groß gewesen sein. Die Grabungen wurden ab 1970 von **Henry de Lumley** (geb. 1934) und seiner Frau geleitet.

▪ **Der Fundort Terra Amata** liegt bei Nizza an den Westhängen des Boron. Eine kleine Bucht an der Mündung des Paillon, vom Meer umspült, und eine kleine Quelle machen diese Stelle vor 380 000 Jahren zu einem privilegierten Ort für die Jäger. Mehrere Wohnstattniveaus wurden unter der letzten Nehrung zutage gefördert. Seit 1966 haben die von **Henry de Lumley** in Terra Amata unternommenen Grabungen gezeigt, dass es dort keine länger genutzten Lager gegeben hat, zumindest in den Dünen. Die Menschen bauen temporäre Hütten, die von Pflöcken gehalten werden, deren Abdrücke durch die Grabungen sichtbar wurden. Von ovaler Gestalt, müssen diese Hütten zwischen 7 m und 15 m lang gewesen sein, bei einer Breite von 4 m bis 6 m. Die Herde, im Zentrum der Hütte, sind durch Steinmäuerchen geschützt.

▪ **Die Grotte du Lazaret**, datiert auf 130 000 Jahre und ebenfalls an den Westhängen des Boron gelegen, ist eine riesige Höhle von 40 m Länge und 20 m Breite, die am Ende des Mittelpleistozäns den Jägern des Acheuléens Unterstand bietet. Die Aufteilung der Relikte im Inneren lässt auf eine Hütte von 11 m Länge und 3,5 m Breite schließen. Steinkreise scheinen der Arretierung der Pfeiler gedient zu haben, die, von horizontalen Querstreben gestützt, an der felsigen Innenwand Halt fanden.

Das mittlere Paläolithikum

Dieses «Mittelalter der Vorgeschichte» beginnt um 300 000 und endet gegen 30 000 v. u. Z. Neue kulturelle Spuren tauchen auf: Verbreitung der Abschlagetechnik des Levallois, besondere Präparierung des Kernsteins, Bestattung der Toten, Kenntnis von Pigmenten, vielleicht Erlangung von Sprache, deren wichtigster «Künstler» der Neandertaler ist.

Die Fundstelle von Moustier liegt bei der Gemeinde Peyzac-le-Moustier (Dep. Dordogne) und zeigt zwei weltbekannte Abris (Felsdächer oder Halbhöh-

len): einen oberen Unterstand, bei dem Henry Christy und Eduard Lartet die Reste von Fauna und Steinwerkzeuge entdecken und nach dem Gabriel de Mortillet 1869 die Moustérien-Kultur benennt; dazu einen unteren Abri, der mit den Ausgrabungen von Denis Peyrony 1910 das Skelett eines Neandertalers hervorbringt, das später auf ein Alter von 43 000 Jahren datiert wird. Das Klima in Europa kühlt sich beträchtlich ab und lässt die Hominiden in Höhlen Schutz suchen.

Der Neandertaler, fast ein Homo sapiens

Andere Moustérien-Fundorte werden zu Beginn des 20. Jahrhunderts freigelegt: La Micoque, La Quina, La Chapelle-aux-Saints, La Ferrassie, Krapina. Heute glauben die Forscher, dass die Neandertaler ungefähr von 100 000 bis 30 000 v. u. Z. gelebt haben. Der Neandertaler ist das erste Fossil, das in einer Höhle im Neandertal, nahe Düsseldorf, 1856 gefunden wurde. Daher wurde 1863 von William King der Name *Homo neanderthalensis* vorgeschlagen. Unter den Funden, die folgen, ist der von La Chapelle-aux-Saints (Dep. Corrèze) sehr bemerkenswert, weil er 1920 ein vollständiges Skelett in einer Grablege erbringt und zu der Vorstellung führt, dass die Neandertaler die gesamte Alte Welt bewohnten. Die Ergebnisse von 1929 und 1936 mit der Entdeckung menschlicher Fossilien in Palästina machen ihn zum *Homo sapiens neanderthalensis*, was ihn mit einer Unterart des *Homo sapiens* verbindet. Er muss sich gegen die Kälte schützen, ganz im Gegensatz zu seinem Vorgänger. Die Mehrheit der Europäer hat ein Schädelvolumen von 1520 cm^3, der in Palästina gefundene Neandertaler hat eines von 1320 cm^3. Die Rückseite des Schädels ist verlängert und bildet einen Knoten auf dem Hinterkopf. Die Zähne sind deutlich nach vorne gerichtet, der Unterkiefer ist kräftig. Afrika ist nun nicht mehr der einzige Ort der kulturellen und biologischen Entwicklung des Menschen, und man erkennt eine Wanderung in Richtung Norden, in den Süden der Sahara,* nach Kleinasien, in die Türkei und nach Syrien. Wenn der Neandertaler besonders häufig in Südwestfrankreich gefunden wird, dann deshalb, weil die ersten Grabungen im 19. Jahrhundert vor allem dort stattfinden.

* Nordafrika kannte eine Form, die ohne Zweifel vom *Homo erectus africanus* abstammte, entdeckt bei Djebel Irhoud in Marokko. Der Nahe Osten hatte im Gegensatz dazu 90 000 Jahre alte und sehr entwickelte Formen.

Konnte der Neandertaler sprechen?

Bis heute existieren keine formellen Beweise, und die Debatte über dieses Thema hält an, auch wenn seit den 1980er Jahren sich die Forschungsergebnisse der Vorgeschichte, der Linguistik, der Neurowissenschaft, der Kommunikation der Tiere der Antwort auf diese Frage gemeinsam nähern. Die meisten Forscher nehmen heute an, dass der Erwerb eines Kommunikationssystems sich in zwei Etappen vollzieht. Zunächst gibt es eine Protosprache, die des *Homo erectus*, gekennzeichnet durch einen gewissen Wortschatz, einige unverbundene Worte, aber keine Syntax. Der Linguist Derek Bickerton hat diese Hypothese 1990 vorgeschlagen, gegründet auf die Tatsache, dass es keine Grammatik gegeben habe, aber ein sehr begrenztes Vokabular. Die neuen Forschungen haben die Verbindung zwischen Sprache und Technologie erwiesen. In den Jahren von 1940 bis 1960 herrscht die Vorstellung des ***Homo faber*** vor, der aus der Fabrikation von Werkzeugen als direkte Konsequenz den Aufschwung von Sprache bewerkstelligt. Heute hält man das Werkzeug nicht mehr für die *conditio sine qua non*, sondern eher für eine Verbindung der beiden Bereiche, weil beide Funktionen den Stirnlappen implizieren, die parietal-temporal-frontalen Regionen. Die linke Hälfte des Gehirns, das Broca-Areal, verantwortlich für die Sprache, wirkt auf die rechte Köperhälfte ein und zeigt so die Verflechtung von Denken und Sprache.

Der Neandertaler, ein Kannibale?

Lange Zeit haben die Prähistoriker gegen diese Hypothese Stellung bezogen. Neue Entdeckungen lassen diese Debatte wieder aktuell werden. Die ersten Spuren in Frankreich gehen auf das mittlere Paläolithikum zurück, gefunden an der Ardèche in den Grabungen von La Baume Moula-Giercy, wo menschliche Überreste neben Nahrungsabfällen Spuren von Enthauptungen zeigen. In der Gran Dolina bei Atapuerca in Spanien wurden bei 50 Prozent der Knochenfunde Kerben wie aus einer Schlachterei festgestellt. Die berühmteste Kontroverse zu diesem Thema hat um die Neandertal-Ausgrabung in Krapina in Kroatien stattgefunden. Bei mehr als 600 menschlichen Knochen wurden Kerben gefunden, doch für manche Forscher waren sie kein Zeugnis kannibalischer Praktiken, sondern eines Begräbnisrituals oder einer Technik, die die Knochen von Weichteilen befreien sollte, um Verwesung zu vermeiden. Auch könnten hier Raubtiere zugange gewesen sein. Schwieriger zu erklären sind die Schädel mit einem erweiterten Loch am Hinterkopf in Chou Kou Tien,

China, in der Guattari-Höhle vom Monte Circeo in Italien und in Steinheim in Deutschland. Auf einigen Schädelknochen vom Fundort in Les Pradelles (Marillac-le-France) in der Charente weisen Spuren darauf hin, dass die Kopfhaut durch Skalpierung entfernt wurde.

Das obere Paläolithikum

Das Verschwinden des Neandertalers, der vor ca. 35 000 Jahren während des oberen Paläolithikums dem *Homo erectus* Platz machte, konnte bis heute nicht erklärt werden. Es scheint stufenweise geschehen zu sein, und die parallele Existenz beider Arten muss mehrere Jahrtausende angedauert haben. In dieser Zeit gibt es zahlreiche technische Neuerungen. Die Levallois-Technik wird zugunsten eines systematischen Zuschnitts der Klingen aufgegeben, die durch eine Reihe von funktionellen Retuschierungen der gewünschten Werkzeuge verändert werden. Die Größe wird mithilfe von harten wie weichen Schlagsteinen erzielt. Die Knochentechnologie entwickelt komplexe Herstellungsprozesse je nach dem zu realisierenden Werkzeug (zum Herstellen von Rillen, Rundkanten, Abkratzungen), etwa Nadeln mit Nadelöhr. Das tierische Material wird für Harpunen, Lanzen und Angelhaken verwendet. Schmuck kommt in vielfacher Gestalt auf.

Die großen Perioden des oberen Paläolithikums

Mehrere Kulturen folgten während dieser Periode aufeinander:

- **Das Aurignacien** ist die Periode, in der in Frankreich die bedeutendsten Funde bis ca. 18 000 v. u. Z. anzutreffen sind (Combe-Capelle, Grimaldi, Cro-Magnon). 1908 wird sie durch Henri Breuil (s. u.) in der Höhle von Aurignac (Dep. Haute-Garonne) bestimmt. In ganz Europa tritt sie zwischen 38 000 und 29 000 auf. Die wichtigsten Fundorte des Aurignacien sind die von La Ferrassie (Dep. Dordogne), Isturitz (Pyrénées-Atlantiques), der Abri von Cro-Magnon (Dordogne), Chauvet (Ardèche), Aery-sur-Cure (Yonne). Tierstatuetten wie das Pferd, der Löwe und das Mammut von Vogelherd (Schwäbische Alb), weibliche Figuren in Deutschland und grob figurierte Tiere tauchen gleichfalls auf. Lanzen mit gesprungenem Schaft, aus Elfenbein oder Knochen, kommen zur gleichen Zeit vor wie die dicken retuschierten Klingen oder Dufour-Klingen, die im Gegensatz dazu auf einer oder auf beiden Seiten fein ausgearbeitet sind. Die Neandertaler der Châtelperronien-Kultur, deren Äußeres den Übergang zum Beginn des oberen Paläolithikums markiert, gehören ebenfalls dieser Periode an (Funde aus dem namengebenden Châtelperronien und der Feenhöhle im Departement Allier).

■ **Das Gravettien** (29 000–22 000) ist durch das Vorkommen weiblicher Venus-Statuetten gekennzeichnet, in Lespuge (Dep. Haute-Garonne), Willendorf (Österreich), Dolní Vestonice (Tschechien). Sie bestehen aus Elfenbein, Stein und Ton. Das *Protomagdalénien* folgt dieser Epoche; es dauert von 22 000 bis 2000 v. u. Z., zutage gefördert von Denis und Elie Peyrony in Eyzies-de-Tayac (Dordogne), dann auch im Massif central und im Dep. Haute-Loire, in Cerzat. Viele Meißel und der Einsatz mehrfacher Retuschen (große abgestumpfte Klingen) kennzeichnen es. Die wichtigsten Fundorte sind Cougnac, Pech-Merle (Lot), Gargas (Hautes-Pyrenées), Cosquer (Bouches-du-Rhône).

■ **Das Solutréen** erstreckt sich von 22 000 bis 17 000, während einer Zeit großer Kälte. Sein Name, vorgeschlagen von Gabriel de Mortillet, rührt vom Fundort Solutré her, am Fuße der Roche du Solutré in der Nähe von Mâcon. Aus klimatischen Gründen befindet sich die große Mehrheit dieser Fundorte in Südwestfrankreich (Laugerie-Haute, Combe-Capelle), doch finden sie sich auch im Departement Pyrenées-Atlantiques (Isturitz, Brassempouy), im Gard (Grotte de la Salpêtrière) und in Spanien (Parpallo, Cueva de Ambrosio). Der Schnitt des Feuersteins ist zu höchster Blüte entwickelt, es gibt beidseitig zugespitzte, blattförmige Steinwerkzeuge. Die Menschen des Solutréen brillierten in der Kunst des Retuschierens ihrer Werkzeuge. Auf dem Gipfel dieser Technologie stehen das sogenannte «Lorbeerblatt» und die Speerspitzen. Bei der mit Öhr versehenen Nadel wird vom Schaft eines langen Knochens ein Knochensplitter entfernt, der abgestumpft wird, um damit arbeiten zu können. Die Kunst des Solutréen zeigt sich uns zum Beispiel im Roc de Sers in der Charente und im Fourneau du Diable in der Dordogne, eine sehr vielfältige Kunst: Anfangs werden Tierdarstellungen in den Eingangsbereichen gemalt wie die in der Cosquer-Höhle (Marseille) oder der Höhle von Cussac (Dordogne). Für die Zeit zwischen 17 000 und 14 000 findet man die Malereien von Lascaux (Dordogne), von Pech Merle (Lot), die behauenen Friese von Roc de Sers (Charente). Die in die Felsen geritzten Darstellungen im portugiesischen Gôa-Tal stammen aus derselben Periode.

Pegasus in Solutré?

Solutré wird von einem hohen Felsen überragt. Es war dies ein Ort, wo ausgiebige Pferdejagden stattfanden; sehr viele Knochen wurden hier gefunden. Die Fundstelle wurde «Cros de Charnier», Massengrab-Höhle, genannt. 1866 erforscht Adrien Arcelin (1838–1904) diese von ihm entdeckte Stelle. Die unzähligen Überreste von Pferden lassen später eine Legende entstehen, wonach die steinzeitlichen Jäger die Pferde von ihrem Weg abgebracht hätten, als diese durch das Tal zogen, sie auf die Bergeshöhe geführt, an den Rand des Felsens getrieben und dann zum Sprung ins Leere gedrängt hätten. Tatsächlich ist aber kein einziger Knochenbruch an den Pferdeskeletten festgestellt worden. Die Legende kam nach dem Roman auf, den Arcelin 1872 veröffentlichte: *Solutré ou les chasseurs de rennes de la France centrale (Solutré oder Die Rentierjäger aus Zentralfrankreich).* Tatsächlich hat sich gezeigt, dass es sich um einen bloßen Hinterhalt gehandelt hat, um die Tiere zu überraschen und zu töten.

▪ **Das Magdalénien** (17 000–10 000) verdankt seinen Namen den Ausgrabungen vom Abri de la Madeleine in der Nähe von Tursac in der Dordogne; der Begriff wurde von Gabriel de Mortiller vorgeschlagen. In der Tat wurden die Speerspitzen, die Lanze, die Harpunen verbessert. Man sieht kleine Angelhaken mit doppelter oder dreifacher Spitze auftauchen. Mit diesen verbesserten Waffen kann der Jäger des Magdalénien fast alle Tiere seiner Zeit erlegen. Die Jagd auf Vögel wird möglich, und die feinen Knochen der Vögel erlauben die Herstellung von allerhand Werkzeugen: Etuis für Nadeln, Mühlen zur Herstellung von Farbstoff etc. Die Magdalénien-Zivilisation entwickelt sich während der letzten Phase der Würm-Eiszeit. In dieser Epoche gibt es eine Fülle von Pflanzen und Tieren: Rentiere, Auerochsen, Pferde, Bisons, Mammuts, Wollnashörner. Auch der Fischfang hat seinen Anteil an der Ernährung. Man richtet sich im Freien ein, in Höhlen oder Felsvorsprüngen. Malereien und Felsritzungen werden an den Innenwänden der Höhlen ausgeführt. Viele Gravuren und Knochenskulpturen sind auf Gegenständen des täglichen Bedarfs zu finden. Auch die Speere aus dem Geweih von Rentieren haben oft auf dem Schaft ein geschnitztes Tier, wie etwa die Speere aus der Höhle von Mas-d'Azil. In ähnlicher Weise sind die Lochstäbe (Kultstäbe oder Kommandostäbe) mit geometrischen Gravuren oder eingeritzten Tiersilhouetten geschmückt. Bei dieser Art von Darstellung hat der Mensch keinen Platz, nur Wildtiere sind zu sehen. Am Ende des Magdalénien tritt eine gewisse Stilisierung auf. Das Magdalénien lässt sich in Europa vielfach nachweisen, vom Atlantik bis nach Polen, aber es dringt nicht südlich der Alpen vor. Seine wichtigsten Zentren sind im Südwesten Frankreichs; die Hauptfundorte: in der Dordogne: Laugene-Haute, la Madeleine; im Pariser Becken: Pincevent, Étiolles, Verberie, la Ferme de la Haye; in Landes: Duruthy; im Departement Vienne: Roc-aux-Sorciers; im Ariège: Grotte de la Vache; in der Charente: Grotte du Placard.

Als die Frau in der Skulptur erschien

Die im Jungpaläolithikum gefundenen Skulpturen von Frauen tragen den Namen Venus; er wurde ihnen zu Beginn des 19. Jahrhunderts von den Prähistorikern gegeben, die in ihnen den Prototyp des prähistorischen Schönheitsideals sahen. Ihre Größe variiert von 5 bis 24 cm. Die älteste Figur, die Venus von Galgenberg aus grünem Speckstein von 7 cm Höhe, wird dem Aurignacien zugeordnet. Mit der Radiokarbonmethode ist sie auf 30 000 v. u. Z. datiert worden. Die anderen Statuetten gehören dem Gravettien an. Die Venus von Schelklingen, in einer Höhle in Deutschland gefunden, gehört gleichfalls dieser Epoche an, sie wird auf 35 000 bis 40 000 v. u. Z. datiert. Von den bekanntesten Statuetten nennen wir zunächst die älteste von allen, die Venus von Laugerie-Basse, entdeckt 1864, dann die von Mas-d'Azil, die Venus von Willendorf, die Venus von Brassempouy. Alle haben die gleichen Charakteristika, wie sie André Leroi-Gourhan benannt hat: eine Raute markiert das Geschlecht, eine Verbreiterung bildet den Bauch. Mehr als 250 dieser Statuetten wurden gefunden, im pyrenäisch-aquitanischen Bereich, im Mittelmeerraum, im Bereich von Rhein und Donau, in Russland und in Sibirien.

Cro-Magnon, der zweifach Weise: Homo sapiens sapiens

Zwei Hypothesen über den Ursprung des *Homo sapiens* sind vorgebracht worden. Die erste nimmt an, dass er sich vom subsaharischen Afrika ausgehend in der gesamten Alten Welt ausgebreitet habe. Diese Hypothese stützt sich auf genetische Tatsachen und die Analyse von Fossilien, die man im subsaharischen Afrika gefunden hat. Die zweite Hypothese bezieht sich auf unabhängige Entwicklungen örtlicher Populationen in Afrika und Asien. Sie gründet sich auf konstante morphologische Merkmale, die in verschiedenen Regionen auftreten; eine Kontinuität von archaischen und modernen Populationen. Der Repräsentant des *Homo sapiens sapiens* wird als «Mensch von

Cro-Magnon» bezeichnet. In Eyzies-de-Teyrac, an dem Fundort namens Cro-Magnon, wurde ein ziemlich tiefer Abri entdeckt. Das Schädelvolumen des Cro-Magnon erreicht 1600 cm^3, sein großes und flaches Gesicht unterscheidet sich vom langen und engen Schädel der Neandertaler; seine Größe betrug 1,86 m. Die morphologischen Kennzeichen des *Homo sapiens* sind andere als die seines Vorgängers, und auch seine Psyche ist eine andere. Denn er hat uns eine große Anzahl an Gravuren, Malereien, an kulturellen und sozialen Neuerungen hinterlassen.

Home sweet home: Die Wohnstätten

Die bekanntesten Wohnstätten sind die im Freien mit ihren Wohneinheiten, die oft langgezogen oder kreisförmig sind, manchmal auch viereckig. Einige der Wohnstätten weisen eine bessere Einrichtung und eine vollkommene Anpassung an ihre Umgebung auf.

▪ **Pincevent**, bei Monterau am Ufer der Seine gelegen, hat seinen Ruf nicht nur wegen der Überfülle an Kunstwerken, auch nicht wegen der außerordentlichen Qualität der Stein- oder Knochenwerkzeuge, sondern wegen der Tatsache, dass die Wohnverhältnisse in exemplarischer Weise bewahrt wurden. 1964 durch Zufall entdeckt, zeigen die Reste einer von André Leroi-Gourhan zutage geförderten Anlage, dass es sich um eine Wohnstatt für den Sommer und den Herbst handelt. Dank der Dichte der Fundstücke hebt sich der Plan der Wohnstelle deutlich vom Untergrund ab. Drei Wohneinheiten sind erkennbar. Eine jede besitzt eine Feuerstelle, gefüllt mit Asche und Steinen, welche durch die Hitze gesprungen sind; ferner einen Raum in Bogenform, reich an Gegenständen aus Knochen und Stein; es gibt einen Platz zum Arbeiten und einen Eingang. Vor zweien der Feuerstellen befinden sich große Steine, die als Sitzplätze benutzt wurden. Die Auswertung aller Gegenstände hat das Vorhandensein von drei nebeneinanderstehenden Zelten ergeben. Man hat hier Knochen von Auerochsen gefunden, von Hirschen, Wölfen, doch die Mehrzahl der Knochen stammt von Rentieren. Das gesamte Lager nahm über mehrere Wochen mehr als einen Hektar ein. Weitere gleichalte Fundorte sind die von Verberie (Oise) oder Étiolles (Essonne).

▪ **Die Fundstätte von Meschyritsch** in der Ukraine ist noch interessanter: Sie bietet eine Kreiskonstruktion mit einem Durchmesser von 5 m bei einer ungefähren Fläche von 40 m^2. Dank des Lössbodens, der die Anlage bedeckte, ist sie vollkommen erhalten. Die Fundamente der Konstruktion bestehen aus Unterkiefern von Mammuts. Das Gewölbe ist durch die Stoßzähne dieser Tiere errichtet worden. Ebenfalls in der Ukraine, und zwar bei Gonzy, in einer Anlage im Freien, wurden bei Mezine Wohnstätten aus Mammutknochen entdeckt: fünf Hütten aus Mammutknochen und einige Hunderttausend Stück Steinwerkzeuge.

Die Kunst im Paläolithikum

Bis in die 1970er Jahre galt Europa als fast der einzige Ort der Kunst des Magdalénien. Tatsächlich aber ist dies ein universelles Phänomen. Kürzlich durchgeführte Arbeiten beweisen, dass Australien, Südamerika mit Chile und Brasilien, aber auch Asien mit Indien vergleichbare Orte aufweisen. Die ersten künstlerischen Darstellungen, waren sie auch sehr einfach, gehen nicht weiter als bis zum Ende der mittleren Altsteinzeit zurück. Die größten Entdeckungen, was Felsmalereien und -ritzungen angeht, wurden in den kantabrischen Bergen in Nordspanien, in den Pyrenäen und der Dordogne gemacht. Die am häufigsten vorkommenden Themen dieser westlichen Felskunst sind Menschen, Tiere, Affen. Die großen Pflanzenfresser überwiegen jedoch. Die ältesten Malereien gehen bis auf 31 000 v. u. Z. zurück, in der Chauvet-Höhle; bis auf 10 000 v. u. Z. bei den jüngeren Stätten des Madgalénien: Altamira, Font-de-Gaume, Rouffignac, Lascaux. Die Menschendarstellungen sind entweder anthropomorph oder zeigen nur Hände. Erstere sind selten, es gibt vielleicht 20, oft schematisiert, manchmal zusammengesetzt aus Mensch und Pferd. Gewisse Körperteile sind bevorzugt: die weibliche Vulva, der Phallus, die Hände. Die Darstellungen von Händen werden positiv genannt, wenn sie mit Farbe auf die Wände aufgebracht wurden; negativ, wenn die Hände wie eine Schablone benutzt wurden. Die Chauvet-Höhle ist die größte Entdeckung der letzten Jahre. Unter Leitung von **Jean Clottes** wurden an die 40 Tiere erfasst, darunter sehr selten dargestellte: Panther, Eule, Moschusochsen; alle datiert zwischen 32 000 bis 24 000 v. u. Z.

Die Cosquer-Grotte: Seehunde, große Pinguine und Kreidepaste

Die Cosquer-Grotte gehört ebenfalls zu den neueren Entdeckungen (1991). Der Eintritt liegt 37 m unter dem Meeresspiegel, nahe bei Marseille gelegen. Auf ungefähr 100 m Länge finden sich hier gut erhaltene Malereien. Vor

20 000 Jahren war das Meer 110 m tiefer, das Ufer war mehrere Kilometer entfernt. Es scheint, dass die Grotte nie als Wohnstatt gedient hat. Die Datierungen von **28 500 bis 19 200 v. u. Z.** zeigen, dass hier Menschen während zweier Zeitabschnitte wohnten, die über 8000 Jahre auseinanderlagen. Die erste Phase ist durch die erwähnten **negativen Hände** gekennzeichnet; zuweilen unvollständig wie in Gargas (Dep. Hautes-Pyrenées). Die Tierritzungen und -malereien entsprechen hingegen der zweiten Phase. Beherrschend sind Darstellungen von Pferden, sie machen mehr als ein Drittel aus. Doch es gibt auch Darstellungen von Steinböcken, Hirschen, Gämsen. Darstellungen von neun Seehunden und drei großen Pinguinen wurden hier ebenfalls gefunden, offenbar vom maritimen Milieu beeinflusst. Doch das außerordentlichste Kennzeichen dieser Grotte ist der Gebrauch von **weißer Kreidepaste**, die die Menschen der Vorgeschichte vorweggenommen haben. Diese Paste besteht aus natürlichem Kalziumkarbonat. In diesem Anstrich von 2 bis 3 cm Dicke sind Fingerspuren zu sehen. Man vermutet, dass dieser weiße Puder zu medizinischen Zwecken benutzt wurde, aber auch für rituelle Malereien, um den Körper zu schmücken.

Lascaux, das Heiligtum der Vorgeschichte

Lascaux, im Vézère-Tal gelegen, bot anlässlich seiner zufälligen Entdeckung 1940 die am besten erhaltenen Malereien. 1948 wird die Höhle für das Publikum geöffnet, zehn Jahre später eine Anlage installiert, um die verbrauchte Luft zu erneuern. Abbé **Henri Breuil** (1877–1961) und Pater **André Glory** (1906–1966) haben Analysen vorgenommen und den Bestand festgehalten. Tritt man ein, findet man sich in einem großen, 30 mal 10 m großen Saal mit Fresken, der sich in einem engen Gang fortsetzt, auch er geschmückt mit Fresken: dem Saal der Stiere. Er zeigt die spektakulärste Komposition von Lascaux, in der sich Auerochsen, Steinböcke, Pferde, angeführt von einer Art Einhorn, treffen. In den anderen Sälen, vor allem der Passage, dann dem Schiff und dem axialen Seitengang, wo die Raubkatzen dominieren, gibt es mehr als 1000 gezeichnete, aneinandergereihte oder übereinandergelegte Figuren. Die Figuren des axialen Seitengangs sind zu hoch angebracht, als dass sie ohne die Zuhilfenahme eines Baugerüsts hätten gemalt werden können. **André Leroi-Gourhan** hält die Höhle von Lascaux für ein Heiligtum.

Als Opfer des eigenen Erfolgs wird Lascaux von Kulturminister André Malraux am 20. April 1963 wieder geschlossen. Das biologische Gleichgewicht der Höhle hängt von zu vielen Parametern ab (Temperatur, Kohlendioxidgehalt u. a.). 2001 erlebt die Höhle einen blitzartigen «Rückfall», worauf man von April bis Juni dieses Jahres mit der Behandlung der Flechte reagiert, die man im Saal der Stiere gefunden hat. Doch der weiße Schimmelpilz, *fusarium solani*, dehnt sich weiter aus und bedroht die Unversehrtheit der Wände. Der alarmierende Befund führt zu einer dreidimensionalen Erfassung der Höhle, um das Übel bestmöglich in den Griff zu bekommen, das die Höhle bedroht. 1983 wird ein Faksimile, Lascaux 2, für das Publikum eröffnet, doch seit 2008 ist es so beschädigt, dass es nur einige Monate im Jahr geöffnet hat. Lascaux 3 ist der Name einer Ausstellung, *Lascaux révélé* – «Lascaux enthüllt» (2008). Seit 2012 läuft das Projekt Lascaux 4, eine vollständige Reproduktion der Höhle.

Unbequeme Fragen: Ein Kalender aus Knochen?

Als der amerikanische Archäologe Alexander Marshack eines Tages im Jahre 1965 unter dem Mikroskop ein Rentier-Knochenstück untersuchte, das mehr als 30 000 Jahre alt war, vermutete er, dass die Zickzack-Spuren eine astronomische Grundlage hätten. Ein Mensch aus dem Cro-Magnon habe den Ablauf der Jahreszeiten markiert, indem er die Mondphasen darstellte. Diese Kalendertheorie wurde kontrovers diskutiert. Grundlage war die Entdeckung eines Knochens im Abri von Blanchard in der Dordogne, nicht weit von der Höhle von Lascaux entfernt. Der Blick mit bloßem Auge zeigt spiralförmige Ritzspuren. Laut Marshack entsprechen sie einer Mondphase von zweieinhalb Monaten. Auf dem Knochen sind 63 Markierungen auf der Vorder- und 40 auf der Rückseite. Insgesamt decken die Zeichen auf dem Knochen einen Zeitraum von sechs Monaten ab. Indizien dafür, dass die Jäger der Steinzeit zählen konnten, gibt es aber kaum. Dennoch könnte man eine Grundlage für eine Nummerierung aus dem Magdalénien anführen: eine Knocheneinkerbung mit einer numerischen Systematik. Fünf Gruppen mit vertikalen und fünf mit horizontalen Linien, insgesamt zehn, sind eingeritzt worden. Doch hier geht es wohl eher um Ästhetik als um Nummerierung. Sehr ähnlich liegt der Fall der Miao aus Tonking, die Holzstäbe mit Kerben versahen, jedoch nur als individuelle Gedächtnisstütze, die nur von ihnen selbst zu entziffern war. In den 1950er Jahren hat ein weiterer Archäologe, Jean de Heinzelin, in der Gegend von Ishango im Kongo einen mit Einschnitten versehenen Knochen gefunden, der auf ca. 20 000 Jahre datiert wurde. Darauf sind drei Reihen von Einkerbungen und an einem Ende ein

Quartz zu sehen. Jean de Heinzelin erkennt hier «einen prähistorischen Taschenrechner» – Marshack einen Mondkalender.

Geschichte einer Entdeckung: Altamira

Der Name der Altamira-Höhle ist eng mit dem von **Marcelino Sanz de Sautuola** (1831–1888) verknüpft, der 1879 die Ausschmückung der großen Decke entdeckt. Lange Zeit wird die Authentizität der Höhlenmalerei bestritten, selbst nach den Entdeckungen durch **Léopold Chiron** in der Höhle von Chauvet (Dep. Gard) und 1895 der Höhle von La Mouthe durch **Émile Rivière** (1835–1922) sowie der von Pair-Non-Pair in der Gironde im selben Jahr. Selbst Breuil und Captan werden 1901 nach ihrer Veröffentlichung über die paläolithischen Malereien von Font-de-Gaume und die Ritzzeichnungen von Combarelles (beide im Dep. Dordogne) kritisiert. In den folgenden Jahren aber kommen die Entdeckungen der spanischen Höhlen El Castillo und Pasiega sowie der französischen von Teyjat, La Grèze, Niaux, Gargas, Tuc d'Audoubert und Les Trois-Frères hinzu.

Altamira liegt in der Provinz Santander. Bei einer Länge von rund 270 m umfasst sie mehrere Stollen. Der große Saal mit der berühmten Decke befindet sich gut 30 m vom Eingang entfernt. Auf einer Fläche von 172 m^2 ist ein äußerst schönes Tierensemble gemalt: Bisons neben wilden Pferden, Hirschen und Steinböcken. Die Tiere sind mehrfarbig wiedergegeben, wobei rötlicher Ocker dominiert. Die Malereien sind mit schwarzen Strichen umrandet, und bestimmte Partien wie Augen, Hörner und Hufe sind mithilfe eines Stichels betont und graviert. Der Künstler nutzt die Unebenheit der Decke, um sie seinem Gemälde einzuarbeiten und dem Tier eine beeindruckende Präsenz zu verleihen. Die Malereien sind auf 13 500 v. u. Z. datiert.

2. Das Epipaläolithikum und das Mesolithikum

Am Ende des 19. Jahrhunderts besteht eine bedeutende Lücke in der Datierung der Vorgeschichte insofern, als hier nur zwei Epochen unterschieden werden, das Paläolithikum, die Altsteinzeit, und das Neolithikum, die Jungsteinzeit. Beide Begriffe wurden von **John Lubbock** (1834–1913) im Jahre 1865 geprägt. Doch für **Gabriel de Mortillet** handelt es sich nicht um eine einfache

Lücke in unserem Wissen. Die Reste einer Übergangsepoche wurden bislang noch nicht gefunden oder erkannt. Vierzig Jahre lang dauert dieser Streit um die genannte Lücke, aber sie wird durch **Édouard Piette** (1827–1906) mit der Entdeckung der Periode des Azilien beendet, die ihren Namen von der Fundstätte bei Mas d'Azil (Ariège) hat. Es folgen das Campignien, das Tourassien, das Tardenoisien, evident vor allem im nördlichen Pariser Becken. In Europa sind die wichtigsten Gruppen des Epipaläolithikums das Azilien, das Valorguien und das Montadien. Das **Azilien**, datiert ca. 12 000–9000 v. u. Z., ist gekennzeichnet durch bemalte oder gravierte Kieselsteine, gefunden etwa in den Pyrenäen, im kantabrischen Spanien, in der Schweiz. Das **Valorguien**, früher als **Romanellien** bezeichnet, wurde nach der Industrie von Valorgues durch **Max Escalon de Fonton** definiert. Es beschränkt sich auf den Küstenbereich des östlichen Languedoc. Zeitgleich mit dem Azilien, unterscheidet es sich von diesem durch das Fehlen von Harpunen. Das **Montadien** (8. Jahrtausend v. u. Z.) folgt dem Valorguien und ist im Departement Bouche-du-Rhône angesiedelt. Alle drei Kulturen folgen der Magdalénien-Kultur, sind jedoch weniger lokal begrenzt als die vorhergehenden und somit Veränderungen ausgesetzt. In den Ländern des Maghreb spricht man vom Capsien und vom Ibéromaurusien. Diese beiden Kulturen entsprechen den mesolithischen Kulturen Europas. Ostafrika hat eine Reihe lokaler kultureller Erscheinungen, die später als in Europa auftreten: Sangoen und Lupembien, aufgetreten im Kongo und in Angola.

Merkmale der epipaläolithischen Kulturen in Europa

Die epipaläolithischen Kulturen markieren zwischen 11 000 und 9000 den Übergang vom späten oberen Paläolithikum zum Frühmesolithikum. Im Verlauf dieser Periode ziehen sich die Gletscher zurück, das Meer erreicht die heutige Höhe, der Wald dringt immer mehr auf freie Flächen vor. Das Klima wird allmählich milder. Die Megafauna verschwindet, was wichtige Veränderungen in der Ernährung zur Folge hat. Die erste epipaläolithische Kultur ist das **Azilien**. Eines der Kennzeichen der epipaläolithischen und mesolithischen Industrien ist das Vorkommen der sogenannten Mikrolithen, kleiner zugespitzter Bewehrungen, weniger als 1 cm lang, in geometrischen Formen als Dreiecke, Trapeze, Kreissegmente gebildet, die an den Lanzen befestigt wurden. Pfeil und Bogen tauchen im Mesolithikum auf, die ältesten sind auf ca. 8000 datiert. Äxte und (Dachs-)Beile gibt es ebenfalls, vor allem in den Rand-

gebieten des Baltikums. Bemerkenswert ist, dass das Schiff eingesetzt wird, was die Besiedlung Korsikas und Kretas noch vor dem 7. Jahrtausend ermöglicht. Mehrere Einbäume wie auch Paddel aus dem englischen Star Carr oder den Niederlanden wurden auf 6500 datiert, ebenso in Frankreich, in Noyon-sur-Seine, auf 7000 Jahre. Die Technik des Fischens mit Angeln entwickelt sich, im Magdalénien bereits vorhanden mit Angelhaken aus Knochen. Am russischen Fundort Vis I sind Reste von Netzen gefunden worden. Der Fisch aus Flüssen oder dem Meer – Forelle, Hecht, Saibling, Seeteufel – stellt jedoch einen eher kleinen Teil der Nahrungsmittel dar, wie auch die Weichtiere. Die Ernte von Früchten, Beeren und Körnern ist recht häufig. Die aufgefundenen Grablegen unterscheiden sich wenig von denen des Jungpaläolithikums.

Der Nahe Osten auf dem Weg zum Neolithikum (12 000 bis 8300 v. u. Z.)

Die Natoufien-Kultur (zwischen 12 000 und 10 000 v. u. Z.) hat ihren Namen vom Wadi en-Natouf im Westjordanland; sie ist ein Schritt auf dem Wege der epipaläolithischen Völker des Nahen Ostens zum Neolithikum. Die Sesshaftigkeit ist eines der Kennzeichen dieser Bevölkerungen, die bis dahin noch recht mobil waren. Zwischen 14 000 und 11 000 v. u. Z. weicht die kühle Steppe immer mehr der Savanne mit Eichen und Pistazien, bei Anzeichen von Hitze und vermehrter Feuchtigkeit.

Vorbäuerliche Dörfer (12 000–10 000 v. u. Z.)

Die ersten Wohnstätten des Natoufien befinden sich in Mallaha und Hayonim in der Negev-Wüste sowie in Abu Hureyra am Ufer des Euphrat; sie werden auf 12 000 datiert. Es handelt sich um Hütten, die zur Hälfte in Gruben standen; das eindeutigste Beispiel dafür ist Mallaha. Die Lebensweise und die soziale Organisation haben sich im Verhältnis zur Kultur des Kebarien (Kebaran) radikal gewandelt, dessen Gruppen noch Nomaden waren und deren Wirtschaftsform auf Jagen und Sammeln beruhte. Wichtige Umwälzungen finden statt. Die Landwirtschaft kommt auf, auch wenn die wilden Getreidearten weiter bestehen bleiben, und es werden Schafe gezüchtet. Die Menschen des Natoufien domestizieren den Hund, einige Grabanlagen haben Reste davon erhalten. Sie sind indes nicht die einzigen; in Eurasien werden an verschiedenen Orten weitere Beispiele aus der Zeit zwischen dem mittleren

Magdalénien und dem Mesolithikum gefunden. Die Dörfer sind am Übergang verschiedener ökologischer Zonen errichtet worden: an fließenden Gewässern und Seen. Die ältesten Häuser sind zur Hälfte eingegraben und kreisförmig. Sie haben mehrere Abteilungen, für unterschiedliche Funktionen (z. B. Speicher) bestimmt, da sich die Dörfer organisieren. Auf die Rundformen der Wohnstätten folgen gerade Mauern in den Häusern, etwa in Hassuna im Irak oder in Nahal Ore in Palästina (10 000 – 8000), oder auch Jefel-Ahmar in Syrien (9200 – 8500).

3. Das Neolithikum

Die sogenannte neolithische Revolution braucht 2000 Jahre, um sich im Nahen Osten durchzusetzen. Der Begriff wurde von **Vere Gordon Childe** (1892 – 1957) in den 1920er Jahren geprägt, um die agrarischen Umwälzungen zu beschreiben, die im Nahen Osten stattfanden und einen radikalen Wechsel von der Wildbeuterei zur Agrarproduktion bedeuteten. Nach ersten Versuchen mit Viehzucht und Domestikation folgt der Übergang zu deren vollständiger Entwicklung und zu Gesellschaften, die materiell sehr viel komplexer sind. Es entstehen neue soziale Beziehungen, wozu auch Gemeinschaftsarbeiten und Gemeinschaftsgebäude gehören. Die Chronologie des Neolithikums ist nicht einfach. Tatsächlich ist die Einteilung in eine Zeit der behauenen Steine und eine solche der polierten Steine nicht immer ganz klar, auch das Kriterium der Keramik ist nicht immer die beste Unterscheidungsmöglichkeit. Die Jäger und Sammler vom Pazifik polierten Steine schon vor 25 000 bis 20 000 Jahren, und Stein wird auch in der Jungsteinzeit und in der Bronzezeit weiterhin behauen. Die älteste Feuerstelle befindet sich im Fruchtbaren Halbmond im Nahen Osten, der schon im 7. Jahrtausend v. u. Z. den Beginn der Töpferei erlebte. Diese neuen Entdeckungen werden nach und nach Westeuropa erreichen, den Mittelmeerraum dann um die Mitte des 7. Jahrtausends. Es bleibt ähnlich problematisch, das Ende dieser Epoche zu definieren wie auch den Beginn des Chalkolithikums (Kupferzeit) vor ungefähr 2500 Jahren in Europa, also weit vor dem Nahen Osten und Ägypten.* Die Hypothese eines schnellen Wandels steht der von aufeinanderfolgenden Modifikationen gegenüber;

* Die prädynastische Fundstelle Naqada in Ägypten hat kleine Kupferperlen hervorgebracht.

demnach hätte die Revolution nicht im Neolithikum stattgefunden, sondern vorher, im Mesolithikum. Nach dem klassischen Modell erfolgte die Domestikation der Tiere und Pflanzen bei den nomadischen Sammlern und Jägern, wurde unter ihnen verbreitet und hat sie dazu gebracht, sesshaft zu werden. Die Fülle an Nahrung hätte demnach Auswirkungen auf die immer bedeutender werdende Demographie gehabt. Einem anderen Evolutionsmodell zufolge waren es die Erfindung und Verbreitung der Lagerhaltung, die die Sesshaftwerdung und das Anwachsen der Bevölkerung ermöglicht hätten. Die Landwirtschaft wäre erst danach aufgekommen. Man kann erst wirklich dann von Neolithisierung sprechen, wenn die Subsistenzwirtschaft tierische und pflanzliche Spezies in die Abhängigkeit vom Menschen bringt.

Merkmale des Neolithikums in Kleinasien

Die ersten Dörfer kamen in Kleinasien auf. Das riesige Dorf Çatal Hüyük in Anatolien erstreckt sich auf rund 12 Hektar. Es ist während der ersten Hälfte des 6. Jahrtausends durchgehend bewohnt. Die Anlage dieses Dorfes findet man generell in Anatolien: rechteckige Häuser, eines an das andere gebaut. Sie haben ein oder zwei Zimmer und einen Zugang zum Dach. Die Mauern sind aus rohen Ziegeln, mit Holz abgestützt und mit Lehm oder mit Kalk und Gips verputzt. Die Kommunikation im Inneren geschieht durch kleine Öffnungen in Form von Luken.

Die Jungsteinzeit in Europa

Die Verbreitung nach Westen wird zweifelsohne durch die bedeutende Mittelmeer-Schifffahrt begünstigt, die bereits im 8. Jahrtausend einsetzt, weit vor der Herstellung von Töpferware. In der Ägäis wird Obsidian aus Milos eingeführt. Auf Korsika findet man Besiedlungsspuren aus dem Epipaläolithikum: den Abri von Curacchiaghiu und den Abri von Araguina-Sennola, 7. Jahrtausend; ein Jahrtausend später Ähnliches auf den Balearen. Die Verbreitung der ersten Keramik-Kulturen entlang der Mittelmeerküsten ist eine weitere Konsequenz. Man findet sie in der Toskana, der Provence, im Languedoc, in Katalonien, Portugal, im Oran, im nördlichen Marokko. Die Ausbreitung des Neolithikums stellt sich zunächst als ein Küstenphänomen dar. Von der Provence und vom Languedoc her breitet es sich nach und nach in der südlichen Hälfte Frankreichs aus. Das Frühneolithikum erstreckt sich etwa vom 6. Jahrtausend bis zur Wende zum 5. Jahrtausend. Es ist die Epoche der Kardial-Kultur, das Dekor auf den Töpferwaren wird durch Muschelabdrücke oder Stichel aufgebracht. Man findet solche Keramik an den adriatischen Küsten des Balkans, in Italien, Frankreich, Portugal, Nordafrika. Die Wohnstätten sind zahlreich, sie sind in Höhlen oder auch im Freien angelegt, doch nirgendwo entstanden bedeutende Gemeinwesen. In der Nordhälfte Frankreichs hat das Neolithikum seinen Ursprung in agrarischen Gruppen, die aus den Tälern Zentraleuropas gekommen sind. Die **Donau-Zivilisation** hat das Pariser Becken und das der Loire nicht vor dem Übergang vom 5. zum 4. Jahrtausend erreicht. Parallel dazu tritt eine andere Kultur auf, entlang der wichtigen Donau-Achse und ihrer Zuflüsse. Es ist dies die **Bandkeramik-Kultur**, die ihren Namen von den eingeschnittenen Verzierungen herleitet, in Form von Mäandern oder Spiralen. Der Osten Frankreichs und die Rhein-Achse sind durchzogen von dieser Kultur, der **Michelsberger Kultur**, während die Osthälfte des Pariser Beckens eine Kultur bäuerlicher Gemeinschaften entwickelt, etwa an den Fundorten in Fontinettes, in Cuiry-lès-Chaudardes, im Tal der Aisne. Es finden sich hier Häuser von großer Ausdehnung (10 × 4 m), datiert auf 4600 v. u. Z., das mittlere Neolithikum. Aus der ersten Hälfte des 4. Jahrtausends ist eine Reihe bedeutender Wohnstätten belegt, etwa die **Cerny-Gruppe**. Die dortigen Häuser stehen in der Donau-Tradition, wie etwa die in Marolles-sur-Seine; sie sind trapezförmig. In Passy (Dep. Yonne) sind Gräber zu finden. Während dieser Epoche zeigen sich Phänomene der Megalith-Kultur an der Atlantikseite: Dolmen als Ganggrab und mit Erdhügeln. Das **Chasséen** (nach einem Fundort im Dep. Saône-et-Loire) setzt sich durch, adaptiert in den meisten Gebieten die örtlichen Traditionen, mischt sich während seiner Ausdehnung im Kontakt mit vielen Gruppen etwa von 3700 bis 2600 im Süden und um 3500 bis 2400 im Norden. Von allen neolithischen Kulturen in Frankreich ist das Chasséen die mit der längsten Dauer (etwa ein Jahrtausend) und der größten Ausdehnung. Die Wohnstatt im Freien findet sich in großer Zahl, mit bedeutenderen Flächen als im Altneolithikum. Die Existenz von Gräben oder von Kombinationen aus Gräben und Palisaden, die die Dörfer umgeben, scheint im Pariser Becken die Regel gewesen zu sein. Um die Mitte des 4. Jahrtausends kann man tiefgreifende ökonomische Veränderungen beobachten. Die Gemeinschaften sind zahlreicher und vollständig sesshaft geworden. Die Metallurgie taucht auf dem Balkan und in Zentraleuropa auf, in Frankreich ein Jahrtausend später. **Ab 2500 v. u. Z.** wird das Endneolithikum durch das Fortbestehen einiger Gruppen aus dem Süden be-

stimmt, die noch für eine gewisse Zeit neolithische Techniken bewahren, wobei gleichzeitig andere auf den Anfängen der Gold- und Kupfer-Metallurgie aufbauen. Frankreichs Nordhälfte wird von der **Seine-Oise-Marne-Kultur** geprägt, von 2500 bis 1700. Es ist dies eine Zeit der Entwicklung auch von unterirdischen Grabräumen, von kollektiven Grablegen und von Gräbern. Die **Kenntnis der Metallurgie** trägt bei zur Entwicklung der **Trichterbecher**, um 2300 bis 2200 v. u. Z.

Entwicklung des Neolithikums in Europa

- **Frühneolithikum, 6000–5500 ⟶ 3800 v. u. Z.**

Es kommt im Mittelmeerraum vom 7. bis 6. Jahrtausend v. u. Z. auf, in Aquitanien und an der Atlantikküste später. Im 5. Jahrtausend erlebt der Norden Frankreichs eine Art Kolonisation aus dem Donauareal heraus. Die Siedler der **Bandkeramik-Kultur** überqueren den Rhein erst in der zweiten Hälfte des 5. Jahrtausends. Bis zum 4. Jahrtausend verbreiten sie sich im Pariser Becken und an der Loire. Im Osten ersetzt die **Rössener Kultur** zu Beginn des 4. Jahrtausends die Bandkeramik-Kultur.

- **Mittelneolithikum, 4. Jahrtausend ⟶ 2800–2700 v. u. Z.**

Ausbreitung im größten Teil Westeuropas mit monochromer, glatter Töpferware. Ältere Zeugnisse sind die Dolmen an der Atlantikküste. **Michelsberg-Gruppe** Ende 4. Jahrtausend, im Osten Frankreichs. Das **Chasséen** erstreckt sich über den größten Teil Frankreichs (3700–2600).

- **Spät- und Endneolithikum 2700 ⟶ 2100 v. u. Z.**

Im Norden Frankreichs ist die **Seine-Oise-Marne-Kultur** (2500–1700) verbreitet. Die **Megalith-Kultur** erreicht das Pariser Becken und das Armorique (Aremorica), danach den Süden. **Trichterbecher-Kultur** (2300–2200).

Zypern: Der Übergang

Zypern wird die erste Insel sein, die von wandernden Populationen bäuerlicher Schafhirten besiedelt wird; eine wie auch immer geartete Domestizierung hatte sich hier nicht entwickeln können. Seit dem 9. Jahrtausend zeigen sich die ersten Anzeichen von Besiedelung, mit hölzerner Umfriedung oder als Behausung. Ein Jahrtausend später verbreitet sich der Gebrauch von Lehm und Stein beim Bau von Wohnstätten. Die ersten sesshaften Populationen bohren Brunnen von 4,5 bis 6 m Tiefe wie in Shillourokambos. Emmer-Körner wurden gefunden (Brunnen 116 in Mylouthkia), sie sind die ältesten Zeugen von morphologisch domestiziertem Getreide im Nahen Osten. Doch erst **gegen 7500** beginnt die zypriotische Kultur, sich zu wandeln, sich ihrer kontinentalen Charakteristika zu entledigen und mehr insulare Elemente zu entwickeln: Mauern, die die Ansiedlungen umgeben, Häuser mit sehr dicken Mauern, Grablegen auf dem Gebiet der Wohnstätten (Khirokitia, Tenta). Auf die Kultur von Ais Yorkis im Westen folgt die neolithische von Sotira mit ihrer Keramik.

Die Häuser von Cuiry-lès-Chaudardes

Der Fundort Cuiry-lés-Chaudardes in der Picardie, im Departement Aisne, gehört der Bandkeramik-Kultur an. Im Sommer 1977 wurde ein Haus rekonstruiert, wobei man dem ursprünglichen Plan folgte, um den Bauprozess nachvollziehen zu können. Der Bau erforderte 150 Arbeitstage mit jeweils acht Stunden, ausgeführt von sechs Personen über zwei Monate hinweg. Trapezförmig, von 39 bis 40 m Länge und 7,25 bis 8,50 m Breite, besteht dieses Gebäude aus fünf Längsreihen von Holzpfeilern, davon drei inneren. Diese Letzteren stützen Horizontalbalken, auf denen wiederum Dachsparren aufliegen, die miteinander durch ein System von Dachlatten, glatten Stäben aus Weidenholz oder aus Nussbaumholz verbunden sind, die dazwischengeflochten wurden. Darauf sind ihrerseits Strohballen mit Kordeln «genäht». Das Stroh auf dem Scheitel des Daches ist auf beiden Seiten geknickt und mit Lehm bedeckt. Die Höhe der inneren Pfeiler sollte eine Dachneigung von 35 Grad ermöglichen, um das Regenwasser ablaufen zu lassen.

4. Die Kunst der Felszeichnung im Neolithikum und in der Eisenzeit

Felsmalereien sind künstlerische Manifestationen auf felsigem Grund. Es ist dies die einzige kulturelle Manifestation, die sich seit beinahe 30 Jahrtausenden entwickelt hat, bis in unsere Tage. Auf universale Weise hat der *Homo sapiens sapiens* auf allen Kontinenten, von Spanien bis nach Afrika, über Portugal, Sibirien, Asien und Australien diese Manifestationen seiner Kunst hinterlassen.

Die Felsbilder der Sahara: Verehrte und geschmückte Rinder

Seit der zweiten Hälfte des 19. Jahrhunderts weiß man von der Existenz bildlicher Darstellungen auf den Felsen der Sahara. In den Gebirgen der gesamten Sahara, im Hoggar, im Tassili, im Tibesti, im Fezzan, in Lybien gibt es zahlreiche Felsritzungen und -malereien. Im Neolithikum war die Sahara keine Wüste; die Seen wurden durch Flüsse gespeist. Pollenanalysen lassen das Vorhandensein von Aleppo-Kiefern, Steineichen und Nussbäumen in den zentralen Gebirgsmassiven der Sahara erkennen. Allmählich fand die **Wüstenbildung** statt, und im Neolithikum waren nach und nach die zum Leben notwendigen Bedingungen nicht mehr gegeben. Die wichtigsten Themen der Darstellungen sind wilde Tiere (Giraffen, Antilopen), domestizierte Tiere (Schafe, Ochsen, zuweilen mit einer Kugel zwischen den Hörnern), Männer mit Hörnern und Federn. Seit den ersten Entdeckungen hat man mehrere Epochen ausgemacht. Manche Zeichnungen oder Gravuren stellen Dromedare dar, ein Tier, das erst in jüngerer Zeit in der Sahara auftritt. Oder es werden im Gegensatz dazu verschwundene Tierarten gezeigt wie der antike Büffel. Die jüngeren Zeichnungen heißen «Dotterblumen»; die älteren «bovidiennes» (*bovidae* = Hornträger), also die Darstellungen von Ochsen, oder «bubaliennes», Bilder mit Antilopen. Die ältesten Darstellungen stammen aus der Zeit zwischen dem 8. und 9. Jahrtausend, die anderen entstanden um das 5. Jahrtausend. Nach dem Stil unterschiedene Datierungen wurden von **Henri Lhote** (1903–1991) vorgeschlagen.

Die Malereien der spanischen Levante

Die Iberische Halbinsel bewahrte in ihrem Ostteil eine Tradition der Felsmalerei unter freiem Himmel über mehrere Jahrtausende hinweg. **Mehr als 200 Fundorte** wurden erfasst. Die meisten dieser Abris sind auf Höhen von 800 bis 1000 m gelegen, mindestens 50 km von der Mittelmeerküste entfernt. Sehr zahlreich sind sie in den Provinzen Lleida, Tarragona, Castellón und Murcia. Im Allgemeinen handelt es sich um Abris unter wenig überhängenden Felsen, von höchstens ein paar Metern Ausdehnung. Felsritzungen sind kaum zu finden. Die Figuren sind von geringer Größe, kleiner als 75 cm; es existieren mehrere Tausend rotbraune Malereien oder Zeichnungen. Die Darstellungen von Menschen überwiegen bei weitem; nur ca. 10 Prozent stammen von Tieren. Sie sind bis zum Extrem schematisiert und zeigen Bogenschützen, Jäger oder Krieger. Damit liefern sie genaue Angaben zu Kleidung, Schmuck und Bewaffnung. Außer dem Bogen sieht man keine Waffen. Die Menschen erscheinen meist nackt, zuweilen gibt es Hinweise auf kleine Gürtel. Die Frauen sind mit einem schlichten, ausgestellten Rock gekleidet. Die Männer haben oft «Frisuren» aus Federn, verschiedene Kappen sind aber auch nicht selten. Diese künstlerischen Kreationen wirken zuweilen überladen; Anzeichen dafür, dass sie nicht spontan entstanden sind. Der Duktus strebt zur Verbesserung, doch dabei tendieren die Malereien zur immer stärkeren Schematisierung.

5. Megalithe und megalithische Kunst

«Megalithisch» nennt man jedes Grabmonument von großem Umfang. Die Megalithe sind ein auf der ganzen Welt verbreitetes Phänomen, mit regionalen Besonderheiten, die keinerlei Beziehung zwischen den Monumenten feststellen lassen. Man spricht von den korsischen Torri, den Talayots auf den Balearen, den gallischen Cromlechs, den koreanischen Chen-pin, den Moai auf den Osterinseln, den Dolmen und Menhiren, den atlantischen, afrikanischen und nordischen Reihengräbern. Ganz Europa hat Megalithe errichtet, vom Süden Skandinaviens bis zur Südspitze Spaniens. Vier geographische Zonen weisen dabei ein stärkeres Vorkommen der Megalithe auf: Nordeuropa, die Britischen Inseln, der atlantische Bereich Frankreichs von der Normandie bis nach Poitou, die Iberische Halbinsel. Der Begriff Megalith bezieht sich auch auf die Epoche, als Dolmen, Menhire, Galeriegräber, Steinhügel und Tholoi errichtet wurden. Sie gehören der Zeit des 5. und 4. Jahrtausends an, als die Viehzüchter und Bauern lebten. Die Megalith-Kultur verleiht dem Spätneolithikum vom Armorique (Bretagne und Normandie) bis nach Portugal seine Besonderheit, wobei es sich vom Balkan-Donau-Neolithikum und dem des Mittelmeerraumes durch seine Begräbnisriten, seine Architektur und seine Kunst unterscheidet. Das religiöse Leben ist auf den Ahnenkult begrenzt, während die entsprechende Tradition auf dem Balkan und in Zentraleuropa hauptsächlich den Göttern geweiht ist.

Die Dolmen

Der Begriff «Dolmen» scheint aus dem Bretonischen zu kommen: von *t(d)aol*, «Tisch», und *men*, «Stein». Sie kommen in Frankreich im Centre-Ouest, im Armorique, auf den Kanalinseln und der Basse-Normandie vor. Diese ausgedehnte Verteilung betrifft den einfachsten Typus mit einem einzigen, fast runden oder polygonalen Raum, der in den genannten Regionen um das 5. Jahrtausend bezeugt ist. Diese Dolmen, aus einem oder mehreren horizontalen Steinplatten auf aufrechten Steinen bestehend, können Galeriegräber bilden. Zahlreich sind sie in der Bretagne, wie die Table des Marchands in Locmariaquer, und in den Départements Gard, Lozère, Ardèche. Die Roche-aux-Fées in Essé (Dep. Ille-et-Vilaine) ist eine *allée couverte*, ein Galeriegrab von fast 20 m Länge. **Fast 50 000 Dolmen** wurden in aller Welt erfasst, davon 20 000 in Europa, allein 4500 in Frankreich. Manche wurden mit unerklärlichen Zeichen dekoriert, wie etwa im Ganggrab auf der Insel Gravinis im Golf von Morbihan in der Bretagne.

Die Menhire

Die Menhire sind senkrecht aufgerichtete Steine. Sie sind sehr viel weiter verbreitet als die Dolmen. In Frankreich gibt es kein Département, das nicht mindestens einen Menhir aufweist. Ihre Dichte ist besonders groß in den Gebieten der heutigen Bretagne und Normandie und den angrenzenden Regionen des Pariser Beckens bis nach Burgund. Ihre Gestalt variiert je nach dem benutzten Felsgestein. Am häufigsten sind sie vertikal ausgerichtet. Im Allgemeinen hat man später die Blöcke, die durch Erosion isoliert waren, weiter genutzt; zuweilen wurden sie dafür eigens bearbeitet. Menhire können zudem auf der Oberfläche Reste von Ornamenten aufweisen, ähnlich denen an neolithischen Grablegen; entweder durch Einschnitte oder als Relief. Beispiele sind der Menhir von Manio in Carnac oder der von Kermaquer im Département Morbihan. Auffallend ist das Übermaß mancher Menhire, 350 Tonnen etwa wiegt der zerbrochene Menhir von Locmariaquer, der 20 m Höhe erreicht; sein unterer Teil war ins Erdreich eingegraben.

Die Statuenmenhire

Ein Statuenmenhir ist eine in die Erde eingepflockte Skulptur, mit parallelen Seiten und einem gerundeten Oberteil, deren Form an die der Dolmen erinnert. Die Oberfläche ist jedoch als Flachrelief gearbeitet oder mit Einritzungen versehen. Diese stellen weibliche oder männliche Personen dar, zuweilen auch solche von unbestimmtem Geschlecht; sie haben Ornamente oder tragen rätselhafte Attribute. Das Gesicht ist in den oberen Bogen der Steinplatte eingeschnitten, der Körper wird symbolisiert durch Wölbungen, die sich von der Oberfläche abheben, die Seiten sind nicht ausgehöhlt. Hände und Füße sind stilisiert. Nur Augen und Nase sind eingeritzt. Man findet Statuenmenhire in Südfrankreich, in den Départements Avexyron, Tarn und Hérault, im sogenannten Roergat. Die meisten Statuenmenhire sind in Rodez aufgestellt; sie sind oft behauen und liefern genaue Hinweise zu Kleidung, Ausstattung und Waffen.

Die Megalithreihen und die Cromlechs

Reihenmenhire wurden am **Ende des Neolithikums** errichtet. Man findet sie auf den Kanalinseln und in Skandinavien. Sie können kreisförmig angeordnet sein und heißen dann Cromlechs. In Frankreich ist der umfassendste Bestand an Reihenmegalithen derjenige von Carnac im Département Morbihan: mehr als 4000 aufgerichtete Steine auf über 4 km Länge, zweifelsfrei **um 3000 v. u. Z.** errichtet. Die megalithischen Steinkreise von Stonehenge in der englischen Grafschaft Wiltshire sind gleichfalls aufgerichtet. Sie sind dem 2. Jahrtausend zuzuordnen. Die Anlage von Stonehenge ist von einer Steinmauer und einem Graben umgeben, ihr Durchmesser beträgt 50 m. Drei Steinkreise folgen aufeinander. In einem jeden sind die Steinblöcke durch große Steinplatten verbunden. Das Zentrum dieses Systems besteht aus einem einzelnen Stein, umgeben von kleineren Steinen, die hufeisenförmig angeordnet sind. Ein sehr breiter Zugangsweg führt zum Monument. Der Cromlech von Avebury, Südengland, ist noch größer. Der äußere Kreis besteht aus Blöcken von 4 bis 5 m Höhe; der Kreisdurchmesser beträgt 400 m.

Megalith-Experimente

Versuche, megalithische Blöcke umzusetzen, sind in England seit den 1960er Jahren unternommen worden. Aber schon am Ende des 19. Jahrhunderts hat man Blöcke transportiert und andernorts neu aufgestellt. **1979** wurde ein weiteres Experiment in **Bougon**, Département Deux-Sèvres, von **Jean-Pierre Mohen** durchgeführt, der mit der Erforschung des Ortes betraut war. Eine Betonplatte, mit Styropor geschützt, die in Masse und Volumen der 32 Tonnen wiegenden Bedeckung eines der Dolmen entsprach, wurde bewegt, indem man die im Neolithikum zur Verfügung stehenden Techniken anwandte. Mithilfe von Flachsseilen über hintereinandergelegte Rundhölzer gezogen, die ihrerseits auf Holzschienen lagen, konnte der Block von 20 Leuten etwa 40 m weit bewegt werden. Mithilfe von drei Hebeln wurde er um 1 m angehoben.

6. Die Füße im Wasser: Städte am See

Wohnstätten an Seeufern und Moordörfer haben in Süddeutschland, der Schweiz, in Norditalien und Ostfrankreich bedeutende Belege eines Wohnstättentyps hinterlassen, der vom Neolithikum bis zur Bronzezeit weit verbreitet war. Infolge einer ausgeprägten Trockenheit hat sich etwa das Niveau des Zürichsees deutlich gesenkt, wodurch ein Teil des Uferstreifens freigelegt wurde. Es wurden Pfähle wie auch polierte Äxte freigelegt. So konnte man demonstrieren, dass auch die Häuser am Seeufer in Yverdon (Kt. Waadt), Feldmeilen (Kt. Zürich), Clairvaux-les-Lacs (Kt. Jura), in Fiavè (Italien), in Hornstaad am Bodensee auf Pfählen errichtet worden waren. In Clairvaux und in Portalban (Kt. Fribourg) handelt es sich um Häuser, die direkt auf den Boden des Seeufers gebaut wurden. Das französische Dorf Charavines (Isère), 1921 entdeckt, ist seit 1972 Gegenstand umfassender Rettungsaktionen. Die ersten Bewohner sind ca. 2300 v. u. Z. hierhergekommen, dann wurde das Dorf aufgelassen – dreißig Jahre später, nachdem der See sein Recht gefordert hatte. Vierzig Jahre nach dem Auszug der ersten Bewohner wird es wiederaufgebaut, dann erneut verlassen. **Charavines** ist gleichermaßen berühmt wegen seiner Funde aus Holz und aus Pflanzenfasern: Gestielte Dolche, Weidenkörbe, Bögen, Löffel aus Eibenholz und Nadeln wurden in einem hervorragenden Konservierungszustand gefunden.

IV

Die Zivilisationen der Metallverarbeitung (2500–25 v. Chr.)

Bedeutende städtische Zivilisationen kommen auf, meist in der Nähe von großen Flüssen: am Nil in Ägypten, an Euphrat und Tigris in Mesopotamien, am Indus in Indien, am Gelben Fluss in China. Bestimmendes Element ist überall die klimatische Trockenheit in den entsprechenden Landstrichen. Die Neuansiedlung an Wasserstellen wird ausschlaggebend und zwingt zu einer anderen Lebensweise und zur kollektiven Lösung der Überlebensprobleme. Verschiedene Berufe entstehen, außerdem die Notwendigkeit, die Aufgaben durch Arbeitsteilung aufzuteilen. Die Stadt wird zu einem Zentrum von Produktion, Tausch und Verkehr. Die Gesellschaft wird hierarchisch, vom Priester bis zum einfachen Handwerker, Händler und Bauern. Man löst die Probleme der Überflutung und Bewässerung durch den Bau von Deichen und Kanälen. Eine große Zahl an Techniken ist allen Zivilisationen gemein. Die **Metallverarbeitung** entsteht, und die **Schrift** kommt auf. Es ist aber nicht die Entdeckung des Metalls, die die neu entstandenen sozialen Schichten erschüttern wird – Metall ist schon länger bekannt –, sondern die Kunst, die Mineralien zu verarbeiten, zu schmelzen und Legierungen herzustellen. **Später, um 700 v. Chr.**, verändert der **Gebrauch des Eisens** die Lebensgewohnheiten grundsätzlich. Manchmal wird die Bronzezeit der Frühgeschichte zugeschlagen, der Zeit des Übergangs vom Ende der Vorgeschichte zur Geschichte. Dieser Moment wird üblicherweise durch das Auftauchen der Schrift definiert und umfasst Bronzezeit wie Eisenzeit.

1. Die Kupferzeit

Kupfer ist bereits in Ägypten bekannt, in der Prädynastie von Naqada im 4. Jahrtausend; auch im Industal in Harappa und Mohenjo-Daro im 3. Jahr-

tausend, in Zypern. In Serbien ist der Fundort von Rudna Glava aus der Zeit um 4500 von größter Bedeutung, weil dort Werkzeuge, die durch Verwendung von Erzen entstanden, gefunden wurden, aber auch Keramik aus der älteren Vinèa-Kultur. In Portugal und Spanien erscheinen die ersten Belege einer städtischen Zivilisation, im Südwesten, in Los Millares.

Das Kupferhandwerk existiert lange Zeit neben der Produktion von Steinwerkzeugen. Die Erzeugnisse dieser Zeit sind Perlen, Nadeln, (gewellte) Dolche mit Griff und Ahlen (leicht quadratisch), dazu Äxte, die denen aus geglättetem Stein nachgebildet sind. Das Kupfer wurde in Form von rohen Barren oder gewickelten Reifen und Stäben exportiert. **Spektrographische Untersuchungen** zeigen die Vielfalt des frühen Kupfers; Kupfer aus Irland enthält gewichtige Spuren von Antimon, Silber, Arsen. Kupfer von der Iberischen Halbinsel ist mit Arsen legiert, die Streitäxte aus Ungarn enthalten dagegen keine nachweisbaren Unreinheiten.

2. Die Bronzezeit

Frühe Bronzezeit
I von 1800 bis 1700 v. Chr.
II von 1700 bis 1600 v. Chr.
II von 1600 bis 1500 v. Chr.

Mittlere Bronzezeit
I von 1500 bis 1400 v. Chr.
II von 1400 bis 1300 v. Chr.
III von 1300 bis 1100 v. Chr.

Späte Bronzezeit
I von 1100 bis 1000 v. Chr.
II von 1000 bis 850 v. Chr.
III von 850 bis 700 v. Chr.

In der **Bronzezeit** wird Kreta zum bedeutenden Zentrum mit ausstrahlender Wirkung; dies gilt auch für die ägäische Inselwelt, nachdem man dort die Errungenschaften übernommen hat, die in Kleinasien erreicht worden sind. Waffen, Schmuck und Haushaltsgeräte nehmen neue Formen an. Schwerter, Schutzschilde, Helme, Spangen, Ringe und Schmuck aller Art sind bedeutende Zeugen dieser Epoche. Das technische Verfahren, das die Herstellung dieser Objekte ermöglicht, ist der Grauguss, wobei die Gießformen aus Holz oder Lehm sind. Verzierungen werden zum Teil schon durch den Guss angebracht, aber Gravuren durch Höhlung, Stanzen und durch getriebene Arbeit können auch nach dem Guss aufgebracht werden. Die Arbeit mit Gold in Form von Draht, Granulat oder Platten ist zu dieser Zeit in der Ägäis noch sehr verbreitet. Keramik wird von Hand gemacht, die Töpferscheibe ist auf Kreta noch unbekannt.

Die Einführung von Bronze führt zu massiven gesellschaftlichen Veränderungen in Europa. Außer den Dörfern existieren in Südeuropa Ansiedlungen von urbaner Größe; befestigt und mit großen Häusern; im Norden sind die Festungsanlagen aus Holz. Es gibt Schmiede und Schmuckhersteller, mit diversen Techniken der Bearbeitung; auch Händler kommen auf. Die kostbaren Metalle werden in die Länder exportiert, die darüber nicht verfügen – Kupfer, Zink und Gold sind nur in wenigen Lagerstätten zu finden. Handelswege führen von der Donau bis zur Saale, zum Main, zur Elbe und Oder und bis ins Baltikum.

Die Kunst der **Nuraghen-Kultur** v. a. auf Sardinien – der Name kommt von den typischen Befestigungstürmen aus Stein – umfasst rund 400 Statuetten und Figurinen aus Bronze. Vom 8. bis zum 9. Jahrhundert datiert, stellen diese Figurinen Götter und Göttinnen dar. Oft sind es bewaffnete Krieger mit aufgesetzten Helmen; manchmal auch Göttinnen, die ein Kind in ihren Armen halten, sowie Tiere; alles als Rundplastik ausgeführt. Stiere, Widder, Hirsche, Schafe, Begräbnisbarken oder Bronzeschiffe zählen gleichfalls zu den künstlerischen Zeugnissen dieser paläo-sardischen Plastik. Die *tumuli*, Gräber, die von einem oft sehr großen Erdhügel bedeckt und wegen ihrer reichen Ausstattung bedeutend sind, belegen, dass die Gesellschaft der Bronzezeit hierarchisiert ist. Die Bestattung überwiegt zu Beginn dieser Zeit noch, weicht aber in der mittleren Bronzezeit der Einäscherung; die Asche wird in Urnen aufbewahrt. In der **Religion** nimmt der Sonnenkult einen wichtigen Platz ein, vor allem in Nordeuropa, wie es der Sonnenwagen von Trundholm in Dänemark bezeugt, der 1902 entdeckt wurde.

3. Die Eisenzeit

Das 8. Jahrhundert v. Chr. ist eine Zeit großer Bevölkerungsbewegungen. In der Bronzezeit kommen zwei indoeuropäische Reitervölker aus den Steppen des Orients und dringen nach Westen und Süden vor. Die Kimmerier, von der Krim kommend, überwinden um 750 v. Chr. den Kaukasus und bedrohen Kleinasien und Assyrien. Die Skythen aus Turkestan, die die Kimmerier vertreiben, dringen in den Balkan ein und erreichen den mittleren Lauf der Donau in Pannonien (Westungarn) wie auch die Karpaten. Dieses Vorrücken nach Süden bringt die Skythen und Kimmerier in den Osten Deutschlands (Bayern) und gemeinsam mit den Thrakern nach Norditalien. Erstere sind die Vermittler zum Nahen Osten, Letztere beeinflussen die Hallstattkultur der frühen sowie die La-Tène-Kultur der späten Eisenzeit.

Die Perioden der frühen Eisenzeit

- **Ältere Hallstattzeit** (725–625 v. Chr.): Auftauchen der Thrako-Kimmerier in Zentraleuropa. Ausbildung einer Reiter-Aristokratie, die für die Entstehung der gallischen Gesellschaft charakteristisch wird.
- **Mittlere Hallstattzeit** (625–540 v. Chr.): Auftauchen von sogenannten Antennendolchen, halbkreisförmigen Rasiermessern, Flaschen, Perlenarmketten, die als «Leitfossilien» dienen.
- **Jüngere Hallstattzeit** (540–450 v. Chr.): Kultur von Vix und Les Jogasses, Ost- und Nordfrankreich. Größere Verbreitung der mediterranen Produkte über die Achse Rhône-Saône. Grablegen in Burgund (Chars), im Elsass und im Jura.

Die frühe Eisenzeit

Die **frühe oder ältere Eisenzeit**, auch **Hallstattkultur** genannt, beginnt in Zentraleuropa, in Frankreich, Italien und der Iberischen Halbinsel um 750 v. Chr., in Skandinavien nicht vor dem 5. Jahrhundert v. Chr., zeitgleich mit Indien und China. Ägypten importiert im 2. Jahrhundert v. Chr. Eisen aus dem Sudan, um es in Zentral- und Ostafrika zu verteilen. Bemerkenswert ist, dass das Eisen seit 1500 bis 1000 schon in Anatolien und im Iran bekannt war, von den Philistern bis zu den Phöniziern. Es wurde danach in Griechenland im 9. Jahrhundert v. Chr. eingeführt. Schwerer zu bearbeiten als Kupfer, verdankt das Eisen seine Verbreitung den vielfältigen Einsatzmöglichkeiten im täglichen Leben (Pflugschar, Nägel, Werkzeuge) und auch der Tatsache, dass man mit dieser Technik Waffen von bislang unbekannter, furchterregender Wirksamkeit schmieden kann. Die Eisenarbeiten erreichen die Donau um das 7. Jahrhundert v. Chr., dann Gallien im 5. Jahrhundert. **Hallstatt** bei Salzburg, 1876 von **Johann Georg Ramsauer** erforscht, birgt einen Friedhof aus dem 1. Jahrtausend v. Chr. mit Gegenständen aus Bronze und Eisen. Große Schwerter wie auch Urnen wurden dort gefunden. Um das **8. Jahrhundert v. Chr.** ist die Gesellschaft um die befestigten Orte bereits hierarchisch strukturiert. Würdenträger sind dort unter *tumuli* bestattet. Die berühmtesten *tumuli* bergen Streitwagen, Schwerter, Ausstattungsstücke und Schmuck, vor allem in Vix (Dep. Côte-d'Or) und im oberen Saône-Tal. Um 600 v. Chr. befördert die **Gründung von Marseille** die Verbreitung der hellenischen Kultur, was an der großen Ausdehnung der Keramik zu erkennen ist.

Die späte Eisenzeit oder La-Tène-Zeit

La Tène I	von 500 bis 300 v. Chr.
La Tène II	von 300 bis 100 v. Chr.
La Tène III	von 100 v. Chr. bis zum Beginn des christlichen Zeitalters

Diese Zeit ist nach dem Fundort benannt, der 1857 im Schweizer Kanton Neuchâtel entdeckt wurde. Mehrere Datierungssysteme wurden von den Franzosen **Joseph Déchelette** (1862–1914) und **Paul-Marie Duval** (1912–1997) sowie dem Deutschen **Paul Reinecke** (1872–1958) vorgeschlagen. Die meisten dieser Chronologien basieren auf archäologischen Funden und belegen die Einführung einer neuen Kultur seit dem 5. Jahrhundert v. Chr. in der Kontinentalzone: die gallische Kultur bzw. die der Kelten. **Münzen** erscheinen um das 3. Jahrhundert v. Chr. in Süd- und Zentralfrankreich. Im 2. Jahrhundert v. Chr. wird das südliche Gallien von Rom beherrscht. Julius Cäsars Kriege und ihre Folgen haben eine römische Provinzkultur zum Ergebnis. Was wir von den Kelten wissen, kommt nicht nur aus der Archäologie, sondern auch von griechischen Autoren wie **Polybius** (um 202–126 v. Chr.) und **Strabon** (um 63 v. Chr.–25 n. Chr.) wie auch von lateinischen. Vor allem **Cäsar** (100–

44 v. Chr.) und **Plinius d. Ä.** (23–79) zeigen uns die Kelten als barbarisches Volk, das über den Norden Europas verstreut ist. **Hekataios von Milet** (um 550–480 v. Chr.) und Herodot nennen sie *Kelta*. Ihre Bezeichnung ist innerhalb der Literatur nicht einheitlich – bald sind es Kelten, bald Gallier (lat. *Galli*), bald Galater. Die Archäologie hat den keltischen Einflussbereich genauer eingrenzen können. Ihr Verbreitungsgebiet umfasst Zentraleuropa bis nach Schlesien und Ungarn, den Norden des Balkans, Norditalien, Südfrankreich, die Iberische Halbinsel, Großbritannien und Irland, ab 300 v. Chr. Nur Irland wird noch weitere fünf Jahrhunderte die geistige und religiöse Kultur der Kelten beibehalten, ehe es zum Christentum bekehrt wird.

4. Völker, die von anderswo kamen: Skythen und Steppennomaden

Das Nomadentum sollte nicht als mangelnde zivilisatorische Anpassung einiger Stämme, die gleichsam am Rande der Geschichte leben, angesehen werden, sondern als eine besondere Form der Ökonomie, die es verstanden hat, sich ein ebenso besonderes Biotop zu erschließen. Schon seit der Bronzezeit und während der Eisenzeit erleben die Steppen des Südens, dazu Sibirien und Asien sowie angrenzende Gebiete die Entstehung erster nomadischer Organisationen mit den Kulturen der Kimmerier, der Skythen und der Sarmaten in Zentralasien. Die letztgenannten sind bekannt für ihren besonderen Stil mit indischen und persischen Einflüssen sowie skythischen und griechischen Motiven. Vor allem die Tierdarstellungen der Skythen hat sie beeinflusst. Typisch für die **sarmatische Kunst** sind Arbeiten aus gestanztem Blattgold, das mit Emailintarsien aus Halbedelsteinen und Glasperlen versehen ist. Vermischt mit hellenistischen Motiven aus der Zeit des Christentums, wird die sarmatische Kunst zum Stil der letzten pontischen (Schwarzmeer-)Periode. Von den Goten übernommen, als diese um 200 v. Chr. nach Russland eindrangen, verbreitet sich dieser Stil in der gesamten germanischen Welt.

Die **Entstehung der Viehzucht** bringt Transhumanz und Halbnomadentum mit sich, denen um das 1. Jahrtausend v. Chr. ein vollständiges Nomadentum folgt. Zwei Reitervölker sind aus den östlichen Steppen gekommen und nach Süden gezogen: die Kimmerier und die Skythen. In Zentralasien ist in der Bronzezeit auf die Andronowo-Kultur die Afanassjewo-Kultur gefolgt. Deren Gebiet ist noch größer und umfasst ein Areal, das vom Ural und dem

Minussinsk-Becken begrenzt wird. Die **Metallverarbeitung** ist dort kaum erwähnenswert, die Zucht von Schafen und Rindern dafür umso mehr. In den südlichen Steppen entsteht die Kultur der Gräber mit Dachgebälk (1600–800 v. Chr.), gekennzeichnet durch Tüllenbeile, filigrane, schlanke Messer und durch landwirtschaftliche Tätigkeit. Dies wird zur Kultur der Kimmerier, die in assyrischen Texten des 8. Jahrhunderts v. Chr. erwähnt werden und das Urartäische Reich zerstören, nachdem sie den Kaukasus überquert haben und zu einer Bedrohung für Kleinasien und Assyrien werden. **Im 8. Jahrhundert v. Chr.** werden sie von den Skythen verdrängt, die sich mit den Assyrern und den Medern verbinden, ehe sie nach drei Jahrzehnten des Schreckens in die europäischen Steppen zurückkehren und ihre Macht in der Ukraine errichten. Sie werden 628 v. Chr. vom medischen König **Kyaxares II.** (reg. 625–585) besiegt, danach durch die Feldzüge von **Kyros II.** (reg. um 559–530) und von **Dareios I.** (reg. 514–512), der den Hellespont und die Donau überquert. Die Perser bezeichnen die Skythen als *Çaka*, «Hirsch»; ein Tier, das auf zahlreichen Gegenständen als Dekor erscheint. Tatsächlich umfasst die skythische Kultur vier verschiedene Stämme:

- **Die Kultur der Skythen**, oder genauer: die der Nomaden und Bauern vom unteren Dnjepr, vom unteren Bug, vom Asowschen Meer. Sie werden sich den Nordiranern anschließen, errichten auf der Krim ihre Nekropolen.
- **Die Kultur der Moldawier und der Ukrainer**, die sich litauischen und slawischen Stämmen anschließen.
- **Die sindo-mäotische Kultur der Kuban-Region** (Südrussland).
- **Die Kultur der sarmatischen Stämme** aus dem Wolgabecken und den Steppen des Ural.

Diesen Gruppen ist die Kunst der Tierdarstellungen gemein und in Verbindung damit die östliche, aus Zentralasien stammende Waffenkunst. Herodot bezeichnet die Skythen als «Hausträger und Bogenschützen zu Pferd», als Anspielung auf ihr Nomadentum und ihr Dasein als Krieger. Diese Reiter haben eine leichte Bewaffnung, Bögen aus Horn mit doppelter Krümmung und Sehne und Pfeilen mit dreieckigen Spitzen. Doch sie benutzen auch Schwert, Speer und Lanze. Ihre Überlegenheit beruht auf ihrer Kriegsstrategie und -technik wie auch auf dem mobilen Schutzwall, der aus Streitwagen errichtet wird. Die Entdeckung von Waffen in Gräbern von Frauen legt nahe, dass auch Frauen am Kampf teilnahmen, was aber eher bei den Sarmaten als bei den Skythen der Fall war. Herodot spielt auch auf die «königlichen Skythen» an: «Jenseits von Gerrhos liegt das sogenannte Königsland. Es ist die Heimat der tapfersten und volkreichsten Skythen, die glauben, die anderen seien ihre Sklaven» (*Historien*,

IV, 20). Ein Stamm, der andere Ethnien beherrscht, verfügt über ein ausgeprägt hierarchisches System. Um die Mitte des 6. Jahrhunderts v. Chr. bilden sich bedeutende wirtschaftliche Beziehungen heraus. Griechische Siedler haben mehrere Handelshäuser gegründet, darunter das in Olbia, und die örtlichen Produkte, vor allem Weizen, werden dort getauscht wie auch Honig, gesalzene Fische, während die Griechen ihrerseits Öl und verschiedenste Erzeugnisse aus Kunst und Industrie beisteuern.

Es ist ein blühender Markt, weil Skythien als Kornkammer Griechenlands für Dareios zum strategischen Ort wird, den er einnimmt, ehe er Griechenland beherrscht. Die Skythen lassen sich um das 4. Jahrhundert v. Chr. nieder und gründen im Lauf der folgenden zwei Jahrhunderte Städte und Handelsniederlassungen. Die königlichen Skythen halten sich noch lange, bis die hunnischen Horden sie besiegen. Die Stadt Neopolis an der Westküste der Krim ist die Hauptstadt, in der König Skiluros residiert. Hier leben Skythen, Alanen und Sarmaten auf einer Fläche von 16 Hektar. Ein im 2. Jahrhundert v. Chr. erbautes Mausoleum birgt 70 Gräber von Anführern.

Von den **Begräbnispraktiken** sind die *tumuli* aus Stein und Erde erhalten geblieben: Zeugen der Kurgan-Völker, die nördlich des Schwarzen Meeres seit dem 6. Jahrhundert v. Chr. aufkommen. In ihrem Inneren haben uns die reichsten Gräber das «Gold der Skythen» hinterlassen, das zu seiner Blütezeit die Tierkunst der Steppen zeigt. Die Werke unterscheiden sich von anderen Produkten der Nachbarvölker Zentralasiens – von denen der Sarmaten, der Pasyryk-Stufe, der Tagar-Kultur –, indem sie ihre eigenen skythischen Motive mit hellenischen verbinden und sich die künstlerischen Traditionen des Iran aneignen. Die Impulse aus der Begegnung mit den Griechen lassen sich erahnen an den Goldarbeiten im Tumulus von Babyna (350–300), wo die Taten des Herkules auf 12 Metallverzierungen *(phalerae)* dargestellt werden. **Was wissen wir von ihrer Religion?** Ihre große Göttin war Tabiti (die griechische Hestia), die einzige Gottheit, von der man künstlerische Darstellungen findet. Die Skythen beten gleichermaßen Papeus (Jupiter) an, den Himmelsgott, Apia, die Göttin der Erde, Octosyrus, den Gott der Sonne, und Artimpaasa, die Göttin des Mondes. Seher praktizieren Wahrsagerei mithilfe von Rutenbündeln.

Der Fundort Pazyryk und der Kurgan von Kul-Oba

Mehrere außergewöhnliche archäologische Entdeckungen haben den erstaunlichen Reichtum und die Vielfalt der Kunst der Steppenvölker zutage gebracht. Der Fundort von Pazyryk in Südsibirien umfasst 40 *tumuli* unterschiedlicher

Größe, **1929 Gräber**, datiert zwischen dem 5. bis 3. Jahrhundert v. Chr. Fünf der wichtigsten *tumuli* wurden fünf aufeinanderfolgenden Herrschern zugeordnet; der größte Tumulus misst mehr als 50 m im Durchmesser. Die Leichname der Verstorbenen sind mumifiziert, gebettet in Särgen aus ausgehöhlten Lärchenstämmen. Interessanterweise weisen die Körper von zwei Männern zahlreiche komplexe Tätowierungen auf, von denen manche an Fabelwesen erinnern. Die klimatischen Bedingungen haben außergewöhnliche Funde möglich gemacht: Kleidung, Teppiche, Lederwaren, ein hölzerner Streitwagen, Hengste (Füchse), von denen zwei mit Ledermasken bedeckt sind, die ihrerseits mit Tierdarstellungen geschmückt sind. Die Reste der Teppiche, von denen einer 30 m^2 misst, zählen zu den ältesten bis heute bekannten Teppichen. Ein großer Teil dieser Objekte wird heute in der Eremitage in St. Petersburg gezeigt.

Waren die Skythen wirklich Nomaden?

Zwei Leichname, die im Tumulus von Berel auf der Altai-Hochebene in Kasachstan gefunden wurden, bestätigen entsprechende griechische Texte. Man hat den Körpern – in einer Höhe von 1300 m gut erhalten – Proben aus dem Verdauungsapparat entnommen und so Hakenwurmeier gefunden, die 1200 km entfernt vom Ort der Bestattung, in der Nähe des Aralsees, am Kaspischen Meer und im Iran vorkommen. Die iranisch beeinflussten Objekte, die in dem Grab gefunden wurden, strafen demnach die Behauptung Lügen, die aufgefundenen Menschen kämen aus der näheren Umgebung. Der Text Herodots, nach dem die Skythen bedeutende Nomaden gewesen seien, die gewaltige Distanzen durchmessen konnten, wird hier bestätigt – durch die Ergebnisse der anthropobiologischen Forschungsgruppe aus Toulouse 1999.

5. Kelten: Die großen Invasionen

Mit dem Anfang des 5. Jahrhunderts v. Chr. verschwindet die Einteilung der Region nördlich der Alpen in kleine Fürstentümer. Doch der wirtschaftliche Austausch dieser Hallstatt-Gesellschaften mit den etruskischen und griechischen Kulturen Italiens bleibt bestehen. Inschriften aus Zeichen des etruskischen Alphabets beweisen, dass es sich um keltische Gruppen handelt und dass sie die Ersten sind, die die Schrift verwenden. Während dieser **Expansionszeit (um 500–300)** erscheinen auch andere Gruppen, die sich vor längerer

Zeit auf der Iberischen Halbinsel niedergelassen hatten, wo sie den Namen Keltiberer annahmen. Brennos, mit seinem lateinischen Namen **Brennus**, belagert 389 v. Chr. die Stadt Clusium und marschiert 388 nach Rom, um den römischen Truppen eine heftige Niederlage an den Ufern der Allia, einem Tiber-Zufluss, beizubringen. Die Legende sagt, dass die Gänse des Kapitols bei einem Angriffsversuch Alarm schlugen und damit die Stadt vor der Invasion retteten. Tatsächlich aber verhandelt Brennus mit den Römern. Damit er einwilligt, seine Truppen zurückzuziehen, wird ihm ein beträchtliches Lösegeld in Form von genau abgewogenen Goldgegenständen gezahlt, um die vereinbarte Summe zu erreichen. Von den Römern angeklagt, bei den Gewichten der Waage betrogen zu haben, soll er der Legende nach sein Schwert auf die Gewichte geworfen haben – mit dem berühmt gewordenen Ausruf: *Vae Victis* – Wehe den Besiegten!

Die Kelten dringen in Thrakien und Makedonien ein. **Ptolemaois Keraunos**, 281 bis 279 v. Chr. König von Makedonien, findet den Tod, als er sich ihnen entgegenstellt. Sie verwüsten unter ihrem Anführer Makedonien und Thessalien, dringen in Zentralgriechenland ein und nähern sich 279 Delphi, werden aber zurückgedrängt. Die Volksstämme Zentralgriechenlands, die Ätolier, Phokäer und Böotier, verbanden sich gegen die Kelten und verteidigten die Thermopylen. Die Kelten überquerten den Hellespont und den Bosporus in Kleinasien unter dem Befehl ihres Anführers Luterios. Sie lassen sich dort gegen 278 v. Chr. nieder, nachdem sie König **Nikomedes I.** (reg. 278–250) von Bithynien halfen, von dem sie als Gegenleistung die Provinz Galatien erhielten, woher ihr örtlicher Name als Galater herrührt. Sie werden in Galatien, auf dem Hochplateau der heutigen Türkei, durch den Seleukidenkönig **Antiochos I.** (reg. 281–261) aus Syrien aufgehalten, der sie 275 schlägt.

Die Eroberung der Po-Ebene um 200 v. Chr. macht es Rom möglich, die zisalpinen keltischen Stämme zu unterwerfen. Diese werden in einer einzigen Provinz zusammengefasst, in *Gallia togata* oder «Gallien in der Toga». Das Jahr **118 v. Chr.** ist der Beginn der römischen Herrschaft über die Küsten des Mittelmeers. Das eroberte Areal heißt danach *Provincia*. Daraus wird später die Gegend um Narbonne. Man bezeichnet sie als *Gallia braccata*, «Gallien in Hosen, die gallische Hose», um dies der *togata* oder der *comata* entgegenzusetzen, dem «haarigen Gallien», womit der Rest von Frankreich und Belgien gemeint ist. Im Jahre 27 v. Chr. unterscheidet **Augustus** (63 v. Chr.–14 n. Chr.) drei Gallien: Belgien, das Lyonnais und Aquitanien. Diese verschiedenen Gallien ändern zur Mitte des ersten nachchristlichen Jahrhunderts noch einmal ihre Bezeichnung und werden noch mehr zerstückelt.

Vom 1. bis zum 2. Jahrhundert werden die Kelten von Osten her durch die Germanen vertrieben, vom Süden her durch die Römer. Der Druck durch die germanische Bevölkerung und deren Invasionen durch bewaffnete Trupps zwingen die Kelten, sich nach Westen zurückzuziehen, wie es die Helvetier unter König **Orgetorix** tun, die versuchen, sich in Gallien niederzulassen, und dabei von den Römern zurückgeschlagen werden. Der Gallische Krieg markiert das Ende der keltischen Unabhängigkeit in Gallien. Nach der Niederlage bei Alesia (52 v. Chr.) ist Gallien vollständig besetzt. Auf Keltisch bedeutet **Vercingetorix** (um 82–46) «Großer König der Tapferen». Er gilt als der erste Anführer, dem es gelang, die gallischen Stämme gegen die römischen Unterdrücker zu vereinen. Als Sohn des Celtillius, des Fürsten der Averner, ist uns sein Leben vor allem durch *De bello gallico – Der Gallische Krieg* von Julius Cäsar bekannt. Vercingetorix besiegt Cäsar dank seiner Politik der verbrannten Erde, doch erst der Sieg von Gergovia 52 v. Chr. macht ihn zum Anführer der Averner. Er muss sich jedoch im August desselben Jahres Cäsar ergeben, der ihn besiegt. Cäsar bringt ihn nach Rom, um ihn als Gefangenen in seinem Triumphzug mitzuführen, danach lässt er ihn in den Kerker werfen, wo er im Jahre 46 v. Chr. erdrosselt wird.

In Britannien (heute England) dringen die Römer im Jahre 43 n. Chr. ein, infolge einer aggressiven Politik der Söhne von König Cunobelinus gegen Rom. Die Eroberung endet mit **Agricola** (40–93) zwischen den Jahren 78 und 83. Durch die Eroberung wird die Grenze bei den Highlands gezogen, diese erweist sich aber als unmöglich zu verteidigen. Die irischen Kelten erleben keine römische Invasion. Die keltische Kultur überlebt in Helvetien, wo sie sich allmählich mit germanischen Anteilen vermischt sowie im Norden Schottlands und in Irland, wo sie zwischen dem 4. und 5. Jahrhundert christianisiert wird. Irland wird in vier Königreiche aufgeteilt: Ulster, Leinster, Munster, Connacht. Im 5. Jahrhundert weitet der «Großkönig» von Tara, der Hauptstadt der heutigen Grafschaft Meath, seine Autorität auf die gesamte Insel aus. **St. Patrick** (um 385–461) missioniert Irland und bereitet so der keltischen Herrschaft ein Ende. **Im 8. Jahrhundert** muss sich Irland der Invasion der Wikinger stellen.

Keltische Expansion: Die Kelten und Gallien

Im 5. Jahrhundert v. Chr. lassen sich die Kelten im Norden und im Zentrum Galliens nieder, wobei sie die Küstenregionen und den Süden eher vernachlässigen. Die Mittelmeerküste bleibt bis zum 1. Jahrhundert eine Region ohne

gallische Besetzung. Der typische Ort für eine gallische Niederlassung ist ein Flusstal, wo kleine Stammesgruppen miteinander Allianzen eingehen und größere politisch-soziale Einheiten gründen. Ihre territoriale Ausbreitung **seit dem 3. Jahrhundert v. Chr.** geht durch Eroberung vonstatten, doch auch durch Hochzeiten und Vertragsunterschriften. Die *Häduer* besetzen die Täler der Saône und der Loire, die *Sequaner* das des Doubs und einen Teil des Saône-Tals, die *Parisier* das der Seine, die *Lemoviken* das Land entlang der Garonne. Gallien ist in der Tat eine Aneinanderreihung kleiner politischer Einheiten, was es wiederum den Römern erleichtert, sich anzusiedeln. Seit der La-Tène-Zeit zählt Gallien ungefähr 16 Stammesregionen. Um das 4. Jahrhundert v. Chr. verbinden sich die *Ligurer* mit den benachbarten gallischen Stämmen und bilden so eine bedeutende kelto-ligurische Konföderation. Das zwingt die Römer, die Nordgrenzen von Italien und der Provence zu schützen, um Massalia (Marseille) zu sichern. Zahlreiche Niederlassungen werden von den Massalioten gegründet: Antipolis (Antibes), Nikaïa (Nizza), Monoïkois (Monaco), Olbia (Hyères). Die griechische Stadt Phokäa gründet zwischen dem 7. und 6. Jahrhundert Niederlassungen im Westteil des Mittelmeerbeckens. Die entsprechenden Städte mit Kontakten zur keltischen Welt sind Emporion (Empúries) in Katalonien und Massalia (Marseille). Die Mittelmeerküste wird von den Römern annektiert und im Jahre 125 v. Chr. zur römischen Provinz, die zum Sprungbrett für die Eroberung des restlichen Gallien wird. Im Norden lassen sich zwischen dem 4. und 3. Jahrhundert die Belger nieder, in die Flucht getrieben durch die von germanischen Stämmen ausgehende Gefahr. Viele römische Historiker erwähnen diese gallischen Stämme und geben ihnen die Bezeichnung *nationes* oder *civitates*. Sie waren in *pagus* eingeteilt, in Distrikte, eine territoriale Einheit, unterhalb einer Stadt. Die Häduer sind in sechs *pagi* unterteilt, deren wichtigstes ihre Hauptstadt Bibracte auf dem Berg Beuvray ist. Stammesstatthalter führen sie, nachdem sie dem Herrscher den Treueid geschworen haben. Dank der Schriften Cäsars haben wir Hinweise über die Herrschaftsform der großen Königreiche des 1. Jahrhunderts v. Chr., der Averner wie auch der oligarchischen Regimes, in denen der oberste Magistrat für ein Jahr durch Wahl bestimmt werden kann, wie bei den Häduern. Die großen Gruppen errichten ihre jeweilige Hauptstadt im *pagus* der Region. Manche werden später große Städte wie Paris, Hauptstadt der *Parisier*, oder Titelberg im heutigen Luxemburg als Hauptstadt der Treverer, Chartres die der Karnuten. Sie sind zugleich Residenzorte der Könige: Ambicatus, legendärer König der Biturigen, hatte sich zu diesem Zweck Avaricon (Bourges) erwählt. 59 v. Chr. begannen die Häduer, Sequaner und Averner ihren

Kampf um die Oberherrschaft über Gallien, und Cäsar zog aus dieser Situation Nutzen.

Keltische Archäologie

Nichts Monumentales hat uns die Archäologie hinterlassen, nur Reste von Stadtmauern und Heiligtümern aus Holz. Einige Städte sind im Ursprung schlichte keltische *oppida*, etwa Budapest oder Brenodunum (Bern). Die *oppida* der La-Tène-Zeit entwickeln sich im Laufe des 2. Jahrhunderts zu befestigten Ballungsräumen auf mehreren Dutzenden Hektar. Manche stehen völlig frei, wie etwa Manching in Bayern, oder sind auf unebenen Höhenlagen errichtet wie Bibracte in Burgund. Ensérune, zwischen Béziers und Narbonne gelegen, thront auf einem 118 m hohen Hügel. Die innere Organisation der *oppida* ist nicht immer ganz bekannt. Die Grabungen bei Entrement, erbaut 173 v. Chr. in der Nähe von Aix-en-Provence, zeigen, dass dieser befestigte Ort die Hauptstadt der Salluvier im Kampf gegen Massalia gewesen sein könnte. Entrement ist in zwei Abschnitten errichtet worden; während des zweiten, um 150 v. Chr., erreicht die Stadt eine Größe von 3,5 Hektar. Die zweite Stadtbefestigung beeindruckt durch ihre Mauergröße von 3,25 m Tiefe bei 5 m bis 6 m Höhe. Sie ist ein *murus gallicus*, von Cäsar im *Gallischen Krieg* (VII, 23) beschrieben, der häufigste Befestigungstyp jener Zeit. Auf horizontalen Balken konstruiert, folgen senkrechte Abschnitte einander parallel zur äußeren Verkleidung. Diese Verkleidung besteht aus großen Steinen, die in die Zwischenräume eingefügt sind. Darüber erhebt sich eine zweite, ähnliche Lage mit einem Zwischenraum von zwei Fuß zwischen den Balken, damit diese nicht die Balken der unteren Lage berühren. Der Stein gibt Schutz vor dem Feuer, die Balken halten dem Anprall von Rammböcken stand. In der Anlage von Entrement steht alle 18 m ein großer Turm von 9,15 m Tiefe und 8 m bis 9 m Höhe. Die Häuser sind größer als die der ersten Bauphase: 4 m auf 5 m. Der Plan der Wohnanlage ist schachbrettartig und ähnelt damit demjenigen griechischer Städte. Werkstätten der Handwerker, Bäcker, Schmuckhändler oder der Weinkelterer sind nur im alten Teil der Stadt gefunden worden. Dieses *oppidum* ging zusammen mit den Salluviern unter, als Rom den Konsul Galus Sextus Galvinus schickte, die Stadt einzunehmen.

Einige oppida

- **Argentomagus** (**Argenton-sur-Creuse**, Dep. Indre): Dem Typus nach ein abgeriegelter Felsvorsprung, begrenzt sein *murus gallicus* eine Fläche von 27 Hektar. Die archäologischen Ausgrabungen – 3000 Amphoren, 2000 Münzen – bezeugen die wirtschaftliche und handwerkliche Rolle dieses *oppidum*. Es gehört den *Bituriges Cubi*, einem Volk, das deshalb bekannt ist, weil es Vercingetorix gebeten hat, sie zu verschonen. Der Name dieser Siedlung kommt von *Arganton*, etymologisch hergeleitet aus *argent*, «Silber».
- **Avariucum (Bourges)** ist das andere *oppidum* der Biturgen, von Cäsar 52 v. Chr. belagert.
- **Bibracte**, auf dem Beuvray gelegen, ist das *oppidum* der Häduer. Der Kampf, der dort in der Nähe 58 v. Chr. zwischen den Römern und den Helvetiern stattfindet, wird zum Auslöser des Gallischen Krieges. Hier lässt sich Vercingetorix zum Anführer der Gallier ausrufen.
- **Alesia** (Alice-Sainte-Reine, Dep. Côte d'Or) ist historisch berühmt, weil dort im Jahre 52 v. Chr. Cäsar und seine Armee Vercingetorix belagern; ein berühmter Abschnitt in Cäsars *De bello Gallico* (VII, 68–69). Napoleon III. «verlegt» diesen Ort auf den Mont Auxois, 70 km von Dijon entfernt.

Die Religion der Kelten

Um die Religion der Kelten zu studieren, liefern archäologische Relikte und zeitgenössische Quellen, griechisch oder nicht, Inschriften und Ikonographie erstklassige Hinweise. Die Heiligtümer in den keltischen Dörfern sind oft monumental und geben über die religiöse Praxis Auskunft. Das Heiligtum von **Gournay-sur-Aronde** in der Nähe von Compiègne, an sumpfiger Stelle gelegen, wurde von den **Bellovakern**, einem mächtigen und großen Volk in Nordgallien, auserwählt. In der Nähe fand man einen befestigten Bereich von 3 Hektar Größe, der im 3. Jahrhundert v. Chr. aufgegeben wurde. Die Arbeiten am Heiligtum wurden im selben Jahrhundert ausgeführt. Es erstreckt sich über eine Fläche von 1500 m^2 in Form eines Rechtecks, umgeben von einem Graben von 2,50 m Breite und 2 m Tiefe, geschützt von einer hölzernen Palisade. Im Zentrum eine Grube von 3 auf 4 m, 2 m tief, außerdem neun weitere kleinere Gruben. Ein Umgang von 1,50 m Breite ermöglicht das Umschreiten der wichtigsten Grube. Darin fanden sich Überreste von ca. 45 Ochsen, ca. 100 Schafen und ungefähr 40 Ferkeln. Im Lauf des 2. Jahrhunderts v. Chr.

wird das Heiligtum durch Neubau der Palisade und der Eingangsvorhalle umgestaltet, die wie ein Tor zum *oppidum* erscheint, in dem die Schädel der Feinde und menschliche Knochen angebracht sind. Die zutage geförderten Waffen tragen Kampfspuren, zweifellos Kriegsbeute.

Andere Heiligtümer präsentieren erhöht ausgestellte Trophäen mitsamt den Gebeinen der Besiegten, etwa in **Ribemeont-sur-Ancre** bei Amiens oder in **Roquepertuse** (Dep. Bouches-du-Rhône). Dort steht das Sanktuarium in der Oberstadt mit dem Haus der Schädel, das der griechisch-lateinischen Literatur recht geben könnte, wonach die keltischen Soldaten ihre Feinde enthaupteten und ihre Köpfe an ihren Pferden befestigten. Das Heiligtum von Ribement-sur-Ancre ist sicherlich eines der größten Heiligtümer Galliens mit seinen 800 m Länge und seinem komplexen Plan. Die archäologischen Ausgrabungen seit 1982 haben ein Kriegsmonument zutage gefördert, das an einem Ort errichtet wurde, an dem eine wichtige Schlacht zwischen den Belgern und den Bewohnern des Armorique stattfand, die wahrscheinlich 1000 Tote forderte. Die Schlacht hat **um 260 v. Chr.** stattgefunden und endete mit dem Sieg der Belger. Das kubische Monument von 1,60 m Seitenlänge war gen Westen ausgerichtet und durch einen polygonalen Graben abgetrennt und von einer 6 m hohen Mauer umgeben. Tausende menschlicher Knochen, dazu weitere 200 Teile Bewaffnung, Schwerter und Schilde werden dort gefunden; meist von Menschen im Alter von 15 bis 40, die tödliche Verletzungen erlitten haben. Ihre geköpften Leichname lagern in drei Holzgebäuden, in Reih und Glied an Rahmen befestigt. In der polygonalen Einfriedung wird eine noch erstaunlichere Entdeckung gemacht: Ein Stapel menschlicher Gliedmaßen und Pferdeknochen, ungefähr 2000 Teile, ist zu einer Art Altar angeordnet, von Lehm und Erde gehalten. Die menschlichen Knochen sind zermalmt und verbrannt worden. Die Opfer, die in den Heiligtümern und Tempeln dargebracht wurden, sind unterschiedlich: Darstellung der Gottheit in den Opfergaben, aber auch Teile von Tieren. Die lateinischen Quellen spielen auf schreckliche Menschenopfer an, und diese Ansicht über die barbarischen und blutrünstigen Kelten hält sich lange. **Marcus Annaeus Lucanus** (39–65 n. Chr.) spricht von «denen, die durch schreckliches Blut den grausamen Teutates und den schrecklichen Esus besänftigen». Ein Kommentar zu diesem Dichter beschreibt die Menschenopfer noch eingehender: Wer Taranis geweiht ist, wird durch Feuer geopfert; wer für Teutates bestimmt ist, wird ertränkt in einem Fass; die für Esus bestimmten werden an einem Baum aufgehängt und gehäutet. Die archäologischen Grabungen relativieren diese Ansicht allerdings beträchtlich. Am häufigsten sind Gegenstände, Waffen

und Halsreifen als Opfergaben bezeugt, wenn auch für manche Heiligtümer und *oppida* bei Grabungen ganze Skelette von Tieren oder Menschen zutage gefördert wurden.

Der **Kessel von Gundestrup** (1. Jahrhundert v. Chr.), in einem jütländischen Torfgebiet in Dänemark 1880 gefunden, ist durch sein Figurenwerk mit den wichtigsten keltischen Mythen verbunden. Von den 15 Platten, aus denen er zusammengesetzt war, sind nur 13 erhalten. Das gesamte Stück wiegt 90 kg bei einem Durchmesser von 68 cm und einer Höhe von 40 cm. Es gehört zu einer Reihe großer liturgischer Gefäße, die in Skandinavien gefunden wurden. Die Kessel von Brå und Rynkeby sind vermutlich für rituelle Trankopfer zu Ehren der Gottheit bestimmt. Der Kessel von Gundestrup mit seinen Darstellungen von Waffen, Trompeten mit Schalltrichtern in Form von Drachenmäulern, großen länglichen Schutzschilden, einem Helm aus der La-Tène-Zeit III wird auf die Mitte des 1. Jahrhunderts v. Chr. datiert. Auf den Monumenten oder den Gegenständen sind die Götter oft von Tieren begleitet, deren Unterscheidungsmerkmale gut zu erkennen sind. Ihre Wahl ist symbolisch, steht etwa für eine soziale Funktion. Die Biene ist zu sehen, die die Unsterblichkeit der Seele bezeugt, und auch große Tiere, der Stier etwa: Als Opfertier auf dem Kessel von Gundestrup dargestellt, symbolisiert er die Königin; das Pferd war für den König reserviert.

Die wichtigsten Tiere

▪ **Der Hirsch** steht im Zentrum eines Kults, dessen Bedeutung sich an der Anzahl seiner Erwähnungen und Darstellungen ermisst. Der Gott Cernunnos, der gehörnte Gott, ist auch auf dem berühmten Kessel von Gundestrup dargestellt, umgeben von anderen Tieren. Seine genaue Symbolik ist unbekannt, doch die irländische Literatur zeigt, dass der Hirsch eine wichtige Rolle spielt. Im *Finn-Zyklus*, dem Helden von Leinster gewidmet, heißt sein Sohn Oisin, das bedeutet «Rehkitz». Mangels sicherer Beweise ist man auf Vermutungen angewiesen, welche Bedeutung dem Hirsch beizumessen ist. Dennoch gilt er manchmal als Gott der Sonne oder als Bote zwischen Göttern und Menschen.

▪ **Das Wildschwein** war bei den Kelten wichtig genug, um als Schmuckelement bei der Ausstattung von Gräbern zu dienen. Oft ist es auf militärischen Zeichen zu sehen, wo es offenbar dem Träger die Kampfeslust dieses Tieres verleihen soll. Viele Darstellungen zeigen Wildschweine mit struppigen

Rückenborsten. Wegen seiner Klugheit lässt das Wildschwein auch an die Druiden denken, die Priesterkaste.

■ **Das Pferd** ist ein häufig vorkommendes Symbol, vor allem auf keltischen und gallischen Münzen. Der Kult der Göttin Epona, Beschützerin der Pferde und Reiter, belegt, dass es verehrt wurde. Todespferde sind in keltischen Legenden allgegenwärtig, wie auch Kriegspferde. Man nehme nur das kleine Bronzepferd, das in Neuvy-en-Sullias gefunden wurde; es trägt eine Inschrift, gerichtet an den Gott Rudiobus, den «Roten», ähnlich dem Kriegsgott Mars, dessen Reittier das Pferd ist. Die negative Wertung als chthonisches, todbringendes Symbol macht aus ihm eine ähnliche Erscheinung, wie dies für unseren Sensenmann gilt.

■ **Der Bär**, dessen keltische Bezeichnung *art* lautet, kämpft oft mit dem Wildschwein. Vielleicht ist er das Symbol der Kriegerklasse, wie dies das Patronym Arthur nahelegt, vom bretonischen *arth*, der Bär, abgeleitet.

Die Druiden

Auch unsere Kenntnisse über die Druiden stammen zum großen Teil aus den Schriften Julius Cäsars. Er ist sicher, dass sie eine grundlegende Rolle im politischen und sozialen Leben spielen. Sie sind Erziehende und lehren die Unsterblichkeit der Seele. Bildung besteht in jener Zeit darin, Tausende von Versen auswendig zu lernen, eine auf diese Art überkommene Tradition lebt damit in jeder Generation weiter. Die Druiden-Organisation ist mächtig und zugleich logisch. Alle Druiden unterstehen einem obersten Anführer und müssen sich seinem Urteil unterwerfen. Seine Rolle ist politisch, juristisch, aber auch religiös. Die Druiden sind zuständig für die Organisation der großen Opfer und sammeln sich jedes Jahr im Land der *Karnuten*, in der Region von *Carnutum*, Chartres, das als das spirituelle Zentrum Galliens gilt. Nach Strabon (um 63 v. Chr.-25 n. Chr.) teilen sie sich in drei Kategorien: die Druiden, die Barden (Poeten), die Vates, die mit der Wahrsagerei im eigentlichen Sinne befasst sind.

V

Die Urgeschichte in anderen Teilen der Welt

1. China

Die Beweise für die Existenz eines uralten Menschen waren lange Zeit auf wenige Länder und Kontinente begrenzt. Doch viele, zuweilen auch zufällige Entdeckungen und der Wunsch, Geschichte und Ursprünge des Menschen besser kennenzulernen, haben dazu geführt, dass wir seine Anwesenheit heute fast überall in der ganzen Welt nachweisen können. Auch China beschränkte sich lange auf den berühmten Sinanthropus, den sogenannten **Pekingmenschen**, der 1929 in Zhoukoudian entdeckt wurde, und auf dessen Mythen, die den Ursprung des Menschen bei P'an-kou ansetzen, dem Urmenschen. 1998 aber legte die Chinesische Akademie der Wissenschaften ein Forschungsprogramm für die ältesten Perioden der Urgeschichte auf und konnte deshalb die Frage nach den ältesten Hominiden neu stellen. Der Ramapithekus von Shihuba in der Nähe von Kunming in der Provinz Yunnan ist nun mit seinen acht Millionen Jahren einer der frühesten Beweise. Der Yuanmou-Mensch und der Lantian-Mensch aus der Provinz Shaanxi scheinen älter als der Pekingmensch zu sein. Der Erstere wäre 1,7 Millionen Jahre alt, der zweitgenannte 600 000 Jahre. Die **neolithischen Kulturen** von Yangshao in der Region des Gelben Flusses (Huang He) in Nordchina und von Cishan, 1976 entdeckt, sind auf die Zeiträume 5150–2690 v. Chr. bzw. 6000 datiert, was ihre Keramik zu einer der ältesten der Welt machen würde. Die Erlitou-Kultur aus der Provinz Henan, zwischen dem Ende des Neolithikums und den **Anfängen der Bronzezeit** um 2100–1600, belegt die Existenz bedeutender Bauwerke mit Besonderheiten, die während der folgenden Jahrhunderte nicht aufgegeben werden: rechteckige Form, Orientierung nach Kardinalpunkten, rechtwinklige Anordnung der Wege. 1988 wurde Erlitou zum Kulturerbe von größter Bedeutung erklärt.

2. Japan und Korea

Japan ist in die Urgeschichte eingetreten, als 1949 in Iwajuku in der Präfektur Gunma steinernes Handwerkszeug in einer Löss-Schicht gefunden wurde, datiert zwischen 50 000 und 40 000 v. u. Z., womit eindeutig die Existenz eines **Paläolithikums** belegt ist. Tatsächlich bilden die heutigen Inseln Sachalin (heute russisch), Hokkaidō, Honshū und Kyūshū vor einer Million Jahren eine kontinentale Brücke und sind untereinander verbunden. Die Ryūkyū-Inseln im Süden und die Kurilen im Norden sind damals mit dem Kontinent verbunden, während das Ostchinesische Meer, das Japanische Meer und das Ochotskische Meer Binnenseen bilden. Die heutige Konfiguration des japanischen Archipels ist ein recht junges Phänomen, datiert auf ungefähr 20 000 v. u. Z.* Mehr als 3000 Fundorte wurden ausgegraben, doch nur gut 30 davon erbrachten Beweise für eine Besiedelung vor 30 000 v. u. Z. Das **japanische Neolithikum** ist in mehrfacher Hinsicht originell. Man erkennt keine landwirtschaftliche Revolution, die mit der Sesshaftigkeit einherginge, was fast überall auf der Welt der Fall war. Jagd, Ernte und Fischfang scheinen für die Ernährung der Bevölkerung ausreichend gewesen zu sein. Diese halbsesshafte Wirtschaftsweise kannte seit 8000 v. u. Z. die **Keramik**. Jōmon ist die wörtliche Übersetzung des englischen *cord mark:* Man vermerkt 1877 in einem Bericht zum ersten Mal die eigentümliche, mithilfe von verdrehten Kordeln bedruckte Keramik; die Jōmon-Periode erstreckt sich vom 9. bis zum 3. Jahrtausend v. u. Z.

In **Korea** hat sich die traditionelle Sichtweise auf das Neolithikum, nicht auf das weit ältere Paläolithikum, durch neuere Entdeckungen geändert. Die Anwesenheit der ersten Menschen seit ungefähr 500 000 Jahren ist gesichert, in Tokch'on und in der Nähe von Pyongyang. Die Industrien des Alt- und Mittelpaläolithikums sind allerdings kaum nachzuweisen. Um 30 000 sind dann die Anzeichen dafür häufiger und präziser. Man entdeckt den reichhaltigen Gebrauch von Obsidian, Schabegeräten, Meißel sowie das Vorhandensein von Wohnstätten in Höhlen oder im Freien. Paradoxerweise ist die Zeit von 10 000 bis 6000 die am wenigsten bekannte, obwohl die Fundorte belegen, dass die Menschen die Halbinsel nicht vollständig verlassen hatten. Die **älteste Töpferarbeit** erscheint **zwischen dem 9. und 8. Jahrtausend**, in Gosan-ri auf der Insel Jeju. Doch auch dort handelt es sich um Werkzeug, das dem aus dem

* Jean-Paul Demoule und Pierre-François Souyri (Hgg.), *Archéologie et patrimonie au Japan*, Maison des sciences de l'homme, Paris 2008.

Mesolithikum ähnelt, und man findet keinerlei Beweise für die Domestizierung von Tieren oder Pflanzen. Die Frage nach dem Ursprung dieser Bevölkerungen – früher wurde angenommen, sie stammten aus China – ist nach wie vor offen. Lange Zeit musste man sich hier an den Mythos halten. Demnach stieg im Jahre 2333 Hwanung, der Sohn des Himmelsgottes, auf das Taebaek-Gebirge herab. Er traf auf einen Bären und eine Tigerin, die ihn baten, ihnen menschliche Gestalt zu verleihen. Nach einer Bewährungszeit von 100 Tagen hatte die Tigerin die auferlegte Enthaltsamkeit gebrochen und der zur Frau gewordene Bär gebar, nachdem er/sie Hwanung geheiratet hatte, den ersten Koreaner, Tangun. Paradoxerweise erinnert der Bär in diesem Mythos an die sibirischen Ursprünge der ersten koreanischen Besiedelungen und bestätigt die archäologischen Ergebnisse bezüglich der Töpfereien, die denen in Sibirien ähneln und in koreanischen Gräbern gefunden wurden.

3. Indien

Indien war seit den frühesten Zeiten bewohnt. Die paläolithischen Spuren im gesamten Subkontinent bezeugen dies, doch weil viele Zusammenhänge unklar sind, sind Verständnis und Rekonstruktion der prähistorischen Tatsachen oft schwierig. Das **Altpaläolithikum** erkennt man im Nordwesten des Landes im Soan-Tal (heute Pakistan). Die Entdeckungen von 2001 im Golf von Khambat, vor der Küste von Gujarat im Nordwesten Indiens, haben zwei ausgedehnte versunkene Städte zutage gebracht, die vor 8000 bis 7000 Jahren, also am Ende der Eiszeit, durch den Anstieg des Meeresspiegels überflutet wurden. 2000 Gegenstände wurden geborgen und auf das 8. bis 7. Jahrtausend datiert. Man hat dort Reste eines Deiches von mehr als 600 m Länge gefunden, der den Lauf eines der Flüsse, die damals existierten, unterbrach. Die versunkene Stadt ist mindestens 150-mal größer als die großen Siedlungen Kleinasiens, wie etwa das Dorf **Çatal Hüyük** (in der heutigen Türkei), das aus derselben Zeit stammt. Die genannten Städte gehörten der Harappa-Kultur an, die sch bekanntlich **zwischen 5000 bis 3000 Jahre v. u. Z.** entwickelte. Doch noch außergewöhnlicher ist die Entdeckung von Spuren unbekannter Schriftzeichen, die kreisförmig eingeritzt wurden. In der zweiten Hälfte des 3. Jahrtausends entwickelt sich eine städtische Kultur, die der in Mesopotamien und Ägypten vergleichbar ist. Bis heute sind mehr als 1000 Orte entdeckt worden, wovon 140 an den Ufern des jahreszeitlichen Flusses Ghaggar-

Hakra liegen, der damals die wichtigsten Produktionszonen der Indus-Kultur bewässerte. Der Städtebau ist recht klar koordiniert; eine nicht entzifferte Schrift findet sich in rund 400 Piktogrammen, die auf Siegel und Amulette aufgebracht wurden. Die ersten dieser Harappa-Siegel erschienen in einer Publikation des Jahres 1875 als Zeichnungen von Alexander Cunningham (1814-1893).

4. Der amerikanische Kontinent

Um die Besiedelung des amerikanischen Kontinents zu erklären, verlässt man sich besser auf die klimatologischen Gegebenheiten als auf die weniger eindeutigen anthropologischen. Noch ist die Debatte nicht beendet, auf welchen Wegen und mit welchen Mitteln die ersten Menschen den Kontinent erreichten. Genetische Forschungen müssten eine klarere Vorstellung über die ersten Kolonisierungen und Kolonisatoren ermöglichen. Heute werden mehrere Szenarien zur Besiedelung vorgeschlagen. Die klassische Hypothese betrifft eine mögliche **Immigration aus Asien** zwischen 13 000 und 11 000 über die Beringstraße. Jedenfalls weisen die Überreste des sogenannten Kennewick-Mannes, die im Columbia River gefunden wurden, kaukasische Kennzeichen auf, und das heißt: europäische. Lange Zeit dient der Fundort Clovis in den USA als Modell, denn dort werden bei Grabungskampagnen im Jahr 1932 etliche Werkzeuge, zwischen 13 500 bis 11 000 datiert, gefunden. Doch die Entdeckung des Fundortes bei Lewisville in Texas mit Feuerstellen, die mit Holzkohle und verbrannten Knochen verschwundener Tierarten in Verbindung gebracht und auf 38 000 bis 12 000 datiert werden, stellt dieses Modell infrage. Die als «Prä-Clovis» bezeichneten Fundstellen finden sich zudem auch in Südamerika sehr zahlreich: Pikimachay in den peruanischen Anden (22 000 v. u. Z.), die Höhle von Pendejo (55 000-33 000) und die Höhle von Sandia (30 000-25 000) in Neu-Mexiko. Südamerika, dessen Besiedelung später eingesetzt zu haben schien, bietet also Beweise für sehr alte Kulturen. DNA-Analysen zeigen, dass die genetischen Merkmale der heutigen Indianer nicht denen der Bewohner des arktischen Sibirien, sondern denen aus Europa und Zentralasien vergleichbar sind. Es scheint also, dass man die Urheimat der indianischen Bevölkerung Amerikas in der Gegend des Baikalsees verorten muss. Man sollte weniger von einer einzigen Migration sprechen, sondern eher von mehreren ausgehen, vielleicht sogar solchen über den Seeweg.

2

ZWEITER TEIL

DIE FRÜHEN HOCHKULTUREN DES NAHEN UND MITTLEREN OSTENS

Die Geschichte beginnt im Land zwischen zwei Flüssen, **Mesopotamien**, mit ersten Schrifttexten, ersten großen Bibliotheken, ersten Städten, ersten mehrgeschossigen Zikkurats, Tempeltürmen, die an den Turmbau zu Babel als Herausforderung Gottes erinnern. Romanische Kirchen weisen manchmal an ihren Kapitellen alte mesopotamische Tiermotive auf, die durch die Kreuzzüge übermittelt wurden. Die Bibel zeigt Babylon und Ninive als (von Gott verfluchte) Städte, die auch in der Malerei immer wieder aufgenommen werden. Semiramis, die legendäre Königin Babylons, inspiriert Voltaire, Mozart und Rossini. Mesopotamien ist zugleich die Geschichte der Sumerer, der Akkader, der Chaldäer, der Kassiten und insgesamt eines Gebiets, in dem bis zur Mitte des ersten vorchristlichen Jahrtausends die Völker unablässig in Kontakt standen. Schließlich dominierten die Assyrer das Gebiet, danach die Perser bis zu Alexander dem Großen.

Ägypten fasziniert durch die Langlebigkeit und die Einzigartigkeit seiner Kultur. Die Griechen und Römer entdecken es, als es bereits eine mehr als zweitausendjährige Geschichte hat, mit seiner Kunst, der Vielfalt seiner Schrift und der imponierenden Majestät seiner Denkmäler.

Die **hebräische Welt** vermischt sich mit der ägyptischen, assyrischen, babylonischen, persischen, griechisch-hellenistischen und römischen, ehe sie über die Weiterführung durch das Christentum den mittelalterlichen Okzident formt. Wie konnte ein so kleiner Stamm, aus einer Ecke der Wüste stammend, ohne Heimatland dreitausend Jahre gegen alle Gesetze der Welt überleben, um ihr am Ende seine eigenen Gesetze zu geben? Seine Kraft bestand darin, während der Jahrtausende ein Gleichgewicht zwischen der Öffnung zur äußeren Welt und der Achtung vor dem Gesetz zu finden.

Geschichte, dem Sand entrissen

Erst zu Beginn des 19. Jahrhunderts öffnen sich der Nahe und der Mittlere Osten Europa gegenüber. Die Forschungen von **Heinrich Schliemann** (1822–1890) in Hisarlik (Troja), dann am Peloponnes sowie Funde aus der Ägäis haben die schrittweise Entdeckung der alten Kulturen in Ägypten, Palästina und dem Nahen Osten zur Folge. Der Prähistoriker **Robert John Braidwood** (1907–2003) fördert Qul'at Jarmo im Nordirak zutage, das an das Ende des Neolithikums datiert wird, und eröffnet so eine neue Disziplin: die Archäologie der Urgeschichte. Die Philologie hebt den ersten Schleier von den Geheimnissen dieser Kulturen, indem sie 1802 ein erstes Keilschrift-Alphabet entziffert. In der folgenden Zeit werden die großen Ausgrabungsstätten entdeckt: Chorsabad (Dur

Šarrukin) durch **Paul-Émile Botta** (1802–1870) mit dem Palast Sargons II. (reg. 721–705 v. Chr.); **Austen Henry Layard** (1817–1894) entdeckt die Bibliothek des assyrischen Königs Assurbanipal (reg. 669–627 v. Chr.) mit Tausenden von Tontafeln. Die ersten Grabungen in Mesopotamien bringen die Fundorte von Susa, Uruk und Ur zutage. Nippur und Susa beweisen dank der reichen Ausstattung ihrer Grabmale die Existenz der Sumerer. **Jacques de Morgan** (1857–1924) gibt ein großartiges Werk der mesopotamischen Geschichte heraus: den *Codex Hammurapi*, den ersten vollständigen Kodex babylonischer Gesetze, der um 1750 v. Chr. entstand. Das erste Viertel des 20. Jahrhunderts erlebt weitere Grabungen und vor allem den wesentlichen Beitrag zur Archäologie, den die Keilschrifttafeln liefern, die in Tell el-Amarna gefunden wurden; es handelt sich hierbei um die diplomatische Korrespondenz der Pharaonen Amenophis III. und Amenophis IV., auf Akkadisch verfasst. Der Name von **André Parrot** (1901–1980) ist untrennbar mit den Ausgrabungen von Mari verbunden; mit demjenigen von **Samuel Noah Kramer** (1897–1990) verbindet sich die Aussage *L'Histoire commence à Sumer – Die Geschichte beginnt mit Sumer*, so der Titel seines Buches aus dem Jahre 1956; gemeint sind die Entwicklung des Zahlensystems und die Anfänge der Schrift zur Mitte des 4. Jahrtausends v. Chr.

I

Mesopotamien

1. Vorspiel zu den frühen Kulturen

Von den ersten Dörfern, etwa Mallaha, datiert auf 12 000 bis 10 000 v. u. Z., und der ersten befestigten Stadt Jericho, von den Anfängen des Gebrauchs von Kupfer ab 8000 und der Kultur von El-Obeid (Al-Ubayyid, 5000–3750) vergehen Jahrtausende, bis sich die Architektur auf hohen Terrassen entwickelt. Eridu ist dabei der wichtigste Fundort und die älteste Siedlungsstätte, irdischer Sitz des Gottes Enki, des Herrn des Wassers und der Technik. In Südmesopotamien gelegen, nahe beim Persischen Golf, wird Eridu später in Sumer umbenannt. Erstmals erscheinen abgetreppte Mauern. Die Toten werden in

Truhen gelegt. Zum ersten Mal besetzt der Mensch Südmesopotamien. Die **Kultur von Uruk** (um 3700–3000) verdankt ihren Namen dem eponymen Fundort, heute Warka genannt, in Südirak. Es ist ein politisches und religiöses Zentrum, dessen Ruf durch den Mythos um seinen König Gilgamesch verstärkt wird. Nahebei werden noch weitere Städte im Süden des Landes zu großen urbanen Zentren: Eridu, Ur, Dschemdet-Nasr. Dieser letztgenannte Ort gibt seinen Namen jener Epoche, die diejenige von Uruk beendet und unter dem Namen **Dschemdet-Nasr-Zeit** (um 3100–2900) bekannt ist. Der Ort liegt nahe bei Babylon und gilt als erste Stufe der glänzenden mesopotamischen Kultur. Im Lauf der Entwicklung entsteht aus dem einfachen Tempel ein terrassenförmig gestufter Bau: der Zikkurat. Leider ist kein einziger dieser Tempelbauten unversehrt geblieben. Bis heute wurden gut 30 Fundorte verzeichnet. Das wichtigste Baumaterial ist der Ziegelstein. Der erste Herrscher, der diesen Bautyp errichten ließ, war **Ur-Nammu** (reg. 2112–2094) aus der dritten Dynastie von Ur (2112–2006). In Mesopotamien gibt es noch weitere hoch aufragende Bauwerke: «Terrassen-Tempel», die den Zikkurats ähneln. Genau wie diese sind sie auf Terrassen errichtete Kulturbauten. Der älteste geht auf die El-Obeid-Kultur (5.–4. Jahrtausend) zurück, der jüngste auf die Zeit der Kassiten (1595–1155). Während Hunderten von Jahren existierten beide Bautypen nebeneinander.

Rechnen, Schreiben, Fahren

Die Erfindung der Schrift in Sumer lässt den Menschen machtvoll in die Geschichte eintreten. Die ältesten Schriftformen sind Ideogramme: Die Schrift bezeichnet auf bildhafte Weise ausschließlich Objekte oder Lebewesen. Die ersten Schreiber ritzen diese Darstellungen mit Sticheln in den weichen Ton. Als die ersten Spuren von Zeichnungen auftauchen, ritzt der Stichel kleine Winkel in den weichen Ton, wovon sich die zukünftige Bezeichnung «Keilschrift» ableitet: Schrift in Form von Winkeln. Die ersten geschriebenen Dokumente entstehen um die Jahre **3400 bis 3300**. Es handelt sich um Verwaltungsdokumente, Buchhaltung und Anlagen von Listen. Die königlichen Verzeichnisse und ähnliche Texte befördern den Fortschritt der Schrift. Die Tafeln werden größer und rechteckig. Ist der Text aufgebracht, werden die Tafeln gebrannt, wodurch sie konserviert werden; dies erklärt die große Zahl an Archiven, die man in Uruk, Susa, Kish, Ur gefunden hat. Mehr als 5500 Tontafeln wurden zutage gefördert. Die **Uruk-Zeit** entwickelt außer der Schrift ein **Zahlensystem**, das der Schrift möglicherweise sogar vorausgeht. Spuren davon sind bezeugt in Gestalt von *calculi* (Singular *calculus* für «Steinchen»). Dies sind kleine Klötze, Kugeln, Stäbchen, durchlöcherte Kegel, deren Größe den Wert bestimmt. Die Sumerer benutzen ein 60er-Zahlensystem, das Sexagesimalsystem. Hier zählt der kleine Kegel 1, die Kugel 10, der große Kegel 60, der große durchlöcherte Kegel 3600, die große durchlöcherte Kugel 36 000. Mit der Schrift entstehen die Rollsiegel. Es sind dies **kleine Zylinder**, zuweilen als Banderole gefasst und mit eingravierten Darstellungen von Gottheiten und Keilschriftzeichen versehen. Man rollt sie auf den frischen Tontafeln ab, um ein Dokument zu signieren; um eine Amphore mit einer Inhaltsangabe zu kennzeichnen; um die Exaktheit der Rechnungen eines Tempels festzuhalten etc. Sie sind also Zeichen wirtschaftlicher Transaktionen, offizieller Dokumente, privater Schenkungen, Teilungen und Ablösungen. Sie tauchen um 3200 v. Chr. in Uruk auf und verbreiten sich schnell. Die eingravierten Motive sind sehr unterschiedlich, zumindest zu Anfang (religiöse Szenen, Alltagsleben); der entwickelte Stil tendiert dagegen zu verfeinerten Formen, zu einem geometrischen Fries, der bis ins Unendliche reproduziert werden kann.

Religion: Die Grundlagen des sumerischen Systems

Das gesamte Leben in der Stadt ist um den Tempel organisiert, der immer komplexer wird. Das ursprüngliche Gebäude ist nun zu einem regelrechten Quartier geworden: der eigentliche Tempel, die Lagerhäuser, die Verwaltungsgebäude, die den Priestern zugewiesenen Unterkünfte. So gibt es in Uruk einen der Inanna geweihten Tempel, der Göttin der Liebe, später von den Assyrern und den Babyloniern als Ištar bezeichnet. Ihr Tempel, Eanna oder «Himmelshaus» genannt, besteht aus einem zentralen rechteckigen Hof, umgeben von Ziegelgebäuden, mit verzierten Mauern, deren Dekor aus gebrannten, farbigen Tontäfelchen besteht, die ein Mosaik bilden. Das ausgedehnte Gebäude misst 80 m in der Länge und 40 m in der Breite. Die Außenmauern bilden Treppengiebel aus: sie werden in regelmäßigen Abständen durch Türme mit Erkern überragt. Mit Inanna verbinden sich zwei grundlegende sumerische Mythen: Tod und Wiedergeburt ihres Gemahls Dumuzi und ihre Fahrt in die Unterwelt.

Die ewige Wiederkehr: Kommt Ihnen das bekannt vor?
Inanna (Ištar) nimmt den Schäfergott Dumuzi zum Mann, so sein sumerischer Name; bei den Babyloniern wird er zu Tammuz. Nach einer Version des Mythos überlebt der noch sterbliche Dumuzi die Vereinigung mit einer Göttin nicht. Er stirbt, bleibt einen Teil des Jahres in der Unterwelt, wird dann im Frühling wiedergeboren und in der Unterwelt durch seine Schwester Geštinanna ersetzt. In einer anderen Version steigt Inanna selbst in die Unterwelt, um dort ihre ältere Schwester Ereškigal herauszufordern und sie vom Thron zu verdrängen. Die **ersten sumerischen Versionen** dieses Mythos vom Abstieg der Inanna-Ištar in die Unterwelt stammen ca. von 2300 v. Chr. Ein vollständigerer Text ist einer akkadischen Version aus dem 1. Jahrtausend v. Chr. zu verdanken. Es ist der Bericht vom Aufenthalt der Göttin in der Unterwelt. Sie wagt sich dorthin, um dort herauszufinden, wie sie ihre Macht vergrößern kann, wie eine Version besagt; nach einer anderen, um dort ihren Mann wiederzuerlangen. Doch sie muss den Wächter der Unterwelt verführen und an jedem der durchschrittenen Tore ein Kleidungsstück ablegen. Seit ihrem Abstieg aber kommen die Paare nicht mehr zusammen, kein Kind wird mehr geboren. Ohne Liebe wächst nichts mehr auf Erden. Ea (Enki), der König der Götter, beschließt zu reagieren: Ištar darf das «Land ohne Rückkehr» verlassen, die Tore im umgekehrten Sinn durchschreiten und dabei jedes Mal eines ihrer Kleidungsstücke aufnehmen. Dumuzi aber muss sie seinem Schicksal überlassen. Der Mythos ist Teil der heiligen Königswürde: Alle sumerischen Herrscher identifizierten sich mit Dumuzi. Jedes Jahr vereint sich der König anlässlich der Neujahrsfeierlichkeiten symbolisch mit einer Ištar-Priesterin. Ihre Hierogamie, die Heilige Hochzeit, stellt für ein Jahr die Fruchtbarkeit der Erde und der Frauen sicher. Die Zeremonie findet in festlicher Umgebung statt: im Eanna, dem Inanna-Tempel in Uruk.

Die Entstehung des Königtums

Für Historiker ist die Entstehung des Königtums durch die Zeit der alten Dynastien (um 2900–2600) und die Zeit vor König Sargon (um 2900–um 2375) definiert. Der Prozess der Urbanisierung schreitet voran, und Städte entstehen auf dem Gebiet der Sumerer, aber auch in den Tälern von Euphrat und Tigris sowie mit Ebla in Syrien. Zwei Völker befinden sich im unteren Mesopotamien: die **Sumerer** in der Gegend des Persischen Golfs im Süden und die semitischen **Akkader** im Norden. Ursprünglich sind sich ihre Kulturen sehr ähnlich. Sie entwickeln Bewässerungssysteme und die Keilschrift. In Stadtstaaten geteilt, führen sie bald Kämpfe gegeneinander. An ihrer Spitze stehen jeweils ein König und eine Schutzgottheit der Stadt. Die stärkere Stellung haben zunächst die Sumerer inne. Einige ihrer Städte, erst Uruk, dann Ur, üben eine regelrechte Hegemonie aus. Aber insgesamt ist die politische Aufteilung wichtig: Ein jeder Stadtstaat beherrscht ein mehr oder weniger großes Gebiet wie auch Satellitenstädte. Um das 3. Jahrtausend v. Chr. existieren am Euphrat in einem Gebiet so groß wie die Schweiz und entlang der drei Läufe von Euphrat und Tigris ungefähr 15 Staaten, die alle einen Teil dieses Versorgungsnetzes nutzen. Es sind Kleinstaaten mit mehreren urbanen Zentren. So erstreckt sich ein Staat wie Lagaš zur Mitte des 2. Jahrtausends auf einer Länge von 65 km an mehreren Armen des Tigris. Er bedeckt ca. 2000 km^2 bewässerten Landes, weist 25 Weiler, 40 Dörfer und nicht weniger als drei wichtige Städte auf: eine religiöse Hauptstadt, Girsu, eine politische Hauptstadt, Lagaš, und einen am Tigris gelegenen Hafen. An der Spitze eines jeden Stadtstaats steht ein König, genannt *En*, «Herr», er residiert in Uruk. Es gibt einen Priesterkönig *Ensi*, «Hilfspriester», in Lagaš, der eher der Repräsentant Gottes ist, der in Wahrheit allein über die Stadt herrscht; schließlich einen *Lugal*, «großer Mann», in Kisch (Kiš), was auf eine königliche Funktion von bereits eher politischer Bedeutung hinweisen könnte. Die Dokumente jener Epoche, vor allem die *sumerische Königsliste*, die die Geschichte Mesopotamiens seit den Anfängen skizziert, verzeichnen viele abrupte Untergänge von Dynastien infolge militärischer Niederlagen. Es scheint, dass bis zur Herrschaft von **Sargon von Akkad** (um 2334–2279) alle sumerischen Städte untereinander im latenten Konflikt liegen. Das Wissen darum entstammt den Archiven der Bibliothek von Ebla, einem archäologischen Fundort südlich von Aleppo im heutigen Syrien. Mit ihrem reichen Bestand von mehr als 17 000 Tontafeln lässt uns diese Dokumentation die diplomatischen Beziehungen der sumerischen Stadtstaaten besser verstehen.

Paläste, Bibliotheken und Gräber der alten Dynastien (2900 bis 2600 v. Chr.)

Außer dem königlichen Palast von Kisch beeindruckt derjenige in Mari, bekannt unter der Bezeichnung Palast des Zimri-Lim, durch seine Dimensionen. Auf einer Fläche von 2,5 Hektar bei einer Länge von 200 m und einer

Breite von 120 m zählt er fast 300 Räume. Einige davon sind eindeutig identifiziert, wie etwa der Thronsaal, 25 m lang, 11,5 m breit und 12 m hoch, oder die Pferdeställe, das Haus des Königs, das Frauenhaus, die Lagerhäuser. Die **Archive von Mari** haben unter anderem **fast 20 000 Tontafeln in akkadischer Sprache** überliefert, die gleichermaßen über politische Ereignisse wie über das tägliche Leben im Palast informieren. Zahlreiche Statuen wurden in Mari gefunden, darunter die von Iddin-El, regierender Fürst von Mari, heute im Louvre aufbewahrt, oder die der *Großen Sängerin von Ur-Nanshé* oder *Ur-Nina*, heute im Museum von Damaskus. Das bedeutendste Vorbild der Tempel ist der «ovale Tempel», der so heißt, weil eine ovale Umfriedung das Tempelgelände im Zentrum der Stadt begrenzt. Der Tempel selbst steht auf einer Terrasse. Die **Königsgräber von Ur** werden 1927 von **Charles Leonard Woolley** (1880–1960) auf dem Gebiet des antiken Stadtstaates entdeckt, den Woolley zwischen 1919 und 1934 ausgräbt. Über 1800 Gräber werden zutage gefördert, mehr oder weniger reich ausgestattet, je nach Rang des Verstorbenen. Insgesamt 16 außergewöhnliche Königsgräber werden gefunden, die bedeutendsten sind die der Könige Meskalamdug und Akalamdug und der Königin Puabi. Die Aufzählung all dessen, was im Inneren dieser Gräber enthalten ist, lässt den Reichtum und die Vielfalt der Grabbeigaben erahnen: Betten, Musikinstrumente, Waffen, Kisten, Geschirr, Juwelen und herrschaftlicher Schmuck. Die Leichname der hochstehenden Personen sind umgeben von Streitwagen mit Eseln und Ochsen. Außerdem hat man in diesen Königsgräbern einen doppelseitigen Holzschild gefunden: ein Diptychon, das aus zwei getrennten Schilden besteht; der eine ist als «Krieg», der andere als «Frieden» betitelt. Der Dekor besteht aus Muscheln, Perlmutt, roter Kalkerde und Lapislazuli. Ein König und seine Soldaten, die den Streitwagen führen, sind auf der «Kriegs»-Tafel abgebildet; eine Armee auf dem Feldzug. In Ermangelung eines Besseren hat man ihr die Bezeichnung *Standarte von Ur* verliehen, was eine militärische Funktion suggeriert.

Die Reliefkunst der alten Dynastien

Die Rundskulpturen dieser Zeit sind wegen eines bestimmten Typus bemerkenswert: der Betende, sitzend oder stehend, mit einem Zottenrock bekleidet, einem Ziegenfell nachempfunden, dem *kaunakes*. Die Statue ist fast eine Kubus-Statue, der Körper ist aufs Äußerste stilisiert und auf den Torso begrenzt, die Arme vor der Brust gefaltet, das Gesicht stereotyp, aus dem jedoch die großen inkrustierten Augen, weit aufgerissen, hervortreten, um den Zustand der Ekstase angesichts der Kontemplation des Göttlichen zu zeigen; zu sehen etwa an der Alabaster-Statuette des Verwalters Ebih-Il aus Mari, heute im Louvre aufbewahrt. Flachreliefs sind auf zahlreichen Votivtafeln zu sehen, die in der Mitte durchbohrt sind, um dort Opferstäbe einzustecken. Das Meisterwerk jener Zeit bleibt die *Geierstele*, datiert auf ca. 2450 v. Chr., gefunden in Tello, dem antiken Girsu. Auf einer Seite führt Eannatum, König von Lagaš, seine Truppen in langen und dichten Reihen, während sie die Besiegten der feindlichen Stadt Umma zertreten. In der unteren Reihe führt der König seine Soldaten auf seinem Streitwagen. Diese «politische» Seite der Stele, die die königliche Macht rühmen soll, hat ihre Entsprechung in einer theologischen auf der Rückseite, wo Ningirsu, der Hauptgott von Lagaš, die Feinde ergreift und sie in seinem Netz gefangen hält, in Anwesenheit des siegreichen Königs Eannatum.

Götternamen

Die Etablierung des sumerischen Pantheons findet schon während der Zeit der archaischen Dynastien statt, auch wenn es während späterer Dynastien präzisiert wird. Lagaš verbreitet dank seiner militärischen Macht seinen nationalen Gott Ningirsu; ähnlich werden Enki-Ea in Eridu, Utu-Šamaš in Sippar und Larsa, Nanna in Ur, Enlil in Nippur und Inanna in Uruk verbreitet. Die Götter leben, lieben und schlagen sich wie die Menschen, doch sie bleiben unsterblich. Ein jeder trägt zum Funktionieren der Welt bei: Šamaš, Gott der Sonne, Nanna-Sin, der halbmondförmige Gott, Enlil, Herr der Winde. Bei den Göttern unterscheidet man einerseits die, die den verschiedenen Teilen der Welt entsprechen: Himmel, Erde, Unterwelt; dann die astralen Gottheiten: Sonne, Mond, Sterne; die Kräfte der Welt: Blitz, Sturm und die Fruchtbarkeitsgötter. Die vier Schöpfergottheiten sind An, Enki, Enlil und Ninhursag (Ninḫursanga), Göttin der Erde.

An: *An* auf Sumerisch, *Anu* auf Akkadisch, gilt als der Himmelsgott. Er besetzt die Spitze des babylonischen Pantheons. An die 80 Gottheiten bilden seine Familie. Die symbolische Zahl, die ihn repräsentiert, ist die 60, sie gilt im sexagesimalen System als vollkommen.

Enki: Als Gott der Quellen und der Flüsse wird er in den ältesten sumerischen Texten erwähnt. Sein wichtigster Tempel ist in Eridu und trägt die Bezeichnung «Tempel des Abgrunds».

Enlil: Als Herr der Luft oder Herr der Winde ist er der Zweite in der Götterhierarchie, doch seine Attribute überragen die eines Herrn der Winde und

Lüfte. Er wird seit der Dschemdet-Nasr-Zeit erwähnt. Seine Zahl ist die 50, sein Symbol die gehörnte Tiara. Er herrscht mit seiner Paraedra (göttlichen Gemahlin) Ninlil (Herrin der Winde) über ganz Sumer.

Ninhursag: Als Muttergöttin repräsentiert sie die Fruchtbarkeit; ihr Symbol ist Omega. Nach und nach werden andere Gottheiten mit ihr verbunden.

Ištar: Als Göttin der körperlichen Liebe und des Krieges ist sie eine der großen Gestalten des assyro-babylonischen Pantheons. Sie kann zur Gegenspielerin der semitischen Inanna der Sumerer werden. Als Himmelskönigin in sumerischen Texten und Tochter der Mondgöttin Nanna hat sie als ihre Symbole den einem Kreis einbeschriebenen Stern und die Zahl 15. Ihr Heiligtum in Uruk ist der Eanna-Tempel.

Marduk: Schutzgott Babylons, ist er ursprünglich ein einfacher Gott des Feldbaus. Erst unter **Nebukadnezar I.** (um 1128–1105) wird er zum nationalen Gott. Schließlich ersetzt er Enlil als Herr des Pantheons und nimmt dessen Zahl 50 an. Der Drachen ist sein emblematisches Tier, sein Planet ist Jupiter.

Nergal: Der Nergal-Kult ist sehr alt, da König **Šulgi** (um 2094–2027) ihn bereits zu seiner Zeit verehrt. Dieser mesopotamische Höllengott wird auch «Herr der großen Stadt», d. h. der Unterwelt, genannt.

Šamaš: Als Sohn des Mondgottes Sin und seiner Paredra Ningal ist er assyrischer Sonnengott und entspricht dem sumerischen Gott Utu. Er ist Gott der Gerechtigkeit und wird von den Orakeln, den Sehern angerufen. Er schmückt den *Codex Hammurapi*, weil er der Gerechtigkeit und dem Recht vorsitzt.

Tiamat: Als Urmutter, wenn auch zuweilen androgyn, symbolisiert sie im babylonischen Schöpfungsgedicht *Enuma Eliš* die Salzwasser, die ungeschiedene wässrige Masse des Ursprungs. Ihr Symboltier ist der Drache. Als Monster wird sie schließlich von Marduk besiegt, der aus ihrem Körper Himmel und Erde erschafft.

Von der Höhe des Himmels zur Unterwelt: Die mythischen Texte

■ **Enuma Elisch (Enūma Eliš):** Babylonischer Schöpfungsmythos, dessen erste Worte titelgebend sind: «Als oben ...» Wahrscheinliches Entstehungsdatum ist das 7. Jahrhundert v. Chr. In dieser Version ist Marduk der wichtigste Gott, der Tiamat besiegt. Der erste vollständige Satz des kosmogonischen Epos lautet:

«Als oben der Himmel noch nicht genannt war und hier unten die Erde noch keinen Namen hatte, überführten der ‹uranfängliche› Apsū, ihr Schöpfer, und Mummu Tiamat, ‹die alles gebar›, all ihre Wasser in eines ...»

■ **Gilgamesch-Epos:** Es berichtet die Heldentaten des fünften Königs der ersten Dynastie von Uruk, der um 2500 v. Chr. regierte. Aus mündlicher Tradition herrührend, beginnt das Epos unter der ersten babylonischen Dynastie um 2000 v. Chr. einen ganzen Text auszubilden. Die vollständigste Version, aus 12 Tafeln mit mehr als 3400 Versen bestehend, ist die der Bibliothek von Assurbanipal (668–627) in Ninive. Gilgamesch herrscht über das Volk von Uruk und tyrannisiert es. Angesichts der Klagen der Menschen schickt Anu, der Hauptgott von Uruk, ihm einen Rivalen, einen wilden Mann, Enkidu. Um ihn zu zivilisieren, bietet ihm Gilgamesch eine Kurtisane an. Enkidu erliegt während sechs Tagen und sieben Nächten deren Charme und hört auf, ein wilder Mann zu sein. Er erobert Uruk, provoziert Gilgamesch, der ihn besiegt, was aber zugleich ihre Freundschaft besiegelt. Gemeinsam eilen sie durch die Welt, fordern die Göttin Ištar heraus und töten den Himmelsstier. Diese Beleidigung Ištars wird von den Göttern nicht geduldet, und Enlil verurteilt Enkidu zum Tode. Nach dem Tod seines Freundes beginnt Gilgamesch sein tatsächliches Heldenepos und macht sich auf zum Kampf gegen die Sterblichkeit. Er trifft auf Uta-napišti, den mesopotamischen Noah, der die Sintflut übersteht. Nach seiner anfänglichen Weigerung, ihm den Weg zur Überwindung des Todes zu verraten, gewährt er ihm endlich den Lohn für seine Mühen:

Ein Geheimnis der Götter werde ich dir verraten,
dem nicht nur Ishtar ihr gutes Aussehen verdankt:
Es gibt eine Meerpflanze, so eine Art Koralle –
Sie ähnelt dem Buchsdorn, hat Dornen wie die Hundsrose
Und zersticht einem, wenn man sie an der Wurzel ausreißt,
dementsprechend auch die Hände:
sie ist zwar kein Kraut, das gegen das Altern gewachsen ist –
*aber sie verjüngt das Aussehen: das wirst du gut gebrauchen können.**

«Gilgamesch kann sich der Zauberpflanze bemächtigen, aber nicht aus ihrer Macht Nutzen ziehen. Auf dem Heimweg nach Uruk verschluckt ihn die hinterlistige Schlange. Die Erzählung schließt mit dem bitteren Ende des Helden

* *Gilgamesh*, Gesang XXVIII, neu übertragen von Raoul Schrott, Fischer TB, Frankfurt am Main 2004.

eines schmerzvollen Lebens, das er beim Versuch verlor, das Unmögliche zu überwinden.»*

■ **Abstieg Ištars in die Unterwelt:** Bericht vom Aufenthalt der Göttin Ištar (oder Inanna) im Königreich ihrer Schwester Ereškigal, von Ištars Tod und Wiedergeburt, die dank des Eingreifens von Ea stattfindet. Die ersten sumerischen Versionen dieses Mythos datieren um 2300 v. Chr. Ein vollständigerer Text ist einer akkadischen Version aus dem 1. Jahrtausend v. Chr. zu verdanken.

2. Die Akkad-Zeit, ein mächtiges Reich (2375–2180 v. Chr.)

Die Zeit von Akkad, auch bekannt als Akkadisches Reich, ist durch die Verfassung eines mächtigen Reiches gekennzeichnet, das die mesopotamische Welt beherrschte, und zwar wegen zweier außergewöhnlicher Herrscher: Sargon von Akkad (um 2334-2279) und sein Enkel Naram-Sin (um 2255-2219). Der Ruhm des Akkad-Reiches wird durch diverse Quellen bestätigt. Schriftliche Dokumente, Tausende von Tontafeln, die in Girsu, Umma, Nippur und bis nach Susa gefunden wurden, geben Auskunft über den politischen und administrativen Alltag. Die Kunstwerke, Gedenkstelen, die die militärischen Taten des Herrschers glorifizieren, vervollständigen das Bild, die berühmteste ist die *Siegesstele von Aram-Sin*, die im Louvre aufbewahrt wird.

Sargon von Akkad, zwischen Mythos und Geschichte

Das Reich von Akkad entsteht durch den Willen eines Mannes, der weit entfernt vom Thron geboren wurde, durch **Sargon von Akkad**. Die Geschichte beginnt in Kisch. Nach dem Tode der Regentin Kubaba folgt ihr Enkel **Ur-Zababa**. Er beschäftigt neben unzähligen Dienern auch einen jungen Mann als Mundschenk; eine wichtige Funktion, da sie die Aufgabe umfasst, über die verschiedenen Trankopfer für die Götter zu wachen. Unter unklaren Umständen verjagt dieser Mundschenk den König und besteigt statt seiner den Thron. Um sein Recht auf Herrschaft zu bekräftigen, nimmt er den dynastischen Namen

* Florence Braunstein, «L'Épopée de Gilgamesh», in: *Enclopaedia Universalis*.

Šarrukin an, «der König ist fest» oder «der König ist legitim». Als Herr von Kisch beginnt Sargon einen Krieg gegen den mächtigsten Fürsten Mesopotamiens, **Lugal-Zagesi** von Umma. Er besiegt ihn, bemächtigt sich Uruks, seiner Hauptstadt, verfolgt seinen eigenen unaufhaltsamen Aufstieg, indem er Ur unterwirft, danach das gesamte untere Mesopotamien bis zum Persischen Golf. Nachdem er die Sumerer unterworfen hat, erweitert er sein Herrschaftsgebiet bis nach Mari, Ebla in Syrien, Elam und die Nachbarregionen des Zāgros-Gebirges. Der König lässt sich in Akkad nieder, dessen genaue geographische Lage wir bis heute nicht kennen. Sein Enkel, **Naram-Sin** (reg. um 2255–2219), führt Akkad zur Hochblüte.

Die Naram-Sin-Stele

Nur wenige Spuren der im Akkad-Reich erbauten Gebäude sind bis heute erhalten. Dafür bringt die Kunst der Rollsiegel neue Themen, Episoden aus dem Gilgamesch-Epos oder Helden anderer Epen wie den Priesterkönig Etana, der zum Himmel fliegt, um einen Sohn zu erhalten, oder den Kampf der Götter und Dämonen. Die Kunst der Skulptur tut sich mit der Naram-Sin-(Sieges-) Stele hervor, heute im Louvre aufbewahrt. Es handelt sich um eine Sandsteinplatte von ungefähr 2 m Höhe bei 1,50 m Breite; entdeckt in Susa, aber aus Babylon stammend. In heroischer Größe herrscht der König über die besiegten Lullibi vom Zāgros-Gebirge, Tote und Sterbende zu seinen Füßen, während deren König Satuni, ihn anblickend, ihm den Unterwerfungsgestus entgegenbringt. Seine Soldaten umgeben Naram-Sin, und die Besiegten stürzen in die Schlucht. Diese Stele, datiert auf ca. 2250 Jahre v. Chr., wurde in Susa gefunden, von wo sie nach einem Überfall, den der König dieser Stadt im 12. Jahrhundert v. Chr. gegen Sippar unternahm, abtransportiert wurde – ein außergewöhnliches Werk der akkadischen Kunst.

3. Die neo-sumerische Zeit (2200 bis 2000 v. Chr.)

Der Sohn Naram-Sins, **Šar-kali-šarri** (um 2218–2193), durchläuft eine schwierige Herrschaft. Er muss den Gutäern, furchterregenden Bergbewohnern, entgegentreten, die vom Zāgros kommen, der Bergkette, die vom Irak zum Iran verläuft. Bei seinem Tode zerfällt das Reich. Kurz darauf nehmen die Gutäer Akkad ein. Nun kontrollieren sie für ungefähr ein Jahrhundert das

untere Mesopotamien, ehe sie ihrerseits von den Königen von Ur vertrieben werden. Die **neo-sumerische Zeit** (ca. 2200–2000) beginnt. Sie ist durch die zweite Dynastie der Fürsten von Lagaš gekennzeichnet, deren berühmtester Gudea ist, sowie von den Herrschern der dritten Dynastie von Ur.

4. Die dritte Dynastie von Ur (2112–2004 v. Chr.)

Noch einmal Sumer

Im Jahre 2113 v. Chr. ergreift **Ur-Nammu** (um 2113–2095) die Macht und nennt sich «mächtiger König von Sumer und Akkad», womit er die 3. Dynastie von Ur begründet (um 2112–2004). Er kontrolliert Sumer, Akkad, einen Teil von Nordmesopotamien und Elam. Damit kehrt die Vorherrschaft Sumers zurück. Das Sumerische wird Staatssprache, die alten Herrscher werden zu Beamten und können abgesetzt und ersetzt werden. Die Organisation des Staates schreitet dank des Katasters von Ur-Nammu und des *Codex Ur-Nammu* voran, der ältesten bekannten mesopotamischen Rechtssammlung, lange vor der von König **Hammurapi** von Babylon im 18. Jahrhundert v. Chr. Der Untergang des Akkadischen Reiches ermöglicht es dem Stadtstaat Lagaš, seine Unabhängigkeit wiederzuerlangen. Die 2. Dynastie von Lagaš entsteht, bekannt vor allem durch die Herrschaft des königlichen Verwalters **Gudea**, «des Berufenen». Sehr schnell gelangt Lagaš unter die Kontrolle der 3. Dynastie von Ur, hinterlässt aber ein wichtiges künstlerisches Erbe.

Ein frommer Fürst: Gudea von Lagaš (um 2141–2122)

Gudea übt in Lagaš die Macht aus, als das Königreich Akkad untergeht. Er ist uns aus vielen Inschriften bekannt, vor allem denen, die sich auf den Bau des Eninnu-Tempels beziehen, der dem Schutzgott von Girsu, Ningirsu, geweiht ist. Gudeas Religiosität macht seine Stadt sehr reich, nach der bedeutenden Anzahl der Tempel und Heiligtümer zu urteilen, die er dort wie auch in Ur, Nippur und Uruk errichten lässt. Die Frömmigkeit Gudeas zeigt sich ebenfalls in den zahlreichen Statuen mit seinem Abbild, die meisten davon aus Diorit, einem harten Stein. Die Darstellung folgt immer demselben Muster: Sitzend oder stehend, die Arme verschränkt, kreuzt er die Hände, die linke hält von unten die rechte. Er trägt eine königliche Kopfbedeckung und ist mit einem Faltengewand angetan, das die rechte Schulter freilässt. Eine seiner ergreifendsten Darstellungen weicht ein wenig von diesem Modell ab: es ist der sogenannte *Gudea mit dem sprudelnden Gefäß*. Sind auch Frisur und Bekleidung wie gewohnt, so hält hier der Fürst ein Gefäß in seinen Händen, aus dem die Wasser sprudeln, die sich auf beide Seiten des Körpers verteilen. Mit diesen Wassern wird die Erde fruchtbar gemacht und mit der wässrigen Urmasse verbunden. Diese Statue wurde hergestellt, um im Tempel der Göttin Geštinanna, der Gemahlin des Ningišida, des persönlichen Gottes von Gudea, bewahrt zu werden.

Gesellschaft: Frauen werden durch Gesetze geschützt

Es ist der Herrscher, der die jeweilige Macht ausübt. Sein Palast, seine Residenz symbolisieren das oberste Verwaltungszentrum. Er hat die Macht wegen seiner persönlichen Attribute und eines von den Göttern verliehenen Mandats. Seine Funktion besteht darin, ein Band zwischen dem Göttlichen und dem Menschlichen zu bilden. Der mesopotamische König ist der Repräsentant der Gottheit, und seine Macht erstreckt sich auf alle Bereiche des gemeinschaftlichen Lebens. Der Verwaltungsapparat setzt sich aus Würdenträgern, örtlichen Honoratioren und einem gewaltigen Personal zusammen. Sklaven spielen in einem solchen Wirtschaftssystem keine wichtige Rolle; generell tauchen die Kriegsgefangenen nur selten in den Personallisten auf. Man muss sie von den Dienern unterscheiden, deren Leben an das ihres Herrn gebunden ist. Die Rechte der Frau sind gesetzlich geschützt. Sie verfügt über eigenen Besitz, den sie frei verwaltet; sie besetzt zahlreiche Berufe und übernimmt zuweilen auch wichtige Verantwortung. In der Ehe ist sie der Autorität des Mannes untergeordnet. Nach dessen Tod kann sie die Interessen seiner Erben verwalten und verteidigen. Das Gesetz regelt die Details der Nachfolge, aber auch den Fall, wenn die Frau zu Unrecht verstoßen wird.

Die Kunst der ersten großen Zikkurats

Besonders wegen der Architektur ist diese Epoche bedeutend. Die ersten großen Zikkurats, die stufenförmigen Terrassentempel, werden in Ur von Ur-Namju und Schulgi errichtet. Bald darauf sieht man sie auch in den wich-

tigsten religiösen Zentren: Nippur, Eridu, Uruk. Das Bauprinzip besteht darin, mit gebrannten Ziegeln, die in einen Asphaltmörtel gesetzt werden, übereinander mehrere Stufen zu errichten. Dank der Solidität des Gesamtgebäudes sind nicht nur Fundamente, sondern auch Aufbauten erhalten. Der Zikkurat von Ur ist ein dreistufiger Tempel: drei massive Kuben erheben sich einer auf dem anderen, bei einer Höhe von mehr als 21 m und einer Basis von 62 auf 43 m. Dieser Zikkurat wurde von Nabonid restauriert, dem letzten Herrscher des neo-babylonischen Reiches, um 560 v. Chr.

5. Die Zeit der Amoriter (2204–1595 v. Chr.)

Am Ende dieser Periode errichtet Babylon durch die tatkräftige Herrschaft des großen Herrschers **Hammurapi** (um 1792-1750) ein neues Reich. Hammurapi beginnt seine Herrschaft vermutlich als Vasall eines seiner mächtigen Nachbarn aus Larsa oder Assur. Mit sowohl diplomatischen als auch kriegerischen Mitteln unterwirft er Larsa, Elam, Mari, Yamutbal östlich des Tigris, dann Assyrien, dies zumindest kurzzeitig. Als Herr von Sumer und Akkad steht er an der Spitze ganz Mesopotamiens. Er ist nicht nur ein Eroberer und geschickter Diplomat, er versteht es vor allem, seine Macht dauerhaft zu erhalten. Um das zu erreichen, vereint und harmonisiert er. Die Religion ist vom Marduk-Kult dominiert, dem Gott der Dynastie, und vom Šamaš-Kult, dem Gott der Sonne und der Gerechtigkeit. Ein weiteres Mal wird das Akkadische zur nationalen Sprache erhoben. Die Organisation der Gesellschaft orientiert sich am Status eines jeden Einzelnen. Dieses System bricht 1595 v. Chr. aufgrund eines Angriffs der Hethiter zusammen, eines kriegerischen Volks, das aus Anatolien kommt.

Der Codex Hammurapi, eingraviert in Basalt

Der *Codex Hammurapi* ist das älteste Dokument seiner Art, das auf uns gekommen ist. Sein Vorgänger, der *Codex von Ur-Nammu*, ist uns nur in Fragmenten bekannt. Mehr als nur eine Sammlung von rein gesetzlichen Maßnahmen, führt der Text in 81 Artikeln auf, was erlaubt und legal ist und was nicht. Das Ensemble bildet einen Gesetzeskorpus, keine juristische Theorie oder eine

Doktrin. Sein Wert beruht auf seiner Zweckmäßigkeit, er soll unmittelbar der Praxis dienen. Er ist durch seine eponyme, 2,50 m hohe Stele aus schwarzem Basalt bekannt, die heute im Louvre aufbewahrt wird. Ursprünglich in Sippar im Tempel aufgestellt, wurde sie um 1150 v. Chr. von den Elamiten in ihre Hauptstadt Susa (im heutigen Iran) gebracht. Die Spitze der Stele zeigt eine Relief-Darstellung König Hammurapis, der vor Šamaš, dem Gott der Sonne und der Gerechtigkeit, steht; Šamaš sitzt auf dem Thron und übergibt ihm den Stab (Zepter) und den Ring als Symbole der Macht. Die Artikel des Kodex regeln die soziale Schichtung: Sie unterscheiden den freien Mann aus dem Palast (d. h. vom Hof oder *ekal*) sowie den *awilum*, einen Freien von höherem Rang, vom Freien minderen Ranges und vom Sklaven oder *wardum*. Es folgen Preise und Gehälter, das Funktionieren des juristischen Apparates, die Zuständigkeitsbereiche der Gerichte, endlich ein Katalog der zu verhängenden Strafen. Dazu gehört die Praxis des Vergeltungsrechts, die Grundlage eines Bestrafungssystems, das allerdings nach dem persönlichen Status geregelt ist: Wenn ein freier Mann einen anderen Freien ermordet, wird er ebenfalls getötet; tötet er aber einen Sklaven, reicht es, dass er ihn durch einen anderen Sklaven aus seinem Besitz ersetzt.

Das Geld zur Zeit Hammurapis

Auch wenn das Münzgeld noch nicht bekannt ist, gibt es eine beträchtliche Geldzirkulation im babylonischen Reich zur Zeit von Hammurapi. Gold ist rar, Silber wird in Form von abgeschnittenen Plaketten, von kleinen Stäben, Ringen oder kleinen Barren benutzt. Ihr Wert ist eindeutig definiert: Der Silberring, das häufigste Zahlungsmittel, wiegt ca. ein Drittel des Schekels, der Schekel wiegt ca. 6 Gramm. Die wichtigsten Einheiten sind:

- **Biltūm** oder *Talent:* 60 Minen oder Pfund
- **Mine:** besteht aus 60 Schekel, ca. 500 Gramm
- **Schekel:** wiegt ca. 6 Gramm

Darlehen, Schulden und Anleihen erfolgen in Naturalien; dies umso mehr, als der Großteil der Geldbewegungen zwischen den großen Tempeln des Landes stattfindet.

Die Literatur Babylons

Während der Frühzeit der Amoriter-Dynastie werden die *Klagelieder über die Zerstörung von Ur* verfasst. Sie beklagen das Ende der strahlenden Stadt, etwa 2004 v. Chr. Mit ergreifenden Worten wird davon berichtet:

O Vater Nanna, diese Stadt liegt nun in Ruinen ...
Ihre Bewohner haben, an Stelle von Scherben, die Flanken gefüllt.
Ihre Mauern wurden zerstört, das Volk klagt,
Unter ihren prächtigen Toren, wo man für gewöhnlich promenierte, liegen die Leichname.
In seinen Straßen, wo die Feste des Landes gefeiert wurden, liegen Berge von Leichen.
Ur – seine Starken und Schwachen sind Hungers gestorben:
Die Väter und Mütter, die in ihren Häusern blieben, wurden durch Flammen besiegt.
Die Kinder, auf den Knien ihrer Mütter liegend, wie Fische haben die Wasser sie fortgetragen.
In der Stadt wurde die Gattin, das Kind zurückgelassen, die Güter verstreut.
*O Nanna, Ur ist zerstört worden, seine Bewohner wurden verjagt.**

Ebenfalls während der 1. Dynastie von Babylon sind zwei wichtige Erzählungen der mesopotamischen Mythologie entstanden: die der Schöpfung der Welt, die kosmogonische Erzählung von Enuma Elisch («Als oben ...») sowie der allererste Bericht von der Sintflut, später aufgenommen in das Alte Testament, und das bewegte Leben von Um-Napishtim, dem «sehr Weisen».

6. Die Zeit der Kassiter (1595–1080 v. Chr.)

Die Hethiter werden durch neue Eroberer abgelöst, die Kassiter; sie begründen in Babylon eine Dynastie, die sich mehrere Jahrhunderte lang hält. Diese Zeit der Kassiter ist wegen der Völkerwanderungen sehr unruhig. Die Hyksos dringen nach Ägypten ein, die Indoeuropäer nach Kleinasien, die Elamiten plündern Babylon und entthronen ihrerseits die Dynastie der Kassiten. Dank **Nabū-kudurrī-uṣur I.** oder **Nebukadnezar I.** (um 1124–1103) erhält die Stadt

* Übersetzung aus dem Französischen: Nikolaus de Palézieux

ihre Rolle als politisches Zentrum zurück, und der Gott Marduk bekommt seinen Platz als Schutzgott in seinem Heiligtum, dem Esagil. Die diplomatischen Verbindungen, die sich im 14. Jahrhundert v. Chr. entwickeln, sind beispiellos, was ihre Intensität und geographische Ausdehnung angeht. Die Archive von Tell el-Amarna, die auf Akkadisch verfasst sind, vermitteln eine Ahnung von der weitreichenden Korrespondenz, die mit dem Pharao **Amenophis III.** (um 1391–1353) und dessen Sohn **Amenophis IV.** (um 1353–1335) sowie zahlreichen Königen und Vasallen in Palästina und Syrien geführt wurde. Die Kassiter sind weitgehend unbekannt, trotz der vier Jahrhunderte ihrer Herrschaft. Sie beherrschen Babylon und den gesamten Süden Mesopotamiens, werden aber gleichzeitig von den Assyrern im Norden und den Elamiten im Osten besiegt. Dieser unaufhörliche Kampf endet dadurch, dass die Kassiter zermürbt und aufgerieben werden; sie geraten unter die Herrschaft Assyriens, als **Adad-nirari** (um 911–891) den Thron besteigt, der Gründer des neoassyrischen Königreichs.

Monumentalarchitektur: Der Zikkurat von Tschogha-Zanbil

Im Lande Elam auf dem Gebiet des heutigen Iran ist das eindrucksvollste Zeugnis der Architektur jener Zeit zu finden: der Zikkurat von Tschoga-Zanbil, erbaut von König Untasch-Gal (8. Jahrhundert v. Chr.). Der Komplex umfasst einen Tempel, der dem sumerischen Gott Inschuschinak geweiht ist, errichtet auf dem Gipfel der fünf Etagen des Zikkurats, wobei jede Etage direkt vom Boden aufsteigt, im Gegensatz zu anderen Bauten dieses Typs, bei denen die einzelnen Etagen sich auf der jeweils darunterliegenden erheben. Die Dimensionen zeigen das ganze Ausmaß des Projektes: Der Komplex wird von einer Umwallung von 210 auf 175 m begrenzt, der ursprüngliche Zikkurat erreichte mehr als 60 m Höhe bei einer Grundfläche von 105 auf 105 m. Ebenfalls anders als bei anderen Zikkurats erfolgt der Zugang über eine innere Treppe, nicht über äußere Abstufungen, die die einzelnen Terrassen erschließen. Eine zweite Umwallung von 470 auf 380 m umschließt die sekundären Kultgebäude; eine dritte schließlich von 1250 auf 850 m sollte eine Stadt bergen, die nie gebaut wurde: Dur Untasch. Heute findet man dort nur die Grabungsstelle dreier Paläste und eines weiteren Tempels.

7. Babylon von etwa 1000 bis um 600 v. Chr.

Die **Zweite Dynastie des Isin** (um 1154–1027) hatte sich sehr schnell durch den Sieg von Nebukadnezar I. über die Elamiten durchgesetzt, die Dynastie der Kassiten beendet und Babylon seine Unabhängigkeit wiedergegeben; um das Jahr 1000 herum zerfällt sie jedoch infolge der Militärschläge der Aramäer 1027 v. Chr. wieder. Die Chaldäer nehmen die Gelegenheit wahr, ihnen die Herrschaft streitig zu machen. Das gesamte 9. und ein großer Teil des 8. Jahrhunderts v. Chr. sind der Nachklang der Kämpfe zwischen Aramäern und Chaldäern, dann zwischen Chaldäern und Assyrern, um Babylon zu unterwerfen. **Nebukadnezar II.** (605–562) führt die Stadt zu ihrer Blütezeit. Bei seiner Thronbesteigung profitiert er von einer besonders günstigen außenpolitischen Situation, da sein Vater kurz zuvor die Assyrer und Ägypter geschlagen hat. Er errichtet ein Protektorat über Jerusalem, doch die Revolte der Könige von Juda zwingt ihn, 597 die Stadt einzunehmen und 586 einen Teil der Bevölkerung zu deportieren. Er verschönert seine Hauptstadt, erneuert die Stadtmauern, baut Stadttore, darunter das Ištar-Tor, teilt die Stadt durch eine lange Prozessionsstraße, die in Nord-Süd-Richtung verläuft und den Königspalast mit einer großen Bastion verbindet. Der Marduk-Tempel wird vergrößert und ausgeschmückt. Der letzte unabhängige Herrscher Babylons ist **Nabonid** (556–539), der von dem Perserkönig **Kyros II., dem Großen** (um 559–530) geschlagen wird.

Die Architektur: Das Babylon Nebukadnezars II.

Ausgrabungen haben das Babylon **Nebukadnezars II.** zutage gefördert. Die Stadt ist von einer doppelten Stadtmauer umgeben, zwischen 6,50 und 3,75 m stark. Die beiden Teile der Stadt, die Neustadt im Westen und die Altstadt im Osten, sind durch eine 115 m lange Brücke verbunden. Türme, die alle 15 bis 20 m in der Stadtmauer errichtet wurden, erhöhen die Sicherheit. Im Herzen der Stadt erheben sich der Marduk geweihte Tempel und der 91 m hohe Zikkurat. Die hängenden Gärten von Babylon, berühmt wegen ihrer Üppigkeit, befinden sich in der Nähe des Palastes von Nebukadnezar. Der verliebte König ließ sie errichten, um die Launen einer Frau zu befriedigen: Amytis, Tochter des Königs der Meder. Die Gärten werden von griechischen Autoren auch mit Königin Semiramis in Verbindung gebracht und zählen zu den Sieben Weltwundern. Tatsächlich sind es aber Gartenterrassen des Palastes von Nebukadnezar II., die stufenweise von 23 m bis auf 91 m ansteigen. Nach **Strabon** (*Geographie*, XVI, 1–5) sind sie mithilfe von Gewölben übereinandergebaut, die wie Kuben aufeinandergeschichtet wurden. Für **Diodor von Sizilien** (*Griechische Weltgeschichte* II, 10–1) handelt es sich um Plattformen, die auf Säulen errichtet wurden. Den berühmten Turmbau zu Babel oder Etemenanki (sumerisch: Haus des Himmelsfundaments auf der Erde) kennt man vor allem aus einer Episode aus dem 1. Buch der Bibel, das vom Zorn Gottes gegen die Menschen berichtet, die so vermessen waren, ein Gebäude zu errichten, das sich bis zu ihm erhebt. Der Turm war 90 m hoch und wurde neben der Prozessionsstraße und dem Marduk-Tempel errichtet. Seine Ausmaße sind durch einen Text bekannt, der auf eine im Louvre aufbewahrte Tontafel geritzt wurde, die *Esagila-Tafel*.

Der Tintir-Text, einzige Beschreibung Babylons

Dank des ***Tintir*-Textes**, einer **Topographie der Tempel, Quartiere und Paläste** mitsamt ihren Standorten zur Zeit der 2. Dynastie von Isin, kennen wir das von Nebukadnezar II. umgebaute Babylon, das sich auf fast 1000 ha ausbreitet. Die Stadt ist von drei Stadtmauerreihen umgeben, die durch Wassergräben voneinander getrennt sind. Sie bildet ein Dreieck am Ostufer des Euphrat. Eine doppelte Befestigungslinie wird durch die innere Mauer gebildet, die wiederum aus zwei Mauern besteht, Imgur-Enlil («Enlil zeigte Wohlwollen») und Nimit-Enlil («Bollwerk des Enlil»). Wie auch die äußere Mauer sind diese inneren Mauern von Toren unterbrochen, die durch in die Mauern eingelassene Vorwerke verteidigt wurden. Der *Tintir*-Text führt die Namen von acht Toren an: Tor von Šamaš, Adad, des Königs, von Enlil, Ištar, Marduk, Zabada, Urash. Das bekannteste ist das Ištar-Tor als Abschluss des Prozessionsweges im Norden der Stadt. Die Mauern sind mit Flachreliefs aus emaillierten Ziegelsteinen geschmückt und zeigen auf blauem Grund Stiere und Drachen. Das Tor wird heute im Pergamon-Museum in Berlin aufbewahrt. Die innere Mauer begrenzt das Herz der Stadt, ungefähr 500 ha groß, geteilt in zehn Quartiere. In dem des Gottes Eridu konzentrieren sich die Tempel: der Esaĝil als Marduk-Tempel und der Etemenanki, der mit dem Turmbau zu Babel assoziierte Zikkurat. Im Norden Eridus liegt das Palastviertel Nebukadnezars II. Die beiden Flussufer sind durch eine Brücke aus gebrannten Ziegeln und Holz verbunden. Davor hat Nebukadnezar II. eine Klippe aus Ziegelsteinen errich-

ten lassen, um die Strömung zu teilen und damit deren Gewalt zu brechen. Drei königliche Paläste befinden sich in Babylon: der **Südpalast**, eingefügt in die Imgur-Enlil-Mauer und um fünf große, nach Osten und Westen orientierte Höfe erbaut, wo Nebukadnezar residiert und in einem großen Thronsaal, der mit farbig glasierten Ziegeln geschmückt ist, seine Audienzen hält. Dann der **Nordpalast** oder «Großer Palast», beidseitig der Stadtmauer, nördlich vom Südpalast; schließlich der **Sommerpalast**, nahe der äußeren Stadtmauer, ungefähr 2 km nördlich der beiden anderen Paläste, datiert auf das Ende der Regierungszeit.

Babylon: Das Ende der Unabhängigkeit

Der letzte unabhängige Herrscher Babylons ist **Nabonid** (556–539). Einst Gouverneur der Stadt, begeht er den politischen Fehler, die Hilfe der Perser zu erbitten, die daraufhin 539 v. Chr. Babylon einnehmen. Ihr Herrscher **Kyros II.** (um 559–530) wirft Nabonid ins Gefängnis und überträgt die Stadt seinem Sohn **Kambyses II.** (530–522). Seitdem beherrschen die Achämeniden Babylonien, ohne es jedoch zu einer Provinz zu machen. Hinter der Fassade der Unabhängigkeit ist das Land unterworfen. Im Jahr 331 v. Chr. nimmt **Alexander der Große** (356–323) Babylon ein. Er macht die Stadt zu seiner bevorzugten Residenz, restauriert den Palast, den Esağil, schafft eine Münzprägewerkstatt. Unerwartet stirbt er am 10. Juni 323. Nach einer aufgeregten Zeit, in der Alexanders Generäle, die Diadochen, die «Nachfolger» um die Macht streiten, wird **Seleukos I.** (um 358–280) im Jahre 312 v. Chr. der Satrap, der Gouverneur, von Babylon. 305 v. Chr. ruft er sich zum König von Syrien aus und begründet die **Dynastie der Seleukiden** (305–64). Er beschränkt Babylon auf den Rang einer Provinzhauptstadt und zieht seine neue Stadt vor: Seleukia am Tigris. In Babylon setzt nun ein langsamer und unumkehrbarer Niedergang ein; die Stadt gerät zwischen 141 und 122 v. Chr. unter die Kontrolle der arsarkischen Parther. Offenbar im 2. Jahrhundert verlässt die Bevölkerung vollends die Stadt, die immer mehr zu Ruinen verfällt. Die Geschichte vom Ende Babylons ist durch ein originelles Werk bekannt, das dem Priester Berossos zu verdanken ist (3. Jahrhundert v. Chr.), der eine *Babyloniaka* verfasst, die «Babylonische Geschichte», gewidmet König **Antiochos I.** (324–261).

2

II

Anatolien

Anatolien, der Orient der Griechen, auch Kleinasien genannt, ist eine Halbinsel, die den wesentlichen Teil der heutigen asiatischen Türkei im Osten des Landes bildet. Im Norden wird Anatolien vom Schwarzen Meer begrenzt, im Süden vom Mittelmeer, vom Ägäischen Meer im Westen, vom Euphrat und der Taurus-Gebirgskette im Osten. In diesem geographischen Viereck folgen zwei große Kulturen aufeinander: die der Hattier (Höhepunkt ca. 2400–1900), die in der Kultur ihrer Nachfolger aufgeht, der Hethiter. Diese gründen ein riesiges Reich (1900–1200) im Nahen Osten, ehe sie den Angriffen der sogenannten Seevölker unterliegen. Weiter südlich und immer noch in Kleinasien lassen sich die Phönizier um 2000 v. Chr. nieder.

1. Wer sind die Hethiter?

Der Ursprung der Hethiter ist umstritten. Sie werden meist als Indoeuropäer dargestellt, die aus Europa kamen, aus dem Balkan, durch die Wanderung anderer Volksgruppen getrieben, vor allem denen der Kurgan-Kultur (nach Kurgan, «Grabhügel»), die ursprünglich vom Dnjepr und der Wolga kamen. Doch manche Archäologen halten sie für Anatolier, wie auch die Hattier, die in den Hethitern aufgingen. Sie verschwanden im 13. Jahrhundert v. Chr., was die partielle Einigung Anatoliens durch hethitische Fürsten aus Kuššara begünstigte, die Kaniš-Kültepe/Nēša zu ihrer Hauptstadt machten. Es scheint, dass die Hethiter sich ab ca. 2000 v. Chr. in mehreren Wanderungswellen in der Region niederlassen, die durch die Biegung des Flusses Kizilirmak (griech. Antike: Halys) begrenzt wird und zwischen Schwarzem Meer und Mittelmeer liegt. Sie siedeln inmitten der bereits anwesenden Hattier. Toleranz macht es möglich, dass beide Völker sich vermischen. Zur einheimischen Sprache wird das Hethitische, die Sprache der Hattier dagegen zur Liturgiesprache, die wiederum von den Hethitern im Keilschrift-Alphabet festgehalten wird. Während die Assyrer, die wegen ihrer Handelsniederlassungen 200 bis

300 Jahre lang im Lande sind, sich nicht mit den Hattiern vermischen, bilden die Hethiter mit ihnen ein neues Volk, und beide Kulturen verbinden sich. Und erst zur Herrschaftszeit von **Labarna I.** (reg. um 1680–1650) konstituiert sich die Macht der Hethiter. Er gilt als der eigentliche Begründer eines Königreiches, das zu einem Imperium werden soll. Er macht Kaniš zu seiner Hauptstadt und trägt den Titel eines Großkönigs. Seine Existenz mag legendär sein, doch sein Erbe erweist sich als so bedeutend, dass seine Nachfolger seinen Namen zum Königstitel machen. Sie haben alle «Labarna» im Titel, so wie sie auch alle «Großkönige» sind. Der letzte König der Hethiter ist **Šuppiluliuma II.** (reg. um 1200–1190). Einige kleine neo-hethitische Fürstentümer in Aleppo und Karkemiš halten sich noch, ehe sie unter den Angriffen der Assyrer zwischen 750 und 717 v. Chr. untergehen.

Ein Tempel mit Balustrade und Fenstern

Die hethitische Kunst ist das Ergebnis des Zusammentreffens der hattischen Kultur und indoeuropäischer Impulse aus der Bronzezeit. Mehr als 30 000 Tontafeln in Keilschrift und in verschiedenen Sprachen (Hethitisch, Akkadisch, Hurritisch) klären über Diplomatie, Religion und Recht auf. Statt Monumentalstatuen findet man zahlreiche Bildnisse von Menschen oder Tieren, Idole aus Blei, Silber, Elfenbein, dazu Goldsiegel. Das erste Hethiterreich lässt diese Grundlagen unverändert. Erst auf dem Höhepunkt dieses Reiches wird ein deutlicher Wandel sichtbar: Es entsteht eine Monumentalarchitektur. So nimmt der Große Tempel von Hattuša eine Oberfläche von 160 m Länge auf 135 m Breite ein. Er ist Tarhunna geweiht, dem Gott des Sturms. Im Inneren der gewaltigen Umfriedung bildet der Tempel die Form eines Rechtecks mit einem Innenhof. Nach einem Hypostyl folgt das Zentrum des Tempels mit seinen neun Kapellen. Die größte von ihnen, Tarhunna geweiht, birgt seine Statue. Eine Besonderheit dieses Tempels sind die Fenster mit Balustrade an der Außenmauer des Tempels. Damit wird mit dem System der mesopotamischen Bauweise mit ihren geschlossenen Mauern gebrochen. Da die Hethiter keine Säulen kennen, stützen sie ihre Dächer mit viereckigen Pfeilern. Ungefähr 2 km nordöstlich von Hattuša befindet sich Yazilikaya, ein kultisches Felsheiligtum unter freiem Himmel mit unzähligen Flachrelief-Darstellungen. Die genaue Funktion dieser Kultstätte ist noch umstritten: Es kann Begräbnisstätte sein oder ein Denkmal, das mit dem großen Tempel von Hattuša verbunden ist; oder der König wollte das hethitische Pantheon durchsetzen und es dem der Hurriter annähern, was eine steinerne Verlängerung seiner liturgischen Reform wäre.

Die Religion der Hethiter, viele Entlehnungen

Die Religion der Hethiter spiegelt die Fähigkeit dieses Volks, alle Kulte zu bewahren, die sie von den Völkern übernehmen, mit denen sie sich vereinen. Das erklärt das Vorhandensein eines viel zu großen Pantheons, das die Hethiter selber kaum als Ganzes kennen und als die «tausend Götter von Hatti» bezeichnen. Außer dem Einfluss der Hattier findet sich auch derjenige der Hurriter in der hethitischen Religion, vor allem unter dem Wirken der starken Persönlichkeit der hurritischen Königin **Puduhepa**, der Frau von **Hattušili III.** (um 1265–1238). Aus dem Königreich Kizzuwatna stammend, ist sie Priesterin einer der Erscheinungen der Göttin Ištar. Sie unterschreibt gemeinsam mit ihrem Mann die königlichen Akten und spielt eine fundamentale Rolle in Politik und Religion. Sie fördert den Synkretismus der Sonnengöttin von Arinna, die schon die Wurunšemu der Hattier war, und der hurritischen Göttin Hebat. Die meisten Gottheiten sind Inkarnationen von Naturkräften. Ihr Platz im Pantheon ist nicht fixiert, ihre Beziehungen untereinander sind entwicklungsfähig. Die Mythen der Sumerer und der Akkader, das Gilgamesch-Epos oder die Heilige Hochzeit, aus der König Sargon entspross, sind von den Hethitern übernommen worden.

Die wichtigsten Götter der Hethiter sind der Gott des Sturms, Tarhunna auf Hethitisch, Teššup auf Hurritisch, mit dem Blitzstrahl versehen, symbolisiert durch den Stier, er wird in Hattuša verehrt; seine Gemahlin, die Sonnengöttin von Arinna; Wurunkatte, der Kriegsgott; Telebinu, Gott der Vegetation und der Fruchtbarkeit; Khalmasuit, die «Throngöttin». Der Gott des Sturms wird mit dem hurritischen Teššup assoziiert, auch er Herr der Elemente, die in der Atmosphäre wirken: Regen, Wind, Blitz; und an seiner Seite die Sonnengöttin, Hebat.

Das Ende der hethitischen Kultur: Ein Gordischer Knoten

Das Ende der hethitischen Kultur vollzieht sich in mehreren Schritten. Um 1200 v. Chr. erobert ein indoeuropäisches Volk, die Phrygier, Zentralanatolien und bewirkt den Zusammenbruch des Hethiterreiches. Sie errichten um

ihre Hauptstadt Gordion, ungefähr 80 km südlich des heutigen Ankara, eine Kultur, die erst mit der lydischen Eroberung 696 v. Chr. ihr Ende findet, ehe sie nach 546 v. Chr. ins Perserreich eingegliedert wird. In Gordion durchtrennt Alexander der Große 333 v. Chr. den berühmten *Gordischen Knoten*. In jenem Jahr verbringt die Armee Alexanders den Winter hier, ehe sie im folgenden Frühjahr die Kämpfe wieder aufnimmt. Ungewöhnlicherweise besucht Alexander den örtlichen Jupitertempel. Die Priester zeigen ihm den Streitwagen von Gordios, dem Vater von König Midas. Das Joch dieses Streitwagens besteht aus einer Reihe enger und verfilzter Knoten. Die Legende sagt voraus, dass derjenige, der die Knoten lösen kann, zum Herrn über Asien wird. Nach aufmerksamer Prüfung zieht Alexander sein Schwert und schlägt den Knoten durch. Zwei Jahre werden ihm reichen, die Prophezeiung zu erfüllen. – Phrygien ist auch wegen seines zweiten Königs bekannt, Midas. Er erhielt von Dionysos als Entschädigung dafür, den betrunkenen Silenos aufgenommen zu haben – den Satyr, der Dionysos als Ziehvater dient –, die Macht, alles, was er berührt, in Gold zu verwandeln. Dazu verurteilt, vor Hunger und Durst zu sterben, erhält Midas vom Gott die Auflösung des Gelübdes, indem er seine Hände in das Wasser des Flusses Pactolos eintaucht, dessen Sand zu Goldstaub wird. Nachdem das Reich der Hethiter untergegangen ist, kommen kleinere Königtümer auf: die sogenannten neo-hethitischen Königreiche. Dies ist die Konföderation von Tabal in Kappadokien, Milid, am Euphrat gelegen, Kilikien, Karkemiš und Arpad oder Aleppo im Süden. Allesamt unterliegen sie den Angriffen der Assyrer zwischen ca. 750 und 717.

2. Die Hurriter, Ursprung unbekannt

Der genaue Ursprung der Hurriter bleibt ein Rätsel, ebenso wie ihre genaue Zuordnung als ethnische Gruppe. Um 2500 v. Chr. lassen sie sich östlich des Oberlaufs des Tigris nieder, zwischen Tigris und Van-See. Im Lauf der folgenden Jahrhunderte ziehen sie zum mittleren Euphrat und treten in Kontakt mit den nördlichen Mesopotamiern, den Akkadern, von denen sie unterworfen werden. Doch der Untergang Babylons ermöglicht ihnen, ihre Unabhängigkeit wiederzuerlangen. Den kleinen Königreichen, die in Kurdistan und am Fuß des Zāgros-Gebirges liegen, schließen sich die aus Nordsyrien an. Im 16. Jahrhundert v. Chr. bilden sich mächtige hurritische politische Einheiten heraus, wie das Königreich von Kizzuwatna, dann das Reich von Mitanni, das sich im 15. und 14. Jahrhundert v. Chr. vom Van-See bis nach Assur und vom Zāgros-Gebirge bis ans Mittelmeer erstreckt. Die Macht der Hurriter ist so groß, dass sie der Expansion des hethitischen Rivalen Einhalt gebieten, sich gegen Assyrien durchsetzen und Ägypten gegenübertreten. Nach der Niederlage von Mitanni, als die Hurriter von Assyrien besiegt werden, finden sie sich für ungefähr ein Jahrhundert lang in Syrien wieder. Um das 1. Jahrtausend v. Chr. gründen sie das Königreich Urartu im armenischen Hochland.

Das Reich von Mitanni (1600–1270 v. Chr.)

Das Reich von Mitanni bildet sich um 1600 v. Chr. aus der Neuordnung bereits bestehender kleiner hurritischer Königtümer. Diese neue politische Macht nennt sich *Nhr*, Naharin, nach ägyptischen diplomatischen Archiven aus Tell el-Amarna; *Hurri* nach hethitischen Aufzeichnungen; *Mitanni* nach assyrischen Schreibern. Die Herrscher von Mitanni verteilen sich auf zwei Hauptstädte: Taidu in der Region von Tell Brak, im Norden des heutigen al-Hasaka; und Waššukanni, ein bislang nicht identifizierter Ort. Der erste König von Mitanni dehnt seine Macht dank seiner Streitwagen-Armee aus: je zwei Mann Besatzung auf schnellen einachsigen Streitwagen. **Šauštatar I.** (um 1440–1410) überwältigt Assyrien, plündert dessen Hauptstadt Assur und gliedert Aleppo, Karkemiš, Kizzuwatna, Hana und Ugarit seinem Reich an. Er kontrolliert Nordsyrien und trifft dort auf die ägyptische Vorherrschaft. Mehrere siegreiche Feldzüge von Pharao **Thutmosis III.** (1479–1425) schwächen Mitanni: Bei der Schlacht von Meggido 1458 v. Chr. besiegt Thutmosis ein Bündnis syrischer Fürsten, die der Fürst von Qadeš (Kadesch) versammelt hatte; mehrere Feldzüge liefern ihm Phönizien und ganz Syrien aus, was ihn bis nach Karkemiš führt. Seine Aktion wird von seinem Nachfolger **Amenophis II.** (um 1450–1425) fortgeführt. Danach ersetzen Mitanni und Ägypten den Krieg durch Diplomatie: Sie verheiraten die Töchter der Könige Mitannis mit den Pharaonen. Doch die Schläge, die Mitanni von Ägypten beigebracht wurden, sind der Anfang vom Ende dieses Reiches, das nicht in der Lage ist, seinen beiden Gegnern, dem in voller Expansion begriffenen Hethiterreich und Assyrien, zu widerstehen. Und schließlich setzt **Salmanassar I.** (Salmānu-ašarēd) von Assyrien (um 1274–1254) der Fiktion eines unabhängigen Mitanni ein Ende, verwüstet das Land und macht es zur Provinz Hanigalbat.

Die Kunst der Hurriter

Die hurritische Kunst ist besonders schwierig als solche zu erkennen, denn es ist nicht leicht, sie von anderen zeitgenössischen künstlerischen Ausdrucksformen zu unterscheiden, vor allem der hethitischen. In diesem diffusen Licht müssen die Zitadelle von Alalach und der dortige Königspalast gesehen werden, gelegen am Fundort gleichen Namens, nördlich des Laufs des Orontes in der heutigen Türkei; es ist das heutige Tell Açana. Als Alachtum ist diese Stadt schon aus Texten der Amoriter vor dem 18. Jahrhundert v. Chr. bekannt. Unter die Kontrolle Aleppos geraten und dem aleppinischen Königreich Jamchad einverleibt, wird sie zur Mitte des 18. vorchristlichen Jahrhunderts zu Alalach. Um diese Zeit lässt König **Yarim-Lim** (reg. 1781-1765) seinen Palast erbauen. Er besteht aus zwei Teilen, der eigentlichen königlichen Residenz und dem Verwaltungstrakt. Beide sind durch einen riesigen Hof verbunden, der von Mauern umgeben ist. Jeder Teil hat zwei Stockwerke. Auf Steinfundamenten erheben sich Ziegelmauern.

Die Religion der Hurriter: Anatolische Wurzeln

Die hurritische Religion ist im Wesentlichen anatolisch. Die wichtigsten Götter sind Teshub (Tešub), Gott des Sturms, die ihm zur Seite sitzende Hebat und ihr Sohn Sharruma. Dazu treten Shaushka (Šauška), Göttin der Liebe, der Göttin Ištar ähnlich; Shimegi, Gott der Sonne; Ishara (Išhara), Gott der Schrift; Kushkukh, der Mondgott; Hepit, der Himmelsgott; Kumarbi, der Naturgott. Wichtigster hurritischer Mythos, nur teilweise überliefert, ist der *Kumarbi-Zyklus* oder *Gesang vom Königtum im Himmel*, benannt nach dem ersten Gesang. Er besteht aus fünf Gesängen. Fragmente der ersten beiden Gesänge lassen einen Mythos aufscheinen, den man, der griechischen Welt angepasst, in der *Theogonie* des Hesiod wiederfindet. Der älteste – hurritische – religiöse Text, der gefunden wurde, ist der Grundstein, der unter dem Namen *Löwe von Urkesh* heute im Louvre aufbewahrt wird. Dieser Stein, datiert ins 21. Jahrhundert v. Chr., stammt wahrscheinlich aus Nordostsyrien und besteht aus zwei Teilen: einem brüllenden Löwen aus Kupfer, der unter seinen ausgestreckten Tatzen eine kupferne Tafel hält; sein Schwanz in Form eines Nagels hält unter der Kupferplatte eine zweite aus Kalkstein. Beide Platten tragen denselben Verwünschungstext; darin droht

Tish-atal, Herrscher von Urkesh, einem jeden dem Zorn der Götter an, der den Tempel zerstört, den er dem Gott Nergal errichtet hat.

III

Die Phönizier

Die Phönizier, von den Griechen die «Roten» genannt wegen der mit Purpur gefärbten Stoffe, die sie exportieren, besetzen **im 4. Jahrtausend** im Wesentlichen den heutigen Libanon, dazu kommen noch die heutigen Territorien von Syrien, Palästina und Israel. Ihre Sprache, eine Form des Kanaanäischen, ähnelt dem Hebräischen. Es existiert kein wirklicher phönizischer Staat unter der Herrschaft eines Souveräns, sondern eher eine Gruppe von Städten, meist an der Küste gelegen, mit einem wenig ausgedehnten Hinterland. Jede Stadt wird von einem Fürsten regiert, der von einem Rat von Honoratioren unterstützt wird. Je nach Epoche nimmt die eine oder andere Stadt eine gewisse Vorrangstellung ein. Die wichtigsten Städte sind: Tyros, Sidon, Byblos, Berytos (Beirut) im Libanon; Arwad, Ugarit in Syrien. In dem Gebiet zwischen den Bergketten und dem Meer begründen die Phönizier, die ausgezeichnete Seefahrer sind, von Tyros aus ein regelrechtes Meeresimperium. Eine Kriegs- und eine Handelsflotte verkehren zwischen der Metropole und den Kolonien im westlichen Mittelmeer: Malta, Sizilien, Sardinien, Gründungen auf der Iberischen Halbinsel (die späteren Städte Lissabon, Cádiz, Cartagena und Malaga) oder an den Küsten Nordafrikas (die späteren Städte Tripolis, Karthago, Tunis, Algier, Mogador). Aus den phönizischen Städten verschiffen die Handelshäuser nicht nur Nahrungsmittel (Öl, Wein, Weizen), sondern auch Metalle und seltene Steine, Parfüms, Zedernholz. Die außergewöhnlichen Seefahrer-Fähigkeiten der Phönizier, bereits in der Antike gerühmt, werden auch durch ihre Expeditionen, weite Entdeckungsfahrten, bestätigt. Die wichtigsten davon werden von den Nachfolgern der Phönizier, den Karthagern, unternommen, ungefähr von 450 bis 400 v. Chr., und zwar von den Seefahrern Hannon und Himilkon.

1. Das phönizische Alphabet

Das phönizische Alphabet notiert nur Konsonanten, daher wird es auch Konsonantenschrift oder *abjad* genannt. Das gilt auch für das Arabische oder Hebräische. Die ersten Spuren dieser alphabetischen Schreibweise finden sich auf dem Sarkophag von König Ahiram von Byblos, datiert ins 12. Jahrhundert v. Chr., 2005 in die Welterbe-Liste der UNESCO aufgenommen. Aus dem phönizischen Alphabet, wahrscheinlich aus einer Linearschrift oder einem proto-kanaanesischen Alphabet hervorgegangen und aus 23 von den ägyptischen Hieroglyphen abgeleiteten Zeichen bestehend, entwickelt sich später das **griechische Alphabet**, das die Vokale hinzufügt, sowie das aramäische Alphabet. Viele nachfolgende Alphabete verdanken ihm ihre Existenz: das arabische und hebräische über das aramäische, das römische durch Übertragung des etruskischen Modells.

2. Die Kunst der Phönizier: Unter ägyptischem Einfluss

Die phönizische Kunst bezeugt viele Einflüsse, vor allem ägyptische und hurritische, aber auch mesopotamische und assyrische, die die aufeinanderfolgenden Herrschaftsverhältnisse spiegeln. Die phönizischen Künstler wiederum sind origineller in ihren Metallarbeiten, vergoldeten Bronzestatuetten, Kleiderhaken (oder auch Gefäßen für Trankopfer aus Gold oder Silber), kleinen Elfenbeinobjekten, Juwelen. Die Skulptur ist direkt von Ägypten beeinflusst; dies gilt auch für die Architektur der Tempel, die mit *Uraeusschlangen*, gekrönten Kobras, und mit Sphingen geschmückt sind und aus einem von einer Säulenhalle und Magazinen umgebenen Kultort bestehen. Außer den Tempeln bauten die phönizischen Architekten in den Kolonien und auch in Phönizien selbst sogenannte *Tophets*, zentrale Kultstätten, an denen möglicherweise Kinder geopfert wurden. Der bekannteste Ort dieser Art wurde in Karthago gefunden.

3. Die Religion der Phönizier: Fruchtbarkeit und Prostitution

Die phönizische Religion kennt man im Wesentlichen durch griechische und römische Texte, die meist ein wenig schmeichelhaftes Bild ergeben. Es handelt sich um einen Polytheismus, der große nationale Götter und örtliche Gottheiten vermischt; er basiert auf dem Fruchtbarkeitskult und kennt heilige Prostitution von Priestern und Priesterinnen sowie die Praxis des Menschenopfers. Die wichtigsten Götter sind Baal, «der Herr», oder eher die Baals, da dieser Titel einer bestimmten Art von Göttlichkeit beigegeben wird, so wie Baal Bek der «Herr Sonne» ist. Als nationaler Gott des Sturms und der Fruchtbarkeit wird Baal auch unter dem Namen Hadad verehrt. Als Baal Shamin, «Herr der Himmel», ist er der Herr des Universums. Wie römische Autoren überliefern, opferte man ihm die Kinder. Sein großer Tempel, der *beth Habaal*, das «Haus des Herrn», ist in Tyros. Die Griechen assimilieren ihn zu Chronos, für die Juden ist er Baal Zebub, der «Herr des Hauses», unser Belzebub, Fürst der Dämonen. In Berytos (Beirut) ist seine Paredra (göttliche Gemahlin) Baaltis, aus dem Meer geboren, bei den Griechen wird sie zu Aphrodite. Der höchste Gott ist El, dessen Name «Gott» bedeutet, in Ugarit zusammen mit Aschera verehrt, seiner Paredra, im Wetteifer mit Hadad, der vielleicht sein Sohn ist. Astarte ist die Göttin der Fruchtbarkeit, Anat die des Krieges. In Tyros wird vor allem Melkart verehrt, der «König der Stadt», Gründer und Beschützer der Kolonien. Er ist es, der den Kaufleuten Reichtum bringt und den Bauern die Ernte, denn er überwacht die Wiederkehr der Jahreszeiten, er symbolisiert die junge und kraftvolle Sonne. Nach der *Naturalis Historia* (*Naturgeschichte*, XXXVI, 5) von **Plinius d. Ä.** (23–79) hat man ihm in Karthago Menschenopfer dargebracht. In Sidon gebührt Eschmoun, dem Gott der Heilung, der wichtigste Kult. Die Darstellung der phönizischen Götter ist großenteils von Ägypten beeinflusst, infolge der ägyptischen Oberhoheit und des Handels mit Zedernholz zwischen Byblos und dem Land der Pharaonen. Den wichtigsten Göttern Phöniziens müssen noch die Kabirim, die «Mächtigen», hinzugezählt werden, acht an der Zahl, die allerorten verehrt werden. Sie sind Söhne und Töchter der Gerechtigkeit, Zadik. Die Griechen kannten die «Mächtigen» unter der Bezeichnung Kabieren.

IV

Assyrien

Assyrien bezeichnet zunächst das «Land von Assur», womit zugleich eine Stadt, das flache Land und der verehrte Hauptgott gemeint ist. Zum «Land von Assur» wird Assyrien mit seiner zunehmenden Ausdehnung. Es liegt im nördlichen Mesopotamien, am Oberlauf des Tigris. Der genaue Ursprung der Assyrer bleibt noch zu entdecken; sie lassen sich jedenfalls im Laufe des 3. Jahrtausends v. Chr. im Land nieder. Nach und nach werden sie von den Akkadern beherrscht, den Gutis (Khutis) und dann der 3. Dynastie von Ur unterworfen. Deren Zusammenbruch um 2100 v. Chr. gibt Assyrien eine relative Unabhängigkeit. In der Folge wird Assur vor allem als Zentrum eines Handelsnetzes bekannt, das sich bis nach Anatolien erstreckt. Die assyrischen Händler organisieren sich quartiersweise, vor allem in Kaniš. Gegen 1850 v. Chr. herrscht **Ilusuma** über das unabhängige Königreich Assur, weitet es nach Süden und Osten aus, stößt aber im Westen auf König Sumuabu von Babylon. Mangels Quellen bleiben die folgenden Jahrhunderte der Geschichte Assurs im Dunkeln, was die Zeit der Amoriter betrifft oder den Zeitpunkt, da das Land unter die Herrschaft von Mitanni gerät. Durch die Schwächung Mitannis kann Assur sich erholen und nicht nur die Unabhängigkeit erlangen, sondern als politische Macht auftreten, ohne dass man die einzelnen Stufen dieses Stärkerwerdens nachzeichnen könnte. Der letzte bedeutende Monarch ist **Tiglat Pileser I.** (um 1116–1077). Er sichert die Kontrolle über den oberen Euphrat, indem er die Muškis, einen georgischen Volksstamm, im Zaum hält. Danach führt er siegreiche Expeditionen nach Urartu durch, erobert das Königreich Kizzuwatna (Kilikien), beherrscht die Aramäer in Nordsyrien, nimmt Byblos und Saida ein, fordert Tribut von den phönizischen Städten und vom Fürsten von Karkemiš. Das Ende seiner Herrschaft wird verdunkelt durch die machtvolle Rückkehr der Aramäer, die nach seinem Tod Nordmesopotamien einnehmen und Assyrien wieder auf das ursprüngliche Königreich Assur reduzieren, zwischen Assur und Ninive gelegen. Im kläglichen Zustand seiner Rivalen liegt jedoch Assyriens Chance: Die Macht der Hethiter bricht zusammen, und Babylon erweist sich als unfähig, eine stabile

Dynastie zu schaffen. Zur durchschlagenden Rückkehr der Assyrer kommt es durch die Thronbesteigung von König **Adad-nirari II.** (911–891), dem Begründer des neo-assyrischen Reiches.

1. Die paläo-assyrische Kunst zum Ruhme Assurs

Die assyrische Kunst der paläo-assyrischen Zeit (2. Jahrtausend v. Chr.) wird großenteils von der der neo-assyrischen Zeit (911–609) in den Schatten gestellt. Auch wenn sie Erbe ihres mesopotamischen Vorgängers ist, kann man dennoch einige ihrer Grundzüge benennen, die während der gesamten Geschichte Assyriens erkennbar sind. Es ist eine offizielle Kunst, die den Gott Assur verherrlichen soll und damit auch seinen Priester auf Erden, den König. Paläste und Tempel haben die Funktion, den Untertanen des Königreiches wie auch den Fremden die göttliche und königliche Macht zu zeigen. Meist wird die Form des Flachreliefs auf aufrecht stehenden Steinblöcken (Orthostaten) gewählt: Platten aus Alabaster oder Kalk sind als Flachrelief gearbeitet, ca. 1 m lang und 2–2,50 m breit. Die Themen illustrieren den Ruhm des Königs, den Erbauer oder siegreichen Feldherrn.

Die assyrische Palastarchitektur

Die Architektur ist von Palästen und befestigten Tempeln bestimmt. Eine Umfassungsmauer, ohne Fenster und meist mit nur einem Tor und mit Türmen versehen, mit Stieren mit Menschenköpfen und riesigen Löwen geschmückt, umschließt den Palastbezirk, der in mehrere Höfe unterteilt ist, ein jeder versehen mit Gebäuden, die mit Orthostaten oder glasierten Ziegeln geschmückt sind. Ein Säulenvorbau stützt das flache Dach. Einige Wände des Palastes waren bemalt, doch es gibt kaum noch Spuren davon. Die Tempel folgen alle einem identischen Plan, mit einem einzigen Innenhof. Gegenüber vom Eingang ist die *cella*, der geschlossene Bereich des Tempels, der die Statue des Gottes birgt. Um den Hof sind mehrere Räume von unterschiedlicher Nutzung angelegt. Der Einfluss der Sumerer zeigt sich am Zikkurat, der in der Tempelanlage selbst oder in der Nähe errichtet ist.

2. Die assyrische Religion

Die assyrische Religion zeigt keine besondere Originalität, da sie sich am mesopotamischen Modell ausrichtet. Die Götter Babylons sind auch die assyrischen. Zwei große Götter beherrschen das Pantheon, Adad, Gott des Sturmes, der Teššub der Hurriten bzw. der Hadad der Aramäer, und vor allem der nationale Gott und Gott der Könige, Assur (Aššur). Er ist der wahre Herr der Stadt und des eponymen Königreiches und sorgt für dessen Triumph und Wohlstand. Um zu herrschen, delegiert er seine Funktionen an den König, seinen Stellvertreter. Dieser agiert also nicht als sein eigener Herr, er führt vielmehr die Anordnungen des obersten Gottes aus und macht sich zum Interpreten von dessen Wünschen. Der Assur-Kult wird im großen Tempel der Hauptstadt abgehalten, im Esharra (Ešarra), dem «Haus von Allen». Er ist in Richtung Nord-Ost erbaut, auf einem Felsvorsprung oberhalb des Tigris. Er besteht aus einem trapezförmigen ummauerten Hof, der den Zugang zum Kultraum des Gottes ermöglicht. Die Ausdehnung des Palastes beträgt 110 m Länge auf 60 m Breite. Ein Zikkurat wurde hinzugefügt, dann im 7. Jahrhundert v. Chr. ein zweiter Hof und eine Prozessionsrampe, errichtet für König Sanherib (Sīn-aḫḫe-eriba, 704–681). Assur ist der «Gott von Allen», Schöpfer der Welt, der Unterwelt, der Menschheit. Ihm zur Seite sitzt Ištar. Er wird mit einem Bogen in Schussposition dargestellt, auf einer geflügelten Scheibe. Der neue König wird in seinem Tempel gekrönt, und es ist Assur, dem er von seinen siegreichen Feldzügen berichtet.

3. Die Seevölker – ein Rätsel

Noch immer sind die Seevölker den Historikern ein Rätsel. Ihre Existenz wird durch ägyptische Texte bezeugt, die aus der Regierungszeit von **Merenptah** (oder Mineptah, 1213–1204) stammen, einem Pharao der 19. Dynastie, sowie aus der Zeit von **Ramses III.** (um 1188–1156), Herrscher der 20. Dynastie. Die beiden Monarchen rühmen sich, einen Angriff der Seevölker, auch «Völker des Nordens» oder «Völker der Inseln» genannt, zurückgeschlagen zu haben. Bei der ersten militärischen Begegnung umfasst die Koalition dieser Seevölker die *Eqwesh*, die *Luka*, die *Shekelesh (Šekeleš)*, die *Sherden (Shardana)* und die *Teresh*. Als er ihre Niederlage auf den Mauern seines Grabtempels in Medinet-

Habu feiert, erwähnt Ramses III. die *Peleset*, die *Tjeker*, die *Shekelesh*, die *Denyen* und die *Wesheh*. Folgende Identifikationen für die genannten Völker wurden vorgebracht: Eqwesh (Achäer), Luka (Lykier), Shekelesh (Sikeler, die Sizilien seinen Namen gaben); Sherden (Sarden, die Sardinien den Namen gaben), Teresh (Tyrrhenier, manchmal als Vorfahren der Etrusker dargestellt), Pelest (Philister, die Palästina seinen Namen gaben), Denyen (Danaer, von *Danaoi*, «die von den Inseln»). Die Seevölker tauchen auch in der diplomatischen Korrespondenz des Hethiterkönigs **Šuppiluliuma II.** auf, gerichtet an **Hammurapi** (um 1191–1182) von Ugarit. Um 1200 v. Chr. unternehmen diese Völker, deren Existenz zu beweisen bleibt, verstärkt Expeditionen ins östliche Mittelmeer. Das ist der Augenblick, da Zypern geplündert wird, die Macht der Hethiter zusammenbricht, da Ugarit zerstört wird. Ist dies das Ergebnis der Ankunft der Eroberer? Manche Historiker sind davon überzeugt; andere sprechen eher von Handstreichen und sporadischen Attacken, die zum Verlust der geschwächten Macht beitrugen, ohne indes der direkte Grund dafür zu sein. So geheimnisvoll, wie sie auftauchen, verschwinden die Seevölker auch wieder aus den Texten der Zeit um 1000 v. Chr. Das Ende dieser Periode wird durch die Entstehung des ersten großen Weltreiches besiegelt, dem der Perser.

4. Das Reich der Meder (7. Jahrhundert bis 550 v. Chr.) und iranische Stämme

Die Meder sind ein Volk, das aus Stämmen des alten Iran besteht, im Nordwesten des heutigen Landes; sie sind zu unterscheiden von ihren Nachbarn, den Persern, die im Osten und südöstlich vom Urmiasee leben. Beide Völker werden bereits in der Antike verwechselt. Die Anführer der medischen Stämme sind besonders kriegerisch. Diese Stämme leben von Landwirtschaft und Tierhaltung. Sie tauchen in den Annalen der Expeditionen auf, die der Assyrerkönig **Salmanassar III.** (Salmānu-ašarēd, um 859–824) im Jahre 835 gegen sie führte. Traditionellerweise beginnt das Meder-Königreich mit **Deiokes** (um 701–665), dem es gelang, die medischen Stämme zu einen, und der sich zum König ausrief, sofern man dem Bericht **Herodots** (484–425) in seinen *Historien*, 1. Buch, folgt. Die Mederstämme werden dem Perserreich ab der Herrschaft von **Kyros II., dem Großen** (um 559–530) einverleibt.

Die Kultur der Meder, eine offene Frage

Die Kultur der Meder bietet hinsichtlich ihrer Identifikation einige Probleme, denn schließt man Ectabana aus, ist bis heute unklar, ob die Meder die Gegend dauerhaft besiedelten. In Ectabana selbst sind die Siedlungsschichten der Meder nicht zutage gefördert worden. Es ist ohnehin sehr schwierig, die Mederkultur von derjenigen der anderen Völker aus dem nordwestlichen Iran zu trennen, vor allem der ihrer mächtigen persischen Nachbarn, die sie bald beherrschen und alles Medische mit der materiellen und geistigen Kultur der Perser überdecken. Manche Orte werden gerne den Medern zugeschrieben, wie etwa Godin Tepe, nahe bei Ectabana gelegen. Die Stadt verfügt über eine Zitadelle, die teilweise von einer Festungsmauer umgeben ist; zudem gibt es ein Zeughaus, einen Palast mit einer Säulenhalle und einen Feuertempel. Der Fundort Tepe Nush-i Jan weist das am besten erhaltene Gebäude auf, einen kreuzförmigen Turm. Ein erster Raum führt in einen Gewölbesaal, der einen Altar und ein Becken enthält. Eine Treppe führt zur ersten Etage, wo sich der Feueraltar befindet.

Die Kunst der Meder: Der Schatz von Ziwije

Der Schatz von Ziwije wurde 1947 in einer abgelegenen Gegend des heutigen iranischen Kurdistan entdeckt. Er besteht aus 3411 Gegenständen aus Gold, Silber und Elfenbein und umfasst Diademe, Halsreifen, Messerscheiden, Armreifen, Gürtel, Löwenköpfe und Vogelköpfe in Rundplastik, eine Goldvase, gefunden in einem Bronzegefäß. Die Goldarbeiten sind stilistisch uneinheitlich und vermischen assyrische, syrische und skythische Einflüsse. Das bedeutendste Stück ist ein Brustschmuck aus Gold in Gestalt eines Halbmondes, mit mythologischen Szenen geschmückt. Ein heiliger Baum im Zentrum wird flankiert von zwei Steinböcken und zwei geflügelten Stieren. Auf beiden Seiten sind die Flächen mit Greifen, Stieren mit Menschenköpfen und Sphingen geschmückt. Die für das Ensemble vorgeschlagene Datierung stützt sich auf das Bronzegefäß, einen Sarg, dessen Dekor den Tribut an einen skythischen König zeigt, vermutlich um 645 bis 615.*

* Tadeusz Sulmirski, «The Background of the Ziwiye Find and its Significance in the Development of Scythian Art», in: *Bulletin of the Institute of Archaeology* (London), No 15, 1978, S. 7–33.

2

V

Persien

Am Ursprung des zukünftigen Persien, zwischen dem 3. und dem 2. Jahrtausend v. Chr., stehen Bergbewohner, Elamiten, Kassiten und Gutäer, gemeinsam dem Mesopotamischen Reich gegenüber. Ihnen schließen sich zu dieser Zeit Indoeuropäer an, vor allem die Arier.

1. Kyros II., Vater der Menschenrechte

Im Falle von **Kyros II., dem Großen** (um 559–530), dem Begründer des Persischen Reiches, hat die Geschichte – wie auch für Sargon von Akkad – den Mythos schon vom Beginn seiner Existenz an parat. Nach Herodots *Historien* (Buch 1, 107–130) ist Kyros der Sohn von **Kambyses I.** und Mandane, der Tochter des Mederkönigs Astyages. Infolge einer Weissagung, nach der sein Enkel ihm den Thron rauben werde, befiehlt Astyages, den Enkel den wilden Tieren vorzuwerfen. Doch der Säugling wird durch ein totgeborenes Kind ersetzt und dadurch gerettet. Gegen 553 v. Chr. beginnt der Krieg zwischen Kyros und Astyages. Nach drei Jahren ungewisser Schlachten nimmt Kyros, im Bündnis mit dem Babylonier Nabonid, Ektabana ein, die Hauptstadt der Meder. Den besiegten Astyages behandelt er mit Respekt; er darf seinen fürstlichen Haushalt behalten. Nun folgt die Einnahme Babylons. Die Stadt fällt beinahe kampflos, und Kyros betritt sie wenige Tage darauf. Nabonid wird unter Hausarrest gestellt. Die in Babylon gefangenen Juden werden befreit, Kyros gestattet ihnen, ihren Tempel in Jerusalem neu zu errichten. Die Provinzen und Vasallenstaaten Babylons gelangen unter persische Kontrolle. Nach der Einnahme Babylons erlässt Kyros Regeln für das Zusammenleben, die für das gesamte Persische Reich gelten; dieses Dokument ist unter dem Begriff *Kyros-Zylinder* bekannt. Dieser ist aus Ton gefertigt, eingraviert ist die Proklamation des Kyros in Keilschrift, der akkadischen Schrift aus Keilen oder Winkeln. Bei den Ausgrabungen von 1879 gefunden, ist er heute im Bri-

tish Museum in London ausgestellt. 1971 erkannte die UNO ihm einen universellen Wert zu und ließ ihn in die sechs offiziellen UNO-Sprachen übersetzen (Französisch, Englisch, Spanisch Russisch, Arabisch, Chinesisch). Das Dekret erinnert zunächst an die Einnahme von Babylon und führt dann die vom König erlassenen Maßnahmen an, die als ältestes Modell der Menschenrechte gelten. Kyros II. stirbt 530 v. Chr. im Verlauf der Kämpfe, die genauen Umstände seines Todes sind nicht bekannt. Er ist in dem Grabmal beigesetzt, das er sich in Pasargadae/Pasargades (griechisch: Persepolis) errichten ließ.

2. Dareios I. (522–486 v. Chr.) und der Beginn der Perserkriege

Die Thronbesteigung Dareios' I. ist von einer Revolte fast des gesamten Reiches begleitet. Er reorganisiert es, um es besser kontrollieren zu können, und übernimmt das Satrapen-System von Kyros: Die Provinzen haben an ihrer Spitze einen Gouverneur. Früher war dieses Amt erblich, nun werden die Gouverneure vom König ernannt und abgesetzt, sind von Ratgebern umgeben, die Dareios treu und zudem eingesetzt sind, um zu spionieren. Die 20, später 30 Satrapien sind zugleich zivile, militärische und steuerliche Bezirke, als solche tributpflichtig, bis auf den persischen Teilstaat selbst. Klugerweise lässt Dareios meist die örtliche Administration im Amt, doch wird diese strikt durch die Zentralgewalt kontrolliert. Er benutzt das Aramäische als offizielle Sprache; jede Satrapie behält aber zugleich ihre eigene. Nachdem das Reich bezwungen und reorganisiert ist, nimmt Dareios die Eroberungszüge wieder auf.

3. Die erste persische Invasion und die Schlacht von Marathon (490 v. Chr.)

Schon 492 v. Chr. bereitet Dareios die Invasion Kontinentalgriechenlands vor, das in seinen Augen schuldig ist, die ionischen Städte Kleinasiens bei ihrer Revolte unterstützt zu haben. Nach anfänglichen Erfolgen geht die persische Armee unweit von Marathon im September 490 v. Chr. an Land, ungefähr 40 km von Athen entfernt. Die Hopliten, schwerbewaffnete Kämpfer, durch eine metallene Rüstung geschützt und unter der Führung des athenischen Strategen **Miltiades** (540–489), stürzen sich auf die leichtbewaffneten persischen Truppen und bringen ihnen eine schwere Niederlage bei. Diesem Ereignis schließt sich die Tat des **Philippides** (Pheidippides) an, der von Marathon nach Athen läuft, um den Sieg zu verkünden, und vor Erschöpfung stirbt, nachdem er seine Botschaft übermittelt hat. Dieser Lauf wird zum Modell für den Marathonlauf bei den Olympischen Spielen werden. Dareios bereitet seine Rache vor, muss sich aber einer Revolte in Ägypten zuwenden. Er stirbt 486 v. Chr., ohne den Krieg wiederaufgenommen zu haben. Sein Sohn **Xerxes I.** (reg. 486–465) folgt ihm auf dem Thron.

4. Die zweite persische Invasion: Von den Thermopylen bis nach Salamis (480 v. Chr.)

Xerxes I. bereitet mit großer Sorgfalt einen Rachefeldzug vor; er verbündet sich mit den Karthagern und einigen griechischen Städten, darunter Theben, lässt den Isthmus von Athos mittels eines Kanals durchstoßen und eine Doppelbrücke aus Schiffen über den Hellespont legen. Eine berühmte Schlacht entscheidet sich an den Thermopylen, dem Engpass, der den Zugang nach Attika kontrolliert. An der Ägäis stehen sich die Armeen von Xerxes und 300 Spartaner des Königs **Leonidas I.** (gest. 480 v. Chr.) gegenüber, unterstützt von 700 Thespiern und Thebanern. Diese werden von **Ephialtes von Trachis** verraten, der den Persern einen Weg zeigt, auf dem sie die griechische Armee umgehen können; dort werden sie dann auch niedergemacht. Auf dem Gipfel des Kolonos, dem Ort der letzten Schlachten, ehrt sie ein Vers des Dichters Simonides von Keos: «Fremder, sage den Spartanern, dass wir hier liegen, den Gesetzen jener gehorchend.» Diese Niederlage wiegt noch schwerer aufgrund des Verlusts eines Teils der persischen Flotte, die durch einen Sturm bei Artemision zerschlagen wird, was die Griechen für einen siegreichen Angriff nutzen. Xerxes erobert unterdes Athen, doch seine Flotte wird in der Seeschlacht von Salamis geschlagen. Er kehrt nach Persien zurück und stellt seinen Cousin **Mardonios** an die Spitze der persischen Armeen. Der wird in der Schlacht von Plataiai 479 v. Chr. besiegt. Was von der persischen Flotte bleibt, wird kurz darauf am Cap Mycale in Brand gesetzt. Die Perserkriege sind beendet, Griechenland triumphiert.

5. Der Letzte der Achämeniden

Die Nachfolger von Xerxes I. haben bis auf wenige Ausnahmen Mühe, die Einheit des Reiches aufrechtzuerhalten, bis es schließlich unter den Schlägen Alexanders des Großen zusammenbricht. **Dareios III. Codoman** (336–330), letzter König der Achämeniden-Dynastie, widmet seine kurze Herrschaft dem Kampf gegen Alexander von Makedonien. Dieser erringt im Mai 334 v. Chr. einen ersten Sieg in der Schlacht am Granikos. Eine zweite persische Niederlage ereignet sich in Issos im November desselben Jahres. Kurz darauf, im Oktober 331 v. Chr., wird Dareios endgültig in der Schlacht von Gaugamela geschlagen. Er flieht, wird aber von seinen Satrapen ergriffen und ermordet. Alexander gewährt ihm in Persepolis die Ehre eines königlichen Begräbnisses, ruft sich zu seinem Nachfolger aus und heiratet 324 v. Chr. dessen Tochter Stateira. Das achämenidische Perserreich wird dem Reich Alexanders des Großen einverleibt.

Persien als seleukidische Provinz (330–150 v. Chr.)

Seleukos I. Nikator (um 356–281), der «Sieger», ist einer der Diadochen oder Nachfolger Alexanders des Großen. Als Satrap Babylons erklärt er sich zum König von Syrien (305 v. Chr.) und begründet die Dynastie der Seleukiden. Er errichtet ein Reich, das Mesopotamien, Syrien und Persien umfasst. Doch im Lauf des 2. Jahrhunderts v. Chr. geraten die östlichen Satrapien, darunter Persien, unter die Kontrolle der Parther, mit allen Territorien östlich von Syrien.

Das Persien der Parther (150–115 v. Chr.)

Die Parther besetzen den Nordosten des iranischen Hochlandes. Parthien ist eine der Satrapien des Achämenidenreichs. Nach seinem Untergang treten die Parther in den Kampf mit den Seleukiden und bemächtigen sich schließlich des gesamten Ostens des Seleukidenreichs, mit anderen Worten: Persiens. Im Jahre 115 v. Chr. beherrschen sie Baktrien, nördlich des heutigen Afghanistans, dazu Mesopotamien und Persien. Erst 224 n. Chr. stürzt der Sassanide **Ardaschir I.** (224–240) den letzten Partherkönig **Artabanos IV.** (216–224) und gründet eine neue persische Dynastie, die der Sassaniden (224–651).

6. Die Monumentalkunst der Achämeniden

Die achämenidische Kunst weist zwei wesentliche Charakteristika auf. Weil sie wegen des Nomadentums der persischen Stämme vor dem Großreich sich nicht auf eine alte Abstammung berufen kann, borgt sie einerseits bei allen eroberten Völkern; deren Einflüsse sind folglich nicht einheitlich. Andererseits hat diese Kunst den Charakter der imperialen Propaganda, vor allem, was die Monumentalarchitektur angeht. Königliche Paläste und Hauptstädte wie Pasargadae, Susa und Persepolis dienen wohl als Residenz des Hofes, setzen aber auch dauerhaft die Macht des «Großen Königs» in Szene sowie die Wohltaten seiner Herrschaft für ein dankbares Reich, und das alles unter dem wohlwollenden Auge der Götter.

Die Architektur: Städte und Paläste

Kyros gründete seine ersten Hauptstädte in Ektabana, der alten Hauptstadt der Mederkönige, und in Pasargadae. Die wichtigste Ausgrabung ist das Grabmal des Kyros, das sich auf stufenförmigem Unterbau erhebt und die von einem Dach bekrönte Grabkammer birgt; innen flach, außen mit zwei Schrägen. Dareios I. wählt sich eine neue Hauptstadt, Persepolis. Pasargadae behält seine Rolle als religiöses Zentrum und Krönungsort der achämenidischen Herrscher.

Die Terrasse von Persepolis

Die Terrasse von Persepolis und seine Ruinen ziehen schon seit dem Mittelalter viele Reisende an, doch erst im 19. Jahrhundert beginnt die wissenschaftliche Erforschung mit dem französischen Maler **Eugène Flandin** (1809–1876) und dem Architekten **Pascal Coste** (1787–1879), die vom Institut de France dorthin geschickt werden. Die Terrasse, auf der die Paläste von Persepolis errichtet sind, ist ein ausgedehnter Unterbau am Fuß eines Felsens. Man erreicht sie über eine doppelte Treppe, die mit Reliefs geschmückt ist. Nicht weit von dort erheben sich auf der Plattform die Propyläen, die monumentalen Eingänge, flankiert von zwei geflügelten Stieren. Die Propyläen sind auf der Treppenachse errichtet und bilden einen Portikus mit vier Säulen, zu allen Seiten offen wie ein Vorraum, genannt das *Tor aller Länder*. Es wurde von

Xerxes I. erbaut und besteht aus einem Saal mit drei monumentalen Öffnungen. Das Ost- und das Westtor sind flankiert von Stieren bzw. geflügelten Stieren mit Menschenköpfen. Sie tragen lange gekräuselte Bärte und die mit Hörnern geschmückte Tiara; mit zweifach übereinandergestuften Hörnern wird daraus das Symbol des Königtums; bei dreifacher Stufung ist es das Symbol der Gottheit. Das erste Monument rechts nach dem Tor ist die große Säulenhalle oder Apadana. Die Apadana von Persepolis, von Dareios begonnen, wird von seinem Nachfolger Xerxes vollendet. Es ist ein großer Saal von 75 m Seitenlänge, dessen Decke durch 36 Säulen von je 20 m Höhe getragen wird, ihre Kapitelle bestehen aus Rücken an Rücken gesetzten Tieren, Stiere, Löwen und Greife. Man erreicht die Apadana über zwei monumentale Treppen im Osten und im Norden. Der **Thronsaal**, auch Saal der Hundert Säulen genannt, ist ein Säulensaal mit Portikus. Er nimmt eine Fläche von ungefähr 4000 m^2 ein und wurde vermutlich vom König genutzt, um hier zu thronen und den gesammelten Tribut seiner Untertanen zu empfangen, der zu Füßen des Thrones dargebracht wurde, vor allem anlässlich der Neujahrsfeiern, dem *Now Rouz*. Auf der Terrasse von Persepolis gibt es noch weitere Ausgrabungen königlicher Paläste; jeder «Großkönig» ließ es sich angelegen sein, einen solchen zu errichten: Die von Dareios und Xerxes sind die imposantesten.

Das achämenidische Susa

Elam ist ein Königreich, das einst in der heutigen Region von Fars entstand, im Südwesten Irans gelegen; es wurde als Bindeglied zwischen der mesopotamischen Kultur und dem Persischen Reich angesehen. Susa, *Susan* in der Sprache der Elamiten, wurde 4000 v. Chr. gegründet. Die Bibel erwähnt es gleichfalls; in jener Zeit ist es längst eine prosperierende Stadt. Hier ist es vor allem wegen der achämenidischen Periode von Interesse. Der Perserkönig Dareios beschließt, Susa zu seiner Winterhauptstadt zu machen. **Artaxerxes II.** (reg. um 437–358) verschönert es mit einem zweiten Palast. Susa ist niemals ganz in Vergessenheit geraten, auch wenn die eigentlichen Ausgrabungen erst im 19. Jahrhundert beginnen. Durch die Arbeiten von **Marcel Dieulafoy** (1844–1920) und seiner Frau **Jeanne Dieulafoy** (1851–1916) zwischen 1884 und 1886 wird erst ein Teil des Ortes erfasst; die Grabung wird 1897 durch **Jacques de Morgan** (1857–1924) ausgeweitet, der dort den *Codex Hammurapi* findet und die *Siegesstele von Naram-Sin* – trotz strittiger Methoden, bei denen die Suche nach Kunstwerken dem Studium und der Konservierung der

Gebäude vorgezogen wird. Der Palast des Dareios ist berühmt wegen der Qualität seiner Mosaikfriese, vor allem der der Bogenkämpfer, Löwen, des geflügelten Stieres und des Greifen. Monumentale Tore führen auf einen terrassierten Komplex von 13 ha Größe. Um auf die erste Terrasse zu gelangen, muss man ein Tor von 40 m Länge und 28 m Breite durchschreiten, das von zwei Kolossalstatuen des Königs bewacht ist. Eine Rampe führt zum Haus des Königs, das die Gemächer von Dareios und seiner Entourage umfasst, aber auch die Magazine, wo alles gelagert ist, was zu einem Leben am Luxushof benötigt wird. Doch das Hauptstück des Palastes ist die **Apadana**, der Audienzsaal, den es auch in Persepolis gibt. In Susa bedeckt die Apadana mehr als 12 000 m^2 und kann 10 000 Höflinge aufnehmen, die aus dem gesamten Reich kommen.

Die Nekropole von Naqsch-e Rostam

Mit Ausnahme von Kyros, dessen Grab sich in Pasargadae befindet, sind die achämenidischen Herrscher in Naqsch-e Rostam begraben, der königlichen Nekropole, ungefähr 4 km nordwestlich von Persepolis gelegen. Der felsige Ort ist eine halbkreisförmige Klamm mit senkrechten Wänden, in die die unterirdischen Gewölbe gegraben sind. Die Felswand ist an einigen Stellen abgeflacht worden, um die gigantischen Reliefszenen anbringen zu können. Außer **Dareios I.** werden weitere Gräber **Xerxes I.** (reg. 486–465), **Artaxerxes I.** (reg. 465–424) und **Dareios II.** (reg. 423–404) zugeschrieben. An diesem Ort sind außerdem acht riesige Reliefs geschaffen worden, die aus der Zeit der sassanidischen Perserkönige stammen (224–651). Die Fassade des Dareios-Grabes, 15 m über dem Erdboden, hat eine Höhe von ca. 23 m. Grundsätzlich sind die Formen der Gräber identisch und orientieren sich am Dareios-Grab. Eine Ehrung für Ahura Mazda, den Schutzgott der Dynastie und Garanten ihrer Herrschaft über alle Völker, schmückt den Zugang zum Grab, das aus einer schlichten Grabkammer für den Herrscher und seine Nächsten besteht.

Skulptur: Die achämenidischen Flachreliefs

Wenn auch die achämenidische Skulptur keine Rundplastik kennt, hat sie doch einige wenige markante Beispiele hinterlassen: eine ägyptisierte Dareios-Statue, in Susa gefunden; Stiere, Greifen, Löwen als Säulenkapitelle, Stiere als Torwächter, die sich gleichsam auf halbem Wege zum tiefen Relief

und zur Rundplastik befinden. Die am meisten verbreitete Kunst, zudem von vollkommener Meisterschaft, ist aber die der mehrfarbigen Keramik: riesige dekorative Schilde aus emaillierten Ziegeln. Sie schmücken die Palastmauern von Susa. Dort oder auch in Persepolis besteht der Dekor aus Flachreliefs, die in den Stein geschnitten wurden. Zu den traditionellen Darstellungen zählen die Bogenschützenfriese, vielleicht sind es die *Melophoren* oder die «Unsterblichen», die 10 000 Elitekämpfer, die über die Sicherheit des Königs wachen und die Spitze seiner Armee ausmachen. Außerdem sind Sphingen, Greife, Stiere und Löwen dargestellt, übernommen aus der mesopotamischen Bilderwelt.

7. Die Religion: Mazdaznan, Mithras und Zoroaster

■ **Mazdaznan** ist eine Religion, die um das 2. Jahrtausend v. Chr. im Iran aus einem noch älteren indoeuropäischen Substrat entsteht. Der Gott Ahura Mazda, Gott des Lichts, ist die Hauptgottheit, umgeben von den Amesha Spenta (Amschaspand), archaischen Gottheiten. Sie kämpfen gegen Ahriman, symbolisiert durch die Schlange, eine böse Gottheit, die über Krankheiten und Naturkatastrophen herrscht. Der Kult ist eine Reproduktion des demiurgischen Akts von Ahura Mazda. Die streng ritualisierte Opferung von Rindern gibt den Göttern Macht, die ihrerseits dem Menschen das Leben gewähren. Zum Opfer gehören auch der Unterhalt des Feuers und der Verzehr von *haoma* (Soma), einem Getränk, das Visionen erzeugen soll.

■ **Der Mithraskult**: Mithras («der Freund») ist im Mazdaznan ein Aspekt von Ahura Mazda, zugleich Sonne, Mond, Sterne und Lebensbrunnen. Er wird durch einen jungen Mann dargestellt, der eine phrygische Kappe auf dem Haupt trägt. Sein Fest wird in Persien in dem Monat gefeiert, der ihm gewidmet ist, von Mitte September bis Mitte Oktober; am 16. Tag, der ihm unter dem Namen *Mithrakana* geweiht ist. Zu seinen Ehren werden religiöse Hymnen vorgetragen. Sein Kult erlebt in der griechischen, später der römischen Welt einen gewissen Aufschwung, vor allem bei den Legionären, die ihn nach Rom bringen, weil Mithras auch ein Kriegsgott ist. Als Mysterienkult ist er den Eingeweihten vorbehalten, die nach sieben Graden geordnet sind. Und nur die mit mindestens dem vierten Grad dürfen an den Zeremonien teilnehmen, die ursprünglich in Höhlen abgehalten wurden, später in unterirdischen Sälen. Diese Krypten sind dreiteilig angelegt: ein Gemeinschaftssaal, dann eine von Sitzbänken flankierte Galerie, schließlich der Opfersaal, dessen Stirnwand das Stieropfer (Taurobole) darstellt, den Höhepunkt der Zeremonie. Die Christen werden im Mithraskult eine Präfiguration ihrer eigenen Riten erkennen: Taufe, Kommunion, Opfer, doch bei ihnen ist es das «Lamm Gottes». Und sie werden den Tag des Sonnenkultes, *Sol invictus* («unbesiegte Sonne»), den 25. Dezember, zum Geburtstag Christi erklären, *Natalis dies* («Tag der Geburt», daraus u. a. franz. Noël).

■ **Zoroaster** oder **Zarathustra** (660–583) setzt eine grundlegende Umgestaltung dieser alten polytheistischen Mazdaznan-Lehre in Gang, dies geschieht **zwischen 1000 und 500**. Zarathustra macht aus ihm einen dualistischen Monotheismus, in welchem Ahura Mazda, der einzige Gott, von göttlichen Gestalten umgeben ist, die aber nichts anderes als Aspekte seines Wesens sind. Ahura Mazda stellt sich dem Prinzip des Bösen entgegen, Ahra Manyu oder Ahriman, dem die *Peris* (Zauberinnen) helfen.

Der Avesta, ein heiliger Text

Der *Avesta* (Lobschrift) ist eine Sammlung von Hymnen oder Gathas, die während mehrerer Jahrhunderte gesammelt wurden: zwischen dem 3. und 7. Jahrhundert n. Chr. Sie bilden die heilige Schrift im Mazdaznan oder Zoroastrismus. Der *Avesta* hat mehrere Teile: *Yasna* (die Opfer), worin die Gathas den heiligsten Teil des Ganzen ausmachen, weil die Hymnen Zoroaster selbst zugeschrieben werden; *Visperad* (Ehrung der spirituellen Meister), eine Verlängerung des *Yasna*, mit dem er stets rezitiert wird; *Vendidad* (das Gesetz), ein Mittel für die Gläubigen, um die Dämonen zu zwingen, sich zu demaskieren. Es handelt sich um einen Dialog zwischen Zoroaster und dem obersten Gott Ahura Mazda. Man findet hier die Verbote, die Gebete für die Beseitigung von Krankheiten, aber auch die Schöpfung einer dualistischen Welt, die einem guten und einem bösen Schöpfer geschuldet ist, Letzterer auch als «Sintflut» bezeichnet. Die *Yasht* sind insgesamt 21 Hymnen, die den Gottheiten, Engeln und vergöttlichten Ideen gewidmet sind. Ein *Yasht* ist ein Seliger, der im Gebet verehrt wird. Der *Siroza* (Dreißig Tage) zählt die dreißig Gottheiten auf und ruft sie an; eine jede steht einem Tag des Monats vor. Der *Khodeh Avesta (Kleiner Avesta)* fasst weniger wichtige Texte zusammen und ist eine eher populäre Version der Texte, während *Yasna*, *Visperad* und *Vendidad*

vor allem die liturgischen Stücke umfassen, die den Bedürfnissen des zoroastrischen Klerus dienen. Der *Avesta* hat Kommentare in mittelpersischer Sprache oder *Pahlavi* erhalten, zusammengefasst in den *Zend*-Schriften (Interpretation), zwischen dem 3. und 5. Jahrhundert entstanden. Bis heute ist der *Avesta* die heilige Schrift der Parsen-Gemeinschaften Indiens und der *Gheber* im Iran, die weiterhin dem Zoroaster-Kult anhängen.

Ahura Mazda hat die Welt und die Menschen erschaffen, damit sie ihn im Kampf gegen das Böse unterstützen, doch er ließ ihnen die Möglichkeit, die (gute oder böse) Seite zu wählen. Die Schöpfung vollzieht sich in sechs Etappen: Himmel, Wasser, Erde, Stier, Pflanzen, der erste Mensch. Unsere Welt wird 12 000 Jahre bestehen, wobei vier Perioden zu je 3000 Jahren aufeinanderfolgen. Die drei ersten Welten enden durch größere Katastrophen, daher die Sintflut. Die letzte Welt endet mit einer Parusie: der Wiederkunft Ahura Mazdas für eine ewige Herrschaft.

VI

Ägypten

Ägypten fasziniert seit der Antike und taucht somit auch in den Werken Herodots auf sowie in den Fragmenten der *Geschichte Ägyptens (Aegyptiaca)* des Priesters Manetho. Doch erst die Gelehrten, die die Expedition Napoleons Ende des 18. Jahrhunderts begleiten, legen eine ausführliche Darstellung dieses Landes vor. Das gilt vor allem für das frühreife Genie **Jean-François Champollion** (1790–1832), der 1822 seinen *Lettre à M. Dacier – Brief an M. Dacier* veröffentlicht, in dem er sein System der Entzifferung der Hieroglyphen darlegt. Der Nil, ein langes, fruchtbares Band von 1200 km Länge, bietet nur einen schmalen kultivierbaren Bereich von 1 bis 2 km Breite. Auf diesem begrenzten Raum spielt sich fast die gesamte ägyptische Geschichte ab. Man muss dieses ein wenig vereinfachende Schema für die Darstellung der Zeit der ersten Ortschaften anlegen. Unablässigen klimatischen Veränderungen unterworfen, haben das Niltal und seine wüstenartigen Ränder oft nur eine zeitweilige Besiedelung zugelassen. Das trifft oft auf die ersten Ortschaften zu, denen gemeinsam ist, dass sie uns nie oder fast nie Wohnstrukturen überliefern: Orte wie Nabta Playa aus dem 8. Jahrtausend, Fayoum aus dem 6. Jahrtausend oder Merimde aus dem 4. Jahrtausend. Die prädynastischen Zeiten fangen mit dem 4. Jahrtausend v. Chr. an und weisen städtische Siedlungen auf: etwa Naqada und El-Amrah. In Unterägypten (im Norden) – im Unterschied zu Oberägypten (im Süden) – gab es kaum eine Begräbniskultur, wenn man den wenigen aufgefundenen Opfergaben oder der Schlichtheit der Gräber glaubt. Für die letzte Phase von Naqada sind die ersten Schriftversuche bezeugt; erste Königreiche werden errichtet.

1. Die ersten Dynastien und die Einigung Ägyptens

Die Zeit vor der Herrschaft von Narmer, der Ober- und Unterägypten (Ende des 4. Jahrtausends) vereinigte, bezeichnen die Ägyptologen als Dynastie 0, um deren Fürsten und Könige zu erfassen. Oberägypten ist in drei rivalisierende Städte unterteilt: **Thinis** (arab. Girga), **Nubet** (Naqada) und **Nechen** (Hierakonpolis), das die anderen besiegt und den Süden eint, ehe es den Norden erobert. Seit der **ersten Dynastie** (2982–2657 v. Chr.)* stößt Ägypten mit Nubien zusammen, dem Süden des Landes. Die Pharaonen der ersten beiden Dynastien werden Thiniten genannt, weil sie Thinis zu ihrer Hauptstadt machen. Ihre große Aufgabe besteht darin, die Ordnung an den Grenzen aufrechtzuerhalten. In dieser Zeit erfolgen mehrere Gründungstaten der ägyptischen Kultur. Der Staat organisiert sich durch den Übergang von einzelnen Gouverneuren zu einem zentralstaatlich organisierten Apparat im Dienste eines einzigen Pharaos; dies geschieht unter Chasechemui (reg. um 2684–2657), dem letzten Herrscher der 2. Dynastie. Das altägyptische Reich entsteht mit klar definierten Strukturen, auch Sprache und Religion erscheinen bereits strukturiert. Horus, der Falkengott, steht an der Spitze der Gottheiten des Landes.

* Für die absolute Chronologie der altägyptischen Geschichte gibt es verschiedene Datierungsmethoden. Hier folgen die Jahreszahlen zu Dynastien und Regierungszeiten der Datierung in: Hermann A. Schlögl, *Das Alte Ägypten*, C.H.Beck, München 2006.

Die Kunst der Thiniter

Die Kunst der Thiniter ist wegen ihrer Stelen und ihrer Grabbeigaben bekannt, mehr als wegen ihrer Städte, Paläste und Tempel, von denen praktisch nichts bleibt, weil zu deren Bau noch rohe Ziegel und pflanzliches Material benutzt werden. Der Stein, den Göttern und Königen vorbehalten, wird erst sehr spät in der 2. Dynastie eingesetzt. Dennoch bezeugen die aufgefundenen Stücke eine außerordentliche Qualität, wie etwa die Narmer-Palette als oberes Ende der königlichen Keule; die Stele des Schlangenkönigs (Djed-Pfeiler), die Steinstatuen von König Chasechemui. Die *Narmer-Palette*, eine Votiv-Schminkpalette, 1898 im Horus-Tempel von Hierakonpolis gefunden, ca. 100 km nördlich von Assuan, ist das älteste Dokument, das die Kämpfe wiedergibt, die der Einigung Ober- und Unterägyptens vorausgingen. Sie bezeugt die Existenz des ersten Königs Narmer, der über ein geeintes Reich herrschte. Er ist auf der einen Seite mit der weißen Krone Oberägyptens in Gestalt einer Mitra dargestellt, auf der anderen Seite mit der roten in Gestalt eines Mörsers. Zusammen bilden beide den königlichen Haarschmuck par excellence: *Pa-sekhemty*, «die beiden Mächtigen», dessen deformierter Name zu *Pschent* wird. Es ist dies die Neubildung des «Landes des Schilfs»: *Ta-shema*, Oberägypten als Region des Zentrums und des Südens; sowie *Ta-mehu*, «Land des Papyrus», Unterägypten mit dem Nildelta. Nekhbet, die Geiergöttin, schützt Oberägypten, die Schlangengöttin (Cobragöttin) Ouadjet schützt Unterägypten.

2. Das Alte Reich (2657–2166 v. Chr.) – Zeit des Erblühens

Das Alte Reich markiert die Zeit der Errichtung Ägyptens nach Grundsätzen, die bis zur Zeit des Ptolemaios und der Römer gelten sollten. Die Zentralmacht des Pharaos zeigt sich seit seiner Hauptstadt Memphis, der Stadt des «weißen Meeres», mit einer Schutzmauer, südlich von Fayoum erbaut. Die Beamtenschaft ist hierarchisch geordnet und spezialisiert. Die Literatur erreicht bereits vollendete Gestalt und bringt Themen, die zu ägyptischen Klassikern werden. Architektur und Kunst erleben eine Blüte, von den ersten Pyramiden bis zu den prunkvollen Gegenständen und dem Zierrat, die für die Aristokratie bestimmt sind. Der Korpus der religiösen Texte wird erweitert und bildet seinen Kanon aus; die Theologie wird von den Göttern Ptah, Re und Osiris dominiert. Üblicherweise wird das Alte Reich in vier Dynastien unterteilt. Ein Unterscheidungsmerkmal ist die Erschaffung echter Pyramiden, nicht die von Stufenpyramiden oder rautenförmigen, was erst unter der 4. Dynastie eintritt. Diese Dynastien sind:

- **die 3. Dynastie** (um 2657–2590)
- **die 4. Dynastie** (um 2590–2456)
- **die 5. Dynastie** (um 2456–2297)
- **die 6. Dynastie** (um 2297–2166)

Die 6. Dynastie ist die letzte des Alten Reiches. Sie entspricht zugleich einem ägyptischen Goldenen Zeitalter, das seine Schutzherrschaft über Nubien im Süden ausübt und mit den Städten an der Küste des heutigen Libanon intensiven Handel treibt, ferner die Karawanenstraßen sichert, die zu den Oasen, zum Roten Meer und zum Sinai führen; es kommt langsam, aber sicher zu einer Schwächung der Zentralmacht. Die Ägyptologen denken oft, dass dieser schwindende Einfluss des Pharaos in der Herrschaft von **Pepi II.** (um 2229–2166) kulminierte, dem die Überlieferung eine Regierungszeit von 94 Jahren zuschreibt. Mit sechs Jahren auf den Thron gekommen, habe er dazu beigetragen, die königliche Macht erst durch die Regentschaft seiner Mutter **Ankhesenmerire II.** zu schwächen, dann durch das Nachlassen seiner Fähigkeiten im fortgeschrittenen Alter. Tatsächlich währte seine Herrschaft laut den archäologischen Zeugnissen zwischen 60 und 62 Jahre. Nach ihm besetzen zwei Herrscher, sein Sohn **Merenre II.**, danach dessen Frau **Nitokris** den Thron für wenige Monate. Die **erste Zwischenzeit (um 2166–2020)** ist eine Zeit der Unruhe und dauert vom Untergang der 6. Dynastie (um 2297–2166) bis zum Beginn der 11. Dynastie 2020 v. Chr., welche das Mittlere Reich (um 2020–1793) eröffnet. Sie ist durch den politischen Aufstieg der Nomarchen, der Gaufürsten, gekennzeichnet, das waren die Chefs der Nomoi, der ägyptischen Provinzen, die vererbt wurden. Pharao **Mentuhotep I.** hat Ägypten nach und nach zu seinem Vorteil geeint, um 2022 v. Chr. ist dies abgeschlossen.

Ein Grab für das Leben

Die ägyptische Kunst des Alten Reiches ist die der monumentalen Grabarchitektur: königliche Anlagen, um die Pyramiden herum angelegt. Die ebenfalls monumentale Bildhauerkunst wird durch die vollkommene Meisterschaft in der Reliefkunst ergänzt sowie durch die erlesenen Grabbeigaben. **Djoser** (um 2640–2620), der erste Pharao der 3. Dynastie, ist vor allem wegen

seiner Grabbauten bekannt, zu denen die Stufenpyramide in Sakkara gehört, die nach den Plänen des Architekten Imhotep gebaut wurde. Bis zur **3. Dynastie** war die häufigste Form des Grabes die der *mastaba*, arabisch für «Bank» oder «Sitzbank», aus Ziegeln oberhalb eines Schachtes gebaut, der mit Schutt angefüllt ist und nach einem rechtwinkligen Gang den Zugang zur Grabkammer freigibt. Djoser bricht mit dieser Tradition. Seine Pyramide ist eher eine Schichtung vieler *mastabas*, jedoch aus Stein, die, immer kleiner werdend, eine über der anderen geschichtet werden. Um das königliche Grab ist eine abgetreppte Umwallung angelegt von 500 m Länge und 300 m Breite, bei einer Höhe von 10 m. Sie birgt die Gebäude, echte oder scheinbare, die für das ewige Leben des Pharaos nötig sind: den Grabtempel und sein Serdab, ein blinder Raum, der die Statue Djosers enthält und mehrere Seitenräume hat. Pflanzenarchitektur wird in Stein überführt, was die Bedeutung der bildhauerischen Nachahmungen erklärt: gerollte Matten, Säulen in Papyrusgestalt.

Die 4. Dynastie: Erbauer der Pyramiden

Die 4. Dynastie öffnet den Weg zur Blütezeit des Pyramidenbaus. Die Pyramide in Meidum bildet das Bindeglied zwischen der 3. und 4. Dynastie. Vermutlich für Huni erbaut, den letzten Pharao der 3. Dynastie, hatte sie sieben Stufen, doch die vier obersten sind verschwunden oder wurden niemals gebaut. Der Sohn **Hunis**, **Snofru** (um 2590–2554), erster König der 4. Dynastie, ändert sie durch eine heute verschwundene Kalkverkleidung zur glatten Pyramide um. Und dieser Snofru ordnet den Bau weiterer Pyramiden an, die rote Pyramide mit glatter Fassade von Dahschur und die ebenfalls dort befindliche rautenförmige Pyramide, mit doppelter (geknickter) Neigung, schließlich die Stufenpyramide von Seila nahe Fayoum. Die perfekte Gestalt der Pyramide begegnet uns in der Cheopspyramide bei Gizeh. Heute, mit einer Höhe von 137 m (ursprünglich 147 m), ist sie das älteste der Sieben Weltwunder, vielleicht dem Wesir **Hemiunu** zu verdanken. Die beiden anderen großen Pyramiden in Gizeh, etwas kleiner, sind die des Chefren und die von Mykerinos. Die Pyramidenkunst setzt sich mit der 5. und 6. Dynastie in Sakkara fort und in Abusir, doch die mindere Qualität der dort verwendeten Materialien erklärt den schlechteren Erhaltungszustand, mögliches Zeichen auch der Schwächung der göttlichen Vorstellung des Pharaos. Die **Grabanlagen** der 5. Dynastie entsprechen zwei Typen. Der eine nimmt traditionellerweise die Verbindung von Pyramide, Obertempel und Untertempel auf, die durch eine Prozessionsstraße verbunden sind. Der andere, neuere, ist der **Sonnentempel**, so der in Abu Gorab, unweit von Abusir, der einen riesigen Obelisken aufweist, errichtet auf einer erhöhten Terrasse, von einer Mauer umgeben. Der bekannteste Herrscher der 5. Dynastie ist zugleich der letzte: **Unas** (um 2317–2297), seine Grabanlage ist in Sakkara. Die Mauern des Zugangskorridors zur Grabkammer bergen den königlichen Sarkophag. Die Wände der Kammer sind mit Beschwörungsformeln geschmückt, die man als *Pyramidentexte* kennt. Sie sollen das Weiterleben von Unas bis in die Ewigkeit sicherstellen. Dieser Textkorpus, der bereits sehr komplex erscheint, enthält weit ältere religiöse Vorstellungen, die lange vor ihrer Eingravierung entstanden, was diese Texte in der Tat zu den ältesten religiösen Texten der Menschheit macht.

Ein Bild für das Leben

Die Skulpturen, massiv und mit schweren Gliedmaßen, die eng am Körper anliegen, unterscheiden sich in ihren Epochen bis zur 5. Dynastie nach der Größe der Figuren. Ursprünglich bescheiden, misst die Statue von König Chasechemui (dann schon) 70 cm. Diejenige von Djoser, in seinem Serdab gefunden, misst bereits 1,42 m. Der Pharao ist ebenfalls stehend wiedergegeben, wie die **Mykerions-Triade**, oder als Sphinx, wie in Gizeh, die üblicherweise Chefren zugeschrieben wird, aber auch Cheops darstellen könnte. Die **Sphinx** ist eine Inkarnation des Pharaos als Sonnen-Horus. Die Statuen von Privatleuten erreichen ebenfalls Lebensgröße, etwa das schöne Paar Nesa und ihr Gemahl Sepa, aus bemaltem Kalkstein. Später gestalten die Künstler ihre Statuen immer raffinierter, schaffen etwa den Schreiber, der als *Sitzender Schreiber* bekannt ist, im Schneidersitz, mit einem Schurz angetan, mit geradem Rücken, aufmerksam und bereit zum Diktat. Das im Louvre aufbewahrte Werk ist wegen der inkrustierten Augen bekannt, die so echt wirken, dass sie den Besucher mit ihrem Blick zu verfolgen scheinen. Aus bemaltem Kalkstein gefertigt, bewahrt diese Statue aus Sakkara eine erstaunliche Frische der Farben. Sie wird, allerdings nicht ganz sicher, der 4. Dynastie zugeschrieben. Das Ägyptische Museum in Kairo bewahrt eine sehr alte Statue aus Sykomoren-Holz, mehr als 1 m groß, die Kaaper, den Obersten Vorlesepriester darstellt, besser bekannt unter dem Namen Scheich el-Beled oder «der Dorfbürgermeister». Die Reliefkunst – als Hoch- oder Flachrelief – entwickelt sich über die Ausschmückung der Gräber, z. B. der Mastaba von Niânkhkhnoum und Khnoumhotep, nördlich von Sakkara, bekannt auch als *Mastaba der zwei Brüder;* in die 5. Dynastie datiert.

Die Namen des Pharaos

Gegen Ende des 1. Jahrtausends v. Chr. erscheint das Wort «Pharao» im ägyptischen Vokabular. Es stammt von *per aha* ab, «das große Haus»; dieser Name zieht sich auch durch das Osmanische Reich mit dem Begriff der «Hohen Pforte». **Die königliche Autorität wird durch Frauen übertragen.** Die Göttlichkeit der Pharaonen manifestiert sich vor allem in der Titulatur. Der Titel besteht aus fünf Namen und zeigt den unendlichen Abstand, der den Pharao vom gewöhnlichen Sterblichen trennt, und definiert seine Rolle als Souverän:

- **Der Horusname**, eingeleitet mit der Hieroglyphe für Horus, stellt den König als irdische Inkarnation des Gottes Horus dar, als Vorfahren aller Könige Ägyptens, als solcher identifiziert mit dem Gott Re.
- **Der Nebtj-Name** symbolisiert Ober- und Unterägypten durch die Vereinigung der Geiergöttin und der Kobragöttin. Sie sind *nebtj* oder «die beiden Herrinnen».
- **Der Goldhorusname**, dargestellt durch einen Falken, der auf einer Hieroglyphe sitzt, bezeichnet das Gold. Gold ist der Göttersitz und damit der der Pharaonen und das Sonnensymbol *par excellence*.
- **Der Vorname oder genauer: der Name von Nesut-bit**, «der dem Schilf und der Biene gehört», den Symbolen für Ober- und Unterägypten. Dieser Begriff wird meist mit «König von Ober- und Unterägypten» übersetzt. Ihm folgt die erste Kartusche, die den Thronbesteigungsnamen des Pharaos enthält, der für die Krönung gewählt wurde (daher auch als Thron-Name bezeichnet).
- **Der Sohn-des-Re-Name**, gefolgt vom Eigennamen des Pharaos, in eine zweite Kartusche geschrieben.

Im Lauf des Alten Reiches bilden sich die politischen, wirtschaftlichen, gesellschaftlichen und religiösen Kader aus, die bis zur Eroberung durch Rom bestehen bleiben werden. Jede neue Dynastie wurzelt in der schwarzen Erde Ägyptens, indem sie ihre illustren Vorgänger demonstrativ für sich in Anspruch nimmt. Im Wesentlichen werden die hier skizzierten Merkmale der ägyptischen Kultur bis zum Untergang des Landes erhalten bleiben.

Die Literatur des Alten Reiches gibt sich ein Genre: Lehrwerke

Im Verlauf des Alten Reiches entsteht ein Genre, dem eine große Zukunft in der ägyptischen Literatur beschieden ist: die Weisheits- oder Lehrwerke. Um ihnen mehr Bedeutung zu verleihen, werden sie Herrschern oder großen Persönlichkeiten zugeschrieben, die aber nicht unbedingt deren Autoren sind. Ihr Fortbestand wird dadurch gesichert, dass sie als Aufgabe jungen Schreibern zugewiesen werden, die sie oftmals kopieren müssen und so nicht nur die Schrift lernen, sondern auch, wie man sich in sämtlichen Lebenssituationen verhalten soll, um niemals die Ordnung zu verletzen, die zur Aufrechterhaltung von *Maat*, von Wahrheit und Gerechtigkeit, notwendig ist. Imhotep hat eines dieser Werke redigiert, das nie aufgefunden wurde. Die ältesten Werke dieser Art sind die *Lehre des Djedefre*, eines Fürsten der 4. Dynastie, der die Verpflichtungen eines Sohnes gegenüber dem Vater bei dessen Beerdigung aufzählt; und die *Lehre des Pthahotep*, eines hohen Beamten der 5. Dynastie, der seinem Schüler das angemessene Verhalten in jedem Lebensalter übermittelt. Die Erste Zwischenzeit hat eines der berühmtesten Lehrwerke hervorgebracht, die *Lehre des Merikare*, König der 9. Dynastie. Es handelt sich hierbei um Ratschläge für die Kunst des Herrschens, vom Pharao Cheti seinem Sohn und Nachfolger Merikare übereignet.

Die ägyptische Religion: Überleben im Jenseits

Die ägyptische Religion wird von der Beschäftigung mit dem Jenseits beherrscht. Die heiligen Schriften – die *Pyramidentexte* (Altes Reich: um 2657–2166), die *Sarkophagtexte* (Mittleres Reich: um 2020–1793) und das *Totenbuch* (Neues Reich: um 1540–945) – haben zum Ziel, zunächst dem Pharao, dann nach und nach allen Menschen die geeigneten Maßnahmen zum Überleben im Jenseits darzulegen. Es handelt sich hierbei nicht so sehr um Theologie als vielmehr um prophylaktische Formeln, um regelrechte und für unfehlbar gehaltene Rezepte gegen die Fallstricke im Jenseits. Es kommt eine Vielzahl von Göttern auf, vom Kult her alle sehr ähnlich und normalerweise einem höchsten Gott unterworfen: Re, dann Amon, Amon-Re, der Sonne. Außer der Schöpfung behandeln die Osiris-Mythen die Gewissheit eines Weiterlebens nach dem Tode und den göttlichen Ursprung der Dynastien; der Zorn des Re erklärt die Zerstörung der Menschheit; die Heilige Hochzeit den Übertritt des

göttlichen Blutes in die Adern der Pharaonen. Manche Götter haben jedenfalls nationale Statur erlangt und werden im gesamten Territorium von Kemet (Ägypten) verehrt, dem «Schwarzen Land», der Ernährerin der Ägypter. Unter diesen Göttern ist einer, die Sonne, seit dem Alten Reich unter dem Namen Re hervorgetreten, später geht er in Amon auf, wird Amon-Re, als die 18. Dynastie im Neuen Reich aufkommt, die aus Theben stammt, wo Amon verehrt wird.

Die Begräbnistexte

Die Begräbnistexte, aus magischen Formeln bestehend, wurden in die Grabmäler eingraviert, auf die Sarkophage gemalt oder als Schriftrolle abgeschrieben – alles, um den Toten im Jenseits zu beschützen. Zu den bekanntesten zählen die *Pyramidentexte*, die *Sarkophagtexte* und das *Totenbuch*.

Die Pyramidentexte (Altes Reich) sind einzig für den König bestimmt; sie sollen ihm helfen, über die Feinde zu triumphieren, die seine Mumie zerstören wollen; und sie sollen ihm helfen, Gott zu werden, indem er mit der Sonne verschmilzt.

Die Sarkophagtexte (Mittleres Reich) sind auf die Seitenwände der Sarkophage gemalt. Es ist dies eine Demokratisierung des «Lebenslaufs» des Kämpfenden, der die Edlen und wichtige Persönlichkeiten im Jenseits erwartet. Die innen und außen bemalten Wände der hölzernen Sarkophage markieren die gefährlichen Etappen, die zu überwinden sind, um schließlich vor das Tribunal des Osiris zu gelangen, des Königs der Toten.

Das Totenbuch (Neues Reich und spätere Perioden): Es handelt sich hier um Papyrusrollen, die bei den Mumien oder unter deren Kopf liegen. Sie bilden den klassischsten Leitfaden für die jenseitige Welt. Während seiner Reise ins Jenseits begleitet der Tote die Sonnenbarke auf ihrer nächtlichen Fahrt. Man muss, ohne anzuhalten, die schrecklichen Pforten durchfahren oder den bösen Geistern antworten. Jeder Irrtum zieht Zerstörung nach sich. Doch zum Glück gibt es das Totenbuch – ein Blick darauf, und der Tote ist gerettet! Bei den Begüterten werden ganze Passagen des Buches mit dem Toten beerdigt und unter seinen Kopf oder die Brust gelegt. Die Ärmsten versuchen zumindest, eine Kopie des *Negativen Sündenbekenntnisses* zu erhalten, um missliche Gedächtnislücken vor dem Osiris-Tribunal zu vermeiden:

Ich habe kein Unrecht begangen. Ich habe kein heiliges Tier getötet.
Ich habe nicht gestohlen. Ich habe nicht spioniert.

Ich habe niemanden getötet. Ich habe keine Unzucht getrieben.
*Ich war nicht ungehorsam. Ich war weder Sodomit noch Päderast.**

3. Das Mittlere Reich (2020–1793 v. Chr.) – Zeit der Entfaltung

Das Mittlere Reich zeitigt die Vereinigung Ägyptens, die Behauptung seiner politischen Macht, die Blüte seiner Literatur, der Künste und vor allem der Monumentalarchitektur. Es besteht aus zwei Dynastien, der **11. Dynastie** (um 2020–1976), die noch weitgehend mit der Ersten Zwischenzeit verbunden ist, und der **12. Dynastie** (um 1976–1793). **Mentuhotep I.** (um 2046–1995), fünfter König der 11. Dynastie, vereinigt Ägypten, und seine Herrschaft markiert den offiziellen Beginn des Mittleren Reiches. Er macht Theben zu seiner Hauptstadt, unterwirft die Gaufürsten von Mittelägypten, setzt eine königliche Verwaltung ein, die einem Wesir übertragen wird. Er festigt die politische Macht Ägyptens, indem er Expeditionen gegen die Nubier und Lybier auf den Weg bringt. Als königlicher Bauherr restauriert er Tempel und lässt im Felsenkessel von Deir el-Bahari sein Grab errichten. Der Wesir **Amenemhet I.** (um 1976–1947) übernimmt die Macht und wird zum ersten Herrscher der 12. Dynastie. Das Ende seines Lebens wird durch ein Komplott seines Harems verdunkelt, das zum Ziel hatte, ihn zu töten; dies wird in der *Geschichte des Sinuhe* wie auch in der *Lehre von Amenemhet* berichtet. Kurz darauf stirbt er, und sein Sohn **Sesostris I.** (um 1956–1911/10) folgt ihm auf dem Thron. Amenemhet nimmt die Tradition des Alten Reiches auf und lässt seinen Begräbnisort errichten, zu dem eine Pyramide mit glatter Fassade in Lischt gehört. Als fürstlicher Bauherr gestaltet **Sesostris I.** den Re-Tempel in Heliopolis um und errichtet dort zwei Obelisken, denen er die endgültige Gestalt gibt: viereckige Basis, eine sich nach oben verjüngende pyramidale Form, die Spitze als kubische Pyramide, alles überzogen von vertikalen Inschriften. In Theben fügt er dem Karnak-Tempel die Weiße Kapelle hinzu, einen Altar-Kiosk aus Kalkstein, der bei den Prozessionen die Barke Amons aufnehmen und ihn mit seinem göttlichen Vater, dem ithyphallischen Amon-Min, feiern soll. Wird der Gipfelpunkt der 12. Dynastie mit Sesostris II. und seinem Sohn

* Übersetzung aus dem Französischen: Nikolaus de Palézieux, nach: É. Drioton, zitiert in: Arpag Mekhitarian, *L'Égypte*, Bloud & Gay, Paris 1964, S. 39.

erreicht, so ist der folgende Abstieg umso schneller: Ihre Nachfolger regieren nur kurz und machen der 13. Dynastie Platz, die die **Zweite Zwischenzeit** eröffnet **(etwa 1793 bis 1540)**; dies markiert einen Niedergang der ägyptischen Kultur. Mehrere Dynastien regieren zur gleichen Zeit.

Die Kunst des Mittleren Reiches in Ägypten: Vor allem Grabbauten

Die Kunst des Mittleren Reiches ist zum Teil, wie schon seit den Anfängen der Religion in Ägypten, eine Grabmalskunst. Gaben sich die ersten Herrscher der 11. Dynastie in Theben noch mit bescheidenen Grabräumen zufrieden, so lässt Mentuhotep II. in Deir el-Bahari einen grandiosen Komplex errichten. Ein Tempel im Tal, ein Empfangstempel, gibt den Zugang zu einem riesigen Hof frei. In dessen Mitte erhebt sich eine erste Plattform auf eckigen Säulen, die man über eine schräge Rampe erreicht. Auf diesem ersten Niveau findet sich ein zweites Gebäude, gleichfalls mit Säulen, gekrönt von einer Pyramide. Das königliche Grab ist in die Felswand gegraben.

Die **12. Dynastie** kehrt zur Pyramide zurück: die von Sesostris I. in Lischt, von Sesostris II. in Illahun, von Sesostris III. in Dahschur oder von Amenenhet III. in Hawara. Die Nomarchen stehen dem nicht nach. Auch sie lassen Gräber in die Felsen schlagen, etwa in Beni Hassan oder in Assuan, reich dekoriert mit Malereien und Flachreliefs. In Beni Hassan sind mehrfach Darstellungen von Kampfszenen zu sehen, die die verschiedenen Eroberungen der Pharaonen illustrieren. Geschweifte Stelen zeigen den Verblichenen vor einem Tisch mit Opfergaben. Die **Kunst des Flachreliefs** weist mehrere Stile auf, angefangen bei den großen Steinschnitten und den runden Gravuren auf dem Sarkophag der Königin **Kawit**, Gemahlin Mentuhoteps II., die sie bei ihrer Toilette zeigen – sie wird von einer Dienerin frisiert, probiert einen Kelch mit Wein, von ihrem Mundschenk dargeboten –, bis hin zum äußeren Sarkophag aus Holz, der mit eleganten Hieroglyphen des Kanzlers Nakhti während der 12. Dynastie bemalt ist. Die **Kunst der Bildhauerei** entwickelt sich gleichfalls bedeutend während dieser Periode. Die 12. Dynastie kennt **zwei Skulpturtypen**: die Wiederaufnahme der traditionellen Kunst und eine realistische Strömung, in der im Wesentlichen die Formen von der massiven Schwere befreit sind. Deutlich ist der Wunsch zu erkennen, echte Porträts anstelle der stereotypen Gesichter des Königs anzufertigen, wobei ein Gleichgewicht zwischen Form und Anmut angestrebt wird. Das bezeugen die Statuen von Amenemhet II. oder von Sesostris I. Andererseits markiert die Herrschaft von **Sesostris III.** einen Bruch. Der Pharao wird zunächst porträtiert und als Skulptur dargestellt, jung und kräftig, wie die Tradition es will. Doch die Werke zeigen dann auch die Etappen der Alterung des Monarchen und geben ungeschönt zerfurchte Gesichtszüge, eingedrückte Augenhöhlen, hängende Augenlider und Runzeln wieder, die das Gesicht durchziehen; dies gilt für die Ganzfigur-Porträts, die Büsten oder die königlichen Häupter gleichermaßen. Das Mittlere Reich führt außerdem das Modell der **kubischen Statue** ein, die einen Sitzenden darstellt mit um den Körper gezogener Gewandung, während die vier glatten Seiten voller Hieroglyphen sind. Nur der Kopf und die Zehen ragen hervor. Diese Statuenform ermöglicht es, die Titulatur und die der Nachwelt gewidmeten Taten anzuführen.

Die Literatur des Mittleren Reiches, ein klassisches Modell

Die Literatur des Mittleren Reiches kann zu Recht als klassisches Modell gelten, das die nachfolgenden Epochen inspirieren sollte. Die Vorstellungswelt wird um Erzählungen bereichert wie etwa der von *Sinuhe* und der *Geschichte des Schiffbrüchigen*. Die *Geschichte des Sinuhe* erzählt dessen Abenteuer kurz nach dem Tod von Amenemhet I., der das Opfer eines Komplotts im Harem wurde. Die *Geschichte des Schiffbrüchigen* scheint auf den Beginn der 12. Dynastie zurückzugehen. Der *Papyrus Westcar* (auch: *Wundergeschichten am Hofe des Cheops*) soll vom Ende der Hyksos-Zeit datieren, könnte aber auch das Ergebnis einer Kollationierung von Texten sein, die während der 12. Dynastie gesammelt wurden.

4. Das Neue Reich (etwa 1540–945 v. Chr.)

Das Neue Reich umfasst **drei Dynastien**: die 18. Dynastie (um 1540–1292), die von den militärischen Taten von **Ahmose I.** (um 1540–1525) geprägt ist; die 19. Dynastie (um 1292–1186), von **Ramses I.** (um 1292–1290) begründet, dessen kurze Herrschaft durch die des Sohnes von Sethos I. verdunkelt wird, nämlich von **Ramses II., dem Großen** (um 1279–1213); und die 20. Dynastie (um 1186–1070), die von **Sethnacht** begründet wird. Durch die Ausdehnung seiner politischen Macht, die erlesene Expressivität der Kunst und die religiöse Re-

volution – so kurz sie auch war – mit nur einem einzigen Gott; durch den Glanz seiner Bauten und den Ruf seiner Herrscher, darunter die Pharaonin Hatschepsut, war das Neue Reich eine Ausnahmezeit, selbst innerhalb einer so reichen und faszinierenden Geschichte wie der des alten Ägypten. Auf die 20. Dynastie folgen die Nachfolger von Ramses III. – auch sie Ramses geheißen – einander ohne sonderlichen Ruhm auf dem Thron; eine fortgesetzte Schwächung der königlichen Macht findet statt, zum Nutzen vor allem der Dynastien der großen Amon-Priester, bis zu **Ramses XI.** (um 1099–1070), dessen Regierungszeit das Neue Reich beschließt.

Die Kunst des Neuen Reiches, das Goldene Zeitalter

Die Kunst des Neuen Reiches ist wegen ihrer Monumentalbauten bekannt, ihrer Tempel, Grabräume, Obelisken, die sich alle auf die Gegend um Theben konzentrieren, aus der die 18. Dynastie stammt. Die wichtigsten Orte sind die Tempel von Karnak, Luxor, das Tal der Könige und das Tal der Königinnen.

Karnak

Karnak liegt auf dem rechten Nilufer nahe bei Luxor. Einem aus dem Alten Reich bekannten Gott geweiht, Amon, dessen Blütezeit mit der des Neuen Reiches zusammenfällt und dessen Name «der Verborgene» bedeutet, wird das Ensemble in Karnak seit dem Anfang der 17. Dynastie bis zur 30. Dynastie stetig vergrößert und verschönert, was zugleich das Ende der Unabhängigkeit der Pharaonen im alten Ägypten markiert. Außer Amon werden auch seine Paredra (Gemahlin) Mut und die Kriegsgöttin Montu verehrt. Die Ruinen erstrecken sich über eine beachtliche Fläche, doch nichts ist mehr da von den Häusern, Palästen und Gärten, die in alten Zeiten von der Umfassungsmauer des Tempels begrenzt worden sein dürften. Der nördlichste Tempel ist der von Month, dem Kriegsgott, von dem nur die Fundamente geblieben sind. Der Tempel im Süden, der einen See in Form eines heiligen Hufeisens hat, ist der Göttin Mut geweiht. Beide Tempel werden unter Amenophis III. (um 1388–1351) erbaut. Zwischen den beiden Umfassungsmauern liegt der größte Tempelkomplex Ägyptens, der große Tempel des hauptstädtischen Staatsgottes, Amon-Re. Der gesamte Komplex wird während mehrerer Perioden umgearbeitet und verfügt infolgedessen über keinen systematischen Plan. Das auffallendste Kennzeichen des Karnak-Tempels ist die große Säulenhalle, die den Raum zwischen dem dritten und dem zweiten Pylon einnimmt. Die Grundfläche dieser riesigen Eingangshalle, eines der Wunder der Antike, beträgt ca. 5000 m^2. Sie wird unter Sethi I. (1290–1279) und Ramses II. (1279–1213) ausgeschmückt. Zwölf gewaltige Säulen, fast 24 m hoch, halten die Deckplatten des Hauptschiffes über dem gesamten Ensemble; und zwar so, dass Licht und Luft durch einen Lichtgaden eindringen können. Sieben Seitenschiffe an jeder Seite erhöhen die Zahl der Pfeiler auf 134. Die Flachreliefs auf den Außenmauern zeigen die Siege von Sethi in Palästina und von Ramses gegen die Hethiter in der Schlacht von Kadesch.

Luxor

Ungefähr 700 km von Kairo entfernt liegt Luxor, genannt *Opet* oder *Ipet Reset*. Dies ist auch die antike Stadt Theben, wo sich der große Tempel befindet, dessen erste Erwähnungen bis auf **Amenophis III.** (um 1388–1351) zurückgehen. Der zweite große Bauherr in Luxor ist **Ramses II.** (um 1279–1213). Einer seiner beiden Obelisken steht heute auf der Pariser Place de la Concorde. Der Tempel ist mit dem von Karnak durch eine von Sphingen gesäumte Allee verbunden, dem *dromos*. Der Gott Amon begibt sich, diesem Weg folgend, während des Opet-Festes, des Neujahrsfestes, auf die Prozession von einem zum anderen Tempel. Dieses Fest findet im zweiten Monat der *achet*-Jahreszeit statt, der Zeit der Überschwemmung. Die Statuen der drei Götter verlassen ihre Tempel, um eine andere Gestalt des Gottes zu besuchen: Amon-Re, seine Paredra (Gemahlin) Mut und beider Sohn Chonsu, Gottheit des Mondes, begeben sich von Karnak nach Luxor zum Tempel des Amon-Min. Es handelt sich um eine kurze Fahrt vom Kai von Karnak bis zu dem von Luxor auf der heiligen Barke des Gottes, *Amun-userhat*, einem herrschaftlichen Schiff, mit Blattgold belegt und luxuriös für den Transport der Götter geschmückt.

Theben

Theben, genannt *Waset*, die Stadt mit dem Beinamen «die Mächtige», die bereits seit dem Alten Reich Residenz der örtlichen Gouverneure war, erlangt ab der 12. Dynastie große Bedeutung und durch die Verbreitung des Kults um Amon, seinen Stadtgott, auch nationale Dimension. Amon wird der Beschützer der herrschenden Dynastie. Seine Ausstrahlung ist unvergleichlich, umso mehr, als Theben der Sitz der königlichen Macht wird. Amon, einst ein schlichter Ortsgott, wird Re assimiliert, dem großen Sonnengott aus Helio-

polis. Mit der ihm zugeordneten Mut und beider Sohn Chonsu bilden sie die thebanische Trias. Die letzten unabhängigen ägyptischen Herrscher, **Nektanebos I.** (380–362) und **Nektanebos II.** (360–343) aus der 30. Dynastie, schmücken die Stadt mit einer großartigen Umfassungsmauer. **Im Jahre 84 v. Chr.** wird die Stadt fast vollständig durch die Ptolemäer zerstört, die allerdings Alexandria als einzige Hauptstadt bevorzugen. Das linke Ufer, Westtheben, ist dem geistlichen Leben gewidmet, der Welt der Toten. Dort befinden sich die Gräber der Könige und der Edlen wie auch die Grabtempel, das Ramesseum, Medinet-Habu, die Memnon-Kolosse und das Künstlerdorf Deir el-Medina. Die **beiden Memnon-Kolosse** sind eine Darstellung des sitzenden Pharaos **Amenophis III.** (um 1388–1351). Sie bestehen aus zwei monolithischen Sandsteinblöcken, die ursprünglich eine Höhe von 20 m aufwiesen; weniger, seitdem ihre Kronen verschwunden sind. Sie befinden sich auf dem Vorplatz des Begräbnistempels oder «Tempels der Millionen Jahre» von Amenophis III., wovon nichts mehr übrig ist. Die Legende vom Gesang der Kolosse ist infolge eines Erdbebens im Jahre 27 entstanden. Der durch die Morgensonne rissig gewordene, erhitzte Stein gab damals dem Memnon zugeschriebene «Gesänge» von sich, die bei jedem Erscheinen seiner Mutter Aurora erneut ertönten. Dieses Phänomen verschwand im Zuge der Restauration durch **Septimius Severus** (146–211). Auf dem rechten Ufer, dem der Lebenden, befinden sich die Tempel von Karnak und Luxor.

Das Tal der Könige

In einem Teil des Libyschen Gebirges nahe bei Theben liegen die Gräber der Könige des **Neuen Reiches** (um 1540–945). Das älteste Grab ist das von **Thutmosis I.** (um 1504–1491), das jüngste das von **Ramses XI.** (um 1099–1070). Von den 63 Gräbern wurden 25 als königliche Grablegen identifiziert. Die anderen Gräber sind zum Teil solche von königlichen Würdenträgern, von denen noch nicht alle identifiziert wurden. Das Neue Reich bringt die **Wandbemalung** zur Perfektion wie auch die Flachreliefs an Gräbern und Tempeln. Die gemalten Szenen der Gräber weisen eine genaue Ordnung auf: Am Eingang ist der Verstorbene abgebildet, oft im Gebet; es folgen Szenen aus dem täglichen Leben in den weiteren Sälen, ein Bankett und Musiker; sodann ruhmreiche Episoden aus dem Leben des Toten, die der Überfahrt in die Unterwelt vorausgehen. Bei Fürsten und hohen Würdenträgern ist das Führen eines von Pferden gezogenen Streitwagens ständiges Motiv. In ihrem Terrassentempel in Deir el-Bahari inszeniert die Königin Hatschepsut auf den Flachreliefs ihre göttliche

Herkunft: Ihre Mutter hat sie von Gott Amon empfangen, wobei er die Züge ihres Vaters annahm. Sie ist die Frucht der Hierogamie, der Heiligen Hochzeit. Mit der Errichtung eines großen Obelisken in Karnak verfolgt sie ihre königliche Propaganda, desgleichen mit den Reliefs in ihrem Grabtempel in Deir el-Bahari, die von ihrer Expedition ins Land Punt berichten, womit vielleicht der Jemen gemeint ist. Die **Skulptur** des Neuen Reichs, großteils das Erbe der klassischen Formen des Mittleren Reiches, sagt sich allerdings von diesem los, indem sie nach einer Stilisierung des Körpers sucht, ihn idealisiert, das Auge durch Lidstrich betont, was dem Blick mehr Intensität verleiht.

Das Tal der Königinnen

Nicht weit vom Tal der Könige dienen fast 100 Gräber als letzte Ruhestätte für die großen königlichen Frauen wie auch für manche Fürsten zwischen der 19. Dynastie (um 1295–1186) und der 20. Dynastie (um 1186–1070). Das älteste Grab ist das der Frau von Ramses I. Begraben sind hier auch die bedeutende königliche Gemahlin von Ramses II., **Königin Nefertari**, ferner die ramessidische Königin Titi, die Fürsten Chaemwaset und Amunherchepeschef (Amenhirkopshef). Das Tal der Königinnen befindet sich in den Hügeln entlang des Westufers des Nil in Oberägypten, ca. 2,4 km westlich des Begräbnistempels von Ramses III. (1184–1152) in Medinet-Habu. Es gibt mehr als 90 bekannte Gräber, die meist aus einem Eingang, einigen Sälen und einem Raum für den Sarkophag bestehen. 1979 hat die UNO das Tal der Königinnen, das Tal der Könige, Karnak, Luxor und andere Orte in Theben in die Welterbe-Liste aufgenommen.

Die Gräber der Edlen

Auch hohe Beamte und Würdenträger des Neuen Reiches erhielten prunkvolle Gräber, hier sind vor allem zwei bewundernswert, das des Nacht und das von Ramose. Das erste liegt in Sheikh ʻAbd el-Qurna und ist in Form eines T, dem häufigsten Muster, angelegt. Die Fresken, die die Mauern schmücken, haben frische Farben und zeigen Szenen von großem Charme: eine Gruppe von drei Musikerinnen, Nacht beim Fischen und Jagen im Morast des Deltas, Momente der bäuerlichen Arbeit. Das Grab des Ramose, Wesir und Gouverneur von Theben, weist die zartesten Flachreliefs der ägyptischen Geschichte auf, dabei ist die Grablege unvollendet. Es soll hier außerdem das Grab des Nebamon aus der 18. Dynastie genannt werden, in dem eine Bankettszene die *En-face*-Dar-

stellung einer Flötenspielerin zeigt; ferner das Grab des Sennefer, Bürgermeister von Theben in der 18. Dynastie, genannt das «Grab mit den Weintrauben».

Die Kunst von Amarna

In der Regierungszeit von Amenophis IV. oder Echnaton (um 1351–1335) und seiner Gemahlin Nofretete, was «die Schöne ist gekommen» bedeutet, entsteht die Kunst von Amarna. Als Monumentalkunst bleibt sie traditionell, sofern es sich um Paläste handelt. Diejenigen von Tell el-Amarna, der neuen Hauptstadt des Mittleren Reiches, nehmen die riesigen Säulenhallen wieder auf, die mit Flachreliefs und Fresken dekoriert sind. Die großen Gartenanlagen sind von künstlichen Teichen und Becken im Lustgarten durchschnitten. Die Felsengräber hingegen bezeugen einen deutlichen Wandel: Ein schlichter Gang ist in den Fels geschlagen, der direkt zur Grabkammer führt. Der vollständigste Bruch wird durch die Skulptur erreicht, vor allem die königliche. Die idealisierten Körper der vorangehenden Epochen sind bei der königlichen Familie durch Körper ersetzt, die fast entstellt sind: dicke Oberschenkel, ein breites Becken, ein vorspringender hängender Bauch, hängende Brüste, schmale Schultern, ein dünner Hals, der Kopf mit betonten, dicken Lippen, hohlen Wangen, einem verlängerten Schädel. Beim Porträt des Echnaton, das noch schwerfälliger wirkt durch ein aufwärtsgebogenes Kinn, machen nur die großen Augen ein wenig wieder gut. Demgegenüber bieten die skulptierten Häupter der königlichen Prinzessinnen Modelle von großer Zartheit, wie etwa die farbige Büste der Nofretete aus bemaltem Kalkstein, die heute in Berlin aufbewahrt wird. Unvollendet, kann es sich hierbei um ein von Künstlern benutztes Modell handeln, um der Königin lange Sitzungen in Pose zu ersparen.

Die ramessidische Monumentalkunst

Die Kunst der 19. und 20. Dynastie bringt die Rückkehr zu einem monumentalen Klassizismus, der an die unter **Amenophis III.** bevorzugten Formen anknüpft. Doch der Hang zum Monumentalen wird zuweilen von einer gewissen Steifheit begleitet, weit entfernt von der Anmut in den Darstellungen der vorangegangenen Dynastie. **Sethi I.** misst dem **versenkten Relief** einen hohen Stellenwert bei, wie es an der nördlichen Außenmauer der Säulenhalle von Karnak zu sehen ist. In Abydos lässt der König einen Tempel erbauen, der aus zwei hintereinanderliegenden Höfen besteht, die den Zugang zu zwei Säulenhallen und sieben Kapellen bilden, von denen jede einem Gott geweiht ist. Die Tendenz, die Körper verlängert darzustellen, wird wieder aufgenommen und adaptiert, sei es auch um den Preis der Schwere bei den Kolossalbauten. Die Lippen werden fleischig, die Nase unvermittelt hakenförmig. Die Säulenhalle in Luxor erhält die großen Reliefs der Schlacht von Kadesch mit dem berühmten Sieg Ramses' II., von dem manche Szenen auch in Karnak, Abu Simbel oder Abydos zu sehen sind. Der Felsentempel von **Ramses II.** in Abu Simbel bezeugt die Neigung zu gigantischen Bauten. Der Eingang wird durch vier Statuen des sitzenden Königs markiert, eine jede mehr als 20 m groß. Es folgt die Säulenhalle, die mit Statuen des Königs und des Osiris geschmückt ist; Letzterer hält Stab und Peitsche in Händen; beide Statuen sind 10 m groß. Mehrere Hundert Kolossalstatuen, originale oder eroberte, feiern die Herrschaft des Königs. Nach Ramses II. erweist sich nur noch **Ramses III.** als großer Baumeister, vor allem mit seinem Grabtempel in Medinet-Habu, der großenteils den Plan des Ramesseums aufnimmt, des Grabtempels von Ramses II. Die Flachreliefs von Medinet-Habu zeigen den Sieg Ramses' III. über die Seevölker, die Jagd auf wilde Stiere im Morast (des Deltas). Die letzten Ramessiden halten die bereits existierenden Gebäude instand, bringen Ergänzungen an, aber legen keine Ambitionen für eigene Bauten an den Tag. Skulptur und Malerei kopieren die Vorbilder der 19. Dynastie, doch mit größerer Schwere und weniger Entschiedenheit in der Modellierung.

Die Literatur des Neuen Reiches: Noch einmal bei Göttern und Menschen

Die Literatur des Neuen Reiches umfasst, neben der *Hymne an Aton*, viele neue religiöse Texte. *Das Buch von der Himmelskuh*, in mehreren Pharaonengräbern von Tutenchamun bis Ramses VI. dargestellt, beschreibt das Missbehagen von Re angesichts der Menschen und seine Entscheidung, die Erde wieder zu verlassen; auch die Sintflut wird beschrieben. Das *Pfortenbuch*, eingraviert in das Grab von Horemheb, berichtet von Res nächtlicher Fahrt in die feindliche Unterwelt, von den Bewährungsproben, die der Verstorbene beim Gang durch die von furchterregenden Gottheiten bewachten Pforten ablegen muss. Im Falle des Versagens ist das ewige Leben des Toten der Vernichtung anheimgegeben. Das berühmteste Buch aber bleibt das *Totenbuch*, genauer: *Das Buch vom Heraustreten in das Tageslicht*. Es ist eine Sammlung von prophylaktischen Formeln, die das Überleben des Verstorbenen sichern sollen. Es ermöglicht

ihm vor allem, das gefürchtete «Abwägen der Seelen» zu überwinden, die Psychostase vor dem Gericht des Osiris. Auf eine Waagschale gelegt, soll das Herz des Verstorbenen so leicht sein wie die Feder der Maat, die die Göttin der Wahrheit und Gerechtigkeit ist. Die *Hymne an Hapi*, den Nil-Gott, genauer: *Hapi verehren*, ist eine Art Anthologie für die Schreiberschulen des Neuen Reiches. Im Bereich der weltlichen Literatur ziehen zwei Schriften aus dem Neuen Reich die Aufmerksamkeit auf sich. *Die Lehre der Amenemope*, aus der 20. Dynastie, predigt Bescheidenheit, Selbstbeherrschung, den Fleiß des Beamten bei der Ausführung seiner Aufgaben; Themen, die auch in den biblischen Sprüchen Salomos auftauchen. Seltener und origineller ist unstreitig das *Gespräch des Verzweifelten mit seinem ba* – der Einfachheit halber wird *ba* übersetzt mit «Seele», er ist das Lebensprinzip, das Ewige. Die Zeit, die unerbittlich vergeht, die Dekadenz einer unruhigen Epoche und die Angst vor dem Unbekannten im Jenseits sind allerdings nicht nur Themen in diesem einen Gespräch. Sie wurden bereits im Mittleren Reich in Worte gefasst, etwa mit dem *Gesang des blinden Harfners* oder genauer: die verschiedenen Versionen, die «Gesänge des Harfners», der lange vor dem *carpe diem* den Lebenden rät, ihr Leben zu nutzen, und zwar mit der wiederholten Mahnung: «Mach dir einen schönen Tag.»

Die ägyptische Religion: Die Reform von Amarna

Die im Alten Reich etablierte ägyptische Religion verändert sich nur wenig bis zur Zeit des Ptolemaios und der Römer. Eine kurze Periode unterbricht diese Stabilität, die allerdings nicht mit Unbeweglichkeit gleichgesetzt werden darf, sondern mit einer Entwicklung über lange Zeiträume hinweg. Für einen Zeitraum von fast 20 Jahren schreibt Amenophis IV. (oder Echnaton) den Kult der Sonnenscheibe Aton vor. Diese Betonung der Sonne gibt es bereits im Alten Reich mit dem Kult dieses Gestirns in Gestalt des Kepri-Re-Atum: die aufgehende Sonne, die Sonne im Zenit, die untergehende Sonne. Aton selbst ist gegenwärtig in den *Pyramidentexten*. Die Besonderheit der Reform von Amarna – arabisch Tell el-Amarna, die Stadt Echnatons, «Horizont des Aton», seine Hauptstadt ab dem 5. Jahr seiner Herrschaft – besteht darin, dass die anderen Götter in den Schatten gedrängt werden, ihr Kult zunichte gemacht wird zugunsten des einzigen Aton. Echnaton, «Strahl des Aton» oder «der dem Aton wohlgefällig ist», ist oberster Vermittler zwischen seinem Vater Aton und den Menschen. Als Henotheismus, also als Glaube an einen höchsten Gott, nämlich Aton, präsentiert, enthält dieser ägyptische Kult alle anderen göttlichen Prinzipien. Die **Religionsreform von Amenophis IV.** (reg. 1351–1335) gilt gleichwohl als erster Monotheismus. Amenophis IV. selbst wird der *Aton-Hymnus* zugeschrieben, ein herrliches Gedicht, das in zwei Formen überliefert wurde: im *Großen Hymnus an Aton*, eingraviert in die Wände des Grabes, das für Ay (Eje) in Amarna vorgesehen war; oder im *Kleinen Hymnus an Aton* in den Gräbern anderer Würdenträger. Die dort sichtbar für alle an den Tag gelegte Leidenschaft für den Gott Aton, den Spender der universellen Wohltaten, wird später auch die Psalmen Davids (Psalm 104 und 145) inspirieren, das Buch der Sprüche Salomos sowie das Buch Kohelet (Prediger Salomo).

5. Ägypten von 1070 bis 664 v. Chr.: Die Dritte Zwischenzeit

Der letzte Ramses, **Ramses XI.**, ist Pharao nur dem Titel nach: Die Herrschaft über Ägypten entgleitet ihm. Sein Tod im Jahre 1070 v. Chr. bestätigt die Teilung des Landes. Nicht nur gibt es das ägyptische Reich nicht mehr, ist die Außenpolitik Ägyptens auf ein Minimum des diplomatischen Austauschs begrenzt, ohne Macht und Einfluss. Mehr noch: Das sowieso zweigeteilte Land wird in mehrere Landeshoheiten gegliedert. **Smendes I.** (1070–1044) gründet die 21. Dynastie mit der Hauptstadt Tanis. Im Süden führt der Amon-Hohepriester **Herihor** (um 1080–1074) die Paralleldynastie der drei Priester ein und erkennt nur nominell die Autorität der Pharaonen von Tanis an. Lybische Prinzen installieren sich im westlichen Nildelta, wo sie in Bubastis regieren. Der erste von ihnen, **Scheschonq I.** (945–924) gründet die 22. Dynastie und vereint Ägypten zu seinem Vorteil, auch wenn ein Teil des Deltas während der 23. lybischen Dynastie unter die Kontrolle der Meschwesch-Berber fällt, die in Leontopolis regieren. Sie rivalisieren vergeblich mit den Hohepriestern Atons, indem sie eine Nachfolge der göttlichen Anbeterinnen Amons, der Schwestern und Töchter der libyschen Pharaonen, einführen. Von der Schwächung der Zentralmacht profitiert Nubien. Eine königliche Familie regiert in Napata, in der Nähe des vierten Wasserfalls und des Berges Barkal. Im Jahre 715 v. Chr. vereint diese Familie Ägypten wieder durch den kuschitischen Pharao **Pije** (747–716) und seinen Nachfolger **Schabaka** (716–702). Zur gleichen Zeit beherrscht eine kurzlebige 23. Dynastie die Gegend um Sais im Nildelta.

Diese unruhige Epoche mit mehreren Herrschern zur gleichen Zeit ist als die **Dritte Zwischenzeit** bekannt. Das Ende der 25. Dynastie im Jahre 664 v. Chr. eröffnet die letzte Phase der eigentlichen ägyptischen Geschichte, die **Spätzeit** (664–332).

Die Kunst von Tanis

Tanis, an einem östlichen Arm im Nildelta gelegen, ist die Hauptstadt der Könige der 21. und 22. Dynastie, auch wenn sie in Memphis ein Verwaltungszentrum behielten und sich vielleicht darauf beschränkten, Tanis zum Ort der Begräbnisse zu machen. Die Stadt rühmt sich eines Amon-Tempels, der so groß ist wie der von Luxor, eines weiteren für die Göttin Mut sowie der Gräber in der königlichen Nekropole. Die klimatischen Bedingungen und die politischen Umwälzungen haben verhindert, dass diese Monumente, anders als die des südlichen Rivalen in Theben, erhalten sind. Dennoch geben die Grabungskampagnen eine Vorstellung von der Architektur insgesamt. Unter der 21. Dynastie begonnen, hat der Amon-Tempel mit seiner Länge von 400 m und der Breite von 100 m im Westen ein monumentales Eingangstor aus Granit, das auf **Scheschonq III.** (823–773) zurückgeht und von Kolossalstatuen bewacht wird. Es folgt ein Vorhof mit palmenförmigen Säulen, der zum ersten Pylon von **Osorkon II.** (874–850) hinführt. Der wiederum öffnet sich auf einen mit Kolossen und zwei Obelisken geschmückten Hof. Ein zweiter Pylon wird **Siamun** (978–960) zugeschrieben. Im dritten Pylon stehen vier Obelisken. Wie in Karnak, von wo die Idee stammt, schließt der Amon-Tempel einen Heiligen See ein. Der Amon-Tempel war durch eine Prozessionsstraße mit den Tempeln von Amons Gemahlin Mut verbunden – in der Spätzeit von **Ptolemaios IV.** (221–204) rekonstruiert – sowie mit dem Tempel von Chonsu, ihrem gemeinsamen göttlichen Sohn. Die Ausgrabung vor allem des Hofs lässt zahlreiche Statuen, Pharaonen, Sphingen und südlich des Vorhofs die königliche Totenstadt zutage treten. Dort offenbart das Grab des Pharaos **Psusennes I.** (1040–990) das reichhaltigste Begräbnismobiliar nach dem Tutenchamun-Grab: eine Goldmaske, ein großes goldenes Collier, Schmuck, Amulette, Gold- und Silbergeschirr, einen Sarkophag aus Silber. Die Entdeckung im Jahre 1940 ist einem französischen Ägyptologen zu verdanken, **Pierre Montet** (1885–1966). Außer in Tanis bauen Herrscher wie Osorkon II. aus der 22. Dynastie außerdem in Bubastis, einer Stadt am Kanopus-Arm des Nils. Osorkon vergrößert auch den Tempel der Katzengöttin Bastet und lässt im zweiten Hof seine große Jubelhalle errichten, deren Säulen in Hathor-Kapitellen enden.

6. Das Ägypten der Spätzeit

Das Ägypten vom Ende der Spätzeit, nach 525 v. Chr., erlebt die Aneinanderreihung fremder Dynastien, unterbrochen von kurzen Momenten, in denen die Macht in den Händen ägyptischer Pharaonen liegt, zumindest bis zu **Nektanebos II.** (um 360–343), dem letzten autochthonen Herrscher. Die Spätzeit stellt die ägyptische Tradition in den Vordergrund. Die fremden Herrscher nehmen die ägyptische Titulatur an. Kunst und Literatur sind von den Vorbildern des Alten Reiches inspiriert. Innerhalb der Religion nimmt der Einfluss der Amon-Priester ab, nachdem sie eine Zeitlang an der königlichen Macht Anteil gehabt hatten. Neue Gottheiten tauchen auf, entstanden aus der Entwicklung ihrer früheren Erscheinungen – die Katzengöttin Bastet nimmt zum Beispiel den Körper eines Vogels an –, oder sie sind Ergebnis eines Synkretismus aus griechischen und ägyptischen Göttern, was etwa für Serapis gilt, der aus Hades, Apis und Osiris zusammengesetzt ist und dessen Kult sich bis in die ptolemäische Epoche ausweitet.

Die Architektur der Spätzeit

Die ägyptische Kunst zu Zeiten der persischen Okkupation nimmt traditionelle Archetypen auf. Einige persische Herrscher bauen in Ägypten. Dareios I. lässt einen Tempel in der Oase von Charga errichten sowie den der Göttin Nechbet in Necheb. Artaxerxes III. fällt anlässlich seines ägyptischen Aufenthaltes durch eine umfassende Münzproduktion auf. Seine Werkstätten prägen Silberstücke, die die athenischen nachahmen. **Während der 29. Dynastie** lässt Hakor (393–380) umfassende Arbeiten an den angesehensten Heiligtümern durchführen: in Luxor, Karnak, Memphis, aber auch in Medinet-Habu, El Kab oder Elephantine. **In der folgenden Dynastie** lässt Nektanebos I. (380–362) große Bauten errichten. Er beginnt in Karnak mit dem Bau des ersten Pylonen, umgibt den Kultbereich mit einer Mauer aus gebrannten Ziegeln. In Luxor schafft er eine monumentale Zugangsallee zum Amon-Tempel, den *dromos*, beidseitig gesäumt mit Sphingen. Er beginnt mit den Arbeiten am

Isis-Tempel in Philae und lässt dort einen Kiosk errichten. Dieser gewaltige Euergetismus, diese Herrschaft durch Wohltätigkeit, spiegelt sich auch im Amon-Tempel, der auf Nektanebos' Initiative in Charga erbaut wurde; oder im Tempel von Abydos; auch im ersten *Mammisi*, der Kapelle in Dendera, die von der göttlichen Geburt des Herrschers berichten soll; sie wird zum Modell ähnlicher Bauten in ptolemäischer und römischer Zeit. Sein Enkel **Nektanabos II.** ist würdiger Fortsetzer seiner Bautätigkeit. Er lässt in Philae einen Pylon errichten; in Edfu den *Naos*, die zentrale Kapelle des Tempels, die die Statue der Gottheit aufnimmt; er setzt in Karnak die Arbeiten am ersten Pylon fort, baut in Sakkara einen Isis-Tempel, einen weiteren für Osiris-Apis; Galerien, um die Mumien von heiligen Tieren zwischenzulagern: die Katzen der Göttin Bastet, den Ibis des Gottes Thot, den Falken des Horus. Nach diesem letzten Erstrahlen der autochthonen ägyptischen Architektur unter Nektanebos I. und Nektanebos II. werden zwar die persischen Herrscher in Ägypten nur wenig bauen, mit der Besetzung durch Alexander (332–331) bricht aber eine reiche Zeit an, in der die griechische Kunst sich «ägyptisiert».

7. Das ptolemäische Ägypten

Alexanders Herrschaft über ein riesiges Imperium, das Ägypten einschloss, währt nur kurz. Danach bemächtigen sich seine Nachfolger der Provinzen, die in ihrer Reichweite liegen. Ägypten fällt an den makedonischen General Ptolemaios, Sohn des Lagos. Er ruft sich 305 v. Chr. zum Pharao aus und begründet die Dynastie der Lagiden, der Nachkommen des Lagos. Sie machen Alexandria zu ihrer Hauptstadt, sind selbst das Symbol der Ambivalenz einer griechischen Dynastie auf ägyptischem Thron, ägyptisiert und aufgeschlossen für die Koexistenz der beiden Kulturen. Einheimische Revolten und Kriege gegen andere Diadochen Alexanders, vor allem die Seleukiden mit ihrem Reich Koilesyrien (Syria coele), führen dazu, dass die letzten Lagiden Rom um Hilfe anrufen, das schließlich im Jahre 30 v. Chr. Ägypten seinem Reich als Provinz einverleibt. Zwei große Herrscher bezeichnen den Anfang bzw. das Ende der Dynastie: Ptolemaios I. und Kleopatra VII.

■ **Ptolemaios I. Soter** (306–282), «der Retter», verdankt diesen Beinamen den Bewohnern von Rhodos, denen er 305 v. Chr. hilft, als sie vom König von Makedonien belagert werden. Er ist nicht nur der Begründer seiner Dynastie, sondern Schöpfer eines Ägypten, in dem sich der griechische Anteil mit autochthonen Traditionen mischt. Er macht Alexandria zu seiner Hauptstadt und schmückt es mit einem Leuchtturm, der zu einem der Weltwunder der Antike wird. Dazu erbaut er ein *Museion*, den Tempel der Musen, mit der berühmten großen Bibliothek Alexandrias, in der Gelehrte, Wissenschaftler und Künstler an der Akademie arbeiten, die vom Herrscher unterstützt wird. Alle Besatzungen der Schiffe, die Alexandria anlaufen, werden aufgefordert, eines ihrer großen nationalen Werke beizubringen, damit es in der Akademie ins Griechische übersetzt wird. Der Fundus der Bibliothek ist ungewöhnlich groß, er wird auf 400 000 Manuskripte geschätzt. Der neue Pharao vertraut dem griechischen Priester **Manetho** die Redaktion einer *Geschichte Ägyptens* von den Ursprüngen an *(Aegyptiaca)*. Im Gegensatz zu den persischen Machtmissbräuchen beginnt Ptolemaios I. eine Politik der Toleranz und Öffnung. Er restauriert die Tempel, befördert die Wiedereinsetzung ihrer Priesterschaft, lässt alle Werke erforschen und sammeln, die die Kenntnisse der alten Ägypter auf welchem Gebiet auch immer bezeugen. In Alexandria lässt er für Alexander den Großen ein Grabmonument errichten.

■ **Kleopatra VII.** (51–30 v. Chr.) ist die letzte, große Königin Ägyptens. Nachdem sie sich ihrer beiden Brüder und Gatten entledigt hat, begibt sie sich unter den Schutz Cäsars. Dieser scheint ihr gegenüber uneindeutig zu sein, denn während seines zweijährigen Aufenthalts in Rom zwischen 46 und 44 v. Chr. sieht es sehr danach aus, als sei Kleopatra als Geisel in einen goldenen Käfig gesperrt, während Ägypten durch Cäsars Stab regiert wird. Die Ermordung Cäsars im Jahre 44 v. Chr. gibt Kleopatra die Freiheit zurück, und sie kann während des Bürgerkriegs unabhängig bleiben, der sich bis 41 v. Chr. hinzieht. Der Orient fällt nun an **Marcus Antonius** (83–30). Kleopatra, von ihm nach Tarsos auf Sizilien bestellt, kommt dort mit großem Gefolge an und verführt ihn. Die Beziehungen zu **Octavian** (Augustus) (63 v. Chr.–14 n. Chr.), der von Cäsar adoptierte Großneffe und dessen Erbe, verschlechterten sich. Ab 35 v. Chr. machten die beiden Lager ihre Armeen bereit. Zunächst weniger gut vorbereitet, organisiert sich Octavian schließlich und greift zur Propaganda gegen Marcus Antonius und Kleopatra, die er beide bezichtigt, eine Monarchie zu ihren Gunsten in Rom etablieren zu wollen, um dort als orientalische Tyrannen zu herrschen. Im September des Jahres 31 v. Chr. wendet sich die Seeschlacht bei Actium zugunsten Octavians. Im August 30 v. Chr. gibt sich Marcus Antonius im Glauben, Kleopatra habe sich getötet, selber den Tod, indem er sich in sein Schwert stürzt. Sterbend wird er zur Königin gebracht.

Nach einem Treffen mit Octavian begibt sich Kleopatra zum Leichnam von Marcus Antonius, der schon in seinem Grab liegt, und setzt ihrem Leben ebenfalls ein Ende – wie Plutarch in seinem *Leben des Antonius* (LXXVII–LXXXV) schildert –, indem sie ihre Hände in einen Korb aus Feigenbaumholz legt, in dem sich giftige Nattern oder Kobras befinden. Octavian lässt den Sohn von Cäsar und Kleopatra, Caesarion (Ptolemaios XV.), hinrichten und macht Ägypten zur römischen Provinz.

Die Gründung Alexandrias

Im Jahre 331 v. Chr. gründet Alexander der Große an der Stelle des ägyptischen Ortes Rhacotis (Rā-Kedet) die Stadt Alexandria. Der Architekt Dinokrates von Rhodos entwirft den Plan, inspiriert vom Chlamys, dem makedonischen Gewand: ein schmales Rechteck aus parallelen Straßen, die sich im rechten Winkel schneiden. Zwei monumentale Tore bilden den Zugang zur Hauptstraße, der *Plateia* oder «großen Straße»: das Sonnentor und das Mondtor. Die Stadt nimmt den gesamten Raum zwischen dem Meer und dem Mariout-See ein und ist von einer Mauer umgeben. Der Palast Alexanders nimmt ungefähr ein Drittel der Fläche ein und umfasst Kasernen, ein Museum, eine Bibliothek, das Theater des Dionysos und Gärten. Vor der Küste liegt die Insel Pharos, auf der sich der Leuchtturm Alexandrias erhebt, eines der Sieben Weltwunder der Antike. Diese Insel ist mit der Stadt durch einen steinernen Damm verbunden, auf dem eine Fahrbahn liegt, sieben Stadien, also ca. 1300 m, lang, daher ihr Name Heptastadion. Die Insel teilt den Hafen in zwei Bereiche: den Großen Hafen im Osten und den Eunostos, den Hafen der Guten Heimkehr, im Westen. Die Stadt ist zweigeteilt: Bruchion im Osten, wo der Palast und die wichtigsten Gebäude standen, und Rhacotis im Westen, wo der Serapis-Tempel war.

Die Monumente Alexandrias

Als reiche Stadt und Hauptstadt der Ptolemäer rühmt sich Alexandria im Laufe der Zeit der Monumente, die seine Bekanntheit in der gesamten antiken Welt noch steigern und zu oft kopierten Vorbildern werden.

- **Der Leuchtturm von Alexandria** gilt in der Antike als eines der Sieben Weltwunder. Von Sostratos von Knidos erbaut, vielleicht für Ptolemaios I. Soter, wird er unter der Herrschaft seines Sohnes Ptolemaios II. fertiggestellt. Seine Höhe von 110 m macht ihn höher als die Pyramiden von Gizeh. Ein Großteil der Kenntnisse über diesen Leuchtturm ist den Forschungen von Hermann Thiersch zu verdanken. 1994 hat der Archäologe Jean-Yves Empereur, Gründer des Zentrums für Alexandrinische Studien, eine spannende Entdeckung im Wasser vor der Küste der Insel Pharos gemacht. Durch ein Erdbeben im Jahre 1300, das den Leuchtturm zerstörte, waren Hunderte riesiger Marmorblöcke sowie eine Kolossalstatue des Ptolemaios freigelegt worden, die bei den Grabungen geborgen werden konnten.

▪ **Das Museion von Alexandria** ist der den Musen gewidmete Ort. Die Bibliothek vervollständigt den sehr modernen Bildungsansatz: Die Mathematik ist hier würdig durch **Euklid** und **Diophantos** vertreten, die Medizin durch **Erasistratos**, die Dichtung durch **Theokrit**, **Apollonius von Rhodos** und **Kallimachos**. Die Königsdisziplin aber ist die Philosophie; sie ist durch **Ammonios Sakkas** vertreten, der Platon und Aristoteles versöhnte und den eklektischen Neuplatonismus begründete, der die Wahrheit in allen Systemen suchte. Geschichte, Geographie, Linguistik, Zoologie, Astronomie und Botanik werden hier gleichfalls erforscht und gelehrt.

▪ **Das Museion** schließt auch die **Alexandrinische Bibliothek** ein, die eigentlich aus zwei Bibliotheken besteht. Die größere ist dem Museion angeschlossen und enthält bis zu 700 000 Schriftrollen. Dieser Teil verbrennt 47 v. Chr. bei einem Feuer, das während des alexandrinischen Krieges gegen Julius Cäsar ausbricht. Der kleinere Teil verschwindet 391 n. Chr.

▪ **Das Serapeum** ist zugleich der große, dem Gott Serapis geweihte Tempel und eine große Bibliothek, die mehr als 100 000 Rollen birgt. Es wird 391 zerstört – wie auch die kleine Bibliothek –, auf Befehl von Bischof **Theophilus**, dem Patriarchen Alexandrias von 385 bis 412. Damit setzt er das Edikt von Theodosius I. um, der sämtliche heidnischen Kulte und Riten verboten hat.

Die Gelehrten von Alexandria

Die Gelehrten von Alexandria gründen ab dem **4. Jahrhundert v. Chr.** einen Verbund von Schulen, die die intellektuelle Welt mehrere Jahrhunderte lang beherrschen werden. Die berühmtesten sind die der Mediziner, Mathematiker

und Philosophen. Die Schule der Mediziner von Alexandria wird durch **Herophilos** (um 335–280) unter Ptolemaios II. gegründet. Er praktiziert die Sezierung von Leichen, lehrt Anatomie, Physiologie und Diätetik. Für ihn regieren die vier Temperamente bzw. vier Organe das Leben: den Bereich der Ernährung (die Leber), der Körperwärme (das Herz), des Denkens (das Hirn) und des Gefühls (die Nerven). Ihr Ungleichgewicht bewirkt Krankheit, Lähmung und Tod. **Philinus** (3. Jh. v. Chr.) und sein Nachfolger **Serapion** (um 200 v. Chr.) gründen die Gruppe der Empiriker. Ihr Anliegen ist, jegliche vorgefasste medizinische Meinung zurückzuweisen und sie einzig durch die unmittelbare Beobachtung des Patienten zu ersetzen. Die Beschreibung der Symptome wird zum Quell des Wissens. Die **Schule der Mathematiker** Alexandrias beginnt ihre strahlende Laufbahn mit dem Geometer Euklid, der hier um 320 v. Chr. lehrt. Seine *Elemente*, eine große Abhandlung in 13 Bänden, bilden die Summe der mathematischen Kenntnisse seiner Epoche. Die wichtigsten weiteren mathematischen Gelehrten sind uns durch Fragmente eines Werks mit dem Titel *Mathematische Sammlungen* bekannt. Sie sind einem von ihnen geschuldet, Pappos, der im **4. Jahrhundert n. Chr.** wirkte. Aus der Zahl der berühmten Verfasser ragt der große Name von **Hipparchos** (um 190–120 v. Chr.) heraus, der in Rhodos lebte, sich aber vielleicht in Alexandria aufhielt. Er ist der erste Redakteur der trigonometrischen Tafeln und der größte Astronom und Observator der Antike. Er entwickelt das Astrolabium, einen Sternenkatalog, erklärt die Präzession der Tagundnachtgleiche oder die langsame Richtungsänderung der Drehung der Erdachse, die Planetenbewegungen durch seine Theorie der Epizyklen. Doch der berühmteste Gelehrte der Schule von Alexandria bleibt **Claudius Ptolemäus** (um 90–168 n. Chr.), Mathematiker, Astronom, Geograph, Musiker und Optiker. Ist auch über sein Leben wenig bekannt, so bilden seine Werke das Band zwischen dem antiken Wissen und seiner Übertragung durch byzantinische und arabische Denker bis zu den Gelehrten des mittelalterlichen Okzidents und der Renaissance; vor allem die astronomische Abhandlung mit dem Titel *Mathematike Syntaxis* («Mathematische Zusammenstellung») oder *Megiste Syntaxis* («Größte Zusammenstellung»), uns heute als *Almagest* bekannt (abgeleitet vom Arabischen *al-maǧisṭī*). Dieser Traktat begründet ein geozentrisches Universum, das erst im 16. Jahrhundert durch den von **Nikolaus Kopernikus** (1473–1543) erreichten wissenschaftlichen Fortschritt in Zweifel gezogen wird. Das andere grundlegende Werk des Ptolemäus ist seine *Geographia*, eine Zusammenstellung der bekannten Welt, aufgezeichnet ungefähr zur Zeit der Herrschaft Kaiser **Hadrians** (76–138). Diese beiden Werke beschreiben die bis zum Ende des Mittelalters gültige Ökologie des Menschen.

2

VII

Die Hebräer (1800–600 v. Chr.)

1. Die Hebräer

Die Hebräer, die «Nomaden» der Bibel, gehören einer semitischen Völkergruppe des Nahen Orients an. Vermutlich im 2. Jahrtausend v. Chr. erhält ihr legendärer Stammvater **Abram** (später **Abraham**) auf seiner Wanderung die Verheißung, dass seine Nachkommen ins «gelobte Land» kommen werden, ins Land Kanaan, zwischen dem Mittelmeer und dem Jordan. Durch ägyptische Dokumente weiß man etwas mehr über die Hebräer. Sie werden dort plündernden Nomaden zugeordnet, bezeichnet mit dem Gattungsbegriff Hapiru. Die **Merenptah-Stele** (um 1210 v. Chr.) nennt zum ersten Mal **«Israel»**: «Israel ist verwüstet, seine Saat ist nicht mehr.» **Um 1250 v. Chr.** erhält **Mose** durch Jahwe die Offenbarung der seither als die Zehn Gebote bekannten Gesetze. Er führt die «Kinder Israels» aus Ägypten, wo sie in Knechtschaft gehalten werden. Nach 40 Jahren des Umherirrens erreichen sie das Land Kanaan und lassen sich in Palästina nieder, westlich des Jordans. Doch sie müssen sich mittels Bündnissen oder militärischer Gewalt in einem bereits besiedelten Gebiet einrichten, wo fruchtbare Böden, Weiden und Oasen zum Objekt großer Rivalitäten wurden. Die israelitischen Stämme verbinden sich so mit den Bewohnern von Gibeon, um die Angriffe der Amoriterkönige auf Jerusalem, Hebron, Tel Yarmut, Lachisch und Eglon abzuwehren.

Josua, Nachfolger des Mose, führt sie zu einer ersten Reihe von Eroberungen: Die Stadt Jericho wird eingenommen und geschleift, die Städte Lachisch, Hebron, Eglon und Debir werden beherrscht. Dennoch können sich die Stämme nicht in ganz Palästina niederlassen, weil sie die Küstenebenen, die wichtigsten Städte und die großen Handelswege nicht kontrollieren können. Es ist dies die Zeit der «Richter», der gewählten Anführer, die die benachbarten Herrscher bekämpfen sollen. Doch die Kanaaniter und die israelitischen Stämme verbünden sich, um einen gemeinsamen Feind zu bekämpfen, die

Seevölker, hier: die Philister. Ohne besiegt und vertrieben worden zu sein, lassen sich diese im Norden Palästinas nieder. Um 1100 v. Chr. entspricht der Richter **Samuel** den Bitten der zwölf Stämme, sich einen König zu erwählen: **Saul** aus dem Stamme Benjamin. Saul muss zugleich die Philister im Westen und die Amoriter im Osten bekämpfen. Nach mehreren Siegen gegen die Philister verliert Saul sein Leben bei einer Schlacht am Berg Gilboa. Die Geschichte Sauls wird im 1. Buch Samuel berichtet, ohne dass seine historische Existenz bezeugt wäre. Erst mit seinen Nachfolger **David** beginnen biblische Erzählung und Geschichte übereinzustimmen.

Das Judentum

Die Geschichte und Religion Israels sind nicht zu trennen. Die Wiege dieser Kultur ist der Fruchtbare Halbmond: die Länder also, die sich vom Niltal im Westen bis zum Tigris und Euphrat im Osten erstrecken. Die früheste Form des Judentums entsteht an den Ufern von Euphrat und Tigris; in der Gegend, die den griechischen Namen Mesopotamien trägt: «Land zwischen zwei Flüssen».

Das Judentum ist die älteste der sogenannten monotheistischen Religionen. Er ist durch den Bund zwischen Gott, Jahwe, und seinem auserwählten Volk bestimmt. Nach der Zerstörung des Tempels Salomos durch Titus im Jahre 70 n. Chr. verbreitet sich das Judentum im Rahmen der Diaspora im gesamten Mittelmeerraum. Die Geschichte des Judentums ist eng mit der des jüdischen Volkes in einem Land verbunden: Judäa.

Die Zeit der Patriarchen (etwa 1800 bis 1200 v. Chr.)

Die Geschichte der Patriarchen ist zugleich die von den Ursprüngen, vom Ende der Vorfahren von Tharah/Terach, dem Vater Abrahams; es ist seine, Abrahams, Geschichte wie auch die von Isaak, Jakob, Joseph und seinen Brüdern. Abraham, dessen Name «Vater einer Menge» bedeutet (zukünftiger Nationen), war der erste Patriarch des Volkes Israel. Die Berichte der Patriarchen dienen als Prolog zur zukünftigen großen Erzählung des Exodus mit Mose. Vor allem die genealogischen Listen bringen die verschiedenen aufeinanderfolgenden Generationen in Verbindung mit anderen Gruppen und Ethnien. Die Sippe Abrahams entsteht in der Zeit, die als Zeit der Patriarchen bekannt ist und die fast 600 Jahre dauern wird.

■ **Die Sippe Abrahams.** Tharah, der Vater Abrahams, lässt sich in Ur in Mesopotamien nieder, danach in Haran. Er ist ein Mensch seiner Zeit, polytheistisch, wie es sich gehört. Zweifelsohne betet er Sin an, damals Sonnengott in Ur und Haran. Ur ist zu jener Zeit eine wohlhabende Stadt. Doch dieser Wohlstand hält nicht lange an, weil die Elamiter, die aus den Gebirgen am Persischen Golf stammen, diese Stadt angreifen und zerstören. Tharah kann fliehen und gelangt nach Haran, stirbt dort aber. Es scheint, dass er sich in die Hügel des kanaanitischen Landes flüchten wollte. Sein erstgeborener Sohn Abram (Abraham) wird das schaffen, was sein Vater vorhatte, und somit dem Gebot Gottes folgen. Nach einer Wanderung durch Ägypten in Kanaan angekommen, erhält sein Stamm die Bezeichnung Hebräer, die ohne Zweifel vom keilschriftlichen *hapiru* stammt, das bedeutet «Emigranten, Nomaden». Abraham führt den Stamm der Hebräer von dem südlich des Kaukasus gelegenen Gebiet bis nach Palästina. Dem Alten Testament zufolge schließt Gott, Jahwe, den ersten Bund mit ihm. Er verlangt den absoluten Glauben an ihn und bietet im Gegenzug die Herrschaft über das Gebiet, das sich «vom Bach Ägyptens bis an den großen Strom, den Euphratstrom; (das Land) der Keniter, der Kenissiter und Kadmoniter, der Hethiter, Pheresiter und Rephaiter, der Amoriter, Kanaaniter, Girgasiter und Jebusiter» erstreckt (Genesis 15,18–21; Zürcher Bibel). Mit dem Tod seines Vaters wird Isaak der Anführer des Stammes. Seine Persönlichkeit ist weniger markant als die seines Vaters Abraham, dessen Werk er fortführt. Gott erneuert seinen Bund mit ihm durch die Beschneidung, das rituelle Zeichen der Weihe, das zum Zeichen der Angehörigkeit zum abrahamitischen Volk geworden ist. Nach Isaak erbt Jakob das Abraham gegebene Versprechen.

■ **Das Opfer Isaaks.** Die Dienerin und Sklavin Hagar hat Abraham einen Sohn geboren, Ismael, der zum mythischen Vorfahren der Araber wird. Abraham war damals schon 99 Jahre alt. Das Versprechen Gottes, ihm einen Sohn von Sara zu schenken, ist an die Bedingung geknüpft, dass alle Nachkommen Abrahams als Zeugnis des Bundes beschnitten werden. Der Patriarch erhält die entsprechende Ankündigung durch drei Besucher; es sind Engel. Sie sagen ihm, seine Frau Sara werde einen Sohn gebären, **Isaak** («Freude»). Später bittet Jahwe Abraham, den jungen Isaak zu opfern, um ihn auf die Probe zu stellen. Doch in dem Moment, da er dies tun will, hindert ihn ein Engel daran. Gott gibt sich mit diesem Akt des Gehorsams und des Glaubens zufrieden. Nach diesen Ereignissen kehrt Abraham nach Hebron zurück, wo Sara einige Zeit später sterben wird. Abraham selbst stirbt im hohen Alter von

175 Jahren; nicht ohne ein weiteres Mal geheiratet und weitere Kinder bekommen zu haben.

Exodus und Gelobtes Land (um 1250 v. Chr.)

Etwa um 1250 v. Chr. verlassen die Hebräer unter der Führung von Mose Ägypten, um sich in Palästina niederzulassen, wo bereits Stämme leben, die ihnen verwandt sind; es ist die Geschichte des Exodus. Der Exodus ist ebenso interessant wie die Genesis, wegen des Charmes seiner Erzählungen und auch der großen Szenen, die beschrieben werden. Mose ist zugleich Held und Historiker. Er tritt auf in der Zeit der Herrschaft von **Ramses II.** (reg. 1279–1213), Pharao von Ägypten. Nachdem er vergeblich die Befreiung der Hebräer vom Pharao gefordert hat, verkündet Mose die **zehn Plagen**, die auf Ägypten kommen würden. Zunächst wird sich das Wasser in Blut verwandeln. Aaron, der Bruder Moses, streckt die Hand ins Wasser und bemerkt diese Verwandlung. Die Frösche greifen Ägypten an; dieses Bild soll die Konsequenzen der Blindheit des Pharaos zeigen, die seinem Volk drohen. Der Hagel, der so heftig ist wie noch nie in diesem Land, zeigt, dass es eine Macht gibt, die mächtiger ist als die des Pharaos. Dann kommen die Mücken, die giftigen Fliegen, die Rinderpest, die Geschwüre, die Heuschrecken. Die Finsternis spielt sicherlich auf die Macht des Sonnengottes Re an, die vernichtet wird. Anlässlich der zehnten Plage, dem Tod der Erstgeborenen, dürfen die Hebräer aus Ägypten ziehen. Man kann nicht mit Sicherheit sagen, welchen Weg von Ägypten nach Kanaan sie nahmen, auch ihre genaue Anzahl kennt man nicht. Bei ihrem Einzug in Palästina werden die Stämme von **Josua** angeführt, dem Sohn des Nun; Josua wird als Diener des Mose beschrieben. Mose stirbt vor dem Einzug in das Gelobte Land. Er vermag es nicht, ganz Palästina zu unterwerfen, weil die Kanaaniter (Bewohner Phöniziens und Palästinas) sich in den wichtigsten Handelsstädten halten und so die Handelsstraßen kontrollieren. Auch können die Hebräer nicht in die fruchtbaren Ebenen der Küste eindringen, sie lassen sich nur in den Gebieten am Rande der Gebirge nieder. Westlich des Jordans wird das Gebiet zwischen allen Stämmen aufgeteilt, die an der Eroberung teilgenommen haben. Danach findet ein erster Teil der eigentlichen Geschichte der Hebräer statt, geführt von den Richtern, deren Rolle zugleich die von politischen Führern sowie von Propheten und Theologen ist.

Die Zeit der Richter (etwa 1200–1000 v. Chr.)

Um das Jahr 1200 v. Chr., in einer Zeit, da der Druck der Philister, der Bewohner Palästinas also, die dem Land seinen Namen gaben, besonders stark ist, hält der Richter Samuel dennoch den Zusammenhalt und die Einheit der Stämme aufrecht. Die Hebräer bilden zwölf Stämme, benannt nach den Namen der zwölf Söhne Jakobs: Ruben, Simeon, Levi, Juda, Issachar, Sebulon, Joseph, Benjamin, Dan, Naphtali, Gad, Ascher. Die Kanaaniter und die Israeliten verbünden sich gegen die Philister; es herrscht provisorischer Friede. Dann verlangen die Stämme von Samuel, einen König zu benennen. Dies wird um 1000 v. Chr. Saul aus dem Stamm Benjamin werden. Nach einer Niederlage gegen die Philister, die sich dieses Mal mit den Kanaanitern verbündet haben, wird er von seinem eigenen Schwert aufgespießt.

Die hebräische Bibel

Die hebräische Bibel ist der *Tanach*, der Name ist ein Akrostichon, gebildet aus den Initialen seiner drei Bücher: Torah, Nevi'im, Ketuvim. Der jüdische Kanon, die offizielle Liste also der berücksichtigten Bücher, ist seit der Synode von Jamnia um das Jahr 90 n. Chr. festgelegt. Die damals anwesenden Rabbiner haben nur die auf Hebräisch verfassten Schriften bewahrt und sie in drei Teile geteilt, bezeichnet als **Weisung (Torah)**, **Propheten (Nevi'im)** und **Schriften (Ketuvim)**, auch als «Andere Schriften» betitelt; es sind insgesamt 39 Bücher. Die anderen, auf Griechisch und Aramäisch verfassten Schriften wurden zurückgewiesen. Die **Ursprünge des Tanach** gehen auf das 13. Jahrhundert v. Chr. zurück. Einst mündlich überliefert, wird die hebräische Bibel nach und nach zwischen dem 11. und 6. Jahrhundert v. Chr. redigiert. Sie entsteht aus mehreren Überlieferungen, erhält im 1. Jahrhundert v. Chr. ihre endgültige Gestalt. Unter der Bezeichnung «Altes Testament» wird sie auch ein Teil der heiligen Schriften des Christentums. Es gibt dennoch einige Unterschiede in der Liste der als heilig angesehenen Bücher, die dem Kanon des Judentums, des Katholizismus oder des Protestantismus angehören. Die zweifelhaften Schriften sind die Apokryphen, die als nicht authentisch oder von zweifelhaftem Ursprung gelten.

Die Bücher der hebräischen Bibel

▪ **Die Torah**. Der erste Teil der hebräischen Bibel ist die **Weisung** (Torah), bestehend aus dem Pentateuch, griechisch für «Fünf Bücher». Der Pentateuch wiederum besteht aus Genesis, Exodus, Leviticus, Numeri und Deuteronomium. Diese Bücher vereinen die gesamte mosaische Tradition, weltgeschichtlich gesehen, seit der Geschichte der Vorväter, der Formierung und Organisation des Volkes bis zur Befreiung und Flucht aus Ägypten und dem Eintritt in das Gelobte Land. Die Torah lehrt die Tradition und lenkt praktische Aspekte des täglichen Lebens: Kult, Regeln für ethisches Verhalten, Beispiele, die man befolgen soll oder die vorgeschrieben sind. Lange hat die Tradition Mose für den Autor der fünf Bücher gehalten. Doch die fünf Schriftrollen stellen keine wirkliche Einheit dar: Die vorliegenden Erzählungen liegen in Varianten vor, und ihre Zusammenfassung zu einer einzigen Sammlung geschah erst nach dem Babylonischen Exil (568–538 v. Chr.).

- **Genesis** berichtet vom allerersten Anfang der Menschheit. Die wichtigsten Abschnitte sind die Erschaffung der Welt, Adam und Eva im Garten Eden, Sündenfall, Sintflut, die Nachkommen Noahs, der Turmbau zu Babel und die Geschichte der Patriarchen Abraham, Isaak und Jakob mit dessen zwölf Söhnen.
- **Exodus** berichtet vom Auszug des Volks aus ägyptischen Landen unter Führung von Mose, vom Bund Gottes mit seinem Volk auf dem Berg Sinai.
- **Levitikus** oder «Buch der Leviten» enthält eine große Zahl an rituellen und moralischen Vorschriften.
- **Numeri** erzählt von den letzten beiden Jahren des jüdischen Volkes in der Wüste und enthält eine Zählung der kriegstüchtigen Männer.
- **Deuteronomium** oder das zweite Gesetz enthält die Rede Moses an die Stämme Israels vor der Eroberung des Gelobten Landes, noch im Lande Kanaan. Mose erinnert hier an die wichtigsten Vorschriften für das Leben im Bewusstsein des mit Gott geschlossenen Bundes.

▪ **Die Propheten(bücher)** oder **Nevi'im**, «Menschen des Wortes Gottes», bilden die zweite Gruppe des jüdischen Kanons. Sie bestehen aus zwei Teilen: den «vorderen Propheten» und den «hinteren Propheten». Der erste Teil umfasst ein Ensemble historischer Schriften, das nach dem Tode Moses beginnt und mit dem Untergang Jerusalems 586 v. Chr. endet. Er umfasst die Bücher Josua, Richter, Erstes Buch Samuel, Zweites Buch Samuel, Erstes Buch der Könige, Zweites Buch der Könige. Der zweite Teil enthält die eigentlichen prophetischen Texte oder Reden. Hierzu gehören die Bücher Jesaja, Jeremia, Ezechiel, Hosea, Joel, Amos, Obadja, Jona, Micha, Nahum, Habakuk, Zefanja, Haggai, Sacharja, Maleachi.

▪ **Ketuvim**, die **Schriften**, heißt in der hebräischen Bibel ein dritter Teil mit ziemlich uneinheitlichen Büchern, der nach den Weisungen und den prophetischen Büchern folgt. Kein charakteristischer Titel wurde diesem Teil beigegeben; es sind die Schriften, die nicht in die beiden vorherigen Kategorien eingeordnet werden können: historische Bücher, Weisheitsbücher, erzählerische Bücher, Ausdruck der liturgischen Lyrik. Dabei handelt es sich um die Psalmen, das Buch Hiob (Ijob), das Buch Ruth, das Hohelied, Buch Kohelet (Ecclesiastes), Klagelieder, das Buch Esther, das Buch Daniel, das Buch Esra, das Buch Nehemia, das erste und zweite Buch der Chronik.

▪ **Der Talmud** stammt als Begriff aus einer hebräischen Wurzel, die «studieren» bedeutet. Der Talmud wird als autorisierter Kommentar zur Torah von allen jüdischen Gemeinden anerkannt. Er ist auf die Autorität des Gotteswortes gegründet und ist die Niederschrift des mündlich überlieferten Gesetzes, gemäß der Tradition von Mose zur gleichen Zeit empfangen wie das schriftliche Gesetz des Pentateuch. Es existieren zwei unterschiedliche Versionen: die eine, der Jerusalemer Talmud, entstammt dem palästinischen Milieu; die andere, der babylonische Talmud, kommt aus Babylon. Der Talmud wurde zur Grundlage der Rechtsprechung, nach welcher die Bücher der jüdischen Gesetze verfasst wurden. Die Redaktion des Talmuds erstreckte sich über mehrere Jahrhunderte. Er besteht aus der hebräischen *Mischna* und der aramäischen *Gemara*, einer «Ergänzung» und Kommentierung.

▪ **Die Mischna** fasst die Gesetze zusammen, die Lehren, die Kommentare zur mündlichen Tradition, damit die Torah nicht verlorengeht. In diesem Sinne hat die Sammlung aller Gesetzesbücher des jüdischen Volkes die Bezeichnung Mischna oder «Wiederholung» des Gesetzes erhalten. Ziel war die Vereinigung der Juden der ganzen Welt. Rabbinen und Kirchenlehrer, die das Verschwinden des mündlichen Gesetzes befürchteten, brachten nach der Zerstörung des Tempels von Jerusalem im Jahre 70 n. Chr. ein wenig Ordnung in die überkommene Tradition. Die Mischna wurde auf Hebräisch verfasst. Sie ist in sechs Teile, «Ordnungen», untergliedert, wobei ein jeder eine gewisse Anzahl von Traktaten enthält, 63 insgesamt. Sie sind ihrerseits in Kapitel und Paragraphen unterteilt.

Die Lehre

Das Judentum ist die erste der abrahamitischen Religionen, zeitlich noch vor dem Christentum und dem Islam. Israel verehrt JHWH (Jahwe) bzw. Elohim (Gott). Alle Völker suchen nach Antworten auf die großen Fragen, die die Menschheitsgeschichte durchziehen. Doch im Gegensatz dazu hat das jüdische Volk im Lauf seiner langen Geschichte von Gott selbst die Antwort erhalten. Der Name Gottes wurde dem Mose offenbart, wurde aber niemals in den Texten eindeutig oder klar ausgesprochen. So heißt es: «Da sprach Mose zu Gott: Siehe, wenn ich nun zu den Israeliten komme und ihnen sage: ‹Der Gott eurer Väter hat mich gesandt›, und wenn sie mich fragen: ‹Welches ist sein Name?› – was soll ich ihnen dann antworten?› Gott sprach zu Mose: ‹Ich bin, der ich bin.› Und er fuhr fort: ‹So sollst du zu den Israeliten sagen: Der ‹Ich bin› hat mich zu euch gesandt›.» (Exodus III, 13–14, Zürcher Bibel) Der Name Gottes, der mit vier Konsonanten JHWH geschrieben wird, darf nicht ausgesprochen werden. Häufig findet sich für «Gott» auch die semitische Wurzel *El*, die im Vaternamen vieler Personen aus der Bibel auftaucht (Daniel, Emmanuel, Elias), auch der Plural *Elohim* kommt vor. Hier ist es ein *pluralis majestatis*, der die Allmacht Gottes ausdrückt. Gott wird auch als *Zebaoth*, «Herr der Heerscharen», und als *El Schaddai*, «Allmächtiger», bezeichnet.

2. Die Königreiche Israel und Juda bis 600 v. Chr.

Die Herrschaft Davids (um 1004–966 v. Chr.)

Nach dem Tode Sauls wird **David** König von Israel. Sein Leben ist durch die beiden Bücher Samuel und die beiden Bücher der Könige bekannt. Er wird vom Stamm Juda und den Stämmen des Südreichs gewählt und macht Hebron zu seiner ersten Hauptstadt. Auch wenn er nur ein junger Schäfer war, wurde er bekannt, weil er im Tal von Elah den stärksten Philister, Goliath, mit einer Steinschleuder besiegte. Er heiratet **Michal**, die Tochter von König Saul, und schließt Freundschaft mit dessen Sohn Jonathan. Doch die Eifersucht Sauls auf David wird immer stärker. David muss fliehen, um nicht ermordet zu werden, irrt in der Wüste umher und tritt schließlich in die Dienste der Philister. Der Tod Sauls und seiner Söhne in der Schlacht bei Gilboa macht David zum König. Er verjagt die Jebusiter aus ihrer Stadt Jebus, der alten Bezeichnung für Jerusalem, das er zu seiner neuen Hauptstadt macht – eine geschickte Wahl in einer Zeit, da die königliche Autorität sich noch bei den Stämmen Israels und Judas durchsetzen muss und Jerusalem bis zuletzt weder den einen noch den anderen gehörte.

Die **Bundeslade** wird dorthin transportiert und später im Tempel aufbewahrt, den Davids Sohn Salomo erbauen ließ. Die Bundeslade ist ursprünglich eine Holzkiste, die später mit reinem Gold überzogen wird und von zwei ebenfalls goldenen Cherubim bekrönt ist. Sie enthält die von Mose überbrachten Gesetzestafeln und folgt überall den zwölf hebräischen Stämmen, bevor sie von David in Jerusalem installiert wird. Da die Hebräer vor jener Zeit Nomaden waren, wird die Bundeslade während ihrer Etappen im «Zelt der Begegnung» zwischengelagert, der Begegnung zwischen Jahwe und seinem Volk. Dort wird sie verehrt. Salomo errichtet später zu ihren Ehren den Ersten Tempel. Die Lade steht für den Bund mit Jahwe. So führt sie die Hebräer zum Sieg, und wenn Feinde sich ihrer bemächtigen sollten, werden sie Niederlage und Tod erleben. Mit der Zerstörung des Tempels 587 v. Chr. verschwindet sie, doch eine Tradition aus dem zweiten nachchristlichen Jahrhundert besagt, dass der Prophet Jeremias sie in einer Höhle im Berg Nebo versteckt hatte, so ein Bericht im 2. Buch der Makkabäer.

Mitglieder von einflussreichen Familien bilden den Hof in Jerusalem als «Diener des Königs». Die reorganisierte Armee wird Joab, dem Neffen Davids, übertragen. Joab kommt die Aufgabe zu, Urija, den Hethiter zu töten, indem er ihn in die vorderste Linie stellt; David hatte dessen Frau **Batseba** verführt, die von ihm schwanger war. Vom Propheten Natan gemaßregelt, bereut David, doch der Sohn Batsebas stirbt; die göttliche Strafe hat den König getroffen. Die persönlichen Dramen setzen sich mit der Vergewaltigung seiner Tochter Tamar durch ihren Halbbruder Amnon fort. Dieser wird von Tamars Bruder Absalon getötet, der sich gegen David auflehnt und sich in Hebron zum König ausrufen lässt. Joab an der Spitze der Armee besiegt und tötet ihn, nachdem er sich auf der Flucht mit seinen Haaren in einem Baum verfangen hat. Um den Preis mehrerer Feldzüge nimmt David den Philistern fast die gesamte Küste Palästinas ab. Er schlägt die Ammoniter, ihre aramäischen Verbündeten, sowie Hadadezer, König von Zobah, und besetzt einen großen Teil von dessen Königreich bis Damaskus. Er verbündet sich mit den Königen von Sidon.

Die Herrschaft Salomos (um 966–926 v. Chr.)

Salomo ist der Sohn von David und Batseba. Seine Herrschaft wird im 1. Buch der Könige berichtet. Er übt seine Autorität vierzig Jahre lang über die zwölf Stämme Judas und Israels aus. Es ist eine Blütezeit, gegründet auf stetem Wohlstand, als Ergebnis der Einteilung der Verwaltung in zwölf Distrikte, ein jeder von einem Präfekten geleitet, dem *nesîb*, vom König ernannt und entlassen. Jeder muss einen Monat lang Lebensunterhalt in Naturalien an den königlichen Hof liefern. Der Wohlstand kommt auch durch den Handel und die Sicherheit, die Salomo den Karawanenstraßen zwischen Damaskus, Ägypten, Mesopotamien und Arabien gewährt. Die Händler zahlen eine Gebühr, vor allem in Form von wertvollen Produkten, Weihrauch und Gewürzen. Eine staatliche Beamtenschaft wird geschaffen, die **Leviten**. Der Zufluss an Reichtümern nach Jerusalem ermöglicht es Salomo, das seinem Vater gegebene Versprechen einzuhalten und den Tempel zu errichten, der die Bundeslade aufnehmen soll. Doch die Steuern sind hoch, die gesellschaftlichen Ungleichheiten werden größer, und ein Aufstand entsteht, geschürt von den Propheten, die Salomo bezichtigen, heidnische Idole anzubeten. Vermutlich geht es hierbei um seine Toleranz gegenüber verschiedenen Kulten, die durch reisende Händler ausgeübt oder im Königreich eingeführt werden. Bei Salomos Tod wird das Königreich geteilt. Berühmt wegen seiner Weisheit, kennt man Salomo vor allem wegen seines Urteils: Zwei Frauen behaupten, Mutter eines Kindes zu sein, und beanspruchen die Sorge für dieses Kind. Salomo befiehlt, es in zwei Teile zu schneiden. Die echte Mutter verzichtet lieber, damit ihr Kind am Leben bleibt, wodurch der Herrscher sie erkennt und ihr das Kind zurückgeben kann.

■ **Der Tempel von Jerusalem** – dieser Begriff bezieht sich in Wirklichkeit auf zwei verschiedene Gebäude: den Ersten Tempel oder Tempel Salomos, erbaut während seiner Herrschaft (um 966–926), zerstört um 587 von Nabū-kudurrī-uṣur II. (Nebukadnezar II.); den Zweiten Tempel, erbaut zwischen 536 und 515 v. Chr., nach dem Ende der Babylonischen Gefangenschaft. Diesem Zweiten Tempel muss man den von Herodes hinzufügen, König von Judäa von 37 bis 4 v. Chr., zusammen mit den während seiner Herrschaft ergänzten Gebäuden. Der Tempel von Salomo ist der einzige als Heiligtum des Judentums bekannte Ort. Laut der Bibel hat seine Errichtung sieben Jahre gedauert und 170 000 Arbeiter beschäftigt. Es handelt sich um eine Festung, die die Bundeslade schützen soll, aufbewahrt im Allerheiligsten, zugänglich nur dem Hohepriester. Das massive Gebäude besteht aus Terrassen, dicken Mauern, öffentlichen Plätzen, Portiken, Bassins für die rituellen Waschungen und Opferaltären. Das prächtige Innere ist mit kostbarem, duftendem Zedernholz geschmückt, das der phönizische König aus Tyros, Hiram, geliefert hat. Dies ist auch der Monarch, der Salomo seinen eigenen Architekten Huram-Abi schickt. Die Klagemauer ist das einzige Relikt des vom König von Judäa, **Herodes I., dem Großen**, auf dem Berg Moria erbauten Tempels. Die Bezeichnung Klagemauer wurde von den Christen ersonnen, die sahen, dass dort die frommen Juden die Zerstörung des Salomo-Tempels durch Titus im Jahre 70 n. Chr. sowie die Zerstreuung, die Diaspora, des jüdischen Volkes beklagten. Für die Juden ist es *ha-kotel ha-ma'arawi* (die westliche Mauer), meist als *Kotel* abgekürzt. Der Brauch will es, dass der, der dort betet, in die Ritzen zwischen den Steinen ein kleines, gefaltetes Stück Papier steckt, auf dem seine Wünsche notiert sind.

■ **Die Bundeslade** ist eine Art Koffer aus Akazienholz von 1,20 m Länge und 0,70 m Breite und Höhe. Nach der Legende wurde sie durch eine Gold-Plattierung erhöht und bewahrt außer den Gesetzestafeln das Manna und den Stab Aarons: «Mach eine Lade aus Akazienholz, zwei und eine halbe Elle lang, anderthalb Ellen breit und anderthalb Ellen hoch; die sollst du mit reinem Gold überziehen, inwendig und auswendig sollst du sie überziehen, und oben ringsherum sollst du einen goldenen Kranz anbringen. Du sollst für sie auch vier goldene Ringe gießen und sie über ihren vier Füßen anbringen, und zwar zwei Ringe auf der einen und zwei Ringe auf der anderen Seite. Auch Stangen von Akazienholz sollst du machen und sie mit Gold überziehen, und die Stangen sollst du in die Ringe an den Seiten der Lade stecken, dass man sie daran tragen kann.» (Exodus XXV, 10-14, Zürcher Bibel)

Israel und Juda (926–587 v. Chr.)

Der Tod Salomos ist das Totengeläut für die Einheit des Königreiches. Sein Sohn **Rehabeam** (um 931-914), für das Leiden des Volkes unempfänglich, lehnt eine Senkung der Steuern und Abgaben ab. Die zehn Stämme des Nordens verweigern ihm daraufhin den Treueid und wählen **Jerobeam I.** (um 926-907) aus dem Stamm Israel zum König, womit das Königreich Israel entsteht, dessen Hauptstadt abwechselnd Sichem, Thirsa, dann Samaria ist. Re-

habeam dagegen herrscht nur über zwei Stämme, Benjamin und Juda. Mit der Hauptstadt Jerusalem bilden sie das Königreich Juda. Im Jahre 5 der Herrschaft Jerobeams wird Jerusalem durch den Pharao **Scheschonq I.** (um 945–924) geplündert. Danach sehen sich beide Königreiche der Bedrohung durch die Aramäer aus Damaskus, Israel zusätzlich durch die der Philister ausgesetzt. Nach einem Feldzug gegen beide ruft General **Omri** (um 881–874) sich zum König aus und begründet die israelitische Dynastie der Omriden. Er verlegt die Hauptstadt nach Thirsa, dann nach Samaria. Er verheiratet seinen Sohn **Ahab** (um 874–853) mit **Isebel**, Tochter des Königs Ittobaal I. aus Tyros. Isebel drängt ihn, Baal anzubeten, und bringt ihn vom wahren Gott ab. Nach dem Tode Ahabs regiert sie mit ihrem Sohn, ehe sie getötet wird. Ihr Leichnam wird den Hunden überlassen, wie es ihr der Prophet Elija vorausgesagt hatte. Omri verheiratet seine Tochter (oder Enkelin) Atalja mit Joram, Sohn des Königs von Juda.

Mithilfe des Propheten Elischa übernimmt **Jehu** (um 841–814), Sohn des Königs von Juda, **Joschafat** (um 873–849), die Macht in Israel und setzt den Jahwe-Kult wieder ein. Im Königreich Juda dagegen lässt Atalja (um 845–837) die Nachkommen Davids umbringen und setzt den Baal-Kult ein. Der Oberpriester **Jojada** kann den siebenjährigen **Joas** (um 837–800) verstecken. Er lässt ihn zum König ausrufen und befiehlt die Tötung Ataljas. Joas, zum König von Juda geworden, lässt den Baal-Tempel zerstören und dessen Priester töten, genau wie Jehu in Israel, wo der Baal-Tempel in Samaria geschleift wird. Trotz der wachsenden Bedrohung durch die Assyrer ist die Zeit, die nun folgt, eine des Wohlstands für beide Königreiche.

Jerobeam II. (um 788–747) herrscht über Israel und nimmt Damaskus die Provinzen Ammon und Moab ab. **Usija** oder **Asarja** (um 783–740) regiert Juda und schlägt die Ammoniter. Unterdessen warnen die Propheten **Amos** und **Hosea** das Königreich Israel vor seinem baldigen Zerfall. Hosea wendet sich von den weisen Lehren des Sacharja ab und stirbt an Lepra.

Der Tod Jerobeams II. löst eine Zeit der Unruhe aus, in deren Verlauf Thronanwärter und kurzlebige Monarchen einander folgen, je nachdem, wann sie ermordet werden. Israel und Juda sind gezwungen, den Assyrern Tribut zu zahlen. König **Hiskija** (um 716–687) von Juda versucht vergeblich, das assyrische Joch abzuschütteln, indem er sich mit den Ägyptern und den Philistern verbündet. Beide Völker werden jedoch im Jahre 701 v. Chr. von **Sanherib** (um 704–681), König von Assyrien, besiegt. Hiskija muss sich unterwerfen und weiterhin Tribut zahlen. Das Königreich Israel, dessen Hauptstadt Sichem, dann Samaria ist, verschwindet 722 v. Chr. unter den Schlägen der Assyrer.

Das Königreich Juda behält seine Unabhängigkeit, bis es 605 v. Chr. zum Vasallenstaat von **Nebukadnezar II.** wird. Dennoch können im Rahmen eines Protektorats die Könige von Juda weiterregieren. Weil er die Verkündigungen des Propheten Jeremias ignoriert, provoziert König **Zedekia (Zidkija**, 597–587) eine Katastrophe. Er revoltiert gegen Nebukadnezar II., der ihn vernichtet, Jerusalem einnimmt und 587 v. Chr. die Bevölkerung der Stadt nach Babylon deportiert und sie dort in die Sklaverei führt. Der Erste Tempel in Jerusalem, von Salomo erbaut, wird ein Raub der Flammen.

Die prophetische Literatur

Traditionell werden im Christentum die vier «großen» Propheten **Jesaja**, **Jeremia**, **Ezechiel**, **Daniel** von den **zwölf** «kleinen» Phropheten unterschieden: Hosea, Joel, Amos, Obadja, Jona, Micha, Nahum, Habakuk, Zefanja, Haggai, Sacharja und Maleachi. Die Propheten sind Abgesandte Jahwes und gekommen, um den von Abraham geschlossenen Bund zwischen den Israeliten und Gott aufrechtzuerhalten. Sie treten in Zeiten der Krise, der Götzenanbetung, auf, um die Rückkehr zum strengen Monotheismus zu fordern und den Königen mit der Strafe Gottes zu drohen, falls sie sich nicht ändern und nicht von ihren Idolen oder ihren zügellosen Sitten ablassen. Bei jeder Weigerung eines Herrschers oder Volks, auf sie zu hören, verkünden sie die Strafe Gottes und die Zerstörung Jerusalems und prophezeien die Gefangenschaft derer, die sich vom einzig wahren Gott abgewandt oder sich gegen ihn erhoben haben.

Die großen Propheten

■ **Jesaja**, auf Hebräisch **Jeshajahu** («Jahwe ist das Heil»), ist einer der größten Propheten der hebräischen Bibel. Er ist uns durch die *Qumran-Handschriften* bzw. *Schriftrollen vom Toten Meer* bekannt, weil unter den in einer Höhle 1947 gefundenen Schriftrollen auch ein Exemplar des Buches Jesaja war, das aus dem 2. Jahrhundert n. Chr. stammt. Die historische Existenz Jesajas wird auf ungefähr 756 bis 700 v. Chr. angesetzt. Nach diesem Datum verliert sich die Spur. Um 740 v. Chr. soll er die Gabe der Prophetie erhalten haben, um den Königreichen Israel und Juda ihr nahes Ende zu verkünden. Unablässig warnt Jesaja die Juden vor der Verschlimmerung der Sitten und dem Nachlassen des Jahwe geschuldeten Kults. Er verurteilt zudem die Politik der Könige von Juda

auf der Suche nach Verbündeten gegen Assyrien, wo es doch nach Jesaja darum gegangen wäre, sich einzig dem Willen Jahwes zu unterwerfen. Das Buch Jesaja ist eine Abfolge von 66 Kapiteln, die drei deutlich unterschiedenen Perioden mit entsprechend unterschiedlichen Zusammenhängen zuzuordnen sind.

- **Die erste Periode** umfasst die Kapitel 1 bis 39, es wird vom Aufstieg der Macht in Assyrien berichtet bis zur Niederlage des assyrischen Königs Sanherib gegen Jerusalem im Jahre 701 v. Chr.
- **Die zweite Periode** umfasst die Kapitel 40 bis 55, beschreibt Persiens Aufstieg unter Kyros II., der das Assyrische Reich besiegt und den Hebräern im Exil ihre Freiheit wiedergibt, etwa zwischen 550 und 539 v. Chr.
- **Die dritte Periode**, von Kapitel 56 bis 66, beschreibt die Situation nach der Rückkehr aus dem Exil nach Jerusalem, nach 538 v. Chr. Dieser Abschnitt enthält vermutlich die Aussagen mehrerer Propheten, nicht nur die von Jesaja. Nach jüdischer Überlieferung aus dem apokryphen Buch mit dem Titel *Die Himmelfahrt des Jesaja* versteckte sich der Prophet auf der Flucht vor der Verfolgung durch König Manasse in einem Baumstamm, doch habe der Herrscher befohlen, ihn mitsamt diesem Stamm zu zersägen.

■ Der Prophet **Jeremia** ist wegen des Buches Jeremia, des Buchs der Klagelieder, und wegen der ihm zugeschriebenen unablässigen Klagen berühmt: der «Jeremiaden». Sein hebräischer Name bedeutet «den Gott erhöht hat» oder «der Ewige ist erhöht». Jeremia lebte im 7. Jahrhundert v. Chr., wahrscheinlich zwischen 648 und 578. Sein Weg als Prophet beginnt um 628 unter der Herrschaft König Josias (640–609). Er verkündet den Untergang des Königreiches Juda, die Zerstörung Jerusalems und die Babylonische Gefangenschaft, doch auch die Bewährungsproben, die Gott will und die das Volk akzeptieren muss. Nach Ägypten verschleppt, stirbt Jeremia dort, vermutlich im Alter von 70 Jahren.

Das Buch der Klagelieder verdient besondere Aufmerksamkeit. Dieses poetische Buch besteht aus fünf Gesängen, wovon vier im Versmaß der jüdischen Totenklage Qina abgefasst sind, die anlässlich einer Tragödie, einer Zerstörung oder eines Schmerzes gesungen wird. Ein Trauergesang par excellence, der für die ersten vier Gesänge zugleich ein Akrostichon ist: Jeder Vers beginnt mit einem der 22 Buchstaben des hebräischen Alphabets; jeder Trauergesang besteht aus 22 Strophen. Die Hebräer nennen dieses Buch *Eykab* oder *êkhah*, von *eikh* («Ach» als Klageruf), denn mit diesem Wort wird der erste, zweite und vierte Gesang eröffnet. Die wichtigsten Themen sind die

Belagerung Jerusalems, die Einnahme der Stadt, die Deportation nach Babylon, das Maß der Versündigung Judas und endlich die Hoffnung auf Rückkehr nach Kanaan und die Vergebung durch Jahwe.

▪ **Ezechiel** (um 627–570) lebte zur Zeit der Einnahme Jerusalems durch die Assyrer und der Deportation des Volks nach Babylon, wohin er selbst um 597 v. Chr. ins Exil gezwungen wird. Dort ermahnt er, wie es das Buch Ezechiel schildert, die Israeliten, zum Bund mit Gott zurückzukehren, denn dass sie diesen vergaßen, habe zur Deportation und zur Zerstörung Jerusalems geführt. Sein prophetisches Buch ist dreiteilig: Die Kapitel 1 bis 24 zählen die Sünden des auserwählten Volks auf, bis zur Einnahme Jerusalems. Die Kapitel 25 bis 32 verkünden den Untergang der Völker, die Götzen anbeten. Der letzte Teil, die Kapitel 33 bis 48, schildert, wie Jahwe Ezechiel mit der Aufgabe betraut, die Israeliten von der Sünde abzubringen und ihren Mut zu stärken – durch die Verkündigung eines neuen Jerusalems und den Bau des Zweiten Tempels, nachdem der Erste, der Tempel Salomos, von den Assyrern zerstört worden war. Ezechiel prophezeit auch die Ankunft des Nachkömmlings von David, von Jesus nämlich. Und er hat die Vision des Tetramorph, ein viergestaltiges, geflügeltes Tier oder Lebewesen; jede einzelne Gestalt wird mit einem der zukünftigen Evangelisten verbunden: der Mensch mit Matthäus, der Löwe mit Markus, der Stier mit Lukas und der Adler mit Johannes.

▪ **Daniel** lebte zur Zeit des babylonischen Königs **Nebukadnezar II.** (um 605–562). Das Buch Daniel beschreibt die Gefangenschaft des jüdischen Volks in Babylon in jener Zeit. Es schließt aber mit Ereignissen, die unter **Antiochos IV.** (175–163), dem Seleukidenkönig, stattfinden, der die Juden zwangshellenisieren will und im Tempel von Jerusalem einen Baal-Altar errichtet; zudem befiehlt er, Schweine zu vernichten, und er verbietet die Beschneidung. Diese Maßnahmen provozieren eine Revolte der Juden unter Anführung der Familie der Makkabäer. Das Buch Daniel ist in einem apokalyptischen Stil auf Hebräisch, Aramäisch und Griechisch verfasst. Es wurde vermutlich unter Antiochos IV. fertiggestellt. Das Buch besteht aus drei Teilen: Die Kapitel 1 bis 6 beschreiben die Babylonische Gefangenschaft; die Kapitel 7 bis 12 die Visionen Daniels; die Kapitel 13 und 14, später entstanden und auf Griechisch verfasst, berichten vor allem die Geschichte Susannas und der alten Männer: Beim Baden überrascht, verweigert sie sich ihnen, die sie daraufhin des Ehebruchs bezichtigen, um sich zu rächen; durch das Eingreifen des Propheten Daniel wird sie gerettet. Daniel kann auch einen von den Baal-Priestern angebeteten

Drachen durch Ersticken töten. Der König lässt ihn dafür den Löwen vorwerfen, die ihn aber verschonen. Er erhält seine Freiheit zurück.

Die kleinen Propheten

Sie haben diesen Beinamen erhalten, nicht weil ihre Schriften weniger verdienstvoll wären, sondern weil sie kürzer sind. In der hebräischen Bibel wurden sie darum zu einem Buch, dem Zwölfprophetenbuch, zusammengefasst. Entstanden sind sie in der Zeit vom 8. bis zum 3. Jahrhundert v. Chr., d. h. von der Zeit der beiden Königreiche Israel und Juda bis in die hellenistische Zeit. **Amos**, der «Lastträger», ist der älteste der «kleinen» Propheten, lebt im 8. Jahrhundert v. Chr. Er beschreibt die Exzesse der Reichen und verkündet das Ende des Nordreichs Israel. **Hosea**, dessen Name «Wohl, Befreiung» bedeutet, kämpft gegen die, die sich den heidnischen Göttern wie Baal oder Astarte zugewandt haben, und besingt dafür die göttliche Liebe. Er wirkt um 700 v. Chr. **Joel**, dessen Name «der Ewige ist Gott» bedeutet, wirkt möglicherweise ebenfalls im 8. Jahrhundert. Er kündet eine Heuschreckenplage an. **Nahum** oder «die Tröstung» beschreibt die Zerstörung Ninives. **Zefanja**, «der Herr hat (schützend) verborgen», kündigt Ende des 7. Jahrhunderts ein Strafgericht über das Königreich Juda an. **Micha**, «der wie Gott ist», ein Bauer aus der Gegend westlich von Hebron, verkündet den Untergang Jerusalems und die Zerstörung des Tempels. **Habakuk**, «die Liebe», weissagt die baldige Invasion der Chaldäer. **Obadja**, dessen Name «Diener des Herrn» bedeutet, ist der Verfasser des kürzesten Bibel-Buchs. Vermutlich hat er kurz nach der Zerstörung des Tempels von Jerusalem gewirkt. **Haggai**, «der am Fest Geborene», wirkt um 530 v. Chr. in Jerusalem. Er ermutigte die Juden, den Tempel wiederzuerrichten. Das Buch des **Sacharja**, «der Ewige erinnert sich», enthält eine Erklärung Gottes, an Israel gerichtet, über die Nachlässigkeit, die dem Kult Gottes gegenüber an den Tag gelegt wird. **Jona**, die «Taube», ist die wichtigste Person des gleichnamigen Buches. Die Erzählung spielt im 7. Jahrhundert, ist aber wohl erst im 5. bis 3. Jahrhundert entstanden. Sie ist berühmt, weil sich Jona drei Tage lang im Bauch eines Wals befindet. Er sagt im Auftrag Gottes die Zerstörung Ninives voraus, die dann aber nicht eintritt, weil Gott sich der Bewohner erbarmt.

Die Architektur zur Zeit des Herodes

▪ **Der Zweite Tempel in Jerusalem** ist der, den Herodes der Große um 20 v. Chr. zu erbauen beginnt. Die Arbeiten sind gigantisch, das Gebäude bedeckt ca. 15 Prozent der Fläche der Stadt. Der Zweite Tempel erhebt sich auf einer riesigen Esplanade, die innerhalb von zehn Jahren durch 10 000 Arbeiter errichtet wird. Heute ist nur noch die Westmauer übrig, die sogenannte Klagemauer. Der Tempel selbst nimmt sieben Jahre Bauzeit und 100 000 Menschen in Anspruch. Kaum ist er im Jahre 63 n. Chr. erbaut, da lässt Titus ihn im Jahre 70 nach einer Revolte der Juden gegen seinen Vater, Kaiser Vespasian, zerstören. Der Tempel ist von einer langen Mauer umgeben, die im Norden und Süden fast 300 m misst, im Osten und Westen sogar mehr als 400 m. Seine Marmorsäulen sind mit Kapitellen bekrönt, die mit Gold oder Bronze belegt sind. Er ist in mehrere Teile unterteilt: zunächst das Allerheiligste, ein fensterloser Kubus, der durch einen doppelten Vorhang verschlossen ist und die Bundeslade birgt. Nur der Hohepriester darf es einmal im Jahr betreten, um Weihrauch zu verbrennen. Dem Allerheiligsten vorgelagert ist der Hof der Priester. Dort werden die Tiere geopfert, die von den Gläubigen gebracht werden. Der Hof der Frauen ist für Frauen und männliche Kinder unter 13 Jahren, dem Alter, in welchem heranwachsende Knaben ins Erwachsenenleben eintreten, nachdem sie sich dem Ritus der *Bar-Mitzwa* unterzogen haben. Viele weitere Räume nehmen auf, was für die Zeremonien benötigt wird: Holz, Wein, Öl und Weihrauch. Zwei Gebäude sind für besondere Gruppen reserviert: das eine für die Asketen mit dem Raum der Nasiräer, das andere für Kranke, die zur Heilung gekommen sind, mit dem Raum der Leprösen. In der Nähe des Tempels und für Nichtjuden verboten ist der Hof des Volkes, wohin alle kommen und Handel treiben dürfen.

VIII

Asien

1. Indien vom 2. Jahrtausend v. Chr. bis zum 6. Jahrhundert n. Chr.

Alles begann im Industal (26.–17. Jahrhundert v. Chr.)

Um das 5. Jahrtausend erlebt das Industal die Anfänge einer bedeutenden Urbanisierung. Fast 400 Orte liegen an den Ufern des Indus; daher die Bezeichnung Indus-Kultur (um 2500–1500). Der Höhepunkt dieser Kultur ist die Mitte des 3. Jahrtausends. Eine auf Stempeln gefundene Schrift konnte bislang nicht entziffert werden; sie ähnelt keiner bekannten Schriftart. Fast 350 Piktogramme wurden jedoch identifiziert, geschrieben von rechts nach links. Zwei Orte beherrschen damals alle anderen: **Mohenjo-Daro**, dessen Name «Totenhügel» bedeutet; der andere Ort ist **Harappa**. Beide Orte haben einen Umfang von 5 Kilometer und bedecken rund 60 Hektar.

Die Anfänge der vedischen Periode (2.–1. Jahrtausend v. Chr.)

Das Wissen der Veden

Die *Veden* entstanden über einen Zeitraum von fast tausend Jahren zwischen dem 18. und dem 8. Jahrhundert v. Chr. Die Unmöglichkeit, ein genaues Datum anzugeben, rührt daher, dass diese Texte keine bekannte historische Tatsache erwähnen, an der man sie festmachen könnte. Die heiligen Worte der Brahmanen beziehen sich auf eine Klassifikation, die tausend Jahre andauern wird und eine Schule des religiösen Denkens bzw. einer besonderen Philosophie begründet. Die *Veden* stellen geoffenbartes Wissen dar, ein Wissen, das mündlich von Brahmane zu Brahmane weitergegeben wurde. Das Vedische ist eine Liturgie, d. h. im strengen Sinn des Wortes eine heilige

Handlung. Die Riten nehmen hier einen wesentlichen Platz ein, und von hierher nimmt die Spekulation bei der symbolischen Erklärung der Gesten und rituellen Formeln ihren Aufschwung. Die Veden sind in mehreren Etappen entstanden und weisen vier Teile auf: ***Rigveda*** (Buch der Hymnen), ***Sāmaveda*** (Wissen von den Gesängen), ***Yajurveda*** (Opferspruch) und ***Atharvaveda***. Die drei ersten *Veden* werden zusammengefasst als «dreifaches Wissen»: Die Menschen wenden sich an die Götter und verehren sie. Der *Rigveda* enthält 1017 Hymnen bzw. 10 600 Strophen, die einzelnen Göttern geweiht sind. Darunter findet man Indra, den Gott der mächtigen Kriegstaten, Agni, den Gott des Feuers, Varuna, Beschützer der Weltordnung. Die 129. Hymne enthält die Schöpfungsgeschichte mit der originellen Beschreibung des Nichts. Der *Sāmaveda* ist eine Sammlung ritueller Gesänge. Es existieren zwei Versionen des *Yajurveda:* Der weiße *Yajurveda* enthält nur Opferformeln; im schwarzen *Yajurveda* werden die Formeln durch einen traditionellen Kommentar ergänzt, der den mystischen Sinn erklärt. Der Name *Atharvaveda* stammt von Atharan, der sie verfasst hat.

Volkstümlicher: Der Brahmanismus

Der Brahmanismus folgt **um 1500 v. Chr.** auf den Vedismus und erstreckt sich **bis zur Zeit um 900 v. Chr.** Der Brahmanismus behauptet, eine Fortsetzung des Vedismus, dabei aber philosophischer und volkstümlicher zu sein. Die *Erklärungen (Brāḥmaṇa)* oder «Interpretationen des Brahmanen» (Prosakommentare zu den *Veden*), die *Aranyaka* oder «Bücher des Waldes», magische Bücher, für die Priester bestimmt, und die *Upanishaden*, Textgruppen, die die Befreiung aus der Wiedergeburt lehren und den Weg zum Absoluten zeigen, bilden die letzte Schriftgruppe der vedischen Offenbarung. Die *Upanishaden*, eher kurz und ungefähr 250 an der Zahl, geben sich metaphysisch und präzisieren den Weg, auf dem man das Absolute erreichen kann, die notwendige Gleichsetzung von *Ātman* (Lebenshauch, zusammengesetzt aus *prāṇa* und *vāyu*) und *Brahman* (das Absolute, Ursprung und Ziel allen Seins). Die *Upanishaden* wollen den menschlichen Geist beruhigen. Die Seelenwanderung gibt dem Menschen die Möglichkeit, sich selbst zu befreien. Während die *Veden* als weit vor dem Jahre 1000 v. Chr. gesichert erscheinen, entstehen die *Upanishaden* um das 8. Jahrhundert v. Chr., gegen Ende der *Veden*.

Der Hinduismus, Religionen ohne Gründer

Der Hinduismus als recht junger Begriff stammt aus dem 19. Jahrhundert und bezeichnet die Gesamtheit der Religionen Indiens, die von der Mehrheit der Bewohner der indischen Welt ausgeübt werden und auf den *Veden* gründen, als Erbe des Vedismus wie auch des Brahmanismus. Der Hinduismus ist aus einer tausend Jahre alten Tradition entstanden, die keinen Begründer kennt. Die Bevölkerungsteile Indiens, die sich zu animistischen Religionen bekennen, zu den Parsen (ein Feuerkult von emigrierten Nachfahren der persischen Zoroastrier), zum Judentum, zum Christentum oder Islam, sind von dieser Bezeichnung ausgenommen. Auch die Sikhs sind davon ausgenommen; ihre Religion ist ein Synkretismus aus Hinduismus und Islam. Der Begriff Hindus ist auf all die gemünzt, die als oberste Autorität die *Veden* sowie alle heiligen Texte anerkennen, aus denen die *Veden* bestehen: *Upanishaden*, *Gesang des Erhabenen (Bhagavad-Gītā)* usw. Das Geheimnis des Wissens ist hier entscheidend, und die Texte sind Offenbarungen. Die Weisen, die *rishis*, sind direkt durch die Götter inspiriert worden. In Indien ist alles göttlich: Das *Ṛta* herrscht neben den Göttern, tritt als kosmisches Gesetz auf, als lebendige Wahrheit, ist eine Emanation Gottes und zugleich sein Instrument.

Karma, gut oder schlecht

Das bleibende Element quer durch alle Abweichungen in der Theorie innerhalb der verschiedenen Schulen ist *Ātman*, das wir als Seele bezeichnen oder als das Prinzip, das alle Lebewesen organisiert. Für die meisten Hindus ist der Zustand, in dem wir uns befinden, niemals der, von dem aus wir die höchste Schau der letzten Wirklichkeit haben. Das Bewusstsein um diese Dualität endet mit dem Tag, an dem wir ebendieses Bewusstsein verlieren. Während dieser Zeit der Dualität gilt der Begriff Karma am deutlichsten. In dieser Welt der Dualität erleiden wir die Folgen all der Taten, die wir begangen haben. Die guten Taten schaffen ein gutes Karma, die schlechten ein schlechtes. Solange wir Karma «aufzubrauchen» haben, sind wir dazu verpflichtet, in unterschiedlichen Abständen wiedergeboren zu werden. Wir betreten einen unendlichen Kreislauf von Tod und Wiedergeburt (das *saṃsāra*). Man wird automatisch wiedergeboren, solange das Karma noch nicht verbraucht ist. Wie aber entsteht und vergeht das Karma? Unsere Gedanken und Handlungen knüpfen zwischen uns und dem Objekt unserer Beziehungen eine Verbindung, die die Hindus «karmisches Band» nennen. Je nach dem Handelnden ist diese Verbindung eine Schuld, die abzutragen, oder eine Forderung, die einzutreiben ist. So kann man Karma anhäufen oder verringern.

Befreiung, Reinkarnation

Die Befreiung, die für die Hindus das wesentliche Ziel und generell das aller Entwicklung darstellt, folgt also aus dem Heraustreten aus diesem Kreislauf von Tod und Wiedergeburt: Das ist das *Nirvāṇa*. Der fundamentale Unterschied zwischen unseren christlichen Vorstellungen und den hinduistischen ist, sofern wir an die Unsterblichkeit denken, dass wir diese als einen Sieg über den Tod begreifen. Für die Hindus ist der Tod nichts anderes als das zwingende Ende eines jeden Lebens, das durch Geburt entsteht. Was geboren wird, ist daher zum Sterben verurteilt. Die Seele kann unter bestimmten Umständen andere menschliche Körper erzeugen und sich dieser bedienen, um sich von ihrem Karma zu befreien. Das zumindest lehren die klassischsten Texte. Gleichermaßen kann die Seele in Tiere und selbst in den Bereich der Pflanzen eingehen und etwa ein Grashalm, eine Liane oder eine Brombeere werden. Deshalb ist für den Hindu das Töten von Tieren ein Verbrechen. Die Götter selbst haben es nicht verschmäht, in einem Tier wiedergeboren zu werden: Vishnu in einem Fisch, einem Wildschwein; Yama in einem Hund; Indra in einem Schwein ... Die Seele kann sich sehr wohl auch in göttlichen Leibern inkarnieren.

All unsere Aktivitäten können in drei Kategorien eingeteilt werden: Schöpfung/Bewahrung/Zerstörung; einer jeden dieser Kategorien entspricht ein Gott: Brahmā/Vishnu/Shiva. Die Begriffe Schöpfung, Bewahrung und Zerstörung haben hier nicht ihre übliche Bedeutung. Es wäre genauer, zu sagen: «zur Erkenntnis der Vielfältigkeit und Zerstörung dieses Zustands gekommen durch Rückkehr zur Erkenntnis der Nichtdualität». Daher muss Brahmā als der Gott gesehen werden, der den Menschen in die Dualität eintaucht; Shiva als der, der uns aus diesem Begriff der Dualitäten herausreißt; Vishnu als der, der uns schützt und leitet.

Götter, Göttinnen und Helden

Wenn die indischen Götter so zahlreich sind, dann deshalb, weil das indische Pantheon niemals unveränderlich geblieben ist. Seit der Komposition der ersten vedischen Hymne um 1800 v. Chr. bis zur jüngsten Zusammenstellung der

Erzählungen aus alter Zeit (Purāna), einer mythologischen Sammlung mit einem einfacheren Zugang als die *Brāḥmaṇa*, um das 3. und 4. Jahrhundert n. Chr. entstanden, haben die Götter nicht aufgehört, sich zu wandeln, was auch für ihre Mythen gilt. Die drei grundsätzlich Verehrten bleiben Brahmā, Vishnu und Shiva. Sie bilden die *Trimūrti*, die hinduistische Trinität. Den Göttern werden Gottheiten weiblichen Wesens zugeordnet, deren wichtigste Shakti bleibt, die Mutter-Göttin. Trotz dieses polytheistischen Aspekts geht alles und gehen alle aus der einen und selben kosmischen Schöpferkraft hervor, dem Brahman.

■ **Agni**, im Hinduismus Gott des Feuers, ist der, der wärmt, klärt und reinigt. Die vedischen Inder machen daraus einen vollständigen Gott. Mythologisch betrachtet ist er Vermittler zwischen den Göttern und den Menschen.

■ **Arjuna**, der Kriegsheld, ist in der *Bhagavad-Gītā* der dritte von fünf Söhnen des Pandu und der Pandavas, in Wahrheit der Sohn von Gott Indra und Kunti, Pandus Frau. Kunti empfängt ihn zuweilen mit mehreren Göttern. Er erlernt die Kunst des Kämpfens bei dem Brahmanen Drona, besonders das Bogenschießen. Vor der großen Schlacht von Kurukshetra nimmt Krishna, achte Manifestation (Avatar) des Gottes Vishnu, die Gestalt von Arjunas Wagenlenker an und erteilt ihm eine geistige Lehre; er sagt ihm, er solle seine Aufgabe als Mitglied der Kshatriya, der Kriegerkaste, erfüllen und kämpfen, indem er seine Zweifel überwindet. Die *Bhagavad-Gītā* oder der *Gesang des Erhabenen* berichtet diese berühmt gewordene Unterhaltung.

■ **Brahmā** ist das erste Glied der Trimūrti, der Götter-Dreiheit, die er mit Shiva und Vishnu bildet. Als allmächtiger Gott und allem zugrunde liegendes Prinzip wird er durch einen Kreis in einem Dreieck dargestellt; er besitzt vier Köpfe und hält in seinen vier Händen meist den Gebetskranz, die *Veden*, den Opferlöffel und den Opferkrug. Seine Häupter sind mit Lotos geschmückt. Sarasvatī, Göttin der Gelehrtheit und des Worts, der man die Erfindung des Sanskrit zuschreibt, ist seine Paredra, seine göttliche Gemahlin, seine weibliche Energie oder Shakti.

■ **Durgā**, die Kriegerin, ist eine der Erscheinungsformen von Shakti, der Götter-Mutter; sie ist ausgestattet, den Büffeldämon Mahisha zu bekämpfen. Sie trägt einen roten Sari und reitet auf einem Löwen.

■ **Ganesh**, Sohn von Shiva und seiner Gemahlin **Pārvati**, auch **Ganapati** genannt, ist der Gott der Intelligenz, des Wissens, Beschützer der Gebildeten. Seine Eigenschaft als *Herr der Hindernisse* gestattet es ihm, sie zu beseitigen, was ihn zu einem der am meisten verehrten Götter Indiens macht. Traditionell wird er mit einem Menschenkörper dargestellt, obenauf ein Elefantenkopf mit nur einem Stoßzahn. Er hat vier Arme und als Reittier eine Ratte. Er wird auch auf einem Lotos-Thron sitzend dargestellt.

■ **Kālī, die Schwarze**, zerstörerische und neuschöpfende Göttin, hat die Erscheinung einer schwarzen Frau. Vollständig nackt, scheint sie auf einem menschlichen Leichnam zu tanzen, den sie mit ihren Füßen zertritt, dem hingestreckten Körper Shivas. Kali verkörpert die Macht der Zerstörung und der Schöpfung; der wilde Aspekt der *Devī*, der höchsten Göttin. Das Schwert, das sie in ihren Darstellungen mit einer Hand schwenkt, beschwört ihre Rolle als Zerstörerin, was auch für die lange Kette aus Menschenschädeln gilt und für den abgeschnittenen Kopf, den sie mit einer anderen Hand am Schopf hält. Sie hat mehrere Arme, weil jeder der Götter ihr eine Waffe gab, damit sie kämpft: Shiva seinen Dreizack, Vishnu seine Wurfscheibe (Chakra) und sein Lasso; Pfeil und Bogen hat sie von Surya, dem Sonnengott; die Axt von Chandra, dem Mondgott; die Lanze von Kumara als Weltseele Brahman; eine Keule von Yama, dem Herrn des Todes.

■ **Krishna**, der verliebte Schäfer, ist der achte Avatar von Vishnu. Dieser Gott erscheint im Hinduismus mit vielen und vielfältigen Aspekten: Krishna als Schäfer, als Kind, als verliebter Flötenspieler, als Wächter der Kuhherden. Für die Weisen ist er derjenige, der den Weg zur Befreiung und zur Hingabe lehrt, der große Überwinder des Bösen. Er ist es, der Arjuna in einer berühmten Episode der *Bhagavad-Gītā* den *Dharma* lehrt, das Gesetz. Er ist der Held zweier der berühmtesten hinduistischen Epen: der *Gītā-Govīnda*, «Gesang der Liebe Krishnas», und ebender *Bhagavad-Gītā*, «Gesang des Erhabenen». Er steigt auf die Erde herab, um die Menschen von den Missetaten des Königs Kamsa zu befreien, des Mörders der Söhne der Devaki, seiner eigenen Schwester.

■ **Shiva**, Zerstörer und Erneuerer, ist ohne Zweifel einer der ältesten Götter Indiens. Er ist der Gott aller Manifestationen des Lebens. In ihm versammeln sich alle stürmischen Kräfte, die die Welt beleben. Seine grauenerregende Gestalt wird in ganz Indien verehrt. Er ist zudem der Herr der Yogis, weil er als der große Asket gilt. Seine Gemahlin, die meist als *Devī*, «Göttin», be-

zeichnet wird, hat eine ebenso komplexe Persönlichkeit wie er. Sie kann auch als die schwarze Kālī auftreten. Wohnort Shivas ist der Berg Kailash, eine Gebirgskette auf der tibetanischen Hochebene. Seine wichtigsten Attribute sind der Haarknoten als Sitz seiner asketischen Kraft, die Kobra Kundalini, die die sexuelle Energie darstellt; ein Tigerfell als Manifestation seiner Macht über die Natur; das dritte, geschlossene Auge, geschlossen, weil sein Blick zerstört; die Mondsichel über seinen Haaren. Der Lingam, der Phallus, symbolisiert seine schöpferische Kraft. Sein Reittier ist der Stier Nandī. Die verschiedenen Aspekte Shivas werden durch mehrere Legenden berichtet:

- als **Gott der Erneuerung** hat er die Gestalt des Lingam (phallisches Emblem);
- als **Gott des Tanzes**, der die Welt erschafft oder zerstört, kann er den nachdenklichen Aspekt als Herr der Wissenschaft und der Künste annehmen.

▪ **Vishnu**, Bewahrer der Welt, gilt als der zweite Gott der Trimūrti. Er bewahrt die Welt und hilft allen Lebewesen. Wird er dargestellt, dann in Gestalt eines jungen Mannes mit blauer Haut. Seine universelle Macht wird durch die vier Arme gezeigt, mit denen er seine vier Insignien hält (Wurfscheibe, Schneckenhorn, Lotos, Keule). Seine Gemahlin ist Lakṣmī, Göttin des Glücks und des Reichtums. Sein Reittier ist der Riesenadler Garuda. Periodisch steigt er, wenn Unfriede und Unordnung auf Erden herrschen, hinab und stellt Gerechtigkeit und Frieden wieder her. Er erscheint in Gestalt mehrerer Avatare, vorübergehender Inkarnationen; es gibt deren zehn, die die Bildhauer im kambodschanischen Angkor Vat oder Ellora (nordöstlich von Bombay auf dem Dekkhan gelegene Kulthöhlen der Hindus, Buddhisten und Jainas) inspiriert haben. Als Fisch-Avatar gehört er dem Bereich der Sintflut an, er zieht die Arche; er erscheint auch als Schildkröte, Eber, Löwe etc.; seine Rolle hat sich im Lauf der Jahrhunderte gewandelt. Ursprünglich ist er ein Sonnengott. Er kann auch Bewahrer des Kosmos sein, selbst Retter der Menschheit.

Das Mantra, heilige Formel

Ursprünglich ist das Mantra ein poetischer Vers, der rezitiert oder gesungen wird. Später sind die Mantras zu heiligen Formeln geworden. Das Wort Mantra ist aus der Sanskrit-Wurzel *man* («denken») abgeleitet, mit der Endung *-tra*. Ein Mantra soll Worte bilden helfen, die Instrumente oder Objekte bezeichnen. Das wichtigste Wort in diesem Zusammenhang ist das Mantra *OM* (oder AUM). Es drückt die Persönlichkeit des Herrn des Universums aus, mit dem die Seele des Menschen identifiziert werden kann. Durch die Wiederholung symbolisiert dieses Mantra, eine klangliche Verdichtung der drei Laute A, U und M, die drei Götter Brahmā, Vishnu und Shiva. Die gesprochenen *Mantras* und die gesungenen *Veden* sind Ausdruck des Gottes, und zwar als klangliche Energie. Haben die Hymnen und Gebete eine rhythmische Struktur und sind in Verse gefasst, so sind die Kommentare dazu, die *Brāḥmaṇas*, in Prosa gehalten. Die vokale Magie ist insgesamt entscheidend. Riten, Gesten und sämtliche heilige Handlungen können nur durch die Kraft und Richtigkeit des Tons wirksam werden. Die Silbe AUM – sie symbolisiert die Bewusstseinszustände: Wachen, Traum, Schlaf und höchste Erkenntnis – ist auch durch ihre Gestalt symbolisch, insofern sie das Absolute durch den Ton manifestiert. Die Macht des Tones muss auf die unbewussten Kräfte des Universums einwirken und kann daher das Mittel sein, auf die latenten Kräfte der Materie Einfluss zu nehmen.

Rigveda: Die kosmogonischen Themen

Innerhalb der ältesten Texte finden sich im *Rigveda* die ältesten Hymnen zur Weltentstehung. Der Demiurg nimmt hier die Gestalt eines Elements oder Prinzips an: Agni (das Feuer), Savitar (die Sonne), Tapas (die schöpferische Energie) oder Varuna (der Gott der Gewässer). Sie stehen in Konkurrenz mit einigen urtümlichen Göttinnen: Aditi, «die Unbegrenzte», Vak, «das Wort». Im 10. Buch des *Rigveda* erscheint der Urmensch, dessen Körper der Kosmos selbst ist: *Purusha*. Zerstückelt, übernimmt er sowohl die Rolle des rituellen Opfers als auch die des Opferers, und er führt in die *Veden* das grundlegende Thema des ursprünglichen Opfers ein, das in der Folge durch die Menschen reproduziert wird. So lässt die Zerlegung des Purusha die verschiedenen Lebewesen entstehen, aber auch die Liturgie und die mnemotechnischen heiligen Formeln. Die Gattung Mensch ist nicht nur aus dem Purusha hervorgegangen, sondern sie kehrt jeweils wieder gemäß dem System der brahmanischen Kasten.

Texte zum Brahman und die vier Kasten

Die *Brāḥmaṇas*, verfasst zwischen 1000 und 600 v. Chr., sind im Wesentlichen den verschiedenen rituellen Vorschriften gewidmet, bringen jedoch durch Prajāpati, den «Herrn der Geschöpfe», auch eine kosmogonische Dimension. Als Urwesen bewirkt er die Schöpfung durch das Wort und gebietet der Welt,

indem er sie benennt. Dann sind die wichtigsten Götter an der Reihe. Schließlich begründet Prajāpati, genau wie Purusha, das Opfer. Und das ist die wesentliche Bedingung für das Gleichgewicht des Universums. Dadurch, dass er sich selbst hingibt, durch seine Zerlegung, lässt Purusha die Schöpfung zu. Indem er erst den Göttern, dann den Menschen das Opfer gibt, zeigt Prajāpati ihnen, wie man den Dharma aufrechterhält, die kosmische Ordnung. Die Besonderheit des *Rigveda*, was er mit der Sammlung der *Gesetze des Manu* (um 200 v. Chr.) gemein hat, besteht in der Begründung eines gesellschaftlichen Systems durch Kosmogonie. Die Schöpfung der Welt und der Menschheit geht einher mit der Aufteilung der Menschen in Funktionsklassen: die opfernde, kämpfende, produktive und dienende. Somit teilt sich die Gesellschaft in vier Kasten: die Brāḥmaṇa (Priester), Kshatriya (Krieger), Vaishiya (Produzenten), Shūdra (Diener). Dem müssen noch die «Kastenlosen» hinzugefügt werden, diejenigen, die wegen ihrer Unreinheit, die mit ihrem sozialen Status oder ihrem Beruf zusammenhängt, nicht am Opfer teilnehmen können (z. B. Müllmänner, Fleischer, Abdecker, Gerber etc.), sowie die außerhalb der Kasten Stehenden, die Nicht-Hindus. In der gesamten vedischen Kosmogonie ist der Akt der Schöpfung durch das Opfer ein «erstes Mal», das unendlich und im Wesentlichen durch die Brahmanen fortgeführt werden muss.

Die Wende des sechsten vorchristlichen Jahrhunderts

Das 6. Jahrhundert v. Chr. ist durch eine bedeutende religiöse Bewegung gekennzeichnet. Zwei neue Religionen, der Buddhismus und der Jainismus, erscheinen durch die Taten zweier großer Reformatoren und Gründergestalten: Buddha Śakyamuni (560–480) und Mahāvīra (599–527). Von da an integriert der Brahmanismus indigene religiöse Elemente wie etwa Vishnu und Shiva in sein Pantheon. Zur Zeit ihres Auftretens sind die politischen Gebilde stammesmäßig organisiert. Verschiedene Königreiche, Konföderationen mehrerer Clans, üben nacheinander ihre Macht aus. Das gilt etwa für Magadha, das westliche Bihar, das den Ganges und einen Großteil des nordwestlichen Gebietes Indiens erobert und beherrscht. Wir haben wenig exakte Kenntnisse, was Buddha angeht, dennoch haben sich viele Episoden aus seinem Leben verbreitet. Die Geschichte des westlichen Indien ändert sich mehrfach durch die Umwälzungen, von denen es heimgesucht wird: Kyros erobert die Gegend um Kapiça im heutigen Tal von Kabul, während Dareios (522–486) erst Gandhara erobert, den Nordwesten des Punjab, dann das gesamte Königreich.

Die Maurya-Dynastie (322–187 v. Chr.): Das Goldene Zeitalter

Chandragupta I. Maurya (um 320–300) erobert den Thron der Nanda. Seine Siege über die Satrapen Alexanders des Großen ermöglichen ihm die Einnahme der indischen Provinzen, die die Makedonier erobert hatten, und er konnte ganz Nordindien einen. **Ashoka** (304–232), sein Enkel, lässt in seiner Hauptstadt Pātaliputra seine Brüder töten und übernimmt die Macht. Die Zeit, die eben damit beginnt, gilt als das Goldene Zeitalter Indiens. Als Ashoka den Thron besteigt, erbt er ein beträchtliches Reich, das im Norden von Kaschmir bis zum Süden in das heutige Karnataka reicht. Er kontrolliert die Gegend um Kabul und um Kandahar. Er fördert den Buddhismus. Auf dem **3. Konzil von Pātaliputra** um 249 v. Chr. vertreten die Theravādin, die Anhänger des *Theravāda* (Schule der Ältesten) – auch bezeichnet als *Hīnayāna-Buddhismus* (Kleines Fahrzeug) – die Meinung, dass jeder die Befreiung im *nirvāṇa* erreichen kann. Sie legen ihren Glauben fest und behaupten dessen Überlegenheit vor allen anderen buddhistischen Schulen. Während seiner Herrschaft toleriert Ashoka mit großer geistiger Offenheit die Ausübung auch anderer Religionen. Mit seinem Tod endet die Einheit des Königreichs, und seine Söhne teilen sich dessen verschiedene Regionen. Die Inschriften, die Ashoka hinterlassen hat, sind nicht nur die ältesten bekannten Indiens, sondern belegen zudem den Gebrauch der *brahmi*-Schrift, die man von links nach rechts liest. Von den künstlerischen Zeugnissen, die bis in unsere Zeit überlebt haben, ist vor allem der Pfeiler von Sarnath berühmt. Er ist von einem Kapitell bekrönt, das vier Löwen auf dem «Rad des Gesetzes» zeigt, dem **Dharmacakra**, einem Wagenrad, das den Dharma symbolisiert, die Lehre des Buddha. Die Maurya verschwinden 187 v. Chr. und machen der Shunga-Dynastie Platz.

Die Gupta-Zeit (320–510 n. Chr.): Das klassische Zeitalter

Die Gupta-Zeit, die als das klassische Zeitalter Indiens im Bereich von Kunst und Philosophie gilt, beginnt im vierten nachchristlichen Jahrhundert, um im Jahre 510 zu enden, geschwächt durch die Invasionen der Hunnen. **Chandragupta I.** (reg. 319–335) begründet um 320 das Gupta-Zeitalter. Durch seine Heirat dehnt er sein Reich bis nach Bihar aus, dann auf Bengalen und die Gangesebene. Sein Nachfolger ist **Sumudragupta** (335–376). Dessen Loblied ist auf einem Pfeiler in Allahabad eingraviert; es zeugt von der Festigung der Gupta

im Norden, ihren Feldzügen im Süden und zwei siegreichen Feldzügen gegen neun Könige. Die große Zeit der Gupta setzt sich fort unter **Kumarāgupta I.** (reg. 414–455), doch in den letzten Jahren seiner Herrschaft um 445 wird die Bedrohung durch die Hunnen deutlicher. Sie können tief nach Indien eindringen, so wie es Kumarāguptas Sohn **Skandagupta** (455–467), der letzte wirkliche Gupta-Herrscher, in seinen Inschriften berichtet.

Die Hindukunst, ein Schulbeispiel

Stupas – so viel man will

Der Maurya-Zeit gehören die ersten Monumente der Hindukunst an: *Vihara*, Höhlen um ein Heiligtum, und *Stupa*, ein halbkugelförmiger Bau, der Reliquien aufnehmen soll, vielleicht von dem antiken Grab – *tumulus* – abgeleitet. Die vollständigsten Stupas sind heute die von Sanchi im indischen Bundesstaat Madhya Pradesh, der größte von ihnen misst 32 m im Durchmesser und etwa 16 m in der Höhe. Er geht auf die Zeit Ashokas zurück, auf das 3. Jahrhundert v. Chr. Stupas sind von Steinbalustraden und deren monumentalen Toren umgeben, den Toranas, die den Übergang von der äußeren, materiellen Welt zur inneren, geistigen markieren. Diese Toranas sind mit wundervollen Reliefs und Skulpturen geschmückt. Sie sind nach den vier Himmelsrichtungen ausgerichtet. In der zweiten Hälfte des 1. Jahrhunderts n. Chr. lassen die Shātavāhana-Herrscher die Stupas von Sanchi fertigstellen. Der Stupa von Bharhut, ebenfalls in Madhya Pradesh, könnte gleichfalls auf Ashoka zurückgehen. Der Buddha ist dort symbolisch dargestellt; es gibt dazu lange und ungewöhnliche Erzählungen, etwa die Geschichte von den Elefanten bei sechs Verteidigungen und ähnliche Legenden.

Die **Architektur dieser Zeit** hat uns auch eine Stadt hinterlassen, Pātaliputra (Patna), von 15 km in der Länge und 3 km in der Breite. Sie ist stark befestigt mit einer Mauer aus Holz mit Schießscharten, 560 Türmen, 60 Toren, die die Stadt schützen. Einige Bauprinzipien überdauern die folgenden Jahrhunderte. Die Konstruktion aus Holz ist immer noch gebräuchlich, auch wenn es seit der Indus-Kultur gebrannte Ziegeln gibt. Die älteste Chaitiya, eine Höhlenkapelle mit einem Stupa, befindet sich in Bhaja (Bundesstaat Maharashtra). In Kanheri, westlich von Mumbai (Bombay) gibt es ein Ensemble von 109 Höhlen. In Karli befindet sich die prächtigste aller Chaitiyas, zwischen 100 und 125 in den Fels geschlagen. Man könnte hier auch die Höhlentempel im Tal von

Ajanta (Maharashtra) anführen, in die die buddhistischen Mönche sich aus der Welt zurückzogen, wie auch die von Ellora.

Die Gupta-Herrscher, die den Neo-Brahmanismus förderten, beschleunigen das Ende des Buddhismus in Indien und dann dessen Verschwinden. Der Neo-Brahmanismus-Kult verlangt einen Tempel, in welchem der Brahmane von der Masse der Gläubigen abgesondert ist. Während einer Übergangsperiode zwischen dem 2. und 4. Jahrhundert erscheinen drei buddhistische Kunstrichtungen – im Nordwesten mit der graeco-buddhistischen Kunst der **Schule von Gandhara**, im Südosten die von **Amāravati**, im Norden die **Schule von Mathurā**. Die erste wirkt ungefähr zwischen dem 1. und 8. Jahrhundert, die zweite zwischen dem 2. und 4. Jahrhundert, sie bringt ausgeklügelte Kompositionen hervor; die dritte ist gekennzeichnet durch die Harmonie der Massen und eine Lockerung der Körperhaltungen. Die Kunst von Gandhara im Nordwesten mit ihrer «graeco-buddhistischen Kunst» bestimmt die folgende Periode. Der Begriff stammt aus Kandahar in Afghanistan. Während der Kuschanen-Dynastie wird diese Region im 1. Jahrhundert n. Chr. zu einem wichtigen Kunstzentrum; es ist die östlichste Heimstatt des graeco-romanischen Asien.

Buddha erscheint hier im 2. Jahrhundert generell in Gestalt eines Mönchs, bekleidet mit einem Gewand, das die rechte Schulter entblößt, die Fläche der rechten Hand in der Position der «Abwesenheit von Furcht». Charakteristisch ist auch, dass Buddha ein Lächeln zeigt, das durch die Betonung der Mundwinkel entsteht. Das Eindringen der griechischen Ästhetik ist eine der Folgen des Zerfalls des Maurya-Reiches. Einer seiner indo-griechischen Könige, **Menandros I.** oder **Milinda**, konvertiert um die Mitte des 2. Jahrhunderts v. Chr. zum Buddhismus, was dessen Kunst einen neuen Aufschwung verleiht. Deren wichtigster Ausdruck ist die Skulptur als Rundplastik und Flachrelief, die an die Errichtung von Denkmälern gebunden sind. Der Buddha wird dort zum ersten Mal in menschlicher Gestalt dargestellt, während das Maurya-Reich ihn ausschließlich symbolisch darstellte, etwa im Gesetzesrad. Im 1. und 2. Jahrhundert n. Chr. zeigen die Bildhauer ihn stehend oder im Schneidersitz, in der Lotos-Position, meditierend oder lehrend. Die Hände sind dabei so dargestellt, dass sie das Rad des Gesetzes drehen können.

Die Kunst der Gupta, ein Höhepunkt

Mit der Gupta-Zeit (320–510) erreichen Kunst und Kultur ihre höchste Vollendung. Dies geschieht in einer Zeit der Erneuerung und der Festlegung einer Ikonographie, die sehr schnell sämtliche asiatische Kulturen beeinflusst. Die

Tempel und Klöster mit ihren Malereien und Skulpturen sind nahezu vollkommen. Raffiniertes Dekor, reine Formen und technische Meisterschaft kennzeichnen diese Periode. Die Werke im Post-Gupta-Stil, von den Schulen des Nordens und Zentralindiens geschaffen, zeigen dann im 7. Jahrhundert eine gewisse Geziertheit und Überladung. Die Verwendung von Stein für die Tempel ist quasi eine Gupta-Neuerung; Ziegel werden immer weniger, dann gar nicht mehr eingesetzt. Diese Kunst hebt den heilsbringenden und kosmischen Aspekt des Buddha hervor, indem sie ihn oder seine Avatare darstellt. Die ältesten Höhlen von Udayagiri im Westen von Madhya Pradesh sind ihm gewidmet. Die Buddha-Skulptur der Gupta-Zeit entstammt im Prinzip der Schule von Sarnath, die Werke in hellbeigem Sandstein hinterlassen hat; und sie entstammt auch der Schule von Mathurā, die den rosaroten Sandstein verwendet. Am meisten wird der Buddha im Hochrelief dargestellt, stehend, der Körperumriss verhüllt, das Haupt mit einem großen, runden Glorienschein versehen. **Ajanta** im Bundesstaat Maharashtra ist repräsentativ für die Architektur jener Periode. Der Höhepunkt liegt im letzten Viertel des 5. Jahrhunderts und reicht bis ins 6. Jahrhundert. Die buddhistische Kunst in Afghanistan gibt in Bāmyān den Buddha auf, da mit der Ankunft des Islam im 7. Jahrhundert menschliche Darstellungen verboten sind. Die Buddha-Statuen von 35 m und 53 m Höhe, die in jener Zeit errichtet werden, sind mehrfarbig und mit Gold überzogen. Heute sind diese Statuen verschwunden; sie wurden 2001 von den Taliban zerstört.

Schrift und Literatur: Das Sanskrit-Erbe

Die indische Literatur ist ursprünglich fast ausschließlich auf Sanskrit verfasst. Doch seit den ersten Jahrhunderten der christlichen Zeitrechnung kommen auch andere Sprachen auf, wie das **Tamil**. Die **Brahmi-Schriftzeichen** gehen auf etwa das 4. Jahrhundert v. Chr. zurück, das **Prakrit**, die älteste bekannte Sprache der Ashoka-Inschriften, auf das 3. Jahrhundert v. Chr. Mehrere Schriften werden für die Edikte von Ashoka benutzt: das Griechische und Aramäische in Afghanistan, die Kharoshtī-Schrift in Mansehra, nördlich des Indus; Brahmi für die anderen Regionen; diese Schrift überlebt alle anderen. Es werden aber auch weitere Sanskrit-Dialekte entwickelt, wie etwa das **Pali**, in welchem die kanonischen Texte des Buddhismus verfasst sind. Das System entwickelt sich im Lauf der Zeiten immer weiter und erschafft Schriften von hoher Individualität. Die Sanskrit-Literatur betrifft im Wesentlichen die Religion, und zwar in Form von Epen: *Bhagavad-Gītā, Mahābhārata (Der Große [Krieg] der Bhārata), Rāmāyana (Heldentaten des Rama)* und die *Purāṇa*, eine Mythen-Sammlung, oder das *Tantra*, ein Handbuch der religiösen Praxis. Das Epos hat Indien auch mit den neuen Göttern Vishnu und Shiva vertraut gemacht. Die *sūtas*, Hofpoeten und reisende Barden, haben zu dieser Entwicklung beigetragen. Ein weiteres, in Indien stark gepflegtes literarisches Genre ist das *Sutra*, das die rituellen Regeln vorschreibt und sich den großen, heterodoxen Bewegungen des Buddhismus und Jainismus anpasst, die um 400 und 300 v. Chr. entstehen. Diese *Sutren* oder Aphorismen – *sutra* bedeutet wörtlich «Faden» oder «Kette» – sind wahrhafte Gedächtnisstützen. Sie behandeln unterschiedliche Fragen: Strafrecht, Opfer und mehrere Lehren, die mit den *Veden* zusammenhängen.

Die erste Grammatik

Neben diesem bedeutenden Erbe des Sanskrit existiert eine Literatur in der Alltagssprache, sei es Dravidisch, Tamil, Malayalam, Kannada, Indo-Arisch, Bangla (Bengalisch), Hindi oder Marathi. Die erste regelrechte Grammatik ist eine Beschreibung des Sanskrit durch **Pāṇini**, die im **4. Jahrhundert v. Chr.** erscheint. Er war nicht der Erste, der sich für die indische Grammatik interessierte, da er einige Vorgänger zitiert, deren Werke aber verloren sind. Seine Abhandlung zeigt ein starkes Streben nach Formalisierung bei der Beschreibung des Sanskrit, so dass man von einer regelrechten Metasprache sprechen kann, die auf umfassendem Material an technischen Daten, Abkürzungen, Symbolen und Konventionen aufbaut. Diese Grammatik, genannt *Astadhyayi*, «Acht Lektionen», ist eine Sammlung von fast 4000 Formeln, den *Sutren*, die in acht Kapitel unterteilt sind, die aus je vier Teilen bestehen. Diesem Text sind Anhänge beigefügt, deren Authentizität mehr oder weniger umstritten ist. Da das Sanskrit zwischen der vedischen und der klassischen Zeit sehr verändert wurde, beschreibt Pāṇini die Sprache, die er spricht und die zwischen zwei Epochen angesiedelt ist. **Patañjali** war einer der Kommentatoren dieser Grammatik, und man schreibt ihm den *Mahabhashya* zu, den *Großen Kommentar.* Einige literarische Gattungen wie die Historiographie gibt es indessen in Indien nicht, nur in Ansätzen. Gleiches gilt für das Tagebuch oder die Memoiren; sie wurden erst in jüngster Zeit eingeführt.

Die Epen: Mahābhārata und Rāmāyana

■ **Das *Mahābhārata*** oder *Der Große Krieg des Bhārata* besteht aus 19 Büchern und enthält nicht weniger als 120 000 Doppelverse. Es ist das größte bekannte Werk der Hindu-Literatur. **Um das 4. Jahrhundert v. Chr.** nahm es erstmals Form an und wurde bis ins vierte nachchristliche Jahrhundert weiterentwickelt. Ursprünglich eine Sammlung mündlich überlieferter Erzählungen, wird dieses Kollektivwerk gleichwohl traditionell dem mythischen Weisen Vyāsa zugeschrieben. Das Hauptthema dieses vielleicht größten Epos der Weltliteratur ist der Kampf zwischen den Pandava und den Kaurava, beide Angehörige der Königsfamilie von Bhārata, aus dem Industal stammend. Diese beiden Zweige der Familie bekämpfen sich, und die ersten Bücher beschäftigen sich mit den Quellen des Konflikts; sie erklären, wie die fünf Pandavas nach dem Tod ihres Vaters Pandu mit ihren Cousins, den Kauravas, aufgezogen werden, die eifersüchtig sind und daher die Pandavas loswerden wollen. Dem Gott Vishnu geweiht, besteht dieses riesige Epos konsequent auf der bestimmenden Rolle des Karma, des Kreislaufs der Taten in unserem täglichen Leben.

■ **Das *Rāmāyana*** schildert das Leben und den kriegerischen Vormarsch *(ayana)* von **Rāma**, Fürst von Ayodhya, und seiner Frau **Sītā**, Tochter von König **Janaka**. Auf Sanskrit verfasst, in sieben Bücher oder Kapitel von ungleicher Länge unterteilt, hat das Werk ungefähr 24 000 Vierzeiler, also ca. 100 000 Verse. Es entstand zwischen dem 4. und 5. Jahrhundert und wird dem Dichter Vālmīki zugeschrieben. Mehr als jedes andere indische Werk wurde das *Rāmāyana* in allen Sprachen Indiens adaptiert und kommentiert. Es ist fast unmöglich, dieses Epos nicht mit dem *Mahābhārata* zu vergleichen. Das *Rāmāyana* hat einen beträchtlichen Einfluss auf die buddhistische und jainistische Literatur, und seit dem 19. Jahrhundert ist es auch im Okzident bekannt, als Asien sich Europa gegenüber öffnet; vor allem auch durch die Entwicklung der Indien-Studien. Das Thema des *Rāmāyana* ist die bedrohte Ordnung *(Dharma)*, deren Wiederherstellung und Heil: Der Held Rāma ist ein König, der um seine Rechtmäßigkeit kämpft. Er allein ist der vollständige Avatar Vishnus. Die Struktur des *Rāmāyana* ist um Götter und Helden organisiert, die Heldentaten vollbringen und Bewährungsproben bestehen, nachdem sie manche Schwierigkeiten umschifft haben. Die Texte, die diesen großen Epen vorangehen, bilden die *Smriti*, «das Gedächtnis». Sie sind Teil der Tradition, doch ihre Autorität ist weniger stark als die der geoffenbarten Texte, der *Sruti*. All diese Texte sind von den *Veden* inspiriert.

Andere Texte

▪ **Die Gesetze des Manu** sind ein Handbuch für richtiges Benehmen, eine Summe der weltlichen und religiösen Regeln, zum Gebrauch für die Brahmanen und für den König. Ihre Zusammenstellung erfolgte zwischen 200 v. Chr. und 200 n. Chr.

▪ **Das *Kāma Sūtra*** ist eine Abhandlung zur Sexualethik, zwischen dem 4. und 7. Jahrhundert verfasst. Der Brahmane **Vātsyāvana** gilt als Autor dieses Führers durch die Liebe. Er hat sein Werk nach den traditionellen Regeln verfasst, indem er Texte von Autoren benutzt, die 1000 oder 2000 Jahre vor ihm gelebt haben. Diese Texte wenden sich an die drei oberen Kasten, handeln vom Menschen als sozialem Wesen und bringen einen dazu, sich keiner Illusion über die menschliche Natur hinzugeben.

▪ **Die *Purāṇa***, «Erzählungen aus alter Zeit», sind kompilierte Werke, in denen man mythologische Erzählungen, königliche Genealogien und pseudohistorische Berichte wie etwa die Biographie von Krishna findet. Ihre Zusammenstellung erfolgt vom 4. bis zum 6. Jahrhundert. Sie sind für jedermann bestimmt, auch für die, die keinen Zugang zu den *Veden* haben. Für sich allein betrachtet, bezeichnet der Begriff *Purāṇa* die ersten Purāṇa, 18 größere und 16 kleinere. Der populärste Purāṇa ist die *Poetische Geschichte von Krishna (Bhāgavata Purāṇa)*, Krishna gewidmet.

Eine mystische Philosophie

Wir haben keinen Beweis für die Begegnung eines Hindu-Philosophen mit einem griechischen, doch man kann davon ausgehen, dass griechische Philosophen mit Hindu-Philosophen Kontakt hatten. Der diplomatische, militärische und wirtschaftliche Austausch zur Zeit des makedonischen und römischen Imperiums ermöglichte auch den Ideenaustausch. **Pierre Hadot*** betont, dass Indien durchsetzen konnte, was sämtliche philosophischen Schulen Griechenlands gesucht haben: ein Modell für Klugheit und Gleichmut zu kennen. Das indische Denken verleiht die Erkenntnis dessen, wonach

* Pierre Hadot, *Qu'est-ce que la philosophie antique?*, Gallimard, «Folio essais», Paris 1995, S. 151 f.

man gesucht hat, aber nicht die Sache selbst, denn die absolute Realität transzendiert alle Gegensatzpaare oder *dvandvas*. Auch bezeichnet man als *darshanas* – von der Wurzel *drs*, «sehen» – all das, was man intellektuell schaut, eine Mischung aus intuitivem Durchdringen und logischer Argumentation, erlangt durch intuitive Erfahrung und rationale Demonstration. Dies führt zu einer monistischen Weltschau. Die griechische Philosophie wollte immer informieren, die Dinge verstehen lassen, während die indische Philosophie fortgesetzte Transformation ist, erlangt durch mystische Innenschau.

■ **Die *Darshanas***, sechs beherrschende Anschauungsweisen, die zu den sechs klassischen Denkschulen der brahmanischen Philosophie werden sollten, werden zwischen 200 und 400 n. Chr. ausgearbeitet. Ausgangspunkt ist eine Sammlung von ungefähr zehn, nein eigentlich hundert Strophen oder Aphorismen (Sutren), deren außerordentliche Gedrängtheit oft nach einer Weiterentwicklung verlangt, um sie verständlich zu machen. Stellen die *Veden* die fundamentale Wahrheit dar, so erscheinen die vier wichtigsten *darshanas* als unterschiedliche Standpunkte oder Anschauungen, gemäß denen ein orthodoxer Hindu die traditionellen Glaubensinhalte erfassen kann. Diese sechs großen Systeme sind paarweise angeordnet: Vaisheshika und Nyāya, Sāṃkhya und Yoga, Mīmāṃsā und Vedānta.

Yoga

Das Wort *Yoga* wird seit den *Upanishaden* benutzt, doch es dauert noch lange, bis ein System und eine Doktrin klar definiert sind. Die Yoga-Sutren, von **Patañjali** (ca. 4. Jahrhundert) zusammengestellt, zeigen mit diesem Begriff (er bedeutet «einspannen», auch «Joch») Praktiken, die die Seele von ihrer fleischlichen Bedingung befreien sollen. Wie der *Sāṃkhya* beruht auch der Yoga auf einer dualistischen Konzeption: auf *prakṛiti*, der ursprünglichen Natur, und *purusha*, dem universellen Geist. Yoga will die Seele befreien, indem er sie von den Bindungen an die Natur befreit. Die Askese des Yoga umfasst acht Teile, die «acht Stufen des Yoga». Wenn der Körper durch die Kraft des Kuṇḍalinī erweckt ist, geht dieses, angeleitet vom Denken während der Meditationsübungen, von Chakra zu Chakra, den Energiezentren des menschlichen Körpers, bis zum subtilen Gipfel des Körpers, wo es sich mit der Seele verbindet. Man nennt Kuṇḍalinī auch die Schlange, die in der mystischen Anatomie, welche die tantrischen Schriften lehren, die Lebensenergie des Individuums darstellt. **Mircea Eliade** (1907–1986) hat im tantrischen Hatha-Yoga sehr schön die Übereinstimmungen mit der Alchimie gezeigt; Endziel für beide ist, die unreinen Substanzen durch einen Prozess der Umwandlung zu reinigen. 1932 hat **Carl Gustav Jung** (1875–1961) im Psychologischen Club Zürich die Kenntnis des Kuṇḍalinī vorgestellt, da Yoga damals im Westen noch unbekannt war. Es gibt mehrere Yoga-Wege: *Jñana-Yoga*, das Yoga des absoluten Bewusstseins; *Karma-Yoga* als Yoga der Tat; *Haṭha-Yoga*, das Yoga der Kraft; *Rāja-Yoga*, das königliche Yoga oder Yoga des Patañjali; *Mantra-Yoga*, das Yoga der Formeln.

Religion: Buddhismus und Jainismus

Der **Buddhismus** ist eine Gesamtheit religiöser Überzeugungen, die auf den Lehren des Buddha gründen. Dank der Bekehrung zur Mitte des 3. Jahrhunderts v. Chr. und des Eifers von Kaiser Ashoka (304–232) verbreitet sich der Buddhismus über den ganzen indischen Subkontinent und über Sri Lanka (Ceylon). Später erobert er Südostasien, dann Zentralasien, China, Korea, Japan und Tibet. Doch in Indien, seiner Wiege, erhält er Konkurrenz durch die Erneuerung des Hinduismus, die islamischen Invasionen und auch durch das Christentum; schließlich verschwindet er in Indien im 13. Jahrhundert. Der Ausdruck «Buddha» ist ein Titel; er bedeutet «der Erleuchtete», getragen vom historischen Buddha, dem Prinzen Siddhārta Gautama, der im 6. Jahrhundert v. Chr. lebte und in Kapilavastu zur Welt kam, nahe der heutigen Grenze von Indien und Nepal. Er wird in den Clan der Sākyas, der Krieger, hineingeboren. Bei seiner Geburt erhält er den Namen Siddhārta; sanskrit für den, «der sein Ziel erreicht hat». Solange er die Erleuchtung noch nicht erfahren hat, ist er ein Bodhisattva, «der zum geistigen Erwachen bestimmt ist». Er gibt sein bisheriges Leben auf, verlässt seinen Palast und folgt sieben Jahre lang den Lehren der Brahmanen. Eines der Lieblingsthemen der buddhistischen Kunst ist, wie der Boddhisattva in der Nacht seine schlafende Frau verlässt. Er folgt dem Beispiel der anderen Asketen und setzt seinen Körper dem Fasten und der Kasteiung aus. Doch trotz all dieser Mühen erlangt er das Seelenheil nicht und zieht sich zurück, um zu meditieren. Seine Lehre wendet sich der Befreiung des Menschen zu. Seine Offenbarung von der befreienden Erkenntnis hat er in der Nähe des Dorfes Bodh Gaya (Bundesstaat Bihar). Diese Erleuchtung ist die des Wissens um das *saṃsāra*, die Seelen-

wanderung, und bei seinem Erwachen entdeckt er die vier heiligen, genauer: die *vier edlen Wahrheiten:*

- **Alle Existenz** ist von Natur aus schwierig, ja enttäuschend, selbst die der Götter.
- **Der Lebenshunger**, der zur Wiedergeburt führt, ist der Ursprung dieses Unglücks.
- **Die Befreiung aus diesem Kreislauf der Wiedergeburten**, und damit des Unglücks und der Leiden, ist der Existenz angeboren.
- **Die Befreiung kann erlangt werden**, wenn man dem heiligen Weg, *mārga*, folgt, der aus acht Teilen besteht: indem man die rechte Erkenntnis, die rechte Gesinnung, die rechte Rede, die rechte Tat, den rechten Lebenserwerb, das rechte Streben, die rechte Achtsamkeit, die rechte Sammlung anstrebt.

Der Begriff für diesen Weg ist der des «Erlöschens», *nirvāṇa*, der Leidenschaften, der Irrtümer, der anderen Faktoren der Wiedergeburt. Der Weg dauert bis zum Tode des Heiligen und besteht in einem Zustand der Ausgeglichenheit / Heiterkeit, nach welchem man nicht mehr wiedergeboren wird. Zudem sagt diese Lehre, dass alles Leben und alle Dinge vergänglich und veränderlich sind und aus Elementen bestehen, die ihrerseits in ständiger Umwandlung sind, der rigorosen Verkettung von Ursache und Wirkung unterworfen. Es gibt nur Abfolgen von Phänomenen, die sich mehr oder weniger schnell abwechseln; alle haben sie Anfang und Ende. Es existiert somit weder die unsterbliche Seele noch der ewige Gott.

Wann wird der Buddhismus zur Religion?

Was geschieht beim Tod des Buddha? Er hinterlässt eine gewichtige Lehre, die auf dem Wort gegründet ist, das heißt, sie wird im Lauf der Zeiten durch ihre Verbreitung zugleich verändert. Und seine Klostergemeinschaft hat keine anerkannte Autorität, die sie lenkt und anführt. Bald nach dem Tod des Buddha organisieren sich Mönche, und anlässlich eines ersten, in Rajgrha abgehaltenen Konzils im 5. Jahrhundert v. Chr. sammelt **Ānanda**, der Lieblingsjünger, die Lehrreden des Buddha, den *Suttapitaka*. Upali, der älteste Jünger, präzisiert im *Vinaya Pitaka* die Regel des *sangha*, der Gemeinschaft. Doch ein zweites Konzil wird notwendig: Die Streitigkeiten über die Praxis werden heftiger; dieses Konzil findet ein Jahrhundert später in Vaiśālī statt. Bei diesem zweiten Konzil oder beim dritten in Pātaliputra um 250 v. Chr. kommt es zur Trennung zwischen den Modernisten des *Mahāsānghika*, die reformieren wollen, und den Traditionalisten, den *Sthavira*, die den *Theravāda*, die Schule der Ältesten, bevorzugen. Drei große Schulen entstehen, drei Fahrzeuge, die *yānas*. Eine jede Schule setzt ihre Botschaft einem Schiff gleich, das die Schüler bis zum endlichen *nirvāṇa* bringt.

Ein kleines Fahrzeug – und ein großes, um vorwärts zu kommen

Von den 18 Schulen, die zur Zeit von Ashoka (um 304–232), dem indischen Herrscher der Maurya-Dynastie, existierten, gibt es heute nur noch zwei: den ***Theravāda*** und den ***Mahāyāna***. Der Buddhismus des **«Kleinen Fahrzeugs»** oder *Hinayāna* ist der *Theravāda*-Buddhismus, derjenige der alten Schulen. Bei diesem Weg muss jeder individuell versuchen, seine eigene Befreiung zu erlangen und das *nirvāṇa* zu erreichen. Dies ist die älteste Gruppe, die treueste auch gegenüber den Lehren des Buddha. Zu ihr gehören ungefähr 20 Sekten, die meisten vor unserer Zeitrechnung entstanden, von denen heute nur noch der *Theravāda* oder die «Schule der Älteren» existiert; er erkennt nur die Texte an, die noch zu Lebzeiten des Buddha tradiert wurden. Sie wurden in einem Korpus namens *Tipikata*, der Dreikorb, zusammengefasst. Diese Literatur ist auf Pali verfasst (eine Schwestersprache des Sanskrit) und betrifft vor allem die Mönche, die sie die Methode lehrt, wie man zu *arhats* wird, zu «verdienstvollen Männern», auch «Heilige» genannt, die das *nirvāṇa* erreicht haben. Das Heil kommt, wenn man das mönchische Leben annimmt. Der *Theravāda* billigt den Bodhisattvas keine Macht der Fürsprache zu.

Im Gegensatz dazu sieht das **«Große Fahrzeug»** oder *Mahāyāna* die Befreiung für alle Lebewesen vor. Diese Schule entsteht zu Beginn unserer Zeitrechnung und verbreitet sich über eine größere geographische Zone als das «Kleine Fahrzeug»: nach Nordindien, in das Kuschan-Reich in den heutigen Ländern Afghanistan und Usbekistan, nach China und in den übrigen Fernen Osten. Diese Schule lehnt das individuelle Heil des Einzelnen ab, erweitert es vielmehr auf die gesamte Menschheit.

Der Vajrayāna, das Diamant-Fahrzeug und der Tantrismus

Der *Vajrayāna* ist der buddhistische «Weg des Diamanten», auf Sanskrit *vajra*. Dieser Ausdruck bezeichnet zugleich den diamantenen Charakter, Dauer und Reinheit des Diamanten, und den Blitzstrahl, der die Unwissenheit vernichtet und die Etappen des Weges durch sein Aufleuchten beschleunigt. Diese Art Buddhismus gilt als tantrisch. Der vom Buddhismus des Großen Fahr-

zeugs und vom Hinduismus abgeleitete **Tantrismus** betont das Ritual und die Magie. Im Himalaya und in Tibet verbreitet, bildet er dort den Lamaismus. Das Wort «Tantrismus» leitet sich von *tantra* aus dem Sanskrit ab, was «Gespinst / Verkettung» bedeutet, dann erweitert «Lehre». Anfänglich ein hinduistisches Phänomen, verbreitet sich der Tantrismus in Asien mit anderen Religionen. Man kann den Tantrismus nicht vom Buddhismus oder Hinduismus trennen, er ist als religiöses Phänomen nur deren Verlängerung in besonderer Form. Orientalisten entdeckten im 19. Jahrhundert, dass es in allen indischen Religionen **zwischen dem 5. und dem 8. Jahrhundert** tantrische Lehren gab. Der Tantrismus kann als Gesamtheit der Riten und Praktiken definiert werden, die dem Ausübenden ermöglichen, das Erlangen übernatürlicher Kräfte sowie eine Befreiung der Welt durch eine Reihe mentaler, körperlicher und geistiger Techniken anzustreben. Oberstes Ziel ist die Vereinigung mit der weiblichen sexuellen Energie der Gottheit als Quelle der kosmischen und befreienden Kraft. Mantras, mit Meditationen verbunden, müssen unablässig wiederholt werden. Die Praxis des Yoga wirkt unterstützend. In tantrischen Texten werden sehr ausgearbeitete Figuren als *Mandala*, Kreis, bezeichnet; die Bezeichnung *yantra*, Instrument der Meisterschaft, gilt für eher geometrische Formen. Das Mandala markiert den geheiligten Boden einer Gottheit, einen Bereich außerhalb der Welt der Erscheinungen. Es kann als Hilfe bei der Meditation dienen, aber auch als Rahmen für ein Initiationsritual. Um eine zentrale Gottheit versammelt das Mandala hierarchisch andere Gottheiten. In seiner Struktur kann es außerdem an bestimmte Tempel erinnern wie an den von Borobodur, der im 9. Jahrhundert durch die Śailendra-Dynastie auf Java errichtet und nach dem Prinzip eines Mandalas erbaut wurde.

Der Jainismus, eine asketische Praxis

Der Jainismus oder Jinismus hat vieles mit dem Hinduismus und Buddhismus gemein. Er beruft sich auf die Lehren eines seiner *Jina (Jaina)* oder Propheten, die die Erleuchtung erlangt haben, auf **Mahāvīra** (599–527), seinen Gründer. Oberstes Ziel im Jainismus ist die Befreiung der Menschen vom Karma, das in seinem speziellen Kontext einen fast materialistischen Sinn erhält als Überbleibsel, das die Seele beschmutzt und befleckt. Die Strenge der asketischen Praxis unterscheidet den Jainismus von den beiden anderen Religionen, genauso wie, wegen des Gebots der Gewaltlosigkeit, seine Nahrungsverbote weit über den bloßen Vegetarismus hinausgehen. Man will die «vollkommene Seele» erreichen, den inkarnierten *Tirthānkara*, «Furtbereiter». Dieser Titel wurde von Mahāvīra und seinen 23 Vorgängern getragen. Es sei noch erwähnt, dass die jainistische Philosophie dualistisch ist. Das Universum wird mit zwei grundlegenden Begriffen erklärt, die voneinander unabhängig sind: dem Belebten, *jiva*, und dem Unbelebten, *ajiva*. Die Materie besteht aus Atomen, die sich zu Aggregaten zusammenschließen. Während im *Sāṃkhya*, der klassischen philosophischen Schule, keine Verknüpfung zwischen diesen beiden Prinzipien besteht, lehrt der Jainismus, dass die Seelen dem karmischen Gesetz und den Reinkarnationen unterworfen sind. Sie sind zudem für alle Ewigkeit mit einem materiellen Substrat ausgestattet.

Die Swastika

Was bedeutet die Swastika, das Hakenkreuz, für einen Jaina? Sie ist das Emblem des kosmischen Rades, das die ständige Entwicklung um das unbewegliche Zentrum anzeigt. Der Begriff leitet sich her aus den Sanskrit-Wörtern *su*, «gut», und *asti*, «es ist», und bedeutet: «was zum Wohlergehen führt». Das Kreuz besteht aus vier gleich langen Armen, die im rechten Winkel gebogen sind, alle in der gleichen Richtung im Uhrzeigersinn. Oft auch im Hinduismus und Buddhismus benutzt, symbolisieren die vier Arme die vier Stadien der Existenz, innerhalb derer die Reinkarnation möglich ist: die göttliche Welt oben, die Unterwelt unten, die Menschenwelt links, die Tierwelt rechts. Der durch die Arme gebildete Kreis stellt die Unabwendbarkeit des Karma dar. In mehreren Ländern gibt es ein Hakenkreuz mit ähnlicher Symbolik, an so unterschiedlichen Orten wie Mesopotamien, Südamerika oder auch in Zentralamerika bei den Mayas. 1920 wurde dieses Symbol pervertiert, als es zum Zeichen der NSDAP wurde, der Nazipartei, die allerdings die Drehrichtung umkehrte.

Mathematik und Medizin

Für die Inder ist jedes Wissen eine Wissenschaft, in welchem Bereich auch immer (Medizin, Psychologie, Grammatik oder Philosophie). Jede Denkschule hat ihre eigene Theorie über das Wissen. Einigen Disziplinen wie etwa der Physik kann man sich nur spekulativ nähern. Der Beitrag Indiens zu den Wissenschaften betrifft drei Bereiche: Medizin, Astronomie, Mathematik. Die

Einführung des Schriftsystems *(brahmi)* ist ein fundamentaler Baustein für die Entwicklung der Wissenschaften in Indien.

Die erste Null

Die erste Null erscheint in einem kosmologischen Traktat, dem *Lokavibhāga*, verfasst im Jahre 458. In dieser Abhandlung wird zum ersten Mal der Begriff *śūnya* benutzt, sanskrit für «leer»; er repräsentiert dort die Null. Nur langsam wird die Null anerkannt, doch **seit dem 6. Jahrhundert** ist sie allgemein gebräuchlich. Sie macht die Kolonnen auf dem Abakus überflüssig – das erste Zahlensystem ist geboren. Zwischen dem 2. und 5. Jahrhundert tauchen infolge des *Bakhshali*-Manuskripts mathematische Operationen auf (Quadratwurzeln, Algebra, die Null). **Āryagubhaṭṭa**, **Varāhamira**, **Bhāsvkara** und **Brahmagupta** verfassen in der Folgezeit mathematische Traktate. Um das 5. Jahrhundert werden solche Schriften in astronomische Traktate eingefügt. **Varāhamira** schreibt im 6. Jahrhundert die *Fünf astronomischen Kanons (Panca siddhantika)*, die eine Zusammenfassung der hinduistischen Trigonometrie enthalten. Der astronomische Traktat *Bṛhatsaṃhita (Große Sammlung)* enthält eine Beschreibung der Eklipsen. **Brahmagupta** ist einer der berühmtesten Astrologen und Mathematiker. Sein Werk, die *Richtig begründete Lehre des Brahma (Brāhmasphuṭasiddhānta)*, aus dem Jahre 628 enthält zwei Mathematik-Kapitel, in denen zum ersten Mal Regeln für das Rechnen mit der Null angegeben sind. Die zehn Jahrhunderte zwischen 500 v. Chr. und 500 n. Chr. sind die glänzendsten, was das indische Denken anbelangt. **Bis zum 10. und 11. Jahrhundert** werden diese Traktate immer wieder kommentiert und erklärt, um sie den jeweiligen Erfordernissen anzupassen.

Ayurveda, Wissenschaft vom Leben

Die indische Medizin beschäftigt sich seit der Zeit der *Veden* vorrangig mit dem Befund organischen Atems im menschlichen Körper. Der *Rigveda* wie auch der *Atharvaveda* führen fünf verschiedene Atemformen an. Jede Krankheit wird begriffen als ein Vergehen gegen *rta*, die Moral, oder als Bestrafung durch eine Gottheit, die beleidigt wurde. *Ayurveda*, die Wissenschaft vom Leben, ist in acht Zweige geteilt: allgemeine Chirurgie *(śalya)*, Geburtshilfe und Säuglingspflege *(kaumārabhṛtya)*, Toxikologie *(agadatantra)*, Medizin für von Dämonen Besessene/Psychiatrie *(bhūtavidyā)*, stärkende Medizin *(rasāyana)*, allgemeine Heilmittellehre *(kāyacikitsā)*, Augenheilkunde *(śālākya)*, Medizin der Aphrodisiaka *(vājīkaraṇa)*. Erst nach der vedischen Zeit verfolgt die Medizin wirklich rationalisierte Ansätze. Die beiden wichtigsten Ayurveda-Abhandlungen sind die *Medizinische Sammlung (Carakasaṃhitā)*, die **Charaka** (1. Jahrhundert) zugeschrieben wird, und die *Suśrutasaṃhitā*, eine Sammlung, die auf **Suśruta** (um 800 v. Chr.) zurückgehen soll. Der früheste Traktat ist die Lehre des weisen **Ātreya Punarvasu** (78–110). Der zweite Text bringt die Lehre des Gottes Dhanvatari, eines Avatars von Vishnu, vermittelt durch den Arzt Süruta. Dieser Text wird von **Nāgārjuna** (2.–3. Jahrhundert) vervollständigt, was zweifelsohne der buddhistische Philosoph gleichen Namens ist. Im Gegensatz zu religiösen und magischen Formen der Medizin begreift sich der *Ayurveda* als rational und gründet sich im Wesentlichen auf die Beobachtung, um zu einer Diagnostik zu gelangen. Da die Sezierung, obwohl damals durchaus bekannt, durch die brahmanische Ethik abgelehnt wird, bleiben die Fachkenntnisse des *Ayurveda* allerdings rudimentär. Nach den ayurvedischen Prinzipien besteht der menschliche Körper aus fünf Elementen, die das Universum umfassen:

- **Erde**, repräsentiert durch Knochen und Fleisch, *prthivi*;
- **Wasser**, repräsentiert durch Schleim (oder Phlegma);
- **Feuer**, in Gestalt der Galle;
- **Wind**, *vayu*, repräsentiert durch den respiratorischen Atem;
- **Leere** der hohlen Organe.

Die lebenswichtigen Funktionen hängen von der Kombination und dem Gleichgewicht der drei grundlegenden Kräfte *(dosha)* ab, dem *Tridoṣha:* Atem *(prāṇa, vata)*; Galle *(pitta)* und Schleim *(kapha)*. Der *Ayurdeda* unterscheidet auch drei Temperamente: das Windige, das Gallige, das Phlegmatische. Die therapeutischen Methoden empfehlen je nach Krankheit fünf Maßnahmen, die darauf abzielen, das Gleichgewicht der *dosha* wieder herzustellen: das Erbrechen, die Reinigung, die Einläufe, die Medikationen durch die Nase, die Aderlässe. *Ayurveda* ist in ganz Ostasien verbreitet, und viele seiner Abhandlungen wurden ins Tibetische und Mongolische übersetzt. Man findet auch manche Übereinstimmung mit Hippokrates, und der *Timaios* von Platon erwähnt eine Theorie, die der der *Tridosha* vergleichbar ist.

2. China

Das China der mythischen Dynastien im 7. Jahrhundert n. Chr.

Seit den Anfängen seiner Geschichte fasziniert Zhōngguó, «das Reich der Mitte», wie die Chinesen ihr Reich nannten, durch die Beständigkeit seiner Tradition. Das «himmlische Reich», eine weitere Bezeichnung für China, von einem Kaiser, dem «Sohn des Himmels» regiert, folgt Gesetzen, die unveränderlich zwischen den Menschen und den Kräften der Natur etabliert sind. So muss man sich, um die Absichten von Architekten, Bildhauern, Dichtern und Denkern subtil zu erfassen, die Geheimnisse ihres Denkens zu eigen machen. Chinas Geschichte ist die eines riesigen Reiches, das immer zwischen Zerfall und Einheit stand und in dem Laozi (Lao Tse) und Kung Fuzi (Konfuzius) die Grundlagen von Philosophie und politischer Ethik legten. Die Religion wird von zwei Richtungen dominiert, dem einheimischen Taoismus und dem importierten Buddhismus. Völlig anders als alle philosophische und religiöse Weisheit des Okzidents, hat sich das chinesische Denken vor Ort entwickelt, in der gewaltigen Ausdehnung seines Territoriums.

Dynastien-Mythos und die erste chinesische Kultur

Die letzten Ausläufer der frühbronzezeitlichen Erlitou-Kultur entsprachen vielleicht der mythischen **Xia-Dynastie** (2205–1767), doch das ist bis heute unbestätigt. Der Begründer dieser Dynastie wäre demnach Yu der Große (2200–2101) gewesen, mit seinem persönlichen Namen Si Wemming. Alles, was wir von ihm wissen, ist rein legendär und wird durch keine archäologischen Befunde gestützt. Vor dieser Dynastie hätten die drei **Urkaiser** Fuxi, Nuwa und Shennong regiert. Fuxi und Nuwa sind das Urpaar, und ihre Rolle als Zivilisatoren zeigt sich nach der Sintflut. Erst während der **Chang-Dynastie** (um 1765–1066) entsteht die **erste große chinesische Kultur**. Sie ist durch das Vorhandensein von **Schrift**, von **Stadtkultur** und **Bronzeverarbeitung** gekennzeichnet. Die Schriftzeichen sind großenteils Vorläufer der später gebräuchlichen und wurden mit einer glühenden Bronzenadel auf Schildkrötenpanzer eingraviert. Zur Mitte dieser Dynastie scheint das von den Chang kontrollierte Gebiet seine größte Ausdehnung erreicht zu haben. Streitwagen tauchen auf wie auch die Pferdezucht. Die Kunst ist hoch entwickelt, mit Bronzebehältern, die Figurenschmuck aufweisen; zu den schönsten Exemplaren zählen die *yeou*-Vasen, in Tiergestalt mit drei Füßen, beweglichem Deckel und Henkel.

Die Dynastie der **Zhou** übernimmt nach einem Bürgerkrieg im Lauf des 11. Jahrhunderts v. Chr. die Macht von den Chang. Ihre Streitwagen und die Infanterie siegen in der Schlacht von Mou-ye. Diese **dritte Dynastie,** gegründet von Wen (Wu Wang), ist eine der am längsten währenden in der chinesischen Geschichte: Sie beginnt im 12. Jahrhundert v. Chr., im Bronzezeitalter, und endet 221 v. Chr., abgelöst von der Qin-Dynastie. Je nach der Hauptstadt, die man sich wählte, werden zwei Zhou-Epochen unterschieden: die **westlichen Zhou** in Hao (um 1030–771) und die **östlichen Zhou** in Luoyang (771–221). Sie verfolgten eine theokratische Konzeption der chinesischen Monarchie und Bürokratie: Der König als Himmelssohn ist Vermittler zwischen Menschen und Göttern. Die letzten Zhou-Monarchen verfügen nur noch über eine nominelle Autorität: Ganz China ist unter rivalisierenden Fürsten aufgeteilt. Dies ist die sogenannte «Frühlings-und-Herbst-Periode», der Name leitet sich von der *Chronik von Frühling und Herbst* ab; sie wurde zwischen 722 und 481 im Lehensgebiet der Herzöge von Lu aufbewahrt. Sieben mächtige Staaten treten auf den Plan: die Jin im heutigen Shanxi, die Yan in der Gegend von Peking (Beijing), die Qin im Nordwesten, die Wu an der Mündung des Jangtsekiang. Der Gebrauch von Eisen verändert die kriegerischen Auseinandersetzungen. **Seit dem Ende des 8. Jahrhunderts v. Chr.** verlieren die kleinen Städte ihre Autonomie, bis sie schließlich ganz verschwinden. Das 6. Jahrhundert ist durch die Erschaffung vieler Institutionen gekennzeichnet, so ersetzen etwa die Steuern in Form von Getreide die frühere Fronarbeit. Traditionelle Regeln werden durch ein kurzgefasstes öffentliches Gesetz ersetzt, die ursprünglich militärischen Verwaltungsbezirke vergrößert.

Die Entstehung der philosophischen Schulen: Konfuzianismus, Taoismus, Legalismus, Mohismus

Während der Frühlings-und-Herbst-Periode, auch wenn sie durch ständige Konflikte eine unruhige Zeit war, entwickeln sich die großen philosophischen Strömungen des chinesischen Denkens. Sie werden im kaiserlichen China klassisch. Die Kenntnis dieser Systeme ist beispielsweise auch Grundlage der kaiserlichen Prüfungen für die Aufnahme in den Beamtenapparat.

■ **Der Konfuzianismus** ist die philosophische und ethische Lehre des Kung Fuzi, latinisiert Konfuzius (vermutlich 551–479). Seine Schüler legen nach seinem Tod sein philosophisches System dar: Der Mensch soll sich mit den gesellschaftlichen Bedingungen zufriedengeben, die bei seiner Geburt gelten. Das Leben des Menschen ist auf Pflichten gegründet, bei deren Erfüllung er zu seiner vollen Bedeutung findet.

■ **Der Taoismus** ist zugleich Philosophie und Religion. Seine Grundlagen wurden von Laozi/Lao Tse (um 570–490) festgelegt. Nach Lao Tse muss sich der Mensch über den Weg der Ekstase mit dem übrigen Universum identifizieren und zum *Tao* gelangen. Das kann er durch praktische körperliche Übungen schaffen. Der Taoismus ist eine individualistische Ethik, die die Loslösung von allen Dingen lehrt.

■ **Der Legalismus/Legismus** («das Gesetz und nichts anderes») ist eine Denkrichtung, die durch eine Gruppe von «Legalisten» begründet wurde, die im 4. Jahrhundert v. Chr. lebten. Es geht darum, den Menschen und die Welt so anzunehmen, wie sie sind, und sich gemäß den drei fundamentalen Ideen zu verhalten: Gesetz, Stellung der Macht, gesellschaftliche Kontrolle.

■ **Der Mohismus** ist benannt nach seinem Gründer **Mozi** ode**r Mo Tse** (468–381), dem Verfasser des *Buches des Mozi*. Darin preist er die Gleichheit, den Frieden und die universelle Liebe. Diese Denkrichtung wird meist der Thronbesteigung des ersten Kaisers von China, Qin Shi Huangdi, zur Seite gestellt, um 200 v. Chr.

Erste chinesische Literatur

Aus dem **1. Jahrtausend v. Chr.** sind nur wenige literarische Texte überliefert, obwohl die Schrift damals schon voll ausgebildet war. Die älteste bekannte Schrift ist die *kou wen*, der die *Ta-Ta-chouan* folgt, das «Große Siegel».

Die wichtigsten Bücher

■ **Das *Yi-king*** oder der *Klassiker der Wandlungen*, auch ***Yijing*** oder *Buch der Wandlungen*. Dies ist ein Weissagungsbuch; es enthält Orakel, die aus 64 abstrakten Figuren mit jeweils 6 Strichen bestehen. Es gibt zweierlei Striche:

geteilte bzw. negative und ungeteilte bzw. positive. Es ist dies das älteste Zeugnis der chinesischen Philosophie. Das genaue Entstehungsdatum lässt sich nicht benennen. Die Tradition schreibt es dem legendären Fuxi zu, Mitte des 4. Jahrtausends; man kann aber die Ausarbeitung (mindestens) bis zur Zhou-Dynastie zurückverfolgen.

■ **Das *Shu Jing*** (oder ***Chou King***), *Buch der Taten*, aus dem 8. Jahrhundert v. Chr. Es enthält Texte verschiedener Autoren zur ältesten Geschichte Chinas. Aus derselben Zeit stammt das ***Shi Jing*** (oder ***Che King***), *Buch der Oden*, die älteste Sammlung chinesischer Lyrik, deren Autoren unbekannt sind. Es handelt sich um 300 Gedichte, die von Konfuzius aus einem Fundus von ungefähr 3000 Stücken ausgewählt wurden. Diese Sammlung umfasst auch viele volkstümliche Lieder über Liebe, Arbeit sowie für Feste, dazu religiöse Hymnen.

■ **Die *Annalen***, auch genannt *Frühling und Herbst*. Sie enthalten das älteste historische Dokument und sind eine schlichte Chronik der Zeit von 722 bis 481 v. Chr., aus der man eine ethische oder politische Lehre ziehen kann.

Die vier Klassiker des Konfuzianismus

■ ***Lún yŭ***, die ***Lehrgespräche***, auch *Analekten des Konfuzius* genannt, das älteste seiner Bücher; es ist eine Sammlung von Aussprüchen und Aphorismen. Nur das irdische Wohlergehen ist der Aufmerksamkeit würdig. Das Buch will die Menschen veredeln, sie zu «edlen Menschen» machen und die alten Riten wieder etablieren. Dazu muss man in der Natur «den Goldenen Mittelweg» finden und ihn akzeptieren.

■ ***Zhōng Yō***, das Buch von ***Mitte und Maß***, einem nahen Schüler des Konfuzius zugeschrieben, obgleich von einem anonymen Verfasser Mitte des 3. Jahrhunderts v. Chr. redigiert. Es fasst die wesentlichen Punkte der Lehre des Konfuzius zusammen.

■ **Das Große Lernen**, ***Dà Xué***, wurde von Schülern des Konfuzius nach dem Tod des Meisters vervollständigt. Es stammt vermutlich aus dem 4. Jahrhundert v. Chr.

■ Das Buch ***Mengzi***, wurde, wie der Name sagt, von **Mèngzǐ** redigiert, latinisiert Mencius oder Menzius (um 370–290), einem Schüler des Konfuzius, zwi-

schen dem 4. und 3. Jahrhundert. Es bietet eine systematische Zusammenstellung der konfuzianischen Theorien.

Die taoistische Literatur

Der Taoismus hat China zweifelsohne seine schönsten literarischen Werke geschenkt. Das ***Daodejing*** (Tao-te-King) wird Laozi (Lao Tse) zugeschrieben, der es aber zweifelsohne nicht verfasst hat. Das Buch besteht aus 5000 Schriftzeichen und 81 Kapiteln. Die Philosophie lässt vermuten, dass es zu Beginn des 3. Jahrhunderts v. Chr. redigiert wurde. Das *tao*, der Weg, ist das wesentliche Prinzip des Kosmos. Seine Gestalt, sein Name können sich ständig verändern. Die traditionelle chinesische Philosophie lässt den Taoismus zu einem späteren Zeitpunkt beginnen: mit dem *Yi-king*, dem *I-Ging*. Der andere große Text des Taoismus, der ***Zhuāngzi*** *(Das wahre Buch vom südlichen Blütenland)*, geschrieben um das 4. Jahrhundert v. Chr., führt alles an, was zum Leben des Adepten und seiner rituellen Praxis gehört. Der Weg ist hier verstanden als einer der rationalen Erklärung. Der menschliche Körper wird als Repräsentation des Universums angesehen.

Das China des Ersten Kaisers und der Han-Dynastie

Die Qin-Dynastie (221–207 v. Chr.)

Fürst *Yíng Zhèng*, Herrscher der Tsin, erobert andere Königreiche und ruft sich zum Kaiser aus; sein Herrschaftsname ist **Qin Shihuangdi** (221–210), «Erster erhabener Gottkaiser von Qin». Sein Name Qin wird der des ganzen Landes: China. Vom Denken der Legalisten beeinflusst, schafft er in nur elf Jahren der Herrschaft ein gewaltiges Werk. Im Bereich der Verwaltung setzt er die Feudalfürsten ab, teilt das Reich in Präfekturen mit von ihm ernannten Beamten, regelt Längenmaße und Gewichte. In der Legislative vereinheitlicht er Gesetze und Regelungen. Außerdem installiert er ein Schriftsystem, das für das ganze Reich gilt und es somit – obwohl es so viele Aussprachenvarianten gibt, dass man sich mündlich kaum verständigen kann – möglich macht, dass sich alle Chinesen über die Schrift verstehen. Um China gegen die Angriffe der Nomaden zu verteidigen, lässt er die Chinesische Große Mauer errichten. Sein Sohn verliert die Macht im Jahre 207 v. Chr.

Eine Armee aus Terrakotta
Im März 1974 wurde beim Bohren eines Brunnenschachts eine unterirdische Kammer entdeckt. Sie enthielt etwa 8000 Terrakotta-Soldaten in Lebensgröße, dazu ihre Pferde und reich mit Holz und Bronze geschmückte Streitwagen. Die Tonfiguren, einst bunt bemalt, waren wie für eine besondere Schlacht aufgestellt, mit einer Vorhut aus Bogen- und Armbrustschützen, dann Fußtruppen und Wagenlenkern. In nahe gelegenen Gräbern wurden Überreste von sieben Menschen gefunden, vielleicht die Kinder des Kaisers, dazu ein unterirdischer Marstall mit Pferdeskeletten, einige Bronzewagen, 70 individuelle Grablegen, ein Zoo mit exotischen Tieren. Das Grab selbst ist noch unerforscht. Es liegt in einer inneren Wand und unter einem vierseitigen Pyramidenhügel, der ursprünglich wie ein kleiner bewaldeter Berg angelegt war. Die Terrakotta-Armee befindet sich unweit von Xi'an und ist als Unesco-Welterbe anerkannt.

Das China der Han-Dynastie (206 v. Chr.–220 n. Chr.) und die Drei Reiche (220–265)

Die Han-Dynastie entspricht einem Goldenen Zeitalter der chinesischen Geschichte. Diese Dynastie wird von **Liu Bang** gegründet, einem Bauern, der gegen die Qin revoltiert und unter dem dynastischen Namen **Han Gaozu** Kaiser wird (202–195). Die Han-Dynastie teilt sich in zwei Zweige, die **westlichen** oder **frühen Han** (206 v. Chr.–9 n. Chr.) und die **östlichen** oder **späten Han** (25–220). Zu Beginn der Herrschaft der westlichen Han wird in China der Buddhismus eingeführt, auch wenn die Übernahme des Konfuzianismus als Staatsideologie dem Reich den inneren Zusammenhalt gibt. Kaiser **Wudi** (156–87 v. Chr.) schafft ein Korps von hingebungsvollen und effizienten Staatsbeamten, die durch ein System von kaiserlichen Prüfungen rekrutiert werden, mindestens einer der konfuzianischen Klassiker ist Teil der Prüfung. **Sūuma Ch'ien** (**Sima Qian**, um 135–93 v. Chr.) ist der Begründer der chinesischen Geschichtsschreibung jenseits der traditionellen Annalen. Er ist vor allem durch seine **Shiji** (Shǐjì) bekannt, die *Historischen Aufzeichnungen*, in denen er eine Biographie von Laozi gibt. Er wird als der chinesische Herodot bezeichnet; seine Schriften stützen sich auf Untersuchungen und Reisen. **Die Dynastie der westlichen Han** endet mit mehreren Kind-Kaisern, die im frühen Alter sterben, sowie den Intrigen einer Kaiserin.

Wang Mang (8–23) gründet die **Xin-Dynastie**, deren einziger Kaiser er ist. Seine Herrschaft ist von radikalen Reformen geprägt: eine Landreform, die das Land an Bauern verteilt, welche dafür Steuern zahlen. Preise und Produktion von Gütern werden vom Staat kontrolliert, dieser wiederum durch konfuzianische Beamte. **Han Guang Wudi** (25–57) wird der erste Kaiser der **östlichen Han** und verlegt die Hauptstadt nach Luoyang. Nach ihm sind die weiteren Kaiser nicht in der Lage, ein Steuersystem zu reformieren, das ganz auf den freien Bauern lastet, während die Militärausgaben steigen und die rekrutierten Beamten ihre Ämter eher durch Nepotismus als durch ihre Leistungen bei Auswahlverfahren erlangen. **Von 185 bis 205** schwächt der «Aufstand der Gelben Turbane» die Dynastie, die dem Wohlwollen der Generäle ausgeliefert ist, die sie noch verteidigen. Die umliegenden Fürstentümer erhalten wieder ihre Unabhängigkeit.

Die folgende Epoche, bekannt unter dem Namen der **Drei Reiche** (220–265), bringt die Entzweiung Chinas: Die Königreiche der Shu im Südwesten, der Wei im Norden und der Wu im Südosten bekämpfen sich und versuchen, die kaiserliche Einheit jeweils ausschließlich zu ihrem eigenen Vorteil wiederherzustellen. **Sima Yan** (265–290) aus dem Königreich der Wei gründet die **Jin-Dynastie** (265–420), die den Drei Reichen ein Ende bereitet, indem das Königreich der Shu 265 und das der Wu 280 eingenommen wird.

Die Kunst unter den Han

Von der Architektur der Han ist nichts erhalten, ausgenommen die charakteristische Anlage der monumentalen Grabstätten. Wenn sonst keine Denkmäler aus jener Epoche überliefert sind, dann deshalb, weil sie aus Holz gebaut waren und schlecht in Stand gehalten wurden. Die Grablegen, verkleinerte Modelle der Wohnstätten, geben eine Vorstellung von den Grundrissen der Häuser mit ihren großen Öffnungen und Mauern, die von der Basis her breiter werden. Die Ziegeldächer mit ihren großen Vorsprüngen laufen aus in dekorativen Tierfiguren. Die Gräber von Luoyang bestehen aus Grabkammern, die immer aus Holz und Ziegelsteinen sind. In der Han-Zeit steigt die Seidenfabrikation und wird zu einem Exportartikel für die Parther, die Römer und andere Mittelmeervölker, alles dank der berühmten Seidenstraße. Doch die Herstellung von Seide bleibt für lange Zeit ein Geheimnis.

Die Jin-Dynastie (265–420) und die Sechzehn Königreiche (304–439)

Die Jin-Dynastie teilt sich in die **westliche Jin-Dynastie** (265-316) und die **östliche Jin-Dynastie** (316-420) und wählt sich drei Hauptstädte: Luoyang, Jiankang (heute Nanjing) und Chang'an. Zur gleichen Zeit ist Nordchina in **Sechzehn Königreiche** unterteilt. Es sind kurzlebige Staaten, Kriegsherren ausgeliefert, die sich in ständigem Kampf befinden. Die Dynastie der westlichen Jin wird durch die starke Persönlichkeit ihres Gründers beherrscht, des Kaisers **Wudi** (Sima Yan, 265-290), doch seine Nachfolger geben schwächliche Figuren ab, zwischen Palastintrigen und Volksaufständen und vor allem durch die Übernahme der Kontrolle des Nordens durch Nicht-Han-Völker. Im Jahre 316 übernimmt der Gouverneur von Jiankang die Macht, er ruft sich zum Kaiser **Yuandi** (316-322) und zugleich die östliche Jin-Dynastie aus. Seine Landesfürsten müssen sich mit den Chefs der örtlichen Clans im Süden auseinandersetzen und dabei die Grenze mit dem Norden verteidigen. Das zwingt sie, den Generälen immer mehr Macht zuzugestehen. Einer von ihnen, **Liu Yu**, ermordet **Gongdi** (418-420), den letzten Kaiser der Jin-Dynastie, und ruft sich unter dem Namen **Song Wudi** (420-422) zum Herrscher aus, zum Begründer der **südlichen Song-Dynastie** (420-479).

Vom zerfallenen Reich bis zu den Tan (420–618)

Nach dem Zusammenbruch der Jin-Dynastie ist China zwischen 420 und 589 unter den **Nördlichen und Südlichen Dynastien** aufgeteilt. Die Aufsplitterung geht immer weiter, selbst innerhalb der Dynastien. Die südlichen Dynastien sind: die **südlichen Song** (420-479), die **südlichen Qi** (479-502), die **Liang** (502-557), die **Chen** (557-589). Die nördlichen Dynastien sind: die **nördlichen Wei** (386-534), die **östlichen Wei** (534-550), die **westlichen Wei** (534-557), die **nördlichen Qi** (551-577), die **nördlichen Zhou** (557-581). Während schon allein deren Kürze die Auflösung der politischen Macht bezeugt, so schließt die **Sui-Dynastie** (581-618) eine fundamentale Neuorganisation keineswegs aus, was im Rahmen eines wiedervereinten China für die spätere Blütezeit der Tang-Dynastie unerlässlich werden soll. Noch einmal profitiert ein mächtiger General der nördlichen Zhou namens **Yang Jian** von der Zersetzung der Dynastie und einer Minderzahl an Herrschern und übernimmt die Macht. Er ruft sich zum Sui-Kaiser **Wendi** (581-604) aus. Die Vereinigung Chinas reicht ihm

nicht, nachdem er die südlichen Chen 589 niedergeschlagen hat, er verlängert außerdem die Große Mauer. Eine Agrarreform bewilligt den Bauern eine größere Erschließung von Boden, was die Vermehrung der landwirtschaftlichen Produktion zur Folge hat. Die Verwaltung wird reformiert und zentralisiert. Im Bereich der Religion breitet sich der Buddhismus aus, gefördert von den Machthabern, die darin ein Element der nationalen Einheit erblicken. Wendis Sohn **Sui Yangdi** (604–618) folgt ihm auf den Thron und nimmt das Projekt des Großen Kanals wieder auf, der bis heute Peking (Beijing) mit Hangzhou verbindet. Er restauriert die **Große Mauer**, was mehrere Millionen Menschen das Leben kostet. Dieser Aderlass wird durch die katastrophalen Militärkampagnen gegen Vietnam und Korea noch größer. Das gesamte Land lehnt sich auf. **Sui Yangdi**, zur Flucht aus der Hauptstadt gezwungen, wird 618 ermordet. Die strahlende Tang-Dynastie kommt und bleibt bis 907.

Literatur: Die Sieben Weisen vom Bambushain

Die Gründung der **Hochschule von Chang'an**, eine der ältesten Universitäten der Welt, erfolgte zu Beginn der Han-Zeit. Die Periode, die dem Niedergang der Han-Dynastie folgt, ist eher dunkel. Dennoch entstanden nach der Zerstückelung der Macht überall Zentren der Kunst und Kultur. Diese Zeit **zwischen dem 3. und 6. Jahrhundert** war sehr fruchtbar und heißt die **Zeit der sechs Dynastien**, und Nanking wird zur Hauptstadt. Der Dichter **Xi Kang** (223–262) ist einer der bekanntesten aus der Gruppe der **Sieben Weisen vom Bambushain**, einer Vereinigung von Dichtern, die sich in dieser unruhigen Zeit abseits des öffentlichen Lebens dem Wein und der taoistisch inspirierten Poesie hingeben.

Die wichtigsten Namen, die man sich merken sollte, sind die von **Tao Qian** (365–427), **Xie Lingyun** (385–443), **Xie Tao** (464–499) und **Xu Ling** (507–583).

3. Japan

Japan hieß ursprünglich *yamato*, das ist die zentrale, fruchtbare Ebene der Hauptinsel Honshū. Die Bezeichnung *Nihon* oder, japanisch verändert, *Nippon*, kam erst ab dem 7. Jahrhundert auf, als die ersten Staaten entstanden. Sie bedeutet «Ursprung der Sonne», was bei uns zum «Land der aufgehenden Sonne» wurde. Erstere Bezeichnung wird im täglichen Leben gebraucht, während die zweite für offizielle Dokumente der Verwaltung reserviert ist. Später benutzt Marco Polo den Namen *Cipangu*, der aus dem Mandarin(-Chinesisch) hervorgegangen sei, um Japan zu bezeichnen. Diese Benennung war vor allem unter Dichtern sehr beliebt. 1893 beschwört José Maria de Heredia (1842-1905) in seinem der Sammlung *Les Trophés* entnommenen Gedicht «Die Eroberer» noch einmal das «märchenhafte Metall», das «Cipango in seinen fernen Minen reifen ließ».

Ein mythischer Gründer

Ungefähr im 7. Jahrhundert v. Chr. siedelt der Gründungsmythos die Herrschaft des mythischen Kaisers **Jimmu Tenno** an, eines direkten Nachkommen der *Shintō*-Göttin Amaterasu. Das ***Kojiki***, die «Aufzeichnung alter Geschehnisse», beschwört die Ursprünge Japans nach den Berichten des Erzählers Hiyeda no Are, im Auftrag der Kaiserin Gemmei verfasst. Das Werk (um 712 n. Chr.) gilt als die älteste (teilweise) in japanischer Sprache geschriebene Sammlung, es berichtet von der Erschaffung der Welt und beschreibt die wichtigsten Gottheiten. Folgt man der Chronologie von ***Nihonshoki***, der «Chronik Japans in einzelnen Schriften», einem 720 fertiggestellten Werk, hätte die Thronbesteigung von Jimmu Tenno im Jahre **660 v. Chr.** stattgefunden. Hauptziel des *Kojiki* ist die Behauptung der Legitimität des göttlichen Rechts, das der Yamato-Dynastie zukommt, eine Darstellung der direkten Abstammung von den Göttern. Nach einer anderen Legende seien die Invasoren, die damals gekommen waren, um Japan zu erobern, auf der Insel einem Volk begegnet, das sich gut zu verteidigen wusste und dem sie sich unterworfen hätten. Der *Tenno*, der «himmlische Kaiser», verkörpert durch den Lauf der Jahrhunderte eine spirituelle Kraft. Herrschen wurde zu einem äußerst religiösen Akt, daher der Titel eines *Aki-Tsu-Mi-Kami*, «Erhabene Gottheit in menschlicher Gestalt», oder der des *Mikado*, «Erlauchtes Tor».

Die Yamato-Zeit (250–710): Die Geburt des Staats

Die Yamato-Zeit wird in zwei Epochen geteilt: **Kofun** (250-538) und **Asuka** (538-710). Der Staat Yamato entsteht um das Jahr 250 um die Stadt Nara, ehe er sich bis auf ganz Japan, mit Ausnahme der Insel Hokkaidō im Norden, aus-

dehnt. Auf Hokkaidō leben die Ureinwohner des Landes, die Ainu. Die Macht liegt in den Händen der Clan-Oberhäupter, die allmählich die Funktion eines Kaisers beanspruchen. Zu dieser Zeit breiten sich Schrift und Buddhismus, beide aus China gekommen, in Japan aus.

Die Yamato-Architektur

Es ist dies der Beginn einer strahlenden Periode. Fürst **Shotoku** (574–622), der eigentliche Begründer des Buddhismus in Japan, lässt 48 buddhistische Monumente errichten, wovon der Shitennō-ji-Tempel in Ōsaka seinen Schutz dem Hōryū-ji-Tempel gewährt, dem «Tempel des blühenden Gesetzes» in Ikaruga. Letzterer birgt eine Statue des Buddha Śakyamuni, nämlich die der **Śakyamuni-Dreiergruppe**: der Buddha und zwei Begleiter; dazu finden sich weitere Objekte von großem Wert. Der *Kondō* oder die «Goldene Halle» ist ein zweistöckiger Bau, der nach Plänen chinesischer Tempel errichtet wurde. **Am Ende des 7. Jahrhunderts** kehren Gesandtschaften aus China zurück, die von Mönchen und Studenten begleitet werden und in Japan die Kunst der Tang einführen.

IX

Mittelamerika: Die Olmeken

1. Olmeken, die Leute aus dem Kautschuk-Land

Die Olmeken-Kultur ist eine der ältesten Mittelamerikas, da sie sich seit 1500 v. Chr. entwickelt und sich bis ca. 500 v. Chr. in einem riesigen Gebiet hält, das von Mexiko bis Costa Rica reicht und damit auch Belize, Guatemala, El Salvador, Honduras und Nicaragua einschließt. Bestimmt wird diese Kultur durch eine Herrschaft seitens urbaner Zentren, deren wichtigste La Venta in Tabasco und San Lorenzo in Veracruz sind (zwei Bundesstaaten Mexikos).

Olmeken bedeutet «Leute aus dem Kautschuk-Land». Das Wort entstammt der Nahuatl-Sprache, der am weitesten verbreiteten indigenen Sprache Mexikos. Die Olmeken werden manchmal der Maya-Sprachfamilie zugeschlagen, dem Mixe-Zoque; andere ordnen sie einer multi-ethnischen Gemeinschaft zu. Lange unbekannt geblieben, wird die olmekische Kultur im 19. Jahrhundert durch Zufall entdeckt: Ein kolossaler steinerner Kopf aus Hueyapan im Süden des Bundesstaates Veracruz holt sie aus dem Schatten der Vergangenheit. Dennoch dauert es bis in die 1920er Jahre, bis weitere Kunstwerke entdeckt werden. 1942 bestimmen Spezialisten die Grundlagen dieser Kultur und sprechen von einer Ursprungskultur für Mittelamerika, dies vor allem nach der Erforschung zentraler Orte an der Golfküste: In San Lorenzo, einer über 500 ha großen Fundstätte, sind 10 Kolossalköpfe und mehrere Throne in rituellen Reihen angeordnet. Zudem findet sich dort eine königliche Residenz wie auch ein System unterirdischer Kanäle. Cuicuilco im Süden Mexikos ist die erste Stadt, die am Ufer des Texcoco-Sees erbaut wurde, 1. Jahrtausend v. Chr. Sie ist die wichtigste Stadt im Tal von Mexiko. Ein weiterer wichtiger Ort ist La Venta.

2. Der Jaguar und Köpfe von 20 Tonnen

Heute erscheint die olmekische Kultur wie ein multikulturelles Ensemble. Die olmekische Gesellschaft ist noch wenig erforscht, doch man bemerkt wichtige Veränderungen innerhalb dieser Kultur, die zwischen 1000 und 900 v. Chr. auftreten und zum Teil neuen Landwirtschaftstechniken zuzuschreiben sind, aber auch einer immer stärker werdenden Urbanisierung sowie einer ausgeprägten sozialen Schichtung, der Intensivierung von Handelsbeziehungen und schließlich einer institutionalisierten Religion. In der Architektur bildet die Pyramide bereits das wichtigste Monument religiöser Zentren, die ersten Felder für das Ballspiel in Takalik Abaj in Guatemala werden angelegt. Eine ideo-piktographische **Schrift** wird seit 1200 v. Chr. benutzt; man findet sie vor allem auf Tongefäßen. In Mexiko weist die *Stele von Cascajal* 62 eingravierte Zeichen auf, vermutlich olmekische. Es könnte sich um Spuren der ältesten bekannten Schrift der präkolumbianischen Kulturen handeln. Der Steinblock von 36 cm Höhe wird auf 90 v. Chr. datiert. Dennoch werden Datierung und Identität von den Archäologen in Frage gestellt, weil diese Stele nicht nach ihrer stratigraphischen Position, sondern nach den

Figurinen und Töpferwaren datiert wurde, die man neben ihr fand. Die olmekische Kultur ist vor allem wegen ihrer behauenen riesigen Kolossalköpfe bekannt, die manchmal 20 Tonnen wiegen. Dennoch ist die olmekische Kunst keine, die nur dem Gigantismus frönt: Kleine Figurinen, Masken, Schmuck wurden gleichfalls gefunden. Wenn hier auch die menschliche Gestalt vorherrscht, so ist doch auch der Jaguar omnipräsent. Die Azteken verehren später ebenfalls einen Jaguargott des Namens Tepeyollotl, «Herz des Berges».

Wichtige präkolumbianische Kulturen
Chavin-Kultur: 1200–400 v. Chr.
Vicús-Kultur: 400 v. Chr. – 500 n. Chr.
Paracas-Kultur: 700 v. Chr. – 200 n. Chr.
Mochica-Kultur: 100 v. Chr. – 600 n. Chr.
Nazca-Kultur: 100 v. Chr. – 600 n. Chr.
Tiahuanaco-Kultur: 200–1100 n. Chr.

3. Chavín de Huántar, ein zeremonielles Zentrum

Die Kultur von Chavín verbreitet sich vor allem ab dem 9. Jahrhundert v. Chr. über den größten Teil der peruanischen Küste, in den Tälern von Lambayeque im Norden, im Tal von Chilca im Süden. Hier wird der Kult der Raubkatze mit seinem einprägsamen Stil ausgeübt. Diese Kultur liefert auch einige der schönsten goldenen Fundstücke Perus, in Chongoyape im Tal von Lambayeque. Die Gräber enthalten Kronen, Masken, Halsketten und Nasenschmuck. Als diese Kultur um das 3. Jahrhundert v. Chr. untergeht, entwickeln die Regionen ihren jeweiligen lokalen Charakter, wobei der Raubkatzen-Kult für immer verloren geht. Seit 1995 werden neue Ausgrabungen unternommen. Chavín de Huántar gehört zum UNESCO-Welterbe. Der archäologische Bereich von Chavín besteht aus einer Reihe von Gebäuden, Terrassen, Plattformen, Plätzen und Tunneln, deren früheste Arbeiten bis auf ca. 1200 v. Chr. zurückgehen und gegen 400 v. Chr. abgeschlossen werden. Doch der Ort ist in erster Linie ein zeremonielles Zentrum, auch wenn, einigen Archäologen zufolge, eine bedeutende Wohnstätte 1 km nördlich der Tempel existiert haben muss. Der Architekturkomplex besteht aus großen Pyramidenstümpfen, darunter auch der mit dem Namen El Castillo, das wichtigste Gebäude. Es hat einen geradlinigen pyramidalen Aufbau, der aus drei übereinandergelagerten Plattformen besteht. Die *Raimondi-Stele* gehört zu den steinernen Werken vor Ort, die dem Vandalismus sowie den Zerstörungen durch Erdrutsche entgangen sind. Sie stellt eine Gottheit dar, die auch «Gott mit den Stäben» genannt wird, weil sie in jeder Hand einen Stab hält. Die Kunst von Chavín zeigt sich vor allem in der Skulptur und der Keramik, mit einem Netz verschlungener Kurven und schlangenförmiger Voluten, die das Kreuz und Tatzen eines Raubtieres mit menschlichen Zügen kombinieren. Das gilt etwa für die monolithische Skulptur «El Lanzon», ein Flachrelief von 4,50 m Höhe, das eine stehende Figur darstellt. Es ist die einzige Skulptur, die in den inneren Galerien des älteren Tempels gefunden wurde. Sie weist Ohren-Ornamentik auf, die den Eliten der Zivilisationen im Alten Peru vorbehalten war.

4. Die Vicús-Kultur

Aus dem Gebiet zwischen Peru und Ecuador stammend, gehört die Vicús-Kultur aus der Zeit **zwischen dem 5. Jahrhundert v. Chr. und dem 6. Jahrhundert n. Chr.** zu den Kulturen des prä-hispanischen Peru. Sie wurde in den 1960er Jahren entdeckt. Ihr Ausdehnungsbereich ist schwer zu umreißen, auch wenn Hunderte von Gräbern, im Piura-Tal gefunden, darauf schließen lassen, dass dort ihr Zentrum ist. Die Unterschiedlichkeit der Keramik lässt zwei verschiedene Ursprünge annehmen, die eine aus Ecuador stammend, die andere lokal, woraus sich zwei mehr oder weniger gleichzeitige, wenn auch unterschiedliche stilistische Traditionen ergeben. Die **erste, Vicús-Vicús**, kennt ungeschliffene Keramik. Die **zweite, Vicús-Moche**, ist stilistisch direkt aus dem Mochica- oder Moche-Stil hervorgegangen.

5. Moche oder Mochica, eine Kriegergesellschaft

Die Moche- oder Mochica-Kultur gehört nach Nordperu, gemeinsam mit der der Salinars und der Virú, die die Erben der Chavín-Kultur sind. Der (Fluss-) Name Mochica kommt aus einer vor Ankunft der Spanier dort gesprochenen

Sprache, dem Muchik. Diese Kultur entwickelt sich **ungefähr zwischen 100 v. Chr. und 600 n. Chr.** Zum ersten Mal in der Geschichte Perus kann man von einer Kriegergesellschaft sprechen. Sie sind zugleich Erbauer von Straßen und großen Zeremonial-Komplexen. Deren wichtigste Ensembles findet man in der Küstenregion. Die Huaca del Sol und die Huaca de la Luna – Sonnentempel und Mondtempel; von den Kolonisatoren so genannt, auch wenn keines dieser Gestirne verehrt wurde – sind unvollendete Pyramiden. Die erste ist stufenweise bis zu einer Terrasse gebaut und hat eine Seitenlänge von 230 m. Die Gesamthöhe beträgt ca. 40 m. Bedeutende Nahrungsfunde legen die regelmäßige Abhaltung von Banketten nahe. Die Huaca de la Luna, die dem Sonnentempel gegenüberliegt, ist ein heiliger Bezirk, aus luftgetrockneten Ziegeln errichtet.

Die Huaca Rajada ist ein bedeutender Begräbnis-Komplex, der bei Sipán in der Region Lambayeque gefunden wurde. Vor einigen Jahren haben italienische Archäologen drei Gräber entdeckt, das wichtigste ist das des *Señor de Sipán*. Er wurde mit seinen Konkubinen, Kriegern und Dienern bestattet. Die Metallarbeiten bezeugen den hohen Entwicklungsstand, den die Menschen der Moche-Kultur erreicht haben. Sie können mehrere Legierungen herstellen und damit geschickt Farbeffekte erzielen, und sie können kostbare Metallgegenstände damit überziehen, da sie die Technik der getriebenen Metallarbeit beherrschen sowie das Schmelzen und Löten. Ein weiterer wichtiger Beitrag dieser Kultur ist die Keramik: Neuartige Töpferarbeiten mit Vasen in Form von Menschenköpfen, die eindeutige Charakteristika aufweisen und belegen, dass die Künstler nicht nur körperliche Besonderheiten, sondern auch Emotionen künstlerisch darstellen können. Auf vielen Behältern werden alle möglichen Aktivitäten der Menschen wiedergegeben, darunter auch Darstellungen des Geschlechtsakts. Die Wandmalerei entfaltet sich; Arbeiten, die in Pañamarca gefunden wurden, zeigen ein häufig beschworenes Thema: das der Darbietung von Opferblut an die Priester.

6. Die Kultur der Nazca: Bewässerungssysteme und Scharrbilder

Die Nazca-Kultur, bekannt vor allem wegen ihrer Felsbilder und der Töpferware mit mehrfarbigem Dekor, entwickelt sich zwischen 100 v. Chr. und 600 n. Chr. im Süden Perus. Nach der Paracas-Kultur aufgekommen, erlebt sie eine ähnliche Verbreitung wie die Mochica-Kultur im Norden Perus. Die Nazca-Kultur kennt unterirdische Bewässerungssysteme; Hütten aus Flechtwerk mit Strohbedeckung, in den Marktflecken außerhalb der Bewässerungszone gelegen, bilden das Umfeld des täglichen Lebens ihrer Bewohner. Die größte Siedlung der Region ist die von Cahuachi, 6 km von der heutigen Stadt Nazca errichtet. Es ist ein ausschließlich zeremonielles Zentrum, errichtet nahe den unterirdischen Quellen, den einzigen Wasserstellen der Gegend. Die große Pyramide, auf einem Fundament von 110 m auf 90 m errichtet, besteht aus sechs Terrassen mit einer Höhe von 20 m. Die Töpferware legt Zeugnis einer neuen **Brenn- und Dekorationstechnik** ab. Die Motive stellen tierische und pflanzliche Formen dar, aber auch religiöse und mythologische, dem Meer verbundene Themen. Eines der am weitesten verbreiteten Motive ist das der «Trophäenköpfe», die von anthropomorphen Gestalten geschwenkt werden. Die Nazca sind zudem für ihre Stoffe bekannt, die sich dank der Feuchtigkeit des Klimas gut erhalten haben. Aber auch ihre **Geoglyphen**, Scharrbilder, sind bekannt, die auf insgesamt mehr als 500 km^2 geometrische Formen und Tiere zeigen und eine gewisse Ähnlichkeit mit dem Dekor der Töpferware aufweisen.

7. Die Tiahuanaco-Kultur: Das Sonnentor

Die Tiahuanaco-Kultur heißt so nach dem Ausgrabungsort, der auf einem Hochplateau der Anden in 4000 m Höhe im heutigen Bolivien liegt, nahe beim Titicaca-See. Der Ort erstreckt sich auf 420 Hektar, wovon 30 dem zeremoniellen Zentrum geweiht sind. Diese Kultur ist im Süden Perus verbreitet, der im **6. und 7. Jahrhundert** von politischen und klimatischen Umbrüchen erschüttert wird. Die Stadtteile werden vom zeremoniellen Zentrum durch einen Graben und eine heilige Tempelmauer getrennt, die den Kalasasaya-Platz und den Tempel umschließt. Die beiden wichtigsten Monumente sind das Sonnentor und die siebenstufige Pyramide von Akapana, umgeben von einer Mauer, die in jeder Ecke große Monolithen wie bei dem Kalasasaya aufweist. Zu Füßen des Akapana-Tempels liegt ein halb unterirdischer Tempel mit anthropomorphen Köpfen, die in die Mauern eingefügt sind und viereckige Augen haben. Ein Kanalisationssystem reicht ins Innere der Pyramide, wodurch Wasser von einer Terrasse zur nächsten überlaufen konnte. Das beeindruckendste Monument aber ist das Sonnen-

tor, aus einem einzigen Steinblock geschnitten und mit einem Sturz gekrönt, dessen wichtigstes Detail eine stehende Figur ist, die in jeder Hand ein Zepter hält, ein erstarrtes Gesicht hat, von dem Strahlen ausgehen. Um das Gesicht sind Tierköpfe dargestellt; das rechte Zepter endet in einer zweiköpfigen Schlange. Es handelt sich bei der Figur um Tunapa, die kosmische Gottheit der Aymara, die oft mit der Schöpfergottheit Virachocha verwechselt wird. Keramik und Stoffe sind reichlich vorhanden, Letztere fallen durch ihre reiche Farbgebung auf.

X

Afrika

1. Die schwarzen Pharaonen aus Kusch und Meroe

Kusch (Kouch) ist einer der Namen, den die Ägypter dem Mittleren und Oberen Ägypten gaben. Dieser Ortsname erscheint nur zur Zeit der 12. Dynastie unter der Herrschaft von **Sesostris I.** (um 1962 v. Chr.). Das Gebiet von Kusch, das sich im Lauf der Geschichte verändert, befindet sich auf der Höhe des zweiten Nil-Wasserfalls. Dieses Königreich bleibt von seinen Anfängen im 3. Jahrtausend v. Chr. bis zu den christlichen Eroberungen des 4. Jahrhunderts n. Chr. eine unabhängige Kultur, eine originelle Synthese aus dem, was von den Nachbarkulturen übernommen wurde. Um 900 v. Chr. profitieren die örtlichen Dynasten im Norden des heutigen Sudan von der Schwächung Ägyptens und können sich selbständig machen. Dennoch dauert es bis 730 v. Chr., bis einer von ihnen, **Piankhy (Pije)** (747–716), seine Herrschaft über Obernubien hinaus ausweitet, bis ins Nildelta eindringt und kurzzeitig Ägypten zum Vorteil des Königreichs von Kusch eint. Seine Nachfolger errichten die 25. Dynastie, genannt die äthiopische, mit kuschitischen Herrschern: **Schabaka** (713–698), **Schebitko** (Schabataka) (698–690) und **Taharqa** (690–664). Sie stellen die alte Größe des Ägyptens der 18. und 19. Dynastien wieder her, vervielfachen die Monumente, bis im Jahre 664 v. Chr., von ägyptischen Armeen vertrieben, die Kuschiter Theben verlassen müssen und sich nach Obernubien zurückziehen. Ihre Hauptstadt dort ist Napata, am Fuß des Gebel Barkal. Doch 591 v. Chr. ziehen sie sich, abermals von den Ägyptern angegriffen, nach Meroe zurück, in die Steppen von Butana am rechten Nilufer. Meroe wird die Hauptstadt des kuschitischen Königreiches bis zu dessen Untergang Anfang des 4. Jahrhunderts n. Chr.; wie es scheint, geschieht Letzteres unter den Angriffen der Nuba aus Kau.

Die kuschitische Architektur

Sie stellt ein sehr bemerkenswertes Relikt der Kunst des kuschitischen Königreiches dar. Die wichtigsten Bauten stammen aus der Zeit der Herrschaft von **Taharqa**. Er errichtet am Fuß des Gebel Barkal einen Priesterkomplex, der von Pharao Piankhy (Pije) eingeweiht wird; er lässt den Tempel von Kawa im Dongola-Becken erbauen, im Norden des heutigen Sudan. Er selbst weiht eine große Kolonnade dem Gott Amon, von der leider nur ein einziges Stück erhalten bleibt. Die Herrscher lassen sich unter Sandstein-Pyramiden begraben, am Fuße des Gebel Barkal, des heiligen Gebirges, dann auch in der nach Meroe verlegten königlichen Nekropole. Genau wie bei den ägyptischen Grabbauten fügen die kuschitischen Herrscher der Pyramide eine oder mehrere Kapellen hinzu, so etwa König **Natakamani** (Anfang unserer Zeitrechnung) oder Königin **Amanischacheto** (um 20 v. Chr.). Die dem Löwen geweihten Tempel sind wegen ihrer besonders spektakulären Bauweise bekannt, so etwa in Musawwa es-Sufra und in Naga, ungefähr 150 km nördlich von Khartoum. Dieser Tempel ist Apademak geweiht, dem Löwengott von Meroe, dem ein Elefant zugeordnet ist.

Die meroitische Religion

Amon bleibt einer der wichtigsten Götter des königlichen Pantheons. Alte lokale Gottheiten wie Apademak mit dem Löwenkopf, Schöpfer und Krieger, setzen sich gleichwohl durch. Amesemi, seine Paredra, wird als Frau dargestellt, deren Kopf von einem oder mehreren Falken überragt wird. Sebiumeker, ein Gott in menschlicher Erscheinung, trägt die doppelte Pharaonenkrone auf dem Kopf. Von Mas, dem Sonnengott, gibt es keine Darstellung, aber seine Priester werden in Texten erwähnt.

Die meroitische Schrift

Sie hat zwei Erscheinungsformen: eine Monumentalschrift, dem Repertoire der ägyptischen Hieroglyphen entlehnt, und eine Kursivschrift. Es gibt insofern eine völlige Entsprechung der beiden Schriften, als dass jedem der 23 Monumentalzeichen ein einziges Kursivzeichen entspricht. Die Kursivzeichen sind vom Demotischen abgeleitet, der stilisierten Schrift des späten Ägypten. In den meisten Fällen wird der Form treu gefolgt, und der phonetische Wert des Zeichens der Meroe-Kultur ist oft mit dem des ägyptischen Zeichens identisch oder sehr ähnlich. Während die ägyptische Schrift auf Ideogramme und Zeichen zurückgreift, wobei jedes entweder einen Konsonanten oder eine Gruppe von Konsonanten darstellt, benutzt die meroitische Schrift nur Zeichen, die einen einzigen Buchstaben darstellen, Konsonant oder Vokal. 1826 veröffentlicht der Franzose **Frédéric Cailliaud** (1787–1869) die ersten Kopien von Meroe-Texten, und 1911 gelingt es dem englischen Ägyptologen **Francis Llewellyn Griffith** (1862–1934), die Zeichen der beiden Alphabete zu entziffern. Die Hieroglyphen sind religiösen Texten vorbehalten, während die Kursive weitere Verwendung finden, vom Profanen bis zum Geheimen.

2. Die Königreiche von D'mt und Aksum in Äthiopien

Das **Königreich von D'mt/Da'amot** (8.–5. Jahrhundert v. Chr.) erstreckt sich über den Norden Äthiopiens, im heutigen Eritrea, mit der damaligen Hauptstadt Yeha. Es bestehen enge Bande mit dem Königreich der Sabäer im Jemen, so dass man fragen kann, ob es sich bei beiden Reichen nicht um eine Einheit handelt, die nur durch das Rote Meer getrennt ist. Nur wenige Überreste der Bauten sind erhalten und lassen kaum Erkenntnisse über dieses Königreich und die Gründe seines Verschwindens im 5. Jahrhundert v. Chr. zu. Unser Wissen über das **Königreich Aksum** (ca. 1.–12. Jahrhundert) ist dafür sehr viel umfangreicher. Dieses Königreich, nach seiner Hauptstadt benannt und in der äthiopischen Provinz Tigray gelegen, scheint im Laufe des 2. Jahrhunderts n. Chr. entstanden zu sein. Um das Jahr 330 n. Chr. ist das Königreich Aksum zu einem regelrechten Imperium geworden, das das Reich von Meroe ablöst. Es bekehrt sich zum Christentum, was Münzprägungen unter König **Ezana** (um 333–356) bezeugen. Dieser ersetzt die heidnischen Symbole Halbmond und Sonnenscheibe durch das Kreuz. Bischof **Frumentius** tauft den König. Die Überlieferung schreibt ihm eine Übersetzung des Neuen Testaments in das Altäthiopische, das Ge'ez, zu. Nach dem 8. Jahrhundert verliert Aksum immer mehr seine Vorrangstellung und muss sich schließlich im 12. Jahrhundert der Übermacht der Dynastie der Zagwe (1135–1268) beugen, die aus Lasta stammt, einer südlich von Tigre gelegenen Provinz.

Die Literatur aus Aksum

Die Literatur aus dem Königreich Aksum ist an die Landessprache gebunden, das Ge'ez. Als Sprache des Königreichs setzt sich diese Sprache zwischen dem 3. und 5. Jahrhundert durch. Seit dieser Zeit unterliegt sie zugleich dem Niedergang von Aksum und ist nicht länger die allgemein benutzte Sprache; sie wird nur noch von der intellektuellen Elite gesprochen. So überlebt sie bis zum 19. Jahrhundert. Heutzutage wird Ge'ez fast nur noch in der Liturgie der koptischen Kirche Äthiopiens eingesetzt. Die ersten Schriften in Ge'ez datieren aus dem 4. Jahrhundert und sind dem königlichen Wunsch entsprungen, den Wohlstand seines Reichs durch das Verfassen der *Annalen* der Herrschaft von König Ezana dauerhaft zu verkünden. Die übrige aksumitische Literatur ist direkt von griechischen Texten inspiriert, die ins Ge'ez übersetzt wurden. Es handelt sich hierbei in aller Regel um religiöse Werke und Abhandlungen wie etwa den *Querlos* (Kyrill von Alexandria), worin die Kirchenväter die mit der Natur Christi verbundenen Probleme erwähnen. Zuletzt berichtet die aksumitische Literatur von der Plünderung des Königreiches durch eine heidnische Königin, bevor sie den *Büchern der Wunder und der königlichen Gesänge* weicht, auf Amharisch, der offiziellen Sprache des äthiopischen Reiches.

3. Die Nok-Kultur (Nordnigeria)

Der Name Nok ist der eines einfachen Dorfes am Zusammenfluss von Niger und Benue. Er wurde 1943 vom Entdecker des Ortes, Bernard Fagg, als Eponym für die gesamte Kultur gewählt. Diese Kultur erstreckt sich im Norden Nigerias auf dem Bauchiplateau und zeichnet sich durch eine bedeutende Produktion von Terakotten aus. Um das Jahr 100 v. Chr. übernimmt die vermutlich um 500 v. Chr. entstandene Nok-Kultur die Verarbeitung von Kupfer

und Eisen, was neue dekorative Motive auf den gravierten Töpferwaren mit sich bringt.

Die Terrakotta-Bildhauerei

Die alte Kultur hat feine Terrakotta-Figurinen hervorgebracht, die 1928 von Zinn-Bergwerksarbeitern auf dem Jos-Plateau (Bauchiplateau) in Nigeria gefunden wurden. Die Kunst der Nok ist durch ihren Naturalismus gekennzeichnet, durch die stilisierte Behandlung von Mund und Augen – wobei die Proportionen dem menschlichen Kopf entsprechen –, die (ebenso) stilisierte Behandlung von Körper und Füßen, die verzerrende Darstellung der Gesichtszüge und das Aufgreifen tierischer Gestalten. Die Verbreitung dieses Typus im Gebiet südlich des Jos-Plateaus legt eine fest etablierte Kultur nahe, die noch heute sichtbare Spuren im Leben der Menschen jener Region hinterlassen hat. Viele Kennzeichen der Nok-Kunst tauchen in späteren Entwicklungen der nigerianischen Kunst wieder auf, die an Orten wie Igbo-Ukwu, Ife, Esie und Benin-City entstanden sind.

3

DRITTER TEIL

DIE KLASSISCHE ANTIKE IN EUROPA

I

Das antike Griechenland

1. Geschichte des antiken Griechenland

Die Geschichte des antiken Griechenland erstreckt sich über ein Jahrtausend, vom «dunklen Zeitalter» (12.–9. Jahrhundert v. Chr.) bis zur Niederlage des ptolemäischen Ägypten, des letzten unabhängigen Teils der hellenistischen Welt, in der Seeschlacht von Aktium 31 v. Chr. Meist wird die griechische Geschichte in mehrere Abschnitte unterteilt. Auf die «dunkle Zeit» folgt die **archaische Zeit** (8.–6. Jahrhundert v. Chr.), dann die **klassische Zeit** (500–323 v. Chr.) und schließlich die **hellenistische Zeit** (323–31 v. Chr.).

Die «dunklen Jahrhunderte» – das mykenische Erbe

Der Ausdruck «dunkles Zeitalter» entspricht dem angelsächsischen Begriff «dark ages», vorgebracht von Anthony Snodgrass in *The Dark Age of Greece* (1971) und von Vincent Robin d'Arba Desborough in *The Greek Dark Ages* (1972). Dieser Ausdruck umfasst die Zeit vom 12. Jahrhundert v. Chr., gekennzeichnet durch den Niedergang und das Ende der mykenischen Periode, bis zur Erneuerung Griechenlands im 8. Jahrhundert v. Chr.

Was ist das Erbe, das Kreta und die Kykladen den *poleis*, den griechischen Städten, übermitteln konnten? Der Stadtstaat funktioniert dank der Beamten schon seit der Zeit der Minoer, dann der der Mykener. Der Handel entwickelt sich mit den Aktivitäten der kykladischen Seefahrer, wozu noch die phönizischen und zypriotischen Erfahrungen kommen. Als Bezugspunkt für die herrschenden Klassen gilt bis zum Ende der Tyranneien – dargestellt im *Epos*, der epischen Rede – der mykenische Kriegsfürst. Er wird als Held auch im Pelopeion, dem Denkmal zum Ruhm des Pelops, vorgeführt, des Vorfahren der Atriden in Mykene. Im Bereich der Kunst lässt die vielfältige Keramik vieles entstehen, was später zum Ruhm der athenischen Kunst beiträgt. Die

Schriften der vor-homerischen Zeit sind der Archäologie und Geschichtsschreibung des 19. Jahrhunderts noch unbekannt. Erst die Hartnäckigkeit des englischen Gelehrten **Arthur Evans** (1851-1941) bringt Beweise für die Existenz mehrerer prä-phönizischer Schriften zutage, bis dann endlich drei graphische Systeme unterschieden werden können: die Hieroglyphen-Schrift, die wegen ihrer Piktographie so heißt; die Linearschrift A; die spätere Linearschrift B. Die ersten Schriften in **Linear A**, Verwaltungsschriften, werden ausschließlich während der mittleren minoischen Zeit (1800-1700) verfasst, danach verbreiten sie sich über ganz Griechenland und die Inseln in der Ägäis. **Linear B** findet sich vor allem in den reichhaltigen Archiven von Knossos, Pylos, Tiryntha und Mykene und verschwindet um 1200 v. Chr. beim Untergang der hellenischen Zitadellen; mit Ausnahme Zyperns, wo die Verbindung mit dem Machtzentrum weniger stark war. So gesehen, gibt es einen Bruch zwischen den beiden Zivilisationen. Das neue Schriftsystem, aus dem phönizischen hervorgegangen, schuldet der ägäischen Silbenschrift nichts.

Das archaische Griechenland (8.–6. Jahrhundert v. Chr.)

Außer durch archäologische Quellen ist diese Zeit auch durch die Werke von Historikern der griechischen Klassik wie Herodot und Thukydides bekannt. Es ist die Zeit der **Entstehung der Stadt**, bedingt durch militärische und wirtschaftliche Notwendigkeiten und das Anwachsen der Bevölkerung. Die wichtigsten Städte sind Chalkis (Chalkida) auf Euböa, Theben in Böotien, Athen in der Region Attika, Sparta und Argos auf dem Peloponnes. Die Kolonisierung setzt sich fort und endet im 7. Jahrhundert v. Chr.: Massalia, das heutige Marseille, Nikaia, Nizza, Kyrene in Kyrenaika, dem heutigen Libyen, Naukratis in Ägypten sowie Byzanz in Thrakien. Das griechische Alphabet kommt auf, überträgt die 22 Buchstaben des phönizischen Alphabets und fügt ihnen fünf Halbkonsonanten zu (unsere Vokale). Mitte des 7. Jahrhunderts v. Chr. kommt es zu einer großen gesellschaftlichen Krise. Die Bauern sind verschuldet und fühlen sich von den Großgrundbesitzern unterjocht. Es ist die Zeit der Tyrannen, Aristokraten, die die öffentliche Unzufriedenheit ausnutzen, um die Macht an sich zu reißen und das städtische Bürgertum zu bevorzugen. Die Tyrannen schwächen die übrigen Aristokraten, beschlagnahmen deren Grund und Boden und deportieren sie.

Die Ära der Gesetzgeber

Anstelle einer Agrarreform reorganisieren die Gesetzgeber die griechische Gesellschaft; zunächst in Athen, mit **Drakon** (7. Jahrhundert v. Chr.). Um 621 v. Chr. erlässt er einen ersten Gesetzeskodex, der allen Bewohnern bekanntgemacht wird, indem er auf Holzschildern angeschlagen wird. Es sind sehr strenge Gesetze, daher unser Ausdruck «drakonisch»; sie sehen häufig die Todesstrafe vor. **Solon** (um 640–558) reformiert die Gesetze und mildert sie ab. Alle Bürger müssen am städtischen Leben teilnehmen können; sie sind in vier Zensusklassen eingeteilt, je nach Reichtum. Nur die Mitglieder der ersten Gruppe, die reichsten, können das Amt des Archonten anstreben, eines Magistraten, der mit der Verwaltung der Stadt betraut ist. Ein Rat oder *Boulé* mit 400 Mitgliedern, 100 pro Sippe, wird geschaffen. Nach den Reformen Solons erlebt Athen zwischen 546 und 510 die Tyrannei durch **Pisistrates** (um 600–527) und seine Söhne. Der Reformer **Kleisthenes** gibt dann Athen eine neue politische Organisation. Als Demokratie verleiht sie allen Bürgern dieselben Rechte. Man spricht von einer *Isonomie:* Sie gestattet selbst den Metöken, den Fremden, die in Athen leben, Bürger zu werden.

In Sparta gibt **Lykurg** (8. Jahrhundert v. Chr.) der Stadt die erste Verfassung, die Große Rhetra bzw. das Grundgesetz. Er gründet die Gerusia, den Rat der Alten, teilt das Land in Lose *(Kleroi)* auf, 9000 für Sparta, 30 000 für Lakonien, das umliegende Gebiet. Er organisiert die spartanische Erziehung, wobei er zum Beispiel die Krieger verpflichtet, ihre Mahlzeiten in Gemeinschaften *(Syssitia)* einzunehmen. Um das Ideal der Einfachheit zu fördern, verbannt er Luxusgegenstände; Gold und Silber werden durch Eisenbarren ersetzt. Im Lauf des 7. Jahrhunderts v. Chr. vergrößern die Spartaner ihr Territorium beträchtlich. Die Küstenstädte, die auf den bergigen Halbinseln liegen, verlieren ihre politischen Rechte, und die Bewohner werden zu Periöken, zu Bürgern freier Provinzen ohne Bürgerrechte. Sie bilden eine Symmachie, ein Militärbündnis mit den Spartanern. So entsteht der lakedaimonische Staat, dessen Kern Sparta ist, das allein über Krieg oder Frieden entscheidet. Das erste Datum zur Eroberung von Messina im Südwesten des Peloponnes ist das von 730 v. Chr. Die Bürger Messinas sehen sich als Heloten wieder, als Leibeigene der Spartaner, der neuen Besitzer des Landes. Sparta erreicht seinen größten Wohlstand.

Die ersten olympischen Spiele

Das Jahr 776 v. Chr. ist das Datum der ersten griechischen olympischen Spiele im Fünfkampf, alle vier Jahre ausgetragen in Olympia. Zu Ehren von Zeus, dem Olympier, veranstaltet, finden sie fast 1000 Jahre lang statt, ehe 393 n. Chr. ein Edikt von Kaiser Theodosius die Aufgabe heidnischer Kultorte vorschreibt. Die Siegerehrung besteht in der Übergabe eines einzigen Ölzweigs. Ihr Name findet sich dann auf einer offiziellen Liste, im heiligen Hain von Olympia wird ihre Statue errichtet. Diese Siegerliste liefert präzise Angaben über das genaue Datum jedes Ereignisses. Zu Hause angekommen, wird der Sieger von allen Steuern befreit. Nur freie Griechen und solche von gutem Ruf sind bei den Spielen zugelassen.

Das klassische Griechenland (500–323 v. Chr.)

Im Jahre 500 v. Chr. erheben sich Ionien, die Gegend um das heutig Izmir, sowie seine reichen griechischen Städte (Milet, Ephesus) gegen die persische Herrschaft. Trotz der Hilfe aus Athen wird die Schlacht von Lade (494 v. Chr.) verloren. Vier Jahre später wird eine persische Invasion 490 v. Chr. bei Marathon von den Athenern und den Plataiern, Bewohnern Zentralgriechenlands, aufgehalten. 480 v. Chr. missglückt ein zweiter persischer Versuch infolge des Opfers der Spartaner unter Leonidas bei der Schlacht an den Thermopylen und der Niederlage in der Seeschlacht von Salamis. Diese Ereignisse sind unter dem Namen Perserkriege bekannt und werden weiter oben in diesem Buch im Kapitel über die Geschichte Persiens (II.5.3) behandelt.

Die Entdeckung der Silberminen von Laurion (Lavrio) erlaubt Athen, wirtschaftlichen Einfluss auf die griechische Welt zu nehmen. Um 470 v. Chr. beginnt die Ära des athenischen Imperiums, indem Athen die Kontrolle über den Attischen Seebund übernimmt. Ursprünglich war dies ein Militärbündnis gegen die persische Bedrohung. Athen profitiert vom Silber aus Laurion und seiner Seemacht, der Thalassokratie, um sich gegen andere Städte durchzusetzen, die seine Vasallen werden. **Delos** wird Sitz der Konföderation und birgt dessen Schatz, bis dieser 454 v. Chr. nach Athen transferiert wird. **Perikles** (um 495–429), ein Großneffe von Kleisthenes, wird zum Militärbefehlshaber Athens gewählt. Vom Wunsch beseelt, das athenische Reich auf eine demokratische Basis zu stellen, setzt er eine Aufwandsentschädigung, *misthos*, für ärmere Bürger ein, damit sie ein Magistratsamt übernehmen können.

458 v. Chr. lässt er die *Langen Mauern* zwischen Athen, Piräus und Phaleron errichten. Er verstärkt die Häfen, um das Land im Kriegsfall zu schützen; ein Krieg mit Sparta wird immer wahrscheinlicher. Die Minen von Laurion und der Schatz von Delos, der mit den athenischen Kassen verschmilzt, gestatten die Errichtung des Parthenon. Nach 450 v. Chr. und dem Sieg von Salamis auf Zypern beenden die Griechen und die Perser ihre Angriffe und konzentrieren sich auf das jeweils eigene Territorium. Das macht den Attischen Seebund gegenstandslos, doch Athen hält ihn mit Gewalt aufrecht. Der Bund entwickelt sich als athenische Konföderation weiter, die Beiträge werden zu Tributzahlungen an Athen, die Konföderierten zu Athener Untertanen. Die Ausdehnung Athens beunruhigt Sparta, das seine Alliierten im Peloponnesischen Bund mobilisiert. Der sogenannte **Peloponnesische Krieg** bricht aus und dauert von 431 bis 404. Er führt zur Niederlage und zum Niedergang Athens. Der Zusammenbruch Athens scheint Sparta den ersten Platz in Griechenland zu bescheren. Doch weder das Spartanische Imperium noch eine Rückkehr der Macht Athens sind von Dauer. Theben übt seine Vormacht über die anderen Städte aus. Jede der kurzen Herrschaftsperioden erschöpft die Städte im permanenten Bruderkampf. Während die wichtigsten griechischen Städte den unumkehrbaren Niedergang, dessen Ursache sie selbst sind, noch gar nicht klar wahrgenommen haben, wächst die nationale Macht der Könige von Makedonien, die dann den Bruderkämpfen ein Ende setzen und sich alle Städte unterwerfen.

Der Aufstieg der makedonischen Dynastie: Philipp II. (359–336 v. Chr.)

Philipp II. von Makedonien ist der jüngste Sohn von Amyntas III. Nach dem Tod seines älteren Bruders übt er die Herrschaft für seinen minderjährigen Neffen aus. Er setzt sich mit Gewalt, List oder auch mit dem Gold der Minen von Makedonien und im Pangaion durch, erst in Thessalien, danach in Thrakien. 357 v. Chr. heiratet er **Olympias** (um 375–316), die Tochter des Königs der Molosser, die im folgenden Jahr dem zukünftigen **Alexander dem Großen** (356–323) das Leben schenkt. Das makedonische Gold dient dazu, in den großen griechischen Städten eine pro-makedonische Partei zu unterstützen. In Athen greift der Staatsmann und Redner **Demosthenes** (384–322) Philipp II. in einer Reihe von Reden, die als *Philippika* bekannt wurden, heftig an. 329 v. Chr. verbünden Athen und Theben sich gegen Philipp, werden aber in der Schlacht von Chaironeia 338 an den Ufern des Kifisos geschlagen. Ganz Griechenland gerät unter makedonische Herrschaft. Wohl bleiben die Städte erhalten, doch haben sie keine wirkliche Macht mehr, ihre Institutionen überleben sich. Philipp vereint sie (außer Sparta) im Korinthischen Bund und verkündet seine Absicht, Persien anzugreifen, um die dortigen griechischen Städte zu befreien. Er wird 336 v. Chr. ermordet und stirbt, ehe er sein Vorhaben erfolgreich durchführen kann. Die Aufgabe fällt seinem Sohn und Nachfolger zu, Alexander dem Großen.

Das hellenistische Griechenland (323–146 v. Chr.)

In Griechenland wächst das Gewicht Makedoniens nach der definitiven Entmachtung Athens, das den Chremonideischen Krieg (268–262) verliert. Doch Makedonien wird durch den Aitolischen Bund und den Achaiischen Bund in Schranken gehalten. Dieser Zusammenschluss muss gleichwohl mit Sparta rechnen, das stets gefährlich bleibt. Makedonien kann beide Städtebünde besiegen und setzt sich ab 217 v. Chr., nach dem Ausgang des Bundeskrieges (220–217), durch. Dann bietet Makedonien Rom die Gelegenheit, im östlichen Mittelmeer zu intervenieren und sich die Sache Griechenlands zu eigen zu machen, ehe es dieses Land unterwirft – der Preis dafür sind vier Makedonisch-Römische Kriege, die erst 148 v. Chr. beendet sind.

Das Ende der Städte und die Herrschaft Roms

Der Achaiische Bund erklärt Sparta ohne Anhörung Roms den Krieg. Der Bund wird von Rom besiegt, Korinth wird geplündert und zerstört. Sämtliche eroberten griechischen Städte werden der Provinz Makedonien zugeschlagen. Vergeblich erhebt sich Athen 88 v. Chr. Griechenland, bereits seit 146 v. Chr. römisches Protektorat, wird 27 v. Chr. durch den Willen des Augustus zur Achaiischen Provinz.

Die Kultur der griechisch-hellenistischen Welt

Die hellenistische Zeit ist diejenige, die die Historiker nach dem Tod Alexanders des Großen 323 v. Chr. beginnen und bei Aktium 31 v. Chr. enden lassen. Der wichtigste Ort für Literatur und Wissenschaft ist Alexandria in Ägypten. Charakteristisch für diese Epoche ist die Gelehrtheit, die kritische Kunst und das Studium der Wissenschaften sowie die Einführung einer gemeinsamen (griechischen) Sprache, die bis zum Ende der byzantinischen Zeit anhält: die Koiné.

2. Das politische Leben in Griechenland

Das politische Leben am Ende des 6. Jahrhunderts v. Chr. ist gekennzeichnet durch die von **Kleisthenes** bewirkte Reform: Die *Genoi*, Familien mit einem gemeinsamen Vorfahren, Großfamilien und Großgrundbesitzer, verlieren ihre gesamte politische Bedeutung. Dieser große Reformer ist nur aus wenigen Quellen bekannt: aus denen seiner Opponenten nämlich, die ihn zitieren, **Herodot** etwa in den *Historien* und **Aristoteles**, der ihn in seinem *Staat der Athener* erwähnt. Dieser Text, den man von einem 1879 im ägyptischen Hermopolis gefundenen Papyrus kennt, beschreibt 158 Verfassungen griechischer Städte. Der erste Teil stellt die verschiedenen Etappen der Demokratie dar, der zweite bestimmt die Rolle der legislativen und exekutiven Kräfte, die Klasse der Bürger, nennt Rechte und Pflichten. Der Schutz der athenischen Verfassung wird den Nomotheten anvertraut, den für ein Jahr gewählten Gesetzgebern. Um den Triumph der Stadt über die *Genoi* zu sichern, wird die Stammeseinteilung nach Familien durch eine territoriale Zuteilung nach Bewohnern von Attika und solchen von Athen ersetzt. Die Stadt, das Landesinnere und die Küstenregion werden in über 100 kleine Bezirke eingeteilt, die *Demen*, die ihrerseits in zehn Stammesgruppen unterteilt sind, die *Phylen*. Der athenische Bürger definiert sich nach dem Namen des *Demos*, in dem er wohnt. Folge dieser Maßnahme ist die Zersplitterung großer Familien, weil ihre Mitglieder verschiedenen *Demen* angehören können. Die Idee der Isonomie, der politischen Gleichheit unter den Bürgern, ist fundamental und ausschlaggebend für die Demokratie. Der Rat der 400, von Solon eingesetzt, wird durch einen solchen von 500 ersetzt, was den 50 mal 10 Delegierten der Phylen entspricht. Unter dem Befehl eines gewählten Strategen bilden die zehn Stämme ein Regiment Infanteristen (Fußtruppen), ein Regiment Falangisten (Lanzenreiter mit Rüstungen) und eine Schwadron Kavallerie. 493 v. Chr. wird **Themistokles** (525–460) zum Archonten ernannt. Themistokles stattet Athen mit einer mächtigen Flotte aus, mit Befestigungen und einem Hafen, nämlich Piräus, der 479 v. Chr. vor der Bedrohung durch Sparta und seine Verbündeten fertiggestellt wird. Die Macht der Stadt beruht auf ihren Hopliten, schwerbewaffneten Fußsoldaten aus der Klasse der Grundbesitzer. Die Schlacht von Salamis ist die der (besitzlosen) Theten, die Schlacht bei Marathon (s. o.) ist die der Hopliten.

Das Funktionieren der Institutionen

Das Funktionieren der Institutionen ist um die legislative und die exekutive Macht organisiert. Erstere ist in eine oder mehrere Versammlungen oder Räte geteilt und in eine Versammlung der Bürger. In Sparta ist der Rat der Alten, die *Gerusia*, ein Senat aus 28 Mitgliedern von mindestens 60 Jahren, auf Lebenszeit per Akklamation von der Volksversammlung gewählt, der Apella. Die Gerusia hatte die wirkliche Macht in Händen, kontrollierte die Ephoren oder Magistrate, wie auch die beiden Könige, die dort rechtmäßige Mitglieder sind. In Athen hat der Areopag ursprünglich ratgebende Funktionen, beschränkt sich in der Folge dann auf Rechtsprechung bei Verbrechen. Seine Mitglieder werden auf Lebenszeit aus den Magistraten, den Archonten, gewählt. Sie kommen ursprünglich aus großen Familien, den Eupatriden, später aus allen sozialen Schichten, je nach Stand der Demokratie. Gerusia und Areopag sind vom Wesen her oligarchisch, einer beschränkten Anzahl ausgewählter Bürger vorbehalten.

Athen stellt ihnen bei der Berufung eine demokratischere Versammlung an die Seite: die *Bule (boulé)*, den Rat der 500, mit 50 *Buleuten* pro Stamm, ausgelost aus den von den 10 Stämmen/Phylen präsentierten Kandidaten. Der Buleute ist für ein Jahr im Amt, muss mindestens 30 Jahre alt sein und dazu ein Bürger, der sich sämtlicher Rechte erfreut. Die Bule bereitet die Verordnungen vor, die der *Ekklesia* vorgelegt werden, der Versammlung der Bürger. Sie tagt auf der Agora in einem besonderen Gebäude, dem *Bouleutérion*, und ist in zehn Kommissionen oder *Prytanien* eingeteilt, welche aus je 50 Mitgliedern eines Stammes bestehen und den zehnten Teil des Jahres im Amt sind, also 35 bis 36 Tage. Die Prytanie bereitet und leitet die Diskussionen in der Bule und der Ekklesia. Die Senate, die athenische Bule oder das *Synhedrion*, der Rat einer Gemeinschaft von Städten, bereiteten die Arbeit der Volksversammlungen vor. In den oligarchischen Regimes, also alten Aristokratien und Monarchien, hat diese Versammlung wenig Macht, was etwa für die *Apella* in Sparta gilt, wo das Wort nicht frei ergriffen werden darf; in Wahrheit liegt die Macht dort bei der Gerusia. In einem demokratischen Regime übt die Ekklesia die souveräne Macht über die Angelegenheiten des Staates aus. Eine Aufwandsentschädigung von drei Obolen, der *misthos ecclesiastikos*, gestattet den Armen, ihrer Verpflichtung zur Sitzungsteilnahme nachzukommen. Der Herold verliest die Vorschläge der Bule, die Redner äußern sich. Im Prinzip hat jeder das Rederecht, doch tatsächlich sind es die einflussreichsten Bürger, die es regelmäßig ausüben. Die Ekklesia verfügt über alle drei Gewalten: legislativ, exekutiv (beschließend), judikativ; sie ernennt die Magistrate, nimmt Verträge an oder weist sie ab und entscheidet über Krieg oder Frieden.

3. Die griechische Kunst

Die griechische Architektur

Die Tempel **vom Beginn des 7. Jahrhunderts v. Chr.** sind noch nach dem Plan einer schlichten *Cella* gebaut, dem heiligen Kultort, der die Statue des Gottes birgt; manchmal mit einer axialen Säulenstellung. Der Übergang von Holz zu Stein im Tempelbau geschieht nach und nach, anfangs handelt es sich nur um Fundamente für die Säulen. Die Verwendung von Lehmziegeln für die Dachdeckung erfordert eine größere Festigkeit der Stützen, weshalb das Holz durch Stein ersetzt wird. In den ältesten Tempeln ist eine Säulenreihung in der Längsachse der *Cella* vom architektonischen Standpunkt aus unerlässlich. Nachdem das Holz durch den Stein ersetzt wurde, ändert sich die Konstruktionsweise nicht, die Teile des Gebäudes, ehemals aus Holz, bleiben gleich. Im Heraion (Heiligtum) von Olympia werden alle Säulen nach und nach ersetzt, und Pausanias berichtet, dass dort die letzte von einst 40 hölzernen Säulen noch vorhanden war, als er das Heiligtum besuchte. Beim Bauschmuck gehen die Metopen in den Friesen, rechteckige, reliefgeschmückte Schilder, in ihrer ältesten Form auf bemalte Lehmplatten zurück wie etwa im Apollo-Tempel in Thermos.

Im letzten Drittel des 7. Jahrhunderts v. Chr. kam die Ionische und die Dorische Säulenordnung auf. Die Korinthische Ordnung erschien erst zur Römerzeit. Der repräsentativste Bau um 590 v. Chr. bleibt der Artemis-Tempel in Korfu. Die Tyrannen verschönerten die Städte, Pisistrates und seine Söhne hinterließen in Athen auf der Akropolis den Athena-Tempel, mit dem Hekatompedon (Cella von 100 Fuß Länge). Die reiche eupatridische (adlige) Familie der Alkmeoniden lässt in Delphi den Apollo-Tempel aus Marmor und Stein errichten, wodurch sie sich das Wohlwollen des Orakels sichert. In den Städten des 6. Jahrhunderts v. Chr. existiert noch keine private Architektur, doch immer häufiger werden Arbeiten von den (in der Ämterlaufbahn niedrigen) Ädilen vergeben: Städtebauprojekte wie in Syrakus, Brunnen in Athen, Aquädukte in Megara und Samos. Die großen Heiligtümer entstehen: das Ionische in Sizilien, wo kleine Votivgebäude, die Schatzhäuser entstehen; so auch das von Sikyon in Delphi, dessen Metopen die Argonauten-Sage darstellen, oder das von Sifnos, wo der Trojanische Krieg dargestellt ist; auch der Tholos (Rundbau) der Marmaria (in Delphi). Die Tempel erreichen außergewöhnliche Dimensionen wie der Apollo-Tempel in Selinunt (Sizilien) in der Magna Graecia mit 110 m Länge und 11 m Breite. Auch in anderen Kolonien «Großgriechenlands» findet sich eine ähnlich großzügige Auffassung von Architektur und Städtebau, etwa in Metapont (Metaponto) oder in Paestum.

Die drei Säulenordnungen

- **Die dorische Säule**, deren älteste Zeugnisse auf das Jahr 625 v. Chr. zurückgehen, besitzt einen kannelierten Säulenschaft, der direkt auf dem Boden aufsitzt, und ein schlichtes, schmuckloses Kapitell. Sie wird in der Höhe immer schmaler, denn ihre Basis muss das Gewicht der Säule selbst und des Gesimses tragen. Sie besteht aus Tambouren/Trommeln und ist kanneliert, kann so das Licht besser aufnehmen. Triglyphen (gerillte Platten) und Metopen (die Flächen zwischen den Triglyphen) sind charakteristisch für den dorischen Fries.

- **Die ionische Säule** ruht auf einem mehrteiligen Sockel, oberste Stufe ist der Stylobat, Basisplatte die Plinthe. Das Kapitell hat charakteristische gerollte Voluten, die eine Art Kissen bilden. Die ionische Ordnung hat einen durchgängigen horizontalen Fries, dessen einziger Sinn darin besteht, dekorativ zu sein.

- **Die korinthische Säule** erscheint in Rom zur Zeit des Augustus. Ihr Kapitell ist mit Akanthusblättern geschmückt.

Die Akropolis und der Parthenon

Akropolis ist der Name des Felsens, der Athen um 156 m überragt, und bedeutet «Stadt in der Höhe». Man findet in mehreren griechischen Städten

eine Akropolis, z. B. in Korinth. Die Akropolis und ihre Tempel, ihre herrlichen, den Göttern geweihten Monumente, sind der «Unterstadt» gegenübergestellt, wo sich das tägliche Leben abspielt. Die Athener Akropolis bietet vier Meisterwerke der klassischen Architektur: die Propyläen, das Erechtheion, den Tempel der Athena Nike und das Parthenon.

- **Die Propyläen**, eigentlich «Eingangstore» zum Tempelkomplex, wurden zwischen 437 und 432 erbaut. Sie haben eine Fassade mit 6 Säulen.
- **Das Erechtheion** ist der dem sagenhaften Ahnen der Athener namens Erechtheus geweihte Tempel. Erbaut zwischen 420 und 407, barg er einst die älteste Statue des Kultes der Göttin Athena.
- **Der Tempel der Athene Nike** (Nike: die Siegreiche) feiert den Sieg der Griechen über die Perser (490 und 480 v. Chr.). Er repräsentiert die traditionelle Schutzrolle der Göttin, die die Athener stets zum Sieg führen möge.
- **Der Parthenon** ist der Haupttempel der Athene. Zwischen 447 und 438 wird er erbaut, während Perikles als Stratege die Stadt führt. Sein Bau wird dem größten klassischen Architekten und Bildhauer anvertraut, Phidias (490–430). Aus weißem Marmor errichtet, weist er eine Fassade mit 8 Säulen auf, 17 an den Längsseiten. Er birgt die Statue der stehenden Göttin, ebenfalls von Phidias geschaffen. Sie misst 15 m und wird als «chryselephantin» beschrieben: aus Gold und Elfenbein gemacht. Um den gesamten Tempel herum verläuft auf den Metopen (dem Raum zwischen den Architraven), oberhalb der Säulenkapitelle und des Giebels, der Panathenäen-Fries: eine Darstellung der jährlichen Prozession junger Mädchen und Frauen zu Ehren der Göttin.

Die hellenistische Architektur

Die Architektur widmet sich dem Bau grandioser und prächtig dekorierter Gebäude: der Zeus-Altar in Pergamon, der große Tempel des Olympischen Zeus (Olympeion) in Athen. Die dorische Ordnung ist im 3. Jahrhundert v. Chr. fast vollständig aufgegeben. In Kleinasien tritt sie noch auf, bringt aber tiefgreifende Veränderungen, was den Grundriss, die Gliederung der Säulen, die Proportionen angeht, zu sehen etwa am Athena-Tempel in Pergamon. Der Architekt **Hermogenes von Priene** kodifiziert die Regeln der ionischen Ordnung und führt bei den Proportionen und dem Dekor Veränderungen ein.

Pytheos rekonstruiert auf Befehl Alexanders den Tempel der Athena Polias, der zum Referenzbauwerk der ionischen Ordnung in Priene wird. Gigantismus kennzeichnet auch das Apollo-Heiligtum in Didyma, dessen *Cella* 108 ionische Säulen von ca. 20 m Höhe umgeben. Die Besonderheit der Epoche liegt im Bau oder im Wiederaufbau von Städten. Die Straßen kreuzen sich im rechten Winkel, so in Priene, Antiochia und Apameia; sie werden immer häufiger von Kolonnaden eingefasst, und die Säulenhallen werden immer mehr. Das griechische Wohnhaus wird bescheidener, dafür wird dessen Dekor immer prunkvoller. Im Zentrum liegt das *Megaron*, der wichtigste Raum, versehen mit einem Herd. Das *Megaron* öffnet sich auf einen großen Hof mit dorischen Säulen und einem zentralen Bassin; der Hof ist mit Stuck und Mosaik dekoriert.

Die griechische Skulptur

Die archaische Skulptur

Im Bereich der Skulptur sind die ältesten Artefakte im Wesentlichen die kleinen *Ex-Voto* (Votivgaben) aus Bronze und Elfenbein, Menschen- und Tier-Statuetten, auch aus Terrakotta hergestellt, Glocken-Idole aus Böotien, die oben mit einem Loch versehen sind, damit sie aufgehängt werden können. In der Plastik sind zu Beginn die Körperformen nur angedeutet. Der Korpus wirkt massiv, weil die Arme an der Brust verbleiben. Zur Mitte des 8. Jahrhunderts v. Chr. beginnen sich die Gliedmaßen vom Korpus loszulösen. Der Kopf ist ohne Gesicht, die Gelenke sind ausgeprägt. Die «griechischste» aller Künste, die archaische Skulptur, verwendet für die ersten Figuren noch Holz: Es sind *Xoana*, Statuen, die einem Kult dienen. Nur wenige sind erhalten geblieben. Die älteste Statuette ist die einer Frau, datiert auf 675 v. Chr. Eine Inschrift lässt den Schluss zu, dass es sich um eine Opfergabe von **Nikander von Naxos** handelt. Die Kunst beginnt sich in immer mehr Zentren auszubreiten: Kreta mit der *Dame d'Auxerre*; Großgriechenland und Nordgriechenland; die korinthische Kunst; Skulpturen aus Sikyon in Delphi, in Mykene; Metopen vom Athena-Tempel; der Giebel des Schatzhauses von Megara. Aus Nordgriechenland kommen die *Kouroi*, Statuen nackter junger Männer vom Apollo-Tempel. Im Gegensatz zu den ersten dieser Figuren, die um das Jahr 650 v. Chr. datiert sind, sind die *Koren*, die weiblichen Figurinen, immer bekleidet.

Die griechische Skulptur des 6. Jahrhunderts v. Chr.

Die berühmteste Skulptur der Zeit um 580 v. Chr. bleibt die Rundplastik der beiden Brüder aus Argos, **Kleobis und Biton**. Im Vergleich zum schematischen Geometrismus, der bis dahin vorherrschte, sind die beiden Statuen viel feiner modelliert, die Körpermerkmale deutlich akzentuiert, vor allem die Knie. Ihre Körperhaltung ist die der *Kouroi*, der männlichen Statuen jener Zeit. Der Kopf ist noch massiv. **Um 560 v. Chr.** befreit sich die Darstellung der menschlichen Figur von den Zwängen des Geometrismus. Die beiden repräsentativsten Stauen sind die des Apollo (Kouros) von Tena in Korinth und der Kouros von Ptoion IV in Böotien; Statuen, die nichts Kolossales mehr an sich haben, da sie nur ca. 1,50 m messen. Die Körperreliefs erscheinen klarer, und das berühmte «archaische Lächeln» kommt auf. Doch erst rund 30 Jahre später erscheint der menschliche Körper mit seiner inneren Struktur, den Muskeln, die die Bewegung verdeutlichen. Die Bauchmuskulatur nimmt die «gepanzerte» Form an, die dann zur kanonischen Regel wird.

Die Skulptur des klassischen Griechenland

Die vorklassische Zeit der Plastik, um 480 v. Chr., bringt mit dem *Knaben* des **Kritios**, eines athenischen Bildhauers, die neuen Merkmale der Darstellung des menschlichen Körpers. Die archaische Steifheit weicht einer natürlicheren und geschmeidigeren Erscheinung des Körpers und der Muskulatur. Das charakteristische Lächeln der archaischen Zeit verschwindet und wird durch einen tieferen Ausdruck ersetzt. Diese Statuen gelten als Übergang vom archaischen Stil zum frühen, zum **ersten Klassizismus** (500–450). Die drei berühmtesten Bildhauer jener Zeit sind Myron, Polyklet und Phidias.

- **Myron** ist der Schöpfer des *Diskuswerfers:* Der Bildhauer vermag in Bronze festzuhalten, wie der Diskuswerfer in einer Körperdrehung den Moment zwischen Vorbereitung und Ausführung des Wurfes erfasst.

- **Polyklet** zeigt mit *Doryphoros* und *Diadumenos* zwei Athleten, das linke Bein jeweils leicht nach hinten gestellt, wodurch eine leichte Asymmetrie des Beckens im Verhältnis zu den Schultern entsteht. Der Unterschied von linkem und rechtem Bein ist ein Charakteristikum dieses großen Bildhauers. Diese leicht geneigte Haltung wird später in der italienischen Renaissance *contraposto* genannt (etwa im *David* von Donatello). Doch er interessiert sich auch für das Problem des Torsos, wo die Muskulatur nicht der Realität, sondern der Ästhetik folgt. Polyklet beschreibt den männlichen Körper als regelhaft gebaut.

- **Phidias** (490–430) erst lässt Form und Bewegung zum Ausdruck des Gedankens zusammenlaufen. In Athen geboren, baut er in Olympia die Zeus-Statue aus Gold und Elfenbein, wobei Zeus auf einem Thron sitzt. Aus den gleichen Materialien erschafft er auch die Statue der Athena Parthenos, die das Innere des Parthenon schmücken sollte. Metopen zeigen je ein Thema auf den vier Seiten des Gebäudes.

Drei Kunstzentren sind in dieser Zeit dominierend: der Peloponnes mit dem Tempel des Olympischen Zeus (Olympeion); Magna Graecia und Sizilien mit dem Wagenlenker von Delphi; Athen mit den Metopen vom Schatzhaus der Athener in Delphi.

Der **zweite Klassizismus**, die folgende Zeit von 450 bis 400, bildet einen Kontrast zu der Einheit der vorhergehenden Periode. Der Bildhauer **Kallimachos** (produktiv 430–408) führt den Effekt des nassen Faltenwurfs ein, was den weiblichen Körper betont. Das ist auch der Fall bei den Siegesgöttinnen, die die Balustrade des Tempels der Athene Nike schmücken. Im 4. Jahrhundert v. Chr. findet die Plastik in **Skopas** (420–330), **Praxiteles** (400–326) und **Lysippos** (390–310) drei unvergleichliche Meister. Ein neuer Klassizismus kommt um 370 v. Chr. auf. **Skopas** brilliert im Ausdruck des Pathetischen, der heftigen Gefühle. **Praxiteles** zeichnet sich aus durch Darstellung von Grazie und Sinnlichkeit: Junge Frauen und Epheben sind in natürlichen, gar anmutigen Posen dargestellt; die Aphrodite von Knidos zeigt die Göttin nackt und im Begriff, ins Bad hinabzusteigen. Es ist die erste griechische Skulptur einer nackten Frau. Das wurde umso mehr zum Skandal, als das Modell die berühmte Hetäre Phryne war, die Geliebte des Praxiteles. Mit **Lysippos** kehrt die Tradition der athletischen Skulptur wieder. Doch Lysippos zeichnet sich durch seine Kunst aus, die Bewegung in einem Augenblick festzuhalten, und durch den sorgfältigen Realismus, etwa bei seinem *Apoxyomenos*, der durch eine römische Kopie bekannt ist. Das Motiv ist zwar banal: Ein Athlet entfernt mithilfe einer Strigilis, eines Schabers, den Staub der Arena, der durch den Schweiß und die Öle, mit denen seine Haut eingerieben ist, hart geworden ist. Doch die Darstellung ist voller Leben. Seit der Mitte des 5. Jahrhunderts und bis zur Zeit Alexanders bewahrten alle Bildhauer bei ihren Skulpturen die dem Typ des *Doryphoros* entsprechenden Proportionen. Der Körper ist sieben oder acht Mal so lang wie der

Kopf. Um 350 v. Chr. schlägt Lysippos neue Proportionsstandards vor, worin der Kopf nur noch ein Achtel der Körperlänge ausmacht.

Die hellenistische Skulptur

Die Skulptur im 3. Jahrhundert v. Chr. ist gleichfalls Einflüssen aus dem Orient unterworfen. In Athen sind die Meister dieser neuen klassischen Tradition die beiden Söhne des Praxiteles namens **Timarchos** und **Kephisodotos der Jüngere**, beide Schöpfer eines Porträts des Dichters *Menander*. Heranwachsende Heroen, Satyrn, der *Barberinische Faun*, ein eingeschlafener Satyr, bezeugen die anhaltende Beliebtheit von Praxiteles. So wie der Einfluss von Skopas in den pathetischen Häuptern zu erkennen ist, den Porträts von Staatsmännern und Philosophen, geben die Athleten-Statuen eher den Einfluss von Lysippos wieder. Die klassische Tradition Kleinasiens zeigt sich auch in seinen Schulen, mit Kopien der Künstler. So ist in Pergamon das erste Zeugnis der dortigen Schule das *ex-voto* von Attalos I., errichtet zum Gedenken an seinen Sieg über die Galater; Urheber des Werks ist Epigonos. Das zweite Werk ist der große Zeus-Altar, dessen Fries auf 120 m die Gigantomachie darstellt, den Kampf der Götter mit den Giganten. Der Meister des *Borghese-Gladiators* kam aus Ephesos: Agasias. Aus Ephesos kam auch der Schöpfer des Galliers von der Agora der Italiker in Delos. Im 2. Jahrhundert v. Chr. kommen in Delos sämtliche Einflüsse zusammen. Auf dem Peloponnes erschafft **Damophon von Messina** eine Aphrodite oder die *Venus von Milo*. Im 1. Jahrhundert v. Chr. ist Athen das Zentrum einer neo-attischen Renaissance mit **Apollonios von Athen**, dem Sohn des Nestor, der den *Torso von Belvedere* signiert. **Glycon von Athen** signiert den *Herkules Farnese*, Kopie eines Originals von Lysippos. Diese Periode neigt zum Realismus, was etwa die *Laokoon-Gruppe* zeigt: Der trojanische Priester Laokoon und seine beiden Söhne sind angesichts des Schreckens qualvoll gebeugt, als sie von Schlangen angegriffen werden. Dieses Werk wird Hagesandros, Athanadoros und Polydoros, alle aus Rhodos, zugeschrieben; um 40 v. Chr.

Keramik-Kunst

Die Keramik erfährt gleichfalls einen Wandel, und ihr Stil verändert sich gegenüber dem der späten mykenischen und minoischen Epochen. Die Ornamentik gibt die Tier- und Pflanzenformen auf, und statt ihrer erscheinen geometrische Formen. Der Rekurs auf die gerade Linie, den spitzen Winkel, den Kreis sowie das Fehlen des Mäanders sind kennzeichnend für diese Epoche. Der protogeometrische Stil der ersten Perioden wird nun durch den geometrischen ersetzt, der das Gefäß befreit: Man sieht nun klar den Fuß, den Bauch, die Schulter, den Hals. Diese unterschiedlichen Partien werden durch entsprechendes Dekor betont. Bauch und Hals sind reich dekoriert. Im Lauf des 9. Jahrhunderts steigert sich die Qualität. Im Übergang vom 9. zum 7. Jahrhundert tritt eine Veränderung auf mit der geometrischen Darstellung stilisierter Personen. Ein Dreieck bildet den oberen Teil des Körpers, worauf man den Kopf in Form eines Punkts erkennt. Diese Darstellungen sind theatralisch: Auf großen Begräbnisvasen findet sich die Totenklage, auf kleineren Vasen erscheinen bereits die Kämpfe der Heroen. Zentrum dieses neuen Stils ist Attika, die Region um Athen. Der Peloponnes rivalisiert mit Athen; Sparta und die Ionier sind an der neuen Ästhetik weniger interessiert.

Vasenmalerei mit schwarzen und roten Figuren

Der orientalische Einfluss zwischen 725 und 625 zeigt sich in der Vasenmalerei. Die kommerzielle Entwicklung inspiriert zu neuen Formen und neuem Dekor: Rhodos, Samos, Milet und Korinth produzieren Vasen mit orientalisierendem Dekor: Blumen, Palmetten, die sich über die gesamte Oberfläche der Vasen verteilen. Die geometrischen Motive werden in der ersten Hälfte des 7. Jahrhunderts v. Chr. immer seltener. Es bilden sich Schulen in mehreren Gegenden Griechenlands. Zahlreiche Ateliers entstehen in Naxos, Melos, Delos, Paros. Doch das berühmteste bleibt wegen seiner Keramikgefäße und -schalen das von Rhodos. Gegen Ende des 6. Jahrhunderts markiert das Jahr 575 den attischen Triumph der schwarzfigurigen Keramik; Athen ist das Produktionszentrum, stark von Korinth beeinflusst.

4. Die griechische Literatur

Die Literatur zur Zeit Homers

In der Diskussion zwischen denen, die die These eines einzigen Autors namens Homer verteidigen, und denen, die für mehrere Autoren votieren, geht es um die Identität des Verfassers wie auch um die Komposition der *Ilias* und

der *Odyssee*. Homer lebt, weil seine Werke *Ilias* und *Odyssee* über die Jahrhunderte hinweg existieren. Mehrere Städte streiten sich darum, Heimatstadt Homers zu sein: Chios, Smyrna, Kyme, Kolophon. Seine Gedichte, in Griechenland laut der Tradition durch Lykurg eingeführt und von Rhapsoden gesungen, waren ursprünglich Einzelwerke, ein jedes zudem anders betitelt. Die ***Ilias*** macht deutlich das, was man als homerische Kunst bezeichnet. Als Literatur-Denkmal besteht dieses Epos aus 16 000 Versen in 24 Gesängen. Die wichtigsten Episoden sind der Kampf Achills und Agamemnons (Gesang 1), der Tod des Patroklos (Gesänge 15 bis 19) und der Tod Hektors (Gesänge 20 bis 24), der die Versöhnung zwischen König und Held darstellt. Oft waren Wiederholungen von Versen oder Gruppen, die den Text rhythmisieren, notwendig für den Aöden, der das Werk musikalisch deklamierte. Die Wiederholungen wurden vom Publikum sehr geschätzt, das die kurzen Passagen auswendig konnte.

Im Unterschied zur *Ilias*, dem Kriegsepos, ist die ***Odyssee*** ein Familien- und Haus-Epos. Das tägliche Leben wird in zahlreichen Szenen geschildert. Und Odysseus ist auch ein menschlicherer Held als die tapferen Krieger der *Ilias*, er liebt die Natur, sein Vaterland und sein Heim. Stark genug, um der Verführerin Kalypso zu widerstehen oder den Zyklopen Polyphem zu bekämpfen, weint Odysseus, als der Sänger Demodokos im Palast des Alkinoos vom Trojanischen Krieg erzählt. «Menschlich, allzu menschlich» muss er auch lügen und betrügen: «Daß die Phäaken nicht die tränenden Wimpern erblickten. / Als den Trauergesang der göttliche Sänger geendigt, / Trocknet' er schnell die Tränen, und nahm vom Haupte den Mantel, / Faßte den doppelten Becher, und goß den Göttern des Weines. / Aber da jener von neuem begann, und die edlen Phäaken / Ihn zum Gesang ermahnten, vergnügt durch die reizenden Lieder; / Hüllt' Odysseus wieder sein Haupt in den Mantel, und traurte.» (*Odyssee*, Achter Gesang, übertragen von Johann Heinrich Voß)

Die Musik, unerlässliche Begleitung des Gesangs der Poesie

Die Griechen betrachten die Musik als bedeutende Kunst, der Poesie oder dem Tanz ebenbürtig. Die archaische Zeit vom Ursprung bis zum 6. Jahrhundert v. Chr. erlebte den Triumph der Aöden, die ihre eigenen Epen vortrugen und sich auf der Phorminx, der Vorläuferin der Kithara, begleiteten; es war auch die hohe Zeit der Rhapsoden, die die Epen anderer vortrugen. Die Kunst des Gesangs wurde mündlich tradiert. In der klassischen Zeit vom 6. bis zum 4. Jahrhundert wird die Musik Teil des Bildungssystems, verknüpft mit dem Studium der Mathematik. Schließlich entwickelt sie sich autonom. Die Musik übt ihre Wirkung auf die Seelen aus, der zauberischen Praxis vergleichbar, die durch die Töne von Orpheus' Leier vorgeführt wird, die selbst die Tiere verzaubern und die Götter entzücken, die über die Unterwelt herrschen: Hades und seine Gemahlin Persephone, auf dass ihm seine verstorbene Gefährtin Eurydike zurückgegeben werde. Die wichtigsten Instrumente sind Leier, Kithara, Aulos oder Doppelflöte, Syrinx oder Panflöte. Musik begleitet religiöse Zeremonien, Wettkämpfe und Spiele und die Vorbereitung auf den Kampf. Die Chorabschnitte der griechischen Tragödien werden gesungen. Die verbreitetste Tonleiter der griechischen Antike ist die dorische Skala, der dorische Modus: *d e f g a h c d* [*re mi fa sol la si do*]. Ein vielfältiges System von Skalen oder Modi (Dorisch, Ionisch, Phrygisch, Lydisch, Äolisch u. v. m.) strukturiert die Melodie. Der dorische Modus gilt als streng, der ionische als wollüstig etc. Andererseits kannten die Griechen die Harmonik nicht. Wir kennen nur einige Fragmente von Musikwerken auf Papyrus aus der graeco-romanischen Zeit, doch die berühmten Künstler haben die Zeiten überdauert, darunter Timotheos von Milet.

Die Poesie

Die Poesie hat in der griechischen Literatur eine besondere Stellung. Sie hat ihren Platz im täglichen Leben, wo sie Spiele und Siege feiert; im religiösen Bereich wendet sie sich an die Götter oder ist Grundlage esoterischer Zeremonien. Der Poet ist ein vom Göttlichen inspirierter Mensch, wie es Platon später in seinem *Phaidon* (244a, 245e) sagen wird. Oft geschieht die Inspiration mit der Hilfe einer Muse. Die Herkunft des Wortes Poesie, *poïesis* auf Griechisch, spiegelt die Bedeutung und Vielfalt der Rolle, die sie im Leben der alten Griechen spielt. Es bedeutet «tun können» im Sinne von Kompetenz, was diese Kunst zu einer Technik reduzieren kann; doch es bedeutet auch «schaffen» im Sinne einer Handlung, die die Welt verändert und sie spirituell wie auch intellektuell erhöht.

■ **Die lyrische Poesie** oder die Ode besingt die Liebe, die Natur, den Tod. Einst handelte es sich um gesungene Gedichte, auf der Lyra begleitet; die Musik ist fast nicht von der Dichtung zu trennen. Das gilt auch für die lyrischen Werke von **Alkaios von Mytilene** (7. Jahrhundert v. Chr.) und **Anakreon von Teon** (um 550–464). Die elegische Poesie handelt von der Melancholie, sie steht im jambischen Versfuß. Dem epischen Hexameter, bestehend aus sechs Versfüßen, folgt der elegische Dimeter mit vier Versfüßen, wie es **Tyrtaios** zeigt. Darauf folgt der Jambus, in dem eine kurze Silbe von einer langen gefolgt wird, im Rhythmus der Sprache ähnlich, von **Archilochos** eingesetzt. Sappho (7. Jahrhundert v. Chr.) und Anakreon von Teos, von dem nur Elegien erhalten sind, verfassen Epigramme, in denen sie die Liebe und die Jugend besingen. Die wichtigsten Dichter sind **Archilochos** (712–664), **Tyrtaios** (7. Jahrhundert v. Chr.) und **Solon** (um 640–558).

■ **Der epische Stil** ist der der großen historischen Erzählungen, wie ihn Homer verwendet; er erscheint auch bei **Hesiod** (vor 700). Von den zahlreichen Werken, die man Hesiod zugeschrieben hat, sind nur drei erhalten: *Werke und Tage*, *Theogonie* und *Der Schild des Herakles*. Er liebt die kurzen Maximen, die den gesunden Menschenverstand zeigen. So wird er vom Volk verstanden und geschätzt, das in seinen ethischen Geboten einen ganzen Fundus an verständlichen Belehrungen erhält. Zwischen dem 8. und 7. Jahrhundert verfasst er die ausführliche *Theogonie*, ein Gedicht, worin er die Vielzahl der Götter zeigt, die in den griechischen Mythen gefeiert werden. Drei Göttergenerationen folgen aufeinander: die des Uranus, des Kronos und die des Zeus. Diese Göttergenealogie wird durch die Kosmogonie ergänzt, die die Schöpfung der Welt schildert. Hesiods Lieblingsthemen eines längst vergangenen Goldenen Zeitalters und einer dem Unglück geweihten Menschheit finden sich in fast allen großen Mythen. **Pisander von Rhodos** (um 645–590) schuf das erste Epos, das Herakles gewidmet ist, die *Herakleia*.

Literaten des klassischen Griechenland

Simonides von Keos (556–467) besingt die Befreiungskriege gegen die Perser sowie die siegreichen Griechen. Am Hof des **Hieron von Syrakus** ist er Rivale von **Pindar** (um 518–446), dem Autor der *Siegeslieder*. Seine Spezialität ist der Dithyrambus, ein Gesang mit Begleitung durch den Aulos, ein doppeltes Rohrblattinstrument. **Epicharmos** (525–450) erlangt einen Ruf als Verfasser komischer Literatur. 35 seiner Werke und Fragmente haben sich auf Papyrus erhalten. **Äsop** (620–560) wird die Ehre zuteil, die Fabel eingeführt zu haben, um mit kritischer Distanz das Wirken der Menschen darzustellen. **Demetrios von Phaleron** (350–283) stellt eine Sammlung der Fabeln Äsops zusammen.

Die Geburt der Tragödie

Die ersten Tragödien-Versuche sind um 530 v. Chr. zu verzeichnen, anlässlich der 61. Olympiade. Die Bacchus-Feste, zur Weinlese begangen, werden von Tänzen und besonderen Gesängen begleitet, dem Dithyrambus, alles zu Ehren von Bacchus/Dionysos. Ein Schafsbock wird bei der Gelegenheit geopfert, was an die Herkunft des Wortes Tragödie erinnert: *tragos* (Bock) und *oidê* (Gesang). Auf **Thespis** (580–?) geht die Idee zurück, den Chef des Chores, den Koryphäen, auf den Chor antworten zu lassen. Der Chor als wesentlicher Bestandteil der Tragödie ist der Mittler zwischen Menschen und Göttern. Er soll die Leidenschaften besänftigen; nie verlässt er die Bühne. Im Unterschied zu heute sind die Tragödien der Griechen nicht in Akte geteilt. Das Stück beginnt mit einer Eröffnungsszene, dem Prolog, dann tritt der Chor auf: singend zieht er in die *Orchestra* ein, *Parados* heißt dieser erste Gesang. Darauf folgen die gespielten Szenen. Die *Orchestra*, anfangs aus gestampfter Erde bestehend, ist die Spielfläche für Chor und Schauspieler; dahinter erhebt sich das (zunächst hölzerne) Bühnenhaus, die *Skené*.

Drei große Tragiker

▪ **Aischylos** (525–456) reduziert im Vergleich zu Thespis die Rolle des Chores beträchtlich und führt einen zweiten Protagonisten in das Drama ein, Sophokles dann den dritten, wodurch ein wirklicher Dialog möglich wird. Nur sieben von Aischylos' 80 Tragödien sind überliefert. Die beiden beherrschenden Themen sind die Idee der Unabwendbarkeit des Schicksals und die Eifersucht der unerbittlichen Götter gegenüber ihren Opfern. Die Helden sind schuldig und unterliegen einer göttlichen Strafe. Aischylos findet nicht nur Mittel, das Publikum zu bewegen, sondern erschafft auch das materielle Fundament der Tragödie: Dekoration und Kostüme. Das Tragen von Kostümen bringt das Talent der Schauspieler zur Geltung: Die Masken verbergen die Gesichtszüge, verstärken die Stimme, und der Kothurn, ein Schuh mit erhöhter Sohle, lässt den Akteur größer wirken.

▪ **Sophokles** (496–406) ist der Autor von 123 Stücken, wovon sieben bekannt sind; dazu schrieb er diverse Oden. Als Mitglied der Athener Oberschicht hat er an der Seite des Perikles ebenfalls das Amt des Strategen inne und führt in Athen den Asklepios-Kult ein, dessen Oberpriester er wird. Die Modernität des Sophokles macht ihn zum schwer zu erreichenden Vorläufer und Vorbild.

In gewisser Hinsicht vollendet er das, was Aischylos angelegt hat. Die Figuren seiner Stücke unterscheiden sich durch ihre menschlichere Seite. Er vergrößert den Chor auf 15 Choristen statt der früheren 12 und überträgt ihm die Aufgabe, die szenische Handlung zu kommentieren.

■ **Euripides** (480–406) führt die Liebe als Sujet des Dramas ein. Er unterscheidet sich von anderen Autoren durch die Vielfalt seiner Themen (religiöse und philosophische) und der neuen Ausdrucksformen (Rhetorik, Musik). Die Frauen in seinen Tragödien zeigen körperliche und seelische Leidenschaften. Wir kennen 65 der 92 Werke, die er geschrieben hat; doch nur 19 davon sind erhalten geblieben, darunter *Alkestis*, *Medea*, *Die Herakliden*, *Die Troerinnen*, *Elektra*, *Helena*, *Iphigenie bei den Taurern*, *Ion*, *Orestes*, *Die Phönikerinnen*, *Iphigenie in Aulis* etc. Viele spätere Autoren haben sich von seinen Stücken anregen lassen: Corneille, *Medea* (1635); Racine, *Iphigénie* (1674); *Phädra* (1677); Goethe, *Iphigenie auf Tauris* (1786); Claudel, *Proteus* (1937); Sartre, *Die Troierinnen* (1965). Euripides besaß die erste größere private Bibliothek, von der wir wissen. Aischylos hat die Menschen so gezeichnet, wie sie nicht sein konnten, Sophokles hat sie so dargestellt, wie sie sein sollten; Euripides zeigte sie so, wie sie waren.

Die Redekunst

Die Kunst der Rede, die Beredsamkeit entwickelt sich erst, als sich die verschiedenen Republiken herausbilden, Athen vor allem. Mehr als jede andere Stadt bietet sie dem Redner ein weites Feld. Sämtliche Rechtsfälle werden im Areopag oder in den zehn Tribunalen dieser Stadt debattiert. Seit dem 6. Jahrhundert v. Chr. suchen Rhetoren und Sophisten durch das Wort zu beeindrucken. Plutarch hat die Namen der zehn größten Redner aufgezeichnet: **Antiphon**, **Andokides**, **Lysias**, **Isokrates**, **Isaios**, **Lykurgos**, **Hypereides**, **Deinarchos**, **Aischines**, **Demosthenes.**

Chorlyrik

Die griechische Chorlyrik erreicht ihren Gipfel mit **Bakchylides** (Anfang 5. Jahrhundert v. Chr.) und **Pindar** (um 518–446). Pindars *Epinikia*, Triumphoden zu Ehren der vier Sieger der Olympischen Spiele, dazu Fragmente von *Paianen*, Gesänge zu Ehren eines Heiler-Gottes, sowie Dithyramben, Gedichte an Bacchus, sind überliefert. Die meisten seiner Oden sind als Triaden komponiert: Strophe, Antistrophe, Epode.

Die Komödie

Die Komödie ist wie die Tragödie, auf die sie folgt, mit den Festzügen zu Ehren von Bacchus/Dionysos verbunden. Ganz zu Anfang gibt sie sich als dialogische Satire. Ihr Begründer ist **Aristophanes** (450–386), dessen Komödien sehr bekannt sind, manche nur als Fragment. Er hat 44 Stücke geschrieben, wovon 11 überliefert sind. Der Großteil wird während des Peloponnesischen Krieges (431–404) veröffentlicht und ist in die politische Aktualität eingebunden, wobei die gerade bekanntesten Personen dargestellt und keineswegs geschont werden.

Die weitere Entwicklung der Literatur

In der **Poesie** sind im 4. und 3. Jahrhundert die einzigen originalen Genres die Bukoliken und die Idyllen, der Liebe der Schäfer gewidmet. Die wichtigsten Dichter sind **Bion von Smyrna** (um 300 v. Chr.), der sich vor allem durch seine Lyrik auszeichnet, **Kallimachos** (um 305–240) und **Theokritos** (um 305–250). Letzterer verleiht der Pastoraldichtung einen regelrechten Aufschwung, mit lebhaften Szenen, die in die heitere, sonnenbeschienene Landschaft Siziliens eingebettet sind. **Apollonios von Rhodos** (um 295–215) tut sich in der epischen Dichtung mit seiner *Argonautika* hervor, die die Unternehmungen der Argonauten erzählt. **Aratos von Soloi** (um 315–245) ist durch seine didaktische Poesie bekannt, die den Geist formen will. Die Ptolemäer versuchten vergeblich, in Alexandria die dramatischen Wettbewerbe dem Geschmack der neuen Zeit anzupassen. So muss man in Athen den wirklichen Schöpfer der Komödie jener Epoche suchen: **Menander** (342–292).

5. Die Geschichte der Geschichte

Die ersten Historiker

Die ersten Historiker könnten, sicher unfreiwillig, die Aöden gewesen sein, die epischen Dichter der archaischen Zeit, die in ihren Gedichten den Traditionen vergangener Zeiten neues Leben verleihen. Die Aufgabe, die frühesten

Begebenheiten niederzuschreiben, ist die der sogenannten Logographen, der Chronisten – so von Thukydides bezeichnet – bis Herodot. Tatsächlich arbeiten sie den Historikern im modernen Sinn des Wortes zu, indem sie das zu betrachtende Material sammeln. Dieser Forschungsgeist, der auf das Studium des Menschen als sozialem Wesen angewandt wird, erscheint als logische Konsequenz der philosophischen Überlegungen, die dem vorausgingen. Denn die begriffliche Arbeit von Platon und Aristoteles war unabdingbar für das Entstehen von Geschichte. Herodots *Historiae* oder «Erkundungen» bildet die Anfänge der Geschichte, so wie sie im 17. und 18. Jahrhundert definiert wird. Zu Beginn vermittelt der Historiker Tatsachen und Kenntnisse. Danach entfernt er sich von der Chronik, um zum Analytiker zu werden und zu einem Verständnis der Tatsachen zu gelangen.

■ **Hekataios von Milet** (um 550–480) gilt als einer der ersten Logographen: Nachdem er sämtliche Länder seiner Zeit besucht hat, vertraut er seine Kenntnisse einem Werk namens *Periegesis* an. Er zeichnete eine der ersten Weltkarten mit dem Mittelmeer im Zentrum, umgeben vom Wasser eines Flusses, den er *Ozean* nennt. Die *Genealogiai*, sein zweites Werk, behandeln ionische und dorische Legenden.

■ **Herodot von Halikarnassos** (um 484–425) reist viel nach Asien, Babylon und Ägypten. Er gilt als Vater der Ethnologie wie auch der Geschichtswissenschaft. Die Geschichte der Skythen war lange Zeit nur durch seine Beschreibungen bekannt. Er versucht die Ereignisse zu erklären, denen er beiwohnt. *Historien (Erkundungen)* ist der Titel seines eigenen Werks, zu verstehen im Sinne von Nachforschungen. Es umfasst neun Bücher, wovon ein jedes den Namen einer Muse trägt. Hauptthema ist der große Kampf der Perser gegen die Griechen.

■ **Thukydides** (460–395), der Athener, tut einen Schritt weiter in Richtung unseres heutigen Geschichtsbegriffs. Geschichte wird bei ihm politisch und gelehrt. In der *Geschichte des Peloponnesischen Krieges* konzentriert sich sein Interesse auf die Politik: Was sind die Ursachen für die Schwächung Athens? Was ist der Grund des Übels? Es herrscht bei ihm eine absolute Unvoreingenommenheit. Wie Herodot nimmt Thukydides Rekurs auf den Begriff der Ironie, die von Sokrates zur Methode erklärt wurde. Die Ironie besteht darin, sich selbst oder Überlegungen und Kenntnisse in Frage zu stellen, um deren Lücken bloßzulegen.

▪ **Xenophon** (426–354) ist der erste Biograph der Antike. Der vierte der hier genannten frühen Historiker hat historische, politische, philosophische und didaktische Werke hinterlassen. Erstere umfassen Berichte wie die *Anabasis*, worin der «Zug der Zehntausend» geschildert wird; hier ist Xenophon, ein wenig wie Cäsar, Historiker seiner eigenen Taten. Man findet hier wertvolle historische, aber auch geographische und strategische Dokumente. In sieben Büchern setzt seine *Hellenika* die Arbeit des Thukydides fort. Aber vor allem die *Apologie des Sokrates* macht in berühmt, weil er dort Sokrates' Haltung während seines Prozesses beschreibt.

Die Geschichtsschreibung im Hellenismus

Zwei große Namen stehen für diese Zeit: Polybius, Zeuge der Eroberung des Mittelmeerraums durch Rom, und Diodor von Sizilien, der sein Leben dem Verfassen einer Universalgeschichte in 40 Bänden widmet.

▪ **Polybius (Polybios)** (um 200–120) ist wahrscheinlich der griechische Historiker, der die römische Welt am besten kannte. Er ist der Sohn von Lykortas, einem achaiischen Staatsmann, und erhält die Erziehung, die einem Sohn reicher Grundbesitzer entspricht. Die Biographie seiner Jugend zeigt, dass er seine ersten Kämpfe im Umfeld von **Philopoimen** (253–183), dem Strategen und General des Achaiischen Bundes, bestreitet. Obwohl er seine Unterstützung gegenüber Rom erklärt und als Abgesandter zu Konsul Marcius Philippus geschickt wird, wird die Hilfe der Achaier abgelehnt. Nach der Niederlage von Perseus (im Dritten Makedonischen Krieg) 168 bei Pydna ist Polybius eine der 1000 achaiischen Geiseln, die nach Rom deportiert und ohne Prozess in Gewahrsam nach Italien gebracht werden. In Rom hat Polybius Gelegenheit, Freundschaft mit dem großen römischen General **Scipio Aemilianus (Africanus)** (185–129) zu schließen, dessen Ratgeber er wird. Dank des Einflusses seiner Familie kann er in Rom bleiben. Kurze Zeit später, nachdem seine Geiselhaft beendet ist, schließt sich Polybius Scipios Zug nach Karthago an und wird Zeuge von dessen Belagerung und Zerstörung im Jahre 146 v. Chr. Mit dem Verfassen seiner *Historiai*, der *Universalgeschichte*, will er verstehen, wie die griechische Kultur, in seinen Augen jeder anderen überlegen, von den Römern beherrscht werden konnte. Er geht von der bitteren Feststellung aus, dass 168 die Niederlage bei Pydna das Auslöschen Griechenlands zum Vorteil Roms besiegelt. Im Studium der römischen Institutionen und ihres Funktio-

nierens findet er eine Erklärung dafür. Er bedient sich des Verfassungskreislaufs (Anakyklosis-Theorie), der Theorie der zyklischen Abfolge politischer Regierungsformen: Königtum, Autokratie oder Despotismus, Aristokratie, Oligarchie, Demokratie, Ochlokratie (Herrschaft der Masse). Er beschreibt in sechs Phasen, was die Monarchie in die Tyrannei umkippen lässt, der die Aristokratie folgt, die sich zur Oligarchie verschlechtert, doch dann in der Ochlokratie versackt, der schlimmsten aller Regierungsformen. Das Streben nach universeller Herrschaft (Roms) erweist sich gegenüber der Welt rivalisierender Städte (in Griechenland) als überlegen. Polybius' historische Methode ist neu. Sie kommt ohne Mythen und Legenden aus und gründet sich einzig auf erwiesene Tatsachen.

■ **Diodor von Sizilien** (1. Jahrhundert v. Chr.) veröffentlicht ebenfalls eine *Universalgeschichte*, ein ausgedehntes Werk in 40 Bänden über die Geschichte seit ältesten Zeiten bis zum Jahre 60 v. Chr. Diodor gibt wichtige Hinweise zum Verfassen von Geschichtswerken. Sein Werk ist zudem eine Fundgrube für Informationen, was Geographie (Gallien, Iberien, Ägypten, Arabien, Indien, aber auch Griechenland und Sizilien), Archäologie, Ethnographie sowie Naturwissenschaft betrifft.

6. Die griechische Philosophie

Im 6. Jahrhundert v. Chr. entwickeln die Mysterienreligionen, der Orphismus, der Dionysos-Kult und der Pythagoreismus, in Groß-Griechenland eine machtvolle mystische Strömung, die im Gegensatz zur rationalen Mentalität der Ionier der Schule von Milet steht (Thales, Anaximander, Anaximenes). Zur **Mitte des 5. Jahrhunderts v. Chr.** kommen, angestoßen durch die atomistische Schule von Abdera, die physikalischen Betrachtungen auf, die allerdings für einen Moment durch den Idealismus der Eleaten, der Vorsokratiker aus dem süditalienischen Elea, angehalten werden. Viele Philosophen lassen sich nach den Perserkriegen in Athen nieder, das zu einem intellektuellen und künstlerischen Zentrum geworden ist. Bald wenden sie das Instrument der Logik an, von den Sophisten bereitgestellt, ersetzen den *logos*, den rationalen Diskurs, durch die Dialektik, so etwa Sokrates, und ziehen so Nutzen aus dem Erbe Ioniens und Groß-Griechenlands, z. B. dasjenige Platons. Aristoteles zeigt dann, dass seine erste Philosophie nicht einfach auf Physik reduziert werden kann. Die Schule der Zyniker bewahrt von Sokrates den Sinn für religiösen und gesellschaftlichen Antikonformismus. Beim Tode Alexanders beschäftigen sich Skeptiker, Epikureer und Stoiker gemeinsam mit dem Individuum und dem unmittelbaren Augenblick. Ihr Vorhaben, den weiterhin anhaltenden politischen Krisen zu entkommen, ist die Suche nach Wegen, das Unglück zu vermeiden.

Die Ionier, die ersten Intellektuellen

Die griechische Philosophie entsteht aus Fragen über die Natur. Die ionische Schule ist die älteste Schule der Philosophie. Sie blühte in den großen Küstenstädten Kleinasiens, vor allem in Milet, und geht bis ins 7. Jahrhundert v. Chr. zurück. Die ersten weisen Männer, die sich selbst als neugierig auf die Natur bezeichnen – «Physiker» oder «Physiologen» –, suchen nach den Prinzipien und Gründen von allem, nach der Erklärung der physischen Phänomene, ohne dabei auf eine göttliche Intervention zurückzugreifen. Sie bringen vielmehr ein erstes materielles Prinzip vor. Mehrere Namen sind hier zu erwähnen:

- **Thales von Milet** (um 625–546) gilt als Vater der Astronomie. Keine Schrift von ihm ist überliefert, und es existiert keine zeitgenössische Quelle. Aus Ägypten bringt er mathematische Fakten mit. Man nimmt an, dass er seine geometrischen Kenntnisse einsetzte, um die ägyptischen Pyramiden zu vermessen und die Entfernung von der Küste zu den Schiffen auf dem Meer zu berechnen. Und man schreibt ihm die Entdeckung der fünf geometrischen Theoreme zu. Erstes Theorem: Der Kreis wird durch den Durchmesser in zwei gleiche Teile geteilt. Zweites Theorem: Die Basiswinkel in jedem gleichschenkligen Dreieck sind gleich. Drittes Theorem: Scheitelwinkel sind gleich. Viertes Theorem: Wenn Dreiecke in einer Seite und zwei gleichliegenden Winkeln übereinstimmen, dann stimmen sie in allen Stücken überein. Fünftes Theorem: Alle Winkel auf einem Halbkreis sind rechte Winkel. Die Behauptung, wonach Thales der Begründer der europäischen Philosophie sei, geht wesentlich auf Aristoteles (384–322) zurück, der schreibt, dass Thales der Erste war, der ein einziges materielles Substrat für das Universum vorschlug: das Wasser. Seine Kosmogonie lässt alles, auch alles Leben, aus dem Wasser entstehen. Er benutzt den Ausdruck *archè*, um dieses erste Prinzip zu benennen. Er denkt, dass die Materie, die alle Dinge und alles Sein ausmacht, in ständiger Verwandlung begriffen sei und von den Göttern komme.

■ **Anaximander** (610 – um 546) ist der erste Gelehrte, der eine Karte der Grenzen der Erde und des Meeres zeichnet. Die Theorie des Thales wird bald durch die seines Schülers Anaximander ersetzt, der das Wasser als Grundelement abstreitet und es durch das *Apeiron* ersetzt, einen unbegrenzten Raum, das Unendliche. Nur ein Fragment seiner Philosophie ist überliefert. Er ist der Erste, der denkt, die sichtbare Welt sei nicht die einzige existierende Welt; andere Welten würden im unendlichen Raum entstehen und vergehen. Und er hat in Sparta eine Sonnenuhr entwickelt, einen Stab, der einen Schatten wirft. Diese habe er benutzt, um die Tagundnachtgleiche und die Sonnenwende und vielleicht sogar die Stunden des Tages zu demonstrieren. Für ihn ist die Erde flach: Er stellt sie sich als eine Art Zylinder vor, der zwischen Sonne und Mond schwebt; hohle Ringe, die mit Feuer gefüllt sind. Wie Thales formuliert Anaximander eine Hypothese über den Ursprung des Lebens. Er meint, dass die ersten Geschöpfe aus dem Meer stammten und mit Schuppen bedeckt gewesen seien. Die Menschen würden die letzte Stufe der Evolution bilden. Anaximander hat ferner die Ursachen für meteorologische Phänomene wie Wind, Regen oder Blitz untersucht. Schon Thales lehnte göttliche Erklärungen für die ihn umgebende Welt ab, aber Anaximander geht noch viel weiter, indem er eine einheitliche Grundsubstanz für die gesamte Natur annimmt.

■ **Anaximenes** (um 585 – 525) liefert eine Erklärung der Rotation der Gestirne, indem er sie mit flachen Scheiben vergleicht. Er nimmt die Vorstellung von Luft wieder auf. Sein Werk ist wenig bekannt, im Gegensatz zu dem des **Anaxagoras** (500 – 428), der von **Sextus Empiricus** (um 126 – 210) als «der Physiker schlechthin» bezeichnet wird (*Adversus mathematicos*, I, 90). Seine Schriften existieren nur noch durch den Umweg über Schriften späterer Autoren. Wie bei den vorhergehenden Theorien handelt es sich auch hier darum, den Übergang vom Nicht-Sein zum Sein zu erklären. Zuallererst ist die konkrete Welt das absolute Prinzip, das empirische Sein wird als Absolutes genommen. Dann wird dieses als das reine Sein definiert, abgezogen vom Konkreten, nicht mehr empirisch und real, sondern logisch und abstrakt. Nach Anaxagoras ist alles aus einem unbestimmten und unklaren Etwas entstanden. Was die Dinge aus diesem Zustand heraustreten lässt, ist die organisierende Einsicht, das *noûs*. Diese Entdeckung des Intellekts als Ursache der Bewegung ist fundamental in der Geschichte des griechischen Denkens.

■ **Anaxagoras von Clazomenes** (500 – 428) glaubt an das organisierende Denken, das *noûs*. Wie Empedokles erkennt er, dass unser Denken von den Sinnen abhängt, und er beruft sich auf die Fähigkeit der Vernunft, die von der Erfahrung gestützt wird. Das führt Anaxagoras zur Theorie der *Homiomerien*, von Aristoteles so bezeichnet; sie bedeutet «ähnliche Teilchen». Alles Sein ist eine Mischung aus allen «Objekten»; ganz gleich, um welches Sein auch immer es sich handelt, oder auch um den Anfangszustand des Universums. Es gibt keine Elemente mehr im Sinne des Empedokles, d. h. Realitäten, die sich in einer Verbindung auflösen, indem sie sich mischen; es gibt nur noch Objekte, die sich niemals auflösen und sich überall erhalten, denn wenn sie sich mischen, reihen sie sich aneinander.

▪ Für **Heraklit von Ephesus** (um 550–480) ist alles im beständigen Werden begriffen. Das Feuer ist zugleich Materie und Verstand, *logos*. Heraklit, der letzte der Ionier, ist der Erste, der eine Theorie des Wissens skizziert, die *Logos*-Lehre. Nach ihm wird alles im Universum durch das universelle Gesetz des Seins geregelt. Heraklit macht aus dem Feuer das wesentliche Element, Lebensquell und andererseits Quell der Zerstörung. Es herrscht ein beständiger Kampf. Existenz ist die Folge einer flüchtigen Einigung der beiden entgegengesetzten Momente. Wenn Heraklit das Doppelgesicht der Dinge erfasst, behauptet er damit nicht, dass jeder Gegensatz in sein Gegenüber umschlage und dass so These und Antithese zur Synthese übergingen. Er ist der Erste, der die Pythagoreer als «Philosophen» bezeichnet.

Die Eleaten: Perfektionierung der Logik

Die erste wirkliche Philosophenschule wird um die Mitte des 5. Jahrhunderts v. Chr. gegründet. Dazu gehören **Xenophanes**, **Parmenides** und sein Schüler **Zenon**.

▪ **Xenophanes** (um 570–473), der aus Kleinasien stammt, Gründer der Schule von Elea in der Magna Graecia, deren Schriften verloren sind und deren Ideen von Aristoteles, Diogenes Laertius und Clemens von Alexandria vermittelt wurden, lehnt offenbarte Lehren und mystische Spektakel ab und verweigert der Religiosität jegliche Glaubwürdigkeit. Vielmehr will er durch logische Herleitung das Wesen des Göttlichen erfassen.

▪ **Parmenides** (um 520–450) und seine Metaphysik werden die spätere griechische Philosophie zutiefst beeinflussen. Sein Gedicht über die Natur ist

zum Teil verloren. Was davon blieb, stammt von Sextus Empiricus. Der Prolog, bestehend aus 32 Versen, beschreibt eine Initiationsreise. Der Held, der sich in das Königreich einer Göttin begibt, lernt, dass es zwei Wege gibt, zwei Arten des Diskurses: den des Seins und den des Nicht-Seins, den der Wahrheit und den der Meinung. Die Suche nach dem Sein überwiegt bei ihm die Suche nach der Erklärung der Welt durch die Elemente (Wasser, Feuer, Erde). Das Sein ist das, was gedacht wird, es steht dem Nicht-Sein gegenüber. Parmenides wirft die Frage auf, an der sich alle Philosophen des 5. Jahrhunderts v. Chr. stoßen werden: Wenn das Sein etwas Unbewegliches ist, wie kann es dann sein, dass es uns vielgestaltig und veränderlich erscheint?

■ **Zenon von Elea** (um 480–420), Schüler des Parmenides, formuliert vier Argumente, die sogenannten Paradoxien des Zenon, um die Theorie seines Lehrers zu verteidigen, wonach das Sein unteilbar und unbeweglich sei. Die berühmteste Paradoxie ist die von Achilles und der Schildkröte. Die Eleaten liefern ein Argumentationsmodell für eine fehlerfreie Logik. Sie können gegen die Pythagoräer beweisen, dass die Dinge nicht in Form von aneinandergereihten Punkten bestehen können. Man muss zur ionischen Idee einer einzigen Materie, die das Universum erfüllt, zurückgehen.

Die Pythagoräer: Die Zahl vor allem

Der **Pythagoräismus** entsteht etwa um die gleiche Zeit, zur Mitte des 6. Jahrhunderts v. Chr., in Süditalien. Die Pythagoräer sind die Ersten, die die Lehre von der Unsterblichkeit der Seele formulieren, die Metempsychose oder, wie die Griechen es formulieren, die Palingenese. Die Seele kann demnach von einem Körper zum anderen, von einem Sterbenden zu einem Neugeborenen übergehen und dem Tod entgehen. Von Athen und Rom beeinflusst, verbreitet sich diese Lehre schnell in der antiken Welt. Sie entwickelt sich im Hermetismus des alexandrinischen Ägypten, widersteht bis zum 6. nachchristlichen Jahrhundert dem Aufstieg des Christentums und überdauert tausend Jahre. Diese Lehre umfasst einige Verbote, deren Ziel die Reinigung ist, damit die Unsterblichkeit erreicht werden kann. **Pythagoras** (um 570–495) will die tiefen Wurzeln des Seins erreichen und meint, das dialektische Wissen reiche dazu nicht. Mit seinen Schülern will er die Menschen von den Illusionen befreien, die von der Materie ausgehen; er glaubt, durch Kontemplation und Meditation dahin gelangen zu können.

Aus der Zahl leitet er die Erklärung für alles ab, und sein *Tetraktys* («Vierheit») fasst die Harmonie des Universums zusammen. Ausgehend von den *Goldenen Versen*, der Regel der Bruderschaft der Pythagoräer, kann man die Lehre und Methode von Pythagoras nachzeichnen. 1509 nennt der Mönch **Luca di Borgo** (um 1455–1517) sie die «göttliche Proportion» oder den «Goldenen Schnitt» und macht sie durch seine Schrift *De divina proportione (Über die göttliche Proportion)* berühmt, die **Leonardo da Vinci** mit Zeichnungen des Dodekaeders, einer geometrischen Form mit 12 Seiten, illustriert. Pythagoras' Methode besteht in der Verbindung von Mystik mit rationaler und spekulativer Praxis. Das Feld der Pythagoräer erstreckt sich auch auf die Wissenschaft; genauer: auf Zahlen und auf die Meditation darüber. Pythagoras ist der Erste, der die Zahlen in der Reinheit ihres Wesens schaut, indem er sie von den konkreten Dingen trennt. In der sichtbaren Welt hatte er ihre Vollkommenheit und Implikationen entdeckt. Wie die Ionier wollen die Pythagoräer das Universum erklären. Ihre Arbeit besteht in der Formulierung der elementaren Eigenschaften der Zahlen und der Darlegung ihrer ursprünglichen Proportionen. Ohne dies hätten weder Arithmetik noch Geometrie sich entwickeln können. Man lernt, gerade und ungerade Zahlen, Quadrat- und Kubikzahlen zu unterscheiden. Der Abakus, die Rechentafel wird von den Ägyptern übernommen. Die Multiplikationstafel wird entwickelt. Und weil sie die Wissenschaft nicht außerhalb der Metaphysik begreifen können, nehmen die Pythagoräer an, dass die Dinge aus unverbundenen materiellen Punkten bestehen. Folglich kann das gesamte Universum durch ganze Zahlen oder Brüche dargestellt werden, «die Pythagoreer behaupten, das Seiende existiere durch Nachahmung der Zahlen» (Aristoteles, *Metaphysik* I, 6, 987 b).

Die Atomisten

Die Originalität des Begründers der Schule von Abdera, **Leukippos** (um 460–370), besteht darin, die Existenz des Nicht-Seins, der Leere zuzugeben: Über Leukippos und seinen Gefährten Demokrit belehrt uns Aristoteles: «Das Volle und das Dichte nennen sie das Seiende, das Leere und Dünne das Nichtseiende» (*Metaphysik* I, 5, 985 b). Voll und leer bilden eine notwendige Mechanik, damit Bewegung stattfinden kann. Sie existieren auch, wenn sie sich mischen; das Sein oder das Volle werden in winzige Partikel geteilt. Diese Atome können nicht aus dem Nicht-Sein entstehen; und nichts kann sie zerstören. Der Zufall hat keinen Platz, nur die Notwendigkeit setzt sich durch, «Demokrites aber hat die Zweckursache außer Acht gelassen und führt alles, was die Natur gebraucht, auf die Notwendigkeit zurück» (Aristoteles, *Fünf Bücher von der Zeugung und Entwicklung der Tiere*, V, 8).

Die Atome

Die Atomisten denken, dass die Atome in ständiger und ewiger Bewegung sind, was zu ihrem Wesen gehört. Das Universum lässt Atome und die Leere entstehen. Beide entstammen einem Wirbel «aller möglichen Erscheinungsformen» *(ideôn)*. Ursprünglich gab es keine klar definierte Bewegung; diese hat sich vielmehr im Zentrum durch die hartnäckigsten Atome selbst reguliert. Dieser Mechanismus reduziert die Seele wie auch alles andere darauf, dass sie nichts als eine Anhäufung von Atomen sind. Nur die Notwendigkeit bewirkt die Kontinuität dieser Bewegung, diesen Mechanismus. Doch es handelt sich hier um eine Physik ohne *physis*. Da der Ausdruck aber benutzt wird, nimmt er die Bedeutung von «Formen» an, von «Figuren» oder Ideen *(idea)*; ein Begriff, der seine volle Bedeutung bei Platon erhalten wird.

Zwei Unzertrennliche: Sokrates und Platon

Sokrates

Von **Sokrates** (470–399) weiß man, dass er seine Lehre nicht über Schriften verbreitet hat; wenn wir diese Lehre überhaupt kennen, dann über die Vermittlung durch Platon und Xenophon. Als Sohn des Bildhauers Sophroniskos und einer weisen Frau wird er einige Jahre nach dem Ende der Perserkriege in Athen geboren. Er ist der Moralphilosoph, der seine Mitbürger durch sein Leben und sein Beispiel aufwecken will, durch die vernunftgemäße Reflexion, die er in seinen Dialogen durchführt. Er bringt seine Mitbürger zu einer regelrechten Selbstprüfung – durch ebendie Dialoge und durch sein «dialektisches» Spiel. Das besteht darin, durch eine Reihe miteinander verbundener Fragen zu zeigen, dass man seinen Gegenspieler widerlegen kann, indem man ihn in Widerspruch zu sich selbst bringt. Diese Methode wird bei den Sophisten praktiziert. Die sokratische Dialektik verlangt die Bindung eines jeden an die eigenen Worte. Sokrates sucht, wie es uns Aristoteles sagt (*Metaphysik*, I, 6, 987b), in allen Dingen das Allgemeine und wendet zunächst das Denken auf die Definitionen an. Das ist seine dialektische Methode: «Nun aber ist die dialektische Methode die einzige, die mit den bloßen Voraussetzungen aufräumt und zum Anfang selbst vordringt, um diesen völlig sicherzustellen.» (Platon, *Staat*, VII, 533c)

Drei Ereignisse beherrschen das Leben des Sokrates: In der Affäre um die Schlacht bei den Arginusen (406 v. Chr.), in der die Generäle des Verrats bezichtigt werden, ist er der Einzige, der sich weigert, sie kollektiv zu verurteilen; unter der *Tyrannei der Dreißig* (404–403) weigert er sich unter Lebensgefahr, an einer Verhaftung teilzunehmen, wie es ihm befohlen war; bei seinem eigenen Prozess schließlich bringt ihm seine Unbeugsamkeit den Tod.

Die Sophisten haben das Wort

Die erste Arbeit der Sophisten betrifft zunächst die Worte. Sprechen heißt überzeugen, und die Notwendigkeit, eine unwiderlegbare Methode zu entwickeln, erscheint am Horizont. Die Grammatik gilt daher als ihr Werk. Sie studieren den Ursprung der Worte, die Etymologie, die Struktur von Sätzen, die Bedeutung der Zeiten und der Modi. Und die Sophisten werden mit einer bestimmten Theorie des Bewusstseins verbunden. Nach **Protagoras** existiert keine absolute Wahrheit, wir können niemals von einer Sache sagen, dass sie ist, sondern nur, dass sie im Werden ist. Bei jeder Sache gibt es zwei *logoi*, rationale Diskurse, die einander widersprechen. Daher seine berühmte Aussage: «Der Mensch ist das Maß aller Dinge, der seienden, dass (wie) sie sind, der nichtseienden, dass (wie) sie nicht sind.»

Platon

Platon (um 428–347) steht am Anfang der Begründung des methodischen Denkens. Er stellt eine Synthese aller vorherigen und zeitgenössischen Betrachtungen her, arbeitet aber kein echtes System aus. Er gilt als Vater der idealistischen Philosophie, insofern als er die sinnlich wahrnehmbare soziale und politische Welt kritisiert. Den ewigen, einfachen und absoluten Ideen stellt er die vergänglichen, zusammengesetzten und relativen Dinge der sinnlich wahrnehmbaren Welt gegenüber. Seine Philosophie, eine Theorie des Wissens wie auch eine des Heils, die an die engen Verbindungen mit dem Pythagoräismus erinnert, entwickelt sich in der Folge zweigleisig: spiritualistisch, woran **Plotin** (205–270), **Augustinus** (354–430) und später **Nicolas Malebranche** (1638–1715) anknüpfen; und rationalistisch, worauf sich Leibniz und Husserl berufen (objektiver Idealismus). Doch Platons großes Werk bleibt die Schaffung der Athener Akademie, an der Philosophie, Mathematik, Politik und Medizin gelehrt werden. «Akademie» ist ursprünglich der Name einer Promenade in Athen; ein Ort, der von einem Zeitgenossen des Theseus namens Akadêmos errichtet wurde. Die platonischen Thesen sollten die der Sophisten zurückdrängen. Wie es das Höhlengleichnis aus dem 7. Buch des *Staats (Politeia)* besagt, wenden die in einer Höhle gefesselten Menschen ihren Rücken dem Eingang zu und sehen nur ihre Schatten und die bewegten Gegenstände, die sie für die Wirklichkeit halten. Demnach existieren zwei unterschiedliche Welten in unserer Erkenntnis, die gleichwohl miteinander verbunden sind:

- **die sinnlich wahrnehmbare Welt:** In dieser Welt können wir nur Gefühle und Meinungen haben, *doxa*;
- **die intelligible Welt:** Sie ist vom Guten durchzogen. Sie gibt uns das mathematische Wissen, das wahre Wissen, das Epistem, die Erkenntnis und schließlich den Grund für Erkenntnis: das Gute.

In Platons Dialogen ist eine Entwicklung im Lauf seines Lebens zu erahnen.

▪ **Seine Jugenddialoge** – *Die Apologie des Sokrates*, *Kriton* (über die Pflicht), *Euthyphron* (über das Mitleid), *Laches* (über den Mut), *Charmides* (über ethische Weisheit), *Lysis* (über die Freundschaft) – gehen vor allem auf ethische und soziale Probleme ein, wie sie von Sokrates in Erwägung gezogen wurden.

▪ **In den Dialogen der Reifezeit** – *Gorgias* (über Rhetorik), *Menon* (über die Pflicht) – nimmt Platon die sokratischen Themen auf. Im *Kratylos* (über Sprache) beginnt er eine Theorie des Wortes und im *Gastmahl* eine solche der Kenntnis des Wesens, was er auch im *Menon* und im *Phaidon* ausführt. Die Theorie der Seele, die diese Werke enthalten, nimmt an, dass die Seele in einem früheren Leben gesündigt habe und daher in den jetzigen Körper hinabgestürzt sei, wo sie überleben kann, denn sie ist ewig.

▪ **In den Altersdialogen** richtet sich die Aufmerksamkeit des Philosophen vor allem auf die irdischen Dinge. Die Bezeichnung als Wissenschaft spricht er nun der Erkenntnis ab, die am Schluss des 6. Buches des *Staats* nicht mehr das empfohlene Instrument ist. Die Kenntnis Gottes und der Ideen, höchstes Ziel des Verstandes, der *noûs*, nimmt den höchsten Rang ein, und man gelangt durch die dialektische Methode dorthin. Auf den zweiten Rang setzt Platon die Kenntnis der Mathematik als vermittelnder Wissenschaft zwischen Verstand und Meinung. Auf dem dritten Rang folgt schließlich die Meinung, die *doxa* oder die Kenntnis der physischen und kontingenten Dinge, deren Objekt das ist, was wird und vergeht.

Aristoteles, der Enzyklopädist

Indem er seine gesamte Philosophie zu einer Philosophie der Erkenntnis macht, legt **Aristoteles** (384–322) die Grundlagen für das gesamte westliche Wissenschaftssystem, die um ein Werkzeug des Denkens organisiert sind, nämlich das *Organon*, griechisch für das «Werkzeug», «Instrument», und zwar der Erkenntnis; eben dies macht die Gesamtheit seiner Abhandlungen zur Logik aus. Er ist der Erfinder neuer Konzepte und Kategorien, derer sich die Philosophie nach ihm unablässig bedient. Im Unterschied zu Platon, für den die Wirklichkeit zwischen der sichtbaren Welt und den Ideen angesiedelt ist, beruht die Wirklichkeit bei Aristoteles auf dem Besonderen und Allgemeinen, dem Konkreten und dem Generellen. In Stageira in Thrakien geboren, studiert er in Athen, wo er 20 Jahre lang den Lehren Platons folgt. Er gründet seine eigene philosophische Schule, die er als Lykeion bezeichnet, dies wegen der Nähe zum Tempel des Apollo Lykeios (dem Töter der Wölfe); diese Schule heißt auch peripatetische Schule (von *peripatein:* spazieren gehen), da Aristoteles im Gehen lehrt.

Während des ganzen Mittelalters bleibt er der obligate Bezug zur Kultur der Antike, und sein Werk bildet die Verbindung zwischen den großen arabischen und christlichen Philosophiesystemen. Die Übersetzungen seiner Texte werden zwischen 1120 und 1190 in Toledo, Palermo, Rom und Pisa angefertigt. Albertus Magnus übersetzt sie auf Latein, Thomas von Aquin macht im 13. Jahrhundert die aristotelische Philosophie zum Zentrum der gesamten ernsthaften Reflexion und bewirkt eine Versöhnung dieser Philosophie mit dem Christentum. Das 17. Jahrhundert erkennt den Konservatismus von Aristoteles' Denken über die Physik, das durch die Arbeiten von **Galilei** und **Kopernikus** überholt ist. Die cartesianische Philosophie und danach das 18. Jahrhundert lassen seine Philosophie vergessen, doch das 19. Jahrhundert wird sie sich durch die Rückkehr zur Metaphysik erneut aneignen.

Das Organon, das Buch und die Methode

Aristoteles ist der Schöpfer der Kunst der Argumentation, der Dialektik. Sie ist aber nicht mehr dieselbe wie die seines Meisters Platon. Es geht vielmehr um ein neues Konzept, das den herrschenden Gegensatz von Meinung und Wahrheit überwindet. Aristoteles' Methode besteht in einem sorgfältigen Herausfiltern von Meinungen, bis die Wahrheit aus seinen Werken zur Logik geradezu heraussprüht *(Analytika, Topoi)*, denen man den Namen *Organon* gab. Sein erstes Werk handelt in erster Linie von den Kategorien, das zweite von den Aussagen, das dritte von Syllogismen. Er erklärt die Prinzipien und die Regeln und die diversen Formen eines syllogistischen Arguments. Die Reflexion über die Logik bringt ihn zur Formulierung seiner Theorie der Namen.

Die Kraft des Syllogismus

Die Kraft des Syllogismus beruht auf dem, was man eine formale Struktur nennt und was den Geist dazu zwingt, von zwei zugegebenen Wahrheiten (Prämissen) zu einer dritten zu gelangen (Konklusion): Jeder Grieche ist ein Mensch; jeder Mensch ist sterblich; also ist jeder Grieche sterblich. Es ist dies eine Methode, durch die man in einem Diskurs oder einer Diskussion festlegt, was gültige Argumentationen sind. Der Syllogismus oder die Deduktion ist die erste Bedingung, die zu wahren Aussagen führt. Die zweite ist die Induktion; ein Vorgehen, das darin besteht, von den Phänomenen zu Gesetzen zu kommen – *épagôgé* bedeutet das Fortschreiten von den Dingen aus.

Die Metaphysik: Höchste Wissenschaft

Während die Physik sich mit beweglichen und materiellen Wesen beschäftigt, beschäftigt sich die Metaphysik, die höchste Wissenschaft, die man als Weisheit bezeichnen kann, mit unbeweglichen und immateriellen Objekten. Aristoteles zeichnet die historische Entwicklung der Wissenschaft nach, deren Resultat diese höchste Wissenschaft ist, die die Prinzipien und die Ursachen der Wesen als solche erforscht. Nach Platon gibt es insgesamt fünf Prinzipien oder Seinsgründe: die Idee *(causa exemplaris)*, das Ziel *(causa finalis)*, der handelnde Grund *(causa efficiens)*, die Materie *(causa materialis)* und die Form *(causa formalis)*. Aristoteles legt die Idee *(causa exemplaris)* beiseite und behält nur die vier anderen bei. Es gibt eine Wissenschaft, die das Sein studiert – als Sein mit seinen Attributen: die Metaphysik.

Die Kategorien – Tat und Potenz

Die Lehre von den Kategorien besteht darin, zu erkennen, von welchem Gegenstand die Rede ist und dass sich die Wirklichkeit mit all ihren Attributen zeigen kann: Substanz, Qualität, Quantität, Beziehung, Ort, Zeit, Situation, Zukunft, Handeln oder Erdulden. Aristoteles unterscheidet zwei Arten des Seins: als Tat und als Potenz. Das Sein als Tat hat eine Form und eine vorgezeichnete Vollendung; das Sein als Potenz ist für Veränderungen empfänglich, für Vervollkommnung. Aristoteles fragt sich, wie man die Einheit des Seins respektieren kann, wenn man für dessen Definition eine Vielfalt an Ausdrücken gebraucht. Daher kommt er zu der Aussage, dass jede Substanz als Potenz und als Tat existieren kann. Wenn wir von dieser Idee der Bewegung ausgehen, können wir uns eine recht genaue Vorstellung vom Sein machen: Die Potenz bildet den Vermittler zwischen Sein und Nicht-Sein. Sie hat keine eigene Existenz und begreift sich nur im Hinblick auf das Sein, das sie vollendet, und das heißt: im Hinblick auf die Tat.

Der Ort der Dinge

Dies sind die beiden wesentlichen Prinzipien, die nach Aristoteles das Universum erklären. Die Dinge bewegen sich und gehen über von der Potenz, von der Idee, zur Tat. Wir haben gesehen, dass es vier Ursachen braucht, damit sich die Dinge realisieren. Der Ort der Wesen in der Natur hängt von ihrer Hierarchie ab. Auf den höheren Stufen befinden sich der Mensch, dessen Seele spirituell ist, und die Tiere, deren Seele empfindungsfähig ist. In den Pflanzen wird die Form vegetativ. Im Unterschied zur Position Platons ist die Seele bei Aristoteles nicht mehr im Körper gefangen; es ist die Entelechie des organisierten Körpers, der das Leben als Potenz in sich hat. Das soll bedeuten, dass die Seele das erste Prinzip der Organisation und des Lebens des Körpers ist. Dieser hat die Potenz zum Leben: Er hat das Leben als Tat dank der Seele, mit welcher er vereint ist. Die Seele besitzt zugleich die Fähigkeit, zu urteilen und zu fühlen.

Die Einheit der lebendigen Welt

Aristoteles unterscheidet einen inneren Sinn und den gesunden Menschenverstand, der in sich die Arbeitsweise der fünf Sinne vereint. So kann die Seele die Empfindungen, die Wahrnehmungen vergleichen und miteinander verbinden. Er sieht in der Natur eine erstaunliche Einheit, die bewirkt, dass man überall in der lebendigen Welt die gleichen Eigentümlichkeiten antrifft. Aristoteles wird das Analogieprinzip auf seine Überlegungen anwenden. Für ihn existiert ein erster Antrieb, der alle Eigenschaften besitzt: reiner Akt, unbeweglich; Gott. Es existieren außerdem weitere Antriebe, die sich vom ersten unterscheiden. Aristoteles beruft sich hier auf die Mathematiker. Er schätzt die Anzahl der himmlischen Sphären auf 47 bis 55 und zeigt, dass jede Substanz ihre Ordnungseinheit einem einzigen obersten Prinzip verdankt: Gott, der die Welt bewegt. Wenn Aristoteles die These der Unzerstörbarkeit der Arten formuliert, nach der die drei Typen der Aktivität des Wissens unterteilt sind, dann sind Produktion *(poiêsis)*, Tat *(praxis)* und Theorie *(theoria)* wesentlich, und das sind sie umso mehr für die Metaphysik, die dazu tendiert, diese Mannigfaltigkeit der Möglichkeiten zu überwinden – zum einzigen Zweck der Errichtung einer universellen Wissenschaft. Daher seine These: «Es gibt nur eine Art von Wissenschaft.»

Aus dem Nichts zu einer Philosophie der Moral

Indem er Disziplinen und bestimmte Wissenschaften unterscheidet, legt Aristoteles die ersten Fundamente des gesamten westlichen Wissenschaftssystems. Er studiert das unbeseelte Reich des Minerals geradeso wie das des Beseelten, des Tieres sowie des Menschen. Er stellt die Hypothese eines Lebens auf, das aus dem Nichts, *ex nihilo*, entstehen kann – spontan, unter bestimmten energetischen und materiellen Bedingungen. Das Glück ist kein Zustand, und es ist auch nicht der Zustand der Tiere oder der Götter. Es ist das Resultat einer Wahl, eines Ziels, das vom moralischen Menschen festgesetzt ist. Das «gute Leben» muss das höchste Ziel sein. In der *Nikomachischen Ethik* ist der aristotelische Glücksbegriff wesentlich eudämonistisch (das Glück ist das Ziel des Lebens), da er das Glück zum höchsten Gut von allen erklärt. Das Glück hat eine Bedingung: die Tugend. «So meidet also jeder Sachkundige das Übermaß und das Zuwenig und sucht nach dem Mittleren, und dieses wählt er ... in der Beziehung auf uns» (Aristoteles, *Nikomachische Ethik*, II, 7, 1106 b). Gesellschaft und Erziehung ermöglichen dem Menschen, seine Taten besser zu steuern, denn Tugend ist nicht angeboren und entspringt nicht der Natur.

Die großen ethischen Lehren

Allen philosophischen Schulen nach Aristoteles, nach dem auch von Platon herrührenden metaphysischen Elan ist gemeinsam, dass die Philosophen sich vor allem den großen ethischen Problemen zuwenden, die ihnen am nächsten sind. Diese Schulen haben keine Metaphysik, sondern eine Physik; sie nehmen nichts jenseits der Natur an. Sie erforschen das höchste Gut, rühmen die Ataraxie, den Gleichmut, den Frieden der Seele durch die Abwesenheit von Aufregung, oder die Apathie, den Zustand der Seele, die von keiner Leidenschaft ergriffen wird, um zum Glück zu gelangen.

Der Kynismus

Diese materialistische Lehre propagiert die Abwendung von Angewohnheiten und Vorurteilen und die Rückkehr in den Naturzustand. Der Kynismus wird von **Antisthenes** (444–365) begründet, einem Schüler des **Gorgias**, danach des **Sokrates**. Das Wort «kynisch» stammt vom griechischen *kuon*, «Hund», ab, was sich auf eine äußerst frugale Lebensweise bezieht, welcher diese Philosophen folgen. Sie lehren, das Glück bestehe im Besitz aller Güter, und die einzige Weise, diese Güter zu besitzen, sei es, auf sie zu verzichten. Die Kyniker fallen durch einen religiösen und sozialen Antikonformismus auf. Doch wenn sie auch von Sokrates dessen Haltung übernehmen, so lehnen sie doch in der Moral seinen Intellektualismus ab wie auch seine Theorie der Tugend, wo diese in Handlung umschlägt, weil sie sich ja von ihren Bedürfnissen freimachen könne. In diesem Sinne ist die Freiheit das einzige höchste Gut. Der berühmteste Vertreter dieser Schule ist **Diogenes** (412–323), der sich als Weltbürger bezeichnet: Er lebt eine Zeitlang in einem Fass, das ihm als Haus dient, auf den Straßen von Korinth; in Athen zündet er einmal seine Laterne am hellichten Tag an mit der Begründung, er suche einen Menschen.

Der Skeptizismus

Der erste Repräsentant der Schule der Skeptiker ist **Pyrrhon von Elis** (360–270). Wie er sagt, beruht das Hindernis zum Glück darauf, dass der Mensch eigene Meinungen hat und diese verteidigt. Das Aufgeben allen Urteilens nennt man Ataraxie. Das Glück lässt sich nur durch Verzicht auf alle Leidenschaften finden. Nach dem Tod Pyrrhons macht seine Schule eine Verwandlung durch, und wir finden deren große Ideen in einer anderen Schule: der Neuen Akademie. Diese behauptet, sich an Sokrates zu halten, und meint, das Einzige, das sie sicher wisse, sei, dass sie nichts wisse. Die beiden wichtigsten Vertreter dieser Schule sind **Arkesilaos** (315–241) und **Karneades** (215–129). Später wird diese Schule von **Ainesidemos** (80 v. Chr.–10 n. Chr.) repräsentiert.

Argumente, Tropen, Zirkelschlüsse

Arkesilaos und Karneades griffen die «verständige Darstellung» an, ein Kriterium der Stoiker. Wahrheit und Verstand sind nichts Absolutes, da sie uns am Ende doch täuschen. Die Darstellung des Wahren kann nicht vom Falschen unterschieden werden. Die Tropen, auch *ainesidemische Argumente* genannt, zeigen die Notwendigkeit, alle Urteile zu erörtern, weil man unmöglich wissen kann, ob die Dinge gut sind, so wie sie uns erscheinen. Wir können bei den Phänomenen nur ihr Verhältnis von Aufeinanderfolge oder Gleichzeitigkeit feststellen. Ein weiteres Argument zugunsten der Skeptiker ist der Zirkelschluss, die Diallele. Sicherheit ist gegeben, wenn die Eignung des Geistes, die Wahrheit zu erkennen, bewiesen ist. Nun ist dieser Beweis unmöglich ohne einen hinterhältigen Zirkelschluss und ohne bis ins Unendliche vorzudringen. Man kann in der Tat die Fähigkeit eines Geistes zu urteilen nur durch dessen Fähigkeit zur Erkenntnis beweisen. In seinem Buch *Grundzüge der pyrrhonischen Skepsis* (I, 4) erklärt Sextus Empiricus das Aufgeben des Urteilens als wahres Charakteristikum der Philosophie. Der echte Weise muss die Wahrheit im Zweifel und in der Überlegung suchen. Daher bezeichnet man ihn als Skeptiker oder als Suchenden. Der Skeptizismus besteht darin, die intelligiblen Dinge den sinnlich erfahrbaren gegenüberzustellen, «von allen möglichen Weisen die Phänomene und die Noumen. So kommen wir mittels der gleichen Kraft von Dingen und entgegengesetzten Gründen zunächst zur Aufgabe des Urteils, danach zur Gleichgültigkeit (Ataraxie).» Sextus Empiricus zählt die Gründe für den Zweifel auf: die Illusion der Vorstellungskraft, die Irrtümer der Sinne, die Relativität der sinnlich erfahrbaren Dinge, der Zirkelschluss, die Widersprüche in unseren Urteilen etc.

Der Epikureismus: Philosophie im Garten

Die Philosophie des **Epikur** (um 341–270) ist vor allem eine Ethik, deren wichtigstes Ziel der Zugang zur Seele durch die eigene Ausgeglichenheit ist. Epikur wird 341 v. Chr. auf der Insel Samos geboren, wo seine Eltern sich als Siedler niedergelassen hatten. Er gründet seine erste Schule in Mytilene und lehrt dort bis zu seinem Tod 270 v. Chr. Er nimmt die Philosophie seiner Vorgänger Leukippos und Demokrit auf. Diese Philosophie stößt sich an zweierlei: am Glauben an die Götter und an der Unsterblichkeit der Seele; am Glauben an eine unentrinnbare Notwendigkeit. Um sich der Ängste zu entledigen, geht die Physik der Moral voraus, was die Kenntnis gewisser Regeln beinhaltet, um das Gute vom Bösen zu unterscheiden. Das wird das Ziel der Kanonik (Logik) sein. Die Kanonik ist gemäß den Epikureern die Wissenschaft der Kriterien und eine wahrhafte Erkenntnistheorie. Der Epikureismus glaubt, dass die Aufgabe des Menschen darin bestehe, das Glück zu suchen, das man in der Weisheit finden kann. Diese Lehre findet in Lukrez ihren berühmtesten Vertreter, der daraus ein wundervolles Gedicht macht: *De rerum naturum (Über die Natur der Dinge)*. Der große Dichter Horaz porträtiert sich als «Schwein im Garten Epikurs». Epikur lehrte tatsächlich in einem Garten.

Seine Lehre ist durch seine Moral definiert, die auf dem zu erreichenden Ziel insistiert: dem höchsten Vergnügen und der Abwesenheit von Schmerz. Deshalb rät er dem Weisen, nahe an der Natur zu leben und sich vor den eigenen Leidenschaften zu hüten. Er unterscheidet drei Ursachen, die Angst erzeugen: den Tod, die Schicksalhaftigkeit, die Götter. Man muss von den sichtbaren Dingen ausgehen, um die unsichtbaren zu erkennen. Über den Umweg durch die Sprache kann man sie auch ausdrücken. Wenn man sie dann den Empfindungen und der Intuition gegenüberstellt, kann man sie beobachten. Epikurs Lehre gründet auf dem Empirismus und, was die Wahrnehmung betrifft, auf dem Materialismus. Die Vorstellung vom Menschen ist für Demokrit wie für Epikur materialistisch. Wenn die Atome (als Bestandteile der Seele) durch äußere Elemente in Bewegung gebracht werden, so dass ein Kontakt unter den Atomen hergestellt wird, entstehen die Empfindungen. Als Emanationen der Objekte in Richtung der Sinne vermögen diese Scheinhandlungen durch ihre Struktur die Sinne direkt zu treffen. In einem solchen System ist die Seele sterblich. Zwei verschiedene Aspekte sind nun festzustellen: Konzentrieren sich die Atome in der Brust, wird dies «Intellekt» genannt; wenn sie sich im ganzen Körper verteilen, heißt dies «Seele». Die Bewegungen der

Seele sind also Bewegungen der Atome. Letztere bewegen sich durch ihre jeweilige Schwerkraft in gerader Linie von oben nach unten. Epikur erhebt sich gegen die Religion, im Wesentlichen aber gegen den Aberglauben. Er leugnet nicht die Existenz von Göttern, will aber zeigen, dass die Gottheiten ganz im Gegenteil eine sehr große Rolle beim Erreichen des Glücks und der Weisheit zu spielen haben.

Der Stoizismus: «Ertrage und entsage!»

Die stoische Ethik ist von ihren Grundlagen her das Gegenteil der Ethik des Vergnügens. Sie hat ihren Namen von dem Ort, an dem der erste Philosoph, **Zenon von Kition** (333–261), diese Lehre in Athen unterrichtet: von der Vorhalle gegenüber der Akropolis, der *Stoa*. Besser formuliert wird diese Lehre dann durch **Chrysippos von Soloi** (um 281–205) und **Kleanthes** (330–250), danach durch **Panaitios von Rhodos** (180–110) und **Poseidonios von Apamea** (135–51), zu Ehren gebracht von den großen Männern der Republik, **Seneca**, **Epiktet**, **Marc Aurel**, besungen von **Horaz**. Die stoische Ethik übt beträchtlichen Einfluss auf **Montaigne**, **Vigny** und viele andere aus. Mehrere Epochen zeigen die Entwicklung dieser Schule:

- **Die Ältere Stoa** zwischen dem Ende des 4. Jahrhunderts und dem 2. Jahrhundert v. Chr. Wichtigste Repräsentanten: **Kleanthes von Assos** und **Chrysippos von Soloi**.
- **Die Mittlere Stoa** zwischen dem 2. Jahrhundert v. Chr. und 1. Jahrhundert n. Chr. Wichtigste Repräsentanten: **Panaitios von Rhodos** und **Poseidonios von Apamea**.
- **Die Jüngere Stoa** zwischen dem 1. und 2. Jahrhundert n. Chr. Wichtigste Repräsentanten: **Seneca**, **Epiktet**, **Marc Aurel**.

Die stoische Philosophie ist dreigeteilt: Physik, Ethik und Logik; so wie es auch drei Tugenden gibt: die natürliche, die ethische und die vernunftgemäße. Die am meisten wiederholte Maxime lautet: «Ertrage und entsage!» Die Neuartigkeit der Philosophie der Stoa besteht darin, dass zum ersten Mal die Logik als Wissenschaft begriffen wird, nicht als bloßes Instrument; für Aristoteles war sie ein Instrument der Erkenntnis. Gemäß dem Materialismus existieren nur Körper, d. h., alles ist wirklich und verschieden. Daraus ziehen die Philosophen eine Konsequenz: Es ist nur durch die Realität zu erkennen, dass die Handlungen der Individuen auf andere einwirken. Die stoische Logik hat eine Theorie der Bedeutung entwickelt, die auf dem Zeichen fußt, das eine

Verbindung zwischen dem Bezeichnenden und dem Bezeichneten schafft. Die Sprache wird hier als etwas Ganzes begriffen, die Logik als eine Wissenschaft des Diskurses. Es gibt keine Trennung mehr zwischen Sprache als Technik und gesprochener Sprache. Mittels der Theorie des «Begreifens entsprechend der Sache» kann man sich der Wahrheit nähern. Nun gibt es aber mehrere Stufen in der Art und Weise, Erkenntnis zu erlangen. Dies entspricht dem Sehen des Wirklichen auf zweierlei Weise: als Verständnis oder Darstellung.

Der Materialismus der Stoa

Die stoische Physik enthält auch als Theorie der Welt eine Theorie zu Menschen und Gott. Mit dem Epikureismus findet der Materialismus zum ersten Mal seine wesentliche Formulierung: «Das Wirkliche ist rational, das Rationale ist wirklich.» Nur das Individuelle ist wirklich, das Universelle ist gedacht und unwirklich. Der menschliche Mikrokosmos ist nach dem Bilde des universellen Makrokosmos geformt: «Unser Zusammenschluss», schreibt Seneca, «ist ganz einem steinernen Gewölbe ähnlich: Es wird zusammenstürzen, wenn die Steine einander nicht mehr entgegenstehen; genau das nämlich hält sie zusammen.» In der Geschichte des griechischen Denkens bilden Epikureismus und Stoizismus eine wichtige Etappe, indem sie auf den Begriff der Individualität hinweisen.

7. Die griechische Religion

Die archaische griechische Religion

Man kann einen dreifachen Ursprung der griechischen Götter ausmachen: Personifizierung der Naturkräfte; Kult der verstorbenen Vorfahren; aus dem Orient importierte Götter. Die archaische griechische Religion bezieht ihr Erbe aus dem Synkretismus der mykenischen Zeit, weist aber zugleich anatolische und griechische Einflüsse auf, also solche einer chthonischen und einer uranischen Religion. Schrifttafeln, in Linear B verfasst, erwähnen die großen Götter, die das spätere Griechenland kennen wird: Zeus, Poseidon, Hermes, Ares, Dionysos, Athena, Hera und Artemis. Demeter und Kore sind auf einer Tafel bereits miteinander assoziiert, Zeus und Helena sind ein Paar. Die großen Mythen gehen gleichfalls auf die mykenische Zeit zurück, da einige von ihnen bereits mit eindeutigen Orten verbunden werden: Ödipus mit Theben, Theseus mit Athen, Helena mit Lakedaimon (Sparta). Während der archaischen Zeit verbreitet sich dieser religiöse Grundbestand über ganz Griechenland. Neue Götter, die aus dem Orient stammen, stoßen dazu: Apollo ist ein Lykier, der sich mit seiner Schwester Artemis und seiner Mutter Leto auf Delos niederlässt. **Um das 8. Jahrhundert v. Chr.** nehmen sie Besitz von **Delphi**. Das Entstehen der *polis*, der Stadt, gibt der Religion durch den Bau von Heiligtümern und Tempeln einen neuen Aufschwung: der Apollo-Tempel in Delphi (8. Jahrhundert v. Chr.), das Heraion in Perachora nahe Korinth, 750 v. Chr. Jede Stadt verehrt ihre Götter und ihre lokalen Helden, daher die Sorgfalt bei der Durchführung der Zeremonien, denn die Stadt bezieht Gewinn und Rückhalt daraus, wenn die Gottheiten gut aufgestellt sind. Jeder Staat und jede Stadt hat eigene Götter, eigene Kultzeremonien wie auch eine eigene Priesterschaft. Der Herakles-Kult ist in ganz Griechenland verbreitet.

Die Religion des klassischen Griechenland

Griechenland lebt durch seine Götter. Sie sind die Wurzeln der Institutionen, des bürgerlichen und des künstlerischen Lebens und der Inspirationsquell der Dichter. Die Religion der Griechen ist eine lokale Angelegenheit, eine der Stadt, des Stammes, der Familie, ja selbst jedes Individuums. Zwar werden die großen panhellenischen Gottheiten überall anerkannt und verehrt. Doch verleiht jede Stadt ihnen lokale Eigentümlichkeiten, um sie sich besser aneignen zu können. So wird etwa in Athen allein Athene, die der Stadt ihren Namen gegeben hat, in den folgenden Formen verehrt:

- **Athena Promachos** (die Beschützerin)
- **Athena Nike** (die Siegreiche)
- **Athena Hippia** (die Pferdebändigerin)
- **Athena Polias** (die Schutzpatronin der Stadt)
- **Pallas Athena** (die junge Frau)

Das Gefühl der Teilhabe an einem einzigen Kult stärkt das Zusammengehörigkeitsgefühl der hellenischen Nation. Der griechische Polytheismus begründet eine enge Beziehung zwischen Kultus und den Bewohnern einer Stadt, darüber hinaus auch eines Landstrichs. Das griechische Pantheon ist hierarchisiert, auch wenn diese Hierarchie je nach Stadt sich ändern kann – von den Gründungshelden, den Eponymen eines Stammes, Beschützern einer

3

menschlichen Handlung, den Göttern zweiten Ranges, Nymphen, Satyrn und Siegen bis hin zu den großen nationalen Göttern. Mitten in diesem lebendigen und sich stets verändernden Gefüge erhalten auch die orientalischen Götter ihren Platz. Nach dem Bild der menschlichen Gesellschaft werden die Götter geformt. Durch ihre jeweilige Persönlichkeit gekennzeichnet und mit einer Genealogie und Geschichte versehen, nähren sie bis in unsere heutige Zeit die Inspiration der Dichter. Für den gewöhnlichen Sterblichen ist die Religion ein permanenter Vertrag zwischen Göttern und Menschen. Einen Gott zufriedenzustellen heißt, die geeigneten Riten genau zu praktizieren und die notwendigen Reinigungen durchzuführen. Die Bedeutung dieser Verbindung beruht vor allem auf dem Respekt vor den Vertragsklauseln – die Götter sind Zeugen der Verträge zwischen Städten wie auch der Versprechen gegenüber Einzelnen – durch den Glauben. Der Grieche muss den Verpflichtungen des Kultus entsprechen. Sich dem zu verweigern hieße, den Zorn der Götter auf das Kollektiv herabzubeschwören.

Diese Nähe und die Erwartung von Gunstbezeigungen im Gegenzug für eine untadelige Lebenspraxis sind mit dem Bedürfnis gepaart, die Götter zu konsultieren, ehe eine Entscheidung gefällt wird. Die Wahrsagerei oder Mantik wird auf zweifache Art praktiziert: Als Induktion gewährt sie das Wissen des konsultierten Gottes; als Inspiration geschieht sie durch das Ergriffensein (griechisch *enthousiasmos*) einer Person vom göttlichen Geist. Diese Verkündung durch die Stimme der großen Orakel geschieht etwa durch die Pythia in Delphi, die für Apollo spricht, oder ihre Rivalin in Didyma bei Milet. Der Pilger stellt eine oder mehrere Fragen, die manchmal auf Bleitafeln geschrieben werden, und erhält eine mündliche Antwort. In Dodona, in Epirus gelegen, setzten sich die «Peliaden», die Prophetinnen unter die heiligen Eichen des Zeus, um durch das Rauschen der Blätter die Stimme des Gottes zu vernehmen. Der Rückgriff auf die Mantik geschieht aus wichtigen politischen Gründen (Soll man sich mit dieser Stadt verbünden oder nicht; soll man in den Krieg eintreten oder nicht?), aber auch wegen der kleinen Scherereien des täglichen Lebens (etwa Gegenstände oder Tiere wiederfinden, die verloren gingen). Ursprünglich ist der geweihte Ort oft durch einen schlichten Erdhügel oder durch Steine markiert. Wenn das Opfer im Töten besteht, der *thysia*, dann werden die Opfertiere geschmückt, in einer Prozession zum Altar geführt und geweiht, dann erschlagen und geschächtet. Die mit Fett bedeckten Knochen werden als Gabe an die Götter verbrannt, das Fell wird dem Opferer gegeben oder verkauft, das Fleisch gekocht und unter den Hilfspersonen verteilt.

Die Religion der Stadt

Mehrere Großfamilien, *Genoi*, bilden im ionischen und dorischen Griechenland eine *Phratrie*. Diese wiederum sind die Untergruppen eines Stammes oder *Phyle*. Die Phratrie ist eine religiöse, bürgerliche Vereinigung. Religiös, weil jede Phratrie ihren eigenen Gott verehrt, jeweils zusätzlich zu Zeus Phratrios oder Athena Phratria. Bürgerlich, weil Atheismus bzw. allein der schlichte Vorwurf, Atheist zu sein und sich dessen zu rühmen, in den Augen des Magistrats darauf hinausläuft, sich grundsätzlich vom bürgerlichen Leben auszuschließen. Es ist dies einer der wichtigsten Anklagepunkte gegen Sokrates – der schwerwiegendste. In der Stadt werden die Heiligtümer erbaut und unterhalten. Bei den Hauptgöttern ist der *temenos*, der umgrenzte Bezirk des Heiligtums, riesig. Der Tempel ist umgeben von Bäumen, Gärten und Weiden, wo sich die von den Göttern bevorzugten Tiere frei bewegen können: Ochsen für Helios, Pferde oder Pfauen für Hera etc. Als städtische Religion überlässt die griechische Religion den Menschen seinem Schicksal. Er muss gemäß der Natur seiner Beziehungen zu den Göttern, zu anderen Menschen eine Antwort finden, und er muss sich eine Ethik zulegen. Die unsterblichen, aber nicht ewigen Götter stehen deshalb den sterblichen Menschen gegenüber. Letztere müssen sich eines respektvollen Verhaltens befleißigen, dürfen nicht den Wunsch haben, über ihre Gegebenheiten hinauszugehen, sich nicht von der *Hybris*, der Maßlosigkeit einfangen lassen. Man muss vielmehr der *Dike* folgen, dem gemeinsamen Gesetz, dem Brauch. Jeder hat seinen Platz, und jeder muss sich daran halten.

Die griechischen Mythen und ihre Helden

In der Literatur, vor allem der Tragödie, inszeniert der Mythos die fabelhaften Taten der Götter und Helden. Der Mythos will sich als Offenbarung verstanden wissen und wird als Unterstützung benutzt. Die griechische Mythologie hat vor allem «ein sehr populäres literarisches Genre» gespeist, «ein riesiges Stück Literatur»,* und zahlreiche Erzählstrukturen, Entsprechungen von Ideen sind ihr eigen. So hat sie eine soziale, politische und ethische Funktion,

* Paul Veyne, *Les Grecs ont-ils cru à leurs mythes?*, Le Seuil, «Points essais», Paris 1992, S. 28.

ist «Präzedenzfall und Beispiel, nicht nur im Hinblick auf die heiligen und profanen Handlungen des Menschen, sondern auch im Hinblick auf seine Stellung; besser: ein Präzedenzfall für die Formen des Wirklichen im Allgemeinen».* Einen Mythos zu lesen ist umso schwieriger, als er Literatur, Geschichte, Religion und Kunst betrifft. So wie er eine gegebene soziale Ordnung legitimiert, hat der Mythos auch die Funktion, die Ordnung der Welt nachzuzeichnen, zu wiederholen. Die Tat erweist sich jedes Mal als notwendig, wenn die Einheit des Lebens bedroht ist, und in diesem Sinne gibt es keine Grenze zwischen Theorie und Praxis, denn das Symbol, dessen der Mythos sich bedient, hat nicht die Fähigkeit zur Abstraktion wie das poetische, mathematische oder wissenschaftliche Symbol.

Nur der Mensch steht bei den griechischen Mythen im Zentrum ihres Interesses. Die Heroen - ein griechisches Wort - in den Gedichten Homers sind auch Menschen, die allerdings an Kraft und Mut anderen Menschen überlegen sind. Sie sind sterblich und erfahren in der Unterwelt oder auf den Elysischen Feldern ein relatives Glück. Achilles beherrscht sie alle, und sein Fortschreiten macht, dass er - zu Beginn seiner Reise noch sehr göttlich - am Ende zum Menschen wird. Hesiod sieht ihn als einen der Halbgötter, die eine eigene Klasse bilden. Nach ihrem Tod, weit von Menschen und Göttern entfernt, führen sie auf der Insel der Glückseligen ein Leben voller Wonnen. Helden sind diejenigen, die im Trojanischen Krieg oder in Theben gekämpft haben. Und nur **Herakles** erlangt die göttliche Unsterblichkeit. Die wichtigsten Helden leben in Attika: etwa **Theseus**, dessen zahlreiche Abenteuer wie die des Herakles an die unterschiedlichen Phasen des Laufs der Sonne erinnern; oder **Ödipus**, der unglückliche Held, der unfreiwillig zum Verbrecher wurde. Er tötet seinen Vater, heiratet seine Mutter, ohne um die Bande zu wissen, die sie einen. Und als er davon erfährt, sticht er sich voller Verzweiflung die Augen aus. Seine treue Tochter Antigone führt ihn seither. In Thrakien beendet **Orpheus**, der berühmte Aöde, dessen von der Lyra begleitete Stimme die wilden Tiere anzieht und beruhigt, sein Leben, verzweifelt wegen des Todes seiner Gattin Eurydike.

In Argos ist **Perseus** der Sieger über die grässliche Meduse. Die tragische Familie der Atriden beginnt mit Pelops und setzt sich fort mit Atreus, Thyestes, Agamemnon und endet mit Orestes. Auf Kreta wird **Minos**, der unbescholtene Herrscher, als Belohnung für seine Gerechtigkeit einer der Richter

* Mircea Eliade, *Traité d'histoire des religions*, Payot, «Bibliothèque historique», Paris 2004, S. 349.

der Unterwelt, desgleichen sein Bruder **Rhadamanthys**. Der griechische Philosoph **Euhemeros** aus Agrigent (um 360–240) sagt von den Göttern und allen Helden, sie seien in Wahrheit bedeutende Menschen, die von der Volksfrömmigkeit vergöttlicht wurden. Diese Theorie wird von den Stoikern und Epikureern wohlwollend aufgenommen. Nach Roger Callois (1913–1978) hat der Mythos noch eine andere Funktion: Er dient dazu, «psychische Konflikte von individueller oder gesellschaftlicher Struktur auszudrücken und ihnen eine ideale Lösung zukommen zu lassen».* Das ist der Fall beim Ödipus-Mythos, der von der Literatur aufgenommen und von Freud in der Psychoanalyse berücksichtigt wird.

Die Erschaffung der Welt

Am Ursprung der Welt ist das Chaos, ungeschieden und nahezu leer, daraus entstehen nacheinander **Gaia** (die Erde), **Tartaros** (die Unterwelt), **Erebos** (die Finsternis) und **Nyx** (die Nacht). Diese Version des letzten Ursprungs ist die geläufigste, sie unterscheidet sich von den homerischen Gesängen, in denen **Okeanos**, der Ozean, der Vater aller Götter ist. Wir folgen hier der *Theogonie* Hesiods. Als Erste geschaffen, paart sich Gaia, das einzige Kind des Uranos, des Himmels, mit ihm. Aus dieser Verbindung entstehen die Titanen: Kronos, Rhea, Okeanos. Uranos hat einen Bruder, auch er von Gaia erschaffen: Pontos. Seine Schwestern sind die hohen Berge. Später vergrößern Uranos und Gaia ihre Nachkommen durch die drei ersten Zyklopen (**Brontes**, **Steropes**, **Arges**) und die Riesen mit den hundert Armen, die **Hekatoncheiren**. Gaia ist nicht mehr die Einzige, die mit der Schaffung des Kosmos beginnt. Erebos und Nyx vereinen sich und haben als Nachkommen Hemera (den Tag) und Aither (den oberen Himmel). Uranos erlegt Gaia einen grausamen Ritus auf: Sie muss die Kinder, die sie zur Welt bringt, verschlingen. Sein Sohn Kronos setzt dem ein Ende, indem er seinen Vater entmannt und seinen Platz als Götterkönig einnimmt. Aus dem göttlichen Blut des Uranos entstehen die Giganten, die Furien, die Erinnyen, Rachegöttinnen; und indem Uranos sich mit Schaum vermischt, zeugt er Aphrodite. Kronos erweist sich gleichfalls als unerbittlich und verschlingt die Kinder, die ihm seine Gemahlin Rhea geboren hat, weil ein Prophet weissagte, dass eines von ihnen Kronos' Platz auf dem Thron einnehmen werde. Da verfällt Rhea auf eine List: Anstelle des Letztgeborenen, Zeus, präsentiert sie ihrem Gemahl einen mit Windeln umwickelten Stein,

* Roger Callois, *Le Mythe et l'homme*, Gallimard, Paris 1981, S. 20.

den Kronos ohne Murren hinunterschluckt. Das göttliche Kind wächst versteckt auf Kreta auf, genährt von der Milch der Ziege Amaltheia (in einer anderen Version ist Amaltheia eine Nymphe, die den kleinen Zeus mit Ziegenmilch aufzieht). Erwachsen geworden, gibt Zeus dem Kronos ein Brechmittel zu trinken, was diesen die Kinder herauswürgen lässt, die er verschluckt hatte: Poseidon, Hades, Demeter, Hera, Hestia. Im Mannesalter führt Zeus einen langen Krieg, in dessen Verlauf er, unterstützt von seinen Brüdern, sich Kronos und den anderen Titanen widersetzt. Als Sieger erlässt er eine neue Ordnung und schreitet voran zur Erschaffung der Menschenwelt.

Vor der Erschaffung des Menschen

Vor der Ankunft des Menschen auf der Erde sind andere große Rassen vorausgegangen, wenn man Hesiods Hauptwerk *Werke und Tage* folgen will: Die Menschen des Goldenen Zeitalters, die des Silbernen und die des Bronzenen Zeitalters, endlich die Heroen und die Halbgötter. Demnach sind die Menschen nichts anderes als die eisernen Rasse, am spätesten erschienen und im Gegensatz zu den früher erschienenen dazu verurteilt, die Qualen des dem Menschen eigenen Elends zu erfahren.

- **Das erste Zeitalter** ist das des Kronos: Menschen aus Gold, die der andauernden Glückseligkeit geweiht sind, aus denen Zeus später wohltätige Gottheiten macht.

- **Eine silberne Rasse** folgt, der Ersteren deutlich unterlegen. Nach einer hundertjährigen Kindheit nahe der Mutter verliert der Mensch des Silbernen Zeitalters bald jeden Verstand und verärgert die Götter des Olymp, weil er sie nicht mit dem erwarteten Kult verehrt. Zeus beschließt, sie auszulöschen; sie werden von der Erde verschüttet und dadurch zu chthonischen, der Erde zugehörigen Gottheiten.

- **Die bronzene Rasse** folgt auf die silberne. Ihre wichtigste Eigenschaft ist eine kolossale Kraft, die von einem kriegerischen Instinkt begleitet ist, welcher sie zwingt, bis zum eigenen Untergang zu kämpfen.

- **Die Heroen und die Halbgötter**, als letzte vor der heutigen Menschheit erschienen, sind wie schon die bronzenen Menschen von Zeus erschaffen. Sie begründen die vertrautesten Mythen, halten noch direkten und regelmäßigen Kontakt mit den Göttern und stellen die wichtigsten Heroen des Trojanischen Krieges. Die Menschen, die dann diese Erde bevölkern, sind die letzten Repräsentanten des göttlichen Schöpferwillens. Schwach und bedroht, weisen sie keine einzige der Qualitäten ihrer Vorgänger mehr auf, erfreuen sich auch nicht mehr des leichten Lebens des Goldenen Zeitalters oder der außergewöhnlichen Kraft der bronzenen Menschen.

Der Held als Zivilisator: Prometheus, aus Liebe zu den Menschen gefesselt

Die Erschaffung des Menschen, wie sie von Hesiod in seiner *Theogonie* und von Aischylos im *Gefesselten Prometheus* berichtet wird, ist nicht allein den Göttern zu verdanken. Gemacht hat sie vielmehr Prometheus, dessen Name auf Griechisch «der Voraussehende» bedeutet. Er legt diese Qualität an den Tag, als er seinen Titanen-Brüdern rät, Zeus nicht direkt zu trotzen, sondern sich der List zu bedienen, die angesichts der Macht des Göttervaters vorzuziehen sei. Da er keine Unterstützung erhält, schließt sich Prometheus dem Lager des Zeus an und vermeidet dadurch, in den Tartarus hinabgestoßen zu werden. Obwohl unsterblich, ist er dennoch kein Schöpfergott. Ohne Atem sind seine Figuren aus Erde unbelebt. So erhält er Hilfe von der Göttin Athena, Tochter des Zeus, die ihnen Leben einhaucht. Danach muss Prometheus weiterhin die Menschheit beschützen, die im Zorn des Zeus erschaffen wurde, denn er will der Menschheit das Feuer wieder nehmen, um sie zu vernichten. Außerdem hat Zeus entschieden, ihnen auch die Nahrung zu entziehen. Deshalb verlangt der Gott, dass ihm beim Opfer der beste Teil der geschlachteten Tiere gegeben werde, nämlich das Fleisch, so dass den Menschen nur noch die Eingeweide und das Fell bleiben. Um diesen Plan zu durchkreuzen, greift Prometheus zu einer List. Zeus soll selber auswählen, was ihm vom Opfer zukommen soll. Zwei Opfergaben sind bereit: Die erste ist mit einer reichhaltigen, dicken Fettschicht bedeckt, wie der Ritus es verlangt; die zweite wird in das Fell eines geschlachteten Ochsen eingewickelt. Zeus wählt das erste Paket, findet aber darin nur die Knochen. Der schlaue Prometheus hat das Fleisch unter dem Fell des zweiten Opferpakets versteckt. Seither müssen sich die Götter bei den Opfern mit dem Geruch des Fleisches und der verbrannten Eingeweide zufriedengeben; das gebratene Fleisch kommt den Menschen zugute. Rasend vor Zorn kehrt Zeus zum Olymp zurück und nimmt den Menschen das Feuer.

Prometheus entwendet es ihm, indem er im Flug einen Funken aus der Schmiede des Hephaistos raubt und ihn zur Erde bringt. Seine Strafe entspricht der Schwere der Beleidigung: An einen hohen Berg, den Kaukasus, gefesselt, zerreißt ihm der Adler des Zeus jede Nacht die Leber, die aber jede Nacht neu wächst. Endlich wird der Titan von einem Heros befreit, von Herakles, dem Sohn von Zeus und Alkmene. Herakles erlegt den Adler mit Pfeil und Bogen; Prometheus belohnt diese Tat mit Ratschlägen, damit Herakles eine seiner zwölf Taten - Sühne für einen Mord - vollbringen kann: die goldenen Äpfel aus dem Garten der Hesperiden zu holen.

8. Die Wissenschaften Griechenlands

Die Medizin

Asklepios, der Gott der Medizin, zeigt sich schon in der *Ilias* durch zwei seiner Söhne, Machaon und Podaleirios, die als Ärzte an der Spitze Thessaliens und seiner Städte wirken. Auch wenn es die Medizin in jener Zeit schon gab, wird sie erst im 5. Jahrhundert v. Chr. mit **Hippokrates** vollständig anerkannt. Die griechische Medizin, ohne Zweifel ein Erbe aus dem Nahen Orient, bezieht ihre Heilmittel aus Pflanzen, Riten und von den Göttern. Es erstaunt nicht, wenn die Griechen sich im Fall einer Krankheit zuerst an die Götter wenden. Apollo etwa wird die Fähigkeit des Heilens zugeschrieben. Die volkstümliche Phantasie reichert dieses Thema an und macht den Kentauren Cheiron zum Besitzer medizinischer Kenntnisse, der seinerseits Asklepios zum Erben seiner Wissenschaft macht. Dieser wird so geschickt in der Heilkunst, dass sich Hades schließlich bei Zeus beklagt, die Unterwelt werde zu gering bevölkert. Für Asklepios werden Tempel in Epidauros, Kos, Knidos, Kyrene und Rhodos erbaut. Die Asklepiaden, die Jünger des Heilgottes, verteilen dort die Medikamente und führen die notwendigen Zeremonien durch. Bis dahin kannten die Griechen nur den ambulanten Heiler, den *demiourgos* («ein für öffentliche Belange Arbeitender»), der mit seinen Instrumenten umherzieht. Die dem Asklepios geweihten Schulen erwerben sich einen gewissen Ruf, etwa die Schule in Kroton (Crotone), wo **Alkmaion** (tätig um 500 v. Chr.) wirkt. Er seziert Tierkadaver, um zu verstehen, wie die Tiere beschaffen sind, wie ihre inneren Organe funktionieren. Er beschreibt den Sehnerv und den Kanal, der die Kommunikation zwischen Ohr und Trommelfell ermöglicht, auch als Eustachische Röhre bezeichnet nach dem Namen ihres «Entdeckers» 2000 Jahre später, Bartolomeo Eustachi. Die Schule von Knidos und die von Kos richten ihre Aufmerksamkeit vor allem auf die Krankheiten und die erforderliche Pflege.

Hippokrates (um 460–377) nimmt hier eine bestimmende Rolle ein, da er daraus eine Synthese formuliert. Zu seiner Zeit wird angenommen, der Körper bestehe aus den vier Elementen (Erde, Wasser, Luft und Feuer), die durch die vier Charaktertypen gekennzeichnet seien, die wiederum vier Menschentypen entsprächen: Blut, Lymphe, Nervenimpuls, Galle. Seine Abhandlungen zur Pathologie, Hygiene, Anatomie und Therapie sind vielfach überliefert. Der Eid, der seinen Namen trägt, ein Auszug aus seinen *Aphorismen*, wird noch heute benutzt, um an das Berufsethos zu erinnern. Mit Hippokrates kommt eine rationale Medizin auf: Die unmittelbare Beziehung von Arzt und Patient wird entscheidend. Die Klassifikation der Temperamente wird von **Galenos** aufgegriffen, dem griechischen Arzt des 2. Jahrhunderts n. Chr., doch auch noch von Lavater im 18. Jahrhundert, selbst im 20. Jahrhundert durch Pawlow, der sich auf diese Theorie stützt und sie verteidigt. In Alexandria wird die Weiterentwicklung der Medizin durch Vermittlung von Ptolemaios gefördert. Berühmtester Arzt jener Zeit ist **Erasistratos** (um 310–250), dessen Name mit dem Entstehen der Physiologie verbunden bleibt. Und es entstehen weitere Zweige der Medizin: die Gynäkologie mit **Demetrios von Apameia**, die Augenheilkunde mit **Andreas von Karystos**.

Die Mathematik

Die Mathematik hat, wie auch die anderen Wissenschaften, von der Entwicklung des rationalen Denkens, von Spekulationen und Reflexionen über die Erkenntnis, über das von den Philosophen gesicherte Fundament profitiert. «Es soll keiner eintreten, der nicht Geometer ist», diesen Spruch soll Platon über dem Tor seiner Akademie haben anbringen lassen. Für einen Griechen lässt die Geometrie die Welt als rationales Ganzes begreifen. **Thales von Milet** (Anfang 6. Jahrhundert v. Chr.) ist der erste Geometer. Er ist Urheber mehrerer Theoreme, darunter auch desjenigen von der Hypotenuse, die der Summe des Quadrates der beiden anderen Seiten eines Dreiecks gleich ist. Von seinen Nachfolgern wird er dafür gepriesen, die Wissenschaft verständlich gemacht zu haben. Zwei Namen beherrschen die alexandrinische Zeit: die von **Euklid** und **Archimedes**.

■ **Euklid** (325–265) bedient sich der Arbeit seiner Vorgänger und hinterlässt 35 Definitionen, 6 Postulate und 10 Axiome. Er war nicht der Erste, der geometrische Ideen in Büchern zusammenfasste. Nach Hippokrates von Chios

(460 v. Chr.) waren das Eudoxios von Knidos, dessen Zeitgenosse Leonidas sowie Theudios, dessen Lehrbuch in der Akademie Platons benutzt wurde, wahrscheinlich auch in der des Aristoteles. Die 13 Bücher der *Elemente* sowie die *Data* sind die einzigen von Euklid überlieferten Schriften. Die vier ersten Bücher der *Elemente* überliefern die ältesten geometrischen Verfahren. Die Vorgehensweise ist deshalb interessant, weil sie sich auf die Deduktion stützt und von Postulaten, Definitionen und Axiomen ausgeht, um Resultate zu erbringen.

■ **Archimedes** (um 292–212) soll der Legende nach im Bad das «Prinzip der Gewichtskraft von Körpern» gefunden und dabei das berühmte *Heureka* ausgerufen haben, «Ich hab's gefunden». Er benutzt sämtliche Kenntnisse aus der Mathematik, Mechanik und Astronomie. Er erfindet allerlei Maschinen – eine Hebevorrichtung, ein Gerät zum Stapellauf von Schiffen, silberne Spiegel, sogar eine Miniaturreproduktion des Planetensystems mit der Bewegung der Planeten und Sterne. Sein Ruf beruht darauf, dass er der direkte Ahnherr des Denkens von Descartes, Newton und Leibniz ist. Er nimmt durch eine geistreiche Methode 20 Jahrhunderte vorweg: durch die Erfindung der Integralrechnung. Er geht davon aus, dass ein Kreis aus einer Vielzahl von Rechtecken besteht, und kann so dessen Flächeninhalt berechnen. Er findet einen ungefähren Wert für die Zahl π (Pi: 3,14159). Er schreibt die erste Abhandlung zur Statik und Hydrostatik, aus der das berühmte oben erwähnte Archimedische Prinzip hervorgeht.

II

Die Etrusker

1. Geschichte: Von der Blütezeit zum Untergang

Der Ursprung der Etrusker ist seit der Antike ein strittiges Thema. So nehmen etwa Herodot (um 484–425) und Titus Livius (59 v. Chr.–17 n. Chr.) an, dass die Etrusker von einem Volk abstammen, das von Anatolien bzw. Lydien aus noch vor 800 v. Chr. nach Etrurien eingedrungen ist und sich dort seit der

Eisenzeit niedergelassen hat. Dionysios von Halikarnassos glaubt, die Etrusker stammten ursprünglich aus Italien. Die Anwesenheit des etruskischen Volks in Etrurien ist durch ihre eigenen Inschriften bezeugt, die auf ungefähr 700 v. Chr. datiert werden. Heute wird meist zugestanden, dass die Etrusker schon vor dieser Zeit in Italien waren und dass die vorgeschichtliche Kultur der Eisenzeit, auch genannt die «Villanova-Kultur» (9.–8. Jahrhundert), tatsächlich eine Frühzeit der etruskischen Kultur ist. Da keines der literarischen Werke der Etrusker überlebt hat, wurde die Geschichte der etruskischen Kultur aufgrund von Indizien erstellt, die archäologischer wie literarischer Natur sind und aus bekannteren Kulturen wie der griechischen und römischen bis zur ägyptischen und der des Vorderen Orients stammen. Die Welt der Etrusker erstreckt sich chronologisch vom 8. Jahrhundert v. Chr., als die Städte Tarquinia und Vetulonia entstehen, bis zum Jahre 40 v. Chr., als Etrurien den gesetzlichen Status einer römischen Provinz erhält. Die Etrusker lassen sich im Wesentlichen im Gebiet der heutigen Toskana nieder. Es ist eine Welt von Stadt-Staaten, die jeweils von einem König mit religiösen Funktionen regiert werden. Die tatsächliche Macht aber liegt in den Händen der Magistrate, die alljährlich ihre führenden Fürsten wählen, die Lukumonen. Die Allianzen untereinander sind veränderlich und vor allem militärischer Natur, nimmt man den religiösen Zusammenschluss einmal aus, der dem System der griechischen Symmachien ähnelt, der Dodekapolis, dem Zwölfstädtebund, welcher im 6. Jahrhundert v. Chr. die zwölf wichtigsten Städte der Etrusker umfasste. Der Niedergang der Etrusker ist durch die Kombination mehrerer Faktoren bedingt: der Aufstand der Plebejer gegen die Aristokraten; die verlorenen Kriege gegen die Nachbarn aus Syrakus; vor allem aber der Aufstieg Roms. Diese neue Macht oktroyiert den Etruskern im 1. Jahrhundert v. Chr. die römische Staatsbürgerschaft, danach den Status von Barbaren, von Besiegten, die unterworfen wurden; dies nach einer letzten gescheiterten Revolte. Danach verschwinden die Etrusker im römischen Verbund. Sie faszinieren aber den gebildeten römischen Kaiser Claudius (reg. 41–54), der ihnen ein leider verschollenes Werk widmet, die *Tyrrhenika*, nach der griechischen Bezeichnung der Etrusker als *Tyrrhenoi*, die Tyrrhenäer.

2. Die etruskische Kunst

Die etruskische Kunst ist im Wesentlichen eine Grabmalskunst. Die Toten werden unweit der Städte begraben. Die *tumuli* (von lat. *tumulus*, «kleiner Hügel»), also die Hügelgräber, rivalisieren in ihrer Größe und erreichen bis zu 50 m Durchmesser. Seit 1958 geht die Zahl der in Cerveteri und Tarquinia erforschten Gräber in die Tausende. Die dort gefundenen Gegenstände spiegeln das Alltagsleben der Verstorbenen wider. Gefäße sind auf Bänken aufgereiht, die sich an den Mauern entlangziehen. Die am reichsten ausgestatteten Gräber sind mit Fresken geschmückt wie die in Monterozzi und Cerveteri. Häufig ruhen die Toten in Särgen, auf denen sie zuweilen im Relief dargestellt sind, Seite an Seite liegend, auf ein Kopfkissen gestützt.

Die Nekropolen

Die etruskischen Nekropolen sind Städte mit Straßen und Plätzen. Hier müssen zwei Nekropolen hervorgehoben werden: Cerveteri und Tarquinia.

- **Die Nekropole von Cerveteri,** einer Satellitenstadt von Rom, trägt den Namen Nekropole von Banditaccia. Fast wie in ihrem vergangenen Leben ruhen hier die Reichen recht komfortabel in ihren riesigen Gräbern, die aus mehreren Kammern bestehen, mit Bänken und steinernen Küchenutensilien, also mit allen Annehmlichkeiten des Lebens, dazu geschmückt mit prächtigen Gravuren, etwa in den Reliefs und Säulenkapitellen. Alles ist für die Feier eines Banketts bereit, an dem – selten in einer von Griechenland inspirierten Welt – auch die Frauen teilnehmen. Ein Tumulus bedeckt das Ganze. Die Armen und die Frauen begnügen sich mit einer Cippa, einer schlichten Säule, oder aber mit einer kleinen Reproduktion einer Wohnstatt.

- **Die Nekropole von Tarquinia:** Die ersten archäologischen Relikte auf dem ursprünglichen Gebiet von Tarquinia stammen aus dem 9. Jahrhundert v. Chr. und gehören der Villanova-Eisenzeit an. Die Ausgrabungen, unternommen zwischen 1934 und 1938, haben die Reste eines imposanten Mauerrings zutage gefördert. Sie bilden das Fundament eines großen etruskischen Tempels, des «Altars der Königin». Seine Dekoration besteht aus geflügelten Terrakotta-Pferden im hellenistischen Stil; sie gelten als eines der Hauptwerke der

Etrusker-Kunst. Die Nekropole, gelegen auf einer Anhöhe südöstlich der Altstadt, enthält die bedeutendstens ausgemalten Gräber Etruriens. Die meisten der in den Felsen geschnittenen Grabkammern datieren aus dem 6. bis 4. Jahrhundert. Das berühmteste Grab ist das «Grab der Jagd und der Fischerei» mit seinen mehrfarbigen Malereien aus der Zeit um 520 v. Chr. Die Gräber der Löwinnen, der Auguren und der Bacchanten, alle aus dem 6. Jahrhundert v. Chr., zeigen Tanzschauspiele und Bankettszenen. Berühmt sind auch die Gräber der Gaukler oder Jongleure, der Leoparden, der Stiere und das «Olympiagrab».

3. Die etruskische Schrift

Ungefähr 11 000 etruskische Inschriften sind bis heute gefunden worden. Darunter ist keine, die im eigentlichen Sinn etruskische Literatur betrifft, welche jedoch bedeutend gewesen sein muss. Kaiser Claudius (41–54) erwähnt – in einer Rede an den Senat, festgehalten auf der bronzenen Claudius-Tafel von Lyon – zahlreiche Tragödien und vor allem Geschichtsepen. Das etruskische Alphabet ist heute gut bekannt. Es beruht auf einem griechischen Alphabet von 26 Buchstaben, 21 Konsonanten und 5 Vokalen. Schon um 700 v. Chr. benutzt, wird es im Lauf der Zeit an die Erfordernisse der etruskischen Sprache angepasst, vor allem an deren Aussprache. Es wird von links nach rechts geschrieben. Problematisch ist es allerdings bis heute, die etruskische Sprache zu verstehen. Zwar sind die kurzen Grabinschriften oder solche, die den Besitzer eines Objekts angeben, recht leicht zu entziffern, nicht aber längere Texte. Deren genauer Sinn bleibt großenteils verborgen, solange nicht so etwas wie der Rosetta-Stein gefunden wird, die berühmte dreisprachige Stele, anhand derer man zum ersten Mal die ägyptischen Hieroglyphen verstehen konnte.

4. Die etruskische Religion

Über ihre griechischen und römischen Erben, die gewisse Züge von ihr bewahrt haben, hat die etruskische Religion einige ihrer Besonderheiten offenbart. Dazu gehören die Göttin **Turan**, in der man Aphrodite erkennt, **Laran**, der die Züge von Ares annimmt, **Tinia**, Jupiter, der eine Gemahlin namens

Uni, Juno, hat. Der griechische Apollo heißt hier **Aplu**. Die Etrusker sind auch wegen ihrer Praxis der Opferschau bekannt: Man liest die Zukunft aus den Eingeweiden der Tiere, vor allem die Hepatoskopie ist wichtig, die Untersuchung der Leber von Opfertieren. Die *Leber von Piacenza*, ein Bronzemodell, das 1878 gefunden wurde, ist eine Art *Memento*, ein «Erinnere dich» auf Latein, die Deutung einer Tierleber darstellend. Doch es gibt noch andere Weissagungspraktiken, wie etwa die Deutung des Vogelflugs oder der Blitze. Die *Etrusca Disciplina*, die (Lehre von der) Divination bei den Etruskern, ist eine heute weitgehend verschollene Sammlung von Texten zu Riten und Zeremonien. Diese Texte beschreiben die Beziehungen, die man zu den Göttern haben soll. Die Priester treffen sich einmal im Jahr zur Zeremonie der Götterverehrung, im *Fanum voltumnae*, im Heiligtum des **Tinia-Jupiter**.

3

Die Etrusker haben auch Götter, die nur ihnen eigen sind, ein reichhaltiges Pantheon: **Carmenta**, Göttin der Weissagung, **Funa**, Göttin der Erde, der Wälder, der Fruchtbarkeit; **Februus**, Gott des Todes, der Reinigung; **Lucifer**, Gott des Lichts; **Mantus**, Gott der Toten; **Meane**, Göttin des Meeres, etc. Die etruskischen Götter sind in drei Kategorien eingeteilt. Zunächst die Höchsten, unerkennbar für die Menschen, nie bildlich dargestellt; es sind dies die *dii involuti*, die «verborgenen Götter». Sie herrschen über das Schicksal, das der Menschen wie der Götter. Danach folgt eine Gruppe von zwölf Göttern und Göttinnen, dem griechischen Pantheon ähnlich, von den Römern aufgegriffen. Endlich folgen die Geister, die Genien: die Penaten, Wächter des Herdfeuers; die Laren, Geister der alten Familien; die Manen, die gnädig geneigten Geister. Es sind im Übrigen Genien – die Fruchtbarkeitsnymphe **Begoe** und **Tages**, ein glatzköpfiges chthonisches Kind, geboren aus einer Erdfurche –, die den Menschen die Existenz der Götter zeigen und die Riten, die diese günstig stimmen sollen; sie enthüllen auch die Kunst der Weissagung.

III

Die Römer

1. Geschichte des alten Rom

Italien hat vor Rom mehrere Kulturen erlebt, so etwa die **Villanova-Kultur**, benannt nach den dortigen Urnenfeldern, die es bis zum 8. Jahrhundert v. Chr. gab und die vermutlich auf die illyrischen Stämme aus dem Donaugebiet zurückgehen. Mit diesen vermischen sich ab dem 9. Jahrhundert v. Chr. die Etrusker, die das Gebiet zwischen Tiber und Arno erobern. Im Lauf des 8. Jahrhunderts v. Chr. wird die italische Halbinsel durch große Veränderungen bestimmt, die auch durch die griechische Kolonisierung bedingt sind. Die Archäologie konnte auf dem Palatin in Rom eine Mauer aus dem 8. Jahrhundert v. Chr. zutage fördern, die den Zusammenschluss der Bevölkerung auf den Hügeln um diesen Ort belegt. Zu dieser Zeit muss Rom nicht nur bereits eine strukturierte Organisation, sondern auch seinen Namen besessen haben: *Ruma*. Der Name seiner (legendären) Gründer Romulus und Remus wird von diesem etruskischen Vatersnamen hergeleitet. Keramikscherben, die gefunden wurden, stammen gleichfalls aus der zweiten Hälfte des 8. Jahrhunderts v. Chr. Dies passt zu dem von der Legende überlieferten Datum der Gründung Roms am 21. April 753 (v. Chr.).

Das Königtum (753–509 v. Chr.)

Die Geschichte Roms lässt sich in drei Etappen teilen: Königtum (753–509); Republik (509–27); Imperium (27 v. Chr.–476 n. Chr.). Das mythische Datum des 21. April 753 wird von **Vergil** (70–119) in seiner *Aeneis* genannt, aufgenommen dann vom Geschichtsschreiber **Titus Livius** (64 v. Chr.–17 n. Chr.), der die *Geschichte Roms ab seiner Gründung (Ab Urbe condita libri)* schreibt. Dieses lange Gedicht besingt den Ruhm des Aeneas, eines der wenigen Männer Trojas, die der Stadt nach deren Untergang entkommen konnten. In die Gegend des zukünftigen Roms geflohen, wird er, selbst Abkömmling der Venus, zum ruhmreichen Vorfahren des römischen Volks, von **Romulus und Remus**. Diese Zwillingsbrüder werden, so erzählt die Legende, im Wald ausgesetzt, um dort zu verhungern oder aufgefressen zu werden. Doch eine Wölfin findet sie, nimmt sie an und nährt sie wie ihre eigenen Wölflinge. Als Erwachsene wollen sie an der Stelle, wo die Wölfin sie fand, eine Stadt gründen. Um diesen Ort genau zu erfahren, lassen sich beide auf je einem Hügel nieder: Romulus auf dem Aventin, Remus auf dem Palatin. Sie erwarten dort ein Zeichen der Götter. Remus sieht sechs Geier, Romulus aber zwölf: Er wird die Stadt gründen. Um deren Grenzen festzulegen, zieht er mit dem Pflug eine Furche, die den Umfang festlegt; eine heilige und unverletzliche Grenze. Um Romulus zu provozieren, überspringt Remus diese Furche. Sein Bruder tötet ihn unverzüglich. Diese Grenze ist das zukünftige *pomoerium*, das niemand mit Waffen überwinden darf. Die Stadt entsteht aus der Entscheidung zweier Gruppen: Die Latiner lassen sich auf dem Palatin nieder, die Sabiner auf dem Esquilin, dem Viminal und dem Quirinal. Unter Romulus' Herrschaft kommt es zum Niedergang der Sabiner. Seit den Anfängen Roms fehlen den Römern Frauen, daher entführen sie die der Sabiner – so berichtet eine von Titus Livius überlieferte Legende. Romulus gibt als erster König Rom seine ersten Gesetze, verschwindet dann geheimnisvoll in einer dichten Wolke anlässlich einer Versammlung auf dem Marsfeld. Während dieser Zeit (753–509) folgen sieben Könige aufeinander; ihre Geschichte beruht auf dem Mythos wie auf der Historie. Der König, *rex*, versammelt die Macht auf sich: das *imperium*, die vor allem militärische Befehlsgewalt; das *auspicium*, die Funktion als Oberpriester, der durch die Auspizien, Vorzeichen, den Willen der Götter erfährt. Mehrere Räte stehen ihm zur Seite: der Rat der Alten oder *Senatus*, von *senex* (der Greis), in welchem die Oberhäupter der großen Familien ihren Sitz haben; die Volksversammlung oder *Comitia curiata*, von *comitium*, Versammlungsplatz, und die *Curia*, Versammlung der Männer. Der letzte König wird 509 v. Chr. verjagt.

Die Römische Republik (um 509–27 v. Chr.)

Die Römische Republik wird in drei Epochen eingeteilt: Die erste geht bis 272 v. Chr.; die kleine Stadt muss aufpassen, angesichts ihrer Nachbarn nicht unterzugehen; sie sichert sich ein Gebiet in Zentralitalien. Die nächste Epoche reicht bis 82 v. Chr.: Rom erobert die bekannte Welt, ehe es sich in Bruderkämpfen zerreißt, die 27 v. Chr. zur Errichtung des Prinzipats führen; dieser

Begriff impliziert den Übergang zum Imperium (s. u.). Um römischer Bürger zu sein, d. h., politische Rechte zu genießen, muss man frei sein (Sklaven und Freigelassene sind also ausgeschlossen), von einem römischen Vater abstammen und auf dem eigentlichen Territorium Roms geboren sein. Gemäß der Tradition ruht die gesellschaftliche Organisation auf der Trennung und Teilung der Bürger in soziale Klassen. An der Spitze der Hierarchie steht die Aristokratie, die dreigeteilt ist: die Patrizier, deren Mitglieder im Senat tagen (die Nachkommen der 100 Familien mit *patres*, Vorfahren, im ersten, von Romulus errichteten Senat), die Großgrundbesitzer und schließlich die Ritter, die am unmittelbarsten am Aufschwung des Handels und der Geldwirtschaft beteiligt sind. Sie alle genießen bestimmte Privilegien: Die Senatoren und Ritter erhalten einen Goldring und ein großes (Senatoren) oder ein schmaleres Purpurband (Ritter) für ihre Tunika, dazu Sandalen aus Rohleder. In der Zeit des Imperiums wird der Reiterorden eine Kaste von adligen Beamten. Das Volk, die Plebs, umfasst die Gesamtheit aller nichtaristokratischen Bürger. Militärisch gesehen teilt sich diese wiederum in zwei Klassen: Die eine *(classis)* bildet die Mitglieder der schweren Infanterie; die anderen sind *infra classem*, eine Unterklasse, die als Fußtruppen dienen. Sie macht den größten Teil der Legionen und der Bevölkerung aus und wird von den Kriegen am härtesten betroffen.

Die Gleichheit von Volk, Plebejern und Patriziern mit edler Herkunft wird in einem langen Kampf erreicht. Im Jahre 494 v. Chr. geschieht das, was man den «Rückzug auf den Aventin» genannt hat: Die Plebejer verlassen Rom, lassen sich auf dem Aventin-Hügel nieder und beschließen, nicht mehr zurückzukehren. Die Patrizier behandeln sie zu schlecht, weisen ihnen nur Pflichten und keine Rechte zu. Rom, eine offene und verlassene Stadt: Die Patrizier merken schnell, dass sie ihren vornehmen Lebensstil ohne die Plebejer nicht aufrechterhalten können. Sie gewähren ihnen nun Magistrate, Volkstribunen. Die Ordnung ist wiederhergestellt. Doch die bloße Androhung einer neuen Revolte reicht: Zwischen 451 und 449 verfassen zehn ehemalige Konsuln, die Dezemvirn, die «Zwölftafelgesetze». Seither ist die Gleichheit vor dem Gesetz von Plebejern und Patriziern geregelt. Das Konsulat bleibt dennoch bis 336 v. Chr. allein den Patriziern vorbehalten, und Heiraten zwischen beiden Bevölkerungsgruppen sind noch lange verboten. ***Senatus Populusque Romanus*** (SPQR), der Senat und das römische Volk: Mit diesen Worten beginnen alle Erlasse des Senats, alle offiziellen Dokumente, die Rom betreffen. Denn die Römer sind sehr legalistisch, und der Geist des Gesetzes ist ihnen so wichtig wie dessen festgeschriebene Klauseln.

Gallier, die sich 387 v. Chr. in der Po-Ebene niedergelassen haben, und ihr Anführer **Brennus** nehmen einen Teil Roms ein, besetzen das Kapitol. Es wird von Gänsen gerettet, die lautstark protestieren, als sie die Angreifer hören, was die Römer alarmiert; die Gallier geben sich erst nach reicher Beute zufrieden. Im Jahre 272 v. Chr. kontrolliert Rom die gesamte Halbinsel. Die unterworfenen Völker werden per Gesetz dem römischen Verbund eingegliedert. Die bevorzugten unter ihnen werden dem latinischen, die weniger bevorzugten dem italischen Gesetz angeschlossen. Der grundsätzliche Unterschied zwischen beiden besteht darin, dass die Lateiner leichter das Stadtrecht und die römische Staatsbürgerschaft erhalten als die Italier. In der Zeit zwischen 272 und 82 vollziehen sich weitere spektakuläre Entwicklungen auf dem Weg zum Imperium Romanum, so wird eine römische Friedensordnung auf die gesamte bekannte Welt ausgedehnt, ehe die ersten Anzeichen des Bürgerkrieges die Republik in den Ruin führen. Rom als Herrin der italienischen Halbinsel wendet sich Sizilien zu, wo es mit Karthago zusammenstößt. Am Ende der drei Punischen Kriege 146 v. Chr. ist Karthago zerstört. Danach wird Rom durch Bürgerkriege bis 86 v. Chr. zerrissen. Das Ende der Republik kündigt sich an, von Cäsar beschleunigt.

Gaius Julius Cäsar (100–44) sieht sich als Nachfahre von Aeneas und dadurch auch der Göttin Venus. Im Jahre 62 v. Chr. wird er Prätor der Stadt und hat die juristische wie die militärische Macht inne. Nach einem Jahr im Amt übt er dann 60 v. Chr. in Spanien, das er befriedet, die Statthalterschaft (Proprätur) aus, was ihm den Weg zum Triumph, vor allem zum Amt des Konsuls eröffnet, zum höchsten Magistratsamt. Zum Konsul 59 v. Chr. gewählt, bildet Cäsar mit Pompeius und Crassus ein erstes *Triumvirat*. Er stützt sich auf die *populares*, die Kleinbürger Roms. Als sein Jahr als Konsul beendet ist, lässt er sich als Prokonsul nicht nur eine, sondern zwei Provinzen zur Herrschaft zuteilen: das zisalpine und transalpine Gallien sowie Illyrien, das einen Teil der Küste Dalmatiens ausmacht; dazu vier Legionen. Am Ende der fünf Jahre erhält er eine außergewöhnliche Verlängerung für weitere fünf Jahre. Das nützt er aus, um Gallien nach der entscheidenden Niederlage von Vercingetorix (um 72–46) bei Alesia im Jahre 52 v. Chr. zu unterwerfen. Er bereitet sich auf ein zweites Konsulat vor, stößt aber auf den unerbittlichen Widerstand von **Cicero** (106–43) und **Cato** (93–46). Im Jahre 49 überquert Cäsar an der Spitze seiner Legionen den Rubikon und dringt nach Italien ein, um nach Rom zu gelangen. Von Pompeius bei Dyrrhachium besiegt, besiegt Cäsar ihn einige Monate später, im Jahre 48, bei Pharsalos endgültig. Die letzten überlebenden Pompeianer werden in der Schlacht von Zela vernichtet, in der Nähe des Schwar-

zen Meeres. Ein letzter Sieg bei Thapsus 46 v. Chr., gegen die Truppen, die von den Republikanern und König Juba I. von Numidien (um 85–46) geschickt worden waren, sichert ihm die Herrschaft über die gesamte römische Welt. Danach kehrt Cäsar nach Rom zurück, wo er seinen Triumph organisiert. Doch der Sohn von Pompeius schürt einen Aufstand in Spanien, wird aber 45 v. Chr. bei Munda besiegt. Nach Rom zurückgekehrt, wird Cäsar zum Diktator auf zehn Jahre ernannt, später auf Lebenszeit. An den Iden des März 44 v. Chr., also am 15. März, wird Cäsar beim Betreten des Senats ermordet. Obwohl Staatsmann, ist Cäsar gleichermaßen bekannt wegen seiner *Kommentare zum Gallischen Krieg (Commentarii de bello gallico)* und seiner *Kommentare zum Bürgerkrieg (Commentarii de bello civili)*, doch auch wegen einer Abhandlung zur Grammatik sowie verschiedener Aufsätze. Er reformiert die Institutionen grundlegend, verschönert Rom mit einem neuen Forum und erlässt den Julianischen Kalender. Sein Leben als Verführer, der seinen Charme großzügig verschwendet, wird von seinen Soldaten verspottet. Sie bezichtigen ihn, der «Mann aller Frauen, die Frau aller Männer» zu sein.

Ein zweites *Triumvirat* kommt 43 v. Chr. zustande, mit **Marcus Aemilius Lepidus** (89–13), **Marcus Antonius** (83–30) und **Octavian** (63 v. Chr.–14 n. Chr.). Lepidus wird nach seiner Absetzung durch Octavian schnell beseitigt, und Marcus Antonius tötet sich nach der Niederlage in der Seeschlacht bei Actium 31 v. Chr. Octavian bleibt als alleiniger Herrscher übrig. Nachdem er 29 v. Chr. den Titel *Imperator* verliehen bekam, oberster Leiter der Armee, wird Octavian 27 v. Chr. mit dem Titel **Augustus**, der Erhabene, geschmückt, der zu seinem Herrschernamen wird. Das ist das Ende der Republik. Sicher ist Augustus im Prinzip der *princeps*, der Erste an der Spitze des Staates, daher auch die Bezeichnung *Prinzipat* für die Anfänge des Imperiums. Tatsächlich aber eröffnet Octavian die lange Liste der Kaiser, auch wenn die Fiktion einer Republik noch bis zu **Diokletian** (245–313) aufrechterhalten wird. Augustus begründet ein neues Rom, dazu führt er im großen Umfang Reformen durch; ein bequemes Mittel, um seine Eroberungen abzusichern, indem er eine größere Effektivität fördert. Im Bereich der Verwaltung verdoppelt und umgeht er die traditionellen Beamten durch Präfekten und Prokuratoren, die von ihm ernannt und bezahlt werden. Er führt ein direktes Steuersystem ein, womit er die reichen *publicani* ausschaltet, die bisher für den Staat die Steuern eintrieben und sich dabei beträchtlich bereicherten. Die Justiz ist nun einzig Sache des Kaisers, der sie an seine Beamten delegiert, dennoch Richter in letzter Instanz bleibt. Die Armee wird reorganisiert und zu einem Berufsheer. Die Stadt Rom, Hauptstadt des Imperiums, wird in 14 Distrikte eingeteilt, um das Augustus-Forum vergrößert, um neue Tempel und Basiliken, auch wenn der Kaiser selbst ein bescheidenes Leben in einem schlichten Haus auf dem Palatin führt. Im Bereich der Kunst gilt die Herrschaft des Augustus als «Goldenes Zeitalter» mit den Dichtern **Horaz** (65–8), **Vergil** (70–19), **Ovid** (43 v. Chr.–17 n. Chr.) und dem Historiker **Titus Livius** (59 v. Chr.–17 n. Chr.)

Das Römische Imperium (27 v. Chr.–476 n. Chr.)

Das **Prinzipat** dauert von 27 v. Chr. bis 284 n. Chr., das **Dominat**, das ihm folgt, bis 476, was allgemein als das Ende Roms gilt. In Wahrheit ist das Imperium Romanum dann nur noch das Weströmische Reich, das seit 395 vom Oströmischen Reich getrennt ist, welches Westrom bis 1453 überlebt, als es seinerseits unter den Schlägen der osmanischen Türken fällt.

Das Prinzipat (27 v. Chr.–284 n. Chr.)

Während dieser Zeit vergrößert die Dynastie der Julio-Claudier das Imperium.* Nordspanien, Westgallien, Britannia, Rhätien (das heutige Österreich von der Donau bis zum Inn), Noricum (heute die südlichen Teile Österreichs und Bayerns, dazu die Provinzen von Wien und Salzburg), Pannonien (das heutige Ungarn), Kappadokien (Osttürkei), Moesien (Nordbulgarien), Serbien und Kommagene (Süden der heutigen Türkei) werden allesamt Rom unterworfen. Doch die Dynastie endet mit den Wirren der Herrschaft **Neros** (54–68); für christliche Autoren ist er der Archetyp des blutrünstigen Tyrannen und Muttermörders. Nach dem **Vierkaiserjahr 68 bis 69**, in dessen Verlauf sich vier Herrscher schnell ablösten – Galba, Vitellius, Otho und Vespasian –, begründet **Vespasian** (69–79) die Dynastie der Flavier. Während der Regierungszeiten von **Titus** (79–81) und **Domitian** (81–96) wird Britannien erobert, zuvor im Jahre 70 schon Jerusalem. Aber auch der katastrophale Ausbruch des Vesuvs ereignete sich im Jahre 79, er verschüttet Pompeji, Stabiae und Herculaneum. Auf die Flavier folgten nach der Ermordung Domitians die **Antoni-**

* Die Julio-Claudier gehören zwei Patrizierfamilien an, der *gens* Julia und der *gens* Claudia. Die Kaiser Augustus, Tiberius und Caligula sind aus der ersten, die Kaiser Claudius und Nero aus der zweiten hervorgegangen. Bei den Flaviern, hervorgegangen aus der *gens* Flavii, 69 bis 96, findet man die Kaiser Vespasian, Titus und Domitian.

nen (96–192). Dann werden Mesopotamien, Armenien, ein Teil Arabiens und Dakien, was teilweise dem heutigen Rumänien entspricht, Rom unterworfen. Es ist dies die Epoche der berühmten Krieger- oder Philosophenkaiser: **Trajan** (98–117), **Hadrian** (117–138), **Antoninus Pius** (138–161), **Marc Aurel** (161–180) sowie der desaströsen Herrschaft von **Commodus** (180–192), die das Ende der Antoninen markiert.

Hadrian folgt 117 auf Trajan. Er beschließt, die am stärksten exponierten Grenzregionen durch eine Mauer zu schützen, die seinen Namen trägt und während seiner Herrschaft durch die Garnisonen regelmäßig unterhalten wird. Als großer Reisender und neugieriger Mensch verliebt er sich in den Bithynier Antinoos, der sein Gefährte wird, bis dieser anlässlich eines Aufenthalts des Kaisers in Ägypten auf tragische Weise im Jahre 130 im Nil ertrinkt. Vom Wunsch beseelt, sich in die Nachfolge des Imperium-Gründers Augustus einzuschreiben, von dem er als Hadrianus Augustus den Herrschertitel übernimmt, vereinfacht er den Zugang zum römischen Gesetz und vereint es in einem einzigen Kodex. Als Bauherr lässt er das Pantheon restaurieren, das während der Herrschaft seines Vorgängers angezündet worden war; er lässt eine Villa in Tivoli bauen sowie sein Grab, das zur Engelsburg in Rom wird. Hadrian stirbt 138, nicht ohne einen jungen Mann von 18 Jahren auserwählt zu haben, der seine Nachfolge antreten soll, den zukünftigen Marc Aurel. Doch musste dieser den Tod des anderen von Hadrian adoptierten Mannes abwarten, **Antoninus** (138–161), um den Thron besteigen zu können. Seit langer Zeit vorbereitet – die Herrschaft von Antoninus ist nur als Zwischenspiel vorgesehen –, vollzieht sich die Nachfolge von **Marc Aurel** (161–180) ohne Schwierigkeiten. Kultiviert, das Griechische noch besser als das Lateinische beherrschend, widmet sich dieser neue Herrscher der römischen Gesetzgebung, die er menschlicher, leichter zugänglich und homogener macht. Er ist politischer Führer, aber außerdem auch Krieger, der bei mehreren Gelegenheiten gegen die Parther einschreitet, dazu in Mesopotamien und auch an der Donau, um die germanischen Stämme zurückzudrängen. Seine Politik gegenüber den Christen ist mehrdeutig: Sie dürfen denunziert und von den Gouverneuren und anderen römischen Magistraten belangt werden, doch ohne dass dazu aufgerufen würde oder es Verfolgungen gäbe. Marc Aurel ist außerdem durch seine *Selbstbetrachtungen* bekannt, eine durch die Stoa inspirierte Sammlung. Er stirbt 180 an der Pest.

Im Jahre 193 bricht das Imperium erneut zusammen; es folgt das Zweite Vierkaiserjahr: **Didius Julianus** regiert in Rom, **Pescennius Niger** in Syrien, **Clodius Albinus** in Britannien, **Septimius Severus** in Pannonien. **Septimius**

Severus (193–211) begründet die Dynastie der Severer (193–235). Sie wird vorübergehend bleiben, denn das Imperium muss sich der äußeren Angriffe der Franken, Alemannen, Burgunder erwehren, dazu einen Krieg in Britannien und im eigenen Land führen. Zudem sind die Regierungen von **Caracalla** (211–217) und **Elagabal/Heliogabal** (218–222) chaotisch. Das 3. Jahrhundert bringt Soldatenkaiser wie auch den Zusammenbruch des Imperiums: Auseinandersetzungen mit den sassanidischen Persern, den Arabern, den Goten und eine noch tiefere Spaltung: Das Aufkommen des Christentums steht der überkommenen heidnischen Welt gegenüber. Diese Spaltung trifft zuerst die herrschenden Schichten, dann das Volk. **Von 235 bis 268 steht Rom am Rande des Zusammenbruchs.** Usurpatoren, die *Dreißig Tyrannen*, eine Reihe von Eroberern, die sich an der Spitze eines gallischen Königreichs abwechselten, halten sich von 260 bis 274. Nur **Aurelian** (270–275) schafft es, kurzzeitig die territoriale Einheit und Politik unter der Dynastie der **Illyrer** (268–284) zu errichten.

Spätrömisches Reich: Das Dominat (284–476)

Diokletian (reg. 284–305) schlägt die Perser zurück und reorganisiert das Imperium. Von da an regieren zwei Kaiser *(Augusti)*: Diokletian und sein Mitkaiser **Maximian** (reg. 286–305), mit ihren designierten Nachfolgern, den beiden *Caesares*, wobei jeder von ihnen die direkte Autorität über einen Teil des Imperiums innehat. Diokletian beendet das Prinzipat und die Fiktion einer Republik, indem er das **Dominat** einführt: Der Kaiser herrscht in seinem Glanz, im Prunkgewand, von einem Kronrat assistiert. Nunmehr ist er *Dominus et Deus*, «Herr und Gott». Die Bürger werden zu Untertanen. Nach zwanzigjähriger Herrschaft müssen die Augusti zugunsten der Cäsaren abdanken. 305 danken Diokletian und sein Mitkaiser Maximian ab. Dieses System der vier Leiter heißt **Tetrarchie**. Sie endet bereits 306, als die Söhne der Augusti sich weigern, zugunsten der Cäsaren, der designierten Nachfolger, auf den Thron zu verzichten.

Konstantin I., der Große (306–337) eliminiert seine Thron-Konkurrenten militärisch; zunächst **Maximian**, seinen Schwiegervater, den er zum Selbstmord zwingt; dann **Maxentius** (306–312), der in der Schlacht an der Milvischen Brücke unterliegt, nahe Rom, und im Tiber ertrinkt; dann **Maximinus Daia** (reg. 309–313), der durch einen Verbündeten Konstantins, **Licinius** (reg. 303–324), hingerichtet wird; dann schließlich auch Licinius selbst, der 324 erwürgt wird. Konstantin einigt das Imperium zu seinen Gunsten und wird 312 alleiniger Kaiser im Westreich. Am Vorabend seines Sieges über Maxen-

tius an der Milivischen Brücke am 28. Oktober 312 soll Konstantin die Offenbarung der Existenz Christi gehabt haben. Vor dem Hintergrund des vom Sturm verdunkelten Himmels sieht er, wie sich goldene Buchstaben herauslösen: Es ist das Christusmonogramm, die beiden griechischen Buchstaben *chi* (X) und *rho* (P), die ineinander verschlungen sind und den Anfang des Namens Christi bildeten. Da man (damals) über wenig linguistische Kenntnisse verfügt, erscheint das Symbol auch noch auf Lateinisch: *In hoc signo vinces – In diesem Zeichen wirst du siegen*. Eilig lässt Konstantin das Christusmonogramm auf die Standarten seiner Armee aufbringen, die mit diesem göttlichen Beistand versehen in der Tat den Feind besiegt. 313 gewährt Konstantin durch das Edikt von Mailand den Christen die Religionsfreiheit, die bis dahin, je nach Kaiser, mehr oder weniger toleriert oder auch verfolgt wurden. 324 entledigt sich Konstantin des Ostkaisers Licinius und herrscht seitdem über Westrom und Ostrom. Ihm bleiben 13 Jahre der Herrschaft, um ein kolossales Werk durchzuführen: im Jahre 330 Konstantinopel zu gründen, eine starke und wirksame Verwaltung zu schaffen, im Jahre 332 die Siedler in ihrem Gebiet zu installieren, die Prägung einer starken Währung anzuordnen (den *Solidus*, eine Goldmünze, die die entwertete Silbermünze, den *Aureus*, ersetzt); ferner die Armee zu reorganisieren, um die Grenzen besser kontrollieren zu können. Im Jahre 330 wechselt er seine Hauptstadt und gründet Konstantinopel, Stadt des Konstantin, die mehr im Zentrum seines Riesenreiches gelegen ist. 325 organisiert er das Konzil von Nicäa, dem er auch präsidiert; es ist die Generalversammlung der Kirche. Dort wird die Lehre des Arianus verdammt, der Arianismus, der Jesus nur zum Menschen, nicht aber zum Gott erklärt. Im Jahre 337 stirbt Konstantin, nachdem er aus den Händen von Bischof **Eusebius von Nikomedia** (280–341) die Taufe erhalten hat. So wurde er, wenn auch ein wenig spät, zum christlichen Kaiser.

Nach seinem Tod wird sein Reich unter seinen Söhnen aufgeteilt. 364 machen seine Nachkommen, die Konstantiner, für die **Valentinianer** (364–392) Platz. Die Teilung des Reiches setzt sich fort: Goten und Wisigoten bedrängen die Nordgrenze, den Limes, und lassen sich dort nieder. Die zu Christen gewordenen Kaiser stehen im Zentrum der theologischen Streitigkeiten zwischen Arianismus und Katholizismus. Während die Valentinianer sich im Okzident aufreiben, verbreiten sich die **Theodosianer** im Orient und werden mit der Herrschaft von **Theodosius I., dem Großen** (379–395) zu alleinigen Herren. Theodosius ist oströmischer Kaiser (379–395), danach Kaiser von Ostrom und Westrom (392–395). Er hat durch rigorose Unterdrückung von Heidentum und Arianismus das Nicänische Glaubensbekenntnis von 325 als universelle Norm für die christliche Orthodoxie durchgesetzt. Und er hat die Einberufung zur Zweiten Generalversammlung 381 in Konstantinopel geleitet. Bei seinem Tod 395 hinterlässt er ein Reich, das zwischen seinen beiden Söhnen aufgeteilt wird: **Honorius** (395–423) im Westen und **Arcadius** (395–408) im Osten. Das abgeteilte Weströmische Reich ist geschwächt und wird bald zum Opfer von Barbaren-Einfällen: Goten, Burgunder und Vandalen. Unter den Schlägen von **Odoaker** (reg. 476–493), dem Anführer der Heruler, bricht es 476 zusammen, dieser ruft sich zum König von Italien aus, nachdem er den letzten weströmischen Kaiser, **Romulus Augustulus** (474–476), den «Kleinen Augustus», abgesetzt, vielleicht sogar ermordet hat. Dessen ursprünglicher Name war Augustus, wurde aber in die Verkleinerungsform abgewandelt, weil sein Vater ihn am 31. Oktober 475 auf den Thron erhob, als er noch ein Kind war. Nach einer anderen Version bleibt Romulus dank seiner Jugend dieses Schicksal erspart, er erhält von Odoaker eine Pension und wird mit seinen Eltern in die Campania geschickt, eine süditalienische Region. Ein Kommentar von Cassiodor suggeriert, dass er bis zur Regierungszeit von Theoderich (493–526) überlebt habe.

2. Die römische Kunst

Die römische Kunst, eine Nebenrolle?

Die Frage nach einer eigentlichen römischen Kunst ist nicht neu. Die griechische Kultur hat sich in Rom sehr schnell verbreitet und der römischen oft nur eine Nebenrolle bei der künstlerischen Schöpfung überlassen. Diese Akkulturation setzt sehr bald ein; die ersten Einfuhren von Keramik gehen bis auf das 8. Jahrhundert v. Chr. zurück. Wenn diese Akkulturation überhaupt stattfinden konnte, dann auch dank der Einführung des griechischen-chalkidischen Alphabets in die lateinische Kultur und infolge der Gründung der ersten Kolonie: Cumae. In der Mitte des 4. Jahrhunderts v. Chr. ist der Prozess der Hellenisierung bereits fest verankert. Als Reaktion darauf lässt sich jedoch schon seit dem 2. Jahrhundert v. Chr. eine Gegenbewegung wahrnehmen. Cato d. Ä. wird einer der herausragenden Vertreter dieser Bewegung. Seitdem entsteht eine immer «römischere» Kunstproduktion, was die Themen angeht: das Schicksal des kaiserlichen Roms, doch auch die Porträtkunst wird davon berührt, die ornamentale Plastik, was aus der Verschmelzung von Orient und Okzident resultiert. Im Unterschied zur griechischen Architektur entfaltet sich die römische im öffentlichen wie privaten Bereich.

Die römische Architektur

In der Architektur drückt sich die große Kunst Roms aus. Der einzige Architektur-Traktat jedoch, der auf uns gekommen ist, ist derjenige von **Vitruv** (1. Jahrhundert v. Chr.). Nachdem sie Schüler der Etrusker und der Griechen waren, führen die Römer auf etlichen Gebieten neue Arten von Monumenten ein, die bis dahin meist unbekannt waren, etwa Amphitheater, Triumphbögen oder Aquädukte. Ihre Architektur ist vor allem durch die Monumente aus der Kaiserzeit bekannt. In der Nachahmung der griechischen Ordnungen nähern sie sich weniger der dorischen oder ionischen an, sondern benutzen vielmehr die korinthische, der sie neue Formen hinzufügen. Im Gegensatz zu den Griechen, für die der Tempel der wesentliche Bautyp bleibt, sind die Römer vor allem von praktischen Notwendigkeiten geleitet wie etwa der Wasserversorgung durch Aquädukte oder der Ableitung von Wasser durch den großen Abwasserkanal, die *Cloaca Maxima*, erbaut unter Tarquinius d. Ä. (Lucius Tarquinius Priscus). **Im 3. Jahrhundert v. Chr.** wird als Ergebnis der römischen Eroberungen und der systematischen Kolonisierung ein Straßennetz angelegt, das einem Gesamtplan folgt. Die Theodosius-Karte ist eine römische Karte aus dem 3. und 4. Jahrhundert, auf der viele Erläuterungen zu erkennen sind, was die Organisation des Verkehrs im Imperium betrifft. Wir kennen diese Karte durch ihre Kopie aus dem 13. Jahrhundert: die Peutingersche Tafel, *Tabula Peuteringiana*.

Die römische Architektur ist aus den Bedürfnissen der Stadt entstanden. In zwei Bereichen unterscheiden sich die **verschiedenen Architektursysteme**: zunächst in der Konstruktion der vertikalen Stützen, Mauern, Pfeiler; dann in der Methode, die benutzt wird, um ein Gebäude zu decken oder zu krönen. Die meisten antiken Gebäude haben die gleiche Bedachung. Auf vertikalen Auflagepunkten hat man große Balken aufgelegt. Dabei bleiben als Konstruktionselemente immer das Hängeband (Hängebalken) und der rechte Winkel. Die römischen Architekten lösen das Problem anders. Sie ersetzen die horizontalen Holzbalken durch eine gewölbte Bedachung aus Holz oder Stein. Dabei beschränken sie sich aber auf die folgenden Typen: das Tonnengewölbe für Alleen und Korridore; das Kreuzgratgewölbe, das aus zwei Tonnengewölben besteht, die sich im rechten Winkel durchdringen; die Kuppel für runde Säle.

Die private Architektur

Mehrere Jahrhunderte lang ist das römische Haus nichts anderes als eine Reproduktion des etruskischen Hauses. Ursprünglich ist der Grundriss äußerst schlicht: Er besteht aus einem einzigen Raum. Man vergrößerte den Bau um den Zentralraum, das Atrium, durch den Anbau kleinerer Zimmer. Nach den Punischen Kriegen werden die Häuser luxuriöser. In den reichsten Häusern finden sich häufig Badezimmer und Latrinen. Das *triclinium* wird zum Esszimmer, das mit einigen Liegen, Klinen zum Speisen, möbliert ist. Die älteste private Architektur findet sich vor allem in Süditalien, in der Campania. Zu Beginn des 1. Jahrhunderts v. Chr. zeigt sich der hellenistische Einfluss in der Innenraumgestaltung, vor allem bei den Mosaiken und Wandmalereien der Villen. Bis zum 2. Jahrhundert v. Chr. dekorieren die Römer ihre Mauern mit Graustuck und Malereien, die das Mauerwerk imitieren und dabei isodom wirken (aus gleich großen Mauersteinen errichtet), alles von gleicher Höhe. Ein besonderer Platz muss dem Mosaik eingeräumt werden, dessen Technik von den Griechen entlehnt wurde. Es behandelt die gleichen Themen wie die Malerei. Zahlreiche Mosaik-Schulen haben in Italien existiert; sie schufen See-Szenen für die Thermen, Jagd- oder auch mythologische Szenen. Hat die Mosaikkunst in Rom ihre Reife erlangt, so erreicht sie dann in Byzanz ihren Höhepunkt. In den letzten Jahren des 1. Jahrhunderts v. Chr. bilden sich auch Schulen in den Provinzen, von denen eine der repräsentativsten die afrikanische ist.

Die römische Skulptur

Während der Republik spielt der etruskische Einfluss auch in der Plastik eine ausschlaggebende Rolle. Die verwendeten Materialien sind Terrakotta und Bronze. Die ersten Skulpturen von römischen Beamten, welche das Recht erhalten, solche anfertigen zu lassen, sind Wachsbüsten. Sie werden im *tablinum* aufbewahrt, einem Repräsentationsraum, der sich zum Atrium öffnet. Erst im 3. Jahrhundert v. Chr. reisen die römischen Patrizier nach Griechenland und in den Orient und kaufen dort für ihre persönlichen Sammlungen Statuen auf. Bald entsteht eine Nachfrage nach Statuen, die rein römischen Ansprüchen entsprechen. Die Künstler übernehmen von den Griechen das Porträt. Das berühmteste dieser Porträts ist das von Antinoos, Hadrians Geliebtem, der tragischerweise mit 20 Jahren ertrank. Er wurde wegen seiner

Schönheit gerühmt, und die Bildhauer stellen ihn als Herkules, Bacchus oder Apollo dar. Im letzten Jahrhundert des spätrömischen Reiches bringt das Rom der Cäsaren eine Kunst hervor, die sowohl populärer als auch provinzieller ist; der Kult des Porträts nimmt vor allem seit der Zeit von **Augustus** (63 v. Chr.–14 n. Chr.) einen beträchtlichen Raum ein. Der Körper verliert die Bedeutung, die er bei den Griechen innehatte, stattdessen kommen idealisierte Büsten auf. Eine klassische Haltung wird geschätzt und angestrebt; die Bildhauer suchen die Würde des Alters wiederzugeben, nicht mehr den Verfall. Typisch für die Porträts zur Zeit von Augustus ist, dass der grobe Realismus aufgegeben wird; die Züge werden nun weicher. Reiterstatuen sind gleichfalls beliebt, so etwa die von Marc Aurel auf dem Kapitol. Danach entwickelt sich die Kunst in Richtung historisches Relief, die Trajanssäule etwa. Nachdem die Hauptstadt des Römischen Imperiums nach Konstantinopel verlegt wird, kommt im 4. Jahrhundert n. Chr. eine besondere Kunst auf, die des oströmischen Porträts: Toga-Statuen, mit reicher Kleidung geschmückt; sie werden *en face* gearbeitet, der Rücken ist nur angedeutet.

Das Jahrhundert des Augustus, ein Goldenes Zeitalter

Am Ende der hellenistischen Epoche nach der Ermordung Cäsars im Jahre 44 v. Chr. wird Rom zum Hort von Kunstwerken und Künstlern. Cäsar hatte eine für Rom wichtige Politik der Urbanisierung begonnen. Sein Adoptivsohn Octavianus Augustus sichert die Macht bis zu seinem Tod 14 n. Chr.; eine Periode von 45 Jahren der politischen Stabilität entsteht, genannt das «Zeitalter des Augustus». Um die Macht zu behaupten und zu konsolidieren, wird die Kunst (für Octavian) zum Mittel, sich sowohl als Erbe Cäsars darzustellen als auch der Werte, die Rom lieb sind. Nachdem man Octavian den Titel als Augustus verliehen hat, wird die Kunst zum politischen Werkzeug von größter Wichtigkeit. Sie ist durch die Rückkehr zur Tradition gekennzeichnet, bizarre Übertreibungen werden unterdrückt. Man spricht vom «Klassizismus des Augustus».

Die **Architektur** zeichnet sich durch Klarheit und Strenge der Komposition aus. Die vertikalen und horizontalen Linien werden betont; Bögen, Gewölbe und Kuppeln bleiben von außen so gut wie unsichtbar. Doch die Suche nach Neuem in der Architektur trägt Früchte, und der Mars-Ultor-Tempel, um den sich das augusteische Forum erstreckt, zeigt den Reichtum der Formen und des Gespürs für Ästhetik. Die Erneuerung des Forums hat mit der Fertigstellung der Kurie, dem Bau des Divus-Julius-Tempels zu Ehren Cäsars einen monumentalen Urbanismus zur Folge. Auch Gebäude für Schauspiele aller Art werden nicht vergessen: das Marcellus-Theater und das künstliche Bassin für Seeschlachten.

Die künstlerische Entwicklung während des Imperiums

Die Dynastien der Julio-Claudier und der Flavier: Kunst der Patrizier

Im Jahre 27 n. Chr. verlässt Tiberius Rom, um sich auf Capri niederzulassen und den Intrigen seiner Umgebung zu entgehen. Er lässt dort mehrere Villen errichten, eine auf dem höchsten Punkt der Insel. Aus dieser Zeit sind nur wenige Bauten überliefert. Erst unter der Herrschaft Kaiser Neros macht sich eine neue Ästhetik breit, die den Sinn für Ornamentierung mit dem für Illusionismus verbindet. **Unter den Flaviern** entsteht in der Kunst eine Vielfalt von Monumenten und gleichzeitig damit von Stilrichtungen. Die berühmte Trajanssäule wird 110 errichtet und verherrlicht die Taten des Kriegsherrn, der die Parther und die Daker besiegte. Die Säule hat eine Gesamthöhe von 42,20 m, sie besteht aus 18 Trommeln von 2,50 im Durchmesser. Die 2000 Reliefs würden in ausgerollter Form eine Länge von 200 m ergeben. Vespasian, der erste Kaiser, der nicht einer aristokratischen Familie entstammt, begründet eine glückliche Zeit von 100 Jahren. Unter seiner Herrschaft wird das Kolosseum in Rom erbaut.

In der ersten Hälfte des 2. Jahrhunderts entwickelt sich die römische Kunst besonders prächtig, charakteristisch ist die Eröffnung des Trajansforums, auf Ersuchen des Kaisers erbaut von dem Architekten **Apollodor von Damaskus** (um 60–129). In einer goldenen Urne im Sockel der Säule befindet sich die Asche des Namensgebers. **Hadrian** (117–138), der Nachfolger Trajans, will nicht nur die Prachtbauten der fernen Provinzen des Orients bewundern; er versucht vielmehr, sie in der Hauptstadt des Imperiums zu imitieren. Er lässt sich eine Villa in Tivoli errichten, deren Bau 20 Jahre dauert, ein Gutteil seiner Herrschaft. Die Villa erstreckt sich über 1,5 km^2. Am Ufer des Tibers lässt er sein Mausoleum errichten; von außen erinnert es an das des Augustus. Außerdem ist Hadrian der Bau des Pantheons in Rom zu verdanken, das am besten die römische Architektur repräsentiert. Die Kuppel des Pantheons gilt als die vollkommenste der Antike. Durch die Kassetten, die sie im Inneren schmücken und sich nach der Höhe zu verjüngen, hat sie eine stark perspektivische Wirkung. Durch eine zentrale Öffnung von 9 m Durchmesser, den *oculus*, dringt das Licht zu den Marmorplatten am Boden und beleuchtet sie. Die Reste dieses Heiligtums zeigen, dass die Reliefs des Portikus einst vielfarbig waren, die antike Tür war aus Bronze. Dieses Vorbild inspiriert die Architekten der Renaissance: etwa Brunelleschi 1436 für den Florentiner Dom Santa Maria dei Fiori. Zur Mitte des 2. Jahrhunderts erneuert sich die Kunst durch vorchristliche, griechische oder etruskische Traditionen, die zudem den Übergang von der Einäscherung zur Beerdigung auslösen. Seit dieser Zeit entwickelt sich die Kunst der Sarkophage, die die Begräbnisurnen ersetzen. Römer, die großen Familien entstammen, werden in Marmorsarkophagen bestattet; Kaiser dagegen in solchen aus Porphyr. Mit der Epoche der antoninischen Dynastie (138–192) kommen Veränderungen auch in der Kunst auf. Die Darstellung wird abstrakter, und man verzichtet vollständig auf Erzählungen wie bei der Marc-Aurel-Säule, die von den Großtaten des Kaisers berichtet. Die Handlung konzentriert sich auf den Menschen, der für das Wesentliche gehalten wird.

Die Kunst unter der Dynastie der Severer (193–235)

Im 3. Jahrhundert beginnt eine der letzten Perioden der römischen Kunst. Unter Caracalla (regierte von 211–217) werden die größten Thermen des Imperiums erbaut. Im Laufe des 3. Jahrhunderts sind es vor allem orientalische Einflüsse, die sich immer weiter auf römischem Gebiet verbreiten. Sie betreffen nicht nur die Literatur, sondern auch Religion und Kunst – in den entferntesten Provinzen wie in der Hauptstadt. In den römischen Provinzen wird der Naturalismus der imperialen Kunst allmählich durch lokale Traditionen ersetzt, was sich im Bereich der Religion durch das Aufkommen römisch-afrikanischer, römisch-keltischer und römisch-syrischer Tempelformen zeigt. Ein neuer antiklassischer Stil kommt auf; er ist mit dem Niedergang des Imperiums verbunden. Die Kunst hat sich durch den Kontakt mit philosophischen Tendenzen des 2. Jahrhunderts weiterentwickelt. Auf den Epikureismus der Cäsaren folgt der moralisierende Stoizismus der Antoniner.

Die spätrömische Kunst, das Ende der antiken Welt

Die Entwicklung der Kunst im 4. Jahrhundert wird durch mehrere Faktoren bestimmt: Die Herrschaft der Tetrarchen hört auf, Konstantin übernimmt die Macht, die Wahl Konstantinopels lässt das «neue Rom» entstehen. Konstantin gestattet die Entwicklung des Christentums. Neue Monumente, der neuen Liturgie angepasst, werden mit den Themen des neuen Repertoires errichtet; andere Bauten sind weiterhin von der römischen Tradition inspiriert. Der Konstantinsbogen gilt oft als repräsentativster Bau seiner Zeit. Zum Gedenken an den Sieg Konstantins über Maxentius im Jahre 312 errichtet, nimmt er die Triumphbogen-Architektur dreier bereits bekannter Tore auf. Die Kunst richtet sich nicht mehr nach der Formenvielfalt der Natur, sondern beschränkt sich auf konventionelle Repräsentationstypen. Die Personen sind *en face* wiedergegeben, und ihre Größe entspricht ihrem Rang in der militärischen oder politischen Hierarchie. Das Bild des Kaisers zeigt sich in allen möglichen Varianten, auch in Kameen, Schmucksteinen, die eine ungewöhnliche Wiedergeburt erleben. Innerhalb der Skulptur nimmt die Behandlung des Kopfes, etwa bei dem gigantischen Konstantin-Kopf der Kolossalstatue aus der Basilika des Forums, die Rundung der Formen im griechischen Stil auf. Die großen kaiserlichen Augen wenden sich an die Betrachter und sollen ihnen das übermenschliche Wesen des neuen *Dominus* vermitteln. Außerdem begründet Konstantin in Rom die ersten monumentalen christlichen Kirchen. Die berühmteste von ihnen birgt ein bescheidenes Denkmal, das die Christen zu Zeiten von Marc Aurel auf dem Gelände des späteren Vatikan errichteten, weil sie davon ausgingen, dort sei der Leichnam des Apostels Petrus begraben. Das Mosaik in den Kirchen ist nun der wesentliche Teil der Dekoration nicht nur der Böden, sondern auch der Wandgewölbe.

3. Die römische Philosophie

Die römische Philosophie wird nie den Rang einnehmen, den die griechische innehatte. Dennoch überträgt und modelliert Rom sie nach eigenen Mustern. Lange Zeit wissen die Römer indes nicht viel davon; sie verehren die *virtus*, die Tugend, und ziehen das militärische und politische Genie dem philosophischen vor. Philosophie wird als ein Mittel der Praxis studiert, als Instrument, das es ermöglicht, sich in der Kunst der Politik und der Rhetorik zu vervollkommnen. Die neu eingeführte Philosophie trifft auf glühende Verteidiger. Einer von ihnen ist Cicero, auch wenn die Philosophie den traditionsbehafteten Schichten verdächtig bleibt. Zur Zeit Neros wird sie gar verfolgt, und ein Weiser wie **Seneca** (4 v. Chr.–65 n. Chr.) wird für das Regime untragbar, weil er sagt, was er (von Nero) denkt. Seit Hadrian unterstützen aber die

Kaiser der antoninischen Dynastie die Philosophie. Und seit Marc Aurel subventioniert der Staat die vier Schulen (Stoa, Peripatetiker, Epikureer, Akademiker); dieser Schutz dauert bis zu dem Moment, da Kaiser Justinian 529 in Athen die Schulen schließt.

Der lateinische Nachfolger des Epikur: Lukrez

Lukrez (Titus Lucretius Carus, um 98–53) erlebt die Ächtung von Marius (87 v. Chr.), von Sulla (82 v. Chr.), den Aufstand in Sparta (73–71), das Konsulat Ciceros (63 v. Chr.), den Tod Catilinas (62 v. Chr.), das erste *Triumvirat* und die Ausdehnung des Römischen Reiches in den Vorderen Orient. Als getreuer Schüler der Lehren des Epikur verdeutlicht er in *De rerum natura* oder *Von der Natur der Dinge* noch einmal die engen Beziehungen der historischen, gesellschaftlichen und geistlichen Gegebenheiten der letzten Jahre der Römischen Republik. Dieses gewaltige Lehrgedicht aus mehr als 7400 Versen, eingeteilt in sechs Bücher, beginnt im ersten Buch mit der atomistischen Physik und ihren Grundlagen, legt dann die Vorstellung des *clinamen* dar, eine spontane Bewegung der Atome aus ihrer Falllinie hinaus, aus ihrer vertikalen Flugbahn. Im zweiten Buch spricht Lukrez von der Befreiung vom Tode, von dem wir nichts zu befürchten hätten. Dieses Thema wird auch im dritten Buch angesprochen. Das vierte handelt vom Finalismus, von den Simulakren, den Illusionen der Liebe und den Leidenschaften. Die Theorie der Simulakren (Scheinhandlungen) ermöglicht es, nicht nur die Wahrnehmung der Sinne zu erklären, sondern auch Träume und die Arbeit des Denkens. Die Simulakren lösen sich von den Körpern, sind eine Art leichter Membran, wobei eine jede von ihnen im Kleinen Form und Aspekt des Objektes darstellt, von dem sie ausgeht. Sie dringen in die Sinnesorgane ein, indem sie durch die Lüfte flattern. Das fünfte Buch bringt die Geschichte und Entstehung der Welt; das sechste enthält die Erklärung der Gegebenheiten der Natur und schließt mit einer Beschreibung der Pest in Athen. Es wird eine Welt gezeigt, in welcher die göttliche Einwirkung keinerlei Rolle spielt. Die Natur, befreit von aller Vorsehung, ist dem Spiel des Zufalls und der Notwendigkeit überlassen. Der Mensch findet in einer Welt, die aus Materie sowie der Leere besteht, welche aus der Beugung der Atome herrührt, zu Autonomie und Freiheit.

Die neue Platonische Akademie

Karneades d. Ä. (um 215–129) hatte in der Nachfolge seines Vorgängers **Arkesilaos von Pitane** (315–241) die Römer in Entrüstung versetzt, darunter auch Cato. Denn anlässlich der Gesandtschaft der Philosophen im Jahre 156 v. Chr. hatte er im Abstand von zwei Tagen Reden zum Thema Gerechtigkeit aus jeweils entgegengesetzten Standpunkten gehalten. Damit wollte er vorführen, dass man von unterschiedlichen Standpunkten aus für oder gegen jegliche Idee sprechen kann, wobei gilt, dass alle Standpunkte gleichwertig sind. Karneades sucht in allem die Wahrscheinlichkeit, nicht die Sicherheit. Der radikale Skeptizismus wird im 1. Jahrhundert n. Chr. durch **Ainesidemos** repräsentiert, im 2. Jahrhundert dann von **Sextus Empiricus**. Beide entwickeln die skeptischen Argumente, deren stärkstes die Diallele oder der Zirkelschluss ist: Um den Wert eines Beweises zu beurteilen, bedarf es eines Beweises. Über beider Leben wissen wir wenig. Sextus behauptet in seinen *Grundzügen der pyrrhonischen Skepsis* (nach dem Skeptiker Pyrrhon von Elis), dass gesichertes Wissen unmöglich sei. Ainesidemos sammelt unter der Bezeichnung «Tropen» die zehn grundlegenden Argumente zugunsten des Skeptizismus und zeigt mit ihrer Hilfe, ähnlich wie Sextus Empiricus, die Unmöglichkeit zu wissen, ob die Dinge so sind, wie wir sie wahrnehmen.

Die neue Stoa, 1. und 2. Jahrhundert

Panaitios von Rhodos (um 180 v. Chr.) ist Schüler des Diogenes von Babylon und des Antipatros von Tarsos; später wird er zum Meister von Poseidonius, dem griechischen Universalgelehrten. Sie begründen das, was man die mittlere Stoa nennt. Durch **Seneca** (4 v. Chr.–65 n. Chr.), **Epiktet** (50–130) und **Marc Aurel** (121–180) wird die Weisheit der Stoa an viele andere Philosophen vermittelt. Der römische Stoizismus legt den Akzent auf die angewandte Moral, so wie Panaitios für Cicero in dessen *De officiis – Über die Pflichten* das Modell abgab. Nach dem Tode Marc Aurels vermischt sich der Stoizismus mit dem Neuplatonismus, aus dieser Mischung entsteht das intellektuelle Milieu des juristischen, religiösen und ethischen Denkens der Römer jener Zeit. Seneca wird mit der Erziehung Neros betraut und wird sein Ratgeber; nach der Pisonischen Verschwörung gibt er sich den Tod. In seinem Werk will er die von den Alten gefundenen Mittel durchsetzen, sie auf seine eigene Seele

sowie die der anderen anwenden, wobei er die Wichtigkeit der Rückkehr zu sich selbst predigt. Vor allem seine Prosawerke sind bekannt, auch wenn seine Tragödien die Folgen von Laster und menschlicher Torheit beschreiben. Die *Briefe* an seinen Freund Lucilius bilden das andere große Werk Senecas. Doch wir wissen nicht, ob es sich um diesen Lucilius handelt, an den er seine Abhandlung *De Providentia – Von der Vorsehung* richtet. Dieses Werk soll die Seele bei der Betrachtung der Natur erheben, ihr Frieden und Ruhe bescheren. Es geht darum, sich vom individuellen Ich zum universellen zu läutern, und das ist nichts anderes als die Vernunft selbst. Die Aufgabe des Philosophen besteht in der Befreiung des Menschen von der *fortuna*, dem Schicksal, den *tempora*, den Zeitumständen, auf dass er erkennt, was von ihm abhängt und was nicht.

■ **Epiktet** (50–130) hat ein erstaunliches Schicksal. Als freigelassener Sklave widmet er sich vollständig der Philosophie. Seinem Schüler **Flavius Arrianus** (um 85–165) verdanken wir, dass wir dessen *Lehrgespräche* und *Handbuch* lesen können, denn Epiktet selbst hat nichts geschrieben; er verbreitete seine Lehre mündlich. Nirgendwo erscheint eine Darstellung der stoischen Lehre in seinem Werk. Die *Lehrgespräche* sind in vier Büchern überliefert und knüpfen an Diskussionen und grundlegende Themen der Lehre an, wenngleich oft auch anekdotisch. In seiner Vorstellung ist es wichtig zu wissen, wie wir uns in jeder Lage verhalten. Doch Epiktets grundlegende Lehren handeln von der *prohairesis*, der überlegten Wahl, dem wissentlichen Verlangen nach Dingen, die von uns abhängen, und nach solchen, die nicht von uns abhängen: den äußeren Dingen. Es bedarf großer Anstrengungen in Bezug auf mentale Vorstellungen: nämlich diejenigen zu eliminieren, die keinen Bezug zur Realität haben, die nur aus unseren Leidenschaften entstehen – und nur denen zu glauben, die richtig und angemessen sind. Befreien wir uns durch die rechte Ansicht und dadurch, dass wir uns wünschen, was Gott will. Denn das Glück findet man in der Beherrschung des Begehrens.

■ **Marc Aurel** (121–180) ist in Rom geboren. Durch seine ausgezeichnete Erziehung fällt er Hadrian auf. Von Antoninus Pius adoptiert und mit dem Titel eines Cäsaren versehen, gelangt Marc Aurel 161 mit 40 Jahren an die Macht und übt dann eine Herrschaft aus, die durch die konstanten Angriffe der Barbaren an allen Fronten schwierig geworden ist. Es scheint, dass er die *Selbstbetrachtungen* am Ende seines Lebens verfasste, eine Sammlung von Sinnsprüchen vor allem zur Ethik sowie zur Physik und zur Logik, in denen der

Kaiser die Lehrsätze der Stoa aufgreift, damit sie korrekt in die Tat umgesetzt werden können. Man kann bei den Aphorismen keine sinnvolle Ordnung ausmachen, dafür aber den Fortschritt des Weisen erkennen, der kraft seiner Autonomie sich der natürlichen Ordnung der Dinge fügt, der Sicht auf das Ganze, in das man sich eingliedern sollte.

Die Nachfolger Plotins

Nach dem Tode **Plotins** 270, des Begründers und Hauptvertreters des Neuplatonismus, ausgebildet in Alexandria, wird die Geschichte des Neuplatonismus komplex: teils wegen der Art und Weise, wie man ihn interpretiert hat, aber auch wegen des religiösen und politischen Charakters, den man ihm beilegt. Dem Christentum, das mit stetig wachsendem Erfolg alles hinwegzufegen droht, muss man eine traditionelle Religion entgegensetzen, die alles in sich aufnehmen kann: griechische und lateinische Kulte. Indem sie die Ewigkeit der Welt, die Göttlichkeit der Sterne und der Seele zugeben, haben die Alexandrinischen Philosophen den Weg für einen solchen neuen Glauben geöffnet, der den Hellenismus mit dem Mithras-Kult verbindet. Zuweilen wird der neue Hellenismus auf eine Theurgie reduziert, auf rituelle Praktiken, wobei man sich auf bestimmte Abhandlungen bezieht wie denjenigen von Iamblichos von Chalkis, *Über die Mysterien der Ägypter*. Andere spekulieren über die tatsächliche Wirklichkeit der Dinge. Drei Namen von Nachfolgern Plotins sind hier zu nennen: **Porphyrios von Tyros** (234–305), **Iamblichos** (um 245–320) und **Proklos** (412–485). Proklos kündigt das letzte Aufleuchten der neuplatonischen Philosophie an.

4. Musik in Rom

Wenn auch die Griechen aus der Musik ein *Ethos* machen, eine geistige Verfassung, so gilt das nicht für Rom. Musik ist dort eine Annehmlichkeit des Lebens, die dieses vielfach begleitet: bei religiösen Zeremonien, Wettbewerben, Banketten oder privaten Zusammenkünften, bei marschierenden oder kämpfenden Truppen, bei Spielen. Es gibt zahlreiche und vielfältige Instrumente: die Panflöte, *tibia*, einfach oder doppelt; die Bucina oder *cornu*, das Horn; *ascaules*, den Dudelsack, die Lyra, die Kithara, ein Vorläufer der

Laute mit drei Saiten, dazu Sistren, Trommeln, Zimbeln. Doch das in unseren Augen wahrscheinlich bemerkenswerteste Instrument ist die römische Orgel. Sie ist ein Zwischending zwischen dem Dudelsack und unserer modernen Orgel und hat Pfeifen, deren Größe und Volumen verschiedene Tonarten zulässt. Die *Hydraulis* ist eine Wasserorgel, erfunden von **Ktesibios von Alexandrien** (3. Jahrhundert v. Chr.), der bei dieser Gelegenheit auch den Kolben erfindet. Die von den Römern benutzten Tonleitern und Modi sind zweifellos die der Griechen, wobei etruskische Einflüsse und solche weiterer italischer Völker hinzukommen.

5. Die Literatur in Republik und Reich

Gattungen und Eigenheiten der lateinischen Literatur

Die ältesten literarischen Dokumente sind religiöse Gesänge oder politische Stücke. Die *Gesänge der Salier* sind Lieder oder Anrufungen *(axamanta)*. Die *Annales maximi*, die Großen Annalen, werden von Quintilian als Beginn der römischen Prosa angesehen; Familienregister, Orakelbücher sowie Kalender der Albinen und Römer weisen gleichfalls ein hohes Alter auf. Die *Zwölftafelgesetze* stammen von ca. 450 v. Chr., der Überlieferung nach sind sie von dem Kodex abgeleitet, den Solon den Athenern gab.

Das auffallendste Kennzeichen der lateinischen Literatur im Imperium Romanum ist ohne Zweifel ihr universeller Charakter. Die Expansion Roms hat zur Folge, dass lateinischsprachige Schriftsteller nicht nur aus Italien stammen, sondern auch aus Gallien, von der spanischen Halbinsel und aus Afrika. Die römische Literatur ist durch ihre außerordentliche Vielfalt gekennzeichnet. In der Poesie: das lyrische und elegische Genre (Vergil, Ovid, Tibull), das satirische (Juvenal, Martial), das intime und erotische (Horaz, Ovid), das historische (Vergil). Ein Sinn für die Briefform entwickelt sich bei Cicero und Seneca. Unbekannt in Griechenland, erleben der Brief und auch der Roman dann mit Petronius und Apuleius einen bedeutenden Aufschwung. Die Historie zieht sich durch alle Genres: die Biographie (Plutarch, Sueton), die römische Geschichte (Dionysios von Halikarnassos, Dionysios Cassius), die Annalen (Tacitus).

Hellenistische Einflüsse

Während ihrer gesamten Geschichte trifft man in der römischen Literatur auf Entlehnungen griechischer Genres und Themen. Verstärkt gilt dies nach der Eroberung Griechenlands (146 v. Chr.), als Athen zum Treffpunkt der gebildeten jungen (auch römischen) Intellektuellen wird und umgekehrt griechische Redner in Rom ihre Kurse abhalten. Von nun an wird in Rom die Kunst der Rhetorik zur Vollendung geführt, **Cicero** (s. u.) und **Quintilian** (um 35–96) sind ihre neuen Theoretiker. Die römischen Rhetoriker wurden den späteren Jahrhunderten vielbewunderte Vorbilder. Auf dem Gebiet des Schauspiels wird vor allem die Komödie durch **Plautus** und **Terenz** zu einer wirklichen Blüte geführt.

- **Plautus** (Titus Maccius Plautus, 254–184) gilt als klassischer Autor der lateinischen Komödie. 21 der 130 ihm zugeschriebenen Stücke sind erhalten. Die bekanntesten sind *Amphytrion*, der noch Molière inspirieren wird; *Der Goldtopf (Aulularia)*, *Poenulus (Der Punier)*. Plautus bedient sich griechischer Stoffe, die er ans Lateinische adaptiert und sehr frei umwandelt. Es sind Liebeskomödien, die auf Verwirrspielen der handelnden Personen und deren schließlicher Aufklärung beruhen.

- **Terenz** (Publius Terentius Afer, 190–159) hat sechs Komödien verfasst. Wie Plautus hat er das griechische Theater studiert und seinen Ruf dadurch begründet, dass er griechische Stücke nachahmte. Vor allem Menander (4. Jahrhundert v. Chr.) hat ihn inspiriert. Terenz will der Handlung seiner Stücke Einheit und Konsequenz verleihen, dabei die Charaktere seiner handelnden Personen genau nachzeichnen. Er bevorzugt das elegante Wortspiel, das sich an ein Publikum mit verfeinertem Geschmack wendet.

Die Satire als typisch römisches Genre

Die Originalität der römischen Sprachkunst entwickelt sich mit der Satire; sie hat mit den satirischen Dramen Griechenlands nichts gemein. Es handelt sich bei der römischen Satire um ein Gedicht, das nicht für die Darstellung gedacht ist, sondern für die Lektüre. Dieses typisch römische Genre erscheint um das 2. Jahrhundert v. Chr. Sein Schöpfer ist **Gaius Lucilius** (um 148–103). Wir besitzen nur Fragmente seiner 30 Bücher. Ein Hauptvertreter der Gattung wird der große **Horaz** (s. u.). Auch der Fabeldichter **Phaedrus** und der Epigrammatiker **Martialis** (beide 1. Jahrhundert) sind bekannte Satiriker. **Marcus Terentius Varro** (116–27) verfasst gleichfalls Satiren, daher ihre Bezeichnung *Varronische* (auch *Menippeische*) *Satiren*. In erster Line ist Varro, «der gelehrteste aller Römer» (Quintilian), jedoch ein Polyhistor, er verfasst im Lauf seines Lebens 74 Werke, d. h. ca. 620 Bücher über die verschiedensten Themen. Er gilt als erster Repräsentant eines enzyklopädischen Universalismus.

Die Redekunst, durch Cicero kodifiziert

Die Literatur zur Zeit des **Marcus Tullius Cicero** (106–43) wird zur gesellschaftlichen Kraft, wobei die Rhetorik einen maßgeblichen Platz einnimmt. Diese ist zunächst eine Stärke, weniger eine Kunst: Die Notwendigkeit zu überzeugen, im Senat und auf dem Forum feierlich zu sprechen, macht aus der Begabung für das Wort eine notwendige Bedingung für den Erfolg. Cato d. Ä. (234–149), Tiberius Sempronius Gracchus und Gaius Sempronius Gracchus aus der Familie der Gracchen erweisen sich als die berühmtesten Volkstribunen. Doch inmitten verschiedener politischer Unruhen, die zum Niedergang der Republik führten, entwickelt sich die Rhetorik, die Kunst der Rede vor allem durch Cicero zur Perfektion. Wir besitzen nur einen Teil seines Werks. Einige seiner Reden haben Recht und Politik zum Thema: die *Anklagereden gegen Verres, Pro Tito Anno Milone – Für Titus Annus Milo, In Catilinam – Gegen Catilina I–IV.* Andere Schriften beziehen sich auf die Rhetorik *(De Oratore – Über den Redner)*; wieder andere sind philosophischer Natur: die *Tusculanae disputationes (Gespräche in Tusculum), De re publica (Über den Staat).*

Dichter und Denker zur Zeit des Augustus

Das intellektuelle Rom erlebt zur gleichen Zeit wie das imperiale Rom eine Hoch-Zeit: Das «Goldene Zeitalter» der Herrschaft des Augustus ist von einem Aufblühen der Geistesproduktion begleitet. Wegen seiner politischen Rolle, der Reinheit seiner Sprache und seines philosophischen Rangs gilt wiederum **Cicero** (106–43) als klassisches Beispiel eines Römers, der sich dem Recht und seinem rhetorischen Ausdruck verschrieben hat. Mit Anmut, der Feinheit seiner Verse und seiner profunden Kenntnis des menschlichen Herzens steht uns **Ovid** (43 v. Chr.–17 n. Chr.) nahe, als Mensch wie als Dichter.

Seneca hat der lateinischen Schule der Stoa seine Schriften der Erhabenheit gegeben. Dort preist er die universellen ethischen Werte und wünscht, wenngleich vergebens, dass diese von jedem, vom Fürsten bis zum bescheidensten Bürger, geteilt werden. Zur gleichen Zeit führen **Catull** (Gaius Valerius Catullus, 87–54) und die neuen Dichter in Rom eine gelehrte und preziöse Dichtung ein, die den nationalen Geist ihrer Vorgänger hinter sich lässt. Die elegische Dichtung, deren Repräsentant Catull und seine Nachfolger Gaius Cornelius Gallus, Tibull, Properz und Ovid sind, hält sich nur während der augusteischen Zeit. Die Elegie als Genre, auf einer bestimmten Metrik aufbauend, dem Distichon, dem Zusammenschluss zweier Verse – dem Hexameter (sechs Versfüße) und Pentameter (fünf Versfüße) –, war in Griechenland ein eher unbedeutendes Genre.

Die Lateiner fügen der Elegie das Element der Verliebtheit hinzu, die leidenschaftliche Liebe zu einer Frau. Das Werk Catulls lässt sich nicht auf nur ein Genre beschränken, er erkundet alle Formen der Dichtung. Sein Werk umfasst 16 Gedichte in Hexametern und eine Reihe unterschiedlicher Stücke in Distichen.

Vier große Dichter des «Goldenen Zeitalters»: Vergil, Horaz, Tibull, Ovid

■ **Vergil** (Publius Vergilius Maro, 70–19) hebt sich durch seine epische Dichtung heraus. Dante huldigt in seiner *Göttlichen Komödie* Vergils Genie und erwählt ihn sich zum Führer, der ihn durch die Sühnestätten lenkt. Vergil schreibt auch ein Loblied auf das Landleben, auf die Arbeit auf den Feldern, und er möchte die römische Geschichte in der Tradition der antiken Legenden verherrlichen: Seine *Bucolica*, verfasst zwischen 49 und 39 v. Chr., sind eine Adaption der italienischen Campagna, deren Traditionen er rühmt. Sein anderes großes Werk, die *Georgica*, unterteilt in vier Bücher, handelt von der Kultivierung der Felder, dem Obstanbau, der Tierzucht und der Landwirtschaft. Doch sein wichtigstes Vermächtnis bleibt die *Aeneis*, auf Bitten von Augustus verfasst, um die Größe Roms zu preisen. Vergil möchte hier dem Ruhm der Odyssee gleichkommen.

■ **Horaz** (Quintus Horatius Flaccus, 65–8) zeigt sein Genie in den *Satiren*, den *Oden* und den *Episteln*. Eine der letzten trägt den Titel *De arte poetica:* ein Buch über die wichtigsten Gebote, die in der Dichtung zu beachten sind. Er studiert in Athen, wächst in Rom auf und wird Freund von Brutus, dem Cäsar-Mörder.

Nachdem er auf seinen Förderer Maecenas (daher unser Wort Mäzen) trifft, wird er zu einem der wichtigsten Dichter Roms. Er entwickelt sich vor allem zum Hauptvertreter der klassischen Satire; darin beschreibt er das tägliche Leben in Rom.

▪ **Tibull** (Albius Tibullus, 50–19) ist zusammen mit Properz der größte Elegien-Dichter Roms. Die Liebe, das Verlangen, das Leiden sind seine Lieblingsthemen, die er für Delia, seine erste Liebe, für Nemesis, die ihr folgt, und für Marathus, einen Knaben, in Worte fasst. Die Sammlung der *Elegien*, *Elegiarum libri*, umfasst Gedichte und Stücke über die Liebe, die seine Liebeslyrik als Metaphysik der Liebe erscheinen lassen. Die anonymen *Lygdamus-Elegien* reihen sich ganz in die Tradition Tibulls ein.

▪ **Ovids** (Publius Ovidius Naso, 43 v. Chr.–14 n. Chr.) Werk umfasst Elegien verschiedener Art: die *Tristia*, die *Briefe vom Schwarzen Meer*, mythologische Gedichte, die *Fasti* und die *Metamorphosen*. Er beschreibt zudem mit leichter Hand sowohl Kämpfe wie auch Augenblicke der Sinnlichkeit; er beschreibt Helden und Schäfer. Wie Vergil glaubt er nicht mehr an ein Schicksal, dem die Menschen sich beugen müssen. Die Liebe und der Wille leiten die Menschen und wenden sich gegen die unpersönliche Macht der Gesetze und Sitten.

Die Literatur der Kaiserzeit

Die Gewaltherrschaft, der Despotismus beginnt mit **Tiberius** (reg. 14–37) und währt bis zu Domitian (reg. 91–96). Die Dichtung leidet darunter am meisten. Unter Tiberius kommen die Fabeln in Rom auf, mit **Phaedrus** (Gaius Iulius Phaedrus, 15 v. Chr.–50 n. Chr.), der 32 Fabeln schreibt, großenteils von Aesop inspiriert. Tiere gehören zu seinen Lieblingsstoffen. Während der Herrschaft von Caligula (37–41), Claudius (41–54) und Nero (54–68) ist **Seneca** (4 v. Chr.–65 n. Chr.) der wichtigste Schriftsteller. Seine philosophischen Schriften betören durch die Fülle an Kenntnissen und die erhabenen Gedanken. **Lukan** (Marcus Annaeus Lucanus, 39–65) ist gleichermaßen produktiv in der Prosa wie in der Versdichtung. Die Geschichtsschreibung ist durch **Tacitus** (Publius Cornelius Tacitus, 55–120) vertreten, dem man den *Dialogus de oratoribus* zuschreibt, das *Gespräch über die Redner*, die *Historien*, die *Germania* und die *Annalen*. **Sueton** (Gaius Suetonius Tranquillus, um 70–140) ist der Historiker der Cäsaren, so etwa in *De vita Caesarum*. Er beschäftigt sich weniger mit

Staatsangelegenheiten als vielmehr mit der Person der Herrscher. Bis zum Tode **Neros** im Jahre 68 behandelt die Literatur die gesellschaftlichen und politischen Veränderungen des Landes. Neue Werte, die zumeist aus Kleinasien kommen, greifen um sich. Der Roman entwickelt sich gleichfalls, dank **Petronius** (Gaius Petronius Arbiter, 12–66). Nur ein Teil seines Werkes, das *Satyricon*, ist überliefert. Der heute vorliegende Text umfasst drei Teile; deren erster und letzter erzählen die Abenteuer von Encolpius, einem jungen Homosexuellen, der unter Impotenz leidet, und seiner Freunde; der zweite Teil berichtet von einem Bankett, das von dem freigelassenen Sklaven Trimalchio ausgerichtet wird.

Drei große Schriftsteller der Kaiserzeit: Plinius d. Ä., Lukan, Apuleius

- **Plinius d. Ä.** (Gaius Plinius Secundus, 23–79) darf nicht mit seinem Adoptivneffen Plinius d. J. verwechselt werden. Plinius d. Ä. ist Verwaltungsbeamter und Kommandant einer Flotte. In seinem gewaltigen Werk *Historia naturalis – Naturgeschichte*, in dem er unzählige Themen unserer Welt (Erde, Sonne, Planeten, Landtiere, Botanik) behandelt, wird die Natur als «eine Herrscherin und Arbeiterin der Schöpfung» (*Historia naturalis*, XXII, 117) aufgefasst. Das Buch XXXV ist eine wahrhaftige Kunstgeschichte und führt uns Werke und Künstler der Antike vor; die Renaissance kann später aus diesem gewaltigen Repertoire schöpfen. Plinius hat außerdem Werke zur Grammatik, Rhetorik und Strategie verfasst. Er kommt zu Tode, als er sich dem Vesuv zu sehr nähert, um den Bewohnern der Gegend zu helfen und die Eruption des Vulkans zu studieren.

- **Lukan** (Marcus Annaeus Lucanus, 39–65) hat einzig die *Pharsalia* hinterlassen, ein Epos in zehn Gesängen über den Krieg zwischen Cäsar und Pompeius. Es ist eine Darstellung der historischen Ereignisse, die mehr als ein Jahrhundert zurückliegen.

- **Der Afrikaner Apuleius** (125–170), ein der Schule Platons und Aristoteles' verbundener Philosoph, hat den Roman *Metamorphosen* hinterlassen, zuweilen auch *Der goldene Esel* genannt. Lange Zeit als ein heikles Buch angesehen, als Unterhaltungsroman, gilt dieser Roman heute als ein Werk von vor allem religiöser und mystischer Bedeutung. Aus Neugier lässt sich der Romanheld von einer Hexe in einen Esel verwandeln, vergisst aber das Lösungswort. Erst nach vielen Abenteuern kann er seine ursprüngliche Gestalt wieder annehmen – dank der Göttin Isis, in deren Kult er sich einweihen lässt. In dieser Ich-Erzählung gibt ein gewisser Lucius ein bemerkenswertes Bild vom Alltagsleben im 2. Jahrhundert des Imperium Romanum. Dieser Hauptgeschichte sind andere Erzählungen von unterschiedlicher Länge beigefügt. Deren längste ist die *Erzählung von Amor und Psyche*, worin eine alte Haushälterin einem jungen Mädchen, das von Räubern entführt wurde, die Geschichte von Lucius erzählt.

6. Historie und Historiker in Rom

«*Historia est magistra vitae*»: Die Geschichte lehrt uns das Leben. Diese Formel Ciceros stellt unvermittelt den Menschen und die Ethik ins Zentrum sämtlicher historischer Betrachtungen. Doch dauert es nach dem Bericht über die legendäre Entstehung Roms noch fast 500 Jahre, bis die ersten Versuche einer Geschichte Roms entstehen. Was man auf den ersten Blick als Mangel an Neugier interpretieren könnte, erklärt sich durch mehrere Gründe. Zunächst kommt die lateinische Sprache recht spät auf; die ersten Historiker waren Griechen, und auch die Lateiner schrieben in der Sprache des Thukydides. Und die offiziellen, alljährlich verfassten Archive der Stadt, die *Annales pontificum maximorum** gelten wegen ihres religiösen und geheimen Charakters lange Zeit nur als historische Überlieferung. Dies gilt auch für die *gens*, Personen ein und derselben Sippe, die ihre privaten Erinnerungen oder die *Imagines*, die Porträts der Vorfahren, mündlich tradieren. Die ersten Künstler Roms waren Griechen, und das gilt auch für die Geschichtsschreibung.

* Sie bestehen aus einer Sammlung von Protokollen des *Pontifex maximus*. Der Großteil dieser Archive ging mit dem Brand Roms, der durch die Gallier bewirkt wurde, unter. Nach Ciceros Darstellung schrieb der *Pontifex maximus*, der Oberpriester, auf einer gebleichten Tafel, der *tabula dealbata*, die Namen der Konsuln und Magistrate, danach die Ereignisse, die sich zugetragen hatten, chronologisch nieder.

Fünf große Historiker der Republik: Cato, Sallust, Strabo, Titus Livius, Cäsar

■ **Cato d. Ä.** (Marcus Porcius Cato, 234–149) ist der erste Historiker in der römischen Geschichtsschreibung, der Lateinisch schreibt. Nach seinem fünfzigsten Lebensjahr verfasst Cato, der das Amt eines Zensors innehat, in Prosa die *Origines*. Dieses Werk erzählt in sieben Büchern die Geschichte Roms seit seiner Gründung; in dieser Darstellung wird die Vorstellung einer göttlichen Vorherbestimmung Roms verworfen. Catos anderes Werk, *De agri cultura – Von der Landwirtschaft*, ist sein einziges vollständig erhaltenes Werk. Catos konservative Haltung und seine strengen Prinzipien haben ihm den Beinamen Cato Censorius eingebracht.

■ **Sallust** (Gaius Sallustius Crispus, 87–35) hat zahlreiche Werke verfasst, bekannt sind vor allem drei: *Die Verschwörung des Catilina*, *Der Krieg gegen Jugurtha* und sein Hauptwerk, die *Historien*. Dieses letztgenannte Werk, von dem nur Ausschnitte überliefert sind, beschreibt die Ereignisse nach der Niederlage der Familie der Gracchen. Die *Verschwörung des Catilina* analysiert die Gründe, die zum Niedergang des römischen Geistes beigetragen haben. Für Sallust ist die Kraft, welche die Tatsachen regiert, nicht die der *fortuna*, des Schicksals, sondern das verantwortliche Handeln der Menschen. Danach schreibt Sallust den *Krieg gegen Jugurtha*. Darin berichtet er vom Krieg gegen den numidischen König Jugurtha, der zwischen 110 und 114 stattfand. Die Unparteilichkeit erweist sich hier als Notwendigkeit für die Geschichtsschreibung.

■ **Strabon** (63 v. Chr.–25 n. Chr.), ein griechischer Geograph, setzt in seinen *Geschichtlichen Anmerkungen* das Werk von Polybios (200–118) fort. Dort behandelt er in 47 Bänden die Zeit von 146 bis 31 v. Chr. Doch dieses Werk ist vollständig verloren gegangen. Dafür sind die 17 Bücher seiner *Geographie* erhalten geblieben, die uns die Vorstellungen vermitteln, die das römische Volk sich von sich selbst, von Europa (Bücher III bis X), von Griechenland, Kleinasien (Bücher XI und VIV), vom Orient (Bücher XV und XVI) und von Ägypten (Buch XVII) machte.

■ **Titus Livius'** (59 v. Chr.–17 n. Chr.) *Geschichte Roms seit seiner Gründung – Ab Urbe condita libri* erscheint in dem Jahrhundert, das noch von Augustus widerhallt. Von den Lektionen der Vergangenheit geprägt, will dieses monumentale Werk mit seinen 142 Büchern, die die Geschichte Roms seit der Gründung bis zum Tode von **Drusus** (9 n. Chr.) nachzeichnen, Lehren für die Zukunft ziehen. Nur 35 Bücher sind erhalten. Faktentreue kümmert Titus Livius wenig; er begnügt sich mit den Aussagen seiner Vorgänger.

■ **Die *Kommentare* von Julius Cäsar** (Gaius Julius Caesar, 100–44) gehören zu den Erinnerungsbüchern, die im 1. Jahrhundert v. Chr. immer mehr werden. Cäsar erhält von seinem Meister, dem Rhetor und Grammatiker **Marcus Antonius Gnipho**, danach von **Apollonius Molon**, eine gute literarische Ausbildung, ohne dass er deshalb als Literat gelten könnte. Die sieben Bücher seiner *Kommentare zum Gallischen Krieg – Commentarii de bello Gallico* sind Zusammenfassungen und Dossiers über die Feldzüge, die er von 58 bis 52 in Gallien geführt hat, wobei er auch seine Vorstöße bis an den Rhein und nach Großbritannien erwähnt. Das Ende des Buchs wird beherrscht von der Niederlage des Avernerführers Vercingetorix nach der Schlacht bei Alesia.

Drei große Historiker der Kaiserzeit: Tacitus, Sueton, Cassius Dio

■ **Tacitus** (Publius Cornelius Tacitus, 55–120) gilt als einer der größten Historiker Roms. Seiner Auffassung nach wohnt man einem Zerbröckeln der Geschichtsschreibung in Untergattungen bei, die in ihrer Bedeutung und ihrem Gehalt begrenzt sind: Die Annalen verschwinden und werden durch Memoiren und Biographien ersetzt. Tacitus erhält eine Ausbildung zum Redner und wird 97 n. Chr. Konsul, im folgenden Jahr dann Prokonsul der Provinz Asien. Nach dem Tode Kaiser Domitians beginnt er mit der Veröffentlichung seiner Werke. Er klagt Domitian der Tyrannei an, und zwar in *De vita et moribus Iulii Agricolae*, in der Biographie des Feldherrn Gnaeus Iulius Agricola, des von ihm sehr geschätzten Schwiegervaters. Die *Germania (De origine et situ Germanorum liber)* ist ein ethnographisches Werk, das die Sitten der Stämme beschreibt, die nördlich von Rhein und Donau leben. Mit seinen *Historien* nimmt er das historische Genre in Angriff, wobei er die Geschichte Roms seit dem Tode Neros bis zur Ermordung Domitians beschreibt; seine *Annalen* reichen vom Tode des Augustus bis zu demjenigen Neros. Der Titel «Annalen» rührt daher, dass er die Ereignisse Jahr für Jahr beschreibt. Der genaue Titel des Werks lautet *Ab excessu divi Augusti – Nach dem Tode des*

Kaisers Augustus. Er beschreibt eine Vorstellung von Geschichte, die nicht mehr diejenige ist, die während der alten Republik vorherrschte, sondern die zur Idee der Allmacht eines einzigen Mannes wird.

▪ **Sueton** (Gaius Suetonius Tranquillus, um 70–140) ist sehr gebildet, ein Mann der Bibliotheken, vor allem aber ein Biograph. Seine Ernennung zum Sekretär *ab epistulis latinis*, Direktor der diplomatischen Korrespondenz Hadrians, ermöglicht ihm den Zugang zu den kaiserlichen Archiven. Das *Leben der Cäsaren* besteht aus Biographien von Cäsar bis Domitian. Sueton begründet diese neue Form der Geschichtsschreibung, die die Herrschaft von einander folgenden Kaisern zum Inhalt hat. Das Nebensächliche ist ihm ebenso wichtig wie das Wesentliche; er notiert die Handlungsweisen und Taten der Kaiser, auch die kleinsten Details, denn genau diese zeigen ja die Persönlichkeit. Der Mensch in seiner Privatheit und Intimität interessiert Sueton weit mehr als der Mann der Öffentlichkeit.

▪ **Cassius Dio** (Cassius Dio Cocceianus, 155–235) ist, ehe er 229 Konsul wird, durch seine *Römische Geschichte* bekannt geworden, ein gewaltiges Werk von 80 Büchern, das die Geschichte Roms von seiner Gründung bis zu Septimius Severus darstellt. Darin gibt er seinem förmlichen Widerstand gegen die Vorherrschaft Italiens und des Senats innerhalb der Regierung des Imperiums Ausdruck.

7. Religion und Mythen der römischen Welt

Die Religion der römischen Welt, die Mythologie und ein Teil der Legenden sind aus etruskischem und griechischem Erbe hervorgegangen. Die wichtigsten Götter werden dem griechischen Pantheon entnommen. Zu nennen sind: Jupiter, Gott des Himmels; Mars, Gott des Krieges; Vulkan, Gott des Feuers; Neptun, Gott des Wassers; Saturn, Gott der Saat; Juno, Gemahlin Jupiters und Göttin der Fruchtbarkeit; Minerva, Göttin der Weisheit; Vesta, Göttin des Herdes; Flora, Göttin der Blumen und Gärten; Larentia, Herrin der Unterwelt. Hinzu treten nachgeordnete Gottheiten: die Penaten, Beschützer des Hauses; die Laren, die über die Felder wachen. Der Dienst an den Göttern umfasst Gelübde und Opfer, das Darreichen von Nahrung, Getränken und Tieren. Jede Gottheit hat ihr eigenes, an Zahl begrenztes Priesterkollegium. Das Priester-

amt wird auf Lebenszeit ausgeübt. Die Einstellung der Römer gegenüber ihren Göttern ist auf die Einhaltung eines Vertrags gegründet. Das *ius divinum* und seine Formen haben Vorrang vor aller Mystik. Gaben, Opfer und Gelübde, die in erwarteter Weise erfüllt wurden, sollen die erhoffte Gunst zur Folge haben. Die Toten verbringen ihr ewiges Leben ohne Hoffnung in der Unterwelt und beklagen, dass sie nicht mehr in der Welt sind. Wie mit den Göttern wird auch mit ihnen ein Vertrag geschlossen, der sie davon abbringen soll, erneut die Lebenden heimzusuchen: eine Opferzeremonie neun Tage nach dem Verscheiden, ein Ahnenkult. Dafür bittet man die Toten zu bleiben, wo sie sind, ohne ihre Nachkommen zu stören.

Die Republik erlebt die Entstehung und Verbreitung fremder Kulte in Rom, Mysterienkulte verbreiten sich zur gleichen Zeit wie orientalische Gottheiten, etwa Isis und Mithras. Seit der Gründung des Imperiums verbindet der Kult um die verstorbenen Kaiser, die nach ihrer Apotheose zu Göttern werden, die Religion mit dem staatsbürgerlichen Leben. In den letzten Zeiten des Imperiums werden auch geistige Vorstellungen wie Glaube, Eintracht und Hoffnung vergöttlicht. Es sind die griechische Philosophie, die orientalischen Kulte, die sich auf den Tod des einen Gottes und seine Wiedergeburt beziehen, und schließlich das Christentum, die nach und nach einen Glauben an das Jenseits durchsetzen.

8. Die Wissenschaften in Rom

Zeit und Kalender

Wir verdanken Rom die Art, wie wir die Zeit unterteilen, eine Chronologie begründen. In Rom wird der Tag in Stunden eingeteilt, die nach Minuten gezählt werden. Eine Stunde dauert noch nicht 60 Minuten, sondern entwickelt sich, je nach Jahreszeit, zwischen 45 und 55 Minuten. Der jeweilige Unterschied wird während der Nachtstunden eingeholt. Die erste genaue Sonnenuhr wird 164 in Rom errichtet, durch **Quintus Marcius Philippus**. Die Wasseruhren (Klepsydren) kommen kurz danach auf. Während die Griechen sich wenig für den genauen Moment innerhalb des Tages interessieren, so fixieren ihn die Römer vor allem aus Vorsorge und aus praktischen Gründen: Verteilung von Korn und Wasser an das Volk etc. Das Vokabular für den Tag bleibt noch unbestimmt: *mane* bezeichnet den gesamten Vormittag, kann aber auch durch *ante meridiem* ersetzt werden, *vor Mittag*. Der Nachmittag als Ganzer ist *post meridiem*. Der römische Monat ist ein Mondmonat; er ist durch die Dauer der Umdrehung des Mondes um die Erde definiert. Die *kalendae* bezeichnen den neuen Mond, den Neumond; die *nonae* das erste Viertel; die Iden, *idae* den Vollmond. Im Jahre 44 v. Chr. wird der Monat *quintilis* in *julius* umgetauft, zu Ehren von Julius Cäsar. Im Jahre 8 v. Chr. wird der *sextilis* zum *augustus*, zu Ehren von Augustus. Vor Julius Cäsar war das Jahr in 12 Mond-Monate eingeteilt und zählte 355 Tage. Alle zwei Jahre wurde ein Zwischenmonat, der *mes intercalaris*, eingefügt. Der alexandrinische Mathematiker **Sosigenes** schuf für Cäsar 46 v. Chr. den Julianischen Kalender: ein Jahr mit 365 Tagen, alle vier Jahre wird ein weiterer Tag zwischen den 24. und 25. Februar eingefügt. Papst Gregor modifiziert dies im 14. Jahrhundert; daraus wird der Gregorianische Kalender, der auch der unsrige ist. Die Römer benutzen für gewöhnlich die Namen der Konsuln, um die Jahre zu datieren.

Astronomie und Mathematik

Der berühmteste Gelehrte im Bereich der **Astronomie** ist **Claudius Ptolemäus**. Seine Himmelsbeobachtungen erfolgen in den Jahren 127 bis 151. Er lebt und stirbt in Alexandria, vermutlich um 168. Als Autor einer *mathematischen Zusammenstellung*, dem *Almagest*, entwickelt er sein System, wonach die Erde fest im Zentrum des Universums steht und Sonne, Mond und Sterne sich um sie drehen. Er stellt einen Katalog von 1022 Sternen auf, berechnet die Distanz von Erde und Mond sowie dessen Durchmesser. Sein Werk bleibt bis zum 16. Jahrhundert unangefochten, trotz Aristarchos von Samos, der im 3. bis 2. Jahrhundert bereits die Sonne ins Zentrum unseres Planetensystems gestellt hat.

Die Römer benutzen ursprünglich kleine Steine, Kiesel *(calculi)* für ihre **arithmetischen Operationen** oder sie zählen mit den Fingern. Zahlen werden unter Zuhilfenahme des Dezimalsystems geschrieben, das bis heute gilt: I, II, V, X etc. Die Rechenarten sind griechisch; bei Teilungen gibt es zudem ein komplexes Duodezimalsystem, das von der mathematischen «Einheit», *as*, ausgeht. Das *as* wird in zwölf Unzen eingeteilt, ein Drittel davon ist das *triens*, die Hälfte heißt *semi*. Die Geometrie interessiert die Römer nur bei konkreten Anwendungen, wenn z. B. ein Feld vermessen wird. Seit den *Elementen* Euklids wird die Geometrie gelehrt.

Medizin

Im Jahre 293 v. Chr. wird der **Äskulap-Kult** in Rom eingeführt und damit die griechische Medizin, die schnell allgemeinen Anklang findet. Die römische Medizin ist in Ausschnitten durch die Enzyklopädie von **Celsus** (1. Jahrhundert n. Chr.) bekannt. Das medizinische Vokabular darin ist griechisch, die zitierten Autoren gleichfalls. Celsus beschreibt zum Beispiel, wie man Schussverletzungen heilt; er beschreibt die Entfernung von Projektilen und die Nachsorge; auch Verletzungen durch vergiftete Waffen werden von ihm abgehandelt. Er gibt Ratschläge zur Hygiene und zeichnet das Porträt eines Chirurgen: «Ein Wundarzt muss im kräftigen Mannesalter sein oder wenigstens diesem näher stehen als dem Greisenalter. Seine Hand sei fest und zittre nie; er sei ebenso geschickt im Gebrauch der linken als der rechten Hand. Scharf und hell sei die Sehkraft, furchtlos sein Gemüt, und mitfühlend sei er nur in der Weise, dass es sein fester Wille ist, den in Behandlung genommenen Kranken zu heilen, ohne sich durch das Geschrei desselben rühren und zu größerer Eile, als die Umstände erfordern, oder zu weniger kleinen Schritten als nötig sind, bestimmen zu lassen; vielmehr führe er alles aus, als ob durch das Klagegeschrei des Kranken bei ihm gar kein Mitleid erregt würde.»* Die *Naturalis historia* von Plinius d. Ä. bringt Rezepturen von Heilmitteln aus der griechischen Medizin.

Galenos von Pergamon, auch **Galen** (130–ca. 201), Leibarzt von Commodus, dem Sohn Marc Aurels, hinterlässt zahlreiche Bände zur Medizin. Sein Werk gilt für das gesamte Mittelalter als Referenzwerk, vor den späteren Arbeiten von Andreas Vesalius und Michael Servetus. Galenos, der vom aristotelischen Finalismus durchdrungen ist, begreift das Individuum als ein System von Organen, die im Dienste der Seele stehen. Er seziert Schweine, Schafe und Ochsen und erkennt die anatomische Entsprechung von Menschen und großen Affen. Er beschreibt die Rolle der Nerven, Knochen und Gelenke und zeigt, dass das Blut in Arterien fließt, wobei er arterielles und venöses Blut unterscheidet.

* Aurelius Cornelius Celsus, *Über die Arzneiwissenschaft in acht Büchern*, übersetzt und erklärt von Eduard Scheller, Braunschweig 1906.

IV

Das Christentum

3

1. Die Anfänge des Christentums

Im 1. Jahrhundert n. Chr. aufgekommen, wird das Christentum, gemäß den Evangelien, die das Leben Jesu Christi erzählen, zur offiziellen Religion des Römischen Reiches, ehe es dann auch die mittelalterliche Gesellschaft strukturiert und das europäische Denken beherrscht. «Die Originalität der Religion, die offenbart wurde, besteht darin, dass sie sich nicht nur an ein ausgewähltes Volk wendet, an Gelehrte des mosaischen Gesetzes, an Menschen mit Einfluss auf die Gesellschaft, sondern an die ganze Bevölkerung, das Volk eingeschlossen. Als wahre Revolution öffnet das Christentum die Pforten zum Paradies für alle, die glauben, ohne Unterschied der sozialen Klassen oder Ethnien. Es verweigert den Kult um den vergöttlichten Kaiser, preist dagegen den Triumph des Mitleids und beschränkt sich auf zwei wesentliche Punkte: auf die Liebe Gottes und die Liebe zum Nächsten. Die christliche Praxis ermöglicht eine neue religiöse Logik, wodurch man sich der Aufgabe des Heils zuwenden sowie sich der Verwirklichung der Welt widmen kann.»*

Am Ende des 1. Jahrhunderts ist das Christentum im Wesentlichen im Osten des römischen Reiches verankert, die christlichen Gemeinden in Rom, Pozzuoli / Kampanien und in der Bucht von Neapel hier einmal ausgenommen. Um die Mitte des 2. Jahrhunderts bilden sich in Gallien zahlreiche Gemeinden, am Ende des Jahrhunderts sogar auf dem linken Rheinufer. Um 230 ersetzt das Lateinische in Rom das Griechische im christlichen Kult. Ab Beginn des 3. Jahrhunderts geschieht die Etablierung des Christentums auf andere Weise. Die jüdischen Aufstände in Judäa, in der römischen Provinz Syria haben die Trennung von Christentum und Judentum zur Folge. Das Zentrum der Christenheit verlagert sich von Jerusalem nach Rom. Und es ist eine Ausdehnung der Kirche nach Westen bis in das römische Britannien (England) festzustellen. Das 3. Jahrhundert ist zugleich das der Märtyrer, der «Zeugen». Die Verfolgungen

* Florence Braunstein, *À quoi servent les religions?*, L'Harmattan, Paris 2002, S. 274.

erreichen ihren Höhepunkt unter Kaiser Decius um 250; ein Edikt macht den Kaiserkult obligatorisch, was die Christen ablehnen. Das Christentum wird erst 312 mit der Konversion Konstantins des Großen zur Staatsreligion. Die Kirche erlebt ihr Goldenes Zeitalter im 4. und 5. Jahrhundert; in dieser Zeit definiert sie zugleich ihre Lehre. Während des Konzils von Nicäa 325 formulieren die christlichen Führer nach theologischen Diskussionen um die Natur von Vater, Sohn und Heiligem Geist ein *Credo*, bekannt unter der Bezeichnung «Apostolisches Glaubensbekenntnis». Der Ausschluss von Arius (256–336), der einen Gottvater predigt, der vom Wesen her über dem Sohn steht, ist ein deutliches Zeichen. Die arianische Kontroverse, die die Göttlichkeit Christi leugnet, endet mit **Basilius dem Großen** (Basilius von Caesarea, 329–379), dessen «Große Mönchsregel» (Basilius-Regel) die Grundlage des Ordenslebens im Orient wird. In der Folge kommen zahlreiche ketzerische Tendenzen auf und erfordern die Einberufung von Konzilen. Das Konzil von Chalcedon 451 formuliert die klassische Definition der zugleich göttlichen wie menschlichen Natur der Person Christi.

Frühchristliche Gruppierungen

Viele Juden aus der römischen Provinz Syria sind gezwungen, ins Exil zu gehen; dazu, in der Diaspora zu leben, fern von ihrer Heimat. Nach und nach geben sie die Verwendung des Hebräischen auf, behalten aber den Glauben Israels. Sie meiden den Hellenismus, akzeptieren auch das Heidentum nicht. Wenn auch die Römer die Herren von Palästina sind, so zwingt sie doch die Feindseligkeit der Juden, dieses Land nicht direkt zu verwalten. Es sind Familien aus dem Umkreis von Herodes dem Großen oder auch römische Prokuratoren wie **Pontius Pilatus**, die sich mit dieser heiklen Aufgabe befassen. Die Steuern sind hoch, und die gesellschaftliche wie politische Destabilisierung wird von religiösen Unruhen begleitet. Das Judentum in Palästina hat einen besonderen Status innerhalb des Imperium Romanum aufgrund seines Glaubens an einen einzigen Gott. Es ist in mehrere Strömungen unterteilt (Pharisäer, Sadduzäer, Zeloten), die eine jeweils andere Haltung gegenüber Rom einnehmen.

Die wichtigsten jüdischen Sekten zur Zeit des Herodes

Die großen jüdischen Sekten – Sekte hier im ursprünglichen Sinn verstanden als «Gruppe», ohne jegliche Abwertung – um das 2. Jahrhundert v. Chr., die an den Ufern des Toten Meeres leben, sind die folgenden:

■ **Die Pharisäer**, vom hebräischen *peroûshim*, «die Getrennten», erscheinen als gesonderte Gruppe kurz nach dem Makkabäer-Aufstand um 165–160 v. Chr. Sie sind keine politische Partei, sondern eine Gemeinschaft von Gelehrten und Pietisten. Sie erfreuen sich eines großen volkstümlichen Publikums. Im Neuen Testament erscheinen sie als Wortführer der Bevölkerungsmehrheit. Um 100 v. Chr. gibt es ausgedehnte Kämpfe. Die Pharisäer versuchen, die jüdische Religion zu demokratisieren und sie der Herrschaft der Tempelpriester zu entziehen. Sie bekräftigen, dass Gott auch weit entfernt vom Tempel angebetet werden darf und soll, selbst außerhalb Jerusalems. Für die Pharisäer besteht die Gottesverehrung nicht in blutigen Opfern, sondern im Gebet und im Studium der Gesetze Gottes. Demzufolge bevorzugen sie die Synagoge als Kultort.

■ **Die Zeloten**, von griechisch *zelotes*, «die Eifrigen», widersetzen sich den Römern heftig und suchen in den Hügeln Zuflucht. Zweifelsohne bildete sich die Gemeinschaft der Pharisäer in ihrer Mitte. Nach dem jüdischen Historiker **Flavius Josephus** (um 37–100) zählten sie zur Zeit des Herodes rund 6000 Mitglieder. Sie reklamieren für sich die rigorose Beachtung der Vorschriften, halten sich an die mündliche Tradition wie auch an die Schrift. Sie beachten streng die Vorschriften der Torah, sowohl was die Reinheit der Leviten betrifft wie auch die Abgaben an die Priester. Sie meiden die unreine Masse der Menschen, die für sie zu Unberührbaren geworden sind. Sie betrachten nur sich selbst als Mitglieder der jüdischen Gemeinde. Sie unterscheiden sich vom *am Haaretz*, vom «Volk der Erde», dem niederen jüdischen Volk. Sie studieren die heiligen Texte, und ihre Auslegungen werden im Talmud zusammengefasst. Nach der Zerstörung Jerusalems durch die Römer im Jahre 70 geben sie dem Judentum neues Leben.

■ **Die Essener** dürften zur Zeit Herodes' nicht mehr als 4000 Mitglieder umfasst haben. Sie leben außerhalb Jerusalems, nahe dem Toten Meer. Sie nennen sich *Khassaya*, griechisch *Essenoi*, «die Frommen». Historisch werden sie im Jahre 152 v. Chr. fassbar, als sie sich Jonatan Makkabäus widersetzen, der sich die Tiara des Hohepriesters aufsetzen will. Ihre Protesthaltung bringt sie dazu, in der Wüste zu leben und in Qumran ein Kloster zu errichten. Ihre Gemeinschaft wird von einem «Herrn der Gerechtigkeit» geleitet und umfasst vier Grade. Vor dem 20. Lebensjahr kann man dieser Gemeinschaft nicht beitreten. Jeder Besitz von Gütern muss aufgegeben werden, selbst der des Wissens. Alles, was das Leben leichter macht, wird abgelehnt. Sie lehren, dass der Mensch von Natur aus zutiefst schlecht sei.

Er ist während seines gesamten Lebens im Zustand der Sünde. Die Essener erwarten die Ankunft des Messias und des Königreichs Gottes in der Askese. Bis zur Zerstörung ihres Klosters im Jahre 68 n. Chr. durch römische Legionäre hält sich das Essenertum, ohne an Kraft zu verlieren.

- **Die Sadduzäer** bilden die Partei der Priester in Jerusalem. Der Ausdruck «Sadduzäer» ist von *Zadok/Sadok* abgeleitet, dem Namen des Priesters von König David, der anlässlich der Thronnachfolge für Salomo Partei ergreift; doch nichts beweist, dass die Priester von Jerusalem tatsächlich Nachkommen der früheren Priestergruppe sind. Ihre Politik bringt sie oft dazu, sich mit den Römern zu verständigen, um ihre Privilegien zu erhalten und zu retten. Sie befolgen die Buchstaben der Torah, lehnen aber die mündlichen Traditionen ab, die von den Pharisäern anerkannt werden, die ihrerseits die Habgier der Sadduzäer anprangern. Sie leugnen die Unsterblichkeit der Seele wie auch die Strafen und Belohnungen im Jenseits; die Seele sterbe mit dem Körper. Das Glück finden sie in dieser Welt.

Ungeachtet der Assimilierungsbestrebungen des Hellenismus hatten die jüdischen Zugeständnisse an die herrschende Macht im Inneren des Judentums Aufruhr zur Folge, das ja fieberhaft die Ankunft des von Gott gesandten Messias erwartete. Die Gemeinde der Christen wird bis ca. 65 von den Juden akzeptiert, danach erfolgt der Bruch zwischen beiden Religionen. Dieser Bruch wird bis zu diesem Zeitpunkt von den Pharisäern wie von den Sadduzäern geleugnet. Um das Jahr 61 sind die Christen in Rom und breiten sich in der heidnischen Welt aus. Zur gleichen Zeit wird der Synkretismus gefördert wie auch ein Kaiserkult, und zwar aus politischen und ideologischen Gründen. Die Weigerung der Christen, sich dem zu unterwerfen, ist einer der Gründe für die Christenverfolgungen. Zu den Verantwortlichen der ersten Verfolgungen gehört ein gebildeter Pharisäer, **Saulus**, geboren in Tarsus, das in Kilikien liegt. Als Sohn jüdischer Eltern, zugleich als römischer Bürger verfolgt er die Christen in Syrien. Vor Damaskus geschieht es, dass er den Ruf des Herrn vernimmt. Nach drei Jahren des Studiums wendet er sich nach Jerusalem und schließt sich Petrus an. Nach seiner Konversion wird er der erste Theologe der neuen Religion, nun als **Paulus** bekannt. Er legt die Grundlagen der gesamten christlichen Lehre. Er geht nach Zypern, nach Jerusalem und nach Europa, nach Athen und Korinth, um dort die Lehre zu verbreiten. Um das Jahr 61 wird er ins Gefängnis geworfen. Dahinter steht eine Anklage der

Juden: Paulus wird verdächtigt, einen Nichtjuden in den Tempel gebracht zu haben. Zwei Jahre lang bleibt er in Caesarea unter Bewachung, wird dann nach Rom gebracht, um dort vor einem kaiserlichen Tribunal zu erscheinen. Da lässt Nero im Jahr 64 unter dem Vorwand, die Christen hätten Rom in Brand gesteckt, ein regelrechtes Massaker unter den Christen durchführen. Petrus, der erste Bischof, wird in dem Zirkus nahe dem heutigen Vatikan umgebracht. Paulus wird auf der *Via Ostia* enthauptet. Vor der Zerstörung Jerusalems fliehen die Judenchristen, die dort leben, nach Pella in Ostjordanien. Im Lauf der folgenden dreißig Jahre werden die vier Evangelien wie auch die Johannes-Apokalypse veröffentlicht.

Dogmatische Streitigkeiten und Häresien

Um das 2. Jahrhundert beginnen die dogmatischen Streitigkeiten. Während einer langen Zeit und bis weit ins 2. Jahrhundert hinein ist die christliche Theologie fast ausschließlich eine Christologie. Das Nachdenken über den Christus erscheint in unterschiedlicher Form. Es beginnt bei den Juden, wo seine Rolle gering geachtet wird, bis zu **Marcion** (um 85–160), der sie erhöht. Die großen Kirchen in Antiochia, Rom und Alexandria sind bei der Kanonbildung für das Neue Testament von grundlegender Bedeutung. Die Rolle der Bischöfe besteht darin, die Botschaft der Apostel weiterzuvermitteln und ihre Authentizität zu wahren. **Irenäus**, im letzten Viertel des 2. Jahrhunderts Bischof von Lyon, schreibt über die Einheit Gottes, die Einheit Christi und die Einheit dieser beiden, als Reflex der Einheit der Kirche und des Gesetzes. Alexandria als bedeutendes intellektuelles Zentrum ist nach der Zerstörung Jerusalems gleichfalls Bischofssitz. Die Patriarchen halten ihn für so bedeutend wie den römischen. Dort wird auch die erste theologische Fakultät gegründet, die Schule der Katechumenen, mit berühmten Professoren: **Clemens von Alexandria** (um 150–220), **Origenes** (185–ca. 235), **Pantaenus** (gest. um 200). Origenes verfasst Kommentare zu fast allen heiligen Schriften und arbeitet sein ganzes Leben an der Restitution der Texte des Alten Testaments. Zur gleichen Zeit verfasst **Julius Africanus** (um 170–240) die erste Geschichte des Christentums, die *Chronographien*. Die Kirche verkündet zwischen dem 2. und 3. Jahrhundert Wahrheiten, an die jeder Christ glauben muss; jede andere Wahrheit wird zur Ketzerei erklärt.

Die ersten christlichen Riten zeigen, dass vor dem Eintritt in den Schoß der Gemeinde eine Zeit der Vorbereitung steht, das Katechumenat; das gilt nicht für Zeiten der Verfolgung, wo die bezeugte Konversion eines Märtyrers das Sakrament der Taufe ersetzt.

Dokumentarische Quellen

Die Geschichtlichkeit Jesu ist kein historisches Problem, weil wir nichts in der Hand haben, um ein solches Problem zu formulieren. Die Spuren Jesu zu suchen, ist ein Akt des Glaubens. Die ältesten Schriften sind die vom Apostel Paulus an mehrere Gemeinden geschickten Briefe. Sie wurden ungefähr 20 Jahre nach dem Tode Christi verfasst, gehen damit aber immer noch der Redaktion der Evangelien um 20 oder 30 Jahre voraus: Ungefähr um das Jahr 70 entstand das Markusevangelium, um 80 oder 90 das von Johannes. Die Apostelgeschichte, ein Buch, in dem Lukas eine Geschichte der Kirche skizziert, entstand 50 Jahre nach den ersten, dort geschilderten Ereignissen. Sie bildet das fünfte Buch des Neuen Testaments und beginnt mit der Himmelfahrt; es folgt das Pfingstereignis, danach werden die Anfänge der Urkirche berichtet, die sich in Jerusalem um die Apostel bildet, um sich danach nach Judäa auszudehnen, nach Samaria und in die jüdischen Gemeinden der Diaspora. Es existieren außerdem Zeugnisse von lateinischen Historikern, wenn auch nur sehr kurze: **Tacitus** (55–120) erwähnt einen Mann namens «Christus», **Plinius d. J.** (61–114) berichtet von der Verbreitung der Kirche in Bithynien im Nordwesten Kleinasiens, **Sueton** (um 70–140) erwähnt das Christentum ebenfalls. **Flavius Josephus** (um 37–100) berichtet in seinen *Jüdischen Altertümern* vom Tode des «Herren-Bruders» Jakobus, der im Jahre 62 durch einen sadduzäischen Hohepriester umgebracht wurde. Flavius erwähnt auch kurz Jesus, in seinem *Testimonium Flavianum – Zeugnis des Flavius*, in den Paragraphen 63 und 64 des 18. Buches: «Um diese Zeit lebte Jesus, ein Mensch voll Weisheit. Er tat nämlich ganz unglaubliche Dinge und war der Lehrer derjenigen Menschen, welche gern die Wahrheit aufnahmen; so zog er viele Juden und viele aus dem Heidentum an sich.»

Das Neue Testament

Wie das Alte Testament enthält auch das Neue Testament unterschiedliche Arten von Texten. Die Christen sehen im Neuen Testament die Erfüllung der Verheißungen des Alten Testaments. Es erzählt und deutet den neuen Bund zwischen Gott und den Jüngern Christi; dieser Bund wird durch das Leben und Sterben Jesu repräsentiert. Siebenundzwanzig griechisch verfasste Manuskripte, deren ältestes aus dem 4. Jahrhundert stammt, bilden das Neue Testament. Es handelt sich um Erinnerungen an das Leben Jesu sowie an seine Taten und Worte in den vier Evangelien. Die Apostelgeschichte bringt den historischen Bericht der ersten Jahre der christlichen Kirche. Die Briefe und das Buch der Apokalypse bieten die apokalyptische Beschreibung des Eingreifens Gottes in die Geschichte. Im 4. Jahrhundert übersetzt der **heilige Hieronymus** die Bibel ins Lateinische. Diese *Vulgata* genannte Übersetzung war lange die einzige von der Kirche anerkannte Übersetzung. Das Neue Testament umfasst die vier Evangelien von Matthäus, Markus, Lukas und Johannes. Das früheste dieser Evangelien scheint das von Markus gewesen zu sein. Die Evangelien nach Markus, Matthäus und Lukas sind von ähnlichem Zuschnitt; sie berichten dieselben Tatsachen und Anekdoten um Jesus, haben den gleichen Erzählstrang. Das Johannesevangelium unterscheidet sich von ihnen durch seine Komposition wie durch seine Quellen.

Apostelgeschichte und Paulusbriefe

Die Apostelgeschichte, Lukas zugeschrieben, ist eine grundlegende Quelle. Die jeweils von Petrus und Paulus unternommenen Missionsreisen sind hier im Detail wiedergegeben. Der Bericht beginnt mit der Himmelfahrt Jesu, gefolgt vom Pfingstereignis und den Anfängen der Urkirche.

Die Paulusbriefe, an eine bestimmte Gemeinde oder einen einzelnen Empfänger gerichtet, werden durch sieben «katholische», d. h. an die gesamte Kirche gerichtete Briefe ergänzt; sie stammen möglicherweise aus dem Jahre 60.

Die Apokalypse

Zum Schluss folgt die Apokalypse, griechisch *apokalupsis*, die «Enthüllung», die Gott dem Johannes auf der Insel Patmos offenbart und die das Ende der Zeiten ankündigt. Die Johannes-Apokalypse scheint eine Sammlung unterschiedlicher kleiner Einheiten von unterschiedlichen Verfassern zu sein, die während des letzten Viertels des 1. Jahrhunderts lebten. Doch sie gilt auch als Werk eines gewissen Johannes aus Patmos. Der Text lässt nicht erkennen, ob Johannes von Patmos und der Apostel Johannes dieselbe Person sind. Das Buch hat zwei Teile. Der erste (Kapitel 1–11) enthält moralische Ermahnungen – keine symbolischen Visionen – in Briefen, die an sieben christliche

Kirchen Kleinasiens gerichtet sind. Im zweiten Teil (Kapitel 12–22) bleiben die Visionen, Allegorien und Symbole großenteils unerklärt. Weit davon entfernt zu unterstellen, die Apokalypse sei eine abstrakte Allegorie oder eine Prophetie über das Ende der Welt, stimmen viele Forscher darin überein, dass das Thema auf eine zeitgenössische Glaubenskrise zurückgeht, die ohne Zweifel durch die römischen Verfolgungen ausgelöst wurde. Die Christen werden in dieser Schrift ermahnt, fest im Glauben zu bleiben und die Hoffnung zu bewahren, dass Gott am Ende über ihre Feinde siegen werde. Apokalyptisches Gedankengut findet sich auch im Alten Testament, vor allem im Buch Daniel, sowie in apokryphen und außerbiblischen Schriften aus den beiden Jahrhunderten vor und nach Christi Geburt.

Die Logien und archäologische Quellen

Der Ausdruck ***Logien*** bezeichnet eine Sammlung von Worten, Lehrsätzen und kurzen Geschichten, die Jesus zugeschrieben werden; das Matthäus- und das Lukasevangelium hatten sie unabhängig voneinander gekannt und für ihre eigene Redaktion benutzt. Die ***Agrapha***, «ungeschriebene Dinge», sind gleichfalls von Jesus ausgesprochene Worte, die aber nicht den kanonischen Texten angehören. Sie entstammen apokryphen Texten des Neuen Testaments, dem Thomasevangelium und Zitaten von Kirchenvätern.

Es gibt auch archäologische Quellen, mit deren Hilfe sich die Geschichte des Urchristentums nachzeichnen lässt. Die Ausgrabungen in Nazareth und Kapernaum, die vom *Cardo Maximus* und der *Aelia Capitolina* im Herodes-Viertel in Jerusalem, in Caesarea Maritima, Sepphoris und sogar auf dem Golan haben Erkenntnisse über die ersten christlichen Gemeinden erbracht. Die **Qumran-Handschriften** aus Judäa, die 1947 nahe beim Toten Meer gefunden wurden, geben ebenfalls viel Aufschluss über die Ursprünge des Christentums. Ihre Entdeckung wie auch diejenige weiterer Zeugnisse in den Höhlen jener Region hat viel Gelehrtentinte fließen lassen. Eine regelrechte Bibliothek wurde dort zutage gefördert; man hat mehr als 800 Manuskripte gezählt. Diese Texte sind hebräische Kopien großer Teile des Alten Testaments, doch auch (hebräische und aramäische) Abschriften von Texten, die als Deuteronomische Schriften bekannt sind und von der katholischen Kirche dem Alten Testament eingefügt wurden. Außerdem fand man auch Habakuk-Kommentare zum Alten Testament sowie weitere unbekannte biblische Texte wie eine Genesis-Apokryphe und die Regel der Essener-Gemeinschaft.

■ **Die Texte von Nag Hammadi,** 1945 in der Nähe von Luxor in Ägypten gefunden, bestehen aus 13 gnostischen, hermetischen Kodizes, darunter auch das Thomasevangelium. Ein großer Teil dieser Schriften stammt aus der Zeit der kanonischen Schriften von Juden und Christen und erweist sich als deren Abschrift und Ergänzung: Eine Genesis, Apokalypsen, Worte des Heilands, Gespräche mit seinen Jüngern sowie Apostelbriefe bilden den Hauptteil dieses Korpus. Diese Kodizes enthalten ungefähr 50 koptische Abhandlungen, Übersetzungen von ursprünglich griechisch abgefassten Texten aus dem 2. und 3. Jahrhundert. Sie werden im Koptischen Museum in Kairo aufbewahrt. In der Gegend des Fundorts gibt es schon seit dem Beginn des ägyptischen Zönobitentums (Klosterlebens) im 4. Jahrhundert zahlreiche Klöster, und man hat allen Anlass zu glauben, dass die Christen jener Region diese Sammlung zusammentrugen.

2. Die Entwicklung des Christentums

Die Gnosis

Unter «Gnostizismus» oder «Gnosis» versteht man laut Definition in der *Encyclopaedia Universalis* eine «bestimmte religiöse Bewegung mehrerer Sekten und Schulen der ersten Jahrhunderte des Christentums, die einen bestimmten Begriff der Gnosis gemein haben, der von der orthodoxen christlichen Kirche abgelehnt wird». Während der Begriff Gnostizismus eine präzise historische Konnotation hat, so gilt dies nicht für die Gnosis. Letztere bezeichnet Denkrichtungen, die allesamt der Idee des Wissens verpflichtet sind. Die wichtigsten Werke, die die Gnostiker ablehnen, stammen aus drei Jahrhunderten. Wir verdanken sie zunächst Irenäus, dem Bischof von Lyon im 2. Jahrhundert; ferner **Hippolyt von Rom**, der im 3. Jahrhundert lebte; zuletzt Ephiphanios, dem Bischof von Salamis im 4. Jahrhundert. Von den Texten, die von den Gnostikern ursprünglich auf Griechisch verfasst, aber koptisch tradiert wurden, müssen einige Manuskripte erwähnt werden, die im 18. und 19. Jahrhundert gefunden wurden, sowie die 1945 bei Nag Hammadi gefundene Sammlung. Die ersten Hinweise auf die Existenz dieser Gedankenströmung finden sich im 1. Korintherbrief (VIII,1) und im Timotheus-Brief (VI,20). Die religiösen Vorstellungen der Gnosis, die wahrhafte Kosmologien entwarf, haben einiges mit heidnischen Religionen sowie mit der zeitgenössischen

Philosophie gemein. Wenn sie sich nicht durchgesetzt haben, dann liegt dies zweifellos an der Unfähigkeit der Gnostiker, sich Macht zu verschaffen, aber auch an der Aufsplitterung der Gnosis in viele Sekten von jeweils komplizierter intellektueller Verfasstheit. Der Gnostizismus ist keine homogene Lehre. Er ist vielmehr durch eine bestimmte Vorstellung von Erkenntnis gekennzeichnet, und dieser Erkenntnis wird ein wesentlicher Platz eingeräumt: Sie ist das Mittel zur Erlangung des Heils; sie enthüllt dem Gnostiker seine wahre Natur; sie lehrt ihn, dass er nicht von dieser Welt ist, sondern dass sein «wesentliches Sein» einen göttlichen und himmlischen Ursprung hat. Sie lehrt ihn außerdem, dass er aus Gott hervorging und daher nach seinem Tod wieder zu ihm gelangt. Das 3. Jahrhundert erlebt die Verbreitung der gnostischen Bewegung, doch diese wird recht schnell im 4. Jahrhundert durch das christliche Reich beendet.

Das Konstantinische Christentum

Ende des 3. Jahrhunderts begründet **Aurelian** (Kaiser von 270 bis 275) eine neue monotheistische Staatsreligion: *Sol invictus*, der *unbesiegte Sonnengott*, dessen Symbol er auf den Kriegsschilden anbringen lässt. Er hofft, durch den exklusiven Charakter dieser Religion den Aufstieg des Christentums in Grenzen halten zu können. Christen sowie alle, die den neuen Kult verweigern, werden verfolgt. **Konstantin** (Flavius Valerius Aurelius Claudius Constantinus, um 285–337) folgt wie sein Vater **Constantius I. Chlorus** zunächst dieser Sonnenreligion. Doch er beobachtet das Stärkerwerden des Christentums und verzichtet daher auf die Politik der Verfolgung, die seine Vorgänger noch an den Tag legten. Er benutzt schließlich das Christentum, um die Einheit seines Reiches zu stärken. Durch das Toleranzedikt vom 30. April 311 beenden Konstantin und sein Mitkaiser **Licinius** die Christenverfolgung. Nach dem Tod von Kaiser Galerius in Sardica erhält der Cäsar **Maximinus II. Daia** Asien; unter seiner Herrschaft finden erneut Christenverfolgungen statt. Konstantin verbindet sich mit Licinius gegen Maximinus und **Maxentius**. Die entscheidende Schlacht findet 312 in Rom an der Milivischen Brücke statt. Dort kommt Maxentius ums Leben. **Konstantin** ist nun der einzige Kaiser Westroms, während Licinius, der Sieger über Maximinus II. Daia, über den östlichen Teil herrscht. Nach seinem Sieg lässt **Konstantin** auf dem Forum Romanum sein Standbild mit dem Kreuz als Zeichen seines Triumphes aufstellen. Es ist die erste Darstellung eines Kaisers als Christ. Doch in weit höherem Maße ist die

Verbindung Konstantins mit dem Christentum als Höhepunkt der frühen Entwicklung dieser Religion anzusehen, auch wenn noch im 4. Jahrhundert ziemlich viele orientalische Religionen fortbestehen, etwa der Isis- und der Mithras-Kult. Noch sind die Christen im Jahre 312 nur eine Minderheit im Imperium Romanum.

Das Edikt von Mailand

Im Jahre 313 wird der Frieden im Römischen Reich wiederhergestellt, indem das Edikt von Mailand allen Bewohnern des Imperiums die Freiheit des Kultus gewährt. Die Bischöfe erhalten die gleichen Rechte und Ehren wie die Senatoren. Die Kirche bleibt eng mit dem Staat verbunden, zum ersten Mal ist im antiken Rom ein Kaiser zugleich Oberhaupt der Kirche. Das öffentliche Leben verändert sich durch das Edikt beträchtlich. Der heidnische Kult wird verdrängt, heidnische Opfer werden im Jahre 319 offiziell verboten. Christen besetzten höchste Verwaltungsposten. 321 wird der Sonntag, Tag der Himmelfahrt Christi, zum gesetzlichen Ruhetag. 325 werden die Gladiatorenspiele abgeschafft.

Das Konzil von Nicäa

Das erste ökumenische Konzil, wird im Jahre 325 vom Kaiser in Nicäa einberufen, um ein Problem bezüglich der Trinität zu lösen, das von Arius aufgeworfen wurde und die Ostkirchen trennt. Der Kirche von Antiochia angegliedert, behauptet **Arius**, ein Schüler von **Lukian von Antiochia**, dass Jesus, der Sohn, nicht mit Gottvater wesensgleich sei, sondern mit einem anderen, der von Gott mit göttlicher Macht ausgestattet sei. Zwei Theologen, **Eusebius**, Bischof von Cäsarea, und **Eusebius**, Bischof von Nikomedia, tragen zur Verbreitung dieser Lehre bei, die zum möglichen Teilungsgrund der Kirche wird und zur Bedrohung für die Innenpolitik des Reiches. Konstantin, der sich dieser Gefahr bewusst ist, appelliert, von **Papst Sylvester I.** (314–335) unterstützt, an die Bischöfe. Das Konzil wird im Sommerpalast des Kaisers abgehalten und versammelt rund 250 Bischöfe, davon nur drei aus dem Orient. Der Bischof von Alexandria, **Athanasius**, der im Westen das Ideal des Weltverzichts und des Mönchslebens predigt, Verfasser einer Lebensbeschreibung des heiligen Antonius, steht an der Spitze der Gegner von Arius. Das Konzil einigt sich und formuliert das, was als Nizänisches Glaubensbekenntnis bekannt geworden ist. **Arius** wird verbannt, desgleichen **Eusebius von Nikomedia**.

Doch Konstantin lässt ihn zurückkehren, und das Problem des Arianismus bleibt ungelöst. Dafür wird Athanasius als Urheber des Aufruhrs verbannt. Die gesamte Christenheit des Ostens wird arianisch, während die des Westens sich an das Nizänische Glaubensbekenntnis hält.

Ein Jahr zuvor wird Konstantinopel gegründet und ersetzt Byzanz aus strategischen Gründen – Konstantinopel als Berührungspunkt zwischen aufstrebendem Orient und Okzident. Konstantin macht Byzanz 326 ganz offiziell zum neuen christlichen Rom. Doch im Gegensatz zu Rom gibt es dort weder heidnische Orte noch Kulte. Die römische Kirche wird politisch unabhängiger, und die Macht des Papstes wächst durch die Entfernung zum Kaiserhof. Latein wird zur Kirchensprache. Am Sonntag, dem 22. Mai 337, zu Pfingsten, stirbt Konstantin in Nikomedia. Sein Mausoleum ist noch nicht fertiggestellt, so werden seine sterblichen Überreste in die Kirche der Heiligen Apostel überführt. Seine drei Söhne werden zum Augustus erklärt. **Konstantin II.** erhält den Okzident, **Constantius II.** den Orient, der vierzehnjährige **Constans** erhält unter Vormundschaft seines älteren Bruders ein zenrales Gebiet dazwischen. Das Konzil erkennt außerdem die Vorherrschaft des Bischofsstuhls von Alexandria über alle Kirchen Ägyptens an und setzt das Datum für Ostern fest.

Das Christentum nach Konstantin

Am Ende des 4. Jahrhunderts sieht das Christentum so aus: Politisch scheint es keine Gegner mehr zu haben, und es dehnt sich über die Grenzen des Imperiums aus. Intellektuell haben die Kirchenväter ihm durch ihre Predigten, theologischen Abhandlungen und Kommentare einen unvergleichlichen Glanz beschert. Kulturell gesehen, entwickelt sich die christliche Kunst und nimmt ihre eigenen Formen an. Wirtschaftlich gesehen, erhalten die Kirchen sehr bedeutende Territorien und Ressourcen. Und gesellschaftlich gesehen, hat das Christentum alle sozialen Schichten erreicht, vom Bauern bis zum Aristokraten. Das 5. Jahrhundert wird dieses idyllische Bild trüben, denn durch die Invasion der Barbaren bricht ein neues Zeitalter an. Der lateinische **Okzident** zersplittert in eine Vielzahl barbarischer Königreiche: in das Reich der Wisigoten, Goten, Burgunder, Vandalen etc. Zudem ist dieser Okzident in den Händen mehrerer Könige, während **im Orient** die kaiserliche Herrschaft fortdauert. Der Okzident kämpft gegen den Pelagianismus, die Lehre des Bretonen **Pelagius** (350–420), die die Beziehungen des Menschen zu Gott unter das Zeichen der Freiheit stellt, während im Orient verschiedene Bewegungen, die Natur Christi betreffend, sich durch Konzile bekämpfen. Die Kluft zwischen Okzident und Orient wird hier angebahnt, auch geographisch, denn Illyrien (der Westen des heutigen Kroatien) als letzte Brücke zwischen beiden Bereichen, wird von Barbaren überfallen.

Zwei religiöse Zentren entstehen: auf der einen Seite Rom, dessen religiöse Suprematie bis zum Ende des 4. Jahrhunderts von allen christlichen Kirchen anerkannt wird; auf der anderen Seite Konstantinopel, seit 330 Hauptstadt des Reiches, das die gleichen Privilegien für sich reklamiert. Bischof **Damasus** (304–384) ist der erste Papst, der Rom zum apostolischen Stuhl erhebt, der vom Apostel Petrus begründet wurde, dem Gründer der römisch-katholischen Kirche. Auf dem **Konzil von Rom**, das er 381 einberuft, wird das Primat des römischen Bischofs verkündet. Zur gleichen Zeit versammelt Theodosius ein zweites ökumenisches **Konzil in Konstantinopel** unter der Leitung von **Gregor von Nazianz** (329–390). Das Nizänische Glaubensbekenntnis wird einstimmig angenommen. Konstantinopel wird zudem zum ersten Bistum im Osten. Das Konzil verleiht ihm den Ehrenvorrang als religiöses Zentrum, gleichwohl immer nach Rom. 431 findet das dritte ökumenische **Konzil in Ephesos** statt, das den Nestorianismus verurteilt, eine Häresie, die durch das Wirken des **Nestorius von Antiochia** (381–451) aufkommt, des Patriarchen von Konstantinopel. Um die Beziehungen zwischen den drei göttlichen Prinzipien zu erfassen, leugnen die Nestorianer die Menschlichkeit Christi und halten seinen Körper für eine bloße Erscheinung. Nestorius sieht in Maria nur die Gottesmutter. Er wird aus der Kirche ausgeschlossen und verbannt; 451 stirbt er in der Wüste. Mit der Thronbesteigung von Papst **Leo I., dem Großen** im Jahre 440 erlangt das Papsttum zum ersten Mal eine große Macht. Ein Edikt von **Valentinian III.** aus dem Jahre 445 bekräftigt das Primat des Petristuhls im Westen. Das vierte **Konzil von Chalcedon** 451 bringt die Verurteilung des Monophysitismus, wie ihn **Eutyches** (?–ca. 454) vertritt, indem er sagt, nur eine Natur sei in Christus, die menschliche absorbiere die göttliche Natur. Das Konzil formuliert die zwei Naturen Christi: als Mensch und als Gott, in einer einzigen Person vereint.

Das Monophysitentum sollte zur machtvollsten und populärsten Häresie des christlichen Altertums werden. Die Folge ist 484 das erste **Schisma** zwischen der Westkirche und der Ostkirche. Erst 519 kann Justinian provisorisch die Einheit der Kirche wiederherstellen, indem er das Urteil von Chalcedon bestätigt, ohne dadurch aber die Häresie aus der Welt zu schaffen. Die griechischen Bischöfe anerkennen das Primat des Papstes. 492 begründet

Papst **Gelasius I.** (492–496) die mittelalterliche Lehre der «Zwei Schwerter»: In einem Brief an Anastasius besteht er auf der Autorität der Bischöfe, die der der weltlichen Herrscher entsprechen müsse; er sagt, beide Gewalten müssten die Welt gemeinsam regieren. Zum ersten Mal wird unter **Papst Symmachus** (498–514) eine Nachfolgeregel für den Petristuhl erlassen: Ein Mehrheitsvotum des Klerus bestimmt den Nachfolger eines verstorbenen Papstes, sofern dieser es nicht schon getan hat.

Die Lehren und Kirchenväter des 4. Jahrhunderts

Um als Kirchenvater anerkannt zu werden, sind ein hohes Alter und Rechtgläubigkeit erforderlich sowie die Tatsache, dass man Bischof ist und mit Schriften oder Taten die katholische Lehre verteidigt hat. Die Wissenschaft der Kirchenväter wird Patristik genannt, sie bildet einen Teil der christlichen Theologie. Die Patrologie ist das Studium der literarischen Texte und Werke der Kirchenväter. Zur Mitte des 4. Jahrhunderts leben in Kappadokien die berühmtesten Gelehrten des Orients nach **Athanasius von Alexandria** (295–373): der heilige **Basilius der Große** (329–379), Bischof von Cäsarea; der heilige **Gregor**, Bischof von Nyssa, der heilige **Gregor von Nazianz**, Bischof von Konstantinopel (329–390), und **Johannes Chrysostomos** (345–407), Erzbischof von Konstantinopel. Ehe sie amtierende Bischöfe wurden, studierten sie die Werke der Apologetiker, vor allem die von **Origenes** (185–ca. 253). Als Gelehrte der Kirche stützen sie sich auf das Nizänische Glaubensbekenntnis und bekämpfen den Arianismus.

▪ **Augustinus** (Aurelius Augustinus, 354–430) ist der einzige Kirchenvater, dessen Schriften und Lehre in ein ganzes Gedankensystem münden. Sowohl vom Erbe des Platonismus wie vom Christentum beeinflusst, geht er davon aus, dass Gott durch einen inneren Vorgang begriffen wird. Der Mensch kann ihn verstehen, aber auch den ewigen Wahrheiten näher kommen. Augustinus wird in Thagaste in Numidien (heute Algerien) geboren, seine Mutter Monika ist Christin; er studiert dank seiner außergewöhnlichen Gaben in Madauros, dann in Karthago. Er entwickelt sein vom Platonismus beeinflusstes Denken weiter, studiert einige Thesen erneut: die der Prädestination, der Politik, der Sicht der Welt. Mit seinen *Confessiones* verfasst er das erste persönliche Bekenntnis: Er öffnet sein Gewissen und teilt seine Gefühle mit, was man bis zu jenem Zeitpunkt eher verschwieg. Eine innere Erfahrung wird hier dargestellt, aber auch eine, die von der Erfahrung der Zeit handelt. Den *Gottesstaat* schreibt er als Reaktion auf die Plünderung Roms durch die Barbaren unter **Alarich**. Augustinus stellt hier die irdische der himmlischen Stadt gegenüber, der Stadt Gottes, die dem Werden der Welt einen Sinn gibt. Die beiden Städte sind bis zum Jüngsten Gericht vermischt, wo sie dann definitiv getrennt werden. Diese Vorstellung wird zur Grundlage der christlich-historischen Philosophie des Mittelalters, zum Postulat der Vorsehung, des freien Willens, der Ewigkeit und der Undurchdringlichkeit des göttlichen Willens.

Die Anfänge des Mönchstums

Seit den Anfängen manifestiert sich das **christliche Mönchstum** an mehreren Orten. Das Wort «Mönchstum» gilt hier für alle Eremiten, Anachoreten, Zenobiten – für jene Menschen, die sich entschlossen haben, getrennt von der Gesellschaft zu leben, um sich dem Gebet und dem Dienst an Gott hinzugeben. Das abendländische Mönchstum entwickelt sich in Gallien; das erste Kloster ist das auf der Île Barbe, der *Insula Barbara* in der Saône. Wegen der Verfolgungen im Jahre 202 durch Septimius Severus schließt sich eine Gemeinschaft von Christen dort zusammen. Ein Jahrhundert später kommt das Mönchstum in Rom auf. Die berühmtesten Bischöfe, **Eusebius** in Vercelli, **Ambrosius** in Mailand, **Augustinus** in Hippo, organisieren für ihre Geistlichen ein gemeinschaftliches Leben. Vor allem der Einfluss von **Athanasius** bringt das Mönchstum im Westen weiter voran. Einige Eremitengruppen lassen sich am Ufer der Mosel nieder. Der wichtigste Lehrer ist aber der heilige **Benedikt von Nursia**, der 529 seine Mönchsgemeinschaft auf den Monte Cassino verlegt und dort seine Ordensregel verfasst. Im 5. und 6. Jahrhundert kommen ca. 15 derartige lateinische Regeln auf, die das Klosterleben schriftlich fixieren.

Im Okzident

Benedikt von Nursia (480–547) ist der Gründer des Klosters auf dem Monte Cassino; der **Orden der Benediktiner** ist der erste abendländische Mönchsorden. Dort verfasst Benedikt die Klosterregel, die uns unter seinem Namen überliefert ist. Er ist nicht der erste Verfasser einer Mönchsregel; er hatte Zugang zu Regeln aus Ägypten, die dort um Pachomios von Tabennesis/Tabennisi entstanden, in Nordafrika um Augustinus und im südlichen Gallien in der Abtei Notre-Dame de Lérins (bei Cannes). Zum ersten Mal wird, dank der

Gründung eines zentralen Klosters, ein Orden sesshaft und kann für seinen Unterhalt aufkommen, ohne auf mildtätige Gaben angewiesen zu sein, die von Bettelmönchen gesammelt werden. Wissenschaft und Landwirtschaft werden dort mit gleicher Gewissenhaftigkeit praktiziert; beides bleibt dem Dienst an Gott untergeordnet. Während des Hochmittelalters, nach der Konversion Englands und der Evangelisierung der germanischen Länder im 8. Jahrhundert, verbreiten sich die Klöster immer mehr.

Im Orient

Im Orient ist **Antonius** (um 251–356) der erste Eremit, der sich in die ägyptische Wüste zurückzieht. Sein Beispiel macht Schule, wirft aber auch Probleme für das christliche Leben auf, denn ein anderer ägyptischer Eremit, der heilige **Pachomios** (292–348), entdeckt im Eremitenleben, das ohne jegliche Regel bleibt, Gefahren. Er versucht ihnen entgegenzuwirken, indem er eine Gemeinschaft gründet, die durchaus einer gemeinschaftlichen Ordnung unterworfen ist, mit Beten und Arbeit unter der Leitung eines Vorstehers. Von Ägypten greift das Mönchstum auch nach Palästina über: mit **Hilarion von Gaza** (291–371) und seinem Goldenen Zeitalter; mit **Euthymios dem Großen** (377–473) und dem heiligen **Sabas** (439–532). Die *laura*, ein Mönchsdorf, breitet sich in der Wüste von Jerusalem aus.

Die Christianisierung Europas

Die Völkerwanderungen

Zwischen 375, dem Datum der Hunnen-Invasion, und 568, dem Zeitpunkt der Lombarden-Wanderung, finden in Europa große Völkerwanderungen statt. Das machtvolle und stete Eindringen fremder Völker nach Europa verändert den politischen Status und die Kultur dieses Erdteils. Die meisten dieser Barbarenvölker, Frankreich ausgenommen, sind bereits Christen, als sie in den Okzident eindringen; christianisiert, aber auch von arianischer Konfession, die auf dem Konzil von Nizäa 325 als Ketzerei verurteilt worden ist. Die Invasionen bewirken eine gewaltige Verunsicherung unter den Römern. Die Plünderung Roms 410 durch Alarich erfährt ein starkes Echo, die germanischen Stämme plündern die römischen Provinzen. Nicht fähig, ihnen an allen Fronten entgegenzutreten, bemühen sich die kaiserlichen Autoritäten, die

Barbaren zu vertreiben und sie wenigstens von den reichsten und urbansten Gebieten fernzuhalten. Die Ankunft der Hunnen hat auf der ganzen Länge des Limes bis ins westliche Germanien Auswirkungen. 406 überwinden Vandalen, Sueben und Alanen den Rhein bei Mainz. Sie verbreiten sich in Gallien und verwüsten alles. Andere Barbarenvölker drängen nach und verbreiten sich westlich des Rheins: Burgunder, Alemannen, Franken. Im Jahre 409 dehnen sich Vandalen, Sueben und Alanen in Spanien aus und setzen ihre Plünderungen fort. Kaiser **Honorius** siedelt 413 die Wisigoten in der Gegend von Narbonne an. Sie stehen unter Leitung ihres Königs Athaulf; 415 bittet er sie, die Vandalen zu bekämpfen, drei Jahre später beruft er sie zurück, um sie in Aquitanien anzusiedeln. Das Königreich Toulouse ist das erste Barbarenreich seiner Art, das im Inneren des Reichs begründet wird. Die Alemannen dringen über das linke Rheinufer, während die Franken von der Desorganisation des Imperiums profitieren und westlich des Rheins weiterziehen. Ganze Völker werden nun im Reich angesiedelt. Jeweils unter der Autorität eines nationalen Königs erfreuen sie sich einer vollständigen Autonomie, gelten aber als reguläre Truppen im Dienste Roms, und ihr König besetzt einen Rang in der militärischen Hierarchie.

Die Integration der Barbaren

Angesichts der Desorganisation des Imperiums nehmen die Bischöfe eine wichtige Rolle zwischen Römern und Barbaren ein. **Leo der Große**, Papst im 4. Jahrhundert, geht zu **Attila**, um zu verhandeln. Dieser akzeptiert tatsächlich, nicht nach Rom zu marschieren, sondern sich zurückzuziehen. Doch es gibt auch Nonnen wie die heilige Genoveva, die die Moral der Pariser Bevölkerung stärkt, als eben dieser Attila sich vor den Toren von Paris zeigt. Die Eindringlinge werden als Gäste aufgenommen und auf Grundlage eines Vertrages, *foedus*, angesiedelt, daher der Begriff «Föderierte», der ihnen endgültig beigegeben wird.

Der eigentliche Schöpfer dieser kooperativen Politik, die annehmen lässt, dass zwischen 423 und 450 die Krise der Invasionen überwunden ist, ist **Aetius** (um 395–454). Als Oberbefehlshaber der römischen Legionen vertreibt er mithilfe der Hunnen die Burgunder vom Niederrhein, deren König Gunther seine Verpflichtungen gegenüber Rom verletzt hat. Aetius siedelt den Rest der burgundischen Bevölkerung als Föderierte an der oberen Rhône und der Saône an, mit Genf als Zentrum. Als Aufgabe überträgt er ihnen die Bewachung der Grenzen gegen die Alemannen. Doch er kann nicht verhindern,

dass **Geiserich**, König der Vandalen, Spanien verlässt, um Karthago einzunehmen. Damit errichtet dieser eine wichtige Basis im Mittelmeerraum, was ihm zugleich die Macht auf See verleiht. Aetius muss den Frieden akzeptieren, den Geiserich ihm vorschlägt. Die reichsten Gebiete um Karthago werden ihm zugesprochen; nicht als föderierte Gebiete gemäß dem römischen Kolonialrecht, sondern als Eroberung. Der Besitz der römischen Eigentümer und des katholischen Klerus wird konfisziert. Im Gegenzug verpflichtet sich Geiserich zu Getreidelieferungen nach Rom. Die Konsequenzen der Ansiedlung dieser föderierten Völker sind einschneidend, die Situation ändert sich je nach Region. Ein Rückgang des Christentums ist dort zu beobachten, wo sich die Franken im Norden Galliens niederlassen und wo die Arianer leben, die aus ihrem Glauben eine Angelegenheit der nationalen Identität machen. Als eine weitere Konsequenz ist nach 476 möglich, dass die Senatoren-Aristokratie bischöfliche Ämter annimmt. Ihre Legitimität wird von der Kirche schnell bestätigt. Die heidnischen Herrscher akzeptieren diese Zusammenarbeit mit der Kirche gleichfalls, sichern die Bischöfe doch das Überleben der römischen Institutionen. Sie sind die Ersten, die konvertieren und nach der Taufe verlangen, wie etwa der Frankenkönig **Chlodwig** (466–511).

Die Christianisierung der Germanen

Die Christianisierung bei den östlichen Germanen beginnt im 4. Jahrhundert mit **Wulfila** (um 311–383). Sie nimmt insgesamt mehr als 800 Jahre in Anspruch, bis ganz Germanien erfasst ist. Entscheidend ist jeweils die Überzeugungskraft des einzelnen Missionars, mit der die Wirkungslosigkeit der heidnischen Götter gegenüber dem Gott der Christen vorgeführt wird. Gelingt dies dem Missionar, wird der neue Glaube gemeinsam debattiert. Entscheidend in der Geschichte der Christenheit im Okzident ist die Verbreitung des Christentums auf den britannischen Inseln, in Südengland, Schottland und Irland. Das Christentum breitet sich zunächst in der Provinz Britannia aus, die die Römer den Kelten entrissen haben. Um das 4. Jahrhundert unterliegt die christliche britannische Kirche den Schlägen der Pikten im Norden, der irischen Gälier im Westen, der Angeln und Sachsen, welche aus dem Osten gekommen sind; sie fällt zur gleichen Zeit wie die römische Oberherrschaft. Die auf der Insel verbliebenen Christen ziehen sich in die östlichen Bergketten zurück. 429 begibt sich der Bischof von Auxerre, der heilige **Germanus**, dorthin. Resultat ist die Neuerrichtung eines christlichen Ordens auf neuer Grundlage. Eine Missionsbewegung nach Schottland und Irland kommt auf.

Doch die vollständige Christianisierung der Insel wird Aufgabe des heiligen **Patrick** (um 385–461) sein. Seine Organisation unterscheidet sich von der Christenheit des Kontinents und sogar derjenigen Roms. Die Diözese eines Klosters deckt das weltliche Territorium eines Stammes ab, dessen Oberhaupt zugleich Gründer und Besitzer des Klosters ist. Seit 602/603 bemüht man sich, alle Streitpunkte durch «Einigungskonzile» aus der Welt zu schaffen: Berechnung des Pfingstfestes, Taufritus und liturgische Bräuche werden vereinheitlicht. Die wichtigsten irischen Missionare in Britannien und auf dem Kontinent sind **Columban d. Ä.** (oder Columban von Iona, 521–597), Apostel der Pikten, der Angeln und der Sachsen, ferner **Columban d. J.** (oder Columban von Luxeuil, 540–615), Gründer mehrerer Klöster in Gallien. Zu seinen Schülern gehört Gallus aus der Schweiz, Gründer einer Einsiedelei, die später zum Kloster St. Gallen wird.

■ **Gregor I., der Große** wird 590 zum Papst gewählt – der erste Mönch auf dem Stuhl Petri. Er erweist sich als bedeutendes Kirchenoberhaupt, und zwar durch die Ausarbeitung einer neuen Ordnung innerhalb der kirchlichen Verwaltung Italiens sowie der neu für das Christentum erworbenen Länder wie auch durch seine missionarische Tätigkeit: 40 Benediktiner evangelisieren die Angeln und die Sachsen. Seine besonnene Politik ermöglicht die Vorbereitung einer engen Verbindung von Kirche und germanischen Herrschern, die umso wesentlicher wird, als darauf die gesamte zukünftige Politik des Abendlandes ruhen wird. Seine pastorale Aktivität wird durch 850 Briefe und Sendschreiben bezeugt, die ein wesentliches Dokument der Theologie des Mittealters darstellen.

Der christliche Orient

Während das christliche Abendland in den Königreichen der Barbaren in den ersten Jahrhunderten des Mittelalters in kultureller und intellektueller Nacht versinkt, sagt sich der Orient im christlich-religiösen Sinne davon los und baut Klöster und Kirchen, entwirft seine Liturgie, sendet Missionare aus, um Armenien, Georgien und Persien zu christianisieren. Zwei Denkmäler bezeugen noch heute den Ruhm des christlichen Imperiums: Die Kathedrale *Hagia Sophia* und der *Codex Justinianus*, eine Sammlung aller Gesetze des Reichs. Dennoch fehlt dem Orient ein apostolisches Zentrum, vergleichbar dem, was Rom für den Okzident ist. Der byzantinische Kaiser oder der Patriarch von

Konstantinopel, der mächtigste Prälat, ist eben nicht das Oberhaupt der Ostkirche. Der Papst bleibt der apostolische Nachfolger von Petrus, dem Apostelfürsten. Die theologischen Doktrinen des Ostens sind als Quell steter Angriffe auf die Lehrautorität des Bischofs von Rom verfasst. Die enge Verbindung mit dem Staat zieht die Säkularisation der Kirche nach sich. Und es ist zu beobachten, dass altgediente Beamte, Männer ohne entsprechende Ausbildung, zu Bischöfen werden.

Die **Liturgie** wird im 6. Jahrhundert verändert und entfernt sich mehr und mehr von der des Okzidents. Die Prachtentfaltung und Feierlichkeit der Zeremonien, die Kostbarkeit der Priestergewänder bewirken, dass sich die Liturgie im Osten immer mehr vom Westen abgrenzt. Der Gebrauch des Griechischen ermöglicht zwar die Teilnahme des Volks an den Zeremonien. Doch der Graben vertieft sich immer mehr mit der Erneuerung des Mysteriums der Eucharistie, welche sich nun nicht mehr vor den Augen der Gläubigen abspielt, sondern in das Geheimnis des Allerheiligsten zurückgezogen wird, wo einzig die Priester daran teilnehmen. Ein Vorhang oder gar eine Mauer, die Ikonostase, entzieht in der Tat die Inkarnation Christi den Blicken der Gemeinde.

3. Die frühchristliche Kunst

Antike Kunst, christianisiert

Erst ab dem 3. Jahrhundert werden eigene Gebäude für die Zelebrierung des Kults errichtet. Während der Verfolgungen werden die Gebäude zerstört; die Gemeinden versammeln sich daher in Katakomben, sogar in Privathäusern, die zu Kirchen umgewandelt werden. Christliche Grablegen, die sich nicht von heidnischen und jüdischen Katakomben unterscheiden, gibt es seit dem 2. Jahrhundert im gesamten Römischen Reich, in Neapel, Alexandria, Syrakus, auf Malta, in Nordafrika und Kleinasien. Die Privathäuser sind nur von einfacher Konstruktion, manchmal aber auch reiche Villen wie die von Senatoren oder Matronen. Kirchen werden jedoch auch genutzt, denn im Jahre 260 schreibt eine Verordnung von **Gallienus** (Kaiser von 253–268) vor, dass einige davon in Rom wiedererrichtet werden sollen. Die Themen der Bilder, die die Katakomben schmücken, ehe man sich heidnische Motive ausleiht, benutzen zahlreiche Symbole als Erkennungszeichen: Kreuz,

Fisch, Taube, Anker. Das griechische Wort *ichtyos* (Fisch) dient als Anagramm für Jesus Christus, Gottes Sohn und Erretter. Die christliche Kunst ist keine originale Schöpfung. Man kann vielmehr sagen, dass die antike Kunst sich christianisiert. Die Motive sind zum Teil Übertragungen heidnischer Bilder. Doch rein christliche Themen kommen gleichfalls auf: Szenen aus dem Alten Testament (Opfer Abrahams, Jonas und der Wal) oder aus dem Neuen Testament (Auferstehung des Lazarus). Seit dem 2. Jahrhundert sieht man die Gestalt Christi, etwa auf dem Friedhof des Pretextatus, oder die Jungfrau Maria, so in den Priscilla-Katakomben. Es seien auch die Fresken der Synagoge von Dura Europos erwähnt, welche unter den Angriffen der Perser zur Mitte des 3. Jahrhunderts zerstört wird. Sie bilden noch heute eines der gewaltigsten Ensembles der oströmischen Malerei. Sie beweisen, dass trotz des jüdischen Bilderverbots auch bei den Juden eine figurative religiöse Malerei existierte.

Die christliche Architektur

Das repräsentativste religiöse Gebäude der Zeit Konstantins und zugleich das älteste seiner Art ist die ursprüngliche **Peterskirche in Rom**. Im Jahre 326 geweiht, wird sie 1506 zerstört, um dem heutigen Petersdom Platz zu machen. Die Basilika weist ein rechteckiges Mittelschiff auf, flankiert von je zwei niedrigeren Seitenschiffen. Das Mittelschiff und die vier Seitenschiffe sind durch Säulen getrennt. Die Schiffe sind entweder mit einfachem Dachgebälk oder mit einer Holzdecke verschlossen. Ein Querschiff schließt sich östlich des für die Gemeinde bestimmten Teiles an. Dahinter folgt direkt die Apsis. Im Zentrum dieser Apsis befindet sich der Papstthron, gegenüber davon die Bänke für den Klerus. Die vier bedeutenden Basiliken dieser Zeit sind: die Peterskirche, San Paulo fuori le mura (Sankt Paul vor den Mauern), San Giovanni in Laterano (Lateranskirche) und Santa Maria Maggiore (alle in Rom).

Im Orient befinden sich die wichtigsten Schöpfungen Konstantins in Syrien und Palästina. In **Antiochia**, damals die drittbedeutendste Stadt der Welt, beginnt Konstantin den Bau der **«Kathedrale mit goldenem Himmel»**, weil sie mit Mosaiken bedeckt ist, deren Hintergrund aus Gold bestand, eine Kuppelkirche. Im Jahre 327 begonnen, wird sie 341 fertiggestellt. Dieses grandiose Gebäude dient als Modell für andere Kirchen der Christenheit, byzantinische wie lateinische. Im Oströmischen Reich werden die charakteristischen Formen einer spezifisch christlichen Kunst erarbeitet. Die *mar-*

tyria, Gedenkbauten für Märtyrer im Heiligen Land, in welchen man einen Gottesdienst für sie abhält, entsprechen genau den Orten, die durch die Reise Christi gekennzeichnet sind. Die Anastasis oder Grabeskirche, ein polygonaler Zentralbau, wird über dem Grab Christi in Jerusalem errichtet. In Bethlehem lässt Konstantin die Geburtskirche bauen. Er lässt den Architekten an den verschiedensten Orten seines Imperiums alle Freiheiten, um ihre Werke zu schaffen.

Die christliche Plastik

Die Skulptur erscheint im Wesentlichen als Flachrelief auf Sarkophagen, die die Tradition der letzten Perioden der Antike aufnehmen; sie passen heidnische Themen den christlichen Vorstellungen an. Seit der Zeit Konstantins gibt es auch Darstellungen auf durchgehenden Friesen mit Szenen aus dem Neuen Testament. Die wichtigsten Produktionszentren sind hier in Arles, Rom und Kleinasien. Elfenbeinarbeiten zählen zu den schönsten Stücken der Kunst des 4. Jahrhunderts. Die westlichen kaiserlichen Zentren (Rom, Mailand, Ravenna) haben zur gleichen Zeit ihre Blüte wie die östlichen in Syrien und Konstantinopel. Zu den bekanntesten Schöpfungen gehört der Bischofsstuhl von Maximian (Maximianskathedra) in Ravenna, ausgeführt während der Herrschaft Kaiser Justinians.

Die koptische Kunst

Die koptische Kunst ist die Kunst der Christen in Ägypten, die seit der Zeit des Edikts von Mailand 313 besteht; man kann anhand dieser Kunst auf die Existenz christlicher Gemeinden schließen, bis 640 die Araber das Land erobern. Die Ursprünge dieser Kunst sind in der römischen Kunst zu suchen, die sich nach der hellenistischen Kunst im gesamten Reich ausgebreitet hat. Die Kopten sind monophysitische Christen, deren Liturgiesprache das Koptische bleibt, eine letzte Variante der Sprache der Pharaonen, die im 17. Jahrhundert aus dem Sprachgebrauch verschwand. Das Wort «koptisch» stammt vom arabischen *qubti*, über die Zwischenform *(ai)gubti(os)* vom griechischen *aiguptios* abgeleitet. Ägypten bleibt seinen alten religiösen Vorstellungen bis zum Ende des 3. Jahrhunderts treu. Ebenfalls in Ägypten entwickelt sich das klösterliche Leben, ehe es sich im Orient und im lateinischen Okzident verbreitet. Die typischen Bauten der koptischen **Architektur** sind die Klöster und Kirchen; Bischöfe sind ihre Erbauer. Zu den berühmtesten Schöpfungen zählen: das Weiße Kloster, Deir el-Abiad, und das Rote Kloster, Deir el-Ahmar (beide in Oberägypten). Die Kapellen des Klosters von Baouit, im 4. Jahrhundert gegründet, sind ebenfalls auf dem basilikalen Grundriss der konstantinischen Kirchen errichtet, mit Dreikonchenanlage und Langhaus mit Balkendecke. Die mittelalterliche Architektur wird von diesem Grundriss beeinflusst. Der Klosterbau blüht bis zum 8. Jahrhundert, geht dann mit der Islamisierung des Landes zurück.

Koptische Malerei und Textilien

Erste Beispiele christlicher Malerei finden sich in Ägypten, in den Katakomben von Alexandria. Fresken nehmen Themen aus Syrien und Mesopotamien wie auch aus römischen Katakomben auf. Später erschaffen die koptischen Mönche in ihren Kirchen neue Malereien; sie kopieren mit großer Originalität Manuskripte, wie die aus Fayoum (al-Fayyûm). In dieser Region Oberägyptens unterliegt der Begräbniskult zur Zeit der Ptolemäer römischen Einflüssen und macht dementsprechend Änderungen durch. Anstatt nach antikem Brauch an der Stelle des Sarkophags, wo der Kopf des Verstorbenen liegt, die Form eines menschlichen Gesichts anzubringen, malt man auf ein Holzbrett ein Bild, das dem Verstorbenen ähnelt. Dieses Bild bringt man am Kopf des eingebundenen Leichnams an, als wäre dies das tatsächliche Gesicht des Verstorbenen. Für diese Art der Porträtmalerei benutzt man eine bereits seit dem 5. Jahrhundert v. Chr. bekannte Wachstechnik. Die Farben werden mit Wachs verdünnt; dieses gefärbte Wachs wird erhitzt und mit einem Pinsel auf die zu bemalende Oberfläche aufgebracht. Diese Technik ermöglicht eine reichhaltige Nuancierung. Solche **Mumienporträts** werden zwischen dem 1. und 4. Jahrhundert ausgeführt. Die koptische Malerei zeigt einen Prozess der Schematisierung und Stilisierung, wie er zeitgleich in der Entwicklung der byzantinischen Malerei zu beobachten ist. Die wichtigsten Farben sind gelb, rot und blau, manchmal beschränkt sich der Künstler fast ausschließlich auf diese Farben. Die wichtigsten Kunstzentren sind Baouit, Deir Abu Hennis bei Antiochia, ferner das Weiße Kloster und das Rote Kloster. Doch die koptische Kunst ist vor allem wegen ihrer **Stoffe** bekannt, die sich infolge der Trockenheit des Klimas bis heute erhalten haben. Sie zeigen eine geometrische Stilisierung der Figuren, die die der Malereien noch übertrifft. Man hat drei Entwicklungsstufen aus-

gemacht: eine posthellenistische Zeit (4.–5. Jahrhundert), in der gräcoromanische Motive vorherrschen; eine christliche Periode (5.–6. Jahrhundert), in der man Motive wie das Kreuz oder biblische Szenen findet; eine koptische Zeit (6.–7. Jahrhundert), die byzantinische oder sassanidische Motive verwendet.

4

VIERTER TEIL

DAS MITTELALTER

I

Die Zeit der Völkerwanderungen

Der Übergang von der Antike zum Mittelalter vollzieht sich in Form von großen Invasionen bzw. Völkerwanderungen. Diese Periode währt von den Hunnen um 375 bis zu den Lombarden 568. Nach der Plünderung der römischen Provinzen lassen sich die germanischen Stämme zwischen Rhein und Schelde nieder sowie in Gallien und auf der Iberischen Halbinsel. Die Vandalen durchqueren das zukünftige Gebiet von Gibraltar, erobern Nordafrika und kontrollieren dort bald die reichen Getreidelandschaften sowie das Mittelmeer. Im 6. Jahrhundert entsteht das lombardische Königreich in Italien, das damit an die Seite der Königreiche der Westgoten in Spanien und der Franken in Gallien tritt. Griechenland und der Nahe Osten erleiden den Ansturm der Slaven, die das Byzantinische Reich bedrohen. Vom alten Weströmischen Imperium überlebt mit Mühe ein Landstrich um Ravenna, unter Oberherrschaft des *Basileus* von Byzanz, zumindest unter Justinian. An die Stelle der einst von Rom begründeten, städtischen Zivilisation tritt ein neues einigendes Element in Europa: das Christentum. Die Kirche missioniert intensiv. Bischöfe und Äbte machen ihren jeweiligen Sitz zum Zentrum religiöser, politischer und wirtschaftlicher Aktivitäten, das durch Klöster und Kirchen mit Rom verbunden ist. Damit entsteht eine neue Gegnerschaft: germanische Völker auf der einen, die Kirche auf der anderen Seite. Als **Chlodwig,** König der fränkischen Salier, sich bekehrt, nähert er die beiden Seiten einander an – der Beginn des abendländischen Mittelalters. Zur gleichen Zeit macht Byzanz nach **Maurikios** eine Verwandlung durch: Eine Ära der politischen Abschottung und des kulturellen Glanzes beginnt. Schon bald wird Byzanz mit dem entstehenden Islam konfrontiert, der es schnell erobert.

1. Die ersten Völkerwanderungen: Germanen und Hunnen

Geschichte und politische Organisation der Gesellschaft Germaniens

Ab dem 4. Jahrhundert beginnen die germanischen Barbaren ihre Wanderungen in den Westen und Süden Europas, was man als Völkerwanderung bezeichnet. Diese Wanderungen finden in der Zeit zwischen dem Aufstand der Westgoten in Thrakien 378 und dem von Chlodwig bei Soissons errungenen Sieg 486 statt. In diesem Zeitraum reagiert das Römische Reich und später das Weströmische Reich politisch unterschiedlich auf die Völkerwanderung. Als etwa der Limes angegriffen wird, die Grenze des Reiches, verständigt Rom sich auf seine politische Einheit und darauf, der Bevölkerung im Grenzgebiet durch Entsendung von Armeen zu helfen. Sind die militärischen Operationen abgeschlossen, werden die besiegten Barbaren an den Grenzen angesiedelt, deren Bewachung sie mit Hilfstruppen sicherstellen. Dieses Verfahren birgt allerdings große Bedrohungen für die Zukunft Roms. Die Germanen sind zwischen dem 1. und 2. Jahrhundert in viele Stämme unterteilt und haben eine eigene Aristokratie, die politische, soziale und militärische Funktionen in sich vereint. Ab dem 2. Jahrhundert beginnen diese Stämme, sich zu Föderationen zusammenzuschließen. Seitdem leben die germanischen Volksstämme als Alliierte auf römischem Territorium, unter der Herrschaft ihrer eigenen Fürsten. Sie sind jedoch vom *connubium* ausgeschlossen, dem Recht auf Heirat mit den Römern. Zeitgenössische Texte erwähnen zur Zeit ihrer Expansion die Goten, die Vandalen und die Heruler. Die Letztgenannten werden aus dem Süden Schwedens von den nördlichen Germanen verjagt. Sie unterteilen sich in eine westliche Gruppe an der Nordsee und eine östliche an der Südküste der Ostsee. Die Gepiden, die dort leben, werden verjagt und verdrängen ihrerseits die Burgunder, die sich in der Weichsel-Biegung niedergelassen haben. Um die Mitte des 3. Jahrhunderts wendet sich ein großer Teil der Burgunder nach Westen und lässt sich am oberen und mittleren Main nieder. Einzelne verstreute Vandalengruppen schließen sich ihnen an und besetzen das Territorium der Alemannen.

Zur gleichen Zeit sammeln sich Stämme aus dem Westen Holsteins, von der Elbmündung und andere Völker der Nordsee, um das Volk der Sachsen zu bilden. Das Volk der Franken folgt dem gleichfalls in der zweiten Hälfte desselben Jahrhunderts und tut sich zusammen, nachdem es um 250 seine Unabhängigkeit erlangt. In den Jahren 267 bis 268 unternehmen die Goten, die sich den Herulern angeschlossen haben, in der Ägäis Seeexpeditionen. Thessaloniki wird eingenommen. Athen, Korinth, Argos, Sparta und Olympia werden geplündert. Von Hungersnöten getrieben, erheben sich 378 die Westgoten, die sich in den unfruchtbaren Bergen Thrakiens niedergelassen haben. Die von den Hunnen vertriebenen Ostgoten profitieren von dieser Erhebung und dringen über die Donaugrenze ins Imperium ein, die damals offensteht.

405 überschreiten sie unter Führung ihres Königs **Radagais** diese Grenze und überqueren die Alpen in Richtung Italien. Bei Florenz werden sie geschlagen. Damals überqueren auch, von den Hunnen vertrieben, die Alemannen, der suebische Stamm der Quaden, die Burgunder und der sarmatische Stamm der Alanen den Rhein und fallen in das Römische Imperium ein. Im Jahre 409 erreichen sie Spanien. 429 kommen die von **Geiserich** (427–477) angeführten Vandalen in Afrika an und gründen dort ihr Königreich, nachdem sie 439 Karthago eingenommen haben. Von diesen Eroberungen beflügelt, plündert Geiserich 455 Rom und bemächtigt sich Korsikas, Sardiniens und eines Teils von Sizilien. Im Jahre 476 werden ihm seine Eroberungen durch **Odoaker** (um 435–493) anerkannt, Anführer der Heruler, Minister Attilas und neuer Herr des Okzidents. Im Jahr 451 kommt es zu einer großen Offensive der Hunnen, der sich die gotischen Fürsten anschließen. Sie treffen auf die römischen Armeen von **Aetius** (um 395–454). Deren Alliierte, die Westgoten, werden unabhängig, ebenso wie die germanischen Föderierten der Gallier. Die Schlacht auf den Katalaunischen Feldern, zwischen Troyes und Châlons-sur-Marne, ist für Attila entscheidend. Nach dieser Niederlage zieht er sich auf die andere Rheinseite zurück.

Die Franken unter der Herrschaft von König **Chlodio,** genannt **«der Langhaarige»** (um 390–450), setzen sich in Richtung Südwesten in Bewegung. **Chlodwig** (466–511), Sohn von **Childerich** (um 440–481), beendet sein persönliches Heldenepos mit einem Sieg bei Soissons über Syagrius im Jahr 486. Er erobert die Gebiete zwischen der Somme und Loire, was der römischen Oberherrschaft in Gallien ihr Ende beschert. So wird er zum Gründer des Königreichs der Franken. Chlodwig, der erste christliche König der Franken, ist dank des Bischofs **Gregor von Tours** (um 538–594) bekannt, Kirchenhistoriker und Verfasser einer *Geschichte der Franken*. Chlodwig lässt sich von **Remigius**, Bischof von Reims, taufen. Im Gegensatz zu anderen Königen nimmt er nicht den arianischen, sondern den christlichen Glauben an. Diese Konversion verstärkt seine Autorität. 507 kann er durch die Schlacht bei

Vouillée in der Nähe von Poitiers Aquitanien seinem Reich anschließen. Zwei Jahre vorher macht er Paris zu seiner fürstlichen Residenz. Zu dieser Zeit erhält er zudem von Kaiser **Anastasios I.** (um 430–518) den Titel eines Konsuls. Chlodwig hofft, die arianische Häresie beseitigen zu können, doch am 27. November 511 stirbt er. Mitte des 6. Jahrhunderts werden die Königreiche der Ostgoten und der Vandalen von den Byzantinern erobert. Im Laufe des 7. Jahrhunderts verschwinden sie vollständig.

Das langobardische Königreich (568–774)

Die Langobarden (Lombarden) sind ein germanisches Volk, das im 6. Jahrhundert nach Italien eindringt. Sie geben dem nördlichen Teil der Halbinsel seinen Namen, die Lombardei. Ihre Kontrolle erstreckt sich je nach Epoche auf einen Großteil Italiens, auch wenn sie es nie zu einigen vermögen. Sie machen Pavia zur Hauptstadt eines Königreichs, das sich über die Po-Ebene, Umbrien, den Norden der Toskana bis zum Herzogtum Spoleto und nach Benevent im Süden erstreckt. Das Königreich ist um eine königliche Domäne organisiert, die umgeben von mehreren Herzogtümern ist. Die königlichen Besitzungen werden von Edelleuten verwaltet. Freie können sich hier im Gegenzug für militärische Dienste niederlassen. Die Römer sind relativ freie Untertanen, aber bis 680 den lombardischen Gesetzen unterworfen.

Agilulf (591–616) wird 591 in Mailand zum König ausgerufen. Er verzichtet zugunsten des Christentums auf den Arianismus und schließt Burgfrieden mit Byzanz und dem Papsttum. In der Bevölkerung jedoch regt sich arianischer Widerstand und **Rothari** (636–652) folgt auf den Thron. Dieser kodifiziert 643 das langobardische Gesetz durch den *Edictus Rothari*, was aber nicht verhindern kann, dass die Herzogtümer immer unabhängiger werden. Die Monarchie erreicht einen ersten Höhepunkt mit **Grimoald** (662–671), Herzog von Benevent, der 662 König wird. Er führt mehrere siegreiche Feldzüge gegen die Byzantiner, die Franken und die Avaren. Im Herzogtum Benevent siedelt er bulgarische Söldner an. Bei seinem Tod 671 übt der Adel de facto die Macht über die geschwächten Könige aus. Erst unter der Herrschaft von **Luitprand** (712–744), dem größten langobardischen Herrscher, erlebt die Monarchie ihre Blütezeit. 738 unterstützt dieser **Karl Martell** in der Schlacht gegen die Araber am Étang de Berre. Er erobert byzantinisches Territorium, bedroht das Herzogtum Rom, muss sich aber endlich zurückziehen. 742 schließt er einen zwanzigjährigen Frieden mit Papst Zacharias. Der Herzog von Friaul,

Rathis (744–749), folgt auf ihn, wird aber aufgrund mangelnder Popularität nach vier Jahren gezwungen, abzudanken.

Sein Bruder **Aistulf** (749–756) wird nun König. 751 erobert er das Exarchat Ravenna, die letzte byzantinische Besitzung in Italien. Doch er bedroht Rom und wird 755 von Pippin dem Kurzen in Pavia belagert und besiegt. Er unterwirft sich zunächst dem Frankenkönig und dem Papst, besetzt aber im folgenden Jahr Rom. **Pippin** kehrt zurück, schlägt ihn und zwingt ihn, Papst Stephan II. die ehemaligen byzantinischen Besitzungen abzutreten und die Oberherrschaft der Franken anzuerkennen. **Desiderius** (757–774), der letzte König der Langobarden, zwingt den Bruder von Aistulf, ihm seine Thronrechte abzugeben. Er begründet eine Strategie der Allianzen: Eine seiner Töchter, Luitberga, verheiratet er mit Herzog Tassilo III. von Bayern, eine weitere Tochter, die häufig Desiderata genannt wird, gibt er Karl, dem König der Franken, zur Frau. Dieser verstößt sie 771, um für eine glanzvollere Verbindung frei zu sein. Von Papst **Hadrian I.** (772–795) gerufen, der von den Langobarden bedroht wird, dringt **Karl** (später Karl der Große) in die Lombardei ein, erobert 774 Pavia und nimmt es ein. Desiderius wird bis zum Ende seiner Tage in ein Kloster gesperrt. **Von 774 bis 781** trägt **Karl der Große** die «eiserne Krone» der langobardischen Könige. Dann lässt er seinen vierjährigen Sohn Karlmann, der den Namen Pippin erhält, zum König der Langobarden krönen. **Pippin von Italien** (781–810) schafft es jedoch nicht, die drei lombardischen Herzogtümer Benevent, Salerno und Capua zu unterwerfen, die sich noch drei weitere Jahrhunderte halten können.

Die Kunst der Langobarden

Die Kunst der Langobarden der pannonischen und prä-pannonischen Zeit ist vor allem durch ihre reichen Grabbeigaben bekannt. **Bis 550** ist diese Kunst von wenig Originalität gekennzeichnet, dagegen jedoch stark von den Kulturen beeinflusst, mit denen sie im Kontakt steht: Von den Ostgoten übernimmt sie Fibeln, von den Merowingern silberne Gürtelschließen, Fibeln in Cloisonné-Technik und Glasarbeiten. Im 6. Jahrhundert befreien sich die Langobarden als vollkommene Meister ihrer Kunst von diesen Einflüssen. Ihre **Architektur** erfährt unter dem Antrieb von **Theudelinde** (um 573–627), der Frau von **Authari** (584–590), eine gewisse Neubelebung. Zahlreiche Klöster und Kirchen werden in Mailand, Pavia und Monza errichtet. In der letztgenannten Stadt wird der Palast von Theoderich umgebaut und mit Fresken geschmückt. Die Kirchen haben generell einen basilikalen Grundriss, aber als

Besonderheit eine Dreikonchenanlage wie San Salvatore in Brescia oder auch sternförmige Rotunden und Pfalzkapellen wie in Benevolent und Pavia. Das berühmteste langobardische Bauwerk bleibt die kleine Kirche von Cividale in Friaul aus der Mitte des 7. Jahrhunderts, die später den Namen Oratorium von San Giovanni in Valle erhält. Auch die **Skulptur** ist von der byzantinischen Kunst beeinflusst. Im Unterschied zur Kunst des Mittelmeerraums fällt das vollständige Fehlen von figurativen Darstellungen auf. Oft handelt es sich bei den Skulpturarbeiten vielmehr um ornamentiertes Flechtwerk, dafür von großem Umfang und großer Vielfalt. Es ersetzt gewissermaßen die Bilder, während es in der karolingischen und römischen Kunst nur schmückenden Charakter hat.

Die Kunst der Germanen

Die Kunst aus der Zeit der Völkerwanderungen ist großenteils der aus der Eisenzeit recht ähnlich und beschränkt sich auf abstrakten Geometrismus, der ausschließlich schmückenden Charakter hat. Im 4. Jahrhundert erscheint ein neuer Ornamentstil, der seine Motive und Grundlagen aus der iranischen und der skythischen Kunst entlehnt. Die Goten vom Schwarzen Meer führen diesen in Europa ein. Das Wesen dieser Goldschmiedekunst macht die Verbindung von Halbedelsteinen aller Farben, die auf Folien oder Blattgold aufgebracht werden, und der Cloisonné-Technik mit geometrischem Dekor aus. Der geometrische Stil der germanischen Völker setzt sich in Miniaturen von Mönchen aus Irland fort. Der Ursprung der Germanen als Ethnie ist im 5. Jahrhundert v. Chr. anzusetzen, am Beginn der Eisenzeit. In dieser heidnischen Zeit verbrennen die Germanen noch ihre Toten. Doch seit dem 1. Jahrhundert n. Chr. hat die Archäologie Erdbestattungen nachgewiesen. Die Gräber, die man entdeckt hat, bestehen aus großen Kammern, unterirdischen Grablegen, die meist mit einem Hügelgrab aus Schotter bedeckt sind. Solche Gräber wurden in Pommern bei Lübsow, in Brandenburg, Böhmen, Polen und Dänemark gefunden. Im Gebiet zwischen Rhein und Elbe dominieren gemischte Friedhöfe, nicht die Fürstengräber.

Die Barbaren, die sich im 4. Jahrhundert an den Grenzen des Imperiums niederlassen, um diese zu verteidigen, entwickeln eine Kunstform, die recht weit von den klassischen Formen entfernt ist. Das Interesse an der Darstellung des Menschen, das bis zur bilderstürmerischen Krise des 8. Jahrhunderts anhalten wird, verschwindet ab dem 5. Jahrhundert im Abendland allmählich und fehlt in der Kunst der Barbaren völlig.

Die **Kunst der Metallverarbeitung** ist dank der Beerdigung bekleideter Leichname recht gut nachgewiesen. Sie wurde von den Ostgoten übernommen, die auf der italienischen Halbinsel zwischen 472 und 474 ansässig waren. Die Cloisonné-Technik und die der eingefassten Steine werden von östlichen Germanen zwischen dem 1. und 6. Jahrhundert ins Abendland eingeführt. Ihre Dekoration ist geometrisch, übliche Dekor-Art ist die Cloisonné-Technik. Der Schatz von Guarrazar, 1858 entdeckt, besteht aus Grabbeigaben dreier gotischer Könige: 26 Weihekronen und ein Goldkreuz – ein Geschenk an die katholische Kirche als Zeugnis des Glaubens.

Literatur und Religion der Germanen

Um das Jahr 200 beginnt die vorklassische germanische Epoche, die bis ca. 450 dauert. Verschiedene Dialekte entwickeln sich, das Gotische trennt sich vom Urgermanischen. **Wulfila** (um 311–383) übersetzt die Bibel. Es entstehen auch viele epische Gesänge, deren berühmtester die *Legende von Hilde* ist, deren letzte Versionen das *Gudrun-Epos* sowie Prosaerzählungen aus der isländischen Spätzeit enthalten. Doch die Originalfassung der Epen ist nicht überliefert. Die heute vorliegenden Versionen entstammen späteren Epochen.

Die Christianisierung der Germanen dauert acht Jahrhunderte: Dieser Prozess ist sowohl ein spiritueller als auch ein politischer Akt. Abgesehen von Einzelheiten, die aus der Anordnung ihrer Grablegungen abgeleitet werden können, weiß man sehr wenig über die altgermanische Religion. Will man mehr erfahren, muss man sich römischen Autoren zuwenden – Tacitus etwa –, die von den Göttern der Germanen berichten. Hinter Mars, Isis und Merkur verbergen sich Thor, Freya, die der Venus gleichgestellt ist, und Wotan, der oberste Gott. Um das Jahr 200 entwickeln sich die Dialekte, das Gotische trennt sich vom Urgermanischen, und Wulfila übersetzt die Bibel. Zahlreiche epische Gesänge entstehen um diese Zeit, die Runen entstehen.

Die Runen – eine Schrift der Kunst der Wahrsagerei?

Das Runenalphabet besteht aus 24 Zeichen, die in drei Achtergruppen eingeteilt sind. Es wird *futhark* oder auch *futharle* genannt, nach seinen ersten sechs Klängen: f, u, th, a, r, k bzw. l. Sein Ursprung, mit großer Sicherheit mediterran, bleibt dennoch letztlich ungewiss. Es könnte auch auf das Etruskische, das Griechische oder das Lateinische zurückgehen. Es wird vom 2. bis zum 14. Jahrhundert von nordeuropäischen germanischen Völkern benutzt, in Skandinavien und Irland. Als eine Geheimsprache (*runar*, auf Altisländisch) wird es auch für esoterische Lehren sowie für die Wahrsagerei benutzt.

Die Goten haben es vielleicht aus dem norditalienischen Alphabet der Etrusker entwickelt. Mehr als 4000 Runeninschriften und viele Manuskripte wurden gefunden. Ungefähr 2500 davon stammen aus Schweden, der Rest aus Norwegen, Dänemark, Großbritannien, Island und von verschiedenen Inseln vor den Küsten Großbritanniens und Skandinaviens. Einige stammen auch aus Frankreich, Deutschland, der Ukraine und Russland.

Die Hunnen

Die Geschichte der Hunnen spielt sich in drei großen Etappen ab: langsames Vordringen der Clans von China bis an den Limes, die Grenze zum Römischen Imperium, zwischen dem 3. Jahrhundert v. Chr. und dem Jahr 408; kurzer und blitzartiger Höhepunkt unter der Herrschaft Attilas von 441 bis 453 mit der Bildung eines Hunnenreichs von den Karpaten bis zum Ural; rapider Zusammenbruch und Zerstreuung zwischen Nordindien und dem Kaukasus im 6. und 7. Jahrhundert.

■ **Die asiatischen Hunnen** oder **Xiongnu** sind uns durch chinesische Texte aus dem 3. und 2. Jahrhundert v. Chr. bekannt. Seit 374 verdrängen sie die Alanen, Goten und Westgoten an die Grenzgebiete und dann ins Innere des Römischen Imperiums. Um 400 erstreckt sich ihr Herrschaftsgebiet von den Karpaten bis an den Ural. In ihrer Armee kämpfen auch Germanen. 408 überqueren sie den Limes, greifen immer häufiger an und verbreiten Angst und Schrecken. **Rua** (oder **Rosa**) **der Große** (395–434) ist der erste König der sich 432 zusammenschließenden Hunnen. 408 besteigt er den Thron und begründet eine Politik, die von seinen Neffen Bleda und Attila fortgeführt wird. Diese Politik besteht im Wechsel von Angriffen und Zeiten des Friedens, die den beiden Römischen Reichen gewährt werden. Um König werden zu können, lässt Rua seine beiden Brüder und seinen Onkel ermorden. In der Tradition der Hunnen wird er dann allerdings seinerseits von seinen Neffen vergiftet. Als Nachfolger durch seinen Onkel designiert, teilt **Bleda** (um 390–445) zwischen 434 und 445 den Thron mit seinem jüngeren Bruder Attila. Er nimmt die feindschaftliche Politik gegenüber dem Byzantinischen Reich wieder auf und beschert **Theodo-**

sius II. in Thrakien 434 eine Niederlage. Die Hunnen, als Teil der römischen Armee, schlagen 436 die Burgunder bei Worms. 440 überquert Bleda die Donau, dringt 441 in den Balkan ein und wendet sich in Richtung Konstantinopel. Theodosius II., der die Stadtmauern hat vervollständigen lassen und seine Truppen aus der Provinz zurückbeordert hat, bricht den Vertrag, der ihn an die Hunnen bindet. 443 dringen diese in das Byzantinische Reich ein, nehmen Serdica (Sofia), Philippopolis (Plovdiv) und Arcadiopolis (Lüleburgaz) ein, ehe sie die Armee von Theodosius unter den Mauern von Konstantinopel erdrücken. Einzig die Unfähigkeit der Hunnen, eine Belagerung gewissermaßen regelkonform durchzuführen – aus Mangel an Erfahrung und Belagerungsmaschinen –, rettet die Stadt.

Die genauen Umstände von Bledas Tod sind unbekannt. Der Überlieferung nach ermordet ihn sein Bruder **Attila** (406–453) 445 anlässlich einer Jagdpartie. Als König der Hunnen trägt Attila vermutlich den türkischen Titel eines *yabgu*, was dem griechischen *basileus* entspricht. Sein Reich erstreckt sich vom Rhein bis an den Ural, von der Donau bis zur Ostsee. Zum Glück für Rom wird seine Aufmerksamkeit durch die komplizierte Nachfolge für den König der fränkischen Salier in Anspruch genommen. Attila, der dort dem Fürsten seiner Wahl beistehen will, zieht nach Gallien. Bei der Schlacht auf den Katalaunischen Feldern wird er 451 gefangen genommen. In dieser Schlacht kämpfen die römischen Patrizier von Aetius und die mit ihnen verbündeten Westgoten, Franken, Alanen und Burgunder gegen die Truppen Attilas, die von den Ostgoten, Gepiden und Herulern verstärkt werden. Insgesamt stehen sich zwischen 30 000 und 50 000 Mann gegenüber. An die Ufer der Donau zurückgekehrt, stirbt Attila am Beginn des Jahres 453, vergiftet von seiner letzten, sehr jungen Gemahlin **Ildico** oder aber an einer inneren Blutung infolge eines Trinkgelages. Sein Reich überlebt ihn nur um wenige Jahre.

■ **Die weißen Hunnen** oder hephthalitischen Hunnen, Indoeuropäer, gehören der Gruppe der Hephthaliten an, die aus Afghanistan stammen. Sie machen in Nordindien auf sich aufmerksam: 455 versuchen sie, in die nördlichen Ebenen Indiens einzudringen, werden aber durch Truppen des letzten großen Guptakaisers **Skandagupta** (Kaiser von 455–467) aufgehalten. Bei einem zweiten Versuch 465 erobern sie die Ebene von Gandhara. Dadurch können sie die Zahl der Angriffe gegen das Guptareich steigern, das unter ihren Schlägen 475 zusammenbricht. Die Macht der weißen Hunnen weitet sich kurz danach, 484, bis nach Persien aus. Doch im Jahre 565 vereinen sich Perser und

Türken aus Zentralasien und schlagen die hephthalitischen Hunnen, deren militärische Macht schwindet. Das Bestehen verschiedener Hunnengruppen im Kaukasus bis zum Beginn des 8. Jahrhunderts wird jedoch von Überlebenden bezeugt.

2. Die zweite Völkerwanderung: Die Wikinger

Geschichte der Wikinger

Auch wenn die Geschichte der Wikinger relativ kurz ist – sie währt vom Ende des 8. Jahrhunderts bis 1066, dem Datum der Eroberung Englands durch Wilhelm den Eroberer –, so ist sie doch reich an Waffen und Schlachten. Eine mögliche Etymologie leitet sie von der skandinavischen Wurzel *vig*, «Kampf», ab. Doch der Name «Wikinger» könnte auch von dem Wort *vik* abstammen, «Bucht» – der Wikinger als der, der in der Bucht erscheint. Sie werden von den Franken als *Nord-manni*, Männer des Nordens, bezeichnet, von den Angelsachsen als *Dani*, Dänen, und in Russland als *Rus*, Ruderer. Ihre Geschichte lässt sich in zwei Perioden einteilen: die Eroberungen von 793 bis 911 und ihre Sesshaftwerdung von 911 bis 1066. Danach gründen sie örtliche Populationen. Régis Boyer* unterscheidet hingegen vier Phasen. Die erste, von 800 bis 850, bringt die Verletzlichkeit des Abendlandes zutage. Die zweite Phase, von 850 bis 900, ist durch zahlreiche Überfälle gekennzeichnet. Dann vermischen sich die Wikinger während fast eines Jahrhunderts mit angelsächsischen, normannischen, irländischen Bevölkerungsgruppen und solchen von den Inseln im Nordatlantik, aus Nordwest-Schottland und Russland. Die letzte Phase, von 980 bis 1066, ist durch militärische Operationen bestimmt, durch massive Angriffe zu Land oder auf dem Meer. Im Gegenzug erkennt man in ihrer Kunst nur eine einzige Phase, vom Beginn des 8. Jahrhunderts bis zur Mitte des 12. Jahrhunderts. Diese Zeit ist für die skandinavische Welt eine besonders glanzvolle, geprägt von Expansion in Richtung der britannischen Inseln und künstlerischen Stilen, die aus Nordeuropa stammen.

---

* Régis Boyer, *Les Vikings: histoire, mythes, dictionnaire*, Robert Laffont, Paris 2008.

Die Kunst der Wikinger

Schriftliche Quellen entstehen nicht vor dem 12. Jahrhundert. Nur durch archäologische Funde lassen sich die großen Etappen der Wikingergeschichte rekonstruieren. Man findet Spuren ihrer Durchreisen in Norwegen, Dänemark, Schweden und Finnland, in Nordfrankreich und vor allem auf den britischen Inseln.

Die Architektur der Pfahlkirchen

Von ihrer Architektur ist nichts erhalten, weil ihre Bauten aus Holz sind. Dennoch bauen die Wikinger zwischen 903 und 1030 zu ihrer eigenen Sicherheit Festungen. Nach der Bekehrung zum Christentum entsteht ein Architekturtyp von großer Originalität: die *stavkirkes*, Pfahlkirchen. Diese *stavkirkes* sind mittelalterliche Kirchen aus Holz. Heute gibt es noch weniger als 30 davon in Norwegen. Ihre Bezeichnung kommt von *stav*, Pfahl, und *kirke*, Kirche. Diese Bauten werden durch lange, in den Boden getriebene Pfähle gestützt. Solche Kirchen sind indes nicht nur Teil der Kunst der Wikinger. Es gibt sie auch in späteren Kulturen; das älteste Beispiel stammt von ca. 1130. Die Fassaden und Innenräume der Kirchen sind reich mit der Kunst der Wikinger geschmückt. Fabelwesen, vegetabiles Flechtwerk und mythologische Szenen vereinen sich darin harmonisch mit christlichen Symbolen. Die berühmtesten Pfahlkirchen sind die von Urnes, Heddal, Borgund und Hopperstad.

Der Wikingerstil

Die Kunst der Wikinger aus der Zeit vor der Mitte des 9. Jahrhunderts ist vor allem in Form von Goldarbeiten, skulptierten Stelen, Wagenrädern und Drachenhäuptern vom Oseberg-Grabhügel erhalten geblieben – alles im sogenannten Wikingerstil. Danach entwickeln sich, bedingt durch das politische und wirtschaftliche Band zwischen den Wikingersiedlungen und dem Nordseeraum, dekorative anglo-skandinavische Stile in Borre, Jelling, Mammen, Ringerike und Urnes.

Glaube, Mythen und Legenden des germanischen Nordens

Die Wikingerreligion wie auch deren Mythen und Legenden gibt es in nordischer und germanischer Ausprägung. Das *Ragnarök*, das Ende der Götter, wird zur *Götterdämmerung* Richard Wagners, der sich von dieser Mythologie stark inspirieren lässt. Die Kosmogonie liefert den Schlüssel zur Entstehung und zum Ende der Welt, zum Erscheinen der Götter und Riesen und schließlich auch dem der Menschen. Die Mythen erzählen von Tyr und dem Wolf, vom Verrat von Loki in einer Welt, die durch Yggdrasil, den Weltenbaum, und Mimir, die Quelle der Weisheit, strukturiert wird. Die Legenden erzählen von den Helden Sigurd, oder Siegfried, Sigmund und den Walküren. Die Religion der Wikinger ist hauptsächlich durch die *Edda* bekannt, die von Snorri Sturluson (1179–1241) in Prosa verfasst wurde. Diese Erzählung, die *Prosa-Edda*, nimmt ältere Gedichte auf und erweitert sie. Diese nur schwer zu deutenden Gedichte sind in der *Lieder-Edda* oder *alten Edda* zusammengefasst, die zuweilen ins 7. Jahrhundert datiert wird.

Kriegsgötter und Fruchtbarkeitsgötter

Das Pantheon der germanisch-nordischen Welt ist in zwei Gruppen von Gottheiten unterteilt: in die kriegerischen Götter oder **Asen** und in die Fruchtbarkeitsgötter oder **Wanen.**

Die Asen

▪ **Odin** ist der wichtigste Gott des germanischen Pantheons. Er gilt als schurkenhaft und grausam. Einäugig, weil er Weisheit erlangen wollte, bewacht jetzt der Riese Mimir sein Auge. Als Sohn des Riesen Bör und der Bestla ist er Bruder von Vili und von Vé. Mit diesen beiden tötet er den Riesen Ymir. Sie zerstückeln ihn und formen aus diesen Stücken die Welt. Seine Gemahlin ist Frigg, sein Sohn heißt Balder. Er wohnt in Walhall, dem Paradies der im Kampf gefallenen Krieger. Dort sitzt er auf seinem Thron Hlidskialf und betrachtet das Universum. Seine Attribute:

- **der Speer Gungnir**, den er ins Heer der Wanen schleuderte, um ihnen den Sieg zu verleihen;
- **der Ring Draupnir**, der sich alle neun Nächte verachtfacht;
- **das Pferd Sleipnir**, das acht Beine hat.

Seine Funktionen:

- **Psychopompos**, er geleitet die Seelen von Kriegern, die für Walhalla auserwählt wurden;
- **Gott des Wissens**; er kennt die Runen (Schriftzeichen) und beherrscht die Magie;
- **Gott des Krieges.**

▪ **Frigg** ist die Gemahlin Odins, Mutter von Balder. Kann sich in einen Falken verwandeln. Um ihren Sohn Balder zu schützen, verlangt sie von den Tieren, Pflanzen und Mineralien, ihm niemals Schaden zuzufügen, wobei sie allerdings die Mistel einzubeziehen vergisst.

▪ **Thor** ist der Gott des Donners, Sohn von Odin und der Jörd. Seine Gemahlin Sif schenkt ihm zwei Söhne, Magni (Kraft) und Modi (Mut). Sein Palast heißt Bilskirnir und hat 540 Türen. Thor reist auf einem von zwei Böcken (Zähneknirscher und Zähneknisterer) gezogenen Streitwagen. Schnell wütend, ist Thor der Beschützer der Menschheit und der Zerstörer der Riesen. Seine Attribute:

- **der Hammer Mjöllnir**, der gegen die Riesen eingesetzt wird;
- **die Eisenhandschuhe**, ohne die Mjöllnir nicht gepackt werden kann;
- **der Zaubergürtel**, der Thors Kraft verdoppelt.

▪ **Tyr** ist der Sohn von Odin, manchmal auch der Sohn des Riesen Hymir. Gott der Gerechtigkeit, Beschützer der Ordnung. Er ist der Odin des Krieges, sofern es sich um einen gerechten Krieg gegen das Unrecht handelt, von Ordnung gegen Chaos. Er verliert eine Hand im Maul des Wolfes Fenrir, um zu verhindern, dass das Chaos anwächst.

▪ **Balder** ist der Sohn von Odin und Frigg. Sein Name bedeutet «Herr» (altisländisch). Sein Beiname «der Gute» zeigt seine Eigenschaften an, die von allen Asen anerkannt werden. Von seiner Frau Nanna hat er einen Sohn, Forseti. Ausgestattet mit der Gabe der Wahrsagerei, warnt Balder die Asen vor Katastrophen, die sie bedrohen. Doch er zieht sich die Eifersucht manch anderer zu. Der Schwur, den er durch seine Mutter Frigg empfängt, stellt ihn nicht unter den Schutz aller Pflanzen: Er stirbt, durchbohrt von einem jungen Misteltrieb. Prototyp eines hilfsbereiten Anführers, wird er mit seinem Boot verbrannt. Sein Bruder Hermodr versucht vergeblich, die Göttin Hel zu erweichen, die dem Königreich der Toten vorsteht: Balder kann nicht zu den

Lebenden zurückkehren. Seine Rückkehr wird erst nach dem Ende aller Zeiten erfolgen.

■ **Loki** ist der Sohn des Riesen Farbauti und der Laufey (oder Nal). Er ist Gemahl der Sigyn, mit der er den Sohn Narfi hat. Klein, der Luft und dem Feuer ähnlich, ist Loki der Schlechte, der Dieb, der Zerstörer. Er bringt Chaos und Unglück zu den Menschen. Als Anstifter der Ermordung Balders bestrafen ihn die Asen auf grausame Weise: Er wird mit den Eingeweiden seines Sohnes an einen Stein gebunden, und man schüttet ihm immer wieder eine Schale mit Gift ins Gesicht, wodurch er schlimme Verbrennungen erleidet. Aus seinen Liebschaften mit der Riesin Angrboda entstehen:

- **Fenrir**, der schreckliche Wolf;
- **Hel**, Göttin der Unterwelt;
- **Jörmungandr** (die Midgardschlange), eine Weltenschlange, die die Erdbeben verursacht, wenn sie sich ausrollt.

4

Die Wanen

■ **Njödr** ist der Gott der Winde, des Meeres und des Feuers. Gemahl der Riesin Skadi, die Skandinavien seinen Namen gibt. Njödrs Nachkommen sind Freyr und Freya. Er ist Beschützer der Seeleute und der Schifffahrt.

■ **Freyr** ist der Sohn von Njödr, Bruder von Freya, sein Name bedeutet «Herr» (alt-norwegisch). Als Hauptgott der Wanen beschützt er die Ernten und gewährleistet den Menschen Frieden. Gemahl der Riesin Gerda. Er wohnt mit ihr in der Welt der Elfen, in Alfheim. Seine Attribute:

- **das Zauberschiff Skidbladnir**, das er in der Elfenwelt benutzt;
- **der Eber Gullinborsti**;
- **das Schwein und der Hengst** sind ihm geweiht.

■ **Freya** ist die Tochter von Njödr und die Schwester von Freyr. Ihr Name bedeutet «Dame». Wichtigste Göttin der Wanen. Sie wohnt in ihrer himmlischen Wohnstatt Sessrumnir. Dort waltet sie als Herrin der Toten. Als Gemahlin von Odr ist sie Mutter zweier Töchter namens Hnoss und Gersimi. Als Göttin der Liebe, der Erotik und der Dichtung reist sie auf einem von Katzen gezogenen Wagen.

Das Schicksal

Jenseits und oberhalb der Götter, der Asen und Wanen, wie auch der Menschen befindet sich die die Welt antreibende Kraft des Schicksals. Als Herrscher über alles, was ist und was sein wird, regiert es über das Gute und das Böse. Die Gottheiten, die damit nichts zu tun haben, müssen sich im Verlauf des Ragnarök, des «Urteils der Mächtigen», der wahrhaften Apokalypse, unweigerlich mit dem auseinandersetzen, was in Richard Wagners *Götterdämmerung* veranschaulicht wird. Der Ablauf des Ragnarök:

- **drei Winter** der Trostlosigkeit folgen aufeinander;
- **die drei Hähne** der Hölle – Fjallar, Gullinkambi und der Ruß-Hahn – verkünden die Apokalypse;
- **Fenrir** bricht seine Ketten, verschluckt Sonne und Mond, die Erde bebt, das Meer strömt über die Erde;
- **die Riesen** greifen Walhalla an, was ihnen durch einen Regenbogen ermöglicht wird;
- **Götter und Riesen** töten sich gegenseitig, die ganze Welt wird von Flammen verzehrt.

Nach diesem Weltende leitet das Schicksal die Entstehung des Neuen. Eine neue Erde entsteht aus Wasser. Einige Götter haben überlebt. Ein Menschenpaar wird ernannt, die Welt neu zu bevölkern: Lif und Lithrasir.

II

Das Reich der Franken

1. Die Merowinger (5.–8. Jahrhundert)

Die Merowinger verdanken ihren dynastischen Namen **Merowech** (um 421–457), dem mehr oder weniger mythischen Vorfahren von Chlodwig. Die Merowinger gehören einer Gruppe von Stämmen der **fränkischen Salier** an, die zwischen der Maas und der Gegend von Cambrai leben, was Chlodio den Langhaarigen (um 390–450) betrifft, und zwischen Schelde und der Gegend von Tournai in Belgien, was Childerich I. (um 440–480) angeht. Childerich schließt mit Rom einen Föderationsvertrag und kämpft mit dem römischen General **Aegidius** (?–464). Gemeinsam drängen sie die Wisigoten südlich der Loire zurück, außerdem die Alemannen und Sachsen. Aegidius regiert in Soissons. Sein Sohn **Syagrius** (430–486) verhält sich wie ein unabhängiger Monarch. In der Schlacht von Soissons (486) von Chlodwig geschlagen, wird ihm kurz darauf die Kehle durchgeschnitten.

Das Königreich der Franken

Chlodwig (466–511) wird 481 König der Franken und ist Gründer des fränkischen Königreichs oder *regnum francorum*. Die Besitzungen in Alemannien im Osten, in Aquitanien im Südwesten sowie das Königreich von Syagrius zwischen Somme und Loire hat er von seinem Vater Childerich geerbt. Er beendet die Herrschaft der Römer in Gallien endgültig. Der politische Erfolg Chlodwigs ist mit seiner Entscheidung verknüpft, sich zwischen 496 und 499 zum Christentum zu bekehren, was ihm die Unterstützung der katholischen Kirche einbringt. **Um 507** wählt er Paris als Hauptstadt. Nach ihm führt die besondere Art der Machtverteilung bei den Franken zum Zerfall des Königreichs: Denn ein Königreich gilt dort als patrimoniales und familiäres Gut, das zwischen den Söhnen des Verstorbenen geteilt werden muss.

Familienkämpfe und Schwächung

Im Jahre 511 erhält **Theuderich** (um 485–534) Metz und dessen Umgebung, **Chlodomer** (um 498–561) erhält die Gegend um Paris und **Chlotar** (um 498–561) die Gegend um Soissons. Letzterer bemächtigt sich nach dem Tod seiner Brüder derer Reiche, einigt damit kurzzeitig das Königreich der Franken, das nach seinem Tod jedoch abermals unter seinen Söhnen aufgeteilt wird. Diese und ihre Nachkommen wiederum bekämpfen sich in Form einer *Fehde*, der germanischen Rache, bei der ein Mord einen anderen als Vergeltung nach sich zieht. Eine besonders blutige Episode hat das Verschwinden eines Großteils der Familie der Merowinger zur Folge. Grund dafür ist der Hass, dem sich **Brunichild** (547–613), Gemahlin von **Sigibert I.** (535–575), und **Fredegunde** (um 545–597), Frau seines Bruders **Chilperich I.** (um 525–584), hingeben. **Chlotar II.** (584–629), Sohn Chilperichs, bringt seinerseits alle Familienmitglieder um, die ihm in die Hände fallen. Neben dem Schlachten und Morden ist es ihm auch möglich, Austrasien (Ostfrankreich, Belgien und rheinische Gebiete), Neustrien (Nordwesten Frankreichs ohne die Bretagne) und Burgund (mit Zentralfrankreich um Orléans) unter seine Autorität zu vereinen. Unter seiner Herrschaft wird das Amt des Hausmeiers unkündbar, was ihn zum wahren Machtinhaber macht. Der letzte Merowinger, einziger Herrscher des *regnum francorum*, ist **Dagobert I.** (um 605–639). Nach ihm erleben die Merowinger eine lange Zeit des Niedergangs. Diese Könige bezeichnet der Mönch **Eginhard** (um 775–840), Biograph Karls des Großen, in seiner *Vita Caroli Magni*, dem *Leben Karls des Großen*, als «faule Könige», die nichts aus ihrer Herrschaft zustande bringen würden.

Der unaufhaltsame Aufstieg der Hausmeier

Die Hausmeier, vor allem die aus der Familie der Pippins, oft so genannt nach dem Begründer **Pippin von Landen** (Pippin der Ältere, um 580–640), übernehmen nach und nach die tatsächliche Macht. **Pippin von Herstal** (Pippin der Mittlere, 679–714) vermehrt das Vermögen der Pippinen, oder **Pippiniden**, so weit, dass es ihm gestattet, nach der Königswürde zu streben. 751 setzt Pippin der Kurze (715–768) **Childerich III.** (um 714–755), den letzten der Merowinger, ab, lässt ihm die Tonsur schneiden und ihn in ein Kloster bringen. Die Tonsur verweist hier weniger auf einen Mönchsstatus als vielmehr auf den Verlust der magischen Macht, die mit der königlichen Haarpracht verbunden ist. Deshalb tragen die Merowinger lange Haare. Childerich III. die Tonsur zu schneiden bedeutet also, ihn des Quells seiner Macht zu berauben. Pippin wird durch Bonifatius und mit der Billigung von Papst **Zacharias** (741–752) in Saint Denis zum König geweiht. Er gründet die Dynastie der **Karolinger**, die kurze Haare tragen werden.

Die Kunst der Merowinger

Die merowingische Metallkunst

Die Metallarbeiten erleben eine regelrechte Blütezeit: Sie sind Erben der antiken Kunst, weisen dabei aber manche Neuerungen auf. Zahllose Schmuckobjekte, Fibeln, Ringe, Gürtelschließen und Toilettenartikel entstehen. Das Wachsausschmelzverfahren wird nur für besondere Stücke angewandt. Ende des 6. Jahrhunderts dominieren geometrische Motive aus Silberdraht.

Im 7. Jahrhundert kommt die «monochrome Art» auf, die Inkrustation und Silberstickerei verbindet. In der zweiten Hälfte jenes Jahrhunderts kommt Zweifarbigkeit durch die Verblendung von Silberplättchen hinzu. Beim Plattieren wird abwechselnd weiches und hartes Eisen durch Bearbeitung und Behämmern des heißen Materials verbunden. Diese Technik wird vor allem bei Schwertern angewandt, auf deren Oberfläche Motive aufgebracht werden. Das Tauschieren – die Kunst, Metallintarsien in einer anderen metallenen Unterlage einzuarbeiten – erlebt gegen Ende des 6. Jahrhunderts einen neuen Aufschwung. Im 7. Jahrhundert werden Schmuckstücke durch Filigranarbeit aufgewertet, Goldfäden werden verdreht und verlötet, Steine und Glasperlen werden auf Sättel montiert und Cabochons in kleine Fassungen eingefasst.

Die merowingische Buchmalerei

Die merowingische Buchmalerei entsteht gegen Ende des 7. Jahrhunderts. Durch ihren Stil unterscheidet sie sich von ihren insularen Vorbildern, vor allem denen aus Irland, aber auch von denen aus Italien durch ihre Vorliebe für christliche Werke, beispielsweise der Kirchenväter, wie Hieronymus oder Augustinus. Die Verzierung der Buchstaben ist das wichtigste Element der merowingischen Buchmalerei, die hierin die insulare Buchmalerei übertrifft. Die Initialen und Zierbuchstaben werden mit der Zeit immer größer und zahlreicher. Großen Zierbuchstaben, die bis zu einer ganzen Seite einnehmen können, werden, im Unterschied zur insularen Kunst, allerdings nicht eingesetzt. Die Initialen werden in den Text eingefasst. Charakteristisch hierfür sind aus Fischen oder Vögeln gestaltete Buchstaben. Die Flora spielt eine bedeutende Rolle und füllt das Innere der Zierbuchstaben aus. Die merowingische Dekoration überdauert in Spanien und Südfrankreich und bereichert auch die römische Kunst am Ende des 10. Jahrhunderts.

2. Die Karolinger (8.–10. Jahrhundert)

Die Pippiniden, eine Familie karolingischen Ursprungs, haben als Hausmeier, *maior domus*, de facto die Macht inne, und zwar seit **Pippin von Herstal** (um 645–714) ab 687 *princeps regiminis* ist: Er übt Herrschaft über das gesamte Franken-Territorium aus, ernennt Herzöge und Grafen und greift in die Nachfolge der merowingischen Könige ein. Sein Sohn **Karl Martell** (um 690–741) wird zum Hausmeier von Austrasien gewählt. Nach seinen Siegen über Neustrien und Aquitanien wird er Hausmeier für das gesamte Frankenreich. Sein Sohn **Pippin der Kurze** (715–768), so genannt wegen seiner geringen Größe, gründet die karolingische Dynastie. Seitdem er die Durchführung der Synode von Soissons 744 initiiert hat, ist er sich der Unterstützung der Kirche sicher. Diese Synode reformiert die Kirche, indem diese sich von unwürdigen Priestern trennt. Pippin erhält 750 die Unterstützung von Papst **Zacharias** (741–752). Er fragt ihn, wer König sein solle: der, der den Titel trägt, oder der, der die Macht ausübt. Zacharias antwortet: «Der, der tatsächlich die Macht ausübt, trägt den Königstitel.» Im November 751 setzt Pippin den letzten Merowinger, **Childerich III.** (um 714–755), ab und lässt ihn in ein Kloster nahe Saint-Omer sperren. Durch eine Versammlung von *leudes*, den Großen des Reichs, und von Bischöfen zum König gewählt, trägt Pippin Sorge dafür, sich in Soissons krönen zu lassen. 754 krönt ihn Papst **Stephan II.** (752–757) ein zweites Mal. Dieser hat Pippin gerade um seine Hilfe gegen das langobardische Königreich ersucht, das ihn bedroht. Auch Pippins Söhne **Karlmann** (751–771) und **Karl** (742–814), der zukünftige Karl der Große, werden vom Papst gekrönt.

Die Herrschaft Karls des Großen (742–814)

Nach dem Tode Pippins im Jahr 768 wird das Königreich zwischen seinen Söhnen geteilt. Karl, der Erstgeborene, erhält Neustrien und West-Aquitanien, für Karlmann bleiben Septimanien, Ost-Aquitanien, die Provence, Burgund, Elsass, Alemannien, ein Teil von Neustrien mit Paris und Soissons. Die Teilung ist so ungleich, dass ein Krieg unvermeidbar ist. Doch Karlmann stirbt 771 plötzlich und hinterlässt Karl das gesamte Reich. Als König der Franken (768–814) erobert er das **langobardische Königreich** (774–814) und wird, gekrönt von Papst **Leo III.** (795–816), am 25. Dezember 800 in Rom Kaiser. Ab diesem Zeitpunkt ist er **Karl der Große**, **Carolus Magnus**, **Charlemagne**.

Als **Kaiser des Abendlandes** eint Karl der Große durch Eroberungen einen großen Teil Westeuropas unter seiner Autorität. Zum fränkischen Königreich kommt der Großteil Germaniens, Italiens und Spaniens. Dieses riesige Imperium wird aus der Hauptstadt Aachen mittels einer militärischen und administrativen Organisation regiert. Als Erneuerer der Kirche, die er unterstützt und berät, beruft Karl der Große den Klerus, den er braucht, um aus diesem die «Gesandten des Herrn», *missi domini*, zu machen. Sie agieren als Vermittler bei lokalen Konflikten, Inspektoren sowie als Bevollmächtigte mit dem Auftrag, den Treueschwur der Untertanen abzunehmen.

Die karolingische Renaissance

Als Schutzherr der Künste und Wissenschaften stiftet der Kaiser die karolingische Renaissance: eine kulturelle Erneuerung, die auf dem Studium des wiederentdeckten Latein, der klassischen Autoren, der Praxis der Freien Künste, der Lehre des *trivium* (Grammatik, Dialektik, Rhetorik) und des *quadrivium* (Arithmetik, Musik, Geometrie, Astronomie) gegründet ist. Die Sorge um den Aufbau dieses Unterrichts ist **Alkuin von York** (um 730–804) anvertraut. Er ist das Haupt der Pfalz-Akademie, welche aus neun Mitgliedern besteht, darunter Karl der Große selbst. Nach dem Tod seiner beiden ältesten Söhne bindet Karl seinen dritten Sohn Ludwig ab 813 ins Reich ein. Im Januar 814 stirbt Karl der Große.

Das zerfallene Reich

Ludwig wird zum Kaiser **Ludwig der Fromme** (814–840) und 816 in Reims von Papst **Stephan IV.** (816–817) gekrönt. Seine Regierungszeit ist von Wikingerangriffen und Konflikten mit seinen Söhnen gekennzeichnet. Seine Söhne können es kaum erwarten, an seiner Stelle zu regieren. Für wenige Monate wird er 830 von seinem ältesten Sohn Lothar abgesetzt, dann endgültig im Jahre 833 von ihm zu einer demütigenden Abdankung gezwungen. Beide Male kann sich Lothar aus Mangel an Unterstützung allerdings nicht auf dem Thron halten. Ludwig der Fromme wird wieder eingesetzt und begnadigt seinen Sohn beide Male. 840 stirbt er. Sofort streiten sich seine drei Söhne um das Reich, das an **Lothar I.** (840–855) geht. Nach mehr als zwei Jahren Krieg teilt der Vertrag von Verdun (843) das Erbe auf: Lothar I. erhält Mittelfranken (von Friesland bis zur Provence, dazu Norditalien), **Karl II., der Kahle** (König von Westfranken, 843–877, dazu Kaiser des Abendlandes von 875–877) erhält Westfranken, das zukünftige französische Königreich, und **Ludwig der Deutsche** (843–876) erhält Ostfranken beziehungsweise Germanien. Deren Söhne wiederum streiten sich um ein immer weiter zerstückeltes Reich, in welchem der Kaisertitel ohne jegliche politische Vorrechte ist. Die letzten Karolinger werden dann zu Opfern einer doppelten Bedrohung: Die Wikinger steigern ihre Überfälle, gleichzeitig erstarkt die Aristokratie angesichts der königlichen Sorglosigkeit. 911 übergibt **Karl der Einfältige (Karl III.)** nach dem Vertrag von Saint-Clair-sur-Epte das Gebiet der unteren Seine an den Wikingeranführer **Rollo** (um 860–933), woraus das Herzogtum Normandie wird. **Karl der Dicke** (König von Westfranken, 885–887) wird durch die Großen des Königreichs zugunsten von **Odo von Westfranken** (888–898), dem Grafen von Paris, abgesetzt. Doch Karl der Einfältige, ein Karolinger, wird sein Nachfolger. Damit ist die Sache für die Familie Odos, die Robertiner sind, nur aufgeschoben. Der letzte Karolinger, **Ludwig V.** (986–987), stirbt mit 20 Jahren ohne Erben nach einem Sturz vom Pferd. Die Versammlung der Großen des Reiches, in Senlis zusammengekommen, wählt als Nachfolger **Hugo Capet** (987–996), Enkel von **Robert I.** (922–923), dem Bruder Odos. Damit beginnt die Dynastie der Kapetinger (987–1848).

Karolingische Kunst: Neue Ausdrucksformen

Die karolingische Kunst entwickelt neue Ausdrucksformen, die aus dem Zusammentreffen verschiedener Völker und Kulturen entstehen – mit einem Bauprogramm, für welches das Römische Imperium Modell steht. Doch die karolingische Kunst steht auch am Anfang einer Epoche des Abendlandes, die den christlichen Glauben respektieren und lehren will. Kaiser Karl der Große lädt die besten Vertreter der lateinischen Kirchenkultur ein, was für die Entwicklung aller künstlerischen Disziplinen günstig und zudem für ihre Verbreitung notwendig ist. Karl umgibt sich mit angelsächsischen und irischen Missionaren, Vertretern der griechischen und der biblischen Kultur. So werden **Alkuin** (um 730–804) aus der Schule von York, aber auch **Theodulf** (?–821), der Wisigote, und **Angilbert** (um 750–814), der Germane, zum Zentrum einer kosmopolitischen Kulturgesellschaft. Die karolingische Kunst leitet ihre Originalität von byzantinischen, barbarischen und mozarabischen Einflüssen ebenso her wie von ihrer Rückkehr zu den Werten der Antike.

Die karolingische Architektur: Das Beispiel Sankt Gallen

Die Architektur bleibt die wichtigste Kunst der karolingischen Zeit. Sie bezieht ihre Inspiration aus der Kunst Roms und knüpft mit Zentralbauten wie der Pfalzkapelle in Aachen, dem wichtigsten karolingischen Bau, daran an.

Deren Bau unter der Leitung von **Odo von Metz** (742–814) erstreckt sich von 796 bis 805. Karl zieht Aachen all seinen anderen Residenzen vor, denn diese Pfalz befindet sich nach den Eroberungen Italiens und Sachsens im Zentrum seines Reiches. Im Hinblick auf die byzantinische Kirche stellt die karolingische Kapelle bautechnisch einen Fortschritt dar: Sie hat von Gewölben getragene Galerien, die um den Zentralbau ansteigen. Um das Problem eines großen Klerus und dessen wachsender Teilhabe am Gottesdienst zu lösen, erweitern die karolingischen Architekten die Basiliken um drei östliche Apsiden, die der Vorhalle gegenüberliegen. Das älteste Beispiel eines Bauwerks, das die Rückkehr zu frühchristlichen Vorbildern bezeugt, ist die Abteikirche von Saint-Denis. Auf Anordnung Karls des Großen an der Stelle der alten merowingischen Kirche errichtet, verschwindet der karolingische Bau allerdings seinerseits vier Jahrhunderte später – nach der Entscheidung von Abt Suger, dort die kostbarste Basilika des Königreichs zu errichten, die königliche Grablege. Der Plan von Sankt Gallen, zwischen 817 und 823 entworfen, spiegelt die neuen Tendenzen, die nach dem Konzil von Aachen (816–817) aufkommen. Die Basilika in Sankt Gallen repräsentiert die vollkommene Synthese all dessen, was eine Mönchsgemeinschaft braucht, um autonom existieren zu können.

4

Die karolingische Buchmalerei: Eine fruchtbare Kunst

Dass die Kunst der karolingischen Buchmalerei bis heute erhalten ist, ist den Schulen in den Pfalzen und Klöstern zu verdanken, in denen man eine kultivierte Elite die Illustration von Büchern lehrt. Die Intensität der literarischen und künstlerischen Produktion sowie die Verbreitung der Werke begünstigen die Herstellung solcher Bücher in jeder Hinsicht: dies betrifft Schmuck, Text, Schrift und Einband. Die ältesten karolingischen Manuskripte beginnen mit dem *Evangelistar von Godescalc*, auf purpurfarbenem Pergament mit goldener oder silberner Tinte für Karl den Großen und seine Frau Hildegard geschrieben, um an das Treffen des Kaisers mit Papst Hadrian I. 781 zu erinnern. Ein zweiter künstlerischer Brennpunkt nach dem Tod Karls des Großen hat sein Zentrum in der Abtei von Hautevillers in der Nähe von Epernay sowie in der Abtei von Reims. Die zwischen 790 und 810 datierten Evangelistare sind besonders prachtvoll. Das fruchtbare Werk der Buchmaler setzt sich während der Herrschaft seines Sohnes **Ludwig der Fromme** (820–830) fort und bestätigt den Einfluss der neuen Schule in Reims mit dem *Ebo-Evangelistar*.

III

Das mittelalterliche Frankreich

1. Die Kapetinger (direkte Linie, 987–1328)

Die ersten Kapetinger bis zu Ludwig dem Heiligen (987–1270)

Die Kapetinger regierten von 987 bis 1848 in Frankreich. Ihr Name stammt von **Hugo I.** (987-996) ab, genannt «Capet», der mit kurzem Umhang. Er regiert seine königliche Domäne, die im Norden durch die Schelde und die Maas, im Osten durch die Saône und die Rhone begrenzt ist. Die Bretagne ist unabhängig, ihre Suzeränität im Süden rein nominell. Hugo begründet die Strategie der Kapetinger, die dieses Haus erhält und dessen Macht nach und nach vergrößert: durch vorteilhafte Heiraten, Lehen ohne Erben, die das Lehen eintreiben könnten, sowie Anwendung des Feudalrechts, vor allem des sogenannten *ost*, des Militärdienstes für den Regenten. **Bis 1328** können sich die Kapetinger durchgängig auf männliche Erben verlassen, um die Kontinuität der Dynastie zu gewährleisten. Innerhalb der Kapetinger-Dynastie zeichnen sich manche Herrscher durch ihre Persönlichkeit oder ihre Wirkung aus. **Ludwig IV., der Dicke** (1108-1137) gehört dazu. Weil er, als Erster, den *ost* einberuft, hindert er den deutschen Kaiser **Heinrich V.** (1111-1125), ins Land einzudringen. Ludwig überträgt die Verwaltung dem weisen Abt **Suger** (um 1080-1151), der die königliche Autorität stärkt und ihr die Unterstützung durch das Bürgertum verschafft, dessen Rechte reglementiert werden. Er lässt die neue gotische Basilika von Saint-Denis erbauen, deren Abt er wird. Ludwigs Sohn **Ludwig VII.** (1137-1180) nimmt am **Zweiten Kreuzzug** (1145-1149) teil. Er heiratet **Eleonore von Aquitanien** (um 1122-1204), doch diese reiche Region entgeht ihm nach der Auflösung der Ehe im Jahr 1152 und geht dafür auf den neuen Gemahl Eleonores über, den englischen König **Heinrich II. Plantagenet** (1154-1189).

Philipp II., genannt **Philipp Augustus** (1180-1223), ist der erste große

Kapetinger. Er vergrößert das Königreich, das von Feudalherren kontrolliert wird. Er verschafft der Dynastie Ansehen und trägt nach 1190 als Erster den Titel des *rex Franciae*, König von Frankreich, nicht mehr den des *rex Francorum*, König der Franken. Trotz seiner Sorge wegen der kontinentalen Besitzungen des englischen Hauses Plantagenet muss er eine Zeitlang darauf verzichten, gegen dieses vorzugehen, weil er mit **Richard Löwenherz** (1189–1199), dem Herzog der Normandie und Aquitaniens, Grafen von Maine und Anjou, am **Dritten Kreuzzug** (1190–1199) teilnimmt. 1191 nach Frankreich zurückgekehrt, nimmt Philipp Augustus den Kampf gegen den englischen Herrscher wieder auf. So erobert er zwischen 1202 und 1205 Maine, das Anjou, die Touraine, den Norden von Poitou und der Saintonge. Am 27. Juli 1214 trägt er bei Bouvines einen glanzvollen Sieg gegen die Armeen des Grafen von Flandern und des deutschen Kaisers davon. Er ist auf dem Gipfel seines Ruhms und gilt als einer der mächtigsten Herrscher Europas. Er verbessert die Verwaltung des Königreiches, das in Bezirke eingeteilt wird, in die *baillages*, die unter die Herrschaft eines königlichen Funktionärs gestellt werden, des *bailli*. Die verbesserte Verwaltung bringt dem Königreich mehr Steuern ein und lässt den königlichen Schatz anwachsen.

Ludwig der Heilige

Der Enkel von Philipp Augustus, Ludwig IX. oder **Ludwig der Heilige** (1226–1270), hat mehr Erfolge als Verwalter als bei seinen militärischen Unternehmungen. Er schließt Frieden mit den Plantagenets, unternimmt aber zwei Kreuzzüge mit unglücklichem Ausgang: einen von 1248 bis 1254 nach Ägypten, wo er gefangen genommen wird, den zweiten nach Tunis, wo er 1270 an der Pest stirbt. Er hilft bei der Entstehung eines souveränen Gerichtshofs, des Parlaments, das Recht spricht. Er schafft eine stabile Währung, die im ganzen Königreich gilt, den *gros d'argen*, den Silbergroschen. In Paris lässt er zwischen 1243 und 1248 die Sainte-Chapelle erbauen, welche die Reliquien Christi aufnehmen soll, die aus Konstantinopel herbeigeschafft werden, insbesondere die Dornenkrone. Er verfolgt die Juden, die er 1254 verbannt und einige Jahre später gegen Lösegeld zurückruft. 1269 schreibt er den Männern das Tragen der *rouelle* vor, einer runden Scheibe, die an der Brust befestigt wird und an Gold und Geldgier erinnern soll. Die Frauen müssen eine besondere Haube tragen.

Ein König aus Eisen: Philipp IV., der Schöne

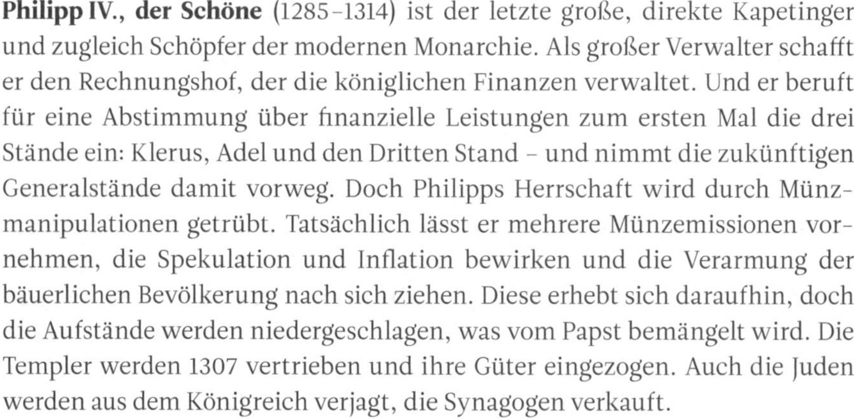

Philipp IV., der Schöne (1285–1314) ist der letzte große, direkte Kapetinger und zugleich Schöpfer der modernen Monarchie. Als großer Verwalter schafft er den Rechnungshof, der die königlichen Finanzen verwaltet. Und er beruft für eine Abstimmung über finanzielle Leistungen zum ersten Mal die drei Stände ein: Klerus, Adel und den Dritten Stand – und nimmt die zukünftigen Generalstände damit vorweg. Doch Philipps Herrschaft wird durch Münzmanipulationen getrübt. Tatsächlich lässt er mehrere Münzemissionen vornehmen, die Spekulation und Inflation bewirken und die Verarmung der bäuerlichen Bevölkerung nach sich ziehen. Diese erhebt sich daraufhin, doch die Aufstände werden niedergeschlagen, was vom Papst bemängelt wird. Die Templer werden 1307 vertrieben und ihre Güter eingezogen. Auch die Juden werden aus dem Königreich verjagt, die Synagogen verkauft.

Philipp der Schöne entwickelt die Monarchie: Der König erhält mehr Macht, die Zentralisation wird verstärkt. Damit verstößt er gegen mittelalterliche Prinzipien eines Fürsten, der mit den Großen seines Reiches regieren muss. Also umgibt Philipp sich mit einer Gruppe von Rechtskundigen, die den Auftrag haben, die Macht des Herrschers in seinem Reich, vor allen anderen zu definieren, einschließlich dem Papst, und das ohne Einschränkung oder mögliche Delegation. Die Bulle *Unam sanctam* von Papst Bonifatius VIII., welche die Vormacht des Geistlichen über das Weltliche proklamiert, stößt daher auf eine heftige Gegenreaktion des französischen Königs. Sein Gesandter, Guilleaume de Nogaret (um 1260–1313), zugleich sein bekanntester Richter, lässt den obersten Pontifex 1303 beim Attentat von Anagni schlagen. Der König lässt Papst **Bonifatius VIII.** (1294–1303) festnehmen und einsperren. Der Papst stirbt kurz nach seiner Freilassung. Trotz der misslungenen Eroberung der Grafschaft Flandern vergrößert Philipp der Schöne sein Königreich um die Champagne, Navarra, die Grafschaft Chartres, Lille, Douai und Béthune. Nach seinem Tod folgen seine drei Söhne einander schnell auf dem Thron, ohne männliche Erben.

2. Die ersten Valois (1328–1380)

1328 wird ein Cousin des letzten direkten Kapetingers unter dem Namen **Philipp VI.** (1328–1350) zum König gewählt. Er begründet die Dynastie der Valois (1328–1589). Seine Herrschaft wie auch die seines Sohnes Johann II. (1350–1364) ist ohne Glanz und vor allem vom Hundertjährigen Krieg bestimmt, mit der Schlacht von Crécy 1346 und der von Poitiers 1356. Der erste große Herrscher der Valois-Dynastie ist **König Karl V.** (1364–1380).

Karl V., der Weise (1364–1380)

Selten nimmt ein Herrscher unter solch schwierigen Umständen den Thron ein. Seit dem Fehlschlag von Poitiers 1356 wird der französische König in England gefangen gehalten. Der zukünftige Karl V., der Erste, der den Titel eines Dauphin als Erbe trägt, nachdem das Fürstentum Dauphiné an die Krone angeschlossen wurde, muss die Macht übernehmen. Angesichts dessen will der Hochadel ihn unter Vormundschaft halten, zunächst der seiner nächsten Verwandten. Das Bürgertum von Paris ergreift die Gelegenheit und befreit sich mit Étienne Marcel (um 1305–1358), Vogt der Kaufleute, von den Steuern. Das Königreich ist zu drei Fünfteln in Händen der Engländer. Als König mit voller Machtbefugnis ab 1364 hat Karl in weniger als 20 Jahren den Aufstand der Bürger von Paris eingedämmt, die Adligen gezähmt und den Engländern nur mehr einen Küstenstreifen im Südwesten und um Calais überlassen. Als gebildeter Fürst gründet er eine wichtige königliche Bibliothek, lässt den Louvre anlegen und die Bastille errichten, um die Pariser zu überwachen.

IV

Das mittelalterliche Deutschland

1. Das Heilige Römische Reich Deutscher Nation

Die Ottonen

Nach 911 entgleitet den Karolingern das deutsche Königreich; nach 924 wird auch der Kaisertitel nicht mehr vergeben, und das Königreich geht über an den Herzog von Franken, **Konrad I.** (911–918), dann an den Herzog von Sachsen, **den Vogler** (876–936), der zum römischen König gewählt wird; dieser Titel wurde vom Kaiser zwischen seiner Wahl und der anschließenden Krönung als Kaiser **Heinrich I.** (919–936) getragen. Heinrich begründet die Dynastie der Ottonen, benannt nach seinem Vater, dem Sachsenherzog **Otto I.** (um 851–912). Die Ottonen sind deutsche Könige, dann ab 962 Kaiser des Heiligen Römischen Reiches deutscher Nation, was bis 1062 währt. **Otto I., der Große** (930–973) wird 936 zum deutschen König gekrönt. 951 lässt er sich während einer Italienfahrt in Pavia zum «König der Franken und Langobarden» krönen. 960 sucht der Papst um Hilfe gegen König Berengar nach. Otto überquert die Alpen mit seiner Armee und erreicht Rom, wo Papst Agapitus II. ihn im Februar 962 zum Kaiser krönt. Kurz darauf stirbt Agapitus, und der neue Papst, **Johannes XII.**, steht Otto feindlich gegenüber. Dieser kehrt nach Italien zurück, beruft ein Konzil ein und setzt den Papst ab. Aufgrund des *Privilegium Ottonianum* von 962 bestätigt Otto Papst Leo nach dessen Wahl, noch vor der Krönung. Das ist der deutsche Cäsaropapismus, der es ihm ermöglicht, den Nachfolger von Johannes XII., nämlich **Leo VIII.** (963–965) auszuwählen. Doch Johannes hält sich noch bis zu seinem Tode 964. Beim Tod Leos VIII. lässt Otto dessen Nachfolger, **Johannes XIII.** (965–972), wählen. Otto I. stirbt am 7. Mai 973. **Otto II.** (967–983) wird schon zu Lebzeiten Ottos I. gekrönt. Er setzt das Werk seines Vaters fort, hält das Reich zusammen und vermehrt die italienischen Besitzungen, stirbt aber vorzeitig mit 28 Jahren. **Otto III.** (983–1002) wird mit drei Jahren 983 zum römischen König gekrönt. Bis 995 regiert an seiner Stelle ein Regent. Auf **Otto III.** folgt der Herzog von

Bayern, der Ottone **Heinrich II., der Heilige** (1002–1024). Ohne Nachkommen stirbt er 1024.

Die Salier

Die Nachfolge ist schwierig; mehrere Anwärter treffen aufeinander. **Konrad II., der Salier** (1024–1039) wird am Ende gewählt. 1037 erlässt er die *Constitutio de fundis*, die den Vasallen der Vasallen, den sogenannten Valvassoren (niederer Lehensadel), die Erblichkeit ihrer Lehensgüter sowie das Recht festschreibt, (nur) durch Standesgenossen verurteilt zu werden. Konrad II. stirbt am 4. Juni 1039 in Utrecht. Unter seinem Sohn **Heinrich III.** (1039–1056) strebt das Kaiserreich seinem Höhepunkt zu. Dessen Sohn, **Heinrich IV.** (1056–1106), besteigt den Thron. Da er erst fünf Jahre alt ist, übernimmt erst seine Mutter, Agnes von Aquitanien, danach Erzbischof **Anno von Köln** (1056–1075) die Regentschaft. Während dieser unruhigen Zeit setzt der Investiturstreit ein. **Heinrich V.** (1106–1125) startet den Versuch, wieder Ordnung in das Reich zu bringen. Wenn er auch Ungarn und Polen nicht unterwerfen kann, so stellt er doch 1110 seine Autorität über Böhmen wieder her. Heinrich V. stirbt am 23. Mai 1125. Er wird der letzte Monarch aus der Dynastie der Salier sein.

Die Staufer

Der Hoftag in Mainz wählt 1125 Herzog Lothar von Sachsen zum König; Kaiser wird er 1133. Als **Lothar III.** stirbt er am 3. Dezember 1137. Ein Interregnum von mehreren Monaten folgt, ehe sein Nachfolger, **Konrad III. von Hohenstaufen** (1138–1152), gewählt wird. Nach einem langen Krieg erobert er 1140 Bayern. Er nimmt zusammen mit König Ludwig VII. von Frankreich zwischen 1147 und 1149 am Zweiten Kreuzzug teil und besetzt, wenn auch vergeblich, Damaskus. Er stirbt am 15. Februar, ohne je zum Kaiser gekrönt worden zu sein. Als seinen Nachfolger hat er seinen Neffen ausersehen, Herzog **Friedrich von Schwaben** (1122–1190), der der berühmte Kaiser **Friedrich I. Barbarossa** (1152–1190) wird; er stammt von den Staufern wie auch mütterlicherseits von den Welfen ab, was als Friedenspfand zwischen den beiden Häusern aufgefasst wird. 1189 bricht er mit Philipp Augustus, dem französischen König, und mit Richard Löwenherz, dem englischen König, zum **Dritten Kreuzzug** auf. Nach zwei Siegen der Kreuzzugfahrer stirbt Friedrich unerwartet in Anatolien am 10. Juni 1190. Sein Sohn **Heinrich VI.** (1190–1197), seit 1169 deutscher König, von Italien seit 1186, folgt ihm auf den Kaiserthron. Er wird von Papst Coelestin III. 1191 gekrönt, kann gleichwohl Neapel nicht erobern. Er muss sich in Deutschland dem Aufstand der deutschen Fürsten stellen, der erst 1194 beendet wird. Den englischen König Richard Löwenherz nimmt er auf dessen Rückweg vom Kreuzzug gefangen, kerkert ihn ein und lässt ihn erst gegen ein enormes Lösegeld frei. Er stellt sich an die Spitze eines deutschen Kreuzzuges und macht sich zum Weg in den Orient bereit, stirbt aber am 28. September 1197 in Messina. Ganz Italien erhebt sich nun gegen das Kaiserreich. Selbst in Deutschland stehen sich während zehn Jahren zwei Prätendenten gegenüber. **Philipp I. von Schwaben** (1177–1208), jüngster Sohn Friedrich Barbarossas, wird gekrönt, doch die niederrheinischen Fürsten bevorzugen **Otto von Braunschweig** (1176–1218).

Die Staufer und die Welfen, vom Papst unterstützt, stehen sich nach dem Tode Heinrichs VI. 1197 gegenüber. Jede Partei versucht, ihren Kandidaten auf den Thron zu bringen: Die Staufer wollen **Philipp von Schwaben** (reg. 1197–1208), die Welfen dagegen **Otto IV. von Braunschweig** (reg. 1197–1218). Zehn Jahre lang streiten sie miteinander. Philipp wird von Frankreich, Otto von England und vom Papst anerkannt. Nach 1204 gewinnt Philipp militärisch die Oberhand und wird als König anerkannt – in ganz Deutschland und vom Papst. Am 21. Juni 1208 wird er vom Pfalzgrafen von Bayern ermordet, dem er seine Tochter verweigert hatte. Im Oktober 1209 krönt Innozenz III. **Otto IV.** in Rom zum Kaiser. Doch der erobert Neapel. Daraufhin exkommuniziert ihn der Papst, weil er sein Versprechen gebrochen habe, genau dies nicht zu tun. Von nun an unterstützt der Papst Kaiser **Friedrich II.** (1212–1250). Otto IV. wird von Philipp Augustus am 27. Juli 1214 in der Schlacht von Bouvines geschlagen und zieht sich nach Braunschweig zurück. 1231 erlässt Friedrich die *Konstitutionen von Melfi*, eine Gesetzessammlung, die das Recht im Königreich Sizilien festschreibt und auf das gesamte Reich angewendet werden soll. In der Realität aber erhalten die Fürsten noch 1231 in Worms das *Statutum in favorem principum – Statut zugunsten der Fürsten*, das ihnen große Autonomie beschert und ihre Macht erhöht. Friedrichs Sohn Heinrich (Heinrich VII.) erhebt sich 1232, 1234 und 1235 gegen seinen Vater und stirbt 1242 in Gefangenschaft. Friedrich II. stirbt am 13. Dezember 1250, ohne dass der Streit gelöst worden wäre. Sein Tod bildet den Beginn eines Interregnums von 23 Jahren. Die Könige in Deutschland wechseln einander ab, haben aber weder Macht noch wirkliche Anerkennung. Städte, Staaten und kirchliche Fürstentümer erhalten ihre Autonomie zurück. Die kaiserlichen Institutionen üben, sofern sie erhalten bleiben, eine rein theoretische Kontrolle aus. Die königlichen Rechte fallen den Fürsten zu. Die freien Städte werden immer zahlreicher und erklären sich für unabhängig.

Die Habsburger

Das Papsttum ist über diese Situation bestürzt und droht, selbst einen Kaiser zu wählen, was die Kurfürsten benachteiligt hätte. So entscheiden sie sich, einen Fürsten zu wählen, von dem sie annehmen, sie hätten weder seine Macht noch seinen Reichtum zu fürchten. Sie wählen **Rudolf von Habsburg** (1218–1291), der als König zu **Rudolf I.** (1273–1291) wird. Sein wichtigster Gegner ist der böhmische König **Ottokar II.** (1253–1278), der protestiert, als er von der Wahl erfährt. Rudolf besiegt ihn bei zwei kriegerischen Auseinandersetzungen; bei der zweiten verliert Ottokar II. sein Leben. Seither ist Rudolf I. der Herr einer riesigen persönlichen Domäne: Österreich, Steiermark, Kärnten, Krain und Böhmen. Seine Macht ist so groß, dass sie die Kurfürsten beunruhigt. Bei seinem Tod wird sein Sohn zugunsten des schwachen **Adolf von Nassau** (1292–1298) zurückgedrängt, der den Adel jedoch durch seine nicht gehaltenen Versprechen verärgert. So wird er am 22. Juni 1298 abgesetzt. Albert, Sohn Rudolfs I., Herzog von Österreich, überwältigt und tötet ihn am 2. Juli 1298 in der Schlacht von Göllheim, nahe bei Worms. **Albert I.** (1298–1308) kann die Friedensabkommen mit seinen Nachbarn derart vermehren, dass er nun als der Herrscher gilt, der unter seiner Krone ganz Mitteleuropa versammeln kann. Doch er wird am 1. Mai 1308 von seinem Neffen **Johann von Schwaben** (1290–1314) ermordet.

Die Luxemburger

Deutschland im 14. Jahrhundert setzt die Auseinandersetzungen um den Kaiserthron fort; sie finden zwischen den Fürstenhäusern Habsburg, Luxemburg und Wittelsbach statt. Zu den aus diesen Rivalitäten entstehenden Problemen kommen noch die unablässigen Kämpfe mit den Päpsten wegen des Königreichs Italien und des Anspruchs, dass nur sie, die Päpste, die Kaiserkrone vergeben können; nur sie hätten die anerkannte Berechtigung, den Kandidaten zu wählen. Im Juli 1338 entscheidet jedoch eine Versammlung der Kurfürsten bei Koblenz, dass der von ihnen Gewählte nicht die Anerkennung

durch den Papst brauche, um zu regieren. Der größte Monarch jenes Jahrhunderts ist **Karl IV.** (1349–1378). Als Angehöriger des Hauses Luxemburg ist Karl zunächst König von Böhmen. Zum römischen König wird er 1346 gewählt, muss aber noch bis 1349 und auf das Ausscheiden seiner Mitbewerber warten, um deutscher König werden zu können. 1355 wird er zum Kaiser gekrönt. Durch die **Goldene Bulle**, das kaiserliche Edikt von **1356**, begrenzt Karl IV. die Anzahl der Kurfürsten auf sieben: auf den König von Böhmen, den Herzog von Sachsen, den Markgrafen von Brandenburg, den Pfalzgrafen bei Rhein, die Erzbischöfe von Trier, Mainz und Köln. Eine Mehrheit von vier Stimmen genügt, um gewählt zu werden. Die Anerkennung durch den Papst wird für unnötig gehalten; der Kaiser sei allein durch seine Wahl legitimiert. Papst **Innozenz VI.** (1352–1362) weist die Goldene Bulle umgehend zurück. Als Mäzen gründet Karl IV. 1348 die Universität Prag, die erste innerhalb der deutschen Lande. Er befriedet Deutschland, indem er den *Landfrieden* ausdehnt, der mit Bayern, Schwaben, Pommern und Franken geschlossen wurde. Zwischen 1348 und 1350 werden diese Staaten von der Schwarzen, der Großen Pest heimgesucht, die fast die Hälfte der Bewohner Basels, Kölns, Frankfurts oder Magdeburgs dahinrafft. Aktiv betreibt Karl IV. seine Nachfolge; sein Sohn **Wenzel** (1361–1419) ist seit 1363 König von Böhmen, seit 1376 römischer König. Nach dem Tod seines Vaters am 29. November 1378 folgt er ihm als Kaiser unter dem Namen **Wenzel I., der Faule** (1378–1400). Er muss den Kämpfen zwischen dem Adel und dem Schwäbischen Städtebund trotzen, welcher 24 schwäbische Städte und einige süddeutsche Adlige umfasst. Wenzel I. ist nicht in der Lage, eine feste Position einzunehmen, als die Kirche sich durch das **Große abendländische Schisma** (1378–1417) entzweit. Die Versammlung der Kurfürsten zitiert Wenzel I. zu sich. Er erscheint nicht und wird daher am 20. August 1400 zugunsten des Pfalzgrafen von Bayern, Robert (1352–1410) abgesetzt, der zum Kaiser **Robert I.** (1400–1410) gewählt wird.

Dessen Herrschaft ist jedoch durch Schwäche gekennzeichnet, etwa auch durch einen Einmarsch nach Italien ohne weitere Folgen. Bei seinem Tod am 18. Mai 1410 werden zwei deutsche Könige gewählt, **Jobst von Mähren** (1410–411), Cousin des abgesetzten Kaisers Wenzel I., und **Sigismund von Luxemburg** (1368–1437), Bruder des Letzteren. Jobst stirbt wenige Monate darauf, **Sigismund** bleibt einziger Herrscher. Geschickt und diplomatisch begabt, kann er auf dem Konstanzer Konzil (1414–1418) einen neuen Eklat mit der Kirche vermeiden, was ihm insofern von Nutzen ist, als er den Reformator **Johannes (Jan) Hus** (um 1369–1415) auf den Scheiterhaufen schicken kann. Dessen Anhänger, die Hussiten, werden in seinem böhmischen Königreich immer zahlreicher und verlangen eine tiefgreifende Reform der Kirche. Mehrere Kreuzzüge gegen die **Hussiten** können diese indes nicht schwächen. Am Ende zaudert das Konzil von Basel 1443, gewährt dann aber den Hussiten den Gebrauch des Tschechischen sowie die Kelchkommunion (die für die Laien bestimmt ist). Sigismund, dritter und letzter Kaiser aus dem Haus Luxemburg, stirbt am 9. Dezember 1437.

Habsburg kehrt wieder

Albert II. von Habsburg (1437–1439) folgt auf Sigismund. Seine kurze Regierungszeit hinterlässt wenig Spuren, bleibt aber insofern interessant, als sie den Habsburgern endgültig die Kaiserkrone verschafft. Sein Cousin **Friedrich von Habsburg** (1415–1493) wird 1440 zum römischen König gewählt, danach als **Friedrich III.** (1452–1493) zum römisch-deutschen Kaiser. Dessen Sohn Maximilian ist seit 1486 römischer König; er wird als **Maximilian I.** (1508–1519) römisch-deutscher Kaiser. Der Hauptteil seiner Herrschaftszeit besteht im Krieg gegen Frankreich, das in Norditalien interveniert. 1495 reformiert der Reichstag in Worms, die Versammlung der Fürsten, das Reich: Die Kurfürsten können ein Parlament, eben den Reichstag, bilden, der eine kaiserliche Steuer auflegt, um den Krieg gegen Frankreich, seine türkischen Verbündeten und einige italienische Städte zu finanzieren.

2. Die mittelalterliche Kunst

Die ottonische Kunst

Was wir als ottonische Kunst bezeichnen, bezieht sich nicht nur auf die Dynastie gleichen Namens, sondern betrifft alles, was innerhalb der Grenzen des römisch-deutschen Kaiserreichs geschaffen wurde – und zwar von der Mitte des 10. bis zum Ende des 11. Jahrhunderts. Die ottonische Kunst kommt zu einem Zeitpunkt auf, da im Süden bereits die ersten Zeugnisse der romanischen Kunst erblühen. Die ottonische Kunst benutzt andere Techniken, andere Formen, den Raum architektonisch oder dekorativ zu denken. Die Religion ist nicht nur im politischen Plan des ottonischen Deutschland enthalten, sondern auch im Verlangen nach Größe und Pracht, indem die karolingische Tradition wieder aufgenommen wird, um sie zu einer neuen, originalen Schöpfung umzuschmelzen. Die deutschen Länder haben keine politischen Brüche erfahren, bewahren vielmehr die künstlerischen Vorstellungen der Karolinger, aber auch die der byzantinischen Kunst.

Die ottonische Architektur: Gigantismus und Schlichtheit

Mehrere Punkte kennzeichnen diese Kunst: der Gigantismus der Bauten, der Kirchen als Konsequenz des erwähnten Willens nach Größe und Macht; die Schlichtheit der äußeren Strukturen; der Reichtum der Ornamentik, oft inspiriert von der Antike; die doppelte Ausrichtung: zwei «Pole» in den Kirchen mit doppeltem Querhaus. Der Chor wird verdoppelt, erhält ein großes Querschiff, das das Westwerk vervollständigt; dies als Wiederaufnahme der karolingischen Architektur. Ein Beispiel dafür ist St. Michael in Hildesheim, heute UNESCO-Weltkulturerbe.

Die ottonische Buchmalerei, ein Höhepunkt

Vor allem im Bereich der Buchmalerei erreicht die ottonische Kunst einen Gipfelpunkt. Die Überlegenheit der deutschen Buchmalerei ist direkte Folge der Förderung sowohl seitens des Kaisers als auch der Bischöfe. Die großen Kirchen im Reich sind mit bedeutenden Mitteln und erlesenen Manuskripten ausgestattet. Das Kloster Reichenau nimmt hier eine wichtige Rolle ein. Zu seinen bemerkenswertesten Schätzen gehören zahlreiche Miniatur-Serien über das Leben Christi wie auch Kaiserporträts. Im *Liuthar-Evangeliar* erscheint Otto III. auf dem Thron, umgeben von Evangelien-Symbolen. Themen und Dekor zeigen die Bedeutung des byzantinischen Einflusses. Der Stil der ottonischen Buchmalerei erscheint im Vergleich zur karolingischen sehr abstrakt. Die Oberfläche, meist golden grundiert, soll den dargestellten Personen oder Tieren Tiefe verleihen. Von großer Bedeutung sind die Widmungsseiten mit dem Porträt des Auftraggebers und denen der Evangelisten.

Ottonische Goldschmiedekunst und Kunsthandwerk

Goldschmiedekunst und Kunsthandwerk gehören mit ihrer meisterlichen Gravurtechnik und Treibarbeit zu den eindrucksvollsten Zeugen ottonischer Kunst. Als Zeichen der kaiserlichen Macht (*Goldene Madonna*, Domschatz in Essen), als liturgische Objekte oder Codex-Einband (*Evangeliar Ottos III.*, München, Staatsbibliothek), als Kruzifix (*Reichs-Kruzifix*, Wien, Hofburg) bilden sie die wichtigsten Werke dieser Kunst. Doch auch der Trierer Tragaltar, der sogenannte Andreas-Altar, und der Tragaltar der Gräfin Gertrud aus dem Welfenschatz (heute Cleveland Museum of Art) gehören zu den Spitzenwerken dieser Goldschmiedekunst. Auch die Elfenbein-Arbeit nimmt einen bedeutenden Rang ein, die lotharingischen Arbeiten gelten hier als die schönsten, wie etwa der Einband des Evangeliars von Echternach (heute Nürnberg). Der «Meister von Trier» ist einer der großen Künstler vom Ende des 10. Jahrhunderts. Er ist Schöpfer des *Registrum Gregorii*, der Kopie von Briefen Papst Gregors, und arbeitet zwischen 970 und 980 für Erzbischof Egbert von Trier.

Die Gotik

Gotische Architektur: Später als in Frankreich

Die Anfänge der gotischen Architektur sind regional verschieden. Es gibt nur wenige große Bauten, die Kennzeichen etwa des nordfranzösischen Stils aufweisen. Als aber in Deutschland die Gotik übernommen wird, weist sie einige Gemeinsamkeiten mit der französischen Gotik auf. Die Fassade ist nicht einfach als Westseite gestaltet, als der Teil, durch den man die Kirche betritt, sondern bildet vielmehr ein mächtiges Gebäude. Das System des Stützwerks ist nicht so ausgearbeitet wie in Frankreich, sondern wirkt blockartiger. In Nord- und Ostdeutschland kommt, da die entsprechenden Materialien dort verfügbar sind, die «Backstein-Gotik» auf.

Die gotische Plastik

In Deutschland ist es der Meister von Naumburg, ein anonymer mittelalterlicher Bildhauer, der im 13. Jahrhundert als Neuerer auftritt, indem er im Westchor zwei Reihen von Statuen einander gegenüber aufstellt, so wie es zum Beispiel auch im Narthex, der Vorhalle, des Freiburger Münsters zu sehen ist. Die Tendenz der Bildhauer im 13. Jahrhundert, ihren Figuren unpersönliche Züge zu geben, provoziert im folgenden Jahrhundert eine Gegenreaktion, die von Köln ausgeht. Das Interesse an der Menschlichkeit Christi, des Erbarmers, aber auch an der Verbindung von Christus mit Johannes dem Täufer bringt eine neue Sichtweise hervor: intimer und familiärer, weniger hochfahrend und weniger unnahbar für das niedere Volk. Das Heilige Römische

Reich, Österreich, die Niederlande, Böhmen, Polen und Ungarn leisten Herausragendes bei der Anfertigung von Holzstatuen.

3. Die Literatur

Die ottonische Literatur: Ausschließlich auf Latein

Die ottonischen Herrscher interessierten sich weniger für Literatur als die karolingischen Fürsten. Und erst ab 950 entwickelt sich eine literarische Strömung am Hof, ausschließlich auf Lateinisch verfasst. In Sachsen, der Heimat der Ottonen, entstehen kulturelle Zentren. In deren Umfeld gedeiht in der Abtei Gandersheim das Werk der **Roswitha (Hrotsvit)** (10. Jahrhundert), die in ihren Versen die Taten Ottos I. des Großen feiert und in der Art von Terenz außerdem Prosadramen verfasst. Die Klosterschulen in Schwaben stellen eine weitere kulturelle und literarische Quelle zur Zeit der Ottonen dar. Die Schule von St. Gallen tut sich mit einer Reihe berühmter Meister hervor. Die lateinischen Werke bleiben weiterhin im Vordergrund. Meister Konrad schreibt auf Ersuchen des Bischofs **Pilgrim von Passau** (920–991) eine lateinische Version des *Nibelungenliedes*. Das größte Werk ist das *Walthari-Lied (Vita Waltharii manufortis)*. Dessen Autor Ekkehard, der erste von vier hochberühmten Mönchen von St. Gallen, erzählt darin die Geschichte vom Sohn des aquitanischen Westgotenkönigs, der von Attila gefangen gehalten wird, aber fliehen kann. Die *Ecbasis captivi (Flucht eines Gefangenen)* ist die älteste Form deutscher Dichtung mit Tieren als handelnden Subjekten, wobei der Einfluss der Äsop'schen Fabeln deutlich ist. Die lateinisch-deutschen Gedichte sind weitere literarische Produkte jener Zeit, so etwa der Gesang zum Lobe Herzog Heinrichs II. von Bayern: das *De Henrico*, das aus einem Wechsel von deutschen und lateinischen Versen besteht. Und die Ritterromane des Hochmittelalters haben vielleicht eine ihrer Quellen im *Ruodlieb*, einem lateinischen Versepos.

Chroniken und höfische Gesänge

Die klassische Zeit des Mittelhochdeutschen erstreckt sich von 1175 bis ungefähr 1360. Alle literarischen Genres sind repräsentiert; Geschichte taucht vor allem in Gestalt von Chroniken auf. In jedem Teil des Reiches gibt es solche chronologischen Überblicke, und viele «Spiegel» werden verfasst: der *Sachsenspiegel* von Eike von Repgow (um 1180–1235), verfasst zwischen 1222 und 1225; ferner der *Schwabenspiegel* eines anonymen Autors. Sehr vom Werk des Chrétien de Troyes beeinflusst, erscheint *Érec et Yvain* von **Hartmann von Aue** (um 1165–1210), ehe dieser das *Klagebüchlein* verfasst, ein Gespräch zwischen Herz und Körper über die wahre Natur der Liebe; sodann den *Armen Heinrich*, die Heldengeschichte eines Ritters, der durch die Reinheit und Treue eines jungen Mädchens, das er in höfischer Liebe verehrt, von der Lepra geheilt wird. Das Werk jedoch, das am besten die Peripetien des höfischen Epos darstellt, stammt von **Wolfram von Eschenbach** (um 1170–1220). Das zentrale Thema seines *Parzival* ist die Suche nach dem Gral sowie die tiefgreifende Verwandlung des Helden im Laufe der einzelnen Etappen und der Proben, die er bestehen muss. **Gottfried von Straßburg** (?–1210) verleiht zu Beginn des 13. Jahrhunderts dem höfischen Roman mit seiner vollständigen Version von *Tristan und Isolde* den Adelsbrief. Er erneuert das Genre nicht, indem er etwa die Geschichte erschafft – die ja bereits bekannt ist –, sondern indem er der Liebe eine neue Dimension zuschreibt. Sie wird zur Ursache höchsten Glücks und tiefsten Leides des Paares. Das wichtigste Heldenepos der Epoche ist das *Nibelungenlied*, von einem Anonymus zu Anfang des 13. Jahrhunderts verfasst. Das Werk umfasst mehrere Zyklen, die alle die Verherrlichung ritterlicher Tugenden gemein haben: die *Siegfriedslegende*, der *Gesang von Sigurd*, der *Niedergang der Burgunder* und ihre Niederlage gegen Attila zu Beginn des 5. Jahrhunderts.

Der Minnesang und die unerreichbare Liebe

Die lyrische Dichtung der Zeit ist der *Minnesang*, das charakteristische Genre, das entweder das *Lied* als Abfolge regelmäßiger Strophen verwendet oder aber den *Lai*, der aus unregelmäßigen Versen besteht. Der *Minnesang* ist ein Sologesang, der von der Laute oder Drehleier zu begleiten ist und dessen Themen streng kodifiziert sind. Im Minnesang tritt eine Person niederer Herkunft auf, meist ein Leibeigener, der sich in eine für ihn unerreichbare Dame hoher Abkunft verliebt hat. Die ideale und begehrte Frau erweist sich, den Riten der höfischen Liebe gemäß, im Laufe der poetischen Entwicklung als ein vollkommenes Wesen der ganz anderen Art, das jeden Annäherungsversuch auf immer verbietet. Der *Minnesang* jener Zeit weicht allmählich einem bürgerlicheren und populäreren Genre, dem *Meistergesang*. Dieser wird gleichfalls instrumental begleitet und ist durch strenge Regeln definiert: Sein Thema muss erbaulich, allegorisch oder heroisch sein; die Strophen sind in Dreiergruppen zusammengefasst.

Meister Eckhart, der Mystiker

Die weltliche höfische Dichtung ist allerdings nicht die einzige Ausdrucksform dieser Zeit. Im 14. Jahrhundert entwickelt sich auch eine mystische Literatur, die auf dem direkten Kontakt mit Gott mittels persönlicher Erfahrungen beruht. Wieder ist es ein Dominikaner, **Meister Eckhart** (1260–1327), der in Paris diese Art der Gotteserfahrung vertritt. Mehrfach muss er, der Ketzerei angeklagt, vor den Kirchentribunalen erscheinen, und ein Teil seiner Lehre wird verurteilt.

V

Eine christliche Welt

1. Die Kirche vom 8. bis zum 15. Jahrhundert

Der Kirchenstaat

Der Kirchenstaat ist ein zeitweiliges Territorium des Papstes, das er als Souverän regiert. Er entsteht aus der Notwendigkeit heraus, den Heiligen Stuhl vor den Angriffen der Langobarden zu schützen. Die päpstliche Autorität, eingeengt durch den Einfluss der großen Familien, kann sich nur mit Mühe in Rom durchsetzen. Im Jahre 754 wird die Verbindung des Papsttums mit den Karolingern geknüpft. **Pippin der Kurze** (754–768) wie auch seine beiden Söhne werden vom Papst gekrönt. Pippin wird als legitimer König anerkannt, zum Nachteil des letzten Merowinger-Herrschers. Pippin schlägt die Langobarden und unterzeichnet in Quierzy-sur-Oise den Vertrag von Quierzy: die **Pippinische Schenkung**, wodurch das Papsttum das Exarchat Ravenna sowie die Pentapolis, Korsika, Sardinien, Sizilien und die Provinzen der Emilia erhält.

Doch Pippin ist trotz seiner wachsenden Macht kein Souverän mit dem entsprechenden Prestige, das es ihm erlauben würde, die Schenkung zu rechtfertigen. Die karolingische und die päpstliche Kanzlei heißen eine Fälschung gut, die als die **Konstantinische Schenkung** bekannt ist. Gemäß diesem apokryphen Dokument hätte Konstantin 335 sämtliche Provinzen des Abendlandes Papst **Sylvester I.** (314–335) geschenkt. Von Pippin 754 als Fälschung enttarnt, wird die Konstantinische Schenkung durch Pippins Sohn Karl den Großen 774 dennoch bestätigt. Damit ist der Kirchenstaat geschaffen.

1198 bildet **Innozenz III.** (1198–1216) das *Patrimonium Petri*, eine Provinz um Viterbo und Civitavecchia, wobei Rom ausgeschlossen ist. Kaiser **Ludwig der Fromme** (814–840) legt 824 die *Constitutio Romana* auf, die das Gebiet erneut kaiserlicher Vormundschaft unterstellt und vor allem den Kaisern das Recht zugesteht, bei der Papstwahl zu intervenieren. Dieses Recht wird 962 in die Tat umgesetzt. Einmal mehr ist das Papsttum mit der römischen Aristokratie konfrontiert. In der Person des deutschen Königs **Otto I.** (936–973) findet es aber seinen Beschützer. Ottos Armeen stellen den Schutz des Papstes sicher, der den «Kaiser der Römer» krönt. Otto ist der erste deutsche Kaiser des Römischen Reiches. Die Intervention seiner Nachfolger beschränkt sich allerdings nicht auf die Wahl des obersten Pontifex, sondern reduziert nur zu häufig die Rolle des Gewählten zur bloßen Statistenrolle. Bis 1059 wird der Papst vom deutschen Kaiser ernannt. Ein Dekret von **Nikolaus II.** (1059–1061) sieht seine Wahl durch ein Kardinalskollegium vor, die durch Akklamation des Klerus und der Bevölkerung Roms bestätigt wird. Dieses Dekret erneuert die Verurteilung der Simonie und des Nikolaitismus (Verkauf von Sakramenten bzw. Priesterkonkubinat). Die kaiserliche Intervention wird zur einfachen Bestätigung. **Gregor VII.** (1073–1095) bestreitet der weltlichen Macht die Investitur von Äbten oder Bischöfen, was den Investiturstreit und schließlich seine eigene Absetzung durch den deutschen Kaiser **Heinrich IV.** (1056–1106) provoziert. Obwohl das Wormser Konkordat (1122) diesen Konflikt beendet, interveniert der deutsche Kaiser dennoch bei den weltlichen Angelegenheiten der Kirche, angespornt durch den Aufstand des **Arnold von Brescia** (um 1100–1155), eines Mönchs, der die weltliche Macht des Papstes bestreitet. Rom wird zwischen 1145 und 1155 für zehn Jahre eine Republik, der Papst bleibt auf den geistlichen Bereich beschränkt. **Friedrich I. Barbarossa** (1152–1190) befreit den Papst vom aufständischen Mönch, will aber im Gegenzug einen Kirchenfürsten, der ihm geneigt ist. Als er nicht erhält, was er will, sorgt er 1159 für einen Gegenpapst zum rechtmäßigen Papst **Alexander III.** (1159–1181): **Victor IV.** (1159–1164).

Der Kirchenstaat wächst 1155 um die Besitzungen, die er von Gräfin **Mathilde von Tuszien** (1046–1115) erhält, einer leidenschaftlichen Welfin. Diesen Unterstützern des Papstes stehen die Waiblinger gegenüber, die dem Kaiser zugetan sind. Gregor VII. flüchtet sich in Mathildes Burg Canossa, und Kaiser **Heinrich IV.** unterwirft sich anlässlich der dortigen Begegnung. Er kniet vor dem Papst nieder und erkennt dessen Oberherrschaft an. Die Schenkung Mathildes umfasst die Toskana, Reggio d'Emilia, Modena, Parma, Ferrara und die Herzogtümer Spoleto und Camerino.

Von Gregor dem Großen (590–604) bis zum Ende der Reconquista (1492)

Die Geschichte der Kirche zwischen dem Pontifikat **Gregors des Großen** (590–604) und dem Triumph des Christentums in Europa vor dem Verschwinden des letzten muslimischen Königreiches 1492 lässt sich in zwei Perioden unterteilen. In der ersten Phase vom 6. bis zum 13. Jahrhundert findet die Christianisierung statt, was einen Konflikt mit dem Reich zur Folge hat. Höhepunkt dieser ersten Phase im 13. Jahrhundert ist das Pontifikat von **Innozenz III.** (1198–1216), trotz dessen gewaltsamer Unterdrückung aller als ketzerisch eingestuften Bewegungen. Die zweite Phase nach dem Sieg über das Reich umfasst den Kampf mit den nationalen Monarchien in Frankreich und England, die sich immer mehr festigen. Das Papsttum, im Exil in Avignon, wird im 14. und 15. Jahrhundert von heftigen Krisen erschüttert: Man spricht vom großen abendländischen Schisma (1378–1417). Die Unfähigkeit, sich aus sich selbst heraus zu reformieren, führt schließlich zur protestantischen Reformation.

Die Kirche bis zu Innozenz III. (1198–1216)

Gregor I., der Große (590–604), um 540 in einer aristokratischen Familie Roms geboren, wird höchst widerwillig Papst – er versucht alles, um 590 nicht geweiht zu werden. Er ist der erste Mönch, vermutlich den Benediktinern nahestehend, der oberster Pontifex wird. Er widmet sich der Evangelisierung Europas: Er bringt die drei arianischen Könige der Langobarden zum Katholizismus und sendet Missionare aus, darunter **Augustin von Canterbury** (?–604) oder im Jahr 597 seine vierzig Mönche vom Caelius. Die angelsächsische Kirche ist Rom direkt unterstellt, das den aus Tarsus stammenden **Theodor** zum

Erzbischof von Canterbury (669–690) ernennt. Im 8. Jahrhundert wendet sich die Kirche, von den Langobarden bedroht, von der byzantinischen Vormundschaft hin zu den Frankenkönigen.

Die gregorianische Reform: Antwort auf eine Krise

Obwohl die gregorianische Reform ihren Namen **Gregor VII.** (1073–1085) verdankt, ist sie doch tatsächlich nur eine Fortsetzung früherer Bestrebungen während seines Pontifikats und keine von ihm ausgehende Initiative. Sie beruht auf drei Grundlagen: der Kampf gegen die mangelnde Ausbildung des Klerus; die herausragende Rolle des Papstes, der seit 1059 von dem neuen Kardinalskollegium gewählt wird; die Unabhängigkeit der Kirche, sich selbst zu leiten und ihre Mitglieder auszuwählen und zu fördern, entgegen den Absichten der deutschen Kaiser. Die Reform ist die Antwort auf eine tiefe Krise im 10. und 11. Jahrhundert. Konfrontiert mit der karolingischen Ordnung, die gerade im Begriff ist unterzugehen, fällt die Kirche unter den Schlägen der deutschen Kaiser. **Otto I.** (936–973) beruft in Rom eine Synode ein, um Papst **Johannes XII.** (955–964) abzusetzen, der ihn zwei Jahre zuvor zum Kaiser gekrönt hat. Die Könige von Frankreich und England betrachten Bistümer als Lehen, die sie an ihre Getreuen verteilen. Der niedere Klerus ist nur allzu oft unwissend, besetzt die *cura animarum*, die «Sorge um die Seelen», im Sinne der Günstlingswirtschaft, ohne eine wirkliche theologische Ausbildung aufzuweisen. Die Abteien werden oft *commanditer* vergeben, an einen ernannten Abt, der auch ein Laie sein kann, sich aber nie um die Abtei kümmert, deren Verwaltung vielmehr einem Dritten anvertraut und sich mit dem Empfang der Einnahmen begnügt. Der rapide Anstieg der Anzahl unwürdiger Pastoren begünstigt die Entwicklung von Häresien.

Die Reform nimmt im 10. Jahrhundert in Cluny ihren Anfang. Cluny, das der Benediktinerregel von **Benedikt von Nursia** aus dem 6. Jahrhundert folgt, die durch **Benedikt von Aniane** erweitert wird, definiert den strengen Rahmen des Klosterlebens: Gebet, Handarbeit, Studium der Schrift. Der Tag ist streng reglementiert, ebenso wie Kleidung und Verhalten, unter anderem durch das Abhalten von Offizien, außerhalb derer die Mönche mit ihren Händen arbeiten oder studieren sollen. Diese Klosterform verbreitet sich im gesamten Abendland. Die Cluniazenser bilden das Umfeld des Papstes, um dort die Reform zu leiten. Der spätere Gregor VII., damals noch als Mönch **Hildebrand** bekannt, ist einer von ihnen.

Die Reform der Zisterzienser: Wirtschaft, meisterlich gehandhabt

Bernhard (1091–1153), erster Abt von **Clairvaux**, der 1115 gegründeten Abtei in der Nachfolge von Citeaux, spielt bei der Erneuerung des Zisterzienserordens eine wesentliche Rolle. Der fromme Mann und Autor theologischer Schriften wird vor allem wegen seines Talents als Redner gerühmt, die ihm den Beinamen *doctor mellifluus*, «Meister mit einer Stimme wie Honig», einbringen. Er predigt marianische Frömmigkeit und verleiht dem Marienkult den entscheidenden Aufschwung. Durch seine Ablehnung der Wissenschaft der Theologie widersetzt er sich der Scholastik und zieht ihr die mystische Erfahrung vor. Er belebt den Zisterzienserorden neu und gründet persönlich mehr als 60 Klöster, aus denen bis zum Ende des 12. Jahrhunderts insgesamt mehr als 500 Klöster werden. Jeder Zisterziensermönch muss sein Leben zwischen Handarbeit, die je nach Fähigkeiten des Einzelnen verteilt wird, und dem Gebet teilen. Vollständig Gott zugewandt, widersetzt sich Bernhard, der 1174 heiliggesprochen wird, gleichfalls den päpstlichen Ansprüchen auf Vorherrschaft gegenüber dem Weltlichen, auch wenn er ein glühender Verteidiger des Stuhles Petri ist. Er beruft sich auf die Notwendigkeit der Unabhängigkeit der Kirche angesichts der Macht der Fürsten. Sorgfältig regelt Bernhard sämtliche Details des täglichen Lebens im Kloster, weshalb er der Architektur ein ganz besonderes Interesse entgegenbringt. Gott und dem Gebet geweiht, verweigert eine Zisterzienserabtei jedes Übermaß an Dekor. Die Gebäude zeichnen sich durch Einfachheit, das Fehlen von Türmen und ihren Sinn für klare geometrische Formen aus. So ist auch der Chorabschluss gerade und nicht rund. Die Kirchenfenster werden durch schlichte Fenster aus weißem oder leicht grau eingefärbtem Glas, Grisailles genannt, ersetzt.

Der Investiturstreit (1075–1122)

Gregor VII. geht in der Behauptung der Überlegenheit des Papstes in seinem *Dictatus papae* von 1075 noch viel weiter. In Form von 27 Punkten bekräftigt er die Überlegenheit des Geistlichen über das Weltliche, woraus die universelle Macht des Papstes über alle Herrscher folgt, die er demzufolge auch absetzen kann. Diese Bestimmungen stehen am Anfang des Investiturstreits (1075–1122), in dem sich Papst und deutscher Kaiser gegenüberstehen. Letzterer meint, dass seine Macht ihm von Gott gegeben sei und daher er der einzige sei, der Bischöfe einsetzen könne – umso mehr, als der Bischof auch weltliche Güter repräsentiere. **Heinrich IV.** (1056–1106), Kaiser des Heiligen Römischen

Reiches Deutscher Nation, drängt 1076 die Bischöfe seines Reiches dazu, dem Papst den Gehorsam zu verweigern. **Gregor VII.** exkommuniziert ihn deshalb. Einige Monate darauf ist Heinrich gezwungen, anlässlich der Begegnung in Canossa kniend vor Gregor Buße zu tun. Nachdem er sich von einem römischen Gegenkönig befreit hat, der von aufständischen Vasallen gewählt worden ist, zögert Heinrich nicht, sogleich den Kampf mit dem Papsttum erneut aufzunehmen. Er lässt den Gegenpapst **Clemens III.** (1080–1100) wählen, nimmt Rom ein und lässt Gregor 1084 gefangen nehmen. Vom normannischen König von Sizilien befreit, stirbt Gregor VII. kurz darauf im Jahre 1085. Die Nachfolger von Kaiser und Papst setzten ihre Kämpfe bis zur Unterschrift unter das Wormser Konkordat 1122 fort. Mit diesem Dokument finden Kaiser **Heinrich V.** (1111–1125) und Papst **Calixtus II.** (1119–1124) einen Ausweg aus dem Investiturstreit. Die Bischöfe des Reiches werden zukünftig durch Kathedralkapitel gewählt, erhalten danach vom Papst die geistliche Investitur. Der Kaiser beschränkt sich darauf, ihnen die weltliche Investitur zu verleihen.

Das Pontifikat von Innozenz III. (1198–1216)

Unter **Innozenz III.** erreicht die Kirche den Höhepunkt ihres Einflusses über die weltlichen Herrscher. Begierig, die Kirche zu reformieren, damit sie sich der Zukunft gelassener nähern kann, beruft der Papst 1215 das Vierte Laterankonzil ein. Viele Entscheidungen werden getroffen, und manche kanonische Bestimmung des Konzils ist von universeller Reichweite:

- das Dogma der Transsubstantiation wird formuliert (bei der Feier der Messe werden Brot und Wein zu Fleisch und Blut Christi);
- die Ohrenbeichte wird einmal im Jahr obligatorisch, zu Ostern;
- niemand hat das Recht, die Kirchengüter ohne päpstliche Zustimmung zu besteuern;
- eine strengere Überwachung der Orthodoxie, sowohl bezüglich des Verhaltens des Klerus als auch durch Vorbeugung oder Bekämpfung von Häresien;
- Einrichtung neuer Orden nach vom Papst genehmigten Regeln.

Dieser letzte Punkt betrifft vor allem die beiden großen Orden, die am Ende des 12. Jahrhunderts aufkommen und im folgenden Jahrhundert rapide anwachsen: die Dominikaner und Franziskaner.

Die Häresien (12.–15. Jahrhundert)

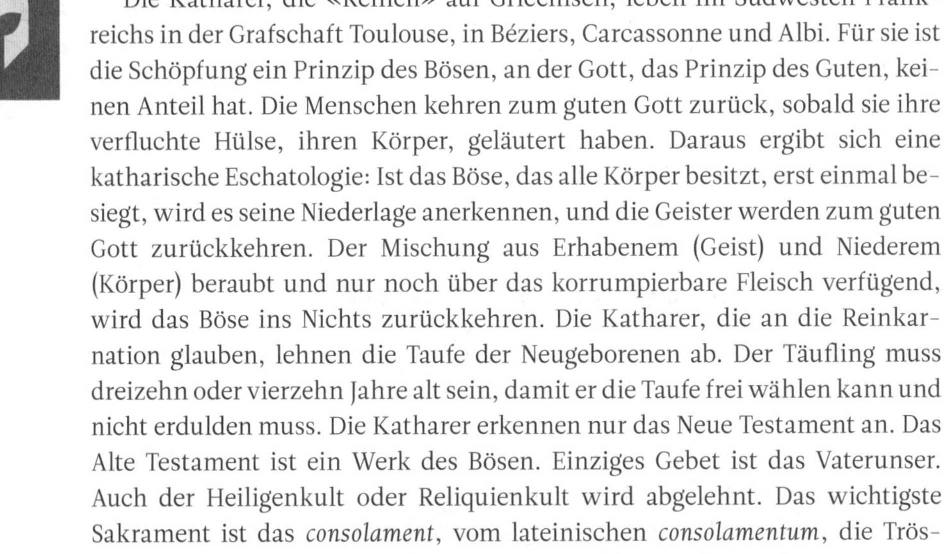

Im 12. Jahrhundert setzt sich die Reform mit dem Kampf gegen die Häresien fort. Die Waldenser, benannt nach **Petrus Valdus** (um 1130–1217), wirken vor allem in Piemont und Lyon. Sie predigen die Rückkehr zur Armut Christi und lehnen die Transsubstantiation ab. Auf dem Vierten Laterankonzil (1215) zu Ketzern erklärt, kehren sie entweder zur Kirche zurück, schließen sich Bettelorden an oder später der protestantischen Reformation.

Die Katharer, die «Reinen» auf Griechisch, leben im Südwesten Frankreichs in der Grafschaft Toulouse, in Béziers, Carcassonne und Albi. Für sie ist die Schöpfung ein Prinzip des Bösen, an der Gott, das Prinzip des Guten, keinen Anteil hat. Die Menschen kehren zum guten Gott zurück, sobald sie ihre verfluchte Hülse, ihren Körper, geläutert haben. Daraus ergibt sich eine katharische Eschatologie: Ist das Böse, das alle Körper besitzt, erst einmal besiegt, wird es seine Niederlage anerkennen, und die Geister werden zum guten Gott zurückkehren. Der Mischung aus Erhabenem (Geist) und Niederem (Körper) beraubt und nur noch über das korrumpierbare Fleisch verfügend, wird das Böse ins Nichts zurückkehren. Die Katharer, die an die Reinkarnation glauben, lehnen die Taufe der Neugeborenen ab. Der Täufling muss dreizehn oder vierzehn Jahre alt sein, damit er die Taufe frei wählen kann und nicht erdulden muss. Die Katharer erkennen nur das Neue Testament an. Das Alte Testament ist ein Werk des Bösen. Einziges Gebet ist das Vaterunser. Auch der Heiligenkult oder Reliquienkult wird abgelehnt. Das wichtigste Sakrament ist das *consolament*, vom lateinischen *consolamentum*, die Tröstung, die als «Taufe des Geistes» erlebt wird. Diese geschieht durch Auflegen der Hände eines *Perfectus*, eines Vollkommenen: jemand, der bereits geweiht wurde. Bei dieser Ordination (Priesterweihe) verpflichten sich die Empfangenden zu einem Leben als *Perfecti*, ein guter Mann oder eine gute Frau: eine Mischung aus Askese, moralischer Unerbittlichkeit gemäß dem Evangelium und Verzicht, etwa auf das Verzehren von Fleisch.

Innozenz III. (1198–1216) führt 1208 gegen sie den Albigenser- bzw. Katharerkreuzzug. Dieser Krieg dauert 20 Jahre (1209–1229). **Simon de Montfort** (um 1164–1218), der den Kreuzzug anführt, nimmt Béziers, Carcassonne, das Languedoc und Toulouse ein. Die Katharer werden festgenommen und verbrannt. Das Vierte Laterankonzil (1215) übergibt Simon de Montfort die Grafschaft Toulouse, die Vicontés Béziers und Carcassonne sowie das Herzogtum Narbonne. Ab 1231 verfolgt die Inquisition, oft den Dominikanern anvertraut, die Ketzer. Nach der Einnahme von Montségur und dem Tod von 200 Perfecti auf dem Scheiterhaufen isoliert, werden auch die letzten Ketzer zu Beginn des 14. Jahrhunderts verurteilt. Obwohl sich der französische König **Philipp II. August** (1180–1223) weigert, am Albigenserkreuzzug teilzunehmen, erobert sein Sohn **Ludwig VIII.** (1223–1226) Languedoc, das am Ende des 13. Jahrhunderts dem königlichen Gebiet einverleibt wird.

Die Kreuzzüge

Seit der Ausbreitung des Islam ab dem 8. Jahrhundert sind die heiligen Stätten in Palästina in den Händen von Eroberern, die dennoch Toleranz beweisen, indem sie christlichen Pilgern den erwünschten freien Zugang gewähren. Diese Politik der Öffnung setzt sich unter den Fatimiden fort, die allerdings mehr und mehr Schikanen einführen, was im Abendland eine Welle der Missbilligung auslöst. Zudem fällt es dem oströmischen Kaiser immer schwerer, die Überfälle und Plünderungen der türkischen Seldschuken aufzuhalten. Das veranlasst **Alexios I. Komnenos** (reg. 1081–1118), oströmischer Kaiser, 1089 die Hilfe von Papst **Urban II.** (1088–1099) zu erbitten. Dieser erlässt von Clermond aus am 24. November 1095 einen Aufruf zum Kreuzzug, um die durch gottlose Besetzung entweihten heiligen Stätten zurückzuerobern. Im Falle des Todes während der Expedition verspricht der Papst den vollständigen Sündenablass, also die Vergebung aller begangenen Sünden. Der Erste Kreuzzug dauert von 1097, mit der Belagerung von Nizäa, bis 1099, mit der Einnahme Jerusalems. Er wird von **Gottfried von Bouillon** (1058–1100) angeführt, der zum Beschützer des Heiligen Grabes wird, danach zum ersten Herrscher des christlichen Königreichs Jerusalem, ehe er 1100 stirbt. Der Zweite Kreuzzug (1147–1149) scheitert aufgrund von Unstimmigkeiten unter den christlichen Königen gänzlich. Bis 1291 gibt es noch vier weitere Kreuzzüge: Auf dem wichtigsten, dem Vierten Kreuzzeug (1202–1204), plündern die Kreuzzugfahrer Konstantinopel.

Nachdem das Heilige Land erobert ist, müssen die Kreuzfahrer es verwalten. Zu jener Zeit entstehen die wichtigsten geistlichen Ritterorden. Der Templerorden entsteht 1119 und nimmt die Regel des heiligen Bernhard von Clairvaux an, der den Templern seinen Schutz gewährt. Ihre Gelübde sind Armut, Keuschheit und Gehorsam, und ihr Ziel ist der Schutz der Pilger. Der Name «Templer» entstammt der ersten Gemeinschaftsstätte des Ordens in Jerusalem, die in der Nähe des alten Tempels Salomos gelegen ist. 1137 entsteht der Johanniterorden, der den Pilgern in ihren letzten Momenten Pflege und Hilfe angedeihen lässt. Nach dem Niedergang der Stadt Akkon lassen sich die Johanniter zunächst auf Rhodos, dann auf Malta nieder – daher der Name des heutigen (katholischen) Malteserordens. Die deutsche Kolonie aus Lübeck und Bremen gründet 1190 in Akkon den Orden der Deutschen Ritter (Deutschritterorden), der ab 1198 militärisch organisiert ist. Sein wichtigstes Missionsgebiet ist nicht Palästina, sondern die heidnischen Ränder Osteuropas. Nach der Eroberung Preußens gründen die Deutschritter dort in der ersten Hälfte des 13. Jahrhunderts einen regelrechten Staat.

Neue Orden: Franziskaner, Karmeliter, Dominikaner und Augustiner

Die Bettelorden sind ein Element der Kirchenreform. Sie sind die Verkörperung des Armutsschwurs, leben von der Nächstenliebe und besitzen kein persönliches oder gemeinschaftliches Eigentum. Sie sind Antwort auf die Anklagen gegen eine verschwenderische Kirche, deren Fürsten den Lebensstil der großen weltlichen Herren mitsamt deren Lastern pflegen. Franziskaner, Dominikaner und andere Bettelorden predigen das Evangelium, sind aber auch damit beauftragt, die Katharer wieder in die Reihen der Kirche zurückzuführen.

▪ **Der Orden der Minderen Brüder** oder **Franziskaner** entsteht 1209 in Norditalien durch das Wirken des **Franz von Assisi** (1181–1226). Einem reichen Kaufmannsmilieu entsprossen, führt er lange Zeit ein Leben voll Verschwendung, führt Fehden, strebt nach Adel, und landet schließlich im Gefängnis. 1205 hat er eine Offenbarung, befreit sich von allen Gütern, im eigentlichen wie im übertragenen Sinn, bis er schließlich nackt vor dem Bischof von Assisi steht. Er gründet eine Bruderschaft, die Minderen Brüder, zu Ehren der Geringsten, die im Evangelium erwähnt werden. Ihm schließt sich 1212 **Chiara Offreduccio di Favarone** bzw. **Klara von Assisi** (1194–1253) an, die den Orden der Armen Damen oder Klarissen gründet. 1222 gründet Franz von Assisi den **Dritten Orden**, der auch Laien ermöglicht, nach dem Ideal der Armut zu leben und dabei in der säkularen Welt zu verbleiben. 1224 werden bei ihm Wundmale sichtbar. Franz verfasst noch seinen *Sonnengesang*, ehe er 1226 stirbt. Vier große Denker des Mittelalters schließen sich der Franziskanerbewegung an: **Giovanni di Fidanza** bzw. **Bonaventura** (um 1221–1274), «Doctor seraphicus» genannt, Generalminister der Franziskaner; **Roger Bacon** (1214–1294), wegen seines umfangreichen Wissens «Doctor mirabilis» genannt; **Johannes Duns Scotus** (um 1266–1308), «Doctor subtilis» genannt, ein franziskanischer Theologe; **Wilhelm von Ockham** (um 1290–1349), «Doctor invincibilis» genannt, der größte franziskanische Nominalist.

▪ **Der Orden der Prediger** oder **Dominikaner** wird 1215 von **Domenico de Guzmán** (um 1170–1221) gegründet. In Toulouse eröffnet er 1215 das erste Kloster, das zur Predigt bestimmt ist und dazu, die Ketzer zum wahren Glauben zurückzuführen. Der Orden folgt den Regeln des Augustinus und den *Constitutines* (Regeln) von Dominikus und wird im selben Jahr von Innozenz II. anerkannt. Von Anfang an vertraut die Kirche den Dominikanern die Inquisition an. Die rechtsverbindliche Form des Ordens wird 1216 approbiert, mit Billigung des neuen Papstes Honorius III. Grundlage ist die Regel des heiligen Augustinus. Der Orden widmet sich der Mission und der Kontemplation. Zu den berühmten Dominikanern gehören **Thomas von Aquin** (um 1224–1274), auf dessen Werk jene philosophische und theologische Strömung zurückgeht, die als Thomismus bekannt ist, sowie **Eckhart von Hochheim**, genannt **Meister Eckhart** (1260–1327), Theologe, Philosoph und Ursprung der rheinischen Mystiker.

▪ **Die Karmeliter** und **die Augustiner** werden außer den Franziskanern und Dominikanern auf dem Konzil von Lyon 1274 als weitere «große» Bettelorden anerkannt. Der Karmeliterorden umfasst Männer (Karmeliten) und Frauen (Karmelitinnen), die sich der Kontemplation widmen. Der protestantischen Reform folgt eine katholische Gegenreformation, eine Bewegung, die auch die Reform der Karmeliter zur Folge hat, angeführt in Spanien von **Teresa von Ávila** (1515–1582) und **Johannes vom Kreuz** (1542–1591). Diese betonen die persönliche Zurückgezogenheit zugunsten der Demut und die Vereinigung mit Gott in der Kontemplation. Sie sprechen von der Verzückung eines Lebens in Verborgenheit. Der Erfolg der bestehenden Bettelorden begünstigt das Entstehen kleiner Gruppen ohne Struktur, und dies zu einer Zeit, da diese kleinen Gruppen durch Häresien versucht sein könnten. Papst **Alexander IV.** (1254–1261) entscheidet daher, sie 1254 zu einem Bund zusammenzuschließen. Sie leben in Klöstern und widmen sich der Predigt. Das Konzil von Lyon II (1274) erkennt den Orden endgültig an.

Die geschwächte Kirche im 14. und 15. Jahrhundert

Zu Beginn des 14. Jahrhunderts ist das Papsttum deutlich geschwächt. Der durch das Pontifikat von Innozenz III. aufgekommene Wunsch, der Kirche einen Platz unter weltlichen Herrschern zu verschaffen, führt zu Auseinandersetzungen mit den Letzteren. Die heftigste Auseinandersetzung ist die des französischen Königs **Philipp IV., des Schönen** (1285–1314) mit Papst **Bonifatius VIII.** (1294–1303). Sie gipfelt im Attentat von Anagni, bei dem der Gesandte von König Philipp, Guillaume de Nogaret, vergeblich versucht, die Abdankung des Pontifex zu erreichen, und ihn ohrfeigen lässt. **Clemens V.** (1305–1314), ehemaliger Erzbischof von Bordeaux, verlegt den Papstsitz nach Avignon, um so der chronischen Unsicherheit in Rom zu entgehen. Es handelt sich dabei seiner Absicht nach um einen vorübergehenden Aufenthalt, der aber tatsächlich fast 70 Jahre dauern wird. Papst **Gregor XI.** (1370–1378) bringt das Papsttum am 17. Januar 1377 nach Rom zurück. Im Jahr 1378 werden kurz nacheinander zwei Päpste gewählt: **Urban VI.** (1378–1389), der von den Italienern unterstützt wird, und dann, auf Drängen der französischen Kardinäle, **Clemens VII.** (1378–1394). Der Erstere regiert in Rom, der Zweite kehrt nach Avignon zurück. Das ist das **Große abendländische Schisma**, das Europa in zwei unterschiedliche päpstliche Obedienzen scheidet. Jeder Papst exkommuniziert den anderen und klagt ihn der Ketzerei an. Das Drama dauert bis 1389, als der Tod Urbans VI. eine Zeitlang eine Verhandlungslösung ahnen lässt, die aber schnell durch die Wahl seines Nachfolgers **Bonifatius IX.** (1289–1404) hinfällig wird. In Avignon folgt 1394 **Benedikt XIII.** (1394–1423) auf Clemens VII. Der römische Papst wird von Norditalien unterstützt, vom Großteil des Imperiums und von England. Der Papst aus Avignon wird von Frankreich, Schottland, dem Königreich Neapel, Kastilien, Dänemark und Norwegen verteidigt.

Es bedarf erst zweier Konzile, das eine in **Konstanz** (1414–1418), das andere in **Basel** (1431–1449), um den Konflikt beizulegen und die Christenheit zu einigen – nach der Absetzung der drei Päpste, die nun gleichzeitig regieren: **Johannes XXIII.** (1410–1415), **Gregor XII.** (1406–1415) und **Benedikt XIII.** (1394–1423). Sie werden durch Kardinal Oddo di Colonna ersetzt, dessen Papstname **Martin V.** (1417–1431) ist. Das Konzil von Basel wird weiterhin durch das Auftreten des Nachfolgers von Martin, **Eugen IV.** (1431–1447), bestimmt, der sich auf dem Papstthron behauptet, sowie durch die kurze Karriere des Herzogs Amadeus von Savoyen, der zum Gegenpapst **Felix V.** (1439–

1449) wird. Die päpstliche Autorität ist erst ab 1449 wiederhergestellt, als **Nikolaus V.** (1447–1455) endlich der Einzige ist, der die Nachfolge Petri für sich beanspruchen kann.

2. Die religiöse Kunst im Abendland

Die romanische Kunst

Die Bezeichnung **romanische Kunst** wurde von dem Kunsthistoriker **Charles de Gerville** (1769–1853) geprägt, als er für sein Werk *Essai sur l'architecture du Moyen Age – Über die Architektur des Mittelalters* eine geeignete Bezeichnung für die künstlerische Entwicklung suchte, die der Zeit der Gotik vorausging. Traditionellerweise werden die Anfänge der Romanik auf den Beginn des 11. Jahrhunderts gelegt, ist dies doch der Augenblick der Stabilisierung der Kirche innerhalb der europäischen Monarchien. Die Entwicklung vollzieht sich von Deutschland aus in Richtung Italien und Frankreich, dann nach Nordspanien, ehe am Ende des 11. Jahrhunderts sich die Gotik durch jene Architektur ankündigt, die damals in England und der Normandie entwickelt wird. Man kann den Höhepunkt der Romanik auf das Ende des 11. Jahrhunderts datieren, um 1080, als das Problem des Gewölbes in monumentalen Gebäuden gelöst wird. Die Frage nach dem Ende der Romanik ist sehr viel schwieriger zu beantworten. Sicherlich sind die Anfänge der Gotik ab 1140 in Frankreich in der königlichen Basilika von Saint-Denis zu erkennen, doch der Einfluss der Romanik dauert bis zum letzten Drittel des 12. Jahrhunderts an. Die Romanik lässt sich nach geographischen Kriterien in mehrere Linien einteilen: Die frühe Romanik in Frankreich entspricht deshalb dem späten ottonischen bzw. dem angelsächsischen Stil, während die zweite Romanik, auch als Hochromanik bezeichnet, der späten salischen Kunst bzw. der normannischen Kunst entspricht. Sie besitzt in jedem der genannten Länder ihre Eigenheiten, auch wenn zum ersten Mal eine Einheit vorhanden ist, die ausreicht, um einen gemeinsamen Stil im europäischen Rahmen zu benennen.

Romanische Architektur: Neue Lösungen

Die romanische Architektur ist durch ihre Komplexität gekennzeichnet. Der heilige Raum der Kirche ist je nach Funktion aufgeteilt, die jedem Bauteil zugewiesen ist. Mehr und mehr favorisieren die Architekten den Plan einer einschiffigen Halle. Große Kirchen werden notwendig, weil sie die zahlreichen Mönche und Priester aufnehmen müssen sowie die Pilger, die zum Beten kommen oder um die heiligen Reliquien zu sehen. Um gegen ein mögliches Feuer gewappnet zu sein, ersetzten die Baumeister nach und nach die Holzkonstruktionen durch gemauerte Gewölbe. Dieses System benötigt wiederum neue Lösungen für die Errichtung des Gewölbes, dessen häufigster Typus das quadratische Kreuzgratgewölbe ist. Die deshalb verstärkte Außenmauer wird auf besondere Weise verarbeitet, und Fenster werden eingesetzt. Der Grundriss wird ebenfalls modifiziert. Die Kirchen nehmen immer mehr Gläubige auf, die anlässlich der Pilgerfahrten noch zahlreicher werden. Die Seitenschiffe werden daher verlängert und mit einem Chorumgang versehen: Strahlenförmig gewölbte Kapellen, je einem Heiligen geweiht, ermöglichen die Prozession der Pilger im Inneren der Kirche. Portale werden dem Querschiff angefügt. Die wichtigste Form bleibt jedoch die der Basilika, die sich aber nun in mehreren Punkten unterscheidet. Sie nimmt in ihrer Form, der eines lateinischen Kreuzes, eine gewölbte Bedachung und eine Ausdehnung des Chores auf.

Romanische Skulptur: Veränderte Behandlung der Formen

Vor dem 10. Jahrhundert weisen die errichteten Gebäude wenig oder keinen Figurenschmuck auf. Erst um das 11. Jahrhundert erscheinen die ersten großen Skulpturengruppen. Doch die allerersten romanischen Bauten sind zunächst selber dekorativ (Friese, Palmetten, stilisiertes Blattwerk). Das betrifft anfänglich die Kapitelle, die Kreuzgänge und die Krypten. Nach dem Ende des 11. Jahrhunderts werden die Fassaden dekoriert. Immer öfter, und dabei weit entfernt von den kirchlichen Streitereien, nehmen die romanischen Bildhauer alte religiöse Themen auf. Szenen aus dem Alten Testament werden neben solchen aus dem Leben Jesu dargestellt. Am Ende des 11. Jahrhunderts wird die Skulptur monumental. Mithilfe der Ikonographie, die hierzu bewusst eingesetzt wird, werden die analphabetischen Laien belehrt. Die Ikonographie wird zur steinernen Bibel für all jene, die keinen Zugang zum Text der Heiligen Schrift haben. Weil die Romanik vom *horror vacui*, der Angst vor der Leere, befallen ist, werden die dargestellten Personen auseinandergezogen, damit sie in die rechteckigen Formen passen, die ihnen zugewiesen sind, wie etwa an den Fassaden der Kathedralen von Moissac oder Vezelay.

Goldschmiedekunst – Prunkkunst

Der Wohlstand der Klöster ermöglicht ihnen Entwicklung und Entfaltung. Auch der Reliquienkult begünstigt den Aufschwung der Klöster und bringt die unterschiedlichsten Reliquiare mit sich: in Form von Sarkophagen oder Kreuzen. Zu Beginn des 12. Jahrhunderts wird eine weniger kostspielige Technik entwickelt als das bislang praktizierte Cloisonné-Verfahren (Zellenemaille). Die neue Technik besteht darin, die Emaille in Hohlräume einzubringen, die in dickere Metallplatten, meist aus Kupfer, gegraben wurden. Die ausgesparten, nicht emaillierten, Teile werden mit Quecksilber «vergoldet». Die Textilkunst hat uns den 1066 in Bayeux entstandenen **Bildteppich der Königin Mathilda** hinterlassen, auf dem Episoden der Eroberung Englands geschildert sind.

Die gotische Kunst

Dieser Begriff wird auf alle künstlerischen Manifestationen zwischen dem 12. und 15. Jahrhundert angewandt, zunächst in Frankreich, dann auch im Rest Europas. Er ist einem Florentiner zu verdanken, **Giorgio Vasari** (1511–1574), der in seinem Werk über das Leben toskanischer Maler *Le Vite de' più eccellenti pittori scultori ed architettori* (*Lebensbeschreibungen der berühmtesten Maler, Bildhauer und Architekten*, erschienen 1550) die Meinung äußert, dass der Stil der Monumente des Mittelalters, die auf eine neue, aus Deutschland stammende Art errichtet worden seien, gotisch genannt werden müsse, weil er von den barbarischen Goten erfunden worden sei. Die wichtigste Neuerung, die die gotische Kunst bringt, beruht auf mehreren wesentlichen Prinzipien: die Vergrößerung der Wandöffnungen, die Erhöhung des Aufrisses sowie die Suche nach einem homogenen Raum. Ab der zweiten Hälfte des 13. Jahrhunderts wenden sich die Länder Europas vom französischen Vorbild ab und entwickeln nach und nach ihren eigenen Stil, ohne allerdings dessen Grundlagen zu verändern. Die Gotik erstreckt sich im Norden bis nach Skandinavien, im Osten bis nach Polen und im Süden bis nach Zypern und Rhodos, die sie gleichfalls mit ihrem Einfluss erfüllt. Italien bleibt dieser Kunst lange verschlossen und entwickelt ab der Mitte des 14. Jahrhunderts einen eigenen Stil, der zum Ursprung der Renaissance wird.

Die gotische Architektur in Frankreich

Die neue Kunst der gotischen Kathedrale resultiert aus dem immer größer werdenden Raum, der dem Licht eingeräumt wird – ein Begleitumstand der Entwicklung der Kirchenfenster im 13. Jahrhundert. Mehrfarbige Glasstücke werden mithilfe von Blei zu Bildern der heiligen Geschichte zusammengesetzt. Der Bau von Gewölben auf Kreuzbögen ermöglicht die Verbreiterung des Kirchenschiffs und die Erhöhung des Gewölbes. Die Strebepfeiler, die an der Basis des Gebäudes den Druck aufnehmen, werden in der Höhe durch Strebebögen abgelöst, zwischen denen Glasfenster und Rosetten eingefügt sind. Die wichtigsten Bauwerke dieser Zeit sind die Kathedralen von Chartres und Notre-Dame in Paris sowie von Saint-Denis (1132–1144). Die Kunst der Gotik läst sich in mehrere Perioden einteilen:

- **Frühgotik** (1140–1190): Bau der Kathedralen von Saint-Denis, Sens, Noyon, Soissons, Laon und Notre-Dame in Paris.
- **Hochgotik** (1190–1240): Sie stellt das Goldene Zeitalter der Gotik dar mit immer höheren Bauwerken; Kathedralen in Chartres, Reims, Bourges, Amiens.
- **Rayonnant-Gotik** (1240–1370): Das Motiv der Glasrosette wird entwickelt.
- **Flamboyant-Gotik** (14.–15. Jahrhundert): Sie ist durch überreiche Verzierungen gekennzeichnet. Typisch sind die Türme und Fassaden mit ihrem flammenförmigen Maßwerk.

Die Abtei von **Saint-Denis**, auf Initiative von Abt **Suger** (1135–1144) erbaut, bringt eine vollständig neue Architektur hervor. Sie bildet den Narthex, die Vorhalle, neu, und zum ersten Mal wird die Fassade mit einer Rosette über dem Hauptportal geschmückt. Um den Reliquien mehr Platz zu verschaffen, wird die Apsis vergrößert. Eine neue Krypta, die jene der Karolinger mit einbezieht, wird gebaut. Der Chor hat einen Chorumgang, der sich auf die strahlenförmig nebeneinanderliegenden Kapellen öffnet. Eine jede dieser Kapellen wird durch zwei Fenster erhellt, während traditionell dort nur eines bzw. drei waren. Die 1231 von Abt **Odo von Deuil** (Abt von 1228 bis 1245) unternommenen Arbeiten verändern den Chor Sugers.

Die Kathedrale als Sitz Gottes

Weil es nun die Bischöfe sind, die am Anfang eines Kirchenbaus stehen, erhält die Kathedrale ihren zentralen Ort in der Stadt. Die maßstäbliche Architektur der Gotik ist die Kathedrale von Chartres von 1220. Der Baumeister steht an der Spitze des gesamten Bauunternehmens. **Villard de Honnecourt** hat Notizbücher hinterlassen, die voller Skizzen und schriftlicher Bemerkungen zur Baupraxis des 13. Jahrhunderts sind. Man findet hier genaue Angaben für die Ausführung bestimmter Teile, erklärende Zeichnungen zu technischen Vorgängen, mechanische Einrichtungen, Vorschläge für Menschen- und Tierfiguren sowie Notizen über die Bauten und Monumente, die Villard de Honnecourt selbst besichtigen konnte.

Die gotische Skulptur in Frankreich

Die ersten Werke der gotischen Skulptur sind in Saint-Denis und Chartres zu finden. Zur Entstehungszeit waren es 26, heute sind es noch 19 Statuen. Die drei Portale von Chartres bilden das vollständigste Beispiel der gotischen Skulptur. Ihre Novität: Die Säulenstatuen in den Laibungen stellen Königinnen und Könige des Alten Testaments dar. Allmählich befreit sich die Skulptur, die Menschen darstellt, von den Räumen, die ihr traditionell zugewiesen werden, von den Pfeilern, Säulen und Kapitellen. Im 14. Jahrhundert taucht eine Änderung in der plastischen Konzeption auf, in Frankreich wie in Italien und Deutschland. Die Skulptur wendet sich zum Intimen, zum Anekdotischen, Malerischen und Realistischen. Die Körper werden verlängert, die Statuen werden in großer Höhe angebracht, werden daher in der Verkürzung gesehen, was wiederum ihre Vergrößerung nach sich zieht. Das Mittelalter kennt die Linearperspektive der Renaissance noch nicht, hat dafür eine hierarchische Perspektive: Im Zentrum und an höchster Stelle steht die wichtigste Skulptur. Als Krönung der höfischen Kunst kommt um 1400 der internationale gotische Stil mit seinen grazilen Statuen auf. Stark abgemildert, steht dieser Stil kurz vor dem Manierismus.

Die französische Malerei

Die Staffelmalerei erfährt im 13. und 14. Jahrhundert einen bedeutenden Aufschwung mit der Herstellung von Retabeln als Diptychon oder als Triptychon. Bevorzugte Themen der Maler sind die Kopie der byzantinischen *Hodegetria*, einer Mariendarstellung mit Kind, sowie Szenen aus dem Leben des Franz von Assisi, vor allem dessen Predigt an die Vögel. In Italien ist die Entwicklung dieser Kunst am deutlichsten in den Werken von Cimabue in Rom und Giotto di Bondone in Padua zu sehen. Die französische Malerei erlebt ihren Höhepunkt während der Herrschaft von Ludwig dem Heiligen. Die Buchmalerei wird im 14. Jahrhundert noch reichhaltiger, so etwa in den *Stundenbüchern*, individuellen Werken, die den Ablauf des Jahres durch die wichtigsten religiösen Feste und Gebete darstellen. Diese Kunst wird durch die Arbeit etwa des Meisters **Jean Pucelle** (gest. 1334) repräsentiert, dem Schöpfer des *Stundenbuchs der Johanna von Evreux* oder des *Stundenbuchs von Belleville*. Diese Tradition setzt sich fort und wird bedeutend erweitert durch ein Meisterwerk: die *Les Très Riches Heures du Duc de Berry*, das *Stundenbuch des Herzogs von Berry*, das von den Brüdern Paul, Johan und Herman von **Limburg** für einen der Brüder König Karls V. fertiggestellt wird, einen bekannten Mäzen.

Die Dekorkunst in Frankreich

Die Kirchenfenster, v. a. der Kathedralen, nehmen einen wichtigen Platz in der Kunst des Mittelalters ein. Die ersten Glasmalerei-Schulen in Frankreich sind die von Saint-Denis und Chartres. Die dargestellten Themen stammen aus dem Alten und Neuen Testament. Seit Beginn des 14. Jahrhunderts nimmt man zur Aufhellung der Kirchenfenster immer hellere Farben auf immer dünnerem Glas. Neue Farbstoffe werden benutzt, wie das *jaune d'argent* (Silbergelb), das von fahlem Gelb bis zu Orange changieren kann. Die Kunst der **Wandteppiche** kommt im 14. Jahrhundert immer stärker auf. Pariser Ateliers nehmen hier den ersten Platz ein, um ihn ein Jahrhundert später den Webern von Arras zu überlassen. Die *Apokalypse von Angers*, ein riesiger Wandbehang von 144 Metern Länge, bleibt der Gipfel dieser Kunst. Paris hat sich zudem im 14. Jahrhundert einen weitreichenden Ruf erworben, was die Ausführung von transparenten Emailarbeiten auf Gold oder Silber betrifft.

3. Die Wissenschaften

Die Thronbesteigung der Karolinger zur Mitte des 8. Jahrhunderts begünstigt zur gleichen Zeit, wie sie die Vereinigung der fränkischen Welt mit der der Kirche herbeiführt, auch die Verbreitung von Kunstwerken sowie deren Herstellung. Entsprechende Schulen kommen auf. Abteien entstehen in großer Zahl und gründen ihre eigenen, gut ausgestatteten Bibliotheken.

▪ **Beda Venerabilis** (672–735) ist Verfasser von Werken über die literarische, historische und wissenschaftliche Kultur des Hochmittelalters. Er ist außerdem bekannt als einer der großen Bibelkommentatoren. Um Alkuin, der 778 zunächst Leiter der Kathedralschule von York wird und ab 782 dann auf Bitten Karls des Großen in Aachen, formiert sich die intellektuelle Elite der Zeit – in einer literarischen Gesellschaft, «Akademie» genannt.

▪ **Hrabanus Maurus** (um 780–856), ein Schüler Alkuins, macht aus der Abtei Fulda ein intellektuelles Zentrum, das Erzbischöfen und Missionaren zur Verfügung steht, deren Aufgabe es ist, das Volk im Glauben zu unterweisen. Durch den Impuls solcher Klosterschulen findet die karolingische Literatur einerseits zu heidnischer Poesie, die mündlich übertragen und dadurch erweitert wird, andererseits aber auch zu christlicher Dichtung als Ausdruck des jungen germanischen Christentums. Im 8. Jahrhundert wird der *Beowulf-Epos* (Versdichtung) verfasst. Beowulf, Prototyp des angelsächsischen Helden, besiegt das Seeungeheuer Grendel, ehe er den Verletzungen erliegt, die er sich bei einem gleichwohl siegreichen Kampf gegen einen Drachen zuzieht. Die Geschichtsschreibung erfährt während der karolingischen Zeit eine bemerkenswerte Entwicklung. In Italien entsteht ein dem Geschichtswerk nahestehendes literarisches Genre: die Chronik. Der bekannteste Name, der mit dieser Gattung verbunden werden kann, ist der von **Eginhard** (um 775–840), der wiederum von Suetons *Vita caesarum*, den Kaiserbiographien, beeinflusst ist und nach diesem Vorbild das Leben Karls des Großen in der *Vita Caroli Magni* berichtet.

Der Niedergang des Lateinischen

Man spricht statt von der Literatur besser von den Literaturen des Mittelalters. Umso mehr gilt, dass das Mittelalter mit dem Untergang des Römischen Reiches beginnt, also ab Ende des 5. Jahrhunderts, und sich bis in das feudale Frankreich Ludwigs VI. (des Dicken) erstreckt, in welchem die großen Vasallen die eigentliche Macht in Händen halten – bis zum Reich Ludwigs XI. mit seiner zentralisierten Monarchie und einer «modernen» Verwaltung. Die vier Jahrhunderte, die das Mittelalter ausmachen, bringen eine Veränderung in der

Lebensart, im Alltag, in der Mentalität und der sich entwickelnden Sprache. **François Villon** (1431–nach 1463) ahmt in seiner *Ballade auf Altfranzösisch* (Teil seines *Testaments* von 1461/62) diese Sprache nach, die für die Menschen des 15. Jahrhunderts unverständlich geworden ist. Latein wird immer mehr zur toten Sprache und bleibt einzig die Sprache der Elite und der Kirchen, je weiter sich die französische Sprache entwickelt. Das Konzil von Tours 813 ordnet an, dass man sich an die Gläubigen in deren Sprache zu wenden habe und jeden Tag in der Umgangssprache beten solle. Ludwig, der Enkel Karls des Großen, lässt die *Straßburger Eide* 842 in die galloromanische Sprache übersetzen. Diese Sprache nimmt je nach Region unterschiedliche Formen an: Im Süden wird sie zur *langue d'oc*, nördlich der Loire zur *langue d'oïl*. Im 12. Jahrhundert werden die Texte des lateinischen Altertums ins Romanische übersetzt, in die Umgangssprache. Bis zum 14. Jahrhundert gibt es keine Werke, die nicht durch Sprache, durch das Sprechen übertragen worden wären: Mündlichkeit ist hier wesentlich.

Die ersten Autoren: Kleriker und Gaukler

Aus der Zeit vor dem 12. Jahrhundert existieren nur wenige umgangssprachliche Texte. Nichts Schriftliches ist von den *Vier Zweigen des Mabinogi (Mabinogion)* überliefert. Diese walisischen Erzählungen aus dem 13. Jahrhundert gehören einer mündlichen Tradition an, die zweifelsohne bis ins 6. und 7. Jahrhundert zurückgeht. Auch das *Rolandslied* wurde vor dem 11. Jahrhundert, dem Zeitpunkt seiner Niederschrift, ausschließlich mündlich überliefert. Die Erschaffung eines Textes geht vom Autor aus, der das Werk für sich in Anspruch nimmt. Dann geht dieser an den Komponisten, der ihn in Form bringt, und anschließend zum Schreiber, der die Niederschrift auf einem Pergament besorgt. Diesen letzten Schritt besorgen die Kleriker. Der Gaukler, in seiner Rolle als Mime, Akrobat und Rezitator, interpretiert ein gewaltiges Repertoire und übersetzt, ganz nach Belieben, das Werk dadurch noch einmal.

Chansons de geste

Die *Chansons de geste* beschwören die Gesellschaft des 11. und 12. Jahrhunderts herauf. Der lateinische Begriff *gesta* bezeichnet zunächst ein Geschichtswerk. Sehr bald wird das Wort benutzt, um die Heldentaten der

Vergangenheit in Erinnerung zu rufen. Im Wesentlichen werden kriegerische Themen behandelt, denen gemein ist, dass sie der Karolingerzeit entstammen, meist der Zeit Karls des Großen selbst oder seines Sohnes Ludwigs des Frommen. Die *Chansons de geste* entstehen in Nordfrankreich, vor allem in der Normandie. Sie werden mit leichter musikalischer Begleitung gesungen und sind in Versen verfasst, eingeteilt in Strophen von unterschiedlicher Länge, die als «Laisse» bezeichnet werden. Vom Ende des 11. bis zum Ende des 13. Jahrhunderts werden 150 solcher Chansons verfasst. Die ältesten sind das *Rolandslied* und das *Chanson de Guillaume*, deren Komposition bis auf das Jahr 1100 zurückgeht. Der Großteil der Chansons wird zwischen 1150 und 1250 verfasst. Vom 13. bis zum 14. Jahrhundert werden Chansonzyklen geschaffen, d. h. Sammlungen von Chansons, die einen Helden oder seine nächsten Verwandten behandeln. Während des 14. und 15. Jahrhunderts werden die Werke eher überarbeitet und bereits existierende Texte in Prosa gesetzt. Die *Chansons de geste*, deren Autoren oft unbekannt sind, werden oft unter dem Namen der wichtigsten Personen zusammengefasst, auf die sie anspielen.

Die lyrische Dichtung

Die Troubadoure (okzitanisch Trobadors), Dichter und Musiker, schreiben ihre Werke in der *langue d'oc*, dem Okzitanischen, und stehen am Anfang der regionalsprachlichen lyrischen Dichtung der Zeit zwischen 1100 und dem Ende des 12. Jahrhunderts. Die neue poetische Darstellung der Liebe wird unter der Bezeichnung *fin'amor*, Hohe Minne, oder *amor cortes*, Höfische Liebe, zunächst von den Troubadouren in Südfrankreich, anschließend von den Trouvères in Nodfrankreich gepflegt und systematisiert. Der Liebende stellt sich in den Dienst der Dame, deren Schönheit, Rang und Stellung als verheiratete Frau sie für ihn unerreichbar machen. Die Troubadour-Dichtung ist eine komplizierte Poesie, geschrieben in einer sehr verschlüsselten und anspielungsreichen Sprache.

Roman und Arthus-Roman

Ein neues Genre erscheint um 1150: der Roman. Der Ausdruck «Roman» bezeichnet allgemein ein Werk in Umgangssprache, im Gegensatz zum Lateinischen. Die legendäre Liebe von Tristan und Isolde ist der Gegenstand zahlreicher literarischer Werke. Die Romankunst bezieht ihre Inspiration aus einer lebendigen Vielfalt an Erzählungen, die an unbekannten, imaginären Orten und in mythischer oder historischer Zeit spielen. Der erste Arthusroman ist die *Historia regum Britanniae*, die *Geschichte der Könige Britanniens* von Geoffroy von Monmouth. Es ist das erste Werk über König Arthus in Romanform. **Chrétien de Troyes** (1135–1183) belehrt uns zu Beginn von *Cligès oder der falsche Tod*, dass er seine Karriere begonnen habe, indem er der Mode der antiken Romane gefolgt sei und Adaptionen von Ovid schrieb. Vier höfische Romane sind von ihm überliefert: *Erec et Enide* (1165), *Lancelot oder der Karrenritter* (1171), *Iwain oder der Löwenritter* (1181), *Perceval oder die Erzählung vom Gral* (1181). Das wesentliche Abenteuer besteht darin, dass der Held zur Selbsterkenntnis gebracht wird. Für die höfische Aristokratie bestimmt, die Klasse der Ritter, gewähren seine Romane der Liebe und ihrer Beziehung zur kriegerischen Heldentat breiten Raum.

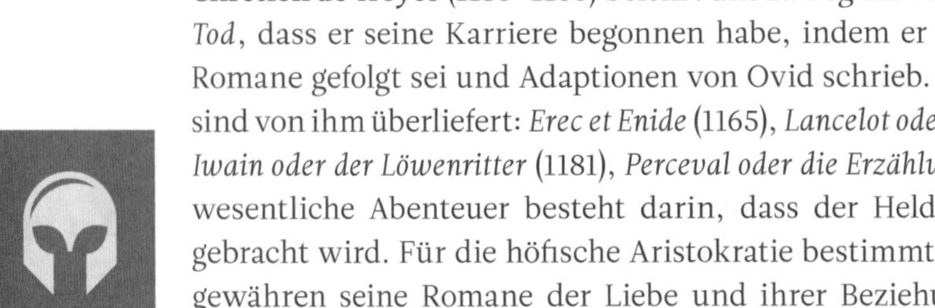

Die Literatur im 13. Jahrhundert: Ort der Wirklichkeit

Als die höfische Literatur in Gestalt des Minnesangs in Deutschland ihre Triumphe feiert, entdeckt die französische Literatur ein weiteres neues Genre mit Bezug zur Realität und zum Komischen: den Schwank. Diese weltliche Erzählung taucht in dem Moment auf, da die heiligen Mysterien sich zu regelrechten Theaterstücken ausweiten, was etwa für das sehr populäre *Jeu d'Adam*, Adams-Spiel, und das *Jeu de Saint Nicolas*, das Spiel des heiligen Nikolaus, gilt. Der Roman erreicht mit dem *Roman de la Rose*, dem Rosenroman, eine gewisse Reife. Er wurde von **Guillaume de Lorris** (um 1210–1240) zwischen 1225 und 1230 verfasst und von **Jean de Meung** (um 1240–1305) gegen Ende desselben Jahrhunderts umgearbeitet und erweitert. Die Frage nach der Freiheit des Menschen und seiner Beziehung zur Natur steht darin im Vordergrund. Mit **Geoffroi de Villehardouin** (um 1150–1213) und **Robert de Clari** (?–1216) tritt die Geschichtsschreibung in Erscheinung. In seiner *Histoire de la conquête de Constantinople (Geschichte der Eroberung Konstantinopels)* behandelt Villehardouin das Thema, auf welche Art und Weise die geschilderten Probleme Menschen guten Glaubens am Ende von ihrem ursprünglichen Plan abbringen. Das Theater tut seine ersten Schritte zu Beginn des 13. Jahrhunderts, entwickelt aber erst 200 Jahre später seine Formenvielfalt.

Die Literatur im 14. Jahrhundert: Wunder, Mysterien und Theater

Auch wenn das 14. Jahrhundert einen Teil des Erbes früherer Jahrhunderte bewahrt, ist es doch durch einige Neuerungen gekennzeichnet, die einen Bruch markieren. Die lyrische Dichtung beherrscht alle anderen Genres. Eine Ausdifferenzierung poetischer Sprachen und Genres setzt ein – mit dem Effekt der Veränderung des Französischen. Das alte Französisch weicht einem neuen. Auch der Status des Autors ändert sich. Im 14. Jahrhundert entwickelt sich das Mäzenatentum, was zum Teil die Vielfalt der Produktion literarischer Werke erklärt. Es sind Auftragswerke, die aufgrund einer neuen Beziehung der Mächtigen mit den Schriftstellern entstehen. Das Ende des Mittelalters bringt eine gesteigerte Wertschätzung der Historie. Chroniken und Erinnerungen erscheinen. Mehrere Namen müssen hier genannt werden: **Jean Froissart** (1337–1404), der mit seinen *Chroniken* eine Periode abdeckt, die von der Thronbesteigung Edwards III. von England 1327 bis zum Tod von Richard II. im Jahre 1400 reicht. **Christine de Pizan** (um 1365–1431) schafft ein umfangreiches Œuvre, das äußerst vielfältig ist und neben Politik und Moral auch die Philosophie behandelt. Das 14. Jahrhundert bringt auch das Theater in all seinen Gestalten, von religiös bis komisch, hervor und markiert den Höhepunkt des dramatischen Genres.

▪ **Die Wundergeschichten** sind das beliebteste Genre. Diese kleinen Geschichten, die sich auf dem Kirchplatz abspielen, berichten vom Leben der Heiligen oder erzählen fromme Legenden.

▪ **Die Mysterien** erscheinen nicht vor dem 15. Jahrhundert. Sie setzen das Leben eines Heiligen oder dasjenige Christi in Szene. Sie dauern zwischen sechs und zehn Tagen bis jeweils Weihnachten, Ostern und Pfingsten. Die Passionsspiele finden auf den Kirchplätzen statt und enthalten manchmal auch komische Zwischenspiele.

▪ **Das weltliche Theater** entwickelt sich zur gleichen Zeit, repräsentiert u. a. durch die «jeux partis», das geteilte Spiel. Es sind Dialogdramen, in denen sich satirische und burleske Szenen abwechseln, wie etwa im Singspiel von *Robin und Marion* von **Adam de la Halle** (um 1240–1287). Die theatralische Darstellung des 15. Jahrhunderts beinhaltet Mysterium, Moral und Farce. Von dem bedeutenden Repertoire der letzteren Gattung haben sich 150 Werke erhalten, alle zwischen 1450 und 1560 entstanden.

■ **Die Allegorie** wird in der Dichtung zur am meisten geschätzten Ausdrucksweise im 13. Jahrhundert. Hauptwerk dieses Genres bleibt der *Roman de la Rose*, der *Rosenroman*, begonnen von Guillaume de Lorris und fortgeführt von **Jean de Meung**. Die Dichtung legt eine neue Sensibilität für die Zeit und das Alter an den Tag. Doch das wichtigste Kennzeichen ist die definitive Trennung von Dichtung und Musik. Um diesen Mangel auszugleichen, wird die Sprachmelodie der Dichtung wichtig. Die Dichtung greift das «Ich» als wichtigstes Thema auf. Sie entwickelt sich immer weiter, wird zum Ort von Debatten und Dialogen. Zu den großen Dichtern der Zeit gehören: **Christine de Pizan** (um 1365–1431) mit ihrem *Le Débat des deux amants – Streit der beiden Liebenden* (1400–1402) und dem *Recueil des cent ballades d'amants et de dames – Sammlung von 100 Balladen von Liebenden und Damen* (1409–1410), sowie **Charles d'Orléans** (1394–1466) mit seinen *Balladen*. **François Villon** (1431–nach 1463) bezieht daraus die poetische Substanz in *Le Lais* (1457) und seinem *Testament*. Als er 1461, zur Zeit der Komposition seiner *Ballade des pendus – Ballade der Gehenkten*, zum Tode verurteilt wird, entgeht er der Exekution durch die Thronbesteigung Ludwigs XI., der ihn begnadigt. Sein dichterisches Werk gründet auf beschreibendem Realismus, auf der Angst vor dem Tod, auf der Liebe und den Vergnügungen des Lebens.

4. Die Philosophie

Die Universitäten und das Quartier Latin

Eine der großen kulturellen Neuerungen des 12. Jahrhunderts ist der Aufschwung der städtischen Schulen, auch wenn die Klosterschulen nicht verschwinden. Sie erleben in England und Italien bis zur Zeit der Universitäten eine Blütezeit. Je weiter man im 12. Jahrhundert voranschreitet, desto mehr lockern sich die Bande zwischen Schulen und kirchlichen Strukturen. Das Quartier Latin ist im 13. Jahrhundert ein Ort der Lehre, die den Mönchen in Saint-Germain-des-Prés und in Sainte-Geneviève übertragen wird, zwei Schulen ohne jegliche bischöfliche Autorität. Dort unterrichten **Albertus Magnus** und **Thomas von Aquin**, aber auch andere Gelehrte, die aus allen Ländern Europas kommen: aus England etwa **Johannes von Salisbury**, **Roger Bacon**, **Johannes Duns Scotus** und **Wilhelm von Ockham**. Bis zum 13. Jahrhundert sind die Bischofsschulen die Orte des Wissens. In der Nachahmung mittelalterlicher Körperschaften tritt die Universität an deren Stelle, unter Vormundschaft eines Bischofs, später des Papstes. Weltliches Mäzenatentum manifestiert sich durch die Gründung von Kollegien, von Pensionaten, die den armen Studenten einer Provinz gewidmet sind. So wird ein Kolleg in Paris vom Ratgeber Ludwigs des Heiligen, **Robert de Sorbon** (1201–1274), gegründet, aus dem später die Sorbonne wird. Die Schulzeit wird durch das Studium der sieben freien Künste bestimmt, die in zwei Gruppen eingeteilt sind: in das *trivium* (Grammatik, Rhetorik, Dialektik) und das *quadrivium* (Geometrie, Arithmetik, Astronomie, Musik). Diese universitären Kurse beruhen auf der vertieften Kenntnis der Grammatik. Die großen Universitäten (Paris, Bologna, Oxford) erteilen die Lizenz, überall zu lehren, die *licentia ubique docendi*. Die Universität ist in vier Fakultäten eingeteilt: Künste, kanonisches Recht, Medizin, Theologie. Die Theologie ist der Gipfel der universitären Kurse und wird im Alter zwischen 25 und 30 Jahren begonnen, dem Mindestalter für die Erlangung des Doktorgrades.

Philosophie: Die frühe Scholastik

Das Ziel der Scholastik (*schola*, lateinisch für Schule) deckt sich mit dem der Klosterschulen: Gott durch Wissenschaft zu erfahren. Doch die Lehrmethoden sind zutiefst unterschiedlich. Im 11. Jahrhundert in den Städten entstanden und vor allem im Laufe des 12. Jahrhunderts weiterentwickelt, nimmt die Scholastik die Programme von *trivium* und *quadrivium* auf, legt aber den Schwerpunkt auf die Wissenschaft der Argumentation, die Dialektik. Die traditionelle Textlektüre, die *lectio*, vor allem die der *sacra pagina*, der Heiligen Schrift, bleibt bestehen, wird aber gefolgt von einer *questio*, der rationalen Befragung, dann von einer Diskussion, der *disputatio*, ehe der Lehrer daraus die Lektion der gesamten Übung zieht: durch eine persönliche *conclusio*.

■ **Johannes Duns Scotus** (um 810–877) stammt aus Schottland oder Irland. Er geht nach Frankreich, anschließend, von Karl dem Kahlen gerufen, an die Pfalzschule nach Aachen. Dort verbringt er sein restliches Leben, bis er zwischen 865 und 867 von Papst Nikolaus I. zum Ketzer erklärt wird. Er ist Philosoph und Theologe, von seinem Werk geht eine große Wirkung aus. Als origineller Denker, inspiriert von der Lektüre des Origenes, hält er sich an die alexandrinische Tradition und wendet sich gegen Gottschalk von Orbais und dessen Lehre von der doppelten Vorherbestimmung. Sein wichtigstes Werk, *De divisione naturae – Über die Einteilung der Natur*, umfasst fünf Bücher mit Dialogen zwischen Meister und Schüler.

■ **Petrus Abaelardus** (1079–1142) ist ein großer Meister der Scholastik, die er in Paris auf dem Mont Sainte-Geneviève lehrt. Weil er die junge Heloïse verführt hat, wird er von Freunden des Onkels von Heloïse entmannt. Er zieht sich in das Kloster Saint-Denis zurück, dann in eines in der Bretagne, ehe er seine Lehre in Paris wieder aufnimmt. Er ist vermutlich der Verfasser des *Sic et Non – Ja und Nein*, das als mittelalterlicher Methodendiskurs gilt, und Autor einer theologischen Abhandlung, der *Introductio ad theologiam*, der *Einführung in die Theologie*. Er wird wegen seiner Äußerungen von den Konzilen in Soissons (1121) und Sens (1140) verurteilt.

■ **Petrus Lombardus** (um 1100–1160) wird in Italien geboren und kommt nach Paris, um dort Theologie zu lehren. 1159 wird er Bischof dieser Stadt. Sein wichtigstes Werk sind seine *Sententiae*, oder auch *Vier Bücher der Sentenzen*, worin er die Schriften der Kirchenväter nach Themen einteilt, was zu deren besseren Verbreitung beiträgt.

Das Goldene Zeitalter der Scholastik

Das Goldene Zeitalter der Scholastik ist gekennzeichnet durch das Wiederaufkommen des Aristotelismus, der durch arabische Philosophen wiedereingeführt wurde: **Avicenna** (Ibn Sina, 980–1037) und vor allem **Averroes** (Ibn Ruschd, 1126–1198). Seit dem Beginn des 13. Jahrhunderts werden die Schriften Aristoteles', insbesondere die *Nikomachische Ethik*, die *Metaphysik* und *De Anima*, als Grundlagentexte benutzt. Auf die franziskanischen und dominikanischen Denker, aber auch auf andere wie Albertus Magnus, die rheinischen Mystiker und Meister Eckhart, übt der Neuplatonismus eine beträchtliche Wirkung aus. Im 13. Jahrhundert gibt es noch keine eigenständigen Schulen, sondern einzelne Theorien. Mit **Siger von Brabant** (um 1235–1281) entwickelt sich der lateinische Averroismus, danach bringt **Albertus Magnus** (1206–1280), Lehrer des Thomas von Aquin, die aristotelische Strömung erneut zu Ehren.

Der heilige Thomas von Aquin (1224–1274) und der Thomismus

«Doctor angelicus» genannt, weil er in Aquino allen Versuchungen widerstanden habe, wird er 1224 in Aquino, in der Nähe von Neapel, geboren und stirbt 1274, nachdem er Schüler von Albertus Magnus gewesen ist. Thomas macht aus der Theologie eine regelrechte Gotteswissenschaft. Seine Philosophie nimmt die Grundzüge des Aristotelismus auf. Thomas bezieht sich in mehrfacher Hinsicht auf Aristoteles und übertrifft ihn gleichzeitig, denn durch die christliche Offenbarung möglich geworden, umfasst das thomistische Werk nicht nur das Studium der übermenschlichen Realitäten *(Ontologie)*, sondern auch das des Schöpfergottes *(Teleologie)*. Die christliche Offenbarung hat zu verstehen ermöglicht, dass zwischen den beiden Reflexionspolen keine Kluft besteht. Ganz im Gegenteil: Das Wesen Gottes zu verstehen ermöglicht auch ein besseres Verständnis der irdischen Realitäten. Thomas ist Verfasser zweier wichtiger Schriften, die zwischen 1259 und 1273 entstehen: der *Kommentar zu den Sentenzen des Petrus Lombardus* sowie die *Kommentare* zu den Werken des Aristoteles und des Dionysius Areopagita. Dann schreibt er die *Summa theologica* (1265–1273, unvollendet) und die *Summa contra gentiles*, die *Summe gegen die Heiden*. Thomas mischt in seiner Lehre christliche und philosophische Weisheiten. Er lässt diese nebeneinander existieren, indem er ihre jeweiligen Kontexte darstellt. Gleichermaßen integriert er Schlussfolgerungen des Augustinismus in das aristotelische Denken.

■ **Vernunft und Glaube.** Thomas von Aquin will Vernunft und Glauben einen, da beide im Dienste der Klugheit stünden und einander nicht entgegenstehen. Der Beweis für die Existenz Gottes werde somit auch von der Vernunft geleistet werden können. Man könne also nur die Voraussetzung des Glaubens verstehen. Was die Struktur des Menschen angeht, so legt Thomas die Betonung auf das Verhältnis von Körper und Seele, d. h. auf die Verbindung von Geist und Materie in einem einheitlichen Wesen.

■ **Gott.** Thomas' Gottesbeweis beruht auf der Ähnlichkeit von Schöpfung und Schöpfer. Um die Existenz Gottes zu beweisen, unterscheidet Thomas fünf Wege, die sich alle auf die Erfahrung beziehen. Gottes Existenz ist keine Selbstverständlichkeit; er macht die Analyse der Bewegung innerhalb der Welt durch den Beweis des ersten Urhebers erfahrbar: «Fünf Wege gibt es, das Dasein Gottes zu beweisen. Der erste und nächstliegende geht von der Bewegung aus [...] Alles aber, was in Bewegung ist, wird von einem anderen bewegt. Denn in Bewegung sein kann etwas nur, sofern es unterwegs ist zum Ziel der Bewegung. Bewegen aber kann etwas nur, wenn es irgendwie schon im Ziel steht.»* Nach Thomas bleibt uns die Natur Gottes unbekannt, aber wir können sagen, was er nicht ist – durch die Negation der Unvollkommenheit der Natur. Gott ist der erste unbewegliche Beweger, und man muss notwendig bis zu ihm zurückkehren, will man die Bewegung des Universums erklären. Im zweiten Beweis geht es, analog zum ersten, um die Frage nach der Ursache. Geht man hinter alle Ursachen zurück, kommen wir zur ersten Ursache, welche Gott ist. Der dritte Beweis bezieht sich auf die Kontingenz der Welt: Die Welt kann sein oder nicht sein, was nur durch Gott erklärt werden kann. Der vierte Beweis gilt der Vorstellung der Vollkommenheit: Es gibt Grade der Vollkommenheit, die aufgrund einer absoluten Vollkommenheit einschätzbar sind: Gott. Der fünfte Beweis betrifft die Finalität des Universums, das Gott allein organisiert.

5. Die Musik des Mittelalters

Die Musik der Karolinger

In der Musik kommt es zu einer Renaissance. Die Noten werden nun mit Akzenten versehen, die sogenannte chironomische Notation, orientiert an der Chorleitung durch Handbewegungen, mit denen melodischer Verlauf, Rhythmus und Tempo angezeigt werden. Eine Orgel wird in die kaiserliche Kapelle aufgenommen. Die Musiktheorie schreitet in demselben Maße voran, wie sich die musikalische Praxis erneuert. Hrabanus Maurus schreibt *De musica et partibus ejus – Über die Musik und ihre Teile*. Die neue Praxis am kaiserlichen Hof wird in der Folge im gesamten Reich verbreitet, weil die Musik, wie ohnehin das gesamte Erziehungsprogramm Karls des Großen, an der kulturellen Vereinheitlichung mitwirken soll. Dies gilt insbesondere für einen so grundlegenden Bereich wie den liturgischen Gesang, der die Feier der Eucharistie begleitet.

* Thomas von Aquin, *Summa theologica*, Band 1: *Gottes Dasein und Wissen*, 2. Frage, 3. Artikel.

Musikalische Schulen

Chronologisch gesehen, kann man als Musik des Mittelalters diejenige bezeichnen, die zwischen dem 6. Jahrhundert und dem Beginn der Renaissance entsteht. Technisch betrachtet, wird diese Zeit durch die frankoflämische Schule beherrscht, das Aufkommen bzw. die Entwicklung mehrerer Kompositionszentren. So folgen aufeinander mehrere Schulen, zunächst die von Notre-Dame (1170–1240) mit **Franko von Köln** (13. Jahrhundert) und seiner *Ars cantus mensurabilis – Kunst des mensuralen Gesangs* (um 1260), **Johannes de Garlandia** (13. Jahrhundert) und seiner *De musica mensurabilis positio* sowie den *Sequenzen*, die auf präziser Technik beruhen. Auf der Schule von Notre-Dame basiert die folgende *ars antiqua* (1240–1320). Die wichtigsten Genres dort sind das *organum* (Choräle werden mit einer zweiten Stimme versehen) und der *conductus* (ähnlich der Motette, die lateinisch, ein- oder mehrstimmig gesungen wird). In der 2. Hälfte des 13. Jahrhunderts kommen mit den Rondeaus des Trouvère **Adam de la Halle** (um 1237–1287 o. 1306) die Anfänge weltlicher Gesänge auf, was in der Bewegung der *ars nova* weiterentwickelt wird, die auch in Italien auftritt. Die *ars nova* (1320–1380) ist die polyphone, rhythmisch, mensural und klanglich sehr viel freiere Musik eines Großteils des 14. Jahrhunderts. Abgeleitet von seiner um 1320 erschienenen gleichnamigen Schrift wird dieser Ausdruck von **Philippe de Vitry** (1291–1361) benutzt und bezeichnet die gesamte Epoche. Den wichtigsten Initiator hat die *ars nova* in **Guillaume de Machaut** (um 1300–1377), Dichter, Musiker und Kanoniker in Reims. Seine musikalischen Werke umfassen Lais, Virelais, Rondeaus, Motetten und eine mehrstimmige Messe. Er ist das Bindeglied zwischen den Trouvères bzw. der alten Komponierweise und der *ars nova*. Seine vierstimmige Messe ist die erste polyphone Messe, die als Ganze so konzipiert wurde. Die Musikschule der Kathedrale von Notre-Dame wird zum Kopf der Erneuerung, was etwa die Einführung von Rhythmen und neuen Perkussionsinstrumenten, wie Trommeln und Tamburins, in die Liturgie betrifft. Die *ars nova* baut stark auf sehr rhythmischen Tänzen auf, die von einstimmigem Gesang begleitet sind. Ein neuer Gesangsstil erscheint mit der Motette: Jede Stimme folgt einem eigenen Text und Rhythmus. Die Öffentlichkeit entwickelt eine so ausgeprägte Vorliebe für die *ars nova*, dass die Kirche intervenieren muss und diese Kunstform für den Gebrauch in der Liturgie verbietet. Im letzten Viertel des 14. Jahrhunderts, mit dem Tod von Guillaume de Machaut, macht die *ars nova* Platz für die *ars subtilior*, die nun mit Neuerungen subtilerer Art (z. B. neue Notenwerte in der Rhythmik, entfernte Töne wie das *Des*) die europäische Musik dominiert.

6. Technischer Fortschritt im Mittelalter

Die Erfindung des **Drucks mit beweglichen Lettern** stellt das intellektuelle Leben auf den Kopf. Seit dem 12. Jahrhundert wird das Papier von den Arabern in Sizilien eingeführt, doch erst im 14. Jahrhundert arbeiten die Papiermühlen im gesamten Abendland. Nach und nach ersetzt das Papier das Pergament, das aus Schafshaut hergestellt und damit sehr teuer ist. Der Buchdruck wird nicht plötzlich erfunden, sondern entwickelt sich langsam. Zunächst benutzt man den **Holzschnitt** (Xylographie), um Bilder, aber auch Textseiten zu reproduzieren. Dann kommt die Idee der beweglichen Holzlettern auf, die mehrfach benutzt werden können. Später geht man zu Metallbuchstaben über. Der Erste, der eine Handpresse zusammen mit fetthaltiger Tinte und Buchstaben aus geschmolzenem Metall benutzt, ist wohl ein Buchdrucker aus Mainz: **Johannes Gutenberg** (um 1400–1468). Der Buchdruck ist eine der großen Errungenschaften der Menschheit. Das gestattet die weiträumige Verbreitung von Gedanken und Lehren. Zunächst werden religiöse Bücher gedruckt (die Bibel, ab 1454), dann Werke von antiken Autoren und von Humanisten. Am Ende des 15. Jahrhunderts werden die wichtigsten Druckereien in den Niederlanden, Deutschland und Italien eröffnet. Sie sind Keimzellen des Wohlstands und des Geisteslebens.

Die Kunst der **Navigation** wird durch die Erfindung des Heckruders verändert, das den Bau schnellerer Schiffe ermöglicht: die Karavellen. Zur gleichen Zeit lernt man, sich mithilfe der Magnetnadel zu orientieren, was die Chinesen und Araber schon lange beherrschen. Die Italiener haben die Idee, diese Nadel einem Zapfen in einer kleinen Schachtel aufzustecken: der Kompass ist geboren. Und schließlich beginnen viele Gelehrte damit, Karten zu zeichnen, die man als *Portulan* bezeichnet. Sie beschreiben präzise bekannte Gebiete. Zu Beginn des 15. Jahrhunderts veröffentlicht ein Lehrer der Pariser Universität, **Pierre d'Ailly** (1351–1420), ein *Imago mundi*, ein *Bild der Welt*, worin er die Meinung vertritt, die Welt sei rund.

VI

Mittelalterliches England

1. Das Land der Angeln und Sachsen

4

Die Geschichte des angelsächsischen England währt von 410, dem Ende der römischen Provinz Britannia, bis 1066, dem Jahr der Eroberung durch die Normannen unter **Wilhelm der Eroberer**. Das Datum 410 entspricht dem Rückzug Roms von seiner Verteidigungslinie, dem Limes. Die Grenze wird von den Legionen bewacht. Kaiser **Honorius** (395–423), der über das Weströmische Reich herrscht, verkündet den Britanniern, dass er ihre Verteidigung nicht mehr sicherstellen kann. Rom wird von den Westgoten unter **Alarich** (39–410) geplündert. Wie auch andernorts kämpfen die Überreste des Römischen Reichs um ihr Überleben. Britannien spaltet sich in Chefferien auf, kleine Fürstentümer, wenig ausgedehnte Königreiche, in denen diejenigen regieren, die sich Männer unter Waffen leisten können. Im Laufe des 5. Jahrhunderts sind mehrere angelsächsische Überfälle zu verzeichnen. Die Angelsachsen mischen sich mit der örtlichen Bevölkerung, die sie manchmal erfolgreich bekämpft, wie etwa in der Schlacht am Mount Badon (495).

Die Angeln und die Sachsen sind ursprünglich germanische Volksstämme von den Küsten, die sich vom Norden Deutschlands bis nach Dänemark und Holland verbreitet haben. Die Angeln neigen eher dem Norden zu, der wenig bevölkert ist und wo sie größere Königreiche gründen. Die Sachsen ziehen eher nach Süden, wo die Bevölkerungsdichte größer ist und die Staaten kleiner sind. Auch die Wanderung der Friesen muss hier erwähnt werden, die aus Norddeutschland kommen, ebenso wie die der Jüten, die von der dänischen Halbinsel Jütland stammen. Diese Völkerwanderungen setzen sich fort bis zum 10. Jahrhundert, erhalten aber ab 793 Konkurrenz durch die Vorstöße der Wikinger. Diese Völkerwanderungen ermutigen die Britannier, das Meer zu überqueren und sich in Armorica, der heutigen französischen Bretagne, anzusiedeln.

Am Ende des 6. Jahrhunderts taucht ein neuer, religiöser Faktor auf, nämlich die Christianisierung Britanniens aus gleich zwei Richtungen: durch eine aus Irland in den Westen gekommene keltische Kirche und durch die römisch-katholische Kirche aus dem Süden. Der Benediktinermönch **Augustin von Canterbury** (?-604) gründet die englische Kirche. Als erster Erzbischof von Canterbury bringt er **Aethelberht** (580-616), den jütischen König von Kent, zum Christentum. Dessen Frau **Bertha** (539-612), Tochter des Frankenkönigs von Paris, **Caribert I.** (561-567), ist bereits Katholikin. Aethelberht erfreut sich ab diesem Zeitpunkt der Unterstützung durch Rom. Die anderen angelsächsischen Monarchen folgen seinem Beispiel, letzter heidnischer Herrscher ist König **Penda** (?-655) von Mercia. England ist in mehr als zehn Königreiche von ungleicher Bedeutung unterteilt. Diese sind vor allem durch die *Historia ecclesiastica gentis Anglorum (Kirchengeschichte des englischen Volkes)* von **Beda Venerabilis** (672-735) bekannt, einem gebildeten Mönch aus dem nordenglischen Königreich Northumbria. Sieben Königreiche teilen sich den Großteil Englands: Northumbria, Mercia, Kent, Essex, Sussex, Wessex, East Anglia. Sie bilden die Heptarchie, die sieben Königreiche. Mercia hat den größten politischen Einfluss. Dieses Königreich erstreckt sich im 8. Jahrhundert von den Midlands bis nach Wales und Cornwall. Alle genannten Reiche aber werden von den Wikingern bedroht. 793 nehmen diese das Kloster Lindisfarne ein und plündern es. Dann erobern sie im Lauf des 9. Jahrhunderts mehrere englische Königreiche ganz oder zum Teil. East Anglia erobern sie ganz, Northumbria und Mercia werden zweigeteilt. Der Osten Englands wird zur dänischen Provinz und heißt Danelag, die Gegend, in der das Wikinger-Recht herrscht.

871 besteigt **Alfred der Große** (871-899) den Thron von Wessex. Er unterschreibt eine Waffenruhe mit den Wikingern. Doch diese halten sich kaum daran, und der Krieg geht weiter. Im Jahre 878 erringt Alfred in der Schlacht bei Ethandun oder Edington (Grafschaft Wiltshire oder Somerset; ungewiss) einen großen Sieg über **Guthrum den Älteren** (?-890), den Herrscher des Danelag. Die beiden Herrscher akzeptieren den Vertrag von Wedmore, der die jeweiligen Grenzen festlegt: Alfred herrscht über ein Gebiet, das südlich der Linie von London bis Chester an der Irischen See im Nordwesten liegt. Der Nordosten, der Danelag, ist dänisches Königreich. 885 nimmt Alfred London ein, das auf dänischem Territorium liegt. Der Frieden zwischen Alfred und Gunthrum erkennt diese Eroberung an. In einem letzten Krieg zwischen 892 und 897 stehen sich Alfred und die Dänen noch einmal gegenüber. Dieser Krieg endet mit der Niederlage der dänischen Armeen.

Nach Alfreds Tod setzt dessen Sohn **Eduard der Ältere** (899-924) die begonnene Expansion fort. **Aethelstan der Ruhmreiche** (924-939), Sohn

Eduards, wird der erste Herrscher über ganz England. Er annektiert die Wikingerfürstentümer, die ihrerseits mit der Landung neu ankommender Wikinger konfrontiert sind, die sie zurückdrängen müssen. Diese Wiederaufnahme der Angriffe markiert eine neue Epoche der Konfrontation zwischen England und den Dänen. Erschwert wird diese Situation außerdem durch die Entscheidung von **Aethelred dem Unberatenen/dem Unfertigen** (978–1013 und 1014–1016). Seit seiner Niederlage in der Schlacht bei Maldon (991) gezwungen, den Wikingern Tribut zu zahlen, das *Danegeld*, entscheidet er sich, dieser Abhängigkeit durch eine entscheidende Tat ein Ende zu setzen. Am 13. November 1002 befiehlt er das Massaker vom St. Brice's Day: die Ermordung der Dänen. Unter den Opfern befindet sich auch die Schwester des Dänenkönigs **Sven I. Gabelbart** (986–1014).

Der Krieg geht weiter, ausgetragen zwischen **Edmund Ironside/«Eisenseite»** (April–November 1016), dem Sohn Aethelreds, und **Knut dem Großen** (1016–1035), dem Sohn Svens. Im Oktober 1016 gewinnt Knut die Schlacht von Assandun. Er regiert nach dem Tode Edmunds über ganz England, über Dänemark (1018) und Norwegen (1028). Er bemüht sich, die Angelsachsen und Dänen zu vereinen, heiratet die Witwe von Aethelred, von der er einen Sohn hat, **Hardiknut** (1018–1042). Er ordnet die Redaktion von Gesetzessammlungen an und teilt England in vier Grafschaften (Wessex, Mercia, East Anglia, Northumbria). Knut der Große beabsichtigt, sein Nordsee-Reich seinem Sohn Hardiknut zu überlassen, doch nach seinem Tod wird stattdessen sein erstgeborener Sohn **Harold I. Hasenfuß** Regent von England. 1037 ruft der sich zum englischen König aus. Er stirbt 1040, ohne einen Sohn zu hinterlassen. Sein Halbbruder **Eduard der Bekenner** (1042–1066), letzter Sohn von Aethelred dem Unberatenen, besteigt den Thron. Dieser Herrscher, durch die dänische Invasion von 1013 ins Exil gezwungen, wird bis 1041 in der Normandie leben, am Hof seines Onkels, Richard II. von der Normandie (996–1026). Dieser verschafft der Normandie große Macht und Wohlstand. Eduard ist von der normannisch-französischen Kultur geprägt und gewährt Normannen zahlreiche hohe Posten. Außerordentlich fromm, trägt er ab 1031 den Beinamen «der Bekenner». Die tatsächliche Macht überlässt er den Großen des Königreichs, die sich in Gruppen aufspalten und umso mehr zu Rivalen werden, da Eduard keinen Sohn hat. Bei seinem Tod am 5. Januar 1066 tut sich eine Krise um die Nachfolge auf. Die Großen des Reichs wählen **Harold II.** (5. Januar–14. Oktober 1066), den Schwager von Eduard und Grafen von Essex, zu seinem Nachfolger – zum Nachteil seines Großneffen Edgard. König **Harald III. von Norwegen** (1046–1066) verkündet Ansprüche auf das Königreich England. Er landet dort (mit seinen Schiffen), findet aber den Tod in der Schlacht von Stamford Bridge in Yorkshire, die von Harold II. am 27. September 1066 gewonnen wird.

Wilhelm der Eroberer

Am 28. September 1066 landet auch **Wilhelm von der Normandie** (1027–1087) im Süden Englands, bei Pevensey. Harold II. tritt ihm am 14. Oktober 1066 in Hastings gegenüber, wo er besiegt und getötet wird. Nun wird Wilhelm König von England, bekannt als **Wilhelm der Eroberer** (1066–1087), und begründet die Dynastie der Normannen. 1085 wird eine Kataster-Erfassung veranlasst, das *Domesday Book – Buch des Jüngsten Tags*. Dieses Grundbuch erfasst 30 Grafschaften und 1700 Kirchengemeinden in England. Jede Gemeinde liefert den königlichen Abgesandten ein Bestandsverzeichnis der Besitzungen. Während des Krieges gegen den französischen König findet Wilhelm der Eroberer am 9. September 1087 in Rouen den Tod. Sein ältester Sohn **Robert II. Kurzhose** (1087–1106) wird Herzog der Normandie, sein jüngerer Bruder **Wilhelm (William Rufus)** (1087–1100) erhält die englische Krone.

Mathilde, die «Kaiserin», und die Dynastie der Plantagenet

Am 1. Dezember 1135 stirbt Heinrich I. (Henry Beauclerc). Er ist der jüngste Sohn von Wilhelm dem Eroberer und regiert seit 1100 über England. Er plant, den Thron seiner Tochter Mathilde zu überlassen, die in erster Ehe mit Kaiser Heinrich V. verheiratet ist – daher ihr Beiname «die Kaiserin». Nach dem Tode Heinrichs 1125 wird sie mit dem Grafen von Anjou, Gottfried V. Plantagenet, verheiratet. Dessen Beiname rührt von den Ginsterästen her, mit denen Gottfried seinen Helm gerne schmückt. Doch die englischen Barone sträuben sich dagegen, einer Frau zu gehorchen. **Stephan von Blois** (1135–1154) ergreift seine Chance. Als Neffe des verstorbenen Monarchen überquert er eilends den Ärmelkanal, erreicht London und lässt sich dort als König bestätigen. Der Bürgerkrieg bringt ihn bis zum Ende seiner Herrschaft gegen **Mathilde** (1102–1167) in Stellung. Stephan stirbt ohne männlichen Erben, erkennt aber kurz vor seinem Tod den Sohn Mathildes als Nachfolger an. Dieser wird als **Heinrich II. Plantagenet** (1154–1189) König. Die schwerste Krise seiner Herrschaft erwächst Heinrich in **Thomas Beckett** (1117–1170), dem Erzbischof von Canterbury. Als königlicher Ratgeber und brillanter Denker, der in Bologna und Paris studiert hat, widersetzt sich Thomas der Anwendung der *Verfassung von Clarendon*, eines Textes, der den König ermächtigt, bei kirchlichen und insbesondere bei juristischen Angelegenheiten zu intervenieren. Das läuft darauf hinaus, das Privileg des Klerus abzuschaffen. Thomas flieht nach Frankreich. Heinrich ruft ihn zurück, versöhnt sich mit ihm, verzichtet aber nicht auf die *Verfassung*.

Am 29. Dezember 1170 ermorden vier königliche Ritter Thomas Beckett in seiner Kathedrale in Canterbury. Der König hat dieses Verbrechen nicht ausdrücklich angeordnet, doch er hat öffentlich den Wunsch ausgesprochen, von Thomas Beckett befreit zu werden. Nach einem letzten Widerstand und unter Androhung der Exkommunikation, zeigt Heinrich 1172 in Avranches öffentlich Reue, versöhnt sich 1174 mit dem Papst und pilgert zum Grabe Becketts, der schon 1173 von der Kirche als Märtyrer anerkannt und heiliggesprochen wurde. Heinrich II. stirbt am 6. Juli 1189 in Chinon, nachdem ein Jahr zuvor erneut Feindseligkeiten aufkommen – mit einem seiner Söhne, Richard. Dieser wird als **Richard Löwenherz** (1189–1199), König von England, bekannt. Kaum hat er den Thron bestiegen, als er zum Kreuzzug aufbricht und die Verwaltung seines Königreichs dem Erzbischof von Canterbury, dem Bischof von Durham und hohen Adligen überlässt. Dient auch der Kreuzzug dem Ruhm Richards, so entfremdet er ihm den König von Frankreich, Philipp Augustus, und Herzog Leopold von Österreich (Leopold V. von Babenberg). Letzterer nimmt Richard auf dem Rückweg gefangen und hält ihn bis 1194 fest. In dessen Abwesenheit versucht sein Bruder, Prinz Johann, den Thron zu besetzen. Nach England zurückgekehrt, beginnt Richard einen Krieg gegen Frankreich. Er stirbt am 6. April 1199 an einer Verletzung, die er sich bei der Besetzung von Châlus im Limousin zugezogen hat.

Die Geburt der englischen Demokratie: Die Magna Charta

Der Bruder von Richard Löwenherz, **Johann Ohneland** (1199–1216), folgt ihm auf den Thron. Seine eigenen Barone erheben sich gegen ihn und zwingen ihn am 15. Juni 1215, der *Magna Charta Libertatum* zuzustimmen, die als *Magna Charta* bekannt ist. Ihre 63 Artikel beschränken die königliche Willkür. Der Monarch darf keine Steuern ohne Zustimmung des Großen Rates erheben, der aus Grundherren, Repräsentanten des Klerus und der Stadt London besteht. Den Städten werden ihre Freiheiten garantiert, der Kirche die ihren. Es ist verboten, einen freien Menschen ohne Urteil einzusperren. Diese fundamentale Einsetzung von konstitutionell garantierten Rechten in England geschieht umso problemloser, als Johann Ohneland kurz darauf, am 18. Oktober 1216, stirbt. Sein Nachfolger **Heinrich III.** (1216–1272) ist erst neun Jahre alt und muss die Magna Charta feierlich anerkennen, um die Unterstützung der Barone zu bekommen, die ihrerseits eine gewisse Zeitlang versucht sind, den englischen Thron Prinz Ludwig (dem zukünftigen Ludwig XIII.) zu überlassen. 1258 erlegen ihm die Barone eine noch größere Beschränkung der königlichen Macht auf: durch die Texte der *Bestimmungen* bzw. *Provisionen von Oxford*. Diese besagen, dass die Krone unter die Vormundschaft von Kommissionen gestellt wird, die aus den Baronen bestehen.

Der Krieg zwischen **Simon de Montfort V.** (1208–1265), Graf von Leicester und Oberhaupt der Unzufriedenen, und den königlichen Armeen bricht aus. Montfort gewinnt 1264 die Schlacht von Lewes, sperrt die königliche Familie ins Gefängnis, regiert für einige Monate und beruft im Januar 1265 ein Parlament ein. Doch in eben diesem Jahr kann Erbprinz Eduard fliehen, eine Armee ausheben und seinerseits Montfort in der Schlacht von Evesham schlagen, wo der sein Leben verliert. Heinrich III. kehrt auf den Thron zurück, überlässt seinem Sohn Eduard die Regierung und stirbt am 16. November 1272. **Eduard I.** (1272–1307) hinterlässt das Andenken eines energischen Fürsten. Er erobert Wales und unterwirft eine Zeitlang Schottland. Aber er muss regelmäßig dorthin zurückkehren, um sporadische Aufstände zu unterdrücken. Seine legislative Arbeit beginnt schon vor seiner Herrschaft, insofern er mit dem Statut von Marlborough de facto die Regentschaft ausübt. Dieses Statut regelt den Fall, sollte königliche Gewalt anders als gewohnt ausgeübt werden. Eduard stirbt am 7. Juli 1307, als er wieder einmal gegen die Schotten kämpft. Sein kleinmütiger Sohn **Eduard II.** (1307–1327) besiegelt die Macht seiner Günstlinge und Geliebten **Pierre Gaveston** (1282–1312) und **Hugh Le Despenser** (1284–1326). Eduard II. wird verhaftet und in den Kerker geworfen. Er dankt zugunsten seines Sohnes am 24. Januar 1327 ab. Er stirbt, vermutlich durch Mord, am 21. September desselben Jahres.

Das englische Frankreich: Der Hundertjährige Krieg

Eduard III. (1327–1377) wird mit fünfzehn Jahren König von England. Er interveniert in Schottland, um dort dem Kandidaten auf den Thron zu verhelfen, der ihm am günstigsten erscheint. Beim Tode von Karl IV., dem Schönen, dem letzten direkten Kapetinger, beansprucht er wegen seiner

Abstammung den französischen Thron: Durch seine Mutter, Isabella von Frankreich, ist er Enkel von Philipp IV., dem Schönen. Philipp von Valois wird dann von den Großen dazu auserwählt, als **Philipp VI.** (1328–1350) neuer König von Frankreich zu werden. Er ist allerdings nur der Cousin des letzten Herrschers.

Der Hundertjährige Krieg beginnt tatsächlich im Jahre 1339. Der englische Vorteil ist schnell sichergestellt: auf See mit dem Sieg von L'Écluse (1340), an Land mit den Schlachten von Crécy (1346) und Poitiers (1356). Am 21. Juni 1377 stirbt Philipp VI. Sein zehnjähriger Enkel folgt ihm als **Richard II.** (1377–1400). Von den französischen Besitzungen seines Großvaters bleiben nur Calais, Cherbourg, Brest, Bordeaux und Bayonne. Die Regentschaft wird durch einen Rat ausgeübt, dem der Onkel des Königs, **John of Gaunt** (1340–1399), vorsitzt. Zwischenzeitlich lässt sich Heinrich als **Heinrich IV.** (1399–1413) krönen. Die Hälfte seiner Regierungszeit ist er damit beschäftigt, die Aufstände des Adels niederzuwerfen. Um zu regieren, stützt er sich auf Parlament und Kirche. Sein Sohn **Heinrich V.** (1413–1422) nimmt den Krieg mit Frankreich wieder auf und erringt dank seiner Waliser Bogenschützen bei Azincourt (1415) einen überwältigenden Sieg. 1417 nimmt er, mit dem Herzog von Burgund verbündet, die Kampfhandlungen wieder auf und erobert Caen, Alençon und Falaise. Rouen fällt 1419. Der Vertrag von Troyes (21. Mai 1420) macht ihn zum Erben des französischen Königs Karl VI., der den Dauphin enterbt. Während einer seiner Aufenthalte in Frankreich stirbt der Herrscher in Vincennes am 31. August 1422. Sein Sohn **Heinrich VI.** (reg. 1422–1461 und 1470–1471) ist erst ein Jahr alt. Seine Onkel, die Herzöge von Bedford und Gloucester, üben daher für ihn die Regentschaft aus: der erste in Frankreich, der zweite in England – bis zu seiner Volljährigkeit, die 1437 verkündet wird. 1431 wird der zehnjährige Heinrich VI. in der Kathedrale Notre-Dame in Paris zum französischen König gekrönt. Der Herzog von Bedford stirbt 1435, das Ende der Allianz mit Burgund hat er nicht verhindern können. **Karl VII.** (1422–1461) erobert dank der Hilfe von **Jeanne d'Arc** (um 1412–1431) sein Königreich zurück und nimmt Paris 1436 ein. 1453, am Ende des Hundertjährigen Krieges, hat England seine sämtlichen kontinentalen Besitzungen bis auf Calais verloren. In jenem Jahr verfällt Heinrich VI. dem Wahnsinn. Herzog **Richard von York** (1411–1460), der Thronerbe, wird 1454 Regent mit dem Titel eines Lordprotektors des Königreichs. In diesem Jahr bekommt Heinrich VI. einen Sohn, den der Herzog von York als legitimen Erben anerkennt. Dennoch ist der Zusammenstoß des Hauses Lancaster mit dem König und dem Haus York unvermeidlich. Dies ist der Beginn des *Rosenkrieges*

(1455–1485) zwischen der «roten Rose», dem Emblem der Lancaster, und der «weißen Rose», dem des Hauses York.

Jeanne d'Arc

Jeanne d'Arc wird um 1412 in dem Dorf Domrémy im Herzogtum Bar geboren. Sie lebt seit ihrer Kindheit eine tiefe Frömmigkeit – in einem Frankreich, das vom Hundertjährigen Krieg zerrissen ist. Im Alter von 13 Jahren hört sie zum ersten Mal Stimmen, die ihr sagen, sie solle Frankreich von seinen Eindringlingen befreien. Jeanne schreibt diese Stimmen dem Erzengel Michael, der heiligen Katharina und der heiligen Margareta zu. Sie verhält sich wie ein Mann und lässt sich die Haare kurz schneiden. In Chinon kann sie bis zum Dauphin vordringen, dem zukünftigen König Karl VII. Man vertraut ihr eine Armee an. Ihre Taten mit der Waffe sind berühmt, vor allem die Einnahme von Orléans, das von den Engländern bedroht wird. Diese gestatten ihr, den Dauphin nach Reims zu geleiten, wo er sich 1429 krönen lässt. Doch Jeanne scheitert im selben Jahr an der Einnahme von Paris. 1431 ist sie kaum 19 Jahre alt, als sie gefangen genommen und an die Engländer verkauft wird. Diese liefern sie dem Kirchentribunal von Pierre Cauchon aus, dem Bischof von Beauvais, der sie wegen Ketzerei verurteilt. Am 30. Mai wird sie in Rouen bei lebendigem Leib verbrannt. 1456 wird ihr Prozess von Papst Kalixt III. neu aufgerollt. 1909 wird sie selig-, 1920 heiliggesprochen.

Der Rosenkrieg

Der Rosenkrieg beginnt mit der ersten Schlacht von Saint-Albans (22. Mai 1455). Richard, Herzog von York, schlägt dort das Haus Lancaster. Die Schlachten, die die beiden Opponenten austragen, sind zunächst nicht entscheidend – bis zur Schlacht von Towton (29. März 1461), einige Kilometer von York entfernt. Nach einer blutigen Auseinandersetzung wird Lancaster vernichtet. König Heinrich VI. und Königin Margaret flüchten nach Schottland, ziehen sich danach nach Frankreich zurück. Eduard von York, Sohn Herzog Richards, der 1460 den Kampf gegen Lancaster seit dem Tode seines Vaters wieder aufgenommen hat, wird im Juni 1461 in Westminster Abbey als **Eduard IV.** (1461–1483) zum englischen König gekrönt. In Tewkesbury, Grafschaft Gloucestershire, erringt er einen wesentlichen Sieg (4. Mai 1471). 1475 unterschreibt er den Vertrag von Picquigny, der das offizielle Ende des Hundertjährigen Krieges bestätigt. Als er sein Ende nahen fühlt, nominiert er testamentarisch seinen Bruder Richard zum Protektor des Königreichs. Er stirbt am 9. April 1483 und hinterlässt einen zwölfjährigen Erben, **Eduard V.** (April–Juli 1483). Dessen Onkel Richard beeilt sich, dies für illegal zu erklären – wegen Bigamie Eduards IV. Eduard V. gilt von nun an als illegitimes Kind. Richard lässt ihn mit seinem kleinen Bruder Richard von Shrewsbury in den Tower in London sperren. Beide Kinder sterben dort kurz darauf unter ungeklärten Umständen. Richard ruft sich nun als **Richard III.** (1483–1485) zum König aus. Sein Sohn, Eduard von Middleham (1473–1484), stirbt vorzeitig an einer Krankheit. Im folgenden Jahr wird Richard Witwer.

Heinrich Tudor (1457–1509), Herzog von Richmond, ist an den Hof des Herzogs der Bretagne geflohen, von wo aus er sich anschickt, den englischen Thron zu erobern. Über seinen Vater ist er mit Heinrich VI. verwandt, über seine Mutter mit Heinrich III. Die entscheidende Konfrontation findet anlässlich der Schlacht von Bosworth Field am 22. August 1485 statt. Richard III. wird dort besiegt und getötet. In seinem Stück *Richard III.* vertraut William Shakespeare dem König diesen letzten Ausruf an: «Ein Pferd! Ein Königreich für ein Pferd!», ehe er unter den Schlägen des Grafen von Richmond fällt. Die beiden Dynastien Lancaster und York haben sich erschöpft und verschwinden zugunsten einer dritten: dem Haus Tudor. Heinrich Tudor eröffnet sie als König **Heinrich VII.** (1485–1509).

2. Die Kunst im mittelalterlichen England

Die gotische Architektur: Sehr früh und vielgestaltig

Ausgerechnet in England, wo die Tradition der Normannen herrscht, tritt die Gotik («Early English») am frühesten auf – als Antizipation der französischen Gotik. Hier werden auch die typischsten Eigenheiten dieses Stils ausgearbeitet: Der Grundriss zeigt eine Tendenz zur Streckung, die sich bereits in vorgotischen Kirchen manifestiert. Fast in der Mitte der Kirche befindet sich das Querschiff mit der Vierung, einem mächtigen Turm als sichtbarstes Zeugnis der normannischen Tradition. Der Ostteil des Kirchenschiffs wird durch ein zweites Querhaus geteilt, sehr viel kleiner allerdings und als Retrochoir bezeichnet. Beispiel sind die Kathedralen von Canterbury und Salisbury. Nach der Zeit der Frühgotik folgt bis zum 13. Jahrhundert der «Decorated Style». Er unterscheidet sich durch die Reinheit seiner Linien und die Verkomplizierung der Gewölbe. Typische Beispiele sind die Chöre der Kathedralen in Bristol oder Exeter. Die Gotik der folgenden Zeit, um die Mitte des 14. Jahrhunderts, entspricht dem «Perpendicular Style». Charakteristisch für diesen sind die vielen parallelen Vertikallinien, die sich auf den Fassaden ausbreiten. Charakteristisch ist auch das Fächergewölbe. Ein herausragendes Beispiel ist die Kathedrale in Gloucester.

3. Die mittelalterliche Literatur Englands

Zum Ruhme Christi und König Arthurs

Die blühendste Epoche der angelsächsischen Literatur ist das 8. Jahrhundert. **Alkuin** (735–804) zeichnet sich durch die Vielfalt seiner Schriften aus, die Theologie, Grammatik, Rhetorik und Dialektik behandeln. Seine Briefe sind für die Kulturgeschichte sehr wichtig. So beschreiben sie humorvoll das Leben an der Pfalzschule Karls des Großen. Parallel zur christlichen Literatur in lateinischer Sprache existiert germanische Literatur, deren ältester Repräsentant **Caedmon** (um 680) ist, ein Schäfer aus Northumbria, der laut Beda Venerabilis, von Gott inspiriert, christliche Gedichte in seiner Muttersprache schreibt. Er schafft einen Hymnenzyklus, der die gesamte Lehre der Bibel enthält, von der Genesis bis zum Jüngsten Gericht.

Während der Herrschaft Alfreds des Großen erlebt die angelsächsische Literatur eine wahrhaft ruhmvolle Epoche. Aus dieser Zeit stammen auch die Verse von **Cynewulf** und sein Epos *Der Christ* über die dreifache Anwesenheit des Gottessohnes auf Erden sowie das Gedicht über die Entdeckung des heiligen Kreuzes durch die byzantinische Kaiserin Helena. Während der Zeit von 1066, der Eroberung durch die Normannen, bis 1215, der Zeit der *Magna Charta*, bringt England keine bemerkenswerten nationalen Werke hervor. Die Elite an den Höfen spricht französisch. Die wesentliche literarische Produktion besteht aus religiöser Dichtung. Es entstehen Legendensammlungen um König Arthur/Arthus. **Geoffrey de Monmouth** (um 1100–1155) darf als Erfinder von Arthur gelten, dem König und Zivilisator. Sein wichtiges Werk besteht aus mehr als 200 Manuskripten. **Johann von Salisbury** (um 1110–1180), Sekretär des Erzbischofs von Canterbury, hinterlässt den *Policraticus*, einen Text, in welchem die Aufgaben eines Fürsten und dessen Verpflichtung, die königliche Macht angesichts der Kirche zu erhalten, dargestellt sind. Mehr als ein Jahrhundert lang nach der franko-normannischen Invasion gibt es keine andere Literatur außer französischer und lateinischer.

Was die lokale Literatur angeht, so erlebt man die Rückkehr zu Themen der Vergangenheit wie etwa zu den *Maximen Alfreds des Großen*, die in den *Annalen von Winchester* 1066 zitiert sind, oder Legenden nach Art von Cynewulf. Die geschichtliche Literatur wird auf Latein verfasst. Wichtigster Chronist ist Johannes von Worcester, der die *Kirchengeschichte des englischen Volks* von Beda Venerabilis fortsetzt, die nach seinem Tod wiederum bis 1129 von Symeon von Durham fortgeführt wird.

Liederliche Mönche und leichte Frauen: Die Canterbury Tales

Die folgende Zeit ist durch Verschiedenartigkeit und Vielfalt der Literatur gekennzeichnet. Deren Werke sind eindeutig französische, das Englische erscheint erst wieder gegen Ende des 12. Jahrhunderts. Zudem existieren germanisierte Werke. Wichtigster Name dieser Zeit ist der von **Geoffrey Chaucer** (1340–1400), der sich an französischen Trouvères ein Beispiel nimmt. Seine Übersetzung des *Rosenromans* belegt seine intensiven Kontakte mit Frankreich. Seine italienischen Beziehungen wiederum sind durch seine Boccaccio- und Petrarca-Übersetzungen belegt. Höhepunkt von Chaucers bedeutendem Werk aber sind die *Canterbury Tales* von 1387, eine Sammlung von Erzählungen, deren Gliederung dem *Decamerone* von Boccaccio entlehnt ist. Chaucer setzt sich neben dem Theater mit allen Genres auseinander. Seine wichtigsten Werke sind die *Canterbury Tales* sowie *Troilus und Cressida (Troilus and Criseyde)*. Das bedeutendste Prosawerk des 15. Jahrhunderts ist *Arthurs Tod* von **Sir Thomas Malory** (1408–1471).

4. Die Philosophie im mittelalterlichen England

In England ist Französisch seit Wilhelm dem Eroberer die offizielle Sprache am Hof. Es ist aber auch die Sprache der Aristokratie, des Parlaments und der Justiz. Nach dem Modell der Sorbonne entstehen Universitäten in Oxford und

Cambridge. Deren brillanteste Geister sind **Roger Bacon** (1214–1294), **Johannes Duns Scotus** (1266–1308) und **Wilhelm von Ockham** (1290–1349).

Roger Bacon (1214–1294)

Von seinesgleichen als *doctor mirabilis* bezeichnet, war Bacon ohne Zweifel einer der einflussreichsten Denker seiner Zeit. Nach seinem Studium in Oxford und anschließend in Paris kehrt er zum Franziskanerorden zurück und widmet sich dem Studium der Werke Aristoteles'. Er wendet sich jedoch der Wissenschaft zu. Auf Bitten von Papst **Clemens IV.** (1265–1268) schreibt er sein *Opus maius*, sein *sehr großes Werk*, worin er die Notwendigkeit verteidigt, die Wissenschaft seiner Zeit durch neue Methoden zu reformieren. Die einzigen Mittel, wirkliche Kenntnis der Natur zu erhalten, sind seiner Meinung nach die Mathematik und experimentelle Versuche. Das *Opus maius* ist eine gewaltige Wissenschaftsenzyklopädie, die Grammatik, Logik, Moralphilosophie, Mathematik und Physik umfasst. Die darin vertretenen Thesen aber sind zu revolutionär und bringen ihm die Verurteilung als Ketzer durch die Franziskaner ein sowie 15 Jahre Gefängnis bis 1292. Seine Vorahnungen betreffen fast alle modernen Erfindungen: Schießpulver, Vergrößerungsgläser, Fernrohr. Bacon steht, was die Optik betrifft, am Ursprung der Entdeckung der Lichtbrechung. Seine wichtigsten Werke sind das enzyklopädische *Compendium studii philosophiae – Der Abriss der philosophischen Studien* sowie das *Compendium studii theologiae – Der Abriss der theologischen Studien*. Bacon beglaubigt die Überzeugungen seiner Zeit und gründet die Naturwissenschaft auf Alchimie, Astrologie und Magie.

Johannes Duns Scotus (1266–1308)

Zugleich Metaphysiker und Psychologe, lehnt er die aristotelischen Aussagen Thomas von Aquins ab. Anstatt des Primats der Vernunft behauptet er das Primat des freien Willens. Johannes Duns ist Schotte, daher sein Beiname «Scotus». Mit 15 Jahren tritt er den Franziskanern bei, studiert von 1293 bis 1297 in Cambridge, Oxford und Paris. Er kehrt in sein Heimatland zurück, um den Feindseligkeiten Philipps des Schönen gegen die Franziskaner zu entgehen, geht danach erneut nach Frankreich und erlangt zwischen 1305 und 1307 bei den Franziskanern den Grad des *magister regens*, des Lehrstuhlinhabers.

1308 wird er nach Köln geschickt und stirbt dort im selben Jahr. Der *doctor subtilis*, wegen seines kritischen Geistes so genannt, wendet sich gegen alle Meinungen, die auf die eine oder andere Weise unseren freien Willen, unsere Freiheit einschränken. Diese besteht ihm zufolge in dem Bewusstsein, sich jederzeit anders entscheiden zu können, als man es zuvor getan hat. Weil er aber die Freiheit des Menschen dieserart begreift, so begreift er auch die Freiheit Gottes in diesem Sinne. Woher kommt die Individuation des Einzelnen? Um diese Frage zu beantworten, beruft sich Duns Scotus auf die *haecceitas*, die *Diesheit* – eine spezifische Essenz, die weder Form noch Materie ist, sondern so bestimmt ist, dass sie Individualität hervorbringt. Um die Dinge zu erklären, neigt Duns Scotus dazu, die Rolle der Intelligenz zugunsten derjenigen des Willens klein zu halten.

Wilhelm von Ockham (um 1290–1349) und der Nominalismus

Der Nominalismus, begründet von Wilhelm von Ockham, strukturiert einen der fruchtbarsten intellektuellen Dispute des Mittelalters – den Streit um die Universalien, in welchem sich die Befürworter der allgemein verständlichen Allgemeinbegriffe, der Universalien, und die Nominalisten gegenüberstehen. Die Nominalisten wollen aus einer Idee eine schlichte Bezeichnung machen, die von einem je individuellen Bild begleitet ist. Wilhelm von Ockham, der *venerabilis interceptor*, der *verehrungswürdige Initiant*, war nie Theologielehrer, nie Magister, sondern nur Baccalaureus – daher sein Beiname. Einer der beherrschenden Faktoren seines Lebens sind die Schwierigkeiten, die ihm nach seinen bissigen Streitschriften gegen die weltliche Autorität begegnen, bereitet insbesondere von Papst **Johannes XXII.** (1316–1334), seinem wichtigsten Gegner. Seine wichtigste Schrift ist die *Summa totius logicae* – die *Summe der Logik*. Man schreibt ihm auch *Ockhams Rasiermesser* zu: Danach soll man nicht Platons Bart mit dem Rasiermesser des Sokrates rasieren. Anders gesagt: Man soll die Dinge nicht ohne Notwendigkeit vervielfachen. Dieses Prinzip verleiht der Einfachheit Vorrang: Bei zwei konkurrierenden Theorien wird diejenige mit der einfacheren Erklärung eines Sachverhalts vorgezogen.

VII

Das mittelalterliche Italien

1. Geschichte der großen italienischen Städte bis zum 15. Jahrhundert

Neapel wird im 7. Jahrhundert v. Chr. als Parthenope, «Jungfrau», gegründet und 475 v. Chr. in Neápolis, «neue Stadt», umgetauft. Als Hauptstadt der Campania wird die Stadt nach dem Untergang Roms (476) dem Byzantinischen Reich angeschlossen. 567 gehört sie zum neuen Exarchat von Ravenna. Nach wechselhaftem Geschick wird sie vom Langobardenkönig **Aistolf** (749–756) im Jahre 751 erobert. Im 6. Jahrhundert müssen seine Herzöge immer bedeutendere Gruppen von Normannen aufnehmen, um die Stadt zu verteidigen – bis zu dem Punkt, da diese dann die eigentlichen Machthaber sind. 1130 gründet **Roger II.** (1130–1154) das normannische Königreich Sizilien und verleibt diesem 1139 Neapel ein. 1282 provoziert die *Sizilianische Vesper* die Teilung des *Königreichs beider Sizilien*. König **Karl I. von Sizilien** (regiert 1266–1285) wird von einer Armee unter **Peter III. von Aragon** (1282–1285) aus Sizilien verjagt. Karl II. von Anjou zieht sich auf seine kontinentalen Besitzungen zurück und wird von 1282 bis 1285 erster König von Neapel. Der Ausdruck «Königreich Neapel» hat sich eingebürgert, doch im Prinzip handelt es sich immer noch um das Königreich Sizilien, das die Angeviner, das Haus Plantagenet, vergeblich zu erobern hoffen. Tatsächlich aber entreißt **Alfons V. von Aragon** (1416–1458) 1452 das Königreich Neapel **René von Anjou** (1435–1442). Zu seinen eigenen Gunsten errichtet er 1443 das Königreich beider Sizilien neu. Die Spanier behaupten die Herrschaft über die Stadt bis 1707.

Mailand unter den Visconti

Um das 6. Jahrhundert v. Chr. wird Mailand von den Kelten gegründet. 222 v. Chr. wird die Stadt von den Römern erobert, seither kennt man sie unter dem Namen *Mediolanum*, «inmitten der Ebene». 286 wird Mailand Hauptstadt des Weströmischen Reichs. **Konstantin I.** (306–337) erlässt dort 286 das Edikt von Mailand, das den christlichen Kult zulässt. Sein Bischof **Ambrosius** (374–397) macht aus der Stadt eines der kulturellen Zentren der christlichen Welt. 539 wird die Stadt von den Ostgoten eingenommen und zu einer der großen Städte des langobardischen Königreichs gemacht. Mit der Eroberung durch die Franken 774 verschwindet dieses Königreich. Wie andere Städte gerät Mailand unter die Autorität der Karolinger und später unter die der römisch-deutschen Kaiser. Doch diese ferne Vormundschaft belässt der Stadt gleichsam ihre Unabhängigkeit, weshalb dort Aufstände losbrechen, die brutal unterdrückt werden. 1162 wird Mailand auf diese Weise zerstört. Die Stadt erholt sich und wird zu einer Kommune, in welcher die Macht zwischen Erzbischof und den großen Familien geteilt wird: in der *Credenza de Sant'Ambrogio*, der *Körperschaft des heiligen Ambrosius*. Eine größere innere Krise ermöglicht es den Visconti, die Kontrolle über die Stadt zu übernehmen. 1262 wird **Ottone Visconti** (1262–1295) vom Papst zum Erzbischof von Mailand ernannt. Diese Ernennung wird vom Haupt der *Credenza*, einem Mitglied der Familie della Torre, abgelehnt, der das Erzbistum besetzen lässt. Sein Widerstand rührt von der ausschließlich durch den Papst getroffenen Wahl her. Der bis 1277 andauernde folgende Krieg hindert Ottone daran, seinen Mailänder Sitz einzunehmen. In der Schlacht von Desio werden die della Torre endgültig besiegt, Ottone kann endlich nach Mailand einziehen, 15 Jahre nach seiner Ernennung. Doch sein Posten ist alles andere als ruhig, denn die Partisanen der della Torre, die *Torriani*, setzen den Kampf in Mailändischen Landen fort, bis sie 1281 endgültig vernichtet werden.

1287 lässt Ottone seinen Großneffen **Matteo I. Visconti** (1291–1322) zum Kapitän des Volks ernennen. Der Generalrat ernennt ihn 1291 zum Herrn von Mailand. 1294 macht ihn Kaiser **Rudolf I.** (1273–1291) zum Generalvikar für die Lombardei. Matteo I. Visconti muss weiterhin gegen die Torriani, Welfen, kämpfen, weil die Visconti Waiblinger sind. 1302 muss er Mailand verlassen. Erst 1311 kann er zurückkehren. Die Scharmützel gehen weiter. Aufgrund ihrer Unterstützung für den Kaiser sind die Visconti geschwächt. 1318 exkommuniziert der Papst Matteo I. Ein Kreuzzug wird gegen die Visconti in Gang gesetzt, gefolgt von einer Verurteilung wegen Ketzerei im Jahr 1322. Matteos Sohn **Galeazzo I. Visconti** (1322–1328) folgt ihm, muss aber bis 1342 warten, bis die Anklage wegen Ketzerei aufgehoben wird. Erst mit **Gian Galeazzo Visconti** (1385–1402) schmückt sich die Familie mit einem bedeutenden Staatsmann. Gian Galeazzo annektiert Vicenza, Verona und Padua und wird 1395 vom Kaiser in den Rang eines Herzogs erhoben. Begierig darauf, ganz Norditalien zu unterwerfen, nimmt er Pisa, Perugia, Assisi und Siena ein. Unter seiner Herrschaft wird der Bau des Mailänder Doms begonnen. Gian Galeazzos Sohn **Giovanni Maria Visconti** (1402–1412) kann die Einheit des Herzogtums nicht aufrechterhalten. Die Ambitionen der Visconti stacheln die Feindschaft von Florenz an. Der Sohn Giovanni Marias, **Filippo Maria Visconti** (1412–1447), ist dritter und letzter Herzog. Er stirbt ohne Erben. Die Ambrosianische Republik, die Herrschaft des Adels und der Juristen, dauert von 1447 bis 1450 an, ehe sie durch **Francesco Sforza** (1450–1466) zerstört wird, der Mailand erobert und eine neue Herzogslinie begründet.

Mailand unter den Sforza (1450–1535)

1447 stirbt der letzte Visconti ohne männlichen Erben. Nach der kurzen Phase der Ambrosianischen Republik, die zu Ehren des Ambrosius, des heiligen Patrons von Mailand, so genannt wird und zwischen 1447 und 1450 von einer Gruppe von Adligen und Juristen der Universität Pavia geleitet wird, nimmt der *condottiere* **Francesco Sforza** (1401–1466) die Stadt ein und ruft sich zum Herzog aus. Die Sforza werden Mailand bis 1535 beherrschen. Diese Herrschaft wird durch die Kriege bedroht, welche die französischen Könige in Italien führen. 1499 erobert Ludwig XII. Mailand. Bis 1543 bleibt diese Stadt französisch. Nach 1521 regieren zwischenzeitlich die Söhne von Francesco, nachdem die Spanier, 1525 bei Pavia über die Franzosen siegreich, dieser Regentschaft zustimmen. 1535 stirbt die Sforza-Dynastie ohne männlichen Erben aus.

Florenz von der Eroberung durch Belisar bis zum Aufstand der Ciompi (541–1378)

Auch wenn die Gründung der Stadt bis auf das Römische Imperium zurückgeht, ins 1. vorchristliche Jahrhundert, bleibt Florenz bis zum 11. Jahrhundert ein bescheidener Marktflecken. Die fehlende Entwicklung erklärt sich vor allem durch die Kriege, in denen Norditalien verwüstet wird und im 6. Jahrhundert unter anderem den Goten und Byzantinern gegenübersteht. 541 nehmen die Armeen **Belisars** (um 500–565), eines byzantinischen Generals, Florenz ein. **Totila** (?–552), später König der Ostgoten, zerstört die Stadt 550. Ein weiterer Byzantiner, General **Narses** (478–573), bemächtigt sich der Ruinen im Namen Kaiser Justinians. 570 folgen die Langobarden, doch weil Florenz weder Arbeitsmöglichkeiten noch genügend Bevölkerung hat, wählen sie Lucca als wichtigste Stadt der Toskana. Die Stadt braucht zwei Jahrhunderte, um sich zu erholen. **Karl der Große** ist zwei Mal dort, 781 und 786. Im Jahre 854 werden die Grafschaften Fiesole und Florenz vereint, und Florenz wird die Hauptstadt der neuen Grafschaft. 1055 ist die Stadt wichtig genug, um ein Konzil abzuhalten. Der Streit zwischen den Welfen als Parteigänger des Papstes und den Waiblingern als Kaisertreue verschont Florenz zu Lebzeiten der Markgräfin Mathilde, die gelegentlich in ihrem Schloss vor den Mauern der Stadt residiert. Ihr Tod und das Interregnum, das auf den Tod Kaiser **Heinrichs V.** (1111–1125) folgt, ermöglichen es Florenz, sich zu einer autonomen Kommune zu erklären. Florenz wird von einem Markgrafen geleitet, dem ein Rat von 150 Edelleuten zur Seite steht sowie eine Volksversammlung, die viermal im Jahr zusammentritt. 1182 entsteht eine Gilde der «höheren Künste» *(arti maggiori)* und der «niederen Künste» *(arti minori)*, edler und unedler Berufe also. Florenz spezialisiert sich auf das Färben von Stoffen und errichtet die ersten Bankhäuser. Die großen Familien regieren die Stadt und schützen sich durch den Bau von Türmen. Die Stadt wird größer, trotz eines dreijährigen Bürgerkriegs von 1177 bis 1180 zwischen den großen Familien. Die aus den reichen Familien gewählten Konsuln haben immer weniger Macht und werden durch einen Podestà ersetzt. 1245 werden die Guelfen vertrieben. Kurz darauf wird der Einfluss der großen Familien durch die Gilden, die Vereinigungen der Kaufleute und Handwerker, weiter geschwächt. 1266 kehren die Guelfen zurück, übernehmen die Macht, spalten sich jedoch in die weißen, gemäßigten Kaisertreuen und die schwarzen, entschlossenen Verteidiger des Papstes – Volk gegen Aristokratie. Die weißen Standespersonen werden mithilfe von **Karl von Valois** (1270–1325) vertrieben, der gekommen ist, um den Papst zu unterstützen und ihm Florenz zu unterwerfen. Bei dieser Gelegenheit wird der Dichter **Dante Alighieri** (1265–1321) endgültig ins Exil gezwungen. 1293 schmückt sich Florenz mit einer anti-aristokratischen Verfassung, die den Zünften die tatsächliche Macht verleiht. Reich und in voller Expansion begriffen, legt die Stadt eine begehrte Goldmünze auf: den Florin. Die große Pest im Abendland trifft Florenz im Jahre 1348, doch die Stadt erholt sich schneller als ihre Rivalen Pisa oder Siena. 1378 findet der Ciompi-Aufstand statt. Die armen Arbeiter der Bekleidungsindustrie, Repräsentanten des *popolo minuto*, widersetzen sich dem *popolo grasso*, den reichen Händlern. Im Sommer 1378 übernehmen sie die Macht und zwingen die Signoria, die Regierung, ihnen das Privileg auf Zunftgründungen sowie eine vorteilhaftere Besteuerung zuzugestehen. Einer von ihnen erhält den Posten als Gonfaloniere der Justiz. Die Gilde der Ciompi hält sich aber nur kurz an der Macht und wird von den älteren, der Aristokratie verbundenen Gilden gestürzt. Dieser erste Versuch einer demokratischeren Regierung überdauert nur einen Sommer.

Venedig vom 6. bis zum 15. Jahrhundert

Die Republik Venedig ist das dritte große Kunstzentrum der Renaissance. Als Zeichen der Dankbarkeit für die venezianische Hilfe gegen die Normannen gewährt der byzantinische Kaiser Alexios I. Komnenos der Stadt sowohl den unbeschränkten Handel im gesamten Byzantinischen Reich als auch Zölle. Das markiert den Beginn der Geschäfte Venedigs mit dem Orient (1082). Anhängerin einer langen gotischen Tradition, wird die Republik Venedig als letzte der großen Städte vom Humanismus berührt. Die der Renaissance vorausgehende europäische Kunst verdankt diesen Künstlern sehr viel: **Rubens**, **Poussin**, **Velasquez** und **Delacroix** halten **Tizian** für den größten Meister der Ölmalerei. Doch die Malerei wird genauso von **Bellini**, **Carpaccio**, **Giorgione**, **Veronese** und **Tintoretto** beeinflusst.

Venedig entsteht, weil die Menschen vom Festland Venetien nach der Invasion zunächst der Hunnen, dann der Ostgoten und schließlich der Langobarden fliehen müssen. Die Laguneninseln und ihre Sumpfgebiete bieten wirksamen Schutz. Ende des 7. Jahrhunderts besteht Venedig aus den Inseln Grado, Torcello, Rialto, Murano, Chioggia, Iesolo, Malamocco ... Venetien wird militärischer Bezirk unter dem Kommando des Exarchats von Ravenna. Im Lauf der Zeit wird Rialto, das «hohe Ufer», wegen seiner Wassertiefe immer wichtiger und ermöglicht immer größeren Schiffen die Einfahrt. Es wird zum Zentrum von Venedig.

Die Dogen übernehmen gegen Ende des 7. Jahrhunderts die Herrschaft. Der erste Doge – dieser Titel ist aus dem lateinischen *dux* abgeleitet – ist **Paoluccio Anafesto** (697–717). Die Autorität der ersten Dogen ist auf ihre Insel beschränkt. Bis zum Ende des 9. Jahrhunderts werden die Dogen fast alle abgesetzt, sofern sie nicht von ihren Feinden getötet oder vom Volk niedergemetzelt werden. Der Sitz der Dogen ist zunächst Jesolo, danach Malamocco, ehe sie sich auf dem Rialto niederlassen. Im 9. Jahrhundert wechselt Venedig zwischen byzantinischer und fränkischer Herrschaft. **Pippin von Italien** (781–810) erobert es 810, stirbt aber kurz darauf. Karl der Große übergibt die Stadt dem byzantinischen *basileus* (Kaiser) gegen Anerkennung seines eigenen Kaisertitels. Die Stadt nimmt den Namen an, der früher der Provinz zukam: Venetia. 828 werden die Reliquien des heiligen Markus von Alexandria hierher überführt, und Venedig nennt sich ab sofort Republik des heiligen Markus. Im Laufe des 9. Jahrhunderts befreit sich Venedig vom Byzantinischen Reich. Rialto wird zum Zentrum der Lagune. Als Fischer sind die Venetianer zu Seeleuten geworden und erobern unter dem Dogen **Pietro II. Orseolo** (991–1009) mehrere Städte an den Küsten Dalmatiens und Istriens. Um diese Siege zu feiern, wird im Jahre 1000 die Zeremonie der Vermählung des Dogen mit dem Meer begangen, der *Sposalizio del Mare*.

Das 11. Jahrhundert ist die Epoche der maritimen und wirtschaftlichen Expansion. Venedig nimmt am ersten Kreuzzug teil, liefert Kriegsschiffe und Expeditionskorps. Es handelt sich nicht um eine direkte militärische Konfrontation – trotz einer Seeexpedition im Jahre 1171, die durch die Pest vorzeitig beendet wird und über die ägäischen Inseln nicht hinausgeht –, sondern vielmehr um einen geschickten politischen Schachzug: Venedig leitet den Vierten Kreuzzug über Konstantinopel und beschafft sich nach Fall und Plünderung Konstantinopels ein Inselreich. Der *Consiglio dei Savi*, der «Rat der Weisen», wird 1172 durch den *Maggior Consiglio*, den «Großen Rat» ersetzt. Dieses gesetzgebende Organ wird vom Dogen geleitet. Doch dieser Rat wird durch ein Komplott bedroht, der darauf abzielt, eine Diktatur zu errichten. Als Antwort darauf entsteht 1310 der Rat der Zehn. Ihm obliegt die Sicherheit des Staates. Anfänglich auf Zeit eingesetzt, wird dieser Rat 1334 auf Dauer installiert. Allerdings muss Venedig sich vor der anderen Seemacht Norditaliens wappnen: Genua. Im 14. Jahrhundert sind militärische Konfrontationen zur Regelmäßigkeit geworden. Im Krieg von Chioggia (1378–1381) stehen sich die venezianische und die genuesische Flotte feindlich gegenüber, mit wechselndem Ausgang.

Der Frieden von Turin 1381 beendet den Krieg zum Vorteil Venedigs. Der Niedergang Konstantinopels scheint 1453 darauf hinzudeuten, dass Venedig sich das östliche Mittelmeer aneignen wird. Doch dieser Anspruch wird ihm durch die ottomanische Flotte rasch streitig gemacht. Im **Lauf des 15. Jahrhunderts** bildet sich mit Venedig in Norditalien ein Gebiet aus, das in voller Expansion begriffen ist. Nach dem besiegten Genua können sich auch die Mächte Florenz und Mailand dem venezianischen Expansionsdrang nicht entziehen. Dieser wird von den *condottieri*, den Söldnerführern, vorangetrieben– so etwa von **Bartolomeo Colleoni** (1395–1475), der durch seine Reiterstatue auf dem venezianischen Campo Giovanni e Paolo unsterblich geworden ist, einem Werk von **Verrocchio** (1435–1488). Die Friedensschlüsse von Ferrara (1433) und Cremona (1441) vergrößern den Landbesitz Venedigs, der sich am Ende des Jahrhunderts bis an den Gardasee und den Fluss Adda erstreckt. Doch diese Machtfülle – die Kontrolle der Flüsse nördlich der Adria und eines Teils der Ägäis – brüskiert schon bald die Ambitionen des Kaiserreichs, Frankreichs und der Päpste.

2. Die mittelalterliche Literatur Italiens

Literarische Dokumente in italienischer Sprache sind vor dem 13. Jahrhundert sehr selten, denn die, die schreiben, tun dies auf Lateinisch, obwohl in Frankreich die lateinischen Studien noch viel verbreiteter sind. Doch um das 12. Jahrhundert dringt die Troubadour-Dichtung nach Italien, insbesondere Norditalien vor. Die *langue d'oc* wird in der Po-Ebene mühelos verstanden, und seit dem 13. Jahrhundert wird dem Provenzalischen am Hof in Sizilien nachgeeifert.

Drei Große: Dante, Petrarca, Boccaccio

Seit der Invasion der Langobarden stagniert die lateinisch-christliche Literatur der Spätantike ein wenig. Erst im 9. Jahrhundert entsteht ein neues literarisches Genre: die Chronik. Italienische Werke ahmen darin seit der ersten Hälfte des 13. Jahrhunderts die allegorischen französischen Gedichte nach. Sie wollen die Menschen unterhalten und bilden. Italien steht, was die Balladen und Rondeaux angeht, in der Tradition Frankreichs. Am Hofe Friedrichs II. von Sizilien aber, der in Palermo residiert, entsteht ein neues poetisches Genre, dem ein rasanter Aufstieg in der Literatur bestimmt ist: das **Sonett**. Als der Hof Sizilien verlässt, verlagert sich die literarische Bewegung nach Norditalien, wo Bologna das Zentrum des *dolce stilo nuovo* wird, des «süßen neuen Stils». Dieser Stil wird durch Dante Alighieri, Guittone d'Arezzo, Cinoda Pistoia und Guido Cavalcanti vertreten und entwickelt eine gelehrte Liebesdichtung, die stark von der Philosophie durchdrungen ist.

Dante und Beatrice

Dante Alighieri (um 1265–1321) ist der größte florentinische Dichter seiner Zeit und bezieht seine wesentliche Inspiration aus seiner verzweifelten Liebe zu Beatrice, die 1290 mit 24 Jahren stirbt. Als aktiver Bürger bezieht Dante klar Stellung gegen Bonifatius VIII. Der Papst schickt ihn ins Exil, verurteilt ihn sogar in Abwesenheit zum Tod, als Dante bereits in Verona im Exil lebt, danach in Ravenna, wo er seine Tage beschließt. Dante schreibt in den zwei Sprachen, die ihm als die geeignetsten erscheinen, um den Gipfel seiner Kunst zu erklimmen, nämlich Latein und Italienisch. In lateinischer Sprache verfasst er mehrere Werke: *De vulgari eloquentia – Zwei Bücher über die Ausdruckskraft der Volkssprache*, die von der Umgangssprache handeln; *De monarchia libri tres – Drei Bücher über die Monarchie*, die Herrschaft im Allgemeinen behandeln; ferner die *Epistolae*, die *Briefe*, und die *Eclogae* sowie eine Abhandlung über den symbolischen Wert von Erde und Wasser, die *Quaestio de situ et forma aquae et terrae*. Dantes italienisches Werk dreht sich um die Liebe und die Philosophie. Die *Vita nuova*, das *neue Leben*, thematisiert seine Liebe zur Jugend und verleiht dieser Liebe Unsterblichkeit. Deutlich vom Platonismus beeinflusst, schreibt er seinen *Canzoniere*, eine Sammlung von Gedichten über das Schöne in all seinen Formen. Dantes berühmtestes Werk aber bleibt die ***Göttliche Komödie***, die ihn sein ganzes Leben lang beschäftigt. Es handelt sich um eine Reise in drei Etappen: *Inferno* (die Hölle), *Purgatorio* (das Purgatorium/Fegefeuer) und *Paradiso* (das Paradies). Dante wird darin von einem anderen Dichter geführt, von Vergil, und von Beatrice, die hier als Symbol der göttlichen Gnade gilt. Die letzte Etappe des Werks besteht in der Durchquerung der «neun Himmel» und in der Anbetung Gottes. Kaum ein halbes Jahrhundert nach Dantes Tod, 1373, erkennt die Stadt Florenz das Genie ihres Sohnes und richtet den ersten Lehrstuhl für Dantes Werke ein, der Boccaccio anvertraut wird.

4

Petrarca und Laura

Francesco Petrarca (1304–1374), ein Mitglied der Kirche, verbringt einen Teil seiner Existenz im Dienst von Prälaten wie Kardinal Colonna, was ihn an den Papsthof nach Avignon bringt. Dort trifft er seine Muse, Laura. Wohl wissend, dass sie für ihn unerreichbar ist, gesteht er ihr seine Liebe in der Gedichtsammlung *Il canzionere*. Dabei nimmt er die Form des Sonetts auf und erweitert sie. Bis ins 17. Jahrhundert prägt seine Dichtung die europäische Liebeslyrik (Petrarkismus). Er widmet sich zudem auch dem Epos, dem Dialog und der Abhandlung. Über all diese Genres bringt er die Werke Ciceros sowie die Augustinus-Exegese wieder zu Ehren und gilt so als Mitbegründer des Renaissance-Humanismus.

Boccaccio und die Damen

Als Freund Petrarcas und sehr von dessen Leidenschaft für die antike Kultur beeinflusst, widmet sich **Giovanni Boccaccio** (1313–1375) dem Studium Dantes und der griechischen Autoren der Antike. Er übersetzt Homer ins Lateinische und schreibt eine *Vita di Dante*, ein *Leben Dantes*. In seinem Gedicht *Fiammetta*, formal direkt von Petrarca beeinflusst, besingt er die Liebe. Ruhm erwirbt er sich mit der Veröffentlichung des *Decamerone*, einer Sammlung von 100 Novellen, die sich im Buch eine Gruppe von Damen und Herren erzählen. Durch sein Interesse für die Antike bereitet Boccaccio (wie auch Petrarca) den Humanismus vor. Er schreibt *De casibus virorum illustrium*, über berühmte Männer, sowie *De claris mulieribus*, über berühmte Frauen, sowie eine Genealogie heidnischer Götter: *Genealogia deorum gentilium*.

VIII

Das mittelalterliche Spanien

1. Geschichte Spaniens bis zur Reconquista (718–1492)

Nach der Schlacht von Guadalete (711), in der sich das Kalifat der Umayyaden und das Königreich der Westgoten gegenüberstehen, beherrschen die muslimischen Fürsten fast die gesamte Iberische Halbinsel. Nur der Norden mit dem Baskenland, Kantabrien, Asturien und Galizien entgeht ihnen durch die Niederlage bei Covadonga, wo das Umayyaden-Kalifat 718 auf das Königreich Asturien trifft. Oft wird dieses Datum als Anfang der Reconquista genannt, der «Wiedereroberung» Spaniens durch die christlichen Länder. Tatsächlich aber wechseln sich während einer ersten Phase von 718 bis 1212 Erfolg und Rückschlag stetig ab, wie zum Beispiel das Epos um den **Cid Campeador** (Rodrigo Diaz de Bivár, 1043–1099) in Valencia berichtet. Im 11. Jahrhundert geht das Umayyaden-Kalifat von Cordoba unter und wird durch viele kleinere Königreiche ersetzt, die *Taifas*. Dies geschieht durch die Vereinigung Kastiliens mit Galizien und Leon im Jahre 1037 durch **Ferdinand I.** (1016–1065). Aber auch christliche Niederlagen sind zu verzeichnen, etwa in der Schlacht von Sagrajas (1086) gegen Almoraviden-Armeen oder in der Schlacht von Alarcos (1195), als die Kastilier gegen die Almohaden verlieren.

Die zweite Etappe der Reconquista beginnt nach der unumgänglichen Vereinigung der christlichen Königreiche und ihrem Sieg über die Almohaden-Armee bei Las Navas de Tolosa 1212 – nach einem von **Innozenz III.** (1198–1216) angeordneten Kreuzzug, in welchem Krieger aus Kastilien, Aragon und Katalonien mit mehr als 50 000 Franzosen zusammen kämpfen, die sich der Armee unterwegs anschließen. **Ferdinand III.** (1217–1250), König von Kastilien, vereint Kastilien und Leon endgültig. 1236 nimmt er Cordoba ein und zwingt die Muslime, sich nach Granada zurückzuziehen. 1244 erobert sein ältester Sohn Alfonso das muslimische Königreich Murcia, was Kastilien einen Zugang zum Mittelmeer eröffnet. Der Fortgang der Reconquista spielt sich nun zwischen dem Königreich Granada auf der einen Seite, den Königreichen Kastilien und Aragon auf der anderen Seite ab. Navarra wird von den Grafen der Champagne regiert, ehe es an Frankreich zurückfällt und nicht mehr an der Reconquista teilnimmt.

Die in intellektueller Hinsicht brillante Herrschaft von **Alfonso X.** (1252–1284), genannt «der Weise», lässt die Reconquista ruhen, trotz wichtiger militärischer Vorbereitungen, die aber ohne Auswirkungen bleiben. Der König, Autor mehrerer Werke über Schach und Astronomie, versammelt in Toledo jüdische, muslimische und christliche Denker. Sie arbeiten an der Gesetzgebung, an Gesetzessammlungen wie dem *Fuero real*, dem königlichen Kodex, sowie an den in Kastilisch verfassten *Siete partidas*. Dazu kommt die Astronomie mit den *Tablas alphonsines* sowie eine Chronik, die *Estoria de España*, eine Geschichte Spaniens von den Ursprüngen bis zur Herrschaft Alfonsos X. Im Jahre 1257 wird dieser zum römischen König gewählt, wird aber niemals Kaiser und begibt sich weder nach Deutschland oder Italien, um sich krönen zu lassen. Kastilien erlebt danach dynastische Wirren, die später zur Wiederaufnahme der Kämpfe gegen die muslimischen Königreiche führen. Die kleinsten unter diesen Königreichen, die *Taifas*, werden nach und nach verkleinert, bis sich Malaga vom Königreich

Granada trennt. Die vereinten Armeen von **Ferdinand von Aragon** (1474–1516) und **Isabella von Kastilien** (1474–1504), den «katholischen Königen», besetzen Granada. Nach vier Monaten kapituliert Emir **Boabdil** (1482–1492). Das letzte maurische Königreich von Al-Andalus ergibt sich 1492. Die Reconquista ist vollendet.

2. Die spanische Literatur: Der Romancero

Die spanische Sprache hat ihren Ursprung in einem lateinischen Dialekt, der während der römischen Zeit entsteht. Bald verbreitet er sich auf der gesamten Halbinsel. Er wird vor allem in den Kollegien und Klöstern benutzt, und fast alle wichtigen mittelalterlichen Texte sind in dieser Sprache verfasst. Bald wird der Dialekt jedoch aufgegeben und durch die Volkssprache ersetzt. Die ältesten romanischen Texte, die uns vorliegen, werden am Schluss von hebräischen, arabischen und andalusischen Gedichten gefunden, den *muwaššahs*. Sie stammen aus dem 9. Jahrhundert und werden in Cordoba verfasst. Danach setzt sich die Literatur in Form von Epen fort. Das erste entsprechende Gedicht, vermutlich um das 12. Jahrhundert entstanden, handelt von El Cid. Es berichtet vom Ende des Lebens dieses Helden, der wegen der Ressentiments, die Alfonso VI. gegen ihn hegt, in Burgos im Exil lebte. Danach kommen die *romanceros* auf.

Ein *romancero* ist eine Sammlung von Romanzen, kurzen epischen oder narrativen Dichtungen, gesetzt in achtsilbigen Versen. 1510 werden einige davon im *Cancionero general* und im *Romancero general* gedruckt. Ab 1550 werden besondere Sammlungen unter dem Titel *Romancero* veröffentlicht. Die gesamte Geschichte Spaniens ist dort verdichtet wiedergegeben. Die dem Cid gewidmeten Romanzen sind die bekanntesten. Der älteste Ritterroman aber ist der *Amadis de Gaule* (Amadis de Gaula, 1508), der zunächst auf Portugiesisch verfasst und später ins Spanische übersetzt wird. Er handelt von der schwierigen Liebe zwischen Amadis und Oriane. Diese Dichtung ist von bretonischen Romanen inspiriert.

Darauf folgen die pastoralen Romane. Hauptwerk dieses Genres sind *Los siete libros de la Diana*, die *Sieben Bücher der Diana*, verfasst 1542–1545 von **Jorge de Montemayor** (1521–1561). Der Schelmenroman – ein Roman, dessen Figuren der Welt der *picaros*, der Schelme, entstammen – ist in Spanien sehr verbreitet. Das spanische Theater wiederum, wie auch die Wunder- und die französischen Mysterienspiele entstehen im kirchlichen Kontext. Die ältesten Mysterienspiele stammen aus dem 13. Jahrhundert. Ab dem 15. Jahrhundert behandelt das Theater profanere Themen.

IX

Das mittelalterliche Russland

1. Die Geburt und Entstehung Russlands

Die Kiewer Rus ist ein Fürstentum, das von den Warägern, dänischen und schwedischen Wikingern, gegründet wird. Von diesen Ruotsi, «Ruderleuten», ist der Name der Rus abgeleitet. Sie wird von der Dynastie der Rjurikiden (862–1598) beherrscht, die bis 1132 ihre Macht über den Staat Kiew ausübt, nach 1276 dann auch über Moskau. Aus der Kiewer Rus wird der Name Russlands entstehen. Der Name der Rjurikiden-Dynastie ist von **Rjurik** (860–879) abgeleitet, Fürst von Nowgorod. Im Jahre 882 verlegt **Oleg der Weise** (879–912) seine Hauptstadt von Nowgorod nach Kiew. Er gilt als der eigentliche Gründer der Rus, um 880. Der Höhepunkt des Fürstentums ist die Herrschaftszeit von **Wladimir dem Großen** (980–1015) und von **Jaroslaw dem Weisen** (1019–1054). Wladimir überführt die Rus in das byzantinische Christentum. Um die byzantinische Prinzessin **Anna** (963–1011) heiraten zu können, lässt er sich 988 taufen. Jaroslaw der Weise, sein Sohn, folgt ihm nach vier Jahren des Krieges gegen seine Brüder auf den Thron. 1036 entledigt er sich mit einem Sieg der Bedrohung durch die Petschenegen, türkische Nomaden. Er unterstützt die Thronbesteigung **Kasimirs I. von Polen** (1039–1058). Die Angriffe seines Sohnes Wladimir gegen das Byzantinische Reich hingegen scheitern. Nach seinem Tod im Jahre 1054 teilen sich seine fünf Söhne das Fürstentum, wobei der Erstgeborene fortan den Titel eines Großfürsten trägt. Das ist der Anfang vom Untergang. Die Fürstentümer werden in den folgenden Jahren immer weiter unterteilt. Im 13. Jahrhundert sind daraus ungefähr 50 geworden. Deren Fürsten bekämpfen sich gegenseitig und versuchen, sich die beiden angesehensten Städte einzuverleiben, Kiew und Nowgorod. Das ist umso schwerer, als Kiew das Gemeinschaftseigentum der Rjurikiden bleibt. 1276 entsteht das Fürstentum Moskau. Mit der Republik Nowgorod entsteht eine eigenständige Regierung (1136–1478).

Die Exekutive ist dem Erzbischof anvertraut, der wie der Erste Minister von der Volksversammlung, der *Wetsche*, gewählt wird. Diese Volksversammlung besteht aus der städtischen Bevölkerung und freien Bauern und ist die höchste politische Instanz. Die Mongoleninvasionen durch die Nachfolger von Dschingis Khan, dem Begründer des Mongolischen Reiches, unterwerfen die Rus zwischen 1237 und 1242. Die Städte Wladimir, Kiew und Moskau fallen eine nach der anderen und werden zerstört. Einzig Nowgorod kann eine gewisse Autonomie bewahren. Nach ihren Raubzügen ziehen sich die Mongolen zurück, besetzen die Rus nicht, verlangen dafür aber Tribut. Das zukünftige Russland weicht nach Moskau aus. Die Mongolenherrschaft dauert ungefähr weitere zweieinhalb Jahrhunderte. Die Mongolen ernennen einen Großfürsten und verlangen außer Tribut auch Männer in Waffen und Bauern. Die Kirche und die Fürsten erhalten dafür Privilegienbriefe, die *Jarlik*. Die den Mongolen unterworfenen Territorien brechen nach und nach ihre diplomatischen, wirtschaftlichen und kulturellen Bande mit dem Abendland und geraten stärker unter asiatischen Einfluss. Alexander, Fürst von Wladimir-Susdal, erhält 1249 von Khan **Batū** (1237–1255), Enkel von Dschingis Khan und Khan der Goldenen Horde, das Fürstentum Kiew. Er ist unter dem Namen **Alexander Newski** (1220–1263) bekannt. 1240 besiegte er die Schweden am Ufer der Newa, woher sein Beiname rührt. Am Peipussee schlägt er 1242 die Ritter des Schwertbrüderordens.

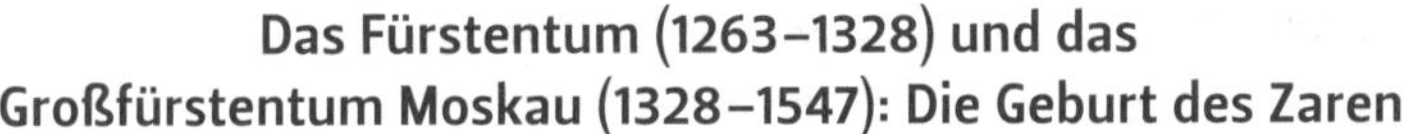

Das Fürstentum (1263–1328) und das Großfürstentum Moskau (1328–1547): Die Geburt des Zaren

Das Fürstentum Moskau (1263–1328) steht am Beginn des zukünftigen Russland. 1328 wird daraus das Großfürstentum Moskau. 1547 nennt sich dann **Iwan der Schreckliche** (1547–1584) *Zar*, also «Cäsar», der Kaiser «aller Russen». Der Sohn Alexander Newskis, **Daniel Moskowski** (1261–1303) wird der erste Fürst von Moskau. 1328 erhält **Iwan I.** (1325–1340) vom Khan der Goldenen Horde den Titel «Großfürst», was ihn dazu autorisiert, unter den Fürsten die dem Khan zugedachten Tributzahlungen einzutreiben. **Dimitri IV.** (1359–1389) wehrt dreimal die Angriffe der Litauer ab, die versuchen, sich der «Sammlung der russischen Lande» seitens des Großfürsten von Moskau zu widersetzen. Er profitiert von der Schwächung des Khanats der Goldenen Horde und schlägt die Tartaren, ein Turkvolk aus Zentralasien, 1380 in der Schlacht auf dem Kulikowo Pole am Don. Doch 1382 nehmen die Mongolen Moskau ein, und Dimitri ist gezwungen, sich zu unterwerfen.

Während des folgenden Jahrhunderts annektiert das Großfürstentum Moskau die Republik Nowgorod, das Großherzogtum Twer und das Fürstentum Rjasan. Diese Bewegung nennt sich «Sammlung der (russischen) Lande». Sie wird von Iwan I. begonnen und von **Iwan III.** (1462–1505) vollendet. Iwan III. beendet auch die mongolische Fremdherrschaft endgültig. Auf den Stufen der Mariä-Entschlafens-Kathedrale in Moskau zerreißt er symbolisch den Vertrag, der ihn den Mongolen unterwirft, und verkündet so die Unabhängigkeit Russlands. 1497 lässt er den *Sudjebnik* veröffentlichen, den ersten russischen Gesetzeskodex, eine Bekräftigung seines politischen Willens, die russischen Lande zu vereinen. Sein Enkel **Iwan IV., der Schreckliche** (1533–1584) ist von 1533 bis 1547 Großfürst von Moskau und russischer Zar von 1547 bis 1584. Sein russischer Beiname *Grosny*, meist mit «schrecklich» übersetzt, bedeutet aber eher «streng» oder «heftig». Mit drei Jahren wird er Fürst, seine Mutter **Elena** ist Regentin. Sie stirbt 1538 vermutlich durch Mord. Iwan wird von den *Bojaren*, den Aristokraten, im Stich gelassen. Er beginnt seine eigene Regentschaft mit 17 Jahren und macht schnell durch seine Grausamkeit und seine Anwandlungen von Demenz auf sich aufmerksam. Am 16. Januar 1547 wird er in der Mariä-Entschlafens-Kathedrale zum Zar gekrönt. Er ist gebildet, geschickt, ein talentierter Schriftsteller – und er beginnt die Erweiterung des moskowitischen Russlands zum Russischen Reich.

2. Die mittelalterliche Literatur Russlands

In Russland ermöglicht die Christianisierung des Landes das Entstehen einer literarischen und musikalischen Tradition. Vorwiegendes Genre waren die Heiligenviten. Das *Igorlied*, begonnen am Ende des 12. Jahrhunderts, durch ein Manuskript aus dem 15. Jahrhundert tradiert, wird erst 1795 entdeckt. Darin wird der unglückliche Kampf von Fürst **Igor** (1150–1202), dem Sohn von Fürst Swjatoslaw von Nowgorod, gegen die Steppennomaden, die Polowezer, thematisiert. Dieses Epos macht später **Alexander Borodin** (1833–1887) zur Grundlage seiner Oper *Fürst Igor* (1887).

X

Vom Oströmischen Reich zum Byzantinischen Reich

Das Oströmische Reich ist das der Spätantike bzw. des Frühmittelalters. Wenn auch im Abendland das Römische Reich 476 zusammenbricht, so existiert sein östlicher Teil, der sich nach dem Tode von **Theodosius I.** 395 endgültig abspaltet, bis zum 6. Jahrhundert weiter. Das Ende dieser oströmischen Spätantike erfolgt während der Herrschaft von Kaiser **Maurikios** (582–602), der mit der Gründung der Exarchate die Trennung von ziviler und militärischer Macht aufgibt. Sowohl in Rabella als auch in Karthago ist nun ein Exarch an der Macht, der über beide Gewalten verfügt. Das Byzantinische Reich währt noch bis 1453, sieht aber bereits seit dem 7. Jahrhundert sein Territorium durch arabisch-muslimische Eroberungen beschnitten.

1. Geschichte von Byzanz, dem «Neuen Rom»

Ab dem Jahre 330 macht **Konstantin** (306–337) aus Byzanz sein neues Rom – bis Konstantinopel irgendwann der geläufigere Name für die Stadt ist als Byzanz. Seine Nachfolger residieren dort nur gelegentlich. Und erst nach dem Tod von Theodosius I. im Jahre 395 wird die Stadt zur ständigen Hauptstadt des Oströmischen Reichs. **Theodosius I.** (379–395), in Spanien geboren, erhält das Ostreich 379, als **Gratian** (367–395) im Westen regiert. 380 lässt sich Theodosius in Konstantinopel nieder, nachdem er die Westgoten aus den makedonischen Diözesen vertrieben hat. Im Jahre 381 beruft er das Zweite Konzil in Konstantinopel ein, dem **Gregor von Nazianz** (329–390) vorsitzt. Einstimmig lässt er das Nizänische Glaubensbekenntnis annehmen. Kurz darauf lehnt er den heidnischen Titel des *Pontifex maximus* endgültig ab. Mit dem Edikt von Thessaloniki (380) wird das Christentum zur offiziellen Religion des Römischen Reichs, im Orient wie im Okzident. 391 werden heidnische Kulte verboten und die Güter der Tempel beschlagnahmt. Das Verbot der Olympischen Spiele folgt 394. Nach seinem Tod 395 wird das Reich, das er 388 vereinigt hat, erneut und diesmal endgültig zwischen seinen Söhnen geteilt: **Arcadius** (395–408) erhält den Orient mit Unterstützung des Prätorianerpräfekten **Rufinus** (335–395). Für den elfjährigen **Honorius** (395–423) bleibt der Okzident, wobei der Vandale **Stilicon** (360–408), Reichsverweser des Okzidents, die Regentschaft führt. Rufinus wird bald ermordet. Arcadius herrscht in Konstantinopel.

Er gilt als der erste wirklich byzantinische Kaiser. Die Barbareninvasionen unterminieren den Westteil des Reichs: 410 nehmen die Westgoten Rom ein. Nach dem Tod von Arcadius folgt ihm sein Sohn, **Theodosius II.** (408–450). Stilicon, der zu mächtig geworden ist, wird auf Befehl von Honorius festgenommen und anschließend getötet. Theodosius versieht Konstantinopel mit einer neuen Stadtmauer, der Theodosianischen Mauer. Er reformiert das Gesetzessystem und veröffentlicht den *Codex Theodosianus* (438), der die seit der Herrschaft Konstantins angewandten Verfassungen aufgreift. Trotz seiner Größe wird das Oströmische Reich von den Westgoten und den Hunnen bedroht. Nach 423 muss sich Theodosius II. zudem mit den Angelegenheiten Westroms befassen. Sein Onkel Honorius stirbt dort ohne direkten Erben. Nach einer kurzen Übergangsbesetzung durch den *primicerius notariorum* setzt ein Würdenträger des Hofes, **Johannes** (423–425), den Sohn seiner Tante **Galla Placidia**, **Valentinian III.** (425–455), auf den Thron. Nachfolger von Theodosius wird der General **Markian** (450–457), der die Schwester von Theodosius II., Pulcheria, heiratet, um seinen Anspruch auf den Thron zu legitimieren. Er revolutioniert die Hunnen-Politik, indem er weitere Tributzahlungen verweigert. Attila bereitet daraufhin eine Expedition vor, um Konstantinopel einzunehmen, stirbt aber vorher unerwartet.

Ein weiterer General thrakischen Ursprungs besteigt den Thron: **Leo I.** (457–474). Er muss die Vandalen bekämpfen, deren Piratenschiffe das Mittelmeer heimsuchen. Leos Enkel **Leo II.** regiert nur wenige Monate. Sein Schwiegersohn **Zenon** (474–491) wird Kaiser. **Im Okzident** stürzt der Heruler **Odoaker** den letzten Kaiser, Romulus Augustulus. Er überbringt Zenon die kaiserlichen Insignien und erhält den Titel eines *Patricius*. So kommt die Fiktion eines geeinten Imperiums auf: Zenon gilt als einziger Kaiser, Odoaker als sein Repräsentant. Er verschafft sich eine Atempause, indem er im Vertrag von 476 mit dem Vandalen-König **Geiserich** (389–477) die Eroberungen der Vandalen anerkennt. Odoakers Herrschaft wird durch etliche Palastintrigen gestört, die ihn stürzen sollen, auch wenn es ihm gelingt, sie zu vereiteln. Doch die religiösen Probleme spalten das Reich weiterhin. Auf Odoaker folgt ein hoher Funktionär, **Anastasios I.** (491–518), danach wählt der Senat als Kaiser einen Mann im fortgeschrittenen Alter, **Justin I.** (518–527). Seine Herrschaft bereitet vor allem die seines Neffen und Adoptivsohnes vor: **Justinian** (527–565).

Die Herrschaft Justinians I. (527–565)

Der spätere **Justinian I.** wird 482 in Makedonien in einer Bauernfamilie geboren. Sein Geschick ist an das seines Onkels Justin geknüpft. Dieser, ursprünglich ein einfacher Soldat, schwingt sich zunächst zum Kommandanten der kaiserlichen Garde empor und besteigt 518 den Thron. Sein Neffe **Flavius Petrus Sabbatius** erhält dank Justin eine gute Ausbildung in Konstantinopel. 518 setzt der ihn an die Spitze der Hoftruppen, macht ihn 521 zum Konsul und adoptiert ihn. Zu diesem Zeitpunkt fügt Flavius seinen Namen einen weiteren hinzu: **Justinianus**. Er wird 527 zum Mitkaiser ernannt. Justin stirbt im August desselben Jahres, und Justinian wird alleiniger Kaiser. Als Prinz hat Justinian aus der umfangreichen Bildung Nutzen gezogen und ist auf die Macht vorbereitet worden. Mit einer charakterstarken Frau an seiner Seite, **Theodora** (um 500–548), will Justinian als Kaiser die Einheit des *Imperium Romanum* wiederherstellen. Im Jahre 532 erhebt sich jedoch die Stadt Konstantinopel gegen ihn. Diese Episode ist bekannt als *Nika-Aufstand*, vom griechischen *níke*, Sieg – der Schlachtruf der Aufständischen. Nach einem Zusammenbruch ist Justinian bereit zur Flucht und in Folge zur Aufgabe des Throns. Theodora aber interveniert, macht ihm neuen Mut und motiviert die ihm treu gebliebenen Truppen. Mutig und energisch bleibt Theodora weitere 16 Jahre an der Seite des Kaisers, setzt sich für religiöse Toleranz ein und vermehrt die frommen und karitativen Stiftungen. 529 wird das Gesetzeswerk der Regierungszeit Justinians veröffentlicht, das *Corpus iuris civilis*, das in lateinischer Sprache alle kaiserlichen Verfassungen seit Hadrian (117–138) zusammenführt. Später werden die jüngeren Gesetze ab 534 in einem eigenen Kodex zusammengefasst, in den *Novellen*, auf Griechisch, der Sprache Ostroms. Als Bauherr lässt Justinian die *Hagia Sophia* in Konstantinopel neu errichten. Diese Kirche ist der göttlichen Weisheit (griechisch *sophía*) geweiht.

2. Die byzantinische Kunst

Die vorbyzantinische Kunst

Von Konstantin bis Justinian wird der Bruch zwischen Orient und Okzident immer stärker. Der Orient hat mit Byzanz die herausragende Rolle. Seine Kaiser führen einen beständigen Kampf gegen Eindringlinge und Häresien. **Theodosius der Große** (379–395) stärkt das Christentum und teilt das Reich unter seinen beiden Söhnen auf. Im 4. Jahrhundert entwickelt die byzantinische Kunstgeschichte ihre wesentlichen Merkmale innerhalb politischer und religiöser Strukturen, die die Anfänge der Kunstgeschichte markieren und durch den Frieden mit der Kirche und dem Transfer des Kirchenkapitals an den Bosporus gekennzeichnet sind. Die Kunst, die nun entsteht, profitiert vom Reichtum des Kaisers und der herrschenden Klassen. Das 5. und 6. Jahrhundert bringt alle Aspekte der frühbyzantinischen Kunst hervor, die sich bald klarer abzeichnen und entwickeln werden. Waren die ersten Versammlungsorte der Gläubigen noch bescheiden, kommen nun die prunkvollen religiösen Bauten mit ihrem immer reicheren Dekor auf. Die Basilika ist hier der wichtigste und kostbarste Bautyp. Nach dem Niedergang Roms wird der Ostteil des Reiches zum einzigen Garanten der neuen christlichen Kunst. Das Oströmische Reich wird dank zahlreicher Einflüsse aus den Kulturen, die dieses Reich umgeben, eine originelle und spezifische Kunst entwickeln, aus der schließlich die byzantinische Kunst werden wird.

Die byzantinische Architektur

Im Bereich der Architektur bleibt die byzantinische Basilika prägend. Zwei Neuigkeiten kommen hinzu: das steinbedeckte Dach auf basilikalem Grundriss sowie die neuen bündigen Pläne. Die korinthischen Kapitelle werden in dem Sinne verändert, dass ihnen Kämpfer aufgesetzt werden. Unter der Herrschaft der Tochter von Theodosius, der erwähnten Galla Placidia (390–450), werden viele Monumente in **Ravenna** erbaut, die zu den schönsten Bauwerken der Epoche zählen. Dazu gehört vor allem die Basilika San Giovanni Evangelista aus dem Jahre 424, die älteste in Ravenna. Sie ist dreischiffig. Ihre 24 Säulen im Innenraum stammen von antiken Gebäuden. Um deren unterschiedliche Höhe anzugleichen, wird ein charakteristisches Architekturelement eingeführt, das Trapezkapitell: ein Steinblock ohne Ornamentierung, der oberhalb des Kapitells angebracht ist, auf dem die Arkade aufliegt.

Auf Bitten **Theoderichs** wird die Basilika Sant'Appolinare Nuovo in der Nähe seines Palastes gebaut, damit er dort seinen arianischen Kult feiern kann. Es handelt sich um eine dreischiffige Basilika ohne Querhaus. Nur die Kirchenschiffe sind im Ursprungszustand erhalten. Die Wände des großen Schiffs weisen drei Mosaikzonen mit Darstellungen von Märtyrern, Propheten und den Wundern Christi auf. Das Grabmal des Theoderich von 520 gehört gleichfalls zu den Hauptwerken in Ravenna. San Vitale und Sant'Appolinare in Classe werden ebenfalls unter Theoderich begonnen, doch erst unter Justinian und dem byzantinischen Erzbischof Maximian fertiggestellt. Nach der Hagia Sophia sind dies die bedeutendsten Kirchenbauten der byzantinischen Architektur.

Die Kunst im Jahrhundert Justinians

Während seiner Herrschaft ordnet Justinian den Bau glanzvoller Bauten an, die sein Reich aufwerten sollen. Er baut Antiochia nach den Erdbeben von 526 und 528 und Konstantinopel nach dem Nika-Aufstand wieder auf. Bis dahin ist **Konstantinopel** nur eine christliche Nachahmung Roms, das neue Antlitz der Stadt verdeutlicht den Bruch mit der Antike. Nach dem großen Brand, der nach dem Volksaufstand ausbricht, dominieren nicht mehr die Gebäude mit Säulen, sondern die Kuppelkirchen. Die zerstörten Foren werden nicht mehr wiedererrichtet. Die große Mauer um Konstantinopel, zunächst unter Konstantin, dann unter Theodosius errichtet, gehört zu den bedeutendsten Befestigungsbauwerken nach der Chinesischen Mauer.

Die Hagia Sophia

Das außergewöhnlichste Bauwerk bleibt die Hagia Sophia, die im 15. Jahrhundert unter Mehmed II. zur Moschee umgewidmet wird. Die der heiligen Weisheit Gottes geweihte Kirche ersetzt zwei andere: Die erste wird 360 unter Konstantin II. erbaut, die zweite 415 unter Theodosius II. Nach der Zerstörung durch ein Feuer, das 532 infolge des Nika-Aufstands ausbricht, beschließt Justinian, das Gotteshaus neu aufzubauen. Er vertraut dieses Projekt **Anthemios von Tralleis** an, einem Architekten und Mathematiker, sowie dem Vermesser **Isidor von Milet**. Dank der Schriften des **Prokopios von Caesarea**

(500–560) in seinem Buch über Justinians Bauten – *De aedificiis* – sowie durch die Gedichte von Paulus Silentiarius und seine *Beschreibung der Hagia Sophia* kennen wir die außerordentliche Pracht dieser neuen Basilika. Die Ostkirche gibt den seit Konstantin vorherrschenden Bauplan der antiken Basilika auf, um eine neue Form entstehen zu lassen: einen Zentralbau mit einer monumentalen Kuppel. Der Gebäudeplan lässt ein neues ästhetisches Empfinden erkennen: Alle Teile sollen die große Zentralkuppel von 32 Metern Durchmesser tragen. Nach einem Erdbeben im Jahre 557 stürzt die Kuppel ein, und **Isidor von Milet** wird mit dem Wiederaufbau beauftragt, der sich bis 563 hinzieht, bis zum Ende der Herrschaft Justinians. Die Neuerung besteht darin, die Kuppel auf vier Punkten ruhen zu lassen, mit vier Gewölbezwickeln, die auf vier Pfeilern aufliegen. Die Kuppel ruht also nicht mehr auf einer großen Rundmauer wie im Pantheon in Rom oder in den römischen Thermen. Dabei hat die Kuppel der Hagia Sophia einen noch größeren Durchmesser. Um ihr Gewicht zu verringern, wird sie aus weißem Tuffstein aus Rhodos erbaut.

Die Skulptur

Die großformatige Skulptur erstarrt, wie etwa der Koloss von Barletta bezeugt. Die Reliefkunst tritt nur noch als Flachrelief auf, während die Sarkophag-Tradition in Ravenna bis zum 6. Jahrhundert weiterlebt. Die Skulptur scheint in Byzanz zweitrangig zu sein, doch die Beschreibungen von Konstantinopel und anderer großer Städte erwähnen immerhin Siegessäulen, Kaiserstatuen und Triumphbögen, die allerdings mehrheitlich verschwunden sind. Das plastische Relief wird immer weiter abgeschwächt. In den Kapitellen bilden vor allem Blätter das Dekor. Elfenbein wird vielfach eingesetzt: bei Diptychen, Schreinen, Evangeliardeckeln und Kathedren (Maximians-Kathedra, 546–554). Das Barberini-Diptychon – so genannt, weil es einem Kardinal aus dieser Papstfamilie gehört – zeigt das Porträt eines byzantinischen Kaisers. Es wurde im 5. oder 6. Jahrhundert gefertigt.

Die byzantinische Buchmalerei

Als der Kodex, das flache Buchmanuskript, die eher voluminöse Schriftrolle ersetzt, ist dies die Zeit der Buchmalerei, weil das Dekor nunmehr auf einer Seite Platz findet. Aus dem 5. Jahrhundert sind allerdings wenige Originale erhalten geblieben. Die älteste oströmische Buchmalerei stammt aus dieser Zeit. Diese Miniaturen sind in Form kleiner Vierecke gehalten. Es handelt sich hierbei um die *Itala-Fragmente* aus dem Domschatz von Quedlinburg, einer lateinischen Bibelübersetzung. Aus dieser Zeit stammen ebenfalls zwei Manuskripte Vergils, die mit ungefähr 50 Miniaturen geschmückt sind, zusammengefasst im *Vergilus vaticanus*, vom Anfang des 6. Jahrhunderts stammend. Ebenfalls aus dieser Zeit stammt das *Evangeliar von Rossano*, das ursprünglich aus Syrien kommt. Es ist der älteste biblische Kodex, der in einem guten Zustand erhalten ist. Er ist in Unzialschrift geschrieben, mit silberner Tinte auf purpurfarbenen Pergamentblättern. 24 Blätter sind erhalten.

Die Anfänge der Ikonen

Eine Ikone, vom griechischen *eikón*, «Bild», ist ursprünglich eine religiöse Darstellung welcher Technik auch immer. Später aber wird der Begriff auf Bilder angewandt, die auf eine Holztafel gemalt sind und Christus, Maria oder andere Heilige darstellen. Die ersten Modelle, die in großer Zahl in Fayoum in Ägypten gefunden wurden und aus hellenistischer und römischer Zeit stammen, orientieren sich an Wachsbildern mit Porträts von Verstorbenen. Ihre Entwicklung steht in enger Verbindung zur Klosterbewegung. Die ersten Ikonen gehen auf das 5. und 6. Jahrhundert zurück und stammen vom Sinai, aus Mittelägypten und Rom. Die wichtigsten stilistischen Prinzipien sind bei diesen bereits vorhanden: Heiligenscheine, Frontalität, weit geöffnete Augen, Sakralität, Räumlichkeit und Körperhaltung. Sehr bald kommen Regeln über die Anbringung in den Kirchen hinzu, die von der den Heiligen entgegengebrachten Verehrung abhängen.

3. Die byzantinische Literatur

Schrift und Buchmalerei

Der Wechsel der Schrift – die Unzialschrift wird zugunsten der Kursivschrift aufgegeben – hat die Vermehrung der Bücher zur Folge. In der Buchmalerei dagegen kommt es zu keinem Bruch mit der Antike, trotz einer bilderstürmerischen Krise. Eines der Meisterwerke dieser Epoche bleibt die *Josua-Rolle*, heute im Vatikan, die die fortlaufende Tradition in der Behandlung der Körper und der Kleidung veranschaulicht, ebenso wie den geometrischen Schematismus und die Lösung bei der Darstellung des Raumes: Der Übergang von

Vorder- zu Hintergrund geschieht nahtlos. Glatte und leuchtende Farbgebung wird besonders geschätzt. Die Goldschmiedekunst, für den Einband der Manuskripte benutzt, steht teilweise unter islamischem Einfluss. Eine Neuerung besteht darin, dass dort nun auch Emaille in Cloisonné-Technik eingesetzt wird. Am häufigsten sind die Reliquiare. Die Limburger Staurothek, ein Kreuzreliquiar, wird nach dem Vierten Kreuzzug nach Deutschland gebracht.

Sammler und Mystiker

Zur makedonischen Zeit gehört der Großteil der Literatur der Theologie oder der Wissenschaft an. Wichtigste Autoren sind die Patriarchen von Konstantinopel. In dieser Periode künden sich bessere Zeiten für die byzantinische Literatur an, ausgelöst durch die Reorganisation der Universität unter Theophilus. Zur Mitte des 9. Jahrhunderts schafft der Patriarch **Photios** (810–893) ein wichtiges Werk, das *Myriobiblon*, die *Bibliothek*, eine bedeutende Sammlung, die unzählige Auszüge von Autoren umfasst, die wir nur dank dieser Sammlung kennen. Ebenfalls erhalten hat sich ein Werk von **Konstantin VII.** über Zeremonien und die Ausbildung für die Diplomatie. Ihm sind mehrere Kompilationen gewidmet, und er beginnt mit der Sammlung von Auszügen verschiedener Historiker. Die Sammlung von Heiligenbiographien von **Symeon Metaphrastes** (10. Jahrhundert) ist eines der seltenen mystischen Werke, die wir besitzen. Unter **Basileos II.** (960–1025) ist die Bedrohung durch den Islam eine weitere Inspirationsquelle. Der Kaiser ist der Meinung, er müsse die Ketzerei mit Feder und Schwert bekämpfen. Wichtigster Repräsentant dieser Haltung ist Patriarch **Nikolaus I. von Byzanz** (852–925), der zugleich auch eifrig gegen die orthodoxe Kirche von Armenien polemisiert. Damals entsteht auch anlässlich großer Aufführungen in den Kirchen das volkstümliche liturgische Theater mit den Erzählungen aus dem Leben Marias oder von den Leiden Christi. Mönchschroniken in der Tradition der Antike ermöglichen dem Westen ebenfalls eine bessere Kenntnis des Byzantinischen Reichs.

Recht: Die Kodizes von Theodosius bis Justinian

Die ersten römischen Gesetzessammlungen sind private Kodizes: einfache Zusammenstellungen der kaiserlichen Verfassungen wie etwa der *Codex Gregorianus* oder der *Codex Hermogenianus*. Die ersten offiziellen römischen

Kodizes werden von Kaiser Theodosius II. in Konstantinopel und von Kaiser Valentinian III. in Rom veröffentlicht. Der *Codex Theodosianus* nimmt die gesamte Gesetzgebung seit Konstantin auf und streicht veraltete Maßnahmen und Widersprüche. Er ist der einzige bekannte weströmische Kodex des 5. oder 6. Jahrhunderts. Im Wesentlichen ist er durch das *Brevier des Alarich* übermittelt, das römische Recht der Westgoten, von Alarich verfasst und für seine gallo-romanischen Untertanen bestimmt. Wie der *Codex Theodosianus* ist auch derjenige Justinians in zwölf Bücher eingeteilt – zu Ehren der zwölf Tafeln, den Stiftern des römischen Rechts. Es handelt sich hier um eine Zusammenstellung kaiserlicher Verfassungen von bislang nie dagewesenem Umfang.

4. Die weitere Entwicklung des Byzantinischen Reichs

Die Regierungszeit von **Phokas** (602–610) erweist sich als Katastrophe: Der Balkan fällt an die Slawen, Italien an die Langobarden, hinzu kommen schwere Niederlagen gegen den Sassanidenkönig **Chosrau II.** (590–628), der sich als Rächer des ermordeten Maurikios sieht, 611 Antiochia erobert und plündert, 614 Jerusalem einnimmt und 619 schließlich Ägypten. **Herakleios**, Exarch von Karthago, stellt sich an die Spitze einer Flotte, die nach Konstantinopel segelt, das der Anarchie ausgeliefert ist. Die Grünen, eine politische Gruppe, die Menschen aus den unteren Klassen versammelt, sowie ein Teil der Armee schließen sich **Herakleios** (610–641) an, der noch am selben Tag die Stadt erobert, Phokas ermorden lässt und zum Kaiser gekrönt wird. Er gründet die **Herakleische Dynastie** (610–711). Der neue Herrscher ist nicht in der Lage, sich der persischen Macht zu widersetzen, ebenso wenig wie den Einfällen der vereinten Awaren und Slawen in den Peloponnes und nach Thrakien. Dafür teilt er Kleinasien in militärische Bezirke ein, in die sogenannten Themen, wo sich Soldaten niederlassen, die im Tausch für erblichen Militärdienst Land erhalten. Doch eine neue Bedrohung kommt auf: die Araber. In der Schlacht am Jarmuk (636) wird Byzanz vernichtend geschlagen.

Palästina, Syrien, dann Mesopotamien und Ägypten fallen nacheinander in die Hände der arabischen Eroberer. Die Nachfolger von Herakleios setzen den Krieg mit den Awaren fort und versuchen, wenn auch vergebens, die arabischen Angriffe aufzuhalten. Zweimal können sie ihre Hauptstadt nur mithilfe des «griechischen Feuers» retten, einer Mischung aus Salpeter,

Erdöl, Schwefel und Asphalt, die die Besonderheit aufweist, auch auf dem Wasser zu brennen. 711 wird der letzte Herakleide **Justinian II.** (685–695 und 705–711) ermordet. Nach zwei kurzen Herrschaften ruft sich der Stratege des anatolischen Themas als **Leo III., der Isaurier** (717–741) zum Kaiser aus und gründet die Isaurische Dynastie (717–802). Sogleich muss er Konstantinopel verteidigen, das von den Arabern belagert wird. 718 heben sie ihre Belagerung auf. Leo II. teilt den Westteil des Reiches in Themen ein und unterteilt jene Themen des Ostteils, die zu groß sind.

Für oder gegen Bilder: Der Bildersturm

Der Bildersturm beginnt unter der Herrschaft Leos III. und dauert bis 787. Ohne die früheren gewalttätigen Ausbrüche wird er bis zum Konzil von Kanikleion (11. März 843) fortgesetzt, der «Restauration der Orthodoxie» durch Kaiserin **Theodora** (810–867). Im Januar 730 erlässt ein Konzil von Geistlichen unter dem Vorsitz von Leo III. ein Edikt, das jegliche figurative religiöse Darstellung verbietet. Dabei geht es vor allem um das Bild Gottes, da es dessen göttliche und menschliche Natur vermischt und vor allem nur die zweite darstellen kann. Der Weltklerus steht dem insgesamt positiv gegenüber und stellt sich damit den Mönchen entgegen, die ganz klar Bilderverehrer, Ikonodulen, sind. Der religiöse Konflikt erhält zudem einen politischen Aspekt: die Opposition der byzantinischen Kaiser gegen das römische Papsttum, das den Bildersturm verurteilt. Dieser Aspekt überdauert auch das Zweite Konzil von Nizäa (787). Das insgesamt siebte ökumenische Konzil erkennt das Recht auf Bilder an. Auch im Inneren des Reichs ist der politische Protest heftig. In Griechenland ruft das hellenische Thema einen Kaiser aus und schickt eine Flotte nach Konstantinopel, die von Leo besiegt wird. Der Kaiser mäßigt allerdings die Verfolgung der Bilderverehrer, die sein Sohn **Konstantin V.** (741–775) dann wieder intensiviert. Der versammelt 754 in seinem am asiatischen Ufer des Bosporus gelegenen Palast in Hieria ein Konzil, das den Bildersturm erneut bekräftigt. Die Bilderverehrer werden verhaftet, ins Exil geschickt, ihrer Funktionen beraubt, und ihre Güter werden konfisziert. Konstantin V., ein talentierter Militärstratege, besiegt die Araber 746, 747 und 752, die Bulgaren dann 763. Konstantins Nachfolger, **Leo IV., der Chasare** (775–780) und **Konstantin VI.** (780–797), müssen erleben, dass ihre Herrschaft sehr von ihrer Gattin und Mutter beeinflusst wird, Kaiserin **Irene** (797–802), die ihren Sohn blenden lässt, nachdem er zuvor abgesetzt worden ist. Vergeblich versucht sie eine Einigung mit Kaiser Karl dem Großen zu erreichen, um so die Einheit des Römischen Imperiums wiederherzustellen. Durch ein Adelskomplott wird sie 802 abgesetzt und ins Exil auf die Insel Lesbos geschickt, wo sie 803 stirbt.

Die makedonische Dynastie (867–1056)

Nach der **amorischen Dynastie** (820–867), die den Bilderkult wieder einführt, gründet **Basileios I.** (867–886) die makedonische Dynastie (867–1056), ein wahres Goldenes Zeitalter für Byzanz. Er beschneidet die überwältigende Macht der Aristokratie und verringert den Graben zwischen den beiden Klassen, den *Penetes*, den Armen, und den *Dynatoi*, den Reichen. Letztere verfügten über gewaltigen Grundbesitz, was die Landlosigkeit der Bauern verstärkt. Basileios will ihnen Zugang zu etwas Grundbesitz verschaffen und schafft so immer zahlreichere Steuerzahler. Er gebietet der Seeblockade der Araber gegen Ragusa (heute Dubrovnik) 867 Einhalt und nimmt Bari und Tarent in Süditalien ein. Die Geschichte der makedonischen Dynastie ist durchzogen von militärischen Erfolgen, zuweilen allerdings auch von Rückschlägen geprägt. Nicht allein die Sicherheit an den Grenzen ist nun garantiert, weshalb sich die Bevölkerung dort ansiedeln kann und der Reichtum insgesamt immer mehr anwächst. Das Staatsgebiet von Byzanz wird zudem beträchtlich vergrößert.

Zwei außergewöhnliche Militärstrategen folgen auf dem Thron: **Nikephoros II. Phokas** (963–969) und **Johannes I. Tzimiskes** (969–976), die nach Syrien eindringen und Zypern und Kreta einnehmen. Doch wichtigstes Thema bleibt die Macht der Bulgaren. Sie werden endgültig 1018 von **Basileios II.** (976–1025) besiegt. Das Byzantinische Reich hat nun seine größte geographische Ausdehnung und umfasst Kleinasien, Nordsyrien, Obermesopotamien, Armenien, den Balkan und Süditalien. Basileios unterdrückt die fatimidischen Kalifen von Kairo, kann daraus aber keinen strategischen Vorteil beziehen. Im Jahre 1000 schließt er einen zehnjährigen Waffenstillstand.

Die Nachfolger von Basileios sind schwach und werden von der Aristokratie geführt, die sich bereichert, indem sie den militärischen Unterhalt der Themen vernachlässigt. Wie zuvor Rom stützt sich auch Konstantinopel immer mehr auf Söldner. Auf dem Sterbebett verheiratet Konstantin VII. seine Tochter **Zoe** (1028–1050) mit Romanos Argyros, der zum Kaiser **Romanos III.** wird. Er ist ein frommer Intellektueller, ohne Ansprüche auf Macht und Krieg. Bei Aleppo wird er 1031 von den Arabern besiegt. Vielleicht auf Betreiben von Zoe wird er 1034 im Bad ermordet. Zoe heiratet darauf **Michael IV., den Paphlagonier** (1034–1041). Die Normannen lassen sich in Italien nieder, und 1071 verjagen sie die Byzantiner von dort. Das Ende der Dynastie wird durch die Aufstände und das Vordringen der türkischen Seldschuken nach Kleinasien bewirkt. Die Niederlage von Byzanz in der Schlacht von Manzikert 1071 bezeichnet das Ende eines Erobererreichs. General Issak Komnenos setzt den letzten Kaiser **Michael VI.** (1056–1057) ab und ruft sich zum Kaiser **Isaak I.** (1057–1059) aus. Damit beginnt die Dynastie der Komnenen.

Die Dynastie der Komnenen (1057–1204)

Auch wenn Isaak I. der erste Kaiser der neuen Dynastie ist, so begründet er sie nicht. Zur Abdankung gezwungen, überlässt er das Terrain anderen Herrschern. Auch diese sind zu schwach, um sich zu halten, und werden durch einen General ersetzt, Alexios Komnenos. Er wird zum Kaiser **Alexios I.** (1081–1119), der das Reich zum Teil wiederherstellt. Stets im Kampf mit den türkischen Seldschuken, profitiert er vom Ersten Kreuzzug, der vom Papst auf dem Konzil von Clermont 1095 gepredigt wird und Kleinasien zurückerobern soll, dabei aber nicht verhindern kann, dass die Kreuzfahrer das Fürstentum Antiochien gründen. Um sich an der Macht zu halten, muss der Kaiser dem Adel immer mehr Macht und umfangreiche Steuererleichterungen gewähren, zum Nachteil der Staatskasse. Der Reichtum der byzantinischen Händler wird im Übrigen durch das Aufkommen italienischer Seemächte bedroht, zu denen auch Venedig gehört. Alexios' Sohn **Johannes II. Komnenos** (1118–1143) gilt als größter der Komnenen. Er kann die Türken mehrfach besiegen, aber nicht Antiochien zurückerobern. Er hält die Petschenegen in Schach, Nomaden türkischen Ursprungs, sowie die Serben auf dem Balkan. Sein vierter Sohn, **Manuel I.** (1143–1180), folgt ihm auf den Thron. Dem Okzident gegenüber offen, verbündet er sich eine Zeitlang mit dem deutschen Kaiser gegen die Normannen in Italien. Doch 1176 wird die byzantinische Armee von den Türken aufgerieben, was die Restauration der byzantinischen Herrschaft über Antiochien zunichtemacht. Die Verringerung des byzantinischen Handels hat außerdem die Verarmung des Volks zur Folge.

Beim Tode Manuels ist das Reich bereits am Rand des Zusammenbruchs. Manuels Sohn **Alexios II.** (1180–1183), der unter der Regentschaft seiner

Mutter steht, wird anlässlich eines Aufstands gegen die Lateiner, welche von Manuel zuvor begünstigt worden sind, gemeinsam mit ihr ermordet. Der Cousin von Manuel I., **Andronikos I.** (1183–1185), übernimmt die Macht. Er unternimmt ernsthafte Reformen gegen die Aristokratie, organisiert die Verwaltung neu und bekämpft die Korruption. Diese Maßnahmen machen ihn unbeliebt. 1185 nehmen die Normannen Thessaloniki ein und rücken auf Konstantinopel vor. Das Volk erhebt sich, Andronikos wird beim Hippodrom zu Tode gefoltert. Ein Urenkel von Alexios I. folgt auf ihn: **Isaak II. Angelos** (1185–1195 und 1203–1204). Seine Herrschaft ist für Byzanz eine Katastrophe: Bulgarien und Serbien gehen verloren. 1187 nimmt Saladin erneut Jerusalem ein. Der deutsche Kaiser **Friedrich Barbarossa** (1155–1190) führt zwischen 1188 und 1190 einen neuen Kreuzzug, um Jerusalem zu befreien. Isaak II. verbündet sich mit ihm, verrät ihn aber zugunsten Saladins. 1190 steht Barbarossa vor den Toren Konstantinopels. Isaak II. wird gezwungen, den Vertrag von Adrianopel zu unterschreiben, der ihn Schiffe und Verpflegung liefern lässt. Der Tod Barbarossas macht kurz darauf dem Kreuzzug ein Ende. Zweimal von den Bulgaren besiegt, wird Isaak von seinem älteren Bruder **Alexios III.** (1195–1203) gefangen genommen und anschließend geblendet. Isaaks Sohn, auch er mit Namen Alexios, flieht nach Venedig, das ihm Hilfe gewährt. 1203 wird Alexios III. verjagt, nachdem der Doge **Enrico Dandolo** (1192–1205) den Vierten Kreuzzug auf Byzanz umlenken konnte. Isaak II. und sein Sohn **Alexios IV.** (1203–1204) regieren einige Monate lang und werden dann von **Alexios V.** (1204) abgesetzt, einem Protovestiar, einem hohen Würdenträger am Hof. Isaak stirbt kurz darauf. Alexios V. lässt Alexios IV. umbringen. Er selbst wird von den Franken gefangen genommen, die ihn zum Tode verurteilen. Das geplünderte Konstantinopel gerät unter das Joch der Franken.

Das Lateinische Kaiserreich Konstantinopel (1204–1261)

Mit einem auf 1202 datierten Vertrag planen fränkische Kreuzzugsfahrer und Venedig die Teilung des Byzantinischen Reichs. Balduin IX. von Flandern wird im Mai unter dem Namen **Balduin I.** zum Kaiser gewählt. Er herrscht über das Lateinische Kaiserreich Konstantinopels, das ein Viertel des Landes und zwei Fünftel Konstantinopels ausmacht. Venedig erhält ein weiteres Viertel vom Land und drei Fünftel der Stadt. Hinzu kommen das Königreich Thessaloniki sowie die Herzogtümer Athen und Naxos. Das Fürstentum Morea (Achaia) geht an mächtige Barone. Der Rest besteht aus dem griechischen Kaiserreich Nizäa (1204–1282), aus dem Despotat Epirus (1204–1337) und dem Kaiserreich Trapezunt (1204–1461). Diese letztgenannten Staaten werden dem wiedererrichteten Byzantinischen Reich einverleibt oder, was den letzten Staat betrifft, von den Osmanen erobert. Die Lateinischen Herrscher von Konstantinopel müssen an mehreren Fronten kämpfen: gegen die Feudalherren, die Griechen und die Bulgaren. Ihre Herrschaft besteht demzufolge aus einer Abfolge von Militäroperationen. Balduin I. wird nach einer Niederlage gegen die Bulgaren beseitigt. Sein Bruder und Nachfolger **Heinrich I.** (1206–1216) muss gegen die Byzantiner kämpfen. Sein Schwager **Peter II. von Courtenay** (1216–1219) stirbt in griechischer Gefangenschaft. **Robert de Courtenay** (1220–1227) wird von den Baronen abgesetzt. 1245 wird das Gebiet auf Konstantinopel begrenzt. 1236 rettet eine venezianische Flotte die Stadt vor einem Angriff der vereinten Bulgaren und Byzantiner. **Balduin II. von Courtenay** (1228–1273), Sohn von Peter II., ist der letzte Lateinische Kaiser von Konstantinopel. Er wendet sich vergeblich um Hilfe an den Westen. Im Juli 1261 wird Konstantinopel von Michael Palaiologos, der an der Spitze des griechischen Kaiserreichs von Nizäa steht, eingenommen, wobei er von der Abwesenheit der venezianischen Flotte profitiert. Balduin II. flieht und stirbt 1273 im Exil. In der Hagia Sophia wird **Michael VIII. Palaiologos** (1261–1282) als byzantinischer Kaiser gekrönt und gründet die letzte byzantinische Dynastie, die der **Palaiologen** (1261–1453). Diese Dynastie geht mit dem Tod **Konstantins XI.** (1448–1453) am Dienstag, dem 29. Mai 1453, auf der Stadtmauer von Konstantinopel unter.

Der unaufhaltsame Untergang des Byzantinischen Reiches (1261–1453)

Die Dynastie der Palaiologen ist die Zeit des langsamen Untergangs des Byzantinischen Reichs. Die Anstrengungen dieser Dynastie, dem Einhalt zu gebieten, bleiben ohne Erfolg. Die Kämpfe um den Thron werden immer intensiver. Sind zu jener Zeit die Türken auch gezwungen, hier weniger einzugreifen, weil sie sich zu Beginn des 15. Jahrhunderts dem mongolischen Eroberer **Tamerlan** zuwenden müssen, so kehren sie doch schnell wieder angesichts eines byzantinischen Kaiserreichs ohne wirkliche Verbündete, eines Reiches, das allein durch Versprechen verteidigt wird, zu ihrer alten Stärke zurück. Konstantinopel erholt sich nie von der Plünderung von 1204.

Das Reich verarmt, die großen Handelsstraßen machen aus der Stadt eine bloße Etappe, kein Ziel. **Michael VIII. Palaiologos** (1261–1282) erobert Teile von Griechenland. Er verbündet sich mit Genua, erkennt das Primat des Papstes sowie die Vereinigung beider Kirchen auf dem Zweiten Konzil von Lyon (1274) an und unterschreibt einen Freundschaftsvertrag mit den Tartaren der Goldenen Horde, dem türkisch-mongolischen Reich der Nachfahren von Dschingis Khan. Gegen **Karl von Anjou** (1266–1282), der Korfu und Durazzo einnimmt und sich mit den Serben und Bulgaren verbündet, lässt er im März 1282 die Sizilianische Vesper geschehen, das Massaker der revoltierenden Sizilianer an den Franzosen. Obwohl die Palaiologen bis zur Mitte des 14. Jahrhunderts Erfolge in Griechenland verbuchen, so bleibt der Balkan doch unter serbischer Kontrolle. Nach der Niederlage der Serben in der Schlacht auf dem Amselfeld (1389) übernehmen die Osmanen dort die Herrschaft. Trotz der Annäherung an Rom stützen die Lateiner das Byzantinische Reich zu wenig und zu spät. Ihre größte Hilfe schlägt fehl, als der von **Sigismund von Luxemburg** geführte Kreuzzug von Truppen des Sultans **Bayezid I.** (1389–1402), die sich mit den Serben verbunden haben, in der Schlacht von Nikopolis vom 25.–28. September 1396 aufgerieben wird. Die wirtschaftliche und militärische Schwäche wird noch durch die Große Pest verstärkt, die das Reich von 1347 bis 1351 heimsucht. Die Pest beendet die Bürgerkriege eine Zeitlang. Diese werden von rivalisierenden Parteien um den Thron ausgetragen, nämlich von **Johannes V. Palaiologos** (1341–1347 und 1354–1391) und **Johannes VI. Kantakuzenos** (1347–1354). Der Untergang Konstantinopels – das Reich beschränkt sich auf die Stadt und ihr Umland – wird kurzzeitig durch die Niederlage Bayezids I. gegen **Tamerlan** (Timur Leng, «Timur der Lahme», 1336–1405) im Jahre 1402 in der Schlacht von Ankara aufgehalten. Im osmanischen Interregnum (1403–1413), das nun folgt, bekämpfen sich die Söhne Bayezids, bis einer von ihnen, **Mehmed I. Çelebi** (1413–1421), der alleinige Sultan ist. Auf Initiative von Papst **Eugen IV.** (1431–1447) wird ein letzter Kreuzzug gegen die Osmanen geführt, doch erringen diese zwei Siege in der Schlacht von Varna (November 1444) und in der Schlacht auf dem Amselfeld (Oktober 1448). **Mehmet II., der Eroberer** (1444–1446 und 1451–1481) nimmt Konstantinopel nach zweimonatiger Belagerung am 29. Mai 1453 ein. **Konstantin XI. Palaiologos** (1448–1453) stirbt zusammen mit den Verteidigern der Stadt. Das Byzantinische Kaiserreich ist untergegangen.

5. Die byzantinische Kunst: Nach dem Bildersturm

Achthundert weitere Jahre wird die **byzantinische Kunst** nach dem Goldenen Zeitalter der Dynastien von Justinian und Theodosius noch währen. Die **erste stilistische Entwicklung** dieser Kunst findet zwischen der Gründung Konstantinopels und der Zeit statt, die den bilderstürmerischen Kaisern vorausging. Die **zweite Entwicklungsphase** entspricht derjenigen der Zerstörung der religiösen Bilder. Die **dritte** ist die Zeit von Basileios I. bis zur Plünderung Konstantinopels 1204. Eine **vierte** endet mit der Einnahme Konstantinopels durch die Türken.

4

Das Ende des Bildersturms und dessen Folgen

Der Niedergang des Byzantinischen Reichs im 7. Jahrhundert erklärt eine gewisse Stagnation der künstlerischen Entwicklung und Produktion. Die Architektur reproduziert Bautypen vergangener Jahrhunderte wie etwa das *Chrysotriclinium*, einen achteckigen, von Justin II. erbauten Saal. Doch vor allem Armenien und Georgien spielen eine bedeutende Rolle, seitdem das Christentum dort Staatsreligion ist. Bis zum 7. Jahrhundert beherrschen Basiliken mit Tonnengewölbe die Architektur. Der Zentralbau setzt sich durch. Danach entstehen einschiffige Basiliken oder Zentralbauten mit Kuppel. In Georgien findet man neue Bautypen: Basiliken, deren Schiffe durch raumhohe Wände getrennt sind, wie etwa in Dmanissi. Rom orientalisiert sich auch im 7. Jahrhundert, etwa mit den Kirchen Sant Agnese fuori le mura oder Sant Anastasia al Palatino.

Während der Zeit des Bildersturms wird die Architektur nur schlecht bewahrt, auch wenn die Hagia Sophia in Thessaloniki mit ihrer auf vier Gewölbebogen ruhenden Kuppel oder das *Katholicon*, die Kirche des Klosters Mariä Entschlafung in Nizäa, aus dieser Zeit stammen. Der Bauschmuck besteht nur aus Symbolen und Skulpturen, die immer abstrakter werden. Doch in Miniaturen zeigt sich im Wesentlichen eine künstlerische Kreativität, so etwa in den Goldarbeiten. Die Motive der gewebten Stoffe sind von arabischen und sassanidischen Vorbildern inspiriert. Diese Kunst verbreitet sich und hat ihren Höhepunkt unter **Theophilos** (829–842), dem letzten Kaiser des Bildersturms. Als Kaiserin Theodora, seine Witwe, um die Mitte des 9. Jahrhunderts den Bilderkult wieder einführt, entsteht diese Kunst neu, doch die Kreativität verweilt noch eine Zeit lang bei den Miniaturen, bei der Herstellung von Mönchs- und theologischen Psaltern, so etwa der *Chludow-Psalter* aus dem Nikolauskloster in Moskau. Erst unter den makedonischen Kaisern ersteht die große Kunst wirklich neu. Die griechische Literatur wird gleichfalls neu entdeckt, und die Texte der Kirchenväter kommen zu neuen Ehren. Seit 863 wird die Erziehung, die *paideia*, in einem ausgedehnten Gebäude des Großen Palasts, dem *Magnaurus*, gewährleistet. Die Minuskelschrift, im 8. Jahrhundert noch vorherrschend, wird im 9. Jahrhundert endgültig durch die Unzialschrift mit ihren Großbuchstaben ersetzt. Viele Manuskripte entstehen. Die berühmteste Schreibstube, das *Scriptorium*, ist die des Studionklosters in Konstantinopel, gemeinsam mit der des Kaiserpalasts.

Die Kunst unter den makedonischen Kaisern

Architektur: Christus im Heiligenschein

In der Architektur ändern die Baumeister die Form der Kuppeln, indem sie diese auf einen zylindrischen Tambour stellen, um die Außenansicht des Gebäudes angenehmer zu gestalten. Derart erhöht, können die Kuppeln allerdings nicht mehr die Ausmaße derjenigen der Hagia Sophia oder der Hagia Irene erreichen. Zwei Formen dominieren die religiöse Baukunst jener Zeit: die Basilika, gewölbt oder mit Flachdach. Damit knüpft sie an die antike Tradition des Frühchristentums und der Zeit Konstantins an, vor allem in den byzantinischen Provinzen und den christianisierten Ländern. Die zweite Neuerung ist die große Anzahl an Kirchen und die Freiheit des Konstruktionsprozesses. Am Eingang der Kirchen befindet sich ein von Kuppeln bekrönter Portikus, der den Blick zu den Kuppeln der eigentlichen Kirche gewährt, die weiter hinten folgen und sich auf mehreren Ebenen erheben. Die Tambouren dieser Kuppeln sind polygonal. Der georgische und armenische Einfluss bringt mit sich, dass sich bei der Kirchenplanung das griechische Kreuz durchsetzt, das einem Quadrat einbeschrieben ist. Vier Kuppeln (auf den vier Kirchenschiffen) und eine große zentrale Kuppel, die auf einem acht-, zwölf- oder sechzehneckigen Tambour aufsitzt, krönen das Bauwerk. Die Anordnung der Massen wird gelöst durch Wechsel bei der Verwendung von Bausteinen und Bändern aus glasierten Steinen. In Konstantinopel ist dafür das beste Beispiel die Neue Kirche/Néa Ekklesia von Basileios I. (880), aber auch die Kirche in Bodrum (920–941). Im 9. Jahrhundert aufgekommen, wird das griechische Kreuz als Grundriss ab dem 11. Jahrhundert dann systematisch angewandt.

Das im vollen Aufschwung begriffene Mönchstum hat den Bau zahlreicher Klöster zur Folge, so etwa St. Lukas bzw. Hosios Loukas (945) in Phokis, Zentralgriechenland. Mit dem Ende der bilderstürmerischen Krise zur Mitte des 9. Jahrhunderts kommt ein sehr präzises ikonographisches Programm für Malerei und Mosaik auf, das die symbolische Bedeutung eines jeden Teils der Kirche mit dem Innendekor verbindet. Das Zentrum der Kuppel, dem Symbol des göttlichen Himmels, bildet der thronende *Christus Pantokrator* in seinem Glorienschein. Die Apsis ist der Jungfrau Maria gewidmet, der Vorraum der Apsis der Darstellung der Hetoimasia (Etimasie), dem leeren Thron in Erwartung der Wiederkunft Christi beim Jüngsten Gericht. Die Darstellungen der Heiligen sind auf den Rest des Altarraums verteilt. Das Innendekor ist im Allgemeinen prachtvoll und luxuriös gehalten. Das aufwändige Mosaik wird in weniger reichen Ländern durch Fresken ersetzt. Die Personen sind streng und schwerfällig wiedergegeben, die Stilisierung ist stärker als vor dem Bildersturm. Die schönsten Darstellungen dieser Art befinden sich in der Hagia Sophia in Konstantinopel und im Kloster Sankt Lukas in Phokis.

Die Verbreitung der byzantinischen Kunst

Hat sich die byzantinische Kunst im Laufe der Jahrhunderte auch stetig unter dem Einfluss von Fürsten, Mäzenen oder Privatpersonen gewandelt, so war sie gleichzeitig immer eng mit der politischen Geschichte des Reichs verbunden. Das gilt auch für ihren Einfluss. Ihre Wirkung reicht bis weit über die Grenzen des Imperiums, ist in Norditalien und Rom ebenso bedeutend wie in Süditalien und Sizilien. Der Einfluss von Byzanz zur Zeit der Karolinger zeigt sich vor allem in deren Malerei und später während der Romanik dann in der Ikonographie der religiösen Bücher, die für **Egbert** (977–993), Erzbischof von Trier, angefertigt wurden. Ihr Einfluss zeigt sich auch über den Umweg der Goldarbeiten der Werkstatt von Conques, die in Nachahmung byzantinischer Arbeiten die Cloisonné-Technik einsetzt. Bulgarien, Serbien und Rumänien sind die am meisten von Byzanz beeinflussten Provinzen. Der Bautyp der byzantinischen Kuppelkirchen auf griechischem Kreuz ist weit verbreitet. Die arabische Kunst in ihren Anfängen unter den Umayyaden verdankt der byzantinischen Kunst viel, was etwa am Felsendom in Jerusalem mit seinem oktogonalen Grundriss und dem Mosaikschmuck zu erkennen ist. Auch die große Moschee von Cordoba ist mit byzantinischen Mosaiken versehen.

Die **Republik Venedig** unterhält enge Beziehungen mit Byzanz. Zum Bau der Vorgängerkirche des Markusdoms zu Beginn des 9. Jahrhunderts beriefen die Venezianer byzantinische Architekten. 1063 werden die Schiffe und die Vierung ergänzt, die Vorhalle wird nach beiden Seiten verlängert. Im 10. und 11. Jahrhundert verbreitet sich über Venedig und Sizilien eine Fülle orientalischer, vor allem byzantinischer Formen in Italien. Die Geschichte von Byzanz spiegelt sich auch in den Klöstern vom Berg Athos. Die religiösen Gemälde und Ikonen, von den Mönchen hergestellt, erreichen den Balkan. Mit dem Christentum wird auch die byzantinische Kunst nach Russland eingeführt. Die Sophienkathedrale in Kiew dient mit ihrem Mosaikdekor schon seit dem 11. Jahrhundert als Vorbild für andere Bauten, ein griechisches Werk im Dienste der russischen Fürsten. Die Malereien der Wladimirkathedrale, um 1194, sind mit der Kunst der byzantinischen Komnenen verbunden. Moskau, nach der Einnahme Konstantinopels bereits Hauptstadt Russlands, wird durch die Heirat von Iwan III. mit Sophia Palaiologos 1472 zum neuen Byzanz. Doch die italienischen Architekten, die von der neuen Zarin eingeladen werden, führen die russische Kunst auf ihren eigenen Weg: die Mariä-Entschlafens-Kathedrale im Kreml, die Krönungskirche, imitiert die Wladimirkathedrale, wie es der italienische Baumeister **Aristotele Fioravanti** (um 1415–1486) wollte. Die Ikonen verbreiten sich seit der Konversion des heiligen Wladimir in Russland, und entsprechende Schulen werden in Klöstern gegründet. Sie haben die Tendenz, die Figuren ihrer Vorbilder zu vereinfachen.

XI

Das Mittelalter in der arabischen Welt

4

1. Der Islam

Arabien vor Mohammed

Im 6. Jahrhundert ist Arabien eine riesige Wüstenhalbinsel mit einigen Oasen und mehreren Häfen an seinen Küsten. Der Handel mit Gewürzen, Leder, Fellen und Sklaven spielt sich auf den Karawanenstraßen ab. Im Zentrum liegt die Provinz Hedschas, ohne Zweifel die reichste mit ihren großen Städten und Karawansereien, darunter Mekka. **Qusay** (400–487) kann die Quraischiten, einen Stamm aus dem Norden, vereinigen und durch eine eheliche Verbindung auch die Kontrolle über Mekka erlangen. Sie versuchen regelmäßig in Byzanz im Norden einzufallen sowie in Ägypten zur Eroberung des Jemens, doch beides vergeblich. Es dominiert keine politische Organisation, sondern polytheistische Clans, die sich über riesige Gemeinschaften erstrecken und an Dschinne glauben, an übernatürliche Wesen. Christliche Minderheiten, vor allem Monophysiten und Nestorianer, sowie Juden leben in den Karawansereien und Oasen. Als Religion der Wüste nimmt der Islam traditionelle alte Kulte in sich auf, prägt aber seinerseits auch manche Elemente des Judentums und des Christentums.

Mohammed vor der Hidschra (570–622)

Wir wissen nur wenig über das Leben Mohammeds vor seiner Verkündigung. Einzig das Datum der Hidschra, 622, ist gesichert. Dieses Datum markiert den Beginn der islamischen Zeitrechnung. Eine Tradition, die sich auf eine ungewisse Interpretation eines Koranverses stützt, setzt Mohammeds Alter auf 40 Jahre an, als er damit beginnt, den Islam zu verbreiten. Mohammed verliert seine Eltern sehr früh und wird von seinem Großvater im Clan der

Quraischiten aufgezogen. Mit fünfzehn Jahren tritt er in die Dienste einer reichen Witwe, Khadija, die er später heiratet. Wir kennen nicht viele Details über die Momente, die der Offenbarung seiner Berufung vorausgehen. Eines Tages im Monat Ramadan des Jahres 610 erschien ihm der Erzengel Gabriel und ruft ihm wiederholt zu: «Lies!» Da weiß Mohammed, dass Allah ihn auserwählt hat, um den Menschen seine Offenbarungen darzulegen. Die folgenden Jahre bringen ihn, auch wenn er bei den Arabern ein Gefühl der religiösen und nationalen Einheit hervorruft, dennoch dazu, Mekka wegen des Widerstands zu verlassen, dem ihm die einflussreichen Kreise dort entgegenbringen. 622 geht er nach Yathrib, das danach Medina heißt. Der 15. Juli jenes Jahres wird zum traditionellen Tag der *Hidschra*, der «Auswanderung». Der Bruch mit den jüdischen Stämmen, welche die Mehrheit in Medina bilden, erfolgt zu dem Zeitpunkt, als Mohammed Veränderungen bei den Kultvorschriften einführt, beispielsweise die Änderung der Ausrichtung beim Gebet: Nicht mehr nach Jerusalem, sondern nach Mekka soll man sich richten. Auf den Sieg in der Schlacht von Badr im März 624 folgt ein Jahr später die Niederlage von Uhud und die Besetzung Medinas 627. Im Jahre 630 wird der Vertrag, der 628 mit den Mekkanern geschlossen wird, aufgelöst, und Mohammed erobert Mekka. Er lässt dort die Idole der Kaaba zerstören und macht diesen Ort zum religiösen Zentrum des Islam.

Mohammed nach der Hidschra

Innerhalb von zehn Jahren organisiert Mohammed einen Staat und eine Gesellschaft, in denen das islamische Gesetz die alten Sitten Arabiens ersetzt. Auf seinen Aufenthalt in Medina, dem Anfang der Hidschra, folgt eine zweite Folge von Suren, die weniger aufgewühlt sind als die ersten, mekkanischen Suren, die der Hidschra vorausgehen. Als Werk eines religiösen und sozialen Gesetzgebers enthalten sie vor allem Vorschriften zur Organisation der neuen, vom Islam eingesetzten Ordnung. Oft sehr bestimmt formuliert, betreffen diese Regeln das tägliche Leben jener Zeit. Dazu kommen Aussagen, die das religiöse und ethische Ideal definieren. Nach schweren Auseinandersetzungen in den Jahren 624, 625 und 627 gegen die Quraischiten schließt sich Mekka 630 endlich Mohammed an. Der stirbt am 8. Juni 632 in Medina, ohne Anweisungen hinterlassen zu haben, die seine Nachfolge sicherstellen. Einer seiner Getreuen, Omar, kann sich nicht als politischer Leiter der Gemeinde gegen **Abu Bakr**, den Vater von Aischa, Mohammeds

Witwe, als «Repräsentant und Gesandter Gottes» durchsetzen. Die drei Jahre von Omars Kalifat bringen jedoch Frieden in die aufständischen Stämme und helfen, die Aufstände zu unterdrücken, die von dem falschen Propheten Musailima organisiert werden. **Omar** wird zweiter Kalif und «Nachfolger» des Propheten. Er nimmt den Titel eines «Fürsten der Gläubigen» an und organisiert die muslimische Gemeinschaft. Zu seinen Eroberungen gehören Syrien (634–636), Persien (635–651) und Ägypten (639–644). Die Stadt Jerusalem wird 638 eingenommen. Kurz vor seinem Tod betraut Omar ein Kollegium von sechs Muslimen damit, seinen Nachfolger auszuwählen.

Dogma und Glaube: Die Rezitation oder Der Koran

Der mündliche Kontext, in dem der Islam wurzelt, bestimmt die Struktur des Korantexts. Nach Art der arabischen Poesie besteht er aus voneinander unabhängigen Texteinheiten. Die große Mehrheit der Verse kann für sich gelesen werden, ohne dass der Gesamtinhalt Schaden nimmt, der aus insgesamt 6200 Versen besteht. Der Koran wurde zwischen 610, dem Zeitpunkt der ersten Offenbarungen, und 632, dem Todesjahr des Propheten, zusammengestellt. Der Ausdruck «Koran», *al-Qu'ran*, bedeutet im Arabischen «Rezitation». Er besteht aus 114 Kapiteln oder Suren, die in Verse *(āyāt)* eingeteilt und absteigend nach ihrer Länge geordnet sind. Die erste Sure, *al-Fātiha*, ist ein Gebet, die zweite – *Die Kuh* – zählt 286 Verse. Die letzte Sure – *Die Menschheit* – hat nur sechs Verse. Die Hadithe, «Erzählungen, Berichte», werden ebenfalls als Aussprüche Mohammeds gewertet. Zuweilen stehen die Hadithe allerdings im Widerspruch zur «Sunna», der Tradition. Die erste Zusammenstellung der Hadithe geht auf vier Männer aus der Oase von Medina sowie auf Alī, den Vetter des Propheten, zurück.

Tatsächlich erlebt der Koran eine recht lange Entstehungszeit, ehe daraus das Buch wird, das wir heute kennen. Die Datierung der ältesten Manuskripte des Korans ist unter Historikern umstritten. Die meisten Koranhandschriften gehören dem 9. und 10. Jahrhundert an, manche sind noch viel älter, beispielsweise diejenige, die 1972 in der Großen Moschee von Saana im Jemen entdeckt wurde. Heute gilt als sicher, dass die Initiative zur Verfassung eines offiziellen koranischen Kodex vom Kalifen **Uthman ibn Affan** (644–656) ausgeht und während der Herrschaft des Kalifen **'Abd al-Malik** (685–705), vielleicht noch ein wenig später, in die Tat umgesetzt wird. Es ist auch möglich, dass es noch weitere Kodizes in Städten wie Medina oder Damaskus gibt, die aber keine Unterschiede zum offiziellen Koran aufweisen. Der Koran ist in den Augen der Gläubigen kein Werk eines Menschen, sondern das Wort Gottes. Der Islam basiert auf den folgenden Glaubensgrundsätzen:

- **Der Glaube an den einzigen Gott:** Allah ist der einzige Gott. Ihn zu erkennen, ist das höchste Ziel. Die Sure 112 ist eine der ältesten Suren:
  1. «Sprich: Er ist Allah, ein Einziger;
  2. Allah, der Absolute (Ewige Unabhängige, von Dem alles abhängt).
  3. Er zeugt nicht und ist nicht gezeugt worden,
  4. und Ihm ebenbürtig ist keiner.»

- **Der Glaube an die Engel:** Aus Licht geschaffen, sind sie geschlechtslos. Jeder Mensch hat zwei Schutzengel, die alle seine Taten im Hinblick auf den Jüngsten Tag schriftlich festhalten.
- **Der Glaube an die Propheten:** Der Islam unterscheidet zwischen Gesandten, den *rasul* (Abraham, Mose, Jesus und Mohammed) und den Propheten, *nabi*. Nach dem Tod gehen Propheten und Märtyrer direkt ins Paradies ein, die anderen müssen das Jüngste Gericht abwarten.
- **Der Glaube an die Sunna** (Tradition): genauer gesagt, an das Leben des Propheten. Die Sunna wird durch die Hadithe (Erzählungen, Berichte) gebildet, die bald ein mündlich tradiertes Gesetzeswerk werden, welches das geschriebene Gesetz (des Korans) überlagert. Die Sunna ist die Praxis der orthodoxen Muslime und die Sunniten beanspruchen mit ihrem Namen somit, die Inhaber der offiziellen Lehre zu sein.

Die unterschiedlichen Standpunkte bezüglich der Anwendung dieser Regeln gehen auf unterschiedliche Interpretationen der heiligen Texte zurück und haben einen religiösen Pluralismus zur Folge. So entstehen in den ersten Jahrzehnten des Islams die Sunniten, die Schiiten und die Charidschiten.

Fünf Säulen, fünf rituelle Pflichten

Muslime müssen fünf Pflichten erfüllen.

1. Das *Glaubensbekenntnis* oder *shahāda* besteht in der Rezitation der Formel: «Es gibt keinen Gott außer Allah, und Mohammed ist sein Prophet». Der wahre Gläubige spricht diese Formel bei allen feierlichen Gelegenheiten im Leben.
2. Das Gebet oder *salāt*. Die fünf Gesten und Worte sind streng festgelegt. Fünfmal am Tag muss gebetet werden: zwischen Morgendämmerung und

Sonnenaufgang, am Ende des Vormittags, am Nachmittag, nach Sonnenuntergang und zu einer beliebigen Nachtstunde. Das Gebet darf nur im Zustand der rituellen Reinheit gesprochen werden, die durch rituelle Waschung bewirkt wird.

3. Das Fasten im Ramadan. Im Jahre 2 der Hidschra in Medina eingeführt, ist das Fasten obligatorisch und dauert 29 oder 30 Tage, je nach Mondmonat. Es wird geraten, von Sonnenaufgang bis -untergang auf das Essen, Trinken und Rauchen zu verzichten. Ausnahmen gelten für Kranke, Kinder, Alte und Frauen im Kindbett.
4. Das gesetzliche Almosen oder *zakāt* besteht darin, das Los der Unglücklichen und Bedürftigen zu bessern. Es ist eine Art Kampf gegen Armut und Unglück.
5. Die Pilgerfahrt, *hadsch*, ist im Prinzip einmal im Leben für alle verpflichtend, die materiell und physisch dazu in der Lage sind. Das Ziel dieser Pilgerfahrt besteht darin, das Heiligtum von Mekka zu besuchen. Man gelangt in den geheiligten Bezirk erst, nachdem man sich in einen gleichsam heiligen Zustand begeben und den Körper mit besonderer Kleidung verhüllt hat.

Eine sechste Verpflichtung wird später hinzugefügt: der Dschihad, der Heilige Krieg, ein Krieg gegen sich selbst, zunächst also ein täglicher Kampf um innere Reform. Daraus wird später ein Eroberungskrieg, um die Muslime zu schützen und den Koran in anderen Ländern zu verbreiten. Es ist ein Kampf gegen die eigenen Leidenschaften und schlechten Instinkte, aber auch gegen Heidentum und Götzenanbetung zugunsten des wahren Glaubens. In Extremfällen bezieht sich der Ausdruck Dschihad auch auf den Krieg gegen andere Monotheisten. Auch die Nahrungsverbote müssen an dieser Stelle noch genannt werden: Schweinefleisch, Wein, Alkohol, Rauschgift und zufällig getötete Tiere.

Die muslimischen Glaubensrichtungen

Mehrere Minderheitengruppen haben sich von der sunnitischen Mehrheit, die der Sunna folgt, also der Tradition, abgespalten. Die Umma, die muslimische Gemeinschaft, weist eine gewisse Homogenität im Hinblick auf die vier als orthodox geltenden Traditionen auf: die malikitische, hanbalitische, hanafitische und schafiitische Rechtsschule.

■ **Die malikitische Rechtsschule**, sunnitisch, wird in Medina durch Imam **Mālik ibn Anas** (711–795) eingeführt. Sie gilt mehrheitlich in Nordafrika und im Westen. Als klassische Schule des muslimischen Rechts beruft sie sich wie die anderen auf den Koran, auf die Sunna, auf die überlieferte Tradition der Taten Mohammeds sowie auf den Konsensus der islamischen Rechtsgelehrten, *idschma*, fügt aber für die Bewohner Medinas eigene Praktiken hinzu.

■ **Die hanbalitische Rechtsschule** beruft sich auf Imam **Aḥmad ibn Ḥanbal** (778–855) und ist die konservativste Form des klassischen Rechts. Sie wird vom radikalen Islam der Wahabiten (oder Salafisten) übernommen und will den Islam zu seiner ursprünglichen Reinheit zurückführen.

■ **Die hanafitische Rechtsschule** ist die älteste der vier. Sie geht auf einen Theologen und Gesetzgeber aus Kufa im Irak zurück, **Abū Ḥanifa** (699–767). Sie ist vor allem in der nicht arabisch sprechenden muslimischen Welt verbreitet und vertritt die liberalste Position, nämlich die der freien Meinung und des Rationalismus, indem sie auf Qiyās, auf Analogien zurückgreift. Diese werden auch von den anderen islamischen Rechtsschulen anerkannt, die der Analogie aber nicht das Recht einräumen, daraus Regeln abzuleiten, die nicht ausdrücklich den direkten Quellen entnommen sind.

■ **Die schafiitische Rechtsschule** kommt aus der Lehre von Imam **al-Chāfi'ī** (767–820), der den Gebrauch der malikitischen und hanafitischen Regeln predigt, um daraus einen eigenen Weg abzuleiten, den schafiitischen. Er insistiert auf dem Konsensus der islamischen Rechtsgelehrten, *idschma*, der auf die Gefährten Mohammeds zurückgeht. Dabei erschafft er eine neue Rechtswissenschaft, die *fiqh* des sunnitischen Islam. Die Trennung der Sunniten von den nicht orthodoxen Sekten ist eindeutig.

Außer diesen orthodoxen Richtungen sind noch weitere Traditionen aus der Spaltung hervorgegangen, die durch die schwierige Nachfolge des Propheten entstand.

■ **Der Charidschitismus** entsteht aufgrund politischer Streitigkeiten nach dem Tod Mohammeds. Nach der Ermordung des dritten Kalifen Utman wollen die Befürworter des Schwiegersohns Mohammeds, **Alī**, diesen als Kalifen einsetzen. Alī hat aber eine Absprache mit seinem Rivalen Mu'āwiya getroffen. Einige seiner Freunde bleiben jedoch unversöhnlich, verlassen Alī und ziehen aus, um sich an den Grenzen zu Mesopotamien und Persien anzusiedeln. Die Charidschiten (von *ḫarağa*, hinausgehen) sind die Puritaner des Islam, die Luxus, Tabak, Weichheit und Kompromisse verurteilen. Sie predigen ein Kalifat, das nicht erblich ist, sondern gewählt wird. Damals sind sie in ganz Nordafrika und Persien erfolgreich. Heute sind sie auf eine Gegend um Maskat im Oman beschränkt. Eine zweite Sekte, die Ibaditen, die in Nordafrika bis zum Ende des 8. Jahrhunderts sehr mächtig ist, existiert noch heute in einigen Orten Algeriens und Tunesiens (Mzab, Djerba).

4

■ **Das Schiitentum**, die Schia, entsteht ebenfalls aufgrund von Streitigkeiten um die Nachfolge Mohammeds. Es sammelt die «Partisanen», die Anhänger der Familie des Propheten, also die Nachkommen Alīs, Gemahl der Fatima und einziger Schwiegersohn des Propheten, der ihm damit eine Nachfolge verschafft hat. Der Imam als religiöses Oberhaupt und Befehlshaber der Gläubigen muss ein Nachkomme Alīs sein und wird überdies Kalif. Doch unter den Schiiten herrscht keine Einigkeit und es entstehen zahlreiche Sekten. Eine jede verteidigt ihren Anspruch auf die wahre Nachkommenschaft. Hier die drei wichtigsten Schulen:

- **Die Imamiten** (oder Zwölferschiiten, die zwölf Imame) glauben an die Rückkehr des verborgenen Imams oder *mahdī*, des zwölften Nachkommens Alīs, dessen Name Mohammed ist, 873 geboren und auf geheimnisvolle Weise verschwunden. Die Zwölferschiiten erwarten die Rückkehr dieses verschwundenen Imams, von dem manche glauben, ihn bei diversen Gelegenheiten schon gesehen zu haben (in Ägypten, im Kampf gegen Napoleon, dann gegen die Engländer). Das imamitische Schiitentum ist die offizielle Religion im Iran und hat auch in Pakistan Anhänger.
- **Die Zaiditen** sind die Anhänger des fünften Imams (*zaid:* fünf). Ihre Tradition unterscheidet sich nur wenig von der Orthodoxie. Die wenigen Anhänger leben im Jemen.
- **Die Ismailiten** sind die Parteigänger des siebten Imams, Ismail. Sie beherrschen bis zur mongolischen Invasion Persien und Syrien. Heute leben sie verstreut in Indien (Bombay / Mumbai), Pakistan (Karachi) und in Ägypten, dazu kommen Gruppen in Nairobi und Bagdad. Ihr heutiger Imam hat sie in der Öffentlichkeit bekannt gemacht: Prinz Karim Aga Khan IV. (geb. 1936).

Der Sufismus

Das Wort «Sufi» ist vom arabischen *sufi* abgeleitet und bedeutet Mystik. Der Suf ist ursprünglich die Kleidung aus weißer Wolle, die seine Anhänger tragen. Sie glauben, dies wäre die Kleidung des Propheten oder auch Jesu gewesen. Der Sufismus entsteht um das 8. Jahrhundert im Irak und in Syrien. Er fordert den Verzicht auf die Welt. Der Sufismus ist die esoterische Tradition des Islam. Er wird zur Volksreligion. Die Sufisten praktizieren Körpertechniken, die zur Ekstase führen, wie etwa das Tanzen bei den Derwischen oder die Rezitation des Namens Gottes.

2. Die Umayyaden (661–750): Von Damaskus bis Cordoba

Als Mohammed 632 in Medina stirbt, hinterlässt er keinerlei Anweisung für seine Nachfolge. Somit stehen sich die Anhänger der Nachfolge innerhalb der Familie, die zukünftigen Schiiten, und diejenigen gegenüber, die eine einzig auf Verdienst gegründete Wahl um die Nachfolge wollen. **Abū Bakr** (632–634), Vater Aischas, der Lieblingsfrau des Propheten, wird als *Khalīfat rasūl-Allah* gewählt, als «Nachfolger und Gesandter Gottes» – daher der Titel Kalif. Die Eroberungen des Islam gehen schnell vonstatten, sie betreffen zunächst Persien und Mesopotamien. Der zweite Kalif ist **Omar** (634–644), der den Titel *Amīr al-Mūminīn* annimmt, «Emir der Gläubigen». Er macht Arabien zu einem theokratischen Staat. 636 wird eine byzantinische Armee in der Schlacht am Jarmuk besiegt. Omar erobert Palästina und Syrien (634–636), Persien (635–651) und Ägypten (639–644). Damaskus wird von **Khālid ibn al-Walīd** (584–642) im Jahre 635 eingenommen. Jerusalem wird 638 erobert. Die Byzantiner werden wiederholt geschlagen. **Uthman** (644–656), aus der quraischitischen Familie der Umayyaden, folgt auf Omar. Er verfolgt die weitere Ausbreitung des Islam und erreicht Armenien sowie Tripolis (Libanon).

Er bereichert seine Herrschaft mit einer in Ägypten stationierten Flotte. Dies ist der Beginn der arabischen Seemacht auf dem Mittelmeer. Die Flotte Uthmans nimmt Zypern ein, fügt der byzantinischen Flotte 655 eine Niederlage zu und übernimmt die Kontrolle über das östliche Mittelmeer. Uthman macht sich des Nepotismus schuldig, was die Gouverneure Iraks und

Ägyptens verärgert. 656 führt ein «Marsch auf Medina» zu seiner Ermordung. Nun endlich wird **'Alī ibn Abū Ṭālib** (656–661), der Schwiegersohn und Vetter Mohammeds, zum Kalifen bestimmt – 24 Jahre nachdem die Schiiten dies gewollt hatten. Doch andere Gruppen lehnen Alī ab und zetteln Aufstände an. Alī schlägt sie in der Kamelschlacht von Basra (656) und macht Kufa im Irak zu seiner Hauptstadt. Der Gouverneur von Syrien, **Mu'āwiya** (602–680), verweigert Alī die Anerkennung, weil dieser die Mörder Uthmans nicht bestraft habe. Ihre Armeen treten sich im Juli 657 in der Schlacht von Siffin gegenüber. Mu'āwiya entgeht dabei einer Niederlage, weil er den Koran an die Spitzen der Lanzen seiner Soldaten binden lässt. Das bringt die Unterstützer Alīs dazu, den Kampf einzustellen. Ein Schiedsspruch wird stattdessen abgehalten – zum Nachteil Alīs. Im Januar 661 wird er ermordet. Sein Sohn Hassan verkauft seine Rechte an Mu'āwiya, der die Dynastie der Umayyaden (661–750) begründet und damit das erste erbliche Kalifat in der islamischen Welt.

Die Umayyaden von Damaskus

Mu'āwiya (reg. 661–680) wählt Damaskus zu seiner Hauptstadt. Er muss die Autorität des Kalifats wiederherstellen und die Verwaltung reorganisieren, gleichzeitig den Krieg gegen Byzanz wieder aufnehmen und das muslimische Gebiet, das *Dār al-Islām*, durch Eroberungen erweitern. Die Anfänge der Umayyaden-Kultur knüpfen an die Spätantike an. Die Mitglieder der Verwaltung werden beibehalten, Griechisch und Persisch sind die Verwaltungssprachen, ehe Kalif **'Abd al-Malik** (685–705) das Arabische einführt. Die Funktionäre vor Ort bleiben auch nach der Eroberung im Amt, vor allem die griechischsprachigen Kopten. **Johannes von Damaskus** oder **Ioannes Damascenus** (um 676–749), ein wichtiger byzantinischer Theologe, wird zum Schatzmeister der Umayyaden. Eine Belagerung von Byzanz schlägt 667 fehl, doch Nordafrika wird erobert und Kairouan gegründet. Die drei direkten Nachfolger von Mu'āwiya herrschen nur kurz, zwei von ihnen sterben an der Pest. Ein Großcousin von Mu'āwiya wird zum Kalifen **'Abd al-Malik**. Er übt die absolute Macht aus und weitet die Eroberungen aus. 696 wird die Stadt Karthago eingenommen. Der Sohn von 'Abd al-Malik, **al-Walīd** (705–715), erobert Transoxanien (heute großenteils Usbekistan) und den Sindh (Nordindien). Im Jahre 711 wird die Meerenge, die bei dieser Gelegenheit zu «Gibraltar» wird, befreit. Im Juli 711 wird der westgotische König **Roderich**/

Rodrigo (709–711) geschlagen. 714 ist die gesamte Iberische Halbinsel bis auf kleine christliche Königreiche ganz im Norden erobert.

Omar ibn al-Azīz (717–720) setzt bedeutende Reformen durch: Der Grundbesitz der Muslime wird Gemeineigentum. Die neu Konvertierten erhalten in steuerlicher Hinsicht die gleichen Privilegien wie andere. **Yazīd II.** (720–724) führt die Grundsteuer wieder ein und lässt in Ägypten ein Katasteramt einrichten. **Hichām** (724–743) sieht sich mit permanenten Unruhen konfrontiert, insbesondere mit den Revolten der Berber in Nordafrika. Zur politischen Krise kommt eine finanzielle. 750 schließlich stürzen die Abbassiden, Nachkommen von Mohammeds Onkel Abbas, die Umayyaden, die sie der Gottlosigkeit bezichtigen. Die Familie der Umayyaden wird ermordet. Nur ein Mitglied entkommt und flieht nach Spanien, wo er das umayyadische Kalifat von Spanien gründet (756–1031).

Die Umayyaden in Spanien

Nachdem die Abbassiden in der Region die Macht verloren haben, dauert es mehr als ein halbes Jahrhundert, bis das Emirat von Cordoba entsteht. Dieses erlebt seinen Höhepunkt unter der Herrschaft von **'Abd ar-Raḥman III.** (912–961), der 929 den Titel eines Kalifen annimmt. Das Kalifat Cordoba, das reich an Künsten und ein strahlendes intellektuelles Zentrum ist, verschwindet im Bürgerkrieg am Ende des 9. und zu Beginn des 10. Jahrhunderts. 1013 wird das Kalifat aufgehoben, die örtlichen Prinzen teilen sich das Gebiet und begründen mehrere kleine Königreiche, die nach 1086 von den Almoraviden übernommen werden.

Die muslimische Kunst: Ohne das Bild des Menschen?

Unter der Dynastie der Umayyaden werden die wichtigsten Regeln der muslimischen Ästhetik formuliert, ebenso wie die charakteristischen Prinzipien der Baukunst. Sie sind von einheimischen, byzantinischen und sassanidischen künstlerischen Traditionen inspiriert. Doch vor allem die Art und Weise, wie diese Elemente eingesetzt werden, ist neu. Die Knappheit schriftlicher Quellen, um nicht zu sagen: Ihre Quasi-Abwesenheit zu jener Zeit macht ihre Baukunst zur primären Quelle unserer Kenntnisse. Architektur erlaubt es, die Zeit der Umayyaden gleich mehrfach zu entdecken. Ein neuer

Aspekt besteht darin, dass ihre Monumente in den eroberten Gebieten sich erstmals besonders auf den Islam beziehen.

Die muslimische Architektur

Die Baukunst entwickelt sich hauptsächlich im städtischen Umfeld, da die Stadt das religiöse, politische und Verwaltungszentrum ist. Die Zeit der Umayyaden bringt viele Monumente und vor allem Moscheen und Paläste hervor. Die Städte, die sich nach und nach entwickeln, sind im Wesentlichen «Städte der Eroberung», *amṣār*, neue Städte (Shiraz) oder alte, umgebaute Städte (Damaskus, Aleppo und Jerusalem). Die muslimische Kunst erlebt in jedem eroberten Land ihre besondere Entwicklung, doch man kann sie gleichwohl durch einige gemeinsame charakteristische Züge bestimmen. Den Moscheenbau zeichnet beispielsweise aus: die Kuppel als Himmelssymbol; der *iwan*, das Kennzeichen einer königlichen Wohnstatt; der mit Arkaden gesäumte Hof vor der Moschee; der *mihrab*, die Gebetsnische, welche die Richtung des Gebets vorgibt; der *minbar*, die Kanzel, von der das Gebet durch den Imam geleitet wird; und schließlich das Minarett, von wo aus der Muezzin zum Gebet ruft. Das älteste Werk der Baukunst, das wir noch heute bewundern können, ist der Felsendom (691) in Jerusalem, der die Funktion des klassischen Martyrions (eines Bauwerks, das eng mit einem Märtyrer verbunden ist) hat und, wie die Legende sagt, an der Stelle des Tempels Salomonis errichtet wird.

Die heiligsten Orte des Islam: Felsendom und Kaaba

Der **Felsendom** ist eines der symbolträchtigsten Bauwerke Jerusalems. Er wurde so gebaut, dass man ihn von weitem sehen kann, dennoch besteht er aus einfachen geometrischen Baukörpern. Gleichgültig, aus welchem Winkel man ihn betrachtet: Immer zeigt er das gleiche Profil. Die sichtbare Präsenz dieses Gebäudes ist auch seiner Aufstellung geschuldet. Er erstreckt sich über eine große Fläche, freistehend auf einem der Hügel der Stadt, dem Berg Moriah/Tempelberg. Der Vorplatz trägt den Namen al-haram asch-scharif, «das edle Heiligtum». Dies war in der Tat der Ort des Tempels von Jerusalem, erbaut von **Herodes** in den Jahren 17–15 v. Chr. und von den Römern unter Titus im Jahre 70 n. Chr. zerstört. Es handelt sich beim Felsendom um einen ringförmigen Bau. Ein großer, unregelmäßiger, eineinhalb Meter aus dem Boden herausragender Felsen ist von einer neueren hölzernen Einfriedung nach dem Modell einer Einfriedung des 12. Jahr-

hunderts umgeben. Eine kreisförmige Bogenstellung um den Felsen mit einem Durchmesser von 20,44 Metern wird von vier Pfeilern und zwölf Porphyrsäulen getragen und ist ihrerseits von einem doppelten Umgang umgeben, einem inneren und einem äußeren, getrennt durch eine achteckige Arkade, die von acht Fünfeckpfeilen und 16 zylindrischen Säulen getragen wird. Der äußere Umriss des Gebäudes wird von einer schmalen Mauer aus achteckigen Steinen bestimmt. Vier Eingänge sind an den vier Himmelsrichtungen eingefügt.

Die **Kaaba**, was «Kubus» bedeutet, ist ursprünglich ein einfaches Heiligtum, an dem die Beduinen ihre Idole aufstellen. Fast ein perfekter Würfel, misst die Kaaba 11 auf 13 Meter bei einer Höhe von 13 Metern. Der Bau wird geweiht, als Mohammed Mekka im Jahre 630 erobert. Trotz zahlreicher Rekonstruktionen ist das heutige Erscheinungsbild der Kaaba immer noch das des 7. Jahrhunderts. Die Ecken sind nach den vier Himmelsrichtungen ausgerichtet. Die Ostecke, der wichtigste Punkt, birgt den Schwarzen Stein, einen heiligen, vorislamischen Stein. Eine einzige Tür an der Nordostseite, zwei Meter über dem Boden, ermöglicht über bewegliche Holztreppen den Zugang, um die Reinigungszeremonie im Inneren des Monuments durchführen zu können. Die Kaaba verkörpert die Idee des Hauses Gottes.

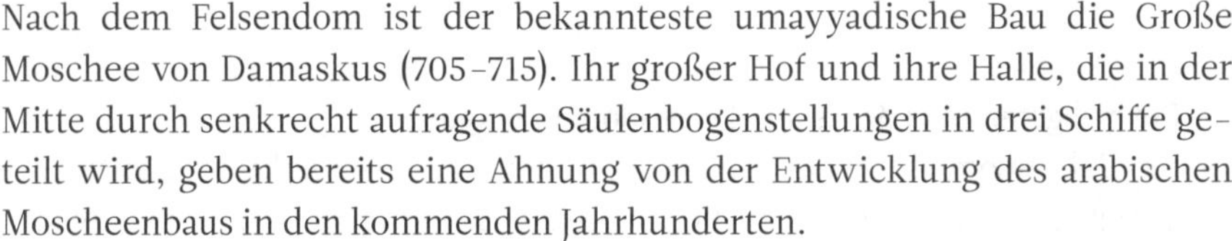

Nach dem Felsendom ist der bekannteste umayyadische Bau die Große Moschee von Damaskus (705–715). Ihr großer Hof und ihre Halle, die in der Mitte durch senkrecht aufragende Säulenbogenstellungen in drei Schiffe geteilt wird, geben bereits eine Ahnung von der Entwicklung des arabischen Moscheenbaus in den kommenden Jahrhunderten.

Cordoba, rot und blau gekleidet

Gezwungen, Damaskus zu verlassen, wo seine Familie aus politischen Gründen ermordet wird, zieht der umayyadische Prinz **ʻAbd ar-Raḥmān** (731–788) an der Spitze seiner Truppen im Jahre 755 nach Spanien. Schnell verdrängt er den vom Kalifen von Bagdad eingesetzten Gouverneur und erreicht Cordoba im Jahre 756. Dort lässt er sich zum Emir der spanischen Muslime ausrufen und macht Cordoba zur Hauptstadt seines neuen Staats. Die Stadt wird ein politisches und künstlerisches Zentrum. Sie besitzt eine Bibliothek mit einem Bestand von mehr als 400 000 Bänden. Architektonisches Juwel ist die Große

Moschee. 786 begonnen, wird sie im Laufe des 9. und 10. Jahrhunderts mehrfach vergrößert, bis zu ihrem letzten Umbau 988. Ihre innere Aufteilung macht sie zu einem wahren Säulenwald, mit Schäften aus dunklem Stein, die von hufeisenförmigen Bögen gekrönt sind, bei denen sich rote Steine und weißer Kalk abwechseln, auf mehr als 10 000 Quadratmetern Raum. Zur Zeit der Umayyaden wird Stein oft mit anderen Materialien verbunden. In Spanien zieht man eine Kombination aus Stein und Lehm vor. Um die Mitte des 10. Jahrhunderts wird nahe Cordoba der Palast von Madīnat az-Zahrā erbaut. Er umfasst eine Moschee, Gärten, Weinberge und Haremsgebäude und ist von einer Mauer umgeben. Man hat dort außerdem eindrucksvolle Bronzeskulpturen als Wasserspeier für Springbrunnen entdeckt: Das Wasser rinnt aus den Mündern von Tierfiguren, die streng geometrisch gestaltet sind.

Kalligraphie und Pflanzen: Die Kunst der Verzierung

An Dekoration bietet die Kunst der Umayyaden alles, was damals an künstlerischen Verfahren verfügbar war: Wandmalerei, Mosaik sowie Arbeiten aus Stein oder Stuck. Für gewöhnlich werden große Wandflächen sehr reich mit Dekor verziert, wobei große Sorgfalt im Detail an den Tag gelegt wird. Das Dekor besteht lediglich aus Ornamenten mit unendlich vielen Kombinationen an geometrischen oder pflanzlichen Formen. Auch wenn das figurative Bild dabei nicht gänzlich ausgeschlossen ist, wird gleichwohl die Vorstellung eines anthropomorphen Gottes zurückgewiesen. Auch Kalligraphie wird eingesetzt, indem Koranverse auf Spruchbändern in Innen- wie in Außenbereichen angebracht werden. Der Palast sowie die gesamte Stadtanlage bezeugen die Stärke der Kalifen und ihre Berufung, die Welt im Geiste der großen vergangenen Reiche zu beherrschen. Die Themen des Dekors betonen somit die Überlegenheit der neuen Macht.

Eine Welt ohne das Bild des Menschen?

Dass die islamische Welt wegen des koranischen Verbots anikonisch, also ohne figürliche Darstellungen sei, stimmt so nicht ganz. Es gibt einige wenige Anspielungen auf die Kunst im Koran: Mit «Erlaubnis Allahs» werden von den Dschinnen ein paar Kunstwerke für Salomo gefertigt. Aber noch mehr als die bildlichen Darstellungen sind es vor allem deren Schöpfer, die Mohammed tadelt, denn nur Gott, der Schöpfer, kann Leben einhauchen. Bilder fehlen fast vollständig in der religiösen Architektur. Das gilt nicht für weltliche Architektur oder Kunstwerke, welche die Person des Fürsten in der Ausübung seiner Autorität zeigen, beispielsweise bei Bankettszenen oder auf der Jagd. Seit dem Ende des 9. Jahrhunderts verbreitet sich das dekorative Ornament, nachdem es unterschiedlichsten Einflüssen ausgesetzt war, in allen Bereichen und unterscheidet sich je nach Ort und Zeit. Bis zum 15. Jahrhundert bleibt die Darstellung des Herrscherantlitzes idealisiert, um danach unter europäischem Einfluss zum wirklichen Porträt zu werden. Die Illustration literarischer Werke räumt der figürlichen Darstellung gleichfalls breiten Raum ein. Es werden Fabeln, historische Werke, Liebesromane und kosmographische Werke ausgeschmückt.

Die mozarabische Kunst

Spanien bildet die Westgrenze der Eroberung, die im Jahre 711 die Sarazenen die Meerenge von Gibraltar überqueren lässt, um kurz darauf von Karl Martell im Jahre 732 in der Schlacht von Poitiers aufgehalten zu werden. Die Iberische Halbinsel bleibt bis zum 15. Jahrhundert vollständig oder teilweise muslimisch. Durch den Kontakt von christlicher und muslimischer Kunst entsteht die mozarabische Kunst. Als Mozaraben bezeichnet man die spanischen Christen, die in den von den Mauren eroberten Gebieten bleiben und dort inmitten der Muslime an ihrer Sprache, ihrem Glauben und ihren Traditionen festhalten. Die Kirchen, die sie in den Provinzen Kastilien und Leon bauen, haben einen basilikalen Grundriss mit Hufeisenbögen, was ihnen einen islamischen Anstrich verleiht. Doch im 10. Jahrhundert müssen die Mönche von Cordoba fliehen und sich in die nördlichen Königreiche zurückziehen. Dort bauen sie Kirchen neuen Stils: hoch aufragend, weiß, zuweilen mit zwei Säulenreihen mit Hufeisenbögen, auf denen das Holzdach über den drei Schiffen aufliegt. Der Skulpturenschmuck ist oft auf die – korinthischen – Kapitelle begrenzt. Als sich später die Reconquista durchsetzt, bleiben Muslime in den befreiten Gebieten und schaffen einen Mischstil, der für kirchliche Gebäude benutzt wird und als Mudéjar-Stil bekannt ist. Die mozarabischen und mudejaren Stile entwickeln sich im Abstand von drei Jahrhunderten. Der kulturelle Austausch führt auch zu Änderungen in der Sprache – das Kastillanische wird um Arabismen bereichert – sowie in den Institutionen und den Techniken der einzelnen Handwerke.

Die Mudéjar-Kunst, die rote Alhambra

Auf den mozarabischen Stil folgt die Mudéjar-Kunst mit Sevilla, Toledo und Saragossa als wichtigsten Zentren. Wichtigste Zeugnisse dieser Kunst sind die San-Fernando-Kapelle in Cordoba, das San-Estéban-Tor in Burgos und der königliche Alcázar (15. Jahrhundert) in Segovia. Nach dem Bau des Alcázars von Sevilla durch die Umayyaden wird dieser mehrfach umgebaut, vor allem ab 1350 unter der Herrschaft **Peters des Grausamen** (1350–1369). Die Alhambra in Granada wird ab dem 13. Jahrhundert von **Muhammad al-Ahmar** (1203–1273) erbaut, dem Gründer der Nasriden-Dynastie. Der Name Alhambra, der «rot» bedeutet, wird dem Gebäudekomplex wegen der roten Steine der Außenmauern verliehen, die man schon von weitem sieht. Die Alhambra liegt innerhalb einer großen Mauer, was sie wie eine Festung aussehen lässt. Die innere Anlage ist vollkommen gegensätzlich und das wichtigste Gebäude, der Palast, soll das Auge betören. Der Grundriss besteh aus drei Einheiten, um welche die Gebäude angelegt sind: der Ort, an dem der Sultan Recht spricht, der *Mexuar*, der Ort für die Empfänge, wo sich auch der Thronsaal befindet, der *dīwān*, sowie die Privatgemächer des Herrschers, der *Harem*. Die gesamte Ausstattung ist mehrfarbig: mit Azulejos, bunten Steingutfliesen, Intarsienarbeiten und Gips-Reliefs als den wichtigsten Elementen. Das alltägliche Leben spielt sich zwischen dem Hof mit dem Wasserbecken, dem sogenannten Myrtenhof als Zentrum des *dīwāns*, und dem Löwenhof ab. Letzterer ist rechteckig und birgt in seinem Zentrum zwölf weiße Löwen – eine seltene Tierdarstellung in der muslimischen Kunst –, die ein Alabasterbecken tragen, in welchem eine Fontäne sprudelt.

Das Ende der Welt in Bildern: Die mozarabischen Miniaturen

Die mozarabischen Miniaturen in den Büchern aus der Zeit zwischen dem 9. und 10. Jahrhundert gehören zu den originellsten Schöpfungen der spanischen Kunst jener Zeit. Ihre Themen und ikonographischen Typen werden von romanischen Malern übernommen. Zu den bedeutendsten Werken gehören die Illustrationen zum *Kommentar zur Apokalypse*, dessen Redaktion gewöhnlich einem Mönch des 8. Jahrhunderts zugeschrieben wird, der im asturischen Kloster Liébana lebte: **Beatus** (?–nach 798). Heute sind noch 26 Blätter erhalten, von denen besonders diejenigen zum *Kommentar* Illustrationen aufweisen, deren Ursprung sicher im ersten Exemplar von Beatus zu suchen ist.

Die arabisch-andalusische Musik: Wiederbelebung der Nūba

Das entscheidende Ereignis, das die arabisch-andalusische Musik entstehen lässt, ist die Ankunft der Umayyaden in Andalusien. Der erste große Musiker, von dem man weiß, ist Ziryāb (789–857). Im Jahre 821 vom Hof des Hārūn ar-Raschīd verjagt, findet er eine Zeitlang Schutz bei den Aghlabiden von Kairouan und lässt sich dann in Cordoba nieder. Dort gründet er eine erste Schule, die vor allem im Gesang Neuerungen bringt, denn Ziryāb modifiziert die Tradition der Nūba, eine Komposition, die auf fünf rhythmischen Phrasen besteht, genannt *mīzān*, und lebhafte Gesänge einschließt. Er perfektioniert zudem die Laute, um sie leichter spielbar zu machen. **Ibn Bājjā** (1070–1138) kombiniert orientalische mit christlichen Einflüssen. Als aufgeklärter Theologe hinterlässt er zahlreiche Werke, darunter den *Tadbir al-mutawahhid – Die Leitung des Einsamen*. Die arabisch-andalusische Musik übersteht den Niedergang Cordobas 1492, kehrt nach der Vertreibung der Mauren 1609 in den Maghreb zurück, wo sie bis heute existiert.

3. Die Abbassiden (750–1258): Kalifen aus 1001 Nacht

Nach der eher kurzen Herrschaft von **as-Saffāh** (749–754) wird **al-Mansūr** (754–775) zum eigentlichen Begründer der abbassidischen Dynastie (750–1258). Als seine Hauptstadt wählt er die Stadt aus, die er am Ostufer des Tigris im heutigen Irak bauen lässt, Bagdad, deren erste Gestalt 762 vollendet ist. Während seiner Herrschaft unterdrückt er mehrere Aufstände: in Syrien (754), in Persien (755) und in Nordafrika (762). Seine Nachfolger müssen in Persien und im Irak gegen muslimische Sekten kämpfen. Während der Herrschaft des berühmtesten Abbassiden, **Hārūn ar-Raschīd** (786–809), der auch in *1001 Nacht* mehrfach erscheint, zeigt das muslimische Reich die ersten Anzeichen seines kommenden Untergangs. Ab 750 verlieren die Abbassiden die Kontrolle über Spanien und Nordafrika und im Westen die über Tunesien. Im Jahre 800 muss Hārūn ar-Raschīd die Aghlabiden (800–909) als tributpflichtige Vasallen anerkennen, in Wahrheit aber sind diese unabhängige Herrscher. Er erobert Sizilien, ehe er selbst 909 von den Fatimiden unterworfen wird. Die Rustamiden (777–909) werden von Berberstämmen unterstützt und beherrschen einen Teil des zentralen Maghreb um die Hauptstadt Tahert.

Auch sie werden 909 von den Fatimiden beseitigt. Doch diese Fehlschläge ändern nichts daran, dass man die Herrschaft von Hārūn ar-Raschīd mit Recht als ein Goldenes Zeitalter bezeichnen kann.

Er reformiert die Grundsteuer und setzt eine Agrarreform durch, die die Schaffung großer privater oder staatlicher Besitzungen begünstigt. Nach seinem Tod streiten sich seine beiden Söhne **al-Amin** (809–813) und **al-Ma'mūn** (813–833) um den Thron, was einen Bürgerkrieg entfacht. Die Schwächung der zentralen Macht setzt sich fort. Immer häufiger kommt es zu Aufständen in Persien und Ägypten. Während des gesamten 9. Jahrhunderts machen sich örtliche Machthaber unabhängig. 868 weigert sich der Gouverneur von Ägypten, **Ahamad ibn Tūlūn** (835–884), seinen Posten zu verlassen, und erobert Syrien. Er gründet die Dynastie der Tuluniden (868–905), die bis zur Rückkehr Ägyptens und Syriens in das abbassidische Reich im Jahr 905 unabhängig bleibt. Die **Ikschididen** (935–969) folgen ihnen in die Unabhängigkeit, so wie anschließend die **Hamdaniden** (905–1004) in Syrien und Mesopotamien, die **Saffariden** (861–1003) in Persien und die **Samaniden** (874–999) in Ostpersien. Infolgedessen ist der Kalif bis auf wenige Ausnahmen nur noch dem Namen nach Herrscher. Sein Verweilen auf dem Thron dient lediglich den örtlichen Dynastien – was allerdings nicht auf die Mongolen zutrifft, die Bagdad 1258 einnehmen und den letzten Abbassidenherrscher töten.

Die Kunst der Abbassiden: Friese und Bänder

Unter den Abbassiden erleben die Künste eine Erneuerung, die der Verlegung des Kalifat-Zentrums von Syrien in den Irak geschuldet ist. Zwei Städte werden immer bedeutender: Bagdad und Samarra. Die Übertragung des politischen Gewichts auf diese beiden neuen Zentren wird begleitet vom Einfluss der Kunst aus den Steppen Zentralasiens, wobei eine Tendenz zur abstrakten Stilisierung von Personen und Dekor zu verzeichnen ist. Sassanidische Architekturelemente werden übernommen, wie etwa der *iwān*, die gewölbte Vorhalle, die auf eine Seite des Hofes hin geöffnet ist, oder die «Stalaktiten» in den Gewölben. Die Inschriften werden ebenfalls geändert und erstmalig in Form von Schmuckbändern angebracht. Das Repertoire des Dekors wird durch Friese mit Tieren und Jagdszenen komplettiert. Die künstlerische Produktion unter den Abbassiden hält bis zur friedlichen Ankunft der Seldschuken, eines türkischen Stamms, 1055 in Bagdad an. Ab dann wird die Kunst seldschukisch und entwickelt einen anderen Stil.

Die abbassidische Literatur, die Hymne auf den Wein von ʻOmar Chayyām

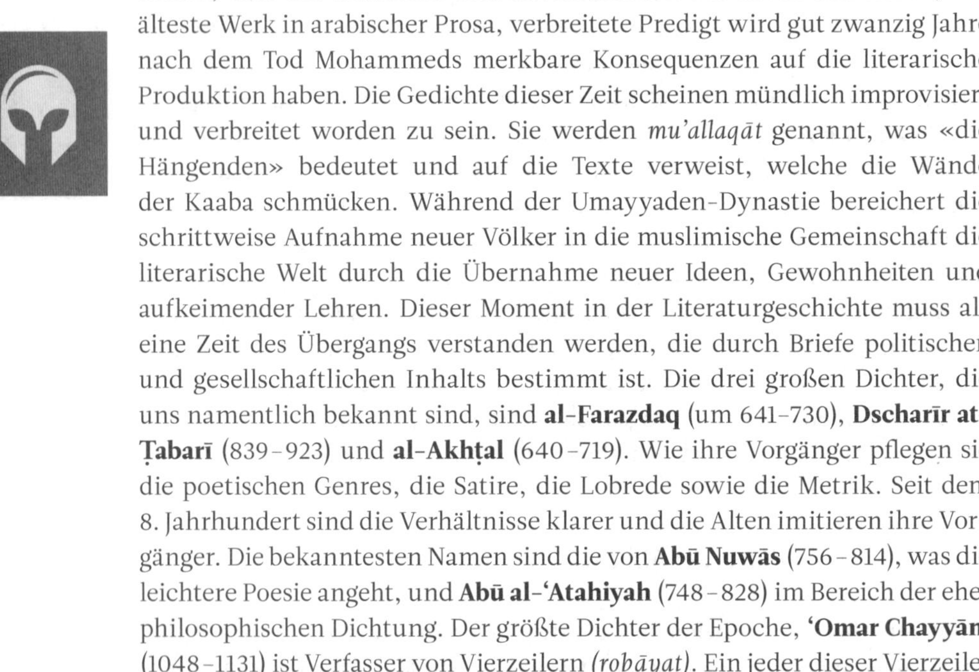

Die vorislamischen poetischen Texte sind eine bedeutende Quelle für das Studium der Sprache und Literatur des 6. Jahrhunderts. Es hat den Anschein, dass das Arabische sich davon ableitet. Die durch den Koran, das älteste Werk in arabischer Prosa, verbreitete Predigt wird gut zwanzig Jahre nach dem Tod Mohammeds merkbare Konsequenzen auf die literarische Produktion haben. Die Gedichte dieser Zeit scheinen mündlich improvisiert und verbreitet worden zu sein. Sie werden *mu'allaqāt* genannt, was «die Hängenden» bedeutet und auf die Texte verweist, welche die Wände der Kaaba schmücken. Während der Umayyaden-Dynastie bereichert die schrittweise Aufnahme neuer Völker in die muslimische Gemeinschaft die literarische Welt durch die Übernahme neuer Ideen, Gewohnheiten und aufkeimender Lehren. Dieser Moment in der Literaturgeschichte muss als eine Zeit des Übergangs verstanden werden, die durch Briefe politischen und gesellschaftlichen Inhalts bestimmt ist. Die drei großen Dichter, die uns namentlich bekannt sind, sind **al-Farazdaq** (um 641–730), **Dscharīr at-Ṭabarī** (839–923) und **al-Akhṭal** (640–719). Wie ihre Vorgänger pflegen sie die poetischen Genres, die Satire, die Lobrede sowie die Metrik. Seit dem 8. Jahrhundert sind die Verhältnisse klarer und die Alten imitieren ihre Vorgänger. Die bekanntesten Namen sind die von **Abū Nuwās** (756–814), was die leichtere Poesie angeht, und **Abū al-ʻAtahiyah** (748–828) im Bereich der eher philosophischen Dichtung. Der größte Dichter der Epoche, **ʻOmar Chayyām** (1048–1131) ist Verfasser von Vierzeilern *(robāyat)*. Ein jeder dieser Vierzeiler des persischen Dichters ist in der Tat ein kleines Gedicht für sich. Sie fassen die Unbeständigkeit des Lebens in Worte, dessen Unsicherheit und die Beziehung des Menschen zu Gott. Der Autor bezweifelt die Existenz der göttlichen Vorsehung, er spürt zutiefst die Anfälligkeit des Menschen und des Unwissens. Seine Zeitgenossen schenken seinen Versen keine Aufmerksamkeit und erst zwei Jahrhunderte nach seinem Tod erscheinen sie unter seinem Namen.

Die dichterische Prosa lässt bald den Briefstil entstehen, den *Maqāmā*, eine Mischung aus Anekdoten, Erzählungen und poetischen Stücken. Werke aller Art entstehen: philologische, mit ihrem ersten Grammatiker **Abū al-Aswad al-Du'alī** (603–688), und historische. Leztere Disziplin erfährt einen beträchtlichen Aufschwung. So legt **al-Balādhurī** (9. Jahrhundert) um 892 die erste *Geschichte der arabischen* Welt mit dem Titel *Genealogie der Adligen* vor. Die universelle Geschichte erhält dann ihren Adelsbrief mit **at-Ṭabarī** (839–923) und den *Annalen – Geschichte der Propheten, Könige und Kalifen*. Derartige Werke legen eine große Unabhängigkeit hinsichtlich äußerer Einflüsse an den Tag, während Literatur und Philologie sich persischen, hellenistischen und hinduistischen Einflüssen öffnen. Die Philosophie *(falsafa)* entwickelt sich gleichfalls dank griechischer Übersetzungen und lässt einige ungewöhnliche Geister entstehen, z. B. **al-Kindī** (801–873), dessen Schaffen so vielfältig ist wie die Kultur und zudem durch lateinische Übersetzungen aus dem 12. Jahrhundert bekannt wird. Das Genre der Erzählungen ist heute noch sehr gegenwärtig. Die *Erzählungen aus 1001 Nacht* beziehen ihre Stoffe aus Indien und Persien. *Sindbad der Seefahrer* erhält seine definitive Gestalt erst im 15. Jahrhundert.

Die mathematischen Wissenschaften erfahren durch griechischen und indischen Einfluss eine bedeutende Breite, und man findet in den Texten zum ersten Mal das Wort Algebra, *al-jabr*, «die Vereinigung (der Stücke)».

4. Die Idrisiden (789–926)

Die Idrisiden verdanken ihren Namen dem Gründer der Dynastie, Idris I. (8. Jahrhundert). Als Schiiten bestreiten sie die Macht des abbassidischen Kalifen von Bagdad, der ein Sunnit war. Aus Stämmen hervorgegangen, stützen die idrisidischen Herrscher ihre Kontrolle eines Teils von Marokko auf ein Netz von Städten wie Tlemcen und Kairouan und gründen zudem Fes. **Idris II.** (793–828) folgt bereits als Jugendlicher auf seinen Vater, stützt sich im Kampf gegen die Berber auf die Araber und vergrößert sein Königreich. Seine Nachfolger nehmen den Titel eines Emirs an. Höhepunkt des Reichs der Idrisiden ist die zweite Hälfte des 9. Jahrhunderts: Die Kultur mit Fes als Hauptstadt erstrahlt in ihrem Glanz. Im 9. Jahrhundert führen mehrere Unruhen sowie Rivalitäten mit den Aghlabiden und den Fatimiden zum Untergang des Reichs. Nach 950 handelt es sich vor allem um Auseinandersetzungen mit den Umayyaden von Cordoba. Der letzte Emir der Idrisiden, **al-Ḥasan ben Kannūn** (954–985), wird nach 974 ins Exil gezwungen und 985 ermordet. Danach kontrollieren die Umayyaden aus Cordoba das Emirat, verzichten aber auf einen in ihrem Namen regierenden Herrscher. Sie setzen sich in Marokko durch, werden aber zwischen den spanischen Umayyaden und den Fatimiden zerrieben. Nach 926 und nach dem Verlust von Fes verlieren sie einen Großteil ihres Territoriums. Dennoch können sie sich in einigen Städten des Nordens bis 974 halten.

Die Stadt im Zentrum der Idrisiden-Kunst

Während der idrisidischen Zeit erlebt die Urbanisierung des Maghreb eine bedeutende Entwicklung. Ab dem 9. Jahrhundert werden Basra und Asilah zu Zentren der Münzprägung. Doch die Ausdehnung des Reichs provoziert einen Konflikt mit den Umayyaden und Fatimiden und die Urbanisierung lässt im Lauf des 10. Jahrhunderts nach. In Fes finden sich bedeutende Monumente: die Andalusische Moschee und die Qarawiyīn-Moschee. Erstere wird 859 von einer reichen Erbin gegründet, Maryam al-Fihriya, deren Schwester die zweite Moschee gründet. Im Laufe der Jahrhunderte verändert sich die Architektur der Moscheen. Sie wird im 11. Jahrhundert ein wichtiges Zentrum für Universität und Lehre.

Bagdad ist wie viele alte persische Städte auf einem kreisförmigen Grundriss errichtet. Die Straßen sind wie die Speichen eines Rades angeordnet. Eine doppelte Wallanlage schützt die Stadt mit 28 Türmen und Toren, die einander gegenüberstehen und ständig jeweils von 1000 Mann bewacht werden. Im Zentrum befinden sich der Kalifen-Palast, die al-Manṣūr-Moschee und Wohnhäuser für die Wachen. Der Dekor unter den Idrisiden erfährt eine radikale Änderung. Nunmehr ist er in Stuck ausgeführt, der auf die Ziegelsteinmauern aufgebracht wird, deren unteren Teil er bedeckt. Darüber finden sich Malereien. Auch die Keramik hat ihre technischen Neuerungen: Durch das Aufbringen von Metalloxyd auf die bereits gebrannte Glasur wird diese glänzend, danach wird sie ein zweites Mal gebrannt. Gold, Rubinrot, Purpurrot, Gelb, Braun und Grün sind die wichtigsten Farben.

5. Die Aghlabiden (800–909)

Die Aghlabiden beherrschen für mehr als ein Jahrhundert Ifrīqiya, das zwischen den heutigen Staaten Marokko und Libyen liegt. Sie verdanken ihren Aufstieg der durch die abbassidischen Kalifen bewirkten Ausdehnung des Islams. Bagdad, das Herz des Kalifats, gerät in immer größere Entfernung zu den kürzlich eroberten Gebieten. Einigen Offiziersdynastien, darunter den Aghlabiden, wird im Namen des Kalifen, den sie repräsentieren, daher die örtliche Autorität anvertraut. In dieser Zeit der Expansion zur ersten Hälfte des 9. Jahrhunderts erobern die Aghlabiden Sizilien von den Byzantinern und lassen sich auf Malta nieder. Doch sie können nur schlecht zwei Bevölkerungen verwalten, die ursprünglich Berber und arabische Eroberer waren. Das Emirat erstreckt sich von Marokko bis nach West-Libyen. Nach einem kurzen Höhepunkt um 850 werden die Aghlabiden von der fatimidischen Macht verdrängt.

Die Kunst der Aghlabiden: Moscheen und Kodizes

Wahre Juwelen der muslimischen Kunst sind von diesen großen Baumeistern, den Aghlabiden, hinterlassen worden. Ihnen sind mehrere große Bauwerke zu verdanken: die Befestigung von Sousse, die eine Fläche von 32 Hektar einnimmt, und die **Kasbah**, die 851 errichtet wurde und einen 77 Meter hohen Turm besitzt. Im 12. und 13. Jahrhundert wird die Kasbah mehrmals vergrößert. Die Befestigungsanlagen von Sousse geben einen Eindruck von der Verteidigungsarchitektur Ifrīqiyas im Mittelalter. Die Große Moschee von Kairouan, 150 Kilometer von Tunis entfernt, ist ein Meisterwerk der islamischen Kunst. Im Jahre 836 von **Ziyādat Allāhl** (817–838) erweitert, war sie ursprünglich im 7. Jahrhundert ein einfaches Oratorium. Die Moschee wirkt wie eine Festung. Sie hat acht Tore, dazu Türme und Bastionen. Die architektonische Neuheit dieser Zeit besteht im T-förmigen Zusammentreffen einer größeren Säulenstellung mit dem großen, in der Hauptachse angelegten Schiff, welches durch die doppelte Säulenstellung hervorgehoben ist. Eine Kuppel erhebt sich über dem Quadrat als Schnittpunkt dieser beiden Architekturelemente. Ein solcher Grundriss mit einem T-förmigen Schnittpunkt findet sich sogar noch bei zahlreichen Moscheen aus der osmanischen Zeit und ist im Maghreb, in Sizilien und im fatimidischen Ägypten zu sehen.

Im 9. Jahrhundert wird auch von 864 bis 865 die große Moschee in Tunis erbaut, die **Zitouna-Moschee**. Eine Sammlung seltener Manuskripte, die hauptsächlich vom muslimischen Recht handeln, ist dort in einem Privatraum gefunden worden. Es ist der älteste dokumentarische Fundus der malakitischen Literatur und entstammt demnach einer der vier sunnitischen Rechtsschulen des 9. Jahrhunderts.

6. Die Fatimiden in Ägypten

Die Bezeichnung «Fatimide» erinnert an die Himmelfahrt Fatimas, der Tochter des Propheten und Gemahlin Alīs. Die Fatimiden gehören einem Zweig der Schiiten an, den Ismailiten. Im Unterschied zur Vorstellung der Sunniten beruht bei ihnen die Macht des Kalifen auf der Vorstellung der Fehlerlosigkeit des Imam. Die Entscheidung über dessen Nachfolge obliegt einzig dem Kalifen und nur der Wesir ist darüber im Bilde. Die Fatimiden gehören einer Dynastie an, die ursprünglich Berber waren. Diese Dynastie regiert von 909 bis 1048 in Ifrīqiya. Ihre tatsächliche Macht ist aber zwischen 969 und 1171 auf Ägypten begrenzt, weil sie nicht in der Lage sind, Aufstände im Westteil ihres Königreiches zu verhindern. Der Ursprung ihres Kampfes um die Macht liegt in ihrem Willen begründet, die ismailitische Schia gegen die Allmacht der Sunna der Kalifen von Bagdad zu behaupten. Die Fatimiden profitieren von der Schwäche der Abbassiden und gründen ihre Dynastie mit **'Ubayd Allāh al-Mahdi** (873–934), der sich selbst 909 zum Kalifen ausruft. Nach 969 auf Ägypten beschränkt, das sie eben erobert haben, gründen die Fatimiden dort ihre neue Hauptstadt **al-Qāhira**, Kairo, und errichten dort eine hohe Kultur. Doch das fatimidische Kalifat, gegen Ende des 11. Jahrhunderts auf Ägypten begrenzt, verkümmert. Mehrere Herrscher werden als Opfer interner Streitigkeiten ermordet. Zudem schwächen die Angriffe der Kreuzfahrer das Kalifat. Fatal für die Fatimiden wirkt sich auch der Wunsch von Sultan **Saladin** (1138–1193) aus, unter seiner Autorität den gesamten *Dār al-Islām*, das gemeinsame Haus aller Muslime, zu vereinen. Saladin wartet den Tod des letzten Fatimiden-Kalifen 1171 ab, um auch Ägypten seinen Besitzungen hinzuzufügen.

Al-Azhar, Glanzpunkt der Fatimiden

Kairo wird 969 die neue Hauptstadt und vollbringt im Bereich der Architektur eine Fusion aus maghrebinischen und persischen Traditionen. Diese fatimidische Architektur wartet auch mit einer Neuigkeit auf: Der Bauplan der Moschee unterliegt einer Veränderung, die dem Einfluss Nordafrikas geschuldet ist. Das Schiff, das auf den *mihrab*, die Gebetsnische, hinführt, wird zu einer Art Triumphallee. Die Moscheen Al-Azhar und Al-Hakim stammen aus dieser Zeit und bewahren den arabischen Grundriss mit seinen parallel zur *qibla*, der Gebetsrichtung nach Mekka, ausgerichteten Schiffen. Im Gebetssaal befinden sich ein Portikus und ein Joch direkt vor dem *mihrab*. Als die Hauptstadt al-Qāhira gegründet wird, wird auch eine große Moschee errichtet, zunächst *Jamaa al-Qāhira* genannt, Moschee von Kairo. Später erhält sie den Namen Al-Azhar-Moschee, als Huldigung der Tochter Mohammeds, Fatima Zahra, «die Strahlende». Zu diesem Zeitpunkt nimmt sie bereits den doppelten Platz im Vergleich zum Ursprungsbau ein. Sie wird zum Universitätszentrum, an dem Recht und Theologie gelehrt werden. Im Jahre 1005 wird sie ein Haus des Wissens, der Weisheit und der Wissenschaft. Es befindet sich eine bedeutende Bibliothek dort, und nun werden Philosophie, Astronomie wie auch religiöse Fächer gelehrt. Die Ibn-Tūlūn-Moschee in Kairo, entstanden zwischen 876 und 879, ist das einzige Bauwerk, das von der damals neu erbauten Hauptstadt Ahmad ibn Tūlūns erhalten ist. Sie wurde im Jahr 641 im Norden von Fustat errichtet, der ersten arabischen Hauptstadt Ägyptens.

7. Die Mameluken in Ägypten (1250–1517)

Die Mameluken, also die «Sklaven» der Sultane von Kairo, stammen ursprünglich vom Schwarzen Meer. Diese Söldner, als Leibwache eingesetzt, stürzen die Herren von Kairo um 1250. **Aybak** (1250–1257) ruft sich danach zum Sultan aus. Die Mameluken-Herrschaft teilt sich in zwei Perioden: die der *Bahris* (1250–1390), vom arabischen *bahr*, Fluss, weil ihre Kaserne auf einer Nilinsel liegt. Die andere Dynastie ist die der *Burj*-Mameluken *(Burdschiyya)*, von *burj*, Turm, die Zitadelle Kairos, in der sie leben. Der eigentliche Gründer der Dynastie ist Baybars (1260–1277), der die mongolische Invasion in Syrien aufhält. Nach ihm schwindet die Macht der Sultane, während die der Emire wächst. Am Ende des 14. Jahrhunderts übernehmen die Burj-Mameluken das Sultanat. Zu den brillantesten Herrschern muss man **Barsbay** (1422–1438) rechnen, der 1426 Zypern erobert, sowie **Qaitbey** (1468–1496), den großen Baumeister Kairos und Alexandrias. Die Herrschaft des Letzteren gilt als Höhepunkt der Burj-Mameluken. Nach ihm geht der politische Untergang rapide vonstatten. Letzter großer Sultan ist **Qansuh al-Ghuri** (1501–1516), der sein Leben in der Schlacht von Marj Dābiq gegen den Osmanen **Selim I.** (1512–1520) verliert, der 1517 auch den letzten Mameluken-Herrscher umbringen lässt.

8. Die Almoraviden, Kampf ohne Ende (1056–1147)

Die Geschichte der Almoraviden ist die einer unaufhörlichen Eroberung. Als diese ihr Ende findet, bricht die Dynastie zusammen. Ihr Ursprung ist ein religiöser, geboren aus einer Bewegung, die sich unter den Berberstämmen der Südsahara verbreitet, den *murābiṭūn*, welche die spirituelle Askese und den Dschihad betreiben. Aus diesem Ausdruck leitet sich der Name «Almoraviden» ab. Sie eroberten ab 1039 die Sahara, den westlichen Maghreb und einen Teil von Mauretanien. Um 1070 gründen sie Marrakesch, das ihre Hauptstadt wird. **Yūsuf ibn Tāshfīn** (1061–1106) ruft sich zum Emir aus, zum Kommandanten der Muslime. Vor der Ausbreitung christlicher Königreiche in Spanien zieht er mit seinen Armeen nach Andalusien und erringt 1086 den Sieg bei Zallāqa (heute Sagrajas, Provinz Badajoz). Die Almoraviden herrschen damit vom Ebro bis nach Mauretanien. Die Kontrolle der durch die Sahara ziehenden Karawanen vergrößert ihren Reichtum. Das reichlich vorhandene Gold erlaubt das Prägen einer qualitativ hochwertigen Münze: des Dinars. Doch zu Beginn des 12. Jahrhunderts ist Eroberung nicht mehr Sache der Almoraviden, sondern der christlichen Königreiche Spaniens. Gezwungen, Andalusien zu verteidigen, müssen die Almoraviden zudem einen Aufstand der Almohaden in Nordafrika bekämpfen. Diese aber siegen und nehmen 1147 Marrakesch ein.

9. Die Almohaden (1130–1269)

Die Almohaden (1130–1269) gründen im Maghreb das größte muslimische Reich, das sich von Libyen bis zum Atlantik erstreckt und auch al-Andalus mit einbezieht. Alles beginnt mit einer religiösen Bewegung der Berber, welche die Lehre des *tawhīd* predigen, die Einheit der muslimischen Welt, begründet auf der Annäherung der verschiedenen Strömungen und der Rückkehr zur Sunna, zur Tradition und zum Koran. Daher auch ihr Name *al-Muwaḥḥid*, «der die göttliche Einheit verkündet», woraus Almohaden wird. Ihr Anführer **Ibn Tūmart** (um 1075–1130) ruft sich zum *mahdi* aus, «der Rechtgeleitete» oder Messias. Mit seinen Anhängern lässt er sich um 1124 in Tinmal, Marokko, nieder. Seine Nachfolger leiten die Eroberung des almoharidischen Reichs ein, das 1147 fällt. Doch sie geben sich damit nicht zufrieden, sondern stoßen in Richtung Osten bis nach Tripolitanien vor, und nach Westen bis zum Atlantik. Sie überqueren die Meerenge von Gibraltar und erobern kleine Fürstentümer in al-Andalus. **'Abd al-Mu'min** (1147–1163) ruft sich zum Kalifen aus, als Beweis für den Zusammenbruch der abbassidischen Macht. Das Almohaden-Reich ist sehr gut strukturiert, von der herrschenden Familie bis hinunter zu den Funktionären. Zudem ist es durch seinen Handel und seine Mittelmeerflotte reich geworden. Doch einem doppelten Angriff der christlichen Königreiche Spaniens kann es nicht standhalten. Die Spanier übernehmen nach ihrem Sieg von Las Navas de Tolosa 1212 die großen Städte, die Zentren der Almohaden-Macht (Cordoba 1236, Valencia 1238, Murcia 1243, Sevilla 1248), und die Stadt der letzten Abbassiden-Kalifen, die die religiöse Macht der Almohaden bestreiten. Im Jahre 1269 nimmt Sultan **Abū Yalgib** (1258–1286) aus der marokkanischen Dynastie der Meriniden (1244–1465) Marrakesch ein und beendet damit die Almohaden-Dynastie.

Die Berber-Kunst der Almoraviden und der Almohaden

Die Almoraviden schaffen ein immenses Reich, das sich über Südspanien und Portugal, ganz Marokko, den Großteil Algeriens und einen Teil Mauretaniens erstreckt. Sie fördern Schriftsteller, Maler, Bildhauer und gründen 1062 Marrakesch, wo sie die Spuren einer blühenden Kunst hinterlassen. Ab der ersten Hälfte des 12. Jahrhunderts erhält diese zuweilen Konkurrenz von der Kunst der Almohaden, die sich in Spanien niederlassen und aus Sevilla das unbestrittene Zentrum und die Stadt des Königs machen. Beide Dynastien versuchen, zu einer maßvolleren und sachlicheren Architektur zurückzukehren. Unter den Almoraviden kommen neue Einflüsse nach Marokko, während das Land dank der *Ulemas*, der Juristen, die religiöse Einheit bewahrt, die für die Entwicklung der Kunst günstig ist. Bestes Beispiel der almoravidischen Architektur bleibt die Moschee von Tinmal in Marokko, erbaut 1153. Die Almohaden bescheren der islamischen Kultur im Maghreb ein Goldenes Zeitalter, weil sie innerhalb eines Jahrhunderts eine Symbiose aus der Vitalität der Berbervölker und der Raffiniertheit der andalusischen Kunst bewirken. Wirtschaft, Kunst und Wissenschaft werden nie wieder eine solche Blüte erleben. Die Hassan-Moschee in Rabat und die Giralda in Sevilla zählen zu den Meisterwerken der islamischen Kunst.

10. Als die Türken kommen: Die Seldschuken (1038–1307)

Alle vorherigen Dynastien sind Araber. Doch die Ausdehnung des Islams provoziert das Auftreten bislang unbekannter Muslime, die keine Araber sind, sondern Türken. Die Seldschuken (1038–1307) verdanken ihren Namen ihrem Anführer Seldschuk, der sie im 10. Jahrhundert aus Zentralasien nach Persien führt. Gründer der Dynastie ist sein Enkel **Toghrul-Beg** (1038–1063). Er setzt sich an die Spitze dieser Turkvölker und beginnt danach eine Reihe von Eroberungen, die ihn bis zur Einnahme Bagdads führen. 1058 wird er Sultan. Sein Neffe **Arp Arslan** (1063–1072) folgt ihm und wählt sich Ray (Teheran) zur Hauptstadt. Er erweitert das Seldschukenreich und schlägt 1071 die Byzantiner in der Schlacht von Manzikert. Ein weiterer Zweig, die Rum-Seldschuken, lässt sich in Anatolien nieder und hält dort die Macht bis 1307. Die große Ausdehnung des Reiches hat auch seinen Untergang zur Folge. Die Sultane können die Provinzen kaum kontrollieren, deren Gouverneure sich wie unabhängige Souveräne verhalten. 1194 stirbt der letzte Sultan **Toghrul ibn Arslan** (1176–1194) im Kampf gegen Korasmien, ein ostpersisches Königreich.

Die Kunst der Seldschuken: Eine Kunst der Steppen

Die Besonderheit dieser Kunst besteht in der Verbindung muslimischer Kunst mit jener der asiatischen Steppen. Berühmtestes Monument ist die große Moschee von Isfahan. Andere persische Moscheen aus der gleichen Zeit sind die in Qazvin und in Qurva. Neue, zylindrische Minarettformen entstehen. Die weltliche Architektur bringt ebenfalls Neues in die muslimische Welt: die Karawanserei, ein zweiteiliges Bauwerk mit großem Hof und riesiger Halle. Zudem kommen unterschiedliche Begräbnisbauwerke auf, so etwa das Mausoleum der Samaniden in Buchara (Buxoro). Dieser kubische Bau mit einer Seitenlänge von ca. zehn Metern wird von einer Backsteinkuppel gekrönt.

11. Von der Wüste nach Konstantinopel: Die osmanischen Türken

Die Osmanen verdanken ihren Namen der türkischen Dynastie des Hauses Osman, gegründet von **Osman I.** (1281–1326). Er organisiert die osmanische Armee und nimmt den Byzantinern mehrere Festungen und Städte ab. Auf seinem Höhepunkt erstreckt sich das osmanische Reich von Anatolien bis an den Golf von Aden, von Armenien bis Algerien. Osmans Sohn **Orhan Gazi** (1326–1360) erobert Bursa in Anatolien, ehe er den Thron besteigt. Er macht diese Stadt zu seiner Hauptstadt. 1329 steht er nach zwei Siegen gegen Kaiser **Andronikos III. Palaiologos** (1328–1342) vor den Toren von Konstantinopel. Er nimmt Andronikos 1331 Nizäa und 1337 Nikomedia ab. Er setzt das Werk seines Vaters fort und schafft eine Elitetruppe von Schützen, die *yeni çeri*, die Janitscharen. In der Knabenlese wird der fünfte Sohn von christlichen Familien dem Sultan als Tribut übereignet. Im Jahre 1360 folgt Orhans Sohn **Murat I.** (1360–1389). 1365 verlegt er die Hauptstadt nach Adrianopel (heute Edirne) zwischen Griechenland und Bulgarien. Er siedelt sich in Europa an und teilt sein Reich in zwei Teile: den asiatischen, Anatolien, und den europäischen, Rumelien.

Am 20. Juni 1389 trägt er im Kosovo den Sieg über die Serben davon, wird aber am selben Tag vom Schwiegersohn des besiegten und getöteten serbischen Königs Miloš Obilić erdolcht, als er das Schlachtfeld durchschreitet. Der älteste Sohn Murats, **Bayezid I.** (1389–1402), folgt ihm auf den Thron. Er verstärkt die Macht der Osmanen, unterwirft Bulgarien und setzt Konstantinopel einer siebenjährigen Belagerung aus, ohne es erobern zu können. Um die Stadt zu befreien, bekämpfen ihn Kreuzfahrer unter der Anführung von **Sigismund**, der Bayezid dazu bringt, zwischen 1392 und 1395 die Belagerung aufzuheben. 1396 erleiden die Kreuzfahrer dennoch eine schmähliche Niederlage bei Nikopolis. Trotz seiner Siege, deren Geschwindigkeit ihm den türkischen Beinamen *Yildirim*, «der Blitz», einbringen, kann Bayezid die Horden **Timur Lenks / Tamerlans** (1336–1405) nicht aufhalten. Seinen Namen «Timur der Lahme» erhielt er aufgrund seines lahmen rechten Beins, außerdem hatte eine Pfeilwunde eine Hand unbeweglich gemacht. 1402 bringt er Bayezid eine schwere Niederlage bei und nimmt ihn in der Schlacht von Ankara gefangen. In dieser Gefangenschaft stirbt Bayezid 1402 oder 1403. Seine Söhne streiten sich um den Thron des «Interregnums», das von 1403 bis 1413 währt. Schließlich kann der vierte Sohn, **Mehmed I.** (1413–1421), den Thron besteigen. Er rückt dem byzantinischen Reich näher und stattet dessen Kaiser **Manuel II. Palaiologos** (1391–1425) einen Besuch ab, der sein Verbündeter wird. Im Gegenzug endet die Seeschlacht gegen Venedig 1416 mit einer Niederlage bei Gallipoli, was die Ägäis von der türkischen Vorherrschaft befreit. Mehmeds Sohn **Murat II.** (1421–1451) wird Sultan. Als **Mehmed II., der Eroberer** (1444–1446 und 1451–1481) regiert er zwei Mal: Das erste Mal nach dem Willen seines Vaters Murat II. von 1441 bis 1444, doch er ist erst dreizehn Jahre alt, und die Janitscharen zwingen Murat, den Thron selbst anzunehmen. Das zweite Mal zwischen 1451 und 1481, mit der Einnahme Konstantinopels 1453. Im Februar 1451 wird Mehmed II. Sultan und erobert im Mai 1453 nach zweimonatiger Belagerung Konstantinopel. Mehmed II. stirbt 1481 in Gefangenschaft, vielleicht auf Anordnung von Papst **Sixtus VI.** (1471–1484), der einen Feldzug gegen Rhodos fürchtet – als Vorspiel zur Eroberung Italiens, die der Sultan anstrebt.

12. Die arabische Philosophie

Man müsste zwischen den Philosophen *im* Islam und den Philosophen *des* Islam unterscheiden. Doch es kann sehr gut sein, dass ein Philosoph *des* Islam sich in bestimmter Hinsicht als Philosoph *im* Islam entpuppt. Zu den Philosophen *im* Islam gehören die, die das menschliche Wissen nicht dem prophetischen Wissen hierarchisch unterordnen. Philosophen *des* Islam sind dagegen diejenigen, welche die Prophetie über jedes menschliche Wissen stellen. Ihr Wissen stammt aus den Übersetzungen von Werken der griechischen Antike, die im 8. und 9. Jahrhundert angefertigt werden. Die ersten philosophischen Sekten, die direkt auf die Gründung des Islam folgen, scheinen daraus hervorzugehen. Die arabische Sprache vollbringt in sehr kurzer Zeit terminologische Anstrengungen und versieht sich seit der Zeit der Abbassiden mit technischem Vokabular, um neue Begriffe übersetzen zu können. Es ist dies auch die Zeit, in der auf den Miniaturen Platon und Aristoteles auftauchen. Orientalisch gekleidet, bezeugen sie den Willen zur Rückkehr zur griechischen Philosophie.

Die größten Denker sind:

- **Al-Kindī** (Abū Yūsuf ibn Ichaq al-Kindī, 801–873), in Kufa geboren, der ersten abbassidischen Hauptstadt. Regelmäßig hält er sich in Bagdad auf, einer weiteren, für die intellektuelle Bewegung wichtigen Stadt und Ort der Übersetzung griechischer Texte ins Arabische. **Ibn al-Nadīm** (?-998), der Bibliograph, schreibt ihm in seinem *Kitāb al-Fihrist*, einem Index arabischer Bücher, die Urheberschaft für mehr als 270 Werke zu, doch die meisten davon sind verloren. Al-Kindī wird vor allem als Gelehrter erwähnt, weil er in allen Bereichen geschrieben hat: Astronomie, Optik, Pharmakologie, Meteorologie, Astrologie, Musik etc.

4

■ **Al-Fārābī** (Abu Nasr Muhammad al-Fārābī, 872-950) wird in Fārāb in Turkestan, Transoxanien, geboren. Er erhält den Titel eines *Magister Secundus:* Zweiter Meister der Klugheit, mit Aristoteles als dem ersten. Al-Fārābī ist einer der Ersten, der die Werke Aristoteles' studiert, kommentiert und verteilt. Sein sehr umfangreiches Œuvre umfasst Kommentare zum *Organon*, zur *Physik*, zur *Metaphysik* und *Ethik* des Aristoteles. Heute sind diese Werke verloren. Seine Schrift über die in der Logik verwendeten Ausdrücke bezieht sich auf zwei Abhandlungen des *Organon*. Zudem ist al-Fārābī Autor eines Buches über Musik, das ohne Zweifel die wichtigste Darstellung der Musiktheorie im Mittelalter ist. Doch er beherrscht seine Zeit als großer Begründer der *Gnoseologie*, der Erkenntnistheorie, die auf der universellen Vernunft beruht.

■ **Avicenna** (Ibn Sina, 980-1037) war Schüler von **al-Fārābī**. Die Universalität Avicennas zeigt sich in seinem neuartigen philosophischen Genie: eine enzyklopädische Summe der Philosophie, worin alle Themen abgehandelt sind. Der Katalog seiner Werke umfasst beinahe 500 Titel, 450 davon auf Arabisch, 23 auf Persisch. Davon sind 160 Werke erhalten geblieben. Sein Werk *Kitāb ash-Shifā - Buch der Heilung (der Seele vom Irrtum)* ist eine wahre philosophische Enzyklopädie in vier Teilen: Einer ist der Logik gewidmet, einer den Naturwissenschaften und den antiken und mittelalterlichen Wissenschaften, einer der Mathematik und der letzte der Metaphysik. In diesem Buch verbindet Avicenna die Lehre des Aristoteles mit dem Neuplatonismus. Im 12. Jahrhundert teilweise ins Lateinische übersetzt, öffnet das *Buch der Heilung* das Abendland für die Werke dieses antiken Philosophen.

■ **Averroes** (Ibn Ruschd, 1126-1198) bleibt sicherlich der arabische Philosoph, der den wichtigsten Einfluss auf das Abendland hatte. Durch ihn vollzieht sich die gesamte Aneignung der griechisch-arabischen Philosophie in Europa, die Übertragung und Erneuerung der antiken Wissenschaft und Philosophie, welche im 9. Jahrhundert zur Zeit der abbassidischen Kalifen von Bagdad entsteht, sich dann im 12. Jahrhundert in das Cordoba der Almohaden verlagert und endlich im 13. bis 15. Jahrhundert die Universitäten der christlichen Welt erreicht. Averroes wird in Cordoba geboren, wo sein Vater und Großvater Richter sind. Das ist er zunächst auch, arbeitet dann aber 1182 als Arzt. Vom Kalifen am Ende seines Lebens verbannt, muss er 1195 nach Marokko ins Exil, wo er drei Jahre darauf stirbt. Sein Werk berührt zahlreiche Disziplinen: Medizin, Philosophie, Recht, Theologie. Er widerlegt **al-Ghazāli** (1058–1111), der, enttäuscht von der Philosophie, dieser die Mystik vorzieht. Das entsprechende Werk Averroes' ist die *Inkohärenz der Inkohärenz*. Sein gesamtes Leben widmet er sich Aristoteles, begierig, den ursprünglichen Sinn von dessen Werk zu finden. Averroes verdanken wir die Idee der *doppelten Wahrheit*. Die eine betrifft die Gläubigen, sie ist eine Wahrheit religiöser Ordnung. Die andere Wahrheit ist von philosophischer Ordnung und kann nur eine intellektuelle Elite betreffen. Der Koran ist in seiner wortwörtlichen Gestalt für die Massen bestimmt, für die Philosophen hat er dagegen einen verborgenen Sinn. Averroes will die fundamentalen Lehren des Korans erklären, ohne dabei die Vernunft zu vergessen. Er widerlegt gleichfalls die Idee der Schöpfung und sagt, dass Gott entsprechend seiner Natur handelt. Neuartig ist bei Averroes seine Vorstellung vom Intellekt als dem einzigen Agens der gesamten Menschheit und des passiven Intellekts, den er beim Menschen wahrnimmt. Der aktive und unsterbliche Intellekt ist jenseits der Individuen, und nur diesem Intellekt wären die Aufklärungen der Offenbarung zugänglich. So kommt Averroes dazu, Glaube und Vernunft zu trennen. Diese Prinzipien, die als gefährlich erkannt werden, werden von der Kirche 1240 verurteilt.

13. Die jüdische Philosophie

Das Auftreten des jüdischen philosophischen Denkens ist, nachdem es die Stufe der Hellenisierung erfolgreich abgeschlossen hat, das Ergebnis fruchtbarer Kontakte mit der muslimischen Philosophie. Beiden ist gemeinsam, dass sie das Nachdenken über Vernunft und Offenbarung propagieren. Die wichtigsten jüdischen Autoren entscheiden sich für den Neuplatonismus, so etwa **Isaac Israeli ben Salomon** (850–950) und **Salomon ibn Gabirol** (1020–1057). Einem aristotelischen Judentum neigt **Maimonides** (1135–1204) zu.

Moses Maimonides (1135–1204) kennt man als Arzt, Talmudist, Philosoph, Mathematiker und Jurist. Einer Rabbinerfamilie entstammend, ist sein Vater rabbinischer Richter in Cordoba. Maimonides wird geboren, als die Stadt in almoravidischem Besitz ist und sich zu einem Islam bekennt, der offen für andere Religionen und Kulturen ist. Doch im Jahre 1148 übernehmen die Almohaden dort die Macht und erweisen sich als weniger tolerant, was andere Religionen angeht. So flieht Maimonides' Familie und lässt sich in Marokko nieder, einem Lehen der Almohaden. Moses ist zu diesem Zeitpunkt 23 Jahre alt. Er hat bereits eine *Abhandlung zur Logik* geschrieben wie auch einen großen Teil seines *Kommentars zur Mischna*, den er 1168 beendet. Doch die Verfolgungen gehen weiter und Maimonides begibt sich mit seiner Familie 1165 ins Heilige Land, wo er jedoch nicht bleibt. Jerusalem ist in den Händen der Kreuzfahrer, gewährt daher Juden kein Aufenthaltsrecht. So lässt er sich endgültig in Ägypten nieder, in der Nähe von Kairo, wo relativer Friede herrscht. Um den Bedürfnissen seiner Familie zu entsprechen, arbeitet Maimonides als Arzt und versorgt den Fatimiden-Hof und auch Sultan Saladin. Als er im Alter von 70 Jahren stirbt, wird eine Inschrift auf seinem Grabstein angebracht: «Von Moses zu Moses, nichts war Moses vergleichbar.» Sein bekanntestes Werk ist der *Führer der Unschlüssigen*, worin er versucht, die Lehre der Thora und deren Kommentare mit der Philosophie des Aristoteles in Übereinstimmung zu bringen. Er will das Geheimnis der Thora enthüllen, bewahrt dabei auch die Gebote des Geheimnisses, schreibt aber so, dass der Leser gezwungen wird, die Wahrheit für sich selbst zu erkennen. Der Einfluss von Maimonides besteht zunächst darin, dass er zwischen Aristoteles und den Gelehrten der Scholastik vermittelt. Im 13. Jahrhundert aber inspiriert er die jüdische Philosophie sowie deren spätere Philosophen, etwa **Spinoza** (1632–1677), **Mendelssohn** (1729–1786) und **Salomon Maimon** (1754–1800).

14. Wissenschaft und Wissen in der arabischen Welt

Spricht man von Wissenschaft und Wissen der arabischen Welt von den Anfängen bis zum 10. Jahrhundert, muss zunächst daran erinnert werden, dass der Islam sich innerhalb von einem Jahrhundert – bis zum 8. Jahrhundert – von der chinesischen Grenze bis zum Norden der Iberischen Halbinsel und in Afrika bis zur Subsaharazone verbreitet hat. Dieses Reich ist eines der gewaltigsten innerhalb der Menschheitsgeschichte, auch, weil es sich über drei

Kontinente erstreckt: Asien, Afrika und Europa. Bis zum 9. Jahrhundert begnügen sich die meisten arabischen Gelehrten mit der Übersetzung der Texte der Alten. Außer in wichtigen Fächern wie Mathematik und Astronomie fügen sie den Schriften wenig Neues hinzu. Ein Großteil dessen, was sie sammeln und was sie auf diesem Erbe aufbauen, wird im 12. Jahrhundert über lateinische Übersetzungen von arabischen Originalen nach Europa gebracht. Nach der Zeit der großen Übersetzungen im 9. Jahrhundert entsteht eine arabische Wissenschaft, die zunächst auf Mesopotamien beschränkt ist, sich im 10. Jahrhundert aber auf die Gebiete um das Mittelmeer und Spanien ausweitet. Noch wichtigere Geistestaten sind dann zwischen dem 11. und 14. Jahrhundert in den großen Städten zu verzeichnen: in Bagdad, Kairo, Kairouan, Cordoba, Toledo und Sevilla. Die Griechen stellen dabei die oberste Autorität dar: Euklid, Archimedes, Apollonios von Perge im Bereich der Mathematik, Ptolemäus für die Astronomie und Galen und Hippokrates für die Medizin. Die griechische Denkschule wird ins Syrische übertragen. Bei der Übersetzung alter Werke spielen die syrisch sprechenden Gebildeten dank ihrer Kenntnis des Griechischen und Arabischen eine herausragende Rolle. Euklids *Elemente* werden im Abstand von mehreren Jahrzehnten von einem Muslim, **al-Hajjaj ibn Yūssuf** (786–833), und einem Christen, **Hunayn ibn Ishāq** (9. Jahrhundert), übersetzt. Danach werden sie von einem Sabäer, **Thābit ibn Qurra** (836–901), einem von der griechischen Kultur durchdrungenen Mystiker, revidiert.

Die zweite Periode ist durch die Weiterentwicklung dieser Errungenschaften und die Beherrschung weiterer Disziplinen gekennzeichnet. Das gilt etwa für die Algebra, dank der gegen Ende des 8. Jahrhunderts erfolgten Übernahme des Dezimalsystems und indischer Zahlen, darunter der Null. Der *Kitāb al-jami*, das *Buch der Addition und Subtraktion nach indischer Rechenart*, ein verschollenes Werk von **al-Chwarizmi** (783–850), bildet die Anfänge der Algebra. Es gilt als erster Baustein der arabischen Algebra, wie etwa auch al-Chwarizmis andere Abhandlung *Kitāb al-mukhtasar* oder *Das kurzgefasste Buch über die Rechenverfahren durch Ergänzen und Ausgleichen* von 825. Dank der von ihm und seinen Nachfolgern ausgearbeiteten Konzepte werden neue Studien und Denkrichtungen entwickelt. Dazu zählt die Formulierung der ersten Geometrietheorie über kubische Gleichungen durch den berühmten **'Omar Chayyām** (1048–1131) sowie auch die Ausarbeitung arithmetischer und algebraischer Symbole. **Abou Kamil** (850–930), ein ägyptischer Mathematiker, setzt diese Studien mit seiner *Algebra* fort. Die lateinischen Länder übernehmen im 12. Jahrhundert die Kunst der Algebra und erforschen sie weiter. Der

Fortschritt in der Algebra macht es der Geometrie möglich, die Konstruktion geometrischer Figuren, die Kurvendiskussionen und die Berechnung von Oberflächen und Volumina zu vervollkommnen. In dieser Zeit vertiefen arabische Wissenschaftler auch die Arithmetik und die Trigonometrie für die Astronomie. Die wichtigsten Themen in der Astronomie sind die Ersetzung der ptolemäischen Modelle zur Sternenbewegung sowie die Ausarbeitung astronomischer Tafeln und der Entwurf von Astronomieinstrumenten. Das bekannteste dieser Instrumente ist das planisphärische Astrolabium, vom griechischen *astrolabos*, «das die Höhe der Sterne nimmt». Es erlaubt die Bewegung der Himmelssphäre in Beziehung zur Erdsphäre zu simulieren.

15. Die Meister der arabischen Medizin und der Alchimie

Dem griechischen Erbe fügen zahlreiche arabische Autoren Ergänzungen hinzu. Das gilt für die Theorie der **Medizin**, die klinische Praxis und die Pharmakologie. Die arabischen Mediziner tun allerdings wenig für die Pathologie innerer Krankheiten sowie für Heilverfahren – einige wenige Krankheiten ausgenommen, über die sie allmählich besser Bescheid wissen wie etwa Masern oder Pocken. **Muhammad ibn Zakarīyā ar-Rāzī** (865–925), von dessen 84 Werken immerhin 61 der Medizin gewidmet sind, ist ein außerordentlich brillanter kritischer Geist, was die Widerlegung oder Bestätigung antiker Thesen angeht. Der *Kanon Avicennas* (980–1037) wird zum meistbenutzten Handbuch der Medizinschulen, weil er die Entsprechungen von Krankheiten, Symptomen und Behandlung logisch zu erklären versucht.

Durch ihre Eroberung Ägyptens im 8. Jahrhundert gelangen die Araber an das Wissen der Alchimisten. Die Geschichte der arabischen Alchimie nimmt ihren Anfang, nachdem Prinz Khālid ibn al-Yazid im Jahre 865 in diese Kunst durch einen gewissen Marianus eingeweiht wird, einen Schüler des Alchimisten **Stephan von Alexandria** (7. Jahrhundert). Der arabische Mediziner Rāzi beschreibt in seiner Abhandlung *Secretum secretorum – Geheimnis der Geheimnisse* zahlreiche chemische Vorgänge (Destillation, Evaporation, Kristallisation). Auch Avicenna betreibt Alchimie. Doch erst mit **Dschābir ibn Hayyān** (721–815) nimmt diese Wissenschaft ihren Aufschwung. Wie der Wissenschaftshistoriker **E. J. Holinyard** (1891–1951) schreibt, lebt Dschābir zwischen dem 7. und 8. Jahrhundert und ist der Verfasser einer umfangreichen Sammlung von Werken, die ihm zugeschrieben werden. Die Zahl seiner

Werke reicht an die 500 heran, wie die Liste im enzyklopädischen *Kitab-al-Fihrist*, dem *Buch der Bücher*, von Ibn an-Nadīm, ausweist. Dieses Werk wurde im Mittelalter von **Robert von Chester** 1144 ins Lateinische übertragen. Das *Kitab al-Sabeen*, das *Buch der 70*, ebenfalls von Dschābir ibn Hayyān, wurde im 13. Jahrhundert von Gerhard von Cremona übersetzt.

XII

Das asiatische Mittelalter

1. Das Indien der großen Reiche

Das Reich der Harsha (7. Jahrhundert)

Das Reich der Harsha, das Nordindien für ungefähr 40 Jahre vereint, ist das Werk von Fürst **Harshavadharna** (590–648) oder kurz **Harsha**. Seine Großtaten sind durch einen chinesischen Roman bekannt: *Aufzeichnungen über die westlichen Gebiete*, das Werk eines buddhistischen Mönches namens **Xuanzang** (602–664), der sich von 643 bis 644 am Hof Harshas aufhält, kurz nach der Konversion des Herrschers zum Buddhismus. Eigentlich ist Harsha ein Sohn des Rajas (Königs) von Kanauj, heute der Bundesstaat Uttar Pradesh. 606 wird er dort Raja. Der junge Herrscher begibt sich bald auf eine Reihe von Eroberungen: Punjab, ein Teil Bihars, Bengalen, der Sindh, Kaschmir und Nepal werden unterworfen. Doch das südliche Königreich der Chalukya kann er 620 nicht erobern. Viele kleine Königreiche kann er allerdings seinem Reich integrieren. Er belässt die örtlichen Könige im Amt, sie werden zu Vasallen erklärt. Von Haus aus Shivait, konvertiert er zum Buddhismus und organisiert 643 in Kanauj eine Versammlung von Brahmanen, buddhistischen Mönchen und mehreren Herrschern nahegelegener Königreiche. Bei dieser Gelegenheit gewährt er dem chinesischen Mönch Xuanzang seinen Schutz. Xuanzang zieht zu dem Zeitpunkt bereits mehrere Jahre durch Indien. Harsha will, dass der Mönch die kanonischen Texte des Großen Fahrzeugs – Mahāyāna – in China verbreitet. Nach seinem Tod 648 folgt Harshas Enkel auf den Thron. Doch da er ohne politisches Geschick ist, kann er nicht verhindern, dass sich das Reich in mehrere kleine Staaten aufteilt und somit zur leichteren Beute für die muslimischen Eroberer wird, die bereits 643 in den Sindh eingedrungen sind.

Das Chalukya-Reich (6.–12. Jahrhundert)

Das Chalukya-Reich umfasste in Wahrheit drei Dynastien, die aufeinanderfolgen. Die Chalukya aus Badami herrschen seit der Mitte des 7. Jahrhunderts, genauer: ab 642. Die östlichen Chalukya lassen sich im Osten des Dekkan nieder, des Südteils des indischen Subkontinents. Dort bleiben sie bis zum 11. Jahrhundert. Die westlichen Chalukya dagegen entwickeln sich seit dem 10. Jahrhundert, was bis zum Ende des 12. Jahrhunderts währt. Ursprünglich stammen diese Chalukya aus (dem späteren) Karnataka, das im Südwesten liegt. Der größte Herrscher dieser Dynastie ist **Pukalesi II.** (610–642). Er erobert einen großen Teil Südindiens und hält die Ausdehnung des Harsha-Reiches auf. Nach seinem Tode folgt rapide der Untergang, der letzte Herrscher wird 753 gestürzt.

Im Jahre 973 kehren die Chalukya an die Macht zurück. Unter **Tailapa II.** (973–997) erobern sie einen Großteil des Reiches zurück, doch der berühmteste Fürst der Dynastie ist **Vikramāditya VI.** (1076–1126), der während der gesamten Zeit seiner fünfzigjährigen Herrschaft von der Schwäche des Chola-Reichs profitiert, einer südindischen Dynastie, die er mehrfach besiegen kann. Nach seinem Tod zieht der Aufstand der Vasallenstaaten den Untergang des Reichs nach sich, das um das Jahr 1200 verschwindet. Die östlichen Chalukya sind ursprünglich ein Vizekönigtum des Reichs. Am Ende des 9. Jahrhunderts müssen sie den Ansprüchen ihrer Nachbarn trotzen. Um das Jahr 1000 dreht sich das Geschick durch die Herrschaft von **Rājarāja I. Chola** (985–1014), einem der größten Könige des Chola-Reichs. Er erobert den Südosten Indiens bis zum heutigen Sri Lanka, was eine permanente Bedrohung für die Chalukya darstellt. Das Chola-Reich geht seinerseits 1279 unter.

Das muslimische Indien

Die muslimische Eroberung Indiens beginnt mit der Einnahme Sindhs im Jahre 712 durch die Araber, der im 11. und 12. Jahrhundert die Einnahmen durch die Türken und Afghanen folgen. All dies ist das Vorspiel zur Schaffung des Mogulreichs im 16. Jahrhundert. Der Sindh, eine Region Pakistans, wird 712 von **Muḥammad ibn al-Qāsim** (681–717) erobert, der dort im Namen des Kalifen von Bagdad Gouverneur wird. Die arabische Dynastie der Habbariden regiert hier von 712 bis 985 als Vasallen des Kalifen. Im Jahre 985 werden sie von den Qarmaten von Bahrein, die dem Kalifen von Kairo unterstehen, abgesetzt. Danach gründet im Jahre 1010 ein Ismailit die neue Dynastie der Sumras, die bis 1352 an der Macht bleibt. Ab 1214 dehnen die Sultane von Delhi, danach ab 1591 die Mogulherrscher ihre Herrschaft auf den Sindh aus. Das Sultanat von Delhi wird 1206 von **Quṭb al-dīn Aibak** (1206–1210) etabliert, dem Begründer der Sklavendynastie oder Muizzi-Dynastie. Er wird als Kind gefangen genommen und als Sklave verkauft. Später wird er ein herausragender General. Diese türkische Dynastie leitet das Sultanat von Delhi von 1206 bis 1290.

Dieses Sultanat von Delhi (1206–1526) wird nach der kurzen Herrschaft von **Quṭb al-dīn Aibak** der Sklavendynastie (1206–1290) untergeordnet. Diese letztgenannte Dynastie sieht sich 1221 einer mongolischen Invasion gegenüber. 1290 folgt dann die Dynastie der Khaljī (1290–1320), die einen weiteren Versuch der Mongolen zurückschlagen kann. 1303 belagern die Mongolen Delhi, wenn auch vergeblich. Die Rajputen-Fürsten werden unterworfen, der Dekkan wird verwüstet und zur Zahlung eines jährlichen Tributs gezwungen. Nach der Ermordung des letzten Sultans übernimmt die Dynastie der Tughluqs (1321–1398) die Macht. Gujarat und Bengalen werden streng unterworfen. Tamerlan dringt 1398 nach Indien ein, verjagt den letzten Sultan und erobert 1399 die Stadt Delhi und plündert sie. Erst 1414 übernimmt eine neue Dynastie die Macht: die aus Afghanistan stammenden Sayyids (1414–1451). Innere Unruhen und Angriffe benachbarter indischer Fürsten, die über die Hindu-Verfolgungen erbost sind, bewirken deren schnellen Untergang. 1451 setzt dann **Buhlūl Lodi** (1451–1489) den letzten Sultan ab und gründet die Lodi-Dynastie (1451–1526). Er erobert einen Großteil Nordindiens und hält sich bis zur Eroberung von **Bābur** (1483–1530), dem Begründer der Mogul-Dynastie. Bābur schlägt dann im April 1526 **Ibrahim Lodi** (1517–1526), den letzten Sultan von Delhi, in der Schlacht von Pānipat.

Die mittelalterlichen Kunstrichtungen Indiens

Die Stile der Gupta und Pallava

Nach den Invasionen der Hunnen durch die Nordwest-Passage bricht das Gupta-Reich zusammen. Der Norden Indiens wird verwüstet und in eine Vielzahl unabhängiger kleiner Königreiche unterteilt – gerade in dem historischen Moment, da der Hunnenführer Attila nach Westeuropa eindringt. Drei Dynastien entstehen in Indien: die Pandyas im Süden, die Chalukya im Nordwesten und die Pallava, ebenfalls im Süden. Letztere gelten als Schöpfer einer unabhängigen südindischen Kunst.

Die Pallava-Herrscher, vom 7. bis zum 11. Jahrhundert in Südindien an der Küste des Golfs von Bengalen residierend, erbauen Kanchipuram als ihre Hauptstadt sowie die Tempel von Mahabalipuram. Unter der Herrschaft von **Mahendravarman I.** (600–630) entstehen zahlreiche Tempel und behauene Höhlen, die zumeist Shiva gewidmet sind. Unter den Tempeln von Kanchipuram ragt der **Kailashanata-Tempel** heraus, der im 7. Jahrhundert erbaut wird und von der Tempelanlage in Ellora inspiriert ist. In Mahabalipuram befinden sich fünf behauene Felsen, die *Rathas*. Es handelt sich dabei um fünf monolithische, aus dem Felsen herausgeschlagene Tempel in Form von Tempelwagen. Dort befinden sich außerdem große Tier-Skulpturen und in der Nähe ein Riesenrelief, dass die Herabkunft des Ganges vom Himmel darstellt. Dieses unvollendete Werk ist um die Darstellung eines Flusses ausgerichtet, was durch eine vertikale Kluft dargestellt ist, die von *nagas* und *naginis* bevölkert ist, Schlangenwesen mit menschlichem Kopf.

Während der Herrschaft von König **Narasimhavarman I.** (630–670) entwickelt dieser sogenannte Mamalla-Stil besonders typische Züge; es finden sich etwa Säulen anstelle von Pfeilern, Kranzgesimse mit reduzierter, oft unvollständiger Architektur, Löwen an der Säulenbasis, die zu gehörnten, dann zu aufgerichteten Löwen werden. Der Koveri-Mandapa (kleine Säulenhalle) markiert den Übergang von diesem Stil zu dem älteren von **Mahendravarman I.**, der im Wesentlichen durch die kahlen Gesimsstützen, dreiteilige schlichte Pfeiler und eine große offene Halle mit mehreren Heiligtümern gekennzeichnet ist. Auch eine Pfeilerreihe und eine Säulenreihe gehören dazu. Die beiden Höhlen Mahishamardini und Vahara II, beide in Mahabalipuram, sind für den Mamalla-Stil/dravidischen Stil charakteristisch. Die Malerei der Pallava unterliegt gleichfalls Einflüssen der Gupta. Der

Manierismus findet sich hier wie auch in der Plastik, als die Darstellungen von Menschen im 6. Jahrhundert immer üppiger werden. Doch die Originalität verschwindet und die Arbeit der Maler erschöpft sich in der Kopie von Schablonen.

Man kann durchaus von einer mittelalterlichen Kunst Indiens sprechen, die vom 9. Jahrhundert, von der als klassisch geltenden Guptazeit, bis zur Mogulzeit reicht, als der Islam und die Europäer in Indiens Geschichte eingreifen. Am Ende des 9. Jahrhunderts erreicht in Nordindien das Goldene Zeitalter der Pratihara-Dynastie seinen Höhepunkt und damit den höchsten Grad an Verfeinerung. Auch wenn Shiva, Indra und Vishnu die am meisten verehrten Götter sind, werden doch mehr und mehr auch andere Götter verehrt, was nicht ohne Konsequenz für die Sakralarchitektur bleibt. Zunächst werden ganze Gruppen von Tempeln erbaut. Später weisen Einzeltempel zahlreiche Kapellen und Bildwerke auf. Hindu-Ikonographie und -Ideologie erreichen einen Gipfel an Komplexität. Eine weitere Tempelform kommt auf: Die Tempel sind auf Plattformen errichtet und sind mehrteilig. Sie besitzen eine Treppe ins Tempelinnere, haben insgesamt drei Vorhallen (zwei davon halboffen, mit Geländer), balkonartige Brüstungen an den Vorhallen und der Kulthalle sowie ein Heiligtum, das wie die drei Vorhallen von Säulengalerien umgeben ist. Das älteste Beispiel ist der Parasuramesvara-Tempel aus dem 7. Jahrhundert. Doch die Bauten bleiben massiv in der Form, gehen einer nach dem anderen aus gleichsam aufeinandergeschichteten Blöcken hervor. Pfeiler ersetzen oft die Mauern und alles wird vom *Sikhara* überragt, dem hohlen Tempelturm, der sich von der Basis beziehungsweise von einem pyramidenförmigen Dach in die Höhe erstreckt. Während der Rashtrakuta-Dynastie (753–982) werden die letzten Höhlentempel in Ellora angelegt, doch diese Höhlenarchitektur kommt mehr und mehr aus der Mode. Nach dem Pallava-Stil im Süden Indiens folgen die sogenannten dravidischen Stile:

- der **Chola**-Stil (850–1250)
- der **Pāṇḍya**-Stil (1250–1350)
- der **Vijayanagar**-Stil (1350–1600)
- der **Madurai**-Stil (1600 bis heute)

Die Kunst der Chola

Die Pāṇḍya als Vorläufer der Chola waren keine herausragenden Sakralbaumeister, vielmehr sind die von ihnen geschaffenen Bauten höchst nützlich und funktional angelegt. Deutlichstes Kennzeichen der Zeit von Parantaka

(König der Chola) ist das dekorative Übermaß. Der Koranganatha-Tempel in der Nähe der südindischen Stadt Tiruchirappalli, um 940 erbaut, vermehrt stufenweise den Dekor an den verschiedenen Teilen des Bauwerks – eine Neuerung, die sich bei zukünftigen Tempeln des Reichs wiederfindet. Die Chola-Zeit stellt den Höhepunkt der südindischen Kultur dar, vor allem während der Herrschaft von **Rādjarādja dem Großen** (985–1014). Er reorganisiert die Verwaltung, lässt eine Flotte bauen, schützt aber auch Wissenschaft und Künste. Die Tempel werden zu regelrechten Städten und wirtschaftlichen, politischen und religiösen Zentren. In der ersten Hälfte des 10. Jahrhunderts werden die Bauten noch monumentaler, was etwa für den Brhadisvara-Tempel (1011) in Tanjavur, der Shiva geweiht ist, gilt oder auch für den gleichnamigen Tempel in Gangaikonda Cholapuram (ebenfalls im Bundesstaat Tamil Nadu, 1025). Dort ist das Ensemble noch imposanter mit seinem Hof und der Pfeilerhalle mit 150 Pfeilern auf einer der Achsen – was den *maṇḍapam* «der tausend Säulen», die «Tausendsäulen-Halle» vorwegnimmt, die zu einem durchgängigen Element späterer Tempel wird. Als die Macht der Chola schwindet, geht auch die Zeit der großen Sakralbauten dem Ende zu. Im Bereich der Skulptur setzen die unzähligen Statuen, welche die Tempel schmücken, die Bildhauertradition der Pallava fort. Die Werke geben den Eindruck jugendlicher Zerbrechlichkeit wieder. Die Statuen werden größer, die Gesichter verlieren jeden Ausdruck.

4

Die indo-muslimische Kunst

Die Gebiete, die dem Sultan von Delhi unterstehen, stehen in der Architektur unter zweifachem Einfluss: hier der hinduistische figurative Polytheismus, dort der bilderstürmerische Monotheismus des Islam. Die Formen beeinflussen sich jedoch gegenseitig und bringen dadurch die indo-muslimische Kunst hervor. Wichtigste Kennzeichen der Bauten sind einerseits die Spitzbögen, die gesäumt sind von kleineren Gewölbebögen, die wiederum in Blumenknospen auslaufen. Das andere wichtige Kennzeichen ist der florale Dekor mit Koraninschriften. Zu den wichtigsten Bauten des Sultanats von Delhi zählt das Quṭb Minār (Minarett des Quṭb), das 1199 begonnen wird, ferner die Adhai-din ka-jhompra-Moschee in Ajmer, begonnen 1200, auch zahlreiche Mausoleen: so etwa das von Sultan Balban (1266–1287, Delhi), von Sultan Ghiyas du-Din Tughluq (1320–1325, Delhi), dazu Paläste wie der in Adilabad, das «Haus der Gerechtigkeit» von **Mohammad ibn Tughluq** (1325–1351), und ganze Quartiere wie das Hauz i-khass in Delhi mit dem «königlichen Wasserbecken», errichtet unter **Fīrūz Shāh** (1351–1388). Das Quṭb Minār ist das größte Minarett der Welt. Aus rotem Sandstein im 13. Jahrhundert errichtet, erhebt es sich bis zu einer Höhe von 73 Metern. Sein Name bedeutet «Siegesturm». Eindrucksvollstes Beispiel der indo-muslimischen Architektur Delhis aber bleibt das Rote Fort, eine gewaltige Festungsanlage aus rotem Sandstein, erbaut im 17. Jahrhundert. Die Mogul-Eroberer verleihen ihm sein heutiges Aussehen. Die Umfassungsmauer hat eine Länge von zweieinhalb Kilometern. Die Höhe wechselt je nach Abschnitt von 16 bis auf 33 Meter. Außer den kolossalen Eingangstoren hat diese Anlage aus der Zeit als imperiale Residenz bis heute die Bäder, Audienzsäle, private und öffentliche Gemächer und Moscheen bewahrt. Die außergewöhnliche Feinheit der leichten und verzierten Architektur dieser Innenbauten bildet einen starken Gegensatz zu der machtvollen Konstruktion der Außenmauer, die militärischen Bedürfnissen standhalten muss.

Das mittelalterliche Indien: Treffpunkt der Religionen

Vor der Machtübernahme durch die Mogulherrscher im Jahre 1526 ist Indien in viele kleinere Staaten unterteilt. Zu nennen sind etwa die Rajputenstaaten, Bengalen, die südlichen Königreiche oder die Sultanate im Norden. Obwohl dies eher eine Zeit der künstlerischen Stagnation ist, so ist doch die Vertiefung der religiösen Lehren in diesen Gebieten bemerkenswert und bringt Sekten hervor, deren Gründer (zuweilen) einen Synkretismus aus Hinduismus und Islam bewirken wollen. Das ist der Fall bei dem Dichter und religiösen Reformator **Kabir** (um 1398–1440), der die Kasten, Rassen und Religionen ablehnt, die eine einzige gültige Orthodoxie behaupten. Kabir formuliert die absolute Gleichheit der Menschen. Einen Großteil seines Lebens verbringt er lehrend in Varanasi (Benares), wo er den hinduistischen «Rama» mit dem muslimischen «Rahim» (barmherzig) zu einem einzigen göttlichen Wesen vereint. Er gründet die Sekte der *Kabīr-Panthi:* die, die dem «Weg Kabirs folgen». Der Kern seiner synkretistischen Vision wird in einer Textsammlung dargelegt, im *Bijak* (Gedichte), woher der Ausdruck «Bīja» für ein Dokument stammt, das heilige Texte beinhaltet.

Doch der machtvollste Versuch einer Fusion von Hinduismus und Islam geschieht durch den Sikhismus und dessen *Adi Granth.* Dieses «Ur-Buch» ist die Heilige Schrift des Sikhismus (*sikh:* der Schüler). Diese Religion wird von Guru Nanak (1469–1539) im Punjab, im Nordwesten Indiens, gegründet. Heiliger Ort der Sikhs ist der *Goldene Tempel* von Amritsar, wo der *Adi Granth* oder *Guru Granth Sahib* aufbewahrt ist (*sahib:* Herr, Meister). Diese Schrift wird selbst als Person betrachtet, als letzter Guru oder Meister der Sikhs. Der Text umfasst 15 575 Verse, die in Tausende von Hymnen oder Shabhads unterteilt sind, welche wiederum in 31 Ragas zusammengefasst sind, den traditionellen indischen Musikwerken. Zusammen machen sie 1430 Seiten aus. Sie stellen eine Synthese aus Hinduismus und Islam dar, genauer: aus Hinduismus und der mystischen Strömung des Islam, dem Sufismus. Die Existenz eines einzigen, allwissenden, allmächtigen Gottes wird behauptet. Vom Hinduismus übernimmt der Sikhismus die Vorstellung des *saṃsāra*, der Seelenwanderung, das Karma oder die Wirkung der Taten auf zukünftige Leben sowie die endliche Befreiung, die dem Kreis der Wiedergeburten durch die Vereinigung mit Gott ein Ende setzt. Vom Islam hat der Sikhismus den Schöpfergott übernommen, dessen Wille alles regiert.

2. Das mittelalterliche China

Höhepunkt: Die Tang-Dynastie (618–907)

Die Tang-Dynastie bildet den Gipfelpunkt der Machtentfaltung im alten China, sowohl politisch wie militärisch. Es ist dies aber auch ein Goldenes Zeitalter einer glanzvollen Kultur, bezeugt durch Kunst und einen der Höhepunkte der klassischen chinesischen Dichtung. Im Jahre 618 wird General Li Yuan zu Kaiser Gaozu (618–626). Allerdings verdankt er seinen Zugang zum Thron einzig den strategischen Fähigkeiten seines jüngsten Sohnes **Li Shimin**. Dieser, zugunsten seines ältesten Bruders von der Thronfolge ausgeschlossen, besiegt diesen Bruder und lässt ihn wie auch den anderen, jüngeren, Bruder töten. Danach setzt er seinen Vater ab und ruft sich zum Kaiser **Taizong** (626–649) aus. Er soll der bemerkenswerteste Herrscher seiner Dynastie werden. Mehrere Feldzüge bescheren ihm die Kontrolle über China. Er schützt die Grenzen durch Siege über die Osttürken/Göktürken (630), die Tibeter (642) und die Westtürken (von 642 bis 648). Zu den drei koreanischen Königreichen hält er Abstand. Unter seiner Herrschaft wird die Verwaltung effektiver gestaltet: Die drei Departements (Sekretariat, Kanzlei, Staatsangelegenheiten) und die sechs Ministerien (Personal, Einkünfte, Riten, Krieg, Justiz, Arbeit) kontrollieren das Reich und seine Grenzen, indem sie sich auf Funktionäre stützen, die durch Prüfungen rekrutiert werden. Ihr Wissen gründet sich auf die Kenntnis klassischer Texte, deren offizielle Version im Jahre 650 unter dem Titel *Fünf Klassiker* veröffentlicht wird. Das Ende der Herrschaft Taizongs wird von den Streitigkeiten um die Nachfolge überschattet, die ab 643 unter den Söhnen des Kaisers ausbrechen. Als einfache Konkubine, die sich durch Intrigen und Mord in den Rang einer Kaiserin erhoben hat, setzt **Wu Zetian** ihren Sohn 683 ab und ruft sich 690 zur Kaiserin **Shengshen** aus, der einzigen Repräsentantin der Zhou-Dynastie, die sie begründet. Zugunsten ihres Sohnes **Zhongzong** (705–710) dankt sie 705 ab, womit sie faktisch die Tang-Dynastie ermöglicht. Unter ihren Nachfolgern ist Kaiser **Xanzong** (712–756) ein bedeutender Mäzen, jedoch ein schwacher Herrscher, der durch seine Umgebung manipuliert wird, die ihn schließlich auch absetzt. Die nachfolgenden Herrscher verlieren allmählich ihre militärischen Fähigkeiten und müssen sich daher den Uiguren unterwerfen, einem islamisierten Turkvolk, um ihre Verteidigung sicherzustellen. Die Uiguren werden im Jahre 845 von einem weiteren, rivalisierenden Turkvolk besiegt, den Scha-t'o. Aufgezehrt durch die Konzessionen an Tibet und die Aufstände der Landbevölkerung ist die Tang-Dynastie damit dem Untergang geweiht. In diesem Chaos dankt der letzte Tang-Kaiser **Ai** (oder Zhaoxuan, 904–907) im Jahre 907 ab. Eingekerkert stirbt er im folgenden Jahr im Alter von 70 Jahren.

Ein Rechtsdenkmal: Der Tang-Kodex

Außer den glasierten Tongefäßen und der zarten Kunst der Hofdichtung hinterlassen die Tang ihrem Land ein Monument der Rechtsgeschichte: den *Tang-Kodex*, der zwischen 624 und 653 entsteht. Er ist die Grundlage des chinesischen Rechtssystems bis zum Untergang des Kaiserreichs 1911. Kaiser **Gaozu** (618–626) befiehlt ihn, eine erste Version wird 624 unterbreitet. In den Jahren 627 und 637 verbessert, erscheinen im Jahr 653 Kommentare dazu. Der Kodex ist in 12 Abschnitte mit insgesamt 500 Artikeln eingeteilt. Die Strafen werden von einem Magistrat entsprechend der Natur des Delikts sowie der gesellschaftlichen Beziehung von Opfer und Täter festgesetzt. Die gesellschaftliche Organisation soll auf Harmonie und Respekt gegenüber den Autoritäten beruhen, wie es der Konfuzianismus fordert.

China in Trümmern: Die Zeit der Fünf Dynastien und der Zehn Königreiche (907–960)

Das Ende der Tang-Dynastie im Jahre 907 bewirkt ein erneutes Zerbrechen Chinas: Im Norden entstehen die Fünf Dynastien, im Süden die Zehn Königreiche. Im Nordosten entsteht das Königreich Kitan, das von der Liao-Dynastie (907–1125) beherrscht wird. China ist zu diesem Zeitpunkt internen Rivalitäten und politischer Instabilität ausgesetzt. Der Kaisertitel maskiert nur die Schwäche seines Trägers, dessen Territorium sich oft allenfalls auf eine Provinz erstreckt. Schließlich aber wird das Reich durch **Taizu** (960–976) neu aufgestellt, den Gründer der Song-Dynastie

Die Wiedervereinigung unter den Song (960–1279)

Die Song-Dynastie (960–1279) umfasst in Wahrheit zwei Perioden: die des vereinten China unter den nördlichen Song (960–1127) mit Kaifeng als Hauptstadt sowie das Gebiet der südlichen Song (1127–1279), welche die Kontrolle über Nordchina zugunsten der Jin-Dynastie (1115–1234) verloren haben, die in Hangzhou regieren. **Taizu** (960–976) erobert fast den gesamten Süden, ohne allerdings die nordöstlichen Liao in Kitan bedrohen zu können. Er reformiert die Verwaltung und ersetzt die getrennten zivilen und militärischen Organisationen durch ein einziges Ministerium, das der Zentralgewalt unterworfen ist. Sein Bruder **Taizong** (976–997) vollendet die Eroberung des Südens, scheitert aber ebenfalls gegen Kitan. Sein Sohn **Zhenzong** (997–1022) modernisiert das Land grundlegend, fördert das Kleinbauerntum und vereinfacht das Steuersystem. Doch 1004 muss er einen Friedensvertrag mit Kitan unterzeichnen, der die Song zu Tributzahlungen verpflichtet. Unter Zhenzongs Herrschaft verwaltet Kanzler **Wang Anshi** (1021–1086) das Reich. Ab 1069 sitzt er einer ständigen Reformkommission vor. Er lässt ein neues Kataster anlegen, sichert das tägliche Leben der Bauern durch staatliche Darlehen und reduziert außerdem staatliche Ausgaben. Er verändert den Unterricht, indem er auch technische Fächer einführt. Doch seine Reformen stoßen auf die Feindschaft der Aristokratie und auf Unruhen unter den Bauern, die durch Hungersnöte ausgelöst werden.

1115 gründet **Wanyan Aguda** aus dem Mandschu-Königreich der Jurchen, unter dem Namen **Taizu** (1115–1123) später dann Kaiser in Nordchina, die Jin-Dynastie (1115–1234). 1118 verbündet sie sich mit den Song gegen die Liao, die 1125 geschlagen werden. 1127 erobern die Jin die Stadt Kaifeng. Zu diesem Zeitpunkt gründen die südlichen Song ihre Hauptstadt südlich des Yangtse-Flusses – der auch «blauer Fluss» genannt wird – in Hangzhou. Eine Weile besetzen die Jin diese Stadt (um 1130), doch werden sie ihrerseits durch die einfallenden Mongolen bedroht. 1211 führt **Dschingis Khan** (1155–1227) seinen Feldzug gegen die Jin. Er nimmt ihre Hauptstadt Peking 1215 ein. Kaifeng fällt 1233. Im Jahre 1234 begeht der letzte Jin-Herrscher Selbstmord, was diese Dynastie beendet. Die südlichen Song helfen den Mongolen, die Jin endgültig zu besiegen, begehen dann aber den Fehler, sie anzugreifen. Die Mongolen beschließen, nach Süd-China einzudringen. Sie erobern Hangzhou 1276. Was von ihrem kaiserlichen Hof noch übrig bleibt, flieht mit den beiden Kindkaisern, die einander schnell auf den Thron folgen. Die letzte Niederlage im Jahre 1227 zieht den Untergang der Song 1279 nach sich. Sie wird durch die ausländische Yuan-Dynastie (1279–1368) aus der Mongolei ersetzt.

Die Erforschung Chinas erhält ab dem 13. Jahrhundert immer größere Bedeutung. Zahlreiche Missionare werden zum Groß-Khan geschickt, so etwa der italienische Franziskaner Giovanni da Pian del Carpine (um 1182–1252). In seinem *Liber Tartarorum* beschreibt er seine Reise. 1252 wird der flämische Franziskaner **Wilhelm von Rubruk** (1225–1295) von Ludwig IX. mit der gleichen Mission betraut. Marco Polo wird einige Jahre darauf das Reich des mongolischen Herrschers durchqueren. Die Angaben, die er danach über die orientalischen Länder macht, sind für die Darstellung der Welt im 14. und 15. Jahrhundert autoritativ.

Die Mongolen in China: Die Yuan (1279–1368)

Die mongolische Yuan-Dynastie wird 1271 von **Kublai Khan** (1271–1294) ausgerufen. Sie ist aber die einzige, die nach der Ausschaltung der letzten Song im Jahre 1279 über China herrscht. Die Schwierigkeit der Yuan-Herrscher besteht darin, am Schnittpunkt zweier Welten zu leben – mit den Erwartungen de Mongolen einerseits und andererseits ihrem Wunsch, sich in die chinesischen Dynastien zu integrieren und sich zu sinisieren. Die Mongolen organisieren die chinesische Gesellschaft im Hinblick auf diese widersprüchlichen Erwartungen: Die hohen Posten sind Mongolen vorbehalten, die die erste Kategorie der Bürger ausmachen. Danach folgen die anderen Ethnien, die Han, dann die Jurchen und die Mandschu, endlich die Bewohner des alten südlichen Song-Reiches. Die Tradition der durch kaiserliche Examen rekrutierten Beamten wird wieder aufgenommen, die Examen werden 1313 wieder eingeführt. Kublai Khan, der zum Kaiser **Shizu** wird, versucht vergeblich, Japan, Vietnam, Birma und Indonesien zu erobern. Während seiner Herrschaft hält sich Marco Polo in China auf. Ungefähr im Alter von 20 Jahren erreicht Marco Polo (1254–1324) den Norden Chinas, den er Cathay nennt. Von Kublai Khan wird er sehr günstig aufgenommen. Dieser ist glücklich, fremde Darstellungen über die Gegenden zu hören, durch die Marco Polo gekommen ist. Der Kaiser gestattet Marco Polo, in die verschiedenen Teile des Reiches zu reisen. Glaubt man seinem Buch *Il milione – Der Millione (Buch von den Herrlichkeiten der Welt)*, dann hat er administrative Verantwortung und regiert die Stadt Yangzhou drei Jahre lang zwischen 1282 und 1287.

Die Yuan machen Peking zu ihrer Hauptstadt. Schnell kommt unter ihren chinesischen Untertanen – in der Mehrzahl Han – große Unzufriedenheit auf, weil diese die fremde Dynastie ablehnen. Der Aufstand der Roten Turbane zwischen 1351 und 1368 beschleunigt den Zerfall der Mongolenherrschaft. Kriegsherrn regieren chinesische Provinzen in vollständiger Unabhängigkeit, vereint durch die Generäle der Yuan-Armee. **Zhu Yuanzhang** (1328–1398) eint im Jahre 1352 die Roten Turbane. Dieser Bauer entwickelt sich schnell zu einem furchterregenden General. 1368 zwingt er den letzten Yuan-Herrscher zur Flucht und ruft sich selbst zum Herrscher aus unter seinem Herrschernamen **Hongwu** (1368–1398). Er wird zum Begründer der vorletzten chinesischen Dynastie, der Ming (1368–1644).

Die mittelalterliche Kunst in China

Die von der Sui-Dynastie (581–618) bewirkte Einigung des Landes ist von beträchtlichem Einfluss auf die Künste. Die **Tang-Dynastie** (618–907) übernimmt Reformen der Sui und führt China seinem Höhepunkt entgegen. Sie öffnet China für äußere Einflüsse. Der Buddhismus verbreitet sich. Künstlerische Darstellungen werden dementsprechend verändert, vermutlich durch Beziehungen zum Indien der Gupta-Zeit und wegen der berühmten Reise, die der chinesische Mönch Huian-Tsang 629 unternimmt. Er kehrt 644 nach Indien zurück. Innerhalb der Architektur nimmt der für Indien so typische Stupa mit seiner Halbkugel-Gestalt in China die Gestalt einer kubischen oder vieleckigen Pagode an, oder auch die eines Turmes aus Steinen oder aus geschichteten Ziegeln. Auch übereinandergestellte Dächer finden sich, wie in der Songyue-Pagode in Henan, um 525.

Die Architektur der Tang: Palast mit umliegender Stadt

Die Konstruktion chinesischer Häuser ist eine Antwort auf die Erfordernisse der Geomantie, auf mythische Faktoren sowie auf praktische Erfordernisse (Verpflegung und Verteidigung). Zu den grundlegenden Prinzipien gehören etwa die gemauerte Einfassung, die Nord-Süd-Ausrichtung sowie die Symmetrie und die Axialität, die schon kurz zuvor umgesetzt wurden. Ab dem 6. Jahrhundert sind drei räumliche Einheiten zu unterscheiden: ein geschlossener Ort für die Aristokratie, ein Ort für Händler und Handwerker und schließlich ein Ort, an dem die außerhalb der Mauern liegenden Felder bearbeitet wurden. Unter den Tang weist die Hauptstadt Chang'an einige Neuerungen auf: Im Norden der Stadt befindet sich der Kaiserpalast, direkt an die Stadtmauer gebaut, im Süden sind die Regierungsbüros. Die Stadt dehnt sich nach Westen auf 9,7 Kilometern aus, 8,6 Kilometer von Nord nach Süd, sie ist von einer Stadtmauer mit einer Länge von mehr als 35 Kilometern umgeben. Die 108 Quartiere sind je von einer eigenen Mauer umgeben. Der Palast mit seiner Grundfläche von zwei Quadratkilometern ist das Zentrum der Hauptstadt.

Die grünen Pferde der Tang-Skulptur

Die Tang-Kultur ist vor allem wegen ihrer Bildhauerkunst berühmt. Die bis unlängst noch vollständig bekleideten Personen weisen nunmehr nackte Oberkörper auf, der Körper ist in Bewegung dargestellt, die Hüften sind geschmeidig wiedergegeben. Die Bewegung wird intensiver, sobald Krieger oder Torwächter dargestellt sind. Die Longmen-Grotten, mehrere Tausend-Buddha-Höhlen und die Löwengrotte belegen dies sehr deutlich. Die Darstellung des Bodhisattva entwickelt sich in gleicher Weise, vor allem die von Maitreya und Guanyin, den buddhistischen Symbolen für Weisheit und Erbarmen. Die Gesichtszüge werden typisch chinesisch mit runden Wangen und einem kleinen Kinn. Die Tierskulptur, vor allem die von Pferden, ist für diese Periode typisch. Der Wunsch, gegenüber der Natur und der Wirklichkeit Treue zu bewahren, dominiert. Die Beine der Tang-Pferde sind charakteristisch, leicht gebogen, die Hufe berühren sich beinahe. Die plastische Wirkung der Tiere, die zumeist aus Terrakotta bestehen und in Gräbern gefunden wurden, wird durch Farbe oder farbige Emaille betont, welche die Pferde nicht vollständig bedecken, wenn es sich um Stücke von besonderer Größe handelt. Die häufigsten Farbtöne sind Grün, Blau und Gelb.

Die Tang-Malerei: Tusche und Zartheit

Eine neue Kunst erscheint, die sich unaufhörlich weiterentwickelt: die einfarbige Tusche-Landschaftszeichnung. Die Erfindung dieser Tinte wird dem Dichter **Wang Wei** (699–759) zugeschrieben, dem Gründer der Südlichen Schule. Noch weitere Maler müssen genannt werden, etwa **Yen Li-pen** (um 600–673), dessen Qualitäten auf der *Dreizehn-Kaiser-Rolle* zu sehen sind wie auch in den Porträts, die sich durch den zarten Gebrauch von Schatten und abgestufte Farbtöne auszeichnen.

Bildende Künste zur Zeit der Yuan: Die Malerei der Gebildeten

Die Reisenden und Missionare aus dem Abendland hinterlassen bewundernde Beschreibungen des damaligen China. Im Bereich der Architektur sind wenige Neuerungen sichtbar: Die tibetanische Pagode erscheint an der Seite der traditionellen Pagode mit mehreren Etagen. Die bekanntesten Bildhauer dieser Zeit sind **Aniko** (13. Jahrhundert), der aus Nepal stammt, und der Taoist **Liu Yuan** (um 1240–1324). Die freie Kunst beherrscht die Malerei und viele Künstler lehnen jede Verbindung mit der staatlichen Akademie oder auch die Hilfe eines Mäzens ab. Diese Malerei-Richtung, *Wen-Jen-hua*, die «Malerei der Gebildeten», beruht auf dem bildnerischen Ausdruck des Gefühls für Diskretion und Edelmut. Mehrere große Namen illustrieren die Malerei der Yuan. **Zhao Mengfu** (1254–1322), Direktor der Akademie Hanlin, ist der gleichsam offizielle Künstler. Er malt vor allem Pferde. Sein Einfluss am Hof in Peking ist beträchtlich. **Gao Kegong** (1248–1310) und **Wu Zhen** (1280–1354), der für seine Bambus-Tuschezeichnungen berühmt ist, üben großen Einfluss auf die Nachwelt aus. Die Tusche wird mit einem trockenen Pinsel aufgebracht, was die Verwandtschaft dieser Technik mit der Kalligraphie betont. Die drei großen Illustratoren der Yuan sind **Huang Gongwang** (1269–1354), **Ni Zan** (1301–1374) mit seinen strengen Landschaften und **Wang Meng** (1308–1385), dessen Malerei von nervösen und dynamischen «Faltungen» durchzogen ist. In den sehr unterschiedlichen Werken der genannten Maler erscheinen Ocker und Indigo. Diese Tradition wird unter den Ming wieder aufgenommen.

Die Literatur im mittelalterlichen China

Die Tang-Literatur: Höhepunkt der Dichtung

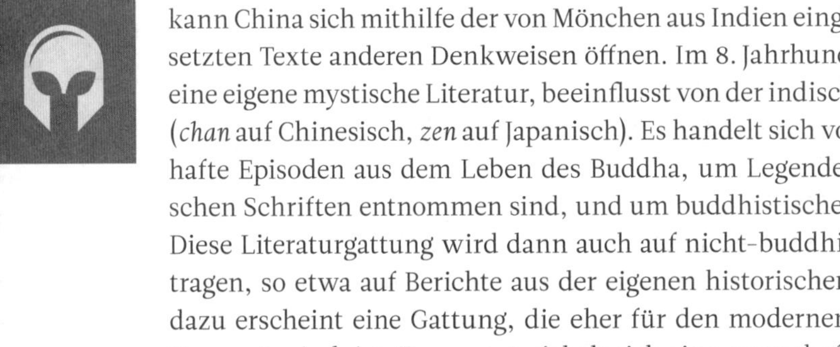

Die Literatur unter den Tang erfährt wie auch die anderen Künste eine Blütezeit. Die Dichtung erreicht ihren Gipfelpunkt. Die Herrscher, vor allem **Xuanzong** (602–664), schützen und fördern Wissenschaft und Kunst. Außerdem kann China sich mithilfe der von Mönchen aus Indien eingeführten und übersetzten Texte anderen Denkweisen öffnen. Im 8. Jahrhundert entwickelt sich eine eigene mystische Literatur, beeinflusst von der indischen Dhyana-Schule (*chan* auf Chinesisch, *zen* auf Japanisch). Es handelt sich vor allem um romanhafte Episoden aus dem Leben des Buddha, um Legenden, die den kanonischen Schriften entnommen sind, und um buddhistische Propaganda-Texte. Diese Literaturgattung wird dann auch auf nicht-buddhistische Texte übertragen, so etwa auf Berichte aus der eigenen historischen Tradition. Parallel dazu erscheint eine Gattung, die eher für den modernen volkssprachlichen Roman typisch ist. Ferner entwickelt sich eine romanhafte Literatur, die der gesprochenen Sprache ähnlich ist. Die Tang-Dynastie bedeutet einen Wendepunkt in der Geschichte des poetischen Schreibens. Die Dichtung erreicht ihren Höhepunkt. Der «neue Stil» dieser Zeit bringt das Genre *shi* zu Ehren, das an eine bestimmte Metrik gebunden ist: ein Gedicht von acht Versen mit je vier oder fünf Füßen. Dieser Stil wird wiederum unterteilt in *gushi*, «alte Gedichte», und *jintishi*, «moderne Gedichte». Die Dichterfürsten dieser Gattung sind **Wang Po** (647–675), **Lou Chao-lin** (7. Jahrhundert) und **Lo Pin-wang** (619–687). **Han Yu** (768–824), ein überzeugter Konfuzianer, führt den sogenannten *Gu-wen*-Stil in die Literatur ein, «alte Prosa». Es handelt sich um einen schnörkellosen Stil, der sich den Stil der Han-Zeit zum Vorbild nimmt und dadurch den seit dem 4. Jahrhundert benutzten, eher beladenen und blumigen Stil ersetzt. Am Ende der Tang-Zeit kommt das *tseu* auf, ein Gedicht, das eigens für ein Musikstück geschrieben wurde. Die *Geschichte der Drei Reiche*, ein historischer Roman, der das Ende der Han-Dynastie sowie die Zeit der drei Königreiche (220–265) behandelt, wurde im 14. Jahrhundert von **Luo Guanzhong** nach der klassischen *Chronik der Drei Reiche*, verfasst von **Chen Shou** (233–297), geschrieben. Die *Geschichte der Drei Reiche* ist das populärste Epos der chinesischen Literatur.

Die Literatur unter den Song: Der Sinn für Geschichte

Die Literatur erfährt in allen Genres eine außerordentliche Entfaltung, vor allem aber in der Prosa. Treibende Kraft ist die Chu-Schule, die zum ersten Mal Ausdrücke aus dem Alltagsleben benutzt. Dieser Schule steht die Lo-Yang-Schule gegenüber, die ihre Inspiration vom Taoismus bezieht und das Alltägliche abstoßend findet. Zu den am meisten geschätzten Genres gehören die Reiseberichte und die Geschichten der Dynastien. **Ouyang Xiu** (1007–1072) stellt die *Neuen Tang-Annalen* zusammen, die uns viele Informationen über diese Dynastie liefern. Auf dem Feld der Poesie triumphiert das *Ci* als eher freie Gedichtform, das unter den Liang (502–557) entsteht, nun durch **Su Shi** (1037–1101) vertreten. Immer weiter bis zur rein poetischen Form reduziert, trennt es sich von der Musik. Große wissenschaftliche Werke entstehen gegen Ende des 13. Jahrhunderts. Gleichsam am Rande des Song-Reichs entsteht *Samguk yusa*, ein in chinesischer Literatursprache verfasstes Werk über die *Denkwürdigen Taten der Drei Königreiche*. Diese klassische Sammlung des Mönchs **Il-yeon** (1206–1285) ist ein Legendenwerk über das alte Korea.

4

Die Literatur unter den Yuan: Der Sinn für das Theater

Das Theater erfährt gleichfalls einen bedeutenden Aufschwung. Zur Zeit der Yuan wird die musikalische Begleitung der Theaterstücke eingeführt. Nachdem das System der Examen (zum Staatsdienst) abgeschafft worden ist, wenden sich viele Gebildete dem dramatischen Genre zu. Die Dramen-Literatur in Volkssprache erlebte ihre ersten Erfolge. Die Dramen dieser Epoche sind eigentlich Opern mit Dialogen, Gesängen und Tänzen, eingeteilt in einen Prolog und vier Akte. Diese Einteilung gilt vor allem im Norden. Im Süden werden Stücke mit mehreren Szenen geschrieben. Ihre Themen entstammen der Mythologie oder auch dem Alltagsleben, mit diskreter Kritik an der Politik. Von den südlichen Dramen sei das *Pi-pa-ki* oder die *Geschichte einer Laute* erwähnt, 1355 zweifelsohne von **Kao Ming** (1305–1370) komponiert. Ein weitere Name aus der Welt des Theaters ist der von **Guan Hanqing** (Kouan Han-k'in, um 1225–1302). Sein *Traum eines Schmetterlings* hat viele Facetten und ist von reicher Inspiration. Eine weitere poetische Form kommt auf, der *sanqu*, hervorgegangen aus den Gesängen der Kurtisanen. Auch Romane sind im 14. Jahrhundert erfolgreich. Die Erzählungen sind in zwei Zyklen abgefasst. Die erwähnte *Geschichte der Drei Reiche* sowie *Am Ufer des Wassers*, welches einem gewissen **Shi Naian** (um 1296–1370) zugeschrieben wird, gehören zu den beliebtesten.

Die Philosophie unter den Song: Konfuzius oder Buddha?

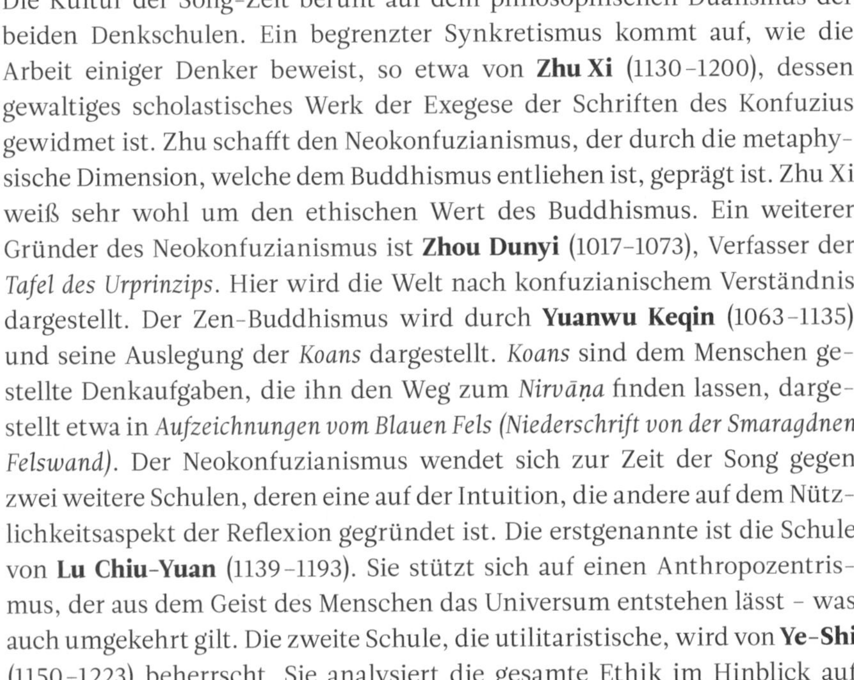

Die Kultur der Song-Zeit beruht auf dem philosophischen Dualismus der beiden Denkschulen. Ein begrenzter Synkretismus kommt auf, wie die Arbeit einiger Denker beweist, so etwa von **Zhu Xi** (1130–1200), dessen gewaltiges scholastisches Werk der Exegese der Schriften des Konfuzius gewidmet ist. Zhu schafft den Neokonfuzianismus, der durch die metaphysische Dimension, welche dem Buddhismus entliehen ist, geprägt ist. Zhu Xi weiß sehr wohl um den ethischen Wert des Buddhismus. Ein weiterer Gründer des Neokonfuzianismus ist **Zhou Dunyi** (1017–1073), Verfasser der *Tafel des Urprinzips*. Hier wird die Welt nach konfuzianischem Verständnis dargestellt. Der Zen-Buddhismus wird durch **Yuanwu Keqin** (1063–1135) und seine Auslegung der *Koans* dargestellt. *Koans* sind dem Menschen gestellte Denkaufgaben, die ihn den Weg zum *Nirvāṇa* finden lassen, dargestellt etwa in *Aufzeichnungen vom Blauen Fels (Niederschrift von der Smaragdnen Felswand)*. Der Neokonfuzianismus wendet sich zur Zeit der Song gegen zwei weitere Schulen, deren eine auf der Intuition, die andere auf dem Nützlichkeitsaspekt der Reflexion gegründet ist. Die erstgenannte ist die Schule von **Lu Chiu-Yuan** (1139–1193). Sie stützt sich auf einen Anthropozentrismus, der aus dem Geist des Menschen das Universum entstehen lässt – was auch umgekehrt gilt. Die zweite Schule, die utilitaristische, wird von **Ye-Shi** (1150–1223) beherrscht. Sie analysiert die gesamte Ethik im Hinblick auf ihre konkreten Erfordernisse.

Religion: Der Buddhismus zur Zeit der Tang

Die Tang-Periode gilt als Höhepunkt des chinesischen Buddhismus. Man unterscheidet drei Zeitabschnitte:

1. Der Buddhismus wird vor allem durch Kaiserin **Wu Zetian** (690–704) befördert, die ihn parallel zum System der Examen einsetzt, um den Adel zu beherrschen. Während des politischen Höhepunkts der Tang (618–755) machen die Pilger zahlreiche Reisen: **Xuanzang** (602–664) kommt im Jahr 645 aus Indien zurück und bringt 57 Texte und 150 Reliquien des Buddha mit sich.

Mehrere Schulen existieren:

- **Die Faxiang-Schule**, «Schule der Daseinsmerkmale», gegründet von Xuanzang. Sie bezieht sich auf eine Lehre der Yogasana – derjenigen, die Yoga betreiben.
- **Die Huayan-Schule**, «Blütenschmuck-Schule», deren grundlegender Text das *Blumengirlanden-Sutra* ist.
- **Die Jingtu-Schule**, «Schule des Reinen Landes», sie wird zur wichtigsten religiösen Bewegung der Epoche. Sie stützt sich auf das *Sutra des Reinen Landes*, ihre Übungen werden zu Ehren von Amitabha durchgeführt.
- **Die tantrische Schule** entwickelt sich im 8. Jahrhundert mit der Ankunft indischer Meister. Von den Herrschenden schlecht verstanden, wird sie vor allem wegen ihrer magischen Kräfte geschätzt.
- **Die Mizong- oder Tiantai-Sekte**, Sekte der Geheimnisse, erfreut sich im 7. und 8. Jahrhundert einer unvergleichlichen Gunst.
- **Die Chan-Sekte**, *zen* in Japan; spielt bei den Tang nur eine sekundäre Rolle.

2. Mit der Renaissance der Tang (763–843) kommt es zu ausgedehnten Verfolgungen. Grund dafür ist ein verändertes Denken. Diese Zeit der Verfolgungen ist eine Reaktion auf die Tyrannei der Kaiserin Wu Zetian. Daraus wird die Guwen-Bewegung, benannt nach einer alten Schriftform, die durch **Liu Tsung-yuan** (773–819) modisch wird. Liu ist anti-buddhistisch und verkündet den Neokonfuzianismus der Song.

3. Die letzte Periode (843–907) ist durch das Verbot fremder Kulte gekennzeichnet, welches 843 von Kaiser **Wuzong** (841–846) erlassen wird. Das trifft den Buddhismus: Rückkehr von 260 000 Mönchen und Nonnen ins weltliche Leben, Konfiszierung ihrer Güter, buddhistische Zeremonien werden unterdrückt. 46 000 Klöster werden zerstört. Grund dafür ist die wirtschaftliche Macht der Klöster. Doch der Kaiser widerruft die meisten seiner Erlasse. Das Ende der Tang-Zeit ist durch den unaufhaltsamen Aufstieg eines volkstümlichen Buddhismus gekennzeichnet sowie durch die Einführung taoistischer Gottheiten.

3. Das mittelalterliche Japan

Die Zeit der Nara (710–794): Der politische Buddhismus

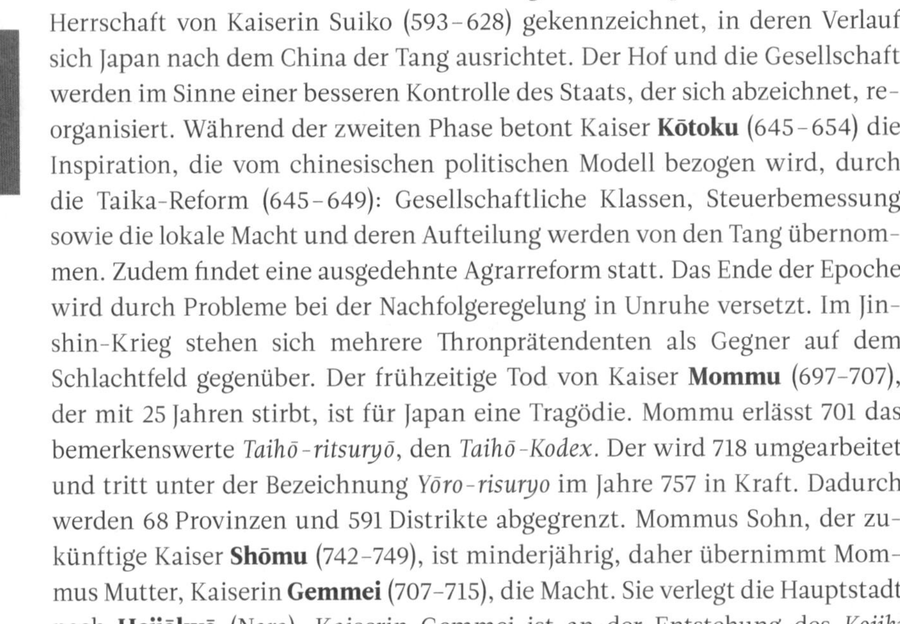

Die Asuka-Zeit (552–646) und die Hakuhō-Zeit (593–710) bereiten gleichsam die strahlende Nara-Zeit vor. Die erste der genannten Epochen ist durch die Herrschaft von Kaiserin Suiko (593–628) gekennzeichnet, in deren Verlauf sich Japan nach dem China der Tang ausrichtet. Der Hof und die Gesellschaft werden im Sinne einer besseren Kontrolle des Staats, der sich abzeichnet, reorganisiert. Während der zweiten Phase betont Kaiser **Kōtoku** (645–654) die Inspiration, die vom chinesischen politischen Modell bezogen wird, durch die Taika-Reform (645–649): Gesellschaftliche Klassen, Steuerbemessung sowie die lokale Macht und deren Aufteilung werden von den Tang übernommen. Zudem findet eine ausgedehnte Agrarreform statt. Das Ende der Epoche wird durch Probleme bei der Nachfolgeregelung in Unruhe versetzt. Im Jinshin-Krieg stehen sich mehrere Thronprätendenten als Gegner auf dem Schlachtfeld gegenüber. Der frühzeitige Tod von Kaiser **Mommu** (697–707), der mit 25 Jahren stirbt, ist für Japan eine Tragödie. Mommu erlässt 701 das bemerkenswerte *Taihō-ritsuryō*, den *Taihō-Kodex*. Der wird 718 umgearbeitet und tritt unter der Bezeichnung *Yōro-risuryo* im Jahre 757 in Kraft. Dadurch werden 68 Provinzen und 591 Distrikte abgegrenzt. Mommus Sohn, der zukünftige Kaiser **Shōmu** (742–749), ist minderjährig, daher übernimmt Mommus Mutter, Kaiserin **Gemmei** (707–715), die Macht. Sie verlegt die Hauptstadt nach **Heijōkyō** (Nara). Kaiserin Gemmei ist an der Entstehung des *Kojiki* (Aufzeichnung aller Geschehnisse) beteiligt, der Liste aller Kaiser seit ihrer göttlichen Vorfahrin, der Sonnengöttin Amaterasu. Auch am *Nihonshoki*, der *Chronik Japans in einzelnen Schriften*, die das *Kojiki* vervollständigt, ist sie beteiligt. 760 erscheint die erste Anthologie japanischer Dichtung: *Man'yōshū – Sammlung der zehntausend Blätter.*

Die gesamte Gesellschaft wird reorganisiert. Der Kaiser – gemäß einer sehr viel späteren Formel, die für englische Herrscher erst nach 1689 zutrifft – herrscht, aber regiert nicht. Die Macht ist in Händen des Kanzlers zur Linken, des *Sabekan (Sadaijin)*, und des Kanzlers zur Rechten, des *Ubenkan (Udaijin)*. Sie sind dem Minister der Obersten Angelegenheiten, *Dajokan*, und dem Ministerium der Götter, *Jungikan*, untergeordnet. Eine Armee von Funktionären, die des Chinesischen mächtig sind, steht ihnen zu Diensten. Das Volk ist geteilt in Freie, *ryōmin*, und in Sklaven und Diener, *senmin*. Mehrere

Schulen, bekannt als die sechs Nara-Schulen, tun in den wichtigsten Tempeln Dienst.

Die Bedeutung des Buddhismus für das politische Leben ist während der zwei Herrschaftszeiten von Kaiserin **Kōken** (749–758 und 764–770) zu spüren. Der Mönch **Dōkyō** (700–772) heilt die Kaiserin von einer Krankheit und überzeugt sie, noch einmal den Thron zu besteigen, nachdem ihr Neffe davon vertrieben wurde. Seine Beliebtheit ist so groß, dass die Kaiserin ihm den Titel eines *Ho-ō, Meister des Gesetzes*, verleiht, was ihn zu einem Thronerben macht. Vergeblich versucht er, die Kaiserin abzusetzen, ehe er vom neuen Kaiser **Kōnin** (770–781) ins Exil geschickt wird. Da die Frauen zu sehr der Frömmigkeit zuneigen, werden sie von nun an vom Zugang zum Thron ausgeschlossen. Die politische Verstrickung des buddhistischen Klerus bleibt jedoch bestehen. Um dem zu entgehen, verlegt Kaiser **Kammu** (781–806) die Hauptstadt nach Nagaoka. Doch unheilvolle Ereignisse, darunter eine Überschwemmung, geben zu denken, ob dieser Ort der passende sei. Daher lässt sich der Hof im Jahre 794 in einer neuen Hauptstadt nieder, in **Heiankyō**, «Stadt des Friedens und der Ruhe»: im heutigen Kyōto.

4

Die Heian-Zeit (794–1185): Herrschaft der Krieger

Die Heian-Zeit beginnt 794 mit der Wahl Kyōtos als Hauptstadt. Sie gilt als eine der wesentlichen Perioden Japans, wegen ihrer kulturellen Ausstrahlung und wegen der erstmaligen Machtübernahme durch Krieger, die *bushis*. Ihr Einfluss wächst seit der Entscheidung von Kaiser **Kammu**, ein Berufsheer aufzustellen, das gegen die Ainu kämpfen soll, die Bewohner vom Nordrand des japanischen Archipels. *Bushi* bezeichnet einen Krieger im Allgemeinen, im Unterschied zum Samurai oder *Buke*, «der zu Diensten ist», nämlich bei einem *Daimyō* oder Herrn. Die *Buke* werden durch die *Bakufu*, «Militärregierung» in der Kamakura-Ära (1185–1333), stärker. Der Kaiser regiert weiterhin ohne Macht, die an die hohen Funktionäre aus den großen Familien der Militärs übergeht, an die *Bushidan*, «Krieger-Clans»: Fujiwara, Taira, Minamoto. Diese Familien bzw. Clans üben unabhängig voneinander Macht aus. Zunächst die Fujiwara mit ihrem Höhepunkt unter Fujiwara no Michinaga (966–1027), genannt *Kampaku*, «Erbregent». Er regiert unter drei Kaisern, die alle seine Schwiegersöhne sind. Von 1056 bis 1057 herrscht ein Bürgerkrieg, der die Macht der Fujiwara bricht.

Trotz seiner kurzen Regierungszeit erneuert Kaiser **Go-Sanjō** (1069–1073) die kaiserliche Autonomie. Um gegen die Clans zu kämpfen, errichtet er ein besonderes System: In einem gegebenen Augenblick dankt der regierende Kaiser zugunsten seines designierten Sohnes ab und zieht sich in ein Kloster zurück. Dies ist die Zeit der «zurückgezogenen Kaiser». In Wirklichkeit bewahrt er die tatsächliche Macht und der regierende Kaiser wartet seinen Tod ab, bis er die Macht übernimmt. Dieses System gestattet, die Macht im kaiserlichen Clan zu behalten. Doch die Streitigkeiten unter den Clan-Mitgliedern machen derartige Verfügungen illusorisch. 1156 bedroht die Hōgen-Rebellion die Clans der Fujiwara, Taira und Minamoto. Die Fujiwara werden ausgeschaltet, die Taira sind die neuen Herren Japans. 1160 zerstören sie den Aufstand der Minamoto bzw. die Heiji-Rebellion. Diese bereiten ihre Rache vor, die sie am Ausgang des Gempei-Krieges (1180–1185) auch ausüben. In der Seeschlacht von Dan-no-ura werden die Taira aufgerieben. **Minamoto no Yorimoto** (1147–1199) erklärt sich 1192 zum erblichen *Shogun*. Ursprünglich bedeutet dieser Titel «General». Seit jener Zeit aber bezeichnet er den tatsächlichen Herrscher Japans. Das gilt bis 1868. Dieser Shogun errichtet sein *Bakufu*, seine Militärregierung, in Kamakura. Die Feudalära Japans, die erst im 19. Jahrhundert endet, hat begonnen.

Die Kamakura-Zeit (1192–1333): Clans und Feudalismus

Der Shogun **Minamoto no Yorimoto** vereint die größte zivile und militärische Macht in sich. Der – machtlose – Kaiser bleibt in Kyōto. Beim Tode Yorimotos nimmt die Familie Hōjō den erblichen Titel eines *shikken* an, «Regent des Shogun». Der Titel des Shogun bleibt in der Familie Minamoto. Die wahre Macht aber wird von den Hōjō ausgeübt. Der Feudalismus entwickelt sich, die Klasse der Samurais strukturiert sich. Die geschicktesten von ihnen werden *Daimyōs*, Grundherren. Diese Verwandlung der gebildeten Gesellschaft in eine Kriegerkaste, die ihr in der Machtausübung folgt, ist von einer nationalen Entwicklung des Buddhismus mit dem Aufkommen des Zen begleitet. Zen betont die Selbstbeherrschung, die Meditation und die Selbstdisziplin. Der Samurai soll sich einzig seiner Aufgabe widmen und auf seine Ehre achten. Der Zen-Buddhismus bildet den Rahmen für die Verbreitung dieser Haltung. In der Kamakura-Zeit entsteht auch die Teezeremonie, die nicht im Teetrinken besteht, sondern darin, sich einer spirituellen Übung auszusetzen. Die Kunst des Säbelschmiedens wird von der Familie der Myoshin zum Höhepunkt geführt, die auch für die Solidität ihrer Rüstungen und Helme berühmt ist. Während der Kamakura-Zeit versuchen die Mongolen zweimal, wenn auch vergeblich, nach Japan einzudringen.

Die Kamakura-Zeit endet mit der Tat des Kaisers **Go-Daigo** (1318–1339), der sich auf General **Ashikaga Takauji** (1305–1338) stützt, als er das Shogunat der Minamoto und die Regentschaft der Hōjō besiegt. Doch dort, wo Gao-Daigo die kaiserliche Macht zu restaurieren meint, wartet der Ashikaga-Clan nur darauf, zu seinem Vorteil das Shogunat zu erneuern. Die Kenmu-Restauration des Kaisers dauert nur von 1333 bis 1336 an. **Ashikaga Takauji** entmachtet **Go-Daigo** und wird der erste Shogun der Muromachi-Zeit (1336–1573), benannt nach dem Quartier in Kyōto, wo sich seine Residenz befindet.

Die Muromachi-Zeit (1336–1573): Das Zerbröckeln der Macht

Ashikaga Takauji (1305–1338) holt das Shogunat in seinen Clan, doch die Ausübung der Macht während der Muromachi-Zeit entpuppt sich als äußerst schwierig. Um das Shogunat zu erobern, stützt sich Ashikaga Takauji auf einen Teil der kaiserlichen Familie, mit dem er gegen die anderen Mitglieder kämpft. Daraus resultiert in den Jahren von 1336 bis 1392 das Nanbokuchō, die **«Zeit der Nord- und Südhöfe»** (Nanboku-chō-Zeit), zweier rivalisierender Dynastien mit zwei Kaisern. Der dritte Shogun **Ashikaga Yoshimitsu** (1368–1408) beendet diesen Streit durch den Bürgerkrieg zwischen Parteigängern der rivalisierenden Kaiser. 1392 begründet er ein alternierendes System. Der Nordhof beginnt die Herrschaft mit seinem Kaiser **Go-Komatsu** (1392–1412), der nach zehn Jahren an der Macht zugunsten des Südkaisers abdanken muss. Doch diese Einigung wird nicht respektiert, und die Kaiser des Nordhofes werden bis 1911 als alleinige legitime Erben angesehen. Zu diesem Datum entscheidet die Regierung, dass die legitime Kaiserlinie die des südlichen Hofes ist. Die Nordkaiser gelten als «Prätendenten des Nordhofes». Die Wiedervereinigung des Kaiserthrons setzt sich mit dem Sohn von Go-Komatsu fort, Kaiser **Shōkō** (1412–1428). Die Autorität des Shoguns wird durch den Aufstieg der *Daimyōs* attackiert, die mächtige Dynastien gründen, die immer unabhängiger und souveräner werden. Diese Herrscher beginnen andauernde Kämpfe und stürzen Japan in einen Bürgerkrieg, wobei Provinz gegen Provinz kämpft. Der Handel entwickelt sich, was günstig für die Häfen ist. Handwerker- und Handelskörperschaften werden gebildet. Doch ein großer Teil des so geschaffenen Reichtums wird durch die vornehmen Häuser und buddhistischen Klöster konfisziert, die sich immer mehr Land aneignen.

Um 1543 erobern die Portugiesen von Macao aus Japan und begründen die ersten Handelsbeziehungen. Darauf folgen sehr bald die Missionare: Seit 1549 versucht **Franz Xaver** (1506–1552), das Christentum zu verbreiten. Im 16. Jahrhundert hat das Kaiserhaus seinen Ruf verloren und der Ashikaga-Clan hat in Wahrheit die Macht inne. Drei große Militärführer werden Japan vereinigen: **Nobunaga Oda** (1534–1582), **Toyotomi Hideyoshi** (1536–1598) und **Ieyasu Tokugawa** (1543–1616). Nach und nach beenden die *Daimyōs* die politische Anarchie, indem sie nach ihren militärischen Siegen die Macht übernehmen. Nobunaga Oda ist ursprünglich ein kleiner lokaler Herrscher aus dem Zentrum der Hauptinsel Honshū. Mehrere Siege zwischen 1568 und 1582 ermöglichen ihm die Kontrolle des gesamten Zentrums von Japan, etwa durch die Schlacht von Nagashino (1575), wo seine Truppen zum ersten Mal in Japan Musketen einsetzen. 1573 setzt er **Ashikaga Yoshiaki** (1568–1573), den letzten Shogun dieser Linie, ab. Japan tritt damit zwischen 1573 und 1603 in die Zeit der Bürgerkriege ein.

Kultur und Gesellschaft zur Zeit der Muromachi

«Wenn man die Muromachi-Zeit als eine Zeit der *ikki*, der Ligen, der egalitären, horizontalen Organisationen, bezeichnet hat, die angesichts eines gemeinsamen Zieles geschaffen wurden, so kann man sie auch als den herausragenden Moment bezeichnen, da die Künste insgesamt aufgewertet werden.»* Das Besondere an der Muromachi-Kultur ist, dass sie immer – wie auch die Kamakura-Kultur – eine Kultur der Krieger war, dabei jedoch auf höfischer Kultur aufbauend. Ein neuer Hof von äußerster Raffinesse wird ins Leben gerufen, an dem die Zen-Mönche die Song-Kultur ausüben. Der Zen-Buddhismus erreicht seinen Gipfelpunkt, und die Kunst der Malerei und Kalligraphie, aus China eingeführt, entwickelt sich. Der Adel nähert sich den Kriegern, die Shogun-Regierung, *bakufu*, wird in Kyōto errichtet. Deren Einfluss erstreckt sich auf alle Bereiche, intellektuelle und künstlerische eingeschlossen. Die Vereinigung der nördlichen und südlichen Höfe bringt auch den Adel dazu, dem nachzugeben. Das zweite Charakteristikum dieser Kultur ist die Bedeutung des Zen innerhalb der Gesellschaft und im täglichen Leben. Das *Nō*-Theater und auch das *Renga*, das Kettengedicht, das nicht von einem einzelnen Autor stammt, sind davon durchdrungen. Von religiösen Strömun-

* Pierre-François Souyri, *Le Monde à l'envers*, Maisonneuve et Larose, Paris 1998, S. 240.

gen wie dem Amidismus durchzogen, bleibt die Muromachi-Kultur eine Kultur des täglichen Lebens. Das *Nō*-Theater bleibt in Beziehung zum Leben des Volks, die Teezeremonie ist als profanes Vergnügen gedacht. Man kann die Muromachi-Kultur als eine des praktischen Lebens begreifen. Ihre Werte sind die des *wabi-sabi*, eine ästhetische Haltung, die gegründet ist auf Melancholie *(wabi)* und der unvermeidlichen Veränderung aller Dinge durch die vergehende Zeit *(sabi)*. Das ist die Basis, auf der die volkstümliche Edo-Kultur ruhen wird.

Die Architektur im mittelalterlichen Japan

Die Nara-Architektur, eine Zeit der Pagoden

Am Ende des 7. Jahrhunderts führen die Gesandtschaften, die aus China zurückkehren und von Mönchen und Studenten begleitet sind, die Kunst der Tang in Japan ein. Als 707 Mommu Tenno stirbt, folgt ihm Kaiserin Gemmei, seine Mutter, auf den Thron. Sie bricht mit der Tradition, die kaiserliche Residenz beim Tode des Souveräns zu verlegen und bleibt in Nara in der Provinz Yamato, das 710 offiziell die Hauptstadt wird. Als kaiserliche Stadt wird Nara nach dem Vorbild von **Changan**, der chinesischen Hauptstadt der Tang, erbaut. Die Sauka-Zeit ist durch den Sieg des Buddhismus über die indigene Religion gekennzeichnet, den *Shintō*. Das religiöse Problem wird durch ein politisches noch verstärkt – zwischen dem Soga-Clan, der für die Annahme des Buddhismus und der chinesischen Kultur ist, und dem Mosonobe-Clan, der dem *Shintō* anhängt. Die Soga gehen aus diesem Streit als Sieger hervor und errichten zur Erinnerung an ihren Sieg den Tempel von **Hokkō-ji**, heute Asuka-dera. Die Kunst ist ganz dem Ruhm des Buddhismus gewidmet. Kaiser **Shōmu** errichtet den Tōdai-ji-Tempel, der den gigantischen Daibutsu birgt, den großen Bronze-Buddha. Diese Figur repräsentiert das Wesen der Buddhaschaft. Das wichtige religiöse Denkmal ist die Pagode, die sich an chinesischen Vorbildern orientiert. Die «Halle» ist im zweiten Stock. Doch seit der Heian-Zeit wird die Halle zum wichtigsten Gebäude eines Tempels. Die Pagode hat seither nur noch dekorative Funktion, wird auch nicht mehr im Zentrum der Tempel-Umfassung errichtet. Neben der Pagode entwickelt sich auch der Tahōtō, eine Art Kapelle: Auf offenem quadratischen Grundriss erhebt sich eine flache Kuppel, vom Stupa abgeleitet, und auf gleicher Höhe ein ebenfalls quadratisches überhängendes Dach, das in einen bronzenen Mast ausläuft. Der *Gorinto*, eine kleine, Säulenpagode aus Stein in fünf Teilen, von denen jeder eines der Elemente darstellt – in der Reihenfolge Erde, Wasser, Feuer, Luft und das Leere –, ist vom Stupa beeinflusst.

Die Heian-Architektur: Feng Shui

Die Kodifzierung der Architekturelemente, schon zur Naga-Zeit begonnen, wird unter den Heian intensiviert. Der erste einheimische japanische Architekturstil, *shinden-zukuri*, kommt auf, der allerdings stark durch chinesische Geomantie, das Feng Shui, beeinflusst ist. Die Gebäude sind nach Kardinalpunkten um einen zentralen Bau angeordnet. Vom Konstruktionsstandpunkt aus überwiegt eine Technik – die der in den Boden eingegrabenen Pfeiler. Das meiste Baumaterial ist pflanzlichen Ursprungs. Die Mauern sind nicht tragend, dienen vielmehr dazu, den Raum je nach Funktion abzutrennen. Der *Tatami* als bewegliche Bodenbedeckung, dessen Maße überall in Japan ungefähr gleich sind, 1,86 Meter auf 0,93 Meter, erlaubt die Räume je nach Gebrauch anzupassen. Die ganze japanische Subtilität konzentriert sich auf die Absage an das Monumentale und auf das Gleichgewicht zwischen Raum und Volumen. Die Entwicklung des tantrischen Buddhismus bringt eine gewisse Entwicklung im Hinblick auf die Errungenschaften früherer Jahrhunderte. Der Byōdō-in, die Phönixhalle, als Teil des Landhauses von **Fujiwara no Yorimichi** (992–1074) in der Präfektur Kyōtō, 1053 dem Amitabha-Kult geweiht, ist ein gutes Beispiel dafür. Die Entwicklung des Amitabha-Kults hat vor allem Einfluss auf den Grundriss mancher Heiligtümer, die nunmehr nach Ost-West ausgerichtet sind, da Amitabha der Buddha des Westlichen Paradieses ist.

Die Kamakura-Architektur: Urbane Explosion

Architektonisch gesehen, ist die Kamakura-Zeit die des Wiederaufbaus der Tempel in Nara, die während des Bürgerkriegs zerstört werden, so etwa 1195 der Toshōdai-ji. Die Taira erreichen den Höhepunkt ihrer Macht zwischen 1160 und 1180. Statt sich an den Orten der Macht ihrer Vorgänger niederzulassen, bauen sie lieber neue Stätten, darunter *Rokuhara*, außerhalb von Kyōto gelegen. Im 12. Jahrhundert kommt das städtische Modell auf, gegründet auf der zentralisierten kaiserlichen Macht. Der Palast und der regelmäßige Grundriss der Stadt verschwinden. Klöster werden errichtet und werden zu regelrechten Städten in den Städten. Sie sind vollständig autonom. Die gesellschaftlichen Veränderungen haben ebenfalls zur Folge, dass Kyōto vollkommen verändert wird. Menschen, die von überall her kommen, bauen sich in den volkstümlichen Quartieren ihre Baracken. Die Bevölkerung wächst auf 100 000 bis 120 000 Einwohner.

Die Muromachi-Architektur: Suche nach der Miniatur

Im Bereich der Architektur kommen durch den Einfluss der Teemeister große Veränderungen auf: Die Bauten tendieren zur Einfachheit. Am Anfang des 15. Jahrhunderts kommt der Gebrauch des Tatami auf, der in allen Räumen ausgelegt wird. Die Markisen aus Bambus und schwebendem Stoff werden bei den reichen Aristokraten durch herausnehmbare Verschläge ersetzt. Eine neue Architekturform erscheint mit dem *Shoin-zukuri*, einem Raum, der für die Lektüre oder für Treffen reserviert ist. Ein Alkoven, der *Tokonoma*, wird in der Ecke des Raumes freigehalten. Diese neue Raumaufteilung führt zu einer Miniaturisierung der Gegenstände. Eine neue Ästhetik der Einfachheit setzt sich durch, woraus das *wabi* entstehen wird, das Schöne. Der Dekor im chinesischen Stil erhält hier eine bedeutende Stellung.

Die Bildhauerkunst

Die Skulptur bei den Heian: Vom Blockhaften zur Finesse

Nach den entsprechenden Zeiträumen der japanischen Zeitrechnung, den sogenannten *nengō*, benannt, Konin (810–824) und Jogan (859–876), bringen diese Epochen vom Beginn der Heian-Zeit Skulpturen hervor, die vom esoterischen Buddhismus inspiriert sind und einen Übergang zum Fujiwara-Stil bilden. Die Statuen von Priestern, von vergöttlichten Patriarchen sind gewichtig und oft aus einem einzigen Block gehauen. Auch treten shintoistische Statuen auf oder solche von indigenen Gottheiten, die als Emanationen des Buddhas oder von Bodhisattvas angesehen werden. Der Byōdō-in, das ehemalige Landhaus, das zum Kloster wird, weist 52 Hochreliefs des tanzenden und musizierenden Buddha auf. Dieser ein wenig «raue» Stil weicht dem eleganteren, raffinierteren Fujiwara-Stil, der nach Harmonie strebt. Schöpfer dieses Stils ist **Jōchō** (?–1057), der die Technik der zusammengesetzten Hölzer erschafft. Bei dieser Technik wird die Statue in mehrere Teile zerlegt, die einzeln behauen und danach zusammengesetzt werden. Jōchō erschafft den

Amida aus vergoldetem Holz in Byōdō-in, Kyōto. Kurz nach seiner Glanzzeit verfällt der Fujiwara-Stil dem Akademismus und seine Formen wirken steifer. Erst unter den Kamakura erlebt diese Kunst ihre Blüte.

Die Kamakura-Skulptur: Realismus

Die Kunst der Plastik erfährt dank zweier Bildhauer eine Erneuerung: **Unkei** (1148–1228) und **Kaikei** (13. Jahrhundert). Sie schaffen Holzstatuen buddhistischer Wächterfiguren von 8 Metern Höhe, zu finden im Kloster Tōdai-ji in Nara. Sie restaurieren mehrere große Buddhafiguren, die den Erleuchteten schlafend darstellen und während der Wirren beschädigt werden. Der Stil dieser Bildhauer ist realistischer und vom zeitgenössischen China beeinflusst. Die Kristallaugen sind ebenfalls eine Neuerung der Plastik jener Zeit.

Die Malerei: Rollbilder und Tusche

Die Yamato-e-Malerei: Bemalte Papierrollen

Am Ende der Heian-Zeit, während der Fujiwara-Epoche (898–1185), distanziert sich die japanische Malerei von der kontinentalen aus China. Auf die chinesische *Kara-e*-Malerei antwortet eine vollständig japanische: die Yamato- oder *Yamato-e*-Malerei. Die mobilen Elemente der Architektur – klappbare Paravents, einteilige Paravents, verschiebbare Paravents – dienen als Untergrund für Landschaftsmalereien. Die ersten Romane, *Monogatari*, oder genauer: die «erzählte Geschichte», wie etwa die *Erzählung vom Bambusschnitzer*, werden auf wertvolle, geschmückte und illustrierte Papiere kalligraphisch aufgebracht. Das sind die horizontalen japanischen Rollbilder, die *Kakemono*. Die älteste dieser so bildlich dargestellten Erzählungen ist der *Genji monogatari*. Zu den berühmtesten Tier-Karikaturen aus dem Kōzan-ji-Tempel in Kyōto gehört das *Bandainagon*-Rollbild (*Lustige* Tiere), das traditionell **Tosa Mitsunaga** (12. Jahrhundert) zugeschrieben wird, einem Hofmaler. In China haben die Rollbilder des 9. Jahrhunderts ein Gedicht auf der Rückseite, wobei die Zeichnung auf der Innenseite ist. Das Bild des Todes erscheint zum ersten Mal in der buddhistischen Ikonographie: Der Buddha Amitabha nimmt die Seele eines Sterbenden auf, umgeben von seinen Bodhisattvas. Zu den wichtigsten Werken gehören das *Kōysan*-Triptychon, das auf dem Berg Kōya aufbewahrt wird, und das *Nirvāṇa des Buddha von Kongōbu-ji*. Der Berg Kōya liegt südlich von Osaka. Dort wird auch die erste Gemeinschaft des Shingon-Buddhismus gegründet. Auf dem Berg findet sich zugleich ein Komplex von 117 buddhistischen Tempeln. Dort erhält der Mönch **Kūkai** im Jahre 816 die Erlaubnis, ein Kloster namens Kongōbu-ji zu errichten.

Die Kamakura-Malerei: Kunst der Porträts

Die Kunst wird zum Mittel für die Tendaishu- und Shingon-Schulen, ihre Lehren zu verbreiten. Doch der Amidismus, der Kult des Buddha Amitabha, des Meisters des Reinen Landes (Jōdo-shū), erringt die Gunst der Menschen, und zahlreiche *raigō-zu* entstehen, Darstellungen des Abstiegs Amitabhas auf die Erde. Die *e-makimono*, bemalte Rollbilder, behandeln verschiedene Themen, wobei sie zuweilen dem Einfluss des chinesischen Realismus erliegen. Bei der Porträtkunst überwiegt die Individualität der Modelle. Eines der bekanntesten Bilder dieser Zeit ist das Sitzproträt Yorimotos, gemalt von **Fujiwara Takanobu** (1141–1204).

Die Muromachi-Malerei: Kunst der Landschaften

Die Kunst wird von der Malerei, die deutlich vom Zen inspiriert ist, beherrscht. Die Maler haben eine neue Technik erlernt, *Sumi-e* oder *Suibokuga*, die Tuschmalerei. Sie ermöglicht es, das Wesen einer Landschaft genauer darzustellen. Die berühmtesten Mönche sind: **Sesshū** (1420–1508), der eine wahre Meisterschaft in der Pinselführung und der Abschattierung erreicht, sowie **Josetsu** (1370–1440), **Noāmi** (1397–1494), **Sōami** (1459–1525) und **Kanō Masanobu** (1434–1530), Begründer der Schule von Kanō, die im 17. Jahrhundert große Bedeutung erlangt. Die Kunst der Lackarbeiten erreicht den Grad der Perfektion. Vergoldete Lackreliefs erscheinen zur gleichen Zeit wie die Töpferware und die Waffenherstellung.

Die Unterhaltungskünste

Hofmusik: Der Gagaku der Heian

Der Ausdruck «Gagaku» ist chinesischen Ursprungs und bedeutet «raffinierte, elegante Musik». Die japanische Hofmusik ist Ergebnis der Assimilierung verschiedener musikalischer Traditionen des asiatischen Kontinents seit deren Anfängen. Der *Gagaku* ist erst ab dem 6. und 7. Jahrhundert bezeugt. Dieses Genre vereint mehrere Unterhaltungskünste (Akrobatik, pantomimischer Tanz mit Masken) und geht im 12. Jahrhundert wieder unter. Die Einführung der chinesischen Musik erreicht unter den Tang (618–906) ihren Höhepunkt. Diese Musik gibt ihren Namen an den *Tōgaku*-Stil weiter, an die *Musik der Tang*. Durch den Einfluss des *Bugaku* werden die Gesänge und Tänze in drei Teile aufgeteilt. Die erste Musiktheorie wird im *Shittanzo* dargelegt, das im Jahre 877 vom frühesten japanischen Shōmyō-Musiktheoretiker Annen (Shōmyō: Ritualgesang) verfasst wird. Der *Gagaku* verbreitet sich im Adel und wird zu dessen bevorzugter Musik. Nach der Übergabe der Macht an die Krieger gegen Ende der Heian-Zeit geht die *Gagaku*-Musik unter. Sie wird anlässlich von weltlichen Zeremonien, Festen und Banketten oder bei religiösen Feiern aufgeführt.

Die Kalligraphie der Drei Pinsel und der Drei Spuren

Am Beginn der Heian-Zeit stehen drei Kalligraphen, die *Sampitsu* oder «Drei Pinsel». Im 10. Jahrhundert kommt dann eine weitere Strömung dreier anderer großer Kalligraphen auf, die *Sanseki* oder «Drei Spuren». Die erstgenannten sind **Kūkai** (774–835), Kaiser **Saga** (786–842) und **Tachibana no Hayanari** (782–842). Ein jeder von ihnen trägt seinen Teil dazu bei, dass sich die japanische Kalligraphie in ihrer Grundtechnik vom chinesischen Vorbild entfernt. Weichheit und Großzügigkeit charakterisieren ihre Nachfolger. Dank ihnen erreicht die japanische Eigenart ihre volle Blüte im *Wa-yō*-Stil, dem «japanischen», der hier zur vollen Reife gelangt.

Die Lack-Kunst: Maki-e

Die Benutzung von Lack geht auf die Jōmon-Zeit (10. Jahrtausend–300 v. Chr.) zurück, wenn man von archäologischen Funden von Lackobjekten ausgeht. Neue Herstellungstechniken werden im 6. Jahrhundert v. Chr. eingeführt und dem japanischen Geist angepasst, was zum *Maki-e* führt, wörtlich zum «bestäubten Bild». Die Motive der Lackarbeiten werden mit Gold- und Silberstaub bepudert. Eine Lackschicht wird so lange geschliffen und poliert, bis das Metall durchscheint. Während der Heian-Zeit entwickelt Japan einen eigenen Stil, die *Raden*-Technik. Diese Dekorationstechnik mit ihren Intarsien aus echtem Perlmutt wird mit dem *Maki-e* assoziiert. Im 9. und 10. Jahrhundert befreien sich diese Techniken mehr und mehr vom chinesischen

Einfluss. Von den Lackarbeiten aus dem 8. Jahrhundert hat sich nichts erhalten, doch das Schatzhaus, *Shōsō-in*, das zum Tōdai-ji-Tempel in Nara gehört, zeigt zahlreiche Arbeiten mit Techniken aus der Tang-Zeit.

Die Kunst der japanischen Gärten

Zur Asuka-Zeit (um 550–710) besitzen die Paläste der Fürsten und die Residenzen der Aristokratie bereits große Gärten, in denen Teiche und Brücken nach chinesischer Art angelegt sind. In der Nara-Zeit entstehen immer mehr Städte wie auch Nebenpaläste, die mit Gärten verziert sind. Aus der Heian-Zeit stammen viele berühmte Gärten: der Shinsen-en von Kaiser **Kammu**, der Saga-in, der Junna-in, der Nishi-no-in. Sie bergen Gewässer, die groß genug sind, um dort mit Booten rudern zu können. Waren auch die Gebäude aus jener Zeit symmetrisch angelegt, so trifft dies auf die ersten Gärten nicht zu. Vielmehr hat ihre Anordnung einen gewissen Einfluss auf die Asymmetrie der japanischen Architektur. Es gibt Berichte über die Anlage solcher Gärten in der *Geschichte vom Prinzen Genji* (vermutlich 10. Jahrhundert). Der Garten des Daikaku-ji-Tempels in Kyōto war ursprünglich ein *Shinden*-Garten, organisiert um ein zentral liegendes Gebäude. Die Gärten der Heian-Zeit sind durch ihnen eigene ästhetische Charakteristika bestimmt: *Miyabi*, das Raffinement, *Muyo*, die Melancholie, im Buddhismus mit der Vergänglichkeit assoziiert, und *Aware*, das Mitleid.

Die Literatur im mittelalterlichen Japan

Die Literatur in Nara: Geschichte und Poesie

Im 7. Jahrhundert erscheinen die ersten schriftlichen Dokumente in Japan. Das *Kojiki*, die *Aufzeichnung alter Geschehnisse* (712) ist ausschließlich in *kanji* geschrieben, in aus China entlehnten Schriftzeichen, die aber japanisch benutzt werden. Dank des Vorworts wissen wir, dass Kaiser **Temmu** zwei solcher Aufzeichnungen angeordnet hat, um die Macht der kaiserlichen Familie zu festigen. Das *Kojiki* beschreibt in drei Büchern die Geschichte Japans und der Kaiserfamilie, vom Ursprung der Welt bis zur Herrschaft von Kaiserin Suiko (593–628). Unter Leitung von Fürst **Toneri** (676–735) zusammengestellt, wird dann das *Nihonshoki*, die *Chronik Japans in einzelnen Schriften*, nach seiner Fertigstellung im Jahre 720 der Kaiserin **Gensho** (680–748) überreicht. Es ist ein politisches Werk und will Japan einen historischen Rahmen verleihen, ist dabei weder Biographie noch Monographie. Das *Man'yoshū*, die *Sammlung der zehntausend Blätter*, enthält 4500 Gedichte, eingeteilt in 20 Bücher, deren Redaktion sich vom Jahre 550 bis zur Mitte des 8. Jahrhunderts, zum Jahr 759 hinzieht, was das letzte Buch betrifft. Die meisten Dichter sind anonym, mit Ausnahme von **Kakinomoto no Hitomaro** (662–710), dem mehr als ca. 20 *Chōka* zugeschrieben werden, lange Gedichte, dazu 60 *Tanka*, kurze Gedichte. Zu nennen ist auch **Yamabe no Akahito** (um 700–736), der in China lebt und auf Chinesisch schreibt. Seine *Chōka* sind von Konfuzius und dem Buddha inspiriert.

Die Heian-Literatur

Der Hof von Yamato zieht von Nara in die neue Hauptstadt Heiankyō um, das heutige Kyōto. Die Kultur der Heian-Zeit entwickelt sich von einer im Wesentlichen auf chinesischer Kunst und Wissenschaft gegründeten Form hin zu einer nationalen japanischen aristokratischen Kultur. Zumindest sind die erhaltenen Zeugnisse in Kunst und Literatur vom Geist der Aristokratie durchzogen, von ihrer Eleganz und dem Sinn für das raffinierte Detail. Die Literatur benutzt bereits eine Sprache, die japanische Ausdrücke mit dem chinesischen Sprachfundus vermischt. Mit der chinesischen **Schrift** mischen sich japanische Schriftzeichen, die *kana*. Die Literatur ist meist Ausdruck der Weiblichkeit und wird von den Frauen des Hofes verfertigt, wobei das *kana* ihnen leichten Zugang zur Schrift ermöglicht. Zu dieser Zeit werden Briefe und Gesuche als *waka*, als Gedicht geschrieben, was die am weitesten verbreitete Ausdrucksform ist. Beim *waka* ist alles wichtig: das Papier, der Ausdruck, die Farbe – alles ist festgelegt. Charakteristisch sind die Anzahl der Silben (31), die sich niemals reimen, und die Flüssigkeit des Gedichts. Am Hof finden entsprechende Wettbewerbe statt. Die ältesten gehen bis auf das 9. Jahrhundert zurück. Die Praxis aber des Chinesischen geht immer mehr zurück.

▪ ***Nikki* – das Tagebuch.** Der Verfasser des ersten *nikki* ist ein Mann namens **Kin o Tsurayuki** (872–945). Er verfasste das *Tosa nikki*, das Tosa-Tagebuch, worin er poetisch die Rückkehr von seiner Reise in die Provinz Tosa schildert. Dieses Tagebuch ähnelt einer Abhandlung über Poesie. Bis zum Ende der Heian-Zeit schreiben Frauen derartige Reisetagebücher. Allerdings übersetzt man *nikki* besser mit «Erinnerung» oder «Notizen von Tag zu Tag» anstatt mit «Tagebuch». Das *Kagero no nikki*, die *Erinnerungen einer Eintagsfliege*, fertiggestellt im Jahr 980, ist das erste Werk, das von einer Frau verfasst wird, die als «Mutter von Mitchisuma» bekannt wird. **Murasaki Shikibu** (um 973–1025) schreibt sein Tagebuch, das *Murasaki Shikibu nikki*, zwischen 1008 und 1010. Die *nikki* gehören zur Literatur der Innenschau. Man erfährt hier sehr viel von dem, was sich am Hof abspielt.

■ ***Monogatari*, die Geschichte.** Um 900 entsteht das Genre des *monogatari*. Es umfasst sowohl ganz kurze Geschichten als auch endlos lange Romane. Das wichtigste Werk des Genres ist das ***Genji monogatari***, die *Geschichte vom Prinzen Genji* von Murasari Shikibu, verfasst im ersten Jahrzehnt des 11. Jahrhunderts. Dieser lange Roman umfasst nicht weniger als 54 Bücher und einige 300 Personen, davon gute 30 im Vordergrund. Die Verfasserin wird Murasaki nach ihrer Titelheldin genannt, Shikibu bezeichnet die Stellung ihres Vaters im Ministerium für Riten. Sie wurde in die adlige und sehr einflussreiche Fujiwara-Familie hineingeboren und dort gut erzogen. Sie lernt Chinesisch, was sonst eine ausschließliche Domäne der Männer ist. Manche Kritiker vermuten, dass sie die Geschichte von Genji zwischen dem Jahr 1001, dem Todesjahr ihres Mannes, und dem Jahr 1005, als man sie auffordert, eine Stellung am Hof anzunehmen, schreibt. Wahrscheinlich aber zieht sich die Ausarbeitung ihres außerordentlich langen und komplexen Romans über einen viel längeren Zeitraum hin.

Die literarhistorische Bedeutung, die der ***Geschichte vom Prinzen Genji*** zukommt, besteht in der Erneuerung des Genres Roman, das bislang eher auf kurze Geschichten auf Japanisch beschränkt war. Der Bekanntheitsgrad des Romans beruht vor allem auf seiner feinsinnig erzeugtenAtmosphäre sowie auch auf der Intrige, die darin gesponnen wird. Die Liebe in all ihren Formen bleibt das beherrschende Thema der Geschichte – von sehr glücklicher bis zur sehr unglücklichen Liebe wird alles in den Verlauf von Schicksal und Zufall miteinbezogen. Indem das Milieu des kaiserlichen Hofes und die stete Suche nach dem Schönen in nie nachlassender poetischer Haltung beschrieben werden, hat Murasaki Shikibu ein dennoch realistisches Werk geschaffen. Die Personen der Handlung sind in die enge Welt der raffiniertesten Vergnügungen eingesponnen, und dennoch laufen dieser Hedonismus und diese Absage an die grausame und vulgäre Wirklichkeit nicht in Nichtigkeiten aus. Die Ästhetik wird zum idealen Zugang zum Wesen der Dinge. Das Raffinement ist hier keine Fassade, die nur schlecht die Unhaltbarkeit der Figuren verbirgt. Es ist vielmehr eine Lebenskunst und eine

Kunst zu lieben, die über die Unbeständigkeit siegen soll. Der Tonfall des Romans wird im Verlauf der Handlung immer finsterer, vielleicht ein Anzeichen für die tiefe Überzeugung von Murasaki Shikibu bezüglich der Eitelkeit der Welt.

Die Kamakura-Literatur: Kriegererzählungen

Der Kampf, den die Taira und die Minamoto gegeneinander führen, wird zur Inspirationsquelle für eine neue Form der historischen Darstellung, die *Gunki monogatari*, Kriegserzählungen. So schildert eine Trilogie die wichtigsten Etappen des Streits zwischen den beiden Clans: der *Bericht über die Wirren der Hogen-Ära - Hogen monogatari*. Er berichtet die Ereignisse zwischen 1156 und 1184. Der *Heiji monogatari (Epos über den Aufstand der Heiji)* beschreibt die Ereignisse der Jahre 1158 bis 1199. Der *Heike monogatari (Die Abenteuer der Heike)* gibt den Sieg der Minamoto 1185 wieder. Die Lyrik wird in der *Neuen Sammlung alter und moderner Gedichte - Shinkokin-wakashū* dargestellt, einer japanischen Gedichtanthologie aus der Zeit. Doch es erscheint auch eine neue Sichtweise auf die Ereignisse, die sie analysieren will: die *Otogi-zōshi*, fiktive Nachrichten, von denen weder Daten noch Verfasser bekannt sind und die vom *Shintō* oder vom Buddhismus beeinflusst sind. Diese Erzählungen berichten von der Gründung eines Tempels oder auch die Liebesgeschichten zwischen Mönchen und jungen Knaben.

Das Nō-Theater und das Genie Zeamis

Das Nō-Theater entsteht während der Muromachi-Zeit. Ursprünglich hieß es *sangaku no nō* oder *sarugaku*, was ein Schauspiel aus China meint. Einst aus einfachen akrobatischen Übungen und Zauberkunststücken bestehend, entwickelt es sich nach und nach zu einem komischen Genre. In der Kamakura-Zeit findet es während buddhistischen oder shintoistischen Festen statt und erfreut sich der Gunst des Publikums. Das *dengaku*, eine volkstümliche Mischung aus Musik und Tanz, kommt gleichfalls auf. Während der Nambokucho-Zeit (1336-1392) bilden sich um Kyōto und in Yamato regelrechte Theaterkompanien. Eine der vier Kompanien dieser Region steht unter Leitung von **Kanami** (1333-1384) und seines Sohnes **Zeami** (1363-1443). Als das *sangaku* durch den Shogun Asikaga Yoshimitsu bestätigt wird, wird es zum Lieblingsschauspiel der Aristokratie und verändert sich zum *nō*. Zeami gilt in der Geschichte der Kunst als eine Ausnahmeerscheinung, als Verfasser von Hunderten von Stücken. Komparu Zenchiku, sein Schwiegersohn, folgt nach ihm, doch das Glück ist nicht mit ihm.

Ursprünglich findet eine *Nō*-Aufführung im Freien statt. Auf einer Holzbühne von drei *ken* (5,40 m) Seitenlänge, hinten durch einen zusätzlichen Raum von einem *ken* (1,80 m) Tiefe verlängert, nehmen drei oder vier Musiker Platz: Flöte, kleine Trommel und große Trommel. Die Bühne öffnet sich nach links, einer Brücke zu, die als enger Gang von unterschiedlicher Länge ausgeführt ist. Kein Dekor ist zu sehen außer einer großen Pinie, die auf die rückwärtige Wand gemalt ist. Manchmal gibt es auch einen symbolischen Gegenstand, etwa einen Zweig, der einen Wald darstellen soll.

Die Religion: Shintoismus, Buddhismus, Zen

Der Shintoismus

Der Shintoismus als autochthone Religion aus dem alten Japan ist animistisch, wobei zwischen Göttern und Menschen keine vollständige Unterscheidung besteht. Der Anspruch mancher Clans, ihre Abstammung von einer Gottheit abzuleiten, bringt sie dazu, diese Götter als Vorfahren zu begreifen, als Geister oder *kamis*. Ihr Kult soll die Gerechtigkeit und das Gute, das dem Menschen angeboren ist und von den *kamis* kommt, neu beleben. Die Reinigungsübungen sind dabei von großer Bedeutung, weil man davon ausgeht, dass die Götter es nicht ertragen können, beschmutzt zu werden. Körperlicher Schmutz ist von moralischer Fehlhaltung nicht zu trennen. Es gibt drei Reinigungsriten: das *harai*, das vom Schmutz der Sünden reinigt, das *misogi*, wenn der Schmutz nicht von begangenen Fehlern stammt (das Bad wird hier zum Mittel der Reinigung), sowie das *imi*, denn alles, was den Kultus betrifft, also Priester und Objekte, muss von eindeutiger Reinheit sein. Der *Shintō* beruht nicht auf einem moralischen oder ethischen Kodex, sondern will, dass man sich auf den Weg der Götter begibt, «auf den Weg, Gott zu werden». Die priesterlichen Richtlinien finden sich im *Taihō*-Kodex (701), dann auch im *Engi-shiki*, das aus der gleichnamigen Zeit stammt (zwischen 901 und 922). Dieses Werk besteht aus ungefähr 50 Büchern, wovon zehn den Shintoismus betreffen. Es behandelt unterschiedliche Themen, so etwa den Festkalender, die Anzahl der Tempel, das Priesterpersonal und die Zeremonien.

Der Buddhismus

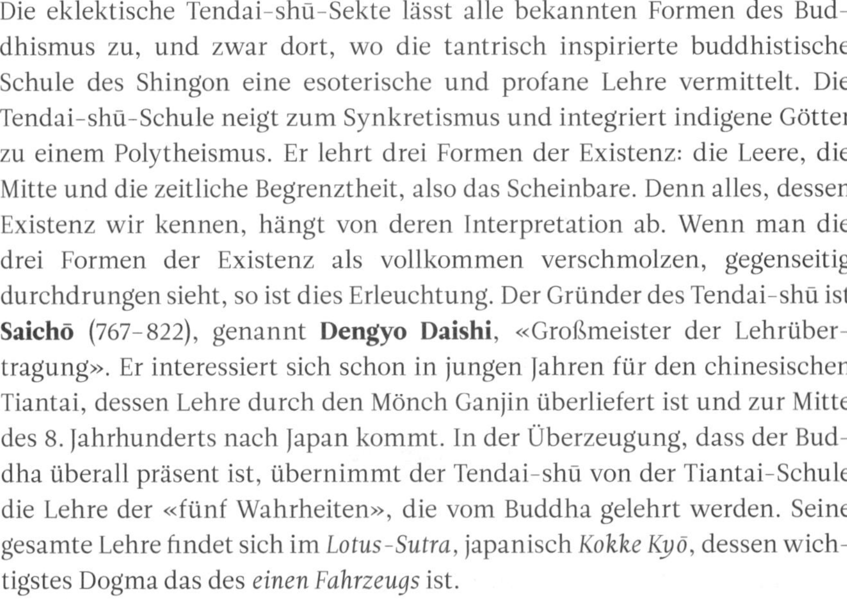

Die eklektische Tendai-shū-Sekte lässt alle bekannten Formen des Buddhismus zu, und zwar dort, wo die tantrisch inspirierte buddhistische Schule des Shingon eine esoterische und profane Lehre vermittelt. Die Tendai-shū-Schule neigt zum Synkretismus und integriert indigene Götter zu einem Polytheismus. Er lehrt drei Formen der Existenz: die Leere, die Mitte und die zeitliche Begrenztheit, also das Scheinbare. Denn alles, dessen Existenz wir kennen, hängt von deren Interpretation ab. Wenn man die drei Formen der Existenz als vollkommen verschmolzen, gegenseitig durchdrungen sieht, so ist dies Erleuchtung. Der Gründer des Tendai-shū ist **Saichō** (767–822), genannt **Dengyo Daishi**, «Großmeister der Lehrübertragung». Er interessiert sich schon in jungen Jahren für den chinesischen Tiantai, dessen Lehre durch den Mönch Ganjin überliefert ist und zur Mitte des 8. Jahrhunderts nach Japan kommt. In der Überzeugung, dass der Buddha überall präsent ist, übernimmt der Tendai-shū von der Tiantai-Schule die Lehre der «fünf Wahrheiten», die vom Buddha gelehrt werden. Seine gesamte Lehre findet sich im *Lotus-Sutra*, japanisch *Kokke Kyō*, dessen wichtigstes Dogma das des *einen Fahrzeugs* ist.

Die Shingon-Schule ist unmittelbar mit der chinesischen *Schule der Geheimnisse* verbunden, *Mi-tsong*. Ihr Gründer **Kūkai** (774–835), genannt **Kōbō Daishi**, «der große Meister der Verbreitung des *Dharma*», kehrt 806 aus China nach Japan zurück und verfügt nunmehr über die notwendigen Vorstellungen zur Formulierung seiner Lehre. Seit seinem Aufenthalt in China studiert er die für den Shingon grundlegenden *Mandalas* und *Sutren*. Diese Schule verwendet einige Körpertechniken aus dem tibetanischen Lamaismus, genannt «Askese der drei Mysterien», wozu auch die Ausführung der *Mudras* gehört, symbolischer Gesten der Hand. Die «drei Mysterien» lehren die absolute Einheit der Welt mit dem kosmischen Buddha Dainichi Nyorai. Durch mystische Versenkung kann man die *Mudras* mit den Händen ausführen, die Rezitation der *Mantras* mit dem Mund und die Meditation über ein *Mandala* mit dem Geist. Die esoterische Ausrichtung dieser Schule ist ein Grund für ihren Erfolg, der sie während der Heian-Zeit zu einem aristokratischen Buddhismus macht. Der Shingon kombiniert die alten Überzeugungen und Traditionen des früheren Buddhismus mit einer Vielzahl von Göttern, die dem hinduistischen wie auch dem shintoistischen Pantheon entnommen sind.

Die Einführung des Zen

Zen wird in Japan zur Zeit der Kamakura (1185–1192) eingeführt. Seit mehreren Jahrhunderten ist Zen in Japan als Meditationsform bekannt, die von den wichtigen buddhistischen Schulen praktiziert wird. Erst im 8. Jahrhundert kommt Zen offiziell in Japan auf, zunächst in Form eines Vorläufers, **Dainichi Nōnin**, hervorgegangen aus der Tendai-Schule, danach vor allem dank des Mönchs **Eisai** (1141–1215), der nach China geht, um dort den Zen der Linji-Schule zu studieren. Er gründet seine eigene Schule, *Rinzai-shū*, den «Zen des Wortes», oder *kōan*. Der andere Zweig, hervorgegangen aus dem chinesischen Tch'an, ist jener der Soto-shū-Schule, die von **Dogen** (1200–1253) gegründet wird. Sie bevorzugt die Sitzmeditation, *zazen*. Die beiden wichtigsten Zentren der Soto-shū-Schule sind die Klöster Eihei-ji und Sōji-ji. Die Schulen haben bedeutende und schnelle Erfolge, weil sie nicht mehr von der Gelehrtheit und dem komplizierten Ritual der alten Krieger-Schulen aus der Kamakura-Zeit geprägt sind. Gelehrt wird nicht mehr mit Büchern, sondern von Meister zu Schüler: *I Shin den Shin*, «von Seele zu Seele». Sie ist nicht allein Inspirationsquelle in allen Bereichen, von der Dichtung bis zum Theater, sondern lässt auch Krieger und Mönche miteinander in Kontakt treten. Und sie verleiht dem *Bujutsu*, der Kriegskunst, die wichtigste Bedeutung: nämlich die, den *Bushi*, den Krieger zu erziehen.

4. Das mittelalterliche Kambodscha: Das Reich der Khmer

Die Kultur von Angkor

Diese Kultur verdankt ihre Entstehung König **Jayavarman II.** (802–830). Als junger Mann wird er, als das Reich Tchen-La (ein Vorgängerstaat Kambodschas) noch Java untersteht, am dortigen Hof der Śailendra erzogen, wo er deren Lebensart aufsaugt. Ungefähr um das Jahr 800 nach Kambodscha zurückgekehrt, wirft er das malaiische Joch ab, eint das Königeich, gründet mehrere Städte, darunter die Hauptstadt Mahendraparvata, auf dem Berg Phnom Kulên, nördlich vom Tonle Sap (Großer See), ungefähr 30 Kilometer nordöstlich von Angkor. Der König identifiziert sich – nach indonesischem Vorbild – mit Indra, dem König der Götter, der auf dem heiligen Berg *Meru* regiert, aber auch mit Shiva, wobei er den Linga-Kult einführt, mit Linga als

Symbol der Schöpferkraft und der Fruchtbarkeit des Herrschers. Seit der Herrschaft von Jayavarman II. ist Angkor das Zentrum des Königreichs, aber erst unter der Herrschaft von **Yasovarman** (889–900) wird es zur Hauptstadt.

Man kann den Höhepunkt Angkors mit dem Beginn der Herrschaft **Indravarmans** (877–889) gleichsetzen, dem zweiten König der Dynastie, der ein gewaltiges Bewässerungssystem anlegt, das auf künstlichen Seen beruht, die ihrerseits mit Kanälen verbunden sind, welche an den Feldern entlangführen. Indravarman steht auch am Anfang des Bakong, eines gewaltigen Tempelbergs, der aus fünf abgesetzten Sandsteinterrassen besteht. Der Zugang zum Bakong erfolgt durch Chausseen, die von *Nāgas*, Schlangen, bewacht werden, auch sie aus Sandstein. Der *Nāga*, chthonisches Symbol, ist auch in Angkor anzutreffen und wird von Göttern, Riesen und Dämonen gehalten. Die Nachfolger Indravarmans streiten sich um die Macht. Ab 1011 von **Suryavarman I.** (1002–1050), dem Gründer einer neuen Dynastie, vereint, umfasst Kambodscha Siam und Laos. Suryavarmans Nachfolger lässt den westlichen Baray ausheben, ein großes Wasserreservoir, und befiehlt den Bau des Tempels von Baphuon. Doch diese Dynastie verliert allmählich ihre Macht, und nachdem 1074 ein Einfall der Cham (aus dem Reich Champa stammend, dem heutigen Südvietnam) abgewehrt wird, weicht sie 1080 zugunsten der Mahidrapura-Dynastie.

Die Mahidrapura-Dynastie (1080–1336)

Man kann **Suryavarman II.** (1113–1150) als den eigentlichen Begründer der Dynastie bezeichnen, da seine lange Herrschaft ihm gestattet, die Wirtschaft des Landes wiederaufzubauen und ihm seinen Wohlstand zu bewahren, indem er im Westen die Mon zurückschlägt, im Osten die Viêt und die Cham, die 1177 Angkor Vat einnehmen und plündern. **Jayavarman VII.** (1181–1218) kommt die Aufgabe zu, die Feindschaften mit den Cham zu beenden und sie aus dem Königreich der Khmer zu vertreiben. Der Einfluss des Hinduismus, der bis dahin vorherrschte, geht angesichts des *Mahāyāna*-Buddhismus (des Großen Fahrzeugs) zurück, der vom Herrscher und seiner Familie ausgeübt wird. Jayavarman VII. baut seine Hauptstadt neu auf und begründet das dritte Angkor, Angkor Thom, womit er die Erinnerung an die durch die Cham bewirkten Zerstörungen auslöscht, die kurz vor seiner Thronbesteigung begangen werden. Die Kultgebäude werden dem Buddha geweiht – wobei hinduistischen Göttern Raum gelassen wird. Das trifft auch für den Tempel von Bayon zu, wo der König vermutlich seine Züge den Götterbildern leiht und Bayon der Name für den Kunststil seiner Herrschaft wird. Die Rückkehr zur hinduistischen Orthodoxie geschieht unter der Herrschaft von **Jayavarman VIII.** (1243–1295), der die buddhistischen Bildnisse zerschlagen und ersetzen lässt und den Kult des Gottkönigs wieder einführt, was der Schlüssel des gesamten gesellschaftlichen und politischen Systems der Khmer ist. Doch der Buddhismus hat Zeit genug gehabt, sich in allen Schichten der Bevölkerung auszubreiten. Die letzten Jahre von Jayavarman VIII. werden durch den Tribut getrübt, den er ab 1285 an die Mongolen zahlen muss. 1295 muss er zudem die Unabhängigkeit des Thai-Königreichs von Sukhothai anerkennen. Bei seinem Tod wird der *Hinayāna*-Buddhismus (des Kleinen Fahrzeugs) eingeführt, und das Pali ersetzt mehr und mehr das Sanskrit. Der letzte Gottkönig wird 1336 abgesetzt und ermordet.

Der Niedergang Angkors

Dieser Niedergang ist von der Zunahme der Macht der Thai begleitet, die Angkor 1351 erobern, dann 1431 ein zweites Mal plündern. Das System der Kanäle wird aufgegeben und die Khmer-Bevölkerung wird mit den Schwierigkeiten der Nahrungsbeschaffung konfrontiert. Das ist einer der wahrscheinlichen Gründe für die Aufgabe Angkors: Der Hof verlässt 1446 diese Stätte und lässt sich am Mekong nieder, an der Stelle des heutigen Phnom Penh, wo er vor Überfällen geschützt ist. Das Ende der Angkor-Kultur ist zugleich das Ende des unabhängigen Königreichs der Khmer, da dieses im Laufe der Jahrhunderte erst unter Thai-Herrschaft fällt, dann unter die Herrschaft der Vietnamesen.

Die Kunst des mittelalterlichen Kambodscha

Die religiöse Kunst von Kulên

Sie entwickelt sich seit der Zeit Jayavarmans II. und dauert bis zum Ende des 9. Jahrhunderts. Als religiöse Kunst wird sie vom Bau von Turm-Heiligtümern dominiert. Eine Andeutung zukünftiger sogenannter Tempelberge, die den Weltenberg Meru darstellen und als Wohnsitz der Götter verstanden werden, wird in Krus Preah Aram Rong Chen in Gestalt einer dreistufigen Pyramide erbaut. Die Skulptur wird um javanische Ungeheuer erweitert, und die Rundskulptur entwickelt sich von indischen Vorbildern hin zur eigentlichen Kunst der Khmer, wobei die Götter ausgetauscht werden. Riesen und Dämonen tragen lange Diademe, die auf beiden Seiten des Halses auf die Schultern fallen.

Die Musik der Khmer

Die Musik der Khmer ist eng mit ihrer Spiritualität verbunden. Ihr Name *Phleng*, abgeleitet vom Verb «*leng*», was «spielen» bedeutet oder «sich zerstreuen», stellt die Musik als heilige Unterhaltung vor. Sie begleitet alle Momente des Lebens und ist geteilt in Hofmusik und volkstümliche Musik. Zwei Orchestertypen existieren im Bereich der königlichen Musik: das feierliche *Pin Peat* für große Zeremonien, das *Mohori* für private Zerstreuungen. Die wichtigsten Instrumente sind die *skor thom* oder große Trommeln, die *chhing*, die Zimbeln, das *kong thom*, der große Gong, und das *ong toch*, der kleine Gong, sowie die Xylophone, *roneat ek* und *roneat thuing*, alles gefertigt mit Bambus- oder Teak-Klingen. Das Metallophon *roneat dek* ist mit Bronze-Klingen hergestellt. Eine Art Oboe ist noch zu nennen, die *sralai*. Die Saiteninstrumente sind der *krapeu*, der *tro chlé* oder der *sor*. Die Flöte *khluy* hat einen lieblichen Ton. Die Khmer-Musik ist nicht notiert, sondern wird durch Wiederholung der Themen vom Meister auf den Schüler übertragen. Sie beruht auf einer Tonleiter mit sieben äquidistanten Tonschritten. Die Improvisation spielt eine große Rolle. Dabei wird eine kurze melodische Phrase aus zwei Themen, die aufeinander antworten, zwei bis vier Mal wiederholt. Die Musik begleitet Hochzeiten, Beerdigungen und Box-Wettkämpfe.

5. Das mittelalterliche Indonesien

Geschichte: Die indo-javanischen Kulturen

Zwischen dem 5. und 15. Jahrhundert entstehen die indonesischen Königreiche. Ab dieser Zeit kann man von indo-javanischen Kulturen sprechen, insofern der Hinduismus Indonesien beeinflusst. Die Insel Java ist in unabhängige Königreiche unterteilt, was zur Ursache vieler Konflikte wird. Die

Bevölkerung geht meist landwirtschaftlicher Arbeit nach. Im Süden Sumatras und im Zentrum Javas sind die beiden wichtigsten Religionen, der Hinduismus und der Buddhismus, bezeugt, und zwar durch königliche Titel (Maharaja, «großer Sohn») und in frommen Stiftungen, die errichtet werden, den Tempeln oder *Candis:* Candi Kalasan, Candi Sewu und, als berühmtester von allen, Candi Borobodur. Im ersten Drittel des 10. Jahrhunderts werden viele Orte im Zentrum Javas aus unbekannten Gründen verlassen, und die Menschen lassen sich in Ost-Java nieder, wo sich im 14. Jahrhundert das Königreich Majapahit erstreckt.

Die Einflüsse von Buddhismus und Hinduismus

Der Mahāyāna-Buddhismus und der Hinduismus beeinflussen die javanischen Kulturen, sowohl durch den Gebrauch des Sanskrit – neben den lokalen Sprachen – als auch durch die Ikonographie der Steinbildhauerei, die indische Legenden abbildet. Auch die Wahl der Gottheiten gehört dazu, denen die Tempel, die *candi*, geweiht sind, wie z. B. die acht shivaitischen Heiligtümer aus der Arjuna-Gruppe (auf dem Dieng-Plateau, Java). Der *Candi*, ein Begräbnistempel, geht formal stets von einer einfachen Gestalt aus, kann aber komplex bis zum Extrem werden. Und immer ist dabei das Prinzip dreier getrennter Teile gewahrt: mit einem massiven Unterbau, auf dem der von Terrassen umgebene Tempel steht, der von einem Dach mit zurückgesetzten Absätzen bekrönt ist. Der Tempel birgt die Statue der Gottheit, die sehr groß sein kann, wie etwa diejenige der Tara, eine der weiblichen Gestalten des buddhistischen Pantheon: so etwa im Candi Kalasan südlich vom Merapi, wo das Gesicht der Kala über dem Südtor zu erkennen ist. Man schätzt ihre Größe auf 3 Meter.

Die Śailendra-Dynastie und der Borobodur (8. und 9. Jahrhundert)

Im Lauf des 8. Jahrhunderts erlangt die Śailendra-Dynastie ihre größte territoriale Macht, die sich in Gestalt vor allem künstlerischer Einflüsse bis nach Angkor erstreckt, generell als Kultur durch die Übertragung des Hinduismus sogar bis auf die indochinesische Halbinsel. In der zweiten Hälfte des 9. Jahrhunderts muss die Śailendra-Dynastie Java verlassen und sucht Schutz auf Sumatra, wo sie das Königreich von Srivijaya einnimmt. Auf Java wird sie durch die Mataram-Dynastie (752–1045) ersetzt, der wir den Candi Prambanan verdanken. Danach folgen die Königreiche von Kediri (1045–1221) und von Singarasi (1222–1292), ehe das Königreich Majapahit siegt.

Der Borobodur, eine Initiationsreise

Die eindrucksvollste Demonstration der Macht und früheren Rolle der Śailendra-Dynastie bleibt der Candi Borobodur. Im Gegensatz zu anderen Kultbauten der vorangegangenen Periode wird der Borobodur auf einer natürlichen Anhöhe erbaut, deren Form aufgenommen und durch Hinzufügung von Bauten transformiert wird. Der Borobodur ist ein Bauwerk von neun Etagen: Fünf Terrassen werden von vier kreisförmigen Plattformen überragt. Sein religiöser Gehalt entspricht klar den Forderungen des *Mahāyāna*-Buddhismus. Die quadratischen Plattformen sind mit Flachreliefs geschmückt, die einem exakten Ablauf folgen. Diese vier Terrassen sind mit 72 Stupas versehen, zu denen noch der das gesamte Bau-Ensemble krönende große Abschluss-Stupa gehört. Der Gläubige ist aufgefordert, den Borobodur zu besteigen, um direkt an der Quelle die Lehren des Buddhas zu lesen, um dort den wesentlichen Abschnitten seiner Existenz zu begegnen wie auch den überlieferten Regeln, um ins *nirvāṇa* zu gelangen («Erlöschen» – dies ist der letzte Abschnitt im Buddhismus, die Etappe der Kontemplation und der Wahrheit). Der Borobodur ist im Osten und Westen von zwei Candis, Begräbnistempeln, flankiert.

Der Prambanan, das Rāmāyana in Stein

Gleichfalls in Zentral-Java gelegen, südwestlich vom Borobodur, ist der Prambanan ein religiöser Komplex der Hindus, dem Gott Shiva geweiht. Er bildet mit dem Borobodur das herausragende Ensemble der gesamten Insel. Er ist in Form eines Vierecks angelegt; seine Umfassungsmauer weist vier Tore auf. Die Verzierung, in Form eines Flachreliefs ausgeführt, zeigt Szenen aus dem *Rāmāyana*. Doch die Vermischung mit dem Buddhismus – zumindest vom architektonischen Standpunkt – ist eindeutig, allein schon wegen der Stupas. Die wichtigsten Götter, denen die Heiligtümer gewidmet sind, sind Brahma, Vishnu und Shiva, also die *Trimūrti*, die hinduistische «Trinität». Dazu kommt noch Shivas Lieblingsreittier, der Stier Nandi.

XIII

Das präkolumbianische Amerika

4

1. Die Maya-Kultur

Meist wird die Geschichte der Maya in drei Abschnitte unterteilt: in die vorklassische Zeit (um 2600 v. Chr.-150 n. Chr.), die klassische Zeit (um 150-900) und die nachklassische Zeit (um 900-1521). Nach der Gründung örtlicher Gemeinschaften in der vorklassischen Periode entwickelten sich in der klassischen Zeit die Maya-Königreiche, in deren Zentrum Stadtstaaten wie etwa Tikal, Calakmul, Chichén Itzá oder Uxmal stehen, die einander seit Beginn der letzten Epoche ablösen. Jede dieser Städte wird von einem König regiert, der die gesamte Macht in seinen Händen hält. Ihm zur Seite steht ein Rat aus Adligen, Priestern und Militärs. Die Namen und einige biographische Details mehrerer großer Maya-Herrscher sind bekannt: **Pakal der Große von Palenque, «18 Kaninchen» von Copán, K'awiil von Tikal**.

Palenque wird von einem ungewöhnlichen Fürsten regiert: von **K'inich Janaab Pakal** (603-683), **«Jaguar-Schild»**, auch bekannt als **Pakal der Große**. 615 wird er mit zwölf Jahren Herrscher von Palenque, heiratet 624 Prinzessin **Oktan**, widmet nicht nur seine militärische Macht dem Stadtstaat, sondern erweist sich zugleich als königlicher Bauherr, der Tempel und Pyramiden errichten lässt. Darunter befindet sich der Tempel der Inschriften, der auch sein Grab birgt. Zwischen 675 und 683 erbaut, stellt er eine Pyramide dar, auf welcher der eigentliche Tempel steht. Eine Treppe führt unter dem Tempel in eine Begräbnis-Krypta, in der König **Pakal**, beschützt von seinen königlichen Attributen aus Jade, unter einer eindrucksvollen behauenen Steinplatte ruht, die einen Sarkophag von drei auf zwei Metern abschließt. Die figürlichen Darstellungen auf der Deckplatte des Sarkophags und in der Gruft zeigen Etappen der Verwandlung Pakals in einen unsterblichen Gott, in einen Sieger über die Unterwelt, der Welt des Todes und der Dämonen.

Als 13. Herrscher Copáns regiert **Waxaklajuun Ub'aah K'awiil**, bekannt unter dem Namen «18 Kaninchen». Am 2. Januar 695 wird er König von Xukpi bzw. Copán. Nach seiner Niederlage vom 3. Mai 738 gegen den König von Quiriguá wird «18 Kaninchen» gefangen genommen und von seinem Bezwinger den Göttern geopfert. Nach der Enthauptung von «18 Kaninchen» findet die Stadt Copán nur schwer zu alter Pracht zurück: Ihr Goldenes Zeitalter ist vorüber. «18 Kaninchen» hat auf dem großen Platz zahlreiche Stelen aufstellen lassen. Er lässt das Pelota-Spielfeld vergrößern, und Tempel 22 ist ihm geweiht. Sein Name «18 Kaninchen», der noch heute häufig verwendet wird, geht auf die Anfänge der Maya-Studien zurück und hat eine sinnentstellende Übersetzung zur Ursache. Der eigentliche Name des Königs lautet: «18 ist die Zahl der Bilder von K'awiil», wobei K'awiil der Name einer der wichtigsten Maya-Götter ist, der mit der Ausübung der göttlichen Königswürde assoziiert wird.

Der Stadtstaat Tikal kommt zu Ruhm, als **Yik'in Chan K'awiil** (734–769) den Thron besteigt: «K'awiil, der den Himmel verdunkelt». Tatsächlich besiegt er den mächtigen Rivalen, die Stadt Calakmul, im Jahre 736, ehe er 743 und 744 seine wichtigsten ehemaligen Verbündeten erobert. Er nimmt die Edeldame **Shana'Kin Yaxchel Pakal**, «Grüner Eichelhäher auf der Mauer», aus Lakamba (Palenque) zur Frau. Die Maya-Kultur ist noch heute ein Rätsel. Die südlichen Städte verlieren nach dem Ende des 8. Jahrhunderts ihre Bewohner, die offenbar nach Norden ziehen, auf die Halbinsel Yucatán.

Neuere Grabungen bezeugen dort ähnliche Städte, auch wenn man bis vor kurzem glaubte, sie seien von den Bewohnern des Südens eingeführt worden. Dieses Phänomen tritt in der gesamten Maya-Welt zu Beginn der nachklassischen Periode erneut auf. Es lassen sich mehrere Gründe für den Untergang anführen, etwa Kriege und Volksaufstände. Doch scheint eine regelmäßig aufgetretene Trockenheit der wichtigste Grund zu sein. Die Einführung eines neuen Gottes durch Herrscher und Priester im 8. Jahrhundert muss ebenfalls als ein möglicher Grund genannt werden: Kukulkan, die gefiederte Schlange, bei den Azteken unter dem Namen Quetzalcóatl bekannt. Dieser neue, schnell zum vorherrschenden Kult gewordene Gott verärgert die Anhänger älterer Götter: Chaac, Gott des Regens, Itzmana, Gott der Sonne, und Ah Mun, Gott des Mais. Das führte zu Zusammenstößen in den Städten.

Die Maya-Religion: Popol Vuh

Unsere Kenntnis der Maya beruht auf einem einzigartigen Dokument über deren Kosmogonie, die Entstehung des Universums und die Erschaffung des Menschen: Gemeint ist das *Popol Vuh*, das Buch des Rates. Auf Maya von mehreren Autoren um die Mitte des 16. Jahrhunderts verfasst und später mit einigen lateinischen Buchstaben versehen, beschreibt dieses Buch die Welt der Götter, der Menschen und der Großtaten der Herrscher der Quiché-Maya – bis zur Zeit seiner Redaktion. Die Quiché sind eine ethnolinguistische Gruppe aus Guatemala, noch heute durch die Friedensnobelpreisträgerin Rigoberta Menchú und ihren Kampf um die Anerkennung ihrer Bürgerrechte wohlbekannt. Der Text des *Popol Vuh* ging früh verloren, da die Spanier die Schriften zerstören ließen. Um 1702 konnte der Dominikaner Francisco Jimenez eine Abschrift retten, die erhalten blieb. Er fertigte auch eine spanische Übersetzung an. Das *Popol Vuh* beschreibt den siegreichen Kampf der Zwillinge Hunahpú und Ixbalanqué und ist die wichtigste Quelle für die Kenntnis der Maya-Religion – zusammen mit den *Chilam Balam* aus dem 16. und 17. Jahrhundert, die in der Yucatán-Sprache, aber in lateinischen Buchstaben verfasst wurden. *Chilam Balam* ist der Name einer Gruppe von «Jaguar-Priestern», die wegen ihrer Gabe der Prophetie und ihrer übernatürlichen Kräfte bekannt sind. Die *Chilam-Balam*-Bücher handeln von Mythen und Prophezeiungen, darunter auch der Ankunft der Europäer, darüber hinaus enthalten sie prophylaktische oder medizinische Rezepte.

2. Die Tolteken-Kultur

Die Tolteken besetzen die Region von Zentralmexiko und wählen Tula als den Ort, an dem sie ihre politische Hauptstadt errichten. Von einer früheren Kultur übernehmen sie die Stadt Teotihuacán und errichten dort einen gewaltigen sakralen Komplex. Beide Städte liegen nördlich des heutigen Mexiko City. Diese Aufteilung deckt sich mit zwei Ereignissen der Tolteken-Geschichte: Die Priester herrschen bis zum 11. Jahrhundert über die Gesellschaft, überlassen diese Aufgabe dann aber den Kriegern. Deren militärische Macht wird von aztekischen Armeen im Laufe des 14. Jahrhunderts beendet, und die unabhängige Welt der Tolteken verschwindet und geht in derjenigen ihrer Bezwinger auf. Als Anhänger der gefiederten Schlange, die von den Maya übernommen wird und der die Tolteken den Namen Quetzalcóatl geben, verehrten sie außerdem blutrünstige Götter, die sich von dem Blut der geopferten Menschen ernährten, was etwa für den grauenerregenden Tezcatlipoca gilt, der über den Tod herrscht.

Zwei große Zentren der Tolteken: Tula und Chichén Itzá

Tula und seine Atlanten

Tula, die große Tolteken-Stätte, von einem Wandervolk im 9. Jahrhundert auf dem mexikanischen Zentralplateau erbaut, ist die Hauptstadt der Tolteken und der Azteken, ungefähr 80 Kilometer nördlich von Mexiko City. Der Höhepunkt der Toltekenzeit liegt zwischen dem 10. und 12. Jahrhundert. Tula entsteht in dem Augenblick, als die größte mittelamerikanische Stadt Teotihuacán im 7. Jahrhundert untergeht. Der erste urbane Kern wird *Tula Chico*, das «kleine Tula», genannt. Der Schlangengott Quetzalcóatl, mit dem Planeten Venus assoziiert, wird dort bereits verehrt. Tula wächst ungefähr zwischen 980 und 1000, mit der Herrschaft von Ce Acatl Topiltzin, dessen Name «1 Schilfrohr, unser verehrter Prinz, leuchtende Schwanzfederschlange» bedeutet. Die Stadt bedeckt damals bereits zehn bis 16 Quadratkilometer, bei einer Bevölkerung von mehr als 50 000. Prächtige Bauten werden errichtet, Pyramiden, deren Abschluss ein Tempel bildet, z. B. La Quemada oder Palacio Quemada mit dem Tempel auf der Pyramide B. Diese Pyramide B oder Pyramide von Tlahuizcalpantecuhtli, dem Schlangengott Quetzalcóatl in seiner Venus-Gestalt, ist wegen ihrer Atlanten berühmt: vier Säulen in Gestalt toltekischer Krieger, fast fünf Meter hoch, die das Dach des Tempels stützen. Tula ist auch bekannt für seine Chak Mo'ols, «roten Jaguare». Diese blockartigen Statuen stellen einen halb auf seinen Ellbogen ruhenden Menschen dar, den Kopf seitlich in Richtung der auf ihn Zutretenden gedreht. Man findet dergleichen auch in Chichén Itzá, einer anderen Tolteken-Stadt. Tolteken, Chichimeken und Mixteken sind weitere Völker, die Teil einer großen Föderation sind, die von den Azteken dominiert wird.

Chichén Itzá: Am Rand des Brunnens

Die Stadt Chichén Itzá, «Am Rand des Brunnens der Itzá», wird um das Jahr 400 gegründet, ehe sie ungefähr 100 Jahre später aufgegeben wird. Im 9. Jahrhundert entsteht sie neu. Nun wird hier der Gott Kukulkan verehrt, der für die toltekischen Eroberer zu Quetzalcóatl, zur «gefiederten Schlange» geworden ist. Aus ihrer Hauptstadt Tula vertrieben, verschmelzen die Tolteken mit den Maya in Chichén Itzá. In dieser Stadt vermischen sich die beiden Kulturen. Chichén Itzá liegt auf der Halbinsel Yucatán im heutigen Mexiko und bedeckt eine

Fläche von ca. 300 Hektar. Die bemerkenswertesten Denkmäler sind die Große Pyramide (Castillo), der Pelota-Platz und der Kriegertempel. Außerdem gibt es einen natürlichen Brunnen, den *Cenote:* eine Kultstätte für den Gott des Regens, Chaac. Die Große Pyramide, 24 Meter hoch, im Spanischen auch Castillo genannt, «das Schloss», ist dem Kult des Gottes Quetzalcóatl geweiht, dargestellt durch Schlangenköpfe am Fuß der Zugangstreppe. Sein Bau weist kalendarische Aspekte auf: vier Seiten mit je 91 Stufen, also 364 Stufen, was zusammen mit der Basis 365 ergibt und der Anzahl der Tage eines Jahres entspricht.

Der **Pelote-Platz**, der große Ballspielplatz, mit seinen 90 Metern Länge und 30 Metern Breite der größte in Yucatán, ist ein rechteckiger Platz. Auf einer Mauer ist in der Höhe ein steinerner Ring angebracht. Zwei Mannschaften treten gegeneinander an und versuchen, einen Kautschukball durch den Ring zu spielen, ohne die Hände oder Füße zu benutzen. Dabei kommt es darauf an, den Ball mit den Hüften, Ellbogen oder Unterarmen zu spielen. Es ist ein sakrales Spiel, das dem Lauf der Sonne am Himmel huldigt. Die Kräfte der Unterwelt, des Todes, kämpfen gegen die Kräfte des Lebens auf der irdischen Welt, der Oberwelt. Der Kriegertempel (oder Jaguartempel) ist toltekisch. Die Fresken, die ihn schmücken, zeigen die Taten dieses Kriegervolkes. Oben auf der Pyramide steht vor dem Tempel ein Opferaltar, *Chaak Mo'ol*, in Gestalt eines halb liegenden, auf die Ellbogen gestützten Mannes mit bedecktem Haupt, dessen Bauch die Opferstätte ist, auf der das Opfer liegt. Chichén Itzá hat tatsächlich zwei Geschichten: Seit ca. 400 ist sie die Stadt der Maya, regiert von Priesterkönigen und Verehrern des Chaac. Anschließend ist sie die Stadt der Tolteken, die in zwei Wellen hier ankommen – die erste Welle um 850, die zweite um 1150, beide Male aus Zentralmexiko. Sie verehrten die «gefiederte Schlange». Die Kämpfe mit den gegnerischen Städten, darunter Mayapán, beschleunigen wahrscheinlich den Untergang von Chichén Itzá, das gegen Ende des 13. Jahrhunderts aufgegeben wird.

Die toltekische Religion: Götter und Blut

Die Religion der Tolteken stammt von jener der Azteken ab. Zwei göttliche Gestalten verdienen eine nähere Betrachtung: Tezcatlipoca, «Herr des rauchenden Spiegels», und Quetzalcóatl, die «gefiederte Schlange».

- **Tezcatlipoca**, der «Rauchende Spiegel», ist in Mittelamerika Demiurg *par excellence*. Als Schöpfer des Himmels und der Erde ist er der Sonnenjaguar des gesamten ersten Universums. Oberster Gott, allwissend und allmächtig, verkörpert er allein sämtliche Gottheiten, den «Schöpfer», das «Sein aller Dinge». Unsichtbar und allgegenwärtig, ist er im Besitz eines Zauberspiegels, was im Obsidian-Spiegel aufgegriffen wird, der sein Symbol ist und mit dessen Hilfe er die Zukunft vorhersehen kann und in den Herzen der Menschen liest. Der Kult um ihn entsteht mit der Ankunft der Tolteken im Lauf des 10. Jahrhunderts. Seine Zuschreibungen sind unendlich: Gott des Krieges, des Todes, der Nacht, des großen Bären, Erfinder des Feuers, Beschützer der Ernten, böser Geist der Menschen, Beschützer der Hexen und Nekromanten, Inkarnation der jungen Krieger, der Schönheit, des Wissens, der Musik und vieles mehr. So ungreifbar wie vielfältig, so paradox wie mehrdeutig ist Tezcatlipoca der Schwarze Gott, und Schwarz ist die ihm eigene Farbe. Für die Azteken ist er der Verderber seines Bruders Quetzalcóatl, den er zum Trinken und zu erotischen Freuden verleitet. Meist wird er mit bemaltem Gesicht dargestellt: Horizontale gelbe und schwarze Streifen wechseln sich ab. Sein rechter Fuß, den er bei einem Kampf gegen das Erdmonster verloren hat, ist durch seinen Spiegel oder eine Schlange ersetzt. Manchmal ruht der Spiegel auch auf seiner Brust und Rauchsäulen steigen aus ihm auf. Sein tierischer Stellvertreter, seine tierische Gestalt, sein *nagual* ist der Jaguar. Er steht mehreren Maya-Göttern nahe: dem obersten Schöpfer K'awiil, oder Tojil, «Osidian», der mit Opfern assoziiert wird.

▪ **Quetzalcóatl**, die «gefiederte Schlange von Quetzal», wobei Quetzal ein tropischer Vogel mit leuchtend blauen, grünen und roten Federn war, wird häufiger «Federschlange» («leuchtende Schwanzfederschlange») genannt. Als Bruder von Tezcatlipoca – bei den Azteken – ist er auch Schöpfergott, Beschützer des Wissens, der Künstler, der Schreiber, der Morgenstern Venus, der den Menschen die Kultur bringt, sie die Kunst des Ackerbaus lehrt, Gott des Handels, des Webens und der Töpferei. Quetzalcóatl wird von den Maya als Kukulkan verehrt, in Teotihuacán aber als Quetzalcóatl, ebenso bei den Tolteken und später dann bei den Azteken. Als Beschützer der Priester steht er im 10. Jahrhundert am Anfang der Herrschaft der Priesterkönige von Tula. Man hat ihn zudem mit der Figur des Ce Acatl Topiltzin Quetzalcóatl in Zusammenhang gebracht, der von den Anhängern des rivalisierenden Gottes Tezcatlipoca vertrieben wird. Quetzalcóatl erhält als friedlicher Gott Blumenopfer, Quetzal-Federn, Jade, Tiere, Schlangen, Vögel und Schmetterlinge. Sein Untergang in Tula eröffnet das Zeitalter der Menschenopfer, die von seinem dunklen Gegenspieler Tezcatlipoca verlangt werden.

3. Die Kultur der Inka

Die Geschichte der Inka

Um das 1. Jahrtausend n. Chr. entstehen gleich zwei Reiche: Tiahuanaco und Huari. Tiahuanaco, das zum UNESCO-Welterbe gehört, entsteht nahe des Titicaca-Sees im heutigen Bolivien. Sein großer Tempel ist dem *Huaca*-Kult geweiht, den spirituellen Kräften. Er verschwindet im 11. Jahrhundert, ohne dass die genauen Gründe dafür bekannt sind. Das Huari-Reich konzentriert sich auf die heutige Stadt Ayacucho, in der gleichnamigen Provinz Perus auf mehr als 2700 Metern Höhe in den Anden gelegen. Die Huaris sind Architekten, Weber und Meister der Keramikkunst. Sie nehmen viele Fertigkeiten der Inka vorweg. Das Ende des Huari-Reichs fällt mit der Bildung lokaler Staaten zusammen, deren wichtigster der Staat der Chimú ist, in der Gegend der heutigen Stadt Trujillo. Im 9. Jahrhundert entstanden, hält sich dieser Staat bis zum Ende des 15. Jahrhunderts, als er Teil des Inkareichs wird. Seine Hauptstadt Chanchán belegt die Einteilung der Gesellschaft in Kasten, wobei eine jede den Stadtteil bezieht, der ihr vorher zugewiesen wird. Im Lauf des 11. Jahrhunderts verlassen die Inka vermutlich die Gegend um den Titicaca-See, um sich nach und nach im Cuzco-Tal niederzulassen. Dort bekämpfen sie zunächst örtliche Gruppen, um sich anschließend zu einer Koalition zusammenzuschließen. Diese Koalition ist klar organisiert: Der *Hanan*, «das Hohe», kommt denjenigen zu, die über zivile und religiöse Macht verfügen. Das *Hurin*, «das Niedere», bekleidet die militärische Macht.

Sehr schnell nehmen die Inka das *Hurin* für sich in Anspruch. Der Erste, der wirklich als Herrscher angesehen wird, ist der Inka Manco Cápac (12. Jahrhundert). Die Inka beherrschen nun die Föderation, der sie eine Weile militärisch gedient haben. Nur eine Gruppe widersetzt sich vor Ort ihrer Macht: die Chanka. 1438 besetzen sie Cuzco, den «Nabel» beziehungsweise das «Zentrum» der Welt, das überstürzt von Viracocha Inka (um 1400–1438) verlassen wird. Er ist vor allem unter dem Namen Hatu Túpac Inca bekannt, den er in Viracocha/Wiraqucha ändert, als sich ihm die Existenz dieses Gottes offenbart. Seine Politik der Assimilierung der eroberten Völker nach Abschluss der militärischen Eroberungen macht ihn zum eigentlichen Schöpfer des Inkareichs. Als die Chanka Cuzco belagern, flieht Viracocha an einen sicheren Ort und scheint zum Verzicht auf den Kampf bereit. Sein Sohn Pachacútec übernimmt die Führung der Armee, schlägt die Chanka und setzt seinen Vater ab. Mit seiner Herrschaft beginnt die große Zeit der Inka.

Der zukünftige **Pachacútec** (1438–1471) ist ein argwöhnischer Herrscher. Die folgenden Regierungen erweitern die Grenzen des Reichs bis nach Bolivien, Ecuador und Nordchile. **Huayna Cápac**, der «junge Herrscher» (1493–1527), festigt mit seiner Herrschaft den Glanz des Inkareichs, das *Tahuantinsuyu* genannt wird. Doch dieses Reich steht auf schwachen Füßen. Die unterste Stufe der Organisation besteht aus der *ayllu*, der Dorfgemeinschaft. Die Provinzen werden von den Curacas, vornehmen Inka, regiert und verwaltet. Die eigentliche Kraft, die dieses Mosaik aus verschiedenen Gruppen zusammenhält, ist die Religion: der Kult der Sonne, *Inti*. 1527 stirbt Huayna Cápac, ohne einen Nachfolger bestimmt zu haben. Seine beiden Söhne **Huáscar** und **Atahualpa** streiten sich fünf Jahre um das Reich. 1532 wird Huáscar beseitigt, und **Atahualpa** (1532–1533) wird alleiniger Herrscher. Nach dem Tod seines Vaters besetzt er den Norden des Inkareiches. Sein Halbbruder **Huáscar** (1527–1532) wird in Cuzco zum *Sapa Inca*, zum «einzigen Inka», ausgerufen, unterstützt von den Mitgliedern der königlichen Familie und dem Adel. Doch Atahualpa verweigert ihm die Anerkennung und zieht gegen ihn zu Felde. Fünf Jahre voller Intrigen und Auseinandersetzungen folgen, ehe Huáscar 1532 unweit von Cuzco endgültig geschlagen wird. Atahualpa ist der letzte Inka. Denn zu dieser Zeit kommt **Francisco Pizarro** (um 1475–1541) in Peru an. Durch Verrat nimmt er Atahualpa gefangen. Der Verlust dieses Inka ist für sein Volk eine Katastrophe. Ein enormes Lösegeld, das aus einem randvoll mit Gold gefüllten Raum besteht, wird gezahlt. Dennoch lässt Pizarro Atahualpa am 29. August 1533 hinrichten. Fünfzehn Jahre brauchen die Spanier danach, um ihre Eroberung zu vollenden, was ihnen durch die Verwüstungen erleichtert wird, welche die von den Spaniern eingeschleppten Krankheiten unter der einheimischen Bevölkerung anrichten.

Die Bauten mit Zyklopenmauerwerk

Die Stätten und Monumente der Prä-Inka-Zeit wie auch der Zeit der Inka selbst beindrucken durch die Dimensionen ihrer zyklopischen Bauten. Wichtigste Orte der Inka-Denkmäler sind außer der Hauptstadt Cuzco zunächst Pachacámac, eine Prä-Inka-Stätte ca. 30 km von Lima entfernt, dann der Coricancha, der Sonnentempel, in Cuzco und schließlich die Festung Sacsayhuamán und das berühmte Machu Picchu. Um ihr gewaltiges Reich zu kontrollieren, legen die Inka 45 000 km königliche Straßen an, *Inacán* oder «Weg des Inka» genannt. Diese Wege verbinden Pasto in Südkolumbien mit dem Norden Argentiniens. Die wichtigste dieser Königsstraßen erstreckt sich über 6600 km. Hervorragende Läufer lösen sich auf diesen Wegen ab. Sie lernen ihre Botschaften auswendig und übermitteln sie ihrem nächsten Staffelläufer, der sie seinerseits lernt. Es heißt, solche Equipen können am Tag 200 km zurücklegen. Die Autorität der Inka wird dadurch ständig gewährleistet, denn jeder Aufstand wird schnell nach Cuzco gemeldet. Angeblich konnte der Herrscherhof auf diese Weise nach Wunsch sogar frische Fische und Muscheln verzehren. Die Wege, die bis zu 3 m breit sein konnten, sind mit Steinblöcken belegt, die durch einen Verbund aus Kies und Gips zusammengehalten werden.

Die untergegangene Stadt Machu Picchu

Machu Picchu, «alter Berg» in der Quechua-Sprache, ist eine Inka-Stadt, angelegt auf einer Höhe von über 2400 m im Tal des Urubamba, ungefähr 700 km nordwestlich von Cuzco. Um 1450 erbaut, wird die Stadt ungefähr 100 Jahre später aufgegeben. Der Grund dafür ist noch nicht geklärt. Von den spanischen Eroberern übergangen, später vergessen, wird diese Stadt erst 1911 wiederentdeckt. Seit 1983 gehört sie zum UNESCO-Welterbe. Machu Picchu gilt als *llacta*, als Stadt, welche die neuen eroberten Gebiete kontrollieren soll. Heute scheint es, dass es sich dabei eher um einen privaten Rückzugsort des Inka **Pachacútec** (1438–1471) handelt. Wie viele Inka-Bauten sind auch die Häuser in Machu Picchu aus Steinblöcken ohne Mörtel errichtet. 140 Bauten gibt es: Häuser, Tempel, umschlossene Gärten, alles verbunden durch eine Steintreppe von mehr als 100 Stufen. Die Stadt ist, wie auch die Inka-Gesellschaft selbst, streng segregiert: in ein heiliges Quartier, das dem Adel und den Priestern vorbehalten ist, und in ein Viertel des Volks. Zum heiligen Quartier gehören der Intihuatana (ein Granitblock, der vielleicht ein Opferaltar war), der Sonnentempel sowie der Tempel der drei Fenster. Im Viertel des Adels und der Priester haben die Priesterbauten rote Mauern und die Häuser für Frauen hohen Ranges haben trapezförmige Zimmer.

Die Religion der Inka: Gottkönige und Sonnenjungfrauen

Das Inkareich verkörpert sich in seinem Herrscher, dem *Inca*, der zugleich militärischer Befehlshaber wie oberster religiöser Würdenträger ist, dem Göttlichen nahe. Die Existenz der sieben ersten Inka ist großenteils Legende, einige ihrer Nachfolger aber führen die Welt, die sie beherrschen, zu ruhmreichen Zeiten: **Viracocha Inca** (um 1400–1438), ein schrecklicher Krieger und religiöser Reformator, **Pachacuti Yupanqui** oder **Pachacútec** (1438–1471), der «Reformator der Welt», **Huayna Cápac** (1493–1527), dessen Herrschaft den Gipfel des Inkareichs markiert, und schließlich **Atahualpa** (1532–1533), der unglückliche letzte Herrscher. Mächtigster Gott des Inka-Pantheons ist Inti, die Sonne, der unter der Herrschaft Pachacútecs zunächst in Konkurrenz mit einem neuen Gott, **Viracocha**, dem «Schöpfer», steht und schließlich von ihm verdrängt wird. Auch andere Götter werden verehrt: Killa, der Mond, und Inti, ihr Gemahl, Illapa, der Blitz, Taguapica, der unheilvolle Sohn Viracochas, der sich bemüht, nach und nach alles zu zerstören, was sein Vater geschaffen hat. Menschenopfer sind seltener als bei den Azteken, aber Bestandteil mancher Riten, vor allem bei der Inthronisierung des neuen Inka. Die Mythen beschwören die Erschaffung der Welt, der drei aufeinanderfolgenden Menschheiten. Die schönste Legende ehrt Manco Cápac, den Gründer der Inka-Welt und der Strukturen des Inkareichs. Die Sonnenjungfrauen, die *Accla*, werden im Alter von acht Jahren ausgewählt, um zu Gefährtinnen der Sonne sowie zu Dienerinnen des Inka und seiner königlichen Familie zu werden. Sie leben zurückgezogen in besonderen Häusern, den *acclahuasi*, von älteren Frauen beaufsichtigt, den *Mama Cuna*. Aus den Reihen der *Accla* werden auch die Konkubinen des Inka ausgewählt, und sie werden fremden Herrschern zur Ehe angeboten, mit denen sich der Inka politisch verbünden möchte.

Die Musik der Inka

Die Musik der Anden gliedert das Leben der *Ayllu*, der Agrargemeinschaft, die es schon zu Zeiten der Inka gab und die auf Verwandtschaft, Nachbarschaft sowie auf gemeinsamen Besitz und gemeinschaftlicher Bestellung der Böden gegründet war. Der Ursprung der *Quena*, der späteren Andenflöte, wird in einer Legende geschildert: Ein schönes Mädchen der Chancay, **Cusi Coyllur**, wird von den Inka entführt, damit sie eine *Accla*, eine Sonnenjungfrau wird. Sie ist allerdings über alle Maßen in ihren Jugendfreund verliebt. Die Liebe der beiden ist nun unmöglich und das schöne Mädchen geht daran zugrunde. Sie wird beerdigt und ihre Mumie wird an einen Berghang gelegt. Ihr verzweifelter Liebhaber besucht sie regelmäßig und merkt dabei, dass bei starkem Sturm der Wind durch die Knochen seiner Geliebten streicht und eine düstere Klage ertönt. Von dieser Klage inspiriert, nimmt der Liebhaber einen Schenkelknochen der Mumie, um daraus die erste *Quena* zu schnitzen.

4. Die Kultur der Azteken

Die Azteken, auch als *Mexicas* bekannt, gehören wie die Chichimeken und die Tolteken zur Gruppe der Nahua-Stämme, die aus Nordmexiko stammen und deren gemeinsame Sprache das Nahuatl ist. Die Nahua beginnen ihre Wanderung in das heutige Zentralmexiko um das 6. Jahrhundert. Es scheint, dass die Chichimeken und Azteken nicht vor dem 12. Jahrhundert dorthin ziehen. Der genaue Ursprung der Azteken ist nach wie vor unsicher. Die Azteken selbst beschwören gerne einen mythischen Ursprung, eine Art Zentrum der Welt: den Chicomoztoc, den «Ort der sieben Höhlen» bzw. eine reiche Stadt, Aztlán.

Nach einer langen Zeit des Umherirrens gründen die nomadischen Azteken 1325 ihre Hauptstadt Tenochtitlán auf dem Gebiet des heutigen Mexico City. Der Ort wird nicht zufällig gewählt. Die Götter haben ihn durch ein Zeichen offenbart: Ein Adler, der auf einem Kaktus sitzt, hält eine Schlange in seinem Schnabel. Dieses Symbol schmückt noch heute die mexikanische Flagge. Der Legende nach bitten die Azteken, die ihrer Stadt eine edle Dynastie sichern wollen, den Tolteken-König von Culhuacán um seinen Sohn als ihren ersten Herrscher. So wird um 1375 **Acamapichtli** (um 1375–1395), dessen Name auf Nahuatl «der den Stab trägt» oder auch «eine Handvoll Pfeile» bedeutet, erster Priesterkönig der Azteken. Sein Sohn **Huitzilihuitl**, «Kolibrifeder» (um 1395–1417), folgt ihm, und als sie auf Seiten der Tepaneken, einem weiteren Nahua-Volk, kämpfen, sind die Azteken in der Kriegskunst geübt. Mit einer der Töchter von **Tezozomochtli** (um 1367–1426), dem Herrscher von Azcapotzalco, verheiratet, gewährt ihm dieser Herrscher eine Senkung der zu leistenden Tributzahlungen. Es ist dies auch die Zeit der Konsolidierung und des Friedens mit den Nachbarvölkern. Seither sind die Azteken bereit, ihre

Welt zu beherrschen, den *Cem Anahuac*, die «einzige Welt». Die Ausstrahlung des Aztekenreichs beginnt mit dem Tod von Itzcoatl im Jahre 1440. Sein Neffe Tlacaelel wird Berater des neuen Königs **Moctezuma I.** (1440–1469). Sie streben nach der Ausdehnung des Aztekenreichs und kämpfen dafür gegen die Huasteke/Huaxteken aus dem Nordosten und die Mixteken aus dem östlichen Zentralmexiko.

Nie sind so viele Reichtümer in die Hauptstadt geflossen. Sie stammen aus den Tributzahlungen der unterworfenen Regionen. **Moctezuma II.** (um 1480–1520), eigentlich **Moctezuma Xocoyotzin** («der zornig wird wie ein junger Herrscher»), wird gegen seinen Willen 1502 Herrscher. Er regiert autoritär, reduziert die Klasse der Krieger und die Ansprüche des Adels, benennt aber jüngere Männer für die Verwaltung. Als Cortés mit seinen Truppen landet, ist Moctezuma II. überzeugt, der Rückkehr Quetzalcóatls beizuwohnen. Bei dieser Gelegenheit opfert er viele Menschen. Die Tradition besagt, dass Moctezuma, als er bei der Einnahme Mexikos 1520 schon Gefangener von Cortés war und auf den Balkon gestoßen wurde, um eine Rede an sein Volk zu halten, von einem Stein getroffen und getötet wurde. Man hat nie erfahren, ob ein Spanier oder Azteke – unzufrieden wegen des armseligen Verhaltens dieses Herrschers oder wegen dessen Zusammenarbeit mit dem Feind – diesen Stein warf. Moctezumas Bruder **Cuitláhuac** folgt ihm 1520 auf den Thron.

Die Ankunft der Spanier findet am 8. November 1519 während der Herrschaft von **Moctezuma II.** statt. Er schwört den Spaniern den Treueeid, überzeugt davon, vor Gott Quetzalcóatl zu stehen, der zurückgekommen ist, sein Land wieder in Besitz zu nehmen. Auch wenn die Armeen der dreifachen aztekischen Allianz zahlenmäßig stärker als die der Eroberer sind, können sich diese dennoch mit den Stämmen der Chalca, Tepaneken und Tlaxcalteken verbünden, die sich der aztekischen Herrschaft widersetzen. Die Spanier greifen an, und schnell ist die dreifache Allianz dezimiert. Als Tenochtitlán am 13. August 1521 endgültig erobert wird, geht das Aztekenreich unter. Der letzte *Tlatoani* (Herrscher) **Cuauhtémoc** (1520–1525) wird gefangen genommen, eingesperrt und 1525 gehängt. Cuauhtémoc, dessen Name «sich herabsenkender Adler» bedeutet, ist als letzter Aztekenkönig bekannt, aber auch für seine starke Persönlichkeit. Er regierte nur 80 Tage lang und ist in die Geschichte eingegangen als derjenige, der sich gegen die spanischen Eroberer gewendet hat. Nachdem Pedro de Alvarado, der Stellvertreter von Hernán Cortés, im Inneren des Templo Major (des großen Tempels) Priester und Adlige hinschlachten ließ, erlebt er eine Belagerung von 45 Tagen, bei der er und seine Leute in der Hauptstadt eingeschlossen sind. Es folgt ein Aufstand der

Azteken, Hernán Cortés eilt herbei. In der ***Noche Trista***, der traurigen Nacht des 30. Juni 1520, werden viele seiner Soldaten von den Azteken in Tenochtitlán massakriert; die übrigen Spanier fliehen; Alvarado ergibt sich.

Die Religion der Azteken und der Kult des «kostbaren Wassers»

Die Religion der Azteken basiert auf dem Kalender und einem Zyklus von 52 Jahren, an dessen Ende eine neue Welt entsteht. Sie verehren viele Götter, die sie von den Kulturen von Teotihuacán und den Tolteken übernommen haben. Von den Maya übernehmen sie ebenfalls Götter. Sie betrachten ihr Universum als instabil. Es hat bereits vier Zerstörungen erlitten, an deren Ende die Götter sich opfern mussten, damit die Sterne wieder neu entstehen konnten und die Sonne sich wieder in Bewegung setzte. Es ist also eine unruhige, dem Chaos ausgelieferte Welt. Um dieses Chaos zu vermeiden, müssen die Menschen dem Beispiel der Götter folgen und das «kostbare Wasser», ihr eigenes Blut, opfern, um ihrerseits den guten Fortgang des Universums sicherzustellen. Die Opfer sind selten Freiwillige, meist Kriegsgefangene. Zu diesem Zweck praktizieren die Azteken eine besondere Kriegstechnik, den *Xoxiyaoyotl*, den «blühenden Krieg», der darin besteht, den Gegner nicht zu töten, sondern ihn lebend zu fangen, um ihn dann den Göttern als Opfer darzubringen.

Wichtige aztekische Götter

Zu den mächtigsten Göttern gehören Huitzilopochtli, Tezcatlipoca, Tlaloc und Quetzalcóatl. Als Gott des Feuers herrscht Huitzilopochtli über den Süden. Der Norden ist Tezcatlipoca zugeordnet, dem Gott der Kälte und der Nacht, des Todes und des Krieges. Vom Osten kommt der wohltätige Einfluss Tlalocs, Gott des Wassers und der Fruchtbarkeit. Im Westen ist Quetzalcóatl, der weiseste und größte aller Götter. Jedem bedeutenden Gott ist eine Himmelsrichtung und eine Farbe zugeordnet, die seine Natur beschreibt. Dem schwarzen Tezcatlipoca steht der weiße Quetzalcóatl gegenüber.

Jenseits der drei Welten

Das Jenseits der Azteken ist in **drei Welten unterteilt**: Die Welt der Krieger und der Frauen im Kindbett – das Haus der Sonne – ist die beneidenswerteste. Die beiden anderen sind das Tlalocan, Ort der Erde und des Nektars, sowie das Mictlan, Ort der natürlich Verstorbenen. Im Jenseits der Krieger und der im Kindbett gestorbenen Frauen ist es sonnig. Die Krieger und Frauen tragen den Tragsessel der Sonne. Nachdem sie einen Zyklus von vier Jahren im Dienst der Sonne hinter sich gebracht haben, kehren sie auf die Erde zurück – in Gestalt von Kolibris und Schmetterlingen. Das Tlalocan ist das Jenseits von Tlaloc, dem Gott des Regens, des Wassers und der Vegetation. Er sammelt die Ertrunkenen ein und alle, die bei einem Unfall, der im Zusammenhang mit Wasser steht, gestorben sind. Die Toten leben im Tlalocan in ewiger Freude und Wonne inmitten einer üppigen Vegetation. Das Mictlan im Norden beherbergt alle anderen Verstorbenen, die weder Krieger noch im Kindbett gestorbene Frauen sind und auch nicht von Tlaloc geholt wurden. Nach einer gefährlichen Reise überquert der Tote die neun Flüsse der Unterwelt und gelangt in die Welt der neun Reiche des Todes, mit der er sich vollständig verbindet. Die Welt der Finsternis – Mictlan – wird von Mictlantecuhtli regiert, dem Herrn der Unterwelt und des Todes.

Eine aztekische Obsession: Die Zeit

Die aztekischen Kalender

Die Azteken, die der Zeit eine entscheidende Bedeutung beimessen, benutzen drei Kalender gleichzeitig: den Sonnenkalender, den rituellen Kalender und den Venuskalender. Der Sonnenkalender umfasst wie der unsrige 365 Tage, kennt dabei aber 18 «Monate» von je 20 Tagen, dazu fünf Unglückstage. Der rituelle Kalender nimmt diese «Monate» von 20 Tagen auf, belegt sie aber gleichsam mit vier «Schalt-Zeichen», damit dieser Kalender alle 52 Jahre mit dem Sonnenkalender identisch ist. Dieser Zeitabschnitt von 52 Jahren wird in Form von 13 mal 4 dargestellt. Der Venuskalender folgt den Umlaufzeiten von Venus und Sonne, deren Übereinstimmung alle 1104 Jahre zu beobachten ist. Dieser Zeitpunkt markiert das aztekische «Jahrhundert», der längste Zeitraum, auf den die Azteken sich beziehen.

Die Woche der Azteken

Die aztekische «Woche» zählt 13 Tage und steht im Zeichen des Signums, das die Reihe anführt. Die Dreizehn-Tage-Woche 1-Krokodil wird gefolgt von 1-Jaguar, 1-Hirsch, 1-Blume, 1-Schilfrohr, 1-Tod usw.

1-Krokodil	1-Tod	1-Affe	1-Geier
1-Jaguar	1-Regen	1-Eidechse	1-Wasser
1-Hirsch	1-Gras	1-Bewegung	1-Wind
1-Blume	1-Schlange	1-Hund	1-Adler
1-Schilfrohr	1-Feuerstein	1-Haus	1-Kaninchen

Der Kalender eines Lebens: Das Buch der guten und bösen Tage

Die Welt der aztekischen Mythen und Legenden wird von der Idee einer unbedingten Vorherbestimmung beherrscht. Von Geburt an wird jeder Azteke durch das *Tonalli*, das Schicksal, bestimmt. Das gilt für die Dauer seines irdischen Lebens wie auch für das Leben nach dem Tod. Das *Buch der guten und bösen Tage*, das *Tonolamatl*, ist ein Wahrsagekalender und führt Zeichen und Zahl eines Neugeborenen an, woraus gelesen werden kann, was dessen irdisches Leben und seine Zukunft im Jenseits ausmachen. Alle Mythen aber sind beherrscht von Quetzalcóatl, der «gefiederten Schlange», dem Zwilling von Xolotl, dem Gott des Salamanders und der Auferstehung, der ihn in die Welt der Toten führt. Die Azteken übernehmen die Kultur derjenigen, die sie besiegt haben. Daraus resultiert eine komplizierte Mythologie mit Hunderten von Gottheiten.

XIV

Das mittelalterliche Afrika

1. Äthiopien

Die Zagwe-Dynastie (1135–1268)

Das Königreich Aksum gibt es politisch seit dem 10. Jahrhundert nicht mehr. Dennoch wird es oft bis zum Beginn des 12. Jahrhunderts «verlängert», als die Zagwe-Dynastie (1135–1268) ihm folgt. Um das Jahr 1135 machen die Zagwe, die aus Zentral-Äthiopien stammen, Lalibela zu ihrer Hauptstadt. Nach und nach kontrolliert diese Dynastie die Provinzen Tigray, Gondar und Wällo/Wollo. Ihr berühmtester Herrscher ist **Gebra Maskal Lalibela** (1189–1212), der zahlreiche monolithische Kirchen in der Hauptstadt errichten lässt, der er seinen Namen gibt. Letzter König der Dynastie ist **Yetbarak** (?–1268). Sein Sohn oder Enkel wird von Fürst **Yekuno Amlak** (1268–1285) getötet, der seine eigene Dynastie an die Macht bringt, die **Salomoniden** (1268–1974). Die Kirche Bet Giorgis (St. Georg) ist eine der elf monolithischen Kirchen von Lalibela, die zum UNESCO-Welterbe gehören.

2. Die Anfänge der salomonischen Dynastie (13.–15. Jahrhundert)

Die salomonische Dynastie (1268–1974), die bis weit in die 2. Hälfte des 20. Jahrhunderts in Äthiopen präsent war, soll von **Menelik I.** (um 950 v. Chr.) abstammen, dem angeblichen Sohn Salomos und der Königin von Saba. Im 13. Jahrhundert kontrolliert die Dynastie drei Provinzen, Tigray im Norden, Amhara im Zentrum und Choa im Süden. Der Kaiser trägt den Titel eines *negus*; *Negusa nagast* oder «König der Könige». Er steht an der Spitze mehrerer weitgehend unabhängiger Fürstentümer, die nur darauf warten, ihm den Kaiserthron zugunsten ihrer jeweils eigenen Dynastie streitig zu machen. Der Hof zieht umher, es kommt häufig zu Verschwörungen. Beste Voraussetzung, auf dem Thron zu bleiben, ist die Persönlichkeit des Herrschers. Der **erste Negus**, **Yekuno Amlak** (1268–1285) beendet die Zagwe-Dynastie, deren letzte Fürsten zwischen 1268 und 1270 besiegt werden. Yekuno unternimmt mehrere Feldzüge gegen muslimische Sultane im Osten Äthiopiens, vor allem gegen das Sultanat Ifat, das sich gleichfalls ab dem 13. Jahrhundert entwickelt. Die beiden Staaten stehen sich im ständigen Kampf als Gegner gegenüber; zeitweilig wird das Sultanat Ifat zum Vasallen. Bis zum 15. Jahrhundert heben sich zwei Gestalten aus der salomonischen Dynastie ab: **Amda Seyon I.** (1314–1344) und **Zara Yaqob** (1434–1468).

■ **Amda Seyon I.** wird 1314 *negus* unter dem Herrschaftsnamen **Gabra Masqal I.** (1314–1344). Vergeblich versucht er, die Kopten zu schützen, ägyptische Christen, die vom Mameluken-Sultan von Kairo verfolgt werden. Mehrfach schlägt er die Truppen des Sultanats von Ifat und lässt die dortige Hauptstadt zerstören. Seine eigene Hauptstadt ist Tegulet in der Provinz Shoa, gegründet von Yekuno Amlak. Um die Palast-Verschwörungen zu unterbinden, setzt er die Prinzen auf dem «Berg der Könige», im Kloster Amba Geshen (Provinz Wollo), gefangen. Dort bleiben sie eingesperrt, konzentriert auf das Studium religiöser Texte – bis zu dem Tag, an dem man sie möglicherweise abholt, damit sie den Thron besteigen können. Die Künste entwickeln sich, vor allem die der illustrierten Manuskripte, die mit Miniaturen geschmückt sind, z. B. das *Evangeliar von Debra Maryam*. Mangels eines Gesetzeskodex beginnt der *negus* mit der Sammlung von Beschreibungen der Ämter am Hof, der Adelshierarchie; dieses Werk heißt *Serata Mangest*, «Ordnung des Königreichs».

■ **Zara Yaqob** (1434–1468) ist der brillanteste Herrscher am Beginn der Salomoniden-Dynastie. Zwanzig Jahre verbringt er in der Bergfestung Geshen, wo er eine solide theologische Ausbildung erhält. Er erweitert das äthiopische Reich, indem er das Sultanat Ifat unterwirft, wie auch das von Adal, eines neuen muslimischen Staates im Südosten von Harrar. Als Herrschaftsnamen wählt er **Kwestantinos / Konstantin I.** und stellt sich als dessen Nachfolger in Äthiopien dar. Er verbreitet das Christentum, verbietet heidnische Riten und gründet Klöster und Abteien: in Tegulet, in Aksum, in Debre Berhan, seiner neuen Hauptstadt, und in Amhara. Bei seinem Tod 1468 ist das mittelalterliche Äthiopien auf dem Höhepunkt seiner Entwicklung: Repräsentanten seiner Kirche nehmen am Konzil von Florenz teil (1431–1445), und Zara Yaqob führt Korrespondenzen mit europäischen Herrschern, z. B. mit **Alfonso dem Großmütigen (Alfonso V. von Aragón)**.

3. Das Königreich Kongo (1350–1500)

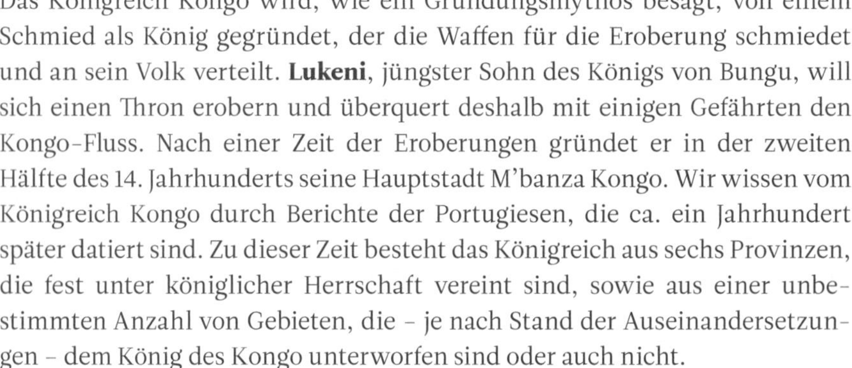

Das Königreich Kongo wird, wie ein Gründungsmythos besagt, von einem Schmied als König gegründet, der die Waffen für die Eroberung schmiedet und an sein Volk verteilt. **Lukeni**, jüngster Sohn des Königs von Bungu, will sich einen Thron erobern und überquert deshalb mit einigen Gefährten den Kongo-Fluss. Nach einer Zeit der Eroberungen gründet er in der zweiten Hälfte des 14. Jahrhunderts seine Hauptstadt M'banza Kongo. Wir wissen vom Königreich Kongo durch Berichte der Portugiesen, die ca. ein Jahrhundert später datiert sind. Zu dieser Zeit besteht das Königreich aus sechs Provinzen, die fest unter königlicher Herrschaft vereint sind, sowie aus einer unbestimmten Anzahl von Gebieten, die – je nach Stand der Auseinandersetzungen – dem König des Kongo unterworfen sind oder auch nicht.

Das königliche System

Dieses wird sehr früh – bereits seit dem Ende des 15. Jahrhunderts – von der Konversion der Monarchen zum Katholizismus geprägt. Der bemerkenswerteste König dieser Zeit nimmt den Namen **Alfonso I.** an und regiert von 1506 bis 1543. Während dieser langen Zeit unterhält er enge Kontakte mit Rom und Portugal. Er schickt sogar einen Teil der aristokratischen Jugend nach Portugal, damit dieser neben der militärischen auch eine Ausbildung in der Kunst der Verwaltung erhält. Zu diesem Zeitpunkt wird auch der Sklavenhandel aus dem Königreich Kongo begründet, der bald intensiviert wird. Den Profit ernten Sklavenhändler in Lissabon. Der kongolesische König, der den Titel eines *manikongo* trägt, hat lediglich eine Scheinherrschaft inne, und die Nachfolger Alfonsos I. werden teuer dafür bezahlen müssen. Denn er ist Herrscher aus Gewohnheitsrecht, aber auch ein katholischer König, der seit dem 17. Jahrhundert ausschließlich vom Wohlwollen Portugals abhängt, dabei aber der Unterstützung der lokalen Eliten beraubt ist, die immer aufständischer werden. Diese sich zuspitzende Lage gipfelt im Oktober 1665 in der Schlacht von Ambuila, bei der der aufständische König Antonio I. von den Portugiesen enthauptet wird. Anschließend wird das Königreich Kongo unter den rivalisierenden Clans aufgeteilt, die ihrerseits einer nach dem anderen die Königswürde kurzzeitig in Beschlag nehmen, bis die Europäer Ende des 19. Jahrhunderts aus dem Königreich Kongo eine ihrer Kolonien machen.

Die kongolesische Gesellschaft

Das Fundament der kongolesischen Gesellschaft bildet ein matrilineares System, das Individuen nach ihrer Abstammung und ihrer Clanzugehörigkeit organisiert. Die Abstammung ist umso wichtiger, je größer der Clan ist, da ein Mann so viele Ehefrauen haben kann, wie er will – solange er nachweisen kann, dass er ihnen sowie den zukünftigen Kindern ein anständiges Leben sichern kann. Das gibt den Wohlhabenden die Möglichkeit, Frauen als Eigentum gleichsam zu sammeln, während die Armen mehr oder weniger hoffnungslos der Ehelosigkeit ausgesetzt sind. Und schon vor der Ankunft der Portugiesen kennt die kongolesische Gesellschaft die Sklaverei. Tatsächlich bilden die Sklaven eine der drei Untergruppen der Gesellschaft: Adel, Freie, Sklaven. Sklaven sind hier Waren, die einem bestimmten Herrn gehören, der sie veräußern kann, indem er sie weggibt oder verkauft. Die Ankunft der portugiesischen Sklavenhändler verstärkt also nur vorhandene Strukturen innerhalb der kongolesischen Gesellschaft; sie erschafft diese nicht erst. Der prinzipielle Unterschied liegt in der Behandlung der Sklaven. Die traditionelle kongolesische Gesellschaft verpflichtet den Herrn, seine Sklaven gut zu behandeln und sich um deren Verheiratung zu kümmern. Diese letztgenannte Verpflichtung bewirkt, dass es für einen Sklaven unter der Patronage seines Herrn viel leichter ist, sich eine Frau zu nehmen, als etwa für einen freien Mann, der nicht genug Geld hat, um für den Unterhalt einer Frau aufzukommen. Den grundlegenden Zusammenhalt stiftet wie in jeder traditionellen Gesellschaft die geheiligte Person des Königs, der, im ursprünglichen Wortsinn, sein Königreich vollständig verkörpert. Seine Rolle wird durch die frühzeitige Konversion der Dynastie zum Katholizismus komplexer, denn der König muss nun einerseits die kontinuierliche Abstammung vom Kult seiner königlichen Ahnen sicherstellen und sich andererseits wie ein christlicher Herrscher verhalten.

Die Kunst im Königreich Kongo

Die Künste im Königreich Kongo sind der Macht des Königs, der Ahnen und Gottes gewidmet. Meist handelt es sich um Statuetten aus Holz, aber auch aus Bronze oder Eisen. Auf diese Weise erschaffen die Künstler auch viele Fetische, die für den *nganga*, Medizinmann und Zauberer, bestimmt sind. Der

Fetisch unterstützt die Heilung oder Verzauberung der dargestellten Person. Die Holzstatuetten sind bedeckt mit Eisennägeln, Muscheln, Halsbändern und feinen Steinperlen – kennzeichnend für die kongolesische Kunst. Der christliche Einfluss zeigt sich in den Goldschmiedearbeiten, Brustkreuzen oder in Holzstatuetten, die die wichtigsten Heiligen darstellen. Neben dem Königreich Kongo gründen die Bantu-Völker – die vermutlich aus der Gegend von Kamerun oder Nigeria stammen und nach Zentral- und Ostafrika gewandert sind – nach dem 11. Jahrhundert mehrere Staaten: die Königreiche Monomotapa, Kuba, Luba, Lunda, Butua, Bamun und Bamileke. Im Königreich Monomotapa, das reich an Goldminen war, wird ein Ensemble von Monumenten errichtet, die heute als Ruinenstadt Groß-Simbabwe oder Alt-Simbabwe bekannt sind (UNESCO-Welterbe).

Groß-Simbabwe

Die Königsstadt beherrscht von einem Plateau aus, das südöstlich von Harare liegt, das Shona-Reich, welches das heutige Simbabwe, Ost-Botswana und Süd-Mosambik umfasst. Dieser riesige Komplex aus nicht zementierten Granitsteinen wird um das Jahr 1100 begonnen. Die Umfassungsmauer hat eine Höhe von 10 m und umschließt einen Raum von 250 m Durchmesser. Die Fertigstellung der gesamten Struktur, zu der auch der Hügelkomplex, das Tal und die große Mauer gehören, erstreckt sich ca. über ein Jahrhundert. Ersterer ist dem König, dem Medizinmann und den Priestern vorbehalten. Herrscher und Priester weilen dort gemeinsam mit den Göttern. Der Tal-Komplex ist Wohnort der Adeligen, und die große Mauer ist Wohnsitz der Frauen des Königs. Insgesamt bedeckt Groß-Simbabwe eine Fläche von 27 000 m^2. Das eigentliche Volk lebt außerhalb dieser drei Bereiche. Die Gesamteinwohnerzahl wird auf ca. 5000 Personen geschätzt. Diese beeindruckende Königsstadt wird Mitte des 15. Jahrhunderts aufgegeben.

Die Religion: Christentum mit Ahnenkult

Trotz der Verbreitung des Christentums aus dem höfischen Umfeld heraus haben die Kongolesen die Kulte ihrer Ahnen bewahrt. Eine höchste Gottheit, deren Name *Nzambi a Mpungu* schon Furcht einflößt, ist zu weit von den Menschen entfernt, um in einem Kult verehrt zu werden. Sie existiert und wohnt allem inne, bleibt dabei aber unerreichbar. Um mit den Göttern und Geistern

Verbindung aufnehmen zu können, greifen die Kongolesen auf zweierlei Vermittler zurück: auf die *bankita*, die Urahnen des Clans, und die *bakulu*, die Vorväter. An sie muss man sich wenden, um eine Wohltat zu erhalten oder eine Situation zu verändern, die schädlich für einen ist. Diesen Geistern werden die Heiligen des Katholizismus an die Seite gestellt, als privilegierte Fürsprecher zwischen Gott und den Menschen. Die kongolesische Religion begreift sich nicht als exklusiv; sie hat den Katholizismus auf ihrem ursprünglichen Heidentum errichtet.

4. Das Reich von Kanem-Bornu

Das Reich von Kanem-Bornu (9.–19. Jahrhundert) beginnt mit dem Königreich von **Kanem**, das in der Region des Tschadsees liegt. Von seiner Hauptstadt Njimi aus kontrolliert der König oder *Mai* aus der Dynastie der Sefuwa/Sayfawa einen Teil des Transsaharahandels. Im 15. und 16. Jahrhundert wird das Machtzentrum nach Bornu, weiter im Westen, verlegt, wo das große islamisierte Reich Südsudan errichtet wird. Der *Mai* regiert, unterstützt vom Großen Rat, den er erwählt hat und der Mitglieder der königlichen Familie wie des Militäradels umfasst. Auch Ratgeber sind an der Regierung beteiligt, die aus Freien, den *kambe*, und aus Sklaven, den *katchella/kalia*, ausgewählt wurden. Der Aristokratie wird durch den König die Verwaltung der Provinzen übertragen. Im 16. Jahrhundert, zu seiner Blütezeit, beruht der Wohlstand von Kanem-Bornu auf den Karawanen, die durch die Sahara ziehen, sowie auf dem Sklavenhandel. Im 19. Jahrhundert verliert Kanem-Bornu angesichts der Bedrohung durch die Fulbe seine Souveränität und geht 1849 unter.

5. Das Königreich Mali

Das Königreich Mali entsteht aus den Trümmern des Königreiches Ghana. Dies ist untrennbar mit der Person seines Gründers verbunden, **Sundiata Keïta** (1190–1255). Ursprünglich ein bescheidener Herrscher eines kleinen westafrikanischen Königreichs, hat er die politische Intelligenz, von der Auflösung des Reiches Ghana zu profitieren, indem er einen Großteil davon erobert und sich als Herrscher von Mali ausruft. Dabei trägt er den Titel eines *Mansa*, «König der

Könige». Er organisiert sein Territorium im Sinne einer Föderation, beutet Goldminen aus und profitiert vom Transsaharahandel. Als Muslim herrscht er über eine animistische Bevölkerung und übt Toleranz, indem er 1222 die *Mande-Charta* gewährt; dies ist ein Text, der fundamentale Menschenrechte anerkennt und die Sklaverei abschafft. Die Söhne Keïtas folgen ihrem Vater als Könige nach. **Kankan Mansa Musa** (reg. 1312–1337) beschert Mali ein Goldenes Zeitalter. Seine Pilgerfahrt nach Mekka, die er 1324/25 unternimmt, ist berühmt geworden. Sein mitgeführter Reichtum besteht aus Hunderten von mit Gold beladenen Kamelen und einigen Tausend Personen. Er macht Timbuktu zu seiner Hauptstadt – das Zentrum der Wirtschaft, des Handels und der Bildung.

6. Die Stadtstaaten der Yoruba

Die Stadtstaaten der Yoruba (12.–19. Jahrhundert) erstrecken sich südwestlich des heutigen Nigeria. Sie sind befestigt und schützen ihre Bevölkerung vor den Expeditionen, die den Sklavenhandel mit Nachschub versorgen sollen. Die wichtigsten dieser Staaten sind Ife, Oyo, Ijebu/Ijebo und Egba. Nach dem Mythos von den Göttern gegründet, sind es heilige Städte, regiert von religiösen Oberhäuptern, wie dem *ooni* in Ife, oder den Nachkommen der Götter, wie der *alwefin* in Oyo. Die Yoruba leben auch im Süden Benins und im Süden Togos. Die Yoruba-Gesellschaft ist durchorganisiert. Eine Gruppe von Familien, *ebi*, bildet die *agbole*, die das gemeinsame Land besitzt und bewirtschaftet. Die *bale*, die Chefs der Clans, repräsentieren die *agbole* im Rat, *ogboni*, des Königs, *oba*. Die Yoruba-Religion beruht auf *vodun*, dem Voodoo, und den Gottheiten, die dem Voodoo-Kult zugrunde liegen. Dazu zählen Shango, der Donnergott, Ogun, Gott der Kriege und der Schmiede, sowie Gelede, Gott der Fruchtbarkeit. Ein oberster Gott als Weltschöpfer, Olodumare, herrscht über die gesamte Schöpfung.

7. Das Reich von Benin

Das Königreich, später Kaiserreich Benin (12.–19. Jahrhundert) entfaltet sich in zwei Phasen. In der ersten, im 12. Jahrhundert, wird das von den Yoruba gegründete Königreich Benin westlich vom Niger gegründet. Ab dem 14. Jahrhundert und bis zur englischen Eroberung im 19. Jahrhundert entsteht dieses Reich zwischen West-Dahomey und dem Fluss Niger, auch dies auf Initiative der Yoruba. Aktuell entspricht dieses Gebiet dem Südwesten Nigerias. Die Stärke des Königreichs beruht auf der Macht des Königs, *oba*, der von göttlicher Abkunft ist. Dessen Macht wächst während der Herrschaft von **Ewuare dem Großen** zwischen 1440 und 1473 noch an. Der *oba* wird durch den Handel mit Elfenbein, Pfeffer und Sklaven reich, wofür er *Razzien* organisiert, Verhaftungsexpeditionen unter der Bevölkerung in den Nachbarstaaten. Als heiliger König tritt er nur selten in der Öffentlichkeit auf; der Mythos besagt, dass er weder Essen noch Getränke zu sich nimmt. Sein mit Bronzeplatten verzierter Palast ist Zeugnis seiner großen Taten. Am Hof entstehen hochentwickelte Werke der Tiermalerei. Der Niedergang des Königreichs vollzieht sich im 18. Jahrhundert und wird im folgenden Jahrhundert mit dem Einmarsch der Engländer zwischen 1897 und 1900 beendet. Der Titel eines *oba* und dessen Funktion existieren noch heute, sind aber mit einem «üblichen» Herrscher des Königreichs verbunden. Der *oba* ist nicht nur Herrscher über das Königreich, sondern stellt auch durch seine bloße Existenz den inneren Zusammenhalt sicher.

8. Das Reich von Songhai

Das Songhai-Reich (14.–19. Jahrhundert) wird in seinen Anfängen vom Königreich Mali beherrscht, in den beiden folgenden Jahrhunderten dann erweitert. Durch den Transsaharahandel reich geworden, erstreckt es sich über Niger, Mali und einen Teil des heutigen Nigeria. Seine bekanntesten Städte sind Gao und Timbuktu, das mit seiner intellektuellen Ausstrahlung die Gebildeten der muslimischen Welt und durch seinen regen Handel die Karawanen anzieht. Im 7. Jahrhundert gegründet, erstrahlt das Reich während der Sonni-Dynastie im 15. Jahrhundert. **Ewuare der Große** (reg. um 1440–1473) ist einer der größten *oba* bzw. einer der heiligen Könige von Benin. Als Gründer des Reiches von Benin ist er wegen seiner militärischen Wachsamkeit bekannt; er unterwirft Hunderte von Stämmen im Süden Nigerias. Die Macht der gewöhnlichen Häuptlinge, der *uzamas*, wird durch die Erschaffung neuer, vom König abhängiger Titel verringert. Er macht aus seiner Hauptstadt Edo (Benin City) eine Festung, die möglichen Angriffen widerstehen kann. Seinem Reich beschert er ein wahrhaft Goldenes Zeitalter. Im 16. Jahrhundert zentralisiert er das aus dem Sudan kommende Gold und das aus den Minen von Taghaza in der Sahara geschickte Salz. Doch die gesamte Konstruktion ist wegen der Kämpfe zwischen Animisten und Muslimen zerbrechlich; von daher rührt die strukturelle Schwäche, die durch die regelmäßig umstrittene Thronfolge offenbar wird. Dieses Problem führt dann 1591 zum Untergang des Songhai-Reichs, das durch marokkanische Armeen in der Schlacht von Tondibi besiegt wird. **Mohammed Silla**, auch als **Touré** bekannt (1493–1528), gründet die muslimische Askia-Dynastie und führt das Songhai-Reich zu seinem Höhepunkt. Er gelangt an die Macht, als er als General den Sohn des letzten Kaisers der Sonni-Dynastie stürzt.

9. Die Architektur des Sudan und der Sahelzone

Wie in Timbuktu, Djenné und Gao zu sehen, beruht die Architektur des Sudans und der Sahelzone auf der Beherrschung des Lehmziegelbaus, *Adobe* (aus dem Spanischen) bzw. *Banco* in Afrika. Der Baustoff wird sorgfältig von Handwerkerfamilien aus Banco hergestellt (Lehmgemisch), indem er mit den Füßen durchgeknetet wird. Um ihn beständiger zu machen, wird Stroh beigegeben. Danach wird er mit den Händen oder mithilfe einer Verschalung zu kleinen Ziegeln oder Kugeln geformt. Die Mauern werden errichtet, indem die zuvor in der Sonne getrockneten Ziegel Schicht für Schicht aufeinandergelegt werden. Die Mauern werden von Ästen durchstoßen, die aus der Fassade hervorstehen und das Gebäude stützen sollen; man soll zudem mit ihrer Hilfe leicht nach oben klettern, um das Haus nach der Regenzeit reparieren zu können. **Djenné** im heutigen Mali besitzt das wichtigste Bauwerk aus Lehm oder Adobe, die Große Moschee. Im 13. Jahrhundert auf dem Gelände eines alten Königspalasts errichtet, wird sie von einem Eroberer zerstört, der sie durch ein schlichteres Bauwerk ersetzt. Die französische Kolonialverwaltung lässt dann zwischen 1906 und 1907 den ursprünglichen Kultbau originalgetreu wiederherstellen. Die ausgedehnte Fassade hat drei Türme, die durch je fünf Säulen aus gestampfter Erde getrennt sind. Die Umfassungsmauer ist mit 100 Pfeilern geschmückt. Der Banco ist eine anspruchsvolle Technik; umso mehr, als die Moschee nach jeder Regenzeit teilweise saniert werden muss, was eine permanente Restauration und Rekonstruktion zur Folge hat.

Timbuktu

Am Fluss Niger im heutigen Mali gelegen, kennt man Timbuktu als «Perle der Wüste». Die Stadt wurde im **10. Jahrhundert** von den Tuareg gegründet und hat ihren Namen erhalten von *tin* (ein Ort) und *Buktu*, dem Namen einer alten Frau, die nach einem volkstümlichen Mythos dort gelebt haben soll. Der Namensteil *Buktu* stammt aber vermutlich eher vom Berber-Wort *buqt* (fern) ab; *tin-buqt* würde demnach «ferner Ort» bedeuten. Nacheinander wird diese Stadt zur Hauptstadt der Königreiche von Ghana, Mali, Songhai; danach gerät sie unter marokkanische, dann französische Herrschaft. Als Zentrum des Transsaharahandels ist Timbuktu auch eine Stadt der Wissenschaften und der gebildeten Muslime. Das bezeugen drei Ausnahmebauten:

- **Die Djinger-ber-Moschee** wird 1325 auf Anordnung des Herrschers von Mali, **Kankan Mansa Musa** (reg. 1312–1337), erbaut, der 200 kg Gold an den Architekten und Baumeister Abu es-Haq übergibt. Nimmt man einen kleinen Teil der Nordfassade aus, ist das gesamte Bauwerk aus Lehm, gemischt mit Strohhäcksel, errichtet. Es hat zwei Minarette, drei Innenhöfe, dazu 25 Pfeilerreihen, die in Ost-West-Richtung stehen, und sie kann 2000 Gläubige aufnehmen. Seit 1988 als UNESCO-Welterbe geführt, ist sie zugleich eine der Medresen, der Koranschulen der Universität Sankoré.

- **Die Universität Sankoré** oder *Sankoré Masjid* bildet mit den Moscheen Dinjer-ber und Sidi-Yahia die Universität Timbuktu. Auf Initiative einer frommen Frau wurde Sankoré im 15. Jahrhundert gegründet. Aus Erde und Sand erbaut, kann sie bis zu 25 000 Studenten aufnehmen, die in Recht, Medizin, Theologie und Geschichte ausgebildet werden.

- **Die Moschee Sidi Yahya**, benannt nach dem Professor, für den sie errichtet wurde, hat eine Medrese vom Anfang des 15. Jahrhunderts. Ihre Baugestalt erinnert an die anderen Sakralbauten Timbuktus, von denen sie sich aber durch den Portalschmuck unterscheidet, der marokkanischen Einfluss verrät. Sie hat drei Pfeilerreihen in Nord-Süd-Richtung, dazu einen im Süden gelegenen zentralen Hof, der von einem Minarett überragt wird.

5

FÜNFTER TEIL

DIE RENAISSANCE IN EUROPA

I

Europäische Renaissance: Bruch und Kontinuität

1. Geschichte und Gesellschaft: Wo steht Europa am Ende des 15. Jahrhunderts?

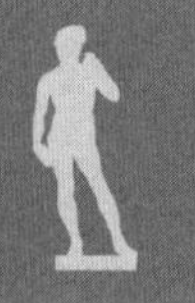

Die Geschichte Europas bricht nach 1453, mit dem Ende des Byzantinischen Reiches, auseinander. Es folgt eine Aufsplitterung des Kontinents, die bis in unsere Gegenwart zum Quell vieler Probleme wird, als nämlich der letzte Teil des abendländischen Europa dem muslimischen Orient weicht: In jenem Jahr bricht der letzte Erbe der großen Reiche der Antike, das lateinische Kaiserreich im Orient, unter den türkischen Seldschuken zusammen – und es entsteht das muslimische Istanbul. Die Türkei als Herz des Osmanischen Reiches entfernt sich vom Rest Europas, dem es bis dahin angehörte.

Am Ende des 15. Jahrhunderts ist Europa in vollständiger politischer, ökonomischer und sozialer Veränderung begriffen. Man kann es in drei geographische Einheiten teilen: Westeuropa mit Frankreich, England und Spanien; Zentraleuropa, d. h. das deutsche Kaiserreich und Italien; Osteuropa, d. h. Polen und das Osmanische Reich. Moskau ist hier absichtlich beiseitegelassen, weil es sehr viel später in das Konzert der Mächte einstimmt. Nach der Katastrophe des Hundertjährigen Krieges findet **Frankreich** mit der Herrschaft von Ludwig XI. (1461–1483) und der Regentschaft seiner Tochter Anne de France (Anne de Beaujeu, 1483–1491) zu neuer Stabilität zurück. Karl der Kühne verliert im Januar 1477 vor Nancy sein Leben. Die einzigen Herrscherhäuser von Bedeutung sind Bourbon und Albret. Mit ca. 15 Millionen Einwohnern ist Frankreich das bevölkerungsreichste Land in Europa. In **England** ist die königliche Autorität in der Person Heinrichs VII. Tudor nach der Schwächung durch den Rosenkrieg zwischen den Häusern Lancaster und York wiederhergestellt. Das neue königliche Haus Tudor hat die Unterstützung des Bürgertums, dazu die Diskretion eines Parlaments, das wenig konsultiert wird und ohnehin gefügig ist. Der grundsätzliche Schwachpunkt Englands bleibt seine Bevölkerung, die kaum über 3 Millionen Einwohner hinausgeht. **Spanien** erlebt seine Reconquista, die ihren Schlusspunkt in der Einnahme von Granada 1492 hat, womit die muslimische Herrschaft im Süden des Landes beendet ist. **Portugal** ist ein unabhängiges Königreich, doch der Rest der Iberischen Halbinsel vereinigt sich durch die Heirat von Isabella von Kastilien mit Ferdinand II. von Aragon. Die Bevölkerung Spaniens zählt ca. 6 Millionen.

Das **Heilige Römische Reich Deutscher Nation** ist in ungefähr 300 Fürstentümer geteilt, weltlichen wie geistlichen, mit Fürstbischöfen und freien Städten. Der Kaiser wird gewählt; seine Macht hängt vor allem von seinem persönlichen Prestige ab: Um zu regieren, muss er sich auf seine Stammländer stützen, d. h. auf Österreich, da der Kaiser seit 1437 auch gleichzeitig das Haupt des dortigen regierenden Hauses ist. Es handelt sich dabei um Ober- und Niederösterreich, Krain, Kärnten, die Steiermark, Tirol und die Besitzungen in Schwaben und im Elsass. Die Schweizer Kantone, früher unter kaiserlicher Verwaltung, bilden seit 1361 eine Föderation, die immer unabhängiger wird. **Italien** ist in seinem Nordteil ein Schlachtfeld für die Herrscher von Frankreich und Spanien, hat aber den unbestreitbaren künstlerischen und intellektuellen Primat inne. Der Norden Italiens ist in die Grafschaft Savoyen, das Herzogtum Mailand sowie in die Republiken Genua und Mailand geteilt. Weiter im Süden wird Florenz von den Medici beherrscht. Zentralitalien wird vom Kirchenstaat beherrscht, in Süditalien liegt das Königreich Neapel, während Sizilien seit 1282 wie auch Sardinien von Spanien abhängig sind. Korsika gehört zu Genua.

Renaissance – Rinascimento – Renacimiento

In seinen *Lebensbeschreibungen der ausgezeichnetsten Maler, Bildhauer und Architekten* (1550) erwähnt **Giorgio Vasari** (1511–1574) bereits eine *rinascita*, eine Renaissance der Künste, der er die *maniera gotica* gegenüberstellt, den gotischen Stil, die barbarische Architektur der Nachantike. Im Jahre 1860 wird **Jacob Burckhardt** der Erste sein, der auf der «Renaissance» als einer Epoche der Kulturgeschichte und daher auch der Geschichte der Kunst besteht. Der französische Ausdruck «Renaissance», dessen er sich bedient, wird in Italien als *Rinascimento* übersetzt. Die Renaissance muss als eine Zeit des Umbruches innerhalb der Ideengeschichte und der Lehrgebäude gesehen werden, die bis dahin das Mittelalter bestimmt hatten. Wissenschaftliche und geographische Entdeckungen sowie technologische Neuerungen haben eine beträchtliche ökonomische und demographische Entwicklung zur Folge. Auch das Denken wird von diesen Umwälzungen berührt: Die Elite engagiert sich in der mächtigen Bewegung, die, von Italien ausgehend, ganz Europa erfassen wird. Die Renaissance wurzelt zutiefst in dem Boden, den **Wilhelm von Ockham**, **Francis Bacon**, **Dante** und sogar **die ersten Gnostiker** bestellt haben. Sie wollten die Trennung von irdischer und geistlicher Welt in die Tat umsetzen.

Italien: Humanismus und Philologie

Wesentlicher Faktor der Renaissance wird die «Entdeckung der Welt und des Menschen» sein. Seit dem 14. Jahrhundert vollzieht sich in Italien eine wahre Rückkehr zu den Quellen; die griechischen Werke dienen als Vorbild, und **die alten Schriftsteller** werden zur Richtschnur: Cicero wegen der Geschmeidigkeit seines Umgangs mit der Sprache und der Eleganz des Stils, Platon wegen seiner Philosophie. Zu dieser Zeit liegt Italien, was Kultur und Wirtschaft betrifft, weit vor allen anderen Staaten des Abendlandes. Die Mäzene, die meist auch die Städte leiten, fördern Dichter, Schriftsteller, Musiker, Architekten und Künstler. Die berühmtesten Mäzene sind die Medici in Florenz. Die Gebildeten in Italien sammeln Manuskripte lateinischer Schriftsteller, die wiederum in Klosterbibliotheken in Italien, der Schweiz und Deutschland gesammelt wurden. 1453 ist das Jahr der Eroberung Konstantinopels; dies ist aber auch der Zeitpunkt, an dem die griechischen Gelehrten im Exil die Reihen der Gebildeten in Italien verstärken. Im engen Wortsinn verweist der Humanismus auf eine Philosophie, die sich dem Studium und der Überlieferung widmet, aber auch der gelehrten Übertragung der klassischen Werke, der Werke also von Schriftstellern der griechisch-lateinischen Antike. Im 15. und 16. Jahrhundert geht der Humanismus von den **Bibliotheken** aus – die Biblioteca Apostolica Vaticana wird 1450 gegründet; sie werden zu Orten der Exegese und der Texterklärungen. Der Humanismus ist aber auch eine Angelegenheit der Höfe, dem päpstlichen in Rom wie den fürstlichen in Florenz, Ferrara, Urbino, Mantua oder Neapel. Über die Universitäten verbreitet er sich in Europa.

Die Öffnung der Welt zur Welt

Die Entwicklung der Wissenschaften

In der Astronomie, Mathematik, Chemie und Optik wird der Aberglaube überwunden und dafür mit der Beobachtung der Natur der Boden der Vernunft betreten. Die **Astronomie** entthront durch Kopernikus die Astrologie. Doch vor Kopernikus hat ein Bayer, Regiomontanus bzw. **Johannes Müller** (1436–1476), von Papst **Sixtus IV.** (1471–1484) zum Bischof von Regensburg ernannt, die Kometen nicht mehr als einfache Meteore, sondern als Sterne mit einer besonderen Umlaufbahn gedeutet; so wollte er den Kalender reformieren. **Nikolaus Kopernikus** (1473–1543), Materialist und Theologe, lässt sich 1491 in Krakau nieder, wo er astronomische und mathematische Studien betreibt. Ab 1496 hält er sich in verschiedenen italienischen Städten auf: in Bologna wegen der dortigen rechtswissenschaftlichen Fakultät, dann in Rom, Padua und Ferrara. 1503 wird er zum Doktor des Kanonischen Rechts promoviert und stellt 1543 sein Weltensystem vor: *De revolutionibus orbium coelestium*, das Papst Paul III. gewidmet ist. Nach Kopernikus ist die Sonne im Zentrum eines Planetensystems, das sich in Kreisbahnen um die Sonne dreht (nicht elliptisch, wie **Kepler** dies später zeigen wird). Die Erde ist einer der Planeten und dreht sich zudem um sich selbst. Leonardo da Vinci ahnt die Gesetze der Mechanik voraus sowie Elemente der Geologie und Botanik. Die Beobachtung und Analyse des Vogelflugs lassen ihn Flugmaschinen ersinnen.

Von der ersten Navigationsschule zu den Entdeckungen der Seefahrer

Die Karavelle, ein Segelschifftyp, taucht während der Herrschaft des portugiesischen Infanten **Heinrich des Seefahrers** (1394–1460) auf. Als Astronom und Mathematiker errichtet er die erste Seefahrerschule in Terçanabal, einem kleinen Dorf im Südwesten des Landes. Er kommandiert die ersten Forschungsreisen, ermöglicht die Entdeckung der Azoren, lässt an der Westküste Afrikas bis zur Mündung des Flusses Senegal und zu den kapverdischen Inseln segeln. Im Jahre 1487 umschifft **Bartolomeu Dias** (um 1450–1524) den Süden Afrikas, den er «Kap der Stürme» nennt, das vom portugiesischen König Johann II. in «Kap der Guten Hoffnung» umbenannt wurde; es ist das Symbol der Hoffnung auf dem Seeweg nach Indien. Dieses Projekt wird 1497 von **Vasco da Gama** (um 1469–1524) durchgeführt. Während der Herrschaft von

Heinrich IV. von Kastilien (1454–1474) beginnt die spanische Übersee-Expansion. Spanien erhält vom Papst das ausschließliche Recht auf Handel mit den westlichen Ländern. Manuel I. von Portugal beauftragt **Vasco da Gama** mit der Suche nach dem Handelsweg nach Indien. Er bricht im Juli 1497 von Lissabon auf, erreicht Südafrika im September und danach das indische Calicut (heute Kozhikode) im Mai 1498. Dort wird er unfreundlich empfangen – die muslimischen Händler begegnen ihm feindselig, und seine Wahl von billigem Tand als Geschenk für den örtlichen Raja erweist sich als unglücklich. Zurück in Lissabon, wird er als Held gefeiert. **Ferdinand Magellan** (1480–1521) wird vom spanischen König mit einer ähnlichen Mission betraut und erreicht 1519 Rio de Janeiro, später die Philippinen. **Amerigo Vespucci** (1454–1512) und **Christoph Kolumbus** (1451–1506) erforschen die Inseln und Küsten Zentral- und Südamerikas. Der Erstgenannte gibt dem Kontinent seinen Namen. Der Norden dieses Kontinents wird in der ersten Hälfte des 16. Jahrhunderts erforscht – von den Engländern von Labrador und von den Franzosen von Kanada aus.

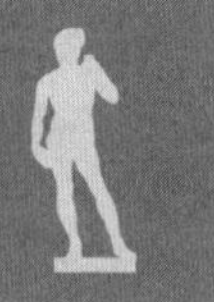

Die ersten Drucker: Sind sie Hexer?

Dank der Drucktechnik kann die Universalität des Wissens, das von den Humanisten gepredigte Ideal, allerorts und schnell befördert werden. Manuskripte mit der Hand abzuschreiben, hatte sich als sehr langwierig und teuer erwiesen. Die Möglichkeit, die Zahl der Manuskripte nun zu vervielfältigen, gestattet die schnelle Verbreitung von Ideen, und sie fördert die Alphabetisierung der Völker Europas. Im Jahr 1450 werden die beweglichen Lettern erfunden. Ohne Papier hätte es keinen Druck gegeben: Das Pergament hätte mengenmäßig nicht ausgereicht. Zunächst muss also die Verarbeitung von Leinen und Hanf erforscht werden. Lange Zeit bleiben Lumpen das Ursprungsmaterial für Papier. Der Mittlere Osten kannte bereits seit dem 8. Jahrhundert das **Geheimnis des Papiers** wie auch die Technik der Reproduktion von Bildern. Auf den Holzschnitt folgt bald die Typographie. **Johannes Gensfleisch** (um 1400–1468), genannt **Gutenberg**, widmet sich der Erfindung metallener Buchstaben. Die *Gutenberg-Bibel* wird 1454 veröffentlicht und gilt als erstes gedrucktes Buch. Oft sind die Drucker selbst Humanisten, und ihr Atelier wird zur Heimstatt der Kultur.

Bibliotheken und Bestseller

Eine weitere Folge der Erfindung des Buchdrucks ist die **Veröffentlichung von 30 000 Titeln** mit einer Auflage von 15 Millionen Büchern. Deren Vielfalt zeigt sich vor allem **nach 1480**. Durch die Arbeit der Humanisten werden antike Texte in der Originalsprache, aber auch auf Lateinisch und in Volkssprachen publiziert. Zu dieser Zeit entstehen **neue Bibliotheken**, etwa die Biblioteca Medicea Laurenziana in Florenz durch die Medici oder die **Vatikanische Bibliothek** in Rom, die Bibliotheken von Oxford und Cambridge usw.

Das Kind im Zentrum der Bildung

Während sich der Mensch im Mittelalter nur in Kategorien wie Rasse, Volk, Partei oder anderen kollektiven Formen begriff, ist die Renaissance für den Menschen der Augenblick, da alle Verbindungen gelockert, alle Ketten zerbrochen und alle Einheiten zerschlagen werden. Diese Periode greift im Übrigen auch den antiken Begriff der *fama* auf, des guten Rufes, und man sieht viele Reiterstatuen zum Ruhm der großen Namen dieses oder eines vergangenen Jahrhunderts. Die durch die Renaissance bewirkte Hinwendung zum Individuum hat außerdem den Effekt, dass auch **das Kind ins Zentrum des Interesses** rückt. Ihre immer größere Zahl lässt zudem die schon im Mittelalter existierenden Kollegien anschwellen. Der Unterricht an diesen Kollegien steht im Zeichen des Humanismus, auch wenn er sich nicht vollständig vom vorangegangenen System unterscheidet.

Die Kunst des Laboratoriums: Philosophen und Alchimisten

Die Renaissance ist die Zeit des Übergangs vom Herbst des Mittelalters, als noch die Religion als wesentlicher Garant der *Universitas* herrschte, zu den Anfängen des 17. Jahrhunderts, da die Wissenschaften nach und nach eine objektive und materielle Sicht auf den Menschen und seine Welt ermöglichen. Seit dem Ende des 15. Jahrhunderts lösen sich die tradierten geistigen und gesellschaftlichen Raster infolge der großen Entdeckungen, des Buchdrucks und des wirtschaftlichen und kommerziellen Aufschwungs auf, aber auch infolge eines Paradigmenwechsels und der Neuausrichtung des Christentums durch Martin Luther. Die verschiedenen Wissensgebiete sind in ihrem Umfang noch nicht fest abgesteckt. Die Alchimisten betrachteten ihre Kunst als umfassendes Denkgebäude mit einem theoretischen Teil, der eine Naturphilosophie beinhaltet, einem praktischen, der die Arbeit im Laboratorium umfasst, und einer Ethik, die den Menschen zum Göttlichen führt. Die Gleichsetzung mit dem Göttlichen ist notwendig, um die alchimistische Arbeit erfolgreich durchzuführen. **Paracelsus** (Philippus Aureolus Theophrastus Paracelsus, 1493–1541) versucht 1529, Alchimie und Medizin in seinem *Paragranum* zusammenzuführen. Die Verteidiger des Aristotelismus weigern sich jedoch, in der Alchimie eine Naturphilosophie zu sehen, und widersetzen sich der alchimistischen Theorie der Materie. Alchimie wie auch Astrologie und Magie fungieren als Einführung in die *arcana mundi*, die Geheimnisse des Universums; das gilt für Mediziner, Philosophen und Theologen. Die Kirche kann sich dieser esoterischen Welle nicht entgegenstellen: Albertus Magnus und Thomas von Aquin haben Arbeiten zur Alchimie verfasst. Marsilio Ficino entscheidet sich für die Astrologie, Pico della Mirandola für die Kabbala.

Einige berühmte Namen

■ **Giordano Bruno** (1548–1600) ist der 1565 zur Erinnerung an den großen Metaphysiker Giordano Crispo angenommene Name von Filippo Bruno, als er ins Dominikanerkloster in Neapel eintritt. Drei seiner Werke sind grundlegend: *Das Aschermittwochsmahl*; *Von der Ursache, dem Prinzip und dem Einen*; *Über das Unendliche, das Universum und die Welten*. Er widerlegt Aristoteles in seiner *Figuratio Aristotelici physici auditus – Kompendium der Physik des Aristoteles nach den Regeln der Mnemotechnik*. Er verteidigt das Kopernikanische Weltbild und lässt sich von Nikolaus von Kues und dessen *De docta ignorantia – Über die belehrte Unwissenheit* beeinflussen. Eine Idee beherrscht sein Denken: die Einheit von allem, von Materie und Geist. Die Welt ist eine Einheit, und Gott ist selbst identisch mit dieser Welt. Giordano Bruno führt das Unendliche und die Vielzahl der Welten in die Astronomie ein. Weil man Ähnlichkeiten und Unterschiede nicht durch eine einzige Klassifikation erfassen kann, gibt er dem Einzelnen den Vorzug und lehnt die aristotelische Stufenleiter der Wesen ab. Jedes Wesen ist für Giordano Bruno notwendig für den unendlichen Ausdruck Gottes. Doch die kirchliche Orthodoxie sieht allein Gott im Besitz der Unendlichkeit. Die Unendlichkeit der Welten zu behaupten hieße demnach, die Unendlichkeit Gottes zu bestreiten.

■ **Pico della Mirandola** (1463–1494) verkörpert das humanistische Ideal seiner Zeit in Perfektion. Er, ein Schüler von **Marsilio Ficino**, ausgebildet an der Universität Bologna, verfügt über eine der reichhaltigsten Bibliotheken seiner Zeit. Im Jahre 1486, mit 23 Jahren, schlägt er die Einberufung eines Konzils vor, in dessen Verlauf er in Anwesenheit des Papstes und der wichtigsten Theologen seiner Zeit seine *Neunhundert Thesen* oder *Conclusiones nongentae* vorträgt, die nach seiner Auffassung die Übereinstimmung aller Philosophien beweisen; sowie eine Rede, die man nach seinem Tode *Oratio de hominis dignitate* nennen wird. In dieser *Rede über die Würde des Menschen* ersetzt er die traditionelle Frage nach dem Menschen durch die nach seiner Stellung in der Natur. Dreizehn der 900 Thesen werden als ketzerisch eingestuft, da sie auf die Kabbala und den Orphismus Bezug nehmen. Bei Lyon gefangen genommen, dann durch König Karl VIII. befreit, bleibt Pico in Florenz. 1494 stirbt er, während er ein Werk über die Eintracht von Platon und Aristoteles vorbereitet.

Der Neuplatonismus

Die Kultur der Renaissance ist die Kultur einer homogenen, latinisierten Elite, die sich sehr schnell dem Humanismus und dem Neuplatonismus öffnet. Die meisten Kunstwerke richten sich an diese Elite. Die lateinische Sprache ist auch deshalb die Verkehrssprache dieser sozialen Schicht wie auch der Humanisten, weil man sich absichtlich von den populären Denkrichtungen des Mittelalters absetzen will. Es geht nicht darum zu wissen, ob man etwas zu sagen hat, sondern wie man es sagt. Das bezeichnet recht genau die Geisteshaltung der Humanisten. Die Künstler begeben sich unter den geistigen Schutzschirm der Humanisten und betrachten sie als die Schiedsrichter in allen Fragen zu Mythologie, Geschichte oder antiker Literatur. Deren Rolle erweist sich als wesentlich, da nur über sie der Platonismus weitergeführt wird. **Marsilio Ficino** (1433–1499) und **Pico della Mirandola** (1463–1494) sind zwei Humanisten, die durch die philosophische Welt Platons angezogen werden, welche sich so gut mit christlichen Dogmen verträgt. Das Wesentliche dieser Lehre wird in zwei Werken Ficinos zusammengefasst: *Platonische Theologie* (1474) und *Über die christliche Religion* (1474). Der Neuplatonismus stellt tatsächlich nur eine ungefähre und großzügige Anwendung der platonischen Philosophie dar. Der verführerischste, aber auch der neueste Zug dieser neuen Philosophie ist zweifelsohne die Liebe. Der Platonismus wird durch die Arbeit Ficinos zu einem Teil der göttlichen Offenbarung. Der

Mensch nimmt darin die zentrale Stellung ein und kann nach seinem Willen und zu seinem Besten die Kräfte der Natur befehligen. Wenn er sich bei all seiner Unvollkommenheit dann auch noch bildet, kann er zum Abbild Gottes werden.

Die Politik denken

Das politische Denken der Renaissance hat zwei grundlegende Bücher hervorgebracht: *Der Fürst* von **Niccolò Machiavelli** (1469–1527) und *Utopia* von **Thomas Morus** (1478–1535); dies zeigt, dass der Mensch der Renaissance sein Heil nicht mehr im Jenseits sucht, sondern schon hier auf Erden. **Jean Bodin** (1529–1596) gilt heute als einer der großen politischen Denker seiner Zeit. Seinen Ruf verdankt er seinen *Sechs Büchern über den Staat* (1576). Er ist ein herausragender Jurist und dazu enzyklopädischer Geist. Er tut sich als engagierter Denker hervor, als Frankreich durch die Konfessionskriege zwischen der Katholischen Liga und der Partei der Hugenotten, die einen protestantischen Staat gründen wollen, gespalten ist. Mit seinem Werk will Bodin die Monarchie gegen den philosophischen Pragmatismus rüsten; er will einen auf Macht gegründeten Staat, der zugleich gegen die Monarchomachen gerichtet ist, die Gegner der königlichen Macht, die das Recht auf Königsmord und Tyrannenmord proklamierten. Bodin bedient sich der historischen Methode, lehnt Scholastik und Utopie ab. Er liefert eine neue Definition des Staats, deren zentraler Begriff der der Souveränität ist, der Oberherrschaft.

2. Eine neue Art der Wahrnehmung in der Kunst

Der Platz des Künstlers in der Gesellschaft ändert sich, und seine Grundsätze sind der Philosophie entnommen, die die Mittel und Methoden seiner Kunst bestimmen sollen. Diese Kunst wird, wie es eine seit der Antike nie vollständig überwundene Tradition besagt, zum Mittel, sich dem Schönen in all seinen Formen zu nähern. Durch seine kontemplative Haltung gegenüber der Welt, seine Bevorzugung reiner Ideen und seinen Verzicht auf die gewöhnliche Wirklichkeit ist der **Neuplatonismus** auf Anhieb für die gesamte Intelligenzija attraktiv, die aus dem wohlhabenden Bürgertum oder der Aristokratie hervorgeht. Die **Erschaffung bedeutender Kunstwerke** richtet sich im Wesentlichen an diese soziale Schicht, nicht an die Masse. Folge davon sind enge Verbindungen und intellektueller Austausch von Künstlern und Humanisten, die in der Konzeption einer vereinheitlichten Kunsttheorie münden. Vom wissenschaftlichen Fortschritt nicht zu trennen, sucht die Kunst **in der Mathematik und Geometrie** die exakteste Definition ihres Ideals. Das **Quattrocento**, das italienische 15. Jahrhundert, entwickelt daher eine neue Ästhetik, die von bestimmten theoretischen Grundlagen ausgeht. Die äußere Welt darzustellen kann nur mittels wichtiger Prinzipien der Vernunft gelingen. Seit der ersten Hälfte des 15. Jahrhunderts formuliert die Renaissance ein Wertesystem und ein ästhetisches Bezugssystem, die beide bis zum 20. Jahrhundert wirksam sind.

Nachahmung des Schönen und der Natur

Die Kunst wird zum Mittel, die Welt zu erfahren. **Leon Battista Alberti** (1404–1472) sieht das Ziel des Architekten darin, etwas in seinen Werken geschehen zu lassen, das man auch in der Natur findet. Unter Natur versteht er in seinem Traktat *De Pictura* alle materiellen, nicht vom Menschen gemachten Dinge. **Leonardo da Vinci** (1452–1519) glaubt noch weit mehr als Alberti an die Nachahmung der Natur. Für **Michelangelo** (1475–1564) ist die Natur Quell der Inspiration. Alberti ist Rationalist, Michelangelo in dieser Hinsicht ein Neuplatoniker. Schönheit kann für ihn nur der Reflex des Göttlichen in der Welt der Empfindungen sein. Doch die Natur kann auch phantastisch begriffen werden. **Albrecht Dürer** (1471–1528) malt Aquarelle, auf denen keine einzige menschliche oder tierische Gestalt abgebildet ist. Interessant und neu ist hier, dass die Persönlichkeit des Künstlers nicht nur aus der Anonymität heraustritt, sondern vollständig autonom wird. Die schöpferische Phantasie wird so wichtig wie die Ausdrucksfähigkeit. Der schöpferische Akt ist zugleich das Urteil, welches den Künstler das Schöne in der Natur bestimmen lässt. **Raffael** (1483–1520) und **Bramante** (1444–1514) suchen die Vollkommenheit in der Natur. Einer der ersten Bauten Bramantes, der kleine runde Tempel im Innenhof des römischen Franziskanerklosters neben der Kirche *San Pietro in Montorio*, gilt als kanonisch im Sinne der architektonischen Schönheit. Dieser Bau beruht nicht mehr allein auf den Normen **Vitruvs**, des Architekturtheoretikers der römischen Antike, seine Konstruktion hängt auch von der Wirkung ab, die er produzieren will.

Seit **Giotto di Bondone** (um 1266–1337), der als der Großmeister des Naturalismus in Italien gilt, wurden die künstlerischen Prinzipien zur Darstellung der Natur immer wieder verändert.

Der Körper in der Kunst und die Kunst des Körpers

Bei der künstlerischen Darstellung des Körpers in der Antike treffen sich Idealismus und Naturalismus, was auch die Renaissance charakterisiert. Doch Leben und die Bewegung reißen diesen Körper mit, auch wenn er, wie in den von Michelangelo gestalteten Körpern, gequält wirkt. Künstler wie **Botticelli** und **Raffael** suchen den vollständigen Ausdruck in den Gesichtern, die die Harmonie der Welt widerspiegeln. Diese Suche gilt aber nicht nur dem Körper selbst, sondern auch dem Raum, in dem er sich befindet und der neben seinen sinnlichen Qualitäten seinerseits als Studienobjekt gilt. Der Raum wie der Körper, in dem er in Szene gesetzt wird, ist darstellbar und messbar. So entwickelt sich allmählich die Geometrie als Disziplin und mit ihr die Zentralperspektive. Im Unterschied zu Florenz, wo die Linearperspektive vorherrschend ist, wird in **Venedig** eine eher luftigere Perspektive eingesetzt, die die Rolle des Lichts mit einbezieht. Der Manierismus wird einen neuen Zugang zum Körper formulieren, wobei der Körper für die Belange der Kunst gekrümmt oder gedehnt wird, z. B. bei **Bronzino** (1503–1572), oder inmitten eines Überschwangs weiterer Formen gestellt wird, die ihn umgeben, z. B. bei **Pontormo** (1494–1557). Bei **Arcimboldo** (1527–1593) dominiert die Körpererotik, doch auch das Imaginäre. Der Stil **Tizians** (um 1488–1576) zeigt den Einfluss des Manierismus in der starken Verkürzung der Körper; die Figuren sind kontrastreich beleuchtet. Die Renaissance lehrt uns, das Kunstwerk als konzentriertes Bild der Realität zu sehen, die aus einem einzigen Blickwinkel betrachtet wird; in einer Gestalt, die aus der Spannung zwischen der großen Welt und dem Subjekt resultiert, das sich dieser Welt widersetzt.

Das Erbe der Alten

Aristoteles hatte in seiner *Poetik* und Horaz in seinem Werk *Von der Dichtkunst* bereits die Regeln aufgestellt, die die künstlerische Schöpfung leiten sollten: Als Ideal galt die Nachahmung der Natur. Die *Mimesis*, die Nachahmungslehre, entsteht. Sie sucht die sichtbaren Formen der verschwenderischen Natur darzustellen, die Aristoteles als *natura naturata* bezeichnet hat, als geschaffene Natur; oder auch die *natura naturans*, die durch ihr schöpferisches Wirken alles Sein in die Fülle der sichtbaren Formen überführt. Die Theoretiker der Renaissance wie etwa **Ludovico Dolce** (16. Jahrhundert), Verfasser des ersten großen humanistischen Malerei-Traktats, sagen, man solle sich bemühen, die Natur nachzuahmen, sie aber auch übertreffen. Das sei nur im Fall des bewegten Körpers möglich; andernfalls solle man auf die antiken Statuen zurückgreifen als Bewahrer der idealen Schönheit. Von der Renaissance bis zum 19. Jahrhundert bleibt die *Mimesis* für die meisten Künstler der Bezugspunkt. Im 16. Jahrhundert wird der Zustand des Körpers verändert: Er wird entkleidet, auch wenn **die Kunst dieser Zeit christlich bleibt**. Er erzählt weiterhin das Leid, zeigt aber den Körper Christi und die der Heiligen unbekleidet. Der griechische Körper ist zurückgekehrt – über eine durch und durch christliche Sichtweise. Zurückgekehrt ist auch die Idee einer Entsprechung von Literatur und Malerei, die in der berühmten Forderung von Horaz ausgedrückt ist: *Ut pictura poesis – Wie das Bild, so die Dichtung*. Diese **Idee der Entsprechung** der verschiedenen Künste wird die Künstler der Renaissance zutiefst leiten. Bis zum 18. Jahrhundert sind die Künstler der Meinung, das Problem bestünde darin, die gemeinsamen Grenzen von Literatur und Malerei festzusetzen – um sich dann im folgenden 19. Jahrhundert zu fragen, wie das Verhältnis von Substanz und Form sei, von Imagination und Imitation. Doch dieser Humanismus findet in der Malerei nur geringen Widerhall, mit Ausnahme einiger Maler wie **Leonardo da Vinci** (1452–1519), **Botticelli** (1445–1510) oder **Michelangelo** (1475–1564). Dieses Jahrhundert wird den Naturalismus wiederfinden, der dem menschlichen Körper eine besondere Plastizität verliehen hatte. Kann man also sagen, dass die antiken Formen ab dem 16. Jahrhundert im Abendland wiedergeboren werden? Die Antike wird in dem Sinne modifiziert, dass sie dem christlichen Gott dienstbar gemacht wird; so kann man auch von einer Auferweckung der Formen sprechen. Die Antike, Wegweiser und Pforte zugleich, weckt über die Suche nach Gleichgewicht und Harmonie das Verlangen, zur Natur zurückzukehren. Der Mensch muss sich vollständig in diese Natur einfügen. Der Künstler muss den «Einklang» von menschlicher Natur und kosmischer Natur erreichen. Michelangelos Studien der Muskulatur, betrieben für die *Libysche Sibylle* in der Sixtinischen Kapelle, zeigen die Bedeutung, die dem Körperbau des Menschen beigemessen wird. Die sich deutlich abzeichnenden Muskeln, die gedrehten Oberkörper werden eingesetzt, um eine Gebärde, eine Absicht darzustellen. Sie werden gleichzeitig zum Angelpunkt einer Bildkomposition, deren Bewegung sie rhythmisieren; zu sehen etwa am *Jüngsten Gericht*, ebenfalls in der Sixtinischen Kapelle.

Die treibenden Elemente: Leichen, antike Bildhauerkunst und Proportionen

Drei Elemente kommen in der Renaissance zusammen, um den **Naturalismus des Körpers im Bereich der Kunst** herauszuarbeiten.

▪ **Das anatomische Studium** des Körpers beginnt mit der Untersuchung von Leichen, die bereits seit dem 13. Jahrhundert betrieben wird, doch mit **Andreas Vesalius** (1514–1564) und später mit **Leonardo da Vinci** steigt dies in den Rang einer wissenschaftlichen Disziplin auf. Die anatomischen Beobachtungen, morphologisch beschrieben und durch Zeichnungen dokumentiert, lassen die Funktion des menschlichen Körpers besser begreifen. Die Fresken von **Luca Signorelli** (um 1450–1523), der ein Schüler von **Piero della Francesca** (um 1415–1492) war, räumen den anatomischen Forschungen viel Raum ein und nehmen in diesem Sinne durch die Verdrehungen und Verkürzungen der dargestellten Figuren die Fresken Michelangelos vorweg.

▪ **Die antike Bildhauerkunst** gilt als Bezugspunkt; zunächst wird durch sie die Antike nachgeahmt. Es reizt, den *David* von **Donatello** (1386–1466), die markanteste Plastik dieser Zeit, mit dem *Diadumenos* des griechischen Bildhauers **Polyklet** (5. Jahrhundert v. Chr.) zu vergleichen. In beiden Fällen haben die dargestellten Personen eine vergleichbare Haltung, unterscheiden sich aber im Ausdruck, im Moment der Bewegung, im Vermeiden der Frontalität und im Hüftschwung, dem sogenannten *contrapposto*.

▪ **Das Studium der Proportionen** ist für **Albrecht Dürer** (1471–1528) seit Anfang des 15. Jahrhunderts und bis zu seinem Tod eine Quelle der Inspiration. Er hat italienische Vorbilder, z. B. **Cennino Cennini** bzw. **Cennino de Colle** (um 1370–1440). Dank des Venezianers **Jacopo de' Barbari** (um 1445–1516) erfährt **Dürer** von den Theorien der Antike, vor allem denen von **Vitruv**. Daraufhin betreibt er eine Reihe von Studien zu Körperproportionen, die in dem Kupferstich *Adam und Eva* (1504) ihren Höhepunkt finden. 1528 veröffentlicht er eine Theorie der Proportionen. Dabei gibt er die Vorstellung eines einzigen Kanons zugunsten einer Theorie der Vielfalt auf.

■ **Die große Erfindung** in der Kunst bleibt die **Perspektive**. **Brunelleschi** (1377–1446), Architekt und Bildhauer aus Florenz, steht ohne Zweifel am Anfang dieses Prinzips. Ausgangspunkt seiner Theorie ist die romanische und gotische Architektur der Toskana, etwa die Kirche *San Lorenzo* (1423) oder das *Ospedale degli Innocenti* (1419), die sich beide in Florenz befinden und im Aufbau ähnlich sind. Doch das natürliche Anwendungsfeld der Perspektive ist die Malerei, wo zunächst vor allem gedachte parallele und senkrechte Linien innerhalb der Darstellung verwendet werden.

3. Die Kunst in Italien

Die künstlerischen Vorläufer im 13. und 14. Jahrhundert

Die Künste des **Duecento** und des **Trecento**, des 13. und 14. Jahrhunderts, können als Vorläufer dessen angesehen werden, was sich im 14. Jahrhundert als Revolution entpuppte. Während des gesamten 13. Jahrhunderts setzt sich die *maniera greca* von Venedig bis Sizilien durch. In Venedig zeigt der Mosaikdekor von San Marco zugleich byzantinische Übernahmen, gemischt mit frühchristlichen Traditionen. In Rom ist die Ausschmückung der Apsis von Santa Maria in Trastevere (1143) gleichfalls stark von Byzanz inspiriert. Im Norden dann, in der **Toskana**, wird sich dieser Übergang vom Frühbyzantinismus zum Stil der antiken römischen Malerei durchsetzen. Die **Florentiner Künstler** beginnen damit, sich vom byzantinischen Vorbild und dessen Manierismus zu entfernen. Dies gilt etwa für **Coppo di Marcovaldo** (um 1225–1276) mit seinem zwischen 1260 und 1270 realisierten Mosaik des *Jüngsten Gerichts* im Baptisterium vor dem Florentiner Dom. **Cimabue** wird sich, nachdem er das große Kruzifix von San Domenico in Arezzo 1272 gemalt hat, ebenfalls von der byzantinischen Tradition befreien. Doch erst **Giotto di Bondone** wird den letzten Schritt tun: Er bezieht die Inspiration für seine Landschaftsmalerei aus der Realität, ohne jegliche symbolische Absicht.

Das *Trecento* bestimmt die toskanische Kunst **zwischen 1300 und 1400**. Für manche Kunstspezialisten fängt die Renaissance im 14. Jahrhundert mit den außergewöhnlichen Werken von **Giotto di Bondone** an. Andere dagegen betrachten diesen Künstler isoliert und lassen die Renaissance erst mit der Künstlergeneration in Florenz zu Beginn des 15. Jahrhunderts einsetzen, woraus die Bezeichnung Frührenaissance resultiert. Die Kunst drückt sich mithilfe des Pinsels auf neuartige Weise aus. Das Mittelalter hatte den humanen Menschen erfunden, kannte aber das Individuum, den originellen Menschen, nicht. Die **florentinische Malerei** steht an der Spitze dieser künstlerischen Entwicklung. Drei Künstler ragen hier heraus:

▪ **Giotto di Bondone** (um 1266–1337) wird zum Vater der modernen Malerei, die des 19. Jahrhunderts eingeschlossen. Im Gegensatz zum antiken Fresko legt er seine figürlichen Szenen in einem Rechteck an, bei dem die Bildkomposition durch die linearen Bezüge der dargestellten Figuren bestimmt wird. Auf jegliche weitere Zutaten im Inneren dieses Rechtecks wird verzichtet, was die Handlung auf das Thema konzentriert, so etwa im *Kuss des Judas* in der Scrovegni-Kapelle in Padua. Eine wichtige Neuerung ist vor allem die Regel der Isokephalie, die die gleiche Höhe der Köpfe aller dargestellten Personen verlangt. In seiner Malerei berichtet Giotto von den Wundern des Franz von Assisi; seine entsprechenden großformatigen Fresken finden sich in der Basilica di San Francesco in Assisi. Die meisten narrativen Szenen sind in ihrem Ausdruck der Wirklichkeit und der Menschlichkeit wahrhaft revolutionär.

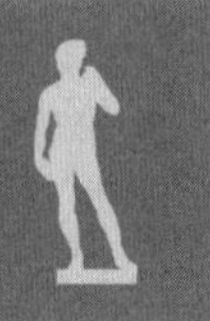

▪ **Cimabue** (um 1240–1302), der Lehrer Giottos, bezieht seine Inspiration aus Byzanz, das ihn geprägt hat. Seinerseits gilt er als Schüler von Giunta Pisano (erste Hälfte des 13. Jahrhunderts), wird aber dann von den neuen stilistischen Tendenzen seiner Epoche beeinflusst und folgt den Spuren von **Coppo di Marcovaldo** (um 1225–1276) und des Römers **Pietro Cavallini** (1250–1330). Bei der Darstellung des Kruzifix und der großformatigen Retabel bleibt Cimabue noch nahe an der byzantinischen Tradition, trotzdem verschafft er der italienischen Malerei ein neues Bewusstsein für Raum und figürliche Darstellung.

▪ Die **Skulptur** wird durch **Nicola Pisano** (um 1210–1284) repräsentiert, der seinen neuen klassischen Stil einführt, der dem Kanon der byzantinischen Tradition treu bleibt, wobei er maximalen Ausdruck mit der Suche nach Erneuerung der Formen und Farben verbindet. Vor seiner Marmorkanzel im Dom von Pisa kann ihm kein Werk mit Sicherheit zugeschrieben werden. Diese Kanzel stellt einen außergewöhnlichen Moment in der abendländischen Kunstgeschichte dar; der hier verwendete Stil unterscheidet sich deutlich von allen Vorgängern und ist dabei dennoch von der französischen gotischen Skulptur und der Architektur beeinflusst.

Quattrocento – Das 15. Jahrhundert

Die künstlerische Entwicklung Italiens findet in drei Städten statt: Florenz, Rom und Venedig. Die Frührenaissance, das *Quattrocento*, beginnt in der Toskana. Bedeutende Neuigkeiten bei der Perspektive und den Proportionen treten zutage wie auch die Tendenz, die Individualität beim Porträt zu betonen und Landschaften darzustellen. Das Jahr 1401 bezeichnet den offiziellen Beginn der künstlerischen Renaissance, als **Lorenzo Ghiberti** (um 1378–1455) den Wettbewerb für seine zweite Bronzetür am Baptisterium der Kathedrale von Florenz gewinnt.

Die Architektur des Quattrocento

Der bisher vorherrschende, von einer Kuppel gekrönte Zentralbau wird in der zweiten Hälfte des 16. Jahrhunderts vom länglichen Sakralbau abgelöst; die Kirche Il Gesù in Rom ist ein prominentes Beispiel. Beim Bau von Schlössern macht sich eine neue Tendenz bemerkbar: Die Architektur entwickelt immer komplexere Strukturen, die um eine Symmetrieachse angeordnet sind. Die horizontale Ausrichtung wird betont: Zu Beginn der Renaissance bleiben alle Bauteile flach. Ordnung, Symmetrie und Rhythmus kommen auf. Die Bauten werden mit antiken Motiven geschmückt, etwa mit Kapitellen sowie Tür- oder Fenstereinrahmungen. Der Schlossbau entwickelt sich besonders innerhalb der Städte, aber auch auf dem Land. Das reiche Bürgertum lässt sich Paläste bauen, deren Baugestalt an geschlossene Kuben erinnert; das Erdgeschoss weist nur kleine Fenster auf. Die Florentiner Paläste haben im 15. Jahrhundert stets die gleiche Anordnung: ein zentraler quadratischer oder rechteckiger Hof, der von Toren und Kolonnaden umgeben ist, von denen eine Monumentaltreppe abgeht.

In Florenz

Filippo Brunelleschi (1377–1446) gilt als **Erfinder einer neuen Raumkonzeption**. Er entdeckt die Prinzipien der Perspektive, die eine flache Fläche dreidimensional erscheinen lassen. Er ist zudem der Schöpfer des ersten Florentiner Palastes mit einer Basis aus großen Quadersteinen, genannt Rustika, bei feinerer Verkleidung der oberen Stockwerke. Dieses Bauprinzip wird etwa beim Palazzo Pitti angewendet, der ein Jahrhundert später entsteht, als die **Medici** zu Herzögen der Toskana werden. **Leon Battista Alberti** (1404–1472) ist sicherlich eines der besten Beispiele für einen Universalgelehrten der Renaissance. Er ist Philosoph, Jurist und Architekt, aber zugleich auch berühmt als Theoretiker und Kunsthistoriker. Er teilt die gleichen Prinzipien wie Brunelleschi, was das Studium der Perspektive, die Geometrisierung des Raums und die Grundlage der Baupläne angeht. In seinem *De Pictura (Über Malerei)* legt er seine Theorie der Perspektive dar; in *De Statua (Über Statuen und Malerei)* spricht er über Proportionen. Sein in Rom verfasstes *De re aedificatoria (Über das Bauen)* ist von Vitruvs Architektur-Traktat beeinflusst und ist die erste Architektur-Abhandlung der Renaissance. Weitere Architekten kamen, von Alberti und seinem Humanismus angezogen, zur Arbeit in die Ewige Stadt. Doch das symbolträchtigste Beispiel ist die Kathedrale Santa Maria del Fiore in Florenz, bei der das Geheimnis der Kuppelkonstruktion nach dem System der Antike wieder aufgegriffen wird. Brunelleschi kann hier zwei Arten des Kuppelbaus kombinieren, die aus der Antike und aus dem Mittelalter herrühren. Die doppelte Anordnung besteht aus einer inneren, tieferen Kuppel und einer äußeren, die sich in Form eines Spitzbogens aufrichtet und als Stütze für die innere dient. Brunelleschi schafft dadurch eine dynamische Kombination aus Mittelalter und antiker Statik. Seine Kirche weist die Dreischiffigkeit der lateinischen Basilika auf. Der Palazzo Pitti, ab 1458 von **Luca Fancelli** (1430–1494) erbaut, bleibt der wichtigste Palast in Florenz. **Giorgio Vasari** (1511–1574) baute ab 1560 die *Uffizien*, die ursprünglich verschiedenen Abteilungen der Verwaltung dienten und heute eine Gemäldegalerie beherbergen.

In Venedig

Die Spätgotik triumphiert im Palast Ca' d'Oro (Goldenes Haus), begonnen wohl 1421. Die Architektur hat in **Jacopo Tatti** (1486–1570), genannt **Sansovino**, ihren wichtigsten Repräsentanten. Zwischen 1534 und 1554 arbeitet er an der Libreria und zwischen 1537 und 1540 an der Loggetta zu Füßen des Campanile. Er beruft sich auf die klassische römische Architektur. Doch der berühmteste Baumeister bleibt unangefochten **Andrea Palladio** (Andrea di Piero della Gondola, 1508–1580). Die gesamte Architektur des 19. Jahrhunderts ist durch seine Arbeiten beeinflusst. Seine Reisen durch Italien und nach Sizilien ermöglichen ihm das Studium der Säulenordnung und die Kategorisierung der antiken Architektur. Ab 1600 dominiert sein Einfluss in der englischen Architektur.

Die Malerei des Quattrocento

In Florenz

«Es ist zweifellos ein Goldenes Zeitalter», erklärt Ficino, «das die freien Künste zutage gefördert hat, die zuvor beinahe zerstört waren: Grammatik, Rhetorik, Malerei, Architektur, Skulptur, Musik. Und all das in Florenz.»* Diese Stadt nimmt eine besondere Stellung innerhalb der Wirtschaftsgeschichte Italiens ein. Florenz, das seit dem 12. Jahrhundert die «Stadt der Kaufleute» genannt wird, erlebt zwischen 1328 und 1338 einen bedeutenden Wirtschaftsaufschwung. Doch erst nach der Medici-Dynastie, ab dem 15. Jahrhundert, kommt der wirkliche wirtschaftliche Höhepunkt. Der Reichtum stammt aus dem Stoffhandel, aber die Macht der Medici gründet sich auf ihre Banken und ihre politische Herrschaft. Auch wenn die Republik Florenz weiterbesteht, machen die Medici aus der Stadt einen Ort der Künste und des Intellekts. Das ist vor allem das Werk von **Cosimo de' Medici** (1389–1464) und von **Lorenzo Magnifico** (Lorenzo de' Medici, 1449–1492). In Florenz regieren die **Medici**, in Ferrara die **Este**, in Mantua die **Gonzaga**. Der Künstler wird zur gesuchten Persönlichkeit, der von den Mäzenen unterstützt wird. Florenz ist wohl der **erste Bankenplatz** im 14. und 15. Jahrhundert, dennoch vergisst man dabei nicht die Geisteswissenschaften und zieht **Marsilio Ficino** sowie viele weitere Künstler an, z. B. die Maler **Masaccio**, **Fra Angelico** und **Michelangelo**, den Bildhauer **Donatello** oder **Lorenzo Ghiberti**.

5

■ **Fra Angelico** (um 1400–1455), mit eigentlichem Namen **Guido di Pietro**, entstammt einer sehr wohlhabenden Plebejer-Familie aus der Gegend um Florenz. Nachdem er dem Dominikaner-Orden beigetreten ist, lässt er sich in Assisi nieder. Zu seinen schönsten Werken zählen die Fresken, die er in Florenz und im Dominikaner-Kloster in Fiesole malt. Dort erhält er das schwarz-weiße Gewand eines Predigerbruders und nimmt den Namen Fra Giovanni an. Zwischen 1425 und 1429 malt er mehrere bedeutende Retabel, darunter das *Triptychon des Heiligen Petrus Martyr*. Im Jahr 1436 malt er für die Kongregation von Santa Maria della Croce in Florenz eine *Lamentation* (Beweinung Christi). Das Licht ist ein wichtiges Kennzeichen seines Werks; die

* Zitiert nach Georges Minois, *L'Âge d'or. Histoire de la poursuite du bonheur*, Fayard, Paris 2009, S. 165.

Hintergründe sind klar, der Vordergrund zuweilen goldfarben oder azurblau. Seine Landschaftsdarstellungen von Umbrien oder der Toskana sind in einen wahren Farbrausch getaucht. Es ist ein himmlisches Licht, das die Farben verändert und sie transzendiert. Die Mauern des Klosters, in dem er wohnt, sind voller Fresken, die die Jungfrau Maria darstellen oder auch das Leben der Dominikaner. Auf den Tympana sind die wichtigsten Heiligen des Ordens wiedergegeben. Fra Angelicos Malerei wirkt meditativ; sie stimmt andächtig und lässt seine Ausbildung zum Miniaturisten erkennen.

■ **Paolo di Dono** (1397–1475), genannt **Paolo Uccello**, hat nur wenige Werke hinterlassen. Mehrere Porträts werden ihm zugeschrieben sowie vier Tafelbilder, die er auf Ersuchen der Familie Bartolini schuf (*Die Schlacht von San Romano*, 1456). Der *Heilige Georg und der Drache* bezeugt seine Absicht, den Raum zu gestalten und sich mit der Perspektive auseinanderzusetzen.

■ **Masaccio** (1401–1428), eigentlich Tommaso di ser Giovanni di Simone Cassai, ist der **erste Maler des Quattrocento**. Er stirbt im Alter von 27 Jahren. Sein Meisterwerk ist ein Fresko in der Kirche Santa Maria Novella in Florenz, das die göttliche Trinität darstellt; zu nennen sind auch die Fresken in der Brancacci-Kapelle in Florenz: *Vertreibung aus dem Paradies* (1424–1428) und die *Bezahlung des Tributs* (1424–1428). Nach seinem Tod werden diese Fresken von allen Florentiner Malern studiert: **Andrea del Castagno**, **Leonardo da Vinci** und **Michelangelo**. Die Fresken der Brancacci-Kapelle in der Kirche Santa Maria del Carmine in Florenz schildern Episoden aus dem Leben Petri. Sie zeigen, dass Masaccio nicht nur von den Malern seiner Zeit, sondern noch stärker von Bildhauern wie **Ghiberti**, **Donatello** und vom Architekten **Brunelleschi** beeinflusst wurde. Vielleicht hat er sich antike Marmorstatuen als Modell genommen, um die Figuren seiner Fresken lebendiger zu gestalten. Er wirkt als Vorreiter, indem er durch die Zeichnung und die Farben hindurch die Beziehung von Körper und Geist erfasst, wodurch er mit der Geziertheit der Gotik bricht. Er übernimmt das Erbe **Giottos**, doch arbeitet er nach den Erkenntnissen der neuen Perspektive und noch jüngerer Techniken, was seinen menschlichen Figuren eine große Freiheit verleiht. Er erfindet Regeln zur geometrischen Perspektive, die es dem Auge des Betrachters erlauben, den gemalten Raum räumlich zu erfassen.

■ **Andrea del Castagno** (um 1419–1457) setzt die von Masaccio begonnene Erforschung des Raumes in seiner Bilderfolge berühmter Männer und Sibyllen fort; sie wird von Filippo Carducci für seine Villa im Florentiner Stadtbezirk Legnaia bestellt. Zum ersten Mal in der Geschichte der Malerei haben die dargestellten Personen einen ihrer Füße über den Rand eines Gesimses vorgeschoben, als wollten sie den Raum des Betrachters betreten.

■ **Sandro Botticelli** (1445–1510), geboren als Alessandro di Mariano di Vanni Filipepi, wird vom Ruf eines geschäftigen Ateliers angezogen, in dem **Leonardo da Vinci**, **Perugino** und **Signorelli** arbeiten. Seine Kontakte mit Piero della Francesca sind für ihn außerordentlich bereichernd. Sein Stil ist voller Poesie, die wellenförmigen Linien sind gleichsam das Gegenteil derjenigen Piero della Francescas, der von Perspektive und Geometrie angezogen ist. Botticelli hat in allen Genres der Florentiner Kunst gearbeitet. Er malt *Plein-air*-Altarretabel und Tondi (kreisrunde Bilder) auf Holz. Zu den bedeutendsten Beispielen dieser neuen Welt der profanen Malerei gehören die folgenden vier Werke: *Der Frühling* (1477–1482), *Pallas (Minerva) und der Kentaur* (1482), *Venus und Mars* (1483) sowie die *Geburt der Venus* (1485). Der *Frühling* und die *Geburt der Venus* wurden im Haus von Lorenzo di Pierfrancesco de' Medici gemalt. Ab 1482 arbeitet Botticelli für Papst Sixtus IV., der ihm den Auftrag erteilt, die Fresken in der Sixtinischen Kapelle zu malen.

In Mantua

■ **Andrea Mantegna** (1431–1506) gilt im vollen Wortsinn als der erste Künstler, der Maler, Kupferstecher und Zeichner zugleich ist. Er stammt aus Norditalien und stellt seine ersten Arbeiten in Padua fertig, in der Stadt, die großen Einfluss auf seine Malweise, seine Vorstellungen, Themen und Ideen hat. Padua ist eines der großen Zentren des Humanismus und der Lehre. Mantegnas Lieblingsthemen stammen aus der Antike, besonders aus der römischen. Er bleibt später in Mantua, wo er im herzoglichen Palast zwischen 1465 und 1474 die Fresken der *Camera degli Sposi* (Hochzeitszimmer) erschafft. Er malt seine Figuren, so wie man sie in Stein hauen würde, etwa den *Heiligen Sebastian* (1459), und er wirkt als Theoretiker der Perspektive. *Die Madonna della Vittoria* (1494–1495) bringt eine neue Art der Komposition, die auf Diagonalen beruht.

In Perugia

■ **Pietro Vanucci** (1448–1523), genannt **Perugino**, gilt als einer der letzten großen Maler der Florentiner Schule. Als Schüler von Verrocchio lernt er in Florenz seine Kunst. Egal welches Thema: Die Gestik ist stets bemessen, die Gesichter sind glatt. Wenn er religiöse Themen malt – wie *Christi Geburt* oder die *Anbetung der Könige* in Perugia –, sind die Farben lieblicher, das Haupt der Madonna ist geneigt. Ab 1505 werden die Formen noch lieblicher. Bekanntestes Werk von ihm ist das Gemälde *Pietà* im Palazzo Pitti in Florenz und das Fresko der *Kreuzigung* in der Kirche Santa Maria Maddalena dei Pazzi, ebenfalls in Florenz.

■ **Piero della Francesca** (um 1415–1492) ist der Maler des Raums und des Lichts schlechthin. Er umgibt seine Figuren mit einer Aura transparenter Klarheit, die den Himmel Italiens nachahmen soll. Seine Kunst ist durch seine Faszination für Geometrie und Mathematik gekennzeichnet. Der Bilderzyklus *Legende vom Wahren Kreuz* aus der Kirche San Francesco in Arezzo wurde 1452 fertiggestellt. Schlichtheit und Klarheit der Strukturen und eine Aura der Heiterkeit sind für Piero della Francescas Meisterwerke kennzeichnend. Die Werke am Ende seines Lebens entstehen zwischen 1470 und 1480 bei einem Aufenthalt in Urbino. In seinen letzten Jahren leidet er unter vollständiger Blindheit.

In Pisa

■ **Pisanello** (um 1395–1455) gilt als letzter Repräsentant des gotischen Stils. Sein eigentlicher Name ist Antonio di Puccio Pisano. Er tritt als Maler wie auch als Medailleur und Zeichner hervor und arbeitet mit Gentile de Fabriano zusammen, mit dem er zwischen 1415 und 1422 im Dogenpalast in Venedig Fresken malt. 1431 stellt er in Rom Fabrianos Fresken über das Leben Johannes des Täufers in der Lateranbasilika fertig. Er hat immer mehr Erfolg und wird an die europäischen Höfe gerufen. Das *Porträt einer Prinzessin d'Este* von 1440 stellt eine junge Frau im Profil dar und zeigt die Feinheit und Leichtigkeit des Stils, der auf die Genauigkeit des Details ausgerichtet ist. Sein Hauptwerk bleibt *Der heilige Georg und die Prinzessin von Trapezunt* (1436–1438).

Die Skulptur im Quattrocento

Die Kunst der Skulptur nimmt im Florenz des 15. Jahrhunderts den ersten Rang ein.

■ **Lorenzo Ghiberti** (um 1378–1455) gewinnt einen Wettbewerb und gestaltet danach eine Tür des Florentiner Baptisteriums, die sogenannte Paradiestür. **Andrea Pisano** hatte die südliche Tür geschaffen. Die Schwierigkeit, die Tiefe der Landschaft darzustellen, löste er, indem er Figuren im Vordergrund im Hochrelief darstellte, Figuren im Hintergrund im Flachrelief. Er musste zehn Tafeln herstellen, eine jede davon mit bedeutenden Episoden aus der Geschichte Israels sowie der Erschaffung der Welt. Nach über 20 Jahren stellt er 1452 seine Tafeln fertig. Ghiberti setzt den «Fluchtpunkt» bei seiner perspektivischen Darstellung ein, der von Brunelleschi entwickelt wurde; er reduziert die räumliche Darstellung dabei nicht zu einem simplen geometrischen Effekt, sondern legt die verschiedenen Formen geschickt übereinander.

■ **Donatello**, eigentlich **Donato di Niccolò di Betto Bardi** (1386–1466), ist einer der ersten Künstler, der sich mit Zeichnungen und Skulpturen hervortut. Sein Werk ist äußerst vielseitig, doch das Wichtigste sind seine Prophetenstatuen, die er für Giottos Kampanile des Florentiner Doms fertigt. Ihre Besonderheit besteht darin, dass er in einer Art «moralischem Naturalismus» jeder Figur einen bestimmten Seelenzustand verleiht. Mienenspiel und Gebärdensprache bringen Gefühlsnuancen und moralische Gestimmtheit zum Ausdruck. Donatello nimmt bereits eine vielschichtige wissenschaftliche Perspektive ein, wobei die dargestellte Szene in einem real wirkenden, naturalistischen Raum steht. Das Altarrelief in Sant' Antonio in Padua ist ein perfektes Beispiel für die Anwendung seiner perspektivischen Gesetze, wodurch er eine fesselnde Raumdarstellung erreicht. Seine größten Werke sind: *David* (Marmor, 1409); *Markus* (1413) für die Kirche Orsanmichele in Florenz; *David* (Bronze, 1430) für Cosimo de Medici; die bronzene *Reiterstatue des Gattamelata* (1446–1453) in Padua.

■ **Luca della Robbia** (1400–1482) schafft die weiß glasierte Terrakotta-Skulptur der *Madonna mit dem Apfel* und die Marmor-Sängerkanzel sowie die Bronzetür der Sakristei für den Florentiner Dom (1431–1437).

■ **Verrocchio** (1435–1488) gehört zu den drei großen Bildhauern aus den Anfängen der Renaissance. Zu seinen Werken gehören der *David* (1465), eine 1,25 m hohe Bronzefigur, heute im Bargello in Florenz, sowie die 3,95 m hohe bronzene Reiterstatue des *Condottiere Bartolomeo Colleoni* aus Bergamo (1480).

Cinquecento – Das 16. Jahrhundert

Die Architektur des Cinquecento: Eine Basilika für den Apostel Petrus

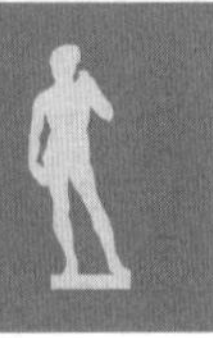

Bramante (Donato di Angelo di Pascuccio, 1444–1514) entwirft auf Bitten von Papst Julius II. den Plan für den Petersdom in Rom, einen Zentralbau mit dem Grundriss des griechischen Kreuzes, versehen mit einer zentralen Kuppel und kleineren Kuppeln in den Ecken zwischen den gewölbten Kreuzarmen. Mit dem Bau dieses gigantischen Projekts wird im Jahre 1506 begonnen. Bramante wird es nicht fertigstellen können. Ab 1503 plant er außerdem, das Belvedere mit dem Vatikan zu verbinden, wodurch eine grandiose Ansicht ergibt. Das gesamte 16. Jahrhundert ist von seinem Stil beherrscht. **Julius II.**, 1505 zum Papst gewählt, greift Bramantes Ideen auf. Die Medici-Archive sind eine hervorragende Quelle, die die Ideen Bramantes für die **neue Peterskirche** nachvollziehen lassen. Er sieht eine halbkugelförmige Kuppel über der Vierung vor, wo sich die beiden Arme des griechischen Kreuzes schneiden. Nach Bramantes Tod wird **Raffael** mit der Weiterführung der Arbeiten beauftragt, doch ein wirklicher Fortschritt kommt erst, als **Michelangelo** die Fertigstellung übernimmt. Er bekrönt das Bauwerk mit einer Kuppel, die sehr viel höher ist als die, die Bramante geplant hatte. Der Fortschritt ist rasant, und so gibt es seit der Mitte des 16. Jahrhunderts keinen Künstler mehr in Italien oder anderswo, der sein Werk nicht mit einer Kuppel schmücken möchte. Bleibt auch der Vatikanpalast eines der wichtigsten Werke der Epoche, sollte dennoch nicht die Bedeutung weiterer römischer Paläste unerwähnt bleiben. 1534 lässt der zukünftige **Paul III.** den Palazzo Farnese errichten, einen großen, dreistöckigen Steinkubus, der einen quadratischen Hof einschließt; die einzelnen Etagen sind durch klassische Gesimse getrennt.

Drei Genies für eine Renaissance

■ **Leonardo da Vinci** (1452–1519) ist der universale Renaissancemensch schlechthin: Maler, Bildhauer, Architekt, Ingenieur, Stadtplaner und genialer Wegbereiter. Auch andere Künstler der Renaissance spezialisieren sich nicht nur auf einen Bereich. Bramante ist Maler, Raffael und Peruzzi verbinden Malerei und Architektur, Michelangelo ist Maler und Bildhauer. 1472 entwickelt Leonardo, nachdem er zur Gilde der Künstler und Maler von San Luca in Florenz zugelassen wurde, das *Sfumato*. Nachdem er Florenz verlassen hat, begibt er sich in die Dienste der Herzöge Sforza nach Mailand. Dort beginnt er für die Kapelle von San Francesco Grande die *Felsgrottenmadonna*. Im Jahre 1495 malt er das *Abendmahl* für das Dominikanerkloster Santa Maria delle Grazie. Er verlässt Florenz und lässt sich in Mailand nieder, wo er bis zur Eroberung der Stadt durch Ludwig XII. bleibt. 1515 lässt er sich auf Einladung von Franz I. in Frankreich nieder, wo er auch stirbt. Seine letzten Jahre in Frankreich sind dem Zeichnen gewidmet. Seine wichtigsten Werke sind: die *Verkündigung Mariae* (1473–1475), der *Heilige Hieronymus* (1480–1482), die *Dame mit dem Hermelin* (1490), die *Mona Lisa* (1503–1515), *Anna selbdritt* (1502–1513).

5

■ **Michelangelo** (1475–1564), mit vollständigem Namen Michelangelo di Lodovico Buonarroti Simoni, ist wahrscheinlich einer der typischsten Künstler der Renaissance – Maler, Bildhauer, Architekt und Dichter zugleich. Aus einer verarmten Florentiner Familie niederen Adels stammend, legt er seine Lehrzeit im Atelier von Domenico Ghirlandaio ab, doch bleibt er nur kurz, da sein frühreifes Talent schnell erkannt wird. Er tritt in die Dienste von Lorenzo Magnifico und beginnt, Bronzeskulpturen zu modellieren. Die ersten Erfolge hat er in Bologna, wo er Skulpturen für das *Grabmal des heiligen Dominikus* (1494–1495) schafft, danach in Rom den *Bacchus* (1497) und die berühmte *Pietà* (1498). Die Stadt Florenz bestellt 1501 bei ihm den monumentalen *David*, der 1504 aufgestellt wird. Papst Julius II. vertraut ihm dann die außergewöhnliche Aufgabe an, die Sixtinische Kapelle im Vatikan auszumalen, was zwischen 1508 und 1512 geschieht. Zu erkennen sind Bilder von Propheten, Sibyllen und Szenen aus dem Alten Testament, darunter die *Erschaffung Adams*. Danach dekoriert Michelangelo zwischen 1516 und 1527 die Florentiner Medici-Kapelle mit Skulpturen. 1534 kehrt er nach Rom zurück, um auf Bitten des neuen Papstes Paul III. die große Darstellung des *Jüngsten Gerichts* in der Sixtinischen Kapelle zu malen. Seine letzten Jahre sind mit der Bibliothek *Laurenziana* in Florenz der Architektur sowie dem Verfassen von Sonetten gewidmet.

■ **Raffael** (1483–1520), eigentlich Raffaello Sanzio, gilt als Maler großformatiger Werke sowie zahlreicher Darstellungen der Jungfrau mit dem Kind. Seine schlichten Werke und die Genauigkeit seines Stils haben ihn zu einem der großen Maler der Renaissance gemacht. Seine Lehrzeit verbringt er in Umbrien, sein wichtigstes Werk aus dieser Zeit ist die *Krönung Mariä* (1502–1503). Laut Vasari folgt er seinem Meister Perugino nach Florenz, wo auch Michelangelo und Leonardo da Vinci sind und ihn inspirieren. Ab 1505 stellt er seine wichtigsten Madonnenbilder fertig, darunter *Die schöne Gärtnerin* (Madonna mit Kind und Johannes dem Täufer, 1507). Nach seiner Lehrzeit in Florenz lässt sich der Perugino-Schüler auf Empfehlung Bramantes in Rom nieder, wo er bis zu seinem Tod bleibt. Er schmückt die Privatgemächer von Papst Julius II. Die drei Säle, genannt die Raffael-Stanzen (italienisch: *la stanza*, das Zimmer), werden ausschließlich von ihm ausgemalt. Dabei bringt er Naturphilosophie und offenbarte Wahrheit in einer Darstellung zusammen. Man sieht die Weisen der Antike wie Platon, Archimedes, Aristoteles u. a. vereint in der ersten Stanze. Diese Fresken markieren mit ihren ausgewogenen Proportionen und gleichmäßig verteilten Figuren den Anfang der Akademie-Malerei. Sein Genie besteht im außerordentlichen Sinn für entspannte Posen, im Instinkt für Formen und in der außergewöhnlichen Intensität seiner Farben. Seine bekanntesten Werke sind: *Die schöne Gärtnerin* (1507), die *Madonna del Granduca (Die kleine Madonna)* (1505), *Die Schule von Athen* (1510–1511), *Die drei Grazien* (1504–1505). Raffael hat außerdem viele Porträts hinterlassen: die *Dame mit dem Einhorn* (1506), *Porträt von Agnolo Doni* (1506), *Porträt von Baldassare Castiglione* (1514–1515).

Die Malerei des Cinquecento

Ist das *Quattrocento* eine Zeit der Zweiteilung – christliche und heidnische Grundsätze hinterlassen ihre Spuren in sämtlichen Kunstschöpfungen –, so ist das *Cinquecento* das **Jahrhundert der großen römischen Renaissance**. Dieses Jahrhundert ist aber auch durch die Loslösung des Menschen aus seiner geistlichen Verwurzelung gekennzeichnet; es stellt den natürlichen Menschen über den spirituellen. In dieser Zeit sind die großen Künstler nicht mehr die Schützlinge ihrer Mäzene, sondern werden selber zu großen Persönlichkeiten. Tizian erreicht höchste gesellschaftliche Stellungen und erfreut sich fürstlicher Einkünfte. Michelangelo wird mit Ehrungen überhäuft. Nicht mehr die Kunst wird verehrt, sondern zum ersten Mal der Mensch.

In Rom

Mehrere Zentren bilden die römische Schule: Urbino, Arezzo, Cortona und Perugia, von wo die meisten Künstler stammen. Dort haben sie die Möglichkeit, gemeinsam zu arbeiten oder ihre je eigenen Werke zu schaffen.

▪ **Perugino** (1448–1523) erlangt einen so großen Ruf, dass er, von Papst Sixtus IV. aufgefordert, Perugia gegen Rom eintauschen muss. Seine Figuren sind von absoluter Symmetrie, ihre Haltungen stimmen exakt überein. Der dargestellte Raum ist eher der des Landschaftsmalers als der des Geometers.

In Florenz und Venedig

5

▪ **Andrea del Sarto** (1486–1530) ist ein italienischer Maler und Zeichner, dessen Werke von erlesener Komposition sind und die eine große Rolle bei der Entwicklung des Florentiner Manierismus spielen. Sein neben anderen bekannten Arbeiten hervorstechendstes Werk ist die Serie von Fresken über das Leben Johannes des Täufers im Kloster Scalzo (um 1515–1526) in der Toskana.

▪ **Antonio Allegri** (um 1489–1534), genannt **Correggio**, nach seinem Geburtsort, liebt die anmutigen und rundlichen Formen der Engel und Amoretten: *Madonna mit Jesus und Johannes dem Täufer* (1515), *Madonna des heiligen Franziskus* (1515). Er ist ohne Zweifel einer der wichtigsten Renaissance-Maler der Schule von Parma, dessen Werke viele Künstler in Barock und Rokoko beeinflussen.

▪ **Giovanni Bellini** (um 1425–1516). Sein Vater Jacopo, ein Maler, ist Schüler von Gentile da Fabriano. Er führt die Prinzipien der Florentiner Renaissance in Venedig ein, noch vor seinem Sohn. Neben seinem Bruder Gentile gilt Giovanni als Vorläufer der venezianischen Schule. Sein Stil belegt noch einmal die Intensität, die die venezianischen Künstler bei der stilistischen Suche an den Tag legen. Innerhalb von vier Jahren, zwischen 1471 und 1474, malt er die *Pala di Pesaro*. Er steht anfänglich unter dem Einfluss von Mantegna, wenn man an seine schweren und kantigen Figuren denkt. Vor allem aber erhalten die transalpinen Schulen eine gewisse Bedeutung für ihn. Seine Linien werden allmählich weicher und er findet zu einer Harmonie zwischen den dargestellten Personen und der restlichen Komposition seiner Bilder. Am Ende seines Lebens malt er herrliche Porträts, etwa das des *Dogen Leonardo Loredan* (1501).

Spätrenaissance: Der Manierismus

In den 1520er Jahren entwickelt sich der Manierismus, der bis zu den Anfängen des Barock um 1620 währt. Der aus Florenz und Rom ausstrahlende Manierismus verbreitet sich in Norditalien, danach in einem Großteil Zentral- und Nordeuropas. Er ist eine Reaktion auf die klassische Harmonie und die Ästhetik der Renaissance, die in Leonardo da Vinci, Michelangelo und Raffael ihre bedeutendsten Vertreter gefunden hat. Die manieristischen Maler entwickeln einen Stil, der durch eine gekünstelte Attitüde, Eleganz und mühelose Beherrschung der Technik gekennzeichnet ist. Die Gliedmaßen der dargestellten Personen sind verlängert, die Köpfe verkleinert und die Gesichtszüge stilisiert, wobei die Posen oft künstlich wirken. Dennoch suchen die Maler kontinuierlich nach einer Verbesserung von Form und Anlage, wodurch Übertreibung und Kontrast bis an die Grenzen getrieben werden. Die wichtigsten Maler dieser Epoche sind: **Bronzino** (1503–1572), **Giorgio Vasari** (1511–1574), **Tintoretto** (1518–1594), **Veronese** (1528–1588), **Pontormo** (1494–1557).

Im 20. Jahrhundert wird **Arcimboldo** (um 1527–1593) die Bewunderung der surrealistischen Maler auf sich ziehen, vor allem die Salvatore Dalís. Arcimboldos seltsame Kompositionen aus Früchten und Gemüse ergeben durch ihre Anordnung ein Gesicht. Arcimboldo entwickelt sein Talent, als er zwischen 1565 und 1587 von Kaiser Maximilian II. an den Wiener Hof eingeladen wird. Seine Köpfe bilden allegorische Serien, so etwa die *Vier Jahreszeiten* (1563) oder die vier Elemente: *Allegorie des Sommers*, *Allegorie des Wassers*.

Doch die feinsinnigsten Vertreter des Manierismus sind:

- **Francesco Mazzola** (1503–1540), genannt **Parmigianino**, stammt aus Parma. Von Michelangelo beeinflusst, entlehnt er von ihm die gewundene Gestalt, zu erkennen in der *Jungfrau mit Heiligen*, vor allem in der *Madonna mit dem langen Hals*. In dem Jahrzehnt nach Raffaels Tod, 1520 bis 1530, wendet sich der Stil der Hochrenaissance zum Manierismus. Florenz löst diese Bewegung mit Michelangelo aus. Zum ersten Mal wendet er die Formen und künstlerischen Proportionen im Sinne einer persönlichen Erfahrung an. Das **Prinzip des Manierismus**, im 17. Jahrhundert begriffen als **Prozess des Niedergangs**, wird von Giovanni Pietro Bellori (1613–1696) in seiner Biographie über Annibale Carracci formuliert. Der Manierismus beginnt die von der Renaissance erschaffene Struktur des Raumes aufzulösen. Eine Szene wird nun in einzelnen Fragmenten dargestellt.

- **Vittore Carpaccio** (um 1460–1526) ist ständiger Maler der venezianischen Bruderschaft der Kaufleute, die ihn einige Episoden aus ihrem Leben malen lassen. Zu seinen Werken gehören: die *Heimsuchung* (1509) und die *Geburt der Jungfrau* (1504). Er ist berühmt wegen der Schauspiele, der Umzüge und anderer öffentlicher Versammlungen, die er gemalt hat und die sich durch den Reichtum der realistisch erfassten Einzelheiten, ihre Farbigkeit sowie die dramatische Darstellung auszeichnen.

- **Giorgio da Castelfranco** (1477–1510), genannt **Giorgione**, beginnt mit seinem Werk einen neuen Stil und eröffnet ein neues Kapitel der Malerei, das erst Édouard Manet schließen wird. Von Leonardo da Vinci beeinflusst, gebraucht er das *Sfumato* (eine Art Weichzeichnung des Hintergrunds). Mit der *Schlummernden Venus* (1508–1510) erschafft er einen neuen Frauentypus, der die weiblichen Akte von Tizian, Velázquez und sogar noch von Goya und Manet inspirieren wird. Zu seinen Hauptwerken zählt das *Gewitter* (1507), das eine wichtige Etappe in der Landschaftsmalerei der Renaissance markiert. Zu nennen sind auch die *Drei Philosophen* (1509). Giorgione überwindet eine Etappe der venezianischen Malerei durch den Gebrauch des *Sfumatos*, des Lichts und seine moderne Auffassung der Landschaft.

Die **Krise des Manierismus** zwischen 1530 und 1540 wird durch das Genie **Tizians** überwunden.

- **Tizian** (um 1488–1576), eigentlich Tiziano Vecellio, unterscheidet sich augenfällig von seinem Lehrer Giorgione. Seine Malerei ist menschlicher, irdischer und schwelgt im Zauber der Farben. Seine Landschaften sind realer und er vermischt Elemente aus der Mythologie mit solchen aus dem Alltagsleben. Um 1515 werden seine Bilder weicher und weiter. Tizians Stil lässt eine neue Natur entstehen. Der **Einfluss des Manierismus** findet sich in seiner Malerei in Gestalt kühner Verkürzungen, verdrehter Figuren, die zudem in eine kontrastreiche Beleuchtung gestellt sind, was etwa für die Porträts von Karl V. gilt. Die letzten Werke, die er mit seiner Malweise des Lichts schuf, künden gleichsam schon ein Jahrhundert vorher die Kunst Rembrandts an. Tizian lässt durch seine Ausdrucksmittel eine neue Kunst entstehen, die er unablässig selbst erneuert und in der sich Mensch und Natur gegenseitig durchdringen. Zeichnung und Oberfläche verlieren sich ganz in der Farblichkeit und werden ihrerseits zu Farbe.

- **Paolo Caliari** (1528–1588), genannt **Veronese**, versucht gleichfalls, die Probleme von Licht und Formen zu lösen, und schafft dadurch gleichzeitig Szenen voll Sinnesfreude. Ästhetischer Genuss ist eines seiner Ziele, und die mythologischen Themen sind oft nur der Vorwand, um die großzügigen Formen der Venezianer seiner Zeit zu übernehmen.

- **Tintoretto** (1518–1594), eigentlich Jacopo Robusti, gilt als eine Art Vorläufer der modernen Maler. Um seine außergewöhnliche Kenntnis der menschlichen Anatomie zu erreichen, nimmt er sich die Skulpturen von **Michelangelo** als Vorbild, etwa in seinem Bild *Susanna im Bade* (1555/56).

- **Michelangelo Merisi** oder **Merighi** (um 1571–1610), genannt **Caravaggio**, ist einer der bedeutendsten Maler am Übergang zum Manierismus. Aus Norditalien stammend, jähzornig und gewalttätig, ist er Zeit seines Lebens in Auseinandersetzungen und blutige Schlägereien verstrickt. Seine Stärke ist vor allem ein kühler, beobachtender Realismus, der sogar seine Heiligenporträts charakterisiert, was die Entrüstung des Klerus hervorruft. Vor allem sein Gebrauch des Lichts ist innovativ, das die Figuren dramatisch hervortreten lässt. Dieses kontrastreiche Licht bleibt sein wichtigstes Ausdrucksmittel. Er ist wegen seiner klaren Kompositionen bekannt, in denen das seitliche Licht einen starken Gegensatz zwischen belichteten und schattigen Stellen hervorruft. Seine letzten Werke zeigen bereits den Einfluss des Barock – durch eine neue Raumgestaltung, die die Figuren nun umgibt, und den Wegfall der Körperdynamik.

Die folgenden Bildhauer des Manierismus müssen genannt werden:

- **Benvenuto Cellini** (1500–1571): Sein bronzener *Perseus* ist eine der berühmtesten Plastiken der italienischen Renaissance, ganz im Hinblick auf ihre dreidimensionale Wirkung im freien Raum konzipiert. Außerdem schafft Cellini die *Saliera*, das Salzfass für Franz I.

- **Giovanni da Bologna** (1529–1608), genannt **Giambologna**, erschafft Statuen, die sich spiralförmig nach oben winden, so dass man sie in drei Dimensionen betrachten kann; sie sind räumlich gedacht, z. B. der *Neptunbrunnen* (1563–1566) in Bologna oder der *Raub der Sabinerinnen* (1575–1580) in Florenz.

4. Die italienische Literatur im 15. und 16. Jahrhundert

Die gesellschaftliche Veränderung, die diejenigen privilegiert, die der Welt der Ritter entstammen, verstärkt zugleich den Sinn für geheimnisvolle Mantel-und-Degen-Geschichten. Dem schließt sich der Hang zum Fabelhaften und Bezaubernden an, was Realismus und Naturnachahmung ausschließt. Dies führt im Bereich der Literatur zur Entstehung neuer Genres und neuer Ausdrucksweisen, die den Vorlieben des Publikums für das Geheimnisvolle und Unbekannte angepasst sind. Der Abenteuerroman, dessen Handlung an exotischen Orten spielt, thematisiert extreme Gefühle sowie Mythisches und Übernatürliches. *Der Rasende Roland* (1516) von **Ludovico Ariosto** (1474–1533) macht den rauen Paladin der *Chansons de Geste* zum Ritter der Tafelrunde. *Der Rasende Roland* ist ein Gedicht in 46 Gesängen, die auf zwei Episoden aufgeteilt sind: in die Raserei Rolands und die Liebe von Ruggiero und Bradamante. Das Werk ist ein Spiegel der in galante Beziehungen verliebten Gesellschaft jener Zeit, voller romanhafter und zauberischer Taten. Die Hirtendichtung wird durch **Torquato Tasso** (1544–1595) repräsentiert, den unerreichten Meister dieses Genres, der uns die *Aminta* (1580) hinterlassen hat. In *Das Befreite Jerusalem*, einem Epos in 20 Gesängen, vermischt Tasso aufs Engste das Wunderbare mit dem Historischen. Zur gleichen Zeit erscheinen auch die improvisierten burlesken Komödien der *Commedia dell'arte*. Die Italiener wollen eigentlich eine gelehrte klassische Komödie erschaffen – in Nachahmung der Antike –, doch ihr Versuch schlägt fehl, trotz der Stücke Ariosts. Stattdessen greifen sie zur volkstümlichen Komödie. Jeder Darsteller, der in seinem eigenen Dialekt spricht, schmückt seine Rolle nach einem vorher festgelegten Raster aus und stellt eine typische Figur dar, etwa den Verliebten, Leander oder Isabella, den Diener, Harlekin oder Scappino, den betrogenen Alten, Pantalone oder Cassandra. Die Personen sind sowohl maskiert als auch unmaskiert. Die Handlung besteht aus einer Abfolge von Verwechslungen. Ebenfalls in dieser Zeit entstehen eine ganze Reihe von Abhandlungen, wie der *Hofmann* von **Baldassare Castiglione** (1478–1529), dessen Werk das ideale Menschenbild der Epoche aufzeigt. Auch die **Geschichte** ist ein wichtiges Genre im 16. Jahrhundert.

Niccolò Machiavelli

Als Florentiner im Dienste Cesare Borgias vertritt **Niccolò Machiavelli** (1469–1527) mit *Der Fürst* (1513) eine neue Rechtsauffassung, nach der der Zweck die Mittel heiligt, selbst wenn diese den gewöhnlichen Gesetzen der Menschen zuwiderlaufen. *Der Fürst* ist Lorenzo II. Medici (1492–1519) gewidmet. Es besteht aus 26 Kapiteln, die die verschiedenen Staatsformen, das Verhalten der Fürsten und ihrer Umgebung sowie die insgesamt dramatische Situation in Italien behandeln. Für Machiavelli ist das lebende und nachzuahmende Vorbild niemand anderes als **Cesare Borgia** (1476–1507), dessen politisches Wirken sich durch eine unersättliche Gier nach Eroberungen auszeichnet. Die Werke und die Person Machiavellis sind Gegenstand der unterschiedlichsten Kommentare. Die Zurückweisung des *Fürsten* durch die Protestanten wird kompensiert durch revolutionäre Betrachtungen, die aus dem Buch ein Handbuch zur politischen Praxis machen – für das Volk und nicht für Tyrannen. In dieser Zeit schätzt man zudem Machiavellis *Discorsi* (1513–1519), worin, ausgehend von der Beschäftigung mit den verschiedenen politischen Gruppierungen der römischen Antike, eine republikanische Utopie entwickelt wird. Nach Machiavelli hängt die Freiheit wesentlich von der Natur des Volkes ab. Freiheit ist unsicher, um nicht zu sagen unmöglich, wenn das Volk verdorben ist. Obwohl er primär ein politischer Autor ist, produziert Machiavelli auch Komödien wie *Der Esel* (1517), *Capitoli* (1505–1512) oder *Mandragola* (1518), die die Tugend angesichts von Verlogenheit und Dummheit zeigt.

5. Die italienische Musik im 16. Jahrhundert

Italien wird im 16. Jahrhundert die führende Musiknation Europas. Etliche Komponisten aus Nordeuropa ziehen an die Höfe der oberitialienischen Residenzstädte und haben dort Anteil an einem Musikleben, in welchem die weltliche Musik immer größere Bedeutung erhält, etwa als Tanzmusik und Kammermusik. Venedig und Rom sind zunächst führend: In **Venedig** wirkt der Niederländer **Adrian Willaert** (um 1490–1562); mit seinem Namen ist die venezianische Mehrchörigkeit verbunden; die Architektur des Markusdoms mit ihren verschiedenen Emporen wird von ihm genutzt, um Raumklangwirkung zu erzielen. **Rom** wird mit der Päpstlichen Kapelle zum Zentrum der abendländischen Kirchenmusik; die dort nach den Vorgaben des 1. Vatikanischen Konzils, die auf Textverständlichkeit abzielten, entstandene Kirchenmusik wird stilbildend. Wichtigster Komponist ist **Giovanni Pierluigi da Palestrina** (1525–1594) mit seiner wegweisenden *Missa Papae Marcelli* (1567). Weitere wichtige katholische Kirchenmusik-Komponisten: **Cristóbal de Morales** (um 1500–1553), **Tomás Luis de Victoria** (1548–1611), **William Byrd** (1543–1623).

Die oberitalienischen Aristokratendynastien werden zu weiteren Zentren der Musik: **Florenz** geht unter den Medici in die Musikgeschichte ein als der Ort, an dem eine neue Gattung begründet wird: die Oper. Die beiden ersten vollständig erhaltenen Werke sind *Dafne* (1598) von **Ottavio Rinuccini**, der bald eine *Euridice* (1600) folgt. In **Mantua** unter der Dynastie der Gonzaga wirkt **Claudio Monteverdi** (1567–1643), wo er mehrere Bücher mit Madrigalen veröffentlicht, vor allem aber seine Opern *Orfeo* (1607) und *Arianna* (1608, verschollen). Der Hof der Este-Dynastie in **Ferrara** ist ein europaweit bekanntes Zentrum der Musik; Madrigale, Motetten und Kammermusik sind bevorzugte Gattungen; **Cipriano da Rore**, **Josquin Desprez**, **Carlo Gesualdo**, **Giaches de Wert**, **Orlando di Lasso**, **Antoine Brumel**, **Girolamo Frescobaldi** wirken zeitweilig dort – die Elite des Fachs.

5

Weiterhin bleibt auch **Venedig** wichtig, mit **Cipriano de Rore** (um 1515–1565), bedeutend als Madrigalkomponist; **Giovanni Gabrieli** (um 1553–1612), letzter Meister der venezianischen Schule; sein Werk zeichnet sich oft durch große Klangpracht aus. Venedig ist auch der Ort des ersten europäischen, für die zahlende Öffentlichkeit zugänglichen Opernhauses: *La Fenice*; Monteverdi schreibt hierfür seine Opern *Il ritorno d'Ulisse in Patria* (1641) sowie *L'Incoronazione di Poppea* (1642).

Komponisten aus dem Norden kommen nach Italien, um hier zu arbeiten: **John Dowland** (1563–1626), oder zu lernen: **Heinrich Schütz** (1585–1672) geht zu Claudio Monteverdi, um dessen Technik der Mehrchörigkeit zu studieren, was sich zunächst in seinen *Psalmen Davids* (1619) niederschlägt.

II

Deutschland

1. Deutschland zwischen Renaissance und Reformation

Geschichte: Das 16. Jahrhundert

Die Idee der **Reformation** ist in Wahrheit das Ergebnis des Schismas, der abendländischen Kirchenspaltung – aufgekommen nach einer ganzen Reihe von Versuchen, die katholische Kirche zu reformieren, etwa durch die Klöster Cluny und Cîteaux, die Bettelorden oder die Konzile von Konstanz und Basel. Immer hat man dabei das Ziel vor Augen, eine innere Reform des Klerus voranzutreiben, noch vor der Beseitigung der eigentlichen Missstände, etwa das Anhäufen von Pfründen, wodurch sich ein einziger Kirchenmann mehrere Abteien oder Klöster zuweisen lassen kann. Dazu kommen die schlechte Ausbildung und das kritikwürdige Verhalten des Klerus. **Johann Tetzel** (um 1465–1519), Dominikanermönch und Ablassprediger, steht mit dem Verkauf seiner Ablassbriefe am Ursprung der Reformation. Ablässe wurden in Form von Briefen verkauft – nicht, um Vergebung von Sünden zu erlangen, sondern um sich davon freizukaufen. Es ist dies eine Garantie der Fürsprache im Jenseits für die im Diesseits begangenen Sünden. Als Mittel zum Rückkauf der Sünden bringt der Ablasshandel die Käuflichkeit in die Kirche und begründet eine Unterscheidung von Arm und Reich, was dem Geist Christi entgegensteht. Die Reformation, die man zwischen 1517 und 1555 ansetzen kann, besteht aus mehreren Denkrichtungen, die einen neuen Glauben propagieren, mit entsprechender Reaktion der katholischen Kirche, und sie strebt die grundlegende innere Veränderung der Kirche an. Die Reformation lässt sich in vier zeitliche Abschnitte einteilen: Ab 1517 formuliert Luther seine Lehre, die sich in Deutschland verbreitet. Es folgt 1522 die Reformation Zwinglis in der deutschsprachigen Schweiz; in England markiert die Suprematsakte die Errichtung der Anglikanischen Kirche. Die katholische Gegenreformation wird 1540 durch die Bildung der *Gesellschaft*

Jesu, der Jesuiten, verkündet und durch die kanonischen Verkündigungen des Konzils von Trient (1545–1563) umgesetzt.

Martin Luther (1483–1546)

Martin Luther stammt aus einer bescheidenen Bergmannsfamilie aus Eisleben, die sich hocharbeitete. Er tritt 1505 in das Erfurter Kloster der Augustiner-Eremiten ein und wird 1512 zum Doktor der Theologie promoviert. Als Professor in Wittenberg erhebt er sich gegen den Handel mit Ablässen. Luther, immer gegen die Autorität Roms aufbegehrend, stößt gegen eine wahre Mauer des Schweigens. Im Oktober 1517 verfasst er seine *95 Thesen* gegen die Käuflichkeit der Sündenvergebung.

5

Luther und die Gnade

Die Persönlichkeit **Martin Luthers** (1483–1546) ist von seinem Denken nicht zu trennen: Luther ist voller Extreme, von derbem Humor wie von höchster spiritueller Tiefe. Die Kirchenspaltung, deren Ursache er ist, ist nicht sein Ziel. Er will vor allem die Bibel als wesentliche Quelle des Glaubens rehabilitieren. Und er wirft der Kirche vor, dass sie die Exegese der Kirchenväter der der Bibel vorzöge. Für Luther, der erst Mönch, dann Priester ist, wird der Mensch von Gott nicht nach seinen Taten, sondern nach seinem Gewissen beurteilt. Die Rechtfertigung vor Gott trotz der eigenen Sündhaftigkeit ist für ihn der Kern des Evangeliums. Die Eucharistie bzw. das Abendmahl versteht er nicht mehr als Opfer, aber er glaubt weiter, anders als Zwingli und Calvin, an die Anwesenheit Christi in Brot und Wein. Der Gläubige, der sich der Gnade Gottes gewiss ist, bringt dies in selbstlosen Werken der Nächstenliebe zum Ausdruck.

Bruch mit Rom

Luther verbreitet seine Ideen am 31. Oktober 1517 durch die Bekanntgabe der 95 Thesen an der Tür der Schlosskirche zu Wittenberg. Der Bruch mit Rom wird 1518 vollzogen, als Luther sich weigert, vor dem Reichstag in Augsburg zu widerrufen. 1520 veröffentlicht Luther seine Programme in Form von **drei grundlegenden Schriften**: *An den christlichen Adel deutscher Nation*; *Von der babylonischen Gefangenschaft der Kirche*; *Von der Freiheit eines Christenmenschen*.

Öffentlich verbrennt er im selben Jahr in Wittenberg die Bulle, die ihn 1521 mit Exkommunikation bedroht. Er flieht an den Hof des sächsischen Kurfürsten Friedrich des Weisen, wo er zwischen 1521 und 1522 das Neue Testament ins Deutsche übertragen. 1530 nimmt der Reichstag in Augsburg die Trennung in protestantische und katholische Fürstentümer zur Kenntnis. **Philipp Melanchthon** legt die *Confessio Augustana* vor, eine Darstellung des Luthertums, die zum Großteil von dem Doktor der Theologie **Johannes Eck** verfasst wird. 1555 erwirkt der Augsburger Reichstag den Religionsfrieden in Deutschland, indem den Lutheranern die Gleichheit mit den Katholiken zuerkannt wird. In jedem deutschen Staat hängt nun die Konfession der Untertanen von der Wahl des betreffenden Herrschers ab.

Zwingli in Zürich

Ulrich Zwingli (1484–1531), stark geprägt von Erasmus von Rotterdam, trennt sich vom Luthertum, um in Zürich eine strenge religiöse Gemeinschaft ins Leben zu rufen. Zwingli fordert die Abschaffung all dessen in der Kirche, was nicht ausdrücklich in der Bibel begründet ist: sakrale Bilder, Orgeln, Prozessionen, Kirchengesänge. Eine Zusammenarbeit mit Luther wird auf dem Treffen von 1529 in Marburg versucht, jedoch vergeblich. Zwingli weigert sich, im Abendmahl etwas anderes zu sehen als das Symbol Christi; er leugnet dessen tatsächliche Anwesenheit, die von Luther beansprucht wird.

Johannes Calvin und die Prädestination

Johannes Calvin (1509–1564), in Noyon geboren, erhält zunächst eine juristische Ausbildung, bekennt sich dann zum Denken Luthers und widmet sich dem Studium der Theologie. 1534 aus dem Königreich Frankreich vertrieben, erreicht er Basel und veröffentlicht dort 1536 seine *Christianiae religionis institutio – Unterricht in der christlichen Religion*. Wesentlich für Calvins Lehre ist die Prädestination: Gott hat für alle Ewigkeit jeden Menschen zum Heil oder zur ewigen Verdammnis vorherbestimmt. Der einzige Ausweg für den Menschen besteht darin, sein Leben den Erfordernissen der Gnade anzupassen und eine *vita activa* zu führen, wobei alle Aktivität Gott dienen müsse. Ab 1541 lebt er ständig in Genf und organisiert dort seine Kirche, die von Presbytern geleitet wird (vom Griechischen *presbýteros*, «der Ältere, Gemeindeobere»). Die Normen, die dort angelegt werden, sind streng; zu Presbytern können Pastoren oder durch Wahl bestimmte Laien werden. 1559 wird in Genf eine calvinistische Akademie gegründet, die Prediger ausbildet. Von der Schweiz aus verbreitet sich der Calvinismus im Westen der deutschen Länder, in Frankreich (bei den Hugenotten), in Schottland und den nördlichen Niederlanden.

Die Gegenreformation

Das Konzil von Trient wird 1542 von Papst Paul III. einberufen, es beginnt 1545 und endet 1563. Das Konzil hat zum Ziel, «Missbräuche» in der Kirche abzustellen und die kirchliche Lehre in vielen offenen Fragen festzulegen. Die **erste Sitzungsperiode** führt zur Formulierung einer gegenreformatorischen Lehre und zur Verkündung einer Anzahl von Dekreten, die die eigene Reform zum Ziel haben. In dieser Sitzung wird zudem beschlossen, die kirchliche Tradition mit der Heiligen Schrift zu konfrontieren, um alles aus ihr zu entfernen, was nicht mit der Schrift konform ist. Die **zweite Sitzungsperiode** dauert von 1551 bis 1552 und ist wie die **dritte Sitzungsperiode** (1562–1563) vom Einfluss der Jesuiten dominiert, die die innere Reform beschleunigen. Gnade wird als ein Geschenk Gottes definiert, doch der Mensch bewahrt die Freiheit, sie abzulehnen. Die sieben Sakramente werden beibehalten, Gottesdienste werden immer noch auf Latein abgehalten, der Referenztext für die Bibel bleibt die Vulgata. Die päpstliche Autorität wird bekräftigt wie auch die Verpflichtung zum Zölibat für die Priester. Theologieschulen, kleine und größere Seminare, werden eröffnet, um die zukünftigen Priester auf ihre Aufgaben vorzubereiten und sie die wahre religiöse Kultur zu lehren. In jeder Diözese werden Schulen eröffnet, die der bischöflichen Autorität unterstehen. Parallel zu diesem reformerischen Schritt unternimmt das Papsttum den Kampf gegen die Ketzerei, indem die Inquisition wieder eingesetzt wird, die der päpstlichen Autorität unterstellt ist. Die Pontifikate von **Paul IV.** (1555–1559) und **Pius V.** (1566–1572) sind durch die Rückkehr des römischen Hofes zur Strenge gekennzeichnet. Pius V. setzte eine Kardinalskommission ein, die den *Index Librorum Prohibitorum* erstellt, die Liste der für den Glauben gefährlichen Bücher, deren Lektüre den Gläubigen verboten ist. Die Entscheidungen der Kommission erlegen in den einzelnen Staaten den Katholiken das Verbot des Verkaufs und der Verbreitung dieser Schriften auf.

5

Die Erneuerung der Kirche geschieht auch durch die Schaffung neuer Orden wie dem der Theatiner, der nach dem Wunsch von Bischof **Carapa de Chieti** (Chieti, lateinisch: *Theatinus*), dem zukünftigen Papst Paul IV., ins Leben gerufen wird. Dieser Orden erhält bald seine Ergänzung durch die Schaffung eines entsprechenden weiblichen Ordens. Wesentlich für die Theatiner sind die tägliche Praxis der Nächstenliebe, die Verkündigung und die Stärkung des Glaubens sowie der Dienst am Kranken. Nach einem adeligen Leben gründet **Ignatius von Loyola** (1491–1556) die *Gesellschaft Jesu*. Ursprünglich sind die Jesuiten sechs Freunde, die gemeinsam Theologie studieren, doch die Gruppe wächst nach ihrer Gründung in Rom 1539. Papst Paul III. genehmigt 1540 die Statuten der Gesellschaft. Die Jesuiten geloben Armut, Ehelosigkeit und Gehorsam. Die oberste Autorität kommt dem Papst zu, der sie an einen General delegiert, der auf Lebenszeit durch die wichtigsten Mitglieder des Ordens gewählt wird. **Ignatius von Loyola** wird der erste Ordensgeneral. Die Rolle der Jesuiten besteht vor allem in der kämpferischen Erneuerung des Katholizismus. Als Erzieher vermitteln sie eine vorzügliche weltliche Erziehung, als Theologen können sie den Protestantismus in den Niederlanden, den rheinischen Staaten, in Bayern und Österreich zurückdrängen. Wie eine Armee organisiert, verschreiben sich die Jesuiten der Missionsarbeit und evangelisieren in Brasilien und Peru; dies in der Nachfolge des heiligen Franz Xaver, der 1541 nach China und Japan aufgebrochen ist. Ihr Schwur des besonderen Gehorsams unterstellt sie direkt der päpstlichen Autorität und macht sie zu Kämpfern ultramontaner Ideen, was ihnen wiederum die offene Feindschaft des französischen Parlaments und der Universität einbringt, den Verteidigern des Gallikanismus, der Suprematie des Königs über die französische Kirche. Mit der Gründung seines Oratoriums, einer Kongregation weltlicher Priester, stellt sich der heilige **Philipp Neri** (1515–1595) den Jesuiten entgegen. Jedes Oratorium agiert absolut autonom, der inneren Freiheit verpflichtet und ohne Gelübde. Das einigende Element, die Bruderliebe und nicht der gemeinsame Gehorsam, führt zu einer schnellen Verbreitung der Oratorien zunächst in Europa, dann in Südamerika und im Fernen Osten.

Während der Gegenreformation entstehen viele weitere Orden und Kongregationen, etwa die *Oblaten*, gegründet vom heiligen **Carlo Borromeo** (1578), die *Gesellschaft der Diener der Kranken (Kamillianer)*, gegründet von **Camillo de Lellis** (1584), die *Trappisten* (1664). Die Erneuerung des religiösen Gefühls hat bewirkt, dass diese Zeit von 1560 bis 1660 als regelrechtes «Jahrhundert der Heiligen» angesehen wurde. Die Barockzeit wird dann durch zwei große

Mystikergestalten bestimmt: den heiligen **Franz von Sales** (1567–1622) und den heiligen **Vincent de Paul** (1581–1660). Franz von Sales gründet 1618 den Orden von der Heimsuchung Mariens *(Salesianerinnen)*, deren Mitglieder Nächstenliebe in Verbindung mit dem inneren Gebet praktizieren. Die päpstliche Approbation wird erst nach der Veränderung des eigentlichen Projekts des Franz von Sales erlangt, die aus den *Visitantinnen* einen rein kontemplativen Orden machte. Die aktive Ausübung der christlichen Nächstenliebe, die direkte Sorge für die Kranken geht auf den heiligen Vincent de Paul über, den Almosenverwalter der königlichen Armenhäuser. Er ist der Gründer von zwei Orden: der *Lazaristen* und der *Töchter der christlichen Nächstenliebe.*

Während der Gegenreformation entstehen im 17. und 18. Jahrhundert volkstümliche religiöse Bewegungen, vor allem der **Quietismus** und der **Pietismus**. Beide Lehren setzen auf die Bereitschaft des Gläubigen zu Gebet und Meditation. Wesentliche Aktivität des Gläubigen ist die Betrachtung Gottes. Die beiden genannten Denkformen unterscheiden sich in ihren Dogmen: Der protestantische Pietismus fördert direkte bruderschaftliche Verbindungen unter den Gläubigen, während der katholische Quietismus einen großen Teil der moralischen und religiösen Anleitung der etablierten Kirche überlässt.

Der Anglikanismus

Im Jahre 1526 beschließt König **Heinrich VIII.** (1491–1547) von England, sich von seiner Frau Katharina von Aragon zu trennen, die bereits die Witwe seines älteren Bruders Arthur war und die er in zweiter Ehe geheiratet hatte. Der Papst verweigert die Annullierung dieser Ehe. Erst vom neuen Erzbischof von Canterbury, Thomas Cranmer, erreicht Heinrich 1532 die Annullierung. Der offizielle Bruch mit Rom geschieht am 30. April 1534 mit der Verkündigung der Suprematsakte durch das Parlament, die den König zum Oberhaupt der Kirche von England macht. Die Geistlichen des Königreichs sind gehalten, dem König in seiner Eigenschaft als Oberhaupt der Anglikanischen Kirche einen Eid auf Gehorsam und Treue zu schwören. Wer dies verweigert, wie Bischof Fisher von Rochester oder Kanzler **Thomas Morus**, wird exekutiert, Ersterer am 22. Juni, Letzterer am 6. Juli 1535. Die Trennung der Anglikanischen Kirche von Rom ist zugleich eine Bekräftigung der englischen Nation; die Hochzeit des Königs mit Anne Boleyn wirkt in diesem Zusammenhang eher wie ein bloßer Vorwand. Diese Tat wird jedenfalls vom Parlament unterstützt. Der Widerstand der Bischöfe aber wird mit Gewalt niedergeschlagen. Nur Irland weigert sich, mit Rom zu brechen, und hält am römischen Katholizismus fest.

2. Die deutsche Literatur von der Renaissance bis zur Reformation: Bibel und Pamphlete

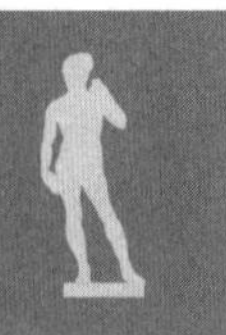

Renaissance und Reformation folgen auf die Zeit des materiellen Wohlstands im 15. Jahrhundert. Das literarische Ergebnis ist recht armselig im Vergleich zum philosophischen Elan, den diese beiden gegensätzlichen Bewegungen an den Tag gelegt haben. Mit dem 16. Jahrhundert beginnt ein neues Zeitalter, vor allem durch die Bibelübersetzung Luthers, dann durch die Ausstrahlung von Denkern wie Zwingli, Melanchthon oder Ulrich von Hutten. Im Bereich der Wissenschaft sind Persönlichkeiten wie **Cornelius Agrippa**, **Paracelsus** oder **Kopernikus** beherrschend. Die Schriften von **Dürer** entwickeln eigenständige Sichtweisen auf die Künste in ihrem Verhältnis zu den mathematischen Wissenschaften. Die Übersetzungen der Werke von **Tasso**, **Ariost** und **Boccaccio** und weiterer Dichter und Romanautoren lassen gleichwohl die alten Rittergeschichten nicht vergessen. Die *Volksbücher* sind deren Kurzversion. Die *Volkslieder* gehören ebenfalls dieser Epoche an. Die Universitäten sind zahlreich; Städte wie Basel, Nürnberg, Wien, Augsburg, Heidelberg und viele andere besitzen solche Institutionen. Doch auch hier ist ein humanistischer Einfluss auf die Theologen zu beobachten, von Philologen, die sich der Bibel-Exegese widmen, was nicht ohne Konflikte mit kirchlichen Autoritäten vonstattengeht. Der aufkommende Humanismus reißt kulturelle und politische Grenzen ein, schafft neue Verbindungen zwischen Intellektuellen, Künstlern und Gelehrten.

Doch das Entstehen einer neuen Denkungsart trifft auf Widerstände. Die Universitäten als Ort der alten Scholastik sind der neuen Beredsamkeit und der Dichtung feindlich gesinnt. **Die Bibel steht im Zentrum des Interesses** und der Studien. Eine von Erasmus 1516 besorgte kritische Ausgabe dient Luthers Arbeit als Referenzwerk. Und noch eine Besonderheit ist zu verzeichnen: Die Reformation wendet sich vorrangig an das Volk. Durch die Pamphlete Luthers ist dies eine Zeit der intensiven Polemiken und der Freiheit zur Kritik, die etwa in Gestalt von Satiren daherkommt, so etwa mit **Sebastian Brant** (1458–1521) und seinem *Narrenschiff* von 1494. Er verteidigt das Deutschtum, indem er weitere

Texte wie auch seine eigenen Gedichte aus dem Lateinischen übersetzt. Sein Hauptwerk, *Das Narrenschiff*, in Distichen verfasst, karikiert die menschlichen Verrücktheiten und gibt moralische Ratschläge gegen Habgier, Dünkel, Ehebruch und falschen Reliquienkult. Die Reformation wertete das Deutsche gegenüber dem Lateinischen auf und trug durch Luthers Bibelübersetzung zur Entwicklung einer hochdeutschen Standardsprache bei. Im literarischen Bereich sind das Aufkommen des bürgerlichen Romans mit **Jörg Wickram** (16. Jahrhundert) und der Aufschwung des religiösen Theaters mit **Hans Sachs** (1494–1567) zu verzeichnen. **Ulrich von Hutten** (1488–1523), im Jahre 1517 von Kaiser Maximilian I. zum *poeta laureatus* erklärt, ist ein Antipapist und sieht in Luther den Vorläufer der Freiheit. Huttens wichtigste Werke sind die *Dunkelmännerbriefe* (1515) und der *Arminius* (1524), in denen er ein von der römischen Beherrschung freies Deutschland besingt. Zudem verfasst er satirische Dialoge.

3. Renaissancekunst in Deutschland und Mitteleuropa

Die italienische Kunst dringt nur mittelbar über die Gotik und Spätgotik nach Deutschland. Der Humanismus entwickelt sich durch **Erasmus**, **Melanchthon**, **Conrad Peutinger** (1465–1547) und die großen Zentren des Buchdrucks, namentlich Basel, Nürnberg und Straßburg. Norddeutschland unterliegt vor allem dem Einfluss der Niederlande, der Süden Deutschlands, durch den Hof von Maximilian I. und seinem Enkel Karl V., dem italienischen Einfluss.

In der Architektur ist als vielleicht bekanntestes Bauwerk in Deutschland im 16. Jahrhundert das Heidelberger Schloss zu nennen. Durch französische Truppen unter Ludwig XIV. zerstört, ist es heute eine Ruine. Privathäuser und Mehrfamilienhäuser weisen häufig italienische Elemente auf, die sich vor allem im Detail zeigen.

Die Malerei in Deutschland

Die europäische Gotik hat große Maler hervorgebracht, etwa **Stephan Lochner** (um 1410–1451) mit seinem *Dreikönigsaltar* (um 1445), heute im Kölner Dom; ferner **Konrad Witz** (um 1400–1445) und sein *Wunderbarer Fischzug* (1444) sowie **Hans Baldung** (um 1484–1545) und sein *Der Tod und die Frau* (um 1517).

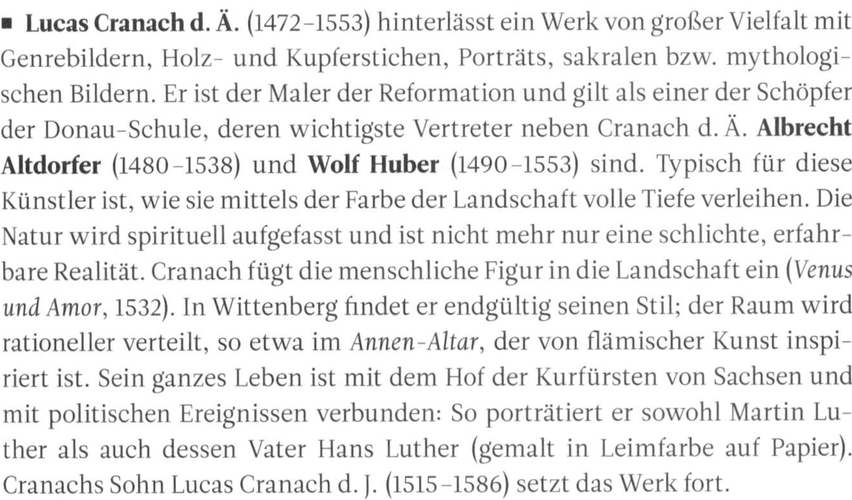

■ **Lucas Cranach d. Ä.** (1472–1553) hinterlässt ein Werk von großer Vielfalt mit Genrebildern, Holz- und Kupferstichen, Porträts, sakralen bzw. mythologischen Bildern. Er ist der Maler der Reformation und gilt als einer der Schöpfer der Donau-Schule, deren wichtigste Vertreter neben Cranach d. Ä. **Albrecht Altdorfer** (1480–1538) und **Wolf Huber** (1490–1553) sind. Typisch für diese Künstler ist, wie sie mittels der Farbe der Landschaft volle Tiefe verleihen. Die Natur wird spirituell aufgefasst und ist nicht mehr nur eine schlichte, erfahrbare Realität. Cranach fügt die menschliche Figur in die Landschaft ein (*Venus und Amor*, 1532). In Wittenberg findet er endgültig seinen Stil; der Raum wird rationeller verteilt, so etwa im *Annen-Altar*, der von flämischer Kunst inspiriert ist. Sein ganzes Leben ist mit dem Hof der Kurfürsten von Sachsen und mit politischen Ereignissen verbunden: So porträtiert er sowohl Martin Luther als auch dessen Vater Hans Luther (gemalt in Leimfarbe auf Papier). Cranachs Sohn Lucas Cranach d. J. (1515–1586) setzt das Werk fort.

■ **Albrecht Dürer** (1471–1528), Sohn eines Goldschmieds, verbindet die Malerei mit dem Kupfer- und dem Holzstich, die Kunst der Zeichnung mit der Kunsttheorie. Als Schüler des Nürnberger Malers Michael Wolgemut unternimmt er zwischen 1490 und 1494 zunächst seine Gesellenreise. Danach fährt er nach Norditalien. Seine ersten Landschaftszeichnungen gehen auf das Jahr 1494 zurück. Die Natur wird zum Thema seiner Arbeit, etwa nach Art seines *Innsbruck-Aquarells*. Er belebt die Natur, indem er Personen einfügt. Sein Italienaufenthalt, der Kontakt mit den Werken von Bellini, Mantegna und Leonardo da Vinci wird bestimmend für seine Kunst. Seine beiden Bilder *Adam* und *Eva* sind die ersten Bilder der Malerei in Deutschland, auf denen die Personen in Lebensgröße dargestellt sind. Doch der gleichnamige Stich belegt auch Dürers Interesse an idealen Körperproportionen. Aus diesem Grund veröffentlicht er 1528, dem Jahr seines Todes, die *Vier Bücher von menschlicher Proportion*. Zu seinen bekanntesten Werken gehören die *Anbetung der Könige* (1504), *Maria mit der Birnenschnitte*, der *Paumgartner-Altar* (1503), *Kaiser Karl der Große* (1513) und der Stich *Melencolia I* (1514.)

■ **Matthias Grünewald**, eigentlich Mathis Gothart Neithart von Würzburg (um 1475–1528), arbeitet an mehreren Orten: in Seligenstadt, im Elsass, in Mainz, Frankfurt und Halle, wo er auch stirbt. Der *Altaraufsatz* mit beweglichen Flügeln, erdacht für das Kloster der Antoniter in Isenheim (1510), ist eines seiner bekanntesten Werke, zusammen mit der *Basler Kreuzigung* (1502), der *Stuppacher Madonna* (1517–1519) und der *Beweinung Christi* (1525).

- **Hans Holbein d. J.** (1497–1543), Sohn seines gleichnamigen Vaters, lässt sich 1515 in Basel nieder, der wichtigen Stadt des Humanismus. Von 1515 bis 1526 erschafft er Porträts, Sakralbilder, Stiche und Vorlagen für Kirchenfenster. Er entflieht der Reformation und lässt sich in England nieder. 1536 wird er Porträtist von König Heinrich VIII. Er malt auch ein Porträt von Erasmus von Rotterdam, auf dem er ihn schreibend darstellt. Seine Kenntnis der Kunst Leonardo da Vincis ermöglicht ihm eine ausgeprägte psychologische Analyse. Er hinterlässt 40 Holzschnitte, darunter der *Totentanz* (1521), sowie das *Porträt von Georg Gisze* (1532) und *Die Gesandten* (1533).

Die Musik aus Burgund

Ab dem 15. Jahrhundert werden die burgundischen Höfe Philipps des Guten und Karls des Kühnen zu Zentren der Komposition und Musikpraxis, in der eine Vermischung italienischer, englischer und französischer Musik stattfindet. Erster wichtiger Komponist ist **Guillaume Dufay** (1397–1474). Die Musiker dieser Epoche und Region verbreiten einen neuen Musikstil, der sich zunehmend durch Wohlklang auszeichnet und im Gegensatz zur mittelalterlichen Musik auch immer mehr die Terz als Konsonanz anerkennt. Das Ergebnis ist die Ausbildung der Tonalität, die bis zum frühen 20. Jahrhundert die abendländische Musik bestimmen wird. Wichtigste Gattung ist die Messe mit ihren fünf Teilen Kyrie, Gloria, Credo, Sanctus und Agnus Dei. Weitere Gattungen: Motette (geistlich und weltlich), Madrigal. Weitere Komponisten: **Johannes Ockeghem** (1419–1497), **Jacob Obrecht** (um 1450–1505), **Josquin Desprez** (um 1440–1521), **Antoine Brumel** (um 1460–1515).

- **Die Parodiemesse** wird ausgebildet: Allen Sätzen der Messe liegt ein Madrigal, Chanson oder eine Motette zugrunde und wird zum Namensgeber der Messe; durch das Aufgreifen der Thematik in allen Messteilen wird eine große musikalische Geschlossenheit erreicht, und alle Stimmen des mehrstimmigen Satzes übernehmen in Imitationstechnik dieses musikalische Motiv. Komponisten dieser späteren Epoche sind **Nicolas Gombert** (um 1495–1560), **Adrian Willaert** (1490–1562).

Komponisten aus dieser flämischen Region ziehen nach ganz Europa aus, vor allem aber nach Norditalien, um an den dortigen Fürstenhöfen zu wirken – Zeichen dafür, dass Italien in der Renaissance zur führenden Musiknation Europas wird: **Giaches de Wert** (1535–1596), **Orlando di Lasso** (1532–1594). De

Wert bildet den Höhepunkt der Madrigalkomposition; Orlando di Lasso, der zuerst in Rom, danach in Antwerpen und zuletzt am Hofe Kaiser Maximilians II. wirkt, komponiert elegant in mehreren europäischen Sprachen und ist ein musikalischer «Weltbürger» von großem künstlerischem Selbstbewusstsein.

III

Frankreich

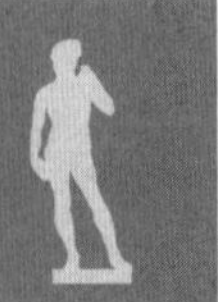

1. Von der zweiten Hälfte des 15. Jahrhunderts bis zum 16. Jahrhundert

Ludwig XI., «die universelle Spinne»

Ludwig XI. (1461–1483) muss seit seiner Thronbesteigung gegen die *Liga für das Allgemeinwohl* kämpfen, die von Charles de Charolais, dem späteren Herzog von Burgund, bekannt vor allem als «Karl der Kühne», angezettelt wurde. Zu dieser Liga gehören die Herzöge von Burgund, Anjou und Bourbon, der Graf von Armagnac sowie der Herzog von Guyenne, der jüngere Bruder des Königs. Ludwig XI. spielt diese Mächtigen geschickt gegeneinander aus. Der Herzog von Guyenne stirbt 1472, Burgund unterstellt sich der Herrschaft des Königs von Frankreich. 1477, nach dem Tode **Karls des Kühnen**, treibt Ludwig einen Großteil der burgundischen Besitzungen ein. Sein berechnendes Temperament verschafft ihm den Spitznamen «universelle Spinne». Als Erbe seines Onkels René von Anjou unterstellt er das Anjou, das Barrois und die Provence mit Marseille der französischen Krone. Und er erwirbt die Cerdagne und das Roussillon.

Ludwig kann als der erste große Herrscher der Moderne in Frankreich angesehen werden. Er will das Feudalsystem überwinden, um die königliche Macht auf ganz Frankreich zu übertragen. Das verleitet ihn bisweilen dazu, sich in gefährliche Situationen zu begeben. Als er mit dem neuen Herzog von Burgund, Karl dem Kühnen (1433–1477), anlässlich des Treffens in Péronne verhandelt, erfährt Karl, dass die Stadt Lüttich auf Veranlassung Ludwigs gegen ihn revoltiert. Das Leben des Königs ist daraufhin in Gefahr; er entkommt der Situation nur durch sein diplomatisches Geschick und die Erniedrigung, den Herzog nach Lüttich begleiten zu müssen, wo dieser die Lütticher besänftigt. Die Revanche kommt beim Tode Karls des Kühnen vor Nancy 1477, nachdem der König ihn in einen Krieg gegen Lothringen und die Schweizer Kantone getrieben hat. Zum Ende seiner Herrschaft widmet sich Ludwig XI. der Errichtung der direkten Monarchie, bei der die Bindung an den König nach und nach die feudalen Beziehungen ersetzt. Ludwig XI. fördert den Aufstieg des Handel treibenden Bürgertums, was die Einnahmen der königlichen Schatzkammer fördert, vor allem durch die Seidenfabrikation in Lyon. Durch sein Mitspracherecht bei der Ernennung der Bischöfe bringt er die Kirche Frankreichs unter seine Kontrolle. Er greift auch in die Justiz ein, indem das Appellationsgericht ihm direkt unterstellt wird.

Karl VIII. und die italienischen Kriege

Karl VIII. (reg. 1483–1498) wird im Alter von dreizehn Jahren König. Seine ältere Schwester, Anne de Beaujeu, übt für ihn die Regentschaft aus. Sie ist gezwungen, die Generalstände 1484 in Tours einzuberufen. Doch diese Versammlung erweist sich als vergeblich, denn die Generalstände erreichen nichts – ganz im Gegensatz zur Regentin, die hiervon profitiert und die Monarchie stärken kann und die feudalen Aufstände unterdrückt. 1491 heiratet Karl VIII. die vierzehnjährige Anne de Bretagne und wird dadurch Herzog der Bretagne, zumindest dem Titel nach. 1494 beginnt Karl VIII., dessen Vater Ludwig XI. das Erbe des letzten Königs von Neapel für sich beansprucht hatte, die italienischen Kriege. Er erobert Neapel, scheitert aber an der Venezianischen Liga, der Liga von Cambrai, der u. a. der zukünftige Kaiser Maximilian II. und König Ferdinand II. von Aragon angehören. 1497 kapitulieren die französischen Truppen, nachdem sie in Norditalien geschlagen wurden. **Karl VIII.** stirbt 1498, nachdem er mit dem Kopf heftig gegen einen steinernen Türsturz des Schlosses Amboise gestoßen war. Er ist der letzte direkte Valois. Sein Cousin, ein Valois-Orléans, Herzog Ludwig von Orléans, folgt ihm als **Ludwig XII.** auf den Thron.

Ludwig XII. und der italienische Traum

Ludwig XII. (1498–1515) heiratet 1499 ebenfalls Anne de Bretagne, die Witwe seines Vorgängers. Bei ihrem Tode 1514 wird die Bretagne von der französischen Krone eingezogen, da es keinen Erben gibt. Der neue Herrscher nimmt die italienischen Kriege wieder auf, beansprucht Neapel und auch Mailand. Mailand erobert er im Jahre 1500 und besetzt im Folgejahr Rom und Neapel. Doch schon 1504 erobern die Spanier Neapel zurück. Papst Julius II. stellt gegen Frankreich die Heilige Liga auf, zu der Venedig, Spanien und Heinrich VIII. von England gehören. Der junge und brillante **Gaston de Foix** (1489–1512), ein Neffe des Königs, erringt 1512 bei Ravenna einen wichtigen Sieg, verliert aber dabei sein Leben. Danach folgt Niederlage auf Niederlage, bis 1515 ganz Italien aufs Neue verloren ist. Am 1. Januar 1515 stirbt Ludwig XII. in Paris. Da er keinen Sohn hat, der ihm auf den Thron folgen könnte, geht die Krone an einen anderen Zweig der Valois über, an die Valois-Angoulême, mit **Franz I.** (1515–1547).

Franz I., der Ritterkönig

So besteigt also Graf Franz von Angoulême, Großcousin des verstorbenen Ludwig XII., den Thron als **Franz I.** (1515–1547), der «Ritterkönig». Auch er übernimmt die Ansprüche der französischen Könige auf Italien, überquert die Alpen und besiegt die Schweizer Söldner der Heiligen Liga in der Schlacht von Marignano am 13. und 14. September 1515. In diesem Jahr wird auch der «Ewige Friede» mit den Schweizer Kantonen unterzeichnet, was bedeutet, dass der französische König zukünftig auf die Dienste von Schweizer Söldnern zurückgreifen kann. Doch ein furchterregender Gegner besteigt in diesem historischen Moment den Thron: **Karl V.** (1516–1556). Als König von Spanien und Österreich wird er 1519 zum Kaiser gewählt, was für Franz I. eine Bedrohung darstellt. Die italienischen Kriege werden erneut aufgenommen, Franz I. wird besiegt und in Pavia 1525 gefangen genommen. 1526 verpflichtet der Vertrag von Mailand den König, Burgund, dazu Mailand und Neapel an Spanien zurückzugeben und auf Flandern und das Artois zu verzichten. Der Damenfrieden von Cambrai erlaubt Frankreich 1529, Burgund zu behalten, dafür sind das Charolais, das Artois, Flandern, Tournai, Orchies, Douai, Lille und Hesdin verloren. Seit 1526 ist Franz I. wieder frei, nachdem er seine beiden Söhne als Geiseln zurückließ; in Frankreich muss er sich mit dem Aufstieg der protestantischen Reform auseinandersetzen.

Die Anfänge der Religionskriege

Im Oktober 1534 bricht die *Plakataffäre* aus: Pamphlete, die dem König seinen schlechten Lebenswandel und seine Mätressen vorwerfen und die katholische Messe angreifen, werden in den Straßen von Paris, Tours, Orléans und bis zur Tür der Königlichen Kammer in Amboise aufgehängt. Diese Kammer, die sich bislang eher tolerant verhalten hatte, beginnt nun eine Politik der Verfolgung. Die Protestanten riskieren, auf dem Scheiterhaufen zu landen. Das ist der Stoff, aus dem die Religionskriege gemacht sind. Zum großen Entsetzen der anderen katholischen Monarchen nähert sich Franz I. den Türken in Handelsverträgen, den sogenannten *Capitulationen*, die endgültig allerdings erst 1569, lange nach dem Tode von Franz I., unterschrieben werden. Frankreich erhält damit das Recht, seine Schiffe in türkische Häfen zu schicken; man nennt diese Häfen die *Échelles du Levant*, die Stapelplätze der Levante. Der Sultan erkennt auch das exterritoriale Recht der Franzosen an, die Katholiken in seinem eigenen Reich zu beschützen.

5

Der Fürst der Mäzene

Als Mäzen initiiert Franz I. den Bau der Loireschlösser: Amboise, Chambord und Blois; in der Île-de-France entstehen die Schlösser Saint-Germain-en-Laye, Fontainebleau und das Schloss Madrid im Bois de Boulogne. Franz empfängt und protegiert **Leonardo da Vinci** in Amboise im Schloss Clos Lucé, der dort von 1516 bis zu seinem Tod 1519 lebt. Als Beschützer der Wissenschaft fördert Franz I. den Dichter **Mellin de Saint-Gelais**, den Humanisten **Guillaume Budé**, den Bibliothekar der Königlichen Bibliothek. Er ist der Anreger des Königlichen Kollegs, des Vorgängers des Collège de France.

Heinrich II.: Das geteilte Königreich

Heinrich II. (1547–1559) folgt auf seinen Vater, dessen politisches und künstlerisches Werk er fortsetzt, wenn auch ohne vergleichbaren Glanz. Auch führt er die italienischen Kriege fort, doch nach der Niederlage von Saint-Quentin (1557) muss er den Frieden von Cateau-Cambrésis (1559) unterzeichnen, durch den die Könige Frankreichs und Spaniens ihre Eroberungen zurückgeben. Calais kommt definitiv wieder zu Frankreich, doch die italienischen Besitzungen sind verloren. Heinrich II. behält aber die drei Bistümer Metz, Toul und Verdun (Trois Évêchés), die er seit 1552 besetzt hält. Während seiner Herrschaft dehnen sich die Religionskriege aus; beide Seiten bereiten sich auf deren Kulmination vor, die nach dem Tode Heinrichs II. erfolgt. Heinrich stirbt 1559 bei einem Unfall in Tournai. Drei seiner vier Söhne folgen ihm auf den Thron. **Franz II.** (1559–1560) wird mit fünfzehn Jahren König, stirbt aber schon mit sechzehn. Er ist vor allem wegen seiner Heirat mit Maria Stuart, der schottischen Königin, und durch die Verschwörung von Amboise bekannt. Als im März 1560 durch das Edikt von Amboise die Protestanten amnestiert werden und die Inquisition gestoppt wird, versuchen protestantische Adlige sich des jungen Königs zu bemächtigen. Nachdem diese Verschwörung aufgedeckt wird, werden die Repressionen verstärkt und mehr als 100 Menschen hingerichtet. Doch die Regierung duldet die Bildung zweier Parteien: Die protestantische Seite sammelt sich hinter dem Fürsten von Condé, die katholische hinter dem Herzog von Guise.

Karl IX. und die Bartholomäusnacht

Der Bruder von Franz II. wird mit zehn Jahren als **Karl IX.** König (1560–1574). Seine Mutter, **Katharina von Medici** (1519–1588), wird Regentin. Die Religionskriege beginnen am 1. März 1562 mit dem Massaker von Wassy. Die Männer des Herzogs von Guise töten in Wassy in der Champagne Protestanten, als diese ihren Gottesdienst feiern. Zwischen 1525 und 1589 finden insgesamt acht Religionskriege statt, die jeweils von mehr oder weniger langen Waffenstillständen unterbrochen werden. Katharina von Medici versucht, zwischen den Extremisten beider Seiten zu vermitteln, damit die Valois ihren Thron behalten. 1570 wird der Frieden von Saint-Germain unterzeichnet, worin den Hugenotten, den französischen Protestanten, eine relative Religionsfreiheit wie auch vier Rückzugsorte gewährt werden. Admiral **Coligny**, ein Protestant, wird Mitglied des königlichen Kronrats und übt einen beträchtlichen Einfluss auf den jungen König aus. Katharina von Medici und der Herzog von Guise zetteln die Ermordung Colignys an, die allerdings missglückt. Da Katharina einen protestantischen Aufstand befürchtet, erhält sie von Karl IX. am 24. August 1572 das Zeichen, die Bartholomäusnacht auszulösen. Die Hugenotten, die zur Hochzeit Heinrichs von Navarra, des zukünftigen Heinrichs IV., mit Prinzessin Margarete von Valois, der Schwester des Königs, in großer Zahl erschienen sind, werden verfolgt und zu Tausenden getötet. Karl IX. stirbt 1574 im Alter von 24 Jahren.

Ein Fürst im Sturm: Heinrich III.

Sein Bruder wird 1573 zum polnischen König gewählt und kehrt, nach seiner Flucht aus Krakau, nach Frankreich zurück. Als **Heinrich III.** (reg. 1574–1589) wird er französischer König. Intelligent, kultiviert und politisch denkend, muss er sich mit der Heiligen Liga von **Heinrich von Guise** (1550–1588), Letzterer genannt das «Narbengesicht», auseinandersetzen; das Ziel der Liga ist es, den Protestantismus in Frankreich mithilfe des Papstes und des Königs von Spanien definitiv auszumerzen. Auch gegen unzufriedene Aristokraten alter Abstammung muss sich Heinrich wehren, die sich gegen die neuen Herren am Hof wenden und sich um **Franz Herzog von Alençon** (1555–1584) scharen, den letzten Bruder des Königs, der stets bereit ist zu revoltieren und sein jeweiliges politisches Engagement so teuer wie möglich verkauft. Er ist auch bereit, sich mit den Protestanten zu verbünden und diese wiederum mit ihrem Anführer, dem Fürsten von Condé, Heinrich I. von Bourbon (1552–1588) und seinem Cousin Heinrich, König von Navarra. Das Edikt von Beaulieu (1576) wirkt jedoch beruhigend. Der protestantische Gottesdienst wird anerkannt, viele Garantien werden gegeben. Doch schon im folgenden Jahr beschränkt das Edikt von Poitiers diese Garantien wieder. Die Situation wird durch den Tod von Franz von Alençon noch komplizierter. Der Erbe des Throns ist nunmehr der Protestant **Heinrich von Navarra**. 1595 unterschreibt Heinrich III., vom Herzog von Guise gezwungen, den Vertrag von Nemours, wodurch er den Krieg gegen seinen Erben erklärt und die Protestanten aus dem Königreich zu vertreiben verspricht. Im Oktober 1587 wird die Schlacht von Coutras zu einer Katastrophe für die katholische Armee des Königs, die durch Heinrich von Navarras Armee besiegt wird. Heinrich von Guise nutzt dies, um Paris in Aufruhr zu versetzen. Der König flieht nach dem Aufstand und der Errichtung von Barrikaden am 12. Mai 1588 nach Chartres. In Blois ruft er die Generalstände ein. Dort lässt er im Dezember den Herzog von Guise und seinen Bruder, den Kardinal von Guise, ermorden. Paris übernimmt die Führung des Aufstands, und Heinrich III. kontrolliert nur noch wenige Städte in der Provinz. Im April 1589 versöhnt er sich mit Heinrich von Navarra. Im August desselben Jahres wird er in

Saint-Cloud, von wo aus er Paris belagert, durch den Messerstich eines fanatischen Mönchs getötet.

Heinrich IV. und die religiöse Befriedung

Heinrich von Navarra (1553–1610) wird als **Heinrich IV.** (reg. 1589–1610) König von Frankreich, doch Frankreich erkennt ihn nicht an, da er Protestant bleibt. Er besiegt 1589 den Herzog von Mayenne (1554–1611), den Bruder des Herzogs von Guise und neuen Anführer der Heiligen Liga, zunächst 1589 in Arques, südlich von Dieppe, und dann 1590 in Ivry. Die spanischen Truppen profitieren vom Bürgerkrieg und dringen nach Frankreich ein. Heinrich IV. merkt, dass er dem Calvinismus abschwören muss, um Frieden schaffen zu können. Das tut er feierlich in der Abtei von Saint-Denis am 25. Juli 1593. Reims gehört der Liga an; das Sakrament an Heinrich wird in Chartres vollzogen. Heinrich IV. zieht dann im März 1594 triumphal in Paris ein. Durch das Edikt von Nantes vom April 1598 will er ermöglichen, dass Katholiken und Protestanten im guten Einvernehmen miteinander leben. Die Protestanten dürfen nun ihren Gottesdienst in einer Stadt pro Bailliage (Amtsbezirk mit einem Bailli, einem feudalen Beamten, an der Spitze) und in herrschaftlichen Besitzungen ausüben, außer in Paris; ebenfalls haben sie nun Zugang zu allen Ämtern. Trotz seines Versprechens, die Generalstände regelmäßig einzuberufen, tut Heinrich IV. dies niemals, errichtet vielmehr die Anfänge der absoluten Monarchie.

Barthélemy de Laffemas (um 1545–1612) bringt das Handwerk voran, fördert den Merkantilismus und die Ausweitung der Manufakturen, vor allem die der Seidenherstellung in Lyon; er fördert den Handel mit den türkischen Häfen. Heinrich IV. wird am 14. Mai 1610 von **François Ravaillac** (1577–1610), einem fanatischen Katholiken, ermordet.

2. Die französische Renaissance: Eine höfische Kunst

Frankreich nimmt sehr bald den Humanismus als Ethos und Denkform an, drückt ihm aber ebenso schnell seinen eigenen Stempel auf. **Zwei Strömungen** herrschen in **Italien** seit dem **ersten Drittel des 16. Jahrhunderts** vor: der **Florentiner** Humanismus, klassisch und streng; und der **Venezianische**, manieristisch und avantgardistisch. Die zweite Form wird von den Flamen vertreten und nach Fontainebleau übernommen – von Künstlern wie **Rosso Fiorentino** (1494–1540) und **Francesco Primaticcio** (1504–1570). Italienische Künstler wirken beim Bau von Schloss Amboise mit, die seit 1495 von Karl VIII. angestellt wurden. Die ersten Phasen dieser italienischen Beeinflussung – zwischen 1480 und 1520 – sind durch weltliche sowie sakrale Bauten gekennzeichnet (Saint-Gervais, Paris).

Die **zweite Periode** der französischen Renaissance – der **Stil François I.** – dauert ungefährt von 1520 bis 1550. Dabei feiert der Italianismus wahre Triumphe in Chambord, Azay-le-Rideau, Chenonceau und Fontainebleau.

Die **dritte Periode** – der **Stil Heinrich II.** – von 1550 bis 1560 zeichnet sich durch einen klassischen Stil mit systematischen Ordnungsprinzipien aus. Symmetrie und Proportion sind gesuchte Qualitäten beim Bau. Der Louvre von **Pierre Lescot** (um 1510–1578) und die Tuilerien von **Philibert Delorme** (1514–1570) sind dafür repräsentative Beispiele. Die italienischen Einflüsse dringen nach Frankreich ein, ohne jedoch die gotische Kunst vollständig verdrängen zu können, wie die Kirche Saint-Eustache oder das Hôtel de Cluny in Paris beweisen. Seit der Mitte des 16. Jahrhunderts folgen die Architekturentwürfe außen wie innen den Regeln, die die Geometrie betonen. Der Einfluss von Italien und der Renaissance schlagen sich auch im Werk des Bildhauers **Michel Colom** (um 1430–1512) nieder. Er entwirft Königsgräber, wobei er sich von italienischen Schmuckmotiven anregen lässt. **Francesco Primaticcio** und **Rosso Fiorentino** verbinden bei der Ausschmückung von Schloss Fontainebleau Malerei und Bildhauerei und werden so zu den Meistern der Schule von Fontainebleau. Unter Franz I. wird diese Bewegung noch verstärkt. Viel Neues taucht in der Kunst Frankreichs auf, wobei nicht nur italienische Vorbilder kopiert werden, was auch dem sich verändernden Verhalten am Hof entspricht.

Der Manierismus

So entsteht auch eines der ersten Zentren des Manierismus in Europa. Der Einfluss Italiens wird durch die Ankunft weiterer italienischer Künstler verdeutlicht, die Franz I. kommen lässt: 1519 Leonardo da Vinci, der bereits zwei Jahre nach seiner Ankunft in Amboise im Schloss Clos Lucé stirbt; ferner **Andrea del Sarto** (1486–1531). Die Schule von Fontainebleau hat Werke hinterlassen wie *Diana auf der Jagd*, ein Porträt der Diane de Poitiers, oder das Porträt von Gabrielle d'Estrée: *Gabrielle d'Estrée im Bad mit ihrer Schwester*, der Herzogin von Villars, das von kühler Erotik ist. Zwei französische Maler schließen sich der Gruppe an: **Antoine Caron** (um 1520–1599) mit dem *Trauerzug Amors* und **Jean Cousin** (um 1490–1560) mit seiner *Eva Prima Pandora*. Unter **Heinrich III.** und **Heinrich IV.** erscheint eine neue Künstlergeneration. **Toussaint Dubreuil** (um 1561–1602) führt das Porträt Heinrichs IV. als Herkules aus; **Martin Fréminet** (1567–1619), der als letzter großer Maler der Schule von Fontainebleau gilt, dekoriert das Gewölbe der Trinitätskapelle in Schloss Fontainebleau.

Die Schule von Fontainebleau

Die Kunst der Renaissance in Frankreich wird durch die Schule von Fontainebleau repräsentiert; es ist eine französische, maßvolle Interpretation des Manierismus. Dieser Ausdruck wird auf alle Künste angewandt, die in Fontainebleau gepflegt werden; im selben Geist, aber ein wenig später geschieht dies auch in Paris. Eine dekorative Renaissance unter Heinrich IV., als zweite Schule von Fontainebleau bekannt, kommt danach auf, war aber weniger einflussreich. Die Bezeichnung dieser Schule rührt von dem berühmten Schloss her, das Franz I., König von 1515 bis 1547, errichten lässt. Die **Galerie François I.** (1533–1540) ist ein Auftragswerk von Franz I., deren Ausschmückung den Ruhm des Königs bei seinem Volk mehren soll.

Architektur und Skulptur der Renaissance

Die italienischen Kriege, gegen Ende des 15. und zu Beginn des 16. Jahrhunderts von den französischen Königen Karl VIII. und Ludwig XII., danach von Franz I. geführt, ermöglichen diesen Herrschern, die Raffinessen einer neuen Kultur kennenzulernen, die in Norditalien entsteht: die Renaissance. Die französische Aristokratie holt nach den italienischen Kriegen zahlreiche Künstler nach Frankreich, die die Ideen der italienischen Renaissance mit sich bringen. Der Wunsch der Aristokratie, ein sorgloses Leben zu führen, lässt viele Grundherren Landhäuser errichten, während die Reichsten sich Schlösser bauen lassen, in denen der Luxus die nun als unnötig erachteten Verteidigungsbauten ersetzt.

Zurück in Frankreich, geblendet vom Licht von Florenz, Mailand oder Rom, wollen die Fürsten gleichfalls ihre Zeit durch neue Bauten markieren.

An den Ufern der Loire werden Paläste und Schlösser errichtet. In den um 1495 unter Karl VIII. (1483–1498) errichteten Schlössern wie Amboise (1495–1498) sind Zinnen, Türmchen, Sprossenfenster mit Rundbögen sowie mit Säulen geschmückte Fassaden und Dreiecksgiebel vereint. Die wichtigsten Loire-Schlösser unter Ludwig XII. (1498–1515) und Franz I. (1515–1547) sind: Azay-le-Rideau (1518–1524), Chenonceau (1515–1581) und Blois mit einem unter Franz I. errichteten Flügel (1515).

Doch das größte Schloss der Renaissance bleibt Chambord (1519–1560): Es hat eine Grundfläche von 156 mal 117 m, einen 56 m hohen zentralen Turm, eine Dachterrasse in 28 m Höhe und 440 Zimmer, alles nach italienischen Plänen, darunter einem Plan von Leonardo da Vinci, errichtet. Bauleiter ist **François de Pontbriand** (1445–1521), der während der Bauzeit von 15 Jahren 1500 Arbeiter beschäftigt.

Die Skulptur

Paradoxerweise lassen die von Karl VIII. und seinen Nachfolgern geführten italienischen Kriege eine lange Tradition des Sammelns italienischer Kunst am französischen Hof aufkommen. Das Tal der Loire und die Normandie werden zu den ersten Zentren, an denen sich der neue Stil verbreitet. Um die Mitte des 15. Jahrhunderts entwickeln **Philibert Delorme** (1514–1570) und **Pierre Bontemps** (um 1507–1563) die Skulptur mit einer größeren Komplexität, wie es exemplarisch an dem mit einem Triumphbogen geschmückten Grab von Franz I. in der Abtei von Saint-Denis zu sehen ist.

3. Die französische Literatur während der Renaissance

Auf den Spuren des Erasmus von Rotterdam schöpfen die Schriftsteller der Renaissance unablässig aus der Fülle von Ideen, die sie vorfinden. Sie stehen in der ersten Reihe, was neue Ideen angeht, sind aber oft selbst die ersten Opfer ihrer Ideen: **Marot**, **Rabelais**, **Ronsard**, **Montaigne**, **d'Abigné**. Die französische Sprache setzt sich durch, und all das spielt sich zwischen 1535 und 1550 ab. Franz I. befiehlt 1539 durch das Edikt von Viller-Cotterêts, dass alle juristischen Akten und alle Verwaltungsakten auf Französisch verfasst werden müssen. 1549, als **Joachim du Bellay** die *Défense et illustration de la langue française – Verteidigung und Darstellung der französischen Sprache* veröffentlicht, ist die Sache gleichsam schon gewonnen. Die Sprache «darstellen» heißt, bemerkenswerte Werke auf Französisch zu verfassen, die es mit den lateinischen und griechischen aufnehmen können. In dieser Zeit erscheinen die ersten Grammatiken und Wörterbücher.

Die Geisteswissenschaften von 1515 bis 1559

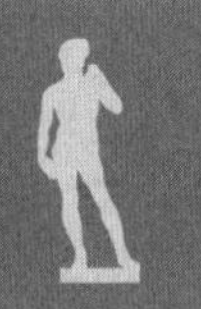

▪ **Clément Marot** (1496–1544) setzt sich am Hof durch; er wird als großer Dichter anerkannt, die Sprache seiner anmutigen Poesie passt zum Hof. Sein Leben wie sein Werk sind kummervoll. Er wird 1526 in das Gefängnis von Châtelet geworfen, nachdem er angeblich in der Fastenzeit Speck gegessen und damit das Fasten gebrochen hat. Das verleitet ihn zu einer seiner Satiren: *L'Enfer – Die Hölle*. Er muss nach der Plakat-Affäre nach Ferrara fliehen. Doch er ist vor allem ein Poet, der die Liebe zu besingen versteht und *Rondeaus* und Chansons von großer Zartheit dichtet. Seine ersten Werke werden 1532 veröffentlicht. Seine wichtigsten Werke sind jedoch die *Épîtres*, die *Episteln*, die so unterschiedlich sind wie die Ereignisse, die sie ausgelöst haben. Marot führte zudem das Sonett nach italienischem Vorbild ein: Seine *Cinquante psaumes en français*, fünfzig französische Psalmen, sind Übersetzungen der Psalmen Davids.

Neu in der Geschichte der Literatur sind die Loblieder auf den weiblichen Körper. Den Körper in der Malerei darzustellen heißt, ihn zu malen, indem man ihn zeigt, auch wenn er dabei idealisiert wird. In der Dichtung heißt es, ihn zu beschwören, ohne ihn zu beschreiben. Der *Blason* wird zum begehrtesten poetischen Genre. Ein *Blason* ist eine detaillierte Beschreibung eines menschlichen Körperteils oder eines Objekts. Als Clément Marot 1535 den *Blason über die schöne Brustwarze* schreibt, steht er damit am Anfang einer regelrechten Produktion dieses poetischen Genres.

▪ **François Rabelais** (1494–1553), erst Franziskanermönch, dann weltlicher Kleriker und Arzt am Hôtel-Dieu in Lyon, ist der wichtigste französische Humanist dieser Zeit. Sein Werk beinhaltet ein mittelalterliches Erbe. Der scherzhafte, um nicht zu sagen: der obszöne Tonfall seiner burlesken Epen erweist sich als vollkommen in der Tradition der Fabeln stehend. Rabelais' Ideen zur Erziehung wiederum stimmen vollkommen mit denen der Humanisten der Renaissance überein. *Gargantua* und *Pantagruel* sind heftige Satiren auf den Papst, den König, die Mönchsorden und die dünkelhafte Autorität der

Sorbonne. Die Sorbonne wird daher die Veröffentlichung seiner Werke verbieten. 1532 publiziert er unter dem Pseudonym Alcofribas Nasier, einem Anagramm für François Rabelais, die *Schrecklichen und grauenvollen Tatsachen und Heldentaten des sehr berühmten Pantagruel*, zwei Jahre später gefolgt von dem *Unschätzbaren Leben des großen Gargantua* und dann 1546 durch das *Dritte Buch*.

Die Pléiade

Um 1547 unterzeichnet eine Gruppe von sieben jungen Männern das Manifest einer neuen Schule; das Manifest stammte aus der Feder von Joachim du Bellay, der seine *Défense et illustration de la langue française – Verteidigung und Darstellung der französischen Sprache* schreibt, die 1549 erscheint. Diese Gruppe gibt sich den Namen Pléiade. Die **Verteidigung der französischen Sprache** will gegen die Autoren angehen, die weiterhin Latein in Anlehnung an die Antike gebrauchen. Du Bellay meint dagegen, es sei notwendig, ähnlich wichtige Werke auch auf Französisch zu schreiben. Es geht um die Förderung einer neuen Art von Dichtung, ohne sich dabei auf das Mittelalter zu beziehen. Diese Dichtung in neuem Gewand findet, wie das Sonett, die Themen in der klassischen Antike.

Die einzige nicht-antike Form des Sonetts, die dieser Kreis zulässt, ist eine solche in der Nachahmung Petrarcas. Du Bellay empfiehlt die Bereicherung der französischen Sprache durch diskrete Nachahmung und die Entlehnung sprachlicher und literarischer Formen der Klassiker und der Werke der italienischen Renaissance, einschließlich der Oden von Horaz und Pindar, des Epos Vergils und des Sonetts Petrarcas.

Du Bellay hat die französische Renaissance auch zum Gebrauch archaischer Wörter ermutigt, zur Übernahme von Worten und Ausdrücken aus dem Dialekt, zu Fachbegriffen in literarischen Zusammenhängen, zur Prägung neuer Wörter und zur Entwicklung neuer Formen in der Dichtung. Die Schriftsteller der Pléiade gelten als die ersten Repräsentanten der Dichtung der französischen Renaissance – und zwar, weil sie den Alexandriner wiederbeleben, die beherrschende Form der dichterischen Darstellung in jener Zeit. Sie treffen sich in dem im Quartier Latin gelegenen **Collège de Coqueret**.

■ **Pierre de Ronsard** (1524–1585) gilt als Haupt der Dichter der Pléiade. Sein Werk kann in drei zeitliche Abschnitte eingeteilt werden. Bis 1559 herrscht der Einfluss der Antike und Italiens vor. Ronsard veröffentlicht *Oden*-Bücher, die den griechischen Dichter Pindar oder den Lateiner Horaz nachahmen. Er schreibt die *Discours des misères de ce temps - Rede über die Nöte der Gegenwart*, die *Élegies, mascarades et bergeries - Elegien, Maskeraden und Schäfereien*. Die letzte Zeit seines Lebens, von 1574 bis 1585, zieht er sich in das Priorat von Saint-Cosme-les-Tours zurück.

▪ **Joachim du Bellay** (1522–1560) ist ein Meister des Sonetts, auch wenn er zunächst eine diplomatische Karriere verfolgt. 1549 verfasst er *Olive*, eine Sammlung von Sonetten in der Nachahmung Petrarcas, denen 1558 die *Antiquités de Rome - Römische Antiken* und die *Regrets - Das Bedauern* folgen. In den *Regrets*, Gedichten von der Trennung und vom Exil, zeigt du Bellay, dass eine Trennung es dem Ich ermöglicht, sich selbst zu entdecken. Die gesamte Thematik dieser Gedichte dreht sich um Reise, Rückkehr und um unglückliche Erfahrungen.

Die Geisteswissenschaften von 1559 bis 1610: Montaigne

Die Religionskriege heizen die Polemik an. **Montaigne** enthält sich jedes Fanatismus, während **Agrippa d'Aubigné** (1552–1630) und **Blaise de Monluc** (um 1500–1577) sich als Schriftsteller für diese Kriege engagieren.

Michel Eyquem de Montaigne (1533–1592), Edelmann aus dem Périgord, verbringt den größten Teil seines Lebens in Bordeaux, wo er bis 1571 Gerichtsrat am Parlament und von 1581 bis 1585 Bürgermeister der Stadt ist; er lebt auf seinem Schloss. Montaigne beginnt die Tradition der französischen Moralisten. Sein literarisches Genre, der Essay, will das menschliche Verhalten studieren und analysieren. Zwei Bände der *Essays* erscheinen 1580 und 1588. Das Werk wird in drei Bänden neu herausgegeben. Indem es sich auf die antike Tradition beruft, wirft es Fragen zu etlichen philosophischen Problemen auf, doch ohne jede didaktische Absicht. Ein großer Teil von Montaignes Beobachtungen gründet sich auf die Untersuchung seines eigenen Ichs. In dieser Hinsicht sind die *Essays* das erste autobiographische Zeugnis. Zutiefst kritisch der eigenen Zeit gegenüber und in deren Anliegen und Kämpfe verstrickt, zieht Montaigne es vor, über sich selbst zu schreiben, weil er glaubt, auf diese Weise zu einigen Wahrheiten über den Menschen und das Menschsein zu gelangen; und dies in einer Zeit der Wirren, als jede Möglichkeit, zur Wahrheit zu gelangen, illusorisch und gefährlich zu sein scheint.

Die Essays

Der Begriff «Essay», der zuvor niemals im modernen Sinn als Bezeichnung eines philosophischen oder literarischen Genres gebraucht wurde, erhält bei Montaigne den Sinn einer intellektuellen Haltung des Fragens und der fortgesetzten Analyse. In seinen gesamten Schriften – so wie er es auch in seinem privaten und öffentlichen Leben gemacht hat – äußert er die Notwendigkeit, in Verbindung mit der Welt, mit anderen Menschen und Ereignissen zu treten. Man sieht, wie Montaigne zwischen Innerlichkeit des Einzelnen und Äußerlichkeit der Welt schwankt. Er benutzt dafür das Bild des Hinterzimmers; die Menschen haben indes auch den Vorderraum, der zur Straße ausgerichtet ist, wo sie andere Menschen treffen und mit ihnen verkehren. Doch manchmal müssen sie sich ins Hinterzimmer zurückziehen können, wo sie sich durch Nachdenken über die Unwägbarkeiten aller Erfahrungen ihrer Freiheit versichern können. In dieser Hinsicht empfiehlt er das Reisen, das Lesen, vor allem das von Geschichtsbüchern, und Gespräche mit Freunden. Doch man kann unmöglich zu vollständigem Wissen gelangen. Montaigne macht sich die philosophische Frage des Skeptikers Sextus Empiricus zu eigen: «Was weiß ich?» – um danach alles Wissen zu relativieren. In seiner gesamten Arbeit nimmt der Körper einen wichtigen Platz ein, etwa durch die Beschäftigung mit Krankheit, Alter und Tod. Die Anwesenheit des Letzteren durchzieht seine *Essays* und Montaigne möchte sich mit ihm vertraut machen, wie es die Stoiker und Epikureer taten.

Erneuerung der Pädagogik

Die Entdeckung der Individualität hat auch die Entdeckung des Kindes zur Folge, was wiederum den besonderen Wunsch nach sich zieht, die Schulbildung auszubauen. Ziel der Erziehung in der Renaissance ist es, den Menschen wie zugleich den Christen zu bilden. Vor 1400 werden bereits 30 Kollegien in Paris eröffnet, auch das *Collège* der Sorbonne für die Theologen. Löwen (im heutigen Belgien) ist seit Anfang des 15. Jahrhunderts ein wichtiges Zentrum der Renaissance in Europa. Kurz darauf öffnen sich die englischen Universitäten dem Humanismus, und Erasmus lehrt in Cambridge. Während der Renaissance verdrängen die Kollegien die Fakultäten der sieben freien Künste und man erlebt den stufenweisen Niedergang der Universitäten, die eines ihrer dynamischsten Elemente beraubt sind. Erasmus, der mehrere seiner Werke der Erziehung widmet, rät, einen Hauslehrer in Anspruch zu nehmen.

Die Jesuiten sind große Befürworter der weiten Verbreitung der humanistischen Bildung. Der Humanismus stellt die Ethik ins Zentrum aller Erziehung, und er erklärt die Tugend zum Weg, Weisheit und Kenntnis zu erlangen.

4. Die Musik an den Fürstenhöfen

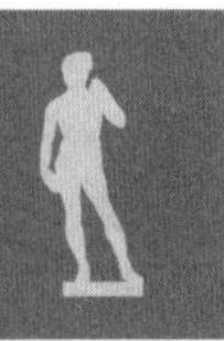

Die Musik der Renaissance verändert sich gleichzeitig mit der sich entwickelnden Gesellschaft. Die Fürstenhöfe beschäftigen permanent Musiker; einerseits für die Liturgie, andererseits für Empfänge und Bankette, also für weltliche Musik. Die prächtigste Musik ist die der Herzöge von Burgund, wo **Guillaume Dufay** (1400–1464) wirkt. Die musikalischen Genres reichen von der Messe bis zur ein- oder mehrstimmigen Motette, dazu treten Balladen und Chansons. Neben der burgundischen Schule blüht die Musik der Renaissance auch in der franko-flämischen Schule, die von Josquin Desprez angeführt wird; für seine Zeitgenossen ist er der «Fürst der Musik».

Ein großer Name in der Renaissancemusik: Josquin Desprez

Josquin Desprez (um 1440–1521) zählt zu den größten Komponisten der Renaissance. Nach seiner Ausbildung an der Kathedrale von Cambrai tritt er in den Dienst Renés von Anjou, einem entschiedenen Mäzen, danach in den des Papstes für dessen Privatkapelle. Während seines Aufenthalts in Italien wirkt er regelmäßig auch an den Höfen von Mailand und Ferrara. Er hinterlässt 20 Messen, dazu Motetten, die durch einen ausgeprägten Sinn für Klage gekennzeichnet sind, dazu zahlreiche Chansons. Er schreibt Kanons und setzt reiche Kontrapunktik in seiner Sakralmusik ein, für die er weltliche Melodien übernimmt. Neben **Orlando di Lasso** (um 1532–1594) sind weitere wichtige Komponisten: Antoine Brumel (um 1532–1594), Pierre de La Rue (um 1460–1518), Loyset Compère (um 1450–1518) und Jacob Obrecht (1450–1505). Die verwendeten Instrumente sind Laute, Harfe und Orgel. Auch Tänze sind in Mode, darunter die Pavane, die Gaillarde und die Allemande.

IV

Spanien im 16. Jahrhundert

1. Geschichte: Die dynastische Entwicklung

5

Nach dem Tode Isabellas der Katholischen 1504 folgt ihre Tochter **Johanna die Wahnsinnige** (1504–1555). Deren Sohn Karl wird als **Karl I. König von Spanien**. Er herrscht über Kastilien, Aragon und die Niederlande und führt eine grundlegende Reform der Institutionen im Sinne der absoluten Monarchie durch. Von 1520 bis 1522 findet der Aufstand der *Comuneros* statt, dem sich die Räte der Städte, bürgerliche Schichten sowie die Handwerker und Arbeiter in den Städten anschließen. Der Adel bleibt dem König treu und stellt eine Armee auf, die die *Comuneros* in Villalar am 21. April 1521 schlägt. Schon seit 1519 ist der deutsche Kaiserthron vakant. Karl wird am 28. Juni 1519 zum römischen König gewählt, dann am 23. Oktober 1520 in Aachen zum **Kaiser Karl V.** (1519–1558) gekrönt. Er muss sich außerdem dem Aufstand der deutschen Fürsten stellen, denen er den Katholizismus vorschreiben will. Seine Weigerung, die *Confessio Augustana* vom 25. Juni 1530 anzuerkennen, die das Luthertum begründet, mündet in einen Krieg, der von 1531 bis 1555 währt. Doch endlich akzeptiert Karl V. durch den Frieden von Augsburg vom 3. Oktober 1555 den Protestantismus im ganzen Reich, gemäß der Regel *cujus regio, eius religio* – die Religion des Fürsten ist die seines Staates. Der Kaiser hat bei seinen Expeditionen im Mittelmeer gleichfalls keine glückliche Hand, als er der Piraterie der Barbaren Einhalt zu gebieten versucht. Physisch geschwächt und moralisch entmutigt, dankt Karl V. zugunsten seines Sohnes **Philipp II.** (1556–1598) am 25. Oktober 1555 ab. Am 16. Januar 1556 überträgt er ihm die Niederlande, das Herzogtum Burgund, die Franche-Comté und alle spanischen Besitzungen. Sein anderer Sohn Ferdinand wird am 24. März 1558 als **Ferdinand I.** (1558–1564) zum **Kaiser** gewählt. Karl zieht sich ins Kloster San Jerónimo de Yuste zurück, wo er am 21. September 1558 stirbt. Seine Größe wird noch einmal durch den Sieg in der Seeschlacht von Lepanto 1571 bestätigt, wo Spanier und Venezianer die türkische Flotte schlagen.

Die neue englische Königin **Elisabeth I.** (1558–1603) nimmt den Kampf gegen Spanien auf. Nach der Vernichtung einer gewaltigen spanischen Flotte, der unbesiegbaren Armada, die zuvor von einem Sturm durcheinandergebracht wurde, ehe sie 1588 von den Engländern vernichtend geschlagen wurde, triumphiert Elisabeth über Spanien. Am Ende der spanischen Herrschaft sind noch eine Reihe weiterer Fehlschläge zu verzeichnen: Der ehemalige Protestant Henri de Béarn wird als **Heinrich IV.** (1589–1610) König von Frankreich, der Staat ist mit einer Schuld von mehr als 100 Millionen Dukaten am Rande des Bankrotts. England unterstützt den Aufstand in den Niederlanden, und die Engländer nehmen den Hafen von Cádiz ein. Philipp II. muss mit Frankreich den Friedensvertrag von Vervins (1598) unterschreiben, wobei er die von den südlichen Niederlanden eroberten Orte aufgeben muss. **Philipp II.** stirbt am 13. September 1598. Sein schwacher Sohn **Philipp III.** (1598–1621) folgt ihm auf den Thron und eröffnet die Ära des endlosen spanischen Niedergangs.

2. Die künstlerische Renaissance in Spanien

Die Architektur des spanischen Renacimiento

Nach dem schwülstigen gotischen Stil, auch isabellinische Gotik genannt (königliche Grabkapelle von San Juan de los Reyes in Toledo), kommt eine neue architektonische Form auf: der *platereske Stil*. Wie eine Goldschmiedearbeit wirkt die Fassade des Hospitals Santa Cruz in Toledo, das von Enrique Egas gebaut wird und heute ein Museum beherbergt. Die Themen des Dekors sind im Wesentlichen lombardisch. Karl V. lässt sich vom Architekten **Pedro Machuca** (um 1490–1550) einen neuen Palast in den Gärten der Alhambra bauen; dieses Projekt wird allerdings nicht vollständig beendet. Es ist der erste Palast im italienischen Stil, der im 16. Jahrhundert in Spanien gebaut wird. Doch alles damals Gebaute verschwindet gleichsam angesichts des kolossalen Palasts, den sich Philipp II. errichten lässt: dem Escorial, der zumeist mit dem Namen seines Architekten **Juan de Herrera** (1530–1597) verbunden wird, obwohl der Bau 1563 von **Juan Bautista de Toledo** (1515–1567) begonnen wurde. Er lässt sich von italienischen Palästen der Renaissance inspirieren, doch die gesamte Konzeption bleibt spanisch. Von **Philipp II.** dem heiligen Laurentius geweiht, ahmt der Grundriss des Escorial einen Feuerrost nach, als Erinnerung an die Qualen, die der Heilige erdulden musste. Der Bau besteht aus grauem Granit.

Die Malerei: El Greco

Das *Sosiego* (Ruhe), eine undurchdringliche Haltung der Geschlossenheit, der antiken Stoa verwandt und von König Philipp II. verkörpert, verbreitet sich in ganz Europa. Eine entsprechende eisige Höflichkeit dringt in die Hofetikette ein. Es gibt keinen Raum mehr für menschliche Wärme in einem Leben, das nun als asketisch begriffen wird. Die Mode verlangt schwarze Kleidung, die Kleider der Damen sind von großer Nüchternheit und Tristesse und darauf angelegt, die Körperformen zu verbergen. Ebenfalls kommt das Taschentuch auf. **Baltasar Gracián y Morales** (1601–1658) erwähnt es in seinem *Handorakel und Kunst der Weltklugheit* (1647), das auch Regeln zu dessen «schicklichem» Gebrauch angibt. Das 15. Jahrhundert ist die Zeit, in der viele ausländische Künstler nach Spanien kommen: Flamen, Deutsche, Franzosen und Burgunder, im 16. Jahrhundert kommen sie dann hauptsächlich aus Frankreich und Italien.

Der Name, der alle anderen überragt, ist mit Sicherheit der von **Domenikos Theotokopoulos**, genannt El Greco (1541–1614). In Spanien entwickelt sich eine manieristische Schule, deren wichtigster Repräsentant er ist. Auf Kreta geboren, das damals unter venezianischem Schutz stand, liegen seine ersten Jahre als Maler im Dunkeln. Nach einem kurzen Aufenthalt in Rom lässt er sich in Toledo nieder. Es folgt eine Zeit der Porträts: etwa *Bildnis eines Edelmanns mit der Hand auf der Brust* (1583–1585). Im Jahr 1586 wird bei ihm das *Begräbnis des Grafen von Orgaz* bestellt. Seine letzten Werke sind die *Apostolados*, die Darstellung Christi und der Apostel, die sich u. a. auch in der Kathedrale von Toledo befinden. Der Maler verlängert die Statur seiner dargestellten Figuren, was ihnen den Anstrich der Erhabenheit verleiht. Die Technik El Grecos beruht auf dem Gegensatz von schwarzem und weißem Kolorit, vor allem aber auf der Neuigkeit, die Farben übereinander zu legen, um den Kontrast zu verstärken, ohne dabei aber etwa durch die Zeichnung eine zu klare Trennung zu bewirken. Seine Schöpfungen sind Symbole übernatürlicher oder übermenschlicher Kräfte: die *Apostolados*, die *Kreuztragung* (1600–1605), das *Begräbnis des Grafen von Orgaz* (1586–1588), die *Heilige Familie* (1595). El Greco bewahrt vom byzantinischen Stil die Frontalität der Komposition und die Geringschätzung jeglicher räumlichen Illusion. Die Hintergründe seiner Bilder sind einzig da, um seine Figuren reliefartig herauszustellen, nicht, um den Eindruck von Tiefe zu bewirken. Zu dem, was er von **Tizian** in Venedig gelernt hat, fügt er Volumen und Dynamik der Körper hinzu, auch seine Farbgebung mit der Variierung der Farbe je nach Lichtwirkung. Doch er wurde auch von Veronese und Tintoretto beeinflusst, zu sehen etwa bei *Der Traum Philipps II.* (1579) und *Das Martyrium des Heiligen Mauritius* (1580–1582).

3. Die spanische Literatur des Goldenen Zeitalters

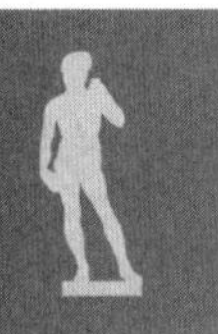

Die spanische Dichtung steht im 16. Jahrhundert unter dem Einfluss der italienischen Renaissance. Die Eroberung Neapels und Mailands hat zur Folge, dass italienische Kunst und Literatur in Spanien bekannt wird. In ganz Europa kommt die Ästhetik des Sonetts nach dem Vorbild Petrarcas auf. **Luis de Góngora y Argote** (1561–1627) nimmt einen wichtigen Platz in der Literatur des *Siglo de Oro*, des spanischen Goldenen Zeitalters, ein: durch seine Sonette, Liebeslieder, die vielbeachtete Hermetik seiner *Fabel von Polyphem und Galatea* und seiner *Soledades*. Er gilt als Vater des *Culteranismo* und des *Gongorismus*. Man findet diese künstlerische Haltung damals fast überall in Europa: In Italien nennt man sie *Manierismus*, in England *Euphuism*, in Frankreich *Présiosité*. Die Dichtung strebt das von der Renaissance übernommene Ideal der Vollkommenheit an; es soll durch ganz neue Stilmittel erlangt werden, die im größtmöglichen Gegensatz zum Bekannten stehen. Auch der *Culteranismo* und der *Gongorismus* wollen für die Elite, die *cultos*, also das gebildete Publikum, schreiben. Der Begriff *Culteranismo* bezieht sich vor allem auf die Form, auf den übermäßigen Gebrauch griechischer und lateinischer Wörter, auf komplizierte Wendungen und Umstellungen, all das zudem ausgiebig im mythologischen Zusammenhang. Der Hirtenroman folgt auf den Ritteroman. Berühmtestes Werk dieser Gattung ist die *Diana* von **Jorge de Montemayor** (1520–1561), eine Idylle, deren Handlung durch ihre Schlichtheit in starkem Kontrast zur Kompliziertheit der Ritterromane steht. Die *Diana* dient allen späteren pastoralen Romanen als Vorbild; sie ist eine Mischung aus Prosa und Versen.

Miguel de Cervantès

Unter einem Schelmenroman versteht man einen Roman, dessen Personen der Welt der *Picaros* angehören: Es ist ein biographischer Roman, der die Abenteuer eines Menschen von niederem Stand berichtet. Nirgendwo blüht dieses literarische Genre so wie in Spanien. Es stellt ein kostbares Dokument über die Sitten und Gebräuche jener Zeit dar und bietet vor allem auch eine Galerie von Karikaturen, weniger eine von wirklichen Porträts. **Miguel de Cervantès** (1547–1616) hinterlässt ein reichhaltiges Werk, da er sich in allen Genres versucht hat: Die *Galatea* (1585) ist ein Roman, die *Reise zum Parnass* eine Allegorie, die *Moralischen Novellen* sind kurze Schelmengeschichten. Aber er kann auch als Erfinder eines neuen Genres angesehen werden: der Novelle. Sie wird im 17. Jahrhundert in Frankreich einen großen Aufschwung erleben. *Der sinnreiche Junker Don Quijote von der Mancha*, 1605, wird so gut aufgenommen, dass Cervantes 1615 einen zweiten Teil des *Don Quijote* veröffentlicht. Diese Satire war in dem Moment angebracht, als man des Ritteromans überdrüssig wurde; der Stil ist schwungvoll und von unübertroffener Leichtigkeit und Natürlichkeit.

Spanische Theatertradition

Das spanische Theater ist wie das französische durch eine stetige Produktion bestimmt. Sein Ursprung liegt in französischen Wunderdarstellungen und Mysterienspielen sowie in kirchlichen Zeremonien. Die ältesten Texte stammen aus dem 13. Jahrhundert. Thematisch wird das spanische Theater von der Ehre und der Liebe bestimmt. Die wichtigsten Autoren der Zeit liefern dazu ihre Beiträge. **Lope de Vega** (1562–1635) versucht sich in allen Genres. Vor allem für das Theater ist sein Werk wichtig, für das er 2200 Stücke verfasst. Er weiß die Seele und die Sitten Spaniens trefflich zu beschreiben, seine Stoffe bezieht er aus alten Chroniken und *Romanceros*. Er schreibt historische Komödien: *Der beste Alkalde ist der König* (1620–1623), *Heirat im Tode* (1623) oder romantische: *Der Stern von Sevilla* (1635) oder auch Mantel-und-Degen-Stücke, selbst religiöse. Er schreibt Stücke, die ihm gefallen und für das Volk gedacht sind, auch wenn man psychologische Wahrheit vermisst und die Handlung oft unwahrscheinlich ist. **Tirso de Molina** (Gabriel Téllez, um 1580–1648) hat historische, religiöse und Mantel-und-Degen-Komödien verfasst, darunter den *Burlador de Sevilla – Der Unhold von Sevilla*. Zum ersten Mal ist bei Lope de Vega der Typus des Don Juan anzutreffen. Der aus seiner Feder stammende Juan ist ein zutiefst gläubiger Spanier und von aufbrausendem Temperament, ganz anders als der *Steinerne Gast* (1830) von Alexander Puschkin (1799–1830). Die Werke **Calderóns** (Pedro Calderón de la Barca, 1600–1681) lassen sich gleichfalls in historische und religiöse Dramen sowie Mantel-und-Degen-Stücke einteilen. Für sein Theater ist die überbordende Lyrik bezeichnend. Vor allem im religiösen Drama brilliert er. Er führt das spanische Drama mit dem *Richter von Zalamea*, mit *Das Leben ist ein Traum* und der *Andacht zum Kreuz* zum Höhepunkt. Im mystischen Theater dominiert die heilige **Teresa von Ávila** (1515–1582), die ihre Biographie schreibt, das *Leben der heiligen Teresa von Jesus*. Dies ist auch die Domäne des heiligen **Johannes vom Kreuz** (1542–1591) und seiner Gedichte.

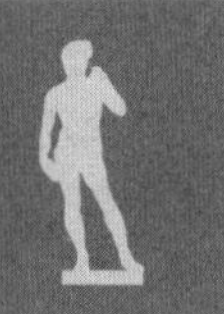

V

Die Spanischen Niederlande im 16. Jahrhundert

1. Geschichte: Spaltung in Nord- und Südprovinzen

Bis zur Abdankung **Karls V.** im Jahre 1555 akzeptieren die Niederlande die spanische Herrschaft nur bedingt. Der Kaiser erscheint ihnen vor allem als Flame, weniger als Kastilier. Mit der Thronbesteigung seines Sohnes **Philipp II.** ändert sich jedoch alles. Dieser Herrscher ist rein spanisch, und die Niederlande sind in seinen Augen ein Besitz, den er von seinem Großvater Philipp dem Schönen geerbt hat und dessen Bevölkerung ihm Gehorsam schuldet. Schnell wird aus dem Aufstand ein offener Krieg, verschärft noch durch das Verhalten des Herzogs von Alba, der von Philipp II. beauftragt ist, die Rebellion zu beenden, was er mit Arroganz und Gewalt auch tut. Der Konflikt erstreckt sich in einer ersten Phase von 1567 bis 1579. Zu diesem Zeitpunkt sagen sich die **sieben protestantischen Nordprovinzen** von der spanischen Krone los und erklären sich zur Republik der sieben vereinigten

Provinzen. Die **zehn katholischen Südprovinzen** bleiben noch bei Spanien. Erst 1714, nach dem Ende des Spanischen Erbfolgekrieges, gelangen sie als österreichische Niederlande unter die Herrschaft des österreichischen Zweiges der habsburgischen Kaiserfamilie, zum Nachteil Spaniens. Der Zusammenschluss zum Vereinigten Königreich der Niederlande erfolgt erst 1815.

2. Die künstlerische Renaissance in den Niederlanden

Die Aufteilung in eine **holländische** und eine **flämische** Schule bleibt während des ganzen 16. Jahrhunderts bestehen. Die Industrie hat die wirtschaftliche Expansion möglich gemacht, und Antwerpen sowie Amsterdam blühen auf, Brügge dagegen erlebt unter Kaiser Karl V. (1506–1555) und Margarete von Österreich (1480–1530) einen Niedergang. Der Humanismus verbreitet sich dank großer Namen wie **Erasmus** (um 1467–1536) in Rotterdam, dessen Porträt von **Hans Holbein d. J.** (1497–1543) stammt. Den Humanismus verbreiten auch Kreise, die sich in Löwen zusammenschließen, wozu **Jean-Louis Vivès** (1492–1540) und **Alard d'Amsterdam** (1491–1544) gehören.

Die Malerei: Hieronymus Bosch und Pieter Brueghel

Gegen Ende des 15. Jahrhunderts und während der ersten Jahrzehnte des 16. Jahrhunderts bleiben die Flamen noch sehr dem Manierismus der Spätgotik verbunden. Die Malerei von **Hieronymus Bosch** (um 1450–1516), eigentlich Jheronimus van Aken, entwickelt sich in mehreren Etappen: *Das Steinschneiden* (1485) stellt dar, wie ein Stein aus dem Haupt eines Verrückten geholt wird, dann die *Kreuzigung* (1480–1485), die *Tafel der Sieben Todsünden* (1485) und das *Narrenschiff* (1490–1500). Nach und nach gelangt er zu immer phantastischeren Themen, was auch auf seine Farbgebung und die immer komplexeren Szenen zutrifft: *Der Garten der Lüste*. Boschs Originalität steht außerhalb jeglicher äußerer Einflüsse.

Jan Gossaert (um 1478–1532), genannt **Mabuse**, behandelt mythologische Themen (*Neptun und Amphitrite*, *Herkules und Deianeira*). Der Manierismus kommt mit dem Amsterdamer **Bartholomeus Spranger** (1546–1611) auf, dessen Werk vor allem durch die Stiche von **Hendrik Golzius** (1558–1617) bekannt ist. **Pieter Bruegel d. Ä.** (um 1525–1569) bewahrt die Werke von Hieronymus

Bosch vor der Vergessenheit und lässt sich davon sehr inspirieren. Von ihm besitzen wir nur ca. 30 Werke, etwa den Zyklus der Monate (Jahreszeiten-Bilder, darunter auch die *Heimkehr der Herde*). Die Themen betreffen Gleichnisse *(Der Blindensturz, Flusslandschaft mit einem Sämann)* oder die Darstellung bäuerlicher Feste *(Die Bauernhochzeit)*. Seine Söhne Pieter Brueghel d. J. (1564–1638), genannt **Höllen-Brueghel**, und Jan Brueghel d. Ä., genannt **Samt-Brueghel** (1568–1625), imitieren ihren Vater.

VI

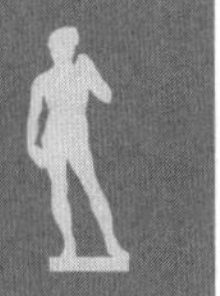

England im 16. Jahrhundert

1. Geschichte: Tudor gegen Stuart

Heinrich VII. (1485–1509) gründet die Dynastie der Tudors. Er ist durch einen militärischen Sieg König geworden, muss aber sein Haus noch dynastisch im Königtum verwurzeln. Deshalb heiratet er im Januar 1486 **Elisabeth von York** (1466–1503), Schwester des Kindkönigs und Märtyrers Eduard V., wodurch er sein eigenes Haus Lancaster mit dem Haus York seiner Frau verbindet. Damit hat er seinen Anspruch rechtlich abgesichert. Katharina von Aragon wird mit dem jüngeren Bruder von Arthur, dem Prinzen Heinrich Tudor und zukünftigen **Heinrich VIII.** (1509–1547), verheiratet. Heinrich VII. stirbt am 21. April 1509. Sein Sohn Heinrich VIII. folgt ihm auf den Thron. Als intelligenter Herrscher, kultiviert, von den Idealen des Humanismus erfüllt, regiert Heinrich VIII. mit Klugheit bis zum Jahre 1529, ehe er sich als wahrer Tyrann entpuppt. Er wird vom Parlament und von talentierten Mitarbeitern unterstützt, so vom **Erzbischof von York** und späteren Kardinal **Thomas Wolsey** (um 1471–1539) oder von dem brillanten Erasmus-Freund **Thomas Morus** (um 1478–1535). Wolsey ist Premierminister und Lordkanzler, Morus ein Mitglied des Kronrats, danach Präsident des Parlaments und auch Lordkanzler. Der Vertrag von London vom 2. Oktober 1518 ist der Höhepunkt der Karriere Wolseys. Er sieht einen «Ewigen Frieden» zwischen England, Spanien, Schottland,

Dänemark, Portugal und dem Heiligen Römischen Reich Deutscher Nation vor. Der baldige Tod des Erzbischofs von Canterbury ermöglicht die Ernennung von **Thomas Cranmer** (1489–1556) für dieses Amt. Cranmer annulliert die Ehe des Königs. Heinrich VIII. stirbt am 28. Januar 1547.

Sein Sohn **Eduard VI.** (1547–1553) besteigt mit 9 Jahren den Thron und stirbt mit 16. Der Regentschaftsrat übt die Macht aus. Als unversöhnlicher Protestant entfernt Eduard seine beiden Halbschwestern von der Thronfolge, um diese seiner Cousine **Jane Grey** (1537–1554) zu überlassen. Nach seinem Tod regiert Jane Grey kaum mehr als eine Woche, daher ihr Beiname «Königin für neun Tage», ehe sie den Platz für Maria räumen muss, Tochter der Katharina von Aragon. **Maria I.** (1553–1558), auch **Bloody Mary** genannt, lässt Jane in den Tower of London sperren und danach enthaupten. Am 17. November 1558 stirbt Maria I. Sie wollte die Regentschaft Philipp von Spanien überlassen, doch ihre Halbschwester Elisabeth, Tochter von Anne Boleyn und Heinrich VIII., wird zur Königin **Elisabeth I.** (1558–1603). Der französische König **Heinrich II.** ruft sogleich **Maria Stuart** (1542–1587) zur Königin von Schottland und als Gemahlin des Dauphin Franz zur Königin von Frankreich aus. Doch der Dauphin stirbt 1560, und Maria geht noch im selben Jahr nach Schottland zurück. Ihre Armee wird 1568 von der Armee Elisabeths besiegt. Bis 1587 wird Maria unter Hausarrest gestellt. Eines Komplotts bezichtigt und zum Tode verurteilt, wird sie am 8. Februar 1587 enthauptet. Elisabeth I. stirbt am 24. März 1603. Der Sohn ihrer Rivalin Maria Stuart, der schottische König Jakob VI., folgt ihr als **Jakob I. von England** (1603–1625) auf den Thron.

2. Die künstlerische Renaissance

Zwei Stile kennzeichnen diese Periode: Der **Tudor-Stil** entwickelt sich in einer ersten Stufe von 1485 bis 1603 – während der Herrschaft von fünf Königen, wobei unter **Heinrich VII.** italienische Künstler in England arbeiten – und in einer zweiten Stufe, als **Heinrich VIII.** auf dem Gebiet der Kunst mit **Franz I.** konkurrieren will. Der **elisabethanische Stil** kommt dann in der zweiten Hälfte des 16. Jahrhunderts auf.

Architektur: Der Tudor-Stil dominiert

In Bereich der Architektur entstehen vor allem weltliche Bauten. Die Auflösung der Klöster durch Heinrich VIII. setzt große Anwesen frei, die von den Reichen und Vornehmen zu Residenzen umgebaut werden. Der **Tudor-Stil** ist durch die Bedeutung gekennzeichnet, die den Details beigemessen wird, was auch an den Möbelintarsien und geometrischen Motiven zu sehen ist. Die repräsentativsten Bauten sind Hampton Court in London mit seiner Halle (1531), unter Heinrich VIII. erweitert. Dazu kommt Longleat House in der Grafschaft Wiltshire oder Hatfield House in Hertfordshire. In den Herrenhäusern der Oberschicht ist die Halle traditionell der zentrale Bauteil. Der Tudor-Stil ist auf die Betonung der Eingangstüren und auf Symmetrie ausgelegt. Im Bereich der Sakralarchitektur sind die Kapelle Heinrichs VII. in Westminster Abbey (1503) und das King's College in Cambridge gute Beispiele. **Die Gotik ist weiterhin dominierend**, verziert mit Dekor-Elementen aus der Renaissance. Im Unterschied zu Heinrich VIII. lässt Elisabeth I. nichts bauen; sie behielt ihre wichtigsten Wohnsitze in der Hoffnung auf gelegentliche Besuche in der Provinz. **Der elisabethanische Stil** ist im Wesentlichen uneinheitlich und vermischt Gotik, Manierismus und niederländische Einflüsse. Die elisabethanische Architektur beschränkt sich mehr oder weniger auf Hausbauten, wobei immer wieder Symmetrie angestrebt wird. Beim Bauschmuck wird das Groteske modisch. Die wichtigsten Bauten sind Hardwick Hall in Derbyshire und Wollaton Hall in Nottingham, beide erbaut vom Architekten **Robert Smythson** (1535–1614).

Die Skulptur

Die Bildhauer sind in ihren Aktivitäten durch das Bilderverbot in den Altarräumen auf den Begräbniskult begrenzt. Dennoch interessiert sich Heinrich VIII. für neue ästhetische Ideen aus der Renaissance-Kunst. Viele italienische Künstler lassen sich um London und Southampton nieder, vor allem Bildhauer. Die Gräber und Grabkapellen im italienischen Stil stammen aus der Zeit dieses Königs. Das Grab von **Margaret Beaufort** (1443–1509), seiner Großmutter, wurde 1511 von **Pietro Tottigiani** (1472–1528) geschaffen; wichtig sind von ihm vor allem die Gräber von Heinrich VII. und Elisabeth von York, seiner Frau (1512), in der Westminster Abbey. Der Einfluss der italienischen

Renaissance auf die Grabskulptur bleibt generell oberflächlich. Die englischen Bildhauer zeigen mehr Talent beim Baudekor, bei der Decke von Hampton Court und dem Chorgestühl des King's College in Cambridge (1536).

Die Malerei

Die Notwendigkeit, die Tudor-Monarchie nach der Trennung von Rom zu legitimieren, leitet die Malerei in neue Richtungen. Denn es erweist sich als notwendig, den Ruf des Monarchen zu fördern. Für die Darstellung seiner Person werden symbolische Ausschmückung, biblische und mythologische Szenen herangezogen, um ihn als Mensch jenseits aller Normalität darzustellen. So entsteht Holbeins Malerei in England, der sich dort 1532 niedergelassen hatte. Die Bibel verurteilt derartige Darstellungen, denn Gott allein gilt als Quell der Schöpferkraft. Die Erforschung der Perspektive sowie harmonisch ausgeglichene Bildkompositionen – die den Italienern so wertvoll sind – haben zu dieser Zeit in England keinen Raum.

3. Die englische Literatur in der Renaissance

Das italienische Sonett wird von Sir **Thomas Wyatt** (1503–1542) eingeführt, der sich an Petrarca orientiert. Er übernimmt dessen Form, macht es aber zum englischen Sonett, indem er die letzten beiden Verse reimt. Ab 1558 beginnt das Goldene Zeitalter der englischen Literatur. In dieser Zeit übersetzen die englischen Schriftsteller nicht nur Werke aus der Antike, sondern auch solche aus Italien und Frankreich. Elisabeth ist die große Förderin der Kunst dieser Epoche, wovon die Geisteswissenschaften und vor allem das Theater profitieren. Die Humanisten scharen sich um **Thomas Morus** (um 1478–1535), dessen Buch *Utopia*, eine Fiktion über das ideale Regierungssystem, das Jahrhundert kennzeichnet. Die Literatur wird, wie erwähnt, vom Theater überstrahlt. Dessen Ursprünge liegen nahe bei denen des französischen Theaters. Nachdem die Mysterienspiele und Wunderdarstellungen immer weniger geschätzt werden, folgen nun die Interludien; es sind Zwischenspiele und kurze Unterhaltungsstücke. So talentiert aber auch **Christopher Marlowe** (1564–1593) und **Thomas Kyd** (1558–1594) sind, erreichen sie dennoch nicht William Shakespeare.

William Shakespeare

Man unterscheidet gewöhnlich mehrere Perioden des umfangreichen Schaffens von **William Shakespeare** (1564–1616): Die **wichtigsten Jugendwerke** (1588–1593) sind *Verlorene Liebesmüh*; *Zwei Herren aus Verona*; *Heinrich IV.* Die **reifen Stücke** (1593–1601) sind durch Beschwingtheit, Glanz, Liebe und Patriotismus bestimmt: *Der Kaufmann von Venedig*; *Richard III.*; *Romeo und Julia*; *Viel Lärm um Nichts*. In der Zeit von 1601 bis 1608 **dominieren der Pessimismus** und ungestüme **Leidenschaften**. Ein Teil der in dieser Phase entstandenen Stücke orientiert sich an der Antike, z. B. *Julius Cäsar*; *Coriolanus*; *Antonius und Kleopatra*. Es ist dies auch die Zeit der größten Meisterwerke: *Hamlet*, der nicht den Mut hat, sich der Aufgabe zu stellen, die ihn verzehrt; *Othello*, eine Studie über die Eifersucht; *Macbeth*; *König Lear*. In der letzten Periode, einer **Zeit des Alters und der Abgeklärtheit** (1608–1613) haben die Stücke nun einen gänzlich anderen Tonfall, sind durchdrungen von Sanftheit und Menschlichkeit: *Der Sturm* verquickt voller Optimismus Phantasie und Philosophie.

6

SECHSTER TEIL

DIE WELT IM 17. JAHRHUNDERT

I

Die großen Umwälzungen in Europa

1. Religiöse Erneuerung

Die Organisation von Priesterseminaren – eine Forderung des Konzils von Trient – wird von den apostolischen Sulpizianern durchgeführt. Andere Orden wie die Lazaristen, die vom heiligen **Vincent de Paul** gegründet wurden, widmen sich auch Laien. Die Erziehung der Mädchen, die lange Zeit nur den Familien anvertraut war, wird nun von den Ursulinen betrieben. Der Bischof von Ypern, **Cornelius Jansen** (1585–1638), genannt **Jansenius**, stammt aus Holland und ist Verfasser des posthum veröffentlichten Werkes *Augustinus*, das die Lehre des Kirchenvaters **Augustinus** (353–430) behandelt. Nach Jansenius kann einzig der Wille Gottes am Ursprung der dem Menschen gewährten Gnade stehen. Diese Äußerung bringt ihm die unmittelbare Feindschaft der Jesuiten ein. Auf ihr Ersuchen hin fasst die Sorbonne den Jansenismus in fünf Sätzen zusammen, die dann vom Papst 1653 verurteilt werden. Da ergreift **Blaise Pascal** Partei für die Jansenisten: In seinen *Provinciales*, den *Briefen in die Provinz* (1656–1657), attackiert er die Jesuiten. Im Jahr 1660 greift **Ludwig XIV.** ein: Die *Provinciales* werden verurteilt und öffentlich verbrannt. Der Konflikt scheint sich danach zu beruhigen, flammt aber zwischen 1710 und 1715 erneut auf. Der **Gallikanismus** – der die Macht über die Kirche in Frankreich beim König belassen will – erstarkt vor allem zwischen 1674 und 1693 durch den Konflikt, in welchem sich Ludwig XIV. und Rom gegenüberstehen. 1674 beschließt der König, das Recht der Krone auf das ganze Königreich auszudehnen. Dieses Recht räumt ihm ein, die Einkünfte vakanter Bistümer einzuziehen, ehe dort ein neuer Bischof eingesetzt wird. 1678 verurteilt Papst Innozenz XI. diese Entscheidung des Königs.

2. Die Wissenschaften in Europa: Eine Welt in Bewegung

Der wissenschaftliche Fortschritt findet nicht an den Universitäten statt, sondern geht von einigen Gruppen gebildeter Amateure aus. Die Gelehrten gehören nicht einer einzigen Disziplin an; manche von ihnen – wie Leibniz und Descartes – sind zugleich Philosophen, Mathematiker, Physiker und Astronomen. Forscher und aufgeklärte Amateure treffen sich in Akademien und praktizieren ihre Wissenschaft dank der neu gegründeten Observatorien. Der Austausch unter den Forschern wird durch Publikationen begünstigt, z. B. ab 1665 durch das *Journal des Savants – Journal der Gelehrten*. Die experimentelle Methode ist dergestalt definiert, dass auf die Beobachtung von Tatsachen Experimente folgen, danach kommt die Formulierung einer allgemeinen Regel. Die Mathematiker gehen von den Arbeiten von **Pierre de Fermat** (1607/08–1665) aus, der die Zahlentheorie begründet und die Grundlage zur Wahrscheinlichkeitsrechnung legt. **René Descartes** (1596–1650) begründet die analytische Geometrie, **Gottfried Wilhelm Leibniz** (1646–1716) die Infinitesimalrechnung.

Die Astronomie schreitet mit **Johannes Kepler** (1571–1630) voran, der die Theorien von Kopernikus den neuen Erfordernissen anpasst sowie die grundlegenden Gesetze der Sternenbewegung formuliert. **Galileo Galilei** (1564–1642) entdeckt die Mondgebirge, die Jupiter-Satelliten sowie die Sonnenflecken. Als Mathematikprofessor in Pisa, danach in Florenz, sowie ständiger Hofmathematiker des Großherzogs von Florenz vereint er die astronomischen Beobachtungen von **Kopernikus** und **Kepler** und legt die Grundlagen des wissenschaftlichen Denkens und der empirischen Methode. Er behauptet, dass unser System heliozentrisch sei und die Erde sich in Bewegung befinde, was ihm 1616 die Verurteilung durch die Kirche einbringt. 1632 bekräftigt er seine Behauptungen in seinem *Dialog über die beiden hauptsächlichen Weltsysteme*, muss dies aber nach kirchlicher Drohung zurücknehmen. Galilei stirbt im Hausarrest. 1687 entdeckt **Isaac Newton** (1642–1727) das Gesetz der Schwerkraft und der universellen Erdanziehung. Seine Beobachtungen werden nach der Entwicklung des Fernrohres durch den Holländer **Zacharias Janssen** und durch das Teleskop von **Galilei** fortgesetzt und präzisiert.

Im 17. Jahrhundert sind beträchtliche Fortschritte auch in Physik und Chemie zu verzeichnen. 1590 erfindet Janssen das Mikroskop, 1643 folgt die Entwicklung des Barometers durch **Evangelista Torricelli**. **Denis Papin** (1647–ca. 1712) stellt die Ausdehnungskraft von komprimiertem Wasserdampf fest und konstruiert den *Papin'schen Topf*, einen Dampfkochtopf und frühen Vorläufer des dampfbetriebenen Motors. 1707 schafft er es, ein Dampfschiff in Bewegung zu setzen. Die Lichtgeschwindigkeit wird 1676 von dem Dänen **Ole Rœmer** (1644–1710) berechnet. Die wichtigsten Fortschritte in der Chemie, die sich noch im Stadium der Beobachtung und Beschreibung befindet, sind dem Engländer **Robert Boyle** (1627–1691) zu verdanken, dem Begründer der organischen Chemie. In der Naturwissenschaft begründet **Joseph Pitton de Tournefort** (1656–1708) einen strengeren methodologischen Ansatz, indem er eine botanische Klassifizierung etabliert. Die Entdeckung des Blutkreislaufs durch den Engländer **William Harvey** (1578–1657) bedeutet einen wichtigen Fortschritt, ebenso die Entdeckung der Blutkörperchen durch den Holländer **Antoni van Leeuwenhoek** (1632–1723).

3. Die Kunst des Barock

Der Ausdruck «Barock» stammt vielleicht vom portugiesischen *barrocco* ab, das eine «Perle von unregelmäßiger Form» bezeichnet. Erst Ende des 18. Jahrhunderts findet dieser Begriff Eingang in die Kunstkritik und bezeichnet ganz allgemein aufgebrochene Formen, die im Gegensatz zur Proportionalität der Renaissance wie auch zu antiken Normen stehen. Im *Cicerone* (1860) von Jacob Burckhardt verliert dieses Adjektiv seinen negativen Beigeschmack und bezeichnet nun eine Kunst und einen Stil. Der Barock tritt die Nachfolge des Manierismus an, der um 1660 endet. Zwischen dem künstlerischen Barock, der sich ungefähr von 1660 bis zum 18. Jahrhundert erstreckt, und dem Barock in der Literatur mit einer kürzeren Dauer von 1570 bis 1660 besteht eine deutliche Diskrepanz. Die barocken Einflüsse in der Literatur sind weniger wichtig als in den anderen Künsten, etwa in Malerei und Musik. Die Barockkunst ist im Wesentlichen religiös; sie kommt mit der Gegenreformation auf und dient von Anfang an Religion und Kirche, um mit großem Pomp die Erneuerung Roms zu verkünden. Von Italien ausgehend, dringt der Barock in die meisten katholischen Länder ein: Spanien, Portugal, Süddeutschland. Die Rolle der **Jesuiten** ist hierbei wesentlich – in Europa wie auch außerhalb des Kontinents, in Mexiko und Südamerika.

Freiheit und Überschwang

Die Kunst, die nach der Renaissance aufkommt, ist generell von einem Sinn für Einheit, Regelmäßigkeit und Symmetrie gekennzeichnet. Teils wird die Kunst des 17. Jahrhunderts als Fortsetzung der Kunst des 16. Jahrhunderts erkannt, teils auch als deren dialektische Antithese. In der Tat verdient die Kunst des 17. Jahrhunderts, im Detail studiert zu werden. Man bemerkt dann, dass sie sich aus äußerst unterschiedlichen Stilrichtungen speist, was etwa bei Malern wie **Caravaggio**, **Poussin**, **Rubens**, **Rembrandt** und **van Dyck** zu erkennen ist. Das individuelle Detail hat nicht mehr eine Bedeutung an sich, weil die Maler ihr Thema großzügiger, gleichsam mit einigender Sichtweise erfassen. So definiert sich auch die Barockarchitektur dadurch, dass sie eine Gesamtschau des Großartigen und dessen Wirkung erzielen will und dabei die Einzelheiten, die diesen Eindruck hervorrufen, zweitrangig werden lässt.

Um räumliche Tiefe darzustellen, platzieren die Künstler des 17. Jahrhunderts bevorzugt die wichtigsten Figuren nahe beim Betrachter, während die im Hintergrund reduziert werden. Der Raum wird auf diese Weise vom Betrachter wahrgenommen, als hinge er von ihm ab, als wäre er für ihn geschaffen. Die Porträtisten bleiben ihrer Tradition verhaftet, die Architekten der Darstellung der Vergangenheit und die Bildhauer dem monumentalen und breiten Duktus ihrer Büsten. Der Barock neigt dazu, das Absolute durch das Relative und eine gewisse Kühnheit des Ausdrucks durch größere Freiheit zu ersetzen.

Die Vorstellungen, die man sich von der Welt macht, haben sich verändert. Die Entdeckungen von Kopernikus, die ja besagen, dass sich die Erde um die Sonne und das Universum sich eben nicht um die Erde dreht, implizieren eine einigende und organisierende Sichtweise, die auf dem Grundsatz der Einigkeit, aber auch auf dem der Notwendigkeit beruht. **Der Mensch ist nicht mehr das Zentrum der Welt**, um den herum sich alles bewegt – er ist nur noch ein winziger Faktor, ein winziges Rädchen. Das Kunstwerk ist Teil dieses Denkgebäudes und wird insgesamt zur universellen Darstellung eines Ganzen, das einzig durch die Unabhängigkeit seiner einzelnen Teile lebt.

Die Malerei in Italien: Caravaggio und die Gebrüder Carracci

Von den Malern des 16. Jahrhunderts muss zunächst **Caravaggio** (ca. 1571–1610) betrachtet werden, weil er eine Rückkehr zur Wirklichkeit will und dabei die plastischen Formen und die ideale Reinheit der Renaissance angreift. Er überführt die komplizierten Allegorien des Manierismus in Symbole und bewirkt auf diese Weise eine grundlegende Trennung von sakraler und profaner Kunst. Seine Nähe zur Wahrheit heiliger Ereignisse ist zugleich Ausdruck der religiösen Haltung der Gegenreformation. Rom hat nach der Gegenreformation mit seinen päpstlichen Bauherren und vor allem dem Glanz der Peterskirche das höchste Ansehen. Zwei Kunstströmungen machen sich hier bemerkbar, eine **realistische** um **Caravaggio** und ein **dekorativer Eklektizismus** um die **Gebrüder Carracci**.

▪ **Caravaggio** (Michelangelo Merisi, um 1571–1610): Sein Naturalismus, seine ungewöhnlichen Bildausschnitte, sein bissiger Realismus und die Besonderheit seiner Lichtgebung bescheren ihm sehr bald großen Erfolg. Sein ausschweifendes Leben, das reich an Skandalen ist, bringt ihm die Todesstrafe und Gefängnis ein. Er holt seine Modelle, darunter Diener und Bauern, von der Straße und aus den Elendsvierteln. Der Realismus seiner Figuren, ihre dynamische Haltung, immer in Bewegung oder kurz davor, dazu die dunkle Farbpalette, die durch heftige Lichteinbrüche unterbrochen wird – all das ist ein revolutionärer Bruch im Hinblick auf das bis dahin Bekannte. Wer sich von Caravaggio hat anregen lassen, will nicht mehr die großen Panoramen. Vielmehr wird die Szene dem Betrachter angenähert; die Personen sind in Lebensgröße wiedergegeben, mit ganzem oder halbem Körper. Die von seiner Kunst ausgehende Strömung des **Caravaggismus** ist deckungsgleich mit seiner Schaffenszeit von 1592 bis zu seinem Tod im Jahr 1610. Seine großen Werke sind: *Berufung des heiligen Matthäus* (1600) in der römischen Contarelli-Kapelle, die *Handlesende Zigeunerin* (1594), der *Früchtekorb* (1596), das erste Stillleben der Kunstgeschichte; der *Tod Mariens* (1605–1606), das *Abendmahl in Emmaus* (1601).

▪ **Die Brüder Annibale** (1560–1609) und **Agostino** (1557–1602) sowie ihr Vetter **Lodovico Carracci** (1555–1619) sind von Malern aus Parma beeinflusst, vor allem von **Parmiganino** und **Correggio**. Sie kehren zur idealisierenden Malerei zurück. Die Carracci gründen unter dem Einfluss vor allem von Erzbischof

Paleotte in Bologna die *Academia degli Incamminati*, die Akademie der Reisenden bzw. derer, die Fortschritte machen. Diese Institution ist nicht nur auf Malerei ausgerichtet, sondern auch auf Medizin, Philosophie und Astronomie. Ihr Ziel ist die Ausbildung kultivierter Künstler, was auf dreierlei Art geschehen soll: durch die Rückkehr zum Studium der Natur, durch das Studium der Antike auf der Suche nach dem Ideal der Schönheit und durch das Studium der großen Meister der Vergangenheit.

Die Barockarchitektur in Italien

In der dritten Sitzung des ökumenischen Konzils von Trient (1545–1563) werden neue, strengere Regeln für die bildliche Darstellung sakraler Themen erlassen. Die Kirche definiert die Rolle des Bildes als Mittel zur Bildung neu. Die Gegenreformation wendet sich gegen Nacktheit, leitet aber dennoch die Künstler an, ihre Phantasie unter Beweis zu stellen. Neuheiten kommen auch in der Architektur auf, die nicht mehr schlicht-sachlich ist, sondern dekorativ. Die Jesuitenkirche *Il Gesù* in Rom, deren Bau 1568 nach einem Entwurf von **Giovanni Barozzi da Vignola** (1507–1573) beginnt, dient in ganz Europa als Modell für die Sakralarchitektur. Auf **Carlo Maderno** (1556–1629) folgen in Rom **Gian Lorenzo Bernini** (1598–1680) und **Francesco Borromini** (1599–1667), deren Stil die Entwicklung des Barock hin zur Bewegung, zur Anhäufung von Dekor, von Statuen und zum Einsatz lebhaft-farbigen Marmors erkennen lässt. **Carlo Maderno** gilt als der erste Barockarchitekt. Er imitiert *Il Gesù*, doch seine Architekturformen gewinnen an Volumen. Sie sind gleichsam ausgehöhlt, durch zahlreiche Skulpturen belebt; die breiten Fassaden sind mit Balustraden, Pilastern und Säulen versehen, wie etwa in Santa Susanna in Rom. Papst **Paul V.** (1605–1621) vertraut Maderno den Weiterbau der Peterskirche an und beteiligt ihn an der Vergrößerung dieser Basilika, die unter Papst **Julius II.** (1503–1513) nach einem Projekt von Bramante begonnen wurde. Maderno verändert die Pläne Michelangelos durch den Anbau einer gigantischen Fassade. Die Ikonographie der Skulpturen beschränkt sich auf Christus und die Apostel, ein in der Renaissance untergegangenes Thema.

Gian Lorenzo Bernini als Architekt (1598–1680)

Als Sohn des manieristischen Malers Pietro Bernini, der 1605 nach Rom kam, wird Gian Lorenzo als Nachfolger Madernos Architekt an Sankt Peter. Sein erstes Werk, von Papst **Urban VIII.** (1623–1644) in Auftrag gegeben, ist der große Baldachin der Peterskirche von 1629. Er ist in Form eines *Ziboriums* gehalten; der Baldachin, dessen oberer Abschluss aus verschiedenen Materialien besteht, ruht auf vier gewundenen Säulen und beherrscht den Altarbereich. Berninis Hauptwerk sind aber die Kolonnaden um den Petersplatz, entstanden unter dem Pontifikat von Papst **Alexander VII. Chigi** (1655–1667). Sie bilden den gewaltigen Vorplatz, der die Gläubigen beim Segen *Urbi et Orbi* aufnimmt. Um den ovalen Platz von 240 Metern Breite stehen 184 Säulen in vier Reihen, dazu 88 Pilaster; beide zusammen bilden eine doppelte abgedeckte Allee. Bernini erschafft auch den *Vierströmebrunnen* auf der Piazza Navona in Rom, die *Scala Regia* im Vatikan und die römische Kirche *Sant' Andrea al Quirinale*.

Die Skulptur in Italien: Bernini

Vor Bernini findet sich die Beeinflussung durch das klassische Altertum schon bei **Francesco Mochi** (1580–1654), dem Schöpfer der *Verkündigung* in der Kathedrale von Orvieto. In Florenz und Rom ausgebildet, schafft Mochi für die Stadt Piacenza zwischen 1612 und 1625 zwei Reiterstandbilder von Alessandro Farnese (1545–1592) und von dessen Bruder Ranuccio Farnese (1530–1565). **Bernini** bezieht seine Inspiration aus dem hellenistischen Griechenland. Er ist ein Bildhauer von fast mystischer Empfindungsfähigkeit. Seine *Verzückung der Heiligen Theresa* in der Kirche *Santa Maria della Vittoria* in Rom sowie das Grabmal für Papst Urban VIII. aus Goldbronze und Marmor in der Peterskirche machen ihn berühmt. Seine Projekte, die er dem Louvre nach seiner Ankunft in Frankreich 1665 unterbreitet, sind allerdings Misserfolge.

Barockmusik in Europa

Die Musik des Barock, vor allem des Hoch- und Spätbarock, ist durch Klangsinnlichkeit, reiches Instrumentarium, Repräsentationsbedürfnis, Vielfalt der Gattungen – Kammermusik, Solokonzert, Kirchenmusik, Opern – gekennzeichnet. Der musikalische Barock wird auch als Generalbass-Zeitalter bezeichnet: Der Generalbass, ausgeführt von Tasteninstrument und tiefem Streichinstrument, bildet das harmonisch-melodische Gerüst, auf dem sich die Oberstimmen erheben. Mehr und mehr wird die Instrumentalmusik wichtig, die dem Unterhaltungs-und Repräsentationsbedürfnis der Fürsten- und Königshöfe entspricht. Doch auch das bürgerliche Musikleben wird immer bedeutender. So finden sich neben Opern, die in Versailles, in großen Residenzstädten, aber auch im öffentlich zugänglichen Opernhaus (Venedig, Hamburg) aufgeführt werden, regelmäßige Konzertaufführungen in Residenzen oder anderen öffentlichen Orten (Gasthäusern). Kann etwa der Frühbarock seine Herkunft von der Renaissance nicht verleugnen – von Monteverdi stammen etliche Bücher mit Madrigalkompositionen –, leitete er zugleich zu größeren Genres über.

Monteverdi (1567–1634) ist der erste große Opernkomponist, dessen Werke an Europas erstem öffentlichen Operntheater *La Fenice* in Venedig der Allgemeinheit zugänglich sind. Der hochbarocke Stil wird oft mit dem Hof von Versailles verbunden, wo **Jean-Baptiste Lully** (1632–1687) als Hofkomponist für Ludwig XIV. wirkt, der in Lullys *comédies-ballets* sogar als Tänzer mitwirkt. Der Spätbarock wird vor allem in Nordeuropa durch **Georg Philipp Telemann** (1681–1767), **Johann Sebastian Bach** (1685–1750) sowie **Georg Friedrich Händel** (1685–1759), in Italien durch **Arcangelo Corelli** (1653–1713) und **Antonio Vivaldi** (1678–1741) geprägt. Bach gilt als Vollender der barocken Musik; sein wichtigstes Gebiet ist die geistliche Musik: Präludien und Fugen für Orgel, mehrere Hundert Kantaten für den sonntäglichen Gottesdienst, *Johannespassion* (1724), *Matthäuspassion* (1727). Insbesondere durch Händel aber, der von der Wiener Klassik sehr geschätzt wird, gehen Impulse für die nachfolgende Zeit aus, die durch die Empfindsamkeit, Klassik und Romantik bestimmt sein wird; dort greift man den Ausdrucksgehalt und den großen chorischen Gestus der Händel'schen Oratorien auf.

II

Deutschland im 17. Jahrhundert

1. Die politische Entwicklung

Der Dreißigjährige Krieg

Erzherzog **Matthias I.** (1557–1619) aus dem Haus Habsburg folgt seinem Bruder Rudolf II. auf den Kaiserthron. 1617 wählt er seinen Cousin **Ferdinand** (1578–1637) zu seinem Nachfolger, übergibt ihm ab 1617 die Macht als König von Böhmen und ab 1618 als König von Ungarn. Die Protestanten revoltieren nach dem Prager Fenstersturz vom 23. Mai 1618; dabei stürzen ihre Repräsentanten die katholischen Abgesandten des Kaisers aus dem Fenster. Die Abgesandten, die auf einen Misthaufen fallen, kommen mit dem Schrecken davon, doch der Aufstand ist nun erklärt: Der **Dreißigjährige Krieg** beginnt. Er wird während der gesamten Regierungszeit Ferdinands, der den Katholizismus wiederherstellen will, andauern. Der Dreißigjährige Krieg währt bis zur Unterzeichnung des Westfälischen Friedens 1648. Als Ferdinand am 15. Februar 1647 stirbt, ist die Bevölkerung Deutschlands beträchtlich zurückgegangen und das Land ist ruiniert.

Ferdinands zweiter Sohn, **Ferdinand II.** (1608–1657), seit 1637 römischer König, wird Kaiser. Er setzt den Dreißigjährigen Krieg gegen Frankreich fort und verliert, wodurch der Rückgang der habsburgischen Macht in Europa weiter fortschreitet.

Leopold I.

Der **Westfälische Friede von 1648** erkennt diesen Zustand an; die verschiedenen deutschen Staaten genießen ihre politische Unabhängigkeit, und Bayern, Sachsen und Preußen treten aus dem Römisch-Deutschen Kaiserreich aus. Der Reichstag, der seit 1663 in Regensburg tagt, fällt keine wirklichen Entscheidungen, führt dafür sterile Debatten, die im Sande verlaufen und an denen weder der Kaiser noch die Kurfürsten mehr teilnehmen.

Leopold I. (1640–1705), Sohn Ferdinands III., wird 1658 Deutscher Kaiser. 1660 beendet er den Krieg gegen Schweden, unternimmt dann von 1663 bis 1683 mehrere Feldzüge gegen das Osmanische Reich, bis die Osmanen in der **Schlacht am Kahlenberg** am 12. September 1683 nach der letzten Besetzung Wiens unterliegen. Leopold erhält die ungarische Königskrone 1655, ein Jahr darauf die böhmische. Im Inneren seiner Staaten verfolgt er eine merkantilistische Wirtschaftspolitik. Die letzten Jahre seiner Herrschaft sind durch den Spanischen Erbfolgekrieg ab 1701 und einen Aufstand in Ungarn 1703 bestimmt. Leopold I. stirbt am 5. Mai 1705.

2. Das rationalistische Denken: Leibniz

Gottfried Wilhelm Leibniz (1646–1716) ist ein universeller Geist: Historiker, Naturwissenschaftler, Politiker, Diplomat, Gelehrter, Theologe, Mathematiker. Wie Fontenelle es ausdrückte: «In Leibniz sind mehrere Menschen.» Als Schüler von **Descartes** benutzt er zur Erklärung des Universums mathematische Vorstellungen und versucht, einen Ausgleich zwischen dessen Rationalismus und dem Empirismus von Locke zu finden. Für Leibniz ist das Universum aus unendlich vielen Substanzen gebildet, die die Atome der Natur sind: Monaden. Das Werk von Leibniz ist gewaltig. Es seien nur die wichtigsten Arbeiten erwähnt: *Disputatio Metaphysika – Metaphysische Abhandlung* (1686); *Système nouveau de la nature et de la communication des substances* (1695), eine Kritik an Locke; *Theodizee* (1710) über die Güte Gottes, die Freiheit des Menschen und den Ursprung des Bösen; *Monadologie* (1714), die sein gesamtes System auf Französisch in 90 Sätzen darlegt. Leibniz verteidigt den Rationalismus. Die Idee einer universellen Mathematik wird unter dem Begriff der «ars combinatoria» aufgenommen. Leibniz wendet sich gegen Locke, gegen die Einstellung, dass einzig die Erfahrung Quelle der Erkenntnis sei. Aber wie Locke denkt auch Leibniz, dass der Mensch nicht über angeborene Ideen verfügt, sie entwickeln sich vielmehr nur durch Erfahrung. Doch Wahrnehmungen und Leidenschaften entstehen aus «unserer eigenen Tiefe mit vollständiger Spontaneität».

Dem Empirismus stellt er den Rationalismus gegenüber: «Diese tabula rasa, von der man so viel spricht, ist meines Erachtens nur eine Fiktion, Phantasiegebilde, die die Natur nicht zulässt und die nur auf den unvollständigen Begriffen der Philosophen beruht, so wie der leere Raum, die Atome, die Ruhe (sei es die absolute oder als die zweier aufeinander bezogener Teile eines Ganzen), oder die erste Materie, die man sich ohne irgendwelche Formen denkt.» (*Neue Abhandlungen über den menschlichen Verstand*, II, 1) Doch er setzt sich vom Mechanismus Descartes' ab; anstatt von sich selbst und von Gott zu den Dingen zu gelangen, geht er von der Materie und ihren Gesetzen aus und gelangt von da zur Metaphysik und zu Gott. Und er spürt tiefer als Descartes die Bedeutung der ersten Prinzipien, wovon er zwei festlegt:

- **Das Prinzip des Widerspruchs:** «kraft dessen wir für falsch erklären, was einen Widerspruch in sich schließt, und für wahr, was dem Falschen entgegengesetzt ist oder widerspricht.» (*Monadologie*, § 31)
- **Das Prinzip des hinreichenden Grundes:** «kraft dessen wir erwägen, dass keine Tatsache wahr seiend oder existierend, keine Aussage wahrhaftig befunden werden kann, ohne dass ein zureichender Grund sei, warum es so und nicht anders ist.» (*Monadologie*, § 32) Das zweite Prinzip unterstellt, dass nichts ohne hinreichenden oder bestimmenden Grund eintreten kann. Es erklärt, dass die Dinge *a priori* eher auf die eine Art als auf die andere eintreten.

Die Monadologie

Für Descartes reduziert sich die Materie auf das Ausgedehnte. Leibniz kritisiert dieses System, das vorgibt, alles in der Natur durch Bewegung zu erklären. Descartes begreift in der Tat die Bewegung nicht als eine Verlagerung im Raum. Die Quelle der Bewegung ist aber eine Kraft, und auf diese Kraft reduziert Leibniz die Materie. Dem «Mechanismus» von Descartes stellt er die «Dynamik» gegenüber. Die Monade ist eine Krafteinheit oder eine Substanz: «Diese Monaden sind also die wahren Atome der Natur und mit einem Worte: die Elemente der Dinge.» (*Monadologie*, § 3) Die «Appetition» ist gleichsam die Handlung des inneren Prinzips, die Neigung der Monade zur Aktion. Es existiert demnach eine Art *präetablierter Harmonie*, eine metaphysische Notwendigkeit, die bewirkt, dass jede Monade zum lebendigen Spiegel des Universums wird. Sie sind begabt für die Perzeption, die Wahrnehmung, was durch mechanische Gründe nicht zu erklären ist. Doch «Appetition» und «Perzeption» sind nur Illusionen, da alles von Gott vorherbestimmt ist.

III

Frankreich im 17. Jahrhundert

1. Die politische Entwicklung

Die Herrschaft Ludwigs XIII.

Beim Tod Heinrichs IV. ist der neue König **Ludwig XIII.** (1610–1643) erst neun Jahre alt. Seine Mutter **Maria de Medici** wird Regentin. Sie regiert unter dem Einfluss der ihr nachfolgenden **Leonora Galigaï** und überhäuft deren Mann, **Concino Concini**, mit Ehren. Er wird zum Marschall von Frankreich ernannt und nennt sich Marquis d'Ancre. Concini fungiert als Premierminister. **Heinrich II., Fürst von Condé** (1588–1646), zwingt die Regentin, die Generalstände einzuberufen, weil er hofft, dass ihm mit Unterstützung der Großen des Reichs die Macht anvertraut wird. 1615 treffen sich die Generalstände in Paris. Maria de Medici entlässt sie im Februar 1615; es sind die letzten Generalstände vor dem Jahre 1789. Im Jahre 1617 lässt der junge König Ludwig XIII. Concini umbringen. Maria de Medici wird nach Blois ins Exil geschickt. Dorthin nimmt sie **Armand Jean du Plessis de Richelieu** (1585–1642) mit, den sie in den Kronrat geholt hat und der ihr Missgeschick teilt. Ludwig XIII., der nun 20 Jahre alt ist, vermag nicht allein zu regieren. Er holt seine Mutter zurück, die ihm die Rückkehr Richelieus in den Kronrat aufzwingt. Richelieu entstammt einer verarmten Familie des niederen Adels aus dem Poitou. Von schwächlicher Konstitution und oft krank, kompensiert Armand Jean dieses Handicap durch einen unbeugsamen Willen. 1608 wird er Bischof von Luçon, nachdem er vom Papst einen Dispens wegen seines jugendlichen Alters erwirkt hat. 1614 wird er als Abgeordneter des Klerus in die Generalstände gewählt und hält dort in Anwesenheit der Regentin eine schmeichelhafte Rede über ihre Herrschaft. Maria de Medici nimmt ihn in ihre Dienste und ernennt ihn zum *Grand Aumônier.* Trotz des Misstrauens des Königs beweist Richelieu seine Fähigkeiten. Im August 1624 wird er Leiter des Kronrats. Die Legende, die großenteils von Alexandre Dumas in seinen *Drei Musketieren* (1844) geprägt wurde, stellt die stahlharte Gemütsverfassung des Kardinals (ab 1622) der Schwachheit Ludwigs XIII. gegenüber. Ludwig XIII. bleibt König und versäumt nicht – wenn Richelieu zuweilen meint, allein entscheiden zu können –, diesen in harten Worten genau daran zu erinnern; Ludwig bezeichnet das als «striegeln».

Aufstände und Komplotte

Im Jahre 1625 erheben sich die Hugenotten. 1627 widersetzt sich die Stadt La Rochelle der königlichen Autorität, wobei sie von England unterstützt wird. Richelieu organisiert die Besetzung von La Rochelle, das von 17 km langen Befestigungsanlagen umgeben ist. Im Oktober 1628 ergibt sich die Stadt. Durch das Gnadenedikt von Alais (heute Alès) von 1629 bestätigt Ludwig XIII. das Edikt von Nantes, gewährt den Aufständischen Verzeihung, konfisziert aber ihre befestigten Stellungen. Richelieu muss der Feindschaft der Königsmutter die Stirn bieten, die erst spät gemerkt hat, dass er sich ihrer bedient hat, um an die Macht zu gelangen – ihrer und der «Partei der Frommen», die die Allianz mit Spanien wollten, um die Hugenotten zu vertreiben. Auch gegen die Großen des Staats agitierte Richelieu, die zudem durch das Verbot von Duellen und die Exekution von **François de Montmorency-Bouteville** (1600–1627) erbost sind, der gegen das Duellverbot verstoßen hat. Anlässlich des berühmten Tages der Geprellten, des *Journée des Dupes*, am 10. und 11. November 1630, trägt Maria de Medici ihrem Sohn auf, sich zwischen ihr und Richelieu zu entscheiden. Richelieu, der sich verloren glaubt, wird nach Versailles zitiert, das damals noch ein schlichtes königliches Jagdhaus war. Doch die Dinge verlaufen anders: Ludwig XIII. erneuert sein Vertrauen in ihn. Maria de Medici sieht sich nun von Hausarrest bedroht und flieht nach Brüssel; aus diesem Exil wird sie nie mehr zurückkehren. Richelieu kann fortfahren, dem Einfluss Spaniens und Habsburgs in Europa entgegenzutreten. Er schickt den protestantischen Herrschern Dänemarks und Schwedens mitten im **Dreißigjährigen Krieg** (1618–1648) Verstärkung gegen Österreich und Spanien, was wiederum das katholische Habsburg gegen protestantische Mächte wie Holland in Stellung bringt.

Richelieu stirbt am 4. Dezember 1642. Ludwig XIII. überlebt ihn nur um wenige Monate und stirbt am 14. Mai 1643. Richelieu hinterlässt ihm aber einen ungemein fähigen Mitarbeiter: **Mazarin**. Das Erbe Richelieus ist gewaltig. Er stärkt den Staat und entwickelt eine Theorie, wonach der Erste Minister dem König mit seinem Rat beistehen muss. Er setzt Funktionäre ein, die vom König ernannt und abberufen werden, sowie königliche Repräsentanten in der Provinz und die Intendanten von Justiz, Polizei und Finanzen. Er verschafft Frankreich eine Kriegsmarine und fördert die Ausdehnung Frankreichs nach Kanada (mit der Gründung von Montreal im Jahr 1642), Senegal, Madagaskar und auf die Antillen.

Ludwig XIV. und sein Leitender Minister

Der neue König Ludwig XIV. (reg. 1643–1715) ist fünf Jahre alt, als er den Thron besteigt. Das Testament Ludwigs XIII. sieht vor, dass die Regentschaft auf seine Frau **Anna von Österreich** (1601–1666) übertragen wird, jedoch unter starker Einschränkung durch einen Regentschaftsrat. Anna von Österreich lässt daher das Testament durch das Parlament in Paris für nichtig erklären – um den Preis von Konzessionen, die die Zukunft der Monarchie belasten, vor allem durch das Recht auf Einspruch durch das Parlament, die sogenannte Remonstranz. Die Regentin ist damit im alleinigen Besitz der Macht. Zur allgemeinen Überraschung zieht sie Mazarin hinzu. **Jules Mazarin** (Giulio Mazarini, 1602–1661), militärisch ausgebildet, tritt – ohne Priester zu sein – in die Dienste Papst Urbans VIII. und ab 1630 dann in die von König Ludwig XIII. Auf Wunsch Richelieus wird er im Dezember 1642 Leitender Minister. Von Anna von Österreich bestätigt, muss er die Bedrohung durch den Hochadel auflösen, der sich in der *Cabale des Importants* (Streit der Wichtigen) zusammengeschlossen hatte. Mazarin hat jedoch wenig Erfolg beim Parlament. Der Krieg macht die Erhöhung der Steuern und der Abgaben notwendig. Dem widerspricht das Parlament 1643 gegenüber der Regentin. Der Aufstand bricht los, als 1648 die *Paulette* erneuert wird, eine unter **Heinrich IV.** eingeführte Abgabe, die dem Inhaber eines offiziellen Amtes das Recht einräumte, dieses Amt an seine Nachkommen weiterzugeben. **Michel Particelli d'Émery** (1596–1650), Oberintendant der Finanzen, verlangt – im Sinne einer *Paulette* – von den Amtsinhabern die Einkünfte von vier Jahren. Das Parlament geht daraufhin in die Frontalopposition. Émery wird entlassen, doch am 26. August 1648 lässt Mazarin den sehr populären und langjährigen Pariser Parlamentarier **Pierre Broussel** (1575–1654) festnehmen. In der Stadt werden sofort Barrikaden errichtet; es ist der Tag der Barrikaden *(Journée des Barricades)*. Die **Fronde** beginnt.

Die Fronde

Mit diesem von Mazarin stammenden, spöttisch gemeinten Begriff wird die Bewegung der Kritiker bezeichnet. Und die Frondeurs versuchen, sich diese Bezeichnung gleichsam zu verdienen: Sie agieren, wie es ein Kind mit Steinen und einer Steinschleuder – der *Fronde* – machen würde, nachdem es sich ein Ziel ausgesucht hat. Die Fronde läuft in zwei Teilen ab: Die parlamentarische Fronde dauert nur kurz und erlischt mit dem Frieden von Rueil im März 1649. Die Fronde des Hochadels erweist sich dagegen als wahrhaft furchterregend. Ganze Provinzen erheben sich, die Parlamente schließen sich schnell an. Die Zukunft der Monarchie steht auf dem Spiel. Die Anführer der Fronde, **Ludwig II. von Bourbon-Condé** (1621–1686), genannt der Große Condé, strahlender Sieger gegen die Spanier bei Rocroi (1643), sein Bruder **Armand de Bourbon**, Fürst von **Conti** (1629–1666), und sein Schwager **Henri II. de Longueville** (1595–1663) werden 1650 gefangen genommen.

Mazarin muss 1651 fliehen, hinterlässt seine Anweisungen aber Anna von Österreich und ihren treuen Leutnants **Hugues de Lionne** (1611–1671) und **Michel Le Tellier** (1603–1685). Bald entzweien sich die Aufständischen, Condé wird vor Paris von königlichen Truppen geschlagen, die vom **Vicomte de Turenne** (1611–1675) geführt werden. Der ehemalige Sieger über die Spanier flieht nach Spanien und kehrt an der Spitze einer feindlichen Armee zurück. Bis 1659 bleibt er in spanischen Diensten. 1658 werden die Spanier von Turenne geschlagen und unterzeichnen 1659 den Pyrenäen-Vertrag. Ludwig XIV. heiratet seine Cousine, die Infantin von Spanien, Maria Theresia. 1651, im Alter von 13 Jahren, wird er offiziell für volljährig erklärt. 1653 beendet die Einnahme von Bordeaux die Fronde. Mazarin erscheint wieder am Hof und übernimmt die Zügel im Staat. Er wird sie bis zu seinem Tod am 9. März 1661 behalten.

Die Herrschaft Ludwigs XIV.

Die Herrschaft Ludwigs XIV. beginnt zur Überraschung aller mit seiner Ankündigung, selbst regieren zu wollen und auf den Leitenden Minister zu verzichten. Der **Absolutismus**, angebahnt schon unter Heinrich IV., wird im Verlauf der Herrschaft Ludwigs XIV. immer mehr gefestigt. Der *Sonnenkönig* zählt auf eine untergebene Verwaltung mit der Zentralregierung an der

Spitze, die aus mehreren Räten besteht. Im obersten Rat, dem Staatsrat, entscheidet der König die wichtigsten Fragen; der Hofgerichtsrat befasst sich mit administrativen Fragen und der königlichen Gerichtsbarkeit; dazu kommen noch der Rat der Finanzen und der Staatsverwaltungsrat, auch Depeschenrat genannt, der die von den Intendanten geschickten Depeschen prüft. Seit 1667 überwacht ein Polizeileutnant Paris. Ludwig XIV. wählt die fähigsten und ergebensten Staatsdiener, wodurch eine Ministerdynastie entsteht.

Die Kriege

Der Beginn seiner Herrschaft ist durch Kriege bestimmt: Der Devolutionskrieg (1667–1668) zwischen Frankreich und Spanien soll die Rechte wirksam machen, die Maria Theresia, Tochter des spanischen Königs Philipp IV., aus ihrem spanischen Erbe zufallen und die Ludwig somit beansprucht. Dadurch sieht sich Frankreich wiederum der Dreierallianz aus England, Holland und Schweden gegenüber. Es folgt der Krieg gegen die Niederlande (1672–1679), der diese Alliierten der Engländer schwächen und zudem einen wirtschaftlichen Konkurrenten zerschlagen soll. 1668 beendet der Friede von Aachen den ersten Krieg und Frankreich annektiert Lille. 1679 belässt der Friede von Nimwegen die Niederlande als Ganzes und Spanien übergibt Frankreich die Franche-Comté. Insgesamt ist die Herrschaft Frankreichs von Konflikten durchsetzt, wozu auch der Krieg gegen die Augsburger Allianz zählt (1689–1697). Der Friede von Rijswijk (1697) beendet den französischen Expansionismus. Der Spanische Erbfolgekrieg (1702–1712) wird durch die Verträge von Utrecht (1713) und Rastatt (1714) beendet, die den spanischen Thron Philippe von Anjou zusprechen, einem Enkel Ludwigs XIV., der 1700 als **Philipp V.** (1700–1746) König von Spanien wird.

Der König und Gott

Ludwig XIV. bestimmt auch die Religion in seinem Königreich. Am 18. Oktober 1685 widerruft er mit dem Edikt von Fontainebleau das Edikt von Nantes. Die Protestanten werden ab 1679 – nach einer kurzen Episode, in der sie zur Konversion gedrängt werden – zu Opfern von Verfolgungen. Man schätzt, dass nach dem Edikt von Fontainebleau ungefähr 300 000 Protestanten aus dem Land fliehen, ehe in den Cevennen von 1702 bis 1712 der

6

Kamisarden-Aufstand ausbricht. Die Kamisarden erheben sich gegen die vielen Schikanen und gewalttätige Angriffe, die sie zum Übertritt zum Katholizismus zwingen sollen. Der König widersetzt sich auch dem Papst. Er will den Gallikanismus stärken, der die Autonomie der «gallischen» Kirchen gegen die Ultramontanen fördert, die sich einzig der päpstlichen Autorität unterwerfen. Ein weiterer großer Streit bricht zwischen Jansenisten und Jesuiten aus.

Das reichste der Königreiche

Auf wirtschaftlichem Gebiet verfolgt der König auf Initiative Colberts eine merkantilistische Politik. Gemäß dieser Doktrin verleiht der Besitz von Gold einem Staat die Macht. Also muss man Gold beschaffen und verhindern, dass es das Königreich wieder verlässt. Eine nationale Produktion von guter Qualität soll diese Funktion mithilfe der königlichen Manufakturen übernehmen: etwa die Gobelin-Manufakturen in Paris für Mobiliar und Wandteppiche sowie die Manufakturen in Saint-Gobain für Glas und Spiegel. Diese Wirtschaftspolitik, Colbertinismus genannt, wird von strengen beruflichen Regelungen begleitet. **Colbert** propagiert auch die wirtschaftliche Ausdehnung des Königreichs und regt die Gründung von Handelskompanien an: Die *Compagnie française des Indes Orientales* (1664), die französische Ostindienkompanie, ist auf Amerika, die Antillen und auf den Dreieckshandel ausgerichtet. Bei diesem werden von Bordeaux und Nantes aus Waffen an die Küsten Afrikas geschifft und dort gegen schwarze Sklaven getauscht, die auf die Antillen transportiert werden, wo man sie verkauft. Die danach leeren Schiffe kommen mit Zucker, Gewürzen und Indigo beladen zurück. Die *Compagnie du Nord* (1669) ist auf die Nord- und die Ostsee ausgerichtet, die *Compagnie du Levant* (1670) auf Marseille und das östliche Mittelmeer, auf die *Échelles*, die osmanischen Handelshäfen, die für französische Schiffe geöffnet sind. Frankreich besitzt Santo Domingo, Guadeloupe, Martinique und setzt sich in «Neufrankreich» fest, dem heutigen Kanada.

Unter Ludwig XIV. erlebt die Kunst ihre klassische Zeit in Frankreich, den französischen Klassizismus. Zunächst in der Architektur, mit den Louvre-Kolonnaden von Perrault, den königlichen Plätzen *Victoires* und *Vendôme*, dem Heim für berufsunfähige Soldaten *Hôtel des Invalides*, den Schlössern von Versailles, Marly und dem *Grand Trianon* im Park von Versailles. Als Förderer von Wissenschaft und Kunst gründet der König seine königlichen Akademien: *Académie française*, die Akademien für Malerei, Bildhauerei und Musik. Das

Observatorium von Paris und der königliche Garten *Jardin des Plantes* entstehen. Ludwig XIV. stirbt am 1. September 1715. Sein fünfjähriger Urenkel, einziger Überlebender seiner legitimen Nachkommenschaft, wird als **Ludwig XV.** (1715–1774) der neue König. Die Regentschaft wird seinem Onkel anvertraut, **Philipp von Orléans** (1674–1723).

2. Der französische Klassizismus: Grandios und majestätisch

Als der Barock in Italien triumphiert, führt Frankreich seinen Klassizismus in die Kunst ein. Er zeichnet sich durch Strenge, Klarheit und Logik aus, lehnt Exzess, Freiheit und Überschwang des Barock ab und betont wieder Disziplin, Einfachheit und Maß. Der Klassizismus entsteht mit **Ludwig XIII.** und hat seinen Höhepunkt mit dem Umbau von Versailles zwischen 1660 und 1690, ehe er in der ersten Hälfte des 18. Jahrhunderts zurückgeht und als Neoklassizismus in der zweiten Hälfte desselben Jahrhunderts leicht verwandelt wiedererscheint. Die Suche nach dem Maß in den Künsten hat ihre Entsprechung in der Gesellschaft – mit dem *honnête homme*, dem Ehrenmann, der dem Geist des Rittertums der vergangenen Epoche gegenübersteht.

Von 1600 bis 1660 ergreift der klassische Geist die Salons, etwa den der **Marquise de Rambouillet** (1588–1665), der **Herzogin von Chevreuse** (1600–1684), repräsentiert durch **Malherbe** (1555–1628) und **Corneille** (1606–1684). Nach 1660 verdrängt der Hof die Salons, es ist das Goldene Zeitalter mit **Molière** (1622–1673), **Boileau** (1636–1711) und **Racine** (1639–1699). Die Literatur wendet sich der durch die Religionskriege aufgekommenen Kluft zwischen Privatheit und Öffentlichkeit zu, zwischen dem Privaten und Politischen und benutzt diese Diskrepanz, um die Politik und die menschlichen Leidenschaften auf den Prüfstand zu stellen. Zu den großen Philosophen dieser Epoche zählen **Pascal** (1623–1662) und **Descartes** (1596–1650). Die Musik blüht auf dank **Lully** (1632–1687), **Marc-Antoine Charpentier** (1643–1704) und **François Couperin** (1668–1733). Der Klassizismus wird nicht zuletzt durch die Ergebnisse der **wissenschaftlichen Entwicklung** beeinflusst. Die Kunst dieser Zeit setzt die Vorstellung eines geometrischen Raumes in der Gartenbaukunst und in der Malerei um.

Klassische Architektur: Die Gerade und die Symmetrie

Die französische Architektur ist anfänglich von der Kunst Italiens beeinflusst und übernimmt deren charakteristische Formen: Kuppeln, Dreiecksgiebel und monumentale Kolonnaden. Der Klassizismus ist von **ca. 1630 bis 1640** tonangebend, er ist die Affirmation der absoluten Monarchie. Dem entsprechen die klassischen Gebäude mit ihren dominierenden geraden Linien und ihrer Symmetrie, ohne dabei den effektvollen Dekor der Barockzeit anzustreben. Die Gartenbaukunst will die dem Menschen unterworfene und durch ihn beherrschte Natur zeigen, durch ihre raffinierten Perspektiven, geometrischen Bassins und Wasserspiele. Der **Städtebau** kommt auf, die Straßen sind eng, die Städte in der Provinz legen Plätze an, errichten Monumente, etwa die Place Mirabeau in Aix-en-Provence. Der Einfluss von **Vauban** wird durch den Stil seiner Befestigungsanlagen und Festungsstädte wie Neuf-Brisach sichtbar.

- **Jacques Le Mercier** (ca. 1585–1654) baut während der Herrschaft Ludwigs XIII. für Richelieu den Kardinalspalast, der nach seinem Tod zum Palais Royal wird; ferner die Kapelle der Sorbonne, in der sich Richelieus Grab befindet.

- **Louis Le Vau** (1612–1670) baut zu Anfang seiner Karriere zahlreiche Stadthäuser wie das Hôtel Lambert in Paris und dann ab 1656 das Schloss von Vaux-le-Vicomte für Fouquet. Er entwirft die Pläne für das *Kolleg der vier Nationen*, in dem heute das *Institut de France* und die *Académie française* residieren. 1661 wird er im Dienst des Königs damit beauftragt, die Wohnfläche von Versailles für Ludwig XIII. zu verdoppeln.

- **Claude Perrault** (1613–1688) baut unter Ludwig XIV. die Kolonnaden der neuen Louvre-Fassade. Er entwirft die Pläne für das Observatorium von Paris und baut den Triumphbogen im Faubourg Saint-Antoine.

Versailles

Im Jahre 1624 lässt sich Ludwig XIII. einen Jagdpavillon erbauen. Acht Jahre später arbeitet **Philibert Le Roy** diesen Pavillon zwischen 1631 und 1638 um, nach einem Architekturmodell aus Ziegeln und Steinen. Ludwig XIV., durch die Fronde gewarnt, will, um nicht ständigen Bedrohungen ausgesetzt zu sein, den Louvre verlassen und sich außerhalb von Paris niederlassen. Der Architekt Le Vau beginnt mit den Vergrößerungsarbeiten in Versailles; ihm folgt **François d'Orbay** (1634–1697), danach **Jules Hardouin-Mansart** (1646–1708). Letzterer baut die Spiegelgalerie; sie ist 73 Meter lang, 6 Meter breit, hat 17 Fenster, 17 Arkaden und 306 Spiegel. Die Gärten werden von **André Le Nôtre** (1613–1700) entworfen. Nachdem er die Gärten von Vaux-le-Vicomte für **Fouquet** geplant hat, wird er Gärtner Ludwigs XIV. in Versailles.

Der Klassizismus in der Malerei: Le Grand Goût

Die absolute Monarchie, die von Ludwig XIII. und Ludwig XIV. begründet wurde, macht aus Frankreich den mächtigsten Staat Europas. Frankreich präsentiert von sich ein Bild, das es auf dem Gipfel der Macht zeigt. Der äußere Schein wird im zwischenmenschlichen Umgang das ausschlaggebende Element, am Hof von Versailles ohnehin. In der zweiten Hälfte des Jahrhunderts, unter Ludwig XIV., Colbert und **Charles Le Brun** (1619–1690), wird der Klassizismus mit dem *Grand Goût*, dem Geschmack der Vornehmen, gleichgesetzt. Die klassizistische Kunst ist klar und geordnet.

6

Charakteristika der klassizistischen Kunst

Mehrere Eigenschaften kennzeichnen die klassizistische Kunst: Sie ist linienhaft – **die Zeichnung hat Vorrang**, die Umrisse sind deutlich, die Pinselführung ist glatt bei nachlässiger Behandlung der Formen oder der Licht- und Farbeffekte. Der Raum wird durch aufeinanderfolgende Ebenen dargestellt, die kräftigen Diagonalen des Barock fehlen. Die Motive, die von Ebene zu Ebene immer kleiner werden, befinden sich in der Mitte der Bildkomposition, was gegen den Bildrand hin eine Leere zur Folge hat. Werden **Motive und Figuren** oder Gebäude am Bildrand positioniert, sind sie immer sehr individualisiert und klar dargestellt. Auf den Porträts ist zeitgenössische Kleidung zu erkennen, aber auch Personen in antiken Gewändern oder in reichen Draperien. Generell sind die Dargestellten weniger entkleidet als im Barock. Die Themen sind vielfältig: Es gibt **sakrale und historische** Darstellungen, Allegorien und Porträts. Die Landschaftsmalerei ist bedeutend, doch immer ist der Mensch präsent, oft in imaginärer Umgebung.

Die klassizistischen Maler in Frankreich

Allmählich befreit sich die französische Malerei vom Geist und der Technik Italiens. Mit der Gründung der **Akademie für Malerei und Bildhauerei** im Jahre 1648 wird die französische Malerei gleichsam auf den Kopf gestellt: Die Künstler können arbeiten, ohne den kleinlichen Regeln einer Körperschaft unterworfen zu sein, ohne dass sie erst ein Meisterwerk produzieren müssen, um ihre Kunst nach eigenem Belieben ausführen zu können.

▪ **Georges de La Tour** (1593–1652) malt sakrale Bilder, doch auch Nachtszenen, in denen seine meisterhafte *Chiaro-scuro*-Technik zur Geltung kommt, die sich durch starke Hell-Dunkel-Kontraste auszeichnet. Er ist der Meister des klaren Lichts und der Interieurdarstellungen, die vom *Chiaro-scuro*-Effekt leben, wobei das Licht oft von einer Kerze herrührt. Die Komposition ist auf das Wesentliche reduziert, die Hintergrundausmalung fehlt völlig, die Pinselführung und die Farbe bestimmen die Umrisse. Vor allem ist de La Tour der subtile Meister der Verbindung von dunklen Massen mit hell leuchtenden Details. Seine berühmtesten Werke sind: *Der Falschspieler mit dem Karo-Ass* (1635), *Der Drehleierspieler* (1630), *Der Traum von St. Joseph* (1640), *Die Anbetung der Hirten* (1645).

▪ **Nicolas Poussin** (1594–1665) gilt als beherrschende Figur seiner Zeit. Sein Werk will das Weiterwirken der Kunst der Antike und derjenigen Raffaels betonen. Poussins Bilder haben meist antike Themen und sind durch ihre ausgeglichene Komposition gekennzeichnet. Seine Landschaften erscheinen historisch, religiös und philosophisch. Ab 1640 wird er berühmt, als er nach einem längeren Aufenthalt in Rom nach Frankreich zurückkehrt und Ludwig XIII. und Richelieu ihn bitten, die Arbeiten am Louvre zu beaufsichtigen. Um 1630 befreit er sich vom Barock und wendet sich mythologischen und biblischen Themen zu. Seine Personen sind nun statuarischer erfasst und Mystik sowie Symbolismus werden bedeutender, so etwa in den *Arkadischen Hirten* (1638). Seine wichtigsten Werke sind: *Venus und Adonis* (1626), *Inspiration des Dichters* (1630), *Raub der Sabinerinnen* (1634–1635), *Selbstporträt* (1650).

▪ **Claude Gellée** (1600–1682), genannt **Lorrain**, ein Zeitgenosse von Nicolas Poussin, ist der größte Landschaftsmaler Frankreichs seiner Zeit. Die ideale Welt, die er darstellt, besteht aus Elementen, die der Wirklichkeit entlehnt sind. Viele Maler sind von seinem Werk beeinflusst worden, so etwa **William Turner**. Lorrains wichtigste Werke: *Raub der Europa* (1667), *Die Einschiffung der heiligen Ursula* (1641), *Küstenlandschaft mit Acis und Galatea* (1657).

- **Charles Le Brun** (1619–1690) ist ein wichtiger Repräsentant der Akademie; er ist berühmt wegen seiner monumentalen Werke im Schloss Vaux-le-Vicomte, aber auch wegen seiner Porträts. Darunter befindet sich das Bild einer Gruppe, die das Gefolge des *Kanzlers Séguier* bildet. Als glühender Bewunderer Poussins geht Le Brun so weit, dessen Stil in seinen *Pastiches* nachzuahmen. Er beteiligt sich an der Kontroverse, die 1671 an der Akademie aufkommt, als sich die Anhänger der Farbe und die der Zeichnung gegenüberstehen, wobei Le Brun die Rolle der Letzteren verteidigt.

- **Hyacinthe Rigaud** (1659–1743) ist der offizielle Hofmaler Ludwigs XIV. und Mitglied der Akademie. Er malt auch Hofporträts; die Dargestellten sind in feierlicher Kleidung wiedergegeben, so auch der Herrscher in seinem schweren Krönungsmantel mit goldenen Lilien und Hermelinfutter.

6

Die klassische Skulptur

Die französische Skulptur des 17. Jahrhunderts verfügt weder über Spitzenwerke noch das Renommee der französischen Architektur und Malerei zu dieser Zeit.

- **Pierre Puget** (1620–1694) hat sehr schnell Erfolg, vor allem mit seiner Skulptur *Milons Tod* (1671–1682). Sein erstes wichtiges Werk, die *Atlanten* (1656–1658), bezeugt Einflüsse von Michelangelo und Bernini.

- **François Girardon** (1628–1715) arbeitet im Auftrag **Le Nôtres** für die Gärten von Versailles, für die dortige *Thetys-Grotte*. *Das Bad der Nymphen* (1668–1670), ein Flachrelief mit zarter Modellierung für die Wasser-Allee im Schlosspark von Versailles, sowie die ungestüme Gruppe *Raub der Proserpina* (1699) im sogenannten Boskett der Kolonnade, ebenfalls im Park von Versailles, gehören zu seinen bekanntesten Werken.

Die dekorativen Künste

Die Kunst der Tapisserie

Seit der Entwicklung von Gobelins erlebt die Kunst der Tapisserie einen großen Aufschwung. Die wichtigsten Tapisserie-Serien sind das *Alte Testament* und die *Odysseus-Folge* von Simon Vouet, die *Geschichte des Königs Ludwig XIV.* und die *Königlichen Häuser - Maisons Royales* von Le Brun (1663) sowie die Reihe über das *Leben der Jungfrau* von Philippe de Champaigne (1638-1657). Die wohl wichtigste Manufaktur für Gobelins ist in Paris. **Colbert** und **Ludwig XIV.** sorgen hier für einen beträchtlichen Aufschwung.

Die Kunst der Möbeltischlerei

Die Möbeltischlerei erhält ihren Adelsbrief durch die Familie **Boulle**, mit **André-Charles** (1642-1732), dem bekanntesten Vertreter, und seinen vier Söhnen **Jean-Philippe**, **Pierre Benoît**, **André-Charles II.** und **Charles-Joseph**. Die Intarsienarbeit, der Boulle d. Ä. seinen Namen gibt, ist durch die Kombination von Schildpatt oder Horn mit Metall gekennzeichnet.

3. Die klassische Literatur: Kult der Vernunft, der Frauen und des Honnête Homme

Die Literatur im 17. Jahrhundert ist durch den Respekt vor Monarchie und Religion gekennzeichnet. Das schließt keineswegs jeglichen kritischen Geist aus, was etwa für den bedingungslosen Moralisten **La Bruyère** gilt, wenn er den Hof und den Adel in Versailles beschreibt. Die Schriftsteller des 17. Jahrhunderts halten sich eher an die Beschreibung des inneren Menschen als an die der Gesellschaft oder der Politik. Sie analysieren die Bewegungen der Seele und den Fluss der Leidenschaften. In der zweiten Hälfte des 17. Jahrhunderts führt der Kult der Vernunft den Menschen in das Gebiet der Imagination und der Empfindung. Die literarischen Genres sind eindeutiger definiert, Regeln werden erlassen wie etwa die der Einheit von Zeit, Ort und Handlung, die für die Tragödie gilt. In der Sprache wird nach dem klaren und präzisen Ausdruck gesucht. Die Syntax, die bislang eher frei war, wird gleichfalls genauen Regeln unterworfen.

Zum ersten Mal nehmen **Frauen** anerkannte gesellschaftliche Rollen ein und besetzen öffentliche Funktionen. Sie sind in anerkannten gesellschaftlichen Räumen präsent, in den Salons, Theatern und auf Festen. Frauen tragen die ersten Tendenzen der Verbürgerlichung mit. Das Theater, die Komödie und Tragödie sind hervorragende Instrumente, um die neue gesellschaftliche Rolle der Frau zu bemessen, zu bewerten, zu beurteilen und in Szene zu setzen. Der Ehrenmann des 17. Jahrhunderts hat sein Vorbild in **Baldassare Castigliones Libro del Corteggiano,** dem *Buch vom Hofmann* (1528), der sich das lateinische Rezept zu eigen macht: *intus ut libet, foris ut moris est – Im Inneren mach, wie es dir beliebt; nach außen, wie es die Sitte will.* Der Gegensatz von innerer Überzeugung und gesellschaftlichem Raum wird im 17. Jahrhundert wesentlich werden, weil er die harmonische Geselligkeit regelt. Man kann das 17. Jahrhundert in drei große literarische Perioden einteilen:

- **Der Vorklassizismus**, von 1600 bis 1660: allmähliche Ausarbeitung einer Lehre inmitten vieler unterschiedlicher Tendenzen: barock, romanhaft, geziert, burlesk;
- **Die Zeit der reifen Klassik, die Hochklassik,** von 1660 bis 1680: die Zeit der Regeln und des guten Geschmacks;
- **Die Krise des Klassizismus** oder **Nachklassik** von 1680 bis 1715: durch die *Querelle des Anciens et des Modernes* gekennzeichnet, einen bedeutenden ästhetischen Streit.

6

Die Literatur vor 1660

■ **François Malherbe** (1555–1628), offizieller Hofdichter am Hof Heinrichs IV., hat nur wenige Werke hinterlassen: *Ode an Maria de Medici* (1600), *Stanzen* (um 1599), *Tröstung für M. du Perier* (1600), *Sonette* (1603–1627). Als Hauptvertreter der französischen Klassiker, die auf die Dichtergruppe der *Pléiade* reagieren, reinigt Malherbe gleichsam die Sprache und propagiert einen einfachen und klaren Stil. Seine Dichtung handelt von Moral, behandelt Gelegenheitsthemen und beruht auf harter Arbeit und großer technischer Meisterschaft. Unter dem Einfluss des **Salons der Marquise de Rambouillet**, der vor allem zwischen 1625 und 1645 aktiv war, entwickelt sich ein weltmännischer Geist – als Reaktion auf den eher gewöhnlichen, der am Hof Heinrichs IV. herrscht. Dieser raffinierte Geist führt zu einem neuen Ideal, dem des *honnête homme*, des Ehrenmannes, der formvollendet und verfeinert ist und seinen Anstand wie eine Kunst zelebriert. Die Auswüchse des Raffinements führen zu einer Geziertheit, die sich etwa im Schäferroman *L'Astrée – Die Schäferin Astrea* von **Honoré d'Urfé** (1607–1613) oder im Abenteuerroman *Artamène ou Le Grand Cyrus* (1649–1653) von **Mlle de Scudéry** zeigt.

▪ **Pierre Corneille** (1606–1684) widmet sich nach dem Studium der Rechte dem Theater; seinen ersten großen Erfolg hat er mit dem *Cid* (1636). 1647 wird er Mitglied der *Académie française*. Die meisten seiner Werke sind Komödien. Berühmt aber ist er wegen seiner Tragödien, in denen der Typus des idealisierten Römers in Gestalt von Titus Livius, Lukian oder Seneca als tragischer Held gezeigt wird. Die Tragödie Corneilles ist vor allem eine der Größe; die ethischen Werte übersteigen das gewöhnliche Verhalten der Menschen; die Liebe ist keine blinde Leidenschaft, sondern oft eine Pflicht.

▪ **Blaise Pascal** (1623–1662) äußert sich dank frühreifer Intelligenz schon in jungen Jahren in verschiedenen Bereichen. Mit 16 Jahren verfasst er einen *Traité sur les coniques – Abhandlung über den Kegelschnitt*; mit 19 konstruiert er für seinen Vater eine Rechenmaschine, die *Pascaline*. 1651 lässt er sich in Paris nieder und sucht das Kloster Port-Royal des Champs auf, in das er sich 1655 zurückzieht, nachdem er in der Nacht vom 23. November 1654 eine Erleuchtung hat, die er minutiös in einem *Mémorial*, einem schmalen Pergamentstreifen, festhielt, den man am Tage seines Todes bei ihm fand. Nach den satirischen *Provenciales* (1656–1657) beginnt er ein großes Werk, das der Wahrheit der christlichen Religion gewidmet ist. Doch er stirbt am 9. August 1662, bevor er das Werk fertigstellen kann. Seine entsprechenden Notizen werden von den Mitgliedern in Port-Royal gesammelt und in Teilen 1670 unter dem Titel *Pensées* veröffentlicht. In diesen *Pensées* zeigt Pascal den Menschen als unfähig zur Wahrheit und Gerechtigkeit, daher auch grundsätzlich unfähig zum Glück. Vom Wunsch nach Größe erfüllt, wird der Mensch immer wieder enttäuscht, weil er diesen Wunsch nicht befriedigen kann. Nur ein Mittel bleibt ihm, diesen Wunsch zu erfüllen: die Liebe Gottes.

Vor den Autoren, die von ihrem Schreiben leben oder es zumindest versuchen, berichtet eine Gruppe weltgewandter Schriftsteller von den eigenen Erfahrungen – und zwar in Form von Bekenntnissen gegenüber einem Freund:

▪ **Marie de Rabutin-Chantal** (1626–1696), Marquise de Sévigné, wird frühzeitig Witwe und führt eine lebhafte Korrespondenz mit ihren Freunden und vor allem mit ihrer Tochter, Madame de Grignan. Ihre *Briefe* zeichnen ein lebendiges Bild der Gesellschaft ihrer Zeit.

▪ **Madame de La Fayette** (1634–1693) schreibt in *Princesse de Clèves* (1678) über die Psychologie der Liebe an einem Adelshof.

▪ **François de Marcillac** (1613–1680), Herzog von **La Rochefoucauld**, Verfasser der *Maximes* (1665), sowie auch sein Intimfeind, der **Kardinal de Retz** (1613–1679) in seinen *Mémoires* (posthum veröffentlicht 1717), beschreiben vor dem Hintergrund der turbulenten Ereignisse während der Fronde ihre Enttäuschung über das Leben.

Die Literatur von 1660 bis 1680

▪ **Jean-Baptiste Poquelin** (1622–1673), genannt **Molière**, weigert sich, den Beruf seines Vaters, der königlicher Tapissier ist, zu ergreifen, und gründet 1643 mit Mitgliedern der Schauspieler-Familie Béjart, vor allem mit Madeleine Béjart, die Truppe *Illustre-Théâtre*. Molières Leben ist ein bis zur Erschöpfung geführter Kampf mit dem Ziel, seine Stücke aufführen zu können – trotz der durch seine bissige Satire aufgekommenen Opposition, die es schafft, den *Tartuffe* von 1664 bis 1669 verbieten zu lassen. Sein sehr umfangreiches Werk umfasst Farcen, *comédies-ballets* sowie Sitten- und Charakter-Komödien. Zusammen mit Jean-Baptiste Lully schafft er Aufführungen für den Hof in Versailles, bei denen Ludwig XIV. in den *comédie-ballets* zuweilen selbst die Hauptrolle tanzt. Molières wichtigste Werke sind: *Die lächerlichen Preziösen* (1659), *Schule der Ehemänner* (1661), *Schule der Frauen* (1662), *Der Tartuffe* oder *Der Heuchler* (erste Version in drei Akten, 1664; Schluss-Version, 1669), *Don Juan* (1665), *Der Menschenfeind* (1666), *Der Geizige* (1668), *Der Bürger als Edelmann* (1670), *Der eingebildete Kranke* (1673).

▪ **Jean de La Fontaine** (1621–1695) kommt 1659 in Paris an und befreundet sich mit Fouquet, dem *Surintendant des Finances*, dem obersten Beamten der Finanzverwaltung unter Ludwig XIV. 1665 veröffentlicht er die *Contes et nouvelles en vers*, dann die ersten sechs Bücher seiner *Fabeln* (1668), denen 1678 vier weitere folgen. Das 12. und letzte Fabelbuch erscheint 1694, ein Jahr vor seinem Tod. La Fontaine bezieht seine Inspiration aus der gründlichen Kenntnis vieler Autoren, etwa Aesop, Babrius (2. Jahrhundert v. Chr.), aber auch mittelalterlicher Schwänke. Die gesamte Gesellschaft des 17. Jahrhunderts wird bei La Fontaine in die Tierwelt versetzt und auf diese Weise der Kritik ausgesetzt. Die sehr konstruierten Handlungen entwickeln sich rasch mit Exposition, Peripetie und oft einer logischen Auflösung.

■ **Jean Racine** (1639–1699) lernt von 1665 bis 1658 an der Schule von Port-Royal und verbringt seine Jugend unter den Jansenisten. Sein erstes Stück als Dramatiker ist die *Andromache* (1667); später folgt der Misserfolg *Phaedra* (1677), wonach er sich vom Theater zurückzieht und nicht mehr schreiben will. Mme de Maintenon überzeugt ihn jedoch, weiterzuarbeiten, und so verfasst er *Esther* (1689) und *Athalie* (1691); Werke für die Mädchen des von ihr gegründeten adligen Mädchenpensionats Saint-Cyr. Racines Hauptwerke sind: *Andromache* (1667), *Die Prozessierenden* (1668), *Britannicus* (1669), *Berenike* (1670), *Bajazet* (1672), *Mithridates* (1673), *Iphigenie* (1674), *Phaedra* (1677), *Esther* (1689) und *Athalie* (1691). Im Unterschied zu den Tragödien Corneilles behandeln Racines Werke die Liebe und die durch sie hervorgerufenen Leidenschaften. Er zeigt, wie diese Leidenschaften jegliche Ordnung stören und die Vernunft außer Kraft setzen, was zu einer gleichsam griechischen Fügung des Schicksals wird.

■ **Jean de La Bruyère** (1645–1696) ist nach Montaigne und La Rochefoucauld ein weiterer bedeutender Moralist. Durch den Erfolg der ersten Veröffentlichung seiner *Charaktere von Theophrastos* im Jahr 1688 ermutigt, erweitert er sie bis zur letzte Fassung von 1694. Die erste Ausgabe enthält vor allem Maximen, weniger dagegen Porträts. Die *Charaktere oder Sitten unseres Jahrhunderts* sind von psychologischer Genauigkeit, sie wollen die Zeitgenossen bissig porträtieren, aber ihnen auch helfen, indem sie sie die eigenen Fehler erkennen lassen.

4. Die französische Philosophie im 17. Jahrhundert: Der Gegensatz von Glaube und Vernunft

Das 17. Jahrhundert ist eine Zeit wahrer wissenschaftlicher Umwälzungen. Die pythagoreische Natur wird zur «mathematisierten» Natur. Die durch die astronomischen Theorien des **Ptolemäus** (90–168) definierte, antike Welt, die noch als klar geordnet und abgeschlossen begriffen wurde, auch in Bezug auf Werte und gesellschaftliche Hierarchien, endet im 17. Jahrhundert. Mit den Arbeiten von **Kepler** (1571–1630) und **Galilei** (1564–1642) kommen zwei bedeutende Veränderungen auf, die Physik und Astronomie betreffen. Die Welt ist nun nicht mehr die der Alten, ist nicht mehr auf eine Weise organisiert, bei der es genügt, allein den Gesetzen zu folgen, um Gutes zu tun. Sie wird vielmehr als eine Gesamtheit von Körpern begriffen, die wie eine Maschine geregelt sind. Die Natur wird nun in der «Sprache der Mathematik» beschrieben, deren Kennzeichen Dreiecke, Kreise und viele andere geometrische Figuren sind – und durch sie kann man den Sinn der Natur verstehen. Der menschliche Körper ist – wie andere Mechanismen – nach einem einfachen mechanischen Plan organisiert, und der menschliche Verstand gerät ins Zentrum aller Betrachtungen und Fragen.

Heliozentrismus und Mechanismus sind die beiden Referenzpunkte des 17. Jahrhunderts, die eine radikal andere Sicht, eine radikal andere Vorstellung von Mensch und Welt nach sich ziehen. Zu Wissen gelangt man zwangsläufig und ausschließlich durch objektive Erklärungen. Dadurch kommt der Mathematik ein ontologischer Status zu. Die geometrischen Figuren sind nicht nur objektive Erklärungen: Sie sind das Wesentliche. So begrenzen die der Logik entsprungenen Wahrheiten die Freiheit des göttlichen Willens. Sie bewirken den Gegensatz von Glaube und Vernunft, von Philosophie und Theologie. Auf diese Weise werden für die Natur und folglich auch für die Körper nur mehr rein mechanistische Erklärungen zugelassen; sie können nicht mehr nach künstlerischem oder psychologischem Vorbild durch Darstellung und Bewegung erfasst werden. **Pascal** entdeckt das Nichts, das ihn dazu bringt, Fragen über den Ort des Menschen in der Natur zu stellen.

6

Zwei große Denkströmungen sind in der Philosophie des 17. Jahrhunderts zu erkennen:

- **eine rationalistische Strömung**, deren wichtigste Vertreter **Descartes** in Frankreich, **Spinoza** in Holland und **Leibniz** in Deutschland sind. Dieses Denken besagt, dass es im menschlichen Verstand angeborene Ideen gibt;
- **eine empiristische Richtung**, vertreten durch englische Philosophen wie **Bacon**, **Hobbes**, **Locke**, **Berkeley** und **Hume**. Sie sagen, dass der Gelehrte durch Erfahrung zur Kenntnis der Naturgesetze gelangt.

Der Rationalismus: René Descartes

René Descartes (1596–1650) gilt als Begründer des modernen Rationalismus. Für ihn erschafft der Mensch einzig durch den Verstand die Wahrheit. Der Zweifel ist notwendig, um dorthin zu gelangen, und er muss auf das Sinnliche wie auf das Intelligible angewandt werden. Nachdem der Zweifel überwunden und an seine Stelle Sicherheit getreten ist, erfolgt die Offenbarung des «Ich denke» und seiner Natur. Gott ist der Garant der Authentizität des menschlichen Denkens und der Wahrheit.

Von 1606 bis 1614 studiert Descartes am Collège de la Flèche. Danach tritt er 1618 in die Armee des Fürsten Moritz von Nassau ein. Nach dem Ende seines Militärlebens macht er Reisen nach Norddeutschland und Holland (1620). Das Jahr 1625 ist das Jahr seiner Rückkehr nach Frankreich und der Beginn seiner philosophischen Arbeit. 1629 lässt er sich in Holland nieder, wo er die *Regulae ad directionem ingenii – Regeln zur Leitung des Geistes* verfasst. 1633 wird seine *Inquisitio veritatis per lumen naturale – Die Untersuchung der Wahrheit durch das natürliche Licht* vollendet. Diese Untersuchung ist zweiteilig: Eine Untersuchung des Lichts wird von einer des Menschen gefolgt, dem *Traité de l'homme*. Als Descartes von der Verurteilung Galileis erfährt, weigert er sich, sein Werk zu publizieren, da es die Vorstellung der Bewegung der Erde um die Sonne enthält. Dafür erscheint, ohne Autorenangabe, ein Band mit drei kleinen Abhandlungen mit den Titeln *La Dioptrique* (Lichtbrechungslehre); *Les Météores*; *La Géométrie*. Der gemeinsame Titel lautet: *Discours de la méthode pour bien conduire sa raison et chercher la vérité dans les sciences – Abhandlung über die Methode, richtig zu denken und Wahrheit in den Wissenschaften zu suchen* (1637). 1639 und 1640 erscheinen seine *Meditationes de prima philosophia – Meditationen über die Grundlagen der Philosophie*. Sie rufen allerdings Einwände von Philosophen und Theologen hervor, denen das Manuskript unterbreitet wurde (**Hobbes**, **Arnauld**, **Gassendi**). Descartes antwortet in Form von Kommentaren, die seine *Meditationen* erklären. Im Jahre 1644 stellen die *Prinzipien der Philosophie*, seiner *Inquisitio* entnommen, seine gesamte Metaphysik und Wissenschaft dar.

■ **Seine Lehre:** Die Originalität seiner Philosophie lässt sich in seiner Leitidee zusammenfassen: **die mathematische Methode** auf **sämtliche Bereiche des Wissens** auszudehnen und damit eine *mathesis universalis* zu begründen, eine alles erklärende Universalmathematik. Descartes weist der Methode einen besonderen Platz innerhalb seiner Philosophie zu und unterwirft sie der Ordnung des Verstandes. Seine Methode beschränkt sich darauf, nur das als wahr anzunehmen, was offensichtlich ist. Die Mathematik garantiert die Verständlichkeit der Natur; und wenn das so ist, dann deshalb, weil Gott die Natur nach mathematischem Plan ersonnen hat. Infolgedessen kann das Denken bei Descartes' Analyse der Welt nur objektive Tatsachen berücksichtigen und muss alle Hypothesen, die auf Wertvorstellungen, auf Finalität und Hierarchie gegründet sind, zurückweisen. Die erste Lehre, die man in seiner Abhandlung über die Methode findet, ist die folgende: «Die erste Regel war, niemals eine Sache für wahr anzunehmen, ohne sie als solche genau zu kennen; d. h. sorgfältig alle Uebereilung und Vorurtheile zu vermeiden und nichts in mein Wissen aufzunehmen, als was sich so klar und deutlich darbot, dass ich keinen Anlass hatte, es in Zweifel zu ziehen.» (*Abhandlung über die Methode, richtig zu denken und Wahrheit in den Wissenschaften zu suchen*; Philosophische Werke, Abt. 1, S. 32) Diese erste Lehre, auch Evidenz-Regel genannt, bringt einen dazu, sich zu fragen: Was versichert mich der Evidenz dieser oder jener Idee? Woher weiß ich, dass diese Idee mir wahrhaft offenkundig und evident ist? Sehe ich sie in vollständiger Klarheit? Nein, das reicht nicht; es könnten falsche Klarheiten vorliegen und die Evidenz könnte täuschen. Warum aber präsentiert sich der Irrtum dem Geist wie eine offenkundige Wahrheit? Weil das Urteil nicht von der Intelligenz abhängt, sondern vom Willen, vom freien Willen. Die Fähigkeit, das Offenkundige, die Evidenz zu erfassen, zeichnet demnach ein gesundes Urteil aus. Die Intuition entsteht einzig aus dem Verstand und ist rein intellektuell. Die drei folgenden Lehren lassen sich so zusammenfassen: analysieren, eine Synthese erstellen, aufzählen. Die Analyse versteht sich als ein Verfahren, das bis zu den Grundlagen vordringt, aus denen sie entspringt; sie überführt das Unbekannte ins Bekannte.

6

Die Synthese ist Deduktion, insofern sie darin besteht, das Komplexe aus dem Einfachen zu erschaffen. Die Ordnung macht es möglich, dessen genauen Ort festzulegen. Für Descartes ist dies eine notwendige Voraussetzung. Die Intuition muss so genau sein, dass sie nicht nur sich jedes Elementes bewusst werden kann, sondern auch der Beziehungen, die die einzelnen Elemente verbinden. Den Werken Descartes' liegt eine **Methode** zugrunde, eine **Metaphysik**. Der Grund seines Systems ist der Glaube an einen Gott und an das Gute in Gott.

Die Verbreitung des Cartesianismus

In Holland, Frankreich, Deutschland, England und Italien breitet sich der Cartesianismus schnell aus. Die gesamte moderne Philosophie erkennt sich bald in Descartes. Vor allem aber erkennen sich die Denker des 17. Jahrhunderts in ihm. Dieser Einfluss wird auch im 18. Jahrhundert nicht geringer, obgleich von Fontenelle bekräftigt und von Locke bestritten. Doch im 19. Jahrhundert taucht er in Frankreich mit Nachdruck in der Schule von Maine de

Biran und Victor Cousin auf. Das wichtigste Erbe des cartesianischen Denkens ist für uns die Idee der Kritik, die die moderne Philosophie in Bezug auf das Problem der Erkenntnis zutiefst prägt.

Nicolas Malebranche, die Suche nach der Wahrheit

Der Oratorianer-Priester Malebranche (1638–1715) versucht eine Versöhnung des Denkens von Descartes mit der christlichen Weltsicht. Ist auch Gott uns durch die Offenbarung bewiesen, so beweisen wir ihn ebenso durch den Verstand. Der Mensch findet seine Ideen in der Schau Gottes. Gott ist die einzige wirkliche Ursache, die auf die Welt einwirkt. Dies ist die Theorie des Okkasionalismus. Von 1654 bis 1659 studiert **Nicolas Malebranche** Theologie an der Sorbonne. Als Waisenkind kehrt er danach zu den Oratorianern zurück und wird 1664 zum Priester ordiniert. Das Erscheinen seiner ersten Abhandlung, *Von der Erforschung der Wahrheit* (1674–1675), bezeugt seine Verbundenheit mit zwei Methoden: der cartesianischen Physik und dem augustinischen Platonismus.

▪ **Die Metaphysik:** Die Metaphysik Malebranches bezieht sich auf zwei Themen: auf den Schöpfergott und auf seine Schöpfung. Malebranche sagt, dass unsere Welt weit davon entfernt sei, vollkommen zu sein; Gott hätte eine bessere erschaffen können. Ist er aber so verfahren, dann deshalb, um «nicht gegen die Wege, die seiner am würdigsten sind, zu verstoßen». Im Gegensatz zu **Leibniz** zeigt Malebranche, dass keine vollständige Übereinstimmung zwischen Gottes Vollkommenheit und der Schöpfung besteht. Die Frage nach der Erschaffung der Lebewesen beantwortet Malebranche im Sinne des Okkasionalismus: Alle Schöpfung gehört dem Schöpfer. Diese göttliche Kausalität wird nach allgemeinen Regeln präzisiert. Die Geschöpfe agieren nicht alleine, aus sich heraus; weder wirken die Körper auf die Geschöpfe ein, noch wirkt die Seele auf den Körper.

IV

Spanien im 17. Jahrhundert

1. Die politische Entwicklung

Philipp III. (1598–1621) lässt an seiner statt seinen Ersten Minister, den **Grafen von Lerma** (1550–1625), regieren. Der aber plündert das Reich aus und führt Nepotismus und Korruption ein. 1609 werden die Mauren vertrieben, wodurch das Königreich seiner Landarbeiter, Handwerker und Händler beraubt wird. Der König ergeht sich in einem Leben voller Vergnügungen, einzig bedacht auf die Beachtung eines immer starrer werdenden Hofzeremoniells. Sein Sohn **Philipp IV.** (1621–1665) folgt ihm und setzt die Regierung durch Günstlinge mit dem **Grafen Olivares** (1587–1645) fort. Von 1621 bis 1643 versucht Olivares die Korruption einzuschränken, muss sich jedoch dem Aufstand in Katalonien und dem Krieg mit Portugal stellen, das 1640 unabhängig wird und **Johann IV.** (1640–1656) zum König ausruft. 1643 wird Olivares entlassen und verbannt. Der König entscheidet sich, allein zu regieren, auch wenn er sich Rat beim Neffen von Olivares einholt, **Luis de Haro Guzmán y Sotomayor** (1598–1661).

Der Bürgerkrieg in Katalonien dauert zwölf Jahre, von 1640 bis 1652, und erschöpft die Finanzen des bereits ausgebluteten Königreichs. Die unglückselige Teilnahme Spaniens am Dreißigjährigen Krieg (1618–1648), die die Habsburger in Österreich unterstützen soll, endet mit dem Westfälischen Frieden (1648); die Niederlande erhalten ihre Unabhängigkeit. In der Schlacht von Rocroi (1643) besiegt, unterzeichnet Philipp IV. 1659 den Pyrenäen-Vertrag, wodurch er das Artois und einen Teil seiner flämischen Besitzungen verliert. Spanien ist nicht mehr in der Lage, Krieg zu führen. Nun ist Frankreich die erste europäische Macht. Philipp IV. stirbt am 17. September 1665 und überlässt den Thron seinem vierjährigen Sohn.

Karl II. (1665–1700) wird bis 1675 der Autorität seiner Mutter unterstellt, der Regentin **Maria Anna von Österreich** (1634–1696). Doch sie übt bis zu ihrem Tod einen maßgeblichen Einfluss auf ihren Sohn aus. Von schwacher

Konstitution und ständig krank, kann Karl II. nicht alleine regieren. Seine Mutter vertraut die Regierung dem österreichischen Jesuiten **Johann Nidhard** (1607–1681) an, der zwischen 1666 und 1669 Großinquisitor in Spanien ist. Nidhard wird von einer Koalition der Granden abgesetzt, die vom Halbbruder des Königs, **Juan José de Austria** (1629–1679) angeführt wird, der Spanien bis zu seinem Tod regiert. Karl II. stirbt am 1. September 1700, nachdem er jahrelang wechselnd unter epileptischen Anfällen und geistiger Umnachtung gelitten hat. Per Testament überträgt er seinen Thron an Philipp, Herzog von Anjou, Enkel Ludwigs XIV., der zum König **Philipp IV.** (1700–1746) wird. Die anderen europäischen Nationen finden sich mit dieser Stärkung der französischen Macht nicht ab und beginnen den Spanischen Erbfolgekrieg, der von 1701 bis 1714 dauert.

2. Die spanische Kunst im 17. Jahrhundert

Die Malerei: El Greco, Zurbarán, Velázquez

Durch Sevilla und Madrid kommt ein nationaler Stil auf: religiös und von großer malerischer Qualität. Italienische Einflüsse sind darin erkennbar.

El Greco in Toledo

Domenikos Theotokopoulos, genannt **El Greco** (1541–1614), wird in Griechenland geboren, das damals ein venezianisches Protektorat ist; er stirbt in Toledo. Die ersten Jahre dieses Malers bleiben im Dunkeln. Byzantinischer Einfluss ist in der Serie der Heiligen zu erkennen: *Der heilige Martin mit Bettler*, *Johannes der Täufer*, *Der heilige Paulus*, *Heiliger Hieronymus als Kardinal*. Weitere Einflüsse El Grecos kommen aus der venezianischen Malerei, vor allem von **Tizian**; man nimmt an, El Greco sei dessen Schüler gewesen. Dieser Einfluss ist sichtbar vor allem in der farblichen Harmonie des *Traums von Philipp II.* oder den Blitzen, die über den nächtlichen Himmel im *Martyrium des heiligen Mauritius* aufleuchten. Bei einem Aufenthalt in Rom entdeckt er die Malerei Michelangelos, die er allerdings nicht schätzt. Im Anschluss geht er nach Spanien, wo er sich in Toledo niederlässt. Dort malt er für die Kirche Santo Domingo el Antiguo eine Altarretabel und seine berühmten Bilder: *Himmelfahrt*, *Heilige Dreifaltigkeit*, *Entkleidung Christi auf dem Kalvarienberg (El Expolio)*.

Darauf folgt die den Porträts gewidmete Periode: *Ganzfigurenporträt des Malteserritters Vincenzo Anastagi*, *Kardinal Fernando Niño de Guevara*. Im Jahre 1586 gibt ihm der Pfarrer von Santo Tomé, Andrés Núñez, den Auftrag für das *Begräbnis des Grafen Orgaz*. Dabei geht es um die Darstellung der Frömmigkeit von **Don Gonzalo Ruiz**, dem Herrn von Orgaz, einem Ritter des 14. Jahrhunderts. Nach einer Legende erschienen bei dessen Beerdigung die Heiligen Augustinus und Stephanus. Die Häupter der dargestellten Männer bilden eine Art Trennungslinie zwischen den beiden Welten: unter ihnen die Erde, über ihnen der Himmel. Die vornehme Toledaner Gesellschaft wohnt der Erscheinung der beiden Heiligen bei, während die Seligen im Himmel die Präsentation der Seele des Grafen Orgaz schauen, die der *Deesis* vorgeführt wird, dem urteilenden Christus. Dieser ist von der Jungfrau Maria und Johannes dem Täufer umgeben, zwei traditionellen Fürsprechern.

Die letzten Werke El Grecos sind die *Apostolados*, Porträts der Apostel, im Kloster San Pelayo de Oviedo und in der Kathedrale von Toledo. Der Maler stellt seine Figuren mit lang gestreckten Körpern dar, was sie würdevoll und übergroß erscheinen lässt, was wiederum den Charakter ihrer Heiligkeit verstärkt: *Der heilige Petrus*, *Der heilige Ildefons*, *Der heilige Jakobus Major*, *Der heilige Augustinus*, *Der heilige Bernhard von Siena* ...

Die Technik El Grecos beruht auf dem Gegensatz von Kolorit und Schwarz, vor allem durch die Neuartigkeit, die darin besteht, diese zu überlappen, um den Gegensatz noch zu verstärken, ohne durch die Zeichnung eine zu klare Trennlinie zu ziehen. Als Vorläufer von Velázquez liebt El Greco das Unvollendete, was ihn dazu treibt, nach Beendigung eines Bildes dieses mit Farbflecken gleichsam zu retuschieren. Eines seiner letzten Gemälde – zudem die einzige Mythologie bei ihm – ist ein packender *Laokoon*. Man sieht hier die dramatische Inszenierung des Lebens von El Greco selbst. Laokoon, von Apollo mit seinen Söhnen zum Tod durch Schlangenbisse verurteilt, weil er den Trojanern verboten hat, das Holzpferd in ihre Stadt zu lassen, hat bei El Greco die Stadt Toledo als Hintergrund.

Zurbarán, Maler der Mönche

Don Francisco de Zurbarán (1598–1664) erhält seine künstlerische Ausbildung in Sevilla, wo er auch seine ersten Aufträge erhält, ehe ihn der Erfolg 1634 an den Hof nach Madrid bringt. Dort arbeitet er unter Leitung von Velázquez. Dennoch verlässt er sehr bald die von ihm wenig geschätzte höfische Umgebung und führt von 1638 bis 1639 zwei Serien von Bildern aus, die das Kloster von Guadalupe und die Kartause von Jerez schmücken. Seine wichtigsten Werke aus seiner in Llerena verbrachten Jugendzeit: *Das Leben des Heiligen Dominikus* in 14 Szenen sowie die Ausmalung des Klosters von Mercedari aus seiner Zeit in Sevilla 1628. Die Hofmalerei wird durch mythologische Szenen und weltliche Ereignisse repräsentiert. Zurbarán kehrt danach zu **religiösen Themen** zurück, die er bevorzugt. Seine letzten Jahre sind dadurch überschattet, dass der Hof ihn vergisst und er finanzielle Schwierigkeiten hat, wie es auch bei El Greco der Fall gewesen ist, der nie von Philipp II. begünstigt wurde.

Velázquez, der Porträtist

Diego Rodríguez de Silva Velázquez (1599–1660) signiert seine Werke mit dem Nachnamen seiner Mutter, **Diego Velázquez**. Am Hof wird er «der Sevillaner» genannt, nach seinem Geburtsort Sevilla. Dennoch ist er portugiesischen Ursprungs. Velázquez gewährt schon in seiner ersten Phase der Zeichnung mehr Aufmerksamkeit als der Farbe und teilt die Bilder in zwei Klassen ein: die großen Themen (Religion, Geschichte) und die eher banalen (Landschaften, Stillleben). Die **Sevillaner Periode** währt von 1617 bis 1622; dazu gehören: *Hl. Evangelist Johannes auf Patmos*, die beiden *Tischszenen*, der *Wasserträger von Sevilla*.

Im Jahr 1621, als Philipp IV. den Thron besteigt, begibt sich Velázquez nach Madrid, wo er von seinem Lehrer Francisco Pacheco del Río dem Großherzog von Olivares vorgestellt wird, dem Ersten Minister des Königs, an dessen Stelle Olivares regiert. Einem ersten Aufenthalt dort folgt ein zweiter, wo Velázquez den Titel des Hofmalers des spanischen Königs erhält. Es ist dies die **erste Madrilenische Periode** (1623–1629). In deren Verlauf führt Velázquez seine Porträtkunst zum Höhepunkt: Ganzkörperporträt von *König Philipp IV.* (1624), Porträt des *Infanten Don Carlos* (1626–1628), Porträt des *Gaspar de Guzmán, Herzog von Olivares* (1624). Von 1629 bis 1631 erhält Velázquez vom König Urlaub zugebilligt und begibt sich nach Rom, um dort Tizian, Tintoretto und Michelangelo zu studieren. Zurück am Hof nimmt er die Porträtkunst wieder auf, verleiht ihr mehr Intensität: *Philipp IV.* und *Isabella von Bourbon* (1632). Die **zweite Madrilenische Periode** (1631–1648) hat im Wesentlichen drei Themen: Jäger, Ritter und Narren. Die Jagdporträts: *Philipp IV.* (1631), *Kardinal-Infant* (1633), *Don Carlos* (1626–1628), ergänzt durch Darstellungen zu Pferd: *Philipp IV.* (1623), *Prinz Baltasar Carlos zu Pferd* (1635), *Gaspar de Guzmán, Graf von Olivares, zu Pferd* (1638). Die Reiterporträts im

Palast Buen Retiro sollen die Wände des Salons der Königin schmücken. Zurbarán malt dort die *Taten des Herkules*, die das Haus Österreich verherrlichen sollen, wobei Herkules durch seinen Sieg über Geryoneus zum Gründer des spanischen Throns wird, der vom Haus Habsburg besetzt ist. Velázquez' Porträts der Hofzwerge gehören zur Tradition der Hofmalerei, doch er verleiht ihnen neue Kraft, indem er keine ihrer Schwächen verbirgt: *Don Sebastián de Morra* (1645), *Das Kind von Vallecas* (1635–1645), *Juan de Calabazas* (1639). 1648 reist Velázquez erneut nach Italien, wo er das Porträt des neuen Papstes *Innozenz X.* malt (1650); 1651 kehrt er nach Madrid zurück.

Die Bilder seiner letzten Periode sind die berühmtesten, dazu gehören *Las Meninas* (1656), die Porträts der neuen *Königin Maria Anna von Österreich* (1652–1653), der *Infantin Maria Teresa* (1659) und die Reihe von Porträts der *Infantin Margarita* (1653–1654).

Die Architektur des 17. Jahrhunderts

Der maurische Einfluss geht zugunsten einer Hinwendung zu nationalen Einflüssen zurück. In Andalusien wie in Aragon hält sich der Mudéjar-Stil noch eine Zeit. Obwohl er von Herrera dem König Philipp II. empfohlen wurde, erreicht **Juan Gómez de Mora** (1586–1648) nicht Herreras Strenge: Er baut das Jesuiten-Kolleg in Salamanca (1617) und die Plaza Mayor in Madrid. Ein **zweiter Barock** beginnt um 1650, begünstigt durch mehrere Ereignisse, etwa durch die Ankunft Anna von Österreichs in Madrid (1648) oder die Beerdigung von Marie-Louise d'Orléans (1689). Dieser Stil weist etwa die gedrehte Säule im Innenbereich auf. Ferner entstehen große Altarretabeln wie die 1693 von Jose **Benito de Churriguerra** (1665–1725) geschaffene in Sant Esteban in Salamanca. Churriguerra ist der Namensgeber für den spanischen Barock-Stil, den sogenannten Churriguerra-Stil: Die Architektur wird hier vom Dekor geradezu verschlungen.

V

England im 17. Jahrhundert

1. Die politische Entwicklung

Engländer und Schotten

Jakob I. (1603–1625) herrscht über England und Schottland, doch beide Königreiche behalten ihre eigenen Institutionen bis 1707 bei, als aus der Fusion der beiden Länder das Vereinte Königreich von Großbritannien entsteht. Der König will eine Monarchie errichten, die immer absoluter wird. Das Parlament beruft er kaum ein. 1605 entkommt er nur knapp einem Attentat katholischer Verschwörer: dem *Gunpowder Plot*. Hierdurch alarmiert, respektiert Jakob von nun an bis zu seinem Tod im Jahr 1625 die Freiheitsrechte des Parlaments. Sein Sohn **Karl I.** (1625–1649) erweist sich schon zu Beginn seiner Herrschaft als autoritär und schroff, er will als absoluter Monarch regieren. Das Königreich teilt sich wieder, ein Bürgerkrieg bricht los. Die Armee des Königs zählt 20 000 Ritter, Bürger und Perücken tragende Adlige. Im Parlament sitzt eine Gruppe *Roundheads* (Rundköpfe), Puritaner, Männer aus dem Volk, die deshalb so heißen, weil sie keine Perücken tragen.

Ab 1644 übernimmt **Oliver Cromwell** (1599–1658), von niederem Adel aus dem Nordosten stammend und seit 1628 ins Parlament gewählt, nach und nach die Führung der Armee und der Oppositionsbewegung gegen den König. Auf eigene Kosten hebt er eine Miliz aus, die *Ironsides*, die «Eisenharten» genannt, denn die Angreifer zerbrechen an ihnen, als wären sie aus Metall. In der Schlacht von Naseby (14. Juni 1645) werden die Adligen geschlagen. **Karl I.** flieht nach Schottland. Das schottische Parlament verlangt, dass er die presbyterianische Kirche offiziell anerkennt. Der König weigert sich. Die Schotten liefern ihn an Cromwell aus. Das Parlament erwägt, den König wieder einzusetzen und ihn streng zu kontrollieren, was wiederum Cromwell verweigert. Von der Armee unterstützt, besetzt er London im Dezember 1648, nimmt die Abgeordneten, die eine Rückkehr des Königs auf den Thron befürworten, fest und zwingt die Unentschlossenen, die um ihr Leben fürchten, ins Exil. Es bleibt nur noch ein *Rumpfparlament* übrig, das Cromwell vollständig ergeben ist. Es verurteilt Karl I. wegen Hochverrats zum Tode. Der König wird am 3. Januar 1649 in London enthauptet.

Die Republik England (1649–1660)

Im Mai 1649 wird die Republik England proklamiert. Das Rumpfparlament übt die legislative Gewalt aus; Cromwell muss die Armee anführen, um die Aufstände in Irland und Schottland zu bekämpfen. 1651 lässt er die *Navigationsakten* annehmen, die allein englischen Schiffen den Handel mit England vorbehalten, mit der Absicht, die mächtige holländische Handelsflotte zu schädigen. Dies führt zu einem Krieg zwischen den beiden betroffenen Nationen. Cromwell regiert immer autoritärer, zum großen Missbehagen des Rumpfparlaments. Am 20. April 1653 vertreiben die Soldaten Cromwells die letzten Abgeordneten. Der Staatsrat wird aufgelöst. Im Dezember 1653 wird Cromwell *Lord Protector*. Er übt nun de facto eine Diktatur aus, ernennt Abgeordnete und versammelt sie zu einem Scheinparlament; er ernennt auch Staatsräte. Der intolerante Puritaner Cromwell behauptet, das Königreich Gottes auf Erden zu errichten; er schließt Theater und Gasthäuser. Am 3. November 1658 stirbt er. Sein Sohn **Richard Cromwell** (1626–1712) folgt ihm als *Lord Protector*, verzichtet aber im Mai 1659 auf die Macht.

Die Restauration

General **George Monk** (1608–1670), einst ein Vertrauter Oliver Cromwells, hat von diesem das Oberkommando über die schottische Armee erhalten und setzt sehr bald das *Lange Parlament* wieder ein. Dieses Parlament ist nun der eigentliche Repräsentant der Nation und wird Ende April 1660 zum *Convention Parliament*. Im Mai stimmt es für die Restauration des Sohnes von Karl I., der im französischen Exil lebt und als **Karl II.** (1660–1685) König wird. Der neue König ist ein wendiger Zyniker, der dem Vergnügen frönt und ungestört herrschen will. Dabei ist er misstrauisch auf seine Autorität bedacht. Wenig einsichtig in die menschliche Natur, denkt er, dass er jeden Menschen für sich gewinnen, sprich korrumpieren kann. Ab 1661 stützt er sich auf ein Parlament von Rittern, das von rachgierigen Royalisten beherrscht wird. Der Leichnam

Oliver Cromwells wird exhumiert und aufgehängt. Im September 1666 verwüstet ein Großfeuer London und zerstört mehr als 13 000 Häuser. Die offizielle Bilanz von acht Toten ist grob untertrieben; die Zahl der Opfer geht in die Tausende. Die Veröffentlichung der *Declaration of Indulgence*, der Erklärung der Gewissensfreiheit (1672), erweitert die Religionsfreiheit auf nicht-konformistische protestantische Kirchen; auch Katholiken dürfen fortan private Gottesdienste abhalten. Das Parlament sieht hierin einen Text, der den Katholiken zum Vorteil gereicht. Es zwingt dem König 1673 den *Test Act* auf: Jeder Inhaber eines öffentlichen Amtes muss anerkennen, dass es außerhalb der Kirche Roms eine weitere Kirche gibt und dass der Papst keine legale Autorität besitzt. 1679 nimmt das neu gewählte Parlament die **Habeas-Corpus-Akte** an, die willkürliche Verhaftungen verbietet. Karl II. reagiert darauf, indem er von 1661 bis 1685 ohne Parlament regiert. Das Land spaltet sich in zwei Lager: Die Tories sprechen sich für eine starke königliche Gewalt aus, die Whigs dagegen unterstützen die Rechte des Parlaments. Am 6. Februar 1685 stirbt der König ohne legitimen männlichen Erben.

So besteigt sein jüngerer Bruder, der Herzog von York, den Thron als **Jakob II.** (1685–1688). Der sehr autoritäre König und unversöhnliche Katholik will den Engländern die absolute Monarchie und den römischen Katholizismus aufzwingen. Er entfernt die Protestanten aus öffentlichen Ämtern, verweigert die Anerkennung der *Habeas-Corpus-Akte* und provoziert mit einer neuen *Declaration of Indulgence*, denn diese Erklärung bedeutet eine offene Bevorzugung der Katholiken unter dem Vorwand religiöser Toleranz. 1688 wird dem König ein Sohn geboren, den er katholisch taufen lässt. Die Führer der Opposition rufen nun den Generalstatthalter der Vereinigten Provinzen, **Wilhelm III. von Oranien** (1650–1702), Verteidiger der Protestanten unter Ludwig XIV. und Gemahl von Maria, Tochter Jakobs II., zu Hilfe. An der Spitze einer Armee setzt er im November 1688 nach England über und marschiert auf London zu, ohne auf Widerstand zu stoßen. Jakob II. flieht nach Frankreich. Diese Ereignisse gehen als die **Glorious Revolution** in die Geschichte ein. Im Februar 1689 tritt ein neues Parlament zusammen. Von den Whigs dominiert, verkündet es die Absetzung Jakobs II. und die gemeinsame Thronbesteigung von **Maria II.** (reg. 1689–1694) und **Wilhelm III.** (reg. 1689–1702). Diese Herrscher müssen die **Bill of Rights** akzeptieren, die Erklärung der Rechte (des Parlaments gegenüber dem Herrschenden), welche die parlamentarische Monarchie in England festschreibt. Maria II. stirbt 1694 an den Pocken, Wilhelm III. regiert bis zu seinem Tod 1702 allein. Das Paar hat keine Kinder. So geht der Thron an die zweite Tochter Jakobs II. zurück, an die

Schwester Marias, die Prinzessin Anna Stuart, die als **Anna I.** (1702–1714) Königin wird. Sie ist die letzte Repräsentantin des katholischen Hauses Stuart, das mit Jakob I. im Jahre 1603 erstmals den Thron bestieg. Sie ist die erste Königin Großbritanniens seit der Vereinigung Englands und Schottlands durch den *Act of Union* von 1707.

2. Die englische Philosophie im 17. Jahrhundert

Der Höhepunkt des Empirismus erfolgt im 18. Jahrhundert in England, auch wenn seine Vorläufer Bacon und Hobbes im 17. Jahrhundert gelebt haben. Der Empirismus wird oft auf eine Kritik der angeborenen Fähigkeiten beschränkt, und die Geschichte der Philosophie setzt den Empirismus oft in Gegensatz zum Rationalismus. Die Ideen **Lockes** sind für das cartesianische Denken ebenso fatal wie die Physik Newtons. Locke erschüttert die Vorstellung von einer Substanz, Hume nimmt eine Position ein, die man später als Positivismus bezeichnen wird.

Der Empirismus: Bacon, Hobbes, Locke

Francis Bacon (1561–1626)

Er erweist sich sehr früh als Reformator der Grundidee von Wissenschaft, ein Projekt, dass er sein ganzes Leben lang verfolgt. Er studiert Mathematik, Astronomie, Optik, Alchimie und Sprachen. Für ihn ist eine genaue experimentelle Kenntnis der Natur notwendig, um den christlichen Glauben zu bestätigen. Er ist überzeugt, dass seine Ideen für das Wohl der Kirche und der Universitäten von großer Bedeutung sind. Sein großes, sechsbändiges Werk soll den Titel *Instauratio magna scientiarum – Große Erneuerung der Wissenschaften* tragen. Doch er kann nur die ersten beiden Teile fertigstellen: *De dignitate et augmentis scientiarum – Über die Würde und den Fortgang der Wissenschaften* und das *Novum Organum*, die «neue Logik». Im ersten Werk rühmt er die positive Wissenschaft und legt die Gründe dar, die den Fortschritt der Wissenschaft verhindert haben. Im zweiten Teil stellt er die induktive Wissenschaft dar, welche die deduktive ersetzen soll, und stellt Regeln für neue Methoden auf.

■ **Seine Lehre:** *De dignitate et augmentis scientiarum* entwirft das Bild der Wissenschaften, die wieder gestärkt werden sollen. Bacon legt eine Einteilung dieser Wissenschaften vor, wobei er sich auf die verschiedenen Fähigkeiten der «Seele» stützt. Die experimentelle Wissenschaft, deren Methode im *Novum Organum* präzisiert wird, ist Teil dieser Klassifizierung. Die Naturwissenschaft nimmt den ersten Platz ein. Bacon selbst stellt sich vor allem als ersten Theoretiker der experimentellen Methode dar, und zwar auf dem Wege der Induktion.

■ **Die induktive Methode:** Die Induktion im Sinne Bacons bedarf auch der Naturbeobachtung, des Experiments und der Falsifikation; Bacon arbeitet die Gesetze der Form heraus, die er als eigentlichen Gegenstand der Wissenschaft bezeichnet. Der Ausdruck «Form» wurde schon von Aristoteles benutzt, bei Bacon jedoch bezeichnet er die «Essenz aller Dinge, eine bestimmte Organisation der Materie». Die erwiesenen Gegebenheiten dieser Form werden auf *Tafeln der Anwesenheit* aufgelistet, auf denen die Phänomene seit ihrem (ersten) Erscheinen notiert werden; die *Tafeln der Abwesenheit* beinhalten präzise die Fälle, in denen die Phänomene nicht auftauchen; die *Tafeln der Abstufungen* zeigen die Veränderungen in den genannten Fällen. Der Vergleich der drei Tafeln lässt Zufälle ausscheiden und von dem trennen, was als Form übrig bleibt. Für Bacon geht es nicht um die Suche nach einer *causa finalis*, einer Zweckursache, sondern einer *causa formalis*, einer Formursache. Die einzige wirkliche Hoffnung für den Gelehrten ist die Erforschung der Induktion.

Thomas Hobbes (1588–1679)

Oft wird er als Materialist missverstanden, weil seine «erste Philosophie» näher an der Physik als an der Metaphysik anzusiedeln ist. 1588 in Westport geboren, studiert er bereits mit vierzehn Jahren in Oxford. Mehrere Frankreichaufenthalte folgen, in deren Verlauf er ein Interesse für Descartes entwickelt und verschiedene Pariser Gelehrte besucht. In Florenz trifft er Galilei. Überstürzt kehrt er wegen der politischen Ereignisse nach England zurück, wo er Partei für die Monarchie ergreift. Während dieser Zeit schreibt er seine *Elements of Law, Nature and Politic* (1640). In den folgenden elf Jahren lebt er abermals in Paris – bis zur Einsetzung Karls II., die ihm die Rückkehr nach England ermöglicht, wo er im Alter von 91 Jahren stirbt. Seine Schriften bezeugen den Wunsch, eine destabilisierte politische Ordnung wieder neu zu festigen. Seine wichtigsten Werke sind: *De Cive – Über den Bürger* (1642), *De Corpore – Vom Körper* (1655), *De Homine – Vom Menschen* (1658), vor allem aber der *Leviathan* (1651).

■ **Seine Lehre:** Hobbes wird für seine Theorie über den Staat und dessen Ursprünge berühmt: «Der Mensch ist des Menschen Wolf», doch kann der Mensch diesem Schicksal entkommen, indem er sich einem Herrscher unterwirft, der alle Rechte in Händen hält, da er in jedem Augenblick seine Untertanen vor dem Tod bewahrt. Deshalb legt der Herrscher den Untertanen auf, was ihm beliebt. Der Lehre von Hobbes liegt ein deduktives Verfahren zugrunde; seine Interpretation der Natur ist mechanistisch, seine Psychologie materialistisch. Er beginnt seine Philosophie mit der Trennung von Metaphysik und Theologie von der Philosophie und gibt eine Definition der Letzteren, wonach Erkenntnis durch Überlegung gewonnen wird. Seine Philosophie hat die Körper zum Gegenstand, denn alles, was erkennbar ist, ist körperlich; sie beschäftigt sich nicht mit unkörperlichen Wesen. Was nicht spürbar ist – Seele, Geist –, kann nicht gedacht werden. Alles, was wir uns denken können, ist das, was wir fühlen. Die Dinge werden nur durch das Fühlen, das Gefühl bekannt. Der menschliche Geist ist Empfindung, auch die Erinnerung: Denn sich erinnern heißt fühlen, was man gefühlt hat. Man muss die Gefühle untereinander verbinden, damit sie gedacht werden können. Das Denken ist eine Folge, eine Ideenfolge. Hobbes sieht in der menschlichen Seele nur aufeinanderfolgende Bewegungen, die aus den ersten Bewegungen herrühren, welche Empfindungen sind. Wir sind insofern nicht frei, als wir von den stärksten unserer inneren Bewegungen getrieben werden: Verlangen, Furcht, Abneigung, Liebe. Doch wir fällen Entscheidungen; genauer: wir glauben, dies zu tun. Denn die Entscheidung beschränkt sich darauf, eine Abfolge unterschiedlicher Gefühle zu sein, und was diese Entscheidung antreibt, wird Willen genannt. Freiheit gibt es also weder bei den Menschen noch bei den Tieren. Willen und Verlangen sind in der Tat das Gleiche, nur unter verschiedenen Aspekten betrachtet. Alles ist vorherbestimmt. Freiheit und Zufall sind Ausdruck unserer Unkenntnis der Naturphänomene.

■ **Die utilitaristische Moral:** Daher ist auch keine Moral, keine Ethik möglich. Hobbes antwortet mit der utilitaristischen Moral. Ziel jeder Suche des Menschen ist das Vergnügen, ein echtes und beständiges Vergnügen: ein zweckbestimmtes, nützliches. Das Nützliche bezieht sich darauf, ein guter Bürger zu sein; anders gesagt: Moral gründet sich auf die Moral der Pflicht.

■ **Die Politik:** Sein Werk *De Cive – Über den Bürger* zeigt auf, dass sich der Mensch um nichts anderes sorgt als um die Erhaltung seiner selbst, was seine Entscheidung, mit anderen Menschen in den Kampf zu treten, nach sich zieht. Stärke beherrscht und formuliert das Gesetz. Doch im *Leviathan*, dem biblischen Monster (Buch Hiob), das hier den Staat symbolisiert, entwickelt Hobbes seine politische Theorie und seine Gesellschaftstheorie. Nur das persönliche Interesse treibt die Menschen an. Der Egoismus und der Instinkt für das Bessere sind vorhanden und bewirken, dass Gut und Böse nur durch das definiert sind, was dem Einzelnen nutzt oder schadet. Dieser Zustand, in dem die Menschlichkeit untergeht, führt zum Kriegszustand. Friede kann nur dann sein, wenn jeder auf seine Interessen verzichtet. Der Herrscher ist der Ausdruck des Willens eines jeden Einzelnen.

John Locke (1632–1704)

John Locke kommt das Verdienst zu, eine Kritik und eine Methode des Empirismus entworfen zu haben. Er lehnt Descartes' Vorstellung angeborener Ideen ab und stellt die Frage nach der komplexen Idee der Substanz, deren Existenz zwar behauptet wird, ohne jedoch ihr Wesen zu kennen. 1632 wird er in der Nähe von Bristol geboren, im selben Jahr wie Spinoza. 15 Jahre lang bleibt er in Oxford, wo er ab 1652 studiert. Ein Studium der Theologie lehnt er ab und wendet sich der Medizin zu, wird 1667 Leibarzt von Anthony Ashley-Cooper, 1. Earl of Shaftesbury. Er erlebt die politischen Angriffe gegen Shaftesbury mit und ist gezwungen, sich für ein Jahr nach Frankreich zurückzuziehen, anschließend nach Holland, wo er bis 1688, bis nach der englischen Revolution, bleibt. Nachdem Wilhelm von Oranien ihm politische Ämter anvertraut, beginnt er mit der Arbeit an seinem Essay *Concerning Human Understanding – Versuch über den menschlichen Verstand*, der 1690 erschien. Kurz davor hat er eine *Treatise of Civil Government – Abhandlung über die Regierung* verfasst, dazu *Some Thoughts Concerning Education – Gedanken über Erziehung*; beides Werke, die Rousseaus *Contrat social* und den *Émile* vorwegnehmen. Zwanzig Jahre lang arbeitet Locke an der Überarbeitung seiner Texte und stirbt 1704.

■ **Seine Lehre:** Locke berücksichtigt das Werk **Hobbes**' nicht, entkommt dafür nur schwer dem Einfluss **Bacons**. Die Ursprünge seines Empirismus sind im Jahr 1667 zu suchen: In jenem Jahr trifft er in London **Thomas Sydenham** (1624–1689). Diesem Arzt verdankt er die wesentlichen Grundlagen seiner

Philosophie. Sydenham hat eine Methode entwickelt, um die «Arten» der Krankheiten entsprechend ihrer Geschichte herauszufinden. Den Sinn von Phänomenen aus dem Bereich der Natur zu verstehen heißt, jede *A-priori*-Erklärung des Verstandes abzulehnen. Locke geht einen Schritt weiter und behauptet, dass die Irrtümer unserer Fassungskraft den Verwirrungen der Phantasie geschuldet sind. Die von ihm angewandte psychologische und historische Methode beschreibt in diesem Sinn das Wirken des Geistes, die Ausbildung und Erscheinung von Ideen.

■ **Der Ursprung der Ideen:** Für Locke gibt es keine angeborenen Ideen. Der Geist muss vor seiner Begegnung mit der äußeren Welt wie eine *Tabula rasa* begriffen werden, und nichts ist in ihm, das nicht zuvor in den Sinnen vorhanden wäre. Diese Idee ist identisch mit dem, was Descartes das Denken nennt. Es ist eine Empfindung, die vom Gehirn registriert wird; Gefühle, die durch Selbstbeobachtung *(Reflexion)* ausgearbeitet und verändert werden. Sie treten auf natürliche Weise zueinander in Beziehung, und die Gesamtheit dieser Beziehungen nennt man Reflexion. Man muss innere Erfahrung oder Empfindung von äußerer Erfahrung oder Reflexion unterscheiden. Beide zusammen liefern *einfache Ideen*, weil, wie auch Henri Bergson betont, sie unmittelbare Gegebenheiten des Bewusstseins sind. Es sind dies Ideen der Empfindung (Farbe, Geruch). Die Ideen der Reflexion gehören der Erinnerung an, der Vorstellung. Durch Kombination entstehen *komplexe Ideen*. Sie sind entweder *Ideen der Substanz*, d. h. Ideen, die einem Substrat angehören, oder *Ideen der Relation*, vorgebracht in Form eines Prinzips (Prinzip der Kausalität). Was die allgemeinen Ideen betrifft, so entsprechen sie nichts Wirklichem, dienen vielmehr dazu, mittels eines Worts (z. B. «Mensch») eine Kombination *bestimmter Ideen* auszudrücken. Ihre Funktion besteht darin, «gleichermaßen mehrere individuelle Dinge zu repräsentieren ...» (*Ein Versuch über den menschlichen Verstand*, § 7)

■ **Wert des Wissens:** Der vierte und letzte Teil des *Versuchs über den menschlichen Verstand* analysiert das Problem des Wissens von verschiedenen Standpunkten aus. Die vorangegangenen Teile handeln von der Nichtexistenz angeborener Ideen, von Ideen als Gegenstand des Wissens, von Worten als Zeichen von Ideen; über Wahrheit und Wahrscheinlichkeit. «Von den Graden unseres Wissens», 2. Kapitel; «Von dem Umfange des menschlichen Wissens», 3. Kapitel; es folgen weitere; «Von der Wahrheit im Allgemeinen», 5. Kapitel; «Von der Wahrscheinlichkeit», 15. Kapitel; «Von den Graden des

Zustimmens», 16. Kapitel. Locke schließt, dass man die metaphysischen Probleme beiseitelassen müsste, die für uns unlösbar sind, wie auch der menschliche Verstand begrenzt ist.

▪ **Politik:** In seinem Essay *Über die Regierung* widersetzt sich Locke dem Absolutismus Hobbes'. Die Gesellschaft ist nach Locke das Ergebnis eines Vertrags. Doch der natürliche Zustand ist ein moralischer; er hat seinen Ursprung außerhalb der Gesellschaft. Der Gesellschaftsvertrag ist abhängig vom Recht, bildet aber nicht dessen Ursprung. Der Herrscher versteht sich als Bevollmächtigter der Nation, nicht als deren Retter. Wenn er im Widerspruch zu seiner Aufgabe handelt, ist der Aufstand gegen ihn legitim. In der Religionspolitik ist Locke sehr liberal und meint, der Staat selbst dürfe keine Religion haben, müsse jedoch die religiöse Freiheit eines jeden schützen.

VI

Die Niederlande im 17. Jahrhundert

1. Die Barockmalerei

Die niederländische Malerei des 17. Jahrhunderts will den Menschen in seiner gesellschaftlichen Unterschiedlichkeit zeigen. Stark vom Calvinismus beeinflusst, will sie eng an der Wirklichkeit bleiben, wobei sie auf die Genauigkeit des Details aus ist. Inspiration bezieht sie aus der Erfahrung und dem alltäglich Erlebten; Porträts, Gruppenbilder, Stillleben, Landschaftsbilder oder Seestücke werden von jeweiligen Spezialisten des Genres gemalt. Künstler wie **Rembrandt**, **Jan Vermeer van Delft**, **Frans Hals**, **Jan Steen** und **Ruysdael** verleihen der niederländischen Malerei einen kräftigen Aufschwung. In Flandern dominiert **Rubens** gemeinsam mit **Van Dyck** und **Brueghel dem Älteren**. Während die Nordprovinzen religiöse Themen zugunsten von wissenschaftlichen und Themen des täglichen Lebens vermeiden, zeigen die südlichen Landesteile, die zu Spanien gehören, den frommen Humanismus der Gegenreformation.

Die Nordprovinzen: Hals, Rembrandt, Vermeer

■ **Frans Hals** (um 1585–1666) spezialisiert sich auf Porträts und Genreszenen: *Der fröhliche Trinker* (1628–1630), *Die Zigeunerin* (1628–1630) oder seine Gruppenbilder großen Formats, wie das *Gruppenporträt der Regenten des St.-Elisabeth-Krankenhauses in Harlem* (1641).

■ **Rembrandt Harmenszoon van Rijn** (1606–1669), bekannter unter seinem Vornamen Rembrandt, malt sakrale Bilder, ohne dass er dabei eine Konfession bevorzugen würde. Für ihn muss die Form das Zeichen sein, das die Botschaft zu begreifen ermöglicht, den wahren Sinn des Bildes; die Form kann nicht das Ziel des Bildes sein. Um die Wahrnehmung zu schärfen, bedient er sich der Technik des *Chiaroscuro*, in der er Meister ist. Seine berühmtesten Gruppenbilder sind: *Die Kompanie des Frans Banning Cocq*, bekannter als *Die Nachtwache* (1642); *Die Vorsteher der Tuchmacherzunft* (1642); *Anatomische Vorlesung des Dr. Deyman* (1656). Von den Porträts seien genannt: *Philosoph* (1633); der *Mann mit dem Goldhelm* (1650) wurde dagegen Rembrandt schon vor Jahrzehnten abgeschrieben. Rembrandt bleibt berühmt wegen seiner *Chiaroscuro*-Effekte, die auf die aggressive Vielfarbigkeit der ersten Werke folgen. Die Zeichnung und die Radierung nehmen in seinem Werk einen bedeutenden Platz ein, wie die *Entdeckung des Moses* und die *Predigt Jesu*. Die beeindruckendste Radierung ist das lebensgroße *Porträt von Jan Six*.

■ **Jan Vermeer van Delft** (1632–1675) gehört zur Schule von Delft, deren Malerei durch Genreszenen ohne besondere Themen charakterisiert ist. Er hat ungefähr 40 Werke hinterlassen. Er bleibt der Maler des Alltäglichen, der Wirklichkeit des Lebens und malt hauptsächlich Interieurs. Seine wichtigsten Werke: *Dienstmagd mit Milchkrug* (1658–1661); *Ansicht von Delft* (1660–1661); *Das Mädchen mit dem Perlenohrgehänge* (1665–1667); *Die Malkunst* (1665–1666); *Die Spitzenklöpplerin* (1669–1670).

■ **Jacob van Ruysdael** (um 1628–1682) repräsentiert die holländische Landschaftsmalerei; er lässt bereits die romantische Behandlung der Landschaft ahnen. Seine komplexen Bilder, z. B. *Die Mühle von Wijk* (1668–1670), sind von großem Kontrastreichtum. Die meisten seiner Gemälde zeigen nicht Holland, sondern weiter entfernte Regionen, wie *Der Sturm* (1675) und *Der Judenfriedhof* (1660), von welchem zwei Fassungen existieren.

Die flämische Malerei: Rubens, van Dyck

Die flämische Malerei wird von Rubens und van Dyck dominiert.

▪ **Peter Paul Rubens** (1577–1640), ein katholischer Flame, steht mit seiner Arbeitsweise im Gegensatz zu Rembrandt. Der Leiter eines bedeutenden Ateliers soll ungefähr 600 Bilder hinterlassen haben, von denen er viele nur skizziert hat, während seine Gehilfen die Arbeit ausführten. Sein Werk verkörpert den dynamischen Ausbruch des Barockzeitalters. Mit 23 Jahren hält sich Rubens in Mantua am Hof der Gonzaga auf; zur gleichen Zeit wie ein weiterer Flame, der Maler **Frans Pourbus der Jüngere** (1569–1622). Hier erhält Rubens seine Ausbildung, ehe er sich nach seiner Rückkehr in Antwerpen niederlässt. Dort malt er die *Kreuzaufrichtung* (1609–1611) für die Liebfrauen-Kathedrale, dann die *Anbetung der Hirten* (1617–1618) für die Pauluskirche. Auf einer Reise nach Paris 1621 malt er zwei Bilder, die Maria de Medici in Auftrag gegeben hat: eines, das dem Leben der Königin gewidmet ist; das andere zeigt Henri IV., wovon Rubens lediglich zwei Ölskizzen entwirft. In Paris trifft er George Villiers, Herzog von Buckingham; in der Folge nimmt er eine herausragende Rolle beim Friedensschluss von 1630 zwischen England und Spanien ein. Zu seinen wichtigsten Werken gehören: *Die drei Grazien* (1635); *Die flämische Kirmes* (*Bauernkirmes*, 1635–1638); das Doppelbildnis von Rubens und **Isabella Brant** in der *Geißblattlaube* (1609), die Porträts von *Helene Fourmant mit ihrem Sohn Frans* (1635–1636); *Der Strohhut* (1625); *Porträt der Anna von Österreich* (1622).

▪ **Sein Schüler Antoon van Djick** oder **van Dyck** (1599–1641) lässt sich in England nieder, wo er viele Porträts von Mitgliedern des Hofes malt, wie beispielsweise *Karl I. auf der Jagd* (1635–1638).

2. Die niederländische Philosophie im 17. Jahrhundert

Neben den Rationalismus-Theorien, die im 17. Jahrhundert aufkommen, entsteht auch eine Theorie des Staates und der Macht.

Grotius und das Öffentliche Recht

Hugo de Groot (1583–1645), genannt **Grotius**, dessen Name oft gemeinsam mit dem von **Samuel von Pufendorf** (1632–1694) genannt wird, einem deutschen Rechtsgelehrten, gilt als einer der Gründerväter der Schule des Naturrechts. Er ist in der Tat der Erste, der eine Konstruktion des Rechts innerhalb eines Systems versucht, das nicht mehr auf der konkreten Natur der Dinge und Tatsachen beruht, sondern auf logischen, aus dem Verstand entwickelten Prinzipien. 1625 veröffentlicht er *De iure belli ac pacis – Über das Recht des Krieges und des Friedens*, einen Kodex des internationalen öffentlichen Rechts. Es ist sein Hauptwerk.

Spinoza, Schüler von Descartes

6

Baruch de Spinoza (1632–1677) verdankt Descartes den Aufbau seiner Methode und seiner Logik. In seiner *Ethik, nach geometrischer Methode dargestellt* (1677), legt er den Kern seiner Ethik nieder, ein metaphysisches System über das Wesen Gottes. Seine Lehre kann als pantheistisch bezeichnet werden, da alles Gott ist, und als deterministisch, weil darin alles vorherbestimmt ist. Durch Erkenntnis kann sich der Mensch befreien und seine Leidenschaften beherrschen. In der *Ethik* gibt es auch politische Überlegungen darüber, wie vermieden werden kann, dass der Mensch «dem Menschen zum Wolf» wird.

Spinoza wird 1632 in Amsterdam geboren. Er entstammt einer jüdischen, aus Portugal emigrierten Familie. Nachdem er die Heiligen Schriften und die Kabbala studiert hat, beschäftigt er sich mit dem Stoizismus und dem Cartesianismus. Aus seiner Descartes-Lektüre nimmt er vor allem die rigorose Methode der Erkenntnis mit. 1656 wird er aus der jüdischen Gemeinde ausgeschlossen, nachdem die Rabbiner vergeblich versucht haben, ihn an die religiöse Praxis heranzuführen. Danach verdient er seinen Lebensunterhalt, indem er Brillengläser schleift, zunächst in Leiden, dann in Den Haag. 1673 wird ihm ein Philosophie-Lehrstuhl in Heidelberg angeboten, den er ablehnt. 1677 stirbt er. Seine wichtigsten Werke sind: *Descartes' Grundlagen der Philosophie auf geometrische Weise begründet* (1663) sowie *Theologisch-politischer Traktat* (1670), worin er die Beziehungen von Kirche und Staat bestimmt. Die meisten seiner Werke wurden posthum veröffentlicht, z. B. die *Abhandlung über die Verbesserung des Verstandes* (verfasst zwischen 1665 und 1670), die *Abhandlung über den Staat*, verfasst 1675 und unvollendet und die *Ethik* (1677).

■ **Seine Lehre:** In seiner *Abhandlung über die Verbesserung des Verstandes* unterscheidet Spinoza vier Arten des Wissens, die er in der *Ethik* auf drei reduziert. Diese nie vollendete *Abhandlung* ist eine Arbeit über die Methode des Zugangs zur Wahrheit.

Die erste Ebene bildet die Erfahrung durch das Hörensagen; so kennen wir beispielsweise das Datum unserer Geburt. Es folgt die ungefähre Kenntnis, die zur vorangegangenen Ebene gehört. Beide Ebenen haben gemeinsam, dass sie Sachverhalte, die nicht miteinander in Beziehung stehen, und Konsequenzen ohne Voraussetzungen darbieten. Sie können die Stufe der bloßen Meinung nicht überschreiten. Das Wissen der zweiten Art gehört der Welt der Mathematik an; gemeint ist der Beweis, die Ableitung; es dient der Verständlichkeit. Die dritte Art des Wissens ist die Intuition, das oberste Prinzip, das es ermöglicht, Gott zu fassen. Spinoza zeigt, dass die wahre Idee sich selbst bestätigt. Die wahre Idee schließt jede Form von Irrtum und möglichen Zweifel aus.

■ **Die Metaphysik:** Im Übergang vom Wissen der ersten Art zu höherem Wissen kann man zur Metaphysik gelangen und festlegen, auf welche Weise der Mensch vergöttlicht werden kann. Der Philosoph muss über ein höchstes und vollkommenes Wesen nachdenken, des weiteren über die Natur, über das, was Spinoza Substanz nennt, und er muss über Gott nachdenken. Damit legt Spinoza die Grundlage für einen Pantheismus. In seinem System gibt es keine Finalität und keinen freien Willen. Die unendliche Substanz zieht die Unendlichkeit der unendlichen Attribute nach sich. Anders gesagt: Ist Gott unendlich, kann er auf unendlich viele Weisen gefasst werden. Wir kennen zwei Attribute der Substanz: das Denken und die Ausdehnung; zwei Aspekte derselben Realität. Diese Attribute zeigen uns unterschiedliche Modi (Naturgesetze), die die Welt ausmachen. Alle Ereignisse unterliegen dem Determinismus, ist doch Gott die einzige Substanz, bei der alles Modus oder Attribut ist. Die «ausgedehnten» Dinge und die «gedachten» Ideen sind untereinander vollständig entsprechend. Spinoza lockert die Beziehungen zwischen Gott und der Welt, indem er Attribute und Modi verschiebt, die als Mittler dienen.

■ **Die Ethik:** Ist es nicht vollkommen unmöglich, eine Ethik zu verfassen, wenn man nicht an den freien Willen glaubt? Welchen Sinn soll man dann dem Titel seines Werkes – *Ethik* – geben? Ethik hängt ab vom Glauben an die Notwendigkeit von allem, was ist. Je mehr wir von dieser Notwendigkeit überzeugt sind, desto höher ist unsere Moral angesiedelt. Doch es sind die Leidenschaften, die uns zu unmoralischen Handlungen verleiten; regelrechte Lücken der Seele, die nicht gut genug mit der Vorstellung Gottes oder der Idee der universellen Ordnung ausgefüllt sind. Der Mensch ist Sklave seiner Leidenschaften. Doch innerhalb dieser pantheistischen Metaphysik gibt es Freiheit: Der Mensch wird dann frei, wenn er zum genannten Wissen der zweiten Stufe gelangt. Das Studium der Leidenschaften wird heilsam, denn je mehr man sie studiert, desto mehr löst man sich von ihnen. Schon der Gedanke daran, sie zu studieren, ist ein Akt der Distanzierung von ihnen. Was sind die Sanktionen der Ethik? Es sind notwendige Sanktionen, es zählen weder Verdienst noch Verfehlungen. Der Mensch, der seine Leidenschaften nicht im Zaum halten kann, kann keinen Seelenfrieden finden, kann auch Gott nicht erfahren und muss vergehen. Die Erfahrung, die Kenntnis Gottes macht die höchste Tugend aus. Die Seele kann nicht länger andauern als der Körper, da sie die Idee, die Vorstellung bildet. In der Tat wird die Seele «unsterblich» durch die Erfahrung und die Liebe Gottes; sie hat vor allem teil an Gott. So nähert sie sich der Vollkommenheit an.

VII

Russland im 17. Jahrhundert

1. Die politische Entwicklung

Nach dem Tod des jungen Fjodor II. kommt Pseudodimitri I., der falsche Demetrius, der in Wahrheit der Mönch **Grigori Otrepjew** (1582–1606) ist, im Juni 1605 nach Moskau, unterstützt von einer Armee aus Polen und Kosaken. Als **Dimitri III.** (1605–1606) wird er zum Zaren gekrönt. Nach mehreren Umstürzen und Übergangszaren wird Fürst Michael Romanow zum Zaren **Michael I.** (1613–1645) gekrönt und begründet die Romanow-Dynastie, die sich bis zur Revolution von 1917 hält. Der neue Herrscher schließt sofort Frieden mit Schweden und Polen. Er beendet die Zeit der Wirren und der Instabilität, die von 1598, dem Todesjahr Fjodors I., des letzten Herrschers der Rurikiden, bis zum Beginn der Romanow-Dynastie andauert. Der Vater Michaels I., **Fjodor Romanow** (1553–1633), in Polen festgehalten, kehrt 1618 nach Russland zurück und wird unter dem Namen **Philaret** Patriarch von Moskau. Er ist zugleich Berater und Regent des jungen sechzehnjährigen Herrschers und übt die tatsächliche Macht während der gesamten Herrschaft seines Sohnes aus. Er erneuert die Kontakte zum Abendland und dem Osmanischen Reich. Außerdem verknechtet er die Bauern weiter, sie dürfen das Land, auf dem sie arbeiten, nicht verlassen. Michaels Sohn, der sehr fromme **Alexei I.** (1645–1676), genannt der «Sanftmütigste», folgt ihm auf den Thron. 1649 erlässt er einen neuen Rechtskodex, das *Sobornoje Uloschenije*, der bis 1833 in Kraft bleibt und Handwerker, Händler und Großgrundbesitzer bevorzugt, dafür die Überführung der Bauern in die Leibeigenschaft zementiert. Nach dem Tod Alexeis im Jahr 1676 wird sein ältester noch lebender Sohn **Fjodor III.** (1676–1682) zum Zaren gekrönt. Dieser stirbt 1682 ohne Nachkommen.

Wer soll ihm auf den Thron folgen – sein Bruder Iwan, der geistesschwach, oder sein Halbbruder Peter, der erst zehn Jahre alt ist? Peter wird zum Zaren ausgerufen, und seine Mutter Natalja, Alexeis I. zweite Frau, zur Regentin. Das aber ist für Sofia, Peters Halbschwester, unhaltbar. Sie verbreitet das Gerücht unter den **Strelizen,** der Leibgarde der Zaren, dass Peter und dessen Mutter den schwachen Iwan haben ermorden lassen. Die Strelizen machen einen Aufstand, besetzen den Kreml und massakrieren Peters Familie. Erst das Auftauchen Iwans, der am Leben und wohlauf ist, beruhigt ihre Wut. Die Bojaren rufen nun – ein einzigartiger Fall in Russland – zwei Zaren gleichzeitig aus, **Iwan V.** (1682–1696) und **Peter I.** (1682–1725). Die Regentschaft wird Sofia übertragen, die mit ihrem Geliebten, dem Fürsten **Wassili Wassiljewitsch Golizyn** (1643–1714), regiert. Peter und seine Mutter werden aus Moskau verbannt. 1689 versucht die Regentin, sich Peters zu entledigen, doch da wechseln die Strelizen das Lager. Nun muss Sofia, die keine Unterstützung mehr hat, auf die Regentschaft verzichten. Sie wird in ein Kloster geschickt, wo sie 1704 stirbt. **Iwan V.** und **Peter I.** regieren nun gemeinsam bis zum Tod Iwans am 8. Februar 1696. Anschließend beginnt Peter I. seine Alleinherrschaft; die Geschichte kennt ihn als **Peter den Großen**.

2. Die russische Kunst im 17. Jahrhundert

Der etwas andere Barock

Er unterscheidet sich radikal vom westeuropäischen Barock, und zwar durch das Fehlen von Regeln und einer akademischen Richtschnur. Zahlreiche Künstler, vor allem Italiener und Franzosen, kommen nach Moskau. **Ab 1650** propagieren die orthodoxen Patriarchen die Rückkehr zu den traditionellen Kirchenbauten mit fünf Kuppeln und verbieten die Bildhauerei. Erst mit der Ankunft **Peters des Großen** gegen Ende des Jahrhunderts ist ein deutlicher Wandel in der russischen Kunst zu beobachten. Sankt Petersburg wird zur russischen Hauptstadt.

- **Bartolomeo Rastrelli** (1700–1771) ist der wichtigste Repräsentant des westlichen Barock in Russland. Seine wichigsten Werke sind der Winterpalast in St. Petersburg und der Katharinen-Palast in Zarskoje Selo, dem heutigen Puschkin, unweit von Petersburg gelegen. Das auffälligste Merkmal seiner Gebäude ist deren polychrome Fassade.

VIII

Das Osmanische Reich (15.–17. Jahrhundert)

1. Die Blütezeit (1453–1566)

Nach der Eroberung Konstantinopels 1453, die das Ende des Byzantinischen Reichs markiert, erlebt das Osmanische Reich ein wahrhaftes Goldenes Zeitalter, das 1566 mit dem Tod Süleymans des Prächtigen endet. 1481 stirbt **Mehmed II. der Eroberer** (reg. 1444–1446 und 1451–1481). Nach einem kurzen Krieg gegen seinen Bruder **Cem Sultan** besteigt **Bayezid II. der Gerechte** (1481–1512) den Thron. Bayezid II. wird von seinem Sohn Selim 1512 zur Abdankung gezwungen – mithilfe der Janitscharen, einem Elite-Infanteriekorps, das sich nach und nach aller Leitungsfunktionen des Reiches bemächtigt. **Selim I. der Gestrenge** (1512–1520), besser bekannt als «der Grausame», lässt alle Brüder und Neffen hinrichten, die ihm den Thron streitig machen könnten. Er erobert Syrien, Arabien und Ägypten. Er besiegt auch **Ismail I.** (1501–1524), den Begründer der Dynastie der Safawiden (1501–1736), der über Persien herrscht, und übernimmt dort die Kontrolle. Im August 1517 zieht Selim I. in Mekka ein und erhält die Schlüssel zur Kaaba. Als Beschützer der heiligen Stätten des Islam übernimmt er von den Abbassiden in Ägypten den Titel eines Kalifen. 1520 stirbt er während der Vorbereitung eines Angriffs auf Rhodos. Sein Sohn und Nachfolger **Süleyman der Prächtige** (1520–1566) führt das Osmanische Reich zu seinem Höhepunkt. Nach dem Sieg von **Mohács** (1526) erobert er Ungarn und behält die Hälfte des Landes. Zweimal bedroht er Wien, 1529 und 1532. Er erobert Ost-Anatolien, Aserbeidschan sowie Tunis und begründet diplomatische Beziehungen mit dem französischen König **Franz I.**, um Kaiser Karl V. entgegentreten zu können. Der Tod Süleymans 1566 markiert den Anfang der Stagnation und schließlich des Untergangs des Osmanischen Reiches.

2. Stagnation und Niedergang

Nach Süleyman bringen dessen Nachfolger die Großwesire an die Macht, vor allem die der Dynastie der Köprülü nach **Fazil Ahmet Köprülü** (1635–1676); auch die Haremsfrauen, die Eunuchen und die Janitscharen werden nun zu Machtfaktoren. Eine weitere und definitive Niederlage bei der Eroberung Wiens 1683 hat den Rückzug der Osmanen sowie die Verringerung ihres Territoriums zur Folge. Nach der Niederlage in der **Seeschlacht bei Lepanto** im Oktober 1571 hat die türkische Flotte die Kontrolle über das Mittelmeer verloren. Danach müssen sich auch die Landstreitkräfte immer weiter zurückziehen. Mit dem Sieg bei **Petrovaradin** (1716) übernimmt Österreich Serbien. 1782 erobert Russland die Krim. 1830 verkündet Griechenland seine Unabhängigkeit und Frankreich erobert Algerien. Das nützt der Pascha von Ägypten, Muhammad Ali Pascha, aus und erklärt seinerseits die Unabhängigkeit seines Landes. Infolge des neuerlichen Umschwungs teilen sich Österreich und Ungarn 1878 zu großen Teilen die türkischen Besitzungen in Europa. 1897 gerät Kreta unter internationale Kontrolle. Der letzte osmanische Herrscher, **Mehmed VI.** (1918–1922), erlebt die Niederlage der Türken an der Seite des Deutschen und des Österreichisch-Ungarischen Reiches im Ersten Weltkrieg. Mit dem Vertrag von Sèvres (1920) zerfällt das Osmanische Reich, das auf die heutige Türkei reduziert wird. Von zahlreichen sezessionistischen und revolutionären Bewegungen zermürbt, geht das Osmanische Reich im Oktober 1923 unter. Am 29. November wird die türkische Republik ausgerufen, nach einem dreijährigen Krieg zwischen General **Mustafa Kemal** (1881–1938) und den alliierten Siegern von 1918.

3. Die osmanische Kunst im 16. und 17. Jahrhundert

Der Zenit der politischen Macht ist von einer Vereinheitlichung der bislang unterschiedlichen Architekturstile begleitet, und zwar zugunsten einer im wahrsten Sinne imperialen Kunst. Istanbul gibt in der Architektur einen Stil vor, den man auch in den weiter entfernt gelegenen Teilen des Reiches findet. Es handelt sich dabei um Bauten, die um einen großen Hof errichtet werden, mit monumentalen Kuppeln, wie man es bei Moscheen und Palästen sieht. Berühmtester Vertreter hierfür und schon zu seinen Lebzeiten ist der Architekt **Sinan** (1489–1588). Von seiner Abstammung her Armenier, begründet er die traditionellen byzantinischen und nahöstlichen Architekturformen, aus denen schließlich die klassische osmanische Architektur entsteht. Seine Hauptwerke sind, nach seiner eigenen Einteilung und in aufsteigender Reihenfolge: die Şehzade-Mehmet-Moschee, die Süleymaniye (beide in Istanbul) und die Selimiye in Edirne. Letztere, erbaut zwischen 1570 und 1574, hat eine riesige Kuppel, die auf acht zwölfeckigen Säulen ruht. Sinans Schüler **Sedefhar Mehmet Ağa** (um 1540–1617) baut von 1609 bis 1616 die Blaue Moschee neben der Hagia Sophia. Zu den architektonischen Besonderheiten gehört der Dekor aus mehrfarbigen Bodenplatten mit floralem Muster: Motive, die man auch in der Keramik findet, beim Steingut, aber auch in der Holzskulptur, bei Wandbemalungen und Stoffen. Die Raffiniertheit des Dekors setzt sich selbst in den Gebetsteppichen und den Stoffen aus Samt und Seidenbrokat fort.

4. Die osmanische Literatur und ihre Renaissance

Wie die Bildhauerei erleben auch Literatur und Geschichtsschreibung im 16. Jahrhundert eine Renaissance. Die klassische türkische Dichtung stammt aus der Feder von Mahmud Abd El-Baki, genannt **Baki** (1526–1600), einem gelehrten Hofpoeten. **Fuzūlī** (1483–1556) führt das literarische Genre des *Diwan* zu großem Ruhm, verfasst seine Sammlung von Gedichten in drei Sprachen: Türkisch, Persisch und Arabisch. Die Geschichtsschreibung ist durch **Hoca Sadeddin** (1536–1599) vetreten, Verfasser einer Geschichte der Osmanen von den Anfängen bis zum Ende der Herrschaft **Selims II.** (1566–1574): Das *Tadj al-Tawarikh* oder *Die Krone der Chroniken*. Hier mischt der Autor Prosa, weltliche Verse und Koranverse. Diese Hinwendung zur Geschichte seit den Anfängen findet sich auch bei **Petschewi** (1574–1651), **Katib Çelebi** (1609–1657) und **Na'Tma** (1665–1716). **Solakzade Mehmed Hemdemi** (1592–1658) veröffentlicht eine Zusammenfassung der *Krone der Chroniken*. Die Epen haben sich in den epischen Gesängen der Spielleute erhalten, den *Aşık*, turko-mongolische mündliche Überlieferungen. Die Spielleute singen ihre Lieder zur Begleitung von Saiteninstrumenten. In der zweiten Hälfte des 16. Jahrhunderts ist die bekannteste Gruppe *Köruglu* – ein Begriff, der auch den Gesang selbst bezeichnet.

IX

Asien in der frühen Neuzeit

1. Das neuzeitliche Indien

Das Mogulreich (1526–1857)

Im Jahre 1526 besiegt Bābur den letzten Sultan von Delhi, **Ibrahim Lodi** (1517–1526), und begründet das Mogulreich, das bis zur Absetzung des letzten Mogulherrschers durch die Engländer im Jahr 1857 andauert. Die Bezeichnung

«Mogul» wird von «Mongolen» abgeleitet: Die Mongolen gehören zur Gruppe der Turk-Mongolen, auch wenn sie kulturell durch persische Einflüsse geprägt sind, die sie nach Indien einführen. Man kann das indische Mogulreich in **zwei Perioden** einteilen: Die erste Periode umfasst die Eroberung und den Höhepunkt des Reiches zwischen 1526 und 1708, dem Jahr des Todes von **Aurangzeb** (1658–1707). Die zweite Periode besteht aus dem langen und dennoch unaufhaltsamen Untergang des Reiches zwischen 1707 und 1858. Nach der Niederlage gegen die Perser unter **Nadir Schah** (1736–1747) im Jahre 1739, der Delhi plündert, ist die Herrschaft des Mogulkaisers de facto nur noch nominell.

Von der Gründung bis zum Höhepunkt (1526–1707)

Das Mogulreich wird von **Bābur** (1483–1530) gegründet, einem turk-mongolischen Nachfahren der Timuriden-Dynastie, also ein Nachfahre von **Timur Leng** (**Tamerlan**, auch «Timur der Lahme», 1336–1405). Zwei große Siege muss er erringen, den einen 1526 über den letzten Sultan von Delhi, den anderen gegen den Rajputenfürsten von Chittorgarh, der mehr als 220 000 Männer unter sich vereint. Dieser Rajputenfürst, Rana Sangram Singh von Mewar, wird im März 1527 in der Schlacht von Khanua besiegt. Danach lässt sich Bābur in seiner Hauptstadt Agra nieder und erklärt sich zum Herrscher Indiens. Er kontrolliert einen Teil der Indus-Ganges-Ebene. Das Reich dehnt sich danach in mehreren Etappen aus. Bābur stirbt 1530 und überlässt den Thron seinem Lieblingssohn **Humāyūn** (reg. 1530–1540 und 1555–1556). Bābur hinterlässt das Bild eines kultivierten Mannes. Als Künstler widmet er sich der Musik und der Dichtung. Seine Memoiren, das *Buch Bāburs (Bābur Nama)*, sind voller Beobachtungen und Kommentare. Bābur erweist sich darin als frommer Muslim. Zugleich bezeugt das Buch seine Neugier auf die Natur sowie auf gesellschaftliche und politische Entwicklungen. Das Buch ist ein einzigartiges Zeugnis der Zeiten und Orte, die dieser Herrscher erlebt und gesehen hat.

Nachfahre von **Tamerlan** (1336–1405) und **Dschingis Khan** (1155–1227) wird der Enkel Bāburs, **Akbar der Große** (1542–1605). Er gilt als Eroberer und zugleich als Erneuerer. 1556, als sein Vater Humāyūn (1508–1556) stirbt und Akbar 13 Jahre alt ist, wagt er sich an die Eroberung des indischen Reiches. Sein Werk ist gewaltig; es umfasst auch die gesellschaftliche Organisation seines Landes. Er setzt Reformen zum Schutz der Bauern durch, fördert intensiv Literatur und Kunst und lässt Denkmäler errichten. Seine unersättliche

Neugier führt ihn auch dazu, sich anderen Religionen und deren Repräsentanten zu öffnen. Er lässt sie in seine neue Hauptstadt Fatehpur Sikri kommen, die 40 Kilometer von Agra entfernt liegt, damit diese dort ihre Lehren vorstellen und darüber diskutieren. Fatehpur Sikri wird 1585 zugunsten von Lahore aufgegeben. Bedacht darauf, Religionskonflikte zu vermeiden, erlässt Akbar 1579 ein **Unfehlbarkeitsdekret**, das ihn zum religiösen Oberhaupt seiner Untertanen erklärt. 1581 versucht er, eine monotheistische **Religion des Lichts** einzuführen, die auf einem Synkretismus von Jainismus, Christentum und Islam beruht und Indien in religiöser Hinsicht einen soll – in dem Wunsch, den Antagonismus von Hinduismus und Islam aufzuheben. Diese neue Religion, Din-i ilahi, kann sich aber nicht durchsetzen und verschwindet nach Akbars Tod wieder.

Sein ältester Sohn **Jahangir** (1605–1627) folgt ihm auf den Thron. Auch wenn er nicht über das Charisma seines Vaters verfügt, hält er dennoch das gute Einvernehmen seiner Untertanen verschiedener Konfession aufrecht, empfängt den Botschafter des englischen Königs und genehmigt den Engländern den Handel mit Indien. Sein Sohn und Nachfolger **Shah Jahan** (1627–1658) beginnt eine Nicht-Muslimen gegenüber intolerante Politik. Er lässt Indiens größte Moschee errichten, die Freitagsmoschee *Jama Masjid*, erbaut von 1650 bis 1656 in Delhi; sie kann bis zu 25 000 Gläubige aufnehmen. Das Ende seiner Herrschaft wird durch die Rivalität mit seinem Sohn **Aurangzeb** verdunkelt, der seinen Vater Shah Jahan im Roten Fort in Delhi einsperrt und an seiner Stelle regiert. Shah Jahan ist vor allem wegen der Liebe zu seiner Frau berühmt. **Mumtaz Mahal** (1593–1631), deren Name «Exzellenz des Palastes» bedeutet, steht für die Geschichte einer unvergänglichen Liebe. Zum Gedenken an das Licht seines Lebens lässt Shah Jahan das prachtvolle **Taj Mahal** in Agra erbauen, wo er an der Seite seiner geliebten Frau ruht. **Aurangzeb** (1658–1707) ist der letzte Herrscher, der als Großmogul regiert.

Die Kunst unter den Moguln

Die Mogul-Architektur: Das Taj Mahal

Die Mogul-Architektur bezieht ihre anfängliche Inspiration von persischen Vorbildern; dazu gehören Kuppeln, die mit farbigen Fliesen geschmückt sind. Das Mausoleum Akbars in Sikandra, nördlich von Agra gelegen, wird 1613 fertiggestellt. Mit einer Höhe von 22 Metern ist es aus rotem Sandstein über drei Etagen errichtet, überragt von einem Marmorpavillon. Dieses Beispiel indisch-muslimischer Architektur verbindet den hinduistischen – behauenen und inkrustierten – Stein mit den muslimischen Pflanzendekors. Die **klassische Periode** beginnt mit **Shah Jahan** und einer Rückkehr zur persischen Inspiration. Die Bauten aus rohen Ziegelsteinen sind mit einfarbigen Fayence-Platten verkleidet. Das gilt etwa für die Grabbauten in Lahore, wie die **Wazir-Khan-Moschee** (1639), die **Dai-Anga-Moschee** (1617) und insbesondere das prachtvolle **Taj Mahal** in Agra. Der imperiale Stil, der nun folgt, kehrt zur Verbindung hinduistischer und muslimischer Architekturelemente zurück, zu Bauten aus weißem Marmor oder rotem Sandstein, mit Blumenmustern und Koraninschriften, die mit Edelsteinen eingelegt sind.

■ **Das Taj Mahal,** das Mausoleum aus weißem Marmor, das der Mogulkaiser Shah Jahan für seine Lieblingsfrau von 1631 und 1647 in Agra errichten ließ, ist eines der am meisten bewunderten Bauwerke der Erde. Sämtliche Gegenden Indiens und Asiens liefern auf Befehl des Kaisers die seltenen, für den Bau benötigten Materialien: Jaspis aus dem Punjab, Türkise und Malachit aus Tibet, Korallen vom Roten Meer und weißen Marmor aus Rajasthan. Der zentrale Bau ist von vier identischen Minaretten umgeben. Links von dem Grabmal erhebt sich eine Moschee. Der Haupteingang öffnet sich auf eine Allee, die auf die große Terrasse führt. Der Bau wird von einer Kuppel überragt, die sich bis zu einer Höhe von 61 Metern erhebt. Mit Inkrustierungen und Edelsteinen geschmückt, bildet das Taj Mahal eine vollkommene Harmonie mit seinen umgebenden Gärten.

Die Kunst der Miniaturmalerei

Die Miniaturmalerei ist zur Zeit des Großmoguls **Humāyūn**, des zweiten Kaisers der Dynastie, bereits voll entwickelt. Humāyūn lässt das *Hamza*-Epos *(Hamza Nama)* illustrieren, den Bericht über den Sieg eines Onkels von Mohammed über die Heiden. Doch vor allem während der Herrschaft Akbars des Großen (reg. 1556–1605) erreicht diese Kunst ihren Höhepunkt. Illustriert werden in dieser Zeit das *Akbar Nama* oder auch das *Razm Nama*, der Bericht über den Krieg, eine bildliche Darstellung des *Mahabharata*-Epos, angefertigt in Jaipur. Der Stil der Künstler erweist sich als persisch, was den Darstellungsmodus angeht, und als hinduistisch, was die Wahl der Details betrifft. Die Porträts der Mogulherrscher, Szenen am Hof und bei der Jagd sowie die Unterhaltungen der Verliebten lassen die Herrlichkeit des Hofes erahnen.

Die Literatur in der Mogul-Zeit

Im 16. Jahrhundert entwickelt sich in Indien unter dem Einfluss und durch die Ankunft muslimischer, aus Persien eingedrungener Eroberer eine neue Sprache: das Urdu. Urdu und Hindi sind ihrerseits beide aus dem Hindustani hervorgegangen, welches einheimische indische Prakrit-Sprachen und insbesondere das Persische vereint. Der Süden Indiens und Sri Lanka, also die dravidischen Staaten, haben ihre eigenen, nämlich die dravidischen Sprachen: Tamil, Kannada, Malayalam, Telugu sind die vier wichtigsten. Der Gründer der Mogul-Dynastie, Bābur, hinterlässt seine Memoiren – *Bābur Nama* –, die er in seiner Muttersprache, dem Tschagataischen, einer Turksprache, verfasst hat. Der größte Hindi-Dichter, **Goswami Tulsidas** (1532–1623), macht sich an die Erneuerung der großen Klassiker wie etwa des *Ramayana*. Sein Hauptwerk ist das Epos *Ramcharitmanasa – See der Taten des Gottes Rama*.

In **Marathi,** einer indoarischen Sprache, die mit dem Sanskrit verwandt ist, tun sich fünf Dichter hervor:

- **Namdev** (um 1270–1350) verfasst heilige Hymnen oder *abhangas*, gesammelt im Buch der Hymnen *(Namdev Gatha)*, das 1970 veröffentlicht wird und die ursprünglich mündlich tradierte Kunst auf diese Weise fixierte.

- **Bhanudas** (1483–1513) schreibt fromme Gedichte.

- **Eknath** (1533–1599), ein Brahmane, der Sanskrit, Arabisch, Urdu, Persisch, Hindi und Marathi spricht, verfasst philosophische Analysen zum Kommentar zur *Bhagavad-Gita*, die ein heiliger Marathi-Poet, **Dnyaneshwar** (1275–1296), verfasst hat. Er übersetzt und kommentiert die *Bhāgavata Purāna* auf Marathi.

- **Tukaram** (1608–ca. 1650) wird, nachdem er sich anfänglich dem Handel gewidmet hat, ein eifriger Anhänger Krishnas beziehungsweise von dessen Avatar *Vithoba*, der auch von den Marathen verehrt wird. Tukaram verfasst ebenfalls *abhangas*, heilige Hymnen.

- **Ramdas** (1608–1681) ruft die Sekte der Ramdasis ins Leben, Anhänger Vishnus beziehungsweise seines Avatars *Vithoba*. Die Ramdasis sind «Diener Gottes». Ramdas' Hymnen bezeugen die Renaissance der Hindu-Poesie.

2. Das neuzeitliche China

Die Ming-Dynastie (1368–1644)

Die mongolische Yuan-Dynastie geht 1368 aufgrund mehrerer Faktoren zugrunde: Ein Grund ist die Rückkehr der Herrscher in die Mongolei, weil diese sich weigern, nach chinesischer Art zu leben, die als verweichlicht gilt, aber auch mehrere Hungersnöte sowie der chinesische Aufstand gegen die mongolischen Eindringlinge tragen dazu bei. Im Januar 1368 ruft sich der frühere Rebell der Roten-Turban-Bewegung **Zhu Yuanzhang** zum Kaiser **Hongwu** (1368–1398) aus. Nachdem sein Enkel **Jianen** (1398–1402) nur kurze Zeit auf dem Thron verbringt, wird er von seinem Onkel **Zhu Di** ersetzt, der als Kaiser **Yongle** (1402–1424) regiert. Dessen Herrschaft ist so durchschlagend, dass er meist als der zweite Gründer der Ming-Dynastie gilt. Zwischen 1410 und 1424 schlägt er die Mongolen mehrfach und verlegt 1420 seine Hauptstadt nach Peking. Dem Eunuchen **Zheng He** (1371–1433) vertraut er mehrere Erkundungsfahrten auf See an, wovon sieben zwischen 1405 und 1433 bezeugt sind. Sie bringen die chinesische Flotte bis an die Küsten Sumatras, Sri Lankas und schließlich weiter bis ans Rote Meer. Die Küsten Afrikas werden bis nach Mozambique befahren. Die Nachfolger Yongles sind **Hongxi** (reg. 1424–1425), **Xuande** (reg. 1425–1435) und **Zhengtong** (reg. 1435–1449 und 1457–1464). Letzterer wird 1449 von den Mongolen gefangen genommen. Danach müssen die Ming-Kaiser sich ständig mit dem mongolischen Khan auseinandersetzen, der jede Gelegenheit nutzt, um in China einzudringen. Obwohl die Chinesen wenig Verlangen danach haben, verbindet seit dem 16. Jahrhundert ein regelmäßiger wirtschaftlicher Austausch die beiden Länder. **Die Ming-Dynastie** steht für die Rückkehr zu einem chinesischen Nationalismus, der an Fremdenfeindlichkeit grenzt. Der Fremde wird wieder zum «Barbaren» par excellence, der nur zum Menschen wird, wenn er sich sinisiert. Dabei kommen im 16. Jahrhundert bereits die ersten Abendländer an. 1514 erreichen portugiesische Handelsschiffe das Land. Macao wird 1557 gegründet.

Der Jesuitenpater **Matteo Ricci** (1552–1619) lebt seit 1582 in China. Er sinisiert seinen Namen zu Li Matou, lernt Mandarin und legt ein erstes zweisprachiges Wörterbuch vor. Kaiser Yongle gibt eine Gesamtdarstellung des damaligen chinesischen Wissens in Auftrag, eine Enzyklopädie also. Sie umfasst 11 000 Bände und ist das Ergebnis der Arbeit von 2000 Spezialisten, die

6

vier Jahre daran arbeiteten. Der Sinn dieser Arbeit besteht darin, die Kultur gleichsam zu fixieren. Jede Neuerung ist danach verboten. Ein Gesetzeskodex, inspiriert von dem der Tang, ist seit 1373 in Kraft. 1609 erscheint die *Sammlung von Bildern der Drei Königreiche* (*San cai tu hui*), eine illustrierte Enzyklopädie in 155 Bänden.

Die größte Bedrohung aber kommt von den **Mandschu**. 1583 vereint **Nurhaci** (1559–1626) die Jurchen-Stämme, nach der Invasion Chinas im 17. Jahrhundert Mandschu genannt. 1616 ernennt sich Nurhaci zum Khan. Sein Sohn **Huang Taiji** (1592–1643) wird Kaiser. 1636 ruft er die Dynastie der späten Jin aus, die ab 1644 zur Qing-Dynastie wird. Die Mandschu dringen wiederholt nach Nordchina ein. 1644 erobert eine Armee aufständischer Bauern unter der Führung von **Li Zicheng** (1606–1645) Peking. Der letzte Ming-Kaiser **Chongzhen** (1627–1644), der zur Depression neigt, erhängt sich. Danach begeht ein chinesischer General den Fehler, Li Zicheng zu rufen, den selbsternannten kurzzeitigen Herrscher, doch er hütet sich, die Ming erneut zu installieren. Kaiser **Shunzhi** (1644–1661), zweiter Führer der Mandschu-Dynastie der Qing, besteigt den Thron. Die Ming-Führer, die in den Süden Chinas geflohen sind, werden 1662 beseitigt; ihr letztes Refugium Taiwan wird 1683 erobert.

Die Kunst der Ming-Zeit

Die Architektur

Die Architektur unter den Ming entwickelt sich aus einer bevorzugten Form heraus: einer Halle mit der Hauptfassade an der Langseite. Um eine Steinterrasse herum sind Säulen aus rot lackiertem Holz postiert, die einen Architrav tragen; die konkaven Dächer sind mit grünen, blauen und gelben Ziegeln gedeckt. Das Dach ist von einem Dachstuhl mit zahlreichen Skulpturen bekrönt. Ein typisches Beispiel der Monumentalarchitektur der Ming ist das Grab des Kaisers **Yongle** (1402–1424), ein Kolossalbau von bewundernswerten Proportionen. Yongle lässt auch den Himmelstempel in Peking bauen sowie den berühmten Porzellanturm in Nanking, der im 19. Jahrhundert zerstört wird.

Die Malerei: Landschaftsmalerei und Tuschzeichnung

Auch wenn die Skulptur unter den Ming nicht die Originalität innovativer Schöpfungen an den Tag legt, so genießt umgekehrt die Malerei von Seiten der Kaiser eine beeindruckende, ja bedrückende Aufmerksamkeit. Denn die offiziell anerkannten Maler leben zwar im geschützten Milieu des Hofes, sind dort aber fest eingebunden und müssen im Sinn der offiziellen Kunst produzieren. Das Vorbild der Ming bleibt die Malerei der Song, vor allem deren Landschaften. Das wird von **Tai Wen-Ching / Dai Jin** (1388–1462) aufgenommen, der die **Zhe-Schule** begründet und sich der Wiederaufnahme traditioneller Techniken widmet; er erweitert diese um die Tuschzeichnung. Der andere Repräsentant dieser Schule ist **Lan Ying** (1585–1644). Die zweite Schule, die **Wu-Schule**, knüpft an die gelehrte Literatenmalerei der Yuan-Zeit an. Zwei Schulen stehen also einander gegenüber. Die erzählenden Maler des Südens arbeiten mit Tusche und dem Spiel der Pinsel, anders als die Künstler des Nordens, die akademisch malen und zu lebhaften Farben greifen. Beide Schulen haben gemein, dass sie die Werke der Vergangenheit ausgiebig nachahmen. Eine dritte Richtung kommt auf, als eine Art Verbindung zwischen den Schulen des Nordens und des Südens: die individualistischen Künstler.

Im Lauf des 17. Jahrhunderts erreicht der mehrfarbige Holzschnitt in Nanking seinen Höhepunkt.

Porzellan-Kunst

Unter den Ming gibt es in der Malerei wie in der Literatur kaum Neuerungen. Doch ihr Porzellan ist von großer Anmut und schillernder Farbigkeit. Es ist die Kunstform schlechthin unter den Ming. Das Ursprungsmaterial, Kaolin, hat seinen Namen *Kao Lin* (hohe Bergkette) vom Fundort in der Nähe der kaiserlichen Manufaktur. Das farbige Porzellan der Ming-Zeit gilt als vollkommen; es reicht von einfarbigen weißen, blauen oder seladonfarbigen (blasses und transparentes Grün) Stücken bis zu den *San Tsai* (Drei Farben), die Grün, Gelb und Dunkelviolett vereinen; oder auch zu den bemerkenswerten *Wu Tsai* (Fünf Farben), die außer den drei genannten Farben auch noch Blau und Rot hinzufügen. Bevorzugte Themen, von der klassischen Seidenmalerei übernommen, sind florale Motive, Vögel und Schmetterlinge.

Literatur und Theater: Erotik und volkstümlicher Roman

Der typische Theaterstil der Ming-Zeit, *Chuanqi*, ersetzt allmählich das frühere reguläre chinesische Theater, das *Zaju*, der Yuan-Dynastie; Gleiches gilt für die Oper. Die Übertreibung erlesener Gefühle ist die Grundlage von Stücken wie *Mŭdān Tíng – Die Päonienlaube* (auch: Pfingstrosen-Pavillon), von **Tang Xianzu** (1550–1616), Bühnenautor und Komponist. Es ist ein Liebesdrama, in dem ein Mädchen der hohen Gesellschaft sich endlich demjenigen hingibt, den sie liebt, der aber aus niederem Milieu stammt. Die *Päonienlaube* ist Teil der Sammlung der *Vier Träume aus Linchuan*.

Zur Zeit der Ming kommt auch eine Welle volkstümlicher Romane auf, die den Erzählstil der Yuan-Zeit fortsetzen. Der historische Roman und das Epos sind vertreten durch *Sānguó Yǎnyì – Die Geschichte der Drei Reiche*, *Shuǐhu Zhuàn – Die Räuber vom Liang-Schan-Moor (Wasserufergeschichte)* und *Hsi Yu Chi – Die Reise nach Westen*. Die erotische Literatur ist ebenfalls beliebt: Sie vermischt Sittengeschichte und Gesellschaftskritik des reichen Bürgertums, das unter den Ming aufblüht, beispielsweise im *Jin Ping Mei – Pflaumenblüte in der Goldenen Vase*. Die eher konventionelle Dichtung kommt mit **Tang Yin** (1470–1524) auf, ein Maler und Kalligraph mit feinsinnigem Ausdruck und authentischer Empfindung.

Die Philosophie: Schule des Geistes

Wang Shouren, bekannt als **Wang Yangming** (1472–1529), ist der große Philosoph der Ming-Zeit. Im Gegensatz zum offiziellen Konfuzianismus betont er die Intuition als universelles Prinzip der Natur; Geist und (Welt-)Prinzip sind eines, Wissen und praktisches Handeln stimmen überein. Als Neokonfuzianer macht er die Schule des Geistes berühmt: Ein jeder besitzt das Reine-Geist-Prinzip, *li* genannt; daher rührt das angeborene Wissen. Um dieses zu finden, genügt es, in sich selbst danach zu suchen. Dieses Wissen wird in tugendhaftes Handeln überführt; das eine geht nicht ohne das andere. Nach Wang Yangmings Tod wendet sich die Schule des Geistes einem gemäßigten Idealismus zu, in dem es um die Abwendung von der äußeren Welt geht. Sein Schüler **Wang Ken** (1483–1541) befürwortet eine Gesellschaft ohne Reiche und Arme.

3. Japan vom Ende des 16. bis zum 17. Jahrhundert

Die Azuchi-Momoyama-Zeit (1573–1603)

Die **Azuchi-Momoyama-Zeit** ist eine Zeit der Unruhen, in der die Kriegsherren sich um die Macht streiten und die Shogune nach eigenem Gutdünken ernennen und absetzen. Zwei Männer beherrschen die Epoche durch ihre Bedeutung und ihre Rolle bei der Vorbereitung der Einigung Japans: Nobunaga Oda und Toyotomi Hideyoshi. **Nobunaga Oda** (1534–1582) gewinnt die Schlacht von Nagashino, doch er wird zum Selbstmord gezwungen, weil seine Generäle ihn verraten. **Toyotomi Hideyoshi** (1536–1598) folgt auf ihn, gewinnt die Schlacht von Yamazaki, aber kann Korea nicht erobern. Dies ist die Stunde für einen dritten Mann, **Ieyasu Tokugawa** (1536–1616), der das Tokugawa-Shogunat oder *Bakufu* begründet, die «Regierung unter dem Zelt», eine Militärregierung. Er wird Shogun, seine Dynastie regiert bis 1868. Die Azuchi-Momoyama-Zeit erstreckt sich über ein halbes Jahrhundert und ist die Grundlage des modernen Japans. Sie bereitet die große, friedliche Zeit der Tokugawa vor, die 250 Jahre währen wird. Die Azuchi-Momoyama-Zeit beendet die Zeit der Bürgerkriege.

6

Der **Handel mit China** bringt chinesische Kulturerzeugnisse nach Japan. Doch die Ankunft der Holländer öffnet Japan nicht für andere Orte und Welten. Das Land lernt wohl neue Waffen kennen, neue Kampftechniken und Gewehre, aber es gibt so gut wie keine Einwirkung der Außenwelt auf die japanische Mentalität. Ein erster **Austausch Japans mit Europa** kommt durch die Havarie portugiesischer Seeleute vor der Küste der Insel Tanegashima im Jahr 1543 zustande. Eine kurzzeitige Kultur- und Handelsbeziehung mit den iberischen Ländern währt von 1543 bis zur Abschottung Japans im Jahr 1639. Man spricht in Japan von **Namban**, den «südlichen Barbaren», womit die Portugiesen und die Spanier gemeint sind. Ohne Zweifel kommt diese Bezeichnung daher, dass deren Ethik und politische Ordnung in jeder Hinsicht der japanischen Lebensart entgegengesetzt sind. Portugiesische **Jesuiten** sind die Ersten, die das Christentum verbreiten. Die Epoche des Handels mit den «Südbarbaren» hat neue Impulse im Bereich der Wissenschaft, Astronomie und Geographie zur Folge. Portugiesische Theorien und Methoden werden ab der Mitte des 16. Jahrhunderts nach Japan eingeführt. **Carlo Spinola** (1564–1622), portugiesischer Jesuitenmissionar, gründet in Kyōto eine Akademie, in der er die Bewegung der Sterne und die Kosmographie erklärt. Auch Weltkarten werden von den Missionaren eingeführt sowie Atlanten und europäische Stadtpläne. Die nautische Kunst der Portugiesen wird ebenfalls weitergegeben. Hospitäler werden errichtet, so wie das von **Luis de Almeida** im Jahr 1557 in Funai, das den japanischen Ärzten Weiterbildung ermöglicht. Auch die Malerei des Abendlandes stößt auf Interesse; zahlreiche Kopien von Bildern und viele Stiche zirkulieren. Die Kunst des Drucks entwickelt sich; europäische und japanische Werke werden herausgegeben. Bemalte Paravents erzählen von der Ankunft der Europäer und ihrer Schiffe.

Die Kunst der Azuchi-Momoyama-Zeit

Die Architektur: Höfisches Leben

Im militärischen Kontext entstehen viele Verteidigungsbauwerke und Schlösser. Das berühmteste Schloss ist das von Himeji, gelegen in der Präfektur Hyōgo. Bekannt ist es auch als *Shirasagijō*, das «Schloss des weißen Reihers». Seine mehrstöckigen Türme überragen die Granitmauern. Es ist eines der ältesten mittelalterlichen Bauwerke; früheste Bauteile datieren von 1346, die größte Erweiterung von 1580. Im Jahr 1331 plant **Akamatsu Sadanori**, dieses Schloss zu Füßen des Himeji-Berges zu errichten. Hideyoshi macht es zum Ausgangspunkt seiner militärischen Operationen des Jahres 1577. Nach der **Schlacht von Sekigahara** (1600) übergibt Ieyasu Tokugawa es seinem Schwiegersohn, der dem Schloss seine heutige Gestalt verleiht. Das Innere des Gebäudes ist reich geschmückt. Die gesamte Anlage besteht aus 83 Gebäuden und weist ausgeklügelte Wehranlagen auf. Das Schloss gehört zu den Hauptwerken des japanischen Holzbaus.

Ein neuer Architekturstil, der *Shinden Zukuri*, entwickelt sich in den Häusern des Adels. Der *Sukiya Zukuri* dagegen ist eher dem Teehaus zuzuordnen und vor allem durch eine intensive Innen-Außen-Beziehung gekennzeichnet. Er wird nicht für die öffentlichen Bereiche der Paläste benutzt, wo die Audienzen oder offizielle Zeremonien stattfinden. Es werden neue Holzarten, Fackeln oder Papiersorten eingesetzt.

Die Malerei

Die Architektur wird durch Malerei auf Schiebetüren bereichert, aber auch durch Paravents von strahlender Schönheit. Die berühmtesten Künstler sind die Meister der Kanō-Schule: **Kanō Eitoku** (1543–1590) und **Kanō Sanraku** (1559–1635). Ihre Malereien zeichnen sich durch ihren Goldgrund aus. Die Tuschemalerei wird durch die Kaiho-Schule und die Tosa-Schule repräsentiert: **Kaiho Yushō** (1533–1615), **Tosa Mitsyoshi** (1539–1613) und **Haragawa Tohaku** (1539–1610).

Die Religion in der Azuchi-Momoyama-Zeit

Das von den Portugiesen eingeführte Christentum erreicht das Inselreich. Zunächst wird das Christentum gut aufgenommen; die Christianisierung schreitet schnell voran. Klöster und Kirchen entstehen allerorts. Die wichtigsten Missionare sind **Franz Xaver** (1506–1552) und **Alessandro Valignani** (1539–1606). Doch 1587 wird das Christentum vom *Kanpaku*, dem Ersten Minister, **Toyotomi Hideyoshi** (1536–1598) verboten. Ab 1596 setzt eine intensive Verfolgung ein.

Die Edo-Zeit (1615–1868)

Die Edo-Zeit (1615–1868) ist deckungsgleich mit der Herrschaft der Tokugawa-Dynastie, die Japan zu ihrem eigenen Vorteil vereint. Der Kaiser wird auf eine rein religiöse Rolle beschränkt. Das Land wird im feudalen Sinn neu strukturiert. Lehen werden den *Daimyōs* übertragen, den Herren, die allerdings streng kontrolliert werden. Sie müssen die Hälfte ihrer Zeit in der neuen Hauptstadt Edo, dem heutigen Tokio, leben und bei Abwesenheit ihre Familie als Geiseln zurücklassen. Die **Tokugawa** beschließen – ein einzigartiger Fall in der Geschichte –, Japan vor allen äußeren Einflüssen abzuschotten. Diese lange Zeit der Isolierung, *Sakoku* genannt, endet erst 1854. Doch die Amerikaner verlangen die Öffnung des Landes. Eine Kriegsflotte unter Commodore **Matthew Calbraith Perry** droht, Edo zu bombardieren, falls die Öffnung verweigert würde. Weil Japan also gezwungen wird, öffnet es sich mit dem Vertrag von Kanagawa und akzeptiert einen Handel mit den USA bei Beschränkung der Zollrechte auf 3 Prozent. Im Jahr 1868 profitiert Kaiser **Mutsu-**

hito (reg. 1868–1912) davon und übernimmt die Macht. Der letzte Tokugawa-Shogun demissioniert. Die Meiji-Ära, eine «aufgeklärte Herrschaft» der Modernisierung nach westlichem Vorbild, beginnt.

Die Künste unter der Tokugawa-Dynastie

In dieser Zeit, die durch Frieden, Wohlstand und Isolierung gekennzeichnet ist, entsteht eine bürgerliche Kunst. Im Bereich der Kunst erscheint die erste Hälfte des 17. Jahrhunderts als eine Zeit des Übergangs von der vorherigen Momoyama-Periode zur Edo-Zeit. **Kyōto** bleibt zunächst das Zentrum aller kulturellen Aktivitäten. Die Repräsentanten der Kan'ei-Kultur sind Erben der traditionellen Kultur; Adlige vom Hof, Mönche und Gelehrte, die alle von den Tokugawa unterhalten werden. Sie leben in einer verfeinerten Umgebung, ähnlich den «Salons». Es handelt sich im guten Sinne um Dilettanten, die einen aristokratischen Sinn für die *Nō*-Aufführungen und die Dichtung, *Waka*, haben. Der Neokonfuzianismus durchdringt die Kriegergesellschaft, die diesen zu ihrer offiziellen Lehre erhebt. Diese Lehre mitsamt ihren ethischen Prinzipien, welche die gesellschaftlichen und sehr zentralisierten Beziehungen festlegen, rechtfertigt die bestehende gesellschaftliche Struktur. Da während des gesamten 17. Jahrhunderts die landwirtschaftliche Produktion stetig ansteigt, werden die Künste allmählich zur Sache des Bürgertums und der reich gewordenen Händlerschichten.

Das Schwert als Kunst- und Kultgegenstand

Die Tokugawa bedienten sich der neokonfuzianischen Ethik, um ihre Macht zu sichern und die Gesellschaft zu strukturieren. In diesem Klima erhält das **Schwert** eine stärkere Bedeutung – nicht nur, weil es die Waffe des Adels ist; symbolisch stärkt es auch die Seele seines Besitzers. Kein Land ist so sehr auf den **Kult des Schwerts** ausgerichtet wie Japan: einerseits, weil das Schwert mythologische und spirituelle Bezüge hat; andererseits, weil es gesellschaftliche Konventionen impliziert. Als «Seele des Kriegers» ist das Schwert mit dem Göttlichen verbunden. Es steht neben zwei weiteren Objekten, dem Spiegel und den heiligen Perlen – einer Kette aus tropfenförmigen Edelsteinen –, den in Japan hoch angesehenen kaiserlichen Emblemen. Susanoo, Bruder der Sonnengöttin Amaterasu und Gott des Windes und der Meere, hat das Schwert *Kusanagi no Tsurugi* gefunden und an sich genommen, das im

Schwanz eines Drachen verborgen war, den er getötet hat. Seit dieser Zeit ist es das Symbol der Macht. Seine Rolle zeigt sich in den *regalia imperiale*, den geheiligten kaiserlichen Machtinsignien, wie auch in der Diplomatie und bei der Thronfolge. Die Shinto-Tempel bewahren immer ein solches Schwert auf. Manche Schwertklingen haben religiöse Formeln oder Darstellungen von Göttern eingraviert. Als Seele des Samurai bildet das Schwert ein wichtiges soziales Band in der Gesellschaft der **Bushi**, der Krieger.

Die Malerei

Die Isolierung Japans ab 1639 hätte eigentlich zu einer Stagnation in der Malerei führen müssen. Doch die Isolation war keine totale: Die chinesischen und holländischen Kolonien unterhielten wirtschaftliche und kulturelle Kontakte. Tatsächlich ist eine große Vielfalt innerhalb der Malerei, ihrer Richtungen und Schulen zu verzeichnen. Lange Zeit waren die **Schulen von Kano und Tosa** führend. Zur Blütezeit der Kunst des **Yamato-e,** der ästhetisierenden Kunst der japanischen Feudalzeit, erfolgt der Aufstieg von **Hon'ami Kōetsu** (1558–1637), dem Gründer einer Künstlergemeinschaft in Takagamine, einem Vorort von Kyōto. Diese Gruppe will die Erneuerung der Verbindung und des Austauschs zwischen Malerei und Kunsthandwerk bewirken. **Tawaraya Sōtatsu** (um 1600–1643), sein Mitarbeiter, und er selbst wenden sich der Reproduktion von Bildern und Lackarbeiten zu; ihre Ergebnisse wirken leichter als die der vorangegangenen Schulen Kano und Tosa.

6

Mit dem Beginn der **Rimpa Schule** nimmt deren Hauptvertreter **Ogota Korin** (1658–1716) ihre Prinzipien auf. Die Rimpa-Künstler erschaffen Bilder, Drucke, Lackarbeiten, Stoffe und Keramik. Ihr Stil gehört zu den berühmtesten und eigentümlichsten der japanischen Malerei. Die einzelnen Elemente, Vögel und Pflanzen scheinen zunächst natürlich, doch wenn man sich genauer mit ihnen beschäftigt, merkt man, dass alles künstlich inszeniert ist. Jede Einzelheit wirkt wie ausgestanzt und vermittelt den Eindruck einer graphischen Übung. Diese Werke sind strenger und nüchterner als die der Tosa- oder Kano-Schule. Weitere Maler seien hier genannt: **Hanabusa Itcho** (1652–1724), nach dem eine eigene Schule, die **Hanabusa-Schule**, entstand, und **Iwasa Matabei** (1578–1650).

Literatur und Theater unter den Tokugawa

Die Tokugawa-Zeit ist durch ein Aufblühen der Künste und des Kunsthandwerks gekennzeichnet. Die Regierung versucht die wirtschaftliche und politische Konzentration in den Händen weniger Aristokraten zu verhindern. Die Künste sind nicht mehr nur für den Adel bestimmt, verbreiten sich vielmehr auch in das Bürgertum hinein, das nun damit in Kontakt kommt. Die Literatur wird volkstümlicher. Das alltägliche Leben wird beschrieben, seine Kraft, seine Schwächen; dies alles im moralisierenden oder auch scherzhaften Tonfall. Die Sittenromane von **Ihara Saikaku** (1642–1693) sind typisch dafür. Der zweite große Autor dieser Periode ist **Chikamatsu Monzaemon** (1653–1724), ein Repräsentant des Dramas. Sein eigentlicher Name ist Sugimori Nobumori, er entstammt einer Familie von *Bushi*, Kriegern. Er schreibt für das *Ningyō jōruri/Bungaku*, für das Puppentheater also. **Takemoto Gidayū** (1651–1714), der Schöpfer des gesungenen Puppentheaters, fordert ihn 1686 auf, sich ihm anzuschließen und ihm Stücke zu schreiben. Bis 1703 schreibt er nur historische *jōruri*. Danach hat das Publikum die Auswahl zwischen dem *sewa-mono*, dem aktuellen Theater, oder dem *jidai-mono*, dem historischen Theater.

Das Kabuki-Theater

Neben dem *Nō*-Theater, das der Aristokratie und den Menschen am Hof vorbehalten ist, kommt das volkstümliche Theater auf, das *Kabuki*, dem das Marionettentheater vorausgeht. Laut André Leroi-Gourhan* musste das *Kabuki* geradezu zum Theater werden, weil beinahe alle *Kabuki*-Stücke dem Marionetten-Theater entstammen. Es vertraut auch Frauen Rollen an, was ab 1628 verboten wird. Das Entstehen des *Kabuki* ist mit der Tänzerin **Izumo no Okuni** (geb. ca. 1572) verknüpft, einer Tempeltänzerin aus Ise, die sich in Kyōto niederlässt, nachdem sie das religiöse Leben aufgegeben hat. Das *Kabuki* ist auf Spektakel, auf Ohrenschmaus und unmittelbare Emotion ausgerichtet.

■ **Chikamatsu Monzaemon** werden 100 bis 150 *Ningyō jōruri* zugeschrieben, dazu verfasst er ungefähr 30 Stücke für das *Kabuki*. Die *Ningyō jōruri* bringen

* *Pages oubliées sur le Japon*, recueil posthume établi et présenté par Jean-François Lesbre, Jérôme Million, Paris 2003.

auch die Figuren Yoshitsune und seinen Getreuen Benkei, den gewaltigen Kriegermönch, hervor.

Bashô und das Haikai

Die lyrische Dichtung entwickelt sich in neuer Gestalt, dem *Haikai*, einem Vers aus fünf, sieben oder neun Silben. Unangefochtener Meister dieses Genres ist **Matsuo Bashô** (1644–1694). Mit eigentlichem Namen Matsuo Munefusa, brilliert er darin, Worte aus dem Alltagsleben zu benutzen. Ein ***Haikai*** ist wie ein vorübergehendes Licht, in dem man die lebendige Wirklichkeit der Dinge sieht. Bashô ist Meister des ***Haikai-renga***, des freien verbundenen Gedichts. Er nobilitiert das *Haiku*, ein Gedicht aus 17 Silben; doch er übertrifft sich noch im speziellen Genre des *Haibun*, einer lyrischen Prosa, das durchsetzt ist mit *Haiku*.

Bashôs Reisetagebuch *Auf schmalen Pfaden durchs Hinterland* basiert auf *Kikô*, im eigentlichen Wortsinn von «Reisenotizen». Dieser Reisebericht mit dem ursprünglichen Titel *Oku no Hosomichi* erzählt von einer Reise, die der Autor 1689 durch die nördlichen Berge und das Zentrum Japans unternimmt. Bashô, dessen Beiname von «Einsiedelei unter dem Bananenbaum» herrührt, wo er sich niederlässt (*bashô* bedeutet auf Japanisch Bananenbaum), ist den Großteil seines Lebens sesshaft. Doch 1683 zwingt ihn ein Feuer, sein Heim aufzugeben und zu reisen. Er findet Geschmack daran und setzt seine Pilgerreisen bis zu seinem Tod im Jahr 1694 in Osaka fort. Die Fortbewegung ist für ihn, wie auch für andere *Kikô* Autoren seit dem 13. Jahrhundert, eine Gelegenheit, die Majestät der Landschaften zu beschreiben, die er schauen konnte. Doch dort, wo – nur allzu oft – die «Reisenotizen» sich an banale Beschreibungen halten, verlängert Bashô gleichsam seine Sprachkunst durch eine Kunst des Denkens: Die ästhetische Empfindung läuft in Meditation aus. Die Besonderheit Bashôs besteht darin, dass er für seinen Reisebericht eine schlichte Sprache benutzt, die jedermann zugänglich ist. Außerdem hat er nie den Wunsch verspürt, seine besondere Kunst durch eine Theorie weiterzuentwickeln. Gleichwohl ist er der Gründer der **Shōmon-Schule**, die den drei Grundsätzen folgt: *Sabi*, *shiari* und *hosomi*. *Sabi* bezeichnet die Sachlichkeit, die aus der Kontemplation kommt; *shiari* bezieht sich auf die unerlässliche Harmonie als Schlüssel zum Werk; *hosomi* meint die Ruhe, die aus der Kontemplation und der Harmonie resultiert.

Wissenschaft und Philosophie in der Tokugawa-Zeit

Am Beginn dieser Periode steht ein unvergleichlicher Aufschwung auf dem Gebiet der mathematischen Wissenschaften *(Wasan)* und der Philosophie. Den Antrieb dazu im 17. Jahrhundert lieferte die Entdeckung alter chinesischer Schriften aus dem 13. Jahrhundert. Die trigonometrischen Tafeln und die Logarithmen wurden schnell als unverzichtbare Ergänzungen zur Berechnung von Kalendern und astronomischen Berechnungen verwendet. Doch weder die euklidischen Ableitungen noch die Axiomatik wurden von japanischen Mathematikern aufgegriffen. Zwei Namen sind mit der Entwicklung der Technik des *Wasan* verbunden, die aus der ersten Hälfte des 17. Jahrhunderts stammt: **Seki Takazu** (1642–1708) und **Takebe Katahiro** (1664–1739). Paradoxerweise schienen die Japaner die im intellektuellen Leben Chinas aufgekommenen Veränderungen zu diesem Zeitpunkt noch nicht zu kennen. Die Verbotsmaßnahmen durch die ersten Tokugawa-Shogune beziehen sich auf die Werke der Jesuiten.

Denkschulen und Religion

Die zwei großen Denkschulen sind die *Mito*-Schule, deren Überlegungen sich aus der Geschichte ableiten; und die *Shingaku*-Schule, die eine Pädagogik für die Ausbildung der Massen entwickeln will. Der **Konfuzianismus** ist in Japan schon alteingesessen, da er, der Überlieferung zufolge, schon im 5. Jahrhundert eingeführt wurde. In der Zeit der Kamakura (1185–1333) und der Muromachi (1333–1568) wird er in buddhistischen Niederlassungen studiert. Diese Lehre bleibt bis zur Edo-Zeit übrigens das Monopol der Aristokratie, der Familien am Hof. Für **Ito Jinsai** (1627–1705) haben alle Menschen Anteil an der einen Natur, und dies öffnet den richtigen Weg. Andere Denker folgen diesem intellektuellen Ansatz, etwa **Nishikawa Joken** (1648–1724).

4. Korea

Der Untergang der Joseon-Dynastie (17.–18. Jahrhundert)

Die Joseon-Dynastie, die ihren Höhepunkt im 15. Jahrhundert hat, erlebt danach eine lange Zeit des Abstiegs. Dieser Abstieg beginnt mit der Unterwerfung unter die neue Mandschu-Dynastie der Ching, die in China 1644 die Macht übernehmen. Seitdem befindet sich Korea unter fremder Herrschaft, ist im Prinzip aber dennoch unabhängig. Diese Abschottung, eine gesellschaftliche und politische Erstarrung, die dem Land den Beinamen «Eremiten-Königreich» einträgt, wird allerdings von einer gewaltigen intellektuellen Erneuerung begleitet.

Die kulturelle Entwicklung unter den Joseon

Der Buddhismus wird unter der neuen Dynastie verdrängt, was mit dem Aufstieg des Konfuzianismus zu tun hat, der für die Verwaltungsreform und die politischen Kader eingesetzt wird. Der Buddhismus wird immer weiter und mit allen Mitteln beschränkt: durch die Schließung der Klöster, drakonische Maßnahmen gegen den Bau neuer Tempel und das Verbot entsprechender Zeremonien am Hof. Auch ist es verboten, Mönch zu werden, was mit der gesellschaftlichen Nützlichkeit begründet wird. Die Geschichtsschreibung begeistert weiterhin die Gebildeten, Werke wie *Ko-ryo-sa*, die *Geschichte von Koryo*, oder das *Djo-son wang-djo sil-lok*, die *Annalen der Li-Dynastie*, entstehen. Architektur und dekorative Kunst sind wegen der intensiven Kontrolle durch die schwerfällige konfuzianische Bürokratie wenig entwickelt. Die Herrscher gewähren vielmehr der Wissenschaft ihre Gunst und entwickeln ab 1446 ein neues Schriftsystem, das alphabetisch und syllabisch ist, auch wenn das Chinesische für offizielle Dokumente und die Chroniken in Gebrauch bleibt.

Die Erneuerung durch Silhak

Silhak, «Studium des Wirklichen», ist eine kulturelle Erneuerungsbewegung, deren Hauptimpuls der Wissensdrang ist, der seit dem 17. Jahrhundert die Anhänger des Pragmatismus vereint. Die wichtigsten Repräsentanten dieser Schule im 18. Jahrhundert sind **Li Ik** (1681–1763) und **Djong Yak-Yong** (1672– 1836). Die sozialreformerische Silhak-Bewegung ist – vermittelt durch die Reisen ihrer Anhänger nach China – an westlicher Technologie interessiert, aber auch am Christentum, zumindest bis zu den ersten Konversionen von Koreanern gegen Ende des 18. Jahrhunderts. Diese rufen dann eine feindselige Haltung hervor, später wird daraus sogar eine von Seoul gesteuerte Verfolgung. Diese kulturelle Entwicklung muss im Zusammenhang mit dem politischen Niedergang gesehen werden, der dazu führt, dass Korea sich öffnet – es wird 1876 von Japan dazu gezwungen. Es folgte die Öffnung gegenüber den wichtigsten westlichen Mächten. Diese sind damit beschäftigt, China unter sich aufzuteilen, und überlassen es Japan, sein Reich nach und nach auf das «Land des ruhigen Morgens» auszuweiten.

X

Das neuzeitliche Afrika: Beispiel Äthiopien

1. Die Architektur Äthiopiens

Die Kirche Beta Giorghis ist eine von elf monolithischen Kirchen, die aus dem Felsen geschlagen wurden, was durch in den Fels gehauene Stollen geschah – in Lalibela, einer Stadt in der heutigen Provinz Tigre auf knapp 2600 m Höhe gelegen. Die größte der dortigen Kirchen, Medhane Alem (Kirche des Erretters), hat eine Länge von 30 m, eine Höhe von 11 m und eine Breite von 24 m. Beta Giorghis hat die Form eines griechischen Kreuzes. In Gonder, von **König Fasiladas / Basilides** (1603–1667) in den Jahren 1635 und 1636 gegründet, steht das Fasil Ghebbi, eine Festung, die verschiedene architektonische Einflüsse bezeugt und mehrere Kirchen, Ställe, eine Kanzlei, die Burg Fasilidas' und den Palast von Iyasu I. / Josua I. umfasst. Die verwendeten Materialien sind Basaltstein und roter Tuffstein; die Baustile vereinen den arabischen Palast, indische Festungen und europäischen Barock, der durch die Jesuiten eingeführt wurde.

2. Die äthiopische Literatur

Das *Kebra Nagast/Negest (Buch des Ruhmes der Könige)* der äthiopischen Könige wird im 14. Jahrhundert auf Ge'ez verfasst, der altäthiopischen Schriftsprache. Das Werk hat 17 Kapitel von gleicher Länge; es vermischt Mythen und Legenden mit der dynastischen Geschichte seit Makeda, der Königin von Saba. Aus ihrer Liebesbeziehung mit König Salomo geht Menelik hervor, Vorfahr der Kaiser von Äthiopien. Es wird in diesem Buch auch die Überführung der Bundeslade von Jerusalem nach Äthiopien geschildert. Das Werk gibt ferner die Debatte unter den 318 orthodoxen Patres des ersten Konzils von Nicäa (325) wieder; es geht um die Frage, worin Größe oder Ruhm der Könige bestehen. Nach der Tradition sind Menelik, der die Bundeslade mit sich führte, und Helena, Mutter von Kaiser Konstantin, die das Kreuz Christi fand, die Einzigen, die um den Ruhm der Könige wussten. Das *Kebra Negest*, das behauptet, die Bundeslade sei in Äthiopien, muss mit der *Dersane Sion (Predigt in Sion)* zusammen gesehen werden, einer Predigt über die Bundeslade, die dieser die Ehre erweisen soll. Darin wird Sion dreifach gerühmt: als die Stadt Davids, wegen der Bundeslade und wegen Maria. Wie eine Legende besagt, ist die Bundeslade in der Kathedrale von Aksum versteckt. Das Buch schließt mit der sicheren Erwartung, dass Rom vor der spirituellen Macht Äthiopiens werde untergehen müssen. Das *Kebra Negest* gilt bei manchen äthiopischen Christen als heiliges Buch, dessen Inhalt authentisch ist. Diese Haltung wird von den Rastafaris geteilt, jamaikanischen Sängern wie etwa Bob Marley.

7

SIEBTER TEIL

DIE WELT IM 18. JAHRHUNDERT

I

Deutschland im 18. Jahrhundert

1. Die politische Entwicklung

Joseph I., Kaiser des Heiligen Römischen Reiches von 1705 bis 1711, führt Krieg gegen Frankreich und bedient sich dazu außergewöhnlicher Generäle: **Prinz Eugen** (Eugen von Savoyen-Carignan, 1663–1721) und John Churchills, **Herzog von Marlborough** (1650–1722), der in englischen Diensten steht. Joseph stirbt 1711 an den Pocken. Sein Bruder Karl VI. (1711–1740) folgt ihm auf den Thron. 1713 erlässt er in seinen Erblanden die *Pragmatische Sanktion*, die seinen Töchtern den Zugang zum Thron ermöglicht, falls es keine männlichen Erben gibt. Prinz Eugen erringt bei Peterwardein (1716) und Belgrad (1717) Siege über die Türken, die am 21. Juli **1718** den **Frieden von Passarowitz** unterschreiben müssen. Dadurch behält Österreich das Banat, die Kleine Walachei und den Großteil Serbiens; 1739 werden diese Eroberungen nach dem Tod von Prinz Eugen wieder zurückgegeben. Karl VI. stirbt am 20. Oktober 1740. Er ist der letzte männliche Herrscher der österreichischen Habsburger. Seine Tochter **Maria Theresia** (1740–1780) folgt ihm auf den Thron; dies wird aber von **Philipp V.** von Spanien und dem bayrischen Kurfürsten angefochten; der preußische König **Friedrich II.** (1740–1786) nutzt das aus und besetzt einen Teil Schlesiens.

Friedrichs Großvater **Friedrich III.** (1688–1713), Kurfürst von Brandenburg, erhält am 18. Januar 1701 als erster die preußische Krone und wird zum König **Friedrich I. von Preußen** (1701–1713). Sein Sohn **Friedrich Wilhelm I.** (1713–1740), Ökonom und versessener Arbeiter, prägt Preußen durch eine strikt kontrollierte Verwaltung und den Aufbau der Armee, deren Offiziere die zentralen Positionen im Staat einnehmen. Als besonnener Verwalter überlässt er seinem Sohn **Friedrich II., dem Großen** (1740–1786) einen blühenden Staat und eine der ersten Armeen Europas. Der **Österreichische Erbfolgekrieg** (1740–1748) bringt Maria Theresia und ihren Verbündeten England gegen Preußen, Sachsen, Bayern, Frankreich, Piemont-Sardinien und

Spanien auf die Schlachtfelder. Der Frieden von Aachen (18. Dezember 1748) anerkennt die Rechte Maria Theresias trotz des Verlusts von Schlesien, das an Preußen geht. Maria Theresias Gemahl **Franz-Stephan von Lothringen** (1708–1785) wird zu Kaiser **Franz I.** (reg. 1745–1765) gewählt, sein kaiserlicher Titel wird anerkannt. Maria Theresia ist Kaisergemahlin. Im **Siebenjährigen Krieg** (1756–1763) versucht Maria Theresia vergeblich, Schlesien von Preußen zurückzuerobern, eine reiche Bergbau-Region. 1772 spielt sie bei der Teilung Polens eine Rolle, erhält Galizien (in der Ukraine) und Klein-Polen (den Südosten des heutigen Staats). Ab 1756 nähert sich Österreich Frankreich und Russland an, um der wachsenden Bedrohung Preußens zu begegnen. Maria Theresias Sohn **Joseph II.** (1765–1790) wird nach dem Tod seines Vaters 1765 zum Kaiser gewählt.

Er wird zudem nach dem Tod seiner Mutter Maria Theresia 1780 Herrscher der Habsburgischen Erblande. Er verbündet sich mit Preußen und Russland, um 1772 Polen zu teilen. Seine ambitionierten Reformen und sein Wille, die unterschiedlichen Kulturen seines Herrschaftsgebiets zu einen, sowie sein vergeblicher Versuch, Bayern zu kontrollieren, hinterlassen die Erinnerung an einen kühlen Verwalter. Wegen seines ausgeprägten musikalischen Geschmacks bestellt er bei Mozart 1782 die *Entführung aus dem Serail*, die erste deutsche Oper. In Preußen folgt der schwache Friedrich Wilhelm II. (1786–1797) auf Friedrich II., ohne indes das angefangene Werk fortsetzen zu können. Der Bruder Josephs II., **Leopold II.** (1790–1792), folgt ihm nur kurzzeitig auf den Thron in Wien. Er beendet durch den Frieden von Swischtow (1791) den Krieg mit den Türken.

2. Die Malerei

Die deutschen Maler erreichen nicht das Niveau ihrer französischen und italienischen Zeitgenossen. Sie bilden sich in Italien aus, wie die Brüder **Cosmas Damian Asam** (1686–1739) und **Egid Quirin Asam** (1692–1750). Die nachfolgende Maler-Generation zeigt eine gewisse Unabhängigkeit von Italien. **Franz Anton Maulbertsch** (1724–1796) lernt in Wien. Er malt ekstatische Traumvisionen und hüllt seine Figuren in fantastische Umgebungen ein.

3. Die deutsche Literatur der Aufklärung

Es gibt viele Gründe dafür, dass die deutsche Literatur im 18. Jahrhundert sich von den Grenzen befreit, die ihr vom Protestantismus auferlegt wurden. Dennoch bezieht sie von dort weiterhin einige dichterische Inspiration. Die Kritik der Aufklärung richtet sich gegen den christlichen Anspruch, im Besitz der Wahrheit zu sein, und gegen den Versuch des Pietismus, sämtliche Bereiche des Lebens christlich zu sehen und zu deuten. Das Paradox der beiden genannten Bewegungen führt einerseits zu einer aufgeklärten Weltsicht, andererseits wird die der Religion eigene Energie bewahrt, ohne dass daraus religiöse Pflichten entstünden. Die drei ersten Jahrzehnte der Aufklärung verlängern eigentlich nur die Schwäche des vergangenen Zeitalters.

Im Lauf der zweiten Hälfte des Jahrhunderts kommt eine Gegenströmung in Gestalt der Empfindsamkeit auf. **Friedrich Gottlieb Klopstock** (1724–1803) ist deren wichtigster Vertreter. Um sein Epos *Messias* zu schreiben, greift er auf die Bibel zurück und setzt die unkontrollierbaren Kräfte in Szene, die im Menschen verborgen sind. Das nimmt den Symbolismus vorweg.

Kurz nach dem Beginn der zweiten Jahrhunderthälfte, um 1860, beginnt eine Epoche, die fast ein Jahrhundert andauern sollte und in der sich die unterschiedlichsten Strömungen breitmachten. Dennoch haben alle die Abkehr vom Rationalismus gemeinsam, der der Aufklärung so teuer war; auch von deren pragmatischer Philosophie sagt man sich los. Der deutsche Idealismus findet sein zentrales Thema: Recht und individuelle Freiheit; Vervollkommnung der eigenen Persönlichkeit und die Suche nach einem Gleichgewicht von Wissen und Intuition, Empfindungsfähigkeit und Intellekt.

Lessing und das bürgerliche Drama

Gotthold Ephraim Lessing (1729–1781) ist einer der wichtigsten Repräsentanten dieser Zeit. Als Schöpfer des bürgerlichen Dramas konzentriert sich sein Wirken hauptsächlich auf das Theater. Lessing schreibt bürgerliche Tragödien oder psychologische Komödien. Seine *Minna von Barnhelm* (1767) gilt als erste originale deutsche Komödie. In seiner *Hamburgischen Dramaturgie* (1767–1769) greift er die klassische französische Tragödie an, wirft ihr schwülstigen Tonfall und

Mangel an Handlung vor; das Shakespeare'sche Drama würde dem deutschen Geist wesentlich besser entsprechen. In seiner Theorieschrift *Laokoon oder Über die Grenzen der Malerei und Poesie* zeigt er, dass im Unterschied zur Meinung des Horaz die Dichtung keine Malerei ist – *ut pictura poesis* – und jede Kunst ihren eigenen Bereich haben sollte. Lessings letztes Drama, *Nathan der Weise* (1779), ist repräsentativ für die Aufklärung. Es spielt im Jerusalem des 12. Jahrhunderts während der Kreuzzüge und handelt von religiöser Toleranz. Die dramatischen Konflikte sind zugleich die der drei Religionen im Stück: Judentum, Christentum und Islam. Mit seinen theoretischen Schriften über das Theater und seine eigenen Dramen wird Lessing zum Begründer der modernen deutschen Literatur.

Herder, der Mentor

Johann Gottfried Herder (1744–1803), 1802 geadelt, ist einer der herausragenden antirationalistischen Geister seiner Zeit. Er hat großen Einfluss auf den jungen Goethe. Der *Göttinger Hainbund*, 1772 gegründet, ist eine Verbindung von Studenten, die die Bewegung des *Sturm und Drang* aufnimmt. Eine Gruppe von Dichtern trifft sich am Hof des Großherzogs von Sachsen-Weimar, darunter auch Goethe und Schiller. Philosoph, Kritiker und Dichter ist gleichsam der Mentor. Er enthüllt die dichte Poesie hebräischer Schriften. Und er rät dazu, sich eher von alten Volksliedern inspirieren zu lassen, als sich der gelehrten Poesie zivilisierter Völker zuzuwenden. Diese Zeit des «Sturmes» – benannt nach einem Stück des Titels *Sturm und Drang* von Friedrich Maximilian Klinger (1752–1831) – macht die Zurückweisung von Regeln, welche die Inspiration ersticken, zum Programm. Das Herz wird hier zum Führer, es wendet sich vom kalten Verstand ab. **Rousseau** als Mann der Natur und des Gefühls wird eher geschätzt als Voltaire. Der Gott dieser neuen Schule ist Shakespeare, der nur das «Buch der Natur und das Buch der Menschen» kennt. Der Mann der Tat und der Energie wird verherrlicht; der Mann der Salons und der Feder wird verachtet. In seinen *Ideen zur Philosophie der Geschichte der Menschheit* (1784–1791) behauptet Herder, dass die Gründe für die Entwicklung des Menschen der Menschheit angeboren seien.

Goethes Sturm und Drang

Johann Wolfgang von Goethe (1749–1832) ist einer der wichtigsten Anreger des *Sturm und Drang*, einer Bewegung, die seiner Begegnung mit Herder entspringt, der das Aufbegehren gegen die Vernunft und gegen universelle Normen predigt. Als Aufstand gegen gesellschaftliche und religiöse Konventionen zeigt sich diese intellektuelle Haltung auch in Sozialisierungstendenzen sowie in patriotischen und revolutionären Ideen.

Literarisch ist er wie Herder stark von Shakespeare und von Rousseau beeinflusst. Er gilt als bester Repräsentant der Romantik und ist somit das, was zu ihrer Zeit Shakespeare für die Renaissance und Dante für die Kultur des Mittelalters waren.

Nachdem Goethe 1774 die *Leiden des jungen Werther* geschrieben hat, einen Briefroman von verzehrender geistiger und sentimentaler Intensität, wendet er sich allen Genres zu, wie sein junger Held: «18. Juli: Wilhelm, was ist unserem Herzen die Welt ohne Liebe! Was eine Zauberlaterne ist ohne Licht! Kaum bringst du das Lämpchen hinein, so scheinen dir die buntesten Bilder an deine weiße Wand! Und wenn's nichts wäre als das, als vorübergehende Phantome, so macht's doch immer unser Glück, wenn wir wie frische Jungen davor stehen und uns über die Wundererscheinungen entzücken.» In seiner Lyrik besingt er auf unvergleichliche Weise seine Seele und die der Menschheit. Goethe behandelt alle literarischen Genres: Epigramme, Volkslieder, Elegien, Oden, Sonette, Balladen; so etwa die *Römischen Elegien* (1788), *Der Erlkönig* (1778). Während seiner Zeit am Hof des Großherzogs von Weimar siegt dann die Vernunft über die Empfindsamkeit, und für Goethe beginnt eine wissenschaftliche Phase, in der er sich für Physik, Botanik und Anatomie begeistert. Ein zweijähriger Aufenthalt in Rom von 1786 bis 1788 erschließt ihm die klassische Antike.

Von dort bringt er seine *Iphigenie auf Tauris* (1787) mit; sie folgt dem gleichnamigen Stück von Euripides. Ab 1794 freundet er sich mit Friedrich Schiller an, woraus eine fruchtbare Zusammenarbeit entsteht. Doch vor allem bleibt Goethe der Dichter des *Faust*; der Stoff dieses Werks ist einem Volksbuch des 16. Jahrhunderts entlehnt. 1808 wurde der *Urfaust* vollendet. Es folgt *Faust I*, in dem die ewige Unruhe des Menschen angesichts des Mysteriums des Schicksals behandelt wird; dann *Faust II*, erschienen 1831, in dem Symbol und Allegorie dominieren.

Schillers klassische Dramen

Friedrich Schiller (1759–1805) bleibt der Schöpfer des klassischen deutschen Dramas. Seine *Balladen* (1797) zeichnen ihn als großen Lyriker aus; ebenso die *Ode an die Freude* (1785) oder sein grandioses Gedicht *Die Glocke* (1798). Als er an die Universität Jena berufen wird, verfasst er einige historische und ästhetische Arbeiten, darunter die *Geschichte des Abfalls der vereinigten Niederlande von der spanischen Regierung* (1788), eine Geschichte des Dreißigjährigen Krieges (1790). Doch das dramatische Werk bleibt seine Domäne, in der er am besten seine Kunst mit den *Sturm-und-Drang*-Stücken zeigen kann: *Die Räuber* (1781) und *Don Carlos* (1787/88), eine idealistische Tragödie; oder die Werke, worin der Einfluss Goethes zu spüren ist: die *Wallenstein*-Trilogie (1799), *Maria Stuart* (1800), *Die Jungfrau von Orleans* (1801) und *Wilhelm Tell* (1804).

4. Die deutsche Philosophie der Aufklärung

Die Kritik

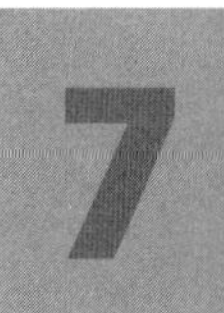

Als der Materialismus Frankreich beherrscht, **Thomas Reid** (1710–1796) mit dem gesunden Menschenverstand den schottischen Skeptizismus bekämpft und der absolute Dogmatismus den deutschen Geist beherrscht, da legt **Kant** die Nichtigkeit aller ihm vorausgehenden philosophischen Systeme dar. So greift er den Dogmatismus von **Wolff** an, den Skeptizismus von **Hume**. Und er kritisiert die menschliche Vernunft, zeigt deren Grenzen, Umfang und Bedeutung. Gegen die Materialisten und die Skeptiker beweist er, dass der Verstand *a priori* über Erkenntnismittel verfügt; gegen die Dogmatiker behauptet er, dass allein die Erfahrung zur Gewissheit der tatsächlichen, objektiven Existenz führen kann. Doch er macht eine Ausnahme zugunsten der moralischen Wahrheiten und des Gesetzes der Pflicht, wodurch wir die objektive Wirklichkeit und die absolute Gewissheit erlangen können. Das erkennende Subjekt macht er zum Zentrum seiner gesamten Philosophie; er sagt, dass nicht «die Anschauung sich nach der Beschaffenheit der Gegenstände richten» soll, sondern «der Gegenstand (als Objekt der Sinne) nach der Beschaffenheit unseres Anschauungsvermögens» (*Kritik der reinen Vernunft*; vgl. Kant, Werke, Bd. 3, S. 25).

Immanuel Kant (1724–1804)

Immanuel Kant, geboren 1724 in Königsberg, ist ab 1740 an der dortigen Universität und schreibt dort sein erstes Werk: *Gedanken von der wahren Schätzung der lebendigen Kräfte* (1746). Ab 1755 erhält er eine Stellung als Professor an der Universität Königsberg, die er dem Erfolg seiner zweiten Schrift verdankt: *Neue Erhellung der ersten Grundsätze metaphysischer Erkenntnisse*. 1770 wird er Lehrstuhlinhaber. Dieses Datum markiert zugleich eine bedeutende Wende in seinem Leben, denn zum ersten Mal erscheint die Idee der Kritik in einer kleinen Schrift, seiner Dissertation: *Über die Form und die Prinzipien der sinnlichen und der Verstandeswelt* von 1770. Doch erst 1781 erscheint sein erstes Hauptwerk, seine *Kritik der reinen Vernunft*. Danach werden in rascher Folge publiziert: Die *Prolegomena zu einer jeden künftigen Metaphysik* (1783); *Grundlegung zur Metaphysik der Sitten* (1785); Zweite Auflage der *Kritik der reinen Vernunft* (1787); *Kritik der praktischen Vernunft* (1788); *Kritik der Urteilskraft* (1790); *Die Religion innerhalb der Grenzen der bloßen Vernunft* (1793). Kant stirbt 1804 in Königsberg.

■ **Die Einflüsse:** Protestantischen Ursprungs, ist Kant von der lutherischen Theologie geprägt, von der er den Begriff des Glaubens als praktische Tat ohne jegliche theoretische Begründung übernimmt. Die wichtigsten Thesen seiner Metaphysik – Freiheit, Unsterblichkeit der Seele, Existenz Gottes – wurzeln hierin. Das Studium der Schriften **David Humes** weckt ihn aus seinem «dogmatischen Schlummer.» Von Rousseau übernimmt er, dass das moralische Gewissen absolut ist und die Moral auf der Reinheit der Absicht beruht. Die einzige Metaphysik schließlich, die er kennt, ist diejenige von **Christian Wolff** (1679–1754). Leider allzu dogmatisch, kann diese die Vernunft weder rechtfertigen noch kritisieren, da sie *a priori* ist und unabhängig von aller Erfahrung. Kant bleibt bei der Vorstellung, dass sie dennoch *a priori* ist. Um das Wichtigste vor diesen Einflüssen zu bewahren, formuliert Kant das Problem der Kritik; ein Problem, das die menschliche Erkenntnis generell im Blick hat.

■ **Seine Lehre:** Um die Macht und die Grenzen der Vernunft auszuloten, stellt Kant die vier grundlegenden Fragen der Philosophie: Was kann ich wissen? (Darauf antwortet die Metaphysik). Was kann ich machen? (Hier antwortet die Moral). Was darf ich hoffen? (Das Gebiet der Religion). Was ist der Mensch?

(Hier antwortet die Anthropologie.) Kants Lehre geht von der Feststellung der zwei Tatsachen aus, deren der menschliche Geist gewiss ist, da sie ihm angeboren sind: Erkenntnis und Moral. Es gibt wahrhafte Erkenntnis und moralische Verpflichtungen; beide wirken auf das einsichtsvolle Gewissen. Um die Frage zu beantworten, ob Wissen und Moral möglich seien und wie das eine mit dem anderen versöhnt werden kann, wobei das eine die Notwendigkeit natürlicher Gesetze voraussetzt und das andere die Handlungen des Menschen, bringt Kant eine Kritik der reinen Vernunft vor.

- **Die Kritik der reinen Vernunft** lässt uns erkennen, was wir überhaupt wissen können; damit will Kant sagen, dass wir nichts von der sinnlichen Erfahrung übernehmen.
- **Die Kritik der praktischen Vernunft** beantwortet die Frage: «Wie sollen wir handeln?»
- **Die Kritik der Urteilskraft** hat Geschmack und Endzweck zum Gegenstand.

Kant vergleicht die Umwälzungen, die er in die Philosophie einführt, indem er seine eigene Methode anwendet, mit einer «kopernikanischen Revolution». Von einem realistischen Standpunkt aus richtet sich unsere Erkenntnis nach den Gegenständen; dem setzt Kant den idealistischen Standpunkt entgegen: «Bisher nahm man an, alle unsere Erkenntnis müsse sich nach den Gegenständen richten; aber alle Versuche, über sie a priori etwas durch Begriffe auszumachen, wodurch unsere Erkenntnis erweitert würde, gingen unter dieser Voraussetzung zu nichte. Man versuche es daher einmal, ob wir nicht in den Aufgaben der Metaphysik damit besser fortkommen, daß wir annehmen, die Gegenstände müssen sich nach unserem Erkenntnis richten ...» (*Kritik der reinen Vernunft*, Vorrede zur zweiten Auflage)

7

▪ **Die kritische Haltung**: In der Einleitung zur *Kritik der reinen Vernunft* sagt Kant, dass «alle unsere Erkenntnis mit der Erfahrung» anfange; unser Geist werde nur dann aufgeweckt und in Aktion versetzt, wenn Gegenstände auf unsere Sinne treffen. Warum aber der Titel der Schrift, *Kritik der reinen Vernunft*? Weil sie nichts von der sinnlichen Erfahrung hernimmt. Kant nennt die *apriorischen* Erkenntnisse, denen keine Empirie beigemischt ist, *rein*. Daraus resultieren zwei Formen des Urteils:

- **analytische Urteile** sind diejenigen, «in welchen die Verknüpfung des Prädikats mit dem Subjekt durch Identität» gedacht wird; das Prädikat ist im Subjekt eingeschlossen. Beispielsweise haben alle Körper Ausdehnung. Analytische Urteile sind beschreibend;

- **synthetische Urteile** sind diejenigen, «in denen diese Verknüpfung ohne Identität gedacht wird», wenn das Prädikat etwas zum Begriff hinzufügt. Urteile, die sich auf die Erfahrung beziehen, sind synthetische.*

Die analytischen Urteile sind erklärend, betreffen aber nicht unsere Erkenntnis und lassen eher den Gedanken klarer werden. Durch synthetische Urteile wächst unsere Erkenntnis und entwickelt sich. Die Ersteren sind *a priori*, da sie jenseits von Wissenschaft angesiedelt sind; die zweiten sind *a posteriori*, da sie sich auf Wissenschaft gründen. Wie also ist reine Mathematik möglich, wie ist Metaphysik möglich? Diese Fragen bringen Kant dazu, sich zu fragen: Was sind die *apriorischen* Elemente unserer Erkenntnis? Was ist deren Wert? Kants System ist deshalb zu Recht ein kritisches, weil er unsere Erkenntnis einer Kritik unterzieht und deren Wert erforscht. Die Methode, derer er sich bedient, um die *apriorischen* Elemente unserer Erkenntnis zu bestimmen, ist die der transzendentalen Analyse.

■ **Die transzendentale Analyse:** Dieser Ausdruck entstammt der *Metaphysik* des Aristoteles, wo das Transzendente zu den Eigenschaften des Seins gehört (Wahrheit, Güte). Bei Kant verbindet sich das Transzendentale mit der Erkenntnis – genauer: mit der Erkenntnis *a priori*; es bezeichnet also nicht das Sein und seine Eigenschaften. Analysieren heißt, eine Gegebenheit auf ihre die Ursachen zurückzuführen, eine Konsequenz auf ihre Prinzipien. Einer der großen Abschnitte der *Kritik der reinen Vernunft* heißt «Transzendentale Deduktion». Die Prinzipien darzulegen, die zur wissenschaftlichen Erkenntnis führen, ist laut Kant nicht ausreichend; man muss auch Prinzipien von den Gegebenheiten ableiten, von denen man ausging.

Kant unterscheidet drei Funktionen der Erkenntnis, die die Entwicklung der Kritik dreifach beeinträchtigen:
- **die transzendentale Ästhetik ist die Kritik der sinnlichen Empfindung;**
- **die transzendentale Analytik ist die des Verständnisses;**
- **die transzendentale Dialektik ist die des Verstandes.**

■ **Die transzendentale Ästhetik:** Der erste Schritt Kants besteht in der Suche nach den *apriorischen* Bedingungen der Empfindung. Raum und Zeit sind zwei Formen der Empfindung und bilden *apriorische* Formen der Empfindung. Der Raum ist die Form der äußerlichen Sinne, die Zeit die der inneren,

* *Kritik der reinen Vernunft*; IV. Von dem Unterschiede analytischer und synthetischer Urteile; vgl. Kant, Werke, Bd. 3, S. 52.

also des Bewusstseins der Intuition: «Raum und Zeit sind die reinen Formen derselben, Empfindung überhaupt die Materie. Jene können wir allein a priori, d.i. vor aller wirklichen Wahrnehmung erkennen, und sie heißet darum reine Anschauung; diese aber ist das in unserm Erkenntnis, was da macht, daß sie Erkenntnis a posteriori, d.i. empirische Anschauung heißt.»* Die Empfindung zeigt uns die Dinge im Raum und in der Zeit; enthüllt sie, doch nicht, wie sie an sich sind (Noumenon), sondern einzig, wie sie uns erscheinen (Phänomene). Außerdem beton Kant, dass sein transzendentaler Idealismus ein «empirischer Realismus» wäre. Die Rolle des Verständnisses – die Fähigkeit zum Urteil – besteht darin, die Phänomene zusammenzuführen.

▪ **Die transzendentale Analytik:** Die Urteile und das intellektuelle Wissen werden durch *apriorische* Begriffe oder Kategorien gebildet. Kant definiert zwölf Urteilstypen, zwölf verschiedene Funktionen. Für ihn sind es Regeln – Prinzipien, nach denen der Geist die Phänomene zusammenbringt, um sie verstehen zu können. Letztere sind zu je drei zusammengefasst. Er klassifiziert sie nach Quantität, Qualität, Relation und Modalität. Bei der Erkenntnis gibt es etwas, das aus der Erfahrung geboren ist, und ein zweites, *a priori*, das aus dem Geist stammt. So vollbringt Kant eine Synthese aus Locke, für den alle Erkenntnis aus der Erfahrung herrührt, und Leibniz, für den sie aus dem Verstand kommt. Er nennt sein System eines des empirischen Realismus, weil, sofern der Begriff der Erfahrung oder des Gesetzes fällt, es sich um eine Mischung aus *a priori* und *a posteriori* handelt: «Diesen Lehrbegriff nenne ich den transzendentalen Idealism ... daß alles, was im Raume oder der Zeit angeschauet wird, mithin alle Gegenstände einer uns möglichen Erfahrung, nichts als Erscheinungen, d.i. bloße Vorstellungen sind, die, so wie sie vorgestellt werden, als ausgedehnte Wesen, oder Reihen von Veränderungen, außer unseren Gedanken keine an sich gegründete Existenz haben.»** Zudem besteht das Problem in der Schwierigkeit, eine Metaphysik zu errichten, denn diese behauptet ja, die Dinge an sich zu kennen, als äußeres Objekt, wahr und unnahbar. Wie also soll man von einer Erkenntnis dorthin gelangen, in der *a priori* und *a posteriori* so intensiv vermischt sind?

* *Kritik der reinen Vernunft*, I, 2. Abschnitt: Von der Zeit; vgl. Kant, Werke, Bd. 3, S. 87.

** *Kritik der reinen Vernunft*, Der Antinomie der reinen Vernunft Sechster Abschnitt, Der transzendentale Idealism, vgl. Kant, Werke, Bd. 4, S. 460.

■ **Die transzendentale Dialektik oder die Kritik der Vernunft:** Wenn auch die Wissenschaft nicht der vorhergehenden Kritik bedarf, dann gilt das doch nicht für die Metaphysik. Im letzten Teil der *Kritik der reinen Vernunft* versucht Kant genau diese Kritik zu leisten. Das Studium der Vernunft ist das Mittel, um *a priori* das Unbedingte zu erfassen, die letzte Bedingung aller Bedingungen. Kant unterscheidet drei Arten des Denkens: das kategorische, das hypothetische und das disjunktive. Diese Denkweisen machen es möglich, die Seele, die Welt und Gott denkerisch zu erreichen. Um vom *cogito* zur *res cogitans* (denkendes Ding) zu gelangen, unterscheidet Kant vier Paralogismen. Er schließt auf die Unmöglichkeit, durch theoretisches Denken eine Metaphysik zu errichten, die objektiven und wirklichen Wert hat, denn im Hinblick auf das Universum verliert sich die Vernunft in unlöslichen Widersprüchen. Von diesen Unterscheidungen ausgehend kann aus der Widerlegung Kants das ontologische Argument entwickelt werden: Es ist unmöglich, die Existenz eines Objekts allein durch den Wert der Analyse dieses Begriffs zu beweisen. Gott bleibt somit für die Vernunft ein Ideal: «So ist der ontologische Beweis, aus lauter reinen Vernunftbegriffen, der einzige mögliche.»*

■ **Kritik der praktischen Vernunft oder Moralphilosophie:** Der kategorische Imperativ ist eine von der Vernunft gegebene Anleitung, die uns den Endzweck nicht erklärt: «Alle Imperative nun gebieten entweder hypothetisch, oder kategorisch ... Der kategorische Imperativ würde der sein, welcher eine Handlung als für sich selbst, ohne Beziehung auf einen andern Zweck, als objektiv-notwendig vorstellte.»** Kants Moral ist vor allem eine Moral der Pflicht; unter Pflicht versteht er ein Gesetz, das für alle denkenden Wesen durch das *a priori* der Vernunft gilt. Der Wunsch, sich der Pflicht aus Sorge um dieselbe anzupassen, ist das, was Kant den «guten Willen» nennt. Dieses moralische Gesetz kann nur von jedem Einzelnen kommen: der moralisch Handelnde ist autonom. Nur die Pflicht ist die Begründung der Moral, nicht das Gute. Und davon hängen ab: die Freiheit, die Unsterblichkeit der Seele, die Existenz Gottes. Es handelt sich um eine «phänomenale» Vorherbestimmung und um eine «noumenale» Freiheit.

* *Kritik der reinen Vernunft*, Sechster Abschnitt; vgl. Kant, Werke, Bd. 4, S. 555.

** *Grundlegung zur Metaphysik der Sitten*, Zweiter Abschnitt; vgl. Kant, Werke, Bd. 7, S. 43.

- **Entwicklung der Lehre:** Der Idealismus ist das wichtigste Erbe Kants. Wenn wir die Gesetze des wissenschaftlichen Denkens entdecken, entdecken wir auch die Gesetze des Seins. Und indem Kant der praktischen Vernunft den Vorrang vor der theoretischen gibt, befördert er die Willenskraft, den Fideismus (Vorrang des Glaubens vor der Vernunft) und den Pragmatismus. Auf dem Feld der Moral ist er die Grundlage für Formalismus, indem der Wille und die Autonomie des Menschen als bestimmende Triebkräfte das festlegen, was als gut gilt.

5. Die Musik: Wiener Klassik und Meisteropern

Im 18. Jahrhundert beginnt der europäische Siegeszug der Musik des deutschsprachigen Raumes; Italien wird nach der Jahrhundertmitte als wichtigste Musiknation abgelöst. Der Tod **Johann Sebastian Bachs** 1750 markiert eine Art Zeitenwende. Gemeinsam mit ihm sind **Georg Friedrich Händel** (1685–1759) und **Georg Philipp Telemann** (1681–1767) die bedeutendsten Meister der ersten Hälfte des 18. Jahrhunderts. Ihre Musik ist die letzte des sogenannten Generalbass-Zeitalters.

Der Föderalismus Deutschlands – der verhindert, dass es hierzulande tonangebende Weltstädte wie Paris oder London gibt – bringt es mit sich, dass mehrere regionale Zentren entstehen, die für die Musik wichtig werden: Berlin, Dresden, Mannheim, Wien. Die dortigen Höfe wirken nach dem Ende des Barockzeitalters stilbildend. In Berlin zieht der Hof **Friedrichs II.** (des Großen) Musiker wie **Carl Philipp Emanuel Bach** (1714–1788) und **Johann Joachim Quantz** (1697–1773) an; Bach ist wichtigster Vertreter des «empfindsamen Stils», der die Rührung des Hörers durch ausdrucksvolle Musik anstrebt. Dresden ist der Wirkungsort für **Johann David Heinichen** (1683–1729) und **Jan Dismas Zelenka** (1679–1745).

Mannheim und der Hof von **Karl Theodor von der Pfalz** (1724–1799) gehören zu den bedeutendsten Musikzentren der 2. Hälfte des 18. Jahrhunderts. Die sogenannte «Mannheimer Schule» ist der direkte Wegbereiter der Wiener Klassik: durch Aufgabe der Generalbass-Technik, Wegfall des Cembalos, stärkere Einbeziehung der Bläser und Verwendung der neu entwickelten Klarinette, vor allem aber durch das Aufkommen der thematisch-musikalischen Arbeit. Zudem wird die dreisätzige Opern-Einleitungssinfonie in Mannheim zur Viersätzigkeit ausgebaut.

Sinfonie der Wiener Klassik

Aus all diesen Faktoren entsteht die Sinfonie der Wiener Klassik mit **Wolfgang Amadeus Mozart** (1756–1791), **Joseph Haydn** (1732–1809), **Ludwig van Beethoven** (1770–1827) und **Franz Schubert** (1797–1828) als führenden Vertretern. Wichtig für die Sinfonie wie auch deren Schwestergattungen Klaviersonate bzw. Streichquartett und Solokonzert (Mozarts und Beethovens Klavierkonzerte) ist vor allem aber die Tatsache, dass sich die Instrumentalmusik nach dem Ende des Barockzeitalters vom Text und damit von der «musikalischen Rhetorik» emanzipiert hat und selber zum ausdrucksfähigen Medium eigenen Rechts geworden ist. Diese eigenständige Musiksprache mit ihrer Mischung aus rationaler Durcharbeitung und intensivem Gefühlsgehalt von Sinfonie, Klaviersonate, Streichquartett und Instrumentalkonzert ist nicht nur die Basis der Wiener Klassik und verwandter Musik, sondern auch der musikalischen Romantik. Der sogenannte Kopfsatz aller genannten Gattungen ist in aller Regel dreiteilig und nach der Sonatenhauptsatzform gebaut: Exposition, Durchführung (des thematischen Materials), Reprise (als veränderte Wiederaufnahme der Exposition).

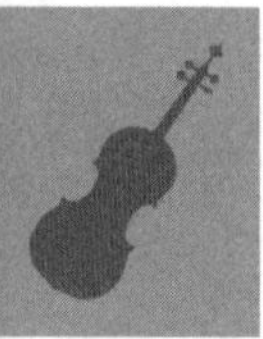

Beethoven gilt schon seinen Zeitgenossen als Gipfelpunkt der abendländischen musikalischen Entwicklung; auch Haydn und Schubert bezeugen ihre Ehrfurcht ihm gegenüber. Beethovens «Heiligenstädter Testament» ist Zeugnis des eigenen künstlerischen Bewusstseins; es bezeugt den Willen, nicht länger auf Mozarts Spuren zu wandeln, sondern den je individuellen Ausdruck jedem zukünftigen Werk zu implantieren, was bis zu formalen Konsequenzen der Auflösung etwa der Sonatenhauptsatzform führt.

Die neue Oper

Wien wird durch **Christoph Willibald Gluck** (1714–1787) und Mozart zudem zur Stadt, in der die Ablösung der zuvor normativen *opera seria* bzw. der französischen Oper Jean-Baptiste-Lullys und Jean-Philippe Rameaus durch Glucks neuartiges Musikdrama stattfindet Es ist Gluck, der die Abfolge von Rezitativ und Arie weitgehend auflöst und stattdessen zur Technik des ausdrucksvollen, dramatischen «Durchkomponierens» greift, was weit ins 19. Jahrhundert weist und vor allem von Verdi und insbesondere Wagner fortgeführt wird. Glucks Wiener «Reformopern»: *Orfeo ed Euridice* (1762), *Alceste* (ital. 1767); für Paris dann *Iphigénie en Aulide* (1772), *Armide* (1777), *Iphigénie en Tauride* (1779). Mozarts sieben sogenannte Meisteropern sind stilistisch recht unterschiedlich; sie reichen vom deutschen Singspiel über ein letztes Aufblühen der *opera seria* im Sinne Metastasios bis zum Musikdrama mit gesprochenen Dialogen: *Idomeneo* (1781), *Die Entführung aus dem Serail* (1782), *Le Nozze di Figaro* (1787), *Don Giovanni* (1787), *Così fan tutte* (1790), *Die Zauberflöte* (1791), *La Clemenza di Tito* (1791).

II

Frankreich im 18. Jahrhundert

1. Die Zeit der Aufklärung bis zur Revolution

Die Régence (1715–1723)

Die erste Amtshandlung Philipps von Orléans besteht darin, das Testament Ludwigs XIV. durch das Parlament von Paris aufheben zu lassen. Der alte König, der seinem Neffen misstraute, hatte vor, einen Regentschaftsrat einzusetzen, vor allem aber, die Erziehung des kleinen Ludwig XV. einem seiner illegitimen Söhne, dem **Herzog von Maine** (1670–1736), anzuvertrauen. Der Regent Philipp unterzeichnet 1717 eine Allianz mit den Vereinigten Provinzen (nördliche Niederlande) und England. 1721 sieht eine Annäherung an Spanien die Ehe Ludwigs XV. mit der spanischen Infantin vor.

Das System von John Law

Philipp von Orléans sieht sich bei seiner Machtübernahme vor leeren Kassen – ein Ergebnis der Kriege. Daher entscheidet er sich für das *System von Law*. **John Law** (1671–1729), ein schottischer Bankier, wird 1716 ermächtigt, die *Banque Générale* zu gründen, die Papiergeld ausgibt, das gegen Gold eingetauscht werden kann. Der Erfolg des praktischen Papiergelds ist groß; die Unterstützung durch den Regenten wirkt dabei beruhigend. 1717 gründete Law die *Compagnie d'Occident*, die Mississippi-Kompanie. 1719 wird zudem die *Compagnie des Indes*, eine Fusion der französischen Westindien- und Ostindien-Kompanien, gegründet, die dem Staat mehr als eine Milliarde Livres einbringt und die Renten gegen einen jährlichen Zinssatz von 3 Prozent aufkauft. Die Begleichungen werden in Bank-Billets ausgegeben; die *Compagnie* erhält das Privileg, Geld zu emittieren. John Law wird zum *Contrôleur Général des Finances* ernannt. Doch Louis Armand II. de Bourbon, Prince de Conti, genannt «der grüne Affe» (1695–1727), und der Herzog von Bourbon (Louis IV. Henri de Bourbon-Condé, 1692–1740) provozieren den Zusammenbruch des Systems: Im März 1720 verlangen sie, ihre Guthaben in Gold ausgezahlt zu erhalten. Ihr Vermögen ist so groß, dass es allein für den Prinzen Conti drei mit Gold beladene Packwagen braucht. Dieses weitblickende Manöver – die Prinzen persönlich haben sich zu diesem Zeitpunkt bereits außer Reichweite begeben – bewirkt eine Vertrauenskrise und führt zu einer Panik. Am Sitz der Bank in der Rue Quincampoix in Paris kommt es zu Aufständen. Etliche Tote sind zu beklagen. Im Oktober ist der Bankrott vollkommen. Law flieht im Dezember. Auch wenn der Zusammenbruch die Ersparnisse zahlreicher Aktionäre der *Compagnie* hinwegrafft und in Frankreich dauerhaftes Misstrauen gegenüber Papiergeld zur Folge hat, ist die Bilanz nicht nur negativ: Das Law-Abenteuer bereinigt die Schulden des Staates, die durch die Kriege am Ende der Herrschaft Ludwigs XIV. entstanden waren.

Philipp und die «Geräderten»

Der Zusammenbruch des Finanzsystems betrifft indessen auch die Glaubwürdigkeit des Regenten. Dieser wurde bereits zuvor der Giftmischerei bezichtigt, da er sich mit chemischen Experimenten beschäftigt und es während dieser Zeit zu einigen fragwürdigen Todesfällen kommt, die zwischen 1710 und 1715 alle Nachkommen **Ludwigs XIV.** – mit Ausnahme des kleinen Ludwig XV. – hinwegraffen. Der Regent wird außerdem wegen der galanten Abendessen angefeindet, die er im Palais-Royal mit denjenigen abhält, die er selbst als seine «Geräderten» bezeichnet – also als diejenigen, welche die Folter des Räderns verdient hätten. Im Oktober 1722 wird **Ludwig XV.** in Reims zum König geweiht. **Kardinal Dubois** (1656–1723) wird Leitender Minister, stirbt aber im August 1723. Philipp von Orléans ersetzt ihn auf diesem Posten, stirbt aber selbst kurz darauf im Dezember desselben Jahres.

Die Herrschaft Ludwigs XV. (1715–1774)

Nach dem Tod Philipps von Orléans wird der Herzog von Bourbon, **Louis Henri IV.** (1692–1740), Leitender Minister. Er arrangiert die Hochzeit des Königs mit **Maria Leszczyńska** (1703–1768), Tochter des entthronten Königs von Polen. Diese eher unglückliche Verbindung – in dem Wunsch geschlossen, dem König so früh wie möglich einen Erben zu bescheren – ermöglicht Frankreich 1733 den Erwerb von Lothringen. **Kardinal Fleury** (1653–1743) leitet ab 1726 bis zu seinem Tod die Regierung. 1740 bricht der Österreichische Erbfolgekrieg aus; Frankreich verbindet sich mit Preußen gegen Österreich. Als Fleury stirbt, beschließt Ludwig XV., fortan ohne Ersten Minister zu regieren. 1755 führt er auch Krieg gegen England. 1756 ändert Frankreich seine Allianzen, nähert sich Österreich an und zieht mit diesem im **Siebenjährigen Krieg** (1756–1763) gemeinsam gegen Preußen los; ein Krieg, in dem sich die europäischen Königreiche auch im Kampf um den Besitz von Kolonien gegenüberstehen. 1763 markiert der Frieden von Paris den Verlust Neu-Frankreichs und der Besitzungen in Indien, die beide von den Engländern erobert wurden. Im Vertrag von Versailles erhält Frankreich 1768 von der Republik Genua die Möglichkeit, Korsika zu behalten, sofern es die Aufstände befriedet, welche die Insel seit einem halben Jahrhundert erschüttern und die von den Partisanen eines unabhängigen Korsika angezettelt werden. Es braucht ein Jahr und mehrere Expeditionen, um dieses Ziel zu erreichen, aber 1769 wird Korsika schließlich französisch.

Ludwig XV. erfährt kurzzeitig erneute Popularität, die derjenigen im Jahr 1744 anlässlich seiner schweren Krankheit gleicht, als er den Beinamen «le Bien-aimé», der Vielgeliebte, erhält. Doch schnell gewinnt die Kritik wieder die Oberhand und die Mätressen des Königs, zunächst die **Marquise de Pompadour** (1721–1764), anschließend die **Comtesse du Barry** (1743–1793), werden angefeindet. Das geringe Interesse des Königs an der Regierung und seine Nervenkrisen werden moniert. Die Opposition in den Parlamenten wird lebhafter und gebraucht und missbraucht ihr Recht auf Remonstrationen. **Étienne de Choiseul** (1719–1785), Staatssekretär, muss wegen der Opposition des Parlaments gegenüber seiner Politik und wegen einer Intrige gegen die Comtesse du Barry im Jahr 1770 zurücktreten. Er wird durch **René Nicolas de Maupeou** (1714–1792) ersetzt, Kanzler und Siegelbewahrer bis 1774. Er setzt eine radikale Reform der Justiz durch: Diese wird ab jetzt nicht mehr durch Richter ausgeübt, die ihr Amt als Besitz geerbt haben, sondern durch Beamte.

Die Parlamente, die davon wesentlich betroffen sind, revoltieren. Maupeou lässt die Mitglieder des Pariser Parlaments festnehmen und ins Exil schicken, 1771 zieht er ihre Befugnisse ein. Doch die Reform Maupeous ist nicht von Dauer. Ludwig XV. stirbt am 10. Mai 1774 an den Pocken und sein Enkel, der zukünftige Ludwig XVI., begeht den Fehler, das Parlament neu einzuberufen – kurz nachdem er den Thron bestiegen hat.

Ludwig XVI. (1774–1789–1792)

Die unmögliche Reform des Königreichs

Im Alter von fünf Jahren besteigt Ludwig XVI. den französischen Thron. Er wird ein intelligenter und kultivierter Monarch, doch seine Schüchternheit und die mangelhafte Vorbereitung auf seine öffentlichen Aufgaben schaden ihm. Dringende Reformen müssen eingeleitet werden: Dazu gehören der Kampf gegen die Provinz-Zölle, gegen innere Zollschranken, die Wiederherstellung der Finanzen, ferner die Entwicklung eines Steuersystems. **Anne Robert Jacques Turgot** (1727–1781) wird 1774 zum Generalkontrolleur der Finanzen ernannt. Er will eine radikale Reform: Steuern sollen von allen bezahlt werden; auf allen verwaltungsmäßigen und territorialen Stufen soll es gewählte Versammlungen geben; dazu Freiheit des Gewissens und Rückkehr der Protestanten, Unterdrückung der Körperschaften und der Fronarbeit. Die weitreichenden Neuerungen provozieren eine geschlossene Oppositionsfront: Adel, Klerus, Kaufleute und alle Privilegierten sind gegen ihn. Ludwig XVI. entlässt Turgot im Mai 1776. Ein Genfer Bankier, **Jacques Necker** (1732–1804), folgt auf ihn von 1777 bis 1781. Er nimmt ein Darlehen auf, um die französische Beteiligung am Amerikanischen Unabhängigkeitskrieg zu finanzieren. Doch der Hofadel, dessen Ausgaben Necker beschränken will, ist ihm feindlich gesinnt. Im Mai 1781 demissioniert er. Von 1783 bis 787 wird **Charles de Calonne** (1734–1802) mit dem Amt betraut. Auch er sucht in Darlehen Zuflucht. 1787 erlässt er einen Reformplan, der dem Staat neue Ressourcenerschließungen ermöglichen soll, vor allem durch die Besteuerung des Grundeigentums des Adels und des Klerus. Eine Versammlung von Honoratioren aller drei Stände und der Parlamente wird einberufen. Sie lehnt die Reformen ab. Eine zweite Versammlung macht das Gleiche. Im April 1787 wird Calonne vom König entlassen. Dieser ist inzwischen durch einen Skandal diskreditiert, die sogenannte Halsband-

affäre, in der eine Abenteurerin den Kardinal Rohan überredet, den Preis für ein phantastisches Diamantencollier hochzutreiben, das die Königin **Marie Antoinette** (1755–1793) angeblich haben will – doch weiß diese von der ganzen Sache nichts. Nur ein Teil des gezahlten Preises wird den Juwelieren erstattet, die sich daraufhin an die Königin wenden, um ihr Geld zu erhalten, weshalb der Skandal ans Licht kommt.

Die konstitutionelle Monarchie (1789–1792)

Die Einberufung der Generalstände

Die Generalstände werden am 8. August 1788 für den 1. Mai 1789 einberufen. Die traditionelle Abstimmung geschieht nach Stand: eine Stimme für jeden Angehörigen der drei Stände. Der Dritte Stand erhält eine Verdoppelung seiner Repräsentanten, 600 Abgeordnete, doch der König lässt die Frage der Abstimmung offen. In jeder Vogtei werden Wahlen für die Abgeordneten aller drei Stände abgehalten. Abgeordnete führen Beschwerdebücher, die alle die gleichen Reformen fordern: eine durch die Verfassung definierte und begrenzte Monarchie, Steuergerechtigkeit und das Ende der Privilegien.

Die Generalstände treffen sich in Versailles, der König eröffnet die Sitzung feierlich am 5. Mai 1789. In seiner Rede ist nichts zu hören von der Verfassung oder von einer Abstimmung pro Kopf, wie sie der Dritte Stand gefordert hat. Am zermürbenden 17. Juni erklärt sich der Dritte Stand, dem sich ein großer Teil des niederen Klerus und einige liberale Adlige anschließen, zur Nationalversammlung. Der König lässt daraufhin den Versammlungssaal schließen. Die Versammlung begibt sich daraufhin zum Ballhaus nach Versailles, wo die Abgeordneten ihren Schwur leisten, den **Ballhausschwur**: sich nicht zu trennen, bevor Frankreich nicht eine Verfassung bekommt. Am 23. Juni bittet der König die Abgeordneten, wie gewohnt nach Stand zu tagen. Die Versammlung lehnt das ab und erklärt sich für unverletzlich. **Ludwig XVI.** gibt nach und befiehlt am 27. Juni dem Adel und dem hohen Klerus, sich der Versammlung anzuschließen, die am 9. Juli die Bezeichnung «Verfassungsgebende Nationalversammlung» annimmt. Die absolute Monarchie existiert nicht mehr.

Die Revolution

Der König holt Necker am 11. Juli zurück. Viele Regimenter aus der Provinz stehen vor Versailles. Paris erhebt sich. Das Volk erobert die Bastille am 14. Juli. Dieses Ereignis hat kaum eine konkrete Bedeutung, denn nur wenige Gefangene sitzen dort ein, aber dennoch eine ungeheure symbolische Tragkraft. **Jean-Sylvain Bailly** (1736–1793) wird Bürgermeister von Paris und führt die dreifarbige Kokarde ein: weiß für den König, blau und rot für die Stadt. Das ganze Land gerät in Aufruhr, die Bauern greifen die Schlösser an. Diese Zeit wird als *Grande Peur*, die Große Angst, bezeichnet. Ein Teil des Adels emigriert. Am 26. August 1789 bekräftigt die *Erklärung der Menschen- und der Bürgerrechte*, dass «alle Menschen frei und gleichen Rechts geboren werden und dies auch bleiben» und dass die Souveränität bei der Nation liege. Im September 1791 lässt die angenommene Verfassung Ludwig XVI. vom «König von Frankreich durch Gottes Gnaden» zum «König der Franzosen durch Gottes und der Verfassung des Staates Gnaden» werden. Der König ist nun konstitutioneller Monarch und muss der Nation und dem Gesetz Treue schwören. Die gesetzgebende Macht wird einer gewählten Versammlung, die der König nicht auflösen kann, für zwei Jahre anvertraut. Sie etabliert Steuern, über Kriegserklärungen und Friedensverträge wird abgestimmt. Die **Zivilverfassung des Klerus** vom 12. Juli 1790 reorganisiert die Kirche, deren Mitglieder und Funktionäre den Treueeid auf die Verfassung schwören müssen. Am 2. Juni 1791 fliehen der König und seine Familie heimlich aus Paris, um sich in Metz der Armee des Marquis de Bouillé anzuschließen. Doch sie werden entdeckt, in Varennes eingesperrt und nach Paris zurückgebracht. Seine Flucht nach Varennes zerstört das Wenige, was von der einstigen Beliebtheit des Königs noch übrig geblieben war.

Die Nationalversammlung entlässt ihn und übt nun die gesetzgebende Macht aus. Die gesetzgebende Versammlung, die aus den ersten Wahlen hervorgegangen ist, nimmt ihre Arbeit am 1. Oktober 1791 auf. Sie setzt sich zusammen aus konstitutionellen Monarchisten, die den Club der *Feuillants* besuchen und das Königtum sowie die Verfassung bewahren wollen, den Jakobinern und Girondisten, so genannt, weil die besten Redner Abgeordnete der Gironde sind und sich für eine Allianz von Bürgertum und Volk aussprechen, und aus den Marais im Zentrum, die diejenigen vereint, die keinem der beiden anderen Lager angehören. Die innenpolitische Situation spitzt sich immer weiter zu: Die Pariser Sansculotten (also die ohne Kniebundhosen, Arbeiter und Kleinbürger, die lange Hosen tragen und keine Kniebundhosen wie Adel und Klerus) provozieren einen Aufruhr gegen das zu üppige Leben. Kaiser **Franz II.** (1768–1835) von Österreich droht Frankreich, um seine Tante, Königin **Marie Antoinette,** zu retten. Auf Vorschlag des Königs, der auf einen österreichischen Sieg hofft, welcher ihm die absolute Macht zurückgäbe, erklärt die Nationalversammlung Österreich am 20. April 1792 den Krieg. Am 10. August 1792 erstürmt das Volk den Tuilerienpalast, die königliche Residenz. Der König und seine Familie finden Zuflucht in der Versammlung, die, von den Sansculotten umzingelt, androht, mit einer Abstimmung die Aufhebung des Königreichs und die Wahl einer neuen Nationalversammlung zu erwirken: den Nationalkonvent – gewählt nach allgemeinem Wahlrecht der Männer.

Die Republik (1792–1799)

Verfall und Tod des Königs

Im Juli 1792 erklärt die Nationalversammlung das Vaterland in Gefahr und ordnet die allgemeine Mobilmachung an. Die Föderierten, Freiwillige aus der Provinz, dringen nach Paris ein. Das Rathaus wird per Dekret der Sansculotten von Aufständischen überrannt. Die Sansculotten treiben das Volk von Paris an, indem sie die Angst vor einer Invasion schüren, was die Menschen zur Teilnahme an den Massakern vom September 1792 treibt. Vom 2. bis zum 7. September werden etwa 2000 bis 3000 Gefangene in den Gefängnissen ermordet: Priester und Aristokraten, nach Landesrecht verurteilt, da man sie verdächtigt, Volksverräter zu sein. Auf den Sieg von Valmy (20. September 1792) – an diesem Tag versammelte sich der Nationalkonvent – folgt am Tag darauf die Auflösung des Königreichs und die Proklamation der Republik (21. September 1792). Die neue Versammlung, der Nationalkonvent, ist unterteilt in die gemäßigten Girondisten, die den revolutionären Prozess beenden möchten; die Montagnards, die sich für die Fortsetzung der Revolution aussprechen; und die «Ebene», *Plaine* (auch *Marais*, der Sumpf, genannt), die zwischen beiden Lagern stehen. Am 4. Oktober 1792 wird der König des Hochverrats und der Konspiration gegen die Nation beschuldigt. Der Prozess gegen den König bietet die Gelegenheit zu einer Konfrontation zwischen Girondisten und Montagnards, die blutig enden soll. Die Girondisten erhalten nämlich keine Mehrheit für ihren Plan, der die Verurteilung des Königs zum Exil oder einer überwachten Residenz vorsieht: **Ludwig XVI.** wird vielmehr zum Tode verurteilt und am 21. Januar 1793 auf dem Platz der Revolution, der heutigen Place de la Concorde, guillotiniert.

Nationalkonvent gegen Wohlfahrtsausschuss

Die Konfrontation der beiden Gruppen dauert bis 1793. Im März 1793 bricht der Aufstand in der Vendée los: Die «Weißen» lehnen Revolution und Republik ab und wollen die Monarchie wieder einführen; die «Blauen» sind republikanisch. Der Nationalkonvent gibt einen Erlass zur Aushebung von 300 000 Mann gegen die europäischen Herrscher heraus, die sich nach der Hinrichtung des Königs zusammengeschlossen haben. Die Provinz erhebt sich gegen Paris: Im Mai wird die Stadt Lyon von den Republikanern eingenommen und geplündert. Am 2. Juni 1793 umstellt die aufgeregte Masse den Nationalkonvent und verlangt die Verhaftung der Girondisten. Der Nationalkonvent gibt dem nach. Wer nicht fliehen kann, wird exekutiert. Am 5. September 1793 installiert der Nationalkonvent per Dekret die Terrorherrschaft, *la Terreur*, der die Feinde der Nation eliminieren soll. Ab 17. September 1793 erlaubt das *Gesetz über die Verdächtigen*, jeden aufgrund des geringsten Verdachts, «ein Feind der Freiheit» zu sein, einzukerkern. Am 16. Oktober 1793 wird Königin **Marie-Antoinette** (1755–1793) guillotiniert.

Der Nationalkonvent führt als Zeichen des Anbruchs einer neuen Zeit den Revolutionskalender ein, für den der Dichter **Fabre d'Églantine** (1750–1794) neue Namen für die dreißigtägigen Monate erfindet. Diese sind wiederum in jeweils drei Dekaden unterteilt. Die Montagnards unterteilen sich in die *Wütenden* wie **Hébert** (1757–1794), den Gründer des volkstümlichen Journals *Le Père Duchesne*; in «Gemäßigte» wie **Danton** (1759–1794), die dem Terror ein Ende setzen wollen; und in die Freunde **Robespierres** (1758–1794), die den Terror fortsetzen wollen. Am 24. März 1794 werden **Hébert** und seine Anhänger exekutiert, **Danton** und seine Gefolgsleute folgen am 5. April. Robespierre übernimmt die Leitung des Wohlfahrtsausschusses. Den 8. Juni 1794 lässt er als das *Fest des Höchsten Wesens* feiern, die neue Gottheit der Republik; er selbst gibt sich als dessen nationaler Verweser aus. Der Terror wird ausgeweitet. Tausende werden unter Robespierres Herrschaft guillotiniert. Verängstigt und um ihr Leben besorgt, beschließen die überlebenden Abgeordneten des Nationalkonvents am 27. Juli 1794 Robespierres Verhaftung. Er wird – ohnehin durch einen Pistolenschuss, der ihm den Kiefer weggerissen hat, im

Sterben liegend – mit seinen politischen Freunden am Folgetag, am 28. Juli 1794, guillotiniert.

Die Thermidorianer

Die Nationalversammlung beendet den Terror. Der Juli entspricht dem revolutionären Monat Thermidor; die neuen Herren in Frankreich sind die sogenannten Thermidorianer. Sie wollen die Errungenschaften von 1789 bewahren, schwächen aber die Revolutionsgesetze ab; die antireligiöse Politik wird aufgegeben, den Emigranten wird die Heimkehr erlaubt. In der Provinz bilden Aristokraten geheime Bruderschaften. Im April und Mai 1795 wird der Nationalkonvent von den Sansculotten besetzt; die Armee befreit ihn. Im September 1795 wird eine neue Verfassung angenommen. Das **Stimmrecht** ist auf diejenigen Bürger beschränkt, die direkte Steuern zahlen. Diese Bürger wählen 20 000 Wahlmänner, die ihrerseits die Mitglieder der Versammlung bestimmen. Die Exekutivgewalt wird einem Direktorium aus fünf Mitgliedern übertragen, die für fünf Jahre vom *Rat der Alten* (250 Mitglieder, die mindestens 40 Jahre alt sind) aus einer Liste ausgewählt werden, die zuvor dem *Rat der 500* (500 Abgeordnete, die mindestens 30 Jahre alt sind) vorgelegt wurde. Diese beiden Räte üben die legislative Macht aus. Obwohl die Sansculotten im Mai 1795 von der Armee vernichtet werden, ereilt die Royalisten im Oktober desselben Jahres das gleiche Schicksal: Ihr Versuch eines Aufstands in Paris wird von den Kugeln der Anhänger des Brigadegenerals Napoleon Bonaparte am 5. Oktober 1795 auf den Stufen der Kirche Saint-Roch zunichte gemacht. Am 26. Oktober 1795 löst sich der Nationalkonvent auf.

Männer und Frauen der Französischen Revolution

Charlotte Corday d'Armont

Charlotte Corday (1768–1793) ist eine gebildete junge Frau, die die Werke Rousseaus gelesen hat. Zunächst steht sie der Revolution wohlgesinnt gegenüber, verteidigt die Nationalversammlung sogar mit Elan. Ihre Einstellung ändert sich jedoch mit der Verhaftung des Königs und dem folgenden Massaker an seinen Wachmannschaften und Dienern aus den Tuilerien. Charlotte Corday nimmt mit Entsetzen zur Kenntnis, dass der Abgeordnete Jean-Paul

Marat diese Massaker in seinem Journal *L'Ami du Peuple – Der Volksfreund* gutheißt und zu neuen Exekutionen im Schnellverfahren aufruft. Einige Abgeordnete der Gironde fliehen aus Paris und finden in Caen Zuflucht, wo sie neue politische Vereinigungen abhalten. Charlotte Corday ist dort anwesend und kommt zur Überzeugung, dass Marat ein Ungeheuer und für das Unglück des Landes verantwortlich ist. So ermordet sie Marat am 13. Juli 1793 mit einem Messerstich, als dieser wegen seiner Hautkrankheit ein Bad nimmt. Vom Revolutionstribunal verurteilt, wird sie am 17. Juli 1793 hingerichtet.

Georges Jacques Danton

Georges Jacques Danton (1759–1794), ein wahrer Koloss und dazu ein bemerkenswerter Redner und Hedonist, wird noch vor der Revolution Advokat im königlichen Rat, hat aber weder Klienten noch Vermögen. Als Abgeordneter des Dritten Standes gründet er 1790 den *Club des Cordeliers* und ruft 1791 zur Versammlung auf dem Pariser Marsfeld auf, wo die Republik gefordert wird. Im August 1792 organisiert er zudem die Erstürmung der Tuilerien. Er wird Justizminister und begeistert die Verteidiger des Vaterlandes, die von Preußen bedroht werden, mit der berühmten Formel: «Mut, noch mehr Mut, immer nur Mut!» Als Montagnard wird er von den Girondisten der Käuflichkeit bezichtigt, und das nicht ohne Grund. Er nimmt an der Einsetzung des Revolutionstribunals teil, sitzt im April 1793 dem Ersten Wohlfahrtsausschuss vor, von dem Robespierre ihn im Juli entfernen lässt. Gemeinsam mit seinen Freunden, den Gemäßigten, darunter auch **Camille Desmoulins**, fordert er ein Ende der Schreckensherrschaft. Im März 1794 wird er verhaftet und offenbart schon zu Beginn des Prozesses gegen ihn sein rednerisches Talent. Die Nationalversammlung erlässt im Eilverfahren ein Dekret, welches das Tribunal ermächtigt, Danton auch in Abwesenheit zu verurteilen. Zum Tode verurteilt, wird er am 5. April 1894 guillotiniert.

Camille Desmoulins

Camille Desmoulins (1760–1794), ein Pariser Advokat und Mitschüler von Robespierre am Collège Louis-le-Grand, macht schon 1789 auf sich aufmerksam, als er im Juli die Spaziergänger am Palais-Royal dazu anhält, ihre Waffen zu ergreifen und die Bastille zu erstürmen. Er gründet verschiedene Journale: *Les Révolutions de France et de Brabant* und anschließend *Le Vieux Cordelier*. In einem Club mit eben diesem Namen trifft er Danton. Die beiden

Männer werden Freunde. Als Mitglied der sogenannten Gemäßigten wird er verhaftet und am 5. April 1794 mit Danton nach kurzem Prozess hingerichtet.

Joseph Fouché

Joseph Fouché (1759–1820) ist Studienpräfekt bei den Oratorianern von Nantes, als die Revolution ausbricht. Er ist zunächst Abgeordneter der Jakobiner, geht dann zu den Montagnards über und stimmt für den Tod des Königs. Er treibt die Entchristianisierung im Departement Nièvre voran, weitet danach anlässlich der Schreckensherrschaft seine Aktivitäten auf Lyon aus: Die Guillotine ist für die Massenexekutionen nicht schnell genug, so befiehlt er, um die Sache zu beschleunigen, die Erschießung von ganzen Gruppen von Verurteilten. Von Robespierre im Nationalkonvent angegriffen und um sein Leben fürchtend, schließt sich Fouché den Thermidorianern an. Kurz nach dem erfolglosen Aufstand, den **Gracchus Babeuf** 1795 anzettelt, kommt Fouché in den Genuss einer Amnestie. 1799 wird er Polizeiminister und begibt sich in die Dienste von Napoleon Bonaparte. Dort bleibt er während des Konsulats und des Kaiserreichs. 1810 fällt er in Ungnade, 1815 kommt er für kurze Zeit unter Ludwig XVIII. wieder ins Amt zurück, ehe er 1816 als Königsmörder verbannt und zum Exil verurteilt wird. 1820 stirbt er in Triest. Als Mann im Hintergrund erhält er manche Ehren: Napoleon macht ihn zum Grafen des Kaiserreichs und zum Herzog von Otranto. Seine belastenden und furchterregenden Geheimnisse aber nimmt er mit ins Grab: Im Sterben liegend bittet er Prinz Jérôme Bonaparte, der ihm zur Seite steht, ihm dabei zu helfen, seine Dokumente und persönlichen Papiere zu verbrennen. Angeblich ließ er ihn während dieser Operation mehrere Stunden lang nicht aus den Augen.

Marie-Joseph Guilbert du Motier, Marquis de La Fayette

Als Held der Unabhängigkeitskriege der Vereinigten Staaten von Amerika wird General **Marie-Joseph Guilbert du Motier** (1757–1834), **Marquis de La Fayette**, als Abgeordneter des Adels in die Generalstände gewählt. Als Kommandant der Nationalgarde triumphiert er anlässlich des Föderationsfests vom 14. Juli 1790. Er befürwortet eine konstitutionelle Monarchie und versucht, den König nach dessen Flucht nach Varennes zu schützen; im Juli 1791 befiehlt er, auf die Demonstranten auf dem Marsfeld, die die Republik fordern, zu schießen. Nachdem man ihn im August 1792 zum Verräter an der Nation erklärt hat, liefert er sich den Österreichern aus, die ihn gefangen nehmen und bis 1797 gefangen halten. Im Vertrag von Campo-Formio (Oktober 1792) erwirkt General Bonaparte seine Freilassung, der Aufenthalt in Frankreich bleibt ihm aber verwehrt. Erst nach dem Staatsstreich vom 18. Brumaire kehrt er 1799 zurück. Während des Ersten Kaiserreichs hält er sich vom politischen Leben fern. Während der Restauration (1815–1830) wird er zum Abgeordneten gewählt. An der Julirevolution von 1830 hat er einen aktiven Part und schließt sich **Louis-Philippe I.** (reg. 1830–1848) an, doch der König lässt ihm sogleich das Kommando über die Nationalgarde entziehen. Enttäuscht schließt sich La Fayette der Opposition an, die er intensiv fördert, ehe er am 20. Mai 1834 stirbt.

Jean-Paul Marat

Als Arzt in England, dann ab 1777 bei der Garde am Hof des Grafen von Artois, dem Bruder König Ludwigs XVI., gründet **Jean-Paul Marat** (1743–1793) sein Journal *L'Ami du Peuple – Der Volksfreund*. Bald hat er großen Einfluss auf das Volk von Paris, vor allem auf die Sansculotten. Als Mitglied des Allgemeinen Sicherheitsausschusses und Abgeordneter der Montagnards in der Nationalversammlung wird er von den Girondisten im April 1793 vor das Revolutionstribunal geladen. Er wird freigesprochen, unterstützt die Sansculotten und zwingt die Nationalversammlung, die Festnahme der Girondisten zu beschließen, die anschließend exekutiert werden. **Charlotte Corday** bringt ihn am 13. Juli 1793 mit einem Messer in seiner Badewanne um. Jacques-Louis David malt zu Ehren des verstorbenen Marats 1793 ein Bild: *Der Tod des Marat*.

Honoré Gabriel Riquetti, Graf von Mirabeau

Mirabeau (1749–1791) ist ein Mann vielfältiger Talente: renommierter Polemiker, Autor zahlreicher Pamphlete und ein brillanter Redner. Seine Jugend ist stürmisch; er gibt sich Ausschweifungen hin, häuft Schulden an. Auf Veranlassung seines unbeugsamen Vaters, des Marquis Victor Riquetti de Mirabeau (1715–1789), muss er ins Gefängnis. Dieser Victor Mirabeau ist ein bekannter Volkswirt und Verfasser des *Ami des hommes, ou Traité de la population – Der Menschenfreund, oder Abhandlung über die Bevölkerung* (1756). Honoré Gabriel de Mirabeau hält sich in England und in Preußen auf und kehrt nach der Ankündigung der Einberufung der Generalstände nach Frankreich zurück. Er ist ehrgeizig, gewandt, aber auch käuflich, stets verschuldet, und er wechselt zwischen der Nationalversammlung und dem König, den er gegen gute Bezahlung heimlich berät. Populär und ruhmgekrönt stirbt er am 2. April 1791, ehe sein doppeltes Spiel entdeckt wird: Erst im November 1792 wird die Korrespondenz Ludwigs XVI. in einem Eisenschrank gefunden, in einem Versteck in einer Mauer in den Tuilerien, so dass man ihn aus dem Pantheon der Revolution entfernt.

Maximilien de Robespierre

Nach seiner Schulzeit im Collège Louis-le-Grand als Mitschüler Camille Desmoulins' nimmt **Maximilien de Robespierre** (1758–1794) das Studium der Rechte auf und wird Anwalt in Arras, seiner Geburtsstadt. Als Abgeordneter des Dritten Standes des Artois bei den Generalständen schließt er sich dem Jakobiner-Club an, wo er einer der führenden Kräfte wird. 1792 widersetzt er sich dem Krieg gegen Preußen und Österreich. In die Nationalversammlung gewählt, stimmt er als Montagnard für den Tod des Königs und provoziert den Untergang der Girondisten. Er wird Mitglied im Wohlfahrtsausschuss, den er mit seinen Freunden **Couthon** (1755–1794) und **Saint-Just** (1767–1794) leitet. Im Frühjahr 1794 eliminiert er die Hébertisten oder Enragés, die Wütenden, im April die Dantonisten, die Gemäßigten. Wegen seiner strengen Moral auch «der Unbestechliche» genannt, wird er anlässlich des Fests des Höchsten Wesens im Mai 1794 gleichsam verklärt. Am 27. Juli 1794 bzw. 10. Thermidor des Jahres II wird Robbespierre im Rathaus von Paris auf Befehl der Nationalversammlung festgenommen. Es ist eine stürmische Festnahme, die Anwesenden leisten körperlichen Widerstand. Noch am gleichen Tag wird Robespierre ohne Prozess hingerichtet.

7

Louis Saint-Just

Louis Saint-Just (1767–1794), auch «Erzengel des Schreckens» genannt, wird zum Deputierten des Departements Aisne in die Nationalversammlung gewählt. Dort macht er sich bald durch seine meisterliche, zugleich unversöhnliche Rhetorik bemerkbar. Im Mai 1793, als die Girondisten kurz davor sind, eliminiert zu werden, schließt er sich dem Wohlfahrtsausschuss an und bildet mit **Couthon** und **Robespierre** eine Parallelregierung: das «Triumvirat», das die eigentliche Macht behält. Im Februar 1794 zum Präsidenten der Nationalversammlung gewählt, nimmt er aktiv an der Ausschaltung der Hébertisten und Dantonisten teil, ehe er selbst mit Robespierre gefangen genommen und guillotiniert wird.

Marie Gouze, genannt Olympe de Gouges

Marie-Olympe de Gouges (1748–1793) erhält in Montauban eine sorgfältige Erziehung, die ihr, nachdem sie sich in Paris niedergelassen hat, ermöglicht, Salons aufzusuchen sowie sich im Schreiben und der Leitung einer Theatertruppe zu versuchen. In der Comédie-Française lässt sie 1785 ihr Stück *L'Esclavage des Noirs – Die Sklaverei der Schwarzen (Zamore et Mirza)* aufführen. Darin prangert sie den *Code Noir* an, der von Ludwig XIV. eingeführt wurde, um den Handel mit Zucker, Gewürzen und Färbepflanzen aus den französischen Inseln zu regulieren und den Umgang mit schwarzen Sklaven festzulegen. 1788 veröffentlicht sie ihre *Réflexions sur les hommes nègres – Überlegungen zu schwarzen Menschen*, was ihr die Türen der Gesellschaft der Freunde der Schwarzen öffnet. Als glühende Verteidigerin der Aufhebung der Sklaverei engagiert sie sich in der Revolution auf Seiten der Girondisten, lehnt aber die Exekution des Königs ab. Sie würde ihn gerne verteidigen, was ihr Geschlecht ihr jedoch verwehrt. In ihrer *Déclaration des droits de la femme et de la citoyenne* (1791), der *Erklärung der Rechte der Frau und der Bürgerin*, die sie an Königin Marie-Antoinette richtet, beklagt sie die Inferiorität der Frauen. Dort benutzt sie Formulierungen, die berühmt werden sollten, so wie «*Die Frau hat das Recht, das Schafott zu besteigen. Gleichermaßen muss ihr das Recht zugestanden werden, eine Rednertribüne zu besteigen*» oder «*Die Frau wird frei geboren und bleibt dem Manne gleich in allen Rechten.*» Da sie sich 1793 gegen die Diktatur der Montagnards und Robbespierres wendet, wird sie vom Revolutionstribunal verurteilt und am 3. November 1793 guillotiniert.

Das Direktorium (1795–1799)

Die Herrschaft des Direktoriums beruht auf der Hoffnung des Volkes auf Frieden, auf die Wiedererrichtung von Ordnung und auf eine prosperierende Wirtschaft. Tatsächlich ist das Direktorium aber eine Abfolge von Staatsstreichen. 1796 versucht **Gracchus Babeuf** (1760–1797), Unterzeichner des *Manifeste des Égaux – Manifest der Gleichen*, das Sylvain Maréchal verfasst hat, das Direktorium abzusetzen. Er will das Ende der gesellschaftlichen Klassen, die Übertragung der tatsächlichen Macht an das Volk, eine kommunistische Gesellschaft. Die Verschwörung misslingt, Babeuf wird 1797 hingerichtet. Das Direktorium entledigt sich noch im selben Jahr der Royalisten, 1798 auch der Jakobiner. Das Regime hat das Problem, dass es nur durch die Hilfe der

Armee überlebt, die das Direktorium als einzige Institution unterstützt. Mehrere Finanzskandale bringen das Regime in Verruf. Am 9. November 1799 bzw. 18. Brumaire des Jahres VIII übersteht Bonaparte mit einiger Mühe einen Staatsstreich – dank der Intervention seines Bruders **Lucien**, des Präsidenten des Rats der Fünfhundert. Dieser lässt Truppen anrücken, um die Abgeordneten zu verjagen, die den verwirrten und stammelnden Bonaparte mit Schmähungen überziehen.

2. Die Aufklärung: Zeitalter des Intellekts

Mitte des 18. Jahrhunderts bezeichnet der Begriff «Aufklärung» sowohl eine geistige Haltung als auch die zugehörige Epoche. Voltaire schreibt in einem Brief an Helvétius am 26. Juni 1765: «Seit 12 Jahren herrscht eine Revolution im Geiste, die zu spüren ist ... die Aufklärung dehnt sich sicherlich nach allen Seiten aus.» **Immanuel Kant** antwortet auf die Ausgangsfrage seines Werks «Was ist Aufklärung?»: «Aufklärung ist der Ausgang des Menschen aus seiner selbstverschuldeten Unmündigkeit. Unmündigkeit ist das Unvermögen, sich seines Verstandes ohne Leitung eines anderen zu bedienen. Selbstverschuldet ist diese Unmündigkeit, wenn die Ursache derselben nicht am Mangel des Verstandes, sondern der Entschließung und des Muthes liegt, sich seiner ohne Leitung eines anderen zu bedienen.» In England hat der Begriff *Enlightenment* nicht die gleiche Bedeutung wie in Frankreich; **Thomas Paine** schreibt dort *The Age of Reason – Das Zeitalter der Vernunft* (1794). Er ist einer der Figuren der Aufklärung, die die transatlantische Revolution am besten verdeutlichen. Die Vernunft lehnt jede Metaphysik ab und erklärt sich für unfähig, die Substanz und das Wesen der Dinge zu verstehen und Systeme auszuarbeiten. Sie lehnt Autorität wie auch Tradition ab. Vernunft zeichnet den wissenschaftlichen Geist aus und die experimentelle Methode; diese beiden sollen nicht nur die Naturwissenschaft leiten, sondern auch auf den Menschen und die Gesellschaft angewandt werden. Im Bereich der Religion kommt die Philosophie auf dem Umweg über den Verstand zur Politik und Geschichte und versucht, neue moralische Maßstäbe zu setzen.

Die Göttin Vernunft

Symbolisch kann man sagen, dass das 18. Jahrhundert mit dem Tod Ludwigs XIV. im Jahr 1715 beginnt und 1789 endet, mit einem Einschnitt um 1750. Die Göttin Vernunft, die gegen Ende des 18. Jahrhunderts während der Revolutionsparaden verehrt wird, verkörpert den Wunsch dieses Jahrhunderts, zu lernen und zu erkennen. Die neue Denkweise, die sich entwickelt, verdankt dem Aufschwung der Naturwissenschaft und den großen Reisen sehr viel. Die Ablehnung jeder Art von Aberglauben hat ihren Quell in **Bernard Fontenelles Histoire des oracles – Geschichte der Weissagungen** (1687). Die Allegorie wird verurteilt wie auch die Romanciers und Schriftsteller, die das Zeitalter Ludwigs XV. in Misskredit gebracht haben. Literatur und Malerei müssen sich nun an Psychologie und einfache Gefühle halten. Ungewöhnliche Leidenschaften, hervorgerufen durch Könige und Helden, werden in den Hintergrund verwiesen. Das tägliche Leben wird zum Inspirationsquell, und so werden der Maler und der Schriftsteller zu Moralisten. Das 18. Jahrhundert bietet uns ein Wechselspiel zwischen Sein und Schein.

Die **Vorstellung einer Methode**, das Verlangen, sich den Erfordernissen der Vernunft zu beugen, ist das Leitmotiv des gesamten Zeitalters. Jede Fragestellung dieses Zeitalters dreht sich darum, ob das Wesen des Geschmacks, ob der Bereich der Empfindung, des Gefühls auf Vernunft oder auf Empfindsamkeit beruht. **Immanuel Kant** (1724–1804) zeigt in der *Kritik der Urteilskraft* (1790), dass das Schöne der Wissenschaft gleichkommt. Daraus entsteht ein neuer Zweig der Philosophie: die Ästhetik. Rational oder empirisch setzt sie sich immer mehr im Denken und in den Institutionen durch. Die Behauptung des Primats der Menschen erfordert von Seiten der Enzyklopädisten einen hartnäckigen Kampf gegen Vorurteile und Religion. Der Mensch wird als wesentlicher Teil eines universellen Ganzen gedacht, womit sich die Evolutionstheorien des folgenden Jahrhunderts ankündigen.

Hat das 17. Jahrhundert, das das Modell des Verständnisses der Welt durch Analogien von sich gewiesen hatte, in mechanistischen Erklärungen von allem Lebendigen berichtet, so kann das 18. Jahrhundert mit diesem Ansatz den **Menschen als besonderes Tier** neben anderen Lebewesen begreifen. Eine der hervorstechendsten Eigenschaften des Menschen ist seine unersättliche «Soziabilität», die ihn, als soziales Wesen, dazu drängt, immer weiter voranzuschreiten – weil das Streben nach Vervollkommnung Teil seiner Natur ist. Das Zeitalter der Aufklärung bringt die Vorstellung von Vollkommenheit mit sich, von Leistung und der Idee, dass der Mensch Teil einer historischen Kontinuität und damit Teil der anderen Menschen ist.*

Die Salons spielen bei der Verbreitung von Wissen eine wesentliche Rolle – durch die Macht des Wortes und den zwischenmenschlichen Kontakt. **Montesquieu**, **Marivaux**, **Helvétius**, **d'Alembert** besuchen den Salon der **Madame Geoffrin** (1699–1777), Montesquieu und Marivaux auch den der **Marquise de Deffand** (1697–1780), Diderot und Helvétius den von **Julie de Lespinasse** (1732–1776). Das griechische Erbe ist kaum wiederentdeckt und wird doch schnell wieder vergessen, trotz der *Kommentare* des **Averroes** (1126–1198) zu **Aristoteles**. Die Wissenschaft der Medizin, kaum von den Ärzten als solche skizziert, wird gleichfalls zur Seite gelegt. Wesentlich bleibt, dass alle im wissenschaftlichen Geist unternommenen Schritte sich um den Menschen und die Notwendigkeit drehen, erklären zu müssen, dass sein Körper nicht nur ein simpler Mechanismus ist. Das 17. Jahrhundert bereitete hierauf vor, indem es eine Taxonomie, eine Anordnung der Leidenschaften ersann und damit den Bereich der Psychologie der Gefühle abgesteckt hat.

Als **Ludwig XIV.** stirbt, sind die Sprache und Kultur Frankreichs gerade dabei, über ganz Europa hinweg eine regelrechte intellektuelle und moralische Vereinheitlichung zu bewirken. 1717 unterzeichnet der Kaiser ein auf Französisch verfasstes Abkommen. Auf dem ganzen Kontinent wird **das Französische** das Lateinische bei Verhandlungen und Verträgen ersetzen.

Paris, das Café Europas

Paris wirkt intellektuell durch seine Salons nach außen, doch auch durch seine Cafés, deren bekanntestes lange das Café Procope in der Rue de l'Ancienne-Comédie ist. Frankreich führt eine neue Lebenskunst vor, die sich in Europa verbreitet: Die Mode hat in Paris ihren Ausgangspunkt, man imitiert auch das Schloss in Versailles, das in Portugal, im preußischen Potsdam und beim Kaiser von Österreich in Schönbrunn bei Wien kopiert wird. Viele Ausländer wohnen in Paris, so der italienische Jurist **Beccaria**, die Engländer **David Hume** und **Horace Walpole**, manche werden sogar für immer hier aufgenommen wie **Friedrich Melchior Grimm**. Verschönerung und Sanierung der Stadt beginnen zur Zeit **Colberts** durch Leutnant **de La Reynie** und setzen sich durch das ganze 18. Jahrhundert fort. Die alten Wehranlagen

* Vgl. dazu Marie Jean Antoine Nicolas de Caritat, Marquis de Condorcet, *Esquisse d'un tableau historique des progrès de l'esprit humain*, 1791.

Ludwigs XIII. werden geschleift, der dadurch frei werdende Grund und Boden der Stadt zurückgegeben. An ihrer Stelle werden Boulevards angelegt. Der Boulevard am rechten Seine-Ufer wird mit Bäumen bepflanzt und zwischen 1670 und 1704 zur Promenade umgestaltet.

Die Enzyklopädie, ein Monument des Wissens

Die *Enzyklopädie* ist wie eine massenhafte Erhebung, eine Schlacht gegen die Mächte der Vergangenheit, die von allen Männern des neuen Zeitalters gekämpft wird. Sie wird zur Institution dieser Epoche, hat bis zu 4000 Subskribenten und bringt einen Umsatz von 8 Millionen Livre tournois, das ist die Silberwährung des Ancien Régime. Die *Enzyklopädie* will die Summe des menschlichen Wissens zusammenstellen und strebt dabei nach einem Kompromiss zwischen den Ansprüchen der Autoren und den Ansprüchen des Publikums, das eher an einer umfassenden Dokumentation als an philosophischen Streitereien interessiert ist. Der griechische Ursprung des Wortes «Enzyklopädie» lässt begreifen, wie das Werk verbreitet werden soll und was die Absicht dieses gewaltigen Wissensdenkmals ist, das von **d'Alembert** und **Diderot** bewerkstelligt wird: *enkyklos*, der Kreis, *paideia*, die Erziehung, die Weisheit, gleichsam die Nachfolge des Wissens. Der Name «Enzyklopädie» gilt also einem Werk, in dem alle Wissenschaften und Künste behandelt werden – entweder alphabetisch oder thematisch geordnet. Es ist **das erste Werk**, in dem unterschiedliche Wissensgebiete unter entsprechenden Titeln dergestalt alphabetisch angeordnet sind, das gleichzeitig ein vollständiges Bild verschiedener Wissenschaftszweige sowie deren Zusammenhang zeigt.

Diderots *Enzyklopädie* soll eigentlich sechs Bände umfassen, doch das Ausmaß ihrer Themen ist so gewaltig, dass daraus 17 Bände mit Text und 11 Bände mit Bildtafeln entstehen, als das Werk abgeschlossen ist (1751–1772). Weitere fünf Ergänzungsbände sowie zwei Bildbände folgen (1776–1780).

▪ **Die Gründer: Diderot**, dem **d'Alembert** als erster Redakteur hilft, versammelt Schriftsteller wie **Voltaire**, **Buffon**, **Montesquieu**, **Turgot**, **Helvétius**, **Holbach**, **Necker**, **Marmontel** und ungefähr 20 weitere Mitarbeiter um sich, die die *Enzyklopädie* verfassen sollen. Als **Denis Diderot** damit beginnt, das Wissen seiner Zeit in Buchform zusammenzufassen, ist er bereits ein anerkannter Schriftsteller. Von 1745 bis 1749 veröffentlicht er mehrere verwegene und freigeistige Werke, die ihn mit Voltaire in Verbindung bringen und ihm einen

Gefängnisaufenthalt von drei Monaten im Turm von Vincennes einbringen. Dort erhält er häufig Besuch von **Jean-Jacques Rousseau**. Nach dem Ende der Gefangenschaft tut er sich mit d'Alembert zusammen; gemeinsam entwickeln sie das Vorhaben der *Enzyklopädie*. Sie wollen alle exakten Wissenschaften versammeln, dazu die Grundlagen des Geschmacks und den Fortschritt in sämtlichen Künsten. In Wahrheit aber ist diese Veröffentlichung das Mittel, neue Ideen zu propagieren; von 1752 bis 1759 wird sie daher auf Anordnung der Regierung unterbrochen. Als d'Alembert seine Mitarbeit beendet, übernimmt Diderot allein die Leitung dieses kolossalen Werks. Als der erste Band der *Enzyklopädie* erscheint, macht d'Alembert aus dem Vorwort eine wahre Hymne auf den Fortschritt. Der Erfolg der *Enzyklopädie* ist gewaltig, obwohl d'Alembert sie als «Harlekins-Anzug» bezeichnet, bei dem einige Teile aus gutem Stoff, aber dennoch zu viel Lumpen dabei seien.

■ **Die Ideen:** Das Thema der *Enzyklopädie*, des philosophischen Ringens ist die Kultur, die Zivilisation. Der Philosoph und der Literat sind zu Multiplikatoren geworden. Hauptsächlich vom Verstand geleitet, schließt sich ihr Geist dem Geist der Wissenschaft an. Wahrheit wird nicht mehr mit Wahrscheinlichkeit verwechselt und der Philosoph und Literat macht sich zum Fürsprecher eines Humanismus, in dem Glaube und Liebe gerechtfertigt sind – nicht deshalb, weil der Mensch nach dem Bilde Gottes geschaffen ist, sondern weil er Mensch ist. Dem christlichen Ideal wird ein irdisches beigesellt, das dem christlichen durchaus auch widerspricht und wesentlich auf der Suche nach Freiheit und Glück beruht und dessen Fortschreiten die wichtigste Triebkraft ist. Die große Tat der Männer der Aufklärung besteht darin, den Humanismus wieder ins Recht gesetzt zu haben. Der Philosoph wird hierbei als Ideal begriffen, als Modell, wie es schon der *uomo universale* der Renaissance war, der *honnête homme*, der *Ehrenmann* des 17. Jahrhunderts – und wie es der *Gentleman* des 19. Jahrhunderts sein wird. Der *honnête homme* ist auf andere Menschen ausgerichtet. Doch er greift die Tradition in all ihren Formen an: Staat, Kirche, Gesellschaft, Philosophie, Wissenschaft, Justiz, Erziehung, Handel und Industrie.

Gesellschaft, Gleichheit und Toleranz: Rousseau und Voltaire

In dem Maß, wie das Bürgertum sich in der Gesellschaft etabliert, manifestiert sich auch das Problem der Gleichheit der Klassen immer deutlicher. Die natürliche Gleichheit scheint ein Mythos zu sein, während Eigentum etwas ist, das man tatsächlich erwerben kann. Die Privilegien entsprechen unterschiedlichen gesellschaftlichen Kategorien, Ehrenmännern, Großgrundbesitzern oder Finanziers; sie werden nicht systematisch in Frage gestellt.

■ **Rousseau** führt die gesellschaftliche Ungleichheit auf die Einführung von Eigentum zurück, die für die Unterordnung des Menschen unter den Menschen und die Entfremdung von seiner Freiheit verantwortlich ist. Er denkt andererseits, dass nichts das Eigentum rechtfertigt, welches vielmehr ein wahres Vergehen, eine Anmaßung gegen das Naturrecht darstellt. Mit seinem *Contrat social ou principes du droit politique – Vom Gesellschaftsvertrag oder Prinzipien des Staatsrechtes* (1762) erfasst er die Grenzen der Möglichkeit, die Gleichheit des Bürgers zu garantieren. Im Gegensatz dazu verteidigt Voltaire, der Patriarch von Ferney, die Legitimität von Eigentum und sieht hierin eines der sichersten Fundamente unserer Gesellschaft sowie die materielle Belohnung für die Arbeit, die man geleistet hat, um das Leben angenehmer zu machen. Er ermuntert zu Handel und Industrie im Geist des vollständigen Liberalismus, wobei er deren Konsequenz gutheißt: die Bereicherung der aktivsten Bürger und die Verbreitung von Luxus.

■ **Voltaire** ist zugleich der große Emanzipator des modernen Denkens. In seinem *Discours sur l'homme – Rede über den Menschen* (1738) dient alles nur als Vorwand, um ein Loblied auf die Toleranz anzustimmen. *Mahomet ou le fanatisme – Mohammed oder der Fanatismus* (1741) nutzt er, um den christlichen Fanatismus wie auch den der muslimischen Welt anzuprangern. Im Geiste der Revolution muss die Gleichheit vor dem Gesetz allmählich die Ungleichheit der Lebensbedingungen beenden.

Die Erklärung der Menschenrechte

Die *Erklärung der Menschenrechte*, als verfassungsmäßiges Gesetz formuliert, wird zunächst 1776 in die Präambel der Verfassung mehrerer amerikanischer Staaten hineingeschrieben. In Frankreich wird eine erste Erklärung von der verfassunggebenden Versammlung am 12. August 1789 abgestimmt, danach von derselben Versammlung in der Verfassung von 1791 und der des Jahres 1793. Später werden die Menschenrechte in der Verfassung des Jahres III als Grundgesetz der französischen Gesellschaft angenommen. Sie verkünden die **Gleichheit der Bürger vor dem Gesetz**, die absolute Freiheit des Gewissens und die allen garantierte individuelle Freiheit. Die rechtlichen Grundlagen für alle Bürger sind: Freiheit, Besitz, Widerstand gegen Unterdrückung; für die Nation: das Erlassen von Gesetzen und die Organisation der öffentlichen Macht. Die *Erklärung der Menschenrechte* bedeutet den Tod des *Ancien Régime*, da Frankreich fortan nicht länger ein «verfasster Zustand von Menschen in Zwietracht» ist.

Die nationale Einheit ist eines der ersten Vermächtnisse an die Moderne, die aus der Revolution hervorgegangen ist; das zweite Vermächtnis ist die Gleichheit auf allen Gebieten. Der 4. August 1789, als die Versammlung die Privilegien abschafft, lässt die alten Strukturen zusammenbrechen. Der nationale Markt wird unter anderem dank der Aufhebung der Salzsteuer Schritt für Schritt vereint. Die Freiheit des Handels und der Binnenverkehr kommen auf. Diese **wirtschaftliche Vereinheitlichung** bedarf auch der Vereinheitlichung von Gewichten und Maßen. 1790 wird auf Vorschlag **Talleyrands**, den die *Constituante*, die französische Nationalversammlung annimmt, der Meter zur Grundlage des metrischen Systems, ausgehend vom Meridianbogen zwischen Dünkirchen und Barcelona. Gleichermaßen bestimmt **Lavoisier** eine Gewichtseinheit, das Gramm. Eine Vereinheitlichung findet auch innerhalb der Sprache statt. Die meisten Franzosen sprechen noch verschiedene Dialekte, etwa die *langue d'oc*, Gaskognisch, Baskisch, Katalanisch oder Flämisch. Damit stehen sie außerhalb der großen Denkströmungen der intellektuellen und politischen Welt. Um die Einheit der Nation zu konsolidieren, ist es mehr als notwendig, dass das Französische zur Nationalsprache wird.

Die Nationalversammlung ordnet an, dass alle öffentlichen Urkunden auf Französisch abgefasst werden; das Komitee für öffentlichen Unterricht *(Comité d'instruction publique)* soll einen Bericht über die Veröffentlichung einer neuen Grammatik und eines neuen Vokabulars vorlegen. Das französische Recht wird gleichfalls national. 1789 existiert noch kein einheitliches Gesetz, sondern eine Vielzahl verschiedener Rechtsvorschriften. Im September 1791 bekräftigt die Nationalversammlung ihre Absicht, einen Kodex des bürgerlichen Rechts für das gesamte Königreich aufzulegen. Obwohl der Revolution nicht die Ehre zukommt, den *Code civil* erlassen zu haben, hat sie doch zu allen wichtigen Fragen, die das Recht aufwirft, Gesetze erlassen. Die Revolution hat der Souveränität des Menschen die der Nation an die Seite gestellt.

Auf zu neuen Erkenntnissen und Kulturen: Die Wissenschaften in Europa

Die Entwicklung der exakten Wissenschaften und die Ausarbeitung einer positivistischen und experimentellen Methodologie tragen dazu bei, auch die Geisteswissenschaften exakter zu fassen. Das abendländische kulturelle *a priori* wird fast vollständig durch die Offenbarungen der chinesischen und indischen Philosophie überwunden. Die Suche nach Wahrheit durch Wissen erleichtert die Installierung der meisten geisteswissenschaftlichen Disziplinen: Philologie, Geschichte, Sprachwissenschaft, Vorgeschichte, vergleichende Religionswissenschaften. Die Ausdehnung des Bereichs der exakten Wissenschaften und der Geisteswissenschaften hat eine neue Denkweise sowie einen neuen Typ von Gesellschaft als sofortige Konsequenz. Der **geographische Raum** verändert, indem er vergrößert wird, die grundlegenden Vorstellungen von Gesellschaft. Man beobachtet erneut das unendlich Große wie das unendlich Kleine. In Südamerika berichten **Joseph de Jussieu** (1704–1779) und **Alexander von Humboldt** (1769–1859) von neuen Erkenntnissen. Der Positivismus von **Auguste Comte**, der Philosophie wie auch wissenschaftliche Methode sein will, sieht die Geschichte im Lichte des wissenschaftlichen Fortschritts und untersucht Mensch und Gesellschaft als historischen und wissenschaftlichen Gegenstand.

Viele Wissenschaften lassen sich von dieser Theorie anregen. Die Geschichte selbst wird wissenschaftlich. Nach **Fustel de Coulanges** ist Geschichte keine Kunst, sondern reine Wissenschaft, und sollte nicht nur auf schriftliche Dokumente begrenzt werden. **Louis Pasteur** entdeckt durch wiederholte Experimente zur Gärung die Bedeutung von Mikroben.

Die **Geisteswissenschaften** geben sich gleichfalls als exakte Wissenschaften aus, weil sie strenge Methoden anwenden. So verlässt die Geschichte ihre Rolle als einfache Beobachterin und sucht einen verständlichen Leitfaden, der von sehr weit entfernten Räumen bis in unsere Zeit reicht. Die Entdeckung neuer Völker macht die **Entwicklung der Philologie** notwendig. Die Alphabete werden entziffert, das phönizische 1758, das ägyptische nach Versuchen von Warburton (1698–1779) durch **Jean-François Champollion** (1790–1852) im Jahre 1822. Die chinesische Kultur fasziniert ebenso wie die indische. In beiden Fällen werden abendländische Vorstellungen über die Geschichte der Menschheit und der Sprachen über den Haufen geworfen. 1731 ist der gesamte Text des *Rigveda* in Europa angekommen; erste Übersetzungen werden von

1785 bis 1789 angefertigt. Zum ersten Mal wird dank der Entschlüsselung dieser Schriften die Welt als ein Ganzes begriffen; dank der Orientalisten kommen ein neuer Begriff und eine neue Definition des Wortes «Mensch» auf. Zudem wird der Eurozentrismus angeprangert; fremde Kulturen sollen nicht mehr nach Maßstäben beurteilt werden, die ihnen unangemessen sind. Die abendländische Kultur stellt ihre eigenen historischen Ursprünge wie auch die dazugehörigen fundamentalen Werte in Frage – mit die wichtigste Entwicklung innerhalb der Geisteswissenschaften.

Immer mehr werden **große Forschungsreisen** unternommen. **Cavalier de La Salle** fährt den Mississippi hinab und entdeckt Louisiana (1682). **Vitus Bering** durchfährt die Meerenge, der er seinen Namen gibt (1782). Die Erforschung außereuropäischer Länder und Gebiete hat die westlichen Naturwissenschaftler mit Tausenden neuer Tier- und Pflanzenarten in Kontakt gebracht. Das Einsammeln dieser reichen Ernten führt in allen großen Städten Europas zur Einrichtung von Menagerien, Herbarien und Naturgeschichtskabinetten. Die Suche nach einer Nomenklatur und nach einer Klassifizierung, die auch diese fremden Arten erfassen soll, wird zur ersten Pflichtaufgabe für Naturwissenschaftler.

Gelehrte Amateure

Zwischen Literatur und Wissenschaft besteht seit der Mitte des 18. Jahrhunderts ein ununterbrochener Austausch. Am Vorabend der Revolution verfasst **André Chénier** seine großen Epen zum Ruhm der Wissenschaft. Die Gelehrten dieser Zeit sind oft aufgeklärte Amateure oder Literaten wie **Voltaire**, der auf Schloss Cirey ein Laboratorium einrichtet und der Akademie der Wissenschaften ein Memorandum über das Feuer zukommen lässt. **Fontenelle**, der 1686 die *Entretiens sur la pluralité des mondes – Unterhaltungen über die Vielzahl der Welten* veröffentlicht und darin das Kopernikanische System darlegt, dient dafür als Vorbild.

Die physikalischen Wissenschaften

Die Elektrizität fasziniert viele Menschen in jener Zeit. Der Amerikaner **Benjamin Franklin** konstruiert den ersten Blitzableiter, nachdem er eine Entsprechung von elektrischem Funken und dem Blitz festgestellt hat (1760). Drei verschiedene Thermometer werden entwickelt: vom dem Preußen **Daniel Gabriel Fahrenheit**, von dem Franzosen **René-Antoine Ferchault de Réaumur** und von dem Schweden **Anders Celsius**, der die hundertteilige Einteilung erfindet.

Von der Evolution des Menschen zum Flug der Montgolfière

Die früheren Beobachtungen zusammenzuführen und zu systematisieren, erweist sich bald als sehr problematisch und zieht die Aufstellung gewaltiger Hypothesen nach sich. Die Notwendigkeit, sämtliche Arten zu klassifizieren, lässt den Schweden **Carl von Linné** ein Klassifizierungssystem für Pflanzen aufstellen. Sein *Systema naturae* (1758) bleibt die unbestrittene Basis für die Benennung von Pflanzen und Tieren.

Georges-Louis Leclerc de Buffon, damals der größte französische Naturwissenschaftler, greift die experimentelle Methode auf. Er verwirft allzu systematische Klassifizierungen, weil für ihn innerhalb der Natur alles fein abgestuft ist. Noch in bestimmten Traditionen verhaftet, weigert er sich zu glauben, dass es ein Bindeglied zwischen Mensch und Tier hätte geben können; er glaubt, die Tiere wären alle von der Hand des Demiurgen erschaffen worden. Doch im Laufe seiner Forschungen nimmt er die Idee der Evolution wahr, die sein Kollege **Lamarck** ab 1800 vorlegt, ebenso wie später auch **Darwin**. Das 18. Jahrhundert begeistert sich auch für Fragen der tierischen Reproduktion. Der Italiener **Lazzaro Spallanzani** (1729–1799) beweist die Rolle der Keime. 1783 beginnt die Luftfahrt mit der Erfindung des Heißluftballons durch die Gebrüder **Montgolfier**. Dieser Apparat benutzt die Kraft von aufsteigenden heißen Gasen, die leichter sind als Luft, ausgehend von den Gesetzen von **Pierre-Simon Laplace** (1749–1827), der die Wirkung von Hitze auf Gase entdeckt hatte (Ausdehnung, Verringerung des Gewichts). **James Watt** (1736–1819) perfektioniert 1765 die Dampfmaschine, ausgehend vom Papin'schen Topf. Die Engländer **Cavendish** und **Priestley** analysieren die Luft und entdecken den Wasserstoff und seine Eigenschaften; der Deutsche **Carl Wilhelm Scheele** (1742–1786) entdeckt das Chlor und findet eine Methode zur Herstellung von Sauerstoff.

Medizin, Bader, Chirurgie, Psychologie

Die großen Epidemien – die Pest 1720 in Marseille, die Pocken 1770 – treten auch im 18. Jahrhundert noch auf. Die Entdeckungen von Biologie und Physiologie bescherten der Medizin manchen Fortschritt. Bedeutende Ärzte wie der Wiener **Leopold von Auenbrugger** (1722–1809), der Italiener **Giovanni**

Battista Morgagni (1682–1771) und der Franzose **François Xavier Bichat** (1771–1802) wollen alles auf die direkte Beobachtung zurückführen. Auch die Chirurgie entwickelt sich. Die Ärzte des 18. Jahrhunderts werfen ihren Vorgängern des vergangenen Jahrhunderts zu Recht ihr Denken in Systemen vor. Die Anatomie gehört nicht mehr zur Aufklärung, auch wenn manche Entdeckungen bezüglich der Augen, der Herzkrankheiten oder über Drüsen und Muskeln in dieser Zeit stattfanden. Doch die große physiologische Entdeckung des 18. Jahrhunderts kam durch **Antoine Laurent de Lavoisier** (1743–1794). Er bewies, dass das Blut in den Venen sich nach dem Kontakt mit der durch die Lungen eingeführten Luft erneut mit Sauerstoff anreichert.

Schließlich bringt dieses Jahrhundert auch die Emanzipation der Chirurge. Ihre Assoziation mit den Badern wird beendet, dies erhebt die Chirurgie in den Rang der wissenschaftlichen und freien Künste. Seit dem 18. Jahrhundert begreift sich die **Medizin** als objektive Wissenschaft des Körpers; man ist sich bewusst, dass der Mensch aus Körper und Seele besteht und dass beide nicht voneinander zu trennen sind. Der Begriff der Psychologie existiert seit dem 16. Jahrhundert, doch damals ist seine Bedeutung noch sehr eng gefasst und bezeichnet nur eine Geisteshaltung. Erst im 18. Jahrhundert verbreitet sich der Begriff über ganz Europa.

3. Die Künste in Frankreich: Einheit und Vielfalt

Trotz ihrer scheinbaren Einheit im Geiste legt die Kunst des 18. Jahrhunderts vielfältige Formen an den Tag. Während der Zeit der Régence, die Philipp von Orléans innehat, entwickelt sich die europäische Kunst vom Barock zum Régence / Rokoko. Dieser Stil erreicht seinen Höhepunkt um 1720. Eines seiner Kennzeichen ist der Einfluss der **Kunst des Fernen Ostens**, welchen die Künstler als Vorbild nehmen. Man sieht Tapisserien mit chinesischen Motiven sowie schwarze und rote Lackmöbel. Intimität, Komfort und das Angenehme werden bevorzugt. Der plastische Schmuck wird weniger wichtig an Umfang und wird besser in die Gebäudefassaden integriert. **Um 1730** kommt ein neuer Geschmack beim Ornament und der Innendekoration auf. Dieser Stil, Rokoko genannt, wird oft zu Unrecht mit dem Barockstil verwechselt, ist aber nichts anderes als der «ausländische», außerfranzösische *Louis-Quinze*-Stil (Ludwig XV.). Kurz vor der Herrschaft Ludwigs XVI. geht der Geschmack zum Klassizismus über, indem die Tradition Ludwigs XIV. wieder aufgenommen wird, ist dabei aber diskreter und mit harmonischeren Proportionen versehen sowie einem untrüglichen Sinn für das Maß, was den Klassizismus insgesamt etwas kühler erscheinen lässt.

Das Wort Rokoko, von «rocaille» (etwa: Grotten- und Muschelwerk) abgeleitet, inspiriert sich an den asymmetrischen Formen von Muscheln. Das mondäne Leben spielt sich eher in der Stadt ab und das Dekor erhält eine dominierende Rolle, wird zu einem Teil jenes Glücks, auf das die gesamte Epoche aus ist. Die Stadt wird zum Zentrum eines Lebens, das auf Intimität und Suche nach Glück gegründet ist. In ganz Europa erfreuen sich die Künstler des Mäzenatentums der Fürsten, etwa in den deutschen Ländern oder Italien, oder auch des Mäzenatentums der Könige, etwa in Preußen und Schweden. Die Mäzene gehören teils auch der Bourgeoisie an, sie sind beispielsweise Finanziers. Alle großen Meister wenden sich, um Inspiration zu erhalten, der Antike zu. Aus dieser Zeit datieren die Ausgrabungen von Herculaneum (1738) oder Pompeji (1748). Die *Gedanken über die Nachahmung der Griechischen Werke in der Malerei und Bildhauerkunst* von **Johann Joachim Winckelmann** (1717–1768) erscheinen 1755. Von 1770 bis ca. 1830 ist der Neoklassizismus die in Europa vorherrschende Form, auch wenn er seit dem Beginn des 19. Jahrhunderts von der Romantik durchdrungen ist.

Die Architektur und Skulptur: Erneuerung der Antike

Die **neoklassische Architektur** will keine historische Architekturform, keine antike Ordnung imitieren, sondern sucht eine Erneuerung, die dem Geist einer Antike entspricht, die als zeitlose Ausdrucksform angesehen wird. Sie übernimmt elementare und stereotype Formen: Kuben, sternförmige Grundrisse, Kuppeln, kreisförmige Grundrisse. Die Architektur hat auch eine Funktion für den Staat, als Präsentation geheiligter Orte der Nation, als Parlamentsgebäude, Universitäten, als Triumphbogen. Der neoklassische Geschmack hält Einzug in den Profanbau und bewirkt im 18. Jahrhundert eine Vergrößerung der Sakralarchitektur. Die Architektur dieser Periode ist durch die Verschmelzung willkürlicher Raumzusammenhänge gekennzeichnet, die im vergangenen Jahrhundert noch deutlich getrennt waren.

Das Zeitalter Ludwigs XVI. wartet im Bereich der **Bildhauerei** mit kleinen Boudoir- und Wohnungsskulpturen sowie mit Porträts auf. Man dekoriert Palais und Gärten damit.

■ **Jean-Baptiste Pigalle** (1714–1785) ist einer derjenigen, die die Rückkehr zur Antike propagieren. Er verbindet einen ungezierten Stil, der von antiken Vorbildern inspiriert ist, mit dem aufkommenden Sinn für Grabdenkmäler. Das *Mausoleum des Marschalls Hermann Moritz von Sachsen* (1771) gehört hier zu den eindrucksvollsten Werken. Der Verstorbene ist von allegorischen Figuren umgeben dargestellt. Dieses Grabmal befindet sich in der Straßburger Thomaskirche. Sein Lehrer Edmé Bouchardon betraut Pigalle auf dem Totenbett dann noch mit seinem letzten großen Werk, der *Place Louis XV* in Paris, der heutigen Place de la Concorde. Dort befand sich die in der Revolution zerstörte Reiterstatue Ludwigs XV., die Bouchardon anfing und Pigalle fertigstellte.

■ **Jean-Antoine Houdon** (1741–1828) ist zweifellos einer der eindrucksvollsten Bildhauer seiner Zeit. Er schafft Büsten voller Realismus und Wahrheit und zeigt die moralische Veranlagung der Dargestellten – er zeigt Psychologie. Und er will «die Gesichter der Männer, die den Ruhm oder die Ehre ihres Vaterlandes ausmachen, gleichsam unauslöschlich machen.» Er hinterlässt Büsten unter anderem von **Diderot**, **Turgot**, **Buffon**, **La Fayette**, **Mirabeau** und **Napoleon**.

Die französische Malerei

In Frankreich erreicht die Rokoko-Malerei ihren Höhepunkt. Sie wird gefördert, denn ab 1750 gestattet der König die öffentliche Zurschaustellung seiner Sammlungen aus dem Louvre und dem Palais du Luxembourg. Die Kunstkritik kommt auf; deren berühmteste Orte sind die *Salons* von Diderot. Drei Maler beherrschen ihre Zeit: **Antoine Watteau**, **Jean Honoré Fragonard** und **Maurice Quentin de La Tour**. Angesichts der herrschenden Verhältnisse hat die Kunst nur einen Ausweg: Sie hüllt sich in Verkleidungen, versteckt sich in Kostümen und greift auf die Mythologie zurück – nicht um Ruhm zu erlangen, sondern um des Vergnügens und der Freiheit willen. Die fiktiven Inszenierungen sollen die Wahrheit der dargestellten Personen und des Lebens verhüllen.

Einige Maler

■ **Antoine Watteau** (1684–1721) ist der prominenteste Nachfolger Rubens', den er anlässlich seiner Ankunft in Paris in der Galerie du Luxembourg trifft. Watteau arbeitet mit Rötel, Pastell, Gouache, doch am meisten greift er auf die Ölmalerei zurück. Die Farbe bleibt eine wichtige Komponente in seinen Darstellungen. Als Maler galanter Feste stellt er die feine Gesellschaft seiner Epoche dar; bei Festen in phantastischer Szenerie, mit Kostümen aus der komischen Oper, mit klaren und leuchtenden Farben; in duftigen und melancholischen Landschaften. Das trifft beispielsweise für die *Einschiffung nach Kythera* (1718) zu, von der drei Fassungen existieren, die zweite ist das Bild, das er 1717 für die Aufnahme in die Akademie malte. Mit dem *Ladenschild des Kunsthändlers Gersaint* (1720), seinem großen Hauptwerk, das er in acht Tagen malt, erweist er sich als Realist. Mehrfach auf Leinwand verewigt ist die Gestalt des *Gilles* (1718–1719); vor einem weißen Hintergrund verbirgt ein Pierrot diejenigen Bewegungen der Seele, für die er eigentlich steht.

■ **François Boucher** (1703–1770) ist von Tizian, Veronese und Tintoretto beeinflusst. Zunächst war er Graveur, beginnt aber bald mit der Ölmalerei und gewinnt 1723 den *Prix de Rome*. Sieben Jahre bleibt er in Italien, von 1727 bis 1734, wo er die Brüder Carracci und Tiepolo entdeckt. Nach seiner Rückkehr wird er zur königlichen Akademie zugelassen, wo er ab 1737 Professor ist, ab 1767 dann Rektor. Im selben Jahr wird er zum Ersten Maler des Königs ernannt. Er schafft in seinen Bildern eine gewisse Boudoir-Atmosphäre, eine ungezwungene Erotik. Von der Madame de Pompadour, der Mätresse Ludwigs XV., protegiert, malt er zahlreiche Porträts von ihr und erhält viele Aufträge vom König. Als offizieller Maler wird er von Diderot und den Enzyklopädisten heftig kritisiert. Man wirft ihm vor allem während der Revolution vor, ein leichtes und frivoles 18. Jahrhundert darzustellen. Die *Diana bei der Rückkehr von der Jagd* (1745) und *Diana im Bade* (1742) sind seine Hauptwerke.

■ **Jean Honoré Fragonard** (1732–1806) ist ein Maler am Ende des französischen Rokoko und Schüler von Boucher. Viele seiner Bilder stehen in der Tradition der freizügigen, komödienhaften Darstellungen seines Lehrers. Sein Werk bezeugt das Wideraufgreifen des Themas der galanten Feste und zugleich die komplexe Entwicklung der europäischen Malerei des 18. Jahrhunderts. Dank seiner Fähigkeiten kann er sich der Kunst der Landschaftsmalerei zuwenden und dort eine Natur zeigen, die Rousseau so teuer war und die die vorromantische Dichtung ankündigt: *Die Liebeserklärung* (1771), *Die Badenden* (1772–1775), *Die Verfolgung* (1773) und *Der gekrönte Liebhaber* (1771–1773). Sein berühmtestes Werk bleibt *Das Schloss* (1774).

Die Porträtkunst

Als in der zweiten Hälfte des 17. Jahrhunderts die Porträtkunst in Frankreich dem absolutistischen Prunk von Versailles unterworfen ist, markiert der Wegfall des Monarchen 1715 eine neue Etappe für dieses Genre. Diese Veränderung in der Malerei zeigt sich durch einen neuen Sinn für klare Farben und das Erfassen der Persönlichkeit im Porträt. Die psychologische Tiefe wird zum wesentlichen Bestandteil des Porträts. Das Porträt entspricht zudem einer gesellschaftlichen Notwendigkeit, denn jede herausragende Persönlichkeit braucht ihr eigenes Porträt. Man zeigt es oder gibt es als Geschenk. Eine neue Technik kommt in der Régence auf und erlebt ihren Höhepunkt im Rokoko: das Pastell.

■ **Maurice Quentin de La Tour** (1704–1788) gilt als einer der größten Porträtisten seiner Zeit. Seine duftigen und zarten Pastelle sind von großer Erlesenheit. Nachdem er die Zustimmung der Akademie erhalten hat, stellt er 1737 im *Salon de Paris*, der regelmäßigen und wichtigen Kunstausstellung, die von Ludwig XIV. initiiert worden ist, an die 150 Porträts aus, die lange Zeit den Ruhm des Salons ausmachen. Bis 1773 bleibt er Porträtist des Königs.

■ **Élisabeth Louise Vigée-Lebrun** (1755–1842) ist von gänzlich anderer Haltung; bei ihr drückt sich die Sentimentalität vom Ende des Jahrhunderts aus. Als Schülerin von Greuze malt sie viele Porträts von Marie-Antoinette. Das Bild, auf dem sie sich mit ihrer Tochter griechisch gewandet zeigt, ist ihr bekanntestes. Dargestellt sind Zartheit und Feinheit.

7

Die Natur

Die Natur nimmt in Philosophie und Malerei eine wachsende Bedeutung ein. Ihre Geschichte beginnt mit den Tiermalern.

■ **Jean-Baptiste Oudry** (1686–1755) brilliert auch als Landschaftsmaler. Er wird in die Gobelin-Manufaktur berufen und trägt dort zur Entwicklung der Tapisserie-Kunst bei. In seinen Bildern stellt er die Natur in Jagdszenen dar: *Die Wildschweinjagd* (1722), *Rückkehr von der Jagd* (1720) oder *Jagdlandschaft* (1721).

■ **Hubert Robert** (1733–1808) hat sich von römischen Ruinen in der Provence und im Languedoc inspirieren lassen; oft malt er reine Phantasie- und Ruinenlandschaften. Doch auch Szenen des täglichen Lebens sind sein Thema, wie seine Pariser Bilder bezeugen, die sich im Musée Carnavalet befinden.

■ **Joseph Vernet** (1714–1789) fügt der Landschaft eine gewisse Poesie hinzu, was ihn in Verbindung mit der Vorromantik bringt. *Die Häfen Frankreichs* (1753–1765) sind ein wichtiger Auftrag des Marquis de Marigny und bestehen aus 24 Bildern, die das Leben in den Häfen schildern.

Das private Leben

Ein weiteres Thema, neben Erotik und Natur, kommt in der Malerei des 18. Jahrhunderts auf: das **private oder dörfliche Leben**.

■ **Jean-Baptiste Greuze** (1725–1805) ist hier der beste Vertreter. Seine Bilder mit moralisierender Tendenz haben in Diderot ihren weihrauschschwenkenden Apostel gefunden, vor allem wegen Bildern wie *Die Dorfhochzeit* (1771), *Des Vaters Fluch* (1777) und *Der undankbare Sohn* (1777).

■ **Jean-Baptiste Siméon Chardin** (1699–1779), eigentlich Jean Siméon Chardin, schöpft gleichfalls aus dem Alltag. Gerne stellt er Kleinbürger dar, seine Nachbarn oder seine Nächsten. Die *Rübenputzerin* (1738) ist ein gutes Beispiel dafür. Die Nahrungsmittelreste auf dem Bild zeigen, dass sich bei Familienangelegenheiten nichts geändert hat; alles bleibt wie gewohnt. In seinen Interieur-Darstellungen, nicht aber in den mythologischen oder aristokratischen, sucht Chardin nach der Wahrheit, nicht nach konventionellen Darstellungen.

Die Historienmalerei

Sie wird zu einem wichtigen Genre der Malerei. Ihre bevorzugten Themen sind biblische, antike, historische, religiöse oder mythologische Szenen. Maler wie Fragonard, Boucher und vor allem **Jacques-Louis David**, später auch **Jean-Auguste-Dominique Ingres** wenden sich diesen Themen zu. Die ästhetische Revolution des Neoklassizismus begleitet die politische Revolution von 1789 beziehungsweise geht ihr voraus. Die Historienmalerei begreift sich als moralisch und im Dienste neuer Ideen stehend.

Jacques-Louis David (1748–1825) ist Schüler von Joseph-Marie Vien. Als Rompreisträger von 1774 übernimmt er das neoklassizistische Ideal des Schönen. Mit dem *Schwur der Horatier* (1785) ist er dem Ernst der Tragödie

Corneilles verpflichtet. Der *Schwur im Ballhaus* (1791, unvollendet) hat Erfolg und lässt ihn zum Mitglied der Nationalversammlung werden. Er stimmt für den Tod des Königs, spielt eine wichtige Rolle bei der Verwaltung der Künste. Er malt die letzten Augenblicke von *Le Peletier de Saint-Fargeau* (1793) wie auch die von Marat, *Der Tod des Marat* (1793). Das Empire bedient sich seiner Kunst, und er wird Erster Maler des Kaisers: *Die Krönung Napoleons I* (1805–1807) und *Napoleon beim Übergang über den großen St. Bernhard* (1800–1803).

Die nationale Musik

Die französische Musik im 18. Jahrhundert ist voller Antagonismen, entstanden durch die Notwendigkeit, eine wahrhaft nationale Musik zu erschaffen. Frankreich muss beweisen, dass es auf originale Weise schöpferisch tätig sein kann, vor allem im dramatischen Genre, und ohne dass es dabei von ausländischen Musikern Inspiration bezieht. **Jean-Philippe Rameau** (1683–1764) wird deshalb den Italienern **Lully** und **Piccinni**, dem Deutschen **Gluck** gleichgesetzt. Das **drame lyrique**, die Oper als großes Genre *par excellence*, erfährt viele glanzvolle Aufführungen, deren Urheber Rameau ist; er schreibt u. a. *Hippolyte et Aricie* (1733), *Les Indes galantes* (1735). Die opéra-comique ragt hervor mit *La Chercheuse d'esprit* (1741) von **Charles-Simon Favart** (1710–1792). Zwischen 1774 und 1779 bringt Gluck seine französischen Werke heraus: *Orphé et Eurydice*, *Alceste*, *Iphigénie en Aulide*, *Iphigénie en Tauride*, *Armide*. Sein Rivale Nicola Piccinni (1728–1800) antwortet 1783 mit einem *Didon*. Auf dem Gebiet der Sakralmusik hinterlässt **François Couperin** der Nachwelt seine *Leçons de ténèbres* (1715).

4. Literatur und Philosophie: Neue Ideen dominieren

Die literarische Produktion im 18. Jahrhundert wartet gegenüber früheren Jahrhunderten mit einer Neuigkeit auf: Sie lässt sich von Ideen und deren Anwendung auf das praktische Leben leiten; sie ist nicht mehr von der Poesie beherrscht. Die Literatur wird zudem überhäuft mit neuen Entdeckungen oder Wiederentdeckungen unbekannter oder missachteter Werke, etwa von Dichtern des 16. Jahrhunderts, die durch **Nicolas Boileau** (1636–1711) verdrängt wurden. Es gibt unzählige Diskussionen über das Schöne und den

Geschmack, die dazu dienen, die Dichtung den anderen Künsten anzunähern. Das Theater selbst, so verehrt im 17. Jahrhundert, wird nun in Frage gestellt; die Tragödie verliert ihre Bedeutung. Die Kritik in der Komödie wird immer bissiger; Werke von Marivaux und Beaumarchais stehen im Zusammenhang mit gesellschaftlichen Veränderungen in Europa. Mit Diderot kommt das bürgerliche Drama auf: Die Stücke *Le Fils naturel – Der natürliche Sohn* und *Le Père de famille – Der Familienvater* sind beides realistische Gemälde ihrer Zeit. Diderot wirft auch das Thema der moralischen Rolle des Theaters und die Rolle der Schauspieler auf.

Philosophen als Schriftsteller: Montesquieu, Voltaire, Diderot

Nach 1715 wird der Begriff der Philosophie erweitert, um zu einer universellen Methode zu werden. Ihr Wesen ist der Geist der Vernunft und die unbefangene Untersuchung aller Bereiche. Vom Beginn bis zum Ende der Aufklärungszeit ist genau dies mit dem Begriff Philosophie gemeint. Die Haltung der französischen Aufklärungsschriftsteller ist auch die der Philosophen. Weit davon entfernt, sich auf die Beobachtung der menschlichen Seele zu beschränken, befördern sie die Entwicklung der Wissenschaften und der Technik, glauben an den wirtschaftlichen Fortschritt und den der Institutionen, den Fortschritt in der Gesundheit und den menschlichen Beziehungen. **Optimismus** ist einer der wesentlichen Züge dieser Epoche. Die Menschen vernachlässigen die Tradition zugunsten der Vernunft, welche Missbrauch und Vorurteile aufdeckt und die Menschen zum Glück führt. Sie greifen religiöse Intoleranz an, dazu oft auch Privilegien und soziale Ungleichheit. Drei Schriftsteller (Montesquieu, Voltaire und Diderot) attackieren vor allem die Übel der Monarchie, die Verschwendung sowie die despotischen Handlungen. Sie nennen die schlechte Führung der Wirtschaft, die Bankrotteure, beim Namen und bereiten damit die große Revolution am Ende des Jahrhunderts vor.

Montesquieu (1689–1755)

Charles Louis de Secondat, Baron de Brède et de Montesquieu, wird in der Nähe von Bordeaux geboren. 1728 wird er in die Académie française aufgenommen, reist danach durch Europa und hält sich von 1728 bis 1732 in England auf. In seinen *Lettres persanes – Persische Briefe* (1721) zeichnet er die

Pariser Gesellschaft der Régence-Zeit und macht sich über deren Institutionen lustig. *De l'esprit des lois – Vom Geist der Gesetze* (1748) ist ein soziologisches Werk. Montesquieu empfiehlt hierin die Dreiteilung der Macht im Staat: in eine Legislative, Judikative und Exekutive.

- **Analyse der Regierungen**: Montesquieu denkt aristokratisch. Als Gerichtsrat, anschließend als Präsident des Parlaments von Bordeaux prangert er den Absolutismus bereits in seinen *Lettres persanes* (1721) an. Der *Geist der Gesetze* stellt, ganz im Sinn der Zeit, den Menschen, seine Gebräuche, Sitten, seine politische Organisation und Gesellschaft in den Mittelpunkt. Montesquieu unterscheidet wie Platon oder Aristoteles mehrere Arten von Gesellschaft, wobei eine jede durch eine bestimmte Regierung charakterisiert ist.

Die «Republiken» behandeln Demokratien und Aristokratien und zeigen, wie die Macht dort aufgeteilt ist, während die «Monarchien» auch den Despotismus abdecken, da es sich in beiden Fällen um die Herrschaft eines Einzelnen handelt. Die **demokratische Republik** ist von Natur aus der Ort, in welchem das Volk als Souverän die Macht ausübt. Ihr Prinzip ist die «Tugend», also der Bürgersinn. Diese Regierungsform eignet sich nur für Stadtstaaten. Die **aristokratische Republik** weist von Natur aus die Macht einer begrenzten Gruppe zu. Ihr Prinzip ist die Mäßigung, das vollkommene, wenn auch unmögliche Gleichgewicht zwischen dem Einfluss des Volkes und dem der Aristokratie. Die **Monarchie** vertraut von Natur aus die Macht einem Einzelnen an; er ist der Quell aller politischen und bürgerlichen Macht. Sie wird unterstützt durch abhängige Mittler: durch Klerus und Adel. Prinzipiell beruht sie auf Ungleichheit: durch Aufteilung der Ehren auf die, von denen man meint, sie wären nützlich für die Monarchie. Sie beruht also auf Gunst und Zufall. Der **Despotismus** wird von Natur aus durch die unbegrenzte Macht eines Einzelnen definiert, der einzig nach seiner eigenen Laune regiert. Sein Prinzip ist die Angst, ständig geschürt durch Änderungen, die vom wechselhaften Willen des Despoten abhängen.

Ein kritischer Geist: Voltaire (1694–1778)

François-Marie Arouet, genannt Voltaire, wird 1694 in Paris geboren. Zu Beginn seiner literarischen Karriere wählt er sich ein Pseudonym in Form eines Anagramms: *Arouet L(e)I(jeune)*. Im Unterschied zu seiner *Henriade* und dem *Zadig*, die 1728 und 1732 große Erfolge haben, werden seine *Lettres philosophiques* oder *Lettres anglaises* 1734 abgelehnt, wodurch er gezwungen ist,

Paris zu verlassen und sich nach Schloss Cirey zurückzuziehen. Danach begibt er sich an den Hof Friedrichs des Großen und veröffentlicht *Le Siècle de Louis XIV – Das Zeitalter Ludwigs XIV.* (1751). Nachdem er sich mit Friedrich entzweit hat, zieht er sich nach Ferney nahe Genf zurück. Sein Werk ist ungewöhnlich vielfältig und ergiebig; seine Korrespondenz umfasst mehr als 10 000 Briefe. Er verfasst Tragödien, Komödien, Romane, Erzählungen sowie philosophische und historische Schriften. In all seinen Schriften findet man die gleichen Themen: Er attackiert die Intoleranz, den Aberglauben und Fanatismus; er erklärt sich zum Deisten und Freund des Fortschritts. *Candide* (1759) zeigt, dass wir nicht in der bestmöglichen aller Welten leben. Als Feind des Despotismus und Parteigänger der aufgeklärten Monarchie nach englischem Modell entwickelt er eine Methode und eine Vorstellung von Geschichte, welche die entsprechenden großen Werke des 19. Jahrhunderts ankündigen.

Der Herr des Fatalisten: Diderot

Denis Diderot (1713–1784). «Ich dachte wie ein Heiliger und handelte wie ein Narr» – dieser Ausspruch fasst den Beginn seines Lebens zusammen, den er mit fundierten Studien bei den Jesuiten und des Rechts verbringt, welche er bald aber wieder aufgibt. 1746 wird ihm durch den Verleger **André Le Breton** die Leitung der *Enzyklopädie* angetragen. Nach einem Aufenthalt in Russland 1773 bei Katharina II. kehrt er endgültig nach Paris zurück. Der größte Teil seines Werks wird erst nach seinem Tod veröffentlicht. Es ist ein philosophisches Werk: *Lettre sur les aveugles à l'usage de ceux qui voient – Brief über die Blinden zum Gebrauch für die Sehenden* (1749); dort stellt er einige indiskrete Fragen, was die Religion für einen Blinden bedeuten könne, der die Herrlichkeiten der Schöpfung nicht sehen könne. In den *Pensées sur l' interprétation de la nature – Gedanken über die Interpretation der Natur* (1753) greift er die traditionelle Theologie und Philosophie an. Er lehnt den cartesianischen Dualismus und die spiritualistischen Lehren ab. Seine beiden wichtigsten Romane sind *Le Neveu de Rameau – Rameaus Neffe* (1762) und *Jacques le fataliste et son maître – Jacques der Fatalist und sein Herr* (1773), wo er sich über das Schicksal und die Unabwendbarkeit äußert, die auf dem Leben und den Liebschaften Jacques' lasten. Die an Sophie Volland geschriebenen Briefe wurden zwischen 1759 und 1774 verfasst.

Sich selbst schätzen und man selbst sein: Jean-Jacques Rousseau

Jean-Jacques Rousseau (1712–1778). «Jeden Tag erfreue ich mich an mir selbst», schreibt er 1738 in seinem Jugendgedicht *Le Verger des Charmettes – Der Obstgarten von Les Charmettes*. Am Ende seines Lebens 1777, in der fünften *Promenade*, notiert er gleichfalls: «Woran erfreut man sich in einer solchen Situation? An nichts, was außerhalb von einem ist; an nichts außer an sich selbst.» Selbstannahme und Man-selbst-Sein fasst die Philosophie zusammen, der er sein ganzes Leben lang folgt. In Genf geboren und ohne Mutter aufgewachsen, bleibt seine Erziehung dem Zufall überlassen. Nach den Anfeindungen gegen den *Émile* aus dem Jahr 1762, als man ihm vorwirft, die christliche Religion zerstören zu wollen, flieht er, führt ein unstetes Leben und lässt sich 1770 in Paris nieder. 1778, nach einer letzten Flucht, stirbt er in Ermenonville. Er ist einer der Ersten, der die Spuren einer neuen Literatur legt. Im Gegensatz zu «philosophischen Ideen» und dem Glauben an einen neuen moralischen und wissenschaftlichen Fortschritt fordert er «die Rückkehr zum Zustand der Natur». Seine auf einem neuen Naturempfinden begründeten Ideen künden bereits die Romantik des kommenden Jahrhunderts an.

Drei wichtige Werke fassen seine Überzeugungen und sein Denken zusammen.

- ***Du Contrat social – Der Gesellschaftsvertrag*** (1762) verkündet Rousseaus politische Überzeugungen. Er spricht sich für die Souveränität des Volks aus, wobei die Macht einer oder mehreren speziellen Organisationen durch einen Gesellschaftsvertrag verliehen wird. Im Austausch dafür gewährt der Staat dem Einzelnen Hilfe und Schutz. Der *Gesellschaftsvertrag* beginnt mit der ungewöhnlichen Eröffnungsphrase: «Der Mensch ist frei geboren, und überall liegt er in Ketten.» (Buch I, 1) Nachdem Rousseau in den Kapiteln 2 bis 5 die herrschenden Vorstellungen über die Gesellschaft und die Begründung des Rechts verwirft, behauptet er in den folgenden Kapiteln, dass man für die Heilung des Menschen von seiner Degeneration auf einen weiterentwickelten Vertrag zurückgreifen müsse: auf den Gesellschaftsvertrag.
- ***Julie ou la Nouvelle Héloïse – Julie oder Die neue Heloise*** (1761) ist eine Veranschaulichung des Naturideals, das junge Menschen erleben, ohne dabei gesellschaftliche Diskriminierungen zu beachten. Das Thema stellt einen

7

deutlichen Gegensatz zum *Gesellschaftsvertrag* dar. Es geht darum, das häusliche Glück gegenüber dem öffentlichen Leben zu finden, in der Familie und nicht im Staat. Die Heirat des Mädchens hält dieser Leidenschaft die Grenzen durch eheliche und mütterliche Pflichten vor.

- ***Émile ou de l'éducation – Emile oder Über die Erziehung*** (1762) schildert die Bildung eines neuen Menschen über die freie Entfaltung der Sinne, der Intelligenz und des Gefühlslebens. Man kann dieses pädagogische System, das mehrere Stufen hat, durchaus mit einer gewissen Skepsis betrachten, hat doch der Verfasser die Erziehung seiner fünf Kinder der öffentlichen Fürsorge überlassen.

■ **Vertrag und Natur:** 1756 legt Rousseau in dem Artikel «Économie politique» der *Enzyklopädie* seine erste politische Schrift vor. Es folgen der *Discours sur l'origine et les fondements de l'inégalité parmi les hommes* (1755) und der *Contrat social* (1762). Obwohl er ein Bewunderer Montesquieus ist, wirft Rousseau ihm vor, kein neues politisches System ersonnen und sich auf eine Beschreibung bereits existierender Formen beschränkt zu haben. Die bürgerliche Gesellschaft gründe sich auf einen Akt der Gewalt. Rousseau ähnelt Hobbes sehr, wenn er behauptet, aufgrund des Vertrags, durch den die Menschen in die Welt eintreten, entfremde die bürgerliche Gesellschaft den Menschen und seine Rechte von jeglicher Gemeinschaft. Doch Rousseau stellt diesen Akt als eine Form des Austauschs der Rechte dar: Die Menschen gaben die natürlichen Rechte auf und erhalten dafür bürgerliche Rechte.

■ **Die Gesellschaft als notwendiges Übel:** Zu Anfang, wenn die Gesellschaft sich noch nicht konstituiert hat, herrscht ein vollkommenes Gleichgewicht von relativ bescheidenen Bedürfnissen der Menschen und ihrer Befriedigung. Anders gesagt: Im Naturzustand kann der Mensch gar nicht anders, als seine Freiheit im guten Sinne zu gebrauchen. Doch sehr bald muss er auf andere Menschen Rücksicht nehmen. Jeder gesellschaftliche Zustand ist schlecht, da er den Menschen der Quelle des Guten beraubt: der individuellen Freiheit. Die Gesellschaft entpuppt sich also als ein notwendiges Übel. Die Lösung des Problems besteht in der Entfremdung von natürlicher Freiheit, nicht zugunsten eines Einzelnen (Monarchie), auch nicht zugunsten einiger weniger (Aristokratie), sondern zugunsten aller (Demokratie).

Theater: Das Spiel von Sein und Schein

Am Ende des 18. Jahrhunderts sind auch Frauen in der Literatur deutlich mehr vertreten. Zu dieser Zeit tritt der Roman gleichsam noch massiver auf und erobert das Publikum auf vielfache Weise: als Memoiren, Erzählungen oder in Form historischer Berichte, als romanhafte Erzählungen und oft auch als «Anleihe» bei erfolgreichen ausländischen Werken.

■ **Marivaux** (1688–1763). Pierre Carlet de Chamblain de Marivaux wird in Paris geboren. Frühzeitig besucht er die Salons, darunter den der Madame de Lambert. Er ergreift Partei für die *Modernen* und veröffentlicht eine *Iliade*. Infolge des Bankrotts von John Law 1720 wird er in den Ruin getrieben und versucht, vom Schreiben zu leben. Er schreibt für italienische Komödiantentruppen, die sich in Paris niedergelassen haben. Vom italienischen Theater behält er die phantasievolle Ausstattung und Handlung. Seine besten Komödien sind *Le Jeu de l'amour et du hasard* (1730), *Les Fausses Confidences* (1737) und seine Gefühlsstudien. Er schreibt auch zwei Romane: *La Vie de Marianne* (1731–1741) und *Le Paysan parvenu* (1735). Sein Werk wird von seinen Zeitgenossen wenig geschätzt, die es für manieriert halten.

■ **Pierre-Augustin Caron de Beaumarchais** (1732–1799) zeigt in seinem Werk den Niedergang des Ancien Régime. Von seinem Leben hätte er wie Figaro sagen können: «Ich habe alles gesehen, alles gemacht, alles in Anspruch genommen.» Tatsächlich übt er mehrere Berufe aus: Er ist Uhrmacher, Musiker, Finanzier, dramatischer Autor, Reeder, Verleger und vieles mehr. Seine Komödien sind eine explosive Satire auf die Gesellschaft des 18. Jahrhunderts: *Le Barbier de Seville – Der Barbier von Sevilla* (1775), *Le Mariage de Figaro – Die Hochzeit des Figaro* (1778).

Philosophie: Erkenntnis, Moral, Geschichte

Die Philosophie der Aufklärung ist durch den Willen gekennzeichnet, von einer metaphysischen Erklärung der Welt und ihrer Bewegung loszukommen – zugunsten von Empirismus und Materialismus. Die Ursachen und die Beziehungen zwischen den Dingen müssen von nun an entsprechend ihrer Ordnung und ihrer Materie gedacht werden. Der Naturalismus wird zu einer antireligiösen und antimonarchischen Wissenschaftstheorie und gibt sich als Ethik aus. Wie Descartes bezweifeln die Philosophen der Aufklärung alles: Es ist ein systematischer Zweifel, der sich auf alle Bereiche erstreckt (Geschichte, Ethik, Politik, Religion) und sie in Frage stellt. Man gewinnt Einsicht in die Vielfalt und Komplexität der menschlichen Zivilisation, aber auch in ihre Vollkommenheit wie auch die des Menschen. **In der zweiten Hälfte des 18. Jahrhunderts** leitet die Vorstellung dessen, was Philosophie ist, die Philosophen, die die Erkenntnisse ihrer Zeit aufnehmen und sie vorantreiben. Der Philosoph muss zudem durch sein Handeln auch die Menschen und die Gesellschaft umformen; die Philosophie versteht sich somit auch als gesellschaftliche Praxis.

Philosophie und wissenschaftliche Erkenntnis

In seinem Vorwort zur *Enzyklopädie* stellt d'Alembert 1751 die Philosophie an das Ende der Entwicklung des menschlichen Geistes, die diesen Begriff erst bildet. D'Alembert weist ihr nicht nur die Aufgabe der Verbreitung, sondern auch die Begründung der positiven Wissenschaft zu, die sich durch Beobachtung definiert und sich gegen jede vorschnelle Systematisierung wendet.

Eine neue Moral

Die Grundlagen der Moral haben sich geändert. Sie scheinen nicht mehr notwendig an eine Religion gebunden zu sein, stützen sich vielmehr deutlich auf die Vernunft. Diese Moral ist auf Glück ausgerichtet. Die christliche Ethik wie auch die der Stoa werden verworfen. Der *Discours sur l'homme* (1738) von Voltaire macht der entsagenden, stoizistischen, jansenistischen und christlichen Ethik den Prozess. Die neue Ethik färbt auf die alte ab, weshalb manche Gläubige versuchen, Religion und legitimes Vergnügen in Übereinstimmung zu bringen. Die neue Kunst des Lebens trägt zur **Suche nach dem Glück** bei. Die einzige wichtige Wahrheit ist die, die zum Glück der Menschen beiträgt. Die Grundzüge der Vorstellung von Glück werden ab 1740 gelegt: Es handelt sich dabei weniger darum, die Welt zu verändern, sondern sich darin bequem einzurichten. Und die Moral bleibt sehr individualistisch; es ist eine Ethik des persönlichen Glücks. Die altruistische Moral, die des gesellschaftlichen Wohls, nimmt erst nach 1760 Gestalt an. Der Kampf gegen Intoleranz hat in Locke sein Oberhaupt, der einer seiner wichtigsten Theoretiker ist. Voltaire ist ihm hierin ebenbürtig. Seine *Henriade* ist ein Epos auf den toleranten König.

Die *Lettres philosophiques - Philosophische Briefe* (1734) studieren englische Sekten, um die Wohltaten der Toleranz ins rechte Licht zu rücken.

Philosophie und Geschichte

Das 18. Jahrhundert entwickelt eine Leidenschaft für Geschichte, und der Philosoph sieht sich als Historiker. Er sucht in der Geschichte Tatsachen und Argumente, um seine Theorien und Kontroversen zu stützen. Montesquieu und Voltaire schreiben eine Philosophie der Geschichte, ein jeder mit anderer Intention. **Montesquieu** (1689-1755) will in seinen *Considérations sur les causes de la grandeur des Romains et de leur décadence - Betrachtungen über die Ursachen der Größe der Römer und ihres Niedergangs* (1734) die Ursachen historischer Ereignisse bestimmen. **Voltaire** (1694-1778) sucht weniger die Ursachen, denkt vielmehr, der Zufall sei oft der Herr der Ereignisse. Doch bleibt die Historie für beide Autoren vor allem ein Mittel des philosophischen Streits. Man solle sich nicht darauf beschränken, die Welt und die Gesellschaft zu kennen, man solle auch danach trachten, sie zu verändern. Das historische Werk **Montesquieus** wird Voltaire zur Politik verleiten. In seinem *Esprit des Lois - Vom Geist der Gesetze* (1748) wird er zum Rechts- und Staatsphilosophen. Die historischen Arbeiten Voltaires wiederum bringen ihn zum *Dictionnaire philosophique*, zum *Philosophischen Wörterbuch*. Über die Darstellung der englischen Regierung gelangt er zur Forderung nach Freiheit. Für ihn muss Geschichte bei der gesellschaftlichen und politischen Ausbildung des Ehrenmannes, des *honnête homme*, mitwirken. Die Philosophie wird durch ihre gesellschaftliche Nützlichkeit, ihre praktische Anwendung deutlicher.

Condillac: Sensualismus oder Das umgewandelte Gefühl

Étienne Bonnot de Condillac (1714-1780). Er wird 1714 in Grenoble geboren und lebt ab 1740 in Paris, wo er Diderot und Rousseau besucht. Von 1758 bis 1767 ist er Hauslehrer des Sohnes des Herzogs von Parma. Anschließend geht er zurück nach Paris, ehe er sich in die Abtei Flux (Beaugency) zurückzieht. 1780 stirbt er. Seine wichtigsten Werke: *Essai sur l'origine des connaissances humains* (1746); *Traité des systèmes* (1749) ; *Traité des sensations* (1754); *Traité des animaux* (1755); *Cours complet d'instruction* (1775). Condillac ist von Locke beeinflusst, auch wenn dieser Gefühl und Reflexion für den Ursprung von Ideen hält. Doch nimmt er nicht mehr an, dass schon das reine Gefühl als solches eine vollständige Empfindung leistet. Aus dem Sensualismus zieht er nicht die materialistischen Konsequenzen, wie dies **La Mettrie** (1709–1751) tun wird. Zwar ist Condillac vom Denken Lockes beeinflusst, doch ersetzt er den Empirismus durch den Sensualismus: eine Lehre, die auf einem System beruht, das er «Transformation des Gefühls» nennt.

III

England im 18. Jahrhundert

1. Die politische Entwicklung

Königin **Anne I.** (1702–1714) regiert, indem sie die Macht an ihre Minister überträgt, vor allem an den einflussreichen **John Churchill**, Herzog von **Marlborough** (1650–1722), der die Armee im Spanischen Erbfolgekrieg gegen Frankreich befiehlt. Nach ihrem Tod folgt ihr ein Urenkel von Jakob I., **Georg I.** (1714–1727), Kurfürst von Braunschweig-Lüneburg, auf den Thron. Er ist der erste Herrscher der neuen Dynastie. Als deutscher Fürst spricht er kein Englisch und weigert sich auch, es zu lernen, was nicht gerade zu seiner Popularität beiträgt. Unter seiner Herrschaft wird das Amt des Premierministers in England eingeführt. Sein Sohn **Georg II.** (1727–1760) folgt ihm auf den Thron. Der Streit zwischen Vater und Sohn ist der Öffentlichkeit bekannt und gibt Anlass zu heftigen Auseinandersetzungen. Georg II. stürzt sich in den Österreichischen Erbfolgekrieg, um Kaiserin Maria Theresia zu unterstützen und dem Haus Hannover zu Hilfe zu kommen. Wie schon sein Vater und Königin Anne vor ihm ist er den Komplotten der Jakobiten ausgesetzt, katholische Engländer, die erst den Enkel des 1689 entthronten Jakobs II., nämlich **James Francis Edward Stuart** (1688–1766), und danach dessen Sohn **Charles Edward Stuart** (1720–1788) auf den Thron bringen wollten. Der Letztere schifft sich nach Schottland ein und erobert Edinburgh. Doch er wird am 16. April 1746 in der Schlacht von Culloden durch den Sohn Georgs II., **William Augustus, Herzog von Cumberland** (1721–1765), geschlagen. Diese Niederlage markiert das Ende aller Hoffnungen einer Wiedereinsetzung des Hauses Stuart auf den englischen Thron. Das Ende der Herrschaft Georgs II. ist durch die englische Eroberung Indiens gekennzeichnet. Er stirbt am 25. Oktober 1760.

Georg III. (1760–1820) regiert allein, folgt also nicht der Politik des Premierministers und des Parlaments. Zum Beginn seiner Herrschaft tut er sich durch den Erfolg über Frankreich hervor, das nach und nach seine nordamerikanischen Kolonien verliert. Doch der König erweist sich als zu autoritär und wechselt seine Premierminister sehr schnell aus. Die *Letters of Junius – Briefe des Junius* (1769), ein vom Parlament unterstütztes Pamphlet, sind ein heftiger Angriff auf seinen Regierungsstil. 1775 bricht der Krieg gegen die amerikanischen Kolonisten aus, der mit der Unterschrift unter dem Vertrag von Versailles (1785) endet, welcher die Unabhängigkeit der neuen Vereinigten Staaten von Amerika anerkennt. Politisch geschwächt kann der König nun nicht weiter allein entscheiden. **William Pitt der Jüngere** (1759–1806) wird zum Premierminister ernannt; er wird diesen Posten bis zu seinem Tod bekleiden. Dabei übt er einen wichtigen Einfluss aus und nimmt sein Vorrecht in der Innenpolitik, bei Finanz und Handel wahr. Seit den 1780er Jahren verschlechtert sich die Gesundheit **Georgs III.**; der König, der Anzeichen von Geistesverwirrung zeigt, kann die Thronrede nicht mehr halten. Pitt führt das Parlament, lässt Verfügungen annehmen und überträgt in Abwesenheit des Königs dessen Sohn, **Friedrich August**, **Herzog von York und Albany** (1763–1827) die Aufgabe des Prinzregenten. Das Land muss danach zwischen 1793 und 1815 den Revolutions-, später den napoleonischen Kriegen begegnen, und sich mit dem Aufstand in Irland auseinandersetzen. Pitt wird mehrfach ersetzt, aber immer wieder auf seinen Posten als Premierminister zurückberufen. Ab 1811 kann Georg III. nicht mehr regieren. Die Regentschaft wird bis zu seinem Tod seinem ältesten Sohn anvertraut, dem Prince of Wales. Blind und taub, außerdem dement, stirbt **Georg III.** am 29. Januar 1820. Sein Sohn **Georg IV.** (1820–1830) folgt ihm auf den Thron.

2. Die Kunst: Inspiration von außen

Als Reisende beschäftigen sich die englischen Intellektuellen mit der Kunst der italienischen Renaissance; sie ziehen Zeichnungen und Stiche als Inspirationsquellen zu Rate. Der aus Versailles gekommene Einfluss des Barock setzt sich gleichfalls durch. Der *Philosophical Inquiry into the Origins of our Ideas of the Sublime and Beautiful – Philosophische Untersuchungen über den Ursprung unserer*

Ideen vom Erhabenen und Schönen (1757) von **Edmund Burke** (1729–1797) hat beträchtliche Auswirkungen auf die Kunst jener Zeit; darin wird die erste Gegenüberstellung des Erhabenen gegenüber dem Schönen vorgenommen.

Die englische Architektur

Wenig empfänglich für den Barock, bezieht die englische Architektur zu jener Zeit ihre Inspiration vielmehr von Andrea Palladio (1508–1580). **Robert Adam** (1728–1792) und sein Bruder **James** (1730–1794) werden von der griechischen und lateinischen Antike beeinflusst, die sie in Pompeji gesehen haben. Ihre Architektur übernimmt alle Stilrichtungen, korinthische oder ionische Pilaster, mit Arabesken dekorierte Säulenschäfte. Sie verleihen ihren Namen einem Dekor im pompejanischen Stil: dem Adam-Stil. Sir **John Sloane** (1753–1837) trägt zur Entwicklung der dorischen Mode bei.

▪ **Thomas Chippendale** (1718–1779) kreiert Möbel, die großen Erfolg haben und sich in ganz England verbreiten, aber auch auf dem Kontinent. Seine Schöpfungen, meist aus Mahagoni, sind eine freie Interpretation der Rocaille und der Gotik. Die Frisiertischchen und Konsolen sind von überbordendem Dekor; Letzterer wird bei Möbeln des täglichen Bedarfs dezenter. Chippendales Stil dominiert bis zum Aufkommen des Neoklassizismus durch Adam.

▪ **William Chambers** (1723–1796) trägt viel zur Gartenbaukunst bei. Seine Konzeption der Landschaftsgärten wird durch eine Reise nach China bereichert. Am Ende des Jahrhunderts wird der sogenannte Englische Garten beliebt. Englische Gärten mit ihren Unregelmäßigkeiten, den gewundenen Wegen, Seen, rustikalen Brücken und Gehölzen sind gleichsam das Gegenteil der französischen, auf Naturbeherrschung angelegten, Gärten: Sie haben einen anderen, großen Anspruch: Natürlichkeit.

Die Malerei: Von Hogarth bis Turner

▪ **William Hogarth** (1697–1764) hat, obwohl von Haus aus Kupferstecher, seine großen Erfolge mit Drucken und Malereien. Zuweilen ist er ein engagierter Maler; Malerei muss für ihn moralisch sein, dabei das tägliche Leben zeigen: etwa *Marriage à la mode* oder *Die Mahlzeit im Gasthaus*. Er ist auch ein berühmter Porträtist: *Captain Lord George Graham in seiner Kajüte* (1745). Hogarth arbeitet nicht so wie andere Maler seiner Epoche, die bei ihren Porträts in der von van Dyck begonnenen Tradition fortfahren.

■ **Joshua Reynolds** (1723–1792) verdankt Hogarth viel. Von 1750 bis 1753 hält er sich in Italien auf, um die Werke Michelangelos kennenzulernen. Zurück in England, wird er schnell zum gefragten Hofporträtisten. Außer einigen Porträts malt er frivole und leichtlebige Frauen. Als offizieller Porträtist der damaligen Personen von Stand wird Reynolds gleichwohl oft von phantasievollerer Malerei angezogen.

■ **Thomas Gainsborough** (1727–1788) ist wie Reynolds ein begnadeter Porträtist, malt aber nicht nur in diesem Genre. Er malt die königliche Familie, darunter allein acht Porträts von Georg III. 1768 gehört er anlässlich der Einrichtung der Royal Academy zu ihren Gründern. Sein Werk ist von großer Originalität; er vermag es, die psychologischen Besonderheiten in den Gesichtern der Porträtierten wiederzugeben.

■ **Joseph Mallord William Turner** (1775–1851). Aus bescheidenen Verhältnissen stammend – sein Vater war Barbier – unternimmt Turner 1802 eine Reihe von Reisen, die für seine Ausbildung in Kent, in Schottland und auf dem Kontinent bestimmend sind. Er malt einige Seestücke, die deutlich von der holländischen Tradition des 17. Jahrhunderts beeinflusst sind. Ab etwa 1800 steigert sich die Qualität seiner Bilder bedeutend: Sie werden leuchtender (*Dido erbaut Karthago*, 1815; *Der Brand des Parlaments*, 1835). Er setzt auch die Naturkräfte ein, um seinen Landschaftsbildern zusätzliche Energie zu verleihen. In seinem gesamten Werk weist er Licht und Farbe eine besondere Rolle zu. Seine immer flüssiger wirkenden Bilder suggerieren Raum und Bewegung.

3. Die englische Literatur: Realismus und Vorromantik

Der literarische Beitrag Englands besteht im Wesentlichen aus Romanen und Gedichten, zusätzlich zu den historischen und philosophischen Werken von David Hume. Die Zeit von Königin **Anne** (1702–1714) ist eine klassische Zeit im französischen Sinn des Wortes. Der Roman wird vom Realismus beherrscht. Der Erfolg des *Robinson Crusoe* (1719) von **Daniel Defoe** (1660–1731) in England ist gewaltig; beschrieben wird dort eine Art englisch-protestantische Odyssee. **Jonathan Swift** (1667–1745) hinterlässt ein leidenschaftliches, heftiges, fulminantes und von Bitterkeit nur so strotzendes Werk. *Gullivers Reisen* (1721) ist eine unerbittliche Satire auf die Regierung und die Gesellschaft Englands.

Nach 1730 kommt eine vorromantische Bewegung auf. Im Gegensatz dazu entwickelt sich der realistische Roman, worin der Held in einer vollkommen materialistischen Welt zurechtkommen muss. Der wichtigste Roman in dieser Hinsicht ist *Tom Jones* (1749) von **Henry Fielding** (1707–1754). Im Theater gebührt der erste Platz der Sittenkomödie. So ist die *School for Scandal – Die Lästerschule* (1777) von **Richard Brinsley Sheridan** (1751–1816) eine Art englischer *Tartuffe* (Molière, 1682). **Samuel Johnson** (1709–1784) ist der bekannteste Literaturkritiker seiner Zeit. Die vorromantische Dichtung erscheint in den Werken von **James Macpherson** (1737–1796), der die angeblichen Überlieferungen des Barden Ossian veröffentlichte. **William Blake** (1757–1827) ist Dichter, Maler und Zeichner. Als Mystiker und Einzelgänger meditiert er über die menschliche Seele in einer Welt voller Halluzinationen und Träume.

4. Die Philosophie: Empirismus

George Berkeleys Immaterialismus

Mit seinen apologetischen Schriften will **George Berkeley** (1685–1753) die Ungläubigen, Atheisten und Skeptiker bekämpfen. Für ihn sind sie allesamt Materialisten. Daher entwickelt er sein Modell, wonach die Welt an sich weder Substanz noch materielle Realität hat: Berkeley propagiert den Idealismus. Berkeleys Stellung in der Philosophiegeschichte ist dadurch definiert, dass er eine bis heute wirkende, notwendige und hinreichende Argumentation für den Idealismus geliefert hat.

George Berkeley wird 1685 in Irland in eine Familie englischen Ursprungs geboren. Mit 15 Jahren besucht er das Trinity College, die Universität von Dublin. Dort ist er ab 1707 Professor für Griechisch, Hebräisch und Theologie. Von 1713 bis 1720 reist er nach Italien und Frankreich. 1710 erscheint sein erstes Werk *A Treatise Concerning the Principles of Human Knowledge – Eine Abhandlung über die Prinzipien der menschlichen Erkenntnis*, 1713 dann die *Three*

Dialogues between Hylas and Philonous - Drei Dialoge zwischen Hylas und Philonous. 1728 heiratet er und fährt nach Rhode Island, wo er drei Jahre bleibt. Zwischenzeitlich entwickelt er das Projekt, Amerika zu evangelisieren, weshalb er auf den Bermudas ein College gründet. 1731 verfasst er *Alciphron or the Minute Philosopher - Alciphron und der kleine Philosoph*, das gegen die Freidenker gerichtet ist. Mittellos kehrt er 1734 nach England zurück und wird zum Bischof von Cloyne ernannt. 1752 wird er krank und zieht sich nach Oxford zurück, wo er 1753 stirbt.

■ **Der Immaterialismus:** Berkeley bezeichnet seine Lehre als «Immaterialismus», womit er die Verneinung jeglicher materieller Substanz meint. Indem er zeigt, dass diese Natur nicht existiert - nach manchen eine Materie, aus der alles entstammt -, kann er leichter die Existenz Gottes behaupten. Denn glaubt man an die Materie, kann man nur an sie glauben, und das ist Materialismus. Die moralischen Konsequenzen daraus sind unmoralisch. Glaubt man an die Materie und an Gott, ist man durch diesen Dualismus so verwirrt, dass man nicht weiß, wo die Natur einzuordnen ist, weshalb man Gott in der Materie sieht, und das ist Pantheismus. Berkeley leugnet die Materie, damit wir uns stärker im Kontakt mit Gott fühlen. Um zu diesem Schluss zu gelangen, bedient sich Berkeley einer kritischen Methode, die darauf angelegt ist, die Ideen augenfällig zu machen; er will durch seine Philosophie die Ideen in ihrer «Nacktheit» zeigen.

Farbe existiert nur für den, der sie sieht. Unterdrückt man das empfindende Subjekt, dann unterdrückt man die Welt. Die ursprünglichen Eigenschaften sind: Festigkeit, Form, Ausdehnung, Bewegung; sie sind genauso subjektiv wie die daraus abgeleiteten. Alle existieren nur durch die Wahrnehmung seitens des Subjekts, das sie erfasst. Locke gibt das für die abgeleiteten Eigenschaften zu, streitet es bei den ursprünglichen hingegen ab. Ist der Immaterialismus einerseits eine Kritik der Erkenntnis, die zur Negation von Materie führt, ist er andererseits auch Metaphysik.

■ **Die metaphysische Lehre:** Berkeleys Lehre begreift sich als Spiritualismus. Wir sind nicht immer der Grund unserer Wahrnehmungen, unserer Ideen, die angeboren und passiv sind. Man muss diesen Grund im empfindungsfähigen Weltschöpfer suchen: in Gott. Eine Art Sprache, die in der Natur existiert, ermöglicht uns, Gottes Attribute zu erkennen, indem wir Gott zur direkten und notwendigen Ursache unserer Wahrnehmung machen. Alles ist Geist, und die Welt ist nur die Sprache, mit der Gott zu uns spricht. Die innere Reinigung ist das Mittel, um die göttlichen Ideen intuitiv zu erfassen – indem man sich jenseits der einfachen Erkenntnis des Sinnlichen begibt.

Gegen das Angeborene: David Hume

Das Ziel von **David Hume** (1711–1776) – ein Gegner des Innatismus – ist eine Kritik des Prinzips der Kausalität, um danach zur Kritik jeglicher Metaphysik zu gelangen. Hume glaubt nur an die Erfahrung. Er will eine Wissenschaft der menschlichen Natur begründen und alles erfassen, was im Menschen vorgeht.

1711 in Edinburgh geboren, hält er sich für drei Jahre im französischen La Flèche auf, wo er sein erstes Werk verfasst, *A Treatise of Human Nature – Ein Traktat über die menschliche Natur*, veröffentlicht 1739/1740 in London. Ab diesem Datum und entmutigt durch den ausbleibenden Erfolg seines großen dreibändigen Werks, schreibt er (nur noch) kurze Essays zu verschiedenen Themen wie Politik, Literatur, Psychologie und Religion. Die wichtigsten Essays: *Essays moral and political – Politische und moralische Essays* (1741), *An Enquiry concerning Human Understanding – Untersuchung in Betreff des menschlichen Verstandes* (1748), *The Natural History of Religion – Die Naturgeschichte der Religion* (1757). 1763 hält er sich erneut in Frankreich auf und trifft einige Enzyklopädisten. Wieder zurück in England, widmet er sich der Diplomatie. Ab 1769 lebt er zurückgezogen in Edinburgh, wo er 1776 stirbt.

- **Seine Lehre** umfasst drei große Bereiche:

– **Der Ursprung der Ideen**. Hume teilt die menschlichen Wahrnehmungen in zwei deutlich voneinander unterschiedene Arten auf: in die Gedanken und die Eindrücke. Erstere sind schwache Wahrnehmungen, Letztere sind stärker. Um die Wirklichkeit einer Idee festzustellen, genügt es, die Eindrücke zu präzisieren, von denen die Idee sich ableitet. Nachdem Hume die psychischen Zustände analysiert hat, versucht er, die Gesetze ausfindig zu machen, die am Ursprung der Synthese dieser Zustände liegen. Er entdeckt drei Prinzipien: «Nach meiner Ansicht bestehen nur drei Gesetze der Gedankenverbindung; sie sind: die Ähnlichkeit, die Berührung in Zeit oder Raum und die Ursächlichkeit.» (*Untersuchung in Betreff des menschlichen Verstandes*, Abteilung 3) So bilden Ähnlichkeit, Berührung in Zeit oder Raum und Ursächlichkeit die drei notwendigen Prinzipien zur Ideenverbindung. Denn «die Kenntnis dieser Beziehung» von Ursache und

Wirkung wird «in keinem Falle durch ein Denken *a priori* erreicht», sondern stammt «lediglich aus der Erfahrung.»
- **Das Prinzip der Kausalität** ist nicht *a priori* evident. Lässt man Eis durch Hitze schmelzen, kann man nicht vorhersagen, was passieren wird, sofern man nicht diese Abfolge von Ereignissen mithilfe unserer Gewohnheit und unserer Gebräuche erklärt. Wenn wir abwarten und sehen, welche Auswirkung das eine auf das andere hat, dann tun wir das deshalb, weil wir es gewohnt sind. Jede Metaphysik ist hier fehl am Platz.
- **Der Skeptizismus**, den Hume entwickelt, hat nichts mit dem der Antike zu tun. Nichts bis auf unsere Eindrücke ist für uns erkennbar; dies ist die einzige Ausnahme innerhalb unserer Wahrnehmungen, wie schon **Locke** und **Berkeley** betonen. So ist es ein moderner Skeptizismus, den Hume ausarbeitet; ein System, das auf den Status der Beziehungen und die Tatsache gegründet ist, dass sie sich außerhalb von uns abspielen. Der Skeptizismus der Alten hatte seine Theorien formuliert, indem auf die Vielfalt der Erscheinungen und die Irrtümer unserer Sinne verwiesen wurde. Humes Untersuchung über Erkenntnis führt also zu einer Kritik, die Skeptizismus, Phänomenalismus und Subjektivismus verbindet. Das wichtigste Ziel des modernen Skeptizismus besteht in der Aufdeckung dessen, was zu Unrecht geglaubt wird; aufzudecken, was einer philosophischen Rechtfertigung nicht zugänglich ist oder was nicht als wahrscheinlich gilt. Die Metaphysik als solche «ist das Gebiet der Sophismen und der Illusion».

5. London, die europäische Hauptstadt der Musik

London ist die Musikhauptstadt Europas im 18. Jahrhundert. Beherrschende Figur ist **Georg Friedrich Händel** (1685–1759). Nach seinen frühen Jahren ab 1715, die durch seine reichhaltige Opernkomposition geprägt sind, u. a. *Giulio Cesare in Egitto* (1724), *Alcina* (1735), wendet er sich dem Oratorium zu, das er als Genre des bürgerlichen Musikbetriebes begründet. Bedeutend hier: *Saul* (1739), *Israel in Egypt* (1739), *Messiah* (1742), *Samson* (1743), *Belshazzar* (1745), *Judas Maccabaeus* (1747), *Joshua* (1748), *Solomon* (1749), *Theodora* (1750), *Jephtha* (1752). Der Rang Londons als Musikzentrum beruht aber auch auf der Ausbildung des bürgerlichen Konzertwesens: Komponisten aus ganz Europa kommen nach London, um etwa in den ersten Abonnementskonzerten Europas ihre Werke aufzuführen. Die berühmteste Reihe diese Art ist lange Zeit die von **Johann Christian Bach** (1735–1782) und **Karl Friedrich Abel** (1723–1787). Spätere Abonnement-Reihen werden von **Johann Peter Salomon** (1745–1815) betrieben, dessen Star **Joseph Haydn** ist, der nach Beendigung seiner Zeit im österreichischen Esterházy in London große Erfolge feiert.

Weitere Aufführungsorte sind die öffentlich zugänglichen Vergnügungsgärten; deren wichtigster und größter ist *Vauxhall Gardens*, dessen Konzertsaal 3500 Personen fasst. Die dort dargebotene Musik ist durchweg etwas populärer als in den Konzertreihen; zudem sind die entsprechenden Veranstaltungen Familienereignisse, wozu auch Essen und Trinken gehören.

Kennzeichnend für den bürgerlichen Musikbetrieb Londons ist auch der Musikdruck und das Aufkommen der ersten Musikkritik; auch in diesen beiden Bereichen ist London lange führend. **John Walsh** (1665–1736) beginnt die Geschäftsbeziehung zu Händel; sein Sohn **John Walsh II.** (1709–1766) wird dann Händels Hauptverleger.

IV

Italien im 18. Jahrhundert

1. Die wichtigsten italienischen Städte und der Kirchenstaat bis zum 18. Jahrhundert

Venedig: Von der Krise bis zur französischen Herrschaft

Im September 1504 vereint der Vertrag von Blois **Maximilian von Habsburg** (1508–1519), Kaiser des Heiligen Römischen Reiches Deutscher Nation, **Ludwig XII.** (1498–1515), König von Frankreich, und Papst **Julius II.** (1503–1513) gegen Venedig. Der Kaiser greift die venezianischen Truppen an, wird aber geschlagen. In der Liga von Cambrai treten zu den ebengenannten Mächten noch Aragon, England, Savoyen, Mantua und Ferrara. Venedig wird im Mai

1509 bei Agnadello von den Franzosen besiegt. Venedig reagiert geschickt und kostet die Furcht der Sieger aus, dass einer von ihnen allein von der Schwächung Venedigs profitieren könnte. 1514 werden die Franzosen vertrieben. Doch die Stadt Venedig ist von feindlichen Mächten umzingelt und die Osmanen bekämpfen die Macht Venedigs auf See: Zypern fällt 1571, Kreta 1669, die Peloponnes 1718. Der politische Untergang wird durch ein strahlendes gesellschaftliches und kulturelles Leben kompensiert. Der Karneval dauert sechs Monate, die Künste erblühen. Dennoch kann nichts die Einnahme der Stadt durch Napoleon am 12. Mai 1797 verhindern; die Unabhängigkeit Venedigs ist dahin.

Das Florenz der Medici

Nach dem Ciompi-Aufstand herrscht eine oligarchische Regierung von 1382 bis 1434 über Florenz. Danach kehrt **Cosimo de Medici** (1389–1464) nach Florenz zurück, übernimmt die Macht, wahrt dabei die Fassade der republikanischen Institutionen und eröffnet das Zeitalter der Medici-Signoria. 1469 nimmt sein Enkel **Lorenzo il Magnifico** (1449–1492) die Geschicke der Stadt in die Hand. Der berühmte Mäzen und prunkliebende Fürst verleiht Florenz europaweit Bedeutung. Doch er muss mit der Rivalität der anderen großen Florentiner Familien rechnen. Anlässlich der Pazzi-Verschwörung 1478 entgeht Lorenzo einem Mordversuch; sein Bruder Giuliano I. verliert dabei sein Leben. Kurz nach dessen Tod legt **Girolamo Savonarola** (1452–1498) der Stadt seine fanatische theokratische Diktatur auf. Er lässt Bücher und Kunstwerke verbrennen, unterwirft die Bevölkerung der strengsten moralischen Kontrolle und greift die Kirche wegen ihres Reichtums und ihrer Laster an. Er wird festgenommen und am 23. Mai 1498 verbrannt. Die Medici, 1512 wieder an die Macht gekommen, werden 1527 von den Florentiner Bürgern verjagt. Wie schon 1512 setzt der Kaiser die Medici auch 1530 wieder als Herzöge von Florenz ein. 1569 werden sie zu Großherzögen der Toskana erhoben. Florenz annektiert Siena. 1737 endet die Medici-Dynastie, weil sie keine Erben hat. Der Gemahl von **Maria Theresia** (1740–1780), **Franz II. von Habsburg-Lothringen** (1737–1765), wird nun Großherzog der Toskana. Seine Erben herrschen bis zu Annektierung der Stadt durch Frankreich 1808 über Florenz.

Das spanische Neapel

Im Jahre 1443 erobert **Alfonso V. von Aragon** (1416–1458) Neapel. Die Stadt gehört zu dem riesigen Erbe, das an den Habsburger-Kaiser **Karl V.** gefallen ist. Neapel bleibt Besitz der spanischen Krone und bis 1707 unter der Herrschaft eines Vizekönigs. Diese lange Zeit der spanischen Monarchie wird von einer kurzen republikanischen Episode unterbrochen, der Republik Neapel (1647–1648). Durch Konfrontationen zwischen Spanien und Frankreich wird diese Republik beendet. Ein Volksaufstand vertreibt den spanischen Vizekönig und übergibt die Macht einem Franzosen, **Herzog Heinrich II. von Guise** (1614–1664). Er regiert einige Monate über die kurzzeitige königliche Republik Neapel, eine Mischung aus Republik, Aristokratie und Monarchie. Doch weil Mazarin in Paris keine Unterstützung gewährt, ist Heinrich II. auf sich allein angewiesen. Die Spanier erobern Neapel und setzen den Herzog von Guise 1648 bis 1652 gefangen.

Das Königreich Neapel sagt sich von der spanischen Krone los, als König **Karl III.** (1759–1788) den Thron in Madrid besteigt, nachdem er als Karl V. von Sizilien bzw. Karl VII. von Neapel und Sizilien diese Territorien von 1735 bis 1759 regiert hat. Sein achtjähriger Sohn Ferdinand wird als **Ferdinand IV.** König von Neapel (1759–1816). Während seiner Herrschaft werden das Königreich Neapel bzw. die sizilianische Halbinsel und das Königreich der Insel Sizilien unter der Bezeichnung **Königreich beider Sizilien** vereint. Ferdinand IV. wird als **Ferdinand I.** zum **König beider Sizilien** (1759–1825). 1860 wird dieses Königreich durch **Giuseppe Garibaldi** (1807–1882) erobert und in das Königreich Italien integriert.

Mailand unter Fremdherrschaft

Im Jahre 1525 beanspruchen Frankreich und das Heilige Römische Reich das Herzogtum Mailand. Die kaiserlichen Truppen erobern es 1559. Mailand geht nach dem Spanischen Erbfolgekrieg (1701–1714) von Spanien in österreichische Herrschaft über. 1796 nimmt **Napoleon Bonaparte** die Stadt ein, die im Folgejahr zur Hauptstadt der Cisalpinen Republik wird (1797–1802).

Der Kirchenstaat

Nach den *Aegidianischen Konstitutionen* von 1357 wächst der Kirchenstaat, der in fünf Provinzen geteilt ist, unter den Pontifikaten von **Julius II.** (1503-1513), **Leo X.** (1513-1521) und **Klemens VIII.** (1592-1605) unaufhörlich weiter. Julius II. ist militärischer Prälat, ehe er Papst wird. Als Erzbischof von Avignon stellt er im Juni 1474 durch einen Feldzug in Umbrien die päpstliche Autorität zugunsten seines Onkels **Sixtus IV.** wieder her. Als Pontifex-Soldat erobert er Perugia, danach Bologna. Leo X. folgt ihm und fügt Modena, Parma, Piacenza und Reggio d'Emilia hinzu. Klemens VIII. erobert dann seinerseits Ferrara und Comacchio. Im 17. Jahrhundert werden noch Urbino, Castro und Ronciglione erobert. Die Französische Revolution wirkt in Rom wie ein Erdbeben. Im Februar 1798 wird die Stadt infolge des italienischen Feldzugs eingenommen.

2. Die Kunst in Italien

Italien verliert im 18. Jahrhundert die strahlende Rolle, die es seit dem 15. Jahrhundert auf dem Gebiet der Malerei in Europa innehat. Die großen Maler, die die Welt der Kunst in Rom und Bologna anführen, sind in spätbarocker Tradition erstarrt. Ein weiteres Mal ist es Venedig, wo sich der Bruch mit den Repräsentanten der Tradition vollzieht. Diese große Stadt bleibt trotz ihres politischen und wirtschaftlichen Niedergangs ein Zentrum des mondänen und intellektuellen Lebens.

Die Architektur

Neapel und Venedig übernehmen nach und nach die Stellung, die Rom bis dahin innehatte.

- **Filippo Juvara** (1676-1736) wird nach einem kurzen Aufenthalt in Rom 1714 Erster Architekt des Königs von Piemont. Mit der Rekonstruktion der Kuppel der Kirche San Filippo Neri und der Fassade der Kirche Santa Cristina, beide in Turin, beginnt seine fruchtbarste Schaffenszeit.

■ **Giovanni Ballesta Piranesi** (1720–1778). Auf Bitten der venezianischen Adelsfamilie Rezzonico arbeitet er zwischen 1760 und 1770 als Architekt. Er liefert Zeichnungen für die Innenausstattung der päpstlichen Appartements auf dem Monte Cavallo – eine andere Bezeichnung für den mit Pferdestatuen geschmückten Quirinal – wie auch für Castel Gandolfo.

Die Malerei: Rokoko in Venedig

Vor allem in Venedig zeigt sich das Rokoko. Und nur die venezianische Schule strahlt weiterhin. In Florenz, Rom und Neapel tritt die Malerei in das Stadium der Lethargie ein und begnügt sich damit, die holländische und französische Barocktradition des 17. Jahrhunderts fortzuführen. Doch in Venedig gibt es eine neue Art der Malerei.

■ **Giambattista Tiepolo** (1696–1770) taucht inmitten dieses künstlerischen Umbruchs auf. 1726 malt er seine erste Serie von Fresken für den Erzbischöflichen Palast in Udine, danach, ab 1745, die *Geschichte von Antonius und Kleopatra* im Salon des Palazzo Labia in Venedig. 1750 und 1751 bemalt er das große Treppenhaus der Würzburger Residenz. Aus dem Jahre 1757 stammen die Fresken aus der *Ilias*, der *Aeneis* und dem *Rasenden Roland* in der Villa Valmarana, südlich von Vicenza. Von Karl III. wird Tiepolo nach Madrid eingeladen, wo er auch stirbt. Ein Charakteristikum seiner Kunst ist die Gestaltung des Lichts. Wenn er Feste oder den Karneval in Venedig darstellt, benutzt er eine noch wärmere Farbskala. Tiepolo bleibt einer der wenigen Maler des 18. Jahrhunderts, der große Innenräume mit seinen Fresken ausmalt. Dabei setzt er nicht mehr das dem 18. Jahrhundert so wichtige *Chiaroscuro* ein, sondern bedient sich seines Gefühls für monumentale Inszenierungen. Im Gegensatz zu früheren Darstellungen treten seine Figuren nicht vollständig ins Bild ein, sondern treffen sich gleichsam mit dem Betrachter und laden ihn ein, an der Szene teilzunehmen. Bei dieser *Trompe-l'oeil*-Malerei nehmen manche Randfiguren Blickkontakt zum Betrachter auf.

■ **Giovanni Antonio Canal** (1697–1768), genannt **Canaletto**, ist der Vedutenmaler *par excellence*: Venedig, London und England. Er vermag eine «besondere Atmosphäre einzufangen». Oft benutzt er eine *Camera obscura*, einen schwarzen Raum, womit er zahlreiche Ansichten von Venedig anfertigt. Besser als anderen ist es ihm gelungen, den Geist Venedigs in leicht verschwommener Architekturdarstellung mit Reflexen auf dem Wasser einzufangen. Auch sein Neffe Bernardo Bellotto (1721/22–1780), ebenfalls Canaletto genannt, muss an dieser Stelle erwähnt werden, der gleichfalls Veduten schuf.

- **Francesco Guardi** (1712–1793) malte ebenfalls venezianische Ansichten: Die *Dogana und Santa Maria della Salute* und *Canale della Giudecca mit der Chiesa delle Gesuati*. Beide zeigen bekannte venezianische Kirchen. Auch seine Veduten sind eine exakte Wiedergabe der wirklichen Landschaft. Das übernimmt er u. a. von seinem Lehrer Canaletto. Um das zu erreichen, benutzt auch er die *Camera obscura*: eine Vorrichtung, die die Reproduktion von Bildern ermöglicht, die abgepaust werden. Das realistische Spiel mit Licht und Schatten und die exakte Anwendung der Perspektive sind Eigenschaften seiner Malerei, die eine sublime Abbildung Venedigs ergeben, wie in der *Abfahrt des Bucentaurus zum Lido* (1780).

- **Giovanni Battista Piranesi** (1720–1778) fertigt sehr weit verbreitete Architekturstiche an.

3. Literatur und Musik

Die Literatur des Novecento

7

Am Ende des 17. Jahrhunderts wird in Rom 1690 eine besondere Akademie gegründet, die *Accademia dell' Arcadia*. Die Dichter, die ihr angehören, nehmen Namen von Schäfern an und rühmen mit ihren «Kanzonetten» den Charme des pastoralen und bukolischen Lebens. **Metastasio** (eigentlich Pietro Antonio Trapassi, 1698–1782) bleibt der berühmteste von ihnen. Er ist Europas wichtigster Verfasser von Opernlibretti, etwa *Didone Abandonata, La Clemenza di Tito* u. v. a. Als Hofpoet am Wiener Kaiserhof schreibt er für ungezählte Komponisten; seine Libretti sind lange Zeit in ganz Europa normativ. **Carlo Goldoni** (1707–1793) liefert ein ganzes Repertoire an Komödien: *Die listige Witwe* (1748), *Die Sommerfrische*, eine Trilogie (1761). **Vittorio Alfieri** (1749–1813) verfasst Stücke nach Maßgabe der französischen Tragödie, findet seine Inspiration in der römischen und der griechischen Geschichte; seine Themen illustrieren beispielhaften Heldenmut.

Musik: Die Opera seria

Italien ist das Land, das Musiker aus ganz Europa anzieht; es ist das Land der Melodie. Die Komponisten kommen, um hier musikalischen Ausdruck zu lernen und Kollegen zu treffen. Vor allem **Antonio Vivaldi** (1678–1741) und **Giuseppe Tartini** (1692–1770) gelten als Mitschöpfer des modernen Instrumentalkonzerts. Vivaldi schreibt mehr als 500 entsprechende Werke. Tartinis über 150 Violinkonzerte gelten als Muster für musikalischen Ausdruck; Tartini ist *der* Geigenlehrer Europas; seine Violinschule wird von Leopold Mozart großenteils kopiert.

Alessandro Scarlatti (1660–1725) ist einer der bedeutendsten Schöpfer der italienischen *opera seria*, der ernsten Oper. Er wirkt auch in Neapel, am Teatro San Carlo. **Nicola Porpora** (1686–1768) ist hier der bedeutendste Vertreter, zudem ein Gesangslehrer von europaweitem Ruf. Die Opern gehören dem Typus der *opera seria* an, der oft auf Libretti des Wiener Hofpoeten **Pietro Metastasio** (1698–1782) basiert und eine Standardisierung der Opernhandlung zum Ergebnis hat; die Handlung wird durch Rezitative vorangetrieben, während die Arien und die wenigen Chöre betrachtenden Charakter haben. Dieser italienische Opernstandard verbreitet sich in ganz Europa, von Lissabon bis nach St. Petersburg.

V

Spanien im 18. Jahrhundert

1. Die politische Entwicklung

Das Reich Philipps V.

Das 18. Jahrhundert in Spanien beginnt mit dem **Spanischen Erbfolgekrieg** (1701–1714). Ludwig XIV. hat nur einen einzigen Verbündeten, Bayern, muss sich aber der Großen Allianz aus England, Holland, Preußen, Österreich, Portugal, dem Römischen Reich, Savoyen und Hannover stellen. Europa kann keinen zweiten Bourbonen auf dem spanischen Thron akzeptieren, was Frankreich als stärkste Macht Westeuropas besiegeln würde. Das Kriegsglück ist den Koalierten während des größten Teils der Auseinandersetzung gewogen, doch nach 1771 veränderte sich die politische Landschaft: Die neue englische Regierung steht der Fortsetzung des Krieges feindlich gegenüber; dazu kommt der Tod von Kaiser **Josef I.** (reg. 1705–1711). Zwei Friedensverträge werden unterzeichnet, im April und Juli 1713 in Utrecht, ergänzt durch den von Rastatt im Jahr 1714. Nach der Unterzeichnung tritt Großbritannien als Schiedsrichter in Europa auf. **Philipp V.** erhält Spanien, und seine amerikanischen Kolonien werden bestätigt, dafür muss er aber für immer auf den französischen Thron verzichten. Diese Frage ist bedeutsam, denn Ludwig XIV. hat als einzigen legitimen Erben ein vierjähriges Kind, den zukünftigen Ludwig XV., und zu jener Zeit garantiert nichts sein Überleben. Ludwigs XIV. Tod würde Philipp V. zum neuen König Frankreichs machen – ein zweiter Thron neben seinem spanischen. Großbritannien erhält Gibraltar, erwirbt Akadien und Neu-Schottland (beide in Nordamerika) von Frankreich, dazu Neufundland und die Hudson Bay. Großbritannien wird durch den Dreieckshandel reich: Der *Asiento de Negros*, ein Handelsabkommen, garantiert England das Monopol des Verkaufs von schwarzen Sklaven an seine eigenen und an die spanischen Kolonien.

Österreich erhält die Spanischen Niederlande, Mailand, Neapel und Sizilien. **Philipp V. von Spanien** (1700–1746) regiert zunächst unter dem Einfluss der Madame des Ursins (Marie Anne de La Trémoille, Kammerfrau am Hof, 1642–1722), die auf Wunsch Ludwigs XIV. nahe dem königlichen Paar installiert wird. Sie kontrolliert das jugendliche spanische Königspaar vollständig, zieht es sogar morgens eigenhändig an und abends aus. Sie saniert die Finanzen und führt die Hofetikette von Versailles in Spanien ein. Doch die junge Königin **Marie-Luise von Savoyen** (1688–1714) stirbt sehr früh. Madame des Ursins arrangiert für den jungen Witwer 1714 eine neue Hochzeit mit **Elisabeth Farnese** (1692–1766), die sich beeilt, die omnipräsente Hofdame zu entfernen. Die neue Herrscherin dominiert ihren schwachen Ehemann und wählt sich Kardinal **Giulio Alberoni** (1664–1752) als ihren Premierminister. Der versucht eine Wiedereroberung der alten spanischen Besitzungen in Italien. Doch Spanien wird besiegt und ist unfähig, der Viererallianz aus Frankreich, Großbritannien, den Vereinigten Provinzen und dem Deutschen Reich etwas entgegenzusetzen. Der in Ungnade gefallene Alberoni wird 1719 entlassen. Der Haager Vertrag (1720) sieht dennoch gewisse Rechte für den jüngsten Sohn Philipps V. auf die italienischen Herzogtümer vor.

1725 muss Spanien eine große Schmach verkraften: Infantin Maria Anna Viktoria, seit mehreren Jahren am Hof von Versailles lebend und in Erwartung, Ludwig XV. zu ehelichen – sie ist erst sieben Jahre alt –, wird nach Spanien zurückgeschickt. Der junge Ludwig XV. erholt sich kaum von einer schweren Krankheit; seine Minister fürchten, dass er ohne Erben sterben wird. Doch man schafft es, für ihn sehr schnell eine Prinzessin im heiratsfähigen Alter zu finden. Die kleine Maria Anna Viktoria wird also der Staatsräson geopfert. Spanien nähert sich kurzzeitig Österreich an, versucht, allerdings vergeblich, Gibraltar zurückzuerobern und verzichtet 1727 im Vertrag von Sevilla darauf. Die Feindschaft mit Großbritannien setzt sich mit dem «Krieg um Jenkins Ohr» und dem Österreichischen Erbfolgekrieg fort.

Von starker Nervenschwäche befallen und vom Tod besessen, beschließt Philipp V. im Januar 1724, zugunsten seines ältesten Sohnes abzudanken. Dieser wird als **Ludwig I.** (Januar–August 1724) König. Seine kurze Herrschaft spielt sich auf unaufhörlichen Festen ab, er stirbt an den Pocken. **Philipp V.** besteigt erneut den Thron und behält ihn bis zu seinem Tod am 9. Juli 1746.

Kolonialmacht Spanien

Sein zweiter Sohn Ferdinand, 1724 noch übergangen, folgt ihm nun nach dem Tod Ludwigs I. als **Ferdinand VI.** (1746–1759) auf den Thron. Denn schon 1713 hat Philipp V. das salische Recht in Spanien eingeführt, das Frauen von der Thronfolge ausschließt. Der neue Herrscher, melancholisch und von krankhaftem Misstrauen besessen, wird zunächst von seiner Schwiegermutter **Elisabeth Farnese** beherrscht, dann von seiner Frau **Maria Barbara von Portugal** (1711–1758). Er hat insofern Anteil an der Beendigung des Österreichischen Erbfolgekrieges, als er am 18. Oktober 1748 den Vertrag von Aachen unterschreibt, der zum Status quo für die spanischen und englischen Kolonien zurückkehrt. Ferdinands Halbbruder, der Infant **Philipp** (1720–1765), erhält die Herzogtümer Parma und Piacenza. Spanien hält sich aus dem Siebenjährigen Krieg (1756–1763) heraus, der Europa in Flammen setzt. Der Tod seiner Frau im August 1758 lässt Ferdinand in einer Verzweiflung zurück, von der er sich nicht mehr erholen wird. Zurückgezogen in seiner Residenz Villaviciosa südöstlich von Madrid lebt er wie in einem Kloster, ohne sich weiter um Staatsangelegenheiten zu kümmern; am 10. August 1759 stirbt er. Die chronischen Depressionen, von denen Philipp V. und sein Sohn Ferdinand VI. betroffen sind und die beide regelmäßig dazu veranlassen, sich aus der Öffentlichkeit zurückzuziehen, finden eine gewisse Erleichterung, wenn sie den berühmtesten Kastraten jener Zeit, **Carlo Broschi,** genannt **Farinelli** (1705–1782), Arien singen hören, was dieser exklusiv für sie von 1737 bis 1759 tut.

Der Halbbruder von Ferdinand VI., Karl, König von Neapel und Sizilien, wird als **Karl III.** (1759–1788) König von Spanien. Der neue Herrscher regiert als aufgeklärter Despot, reformiert Unterricht und Justiz und fördert die Physiokraten, um die Landwirtschaft zu modernisieren. Er richtet Katasterämter ein und erhebt Einkommensteuer. Von Frankreich in einen Krieg gegen England gezwungen, übergibt Spanien im Vertrag von Paris (1763) Florida an England, erhält aber von Frankreich Louisiana, westlich des Mississippi. Spanien unterstützt den Aufstand der amerikanischen Kolonien und erhält im Vertrag von Versailles (Frieden von Paris, 1783) Florida. Karl III. stirbt am 14. Dezember 1788.

Sein Sohn **Karl IV.** (1788–1808) folgt ihm auf den Thron, als er bereits 40 Jahre alt ist. Trotz guter Kenntnisse des Räderwerks der Macht gibt er seiner natürlichen Trägheit nach und lässt seine Frau regieren, **Maria Louise von Bourbon-Parma** (1751–1819). Ab 1792 bringt sie ihren Günstling **Manuel Godoy** (1767–1851) an die Macht. Dieser ehemalige Leibgardist wird bald Herzog, dann «Erster Staatsminister» des Königs und mit Vollmachten ausgestattet. 1793 geht Spanien gegen das revolutionäre Frankreich an, nähert sich ihm jedoch bald wieder und unterzeichnet 1795 den Frieden von Basel. Dabei verliert Spanien Hispaniola, die Insel, auf der Santo Domingo liegt. Manuel Godoy erhält in Basel einen weiteren Titel: «Friedensfürst». Am Ende fällt er 1798 in Unehre. 1800 wird er auf Betreiben Napoleons entlassen, der ihn zu seiner Marionette bei den spanischen Herrschern macht.

1801 ermöglicht der Vertrag von Aranjuez Frankreich, über die spanische Flotte zu verfügen. Sie wird zusammen mit den französischen Schiffen in der Schlacht von Trafalgar 1805 vernichtet. Durch den **Vertrag von Fontainebleau** im Jahr 1807 teilen Frankreich und Spanien **Portugal** unter sich auf. Das schließt auch den Durchzug französischer Truppen nach Portugal ein. Diese Entscheidung bringt die tiefe Abneigung der Spanier, die sie für Manuel Godoy empfinden, zum Höhepunkt. Der älteste Sohn des Königs, Ferdinand, Prinz von Asturien, zettelt die Verschwörung vom Escorial an, um sich des verabscheuten Günstlings zu entledigen und seinen Vater, den König, abzusetzen. Das Komplott schlägt fehl, doch noch vor der Erhebung der großen Städte des Königreichs, vor allem von Aranjuez, gibt der König auf. Der Aufstand von Aranjuez (1808) ist die Tat der Parteigänger Ferdinands. Sie erstürmen den königlichen Palast und finden dort Manuel Godoy hinter einem Wandteppich versteckt. Sie bedrohen ihn mit dem Tod; eine Drohung, die bald darauf Karl IV. veranlasst, zugunsten seines Sohnes abzudanken - unter der Voraussetzung, Godoy wäre sicher.

2. Die spanische Kunst

Die Malerei: Goya

Das Rokoko wird durch **Francisco de Goya y Lucientes** (1746–1828) repräsentiert. Seine Bilder spiegeln perfekt den Sinn für das Publikumswirksame, der den letzten Jahrzehnten des Rokoko eigen ist. Goya malt aber gleichzeitig auch religiöse Themen. Nach dem Tod von Karl III. im Jahr 1788 befördert der debile **Karl IV.** Goya zum Kammermaler. Doch erst das Jahr 1798 ist entscheidend für sein Werk. Er malt Fresken in der Ermita de San Antonio de la Florida in Madrid, wobei er barocke Größe mit der Grazie des Rokoko verbindet. Es handelt sich um Figuren, die in *Trompe-l'oeil*-Technik um eine Balustrade herum gemalt sind. Doch seine bemerkenswertesten Bilder entstehen ab 1814, wie die Kriegsszenen der *Erschießung der Aufständischen*, eines dramatischen Werks zum Dos de Mayo, dem 2. Mai 1808. Die wichtigsten Themen der *Schwarzen Gemälde - Pinturas Negras* (1821–1822) sind Laune und Erfindung. Ein jedes dieser Bilder hat Vorläufer in Form von phantastischen Skizzen. Die Mythologie, die Befreiung der Instinkte, die Zauberei werden durch Technik und Ästhetik unterstützt. Es handelt sich um 14 Bilder auf braunem, grauem, ockerfarbigem, blauem und karminrotem Grund. Zu der Serie gehören auch *Der Geißbock* (1797), *Judith und Holofernes* (1819–1823), *Die Lektüre* (1819–1823), *Der Dorfidiot* (1824–1828) und *Saturn frisst eines seiner Kinder* (1819–1823).

Die Architektur

Der Barock in der Architektur, mit der Ankunft der Bourbonen auf dem spanischen Thron ins Land gekommen, geht zugunsten des französischen Klassizismus unter. So zeigt der königliche Palast von San Ildefonso in Segovia, der vom Barock inspiriert ist, die klaren und geometrischen Einflüsse des französischen Klassizismus. Der Königspalast in Madrid bietet vergleichbare, französisch inspirierte klare Linien. Auch für die Kathedrale von Pamplona gilt dies, vor allem mit ihrem klassizistischen Vier-Säulen-Portal zwischen den beiden eckigen Türmen. Der Stil des Rokoko tritt mit der Innendekoration des Madrider Königsschlosses in Erscheinung.

3. Die spanische Literatur

Der Niedergang der Geisteswissenschaften wird nach der Herrschaft **Karls II.** (1667–1700) spürbar. Das Erscheinen der Bourbonen zu Beginn des 18. Jahrhunderts bringt Spanien eine ganze Reihe neuer Ideen. Alle großen Schriftsteller suchen die Meisterwerke vom Hofe Ludwigs XIV. nachzuahmen. Trotz seiner politischen Sorgen bleibt Spanien gegenüber den französischen intellektuellen Strömungen nicht gleichgültig.

Der wichtigste Autor dieser Zeit ist **Gaspar Melchior de Jovellanos** (1744–1811), der seine neuen Ideen und sein Festhalten an der traditionellen spanischen Literatur miteinander zu versöhnen sucht. **José Zorilla y Moral** (1817–1893) schreibt Werke, deren Stoffe der Literatur oder den Klassikern des spanischen Goldenen Zeitalters, dem *Siglo de oro*, entlehnt sind. **Mariano José de Larra** (1809–1837) beschreibt in seinen Zeitungsartikeln vor allem Gebräuche und Institutionen, wobei ihn das nationale Problem seines Landes am meisten interessiert. Die Rückkehr zu alten Traditionen war schon von **Juan Meléndez Valdés** (1754–1817) mit seinen Oden und Elegien betrieben worden, ebenso wie von **Leandro Fernandéz de Moratin** (1760–1828), dem spanischen Molière.

VI

Russland im 18. Jahrhundert

1. Die politische Entwicklung

Peter der Große, ein moderner Zar

Peter der Große (1682–1725) besucht in seiner Jugend das «Ausländerviertel» in Moskau und entdeckt dort ein wenig vom Abendland, seinen Sitten und seinem technischen Wissen. Er erwählt sich einen schottischen Abenteurer, **Patrick Gordon** (1635–1699), der ihm eine moderne Armee aufbauen soll. Der Botschafter der Niederlande in Moskau, Baron Keller, gibt ihm Auskünfte über das Leben und die Gesellschaft in Holland und England. 1695 missglückt Peter die Einnahme der Festung Asow, die ihm Zugang zum Schwarzen Meer verschafft hätte. Er stützt sich auf ausländische Ingenieure, die auf dem Don die erste kaiserliche Marine Russlands aufbauen sollten. Vom Land und der See zugleich angegriffen, fällt Asow 1696 an das Osmanische Reich. In den Jahren 1697 und 1698 unternimmt der Zar seine **Große Gesandtschaft**. Unter dem Namen Peter Michailow nimmt er Teil an einer Gesandtschaft, die durch halb Europa reist. In Preußen studiert er die Artillerie, wird in Holland Schiffszimmerer, erwirbt Kenntnisse über die Marine und den Handel in England.

Doch die Abwesenheit des Fürsten wird zu Hause als Preisgabe Russlands empfunden und die Vorliebe für das Abendland als Verrat an der russischen Seele. Ein weiteres Mal erheben sich die **Strelizen** und bedrohen Moskau. General Patrick Gordon schickt ihnen seine Truppen entgegen, die nach westlichem Vorbild geschult und durch ihre Waffen und ihre militärische Ausbildung überlegen sind. Auf dem Rückweg von seiner Gesandtschaft erfährt Peter I., dass der Aufstand bezwungen wurde. Hunderte Strelizen werden exekutiert, ihr Korps aufgehoben. Die Halbschwester des Zaren, Sophie, der Unterstützung der Strelizen verdächtigt, wird gezwungen, Nonne zu werden. Auch seine eigene Frau lässt Peter festnehmen, aus dem gleichen Grund; er schickt sie ins Kloster Susdal und lässt sich von ihr scheiden. Ihr Günstling

Alexander Menschikow (1672–1729) hat eine Liebelei mit **Martha Skawronskaja** (1684–1727), einem katholischen Landmädchen aus Livland, das in seine Dienste getreten ist. Ihre Schönheit erregt die Aufmerksamkeit Peters, der sie zu seiner Mätresse macht und sie nach ihrer Konversion zum russisch-orthodoxen Glauben 1712 heiratet; sie nimmt den Vornamen **Katharina** an. 1724 zur Kaiserin gekrönt, folgt sie Peter dem Großen als **Katharina I.** auf den Thron (reg. 1725–1727).

Russland führt zwischen 1700 und 1721 den **Großen Nordischen Krieg** – gegen Schweden unter **Karl XII.** (1682–1718) –, um die Gebiete zurückzuerobern, die an die Ostsee grenzen und seit einem halben Jahrhundert verloren sind. Die Russen werden in der Schlacht bei Narva (30. November 1700) geschlagen, doch die Schweden werden auf dem Wege nach Moskau durch die Schlacht von Lesnaya aufgehalten (28. September 1708). Erst in der **Schlacht bei Poltawa** (27. Juni 1709) erringt Peter den entscheidenden Sieg und dezimiert die schwedische Armee. **Karl XII.** kann mit großer Mühe fliehen und geht nach Konstantinopel. Dort unterzeichnet er mit dem osmanischen Sultan eine Allianz gegen die Russen. Nachdem er verhaftet und festgehalten wurde, wird Karl XII. 1714 des Osmanischen Reiches verwiesen. Bis zu seinem Tod 1718 setzt er den Kampf fort. Seine Schwester folgt ihm auf den Thron und unterzeichnet 1721 den Vertrag von Nystad, wodurch die Ostseeküste bis zur finnischen Grenze wieder an Russland fällt.

Im Laufe des Krieges hat Russland 1703 eine schwedische Festung an der Newa-Mündung eingenommen. Es ist eine sumpfige Gegend, doch Peter der Große beschließt, dort eine moderne Hauptstadt zu errichten, inspiriert von vergleichbaren europäischen Städten. Er will Moskau, dem Symbol eines erstarrten Russland, den Rücken kehren. In der Tat modernisiert **Peter I.** das Land und verwestlicht es. Er installiert eine absolute Monarchie, kontrolliert die Provinzen, indem er sie in Gouvernements zusammenfasst und jeweilige Gouverneure ernennt; er installiert 1711 einen Senat, dessen Mitglieder er aussucht, und ersetzt das Patriarchat durch den *Heiligen Synod*. Die Bojaren müssen ihren Bart abschneiden und sich westlich kleiden. Peter umgibt sich mit ausländischen Ratgebern und vertraut ihnen hohe Ränge in der Armee an.

Die orthodoxe Kirche, die Kleinbürger und die Bojaren wollen die Rückkehr zur alten Ordnung. In der ehemaligen Zarin **Jewdokija Fjodorowna Lopuchina** (1669–1731), Peters erster Frau, die er ins Kloster geschickt hat, finden sie eine wichtige Verbündete – ebenso im Thronerben, Peters Sohn, dem Zarewitsch **Alexei Petrowitsch** (1690–1718). Peter fordert ihn auf, die Reformen zu unterstützen oder auf den Thron zu verzichten und in ein Kloster zu gehen. Im Oktober 1716 flieht der Zarewitsch. Er hält sich an mehreren Höfen Europas auf, ehe er überredet wird, im Februar 1718 nach Russland zurückzukehren, nachdem ihm Vergebung zugesagt worden ist. Gefangen genommen und gefoltert, liefert er eine Liste der Verschwörer. Er stirbt unter Peitschenhieben; offiziell wird er erst am 7. Juli 1718 zu dieser Bestrafung verurteilt, eine Woche nach seinem tatsächlichen Tod. Alle Komplizen, die er verrät, werden hingerichtet; Jewdokija wird in ein Kloster in den hohen Norden Russlands verbannt, am Ufer des Ladogasees.

1722 ermöglicht ein Nachfolgegesetz Peter, seinen Nachfolger selbst auszusuchen. Ab November 1721 trägt Peter den Titel «Kaiser aller Russen», der den Zaren-Titel ersetzt. Um die Bedeutung der Bojaren zu verringern und eine ihm ergebene Beamtenschaft zu etablieren, führt Peter 1722 die *Rangtabelle* ein, die die Staatsdiener in 14 Ränge einteilt. Die Ämter ab der achten Stufe aufwärts sind dem persönlichen Adel vorbehalten, ab der fünften Stufe dem Erbadel. Die Rangtabelle bleibt bis 1917 in Kraft. 1725 stirbt Peter, ohne einen Erben bestimmt zu haben. Gestützt von Menschikow und der Garde, besteigt Peters Witwe Katharina den Thron, doch Menschikow regiert de facto das Land. Nach dem Tod Katharinas wird Menschikow Regent für **Peter II.** (1727–1730), den Sohn von Zarewitsch Alexei, den Katharina zum Nachfolger bestimmt hat. Sein frühzeitiger Tod hat die Absetzung Menschikows zur Folge, der seine Tage im sibirischen Exil beschließt.

Die Zeit der Zarinnen: Anna, Elisabeth, Katharina die Große

Der Adel wählte danach eine Nichte Peters des Großen, **Anna Iwanowna** (1693–1740), die zur Kaiserin **Anna I.** (reg. 1730–1740) wird. Man diktiert ihr Bedingungen, die ihre Macht beschränken sollen; sie entledigt sich dieser sogleich, nachdem sie den Thron bestiegen hat. Wenig zum Regieren geeignet, überlässt sie die Macht ihren Günstlingen, darunter **Ernst Johann von Biron** (1690–1772). 1734 wird die Ukraine definitiv annektiert. Ein Krieg mit dem Osmanischen Reich endet mit dem Verlust aller Eroberungen mit Ausnahme Asows. Anna benennt ihren Großneffen **Iwan VI.** (1740–1741) zum Nachfolger, doch das Kind wird sehr schnell entthront. **Elisabeth I.** (1741–1762), zweite Tochter Peters des Großen, besteigt den Thron. Der Krieg gegen Schweden, der wieder aufgenommen wird, endet mit der Annektierung Finnlands. Elisabeth regiert mit ihrem Liebhaber **Alexei Rasumowski** (1709–1771), den sie angeblich heimlich heiratet. Der Krieg gegen Preußen endet mit einer Serie russischer Siege. Doch Elisabeths Tod rettet Preußen vor der Katastrophe. Ihr Nachfolger, ihr Neffe Peter III. (reg. Januar–Juli 1762) ist ein glühender Bewunderer Preußens. Bald beendet er die Kämpfe, ein Staatsstreich beendet seine Herrschaft: Am 17. Juli 1762 wird er ermordet.

Seine Gemahlin Katharina, eine Prinzessin holsteinischer Abstammung, die womöglich die Ermordung befohlen hat, wird als **Katharina II.** (1762–1796) Kaiserin. Als aufgeklärte Herrscherin öffnet sie Russland für die westliche Kultur und erweist sich als würdige Erbin Peters des Großen. 1764 lässt sie Iwan VI. ermorden, der seit 1741 eingekerkert ist. Sie schließt eine Allianz mit Preußen – gegen Polen. Der Krieg gegen das Osmanische Reich wird 1768 wieder aufgenommen. 1770 wird die türkische Flotte geschlagen, 1771 die russische Armee.

1783 annektiert sie die Krim, die den Osmanen abgenommen wird. Der Krieg gegen Schweden zwischen 1788 und 1790 bestätigt den Besitz der Territorien, die Peter der Große erobert hatte. 1793 wird Polen zwischen Preußen und Russland aufgeteilt. Katharina II. hat Russland auf diese Weise mehr als 500 000 km^2 hinzugefügt. Im Inneren schlägt sie den von **Jemeljan Iwanowitsch Pugatschow** (um 1742–1775) geleiteten Aufstand nieder sowie den ihrer Kosaken (1773–1774). Ihre Herrschaft ist durch die starke Persönlichkeit von Fürst **Grigori Potemkin** (1739–1791) geprägt, den sie, wie es heißt, heimlich 1774 heiratet, sowie durch **Grigori Orlow** (1734–1784), einen ihrer Liebhaber, der beim Sturz Peters III. eine wichtige Rolle spielt. Sich der geringen Fähigkeiten ihres Sohnes Paul bewusst, will Katharina den Thron ihrem Enkel Alexander überlassen, doch nach ihrem Tod folgt ihr **Paul I.** (1796–1801).

Seit jeher feindlich gegenüber Katharina eingestellt und charakterlich seinem Vater Peter III. ähnlich, ist Paul I. in Russland wenig beliebt. Er bringt sein Land an die Spitze der zweiten Koalition gegen das revolutionäre Frankreich. Doch in der Armee gärt die Wut gegen den Herrscher. Er wird am 23. März 1801 von einer Gruppe von Offizieren ermordet, die anschließend **Alexander I.** (1801–1825) zum Kaiser ausrufen.

2. Die russische Literatur

Erst zur Mitte des 17. Jahrhunderts werden, durch Polen vermittelt, italienische oder französische Romane in Russland verbreitet. Die Neugier der Russen für diese neue Art der Erzählung erwacht. Andererseits kommt 1656 eine neue Ketzerei auf: Patriarch **Nikon** wird wegen der Revision der altslawischen liturgischen Bücher nach griechischen Originalen angegriffen; eine Arbeit, die bereits sein Vorgänger Maxim der Große begonnen hatte. **Awwakum** (um 1620–1682) berichtet in *Das Leben des Protopopen Awwakum* von den Qualen, die er mitsamt seiner Familie als Haupt der konservativen Häretiker, der sogenannten «Altgläubigen», erlitt. Es ist dies eines der persönlichsten Bücher jener Zeit.

Peter der Große organisiert während seiner Herrschaft die Verwaltung neu, baut eine Armee auf und regiert vor allem über einen Klerus, der durch das letzte Schisma gespalten ist. In Sankt Petersburg entstehen viele Schulen, vor allem eine Akademie der Wissenschaften. Die Schriftsteller jener Zeit sind: **Wassili Nikititsch Tatischew** (1686–1750), der 1769 eine *Geschichte Russlands* von den Anfängen bis zum 16. Jahrhundert schreibt; **Antioch Dmitrijewitsch Kantemir** (1708–1744), der kurz nach dem Tod Peters I. in der Nachfolge von Boileau und Racine Elegien verfasst. **Wassili Kirillowitsch Trediakowski** (1703–1769) schreibt Stücke in französischen Versen, und **Alexander Petrowitsch Sumarokow** (1718–1777) verfasst Lieder und Theaterstücke.

Michail Wassiljewitsch Lomonossow (1711–1765) gilt als Vater des modernen Russland. Auf Russisch verfasst er Verse und Prosa, hat aber auch als Lyriker Erfolg. Seine ebenfalls auf Russisch geschriebene Grammatik wird 1755 veröffentlicht. Sie enthüllt zahlreiche Verbindungen vom Russischen zum Deutschen, Französischen und Lateinischen. Die Komödie erscheint dank **Denis Iwanowitsch Fonwizin** (1745–1792), ihrem wichtigsten Vertreter, etwa mit dessen *Brigadier* (1766) oder dem *Landjunker* (1782). Während der Herrschaft Katharinas II. kommt die lyrische Dichtung auf. **Gawriil Romanowitsch Derschawin** (1743–1816) vermischt Ode und Satire und feiert militärische Siege als höfische Ereignisse. Am Ende des 18. Jahrhunderts werden etliche europäische Werke ins Russische übersetzt.

VII

Die Vereinigten Staaten von Amerika im 18. Jahrhundert

1. Die europäischen Kolonien in Nordamerika

Die Suche nach dem westlichen Weg nach Indien durch Christoph Kolumbus öffnet den Kontinent für die spanischen Kolonisatoren. Die Eroberung der Azteken- und Inkareiche hält sie nicht von der Erforschung des nördlichen Kontinents ab. 1513 erreicht der Spanier **Ponce de León** (1460–1521) Florida. 1524 entdeckt **Giovanni de Verrazano** (1485–1528) in französischen Diensten die Hudson-Mündung und Neu-Schottland. 1527 und 1528 durchquert eine spanische Expedition unter Leitung von **Pánfilo de Narváez** (1470–1528) und **Álvar Núñez Cabeza de Vaca** (1507–1559) den Kontinent von Ost nach West, von Florida nach Kalifornien. In Florida entsteht auch die erste ständige spanische Einrichtung, 1565 in Saint Augustin. Von Mexiko ausgehend, schreitet die Kolonisierung in Richtung Neu-Mexikos fort, nach Arizona und Kalifornien. Ab 1588, nach der Niederlage der unbesiegbaren Armada, erfährt die Macht Spaniens einen allmählichen Niedergang, und England tritt an dessen Stelle. Königin **Elisabeth I.** (1558–1603) fördert die **englische Kolonisierung**. Ihr Nachfolger **Jakob I.** (1603–1625) gewährt der *London Company* und der *Plymouth Company* 1606 eine Satzung für die Erforschung der neuen Territorien. Die *London Company* gründet 1607 Jamestown in Virginia. Zur gleichen Zeit lassen sich **Franzosen und Holländer** weiter nördlich an der Küste nieder. **Henry Hudson** (um 1570–1611), ein englischer Forscher, gründet 1609 im Namen der Holländer Neu Amsterdam, das zukünftige New York.

Im selben Jahr wird in Virginia zum ersten Mal Tabak geerntet, um der wachsenden Nachfrage in Europa gerecht zu werden. Die ersten afrikanischen Sklaven kommen zehn Jahre später an. Die Franzosen lassen sich in Québec nieder, nördlich vom Sankt-Lorenz-Strom, aber auch entlang des Mississippi, in einer Region, die zu Ehren Ludwigs XIV. «Louisiana» getauft wird.

Der folgende Zeitabschnitt ist direkt mit den **politischen Umwälzungen in**

England im Laufe des 17. Jahrhunderts verbunden. 1620 verlassen 101 puritanische Kolonisten an Bord der ***Mayflower*** ihre Heimat England und landen in Cape Cod, Massachusetts. Es sind die **Pilgrim Fathers**, «Pilgerväter» der zukünftigen USA. Sie geben sich eine Verfassung, den *Mayflower Compact*, den *Mayflower-Vertrag*. 1649 wird der katholische König Englands, **Karl I.** (1625–1649), der eine absolute Monarchie installieren will, abgesetzt. Die Revolution (1642–1649) vertreibt Katholiken und Royalisten, die die amerikanischen Kolonien besiedeln. Nach der Restauration der Monarchie im Jahr 1660 wählen Protestanten und Puritaner ihrerseits den Weg ins Exil. Sie werden von den auf der Zuckerrohr-Insel Barbados lebenden Siedlern aufgenommen; Letztere lassen sich auch in Carolina nieder, wo sie immer mehr Sklaven einsetzen, was wiederum 1672 durch die Gründung der *Royal African Company* stimuliert wird. Diese erhält vom Parlament das Monopol für den Sklavenhandel zugesprochen, das bis 1696 währt. 1688 verjagt die *Glorious Revolution* den intoleranten Katholiken **Jakob II.** (1685–1688) vom Thron. Die englischen Katholiken erreichen die 13 Kolonien. Dort schließen sie sich den protestantischen Franzosen an, die ihre Heimat nach der Rücknahme des Edikts von Nantes, welche im Edikt von Fontainebleau 1685 formuliert wurde und eine Entscheidung von Ludwig XV. war, verloren haben.

Die dreizehn Kolonien Englands im 18. Jahrhundert

Zu Beginn des 18. Jahrhunderts beträgt die englischstämmige Bevölkerung Nordamerikas ungefähr 250 000 Personen. Die industrielle Entwicklung wird durch das Wolle-Gesetz behindert, das vom englischen Parlament 1699 verabschiedet wird und den amerikanischen Kolonien verbietet, mehr als die unbehandelten Rohstoffe zu exportieren, um den englischen Manufakturen die lukrativere Weiterverarbeitung zu überlassen. Die 13 Kolonien kann man in drei Gruppen zusammenfassen, je nach Tätigkeit und nach Einwohnern.

- **Im Norden** liegen die (späteren) **Neuengland-Staaten** mit **New Hempshire**, **Massachusetts**, **Connecticut** und **Rhode Island**. Die englische Bevölkerung betreibt Fischfang, Landwirtschaft, Handwerk und errichtet frühindustrielle Betriebe. Das religiöse Leben gründet auf der Gemeinschaft; die Puritaner – Anglikaner, die einen geläuterten Protestantismus ausüben wollen – sind in der Mehrzahl. Boston als Hauptstadt von Massachusetts beherrscht mit seinen 20 000 Einwohnern die anderen Städte.

- **Das Zentrum** der 13 Kolonien besteht aus **New York** (die Stadt heißt ab 1664 so; das ehemalige Neu Amsterdam wird den Holländern abgekauft), **New Jersey, Delaware und Pennsylvania**. Sie haben eine gemischte Bevölkerung aus Engländern, Franzosen, Holländern und Schweden. Die Quäker, wörtlich die «Zitterer», also die vor Gott erzittern, gründen Pennsylvania und seine Hauptstadt Philadelphia. Einer puritanischen Strömung entsprossen, leben sie in Übereinstimmung mit der Bibel und deren Lehren.

- **Im Süden** schließlich leben die Menschen in **Maryland, Virginia, Nord-Carolina, Süd-Carolina und Georgia** von Landwirtschaft und von Plantagen, in denen die von der Industrie benötigten Pflanzen produziert werden, darunter Baumwolle. Die Arbeitskräfte dort sind Sklaven, die Gesellschaft ist deutlich gespalten: unten die Sklaven; in der Mitte die Schicht der Stadtbewohner und Handwerker und Freiberufler; oben die Aristokratie der Großgrundbesitzer, die das politische Leben bestimmt.

Jede Kolonie wird von einem Gouverneur geleitet, dem Repräsentanten der britischen Herrschaft. Der Gouverneur übt die exekutive Gewalt aus. Die Siedler werden durch eine Versammlung vertreten, die über die Steuern abstimmt. Die Gesamtbevölkerung um 1760 beträgt ca. 1,5 Millionen Menschen. Von 1702 bis 1713 spüren auch diese 13 Kolonien die Folgen des Spanischen Erbfolgekrieges, in dem sich England, Frankreich und Spanien bekämpfen. Der **Vertrag von Utrecht 1713** besiegelt den Rückgang der französischen Präsenz in Amerika: Neufundland und Akadien sind verloren. Danach wird wegen unterschiedlicher Meinungen zwischen Frankreich und Virginia der Siebenjährige Krieg (1754–1763) ausgetragen: Jede Seite beansprucht den Besitz des Ohio-Tales. Spanien und England verbünden sich, Frankreich erhält Unterstützung von Cherokee- und Ottawa-Indianerstämmen, die ihrerseits von England freikommen wollen. Der Vertrag von Paris 1763 markiert das fast vollständige Verschwinden der Franzosen in den Kolonien. Frankreich verliert Québec und die Gebiete östlich des Mississippi an England; Louisiana geht an Spanien; Spanien tauscht mit England Florida gegen Kuba.

Auf zur Unabhängigkeit

Zu den Wurzeln des zukünftigen Amerikanischen Unabhängigkeitskrieges gehört auch die Absicht der britischen Krone, den 13 Kolonien neue Abgaben aufzubürden, vor allem in Gestalt von Steuern. Das Parlament in London hat darüber im Sinne der Engländer abgestimmt; nun lasten sie auf den Siedlern. Nach Meinung dieser Siedler und ohne dass jede Kolonie durch ihre Versammlung zugestimmt hätte, sind die Steuern null und nichtig. 1764 besteuert das neue Gesetz zunächst Zucker, Kaffee, Wein und Indigo, dazu Textilprodukte. Im selben Jahr untersagt ein Finanzgesetz den Siedlern, denen es an Zahlungsmitteln fehlt, an Stelle dieser Zahlungsmittel die Erlöse aus dem Handel einzusetzen, die als Zahlungszertifikate zwischen den Händlern kursieren. Diese Entscheidung – der *Currency Act* – bewirkt eine Verringerung des Geldes. 1765 verlangt der ***Stamp Act*** den Kauf einer Steuermarke, die auf alle offiziellen Dokumente geklebt werden muss, doch auch Zeitungen, Spielkarten und Würfel werden so besteuert. Im Zusammenhang mit der Unzufriedenheit der Siedler wirkt die Verpflichtung zur Einquartierung britischer Truppen als Provokation. Im März 1766 wird auf Ersuchen von neun der 13 Kolonien, die sich zum *Stamp Act Congress* in New York getroffen haben, dieser *Stamp Act* außer Kraft gesetzt, nicht aber die anderen Steuern.

Im Jahre **1767** werden von England aus Einfuhrsteuern auf Papier, Glas, Blei und Tee erhoben *(Townshend Act)*. Die Siedler reagieren mit dem Boykott englischer Einfuhren, der von Boston ausgeht. In dieser Stadt führt im März 1770 eine Auseinandersetzung zwischen einem Siedler und einem Zöllner zu einem Massaker an mehreren Siedlern, die von der englischen Truppe beschossen werden. Im November werden die erwähnten Steuern aufgehoben, bis auf die Tee-Steuer.

Im Mai 1773 erhält die *East India Company* das Handelsmonopol für von der Steuer befreiten Tee, was die amerikanischen Kolonien zu ruinieren droht. In der Nacht vom **16. Dezember 1773** entern daher als Indianer verkleidete Siedler drei mit dem Tee der *Company* beladene englische Schiffe, die im Hafen von Boston liegen; sie werfen die Teekisten ins Meer. Das ist die berühmte ***Boston Tea Party***. Im Gegenzug schließt London den Hafen von Boston und schickt General Thomas Gage (1719–1787) an der Spitze von vier neuen Regimentern. Am 19. April 1775 treffen in der Schlacht von Lexington und Concord, nach Orten bei Boston benannt, die «Rotröcke», britische Soldaten, die ein Waffendepot zerstören sollen, auf Siedler, die sie daran hindern; der amerikanische Unabhängigkeitskrieg bricht los.

Im Mai findet ein kontinentaler Kongress in Philadelphia statt. Alle 13 Kolonien sind dort repräsentiert. Der Kongress übernimmt die Rolle der Regierung und ernennt **George Washington** (1732–1799) zum Befehlshaber der Armee. Der Krieg geht mit wechselndem Glück vonstatten, mit der Ankunft französischer Verstärkung durch La Fayette im Juli 1777, bis zur Niederlage Englands bei Yorktown im Oktober 1781. In der Zwischenzeit stimmt der Kongress am **4. Juli 1776** über die **Unabhängigkeitserklärung** ab, wodurch die Vereinigten Staaten von Amerika entstehen, die nun in einer ständigen Union vereint sind. Im Juni 1777 wird das Sternenbanner als Nationalflagge angenommen. Im September 1783 anerkennt der Vertrag von Paris die Unabhängigkeit der Vereinigten Staaten von Amerika. Der neue Staat muss nur noch mit Institutionen ausgestattet werden.

2. Die indigenen Völker bis zur Kolonisierung

Die verschiedenen indigenen Indianer-Stämme umfassen im 16. Jahrhundert ungefähr 12 Millionen Personen, die von Landwirtschaft, Jagd, Fischfang und dem Sammeln von Samen leben. Diese Stämme leben nicht voneinander isoliert, ganz im Gegenteil: Sie haben häufige Kontakte untereinander und bedienen sich dabei der mehr als 2000 verschiedenen Dialekte ihrer indigenen Sprachen. Das Leben der Indianer ist vor allem durch die Beziehung zur Religion bestimmt – bei fast vollständigem Fehlen einer politischen Organisation.

Die Kolonisierung

Die Ankunft mehrerer europäischer Gruppen im 16. Jahrhundert erschüttert die vorhandenen indigenen Gesellschaften nicht sogleich. Insgesamt werden die Fremden gut aufgenommen und Handelskontakte nähern Siedler und Indianer einander an. Doch genau da entstehen auch die grundsätzlichen Probleme, schon seit dem 17. Jahrhundert. Denn die Europäer organisieren sehr schnell und zu ihrem Vorteil den Handel mit Pelzen. Und als die tierischen Ressourcen an der Küste erschöpft sind, beauftragen sie die Indianer, ins Innere des Landes zu ziehen, um sie mit weiteren wertvollen Fellen zu versorgen; durch Tausch oder durch Zwang. Im Austausch dafür bieten sie Glasperlen, vor allem aber Waffen – anfangs für die Jagd, sehr schnell auch für den Krieg. Notgedrungen auf alle Formen der Jagd spezialisiert und vom Alkohol geschwächt, sind die Indianer zusätzlich den Krankheiten, vor allem den Pocken, ausgeliefert, die von den Europäern eingeschleppt werden und die

7

einheimische Bevölkerung dezimieren. Eine Zeit der Kämpfe, Rivalitäten und Kriege zwischen den Stämmen kennzeichnet die erste Hälfte des 17. Jahrhunderts, bis zu dem Augenblick, als die ersten großen indianischen Konföderationen entstehen.

Die Indianer-Konföderationen

Dieser Unabhängigkeit geht im 18. Jahrhundert die Errichtung von Indianer-Konföderationen voraus, vor allem die der Irokesen, der Delawaren und später der Creek. Es handelt sich dabei um eher lockere Vereinigungen, die den Indianern dennoch die Möglichkeit bieten, den Europäern nicht länger als isolierte Stämme gegenüberzutreten. Die Stämme beteiligen sich in den Unabhängigkeitskriegen am Kampf gegen die englischen Truppen, ohne dass man eine eindeutige Trennungslinie zwischen den Stämmen bezüglich ihrer jeweiligen Entscheidung für ein Lager errichten könnte. Trotz der Behauptung der Gleichheit der Menschen in der Verfassung von 1787 wird der unabhängige Status der indigenen Völker 1871 aufgehoben – in dem Moment, da die Eroberung des Westens die Politik der Indianer-Reservate auf den Weg bringt.

Der Status der Indianer

Der problematische Status der indianischen Stämme betrifft zweierlei: Fragen der Gesetzgebung und der Assimilation. Zur **Gesetzgebung**: Die Anwendung des *Dawes Act* im Jahre 1887 bewirkt eine Katastrophe. Dieses Gesetz löst die Reservate auf und weist jeder indianischen Familie ein Stück Land zu. Im Sinn des Gesetzgebers soll diese Maßnahme die Integration durch Sesshaftigkeit beschleunigen.

Zur **Bildung und Assimilation**: Gemeint ist die Politik der erzwungenen Akkulturation, die zu Beginn des 20. Jahrhunderts betrieben wird. Nun wird nicht nur der *Dawes Act* in den meisten Fällen durch Zwangsenteignungen und größere Entwurzelung umgesetzt. Vielmehr bedeutet die den Indianern aufgezwungene Kultur der Weißen nichts anderes als die Verleugnung und Zurückweisung ihrer eigenen Identität. Von ihrem Land verjagt, der eigenen Vergangenheit wegen beschämt und als Bürger zweiter Klasse angesehen, müssen die Indianer in der Tat die Zwischenkriegszeit abwarten, bis für sie endlich eine liberalere Ära beginnt.

3. Die amerikanische Literatur

Die Gründungszeit der amerikanischen Literatur erstreckt sich vom 17. bis zum 19. Jahrhundert. Versteht man unter Literatur die gesamte Produktion und nicht nur einige bevorzugte Genres – Romane, Gedichte, Theater –, dann kann man sagen, dass die koloniale Literatur aus Reden, Predigten und Pamphleten entstanden ist. Im 17. Jahrhundert findet man puritanische Rhetorik, eine Poesie der puritanischen Predigt. Es scheint schwierig, die literarische Vielfalt in einer derart multikulturellen Gesellschaft wie der der USA zu erfassen. Dennoch haben die Verfasser aller genannten Schriften einen Punkt gemeinsam: die Frage nach der Identität.

In ihren Anfängen ist die amerikanische Literatur eine theologische. Das *Bay Psalm Book* ist das erste gedruckte Buch, erschienen 1610 in Massachusetts. Der *Boston News Letter* im Jahr 1704 ist die erste Zeitung. Die ersten englischen Siedler kommen 1607 in der Neuen Welt an; sie landen in der Chesapeake Bucht in Virginia. Die ersten in Neuengland verfassten Schriften sind keine Literatur im eigentlichen Sinn, sondern Schriften, die das religiöse und politische Denken betreffen.

Als in Europa die liberalen Ideen Lockes verbreitet werden, veröffentlicht ein Mitglied des Bostoner Klerus, **John Wise** (1652–1725), seine *Vindication of The Government of New England Church* (1717) – eine *Rechtfertigung der Regierung der Kirche von Neuengland*. Darin verteidigt er die demokratische Autonomie und stellt Grundsätze des «Naturrechts» auf. Wenig später wird die calvinistische Lehre in den Beobachtungen von **Jonathan Edwards** (1703–1758) niedergelegt, in *The Distinguishing Marks of the Spirit of God* (1734) – *Die Unterscheidungsmerkmale des Geistes Gottes*.

Benjamin Franklin (1706–1790) gehört zu den repräsentativsten Männern jenes Jahrhunderts. Als Anhänger der Aufklärung beruft er sich auf die Vernunft, und in seinem *Poor Richard's Almanack* (1732) erteilt er praktische Ratschläge und gibt Informationen der unterschiedlichsten Art. Seine *Autobiographie* (1790) ist das Bekenntnis eines ganzen Lebens. Franklin gilt als ein Schriftsteller der amerikanischen Revolution, auch wenn diese eine Generation früher stattfindet. **Samuel Adams** (1722–1803) ist der Verteidiger der Menschenrechte und der Volkssouveränität. **Thomas Paine** (1737–1809) löst dank seiner Talente als Pamphletist die Bewegung aus, die schließlich die Erklärung der Menschenrechte ermöglicht. Deren Redaktion wird **Thomas Jefferson** (1743–1826) anvertraut. Zur gleichen Zeit veröffentlicht

Noah Webster (1758–1843) ein orthographisches Wörterbuch, das *Spelling Book*, das die Amerikanismen in Bezug zum Englischen festlegen will. Zwischen 1790 und 1860 wächst die Bevölkerung von 4 Millionen auf 31 Millionen, und den 13 Unionsstaaten schließen sich 21 weitere an. Sie sind durch gesellschaftliche Gegensätze gekennzeichnet, die bis dahin mehr oder weniger durch den Puritanismus und den Intellektualismus im Sinne Lockes unterdrückt wurden.

Die **Französische Revolution** beflügelt die intellektuelle und künstlerische Erneuerung Nordamerikas deutlich, das bis zur Unabhängigkeitserklärung noch dem Einfluss Europas unterliegt. Amerika lässt sich vom modernen Roman inspirieren, der in England bereits mit Defoe, Richardson und Fielding etabliert ist. **Brockden Brown** (1771–1810) beschert Amerika sein erstes Werk fiktiver Literatur: *Wieland oder die Verwandlung* (1798).

VIII

Asien vom 15. bis zum 18. Jahrhundert

1. Indien

Der Zerfall des Mogulreiches

Der Tod von Aurangzeb 1707 beschließt die Ära der Großmoguln; die nachfolgenden Herrscher werden nur noch als Moguln bezeichnet. **Bahadur Shah** (1707–1712) regiert noch mit einer gewissen Autorität, kann aber den Aufstieg der *Nawabs*, der unabhängig gewordenen Provinzgouverneure, nicht verhindern. Seine Nachfolger sind nur noch dem Namen nach Herrscher; sie hängen vom guten Willen der Kriegsherren und Höflinge ab, die sie mit einem Titel beehren, hinter dem sich jedoch keine wirkliche Macht verbirgt. Die Stadt Delhi wird erobert und gleich zweimal geplündert; durch **Nādir Shah** (1736–1747) von Persien aus; dann von **Ahmed Shah Abdali** (1747–1772), dem Schöpfer des Durrani-Reiches (1747–1826) in Afghanistan. Der wesentliche Teil des

Mogulreiches gerät unter die Kontrolle der Marathen, furchteinflößende Kriegerfürsten.

Nach 1800 vereinen sich 12 kleinere Fürstentümer in der Umgebung Lahores unter der Autorität von **Ranjit Singh** (1780–1839); sie bilden das Sikh-Reich im Punjab, das 50 Jahre währt, ehe es von den Engländern 1849 annektiert wird. Die Macht des Staates beruht auf einer Armee von 80 000 in Uniformen nach englischer Art gekleideten Soldaten. Die Ausbilder sind Franzosen und Italiener. Nach der Niederschlagung der Sikhs und der Niederlage **Tippu Sultans** (1749–1799) bei Mysore im Jahr 1799 stellen sich nur noch die Marathen dem englischen Vordringen entgegen. Der 3. Marathen-Krieg, der den Hinduismus gegen die Engländer verteidigt, dauert von 1817 bis 1818. Die Marathen-Fürsten unterstützen dabei die Einfälle der plündernden Pindari auf das Gebiet der **East India Company** (E. I. C.). Am Ende können die Engländer die durch ihre Uneinigkeit geschwächten Marathen-Fürsten jedoch schlagen und fügen ihnen eine Reihe von Niederlagen zu, die das Verschwinden der Marathen-Föderation zur Folge hat. Der Mogulkaiser muss sich zudem mit dem Sikh-Reich im Punjab und mit den Nizams oder Fürsten von Hyderabad auseinandersetzen. 1804 akzeptiert **Shah Alam II.** (1759–1806) den Schutz durch die E. I. C. Damit wird er unter Vormundschaft gestellt, wenn auch mit dem Titel eines «Königs von Delhi» versehen, den die Engländer ihm verleihen, womit sie absichtlich den – rein formalen – Titel eines «Kaisers von Indien» unterschlagen. Die Engländer lösen die Armee der Moguln auf.

1857 nehmen sie den **Sepoy-Aufstand** als Vorwand, um den letzten Mogulkaiser **Bahadur Shah Zafar** (1837–1857) abzusetzen und ihn bis zu seinem Tod (1862) nach Birma ins Exil zu schicken. Der Sepoy-Aufstand wurde von den einheimischen Hilfstruppen der englischen Armee in Gang gesetzt, den Sepoys, die es leid waren, wegen Rassismus und Verachtung als Soldaten zweiter Klasse zu gelten. Im Mai 1857 in Merath nordöstlich von Delhi begonnen, wird der Sepoy-Aufstand schnell zu einem **Unabhängigkeitskrieg**, als sich ihm einige Rajas, indische Fürsten, anschließen – wie etwa die Rani (Königin) von Jhansi (1828–1858). Der Krieg dauert bis 1859. 1858 wird die E. I. C., die die unterworfenen Gebiete für die englische Krone verwaltet, aufgelöst. Nun verwaltet die Krone selbst das *British Raj*, das britische Empire in Indien, und stellt einen Vizekönig von Indien an die Spitze des neuen Territoriums.

Britische Bildungspolitik in Indien im 18. und 19. Jahrhundert

Gouverneur **Warren Hastings** (1774–1785) fördert die Gründung wissenschaftlicher Gesellschaften in Indien nach englischem Vorbild. Wenn auch die Briten noch nicht das Sanskrit beherrschen, also noch nicht sonderlich tief in die Kultur Indiens eingedrungen sind, gründen sie dennoch einschlägige Institute, etwa 1781 ein muslimisches Institut in Kalkutta, das den englischen Funktionären die persische Kultur nahebringen soll. 1784 folgt die Gründung der *Asiatic Society of Bengal*. So wird Kalkutta nach und nach zum intellektuellen Zentrum des Landes. In Kalkutta gründet Ram Mohan Roy (1772–1833) den *Brahmo Samāj*, eine religiöse Reformsekte, die eine universelle Religion begründen will, die sich auf bereits bestehende Religionen stützt. **Keshab Sandra Sen** (1838–1884), ein Sozialreformer, setzt sich ebenfalls für eine universelle Religion jenseits aller Kasten ein. Erst durch die Arbeit von **Thomas Colebrooke** (1763–1837), einem Beamten der bengalischen Verwaltung zu Beginn des 19. Jahrhunderts, erwerben die Engländer wissenschaftliche Kenntnisse über den Zustand der indischen Wissenschaft und Literatur. Das Englische wird 1835 zur offiziellen Sprache. Doch sie ist – wie auch die Lehrinstitute, die dem englischen System nachgebildet wurden – nur einer kleinen Minderheit zugänglich, weniger als einem Prozent der Bevölkerung. Die Repräsentanten des Raj lassen jede weitere Bildungsmöglichkeit einschließlich der traditionellen Schulen außer Acht und verurteilen die Masse der Menschen zur Unwissenheit. Eine medizinische Hochschule wird 1835 in Kalkutta eröffnet, nach 1850 auch eine Universität, ebenso wie in Bombay und Madras.

2. China: Die Qing-Dynastie (1644–1911)

Die letzte wirkliche chinesische Dynastie, die der Ming, geht nach der ersten Hälfte des 17. Jahrhunderts dem Untergang zu, ehe sie von den aus dem Norden kommenden Mandschu 1644 zerstört wird. Die Kontrolle der Grenzen des Reiches ist aus Mangel an genügend kampferprobten Truppen nicht mehr sichergestellt. Die Regionen der indo-chinesischen Halbinsel, die im Prinzip zur Tributzahlung verpflichtet sind, leisten diesen Tribut nicht mehr. Die chinesische Oberherrschaft ist bestenfalls eine rein formale. Im Nordosten

Chinas haben sich die Mandschu-Clans vereint und bedrängen die Grenzregion des Ming-Reiches. Die Schwäche der Dynastie wird so vor aller Augen deutlich: Banden von Räubern und Bauern erobern die Stadt Peking und plündern sie. Der Kaiser wird zum Selbstmord gezwungen, der Oberkommandierende seiner Armeen erbittet die Hilfe der Mandschu. Die Mandschu erobern die Hauptstadt tatsächlich und ohne Probleme, setzen aber die früheren Herrscher keineswegs wieder ein. Sie selbst übernehmen die Macht und begründen die letzte Kaiserdynastie der Qing, der «Reinen», die von 1644 bis 1911 andauert.

Die Gründer: Von Nurhaci bis Shunzhi (1582–1661)

Nurhaci (1582–1626), der 1582 die Führung der Mandschu-Jurchen übernimmt, vereint die anderen Stämme unter seiner Herrschaft. 1611 ruft er sich zum Khan aus und gründet die Dynastie Da Jin (Große Goldene). Sie geht 1644 unter, als sein Nachfolger **Shunzhi** (1644–1661) im Alter von sechs Jahren erster Kaiser der neuen und letzten regierenden Dynastie Chinas wird, der Qing. Nurhaci organisiert die streitsüchtigen, zum Bürgerkrieg bereiten Mandschu-Clans in Einheiten, die seinen Befehlen treu ergeben sind: Dies sind die sogenannten «Acht Banner», ein politisches und gesellschaftliches System. In Friedenszeiten stellen die Männer des Banners je ein Kontingent. Die Mitglieder der Banner bilden, nachdem China erobert ist, die Mandschu-Aristokratie, die sich dazu berufen fühlt, die ethnische Mehrheit der Han-Chinesen zu regieren. Der Sohn Nurhacis, **Huang Taiji** (1626–1643), ist im strengen Sinn ein Herrscher der Da-Jin-Dynastie, gilt aber allgemein als zweiter Monarch der Qing-Dynastie. Als Herr der Mandschu-Welt erobert er einen Großteil Chinas. Die letzte, abschließende Eroberung kommt seinem Sohn zugute: **Shunzi**. Im Jahr 1643 Kaiser des nördlichen China, wird er im Folgejahr Monarch des ganzen Landes. Er übernimmt die Riten der Ming, wird zum «Sohn des Himmels» ausgerufen und zum Inhaber des «himmlischen Mandats»: Der Himmel lässt ihn regieren, solange er die Qualitäten eines wahren Herrschers an den Tag legt. Das System der kaiserlichen Examen, wodurch die Mandarine rekrutiert werden, wird ausgebaut. Der Herrscher will die Vereinigung der Mandschu – die eine Minderheit sind – mit der ethnischen Mehrheit der Han-Chinesen. Im Hinblick auf die Anwesenheit der westlichen Länder in China begründet Shunzhi eine Politik der Abschottung; sie besteht allerdings abwechselnd aus Annahme und Verbot, aus fremdenfeindlicher Ablehnung, lässt aber gleichzeitig zu, dass der Jesuit **Johann Adam Schall von Bell** nach Peking kommt.

Die Jesuiten in Asien

Eine Geschichte Chinas wäre unvollständig, würde nicht die bedeutende Rolle erwähnt, die die Jesuiten hier einnahmen. Trotz verschiedener Verbote können sie herausragende Stellungen nahe beim Kaiser einnehmen – dank ihrer Fähigkeit, sich der chinesischen Kultur anzupassen, dank auch ihrer großen Kenntnisse auf verschiedenen Gebieten. Seit 1498 und der Expedition **Vasco da Gamas** (um 1469–1524) kennt Europa den Seeweg nach China. **Matteo Ricci** (1552–1610), auf Mandarin Lì Mǎdòu, hinterlässt neben einem zweisprachigen Wörterbuch auch eine Weltkarte und eine chinesische Übersetzung der *Geometrie* Euklids. Sein Nachfolger **Johann Adam Schall von Bell** (1592–1666) kommt 1620 an und nimmt den chinesischen Namen Tang Jo Wang an. Vom Kaiser mit einer Kalenderreform betraut, lehrt er auch Mathematik und Astronomie. Nachdem die Ming abgesetzt sind, protegieren die Qing gleichwohl weiterhin einige Jesuiten. Schall setzt seine Karriere am Hof fort und erhält 1653 den Titel «Die Geheimnisse des Himmels ergründender Lehrer». Kaiser **Kangxi** (1662–1722) gewährt seine Gunst Pater **Jean-François Gerbillon** (1654–1707), dessen Talent als Diplomat er nutzt. Pater **Ferdinand Verbiest** (1623–1688) wird zu **Nan Huei Jen**, lässt dem Kaiser seine mathematischen Kenntnisse zugutekommen und setzt die von Adam Schall von Bell begonnene Kalenderreform erfolgreich fort. Die kaiserliche Armee stattet er mit leistungsfähigen Kanonen aus, die dem Herrscher eine eindeutige Vorherrschaft über seine Nachbarn verleihen. Doch die Nachfolger Kangxis zeigen sich weniger offen, tolerieren die Jesuiten allenfalls wegen ihrer Kenntnisse, ehe sie sie vom Hof vertreiben. Der Todesstoß kommt aus Rom, als man dort die strenge Befolgung christlicher Riten in China verlangt – der «Ritenstreit». Nach der Vertreibung aus Frankreich und Spanien wird den Jesuiten nun vom Papst 1773 das Land China verboten.

Die Zeit der großen Qing-Herrscher (17.–19. Jahrhundert)

Zwei außergewöhnliche Herrscher führen die Qing-Dynastie zu ihrem Höhepunkt: Kaiser **Kangxi** (1662–1722) und Kaiser **Qianlong** (1735–1796). Ihre jeweils sehr lange währende Herrschaft bringt China Wohlstand und Macht.

Ihre Nachfolger jedoch, eingeschlossen in die *Purpurne Verbotene Stadt* in Peking, überlassen die Führung des Palastes den Eunuchen und ziehen sich in den Traum eines kaiserlichen Chinas zurück, das indes längst vergangen ist. Unfähig, das Reich von innen zu reformieren, lassen sie China nach und nach von den durch die Industrielle Revolution erstarkten Westmächten und Japan destabilisieren. Die gesellschaftliche und politische Revolution, die insbesondere Japan im 19. Jahrhundert durchgemacht hat, ist Anlass für einen Reformversuch auch am chinesischen Staatsapparat, der 1898 von Kaiser **Guangxu** (1873–1908) unternommen wird. Doch die Kaiserwitwe **Cixi** (1835–1908) verdrängt ihn von der Macht und hält ihn bis zu seinem Tod in strenger und demütigender Vormundschaft; er wird eingesperrt und bewacht.

■ **Kangxi** (1662–1722) ist Zeitgenosse Ludwigs XIV., mit dem er in Korrespondenz steht, in der, wie unter Herrschern üblich, beide sich gegenseitig als «Cousin» anreden. Als gebildeter und neugieriger Herrscher öffnet Kangxi den Hof für einen Jesuitenpater, **Jean-François Gerbillon** (1654–1707), der mit Mathematik- und Astronomie-Unterricht betraut wird, die *Elemente* Euklids auf Chinesisch übersetzt und die westliche Malerei einführt. Außerhalb der Grenzen werden Mongolen, Tibetaner und Russen unterdrückt; im Inneren versuchen die letzten der alten Dynastie noch ergebenen Fürsten einen Aufstand im Süden, der schnell niedergeschlagen wird. Nun wird das bereits seit den Tang in Ehren gehaltene System der kaiserlichen Examen wiederbelebt; die Qing rekrutieren die Beamten, deren Treue sie sich versichern, nach Verdienst. Die Religionspolitik Kangxis lässt sich in zwei Perioden einteilen: 1692 annulliert er das kaiserliche Edikt von 1665, welches das Christentum in China verbietet. Doch der Papst untersagt die Praxis eines örtlichen chinesischen Synkretismus, der von einheimischen Riten wie der Ahnenverehrung durchzogen ist. Diese Verurteilung ändert wiederum die Haltung des Kaisers: 1717 wird das Predigen verboten; 1724 werden die Missionare durch Kangxis Nachfolger des Landes verwiesen.

■ **Qianlong** (1735–1796) vergrößert im Laufe der 61 Jahre seiner Herrschaft das Reich durch Ausdehnung und die Schaffung neuer Provinzen im Nordwesten; er beendet die Bedrohungen durch die Türken und Mongolen. Er restauriert und verschönert die Verbotene Stadt, die noch die Zeichen der Unruhen von 1644 trägt. Er hält den Kontakt mit der westlichen Welt aufrecht, vor allem in Form von gelehrten Gesprächen mit Jesuiten, die am Hof empfangen werden, wobei das Christentum weiterhin verboten bleibt. Der Kaiser begreift, dass die Erhaltung seiner Dynastie an seine Fähigkeit gebunden ist, den Chinesen genügend Nahrung zu verschaffen. Seine Edikte fördern die Entwicklung einer Landwirtschaft der kleinen und mittleren Grundbesitzer; eine dreifache Reisernte im Jahr wird allgemein üblich.

Kunst und Wissenschaft unter den ersten Qing

Die Maler: Zhu Da (1625–1705) und Shi Tao (1642–1707)

Zhu Da und Shi Tao leben in der Zeit, die durch den Untergang der Ming-Dynastie in Verwirrung gerät; beide Maler sind dieser Dynastie verbunden. Tatsächlich stammt Zhu Da vom Fürsten Zhu Qan (1378–1448) ab; die Aristokratenfamilie von Shi Tao verdank alles den Ming-Kaisern. Zhu Da brilliert in der mit Kalligraphie ausgeschmückten Landschaftsdarstellung, wobei sein Stil von dem der Meister des 10. Jahrhunderts inspiriert ist; meisterhaft sind auch seine Darstellungen von Fischen, Vögeln sowie seine Porträts. Diese Darstellungen lebendiger Wesen sind für seine Zeitgenossen dunkel und beunruhigend. Eine Erklärung dafür liegt vielleicht in manchen Einzelheiten seiner Biographie begründet. Nach dem Ende der Ming-Zeit im Jahr 1644 wird Zhu Da 1648 buddhistischer Mönch, scheint aber nach einigen Jahren aus seinem Kloster geflohen zu sein, um Wandermönch zu werden. Der Tod seines Vaters stürzt ihn in Verzweiflung, die er im Alkohol ertränkt. Shi Tao, ein Melancholiker, ist bekannt wegen seiner Abhandlung *Worte über die Malerei des Mönchs Bitterer Kürbis* (1710); diesen Beinamen gab er sich selbst. In seiner Schrift besteht er auf der Bedeutung des ersten gezeichneten Strichs; für ihn enthält er das Wesen des ganzen Universums.

Die Gruppe der Gebildeten: Philosophie, Erotik und Malerei-Traktate

Li Zhi (1527–1602) ist vom Buddhismus inspiriert und wendet sich klar gegen den Konfuzianismus, auf dem gleichwohl die politische und gesellschaftliche Harmonie fußt. Er gilt als gefährlicher Reformator, der die Scheinheiligkeit und Gehaltlosigkeit der konfuzianischen Klassiker beklagt. Deshalb wird er ins Gefängnis geworfen. Das Verbot seiner beiden Werke *Zum Verbrennen* und *Zum Verbergen* sowie seine Situation im Gefängnis verleiten ihn zum Suizid. Heute gilt er mit seiner radikalen Ablehnung des Konfuzianismus als innovativer Philosoph. **Li Yu** (1611–1680), bekannt unter seinem Hofnamen Li

Liweng, ist Schauspieler und Dramatiker, Verfasser der Erzählungen der *Zwölf Türme*, sie sind voll erotischen und homosexuellen Gehalts. Sein berühmtestes Werk ist eine enzyklopädische Abhandlung über chinesische Malerei, das *Jieziyuan Huazhuan* oder *Malereihandbuch des Senfkorngartens*, das 1679 veröffentlicht wird. Tang Tai (1660–1746), ein aristokratischer Mandschu-General, hinterlässt eine Abhandlung zur Kunst des Malens: *Darlegung der Feinheiten in der Malerei* (1716). **Yuan Mei** (1716–1797), eine Zeitlang Beamter, gibt diese Karriere mitsamt ihren Möglichkeiten auf, um sich nach Nanking zurückzuziehen, ein hedonistisches Leben zu führen und sich der Schönheit seines Gartens zu widmen und der Kontemplation, was ihn zu seinen Werken inspiriert: die phantastischen Erzählungen des *Zi Bu Yu – Worüber der Meister nicht spricht* oder seine Hymne auf das Vergnügen, das ihm sein Garten in Suzhou bereitet, der Garten der Zufriedenheit. Er verfasst außerdem ein Buch mit 326 Kochrezepten, das *Suiyuan Shidan – Speisezettel des Sui-Gartens*, das noch heute sehr geschätzt wird. **Cao Xueqin** (1723–1763) ist Verfasser einer der berühmtesten Romane der chinesischen Literatur: *Der Traum der roten Kammer*. Unvollendet hinterlassen, wird das Werk 1791 posthum veröffentlicht.

Kunst und Wissenschaft auf dem Höhepunkt der Qing-Dynastie

Die Herrschaft von **Qianlong** (1735–1796) ist außer wegen ihrer zeitlichen Ausdehnung auch deshalb bemerkenswert, weil dieser Herrscher den Künsten eine so große Bedeutung beimisst. Der sehr gebildete Kaiser sammelt Gedichte, Bilder und Bronzewerke, die allesamt seinen Palast schmücken sollen. Er befiehlt, darüber Kataloge anzulegen, um stets über Anzahl und Stil dieser Werke informiert zu sein. Die Literatur im 18. Jahrhundert bringt als Neuigkeit die Kritik an einer erstarrten Gesellschaft, vorgebracht vor allem durch eine Gruppe rebellischer Autoren, zu denen auch **Dai Zhen** (1724–1777) gehört, der die Reform eines Konfuzianismus will, der in seinen Augen durch buddhistischen und taoistischen Aberglauben befleckt ist. Zur gleichen Zeit kommt eine Text-Kritik auf, eine Bewegung der Erneuerung der Enzyklopädien, der Wörterbücher, darunter das *Kangxi Zidian* – das *Kangxi-Wörterbuch*. Es wurde von Kangxi angeordnet und zwischen 1710 und 1716 fertiggestellt; im 18. und 19. Jahrhundert ist es ein Klassiker. Eine gewaltige Enzyklopädie entsteht mit dem *Kou-shin su-chu Shi-sheng* von 1722.

In der **Malerei** kommen zwei Richtungen auf: Einerseits spezialisiert sich eine traditionalistische Hofschule auf Porträts und verzichtet auf Innovationen. Andererseits gibt es klar umrissene Persönlichkeiten, die von ihren berühmten Vorgängern aus der Ming-Zeit beeinflusst sind; dazu gehören **Shai Ta-zong** (?–1804), **Pan Chong-shu** (1741–1794) oder **Hi-Chang** (1746–1803). Die chinesische Malerei wird durch den Kontakt mit westlichen Malweisen bereichert. Während der Herrschaft Quianlongs wird der jesuitische Maler **Giuseppe Castiglione** (1688–1766) offizieller Maler; er lehrt seine chinesischen Kollegen die «westliche» Perspektive und die Darstellung von Räumen und begibt sich gleichzeitig für viele seiner Porträts und Bilder in ihre Schule. Diese zeigen etwa die Pferde des Kaisers, wie das berühmte Rollbild der *Hundert Pferde* (1728).

Der Yiheyuan (1750) und der Palast von Shenyang (1625–1783)

Der Sommerpalast, Yiheyuan, liegt 15 Kilometer nordwestlich von Peking und erstreckt sich auf 294 Hektar. Er wird 1750 von Kaiser **Qianlong** erschaffen, dem sechsten Herrscher der Qing-Dynastie. Er besteht aus zwei Teilen: dem Hügel der Langlebigkeit und dem Kunming-See, der eigens vergrößert wurde. Ursprünglich soll der Sommerpalast den Kaiserwitwen die Flucht aus der schwülen Sommerhitze Pekings ermöglichen. Später wird der Sommerpalast ein vom ganzen Hof geschätzter Aufenthaltsort; selbst die Kaiser verschmähen es nicht, sich gelegentlich dorthin zu begeben. Als ein Mikrokosmos der Architektur und Gartenbaukunst des gesamten Reiches bietet der Sommerpalast mannigfache Beispiele. Zu nennen ist etwa die Siebzehn-Bogen-Brücke, die Gaoliang-Brücke, der Wandelgang, der es dem Hof ermöglicht, an Regentagen den Park zu genießen, indem man die 728 Meter lange Galerie durchstreift. Sie stellt mit ihren 273 Säulenpaaren eine eigene Miniaturwelt dar, bemalt von Kunstmalern, die ihre Inspiration von den Landschaften und Bildern des täglichen Lebens beziehen; ferner das prachtvolle Marmorschiff. Letzteres, am Westufer des Kunming-Sees gelegen und *Schiff der Klarheit und der Behaglichkeit* genannt, vermittelt einem das Gefühl, auf dem Wasser zu fahren. Von anglo-französischen Truppen im Krieg von 1860 zerstört, wird der Sommerpalast ab 1886 rekonstruiert, dann ein zweites Mal 1801 im Boxeraufstand verheert, danach wieder aufgebaut. 1998 setzt die UNESCO das Ensemble auf die Liste des Weltkulturerbes. Außer den Gebäuden der Verbotenen Stadt lassen die Qing-Herrscher zwischen 1625 und 1783 in Shenyang einen Palastkomplex aus 114 Bauten errichten. Shenyang liegt im Nordosten Chinas und ist die erste Hauptstadt der Mandschu-Dynastie, ehe Peking eingenommen wird. Mit mehr als 70 Gebäuden und mehr als

300 Zimmern ist der Palast von Shenyang ein Rivale der Verbotenen Stadt. Das größte Bauwerk ist der *Dazhengdian* bzw. der «Große Saal der politischen Angelegenheiten», ein kaiserlicher Audienzsaal, der auf jeder Seite von zehn «Pavillons der zehn Könige» gerahmt ist, die für die Minister vorgesehen sind. Der wichtigste Stil ist der der Mandschu, doch es treten auch Han- und Hui-Einflüsse auf, von beiden mehrheitlichen chinesischen Ethnien also.

IX

Afrika: Äthiopien im 18. Jahrhundert

Nach mehreren Religionskriegen gegen die Muslime, danach gegen die römischen Katholiken, die versuchen, sich einem orthodoxen Äthiopien aufzuzwingen, entsteht das **Königreich von Gonder** (1632–1769) mit der Herrschaft von **Fasiladas** (1603–1667), der 1632 Negus wird. Er baut eine Hauptstadt, Gonder, nordöstlich vom Tana-See. Eine Zeit des Wohlstands beginnt. Die Ausstrahlung der Hauptstadt zieht verschiedene Religionsgemeinschaften an; der Handel blüht, die Landwirtschaft wird entwickelt, viele Kirchen werden gebaut, an die 100 in der ganzen Stadt. Doch die zentrifugalen Tendenzen, die den äthiopischen Regionen eigen sind, kommen erneut auf. Die Herrscher werden immer zögerlicher, was die Zentralisierung der Macht betrifft. Die letzte große Gestalt der Dynastie ist Kaiserin **Mentewab** (1730–1769), die durch ihr politisches Geschick die Einheit aufrechterhalten kann.

8

ACHTER TEIL

DIE WELT IM LANGEN 19. JAHRHUNDERT

Die großen Entwicklungen

Das «lange» 19. Jahrhundert wird durch zwei Daten bestimmt, die diesen Zeitraum eröffnen und beschließen: die Französische Revolution 1789 und den Beginn des Ersten Weltkriegs 1914. Das erste Datum bezeichnet das Ende des Ancien Régime in einem Land, das seit dem Mittelalter von königlichen Dynastien regiert wurde. Die neuen Horizonte, die sich eröffnen, sind der Verkündigung der Volkssouveränität geschuldet, die Gegenstand der Revolutionen von 1830, 1848 und 1871 werden. Es ist schwer, das kulturelle Erbe der Französischen Revolution abzuwägen. Zumindest gilt, dass sie das Denken von der Autorität der Kirche und königlicher Bevormundung befreit und intellektuelle Fortschritte ermöglicht hat. Die Evolutionstheorien verdrängen den sogenannten Fixismus, der letztlich auf der Interpretation der biblischen Schöpfungsgeschichte beruht. Der Positivismus ersetzt die göttliche durch eine natürliche Ordnung und bezeugt die Emanzipation der modernen Gesellschaften von Religion und Kirche. Als eine **Zeit der politischen, gesellschaftlichen und wirtschaftlichen Instabilität** ist das 19. Jahrhundert zudem durch das Aufkommen zahlreicher künstlerischer und literarischer Strömungen gekennzeichnet: Romantik, Realismus, Naturalismus, Impressionismus und Symbolismus belegen das schöpferische Leben des Menschen auf dieser Welt.

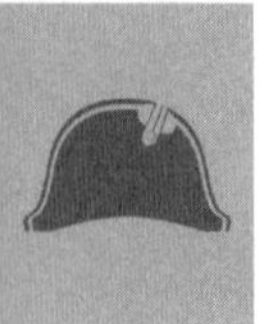

I

Deutschland im 19. Jahrhundert

1. Das Ende des Heiligen Römischen Reiches Deutscher Nation

Kaiser Franz II. und Napoleon

Der älteste Sohn Kaiser Leopolds II., **Franz II.** (reg. 1792–1806), folgt ihm als Kaiser auf den Thron. Seine gesamte Regierungszeit ist von den Kriegen gegen das revolutionäre, später napoleonische Frankreich erfüllt. Das beschert ihm eine Reihe von Niederlagen, die ihm zudem seine Besitzungen schmälern. Der Vertrag von Campo-Formio (1797) nimmt ihm die Lombardei und die Niederlande. Nachdem er bei Marengo geschlagen wird, entreißt ihm der Vertrag von Lunéville (1801) das linke Rheinufer. Um die Fürsten zu entschädigen, säkularisieren die deutschen Länder die Kirchengüter. Der Reichstag von Regensburg verkündet am 25. Februar 1803 ein Abschlussprotokoll, das de facto dem Heiligen Römischen Reich das Ende bereitet. Damit wird einer Forderung Napoleons I. entsprochen. 1804 nimmt Franz II. den Titel eines österreichischen Kaisers an und herrscht als Franz I. von Österreich (reg. 1804–1835) nur noch über seine eigenen Staaten. Die Überreste des Reichs gehen allmählich in Agonie über. Napoleon ist am 2. Dezember 1805 der Sieger von **Austerlitz**. Am 12. Juli entsteht der **Rheinbund**: Sechzehn süddeutsche und westdeutsche Staaten tun sich unter französischem Protektorat zusammen und erkennen das Reich nicht mehr an. Am 1. August 1806 beendet auch Napoleon durch eine Note an den Regensburger Reichstag die Anerkennung des Heiligen Römischen Reiches Deutscher Nation. Am 6. August 1806 dankt Franz II. ab; er ist der letzte Kaiser dieses Reiches.

Dennoch regiert er weiterhin in seinen österreichischen Besitzungen als österreichischer Kaiser, bis zu seinem Tod 1835. Ein weiteres Mal bei Eggmühl und Wagram geschlagen, unterzeichnet Franz I. den Frieden von Schönbrunn am 14. Oktober 1809 und gibt seine Tochter **Marie-Louise von Österreich** (1791–1847) Napoleon I. zur Frau. Im Jahre 1813 schließt sich Franz I. der europäischen Koalition gegen Frankreich an. Nach der Niederlage Napoleons bei **Waterloo** erhält Franz den Großteil seiner Staaten zurück, dennoch errichtet der Wiener Kongress das Heilige Römische Reich nicht wieder neu.

Der Aufstieg Preußens

Preußen verzeichnet einen deutlichen Rückgang seines Einflusses nach den Niederlagen gegen Frankreich; sein Überleben als Staat verdankt es nur dem Eingreifen des russischen Zaren. Der **Wiener Kongress** (November 1814 bis Juni 1815) begründet den **Deutschen Bund** aus 39 Staaten unter der symbolischen Oberherrschaft des Kaisers von Österreich. Letzterer wendet sich vor allem den slawischen Teilen seines Reichs zu. Die wichtigste Macht des Bundes ist in Wahrheit Preußen, obwohl Österreich den Vorsitz im Frankfurter Reichstag hatte, der Versammlung der Repräsentanten der deutschen Staaten. Die Fürsten setzen in ihrem jeweiligen Staat eine parlamentarische Verfassung ein. Die Hoffnung auf eine liberale Herrschaft ist jedoch nur von kurzer Dauer. Österreich und Preußen nähern sich nach der Ermordung des antiliberalen Schriftstellers **August von Kotzebue** (1761–1819) einander an, der von einem Studenten namens **Karl Ludwig Sand** (1795–1820) umgebracht wurde, der für politische Freiheit kämpfte. Die Schlussakte von Wien (1820) setzt die Karlsbader Beschlüsse fort, eine Zensur und die Überwachung der Universitäten einzurichten, geht aber weit darüber hinaus, indem bekräftigt wird, dass der Herrscher alle politische Macht in Händen hält. Preußen bereitet sich auf eine zukünftige deutsche Einigung zu seinen Gunsten vor und hebt deshalb die inneren Zollgrenzen 1818 auf. Süddeutschland und das Zentrum bilden 1828 ihre eigene Zollunion. Am 1. Januar 1834 werden alle Länder im *Deutschen Zollverein* zusammengeschlossen, der von Preußen dominiert wird.

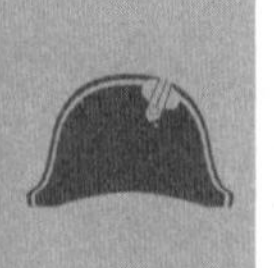

Der Vormärz

Die Revolution von 1830 in Frankreich ruft in Deutschland Aufregung unter den Liberalen hervor; seit 1831 untersagt der Frankfurter Reichstag politische Verbände, Veranstaltungen und Versammlungen. Doch es ist der *Völkerfrühling* von 1848, der die alten Monarchien erschüttert. Es ist die Bewegung des Vormärz – eine Zeit, die sich vom Wiener Kongress (1815) bis zur Niederlage des *Jungen Deutschland* erstreckt; die Zeit einer Bewegung, die die Freiheit von Presse, Versammlung und Wahl, das allgemeine Wahlrecht sowie das Ende der Karlsbader Beschlüsse fordert. Die März-Revolution beginnt am 13. März in Österreich und erreicht Berlin am 18. desselben Monats. Eine Nationalversammlung wird durch allgemeine Wahl bestimmt und nimmt ihren Sitz in der Frankfurter Paulskirche. Sie beschließt im Januar 1849 die Schaffung eines föderalen Deutschland mit einem Kaiser an der Spitze. Die Kaiserkrone wird Friedrich Wilhelm IV. von Preußen (reg. 1840–1861) angetragen, der sie ablehnt, denn sie kommt in seinen Augen vom Volk («aus der Gosse»). Die Fürsten übernehmen im Lauf des Jahres 1849 die Macht erneut. Nach der Weigerung des Preußenkönigs löst sich die Frankfurter Nationalversammlung auf. Die Armee unterdrückt die Forderungen nach politischer Freiheit. Doch überall befriedigen «oktroyierte Verfassungen» nach österreichischem Modell die Forderungen des liberalen Bürgertums, lassen aber tatsächlich die Macht in Händen der Fürsten. Das *Junge Deutschland* überlebt als literarische Bewegung, die den Namen weiterträgt, sich gegen Klassik und Romantik wendet und Freiheit sowie das Recht auf persönliche Entfaltung fordert.

Die Vereinigung Deutschlands

Otto von Bismarck (1815–1898) ist der Initiator der deutschen Einigung unter preußischer Führung. Der preußische König Friedrich-Wilhelm IV., der bereits an einer Gehirnerkrankung leidet, ist seit 1857 nach mehreren Schlaganfällen nicht mehr in der Lage zu regieren. Sein Bruder **Wilhelm** (1797–1888) wird ständiger Regent, dann beim Tode Friedrich Wilhelms IV. im Jahre 1861 König von Preußen. Er ernennt 1862 Bismarck zum preußischen Ministerpräsidenten. Dieser setzt eine Armeereform in Gang, wobei er den Militärdienst auf drei Jahre festsetzt und das Militärbudget erhöht. Die andere Macht, die Deutschland zu ihren Gunsten hätte vereinen können – Österreich –, ist nicht mehr in der Lage, Preußen Widerstand zu leisten. Der entscheidungsschwache und an Epilepsie leidende **Ferdinand I.** (reg. 1835–1848) wird 1848 zur Regierungsübergabe zugunsten seines Neffen **Franz Joseph I.** (reg. 1848–1916) bewogen, der allerdings selbst mit nationalen Problemen in seinem Vielvölkerreich konfrontiert ist.

1864 gibt der Krieg um die Herzogtümer Schleswig und Holstein Preußen die Gelegenheit, seine Macht zu demonstrieren. Die beiden Herzogtümer werden 1863 persönliches Eigentum des Königs von Dänemark. Es folgt ein

Krieg gegen Preußen und Österreich, den Dänemark verliert. Preußen erhält nun Schleswig, Österreich erhält Holstein, das wiederum 1866 von Preußen überfallen wird. Die Österreicher werden am 3. Juli 1866 in der Schlacht bei **Königgrätz** entscheidend geschlagen. Durch den Prager Vertrag (1866), der auf die Verhandlungen von Nikolsburg folgt, überlässt Österreich Holstein den Preußen und akzeptiert die Auflösung des Deutschen Bundes. Preußen annektiert Hannover, Hessen, das Herzogtum Nassau und vereint die norddeutschen Staaten im **Norddeutschen Bund**, der 21 Staaten umfasst und vom preußischen König geleitet wird. 1867 wird Bismarck zum Kanzler des Norddeutschen Bundes ernannt. Der Reichstag des Norddeutschen Bundes versammelt sich im September 1867.

Die folgende Phase besteht in der Integration der katholischen Südstaaten. Bismarck instrumentalisiert Napoleon III. mithilfe der **Emser Depesche** vom Juli 1870. Ausgangspunkt dieser Episode ist die Kandidatur Prinz **Leopolds von Hohenzollern** (1835–1905), Cousin des Preußenkönigs Wilhelm, für den vakanten spanischen Thron. Frankreich widersetzt sich dem, die Kandidatur wird zurückgezogen. Doch der französische Botschafter verlangt eine weitergehende Bestätigung durch den preußischen König, der sich zur Kur in Bad Ems aufhält. Der König bestätigt die Rücknahme. Der Botschafter verlangt jedoch eine weitere Audienz, um einen Beweis für den endgültigen Verzicht zu erhalten. Den erhält er nicht, passt daher den König auf dessen Spaziergang ab. Der König fühlt sich belästigt und verschiebt seine Antwort auf später. Er schickt eine Depesche an seinen Kanzler Bismarck, gibt darin diesen Vorfall wieder. Doch Bismarck verkürzt den Inhalt der Depesche so, dass die Darstellung für Frankreich beleidigend wird, dessen Botschafter kein weiteres Treffen mit dem König gewährt bekommen hatte. Den gekürzten Text, die sogenannte Emser Depesche, gibt Bismarck anschließend an die Presse, und er wird von vielen deutschen Zeitungen, dann auch französischen, nachgedruckt. Am 19. Juli geht Napoleon in die Falle und erklärt Preußen den Krieg. Am 2. September 1870 kapitulieren die französischen Truppen bei Sedan. Napoleon III. wird gefangen genommen. Im November 1870 schließen sich die süddeutschen Staaten dem Norddeutschen Staatenbund an. Im Spiegelsaal von Versailles wird am 18. Januar 1871 das Deutsche Reich ausgerufen; der preußische König wird als **Wilhelm I.** (1871–1888) deutscher Kaiser.

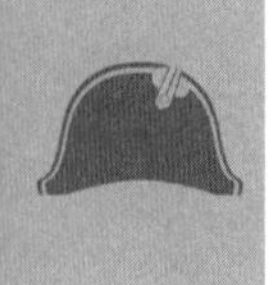

Vom Reich Bismarcks bis zum Deutschland Wilhelms II.

Die Verfassung des Deutschen Reiches ist im Großen und Ganzen eine Wiederholung der Verfassung des Norddeutschen Bundes, das gilt vor allem für den Reichstag. Doch sie impliziert auch die Rückgabe der Macht an den Kaiser und seine Berater. Bismarck wird deutscher Reichskanzler und leitet die Politik bis 1890. Er startet eine *Kulturkampf*-Offensive gegen die katholische Kirche und die Zentrumspartei, die diese im Reichstag unterstützt. Das Deutsche wird in allen Gebieten des Reichs Verwaltungssprache. Um dem Einfluss der sozialdemokratischen Partei und der Verbreitung sozialistischer Ideen entgegenzutreten, errichtet Bismarck Anfang der 1880er Jahre ein weit entwickeltes Sozialversicherungssystem. Nach dem Tode Wilhelms I. im Jahr 1888 wird dessen Sohn **Friedrich III.** (9. März bis 15. Juni 1888) sein Nachfolger, erliegt aber bald einer Krankheit, ohne die avisierten Reformen durchsetzen zu können.

Nachfolger ist sein Sohn, der als **Wilhelm II.** (1888–1918) deutscher Kaiser wird. Autoritär und kriegslüstern, entlässt er Bismarck 1890, baut die Armee weiter auf, verstärkt die Marine, führt Deutschland im Namen der *Weltpolitik* in den Kampf um die Kolonien. Dies soll dem Land seinen wahren Platz im Konzert der Nationen verschaffen. Er verweigert eine Allianz mit England, was England dazu bringt, sich Frankreich anzunähern, und es entsteht die *Entente cordiale* (8. April 1904), die am 31. August 1907 durch eine identische Abmachung mit Russland vervollständigt wird. Deutschland sieht sich diplomatisch isoliert und setzt der Dreier-Entente aus Frankreich, England und Russland die Tripelallianz aus Deutschland, Österreich-Ungarn und Italien entgegen. Der Pangermanismus kommt auf, vom Wunsch beseelt, unter der Herrschaft des deutschen Kaisers alle deutschsprechenden Gruppen zusammenzufassen und die allogenen (fremden Völker auf deutschem Gebiet) zu germanisieren. Als Entourage Wilhelms II. werden Offiziere bevorzugt, die den Krieg gegen Frankreich und Russland predigen, um ihre pangermanischen Ideale umzusetzen. 1911 bringt die Agadir-Krise Deutschland und Frankreich wegen Marokko in Opposition. Deutschland schickt ein Kanonenboot, die *Panther*, in den Hafen von Agadir. Auf englischen Druck hin verzichtet Deutschland aber auf seine Ansprüche auf Marokko, dafür erhält es Konzessionen im Kongo. Doch beide Länder stürzen sich im weiteren Verlauf in die militärische Aufrüstung. Die Ermordung des österreichisch-ungarischen Thronerben am 28. Juni 1914 in Sarajewo provoziert den Ersten Welt-

krieg. Nach der November-Revolution 1918/19 verschwindet das Deutsche Reich. Wilhelm II. ist gezwungen abzudanken; er geht ins Exil. Seine Tage beschließt er in den Niederlanden, wo er am 5. Juni 1941 stirbt.

2. Die Kunst in Deutschland

Die Bilder, Stiche und Skulpturen, die im Deutschland dieser Zeit entstehen, bezeugen, wie auch in Frankreich von 1789 bis 1900, die politischen und gesellschaftlichen Visionen des Augenblicks. Der französische Einfluss ist deutlich, und viele deutsche Künstler kommen nach Paris, um dort ihre Ausbildung zu vertiefen. Das deutsche Kulturleben entwickelt sich in Städten wie Dresden, München, Düsseldorf, Frankfurt, Berlin, Weimar.

Die Malerei: Die Last der Romantik

Die Romantik wirkt sich zweifellos in Deutschland stärker aus als anderswo. Als protestantisches Land ist es von mächtigen philosophischen Einflüssen gekennzeichnet, darunter auch von Baruch Spinoza, der lehrt, dass Gott in allem Seienden existiert. Im 19. Jahrhundert wird die Landschaftsmalerei zum unterschätzten Genre geringeren Ranges, doch man beobachtet in Deutschland eine Neubewertung dieses Genres, die schneller vonstattengeht als in Frankreich. In der Landschaftsmalerei drückt sich die deutsche Romantik aus. Die wichtigsten Namen: der Österreicher **Joseph Anton Koch** (1768–1839) und der norddeutsche **Philipp Otto Runge** (1777–1810). Die Romantik wird außerdem durch **Caspar David Friedrich** (1774–1840) repräsentiert, der in seinen Landschaften mit den gotischen Ruinen und Friedhöfen auch die Melancholie des Menschen darstellt. Der neben C. D. Friedrich bedeutendste Landschaftsmaler der ersten Hälfte des 19. Jahrhunderts ist **Carl Blechen** (1798–1840), der mehrere Reisen durch Deutschland und Italien unternimmt. In seinen Landschaftsdarstellungen distanziert er sich von der Tendenz zur heroischen Idyllisierung bei Jakob Philipp Hackert und Koch und konzentriert sich bei der Wiedergabe des Lichts und der Wirkung von Farbe ganz auf die Subjektivität des eigenen Sehens. So vollzieht er den Schritt über das Biedermeier hinweg zum Frührealismus.

▪ **Die Lukasbrüder** werden 1809 von jungen Malern und Studenten der Akademie der Schönen Künste in Wien gegründet: **Franz Pforr** (1788–1812), **Johann Friedrich Overbeck** (1789–1869), **Ludwig Vogel** (1788–1879), **Joseph Wintergerst** (1783–1867), **Joseph Sutter** (1781–1866) und **Johann Konrad Hottinger** (1788–1827). Sie sind die Keimzelle der nazarenischen Kunstrichtung.

▪ **Die Nazarener,** eine Gruppe von ursprünglich sechs Künstlern, streben die Erneuerung der deutschen Malerei über die Religion an. Der Krieg gegen die napoleonischen Armeen hatte in Deutschland die Sehnsucht verstärkt, dass die Menschen sich in einem vereinten Reich neu zusammenschließen mögen. Die Nazarener sind die ersten, die das *Nibelungenlied* und historische Ereignisse aufgreifen, um ein deutsches nationales Bewusstsein zu entwickeln. Sie berufen sich auf **Dürer** und auf **Raffael**. Für sie muss Kunst den Glauben stärken. Die Bezeichnung als Nazarener bezieht sich auf die Kunst des Mittelalters, die diese Maler im Wiener Belvedere wiederentdeckt haben. Die Nazarener wehren sich gegen die spätbarocke Ästhetik, auch gegen die Akademie, die sie für verdorben halten. Leben und Kunst sollen nicht länger getrennt sein, sondern sich gegenseitig durchdringen und zu einer Einheit werden. Sie leben als Gemeinschaft im römischen Kloster San Isidoro. Ihr Einfluss nimmt mit dem Aufkommen des Realismus um 1855 ab.

▪ **Die Düsseldorfer Malerschule** strahlt zwischen 1830 und 1870 weit aus. Die Maler Johann Peter Hasenclever, Eduard Bendemann, Johann Wilhelm Schirmer und Karl Friedrich Sohn bedienen alle Genres, von der Landschaftsmalerei über Stillleben bis zur Mythologie.

▪ **Die Münchner Schule**, seit 1825 vom bayerischen König Ludwig I. gefördert, macht die Romantik bürgerlich. Ähnlich wie die Düsseldorfer Maler zeigen sich Johann Georg von Dillis und Friedrich August von Kaulbach offen für biedermeierliche und realistische Motive.

Die Spätromantik verkörpern **Ludwig Richter** (1803–1884) und **Moritz von Schwind** (1804–1871), denen romantische Motive und märchenhafte Stoffe zur gegenwartsabgewandten Überhöhung des Alltags dienen. Bei **Carl Spitzweg** (1808–1885) schließlich wird Romantisches zu Pittoresk-Schrulligem.

Vom Realismus zum Symbolismus

Berlin wird zum wichtigsten Kunstzentrum. In der Malerei **Adolph von Menzels** (1815–1905) zeigt sich der Realismus, der sich um jene Zeit in ganz Europa verbreitet. Neben den mehreren Hundert Illustrationen zum Leben Friedrichs des Großen zeigt Menzel auch Probleme der Arbeitswelt. Die Weltausstellung von 1885 in Paris gibt ihm Gelegenheit, **Gustave Courbet**, den Hauptvertreter des französischen Realismus, gerade in dem Augenblick zu treffen, da er seinem Werk neue Impulse verschaffen will. Menzels letzte Werke künden den Impressionismus an: *Das Eisenwalzwerk* (1875), *Das Ballsouper* (1878). Inzwischen hat München den Platz der Kulturhauptstadt eingenommen, und **Wilhelm Leibl** (1844–1900) gilt als wichtigster Repräsentant des Realismus und als dessen führender Kopf in Deutschland. Schon 1869 trifft er Courbet und malt *Die drei Frauen in der Kirche*. **Franz von Lenbach** (1836–1904) folgt ihm als Vertreter der realistischen Malerei und schafft Bildnisse von berühmten Deutschen jener Zeit, darunter etliche von *Otto von Bismarck*. Mit dem Schweizer **Arnold Böcklin** (1827–1901) beginnt der Symbolismus. Böcklin erwirbt sich 1857 sehr viel Ruhm mit *Pan im Schilf*.

Die Architektur: Inspiriert von der Vergangenheit

Der Kult um mittelalterliche Architektur wurde bereits um 1773 durch **Goethe** mit seiner Vorliebe für die Gotik *(Von deutscher Baukunst)* eingeläutet sowie von **Friedrich von Schlegel** (1722–1829). Das hat unter anderem zur Vollendung des Kölner Doms geführt. 1842 setzte Friedrich Wilhelm IV. den ersten Stein, mit dem die Arbeiten in Köln wieder aufgenommen wurden. Die Wiener Votivkirche, ein großer neugotischer Bau, gehört zu den Projekten, die **Heinrich von Ferstel** (1828–1883) zwischen 1856 und 1879 schafft. Ebenfalls in Wien entwirft **Gottfried Semper** (1803–1879), beeinflusst von der Antike, der Hochrenaissance und dem Reformklassizismus Friedrich Gillys, ab 1872 das Kaiserforum mit Kunsthistorischem und Naturwissenschaftlichem Museum und das Burgtheater, in Zürich das Hauptgebäude des Polytechnikums (heute: Eidgenössische Technische Hochschule, 1858–1864) sowie in Dresden die Synagoge (1839–1840) und das Neue Hoftheater, die «Semperoper».

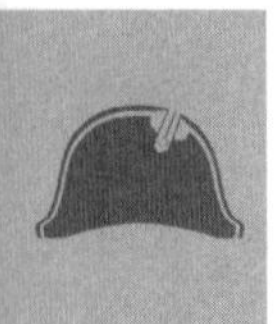

Karl Friedrich Schinkel (1781–1841) formt das Bild Berlins und vermischt dabei ohne zu zögern mehrere Stile. Schinkel ist dem Neoklassizismus verbunden, aber auch der Romantik, und hat ein vielfältiges Werk hinterlassen. Zu seinen wichtigsten Werken gehören: die Neue Wache in Berlin und die neogotische Burg Stolzenfels am Rhein, die Bauakademie in Berlin. **Friedrich August Stüler** (1800–1865), ein Schüler Schinkels, seit 1842 «Architekt des Königs», plant im Rahmen seines Gesamtkonzepts für die Berliner Museumsinsel das Neue Museum und die Alte Nationalgalerie. Potsdam wird von **Ludwig Persius** (1803–1845) geprägt, durch Bauten in der Stadt und im Park von Schloss Sanssouci. Unter Wilhelm II. wurde als eines der wichtigsten Gebäude der Reichstag in Berlin erbaut (1884–1894 durch Paul Wallot). 1862 sieht der Architekt **James Hobrecht** (1825–1902) nach dem Vorbild des durch Hausmann umgestalteten Paris einen Neuaufbau der Stadt vor, der durch einen massiven Bevölkerungszuwachs vom Land notwendig geworden war (*Bebauungsplan der Umgebungen Berlins*, der sogenannte *Hobrecht-Plan*). In München baut **Leo von Klenze** (1784–1864) im klassizistischen Sinn. Er plant zahlreiche Bauwerke: Königsplatz mit Glyptothek, Pinakothek, Palais Leuchtenberg am Odeonsplatz, Monopteros im Englischen Garten. So haben die deutschen Architekten vielfältig gewirkt; sie haben sich immer wieder von der Vergangenheit anregen lassen, indem sie griechische Tempel, römische Triumphbögen und mittelalterliche Kathedralen kopierten. Schloss Neuschwanstein, im Allgäu durch Ludwig II. von Bayern erbaut, ist eines der besten Beispiele dafür.

Das Biedermeier

Der Ursprung der Bezeichnung Biedermeier stammt von der Karikatur eines Kleinbürgers in den von **Adolf Kussmaul** und **Ludwig Eichrodt** in den *Münchner Fliegenden Blättern* veröffentlichten Gedichten über den fiktiven schwäbischen Dorflehrer Gottlieb Biedermeier und seines Freundes Horatius Treuherz. Beim Biedermeier-Stil handelt es sich in der Zeit von 1815 bis 1848 um eine bürgerliche Lebensart und einen Einrichtungsstil, was aber auch auf Literatur und Malerei ausstrahlt. Das Biedermeier ist die vollkommene Verkörperung des deutschen Bürgertums zwischen dem Wiener Kongress und der Märzrevolution von 1848. Der Stil entsteht also während des Vormärz, zur gleichen Zeit wie der Stil Louis-Philippe in Frankreich. Er bildet das Leben der anspruchslosen Mittelschicht ab. In der Malerei ist dies am schönsten in den Landschaftsbildern und Porträts gelungen, etwa bei **Ferdinand Waldmüller** (1793–1865), *Waldmüllers Sohn Ferdinand mit Hund* (1836). Die Bieder-

meier-Möbel in den Häusern des Bürgertums wirken wie eine eher schlichte Entsprechung der neuen Ansprüche an Komfort. Die Einfachheit der Materialien wird durch die große Vielfalt des Mobiliars kompensiert.

Der Jugendstil

Die künstlerische Erneuerung, die am Ende des 19. Jahrhunderts in Deutschland aufkommt, nennt sich Jugendstil, inspiriert vom Titel der Zeitschrift *Jugend*, die 1896 in München erscheint. Die deutschen und österreichischen Künstler stehen wegen ihrer strengen geometrischen Linien der *Arts-and-crafts*-Bewegung der Schule von Glasgow näher als dem *art nouveau* in Frankreich. In den Jahren ab 1870 spricht man vom Modern Style, dann ab 1880 vom Jugendstil. München bleibt die Hauptstadt dieses Stils, während in Wien im Jahre 1896 eine neue Gruppe entsteht, die *Wiener Secession*, zu der auch **Gustav Klimt** (1862–1918) gehört.

Der deutsche Impressionismus

Max Liebermann (1847–1935), **Max Slevogt** (1868–1932) und **Lovis Corinth** (1858–1925) sind die wichtigsten Vertreter des deutschen Impressionismus, der sich ab den 1880er Jahren als Reaktion gegen den kulturkonservativen antifranzösischen Akademismus formiert. Den Ausgang nimmt der anfangs von holländischer Malerei, vor allem von Frans Hals, beeinflusste deutsche Impressionismus in München. Nach 1900 ziehen Corinth und Slevogt nach Berlin, wo Liebermann in einem Stadtpalais neben dem Brandenburger Tor lebt und arbeitet. In Berlin erfährt diese Kunstrichtung eine immer breitere Anerkennung, wird allerdings ab 1920 weitgehend vom Expressionismus verdrängt. Vom französischen Impressionismus, der die visuelle Wahrnehmung stark betont, unterscheiden sich die deutschen Arbeiten durch eine stärkere Akzentuierung des eigenen Inneren. Das Bild ist weniger luftig helles Feuerwerk der Farben als emotionaler Spiegel. Die Palette der deutschen Impressionisten ist gedeckter, dunkler und in den Berliner Stadtporträts von **Lesser Ury** (1861–1931) eher schwermütig. Im Werk Corinths ab 1911 löst sich die Abgrenzung zum Expressionismus auf.

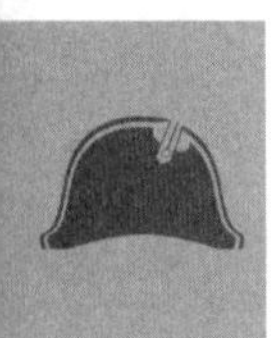

Die Skulptur

Als **Friedrich Wilhelm II.** (1744–1797) das Brandenburger Tor in Berlin von **Carl Gotthard Langhans** (1732–1808) erbauen lässt und der Klassizismus sich in der Monumentalarchitektur zeigt, erschafft der Bildhauer **Johann Gottfried Schadow** (1764–1850), der in Rom ausgebildet wurde, die Quadriga für das Brandenburger Tor, danach die Prinzessinnengruppe und die Doppelstatue der Prinzessinnen Louise und Friederike von Preußen. Ein weiterer großer Bildhauer, den man für den deutschen Rodin hält, ist **Adolf von Hildebrand** (1847–1921). Zugleich Kunsttheoretiker, legt er in der Bildhauerei eine Vorliebe für den strengen griechischen Stil an den Tag, der zu den Exzessen des 19. Jahrhunderts einen starken Kontrast bildet. Genannt sei sein *Wittelsbacher Brunnen* in München.

3. Die deutsche Literatur

Die Weimarer Klassik

Die Weimarer Klassik stellt den Höhepunkt des deutschen Idealismus dar. Im Gegensatz zum *Sturm und Drang* besteht diese Bewegung auf Einfachheit und großer Strenge. Der literarische Klassizismus glaubt an Objektivität und das Glück des Menschen im Einklang mit Geist und Sinnen. Der Dichter **Friedrich Hölderlin** (1770–1843) und der Romancier **Jean Paul** (Johann Paul Friedrich Richter, 1763–1825) sind die zwei wichtigsten Schriftsteller ihrer Generation. Sie stehen zwischen der Weimarer Klassik und der Romantik. Hölderlin verfasst Elegien *(Brod und Wein)* und Hymnen auf den Genius Griechenlands wie *An die Parzen*, aber auch Epigramme wie *Die Hälfte des Lebens*. Sein Spätwerk ab 1800 wird erst Jahrzehnte nach seinem Tod ediert. Jean Pauls ausgreifende Romanwerke wie *Hesperus* (1795), *Siebenkäs* (1796–1797) und *Titan* (1800–1803) wirken mit ihrer scheinbar wild wuchernden Formlosigkeit des Erzählens auf Prosaarbeiten der deutschen Romantik. Die klassischen Dramen von **Friedrich Schiller** (1759–1805), in seiner Anfangszeit mit *Die Räuber* einer der Hauptvertreter des Sturm und Drang, sind *Wallenstein* (1799) und *Maria Stuart* (1800). Für Johann Wolfgang von Goethe ist er der wichtigste Gesprächspartner, intellektueller Konterpart und Mitarbeiter

an literarischen Unternehmungen. Ein Außenseiter von Rang zwischen Klassik und Romantik ist der Dramatiker und Erzähler **Heinrich von Kleist** (1777–1811) mit *Das Käthchen von Heilbronn* (1810) und den Lustspielen *Amphitryon* (1807) und *Der zerbrochene Krug* (1808). Bei ihm rückt das Individuelle und Besondere, nicht selten in Form von Gewalt, Verbrechen und Verwüstungen, in den Mittelpunkt.

Die Literatur der Romantik

Kurz vor 1800 entstanden und bis 1830 wirksam, ist sie ein Generationenprojekt. Die Generation von Autoren, zwischen 1770 und 1780 geboren, entdeckt die deutsche Volkskultur und das Mittelalter für sich und bezieht Gegenpositionen zur strikt an der Ratio orientierten Aufklärung der vorhergehenden Schriftsteller. Das schöpferische Ich wird als Originalgenie in den Mittelpunkt gerückt, die Einheit von Natur und Geist in der Kunst von den Philosophen **Johann Gottlieb Fichte** (1762–1814) und **Friedrich Wilhelm Schelling** (1775–1854) postuliert. Sie gehören zum Kreis der Frühromantiker um den Kulturphilosophen **Friedrich Schlegel** (1772–1829), dessen Bruder **August Wilhelm Schlegel** (1767–1845), Literaturhistoriker und Shakespeare-Übersetzer, und den Lyriker **Novalis** (Friedrich Leopold Freiherr von Hardenberg, 1772–1801) in Jena zwischen 1798 und 1804. Die ersten romantischen Werke sind **Wilhelm Wackenroders** *Herzensergießungen eines kunstliebenden Klosterbruders* (1797), **Ludwig Tiecks** *Franz Sternbalds Wanderungen* (1798) sowie Novalis' *Geistliche Lieder* (1799) und *Hymnen an die Nacht* (1800). Die Welt der Affekte zeichnet die Romantik aus. Dezidiert wendet sie sich von sozialer Zeitkritik ab und versenkt sich in Psyche, Traum und Natur. Ein charakteristisches Medium ist neben dem Gedicht das Fragment. Im 116. Athenäums-Fragment, das 1798 in der Zeitschrift *Athenäum* publiziert wird, fasst Friedrich Schlegel die wichtigsten Merkmale romantischer Literatur zusammen: «Die romantische Poesie ist eine progressive Universalpoesie.» Progressiv markiert bei ihm den Fortschritt, niemals vollendet oder abgeschlossen und somit offen für neue Formen, Formfindungen und Inhalte zu sein. Die Universalität der Form steht für das Verschwimmen einer exakten Abgrenzung zwischen den Gattungen und den einzelnen Künsten.

Hochromantik und Spätromantik

Zwischen 1804 und 1818 lässt sich die Phase der Hochromantik in Heidelberg verorten. Zu ihr gehören der Lyriker **Joseph von Eichendorff** (1788–1857) sowie **Achim von Arnim** (1781–1831) und **Clemens Brentano** (1778–1842), die mit *Des Knaben Wunderhorn* eine Liedersammlung edieren. Die Brüder **Jakob** (1785–1863) und **Wilhelm Grimm** (1786–1859), Sprachwissenschaftler und Volkskundler, geben Sammlungen mit mündlich überlieferten Kinder- und Hausmärchen und deutschen Sagen heraus.

Die Spätromantik hat ihr Zentrum in Berlin in literarischen Salons, unter anderem jenem von **Rahel Varnhagen von Ense** (1771–1833). **Friedrich de la Motte Fouqué** (1777–1843), **E. T. A. Hoffmann** (1776–1822), der in seiner Prosa die Romantik um dämonisch-abgründige Motive anreichert, und **Bettina von Arnim** (1785–1859), Schwester Clemens Brentanos und Ehefrau Achim von Arnims, sind dazu zu zählen. Nebenzentren sind Dresden mit Ludwig Tieck, Tübingen mit dem Balladendichter **Ludwig Uhland** (1787–1862), München, wo an der Universität Schelling und der katholische Publizist Joseph Görres lehren, sowie Wien mit Eichendorff.

Literarisches Schaffen im Vormärz: Grabbe, Büchner, Heine

Im Zuge der Neuordnung des nachnapoleonischen Europa auf dem Wiener Kongress 1815 setzt eine politische Restauration ein, die mit Verboten von freiheitlich gesinnten Burschenschaften, verschärfter Buch- und Pressezensur und dem Einsatz von Polizeispitzeln einhergeht. Autoren der Literatur des Vormärz und des Jungen Deutschland, ein Begriff, den **Ludolf Wienbarg** (1802–1872) in *Ästhetische Feldzüge* (1834) prägt, reagieren auf akute Lebensverhältnisse und setzen sich für Presse- und Meinungsfreiheit und gegen Zensur und die Herrschaft des Adels ein.

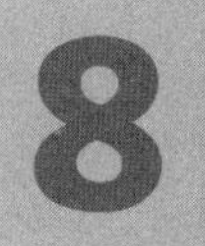

Christian Dietrich Grabbe (1801–1836) ist neben **Georg Büchner** (1813–1837) der wichtigste Dramatiker. Seine Stücke wie *Don Juan und Faust* (1829) sind pessimistische Gesellschaftskritik. Büchner wird von seinen Zeitgenossen kaum beachtet. Sein Drama *Dantons Tod* erscheint 1835, wird aber erst 1902 erstaufgeführt. In *Woyzeck*, dem ersten sozialen Drama der deutschen Literatur, macht er einen Protagonisten der untersten gesellschaftlichen Schicht zur zentralen Figur, die wie alle anderen auch ihren Trieben und dem gesellschaftlichen Druck weitgehend machtlos ausgesetzt ist. 1834 verfasst Büchner gemeinsam mit Friedrich Ludwig Weidig die bekannteste Flugschrift des Jungen Deutschland, *Der Hessische Landbote*, in der sie die Bauernschaft zum Aufstand gegen Adel und Klerus aufrufen.

Heinrich Heine (1797–1856) ist der herausragende Lyriker seiner Generation. 1827 erscheint *Das Buch der Lieder*. Die kunstvoll einfache Liedhaftigkeit und die intelligent anmutige Einfachheit lassen seine Arbeiten populär werden. Sie umkreisen in immer neuen Anläufen die Liebe; romantische Sentimentalität bricht Heine allerdings durch raffiniert eingesetzte Ironie. Sein Versepos *Deutschland. Ein Wintermärchen* (1844) ist ein satirischer Spiegel der Verhältnisse im kleinteiligen Deutschland. Er führt die Reiseliteratur mit den *Reisebildern* (1826–1831) und der *Harzreise* (1826) zu neuen Höhen. **Ludwig Börne** (1786–1837) ist ein brillanter Publizist und liefert sich mit Heine literarische Fehden.

In den 1840er Jahren wird Literatur als radikal-poetisches Instrument der Befreiung vom Joch des Adels bei **Georg Herwegh** (1817–1875), **Ferdinand von Freiligrath** (1810–1876) und **August Heinrich Hoffmann von Fallersleben** (1798–1874) eingesetzt. Der Übergang zur Arbeiter- und Industrieliteratur und nach der gescheiterten Revolution von 1848 zur Philosophie des historischen Materialismus von **Karl Marx** und **Friedrich Engels** ist in den folgenden Jahren fließend. Herwegh dichtet 1863 das *Bundeslied für den Allgemeinen Deutschen Arbeiterverein*.

Der Realismus

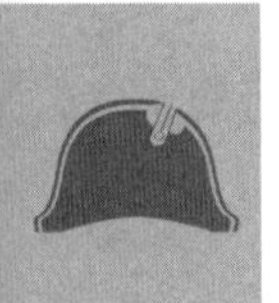

Der Realismus hat in Deutschland mit **Theodor Fontane** (1819–1898) und **Wilhelm Raabe** (1831–1910) seine wichtigsten Vertreter. Fontane, der erst 1878 mit *Vor dem Sturm* literarisch debütiert, schildert in seinen Gesellschaftsromanen *Effi Briest* (1896) und *Der Stechlin* (1899) in ironischer Grundhaltung sich durch Konversation selbst entlarvende Menschen. In Raabes Romanen klingen mit pessimistischer Grundtendenz Themen wie gesellschaftlicher Umbruch, Industrialisierung, Fortschrittskritik und in *Pfisters Mühle* (1884) erstmals Umweltzerstörung an. Eine verfeinerte Form des psychologischen Realismus stellt die Prosa, etwa der Roman *Wellen* (1911) und die Novelle *Schwüle Tage* (1904), von **Eduard Graf von Keyserling** (1855–1918) dar. Populäre Autoren des Wilhelminismus sind die Trivialschriftsteller **Ludwig Ganghofer** (1855–1920) und **Karl May** (1842–1912).

Zur selben Zeit entsteht mit dem **Naturalismus** eine Richtung, die sich unter dem Einfluss Émile Zolas und dem Sozialdarwinismus mit wissenschaftlich «objektivem» Blick einer exakten sozialkritischen Schilderung der Lebensverhältnisse der unteren und untersten Gesellschaftsschichten widmet, so **Gerhart Hauptmann** (1862–1946) mit *Vor Sonnenaufgang* und *Die Weber*.

Die Bohème und das Kaffeehaus

Ab 1890 bildet sich in München, in Berlin und in Wien eine literarische **Bohème**. Die Bohemiens pflegen einen antibürgerlichen Lebensstil, ihre Treff- und Arbeitsstützpunkte sind Kaffeehäuser. Programmatisch betonen sie Individualismus und eine selbstbestimmte Lebensführung, die mit einer neuen Auffassung von Sexualität und Familie einhergeht sowie mit scharfen Attacken auf traditionelle Konventionen.

Die Krise des psychologischen Romans

Franz Kafka (1883–1924), in Prag geboren, aber auf Deutsch schreibend, führt das Leben eines kleinen Angestellten, das von Krankheit beeinträchtigt wird. Seine Werke werden erst nach seinem Tod von dem Romancier Max Brod veröffentlicht. Kafka beschreibt in seinen Erzählungen und Romanen die Zurückweisung des Anderen, der als Ungeheuer wahrgenommen wird (*Die Verwandlung*, 1915), und die ständige Angst des Menschen, der einer absurden Existenz ausgeliefert ist, deren einziges Ziel der Tod ist (*Der Prozess*, 1925; *Das Schloss*, 1926).

4. Die deutsche Philosophie

Der Anreger der gesamten deutschen Philosophie des 19. Jahrhunderts, **Kant**, bewirkt die Entwicklung neuer philosophischer Systeme, wozu die idealistische Philosophie von **Johann Gottlieb Fichte** (1762–1814), **Friedrich Wilhelm Joseph von Schelling** (1775–1854) und **Georg Wilhelm Friedrich Hegel** (1770–1831) zählt. Die Philosophen nach Kant versuchen gemeinsam, «das Ding an sich» aufzulösen, d. h. die Realität als solche, die im Gegensatz steht zum unnahbaren Phänomen, dessen Existenz Kant anerkannte. Fichte akzeptiert die kritische Philosophie Kants, verwirft aber die Dichotomie von praktischer und spekulativer Vernunft, das «Ding an sich». Doch woher kommen die Phänomene? Für Kant vom Subjekt; bei Fichte ist dieses selbst der Schöpfer. Dieses Ich ist ein universelles und unpersönliches Ich. Der Idealismus Fichtes legt die Betonung auf den ethischen Willen und die Freiheit. Schelling sagt, dass das Ich und das Nicht-Ich ebenso existieren und das eine wie das andere eine gemeinsame Quelle haben: den ursprünglichen Wunsch, der eine immanente Kraft ist. Im Widerspruch zu Hegel und seinem absoluten Idealismus werden hier die Ideen und das Denken als einzige irreduzible Wirklichkeit aufgefasst. **Arthur Schopenhauer** (1788–1860) äußert gleichfalls gewisse Reserven gegenüber der Behauptung, dass die Phänomene nur in dem Maße existieren, wie der Geist sie erfasst, was Kants Position ist.

Der deutsche Idealismus errichtet zwischen 1800 und 1830 Denksysteme, die nach dem ersten Drittel des 19. Jahrhunderts durch die Einwirkung der gesellschaftlichen und technischen Realität fundamental erschüttert werden. Mit dem Pessimismus Schopenhauers, der nicht in der Vernunft, sondern im Willen die Triebfeder der menschlichen Leidenschaft sieht, orientiert sich das Denken noch einmal anders.

Mit den Anfängen der Modernisierung wendet sich das intellektuelle Leben des 19. Jahrhunderts im Wesentlichen den Entstehungsprozessen der Gesellschaft und ihren Individuen zu. Die Ausrichtung nach Kant innerhalb der deutschen Philosophie besteht in dem, was die Kritik der Vernunft als «Logik» bezeichnet. Das erkennende Subjekt wird zum ersten Mal in der Philosophiegeschichte nicht als Tatsache gedacht, sondern als Folge eines Prozesses. Es gibt keinen Gegensatz mehr von Ding und der Repräsentation, die wir vom Ding haben, denn das Ding ist nichts anderes als diese Repräsentation. Der Konflikt zwischen Empiristen und spekulativen Philosophen kennzeichnet die deutsche Philosophie in der ersten Hälfte des 19. Jahrhunderts zutiefst.

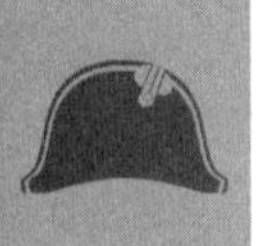

Der deutsche Idealismus: Fichte, Schelling, Hegel

Im Moment, da die Französische Revolution Europa erschüttert, steht Kants Philosophie im Zentrum aller Diskussionen. Zwei Richtungen entwickeln sich im deutschen Idealismus. Die wichtigsten Nachfolger Kants lehren die Rückkehr zur Metaphysik; sie unterscheiden sich jedoch in der Vorstellung des ersten Prinzips, d. h. Gottes. Entsprechend der Terminologie Hegels vertritt Fichte einen subjektiven Idealismus, Schelling einen objektiven. Bei Hegel spricht man von einem absoluten Idealismus. Für die Nachfolger Kants erscheint es zunächst notwendig, seine Kritik und Metaphysik weiterzuentwickeln. Diese Letztere wird pantheistisch, weil Fichte, Schelling und Hegel dem Einfluss Spinozas unterliegen. Was die genannten Philosophen jedoch trennt, ist die Vorstellung Gottes, des ersten Prinzips.

Johann Gottlieb Fichte

Johann Gottlieb Fichte (1762–1814) wird in der Nähe von Dresden geboren. 1790 entdeckt er das Werk Kants und besucht ihn. 1794 wird er in Jena von Goethe zum Professor ernannt. Nach einer Denunzierung wegen Atheismus wird er gezwungen, seine Lehre zu unterbrechen. Nachdem er nach Berlin geflohen ist, veröffentlicht er 1799 *Die Bestimmung des Menschen*. 1806 lässt er *Die Anweisung zum seligen Leben oder auch die Religionslehre* erscheinen, dann 1808 die *Reden an die deutsche Nation*. Er wird zum Professor an der Universität Berlin ernannt, die 1810 gegründet wird. 1814 stirbt er während einer Cholera-Epidemie.

■ **Seine Lehre:** Fichte will darstellen, was Kant nicht ausdrücklich gesagt hat. Kant wies die Ahnung der Dinge an sich zurück. Fichte setzt dagegen die Intuition wieder in ihr Recht, das Bewusstsein, dass der Geist über eine eigene Aktivität verfügt. Fichtes System ruht auf drei Prinzipien. Das erste, das *Ich*, wird von jeglichem Bewusstsein vorausgesetzt; es ist absolut und unbedingt. Nun kann aber dieses *Ich* nur von sich selbst Bewusstsein haben, indem es sich begrenzt und sich nach der berühmten Formel Fichtes begreift, wonach das Ich sich nur durch Entgegensetzung zum Nicht-Ich erkennt – was das zweite Prinzip ausmacht. Diese beiden Prinzipien können nur versöhnt werden, wenn zwischen ihnen entsprechende Begriffe auftauchen: ein «teilbares Ich» und ein «teilbares Nicht-Ich». Anders gesagt: Das Ich setzt in sich einem teilbaren *Ich* ein teilbares *Nicht-Ich* gegenüber. Die Hegel'sche Trias findet im Inneren des Ich statt (These – Antithese – Synthese).

Friedrich Wilhelm Joseph von Schelling

Friedrich Wilhelm Joseph von Schelling (1775–1854) wird in Leonberg geboren. Zunächst Hauslehrer, wird er später Professor an der Universität Jena und von 1806 bis 1820 Mitglied der Akademie der Wissenschaften in München. Seine wichtigsten Veröffentlichungen erscheinen vor 1809: *Vom Ich als Princip der Philosophie oder über das Unbedingte im menschlichen Wissen* (1795);

Philosophische Briefe über Dogmatismus und Kritizismus (1795–1796); *Philosophie der Kunst* (Vorlesung, 1802/1803); *Philosophie der Mythologie* (Vorlesung, 1842); *Philosophie der Offenbarung* (Vorlesung, 1854).

■ **Seine Lehre:** Die großen Ideen, die die Stärke der Philosophie Hegels ausmachen, werden von Schelling übernommen: die Idee einer Philosophie der Natur und der Geschichte, die engen Beziehungen von Kunst, Religion und Philosophie. Schelling korrigiert, was er an Fichtes Idealismus für zu radikal hält. Er setzt die äußere Welt wieder ins Recht. Für ihn existieren das *Nicht-Ich* wie auch das *Ich* gleichermaßen und haben einen gemeinsame Grund: den urtümlichen Willen. Beide sind sie Natur, eine wahre «Odyssee des Geistes» (aus: *System des transzendenten Idealismus*, 1800). Schelling greift Gelehrte wie Bacon an, die zu sehr der Wissenschaft anstatt der Philosophie zuneigen. Die Natur kann die wissenschaftlichen Phänomene nicht erfassen, die sie ausmachen. Einzig die künstlerische Intuition kann sie enthüllen. Als sich Schelling der Religion zuwendet, lässt er sich von den Theorien Jacob Böhmes inspirieren und entwirft in *Philosophie und Religion* (1804) eine regelrechte Theosophie. Angesichts des Menschen und der Natur, dieser ersten Welt, resultiert eine zweite: Gott. Gott ist das Unendliche, das Vollkommene und vor allem der vollkommene und unendliche Wille. Der Mensch als Emanation Gottes muss, um sich zu vergöttlichen, seinen Egoismus ablegen und mittels Vernunft und Willen zur Vergöttlichung streben.

Georg Wilhelm Friedrich Hegel: Die Dinge und die Wirklichkeit in ihrer Einheit denken

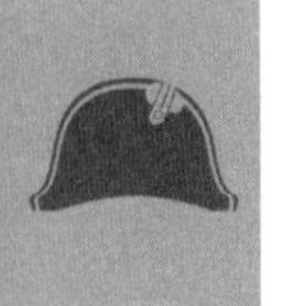

In Stuttgart geboren, gibt **Georg Wilhelm Friedrich Hegel** (1770–1831) nach dem Ende des Studiums seine kirchliche Karriere auf und wird zunächst Hauslehrer. Im Jahr seiner Berufung an die Universität Jena als Privatdozent veröffentlicht er seinen *Unterschied der Philosophischen Systeme Fichtes und Schellings* (1801). Die *Phänomenologie des Geistes* (1807) ist eine Einführung in sein eigenes System. Von 1812 bis 1816 veröffentlicht er in drei Bänden die *Wissenschaft der Logik*. Die *Enzyklopädie der philosophischen Wissenschaften im Grundrisse* erscheint 1817; es ist eine kurze Darstellung seiner gesamten Philosophie. 1821 ist das Jahr der *Grundlinien der Philosophie des Rechts oder Naturrecht und Staatswissenschaft im Grundrisse*. Hegel stirbt 1831 während einer Cholera-Epidemie. Für ihn besteht die Herausforderung in der Definition einer Philosophie, die über diejenige Kants hinausreicht, ohne hinter ihn zurückzugehen und in dogmatische Metaphysik zu verfallen. In der *Phänomenologie des Geistes* unternimmt Hegel einen neuen Ansatz zum Problem der Erkenntnis. Er ist der letzte der Großen, die in der Moderne ein vollständiges philosophisches System in der Nachfolge Kants entwerfen, und er markiert den Höhepunkt der deutschen klassischen Philosophie.

■ **Seine Lehre**: Hegel will systematisch sämtliche Antinomien des Kant'schen Denkens überwinden: Noumenon und Phänomen, Freiheit und Notwendigkeit, Subjekt und Objekt. Hatte Kant gesagt, der Mensch könne nur Phänomene begreifen, so will Hegel beweisen, dass die Vernunft, wie in der antiken Metaphysik, tatsächlich in der Lage ist, das Absolute zu erkennen, das in die Essenz oder die Dinge an sich eindringt. Hegel sagt, dass die Grenzen der Erkenntnis, die von Kant mehrfach betont werden, für die Vernunft nichts weniger als ein Skandal sind. Als er sein philosophisches Programm in der *Phänomenologie des Geistes* darstellt, erklärt Hegel, dass die Substanz zum Objekt werden müsse. Diese lapidare Formulierung ist bestimmt von einem seiner wichtigsten philosophischen Ziele: die klassische und die moderne Philosophie miteinander zu versöhnen.

■ **Dialektik und geschichtliche Dialektik:** Wie für Platon stellt die Dialektik für Hegel die Bewegung der Philosophie dar, die Ausbildung des Verstandes. Hegel hat die Dialektik als Ergebnis eines Konflikts ihrer eigenen widersprechenden Aspekte dargestellt. Die Dialektik hat die Aufhebung der Widersprüche zum Ziel, die mit den Ideen aufkommen; sie will sie überwinden. Sie schreitet voran durch These, Antithese und Synthese. Der Idealismus will die Widersprüche überwinden, indem er ins globale und kohärente System der Wahrheit eindringt und neue Erkenntnisse schafft, die in die vorangegangenen Entdeckungen integriert werden. Der Idealismus ist daher jeglicher Suche nach Wahrheit zugeneigt, sei es im Bereich der Naturwissenschaften, des Verhaltens, in Kunst, Religion oder Philosophie. Er sucht die Wahrheit in jedem positiven Urteil und auch in dessen Widerspruch. So benutzt er die dialektische Methode des Denkens, um die charakteristischen Widersprüche des menschlichen Bewusstseins zu beseitigen. Das wesentliche Prinzip, das die Geschichtsphilosophie leitet, besteht darin, dass die Idee die Welt regiert und dass die Geschichte rational ist. «Was vernünftig ist, das ist wirklich, und was wirklich ist, das ist vernünftig.»* Die Dialektik wird nicht allein

* Hegel, Vorrede zu *Grundlinien der Philosophie des Rechts*, Meiners, Hamburg 1995.

eine Eigenschaft des Denkens, sondern auch eine der Dinge: Hegels Geschichtsbegriff wird uns zeigen, wie sich die beiden Aspekte der Dialektik am Ende vereinen. Auf den historischen Determinismus folgt der dialektische Determinismus, der im Gegensatz zum vorigen sich nicht durch den Fortschritt des Realen oder den des Denkens definiert, sondern durch den Fortschritt der Dinge und des Denkens. Die Geschichtsphilosophie will den Geist eines Volks verstehen, d. h., was dessen Kunst, Religion, Philosophie, Kultur und Gesetze bestimmt. Die Völker, die keinen Staat bilden, haben keine Geschichte, so Hegel.

■ **Seine Philosophie:** Die *Phänomenologie des Geistes* kritisiert in ihrer Einführung die Position Schellings im Hinblick auf das Absolute. Mit der Kritik muss anerkannt werden, dass es kein absolutes Wissen gibt. Für Hegel ist das absolute Wissen vor allem das wahre Wissen. Die *Phänomenologie des Geistes* macht es möglich, dem Fortschritt der Erkenntnis von seiner elementarsten Form, dem Gefühl, bis zur höchsten, dem absoluten Wissen, zu folgen. Die Philosophie ermöglicht die Entwicklung: «Die Wissenschaft desselben ist wesentlich System, weil das Wahre als konkret nur als sich in sich entfaltend und in Einheit zusammennehmend und -haltend, d.i. als Totalität ist und nur durch Unterscheidung und Bestimmung seiner Unterschiede die Notwendigkeit derselben und die Freiheit des Ganzen sein kann.»* Hegel definiert die Philosophie als die «Gesamtheit einer Wissenschaft, die deren Idee darstellt». Er teilt seine Philosophie in drei Teile:
- *Wissenschaft der Logik:* Wissenschaft der Idee an und für sich
- *Naturphilosophie:* Wissenschaft der Idee in ihrem Anderssein
- *Philosophie des Geistes:* die Idee kehrt aus ihrem Anderssein in sich zurück

Diese drei Etappen der Hegel'schen Philosophie sind ihrerseits dreigeteilt. Er nennt sie «Bewusstsein», «Selbstbewusstsein» und «Vernunft»; für ihn stellt die Phänomenologie des Geistes demnach «den Weg des natürlichen Bewusstseins» dar, «der einen Impuls in Richtung des wahren Wissens» erhält. Im «Selbstbewusstsein» zeigt sich die Dialektik von Herr und Knecht. Begegnen sich zwei Bewusstseine, treten sie in Konflikt um ihrer Anerkennung willen. Der Knecht hat Angst vor dem Tod; er unterwirft sich. Der Herr ist derjenige, der bestimmt, bedarf aber des anderen, um das zu tun, und wird seinerseits dadurch zum Sklaven des Sklaven.

* *Enzyklopädie der philosophischen Wissenschaften im Grundrisse* (vgl. Hegel, Werke Bd. 8, S. 59; folgende Zitate: Bd. 8, S. 81, 193, Bd. 10, S. 9, ebd.).

■ **Die Logik oder die Philosophie der reinen Idee:** «Die Logik fällt daher mit der Metaphysik zusammen, der Wissenschaft der Dinge in Gedanken gefaßt, welche dafür galten, die Wesenheiten der Dinge auszudrücken.»

Die Logik definiert sich als Ontologie, die das Sein studiert, das Wesen, den Begriff. Die Idee des Seins ist eine generelle Idee, vom Geist gestellt. Doch es ist eine generelle Idee, die man auf alle Wesen anwenden können muss, da alle unsere Vorstellungen bestimmte Seinsweisen ausdrücken. Sein ohne genauere Bestimmung läuft hingegen darauf hinaus zu sagen, dass es nichts gibt. Doch das Sein und das Nichts können sich vereinen: «Das Sein im Werden als eins mit dem Nichts, so das Nichts [als] eins mit dem Sein sind nur Verschwindende; das Werden fällt durch seinen Widerspruch in sich in die Einheit, in der beide aufgehoben sind, zusammen; sein Resultat ist somit das Dasein.»

■ **Die Philosophie des Geistes:** «Die Erkenntnis des Geistes ist die konkreteste, darum höchste und schwerste.» Die Philosophie des Geistes darf nicht für das Bewusstsein der Menschen gehalten werden, die versuchen, ihre Schwächen oder Leidenschaften zu erforschen. «Ebensowenig hat die Philosophie des Geistes die Bedeutung der sogenannten Menschenkenntnis, welche von anderen Menschen gleichfalls die Besonderheiten, Leidenschaften, Schwächen, diese sogenannten Falten des menschlichen Herzens zu erforschen bemüht ist, – eine Kenntnis, die teils nur unter Voraussetzung der Erkenntnis des Allgemeinen, des Menschen und damit wesentlich des Geistes Sinn hat, teils sich mit den zufälligen, unbedeutenden, unwahren Existenzen des Geistigen beschäftigt, aber zum Substantiellen, dem Geiste selbst, nicht dringt.» Hegel versteht unter dem Geist die «Wahrheit der Natur». Er unterscheidet den Geist an sich, den freien Geist, den er «subjektiven Geist» nennt, vom «objektiven Geist», dem Geist außer sich. Der Erstere ist die Seele, der Letztere das Bewusstsein als Objekt der Phänomenologie.

■ **Religion und Philosophie:** Die Religion nimmt die höchste Stufe der Hegel'schen Philosophie ein. Hegel definiert zunächst den absoluten Geist. Dieser ist laut Hegel «in der Einheit existierend an und für sich, er reproduziert sich ewig, von der Objektivität des Geistes und seiner Idealität oder seines Begriffs; es ist der Geist in seiner absoluten Wahrheit». Er ist zunächst «Kunst und Religion, die dann endlich die Philosophie offenbart». Religion muss von Gott offenbart werden, «wenn das Wort Geist einen Sinn hat, bezeichnet es die Offenbarung dieses Geistes». Die Religionsphilosophie besteht im Wesentlichen in der theoretischen Konstruktion des religiösen Diskurses. Dennoch bildet sie nicht die höchste Wahrheit, da sie nicht gestattet, den Geist zu denken und die Notwendigkeit seiner Entwicklung zu erfassen. Hegel analysiert die Religion vor allem als Manifestation des Geistes und geht alle religiösen Manifestationen seit den ältesten Kulten durch. Religion will ein Band sein unter den Menschen, ein Band zwischen allen Menschen und Gott.

Der Hegelianismus

Die Philosophie Hegels muss als letztes universelles System gesehen werden. Seine Schüler werden zwei Richtungen einschlagen: Die erste, der Rechts-Hegelianismus, umfasst die religiösen Denker und wird nur wenig weiter verfolgt. Die zweite aber, die antireligiöse, wird in **Marx** ihren wichtigsten Vertreter finden. **Ludwig Feuerbach** bildet den Übergang, indem er den absoluten Idealismus in den Materialismus überführt, der dann zum historischen Materialismus wird, der demjenigen von Marx sehr nahesteht.

Die Existenzphilosophie: Søren Kierkegaard

Nur schwerlich kann man das originelle Denken dieses Dänen einer bestimmten philosophischen Schule zuordnen, denn es erweist sich einerseits als Kritik des Hegelianismus, als Theologie und als Existenzphilosophie. Als Kind betagter Eltern, mit einem autoritären Vater, der mit Wollwaren handelt und sich vom Gewicht seiner Sünden erdrückt fühlt, studiert **Søren Kierkegaard** (1813–1855) ab 1830 Philosophie und Theologie an der Universität Kopenhagen. Elf Jahre später verteidigt er seine Dissertation über den *Begriff der Ironie mit ständiger Rücksicht auf Sokrates*. Nachdem er seine Verlobung mit Regine Olsen aufgelöst hat, geht er nach Berlin, um dort die Kurse von Schelling zu besuchen. 1846 erscheint sein drittes Werk: *Abschließende Unwissenschaftliche Nachschrift zu den Philosophischen Brocken*, worin er Hegel kritisiert. Drei Jahre darauf, 1849, erscheint die *Krankheit zum Tode*. Das Werk Kierkegaards besteht aus Essays, Aphorismen, fiktiven Briefen, Tagebüchern. Viele seiner Werke werden zunächst unter Pseudonymen veröffentlicht. Am Ende seines Lebens wird er in Kontroversen verstrickt, vor allem mit der lutherischen Kirche Dänemarks. Die *Krankheit zum Tode* spiegelt eine immer düsterere Vision des Christentums wider. Kierkegaard stellt das konkrete Individuum,

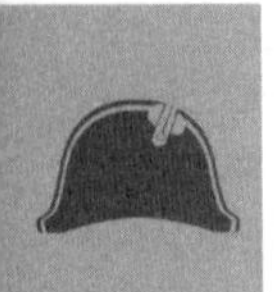

das Subjekt, in den Mittelpunkt seines Denkens und ist damit Wegbereiter für verschiedene philosophische Strömungen des 20. Jahrhunderts, etwa für den Existentialismus. Er wendet sich damit gegen Hegel, für den die Existenz nur ein Moment innerhalb der Entfaltung der universellen Totalität des Seins ist. In seinen *Stadien auf des Lebens Weg* (1845) beschreibt Kierkegaard die drei Stadien der menschlichen Existenz:

- *das ästhetische Stadium;* das ist die Unmittelbarkeit, die Spontanität des um seiner selbst willen gelebten Augenblicks. Die Gestalt, die dieses Stadium am besten illustriert, ist Mozarts *Don Giovanni*, allerdings mit dem Siegel des Tragischen versehen. Der Mangel an Distanz in Bezug auf sich selbst hindert ihn daran, den Sinn seiner Existenz zu erfassen.
- *das ethische Stadium;* das ist die absolute Wahl, die der Freiheit. Der ethische Mensch erwählt sich selbst, doch das Individuum wählt nichts Großes, weder sein Leben noch seine Erziehung. Er hat aber stets die Freiheit, seine Existenz zu deuten.
- *das religiöse Stadium;* für den Menschen ist dies das Leiden. Der Mensch kann Gott nicht kennen, weil er gesündigt und damit die Ewigkeit verloren hat. Es ist absurd, dass Gott sich zum Menschen machte, um die Menschen zu retten. Es ist das Stadium der Absurdität des Glaubens, begriffen als wesentliche Bewegung überhaupt. Das Leiden des Christen besteht gerade darin, dass er, um sein Heil zu erlangen, an das Absurde glauben muss, an das Paradoxe, so wie Abraham es tat, als Gott ihn aufforderte, seinen eigenen Sohn zu opfern. Er glaubt ohne Zweifel, weil es absurd ist, und er glaubt kraft des Absurden. Der Glaube führt zum Glück, doch er ist zugleich der Weg, der die Tragik der Existenz enthüllt. Kierkegaard hat nicht nur die Geschichts- und systemische Philosophie angegriffen, sondern die Sache des Individuums verteidigt und auf der philosophischen Bühne das *Ich* eingeführt. Lacan wird von ihm sagen, er sei der schärfste Fragesteller vor Freud gewesen.

Nietzsche: Auf zu den Brüchen des 20. Jahrhunderts

Friedrich Nietzsche (1844–1900) ist der Sohn eines lutherischen Pastors und wird im Pfarrhaus von Röcken in Thüringen geboren. Er ist ein glänzender Schüler an der Landesschule Pforta, danach studiert er an den Universitäten Bonn und Leipzig. Dann wendet er sich der Philologie zu. Ungefähr zehn Jahre lang ist er mit Wagner und dessen Frau Cosima befreundet. Nietzsche ist stark von Schopenhauer beeinflusst. 1872 deutet seine Schrift *Die Geburt der Tragödie aus dem Geiste der Musik* die griechische Philosophie, ausgehend von zwei Figuren: Apollo, der durch Maß und Heiterkeit gekennzeichnet ist, und Dionysos, der das Maß und alles, was die Persönlichkeit ausmacht, überschreitet. 1886 folgen noch *Jenseits von Gut und Böse* und 1887 *Zur Genealogie der Moral*. Die *Götzendämmerung* erscheint 1889, der *Antichrist* 1895. *Der Wille zur Macht* wird 1901 nach Fragmenten veröffentlicht, die zwischen 1884 und 1886 entstanden sind. Ab 1889 verfällt Nietzsche langsam dem Wahnsinn. Seine Mutter und seine Schwester Elisabeth pflegen ihn. Diese wird das Werk des großen Denkers verfälschen und es beflecken, indem sie es in den Dienst des Nationalsozialismus stellt.

■ **Seine Lehre**: Nietzsche begreift Philosophie vor allem als Schaffung von Werten. Die ursprünglichen Werte seien vom Leben und vom Willen zur Macht beseelt. Deren Negation wird zur Begründung seiner Moral und seiner Metaphysik.

■ **Der Wille zur Macht** ist einer der zentralen Begriffe seiner Philosophie: einerseits eine Beschreibung der Welt, andererseits Ausdruck des Kampfes um Selbstbehauptung als Idee des Lebens; eine fortgesetzte Schöpfung, die alle Wesen dazu bringt, sich zu bereichern. Denn überall, wo es Leben gibt, gibt es den Willen zur Macht. Er ist im Wesentlichen ein Über-sich-Hinauswachsen. In einer ersten Form erscheint er dynamisch, in einer zweiten als Macht und Beherrschung. Man täuscht sich, wenn man meint, diese Kräfte seien Ausdruck des Verlangens, zu herrschen oder andere zu vernichten. Es handelt sich vielmehr um eine aktive, plastische Kraft, die so weit geht, wie sie kann – in diesem Sinne etwa dem *conatus*, der Anstrengung oder dem Streben bei Spinoza, vergleichbar. Laut Nietzsche herrschen in unserer Kultur nur reaktive Kräfte, keine aktiven. Und unsere Kultur ist nihilistisch; sie sagt Nein zum Willen zur Macht. Dieser Nihilismus wurde von Sokrates und Platon eingeführt, dann von Christus und Paulus weitergetragen. Diese platonische Welt der Ideen wird von Nietzsche herausgefordert. Er schlägt vor, vielmehr das Sinnliche zu erforschen und somit wahrzunehmen, dass wir alle in der platonischen Höhle hausen.

■ **Nihilismus, der Tod Gottes:** Für Nietzsche ist Gott nicht gestorben – da er nie existiert hat. Der Mensch bezeichnet sich als Gottesmörder und hofft, selber zum Gott zu werden, weil er der Religion den Rücken gekehrt hat und radikal die alten Werte aufgibt, um an deren Stelle die «menschlichen, allzu menschlichen» zu setzen, die des Fortschritts und der Wissenschaft. «Auch Götter verwesen! Gott ist tot! Ist nicht die Größe dieser Tat zu groß für uns? Müssen wir nicht selber zu Göttern werden, um nur ihrer würdig zu erscheinen?» (*Die fröhliche Wissenschaft*, III, 125) Der Tod Gottes ist nur eine Etappe, die die Hoffnung in sich birgt, ein neues Universum zu erschaffen. Nietzsche liefert eine unerbittliche Kritik des modernen Menschen, der weder an göttliche noch an menschliche Werte glaubt. Sein Wille ist nicht mehr der Wille zur Macht, sondern der Wille zum Nichts. Nach dem letzten Menschen gibt es den Menschen, der vergehen will. Nach **Gilles Deleuze** (1925–1995) repräsentiert der letzte Mensch das Stadium des Nihilismus, das darin besteht, jeglichen Kampf aufzugeben und in Trägheit abzustumpfen: «So erzählt, führt uns die Geschichte freilich immer noch zum selben Schluss der Ersetzung des *negativen Nihilismus* durch den *reaktiven Nihilismus*, der sich im *passiven Nihilismus* vollendet. Von Gott zum Mörder Gottes, vom Mörder Gottes zum letzten Menschen.» (*Nietzsche und die Philosophie*, 1976, S. 165)

■ **Übermensch und ewige Wiederkehr:** In diesem letzten Stadium sieht Nietzsche den Moment gekommen, da der Mensch sich transzendiert, seine gesamten alten Werte umwertet, um neue zu schaffen. In *Ecce homo* (1888) erwähnt Nietzsche siebenmal die Wiederkehr des Ewigen. Deleuze wird eine ganze Seite darauf verwenden, dass die Wiederkehr des Ewigen das Prinzip der Wahl ist, dass es nicht die ewige Wiederkehr aller Dinge ist. Nietzsches Gedankengang ist der folgende: «Das Universum ist Macht; eine unendliche Macht aber ist ohne Sinn: Es ist also notwendig, dass dieselbe Kombination der Kräfte immer wiederkehrt. Diese ewige Wiederkehr ist die Existenzweise des gesamten Universums, nicht nur der Menschheitsgeschichte.»*

Nietzsche und der Nationalsozialismus

Man kann kaum ernsthaft von einer Ideenverbindung Nietzsches mit der Ideologie des Nationalsozialismus sprechen. In seinem *Mythos des 20. Jahrhunderts* stellt Alfred Rosenberg Nietzsche als einen der Vorläufer der «Bewegung» dar. Doch Nietzsche hat unter anderem jegliche Korrespondenz mit Theodor Fritsch abgebrochen, der ihm seine *Antisemitische Correspondenz* ge-

* C. Godin, *La Totalité*, Bd. 3, Seyssel, Champ Vallon, 1997 bis 2001, S. 424.

schickt hatte. Die Verfälschung der Arbeit Nietzsches geschieht durch seine Schwester Elisabeth, mit der er wenig wesensverwandt ist. Sie hat am 22. Mai 1885 Bernhard Förster geheiratet, einen pangermanistischen Ideologen, der in Paraguay eine Kolonie «reiner Arier» gründete. Elisabeth zögert nicht, Briefe und Manuskripte ihres Bruders zu verfälschen, um seine Philosophie den politischen Vorstellungen ihres Mannes anzupassen, vor allem mit der Veröffentlichung des *Willens zur Macht*. Sie macht aus dem Philosophen eine Gallionsfigur der Sympathisanten des Dritten Reichs.

Schopenhauer: Der Wille, ein Leben-Wollen

In eine reiche Kaufmannsdynastie hineingeboren, erlangt **Arthur Schopenhauer** (1788–1860) im Jahre 1814 seinen Doktorgrad mit der Arbeit *Über die vierfache Wurzel des Satzes vom zureichenden Grunde*, nachdem er an Kursen von Fichte und des Skeptikers Gottlob Ernst Schulte (1761–1833) teilgenommen hat. Nach der Veröffentlichung der *Welt als Wille und Vorstellung* (1818) wird er 1819 mit Kursen an der Universität Berlin betraut, doch den Lehrstuhl erhält er nicht. Später verfasst er die *Die beiden Grundprobleme der Ethik: Über die Freiheit des menschlichen Willens, Über das Fundament der Moral* (1841). Die *Parerga und Paralipomena* erscheinen 1851; 1833 hatte Schopenhauer sich in Frankfurt am Main niedergelassen. Seine literarischen Qualitäten haben sehr viel mit der Begeisterung für sein Werk und dem Einfluss auf Schriftsteller wie **Maupassant**, **Zola**, **Pirandello** oder **Thomas Mann** zu tun.

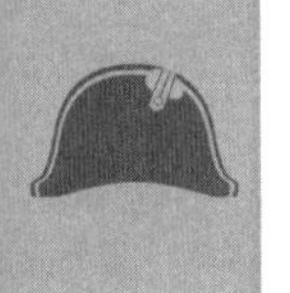

▪ **Seine Lehre**: Er sieht sich in der Nachfolge Immanuel Kants, legt aber ein zutiefst pessimistisches Denken über den «Willen zum Leben» an den Tag, das unersättliche Verlangen, das uns in Schmerz und Leid zurücklässt. Glück kann nur darin bestehen, dass ein früherer Schmerz aufhört, dem (allerdings) weitere folgen. Und wie nach Kant das Phänomen der sinnliche Ausdruck des Dings an sich ist, so ist die Welt in ihrem Werden der phänomenale Ausdruck des Willens. Der Wille ist eine Kraft, ein «Wille zum Leben». Die Ausrichtung unseres Willens ist angeboren. Wir können nicht gegen den Willen handeln, dessen Opfer wir sind, auch wenn wir frei wären, zu tun, was wir wollen. Schopenhauer interpretiert diesen Willen als Lebenstrieb, der hinter allen Phänomenen wirkt. Diese blinde Kraft lebt aus sich selbst und erneuert sich, indem sie ihre eigenen Geschöpfe auffrisst. Zwei Wege gibt es, die dem Menschen ermöglichen, sich vom Leiden an der Welt zu befreien: Moral ist der eine, Ästhetik der andere. Der Mensch kann sich in allen Lebewesen erkennen, *Tat twam asi*, dieser aus Indien entlehnte Ausdruck bezeichnet diesen Sachverhalt. Die ästhetische Kontemplation, der Genuss eines Kunstwerks ermöglicht die Vereinigung mit dem Universum. Schopenhauer gilt zu seiner Zeit als erster europäischer Buddhist; und den Buddhismus hält man für einen Nihilismus, dessen äußerstes Ziel es sei, dass sich die Existenz ins Nichts auflöst.

Der Materialismus: Karl Marx

Die Jahre um 1830 werden von Hegels Idealismus beherrscht. Doch es sind die Theorien von Hobbes, Feuerbach und Saint-Simon, aus denen Karl Marx die Vorstellung des historischen Materialismus entwickelt. Dies führt ihn dazu, einen dialektischen Materialismus aufzuzeigen, von dem dieser sich unterscheidet, wie sich eine Methode von einer Lehre unterscheidet. Beruht der (herkömmliche) Materialismus auf einem philosophischen Begriff, der die Materie zur Begründung des Universums erhebt und einen Gegensatz zum Spiritismus bildet, für den alles vom Geist abstammt, so betrachtet der dialektische Materialismus die Materie in dem Sinne, wie sie sich historisch entwickelt hat (s. u.). **Ludwig Feuerbach** (1804–1872) ist das Bindeglied, so dass sich der absolute Idealismus in den historischen Materialismus, wie wir ihn bei Marx finden, verwandeln konnte.

Karl Marx und der historische Materialismus

In Trier geboren, studiert **Karl Marx** (1818–1883) zunächst Recht, schließt aber mit einer philosophischen Doktorarbeit zur *Differenz der demokritischen und epikureischen Naturphilosophie* ab. 1845 geht er, aus Frankreich vertrieben, nach England. 1848 schreibt er das *Manifest der Kommunistischen Partei*. Nach mehreren erzwungenen Ortswechseln bleibt er in London. Eng dem politischen Leben seiner Zeit verbunden und nachdem er 1847 den Bund der Kommunisten mitbegründet hat, gründet er 1864 die *Internationale Arbeiter-Association*, die sogenannte Erste Internationale. 1867 veröffentlicht er den ersten Teil des *Kapitals*. Er stirbt 1883. Bei seiner Beerdigung auf dem Highgate Cemetery sagt sein Freund und Mitstreiter **Friedrich Engels**, dass Marx zwei große Entdeckungen gemacht habe: das Entwicklungsgesetz der Geschichte der Menschheit und das Gesetz über die Bewegung der bürgerlichen Gesellschaft.

■ **Seine Lehre:** Marx beginnt mit der Kritik Hegels und der Idealisten und zeigt, dass deren Theorien vor allem durch den Materialismus bewiesen würden. Der Text, der seine Vorstellung am besten zusammenfasst, ist das berühmte Vorwort zur *Kritik der politischen Ökonomie*. Dort sagt er, dass jede Gesellschaft bestimmt und charakterisiert wird durch den Zustand der Produktionsverhältnisse, die einem bestimmten Zustand der Produktivkräfte entsprechen. Unter Produktivkräfte versteht Marx eine bestimmte Entwicklung unserer technischen Kenntnisse und eine bestimmte Organisation der Arbeit insgesamt. Zeitweise treten die Produktivkräfte in Widerspruch zu den bestehenden Produktionsverhältnissen. Die Veränderungen, die sich an der ökonomischen Basis ergeben, bewirken eine Umwälzung des Überbaus. Mehrere Themen entwickeln sich daraus:

- die Notwendigkeit gesellschaftlicher Beziehungen;
- gesellschaftliche Beziehungen, die sich in Infrastruktur und Überbau unterscheiden (kulturelle, juristische etc. Institutionen);
- Revolutionen als Ausdruck einer historischen Notwendigkeit, nicht eines Zufalls.

Mehrere Themen lassen sich so herauslösen: Das philosophische Denken von Marx entlehnt vom Hegel'schen die Dialektik, vom Feuerbach'schen den Materialismus und einiges aus der sozialistischen Lehre Saint-Simons, Fouriers und Proudhons. Wichtige Fragen betreffen:

- die anthropologische Interpretation von Marx: sämtliche wirtschaftlichen Phänomene sind jeder Gesellschaft inhärent; wie sie wirken, hängt von der Besonderheit einer jeden Gesellschaft ab;
- die wirtschaftliche Interpretation der Geschichte.

Doch zuvor wollen wir seine Methode studieren:

■ **Die Dialektik:** «Meine dialektische Methode ist der Grundlage nach von der Hegelschen nicht nur verschieden, sondern ihr direktes Gegenteil. Für Hegel ist der Denkprozeß, den er sogar unter dem Namen Idee in ein selbständiges Subjekt verwandelt, der Demiurg des wirklichen, das nur seine äußere Erscheinung bildet. Bei mir ist umgekehrt das Ideelle nichts andres als das im Menschenkopf umgesetzte und übersetzte Materielle.» (*Das Kapital*, Nachwort zur zweiten Auflage) Im Gegensatz zur Metaphysik, die über das Sein spekuliert und feststellt, dass die Dinge unbeweglich sind, sieht die Dialektik die Welt als eine Gesamtheit von Bewegungen. Daraus resultiert die Unmöglichkeit, zur absoluten Wahrheit zu gelangen.

■ **Der marxistische Materialismus:** Die Vorläufer des Marxismus sind **Bacon**, **Hobbes**, **Locke**, **Condillac** und **Holbach**. Doch Marx spricht von einem Materialismus, der anders sei, weil er «dialektisch» sei. Es handelt sich nicht um eine Materie in Bewegung, die durch dialektische Prozesse gekennzeichnet ist, welche im Denken nur als Reflex der materiellen Welt zu beobachten sind. In der Geschichte der Menschheit sind alle Phänomene und Ereignisse durch die Produktionsweise der Existenzmittel bestimmt. Nicht die Ideen beherrschen die Welt, sondern der Überbau wird durch den gesellschaftlichen Zustand bestimmt, der seinerseits durch gesellschaftliche Kräfte bestimmt ist. 1859, im Vorwort von *Zur Kritik der politischen Ökonomie*, schreibt Marx, dass die Hypothese, die als Basis seiner Analyse der Gesellschaft diente, auch kurz folgendermaßen formuliert werden könnte: In der gesellschaftlichen Produktion kommen nacheinander notwendige und bestimmte Verhältnisse auf, die unabhängig sind vom Willen der Menschen; es sind Produktionsverhältnisse, die einem bestimmten Grad der Entwicklung der materiellen Produktivkräfte entsprechen. Die Gesamtsumme dieser Produktionsverhältnisse bildet die ökonomische Struktur der Gesellschaft; das ist die konkrete Basis, auf der sich der gesetzliche und politische Überbau erhebt, dem die Formen des gesellschaftlichen Bewusstseins entsprechen. Die Produktionsweise des materiellen Lebens bestimmt den allgemeinen Charakter der gesellschaftlichen, politischen und intellektuellen Prozesse des Lebens. Nicht das Bewusstsein der Menschen bestimmt ihre Existenz, sondern ihre gesellschaftliche Existenz bestimmt ihr Bewusstsein. Diese Hypothese wird in der Folge als **historischer Materialismus** bezeichnet. Marx hat ihn im *Manifest der Kommunistischen Partei*, im *Kapital*, aber auch in anderen Schriften wie *Zur Kritik der politischen Ökonomie* auf die kapitalistische Gesellschaft angewendet.

■ **Der Mensch:** Ausgangspunkt der Geschichte der Menschheit ist der lebendige Mensch, der gewissen primären Bedürfnissen zu entsprechen sucht. Die menschliche Aktivität ist wesentlich ein Kampf mit der Natur, die ihm die Mittel liefert, seine Bedürfnisse zu befriedigen: Trinken, Essen, Kleidung, Entwicklung seiner Kräfte und intellektuellen und künstlerischen Fähigkeiten. Indem er sich seines Kampfes gegen die Natur bewusst wird, findet der Mensch die Bedingungen seiner Selbstverwirklichung, die Realisierung seines wahren Status. Die Entwicklung des Bewusstseins ist untrennbar mit diesem Kampf verbunden. In ihrer universellen Dimension begriffen, enthüllt die Aktivität des Menschen, dass für den Menschen der Mensch das höchste Wesen ist. Es ist also vergeblich, von Gott sprechen zu wollen, von der Schöpfung und von metaphysischen Problemen.

▪ **Die Strukturen:** Die gesellschaftliche Realität ist folgendermaßen strukturiert: Der eigentliche Grund der Gesellschaft ist die wirtschaftliche Struktur, die die «materiellen Produktivkräfte» umfasst, d. h. die Arbeit und die Produktionsmittel, die gesellschaftlichen und politischen Zustände, die die Produktion und Verteilung leiten. Jenseits der ökonomischen Struktur erhebt sich der Überbau, der aus rechtlichen und politischen «Formen des gesellschaftlichen Bewusstseins» besteht, die der wirtschaftlichen Struktur entsprechen. Die politischen Verhältnisse, die die Menschen untereinander begründen, sind ihrerseits abhängig von der materiellen Produktion, was auch für die rechtlichen Beziehungen gilt.

Psychologie und Medizin im Europa des 19. Jahrhunderts

Die Entwicklung der Psychiatrie ist eng mit derjenigen der Medizin verknüpft. Eine neue Art der medizinischen Wissenschaft wird etabliert. Die Krankenhäuser werden zu Zentren der medizinischen Forschung. Die medizinische Ausbildung findet in Zusammenarbeit mit den Universitäten statt, was den Absolventen ein hohes Niveau beschert. Dank dreier Ausrichtungen schreitet die Medizin voran:

- Definition unterschiedlicher Krankheitsbilder durch objektive Untersuchungsmittel. Beim Tod der Kranken finden Autopsien statt, aber auch beim lebenden Patienten muss der Herd der Krankheit erkannt werden;
- Verständnis dessen, was Krankheiten auslöst. **Louis Pasteur** (1822–1895) und **Robert Koch** (1843–1910) entdecken beide, dass Keime, die sie isoliert haben, für Krankheiten verantwortlich sein können;

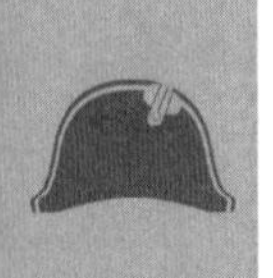

- Die experimentelle Methode wird zur unumschränkten medizinischen Forschung erhoben. 1865 erscheint die *Introduction à l'étude de la médecine expérimentale* von **Claude Bernard** (1813–1878), ein Standardwerk der experimentellen Methode, die auf schlüssiger Überlegung gegründet ist, auf induktiven und deduktiven Methoden und auf dem Übergang vom Unbekannten zum Bekannten.

Diese Entwicklungen stehen ihrerseits in Verbindung mit der Entwicklung der Biochemie, mit dem Impfstoff Pasteurs gegen die Tollwut, mit der Chirurgie, der Entdeckung der Röntgenstrahlen durch **Wilhelm Conrad Röntgen**

(1845–1923), der Entdeckung der Radioaktivität durch **Pierre** (1859–1906) und **Marie Curie** (1867–1934). Doch um sich weiterzuentwickeln, muss die Medizin gleichzeitig ihr Streben nach Einheit als Wissenschaft und das nach Spezialisierung zu einem Ergebnis führen. Die Psychiatrie organisiert sich als einer der ersten Medizinzweige: Seit **Philippe Pinel** (1745–1826) gilt der psychisch Kranke als tatsächlich Kranker. Die Fortschritte in der Physiologie, vor allem die Forschungen zu Gehirn und Nervensystem, bewirken den Aufschwung der Psychologie. Die Verhaltensforschung als Erklärung physiologischer Symptome und Phänomene wird in den *Grundzügen der physiologischen Psychologie* (1873–1874) von **Wilhelm Wundt** (1832–1920) dargestellt. Innerhalb der Psychologie werden Experimente durch **Jean-Martin Charcot** (1825–1893) an der Salpêtrière in Paris durchgeführt, um die Verhaltensstörungen zu verstehen, die man als «Hysterie» bezeichnet. Dieser Geisteszustand wird auch von **Pierre Janet** (1859–1947) untersucht, der die Hypnose als Untersuchungsmittel einsetzt. Seit dem Ende des 18. Jahrhunderts gab es eine ausgeprägte Tradition, die die Existenz okkulter Geisteskräfte innerhalb der Esoterik behauptet. **Sigmund Freud** macht keine wirkliche Entdeckung, problematisiert vielmehr das, was bereits existiert, und integriert es in ein wissenschaftliches Gebäude.

Der grundlegende Beitrag Sigmund Freuds

In Freiberg in Mähren geboren, lebt **Sigmund Freud** (1856–1939) ab 1860 mit seiner Familie in Wien im jüdisch geprägten Stadtteil Leopoldstadt. Zunächst studiert er an der Universität Wien Medizin, danach folgt ein Studienaufenthalt bei **Charcot**, der sich auf Nervenkrankheiten spezialisiert hat. Mehr und mehr wendet Freud seine Forschungen dem psychischen Aspekt der Hysterie zu und behauptet den sexuellen Ursprung von Neurosen. 1899 erscheint die *Traumdeutung*, 1904 dann die *Psychopathologie des Alltagslebens*, 1905 schließlich die *Drei Abhandlungen zur Sexualtheorie*. Der erste Internationale Psychoanalyse-Kongress findet 1908 in Salzburg statt. 1923 definiert Freud die Vorstellung von *Es*, *Ich* und *Über-Ich*. Nachdem 1938 Österreich dem Deutschland Hitlers angeschlossen wurde, geht Freud nach London ins Exil, wo er ein Jahr später stirbt. Außer den bereits erwähnten Werken sind seine wichtigsten Schriften: *Über Psychoanalyse. Fünf Vorlesungen ...* (1909), *Totem und Tabu* (1912), *Vorlesungen zur Einführung in die Psychoanalyse* (1916), *Das Unbehagen in der Kultur* (1930), *Der Mann Moses und die monotheistische Religion* (1939).

■ **Das Unbewusste:** Freud ist der Erste, der die Hypothese des psychischen Unbewussten formuliert – eine Hypothese, denn es handelt sich nicht mehr um eine biologische Realität. Es sei allerdings daran erinnert, dass der Begriff des Unbewussten bereits von Descartes und Leibniz in das philosophische Vokabular eingeführt worden ist. Doch es handelt sich bei ihnen um ein physiologisch Unbewusstes; die Phänomene der «Leidenschaft» oder der «kleinen Wahrnehmungen» sind körperliche Manifestationen. Freuds Neuansatz besteht darin, dass er das Unbewusste als vollständig eigene Realität wahrnimmt; «die Psychologie ins Gebiet der Naturwissenschaft holt, d. h. den psychischen Prozess als quantitativ determinierten Zustand erklärt, der bestimmt ist von unterscheidbaren materiellen Partikeln.» (*Briefe an Wilhelm Fliess*, 1887–1904). Der Körper erweist sich demnach in der Psychoanalyse als Ort psychosomatischer Symptome, als Mittel, um durch ihn die Beziehungen von Psychischem und Somatischem zu studieren. Der Körper erweist sich als notwendiger Ort, nicht als konstituierendes Prinzip, an dem sich die Dialektik der Symptome realisiert.

■ **Träume:** 1899 definiert Freud in der *Traumdeutung* den Mechanismus und die Natur des Traums, aber auch die des Begehrens, das sich an der Oberfläche des Körpers manifestiert – in Fehlleistungen, in neurotischen Symptomen –, und er schließt daraus, dass der reiche repräsentative Inhalt des Traums nicht nur aus äußeren nervösen Sinnesreizen abgeleitet werden kann.

■ **Die Triebe:** Nach 1909 präzisiert Freud den Begriff des Unbewussten, das *Es*, der Sitz der Triebe, deren gemeinsame Energie die Libido ist. Freud gibt in seinen *Drei Abhandlungen zur Sexualtheorie* die erste Theorie der Triebe, wobei er zwei Typen unterscheidet, den Lebens- und den Todestrieb. Der Trieb hat eine doppelte Wirklichkeit, somatisch und psychisch. Er entsteht aus einer körperlichen Erregung, die auf eine Stelle des Körpers ausgeübt wird, und er hat ein Ziel: Er will diese Energie entladen, und das geschieht mittels des Triebobjekts. Die Sexualität nimmt bei Freud einen wichtigen Platz ein; er stellt sie als etwas Omnipräsentes dar, vorhanden in alltäglichen Handlungen und nicht nur in sexueller Hinsicht.

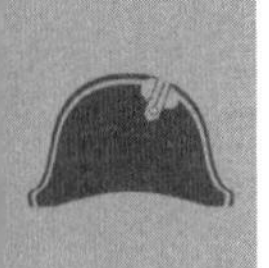

Indem er den Begriff des *Es* präzisiert, entwickelt Freud zugleich den des *Über-Ich*, das durch das Eingreifen gesellschaftlicher und familiärer Verbote aufkommt. Das *Ich* steht in Beziehung zum Prinzip Wirklichkeit. Ihm obliegt die Verteidigung der Persönlichkeit. Lebenstrieb und Todestrieb werden durch Eros, den Liebestrieb, und Thanatos, den Todestrieb, dargestellt. Gleichgültig, ob in Träumen oder in der Hysterie: Der Körper wird von Fragmenten des Unbewussten erfasst. Die biologische Funktionalität dieser verschiedenen Teile wird von Freud angedeutet im Sinne des möglichen Ortes, an dem sich die Triebe entladen: Es gibt einen großen Unterschied zwischen dem eigentlichen Körper und dem der Psyche, der zum «Körper» nur durch die Sprache wird. Der Mensch scheint hier zweigeteilt zu sein, und diese Teilung hat die Argumentation gegen Freud auf den Plan gerufen, die vor allem zwischen 1950 und 1980 vorgebracht wurde. Der Mensch scheint nicht mehr im Zentrum seiner selbst zu sein, weder als Bewusstsein noch als freier Wille. Die Vorstellung eines Subjekts, die schon so deutlich von Marx und Nietzsche erschüttert wurde, wird von Freud eindeutig in Frage gestellt.

5. Die Musik in Deutschland

Nach der zweiten Hälfte des 18. Jahrhunderts, vor allem aber im 19. Jahrhundert übernimmt der deutsche Sprachraum die Führung innerhalb der Musik. Die **Wiener Klassik** mit **Haydn**, **Mozart**, **Beethoven** und **Schubert** liefert die Genres der Instrumentalmusik, die die Komponisten des 19. Jahrhunderts weiterentwickeln. Sinfonie, Solokonzert, Streichquartett und -quintett sowie die Klaviersonate und weitere Kammermusik-Gattungen bestimmen die Programme der bürgerlichen Musikvereinigungen und der zumeist von ihnen initiierten Musiksäle (der wichtigste: Musikvereinssaal in Wien). Auch die Hausmusik, die durch teils musikalisch hochgebildete **Dilettanten** ausgeführt wird, ist ein bedeutender Faktor des Musiklebens. Parallel dazu wird die Oper – auch hier weist die Wiener Klassik mit Gluck und Mozart den Weg – neben dem Oratorium und dem Lied – das von Schubert zur großen Kunst erhoben wird – zur wichtigsten Gattung der Vokalmusik.

Sinfonien, Sonaten, Solokonzerte: Mendelssohn Bartholdy, Schumann, Brahms

▪ **Louis Spohr** (1784–1859) ist nicht nur Komponist, sondern neben Niccolò Paganini zugleich der bedeutendste Violinvirtuose des 19. Jahrhunderts. Bis sich die Werke Schuberts, Schumanns und Mendelssohns verbreiten, ist

Spohr der beherrschende deutsche Komponist; als Geigenlehrer zieht er Schüler aus ganz Europa an. Er komponiert u. a. etliche Violinkonzerte, zehn Sinfonien, Opern, reichhaltige Kammermusik; er ist Verfasser einer *Violinschule*.

▪ **Felix Mendelssohn Bartholdy** (1809–1847) ist das musikalische Wunderkind seiner Zeit; als Zwölfjähriger spielt er im Hause Goethe vor. Schon als Kind verfasst er mehrere Sinfonien. In seiner Reifezeit entstehen vier Sinfonien, darunter die *Schottische* und die *Italienische*; zwei Oratorien: *Paulus* (1836) und *Elias* (1846). Zuvor hat er mehrere Europareisen unternommen, so auch nach England und Italien, die ihn in alle Kunstzentren führen. Mendelssohn ist zudem Organisator und Leiter mehrerer Musikfeste in Düsseldorf, Berlin und vor allem in Leipzig, wo er die Gewandhaus-Konzerte übernimmt. Mendelssohn ist auch ein außerordentlich begabter Zeichner.

▪ **Robert Schumann** (1810–1856) ist Komponist, Dirigent und Musikkritiker. Die von ihm begründete *Neue Zeitschrift für Musik* existiert noch heute. Er «entdeckt» zudem nachgelassene Werke Franz Schuberts; durch Schumann wird u. a. die sogenannte «Große Sinfonie in C-Dur» Schuberts überhaupt erst in den Konzertsaal eingeführt. Legendär ist der gerichtliche Streit, den er anstrengt, um Clara Wieck heiraten zu können, sie wird *die* Pianistin des 19. Jahrhunderts. Schumann schreibt vier Sinfonien, über 100 Lieder (darunter *Liederkreis* op. 39 nach Joseph von Eichendorff; op. 42 *Frauenliebe und -leben*, nach Adalbert von Chamisso); eine Oper, *Genoveva*, mehrere Solokonzerte sowie Kammermusik. Sein Lebensende verbringt er, nachdem er einen Selbstmordversuch unternommen hat, in Endenich (damals bei Bonn gelegen) in einer Pflegeanstalt, wo ihn Clara Schumann, Johannes Brahms und der Geiger Joseph Joachim besuchen.

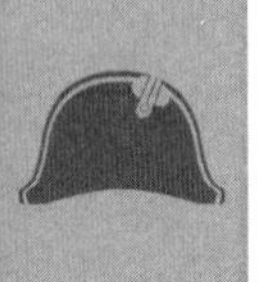

▪ **Anton Bruckner** (1824–1896), ein Einzelgänger mit einem persönlichen Stil aus Klarheit und Religiosität, hinterlässt neun Sinfonien, die u. a. durch ihre blockhafte Nebeneinanderstellung der Themen gekennzeichnet sind; Bruckner hat die klassische Zweithematigkeit der Sinfonie der Wiener Klassik auf drei Themen im Kopfsatz erweitert. Mehrere seiner Sinfonien bearbeitet er nach der Fertigstellung weiter, so dass sich das Problem der Zählung ergibt. Außerdem verfasst er neben Kammermusik mehrere bedeutende Messen und ein *Requiem*.

■ **Johannes Brahms** (1833–1897) ist einer der wichtigsten Komponisten der Romantik. Früh kommt er in Kontakt mit Robert Schumann, der ihn in seiner Zeitung als einen «Berufenen» ankündigt. Zeitlebens verehrte Brahms dessen Frau, die Pianistin Clara Schumann. Wien wird zu Brahms' Wirkungsort, nachdem er tief gekränkt Hamburg verlassen hat, weil man ihm dort weder die Leitung der Philharmonischen Konzerte noch die der Singakademie anvertraut. Brahms fühlt sich der musikalischen Tradition verpflichtet, ist wie Max Bruch gegen die *Neudeutsche Schule*; Hans von Bülow, einer der großen Dirigenten des 19. Jahrhunderts, nennt Brahms' Erste Sinfonie die «Zehnte» Beethovens. Brahms entwickelt seine Motive aus kleinsten Bestandteilen heraus, was ihm später das Lob Arnold Schönbergs einbringt. Neben vier Sinfonien schreibt er reichhaltige Kammermusik; populär ist bis heute sein *Deutsches Requiem* op. 45.

■ **Max Bruch** (1838–1920) ist gleichfalls ein musikalisches Wunderkind, das mit neun Jahren die erste Komposition vorlegt. In der *Rheinischen Musikzeitung* wird der Knabe gar mit Mozart und Mendelssohn verglichen. Bruch kennt Brahms gut, dessen Werke er so wie die von Mendelssohn sehr schätzt, während er gegen Franz Liszt und Richard Wagner und die sogenannte *Neudeutsche Schule* eingestellt ist. Heute wird von seinen Kompositionen nur noch das erste Violinkonzert Nr. 1 g-Moll, op. 26 aufgeführt. Ferner stammen von ihm drei Sinfonien, Chormusik und einige Opern.

Oper und Musikdrama: Von Freischütz bis Parsifal

Die Oper ist neben Sinfonie und Konzert die weitere große, öffentlich wirksame Musikgattung des 19. Jahrhunderts. Sie kulminiert im Werk von Wagner.

■ **Carl Maria von Weber** (1786–1826) schafft mit seinem *Freischütz* (1821) den Inbegriff der deutschen romantischen Oper vor Wagner. Bedeutend im Werk des Komponisten, der lange in Dresden (Hoftheater) wirkt, sind neben seinen weiteren Opern *Euryanthe* und *Oberon* auch seine Solokonzerte, insbesondere die Werke für Klarinette und Orchester, die für den romantischen Tonfall stehen.

■ **Heinrich Marschners** (1795–1861) wichtigstes Werk *Hans Heiling* (1833) gilt als zentrale Oper zwischen den Werken Carl Maria von Webers und Richard Wagners.

■ **Albert Lortzing** (1801–1851) schreibt mit *Zar und Zimmermann* (1837) die bekannteste deutsche Spieloper, auch das Libretto dazu. Thematische Grundlage dieser Oper ist die als *Große Gesandtschaft* bekannt gewordene Reise des russischen Zaren Peter I., die diesen 1697–1698 bis nach Holland führt, wo er tatsächlich ein Zertifikat als Schiffszimmermann erhält.

■ **Richard Wagner** (1813–1883) verfasst neben seinen Opern und Musikdramen – vom *Fliegenden Holländer* bis zum *Parsifal* – zeitgleich ein umfangreiches theoretisches Werk, in welchem er seine künstlerischen Überzeugungen, aber auch seine (wechselnden) politischen Standpunkte ausführlich darlegt. Wagner greift auf Vorbilder wie Gluck und einige Komponisten aus der Zeit der Französischen Revolution zurück, als er seine Theorie des *Musikalischen Dramas* verkündet, das dem von ihm abgelehnten Wechsel von Rezitativ und Arie der italienischen Oper ein Ende setzen soll. Er begreift sein Musikdrama als logischen Endpunkt der musikalischen Entwicklung seit der antiken griechischen Tragödie. Vom Revolutionär aus frühen Dresdner Tagen wandelt er sich zum intimen Freund König Ludwigs II. von Bayern, der sich enthusiastisch für Wagners Werk einsetzt. 1876 finden nach langen Mühen – vor allem der Finanzierung – die ersten **Bayreuther Festspiele** statt, wobei der *Ring des Nibelungen* erstmals als Zyklus gegeben wird. Legendär ist die Verbindung und Freundschaft Wagners zu **Friedrich Nietzsche**, der sich indes später von Wagner abwendet, u. a. auch wegen Wagners Antisemitismus. In der Tat gilt Wagner als ein Vorreiter des modernen Antisemitismus – was ihn nicht hindert, in seiner *Villa Wahnfried* in Bayreuth jüdische Pianisten auftreten zu lassen; der *Parsifal*, dessen weltanschaulichen Hintergrund der Antisemitismus bildet, wird 1882 gar von dem (jüdischen) Dirigenten **Hermann Levi** uraufgeführt.

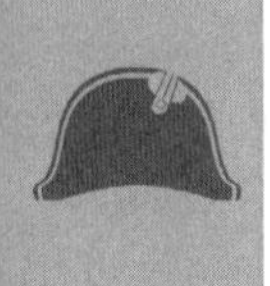

II

Frankreich im 19. Jahrhundert

1. Die politische Entwicklung

Das Konsulat (1799–1804)

Die Verfassung des Jahres 8 nach der Revolution, vom Rat der Alten und den Mitgliedern des Rates der 500 – die nicht geflohen oder ausgeschlossen waren – angenommen, behält wohl die Republik bei, installiert aber de facto ein vor-monarchisches Regime. Wenn auch die Exekutive auf drei Konsuln verteilt wird – auf **Napoleon Bonaparte** (1769–1821), **Jean-Jacques Régis de Cambacérès** (1753–1824) und **Charles-François Lebrun** (1739–1824) –, so ist es doch der Erste Konsul, nämlich Napoleon, der sämtliche Inhaber öffentlicher Ämter ernennt – oder durch den Senat ernennen lässt –, und er allein erklärt den Krieg und entscheidet über Frieden. Die gesetzgeberische Macht ist auf vier Kammern verteilt: Der Staatsrat, dessen Mitglieder vom Ersten Konsul ernannt werden, verfasst Gesetze; das Tribunat berät diese Gesetze, ohne darüber abstimmen zu können; das *Corps législatif* stimmt darüber ab, aber ohne Debatte; schließlich der Senat, der auf die Verfassungsmäßigkeit der Gesetze achtet. Die Wahl ist ausschließlich Männern vorbehalten, dabei gleichwohl ohne viel Gewicht angesichts der von Bonaparte entschiedenen Ernennungen. Bonaparte umgibt sich mit **Charles-Maurice de Talleyrand-Périgord** (1754–1838), Auswärtige Angelegenheiten; **Joseph Fouché** (1759–1820), Polizei; **Martin-Michel-Charles Gaudin** (1756–1841), Finanzen; **Lazar Nicolas Marguerite Carnot** (1753–1823), Krieg. Der Frieden von Amiens im März 1802 beendet den Krieg; es folgt ein neues Plebiszit, welches das erbliche Konsulat auf Lebenszeit bestätigt. Durch Beschluss des Senats vom 18. Mai 1804, der die Verfassung ändert, kann Bonaparte seinen Nachfolger bestimmen und den Titel eines Kaisers tragen. Ein Plebiszit billigt im Folgenden das Entstehen des Kaiserreichs.

Das Erste Kaiserreich (1804–1815)

Am 2. Dezember 1804 ernennt sich Bonaparte in Anwesenheit von Papst **Pius VII.** (1800–1823) zum Kaiser **Napoleon I.** Er setzt sich selbst die Krone auf, danach krönt er seine Frau **Joséphine de Beauharnais** (1763–1814). Die europäischen Mächte verbünden sich gegen diese neue Bedrohung: 1805 umfasst eine dritte Koalition England, Russland, Österreich und Preußen. Admiral **Horatio Nelson** (1758–1805) bringt Frankreich in der Seeschlacht von Trafalgar (21. Oktober 1805) eine Niederlage bei, die Napoleons Projekt der Invasion Englands beendet. Bei **Austerlitz** schlägt Napoleon am 2. Dezember 1805 Zar **Alexander I.** (1801–1825) sowie Kaiser **Franz II.** (1792–1806). Diese dritte Koalition endet mit dem Frieden von Pressburg (28. Dezember 1805). Eine vierte Koalition schließt sich 1806–1807 zusammen: England, Preußen, Russland, Schweden. Napoleon erringt nacheinander Siege in Jena und Auerstedt (14. Oktober 1806), Preußisch Eylau (8. Februar 1807), Friedland (14. Juni 1807). Der Frieden wird im **Vertrag von Tilsit** im Juli 1807 unterzeichnet. 1809 bildet sich nach der französischen Niederlage in Spanien eine fünfte Koalition mit England und Österreich. Dem Sieg von Wagram (5. und 6. Juli 1809) folgt der Friede von Wien (14. Oktober 1809). 1813, nach der Niederlage Napoleons in Russland, schließt sich eine sechste Koalition zusammen – aus England, Österreich, Preußen, Russland und Schweden. Napoleon wird in der **Völkerschlacht von Leipzig** besiegt (16.–19. Oktober 1813). Nach der Katastrophe des Russland-Feldzugs und den nachfolgenden Niederlagen ziehen die Alliierten, angeführt von Zar Alexander I., am 31. März 1814 in Paris ein. Am 6. April 1814 dankt **Napoleon I.** ab und geht ins Exil auf die Insel Elba.

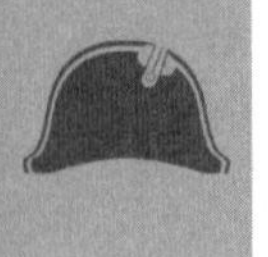

Der Senat ruft nun **Ludwig XVIII.**, Bruder Ludwigs XVI., zum König von Frankreich aus. Der Vertrag von Paris vom 30. Mai 1814 gibt Frankreich seine Grenzen vor den Revolutionskriegen zurück. Von Elba entflohen, landet Napoleon am 1. März 1815 in der Provence. Am 20. März kommt er, begeistert empfangen, nach einem Gewaltmarsch in Paris an; Ludwig XVIII. kann gerade noch rechtzeitig fliehen. Nach einigen kleineren Siegen bereitet die *Belle Alliance*, die die Mitglieder der sechsten Koalition versammelt, in der Schlacht von **Waterloo** am 18. Juni 1815 unter der Führung von Arthur Wellesley, 1. **Duke of Wellington** (1769–1852), dem Ersten Kaiserreich ein Ende. Am 22. Juni 1815 unterzeichnet Napoleon seine zweite Abdankung. Er begibt sich von Rochefort aus nach England. Von dort wird er nach St. Helena verbracht, wo er 1821 stirbt.

Die Grundlagen des modernen Frankreich

Napoleon I. reformiert Frankreich grundlegend. Er gibt dem Land die Strukturen eines Staats, die es in die Lage versetzen, das 19. Jahrhundert durchzustehen. Zunächst macht sich Napoleon daran, die durch die Französische Revolution entstandenen Religionsstreitigkeiten zu beenden. Am 15. Juli unterzeichnet er ein Konkordat mit Papst **Pius VII**. Der Katholizismus ist nicht mehr «Staatsreligion» und damit nicht mehr verbindlich. Die bürgerliche Verfassung des Klerus wird widerrufen; der Papst stimmt der kanonischen Investitur der von Bonaparte gewählten Bischöfe zu. Dieses Konkordat bleibt bis 1905, bis zum Gesetz über die Trennung von Staat und Kirche, in Kraft. Protestanten und Juden erhalten später die Freiheit ihres Kultus zugestanden.

Nach den Wirren der Revolution errichtet Napoleon I. die Grundlagen für eine stabile Gesellschaft: Erziehung, Ehrenlegion, *Code civil*. Um die Kinder des Bürgertums zu erziehen, bereiten die militärisch organisierten Lyzeen seit 1802 auf die kaiserliche Universität vor, die dann 1808 gegründet wird. Der Kaiser braucht eine wirksame zivile und militärische Verwaltung. Die staatsbürgerliche Ausbildung gründet sich auf den kaiserlichen Katechismus von 1806: Liebe, Gehorsam, Militärdienst und glühende Gebete für das Wohl des Kaisers. Doch das bleibende Monument ist sicherlich der *Code civil*, der 1804 erlassen wird und bis nach 1968 gültig bleibt. Mit seinen 2281 Artikeln definiert er die Rechte und Pflichten der Bürger, garantiert privates Eigentum, fördert die Familie, erkennt allerdings auch die napoleonische Vorstellung der Unterlegenheit der Frau an, die stets von ihrem Vater, Ehemann oder einem männlichen Verwandten bevormundet wird.

Die Restauration (1815–1830)

Ludwig XVIII. und die Charte constitutionelle

Am 2. Mai 1814 kehrt **Ludwig XVIII.** (1815–1824) nach Paris zurück und verkündet bereits am 4. Juni die *Charte constitutionelle*, die neue Verfassung, die Frankreich die erste konstitutionelle Monarchie auf dem Kontinent beschert. Der König von Frankreich als Staatsoberhaupt übt die exekutive Macht aus und schlägt Gesetze vor. Er hat zudem Anteil an der Legislative, die auf zwei Kammern verteilt wird, denn er ernennt die erblichen Mitglieder der Kammer der Pairs – Mitglieder des Hochadels – und kann die Abgeordnetenkammer auflösen, die per Zensuswahlrecht gewählt wird. Es wird ein Zensus von 300 Francs aufgestellt: Von knapp 30 Millionen Franzosen dürfen daher nur 90 000 Männer wählen. Die vordringlichste Aufgabe aber ist, die Stellung Frankreichs in Europa auf dem Wiener Kongress vom September 1814 bis Juni 1815 zu behaupten. Die alte Ordnung kehrt zurück, bewirkt durch die Vorschläge von Fürst **Klemens von Metternich** (1773–1859), dem Präsidenten des Kongresses, der einen moderaten Frieden und eine Einigung mit Frankreich will. Jedes Land möchte auf dem Kongress sein Territorium und seine Macht vergrößern und dabei die der anderen verkleinern: England schwächt Österreich mit der Schaffung eines Königreichs der Niederlande, ausgehend von alten englischen Besitzungen; Alexander I. von Russland erhält einen großen Teil Polens und Bessarabiens; Preußen erhält das Königreich Sachsen und das Rheinland; Österreich den Norden Italiens (Königreich Lombardei-Venetien). Der Vertreter Frankreichs, **Talleyrand**, nutzt geschickt diese gegensätzlichen Wünsche aus und kann so Frankreich den Status einer Großmacht erhalten.

Karl X., der absolutistische Kaiser

Im Jahre 1824 folgt **Karl X.** (1824–1830) seinem verstorbenen Bruder Ludwig XVIII. auf den Thron. Er will die absolute Monarchie erneuern und die *Charte* abschaffen. Und er lässt sich 1825 in Reims krönen. Der Einfluss der Kirche wird vollständig wiederhergestellt, vor allem im Bereich der Lehre. Diese reaktionäre Politik vereint die Unzufriedenen; die liberale Opposition siegt bei den Wahlen von 1827. Im März 1830 richtet die Kammer im Namen von 221 Abgeordneten eine Protestadresse an den König gegen die reaktionäre Politik. Der König löst daraufhin die Kammer auf. Die Wahlen vom Juli 1830 ergeben dagegen eine noch liberalere Versammlung. Am 26. Juli 1830 erlässt der König die *Vier Juli-Ordonnanzen*, die den Ultras Vorteile gegenüber den Liberalen in der Kammer einräumen: Die zweite und vierte Ordonnanz führen zur Auflösung der Kammer, zur Unterdrückung der Pressefreiheit und zu einem auf die Reichen beschränkten Wahlrecht. So revoltiert Paris drei Tage lang: an den **drei Glorreichen** vom 27., 28. und 29. Juli 1830. Der Louvre und die Tuilerien werden erstürmt. Am 2. August 1830 dankt Karl X. ab und flieht. Am 7. August 1830 übergibt die Kammer den Thron an Louis-Philippe, den Herzog von Orléans, der zum König **Louis-Philippe I.** (reg. 1830–1848) wird, «König der Franzosen dank der Güte Gottes und des nationalen Willens».

Die Juli-Monarchie (1830–1848)

Nach den revolutionären Ereignissen des Juli 1830 hat nun also die danach benannte Juli-Monarchie einen modernen Herrscher eingesetzt, Louis-Philippe I., geboren 1773, der mit den Revolutionsarmeen in Valmy und in Jemappes gekämpft hatte. Nach 1792 ins Exil gegangen, kehrt er 1814 nach Frankreich zurück und begründet nun eine Bürgermonarchie, die er auch selbst verkörpert: Er lebt mit seiner Familie weit entfernt vom Hof, den er nur wegen staatlicher Belange aufsucht. Die Zensur wird wieder abgeschafft, der Zensus gesenkt, was die Wahlberechtigten auf fast 170 000 ansteigen lässt.

1831 und 1834 kommt es zu weiteren Unruhen, die von der Armee niedergeschlagen werden. Stärkste Figur im Kabinett wird Außenminister **François Guizot** (1787–1874), konservativ und unpopulär, im Amt von 1842 bis 1848. Es sondert sich vom Volk ab und verkennt die zweifache Krise – erst eine landwirtschaftliche, dann eine industrielle –, der das Land zum Opfer fällt. Die Eisenbahnkrise führt Tausende von Arbeitern in die Arbeitslosigkeit. Die Oppositionellen, die einem Versammlungsverbot unterliegen, umgehen dieses durch eine Reihe republikanischer Bankette. Am 22. Februar 1848 wird eines dieser Bankette in Paris verboten. Da erhebt sich die Stadt, und die Nationalgarde schließt sich an. Louis-Philippe entlässt Guizot, doch es ist zu spät. Am 24. Februar dankt der König ab und flieht aus den Tuilerien; gerade noch rechtzeitig, denn die Aufständischen erobern die Tuilerien eine Stunde nach seiner überstürzten Abfahrt. Am selben Tag verkündet die Abgeordnetenkammer, wo sich Abgeordnete und Aufrührer, die dort eingedrungen sind, gemeinsam aufhalten, eine provisorische Regierung, die aus bekannten Persönlichkeiten besteht: dem Dichter **Alphonse de Lamartine** (1790–1869), dem Astronom und Physiker **François Arago** (1786–1853), dem Anwalt **Alexandre Ledru-Rollion** (1807–1874), dem Sozialisten **Louis Blanc** (1811–1882) und dem bescheidenen Mechaniker **Alexandre Martin Albert** (1815–1895).

Die Zweite Republik (1848–1852)

Am 25. Februar wird die Republik ausgerufen. Die ersten Tage sind entscheidend und bringen einen gewissen Fortschritt: Abschaffung der Todesstrafe; allgemeines Wahlrecht ab 21 Jahren, was das Wahlvolk auf neun Millionen anschwellen lässt; Abschaffung der Sklaverei. Der Arbeitstag wird auf zehn Stunden begrenzt. Nationale Werkstätten werden eingerichtet, um die Arbeitslosen zu beschäftigen. Am 23. April 1848 wird eine verfassunggebende Versammlung gewählt, die aus gemäßigten Republikanern und Royalisten besteht.

Am 4. November wird die neue Verfassung angenommen; sie beruht auf einem Ein-Kammer-System; diese Kammer wird durch allgemeine Direktwahl auf drei Jahre gewählt. Ein Präsident der Republik, auch er durch allgemeine Wahl bestellt, leitet die Exekutive. Seine Amtszeit beträgt vier Jahre, er darf danach nicht wiedergewählt werden. Doch das soziale Klima hat sich inzwischen verschlechtert. Am 22. Juni werden die nationalen Werkstätten aufgelöst, die Arbeiter zurück in die Arbeitslosigkeit und damit ins Elend geschickt. Paris errichtet Barrikaden. Die Nationalversammlung verkündet den Belagerungszustand und schickt die Armee unter dem Befehl von General **Louis-Eugène Cavaignac** (1802–1857), der sich die Nationalgarde anschließt. Die Kämpfe zwischen dem 23. und 25. Juni 1848 fordern Tausende von Toten. Die Repression, die danach losbricht, ist erbarmungslos: Mehr als 1000 Erschossene und mehr als 10 000 Deportierte sind zu beklagen.

Der Kaiser als Präsident

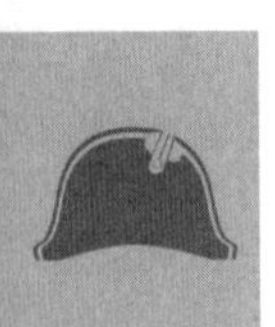

Die Partei der Ordnung, die der Arbeiter-Republik misstraut, hat gesiegt. Dazu gehören die Legitimisten, die den Nachkommen Karls X. wohlgesinnt waren; die Orléanisten, die sich für Louis Philippe I. aussprachen; die Katholiken. Diese Partei unterstützt die Präsidentschaftskampagne von **Louis-Napoléon Bonaparte** (1808–1873), der am 10. Dezember 1848 mit einem triumphalen Sieg gewählt wird, nachdem er fast drei Viertel aller Stimmen erhalten hat. Er zieht die bürgerlichen Wähler an, die ihn als Garant der öffentlichen Ordnung ansehen; und die Arbeiter, die für den «Neffen des Kaisers» stimmen. Am 20. Dezember leistet er den Eid auf die Verfassung. Nach dem Einzug in den Elysée-Palast setzt Louis-Napoléon eine Regierung ein, die eine reaktionäre Politik betreibt und sich dabei auf die Nationalversammlung beruft.

Das Zweite Kaiserreich (1852–1870)

Erster Schritt zum Kaiserreich

Louis-Napoléon bereitet unterdessen methodisch seinen zukünftigen Staatsstreich vor. Er weiß, dass er nicht wiedergewählt werden kann, und er hat keine Hoffnung, dass die Nationalversammlung in diesem Sinne einer Verfassungsänderung zustimmt. Gestützt auf die Mitwirkung der Armee lässt er in der Nacht vom 1. auf den 2. Dezember 1851, dem Jahrestag von Austerlitz, die republikanischen Abgeordneten und seine persönlichen Gegner wie Adolphe Thiers oder Victor Hugo festnehmen. Das Palais Bourbon, der Sitz der Nationalversammlung, wird durch Truppen besetzt. Die Armee besetzt auch die wichtigsten Kreuzungen in Paris. Zwei Erlasse werden an die Mauern der Hauptstadt geklebt: Der eine verkündet die Auflösung des Parlaments; der andere die Wiedereinsetzung des allgemeinen Wahlrechts, wobei zu einer Volksabstimmung zugunsten von Louis-Napoléon aufgerufen wird. Der Widerstand in Paris wie in der Provinz wird schnell niedergeworfen. Am 20. Dezember 1851 gibt ein Plebiszit Louis-Napoléon die Macht, eine neue Verfassung zu erlassen. Am 15. Januar 1852 sieht ein entsprechender Text eine erweiterte Exekutive für den Herrscher-Präsidenten vor.

Für zehn Jahre im Amt, hat er nun die Initiative für Gesetze, Krieg und Frieden in Händen und kann Minister und Beamte einsetzen. Im Prinzip ist das allgemeine Wahlrecht wieder etabliert, doch wird es in Wahrheit durch die Praxis der offiziellen Kandidaten ausgehöhlt, die nur den Staatsapparat unterstützen – was ihre Gegner zu einer Kampagne verleitet, die jedoch von den Massen ignoriert wird. Die gesetzgebende Versammlung, die im Februar 1852 gewählt wird, illustriert das bis zur Karikatur: 257 der 260 Abgeordneten sind offizielle Kandidaten. Am 7. November 1852 spricht ein Senatsbeschluss Louis-Napoléon die erbliche Kaiserwürde zu. Das Plebiszit vom 21. November ratifiziert diesen Beschluss mit überwältigender Mehrheit: fast 8 Millionen Ja-Stimmen. Am 2. Dezember 1852 hält Louis-Napoléon triumphal Einzug in Paris als Kaiser **Napoleon III.** (reg. 1852–1870).

Kaiser Napoleon III.

Napoleon III. (1852–1870) stützt sich auf das Bürgertum, auf Armee und Klerus, um regieren zu können. Er kontrolliert die Arbeiterschaft durch den Arbeiterpass, einen von Napoleon I. eingeführten regelrechten Inlandspass. Napoleon III. kontrolliert auch Unterricht und Presse durch Zensur. Er regiert direkt und lässt seinen Ministern nur eine schwache Autonomie. Im Januar 1853 heiratet er die spanische Gräfin **Eugénie de Montijo** (1826–1920), die ihm 1856 einen Sohn gebiert, den kaiserlichen Prinzen **Napoleon Eugène** (1856–1879). In der Außenpolitik ist bis 1860 eine Reihe von Erfolgen zu verzeichnen. Von 1853 bis 1856 engagiert sich Frankreich an der Seite des Osmanischen Reichs, das im Krimkrieg von den Russen angegriffen wurde. Die russische Niederlage wird durch den Vertrag von Paris im März 1856 besiegelt. Danach interveniert Napoleon III. im Sinne der Einigung Italiens, indem er Truppen nach Norditalien gegen die Österreicher schickt, wofür er im Gegenzug 1860 die Grafschaft Nizza sowie Savoyen erhält.

Das Jahr 1860 markiert den Höhepunkt und zugleich den Anfang vom Ende des Zweiten Kaiserreichs. Mit seinem Eintreten für die italienische Einheit bedroht Napoleon III. den Kirchenstaat, was ihn von einem Großteil der Katholiken entfremdet. Das Freihandelsabkommen mit England 1860 – der *Cobden-Chevalier-Vertrag* – beschert Frankreich die Gegnerschaft der eigenen Industrie, die sich durch das Abkommen einer Konkurrenzsituation ausgesetzt sieht, die sie nicht will. 1864 gründen die Stahlunternehmer das *Comité des Forges* als Interessenverband der Kohle- und Stahlindustrie. Die 1861 gestartete Mexiko-Expedition, die Kaiser Maximilian (1832–1867), einen österreichischen Erzherzog, unterstützen soll, der auf dem mexikanischen Thron installiert wurde, erweist sich als Katastrophe. Maximilian wird festgenommen und 1867 erschossen, die französische Armee wird zu einem wenig ruhmvollen Rückzug gezwungen. 1866 wird Österreich in der Schlacht bei **Königgrätz** von den Preußen besiegt, der neuen aufkommenden Militärmacht in Europa. In ihrem Streben nach Schaffung einer deutschen Einheit mit Preußen als Zentrum bedroht diese neue Macht Frankreich, das ein gefundener gemeinsamer Feind ist. Napoleon III. reagiert, indem er das liberale Kaiserreich wieder durch das autoritäre ersetzt, das ihm voranging.

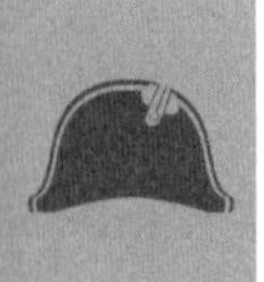

Infolge der *Emser Depesche* vom 2. Juli 1870 – eines Telegramms, das der preußische Ministerpräsident Otto von Bismarck (1815–1898) absichtlich gekürzt hatte, so dass es Frankreich provozierte (Weigerung des Preußenkönigs, ein weiteres Mal den französischen Botschafter während seines Aufenthalts in Ems zu empfangen), und das beiderseits des Rheins von der Presse verbreitet wurde – erklärt Napoleon III. am 19. Juli 1870 Preußen den Krieg. Dieser hastig eingeleitete Krieg, von Preußen geschickt eingefädelt, endet mit der französischen Kapitulation von Sedan. Der Kaiser wird am 2. September 1870 gefangen genommen. Am 4. September erreicht die Nachricht von der Niederlage Paris. Die Abgeordneten erklären die Absetzung Napoleons III., verkünden die Gründung der Republik und bilden im Rathaus von Paris eine Regierung der nationalen Verteidigung.

Das wirtschaftliche und soziale Leben im Zweiten Kaiserreich (1852–1870)

Napoleon III. hat einen Teil seiner Jugend in England verbracht, wo er den wirtschaftlichen Fortschritt sieht, der durch die Industrialisierung aufgekommen ist. Vom Gedankengut Saint-Simons beeinflusst, will er Frankreich ebenfalls zu einer großen Industrienation machen, in welcher der Profit allmählich das Los der Arbeiter verbessern soll. Die *Banque de France* eröffnet in den wichtigsten Städten des Reiches Zweigstellen; überall entstehen Sparkassen. Transport und Kommunikation erleben ihr Goldenes Zeitalter. Die Post setzt seit 1850 den elektrischen Telegraphen ein. Schifffahrtsgesellschaften werden gegründet. Doch der Bereich mit dem bemerkenswertesten Aufschwung ist die Eisenbahn.

Der Staat greift hier ein, indem er privaten Gesellschaften Konzessionen für 99 Jahre erteilt. Das Eisenbahnnetz wächst von 3 500 km im Jahre 1852 auf 18 000 km im Jahre 1870. Eine Politik der großen Bauvorhaben wird ins Leben gerufen: Durchstechung des Isthmus von Suez dank der Bemühungen von **Ferdinand de Lesseps** (1805–1894) und von **Muhammad Said Pascha** (1822–1863), danach seines Nachfolgers **Ismael Pascha** (1830–1895). Der Kanal wird 1869 nach zehnjähriger Bauzeit eingeweiht. Sehr spektakulär ist auch die Modernisierung der Städte. Marseille, Lyon und vor allem Paris werden umgestaltet. Man wirft Baron **Georges-Eugène Haussmann** (1809–1891), von 1853 bis 1869 Präfekt des Departements Seine, vor, die Hauptstadt gleichsam aufzureißen, weil die Arbeiten gigantisch sind: 25 000 Häuser werden zerstört, 75 000 neue entlang der großen Avenuen gebaut. Die Dörfer, die zwischen Paris und den alten Befestigungen liegen, werden eingemeindet, die Stadt wächst von 12 auf 20 Arrondissements, von einer Million Einwohnern im Jahre 1850 auf fast das Doppelte in 1870.

Die Gesellschaft, die insgesamt wieder wohlhabender wird, nimmt sich den Hof als Vorbild. Die *Jeunesse dorée*, die Dandys mit ihrer auffallend-modischen Kleidung; an der Spitze dieser «Auserwählten» stehen «Löwen» und «Löwinnen», die vor Jugend strotzen und in Luxus und Phantasie schwelgen. **Charles Frederick-Worth** (1825–1895) begründet die Pariser *Haute Couture*; neu sind seine lebenden Mannequins und das Defilee der jeweils neuesten Kollektion. Das elegante Leben spielt sich in den Stadtpalästen an den großen, unlängst angelegten Boulevards ab; man folgt dem Hof nach Compiègne oder an die Mode-Orte: Vichy wegen des Mineralwassers, Deauville und Biarritz wegen der Strände. Die Operetten von **Jacques Offenbach** (1819–1880) haben großen Erfolg: *La Vie parisienne* (1866), *La belle Hélène* (1864), *La Grande-Duchesse de Gerolstein* (1867). Weit entfernt von der Pracht der feinen Gesellschaft entwickelt sich das Leben auf dem Lande nur langsam. Der Uhrturm im Dorf bleibt für lange Zeit der Horizont fürs ganze Leben. Die Arbeiter bleiben gegenüber dem Kaiserreich misstrauisch – und noch mehr gegenüber der Republik, die 1848 ihre Aufstände mit Gewalt unterdrückt hat.

Die Dritte Republik bis 1914

Am 4. September 1870 ist diese Dritte Republik im Rathaus von Paris ausgerufen worden, doch es dauert Jahre, bis sie Realität wird. Zunächst muss der Krieg abgewickelt werden; Paris wird am 20. September von den Deutschen umzingelt. Die Kapitulation von Paris sowie ein Waffenstillstand werden am 28. Januar 1871 unterzeichnet. Die Wahl einer Nationalversammlung nach allgemeinem Wahlrecht ist vorgesehen. Diese Nationalversammlung von Anfang Februar bestimmt **Adolphe Thiers** (1797–1877) als Chef der Exekutive der französischen Republik, doch muss sie noch über deren Institutionen entscheiden. Die neue Regierung muss sich zudem mit der *Pariser Kommune* auseinandersetzen, die von März bis Mai 1871 als revolutionärer Stadtrat Paris regiert.

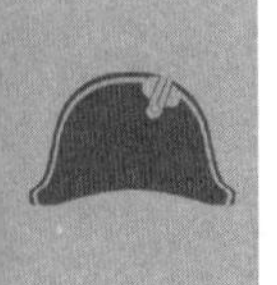

Die Pariser Kommune (18. März–28. Mai 1871)

Der Bruch zwischen Thiers und der Hauptstadt vollzieht sich in mehreren Etappen. Der Friedensvertrag sieht die Abtretung von Elsass und Lothringen an den Sieger vor, was die öffentliche Meinung in Paris entrüstet. Daher beschließt Thiers, Regierung und Nationalversammlung nach und nach in Versailles unterzubringen; dazu die Mieten wieder zu regulieren, was während der Belagerung von Paris ausgesetzt wurde; den Angehörigen der Nationalgarde keinen Sold mehr zu zahlen, der oft deren einzige Einnahmequelle ist und sich auf 1,50 Francs pro Tag beläuft. Dieses ungeschickte Agieren erreicht seinen Gipfel, als Thiers am 18. März vergeblich versucht, sich der Kanonen der Nationalgarde zu bemächtigen, die in Montmartre aufbewahrt sind. Die schlechte Vorbereitung dieses Coups lässt die ganze Angelegenheit scheitern; die zum Abtransport notwendigen Gespanne kommen zu spät. Die Sturmglocke alarmiert die Bewohner von Montmartre, dann ganz Paris. Am 23. März wählen die Pariser einen Rat der Stadt Paris, bei dem die Revolutionäre die Mehrheit erringen. Thiers weigert sich, seine Minister anzuhören wie auch die Bürgermeister von Paris, die zu vermitteln versuchen.

Die Kommune ergreift im größten Chaos eine Reihe von praktischen und zugleich symbolischen Maßnahmen: Aussetzung der Mietzahlungen, Beschlagnahme freien Wohnraums, Abschaffung von Strafzahlungen und Lohnabzügen; Trennung von Kirche und Staat, nicht-kirchlicher Unterricht, gratis und obligatorisch für alle. Doch die Kommune begeht den Fehler, zuzulassen, dass Thiers seinen Sturmangriff vorbereitet: mithilfe Bismarcks, der befürchtet, dass Preußen revolutionär infiziert werden könnte; er lässt die französischen Kriegsgefangenen frei, was der Regierung ermöglicht, wieder eine Armee von 150 000 Mann aufzustellen. Der Angriff findet am 21. Mai 1871 statt, die Kämpfe dauern bis zum 27. Mai. Trotz der Barrikaden dringen die Gegner der Kommune, die *Versaillais*, in erster Linie die Armee, immer weiter vor. Die letzten «Roten» oder «Kommunarden» werden am 28. Mai 1871 ohne Gerichtsverfahren auf dem Friedhof Père-Lachaise erschossen. Die nachfolgende Repression ist gewaltig: mehr als 10 000 Menschen werden festgenommen und verurteilt, 23 von ihnen werden erschossen; viele werden zur Deportation nach Neu-Kaledonien oder Algerien verurteilt. Thiers' Sieg beruhigt die Vermögenden und die Konservativen und zeigt, dass die Republik wie schon 1848 in der Lage ist, die Ordnung aufrechtzuerhalten.

Die Restaurationsversuche und ihr Scheitern (1871–1875)

Die Nationalversammlung, verängstigt durch die Pariser Kommune, will eine starke Exekutive. Mit dem Rivet-Gesetz vom 31. August 1871 ermächtigt sie Adolphe Thiers, die Funktionen als Abgeordneter, Regierungschef und Präsident der Republik auf sich zu vereinen. Der Frankfurter Vertrag vom 10. Mai 1871 legt Frankreich eine Kriegsschuld von 5 Milliarden Gold-Francs auf. Um die Armee wieder aufzubauen, setzt das Militärgesetz vom 27. Juli 1872 den aktiven Dienst auf fünf Jahre fest. Im November 1872 spricht sich Thiers in einer Botschaft zugunsten einer republikanischen Herrschaft aus. Auch wenn er sich zu einer konservativen Republik bekennt, verzeiht die Nationalversammlung ihm das, was sie als Verrat ansieht, nicht.

Seit März 1873 erlegt sie ihm auf, mit ihr nur noch über Botschaften zu kommunizieren – mit der Verpflichtung sich zurückzuhalten, sobald die Kommunikation beendet sei. Dieses System lähmt sämtliche Arbeit der Exekutive und zwingt Thiers, am 24. Mai 1873 zu demissionieren. Er wird durch Marschall **Patrice-Maurice Comte de Mac-Mahon** (1808–1893) ersetzt, einen überzeugten Monarchisten. Dieser fördert die moralische Ordnung, will die Rückkehr zu den Werten der Kirche. Entmutigt vom möglichen Scheitern einer Restauration, stimmt die Nationalversammlung im Januar 1875 für den Antrag von **Henri Wallon** (1812–1904), einem gemäßigten Abgeordneten, der die Errichtung einer Republik vorschlägt. Danach folgt die Abstimmung über die Verfassungsgesetze, die das Gleichgewicht der Gewalten innerhalb der Dritten Republik festlegen. Der Präsident der Republik wird von den vereinten Kammern auf sieben Jahre gewählt.

Die Errungenschaften der Dritten Republik

Bis 1885 beherrschen die Republikaner das politische Leben, kontrollieren die Macht und setzen eine Reihe von Reformen durch. 1881 werden die Versammlungsfreiheit und die Pressefreiheit anerkannt. 1884 lässt das Waldeck-Rousseau-Gesetz die Bildung von Gewerkschaften zu; das Naquet-Gesetz erlaubt die Ehescheidung wieder, die während der Restauration aufgehoben war. Doch die wichtigste Errungenschaft sind die **Schulgesetze** von **Jules Ferry** (1832–1893), Minister für öffentliche Bildung von 1879–1885: Um den Erfolg der Republik zu sichern, muss man diese kennenlernen und lieben. Die staatliche Schule soll also diese Aufgabe erfüllen und gegen den Einfluss der Kirche angehen, der mit den Monarchisten und Konservativen verbunden ist. 1882 lässt Jules Ferry über Schulpflicht und weltliche Schulen abstimmen; Unterricht, nicht aber der Schulbesuch, wird von sechs bis 13 Jahren obligatorisch. Ein Programm für Ausbildung und bürgerliche Moral ersetzt die religiöse Unterweisung.

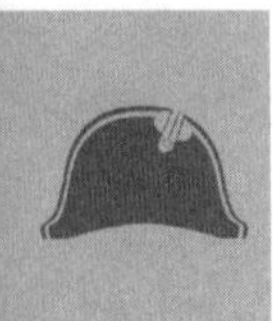

Jules Ferry, seit Februar 1883 auch Ministerpräsident, wird 1885 wegen seiner Kolonialpolitik abgesetzt, die sowohl bei Konservativen wie Radikalen auf rigorose Ablehnung trifft. Nach der Eroberung Algeriens 1830 und dem Protektorat über Tunesien 1881 spricht sich Jules Ferry für eine französische

Intervention in **Indochina** aus. Das erregt den Zorn derjenigen, die vor allem die Wiedereroberung von Elsass und Lothringen wollen, die beide 1871 verloren wurden. Frankreich ist bereits in den Senegal eingedrungen, in die Elfenbeinküste, in Gabun und Madagaskar, annektiert 1853 Neu-Kaledonien und schickt sich an, seine Herrschaft auf Cochinchina (Süden Vietnams und Osten Kambodschas) und Kambodscha auszudehnen.

Die Krisen: Boulanger, Panama, Dreyfus

Mehrere Krisen folgen in dieser Zeit aufeinander:

- **Die Boulanger-Krise** hat ihren Namen von General **Georges Boulanger** (1837–1891), Kriegsminister von Februar 1886 bis Mai 1887. Dieser Posten macht ihn zum «General der Revanche» (gegen das nun geeinte Deutschland, das er bekriegen will); er ist außerordentlich populär und soll Elsass-Lothringen zurückerobern. Er ist umso populärer, als die politische Welt diskreditiert ist: Auf die wirtschaftliche Krise, die seit 1882 anhält, und auf die Instabilität der Kabinette folgt ein Korruptionsskandal von großer Reichweite. Zu populär geworden, wird Boulanger 1887 aus der Regierung entlassen. Die Oppositionellen aller Seiten bemühten sich um ihn: die Monarchisten, Bonapartisten, Mitglieder der *Ligue des Patriotes* von **Paul Déroulède** (1846–1914). Die Regierung versetzt ihn daraufhin im März 1888 in den Ruhestand. Doch das erweist sich als Fehler: Nun wieder Zivilist, wird er wählbar – und wird prompt zum Abgeordneten gewählt. Er demissioniert aber und zeigt sich in Paris, wo er im Januar 1889 ein weiteres Mal triumphal gewählt wird. Als umjubelter Held hätte Boulanger einen Staatsstreich lancieren können; Polizei und Armee stehen auf seiner Seite, doch er weigert sich, auf den Elysée-Palast loszumarschieren. Er flieht im April 1889 nach Brüssel. Dort begeht er, untröstlich, am Grab seiner Geliebten, die kurz zuvor gestorben war, am 30. September 1891 Selbstmord.

- **Der Panama-Skandal** (1889–1893): Ursprünglich wurde 1881 von Ferdinand de Lesseps eine Gesellschaft zur Durchstoßung des Isthmus von Panama gegründet. Doch dieses Unternehmen geht pleite – trotz der Genehmigung durch die Abgeordnetenkammer, 600 Millionen Goldfranken als Anleihe aufzunehmen. 1899 wird der Bankrott verkündet, was für fast eine Million Unterzeichner Verluste bedeutet. 1882 veröffentlichen Zeitungen Akten, die Misswirtschaft belegen. Einige Abgeordnete, als «käuflich» bezeichnet, werden angeklagt, ihren Einfluss missbraucht zu haben, um die Platzierung der Anleihe zu erleichtern und die kleinen Anleger zu täuschen.

■ **Die Affäre Dreyfus** (1894–1899): Der größte Skandal aber beginnt nach einigen politisch relativ gemäßigten Jahren. Im Jahre 1894 scheint es, als hätte ein Offizier des Generalstabs militärische Geheimnisse an Deutschland verraten. Nach übereilter Untersuchung wird Hauptmann **Alfred Dreyfus** (1859–1935), Jude und Elsässer, verhaftet. Vom Kriegsgericht für schuldig erklärt, wird er zur militärischen Degradierung und zu lebenslanger Festungshaft verurteilt. Im März 1896 entdeckt Oberstleutnant **Marie-Georges Picquart** (1854–1914), dass der wahre Schuldige Major **Ferdinand Walsin-Esterhazy** (1847–1923) ist. Er liefert Beweise dafür an seine Vorgesetzten; doch er wird nach Tunesien versetzt. Die Familie Dreyfus erhält Unterstützung von Senator **Auguste Scheurer-Kestner** (1833–1899), der die Regierung im November 1897 anruft. Damit beginnt der politische Teil der Affäre. Frankreich ist in zwei Lager gespalten, die sich heftig bekämpfen: Die Gegner von Dreyfus unterstützen die Armee, die Elsass-Lothringen zurückerobern soll und gar nicht anders als unfehlbar und unverdächtig sein kann. Die große Masse der Katholiken gehört zu dieser Gruppe, dazu die Liga für das französische Vaterland und die Nationale Antisemitische Liga Frankreichs. Die Anhänger Dreyfus' werden seit 1887 von **Georges Clemenceau** (1841–1929) und seiner Zeitung *L'Aurore* angeführt. In dieser Zeitung lässt **Émile Zola** (1840–1902) am 13. Januar 1898 seinen offenen Brief an den Präsidenten der Republik erscheinen, der mit den Worten beginnt: «J'accuse – Ich klage an». Das Schwurgericht verurteilt ihn zu einem Jahr Gefängnis, dem er sich durch seine Flucht nach London und Zahlung von 3000 Francs Strafe entzieht. Dreyfus' Anhänger werden auch durch den *Figaro* unterstützt, durch die 1898 gegründete Liga für Menschenrechte und durch Jean Jaurès. 1898 wird enthüllt, dass Major **Hubert-Joseph Henry** (1846–1898) eine umfangreiche Fälschung in die Welt gesetzt hat, um Dreyfus zu belasten. Das Revisionsgericht lässt einen zweiten Prozess zur Revision zu und annulliert das Urteil von 1894. Ein neues Militärgericht in Rennes befindet Dreyfus jedoch wieder für schuldig, doch diesmal mit wenig wahrscheinlichen «mildernden Umständen», und verurteilt ihn im August 1899 zu zehn Jahren Gefängnis. Präsident **Émile Loubet** (1838–1929) übt sein Gnadenrecht sehr bald aus. Dreyfus kommt frei, muss aber bis 1906 warten, ehe er vollständig rehabilitiert und auf sein Bitten wieder in die Armee aufgenommen wird, wo er seine Karriere bis zu seiner Rente fortsetzt.

2. Die Kunst in Frankreich

Das 19. Jahrhundert ist nicht nur durch eine umfassende politische und wirtschaftliche Revolution gekennzeichnet, sondern auch durch eine der intellektuellen Welt. Das Bürgertum wird zur wichtigsten politischen Macht. Das Geld als treibende Kraft wird in den Romanen von **Balzac** und **Zola** geschildert. Dieses Bürgertum greift die Formulierungen der Aufklärung auf: Nun sollen alle das Recht auf Gleichheit haben, nicht nur politisch, sondern auch intellektuell. Die staatlich subventionierten Akademien spielen eine grundlegende Rolle, was den Kunstgeschmack des Bürgertums betrifft. Künstler, die sich an die Richtschnur der Akademie halten und den Geschmack des Bürgertums treffen, können ihre Werke gut verkaufen. So tut sich im 19. Jahrhundert ein großer Graben auf zwischen der schöpferischen Elite und denen, die sich an den Akademismus halten. Die allgemeine Ausstellung der Akademie von 1855 feiert Maler wie **Ingres**, **Delacroix** und all die, die dem offiziellen Salon angehören.

Malerei: Die großen Kunstströmungen

Neoklassizismus gegen Romantik

Der Neoklassizismus dauert bis etwa 1830 und mischt sich zu Beginn des 19. Jahrhunderts mit den peniblen Prinzipien der akademischen Malerei. Der um 1880 geprägte Begriff beschwört die künstlerische Zeit vor der Moderne; er verbreitet sich über ganz Europa.

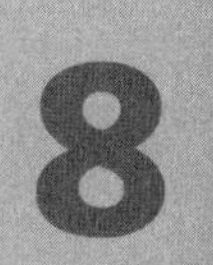

■ **Jean Auguste Dominique Ingres** (1780–1867). Nachdem er zuerst von seinem Vater ausgebildet wurde, wird er Schüler von David und erhält 1801 den ersten Prix de Rome der Königlichen Akademie. Jedem Bild, das er malt, gehen ausführliche Studien voraus, sowohl der betreffenden Zeit als auch über die Person: *Heinrich IV. spielt mit seinen Kindern* (1817), *Das Gelübde Ludwigs XIII.* (1824). Ingres bezieht seine Inspiration von den alten Meistern wie auch aus dem Orient: *Die große Odaliske* (1814), *Das türkische Bad* (1863).

Romantische Malerei: Delacroix, Géricault

Zwischen 1820 und 1840 stehen sich zwei gegensätzliche Auffassungen in der Malerei gegenüber: auf der einen Seite Ingres, der die Zeichnung, die ausgeglichene Form, das Skulpturale, das Klassische bevorzugt; auf der anderen Seite die Romantiker wie Delacroix, die Farbe, Ausdruck und Bewegung wollen. Die Romantik sucht die Flucht in den Traum, den Exotismus, das Phantastische. Diese Bewegung berührt alle künstlerischen Formen, vor allem die Literatur. Die Farbe hat den Vorrang vor der Zeichnung; die Bilder können große, sogar monumentale Formate erreichen, was etwa für *Die Freiheit führt das Volk* gilt (Delacroix, 1830). Die beiden beherrschenden Künstler sind Théodore Géricault und Eugène Delacroix. Die Anfänge der Romantik in der Malerei finden im *Salon* von 1819 statt, u. a. mit der Ausstellung vom *Floß der Medusa* von Théodore Géricault (1791–1824).

▪ **Eugène Delacroix** (1798–1863) ist wegen seine Sinns für dramatische Inszenierungen gleichsam eine Inkarnation der Romantik. Drei Bilder machen aus ihm einen der am meisten wahrgenommenen, dabei nicht weniger kontrovers diskutierten Maler des Salons: Die *Dante-Barke* (1822), Das *Massaker von Chios* (1824) und *Der Tod des Sardanapal* (1827). Durch seine exzessive Malweise und seine Farbgebung sorgt er für Skandale, und zwar, seitdem er den Herrscher im *Tod des Sardanapal* als gefühllos souverän dargestellt hat, ganz im Gegensatz zur Aufgeregtheit seiner Entourage. Ähnliches gilt auch für den Triumphmarsch in *Die Freiheit führt das Volk*, wo die Libertas zugleich Frau aus dem Volk wie Siegesgöttin ist, die gleichsam über Leichen geht. Doch Delacroix bleibt klassisch in der Wahl seiner Themen, die der Mythologie oder der Geschichte entnommen sind. Seine Inspiration entstammt hauptsächlich zeitgenössischen historischen Ereignissen oder der Literatur, aber auch einer Reise nach Marokko, unternommen 1832, die ihm weitere exotische Themen eingab. Für die Wahl seiner Themen bedient sich Delacroix auch bei Lord Byron, Shakespeare und zeitgenössischen romantischen Dichtern.

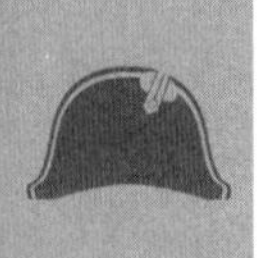

Die Schule eines kleinen Dorfes: Barbizon

Die Schule von Barbizon, genannt «Schule von 1830», hat ihren Namen von einem kleinen Dorf, 60 km von Fontainebleau entfernt, wo einige Maler, die sich um **Théodore Rousseau** scharen, in der Natur eine Erneuerung der Landschaftsmalerei suchen. Für **Jean-François Millet** (1814–1875), **Théodore Rousseau** (1812–1867) und **Jules Dupré** (1811–1889) und ihre Freunde ist dies eine starke Inspirationsquelle. Es gelang ihnen, ihre Bilder nicht nur als Reproduktion des gegebenen Ortes zu gestalten, sondern auch als Ausdruck ihres Seelenzustandes angesichts dieser Landschaft anzulegen.

Naturalismus und Realismus

Diese künstlerische Strömung kommt zwischen 1870 und 1890 in Frankreich nach dem **Neoklassizismus** (1750–1830), der **Romantik** (1770–1870) und der **Akademiemalerei** (1850–1875) auf. Natur und Landschaft erhalten hier viel Raum, mythologische und historische Szenen fehlen. Wie die Zeit des Realismus ist auch die des Naturalismus durch Fortschritte im Bereich der Wissenschaft, vor allem der Physiologie geprägt. Mit diesem Begriff bezeichnen die Schriftsteller des Realismus die Studien zu bestimmten Personentypen, sei es der Landpfarrer oder die Frau um die 30 ... Die wichtigsten **naturalistischen Künstler** sind: **Jules Bastien Lepage** (1848–1884), **Léon Augustin Lhermitte** (1844–1925) und **Julien Dupré** (1851–1910). Die **Maler des Realismus** gehen von der Vorstellung aus, dass die Natur einen objektiven Raum darstellt, der Mensch dort seinerseits den seinen hat und wie auch die Natur dem Gesetz der Kausalität unterworfen ist. Mit dem Realismus wird die Plein-Air-Malerei zur beherrschenden Arbeitsweise. Das Bild wird in der Natur gemalt, nicht mehr im Atelier.

■ **Gustave Courbet** (1819–1877) ist der wichtigste Maler dieser Richtung. In den Salons von 1850, 1852 und 1853 bewirkte *Ein Begräbnis in Ornans* (1849–1850) einen Skandal durch diese Übertragung einer alltäglichen Begebenheit in den Rang einer historischen Aktion; das Gleiche gilt für *Die Steinklopfer* (1849) und etwas später für *Die Kornsieberinnen* (1854). Unter dem Einfluss holländischer Maler entlehnt er von ihnen den Realismus in seinen Alltagsszenen. Doch die Schamlosigkeit mancher Bilder (*Die Badenden*, 1853; *Der Ursprung der Welt*, 1866) schockiert das bürgerliche Publikum. Mit dem *Atelier des Künstlers* (1854–1855), gezeigt im *Pavillon du Réalisme*, den er am Rande der Weltausstellung 1855 installieren ließ, bekräftigt Courbet seinen Erfolg in Deutschland und Belgien und seinen Einfluss auf **Manet**, **Monet**, **Fantin-Latour** und **Boudin**.

Der Impressionismus: Manet, Monet & Co.

Im Jahre 1847 organisiert eine Gruppe junger Maler, deren Werke auf der offiziellen Ausstellung, dem «Salon», zurückgewiesen wurden, eine eigene Ausstellung; danach werden sie – wegen des Titels des Bildes *Impression (Sonnenaufgang)* von Claude Monet – mit dem ursprünglich karikierenden Substantiv als «Impressionisten» bezeichnet. Die 1874 entstandene Kunstströmung, die bis 1886 währt, entwickelt sich danach in unterschiedliche Richtungen weiter. Die impressionistischen Maler lehnen religiöse oder historische Themen ab. Sie beziehen ihre Inspiration vor allem aus der Landschaft, aus gesellschaftlichen Gruppen, von Einzelnen, die porträtiert werden. Die Maltechnik wird weiterentwickelt; sie entspricht dem Willen, die Objekte aus der Wirklichkeit vollständig aufzulösen; diese Abkehr von einer geschlossenen Darstellung ist von der Wahl reiner Farben begleitet, die unmittelbar auf die Leinwand aufgebracht, nicht mehr auf der Palette gemischt werden. Sie werden mit dem Pinsel oder einem Messer, manchmal sogar direkt aus der Tube direkt auf die Leinwand gebracht. Die ***Plein-Air*-Arbeit** hat die Maler dazu angeregt, solch reine und leuchtende Farben einzusetzen. Der Engländer **William Turner** ist hier durch seinen Gebrauch der Farbe und das Zerbrechen der Form der große Vorläufer. Die Umrisse werden in den Werken der Impressionisten nicht so eindeutig festgehalten wie in der alten Malerei; die Linien sind nicht so klar, die Formen nicht so präzise.

Für den impressionistischen Maler ist es in der Tat der Eindruck, den die Dinge auf das Auge ausüben, den er wiedergeben will. Empfindungen von Bewegung und Licht. Im Mittelpunkt seiner Arbeit steht die Absicht, im Spiel von Licht und Schatten wechselnde Farben sowie die Flüchtigkeit der Gegenstände ohne klar definierte Umrisse zu zeigen; etwa den Dampf und die Wolken in Claude Monets *Bahnhof Saint-Lazare in Paris* (1877). Der Drang, den Künstler wie **Frédéric Bazille** (1841–1870), **Claude Monet** (1840–1926), **Auguste Renoir** (1841–1919) und **Alfred Sisley** (1839–1899) verspüren, ein lebendiges Bild voller Empfindungen angesichts dessen zu gestalten, was man wahrnimmt, lässt sich erahnen.

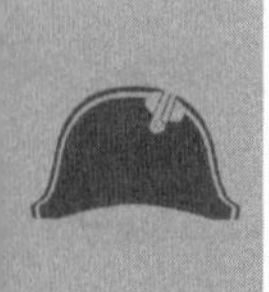

Die Impressionisten sind keine Schule – ein jeder von ihnen hat seinen eigenen Stil, seine Besonderheiten und künstlerische Suche. Die erste Ausstellung findet 1874 statt; weitere folgen bis 1886. So sind es acht Ausstellungen, die die Bewegung bekannt machen. Die wichtigsten Maler sind **Eugène Boudin**, **Gustave Caillebotte**, **Mary Cassatt**, **Paul Cézanne**, **Berthe Morisot**,

Camille Pissarro und **Alfred Sisley**. Nicht die Maler selbst, sondern Kunsthändler bringen ihre Werke auch ins Ausland. 1870 zeigt Paul Durand-Ruel sie in seiner Londoner Galerie; zur gleichen Zeit wie die Arbeiten der Maler von Barbizon (s. o.). Das 19. Jahrhundert wird in der Malerei zum Zeitalter der Freiheit für den Künstler. Es ist die Geschichte eines künstlerischen Bruchs, der in der Bevorzugung von Farbe und Licht vor der Zeichnung besteht – nur Manet bleibt dem verpflichtet – und der Auflösung dieses Lichts in unverbundene Pinselstriche, die das Auge optisch zusammensetzt. Und dies wird die bedeutendste Malereibewegung des Jahrhunderts werden – weil sie als erste die Freiheit von den Regeln zeigt, die von den Romantikern für die Bildschöpfung vorgegeben waren.

■ **Édouard Manet** (1832–1883), ausgebildet im Atelier von Thomas Couture (1815–1879), der in Konkurrenz zur École des beaux-arts steht, zeigt seine ersten Bilder ab 1860. Er ist es, der das *Café Guerbois* entdeckt, ein bekanntes Künstlerlokal unweit von Manets Atelier in Paris. Viele Impressionisten treffen sich hier, und weil es sich in der Grande Rue des Batignolles Nr. 11 befindet, bilden sie die sogenannte Schule von Batignolle. Manets Vorlieben gehen in Richtung Velasquez, Zurbarán und Goya. Seine ersten Werke, *Frühstück im Grünen* (1862–1863), *Olympia* (1863), entfachen einen nie dagewesenen Skandal. 1859 trifft Manet auf Baudelaire, der als einer der Ersten die Mischung aus Tradition und Moderne bei diesem Maler bemerkt. Das Bild *Frühstück im Grünen* wird abgelehnt, weil es die damals schockierende Nacktheit der Frau zeigt – ohne jegliche mythologische Dimension. Für diese Szene gibt es keine weitere Erklärung. Das nackte Modell rechtfertigt sich nicht. Ein Teil des Bildes ist unvollendet, die kaum skizzierte Landschaft zeigt ein Gemälde im Prozess der Entstehung. Die Tatsache, dass nur die Frau den Betrachter anschaut, sorgt für zusätzliche Entrüstung. Die Personen oder Dinge wie der Esskorb sind zudem mit gleicher Wichtigkeit behandelt.

■ **Claude Monet** (1840–1926) gilt als wichtigster Vertreter des Impressionismus und als dessen produktivster Schöpfer. Als Maler des Lichts stellt er seine Staffelei in den Wald von Fontainebleau. Nach der Niederlage von Sedan begibt er sich nach London, wo er den Galeristen **Durand-Ruel** kennenlernt, den Beschützer der meisten seiner Freunde. Dann lässt sich Monet in Argenteuil nieder, hält sich aber immer wieder in der Normandie auf. Zu dieser Zeit legt er die wichtigsten Grundsätze des Impressionismus fest, denen **Alfred Sisley** (1839–1899) und **Gustave Caillebotte** (1848–1894) treu bleiben werden.

1874 organisieren sie in einem vom Fotografen **Nadar** zur Verfügung gestellten Saal ihre erste Ausstellung. Sieben weitere Gemeinschaftsausstellungen werden 1876 und 1877 veranstaltet, bei denen Monet unterschiedliche Darstellungen des Bahnhofs Saint-Lazare zeigt. Später lässt er sich in Vétheuil, dann in Poissy und Giverny nieder, wo er die *Seerosen*-Serie (1895–1926) malt.

■ **Auguste Renoir** (1841–1919) hat seinen ersten Erfolg mit *Lise mit dem Sonnenschirm* (1867). Dank der Unterstützung durch Durand-Ruel und Caillebotte wird seine Kunst allmählich gewürdigt. Zur ersten impressionistischen Ausstellung schickt er *Die Loge* (1874), danach 1876 mehrere Bilder, die zu den besten Schöpfungen seiner impressionistischen Periode gehören: *Die Lesende* (1874–1876), das *Porträt von Victor Choquet* (1875). Er zieht das Porträt oder Szenen mit Personen der Landschaftsmalerei vor; so etwa den *Bal du moulin de la Galette* (1876). Nach 1880 sagt er sich vom Impressionismus los. Ab 1893 beginnt seine sogenannte Perlmutt-Periode, in der er nackte Frauen, aber auch Interieurszenen malt. Die Werke am Ende seines Lebens erinnern an Rubens oder an das 18. Jahrhundert.

■ **Alfred Sisley** (1839–1899) malt ausschließlich Landschaften. Seine besten Bilder entstehen zwischen 1872 und 1876: *Überschwemmung in Port-Maly*, *La Route vue du chemin de Sèvres*. Nachdem er sich in Moret-sur-Loing niedergelassen hat, malt er dort Flusslandschaften.

■ **Camille Pissarro** (1830–1903) wird von **Delacroix**, **Courbet** und **Corot** beeinflusst. Erst mit seiner Ausstellung 1892 in der Galerie Durand-Ruel hat er Erfolg. Zwischen 1872 und 1884 schafft er eine leuchtende und differenzierte Malerei, mit feinkörniger Malweise bei zarter Pinselführung (*Rote Dächer*, *Dorfausschnitt*, *Winterliche Stimmung*, 1877). Ab 1880 ist seine Landschaftsmalerei mit Personen durchsetzt. Um 1890 übernimmt er den Pointillismus, kehrt aber danach schnell wieder zu seiner alten Malweise zurück.

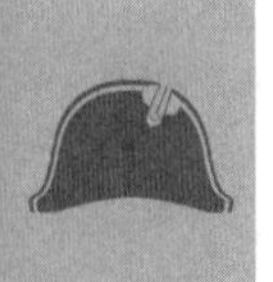

■ **Hilaire Germain Edgar Degas** (1834–1917). Ab 1862 bevorzugt er streng realitätsnahe Themen. Bis 1873 malt er Pferderennen und Momenterscheinungen, die seine Aufmerksamkeit anziehen (*Frau mit Chrysanthemen*, 1865). Die Leidenschaft, die Degas für die Bewegung an den Tag legt, ist bekannt: Vollblüter, Tänzerinnen, Frauen bei der Arbeit. Degas versucht mit einer bestimmten Unterbrechung des Pinselstrichs das Rascheln des Tutu oder die Geschwindigkeit im Galopp festzuhalten. Dadurch verleiht er dem Punktuellen eine gewisse Zeitlichkeit. Während der Zeit vor dieser Periode bedient er sich vieler Verfahrensweisen, und es ist ersichtlich, welch großen Eindruck die Entdeckung japanischer Drucke und die Fotografie bei ihm hinterlassen haben, so etwa in *Pferderennen* (1868).

Postimpressionismus: Cézanne, van Gogh, Gaugin

Der Impressionismus hatte das Publikum darauf vorbereitet, neue künstlerische Ausdrucksformen besser zu verstehen und zu akzeptieren. Der Ausdruck Postimpressionismus umfasst verschiedene Bewegungen, die danach aufkommen, etwa den Pointillismus und den Symbolismus, die sich nach 1880 durchsetzen, als der Impressionismus nicht mehr in Mode ist. Der Postimpressionismus bezeichnet demnach eine kurze Phase der Kunstgeschichte, als neue Talente ein weiteres Mal die Malerei revolutionieren.

▪ **Paul Cézanne** (1839–1906). Während seines gesamten Lebens muss Cézanne die Geringschätzung seines Werkes erdulden, das sich, gemäß der Malerei-Anschauung des 20. Jahrhunderts, nicht genügend auf das Thema konzentriert. Émile Zola ist einer der wenigen, die ihn ermutigen. Zu Beginn der 1860er Jahre herrscht in Paris eine Zeit großer künstlerischer und literarischer Aktivität. In dieser Zeit entwickelt Cézanne seinen hitzigen, dunklen Stil. Seine Arbeit verleugnet den Impressionismus nicht vollständig. Ab 1874 widmet sich Cézanne fast ausschließlich der Landschaftsmalerei, Stillleben und später Porträts: *Madame Cézanne auf gelbem Lehnstuhl* (1890–1894), *Frau mit Kaffeekanne* (um 1895) und die *Kartenspieler* (1890–1892). Pissarro überzeugt Cézanne, seine Farben leichter zu gestalten. An der ersten Ausstellung der Impressionisten 1874 hat er noch teilgenommen, aber bei der zweiten von 1876 ist er nicht mehr dabei. 1895 veranstaltet der Kunsthändler Ambroise Vollard die erste Einzelausstellung mit Werken Cézannes. Mehr als 100 Bilder werden gezeigt, doch das Publikum verhält sich eher ablehnend. Die Kunst Cézannes ist so anders als die der anderen Maler seiner Generation, dass er zunächst zwar diese Maler begeistert, nicht aber die Sammler oder das Bürgertum. Seine Malerei wird zu einem Instrument der Untersuchung von Strukturen. Er sucht danach, wie die physikalische Dichte der Gegenstände über den Umweg von Form und Volumen gezeigt werden kann. Seine Bildgestaltung geht von einem leuchtenden Zentrum aus, und Tiefe wird durch den Hell-Dunkel-Kontrast hergestellt. Seine Leinwände bemalt er abschnittsweise, nicht gänz-

lich; er vernachlässigt die klassische Methode, Volumen durch Licht und Schatten dazustellen.

■ **Vincent van Gogh** (1853–1891) stammt aus Holland; er lebt in Frankreich nur kurz, dafür intensiv, hält sich an die Landschaften um Arles und Auvers-sur-Oise. Die wichtigsten Werke van Goghs entstehen innerhalb kürzester Zeit: von Dezember 1888 bis zu seinem Suizid im Juli 1890: *Landbote Joseph Roulin* (1888), *Die Ebene von Crau* (1888), *Zimmer von Vincent in Arles* (1888), *Stuhl und Pfeife* (1888); *Selbstporträt* (1889), Die *Sonnenblumen* (1889), Die *Kirche von Auvers-sur-Oise* (1890). Van Gogh lässt sich vom Impressionismus inspirieren und entwickelt seine Farben, indem er sie mit dem Pinsel Punkt für Punkt auf die Leinwand aufbringt. Diese Technik wird später den Tachismus und den Pointillismus aufkommen lassen, so auch bei **Camille Pissarro**. Eine Besonderheit der Technik van Goghs ist der Rekurs auf die Stärke des Farbauftrags, um Bewegung auszudrücken: Bäume, Kirchendächer, Weizenhalme, Himmel – alles ist mehr oder weniger gebogen und verdreht, je nach Bedeutung, die der Maler dem Farbauftrag beimisst. Im Gegensatz zu **Cézanne**, der die Verbindung von Form und Farbe sucht, will van Gogh seine Gefühle angesichts der Natur umsetzen. Und eine eventuelle Veränderung der genauen Formen scheint ihm nötig, sofern damit sein Gefühl besser ausgedrückt werden kann – während Cézanne dies unvorstellbar schien. Van Gogh steht während seiner Zeit in Arles mit einem anderen postimpressionistischen Künstler in enger Verbindung: mit Paul Gauguin.

■ **Paul Gauguin** (1843–1903) ist spät zur Malerei gekommen; die Rezepte und Techniken der abendländischen Kunst will er nicht mehr akzeptieren, auch wenn sie so innovativ waren wie der Impressionismus. Gauguin sucht vor allem die Flucht aus der Zivilisation; eine Rückkehr zu den «primitiven» Quellen, die noch heftiger auf ihn einwirken, als er nach Tahiti fährt; später entschließt er sich, dort endgültig zu leben. Seine Modernität zeigt sich in seiner Ablehnung der Kunstgriffe des aufkommenden 20. Jahrhunderts und in seiner intensiven Suche nach einer unverbildeten, schnörkellosen Kunst; nach einer auf wenige Ebenen reduzierten Perspektive und dem täglichen Leben der indigenen Bevölkerung, unter Verzicht auf Ausgeglichenheit der Komposition – um so eine «primitive» Kunst zu erschaffen bzw. wiederzufinden. 1886 hält er sich in Pont-Aven in der Bretagne auf; dort wird eine Künstlerkolonie gegründet. Der neue Stil Gauguins und der Schule von Pont-Aven findet seinen klarsten Ausdruck in seinem Bild *Die Vision nach dem*

Gebet – Jakobs Kampf mit dem Engel (1888). Nach seiner Begegnung mit van Gogh bricht er 1888 nach Arles auf, lässt sich ein Jahr darauf in der Bretagne nieder. Seine Werke sind von intensiver Farblichkeit; die Farbe übersetzt gleichsam einen Seelenzustand, imitiert ihn nicht. 1895 wird er sich endgültig in Tahiti niederlassen. In der Entdeckung der sogenannten «primitiven» Kunst findet er eine Zeit wieder, die ihm bereits verloren schien.

Weitere Schulen: Pont-Aven, Nabis

Die Künstler, die sich im Dorf Pont-Aven in der Bretagne um Paul Gauguin versammeln, begründen dort die gleichnamige Schule. Man begegnet dort **Louis Auquetin** (1861–1932), **Paul Sérusier** (1864–1927) und **Charles Laval** (1862–1894). Diese Künstler versuchen, einen stärkeren Ausdruck inmitten der Landschaften und Weiler der Bretagne zu finden, nach Art etwa der *Bretonischen Landschaft mit Schweinehirt* von Gauguin (1888). Man bemerkt, dass die Farben nicht der Wirklichkeit entsprechen. Das Werk ist nichts als ein Spiel mit reiner Malerei auf Grundlage farblicher Harmonie. Auf Initiative von **Paul Sérusier**, der 1888 den *Talisman* malt, bildet sich die Gruppe der **Nabis**, abgeleitet vom hebräischen Wort für «Prophet». Sie wollen das Heilige in der Malerei wiederfinden. Wichtigste Mitglieder dieser Gruppe sind **Pierre Bonnard** (1867–1947), **Maurice Denis** (1870–1943), **Édouard Vuillard** (1868–1940), **Félix Vallotton** (1865–1925).

▪ **Henri de Toulouse-Lautrec** (1864–1901) bleibt aufgrund seiner Themen und der Bedeutung, die er der Zeichnung beimisst, nahe bei **Degas**. Seine Zeichnung geht über die visuelle Empfindung hinaus; er hinterlässt zahlreiche Lithographien und Pastelle (*Loïe Fuller in den Folies Bergères*, 1893). Toulouse-Lautrec steht am Ursprung einer regelrechten kommunikativen Kunst; er lehnt rein kontemplative Kunst ab.

Neo-Impressionismus und Pointillismus

In Frankreich entsteht unter diesen beiden Begriffen eine Bewegung, und zwar als Weiterentwicklung des Impressionismus. Das Bild *Ein Sonntagnachmittag auf der Insel la Grande Jatte* (1884) von **Georges Seurat** (1859–1891) markiert den Beginn. Die Technik Seurats besteht darin, nicht mehr Pinselstriche aufzubringen, sondern kleine farbige Punkte unverbunden nebeneinanderzusetzen. Dabei ist der Wunsch leitend, ein Maximum an Licht zu erzielen. Theoretiker dieser Richtung ist **Paul Signac**, der in einem Artikel in der *Revue blanche* 1899 sagt, dass die Teilung wesentlich sei, das Nebeneinander-Setzen kleiner Farbflecken. In seinen Landschaftsbildern werden die Punkte zu kleinen Pinselstrichen, die an die Teile eines Mosaiks erinnern.

Seurat sammelt mehrere Malerkollegen um sich: **Paul Signac** (1863–1935), **Henri Cross** (1856–1910), **Charles Angrand** (1854–1926), eine Zeitlang auch **Camille Pissarro** (1830–1903).

Naive Kunst

Naive Kunst ist eine Richtung mit einem figurativen Malstil, der durch die Sorgfalt für das Detail gekennzeichnet ist, zudem durch die Verwendung heiterer, glatter Farben und die Inszenierung von Landschaften mitsamt ihren Bewohnern; mit gezähmten oder wilden Tieren, folkloristischen Kostümen, mit städtischem oder ländlichem Leben. Wichtigster Vertreter ist der Zöllner **Henri Rousseau** (1844–1910). Die Quellen seiner Inspiration sind mannigfaltig: der *Jardin des Plantes* in Paris, illustrierte Postkarten, exotische Landschaften. Die Landschaft ist fast immer auf derselben Ebene wie die Personen; diese wirken, neben und in die Landschaft gesetzt, recht massiv.

Symbolismus

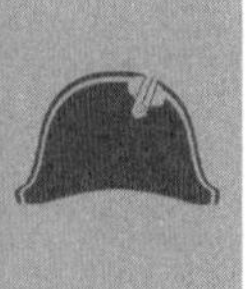

Die literarische und künstlerische Bewegung des Symbolismus kommt **um 1870** als Reaktion auf den Impressionismus und den Naturalismus auf, hauptsächlich in Frankreich und Belgien, doch auch im übrigen Europa und in Russland. Er ist nicht nur eine Bewegung, berührt vielmehr die Malerei insgesamt und wird eine große malerische Suche auslösen. Die Welt der Symbolisten greift Themen auf, die weit weg von jeglichem Realismus liegen, vielmehr im Bereich des Traums angesiedelt sind. Zu den Malern des Symbolismus gehören **Odilon Redon** (1840–1916), **Puvis de Chavannes** (1824–1898), **Gustave Moreau** (1826–1898), **Paul Sérusier** (1864–1927). Die Malerei entwickelt sich dekorativ in der religiös orientierten Nabis-Bewegung (s. o.), etwa bei **Maurice Denis** (1870–1943), und esoterisch mit der Gruppe um **Joséphin (Sār) Péladan** (1858–1918). Bevorzugtes Thema ist die Frau, etwa als ätherische Gestalt bei **Puvis de Chavannes** oder auch als verführerischer Dämon bei **Gustave Moreau**.

Die Architektur: Zurück zur Vergangenheit

Das Anwachsen der Städte ist eines der Kennzeichen der Gesellschaft des 19. Jahrhunderts. London hat mehr als eine Million Einwohner, Paris hat etwas mehr als 500 000. Das 19. Jahrhundert als Zeit der großen wirtschaftlichen, politischen und gesellschaftlichen Veränderungen wird auch die Vorstellungen von einer Stadt verändern, ihrer architektonischen und urbanen Aspekte. Die technischen Neuerungen, der industrielle Aufschwung und die Entwicklung des Transportwesens sind hier bestimmend. Die ersten baulichen Arbeiten des Jahrhunderts sind eher eine Rückkehr zur Vergangenheit als ein Schritt in die Moderne – was sich in Frankreich durch die Rückwendung zur Gotik zeigt.

Das Paris Hausmanns (1853–1869)

Der baufällige Zustand der zentralen Stadtteile, die Arbeitslosigkeit und die Arbeiterunruhen verlangen nach rascher Aufnahme gewaltiger städtebaulicher Arbeiten. Große und geradlinige Schneisen, asphaltiert und wenig günstig für Massenaufstände, verbinden die benachbarten Stadtteile mit dem Stadtzentrum und den Bahnhöfen. Napoleon III. beauftragt drei Männer, **George Eugène Haussmann**, **Eugène Belgrand**, **Jean-Charles Alphand**, für die Bereiche städtische Bauten, Aufbau einer Wasserversorgung und Vergrößerung der Grünflächen. Bei diesem Projekt wird die alte Bebauung der Île de la Cité, der Seine-Insel, praktisch niedergelegt. Die Grünflächen erreichen dank der Anlage des Bois de Boulogne und des Bois de Vincennes eine Größe von 1800 Hektar. Im Jahre 1860 wird Paris in 20 Arrondissements eingeteilt. Das glanzvolle Leben der «besseren» Gesellschaft profitiert auch von der Gründung der Kaufhäuser, die Arbeiter lassen sich gedrängt in den Arrondissements an der Peripherie nieder.

Neugotik

Während des Zweiten Kaiserreichs kommt die Neugotik auf. Die Notwendigkeit, viele mittelalterliche Monumente zu restaurieren, wirkt hier nur noch verstärkend. Der Architekt **Eugène Viollet-le-Duc** (1814–1879) wird mit der Restauration beauftragt. Doch das von Haussmann neu errichtete Paris wird auch die offizielle Kunst: die akademische Kunst. **Charles Garnier** (1825–1898) überfrachtet das Opernhaus innen und außen mit prunkvollem Dekor. Die neuesten Ideen kommen mit Neugotik und Neurenaissance auf. Viollet-le-Duc restauriert u. a. Notre-Dame in Paris und die südfranzösische Stadt Carcassonne. **Gustave Eiffel** (1832–1923) lässt die Eisenarchitektur Triumphe feiern, nachdem Victor Ballard die *Halles*, die Pariser Markthallen, erbaut hat.

Art nouveau: Der Jugendstil

Diese künstlerische Bewegung vom Ende des 19. Jahrhunderts verbreitet sich in ganz Europa und den USA. Dominierend sind die Pflanzenmotive innerhalb der komplexen Ornamentik, die Blumen und Blätter aufgreifen, was zuweilen zu einer gewissen Extravaganz führt. Auffällig ist auch das Fehlen von geraden Linien und rechten Winkeln. Wichtigste Vertreter sind der Architekt **Hector Guimard** (1867–1942), der Keramiker **Émile Gallé** (1846–1904), der Architekt **Émile André** (1871–1933).

Die Skulptur: Das Zeitalter Rodins

Im ersten Drittel des 19. Jahrhunderts hat sich die Romantik in Literatur, Musik und Malerei durchgesetzt. Doch die Bildhauerei schien bislang unempfänglich dafür zu sein. Dennoch versuchen einige plastische Künstler um 1830, sich vom ehemaligen antiken Vorbild der vergangenen Jahrzehnte freizumachen. Im Gegensatz zum Klassizismus will die Romantik Gefühle ausdrücken, die innerste Tiefe des Menschen, seine Qual, sein Aufbegehren. Doch diese künstlerisch freiere Bewegung findet kaum Echo unter den Bildhauern, bis auf einige wenige. Der Empire-Stil folgt noch demjenigen von **Antonio Canova** (1757–1822) und wendet sich der Porträtbüste zu. Die Künstler der Restauration bringen in ihren historischen Bildnissen einen übertriebenen bonapartistischen oder monarchistischen Schwung ein. Die Romantik kommt 1831 mit dem Werk von **Jehan Duseigneur** (1808–1866) auf: u. a. mit seinem *Rasenden Roland* (1867). Eine neue Auffassung belebter Massen ersetzt das glatte Vorbild des akademischen Stils. Der große Romantiker ist **Antoine Augustin Préault** (1809–1879); und die Julimonarchie hat in **James Pradier** (1790–1852) ihren besten Vertreter. Die Entwicklung der Skulptur folgt indes nicht den gleichen Wegen wie die Malerei. Hier geht man nicht vom Naturalismus zum Realismus über, und zwar deshalb, weil die Bildhauer sozusagen von ihren Auftraggebern leben.

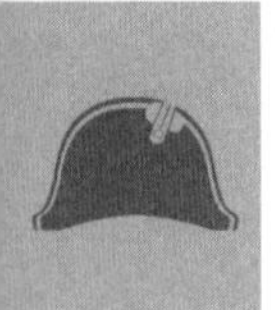

■ **Auguste Rodin** (1840–1917) markiert das Ende des 19. Jahrhunderts durch seine schöpferische Kraft, durch die Expressivität und Vielfalt seines Werks. Er wendet sich gegen die Theorie der Vollendung in Kunstdingen, weshalb er einige seiner Werke im unfertigen Zustand belässt; die herausgeschlagene Figur scheint sich vom Steinblock zu lösen, obwohl sie nicht vollendet ist. Eine Reise nach Italien bringt ihm **Michelangelo** und die Bronze-Bildhauer der Renaissance nahe. Eines der ersten Werke Rodins, *Das Eherne Zeitalter*, sorgt auf dem Salon von 1877 für lebhafte Diskussionen. Für Rodin beginnt eine intensive Zeit, in der er Büsten, Monumente und große Kompositionen schafft: die Bronzegruppe der *Bürger von Calais* (1884–1885), das *Denkmal für Victor Hugo* (1885–1895), der *Balzac* (1891–1897) mit der nur angedeuteten Silhouette. Rodins bedeutendstes Werk, von Dante inspiriert, ist das *Höllentor*; er arbeitet bis zu seinem Tode daran und entwirft dafür Figuren, die – losgelöst davon – zu seinen bekanntesten Schöpfungen zählten: *Der Denker* (1902), *Der Kuss* (1882–1889).

■ **Camille Claudel** (1864–1943), ältere Schwester des Dichters und französischen Diplomaten Paul Claudel, kommt 1883 nach Rom, um sich bei den Meistern in der Bildhauerei zu vervollkommnen. Zunächst studiert sie bei Alfred Boucher, danach bei Auguste Rodin, dessen Modell sie wird. Mit ihm geht sie eine leidenschaftliche Beziehung ein, die aber schließlich dazu führt, dass sie die letzten dreißig Jahre ihres Lebens in psychiatrischen Anstalten verbringt. *Das reife Alter* (1899) legt Zeugnis ab vom grausamen Verlassenwerden durch Rodin.

■ **Aristide Maillol** (1861–1944) wird erst ab 1905 bekannt; *La Mediterranée* entstand als Werk des Vierzigjährigen. Sein Werk besteht fast ausschließlich aus der Darstellung weiblicher Körper, die robust und massiv wiedergegeben sind. Beeinflusst von alten Kulturen (Griechenland, Rom, Indien), bevorzugte er sanfte und gerundete Formen des weiblichen Körpers.

3. Die französische Literatur

Drei große literarische Strömungen durchziehen das 19. Jahrhundert. So wie sie die Kunst bestimmt haben, bestimmen sie auch die Geisteswissenschaften: Die **Romantik** ist während der Restauration und der Julimonarchie die bestimmende Kunsthaltung; der **Realismus** im Zweiten Kaiserreich, und das gilt auch für den **Symbolismus. Im 18. und 19. Jahrhundert** entsteht die Literaturkritik. Deren Urteil gründet sich auf das von der Ästhetik gestützte Urteil und eine vernunftgemäße Analyse literarischer Texte, die Soziologie, Philologie und Geschichte miteinbezieht, die ihrerseits durch den Positivismus miteinander verbunden sind. Der in der ersten Person geschriebene Roman entsteht mit Autoren wie **François René de Chateaubriand**, **Benjamin Constant**, **Alfred de Musset**. Die Autoren drücken hier das Leiden des Jahrhunderts aus. Drehen die Schriftsteller der ersten Hälfte des 19. Jahrhunderts sich vor allem gleichsam um sich selbst, so beschäftigen sie sich in der zweiten Jahrhunderthälfte eher mit wissenschaftlichen, ästhetischen und philosophischen Fragen, die die Gesellschaft insgesamt betreffen.

Romantik, die «Freiheit in der Literatur»

Wie die anderen literarischen Bewegungen – Naturalismus, Realismus, Symbolismus – kennt auch die Romantik fließende Grenzen. Allgemein gesprochen, beginnt sie in Frankreich um 1820 mit der Veröffentlichung von Alphonse de Lamartines *Méditations poétiques*; sie reicht bis zu Victor Hugos (1802–1885) *Burggrafen* von 1843. Oft lässt man die Romantik aber auch schon mit Chateaubriands *Geist des Christentums* (1802) oder mit Madame de Staëls *De l'Allemagne – Über Deutschland* (1813) beginnen; auch Victor Hugos Vorwort zu seinem *Cromwell* (1827) wird genannt. Drei Jahre später bekräftigt Victor Hugo, inzwischen Hauptvertreter der französischen Romantik geworden, im Vorwort zu *Hernani*, dass «die Romantik die Freiheit in der Literatur» sei. Die anschließende Kontroverse wird im Hinblick auf drei Texte, die als Manifeste der Romantik gelten, mit Leidenschaft geführt: das Vorwort zu Hugos erstem Drama, *Cromwell*; *Henri III e sa cour – Heinrich III. und sein Hof* (1829) von **Alexandre Dumas** (1802–1870); vor allem aber der *Hernani* von Victor Hugo, dessen Premiere am 25. Februar 1830 eine heftige Prügelei unter den Zuschauern auslöst, die entweder leidenschaftliche Anhänger oder unbeugsame Gegner der aufkommenden Bewegung sind.

Die französische Romantik erweist sich vor allem als Abkehr von den durch die Klassiker – nach Boileau – definierten Regeln. Außer Rousseau gelten als große Anreger: **François René de Chateaubriand** (1768–1848), *Mémoires d'outre-tombe* (1848), *René* (1802), *Les Martyrs* (1809) ; **Victor Hugo** (1802–1885), auch mit *Notre-Dame de Paris* (1831); **Alphonse de Lamartine** (1790–1869) und **Madame de Staël** (1766–1817) mit ihren oben erwähnten Werken; **Alfred de Musset** (1810–1857), *Les Nuits* (1835–1837); **Gérard de Nerval** (1808–1855), *Les Chimères* (1854); **Charles Nodier** (1780–1844), *Smarra ou les démons de la nuit* (1821); **Alfred de Vigny** (1797–1863), *Chatterton* (1835). Der Romantik ist außerdem die Erneuerung der Geschichtswissenschaft mit Augustin Thierry und Jules Michelet, *Histoire de la Révolution française* (1847) geschuldet wie auch der Beginn der modernen Literaturkritik mit **Charles-Augustin Sainte-Beuve** (1804–1869).

Mehrere Themen sind beherrschend: Sehnsucht, Liebesleidenschaft, Natur und Mensch, das Irrationale. Georges Gusdorf bezeichnet das 19. Jahrhundert als die Zeit «der ersten Person».* Die emotionale Befindlichkeit wird zu einer wesentlichen Dimension der menschlichen Existenz.

■ **Sehnsucht:** Die Romantik setzt die «Rechte des Herzens» den Erfordernissen der Vernunft entgegen, die als trocken und leer empfunden wird. Die Gefühle sind weniger Glück und Optimismus als vielmehr Unruhe, Melancholie und Enttäuschung. Der Held ist nicht mehr vor allem vernünftig; er ist empfindsam geworden.

■ **Liebesleidenschaft:** Die Frau nimmt hier die zentrale Stellung ein; als Engel und Dämon befreit oder fesselt sie den Geliebten. Sie kann Erlöserin sein, ihre Liebe führt zum Göttlichen. Oder sie ist – bei Lamartine – die Suche nach Gott und entgeht der Unwahrheit und der bürgerlichen Mittelmäßigkeit; bei Byron verkörpert sie die Revolte. Wenn sie nicht erfolgreich ist, erfährt der Held den «Schmerz des Jahrhunderts», der aus Sehnsucht und Melancholie besteht und der **Gérard de Nerval** zum Selbstmord treibt.

■ **Natur und Mensch:** Natur wird als der Hafen des Friedens erlebt, als Ort der Einkehr, als Schutz, als Ort der Phantasiereise, als Kathedrale der Welt. Der Autor, etwa Victor Hugo, entdeckt in ihr metaphysische Symbole. Wie die Liebesleidenschaft ist die Natur das Sinnbild einer möglichen Erlösung. Nur außerhalb der Stadt ist diese Suche nach dem Jenseitigen möglich. Doch auch andere Kulturen kann man dort entdecken: Stendhal nimmt uns mit auf die Reise nach Italien, Nerval in den Orient.

* *Naissance de la conscience romantique au siècle des Lumières*, Payot, Paris 1976.

■ **Das Irrationale:** Sämtliche Bewusstseinszustände werden hier eingesetzt. Die Träume zerbrechen die Grenzen zwischen dem Ich und der Welt; sie sind aber auch der Ort, an dem sich die Ängste der Menschen manifestieren. Die Verrücktheit gilt als der Zustand, in welchem man in ständigem Kontakt zu den unsichtbaren Kräften steht.

Gegen die Romantik: Der Parnass, l'art pour l'art

Der Parnass ist einerseits der mythologische Ort, an dem Apollo und die neun Musen leben, andererseits ist er eine Reaktion gegen die Romantik. Die Dichter, die daran teilhaben, sammeln sich um **Théophile Gautier** (1811–1872). Es sind dies: **Villiers de L'Isle-Adam** (1838–1889), **Sully Prudhomme** (1839–1907), **François Coppée** (1842–1908). Sie nehmen für ihre Kunst das Streben nach Unpersönlichkeit und den Kult der dichterischen Arbeit in Anspruch. Sie wähnen sich fern von jeglicher politischer Ideologie und feiern das Schöne in all seinen Formen.

Die moderne Lyrik: Baudelaire, Rimbaud

Baudelaire und die Blumen des Bösen

Charles Baudelaire (1821–1867) ist der Verfasser der wichtigsten Gedichtsammlung des 19. Jahrhunderts: *Les fleurs du mal – Die Blumen des Bösen* (1857). Auch seine kleinen Prosa-Gedichte werden zur innovativsten Erfahrung der Epoche. Im Oktober 1845 kündigt er das unmittelbare Erscheinen einer Sammlung von Gedichten mit dem Titel *Die Lesbierinnen* an, dann nach 1848 *Les Limbes – Die Vorhölle*. Erklärtes Ziel ist, die Aufgeregtheit und Melancholie der modernen Jugend darzustellen. Seine Suche nach einem unerreichbaren Ideal ist hier sichtbar, auch die Langeweile, der Überdruss am wirklichen Leben *(Tableaux parisiens)*, worin die Hauptstadt in ihrer Bewegung wie auch in ihrer Scheußlichkeit den idealen poetischen Ort abgibt. Die *Blumen des Bösen* drücken Revolte und Ekel aus; Prostituierte und unberührbare Jungfrauen existieren nebeneinander; die ewige Versuchung, schwankend zwischen Fleischeslust und Anbetung. Baudelaires profunde Kunstkenntnis, später seine Bewunderung für die Impressionisten führen ihn dahin, seiner Dichtung eine zusätzliche Dimension zu verleihen: Fern

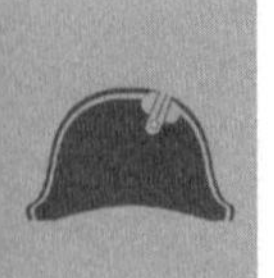

von jeglichem Überdruss am Alltagsleben, flüchtet der Künstler sich in das Imaginäre, um dort die Wahrheit zu finden. Baudelaire, der Übersetzer Edgar Allan Poes, ist auch einer der großen französischen Kunstkritiker seiner Epoche.

Ein Rebell: Arthur Rimbaud

Arthur Rimbaud (1854–1891) will Dichter, Betrachter, Visionär und Prophet sein. Manifeste schreibt er nicht, nur in seinen Gedichten zeigen sich seine gesellschaftlichen Ideale. Seine Visionen bestimmen die Form dieser Gedichte. Rimbaud bricht mit den Gesetzen der Metrik und der traditionellen Syntax, um die Struktur der Gedichte zu bestimmen. Einige seiner Gedichte lässt er Verlaine zukommen. Danach wagt er, eines seiner größten Gedichte zu verfassen: *Le Bateau ivre – Das trunkene Schiff* (1871). Es beschreibt die Fahrt eines Reisenden in einem Schiff, das, aller Beschränkungen ledig, in einer Welt zwischen Meer und Himmel umhergewirbelt wird. Als er zwischen 1874 und 1876 die *Illuminations* schreibt, will er eine neue poetische Form entwickeln. Ganz anders als dieses Werk sind die neun Prosa- und Versfragmente *Une saison en enfer – Eine Zeit in der Hölle* vor allem bemerkenswert wegen ihrer Innenschau. Rimbaud durchläuft eine spirituelle und moralische Krise und untersucht in diesem Werk rückblickend seine Hölle. Danach unternimmt er einige Reisen, die ihn bis in entfernteste Gebiete verschlagen. Dort begleitet er u. a. eine Karawane mit Waffen für den König von Choa (im heutigen Äthiopien). Kurze Zeit später stirbt er in Marseille.

Lautréamont

Isidore Ducasse, der seine Werke unter dem Pseudonym des Grafen von Lautréamont (1846–1870) veröffentlicht, hinterlässt der Poesie ein meisterliches, fremdartiges Werk, die *Chants de Maldoror* (1869). Es sind sechs Gesänge von einer solchen Heftigkeit und Gewalttätigkeit, dass deren Verbreitung noch im Jahr ihres Erscheinens unterbunden wird. Lautréamont weist der poetischen Konstruktion einen besonderen Platz zu. Er ignoriert die klassischen Textkonstruktionen, misshandelt sie geradezu, damit sein Schreiben nur durch sich selbst lebt, zum Buch *par excellence* wird, unabhängig von seiner eigenen Existenz.

Der Realismus

Der Realismus in französischen Romanen und Bildern wird in der Phase von 1850 bis 1880 sichtbar. Eine der ersten Verwendungen des Wortes «Realismus» findet sich 1826 im *Mercure de France* des 19. Jahrhunderts. Dort wird der Begriff benutzt, um eine Lehre zu beschreiben, die nicht auf der Nachahmung neuester künstlerischer Hervorbringungen gegründet ist, sondern auf der wahrheitsgetreuen und genauen Darstellung von Vorbildern, die die Natur und das Leben dem Künstler präsentieren. **Honoré de Balzac** (1799–1850) ist wichtigster Vorläufer des Realismus; in seiner *Comédie humaine* (1829–1850) schafft er ein enzyklopädisches Porträt der französischen Gesellschaft insgesamt. Mit Stendhal, Flaubert, Proust kommt ein anderer Realismus auf, der auf die Analyse der individuellen Tat aus ist, auf die Motivation und das Verlangen wie auch auf die Form. 1857 veröffentlicht **Gustave Flaubert** (1821–1880) seine *Madame Bovary*, womit der Realismus seinen Höhepunkt erreicht.

Naturalismus, eine experimentelle Literatur

Eine der wichtigsten Etappen des Naturalismus stellen die *Soirées de Médan* dar, eine Sammlung von Novellen von **Émile Zola** (1840–1902), **Guy de Maupassant** (1850–1893), Joris-Karl Huysmans, Henry Céard, Léon Hennique und Paul Alexis. Die Naturalisten übernehmen eine eher wissenschaftliche, analysierende Annäherung an die Realität. Auch Zola wendet auf Hippolyte Taine, den positivistischen Philosophen, den Begriff des Naturalismus an. Doch in seinem *Roman expérimental* (1880) entwickelt Zola eine Parallele zwischen den Methoden des Romanschriftstellers und denen der experimentellen Wissenschaft. Die Definition des Naturalismus wird mit Maupassant noch vertieft, als er die Einführung zu seinem Roman *Pierre et Jean* (1888) schreibt; und auch mit Huysmans, der betont, dass der Naturalismus als analytische Studie eines gegebenen Milieus definiert werden könne, als bestimmendes Verhältnis von Milieu und Personen; als Anwendung einer mechanistischen Theorie der Psychologie; als Ablehnung jeglicher Form von Idealismus. In seinem Romanzyklus *Die Rougon-Marquart*, einer Familiengeschichte, legt Zola das Augenmerk auf die Folgen von Vererbung und Umfeld.

Fin de siècle

Dandys und Dekadente

Die Literatur des *Fin de siècle*, die die Dekadenz offen darstellen will, ist keine eigentliche Bewegung, hat auch keine leitende Figur, sondern definiert sich als Reaktion auf die Romantik in den 1880er Jahren; sie kündigt zudem den Symbolismus an. Paul Bourget definiert diese Richtung in einem 1883 veröffentlichten Text wie folgt: «Ein dekadenter Stil ist der, in welchem die Einheit des Buches sich zersetzt, um der Unabhängigkeit einer jeden Seite Raum zu geben; wo die Seite sich zersetzt, um der Unabhängigkeit des Satzes Raum zu geben; und der Satz, um der Unabhängigkeit des Wortes zu weichen.»* Symbol für die Dekadenz als Roman ist *À Rebours* (1884) von Joris-Karl Huysmans (1848–1907).

Der Symbolismus

Die symbolistischen Künstler wie Stéphane Mallarmé, Paul Verlaine, Arthur Rimbaud, Jules Laforgue und der Belgier Émile Verhaeren wollen die individuelle emotionale Erfahrung durch den subtilen und suggestiven Gebrauch einer symbolistisch aufgeladenen Sprache ausdrücken.

■ **Paul Verlaine** (1844–1896) wird später als Kopf der Symbolisten bekannt und zählt mit Stéphane Mallarmé und Charles Baudelaire zu den Dekadenten. Seine *Poèmes saturniens* bringen auf ergreifende Weise Liebe und Melancholie zum Ausdruck. Die *Fêtes galantes* sind eine subtile Erinnerung an Szenen und Personen der italienischen *commedia dell'arte* und der hochkomplexen Pastorale des 18. Jahrhunderts, wie sie etwa Watteau gemalt hat. 1882 wird Verlaines berühmte *Art poétique* von den jungen Symbolisten begeistert aufgenommen; später wenden sie sich davon wieder ab, da sie viel weiter als Verlaine gehen – indem sie traditionelle Formen wie den Reim aufgeben, der für Verlaine noch eine unbedingte Notwendigkeit des französischen Verses ist.

* Pierre Citti, «Le Symbolisme», in: *Encyclopaedia Universalis*. 1. Aufl. 1968, 5. Aufl. 2002.

■ **Stéphane Mallarmé** (1842–1898). Seine ersten Gedichte, 1862 in Zeitschriften veröffentlicht, sind von Baudelaire beeinflusst, und zwar durch das Thema der Realitätsflucht. Dieses Thema wird er in der Folge erneut aufnehmen, doch nun viel intellektueller. Gemeint ist *Après-midi d'un faune* (1876), der Claude Debussy ein Vierteljahrhundert später zur Komposition seines berühmten *Prélude* inspiriert hat. Mallarmé war darin zum Schluss gekommen, dass, obwohl sich nichts jenseits der Realität befindet, dort dennoch das Wesen vollkommener Formen existiert. Die Aufgabe des Dichters besteht in der Wahrnehmung und Herausarbeitung dieses Wesens; er muss mehr als ein simpler Verseschmied sein, der in poetischer Form eine bereits existierende Wirklichkeit transportiert. So wird er mehr als das: Er wird ein wahrer Gott, der aus nichts etwas erschafft.

4. Die französische Philosophie

Das 19. Jahrhundert ist eine Zeit, da alle Extreme zu gleicher Zeit stattfinden. Außer den Herzensergießungen und Gefühlen einer übersteigerten Romantik behauptet auch die Vernunft weiterhin ihren Platz gegen die mehr oder weniger mystischen Versuchungen der Religion. Der wissenschaftliche Geist als Erbe der Aufklärung findet seinen Halt im Positivismus, der am Ende selbst durch seine Exzesse den Szientismus, die Wissenschaftsgläubigkeit, vorbereitet. Die Philosophie wird zwischen Materialismus und Spiritualismus oszillieren und dadurch immer zerrissener werden; dabei steht sie im Verdacht, zu lange der Metaphysik nahegestanden zu haben, da doch die Wissenschaft als Bewahrer aller Wahrheit galt.

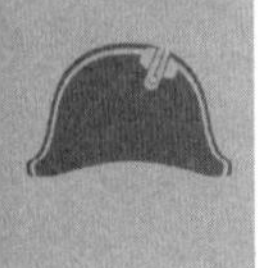

Die französischen Schüler Immanuel Kants werden vor allem durch seine Ethik angezogen. Als Idealisten denken sie, dass unsere Sicht auf die Welt aufs Engste an einen freiwilligen Akt gebunden ist, der es ermöglicht, zu erkennen, was wahr ist. Sie behaupten sich als Philosophen der Freiheit und der Kontingenz, als Reaktion auf den Positivismus. Sie sind durch ihre Religiosität gekennzeichnet. Im Einzelnen sind dies: **Antoine Augustin Cournot** (1801–1877), **Jules Lachelier** (1832–1918), **Charles Secrétan** (1815–1895) und **Charles Renouvier** (1815–1903), der sich als Kopf des «néocriticisme» betrachtete, mit seinem *Essai de critique générale* (1851–1864).

Der französische Idealismus: Renouvier, Brunschvicg

■ **Charles Renouvier** (1815–1903): Sein Beitrag zur Philosophiegeschichte besteht in der Schaffung einer Synthese aller modernen Ideen zu den Problemen der Erkenntnis. Er wird in Montpellier geboren, erlebt eine sehr ruhige Jugend und veröffentlicht 1842 das *Manuel de la philosophie ancienne*. Seine *Science de la morale* (1869), die *Nouvelle Monadologie* (1899) und die *Dilemmes de la métaphysique pure* (1901) bilden nur einen kleinen Teil seiner 50 Werke, die er bei seinem Tode 1903 hinterlässt. Er erneuert die Lehre Kants und gibt ihr die Bezeichnung «néocriticisme». Und er entwickelt den Phänomenalismus. Unser Bewusstsein kann die Phänomene, d. h. die Zusammenhänge, nicht überwinden. Er lehnt das Noumenon, das Ding an sich, ab. Es gibt nur Erscheinungen, die zu einer Erscheinung erscheinen. Freiheit ist eines der am schwersten zurückzuweisenden Phänomene, da sie am Ursprung aller anderen liegt. Für Renouvier sind Freiheit und Wille verwandt. Die Freiheit hat unterschiedliche Postulate: Moral, Unsterblichkeit der Seele, die Existenz Gottes.

■ **Léon Brunschvicg** (1869–1944): Der Idealismus Brunschvicgs versteht sich als kritischer Idealismus, d. h., er ist weder systematisch noch metaphysisch. Von daher rührt der Gegenstand der Philosophie: Nachdenken über Wissenschaft. In Paris geboren, macht Brunschvicg Karriere als Universitätsprofessor an der Sorbonne. Er führt den Idealismus zum Höhepunkt mit seinen *Étapes de la philosophie mathématique* (1912) und zu dem *Progrès de la conscience dans la philosophie occidentale* (1927). Nahe an der Lehre Fichtes, nennt er sein Denksystem «kritischen Idealismus». Erstes Moment seiner Philosophie ist eine Kritik der wissenschaftlichen Erkenntnis. Für ihn ist es vollkommen illusorisch, das Universum *a priori* konstruieren zu wollen. Das Universum kann nur über die Wissenschaft verstanden werden. Eine Naturphilosophie, wie auch immer sie beschaffen sein mag, kann nicht ein solches Ergebnis erbringen. Sie erscheint Brunschvicg daher wie eine «Chimäre». So kann er seine Definition der Philosophie und ihres Gegenstandes formulieren: Nachdenken über Wissenschaft.

Spiritualismus: Henri Bergson

Im Gegensatz zum Materialismus, der alles, was existiert, auf die natürliche Wirklichkeit zurückführt, erkennt der Spiritualismus eine Realität, die getrennt von Körper und Materie ist. Es wird ein Denkprinzip im Menschen behauptet: der Geist. Die Geburtsstunde dieser Lehre ist in Platons *Phaidon* zu finden. Der Spiritualismus stützt sich auf die Schriften **Maine de Birans** (1766–1824), dann auf die von **Henri Bergson** (1859–1941). Ziel der Spiritualisten ist die Begründung einer Metaphysik, die auf der inneren Erfahrung des Bewusstseins beruht. Bergson ist durch das Denken **Herbert Spencers** (1820–1903) beeinflusst worden und befreit sich nie wirklich von dessen Einfluss.

Die Bewegung

Auch wenn sie anscheinend von Spencer beeinflusst ist, bleibt die Philosophie Henri Bergsons abseits des allgemeinen philosophischen Systems. Seine Werke sind: *Materie und Gedächtnis* (1896), *Schöpferische Entwicklung* (1907), *Die beiden Quellen der Moral* (*und Religion*, 1932); *Denken und schöpferisches Werden* (1934), *Das Lachen* (1900) und *Durée et Simultanéité – Dauer und Gleichzeitigkeit* (1922). Seine Methode beruht nicht auf irgendwelcher Spekulation; Bergson geht von einem bestimmten Problem aus, das er analysiert, wobei er zunächst die empirischen Tatsachen bestimmt, die anhand weiterer, die bereits bekannt sind, beobachtet werden.

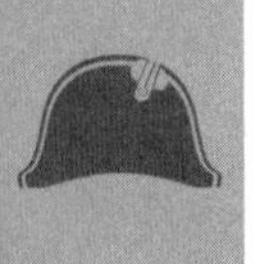

- **Seine Lehre: Intuition, Instinkt und Intelligenz:** Bergson setzt Instinkt und Intelligenz einander gegenüber; dabei ist er von der Evolutionstheorie Herbert Spencers beeinflusst. Ist auch die Intelligenz, in der Evolution entstanden, auf die Herstellung von Werkzeugen ausgerichtet, so sagt Bergson dennoch, dass man damit deren Bewegung nicht erfassen kann. Es bedarf dazu einer weiteren Fähigkeit: der Intuition. Im Gegensatz zur Intelligenz, die die Dinge von außen erfasst, ist die Intuition «die Sympathie, mittels derer man sich ins Innere eines Objekts begibt, um mit dem übereinzustimmen, was dort einzigartig ist und daher unaussprechlich» *(Denken und schöpferisches Werden)*.

- **Eine Metaphysik und Physik der Natur:** Bergsons Metaphysik ist in derselben Weise wie Spencers Philosophie evolutionär. Doch sie kann nicht mechanistisch sein, da der Geist, der die Materie überschreitet, in ihr keine Erklärung finden kann. Sie ist auch nicht in erster Linie finalistisch, denn dazu bedarf es einer planenden Intelligenz. Bergson kritisiert die philosophischen Interpretationen seitens der Wissenschaft, die die Bedeutung der Dauer verschleiert haben. Daher hat er vorgeschlagen, den Evolutionsprozess insgesamt als *élan vital* zu betrachten, als Elan des Lebens, der nicht aufhört, sich immer weiter zu entwickeln und neue Formen hervorzubringen. Die Evolution ist schöpferisch, nicht mechanisch. Gegenstand des Instinkts ist das Leben, die Materie. Der Instinkt ist unveränderlich und eine angeborene Fähigkeit, was auf die Intelligenz nicht zutrifft. Letztere definiert sich durch ein naturgegebenes Unverständnis des Lebens.

■ **Die Moral:** Wenn in der *Schöpferischen Entwicklung* das Gottesproblem kaum aufgegriffen wird, ist es doch deutlich in den *Beiden Quellen der Moral und Religion* angesprochen. Bergson gibt klare Angaben zu den moralischen Konsequenzen. Die erste Quelle der Moral beruht auf dem Instinkt und zeigt sich als sozialer Druck. Dennoch gibt es in dieser soziologischen Moral Helden, die die gesellschaftlichen Schichten aufeinanderprallen lassen und somit eine «offene Gesellschaft» hervorbringen – eine zweite Moral, gegründet auf Erwartung.

■ **Die Religion:** Bergson unterscheidet desgleichen zweierlei Religion:
- **die statische Religion** hat gesellschaftliche Funktion und will den Einzelnen trösten
- **die dynamische Religion** ist Mystik, die ihren Grund in einer Lehre, nicht im Gefühl hat. Mystik macht es uns möglich, dass wir uns experimentell der Natur Gottes nähern.

■ **Die Bergson'sche Zeit:** Bergson will in seinem Essai *Zeit und Freiheit* (1889) nicht die abstrakte Idee der Zeit analysieren, sondern deren konkrete Erfahrung. Er führt die Vorstellung der Dauer ein und versucht, die Metaphysik «auf das Gebiet der Erfahrung» zu bringen. Die einzige Zeit, die man erfassen kann, ist die persönliche, die innere Dauer. Kann man die Dauer seines Bewusstseins messen? Wir sind mit zwei vollkommen unterschiedlichen Realitäten konfrontiert: Einerseits ist da die quantitative Ausdehnung, teilbar, homogen, einziger Gegenstand des Positivismus; andererseits die qualitative Dauer, die von unserer inneren Erfahrung abhängt.

Positivismus: Gesetze, nichts als Gesetze

Eine mögliche Definition des Positivismus ist etwa die folgende: eine Lehre, die als einzige die Erkenntnis von Tatsachen und die wissenschaftliche Erfahrung für sich reklamiert und behauptet, dass das Denken nur Relationen und Gesetze erfassen kann. Die Geisteswissenschaften bilden sich unter dem Einfluss des Positivismus aus. Die Soziologie entsteht um **Émile Durkheim** (1858–1917). Auch die Ethnologie erfährt im 19. Jahrhundert eine beträchtliche Entwicklung, gekennzeichnet durch die Arbeiten von **James Frazer** (1854–1941) und **Lucien Lévy-Bruhl** (1857–1939). Die Entstehung von Anthropologie und Ethnologie lässt im 19. Jahrhundert neue Wissenschaften aufkommen, die sich im folgenden Jahrhundert deutlich weiterentwickeln. **Drei Elemente** kennzeichnen die Entwicklung dieses Jahrhunderts: Entstehung des Positivismus und dessen beherrschende Stellung; der Nachhall des Evolutionismus; die wissenschaftliche Revolution, die am Ende des Jahrhunderts aufkommt und die alten Konzepte in Medizin, Biologie und Physik hinwegfegt.

Auguste Comte

Auguste Comte (1798–1857) hat einen Ruf als Gelehrter wie auch als Reformer. Von David Hume und Immanuel Kant bezieht er sein Positivismus-Konzept: Theologie und Metaphysik sind eher unvollkommene Mittel der Erkenntnis; positive Erkenntnis gründet sich auf natürliche Phänomene; ihre Eigenschaften und Beziehungen untereinander sind durch die empirischen Wissenschaften verifiziert worden. Von mehreren Philosophen der Aufklärung übernimmt Comte die Vorstellung des historischen Fortschritts. Die entsprechende neue Wissenschaft wird die Soziologie sein. Der grundlegende Beitrag Auguste Comtes zur positivistischen Philosophie ist ein fünffacher: seine rigorose Anwendung der wissenschaftlichen Methode; sein Gesetz der drei Stadien der intellektuellen Entwicklung; seine Einteilung der Wissenschaften; sein Konzept, dass Philosophie ohne eine jede dieser Vorgängerwissenschaften vor der Soziologie unvollständig wäre; seine Synthese einer positivistischen Sozialphilosophie in geeinter Form. Er will ein philosophisches System, das als Basis einer politischen Organisation dienen könnte und auf die moderne Industriegesellschaft anzuwenden wäre. 1848 gründet er die Positivistische Gesellschaft und stirbt neun Jahre später. Seine wichtigsten Werke: *Cours de philosophie positive* (1824–1842); *System der positiven Politik* (1851–1854).

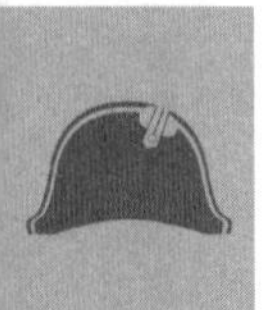

■ **Seine Lehre:** Unter einer «positiven Philosophie» versteht Comte die Gesamtheit der wissenschaftlichen Erkenntnis über das Universum. Der Positivismus hat seine Entsprechung im Begriff des Empirismus, da er zeigen will, dass die Erfahrung die einzige Quelle der Erkenntnis bleibt. Comtes erste Arbeit besteht in der Klassifikation der Wissenschaften – eine Hypothese, die darauf basiert, dass die Wissenschaften, ausgehend vom Verständnis einfacher und abstrakter Prinzipien, das Verständnis komplexer und konkreter Phänomene ausgebildet haben. Daher haben sich die Wissenschaften folgendermaßen entwickelt: ausgehend von der Mathematik die Astronomie und Physik; ausgehend von der Chemie die Biologie und am Ende die Soziologie. Nach Comte beschließt die letztgenannte Disziplin nicht nur diese Reihe, sondern führt zudem gesellschaftliche Tatsachen auf Gesetze zurück. Sie ist eine Synthese aller menschlichen Erkenntnisse, was die Soziologie in die Lage versetzt, den Aufbau einer Gesellschaft zu leiten.

5. Die Ära der Geisteswissenschaften

Die Soziologie: Aron, Durkheim

Raymond Aron (1905–1983)

Raymond Aron definiert die Soziologie so: «Das Studium, das sich als Wissenschaft des Sozialen als solchem versteht.»* Die wissenschaftliche Methode ist demnach vom Gegenstand nicht zu trennen, den sie erfassen will: die individuellen Beziehungen einerseits; die kollektiven Verbünde – Kulturen, Gesellschaften – andererseits. Die Definition, die man der Soziologie zuordnet, variiert demzufolge je nach Standpunkt der Soziologen. Doch noch ist nicht ausgemacht, ob diese Wissenschaft auf ein Ziel oder eine Notwendigkeit hin angelegt ist. Die soziologische Interpretation ist an ein System von Vorstellungen gebunden, das selber wiederum mit der besonderen Situation des Beobachters verknüpft ist. Eines der wesentlichen Ziele der Soziologie bleibt die Interpretation der aktuellen Gesellschaften innerhalb der Entstehung der Menschheit, und zwar so wissenschaftlich und objektiv wie möglich. Mit

8

* *Les Étapes de la pensée sociologique*, Gallimard, «Bibliotheque des sciences humaines», Paris 1967, S. 16.

Auguste Comte und **Karl Marx** wird die Soziologie zu Recht als Mittel der Überwindung der politischen Ökonomie begriffen. Die von Comte in Aussicht gestellte Soziologie als positive Wissenschaft gehört da nicht mehr der Philosophie an. Doch bei Durkheim wird sie erneut mit der Philosophie verbunden, da sie vorgibt, deren Probleme zu lösen.

Émile Durkheim

Émile Durkheim (1858–1917) ist zunächst Professor für Sozialwissenschaft an der Universität Bordeaux, später an der Sorbonne. Seine wichtigsten Werke: *Die Regeln der soziologischen Methode* (1895), *Der Selbstmord* (1897), *Die elementaren Formen des religiösen Lebens* (1912). Seine posthumen Werke: *Éducation et Sociologie* (1922), *L'Éducation morale* (1925), *Sociologie et Philosophie* (1925), *Le Socialisme* (1928). Die von Auguste Comte gelieferte Definition der Soziologie als Wissenschaft, die äußerste Sicherheit will – wie die exakten Wissenschaften – und dadurch zu einer Philosophie der Moderne werden kann, beeinflusst Durkheim und die empirische Soziologie, die ihm vorausgeht.

▪ **Der Soziologismus**: Er geht vom wissenschaftlichen Studium der gesellschaftlichen Tatsachen aus, um den Menschen vollständig durch die Gesellschaft zu erklären. Sein Prinzip: Es existieren außerhalb des Menschen Phänomene, die als «soziale Tatsachen» bezeichnet werden. Es sind dies Nationen, Regierungen, religiöse Gruppen. Alles, was der Rationalismus sich mittels der Vernunft bewusst macht, wird durch die Gesellschaft erklärt. Ein gutes Urteil und eine gute Moral werden von der Gesellschaft anerkannt und zugestanden. Doch es sind relative Werte, da keine Gesellschaft fest und unveränderlich ist. Moral, Ethik und Wahrheit sind ebenfalls Elemente, die der Veränderung unterworfen sind.

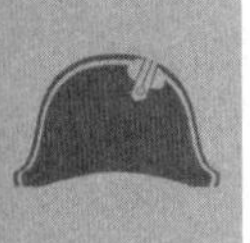

▪ **Die elementaren Formen des religiösen Lebens**: In den *Elementaren Formen des religiösen Lebens* erarbeitet Durkheim eine Theorie zur Religion, ausgehend von einfachsten religiösen Institutionen. Von daher schließt er, dass der Totemismus das Wesen der Religion enthülle. Um das zu begründen, stützt er sich auf das Prinzip, dass man, um das Wesen eines Phänomens zu begreifen, notwendig zunächst dessen primitivste Formen beobachten müsse. Die Wissenschaft ist dabei die Antriebskraft, die quer durch die Geschichte zeigt, dass die Menschen immer nur eine kollektive Wirklichkeit, durch den Glauben verklärt, verehrt haben: «Die religiösen Interessen sind bloß die symbolischen Formen sozialer und moralischer Interessen.» Durkheims *Elementare Formen des religiösen Lebens* beinhalten drei wichtige Studienansätze:

- zunächst **eine Beschreibung und detaillierte Analyse** des Clansystems und des Totemismus bei einigen australischen Stämmen;
- dann **die Theorie über das Wesen der Religion**, die sich auf die vorhergehenden Beispiele stützt;
- schließlich die **Entwicklung der Formen des menschlichen Denkens** unter einem soziologischen Gesichtspunkt, durch gesellschaftliche Zusammenhänge, die die Kategorien erklären.

In der Tat kann diese Vorgehensweise zunächst durch die Definition des religiösen Phänomens zusammengefasst werden, das Durkheim in zwei Phänomene aufteilt: das Heilige und das Profane. Sodann durch Widerlegung anderer Theorien: Animismus und Naturalismus. Gemäß dem Animismus ist der religiöse Glaube ein Glaube an Geister; für den Naturalismus handelt es sich um die Verklärung von Naturkräften, die von dem Menschen verehrt werden. Für Durkheim läuft die Annahme der einen oder anderen Lehre auf die Auflösung des Objekts hinaus, und dies macht aus der Religion in beiden Fällen eine kollektive Halluzination.

Indem Durkheim den Totemismus als älteste Religion darstellt, widmet er sich einer evolutionistischen Sichtweise der Religionsgeschichte. Die soziologische Interpretation der Religion kehrt zur Aussage zurück, dass die Gesellschaften aus allem ihre Götter erschaffen, während Bergson seine *Beiden Quellen der Moral (und der Religion)* mit den Worten schließt: «Der Mensch ist eine Maschine, die Götter erschafft.» Im Totemismus verehren die Menschen ihre Gesellschaft auf unbewusste Art. Im Zustand der Kommunion, oder auch der Exaltation, erschaffen sie ihre Götter – durch Zeremonien und Feste: «Die Gesellschaft ist Schöpferin der Religion, wenn sie in einem Zustand des Brodelns und Aufwallens ist.» Durkheim zeigt, wie man vom Totemismus zur Gesamtheit der jüngeren Religionen gelangen kann. Religion ist nicht der uranfängliche und primitive Stamm, aus dem die moralischen, gesellschaftlichen und religiösen Regeln hervorgegangen sind; vielmehr kommt das wissenschaftliche Denken von dorther.

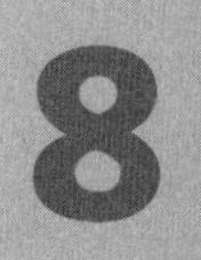

Geburt einer Wissenschaftsgeschichte

Das 19. Jahrhundert erlebt den Triumph der Archäologie, Philosophie, Vor- und Frühgeschichte sowie die Entzifferung der orientalischen Sprachen.

Große nationale Geschichtswerke werden veröffentlicht; man entdeckt die Spuren von Mittelalter und Renaissance in Architektur und Literatur. Walter Scott legt die gleichen Ansprüche wie ein Historiker bezüglich der Wahrheit an den Tag, wenn es um die Fakten in einer romanhaften Erzählung oder auch die authentische Darstellung der Sitten und Lebenswelten seiner Figuren geht. Alexandre Dumas dagegen nimmt sich, was die Vergangenheit angeht, sehr viele Freiheiten. Auguste Comte formuliert als Erster den neuen Anspruch, der es der Geschichte als Fach erlaubt, sich dem Feld der wissenschaftlichen Disziplinen anzuschließen. Geschichte muss seitdem als wissenschaftliche Intention begriffen werden, die die Gesetze erforschen will, die der gesellschaftlichen Entwicklung der Menschheit zugrunde liegen.

Die Geschichte des 19. Jahrhunderts ist sehr auf die jeweilige Nationalgeschichte ausgerichtet. Die romantischen Ideen eines Chateaubriand oder eines Joseph de Maistre kritisieren demzufolge die französische Philosophiegeschichte heftig. Sie begreifen die Gesellschaft als einen langsamen Evolutionsprozess.

Eine der großen Gründergestalten der wissenschaftlichen Geschichtsschreibung ist **Numa Denis Fustel de Coulanges** (1830–1889). In dem historischen Augenblick, da **Karl Marx** sein *Kapital* verfasst, womit dieser ein Geschichtsbild formuliert, das auf dem Spiel der wirtschaftlichen Kräfte beruht, begreift Fustel die Geschichte als das Spiel der psychologischen Kräfte. Seine Prinzipien sind Belesenheit, Objektivität und ein kritischer Geist: «Die Geschichte löst keine Probleme; sie lehrt uns, sie zu erforschen.»*

Die Entwicklung der exakten Wissenschaften

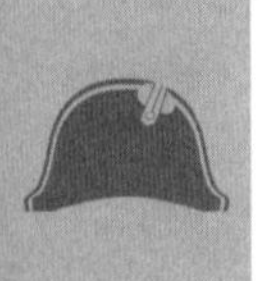

Die Arbeit der Wissenschaft erfährt gegen Ende des 18. Jahrhunderts eine außerordentliche Veränderung, die sich in der ersten Hälfte des 19. Jahrhunderts fortsetzt. Die Wissenschaft verlässt das Kuriositätenkabinett und die Salons und gibt sich neue Regeln; sie organisiert sich und breitet sich vor allem aus. Die großen Schulen wie die **École Polytechnique** (1795), die **École Normale** (1794) und die 1808 neu strukturierten Fakultäten bieten eine formale Ausbildung an, stellen den Forschern Bibliotheken und Laboratorien zur Verfügung. Dieses Zusammengehen von Lehrenden, Lernenden und Forschern

* Guy Thuillier und Jean Tulard, *La Méthode en histoire*, Puf, «Que sais-je?», Paris 1993, S. 38.

bringt zwei Strömungen auf den Weg: die Ausarbeitung gemeinsamer Methoden und theoretischer Grundlagen, von Referenzmodellen sowie ihre schnelle Verbreitung innerhalb der Wissenschaft. Es sind dies auch die Anfänge der Zusammenarbeit von Wissenschaft und Industrie.

Mathematik und Astronomie

Die Arbeiten der Mathematiker lieferten der Astronomie direkte Anwendungsmöglichkeiten. Astronomie ist die erste Wissenschaft, die sich immer mehr einer mathematischen Sprache bedient; sowohl, was die Argumentation, als auch, was die Theorien angeht. 1846 weist der Astronom **Urbain le Verrier** (1811–1877), noch ohne mögliche entsprechende Beobachtung, durch seine Berechnungen die Existenz des Neptuns nach; sie wird am 23. September 1846 durch **Johann Gottfried Galle** (1812–1910), den Direktor des Berliner Observatoriums, bestätigt, der den Planeten am angegebenen Ort tatsächlich entdeckt.

Physik

In dieser Disziplin machen die experimentellen Wissenschaften die größten Fortschritte. Der französische Ingenieur **Augustin Fresnel** (1778–1827) zeigt 1818, dass die Lichtphänomene mechanischen Ursprungs sind und von Vibrationen herrühren, die sich durch sukzessive Wellen fortsetzen. Auf dem Gebiet der Wärme begründet **Nicolas Léonard Sadi Carnot** (1796–1832) ein System, nach welchem jedes materielle System stets zum Ausgleich der Temperaturen tendiert. **Julius Robert von Mayer** (1814–1878) formuliert 1842 den Ersten Hauptsatz der Thermodynamik; der Engländer **James Prescott Joule** (1818–1889) bestätigt ein Jahr später experimentell das Prinzip der Erhaltung von Energie.

Elektrizität

André-Marie Ampère (1775–1836) zeigt im September 1820, dass zwei parallele Leiter, von Strom durchflossen und nahe beieinander liegend, jeweils Abstoßung oder Anziehung in Bezug zum anderen aufweisen, entsprechend der jeweiligen Stromrichtung in den Drähten. Ab 1821 entwickelt er den ersten Galvanometer. Doch der größte Fortschritt auf dem Gebiet der Elektrizität ist dem Engländer **Michael Faraday** (1791–1867) zu verdanken, der 1831 den Elektromagnetismus durch die Entdeckung der Induktion entwickelt: Wenn man zwei Stromkreise miteinander verbindet und den Strom im ersten Stromkreis von der Intensität 0 auf Intensität 1 bringt, dann bewirkt das im zweiten Stromkreis eine kurze Produktion von Elektrizität. Die Anwendungen dieser Entdeckung kommen schnell: der erste Dynamo 1861 von Antonio Pacinotti (1841-1912), der zweite 1869 von Zénobe-Théophile Gramme (1826-1901), dann 1883 der von Nikola Tesla (1856-1943) erfundene Transformator, der ab 1898 in der Industrie eingesetzt wird.

Photographie

Bereits 1816 von **Nicéphore Niépce** (1765-1833) entdeckt, von **Louis Daguerre** (1787-1851) zwischen 1826 und 1833 verbessert, wurde die Photographie ab 1850 regelmäßig von Astronomen eingesetzt; und zwar in Gestalt der Daguerreotypie, der ersten Form der Photographie (1839).

Kino und Film

Die ersten projizierten Filme, Vorläufer der Kino-Wochenschauen, sind oft Dokumentarfilme; es sind die ersten Reportagen. Dies war das Gebiet von **Charles Pathé** (1863-1957), dessen Firma wächst, als immer mehr Kameraleute in alle Welt geschickt werden. Doch er kommt zu spät auf den Markt, um die Reportage anlässlich der Krönung von Zar Nikolaus II. am 14. Juni 1894 in Moskau aufnehmen zu können - was bereits durch die Leute der Gebrüder **Auguste Lumière** (1862-1954) und **Louis Lumière** (1864-1948) geschah. Es war dies die erste große Dokumentation.

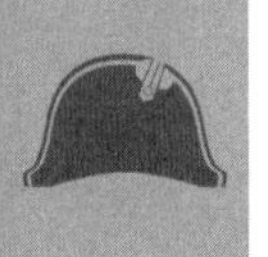

■ **George Méliès** (1861-1938) sollte eigentlich die väterliche Schuhfabrik übernehmen. Doch er geht nach London, widmet sich dort der Zauberkunst, wird später Eigentümer und Direktor des Théâtre Robert-Houdin in Paris, benannt nach dem berühmten Zauberkünstler. Zurück in Frankreich und nach einem missglückten Versuch der Zusammenarbeit mit den Gebrüdern Lumière, lässt sich Méliès in Montreuil nieder, einem Pariser Vorort. Er gründet seine Firma *Star Film*, die später die Bezeichnung für die großen Schauspieler und Schauspielerinnen, die «Stars und Sternchen» des Kinos abgeben wird. Zugleich Produzent, Autor und Ausstatter, dreht er in seinem Studio Hunderte von kleinen Filmen voller Phantasie und Spezialeffekte, der sogenannten Stop-Motion-Technik. Nach dem Roman von Jules Verne *Die Reise zum Mond* dreht er einen Film von ca. 15 Minuten, der eine neues Filmgenre eröffnet: den Science-fiction-Film, der auch burleske und komische Elemente enthält.

▪ **Vom Kino zum Filmtheater**. Der Erfolg von Méliès' Arbeit ist dermaßen groß, dass die gemieteten Säle nicht mehr ausreichen. Der Filmprojektor braucht einen ständigen Ort, der auf seine technischen Bedingungen abgestimmt ist und zudem die immer zahlreicheren neugierigen Zuschauer fassen soll: Der Kinosaal ist geboren. Der erste dieser Säle wird am 25. Januar 1896 in Lyon eröffnet, der Heimat der Gebrüder Lumière – wo auch sonst. Noch im selben Jahr folgen Bordeaux, danach London, Brüssel, Berlin, im Juni 1897 findet dann die erste Vorführung in New York statt. Die anfangs teuren Vorführungen, pro Kopf ein Franc, werden aufgrund des Publikumsandrangs bald günstiger. Seit seinen ersten Anfängen ist das Kino eine Kunst für das Volk.

Die großen Strömungen des politischen Denkens im 19. Jahrhundert

Der frühe Liberalismus

Der Liberalismus beruht auf der Idee des verstandesgemäß handelnden Menschen, der vor allem in politischer, dann auch in wirtschaftlicher Hinsicht seine Freiheit annehmen kann. Das findet seine juristische Bekräftigung in der amerikanischen Verfassung und der Erklärung der Menschenrechte in Frankreich. Die Menschen sind gleichen Rechts, die an die Geburt gebundene Hierarchie ist abgeschafft – wenn man außer Acht lässt, dass nur die vergleichsweise wenigen Männer wählen dürfen, die vom Zensus dazu berechtigt sind. Der Moderne verpflichtet, setzt der Liberalismus das Individuum noch vor die Freiheit. Es ist dies ein Unterfangen, das die Gesellschaft auf dem Individuum als höchstem Wert gründen will, wo früher Religion, Philosophie und Freiheit regierten. Politisch gesehen, ist der Liberalismus der Garant für bürgerliche Freiheit und Beschützer des Individuums; wirtschaftlich betrachtet, predigt er die Marktwirtschaft, die auf privatem Unternehmertum und freier Konkurrenz gegründet ist. **Max Weber** (1864–1920) verortet die Entstehung des Liberalismus im 16. Jahrhundert mit der protestantischen Reformation. Der von Gott Auserwählte sieht, dass sich seine materielle Situation verbessert; Reichtum wird zum Zeichen der Auserwähltheit. Das England des 17. Jahrhunderts liefert mit Lockes Schriften die Anfänge dafür,

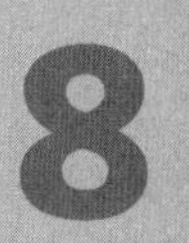

später mit der Theorie von Adam Smith. Die Französische Revolution liefert die rechtliche Begründung mit der *Erklärung der Rechte des Menschen und des Bürgers* durch die Nationalversammlung am 26. August 1789. Seitdem hat der Einzelne, der Bürger die Garantie unveräußerlicher und geheiligter Rechte, bei denen ganz oben die Freiheit steht. **Benjamin Constant** (1767–1830) liefert in Fortführung der Fortschrittsideologie der Aufklärung einen Liberalismus-Begriff: Er begreift ihn als politisch und ökonomisch, was beides in einem einheitlichen Denkgebäude zusammengeführt wird.

Im 19. Jahrhundert teilt sich diese Einheit auf und lässt unterschiedliche Liberalismen aufkommen: gegen den Absolutismus in der Politik; gegen jegliche Intoleranz im Bereich des Denkens. Im 19. Jahrhundert werden Liberalismus und bürgerliche Ideologie gerne miteinander verbunden. Nach dem Scheitern der revolutionären Bewegungen von 1848 verändert die Rückkehr reaktionärer konterrevolutionärer Regime die Bedeutung des Begriffs Liberalismus. Während des *Zweiten Kaiserreichs* in Frankreich (1852–1870) tritt der wirtschaftliche Liberalismus angesichts des Protektionismus zurück und äußerst sich in dem Willen, die politischen Freiheiten auszudehnen.

■ **Der Engländer Herbert Spencer** (1820–1903) lässt den Liberalismus aus einer Verkehrung des Darwinismus entstehen. Er überträgt biologische Tatsachen auf die Gesellschaft: Indem er das Prinzip der Evolution aufnimmt, macht Spencer daraus eine Anpassung an die Umgebung, die sich größtenteils dank des wissenschaftlichen Fortschritts ergibt. Mit der Entstehung des britischen Empires wird Königin Viktoria auch Kaiserin von Indien, und der Liberalismus wird zu einem Bestandteil des Imperialismus.

Die Utopisten

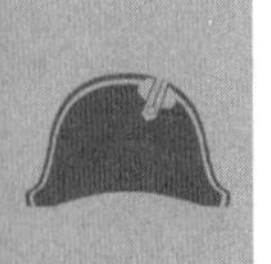

Henri de Saint-Simon (1760–1825) präsentiert sein wirtschaftlich-gesellschaftliches System in der Schrift *Du Système industriel – Vom industriellen System* (1820–1822). Dort stellt er zwei Kategorien gegenüber: die Inaktiven und die Produzierenden; Letztere sollen die politische Macht in Händen haben. In seinen *Lettres d'un habitant de Genève à ses citoyens – Briefe eines Einwohners von Genf an seine Zeitgenossen* (1803) schlägt er vor, dass die Priester durch die Wissenschaftler ersetzt worden sollen. Später wendet sich Saint-Simon dem Christentum zu, mit seinem *Le Nouveau Christianisme – Das neue Christentum* (1825). In dieser Religion sieht er eine Botschaft, den Ärmsten, die von der Gesellschaft benachteiligt werden, zu helfen. Zu Lebzeiten wenig wahrgenommen, hatten seine Ideen später, in der zweiten Jahrhunderthälfte, auf die Sozialisten großen Einfluss.

■ **Charles Fourier** (1772–1837) stellt seine Ideen für eine zu errichtende Gesellschaft in seiner *Théorie des quattre mouvements et des destinées générales – Theorie der vier Bewegungen und der allgemeinen Bestimmungen* (1808) vor. Die freien und vernünftigen Menschen können auf den Staat verzichten. Fourier glaubt nicht an das Prinzip der Autorität; er braucht keinen regulierenden Staat. Die Beziehungen der Menschen untereinander sind für Fourier durch die Verbindungen in sogenannten *Phalanstères* geregelt. Es sind dies Zusammenschlüsse von ca. 1600 Personen, auf dem Lande lebend. Jeder/jede widmet sich nur den Arbeiten, die ihn/sie interessieren, und die Tätigkeit wird so oft gewechselt, wie es gewünscht wird. Das *Phalanstère* ist kein kommunistisches System; Reich und Arm gehören dazu; die Erträge werden je nach anfangs eingebrachtem Kapital geteilt, auch je nach geleisteter Arbeit und dem je eigenen Talent. Man kann in diesen *Phalanstères* den Vorläufer von Aktiengesellschaften und Kooperativen erkennen. Alles Übel entsteht durch das Vergessen natürlicher Regeln, die die Menschen in ihrem Wahn durch ihre eigenen ersetzt haben und die auf der Verteidigung verfasster Egoismen beruhen. Das *Phalanstère* besteht aus einer *Phalange*, die von einem *Unarchen* geleitet wird; demographische Grundlage sind die 1600 Menschen pro Quadratmeile, was laut Fourier ca. 400 Familien entspricht. Diese Organisation spiegelt die Überzeugung wider, eine Gesellschaft sei einer sehr großen Werkstatt vergleichbar, die vernünftig zu organisieren sei.

■ **Robert Owen** (1771–1858) ist eine besonders anziehende Gestalt unter den utopischen Sozialisten. Als begüterter schottischer Industrieller nimmt er aktiv teil am Kampf gegen Armut und Kinderarbeit, an der Verbesserung ihrer Lebensumstände, indem er nach dem Kauf der Baumwollspinnerei im schottischen New Lanarck dort sein Ideal der Ausbildung des Individuums umsetzt. Er beschränkt die tägliche Arbeitszeit, bezahlt und ernährt seine Arbeiter besser und bringt sie besser unter, schickt ihre Kinder auf eine kostenlose Schule. All das fasst er später in *A New View Of Society. Essays on the Formation of Human Character – Eine neue Sicht auf die Gesellschaft. Aufsätze zur Ausbildung des menschlichen Charakters* (1813) zusammen. Ein Versuch, die vollständige Gleichheit der Menschen zu praktizieren, den Owen von 1825 bis 1828 in den USA, in New Harmony/Indiana unternimmt, scheitert, und er verliert dabei fast sein gesamtes Vermögen. Die Anlage in New Lanarck ist heute UNESCO-Welterbe.

Die Kommunisten

▪ **Gracchus Babeuf** (1760–1797) und sein *Manifest der Gleichen* (1796). Babeuf will die Revolution auf einen wichtigen Punkt hinführen: Nie hat eine Nationalversammlung für die Abschaffung des Eigentums votiert. Die Revolutionäre haben das *Ancien régime* zerstört, indem sie soziale Maßnahmen ergriffen haben; sie haben den Übergang von einer Ständegesellschaft zur Klassengesellschaft verkündet, doch niemals den Schritt zur Aufhebung des privaten Eigentums getan. Die *Verschwörung der Gleichen* setzt sich das Ziel, zu dieser eigentlich sozialistischen Phase zu gelangen; es wäre der Gründungsakt einer echten «Republik der Gleichen».

▪ **Auguste Blanqui** (1805–1881) bezahlt seine republikanischen und sozialistischen Überzeugungen mit langen Zeiten der Inhaftierung; sie kosten ihn insgesamt 33 Jahre seines Lebens. Zutiefst davon überzeugt, dass die alte Ordnung nur durch die direkte Aktion umgestoßen werden kann, gehört er mehreren Geheimgesellschaften an, die gegen Louis-Philippe I., dann gegen Napoleon III. agitieren. Er hat aktiven Anteil an der Pariser Kommune von 1871. Der Blanquismus beruht auf dem Volksaufstand, an dessen Ende die Kontrolle des staatlichen Apparats steht. Aktionsmodell ist die Erstürmung des Pariser Rathauses 1839 durch Blanqui und seine Getreuen – die jedoch schnell verjagt werden. Die Einwohner von Paris verhalten sich angesichts dieses Aufstands gleichgültig.

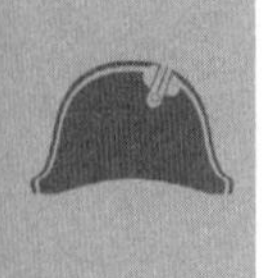

▪ **Karl Marx** (1818–1883) wirkt auf vielschichtige Weise. Man kann ihn als Philosophen, Ökonomen, Journalisten – was er übrigens die meiste Zeit seines Lebens war –, nicht zuletzt auch als Soziologen bezeichnen. Er entwickelt eine Geschichtstheorie, die auf antagonistischen Kräften aufbaut. Dem Bürgertum als Besitzer der Produktions- und Tauschmittel steht das Proletariat gegenüber. Dieser Begriff entstammt dem alten Rom, wo er die bezeichnet, die wegen ihrer Armut bei ihrem Tode ihren Kindern keine Güter hinterlassen. Im marxistischen Denken ist das Proletariat Opfer der Entfremdung, d. h. seiner eigenen Leistungen beraubt, die zum Objekt von Transaktionen der Marktwirtschaft werden. Die wichtigsten Werke von Karl Marx sind: *Manifest der Kommunistischen Partei* (1848, gemeinsam mit **Engels**) und *Das Kapital*. Von vorhergehenden Theoretikern unterscheidet sich Marx durch den unvermeidlichen Rekurs auf den Klassenkampf. Die Geschichte der Menschheit offenbart den unaufhörlichen Gegensatz von Proletariat und Bourgeoisie, im Sinne eines ewigen Kampfes. Der letztendliche Triumph, die Errichtung der Diktatur des Proletariats, ist nur möglich durch die Übernahme der Macht, die noch von der bürgerlichen Klasse gehalten wird. Am Ende muss man zur kollektiven Aneignung der Produktions- und Tauschmittel übergehen.

■ **Friedrich Engels** (1820–1895) trifft im Jahre 1842 auf **Moses Hess** (1812–1875), den Mann, der ihn zum Kommunismus bekehrt. Hess, Sohn reicher Eltern und Initiator radikaler Anliegen, zeigt Engels, dass die logische Konsequenz aus Hegelianismus und Dialektik im Kommunismus besteht. Nach dem Tode von Marx 1883 wird Engels zur wichtigsten Autorität, was Marx und den Marxismus betrifft. Außer gelegentlichen Schriften über verschiedene Themen und der Präsentation neuer Ausgaben der Marx-Werke vervollständigt Engels auf Grundlage unvollständiger Manuskripte die Bände 2 und 3 des *Kapitals* (1885 und 1894). Seine wichtigsten Werke: *Die Lage der arbeitenden Klasse in England* (1845), *Manifest der Kommunistischen Partei* (mit Marx, 1848), *Revolution und Konterrevolution in Deutschland* (1851–1852). Unter dem Titel *Der Ursprung der Familie, des Privateigentums und des Staats*, erschienen 1884, widmet sich Engels der gesellschaftlichen Entwicklung. Er bezieht sich auf das *Kapital* und lehnt die Vorstellung permanenter gesellschaftlicher Strukturen ab, die angeblich – alle Gesellschaften zusammengenommen – der Menschheit angeboren seien.

Die romantische Musik in Europa

Die Romantik entsteht am Ende des 18. Jahrhunderts in Deutschland. Madame de Staël gibt ihr 1813 eine erste Definition und beschreibt sie als national, volkstümlich, entstanden aus deutschem Boden und deutscher Seele. Das zeigt sich in der romantischen Musik. Die Kammermusik bleibt wichtig neben weiteren Genres, die den Ausdruck des Gefühls zulassen: Klaviermusik, Gesang, Sinfonie. Die Musik muss nicht nur die Stürme des Herzens begleiten, sondern auch die inneren Konflikte dieses Herzens zeigen. Der Komponist, der den Übergang vom 18. Jahrhundert Mozarts zur musikalischen Romantik bewerkstelligt, ist **Ludwig van Beethoven** (1770–1827), fruchtbarer Komponist von Sinfonien, Messen, Oratorien, mehr als 30 Klaviersonaten, einer Oper. Das Genre der Oper, dem er sich kaum widmet, entwickelt sich mit den Werken von Rossini, Donizetti oder Bellini in der ersten Hälfte des 19. Jahrhunderts, ehe **Giuseppe Verdi** (1813–1901) in der zweiten

Hälfte wirkt. In Deutschland, nach Carl Maria von Weber und seiner Oper *Der Freischütz* (1821), ist **Richard Wagner** (1813–1883) der Vollender der Romantik; er arbeitet die Oper zu einem Gesamtkunstwerk aus, das mit allen anderen Künsten in Konkurrenz tritt. Die Sinfonie wird vertreten durch Felix Mendelssohn, Brahms, Berlioz und Schumann, die Klaviermusik durch Liszt und Chopin, das Lied durch Schubert und Schumann; Schubert verfasst Hunderte von Liedern. Doch jenseits der Instrumente und Orchestermusik hat die musikalische Romantik auch eine nationale Dimension, greifbar vor allem in Mittel- und Osteuropa, wo die tschechischen Komponisten Smetana und Dvořák sowie die der russischen «Gruppe der Fünf» (Borodin, Mussorgski, Cui, Balakirew und Rimski-Korsakow), das sogenannte «Mächtige Häuflein», aus nationalen Legenden schöpft und die Natur in Anspruch nimmt, um die (russischen) Besonderheiten zu feiern.

III

England im 19. Jahrhundert

1. Die letzten Herrscher des Hauses Hannover

Der neue König von England, **Georg IV.** (reg. 1820–1830), der nach seinem dement gewordenen Vater Georg III. folgt, hat nur ein geringes Ansehen in der Öffentlichkeit. Sein Leben als Dandy, das schlechte Verhältnis zu seiner Frau und seine autoritäre Haltung rauben ihm Sympathien und bringen ihm den Beinamen «Prinny» ein, «der Skandalöse». 1829 bringt Premierminister **Robert Peel** (1788–1850) nach mehreren gescheiterten Versuchen den König dazu, das Gesetz über die Emanzipation der Katholiken zu akzeptieren, die als Bürger zweiter Klasse unter einem protestantischen Herrscher gelten. **Georg IV.** stirbt am 26. Juni 1830. Sein Bruder folgt ihm als **Wilhelm IV.** (1830–1837) im Alter von 64 Jahren. Die Wirtschaftskrise und die gesellschaftliche Unzufriedenheit verlangen nach Reformen. Um sie umzusetzen, beruft der König den Chef der *Whigs*, **Charles Grey** (1764–1845). Zum Premierminister ernannt, lässt dieser 1832 über das neue Wahlrecht abstimmen. Das neue Wahlgesetz gleicht die Aufschlüsselung der Sitze zugunsten der Städte aus, vereinheitlicht die Bedingungen, um sich als Wähler registrieren lassen zu können – Besitz eines Vermögens, das 10 Pfund Gewinn abwirft – und verdoppelt damit das Wahlvolk, das auf mehr als 800 000 Wähler anschwillt. Die beiden Parteien, die sich an der Macht abwechseln, wandeln sich gleichfalls, ändern ihre Namen. Die *Tory*-Partei wird zur konservativen Partei, die der *Whigs* zur liberalen. Wilhelm IV. stirbt am 20. Juni 1837. Die englische Krone geht auf seine Nichte Viktoria (1819–1901) über; die Hannover'sche Krone, die nur eine männliche Nachfolge zulässt, geht an **Ernst-August** (1771–1851) über, den fünften Sohn von Georg III.

Das Zeitalter Viktorias

Königin **Viktoria I.** (1837–1901) beherrscht die gesamte zweite Hälfte des englischen 19. Jahrhunderts. Als Königin des Vereinten Königreichs von Großbritannien und Irland, zusätzlich 1876 zur Kaiserin von Indien ausgerufen, gibt sie dem viktorianischen Zeitalter ihren Namen; es bildet den Höhepunkt der wirtschaftlichen Stärke der Kolonialmacht und ist zugleich von drückender Sittenstrenge. Damit einher geht die Unfähigkeit, den aus gesellschaftlichen Spannungen entstandenen gesellschaftlichen Umbau zu begleiten.

1846 führt England den Freihandel ein, hebt dafür die *Corn Laws* auf, die Getreidegesetze, eine protektionistische Anordnung, die es den Großgrundbesitzern erlaubte, ihr Korn zu einem höheren Preis zu verkaufen. Danach sind Konservative und Liberale nicht mehr in Fundamentalopposition und wechseln sich an der Macht ab: mit den dominierenden Gestalten von **Benjamin Disraeli** (1804–1881) für die Konservativen und **William Gladstone** (1809–1898) für die Liberalen. Disraeli regiert von 1866 bis 1868 und von 1874 bis 1880, Gladstone von 1868 bis 1874 und 1880 bis 1886. Nach 1886 bleiben die Konservativen bis 1905 an der Macht. Benjamin Disraeli, ein begabter Redner, ist eine feste Stütze für die Königin und Urheber des britischen Empire und seines Mythos. William Gladstone will dagegen für das Volk eintreten, die Unterdrückten, und er will den Frieden fördern.

Viktoria herrscht, indem sie das englische Parlament respektiert, zieht sich aber nach dem Tode ihre Gemahls **Prinz Albert von Sachsen-Coburg-Gotha** (1819–1861), den sie 1840 geheiratet hat, von den Regierungsgeschäften zurück. Sie entgeht mehreren Attentatsversuchen und wird zur «Großmutter

Europas», indem sie ihre neun Kinder mit den gekrönten Häusern Europas liiert. Doch das Ende ihrer Herrschaft wird nach 1890 durch die wirtschaftlichen Probleme und die gesellschaftlichen Spannungen verdüstert, die nach einer landwirtschaftlichen und industriellen Krise aufkommen. Die Königin stirbt am 22. Januar 1901, nach einer Herrschaft von 63 Jahren. Ihr ältester Sohn Eduard, Prince of Wales (1841–1910) folgt ihr als **Eduard VII.** (1901–1910) auf den Thron.

Reformen und Probleme

Mehrere **Wahlrechtsreformen** werden umgesetzt. Die von 1867 erweitert das Wahlrecht, indem die Bedingungen für den Zensus gesenkt werden. Der Ausgleich zwischen wenig bevölkerten Kleinstädten, die ihre Abgeordneten verlieren, und den Industriestädten, die immer größer werden und an Bevölkerung gewinnen, wird gefördert. Das Wahlvolk erreicht die Zwei-Millionen-Grenze. Die Reform von 1884/1885 erweitert den Wählerkreis dann auf 5 Millionen. Nur noch Arme, Hausangestellte und Frauen sind ausgeschlossen. 1872 ersetzt der *Ballot Act* die öffentliche Abstimmung durch die geheime Wahl. Die Entwicklung setzt sich fort mit der Einstellung von Beamten durch Auswahlverfahren (1870), der Grundschulpflicht (1880) und dem Streikrecht (1875).

Das Königreich wird durch die **Irland-Frage** erschüttert, die drei Bereiche berührt. Religion: Die Katholiken weigern sich, an die Anglikanische Kirche Steuern zu bezahlen; Politik: Die Iren wollen die Aufhebung des *Act of Union* (1800); einige treten für die Autonomie ein, für die *Home Rule*; Wirtschaft: Der Boden gehört in Irland den Landlords, den nicht in Irland lebenden englischen Großgrundbesitzern, die noch dazu die irischen Bauern von dem Gebiet vertreiben, um die Landwirtschaft durch Weideflächen für Viehzucht zu ersetzen. Zwischen 1845 und 1849 hat eine große Hungersnot die Insel heimgesucht, die ca. 1 Million Tote forderte. Gladstone leitet die englische Politik für Irland und schwankt zwischen Konzession und Repression.

Das Gesetz zum ***Disestablishment*** der Anglikanischen Kirche in **Irland**, der *Irish Church Act* (1869), gibt dem katholischen Klerus einige Besitztümer zurück; das Gesetz von 1870 zwingt die Protestanten, die von ihrem Boden vertriebenen Bauern zu entschädigen. Während einige Iren auf den Terrorismus setzen – der Staatsekretär für Irland wird am Tage seiner Ankunft in Dublin ermordet –, betreiben die irischen Abgeordneten aus den Gemeinden, angeführt von **Charles Parnell** (1846–1891), Obstruktion. Nach endlos langen Reden von mehreren Stunden bleiben sie weiterhin am Rednerpult und lesen aus der Bibel. 1886 werden Vorbereitungen getroffen, um über die ***Home Rule*** abzustimmen, doch die Liberalen verlieren die Parlamentswahlen zugunsten einer überwältigenden Mehrheit der Konservativen. Gladstone kehrt zwischen 1892 und 1895 kurzzeitig an die Macht zurück, doch das Projekt *Home Rule* wird erneut abgelehnt. Von 1886 bis 1902 regieren die Konservativen unter **Lord Salisbury** (1830–1903), dann noch einmal von 1902 bis 1906, mit **Sir Arthur Balfour** (1848–1930), die durch die Unionisten unter **Joseph Chamberlain** (1836–1914), dem Kolonialminister, unterstützt werden. Der Kampf gegen die *Home Rule* nimmt unterschiedliche Formen an. Die neuen Agrargesetze erlauben den Bauern, ihr Land mithilfe von Regierungsdarlehen zurückzukaufen. Die Obstruktion im Parlament, die darin besteht, die Äußerungen anderer Redner zu beschränken, wird durch die neue Macht des Speaker, des Präsidenten des *House of Commons*, unmöglich gemacht. Charles Parnell, der «König von Irland ohne Krone», wird durch einen Prozess wegen Ehebruchs diskreditiert.

Das Britische Empire

Die Herrschaftszeit Viktorias ist zugleich die der kolonialen Expansion. Indien wird in mehreren Etappen erobert. **Richard Wellesley** (1760–1842), Generalgouverneur von Indien, unterwirft Südindien zwischen 1798 und 1807. Er schlägt 1799 **Tipu Sultan** (1749–1799), den Sultan von Mysore. Danach erobert 1849 Großbritannien die Indus-Ebene, die Ganges-Ebene und den Punjab. Alle Versuche aber, Afghanistan zu erobern, scheitern am Widerstand der einheimischen Stämme. Die Kontrolle über Südostasien setzt sich fort mit der Herrschaft über Singapur (1819), über Assam (1828), Hongkong (1842) und Birma (1852). In Kanada leitet **John Lambton** (1792–1840), Graf von Durham, nach dem anti-englischen Aufstand von 1837 eine Untersuchung über die Ursachen der Aufstände in Amerika, die schließlich zum *Act of Union* (1840) führt, der eine von den Siedlern gewählte und verantwortliche Regierung vorsieht. Dieses System beruht gleichermaßen auf der Idee, letzten Endes auch die französischen Kanadier zu assimilieren. Australien dient zunächst als Deportationsort: Straffällig Gewordene werden nach dem Verlust der amerikanischen Kolonien dorthin verbracht. Die Schafzucht zieht eine weitere Form von Kolonisation nach sich. Neuseeland

wird ab 1840 kolonisiert; Ägypten wird 1887 erobert, Uganda 1895, das spätere Nigeria ab 1887. In Südafrika hingegen kommt es von 1899 bis 1902 zum Krieg zwischen den Engländern und den Nachkommen niederländischer Siedler, den Buren. Die besiegten Buren werden britische Untertanen, behalten aber ihre Sprache bei.

2. Die Kunst in England

England ist, wirtschaftlich gesehen, in dieser Zeit die führende Industrienation der Welt, so wie auch schon vor der Französischen Revolution. Wie alle großen europäischen Zentren ist auch England eine Hochburg des Wissens und der Verbreitung neuer Denkrichtungen. In den Städten und in der Hauptstadt bilden sich Spezialistengruppen auf allen Gebieten. So entsteht etwa 1848 um einige Künstler die Bruderschaft der Präraffaeliten, die *Pre-Raphaelite Brotherhood*. Der wichtigste Maler diese Gruppe ist **Dante Gabriel Rossetti** (1828–1882). Ab 1859 schafft er ein archetypisches Bild: eine sinnliche Frau von androgyner Gestalt. Und er bringt in seine Bilder einen esoterischen, mystischen Gehalt ein. Die **erste künstlerische Bewegung** zu Beginn des 19. Jahrhunderts wird allerdings durch die Schule von Norwich repräsentiert, die der Schönheit der Grafschaft Norfolk ihre Reverenz erweist. Einer der wichtigsten Maler ist **John Crome** (1768–1821). London bleibt, außerhalb Italiens, die Stadt, die in diesem Jahrhundert die meisten französischen Künstler anzieht.

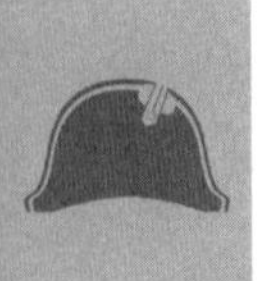

Die romantische Malerei

Sie ist durch ihre Landschaften, ihr Licht, ihre Farben gekennzeichnet. **William Blake** (1757–1827), Dichter und mystischer Aquarellist, schafft ein hauptsächlich graphisches Werk, das eigene Texte oder solche von Dante, Shakespeare und aus der Bibel illustriert. **Joseph Mallord William Turner** (1775–1851) bevorzugt die Landschaft und misst dem Licht eine maßgebliche Rolle bei. Das verleiht seinen Bildern eine traumartige Dimension, wobei die Zeichnung sowie der Kontrast von Schatten und Licht aufgehoben werden: *Regen, Dampf, Geschwindigkeit* (1844), ein Bild, das eine Lokomotive auf einer Eisenbahnbrücke zeigt; *Schiff im Sturm* (1842). John Crome und **John Constable** (1776–

1837) beginnen die Tradition der großen Landschaftsmaler und der Seestücke. Constable will sich vor allem von der Tradition befreien, will mit eigenen Augen sehen. Er konzentriert sich auf die Wirklichkeit, die er wiedergeben will. Als Landschaftsmaler beruht seine Malerei auf Skizzen, die er in der freien Natur anfertigt, danach im Atelier überarbeitet. Sein *Heuwagen* (1821), in Paris ausgestellt, macht ihn berühmt.

Architektur: Die Gotik als Quelle

John Ruskin (1819–1900) und **Augustus Welby Northmore Pugin** (1812–1852) sind die Theoretiker des Gebäudetyps des industriellen Zeitalters. Für Ersteren ist die Gotik ein Vorbild, doch nicht als Stil, sondern als Haltung und auch als Gesellschaftszustand. Ruskin misst den historischen und soziologischen Faktoren große Bedeutung bei, wobei er die vorindustrielle mittelalterliche Gesellschaft idealisiert. Resultat ist die Mittelalter-Sehnsucht der *Arts-and-crafts*-Bewegung: Fonthill Abbey (1796–1806) von **James Wyatt** (1746–1813) wurde durch eine Abtei aus dem 14. Jahrhundert inspiriert. Die gotischen Elemente werden als formale Möglichkeiten genutzt, dienen jedoch keiner bestimmten Funktion. Fonthill Abbey bricht schon zu Lebzeiten seines ersten Besitzers, des Schriftstellers William Beckford, mehrfach zusammen und bleibt Ruine.

Das **Gothic Revival** nimmt Merkmale der Gotik auf, um sie in neuer Sicht anzuwenden. Das berühmteste Bauwerk dieser Art ist das Parlament in London (1836–1852). Gegen Ende der Regierungszeit Königin Viktorias feiert der **Eklektizismus** seine Triumphe, venezianische Paläste werden mit neugotischen öffentlichen Gebäuden kombiniert. Der Einsatz neuer Materialien findet im Crystal Palace 1851 seine Bestätigung; er wird für die Weltausstellung errichtet (und 1937 zerstört). Die gesamte – vorfabrizierte – Struktur ist aus Eisen. Zwischen die Metallteile wird Glas eingefügt, das das Licht ins Gebäude einlässt wie in ein Gewächshaus. Die ***Arts-and-crafts***-Bewegung um den Architekten **Philip Webb** (1831–1915), den Schriftsteller **John Ruskin** (1819–1900) und den Unternehmer, Künstler und Sozialisten **William Morris** (1834–1896) strebt beim Wohnhausbau die Rückkehr zu einheimischen Quellen an. Diese Bewegung wird der Ausgangspunkt für den Jugendstil der Kunsthochschule Glasgow und vor allem für den kontinentalen Jugendstil.

3. Die englische Literatur: Große Vielfalt

Ich und Ich: Die Romantik und Byron, Shelley, Austen

Mit **William Wordsworth** (1770–1850) beginnt die Romantik im eigentlichen Sinne, auch mit **Samuel Taylor Coleridge** (1772–1834). Gemeinsam veröffentlichen diese beiden Autoren 1798 ihre berühmten *Lyrical Ballads*, deren «Ich» das wesentliche Thema ist. Sie gehören der Dichter-Gruppe der sogenannten *Lake Poets* an, die sich in den *Lake District* im Nordwesten Englands zurückgezogen haben. Sie lieben nicht nur die Natur, sondern betrachten Dichtung als einen Seelenzustand. Dank **Walter Scott** (1771–1832) wird der bis dahin eher als niederes Genre geltende Roman aufgewertet.

▪ **George Gordon Byron** (1788–1824) verkörpert den Triumph des «Ich» in der Literatur. Mit ihm wird der Gipfel der englischen Romantik erreicht. Das Übel der Welt und die ironische Haltung dazu sind wesentliche Kennzeichen seines Werks. Sein *Child Harold's Pilgrimage* (1812), worin er von seinen Reisen berichtet, beschert ihm einen blitzartigen Erfolg. *Corsair* (1814), *Lara* (1814) und *Bride of Abydos* (1813) sind kurze Gedichte, in denen die Sonne des Orients beschworen wird. *Manfred* (1817) ist ein dramatisches Gedicht über die Verbindung des Protagonisten zu finsteren Mächten, sein *Don Juan* (1818–1824) ist eine Satire auf Byrons Zeit, eine «Odyssee der Immoralität».

▪ **Percy B. Shelley** (1792–1822) bezeugt mit seinen Gedichten seine ganz persönliche Verbindung mit der Natur. Er ist der pantheistische Dichter *par excellence*, der Tausende sich verändernder Seelen erschafft, aber er ist auch der Dichter der Liebe, der metaphysischen Liebe: *Queen Mab* (1813), *Alastor* (1815), *Prometheus Unbound* (*Der entfesselte Prometheus*, 1820), *Ode to the West Wind* (1819).

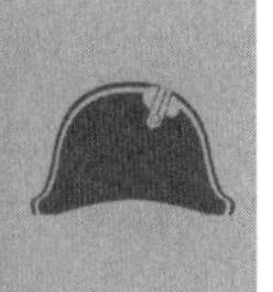

▪ **Jane Austen** (1775–1815) vertritt die romantische Prosa, die sich gegen Schauerromane (*gothic novels*) und Schauerromantik wendet. Sie beschreibt mit Ironie und voller Sublimität das Leben und die Vereinsamung unter den gegenwärtigen Umständen. Ihr vielleicht bester Roman *Pride and Prejudice – Stolz und Vorurteil* (1813) ist das Porträt eines jungen Mädchens aus der Provinz auf der Suche nach einer Ehe. Die menschliche Dummheit ist ein durchgehendes Thema bei Austen.

Der Gesellschaftsroman

Die sogenannte präraffaelitische Bewegung reagiert in der Literatur wie in der bildenden Kunst auf den Akademismus. Sie wird durch **John Ruskin** (1819–1900) repräsentiert, der vor allem als Kritiker bekannt ist. Er ist Verfasser der *Steine von Venedig* (1853), einer Architekturtheorie, und der mehrbändigen *Geschichte der modernen Malerei* (1843–1860). Weitere herausragende Autoren der Bewegung sind **Dante Gabriel Rossetti** (1828–1882) mit seinem *Haus des Lebens* (1870) und **William Morris** (1834–1896) mit seinen *News from Nowhere* (1890).

Mit **Charles Dickens** (1812–1870) wird der Roman gesellschaftsbezogen und realistisch: *The Pickwick Papers* (1836–1837), *Oliver Twist* (1837–1839), *David Copperfield* (1849–1850), *Little Dorrit* (1855–1857). Mit **William Makepeace Thackeray** (1811–1863) wird er zur pessimistischen Satire (*Vanity Fair – Jahrmarkt der Eitelkeiten*, 1847–1848), *Die Snobs*, 1849. **Disraeli** (1804–1881), der Politiker, hat mit seinen sozialkritischen Romanen gleichfalls Erfolg: *Coningby* (1844), *Sybil* (1845), *Tancred* (1847). Auch Schriftstellerinnen sind erfolgreich: Die Schwestern **Brontë, Charlotte** (1816–1855) und **Emily** (1818–1848), Töchter eines Pfarrers, nehmen einen wichtigen Platz in der Geschichte des Romans ein. Charlotte hinterlässt ein Meisterwerk, *Jane Eyre* (1847); Emily ebenfalls: *Wuthering Heights – Sturmhöhe* (1847). Der Realismus von **George Eliot** (1819–1880), Pseudonym für Mary Ann Evans, beschränkt sich auf die Beschreibung schlichter Gemüter und kleiner Leute: *Adam Bede* (1859), *Die Mühle am Floss* (1860); *Silas Marner* (1861). Um 1870 wird der konformistische Geist des viktorianischen Zeitalters durch das Verlangen nach Individualität abgelöst.

Theater und Individualität am Ende des Jahrhunderts

Das Theater erlebt einen außerordentlichen Auftrieb und kann sich endlich gewagteren Themen zuwenden. **Oscar Wilde** (1865–1900) wird dadurch bekannt und erneuert die englische Komödie mit *Lord Arthur Saviles Verbrechen* (1887), *Das Bildnis des Dorian Gray* (1890). Sein irischer Landsmann **George Bernard Shaw** (1856–1950) eröffnet uns ein eher intellektuelles denn gefühlvolles Theater: *Candida* (1895), *Cäsar und Cleopatra* (1898). **William Somerset Maugham** (1874–1965) ist wegen seines kräftigen Realismus einer der besten dramatischen Autoren Englands.

Doch der Roman nimmt in dieser Zeit weiter einen dominierenden Rang ein. Die Reaktion auf den Realismus Eliots und die Gefühlshaftigkeit Dickens' macht sich bei **George Meredith** (1828–1909) bemerkbar, mit seinem *Egoist* (1879), bei **Samuel Butler** (1835–1902) mit seinem *Way of all flesh – Der Weg allen Fleisches* (1903). Der eskapistische Roman kommt auf, mit **Robert Louis Stevenson** (1850–1894) – *Doktor Jekyll und Mister Hyde*, *Die Schatzinsel* – und **Rudyard Kipling** (1865–1936). **Herbert G. Wells** (1866–1946) verbindet Wissenschaft mit Eskapismus und verfasst einen Science-fiction-Roman: *Die Insel des Dr. Moreau* (1896). Nach 1900, zum Ende seiner Karriere, kehrt Wells zu Romanen traditionellerer Machart zurück: *Kipps* (1905), *Die Geschichte einer Ehe* (1912). Die Welt des Phantastischen ist auch die von **Bram Stoker** (1847–1912). Die Figur des blutsaugenden Vampirs und Verführers gab es bereits bei den Romantikern, zur Ikone wird aber Stokers *Dracula* (1897).

Das Ende des Jahrhunderts wird nicht mehr von Strömungen oder Schulen bestimmt, sondern vor allem von eindeutigem Individualismus und vom Wunsch, um jeden Preis schöpferisch tätig zu sein. **James Joyce** (1882–1941) ist in diesem Sinne ein Neuerer. Sein *Ulysses* (1922) verbindet verschiedene bekannte Arten von *fiction*, wobei die Beschäftigung mit dem Geschlechtlichen dominiert. Seine Romane sind von krassem Realismus: *Dubliner* (1914), *Porträt des Künstlers als junger Mann* (1916). **David Herbert Lawrence** (1885–1930) misst in seinen Romanen der Sexualität ebenfalls große Bedeutung bei und vertritt den psychologischen Roman der Epoche. Als Freud-Schüler enthüllt für ihn Sexualität das Begehren des Unbewussten: *Söhne und Liebhaber* (1913), *Liebende Frauen* (1920), *Lady Chatterleys Liebhaber* (1928). **Arthur Conan Doyle** (1859–1930) steht mit *Sherlock Holmes* (1887) für den Kriminalroman. Die Gruppe der Verfasser exotischer Romane beginnt mit **Joseph Conrad** (1857–1924), geboren als Józef T. N. Konrad Korzeniowski: *Lord Jim* (1900), *Herz der Finsternis* (1899), *Nostromo* (1904). **Somerset Maugham** kommt eher spät zum Exotismus: *Betörende Südsee* (1921/1932), *The Casuarina Tree – Die Macht der Umstände* (1926/1959, spielt in Malaysia).

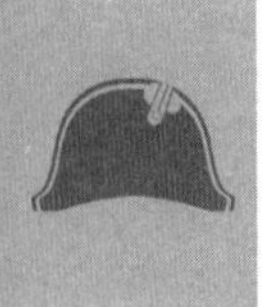

4. Die Philosophie der Wissenschaften des Lebendigen

Der Zusammenbruch tradierter einschlägiger Sichtweisen war notwendig, damit Studien über den Ursprung der Menschheit überhaupt aufkommen konnten. Die Vorstellung der menschlichen Entwicklung musste sich erst etablieren, die Idee des Fortschritts im Sinne der Weiterentwicklung des vernunftgemäßen Denkens; ferner musste die Transformierung dieses Denkens in die Gesellschaft hinein erfolgen, und schließlich musste das Bewusstsein von der Vielfalt sozialer und mentaler Strukturen entstehen. Fortschritt wird als Folge der Evolution aufgefasst und bildet zugleich deren Grundprinzip. Dies ist das gemeinsame Ergebnis von Philosophen und Naturwissenschaftlern, wobei die einen eine neue Vorstellung von der Natur des Menschen beisteuern; die anderen dringen in die Frühzeit der Erdgeschichte und der Lebewesen und damit in eine biologische Entwicklung ein, was ein neues Licht auf die Ursprünge der Menschheit wirft. Drei wesentliche Entwicklungsstränge haben im 18. Jahrhundert zum Fortschritt des menschlichen Wissens beigetragen: neue Vorstellungen zur menschlichen Natur, was zusammen mit naturwissenschaftlichen Erkenntnissen Konsequenzen für archäologische Forschungen hat; die materiellen Gegebenheiten des täglichen Lebens sowie die technische Entwicklung; schließlich die Neubewertung «primitiver» Gesellschaften. Die **wichtigste große Neuerung** besteht darin, dass man Gesetze bezüglich menschlicher Phänomene gefunden hat und sie mithilfe natürlicher Ursachen erklärt; gemeint ist die Entwicklung der Zivilisation. Die Ethnologie erscheint zaghaft am Horizont; man erkennt in Rousseau einen ihrer Vorläufer. Im Jahr 1790 erfolgt die Einsetzung der Kommission für historische Monumente, die die Einrichtung zahlreicher Museen und viele archäologische Ausgrabungen initiiert.

Lamarck und seine Transformationslehre

Die sich in der ersten Hälfte des 19. Jahrhunderts verbreitende Transformationslehre geht auf **Jean-Baptiste de Monet, Chevalier de Lamarck** (1744–1829), zurück, der als Erster eine mechanistische Theorie der Entwicklung der Lebewesen vorbrachte. Diese Theorie besagt, dass die Lebewesen sich im Lauf der Zeit unablässig verändert haben und sich dabei gegenseitig hervorbrachten. Lamarck weist den Umständen, die auf die Umwelt einen bestimmenden und direkten Einfluss haben, im Lauf der Evolution einen wesentlichen Platz zu. Seit 1802 nehmen die Hauptlinien dieser Theorien Gestalt an. Doch Lamarcks Thesen werden da noch abgelehnt, nicht nur von der Kirche, sondern auch von der französischen Wissenschaftsgemeinde. Die Haltung der Restauration (1815–1830) ist die gleiche. In der Tat erklärt Lamarck den Mechanismus der

Transformation nicht vollständig, lässt Zufall und Notwendigkeit außer Betracht und glaubt an die automatische Vererbung der erworbenen Eigenschaften. Damit bietet er sehr viel mehr als nur eine Darstellung der Verwandlung der Arten.

Lamarck legt außerdem ein Klassifikationssystem im Tierreich vor. Dessen wichtigstes Kennzeichen besteht darin, die verschiedenen Tierklassen je nach Grad der Komplexität anzuordnen, wobei er mit den einfachsten mikroskopisch kleinen Organismen beginnt, um bei den Säugetieren zu enden. Für ihn erschafft die Funktion das Organ: Bedarf ein Tier oder eine Pflanze für die eigene Lebensweise eines neuen Organs, dann wird dieses erschaffen. Umgekehrt gilt, dass Organe sich auch zurückentwickeln können. Das geschieht aus Notwendigkeit und ohne Zufall. Lamarck sagt, dass die komplexen Lebewesen sich aus einfacheren Formen entwickelt haben – als Ergebnis der Umweltbedingungen und der Organismen. Seit 1809, seit seiner *Philosophie zoologique* und später seiner *Histoire naturelle des animaux sans vertèbres – Naturgeschichte der wirbellosen Tiere* (1815–1822) kann er mit Recht als Transformist bezeichnet werden.

Der Darwinismus: Notwendigkeit ohne Zufall

Waren die gewaltigen Synthesen Lamarcks Ende des 18. Jahrhunderts das Ergebnis genialer Intuitionen, so haben diejenigen Darwins einen vollkommen anderen Ursprung. Am 12. Februar 1809 in Shrewsbury geboren, beginnt **Charles Darwin** (1809–1882) in Edinburgh ein Medizinstudium, das er bald aufgibt; danach studiert er Theologie in Cambridge. 1831 ist er Bachelor of Arts. Die Gelegenheit zu einer Reise um die Erde an Bord der *Beagle*, die er als Naturforscher mitmacht, ist für die Ausarbeitung seiner Theorie wegweisend. In Südamerika entdeckt er, dass in den Schichten der Pampa fossile Tiere vorkommen, die den Gürteltieren seiner eigenen Zeit sehr ähnlich sind. Charles Darwin ist ein aufmerksamer Naturwissenschaftler, der über 20 Jahre hinweg, nach seiner Rückkehr von der Fahrt mit der *Beagle* bis zur Veröffentlichung seiner *Entstehung der Arten* (1859), geduldig Belege aus der gesamten Natur gesammelt hat. Sein großes Verdienst besteht darin, den Vorstellungen über die Evolution solide Grundlagen verschafft zu haben, die auf konkreten Beispielen beruhen. Vor allem hat er einen Mechanismus vorgeschlagen, um die Transformation und Diversifizierung der Arten aufgrund ihrer Umweltbedingungen zu erklären – auch wenn er gewöhnlich

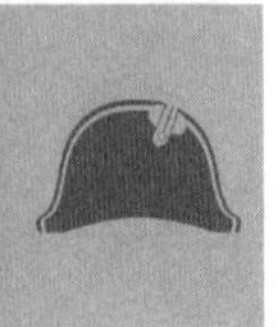

als Verfasser einer Evolutionstheorie der Arten gilt. Als die *Entstehung der Arten* von Darwin publiziert wird, ist die Transformationstheorie bereits auf dem Vormarsch. Viele junge Wissenschaftler folgen ihr. Mit Vorsicht – um von der erdrückenden viktorianischen Gesellschaft nicht in die Reihen der Lamarck-Gegner geschoben zu werden – veröffentlicht Darwin seine Hypothese von der natürlichen Auslese; ihm zufolge ist die Idee der Artenvielfalt das Ergebnis einer mechanischen Anpassung: Notwendigkeit ohne Zufall. Nach der *Entstehung der Arten* erscheinen 1868 *The variation of animals and plants under domestication – Das Variieren der Thiere und Pflanzen im Zustande der Domestication*, 1871 dann *The Descent of Man, and Selection in Relation to Sex – Die Abstammung des Menschen und die geschlechtliche Zuchtwahl.* Am Ende seines Lebens ist Darwin ein anerkannter, mit Ehren überhäufter Gelehrter.

Entwicklung seiner Lehre

Darwin macht in kaum 25 Jahren (1858–1882) den Schöpfungsmythen ein Ende, die das Abendland sich, heidnisch wie christlich, seit Jahrtausenden, zu eigen gemacht hatte. Er ersetzt diese Mythen durch ein schlüssiges Evolutionssystem, das im Wesentlichen auf Veränderung, Kampf und Eliminierung aufbaut. Ungefähr zur gleichen Zeit entdeckt ein Mönch, **Gregor Johann Mendel** (1822–1884), die Gesetze der Vererbung. Doch seine Entdeckungen bleiben bis zum Beginn des 20. Jahrhunderts unbekannt. Ab 1837 arbeitet Darwin am nunmehr wohlbekannten Konzept der Evolution, die das Ergebnis der Interaktion dreier Prinzipien ist:

- Veränderung, in allen Formen des Lebens anzutreffen;
- Vererbung, die bewahrende Kraft, die sich von Generation zu Generation fortsetzt;
- Kampf ums Überleben, der die Veränderungen bestimmt, die in einer gegebenen Umwelt Vorteile verschaffen und somit die Arten durch selektive Reproduktion verändern.

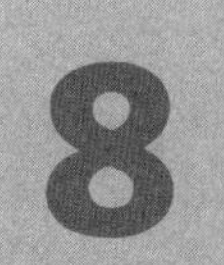

Alle rassistischen Systeme werden sich später darauf beziehen. **Arthur de Gobineau** (1816–1882) widmet sich dem Studium der arischen Rasse, einer mythischen Volksgruppe, die, wie er sagt, die Zivilisation begründet habe und deren direkte Nachkommen die Germanen seien. Hitler wird dieses Denksystem in großen Zügen übernehmen, um seine antisemitische Politik zu rechtfertigen.

Moderne Darwinismen

Es entstehen moderne Versionen des Darwinismus, auch als Neo-Darwinismus bezeichnet. Erst im 20. Jahrhundert wird der Darwinismus durch die Entdeckung der Vererbungsgesetze durch **Mendel** (1822–1884), den Begründer der Genetik, zu einer Evolutionstheorie, die auf den Mechanismen der Vererbung aufbaut. Im gesellschaftlichen Bereich ist der wichtigste Repräsentant **Herbert Spencer** (1820–1903), der die Entwicklung der Menschenart soziologisch erklärt. Das gemeinsame Prinzip beider Theorien lautet, dass Natur- und soziale Gesetze nur minimal bzw. gar nicht voneinander unterschieden sind, denn in beiden geht es um das Überleben der Fähigsten.

Von der natürlichen Selektion leitet sich auch die **Eugenik** ab. Dieser Begriff wird 1883 von **Francis Galton** (1822–1911), einem Cousin Darwins, aufgebracht – in den Jahren von 1880 bis 1900; in einer Zeit also, die Furcht vor der Degeneration der Gesellschaften hatte. Aus dieser Sichtweise spielt sich der Kampf nicht nur innerhalb der Gesellschaften, sondern auch zwischen Nationen und Rassen ab – was dem Denken Darwins entgegengesetzt ist. Die natürliche Auslese werde durch den Prozess der Zivilisation gestört. Bei der Idee der Eugenik geht es darum, eine Auslese der Individuen zu bewirken und mithilfe der Biometrie eine biologisch vollkommene Menschheit hervorzubringen. Die Eugenik wird sehr rasch zwischen dem Ende des 19. Jahrhunderts und dem Jahr 1911 in Frankreich, Deutschland und Italien verbreitet. Eugenische und sozio-darwinistische Abspaltungen nähren ihrerseits die rassistischen und fremdenfeindlichen Theorien, die am Ende des 19. Jahrhunderts herrschen und durch eine triumphierende Wissenschaft bestätigt werden, die von ihrer eigentlichen Rolle abgekommen ist.

Der Kreationismus

Als Reaktion gegen den Darwinismus entstanden, behauptet der Kreationismus, das Universum und die Lebewesen seien *ex nihilo* von Gott auf eine Weise erschaffen worden, die dem Wortlaut der Bibel entspricht. Die katholische Kirche wendet sich anfangs gegen den Transformismus, verurteilt ihn dennoch nicht, da Papst Leo XIII. 1893 in der Enzyklika *Providentissimus Deus* die Lehre von der Eingebung des Heiligen Geistes in der Bibel bekräftigt: «Die Bücher des Alten und des Neuen Testaments wurden unter Eingebung durch den Heiligen Geist geschrieben, haben damit Gott als ihren Verfasser.» Später wird Papst Johannes Paul II. am 22. Oktober 1996 vor der Päpstlichen Akademie der Wissenschaften sagen, dass «man in der Evolutionstheorie mehr als eine bloße Hypothese» erkennen müsse. Dennoch weist er jegliche materialistische Lehre zurück, die dazu tendiert, aus dem Menschen «das zufällige und im Sinne der Evolutionstheorie sinnlose Produkt» zu machen. Der Kreationismus wird heute im Wesentlichen noch von einigen protestantischen Kirchen vertreten.

Herbert Spencer und der Evolutionismus

Die Theorie **Herbert Spencers** (1820–1903), des englischen Philosophen, besagt, dass die Evolution den Übergang vom Homogenen zum Heterogenen markiert. Dieses Gesetz wendet er auf die Soziologie, Psychologie und Biologie an und erklärt die Entstehung der ersten religiösen Glaubensformen aus dem Animismus. In einem ersten Essay wendet er die Lehre seines Landsmanns **Thomas Malthus** (1766–1834) auf die Tierwelt an: *Die Theorie der Bevölkerung* (1851). Dort widerspricht er allerdings Malthus und dessen Furcht vor einer Überbevölkerung. Ab 1860 veröffentlicht Spencer sein *System der synthetischen Philosophie*, das aus mehreren *Prinzipien* besteht, die zwischen 1862 und 1880 veröffentlicht wurden: *First Principles*, *Principles of Biology*, *Principles of Psychology*, *Principles of Sociology*.

Der Evolutionismus hat die historische Fortschrittsidee mit der Beobachtung menschlicher Gesellschaften verbunden, und zwar auf Ideen des 18. Jahrhunderts aufbauend. Er hat eine beeindruckende Menge an Material aus verschiedenen Kulturen herangezogen und dessen soziale und kulturelle Funktion verständlich gemacht. Mehrere Schulen beteiligen sich an dieser Arbeit. Zunächst sind da diejenigen, die sich dem Ursprung gesellschaftlicher und kultureller Institutionen zuwenden (Religion, Recht, Wissenschaft). **Edward Tylor** (1832–1917) entwickelt als erster eine Theorie des Animismus, und **James George Frazer** (1854–1941) interessiert sich in gleicher Weise für die Magie. Der Amerikaner **Lewis Henry Morgan** (1818–1881) widmet sich dem Studium sozio-politischer Organisation. Die genannten Autoren begreifen die Evolution als linear und kontinuierlich; sie wollen eine logische Erklärung für die regelmäßig auftretenden Ähnlichkeiten finden, die sie quer durch alle, selbst die unterschiedlichsten, Gesellschaften, festgestellt haben. Man hat dem Evolutionismus vorgeworfen, sich zu sehr mit den Ähnlichkeiten der Gesellschaften beschäftigt zu haben, weniger mit deren Unterschieden.

Weit davon entfernt, ein bloßes Echo der biologischen Evolutionstheorie zu sein, entwickelt sich der kulturelle Evolutionismus parallel zu den Theorien Darwins. Die Deutschen Theodor Waitz (1821–1864), Adolf Bastian (1826–1905), der Schweizer Johann Jakob Bachofen (1815–1887) sowie die Engländer Henry S. Maine (1822–1888), John Ferguson MacLennan (1827–1881) und Edward Tylor verfassen ihre Werke zwischen 1859 und 1865, d. h. zu der Zeit, als Darwin seine Forschungen betreibt und deren Ergebnisse festhält. Auch wenn man nicht von einer evolutionistischen Schule sprechen kann – da die Interpretationen der bekannten Evolutionstheoretiker derselben Sachverhalte deutlich divergieren –, haben doch die davon beeinflussten Arbeiten so viele Gemeinsamkeiten, dass man folgende Positionen formulieren kann:

- Funde belegen, dass auch die am meisten fortgeschrittenen Gesellschaften frühere Zivilisationsstadien durchlaufen haben.
- Die zu beobachtenden Ähnlichkeiten im Bereich des Glaubens und der Institutionen unterschiedlicher Gesellschaften beweisen eine psychische Einheit der Menschen; sie legen zudem die Überzeugung nahe, dass die Menschheitsgeschichte sich als eine Folge unilinearer Institutionen und Glaubensinhalte darstellt.
- Die verschiedenen Völker repräsentieren unterschiedliche Stadien der Zivilisation. Einzig die vergleichende Methode ist in der Lage, die Evolution menschlicher Institutionen und ihres Glaubens nachzuzeichnen.

Mit der Evolutionstheorie werden die Namen von Tylor, Lewis Henry Morgan (1818–1881), James George Frazer (1854–1941), Augustus Pitt-Rivers (1827–1900), John Ferguson MacLennan, Edvard Westermarck (1862–1939) und Hjalmar Stolpe (1841–1905) verbunden.

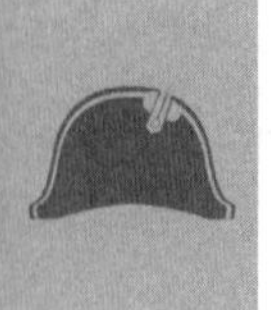

IV

Spanien im 19. Jahrhundert

1. Das Ende des napoleonischen Spanien

Joseph Bonaparte (1768–1844) ist bereits seit 1806 König von Neapel, als sein Bruder Napoleon ihn 1808 zum König von Spanien ernennt. Dort regiert er als **Joseph-Napoleon I.** (1808–1813). Regieren ist im Übrigen ein übertriebener Ausdruck: Nur in den großen Städten kann er sich durch die Anwesenheit französischer Truppen durchsetzen. Das ganze Land ist ihm gegenüber zutiefst feindlich eingestellt, was von England gefördert wird, das durch General **Wellington** (1769–1852) mehrere Siege erringt – Talavera (1809), Victoria (1813) – und 1812 Madrid einnimmt. Ab dem 2. Mai 1808, dem *Dos de Mayo*, erhebt sich Madrid gegen die französischen Besatzer; die Truppen von **Joachim Murat** (1767–1815) unterdrücken die Volksbewegung blutig und massakrieren die letzten Aufständischen des folgenden Tags, des *Tres de Mayo*, so die spanische Bezeichnung eines berühmten Bildes von Goya, das die Erschießungen zeigt (*Die Erschießung der Aufständischen*, 1814). Die Niederlage von Victoria am 21. Juni 1813 lässt keine Hoffnung mehr für Joseph: Er muss aus Spanien fliehen. Napoleon I. ist gezwungen, Ferdinand VII. als legitimen König anzuerkennen. Die einzige bedeutende Reform, die die Franzosen durchgeführt haben, ist die Abschaffung der Inquisition – die von Ferdinand nach seiner Rückkehr sogleich wieder eingesetzt wird.

Ferdinand VII. und die Rückkehr der Reaktion

Ferdinand VII. (1814–1833) gewinnt Spanien im März 1814 zurück. Er hebt die liberale Verfassung von 1812 auf, die von den *Cortes* von Cadiz, der regionalen Versammlung, abgestimmt worden war; ferner setzt Ferdinand auch Folter und Inquisition wieder ein. Ein Militäraufstand im Januar 1820 zwingt ihn jedoch, die Verfassung wieder einzuführen, die Folter zu verbieten und die

Inquisition aufzulösen. Doch der zutiefst reaktionäre und absolutistische Monarch profitiert davon, dass französische Truppen ein weiteres Mal in Spanien einmarschieren. Sie sind von der auf dem Kongress von Verona 1823 gebildeten *Heiligen Allianz* – Frankreich, Russland, Österreich und Preußen – geschickt worden, um den Absolutismus in Spanien zu sichern. Die französischen Soldaten sind demnach gekommen, um die Liberalen zu vertreiben und Ferdinand VII. die volle Macht zurückzugeben. Für einige Monate, zwischen Februar und September 1823, sind sie die Herren des Landes. Die Liberalen, die sich auf der Flucht befinden, werden verfolgt, die Universitäten geschlossen, die Zeitungen von der Zensur kontrolliert. Die Franzosen bleiben bis 1828 und hinterlassen ein durch die Jahre des Bürgerkrieges geschwächtes Spanien. Ein Teil der überseeischen spanischen Besitzungen verkündet nun seine Unabhängigkeit: Mexiko, Guatemala, Nicaragua, Honduras, Costa Rica und Salvador. Ein weiteres Problem verdüstert die Herrschaft des Königs: das der Nachfolge. Am 31. März 1830 erlässt Ferdinand VII. die *Pragmatische Sanktion*, um seiner im selben Jahr geborenen Tochter Isabella den Thron zu sichern. Frauen waren seit der Annahme des salischen Gesetzes durch Philipp V. von der Thronfolge ausgeschlossen. Doch Isabella wird von den Parteigängern Don Carlos' (1788–1855), des Bruders des Königs, abgelehnt. Ferdinand stirbt am 29. September 1833.

Die schwierige Herrschaft Isabellas II.

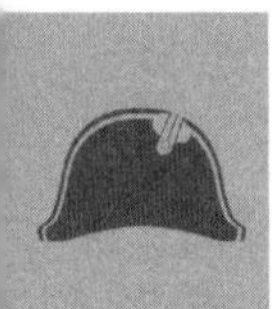

Die Tochter Ferdinands VII., **Isabella II.** (1833–1868), wird Königin unter der Regentschaft ihrer Mutter, **Maria Christina von Neapel-Sizilien**. Diese aber ist durch eine Wiederheirat, die im Prinzip geheim war, in einer schwachen Position und wird zudem kaum akzeptiert: Ferdinand stirbt im September 1833; im Dezember desselben Jahres heiratet seine Witwe einen Unteroffizier der königlichen Leibgarde. Die absolutistischen Konservativen und die Kirche unterstützen die Partei der Carlisten, also die von Don Carlos, der als **Karl V.** zum König ausgerufen wird. Der **Spanische Erbfolgekrieg** oder 1. Carlisten-Krieg (1833–1839) bricht aus. Von den Liberalen unterstützt, erlässt die Regentin 1834 eine liberale Verfassung. Die beiden Parteien streiten sich bis 1839; in diesem Jahr werden die Carlisten geschlagen. Don Carlos flieht nach Frankreich.

Trotz dieses Erfolgs stößt die Regentin auf eine lebhafte Opposition, die sie zwingt, 1840 die Regentschaft abzugeben und sich nach Frankreich ins Exil zu begeben. So wird 1843 die noch minderjährige Isabella zur Königin ausgerufen – in der Hoffnung, so die nationale Einheit wiederherzustellen. Maria Christina kehrt aus dem Exil zurück. 1845 wird eine neue Verfassung erlassen, gegründet auf der Monarchie und in Verbindung mit den Ständeversammlungen, den *Cortes*. 1848 wird Spanien von den revolutionären Bewegungen erreicht, die Europa erschüttern, doch sie werden bald durch starke Repressionen erstickt. 1860 versucht Don Carlos bei Tarragona eine Landung, wird aber mühelos zurückgeschlagen. Die Königin, die stets Mühe hat, stabile Regierungen zu installieren, navigiert zwischen Liberalen, Progressiven und Konservativen. Studentenunruhen wechseln sich ab mit Meutereien einiger Garnisonen. Endlich ist im September 1868 die *Gloriosa* da, die «glorreiche» Revolution, die Isabella II. aus Madrid vertreibt. Sie geht nach Frankreich ins Exil, wo sie das vierzehnte Lebensjahr ihres Sohnes **Alfons XII.** (reg. 1874–1885) abwartet, um im Juni 1870 offiziell zu seinen Gunsten abzudanken. Tatsächlich aber kann der neue Monarch seinen Thron erst 1874 besteigen. In Spanien folgt eine Regierung der anderen: eine provisorische Regierung (1868–1870); Herrschaft von **Amadeus von Savoyen** (reg. 1845–1870), gewählt von den *Cortes*, obwohl ihn niemand wirklich will; nach zwei Jahren dankt er ab; es folgt die erste spanische Republik (1873–1874).

Die spanische Restauration: Alfons XII.

Alfons XII., geprägt durch die Erfahrungen mit konstitutionellen Monarchien, veröffentlicht im Dezember 1874 das *Manifest von Sandhurst*, in dem er Spanien seine Dienste und eine liberale Verfassung verspricht. Das Staatsoberhaupt und der Regierungschef sowie die Armee wollen seine Rückkehr, die Ende Dezember 1874 erfolgt. Im Januar 1875 wird er zum König ausgerufen. 1876 führt er eine neue liberale Verfassung ein. Im Gegensatz zu seiner Mutter Isabella ist Alfons XII. sehr beliebt, vor allem wegen seiner Menschlichkeit und Tapferkeit. 1885 zögert er nicht, persönlich den Cholera-Kranken in Valencia zu helfen. Zurück in Madrid überschüttet ihn das Volk mit Ovationen, hält seine Kutsche an, spannt die Pferde aus und zieht die Kutsche selber zum königlichen Palast. Unglücklicherweise stirbt dieser König, der dazu ausersehen schien, die spanische Einheit wiederherzustellen und das Königtum zu erneuern, am 25. November 1885 vorzeitig mit 27 Jahren an Tuberkulose. Seine Frau **Maria Christina von Österreich** (1858–1929) erwartet ein Kind. Es wird ein Junge, der am 17. Mai 1886 geboren und auf den Namen Alfons getauft wird; es ist der zukünftige König **Alfons XIII.** (1886-1941). Seine Mutter übt die Regentschaft bis 1902 aus, als der junge Prinz mit 16 Jahren für volljährig erklärt wird. Maria Christina trägt das Amt mit Würde, trotz mancher Schwierigkeiten: Ermordung des Premierministers 1897, katastrophale Niederlage 1898 im Krieg gegen die Vereinigten Staaten, die mit dem Verlust der letzten spanischen Kolonien bezahlt wird.

2. Die Kunst in Spanien

Die spanische Kunst im 19. Jahrhundert macht nicht einmal am Rande die künstlerischen Veränderungen mit, die sonst in Europa zu verzeichnen sind. In der Nachfolge Manets schlagen dennoch viele Maler und Schriftsteller am Ende des 19. Jahrhunderts den Weg nach Spanien ein, um dort zu reisen und zu arbeiten, wie **Constantin Meunier** oder **Émile Verhaeren**.

Die Malerei

Die Bilder von **Leonardo Alenza** (1807-1845), der die von Goya begonnene Erforschung des Menschseins aufnimmt, gehören der Romantik an. Mit Alenza entwickelt sich die Romantik zum *costumismo*, bei dem regionale Trachten und Besonderheiten dargestellt werden, und es entsteht eine Malerei der gesellschaftlichen Wirklichkeit. Der Maler **Eugenio Lucas Velásquez** (1824-1870) markiert einen entscheidenden Abschnitt innerhalb der spanischen Malerei, weil unter seinem Einfluss die Romantik mit dem Akademismus, der Akademischen Kunst bricht und zur historischen und gesellschaftlichen Malerei wird. Davor hatte die Schule von Jacques-Louis David sich durchgesetzt und die Historienmalerei bestimmt. Eine zweite Periode in der letzten Hälfte des 19. Jahrhunderts beginnt im Bereich der Historienmalerei mit **Federico de Madrazo** (1815-1894), **Benito Soriano Murillo** (1827-1891) und **Marià Fortuny** (1839-1874). Mehrere Künstler erhalten auf der Weltausstellung von 1889 in Paris Auszeichnungen.

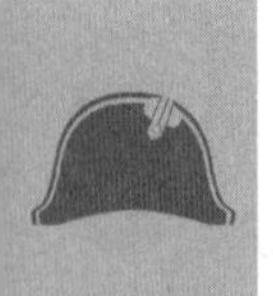

Architektur hat einen Namen: Gaudí

Die spanische Architektur ist mit dem Namen des Katalanen **Antoni Gaudí** (1852–1926) verbunden. In seiner ersten Arbeitsphase experimentiert er mit Formen, die er aus dem maurischen und byzantinischen Erbe bezieht. Daraus entwickelt er Strukturen, die von traditionellen Materialien ausgehen. Das ist z. B. der Fall bei der Finca Güell (1884–1887). Die Anspielungen an den Mudéjar-Stil tauchen in den Keramikfliesen auf. Als Gaudís Lebenswerk gilt die Sagrada Familia, die Sühnekirche der Heiligen Familie, eine päpstliche *Basilica minor* in Barcelona. Er entwirft drei Fassaden: die der Geburt Christi im Nord-Osten; die Glorienfassade im Süd-Osten, der Apsis gegenüber; die Passionsfassade im Süd-Westen, geschmückt von drei Portalen und von vier Türmen gerahmt. 12 Türme symbolisieren die 12 Apostel. Von Gaudí, dem Jugendstil-Architekten, werden sieben Bauwerke in die Liste des UNESCO-Weltkulturerbes aufgenommen: der **Park Güell**, die **Casa Milá**, die **Casa Vicens**, die **Geburtsfassade** und die **Krypta der Sagrada Familia**, die **Casa Battló**, die **Krypta der Colònia Güell**, alle in bzw. bei Barcelona.

3. Die spanische Literatur

Trotz aller politischer Sorgen seit 1830 ist Spanien gegenüber den intellektuellen Bewegungen Frankreichs nicht gleichgültig geblieben. Der repräsentativste Autor vor diesem Datum ist **Gaspar Melchior de Jovellanos** (1744–1811), der neue Ideen mit der traditionellen spanischen Literatur versöhnen will. **Don José Zorrilla** (1817–1893) verfasst Lyrik, deren Themen literarischen Quellen oder den Klassikern des *Siglo de oro*, des Goldenen Zeitalters der spanischen Renaissance, entlehnt sind, etwa *La leyenda del Cid – Die Legende des Cid*.

Mariano José de Larra (1809–1837) schreibt vor allem über Gebräuche und Institutionen, und die nationale Frage findet sein besonderes Interesse. Die Rückkehr zu alten Traditionen war schon das Ziel, das **Juan Meléndez Valdés** (1754–1817) in seinen Oden und Elegien verfolgt hat; das Gleiche gilt für **Leandro Fernández de Moratín** (1760–1828), den «spanischen Molière». Doch erst **Gustavo Adolfo Bécquer** (1836–1870) findet den romantischen Tonfall mit seinen *Rimas*. In der zweiten Hälfte des 19. und zu Beginn des 20. Jahrhunderts dominiert die Entwicklung des Romans die spanische Literatur. Leopoldo Alas, bekannt unter dem Namen **Clarín** (1852–1901), erweist sich als glühender Verteidiger des Naturalismus: *La Regenta – Die Präsidentin*. **Fernan Caballero** (1797–1877), ein Pseudonym für Cecila Böhl de Faber y Larrea, ist gleichfalls für diese Entwicklung des Romans repräsentativ. Diese Romanschriftstellerin lässt sich in ihren anmutigen Werken von Andalusien inspirieren: *Die Möwe*, *Andalusische Novellen*. **Armando Palacio Valdés** (1853–1938) ist durch sein wichtigstes Werk bekannt: *La hermana San Sulpicio* (1889). Das gilt auch für **Emilia Pardo Bazán** (1852–1921), die sich mit *La madre naturaleza* den romantischen Naturalisten anschließt. **Benito Pérez Galdós** (1845–1920) hat man mit Dickens verglichen. Das Ende des 19. Jahrhunderts gipfelt im Werk von Benito Pérez Galdós, der 77 Romane hinterlässt, ein wahres Kondensat des Gefühlslebens der Spanier jener Zeit. Realistisch beschreibt er die Mittelschicht: *Fortunata y Jacinta*, *Misericordia*.

V

Italien im 19. Jahrhundert

1. Von den italienischen Ländern nach Italien

Venedig: Von der österreichischen Herrschaft bis zum Königreich Italien

Die Anwesenheit der Franzosen in Oberitalien ist nur von kurzer Dauer: Durch den Vertrag von Campo-Formio (18. Oktober 1797) geht Venedig in österreichische Herrschaft über. Die Franzosen übernehmen dort kurzzeitig, von 1806 bis 1814, die Kontrolle. Zurückgegeben an Österreich, wird Venedig dem Königreich Lombardo-Venetien angegliedert; trotz der Beteiligung am *Völkerfrühling* ist Venedig zwischen 1847 und 1849 nur eine kurzlebige Republik, die bis 1866 dem österreichisch-ungarischen Reich einverleibt wird. Die Österreicher, 1866 bei Königgrätz von den Preußen geschlagen, müssen Venetien aufgeben, das für seinen Anschluss ans Königreich Italien stimmt.

Florenz, Hauptstadt des Königreichs

Im Jahre 1816 wird das Großherzogtum Toskana zu einem der österreichischen Satellitenstaaten. Der letzte Großherzog, Ferdinand IV. (reg. 1859–1860) regiert nur einige Monate. Er kann die Angliederung der Toskana 1861 an das Königreich Italien nicht verhindern. König **Viktor Emanuel II.** (1861–1878) macht aus Florenz von 1865 bis 1871 die erste Hauptstadt des vereinten Königreichs Italien, nach Turin von 1861 bis 1864 und vor Rom, ab 1871.

Mailand und das Königreich Italien (1797–1859)

Die Cisalpine Republik (1797–1802) gehört zu den «Tochterrepubliken» (franz. *Républiques sœurs*, «Schwesterrepubliken»), die Frankreich in Europa installieren will. Doch sie überlebt die Errichtung des Ersten Kaiserreichs durch Napoleon Bonaparte nicht. Von 1802 bis 1805 wird sie italienische Republik, danach, von Napoleon I. gegründet, ab 1805 Königreich Italien, das sich bis 1814 hält. Nach dem Sturz des Kaiserreichs schwankt Mailand zwischen Frankreich und Österreich, doch österreichische Truppen besetzen Norditalien. 1815 gründet Österreich-Ungarn das Königreich Lombardo-Venetien, dessen Hauptstadt Mailand wird. 1849 erhebt sich Mailand gegen die Österreicher, die bald zurückkommen. 1859 wird die Lombardei, dann 1866 Venetien dem Königreich Italien einverleibt.

Der Kirchenstaat im Umbruch (1797–1870)

Als neue Herren Roms verlangen die Franzosen von **Papst Pius VI.** (1775–1799) im Jahre 1798, auf seinen Staat zu verzichten und nur noch Inhaber der geistlichen Macht zu sein. Der Papst flieht, die Römische Republik wird ausgerufen. Es wird eine kurzlebige «Tochterrepublik» nach französischem Vorbild; im September 1799 wird Rom von neapolitanischen Truppen eingenommen. Pius VI., der von französischen Soldaten gefangen genommen wurde, stirbt 1799 in Gefangenschaft. **Pius VII.** (1800–1823) wird sein Nachfolger und erhält den restaurierten Kirchenstaat im Juni 1800 zurück. Dann dringt Napoleon I. im Jahre 1808 in Rom ein und macht aus dem Kirchenstaat zwei französische Departements: Tibre und Trasimène. Der Wiener

Kongress (1815) sorgt für die Rückgabe der Kirchenstaaten an den päpstlichen Herrscher.

Die Welle der Revolutionen, die Europa von 1848 bis 1850 erschüttert, führt im November 1848 zu einer Erhebung in der römischen Bevölkerung. **Papst Pius IX.** (1846–1878) flieht und findet Zuflucht in Gaeta im Königreich beider Sizilien. An die europäischen Regierungen appelliert er, man möge ihm zu Hilfe kommen. Frankreich reagiert darauf, und **General Oudinot** (1791–1863) nimmt Rom am 30. Juni 1849 in der Schlacht am Gianicolo ein. Pius IX. kehrt im April 1850 nach Rom zurück. Sechs Jahre später muss er sich damit auseinandersetzen, dass der König von Piemont Italien zu seinen Gunsten einigen will. Um den Papst zu verteidigen, werden 1860 die Päpstlichen Garden geschaffen, eine päpstliche Miliz, die sich durch ihre Moral und Treue zum Pontifex auszeichnet. Dennoch können diese Garden sich der Einnahme Roms durch die piemontesischen Truppen am 20. September 1870 nicht widersetzen. Rom wird die Hauptstadt des vereinten Königreichs Italien. Das Garantie-Gesetz von 1871 gestattet dem Papst die Benutzung von Vatikan, Lateran und Castel Gandolfo und weist ihm jährliche Einkünfte zu. Pius IX. lehnt das Gesetz ab und bezeichnet sich als «Gefangenen» des Königreichs Italien im Vatikan. Die Situation entspannt sich erst nach den Lateran-Verträgen, die vom Papsttum und Mussolini 1929 unterzeichnet werden.

2. Die Etappen der Einigung von 1859 bis 1914

Viktor Emanuel II. und sein Premierminister Cavour

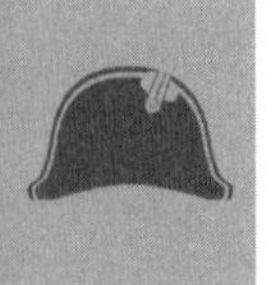

Die Einigung Italiens ist vom *Risorgimento*, wörtlich «Wiederauferstehen», nicht zu trennen. Das *Risorgimento* ist zugleich politische Forderung nach Emanzipation Norditaliens von der österreichischen Herrschaft wie auch der romantisch gefärbte Wunsch, alle Italiener zu vereinen. Ein erstes Mal kommt das Konzept des *Risorgimento* 1848–1849 mit den europäischen Revolutionen auf. Doch es ist ein ergebnisloser Versuch; vielmehr folgt zunächst die Rückkehr zum Status quo. Italien bleibt zerstückelt: Im Süden ist das Königreich beider Sizilien; im Zentrum liegt der Kirchenstaat. Im Norden beherrscht Österreich das Königreich Lombardo-Venetien über einen in Mailand installierten Vizekönig und überlässt österreichischen Fürsten die Herzogtümer

Modena und Reggio, Parma sowie das Großherzogtum Toskana. **Giuseppe Mazzini** (1805–1872), ein glühender Republikaner, initiiert zwischen 1833 und 1857 mehrere aufständische Bewegungen in Italien, ohne jedoch die so sehr ersehnte Einheit Italiens bewerkstelligen zu können. Nur das Königreich **Piemont** behält nach 1848 eine liberale Verfassung, das *Albertinische Statut*, das trotz österreichischen Drucks von König **Viktor Emanuel II**. (reg. 1849–1861) bestätigt wird.

Genannt *Il re galantuomo*, der Gentleman-König, ist Viktor Emanuel einer der Gründerväter Italiens. Als Premierminister wählt er sich **Camillo Benso Graf von Cavour** (1810–1861), den eigentlichen Gründer des Königreichs Italien, der im Sinne seines Herrschers wirkt. Er begründet eine moderne Wirtschaft, befreit das Recht von seiner feudalen Vergangenheit, macht aus Piemont einen modernen, liberalen Staat. Als geschickter Diplomat lässt er Piemont am Krimkrieg teilnehmen, um dadurch die Armee neu zu organisieren. Als Sieger nähert sich das Piemont Cavours Frankreich unter Napoleon III. an, dessen Hilfe für ein zukünftig geeintes Italien unerlässlich ist. Während des geheimen Treffens in Plombières-les-Bains vom 21. Juli 1858 planen **Cavour** und **Napoleon III.** ein vom österreichischen Joch befreites Norditalien, dessen König Viktor Emanuel II. sein soll. Im Austausch dafür solle Frankreich die Grafschaften Nizza und Savoyen erhalten. Diese Bedingungen werden mit dem französisch-piemontesischen Vertrag vom 26. Januar 1859 offiziell, der eine militärische Allianz gegen Österreich vorsieht. Der französische Kaiser zielt auf die Schwächung Österreichs, nicht aber auf die Erschaffung eines geeinten Italiens – das jedoch ist Cavours Interesse.

Der **Krieg gegen Österreich** bricht **1859** aus. Die französische Militärintervention hat eine Reihe von Siegen zur Folge: Palestro (31. Mai), Turbigo (3. Juni), Magenta (4. Juni) und Solferino (24. Juni). Doch am 12. Juli beendet Napoleon III. den Krieg mit dem Waffenstillstand von Villafranca. Er ist durch die Reaktionen Preußens beunruhigt, aber auch wegen des Flächenbrandes, der ganz Italien erfasst hat. Der verzweifelte Cavour demissioniert. Piemont gewinnt Mailand, doch Venetien bleibt österreichisch. In Zentralitalien verlangt die Bevölkerung, im Geheimen durch Cavour unterstützt, die Angliederung an Piemont. Cavour kehrt im Januar 1860 an die Macht zurück. Im März desselben Jahres schließen sich nach Volksabstimmungen die Herzogtümer Parma und Modena, dazu die Legationen (päpstliche Provinzen, von einem Kardinal regiert) an Piemont an, das zum **Königreich Oberitalien** wird. Im April 1860 werden, gleichfalls nach Abhaltung von Plebisziten, die Grafschaft Nizza und Savoyen an Frankreich übergeben.

Cavour organisiert die folgende Etappe, indem er auf einen weiteren Helden der italienischen Einigung zurückgreift, auf **Giuseppe Garibaldi** (1807–1882). Dieser in Nizza geborene Sohn eines Kapitäns, Offizier der piemontesischen Marine, nimmt am verunglückten Aufstand **Giuseppe Mazzinis** (1805–1872) teil, der 1833 bis 1834 in Savoyen und Piemont stattfindet, und zwar im Kader des revolutionären Programms *Giovine* (sic!) *Italia*, des «jungen Italien», das die Einheit, Freiheit und Unabhängigkeit Italiens anstrebt. In Abwesenheit zum Tode verurteilt, flieht Mazzini nach Frankreich, dann nach Uruguay. 1848 ist er zurück in Italien, kämpft in der Lombardei gegen Österreich, 1849 in Rom gegen die Franzosen, um die Römische Republik zu verteidigen. Er wird des Landes verwiesen und geht wieder nach Amerika. 1850 kehrt er ein zweites Mal zurück. Von Cavour unterstützt, organisiert er die Expedition der *Mille*: Mit 1067 «Rothemden» landet er in Sizilien und bemächtigt sich des Königreichs (11. Mai bis 20. Juli 1860). Er ruft sich zum Diktator aus, marschiert danach auf Neapel zu und erobert die Stadt. Der König von Neapel, Franz II., seit 1859 Herrscher, kapituliert am 13. Februar 1861. Per Plebiszit wählen Sizilien, Umbrien, die Marken und Süditalien den Anschluss an das Königreich Piemont-Sardinien. Am 18. Februar 1861 bilden Delegierte aller italienischen Länder in Turin ein nationales Parlament, das die Geburt des Königreichs Italien und Viktor Emanuel II. (reg. 1861–1878) zum König von Italien ausruft. Cavour stirbt nach einem Schlaganfall, nachdem er gesehen hat, dass sich sein politischer Traum erfüllt hat. Die Vollendung der italienischen Einigung geschieht durch die Übernahme Venetiens und des Kirchenstaats mitsamt Roms: Nach der Niederlage bei Königgrätz (1866) und der Vermittlung Frankreichs wird Venetien dem Königreich Italien einverleibt.

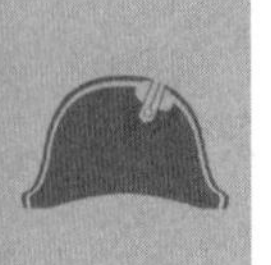

Der schwierige Fall des Kirchenstaats

Garibaldi versucht 1867, Rom einzunehmen, doch Frankreich schickt Truppen, die ihn zurückschlagen. Es muss erst der Untergang des Zweiten Kaiserreichs abgewartet werden, der im September 1870 erfolgt. Ab dem 20. September 1870 marschiert die italienische Armee in Rom ein. Ein positiv verlaufenes Plebiszit beschließt den Anschluss an das Königreich Italien. **Viktor Emanuel II.** lässt sich im Juli 1871 in Rom nieder und macht es zur Hauptstadt des Königreichs. Das Garantie-Gesetz vom Mai 1871 anerkennt den Papst als unverletzlichen Herrscher der Vatikanstadt, überlässt ihm auch den Lateran und Castel Gandolfo und gewährt ihm eine jährliche Pension von mehr als 3 Millionen Lire (ein 20-Lire-Stück entspricht 5 Gramm Gold). Der Papst lehnt das ab und erkennt das Königreich Italien nicht an. Erst 1929 normalisiert sich die Situation mit der Unterschrift unter die Lateranverträge, die den Vatikanstaat begründen. Viktor Emanuel II. stirbt am 9. Januar 1878.

Italien vor 1914

Viktor Emanuels Sohn **Umberto I.** (reg. 1878–1900) folgt ihm auf den Thron. Er unterzeichnet 1882 eine Allianz, die Tripel-Allianz mit den Zentralmächten Deutschland und Österreich-Ungarn. Am 29. Juli 1900 wird er von einem italienischen Anarchisten ermordet. Seit 1882 ist Italien in Abessinien einmarschiert (im Wesentlichen das heutige Äthiopien). Italien erobert zudem Eritrea und Somalia, stellt das Regime des abessinischen Negus unter italienisches Protektorat – so lange, bis der Negus sich erhebt und die Italiener zweimal schlägt, im Dezember 1895 bei Amba Alagi und im März 1896 bei Adua. Das ist das Scheitern der abessinischen Kolonialpolitik. Der neue König, **Viktor Emanuel III.** (1900–1946), nähert sich Frankreich an, verzichtet auf italienische Ansprüche auf Marokko – im Austausch für Tripolitanien, den westlichen Teil Libyens. Ein Krieg 1911 gegen die Türkei ermöglicht es Italien, die türkischen Inseln in der Ägäis zu besetzen und Kyreneika an Tripolitanien anzuschließen, um ganz Libyen zu kontrollieren (Frieden von Lausanne vom 18. Oktober 1912). Als der Erste Weltkrieg ausbricht, erklärt sich Italien für neutral – es hatte darauf geachtet, dass die Tripelallianz sich nicht gegen England richtet und das Land nicht an einem deutschen Angriff gegen Frankreich teilnehmen müsse. Italien schließt sich den Alliierten an, kippt die alten Allianzen im Februar 1915 und befindet sich mit der Unterschrift unter den Versailler Vertrag am 28. Juni 1919 bei den Siegern.

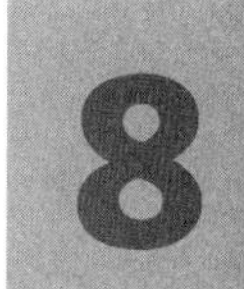

3. Die Kunst in Italien

Zwischen 1770 und 1810 war Italien nicht nur kein Nationalstaat, sondern man sprach darüber hinaus noch viele unterschiedliche Dialekte, bei einer großen Zahl von Analphabeten. Die gebildete italienische Elite folgt in der Malerei dem Klassizismus. Als der Neoklassizismus die Halbinsel erobert, weist Mailand die interessanteste Schule auf, um den Maler **Andrea Appiani** (1754–1817). Er macht sich die Anmut der griechischen Malerei zu eigen sowie die Süße eines Leonardo da Vinci. Vor allem als Zeichner ist er bekannt. **Giuseppe Bossi** (1777–1815) ist gleichfalls eine bedeutende Gestalt des lombardischen Neoklassizismus. Einer seine Freunde ist der klassizistisch arbeitende Bildhauer **Antonio Canova** (1757–1822). Der **Akademismus** eines David wird von zwei Florentiner Malern aufgenommen: **Pietro Benvenuti** (1769–1844) und **Luigi Sabatelli** (1772–1850).

In Venedig beginnt die romantische Reaktion auf den Klassizismus mit **Francesco Hayez** (1791–1882), der sich religiösen Malereien und mythologischen Gestalten zuwendet, womit er Mailand erobert. Die Maler-Gruppe der **Macchiaioli** (von ital. *macchia* «Fleck») hat in **Giovanni Fattori** (1825–1908) einen ihrer besten Vertreter, in **Serafino de Tivoli** (1826–1892) ihren Theoretiker. Ab 1855 wird das Café *Michelangelo* in Florenz zum Treffpunkt der jungen Maler dieser Schule. Sie will die Erneuerung der nationalen Malerei. Wie bei den Impressionisten nimmt die Landschaftsmalerei auch hier einen zentralen Platz ein. Hier rangiert die Farbe vor der Zeichnung. Bei den Impressionisten kaschiert das Licht die Formen, bei den Macchiaioli wirkt es gestaltend durch die Kontraste. **Giuseppe Palizzi** (1812–1888) malt Genrebilder mit Tieren. Er steht unter dem Einfluss der französischen Maler Camille Corot und Gustave Courbet. In Venedig widmet sich eine Schule vollständig der Landschaftsmalerei bzw. den Venedig-Ansichten, die etwa **Guglielmo Ciardi** (1842–1917) so wichtig sind. Das Werk von **Gaetano Previati** (1852–1920) ist vom französischen Pointillismus beeinflusst, der in Italien zum Divisionismus wird; spiritualistische und wissenschaftliche Konzeptionen berühren sich hier.

Die Architektur bleibt mit dem Namen von **Gaetano Baccani** (1792–1867) verbunden, einem der wichtigsten toskanischen Architekten. Er folgt dem Neoklassizismus, setzte aber auch Neogotik ein; er ist für die Restauration des Innenraums des Florentiner Doms Santa Maria del Fiore zuständig.

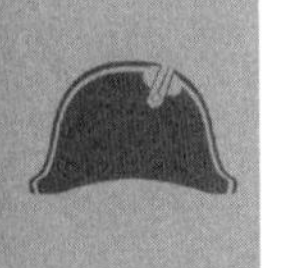

4. Die italienische Literatur

Der Beginn des 19. Jahrhunderts in Italien ist durch eine Reihe von Kämpfen gekennzeichnet, in denen Republiken und Königreiche einander ablösen. Es herrscht allgemeine Verwirrung. **Vincenzo Monti** (1754–1828) beschreibt diese Unsicherheit 1793 in seinen *Cantica in morte di Ugo Basseville*. Auch **Ugo**

Foscolo (1778–1827) sehnt sich nach dem Ende der Leiden seines Heimatlandes, und seine *Ode a Bonaparte liberatore* (1799) spiegelt seine Hoffnung wider. Nach dem Ende Napoleons 1815 beginnt die Periode der österreichischen Herrschaft. Die Literatur ist hier ein Mittel, das die politischen Hoffnungen des Landes ausdrückt.

Der Mailänder **Giovanni Berchet** (1738–1851) gibt das Signal zum Kampf und verfasst das erste Manifest der italienischen Romantik mit seiner *Lettera semiseria di Grisostomo – Halbernster Brief von Chrisostomus* (1816). Doch vor allem **Alessandro Manzoni** (1785–1873) ist es, den die Verteidiger der Freiheit als ihr Oberhaupt wählen. Bis dahin hatten die Liberalen, die davon träumten, das unterworfene Italien von seinem österreichischen Joch zu befreien, nicht wirklich Flagge zeigen können. *Il Conte di Carmagnola* (1820), Manzonis erste Tragödie, verweigert sich den klassischen Regeln und führt in die Handlung die Gefühle des Autors ein. Patriotische Inspiration findet man von nun an in der Geschichte Italiens, nicht länger in antiken Fabeln. *Die Verlobten* (1827) bestätigen Manzoni als Romancier und lassen ihn zum Meister des modernen italienischen Romans werden. **Silvio Pellico** (1789–1854), liberal auch er, beschreibt in *Meine Gefängnisse* (1833) die Etappen seines Prozesses und seine Gefangenschaft in Venedig. **Giacomo Leopardi** (1798–1837) verkörpert in jener Zeit des Kampfes den Zorn auf die italienische Fremdherrschaft, was seine patriotischen Oden belegen, doch in seiner Dichtung zeigt sich auch viel Individualität: *Il primo amore* (1818). Sie ist insgesamt von großem Pessimismus durchzogen. Von 1830 bis 1870 bezieht die Literatur einen Großteil ihrer Themen aus den politischen Ereignissen, die im so sehr ersehnten Frieden gipfeln. Während des größten Teils des 19. Jahrhunderts hat Italien, das sich seine Unabhängigkeit ersehnt, nichts als Gebrauchsliteratur, die sich diesem Thema widmet. Das kristallisiert sich auch aus dem Werk des Toskaners **Giambattista Niccolini** (1782–1861) heraus. In seiner Tragödie *Nabucco* erweist er sich als Dichter wie auch als Patriot, was ebenfalls für den Satiriker **Giuseppe Giusti** (1809–1850) oder auch für **Giuseppe Mazzini** (1805–1872) gilt.

Nach dem Triumph der Einheit 1870 beschäftigen sich die Schriftsteller weniger mit politischen Fragen, finden vielmehr wieder Gefallen an der eigentlichen Literatur. Ein Name ragt hier heraus, der von **Giosuè Carducci** (1835–1907), ein großer Verteidiger eines rein künstlerischen Ideals: *Rime* (1857), *Odi barbare* (1877). Er erweist sich als der größte Poet der zweiten Hälfte des 19. Jahrhunderts und erhält 1906 den Nobelpreis für Literatur. Die ländlichen Idyllen von **Giovanni Pascoli** (1855–1912) besingen seine Liebe zur Natur.

Gegen Ende des Jahrhunderts wird Italien vom psychologischen Roman erobert. Sein Schöpfer **Antonio Fogazzaro** (1842–1911) nähert sich der Tradition Manzonis. *Piccolo mondo antico – Kleine alte Welt* (1895) ist ein Charakterbild, das ihn als einen Seelenmaler entpuppt. Die «Veristen» oder «Naturalisten» wollten durch Reflexion und Analyse die menschlichen Leidenschaften ungeschminkt darstellen. **Giovanni Verga** (1840–1922) erweist sich in seinen Romanen *Königstigerin* (1897) und *Eros* (1898) als Kopf der Veristen. Ihm zur Seite steht **Luigi Capuana** (1839–1915): *Profumo* (1890), *Der Marchese von Roccaverdina* (1901). Die markanteste Persönlichkeit jene Zeit ist aber **Gabriele D'Annunzio** (1863–1938), der in der französischen Literatur die Grundlage seines Symbolismus findet: *Der Triumph des Todes* (1894), *Die Jungfrauen vom Felsen* (1896), *Das Feuer* (1900). Nach 1910 schreibt er keine Romane mehr.

5. Die italienische Musik

Auf einem musikalischen Gebiet blieb Italien auch im 18. Jahrhundert maßstabsetzend: in der Oper.

▪ **Gioacchino Rossini** (1792–1868) ist der Meister der italienischen komischen Oper des 19. Jahrhunderts. Sein *Barbiere di Siviglia*, aber auch die *Cenerentola* und die *Italiana in Algeri* gehören noch heute zum Standardrepertoire der Opernhäuser. Rossini hatte eine Lehre als Fleischer begonnen; seinen ersten Opernauftrag in Venedig erhält er, indem er zwei Vorstellungen einer neuen Oper besucht und diese danach vollständig und auswendig niederschreibt und dem Impresario einreicht. Sein Werk ist – bis auf die letzte Oper, *Guillaume Tell* – durchgängig von einer gewissen Distanz von Text und Musik gekennzeichnet, die noch Schopenhauer faszinierte und dem Werk einen ironischen Unterton beilegt, was auch für die *Seria*-Opern Rossinis gilt. Rossini kündigt frühzeitig seinen Rückzug vom Opernbetrieb an, den er nach 1829 tatsächlich auch vollzieht. Danach lebt er noch fast drei Jahrzehnte in Paris, hochberühmt. Dort entstehen musikalische Kleinigkeiten, die sogenannten *Alterssünden*, *Péchés de vieillesse*, die in ihrer Kürze und absurden Betitelung Erik Saties Werk vorwegnehmen. Nur Rossinis letzte Oper *Guillaume Tell* (1829), die ihn, wie er Richard Wagner gegenüber äußerte, über Gebühr angestrengt habe, hält ernsthaften Kriterien stand; nicht nur das: Damit begründet Rossini das für das 19. Jahrhundert in Frankreich so wichtige Genre der *Grand Opéra*.

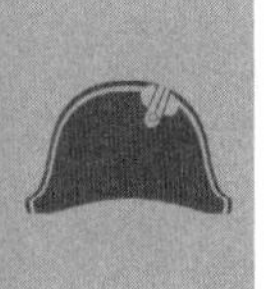

■ **Vincenzo Bellini** (1801–1835) wird von Verdi als Vorbild anerkannt. Er gilt als der Schöpfer der großen italienischen romantischen Oper, was auf Donizetti und Verdi wirkt. Sein Werk setzt sich diametral von dem Rossinis ab; Bellini schreibt große, ausdrucksvolle Melodien von ernstem Gehalt. Sein Hauptwerk *Norma* (1831) wird im 20. Jahrhundert vor allem durch Maria Callas ins Rampenlicht gerückt und gilt seither als Paradestück aller großen dramatischen Sopranistinnen.

■ **Gaetano Donizetti** (1797–1848) ist mit Bellini befreundet; er verfasst eine ganze Reihe hochdramatischer Belcanto-, aber auch komische Opern. *Lucia di Lammermoor*, *L'elisir d'amore – Der Liebestrank*, *Anna Bolena* und *Don Pasquale* haben sich seither auf den Spielplänen der großen Opernhäuser in aller Welt erhalten. Auch Donizettis dramatische Opern verdanken ihr Überleben auf dem Spielplan dem Einsatz der wichtigsten Sopranistinnen, allen voran auch hier wieder Maria Callas.

■ **Giuseppe Verdi** (1813–1901) markiert weltweit den Inbegriff der italienischen Oper. Spätestens seine Trias aus *Rigoletto* (1851), *Il Trovatore* (1853) und *La Traviata* (1853) macht ihn nicht nur im Fach weltbekannt, sondern bezeugt weiterhin den Einfluss Victor Hugos, der den Realismus im Theater gefordert hatte; nicht nur Schönheit und Erhabenheit, sondern auch das Groteske und Hässliche sollten Themen sein. Verdi reformiert die italienische Oper, indem er sich der sogenannten «Weltliteratur» zuwendet und Stoffe von Schiller (*Don Carlos*, *Luisa Miller*) und Shakespeare (*Macbeth*, *Otello*, *Falstaff*) neben solchen von Victor Hugo (*Rigoletto*) vertont. Zugleich schreibt Verdi vermehrt für das europäische Ausland. Sein internationaler Erfolg bringt ihm immer größere Honorare ein. Der politische Komponist Verdi aber existiert in Wahrheit kaum; Graf Camillo Cavour hatte den Hochberühmten gerufen, damit das kurz vor der Einigung stehende Italien – vergleichbar Giacomo Meyerbeer in Paris und Richard Wagner im deutschen Sprachraum – ebenfalls eine prominente und beliebte Gallionsfigur erhielte, die die Einigung des Landes befördern sollte.

■ **Giacomo Puccini** (1858–1924) beschließt die Reihe der großen italienischen Opernkomponisten. Er gilt als ein Vertreter des musikalischen Verismo, der gleichsam eine Steigerung des Realismus ist. Puccini schreibt große, gefühlvolle Musik, und er hat mit seinen Opern recht früh sehr große Erfolge. Sein letztes Werk – *Turandot* (1926) – bleibt unvollendet; Puccini kann die Partitur nur bis zum Kuss von Turandot und Kalaf fertigstellen; er stirbt an Kehlkopfkrebs; die Partitur wird nach seinen restlichen Skizzen von Franco Alfano beendet. Puccini setzt nicht den Weg Verdis fort, der sich um die literarische Qualität seiner Libretti bemüht hat. Er greift zu effektvollen Stoffen. So schlägt seine *Fanciulla del West (Das Mädchen aus dem goldenen Westen)*, angesiedelt im Kalifornien der Goldrauschzeit, mit ihren detaillierten Szenenanweisungen – dem Fallen eines Blutstropfens von der Decke, dem Blick in Poker-Spielkarten – gleichsam den Bogen zum gleichzeitig neu aufkommenden Genre des Films, dessen Kamera derartige Details besser einfangen kann als das weit entfernte Auge des Opernbesuchers.

VI

Russland und Skandinavien im 19. Jahrhundert

1. Die politische Entwicklung

Der Sieger über Napoleon: Alexander I.

Alexander I. (1801–1825) setzt die Reformpolitik seiner Großmutter Katharina II. fort. Er unterstützt die Aufhebung der Leibeigenschaft und nähert sich der römisch-katholischen Kirche an. Ein großer Teil seiner Herrschaft ist dem **Kampf gegen Napoleon I.** gewidmet. Der wird 1805 bei Austerlitz, 1807 bei Preußisch Eylau und bei Friedland geschlagen. Der Frieden wird in Tilsit unterzeichnet, ist aber nur von kurzer Dauer. Alexander wendet sich erneut gegen Frankreich, bis zur Niederlage bei Waterloo (1815). Sein ganzes Leben wird der Herrscher von der Ermordung seines Vaters verfolgt, weil er glaubt, man mache ihn dafür verantwortlich. Am 1. Dezember 1825 stirbt er in Taganrog, am Asowschen Meer. Doch einige Würdenträger erkennen seinen Leichnam nicht, und die Legende eines nur vorgetäuschten Todes verbreitet sich. Er wird in der Peter-und-Paul-Kathedrale in Petersburg bestattet; auf Anordnung Alexanders II. wird sein Grab geöffnet, aber leer vorgefunden.

Ein reaktionärer Autokrat: Nikolaus I.

Alexanders Bruder **Nikolaus I.** (1825–1855) folgt ihm auf den Thron. Als überzeugter Autokrat und Reaktionär hält er die Leibeigenschaft aufrecht, um sich nicht vom Adel zu entfremden. 1835 reformiert er die Gesetze durch einen neuen Kodex, der den alten Kodex *Sobornoje Uloschenije* von 1649 ersetzt. Ein Versuch junger Offiziere – der sogenannten **Dekabristen** –, den Zaren zu Reformen im Sinne einer konstitutionellen Monarchie zu bewegen, wird im Dezember 1825 zerschlagen und hat den extrem strengen Konservatismus Nikolaus' I. zur Folge. Er fordert die europäischen Monarchen auf, endlich dem *Völkerfrühling* und den Revolutionen von 1848 Einhalt zu gebieten und überall den Absolutismus wiedereinzuführen. Im Jahre 1853 stürzt er sich in den **Krimkrieg** (1853–1856) gegen die Osmanen. Doch er wird von französisch-englischen Truppen besiegt, vor allem bei Sewastopol. Für Russland ist dies eine große Demütigung. Nikolaus I. stirbt am 2. März 1855 und hinterlässt seinen Nachfolgern die Sorge um Umsetzung der immer dringender werdenden Reformen.

Alexander II., der Befreier

Der Sohn von Nikolaus I., **Alexander II.** (1855–1881), genannt der «Befreier», besteigt den Thron. Er muss sich mit den Revolutionären auseinandersetzen, die **Nikolai Gawrilowitsch Tschernyschewski** (1828–1889), ein demokratischer Sozialist, anführt. Und Alexander muss sich auch der Kritik von **Alexander Herzen** (1812–1870) in dessen Zeitschrift *Kolokol – Die Glocke* stellen; diese Zeitschrift ist verboten worden, wird aber heimlich weiter verbreitet. Alexander II. begreift, dass Reformen unumgänglich sind. Per Ukas vom 19. Februar 1861 hebt er die Leibeigenschaft auf, was mehr als 50 Millionen Landbewohner befreit. Nun können sie, dank des von der Regierung geliehenen Geldes, das in 49 Jahren zurückzuzahlen sei, Eigentümer ihrer Bauernhöfe werden. Doch die so geschaffenen Besitzungen sind oft viel zu klein, und das in dem Moment, da Russland einem demographischen Wandel unterliegt, weil seine Bevölkerung stark wächst. Die andere große Reform betrifft die Justiz: Es geht um die Einrichtung von Volksgerichten und die Unabhängigkeit der Richter. 1864 werden Provinzversammlungen, die sogenannte *Semstwa*, eingerichtet, gewählt nach Zensuswahlrecht. Sie dienen als Basis

für die Bildungsreform und richten rund 10 000 Schulen ein. Das Universitätsstatut von 1863 gewährt den Hochschulen weitgehende Autonomie, öffnet sie für Männer aller sozialen Schichten. 1874 wird der Militärdienst obligatorisch. Doch die letzte Periode von Alexanders Herrschaft ist durch die Rückkehr zur Reaktion gekennzeichnet. Der Herrscher will das autokratische System letztlich nicht anrühren. Er schickt sich jedoch an, die Schaffung eines Rates zu bewilligen, der rein beratend wäre und ihm zur Seite stehen soll, als er am 13. März 1881 ermordet wird.

Die Rückkehr zum Absolutismus: Alexander III.

Der zweite Sohn von Alexander II., **Alexander III.** (1881–1894), besteigt den Thron. Auf die Regierung schlecht vorbereitet – er ist nur Kadett gewesen – wird der neue Herrscher vor allem wegen seiner Statur und seiner Kraft bekannt, ein wahrer Herkules. Wenig an Bildung interessiert und intellektuell wenig begabt, verfolgt er eine konservative Regierung und stärkt den Absolutismus. Er modernisiert die Armee und baut die Marine aus. Ein neuer Krieg gegen die Osmanen 1877–1878 führt zu einer begrenzten Eroberung weiterer Territorien; England hatte sich einer russischen Expansion widersetzt. Unter Alexanders III. Herrschaft wird die Transsibirische Eisenbahn gebaut, die vor allem die vom Kaiser erstrebte Zwangsrussifizierung festigen soll. 1893 mündet die Annäherung an Frankreich in der Unterschrift unter eine französisch-russische Allianz. Alexander III. stirbt am 1. November 1894 im Liwadija-Palast auf der Krim. Sein ältester Sohn, **Nikolaus II.** (1894–1917), folgt ihm auf den Thron. Er wird der letzte Zar sein.

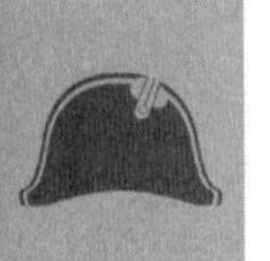

Russland und der Westen

Ohne die von **Peter I.** an der Wende zum 18. Jahrhundert im großen Maßstab und in allen Bereichen vollzogenen Reformen hätte sich die russische Kultur ohne Zweifel nicht entwickeln können. Die Tatsache, dass Peter seine Hauptstadt nach St. Petersburg verlegte, war bereits ein Schritt in Richtung **Verwestlichung**. Während des gesamten 19. Jahrhunderts wird die große intellektuelle Debatte in Russland darum gehen, ob man den westlichen Weg weiterverfolgt oder sich auf den nationalen Geist des Landes besinnt. Das Zögern Russlands, diese Frage direkt zu beantworten, zeigt, dass stets der

Wunsch vorhanden war, eine eigene nationale Identität zu entwickeln. Deutschland hat im 18. Jahrhundert Russland die Aufklärung vermittelt. In der kultivierten Gesellschaft herrscht die deutsche Sprache bis zum letzten Viertel des 18. Jahrhunderts vor. Im akademischen Milieu wird sie diesen Platz sogar bis zum 19. Jahrhundert behalten. Die Aufklärung beeinflusst die Gebildeten und den kultivierten Adel, die den Ideen Voltaires, Helvétius' und Rousseaus folgen, und deshalb sprechen sie deren Sprache. Die **Französische Revolution** stößt jedoch nach der Exekution des Königs und der jakobinischen Diktatur mit ihren Exzessen auf immer weniger Sympathisanten. Bis dahin hatte sich das alte Russland als eine Ständegesellschaft präsentiert. Die von Peter dem Großen umgesetzten Reformen markieren einen tiefen spirituellen Bruch, der auch die Gesellschaft erfasst und einen Graben zwischen der führenden Elite und den Massen schafft, was während des gesamten Jahrhunderts anhalten wird. Die absolute Herrschaft gelangt an ihr Ende. Die technischen und wirtschaftlichen Entwicklungen richten sich nach Europa aus, um erfolgreich sein zu können. Die Grundlagen des Bildungssystems werden vom religiösen Joch befreit. Währenddessen schließt sich der Adel in allen Bereichen des Lebens Westeuropa an. Die Konsequenzen im Bereich der Künste, der Kultur und des Wissens sind gewaltig, aber nur langsam zu spüren. Wie überall sonst begünstigen die Entwicklung der Lehre, die Einrichtung von Schulen und der Aufschwung der Universitäten den Zugang breiter Schichten zur Kultur. So werden etwa Lehrinstitute errichtet; 1810 wird die militärische ingenieurtechnische Universität Sankt Petersburg gegründet, das erste höhere Bildungsinstitut in Russland. Im 19. Jahrhundert vollzieht die russische Kunst die gleiche stilistische Entwicklung wie Europa mitsamt Romantik und Realismus, allerdings nicht in deren zeitlicher Ausdehnung.

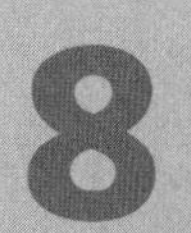

2. Die Kunst in Russland

Die Architektur

Das 18. Jahrhundert war im Bereich der Kunst durch beträchtliche Anleihen beim Westen gekennzeichnet, was für alle Bereiche galt, auch für die Architektur mit den in St. Petersburg errichteten Bauten: **Jean-Baptiste Le Blond** (1679–1719) entwirft Gärten, **Domenico Trezzini** (1670–1734) baut zahlreiche Häuser. Das Werk von **Francesco Bartolomeo Rastrelli** (1700–1771), dem ersten

Hofarchitekten der Kaiserin Elisabeth, der 75 Gebäude entwirft, darunter den Winterpalast in St. Petersburg, bestimmt den russischen Barock. Der Klassizismus kommt auf mit **Jean-Baptiste Vallin de La Mothe** (1729–1800), dem Erbauer der Ermitage und der Newa-Quais. Über ihn lernen die Russen den Louis-seize-Stil kennen. Einer der Schüler Vallins, **Wassili Iwanowitsch Baschenow** (1737–1799), wird mit dem Bau des neuen Kreml-Palasts betraut, doch das Projekt dieses Visionärs wird nicht realisiert. Nach und nach entwickeln die russischen Architekten einen nationalen Stil, indem sie klassizistische Formen aufgreifen und weiterentwickeln. Im «russischen Empire-Stil» wird der Raum zum beherrschenden Zentrum der Architektur. Das Gebäude der Admiralität in Petersburg, von **Andrejan Dmitrijewitsch Sacharow** (1761–1811) entworfen, ist dafür das beste Beispiel. Auch **Carlo Rossi** (1775–1849) errichtet ab 1810 Bauten von gleicher Qualität: das Generalstabs-Gebäude neben dem Zarenpalast, dazu das Ensemble von Senat und Synode. In Moskau ist die Architektur der zweiten Hälfte des 19. Jahrhunderts durch Bauten großen Ausmaßes gekennzeichnet, die allmählich die klassizistische Formensprache zugunsten einer eklektizistischen aufgeben.

Die Malerei

Das 18. Jahrhundert war das Goldene Zeitalter des Porträts gewesen; hier wirkten **Iwan Nikitin** (1680–1741) und **Andrei Matwejew** (1701–1739); während der Herrschaft von Elisabeth kamen zusätzlich viele ausländische Maler. Bis zum 19. Jahrhundert ist die russische Malerei stark von Westeuropa beeinflusst. **Iwan Argunow** (1729–1802) findet seine Vorbilder in der Malerei von Hyacinthe Rigaud oder Jean-Marc Nallier. Mit der Gründung der Akademie der Schönen Künste 1757 in St. Peterburg kommt die Historienmalerei auf. Die Professoren für Malerei sind Franzosen: **Louis Jean François Lagrenée** (1725–1805), genannt **d. Ä.**, und **Gabriel François Doyen** (1726–1806). Zu Beginn des 19. Jahrhunderts bestimmt die Romantik die Malerei; das Porträt kommt zu Ehren mit **Orest Adamowitsch Kiprenski** (1782–1836) und seinem Porträt von *Adam Shvabler* (1804). Die Malerei von **Sylvester Feodossijewitsch Schtschedrin** (1791–1830) eröffnet die *Plein-Air*-Landschaftsmalerei. Die Genremalerei hat in **Alexis Gawrilowitsch Wenetianow** (1780–1847) ihren Meister mit seinen Szenen aus dem Landleben wie etwa *Der schlafende Schäfer*. Die Historienmalerei folgt mit **Karl Pawlowitsch Brjullow** (1799–1852) und seinem Bild *Der letzte Tag von Pompeji* (1830–1833).

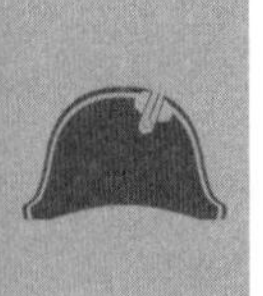

Die **zweite Hälfte des 19. Jahrhunderts** ist durch den Einfluss philosophischer und ästhetischer Ideen gekennzeichnet, durch die intensive Entwicklung von Wissenschaft und Technik, in der Literatur durch den Realismus von Tolstoi und Tschechow, der seinerseits auf die Malerei abfärbt. **Wassili Grigorjewitsch Perow** (1834–1882) will die Wunden der Gesellschaft anprangern, was auch für **Wassili Wladimirowitsch Pukirew** (1832–1890) gilt.

1864 weigert sich eine Gruppe von Künstlern, an einem Wettbewerb an der Akademie mitzuwirken, weil sie zeitgenössische russische Themen bevorzugen: Dies ist der **Aufstand der Vierzehn**, der den Weg zu einem neuen Realismus öffnet, der frei ist von allem Sentimentalen, aber auch Ärmlichen in der Malerei. Die Photographen bekunden ihre Verbundenheit mit alten russischen Gebräuchen; ab 1860 halten sie die russische Seele auf ihren Filmen fest: Feldarbeit, Handwerk. Diese Suche nach Identität setzt sich in allen künstlerischen Bereichen fort, so auch in der Malerei. Die Volkskunst wird in den letzten Jahren des 19. Jahrhunderts aufgegriffen und zur Quelle einer neuen Ästhetik. Ihre Rolle wird im russischen Jugendstil bestimmend.

Wiktor Michailowitsch Wasnezow (1848–1926) findet seine Themen in russischen Erzählungen, etwa den *Drei Recken*, drei legendären Rittern, die gegen die Mongolen kämpften. **Michail Alexandrowitsch Wrubel** (1856–1910) entwickelt seinen eigenen Stil vom Akademismus, ausgehend von Fresken und byzantinischen Mosaiken. 1899 ersetzt die Zeitschrift *Mir Iskusstwa – Welt der Kunst*, gegründet von **Alexander Nikolajewitsch Benois** (1870–1960) und **Sergei Pawlowitsch Djagilew** (1872–1929), das slawophile Ideal durch ihren Kosmopolitismus und stellt *l'art pour l'art* der gesellschaftlichen Kunst gegenüber. Die 1907 in Moskau veranstaltete Ausstellung bildet den Ausgangspunkt der russischen Kunst, die nun 25 Jahre lang geradezu sprudelt. 1910 versammelt die Ausstellung *Karobube* Künstler, die sich vom Primitivismus angezogen fühlen, darunter **Alexander Wassiljewitsch Kuprin** (1880–1960), der einer der Organisatoren ist.

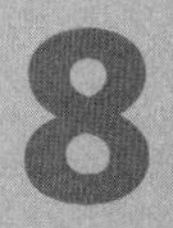

Die Skulptur

Die Bildhauerei entwickelt sich in Russland ab der zweiten Hälfte des 18. Jahrhunderts dank der Lehrtätigkeit von **Nicolas François Gillet** (1758–1778), von dem man sagt, er habe mehr Schüler als Statuen geformt. Bis zu dem Zeitpunkt waren vollplastische Statuen in Kirchen bei Strafe untersagt, es drohte die Verurteilung wegen Götzenanbetung. Der Reformwille Peters I. ist die

Geburtsstunde der weltlichen Skulptur in Russland. Gillet bildet die ersten bedeutenden Bildhauer aus: **Fedot Iwanowitsch Schubin** (1740–1805), **Michail Iwanowitsch Koslowski** (1740–1802). Katharina II. holt **Marie-Anne Collot** (1748–1821) an ihren Hof; sie ist die erste Frau, die sich in dieser Kunst auszeichnet. Ihre Anwesenheit ist an die von Étienne-Maurice Falconet gebunden, der gekommen ist, um die Kolossalstatue Peters I. zu schaffen; Maria-Anne Collot erschafft den Kopf der Statue. Collot arbeitet ausschließlich als Porträtistin, Katharina II. lässt ihre Büsten in Zarskoje Selo aufstellen: *Kopf eines russischen Mädchens* (1769), *Graf Orlow* (1767). Die Bildhauerei profitiert von den Aufträgen, die die Architekten erteilen – etwa für die Karyatiden am Admiralitätspalast, 1812 gestaltet von Feodossi Fjodorowitsch Schtschedrin. Vom Ende des 19. Jahrhunderts stammen *Iwan der Schreckliche* (1871) von **Mark Matwejewitsch Antokolski** (1843–1902) und das Denkmal für Katharina II. in St. Petersburg von **Michail Ossipowitsch Mikeschin** (1835–1896). Diese Werke sind von betontem Realismus.

3. Die russische Literatur: Erste Schritte zur Öffnung

Die russische Literatur wurde durch die Reformen Peters des Großen gefördert. Die Entwicklung der Wissenschaft zieht die Übersetzung und Veröffentlichung zahlreicher Werke nach sich; mit der Gründung der ersten öffentlichen Zeitung rückt die kirchliche hinter die weltliche Literatur. Dieser erste Öffnungsschritt ermöglicht der Literatur, sich den Themen und klassischen Genres der Aufklärung zuzuwenden. Vor allem Katharina II. ist der erste Höhenflug der russischen Literatur zu verdanken; die Zarin bezeugt ein starkes literarisches Interesse und gründet 1783 die Russische Akademie. So kann zu Beginn des 19. Jahrhunderts die russische Literatur in ihrer eigenen Nationalsprache und nachdem sie sich die literarischen Genres Europas zu eigen gemacht hat, ihre eigenen Gedanken, ihre eigenen Leiden in der aufkommenden Romantik ausdrücken.

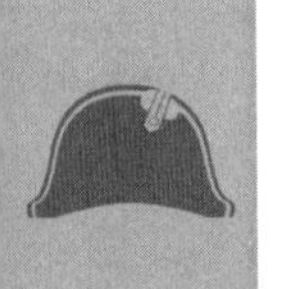

Russisch-nationale Romantik

Erst durch **Alexander Sergejewitsch Puschkin** (1799–1837) entsteht eine nationale russische Romantik. Sein wichtigstes Werk, *Boris Godunow* (1825), ist ein fünfaktiges Drama. Puschkin verfasst auch eine Art bürgerliches Epos, ein realistisches und gleichzeitig poetisches Sittengemälde, das auf der Krim angesiedelt ist: *Der Gefangene im Kaukasus* (1822) sowie Erzählungen wie *Pique Dame* (1834). Die nationale Literatur erhält ihren Adelsbrief erst mit **Nikolai Wassiljewitsch Gogol** (1809–1852), dem Schöpfer der «natürlichen», realistischen Schule. Er debütiert mit *Abende auf dem Weiler bei Dibanka* (1831–1832), doch sein erster großer Erfolg ist die Novelle *Der Mantel* (1843), geschrieben im realistischen Stil Balzacs. In seinem Hauptwerk *Die toten Seelen* (1835), einem unvollendeten Roman, liefert er kraftvoll eine Abfolge von Bildern aus dem russischen Leben. *Taras Bulba* (1839), eine Erzählung, ist das Ergebnis tiefgreifender Recherchen über alte russische Epen; die Handlung spielt im 16. Jahrhundert während des Kampfes der Kosaken gegen Polen und Russen. **Iwan Sergejewitsch Turgenew** (1818–1883) ist um 1850 der am meisten gelesene Autor in Paris. In der zweiten Hälfte seines Lebens reist er nach Frankreich und unterhält enge Beziehungen zu Autoren wie Mérimée, Flaubert und Zola. Auch seine Schreibweise zeigt ihn als dem Westen zugehörig: Die *Aufzeichnungen eines Jägers* (1847) werden geschrieben, um Stimmung gegen die Leibeigenschaft zu machen. In seinem ersten Roman *Rudin. Ein Adelsnest* (1856) zeichnet er einen jungen Utopisten, der glaubt, seine Ideen hätten Einfluss auf seine Zeit.

Auf dem Weg zum modernen russischen Roman

Der moderne russische Roman ist von seinem Wesen her eine Schöpfung der russischen Intelligenzija, die Literatur als Mittel der Gesellschaftskritik ansieht. Die Universität Moskau ist eines ihrer wichtigsten Zentren. Die **Slawophilen** sind die intellektuellen Erben von Edmund Burke, Joseph de Maistre, Herder und Schelling, so wie die **Westler** ihrerseits Schüler von Voltaire und den Enzyklopädisten und später von Hegel, Saint-Simon, Fourier und Comte sind. Sie deuten die Isolierung und Einsamkeit des modernen Menschen als Konsequenz des Problems der Freiheit.

■ **Fjodor Michailowitsch Dostojewski** (1821–1881) zeichnet seine Helden in der Auseinandersetzung mit diesem Problem und verherrlicht in seinen Romanen die Solidarität der Menschen und die Liebe, um so dem Nihilismus etwa eines Flaubert zu entgehen. Für ihn ist der Quell allen Übels unser Wünschen und unser Stolz. Der einzige Weg zum Heil bleibt die Demut. Vor allem erweist sich Dostojewski als Schriftsteller der menschlichen Psyche: *Arme Leute* (1846), *Schuld und Sühne* (1866), *Die Dämonen* (1871), *Die Brüder Karamasow* (1880).

■ **Lew (Leo) Nikolajewitsch Graf Tolstoi** (1828–1910), weniger nationalistisch als Dostojewski, beschäftigt sich dafür mehr mit dem Evangelium, das für ihn, mit allen Konsequenzen bis zum Absurden weitergedacht, zum Anarchismus führt. Tolstoi ist vor allem durch seine beiden Großwerke bekannt, *Krieg und Frieden* (1864–1869) und *Anna Karenina* (1873–1877). Seine Werke aus den 1850er Jahren und dem Beginn der 1860er Jahre experimentieren mit neuen Formen, um die eigenen moralischen und philosophischen Anliegen auszudrücken. Nachdem er *Anna Karenina* beendet hat, fällt Tolstoi in einen Zustand tiefer existentieller Verzweiflung. Zunächst von der orthodoxen russischen Kirche angezogen, befindet er aber, dass diese wie auch alle anderen christlichen Kirchen korrupte Institutionen seien, die die wahre Natur des Christentums gründlich verfälscht hätten. Nachdem er für sich die wirkliche Botschaft Christi entdeckt und seine lähmende Todesangst überwunden hat, widmet Tolstoi den Rest seines Lebens der Entwicklung und der Verbreitung seiner neuen religiösen Überzeugung. 1901 wird er von der russisch-orthodoxen Kirche exkommuniziert. Den Konflikt von Individuum und Gesellschaft betrachtet er nicht als unvermeidliche Tragödie, sondern als Unheil, das einem Mangel an Einsicht und moralischem Empfinden zuzuschreiben ist. Zu seinen Werken gehören ebenfalls: *Die Kreutzersonate* (1889), *Auferstehung* (1899), *Die Macht der Finsternis* (1886).

Russische Themen: Tschechow, Gorki

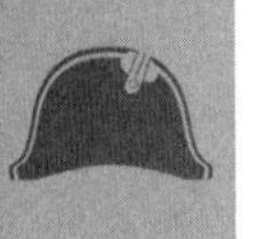

Nach **Gogol** und **Puschkin**, den Vorläufern aus der ersten Hälfte des 19. Jahrhunderts, findet die russische Literatur um 1850 ihre Form und widmet sich spezifisch russischen Problemen. Psychologische und gesellschaftliche Analyse sind die beiden beherrschenden Themen der Romane jener Zeit. Die Prosa wird vom psychologischen Roman dominiert, doch auch die Novelle gewinnt an Boden.

■ **Anton Pawlowitsch Tschechow** (1860–1904) ist (dagegen) besonders auf die dramatische Kunst aus. Im Theater verzeichnet er viele Erfolge: *Die Möwe* (1895–1896), *Drei Schwestern* (1901), *Der Kirschgarten* (1903), *Onkel Wanja*

(1897). Tschechow schafft eine schier unendliche Galerie von Personen, deren Gemeinsamkeit ihre Angst vor dem nächsten Tag, die Furcht vor dem Leben ist.

■ **Maxim Gorki** (1868–1936) bringt auch Vagabunden und arme Schlucker auf die Bühne. Die so oft bei Tschechow anzutreffende Komik fehlt bei ihm völlig: *Der Spitzel* (Erzählung, 1908), *Die Mutter* (Roman, 1906–1907). Sein Erfolg hängt im Wesentlichen mit der Unmittelbarkeit der von ihm dargestellten Personen zusammen, denen er eine bestimmte Vorstellung vom Leben verleiht, selbst wenn sie sich als Langeweile zusammenfassen lässt. Gorki hat zudem ein wahres Epos des Proletariats verfasst: *Die Eheleute Orlow* (Erzählung, 1902).

Die Generation von 1910 weist die vollständige Abhängigkeit der Dichtung von der Mystik zurück. Zu dieser neuen Richtung gehören auch **Wladimir Wladimirowitsch Majakowski** (1893–1930) und **Boris Leonidowitsch Pasternak** (1890–1960). Die Dichtung begreift sich als reine Schöpfung, nicht als Objekt der Erkenntnis. Boris Pasternak, 1958 mit dem Nobelpreis geehrt, ist Verfasser von Novellen, autobiographischen Texten und vor allem des Romans *Doktor Schiwago* (1957).

4. Skandinavien im 19. Jahrhundert

Die Geschichte Skandinaviens im 19. Jahrhundert ist die des Entstehens verschiedener Nationen unter politisch schwierigen und kriegerischen Bedingungen. Innerhalb des skandinavischen Blocks versucht Schweden seine Hegemonie auszuüben; von außen will das russische Reich Finnland annektieren. Dänemark und Norwegen müssen ständig um ihre Identität und ihre eigenen Institutionen kämpfen. Alles fängt 1814 und 1815 nach dem Untergang des napoleonischen Reichs an. Schweden absorbiert Norwegen und vereinigt beide Länder unter einem Monarchen. Russland legt Hand an das Großherzogtum Finnland, Dänemark und das Herzogtum Schleswig-Holstein. Nach mehreren Kriegen erhält Norwegen 1905 seine Unabhängigkeit, Finnland die seine anlässlich der Russischen Revolution 1917. Schleswig und Holstein werden Preußen zugeschlagen, nachdem es 1864 mithilfe der Österreicher über die Dänen gesiegt hat.

Die Literatur in Dänemark, Schweden, Norwegen

Die dänische Literatur

Der Philosoph **Søren Kierkegaard** (1813–1855) steht an der Spitze der existentialistischen Bewegung. Seine Schrift *Furcht und Zittern* (1843) bezeugt das Schwanken der Gefühle dieses Lutheraners zwischen Angst und dem durch Hoffnung gestärkten Glauben. **Hans Christian Andersen** (1805–1875) hingegen schreibt Erzählungen, die hauptsächlich für Kinder bestimmt sind, auch wenn die dort geschilderten Probleme der Welt der Erwachsenen angehören. Die Einflüsse von Positivismus, Rationalismus und Darwinismus sind überall zu spüren. Nach der politischen Resignation, die auf das Jahr 1864 folgt, sammelt **Georg Brandes** (1842–1927), Literaturhistoriker materialistischer Ausrichtung, Nietzscheanhänger und Naturalist, eine Bewegung von Realisten um sich. Bei diesen Zusammenkünften predigt er die Rückkehr zu den Werten der Französischen Revolution. **Holger Drachmann** (1846–1908) ist eine Art dänischer Shakespeare. Alle Genres und Sujets faszinieren ihn: alte Geschichte, skandinavische Folklore, soziale Fragen. Seine wichtigsten Werke sind: *Völund der Schmied* (Theaterstück, 1896), *Renaissance* (Melodram, 1908) und *Brav-Karl* (1897). **Johannes Jorgensen** (1866–1956) vertritt den Symbolismus. Die Aufmerksamkeit der katholischen Öffentlichkeit gewann er zunächst mit seiner Konversion, dann mit einer Biographie über den *Heiligen Franz von Assisi* (1907), die eine Erneuerung des Genres darstellt. **Johannes Vilhelm Jensen** (1873–1950) zeichnet sich durch eine regionalistische Literatur aus, in der er die Rückkehr zur Natur preist. 1944 wird sein Werk mit dem Literaturnobelpreis geehrt.

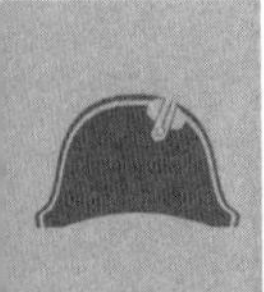

Die schwedische Literatur

Die schwedische Literatur wird zum ersten Mal durch **August Strindberg** (1849–1912) in Europa bekannt. In seinen Novellen und Dramen *Das Geheimnis der Gilde* (1881), *Heiraten* (1884), *Die erste Warnung* (Einakter, 1893), *Ein Traumspiel* (1902) geht er vom Sozialismus über zum Individualismus, danach zu einem christlichen Mystizismus, der symbolistisch gefärbt ist. **Selma Lagerlöf** (1858–1940) wird durch die Veröffentlichung von *Gösta Berling* (1891) berühmt. Die Personen dieses Buches sind sämtlich Schweden. Lagerlöfs bekanntestes Werk ist *Nils Holgerssons wunderbare Reise durch Schweden* (1906). Es ist eine

Beschreibung schwedischer Landschaften, die ein Kind auf dem Rücken einer Wildgans wahrnimmt. 1909 erhält Selma Lagerlöf den Nobelpreis. Für viele ist ihr Hauptwerk jedoch das *Mädchen aus Dalarne* (*Anna Svärd*, Teil einer Trilogie, 1928).

Die norwegische Literatur

Die ältesten Schriften sind Runen-Inschriften, die bis ins 4. Jahrhundert n. Chr. zurückgehen. Im 11. Jahrhundert unterliegt die norwegische Literatur immer mehr isländischen Einflüssen, im 13. dann französischen. Danach folgen fast 400 Jahre der Stille. In der zweiten Hälfte des 19. Jahrhunderts wird die Literatur «westeuropäischer»: mit **Björnstjerne Björnson** (1832–1910) und **Henrik Ibsen** (1828–1906). Ersterer lebt in Frankreich und mischt sich in die politische Agitation ein, wird Dichter, Dramatiker und Romancier. Seine Werke, darunter *Das Fischermädchen* (1877), enthalten viel Lokalkolorit. 1903 erhält er den Nobelpreis. Ibsens Werk entwickelt sich von der Neo-Romantik zur Sozialkritik. Er will die Lebenslügen demaskieren, studiert die Beziehungen zwischen den Geschlechtern und die Persönlichkeit der Frau. Um 1890 begeistern sich Kritiker und das gebildete Publikum Westeuropas für diesen Autor und seine zahlreichen originellen Theaterstücke: *Nora oder Ein Puppenheim* (1879), *Hedda Gabler* (1890)

An der Wende zum 20. Jahrhundert

Knut Hamsun (1859–1952) ist so bedeutend für die erzählerische Literatur wie Ibsen für das Theater. 1920 erhält er den Nobelpreis. Er ist von russischer und amerikanischer Literatur beeinflusst, hat einen geschärften Sinn für das Irrationale in der menschlichen Natur – zu Beginn des 20. Jahrhunderts ein gesuchtes Thema. Fast immer kämpfen seine Romanhelden mit der sie umgebenden Welt und sind voller Probleme: *Segen der Erde* (1917). **Sigrid Undser** (1882–1949) zeichnet in ihren ersten Romanen unglückliche Schicksale nach; dabei beschreibt sie meistens Frauen. Ihr wichtigstes Werk ist *Kristin Lavranstochter* (Trilogie, 1920–1922), eine Reminiszenz des skandinavischen Mittelalters. Aus der Zeit nach dem Ersten Weltkrieg sollte der Name von **Tarjei Vesaas** (1897–1970) genannt werden; zu seinen Werken gehören *Die Vögel* (1957) und *Das Eis-Schloss* (1963). **Dag Solstad** (geb. 1941) gilt als einer der besten lebenden Schriftsteller. Sein Werk ist voller Pessimismus: *Elfter Roman, achtzehntes Buch* (2004).

VII

Die USA im 19. Jahrhundert (1787–1914)

1. Die politische Entwicklung

Die amerikanischen Institutionen

Das Jahr 1787 ist das Geburtsjahr der amerikanischen Demokratie. Daraus resultiert ein grundlegender Konflikt, denn die Föderalisten wollen eine wirksame und somit mächtige Zentralregierung; die Anti-Föderalisten bzw. Republikaner aber fürchten die Beschneidung oder gar den Verlust individueller Freiheiten. Von Mai bis September 1787 versammeln sich 55 Delegierte in Philadelphia. **Benjamin Franklin** (1706–1790), der schon Mitverfasser der Unabhängigkeitserklärung von 1776 war, und **George Washington** (1732–1799) benutzen ihren Einfluss, um die Annahme des entsprechenden Gesetzestextes voranzutreiben. Man bezeichnet die Unterzeichner dieser Urkunde als die Gründerväter der USA, wie auch all diejenigen, die schon die Unabhängigkeitserklärung unterzeichnet haben. Die Verfassung von 1787 definiert das Recht jedes einzelnen Staats, ein jeder mit eigener Regierung, einem gewählten Gouverneur, einer oder mehreren Versammlungen, mit eigenen Gerichten und Beamten, mit eigener Gesetzgebung für die örtliche Verwaltung, Polizei, Justiz, Lehre, Religionen und die öffentlichen Aufgaben. Über den einzelnen Staaten regelt eine föderale Regierung die Fragen, die die Föderation als Ganze betreffen, etwa die Außenpolitik. Die Exekutivgewalt wird dem Präsidenten der USA übertragen, der für vier Jahre gewählt wird und einen Vizepräsidenten zur Seite hat; im Falle einer Amtsenthebung des Präsidenten erfolgt die automatische Einsetzung des Vizepräsidenten, da er zur selben Zeit und gleichfalls für vier Jahre gewählt wurde. Der Präsident wird durch Wahlmänner gewählt; jeder Staat bestimmt so viele Wahlmänner, wie er Mitglieder im Kongress stellt. Der Präsident ist Oberbefehlshaber der Armee, der Diplomatie und der Bundesverwaltung. Er kann sein Veto gegen ein vom Kongress abgestimmtes Gesetz einlegen; es sei denn, eine Mehrheit von zwei Dritteln ist in beiden Kammern

vorhanden. Die Legislative für den Bund liegt beim Kongress, der sich aus dem Repräsentantenhaus – auf zwei Jahre gewählt, in dem die Anzahl der Abgeordneten eines jeden Staates seiner Bevölkerungsanzahl entspricht – und dem Senat zusammensetzt, der alle zwei Jahre zu einem Drittel erneuert wird und in dem jeder Staat zwei Senatoren stellt. Der Kongress stimmt über die Gesetze und den Haushalt ab. Ein Oberstes Bundesgericht besteht aus neun auf Lebenszeit vom Präsidenten ernannten Richtern. Als Wächter der Verfassung regelt es Unstimmigkeiten zwischen Bürgern, Bundesstaaten und Bundesregierung. Es entscheidet in letzter Instanz über die Verfassungsmäßigkeit von Gesetzen. Die Föderalisten sind mit den ersten beiden Präsidenten an der Macht: **George Washington** (reg. 1789–1797) und **John Adams** (reg. 1797–1801). Ihnen folgen drei republikanische Präsidenten: **Thomas Jefferson** (reg. 1801–1809), **James Madison** (reg. 1809–1817) und **James Monroe** (reg. 1817–1825).

Ausdehnung und Eroberung

Eines der Probleme der Regierung besteht in der Vergrößerung des nationalen Terrains. Die 13 ursprünglichen Kolonien, nun zu den ersten 13 amerikanischen Bundesstaaten geworden, sind durch verschiedene Vorgänge im Jahre 1860 auf 31 angewachsen. Louisiana wird 1803 für 80 Millionen Francs (1 Gold-Franc entspricht 3,22 g Gold) von Napoleon gekauft (*Louisiana Purchase*). Spanien verkauft 1819 Florida, Mexiko verkauft 1848 Texas, Kalifornien und New Mexico; alle Staaten sind schon von den USA besetzt gewesen. 1846 verzichtet Großbritannien auf Oregon. Die Eroberung des Westens, also der Länder westlich des Mississippi, fasziniert und erschreckt zugleich. Am Ende des 18. Jahrhunderts leben ungefähr 200 000 Pioniere dort. 1779 stimmt Maryland über eine Resolution ab, die den Westen als Bundesterritorium ansieht. Diese Resolution wird durch eine Verordnung im Jahre 1787 bestätigt, was zur genauen Formulierung dieses Status führt: Kein Bundesstaat besitzt diese Territorien als sein ausschließliches Eigentum. 1846 kontrollieren die USA mit Oregon praktisch ihr gesamtes heutiges Gebiet, mit Ausnahme eines Grenzstreifens im Süden von Arizona und New Mexico. Dieser wird endlich 1853 von Mexiko verkauft. Die Längen- und Breitengrade legen die Grenzen der zukünftigen Bundesstaaten fest, was ihre geometrische Form erklärt. Es bedarf einer männlichen Bevölkerung von 60 000 Personen, um vollständig als Bundesstaat anerkannt zu sein. Jeder dieser Staaten ist in Kommunen von rechteckigem Grundriss eingeteilt, wobei jede Seite ca. 6 Meilen oder 10 km

lang ist. Im Inneren dieses Plans sind die Parzellen begrenzt und werden an Siedler verkauft. Die Umsiedlung der Bevölkerung ist spektakulär: Aus anfangs 200 000 Siedlern werden gegen 1820 bereits 2 Millionen, dann um 1850 10 Millionen. Zwischen 1862 und 1869 wird die erste transkontinentale Eisenbahnlinie erbaut, die die beiden Küsten miteinander verbindet.

Der Zweite Unabhängigkeitskrieg

Oft wird verkannt, dass die USA von 1812 bis 1814 **einen zweiten Unabhängigkeitskrieg** gegen England führen müssen. Die Engländer üben ihr «Besuchsrecht» bis zum Exzess aus, inklusive des Rechts, amerikanische Schiffe zu betreten und notfalls die Matrosen in ihre Gewalt zu bringen, deren Nationalität schwierig zu bestimmen ist: Amerikaner oder Engländer? Dazu kommt ein neu gewählter Kongress, dessen Mitglieder in der Mehrzahl anglophob, gegen England eingestellt sind. Am 18. Juni 1812 erklären die USA Großbritannien den Krieg. Erfolge und Misserfolge folgen einander auf beiden Seiten. Am 25. Juli 1814 wird die Schlacht von Lundy's Lane, unweit der Niagarafälle, zur blutigsten – mit fast 1800 Toten. Die Engländer behalten dort nur knapp die Oberhand. Am 24. August 1814 dringen sie in Washington ein, brennen mehrere offizielle Gebäude und den Präsidentenpalast nieder. Präsident Madison flieht nach Virginia. Nach seiner Rückkehr wird seine Residenz weiß angestrichen, um die Spuren des Feuers zu verbergen; man nennt seinen Amtssitz seitdem das «Weiße Haus», diese Bezeichnung wird von Theodore Roosevelt offiziell übernommen. Das Jahr 1814 ist eine einzige Abfolge amerikanischer Siege über die Engländer, die im Übrigen mit dem Niedergang der Macht Napoleons in Europa beschäftigt sind. Der Frieden von Gand (24. Dezember 1814) besiegelt die Rückkehr zum ursprünglichen Zustand. Doch der Konflikt setzt sich bis zum 8. Januar 1815 fort, als General **Andrew Jackson** die spektakuläre Schlacht von New Orleans gewinnt. Von 1829 bis 1837 wird er amerikanischer Präsident.

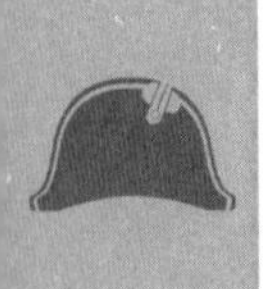

Das Indianer-Problem und das Spoil-System

Eine Konsequenz aus diesem Krieg ist die Verkündigung der Monroe-Doktrin, die einige Jahre später erfolgt. Sie wird oft in der lapidaren Formel «Amerika den Amerikanern» zusammengefasst. In seiner jährlichen Botschaft an den Kongress vom 2. Dezember 1823 formuliert Präsident **James Monroe** (reg.

1817–1825) die Position, die bis zum Zweiten Weltkrieg die der USA bleibt. Sie definiert dreierlei:

- Nord- und Südamerika sind nicht mehr für die europäische Kolonisierung geöffnet;
- jede europäische Intervention auf dem amerikanischen Kontinent gilt als direkte Bedrohung der Vereinigten Staaten;
- die USA werden nicht bei europäischen Angelegenheiten intervenieren. Dieser Punkt erklärt zum Teil den späten Eintritt der USA in die beiden Weltkriege.

Die Republikaner bleiben von 1801 bis 1829 an der Macht. Sie repräsentieren wohl die Nordstaaten, aber verärgern die Sklavenhalterstaaten des Südens und die neuen Staaten, die sich im Westen bilden. 1829 wird der aus Tennessee stammende **Andrew Jackson** (reg. 1829–1837) zum Präsidenten der USA gewählt. Als Sieger über die Engländer und die Indianer wird er am Tag seiner Wahl beinahe zum Opfer seiner Popularität. Seine Parteigänger drängen sich in so großer Zahl, dass er beinahe erstickt worden wäre. Danach stürmen seine Anhänger, trunken vor Freude, das Weiße Haus, das sie ausplündern. Jacksons Mandate sind durch die **Indianerkriege** gekennzeichnet; die Indianer werden ab jetzt in Reservate abgeschoben. Jackson ist der erste Präsident der Demokraten. Die demokratische Partei entstand aus einem Zusammenschluss von Repräsentanten der Süd- und der Weststaaten. Diese Koalition währt bis zum Sezessionskrieg. Jackson macht sich unbeliebt, als er das *spoil system* in die Bundesverwaltung einführt. Als Demokrat entlässt er republikanische Beamte, um ihre Posten seinen Demokraten anzuvertrauen. Dieses System ist noch heute in Kraft: Jeder neue Präsident installiert seine eigene Verwaltung, auch wenn die vorige erfolgreich war. Dieses Vorgehen, außerhalb der USA oft kaum verstanden, beruht aber auf dem demokratischen Willen, einer möglichst großen Anzahl von Menschen die Möglichkeit zu geben, einen Platz innerhalb der Bundesadministration einzunehmen.

Die Sklaverei

Die Nachfolger Jacksons, meistens Demokraten, sind unter dem wenig ruhmreichen Spitznamen *black horses*, schwarze Pferde, bekannt. Es soll die bescheidene Mittelmäßigkeit ihrer Amtszeiten bezeichnen. In dieser Periode von 1837 bis 1861 verschlechtert die Sklavenfrage das Verhältnis unter den Staaten. Es besteht ein Gleichgewicht von Staaten mit und ohne Sklaverei, was bis zur Eroberung des Westens andauert. Doch dann stellt sich das Problem der Wahl für die Neuankömmlinge. Der Missouri-Kompromiss (1820) schlägt hierfür eine geographische Lösung vor: Sklaverei ist nur südlich des 36. Breitengrades erlaubt, der Südgrenze von Missouri. Der Kompromiss funktioniert mehr schlecht als recht bis 1854, als er außer Kraft gesetzt wird; 1857 wird er für verfassungswidrig erklärt.

Der Konflikt verschärft sich drastisch durch eine Reihe von Kampagnen, die in den Nordstaaten lanciert werden: Vor allem Quäker und philanthropische Gesellschaften starten Initiativen zugunsten der Abschaffung der Sklaverei: *Abolition*. Das heimliche Netz der *Underground Railroad* verhilft den Sklaven zur Flucht, indem sie auf geheimen Wegen sogar bis nach Kanada gebracht werden. Eine neue Partei, die Republikaner – bis auf den Namen ohne jede Verbindung zu ihrem Vorgänger –, zieht Menschen an, die sich für die Begrenzung, später die Abschaffung der Sklaverei 1854 aussprechen. Die Koalition aus Süd- und Nordstaaten platzt; die Nordstaaten nähern sich den Staaten des Nordostens an, die für die Abschaffung der Sklaverei sind.

■ **Harriet Beecher-Stowe** (1811–1896) veröffentlicht 1852 zunächst im Feuilleton ihren Roman *Onkel Toms Hütte*, worin sie die schweren Lebensbedingungen der Sklaven auf den Plantagen anprangert. Es ist der erste und größte Bestseller, nach der Bibel das meistverkaufte Buch im 19. Jahrhundert in Amerika. Diese Geschichte popularisiert das stereotype Bild der unerschütterlichen Loyalität der schwarzen Sklaven und verbreitet die Idee der Aufhebung der Sklaverei.

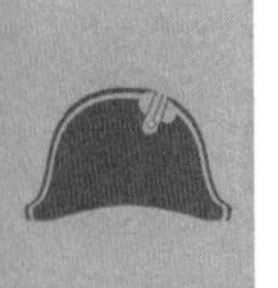

Der Sezessionskrieg (1861–1865)

1860 wird **Abraham Lincoln** (reg. 1860–1865), ein Republikaner, zum Präsidenten gewählt. Er will die Abschaffung der Sklaverei und den Erhalt der Union – gegen die Südstaaten, die die Sezession wollen. Der Bruch vollzieht sich in mehreren Etappen zwischen Dezember 1860 und April 1861. Am 20. Dezember 1860 vollzieht South Carolina als erster Staat die Sezession, gefolgt von Mississippi, Florida, Alabama, Georgia, Louisiana, Texas, North Carolina, Virginia (aber nicht West Virginia), Tennessee und Arkansas. Diese Staaten übernehmen im März 1861 die Verfassung der Konföderierten Staaten Amerikas; es ist die endgültige Version einer provisorischen Verfassung, die seit Februar in Gebrauch war. Der erste und einzige Präsident, der gewählt wird, ist **Jefferson Davis** (reg. 1861–1865). Am 12. April 1861 greifen die Südtruppen unter General **Pierre Gustave Toutant de Beauregard** (1818–1893) Fort Sumter vor Charleston in South Carolina an, das von einer Nord-Garnison gehalten wird. Damit ist der Sezessionskrieg eröffnet. Im Mai 1861 wird Richmond, Virginia, zur Hauptstadt der Konföderierten.

Der Sezessionskrieg: Wichtige Daten
Die Bezeichnung Sezessionskrieg trifft nicht ganz den amerikanischen Ausdruck *civil war*, Bürgerkrieg. Er dauert von 1861 bis 1865 und endet mit der Niederlage der konföderierten Südstaaten und der Proklamation des 13. Zusatzes zur amerikanischen Verfassung, der die Sklaverei abschafft.
12. April 1861: Die Konföderierten greifen Fort Sumter in South Carolina an.
21. Juli 1861: Schlacht von Bull Pun, Niederlage der Nordstaaten.
1862: Abraham Lincoln erlegt den Häfen im Süden eine Blockade auf.
1. Mai 1862: Schlacht von New Orleans, Sieg der Nordstaaten.
25. Juni 1862: Sieben-Tage-Schlacht, Sieg der Südstaaten.
17. September 1862: Schlacht von Antietam, Sieg der Nordstaaten.
1. Juli 1863: Schlacht von Gettysburg, Sieg der Nordstaaten.
23. November 1863: Schlacht von Chattanooga, Sieg der Nordstaaten.
2. September 1864: Schlacht von Atlanta, Sieg der Nordstaaten.
31. Januar 1865: Annahme des 13. Zusatzes zur amerikanischen Verfassung: Abschaffung der Sklaverei/Abolition.
9. April 1865: Schlacht von Appomattox, Sieg der Nordstaaten.

Die Sklaverei, die abgeschafft wird, ist nicht der einzige Grund für den Sezessionskrieg. Auch Probleme mit Zolltarifen, Handel und Geld spielen hier hinein. Die Sieger sind sich nicht einig, was die Zukunft der Südstaaten betrifft, die ökonomisch verwüstet und moralisch geschwächt sind. Die Radikalen wollen die vollständige wirtschaftliche und politische Kontrolle über den Süden übernehmen, den Weißen das Wahlrecht abnehmen und es den Schwarzen übergeben. Lincoln, später sein Nachfolger Johnson, widersetzen sich dem und organisieren Wahlen. Die Südstaaten, die gezwungen sind, die *Abolition* zuzulassen, machen die Schwarzen zu Bürgern zweiter Klasse: kein Wahlrecht, Verbot von Mischehen. Per Kongressbeschluss 1867 setzen die

Radikalen das Wahlrecht für Schwarze durch und gewinnen die Wahlen im Süden. Einige Weiße bilden daraufhin extremistische Bewegungen, darunter den Ku Klux Klan, der 1865 gegründet und 1871 verboten wird, seine Aktivitäten aber heimlich fortsetzt. Seit 1867 von Wahlen ausgeschlossen, erhalten die Weißen das Wahlrecht 1872 wieder. Die Radikalen verlieren die Macht zugunsten der neuen demokratischen Partei.

Der wiedererlangte Wohlstand

In einem Klima der Beruhigung erleben die Vereinigten Staaten eine Zeit großen Wohlstands. 1883 werden die Bundesbeamten durch Bewerbungsverfahren ausgewählt, was das *spoil system* einschränkt. Zu dieser Zeit gewinnt die republikanische Partei wieder die Oberhand. Bis 1912 beherrscht sie das politische Leben. Der republikanische Präsident **William McKinley** (reg. 1897–1901) führt die Goldwährung wieder ein (das Papiergeld wird durch seinen Gegenwert in Gold garantiert) und führt eine aktive Außenpolitik. 1898 bricht der spanisch-amerikanische Krieg aus. Das besiegte Spanien muss den USA die Kontrolle über Kuba und die Philippinen abtreten. McKinley wird 1901 von einem Anarchisten ermordet. Sein Vizepräsident **Theodore Roosevelt** (reg. 1901–1909) führt das Mandat zu Ende und wird 1904 wiedergewählt. Er kämpft gegen die Monopole, die Trusts. Sein Nachfolger **William H. Taft** (reg. 1909–1913) verstärkt den Protektionismus und lehnt die von Roosevelt gewünschte fortschrittliche Entwicklung der Republikaner ab. 1913 wird er vom Demokraten **Thomas Woodrow Wilson** (reg. 1913–1921) geschlagen.

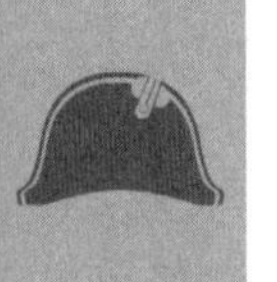

2. Die Künste in den USA: Bekräftigung der Autonomie

Wie die Wissenschaft, so behaupten auch Literatur und Architektur in der zweiten Hälfte des 19. Jahrhunderts ihre Autonomie. Die Malerei folgt mit einem gewissen zeitlichen Abstand europäischen Strömungen. Dieser künstlerische Aufschwung hat mit dem immer deutlicheren Auftreten der USA auf der internationalen Bühne zu tun, ist aber auch eine Folge des Wohlstands dieses Landes. Die Entwicklung der amerikanischen Kultur setzt ab dem ersten Drittel des 19. Jahrhunderts ein. Im Bereich der Wissenschaft setzen die

Akteure Ansätze aus Europa fort. In den ersten Jahrzehnten entwickelt sich auch das Bildungssystem, das besonders auf privaten Institutionen beruht. Am Ende des Jahrhunderts beginnen große Universitäten mit der Übernahme des deutschen Modells, das die Forschung als Schwerpunkt setzt. Die Gründung des *Massachusetts Institute of Technology* (MIT) 1865 ist der Ausbildung von Ingenieuren gewidmet.

Die Architektur: Erste Großstädte mit Hochhäusern

Nach dem Sezessionskrieg befreit sich die amerikanische Architektur von den kolonialen Vorbildern des Abendlandes, die aus Spanien und England kamen. Spanischer Einfluss herrschte bis dahin im Westen vor, während die Engländer, Holländer und Franzosen Einfluss auf den Osten hatten. Im 18. Jahrhundert ließen sich die Siedler nieder. Sie übernahmen im amerikanischen Kontext die in England verbreiteten palladianischen Vorbilder und schufen den Georgian Style, Beispiele dafür sind *Drayton Hall* bei Charleston, South Carolina, oder *Mount Pleasant* in Philadelphia.

Der wirtschaftliche Wohlstand in den Jahren um 1790 begünstigt die Entwicklung von Städten wie Boston oder New York. Der Politiker **Thomas Jefferson** steht am Ursprung des Neoklassizismus in der neuen Nation; dieser Stil leitet sich von griechischen Vorbildern her und wird als *Greek Revival* nationaler Baustil. **Benjamin Latrobe** (1764–1820) ist der erste Baumeister dieses Stils, u. a. mit seiner *Basilica of the Assumption – Mariä Himmelfahrts-Kathedrale* in Baltimore (1805–1821). Dieser neugriechische Stil folgt auf den Neoklassizismus, der von den letzten Ausläufern des englischen Regency inspiriert ist. Ab 1840 kommt die Neugotik mit ihrer Rückkehr zu mittelalterlichem Dekor auf. Diese Richtung ist mit dem Namen von **Andrew Jackson Downing** (1815–1852) eng verbunden. Kirchen wie die St. Patrick's Cathedral in New York City oder Universitäten wie Harvard sind in diesem Stil erbaut. Beispiel für den Höhepunkt dieser Neugotik ist Lyndhurst am Hudson River, bei Tarrytown, NY, erbaut von Alexander Jackson Davis. Mitte des Jahrhunderts wird der Eklektizismus – ein Stil, der alle anderen vermischt – von einigen an der École des beaux-arts in Paris ausgebildeten Architekten angewandt: Brooklyn Bridge, Metropolitan Museum of Art, Brooklyn Museum, alle New York City.

Richardson und die ersten Hochhäuser

Während die plastischen Künste im Dunstkreis Europas bleiben, schlägt die nordamerikanische Architektur bald neue Wege ein. Der Brand von Chicago 1871 ist die Gelegenheit, über den Einsatz neuer Materialien nachzudenken: Eisen wird mit einer Verkleidung aus Ziegeln versehen, wodurch die Gebäude feuerfest werden. Mit dieser Architektur verbindet sich der Name der Schule von Chicago, die um **William Le Baron Jenney** (1832–1907) und einen seiner Schüler, nämlich **Louis Sullivan** (1856–1924), entsteht. Sullivan arbeitet mit dem Ingenieur deutscher Abstammung **Dankmar Adler** (1844–1900) zusammen. Die Erfindung des elektrischen Aufzugs 1852 durch **Elisha Graves Otis** (1811–1861) erlaubt den Bau immer höherer Gebäude. **Henry Hobson Richardson** (1838–1886) lässt sich von romanischen Bauten Südfrankreichs inspirieren und legt ein gutes Gespür für Baumassen sowie für die Beherrschung des Details an den Tag. Dazu verwendet er unterschiedliche Materialien: Sandstein und Granit. Sein Meisterwerk ist die Trinity Church in Boston. Louis Sullivan greift ab 1890 zum Stahlskelettbau – die ersten Hochhäuser entstehen.

Die Malerei: Alle Genres vertreten

Bis zum Ende des 19. Jahrhunderts bleibt die amerikanische Malerei der europäischen verpflichtet. Zu Mitte des 19. Jahrhunderts beginnt der Austausch zwischen amerikanischen und europäischen Künstlern; amerikanische Maler lernen dabei in französischen Ateliers. Die anfängliche amerikanische Malerei im 17. Jahrhundert bevorzugt die raue Wirklichkeit, es ist gleichsam eine kunstlose Kunst. Vor allem Porträtmaler haben Szenen der Ankunft der ersten Siedler festgehalten. Die Hudson-Schule vom Beginn des 17. Jahrhunderts ist hier die aktivste. Die Bilder beruhen auf englischen Stichen. Mit dem ersten Drittel des 19. Jahrhunderts kommt die Landschaftsmalerei auf. Die Hudson River School, von der Romantik beeinflusst, ist die erste Malerei-Bewegung der USA. Ihr Gründer **Thomas Cole** (1801–1848) und die anderen Maler der Gruppe malen großformatige Darstellungen des Hudson River-Tals und seiner Umgebung. Zwischen 1850 und 1870 stellt nach dem Tode Coles eine zweite Generation von Hudson River-Malern Lichteffekte in das Zentrum ihres Schaffens, wobei sie eine Technik benutzen, die keine Pinselspuren hinterlässt. Das Ende des Jahrhunderts ist durch die Werke von **William**

H. Harnett (1848–1892) gekennzeichnet, der im Stillleben und in der *Trompe-l'oeil*-Malerei brilliert. **Mary Cassatt** (1844–1926), Freundin von Degas, steht dem Impressionismus sehr nahe (*Torero*, 1873). Ihr Gespür für japanische Drucke findet sich in zahlreichen ihrer nach 1890 entstandenen Bildern. Der amerikanische Impressionismus endet mit der internationalen Ausstellung moderner Kunst in der Armory Show 1913 in New York City.

3. Die amerikanische Literatur

Wirkliche Autonomie

Zur Mitte des 19. Jahrhunderts erlebt Amerika seine Autonomie auf dem Gebiet der Architektur, der Wissenschaft und auch der Literatur. New York wird während des ersten Drittels des 19. Jahrhunderts zum intellektuellen Zentrum. **Washington Irving** (1783–1859) behandelt vor allem amerikanische Themen (*Reise durch die Prärien*, 1835). Er ist der erste Autor, der sich auch in England und Europa durchsetzt. **Edgar Allan Poe** (1809–1849) wird der unbestrittene Meister der Novelle, aber auch als Kritiker und Poet bekannt und geschätzt: *Der Untergang des Hauses Usher* (1839) und *Erzählungen, Grotesken, Arabesken* (1840). Er trägt im großen Stil zur Entwicklung der Poesie bei – durch seine kühne Phantasie, seine ethischen und religiösen Anliegen, durch sein Bemühen, den Vers musikalisch zu gestalten: *Tamerlan* (1827), *An Helen* (1831). Ein weiterer großer Vertreter des Genres Roman ist **Herman Melville** (1819–1891), dessen Werk ebenfalls sehr vielfältig ist: *Moby Dick* (1851), *Weißjacke oder die Welt auf einem Kriegsschiff* (1850), *Pierre oder die Doppeldeutigkeiten* (1852). Zu dieser Zeit hört New York auf, Treffpunkt der intellektuellen Welt zu sein.

In Boston entsteht der *Transcendental Club*, in dem sich Philosophen, Dichter und Kritiker aus Neu-England treffen. **Ralph Waldo Emerson** (1803–1882) veröffentlicht Werke und Essays, die dem amerikanischen Transzendentalismus folgen und Emersons Deutung der Natur und des Lebens der Menschen zeigen (*Natur*, 1836). **Henry David Thoreau** (1817–1862) gehört aufgrund seines Mystizismus und seines Idealismus gleichfalls den Transzendentalisten an, was auch für **Margret Fuller** (1810–1850) gilt, die Hohepriesterin der Frauenemanzipation, deren Muse sie ist. Die Gedichte von **John Greenleaf Whittier** (1807–1892) sind voller Leidenschaft; sie sind Schmähreden gegen die Pflanzer in den Südstaaten, die immer noch die Sklaverei betreiben: *Erzählungen und Legendäre Gedichte* (1831). Vergleichbares gilt auch für **Harriet Beecher-Stowe** (1811–1896) und *Onkel Toms Hütte* (1852). **James Russell Lowell** (1819–1891) bezieht seine Inspiration von den englischen Romantikern Keats und Shelley (*Endymion*, 1817).

Nach dem Sezessionskrieg wächst die Zahl der literarischen Werke an, leider aber nicht deren Qualität. Ab 1870 wird die Novelle ein sehr geschätztes Genre. Die Periode, die auf diese optimistische und sentimentale Zeit folgt, ist düster und realistisch, auch amerikanischer – obgleich manche Autoren wie **Lew Wallace** (1827–1905) ihre Themen im alten Judäa finden: *Ben Hur* (1880). **Mark Twain** (eigentlich **Samuel Langhorne Clemens**, 1835–1910) führt das humoristische Genre ein, auch wenn sein Hauptwerk *Die Abenteuer des Tom Sawyer* (1876) ein genau gezeichnetes Bild der Kindheit darstellt. Die meisten (heutigen) Jugendbuch-Ausgaben von *Tom Sawyer* und *Huckleberry Finn* sind «entschärft»; Twain ist jedoch ein scharfer Kritiker amerikanischer Verhältnisse. **Henry James** (1843–1916) ist der Maler der psychischen Innenwelt, der Geschichtsschreibung der großen Welt und der Intellektuellen: *Bildnis einer Dame*, 1881, und *Die Flügel der Taube*, 1902. Nicht vergessen sei der Bestseller von **Margaret Mitchell** (1900–1949): *Vom Winde verweht* (1936).

Der historische Roman kommt auf

Die beiden letzten Jahrzehnte des 19. Jahrhunderts und das erste des 20. Jahrhunderts bringen die Entwicklung des historischen Romans. Das Werk von **Francis Marion Crawford** (1854–1909) umfasst 45 Bände, wovon fünf der Historie gewidmet sind. *Via crucis* (1899), sein Meisterwerk, spielt während der Kreuzzüge. **Winston Churchill** (1871–1947) setzt seine Kenntnis des Mississippi gewinnbringend um in *The Crisis* (1901). Theater und Oper machen *Madame Butterfly* (1898) von **John L. Long** (1861–1927) unsterblich. Durch Romane und Novellen wird **Jack London** (1876–1916) bekannt; seine eigenen Abenteuer auf dem Meer oder in Alaska liefern ihm seine Themen: *Ruf der Wildnis* (1903), *Wolfsblut bzw. Weißzahn, der Wolfshund* (1906). Wenn die Historie einen bedeutenden Platz innerhalb der Literatur einnimmt, dann auch deshalb, weil deren Verbreitung durch das Aufkommen historischer Gesellschaften in fast allen Staaten der Union ins Bewusstsein gehoben wird.

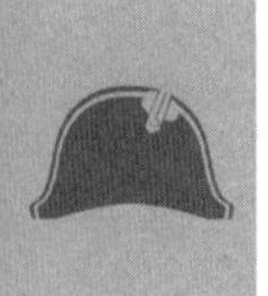

4. Die amerikanische Philosophie: Vielfalt der Richtungen

«Die Amerikaner haben keine philosophische Schule, die ihnen eigen wäre; sie kümmern sich sehr wenig um all die Strömungen, die Europa teilen; kaum kennen sie deren Namen. Man kann indessen leicht erkennen, dass fast alle Bewohner der USA ihren Geist in der gleichen Weise ausrichten und nach denselben Regeln anleiten: d. h. sie besitzen, ohne sich jemals die Mühe gemacht zu haben, deren Regeln zu definieren, eine bestimmte philosophische Methode, die allen gemeinsam ist.»* Als Amerika nach und nach seine Kolonien erweitert, entstehen typisch amerikanische Probleme, doch die Lösungen, die dafür gefunden werden, bewältigen diese Probleme nicht zwangsläufig. Tatsächlich läuft die amerikanische Philosophie auf eine Vielzahl von Denkrichtungen hinaus – Transzendentalismus, Pragmatismus, analytische Philosophie. Und es ist schwierig herauszufinden, was daran eigentlich amerikanisch ist.

Anfänge der Philosophie und Transzendentalismus

Die Periode von der Unabhängigkeit bis zur Zeit nach den Sezessionskriegen ist dadurch gekennzeichnet, dass die USA allmählich eine gemeinsame Kultur ausbilden. Es ist die Zeit, da die Philosophieprofessoren auftauchen und in den Clubs Debatten über die Zukunft Amerikas geführt werden. Die Probleme, an denen die junge Republik Anstoß nimmt, betreffen jeden. Die entstehende transzendentalistische Bewegung hat ihre Wurzeln in Kants Transzendenz-Lehre. **William Ellery Channing** (1780–1842) widersetzt sich dem Calvinismus und dem Dogma der Trinität, während **Ralph Waldo Emerson** (1803–1882) sich zum Herold eines neuen Menschen in einer neuen Welt macht. Er ist von Montaigne und Goethe beeinflusst, auch von orientalischen Religionen, und stets sucht er in der Natur nach Erkenntnis über den Menschen.

Henry David Thoreau (1817–1862), ein Gegner der Sklaverei und Nonkonformist, hat politische und moralische Essays wie auch Reiseberichte hinterlassen: *Walden. Oder das Leben in den Wäldern* (1854) ist eine Art Pamphlet über die Welt des Abendlands. Doch in Europa wird er wegen

8

* Alexis de Tocqueville, *Über die Demokratie in Amerika* (1840), Übersetzung N. de Palézieux.

seines Essays *Über die Pflicht zum Ungehorsam gegen den Staat* (1849) bekannt, in dem er den passiven Widerstand und Gewaltlosigkeit als Mittel zum Protest predigt.

Henry James (1843–1916), ein fruchtbarer Autor – und er gilt als einer der besten – wird von der Idee der Ursünde geplagt. Er verfasst ein in vielfacher Hinsicht ketzerisches Werk und stellt eine amerikanische Version des schwedischen Theosophen Emanuel Swedenborg dar, der wie er von Mystik durchdrungen ist. Das Sklavenproblem und die Rassenfrage ziehen mehr und mehr die Aufmerksamkeit der amerikanischen Öffentlichkeit auf sich. Die *Saint Louis Philosophical Society*, gegründet von **Henry Clay Brokmeyer** (1826–1906), befasst sich auch mit diesen Fragen. Brokmeyer steht auch an den Anfängen der damals einzigen philosophischen Zeitschrift: *The Journal of Speculative Philosophy* (1867).

Der amerikanische Pragmatismus

Mit dem Pragmatismus kommt seit dessen Begründer und Namensgeber **Charles S. Peirce** (1839–1914) und seinen wichtigsten Schülern **William James** (1842–1910) und **John Dewey** (1859–1952) eine vollkommen neue und originelle Denkrichtung auf. Der Pragmatismus ist eine Methode, welche die im Labor benutzten Techniken in die Praxis überführen will, um auf philosophische Probleme Antworten zu geben. Der Pragmatismus will die Wirklichkeit und ihre Wahrnehmung neu definieren und alles gleichsam neu aufrollen, indem von neuen Erkenntnissen innerhalb der Psychologie und Physiologie ausgegangen wird. Damit wird ein Weg zwischen dem atheistischen Empirismus und dem religiösen Rationalismus eröffnet, was in die Neubewertung des Menschen in Natur und Gesellschaft mündet. Die Überfülle der Werke von Kant und Hegel an amerikanischen Universitäten führte gleichwohl nicht zu einer vollständigen Antwort für diejenigen, die die Wahrnehmung der Realität auf andere Weise erfassen wollten.

Die pragmatische Methode ist vor allem eine Methode der Klassifizierung. Eine Idee ist wahr, weil sie verifizierbar ist. Der Pragmatismus wird für die Philosophen zur Entsprechung dessen, was für die Wissenschaftler die experimentelle Methode ist. «Ideen sind nicht wahr oder falsch. Sie sind nützlich oder nicht», schreibt 1907 William James in einer Zeitschrift, in der er seine Lehre verteidigt. Dieser Harvard-Professor, Psychologe und Philosoph sagt, dass unsere Ideen mentale Werkzeuge sind, die das Hirn erschaffen hat, um

Probleme zu lösen. James entwickelt zwei Begriffe der Wahrheit: Wahrheit, die verifiziert wird; Wahrheit, die befriedigt. Eine Idee erhält dann Bedeutung, wenn sie praktische Konsequenzen hat; und sind diese praktischen Konsequenzen gut, dann ist die Idee wahr. Der Pragmatismus hat auch seine Anwendungen in der Politik, in der Erkenntnistheorie, in Ethik und Ästhetik. Die Arbeiten von John Dewey in Chicago sind näher an den sozialen Themen seiner Zeitgenossen.

Idealismus

Trotz der Ausbreitung des Pragmatismus ist der Idealismus nicht komplett verschwunden. Weit entfernt vom europäischen Pendant gibt **Josiah Royce** (1855–1916) dem amerikanischen Idealismus seine amerikanische Dimension. Royce will eine rationale Begründung für die intellektuelle, religiöse und moralische Aktivität des Einzelnen.

VIII

Asien im 19. Jahrhundert

1. Indien von 1858 bis 1901

Im Jahre 1858 markiert der niedergeschlagene Sepoy-Aufstand das Ende eines Indien, das der *East India Company* ausgeliefert war – zugunsten der Errichtung des Raj, also Britisch-Indiens: Das Land wird nun von der englischen Krone regiert. Örtliche Autoritäten, Rajas und Maharajas, bleiben im Amt, müssen allerdings den Briten den Treueeid schwören. 1887 ist die englische Neuorganisation vollendet, das Kaiserreich Indien wird ausgerufen. Königin Viktoria (1819–1901) wird Kaiserin von Indien. In Delhi übt ein Vizekönig die Macht im Namen der Herrscherin aus.

2. China: Der Niedergang der Qing-Dynastie

Die Opiumkriege

Der langsame, aber unaufhaltsame Untergang der Mandschu-Dynastie beginnt nach der Herrschaft Qianlongs, bis sie 1911 zugunsten der Republik entmachtet wird. Die letzte große Herrschergestalt ist Kaiserinwitwe **Cixi** oder **Tseu-Hi** (1835–1908), die allen Hindernissen zum Trotz den Phönixthron für ihren Sohn, danach für ihren Neffen und Großneffen zu erhalten versucht. Doch China zerbricht nach und nach, verliert 1842 und 1860 die Opiumkriege, den ersten gegen England, den zweiten gegen England und Frankreich. 1895 verliert es den Krieg gegen Japan, 1900 gegen Russland. **Puyi** (1906–1967), der letzte Kaiser, wird 1911 – im Alter von vier Jahren – abgesetzt. Der erste Opiumkrieg ist zugleich der erste Handelskrieg, in dem China und England von 1839 bis 1842 sich als Feinde gegenüberstehen. Die Engländer importieren immer mehr Tee aus China und bezahlen anfänglich mit Baumwolle, später mit Opium. Der Kaiser von China versucht, sich dem massiven Import von Opium zu widersetzen, das unter seinem Volk schwerste Schäden anrichtet, und erklärt den Verkauf für illegal. 1839 lässt der Gouverneur von Kanton öffentlich 22 000 Kisten Opium verbrennen, nachdem der Kaiser deren Import verboten hatte. Die Engländer antworten mit dem Opiumkrieg, den sie 1842 gewinnen. Der Vertrag von Nanking vom 29. August 1842 gibt ihnen das Recht, das Opium in China frei zu verkaufen, übergibt ihnen zudem die Insel Hongkong. **Viktoria I.**, englische Königin von 1837 bis 1901, verdankt demnach einen bedeutenden Teil ihres persönlichen Vermögens und desjenigen der britischen Krone den China aufgezwungenen Drogen.

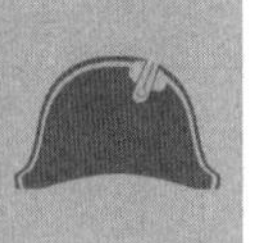

Die Taiping, der «Große Frieden»

Das 19. und das aufkommende 20. Jahrhundert sind in China durch zwei Aufstände gekennzeichnet: gegen die Mandschu-Dynastie der Qing, denn sie gelten als nicht-chinesisch; gegen die in China anwesenden Ausländer. Die Taiping sind Mitglieder der Sekte des «Großen Friedens». Sie vertreten ihren chinesischen Nationalismus durch ihre Entschlossenheit, die Mandschu-Dynastie der Qing zu verjagen, die seit 1644 an der Macht ist. Die Anhänger der Taiping-Bewegung rekrutieren sich aus ruinierten Bauern, städtischem Proletariat und Gebildeten, die bei den kaiserlichen Examen nicht bestanden haben. Ihre Botschaft ist chiliastisch: Ist der Mandschu-Kaiser erst einmal abgesetzt, wird das *Himmlische Reich des Großen Friedens* errichtet, was die Gleichheit aller Chinesen zur Folge haben soll. Da die kaiserlichen Armeen 1842 nach der Niederlage gegen die Engländer im ersten Opiumkrieg geschwächt sind, können die Taiping 1853 Nanking erobern. Danach gewinnen sie nach und nach auch den Norden des Landes. Doch die Massaker an Europäern bringen europäische Mächte dazu, 1860 zu intervenieren. Die französisch-englischen Truppen zerstören den Sommerpalast bei Peking. General **Charles Gordon** (1833–1885), zukünftiger Pascha von Ägypten und Verteidiger Khartums, macht seine ersten Kriegserfahrungen an der Spitze der kaiserlichen Armee und ihrer europäischen Koalitionspartner gegen die Taiping. Zwischen 1860 und 1864 schlägt er die Taiping zurück. Im Juli 1864 erobert er Nanking zurück; die überlebenden Taiping werden umgebracht. Von 1853 bis 1864 hat der Aufstand 20 Millionen Tote gekostet und das chinesische Kaiserreich zwischen Handelskonzessionen und Zonen militärischer Besetzung ein weiteres Mal dem Zugriff des Westens ausgesetzt.

Der Boxer-Aufstand

Im Jahre 1900 treten die Boxer die Nachfolge der Taiping an, sie kommen aus der Bewegung der *Yìhéquán*, «Fäuste der Gerechtigkeit und Harmonie», wovon sich die westliche Bezeichnung «Boxer» ableitet. Sie sind gegen die Mandschu, gegen die Europäer und die USA, erhalten aber bald die Unterstützung des kaiserlichen Hofes in Gestalt der Kaiserinwitwe Cixi, die sie auffordert, die Fremden zu verjagen. Ein Massaker an Europäern, die sich in die Gesandtschaften geflüchtet hatten, beginnt im Juni 1900. Ab Juli landet eine Truppenkoalition aus europäischen Staaten, Amerika und Japan in China. Peking wird einen Monat später eingenommen. Der Hof flieht, die Boxer werden exekutiert. Durch den Vertrag vom 7. September 1901 verspricht China, eine enorme Abfindungssumme zu zahlen – 1,4 Milliarden Goldmark bis 1940 – und sich den Fremden gegenüber zu öffnen. Die Mandschu-Dynastie, die letzte Kaiserdynastie, steht seither unter westlicher Bevormundung, ehe sie 1911 abgesetzt wird.

Cixi, Kaiserin von China

Konkubinen und Eunuchen

Die spätere Kaiserinwitwe **Cixi** oder **Tseu-Hi** (1835–1908) wird in eine bescheidene Mandschu-Familie geboren. Ihr Vater ist Unteroffizier und Träger des Provinzbanners. Der Geburtsort bleibt umstritten. Cixis historische Existenz beginnt mit 16 Jahren, im September 1851, als sie nach mehreren Auswahlverfahren eine Konkubine fünften Ranges von Kaiser **Xianfeng** (1831–1861) wird. Dass Cixi an die Spitze der Macht gelangt, verdankt sie ihrer Schläue und schnellen Anpassung an die Gebräuche in der Verbotenen Stadt. Denn im Prinzip ist, sobald der Abend naht, außer den Wachen der Kaiser der einzige Mann in der Verbotenen Stadt; nur die Eunuchen bleiben. Die mächtige Korporation der Eunuchen festigt ihre Macht außer durch Korruption auch über ihre Rolle bei den Konkubinen. Denn wenn der Kaiser eine der Konkubinen begehrt, präsentiert der erste Eunuch ihm ein Silbertablett, auf dem gravierte Plaketten mit den Namen der Konkubinen aufrecht stehen. Indem der Kaiser eine der Plaketten umstößt, trifft er seine Wahl. Die glückliche Auserwählte wird gebadet, an allen Körperöffnungen parfümiert und dem Kaiser zugeführt. Um die Chancen zu erhöhen, als Erste dem Kaiser einen Sohn zu schenken, hat Cixi es geschafft, dafür zu sorgen, dass ihre Plakette häufiger auftaucht, und zwar an bevorzugter Stelle. Als einfache Frau, die der Göttlichkeit des Himmelssohns gegenübersteht, nähert sie sich dem Fußende des Bettes und gleitet unter das Betttuch, das sie nach und nach entfernt. Nachdem das Liebesspiel beendet ist, muss sie sich auf demselben Weg zurückziehen. Ob Kaiserin oder Konkubine: Die Begegnung wird stets von einem Eunuchen notiert, der beim Schlafzimmer postiert ist und festhalten muss, wann die körperliche Vereinigung vollzogen wurde. Er ist wohl ein Eunuch, hat aber gute Ohren ...

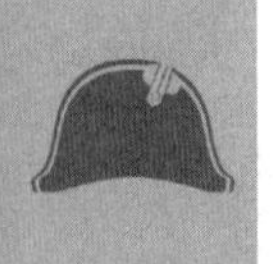

Cixis Herrschaft

Cixi hat Glück und gebärt als Erste dem Herrscher im Jahre 1856 einen männlichen Erben. Sie wird dadurch zur zweiten Gemahlin des Kaisers, nach der amtierenden Kaiserin **Cian** (1837–1881). 1860 erobern französisch-englische Truppen im Verlauf **des zweiten Opiumkrieges** (1856–1860) Peking, und der Hof flieht in die Mandschurei, in den Norden Chinas. Dort stirbt 1861 der

Kaiser. Cixi und Cian werden beide Kaiserwitwen. Doch nur Erstere besitzt politischen Verstand. Sie stützt sich auf kaiserliche Prinzen, löst das vom verstorbenen Kaiser vorgesehene Regentschaftskomitee auf und regiert selbst «hinter dem Vorhang», im Namen ihres fünfjährigen Sohnes Tongzhi. Der Ausdruck «hinter dem Vorhang» ist wörtlich zu nehmen und bezeichnet den gelben Vorhang – gelb als kaiserliche Farbe –, hinter dem Cixi, die als Frau nicht offiziell der Regierung vorstehen darf, dem kaiserlichen Kind auf dem Thron Antworten und Anordnungen diktiert.

Nach dem Tode ihres Sohnes 1875 setzt Cixi ihre Herrschaft im Namen des neuen, knapp vierjährigen Kaisers Guāngxù fort; er ist ihr Neffe. Als er 1898 volljährig wird, will er alleine regieren und das Land reformieren, um es aus der Erstarrung zu lösen. Doch Cixi lässt ihn wegen Unfähigkeit des Amtes entheben. Bis 1908, seinem Todesjahr, lebt er vollkommen abgeschieden in seinem Palast. In Wahrheit regiert also Cixi von 1861 bis zu ihrem eigenen Tod, ebenfalls 1908, das Reich. Ihre Sorge um das Überleben der Mandschu-Dynastie der Qing, die seit 1644 an der Macht sind, ist begleitet von einer Mischung aus Ignoranz und Unverständnis angesichts einer veränderten Welt, die aus der ersten Industrialisierung hervorgegangen ist, der industriellen Revolution des Westens. Bei mehreren Gelegenheiten geschlagen, wird China zur «chinesischen Torte», über die sich die Staaten des Westens und Japan hermachen.

Das Ende der Qing-Dynastie

Als letzter Kindkaiser nimmt Prinz **Pu Yi** (1906–1967) von 1908 bis zur Revolution und Einführung der Republik im Jahre 1911 den Thron ein. Eine kurzlebige Republik versucht sich zwischen 1911 und 1916 durchzusetzen; es folgt die Herrschaft der «Kriegsherren», örtlicher Machthaber, die bis 1949 von Söldnerheeren gestützt werden. Die politische Anarchie wird immer größer: Außer dem Kampf zwischen Nationalisten und Kommunisten ist auch die japanische Besetzung der Mandschurei zwischen 1931 und 1945 zu verzeichnen, wo der Exkaiser Pu Yi Marionettenherrscher eines in Mandschukuo getauften Staates wird.

Das 19. Jahrhundert mit seinen vielen Bürgerkriegen und Kriegen gegen den Zugriff westlicher Mächte und Japans schadet der Erhaltung der Künste und Wissenschaften unter den Qing – auch weil sie kaum im Reich verbreitet waren.

3. Japan im 19. Jahrhundert

Während der Periode von 1615 bis 1868 erlebt Japan eine Zeit des Friedens und des Wohlstands, die direkte Auswirkungen auf die Kunst und die Entfaltung einer städtischen Kultur hat. Der Zugang der Bürger zur Macht in den großen Städten zieht den Aufschwung von Malerei, Lackarbeiten, Stichen, Keramik und Stoffen nach sich. Die großen Städte sind zu jener Zeit Edo, Kyōto und Ósaka. Die Bevölkerung dieser lebendigen Städte schafft sich Orte der Kultur, der Unterhaltung, für Theateraufführungen und Vergnügen. Neue Künste kommen auf, so etwa *Ukiyo-e*, bürgerliche Malerei und Drucke. In den ersten Jahrzehnten des 18. Jahrhunderts wird die Tätigkeit der Händler wie auch die der Städter immer wichtiger bei der Ausbildung der ***Genroku*** genannten Kultur (der Zeitabschnitt von 1688 bis 1725), insgesamt steigt die künstlerische Produktivität. Das Importverbot für Bücher in westlichen Sprachen wird zu Zeiten des Shoguns **Yoshimune Tokugawa** (1684–1751) aufgehoben, was eine Erweiterung des Wissens bedeutet.

Während der ***Bunka***-Phase (1804–1818) und der ***Bunsei***-Phase (1818–1830) werden die literarischen Produktionen für eine größere Bevölkerungsschicht zugänglich. (In Japan ist es üblich, sogenannte *Nengōs* zu bilden, mehrere Jahre werden unter einem Begriff zusammengefasst; hier «Kultur» bzw. «Zivilregierung».) Buchverleiher lassen sich in den Städten nieder. **Katsushika Hokusai** (1760–1849) zelebriert in zahlreichen Farbdrucken den heiligen Berg Fuji. Kulturelle Aktivitäten aller Art breiten sich immer mehr im Volk selbst aus, was bis zur Meiji-Ära anhält. Das Jahr 1868 bezeichnet das Ende der Tokugawa-Herrschaft, den Zusammenbruch des Shogunats und die Rückkehr der politischen Macht zum Kaiser. Japan empfängt in vielen Bereichen wie Architektur, Mode, Industrie und Technologie westliche Experten. Die Öffnung Japans zum Westen ist die politische Konsequenz einer Regierung, die der Moderne gegenüber offen ist, Konsequenz auch der bewundernden Haltung vieler Intellektueller gegenüber dem Westen, der die gewaltsame Öffnung Japans erzwungen hat. Doch in dem Maß, wie die Politik der Regierung hier zögerlich wird, kommt eine nationalistische Strömung auf, die die Wiedergeburt der japanischen Kunst fordert, etwa mit dem Kunstwissenschaftler **Okakura Kakuzo** (1862–1913) im Bereich der schönen Künste. Vom Fortschritt durchaus profitieren, ihn den örtlichen Verhältnissen anpassen, dabei eigenverantwortlich dem widerstehen, was mit Blick auf chinesische Kultur im Mittelalter gefördert wurde – so werde die Erhaltung nationaler Werte erneut möglich.

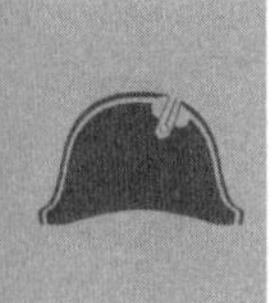

Die Meiji-Zeit (1868–1912)

Die **Meiji-Zeit**, ein weiteres *Nengō*, «aufgeklärte Herrschaft», ist durch die Reformen unter dem Tennō **Mutsuhito** (reg. 1868–1912) gekennzeichnet. Er macht aus dem feudalen Japan eine moderne Macht, löst die Kriegerkaste der Samurai auf und organisiert die Armee nach westlichem Vorbild. Das zieht den **Aufstand der Samurais** nach sich, die in der Schlacht von Satsuma 1877 geschlagen werden. Mutsuhito stimmt einer neuen Verfassung zu, die ihm freilich alle Befugnisse lässt. Der Kaiser bringt neue Münzen in Umlauf, den Yen; er gründet die Zentralbank von Japan, implementiert eine nationale Erziehung, setzt die Einführung des Gregorianischen Kalenders durch. Die Industrialisierung ist spektakulär; um 1900 hat das Land ein Eisenbahnnetz von 7000 km. Ein Wasserkraftwerk wird unweit von Kyōto gebaut, der Export von Rohseide wird durch den von gewebten Stoffen abgelöst. Alte große herrschaftliche Familien erwerben große Unternehmen, die auf staatliche Initiative gegründet werden: Mitsui, Mitsubishi, Sumimoto. Nach einem kurzen Krieg gegen China von 1884 bis 1885 gerät **Korea**, das nun im Prinzip von chinesischer Vorherrschaft unabhängig ist, unter japanische Kontrolle. 1895 wird Formosa (Taiwan) annektiert, 1905 wird Russland im russisch-japanischen Krieg geschlagen, 1910 gerät Korea direkt unter japanische Oberhoheit.

Kunst im 19. Jahrhundert: Die Landschaftsmalerei

Die **Edo-Zeit** ist wegen der Vielfalt der Schulen und der Stilrichtungen das Goldene Zeitalter der Malerei, trotz der Abschottung des Landes seit 1639. Große Begeisterung für die Malerei von Seiten einer immer breiteren Bevölkerungsschicht hat seit dem Beginn des 18. Jahrhunderts zur Folge, dass man auch neugierig wird auf das, was von außen kommt. Die Erneuerung der Malerei um diese Zeit beruht eher auf der Betonung der Farbe als der des Strichs; man sucht den dekorativen Effekt und die erzählerische Komposition. Die chinesische Monochromie, die die Landschaftsmalerei ins Zentrum ihres Interesses stellt, entwickelt sich zunächst in den Zen-Klöstern. Der abendländische Realismus, basierend auf dem **Chiaro-scuro-Effekt** und der geometrischen Perspektive, war im 16. Jahrhundert durch die Missionare importiert worden und weckt nach deren Vertreibung durch die Ankunft der Holländer im 18. Jahrhundert neues Interesse. All diese Faktoren sind die

Grundlage neuer Techniken in den verschiedenen japanischen Malschulen. Der ausländische Einfluss am Ende des 18. Jahrhunderts trägt also zu einer bedeutenden Erneuerung von Maltechniken und malerischer Konzeption bei. Die Japaner bleiben dennoch nicht weniger ihren eigenen Auffassungen von künstlerischer Schöpfung treu, die vom Zen und einem Begriff der Reinheit beeinflusst ist, auch wenn sie durch die für sie exotischen Ideale verführt werden. Die Verbreitung der abendländischen Ästhetik geschieht durch eine Stilrichtung, die sich *Yôga* nennt – japanische Malerei im abendländischen Stil. Wichtige Maler sind hier **Asai Chu** (1856–1907) und **Kuroda Seiki** (1866–1924). Als Reaktion dagegen bildet sich um **Okakura Tenshin** (1862–1913), **Yokoyama Taikan** (1868–1958) und **Shimonura Kanzan** (1873–1930) das *Nihonga* aus, eine traditionelle Malerei. 1905 werden der Fauvismus, der Pointillismus und van Gogh in Japan bekannt. Fünf Jahre darauf betritt auch der Impressionismus die japanische Szene; eine neue Maler-Generation kommt auf.

Die **Landschaftsmalerei im 19. Jahrhundert** ist das wichtigste Thema der Darstellungen; den zweiten Rang nehmen die Drucke ein.

■ **Katsuhika Hokusai** (1760–1849) führt die Linearperspektive ein und das Studium des Lichts. Nach 1820 schafft er ungewöhnlich kraftvolle Darstellungen, wahre Linien-Studien. Durch seine Holzschnitte wird er bekannt, auch durch die Illustration zahlreicher Romane, etwa *Blick auf die beiden Ufer des Sumida-Flusses* (1803), aber auch durch die *Hokusai Manga* (1814); dies sind Skizzen (15 Bände), die Einblicke in die japanische Gesellschaft bieten. Doch seine Drucke haben den größten Erfolg, wie etwa *Die große Welle vor Kanagawa* (1830), aus seiner Serie von *36 Ansichten des Berges Fuji*.

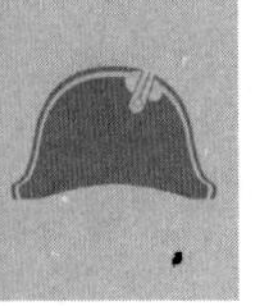

■ **Utagawa Hiroshige** (1797–1858) ist gleichfalls ein Meister der Landschaftsmalerei, er wird bekannt mit seinen *53 Stationen des Tōkaidō* (1883–1884). Seine Kunst ist im Vergleich zu derjenigen Hokusais statischer und ruhiger. Der Mensch findet hier seinen Platz als ein Teil der Natur: auch Hiroshige malt *36 Ansichten des Berges Fuji* (1858).

Literatur zur Meiji-Zeit: Erstes Nachdenken über die Kunst des Romans

Die gewaltsame Einführung der abendländischen Kultur nach Japan musste Auswirkungen auf die japanische Literatur haben. Das heißt auch, dass westliche Techniken und Denkweisen schneller importiert werden. Binnen kurzer Zeit werden zahlreiche Zeitungen und Zeitschriften gegründet. Die Tagespresse, die sich sehr schnell entwickelt, begünstigt wiederum den Aufschwung japanischer Literatur. Die Zeitschrift *Meiroku* wird gegründet und widmet sich allen Fragen, die die Probleme der großen Welt betreffen. Sie gilt als eines der wichtigsten Medien zur Verbreitung westlichen Denkens. Die wirtschaftlichen, gesellschaftlichen, politischen und wissenschaftlichen Umbrüche haben die Überprüfung der damals herrschenden Philosophie zur Folge; das betrifft auch die Identifizierung des Menschen mit der Natur und die großen ethischen Prinzipien. Umgekehrt sind Übersetzungen der japanischen Literatur in westliche Sprachen eher selten. Sie kommen erst um 1910 auf, und die beiden ersten Werke sind hier *Genji monogatari – Die Geschichte vom Prinzen Genji*, der Hofdame Murasaki Shikibu (um 978–1014) zugeschrieben, und das *Kopfkissenbuch* der Hofdame Sei Shōnagon (um 966–1025); beide Übersetzungen erscheinen 1928. Die darin enthaltenen Drucke haben eine zentrale Stellung in der japanischen Kunst.

Das erste Nachdenken über die Kunst des Romanschreibens ist **Tsubouchi Shòyo** (1859–1935) zu verdanken. In seinem *Shōsetsu shinzui – Das Wesen des Romans* (1885–1886) setzt er sich für die erzählerische Prosa ein. Die Entdeckung von Maupassant und Zola wird für die Ausrichtung des japanischen Romans bestimmend, angestoßen durch **Nagai Kafu** (1879–1959) mit seinem *Jigoku no hana – Blumen der Hölle* (1902). Natsume Soseki und Mori Ogai sind zwei weitere große Namen der Epoche:

- **Natsume Soseki** (1867–1916) hinterlässt ein düsteres Werk, gekennzeichnet durch die Unsicherheiten seiner Zeit. Seine Helden sind vom Gefühl der Schuld erfüllt. Sein erster Roman *Ich, der Kater* (1905–1906) ist außerordentlich erfolgreich, was auch für *Botchan* oder *Der Tor aus Tokio* (1906) oder für *Kusamakura* oder *Das Graskissenbuch* (1906) gilt.

- **Mori Ogai** (1862–1922) erhält in Europa eine solide philosophische Ausbildung. Er ist Begründer der Literaturzeitschrift *Shigarami Soshi* (*Die Sperre*). Sein Stil ist von großer Strenge. Er veröffentlicht unter dem Pseudonym Ogai – sein eigentlicher Name ist Rintarō Mori – sein erstes Werk *Maihime – Die Tänzerin* (1890), in dem er von seiner Entdeckung Berlins berichtet. Ab 1910 werden seine Erzählungen philosophischer: *Kanzan Jittoku*, *Mōsō*, *Chimären* (1910).

IX

Afrika im 19. Jahrhundert

1. Das Königreich Dahomey

Das Königreich Dahomey, im Süden des heutigen Benin, entsteht im 17. Jahrhundert, doch erst im 18. Jahrhundert beginnt seine Expansion, als König **Doussou Agadja** (1708–1732) den Europäern an den Küsten Waffen abkauft. Um sie zu bezahlen, handelt er mit Sklaven. Nachdem Dahomey Königreich geworden ist, prosperiert es unter den Königen Kpengla (1774–1789) und Gézo (1818–1858). Es herrscht eine absolute Monarchie; ein wirkungsvolles System erlaubt es dem Herrscher, alles von seinem Palast aus zu kontrollieren, und zwar durch ein Netz von Beamten, die ihrerseits überwacht werden. Ein originelles System der Wehrpflicht ermöglicht das Aufstellen einer ständigen Armee, in welche auch Frauen einbezogen sind, die berühmten Amazonen von Dahomey. In Friedenszeiten sind sie als Leibwache mit dem Schutz des Königs betraut. Als Gesellschaft, die durch den Krieg und für den Krieg konzipiert wurde, hat Dahomey den europäischen Kolonisatoren wenig entgegenzusetzen, nachdem mit der Aufhebung der Sklaverei im Abendland die Einkünfte des Landes schwinden – auch wenn die Sklaverei im Nahen Osten noch eine Zeitlang weiter geführt wird. 1892 macht Frankreich das Land zu seinem Protektorat, König Behanzin wird 1894 abgesetzt.

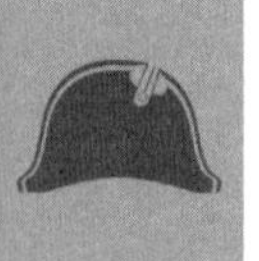

Die Palastkunst von Abomey

Die Künste von Dahomey sind an die Könige gebunden, die durch die Auswahl der Künstler und ihrer Darstellungen ihre eigene Zeit dauerhaft prägen. Das gilt etwa für den ausgedehnten Palast von Abomey, der von den Königen Gézo (1818–1858), Glélé (1858–1889) und Behanzin (1889–1898) sowie neun weiteren Herrschern bewohnt wird (heute UNESCO-Welterbe).

Diese Könige ließen die Paläste aus Terrakotta errichten; sie sind geschmückt mit rechteckigen Platten von knapp 1 Meter Seitenlänge, ausgeführt als Halbrelief. Die mehrfarbigen Darstellungen zeigen Tiere wie Elefant, Affe, Hai, dazu mythologische Wesen und Kriegsszenen. Diese Abbildungen sind eine regelrechte Propaganda im Dienste des jeweiligen Herrschers, der sie bestellt hat. Sie berichten bildhaft von den Blütezeiten und Großtaten seiner Herrschaft. Diese Darstellungen finden sich auch auf Textilien, wo etwa der Hai als Symbol von König Behanzin auf den Tapisserien erscheint, die seinen Palast schmücken.

Religion: Der Voodoo-Kult

Der Voodoo ist ein animistischer Kult, der von den Yoruba im Kongo und den Bewohnern Dahomeys ausgeübt wird. Alles ist dort Geist: die Naturkräfte, die Loas (göttliche Geistwesen). Die Voodoo-Praxis besteht in Tänzen, Gesängen und Opfern, bis hin zu Trance und Besessenheit. Die Form der Geistkräfte ist dabei sekundär; für kultische Bedürfnisse werden diese Wesen personifiziert. Der Voodoo (der Gott) ist im ursprünglichen Sinn eine Naturkraft (Donner, Blitz, das Meer), aber auch ein Ort (Felsen, eine Wasserstelle). An der Spitze des Pantheons thront der Demiurg Mawu, unerschaffen, ewig. Er ist der «Unzugängliche», wird niemals dargestellt, doch oft angerufen. Zu den Loas gehören Erzulie, die Göttin der Liebe; Papa Legba, der Götterbote; Hebieso, Gott des Blitzes; Gu, Gott der Schmiede und des Krieges.

Ursprünglich aus den Ländern des Golfs von Benin stammend, aus Ghana, Togo, Benin und Nigeria, hat sich der Voodoo durch den Sklavenhandel nach Haiti und in der heutigen Dominikanischen Republik ausgebreitet, wo er auch als Macumba bezeichnet wird; dazu in Kuba, wo er als Santeria fungiert; in Brasilien wird er gleichfalls als Macumba praktiziert. Wo der Voodoo-Kult wie in Haiti heute noch praktiziert wird, hat er sich christianisiert und ist somit synkretistisch geworden: Heilige und Loas werden zusammengeführt. Es wird sogar der römische Festkalender eingesetzt, um die den katholischen Heiligen entsprechenden Loas zeitgleich zu verehren.

2. Das Königreich Aschanti

Das Königreich Aschanti/Asante (18. bis 19. Jahrhundert) hat seinen Ursprung im Zentrum des heutigen Ghana. Im 17. Jahrhundert ging ihm das Königreich Denkyra im Süden von Ghana voraus; Aschanti wird im 18. Jahrhundert durch eine Vereinigung der «Chefferien», politischer und administrativer Einheiten in Afrika vor der Kolonialisierung, geschaffen, was durch König **Osei Tutu** (reg. ca. 1680–1712) eingeleitet wird. Dieser Herrscher bzw. *Asantehene* ist kein Autokrat, wird vielmehr gewählt nach dem Bescheid des Hohen Rates, dem *Asantenam hyia*. Dieses Königreich beruht auf militärischer Macht, hält sich eine Armee und stellt Mittel bereit, um eine möglichst große Anzahl von Männern zu mobilisieren. Seit seinen Anfängen gründet sich Aschanti auf den Handel mit Gold und mit Sklaven, die es an den Küsten an die Engländer im Austausch für Feuerwaffen verkauft. Die Abschaffung der Sklaverei fügt den wirtschaftlichen, später dann auch den diplomatischen Beziehungen der beiden Völker einen ersten schweren Schlag zu. Die Engländer besetzen einen Teil des Königreiches, erobern 1874 die Hauptstadt Kumasi, die sie aber nicht besetzen, sondern in Brand stecken. Sie setzen die Herrscher ab, die ihrer Siedlungspolitik feindlich gegenüberstehen. 1901 wird die Eroberung abgeschlossen und das Königreich erhält wegen seines Goldreichtums den Namen Goldküste.

Die Kunst der Aschanti

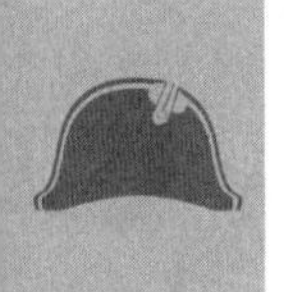

Die Kunst der Aschanti besteht vor allem aus Goldarbeiten; angefangen von den Totenmasken der Könige bis zu den Plättchen, die die Stäbe der Sprecher der Häuptlinge schmücken; die Häuptlinge sind so heilig, dass man sie nicht direkt ansprechen darf. Die Aschanti-Kunst besteht hauptsächlich aus Modellierungen aus Gold und Kupfer, gearbeitet in Gusstechnik (Verlorener Form). Diese Kunst ist vor allem königlich bzw. höfisch. Sie soll die Macht des Herrschers und der Mitglieder seiner Familie darstellen sowie ihr ewiges Leben im Jenseits sichern. Die mit Gold überzogene Maske, auf einem Stab oder einem Holzstock getragen, stellt die menschliche Seele *(okra)* eines Vorfahren dar. Der Träger der Seele wird aus der eigenen Familie ausgewählt. Ein alltägliches Objekt der Aschanti zeigt die ganze Feinheit ihrer Kunst: Gewichte, um Gold zu wiegen, meist aus Bronze und in Tierform gearbeitet. Sie zeigen die Genauigkeit im Detail, eine starke Beobachtungsgabe und die offenkundige Beherrschung handwerklicher Techniken. Das Symbol des Königreichs Aschanti ist ein goldener Ahnenschemel, *Sikadwa Kofi* – auch *Stool* genannt –, der direkt vom Himmel kommt. Er umfasst die königliche Macht, die Seele der Nation, die Lebenden, die Toten, die Kinder, die geboren werden. Er ist ein Kultobjekt; niemand darf darauf Platz nehmen. Sein Besitz verleiht Autorität, Prestige und übermenschliche Kraft. Er darf nicht einmal den Boden berühren, denn die Götter haben ihn direkt in den Schoß des ersten Königs gegeben. Deshalb wird er für gewöhnlich auf eine Decke gestellt. Bei einer Inthronisierung wird der König über den *Sikadwa Kofi* gehoben, ohne ihn zu berühren.

3. Die Königreiche der Fulbe

Die Königreiche der Fulbe gehören den Völkern der Sahelzone an und besetzen riesige Territorien vom Tschad im Osten bis Senegal im Westen. Die muslimischen Fulbe, die seit dem 15. Jahrhundert bekannt sind, gründen mehrere hegemoniale Staaten: im 18. Jahrhundert in Guinea, im darauffolgenden Jahrhundert in Mali und Nigeria. Es handelt sich eigentlich eher um kurzlebige politische Strukturen, die nach einem von den Fulbe gegen die Sultane oder animistischen Herrscher geführten Krieg installiert werden. Von den Marabouts, islamischen Heiligen, angeführt etwa von Usman dan Fodio in Nigeria, greifen die Fulbe zu den Waffen, um die Reinheit des Islam zu erhalten. Nach ihrem Sieg streben sie keinen Aufbau regelrechter Königreiche an, beschränken sich vielmehr darauf, die bestehenden Strukturen zu übernehmen, sofern sie nicht zu ihrem Nomadenleben als Hirten zurückkehren. Nach kurzen Zeiten der Anarchie verschwinden die Fulbe-Reiche, als die europäischen Kolonisatoren auftauchen.

Usman dan Fodio (1754–1817) wird in eine gebildete muslimische Familie hineingeboren. Nachdem er zuvor gelehrt hat, verkündet er 1804 den Dschihad, den er in seinem *Buch der Unterschiede (Kitab-al-Farq)* mit den Verfälschungen rechtfertigt, derer sich die Herrschenden schuldig gemacht hätten, weil sie das koranische Recht und die *Scharia* nicht mehr respektierten. Durch Eroberung gründet er ein riesiges Fulbe-Reich nomadischer Viehzüchter, Sokoto genannt, das er als *Sarkin musulmi* – Befehlshaber der Gläubigen – regiert. Seine Autorität erstreckt sich von der Sahara bis zum Tschad. Sein Sohn und Nachfolger **Muhamad Bello** (1817–1837) organisiert das Reich verwaltungstechnisch. Als Kalif (Nachfolger) Mohammeds herrscht er von Sokoto aus über die Emire, die Provinz-Gouverneure. Gemeinsames Gesetz ist das koranische Gesetz. Das Territorium ist von Straßen durchzogen, die die immer zahlreicheren und immer wohlhabenderen Städte miteinander verbinden.

Das **Tekrur-Reich** (19. Jahrhundert) des Volks der Wolof – in französischer Verballhornung **Toucouleur** – erstreckt sich von Mali bis zu den Quellen des Niger- und des Senegal-Flusses. Sein Gründer ʻUmar Tall, auch **al-Hāddsch ʻUmar** (um 1796–1864) genannt, gehört einer rigoristischen Strömung des Islam an, derjenigen der Tidschānīya-Bruderschaft. Er verlangt bei allen menschlichen Aktivitäten strengen Gehorsam gegenüber dem orthodoxen Islam. Dank der Feuerwaffen, die er von den Franzosen gekauft hat, erobert er die Königreiche der Bambara und das Reich der Massina. ʻUmar Tall erschafft ein riesiges theokratisches Reich, das er als Kalif von Tidschānīya regiert, später auch von seiner Hauptstadt Segu aus. Doch die politische und religiöse Konstruktion, die er erschaffen hat, wird mit den inneren Spannungen kaum fertig, die von der animistischen Bevölkerung ausgehen; auch Kämpfe unter den Clans um den Machterhalt gehören dazu. ʻUmar Tall wird 1864 ermordet.

Amadu Schechu (1864–1898), sein Sohn, versucht das Reich zu retten, indem er vor allem den Minderheiten Rechte gewährt, doch das entpuppt sich als Fehlschlag, denn damit verärgert er die alte, privilegierte Schicht des Reichs. Die Franzosen profitieren von dieser Spaltung und beenden das Tekrur-Reich, indem sie es 1887 zum Protektorat machen.

4. Äthiopien

Nach dem Tode von **Iyoas I.** (um 1740–1769) setzt sich eine Art feudaler Anarchie durch: Die «Zeit der Fürsten» beginnt, die von 1769 bis 1855 dauert. Sie endet mit dem Sieg von Fürst Kassa Hailu über seine Rivalen. Er ruft sich als **Theodor II.** (reg. 1855–1868) zum Kaiser aus, zum «König der Könige». Seine Herrschaft endet tragisch: Nach einer Niederlage gegen die Engländer zieht der Herrscher den Suizid einer entehrenden Unterwerfung unter die Sieger vor. **Johannes IV.** (reg. 1868–1889), danach **Menelik II.** (reg. 1889–1913) folgen ihm auf den Thron, die Hauptstadt wird von Magdala nach Addis Abeba verlegt. Das Land öffnet sich der Moderne mit dem Bau einer Eisenbahnlinie von Addis Abeba nach Dschibuti. Die Italiener versuchen, die Herrschaft des Landes an sich zu reißen, werden aber 1896 bei Adua geschlagen. Im Inneren wird der aufbegehrende Adel in die Schranken verwiesen und die Sklaverei abgeschafft.

5. Südliches Afrika: Das Zulu-Königreich

Das Zulu-Königreich erstreckt sich im 19. Jahrhundert im südlichen Afrika, großteils an der Ostküste Natals, gegründet von **Shaka** (um 1783–1828), der 1816 König wurde. Es beginnt *Mfecane* (in der Sotho-Sprache: «Zeit der gewalttätigen Unruhe»); eine Reihe von Kämpfen, die zwischen 1818 und 1834 stattfinden. Diese sind durch ein stehendes Heer möglich geworden, damals eine Neuheit. Geschätzte 30 000 bis 50 000 Männer werden mit Wurfspießen mit kurzem Schaft und verlängerter Klinge ausgestattet, den *Assegai*. Shaka revolutioniert die Taktik der *Impi*, der Regimenter, die er in vier Gruppen einteilt: Veteranen, frisch Rekrutierte, Sturmtruppen und Reserve. Die Besiegten werden zwangsweise zu Zulu gemacht, egal, aus welcher Ethnie sie stammen. 1827, beim Tode seiner vergötterten Mutter Nandi, fällt Shanka in grenzenloses Leid: Er lässt den Geistern der Verstorbenen Tausende von Menschenopfern darbringen. Seine Exzesse veranlassen zwei seiner Halbbrüder, Shaka im September 1828 zu ermorden. Seine Nachfolger können ihre Autorität in dem gewaltigen eroberten Reich kaum aufrechterhalten; sie stoßen mit den Buren zusammen, den Nachfahren niederländischer Siedler; auch mit den Engländern, die sich in der Region niederlassen wollen. Die Engländer setzen der Macht der Zulu nach dem Krieg von 1879 ein Ende.

Die Religion der Zulu

Die Zulu glauben an die Existenz der Seelen ihrer Vorfahren und an Götter: an das Höchste Wesen und die Prinzessin des Himmels. Der Kult beruht im Wesentlichen auf Fruchtbarkeitsriten, die der Himmelsprinzessin geweiht sind, und auf der strikten Beachtung der Riten, um die Geister der Vorfahren nicht zu verstimmen. Der Häuptling eines jeden Dorfes wird mit dem gemeinsamen Kult der Ahnen betraut, von denen auf mythische Weise alle abstammen, die die aktuelle Dorfgemeinschaft bilden.

9

NEUNTER TEIL

DIE ERSTE HÄLFTE DES 20. JAHRHUNDERTS

I

Der Erste Weltkrieg (1914–1918)

1. Im Gleichschritt in den Krieg

Der Erste Weltkrieg (1914–1918) beginnt am 28. Juni 1918 mit der Ermordung des Großherzogs und österreichisch-ungarischen Thronerben **Franz Ferdinand** (1863–1914) und seiner Frau **Sophie von Hohenberg** (1868–1914) im bosnischen Sarajewo. Der Mörder ist ein bosnischer Student, **Gavrilo Princip** (1894–1918). Österreich nimmt das zum Vorwand, um die seit langem geplanten Feindseligkeiten gegen Serbien zu entfachen. Am 23. September stellt Wien Belgrad ein Ultimatum. Die Serben akzeptieren alle Bedingungen bis auf die, dass die österreichische Polizei in Serbien ermitteln darf. Da beruft Österreich die Reservisten ein. Am 25. Juli beschließt Serbien die Generalmobilmachung. Am 28. Juli 1914 erklärt Österreich-Ungarn Serbien den Krieg. Damit beginnt das Spiel der Allianzen. Am 29. Juli beschließt Russland eine Teilmobilmachung, um Serbien im Rahmen des Panslawismus zu Hilfe zu eilen. Am 31. Juli wird daraus eine Generalmobilmachung. Der Zar fürchtet die deutsche Bedrohung, da Deutschland mit Österreich-Ungarn verbündet ist. Am selben Tag beschließt auch Österreich-Ungarn die Generalmobilmachung. Deutschland verlangt, dass Russland die Mobilmachung einstellt und Frankreich als Alliierter seine Position sofort klarstellt. Russland und Frankreich sind jedoch in der Triple-Entente verbunden (mit England). Am 1. August erklärt Deutschland Russland den Krieg, am 3. August auch Frankreich. Italien erklärt sich für neutral, obwohl es Mitglied des Dreibunds aus Deutschland, Österreich-Ungarn und Italien ist. Nach der Invasion Belgiens und Luxemburgs tritt England am 4. August in den Konflikt ein. Sieben europäische Länder stürzen sich somit in den Krieg, wozu am 25. August noch Japan an der Seite der Alliierten (Frankreich, Russland, England, Serbien) und am 1. November 1914 das Osmanische Reich an der Seite von Deutschland und Österreich-Ungarn kommen. Getreu der Monroe-Doktrin der Nichtintervention treten die USA nicht in den Krieg ein, beschließen jedoch, Kriegsmaterial zu liefern, aber nur den Alliierten.

Die Pläne der Kriegsparteien

Die Deutschen zählen auf den **Schlieffen**-Plan von 1905 (nach Alfred Graf von Schlieffen, 1833–1913). Er sieht zwei Fronten vor, eine im Osten gegen Russland, die andere im Westen hauptsächlich gegen Frankreich. Frankreich gilt als bedrohlicher; zunächst soll Frankreich überfallen und der Kampf dort schnell beendet werden, um sich dann gegen Russland wenden zu können.

Frankreich will den Plan XVII von **Ferdinand Foch** (1851–1929) umsetzen, der darin besteht, zunächst Elsass und Lothringen zurückzuerobern.

Der Bewegungskrieg

Die Kämpfe werden mit einem Bewegungskrieg eröffnet (August bis Dezember 1914). Nachdem die Deutschen in Belgien und Luxemburg eingefallen und dann durchmarschiert sind, stoßen sie auf die französisch-englische Armee, die jedoch zum Rückzug gezwungen wird. Am 5. September steht die 1. deutsche Armee 25 km vor Paris. **General Joseph Galieni** (1849–1916), Militärgouverneur von Paris, plant die Gegenoffensive an der Marne, die durch Armeegeneral Joseph Joffre umgesetzt wird. Die Schlacht an der Marne dauert vom 6. bis 12. September 1914 und endet mit einem französischen Sieg. Der deutsche Vormarsch ist gestoppt.

Ein Sieger an der Marne: Joffre

Joseph Joffre (1852–1931) will den Krieg bis zum Äußersten, vor allem will er für Frankreich die verlorenen Provinzen Elsass und Lothringen zurückerobern. Das ist die Grundlage von Plan XVII, der extrem viele Menschenleben kostet. Die Infanterie führt den Sturmangriff an, unterstützt von der Artillerie. Nach dem Scheitern dieser Strategie führt der Erfolg der deutschen Armee diese am 2. September 1914 bis auf 40 km vor Paris. Der Präsident der Republik, die Regierung und die Nationalversammlung ziehen sich nach Bordeaux zurück. Dies ist der Moment, da Joffre die Schlacht beginnt, die Deutschland aufhalten soll. Die 1. deutsche Armee lässt Paris im Westen liegen und dringt nach Osten vor. Diesen taktischen Fehler der Deutschen nutzt Joffre aus, der am 6. September die Marne-Offensive startet, damit tatsächlich eine Bresche schlägt und die deutschen Truppen zum Anhalten zwingt. Am 13. September kann er den Sieg verkünden. Danach liefern sich die beiden Armeen einen Wettlauf auf dem Meer und versuchen, den jeweils anderen zu umzingeln, doch ohne Erfolg. An der Ostfront greift Großherzog Nikolai Nikolajewitsch Romanow (1856–1929) Ostpreußen an, wird aber in der Schlacht von Tannenberg (17. August bis 2. September 1914) und in der **Schlacht an den Masurischen Seen** (September bis November 1914) geschlagen. Neue Kriegsteilnehmer treten in den Konflikt ein: Italien im April 1915, Rumänien im August 1916 an der Seite der Alliierten, Bulgarien im September 1915 bei den Zentralmächten.

Stellungskrieg, Frontsoldaten und Schützengräben

Am Ende des Jahres 1914 wird der Krieg im Westen zu einem Stellungskrieg. Da die feindlichen Linien nicht durchstoßen werden können, graben sich die Armeen auf beiden Seiten der Frontlinien in Schützengräben, Laufgräben und Kasematten ein. Aus einem ersten Schützengraben wird eine ganze Linie von Schützengräben, die untereinander durch Laufgräben verbunden sind, von wo die Soldaten an die Frontlinie vorrücken. Dem Angriff geht ein Trommelfeuer der Artillerie voraus, es folgt der Sturmangriff mit aufgepflanztem Bajonett. Trotz der Maschinengewehre, die Deckung geben sollen, sind die Verluste enorm. Die Bewaffnung ist den neuen Kampfbedingungen angepasst: Mörser und Granatwerfer. 1915 setzen die Deutschen das erste Giftgas ein, und der Flammenwerfer kommt auf. Panzer werden 1916 entwickelt, vor allem in den Fabriken von **Louis Renault**. Die Fliegerei geht von Erkundungsmissionen zu Bombardements über. Generalmajor **Erich von Falkenhayn** (1861–1922) beschließt im Frühjahr 1915 eine Großoffensive an der russischen Front. Er nimmt Polen ein, danach Litauen und bringt die gegnerische Armee ins Wanken, kann sie aber nicht besiegen. Die Alliierten versuchen, die Russen durch Angriffe im Artois im Mai 1915 und in der Champagne im September 1915 zu entlasten (beide in Nordfrankreich) – doch ohne Erfolg, außer dass es zu Massakern in großem Ausmaß kommt. Bulgaren und Deutsche bekämpfen die serbische Armee, die sich nach Korfu zurückziehen muss. Um ihr zu Hilfe zu kommen, landen die Alliierten in Saloniki, womit die Orient-Front eröffnet ist. Von Februar bis Juni 1916 ändern Falkenhayn und der Erbprinz, Kronprinz **Wilhelm von Preußen** (1882–1951), die Taktik und wollen die französische Armee «ausbluten» bzw. «weißbluten» lassen und die Front durchstoßen, indem sie ihre Kräfte an einem Punkt zusammenziehen, an der Festung Verdun, die von General **Philippe Pétain** (1856–1951) verteidigt wird.

Verdun: Mehr als 600 000 tote Soldaten

Die Schlacht von Verdun (Februar bis Juni 1916) kostet fast eine Million Menschen das Leben, ohne dass signifikante Erfolge erzielt werden: So wechselte das Dorf Fleury-devant-Douaumont 16-mal den Besitzer. Am 21. Februar gehen die Deutschen ab 7.15 Uhr zum Angriff über, geben 9 Stunden lang Trommelfeuer und werfen Millionen von Granaten. Fort Douaumont wird am 25. Februar eingenommen. Pétain organisiert die Verteidigung über den «heiligen Weg», die Straße von Bar-le-Duc nach Verdun. Tag und Nacht treffen Truppen ein, von mehreren tausend Lastwagen herangeschafft. Die Kämpfe gehen bis zum 22. Juni. Die deutschen Verluste sind beinahe genauso hoch wie die französischen: 335 000 gegenüber 378 000 Männern. Die Niederlage **Falkenhayns** hat zur Folge, dass er durch die Generäle **Paul von Hindenburg** (1847–1934) und **Erich Ludendorff** (1865–1937) ersetzt wird.

Der Damenweg

In Frankreich folgt **Robert Georges Nivelle** (1856–1924) auf Joffre als Oberbefehlshaber. Im April 1917 startet er die Offensive zwischen Oise und Reims. Die Schlacht vom Damenweg (16. April 1917), auch Nivelle-Offensive genannt, findet zwischen Craonne und Cerny-en-Laonnois statt, auf dem Kamm eines Höhenzugs, auf dem sich der *Damenweg* befindet. Beim ersten Angriff am 16. April 1917 sterben mehr als 40 000 französische Soldaten, doch Nivelle hält starrsinnig sechs Wochen lang an seinem Plan fest, wodurch er 260 000 Männer verliert.

Meutereien als Konsequenzen der Massaker

Nivelle wird von Pétain abgelöst, der sich im Mai und Juni 1917 mit Meutereien konfrontiert sieht. Überall brechen sie aus: Desertionen an der russischen und italienischen Front; Aufstände in der deutschen Marine im Juli 1915, gefolgt von schweren Repressionen. In Frankreich weigern sich die Soldaten, an die Front zu gehen. In Soissons drohen die Regimenter, gegen Paris zu ziehen. Die Revolte richtet sich auch gegen die, die im Hinterland geblieben sind und dort ein angenehmes Leben führen, während die Frontsoldaten in der Hölle der

Schützengräben leben. Pétain verfolgt eine doppelte Politik: Einerseits verurteilen Militär-Schnellgerichte mehr als 3000 Soldaten, davon 554 zum Tode, wovon 49 erschossen werden; andererseits werden Einquartierung, Verpflegung, Häufigkeit der Ablösung und Urlaube verbessert. All diese Dinge werden verbessert; und Pétain verzichtet auf den Mythos des Durchbruchs und auf permanente Offensiven, die nur Menschenleben kosten würden. **Georges Clemenceau** (1841–1929) ist seit November 1917 an der Macht und predigt den Krieg bis zum Äußersten: «Innenpolitik? Ich führe Krieg. Außenpolitik? Ich führe Krieg.»

Der Wendepunkt: 1917

Das Jahr 1917 bringt die Wende im Krieg. In Russland untergraben die aufeinanderfolgenden Niederlagen die ohnehin angeschlagene Autorität des Zaren. Schon seit der Revolution von 1905 hatte seine Reputation abgenommen, als Nikolaus II. befohlen hatte, auf eine unbewaffnete Menschenmenge zu schießen. Sie war zum Winterpalais gekommen, um Brot einzufordern. Im Februar 1917 wird der Zar zur Abdankung gezwungen – zugunsten einer liberalen Regierung, die im Oktober durch eine Revolution der Berufsrevolutionäre, der Bolschewiken, gestürzt wird. Die Bolschewiken brauchen Frieden um jeden Preis, um ihre Aneignung des Landes zu sichern. Auf den Waffenstillstand vom 15. Dezember 1917 folgt der Friede von Brest-Litowsk im März 1918. Deutschland muss danach nicht mehr an der russischen Front kämpfen. Rumänien kapituliert im Mai 1918. Die andere Front in Osteuropa ist seit der Niederlage der französisch-englischen Flotte vom März 1915 festgefahren, die eigentlich die Meerenge der Dardanellen öffnen sollte, sowie nach dem Massaker des Expeditionskorps, das in Gallipoli gelandet ist. Die Überlebenden haben sich seit November 1915 den im griechischen Saloniki stationierten alliierten Truppen angeschlossen. Diese Armee hält sich in Bereitschaft und nimmt im Juni 1917 den Kampf wieder auf, als Griechenland sich den Alliierten anschließt. Die USA, von Anfang an neutral geblieben, erleben nun, wie die öffentliche Meinung im Land sich allmählich zugunsten einer Intervention ausspricht. Am 7. Mai 1915 wird das englische Passagierschiff *Lusitania* von der deutschen Kriegsmarine torpediert. Unter den vielen Opfern sind auch 128 amerikanische Staatsangehörige. Im Februar 1917 beschließt Deutschland den totalen U-Boot-Krieg. Der demokratische Präsident **Thomas Woodrow Wilson** (reg. 1913–1921) erhält am 2. April 1917 vom Kongress die Zustimmung für den Kriegseintritt.

Doch erst im März 1918 landen 300 000 amerikanische Soldaten in Europa. Der psychologische Effekt ist enorm. Die Zentralmächte wissen, dass sie nur bei einem schnellen Krieg einen Sieg erhoffen können, ehe die amerikanische Unterstützung in ihrer ganzen Stärke wirkt.

1918: Das Ende des Krieges und seine Kosten

Zwischen März und Juli 1918 starten Hindenburg und Ludendorff vier große Offensiven im Westen: im März südlich der Somme, im April in Flandern, im Mai am Damenweg westlich von Reims, im Juli in der Champagne. Sie werden allesamt aufgehalten. Im August 1918 erfolgt als Antwort die Generaloffensive der Alliierten. Die Deutschen werden dabei im November zum Rückzug ihrer gesamten Armee hinter Schelde und Maas gezwungen. Auf dem Balkan werden die Bulgaren von den Franzosen und Engländern nördlich von Saloniki besiegt. Die Italiener, die bei Caporetto (24. Oktober bis 9. November 1917) von den österreichisch-deutschen Truppen geschlagen werden, sind dann bei Vittorio Veneto (24. Oktober bis 3. November 1918) Sieger über die Österreicher. Am 3. November 1918 stellt Österreich-Ungarn die Kämpfe ein. Das Osmanische Reich hat dies schon am 30. Oktober getan. Nur Deutschland kämpft noch weiter. Mehrere Revolutionen brechen dort seit Anfang November aus. Am 9. November 1918 dankt Wilhelm II. ab und flieht in die Niederlande. In Berlin wird die Republik ausgerufen. Am 11. November 1918 um 6 Uhr früh unterzeichnen die Repräsentanten der provisorischen deutschen Regierung einen Waffenstillstand – in einem Eisenbahnwaggon von Marschall Foch in einer Lichtung im Wald von Rethondes, nahe bei Compiègne.

Die Kosten des Krieges

Die Kriegskosten sind vor allem Menschenleben: Sie summieren sich auf fast 10 Millionen Tote, darunter 2 Millionen deutsche und 1,5 Millionen französische Soldaten. Ein Fünftel der Männer von 20 bis 40 Jahren ist in Frankreich und Deutschland ausgelöscht. Dazu kommen die Toten der Spanischen Grippe – mehr als 20 Millionen Opfer 1918 und 1919. Das mächtige Europa beherrscht nicht mehr die Welt; der große Krieg, von dem man hoffte, er wäre der letzte gewesen, ist für Europa ein wahrer Selbstmord. Die landwirtschaftliche und industrielle Produktion hat sich im Verhältnis zu 1913 um ein Drittel reduziert. Frankreich muss 700 000 Häuser neu bauen, dazu 60 000 km

Eisenbahnstrecken und Straßen. Vom Bankier der Welt, der einmal 60 Prozent der weltweiten Goldreserven besaß, wird Europa zum Schuldner der USA.

2. Die Friedensverträge

Von Januar bis Herbst 1919 wird in Paris eine Konferenz abgehalten, die die Friedensverträge vorbereiten soll. Die Probleme sind zunächst praktischer Art: 27 Staaten nehmen daran teil, alliierte oder neutrale. Die UdSSR und die Besiegten fehlen dabei. Die Delegierten sind für eine effektive Arbeit in Plenarsitzungen zu zahlreich. In Wahrheit werden die Entscheidungen daher vom **Rat der Vier** gefällt (USA, Großbritannien, Frankreich, Italien, wozu von Fall zu Fall Japan tritt). In seiner Botschaft vom 8. Januar 1918, genannt das *14-Punkte-Programm*, definiert der amerikanische Präsident **Thomas Woodrow Wilson** (1856–1924) die Grundlagen zukünftiger Verträge, darunter die Schaffung eines Völkerbundes, der die Grenzen der neu aufgeteilten Staaten festlegen soll. Von dem idealistischen Präsidenten Wilson verlangt Georges Clemenceau gewaltige Kriegsreparationen und will auf dem linken Rheinufer ein unabhängiges Rheinland; einen Pufferstaat, der Frankreich vor der deutschen Aggression schützt. **Lloyd George** (1863–1945) ist besorgt wegen einer möglichen französischen Dominanz in Europa und will die schwankende britische Meinung besänftigen. **Vittorio Orlando** (1860–1952) vertritt bei der Konferenz die territorialen Forderungen Italiens an der Adria, die zu einem italienischen Binnenmeer werden soll.

Den Frieden erhalten: Der Völkerbund

Der Franzose **Léon Bourgeois** (1851–1925) will dem Völkerbund eine internationale Armee zur Seite stellen und der Versammlung ein Instrument an die Hand geben, um bei Kriegsgefahr schrittweise Sanktionen ergreifen zu können. Am Ende wird die amerikanisch-britische Version angenommen. Der in Genf installierte Völkerbund besteht aus einer Versammlung, die sich einmal im Jahr trifft, ferner einem Rat von neun Mitgliedern: fünf ständigen und vier wechselnden, die von der Versammlung jedes Jahr gewählt werden. Dieser Rat trifft sich dreimal im Jahr. Außerdem gibt es ein Generalsekretariat in Genf und einen Internationalen Gerichtshof. Die Mitgliedsstaaten einigen sich darauf, keine Kriege mehr zu führen, auf geheime diplomatische Verhandlungen zu verzichten und das internationale Recht zu respektieren. Die vorgesehenen Sanktionen sind: moralische Verurteilung, wirtschaftliche Repressalien, doch keine militärische Aktion. Obwohl von guten und edlen Absichten getragen, kann der Völkerbund dennoch nicht die Konflikte zwischen den beiden Weltkriegen verhindern, seien sie lokal oder weltweit.

Der Versailler Vertrag vom 28. Juni 1919

Der Versailler Vertrag, der das Schicksal Deutschlands regelt, wird von der Vollversammlung am 1. Mai 1919 ratifiziert. Deutsche Repräsentanten können davon Kenntnis nehmen und Einwände erheben, von denen allerdings keiner berücksichtigt wird. Angesichts der Vorbehalte der Deutschen wird die Drohung einer Wiederaufnahme des Krieges in den Raum gestellt. Die Deutschen willigen ein. So wird der Versailler Vertrag am 28. Juni im Spiegelsaal in Versailles unterzeichnet. Er umfasst 140 Artikel, die sich auf fünf Bereiche verteilen: Schaffung des Völkerbundes; territoriale, wirtschaftliche, moralische, militärische und finanzielle Klauseln.

■ **Die territorialen Bestimmungen:** Sie sehen die Rückgabe von Elsass und Lothringen an Frankreich vor, die Abtretung der Kantone Eupen und Malmédy an Belgien, ein Plebiszit für Schleswig, dessen Norden nach Dänemark zurückkehrt, eines für Schlesien, dessen Osten Polen zugeschlagen wird. Das Saarland wird für 15 Jahre vom Völkerbund verwaltet, danach soll ein Plebiszit den Anschluss an Frankreich oder Deutschland regeln. Dieses Plebiszit wird sich später für den Verbleib bei Deutschland aussprechen. Um Polen einen Zugang zum Meer zu verschaffen, wird dem Land der um den Hafen von Danzig (Gdańsk auf Polnisch) verlängerte «Korridor» zugestanden, der Ostpreußen vom Rest Deutschlands abtrennt. Zusätzlich werden die deutschen Kolonien dem Völkerbund unterstellt, der sie folgendermaßen aufteilt: England erhält einen Teil Kameruns und Togos, der Rest geht an Frankreich. Japan erhält die deutschen Inseln im Nordpazifik, Südafrika bekommt Deutsch-Südwestafrika, Australien wird der neue Herr in Neu-Guinea. Neuseeland erhält die Samoanischen Inseln, Belgien wiederum Ruanda und Burundi.

■ **Die wirtschaftlichen und finanziellen Bestimmungen:** Deutschland muss seine Handelsflotte, Lokomotiven, Holz und Kohle ausliefern. Seine Flüsse werden internationalisiert. Es muss sämtliche Kriegsschäden bezahlen. Eine internationale Kommission soll bis spätestens 1. Mai 1921 die Summe der Reparationszahlungen bestimmen. Sie wird auf 132 Milliarden Goldmark festgesetzt.

- **Die moralischen Bestimmungen:** Artikel 231 des Versailler Vertrages bezeichnet Deutschland als den allein Verantwortlichen des Weltkriegs und verpflichtet es deshalb, die Kriegsreparationen für die erlittenen Schäden zu tragen.

- **Die militärischen Bestimmungen:** Das linke Rheinufer wird entmilitarisiert und von den Alliierten für die Dauer von 15 Jahren besetzt. Deutschland hat nicht mehr das Recht, eine Armee zu unterhalten und wird vollständig entmilitarisiert bis auf eine «Polizeiarmee» von 100 000 Mann, die für die Dauer von 12 Jahren verpflichtet werden.

Doch von Anfang an leidet der Versailler Vertrag daran, dass er in Amerika nicht gebilligt wird. Der Demokrat Wilson muss erleben, dass seine Unterschrift von der republikanischen Kongressmehrheit nicht gutgeheißen wird. Der amerikanische Senat verweigert die Ratifizierung. Kaum ins Leben gerufen, wird der Völkerbund damit der amerikanischen Stütze beraubt, auch wenn er durch den Willen eines Präsidenten der USA überhaupt erst erschaffen wurde.

Die weiteren Friedensverträge

Vier Verträge werden zwischen 1919 und 1920 unterschrieben: die Verträge von Saint-Germain, Trianon, Neuilly und Sèvres (die sogenannten Vorort-Verträge):

- **Der Vertrag von Saint-Germain** (10. September 1919) und der **Trianon-Vertrag** (4. Juni 1920) teilen das alte österreichisch-ungarische Reich auf, bilden neue unabhängige Staaten, etwa die Tschechoslowakei (heute Tschechien und Slowakei), Jugoslawien (heute in sechs Staaten zerfallen), Ungarn, und sie schaffen Polen neu. Österreich wird auf eine kleine Fläche von etwas mehr als 80 000 km^2 reduziert. Italien erhält das Trentino und Istrien mit Triest, aber nicht Dalmatien, das es haben wollte.

■ **Der Vertrag von Neuilly** (27. November 1919) regelt den Fall Bulgarien, das einen Teil seines Territoriums an Rumänien verliert (die Dobrudscha), einen weiteren an Griechenland (die Ägäis-Küste) und an Jugoslawien (West-Bulgarien).

■ **Der Vertrag von Sèvres** (11. August 1920) wird mit dem Osmanischen Reich geschlossen. Er verpflichtet die Türkei zur Neutralität der Meerenge, besiegelt den Verlust der arabischen Nationen, die unter englisches oder französisches Mandat gestellt werden. Sämtliche europäische türkische Besitzungen außerhalb von Konstantinopel sind verloren. Doch die Revolte der Offiziere, die von **Mustafa Kemal Atatürk** (1881–1938) angeführt wird, lehnt den Vertrag ab. Die Alliierten werden geschlagen, und am 1. November 1922 wird der letzte Sultan zur Abdankung gezwungen.

II

Deutschland von 1919 bis 1945

1. Die Weimarer Republik

Ein Reich vergeht …

Im Jahre 1918 versucht Kaiser Wilhelm II. eine parlamentarische und demokratische Regierung zu installieren. Prinz **Maximilian von Baden** (1867–1929), der als liberal gilt, wird zum Kanzler ernannt. Er regiert mit dem Reichstag, aus dem die Minister hervorgegangen sind, wie etwa **Philipp Scheidemann** (1865–1939) von den Sozialdemokraten. In der Armee brechen Meutereien aus, vor allem unter den Besatzungen der Kriegsmarine in Kiel. Nach dem russischen Vorbild der Sowjets werden Arbeiter- und Soldatenräte gebildet. Das Ende der Monarchie in Deutschland beginnt mit dem Aufstand in München am 7. November 1918. Die Wittelsbacher als herrschende Dynastie werden abgesetzt und durch die Bayerische Räterepublik ersetzt. Die Proteste erreichen Berlin am 9. November und zwingen Wilhelm II. zur Abdankung. Maximilian von Baden übergibt seinen Posten **Friedrich Ebert** (1871–1925). Scheidemann ruft die Republik aus. Ebert legalisiert das allgemeine Wahlrecht, den Arbeitstag von acht Stunden und sieht sich Forderungen nach Sozialisierung der Montanindustrie ausgesetzt. Ein Rat aus sechs Volksbeauftragten regiert in Erwartung der Wahl einer nationalen konstituierenden Versammlung. Er besteht aus Politikern, die bereits eine lange Karriere im Reich absolviert haben; und er wird von den Sozialisten beherrscht. Friedrich Ebert, ursprünglich Handwerker, ist seit 1889 Vorsitzender der Sozialdemokratischen Partei Deutschlands (SPD). Angesichts des Zusammenbruchs des Reichs verweigert er sich einer bolschewistischen Revolution, die von den Volksbeauftragten gewollt war; er schlägt die spartakistischen Versuche nieder. Dann wird er der erste Präsident der deutschen Republik, was er bis zu seinem Tode 1925 bleibt.

... für eine ungeliebte Republik

Das Problem Eberts und der Sozialisten besteht darin, unter schwierigen Bedingungen eine Republik zu gründen. Die Armee hat sich ihre Niederlage noch nicht eingestanden, sieht sich vielmehr als unbesiegbar und verbreitet die «Dolchstoßlegende», wonach die Kämpfe eigentlich hätten weitergehen sollen, hätten die Zivilisten, vor allem die Juden, die Sozialisten und die Republikaner, keinen Verrat geübt, indem sie einen Waffenstillstand und danach die infamen Friedensbedingungen akzeptierten. Die großen Industriellen wie der Stahlmagnat Hugo Stinnes betrachten die neue Regierung mit Argwohn, die als zerbrechlich und wenig in der Lage erscheint, Kapital anzuziehen. Deutschland muss die überwältigenden Kriegsreparationen zahlen, obwohl man ihm die Kolonien und seine Handelsflotte genommen hat. Die sich abzeichnende Wirtschaftskrise geht einher mit starken nationalistischen Spannungen. Die Befürworter der Weimarer Republik sind in dem Augenblick in der Minderzahl, als diese Republik sich einem Revolutionsversuch gegenübersieht, der vom Lenin'schen Vorbild in Russland inspiriert ist.

Der marxistische Sklave des 20. Jahrhunderts

Die Sozialisten, die an der Macht sind, müssen auf die extreme Linke bauen, die **Spartakisten**. Als Kommunisten und Bewunderer Lenins sind ihre wichtigsten Abgeordneten in Berlin **Karl Liebknecht** (1871–1919) und die marxistische Theoretikerin **Rosa Luxemburg** (1871–1919). Gemeinsam gründen sie den *Spartakusbund*, danach die Kommunistische Partei Deutschlands (KPD). Die Bezeichnung «Spartakisten» geht auf den Gladiator und Sklaven Spartakus zurück, dessen Revolte Rom im 1. Jahrhundert v. Chr. bedrohte. Während des Krieges veröffentlicht Karl Liebknecht seine *Spartakusbriefe*, die ihm eine Gefängnisstrafe einbringen. Die SPD, die an der Macht ist, stützt sich auf die Armee und auf daraus hervorgegangene paramilitärische Gruppen, die sogenannten Freikorps, um den Versuch der spartakistischen Revolution während der «Berliner Blutwoche» vom 6. bis zum 13. Januar 1919 niederzuschlagen. Am 2. Januar rufen Liebknecht und Luxemburg zum Generalstreik auf und richten einen Appell an die Armee, doch die schnelle Reaktion der Militärs erstickt die Revolution im Keim. Die Repression erfolgt sogleich und brutal. **Karl Liebknecht** und **Rosa Luxemburg** werden verhaftet und auf Anordnung des Volksbeauftragten für Heer und Marine, **Gustav Noske** (1868–1946), ermordet.

Die Stadt Goethes versammelt die Republik

Die verfassunggebende Versammlung wird nach allgemeinem Wahlrecht für Männer und Frauen am 19. Januar 1919 gewählt. Infolge der spartakistischen Versuche beschließt sie, in Weimar zusammenzutreten, der kleinen Provinzhauptstadt, die berühmt wurde, als Goethe sich dort niederließ. Die Versammlung verabschiedet am 31. Juli 1919 eine neue liberale und demokratische Verfassung. Deutschland wird eine Republik, die sich indes kaum von ihrem Erbe gelöst hat. Artikel 1 besagt: «Das Reich ist eine Republik.» Hier taucht das einzige Mal der Ausdruck Republik auf. Zwei Kammern werden eingerichtet: der Reichsrat, der aus Abgeordneten von 17 Ländern besteht, wobei die Länder die föderale Republik bilden, der Reichsrat aber nur ein aufschiebendes Vetorecht besitzt hinsichtlich der Gesetze, die von der anderen Kammer beschlossen werden, dem Reichstag. In allgemeinen Wahlen für vier Jahre gewählt, stimmt der Reichstag über Gesetze ab, setzt den Kanzler und die Minister, die sich vor ihm verantworten müssen, in ihre Ämter ein. Ein Staatoberhaupt, der Reichspräsident, wird durch allgemeine Wahlen für sieben Jahre gewählt. Er kann nach Gegenzeichnung durch einen Minister den Reichstag auflösen, bürgerliche Freiheiten aussetzen (Artikel 48), die Gesetze einem Referendum unterwerfen. Der erste Reichspräsident wird von der konstituierenden Versammlung gewählt: Es handelt sich um den Sozialisten Friedrich Ebert. Nach seinem Tode 1925 folgt ihm der alte **Reichsmarschall von Hindenburg**. Er wird 1932 wiedergewählt.

Die Weimarer Republik: Wie viele Feinde hat sie?

Wenig beliebt, wird die Weimarer Republik nur von der SPD, dem katholischen Zentrum und der liberalen Deutschen Demokratischen Partei gestützt. Die KPD ist der Republik indes feindlich gesinnt und will die sozialistische Regierung vor allem nach der Berliner «Blutwoche» zur Strecke bringen. Von rechts kommt die Opposition in Gestalt der Deutschen Volkspartei (DVP) von **Gustav Stresemann** (1878–1929) auf, der dennoch 1923 als Außenminister bis zu seinem Tode 1929 Mitglied der Regierung wird; dies wird durch eine Annäherung an den linken Flügel der Zentrumspartei möglich. In der DVP finden sich dagegen die gegenüber dem Kommunismus und Sozialismus feindlich eingestellten Industriellen. Die Deutschnationale Volkspartei (DNVP) lehnt den Vertrag von Versailles ab, auch die Republik; ihre Schlagwörter sind Pangermanismus, Nationalismus und Antisemitismus. Sie profitiert von der Unterstützung der Junker, preußischer Aristokraten, und vom Reichtum des Pressemagnaten **Alfred Hugenberg** (1865–1951). An der äußersten Rechten sammeln sich Splittergruppen, die sich auf die völkische Bewegung berufen und die Einzigartigkeit und Größe des deutschen Volkes rühmen, zugleich die Überlegenheit der germanischen Rasse behaupten. Das gilt auch für eine sehr kleine, in Bayern gegründete Partei, die 1919 von dem Schlosser **Anton Drexler** (1884–1942) gegründet wurde, die Deutsche Arbeiterpartei, DAP; 1920 macht **Adolf Hitler** (s. u.) aus ihr die Nationalsozialistische Deutsche Arbeiterpartei, NSDAP. Im März 1920 versucht **Wolfgang Kapp** (1858–1922) einen Staatsstreich, wobei er sich in Berlin auf die Freikorps stützt. Der sogenannte **Kapp-Putsch** misslingt. Alle Seiten bewaffnen nun ihre Truppen. Im November 1918 wird der *Stahlhelm* gegründet, eine rechte paramilitärische Gruppe, die ihre Mitglieder aus den Freikorps rekrutiert und gegen den Versailler Vertrag, die Weimarer Republik und die Juden agitiert. Die Nationalsozialisten

haben ihre *Sturmabteilung*, die SA. Die linken Parteien ruhen ebenfalls nicht. Die SPD gründet das *Reichsbanner Schwarz-Rot-Gold* oder auch die antifaschistischen Gruppen der *Eisernen Front*. Die Kommunisten haben den *Rotfrontkämpferbund* an ihrer Seite.

Hitler am Start

Adolf Hitler (1889–1945) wird in Österreich geboren, im Herzen des österreichisch-ungarischen Reiches. Von bescheidener Herkunft – sein Vater ist Zollbeamter –, verliert er seine Eltern früh; den Vater 1903, die Mutter 1907. Er lässt sich in Wien nieder, wo er sich zweimal vergeblich an der Akademie der Schönen Künste bewirbt, Abteilung Malerei. Er schlägt sich mit vielen Gelegenheitsarbeiten durch; stets bekundet er seine Verachtung für Demokratie und Parlamentarismus – und das in einer Hauptstadt (Wien), die durch die antisemitischen Ausfälle des populistischen Bürgermeisters Karl Lueger bestimmt ist. Kaiser Franz Joseph (reg. 1848–1916) versucht, Lueger abzusetzen, allerdings vergeblich, denn dessen Popularität ist zu groß. 1914 schließt sich Hitler der Armee an, zieht in den Krieg, wird mehrfach verwundet und mit dem Eisernen Kreuz ausgezeichnet. Als er vom Waffenstillstand erfährt, ist das für ihn zutiefst traumatisierend; er erlebt ihn als «Dolchstoß». Zurück im bürgerlichen Leben, schließt er sich der Deutschen Arbeiterpartei DAP an, wo er bald den Vorsitz übernimmt und sie zur NSDAP umfunktioniert; sie gibt sich völkisch, nationalistisch und volkstümlich, dabei antikapitalistisch. 1921 gründet er die Parteizeitung *Völkischer Beobachter*, ferner wird eine paramilitärische Truppe gebildet, die SA. Der erste Parteikongress wird im Januar 1922 in München abgehalten, gefolgt im September vom ersten Parteitag in Nürnberg. Adolf Hitlers Biographie verbindet sich mit dem Schicksal Nazi-Deutschlands, bis zu beider Untergang 1945.

Ein Kilo Brot? 600 Milliarden Mark

1923 stürzt eine schwere Wirtschafts- und Finanzkrise Deutschland in große Wirren, die ins Chaos abzurutschen drohen. Eine (Gold-)Mark wird im Juli 1914 noch für 4,2 Dollar getauscht, im November 1923 dagegen kostet der Dollar 4200 Milliarden Mark. Ein Kilo Brot kostet 600 Milliarden Mark. Die Arbeitslosigkeit steigt im Laufe des Jahres 1923 von 4 Prozent auf 23 Prozent der aktiven Bevölkerung. Hitler sieht den Moment gekommen, die Macht zu übernehmen, und versucht am 8. und 9. November 1923 in München einen Staatsstreich, im Bürgerbräukeller. Dieser Putsch scheitert, Hitler wird verhaftet und zu fünf Jahren Festungshaft verurteilt. Während seines Aufenthaltes in der Festung Landsberg diktiert er seinem Sekretär **Rudolf Heß** (1894–1987) den Traktat *Mein Kampf*. Bereits nach sechs Monaten wird er entlassen. **Dr. Hjalmar Schacht** (1877–1970), Reichsfinanzminister, legt die Wirtschaftskrise im Oktober 1923 bei, indem er die entwertete Mark durch die Rentenmark ersetzt, die durch Grundschuld und Industrievermögen gestützt ist. Am 30. August 1924 wird die durch Gold gestützte Reichsmark eingeführt. Doch die Mittelschicht, die Rentner und Freiberufler sind ruiniert. Das parlamentarische System ist diskreditiert. Dennoch erlebt Deutschland zwischen 1924 und 1929 einen neuen Wohlstand.

Der deutsche Film von 1896 bis 1945

Die Geschichte des Films in Deutschland beginnt sieben Wochen vor der Vorführung der Brüder Lumière in Paris Ende Dezember 1895. Am 1. November führen die Gebrüder **Max** und **Emil Skladanowsky** im Berliner Wintergartenpalais mittels eines von ihnen konstruierten Überblendprojektors ihre ersten Kurzfilme vor. Technisch ist ihre Erfindung dem Apparat der Lumières, der Aufnahme- und Projektionsfähigkeit in sich vereint, unterlegen und setzt sich nicht durch. Ab 1910 beginnt eine erste eigenständige künstlerische Filmproduktion. Die Schauspielerinnen Asta Nielsen und Henny Porten sind die Stars der deutschen **Stummfilmzeit**, Pola Negri kreiert den Typus des sinnlich-erotischen Vamps. 1918 ist die deutsche Filmindustrie die größte Europas. Im Dezember 1917 ist die Universum Film-AG (Ufa) gegründet worden, die sich in Potsdam-Babelsberg zur wichtigsten Produktionsfirma entwickelt. Der schärfste Konkurrent der Ufa ist bis 1921 Erich Pommer. Er produziert 1920 *Das Cabinet des Dr. Caligari* von Robert Wiene, Inbegriff des allegorischen expressionistischen Films. **Friedrich Wilhelm Murnau** dreht mit *Nosferatu – Symphonie des Grauens* (1924) ein das Horrorgenre nachhaltig prägendes Werk. **Fritz Lang** mit *Metropolis* (1927) sowie seinem ersten Tonfilm *M – Eine Stadt sucht einen Mörder* (1931) und **G. W. Pabst** mit *Die Büchse der Pandora* (1929) schreiben Filmgeschichte. **Ernst Lubitsch** dreht mit *Madame Dubarry* (1919) den ersten deutschen Nachkriegsfilm, der auch im Ausland ein großer Erfolg wird; 1923 zieht er nach Hollywood und wird dort für ironisch-frivole Komödien berühmt.

Für den Film der **Weimarer Republik** ist eine große ästhetische, visuelle und thematische Spannbreite typisch. Es werden neben Schauer- und exotischen Abenteuerfilmen auch Historien- und Kriminalfilme sowie psychologische Dramen gedreht. Neu ist das Genre des Aufklärungs- und Sittenfilms. **Richard Oswald** greift 1919 in *Anders als die Anderen* Homosexualität auf und prangert deren Kriminalisierung durch den § 175 an. Erich Pommer, seit 1923 Produktionschef der Ufa, etabliert mit jungen Kameraleuten und Regisseuren den «Ufa-Stil», der künstlerisch und kommerziell mit Hollywood-Produktionen konkurrieren soll. Durch die ab Mitte der zwanziger Jahre wirtschaftlich prekäre Lage der Ufa orientieren sich Schauspieler und Regisseure in Richtung Amerika, so F. W. Murnau, der Schauspieler Emil Jannings und nach dem Erfolg von *Der blaue Engel* (1930) Marlene Dietrich.

In den zwanziger Jahren floriert auch der avantgardistische Kunstfilm. Beispiele hierfür sind das abstrakte *Lichtspiel Opus I* (1921) von **Walther Ruttmann** und der Scherenschnitt-Trickfilm *Die Abenteuer des Prinzen Achmed* (1926) von **Lotte Reiniger**. 1927 realisiert Ruttmann mit dem dokumentarischen Montagefilm *Berlin – Die Sinfonie der Großstadt* eines der Hauptwerke der Neuen Sachlichkeit, zu denen auch Phil Jutzis *Mutter Krauses Fahrt ins Glück* (1929) und *Menschen am Sonntag* (1929/30) von Robert Siodmak und Billy Wilder zählen. Die Umstellung auf den **Tonfilm** beschert vor allem der Komödie mit *Die drei von der Tankstelle* (1930) mit Lilian Harvey, Heinz Rühmann und Willy Fritsch sowie Erik Charells *Der Kongress tanzt* (1931) Erfolge.

Mit der «Machtergreifung» der Nationalsozialisten fliehen zahlreiche Filmschaffende aus Deutschland. Die Ufa, seit 1927 im Besitz des Pressemagnaten Alfred Hugenberg, zugleich Vorsitzender der Deutschnationalen Volkspartei, wird von diesem 1933 an die NSDAP übertragen. Ende März werden zahlreiche jüdische Mitarbeiter entlassen, im Sommer mit der Schaffung der dem **Propagandaminister Joseph Goebbels** unterstellten Reichsfilmkammer auch die letzten deutschen Juden vom Film ausgeschlossen. 1937 ist die Ufa zu 100 Prozent in Staatsbesitz. Bis 1945 entstehen Unterhaltungs-, Revue- und Musikfilme unter anderem mit Zarah Leander, Johannes Heesters und Marika Rökk, Komödien wie *Die Feuerzangenbowle* (1944) mit Heinz Rühmann, Kriminalfilme, Propagandaarbeiten von Leni Riefenstahl wie *Triumph des Willens* (1935) und gegen Ende des Krieges Durchhalteproduktionen wie *Kolberg* (1945), der teuerste Monumentalfilm des «Dritten Reiches», von Veit Harlan. **Helmut Käutner** dreht 1944 rings um Berlin mit *Unter den Brücken* einen dem französischen poetischen Realismus der dreißiger Jahre verpflichteten Liebesfilm, der im März 1945 die Zensur nicht mehr passiert, 1946 auf den Filmfestivals in Locarno und Stockholm uraufgeführt wird, aber erst 1950 in die deutschen Kinos kommt.

2. Das nationalsozialistische Deutschland

Der unaufhaltsame Aufstieg des Nationalsozialismus

Die Wirtschaftskrise von 1929 bringt das Land erneut zum Stillstand. 1932 hat sich die industrielle Produktion auf die Hälfte verringert, die Arbeitslosenzahl steigt auf 6 Millionen. Nach dem gescheiterten Putsch von 1923 organisiert Adolf Hitler die NSDAP neu. 1925 schafft er sich seine eigene Miliz, die *Schutzstaffel* (SS). Er profitiert von der Krise von 1929 und sammelt Arbeiter, Bauern und kleine Händler um sich. Er verspricht allen alles: Arbeit den Arbeitslosen, Schutz für Handwerker, Händler und Kleinbauern vor den großen Unternehmen oder Kaufhäusern. Die Nationalsozialisten legen in den Gemeinderäten zu, in den Landtagen, die sie schnell lahmlegen, indem sie mit allen Mitteln zu systematischer Obstruktion greifen, mit Gebrüll oder indem sie Tiere in den Parlamenten loslassen oder mit der SA drohen. Bei den Parlamentswahlen von 1930 erhalten sie 6,4 Millionen Stimmen; die Zahl ihrer Abgeordneten wächst von 12 auf 107. Ende 1932 zählt die NSDAP 1,4 Millionen Mitglieder, 350 000 Männer sind bei der SA und SS. Im März und April 1932 erhält Hitler bei den Präsidentenwahlen 13 Millionen Stimmen gegenüber 19 Millionen für Hindenburg, der zum zweiten Mal gewählt wird. Seit März 1930 ist **Heinrich Brüning** (1885–1970), aus dem Zentrum hervorgegangen, bis auf kurzlebige Mehrheiten mangels parlamentarischer Unterstützung dazu verurteilt, mit Notverordnungen zu regieren. Im Mai 1932 wird er entlassen und durch ein anderes Zentrumsmitglied ersetzt, durch **Franz von Papen** (1879–1969). Im Juni 1932 löst dieser zum ersten Mal den Reichstag auf. Bei den folgenden Wahlen erhalten die Nationalsozialisten 14 Millionen Stimmen und stellen nun 230 Abgeordnete. **Hermann Göring** (1893–1946) wird Reichstagspräsident. Nach einer zweiten Reichstagsauflösung im November verzeichnen die Nationalsozialisten einen Rückgang auf 196 Abgeordnete. Keine Partei erhält die Mehrheit. Im Dezember 1932 demissioniert von Papen nach der Weigerung Hindenburgs, Hitler in die Regierung aufzunehmen. General **Kurt von Schleicher** (1882–1934) wird sein Nachfolger. In dem Wunsch, nach italienischem Vorbild eine korporatistische Regierung einzurichten (die auf Gemeinsam-

keiten ganz unterschiedlicher politischer Lager beruht), nähert er sich den Arbeitern an, indem er sich für Sozialgesetze einsetzt. Das ängstigt die deutschen Arbeitgeber, die bereits für Hitler eingenommen sind. In Düsseldorf wird am 27. Januar 1933 ein Treffen zwischen Hitler und den Magnaten der rheinischen Montan-Industrie – Krupp, Thyssen, Kirdorf – arrangiert. Hindenburg gibt schließlich nach und ernennt Hitler am 30. Januar 1933 zum Reichskanzler.

Hitler: Vom Reichskanzler zum Diktator

Schnell errichtet Hitler seine Diktatur. Am 1. Februar 1933 wird der Reichstag aufgelöst. Der folgende Wahlkampf ist von äußerster Gewalt begleitet. Am 27. Februar brennt unter bis heute nicht restlos geklärten Umständen das Reichstagsgebäude. Die NSDAP nutzt dies als Vorwand zum Kampf gegen Kommunisten und andere politische Gegner. Durch die sogenannte Reichstagsbrandverordnung vom 28. Februar werden wesentliche Grundrechte außer Kraft gesetzt. Bei den Wahlen am 5. März verfehlt die NSDAP mit 44 Prozent der Stimmen die absolute Mehrheit. Am 23. März stimmen alle Parteien mit Ausnahme der SPD und der verbotenen KPD für das «Gesetz zur Behebung der Not von Volk und Reich», das sogenannte *Ermächtigungsgesetz*. Es gibt Hitler für vier Jahre praktisch unbeschränkte Macht und die Möglichkeit, ohne Zustimmung des Reichstags Gesetze zu erlassen. Das Gesetz wird 1937 erneuert. Am 14. Juli 1933 werden alle politischen Parteien bis auf die NSDAP verboten. Im November 1933 stimmen bei einem Plebiszit 94 Prozent der Wähler für die «Führerliste», die als einzige zur Wahl steht.

Die Nacht der langen Messer

Hitler muss nun das Problem lösen, das die SA und ihr Anführer **Ernst Röhm** (1887–1934) darstellen. Sie glauben an die versprochene Revolution und geben sich deutlich antikapitalistisch – was die Geschäftswelt beunruhigt, die die Nationalsozialisten unterstützt. So wird die *Nacht der langen Messer* am 30. Juni 1934 organisiert. Die in Bayern versammelten SA-Chefs werden verhaftet, ihre Truppen aufgelöst. Röhm wird verhaftet und nach einem Schnellverfahren im Gefängnis von Stadelheim bei München standrechtlich erschossen. Hitler profitiert davon und kann nun die Konservativen und Katholiken beiseitedrängen, die ihn eingeengt hatten, wie etwa der ehemalige Kanzler

Schleicher. Am 2. August 1934 stirbt Hindenburg, und Hitler wird «Führer und Reichskanzler», d. h. zugleich Kanzler und Präsident. Er hat nun alle Macht in Händen. Nur die Armee kann sich noch als Gegenkraft behaupten, doch auch sie wird im Januar 1938 gleichgeschaltet, als Hitler das Kriegsministerium auflöst und sich zum Oberbefehlshaber aller Streitkräfte macht.

Deutschland wird gleichgeschaltet

Im Zuge der «Gleichschaltung» sollen alle Bereiche von Politik, Gesellschaft und Kultur gemäß der nationalsozialistischen Devise «Ein Volk, ein Reich, ein Führer» neu organisiert werden. Wesentliche Elemente dieses Prozesses waren das *Führerprinzip*, das in allen Organisationen an die Stelle demokratischer Strukturen tritt, der *Antisemitismus*, der dazu führt, dass Juden in keiner Organisation Führungspositionen besetzen dürfen oder ganz ausgeschlossen werden, sowie die Einsetzung von Anhängern des Regimes als Führungspersonal. Die Jugend wird in die Hitlerjugend eingereiht. Frauen sollen vor allem als Mütter ihre Pflicht an der Volksgemeinschaft erfüllen und wichtige Entscheidungen den Männern überlassen. Die geheime Staatspolizei oder Gestapo verfolgt die Gegner des Regimes, die in Konzentrationslager verbracht werden, deren erstes am 30. März 1933 in Dachau bei München eröffnet wird. Das «Gesetz über den Neuaufbau des Reiches» vom 30. Januar 1934 hebt die Souveränität der Länder auf. Kurz darauf wird der Reichsrat aufgelöst. Die Länder werden durch Gaue ersetzt – Verwaltungsbezirke, die von *Gauleitern* regiert werden, die Hitler ernennt und jederzeit entlassen kann.

Antisemitismus als organisiertes Staatsverbrechen

Die antisemitische Politik beginnt sogleich mit Verfolgungen. Das «Gesetz zur Wiederherstellung des Berufsbeamtentums» vom 7. April 1933 schließt alle «Nichtarier» von öffentlichen Ämtern aus. Dazu zählen auch die, die nur einen jüdischen Großelternteil haben; von Juni an auch die, deren Ehepartner jüdisch ist. **Joseph Goebbels** (1897–1945), für Propaganda zuständig, organisiert den Boykott sämtlicher jüdischer Geschäfte und Unternehmen. Am 15. September 1935 entziehen die *Nürnberger Gesetze*, das «Reichsbürgergesez» und das «Gesetz zum Schutze des deutschen Blutes und der deutschen Ehre», das sogenannte *Blutschutzgesetz*, den deutschen Juden die Staatsbürgerschaft und

verbieten ihnen jede sexuelle oder eheliche Verbindung mit «Ariern». Die Juden werden im Zuge der «Arisierung» ihrer Unternehmen beraubt, d. h., sie werden gezwungen, sie unter Wert an Nichtjuden zu verkaufen. Am 7. November 1938 erschießt ein junger Jude in Paris einen Diplomaten der deutschen Botschaft. **Joseph Goebbels** nimmt dies zum Vorwand, um ein Pogrom als Ausdruck des «spontanen Volkszorns» gegen Juden zu organisieren. In der Nacht vom 9. auf den 10. November werden im ganzen Reich Synagogen in Brand gesteckt, 750 000 jüdische Geschäfte und Unternehmen zerstört, mehrere hundert Juden getötet, 30 000 von ihnen in Konzentrationslager gebracht. Die jüdische Gemeinschaft wird gezwungen, 1,25 Milliarden Mark als «Sühneleistung» zu zahlen. Es ist das Ende der Politik der Emigration, die zunächst von den Nazis gewählt wurde, um die Juden ins Exil zu zwingen.

Am 20. Januar 1940 beschließt die *Wannseekonferenz* die «Endlösung der Judenfrage» durch Vernichtung. Nazideutschland ermordet drei Viertel der jüdischen Bevölkerung in den besetzten Gebieten in ganz Europa. Dazu werden Konzentrations- und Vernichtungslager eingerichtet: Auschwitz-Birkenau, Kulmhof (Chełmno), Sobibór, Treblinka, Majdanek, Belzec (Bełżec) u. a. Die Opfer werden mit industriellen Methoden ermordet. In Polen sind sie auch dazu verurteilt, an psychischer Erschöpfung, Hunger, Krankheit und Einschluss im Getto zu sterben. An der Ostfront massakrieren *Einsatzkommandos* die Juden, Mitglieder des Widerstands und sowjetische Kriegsgefangene. Insgesamt werden etwa sechs Millionen Juden ermordet. Die systematische Tötung betrifft auch geistig Behinderte, Sinti und Roma und Homosexuelle. Bei den Nürnberger Prozessen von November 1945 bis Oktober 1946, bei dem zwölf hohe Nazifunktionäre zum Tod durch den Strang verurteilt werden, wird der juristische Begriff des *Verbrechens gegen die Menschlichkeit* geschaffen, das nicht verjähren kann.

3. Deutschland im Krieg

Ein einziges Ziel: Krieg führen

Ab 1935 wird Deutschland wiederbewaffnet, trotz des Verbots durch den Versailler Vertrag von 1919. Die Luftwaffe wird geschaffen, dazu wird die Kriegsmarine neu aufgebaut. Diplomatisch schreitet Deutschland auf dem Wege von Allianzen voran: Stahlpakt mit dem faschistischen Italien, deutsch-sowjetischer Nichtangriffspakt vom August 1939, der sogenannte **Hitler-Stalin-Pakt**. Im März 1936 besetzt die Wehrmacht das entmilitarisierte Rheinland. Am 12. März 1938 zieht Hitler in Österreich ein und vollzieht den *Anschluss* des Landes an Deutschland, der im Folgemonat per Plebiszit mit 99 Prozent Ja-Stimmen gebilligt wird. Im Oktober 1938, nachdem einige Demokratien darauf verzichtet haben, sich Hitler entgegenzustellen (Münchner Abkommen, s. S. 998 f.), erobert dieser das Sudetenland, den Westen der Tschechoslowakei; bald darauf, am 15. März 1939, das ganze Land. Am 1. September marschiert Deutschland in Polen ein, was den Kriegseintritt Englands und Frankreichs zur Folge hat.

Der Blitzkrieg und das Unternehmen Barbarossa

Der Blitzkrieg bringt dem Dritten Reich schnelle Siege: Fast ganz Zentral- und Westeuropa werden erobert, seien sie alliiert oder neutral. Zunächst greifen Flugzeuge im Sturzflug – die *Stukas* – an und verbreiten Panik durch ihre Bombardements. Ihnen folgen Panzer, die Durchbrüche erzielen, mit hohem Tempo vorankommen und große Mengen an gegnerischen Waffen erbeuten. Diese Taktik erlaubt es, feindliche Armeeteile zu separieren und zu desorientieren und dadurch ein vereintes Kommando zu verhindern. Die so verstreuten Einheiten werden danach von den deutschen Panzern eingeschlossen. Der Blitzkrieg bringt Hitler bis 1941 eine Reihe von Siegen.

Am 22. Juni 1941 wird das *Unternehmen Barbarossa*, die Invasion der UdSSR, als Antwort auf die «Verletzung» des deutsch-sowjetischen Nichtangriffspakts von 1939 in Gang gesetzt. Die deutschen Armeen kommen schnell voran, werden dann aber vom russischen Winter aufgehalten. Am 7. Dezember 1941 bombardiert die japanische Luftwaffe einen Teil der amerikanischen Pazifikflotte in Pearl Harbor im Südpazifik, was den Kriegseintritt der USA zur Folge hat. Nach der Niederlage der Schlacht von Stalingrad im Februar 1943 nehmen die Alliierten die Offensive auf. Im Mai 1943 beschließen Churchill und Roosevelt Landungen in Sizilien und, für 1944, in Frankreich.

Das Ende des Nationalsozialismus

Am **20. Juli 1944** scheitert ein **Attentat auf Hitler**, das von Claus von Stauffenberg und anderen Mitgliedern des militärischen Widerstands organisiert worden war. Man will den Krieg beenden, und der erste Akt soll die Ermordung Hitlers sein («Operation Walküre»). Die Bombe, die Hitler töten sollte, explodiert zwar, verletzt ihn aber nur leicht: Wegen der Vorverlegung der Besprechung versäumt es Stauffenberg, den kompletten Sprengstoff in der Aktentasche zu platzieren; bei der Explosion wird Hitler von dem massiven Fuß und der Platte des Besprechungstisches abgeschirmt. So werden nur vier Anwesende getötet und neun schwer verwundet. Die nachfolgende Repression ist gnadenlos; mehr als 5000 Personen werden verhaftet und gefoltert, zahlreiche Exekutionen finden statt.

Ab November 1944 kann das gesamte deutsche Volk in den *Volkssturm* eingezogen werden; Männer, Frauen, Kinder, Alte. Der Untergang des Dritten Reichs dauert von Januar bis April 1945. Hitler will, dass mit seiner Niederlage zugleich die ganze Nation untergeht. Im März 1945 ordnet er an, alles in Deutschland zu zerstören, Straßen, Brücken, Fabriken. Doch die zunehmende Desorganisation verhindert die Ausführung dieser Anordnung. Die Rote Armee erobert Berlin im April 1945. Hitler begeht am 30. April 1945 in seinem Bunker Selbstmord. Admiral **Karl Dönitz** (1891–1980) wird sein Nachfolger. wie es Hitlers Testament vorgesehen hat. Vom 30. April bis zum 23. Mai 1945 ist er der offizielle Repräsentant des Dritten Reichs. In seinem Auftrag wird am 7. Mai in Reims durch Generaloberst **Alfred Jodl** (1890–1946) die **bedingungslose Kapitulation** der deutschen Truppen unterzeichnet, die am 8. Mai um 23.01 Uhr in Kraft tritt.

Drei berüchtigte Nationalsozialisten

▪ **Joseph Goebbels** (1897–1945): Seit 1933 Minister für Information und Propaganda. Er bestimmt, was als einzig autorisierte Kunst im Staat gilt, lässt Tausende moderne Kunstwerke beschlagnahmen, initiiert 1937 in München die Ausstellung «Entartete Kunst», kontrolliert die offiziellen Nachrichten und den Film. Er ist verantwortlich für die *Reichskristallnacht* vom November 1938. Mit seiner Frau Magda bildet er ein fanatisches Nazi-Ehepaar. Am 1. Mai 1945 lässt Magda Goebbels ihre sechs Kinder vergiften, ehe sie mit ihrem Mann Selbstmord begeht.

▪ **Hermann Göring** (1893–1946): Er wird im Ersten Weltkrieg als Ausnahme-Flieger bekannt. 1922 tritt er in die NSDAP ein, wird schnell zu einem der führenden Mitglieder. 1932 wird er Reichstagspräsident und benutzt seine Position, um das Parlament zur Unterstützung Hitlers zu zwingen. Nachdem dieses nur noch aus Nationalsozialisten besteht, lässt er per Akklamation den Reichstag auflösen. Hitler vertraut ihm den Aufbau der Luftwaffe an und macht ihn zu deren Minister; er betraut ihn auch mit der Umsetzung der vierjährigen Wirtschaftspläne, gemeint ist die Wiederbewaffnung des Landes. Göring ist auch für die Staatssicherheit, sprich: Repression, zuständig und gründet die Gestapo (Geheime Staatspolizei). Im Nürnberger Prozess zum Tode verurteilt, kann er sich dank der Komplizenschaft mit seinem amerikanischen Gefangenenwärter mit einer Kapsel Zyankali selbst töten.

- **Heinrich Himmler** (1900–1945): Seit 1929 Chef der SS, dann ab 1934 der Gestapo. Er wird mit der gnadenlosen Unterdrückung beauftragt, die über ganz Europa hereinbricht. Nachdem er die «Nacht der langen Messer» geplant hatte, lässt er Konzentrations- und Vernichtungslager errichten, organisiert und überwacht die industriell organisierte Massenvernichtung von sechs Millionen Juden. Nach einem vergeblichen Versuch, im April 1945 mit den Siegern zu einem Ausgleich zu kommen, wird er verhaftet und begeht am 23. Mai 1945 Selbstmord.

III

Frankreich zwischen den Kriegen (1919–1939)

1. Die 1920er Jahre, Jahre der Gefahren

Im Jahre 1920 erlebt Frankreich wie auch der Rest der Welt eine Wirtschaftskrise. Der französische Gewerkschaftsbund, die *Confédération générale du travail* (CGT), ein revolutionäres Syndikat mit mehr als 2,5 Millionen Anhängern, organisiert mehr als 1800 Streiks. Bei den Parlamentswahlen vom November 1919 triumphiert die konservative und nationalistische Rechte. Sie erhält drei Viertel der Sitze in der *Chambre bleu horizon (Kammer mit dem blauen Streifen)*, die so genannt wird, weil hier die vielen alten Kämpfer mit ihren blauen Käppis tagten. Eine Mehrheit der Rechten und des Zentrums, der *Bloc*

national, dominiert also die Kammer. Der von der CGT für den 1. Mai lancierte Generalstreik scheitert angesichts der Entschlossenheit der Regierung: Verhaftung der leitenden Gewerkschaftler, Auflösung der CGT, Entlassung von 22 000 streikenden Eisenbahnern. Den Vorsitz des Regierungsrates hat bis Januar 1920 Georges Clemenceau als Ministerpräsident inne: Nach ihm folgen **Alexandre Millerand** (1859–1943), **Georges Leygues** (1857–1933) und **Aristide Briand** (1862–1932). Im Dezember 1920 teilt sich die Sozialistische Partei auf ihrem Kongress in Tours in zwei Lager: in die Kommunistische Partei Frankreichs (PCF), die sich der in Moskau gegründeten III. Internationalen anschließt, und in die *Section française de l'Internationale ouvrière* (SFIO), die *Französische Sektion der Arbeiter-Internationale.* Sie lehnt das revolutionäre Programm der PCF ab, bleibt vielmehr den Reformideen der II. Internationalen vom Ende des 19. Jahrhunderts treu. Die SFIO wird 1971 zur *Parti socialiste*.

Eine bewegte Präsidentschaft

Im Januar 1920 endet die Präsidentschaft von Raymond Poincaré. Clemenceau will eigentlich sein Nachfolger werden, doch außer von seinen zahlreichen politischen Feinden entfremdet er sich auch von den katholischen Abgeordneten, als er nicht am *Te Deum* teilnimmt, das im November 1919 für den französischen Sieg zelebriert wird. Auch der alte Präsident Poincaré ist gegen Clemenceaus Kandidatur und benutzt seinen Einfluss, um sie scheitern zu lassen. So wird **Paul Deschanel** (1855–1922), Akademiemitglied und Präsident der Abgeordnetenkammer, von den Delegierten am 17. Januar 1920 gewählt. Enttäuscht und verbittert zieht sich Clemenceau aus dem politischen Leben zurück, unternimmt eine Reise in die USA, wo er 1922 triumphal empfangen wird, und widmet sich dem Schreiben seiner Bücher.

Die Präsidentschaft von Paul Deschanel ist unerwartet kurz: Am 22. Mai 1920, als er an Bord des Präsidentenzuges ist, der ihn zu einer Einweihung nach Montbrison bringt, verlässt er in der Nacht seinen Waggon und stürzt auf die Gleise. Niemand bemerkt es. Im Pyjama irrt er auf den Gleisen umher. Von einem Schrankenwärter gefunden, wird er am nächsten Tag von seiner Eskorte abgeholt. Als er sich im September in Rambouillet aufhält, zieht er sich aus, um in den Bassins des Parks zu baden; nur mit großer Mühe kann man ihn davon abbringen. Am 21. September 1920 demissioniert er – er war dement geworden. An seine Stelle tritt Alexandre Millerand.

Edouard Herriot stößt auf die «Mauer aus Geld»

Die wirtschaftliche Erholung, die einsetzt, ist dennoch von finanziellen Schwierigkeiten begleitet. Seit Januar 1922 will der ehemalige Präsident der Republik zwischen 1913 und 1920, **Raymond Poincaré** (1860–1943), gegen die Inflation angehen und den Haushalt ausgleichen; er sieht einen Sparplan und neue Steuern vor. Diese unpopulären Maßnahmen bringen bei den Wahlen zur Legislative vom Mai 1924 der Rechten einen Machtverlust ein, zugunsten des Kartells der Linken, das sich aus Sozialisten und Radikalen zusammensetzt. **Édouard Herriot** (1872–1957), Chef der Radikalen, bildet ein Kabinett, das von der SFIO in der Kammer unterstützt wird. Er gründet sein Regierungsprogramm auf die verstärkte religiöse Neutralität des Staates und auf die Erhöhung der Steuern und Abgaben für hohe Einkommen. Noch ehe diese Maßnahmen angewendet werden, scheitern sie alle. Zudem ist Herriot nicht in der Lage, die Währung zu stabilisieren. Schon im März 1924 hat Poincaré zu massiven Aufkäufen des Franc greifen müssen, um dessen Entwertung im Verhältnis zum Pfund Sterling aufzuhalten. Im April 1925 wird Herriot gestürzt. Es folgen fünf weitere Kabinette, ohne dass jeweils genügend Zeit bleibt, eine sinnvolle Politik zu betreiben. Am 19. Juli 1926 bildet Herriot sein zweites Kabinett. Bald schon wird der Franc schwächer: Ein Pfund Sterling entspricht 61 Francs im April 1924, am 21. Juli 1926 dagegen 243 Francs. Innerhalb von 48 Stunden stürzt die Regierung Herriot. Es ist das Ende der Macht der Linken.

Poincaré macht den Franc wieder stark

Der neue Ratspräsident Poincaré bildet eine Regierung der nationalen Einigung, ohne Sozialisten und Kommunisten. Er verfolgt ein Sparprogramm, gibt Anleihen aus und erhöht die indirekten Steuern. Er stabilisiert den Franc auf ein Fünftel seines Werts von 1914; das ist der sogenannte «Franc à quattre sous», der Franc für vier Groschen. Im Verhältnis zu anderen Währungen erholt sich der Franc. Die Zeit von 1926 bis 1930 ist eine Zeit von bemerkenswertem Wohlstand. Soziale Reformen werden erfolgreich durchgeführt; ein Sozialversicherungssystem wird zwischen 1928 und 1930 aufgebaut; dessen Finanzierung wird zur Hälfte durch Beiträge der Arbeitnehmer, zur anderen Hälfte durch die der Arbeitgeber gedeckt. Diese Versicherung ist für alle bis

zu einem Jahreseinkommen von 15 000 Franc obligatorisch. 1932 wird der kostenlose Sekundarschul-Unterricht eingeführt. Poincaré hat sich 1929 aus gesundheitlichen Gründen aus der Politik zurückgezogen.

Ein universeller Frieden?

Durch die Verträge von Locarno 1925 erkennen Frankreich, Deutschland, Italien und Großbritannien die französischen und belgischen Grenzen an. Dieser erste Schritt hin zu einer Friedensorganisation erfolgt mit der Unterschrift unter den Briand-Kellogg-Pakt am 27. August 1928 in Paris. Dieser Pakt sieht die Ächtung des Krieges vor. Die 60 Signatar-Mächte verpflichten sich, nicht mehr zu den Waffen zu greifen, um entstehende Konflikte zu lösen.

2. Die unruhigen 1930er Jahre

Wirtschaftskrise und Bildung politischer Ligen

Die Krise von 1929 erreicht Frankreich 1931. Am Ende dieses Jahres gibt es 100 000 Arbeitslose. Der Index der Industrieproduktion, 1929 noch bei 139, rutscht 1932 auf 96 ab. Das Abheben von Gold – ein Anzeichen für die Beunruhigung der Bevölkerung – beschleunigt sich; es steigt von 2 Milliarden Francs 1932 auf über 5 Milliarden Francs Ende 1933. Das Haushaltsdefizit überschreitet 1933 die Summe von 11 Milliarden Francs. Dazu kommt eine Landwirtschaftskrise infolge der Überproduktion von Getreide und Wein. Ab 1933 wird die Regierungskrise offensichtlich. Der italienische Faschismus inspiriert einige Gruppierungen der extremen Rechten in Frankreich; sie sind antiparlamentarisch und fordern die Reform der in Verruf geratenen republikanischen Institutionen, mit anderen Worten: ihr Verschwinden. Immer mehr Ligen kommen auf: Die *Action française royaliste* und ihr bewaffneter Arm, die *Camelots du Roi* – zu Deutsch die «königlichen Pagen» – (Kampfverband der royalistischen Jugend), die patriotische Jugend, der *Faisceau* (faschistische Partei), der *Francisme* (eine weitere faschistische Partei), das *Croix de Feu* (*Feuerkreuzler*, eine rechtsextreme Organisation). Diese Gruppierungen sind ursprünglich Sammelbecken ehemaliger Kämpfer, entwickeln sich aber in Richtung einer autoritären nationalen Gesinnung. Sie haben kein wirkliches politisches Programm und nehmen nicht an den Wahlen teil, suchen vielmehr die gesellschaftliche Agitation. In dem Skandal um die Stavisky-Affaire finden sie Nahrung für ihre Kritik an einem in ihren Augen korrupten System.

Alexandre Stavisky begeht Selbstmord

Alexandre Stavisky (1886–1934) ist ein Hochstapler, der Millionen von Francs mithilfe des Direktors des Mont-de-Piété in Bayonne – einer wohltätigen Organisation, die billig Geld verleiht – veruntreut hat. Stavisky verkehrt mit «ganz Paris» und hat Verbindungen zu Abgeordneten und Ministern. Als seine Hochstapelei Ende 1933 auffliegt, flieht Stavisky. Im Januar 1934 wird er tot in einer Villa in Chamonix gefunden. Er soll sich selbst getötet haben, doch möglicherweise ist er, da er unbequem wurde, ermordet worden. Seine Komplizen werden verhaftet, der Skandal trifft die Regierung des radikalen Sozialisten **Camille Chautemps** (1885–1963), der zur Demission gezwungen wird. Der Präsident der Republik, **Albert Lebrun** (1871–1950), beruft **Édouard Daladier** (1884–1970). Der entlässt den Polizeipräfekten von Paris, **Jean Chiappe** (1878–1940), welcher der äußersten Rechten nahesteht. Daraufhin spielen die Ligen regelrecht verrückt, um die Einsetzung Daladiers seitens der Abgeordneten zu verhindern.

Feuer und Blut auf der Place de la Concorde

Die *Action française*, dazu die *Croix de Feu* und die *Union nationale des combattants* (Nationale Union ehemaliger Kämpfer) organisieren für den 6. Februar 1934 eine Demonstration. Die Demonstranten strömen auf die Pariser Place de la Concorde und marschieren zur Abgeordnetenkammer. Am Ende des Tages gibt es Scharmützel mit der Polizei, und die Demonstration artet zum Krawall aus. Die Zusammenstöße dauern von 22 Uhr bis zum nächsten Morgen 3 Uhr. 20 Tote und Hunderte von Verletzten sind zu verzeichnen. Daladier demissioniert; eine Regierung der Nationalen Union, angeführt durch **Gaston Doumergue** (1863–1937), ersetzt ihn. Für die Rechte ist der 6. Februar 1934 eine Demonstration, die von einem bis ins Mark korrumpierten Regime brutal unterdrückt wurde. Die Linke sieht hierin den Versuch eines faschistischen Staatsstreichs, der misslungen ist. Am 12. Februar 1934 endet eine Gegendemonstration von CGT, CGTU (die radikalere *Confédération Générale du Travail Unitaire*), SFIO und PCF in einer Annäherung, die in ein Wahlbündnis mündet: den *Front populaire* von 1936, dem sich die Radikalen anschließen.

Die Volksfront

Der *Front populaire*, die Volksfront, gewinnt die Parlamentswahlen vom Mai 1936. **Léon Blum** (1872–1950), Chef der SFIO, wird Ratspräsident und bildet eine Regierung mit den Radikalen. Die Kommunisten nehmen nicht daran teil, unterstützen die Regierung aber in der Kammer. Diese Regierung sieht sich bald mit einer massiven Bewegung tausender spontaner Streiks konfrontiert; sie stehen für ungefähr 2,5 Millionen Arbeiter und Angestellte. Die Krise wird mit der Unterschrift unter die Matignon-Verträge vom 7. Juni 1936 beigelegt, die zwischen der CGPF (französische Unternehmer-Vertretung) und den in der CGT repräsentierten Arbeitnehmern unter der Ägide des Staats geschlossen werden.

Die Matignon-Verträge: Einführung der bezahlten Ferien

Die Löhne steigen um 7 bis 15 %, das Recht auf gewerkschaftliche Organisation darf in den Unternehmen frei ausgeübt werden; Tarifabschlüsse werden getätigt. Die wöchentliche Arbeitszeit wird (seit 1919) auf 48 Stunden begrenzt. Die Arbeitnehmer erhalten vierzehn Tage bezahlte Ferien im Jahr. Die Streiks hören auf, doch die wirtschaftliche Situation erholt sich nicht. Am 28. September wird der Franc um 25 % abgewertet. Die industrielle Produktion stagniert, das Haushaltsdefizit steigt 1937 auf 20 Milliarden Francs. Seit Herbst 1936 werden Reformen blockiert. Im Februar 1937 fordert Léon Blum eine «Pause». Im Juni 1937 tritt die Regierung Blum zurück; sie hat die Unterstützung der Kommunisten verloren, weil sie nicht an der Seite der spanischen Republikaner im Bürgerkrieg eingreift, die gegen General Franco kämpfen. Léon Blum aber fürchtet eine Feuersbrunst in ganz Europa, falls Frankreich interveniert. Im März 1938 bildet er seine zweite Regierung, die allerdings kaum drei Wochen Bestand hat.

Jean Zay oder die Ehre der Kultur

Die nationale Bildung sowie die Grundlagenforschung und nicht zuletzt die Künste verdanken **Jean Zay** (1904–1944) viel. Als Minister für nationale Bildung und die Schönen Künste in der Regierung Léon Blum entwickelt er eine unablässige und fruchtbare Aktivität. Ihm verdankt sich unter anderem das *Centre national de la recherche scientifique* (CNRS), das Museum für moderne

Kunst, das *Musée de l'Homme* (Museum des Menschen, ein Museum für Vorgeschichte und Anthropologie). Als Schirmherr des französischen Kinos legt er die Grundlagen dessen, was später zum Filmfestival in Cannes wird; das Projekt startet eigentlich erst nach dem Krieg. Nach dem Einmarsch der Deutschen weigert sich Zay, sich Marschall Pétain zu beugen, geht nach Marokko und hofft, dort die Republik mit einigen Parlamentariern neu zu gründen, wird jedoch verhaftet, nach Frankreich zurückgebracht und verurteilt. Bis zum 22. Juni 1944 bleibt er im Gefängnis. An diesem Tag entführen ihn Milizen und erschießen ihn im Wald von Molles bei Vichy.

Eine Farce: Das Münchner Abkommen

Radikale und Gemäßigte kommen erneut an die Macht, die sie bis zum Krieg behalten. Sie müssen sich mit der wachsenden Bedrohung durch die Expansionspolitik Nazi-Deutschlands auseinandersetzen. Nach dem Anschluss Österreichs am 12. März 1938 nimmt Deutschland das Vorhandensein einer deutschen Minderheit im Sudetenland, im Nordwesten der Tschechoslowakei gelegen, zum Anlass, ein Mitspracherecht bei den Angelegenheiten dieses Landes einzufordern. Im September 1938 bereitet sich Hitler unter dem Vorwand, die deutsche Minderheit zu beschützen, die von den Tschechen unterdrückt werde, auf den Einmarsch vor. Daraufhin wendet sich die Tschechoslowakei an ihre Verbündeten: Frankreich und England. Doch die öffentliche Meinung beider Länder, noch vom Aderlass des Krieges 1914 bis 1918 traumatisiert, lehnt allein schon die Vorstellung eines neuen Konflikts ab. Während Hitler zum Krieg bereit ist, gilt das noch nicht für seinen Verbündeten Mussolini, der noch einige Jahre der Vorbereitung braucht. Am Vorabend der deutschen Mobilmachung fungiert er auf Bitten Frankreichs und Englands als Vermittler. In der Nacht vom 29. auf den 30. September 1938 findet in München eine Konferenz statt, auf der sich Mussolini, Hitler, Daladier und Chamberlain treffen. Deutschland erhält das Recht auf Annexion der nordwestlichen Tschechoslowakei. Das Münchner Abkommen vom September 1938 billigt also de facto das Verschwinden der Tschechoslowakei zugunsten des Dritten Reichs. Zurück in Paris und London werden Daladier und Chamberlain zu ihrer großen Überraschung wie Helden gefeiert, die den Frieden gerettet hätten – obwohl sie doch Hitler gerade in allem nachgegeben hatten. Die Friedensillusionen sind jedoch nur von kurzer Dauer. Am 30. November missglückt der CGT die Ausrufung eines Generalstreiks, der die Verträge öf-

fentlich anprangern sollte. **Paul Reynaud** (1878–1966) ist von März bis Juni 1940 der letzte Ratspräsident vor dem Debakel. Er demissioniert, und am 16. Juni 1940 folgt ihm Marschall Pétain.

3. Die Literatur in Frankreich von 1914 bis 1945

Das Aufbrechen literarischer Genres

Das Jahrhundert beginnt mit Sorglosigkeit und Optimismus, mit der *Belle Époque*. Symbolismus, Naturalismus und der Vaudeville des vergangenen Jahrhunderts sind noch sehr präsent. Doch die Katastrophe des Ersten Weltkriegs verhilft neuen künstlerischen Formen und einem neuen Selbstverständnis von Künstlern und Schriftstellern zum Durchbruch. Ausgangspunkt dafür ist die Dreyfus-Affäre: Der jüdische Artillerie-Hauptmann Alfred Dreyfus wird 1894 zu Unrecht wegen Landesverrat verurteilt; als die Regierung sich weigert, ihn zu rehabilitieren, sorgt Émile Zola 1898 mit seinem Artikel *J'accuse ...* (Ich klage an) für Aufsehen; der intellektuelle Autor wird sich seiner Verantwortung bewusst. Zwei literarische Strömungen entstehen. Die eine ist konservativ; hier finden sich religiöse und patriotische Schriftsteller wie **Charles Péguy** (1873–1914) oder überzeugte Nationalisten wie **Maurice Barrès** (1862–1923). Die andere Strömung ist von sozialistischen Ideen durchdrungen; dazu gehören **Anatole France** (1844–1924) und **Romain Rolland** (1866–1944). Neben diesen beiden Strömungen gibt es auch Autoren, die kaum einzuordnen sind: **Alain Fournier** (1886–1914), **Pierre Loti** (1850–1923), **Valéry Larbaud** (1881–1957) oder auch **Blaise Cendrars** (1887–1961); jeder von ihnen findet seinen Weg, um am Rande der Politik zu bleiben, unbeschadet ihres idealistischen oder abenteuerlichen Geistes. Es reizt sie, die Reichweite des Genres Roman zu erweitern, indem sie ihn zum Ort des Ausdrucks machen. Und sie bringen sich in ihre Epoche ein: **André Malraux** reist in den 1920er Jahren zweimal nach Südostasien, um die Khmer-Tempel zu erforschen, aber er tut das auch als politischer Journalist. **Jean Giraudoux** beginnt seine Karriere als Theaterschriftsteller erst 1928. Mit der Aktualisierung der Helden antiker Tragödien versucht er eine Antwort auf die Fragen und Ängste seiner Epoche. Die Krise der 1930er Jahre lässt es nicht mehr zu, ganz losgelöst «neben» der geschichtlichen Entwicklung zu leben. Der zunehmende Nationalismus bringt viele Künstler und Schriftsteller dazu, Stellung zu beziehen. Die Kommunistische Partei erweist sich dabei als sehr attraktiv. Doch die Literatur der ersten Hälfte des 20. Jahrhunderts ist zugleich das Aufbrechen literarischer Genres. Die Erneuerung der Formen steht im Mittelpunkt; die Zeit übernimmt das Moderne und bringt unaufhörlich ihre eigenen Avantgarden hervor.

Zwei Bewegungen kommen auf: der Dadaismus und der Surrealismus. Warum soll man immer noch an den Menschen glauben? Die Antwort auf diese beängstigende Frage wird, auf je unterschiedliche Weise, von den beiden literarischen Strömungen der unmittelbaren Nachkriegszeit geliefert. Auf der einen Seite Dada, ein absurder Begriff, der eigentlich nichts besagt und bewusst auf kindliches Vokabular zurückgreift und das Unerträgliche des menschlichen Lebens beim Namen nennt, das ohne jeden Sinn ist und im Nihilismus mündet. Auf der anderen Seite wollen die Surrealisten über die Wirklichkeit und ihre Erscheinungen hinaus zur Wahrheit eines Lebenssinns vorstoßen, der uns vollkommen entgeht.

Nicht einzuordnen: Marcel Proust

Das Leben des Valentin Louis Georges Eugène **Marcel Proust** (1871–1922) lässt sich in zwei Epochen teilen: in die Zeit nach seiner Kindheit, seiner Ausbildung, die von 1882 bis 1909 dauerte, und in die Zeit seines Rückzugs und der Erschaffung seines monumentalen Werks, diese Epoche währte von 1909 bis zu seinem Tod 1922. Zwischen 1882 und 1909 führt er ein mondänes Leben, das 1905 jäh durch den Tod seiner Mutter unterbrochen wird. Bis zur Reifephase, die 1908 beginnt, sammelt er Material zu *A la recherche du temps perdu – Auf der Suche nach der verlorenen Zeit*. Ab 1909 schließt er sich in sein Zimmer ein, arbeitet an der *Suche*, diese Phase dauert von der Publikation auf eigene Kosten von *In Swanns Welt* (*Du côté de chez Swann*, 1913) bis zur Verleihung des Prix Goncourt 1919 für *Im Schatten junger Mädchenblüte (À l'ombre des jeunes filles en fleurs)*. Eine Lungenentzündung, begleitet von starker Erschöpfung wegen der kräftezehrenden Arbeit, bringt ihm am 18. November 1922 den Tod.

Die Zeit bei Proust

Marcel Proust veröffentlicht 1913 den ersten Band von *Auf der Suche nach der verlorenen Zeit*, betitelt *In Swanns Welt (Du côté de chez Swann)*. Schon dieser Roman nimmt die Themen des gesamten Zyklus vorweg. Nach dem unvollendeten Roman mit dem Titel *Jean Santeuil* skizziert Proust sein Hauptwerk, wobei er sehr von **Henri Bergsons** 1896 erschienenem *Materie und Gedächtnis* beeinflusst ist, worin der Autor die durch die Intelligenz dem Bewusstsein auferlegten Beschränkungen dem unendlichen Reichtum des inneren Lebens gegenüberstellt. Prousts *Suche nach der verlorenen Zeit* gilt als eines der herausragenden Werke der modernen Fiktion und hat den Roman des 20. Jahrhundert stark beeinflusst. Prousts Stil gehört zum Originellsten in der gesamten Literatur und ist wegen seiner Präzision einzigartig, auch wegen seiner Kraft und seines Zaubers. Die Einheit des zyklisch angelegten Werks wird durch das «Ich» des Erzählers zusammengehalten: von der Kindheit in Combray *(In Swanns Welt)*, in den verliebten Begegnungen *(Im Schatten junger Mädchenblüte, Die Welt der Guermantes)*, in der Offenbarung der Homosexualität *(Sodom und Gomorra)*, der tragischen Liebe zu Albertine *(Die Gefangene)* bis zu ihrem Tod *(Die Entflohene)*, endlich im Schluss des Zyklus *(Die wiedergefundene Zeit)*. Durch alle Erfahrungen hindurch entdeckt der Erzähler die Zeit, die die Menschen verändert; er entdeckt die Möglichkeit, die Vergangenheit zurückzuerobern durch Kunst, die das wahre Leben schildert.

Entwicklung der Lyrik

Die Lyrik der ersten Hälfte des 20. Jahrhunderts ist einerseits Erbin, andererseits Erneuerin, wobei sie eine Vorliebe für den freien Vers an den Tag legt. Es ist die Zeit der Entdecker wie **Blaise Cendrars**, *Die Prosa von der Transsibirischen Eisenbahn* (1923), **Guillaume Apollinaire**, *Alkohol* (1913), *Calligrammes* (1918), **Victor Segalen**, *Stelen* (1912), **Max Jacob**, *Le Cornet à dés* (1917), **Saint-John Perse**, *Éloges - Preislieder* (1911), *Anabasis* (1924). **Apollinaire** stellt in seiner Lyrik die neue Verfasstheit der Welt dar. In seinen *Calligrammes* bedient er sich einer neuen Technik, der Gedicht-Zeichnungen. Sie erforschen und verfolgen das Alltägliche, lassen die Form mit dem Verschwinden des Reimes, der Interpunktion und des Versmetrums bersten und nutzen den Rhythmus der Klänge. Auch im Dadaismus und Surrealismus gibt es regelrechte Forscher, quer durch diese Strömungen, die mit Malern zusammenarbeiten oder sogar selbst Maler sind.

Der Dadaismus: Ohne jede Regel

Der Dadaismus begreift sich als Abschaffung jedes formalen Gesetzes und jeder Regel – in der Literatur wie in den Künsten. Von den Expressionisten löst sich eine weitere Gruppe, die noch mehr jeden Bezug ablehnt, sei es zu Konstruktion oder Bedeutung. Denn der Künstler muss in seinem Werk die Absurdität der Welt zeigen, die in diesem kindlichen Wort *Dada* enthalten ist. Der Dadaismus ist eine literarische und künstlerische Bewegung, die von **Tristan Tzara** (1896–1963) mit weiteren Künstlern wie Hans Arp, Hugo Ball, Francis Picabia und Marcel Duchamp gegründet wird. Es handelt sich hierbei nicht um einen künstlerischen Stil, sondern es ist das Ergebnis einer Gruppe von Künstlern, die die Spontanität und den Zufall betonen. Dada wird 1916 mit dem von Tzara verfassten Text *La Première aventure céleste de Mr Antipyrine* begründet, worin er behauptet, dass der Gedanke sich im Munde forme. Er verweigert jede Form des konstruierten Dialogs, überlässt sich dagegen «Simultangedichten». Der Dadaismus will die Strukturen der kohärenten Sprache auflösen.

Der Surrealismus (1919–1935): Eine idealisierte Wirklichkeit

Diese Bewegung erstreckt sich in Malerei und Literatur zwischen den beiden Weltkriegen über Europa. Sie entstammt dem Dadaismus und stellt eine Reaktion auf die Zerstörung durch den Rationalismus dar, der für jene europäische Kultur und Politik verantwortlich ist, die in den Schrecken des Ersten Weltkriegs münden. Nach dem Wortführer der Bewegung, dem Dichter und Kritiker **André Breton** (1896–1966), der 1924 das *Surrealistische Manifest* veröffentlicht, ist der Surrealismus ein Mittel, um das Bewusste und das Unbewusste erfahrbar zu machen. Er stützt sich dabei großenteils auf von Sigmund Freud und Piere Janet übernommene Theorien und sieht das Unbewusste als Quell der Phantasie. Breton, **Louis Aragon** (1897–1982) und **René Char** (1907–1988), die stark von Freud inspiriert sind, wollen den traditionellen Gegensatz von Traum und Wirklichkeit überwinden, wobei sie Mittel von der Hypnose bis zum Wahnsinn einsetzen, vom Halbbewussten bis zu Visionen. Die offenkundige Unverständlichkeit ist Träger des Sinnes, der sich in der Praxis des automatischen Schreibens, der «köstlichen Leiche» oder der Wachträume enthüllt; die «köstliche Leiche» ist das Verfahren, ein Bild oder einen Text

fortzuführen, ohne den unmittelbar vorhergehenden Teil zu kennen, was zu grotesken Kombinationen führt. In dem Wunsch, sich in einer idealisierten Wirklichkeit aufzuhalten, entwickelt sich der Surrealismus rasch weiter, bis zur politischen Aktion. So wendet sich Aragon 1931 nach einer Reise in die UdSSR dem Kommunismus zu. Die wichtigsten Autoren sind: **Guillaume Apollinaire** (1880–1918), *Alkohol*, *Die Brüste des Tiresias*; **Louis Aragon**: *Der Pariser Bauer*, *Die Kommunisten*, *Die Karwoche*, *Le Fou d'Elsa*; **Antonin Artaud** (1896–1948), *L'Ombilic des limbes*, *Héliogabale*; **Andé Breton** (1896–1966) *Die kommunizierenden Röhren*, *Nadja*, *L'Amour fou*, *Anthologie des schwarzen Humors*; **Paul Éluard** (1895–1952), *L'Amour la poésie*, *La Vie immédiate*, *Le Livre ouvert*; **Jacques Prévert** (1900–1977), *Fatras*, *Paroles*.

Das Theater und die *Écriture automatique*

In dieser Zeit entsteht auch das «automatische Schreiben», die Erforschung des Unbewussten; mit André Breton, dem Theoretiker der Bewegung, **Louis Aragon**, *Le mouvement perpétuel* (1925), **Philippe Soupault**, *Die magnetischen Felder* (1920), **Paul Éluard**, *Hauptstadt der Schmerzen*. Das poetische Chanson wird von einer immer größeren Zuhörerschaft angenommen; etwa die Werke von **Léo Ferré**, **Georges Brassens**, **Boris Vian**, **Jacques Brel**.

Das Boulevard-Theater setzt sich zunächst fort mit **Jules Romains** (*Knock*, 1928), **Marcel Paniol** (*Marius*, 1929; *Topaze*, 1933), **Sacha Guitry** (*Desiré*, 1927). **Jean Anouilh** bevorzugt einen moralischen Ansatz bei verschiedenen Themen, wie etwa *Antigone* (1944) oder auch leichtgewichtiger in *Der Reisende ohne Gepäck* (1937). **Alfred Jarry** ist die Gründung des modernen Theaters zu verdanken, mit *König Ubu* (1896); das Stück thematisiert den Einbruch des Irrationalen, des Traumes und des Humors. 1926 gründet **Antonin Artaud** mit **Roger Vitrac** das «Theater Alfred Jarry» und schreibt dafür zwei grundlegende Texte: *Manifest des Theaters der Grausamkeit* (1932) und *Das Theater und sein Double* (1938). Das literarische Theater wird erneuert: von **Paul Claudel**, er ist christlich orientiert, greift aber auch antike Mythen und Tragödien auf; von **Giraudoux**, der in *Der trojanische Krieg fand nicht statt* (1935) die immanenten Gefahren der Zwischenkriegszeit benennt; von **Cocteau** (*Orphée*, 1926; *La Machine infernale*, 1934) und **Sartre** (*Die Fliegen*, 1943). Diese von **Brecht** und **Pirandello** beeinflussten Schriftsteller verfassen politisch und gesellschaftlich engagierte Stücke. Die individuelle und kollektive Verantwortung erhält hier einen bedeutenden Platz, wie in Sartres *Die schmutzigen Hände* (1948) und

Camus' *Die Gerechten* (1949). In diesem Kontext kommen das **Absurde Theater** und der Existentialismus auf. Artaud und sein *Theater und sein Double* (1938) revolutionieren die Bühne, während **Eugène Ionesco** mit *Die kahle Sängerin* (1950) Ironie und Spott einführt. Die Abwesenheit wird von **Samuel Beckett** in *Warten auf Godot* (1953) thematisiert.

IV

England von 1919 bis 1945

1. Die Krisen

Wirtschaftliche und soziale Probleme

England hat, obgleich es aus dem Ersten Weltkrieg als einer der Sieger hervorging, große wirtschaftliche und soziale Probleme. Das Pfund Sterling hat 1920 fast ein Viertel seines Wertes im Verhältnis zum Dollar verloren. Im April 1925 führt **Winston Churchill** (1874–1965), damals Schatzkanzler, d. h. Finanzminister, über den *Gold Standard Act* den Goldstandard wieder ein. Doch 1931 muss England endgültig darauf verzichten. Die Währungskrise zieht eine wirtschaftliche und soziale nach sich. Von 1920 bis 1939 gibt es mindestens eine Million Arbeitslose. Die Bergarbeiter starten 1921 eine Streikbewegung, um gegen die Verringerung ihrer Löhne zu streiken, doch diese Bewegung scheitert. Die Gewerkschaften sind mächtig, ihre Mitgliederzahl verdoppelt sich während des Krieges und steigt von vier auf acht Millionen. Von allen Gewerkschaften ist die der Bergarbeiter besonders aktiv. 1921 verzichtet die Regierung auf ihre Kontrolle der Minen, und die Firmen beschließen, die Löhne zu kürzen. Mangels Unterstützung durch andere Gewerkschaften innerhalb der Föderation der *Trade-Unions* scheitert die Bewegung, und die Löhne werden tatsächlich gekürzt. 1926 lähmt ein Generalstreik das Land für eine Woche, weil die Unternehmer insgesamt die Löhne kürzen wollen; die Rückkehr zur Goldwährung hat die englischen Exporte verteuert. Der Gene-

ralstreik von Ende Mai 1926 dauert eine Woche. Nur die Bergarbeiter setzen ihn bis Oktober fort, doch umsonst. Die konservative Regierung reagiert hart: Gestützt durch den Rückhalt in der Bevölkerung, werden die Löhne erneut gekürzt. Die Gewerkschaften sind geschwächt, vor allem durch das Verbot von Solidaritätsstreiks. Die Krise von 1929 mit ihren vielen Schwierigkeiten zwingt zu einem gesellschaftlichen Stillstand, der bis zum Zweiten Weltkrieg anhält.

Die Instabilität der Regierung

Das politische Leben wird von der Konservativen Partei beherrscht, die Liberalen werden zugunsten der *Labour Party* geschwächt, die die zweite politische Kraft des Landes wird. Die liberale Partei, die für jede Regierungskoalition unverzichtbar ist, ist von zwei Strömungen gekennzeichnet. **Lloyd George** (1863–1945) und seine National-Liberalen wollen die Allianz mit den Konservativen, doch die Mehrheit der Liberalen will mit *Labour* regieren.

Von 1916 bis 1922 führt Lloyd George ein liberal-nationales Kabinett, mit den Konservativen als Verbündeten. Danach wechseln sich die Konservativen und *Labour* an der Macht ab. Die Konservativen mit **Stanley Baldwin** (1867–1947) als Premierminister bleiben nur wenige Monate an der Macht, von Mai 1923 bis Januar 1924. Doch *Labour* verliert die Wahlen vom Oktober 1924, und Baldwin kehrt für vier Jahre als Premierminister zurück, dem Winston Churchill als Schatzkanzler zur Seite steht. Von 1929 bis 1931 ist *Labour* wieder an der Macht, doch **Ramsay MacDonald** (1866–1937) muss ein Kabinett der nationalen Einheit bilden, um den Problemen, die aus der Krise von 1929 entstanden sind, zu begegnen. Innerhalb des Kabinetts ist die Macht de facto in Händen Baldwins, der den Titel des *Lord President of the Council* trägt, mit **Neville Chamberlain** (1869–1940) als Schatzkanzler. Die *Labour*-Minister verlassen daher bald die Regierung, der MacDonald nominell dennoch bis 1939 vorsteht.

Der Stachel im Fleisch: Irland

Das Vereinigte Königreich muss zudem die bohrende Irland-Frage lösen. 1918 kommen die irischen Abgeordneten nicht ins Unterhaus, bleiben vielmehr in Dublin, wo sie das *Dáil Éireann* bilden, das irische Parlament. Sie rufen die

Republik aus und wählen als Präsidenten des *Dáil Éireann* **Éamon de Valera** (1882–1975), der in den USA als Sohn eines Kubaners und einer Irin geboren wurde. Der irische Unabhängigkeits-Krieg dauert von 1919 bis 1921. Danach wird mit England folgende Einigung erzielt: Der nordöstliche Teil der Insel, in dem protestantische Angelsachsen leben, bleibt beim Königreich Großbritannien. Der Rest wird zum Freistaat Irland mit dem Status eines *Dominion*. De Valera wird zum Präsidenten gewählt. Erst 1938 erkennen bilaterale Verträge die vollständige Unabhängigkeit der Republik Irland an, die in der Landessprache *Eire* heißt.

Das Empire kracht an allen Enden

Die irische Frage ist nicht die einzige Sorge der wechselnden englischen Regierungen. Das Empire, durch das England im 19. Jahrhundert zur Weltmacht wurde, ist nicht mehr der traditionelle Absatzmarkt der britischen Warenproduktion. Indien gibt dazu das Signal, indem es keine Textileinkäufe mehr tätigt. Seine Importe britischer Baumwollfabrikate gehen nach 1919 um 90 Prozent zurück. Die USA drängen ihrerseits in die Märkte, die sie erobert haben, wie etwa Südamerika. Die Krise von 1929 führt 1931 zur Errichtung des **Commonwealth**, einer freien Wirtschaftsassoziation zwischen England und seinen *Dominions*, den autonomen Gebieten; sodann zur Definition einer «imperial preference» (Freihandelsabkommen innerhalb des Empire) anlässlich der Verträge der Ottawa-Konferenz 1932. Dieses System fördert den Warenaustausch innerhalb des Commonwealth, indem es die Produkte aus Nicht-Mitgliedsländern besteuert. Dennoch beginnt der langsame Abstieg der britischen Wirtschaft. Das politische Problem der Unabhängigkeit für die Kolonien bleibt, vor allem, was die «Perle des Empire» angeht, nämlich Indien. Während des Krieges verspricht London – es braucht dringend Soldaten und Kapital – dem Subkontinent eine unabhängige Regierung. Die Enttäuschung in Indien, dieses Versprechen recht bald in eine simple lokale Autonomie ohne wirkliche Bedeutung umgewandelt zu sehen, hat schwerwiegende Konsequenzen für die Zukunft.

2. England unter Churchill

Aus Liebe zu Wallis

Im Jahre 1936 wird das Königreich durch eine schwere dynastische Krise erschüttert. König **Georg V.** (1910–1936) stirbt am 20. Januar 1936. Sein ältester Sohn wird als **Eduard VIII.** König (20. Januar 1936–11. Dezember 1936). Seine Krönung soll am 12. Mai 1937 stattfinden. Die demagogische und autoritäre Persönlichkeit des zukünftigen Königs, der noch dazu mit dem Faschismus sympathisiert, nimmt ihm einen Großteil der Unterstützung der traditionellen politischen Eliten. Doch das eigentliche Problem taucht erst Anfang Dezember 1936 auf, als die Anglikanische Kirche ihm durch einen ihrer Bischöfe seine Absicht vorhält, eine morganatische Ehe mit einer bereits geschiedenen Amerikanerin einzugehen, die zudem gerade dabei ist, ihre zweite Scheidung zu vollziehen: **Wallis Simpson** (1896–1986). Die Anglikanische Kirche, deren Oberhaupt immer der König ist, erkennt keine Scheidung an. Der König sieht sich nun einer breiten Opposition gegenüber: Premierminister Baldwin, die Hierarchie der Anglikanischen Kirche und dazu die *Labour*-Partei hinter ihrem Chef Attlee. Die Bevölkerung wirft ihm zudem vor, dass er sein Volk zugunsten einer Frau aufgibt; seine Pflichten als zukünftiger Herrscher müssten Vorrang vor seinem Privatleben haben. So dankt Edward am 11. Dezember 1936 ab.

Sein jüngerer Bruder, der Herzog von York, folgt ihm als **Georg VI.** (1936–1952). 1939 unternimmt er eine Reise nach Kanada und in die USA. Die erste Hälfte seiner Herrschaft ist durch den Zweiten Weltkrieg geprägt. 1940 wird Premierminister Neville Chamberlain durch Winston Churchill ersetzt, der diesen Posten während der gesamten Kriegszeit beibehält.

Ein König ohne Krone

Eduard VIII. (1894–1972) bekommt nach seiner Abdankung den Titel des Herzogs von Windsor, dazu eine bedeutende staatliche Apanage für Angehörige der königlichen Familie. Dennoch kann er nicht in England bleiben und geht nach Frankreich, wo er Wallis Simpson heiratet. Er hält sich von den anderen Mitgliedern der königlichen Familie fern; gekränkt, weil seiner Frau der Titel einer Königlichen Hoheit verwehrt wird. Der Zweite Weltkrieg ändert daran nichts; das Paar arrangiert sich sehr gut mit der Anwesenheit der Besatzer

und zögert nicht, Kontakt mit ihnen aufzunehmen; es verhehlt nicht seine ausgeprägte Vorliebe für faschistische Regimes, auch wenn man den Herzog nicht eindeutig als Nationalsozialisten bezeichnen kann. Die Situation wird in dem Augenblick peinlich, als er zum Gouverneur der Bahamas ernannt wird – ein diplomatisches Mittel, um ihn vom Schauplatz des Konflikts zu entfernen. Nach dem Krieg sind der Herzog und die Herzogin von Windsor bei der besseren Gesellschaft hoch in Mode, deren Lebensstil sie teilen. 1965 kehren sie nach England zurück und werden (nur) von einem Teil der königlichen Familie empfangen, nehmen auch an privaten Feierlichkeiten teil. Der Herzog stirbt 1972, seine Frau überlebt ihn um 14 Jahre, ehe sie genau wie er zu einem modernen Mythos der ewigen Liebe wird.

Der alte Löwe

Winston Churchill (1874–1965) wird am 30. November 1874 in den Waschräumen von *Blenheim Palace* geboren. Aus dem jungen Mann mit einem Sprachfehler wird ein Politiker ersten Ranges, der sein Land zum Sieg führt. Als Mitglied der Konservativen Partei wird er 1900 zum Abgeordneten gewählt. Dennoch wendet er sich aus wirtschaftlichen Gründen den Liberalen zu, vor allem, um den Freihandel aufrechtzuerhalten, der seit Abschaffung der *Corn Laws* im Jahre 1846 – Schutzmaßnahmen für Getreide – in England traditionell bestand. Churchill wird mehrfach Minister, besetzt 1925 den Posten des Schatzkanzlers, d. h. des Finanzministers und überwacht als solcher die Rückkehr zum Goldstandard. Im Ersten Weltkrieg übt er als Lord der Admiralität eine herausragende Funktion aus, organisiert 1915 eine Expedition zur Meerenge der Dardanellen. Zur Konservativen Partei zurückgekehrt, beweist er eine große und seltene politische Hellsichtigkeit, als er sich jedem Kompromiss mit Nazi-Deutschland widersetzt. Als Premierminister einer Regierung der nationalen Einheit 1940 wird seine erste Rede wegen einer packenden Formulierung berühmt: «Ich habe nichts zu bieten außer Blut, Mühsal, Tränen und Schweiß.» Während des gesamten Krieges bleibt er an der Spitze der Regierung, facht den nationalen Widerstand angesichts der deutschen Bombardements an. 1941 unterzeichnet er mit den USA die Atlantik-Charta. Hingegen hat er schnell Zweifel an der Haltung der UdSSR und spricht in der berühmten Rede von Fulton von der Errichtung eines «Eisernen Vorhangs», der Europa zweiteilt. Dennoch verliert er 1945 die Wahlen in einem England, das auf soziale Reformen aus ist, die er nicht einleiten konnte.

Der *Labour*-Politiker **Clement Attlee** (1883–1967) wird sein Nachfolger und bleibt bis 1951 an der Macht. Churchill kehrt von 1951 bis 1955 noch einmal an die Macht zurück, doch seine Gesundheit verschlechtert sich rapide ab 1953. Von 1955 bis zu seinem Tode 1965 widmet er sich seiner Leidenschaft für die Malerei, dem Verfassen seiner Memoiren und dem Schreiben von historischen Büchern.

V

Italien von 1919 bis 1945

1. Die Folgen des Krieges

Krieg lohnt sich nicht

Italien ist nach dem Ersten Weltkrieg einer ganzen Reihe von Schwierigkeiten ausgesetzt. Groß ist die Enttäuschung nach den Friedensverträgen, denn Italien hat nicht ganz Dalmatien und Fiume (heute Rijeka, Kroatien) erhalten, auf die es gehofft hatte, um die Adria zu einem «italienischen» Meer zu machen. Es muss daran erinnert werden, dass Italien seine Allianzen im Februar 1915 umstürzte: Zu Beginn des Krieges hat es sich, obwohl mit Deutschland und Österreich-Ungarn im Dreibund vereint, für neutral erklärt, schließt sich dann Frankreich und dessen Alliierten an. Die Italiener erhoffen sich viel von dieser neuen Vereinigung, vor allem, dass sie die *terra irredenta*, das «unbefreite Land» erhalten, d. h. das italienisch-sprachige Land, das aber nicht zu Italien gehört, nämlich das Trentino und Istrien und dazu das «ganz unbefreite» Land: Dalmatien. Nun endet der Konflikt mit 600 000 Toten und einem Norditalien, das wirtschaftlich schwer angeschlagen ist. Die Kompensationen durch den Versailler Vertrag erscheinen vielen eher schwach. Einige erhitzte Nationalisten beschließen daher, die Dinge selbst in die Hand zu nehmen: Der Dichter **Gabriele D'Annunzio** an der Spitze der *arditi*, der Freischärler, der Elite der ehemaligen Kämpfer, erobert mit diesen im September

1919 die Stadt Fiume und herrscht dort bis November 1920. Zu dieser Zeit sieht der (erste) Vertrag von Rapallo, abgeschlossen zwischen Jugoslawien und Italien, die Rückgabe der Stadt vor. Es kommt zu «blutigen Weihnachten», als die italienische Armee die Leute D'Annunzios vertreibt. Die Nationalisten sehen das als Beweis für den Verrat des Regimes an.

Die soziale Frage lösen? Dazu ist doch die Mafia da ...

Die soziale Frage erschüttert das Bürgertum, die Rentner, die landlosen Bauern, die die versprochene, aber immer wieder verschobene Agrarreform einfordern. Von 1919 bis 1920 besetzen sie das Land. Der Norden Italiens ist seit dem Ende des 19. Jahrhunderts erfolgreich industrialisiert, dennoch bezahlt Italien für die Verspätung, die der verzögerten politischen Einigung geschuldet ist, die erst 1871 erreicht wurde. Ein paar angesehene Firmen wie Fiat *(Fabbrica Italiana Automobili Torino)*, gegründet 1899, bilden noch kein dichtes industrielles Netz. Die wirtschaftliche Aktivität beruht noch lange auf den traditionellen Sektoren: der Landwirtschaft und dem Handwerk. Noch beunruhigender ist die Situation im Süden, dem *Mezzogiorno*, der fast ausschließlich landwirtschaftlich ausgerichtet ist und wo die – kaum vorhandenen – Großgrundbesitzer ihre Ländereien wenig oder gar nicht erschließen. Dadurch ist die Lage der *braccianti*, der Tagelöhner in der Landwirtschaft, noch schlimmer geworden, die der Gnade der Grundbesitzer umso mehr ausgeliefert sind, als die Bevölkerung ständig wächst. Die Aufstände auf dem Land werden häufiger, die lokalen oder nationalen Behörden, geschlagen mit Unfähigkeit, bleiben unbeweglich. Die Großgrundbesitzer als Herren riesiger Ländereien wenden sich daher an die **Onorata Società della Mafia** (Ehrenwerte Gesellschaft der Mafia), die die Bauern terrorisiert und die Ordnung wiederherstellt. Doch das ist auf lange Sicht eine gefährliche Wahl, denn die Mafia begreift sehr schnell, wie sie zum Staat im Staate werden kann.

Die politische Krise

Das politische Regime offenbart seine Schwächen. Der König als konstitutioneller Monarch verfügt über keine wirkliche Macht, die liegt in Händen der Abgeordneten der Kammer. Die beiden großen Parteien sind die Sozialistische Partei und die Volkspartei (Partito Popolare Italiano), die dem Katholizismus zugeneigt ist; Erstere opponiert, Letztere zögert die Unterstützung hinaus, weil sie den Papst im Vatikan als Gefangenen des Königs von Italien ansieht. Tatsächlich hatte Papst Pius IX. im Jahre 1877 den Katholiken förmlich verboten, am politischen Leben des Landes teilzunehmen. Erst 1919 gibt Papst Benedikt XV. dazu seine Zustimmung. Liberale Demokraten und Republikaner bilden kurzlebige Koalitionen. Sie sind umso weniger von Gewicht, als die beiden großen Parteien, die Sozialisten und die Volkspartei, keine politische Verantwortung übernehmen wollen. Das Symbol dieses schwelenden Unvermögens ist der *Giolittismus*, benannt nach **Giovanni Giolitti** (1842-1928), der mehrfach Ratspräsident wird. Seine Politik besteht aus vorsichtigem Abwarten, im Zentrum positioniert, auf halbem Weg zwischen der Linken und der Rechten, dabei ohne jegliche eigene Überzeugung. Er sucht sich vor allem so lange wie möglich an der Macht zu halten. Wegen dieser politischen Flaute hoffen viele Italiener, dass endlich ein starker Mann der Stunde kommt.

2. Das faschistische Italien

Schicksal im Zeichen des Faschismus: Benito Mussolini

In diesem Umfeld gründet **Benito Mussolini** (1883-1945) die faschistische Bewegung. So wie bei Hitler kann man auch hier den Werdegang Mussolinis nicht vom italienischen Faschismus trennen. Als Sohn eines Schmiedes aus der Romagna wird Mussolini zunächst Lehrer, doch die von seinem Vater geerbten revolutionären Ideen zwingen ihn ins Exil in der Schweiz und in Österreich. Dort liest er mit Leidenschaft die Schriften von Georges Sorel (1847-1922), einem marxistischen Theoretiker des revolutionären Syndikalismus - d. i. die Aneignung von Produktionsmitten durch Gewerkschaften - und des Rückgriffs auf «erhabene Gewalt» gegenüber einem von seiner eigenen Feigheit terrorisierten Bürgertum. Zurück in Italien, besetzt Mussolini den Posten als Chefredakteur des *Avanti*, der sozialistischen Zeitung. 1914 wird er aus der Sozialistischen Partei ausgeschlossen, weil er gegen deren Pazifismus opponiert und den Kriegseintritt Italiens will. Zur Verbreitung seiner Ideen gründet er eine neue Zeitung, *Il Popolo d'Italia - Das italienische Volk*. Als Freiwilliger wird er 1917 an der Front verwundet. Nach dem Krieg gründet er in Mailand 1919 die faschistische Bewegung, deren Bezeichnung von der Basisgruppe der

Organisation abgeleitet ist bzw. vom Rutenbündel (*fascio*) als deren Zeichen. Die *Fasci* ziehen Arbeitslose, landlose Bauern, ehemalige Kämpfer und Nationalisten an. Ende 1920 zählen sie fast 300 000 Mitglieder. Mussolini stützt die Eskapaden D'Annunzios, der später Weggefährte des Faschismus wird. Die Biographie Benito Mussolinis und das Schicksal Italiens sind bis zum Ende des Zweiten Weltkriegs unauflöslich miteinander verbunden.

Erschütterungen auf dem Weg zur Diktatur

Bei den Parlamentswahlen von 1919 werden die faschistischen Führer nicht gewählt. **Italo Balbo** (1896–1940), der die Bewegung in Ferrara leitet, organisiert die Faschisten in Gruppen. Diese *squadri* tragen Uniformen mit schwarzem Hemd, werden militärisch geführt, bewaffnet und grüßen sich mit dem olympischen Gruß der Epoche bzw. dem *Saluto romano*, der seit 1946 verboten ist, da er als Symbol des Faschismus und Nationalsozialismus gilt. Als gewalttätige Gruppen brechen sie Streiks, verprügeln Gewerkschaftsvertreter, terrorisieren die Bauern, die das Land besetzen, gewinnen die Sympathien der Großgrundbesitzer und der Industriellen. **Dino Grandi** (1895–1988) ist mit der Organisation faschistischer Gewerkschaften betraut, die sich mit Gewalt gegen Kommunisten und Sozialisten wenden. Eine Rückkehr zu revolutionären Streiks soll vermieden werden, wie er sich etwa in den Alfa-Romeo-Werken im August 1920 zuträgt, wobei einige Fabriken besetzt und von «Roten Garden» besetzte Anlagen verteidigt werden. 1921 wird die faschistische Bewegung zur politischen Partei, zum *Partito Nazionale Fascista* (PNF). Doch bei den Wahlen vom Mai 1921 werden nur 35 Abgeordnete dieser Partei gewählt. Ratspräsident **Giovanni Giolitti** (1842–1928) nähert sich den Faschisten an; er glaubt, sie ohne Risiko für seine unsicheren Regierungskoalitionen benutzen zu können. Selbst in der Umgebung von König **Viktor Emanuel III.** sympathisieren Mitglieder der königlichen Familie mit dem Faschismus, der ihrer Meinung nach die richtige Lösung für die Bürgerkriegssituation im Land ist.

Vom «Marsch auf Rom» zum «Marsch in Rom»

1922 verschärfen die faschistischen Gruppen ihre Gewalt; sie plündern linke Rathäuser und zünden sie an, desgleichen lokale Gewerkschaftshäuser. Am 3. Juli 1922 beschließen die Gewerkschaften, mit einem Aufruf zum Generalstreik zu reagieren, weil kaum Faschisten von der Polizei verhaftet werden, die eher mit ihnen sympathisiert, und wenn doch, von den Gerichten freigelassen werden. Die Faschisten fordern die Regierung auf, den Streik zu verbieten, und richten an die Streikenden ein Ultimatum, ihre Aktion innerhalb von 48 Stunden zu beenden. In diesen zwei Tagen sind die Faschisten derart entfesselt, dass der Streik in ganz Italien niedergeschlagen wird. Sie benutzen zwei besonders wirksame Mittel: den *manganello*, den Knüppel, und die erzwungene Aufnahme von Rizinusöl, dessen abführende Wirkung die Opfer in eine äußerst erniedrigende Situation bringt. Die Regierung sieht tatenlos zu. Am 3. August 1922 scheitert der Generalstreik. Mussolini hat nun den Beweis für die Unfähigkeit der parlamentarischen Demokratie. Beim Kongress des PNF in Neapel am 24. Oktober 1922 übernimmt er die Macht und kündigt einen «Marsch auf Rom» aller italienischen Faschisten an, die die Stadt einnehmen sollen. Mussolini wartet vorsichtig sein Mailänder Ergebnis ab. Doch tatsächlich gibt der König klein bei und bittet Mussolini am 29. Oktober, eine Regierung zu bilden. Der «Marsch auf Rom» wird zu einem «Marsch in Rom» – einer Parade, die den faschistischen Sieg feiert. Mussolini ist legal an die Macht gekommen, dank der Schwäche der Institutionen und der Weigerung der entsprechenden Amtsinhaber, ihm den Weg zu versperren.

Ein perfektes Vademekum der Diktatur

Der Marsch zur Diktatur dauert drei Jahre. Die erste Regierung ist eine Koalition mit den Parteien der klassischen Rechten, den Demokraten, Unabhängigen und Liberalen, und in ihr sitzen nur vier Faschisten. Danach lässt sich Mussolini – immer noch legal – von der Abgeordnetenkammer sämtliche Befugnisse übertragen. Nach den für 1924 angesetzten Wahlen erhalten die Faschisten die absolute Mehrheit. Dennoch werden auch die wichtigsten Repräsentanten der Oppositionsparteien gewählt, darunter auch der Sozialist **Giacomo Matteotti** (1885–1924), der unablässig gegen die Unregelmäßigkeiten der Wahl stichelt und die Annullierung aller faschistischen Abgeordneten verlangt. Am 10. Juni 1924 ermorden Milizionäre – vermutlich auf Anordnung ihres Chefs – den Vorsitzenden der sozialistischen Parlamentarier. Die Abgeordneten der Opposition weigern sich zu tagen; die Regierung scheint kurz vor dem Sturz zu sein.

Dem begegnet Mussolini, indem er die Diktatur installiert. In seiner Rede vor den Abgeordneten am 3. Januar 1925 übernimmt er die «moralische, politische und historische Verantwortung» für das, was geschehen sei. Er bildet eine faschistische Einheitsregierung. Die Abgeordneten der Opposition werden ihres Mandats enthoben; wer sich weigert, wird auf die Liparischen Inseln deportiert; eine politische Polizei, die Miliz, wird gegründet. Mussolini ist Regierungschef; nur er beruft und entlässt die Minister. Seine Abhängigkeit in Bezug auf den König ist nur noch eine Fiktion, **Viktor Emanuel III.** ist in Wirklichkeit auf die Rolle eines Hampelmanns reduziert und wird nur zu Propagandazwecken vorgeführt. Der Faschismus beruht auf dem Primat des Staats vor dem Einzelnen – «der Mensch ist nichts, der Staat ist alles» –, auf dem absoluten Gehorsam gegenüber dem Chef – «Mussolini hat immer Recht» – und auf der Befehlsgewalt des faschistischen Milizionärs. Ein weiteres grundlegendes Element ist der Nationalismus: Italien soll das werden, was das antike Rom war. Und das System stützt sich auf die Funktion der Gruppe – über die vielen Verbände, die von der Einheitspartei kontrolliert werden. Politisch gesehen, behält der König seinen Thron; der Senat, in dem nur Faschisten oder ihre Sympathisanten sitzen, wird bestenfalls ein Vollzugsorgan. Ab 1929 werden die Abgeordneten durch die faschistische Partei direkt ausgewählt. Die Abgeordnetenkammer wird im Oktober 1938 durch die «Kammer der *Fasci* und der Korporationen» ersetzt. Die wahre Macht liegt in den Händen Mussolinis, des *Duce* – eine Adaptierung des römischen Militär-Titels eines *dux* –, und beim *Gran Consiglio del Fascismo*, dem *Großen faschistischen Rat*. Letzterer wird schließlich vom misstrauischen Mussolini beseitigt, der ihn immer seltener einberuft.

Italien unter dem Stiefel

Die Gesellschaft wird intensiv kontrolliert. Das Rocco-Gesetz vom April 1925 verbietet Gewerkschaften, bis auf die faschistische, und Streiks. Im Februar 1934 werden diese Gewerkschaften in Korporationen zusammengefasst, die von einem Korporationsrat kontrolliert werden. Das System des *Dopolavoro* – wörtlich: «*Nach der Arbeit*», Vorbild für «Kraft durch Freude» – bietet den Arbeitern Abwechslung und Vergnügen, ermöglicht aber auch eine wirksame Propaganda. Diese findet überall statt: in der Presse, im Radio, im Kino. Die Jugend wird verherrlicht, die faschistische Hymne heißt *Giovinezza*, «Jugend». Vor allem wird diese Jugend in Brigaden erfasst: ab dem sechsten Lebensjahr bei den «Wolfskindern», dann von acht bis 14 Jahren bei den Jugendgruppen, den *Ballila*, benannt nach einem jungen Genueser Helden

eines Aufstands gegen die österreichischen Besatzer 1746. Dies gilt für Jungen; die gleichaltrigen Mädchen kommen zu den *Piccole Italiane*. Danach werden die Jungen zwischen 14 und 18 Jahren zu *Avanguardisti*, die Mädchen zu *Giovani Italiane*. Mit 18 treten sie den *Fasci Giovanili di Combattimento* (Junge Kampf-Faschisten) bzw. den *Giovane Fascisti* bei. Jungen und Mädchen werden bis zum 18. Lebensjahr streng kontrolliert, ihre Begeisterung wird durch Lesungen und die Kommentare zu den Reden des *Duce* geschürt. Der Mythos um seine Person besagt, dass im römischen Palazzo Venezia, dem Regierungssitz Mussolinis, ein Fenster die ganze Nacht erleuchtet bleibt, nämlich das des Büros des *Duce*, der Tag und Nacht zum Wohle Italiens arbeitet. Jedes Abweichen von der faschistischen Orthodoxie wird von der freiwilligen Miliz für nationale Sicherheit – *Milizia Volontaria per La Sicurezza Nazionale* (MVSN) – denunziert, die dann durch die OVRA, die *Organizzazione per la Vigilanza e la Repressione dell Antifascismo* (Organisation für Wachsamkeit und Unterdrückung des Antifaschismus) abgelöst wird.

Das faschistische Regime versöhnt das Papsttum mit der Monarchie. Am 11. Februar 1929 werden die Lateran-Verträge unterschrieben: Der Papst wird Souverän der Vatikan-Stadt und erkennt dabei das Königreich Italien an. Er erhält 750 Millionen Lire für die erlittenen Verluste sowie eine Rente von 5 Prozent auf das Kapital von 1 Milliarde Lire. Der Katholizismus wird Staatsreligion, andere Religionen werden lediglich toleriert. Doch die Beziehungen von Faschismus und Kirche ändern sich schnell, denn beide wollen eine beherrschende Rolle bei der Ausbildung der Jugend übernehmen.

Die Via dell' Impero

Um sich als würdiger Erbe des Imperium Romanum zu erweisen, muss das faschistische Italien eine Politik der imperialistischen Eroberung verfolgen. Dabei handelt es sich zunächst darum, Libyen zu befrieden, das 1911 erobert wurde. Das gelingt erst 1935. Dann soll Äthiopien erobert werden, womit die Schmach der Niederlage in der Schlacht von Adua 1896 getilgt werden soll, auch wenn Italien seitdem einen Großteil des Horns von Afrika kontrolliert. Die Eroberung gelingt, wenn auch mit Mühe, durch den Ausgang des Äthiopien-Krieges von 1935 bis 1936. Viktor Emanuel III. wird dadurch Kaiser von Äthiopien. Im April 1929 wird Albanien besetzt, und der König erhält den Titel eines Königs von Albanien. Die Stadt Rom wird regelrecht aufgerissen, um Platz zu schaffen für einen neue Achse, die Via dell' Impero, die die neuen Eroberungen und das historische Band mit dem imperialen Rom feiert.

Der Krieg beschleunigt das Ende

Seit Mai 1939 ist Italien mit Nazi-Deutschland durch den *Stahlpakt* verbunden, eine defensive und offensive Allianz. Im September 1940 wird der Dreimächtepakt mit Japan als neuem Partner geschlossen. Italien zieht an der Seite Deutschlands in den Krieg, wird aber in Griechenland geschlagen, dann auch an den anderen Fronten, und kann sich nur mit Unterstützung durch die deutsche Armee halten. Im Juli 1943 landen englisch-amerikanische Truppen in Sizilien. Ende Juli lässt König Viktor Emanuel III. Mussolini festnehmen, weil er hofft, auf diese Weise nicht vom Untergang des Faschismus mitgerissen zu werden. Eine deutsche Expedition befreit Mussolini im September. Er regiert nun einen Schein-Staat, die RSI, *Repubblica Sociale Italiana*, auch *Republik von Salò* genannt, nach der Stadt, in der sich die Regierung installiert. Diese kurzlebige Republik in Norditalien überlebt nur dank der Präsenz der deutschen Truppen. Im April 1945 bricht sie vor dem Vorrücken der Alliierten zusammen. Als Mussolini zu fliehen versucht, wird er von italienischen Widerstandskämpfern festgenommen. Eine Anordnung des nationalen Befreiungskomitees in Rom verlangt seine Hinrichtung. Am 28. April 1945 wird er erschossen; sein Leichnam wird zusammen mit dem seiner Geliebten, Clara Petacci (1912–1945), ausgestellt: an den Füßen aufgehängt auf einem Platz in Mailand. Die deutsche Armee in Italien hat am 25. April kapituliert. Viktor Emanuel III. aber hat die Folgen seiner Unterstützung für den Faschismus falsch eingeschätzt. 1946 setzt ein Referendum der Monarchie ein Ende und verkündet die Geburt der Republik Italien. Eine neue Verfassung tritt am 1. Januar 1948 in Kraft.

VI

Spanien von 1919 bis 1945

1. Das Ende der Monarchie

Im Krebsgang in die Moderne

Spanien überwindet nur mit Schwierigkeiten den sehr langen Niedergang, der sich seit dem 17. Jahrhundert abzeichnete. Der Eintritt in die Moderne geschieht in kleinen Schritten. Die – späte – Industrialisierung beschränkt sich auf einige Sektoren in den nördlichen Regionen oder an der Nord-Ost-Küste: Textilindustrie in Katalonien, Stahlindustrie in Asturien und im Baskenland. Zudem beruht die Wirtschaft nach wie vor auf dem sehr wichtigen Primärsektor, der Landwirtschaft. Die ist indes durch die ungleiche Verteilung von Grund und Boden, der sich im Wesentlichen in den Händen der Großgrundbesitzer befindet, instabil geworden; die Masse der landwirtschaftlichen Tagelöhner, der *braceros*, und der Bauern ist ohne eigenes Land. Diese bäuerliche Gesellschaft verfügt nur über rudimentäre landwirtschaftliche Techniken und wird von einer Oligarchie aus Adligen und aus der industriellen Revolution hervorgegangen Unternehmern beherrscht. Die Kirche strukturiert das gesellschaftliche Leben; sie ist reich an Grundbesitz und hat breite Unterstützung in der Gesellschaft. Sie verteidigt den sozialen Konservatismus, steht dabei den reaktionären Streitkräften nahe, die gewohnt sind, bei Staatsstreichen, *pronunciamentos*, in das politische Leben einzugreifen.

Die politische Stabilität wird 1920 in Andalusien durch Aufstände in der Landwirtschaft bedroht sowie durch die Revolte linker Kräfte. 1888 wird die Sozialistische Arbeiterpartei gegründet, das Gleiche gilt für die *Unión General de Trabajadores* (UGT), die Gewerkschaft, die der Partei angeschlossen ist. 1910 entsteht die mächtige anarchistische CNT, die *Confederación Nacional del Trabajo*, die Gewerkschafts-Konföderation, aus der 1927 die FAI hervorgeht, die *Federación Anarquista Ibérica*. Sie wird bekannt durch ihren Einsatz von

9

Gewalt bei den Aufständen Anfang der 1930er Jahre. Diese Organisationen stellen keine wirkliche Gefahr einer gesellschaftlichen Revolution dar, beunruhigen dennoch die verfassten Körperschaften und die führenden Eliten des Landes.

Von der harten zur weichen Diktatur

Die konstitutionelle Monarchie in Spanien, die seit 1876 besteht, wird durch **Alfons XIII.** (1886–1931) verkörpert, als der Erste Weltkrieg ausbricht. Spanien ist dabei neutral, wird aber von der Pandemie der Spanischen Grippe heimgesucht, die 1918 und 1919 weltweit ungefähr 30 Millionen Opfer fordert. Von 1921 und 1926 stürzen sich Spanien und Frankreich in den Rifkrieg, der sich gegen Stämme in den Bergen Nordmarokkos richtet, wobei aus Deutschland bezogenes Senfgas eingesetzt wird. Bei der Schlacht von Annual im Juli 1921 erleidet die spanische Armee eine herbe Niederlage gegen die von **Abdelkarim Al Khattabi** (1882–1963) geführten Rifkabylen. Diese nationale Schmach ist eines der Elemente, die General **Miguel Primo de Rivera** (1870–1930) am 13. September 1923 zu einem Staatsstreich veranlassen. Er installiert eine Militärdiktatur, die anfänglich vom König gedeckt wird. 1926 endet der marokkanische Krieg mit der Kapitulation von Abdelkarim, und die militärische Ehre ist wiederhergestellt. Primo de Rivera installiert ein Regime nach dem Vorbild des italienischen Faschismus. Die Verfassung wird aufgehoben, das Parlament aufgelöst; nur eine Partei, die *Unión Patriótica*, darf existieren. Eine oberste Nationalversammlung als reines Vollzugsorgan ohne eine mögliche Opposition gibt den Entscheidungen des Diktators den legalen Anstrich. Dieses korporatistische System kann die nationale Wirtschaft jedoch nicht wieder ankurbeln. So gehen das Industrie- und Finanz-Milieu auf Distanz zu einem ihrer Meinung nach immer ineffektiveren Regime. Die fehlende Unterstützung durch das Volk setzt sich in der Armee fort; der König geht auf Abstand und entlässt Primo de Rivera im Januar 1930. Er wird durch General **Dámaso Berenguer y Fusté** (1873–1953) ersetzt. Der ist eher auf Zusammenarbeit mit den Institutionen bedacht, was seiner Regierung den Beinamen *Dictablanda* einträgt, weiche Diktatur – im Gegensatz zur *Dictadura* seines Vorgängers.

Abschied für den König, aber nicht Abschied des Königs

Spanien wird durch starke gesellschaftliche und politische Proteste erschüttert. Die öffentliche Meinung wirft dem Monarchen seine Kollaboration mit dem Diktator und seine Unfähigkeit angesichts der Konsequenzen für die Wirtschaft des Landes nach der Krise von 1929 vor. Die republikanischen Parteien tun sich im Vertrag von San Sebastian (August 1930) zusammen, durch den ein revolutionäres Komitee gebildet und für den 15. Dezember 1930 ein Staatsstreich geplant wird. In Eile und mangelhaft vorbereitet, dazu schon am 12. Dezember versucht, scheitert dieser Staatsstreich jedoch. Die wichtigsten Anführer werden hingerichtet. Im April 1931 finden Kommunalwahlen statt, die mit einem klaren Sieg der Republikaner enden. Am 14. April wird die Zweite Spanische Republik ausgerufen (1931–1939). König **Alfons XIII.** verlässt Spanien und begibt sich ohne abzudanken nach Frankreich; er hinterlässt die spanischen Institutionen geschwächt und der Militärmacht ausgesetzt. Die Zweite Republik setzt demokratische Reformen in Gang; eine neue Verfassung gibt dem Baskenland und Katalonien mehr Autonomie, bringt vor allem das allgemeine Wahlrecht. Die Regierung wird **Manuel Azaña** (1880–1940) anvertraut, der 1936 zum Präsidenten der Republik gewählt wird; er ist Nachfolger von **Niceto Alcalá-Zamora** (1931–1936). Die Gegner des Regimes sind Monarchisten, Nationalisten und Falangisten. Die spanische **Falange** ist eine von **José Antonio Primo de Rivera** (1903–1936), dem Sohn des ehemaligen Diktators, gegründete politische Partei. Ihre Aktivisten üben Gewalt gegenüber sämtlichen linken Bewegungen und Parteien aus und versuchen sie einzuschüchtern. Ab 1936 stützt sich die Regierung auf eine Koalition von Parteien und Gruppen der Linken, die *Frente Popular*, die Volksfront. Hier sind die Republikaner vertreten, zu denen die Radikalen, Sozialisten, Kommunisten und Anarchisten gehören. Ihr Sieg bei den Parlamentswahlen von 1936 teilt das Land in zwei Lager – in einem Moment, da die Regierung zu schwach ist, um sich den Fabrikbesetzungen durch Arbeiter entgegenzustellen. Diese explosiven Umstände begünstigen die Machenschaften General Francos.

2. Der Weg in die Franco-Diktatur

1920 steht General **Francisco Franco Bahamonde** (1892–1975) an der Spitze der spanischen Fremdenlegion. Während der Diktatur leitet er die Militärakademie in Saragossa. In der Zweiten Republik auf die Balearen, dann nach Marokko versetzt, wird er 1934 zum Chef des Generalstabs. Nach den Wahlen von 1936 beginnt für Spanien eine Periode vorrevolutionärer Unruhen. Am 13. Juli 1936 wird der Monarchist **José Calvo Sotelo** (1893–1936) in Madrid ermordet. Franco, der schon seit Wochen von den Nationalisten zu einem Staatsstreich aufgefordert wird, wagt nun den Sprung. Auf die Kanarischen Inseln verbannt, bereitet er sich darauf vor, die Republik mithilfe der marokkanischen Armee zu stürzen. Doch der Staatsstreich missglückt: Am 17. Juli in Gang gesetzt, endet er wenige Tage darauf; die meisten der Generäle sind passiv geblieben. Die Situation kippt jedoch unvermittelt in einen Bürgerkrieg um, als die Arbeitermilizen beschließen, sich mit Waffen gegen die Franquisten zu stellen.

Der Spanische Bürgerkrieg

Der Spanische Bürgerkrieg dauert von 1936 bis 1939; die beiden Lager übertrumpfen sich gegenseitig in ihren Gräueltaten, deren Opfer die Zivilbevölkerung ist. Am 1. Oktober 1936 überträgt die Militärjunta, die Versammlung der Generäle, Franco alle Macht. Die mächtige Kirche Spaniens unterstützt ihn ebenfalls und ruft zu einem neuen Kreuzzug auf. Trotz des wiederholt bekräftigten Prinzips der Nicht-Einmischung gewähren auch einige andere Länder Franco ihre Unterstützung. Deutschland schickt die *Legion Condor*, eine Luftwaffen-Einheit, die am 26. April die baskische Stadt **Guernica** bombardiert und dabei mehr als 1600 Personen umbringt. Italien schickt ein Expeditionskorps faschistischer Milizen. Die UdSSR schickt einige Panzer, die Parteien und Organisationen der Linken kommen der Volksfront mit ihrer Einrichtung internationaler Brigaden zu Hilfe. Aus Freiwilligen bestehend, die aus mehr als 50 Ländern kommen, wachsen diese Brigaden von 2000 im Jahre 1936 auf mehr als 30 000 im Jahr 1938 an. Sie kämpfen an der Seite der Republikaner in der Volksarmee der Spanischen Republik. Die konföderierten Milizen umfassen die Anarchisten der CNT und die der FAI. Den republikanischen Kräften schließen sich die Männer der Arbeiterpartei der marxistischen Einheit an,

der POUM *(Partido Obrero de Unificación Marxista)* sowie die der Vereinigten Sozialistischen Partei Kataloniens, der *Partit Socialista Unificat de Catalunya*, PSUC. Dem nationalistischen Lager gehören neben der Afrika-Armee die Falangisten an, dazu der *Requeté* (Jugendorganisation des monarchistischen Carlismus), ferner die Spanische Konföderation der Autonomen Rechten CEDA *(Confederación Española de Derechas Autónomas)*, außerdem Freiwillige aus dem Ausland: portugiesische *Viriatos*, die irische *Legion of St. Patrick*, die französische *Bandera Jeanne d'Arc*.

Der Bürgerkrieg endet 1939 mit dem Sieg General Francos; Francos Regierung wird im Februar von Frankreich und England anerkannt. Am 1. April 1939 erklärt Franco offiziell das Ende des Krieges. Die Bilanz dieses Krieges ist traurig: zwischen 345 000 und 450 000 Tote, fast eine halbe Million Spanier, die ihr Land verlassen. Einige bedeutende Persönlichkeiten gehen aus den Kämpfen hervor, so die Passionara Dolores Ibárrui (1895–1989) mit ihrem berühmten Ausspruch: «No passaran! – Sie werden nicht durchkommen!». Das war gegen die Franquisten gerichtet, die Madrid besetzt hielten.

Der Caudillo

Die Ära, die nun von 1939 bis 1975 währt, ist die des franquistischen Spanien. Es ist eine nationalistische Diktatur, die auf einer konservativen Ideologie, der Unterstützung der Kirche und auf autoritären Institutionen gegründet ist. Nur eine Partei wird zugelassen; sie ist das wirksame Relais für den Willen des *Caudillo*, des Führers, so der Titel Francos, in dessen Händen die gesamte Macht liegt. Der vom italienischen Faschismus inspirierte Korporatismus ersetzt sämtliche Elemente der parlamentarischen Demokratie durch diejenigen einer «organischen Demokratie», die auf Familie, Gemeinde und Einheitsgewerkschaft basiert. Die Repräsentanten werden durch die Korporationen ernannt oder in Listen eingetragen. Die Einheitspartei, die *Falanga Española Tradicionalista y de las Juntas de Ofensiva Nacional Sindicalista* (FET y de las JONS), kontrolliert das Räderwerk der Einheitsgewerkschaft. Der Katholizismus wird zur Staatsreligion. Die Unterdrückung der Republikaner und Freimaurer ist blutig. Trotz einiger Treffen mit Hitler hält Franco an Spaniens Neutralität im Zweiten Weltkrieg fest. 1947 erneuert Franco die spanische Monarchie, auch wenn er keinen Monarchen einsetzt. **Alfons XIII.** ist 1941 in Rom gestorben. Franco lehnt dessen Sohn, Prinz **Juan Borbón y**

9

Battenberg (1913–1993), ab, zieht ihm vielmehr dessen Sohn vor, Juan Carlos, dem er den Titel «Prinz von Spanien» verleiht und 1954 als seinen Nachfolger nominiert.

VII

Russland und die Sowjetunion von 1917 bis 1945

1. Der Untergang des Zarentums

Die unmögliche Reform des Zarenreiches

Russland ist zu Beginn des 20. Jahrhunderts mehr denn je ein «Koloss auf tönernen Füßen». Erst 1861, nach der Aufhebung der Leibeigenschaft, betritt es das moderne Europa. Doch die gesellschaftlichen und politischen Strukturen sind noch archaisch. Bei einer Bevölkerung von 159 Millionen und einem Territorium von ca. 20 Millionen km² hat das Land 1913 kaum mehr als 60 000 Eisenbahn-Kilometer. Die großen Unternehmen hängen nur zu oft von ausländischem Kapital ab. Die Industrie ist geographisch eng konzentriert: Textilindustrie im Moskauer Becken, Stahlindustrie und Bergbau in der Ukraine. Noch beschäftigt die Landwirtschaft 80 Prozent der aktiven Bevölkerung. Die Aufhebung der Leibeigenschaft hat viele Grundbesitzer ruiniert, ohne jedoch insgesamt die Bedingungen in der Landwirtschaft zu verbessern, denn es fehlt eine Agrarreform. Nur die *Kulaken*, wohlhabende Bauern, können das Land der ruinierten Adligen aufkaufen, auf dem sie ihrerseits die landwirtschaftlichen Tagelöhner ausbeuten. In den großen Städten, in denen sich die Industrialisierung ausbreitet, kommt ein städtisches Proletariat auf, das zum Großteil aus entwurzelten Landarbeitern besteht. Es ist durchdrungen von reformistischen oder revolutionären Strömungen. Eine stürmische Zeit kündigt sich an: Zwischen 1905 und 1920 erlebt das Land zwei Kriege, einen Bürgerkrieg und zwei Revolutionen.

Der Blutsonntag

Die Unbeweglichkeit des Zaren und seine Weigerung, die traditionelle russische Gesellschaft weiterzuentwickeln, führen zur Revolution von 1905. Am 22. Januar 1905 zieht eine vom Popen **Georgi Gapon** (1870–1906) angeführte Menge in Richtung des Winterpalastes in St. Petersburg; sie fordert Reformen und das allgemeine Wahlrecht. Es ist vorgesehen, dem Herrscher eine Petition vorzulegen. Für Nikolaus II. aber ist das Majestätsbeleidigung, ein Verbrechen. Als autokratischer Zar ist er der Quell aller Macht: von Gott auserwählt, das heilige Russland zu leiten und zu beschützen. In einem grauenvollen Paradox – er betrachtet sich als Vater seiner Untertanen – hat er, da er selbst nicht im Palast anwesend ist, der Palastwache alle Freiheit gelassen, auf die Menge zu schießen, um sie zu Gehorsam zu bringen, den sie ihm, der väterlichen Schutzfigur, schuldig ist. Die Armee verfolgt die Demonstranten in den Straßen der Hauptstadt; Hunderte von Toten sind zu beklagen. Man spricht vom *Blutsonntag*. Seither sehen die Russen im Zaren nicht mehr den «Vater der Völker». Das Ereignis zieht Aufstände im ganzen Land nach sich. Im Juni meutern die Marinesoldaten des Panzerkreuzers *Knjas Potjomkin Tawritscheski* in Odessa; im Oktober folgt ein Generalstreik. Millionen von Streikenden erheben sich, bilden erste Sowjet-Räte, so etwa in Moskau oder St. Peterburg.

Die konstitutionelle Monarchie, eine Täuschung

Nach der Revolution von 1905 ist Nikolaus II. (reg. 1894–1917) gezwungen, eine *Duma*, eine Nationalversammlung, wählen zu lassen. Manche sehen hierin den Auftakt zum Übergang zu einer konstitutionellen Monarchie. Doch die Regierung manipuliert die Wahl, um eine gefügige Nationalversammlung zu bekommen – was den Zaren nicht daran hindert, beim ersten Vorwand diese Versammlung aufzulösen; allzu sehr kollidiert die Existenz der Nationalversammlung mit seiner autokratischen Vorstellung seiner Macht kraft göttlichen Rechts. Weiterhin erlässt allein er die Gesetze, der zunehmenden Diskreditierung der Romanow-Dynastie ist er sich dabei kaum bewusst. Die beiden ersten Dumas werden nach wenigen Wochen aufgelöst. Die dritte Nationalversammlung, die als noch gefügiger, nämlich als reines Vollzugsorgan gilt, hält sich von 1907 bis 1912. Die letzte Duma der Zarenzeit, 1912 gewählt, wird von der Opposition beherrscht, und der Zyklus der Streiks beginnt erneut. Der Versuch eines Generalstreiks im Dezember 1905 in Moskau wird in Blut ertränkt; die Mitglieder des Sowjets von St. Petersburg werden verhaftet. Im Januar 1906 beginnt eine Periode der Repression, die bis zum Krieg dauert. Dennoch bildet sich eine Opposition, die verschiedene Formen annimmt. Die *Konstitutionell-Demokratische Partei* (KD) will eine wirkliche parlamentarische Regierung; sie spricht sich für eine konstitutionelle Monarchie aus. Sie entsteht nach der Revolution von 1905, als Nikolaus II. das Oktober-Manifest auferlegt bekommt, das grundlegende bürgerliche Freiheiten gewährt. Die andere Oppositionsrichtung besteht aus den Sozial-Revolutionären (SR) und den Sozial-Demokraten (SD). Die Ersteren wollen eine Agrarreform, bei der die Dorfgemeinschaft, *mir*, im Zentrum steht. Diese soll damit beauftragt werden, das dem Adel und Klerus abgenommene Land neu zu verteilen. Die Sozial-Demokraten dagegen sind Marxisten. Beim Brüsseler Kongress 1903 stehen sich zwei Tendenzen gegenüber. Die Bolschewiki, die «Mehrheitler», wollen die unmittelbare Revolution und die Errichtung der Diktatur des Proletariats. Die Menschewiki, die «Minderheitler», haben sich darauf geeinigt, zwischenzeitlich mit den Reformparteien zusammenzuarbeiten, auch wenn diese als «bürgerlich» gelten.

Die Volksrevolution vom Februar 1917

Die Revolution bricht vom 23. bis 28. Februar 1917 aus, nach dem julianischen Kalender (nach dem gregorianischen geht sie vom 8. bis 13. März). Seit dem 20. Februar sind die großen Fabriken in Petrograd von einer großen Streikwelle betroffen. Dies ist der neue russische Name der Hauptstadt. «St. Petersburg» gilt als zu deutsch, als der Krieg 1914 ausbricht. Am 23. Februar, am Internationalen Frauentag, schließen sich die Arbeiter den Demonstrationszügen an. Sie verlangen Brot und das Ende des Zarismus. Noch mehr Arbeiter demonstrieren am 24. Februar. Am folgenden Tag beginnt der Generalstreik. Nikolaus II. schickt die Armee, und die schießt; mehr als 150 Menschen werden am 26. Februar getötet. Diese Repression provoziert allerdings die Meuterei von zwei Regimentern, der sich am 27. Februar die gesamte Garnison der Stadt anschließt.

Es entstehen zwei neue Machtorgane: der Sowjet («Rat») aus Arbeiter- und Soldaten-Delegierten aus Petrograd und das Provisorische Komitee (der Duma) zur Wiederherstellung der regierungsamtlichen und öffentlichen

Ordnung. Der Sowjet wird von einem Menschewik geleitet und umfasst Bolschewiki und Sozial-Revolutionäre. Das Komitee besteht aus liberalen und konstitutionell-demokratischen Abgeordneten aus der Duma. Beide Gruppen stimmen am 2. März 1917 für die Konstitution einer provisorischen Regierung, die mehrheitlich aus der KD ohne Beteiligung eines Sozialisten besteht. Sie soll eine generelle demokratische Reform durchführen. An diesem Tag dankt Nikolaus II. zugunsten seines Bruders, Großfürst Michael, ab, der aber ablehnt. Innerhalb weniger Tage ist das russische Kaiserreich verschwunden.

Eine erste provisorische Regierung von März bis Juli 1917 wird von **Fürst Georgi Jewgenjewitsch Lwow** (1861–1925) geleitet, doch er leidet an seiner Entscheidung, den Krieg fortzusetzen. **Alexander Fjodorowitsch Kerenski** (1881–1970) wird in diesen stürmischen Zeiten neuer Regierungschef. Wladimir Iljitsch Uljanow, genannt Lenin, ist aus seinem Schweizer Exil zurückgekehrt und veröffentlicht in der Zeitung *Prawda – Wahrheit* seine April-Thesen: unmittelbare Unterzeichnung des Friedens, Übergabe der Macht an die Sowjets; die Fabriken den Arbeitern, das Land den Bauern. Im Juli 1917 lösen die Bolschewiki Meutereien aus, die von der provisorischen Regierung unterdrückt werden, was auch für den Kronstädter Matrosenaufstand gilt, der von den Bolschewiki beendet wird. Lenin flieht nach Finnland. Dort verfasst er den Traktat *Staat und Revolution*, worin er das zukünftige politische Regime beschreibt, das aus einer demokratischen Regierung aus Sowjets bestehen soll. Im September 1917 versucht General **Lawr Georgijewitsch Kornilow** (1870–1918) einen Staatsstreich, um die Monarchie wiederherzustellen, der aber scheitert. Doch die Regierung Kerenski ist diskreditiert.

Wladimir Iljitsch Uljanow, genannt Lenin

Der spätere **Lenin** (1870–1924) wird in Simbirsk an der Wolga in einer Familie der bürgerlichen Mittelschicht geboren, sein Vater ist Beamter. Sehr bald kommt er in Kontakt mit revolutionären Ideen, so durch seinen bewunderten älteren Bruder, dessen Los tragisch endet: Er wird nach einem missglückten Komplott erschossen. Zum Marxismus bekehrt, gründet Lenin den *Bund für den Kampf der Befreiung der Arbeiterklasse*. 1895 bringen ihm sein Aktivitäten eine Verhaftung ein; zwei Jahre Gefängnis, danach Deportation nach Sibirien, an die Ufer des Flusses Lena. Nach dieser Zeit des erzwungenen Exils verlässt er Russland und lässt sich in Westeuropa nieder, überwiegend in der Schweiz.

Dort gründet er im Jahre 1900 seine marxistische Zeitung *Iskra (Der Funke)*. 1902 präzisiert er seine Vorstellung einer marxistischen Partei in *Was tun?* Danach ruft er 1916 zur Revolution in mehreren Ländern auf: *Der Imperialismus als höchstes Stadium des Kapitalismus*. Er rückt nach der Spaltung von 1903 an die Spitze der bolschewistischen Mehrheit in der Sozialdemokratischen Partei und predigt die Rückkehr zur Revolution und die Einsetzung einer Diktatur des Proletariats. Von 1903 bis 1907 hält er sich heimlich in Russland auf. 1912 gründet er die Partei der Bolschewiki sowie eine neue Zeitung, die bereits erwähnte *Prawda*. Anlässlich der Februar-Revolution erkennt er, dass sich sein Schicksal mit dem Russlands verbindet. Im April 1917 verlässt er die Schweiz, durchquert Deutschland in einem plombierten Eisenbahnwaggon und bereitet sich darauf vor, die Revolution in Gang zu setzen.

Die Revolution vom Oktober 1917

Lenin ist nach Petrograd zurückgekehrt. Mit den Bolschewiki organisiert er eine Revolution der Berufsrevolutionäre, die am 25. Oktober 1917 (julianisch) bzw. am 7. November 1917 (gregorianisch) beginnt. In der Nacht vom 24. auf den 25. Oktober 1917 besetzen Gruppen von bolschewistischen Arbeitern, Soldaten und Matrosen die strategisch wichtigen Punkte der Stadt. Der Winterpalast, Sitz der provisorischen Regierung, wird in der folgenden Nacht durch kleine Gruppen besetzt, die nach und nach die Kontrolle übernehmen. Der Kreuzer *Aurora* gibt einen einzigen Böllerschuss als Zeichen für die Erstürmung des Winterpalasts ab. Später wird die sowjetische Propaganda diese Erstürmung durch wenige in einen Ansturm der Menge verwandeln, um der Oktoberrevolution das Image einer spontanen Volkserhebung zu verleihen. Kerenski flieht. Die Macht geht an den Rat der Volkskommissare über, alles Bolschewiken, dem Lenin vorsteht. Ein erstes *Dekret über Grund und Boden*, das die Agrarreform initiiert, nationalisiert den Boden nicht, sondern sozialisiert ihn. Dem *mir* anvertraut, wird das Land unter den ansässigen Familien aufgeteilt. Desgleichen werden die Fabriken den Arbeiter-Sowjets übergeben. Die Diktatur des Proletariats wird ausgerufen. Die Bolschewiki müssen viele Probleme lösen: den Krieg, die Gegner, Alliierte, die unliebsam geworden sind, die Kontrolle über eine Meinung, die sich für frei hält. Nach einem am 15. Dezember unterzeichneten Waffenstillstand akzeptiert Lenin am 3. März 1918 die drakonischen Friedensbedingungen von Brest-Litowsk mit Deutschland. Russland verliert Finnland, die baltischen Staaten und Polen, d. h. ein

Viertel seiner Bevölkerung, ein Viertel seiner Landwirtschaftsfläche, drei Viertel seiner Stahlproduktion. Die Revolution mag in Petrograd ein Erfolg sein, für den Rest des Landes gilt dies jedoch nicht.

Weiße gegen Rote: Der Bürgerkrieg (1917–1921)

Leo Trotzki (Lew Davidowitsch Bronstein, 1879–1940) wird in eine jüdische Familie wohlhabender Landbesitzer in der Ukraine geboren. Er studiert in Odessa und gründet 1897 den sozialdemokratischen *Südrussischen Arbeiterbund*. Wegen seiner revolutionären Aktivitäten verhaftet, wird er in Odessa eingesperrt, dann nach Sibirien deportiert, von wo er 1902 entkommt. Während dieser Flucht benutzt er falsche Papiere auf den Namen Trotzki; es ist der Name eines Gefängniswärters in Odessa. Nach London emigriert, begegnet er Lenin und arbeitet bei der *Iskra* mit. Er kehrt heimlich nach Russland zurück, hat aktiven Anteil an den Ereignissen von 1905 und übernimmt den Vorsitz des Sowjets von St. Petersburg. Während der folgenden Repression wird er erneut zur Deportation nach Sibirien verurteilt, kann aber wieder fliehen, dieses Mal ins Exil nach Wien. Zurück in Russland, schließt er sich den Bolschewiki an und wird Mitglied ihres Politbüros. Nach der Oktoberrevolution gründet er im Februar 1918 die Rote Armee, die gegen die Weißen, die Monarchisten, kämpfen soll. Diese werden von Expeditionskorps der alliierten Mächte, vor allem Engländer und Franzosen, unterstützt, die eine Ausdehnung der Revolution befürchten. Auch nationalen Forderungen, durch Waffen unterstützt, muss er sich stellen: Weißrussland und die Ukraine erklären sich für unabhängig. Die Bauern weigern sich, sich der Roten oder der Weißen Armee anzuschließen, und bilden ihrerseits die Grüne Armee, ein Fluchtpunkt für Deserteure beider Seiten, die sich den kommunistischen wie den monarchistischen Kräften widersetzen. Die wichtigsten Weißen Armeen sind die von **Alexander Wassiljewitsch Koltschak** (1874–1920), **Anton Iwanowitsch Denikin** (1872–1947) und **Pjotr Nikolajewitsch Wrangel** (1878–1928). Sie erweisen sich jedoch als unfähig, gemeinsam vorzugehen, und finden nur sehr wenig Unterstützung in der Bevölkerung. Sie werden einer nach dem anderen besiegt. Koltschak wird 1920 nach dem Scheitern seines Marsches an die Wolga erschossen. Denikin verliert die Ukraine, die er besetzt hat, und zieht sich auf die Krim zurück. Wrangel, der 1920 geschlagen wird, flieht nach Istanbul. Der durch Erlass angeordnete Kriegskommunismus gestattet der Roten Armee jegliche Beschlagnahmungen; das Land wird in den Kolchosen, staatlichen Kooperativen kollektiviert. Das wiederum provoziert den massiven Widerstand der Bolschewiki auf dem Land. 1921 hat die Rote Armee, die von Trotzki sehr effizient organisiert wird, sämtliche bewaffnete Widerstandsgruppen besiegt.

Als Sieger scheint er einer der möglichen Nachfolger Lenins zu sein. Doch er wird zugunsten von Stalin übergangen, der ihn schnell verdrängt. 1927 geht Trotzki nach Zentralasien ins Exil, 1929 wird er zur Flucht aus der UdSSR gezwungen. Nach einer Fahrt in die Türkei, dann nach Europa, erreicht er Mexiko, wo Stalin ihn 1940 ermorden lässt.

2. Die Gründung der UdSSR

Von den Zaren zu den roten Zaren

Ab November 1917 wird die *WeTscheKa* ins Leben gerufen, die *Außerordentliche Allrussische Kommission zur Bekämpfung von Konterrevolution, Spekulation und Sabotage*. Als politische Polizei und als Unterdrückungsapparat im Dienste des Regimes, folgt die Tscheka ihrem zaristischen Vorgänger, der *Ochrana*. An ihrer Spitze steht **Felix Edmundowitsch Dserschinski** (1877–1926). Er versieht sie eilends mit Tausenden von Funktionären und fördert die Einsetzung von Tschekas in der Provinz. Seine Methoden bewirken sogleich Angst in der Bevölkerung. Auf die Tscheka folgt von 1954 bis 1991 der KGB *(Komitet gossudarstwennoi besopasnosti pri Sowjete Ministrow SSSR*, das *Komitee für Staatssicherheit beim Ministerrat der UdSSR)*. Die Bolschewiki schalten auch ihre ehemaligen Verbündeten aus, um jede mögliche Opposition in der Bevölkerung zu unterdrücken. Im Dezember 1917 wird eine gesetzgebende Versammlung gewählt, in der die Bolschewiken in der Minderheit sind, während die SR die Versammlung beherrschen. Beim ersten Treffen am 19. Januar 1918 lösen die Roten Garden, die seit der Revolution 1917 aus bewaffneten Arbeitern bestehen, die Versammlung auf. Im selben Jahr 1918 verlegt die Regierung die Hauptstadt nach Moskau – aus Furcht vor unruhigen Arbeitern in Petrograd, die zum Teil den SR anhängen, aber auch aus Schutz vor einem Angriff der Weißen Armee. Nach und nach werden Menschewiki, Sozialrevolutionäre und Anarchisten für illegal erklärt, der rote Terror beginnt; Arbeiteraufstände werden brutal unterdrückt. Auf den Terror der Roten antwortet der Terror der Weißen, der Monarchisten, in den von ihnen kontrollierten Zonen, bis sie

untergehen. Der letzte, fehlgeschlagene Versuch, die Übernahme der Macht durch die Bolschewiki zu verhindern, ist der Matrosenaufstand von Kronstadt, der von Trotzki blutig niedergeschlagen wird.

Liberale Öffnung: Die NEP

1921 gibt der Herr des Landes, Lenin, den Kriegskommunismus auf und ersetzt ihn durch die NEP *(Nowaja ekonomitscheskaja politika – Neue Ökonomische Politik)*. Dabei handelt es sich, ohne dass es öffentlich anerkannt wird, um eine gewisse Öffnung für den Markt, was gegen das Prinzip der vollständigen Nationalisierung verstößt. Die Bauern haben das Recht, ein Stück Land zu bebauen, dessen Produkte sie auf dem freien Markt verkaufen können, ohne staatlich vorgeschriebene Preise. Verbotene Handelsunternehmen dürfen erneut gegründet werden. Auch das Recht auf Vererbung wird wieder eingeführt. Die NEP geht mit einer Währungsreform einher. Der Rubel wird beibehalten, doch es erfolgt eine Verdoppelung des Geldumlaufs durch den Tscherwonez, der zehn Rubeln entspricht. Eine neue, wohlhabende soziale Klasse kommt auf, etwa die *nepmen*, Kaufleute und Zwischenhändler, oder die Kulaken, reich gewordene Bauern. Die NEP setzt der staatlichen Wirtschaftskontrolle allerdings kein Ende. 1922 wird der *Gosplan* geschaffen, das Komitee für Wirtschaftsplanung, das eine Politik der obligatorischen Planwirtschaft beginnt. Seit Ende 1922 vorbereitet, wird die Verfassung 1924 angenommen. Russland, seit 1922 die *Union der sozialistischen Sowjetrepubliken* (UdSSR), teilt die Macht zwischen dem Sowjetkongress und dem ausführenden Zentralkomitee auf. Doch die politische Praxis besteht in der Diktatur; nur eine politische Partei ist erlaubt, die *Kommunistische Partei der Sowjetunion*, die KPdSU.

Stalins Schreckensherrschaft

Am 2. Januar 1924 stirbt Lenin. Er sieht in seinem Testament ausdrücklich vor, Stalin von seiner Nachfolge auszuschließen, weil er ihn als «zu brutal» einschätzt. So entsteht ein Machtkampf zwischen **Stalin**, dem allmächtigen Generalsekretär der KPdSU, und Trotzki, dem Kriegskommissar.

Josef Wissarionowitsch Stalin, eigentlich **Iosseb Bessarionis dse Dschughaschwili** (1878–1953), wird in eine Arbeiterfamilie im georgischen Gori geboren. Seine sehr fromme Mutter drängt ihn, dem Priesterseminar beizutreten, doch dort wird er 1897 ausgeschlossen. Er begegnet Lenin und bekennt sich zur Revolution. Sein Leben ist ab jetzt von Verhaftungen, Deportationen nach Sibirien und Teilnahme an der Revolution von 1905 bestimmt. 1912 nimmt der den Kampfnamen Stalin an, der «Stählerne». Während der ersten Revolution 1917 ist er in Sibirien. Er schließt sich Lenin an und übernimmt einen aktiven Part in der Oktoberrevolution 1917. Als Volkskommissar für Nationalitätenfragen nimmt er an den Verhandlungen teil, die 1918 im Frieden von Brest-Litowsk enden. Der Bürgerkrieg gibt ihm die Möglichkeit, sich den Armeen anzuschließen und dort einschlägige Erfahrungen zu sammeln. 1922 wird er Generalsekretär der KP; diese Funktion behält er bis zu seinem Tode 1953 bei. Er benutzt diese Position, um den Parteiapparat zu kontrollieren und Lenin nachzufolgen, was 1927 durch den 15. Parteikongress in die Tat umgesetzt wird.

Das Regime entwickelt sich ab jetzt zur Diktatur. Stalin eliminiert sämtliche Gegner, leitet Staat und Partei ab 1945. Um ihn entsteht ein regelrechter Personenkult, er wird «General Stalin». Sein Geburtstag ist Anlass für grandiose Feierlichkeiten, der Personenkult wird zum Staatsdogma erhoben. Als sanguinischer Tyrann entwickelt er eine solche Schreckensherrschaft, dass sich sein eigener Tod zu einer Tragikomödie entwickelt. Nachdem er seine jüdischen Ärzte exekutieren ließ, die zu behaupten wagten, er, der «Stählerne», sei krank, stirbt er am 5. März 1953 in seiner Datscha. Stundenlang bleibt Stalin am 1. März nach einem Schlaganfall unbehandelt in seinem Urin liegen, weil sich niemand zu nähern wagt. Jede Störung des möglicherweise nur betrunkenen Diktators kann mit dem Tod bestaft werden. Tagelang bleibt er ohne angemessene Behandlung, während sich die Diadochen für die Nachfolge in Stellung bringen.

Indem er sich auf die Partei und die Tscheka stützt, eliminiert Stalin in mehreren Etappen seinen Widersacher Trotzki. Trotzki, der 1924 seiner Ämter enthoben wird, wird 1927 aus der KPdSU ausgeschlossen, deportiert und 1929 ins Exil geschickt. Stalin befiehlt 1940 seine Ermordung in Mexiko, wohin er geflohen war. Stalin befreit sich auch von Trotzkis Verbündeten innerhalb der linken Opposition: **Lew Borissowitsch Kamenew** (1883–1936), der mehrfach aus der Partei ausgeschlossen, gefangen genommen und 1936 erschossen wird; und **Grigori Jewsejewitsch Sinowjew** (1883–1936), auch er aus der Partei ausgeschlossen und anlässlich der großen Säuberungen 1936 hingerichtet. Danach wendet sich Stalin der rechten Opposition zu: **Nikolai Iwanowitsch Bucharin** (1888–1938), aus politischen Ämtern entfernt, ehe er nach einem

Scheinprozess 1938 erschossen wird; **Alexei Iwanowitsch Rykow** (1881–1938), der das gleiche Schicksal erleidet. Von 1927 bis zu seinem Tod 1953 lenkt Stalin das Land mit eiserner Hand. Er erlässt die Kollektivierung des Landes, indem er *Sowchosen* gründen lässt, staatliche Farmen; dazu MTS, Maschinen- und Traktorenstationen, deren Gerät den Bauern zur Verfügung gestellt wird. Die Kulaken, die versuchen, sich dem entgegenzustellen, werden massenhaft exekutiert. Die Eroberung neuer Landstriche ist begleitet von der Deportation von zwei Millionen Bauern hinter den Ural. Das Ergebnis ist katastrophal: der *Holodomor*, die «Tötung durch Hunger», fordert 1932 und 1933 in der Ukraine und im Kuban-Gebiet zwischen vier und fünf Millionen Tote. Die Schwerindustrie als zentrales Anliegen des Regimes erfährt einen spektakulären Aufschwung. Doch zugunsten der Produktionsgüter-Industrie werden die Konsumgüter geopfert, der Lebensstandard ohnehin. Das Getreide wird ins Ausland verkauft, weil die dadurch erwirtschafteten Devisen in die Schwerindustrie gehen, was die Hungersnöte zur Folge hat. 1928, nach der Aufgabe der NEP im Jahre 1927, wird der erste Fünfjahresplan, *Pjatiletka*, erlassen, der auf die Schwerindustrie und auf die Produktion von Elektrizität ausgerichtet ist. Gelegentlich muss die Politik angepasst werden. So wollen die Viehzüchter 1930 lieber ihr Vieh schlachten, als im Kollektiv aufzugehen. Daher wird ihnen erlaubt, einige Tiere individuell weiter zu behalten.

Die großen Säuberungen

Zwischen 1935 und 1937 werden durch die großen Säuberungen die tatsächlichen oder angeblichen Feinde des Regimes eliminiert. Die politische Macht organisiert spektakuläre Schauprozesse, in denen die Angeklagten vor ausländischen Journalisten zugeben, den Untergang der UdSSR geplant zu haben und für sich die härtesten Strafen fordern. Die meisten werden zum Tode oder zu langjährigen Haftstrafen verurteilt. Diese Prozesse in Moskau sind durch das scharfe Vorgehen von **Andrei Januarjewitsch Wyschinski** (1883–1954) bestimmt, dem Generalstaatsanwalt der UdSSR. Er schneidert die für die Eliminierung der Angeklagten notwendigen rechtlichen Details nach Maß, wodurch er den Prozessen einen legalen Anstrich gibt. Nach den Politikern sind die Militärs an der Reihe, die in den Augen Stalins zu populär sind. Marschall **Michail Nikolajewitsch Tuchatschewski** (1893–1937), der sich den Vorbereitungen des deutsch-russischen Nichtangriffspakts entgegenstellt, dafür entgegen Stalins Meinung die Verstärkung der Panzerdivisionen befürwortet, wird 1937 erschossen. Ein großer Teil der höheren Ränge der Roten Armee erleidet das gleiche Schicksal, was die sowjetische Verteidigung beträchtlich schwächt. Dies wird anlässlich des deutschen Angriffs im Juni 1941 gravierende Konsequenzen haben. Die großen Säuberungen gehen in eine Schreckensherrschaft über, die bis 1938 dauert. Sie fordert zwischen einer und zwei Millionen Opfer, die durch Schnellverfahren hingerichtet werden, während der Deportation oder in den Arbeitslagern des *Gulag* (**G**lawnoje **u**prawlenije isprawitelno-trudowych **lag**erej i kolonij – Hauptverwaltung der Besserungsarbeitslager und -kolonien) umkommen. Gleichzeitig wird 1936 die neue Verfassung erlassen. Sie scheint liberaler, z. B. mit ihrem Rückgriff auf geheime Wahlen; doch verstärkt sie die Diktatur, da ein Mehrparteiensystem weiterhin ausgeschlossen bleibt.

Stalin wird durch den Krieg gerettet

Stalin will die UdSSR vor dem Nationalsozialismus schützen, er konstatiert das Zurückweichen der westlichen Demokratien vor Hitler sehr wohl. Daher nähert er sich Deutschland unter der Ägide des Leiters der sowjetischen Diplomatie an: **Wjatscheslaw Michailowitsch Molotow** (1890–1986). Am 23. August 1939 wird der deutsch-sowjetische Nichtangriffspakt im Kreml unterzeichnet. Hitler bricht ihn am 22. Juni 1941 mit dem Angriff auf die Sowjetunion. Die deutsche Armee dringt schnell vor. Im September hat die Rote Armee 2,5 Millionen Soldaten verloren, die Stadt Kiew ist eingenommen, Leningrad wird eingeschlossen, Moskau ist bedroht. Stalin bleibt und organisiert die Gegenoffensive, wobei ihm der Winter zugutekommt, der den deutschen Vormarsch aufhält. Moskau wird nicht eingenommen, die Schlacht um Stalingrad (August 1942 bis Februar 1943) wird durch die Kapitulation von Generalfeldmarschall **Friedrich Paulus** (1890–1957) beendet, was ausdrücklich gegen Hitlers Anordnung ist, der ihm den Befehl erteilt, eher den Tod für alle zu wählen als aufzugeben. Die Schlacht von Kursk (5. Juli bis 23. August 1943) ist ein Symbol für den industriell geführten Krieg. Auf mehr als 20 000 km^2 kämpft die größte jemals verzeichnete Menge an Panzern gegeneinander: 3600 sowjetische gegen 2700 deutsche Panzer; die Sowjets siegen. 1944 ist das gesamte Territorium der UdSSR befreit. Die Rote Armee setzt ihren Vormarsch nach Westen bis zur Einnahme Berlins im April 1945 fort. Stalin, geschwächt durch die Säuberungen und den Terror, instrumentalisiert den Zweiten Weltkrieg, um sich als Held darzustellen, was einen doppelten Mythos prägt: seinen persön-

lichen als Mann der Stunde, der sich dem Nationalsozialismus entgegenstellt, und den des Sieges über die Nazis, der einzig der Sowjetunion zu verdanken sei.

VIII

Die USA von 1919 bis 1945

1. Wohlstand und Krise

Die Goldenen Zwanziger Jahre

Nach einer kurzen Krise infolge der Umstrukturierung der Wirtschaft nach dem Krieg erleben die USA von 1921 bis 1929 eine Zeit des Wohlstands; es sind die *roaring twenties*, die Goldenen Zwanziger Jahre, mit dem Aufkommen eines Massenkonsums, den Europa erst nach 1945 erlebt. Die Schwarzen und die Farmer sind allerdings davon ausgeschlossen; Erstere sind Opfer der Segregation, Letztere sind Opfer der Überproduktion und ihrer sinkenden Einkünfte. Gleichzeitig kommt im Land eine puritanische Reaktion auf: Der *Volstaed Act* führte die Prohibition ein, das Verbot des Alkoholhandels und -konsums. Dazu kommt eine fremdenfeindliche Abschottung, die weiterhin die Kontrolle und die repräsentative Rolle der WASP, der weißen angelsächsischen Protestanten, im Land sichern soll. Der *Johnson Act* von 1924 setzt eine jährliche Einwanderungsquote von 2 Prozent fest, bezogen auf die Anzahl der bereits in den USA lebenden Einwanderer der betreffenden Nation. Ab 1915 wird der Ku-Klux-Klan wieder aktiv; in den Südstaaten werden Schwarze gelyncht. Auf der politischen Ebene streitet sich der demokratische Präsident **Thomas Woodrow Wilson** (reg. 1913–1921) ab 1918 mit dem republikanischen Kongress, der sich weigert, die Unterschrift unter dem Versailler Vertrag zu ratifizieren, der deshalb nie von den USA anerkannt wird. 1921 folgt ihm der Republikaner **Warren Gamaliel Harding** (reg. 1921–1923), doch er stirbt im August 1923. Er wird durch den Vizepräsidenten **Calvin Coolidge** (reg. 1923–1928) ersetzt. 1929 wird dann **Herbert C. Hoover** (reg. 1929–1933) gewählt. Hoover wird dafür bekannt, das Ausmaß der Krise von 1929 falsch eingeschätzt zu haben.

Der Schwarze Donnerstag

Nach Jahren der Spekulation und der Hausse bricht die New Yorker Börse zusammen. Am Donnerstag, dem 24. Oktober 1929, den man später den Schwarzen Donnerstag nennen wird, finden 16 Millionen Verkaufsangebote zu niedrigem Preis keine Abnehmer, und am Freitag, dem 29. Oktober, spitzt sich die Situation zu: An einem einzigen Tag sind die Gewinne der Hausse verloren. Der Börsenindex, der *Dow Jones*, fällt zwischen dem 24. Oktober und dem 15. November von 469 auf 220, im Jahr 1932 sogar auf 41, womit er das Niveau von 1913 erreicht hat. Die Aktie der US Steel ist am 2. September 1929 noch 262 Dollar wert, 195 Dollar am 29. Oktober und 22 Dollar am 8. Juli 1932. (Erst 1954 wird die Kaufkraft der Amerikaner wieder das Niveau der Zeit vor dem Börsenkrach erreichen.) Ein Banken-Syndikat, angeführt vom Bankhaus Morgan, kauft die Aktien auf, um den Fall der Kurse aufzuhalten, was Ende November 1929 der Fall zu sein scheint. Doch im Frühjahr 1930 beenden die Banken dieses Vorgehen. So kommt es zu einer neuen Baisse – dieses Mal ohne einen Mechanismus, der sie aufhält.

Präsident Hoover glaubt an ein momentanes Phänomen und an einen schnellen Wiederanstieg der Wirtschaft, verkündet das Ende der Krise in zwei Monaten und formuliert seinen berühmten Satz: «*Buy now, prosperity is just around the corner – Kauft jetzt, der Wohlstand ist gleich um die Ecke*.» Aus der Börsen- wird die Banken-Krise, danach eine der Industrie und der Gesellschaft. Die Zahl der Arbeitslosen steigt von 1929 bis 1933 von 1,5 Millionen auf 15 Millionen, d. h. auf ein Viertel der arbeitenden Bevölkerung. Die Einkünfte der Landwirtschaft brechen zusammen: Von 11,3 Milliarden Dollar im Jahre 1929 gehen sie bis 1933 auf 5,5 Milliarden zurück. Die verheerenden Auswirkungen auf die Landwirte werden noch durch die ***Dust Bowl*** verschärft, die Sandstürme 1935 in den großen Ebenen, von **John Steinbeck** (1902–1968) in *Früchte des Zorns* (1939) geschildert. Die Krise von 1929 dehnt sich weltweit aus, als die amerikanischen Banken ihr Kapital aus Europa abziehen, was den Zusammenbruch der größten österreichischen Bank nach sich zieht: die Bodenkredit-Anstalt war bereits 1929 zusammengebrochen, vor dem Börsenkrach, wurde aber von der Österreichischen Kreditanstalt aufgekauft, die

ihrerseits 1931 pleitegeht. Die Bankenpanik überträgt sich bald auch auf Deutschland. Hoover handelt tatsächlich (im Gegensatz zur Legende, die ihm den Spitznamen *Mister-Do-Nothing* verpasst), doch ohne weitergehende Maßnahmen zu ergreifen, die unerlässlich geworden waren, um die Krise aufzuhalten. 1929 wird das *Federal Farm Board* gegründet, das die landwirtschaftlichen Preise stützen soll; 1933 folgt der *Glass-Steagull Banking Act*, der die Aktivitäten der Banken in Sparkassen und Investment-Banken trennt. Hoover wird bei der nächsten Präsidentenwahl von **Franklin Delano Roosevelt**, einem Demokraten, geschlagen. Dessen Partei erhält die absolute Mehrheit im Repräsentantenhaus und im Senat.

2. Das Ankurbeln der Maschine

Der Retter: Franklin Delano Roosevelt (1882–1945)

Roosevelt wird im Jahr 1882 in eine reiche Familie aus dem Staat New York hineingeboren. Seine Vorfahren kamen im 17. Jahrhundert aus Holland. Macht ist bei ihm auch ein familiäres Erbe: Theodore Roosevelt war von 1901 bis 1909 Präsident der USA. Franklin Delano heiratet dessen Nichte Eleanor Roosevelt. Als Mitglied der Demokratischen Partei wird seine Karriere von Präsident Wilson gefördert, der ihn zum Staatssekretär im Marineministerium ernennt. Dort bleibt er von 1912 bis 1920. Dann scheint das Schicksal alles in Frage zu stellen: Er erkrankt an Poliomyelitis, Kinderlähmung, beide Beine bleiben gelähmt. Doch er schafft es, dank der Rehabilitation, wieder gehen zu können. 1928 erringt er den Posten des Gouverneurs des Staates New York. Seine Qualitäten in diesem Amt machen ihn zum Kandidaten der Demokraten bei den Präsidentschaftswahlen von 1932, die er gewinnt. Die USA erleben nun die Folgen der großen Krise von 1932, und Roosevelt antwortet mit dem ***New Deal***. Viermal hintereinander wird er zum Präsidenten gewählt: 1932, 1936, 1940 und 1944. Seine Rolle während des Zweiten Weltkriegs ist für den Sieg entscheidend. Durch Krebs geschwächt, stirbt er während seiner letzten Amtszeit im April 1945. Roosevelt gilt außerdem als der erste amerikanische Präsident, der die Medien nutzte, um sich direkt ans Volk zu wenden. Seine «Kamingespräche» im Radio beginnen schon 1933. Sie sollten eine große Zukunft haben: Pierre Mendès France und Charles de Gaulle übernehmen sie für Frankreich, Kennedy macht in den USA eine Kunst daraus.

New Deal: Die Karten werden neu gemischt

Seit seiner Ankunft im Weißen Haus umgibt sich Roosevelt mit einer umfangreichen Mannschaft aus Wirtschaftsfachleuten, dem *brain trust*. Innerhalb von drei Monaten, den berühmten 100 Tagen, lanciert er das Programm des *New Deal* (Die Karten werden neu gemischt). Der Goldstandard wird aufgehoben, der Dollar um 40 % abgewertet.

Die großen Maßnahmen des New Deal

Die wichtigsten Maßnahmen betreffen zunächst das Bankwesen: Die *Emergency Banking Bill* (9. März 1933) autorisiert die Banken, nach und nach neu zu eröffnen, jedoch unter staatlicher Kontrolle. Dann geht es um Börsen: Der *Securities Act* vom 2. Mai 1933 beschränkt die Börsenspekulation. Der am härtesten betroffene Sektor ist die bereits in der Krise befindliche Landwirtschaft. Der *Emergency Farm Mortgage Act* vom 12. Mai 1933 gewährt den Farmen massive Darlehen. Der *Agricultural Adjustment Act* (AAA) vom 12. Mai 1933 sieht eine Unterstützung der Kurse hauptsächlich für Getreide vor, mit Preisgarantie. Der Kampf gegen die Arbeitslosigkeit wird durch den Aufbau des *Civilian Conservation Corps* (CCC) vom 31. März 1933 aufgenommen, der öffentliche Arbeitsplätze für die Jungen schafft. Die *Federal Emergency Relief Administration* (12. Mai 1933) sieht Bundes-Subventionen zusätzlich zu den von den Bundesstaaten gewährte Hilfen vor. Bedeutende Arbeiten werden gestartet wie das gigantische Projekt der *Tennessee Valley Authority* (TVA), die 15 Staudämme im Tennessee River und seinen Zuflüssen errichtet. Im Gegensatz zur weit verbreiteten Meinung gibt es in den USA eine Sozialversicherung. Der erste Stein dazu wird durch den *Social Security Act* vom 15. August 1935 gelegt, der Versicherungen gegen Arbeitslosigkeit und für das Alter vorsieht. Der *National Labor Relations Act* bzw. *Wagner Act* vom 5. Juli 1935 lässt Gewerkschaften zu, erkennt das Recht auf Streik an und fördert Tarifabschlüsse. Der *Fair Labor Standard Act* von 1938 setzt einen Mindestlohn fest, der je nach Staat variiert. Die Industrie wird durch den *National Industrial Recovery Act* (NIRA) vom 16. Juni 1933 erfasst, der Firmenzusammenschlüsse sowie die Erhöhung der niedrigsten Löhne fördert.

Eine leicht getrübte Bilanz und der Ausweg aus der Krise durch den Krieg

Der New Deal dauert bis zum Zweiten Weltkrieg. Die Krise ist noch nicht überwunden. Der *New Deal* wirkt wie eine soziale Begleitung der Krise, nicht aber wie eine wirksame Politik zur Belebung der Industrie. Diese Rolle kommt erst dem Zweiten Weltkrieg zu. Es sind die Rüstungsaufträge der Alliierten, die die amerikanische Wirtschaft wiederbeleben und den eigentlichen Ausstieg aus der Krise darstellen. Zwischen 1940 und 1944 wächst das amerikanische Bruttosozialprodukt um 50 Prozent. Roosevelt will die USA in den Krieg verwickeln, doch er brüskiert damit den Kongress und die öffentliche Meinung, die von der Krise erschöpft sind und wenig zu einer weiteren Intervention in europäische Angelegenheiten neigen. Die USA bekräftigen ihre **Neutralität** durch das Gesetz über die Neutralität vom August 1935, das den Verkauf von Waffen an kriegführende Staaten verbietet. Vergeblich fordert Roosevelt in seiner Rede vor dem Kongress vom 12. Januar 1939 ein Aufrüstungsprogramm.

Als im September 1939 der Krieg erklärt wird, legt er die Neutralität der USA ab, kann aber dennoch nicht den Eintritt in den Krieg erwirken. Am 4. November 1939 erreicht er Lockerungen des Embargos für den Verkauf von Waffen und Munition. Die Unterstützung der USA richtet sich in erster Linie auf England und, nachdem sich die Haltung des Kongresses geändert hat, auch auf die anderen Alliierten. Die erfolgreiche Strategie des «Blitzkrieges» der deutschen Armee lässt Westeuropa zwischen September 1939 und Juni 1940 rasch zusammenbrechen. Die Niederlage Frankreichs alarmiert die öffentliche Meinung Amerikas, die allmählich die Idee einer Intervention ins Auge fasst. Am 20. Dezember 1940 verkündet Roosevelt in einer Radiosendung den Aufbau einer Kriegswirtschaft. Amerika wird **«the Arsenal of Democracy»**, das Waffenarsenal der Demokratie. Der *Lend-Lease-Act* (Leih-und-Pacht-Gesetz) vom 11. März 1941 ermächtigt den Präsidenten, Waffen und Munition zu verkaufen. In seiner Rede vom 6. Januar 1941 bekräftigt Roosevelt die vier wesentlichen Freiheiten: Freiheit des Ausdrucks, Freiheit der Religion, Freiheit von Not, Freiheit von Furcht. Es ist dies auch die Begründung des Programms, das er mit Winston Churchill anlässlich ihres Treffens auf einem amerikanischen Kriegsschiff im August 1941 auflegt. Die Unterschrift unter diese **Atlantik-Charta** (14. August 1941) nimmt die Gründung der UNO im Juni 1945 vorweg. Im September 1941 wird der obligatorische Wehrdienst in Friedenszeiten festgesetzt. Im September torpedieren deutsche U-Boote amerikanische Kriegsschiffe. Doch erst nach dem japanischen Angriff auf **Pearl Harbor** auf Hawaii am 7. Dezember 1941 treten die USA in den Krieg ein.

Bis zur Zeit von Roosevelt verhindert nur die Tradition, dass ein bereits zweimal gewählter Präsident nicht mehr kandidiert, was dem von George Washington gegebenen Beispiel entspricht. Doch in Ermangelung eines wirklichen Rivalen wird Roosevelt von den Demokraten erneut aufgestellt und 1940 sowie 1944 wiedergewählt. Seitdem verbietet ein Verfassungs-Zusatz, dass ein Präsident mehr als zweimal in Folge gewählt wird. Roosevelts Wirtschaftspolitik während des Krieges verbindet Kapitalismus mit staatlichen Maßnahmen, etwa mit dem *General Maximum Act* und dem *Revenue Act* von 1942, wodurch Preise und Gehälter kontrolliert werden. Seit 1943 nimmt Roosevelt an internationalen Konferenzen teil, die die Errichtung einer Nachkriegswelt vorsehen, stirbt aber unerwartet am 12. April 1945, weshalb die Potsdamer Konferenz (Juli-August 1945) ohne ihn stattfindet. Er wird dort, entsprechend den Verfügungen der amerikanischen Verfassung, durch seinen Vizepräsidenten ersetzt, **Harry S. Truman** (reg. 1945-1953).

IX

Asien

1. Indien nach 1919

Zusammenstöße zwischen der britischen Kolonialmacht und der Bevölkerung konnten durchaus blutig sein, wie die Ereignisse in Amritsar (Punjab) 1919 zeigen, bei denen fast 400 friedliche Demonstranten getötet wurden. Zu Beginn der 1930er Jahre predigt **Mohandas Karamchand Gandhi** (1869-1948) zivilen Ungehorsam und Gewaltlosigkeit, um die Briten zu zwingen, Indien zu verlassen. Er initiiert den «Salzmarsch», der das englische Salzmonopol verletzt. 1942 folgt die *Quit-India*-Bewegung, die die sofortige Unabhängigkeit erreichen will. Diese wird dann am 15. August 1947 verkündet, und Ost-Pakistan wird 1971 zu Bangladesch.

Als Sohn eines reichen Brahmanen studiert **Jawaharlal Nehru** (1889–1964) in England. 1912 ist er zurück in Indien und arbeitet als Anwalt. Sieben Jahre später wird er Mitglied des indischen Nationalkongresses, der damals von **Mahatma Gandhi** geleitet wird. Neunmal wird Nehru wegen seines Einsatzes für die indische Unabhängigkeit zwischen 1929 und 1945 gefangengenommen. 1942 ersetzt er Gandhi an der Spitze der Kongress-Partei. 1947 nach der Unabhängigkeit wird er zum Premierminister ernannt. Unter seiner Leitung wird Indien zu einer bedeutenden Macht. Seine Tochter **Indira Gandhi** (1917–1984) – sie trägt den Nachnamen ihres Mannes, ohne jegliche Verbindung zum Mahatma – wird ihrerseits Premierministerin von 1966 bis 1977 und von 1980 bis 1984. Sie wird 1984 von ihren Leibwächtern ermordet. Ihr Sohn **Rajiv Gandhi** (1944–1991) wird von 1984 bis 1989 ihr Nachfolger und 1991 gleichfalls ermordet. Seine Witwe **Sonia Gandhi** (geb. 1946) führt die Familientradition fort, als sie die Leitung der Kongress-Partei übernimmt und ihren Sohn **Rahul Gandhi** (geb. 1970) darauf vorbereitet, die Dynastie aufrechtzuerhalten.

2. China von 1919 bis 1945

Die Zeit der «Kriegsherren»

Nach der Abdankung von **Aisin Gioro Puyi** (1906–1967), dem letzten Kaiser der Qing-Dynastie (1644–1912) im Jahre 1912, verkündet **Sun Yat-Sen** (1866–1925) am 12. März 1912 in Nankin/Nanjing die Republik China. Er gründet die *Kuomintang*, die *National Volkspartei Chinas*. Er will China modernisieren und geeignete Institutionen schaffen, damit es dem Zersetzungsprozess begegnen kann, dem es seit dem 19. Jahrhundert seitens der westlichen Länder und Japans ausgesetzt ist. Sun Yat-Sen wird zum Übergangspräsidenten der Republik gewählt. Doch die Regierung verfügt nicht über bewaffnete Kräfte. Die einzige militärische Macht in China ist die Beiyang-Armee von General **Yuan Shikai** (1859–1916). Dieser – verstrickt in ein Verwirrspiel, das einzig den Zweck hat, ihn zum Kaiser zu erheben – unterstützt die Qing, gibt sie dann auf und verhandelt die Abdankung von Puyi. Er wechselt ins republikanische Lager und erhebt den Anspruch, Präsident der Republik zu werden. Sun Yat-Sen akzeptiert das, doch Yuan Shikai wendet sich gegen die Kuomintang und löst die Nationalversammlung auf. Sun Yat-Sen wird gezwungen, nach Japan ins Exil zu gehen. Nach diesem Zwischenspiel kehrt er 1921 nach China zurück. 1925 stirbt er, ohne dass er seinen Traum eines geeinten und starken Chinas verwirklicht hätte.

Yuan Shikai ruft sich am 12. Dezember 1915 zum Kaiser aus, übt aber keine wirkliche Macht aus. Hochrangige Militärs und Würdenträger des Regimes fürchten eine Verminderung der Macht, die sie sich angemaßt haben. Yuan Shikai stirbt, nachdem er im März 1916 auf das Reich verzichtet hat, kurz darauf, am 6. Juni. Die alte Macht in China ist vollständig aufgelöst, die Generäle werden zu «Kriegsherren». Jeder kontrolliert sein Territorium mit eigenen Armeen und liefert sich mit seinen Rivalen einen permanenten Bürgerkrieg.

Die Diktatur von Chiang Kai-shek

Chiang Kai-shek (1887–1975) wird 1887 in ein begütertes Milieu einer Händlerfamilie geboren, in der Provinz Zheijiang, einer Küstenregion südlich von Shanghai. Er tritt in die Armee ein und wird Offizier, ehe er für eine lange Zeit, von 1906 bis 1910, ins japanische Exil muss. Im Verlauf dieser Zeit macht er sich mit Kriegstechniken vertraut. Sun Yat-Sen beauftragt ihn 1922 mit der Aufstellung einer modernen chinesischen Armee. Zu dieser Zeit tun sich die Kommunistische Partei Chinas und die Kuomintang zusammen, um der Herrschaft der Kriegsherren ein Ende zu bereiten. Beim Tode Sun Yat-Sens 1925 übernimmt Chiang die Führung der Kuomintang. 1926 und 1927 initiiert er die sogenannte Nordexpedition, die ganz Nordchina seiner Autorität unterstellen soll. Peking wird 1928 eingenommen. Chiang Kai-shek scheint nunmehr Herr des Landes zu sein und wird Präsident der Zentralregierung der Republik China, deren Hauptstadt er nach Nanjing/Nankin verlegt. Er begründet eine nationalistische Diktatur, die auf dem Respekt vor der konfuzianischen Tradition und auf Anleihen beim Faschismus gegründet ist. 1931 dringt Japan in die Mandschurei ein. **Chiang Kai-shek** wird gezwungen, als Präsident zurückzutreten, zugunsten von **Lin Sen** (reg. 1931–1943), dessen Macht rein repräsentativ ist.

Chiang Kai-shek behält das Kommando der nationalen Revolutionsarmee und auch die effektive Kontrolle über die Kuomintang-Kader. Doch seine Autorität erstreckt sich nicht auf ganz China. Noch muss er mit einigen mächtigen Kriegsherren rechnen, etwa mit **Zhang Xueliang** (1901–2001), dem Herrn von Nordost-China, dem die Mandschurei durch die japanische Invasion entgleitet. Um sie zurückzuerobern, braucht er eine Allianz zwischen Nationalisten und Kommunisten. Im Dezember 1936 zögert Zhang nicht, Chiang gefangen zu nehmen, um ihn zu zwingen, ein Abkommen mit dem Kommunisten **Zhou Enlai** (1898–1976) zu unterzeichnen, das Abkommen von Xi'an, das beider Truppen gegen Japan vereinen sollte. Japan verstärkt seine Eroberung durch Übergriffe und Massaker; das berüchtigtste ist das Massaker von Nankin/Nanjing. Nach der Einnahme der Stadt gegen die nationalistischen Truppen veranstaltet die japanische Armee ein Massaker unter der Bevölkerung, das sechs Wochen dauert und den Tod von fast 300 000 Personen zur Folge hat. Präsident Lin Sen stirbt 1943. Chiang Kai-shek nutzt die Interimszeit. Nach der japanischen Niederlage wird der Krieg 1946 gegen die Kommunisten fortgesetzt. 1947 wird eine neue Verfassung erlassen. Im April 1948 wird Chiang Kai-shek vom Parlament zum Präsidenten der Republik gewählt, was er bis zu seiner Demission im Januar 1949 bleibt. Im Oktober desselben Jahres wird er durch den Sieg der Kommunisten und die Proklamation der Volksrepublik China gezwungen, nach Formosa (Taiwan) zu fliehen. Dort gründet er die Republik China, ein autoritärer Staat, deren erster Präsident er wird, von 1950 bis zu seinem Tode im Jahre 1975.

Mao Zedongs Aufstieg bis 1949

Chiang Kai-shek muss dennoch seine alten kommunistischen Verbündeten im Auge behalten, die 1931 die *Chinesische Sowjetrepublik* in Shaanxi, im Südosten des Landes gründen, der **Mao Zedong** (1893–1976) vorsteht.

Der spätere Gründer der Volksrepublik China wird 1893 in eine Familie wohlhabender Bauern in Hunan geboren, einer Provinz südlich des Jangtsekiang. Mao Zedong betreibt gründliche Studien, bei denen sich unter anderem sein Sinn für Poesie entwickelt. Er wendet sich auch den Schriften Sun Yat-Sens zu. Nach der Revolution von 1911 übernimmt er verschiedene subalterne Posten in Peking, ehe er an der Gründung der Kommunistischen Partei Chinas 1921 teilnimmt. 1927 erfolgt der Bruch zwischen Kommunisten und Nationalisten, was ihm die Chance eröffnet, eine herausgehobene Rolle einzunehmen. Er setzt seine marxistische-leninistische Theorie auf die Masse der chinesischen Bauern um, indem er 1931 die *Chinesische Sowjetrepublik von Jiangxi* gründet, im Südosten Chinas. Doch die Nationalisten erobern 1934 seine Hauptstadt Ruijin. Daher starten Mao Zedong, die chinesische Rote Armee und die Verantwortlichen der Kommunistischen Partei den **Langen Marsch**, der von Oktober 1934 bis Oktober 1935 dauert und die 90 000 Teilnehmer vom Jangtsekiang auf Shaanxi zu führt, das 12 000 km weiter nördlich liegt. Erschöpfung, Verfolgungen durch die Armee Chiang Kai-sheks, die Feindschaft der Bewohner mancher durchquerter Regionen machen den Langen Marsch zu einem Leidensweg. Nur 7000 erreichen das Ziel. Mao Zedong, wegen seiner politischen Irrtümer innerhalb der Partei in Frage gestellt, zieht als Kriegsherr aus dem Marsch seinen Nutzen: Aus dem Langen Marsch macht er eine heroische Tat der Roten Armee und der Kommunistischen Partei Chinas, der KPC. In der Provinz Shaanxi angekommen, gründet er dort die neue *Chinesische Sowjetrepublik von Yan'an*, einer kleinen Provinzstadt im Norden. Von 1937 bis 1945 bekämpft er die Japaner an der Seite der Nationalisten, danach findet der Bürgerkrieg zwischen der Roten Armee und den Nationalisten statt. Er endet 1949 mit dem Sieg der Kommunisten. Die Namen Mao und China werden bis zu Maos Tod 1976 gleichsam als ein einziger Begriff aufgefasst.

Die chinesische Philosophie: Liebe zur Weisheit

Die westliche Philosophie wird in China zum ersten Mal 1897 durch das Buch *Evolution und Ethik* von **Thomas Henry Huxley** eingeführt, bald folgen die Werke von **Spencer**, **Kant**, **Nietzsche** und **Schopenhauer**. Die zeitgenössische chinesische Philosophie wird in Japan erfunden. **Nishi Amane** (1829–1897) prägt den Neologismus *Tetsugaku*, «Liebe zur Weisheit», womit er den Ausdruck «europäische Philosophie» übersetzt. 1881 richtet die Universität Tokio einen Lehrstuhl für chinesische Literatur und Philosophie ein. Seit der Errichtung einer philosophischen Fakultät im Jahre 1914 bis zur Veröffentlichung 1919 des *Chung-kuo che-hsüeh shih ta-kang – Kompendium der Geschichte der chinesischen Philosophie* durch **Hu Shi** (1891–1962) kämpft die chinesische Philosophie unaufhörlich um ihre Etablierung. Die ersten 20 Jahre sind erfüllt vom Aufbau einer eigenen Fachrichtung, die nächsten 20 Jahre konzentrieren sich hauptsächlich auf die Methodologie. Unter dem Einfluss von **Feng Youlan** (1895–1990) übt die Methode der logischen Analyse einen großen Einfluss auf die philosophische Forschung in China aus. In der ersten Hälfte des 20. Jahrhunderts wird in China der Schwerpunkt auf den historischen Materialismus gelegt. **Lian Shuming** (1893–1988) begründet eine neokonfuzianische Tradition, spielt dann eine wichtige Rolle bei der Einführung der Philosophie in China. **Mou Zongsan** (1909–1995) verkörpert am besten die Gestalt des chinesischen zeitgenössischen neokonfuzianischen Denkers. Er bezieht sich auf Philosophen wie Kant, Hegel, Wittgenstein und auf die eigene Denktradition.

Für ihn gibt es Konvergenzpunkte zwischen beiden Richtungen, die «gemeinsamen Dharmas». Er will die Kategorien Kants auflösen, um dagegen konfuzianische Imperative aufzustellen. Seit den 1950er Jahren gerät die chinesische Philosophie unter den Einfluss von Strömungen der deutschen Philosophie. In Zentralchina ist das der Marxismus, hier geht es um das Studium der Prinzipien des Marxismus, vor allem der Ontologie und der Dialektik. In Taiwan und Hongkong bezieht dagegen Mou Zongsan seine Inspiration von Hegel und Kant.

3. Japan von 1919 bis 1945

Der Traum von Dai Nippon

Die Meiji-Zeit mit der erfolgreichen und schnellen Modernisierung des Landes sowie der Sieg über Russland 1905 verstärken den japanischen Nationalismus. Die imperialistische Politik beruht auf Machtstreben und dem offensichtlichen Überlegenheitsgefühl der Japaner gegenüber den anderen asiatischen Völkern. In jener Zeit findet eine regelrechte Bevölkerungsexplosion statt: Von 1911 bis 1937 steigt die Bevölkerung von 50 Millionen auf 70 Millionen. Es bedarf dringend eines Ventils, da die freiwillige Auswanderung nicht ausreichend stark ist. Die japanischen Regierungen finden die Lösung in der Eroberung eines Teiles von Südostasien. Der Vorwand ist ein zweifacher: den Westmächten die Territorien abzunehmen, die sie besetzen, und die Entwicklung eines Panasiatismus unter japanischer Ägide zu sichern. Die Macht der Armee fördert den Traum eines *Dai Nippon*, von «Groß-Japan», das sich von einem Teil Chinas und von Korea bis zu den westlichen Kolonien erstreckt. Japan profitiert vom Ersten Weltkrieg und erobert die deutschen Konzessionsgebiete in China, dehnt sodann sein Protektorat über das Land aus. Diese Haltung verärgert die USA. Auf der Konferenz von Washington über die pazifischen Probleme 1922 wird Japan gezwungen, auf ein Protektorat über China zu verzichten. Doch aufgeschoben ist nicht aufgehoben: Der geringste Anlass kann ausreichen, dass wieder Öl ins Feuer gegossen wird.

Das nationalistische Fieber

Mutsuhito, der Begründer des zeitgenössischen Japan, stirbt 1912. Sein Sohn Yoshihito (1912–1926) folgt ihm nach und wählt sich als Herrschaftsnamen den der Taisho-Ära, der «Großen Gerechtigkeit». Im August 1914 schließt sich Japan England und Frankreich im Krieg gegen die Mittelmächte an. Das kaiserliche Regime leidet unter der schwächlichen Konstitution des Herrschers, und ab 1921 übt sein ältester Sohn Hirohito die Macht als Regent aus. Nach Yoshihitos Tod 1926 wird **Hirohito** (1926–1989) Kaiser und eröffnet die *Showa*-Zeit, die bis 1989 dauert. Die effektive Regierung des Herrschers zur Zeit Mutsuhitos mit der Wahl der Mitglieder des *Genro*, des privaten Rates des Kaisers, durch eben diesen Kaiser, geht mit **Yoshihito**, seinem Sohn, unter – weil die betagten Mitglieder dieses Rates sterben, aber auch wegen der Krankheit des Kaisers.

Als Hirohito den Thron besteigt, sind die Armee und die politischen Parteien die wahren politischen Machthaber. Von 1918 bis 1931 ist die Armee allerdings nur einmal «im Amt», mit der Regierung durch General Baron **Tanaka** (1864–1929) von April 1927 bis Juli 1929. Die kaiserliche japanische Armee, die seit den Siegen über China und Russland großes Ansehen genießt, wird von zwei nationalistischen Strömungen durchdrungen: von den Radikalen der *Kōdōha*, der *Fraktion des kaiserlichen Weges*, die die Generäle an der Macht sowie die Diktatur haben wollen, und den etwas Gemäßigteren der *Toseiha*, der *Kontrollfraktion*. Auch diese Gruppe ist von geheimen ultranationalistischen Gesellschaften beeinflusst, die antidemokratisch sind wie etwa die *Gesellschaft für die Bewahrung des nationalen Wesens*. Die Ränge der Unteroffiziere und der Offiziere werden mit jungen Männern vom Land gefüllt, die durch die Landwirtschaftskrise zum Militär getrieben wurden. Sie sind glühende Anhänger einer Eroberungspolitik, was für sie die Inbesitznahme der Ländereien der Besiegten bedeutet. Zwei politische Parteien beherrschen das parlamentarische Leben: der *Rikken Seiyūkai*, eine konservative Partei, und der *Rikken Minseito*, eine liberale Partei. Beide sind den Interessen der *Zaibatsu*, der japanischen Trusts, verbunden. Der *Seiyūkai* ist mit der Macht der Familie Mitsui, der *Minseito* mit der Mitsubishi-Dynastie verknüpft. Die Bande zwischen Parlamentariern und Geschäftswelt diskreditieren die Politik in den Augen der Öffentlichkeit. Seit 1929 erstreckt sich die Wirtschaftskrise auf den gesamten Archipel, nachdem die Landwirtschaftskrise nicht gelöst wurde. Die Gründung eines riesigen Kolonialreiches in Südostasien erscheint

der Armee und den Konservativen mehr und mehr als die Bedingung für das Überleben Japans.

Der Mukden-Zwischenfall

Doch wegen der schwierigen Beziehungen mit den USA und dem Völkerbund braucht Japan einen Vorwand, um in China Eroberungen durchzuführen. Dieser Vorwand wird ihm durch den «Mukden-Zwischenfall» geliefert: Im Juli 1933 wird ein Hauptmann der kaiserlichen Armee Japans unweit der Stadt Mukden getötet; am 18. September explodiert dort eine Bombe, die den japanischen Truppen gilt. Das ist die Gelegenheit, auf die man gewartet hat. Japan erobert ohne Schwierigkeiten die Mandschurei, im Nordosten Chinas gelegen. Um diese Aggression mit einer akzeptablen Fassade zu versehen, wird die Provinz in einen japanischen Satellitenstaat umgewandelt: Mandschukuo. An dessen Spitze stellen die japanischen Besatzer ihre Marionette, den letzten Kaiser Chinas, Puyi. Die Krise von 1929 nimmt die Großmächte in Beschlag, betrifft zudem auch das Schicksal ihrer Kolonien. So wagt nur der Völkerbund eine vorsichtige Verurteilung Japans – was dem Land gleichsam auf dem Silbertablett den idealen Vorwand liefert, mit dem Völkerbund zu brechen und sich umso selbstherrlicher über dessen Urteil hinwegzusetzen: Im Mai 1933 verlässt die japanische Delegation den Völkerbund, mit zerknitterten Fräcken und gekränkten Minen.

Alle Macht den Generälen

Die problemlose Eroberung der Mandschurei 1931 stärkt in Japan die Überzeugung, sich ein asiatisches Reich aufbauen zu können. Die gemäßigten Regierungen, die sich seit 1918 ablösen, sind nicht in der Lage, sich der Armee entgegenzustellen, die auf eigene Faust die Mandschurei erobert hat. Seit 1931 bilden die Militärs die Kabinette und leiten sie auch. Den Mitgliedern der radikalen *Kōdōha* reicht auch das noch nicht. Sie sind enttäuscht, dass Japan seine Expansion nach der Mandschurei nicht fortsetzt. Bei den Wahlen von 1936 erzielt die liberale *Minseito*-Partei Fortschritte. Unruhig geworden, versucht eine Gruppe von Offizieren aus der *Kōdōha* im Februar 1936 in Tokio einen Staatsstreich. Sie ermorden mehrere Politiker und höhere Offiziere, doch die Armee folgt ihnen nicht, und der Kaiser leugnet diesen Versuch. Es folgen Aufstände, ungefähr 15 an der Zahl. In diesem Jahr 1936 wird auch die zu trauriger Berühmtheit gekommene *Einheit 731* innerhalb der Guandong-Armee geschaffen. Ihre Bakteriologen machen Versuche an lebenden Menschen – an Tausenden von Gefangenen, Frauen und Kindern, und zwar mit Billigung des Herrschers. Zwischen dem misslungenen Staatsstreich und Februar 1937 folgen mehrere Kabinette aufeinander. Der Kaiser beschließt, die Macht einem glühenden Nationalisten zu übergeben, dem ehemaligen Oberkommandierenden der Korea-Armee, General **Senjuro Hayashi** (1876–1943), der von Februar bis Juni Premierminister wird. Rasch schreitet er zur Invasion im restlichen China, und das Massaker von Nankin/Nanjing folgt Ende 1937: Fast 300 000 Menschen werden abgeschlachtet. Später, von 1941 bis 1942, erlässt die Armee gegen China die Losung: «Alle töten, alles verbrennen, alles plündern.» Seit 1932 hat Japan den Satellitenstaat Mandschukuo errichtet, an dessen Spitze sie den ehemaligen Kaiser von China, Puyi, setzt. Es ist eine bloße Fiktion von Unabhängigkeit, macht aber möglich, dass die Mandschurei als Rückzugsbasis der japanischen Armee gegen China dient. Mehrfach werden chemische Waffen eingesetzt. 1939 greift Japan nach einem Zusammenstoß an der Grenze, dem Nomonhan-Zwischenfall, die Sowjetunion an. Die Schlacht dauert von Mai bis September 1939, die kaiserliche Armee wird geschlagen. Ein Nichtangriffs-Pakt wird zwischen den beiden Mächten geschlossen.

Der zögerliche Kaiser wählt den Krieg

Zu Beginn des Zweiten Weltkriegs bleibt Hirohito abwartend, trotz der Mahnungen seines Kabinetts, das für die Eröffnung neuer Kriegsfronten ist. Der Kaiser ändert 1941 nach dem Erfolg des «Blitzkriegs» in Europa jedoch seine Meinung und verbündet sich militärisch mit Nazideutschland. General **Hajime Sugiyama** (1880–1945) drängt zum Krieg gegen die Alliierten und zu einem Präventivschlag gegen die USA, um danach Südostasien erobern zu können. Der Kaiser verweigert sich dem mehrfach. Doch im Oktober 1941 demissioniert Premierminister **Fumimaro Konoe** (1891–1945), der gegen den Krieg war. General **Hideki Tojo** (1884–1948) ersetzt ihn und bleibt bis Juli 1944 an der Macht. Er kann den Kaiser von der Notwendigkeit überzeugen, die Feindseligkeiten innerhalb weniger Wochen zu eröffnen. Am 1. Dezember 1941 beschließt eine kaiserliche Konferenz den Angriff gegen die USA. Am 7. Dezember wird die amerikanische Südpazifik-Flotte in **Pearl Harbor**

aus der Luft bombardiert. Japan macht sich an die Eroberung von Südostasien. Es folgt eine erste Reihe von Siegen bis Ende 1942. Danach zwingen die Niederlagen Japan zum Rückzug auf den japanischen Archipel. Die Abwürfe der **Atombomben auf Hiroshima** am 6. August 1945 und auf **Nagasaki** am 9. August 1945 markieren das Ende des japanischen Widerstands. Am 14. August 1945 verkündet der Kaiser in einer Radio-Ansprache *Gyokuon-hōsō – Übertragung der kaiserlichen* (wörtl.: *diamantenen*) *Stimme* den «Kaiserlichen Erlass zur Beendigung des Großostasiatischen Kriegs» – die Niederlage Japans. Dies ist das erste Mal, dass seine Untertanen seine Stimme hören. Am 2. September 1945 wird die Kapitulation an Bord der *USS Missouri*, einem Schlachtschiff der amerikanischen Flotte, unterzeichnet.

Der Fall Hirohito

Kaiser Hirohito (1901–1989) stellt für die Amerikaner am Ende des Zweiten Weltkrieges ein großes Problem dar. Sicherlich hat er lange Zeit zwischen den an der Macht befindlichen politischen Fraktionen Japans laviert, und anfänglich scheint er auch dagegen gewesen zu sein, in den Konflikt einzutreten. Doch die Allianz, die von der Achse Rom-Tokio-Berlin im September 1940 geschlossen wurde, ist unzweifelhaft auch ein Militärpakt, der Japan an Nazideutschland bindet. Und das Massaker von Nankin/Nanjing sowie die Versuche an Menschen durch die *Einheit 731* und die Zwangsprostitution tausender Frauen in Soldatenbordellen stellen Kriegsverbrechen sowie Verbrechen gegen die Menschlichkeit dar. Nichts davon konnte geschehen, ohne dass der Kaiser, damals noch eine Art lebendiger Gott, zumindest darüber informiert war, sofern er nicht überhaupt selbst dazu angestiftet hat. Nach der Kapitulation muss an seine Zukunft gedacht werden. Ihn als Kriegsverbrecher zu behandeln und ihm den Prozess zu machen sowie ihn abzusetzen, sind mögliche Lösungen, doch politisch kaum praktikabel – wegen des Risikos, dass das Land in Flammen aufgeht. Damit verlören die Amerikaner einen Ordnungsfaktor in Asien. Sie wollen sich zudem nicht auf einen endlosen Guerillakampf einlassen; außerdem ist dies einer der Gründe für sie, die Atombomben einzusetzen. So wird eine Fiktion aufgebaut, die das Verbleiben des Kaisers akzeptabel macht. Es heißt, Hirohito sei über die begangenen Verbrechen nicht unterrichtet worden; er habe, von der Militärregierung in Unwissenheit gelassen, zurückgezogen im kaiserlichen Palast gelebt. So bleibt er auf dem Thron, doch die Verfassung von 1951 beraubt ihn

seines göttlichen Status und macht ihn zu einem Symbol ohne wirkliche Macht, repräsentativ an der Spitze einer parlamentarischen Monarchie.

Die japanische Philosophie

Zwei Namen ragen im ersten Jahrzehnt des 20. Jahrhunderts im universitären Bereich heraus: **Genyoku Kuwaki** (1874–1946), der vom Neo-Kantianismus beeinflusst ist, und **Nishida Kitarō** (1870–1945), der eine gelehrte Synthese aus westlichen und östlichen Philosophien vollbringt. Seine außerordentliche Kenntnis der zeitgenössischen westlichen Philosophen, auch der Kultur Chinas und des konfuzianischen Denkens, lässt die *Bashoteki ronri to shūkyōteki sekaikan* (*Die Logik des Ortes und die religiöse Weltanschauung*, 1945) entstehen. Der Ort ist der innere Raum, in dem sich die Verbindung zwischen mehreren Dingen in Form dialektischer Beziehungen abspielt. Diese sind nach einer Logik angeordnet, die sich auf die Art und Weise bezieht, in der die Gegebenheiten der realen Welt angeordnet sind. Nun ist diese Logik nicht nur westlich inspiriert, insofern sie bei Platon und Hegel Anleihen macht, sondern auch vom *Mahāyāna*-Buddhismus, wo der Ort auf die Vorstellung des absoluten Nichts verweist. **Hajime Tanabe** (1885–1962) kann nach **Nishida** als der nächste Repräsentant der Schule von Tokio angesehen werden. In seinem *Versuch, die Bedeutung der Logik der Spezies zu klären* (1930), nahe an der Ideologie des Nationalismus, will er die Spezies konkret und dialektisch denken, indem er die Vorstellung eines bestimmten Volkes auf sie anwendet und sie in der Gesamtheit des Staates wie auch in der Einzigartigkeit des Individuums denkt.

X

Der Zweite Weltkrieg (1939–1945)

1. Der Wettlauf um Allianzen

Nach der Münchner Konferenz 1938 hat Hitler freie Hand, um die Tschechoslowakei zu zerstückeln. Das wird ihm umso leichter gemacht, als das Land sich selbst spaltet: In der Slowakei und Ruthenien bzw. der Karpatenukraine entstehen autonome Regierungen. Der tschechische Präsident Emil Hácha versucht, diese Landesteile im nationalen Verbund zu halten. Hitler bestellt ihn nach Berlin und verlangt, dass die Tschechoslowakei um Schutz durch Deutschland nachsucht, andernfalls würde Prag durch Bomben ausgelöscht werden. Hácha gibt nach. Am 15. März 1939 dringt die deutsche Armee nach Böhmen und Mähren ein – es ist das Ende der tschechischen Unabhängigkeit. Am 22. März muss Litauen die Stadt Memel an Deutschland übergeben. Mussolini nutzt die Gelegenheit und dringt nach Albanien ein, und Victor Emanuel III. wird neuer albanischer König. Der März 1939 öffnet den europäischen Demokratien die Augen: Reichskanzler Hitler ist nicht der umgängliche Mann, für den sie ihn lange gehalten haben. Der Krieg rückt näher, der Wettlauf um Bündnisse und Allianzen ist eröffnet. Frankreich und England wollen Griechenland, Belgien, Holland und Rumänien beruhigen, doch seit München ist das Vertrauen verschwunden. Ein Versuch der Annäherung an die UdSSR scheitert. Hitler seinerseits verbündet sich durch den *Stahlpakt* vom 28. Mai 1939 mit Mussolini. Wesentlich ist für ihn, sich der sowjetischen Neutralität zu versichern. Kurz nach dem Scheitern der Verhandlungen zwischen Frankreich, England und der UdSSR schockiert eine Neuigkeit die Welt: Am 23. August 1939 unterzeichnet Joachim von Ribbentrop, Außenminister des Deutschen Reichs, mit seinem Amtskollegen Molotow in Moskau den deutsch-sowjetischen Nichtangriffspakt. Eine geheime Klausel im Vertrag sieht die Teilung Polens unter den beiden Unterzeichnerstaaten vor. Dadurch hat Deutschland die Gewissheit, dass es nicht einen Zweifrontenkrieg wie noch im Ersten Weltkrieg führen muss, und ist bereit zum Eintritt in den Konflikt.

Die deutsche Dampfwalze: September 1939 bis April 1940

Am 1. September 1939 dringt die Wehrmacht in Polen ein. Am 3. September erklären Frankreich und England Deutschland den Krieg. Die deutsche Armee führt einen Blitzkrieg: Panzer durchbrechen die Front und dringen nach einem Bombardement der Luftwaffe schnell vor. Noch intakte polnische Stellungen werden später vernichtet. Diese Offensive ermöglicht es Deutschland, an mehreren Orten zu kämpfen und in kurzer Zeit große Erfolge zu erzielen. In einem Monat ist Polen vollständig unterworfen. Entsprechend der Geheimklausel des deutsch-sowjetischen Pakts teilen sich Deutschland und die UdSSR am 27. September das Land. Im April 1940 dringen deutsche Truppen nach Dänemark ein. Auch gegen Norwegen wird ein Angriff gestartet, der aber durch die Ankunft französisch-englischer Truppen in Narvik im Norden des Landes aufgehalten wird. Finnland verliert im Herbst 1939 seine Provinz Karelien. Die UdSSR profitiert von dem Konflikt und erobert die Länder des Baltikums (Estland, Litauen, Lettland), die im August 1940 zu föderierten Sowjetrepubliken werden.

Frankreich fällt: Mai bis Juni 1940

Im Mai 1940 beginnt der deutsche Westfeldzug. Am 10. Mai 1940 werden Belgien, die Niederlande und Luxemburg überfallen. Eine französisch-britische Armee eilt Belgien zu Hilfe. Doch die deutsche Armee überquert unerwartet die Ardennen mit ihren Panzern unter dem Kommando von General **Heinz Guderian** (1888–1954). Er erreicht am 19. Mai den Ärmelkanal und drängt die französisch-englischen Truppen zurück. Am 15. Mai kapitulieren die Niederlande, am 27. Mai folgt Belgien. Die französischen und englischen Truppen werden bei Dünkirchen auch durch Unterstützung durch das Bombardement der deutschen Luftwaffe zurückgeschlagen. Die englische Marine unternimmt gigantische Anstrengungen: An der Schlacht von **Dünkirchen** (25. Mai bis 3. Juni 1940) sind 300 000 Soldaten beteiligt. Die Schlacht um Frankreich dauert vom 10. Mai bis zum 22. Juni 1940. Die französischen Truppen erwarten den Feind an den Bunkern der **Maginot-Linie**, an der Grenze von Belgien und Deutschland. Dort schlagen die Truppen seit September 1939 die Zeit tot, was man als *drôle de guerre*, den komischen, seltsamen Krieg, auch Sitzkrieg, bezeichnet: Seit der Kriegserklärung an Deutschland am 3. September 1939 be-

findet sich Frankreich im Krieg, ohne einen Schuss abzugeben. Die Truppen sitzen untätig in ihren Stellungen an Westwall und Maginot-Linie. Nach dem Blitz-Angriff vom 10. Mai dringen deutsche Panzerverbände überraschend durch die Ardennen Richtung Paris vor und stehen plötzlich im Rücken der französischen und britischen Einheiten. Die Regierung von **Paul Reynaud** (1878–1966) flieht nach Tours, danach nach Bordeaux. Am 10. Juni erklärt Italien Frankreich den Krieg. Am 12. Juni befiehlt General **Maxime Weygand** (1867–1965) den Rückzug. Er schlägt, unterstützt von **Philippe Pétain** (1856–1951), dem Vizepräsidenten des Ministerrates, diesem Rat einen Waffenstillstand vor. Obwohl er seinen Vorschlag mehrfach vorbringt, stößt er auf Ablehnung. Am 16. Juni 1940 gibt Paul Reynaud die Demission seiner Regierung bekannt. Präsident **Albert Lebrun** (1871–1950) appelliert an Marschall Pétain, Reynaud im Amt zu folgen. Am 17. Juni sucht Pétain durch Vermittlung Spaniens um einen Waffenstillstand nach. Der wird am 22. Juni 1940 in Rethondes unterzeichnet, in demselben Eisenbahnwaggon, in dem Deutschland 1918 seinerseits den Waffenstillstand unterzeichnen musste. Die Dritte Republik ist am Ende und wird durch den *État français*, den französischen Staat, ersetzt (1940–1944): durch das Regime von **Marschall Pétain**.

Am 18. Juni erlässt General de Gaulle von London aus seinen berühmten Aufruf, den Kampf gegen Deutschland bis zum Sieg fortzuführen. Als Staatssekretär im Kabinett Reynaud verlässt er am 16. Juni 1940 Bordeaux und fährt nach London. Am 30. Juni 1940 gründet er **La France libre**, das Freie Frankreich, wozu anfangs einige hundert Freiwillige der ersten Stunde gehören, die den Kampf gegen Deutschland fortsetzen. Später werden sie in die FFL eingebaut, die *Forces françaises libres*, die *freien französischen Streitkräfte*. Sie nehmen an der Seite der Alliierten an den Kämpfen teil. De Gaulle muss sich zudem mit dem extremen Misstrauen Roosevelts auseinandersetzen, der in ihm nur einen ehrgeizigen Aufständischen sieht, dabei aber selber die Beziehung zur Vichy-Regierung aufrechterhält und de Gaulle erst im November 1942 von der Landung der Alliierten in Nordafrika unterrichtet. Nachdem diese erfolgreich war, verhandelte er mit General Giraud, der ein Anhänger Pétains war.

England zieht allein in den Kampf

England bleibt allein. Hitler zieht eine Landung in Betracht, doch muss er dafür erst die Lufthoheit haben. Die deutsche Luftwaffe tritt am 8. August in den Kampf gegen England ein. Tag und Nacht werden die englischen Stellungen bombardiert; um die Bevölkerung zu demoralisieren und England zur Kapitulation zu zwingen, werden London und andere Großstädte angegriffen. Doch das Gegenteil geschieht: Die Piloten der *Royal Air Force*, der RAF, fliegen fortgesetzte Angriffe und fügen der deutschen Luftwaffe schwere Verluste zu. Am 7. Oktober befiehlt Reichsmarschall **Hermann Göring** (1883–1946), nachdem er das Scheitern seiner Operation festgestellt hat, die Einstellung der Angriffe. Da sie den englischen Widerstand nicht in kurzer Zeit brechen können, müssen die deutschen Strategen sich zu einem lang andauernden Zermürbungskrieg entschließen. Und weil eine Invasion Englands nicht in Frage kommt, will man das Land zum Nachgeben zwingen, indem man es von seinen überseeischen Nachschubverbindungen abschneidet. So verlagert sich der Kampf auf den Atlantik und ins Mittelmeer. Der Eintritt der USA in den Krieg im Dezember 1941 nimmt den Engländern eine schwere Last.

Das «deutsche» Europa von 1941

Am 27. September 1940 unterzeichnen Deutschland, Italien und Japan den **Dreibund**; eine Verteidigungsallianz, die gegen die UdSSR gerichtet ist. Von Juni bis August 1940 wird mit Zustimmung Deutschlands Rumänien zugunsten der UdSSR, Ungarns und Bulgariens aufgeteilt. Mussolini greift Griechenland 1940 an, aber die italienischen Truppen werden zurückgeschlagen. Im März 1941 tritt Bulgarien dem Dreibund bei, ehe es unter dem Vorwand, vor einem englischen Angriff bewahrt werden zu müssen, von der deutschen Armee besetzt wird. Jugoslawien und Griechenland werden 1941 erobert. Als Sieger formt Hitler Europa neu. Deutschland wird das «große Reich» und annektiert die belgischen Kantone Eupen und Malmedy, die französischen Départements Moselle, Haut-Rhin, Bas-Rhin und einen Teil Sloweniens. Diese Gebiete werden dem tschechischen Sudetenland, Österreich und Westpolen hinzugefügt. Eine «Verbotszone» verläuft von der Somme bis nach Belgien. Die Länder der «autonomen Zone der deutschen Gemeinschaft» behalten ihre Regierungen unter deutscher Vormundschaft: Dänemark, Norwegen, Holland. Rumänien und Bulgarien sind «Vasallenstaaten». Ungarn wird Verbündeter der Deutschen. Nach dem Treffen von Montoire am 24. Oktober zwischen Hitler und Pétain ist Frankreich zweigeteilt: Der Norden wird von Deutschland verwaltet, der Süden bis über die Demarkationslinie hinaus untersteht der Vichy-Regierung.

2. Die weltweite Ausdehnung des Krieges: 1941 bis 1942

Die Sowjetunion tritt in den Krieg ein

Hitler wendet sich danach gegen die UdSSR. Stalin sieht in Bulgarien einen Pufferstaat und eine Sicherheitszone, dennoch erobert Deutschland dieses Land im März 1941. Am 22. Juni startet dann das *Unternehmen Barbarossa*, der Angriff auf die Sowjetunion. In der UdSSR kommt die Wehrmacht schnell voran, gelangt bis ungefähr 100 km vor Moskau. Dann wird sie vom russischen Winter aufgehalten. Im Frühjahr 1941 wird die Offensive wiederaufgenommen. General **Friedrich Paulus** (1890–1957) erreicht den Don, dann die Wolga und kommt bis vor Stalingrad. Er muss einen zweiten russischen Winter überstehen, ehe er im Frühjahr 1942 seinen Angriff fortsetzen kann. Diese Atempause ermöglicht den Russen, sich auf die Entscheidungsschlacht vorzubereiten, was durch die Verlegung von Fabriken in der Ukraine geschieht, die weiter nach Osten zurückgezogen werden, auch durch die Errichtung neuer Industrie-Einheiten im Ural und in Sibirien, von der amerikanischen Hilfe in Form von Tausenden von Panzern und Flugzeugen ganz zu schweigen.

Das Eingreifen der USA und die Erfolge Japans

Präsident Roosevelt kann den Kongress und auch die Mehrheit der Amerikaner nicht überzeugen, erneut in den Krieg zu ziehen. Es bedarf erst eines traumatisierenden Erlebnisses, ehe die öffentliche Meinung sich ändert. Die Militärexperten erwarten einen Überraschungsangriff der Japaner auf die Philippinen, doch es sind dann einige zu Hawaii gehörende Inseln, die getroffen werden. Am 7. Dezember 1941 bombardiert die japanische Luftwaffe ohne vorausgehende Kriegserklärung die amerikanische Flotte in **Pearl Harbor**, was den Kriegseintritt der USA provoziert. Am 1. Dezember wird ein Teil der englischen Flotte in Asien im Golf von Siam vernichtet. Die japanische Armee erzielt in Asien schnell Fortschritte. Birma wird 1942 eingenommen, wie auch Malaysia, Singapur, Niederländisch-Indien und die Philippinen. Die japanischen Truppen bedrohen Indien und Australien. Japan ordnet Südostasien zu seinen Gunsten neu im Sinne des *Dai Nippon*, «Groß-Japan», das aus dem japanischen Archipel, Taiwan und Korea besteht. Dazu kommen noch die «beschützten Staaten»: Mandschuoko, die Republik China, die innere

Mongolei, Siam, Birma und die Philippinen. In Wahrheit sind diese Länder unterworfen, sie gelten dennoch offiziell als Alliierte. Malaysia und Niederländisch-Indien sind Kolonien, denen eine hypothetische Unabhängigkeit versprochen wird. Französisch-Indochina wird ohne besonderen Status besetzt.

Die Siege der Alliierten im Mittelmeerraum

Um seinen italienischen Alliierten zu Hilfe zu kommen, die in Tripolitanien, einer libyschen Provinz, einige Niederlagen erlitten haben, schickt Deutschland ein Expeditionskorps, das sogenannte Afrika-Korps. Es kann die Situation zunächst zu seinem Vorteil wenden, wobei es sich auf Ägypten stützt. Doch am 3. November schlägt General **Bernard Montgomery** (1887–1976) bei **El-Alamein** in Libyen die Truppen des Afrika-Korps unter Marschall **Erwin Rommel** (1891–1944). Es ist ein großer Schritt zur Rettung Ägyptens und des Suez-Kanals, der eine wichtige Nachschubachse für die Alliierten bildet. Rommels Armee, die sich bis auf wenige hundert Kilometer Alexandria genähert hat, wird in Libyen nach Westen zurückgeschlagen. General Leclercs Panzerdivision kehrt aus dem Tschad zurück und droht die deutsche Armee zu umklammern. Am 8. November 1942 landen englisch-amerikanische Truppen in Nordafrika. Hunderte von Schiffen kommen unter dem Kommando von General Eisenhower in den Häfen Algeriens und Marokkos an. Beide Länder fallen rasch, trotz des Widerstands der Kolonialtruppen, die der Regierung Vichy angehören. De Gaulle, der im Mai 1943 hier ankommt und sich gegenüber General Henri Giraud profiliert, wird zum alleinigen Chef des *Freien Frankreich*. Nachdem Giraud durch seine Demission am 27. Oktober 1943 ausgeschieden ist, übernimmt de Gaulle den Vorsitz des «französischen Komitees zur nationalen Befreiung», einer Regierung in den befreiten Zonen. Als Reaktion darauf dringen deutsche Truppen am 11. November in die Südzone Frankreichs ein. Am 12. November wird Tunesien durch italienisch-deutsche Truppen erobert: Nicht der ganze Maghreb konnte befreit werden.

3. 1943, das Jahr der Wende

Die Mutter aller Siege: Stalingrad

Die Umkehrung der Situation zeichnet sich im Herbst 1942 ab und konkretisiert sich im Schicksalsjahr 1943. Trotz der Angriffe auf eine Stadt, in der man sich in Kellern bekämpft, kann die Armee von General Paulus **Stalingrad** nicht vor dem dritten Winter erobern. Am 19. November 1942 leitet General **Georgi Schukow** (1896–1974) in Stalingrad die Umklammerung der deutschen Armeen im Norden und Süden der Stadt ein – mit 300 000 Mann. Ohne Ausweg festsitzend, können die deutschen Truppen dieser Umklammerung nicht entkommen. Die einzige Lösung wäre der Rückzug gewesen, doch trotz der verzweifelten Appelle von Paulus ist Hitlers Antwort immer die gleiche: Jeder Rückzug ist verboten. Für die Deutschen ist es eine Katastrophe: Nach drei Monaten verbissener Schlacht ergibt sich Paulus am 2. Februar 1943. Die Rote Armee ergreift jetzt überall die Initiative. Im Frühjahr 1943 wird die Wehrmacht über den Dnjepr zurückgeschlagen. Im Frühjahr 1944 kommt sie an den Grenzen der baltischen Republiken an.

Der Rückzug der Achsenmächte

Das Jahr 1943 bringt auch an anderen Fronten bedeutende Umwälzungen. Im Mai 1943 kapitulieren die deutsch-italienischen Truppen in Tunesien. Am 10. Juli 1943 wird Sizilien von den Alliierten angegriffen und erobert. Die Regierung Mussolini stürzt. Im Pazifik werden die Japaner im Februar 1943 von der Insel Guadalcanal vertrieben. Zwei riesige Luft- und Seeschlachten finden statt, erst vom 7. bis 9. Mai 1943 um die Kurilen, dann die um Midway am 4. Juni 1943. Die Japaner verlieren dabei die Herrschaft über den Südpazifik. Vom 28. November bis zum 1. Dezember 1943 findet die Teheraner Konferenz statt, wo sich Churchill, Roosevelt und Stalin treffen. Stalin will die Eröffnung einer zweiten Front in Europa für 1944, was dann die Landung in der Normandie sein wird. Er verlangt, die baltischen Staaten und Polen bis zur Oder behalten zu dürfen.

Siegreiche Offensiven: 1944 und 1945

Im Frühjahr 1944 werden die alliierten Offensiven wiederaufgenommen; im Mai 1944 wird Rom befreit. Am 6. Juni 1944 landen die Engländer, Amerikaner und Kanadier mit der Operation *Overlord* in der Normandie. Am 25. August befreit die Panzerdivision von **General Leclerc** (Philippe Leclerc de Hauteclocque, 1902–1947) Paris. Frankreich ist dann im Dezember vollständig befreit. Am 15. August 1944 findet die Operation *Dragon* statt; eine französisch-amerikanische Landung in der Provence. Im Dezember 1944 wird Belgien befreit. Gleichzeitig nähert sich die Rote Armee Warschau. Die Sowjets erobern eine Hauptstadt nach der anderen: Bukarest am 31. August 1944, Sofia am 18. September, Belgrad am 21. Oktober, Budapest am 26. Dezember 1944. Die Engländer befreien Griechenland. Deutschland hofft noch, den Krieg zu gewinnen, indem es auf neue Technologien zurückgreift. Die neu entwickelten Marschflugkörper **V1 und V2** bedrohen London. Die Forschungen zum Bau einer Atombombe werden fortgesetzt. Zwei Angriffe werden mitten im Winter gestartet, eine in den Ardennen, die andere in Ungarn. Beide enden in Niederlagen. Im Januar 1945 führt die Rote Armee den entscheidenden Angriff gegen Deutschland. Polen wird vollständig erobert, am 13. April folgt Wien. Die Amerikaner erreichen am 14. April 1945 das linke Elbufer. Das Ende Nazideutschlands beginnt. Am 25. April haben französische Truppen unter Marschall **Jean de Lattre de Tassigny** (1889–1952) die Donau unter Kontrolle. Am selben Tag treffen sich die Amerikaner und Russen im sächsischen Torgau, während die Rote Armee die Vororte Berlins erreicht. Hitler begeht in seinem Bunker mit seiner Gefährtin Eva Braun Selbstmord. Am **9. Mai 1945** unterzeichnet Generalfeldmarschall Keitel in Berlin-Karlshorst die zweite, ratifizierende Kapitulationsurkunde.

Nur Japan setzt den Krieg noch fort. Im Juli 1944 landen die Amerikaner auf der Insel Saipan in den Marianen, dann in Okinawa und Iwo Jima, wonach sie sich der Hauptinsel Honshū zuwenden. Der verbissene Widerstand der Japaner, der bis zum kollektiven Selbstmord geht, veranlasst Präsident Truman, auf die Atombombe zurückzugreifen, die soeben fertiggestellt wurde. Eine Landung vom Wasser her hätte nach Einschätzungen des Pentagons das Leben von 500 000 amerikanischen Soldaten gekostet. Am Montag, dem 6. August 1945, wird eine erste **Atombombe auf Hiroshima** geworfen, eine zweite am Donnerstag, dem 9. August, auf **Nagasaki**. Am 14. August verkündet Kaiser Hirohito im Radio das Ende des Krieges. Die offizielle Kapitulation wird am 2. September 1945 unterzeichnet.

Aus dem Krieg hervorgegangen: Eine neue Welt?

Eine neue Welt entsteht; sie wird auf der Konferenz von Jalta im Januar 1945 von Churchill, Roosevelt und Stalin vorbereitet. Die ersten Elemente der zukünftigen UNO werden hier angelegt. Die Unabhängigkeit der von Japan besetzten Kolonien wird ins Auge gefasst. Im befreiten Europa müssen demokratische Regierungen durch freie Wahlen installiert werden. Die Potsdamer Konferenz von Juli und August 1945 gibt Stalin eine gewisse Machtposition, denn nur er ist selber aktiv am Krieg als Militärführer beteiligt gewesen, was für den neuen amerikanischen Präsidenten **Harry Truman** (1884–1972) und den neuen englischen Premierministers **Clement Attlee** (1883–1967) in dieser Form nicht gilt. Zudem besetzen Stalins Panzer immer noch die von der Roten Armee befreiten Länder. Die Besetzung Deutschlands und die neue Oder-Neiße-Grenze zu Polen sind die Themen, die verhandelt werden. Im Juli 1946 wird in Paris die Friedenskonferenz eröffnet. Hier wird über das Schicksal von Bulgarien, Italien, Ungarn, Rumänien und Finnland verhandelt. Deutschland und Österreich müssen noch warten, bis sie ihre Souveränität wieder erhalten. Die Friedensverträge werden am 20. Februar 1947 in Paris feierlich unterzeichnet. Im Juni 1945 wird die **Charta der Vereinten Nationen** angenommen, die sogenannte Charta von San Francisco. Am 10. Juni 1946 tritt die Generalversammlung der UNO zum ersten Mal zusammen. Wichtige wirtschaftliche und finanzielle Probleme werden auf der Konferenz von Bretton Woods im Herbst 1944 gelöst; der Dollar wird als Referenzwährung des neuen internationalen Währungssystems eingesetzt. Doch seit 1945 stehen sich der Westblock – die USA und ihre Verbündeten – und der Ostblock – die UdSSR und ihre Satelliten – gegenüber. Es beginnt der **Kalte Krieg**. 1946 beschwört Churchill in seiner Rede in Fulton, Missouri, bereits den «**Eisernen Vorhang**», der in Europa niedergegangen ist und es in zwei Teile teilt.

Die großen Prozesse: Nürnberg und Tokio

Das Schicksal der Hauptverantwortlichen des Krieges, seien sie Militärs oder Zivilisten, ist nach dem Ende eines Krieges seit alters Verhandlungspunkt. Lange Zeit wurde dieses Problem durch den Tod der Besiegten, durch Selbstmord oder Exekutionen gelöst. Nun aber finden nach dem Zweiten Weltkrieg zwei große Prozesse statt: in Nürnberg, um die Hauptverantwortlichen des

Naziregimes abzuurteilen; in Tokio, um mit ihren japanischen Pendants das Gleiche zu tun. Der **Nürnberger Prozess** vor dem Internationalen Militärgerichtshof dauert vom 20. November 1945 bis zum 1. Oktober 1946. Die wichtigsten militärischen (Keitel, Jodl, Dönitz, Raeder) und zivilen (Göring, Ribbentrop, Kaltenbrunner, Heß, Frank, Speer u. a.) Verantwortlichen sind anwesend. Die Anklagepunkte: Verbrechen gegen den Frieden, Kriegsverbrechen, Verbrechen gegen die Menschlichkeit. Alle Angeklagten plädieren für «nicht schuldig» – mit gleicher Verteidigungsstrategie: Sie hätten nichts zu entscheiden gehabt und nur Befehle ausgeführt, die sie in keinem Fall ablehnen konnten. Von den 21 Beschuldigten werden zwölf zum Tode verurteilt, drei werden aus Mangel an Beweisen freigesprochen, die anderen erhalten Gefängnisstrafen von zehn Jahren bis lebenslänglich. Die Todesurteile werden am 16. Oktober 1946 durch Erhängen vollstreckt. Der **Tokioter Prozess** findet im November 1948 statt, nachdem das Gericht offiziell am 3. Mai 1946 eingerichtet wurde. Der Prozess betrifft 28 verantwortliche Militärs und Zivilisten. Die Anklagepunkte sind denen von Nürnberg vergleichbar, was auch für die Verteidigungsstrategie der Angeklagten gilt. Am 12. November 1948 werden Premierminister Tojo und sechs weitere Verantwortliche zum Tode verurteilt, die anderen zu lebenslangem Gefängnis. Die Todesurteile werden am 23. Dezember 1948 durch Erhängen vollstreckt. Die beiden Prozesse haben eine mehrfache Wirkung: sie sind kathartisch; sie ächten durch den neuen Begriff des Verbrechens gegen die Menschlichkeit die unsagbaren Grausamkeiten der Vernichtungslager; sie ziehen einen Schlussstrich unter eine bestimmte Zeit und die entsprechenden Verantwortlichen. Doch sie behandeln einige strittige Punkte nicht: Bruderkriege als Vergeltungstaten; die Unmöglichkeit, über ein ganzes Volk ein Urteil zu sprechen; die Fortdauer des Hasses, weil viele Schuldige bereits gestorben sind.

4. Beispiel für eine Besetzung: Das Vichy-Regime in Frankreich 1940 bis 1944

Die Republik gibt sich für Marschall Pétain auf

Am 10. Juli 1940 stimmen die Abgeordnetenkammer und der Senat, vereint in der Nationalversammlung, für die Übertragung der Vollmacht an Marschall Pétain, und sie übertragen ihm die Aufgabe, eine neue Verfassung umzusetzen, was durch 569 Ja-Stimmen, 80 Nein-Stimmen und 5 Enthaltungen geschieht. Am 11. Juni erlässt Pétain drei Verfassungsakte, die ihn zum französischen Staatschef machen und ihm alle Macht übertragen. Das anfänglich populäre Regime ist ganz auf seine Person zugeschnitten; er wird zum Objekt eines regelrechten Kults. Die Franzosen sind vor allem «Marschallisten». Die bürgerlichen Freiheiten werden aufgehoben, die Machtbefugnisse der Präfekten erweitert. Im Januar 1941 wird ein **Conseil national**, ein Nationalrat geschaffen, der aus ernannten, nicht gewählten Notabeln besteht, dabei aber ohne wirkliche Macht ist. Die Verwaltungen werden im Sinne der Französisierung gesäubert, die Freimaurer werden verfolgt. Antisemitische Gesetze werden erlassen, ohne dass Deutschland eigens dazu auffordern müsste. Ein erstes Juden-Statut wird 1940 erlassen, das die Juden von fast allen Berufen ausschließt. Es wird im Juni 1941 verschärft: Juden werden von öffentlichen Funktionen ausgeschlossen, auch aus der Armee; ausländische Juden werden verhaftet, zunächst in Drancy festgehalten, dann nach Deutschland deportiert. Im März 1941 wird das Generalkommissariat für Juden-Angelegenheiten gegründet, **Commissariat général aux affaires juives**. Es ist mit der Koordination der antisemitischen Politik betraut. Die republikanische Devise – Freiheit, Gleichheit, Brüderlichkeit – wird ersetzt durch den Dreiklang «Arbeit, Familie, Vaterland». Gewerkschaften und Streiks werden verboten und 1941 durch die **Charta für Arbeit** und die **Bäuerliche Korporation** ersetzt. In den «Baustellen der Jugend», den **Chantiers de Jeunesse** von 1940, wird die Jugend überwacht, die in Arbeitslager in der Land- oder Forstwirtschaft geschickt wird. Zivile Erziehungskurse finden für sie statt, die dem Pétain-Kult geweiht sind. Da diese Kurse jedoch im Verdacht stehen, in Wahrheit der Résistance zu dienen, werden sie im Mai 1943 aufgelöst.

Kollaboration und Kollaborateure

Die offizielle Kollaboration mit Deutschland setzt mit dem **Treffen von Montoire** von Pétain und Hitler am 24.Okober 1940 ein. **Pierre Laval** (1883–1945) ist Vizepräsident des Rates bis zum 13. Dezember 1940. An diesem Tag setzt Pétain ihn ab und lässt ihn augenblicklich festnehmen. Doch Laval genießt die Unterstützung des Botschafters des Deutschen Reichs in Paris, **Otto Abetz** (1903–1958), der weiß, dass Laval der Kollaboration mit den Deutschen nicht abgeneigt ist. Die offizielle Kollaboration, die sich auch einer eigenen Presse bedient, wird über die Wellen von Radio-Paris verbreitet. Manche Intellektuelle schließen sich ihr an, so etwa **Robert Brasillach** (1909–1945), **Pierre Drieu La Rochelle** (1893–1945) und **Louis-Ferdinand Céline** (1894–1961), der glühend antisemitische Pamphlete verbreitet.

Im Februar 1941 wird Laval durch Admiral **François Darlan** (1881–1942) ersetzt, der die Kollaboration umsetzt. Im April 1942 verlangt **Otto Abetz** die Rückkehr Lavals, der in einer Radiorede vom 22. Juni 1942 erklärt: «Ich wünsche den Sieg Deutschlands.» Die Kollaboration wird in allen Bereichen intensiviert. Abetz schlägt eine «Ablösung» vor: die Rückkehr der Kriegsgefangenen nach Deutschland im Austausch gegen freiwillige Arbeitskräfte. Mangels genügend Freiwilliger scheitert diese Initiative jedoch. Im September 1942 kommt dafür der Obligatorische Arbeitsdienst, der **Service du travail obligatoire** (STO): 600 000 Franzosen werden gezwungen, zur Arbeit nach Deutschland zu gehen. Um dem zu entgehen, entscheiden sich viele Jugendliche dafür, sich dem Widerstandsnetz anzuschließen. Die Deportation der Juden nach Deutschland wird verstärkt. In der Nacht vom 16. auf 17. Juli 1942 folgt die **Razzia des Wintervelodroms**, die **Rafle du Vél' d'Hiv**: 7000 französische Polizisten werden mobilisiert und nehmen die im Schlaf überraschten jüdischen Familien fest. Die 20 000 Verhafteten werden im Wintervelodrom festgesetzt, ehe sie ins Lager Drancy verbracht werden, der letzten Etappe vor der Deportation in die Vernichtungslager.

Am 11. November 1942, nach der Landung der Alliierten in Nordafrika, wird die Freie Zone (im Süden Frankreichs) erobert. Die Fiktion einer unabhängigen Vichy-Regierung zerschellt, ihre Popularität schwindet. Nachdem Pétain vergeblich zu reagieren versucht hat, indem er anfänglich in Streik tritt, bildet er Anfang 1944 eine Kollaborationsregierung. Am 20. August 1944 bringen die deutschen Behörden Pétain nach Belfort, dann am 8. September nach Sigmaringen, der provisorischen «Hauptstadt des besetzten Frankreich». Am 23. April 1945 reist Pétain in die Schweiz; er verlangt, nach Frankreich zurückzukehren, was am 26. April geschieht. Er wird verhaftet und im Fort Montrouge gefangen gehalten. Sein Prozess beginnt am 23. Juli 1945 vor dem Hohen Gericht. Am 15. August wird er zum Tode verurteilt; diese Strafe wird am 17. August durch **General de Gaulle** in lebenslange Haft umgewandelt. Zunächst wird Pétain im Fort du Portalet in den Pyrenäen interniert, dann in der Zitadelle von Port-Joinville auf der Atlantikinsel Île d'Yeu. Krank und alt, erhält er am 8. Juni 1951 die Erlaubnis, seine letzten Tage dort in einem Privathaus zu verbringen, wo er am 23. Juli 1951 stirbt.

Die Résistance

Seit dem Aufruf von General de Gaulle am 18. Juni 1940 haben sich viele Franzosen dem Widerstand angeschlossen. Das «Freie Frankreich» von de Gaulle erreicht den Anschluss einiger Kolonien, des Tschad etwa, auf Initiative des dortigen Generalgouverneurs **Félix Éboué** (1884–1944). In diesen Gebieten treten die *Forces françaises libres* (FFL, Freie Französische Streitkräfte) unter das Kommando von General Leclerc, der aus dem Tschad gekommen war, bzw. unter das von General Koenig in Libyen. Der innere Widerstand, zunächst spontan und unkoordiniert, organisiert sich allmählich. Es bilden sich regelrechte Netze. In der freien Zone im Südteil Frankreichs existiert die Bewegung der Nationalen Befreiung, die später zu *Combat*, zur Bewegung *Libération* und zu den Freischärlern, den *francs-tireurs*, wird. In der besetzten Zone im Norden des Landes entstehen unter viel schwierigeren Bedingungen die *Libération-Nord*, die *Organisation civile et militaire* sowie der *Front national*. Aktionsgruppen verüben Sabotage-Akte, Attentate werden von den *Francs-tireurs et partisans français* (FTPF) ausgeführt.

«Auftritt Jean Moulin ...»

Ein erster Einigungsversuch des Widerstands, das französische Komitee der Nationalen Befreiung, in Algier unternommen und von de Gaulle geleitet, scheitert. Im Mai 1943 schickt de Gaulle einen Abgesandten, **Jean Moulin** (1899–1943). Er organisiert den Nationalen Widerstandsrat, den *Conseil national de la résistance* (CNR). Doch Moulin wird von der Gestapo während eines Treffens der wichtigsten Repräsentanten der Résistance verhaftet, das am 23. Juni 1943 in Caluire-et-Cuire bei Lyon stattfindet. Er wird nach Lyon gebracht und von den Leuten Klaus Barbies gefoltert. Er stirbt, ohne ihnen einen einzigen Namen verraten zu haben. Seine Gebeine werden am 19. Dezember 1964 in das Panthéon überführt, in Anwesenheit des Kulturministers André Malraux, der ihm auf ergreifende Weise die letzte Ehre erweist. Die große Mehrheit der Franzosen hat weder an der Kollaboration noch an der Résistance Anteil, ist vielmehr abwartend und versucht, die alltäglichen Schwierigkeiten möglichst gut zu meistern, vor allem den Nachschub im besetzten Frankreich zu organisieren.

XI

Kunst und Philosophie in Europa bis 1945

Die Kunst, die im 20. Jahrhundert aufkommt, ist produktiv und oft reich an kontrastierenden, sogar widersprüchlichen Tendenzen. Die zunehmende Industrialisierung und Mechanisierung zum Nutzen einer triumphierenden bürgerlichen Welt, die an Ertrag und Produktion gebunden ist, stößt bei den Anhängern der Kunstwelt auf Ablehnung. Die Bande, die die Künstler an herrschende Formen gebunden haben, werden gelöst; die Kunstfreunde werden sich bewusst, dass sie politische Räume betreten. Kunst muss alle angehen, nicht mehr nur eine Elite. Sie muss sich außerhalb von Institutionen entwickeln, und indem sie so ihre Autonomie gewinnt, dringt sie ins Alltagsleben ein. Auf diese Weise vollzieht sich der erste Umschwung in der Moderne. Im Unterschied zur bisherigen Kunst, die traditionelle ästhetische Kategorien respektiert hat, kommt nun eine neue Kunst auf, befreit von allen Konventionen, und bewirkt eine noch tiefere Umwälzung als die Kunst, die den Anfang des Jahrhunderts kennzeichnete.

1. Die Malerei im 20. Jahrhundert

Am Ende des 19. Jahrhunderts beginnt die *Belle Époque*, die mit der Weltausstellung von 1889 gleichsam eröffnet wird; es ist der künstlerische Ausdruck der Zeit von 1900 bis 1914. Es ist eine Zeit des wirtschaftlichen Wohlstands und damit auch eine künstlerisch reiche Zeit. Am Ende dieses Jahrhunderts werden die großen Ideen aufgekündigt, die die Welt geleitet haben. Der technische Fortschritt, der Einsatz neuer Materialien auch für künstlerische Schöpfungen zeigen die schöpferische Kraft der «Avantgardisten». Die Generation von 1900 stößt sich an den Brüchen, die durch die moderne Zivilisation und die moderne Kunst entstanden sind. Angesichts dieser Umbrüche bedarf es einer Kunst, die Widerstand leisten kann. Die erste Sezession – eine Künstlervereinigung, die den Konservatismus und staatlichen Paternalismus in den Künsten ablehnt – ist die *Münchner Sezession*

von 1892. Es ist dies eine Sezession im Sinne der Abspaltung von offiziellen Organisationen. Die nächste folgt in Wien 1897, bei der **Klimt** sich profiliert. Die Einführung fremdländischer Exponate im Zusammenhang der kolonialen Expansion eröffnet den europäischen Künstlern neue Horizonte. Die Entdeckung dieser sogenannten «primitiven» Kunst bringt sie zum Dialog mit ihrem Material, macht die Ausführung als solche wichtig und nähert die Künstler dem «Machen» an. In der Malerei befreien sich der Expressionismus mit der Künstlergruppe **Die Brücke** und der Fauvismus mit **Matisse**, **Derain**, **Vlaminck** von der reinen Darstellung. Die wichtigsten Kunstströmungen sind zunächst der Kubismus – im Sinne Cézannes, der analytische, der synthetische Kubismus –, was bis zu den 1930er Jahren währt. Es folgt die abstrakte Kunst ab ca. 1910; der Futurismus, der ungefähr zur gleichen Zeit entsteht; danach Dada, der sich 1916 um den Dichter **Tristan Tzara** und den Maler **Hans Arp** entwickelt. Der Surrealismus kündigt sich schon 1910 mit den Bildern von **De Chirico** an, wendet sich in den Folgejahren dem Dadaismus zu, definitiv dann 1922 bis 1924.

Die Brücke und der Expressionismus in Deutschland

Im Sommer 1905 schließen sich in Dresden vier Architekturstudenten, **Ernst Ludwig Kirchner** (1880–1938), **Erich Heckel** (1883–1970), **Karl Schmidt-Rottluff** (1884–1976) und **Fritz Bleyl** (1880–1966), zur Künstlergruppe *Die Brücke* zusammen. Später stoßen Otto Mueller und Cuno Amiet hinzu, für kurze Zeit auch **Emil Nolde** (1867–1956). Sie wollen der Kunst eine lebensnahe und intensivere Wendung geben. Ähnlich wie die Fauves um Matisse und Derain verwenden sie ungemischte, kontraststark nebeneinander gesetzte Farben, kantige Formen und dynamische Raumansichten. Ausstellungen ihrer Arbeiten treffen auf Unverständnis und Kritik.

Der Expressionismus betont Fläche und Lokalfarbigkeit. Der Zugriff auf die Wirklichkeit grenzt sich von der Sinnlichkeit des Impressionismus durch starke Emotionalität ab. Er rückt die radikale Zerstörung der Formen in den Mittelpunkt und richtet sich durch eine Ästhetik der Hässlichkeit gegen Bürgerlichkeit und Naturalismus. Maßgeblich inspiriert ist der Expressionismus von der Gotik, den manieristischen Gemälden El Grecos sowie von Kunst aus Afrika und dem pazifischen Raum, die zur selben Zeit erstmals in Europa gezeigt wird. Zu den bevorzugten Sujets zählen die Großstadt und ihre Nachtseiten, Untergang und apokalyptisches Grundgefühl, seelische Zerrissenheit, psychische Grenzerfahrungen und rauschhafte Zustände. Zu den Vertretern des Expressionismus gehören neben den Mitgliedern der *Brücke* und des *Blauen Reiter* auch **Max Pechstein** (1881–1955), **Ludwig Meidner** (1884–1966) und **Peter August Böckstiegel** (1889–1951).

Der Blaue Reiter

Der Blaue Reiter ist eine lose Künstlervereinigung, die ihre Arbeiten 1911 und 1912 in München ausstellt. Ihre Gründer sind **Wassily Kandinsky** (1868–1944), der ab 1910 den Schritt in die Abstraktion vollzieht, und **Franz Marc** (1880–1916). Der Name *Der Blaue Reiter* ist einer Arbeit Kandinskys entliehen. In den Jahren 1911 und 1912 geben sie einen Künstleralmanach gleichen Namens heraus. Darin propagieren sie mit Bildern und kunsttheoretischen Aufsätzen eine gleichberechtigte Union von mittelalterlicher und primitiver Kunst mit zeitgenössischen Strömungen (Kubismus, Fauvismus). 1913 löst sich die Gruppe nach internen Streitigkeiten auf. Den Ideen Kandinskys und Marcs eng verbunden fühlen sich die Malerinnen **Gabriele Münter** (1877–1962) und **Marianne von Werefkin** (1860–1938), die Künstler **August Macke** (1887–1914), **Alexej von Jawlensky** (1864–1940) und **Paul Klee** (1879–1940) sowie der Komponist und bildende Künstler **Arnold Schönberg** (1874–1951).

Kubismus: Les Demoiselles d'Avignon

Der Kubismus bezeichnet die malerische Revolution, die sich 1907 und 1908 mit **Pablo Picasso** und **Georges Braque** ereignet, denen bald **Fernand Léger** und **Robert Delaunay** folgen. Das Wort «Kubismus» hat seinen Ursprung in einer Überlegung von Henri Matisse, der, als er vor den Bildern von **Georges Braque** (1882–1963) stand, behauptete, sie seien ihm vom Standpunkt der Komposition wie ein Ansammlung kleiner Kuben erschienen. 1907 malt Picasso die Figurengruppe *Les Demoiselles d'Avignon*, die nackte Frauen an einem Vergnügungsort zeigt. Dieses Bild gilt als Gründungstat des Kubismus. Ehe er dieses für den Kubismus so wichtige Werk vollendet, macht Picasso zahlreiche Skizzen und Vorstudien. Er benutzt die Deformation und baut damit seine Karikatur der Frauen auf. Die drei links dargestellten Frauen verraten einen gewissen Einfluss von Gauguin, während die Frau auf der rechten Seite den Betrachter vor allem an afrikanische Kunst denken lässt. **Der Kubis-**

mus entsteht mit der Frau unten rechts auf dem Bild: Seit dieser Figur erschafft Picasso eine Synthese aus verschiedenen Blickwinkeln. Zum ersten Mal seit der Renaissance, die die Perspektive thematisiert hatte, kommt eine neue Darstellungsweise des Raumes in der Fläche auf. **Braque** und **Picasso** wollen die inneren Gesetze der künstlerischen Schöpfung aufdecken, also nicht mehr deren Prozess verdecken, sondern ihn geradezu enthüllen. Das Thema verschwindet vor dem «Wie» des Malens. **Drei Kubismus-Perioden** sind zu unterscheiden:

- **Der Kubismus im Sinne Cézannes bzw. der Präkubismus von 1906 bis 1909**: Er ist durch die Darstellung von Volumen auf ebener Fläche gekennzeichnet. Diese Etappe des Kubismus ist durch den Japonismus bestimmt, was die Parallelperspektive und die glatten Farbflächen angeht, sowie von der «primitiven» Kunst Afrikas. Die Arbeit von **Paul Cézanne** bedient sich des Kubus, des Kreises und aller geometrischen Formen, um durch Mal-Technik die Natur darzustellen.

- **Der analytische Kubismus**, ca. von 1909 bis 1912: Er weist mehrfache Blickwinkel auf. Die Einzigartigkeit nur eines Blickpunktes ist hier aufgegeben. Der analytische Kubismus will die Wirklichkeit durch geometrische Formen wiedergeben, so dass die Oberfläche der Wirklichkeit gleichsam verschwindet. Diese zweite Phase ist durch begrenzte Farbwahl bestimmt: Grau, mattes Blau und Grün, in die das Licht in allen Teilen des Bildes gebrochen wird; vgl. Picasso: *Der Teich von Horta*. Der Kubismus wird immer weniger «lesbar»; vgl. Braque und sein *Château de La Roche-Guyon* (1909).

- **Der synthetische Kubismus**, ca. 1912 bis 1925: Er will die Gegenstände auf neue Weise einfangen. Hier wird das Thema, der Gegenstand nicht mehr durch Repräsentation wiedergegeben, sondern durch Anspielung. Die realistischen Teile stehen im Kontrast zu den geometrischen. Die Farbpalette besteht aus Farbabstufungen, wie zum Beispiel in Picassos *Violine* von 1912. Die Einführung der Collage-Technik bringt Elemente aus der Wirklichkeit in das Bild ein; verschiedene Materialien treten in Konkurrenz mit der eigentlichen Natur. Das verklebte Papier wird zum wichtigen Hilfsmittel für den räumlichen Ausdruck.

Die Kubisten der zweiten Generation

Die Umwälzungen, die der Kubismus bewirkt, haben auf der anderen Seite eine entsprechende Ablehnung und Entrüstung zur Folge. Der Kunsthändler **Daniel-Henry Kahnweiler** hat großen Anteil an der Verbreitung des Kubismus, vor allem in Deutschland und Mitteleuropa. Er macht die zweite Generation der Kubisten bekannt, die nichts dagegen haben, an Salons und Ausstellungen teilzunehmen. Der *Salon des Indépendants* und sein berühmter Saal 41 vereinigen im Jahre 1911 mehrere Maler, darunter **Albert Gleizes**, **Fernand Léger** und **Robert Delaunay**. Sie wollen die neue Art der Malerei mit ihrer komplizierten Farbgebung aus braunen, ockerfarbenen und dunklen Grüntönen bekannt machen. Was sie von Braque und Picasso unterscheidet, ist, dass ihr Interesse eher dem Gegenstand als dem Thema gilt. Dennoch distanziert sich **Fernand Léger** mehr und mehr davon, indem er der Form einen gewichtigen Rang einräumt, vor allem den Volumina. Er bedient sich intensiver Kontraste von Fläche und Volumen, von Farbe und Linie, was etwa für *Die Raucher* (1912) gilt. Auch Delaunay unterliegt dem Einfluss von Cézanne, doch führt er das Spiel des Lichts in die Objekte ein, zu sehen in der Serie *Saint-Séverin* (1909), wo die Form aufgelöst wird, mehr noch in *Tour Eiffel* (1911). Delaunay wendet später eine Technik der Farbabstufungen an: *Ville de Paris* (1910); diese Technik wird er beibehalten. Doch der Kubismus zieht auch andere Künstler an. **Juan Gris** (1887–1927), Landsmann von Picasso, übernimmt ab 1912 den analytischen Kubismus mit seinem *Porträt von Picasso* (1912) oder dem *Lavabo* (*Waschtisch*, 1912). **Marcel Duchamp** (1887–1968) zeigt sein Interesse für den Kubismus in den *Schachspielern* (1911).

Picasso und seine Perioden

Pablo Picasso (1881–1973), in Südspanien geboren, studiert und arbeitet in Barcelona, Madrid und Paris. Er wird zum Inbegriff der klassischen Moderne.

- **1901 bis 1904: Die Blaue Periode** ist von fast monochromer, absichtlich kalter Farbigkeit. Dieses Blau wird benutzt, um die Sicht wiederzugeben, die der Maler von der Welt hat: eine Mischung aus Angst, Pessimismus, voll Mitgefühl für das menschliche Unglück. Picasso malt Bettler, Blinde, Krüppel: *La Celestina* (1904), *Zwei Schwestern* (1904).

■ **1904 bis 1906: Die Rosa Periode** bezeichnet den Gebrauch von Rosa- und Orange-Farbtönen. Die Bilder sind weniger expressionistisch. Es gibt zahlreiche Bezüge zur Welt des Zirkus und des Zoos: *Junge mit Pferd* (1906), *Die Gaukler* (1905). Der Realismus, der die Jugendwerke bestimmt, weicht der formalen Auseinandersetzung mit der Kulisse, wobei der Raum eingeebnet, also seiner Tiefe beraubt wird.

■ **Die kubistische Periode** ist durch die Suche bestimmt, die Picasso gemeinsam mit Braque unternommen hat, den Gegenstand von allen Seiten darzustellen. Es finden sich viele Personendarstellungen mit maskenhaften Gesichtern, die von afrikanischer Kunst und von geometrischen Figuren inspiriert sind.

In den 1920er Jahren spricht man von einer griechisch-römischen Periode mit ihren Darstellungen groß dimensionierter neoklassizistischer Figuren. Engagierte Kunstwerke erscheinen, wie etwa *Guernica* von 1937, Porträts von Stalin, nachdem Picasso 1944 der Kommunistischen Partei beitrat. **Seit den 1950er Jahren** spaltet sich seine Produktion auf: Er fertigt Keramiken, Skulpturen, Lithographien und Plakate.

Abstrakte Kunst: Kandinsky, Malewitsch, Mondrian

Paul Klee antwortete auf die Frage, was die Kunst seiner Epoche sei: «Kunst gibt nicht das Sichtbare wieder, sondern Kunst macht sichtbar. Das Wesen der Graphik verführt leicht und mit Recht zur Abstraktion.» (aus: *Schöpferische Konfession*, 1920) Diese um 1910 neue künstlerische Vorgehensweise, die neue Sprache, entstanden aus den Erfahrungen der Fauvisten und Expressionisten, ist der Ursprung der verschiedenen – geometrischen und konstruktiven – Abstraktionen. Die mimetische Darstellung der äußeren Welt wird aufgegeben. Drei Männer sind die hauptsächlichen Vertreter diese Richtung: **Wassily Kandinsky**, **Kasimir Malewitsch**, **Piet Mondrian**. Weitere Künstler wie **Francis Picabia**, **František Kupka** oder **Robert Delaunay** gehören gleichfalls dieser Richtung an. Diese Pioniere eröffnen den Weg zu weiteren abstrakten Kunstströmungen, dem Orphismus, dem Suprematismus oder der Künstlergruppe *Section d'Or – Goldener Schnitt*. Die erste Gruppe, die die Abstraktion in der Malerei für sich in Anspruch nimmt, ist der *Blaue Reiter* um den Maler Wassily Kandinsky, 1911.

■ **Wassily Kandinsky** (1866–1944) hat 1910 als erster ein Bild gemalt, das frei von allem Bezug zur Realität ist. Seine eigentliche Karriere als Künstler beginnt 1908, als er auf der Rückkehr von Deutschland ist. Auf die Frage, was den Gegenstand ersetzen kann, antwortet er mit dem Schock seiner Farben und Linien. Er war Mitglied mehrerer Künstlervereinigungen in Deutschland, darunter *Phalanx* und *Der Blaue Reiter* (1911). In dieser Zeit verfasst er seine Schrift *Über das Geistige in der Kunst*. Im gleichen Zeitraum veröffentlicht er zwischen 1911 und 1913 den *Almanach Der Blaue Reiter*, *Blicke in die Vergangenheit*, dazu Gedichte: *Klänge*. Später wird er darüber sagen, dass sie aus derselben Kraft hervorgehen wie seine Bilder. Über die Farbe kommt er auf den Weg zur Abstraktion; die geometrische Konzeption dagegen bestimmt von Anfang an die Werke von Malewitsch und Mondrian. Kandinskys wichtigste abstrakte Werke sind: *Komposition VI* (1913), *Komposition VII* (1913), *Improvisation 23* (1911), *Kleine Freuden* (1913), *Komposition X* (1939). Ab 1927 lässt sich die Orientierung hin zu geometrischen Formen in seinem Werk nachweisen, als Kandinsky die Bedeutung der Mathematik als gleichwertige Disziplin erkennt. Die Veröffentlichung seiner nächsten Schrift *Punkt und Linie zu Fläche* (1926) belegt, dass Punkt und Linie nicht nur in der Malerei, sondern auch in anderen Künsten eingesetzt werden. Linie und Punkt in der Malerei zeigen sich auf dem Bild in ihrer Stärke und ihrer Farbe und sind abhängig von der Raumzeit, hinter der sich die Vorstellung von Dauer und der Ausdehnung des Raumes verbirgt.

■ **Kasimir Malewitsch** (1878–1935) ist Maler, Theoretiker und Begründer des Suprematismus. Der Weg, den er einschlägt, um bei der geometrischen Abstraktion anzukommen, beginnt mit der Erfahrung des Kubismus, der ihm ermöglicht, sich von der Wahrnehmung des Objekts zu befreien und einen Weg zu finden, der zu einer «*gegenstandslosen Welt*» führt, so der Titel seiner Theorieschrift von 1927. Seine ersten Schöpfungen weisen impressionistische, divisionistische und symbolistische Einflüsse auf. Er trifft auf den analytischen Kubismus und wendet sich 1913 über die Technik der Collage dem synthetischen Kubismus zu. Zu dieser Zeit malt er *Das Schwarze Quadrat auf weißem Grund* (1915), das erste suprematistische Werk. In seinem suprematistischen Manifest *Vom Kubismus zum Suprematismus* aus dem Jahr 1915 fasst Malewitsch sein Denken zusammen: «Alles in der Welt ist Verschiedenheit; Unterschiede, Differenzen unter den Menschen kommen nicht zum Ausdruck ... Die Leinwand ist der Ort, an dem sich das Absolute enthüllt, das sich gegenstandslos manifestiert.»

■ **Pieter Cornelius Mondrian**, genannt **Piet Mondrian** (1872–1944), malt symbolistische Bilder, doch misst er dem Rhythmus seiner Bilder wie auch der Geometrisierung der Formen große Bedeutung bei. Als er sich in Paris niederlässt, entdeckt er den Kubismus von Picasso und sucht nach einer universellen Bildersprache. Seine Bemühungen münden in die Begegnung mit **Theo van Doesburg**, mit dem er das Manifest *De Stijl* herausgibt. Darin beherrschen zwei Regeln die künstlerische Schöpfung: die vollständige Abstraktion; die Begrenzung des Vokabulars auf die gerade Linie, die drei Primärfarben und den rechten Winkel. Die drei Primärfarben sind blau, gelb und rot; die Sekundärfarben sind weiß, grau und schwarz. Rechtecke, aus den Primärfarben bestehend, heben sich vor weißem Grund ab. 1923 präsentiert Mondrian die Ausstellung *De Stijl*; zwei Jahre zuvor gibt er ein Traktat heraus: *Der Neoplastizismus. Allgemeine Prinzipien des plastischen Gleichgewichts* (1920). Er zeigt bereits seine künstlerische Entfernung von den Regeln des *Stijl*. Seine Suche führt ihn zu Mathematik und Musik: *Das Schachbrett* und die *Rautenkomposition* (1921) sind von strengem, starkem Rhythmus, der sich zu einem Gerüst nach «mathematischem Maß» verdichtet. Mondrian gelangt zur reinen Plastik, wobei er von der Dekomposition der Form ausgeht und sich an eine Logik von Harmonie und Gleichgewicht zwischen den einzelnen Teilen hält.

De Stijl will auf die Fragen der Industriegesellschaft am Tag nach dem Ersten Weltkrieg antworten und dies in die Tat umsetzen, um neue gesellschaftliche Strategien zu erarbeiten. In diesen Jahren übt der *Stijl* einen beträchtlichen Einfluss auf die Avantgarde in Europa aus, und nach 1925 stoßen viele Künstler wie **Fernand Léger** (1881–1955), der dieser Bewegung kurzzeitig angehört, und **Auguste Herbin** (1882–1960) dazu. Paris wird in den 1930er Jahren die Hauptstadt der Bewegung und solcher Gruppen wie *Cercle et Carré – Kreis und Quadrat*, wo sich konstruktivistische Künstler zusammenfinden. Diese Bewegung entsteht 1929 parallel zum Suprematismus. Eine weitere Gruppe ist *Abstraction – Création*, 1931 gegründet; diese Künstlergruppe geht gegen die Allmacht des Surrealismus an und verteidigt die abstrakte Kunst.

Der Futurismus

Der Futurismus und der Orphismus

Das *Futuristische Manifest* wird 1909 vom italienischen Dichter **Filippo Marinetti** (1876–1944) im *Figaro* veröffentlicht. Der Futurismus will die Vibrationen des modernen Lebens wiedergeben. Die Futuristen verbinden demzufolge die Welt der Mechanik und Technik, in der sich Mensch und Maschine angleichen. Marinetti zieht Maschinen den antiken Skulpturen vor; zeitweilig steht er Mussolinis Bewegung nahe. **Umberto Boccioni** (1882–1916) mit *Die Stadt erhebt sich* und **Gino Severini** (1883–1966) mit seinem *Vorortzug bei der Ankunft in Paris* zeigen die Fusion von Mensch und Maschine. Diese beiden Maler wenden das System des Tupfens reiner Farben bis 1912 an, als sie zum ersten Mal in Paris ausstellen. Mit den Kubisten konfrontiert, übernehmen sie deren Technik der Fragmentierung von Körpern in der Fläche. Sie wollen nicht alle Aspekte eines Gegenstandes zeigen, sondern bedienen sich der Dekomposition von Körpern, um die Wirkung der Geschwindigkeit, der Bewegung und der Beschleunigung auf die Gegenstände und ihre Umgebung zu zeigen. Um diese Technik zu bezeichnen, sprechen die Futuristen von Gleichzeitigkeit: Sämtliche Momente einer Bewegung werden gleichzeitig dargestellt. 1912 verleiht **Guillaume Apollinaire** der Malerei von **Robert Delaunay** die Bezeichnung *Orphismus*; Delaunay wird bald zum Haupt dieser Bewegung, gerade auch mit seinen Bildern der Pariser Kirche Saint-Sévérin. Weitere Künstler schließen sich dem Orphismus an: **Fernand Léger**, **Marcel Duchamp**, **František Kupka**.

Futuristen anderswo

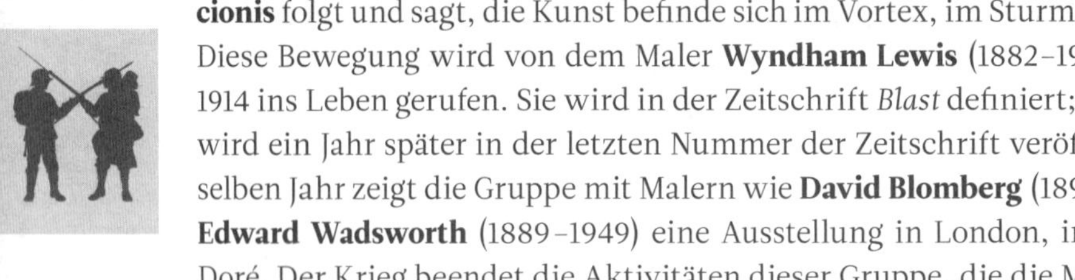

In England spricht man vom *Vortizismus*, wobei man der Idee **Umberto Boccionis** folgt und sagt, die Kunst befinde sich im Vortex, im Sturm der Gefühle. Diese Bewegung wird von dem Maler **Wyndham Lewis** (1882–1957) im Jahre 1914 ins Leben gerufen. Sie wird in der Zeitschrift *Blast* definiert; ihr Manifest wird ein Jahr später in der letzten Nummer der Zeitschrift veröffentlicht. Im selben Jahr zeigt die Gruppe mit Malern wie **David Blomberg** (1890–1957) und **Edward Wadsworth** (1889–1949) eine Ausstellung in London, in der Galerie Doré. Der Krieg beendet die Aktivitäten dieser Gruppe, die die Maschine, die Bewegung und die Geschwindigkeit verherrlicht.

In **Russland** spricht man vom *Rayonismus*, wie es die 1912 formulierte und in die Praxis umgesetzte Theorie von **Michail Larionow** (1881–1964) und **Natalija Gontscharowa** (1881–1962) besagt. Sie wollen das Strahlen der Gegenstände im Raum studieren und malen Bilder, die aus Farbstrahlen bestehen, die gegeneinander stoßen, um auf diese Weise die Interaktionen der Strahlen, die von den abgebildeten Gegenständen ausgehen, zu zeigen. Es soll ein Gefühl für die vierte Dimension entwickelt werden.

Der Dadaismus

Dada ist eine intellektuelle und künstlerische Bewegung, die 1916 in Zürich aufkommt, 1923 in Frankreich zu Ende geht, um im Surrealismus aufzugehen. Von **Tristan Tzara** (1896–1963) gegründet, will der Dadaismus die traditionelle Vorstellung von Kunst durch Lächerlichkeit und Provokation umstürzen.

- **Dada in New York** kommt 1915 auf, als **Duchamp** und **Picabia** dort eintreffen. Es beginnt die Epoche von Duchamps *Ready-mades*.

- **Dada in Berlin** erhält 1918 eine politische Konnotation: Die Malerei der Künstler der wichtigsten zeitgleichen Kunstströmungen – Expressionismus, Abstraktion, Kubismus, Futurismus – kann die Umwälzungen der jeweiligen Epoche nicht ausdrücken.

- **Dada in Köln** entsteht aus der Freundschaft von **Hans Arp** und **Max Ernst**.

Die Umstände, unter denen der Begriff Dada entsteht, sind jeweils andere. Weit davon entfernt, eine rein verneinende Bewegung zu sein, hat der Dadaismus die tiefsten, verborgenen Triebfedern von künstlerischer und dichterischer Schöpfung bloßgelegt. Er erschließt und betont die ewigen und universellen Gesetze der Kunst aller Zeiten und lässt alle Ausdrucksformen zu, ob Malerei, Theater, Photographie, Kino oder Bildhauerei.

Die Surrealisten: Von de Chirico bis Dalí

Die Bewegung

In einem Brief an seinen Kollegen **Paul Dermée** vom März 1917 schreibt der Dichter **Guillaume Apollinaire**: «Nachdem alles regelrecht erforscht wurde, glaube ich, dass man besser vom Surrealismus als vom Supranaturalismus spricht, wie ich es früher getan habe.» Von den «Herren Philosophen» benutzt und auch von **Gérard de Nerval** in seiner Widmung zu den *Filles du Feu – Töchter der Flamme* (1854), kann der Begriff Supranaturalismus also nicht mehr Apollinaires *Brüste des Tiresias* (1917) adäquat beschreiben. Im Vorwort zu diesem Stück sagt Apollinaire, dass er damit eine «Rückkehr zu Natur» durchführt, sich dabei aber weder der Photographie noch eines ausgesprochenen Symbols bedient habe: «Um mein Drama zu charakterisieren, habe ich mich eines Neologismus bedient, den man mir verzeihen wird, denn dergleichen passiert mir selten. Ich habe das Adjektiv *surrealistisch* gebildet, was ganz gewiss nicht *symbolistisch* bedeutet.» Dieser Begriff wird dann von **André Breton** in seinem Manifest «Pour Dada – Für Dada» benutzt, danach 1924 von Yvan Goll als Titel einer Zeitschrift, die nur eine einzige Nummer haben wird und die aus dem Surrealismus eine «Umsetzung der Wirklichkeit in eine höhere Ebene» macht. Die surrealistische Idee kommt mit Dada in der Zeitschrift *Littérature* (1919–1923) in Fahrt, in welcher die ersten Kapitel der *Champs magnétiques – Magnetische Felder* erschienen. Sie gelten als das erste surrealistische Werk, da sich hier die ersten Zeugnisse der Écriture automatique finden. Als André Breton 1922 sich von Dada verabschiedet, braucht er knapp zwei Jahre, bis das angefangene Projekt im *Manifeste du Surréalisme* fertiggestellt ist. Bréton definiert den Surrealismus so: «Ein reiner psychischer Automatismus, mit dem man mündlich oder schriftlich oder auf jede andere Art die eigentliche Wirkungsweise des Denkens ausdrücken kann; vom Denken bei Abwesenheit jeglicher vom Verstand ausgeübten Kontrolle diktiert, außerhalb jedes ästhetischen oder moralischen Anliegens.»

Der Surrealismus ist keine neue künstlerische Schule, sondern es geht um die Erforschung neuer Erkenntniswege: Traum, Unbewusstes, halluzinatorische Zustände, Verrücktheit; alles also, was nicht von der Logik abhängt. Paris spielt eine zentrale Rolle bei der Durchdringung des Wirklichen und des Vorgestellten; es begünstigt den Zufall der Begegnungen; einen Zufall, der gleichsam als göttlich gilt und das Heilige in das alltägliche Leben einbringt.

Um Breton herum versammeln sich Louis Aragon, Paul Éluard, Benjamin Peret, Robert Desnos, Philippe Soupault, Max Ernst, Man Ray, Francis Picabia, Marcel Duchamp und Juan Miró, um nur die wichtigsten zu nennen. Die Zeitschrift der Surrealisten ist ab 1930 *Le Surréalisme au service de la Révolution*, womit die politische Orientierung der Gruppe offen genannt ist, die sich 1927 der KP angeschlossen hatte. Dieses politische Engagement und die Persönlichkeit Bretons geben Anlass zu manchen Austritten, etwa von Antonin Artaud und Soupault, aber auch zu manchem Neuzugang mit der Veröffentlichung neuer Werke im Jahr 1929, etwa von René Char oder Francis Ponge.

Die surrealistische Malerei

In Malerei, Architektur und Skulptur erweist sich der Surrealismus als Teil einer Tradition, in der der Traum, das Phantastische, Wunderbare und Mythische eine bedeutende Rolle spielen. Doch erst durch den Rekurs auf neue Materialien, noch nie dagewesene Techniken, die zuweilen von Dada oder vom Kubismus entlehnt wurden, wird diese Bewegung wirklich innovativ.

In *Le Surréalisme et la peinture – Der Surrealismus und die Malerei* von 1928 präzisiert André Breton die Rolle, die die Plastik innerhalb der Bewegung spielt. Tatsächlich startet die Zeitschrift *La Révolution surréaliste* 1925 mit der Veröffentlichung von Bretons Essay. Damit wird eine Theorie skizziert, die die Malerei-Experimente aller Richtungen vereinen soll. Die Idee dahinter ist, zu zeigen, dass es *die* surrealistische Malerei gibt oder zumindest eine, die der surrealistischen Bewegung nicht widerspricht.

■ **Giorgio de Chirico** (1888–1978) arrangiert auf seinen Bildern die Szenerie eines visionären Universums. Er gilt als Erfinder der metaphysischen Malerei und kommt 1911 nach Paris. Seine ersten Bilder, seine ersten Selbstporträts und Porträts, bezeugen bereits seine Orientierung am Traum. Später entstehen Architektur-Kompositionen; es ist der Beginn der Periode der Arkaden und der italienischen Orte. Die einsamen Statuen, die ihre Schatten auf verlassene Plätze werfen, Silhouetten verlassener Fabriken oder aufgegebene Tempel sind Themen dieser Periode. Auf die Periode der Statuen folgt die der statuenhaften Gestalten und der Interieurs. Die metaphysischen Interieurs entstehen während des Ersten Weltkriegs in Ferrara und zeigen die beunruhigende Tragik der Zeit. Die Jahre von 1920 bis 1935 sind durch die Rückwendung zu einem gewissen Pluralismus gekennzeichnet. In den 1940er Jahren werden frühere Werke aufgenommen, etwa die Periode der Arkaden.

■ **Max Ernst** (1891–1976) will die künstlerische Ausdrucksmöglichkeit um den Bereich des Unbewussten erweitern. Durch Einsatz von Reibetechnik, Collage und Abziehbildern überschreitet er die herkömmliche Technik. Er entzieht sich jeglicher Logik, indem er mit der Vielfalt der Sinne spielt. Die **Reibetechnik** besteht darin, mit einer Bleimine auf einem Blatt Papier zu reiben, das auf den Boden gelegt wurde, so dass ein regelrechtes Bestiarium entsteht, dem Phantasmagorien entspringen. Die **Collage** besteht darin, eine gewisse Anzahl von Elementen aus bereits existierenden Werken, Botschaften oder Ensembles zu entnehmen und sie in eine neue Schöpfung zu integrieren – was hier bedeutet, sie in eine erdachte Gestalt zu bringen, indem man sie neben- und übereinanderfügt. Die **Schabetechnik** besteht darin, das Pigment von der Leinwand zu schaben. 1929 stellt Max Ernst seinen «ersten Collage-Roman» der surrealistischen Bewegung fertig und nennt ihn *La Femme 100 Têtes* – ein Wortspiel; wörtlich *Die Frau mit 100 Köpfen*, was auf Französisch ausgesprochen auch wie «Die Frau ohne Kopf» klingt. Hauptsächlich wegen Breton verlässt er die Gruppe der Surrealisten und beginnt 1934 mit der Bildhauerei. Im Zweiten Weltkrieg flieht Ernst in die USA, nach New York. 1953 kehrt er nach Frankreich zurück und lässt sich in Paris nieder.

■ **Joan Miró** (1893–1983) hat bei den Surrealisten eine neue Sprache erschaffen, die auf Kraft und spontanem Ausdruck besteht. Nach seiner Ankunft in Paris 1919 schließt er Freundschaft mit Malern und Dichtern wie Tzara, Max Jacob und Picasso. Während eines langen Aufenthalts auf dem Bauernhof in Mont-roig del camp bei Tarragona malt er sein erstes Bild: *Der Bauernhof* (1921–1922). Er studiert bis ins kleinste Detail die Tiere des Hofes, Pflanzen und alltägliche Gegenstände. 1925 hat ein innerer Konflikt eine Veränderung seines Stils zur Folge. Die Surrealisten wollten die Rolle des Traumes und des Unbewussten bei der Entstehung der Träume zeigen. Dies war der Anfang der wunderbaren Serie der *Traumbilder*. Ab 1925 bringt er eine regelrechte Geographie von gleichsam schwerelosen bunten Zeichen auf die Leinwand auf. Er will keinen realen Raum oder reale Dinge darstellen und verlässt sich ganz auf seine Phantasie. Ein spielerisches Universum kommt mit den Wesen auf, deren freie Formen an Amöben, an Rosskastanien oder Seegurken erinnern; es sind Wesen, die sich mithilfe von Wimpernschlägen bewegen und sich zu punktierten, wolkenartigen Gebilden verlängern. Miró bringt Worte und Sätze auf die Leinwand und will so die Grenzen der Malerei überwinden und sie mit der Poesie verbinden. Von 1935 bis 1938 erschei-

nen die *Wilden Bilder:* aufgewühlte Personen in trostloser Landschaft. Die Bilderserie *Konstellationen* reflektiert zwischen 1939 und 1941 das innere Drama Mirós. Erst 1944 beginnt er wieder zu malen; es entstehen Bilder von großer Leichtigkeit, die 1961 großen, mit punktierten Linien versehenen Flächen weichen, so etwa im Triptychon *Bleu I, II* und *III.* Sie zeigen, was Miró seit langem wollte: «das Maximum an Intensität mit einem Minimum an Mitteln» erreichen.

■ **Yves Tanguy** (1900–1955) ist spät zur Malerei gekommen. Die ersten Bilder sind von 1923, sie sind sehr von de Chirico beeinflusst. Tanguy überlässt sich dem Automatismus, so in *Das Gewitter* (1926). Er malt seltsame Kreaturen und von Max Ernst entlehnte Elemente, aber auch leere Strände oder verlassene Universen. 1948 wird er amerikanischer Staatsbürger und nimmt nicht mehr an den Aktivitäten der Surrealisten teil.

■ **René Magritte** (1898–1967) lässt sich von 1927 bis 1930 in Perreux-sur-Marne nieder, nachdem er in Brüssel, wo er lebte, eine surrealistische Gruppe gebildet hatte. Sein Werk bringt den Betrachter wieder zum Staunen, angesichts scheinbar schlichter Bilder, die aber einer anderen Logik folgen. Magritte ist dem Surrealismus zuzurechnen, weil er eine Beunruhigung in einer zunehmend entfremdeten Welt ausdrückt. Er hat eine Bild-Theorie erarbeitet, die ihn dazu bringt, Dinge zusammenzubringen, die nicht zusammengehören, wodurch eine fremde Welt entsteht. Er malt reale Gegenstände, doch mit neuer Absicht, löst sie aus ihrem angestammten Zusammenhang und stellt sie in einen neuen hinein, damit sie uns fremd erscheinen und wir Fragen stellen. Zwischen 1943 und 1947 gibt er den Stil auf, der ihm zu intellektuell schien, und wendet sich überschwänglich der Farbe zu. Von den 1950er Jahren bis zu seinem Tod findet er zum Poetischen zurück.

■ **Salvador Dalí** (1904–1989) versucht in seinem Werk das darzustellen, was er von **Sigmund Freud** gelernt hat. Doch sein Werk zeigt auch ihn selbst, diesen Extravaganten, der sich nicht scheut, 1964 das *Tagebuch eines Genies* zu veröffentlichen. Seine entscheidende Begegnung mit den Surrealisten geschah 1926, bei seiner ersten Reise nach Paris. Sechs Jahre später nimmt er an einer surrealistischen Ausstellung in den USA teil, wo er großen Erfolg hat. Doch bald schließt ihn André Breton aus der Gruppe aus und wirft ihm seine Bewunderung für Hitler und den Faschismus vor. Dalí übt noch andere Künste aus und hinterlässt eine bedeutende Produktion im Bereich von Keramik, Skulptur,

Photographie, Lithographie und Film; er arbeitet an zwei Drehbüchern für **Luis Buñuel** mit, *Ein andalusischer Hund*, 1929, und *Das Goldene Zeitalter*, 1930. Manche Symbole sind in seiner Malerei allgegenwärtig: Krücke, Igel, Ameisen, Brot, die zerfließenden Uhren, die das Raum-Zeit-Kontinuum vierdimensional illustrieren, die Schubladen der Erinnerung oder des Unbewussten.

2. Die Architektur von 1914 bis 1945

Frankreich und Le Corbusier

Seit den 1920er Jahren prägt ein Name die Welt der Architektur: derjenige von **Le Corbusier** (1887–1965). Seine Originalität besteht in seiner Fähigkeit zur Vereinfachung. Unter dem Pseudonym Le Corbusier bekannt, ist der schweizerisch-französische Architekt Charles-Édouard Jeanneret-Gris berühmt für sein Konzept der **Unité d'habitation** (Wohneinheit), woran er seit den 1920er Jahren arbeitet. Er veröffentlicht sein erstes Buch, *Vers une architecture – Ausblick auf eine Architektur* im Jahre 1923. Er entwirft Architektur als Gemälde in drei Dimensionen: Die Zentralität wird durch eine hierarchielose Struktur ersetzt; Objekte werden an die Peripherie und auf andere Ebenen versetzt, was die Wahrnehmung mehrerer Ereignisse zur gleichen Zeit ermöglicht. So entwirft er, ausgehend von seinen polyzentrischen Gebäuden, eine regelrechte Architektur-Promenade wie in der Villa La Roche (1923–1925). Von 1920 bis 1930 baut er mehrere Villen: in Vaucresson (Villa Besnus, 1922), in Paris (Maison Ozenfant, 1922) in Garches (Villa Stein, 1927), in Poissy (Villa Savoy, 1929–1931). Er zeigt mit diesen Bauten seine Vorliebe für geometrische Formen und seine Vorstellung vom Wohnhaus als eine «Maschine zum Wohnen». 1926 hat er seine *Fünf Punkte zu einer neuen Architektur* definiert:

- **Die tragenden Mauern** werden beseitigt; man kann über die Fassade verfügen; die innere Anordnung ist frei.

- **Der Grundriss** ist auf jeder Etage frei, was durch die unabhängige Tragkonstruktion erreicht wird.
- **Die freie Fassade** ist dünn und lässt das Licht eindringen.
- **Die Stützpfeiler** ermöglichen es, das Haus vom Boden zu «lösen», und befreien eine sonst verbaute Fläche.
- **Die Dachterrasse** übernimmt eine neue Funktion: die eines Ortes für Freizeit und Erholung.

Le Corbusier vermittelt die Frucht seiner gesamten Forschungen von 1912 bis 1966 in 35 Gebäuden. Nach dem Krieg widmet er sich vor allem dem Städtebau: *Cité radieuse* in Marseille (1952), eine *Unité d'Habitation*. Weitere wichtige Bauten Le Corbusiers sind: Kapelle Notre-Dame-du-Haut in Ronchamp; Kloster La Tourette (beide in Frankreich); Entwurf der indischen Stadt Chandigarh inklusive seiner eigenen Regierungsbauten dort. Sämtlichen Bauten Le Corbusiers liegt sein eigenes Entwurfsschema, der *Modulor*, zugrunde, der auf dem Goldenen Schnitt aufbaut.

Deutschland und das Bauhaus

Am Ende des 19. Jahrhunderts erlebt Deutschland einen bedeutenden industriellen Aufschwung, betreibt dabei aber keine Wohnungsbaupolitik, obwohl dies durch das Aufkommen des neuen Proletariats eigentlich notwendig gewesen wäre. Das Staatliche Bauhaus wird 1919 in Weimar vom Architekten **Walter Gropius** (1883–1969) gegründet. Er führt die frühere Kunsthochschule und die 1915 geschlossene Großherzoglich Sächsische Kunstgewerbeschule zusammen.

In der ersten Phase verfolgt das Bauhaus die revolutionären Ideen von **William Morris** (1834–1896) und der englischen *arts-and-crafts*-Bewegung. Ab 1923 orientiert man sich in Richtung Industrie und Technologie und vollzieht eine Synthese von Kunst und Industrieproduktion. Gropius formuliert als Ziel: «Das Bauhaus erstrebt die Wiedervereinigung aller werkkünstlerischen Disziplinen – Bildhauerei, Malerei, Kunstgewerbe und Handwerk – zu einer neuen Baukunst als deren unablösliche Bestandteile.» Er beruft namhafte Künstler zu Professoren, «Meister» genannt (die Studenten heißen «Lehrlinge»), **Johannes Itten**, **Lyonel Feininger**, **Josef Albers**, **Paul Klee**, **Wassily Kandinsky** und **Oskar Schlemmer**. 1924 werden von der neuen konservativen thüringischen Landesregierung die Arbeitsverträge des Direktors und der Meister gekündigt. Im folgenden Jahr bezieht das Bauhaus, nun mit dem Zusatz «Hochschule für Gestaltung», in Dessau ein von Gropius entworfenes Gebäude, er baut dort auch die Meisterhäuser für die Bauhauslehrer. In Dessau muss die Einrichtung 1932 schließen, ihr letzter Direktor, der Architekt **Ludwig Mies van der Rohe** (1886–1969), verlegt sie nach Berlin. Im Sommer 1933 schließt das von den Nationalsozialisten massiv angefeindete Bauhaus endgültig. Gropius emigriert 1934 in die USA, Mies van der Rohe folgt 1938.

Expressionismus in der Architektur

Seit 1918 verbreitet sich in **Deutschland** der Expressionismus, doch mit anderen Resultaten als in anderen europäischen Ländern. **Bruno Taut** (1880–1938) wird, nachdem er sein berühmtes, heute zerstörtes Glashaus auf der Werkbundausstellung 1914 in Köln gebaut hat, Leiter einer Gruppe von Architekten, der *Gläsernen Kette*, die die Architektur Deutschlands nach dem Krieg aufwerten wollen. Der Eisenbeton wird wie in Amerika und Frankreich eingesetzt, etwa bei der **Jahrhunderthalle** in Breslau (1911–1913) von **Max Berg**. In den Folgejahren entstehen noch revolutionärere Formen wie die Großmarkthalle in Frankfurt/Main (1926–1928) von Martin Elsaesser. Nach 1930 herrscht nicht nur die Tendenz zur humanen oder organischen Lösung der Bauaufgaben vor bzw. der Anpassung der Architektur an größere Erfordernisse der gesellschaftlichen Wirklichkeit; man verlangt auch intensivere Studien, die die Architektur in den Kontext von Stadt und Umgebung einpassen.

3. Die Skulptur von 1914 bis 1950: Kühnheit

Kühnheit und Befreiung

Die Kunst der Plastik tritt mit dem 20. Jahrhundert in eine evolutionäre Phase; sie wird wagemutiger und befreit sich von den Realismus-Zwängen der früheren Jahrhunderte. Nun zwingt der Künstler die Natur, sich seinen Visionen zu beugen, die für ihn die reale Welt, die ihn umgibt, ersetzen. Nie war die Verschiedenheit der Stile so groß. Beeinflusst von den ästhetischen Revolutionen zeigt die Bildhauerei die Suche nach Materialien, deren extreme Unterschiedlichkeit die Unruhe der Moderne ausdrückt, welche den Bruch mit der Tradition vollzogen hat. Die Skulptur des 20. Jahrhunderts verdankt ihre Befreiung einigen bereits als Malern bekannten Künstlern wie auch Berufsbildhauern derselben Zeit. **Aristide Maillols** *Méditerranée* (1905) kann als die erste große Statue des 20. Jahrhunderts gelten. Doch das erste Werk, das sich von den traditionellen Wegen der Bildhauerei lossagt, ist die *Gitarre* von **Picasso** (1914), aus Blech und ohne Sockel. **Matisse** beginnt 1894, dem Jahr seines Eintritts in die École des Beaux-Arts, mit seinen Skulpturen. Anfänglich macht er Tierskulpturen. Innerhalb von zehn Jahren erschafft er (von 1900 bis 1910) rund 70 Skulpturen, ohne sich um die Suche nach neuen Materialien zu kümmern. Andere

Maler führen die Skulptur zu ihrer vollständigen Autonomie. Man kann sich allerdings fragen, ob es eine kubistische Bildhauerei gibt, die keine stilistische Nachahmung der Malerei ist. Man hat ihr vorgehalten, dass sie immer zuvor von Malern ersonnen worden sei. Ab 1907 erscheinen neue Versuche der räumlichen Darstellung von Objekten. **Braque** und **Picasso** erschaffen die kubistische Skulptur. **Alexander Archipenko** (1887–1964), der als erster den Wert von Leerräumen intuitiv erfasst, lässt in seinen Werken konvexe und konkave Flächen abwechseln und setzt auch transparente Materialien ein.

Die Künste Afrikas und Ozeaniens üben in Paris zu Jahrhundertbeginn großen Einfluss auf die Künstler aus und lassen sie den Primat des Gegenstands über das Thema erkennen. Sie erfassen die Wirklichkeit durch die von ihnen gefundenen Zeichen, Embleme und Abkürzungen. Gemeint sind damit u. a. die «aktiven Leerräume» Archipenkos und die «Löcher» von **Ossip Zadkine** (1890–1967), die durchstoßenen Silhouetten von **Henry Moore** (1898–1986), dem Erneuerer der englischen Skulptur; die entmaterialisierten Körper der russischstämmigen Brüder **Antoine Pevsner** (1886–1962) und **Naum Gabo** (1890–1977) als Kontrapunkte zu Hans Arp; es zeigt sich bei ihnen die Dialektik des Konvexen und Konkaven, des Offenen und des Geschlossenen.

■ **Marcel Duchamp** (1887–1968) löst sich um 1913 von der Malerei und wendet sich den *Ready-mades* zu, den bereits «gemachten Sachen», die er wegen ihrer ästhetischen Neutralität auswählt: *Fahrrad-Rad* (1913), *Flaschentrockner* (1914), *Brunnen* (1917). Letzteres ist ein umgekipptes Urinal, das mit R. Mutt signiert ist und zeigt, dass jedes Objekt zum Kunstgegenstand werden kann.

Picassos Stierkopf

Die vielgestaltige schöpferische Aktivität von **Pablo Picasso** (1881–1973) geht in alle Richtungen, erstreckt sich auf alle Materialien; von seiner ersten Bronze-Figurine bis zu den großen, zerschnittenen, bemalten Blechen, seinen ersten Frauenköpfen aus Ton mit übereinandergelegten Rundformen, seinen dicken Körpern aus zusammenmontierten Blöcken. Der *Frauenkopf (Fernande)* von 1909 zeigt eine Behandlung der Oberfläche in Form kleiner Rauten. Picassos Originalität besteht in den verschiedenen, uneinheitlichen Objekten, die er zusammensetzt: so etwa Karton und Blech bei der *Gitarre* von 1914, oder Glas und Absinthlöffel für das *Absinthglas* von 1914; ferner Stoff, Holz und Metall für die *Konstruktion mit Blume* (1938). Der berühmte *Stierkopf*

(1942) verbindet einen Fahrradsattel mit einem Fahrradlenker. In den 1930er Jahren zeigt eine Reihe von meist weiblichen Statuetten, dass die Darstellung des deformierten menschlichen Körpers ihren Höhepunkt erreicht hat. Von 1940 bis 1950 folgt der Triumph der Skulptur aus Abfällen: *Frau mit Kinderwagen* (1950), *La Guenon et son Petit – Pavianmutter mit ihrem Jungem* (1952).

Brancusis Kuss

Vor **Constantin Brancusi** (1876–1957) hat niemand so sehr die reine Form gesucht und dabei die unebene Oberfläche so sehr vermieden. Brancusis Skulpturen beziehen ihre Kraft aus ihrer äußersten Einfachheit. Der *Kuss* (1907), eine seiner ersten und zugleich berühmtesten Schöpfungen, setzt sich von Rodin ab, dessen Methoden er ablehnt. In dem Moment, als er 1906 seine *Schlafende Muse* (letzte Version 1910, erste Version 1906) schafft, entdeckt er das Ei als Urform des menschlichen Kopfes; diese Form enthält alle anderen. In diversen Repliken formt er 1915 das *Neugeborene*, dann 1924 den *Anfang der Welt*. Brancusi konzentriert sich auf große, universelle Themen: Leben, Tod, Liebe. Ab 1910 nimmt auch das Tier einen wichtigen Platz bei ihm ein. Die *Maiastra* (1912), ein märchenhafter Vogel, ist in seiner ersten Version ein Versuch, seine Skulpturen in Szene zu setzen. In den letzten Versionen lässt er den Schnabel weg: *Der Vogel im Raum* (1921). Der Künstler will die Seele und das Sein darstellen; seine Arbeit dreht sich um das Unendliche: *Die endlose Säule* (1937), 30 m hoch, wird zum ersten Pfeiler im Sinne einer Phantasie-Architektur. Wenn auch die Tiere in seinem Werk einen bedeutenden Platz einnehmen – mit dem *Hahn* (1935) oder dem *Fisch* (1926) –, hat doch auch die menschliche Figur, die er in gleicher Weise behandelt, ihren Platz: *Mademoiselle Pogany* (1913), *Prinzessin X* (1915–1916). Sein Einfluss auf Künstler wie Arp, Archipenko und Pevsner und auch auf die amerikanische Skulptur der Jahre von 1960 bis 1970 ist sehr groß.

4. Die Philosophie in Europa vor 1945

Die zeitgenössische Philosophie ist weitgehend der des vergangenen Jahrhunderts verpflichtet. Die Entwicklungen und die Antworten, die die neuen Philosophengenerationen vorgebracht haben, nicht zuletzt dann die Wandlungen, die diese Philosophen der Ausrichtung der Philosophie haben angedeihen lassen, lassen neue Vorstellungen und Begriffe aufkommen. Sie stehen im Zentrum der zeitgenössischen Philosophie. Einige bedeutende Strömungen der Philosophie in Europa und den USA, die in Verbindung mit der gesellschaftlichen, politischen und wissenschaftlichen Wirklichkeit entstehen, haben eine ganze Palette von Lehren und Konzepten hervorgebracht. Zudem beeinflussen sie sich gegenseitig. An die historischen Ereignisse gebunden – Weltkriege, wissenschaftliche Entdeckungen – ist die zeitgenössische Philosophie durch ihre Vielfalt gekennzeichnet. Diese Vielfalt der Strömungen reicht von der Phänomenologie über den Existentialismus bis zur Erkenntnistheorie der Wissenschaften. Bis zu diesem Zeitpunkt hatte Philosophie sich auf den Bereich der Erkenntnis beschränkt, erweitert um Ethik und Politik.

Von Nietzsche bis ungefähr zu den 1960er Jahren ist die Philosophie eine Dekonstruktion des deutschen Idealismus, der Philosophie der Subjektivität, aber auch eine Dekonstruktion der metaphysischen Illusionen. **Das gesamte erste Viertel des 20. Jahrhunderts** wird zunächst von der analytischen Philosophie beeinflusst, deren wichtigste Begründer **Bertrand Russell**, **George Edward Moore** und **Ludwig Wittgenstein** sind. Ursprünglich will diese Philosophie zur Gewissheit einer Wissenschaft des Wissens vorstoßen wie auch zur Klärung der Sprache. **In den Jahren ab 1920 wird der logische Positivismus** durch den *Wiener Kreis* repräsentiert. Die analytische Philosophie wird von England und den nordischen Ländern beeinflusst. Die Sprachphilosophie bildet sich um Wittgenstein und wird nach 1950 die Grundlage der Schulen von Cambridge und Oxford. Die Phänomenologie lehrt die Analyse der Erkenntnis und die Beschreibung der Phänomene. Husserl ist der Begründer dieser philosophischen Ausrichtung. **Heidegger** gilt als einer der Vorläufer des Existentialismus, **Karl Jaspers** als theologischer Existentialist. Die Psychoanalyse hat mit **Carl Gustav Jung** eine bedeutende Wirkung auf die Phänomenologie.

Der Wiener Kreis und der logische Positivismus

Um den Physiker und Philosophen **Moritz Schlick** (1882–1936) sammeln sich ab 1922 Mathematiker wie **Hans Hahn** (1879–1934) und **Kurt Gödel** (1906–1978), Philosophen wie **Rudolf Carnap** (1891–1970) und der Soziologe **Otto Neurath** (1882–1945). Sie alle haben den Wunsch, eine neue Philosophie zu entwickeln, wobei die Erkenntnis im Zentrum ihrer Überlegungen steht. Sie müssen demzufolge eine wissenschaftliche Konzeption der Welt vorlegen, ausgehend von einer Methode. Die um die Wende zum 20. Jahrhundert zu verzeichnenden Fortschritte in Bereichen wie Logik, Begründung der Physik und der Mathematik beruhen auf einer Vorstellung von Erkenntnis, die man bislang vor allem von Kant übernehmen konnte und die in Deutschland vorherrschend war. Die Philosophie bildet eine wissenschaftliche Sprache aus, die auf zwei Begriffen von Wahrheit begründet ist: auf Logik und analytischer Erkenntnis einerseits, auf Tatsachen und positivem Wissen anderseits, daher auch der Begriff des logischen Positivismus. Die Bewegung beendet 1938 ihre Aktivitäten in Wien, hat aber ein Nachleben in den USA und in England.

Der erste und der zweite Wittgenstein

In Wien entstehen die Grundlagen des zeitgenössischen Denkens. Zu seinen Lebzeiten hat **Ludwig Wittgenstein** (1889–1951) nur ein einziges Buch veröffentlicht, den *Tractatus logico-philosophicus* (1921). Er will eine Antwort auf die Frage geben: «Was kann man ausdrücken?» Eine der beherrschenden Fragen seiner Schrift ist die nach der Möglichkeit der Sprache, Inhalte darzustellen, wenn man über die Welt spricht und etwas Wahres aussagen möchte. Zweierlei Realitäten stehen sich gegenüber: die der Sprache und die der Welt. Erstere präsentiert sich als Gesamtheit der Propositionen, der inhaltlichen Aussagen; Letztere zeigt die Tatsachen. Die Bedingungen der Möglichkeit zum Diskurs stellen einen strengen Gegensatz dar zu dem, was «gesagt» werden kann, und dem, was nur «gezeigt» werden kann. Der *Tractatus* ist eine Kritik der Ausdrucksweisen von Wissenschaft und Philosophie; es folgt im Buch zudem eine Reihe von Aphorismen. 1911 nimmt Wittgenstein in Cambridge an den Kursen von Bertrand Russell teil, als dieser seine *Principia Mathematica* fertigstellt. Sehr schnell hat Wittgenstein Zweifel am wissenschaftlichen Charakter der Philosophie Russells. In seinem *Tractatus* besteht er auf den philosophischen Problemen als falschen Problemen, «deren Formulierung auf einem schlechten Verständnis der Logik unserer Sprache» beruhe. Er endet mit einer Anregung zum Schweigen: «Wovon man nicht sprechen kann, darüber muss man schweigen.»

In seinem erst postum erschienenen Spätwerk, das man als den **zweiten Wittgenstein** bezeichnet, in seinen *Philosophischen Untersuchungen* (1953) also, richtet er die Frage über die Sprache neu aus und wendet sich der Analyse verschiedener Sprachen und dem Regelsystem zu, das diese regiert. Er interessiert sich weniger für Sprache als Zugang zur Wahrheit, hat vielmehr ihren täglichen Gebrauch im Sinn. Die Betonung legt er auf die «Sprachspiele», die genauen Normen verpflichtet sind, um die sprachlichen Interaktionen zu bewirken, die zwischen Menschen stattfinden. So wie der *Tractatus* zum Ausgangspunkt des logischen Positivismus wird, löst auch der zweite Wittgenstein eine Denkrichtung aus, die der Philosophie der Umgangssprache gewidmet ist. Deren wichtigster Vertreter ist der Engländer **John Langshaw Austin** (1911–1960), in den 1950er Jahren Professor in Oxford. Dessen Buch *How to Do Things with Words* (deutsch: *Zur Theorie der Sprechakte*) ist eine Darstellung der Sprachtheorie.

Frege und Russell: Die Sprache

Gottlob Frege (1848–1925) gilt als einer der Begründer der zeitgenössischen Logik. Auch wenn er einer der Begründer der Sprachphilosophie ist, so wird doch erst **Bertrand Russell** (1872–1970) deren Ideen verbreiten. **Frege** legt, um die Intuition besser auszuschalten, die Arithmetik der Verbindungen frei, die die Intuition an die natürlichen Sprachen binden, indem sie sie in einem System konventioneller Zeichen umformulieren. Freges These besteht im Nachweis, dass die Mathematik aus der Logik abgeleitet werden kann, und wird als **Logizismus** bezeichnet.

Die Phänomenologie Husserls

Edmund Husserl (1856–1938), ausgebildeter Mathematiker, wendet sich unter dem Einfluss von **Franz Brentano** (1838–1917) der Philosophie zu. Er veröffentlicht 1891 die *Philosophie der Arithmetik*, im Jahre 1900 die *Logischen Untersuchungen*, dann *Die Philosophie als strenge Wissenschaft* (1910–1911), 1936 schließlich *Die Krisis der europäischen Wissenschaften und die transzendentale Phänomenologie*. Er will die Begründung der wissenschaftlichen Wahrheit liefern, ohne auf Positivismus und Psychologie zurückzugreifen. In seinen *Logischen Untersuchungen* ist die Phänomenologie, noch ehe er ihren Status 1931 in den *Cartesianischen Meditationen* präzisiert hat, viel mehr als eine Erkenntnisphilosophie: Sie ist eine Wissenschaft, die das Band zwischen Ich und Welt neu knüpfen kann, zwischen Subjekt und Objekt. Es gibt eine ständige und wechselweise Interaktion zwischen dem Bewusstsein des Subjekts und der Welt. Die beiden Vorstellungen, auf denen die Phänomenologie grün-

det, sind Intentionalität und Präsenz. Erstere ist die Bewegung des Bewusstseins hin zur Welt; Letztere ist die Rückkehr der Welt ins Bewusstsein. Die Präsenz in der Welt ist eine grundlegende und existentielle Erfahrung des Menschen. Husserls Phänomenologie will eine Überwindung des Empirismus und des Idealismus sein, indem sie die cartesianische Intuition und die kantische Konstitution über den Begriff der Gabe, der Zuwendung – im eigentlichen Wortsinn – mit dem Bewusstsein verbindet. **Martin Heidegger**, der das Feld der Phänomenologien der Existenz durch eine kritische Ontologie der Metaphysik eröffnet, wird der erste Gegner Husserls.

Die Philosophen der Erkenntnistheorie

Was versteht man unter Epistemologie bzw. Erkenntnistheorie? Der Ausdruck *épistémè* (griechisch für Wissen, Wissenschaft) ist dem der *doxa* (Meinung) gegenübergestellt. Die Erkenntnistheorie untersucht die Bildung und Struktur von wissenschaftlichen Begriffen und Theorien, den Gegenstand und die Tragweite dieser Begriffe, die Grenzen und Bedeutungen des wissenschaftlichen Handelns. Ihre Methoden betreffen also Probleme der Bedeutung der Wahrheit, der Logik und Gültigkeit der Wissenschaft, der Grenzen und Bedeutungen des wissenschaftlichen Vorgehens.

■ **Gaston Bachelard** (1884–1962) zeichnet sich durch die Vielfältigkeit seines Denkens in den Bereichen der Physik, Chemie und der in vollständiger Umwandlung begriffenen Mathematik aus und interpretiert **Jung** und **Freud** neu. Er steht am Ursprung einer Erkenntnistheorie, die den Fortschritt in der Wissenschaft als Folge von Diskontinuitäten begreift. Was das Problem der Zeit angeht, widerspricht er Bergson und fordert eine Philosophie des Augenblicks gegen Bergsons Philosophie der Dauer. Für Bachelard ist die Kontinuität anfechtbar, weil sie das begriffliche Ich verkümmern lässt, weil die Gegenwart nur die Verlängerung einer Erneuerung in der Bewegung ist. In seinem Hauptwerk *Die Bildung des wissenschaftlichen Geistes* (1938), dessen Untertitel *Beitrag zu einer Psychoanalyse der objektiven Erkenntnis* lautet, will er zeigen, was den wissenschaftlichen Gedankengang in unserem Unbewussten hindert und hemmt. Das erste dieser Hemmnisse ist die «Urerfahrung»; Bachelard legt ein Inventar anderer Hindernisse an: «substantialistische Hindernisse», «animistische Hindernisse». Und er zeigt, wie diese im Unbewussten wurzeln. So braucht für ihn der wissenschaftliche Geist eine regel-

rechte intellektuelle und affektive Katharsis. Die Realisierung dieses Projektes mündet 1938 in der *Psychoanalyse des Feuers*, weil das Wissen nicht kontinuierlich fortschreitet, sondern über Brüche, die eine Psychoanalyse der Illusionen erforderlich machen, eine Psychoanalyse, die die grundlegenden Vorstellungen erhellt, die die Ursachen der Probleme objektiver Erkenntnis sind.

▪ **Georges Canguilhem** (1904–1995) ist Wissenschaftshistoriker in der Tradition Bachelards, ein Arzt und Philosoph, der über die Möglichkeiten und Grenzen der der Medizin eigenen Rationalität nachgedenkt. In seiner Studie über *Das Normale und das Pathologische* (1943) weist er der Klinik ihre Bedeutung zu und beschränkt die Relevanz von Laboruntersuchungen. In *Die Herausbildung des Reflexbegriffs im 17. und 18. Jahrhundert* zeigt er, wie schon Bachelard, was sich als Hindernis der wissenschaftlichen Entwicklung darstellt: die affektiven und gesellschaftlichen Modelle, die die Wissenschaft beeinträchtigen.

▪ **Karl Popper** (1902–1994) stellt 1935 in *Logik der Forschung* (1934) die Frage, wie man die eigentliche von der falschen Wissenschaft, eine wissenschaftliche Theorie von einer unwissenschaftlichen unterscheidet. Was unterscheidet die Theorie Einsteins von der des Marxismus oder der Psychoanalyse? Er definiert auf diese Weise die Wissenschaftlichkeit einer Hypothese im Hinblick auf ihre Verifizierbarkeit und nicht auf ihre Falsifizierbarkeit. Marxismus und Psychoanalyse seien nicht zu widerlegen, da sie keine Wissenschaften seien.

Die Philosophie des Seins: Martin Heidegger

Die Tatsache, dass **Martin Heidegger** (1889–1976) bis 1945 der NSDAP angehört hat, führt noch immer zu zahlreichen Diskussionen bezüglich seiner intellektuellen Rolle und der Verantwortung, die ihm obliegt. Als Assistent und Schüler Edmund Husserls zeigt Heidegger, dass nur der Mensch das Problem des Seins als Grundlage aller Existenz aufwerfen kann. Dies tut Heidegger in seinen wichtigsten Werken: *Sein und Zeit* (1927), *Was ist Metaphysik?* (1929), *Vom Wesen der Wahrheit* (1943), *Brief über den Humanismus* (1947), *Was heißt denken?* (1954). Heidegger behält von der Lehre der Phänomenologie die Vorstellung bei, dass man zur Sache selbst vorstoßen müsse. Und diese Sache ist das Sein. Die Phänomenologie baut auf der Ontologie auf. Nun müsse sie den authentischen Sinn des Seins generell «zeigen», ausgehend von einer Analyse des Seienden. Die abendländische Metaphysik ist durch das Vergessen des Seins gekennzeichnet – ein fundamentaler Irrtum, der auf die gesamte Ontologie wirkt. In *Sein und Zeit* widmet Heidegger den ersten Teil der Analyse des Seins dieses Seienden, dem *Dasein*. Er findet die Antwort im zweiten Teil, in der Zeitlichkeit, «Dasein und Zeitlichkeit». Die Frage, die das Bewusstsein des Seienden betrifft – sofern sie bislang nicht gestellt wurde –, rührt daher, dass wir uns die Frage nach dem Sinn des Seins bislang noch nicht gestellt haben. Der Ausdruck *Seiendes* bezeichnet das, was ist, wie es sich als Objekt der Spekulation oder der Erfahrung anbietet. Heidegger will eine Theorie des Seins begründen, die er «Ontologie» nennt – nicht nur des Seins des individuell Existierenden, was er «das Ontische» nennt. Die Frage nach der Existenz bezüglich des *Daseins* ist eine «ontische» Angelegenheit, etwa im Sinne von «existentiell» im Unterschied zu «existentialistisch», das sich auf die ontologische Struktur des Daseins bezieht.

■ **Das Sein in der Welt:** Die Welt ist nicht die Summe der Objekte, die sie enthält. Man muss die Objekte durch die Welt erklären und nicht die Welt durch die Objekte. Diese persönliche Welt, reduziert auf die Objekte, die Gegenstände unseres Anliegens, diese *Umwelt* ist nicht notwendig das, was uns im Raum benachbart ist. Die Realitäten der uns umgebenden Welt sind nicht so sehr Dinge als vielmehr Werkzeuge, die ontologisch an andere Werkzeuge gebunden sind und die notwendig auf die Existenz eines Daseins verweisen; der Amboss verlangt nach Hammer und Schmied.

■ **Das Sein mit dem Anderen:** In der gleichen Weise, wie es kein Ich ohne die Welt gibt, gibt es auch kein Ich ohne ein anderes Ich. Die Anderen sind die, die zur gleichen Zeit wie ich leben. Die Worte «mit» und «auch» sind existentiell, d. h., sie gehören zum Sein meiner eigenen Existenz. Es gibt das Ich nur in Beziehung zum Anderen. Weil das «Mit-Sein» von den meisten Menschen nicht bemerkt wird, konnten Theorien über den künstlichen Ursprung von Gesellschaften entstehen. In das *Mit-Sein* eingewoben, ist meine Existenz eine fremdbestimmte. Das *Man*, das Kollektiv, nimmt dem Einzelnen das Gefühl seiner Verantwortung. Es gibt eine Möglichkeit, sich über das authentische *Dasein* zu erheben. Doch wir sind gegen unseren eigenen Willen «in die Welt geworfen» und aller Hilfe beraubt. Von daher rühren zwei Gefühle: Angst und Schrecken. Nur das Wahre, das uns vom nicht-authentischen Dasein losreißt, lässt uns zum authentischen Dasein gelangen – und das ist die

Angst, bewirkt durch die Welt selbst. Wir sind vom Reich des *Man* befreit und der unausweichlichen Option ausgesetzt, wir selbst zu sein. Von daher muss man laut Heidegger sich selbst bis zum Tode kennen; ein Wissen, das uns in der Tat verweigert ist, weil wir den Tod nicht wie der Sterbende erfahren. Heideggers Denken hat einen beträchtlichen Einfluss auf Denker wie **Jean-Paul Sartre**, **Maurice Merleau-Ponty**, **Alexander Kojève**, **Paul Ricoeur**, **Emmanuel Levinas**, aber auch auf **Foucault** und **Althusser**.

10

ZEHNTER TEIL

DIE ZWEITE HÄLFTE DES 20. JAHRHUNDERTS

I

Deutschland seit 1945

1. 1945: Die «Stunde null»

Trümmer, Hunger und Vertreibung

Nach Kriegsende teilen die alliierten Siegermächte das Land in vier Besatzungszonen auf: die amerikanische (Bayern, Nordwürttemberg, Hessen, Bremen), die französische (Baden, Pfalz, Rheinhessen, Saarland), die englische (West- und Norddeutschland) und die sowjetische (Osten). Berlin wird in vier Sektoren unterteilt.

Viele deutsche Städte sind größtenteils Trümmerwüsten. In Berlin sind im Sommer 1945 75 Prozent der Häuser unbewohnbar. Geschätzt 20 Millionen Menschen sind in Deutschland obdachlos. In Europa sind Infrastruktur und Verkehrsverbindungen weitgehend zusammengebrochen. Es herrscht Hunger. Unterernährung, Mangelkrankheiten und Erschöpfung sind der Normalfall, Ende des Jahres grassieren Typhus und Diphterie. Der extrem kalte Winter 1946/47 lässt die verbliebene Infrastruktur und die Versorgung mit Heizmaterialien und Lebensmitteln endgültig kollabieren. Im Juni 1947 präsentiert der US-Außenminister George C. Marshall ein Wiederaufbauprogramm, den sogenannten **Marshallplan**. Während die von Moskau kontrollierten mittelosteuropäischen Länder infolge des ab 1946 einsetzenden «Kalten Krieges» von Anfang an vom Marshallplan ausgeschlossen sind, sollen westeuropäische Staaten ihren Bedarf an Hilfe benennen und Aktionen und Ansprüche miteinander koordinieren. Dies ist der Beginn eines gemeinsamen europäischen Wirtschaftsraums. Über die Verwendung von aus den USA eingeführten Waren und Rohstoffen, bezahlt in Landeswährung über Sonderkonten, sogenannte Gegenwertfonds, entscheiden die jeweilige Regierung und die amerikanische European Cooperation Administration. Insgesamt belaufen sich die Hilfslieferungen nach Europa, die im Januar 1948 einsetzen, auf 14 Milliarden US-Dollar, zehn Prozent entfallen auf

Deutschland. Demontagen und Reparationen werden bald ganz eingestellt. Ab 1949 unterstehen die Gegenwertfonds als «Sondervermögen» der neu gegründeten **Kreditanstalt für Wiederaufbau**. Sie vergibt zahlreiche Existenzgründerdarlehen zu niedrigen Zinssätzen, die in späteren Jahren vor allem West-Berlin und dem Zonenrandgebiet zugutekommen. 1950 wird mit der **Europäischen Zahlungsunion** ein erster Schritt zu einem gemeinsamen europäischen Freihandels- und Wirtschaftsraum unternommen.

Sind in den Jahren 1939 bis 1943 rund 30 Millionen Menschen aus Mittel- und Mittelosteuropa vertrieben, verschleppt, zwangsumgesiedelt oder deportiert worden, so verkehrt sich 1945 die Richtung von **Vertreibung und Flucht**. Millionen von Deutschen fliehen vor der Roten Armee nach Westen oder werden in der Nachkriegszeit von den neuen, sozialistischen Regimes in Mittelosteuropa des Landes verwiesen. Dieser Flüchtlingsstrom kreuzt sich mit Zehntausenden von **Displaced Persons**, Überlebenden der Konzentrationslager in Osteuropa, mit Juden, die sich in Osteuropa infolge von Pogromen etwa in Polen nach 1945 nicht sicher fühlen, mit früheren Zwangsarbeitern und freigelassenen Kriegsgefangenen, die wie Treibgut durch Europa geschwemmt werden.

Ab 1945 werden hochrangige Nationalsozialisten, Militärs und Industrielle von den Siegermächten vor Gericht gestellt. Die Anklagen lauten auf Kriegsverbrechen, Verbrechen gegen die Menschlichkeit und Mord. Der bekannteste Prozess ist **das Internationale Kriegsverbrechertribunal** zwischen Oktober 1945 und Oktober 1946 in **Nürnberg**. In einem Hauptprozess und zwölf Nachfolgeprozessen werden in den westlichen Besatzungszonen nicht nur die Hauptkriegsverbrecher, sondern insgesamt mehr als 5000 Personen wegen Kriegsverbrechen oder Verbrechen gegen die Menschlichkeit verurteilt, davon rund 800 zum Tod, 486 Urteile werden vollzogen, das letzte im Juni 1951. Die Prozesse sollen der juristischen Gerechtigkeit dienen, aber auch pädagogisch wirken. So wird über den Nürnberger Hauptprozess ausführlich in deutschen Medien berichtet, Filmberichte werden in Schulen, Kinos und in Umerziehungszentren gezeigt.

Geldwertverfall und Schwarzmarkthandel stehen einem geordneten wirtschaftlichen Aufschwung entgegen. Am Sonntag, dem 20. Juni 1948, wird in den drei westlichen Besatzungszonen das Gesetz über die «Neuordnung des deutschen Geldwesens» verkündet. Mit Inkrafttreten dieser **Währungsreform** verliert das alte Geld seine Gültigkeit. Jeder Bewohner der Trizone, die sich aus elf Ländern zusammensetzt, kann 40 Reichsmark im Verhältnis von 1:1 in die neue Währung «**Deutsche Mark**» umtauschen. Ludwig Erhard,

Direktor der Wirtschaftsverwaltung der Bi-Zone (englische und amerikanische Besatzungszone), kündigt im Radio das Ende der Lebensmittelrationierung an, ausgenommen davon sind Tabakwaren. Am folgenden Tag sind die bis dahin überwiegend leeren Regale gut gefüllt. In Erwartung der Währungsreform sind begehrte Mangelwaren gehortet worden. Am 23. Juni tritt als Reaktion auf das Vorgehen der Westalliierten eine ostzonale Währungsreform in Kraft.

Berlin entwickelt sich zum Brennpunkt des Ost-West-Konflikts. Die anhaltenden, sich vertiefenden Differenzen münden im Sommer 1948 in die Berlin-Blockade.

Die Berlin-Blockade 1948

In der Nacht des 23. auf den 24. Juni 1948 beginnt die Berlin-Blockade. Die Lichter gehen im Westen der Stadt buchstäblich aus – die Elektrizitätsversorgung wird vom Osten eingestellt. Die **sowjetische Militäradministration** unterbricht den gesamten Transit-Personenverkehr auf Straße, Schiene und auf dem Wasser. Aus Furcht vor einer Überschwemmung mit nunmehr entwerteter Reichsmark, der Anziehungskraft des wirtschaftlichen Aufschwungs in der Trizone und einer einsetzenden Fluchtwelle ordnet der sowjetische Militärgouverneur Marschall Sokolowski die ostzonale Währungsreform für sämtliche Sektoren der Stadt an. Somit wäre die D-Mark in ganz Berlin verboten. Am nächsten Tag erfolgt die Ankündigung der drei westlichen alliierten Besatzungsmächte, die Währungsreform in ihren Zonen auf den Westteil Berlins auszudehnen, die DM wird mit dem Stempelaufdruck «B» in Berlin eingeführt. Daraufhin riegeln die Sowjets die gesamte Stadt ab. Die einzige Verbindung zum Westen Deutschlands sind drei alliierte Luftkorridore. Der amerikanische Militärgouverneur in Berlin, US-General **Lucius D. Clay** (1897–1978), fordert alle verfügbaren Flugzeuge der US Air Force an, um sie zum Transport von Versorgungsgütern in das abgeschnittene West-Berlin einzusetzen. Am frühen Morgen des 25. Juni treffen die ersten zweimotorigen Flugzeuge des Typs C-47 Dakota mit 2,5 Tonnen Fracht ein. Im Dezember zählt man Flug Nr. 100.000. Der Berliner Volksmund tauft die auf den Flughäfen Tempelhof und Gatow im Drei-Minuten-Takt landenden Flugzeuge «Rosinenbomber». Am 1. Dezember wird ein dritter Flughafen in Tegel eröffnet. Die Blockade und die Reaktion des Westens lösen einen Propagandakrieg aus. Berlin und der im Dezember 1948 zum Regierenden Bürgermeister

gewählte Ernst Reuter (SPD) – die für Gesamt-Berlin angesetzten Wahlen können nur in den drei westlichen Zonen durchgeführt werden – werden zum Symbol für Freiheit und Durchhaltewillen. Am 12. Mai 1949 endet die Blockade nach einem zwischen den Alliierten ausgehandelten **Viermächteabkommen.** Auf die USA und Großbritannien entfallen jeweils Kosten von rund 200 Millionen Dollar, die Hauptlast trägt die Bizone, später die Bundesrepublik. Noch bis 1958 wird eine Sondersteuer («Notopfer Berlin») zur Unterstützung West-Berlins erhoben.

2. Die ersten Jahre der Bundesrepublik Deutschland

Von Ende Februar bis Anfang Juni 1948 findet in London eine Sechs-Mächte-Konferenz statt. Teilnehmer sind die USA, Großbritannien, Frankreich und die drei Benelux-Länder. Die «Londoner Empfehlungen» bringen eine «Verfassunggebende Versammlung» auf den Weg, die die Gründung eines freien und demokratischen Staates vorzubereiten hat. Zusammen mit Währungsreform und Marshallplan soll der Zusammenschluss der drei westlichen Besatzungszonen die Stabilisierung vorantreiben und eine Radikalisierung Deutschlands wie in der Weimarer Republik unterbinden. Im August 1948 tagt zwei Wochen lang ein 65-köpfiger Verfassungskonvent auf Schloss Herrenchiemsee in Bayern. Der Bürgermeister von Hamburg Max Breuer schlägt vor, die Verfassung «Grundgesetz» zu nennen. Der Parlamentarische Rat, verantwortlich für die exakte **Ausarbeitung des Grundgesetzes**, übernimmt die vom Verfassungskonvent vorgeschlagenen Begriffe für Einrichtungen wie Deutscher Bundestag, Bundesrat, Bundesregierung und Bundespräsident und auch Neuerungen, die von der Verfassung der Weimarer Republik abweichen: weitgehender Verzicht auf plebiszitäre Elemente, Stärkung des Parlaments, Ausweitung der Machtfülle des Bundeskanzlers, eine repräsentative Rolle des Bundespräsidenten, Einführung eines «konstruktiven Misstrauensvotums», so dass ein amtierender Kanzler im Bundestag nur abgewählt werden kann, wenn umgehend ein Nachfolger gewählt wird. Am 8. Mai 1949 wird das Grundgesetz vom Parlamentarischen Rat mit 53 zu 12 Stimmen angenommen. Zwei Tage später setzt sich Bonn gegen Frankfurt am Main als zukünftiger Sitz der Hauptstadt der Bundesrepublik durch. Am 14. August 1949 finden die ersten Wahlen zum Deutschen Bundestag statt. **Theodor Heuss** (1884–1963) wird von der Bundesversammlung zum ersten

Bundespräsidenten gewählt, drei Tage später, am 15. September, der 73-jährige **Konrad Adenauer** (CDU) mit dem Vorsprung von einer Stimme zum ersten Bundeskanzler. Wenige Tage später wird von den Alliierten das Besatzungsstatut aktiviert, das die Souveränität der Bundesrepublik beschränkt.

Ludwig Erhard (1897–1977), Bundeswirtschaftsminister von 1949 bis 1963, treibt das seit der Währungsreform aktiv umgesetzte Konzept der **Sozialen Marktwirtschaft** voran. Deren Leitgedanke ist ein Zusammenwirken von wirtschaftlichem Wettbewerb, rechtsstaatlich gesicherter Freiheit und den Idealen soziale Sicherheit und Gerechtigkeit, die ein starker Staat garantiert. 1952 erzielt die Bundesrepublik erstmals seit Kriegsende einen Zahlungsbilanzüberschuss. Das «Wirtschaftswunder» beginnt, es zeichnen sich deutlich die Strukturen einer modernen Industriegesellschaft ab.

Gesellschaftliche Veränderungen der 1950er Jahre

Sind 1950 knapp ein Viertel aller Erwerbstätigen in der Landwirtschaft tätig, so sind es 1960 nur noch 14 Prozent. Dafür nimmt der Sektor Handwerk und Industrie um 10 Prozent auf knapp 50 Prozent zu. Es wird auf Sozialpartnerschaft gesetzt, um eine klassenkämpferische Durchsetzung von Einzelinteressen zu vermeiden. 1957 wird eine große **Rentenreform** verabschiedet: Das Rentenniveau wird dynamisch und an das aktuelle Lohngefüge gekoppelt. Zwischen 1950 und 1960 steigt die Zahl der Erwerbstätigen von 22 Millionen auf 26,5 Millionen. Im selben Zeitraum sinkt die Arbeitslosigkeit von 11 Prozent (1950) auf 1,3 Prozent (1960). Es herrscht **Vollbeschäftigung**, in manchen Branchen sogar Arbeitskräftemangel. Daher werden im Ausland «Gastarbeiter» angeworben. 1955 beträgt die Wochenarbeitszeit, in der Regel geleistet an sechs Wochentagen, in der Industrie 49 Stunden, so viel wie nirgendwo anders in Europa. Bis 1960 sinkt durch Tarifabkommen die durchschnittliche Arbeitszeit auf 44 Stunden, begrenzt auf fünf Tage, Montag bis Freitag. Charakteristisch für die fünfziger Jahre ist ein ausgeprägter Aufstiegswillen.

Eines der drängendsten Probleme ist der **Wohnungsbau**. 1950 teilen sich laut Statistik je drei Haushalte zwei Wohnungen, weniger als die Hälfte der Haushalte verfügt über eine Kochstelle, die sie allein benutzen können. Daher steht die Förderung des Sozialen Wohnungsbaus im Zentrum des 1950 verabschiedeten Ersten Bundeswohnungsbaugesetzes. Bis 1960 werden mehr als fünf Millionen Wohnungen gebaut, davon sind rund 60 Prozent vom Staat subventionierte Sozialwohnungen. 1960 beträgt die durchschnittliche Woh-

nungsgröße 70 Quadratmeter. Ab Mitte des Jahrzehnts verlagern sich Neubauaktivitäten zunehmend aus den Ballungszentren an deren Ränder. Auch dank modernisierter Infrastruktur und wachsender Automobilität entstehen sogenannte Schlafstädte. Das Zweite Bundeswohnungsbaugesetz von 1956 fördert die Errichtung von Eigenheimen. 1963 wohnt mehr als ein Drittel aller Haushalte in Wohneigentum, bei Selbständigen sind es 60 Prozent. Zwischen 1950 und 1960 verdreifacht sich die Sparquote und beträgt 1960 8,7 Prozent, Bausparen nimmt um 1200 Prozent zu. Immer mehr Haushalte verfügen am Ende des Jahrzehnts über Kühlschrank und Radio, bald über Fernsehapparat und Automobil. Der eigentliche Auto-Boom setzt aber erst nach 1960 ein.

In der Dekade ab 1950 wandelt sich das Freizeitverhalten. Erst Ende der fünfziger Jahre setzt der Massentourismus ein – 1955 haben nur 20 Prozent der Bundesbürger einen Reisepass, Voraussetzung für eine Auslandsreise.

Das Fernsehen

1950 wird die Arbeitsgemeinschaft der öffentlich-rechtlichen Rundfunkanstalten der Bundesrepublik Deutschland (ARD) gegründet, zu der Funkhäuser in jedem Bundesland gehören. 1961 wird das Zweite Deutsche Fernsehen (ZDF) in Mainz gegründet. Populär sind vor allem Unterhaltungsprogramme, Ratespiele, kriminalistische Hörspiele mit heiterer Note und leichte Musik. Fernsehen, noch in Schwarz-Weiß und nur mit einem Vorabend- und Abendprogramm ausgestrahlt, wird ab 1954 zum Massenphänomen. Ende 1957 sind eine Million TV-Geräte angemeldet, 1959 bereits drei Millionen. 1960 steht bereits in jedem dritten westdeutschen Haushalt ein Fernsehapparat. Ab Mitte der fünfziger Jahre löst Rock'n'Roll Jazz als populäre Tanzmusik der Jüngeren ab und löst heftige Debatten zwischen den Generationen aus.

Konrad Adenauer, der Fuchs aus Rhöndorf am Rhein

Konrad Adenauer (1876–1967), von 1917 bis 1933 Oberbürgermeister von Köln und seit 1946 Fraktionsvorsitzender der CDU im Landtag von Nordrhein-Westfalen, treibt während seiner Kanzlerschaft von 1949 bis 1963 die **Westbindung** voran. Ab 1951 integriert sich die Bundesrepublik, schon seit Ende Oktober 1949 gleichberechtigtes Mitglied in der Organisation für Europäische Wirtschaftliche Zusammenarbeit, in Bündnisse der freien westlichen Marktwirtschaften. 1951 tritt sie dem Europarat und der Europäischen Gemeinschaft für Kohle und Stahl, kurz Montanunion, bei, 1955 der Westeuropäischen Union und der NATO, 1957 der Europäischen Wirtschaftsgemeinschaft. Der 1963 zwischen dem westdeutschen Staat und Frankreich geschlossene Freundschaftsvertrag ist der Schlusspunkt dieses Prozesses. Seit 1949 reklamiert die Bundesrepublik als durch tatsächlich demokratische Wahlen legitimierte einzige Republik auf deutschem Boden für sich einen Alleinvertretungsanspruch für alle Deutschen, die sogenannte **Hallstein-Doktrin**. Der westdeutsche Staat erlangt 1955 durch die Aufhebung des Besatzungsstatus seine Souveränität wieder und gründet im selben Jahr mit der Bundeswehr eine neue, politischer Kontrolle unterstellte Armee. Besonderes Augenmerk wird neben der Aussöhnung mit Frankreich auf die diplomatischen Beziehungen zu Israel gelegt; problematisch ist die weitgehend ungebrochene personelle Kontinuität in Politik, Verwaltung und Gesellschaft der Bundesrepublik. Prominentes Beispiel hierfür ist Hans Globke: 1935 Mitautor der «Nürnberger Rassegesetze» – von 1953 bis 1963 Chef des Bundeskanzleramtes. Adenauer, 1953, 1957 und 1961 wiedergewählt, setzt auf Wiedergutmachung. Der Rheinländer, der in seinem Habitus die bürgerlichen Ideale des späten 19. Jahrhunderts von Ordnung bis Sparsamkeit verkörpert, ist ein trickreicher Machtpolitiker, dessen nicht selten widersprüchliche Rochaden ihm bei seinen politischen Gegenspielern wie dem Oppositionsführer **Kurt Schumacher** (1895–1952) den Ruf als «Lügenkanzler» einbringen, spätere Historiker sehen ihn als «Realisten par excellence».

3. Die ersten Jahre der Deutschen Demokratischen Republik

Aus der SBZ wird die DDR

Vier Wochen nach dem Ende des Zweiten Weltkriegs wird in der **Sowjetischen Besatzungszone** (SBZ) die Sowjetische Militäradministration in Deutschland (SMAD) mit Sitz in Berlin-Karlshorst eingesetzt. Es wird eine Vorzensur im Sinne der marxistischen Staatsideologie eingeführt, Parteien, Gewerkschaften, Verwaltung, Polizei und Justiz werden dem Primat des Kommunismus unterstellt. Im Sommer 1945 rollt die erste Welle umfassender Industriedemontagen und als Kriegsreparationen deklarierter Abtransporte in die Sowjetunion. Im September 1945 erfolgt eine Bodenreform, bei der Eigentümer, deren landwirtschaftliche Nutzflächen größer als 100 Hektar sind,

enteignet werden. 1946 wird mit der Freien Deutschen Jugend (FDJ) eine staatliche Jugendorganisation geschaffen, der nicht anzugehören zu Nachteilen führt. Im selben Jahr wird die SPD in der SBZ vom SMAD zur Fusion mit der Kommunistischen Partei Deutschlands gezwungen. Die neue Partei erhält den Namen **Sozialistische Einheitspartei Deutschlands** (SED). Seit Sommer 1945 gibt es in der SBZ zehn Lager des sowjetischen Geheimdienstes NKWD, in die bis 1950 rund 122 000 Menschen ohne Gerichtsurteil verbracht werden.

1948 konstituiert sich ein Deutscher Volksrat für Einheit und gerechten Frieden, der einen Verfassungsentwurf einer Deutschen Demokratischen Republik für Gesamtdeutschland vorlegt. Die Berliner Blockade durch die Sowjetunion soll die Gründung eines westdeutschen Staats unterbinden. Mit der Verkündung des Grundgesetzes der Bundesrepublik am 23. Mai 1949 kommt diese Politik an ihr Ende. Der 3. Deutsche Volkskongress beschließt eine Woche später in Ost-Berlin ein Verfassungsdokument für eine Republik. Am 7. Oktober 1949 wird die DDR gegründet. Erster Präsident wird Wilhelm Pieck, erster Ministerpräsident Otto Grotewohl. Ab 1950 steht **Walter Ulbricht** (1893–1973), Ende April 1945 aus dem Moskauer Exil zurückgekehrt und seit dem Vorjahr stellvertretender Ministerpräsident, als Generalsekretär (ab 1953: Erster Sekretär) dem Zentralkomitee der SED vor und ist somit der starke Mann. 1960 wird er zusätzlich Vorsitzender des Staatsrates der DDR.

Der Gründungsmythos des **«Ersten Arbeiter-und-Bauernstaates auf deutschem Boden»** ist der Antifaschismus, der nach außen den totalen Machtanspruch der SED legitimiert und in der Innenpolitik als stabilisierender Faktor und zur Unterdrückung der Opposition eingesetzt wird. Es wird auf der Grundlage des Marxismus-Leninismus eine zentrale staatliche Planwirtschaft mit Zwei- und Fünfjahresplänen eingeführt. Die Industrie wird in **Volkseigenen Betrieben** (VEB) neu strukturiert. Die Reparationen an die Sowjetunion enden 1955.

Formell ein Bundesstaat, unterstehen alle Länderinstitutionen dem Zentralstaat. 1952 werden die Landesbehörden durch 14 Bezirksregierungen, die «Räte der Bezirke», ersetzt. Der Aufbau des Sozialismus geht ab 1950 bis 1952 mit repressiven Maßnahmen einher, der Abriegelung der innerdeutschen Grenze, der Gründung der Kasernierten Volkspolizei, 1956 umbenannt in Nationale Volksarmee, und dem massiven Ausbau des 1950 geschaffenen Ministeriums für Staatssicherheit, das im In- und Ausland für Überwachung und Bespitzelung zuständig ist. Die eingeleitete **Kollektivierung der Landwirt-**

schaft mündet 1960 in den Zwangsbeitritt aller Bauern in Landwirtschaftliche Produktionsgenossenschaften (LPG).

Am **17. Juni 1953** bricht ein Volksaufstand aus. Der Staatshaushalt der DDR ist in den Monaten zuvor durch massive Ausgaben für polizeilich-militärische Aufrüstung und Reparationen in Schieflage geraten. Von Staatsseite sind bis dahin einseitig Investitionen in nur wenige Branchen wie die Schwerindustrie erfolgt, hinzu kommt Lebensmittelmangel. Die Verkündung höherer Arbeitsnormen führt seit dem 12. Juni in Städten und Dörfern zu Widerstand. Am 16. Juni wird auf zwei Großbaustellen im Ostteil Berlins die Arbeit niedergelegt, Protestzüge formieren sich. Am folgenden Tag kommt es schwerpunktmäßig in Berlin, Leipzig, Dresden und Magdeburg und in Industriegebieten zu großen Demonstrationen und zur Besetzung staatlicher Behörden, teilweise zur Absetzung lokaler SED-Repräsentanten. Der Aufstand wird von der sowjetischen Roten Armee, die den Ausnahmezustand verhängt und die Regierungsgewalt an sich zieht, mit Panzern und Truppen unterdrückt. In den nächsten Jahren baut die SED ihre Macht mithilfe von Repressalien aus. In der Bundesrepublik wird von 1954 bis 1990 der 17. Juni als Nationalfeiertag begangen.

Die DDR nach dem Mauerbau

Der Bau der Berliner Mauer am **13. August 1961** ist die tiefste Zäsur der deutschen Nachkriegsgeschichte. Sie wird für die folgenden 28 Jahre das Symbol der deutschen Teilung sein. In diesem Jahrzehnt entwickelt sich die DDR zur zweitstärksten Wirtschaftsmacht im **Rat für Gegenseitige Wirtschaftshilfe** (RGW) und zum wichtigsten ökonomischen Partner der Sowjetunion. Die Wachstums- und Versorgungsschwierigkeiten, vom Regime bis zum Mauerbau auf die offene Grenze zur Bundesrepublik zurückgeführt, bessern sich nicht. Das Wachstum der Industrieproduktion ist 1962 genauso hoch wie 1961. Innerhalb der SED greift im Vorfeld des VI. Parteitags im Januar 1963 die Erkenntnis um sich, dass das bisherige System volkswirtschaftlicher Planung und Lenkung zu ändern ist, um durch stärkeres Wirtschaftswachstum die Bevölkerung mit mehr Konsumgütern zu versorgen. Im Sommer 1963 wird mit der «Richtlinie für das neue ökonomische System der Planung und Leitung der Volkswirtschaft» das **Neue Ökonomische System** (NÖS) beschlossen. Diese Wirtschaftspolitik bedeutet keine Aufgabe der sozialistischen Grundprinzipien. Die Flexibilität der Zentralverwaltungswirtschaft soll er-

höht, und durch neue Arbeitsnormen, Leistungskennziffern und Prämien sollen Rentabilität und Produktivität gesteigert werden. Die Fortschritte sind marginal. 1967 wird das NÖS durch das Ökonomische System des Sozialismus (ÖSS) und ein neues Konzept strukturbestimmender Aufgaben, in erster Linie Investitionen in Infrastruktur und Konzentration auf wenige «Fortschrittsindustrien» wie Elektrotechnik und Werkzeugmaschinenbau, abgelöst. 1967 wird die Fünf-Tage-Woche eingeführt. 1970 muss das ZK der SED beim Bilanzieren des Fünfjahresplans 1966 bis 1970 das Verfehlen zentraler Planziele eingestehen. Die Zunahme der Arbeitsproduktivität ist 50 Prozent unter dem diktierten Soll geblieben. Das Scheitern des Neuen Ökonomischen Systems trägt entscheidend zur Ablösung Walter Ulbrichts durch Erich Honecker im Mai 1971 bei.

1968 verabschiedet die Volkskammer der DDR ein neues Strafgesetzbuch und eine neue Strafprozessordnung. Der Kern des neuen Strafgesetzbuchs, das politische Strafrecht, wird verschärft und der juristische Interpretationsspielraum erweitert. Neu eingefügte Strafandrohungen für das ungenehmigte Verlassen der Republik sind drakonisch. Diese Verschärfung ist eine Reaktion der DDR-Nomenklatura auf reformkommunistische Tendenzen, die in der Tschechoslowakei 1968 in den «Prager Frühling» münden.

In der Jugend- und Kulturpolitik setzt 1963 eine kurzzeitige Liberalisierung ein. Mit «DT 64» nimmt 1964 das erste Jugendprogramm des Rundfunks der DDR seine Arbeit auf. Ab 1965 werden Freiheiten schrittweise zurückgenommen. Im Februar 1965 wird das Gesetz über das «einheitliche sozialistische Bildungssystem» verabschiedet, das das Bildungswesen bis zum Ende der DDR prägt. Im Dezember erfolgt auf dem Plenum des ZK der SED («Kahlschlagplenum») eine Abrechnung mit Jugendkultur, Beat-Musik, sozialkritischen Filmen und freigeistiger Literatur, namentlich werden der Liedermacher **Wolf Biermann** (geb. 1936) und der bekannte Autor **Stefan Heym** (1913–2001) herausgestellt, der mit *Der Tag X* 1961 einen Roman über den Aufstand vom 17. Juni 1953 geschrieben hat, den kein DDR-Verlag zu publizieren bereit ist. Honecker ordnet diese Erscheinungen als «objektiv mit der Linie des Gegners» übereinstimmend ein, somit als regime- und staatsfeindlich. Biermann erhält Auftritts- und Publikationsverbot, Heyms Roman erscheint 1965 mit dem Titel *Fünf Tage im Juni* in der Bundesrepublik. Bei der DEFA, die das Filmgeschehen der DDR kontrolliert, wird fast ein gesamter Produktionsjahrgang verboten, und laufende Dreharbeiten werden abgebrochen.

4. Von Adenauer bis Kohl

Rücktritt Adenauers und die Nachfolger-Kabinette

Konrad Adenauer ist 87 Jahre alt, als er im Oktober 1963 vom Amt des Bundeskanzlers zurücktritt. In den letzten Jahren seiner Regierungszeit haben sich die Krisen gehäuft, so der Bau der Berliner Mauer 1961 und die «Spiegel-Affäre» 1962, bei der der Herausgeber Rudolf Augstein und Redakteure des Nachrichtenmagazins *Der Spiegel* wegen Geheimnisverrats verhaftet worden sind. Das Land hat sich gewandelt. 1959 ist in Ludwigsburg die «Zentrale Stelle zur Aufklärung nationalsozialistischer Gewaltverbrechen» gegründet worden, die die Aufarbeitung der Verbrechen des Nationalsozialismus aktiv vorantreibt. Der Eichmann-Prozess in Jerusalem prägt das Jahr 1961. Ende 1963 beginnt nach langer Vorbereitung durch den hessischen Generalstaatsanwalt **Fritz Bauer** (1903–1968) in Frankfurt am Main der Auschwitz-Prozess, eine Gerichtsverhandlung gegen 20 frühere Aufseher des KZ Auschwitz.

Einen Tag nach Adenauers Rücktritt, am 16. Oktober, wird der Wirtschaftsminister Ludwig Erhard zu seinem Nachfolger gewählt. In den folgenden drei Jahren erreicht die erste Wirtschaftskrise der Bundesrepublik ihren Höhepunkt. Von 1966 auf 1967 verdreifacht sich die Arbeitslosenquote auf 2,2 Prozent. 1967 gibt es erstmals seit Kriegsende kein Wirtschaftswachstum. Die Bundestagswahl im Herbst 1965 gewinnt Erhard, der als Wirtschaftsliberaler eine Koalition mit der FDP bildet. Im Oktober 1966 scheiden die FDP-Minister im Streit um Steuererhöhungen aus der Regierung Erhards aus. Am 10. November 1966 wird **Kurt Georg Kiesinger** (1904–1988), seit 1958 Ministerpräsident von Baden-Württemberg, zum Nachfolger Erhards gewählt. Er steht einer Großen Koalition von CDU/CSU und SPD vor. Der Hamburger Senator und Volkswirtschaftsprofessor Karl Schiller wird Wirtschaftsminister, der CSU-Vorsitzende Franz Josef Strauß Finanzminister, Herbert Wehner (SPD) amtiert als Minister für Gesamtdeutsche Fragen, Willy Brandt wird Außenminister.

Innenpolitisch sieht sich die Große Koalition einer immer größeren Protest- und Studentenbewegung gegenüber, die sich **Außerparlamentarische Opposition** (APO) nennt. Sie entwickelt sich aus der Friedensbewegung und der «Ostermarsch»-Bewegung von Atomkraftgegnern. Andere Quellen sind Marxismus, Maoismus, der Widerstand gegen den Vietnam-Krieg, den die USA in Südostasien führen, und Kritik an als «antidemokratisch» eingestuften hierarchischen Verhältnissen im Bildungswesen, vor allem an den Hochschulen.

Als Kern der APO kristallisiert sich der Sozialistische Studentenbund (SDS) heraus. **Rudi Dutschke** (1940–1979) wird der prominente Sprecher der Studentenbewegung, die sich ab 1967 auch gegen die geplanten Notstandsgesetze der Großen Koalition ausspricht, von vielen als potenzielle Einschränkung der Grundrechte eingestuft und im Juni 1968 in Kraft tretend. Konservative Pressekonzerne wie jener von Axel C. Springer werden nach den tödlichen Schüssen eines Polizisten auf den Studenten **Benno Ohnesorg** auf einer Berliner Demonstration im Juni 1967, die sich gegen den Staatsbesuch des Schahs von Persien richtet, Ziele der APO. Am 11. April 1968 wird Dutschke bei einem Attentat schwer verletzt. Es kommt zu gewalttätigen Auseinandersetzungen in vielen Städten. Ab dem folgenden Jahr zersplittert die Protestbewegung in zahlreiche Untergruppen. Viele Sympathisanten machen sich auf den «langen Marsch durch die Institutionen» (Dutschke) und engagieren sich in den folgenden Jahren in feministischen, pazifistischen und ökologischen Bewegungen. Ganz wenige gehen zu einem bewaffneten Kampf gegen das «System» über und begehen Straftaten, die zum Terrorismus eskalieren.

Die erste sozial-liberale Koalition der Bundesrepublik

Gustav Heinemann (SPD) wird im März 1969 mit Stimmen der FDP zum dritten Bundespräsidenten gewählt. Bei der Bundestagswahl im September 1969 zieht die FDP nur knapp in den Bundestag ein und bildet mit der SPD eine Koalition. Bundeskanzler wird **Willy Brandt**, Außenminister der FDP-Vorsitzende **Walter Scheel**. In seiner Regierungserklärung am 28. Oktober verkündet Brandt: «Wir wollen mehr Demokratie wagen ... Mitbestimmung, Mitverantwortung in den verschiedenen Bereichen unserer Gesellschaft wird eine bewegende Kraft der kommenden Jahre sein. Wir können nicht die perfekte Demokratie schaffen. Wir wollen eine Gesellschaft, die mehr Freiheit bietet und mehr Mitverantwortung fordert ... Wir stehen nicht am Ende unserer Demokratie, wir fangen erst richtig an.»

Willy Brandt: «Mehr Demokratie wagen»

Willy Brandt (1913–1992) wird in Lübeck als Herbert Frahm, uneheliches Kind einer Lebensmittelverkäuferin, geboren. Sein Stiefgroßvater, zu dem er ein enges Verhältnis hat und der Mitglied der SPD ist, weckt bei ihm das Interesse für Politik. Er tritt erst der SPD, dann der Sozialistischen Arbeiterpartei

Deutschlands (SAPD) bei. 1933 flieht er nach Norwegen, wo er den «Kampfnamen» Willy Brandt annimmt. 1949 wird dieser als offizieller Name amtlich eingetragen. Brandt ist für die SAPD und als Journalist tätig und flieht 1940 weiter nach Schweden, wo er den Weltkrieg übersteht. 1945 kehrt er als Zeitungskorrespondent nach Deutschland zurück und lässt sich in Berlin nieder. 1949 wird er in den Deutschen Bundestag gewählt, ein Jahr später auch in das Abgeordnetenhaus von Berlin. 1957 wird er Regierender Bürgermeister von Berlin und durch das energische Eintreten für Freiheit und Demokratie bei den Krisen um das Chruschtschow-Ultimatum 1959 und den Bau der Berliner Mauer 1961 über Deutschland hinaus bekannt. Von 1962 bis 1987 ist er Parteivorsitzender der SPD. 1970 geht sein Kniefall vor dem Mahnmal des Warschauer Ghettoaufstandes von 1943 in die Geschichtsbücher ein. Im Jahr darauf wird ihm, der den Dialog zu den mittel- und osteuropäischen Nachbarländern durch eine Entspannungspolitik, die «Neue Ostpolitik», intensiviert, der Friedensnobelpreis verliehen. 1974 tritt er als Bundeskanzler zurück. Einer seiner engsten Mitarbeiter, sein persönlicher Referent Günter Guillaume, ist als langjähriger Spion der DDR entlarvt worden und wird wegen Landesverrats zu 13 Jahren Haft verurteilt. In den folgenden Jahren widmet sich Brandt internationalen Entwicklungsfragen. Den ersten gesamtdeutschen Deutschen Bundestag 1990 eröffnet er als Alterspräsident. Er plädiert für eine Verlagerung der Regierung von Bonn nach Berlin.

Reformen, Visionen und Revisionen

Wenn auch das Wahlalter von 21 Jahren auf 18 herabgesetzt wird und im Justiz- und Bildungssektor Reformen initiiert werden, so entfaltet das Kabinett Brandt seine größten Aktivitäten auf den Feldern der Deutschland- und der Ostpolitik.

Brandt und sein engster Mitarbeiter **Egon Bahr** (1922–2015), von 1966 bis 1969 Leiter des Politischen Planungsstabes im Auswärtigen Amt und ab 1969 Staatssekretär im Bundeskanzleramt, verfolgen in den Beziehungen zur DDR eine «Politik der kleinen Schritte». Die neue Politik gegenüber der Sowjetunion und den Staaten Osteuropas steht unter dem Motto «Wandel durch Annäherung». Ihrem Handeln liegt die Überzeugung zugrunde, dass die kommunistische Herrschaft in den Staaten des Warschauer Blocks nicht beseitigt, sondern lediglich verändert, die deutsche Teilung auf absehbare Zeit nicht aufgehoben, ihre Wirkung auf das Leben der Deutschen in beiden Staaten aber erträglicher gestaltet werden kann. Die FDP hat sich schon 1968

für die Anerkennung der «deutschland- und ostpolitischen Realitäten» ausgesprochen. In der Praxis heißt dies: Bonn muss mit der Regierung der DDR verhandeln, was eine De-facto-Anerkennung bedeutet, die zuvor abgelehnt worden ist. Die Bundesrepublik erkennt zum Zweck der Verbesserungen der politisch-diplomatischen Beziehungen zu Polen und zur UdSSR die existierenden Grenzen an, besonders die Oder-Neiße-Grenze als Westgrenze Polens. Durch das Viermächteabkommen vom 3. September 1971 und das Transitabkommen zwischen der Bundesrepublik und der DDR vom 17. Dezember 1971 werden die Präsenz der Westmächte in West-Berlin und die Bindungen West-Berlins zur Bundesrepublik von der Sowjetunion anerkannt und der Transitverkehr von und nach West-Berlin vereinfacht.

Durch Übertritte von gegenüber der Ostpolitik kritisch eingestellten Abgeordneten der SPD und der FDP zur CDU zwischen 1970 und 1972 schmilzt die Regierungsmehrheit. Die Opposition beantragt erstmals in der Geschichte der Bundesrepublik ein **konstruktives Misstrauensvotum**, das parlamentarische Mittel zur Amtsenthebung und gleichzeitigen Wahl eines Nachfolgers. Bei der Abstimmung am 27. April 1972 erhält der Kandidat von CDU/CSU, **Rainer Barzel** (1924–2006) überraschend zwei Stimmen weniger als sicher erwartet, und ‹Brandt bleibt im Amt. 1973 gesteht ein CDU-Abgeordneter, vom SPD-Fraktionsgeschäftsführer im Sinne einer Enthaltung bestochen worden zu sein. Das Patt im Bundestag hält bis zum Sommer an. Die Neuwahlen im November 1972 entscheidet die SPD für sich, sie stellt erstmals seit 1945 die stärkste Fraktion. Das zweite Kabinett Brandt-Scheel verfügt über eine solide Mehrheit im Deutschen Bundestag.

Die zweite sozial-liberale Koalition

Am 16. Mai 1974 wird Helmut Schmidt (1918–2015) zum Nachfolger Willy Brandts als Bundeskanzler gewählt. Bei der Bundestagswahl von 1976 enthält die SPD 5 Prozent weniger Stimmen als die CDU/CSU mit dem Spitzenkandidaten **Helmut Kohl** (geb. 1931), dem Ministerpräsidenten des Bundeslandes Rheinland-Pfalz. Kohl wechselt als Fraktionsvorsitzender nach Bonn. Schmidt geht eine Koalition mit der FDP ein. Deren Parteivorsitzender **Hans-Dietrich Genscher** (1927–2016), seit 1969 Bundesinnenminister, wird Außenminister und entfaltet in diesem Amt, das er bis 1992 bekleidet, eine rege Pendeldiplomatie zwischen Ost und West. 1980 fordert für die CDU/CSU der bayerische Ministerpräsident **Franz Josef Strauß** (1915–1988) Schmidt heraus.

Schmidt geht als Sieger aus der Wahl hervor und bildet mit der FDP trotz sich abzeichnender Differenzen vor allem auf den Feldern Wirtschaft, Finanzen und Verteidigung erneut eine Regierungskoalition.

Helmut Schmidt: «Macher» in schweren Zeiten

Helmut Schmidt (1918–2015) wächst in Hamburg als Sohn eines Lehrerehepaars auf. Nach Abitur und fünfjährigem Kriegsdienst studiert er Volkswirtschaft. Bis 1953 ist er in der Hamburger Behörde für Wirtschaft und Verkehr tätig. Dann wird er für die SPD in den Deutschen Bundestag gewählt, dem er bis 1962 und von 1965 bis 1987 angehört. In seiner Funktion als Innensenator wird er als Krisenmanager während der Hamburger Sturmflut 1962 weit über die Grenzen der Hansestadt bekannt. 1965 wird er Fraktionsvorsitzender der SPD im Deutschen Bundestag. Vier Jahre später Bundesverteidigungsminister, verkürzt er den Wehrdienst und gründet 1972 die Universitäten der Bundeswehr in München und Hamburg (Letztere trägt seit dem Jahr 2003 seinen Namen). Ab Dezember 1972 ist er Finanzminister. Seine Amtsführung als Bundeskanzler bis Mai 1974 versteht er als an pragmatischer Realpolitik orientiert, sich selber nennt er den «Leitenden Angestellten der Bundesrepublik».

Nach seiner Abwahl als Bundeskanzler am 1. Oktober 1982 wird Schmidt 1983 Mit-Herausgeber der liberalen Hamburger Wochenzeitung *Die Zeit* und schreibt über politische und globalökonomische Entwicklungen. Am Ende seines Lebens ist der passionierte Pianist und kunstaffine Mentholzigarettenraucher der «elder statesman» der deutschen Politik.

Gesellschaftliche Verwerfungen

In den siebziger Jahren vollziehen sich gesellschaftliche Verwerfungen. Aus der 68er-Bewegung löst sich eine winzige Splittergruppe und radikalisiert sich. Unter dem Namen **Rote Armee Fraktion** begeht sie bis Ende des Jahrzehnts mehrere terroristische Anschläge und Entführungen. Als Folge liegt das Augenmerk des Staates verstärkt auf der Inneren Sicherheit. Die Anführer der ersten Generation der RAF, Gudrun Ensslin, Andreas Baader und Jan-Carl Raspe, die 1972 verhaftet worden sind, begehen 1977 in der Justizvollzugsanstalt Stuttgart-Stammheim Selbstmord, Ulrike Meinhof hat sich ein Jahr zuvor im selben Gefängnis erhängt.

Zugleich rücken Umweltschutz, Naturzerstörung (Stichwort: Waldsterben)

und die beschworenen Gefahren der Atomkraft in den Blickpunkt. Im Zuge des Erstarkens linksalternativer Gruppen führt dies zur Entstehung einer ökologischen Bewegung. Ein Ergebnis ist 1980 die Gründung der Partei **Die Grünen**. In ihrem ersten Programm umreißt sie mit den Schlagworten «ökologisch, basisdemokratisch, sozial, gewaltfrei» ihre gesellschaftliche Sendung. Acht Wochen nach ihrem Gründungsparteitag zieht die Partei im März 1980 bei der Landtagswahl in Baden-Württemberg erstmals in ein Parlament ein.

Noch prägender für das Jahrzehnt von Mitte der siebziger bis Mitte der achtziger Jahre ist die atomare Auf- und Wettrüstung in Ost und West. In der Bundesrepublik führt dies zu Protesten, Sitzblockaden, Menschenketten und Demonstrationen. An der Friedensdemonstration am 10. Juni 1982 in Bonn nehmen rund 500 000 Menschen teil. Vor allem der NATO-Doppelbeschluss von 1979 gibt der **Friedensbewegung** einen starken Schub. Die Stationierung neuer atomar bestückter Mittelstreckenwaffen führt zu einer Zerreißprobe innerhalb der SPD, auch der linksliberale Flügel der FDP steht dem Gleichziehen mit den Mittelstreckenwaffensystemen der Sowjetunion kritisch gegenüber. Schmidt verliert die Unterstützung seines Koalitionspartners FDP. Am 1. Oktober 1982 wird er durch ein konstruktives Misstrauensvotum abgelöst und Helmut Kohl (CDU) zum Bundeskanzler gewählt. Kohl geht ein Bündnis mit der FDP ein und verkündet in seiner ersten Regierungserklärung eine «geistig-moralische Wende».

Die Kanzlerschaften von Helmut Kohl

Die Bundestagswahl 1983 gewinnt Helmut Kohl mit einem Vorsprung von mehr als zehn Prozentpunkten. Erstmals gelingt der Partei Die Grünen der Einzug in den Deutschen Bundestag. Schwerpunkte der Kohl'schen Politik sind die Fortsetzung der Verständigung mit den Staaten des Warschauer Blocks, verbesserte Rahmenbedingungen für einen ökonomischen Aufschwung – 1982 hat die Zahl der Firmeninsolvenzen den Höchststand seit 1945 erreicht – und der Abbau der Massenarbeitslosigkeit durch eine angebotsorientierte Wirtschaftspolitik. Es setzt ein konjunktureller Aufschwung trotz eines vor allem im Ruhrgebiet tiefgreifenden Strukturwandels (schrittweise Stilllegung der Zechen) ein, der bis zum Ende des Jahrzehnts anhält. In diese Zeit fallen auch erste konkrete europapolitische Maßnahmen und Initiativen zum Ausbau politischer und volkswirtschaftlicher Beziehungen wie die Einheitliche Europäische Akte von 1986, die die Schaffung eines europäischen Binnenmarktes bis zum Jahr 1992 vorsieht. Nach der Bundestagswahl 1987 regiert Kohl mit einer Koalition ausCDU/CSU und FDP weiter. Er gewinnt auch die Bundestagswahlen im folgenden Jahrzehnt. Erst 1998 unterliegt er **Gerhard Schröder** (SPD).

5. Die DDR von 1971 bis 1989

Die Ära Honecker

Am 3. Mai 1971 bittet Walter Ulbricht auf der 16. Tagung des ZK der SED aus Altersgründen um seinen Rücktritt von der Position als Erster Sekretär. Es ist eine Zäsur. Der Rücktritt erfolgt aber nicht freiwillig. Seit Mitte der sechziger Jahre hat im Politbüro eine Gruppe um **Erich Honecker** (1912–1994) Ulbrichts Wirtschaftsmaßnahmen, ideologische Alleingänge und Deutschlandpolitik zunehmend kritischer beurteilt. Ulbricht hat 1967 verkündet, die DDR sei auf dem Weg in das «entwickelte gesellschaftliche System des Sozialismus», womit er sich vom ideologischen Anspruch der Kommunistischen Partei der UdSSR distanziert, drei Jahre später verliert Ulbricht, dem die krassen Planverfehlungen des Neuen Ökonomischen Sozialismus angelastet werden, den Rückhalt in Moskau. Nachfolger wird Erich Honecker, Mitbegründer der FDJ. Im Gegensatz zu seinem geschassten Vorgänger betont er die Unterschiede zwischen der «sozialistischen DDR» und der «imperialistischen BRD». Honecker erhält weitreichendere Befugnisse, auch den Vorsitz des Nationalen Verteidigungsrats, zuständig für Verteidigung und innere Sicherheit. 1973 wird die DDR in die UNO aufgenommen, die **diplomatische Anerkennung** durch westliche Großmächte folgt. Am 29. Oktober 1976 wird Honecker zum Vorsitzenden des Staatsrats ernannt und damit formell Staatsoberhaupt.

In der Wirtschaftspolitik sind die Vorgaben seit Mitte der sechziger Jahre weit verfehlt worden. Als Hauptaufgabe für den Fünfjahresplan 1971–1975 wird nun die Erfüllung «der Bedürfnisse der Menschen» formuliert. Die **vollständige Verstaatlichung** der noch bestehenden 11 400 mittelständischen Betriebe in Privathand 1972 entspringt ideologischen Vorgaben. Ab 1970 steigt das Nationaleinkommen jährlich, industrielle Warenproduktion und Lebensstandard nehmen zu. Hat 1970 nur jeder 15. Haushalt einen Pkw und jeder

56. einen Kühlschrank, so ist 1980 in jedem Haushalt ein Kühlschrank zu finden, und 38 Prozent der Haushalte haben nach jahrelanger Wartezeit einen Trabant oder Wartburg ausgeliefert bekommen. Dass weiterhin schwerpunktmäßig in wenige Branchen investiert wird und viele andere Industriezweige vernachlässigt werden, resultiert in einer Arbeitsproduktivität, die 1974 knapp 64 Prozent der Bundesrepublik entspricht. 1983 sind es weniger als 47 Prozent.

Die Planwirtschaft weist beim **Wohnungsbau** große Versäumnisse auf. Zentrales Problem ist der in der Regel mäßige bauliche Zustand der Wohnungen, die von staatlichen Wohnungsverwaltungen zugeteilt werden. Vor allem Altbauten in den Innenstädten sind auf Grund von Vernachlässigung seitens der Bürokratie häufig kaum bewohnbar. Ab 1973 wird ein Wohnbauprogramm auf den Weg gebracht, das sich fast zur Gänze auf die Errichtung von Neubaumietskasernen oder Neubauvierteln, errichtet in normierter Plattenbauweise, konzentriert.

Ab den frühen siebziger Jahren verschärft sich die negative Außenhandelsbilanz, Leistungen im sozialpolitischen Bereich wie Anhebung der Mindestlöhne und der Mindestrenten sowie Verbesserungen im Gesundheitssystem werden nur noch mittels Krediten bestritten. Die **Schuldenlast** der DDR im «nicht-sozialistischen Ausland» steigt von zwei Milliarden Valuta-Mark 1970 auf 49 Milliarden 1989. Die Diskrepanz zwischen Propaganda und erlebtem Alltag, von ausbleibender Modernisierung in zahlreichen Bereichen bis zum Mangel an nur unregelmäßig erhältlichen Produkten, Waren und Lebensmitteln führt zunehmend zu Frustration und Zynismus, auch angesichts einer faktisch sich etablierenden Zweiklassengesellschaft im angeblich klassenlosen Staat.

Die Mauer bröckelt

Die Abgrenzung zum Westen wird zunehmend löchriger. Westfernsehen wird empfangen. Die Nomenklatura greift zur Sicherung auf repressive Maßnahmen und auf eine massive Aufstockung der Überwachung zurück. Beträgt die Zahl der **Inoffiziellen Mitarbeiter** (IM), ziviler Zuträger, des Ministeriums für Staatssicherheit im Jahr 1968 knapp 100 000, so sind es sieben Jahre später 180 000.

Am 1. August 1975 unterzeichnet die DDR die Schlussakte der Konferenz für Sicherheit und Zusammenarbeit in Europa (KSZE). Damit verpflichtet sie sich zur Achtung von Menschenrechten und Grundfreiheiten wie Meinungs- und Religionsfreiheit. Darauf berufen sich 1975 jene DDR-Bürger, die trotz Repressalien und Berufsverboten **Ausreiseanträge** stellen. Sind es 1975 13 000 Anträge, so ein Jahr später schon 20 000. Die Biermann-Affäre 1976 und der über den Regimekritiker und Physikprofessor **Robert Havemann** (1910–1982) verhängte Hausarrest signalisieren eine neue Welle ideologischer Rigidität.

Zwei vom bayerischen Ministerpräsidenten Franz Josef Strauß (CSU) 1983 und 1984 eingefädelte Kredite in Höhe von 1,95 Milliarden DM bringen nur kurzzeitige Entlastung. Die sozialistische Planwirtschaft endet in massiver Überschuldung und in propagandistisch gefälschten Statistiken. Erich Honecker übergibt am 12. Oktober 1988 die offiziell dreimillionste Wohnung des Wohnungsbauprogramms der DDR – tatsächlich ist es die zweimillionste. Ansteckende und systemschwächende Krisensymptome treten bis 1989 massiert auf: die Stärkung der Friedensbewegung, einer Opposition, die überwiegend in evangelischen Kirchenkreisen zusammenfindet und teils massiv drangsaliert wird, auch der Aufstieg der oppositionellen Solidarność-Bewegung ab 1981 im Nachbarland Polen, ab Frühjahr 1985 das reformkommunistische Programm des neuen KPdSU-Vorsitzenden Michail Gorbatschow. Vor allem dessen im westlichen Ausland positiv und von der Führungsriege der SED sehr kritisch aufgenommene Politik führt zu neuerlicher ideologischer Verhärtung.

Die Zahl jener, die Ausreiseanträge stellen, vervielfacht sich und steigt von 21 500 (1980) auf 125 000 im Jahr 1989 an. Der sprunghafte Anstieg Ausreisewilliger führt in diesem Jahr zum Kollaps. Es entwickelt sich im Sommer 1989 ein **Massenexodus** nach Westen über Ungarn und die Botschaften der Bundesrepublik in Prag und Warschau. Volkswirtschaftlich ist der Verschuldungsgrad des Staates schon seit längerem nicht mehr bedienbar, die Kluft zwischen Propaganda und Realität zu groß geworden, um die systemischen Mängel zu bemänteln, geschweige denn zu korrigieren. Die Legitimität des Staates löst sich auf. Am 4. September 1989 gibt es in Leipzig die ersten **Montagsdemonstrationen**, denen sich rasch Zehntausende anschließen. Der DDR und ihren Regierungsakteuren – der 40. Jahrestag am 7. Oktober 1989 ist noch mit Pomp und sozialistischem Pathos begangen worden – läuft am Ende das eigene Volk davon.

6. Deutschland seit der Wiedervereinigung

Im Oktober 1989 wird Erich Honecker abgesetzt und durch Egon Krenz ersetzt. Am 9. November verkündet Günter Schabowski, ZK-Sekretär für Information, in einer Pressekonferenz infolge einer Kommunikationspanne, dass ab dem folgenden Tag die Grenzen der DDR zur Bundesrepublik geöffnet würden. Bereits in der Nacht sammeln sich tausende von Bürgern der DDR an den Grenzübergängen in Ost-Berlin. Am 10. November spricht Willy Brandt in einer Rede vor dem Schöneberger Rathaus die Worte: **«Jetzt wächst zusammen, was zusammengehört.»** Die Entwicklung entfaltet eine unerwartet starke Dynamik. Es bilden sich zahlreiche demokratische Oppositionsgruppen, «Runde Tische», die das alte Regime ersetzen. Am 15. Januar 1990 wird die Berliner Zentrale der Staatssicherheit gestürmt. Eine Wiedervereinigung beider deutscher Staaten trifft auf immer stärkeren Widerhall. Ab Februar werden die Weichen für eine Wirtschafts- und Währungsunion gestellt. Ab Anfang Mai 1990 werden Löhne, Gehälter, Renten, Pensionen und ausgewählte Sozialleistungen im Kurs 1:1 umgestellt. Offiziell wird die Umstellung der DDR-Ostmark auf die D-Mark der Bundesrepublik am 1. Juli. Durch den im September 1990 unterzeichneten **Zwei-plus-Vier-Vertrag** wird die Vereinigung vollzogen; zugleich erhält die Bundesrepublik vollständige formaljuristische Souveränität seitens der vier Alliierten zugestanden. Die DDR tritt der Bundesrepublik bei. Deren Wirtschafts-, Justiz- und Verwaltungsordnung ersetzt die planwirtschaftlichen Strukturen des SED-Regimes.

Gewaltige Modernisierungsmaßnahmen vor allem im Bereich der Infrastruktur, des Wohnungswesens – viele vernachlässigte Alt- und Innenstadtkerne werden renoviert und restauriert – und der Industriepolitik werden in den folgenden Jahren unternommen. Die Ablösung des Systems der Volkseigenen Betriebe mit größtenteils stark veralteten Maschinenparks durch die wettbewerbsorientierte Soziale Marktwirtschaft führt in den 1990er Jahren zu einem grundlegenden Strukturwandel einschließlich eines mehrjährigen Rückgangs des Bruttosozialprodukts in den Neuen Bundesländern, zu einem Anstieg der Arbeitslosigkeit und zu einer Umwälzung der Bevölkerung durch Wegzug. Der Treuhandanstalt, einer bundesunmittelbaren Anstalt des öffentlichen Rechts, obliegt es von 1990 bis 1995, das vormals in Staats-, Parteien- und Massenorganisationsbesitz befindliche Vermögen durch Privatisierungen, Ausgründungen und Sanierungen ökonomisch rentabel zu verwalten.

1998 geht **Gerhard Schröder** (geb. 1944) nach der Wahlniederlage Helmut Kohls ein Regierungsbündnis mit den Grünen ein, **Joseph (Joschka) Fischer** (geb. 1948) wird Vizekanzler und Bundesaußenminister. 2002 geht aus der Bundestagswahl das Kabinett Schröder II hervor. Mit der «Agenda 2010» (2003–2005) wird eine umstrittene Sozial- und Arbeitsmarktreform verabschiedet. Starke Stimmenverluste der SPD bei Landtagswahlen 2004 und 2005 führen zur vorzeitigen Auflösung des Deutschen Bundestages. Nach der Wahl vom 18. September 2005 kommt es zu einer Großen Koalition von SPD und CDU. Mit der CDU-Politikerin **Angela Merkel** (geb. 1954), in der DDR aufgewachsen, führt erstmals eine Frau die Bundesregierung. Das Kabinett Merkel II von 2009 bis 2013 bilden CDU/CSU und FDP. Seit 2013 steht Bundeskanzlerin Merkel erneut einer Großen Koalition vor. Mit dem parteilosen **Joachim Gauck** (geb. 1940), von 1990 bis 2000 erster Bundesbeauftragter für die Unterlagen des Staatssicherheitsdienstes der ehemaligen Deutschen Demokratischen Republik, wird 2012 erstmals ein Bürger der DDR zum Deutschen Bundespräsidenten gewählt.

II

Frankreich nach 1945

1. Die Vierte Republik: 1946 bis 1958

Erste Priorität: Den Staat wiederherstellen

Frankreich nach 1945 ist ein ruiniertes und geschwächtes Land. Dem Krieg sind 600 000 Menschen zum Opfer gefallen, davon die Mehrheit Zivilisten; mehr als 100 000 Tote sind in den Vernichtungslagern umgekommen. Die französische Wirtschaft ist dauerhaft angeschlagen; der Index der Industrieproduktion, der 1938 noch bei 100 gelegen hat, steht 1944 bei 38. Die Landwirtschaft liegt darnieder, es fehlen Ackerflächen und Vieh. Die Lebensmittelrationierung wird bis 1949 fortgeführt. Auch die staatliche

Autorität muss nach dem Ende der Vichy-Regierung wiederhergestellt werden. Das ist nach der Kollaboration dieser Regierung umso schwieriger, als Stalin Frankreich als besiegten Verbündeten Deutschlands behandeln will; die Alliierten wollen dem Land für ein Jahr eine Militärregierung auferlegen, das *Allied Military Government of Occupied Territories*, abgekürzt AMGOT (Alliierte Militärregierung für besetzte Gebiete). Doch mit Unterstützung durch **Winston Churchill** kann **General de Gaulle** im Juni 1944 in Algier die Leitung der provisorischen Regierung der französischen Republik (GPRF, *Gouvernement provisoire de la République française*) übernehmen. Diese Organisation stellt die Macht in Frankreich bis zur Errichtung der 4. Republik im Oktober 1946 dar. Die Präsidentschaft fällt nacheinander de Gaulle, dann **Félix Gouin** (1884–1977), **Georges Bidault** (1899–1983) und **Léon Blum** (1872–1950) zu. De Gaulle ist zudem mit den Widerstandsbewegungen konfrontiert, den Departement-Komitees für die Befreiung (CDL, *Comités départementaux de la libération*). Heimlich im Jahre 1943 gegründet, müssen sie in einer Übergangsphase die Zeit nach Vichy vorbereiten, ehe eine neue Verwaltung installiert wird. General de Gaulle betreibt eine Politik der nationalen Versöhnung. Im September 1944 bildet er eine neue Regierung, die die Empfindlichkeiten der Résistance berücksichtigt und somit auch die Kommunisten integriert, denen die Ministerien für Luftfahrt und für Gesundheit gegeben werden.

Den Staat wiederherzustellen – das heißt auch, der illegalen Säuberung und dem Begleichen von Rechnungen ein Ende zu setzen: Das gilt etwa für die *femmes tondues*, Frauen, denen bei Kriegsende als Zeichen der Kollaboration das Haar kurzgeschoren wurde, und auch für geplante Morde an Kollaborateuren oder angeblichen Kollaborateuren ohne Hinzuziehung der Justiz. Diese Säuberungen sollen ungefähr 10 000 Opfer gefordert haben. Die GPRF setzt dem im September 1944 ein Ende und beginnt stattdessen eine legale Säuberung. Weil nicht sämtliche Kollaborateure bestraft werden können, vor allem staatliche Amtsinhaber oder Geschäftsleute, die in die wirtschaftliche Kollaboration verwickelt waren, wird stattdessen der Weg der großen symbolischen Prozesse gewählt. Die CDL untersuchen in jedem Departement die Haltung der entsprechenden Personen während der Zeit der deutschen Besatzung, doch Sanktionen erfolgen selten: Der Staat kann nicht auf seine Bediensteten verzichten. De Gaulle betrachtet die Vichy-Regierung als einen «Einschub» innerhalb der Geschichte der Nation, den er so schnell wie möglich abzuschließen verspricht. Die Kollaboration auf wirtschaftlichem Gebiet wird nur in sehr wenigen Fällen geahndet: Das

Beispiel Renault – diese Firma wird 1945 als Strafmaßnahme verstaatlicht – bleibt eine Ausnahme. De Gaulle will die schnelle nationale Versöhnung und begründet den Mythos eines im Widerstand geeinten Frankreich, der mit dem Aufruf vom 18. Juni 1940 aufkommt und erst 30 Jahre später in Frage gestellt werden wird.

Nachdem das AMGOT abgewehrt werden konnte, ergreift die provisorische Regierung erste Maßnahmen, was umso leichter vonstattengeht, als es keine Nationalversammlung gibt, die sich dem entgegenstellen könnte. Die Franzosen stimmen zum ersten Mal bei den Parlamentswahlen vom Oktober 1945 wieder ab. Die wichtigsten Verordnungen von 1945 betreffen die Sozialversicherung und die Beamten.

De Gaulle und die Nationalversammlung: Der Bruch

Im Oktober 1945 wird ein Referendum für die Einrichtung neuer Institutionen abgehalten, das das Ende der Dritten Republik (1870–1875–1940) besiegelt, die durch die Pétain im Juli 1940 übertragenen Befugnisse diskreditiert ist. 96 Prozent der Franzosen wollen eine Änderung der Verfassung. Die Wahlen zur verfassunggebenden Nationalversammlung vom Oktober 1945 zeigen mehr oder weniger das Verschwinden der alten politischen Parteien, darunter auch die Radikalen. Drei große Parteien schälen sich heraus: das *Mouvement républicain populaire* (Republikanische Volks-Bewegung, MRP), im November 1944 gegründet und aus alten christlich-demokratischen Widerstandskämpfern bestehend; dann die Kommunistische Partei Frankreichs (*Parti communiste français*, PCF), die von der Aura der Sowjetunion profitiert; schließlich die *Section française de l'Internationale ouvrière* (Französische Sektion der Arbeiter-Internationale, SFIO), sie ist sozialistisch ausgerichtet. Diese drei Gruppierungen teilen sich die Stimmen: PCF 26 Prozent, MRP 24 Prozent, SFIO 23 Prozent. Sie sind das Räderwerk zukünftiger Regierungen des Dreiparteiensystems. Im November wählt die Versammlung Charles de Gaulle zum Regierungschef. Doch de Gaulle steht der parlamentarischen Regierung der Dritten Republik feindlich gegenüber, bei der die Legislative die Exekutive kontrolliert. Er bevorzugt eine Verfassung mit strikter Gewaltenteilung. Diese Position beunruhigt die Parteien der Nationalversammlung, die ein autoritäres Abgleiten der Exekutive befürchten. Da man sich nicht auf einen starken Präsidenten der Republik einigen kann, demissioniert de Gaulle am 20. Januar 1946. Im Juni wird eine neue verfas-

sunggebende Versammlung gewählt, die einen zweiten Entwurf hervorbringt, in dem zwei Kammern vorgesehen sind. Und was de Gaulle befürchtet hatte, tritt nun ein: Das Oberhaus, der Senat, ist ohne jede Macht; der Präsident der Republik – ohne jede Verantwortung – wird von den beiden Kammern gewählt. Das ist eine Rückkehr zu den Verfassungsgesetzen von 1875 und zu den Institutionen der Dritten Republik, die doch im Oktober 1945 von den Franzosen massiv zurückgewiesen worden waren. Anlässlich des Referendums, das für die Annahme der neuen Verfassung abgehalten wird, wirbt de Gaulle für ein «Nein». Doch die Verfassung wird mit 53 Prozent knapp angenommen, bei einer außergewöhnlich hohen Enthaltung von 30 Prozent der Wahlberechtigten.

Die Institutionen der Vierten Republik

Die Verfassung der Vierten Republik (1946–1958) begründet ein demokratisches, parlamentarisches System. Zentralorgan ist die Nationalversammlung, die in allgemeinen Wahlen für fünf Jahre gewählt ist und nur über die Gesetze abstimmt. Das Problem liegt im Wahlmodus: Aufgabe des Mehrheitswahlrechts zugunsten einer Verhältniswahl, wodurch die Stimmen aufgeteilt werden und eine Mehrheit fast unmöglich gemacht wird. Eine zweite Versammlung, der ehemalige Senat, nun umgetauft in *Conseil de la République*, Rat der Republik, beschränkt sich darauf, der Nationalversammlung beratend zur Seite zu stehen. Seine Mitglieder werden in indirekter Wahl durch Wahlmänner bestimmt, zu denen die Abgeordneten gehören, was die Kontrolle der Nationalversammlung verstärkt. Das trifft umso mehr zu, als ihr die Exekutive unterstellt ist. Der Ratspräsident als Regierungschef und damit auch die Minister müssen in einer parlamentarischen Regierung den Regierungsauftrag erhalten, d. h. mit absoluter Mehrheit das Vertrauen der Nationalversammlung übertragen bekommen. Noch ohne die durch die Fünfte Republik auferlegte Parteidisziplin behalten die Abgeordneten der Vierten Republik die Tradition starker individueller Persönlichkeiten und der Willensfreiheit des Einzelnen bei. Der Präsident der Republik verfügt nicht über eine wirkliche Macht, sofern er nicht von den beiden Kammern, dem Parlament, gewählt wird.

Das Dreiparteiensystem

Gute und schlechte Seiten

Die Instabilität der Regierung, die während der gesamten Dauer der Vierten Republik anhält, macht es den meisten Regierungen unmöglich, länger als ein Jahr im Amt zu bleiben. Am langlebigsten ist die Regierung Guy Mollet: Sie hält 16 Monate vom 31. Januar 1956 bis zum 21. Mai 1957. Dagegen hält sich die Regierung Pineau nur einen Tag, vom 17. auf den 18. Februar 1955, so auch die Regierung Pinay, die vom 17. zum 18. Oktober 1957 dauert. Die Verfassung sieht außerdem die Umwandlung des französischen Reichs in eine französische Union vor, zu der – den Willen zur Gemeinsamkeit vorausgesetzt – das Mutterland, die «Dom-Tom» (*Départements et Territoires d'outre-mer*, die überseeischen Departements und Besitzungen) sowie die Kolonien gehören. Eine französische Nationalversammlung wird geschaffen, hat aber nur beratende Funktion. Sie besteht zur Hälfte aus Angehörigen des Mutterlands. Direkt vor und unmittelbar nach ihrer Errichtung zeigen die gewaltsam unterdrückten Aufstände im Mai 1945 im algerischen Sétif und in Madagaskar von März bis August 1947, dass die Kolonien das bleiben, was sie immer schon waren: Der *Code de l'indigénat* (der rechtliche Status der indigenen Bevölkerung, der sie den Franzosen des Mutterlandes unterordnet) dauert an, in Algerien noch bis 1962, obwohl er schon 1946 abgeschafft wurde. Er macht aus der zugewanderten Bevölkerung der Kolonien rechtlose Bürger zweiten Ranges. In Indochina verkündet **Hô Chí Minh** (Nguyen Sinh Cung, 1890–1960) am 2. September 1945 die Unabhängigkeit. Im November 1946 bombardiert Frankreich den Hafen von Haiphong, und der Indochina-Krieg beginnt. In Frankreich halten sich die Regierungen des Dreiparteiensystems, eine Wahl-Allianz aus PCF, MRP und SFIO, von 1946 bis 1947.

Vom Dreiparteiensystem zur dritten Macht

Das Jahr 1947 ist kein gutes Jahr für die aus den Umständen geborene Allianz, die das Dreiparteiensystem de facto ist. Die Franzosen haben geglaubt, das Ende des Krieges sei gleichbedeutend mit der Rückkehr des Wohlstands. Da trifft aber ganz und gar nicht zu: Die Rationierungen und die Schlangen vor den Geschäften bleiben. 1947 ist das Produktionsniveau von 1938 zwar wieder erreicht, doch die Arbeitswoche ist von 40 auf 45 Stunden gestiegen.

Und vor allem die Inflation macht es schwierig, den Lebensunterhalt zu bestreiten: Die Kaufkraft bei den Arbeitern sinkt von 1944 bis 1947 um 30 Prozent, zwar werden im Oktober 1947 die Gehälter um 20 Prozent erhöht, gleichzeitig haben aber die Lebensmittelpreise um 50 Prozent angezogen. Seit dem Frühjahr 1947 wird immer mehr gestreikt, im Herbst ist der Höhepunkt erreicht. Die Streikenden blockieren im Oktober die Hauptstadt und besetzen die Eisenbahngleise. Die Regierung bleibt hart, schickt Polizeikräfte und unterdrückt die Streikbewegung, die noch bis Oktober 1948 anhält, mit Härte.

Die Uneinigkeit bezüglich des Indochina-Krieges sowie die Anfänge des Kalten Krieges führen im Juni 1947 zur Entlassung der kommunistischen Minister, die der sozialistische Ratspräsident **Paul Ramadier** (1888–1961) vornimmt. Im April 1947 gründet de Gaulle eine neue Partei, den *Rassemblement du peuple français* (RPF, *Sammlungsbewegung des französischen Volkes*), der eine starke Exekutive will. Die Regierungen der *dritten Macht*, die auf das Dreiparteiensystem folgen, stützen sich auf den MRP, die Radikalen und die Sozialisten – gegen die Kommunisten und die Gaullisten des RPF. Doch die Koalition zerbricht 1951 an der Schulfrage. Die folgenden Mitte-Rechts-Regierungen wechseln sich in zu kurzer Zeit ab, um Dauerhaftes realisieren zu können. Die Sozialisten kehren im Februar 1956 an die Macht zurück, doch der Algerienkrieg nimmt sie in Anspruch und lässt sie mit der Rechten koalieren, damit der Krieg fortgesetzt werden kann, ohne dass er allerdings zu Ende geführt wird. Die Vierte Republik hält den Rekord von 25 Regierungen in 12 Jahren. Um ein wenig länger an der Macht zu bleiben, scheint es sinnvoller zu sein, die Dinge auszusitzen. Frankreich tritt 1949 der Nato bei, um die Bande zu den USA zu stärken.

Zwei originelle Ansätze: Pinay, Mendès France

Indessen ragen zwei politische Ansätze aus dem glanzlosen Einerlei heraus: der von **Antoine Pinay** (1891–1994) von März bis Dezember 1952 und der von **Pierre Mendès France** (1907–1982) von Juni 1954 bis Februar 1955. Antoine Pinay verschafft dem Land in einem Augenblick der Währungs- und Finanz-Instabilität ein wenig Ruhe, was auch durch seinen Ruf als Ehrenmann aus der Provinz bewirkt wird. Er stabilisiert den Franc und erneuert das Vertrauen in die Welt der Finanzen, in Frankreich wie auch im Ausland. Pierre Mendès France wird nach der Niederlage der Franzosen bei Diên Biên Phú

(7. Mai 1954) am 18. Juni eingesetzt. Seit 1946 stehen sich im **Indochinakrieg** Frankreich, das von den USA im Rahmen des Kalten Krieges unterstützt wird, und die Partisanen von Hồ Chí Minh, die Widerstandsfront der Việt Minh, die seit 1949 vom kommunistischen China unterstützt werden, gegenüber. Im Januar 1954 sind 12 000 französische Soldaten in die Falle von Điện Biên Phủ geraten. Am 7. Mai 1954 werden sie zur Kapitulation gezwungen. Das militärische Ende des Indochina-Krieges (1946–1954) wird von Mendès France politisch durch die Genfer Abmachung am 20. Juli 1954 beschlossen, die Indochina in die Unabhängigkeit entlässt. Am 31. Juli 1954 ist die Reihe auch an Tunesien. Doch in Algerien scheitert Mendès France am 1. November an den Ereignissen des *Toussaint rouge*, des «roten» Allerheiligen-Tages, dem 1. November 1954, der als Beginn des **Algerienkrieges** angesehen wird (1954–1962). Am 5. Februar verweigert ihm die Nationalversammlung das Vertrauen und zwingt ihn dadurch zur Abdankung. Die Vierte Republik wird aufgrund ihrer Unfähigkeit, die kolonialen Probleme zu lösen, zerfallen. Ab 1956 schickt der Sozialist **Guy Mollet** (1905–1975) auch wehrpflichtige Soldaten in den Algerienkrieg; das Berufsheer reicht nicht mehr aus. Pierre Mendès France, nun Staatsminister in Mollets Regierung, demissioniert daraufhin, um seine Missbilligung auszudrücken. In der Schlacht von Algier 1957 wird auch gefoltert, und Frankreich wird von der UNO verurteilt. Die Suez-Krise, noch 1956, zeigt, wie schwach die internationale Position Frankreichs ist, das gezwungen ist, angesichts der amerikanischen Position und der sowjetischen Drohungen zurückzuweichen.

Die EWG

Ist die politische Bilanz der Vierten Republik mehr als nur leicht getrübt, so ist ihr Erfolg umso sichtbarer auf wirtschaftlichem wie sozialem Gebiet. Frankreich profitiert vom Marshall-Plan (1947–1952), der beim Wiederaufbau hilft, und es führt ein flexibles System der Planwirtschaft ein, das den Monnet-Plan (1945–1952) ablöst, der auf einen der Väter Europas zurückgeht, auf **Jean Monnet** (1888–1979). Im Jahre 1951 tritt Frankreich auf Anregung von **Robert Schuman** (1886–1963) der *Europäischen Gemeinschaft für Kohle und Stahl* (Montanunion) bei, zusammen mit der Bundesrepublik Deutschland, Luxemburg, Holland, Belgien und Italien. Durch den Vertrag von Rom vom März 1957 heben diese sechs Staaten die EWG, die Europäische Wirtschafts-Gemeinschaft, aus der Taufe. Außer der Errichtung eines Wohlfahrtsstaats hat die Vierte Republik auch die Anhebung des Lebens-

standards der Franzosen vorzuweisen: durch die Einführung eines garantierten Mindestlohnes für alle Berufe (Februar 1950). Zudem kommt 1956 die dritte bezahlte Ferienwoche.

Eine Republik erledigt sich selbst

Die Regierung Guy Mollet stürzt im Mai 1957. Die nachfolgenden Regierungen sind mangels Zeit handlungsunfähig, sie werden jeweils bei der ersten Gelegenheit gestürzt. Und sie sind bei den französischen Siedlern in Algerien immer unbeliebter, die die Regierungen in Paris verdächtigen, dem Land Algerien die Unabhängigkeit gewähren zu wollen. Bei Bekanntgabe der Einsetzung von **Pierre Pflimlin** (1907–2000) am 13. Mai 1958 als Premierminister, von dem man annimmt, er werde schnell Verhandlungen mit der FLN, dem *Front de libération nationale*, der Nationalen Befreiungsfront Algeriens, aufnehmen, organisieren noch am selben Tag die französischen Siedler in Algerien eine große Demonstration und erstürmen den Palast des Generalgouverneurs. Mit Unterstützung durch die Generäle **Jacques Massu** (1908–2002) und **Raoul Salan** (1899–1984) gründen sie einen «Wohlfahrtsausschuss». Damit hat ein echter Staatsstreich stattgefunden: Armee und Siedler verlassen den Boden der Republik und ihrer Institutionen. Die Gaullisten profitieren von der Situation und bewirken das Ende der «Durchquerung der Wüste», der Durststrecke von General de Gaulle, d. h. seines weitgehenden Rückzugs vom politischen Leben. Schon am 15. Mai erklärt sich de Gaulle daher bereit, auf Bitten der Gaullisten in Algier wieder «die Macht in der Republik zu übernehmen». Schnell wirkt er wie der Mann der Vorsehung auf die politisch ratlose Klasse, die einen Militärputsch in Paris und auch eine Landung von Fallschirmspringer-Einheiten fürchtet. Sie hat nicht unrecht, denn die *Operation Résurrection* ist für die Nacht vom 27. auf den 28. Mai vorgesehen: die Landung von Soldaten in der Metropole und vor allem auf Korsika. De Gaulle ist der Einzige, der die Armee wieder in die Schranken weisen und die Befürchtungen der Siedler in Algerien zerstreuen kann. Am 28. Mai demissioniert Pierre Pflimlin; am Folgetag ruft der Präsident der Republik, René Coty, nach de Gaulle. Am 1. Juni 1958 setzt ihn die Nationalversammlung mit 329 gegen 224 Stimmen als Ministerpräsidenten ein und überträgt ihm für sechs Monate die Vollmacht, eine neue Verfassung ausarbeiten zu lassen. Der Algerienkrieg macht der Vierten Republik ein Ende.

2. Die Fünfte Republik: 1958 bis heute

Die Ära de Gaulle

Vater der französischen Institutionen

Charles de Gaulle (1890–1970) wird am 22. November 1890 in eine bürgerliche katholische Familie in Lille geboren. Nach dem Studium an einem Jesuitenkolleg wird er in die Offiziersschule von Saint-Cyr aufgenommen. Danach wird er dem 33. Infanterieregiment in Arras zugeteilt, wo er unter dem Befehl von Oberst Pétain dient. Weiterhin unter Pétains Kommando stehend, der inzwischen als General die 2. Armee führt, wird Leutnant de Gaulle von einem Bajonettstich am Oberschenkel verletzt und am 2. März 1916 gefangengenommen. Erst am Ende des Krieges kommt er frei, stellt sich der Aufnahmeprüfung an der Kriegsschule, wo er als 33. von 120 im Jahre 1922 aufgenommen wird. In der Zwischenzeit hat er Yvonne Vendroux geheiratet, Tochter eines reichen Industriellen aus Calais. 1925 tritt er dem Kabinett Pétain bei und wird nach Beirut geschickt. 1932 hat er eine Stelle im Generalsekretariat der Nationalen Verteidigung inne. Durch seine Veröffentlichungen wird er weithin bekannt: *La discorde chez l'ennemi* (1924, *Zwietracht beim Feind*), *Le Fil de l'epée* (1932, *Die Schneide des Schwertes*), *L'Armée de métier* (1934, *Die Berufsarmee*). Er vertritt eine für die damalige Zeit ungewöhnliche Position: die Stärkung der Panzerwaffe. Er selbst kommandiert die des 507. Regiments in Metz, dann die der 5. Armee. 1940 bekleidet er kurzzeitig ein Amt in der Regierung Paul Reynaud: Er wird am 6. Juni Unterstaatssekretär für Verteidigung und verlässt am 17. desselben Monats Frankreich, um nach London zu fliegen. Dort hält er in der BBC seine Ansprachen mit dem berühmten Aufruf zum weiteren Widerstand, setzt sich an die Spitze des Freien Frankreich, mit dem französischen Komitee zur nationalen Befreiung (CNR) im Dezember 1943, danach mit der GPRF im August 1944. Der Letzteren steht er vom 13. November 1944 bis zum 20. Januar 1946 vor. Danach erlebt er eine Durststrecke, die 12 Jahre dauert und die er durch die Veröffentlichung seiner *Mémoires de guerre*, der Kriegsmemoiren, ausfüllt; erst im Mai 1958 kehrt er in die erste Reihe der Politiker zurück. Als letzter Präsident der Vierten Republik gründet er nicht nur die Fünfte Republik und wird ihr erster Präsident, sondern drückt ihr seinen persönlichen Stil der Machtausübung auf. Er verknüpft sein Schicksal mit der Geschichte der Nation – bis zum Bruch 1969.

Die Geburt des Staates aus der Begeisterung

De Gaulle muss zwei Probleme schnell lösen: einerseits das der neuen Institutionen, die aufgebaut werden müssen, andererseits den Putsch von vier französischen Generälen in Algier, die sich gegen die Politik de Gaulles und die Unabhängigkeit Algeriens stemmten. Per Referendum vom 28. September 1958 von fast 80 % der Wähler bei einer Wahlbeteiligung von 85 % angenommen, verstärkt die noch heute gültige Verfassung der Fünften Republik das Gewicht der Exekutive, ursprünglich ohne daraus eine Präsidialregierung zu machen; dies geschieht erst allmählich durch die gaullistische Praxis. Der Präsident der Republik wird von 80 000 Wahlmännern gewählt, von Parlamentariern, Generalräten (oberste Räte der Departements) und Kommunalräten. Der Präsident ernennt den Premierminister, kann ein Referendum abhalten und die Nationalversammlung auflösen. Die legislative Gewalt ist auf die zwei Kammern aufgeteilt: die Nationalversammlung, durch allgemeine und direkte Wahl bestimmt, die Gesetze vorschlägt und darüber abstimmt; und den Senat, durch indirekte Wahl von den General- und Gemeinderäten auf neun Jahre gewählt und zum Drittel jeweils erneuerbar, der über die Gesetze abstimmt. Dieses neue System vermeidet das Zerbröckeln der Stimmen und eine Vermehrung der vertretenen Parteien. Dafür begünstigt es die großen Parteien. Genau das war das Ziel de Gaulles, der stabile Mehrheiten wünschte. Im November 1958 finden die ersten gesetzgebenden Wahlen der Fünften Republik statt. Die Gaullisten der *Union pour la nouvelle République* (UNR) und die Gemäßigten erhalten fast 70 % der Sitze. Die Linke ist überrollt, die führenden Köpfe der Vierten Republik sind geschlagen. Im Dezember 1948 wird de Gaulle mit überragenden 77 % der Stimmen zum Präsidenten der Republik gewählt.

Das Ende des französischen Algerien

Der zweite Punkt, den de Gaulle zu regeln hat, ist das Problem Algerien. Die französischen Siedler glauben an die stete Aufrechterhaltung der Kolonie, doch de Gaulle denkt einzig an die Wiederherstellung der staatlichen Autorität. Die Generäle werden durch einen hohen Beamten ersetzt. De Gaulles Vorschlag eines «Friedens der Tapferen» vom Oktober 1958, wonach die Aufständischen die Waffen abgeben und mit Frankreich in Gespräche eintreten, scheitert. Der algerische *Front de libération nationale* (FLN), der die Unabhängigkeit will, bildet die provisorische Regierung der algerischen Republik (*Gouvernement provisoire de la République algérienne*, GPRA). Im September 1959 hat de Gaulle begriffen, dass die Unabhängigkeit Algeriens unvermeidlich ist. Er verkündet eine erste Etappe der Selbstbestimmung des algerischen Volkes: die Wahl zwischen Unabhängigkeit und Assoziation. Dieser Vorschlag wird von der FLN abgelehnt, und Algier erhebt sich im Januar 1960 während der «Woche der Barrikaden». Da beruft die französische Regierung General Massu, was wiederum in den Straßen von Algier einen Aufstand provoziert. Im Januar 1961 wird die algerische Selbstbestimmung per Referendum angenommen.

Das «Viergespann pensionierter Generäle»

Im April 1961 versuchen die Generäle in Algier einen Putsch, der allerdings angesichts der Weigerung der wehrpflichtigen Soldaten, ihm zu folgen, und der schnellen Reaktion de Gaulles sehr schnell scheitert. Die Ereignisse: Am 21. April 1961 ist Algier unter der Kontrolle der vier ehemaligen Generäle Challe, Jouhaud, Zeller und Salan. Am nächsten Tag nehmen sie den Generalgouverneur und den aus Paris zu Besuch weilenden Minister für Transport, Robert Burton, fest. Doch kaum ein Regiment folgt den Generälen. De Gaulle reagiert, indem er auf Artikel 16 der Verfassung zurückgreift und die volle Macht übernimmt. Am Abend des 23. April verkündet er in Uniform in einer Fernsehsendung, dass er die Machenschaften eines «Viergespanns pensionierter Generäle» anprangere; und er verbietet den Franzosen, diesem Viergespann zu folgen. Dieser Schreckschuss bewirkt, dass sich der Putschversuch in Nichts auflöst. Challe und Zeller ergeben sich; sie werden zu 15 Jahren Gefängnis verurteilt. Jouhaud und Salan schließen sich der Untergrundorganisation OAS an. Dort sammeln sich die Ultras des französischen Algerien, die eine geheime Armee bilden, eben die OAS. Sie verüben Attentate und versuchen mehrfach, de Gaulle zu ermorden. Der versteht, dass er schnell handeln muss. Am 19. März 1962 wird in Algerien eine Waffenruhe verkündet. Durch das Abkommen von Evian vom 18. März 1962 erkennt Frankreich die Unabhängigkeit Algeriens an. Zwischen 800 000 und 1 Million *Pieds-noirs*, wörtlich «Schwarzfüße», in Algerien geborene Nachkommen der französischen Siedler, verlassen Algerien.

Das gaullistische Frankreich

Im April 1962 wird **Georges Pompidou** (1911–1974), der kein Gaullist ist, zum Premierminister ernannt. Im Oktober 1962 wird per Referendum die Verfassung geändert: Nunmehr wird der Präsident der Republik durch allgemeine und direkte Wahl bestimmt. Die Unabhängigkeit und das Ansehen Frankreichs sind das Hauptziel von de Gaulles Politik. Die Dekolonisierung Schwarz-Afrikas findet zwischen 1958 und 1960 statt; 1960 sorgt de Gaulle für die atomare Bewaffnung Frankreichs, um nicht vom amerikanischen «Nuklearschirm» abhängig zu sein. Später, 1966, zieht er außerdem die französische Armee aus der Nato zurück, weil französische Armeen in seinen Augen nicht von einem amerikanischen General kommandiert werden können. Im Jahre 1959 lässt die Währungsreform einen neuen Franc entstehen: 100 alte Franc entsprechen nun einem neuen Franc. Diese Maßnahme bewirkt, dass die Währung im Verhältnis zu anderen Währungen neu bewertet wird. Bei den Präsidentschaftswahlen von 1965 wird de Gaulle zur Überraschung der Wahlbeobachter erst im zweiten Wahlgang wiedergewählt. Manche glauben, dass de Gaulle für einen Teil der Franzosen seine Mission erfüllt hat, nämlich eine neue Republik zu gründen und den Algerien-Krieg zu beenden. Sie rechnen damit, dass er sich in sein Haus in Colombey-les-Deux-Églises zurückzieht. Aber auf dem Ohr ist de Gaulle taub.

Die Krise vom Mai 1968 und de Gaulles Abgang

Im Frühjahr 1968 wird Frankreich wie die meisten entwickelten Länder von Studentenunruhen erschüttert. Im März 1968 besetzen Gruppierungen der äußersten Linken, die «Bewegung 22. März», die Universität Nanterre, die vom Rektor am 2. Mai geschlossen wird. Inzwischen haben die Demonstrationen andere Universitäten erreicht. Die Sorbonne wird am 3. Mai erfasst; der Dekan lässt die Studenten, die die Universität besetzen, von der Polizei entfernen. Es folgen 600 Verhaftungen. Das Quartier Latin ist voller Barrikaden. In der Nacht vom 10. auf den 11. Mai folgen gewalttätige Auseinandersetzungen zwischen Studenten und Polizisten. Am 13. Mai 1968 rufen die Gewerkschaften zum Generalstreik auf. Bald ist das Land wie gelähmt. Premierminister **Georges Pompidou** beruft ein Treffen zwischen Gewerkschaftsvertretern und Unternehmerverbänden ein, das in der Unterzeichnung des Abkommens von Grenelle am 27. Mai 1968 mündet. Der *Salaire minimum interprofessionnel de croissance* (SMIC, wachstumsorientierter berufsgruppenübergreifender Mindestlohn) wird angepasst; die Gehälter steigen um 7 Prozent, der Mindestlohn steigt um 35 Prozent; die wöchentliche Arbeitszeit wird auf 43 Stunden begrenzt, die gewerkschaftliche Freiheit gestärkt. Vom 29. bis zum 30. Mai ist de Gaulle verschwunden. Heimlich hat er Frankreich verlassen und ist nach Baden-Baden geflogen, wo er General

Massu trifft. Der genaue Inhalt ihrer Unterredung bleibt eine Sache der Interpretation. Für Pompidou ist diese Tat allerdings eine Art Verrat; er bietet seinen Rücktritt an, der jedoch abgelehnt wird. In einer kurzen Radioansprache von kaum vier Minuten nimmt de Gaulle am 30. Mai die Dinge wieder in die Hand und bekräftigt: «Unter den gegenwärtigen Umständen werde ich mich nicht zurückziehen. Ich habe ein Mandat des Volks, und ich werde es erfüllen.» An diesem 30. Mai findet eine große Demonstration zur Unterstützung de Gaulles statt, fast eine Million Menschen sind auf den Champs-Élysées. Die Nationalversammlung wird aufgelöst. Die soziale und politische Furcht, die durch die Ereignisse vom Mai 1968 ausgelöst wurde, bewirkt einen sprunghaften Zugewinn der Gaullisten bei den Parlamentswahlen vom Juni 1968. Pompidou wird dadurch zum Opfer der Krise. Unliebsam geworden, wird er am 10. Juli durch **Maurice Couve de Murville** ersetzt.

Doch kurz darauf verliert de Gaulle die Macht – durch seine eigene Initiative; denn er initiiert im April 1969 ein Referendum zur Reform des Senats und der Regionen und bindet sein politisches Schicksal an das Ergebnis. Bei einem negativen Ausgang will er zurücktreten. Die Nein-Stimmen belaufen sich auf mehr als 53 Prozent: Am 27. April 1969 gibt de Gaulle die Macht ab. Er stirbt am 9. November 1970.

Georges Pompidou, die Kunst und die Politik

Schon als Premierminister macht Pompidou von sich reden, als er ein Bild von Pierre Soulages in seinem Büro aufhängen lässt, wodurch die zeitgenössische Kunst in die Republik gleichsam offiziell Aufnahme findet. Erst Dozent für Philologie, dann Direktor der Banque Rothschild, ist sein Lebenslauf eher unkonventionell. Nach dem Abschied de Gaulles setzt er sich bei den Präsidentschaftswahlen von 1969 gegen mehrere Kandidaten durch. Im Juni 1969 wird er zum Staatspräsidenten der Republik gewählt. Er versteht es, die französische Gesellschaft mithilfe seines Premierministers **Jacques Chaban-Delmas** (1915–2000) zu modernisieren. Dieser plädiert für eine neue offene und dezentralisierte Gesellschaft, mit weniger Kontrolle der Medien, mehr Freiheit des Ausdrucks, Rückkehr zum gesellschaftlichen Dialog. Die Wirtschaft wird durch den Übergang von SMIG zu SMIC modernisiert: vom *Salaire minimum interprofessionnel garanti* zum *Salaire minimum interprofessionnel de croissance* – vom garantierten berufsübergreifenden Mindestlohn zu einem wachstums-

bezogenen. Ab jetzt ist der Mindestlohn an das wirtschaftliche Wachstum gebunden. Die Idee dahinter ist, dass alle Bürger besser an den Früchten des Wachstums teilhaben. Das verhindert jedoch nicht die Anfänge der De-Industrialisierung. Die Krise von 1973 trifft Frankreich mit voller Wucht und beendet das Wunder der *Trente Glorieuses*, der knapp 30 Jahre währenden Zeit des wirtschaftlichen Aufstiegs von 1945 bis 1974. 1972 wird ein gemeinsames Regierungsprogramm mit der PCF aufgelegt. Georges Pompidou, gezeichnet von langer Krankheit, einem Blutkrebs, der als Morbus Waldenström bekannt ist, erscheint immer weniger in der Öffentlichkeit. Er stirbt im Amt am 2. April 1974.

Valéry Giscard d'Estaing, ein Überqualifizierter an der Macht

Der Tod von Präsident Pompidou überrascht die politische Welt; seine Krankheit war nicht publik gemacht worden. Die Linke ist in Kampfaufstellung, die Rechte zersplittert. Jacques Chaban-Delmas denkt, seine Stunde sei gekommen. Aber nun spielt ein Mann eine fundamentale Rolle: Jacques Chirac. Als Innenminister der Regierung Mesmer lässt er Chaban-Delmas zugunsten von Valéry Giscard d'Estaing fallen. Dieser hat einen Trumpf in der Hand: Er ist kaum 48 Jahre alt und wäre somit der jüngste Präsident. Nach dem ersten Wahlgang hat er im Mai François Mitterrand als Gegner. Das ist die Gelegenheit für eine wichtige Premiere, die zum Klassiker werden wird: die im Fernsehen ausgestrahlte Debatte der beiden Kandidaten. Ganz Frankreich sitzt vor dem Fernsehapparat. Das knappe Ergebnis verdeutlicht die Bedeutung des Ereignisses: 50,81 Prozent für Valéry Giscard d'Estaing und 49,19 Prozent für François Mitterrand.

So folgt also ein Nicht-Gaullist, **Valéry Giscard d'Estaing** (geb. 1926), auf Georges Pompidou, den Chef der unabhängigen Republikaner. Dem Großbürgertum entstammend, Absolvent der École polytechnique und der elitären École Nationale d'Administration (ENA, *Nationale Hochschule für Verwaltung*), gilt Giscard als unnahbar. Seine siebenjährige Regierungszeit ist durch eine Liberalisierung der Gesellschaft gekennzeichnet: Herabsetzung der Volljährigkeit von 21 auf 18 Jahre, Scheidung bei beiderseitigem Einverständnis, Legalisierung der Schwangerschaftsverhütung (Neuwirth-Gesetz von 1972), Legalisierung von Abtreibungen.

Wirtschaftskrise und politische Schwierigkeiten

In wirtschaftlicher Hinsicht erlebt Frankreich die Folgen der ersten «Ölkrise». Von 1974 bis 1976 ist **Jacques Chirac** (geb. 1932) Premierminister. Er verfolgt das Projekt der fortschrittlichen, liberalen Gesellschaft, gerät aber mehr und mehr in Meinungsverschiedenheiten mit dem Präsidenten, dessen Politik ihm als sozialdemokratisch erscheint und sich zusehends von der gaullistischen Rechten entfernt. 1976 dankt Chirac ab, obwohl es üblich ist, dass ein Premierminister nur auf Wunsch des Präsidenten aus dem Amt scheidet. So gründet Chirac die gaullistische Partei UDR neu, die nun als *Rassemblement pour la République* (RPR, Sammlungsbewegung für die Republik) fungiert. Paris erhält 1975 erneut das Recht, seinen Bürgermeister zu wählen; Chirac bewirbt sich und wird 1977 gewählt. Im Kabinett wird er als Premierminister durch einen renommierten Wirtschafts-Professor ersetzt, **Raymond Barre** (1924–2007). Im Gegensatz zum «Plan Chirac» von praktiziert Barre eine entschlossene Politik der Drosselung der Wirtschaft, um gegen die Inflation anzugehen, doch trägt diese Politik keine Früchte. Vielmehr nimmt die allgemeine Unzufriedenheit zu, als die Arbeitslosigkeit ansteigt und 1979 nach der zweiten Ölkrise die symbolische Grenze von 1 Million Arbeitslosen übersteigt. Die Kommunalwahlen von 1977 sind ein Erfolg für die Linke. Die ersten Europa-Wahlen 1979 bieten die Gelegenheit zum Aufeinandertreffen von Jacques Chirac und Valéry Giscard'Estaing. Im selben Jahr stehen sich beim Kongress in Metz zwei sozialistische Spitzenkandidaten gegenüber, François Mitterrand und Michel Rocard. Die Wahlen von 1981 finden in angespannter Atmosphäre statt. Der Präsident ist im eigenen Lager geschwächt, er ist durch die «Diamantenaffäre» beschädigt, weil er Juwelen vom selbsternannten Diktator Kaiser Bokassa I. von Zentralafrika angenommen hat. Die Zahl der Arbeitslosen steigt auf über 1,6 Millionen an, die Wirtschaft stagniert. Beim zweiten Wahlgang zur Präsidentenwahl stehen sich Giscard und Mitterrand gegenüber; Letzterer gewinnt mit 51,75 Prozent der Stimmen.

Die Ära Mitterrand

Die Herrschaft der Sphinx

François Mitterrand (1916–1996) wird in Jarnac in eine bürgerliche Familie geboren, studiert Jura und Politische Wissenschaften. Er nimmt an der Vichy-Regierung als Kommissar für die Kriegsgefangenen teil und wird 1941 mit dem Francisque-Orden der Vichy-Regierung ausgezeichnet. Später tritt er der provisorischen Regierung bei, wird 1946 Abgeordneter des Departements Nièvre. In der Vierten Republik ist er mehrfach Minister und wichtigster Gegner de Gaulles. Nachdem er bereits zweimal Kandidat war, wird er 1981 nach einer Wahlkampagne zum Präsidenten gewählt, die durch seine 110 Vorschläge zur Regierung des Landes und den Slogan geprägt war: «Die ruhige Kraft».

Fabius – der jüngste Premierminister Frankreichs

Im Juli 1984 wird **Laurent Fabius** (geb. 1946) mit 38 Jahren der jüngste Premierminister und betreibt eine rigorose Sparpolitik. Die Kommunisten verlassen daraufhin die Regierung. Fabius' Regierung wird durch zwei Skandale beschmutzt, den um das Greenpeace-Schiff *Rainbow Warrier*, das vom französischen Geheimdienst in Auckland, Neuseeland versenkt wird, und den Blutkonservenskandal: Bluterkranke hatten Transfusionen von mit dem AIDS-Virus verseuchten Blut erhalten. In dieser Affäre wird Laurent Fabius 1999 gerichtlich freigesprochen, aber seine politische Karriere bleibt befleckt.

Eine Neuheit in der Fünften Republik: Die Cohabitation

Bei den Parlamentswahlen vom März 1986 gewinnen die rechten Parteien. Die Rückkehr zum Verhältniswahlrecht, das eigentlich die Verluste *der Parti socialiste* begrenzen sollte, ermöglicht nun dem rechten *Front national*, 35 Abgeordnete zu entsenden, so viel wie die kommunistische Partei. So setzt die Fünfte Republik zum ersten Mal eine Regierung der *Cohabitation*, der parteiübergreifenden Zusammenarbeit ein, mit einem linken Verteidigungsminister und Außenminister sowie einem rechten Premierminister, **Jacques Chirac** (geb. 1932), der zugleich Bürgermeister von Paris ist. Die Regierung Chirac privatisiert die 1981 und 1982 verstaatlichten Unternehmen und praktiziert eine liberale Politik.

Mitterrand, zweite Runde

1988 wird François Mitterrand erneut für eine siebenjährige Amtszeit als Staatspräsident gewählt; sein Gegner war Jacques Chirac. **Michel Rocard** (geb. 1930) wird zum Premierminister ernannt. Er bildet eine Regierung der Öffnung und beruft drei Minister aus den Rängen der liberalen UDF. Im Oktober 1990 machen die Schüler-Demonstrationen die Distanz des Präsidenten, der diese Demonstrationen unterstützt, von seinem Premierminister, der sie kritisiert, offensichtlich. Der Zwist zwischen diesen beiden Führern der Exekutive wird zu einem immer größeren Hindernis. 1991 wird Michel Rocard durch **Édith Cresson** (geb. 1934) ersetzt. Sie ist die erste Frau auf dem Posten des Premierministers, bleibt aber nur kurz an der Macht. **Mitterrand** nimmt die Niederlage der Sozialisten bei den Regionalwahlen zum Vorwand, um sie im April 1992 durch **Pierre Bérégovoy** (1925–1993) zu ersetzen. Mittlerweile, seit Februar 1991, engagiert sich Frankreich an der Seite der USA im Ersten Irakkrieg. Im Herbst 1992 stimmt Frankreich per Referendum für den Maastricht-Vertrag, der die Schaffung einer Europäischen Union vorsieht. Im Mai 1993 gewinnt die Rechte die Parlamentswahlen. Kurz darauf begeht Pierre Bérégovoy, der Unterschlagung von Geldern bezichtigt, Suizid. Mitterrand ernennt nun **Édouard Balladur** (geb. 1929) zum Premierminister. Dieser betreibt eine liberale Politik, muss sich aber im August 1993 mit der hohen Arbeitslosenrate auseinandersetzen: Es gibt mehr als 3 Millionen Arbeitslose in Frankreich. Balladur nimmt im Mai 1995 eine Anleihe von 49 Milliarden Francs auf: ein Erfolg, der ihn ermutigt, mehrere große Firmen zu privatisieren. Am 8. Januar 1996 stirbt François Mitterrand an seiner Krebserkrankung, die der Öffentlichkeit lange verborgen geblieben war; obwohl schon 1981 diagnostiziert, war sie erst 1992 bekannt gemacht geworden.

Die Ära Chirac

Alain Juppé, «unser Bester»

Jacques Chirac wird 1995 zum Präsidenten gewählt, er ernennt **Alain Juppé** (geb. 1945) zum Premierminister. Die Regierung setzt eine im Wahlkampf versprochene Reform um: das Ende des obligatorischen Militärdienstes. Er wird durch einen freiwilligen Zivildienst und einen allgemeinen Appell- und Vorbereitungstag für die Landesverteidigung ersetzt. Juppé verfolgt zudem eine Reformpolitik der Renten im öffentlichen Dienst und der Sozialversicherung. Die Reaktion der Gewerkschaften ist heftig; die Eisenbahner treten in Streik; das Land ist im Dezember gelähmt. Doch die Bewegung verläuft sich gegen Jahresende; ein Teil der Reform wird beibehalten. Im Herbst 1996 machen auch die Fernfahrer mit und blockieren die großen Städte. Nach Nachverhandlungen endet der Streik im November. Ende 1996 ist die Beliebtheit der beiden mächtigsten Männer im Staat auf dem Tiefpunkt. Jacques Chirac denkt, eine Auflösung der Nationalversammlung würde ihm wieder freie Hand geben – ein fataler Irrtum.

Eine missglückte Auflösung

Am 21. April 1997 löst Chirac, der seine Mehrheit ausbauen will, die Nationalversammlung auf. Doch das Gegenteil tritt ein: Die Wähler schicken eine linke Mehrheit ins Palais Bourbon, den Sitz der Nationalversammlung. Nochmals gibt es eine *Cohabitation*, die Zusammenarbeit über Parteigrenzen hinweg – zum dritten Mal. Die Rechte stellt den Präsidenten, Chirac; sein Premierminister Lionel Jospin ist von der Linken. Diese Zusammenarbeit dauert bis 2002.

Ein Präsident, mit 80 Prozent der Stimmen gewählt

Bei den Präsidentschaftswahlen 2002 treten Lionel Jospin und Jacques Chirac gegeneinander an. Der Kandidat des *Front national*, Jean-Marie Le Pen (geb. 1928), gelangt im ersten Wahlgang auf den zweiten Rang, hinter Chirac. Jospin scheidet aus. Die Sozialisten rufen daraufhin zur Wahl von Jacques Chirac auf, der mit mehr als 80 Prozent wiedergewählt wird. Die Parlamente, die folgen, stützen den Präsidenten; die neue rechte Partei, hervorgegangen aus der

Fusion von RPR und UDF, nun als *Union pour un mouvement populaire* (UMP) auftretend, trägt ihn zum großen Teil. Es ist die Stunde des Angriffs für Nicolas Sarkozy. Dieser ehemalige Ziehsohn Chiracs hat ihn bei den Präsidentschaftswahlen verraten, indem er sich mit Édouard Balladur verband. Die Gründung der UMP ist eine günstige Gelegenheit für ihn, um sich gute Chancen für die Nachfolge Chiracs zu verschaffen. Sarkozy wird zum Innenminister ernannt. Der neue Premierminister ist der breiten Öffentlichkeit unbekannt: **Jean-Pierre Raffarin** (geb. 1948). Die Linke übernimmt die Macht und gewinnt die Regionalwahlen 2004. Die Popularität des Premiers schwindet rasch dahin; 2005 lehnen die Franzosen per Referendum die europäische Verfassung ab, obwohl Chirac sich für ein «Ja» einsetzt. Im Mai 2005 wird Raffarin durch **Dominique de Villepin** (geb. 1953) ersetzt.

Nicolas Sarkozy, der Allgegenwärtige

Bei den Präsidentschaftswahlen vom Mai 2007 wird der Kandidat der UMP, **Nicolas Sarkozy** (geb. 1955) mit 53 Prozent der Stimmen gewählt, womit er vor der Kandidatin der Sozialisten liegt, **Ségolène Royal** (geb. 1953). Er ernennt **François Fillon** (geb. 1954) zum Premierminister und öffnet seine Regierung für Minderheiten und für Personen, die aus der Linken stammen. Der Präsident zeigt sich an allen Fronten – eine Allgegenwart, die seine Beliebtheit untergräbt. Seit Ende 2008 sieht sich das Land einer Wirtschaftskrise ausgesetzt, die infolge der *subprimes*, ungedeckter Hypotheken bei hohen Risiken, in den USA ausgebrochen ist. 2010 beschließt die Regierung eine Rentenreform. Das gesetzliche Alter für den Rentenbeginn wird von 60 auf 65 angehoben. 2012 folgen neue Präsidentschaftswahlen. Die Wähler werden heftig umworben. Am Ende siegt der Kandidat der Sozialisten, **François Hollande** (geb. 1954), der mit 51,64 Prozent der Stimmen gewählt wird. Er ernennt Jean-Marc Ayrault (geb. 1950) zum Premierminister. Seit März 2014 hat **Manuel Valls** (geb. 1962) dieses Amt inne. Im Dezember 2016 tritt er zurück, um 2017 für die Präsidentschaftswahl zu kandidieren. Sein Nachfolger wird Bernard Cazeneuve (geb. 1963).

III

Großbritannien nach 1945

1. Der Wohlfahrtsstaat und die Krisen

Zwischen «Welfare State» und Dekolonisierung

Von 1945 bis 1951 ist **Clement Attlee** (1883–1967) von der *Labour*-Partei englischer Premierminister. Er begründet nach dem Bericht der *Social Insurance and Allied Services* (1942), nach seinem Verfasser **William Beveridge** (1879–1963) auch *Beveridge-Report* genannt, den *Welfare State*. Der Staat muss die Nöte der Menschen lindern, indem er Krankheit, Armut, Unwissenheit und Arbeitslosigkeit bekämpft. Beveridge befürwortet den Aufbau eines Sozialversicherungssystems, des *National Health Service*; es wird 1945 per Votum durch den *National Insurance Act* errichtet. 1944 spricht sich der zweite Beveridge-Report, *Full Employment in a Free Society – Vollbeschäftigung in einer freien Gesellschaft*, für den Kampf gegen die Arbeitslosigkeit aus. Entsprechende Gesetze bringen den Wohlfahrtsstaat auf den Weg, etwa mit dem *Education Act* von 1944, der den Zugang zu einer höheren Schule demokratisiert. Die *Housing Acts* von 1944 und 1946 regeln den Wohnungsbau; es folgt der *Towns and Country Planning Act* von 1947, der das Gebiet um London ins Bevölkerungsgleichgewicht bringt und neue Städte entstehen lässt. Clement Attlee leitet zudem die Dekolonisierung des britischen Empire ein. Ausgehend von einem Projekt aus dem Jahre 1945 dauert es noch zwei Jahre, bis Indien am 18. Juli 1947 durch den *Indian Independence Act* die Unabhängigkeit bestätigt erhält, die am 15. August 1947 in Kraft tritt. In Schwarzafrika erhält die Goldküste, die englische *Gold Coast Colony*, im Jahre 1954 ihre Unabhängigkeit und wird zu Ghana.

Die Konservativen verwalten die Krisen

Von 1951 bis 1955 kehren die Konservativen an die Macht zurück; **Winston Churchill** (1874–1965) wird erneut Premierminister. Vergeblich versucht er den Untergang des British Empire aufzuhalten und schickt Truppen gegen die aufständischen Mau-Mau nach Kenia und die Aufrührer im heutigen Malaysia. Seit 1953 verschlechtert sich seine Gesundheit rapide, er tritt 1955 zurück. **Anthony Eden** (1897–1977) tritt seine Nachfolge an, von 1955 bis 1957. Er muss 1956 die Suez-Krise lösen. Am 26. Juli 1956 verstaatlicht **Gamal Abdel Nasser** (1918–1970), Präsident der Republik Ägypten, den Suez-Kanal, der bislang Eigentum eines französisch-britischen Konsortiums war. Im Oktober 1956 schließt sich England Frankreich und Israel an und setzt Fallschirmjäger-Truppen ein, um die Kontrolle über den Kanal zurückzugewinnen. Nach amerikanischem Druck und sowjetischen Drohungen ziehen England und Frankreich ihre Expeditionskorps jedoch wieder zurück. Kurz darauf dankt Anthony Eden ab. Ein weiterer Konservativer, **Harold Macmillan** (1894–1986) folgt ihm bis 1963 im Amt. Er entwickelt eine intensive diplomatische und militärische Aktivität im Mittleren Osten, die den König von Jordanien und auch den Sultan von Oman an der Macht hält. Macmillan setzt die Dekolonisierung fort, indem er dem heutigen Malaysia 1957, danach Nigeria 1960 und Kenia 1963 die Unabhängigkeit gewährt. Dagegen kann er England nicht in die EWG führen, da dies am französischen Veto scheitert. Nach Macmillans Abdankung im Oktober 1963 aus gesundheitlichen Gründen erweist sich **Alec Douglas-Home** (1903–1995) als Kompromiss-Premierminister, der die laufenden Geschäfte fortführt, ehe er die Wahlen im Oktober 1964 zugunsten des Labour-Politikers **Harold Wilson** (1916–1995) verliert. Wilson bleibt bis 1970 im Amt. Einen guten Teil seines Sieges verdankt er dem Profumo-Skandal. **John Profumo** (1915–2006), Verteidigungsminister in der Regierung Macmillan, hat eine Beziehung mit einem Callgirl; die wiederum erweist auch einem Botschaftsrat an der Sowjetischen Botschaft ihre Gunst. Nach mehreren abenteuerlichen Episoden, einer Schießerei in London und Falschaussagen vor dem Unterhaus ist Profumo zur Abdankung gezwungen. Diese pikante Episode im Spionage-Milieu, zudem mitten im Kalten Krieg, beschädigt den Ruf der Konservativen Partei.

Die Irland-Krise verschärft sich

Harold Wilson muss eine zweite Ablehnung des Beitritt Englands in die EWG hinnehmen, lässt aber in den Verhandlungen nicht nach, die schließlich nach dem Ableben General de Gaulles erfolgreich sind. Obwohl er im Prinzip der große Favorit ist, wird Harold Wilson 1970 vom Konservativen **Edward Heath** (1916–2005) geschlagen. Dieser ist von 1970 bis 1974 im Amt, so auch beim Beitritt Englands zur EWG, der im Januar 1973 erfolgt. Und wie sein Vorgänger schickt Heath Truppen in das nordirische Ulster, wo sich Katholiken und Protestanten heftig bekämpfen. Am 30. Januar 1972 eröffnet die britische Armee das Feuer auf einen Friedensmarsch und tötet 14 Teilnehmer. Das ist der *Bloody Sunday*, der Blutsonntag. Und es ist der Anfang einer Ära, in der Attentate und brutale Unterdrückung abwechselnd aufeinanderfolgen. Der Vorschlag der *Direct Rule*, der politischen Autonomie und der Anbindung Nordirlands an den Südteil der Insel, wird von fast 100 Prozent der Nordiren abgelehnt, die im Vereinten Königreich bleiben wollen. In England selbst wird die soziale Situation immer prekärer, was zu großen Streikwellen führt. Heath provoziert 1974 vorgezogene Wahlen. Doch er verliert sie, der Labour-Politiker Harold Wilson kehrt an die Macht zurück, kann aber kaum eine tragfähige Mehrheit finden. Für das Frühjahr 1976 kündigt er seinen Rückzug an. Im April dieses Jahres dankt er ab und wird durch seinen Außenminister, den Sekretär im *Foreign Office*, **James Callaghan** (1912–2005), ersetzt. Zwischen 1976 und 1979 bekommt dieser die Auswirkungen der Wirtschaftskrise zu spüren, und er erweist sich als unfähig, die sozialen Probleme und die großen Streiks vom Ende des Jahres 1978 in den Griff zu bekommen. Bei den Wahlen von 1979 wird er geschlagen; sie bringen **Margaret Thatcher**, die erste weibliche Premierministerin, von 1979 bis 1990 an die Macht. Schnell erhält sie den Beinamen die «Eiserne Lady».

2. Von Thatchers Neoliberalismus zu Blairs New Labour

Margaret Thatcher macht Karriere

1925 in eine bescheidene Familie geboren – ihr Vater Alfred Roberts ist Kolonialwarenhändler –, wird **Margaret Thatcher** (1925–2013) als Methodistin erzogen, die die Vorschriften einer protestantischen Ethik rigoros befolgt, in der die Früchte der Arbeit und der persönlichen Anstrengung den Platz des Menschen in der Welt festlegen. Früh arbeitet sie im väterlichen Geschäft mit, hilft ihrem Vater und kommt zu der festen Überzeugung, dass nur der wirtschaftliche Liberalismus sinnvoll sei. Ein Stipendium ermöglicht ihr das Chemie-Studium in Oxford, das sie mit einem Diplom abschließt. In Oxford leitet sie die konservative Studentenverbindung. Nach einer Niederlage bei den Parlamentswahlen 1950, bei der sie den Mut hat, sich in einer Labour-Hochburg zu präsentieren, verlässt sie die chemische Industrie und studiert Jura. Das tut sie mit der finanziellen Unterstützung von **Denis Thatcher** (1915–2003), den sie 1951 heiratet. Als Spezialistin für Steuerrecht wird sie 1959 ins Unterhaus gewählt. Von 1961 bis 1964 arbeitet sie im Renten- und Versicherungsministerium. Sie stößt sich an den zu hohen Ausgaben in diesem Bereich, die nach ihrer Meinung den Menschen die Lust auf Arbeit nehmen. Zunächst Sprecherin der Konservativen von 1964 bis 1970, wird sie 1970 Ministerin für Erziehung und Wissenschaft. Dort setzt sie Kürzungen bei den Ausgaben durch, verlängert die Schulpflicht bis zum Alter von 16 Jahren. Zur allgemeinen Überraschung übernimmt sie 1975 den Vorsitz der Konservativen Partei. 1979 wird sie als erste und bis heute einzige Frau Premierministerin Englands. Im April 2013 stirbt sie. Anstelle eines Staatsbegräbnisses gewährt ihr das Königreich eine andere Ehrung, nämlich die außergewöhnliche Anwesenheit der Königin; das Protokoll erlaubt der Königin ansonsten nicht, bei der Beisetzung eines Premierministers anwesend zu sein.

Der starke Arm der «Eisernen Lady»

In wirtschaftlicher Hinsicht von neoliberalen Denkschulen beeinflusst, startet Thatcher eine Privatisierungskampagne. Sie kürzt die Sozialausgaben, fordert die Bewohner von Sozialwohnungen auf, diese zu kaufen; Angestellte sollen Aktionäre ihrer Unternehmen werden – dies alles im Sinne der Übertragung von Verantwortung auf die Wirtschaftsakteure. Mit den Bergarbeitern, die von der Gewerkschaft unterstützt werden, liefert sie sich 1984 und 1985 eine Kraftprobe. Nach einem Jahr der Konfrontation gehen Letztere geschwächt aus dem Konflikt heraus. Es folgt eine Reihe von Gesetzen, die den Arbeitsmarkt deregulieren und dem Privileg des *closed shop* ein Ende machen, das den Gewerkschaften erlaubte, die Festsetzung der Gehälter zu kontrollieren. Ein *closed shop* besagte außerdem, dass alle Arbeitnehmer eines

Betriebes Gewerkschaftsmitglieder sein mussten, um so das Problem der Trittbrettfahrer zu lösen, die andernfalls ohne eigenes Zutun von Lohnerhöhungen etc. profitieren würden. In Ulster kehrt die Gewalt zwischen 1981 und 1988 zurück. Die Attentate wie auch die Morde häufen sich. 1981 gibt Margaret Thatcher einem Hungerstreik nicht nach, den die inhaftierten irischen Aktivisten durchführen, die vergeblich den Status von politischen Gefangenen beanspruchen. Zehn Gefangene sterben im Gefängnis von Maze in Nordirland, darunter **Robert «Bobby» Sands** (1954–1981).

Die Premierministerin beginnt und gewinnt den *Falkland-Krieg* gegen Argentinien, das diesen englischen Archipel angegriffen hat. Während ihrer Regierung endet die letzte, späte Dekolonisierung Englands, die für Südrhodesien den Weg freimacht, das 1979 zu Zimbabwe wird. Im eigenen Lager wird Thatcher wegen ihrer Wirtschafts- und Währungspolitik angegriffen, auch wegen ihrer systematisch euroskeptischen Haltung und ihres Entschlusses, eine sehr unpopuläre Zusatzsteuer einzuführen, den *poll tax*, eine Kopfsteuer, die pro Person anfällt und einkommensunabhängig ist. Dies führt zu Aufständen, und so dankt Margaret Thatcher im November 1990 ab. Sie sichert ihre Nachfolge, indem sie ihren Kandidaten **John Major** (geb. 1943) fördert. Er ist von 1990 bis 1997 Premierminister.

Ein blasser Nachfolger: John Major

Major führt England an der Seite der USA in den Ersten Irakkrieg. 1993 sieht die *Downing Street Declaration* gemeinsam mit dem irischen Premier **Albert Reynolds** (1932–2014) das Recht auf Selbstbestimmung vor; eine letzte Abstimmung soll eine eventuelle Vereinigung mit Irland ermöglichen. Im Laufe der Zeit lässt Majors Autorität im eigenen Lager immer mehr nach; er verfügt nicht über das Charisma, das einige seiner Vorgänger hatten – und dies in einem Moment, da England aus der wirtschaftlichen Stagnation nicht herausfindet und in der die von Margaret Thatcher eingeleiteten Maßnahmen, die der wirtschaftlichen Wiederbelebung wohl nützen, aber einen hohen gesellschaftlichen Preis fordern, die Situation der Schwächsten noch weiter verschlimmern. Die Wahlen von 1997 gehen zugunsten von *Labour* aus.

Die neue Labour Party von Tony Blair

Tony Blair wird 1953 in Schottland in eine bürgerliche Familie geboren; sein Vater ist Anwalt. Nach dem Jura-Studium wird Blair gleichfalls Anwalt und geht für einige Jahre nach Frankreich, übernimmt dort ein paar Jobs, u. a. als Barmann. Seine frühe Leidenschaft für die Politik bringt ihn dazu, sich der *Labour Party* anzuschließen. Nach einer Niederlage 1982 wird er 1983 zum Abgeordneten gewählt. Schnell wird er anerkannt, steigt die Parteileiter hoch, deren Vorsitzender er 1994 wird. Der *Labour*-Sieg von 1997 öffnet ihm die Türen zu Downing Street. Er ist sich der Verbesserung der Lebensbedingungen der Arbeiterschaft dank der «dreißig fetten Jahre» und des Wohlfahrtsstaates bewusst, weshalb er der *Labour Party*, die zur *New Labour* wird, einen Kurswechsel hin zur Mitte verordnet.

Zehn Jahre ist Tony Blair Premierminister, von Mai 1997 bis Juni 2007. In England selbst verzeichnet Blair mehrere Erfolge. Die Unterschrift unter das *Good Friday Agreement – Karfreitagsabkommen* – vom 10. April 1998, gemeinsam mit den wichtigsten politischen Vertretern Nordirlands, macht dem dreißigjährigen Bürgerkrieg dort ein Ende. In Nordirland werden das Parlament und das Amt des Premierministers installiert. Ein in Nordirland (Ulster) und der Republik Irland (Eire) abgehaltenes Referendum bestätigt dieses Abkommen deutlich. Wenn auch die Politik des Terrors tatsächlich beendet scheint, so werden dennoch sporadisch weitere Attentate verübt. In seiner sogenannten *Blair-Doktrin*, die er in einer Rede am 22. Juni 1999 in Chicago verkündet, sagt der Premierminister, dass die Außenpolitik Englands sich auf die Verteidigung internationaler Werte und Grundsätze stützt, nicht mehr allein auf nationale Interessen. An der Seite der USA nimmt England 2003 am Irakkrieg teil. 2005 wird dem Land die Organisation der Olympischen Spiele 2012 übertragen. In jenem Jahr ist London auch Opfer einer Reihe terroristischer Attentate.

Am 27. Juni 2007 überbringt Tony Blair Königin Elisabeth II., seit 1952 im Amt, seine Abdankung. Sein Nachfolger wird **Gordon Brown** (geb. 1951). Er bleibt bis 2010 Premierminister. Als ehemaliger Schatzkanzler bzw. Minister für Wirtschaft und Finanzen sieht er sich 2007 Attentatsdrohungen ausgesetzt. Die Krise der *subprimes*, der von den Banken an ihre ärmsten Kunden vergebenen Immobilienkredite, die zu variablen und erhöhten Zinssätzen führen, lässt Brown ein bedeutendes Programm der Verstaatlichung im Bankensektor auflegen. Im April 2010 sorgt er für vorgezogene Neuwahlen, die er gegen den Konservativen **David Cameron** (geb. 1966) verliert. Mangels einer

absoluten Mehrheit muss dieser eine Koalition mit den Liberal-Demokraten um **Nicholas (Nick) Clegg** (geb. 1967) bilden. Seit Mai 2015 kann Cameron dank absoluter Mehrheit ohne Koalitionspartner regieren. Die ersten Maßnahmen betreffen die Verringerung der öffentlichen Schulden, die 186 Milliarden Euro erreichen und zu einer Sparpolitik führen. Er stellt eine Volksabstimmung über die Mitgliedschaft des Vereinigten Königreichs in der Europäischen Union in Aussicht. Dieses Referendum wird am 23. Juni 2016 abgehalten. Nach teils vehement geführtem Wahlkampf stimmen 51,9 Prozent der Stimmberechtigten für den Austritt, 48,1 Prozent votieren für den Verbleib. Cameron hatte sich für Letzteren eingesetzt und tritt am Tag nach dem Referendum zurück. Bei seiner Nachfolge im Amt des Premierministers setzt sich die seit 2010 amtierende Innenministerin **Theresa May** (geb. 1956) durch, die ihn auch als Parteivorsitzende ersetzt; einen der stärksten «Brexit»-Befürworter, den vormaligen Londoner Bürgermeister **Boris Johnson** (geb. 1964), beruft sie zum Außenminister.

3. Ein englisches Symbol: Königin Elisabeth II.

Die spätere Königin wird am 21. April 1926 in London geboren. Sie entstammt einem Zweig der Familie, der eigentlich nicht zur Herrschaft bestimmt ist. Ihre Jugend spielt sich in familiärer Atmosphäre ab, ohne den Formalismus des Hofes. 1936 wird ihr Vater nach der Abdankung von Eduard VIII. als Georg VI. englischer König, und sie wird Erbprinzessin. 1947 heiratet sie Prinz **Philipp Mountbatten** (geb. 1921), in den sie sich schon 1939 verliebt hatte. Während eines Besuchs in Kenia erfährt sie vom Tod ihres Vaters am 6. Februar 1952. Nun ist sie Königin des Vereinigten Königreichs von Großbritannien und 16 weiterer Nationen. Energisch und reserviert *herrscht* die Königin, aber sie *regiert* nicht, wie es die traditionelle Formel besagt – was sie nicht hindert, sich regelmäßig mit den zwölf Premierministern zu treffen, die sich in ihrer Amtszeit abwechseln. Durch ihre Person verkörpert sie die Fortdauer der englischen Monarchie und sie übernimmt offizielle Verpflichtungen. Von manchen Stürmen innerhalb der königlichen Familie getroffen, bewahrt sie unter allen Umständen eine große Würde und einen Humor, der sich auch als geradezu beängstigend erweisen kann. Von Februar bis Juni 2012 feiert sie ihr diamantenes Jubiläum: sechzig Jahre lang ist sie nun Königin. 2016 feiert Großbritannien den 90. Geburtstag seiner Monarchin.

IV

Italien nach 1945

1. Die Ära der Christdemokraten

Im Juni 1945 schaffen die Italiener per Referendum die Monarchie ab. 1947 folgt die Verfassung der Ersten Republik. Die Regierung wird in allgemeinen Wahlen bestimmt. Zwei Kammern werden gewählt, die *Camera dei Deputati*, die Abgeordnetenkammer, und der *Senato della Repablica*, der Senat. Diese beiden Kammern wählen für sieben Jahre den Präsidenten der Republik, der eine rein symbolische Funktion hat. Die Exekutive liegt in Händen der Regierung, die vom Präsidenten des Ministerrats, dem Ministerpräsidenten, geleitet wird. Lange Zeit wird das Land von den führenden Köpfen der *Democrazia Cristiana* geleitet, die sich die Stimmen mit den Sozialisten *(Partito Socialista Italiano)* und der Kommunistischen Partei *(Partito Comunista d'Italia)* teilt. Das gilt bereits für die erste Regierung unter **Alcide de Gasperi** (1881–1954), die von 1945 bis 1953 amtiert. Gasperi ist einer der Gründerväter Europas, der Italien in Europa integriert und die Montanunion mitbegründet. Auf ihn folgt kurzzeitig **Giuseppe Pella** (1953–1954), doch dessen Nähe zum neofaschistischen MSI *(Movimento Sociale Italiano)* kostet ihn die Unterstützung seiner eigenen Partei, der christlichen Demokraten. **Amintore Fanfani** (1908–1999) folgt ihm, bleibt aber kaum einen Monat, von Januar bis Februar 1954. **Mario Scelba** (1901–1991) ist Ratspräsident von Juli 1955 bis Mai 1957, dann wieder von Februar 1959 bis Februar 1960. Er ist einer der Unterzeichner der **Römischen Verträge**, durch die im März 1957 die EWG gegründet wird. **Fernando Tambroni** (190–1963) bleibt nur für vier Monate im Amt, das er dank der Unterstützung des MSI erhalten hat. **Giovanni Leone** (1908–2001) bleibt nur wenig länger. Erst unter **Aldo Moro** (1916–1978) kommt größere Stabilität auf. Fünfmal ist er an der Macht: Dezember 1963 bis Juni 1964, Juli 1964 bis Januar 1966, Februar 1966 bis Juni 1968, November 1973 bis Januar 1976 und zuletzt Februar bis April 1976. Er ist der Mann des historischen Kompromisses, des *compromesso storico*, einer Vereinbarung, gemeinsam mit der PCI von **Enrico**

Berlinguer (1922–1984) zu regieren – eine fragile und schwierige Allianz. Am 16. März 1978 wird Aldo Moro in Rom von den Roten Brigaden entführt, Terroristen der extremen Linken, die – genau wie die Rechten – viele Attentate verüben in diesen bleigeschwängerten Jahren von Ende der 1970er bis Ende der 1980er Jahre. 55 Tage darauf wird Moro ermordet im Kofferraum eines Wagens in Rom aufgefunden.

Giulio Andreotti (1919–2013) folgt ihm im Amt. Siebenmal ist er Ministerpräsident: 10 Tage im Februar 1972, Juni 1972 bis Juni 1973, Juli 1976 bis Januar 1978, März 1978 bis Januar 1979, im März 1979, Juli 1989 bis März 1991 und zuletzt April 1991 bis April 1992. Die *Democrazia Cristiana* bleibt mit Unterbrechungen an der Macht – bis zur Wahl des Sozialisten **Giuliano Amato** (geb. 1938). Im Jahre 1965 werden Italien und Frankreich durch die Eröffnung des Mont-Blanc-Tunnels verbunden. 1968 wird der *Club of Rome* gegründet, der Forscher und Universitäten aus mehr als 50 Ländern verbindet, die über die Probleme des Globus nachdenken. Weltbekannt wird der *Club of Rome* 1972 durch die Veröffentlichung des Meadows-Berichts über die *Grenzen des Wachstums*.

Die Mafia

Nach mehreren terroristischen Attentaten muss Italien außerdem das Eindringen der Mafia in die Gesellschaft bekämpfen. 1982 setzt Italien nach der Ermordung von General **Carlo Dalla Chiesa** (1920–1982) in Palermo einen Hochkommissar für die Koordination des Kampfes gegen die Mafia ein. Das kann allerdings 1992 nicht die Ermordung des Anti-Mafia-Richters **Giovanni Falcone** (1939–1992) verhindern, gleichfalls bei Palermo. Der Kampf gegen die Mafia bleibt eine der großen Herausforderungen des heutigen Italien.

2. Der Bruch: Silvio Berlusconi

1936 in Mailand in eine kleinbürgerliche Familie geboren, studiert **Silvio Berlusconi** Jura, ehe er Unternehmer wird. Er ist im Bauwesen tätig, engagiert sich sehr bald beim Fernsehen, zunächst für den Mailänder Bereich, dann für die ganze Lombardei. Mit einem Arbeitsverdienstorden dekoriert und dem Rang eines Ritters versehen, wird er seither «il Cavaliere» genannt, der Ritter. 1978 gründet er die *Fininvest*, die verschiedene Aktivitäten verfolgt: Verlage, Banken, Fernsehen. Dank seines Rufs als Unternehmer nimmt er die Geschicke des Fußballclubs AC Mailand in die Hand, wodurch er national, später international bekannt wird. Einige Jahre später steigt er in die Politik ein und gründet 1994 seine eigene Partei *Forza Italia* (*Vorwärts, Italien!*), eine populistische Mitte-Rechts-Partei. Er bezeichnet sich als zutiefst konservativ und antikommunistisch. Zwei Monate später, im Mai 1994, geht diese Partei aus den Parlamentswahlen als die stärkste politische Kraft des Landes hervor. Die öffentliche Unterstützung ermöglicht es Berlusconi, mehrfach sein Amt zu bekleiden, trotz zahlreicher laufender Prozesse und Sittenskandale. Das geht so bis zum November 2011, bis ein Votum des Parlaments sich gegen ihn wendet.

Berlusconi führt Italien von 1994 bis 1995, danach von 2001 bis 2006 und von Mai 2008 bis November 2011. Mit ihm verbindet sich der eindeutigste Bruch mit den politischen Kombinationen, die seit 1945 die traditionellen Parteien vereinten: Er stützt sich auf eine Koalition aus *Forza Italia* – diese Partei wird 2009 aufgelöst und durch die noch größere *Popolo della Libertà* (*Volk für die Freiheit*) ersetzt, der **Ignazio La Russa** (geb. 1947) vorsteht –, ferner aus der *Lega Nord*, 1989 gegründet und nationalistisch, fremdenfeindlich und regionalistisch, deren Vorsitz **Umberto Bossi** (geb. 1941) innehat, sowie endlich der *Alleanza nazionale*, einer 1995 gegründeten rechtsextremen Partei, die 2009 aufgelöst wird.

Nach dem Untergang Berlusconis folgt auf ihn ein Akademiemitglied und Finanzexperte, **Mario Monti** (geb. 1943). In einem Italien, das mit Schulden und dem Misstrauen der Finanzmärkte konfrontiert ist, bildet er ein Kabinett aus Spezialisten; er weigert sich, in die üblichen Verhandlungen mit den Parlamentariern und Parteien einzutreten. Er beginnt eine Politik der Haushaltsbeschränkung. Im Dezember 2012 dankt er ab, um neue Parlamentswahlen herbeizuführen, wovon er sich eine Mehrheit erwartet, und sei es auch eine Koalition, die er für unerlässlich hält, um die ehrgeizigen und unpopulären Reformen durchzusetzen. Die Wahlergebnisse zeigen ein politisch zerrissenes Land; unregierbar und geteilt in Mitte-Links: die Anhänger Berlusconis und eine neue Kraft, die Bewegung M5S, *Movimento Cinque Stelle*, die *Fünf-Sterne-Bewegung* von **Beppo Grillo** (geb. 1948), einem Comedian und Populisten, der sich allen traditionellen Parteien verweigert. Die Kammer ist unregierbar, alle ins Auge gefassten Allianzen scheitern, vor allem angesichts der Weigerung von M5S, daran mitzuwirken. Die Regierung Monti führt die laufenden Geschäfte weiter. Das Ausmaß der Krise ist so groß, dass der Präsident der Republik, **Giorgio Napolitano** (geb. 1925), als das einzige Bollwerk erscheint und mit 88 Jahren am 28. April 2013 seine Wiederwahl für weitere sieben Jahre akzeptiert; im Januar 2015 tritt er absprachegemäß zurück; Nachfolger wird **Sergio Mattarella**

(geb. 1941). Am 28. April 2013 bildet **Enrico Letta** (geb. 1966), Mitglied des *Partito Democratico*, der Demokratischen Partei, eine neue Regierung und erhält die Zustimmung beider Kammern. Er wird im Februar 2014 von **Matteo Renzi** (geb. 1975), dem früheren Bürgermeister von Florenz, als Regierungschef abgelöst.

Der Papst

Trotz (oder wegen?) des politischen Chaos in Italien kommt die Überraschung des Jahres 2013 aus dem Vatikan, dem souveränen Staat, dessen Oberhaupt, **Papst Benedikt XVI.** (geb. 1927), 2005 gewählt, seine Abdankung verkündet. die er am 28. Februar 2013 vollzieht. Er beruft sich auf sein Alter, das als eine zu schwere Bürde auf seine Schultern laste. Am 13. März 2013 wählt die Kurie **Franziskus**, den ersten seines Namens, als Nachfolger Benedikts auf den Papstthron. Ein Wendepunkt für die katholische Kirche, denn es handelt sich um den ersten Jesuiten, der das Pontifikat erreicht, um den ersten (Süd-)Amerikaner – er wurde als **Jorge Mario Bergoglio** 1936 in Buenos Aires geboren –, und um einen volksnahen Papst, der keine Angst vor neuen Schritten hat.

V

Spanien nach 1945

1. Das franquistische Spanien

Von 1939 bis 1975 steht Spanien unter dem franquistischen Regime, der Diktatur von General **Francisco Franco** (1892–1975). Von 1945 bis 1950 kapselt Spanien sich als autarkes Land ab, wodurch sich die Verarmung der Bevölkerung zuspitzt. Nach 1950 liberalisiert Franco die Wirtschaft, was zur Hebung des Lebensstandards beiträgt und vor allem dem Marshallplan zu verdanken ist, der 1950 das Land miteinbezieht. Im April 1974 bestimmt Franco den Prinzen **Juan Carlos de Bourbon** (geb. 1938) zu seinem Nachfolger, einen Enkel des letzten spanischen Königs Alfons XIII.

Die Franco-Diktatur stützt sich auf eine einzige Partei, die *Falange Española tradicionalista y de las Juntas de Ofensiva Nacional Sindicalista* (FET y de las JONS), besser bekannt als *Falange*. Alle Bereiche der Gesellschaft stehen unter der Kontrolle der Falange, gestützt auf die katholische Kirche. Der Katholizismus wird zur Staatsreligion. Die Institutionen werden dem Grundsatz der organischen Demokratie unterworfen: Die Abgeordneten der Parlamente, die *Cortès*, werden von der Regierung ernannt, die Gewerkschaften und ihre Aktivität auf das System der «vertikalen Gewerkschaft», Sindicato-Vertikale, begrenzt, die dem Minister der Falange verantwortlich ist. Als Staatschef ist Franco der *Caudillo*, der absolute Herrscher «durch die Gnade Gottes». Im Prinzip ist es ein monarchistisches Regime, doch bleibt es bis 1975 ohne König. Wenn es auch während des Zweiten Weltkriegs ohne formelle Allianz mit Nazideutschland ist, gilt Spanien dennoch in der unmittelbaren Nachkriegszeit als dessen Verbündeter. Im Kalten Krieg tritt Spanien wieder dem Kreis der Nationen bei, nähert sich den USA an und unterzeichnet mit den Vereinigten Staaten 1953 eine Allianz, den Pakt von Madrid. 1955 wird Spanien Mitglied der UNO; 1959 stattet Präsident Eisenhower Spanien einen offiziellen Besuch ab. In diesem Jahr ist mit dem Auflegen eines wirtschaftlichen Stabilisierungsplans (*Plan de Estabilizacion*) ein weiterer Wendepunkt zu verzeichnen, der den Mitgliedern des *Opus Dei* (Werk Gottes) geschuldet ist, einer 1928 vom spanischen Pater **José Maria Escrivá de Balaguer** (1902–1975) gegründeten katholischen Laienorganisation. Diese grundsätzlichen Maßnahmen öffnen die spanische Wirtschaft für die Globalisierung; eine Zeit des Wohlstands folgt, vor allem durch die Aufnahme des Massentourismus.

Nach 1968 wird das Regime des Diktators zunehmend kritisiert, selbst die katholische Kirche geht ab 1970 in die Opposition. Franco ist alt und krank, er kann seine Autorität kaum ohne eine Teilung der Macht aufrechterhalten. Im September 1974 übergibt er sein Amt als Staatsoberhaupt an Juan Carlos; er selbst stirbt am 20. November 1975.

2. Ein König, eine Demokratie

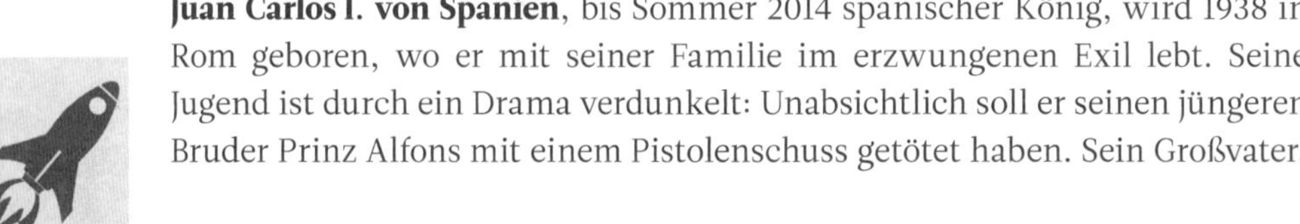

Juan Carlos I. von Spanien, bis Sommer 2014 spanischer König, wird 1938 in Rom geboren, wo er mit seiner Familie im erzwungenen Exil lebt. Seine Jugend ist durch ein Drama verdunkelt: Unabsichtlich soll er seinen jüngeren Bruder Prinz Alfons mit einem Pistolenschuss getötet haben. Sein Großvater,

König Alfons XIII., hat nicht offiziell auf seine Krone verzichtet. Im Prinzip konnte auch der Vater von Juan Carlos, Don Juan de Borbón, auf den spanischen Thron Anspruch erheben. Doch Franco verdrängt ihn zugunsten seines Sohnes Juan Carlos, was zur Ursache einer lange währenden Feindseligkeit zwischen den beiden Männern wird. Der junge Mann lebt in Madrid beim Diktator, der ihn 1961 offiziell zum Prinzen von Spanien ernennt und ihn auf seine Nachfolge vorbereitet – die erst nach dem Tode Francos 1975 eintreten wird.

Spanien erlebt von 1975 bis 1982 eine Zeit des Übergangs zur Demokratie. Im November 1975 wird Prinz Juan Carlos zum spanischen König als **Juan Carlos I**. Zwei neue politische Gruppierungen seien angeführt: die Demokratische Koordination (1976), die Sozialisten und Christ-Demokraten umfasst; und die Demokratische Junta, zu der neben den Sozialisten und Nicht-Sozialisten auch die Kommunistische Partei Spaniens (PCE) gehört. Der König will eine demokratische Entwicklung. Auch durch öffentliche Demonstrationen wird er dazu aufgefordert, die dies immer lauter fordern. 1976 ernennt der König **Adolfo Suárez** (1932–2014) zum Ministerpräsidenten. Er erneuert die demokratischen Freiheiten und schließt die franquistischen Institutionen. Doch verläuft all dies nicht ohne gewalttätige Aktionen; Attentate und politische Morde wechseln einander ab. 1977 werden die PCE und die Gewerkschaften – die sozialistische UGT *(Unión General de Trabajadores)* und die kommunistische CCOO *(Confederación Sindical de Comisiones Obreras)* – legalisiert. 1978 begründet eine neue Verfassung die parlamentarische Monarchie. Die *Unión de Centro Democrático* (UCD) von Adolfo Suárez gewinnt die Parlamentswahlen vom März 1978. Die Dezentralisierung des Staates wird in diesem Jahr ebenfalls mit der Schaffung der *Autonomen Gemeinschaft Baskenland* eingeleitet sowie mit der Neugründung der *Generalitat de Catalunya*.

23-F: Der Staatstreich vom 23. Februar 1981

Im Januar 1981 gibt Adolfo Suárez seine Abdankung bekannt. Während der Einsetzung von **Leopoldo Calvo-Sotelo** (1926–2008) durch den Abgeordnetenkongress, am 23. Februar 1981, versuchen 200 Mitglieder der *Guardia Civil* unter dem Befehl von Oberstleutnant **Antonio Tejero** (geb. 1932) einen Staatsstreich. Seine Leute dringen ins Parlament ein, schießen in die Decke und zwingen die Abgeordneten, sich auf die Erde zu legen. Doch Unstimmigkeiten unter den Meuterern und die Standhaftigkeit des Königs, der in einer

Fernsehansprache den Militärs befiehlt, in ihre Kaserne zurückzukehren, lassen die Operation scheitern. In Spanien kennt man sie als *23-F*. Nach 48 Stunden kehrt alles wieder zur Ordnung zurück. Juan Carlos erlangt neues Prestige, selbst bei den Republikanern, die sich aus Furcht vor einem definitiven Scheitern des Demokratisierungsprozesses zusammenschließen.

Movida und Modernisierung

Die *Movida Madrileña*, kurz *Movida*, ist untrennbar mit der Modernisierung Spaniens verbunden. Entstanden in einem Stadtviertel Madrids, ist sie der Hoffnungsträger der Jugend Spaniens, nicht allein, was die entstehende Demokratie, sondern auch, was die Ausbildung einer offenen und toleranten Gesellschaft betrifft, die im totalen Gegensatz zur franquistischen Diktatur steht. Sie wird von Künstlern angeführt wie dem Filmregisseur **Pedro Almodóvar**. Sie entwickelt sich in den Jahren von 1980 bis 1990. **Leopoldo Calvo-Sotelo** verliert bei den Wahlen vom Oktober 1982 die Macht; es gewinnt die spanische sozialistische Arbeiterpartei (PSOE, *Partido Socialista Obrero Español*) mit ihrem Chef **Felipe González** (geb. 1942). Dieser Sieg beendet die Zeit des demokratischen Übergangs. Es beginnt eine Zeit der politischen, gesellschaftlichen und kulturellen Öffnung, eben der *Movida*. Felipe González steht der Regierung viermal vor, von 1982 bis 1986, 1986 bis 1989, 1989 bis 1993 und dann wieder 1996. 1986 tritt Spanien der Europäischen Union bei. 1992 finden in Sevilla die Weltausstellung und in Barcelona die Olympischen Sommerspiele statt. **José Maria Aznar** (geb. 1953), der an der Spitze des rechten PP steht (*Partido Popular*, Spanische Volkspartei), regiert von 1996 bis 2000 und von 2000 bis 2004. Er kämpft gegen die Arbeitslosigkeit, die er von 20 Prozent auf 11 Prozent reduziert; und er bekämpft den Terror der ETA *(Euskadi Ta Askatsuna, Baskenland und Freiheit)* im Baskenland. Als überzeugter NATO-Anhänger nähert er sich den USA an und unterstützt sie 2003 im Irakkrieg. Am 11. Mai 2004 wird Madrid zum Ziel islamistischer Attentate. Mehrere Bomben explodieren in Vorortzügen und fordern mehr als 200 Tote und 1400 Verletzte.

Als Sieger bei den Wahlen von 2004, dann auch 2008, folgt ihm der Sozialist **José Luis Zapatero** (geb. 1960). Er hält die spanische Armee aus dem Irakkrieg heraus und erneuert den Dialog mit der ETA; und er verteidigt das Projekt der Europäischen Verfassung, die 2005 durch ein Referendum mit 75 Prozent der Stimmen bestätigt wird. Im selben Jahr legalisiert er auch die gleichgeschlechtliche Ehe, was den Zorn der katholischen Kirche und des PP

erregt. Während seiner Regierung verschwinden die letzten Symbole des Franquismus, vor allem die Reiterstatuen von General Franco. Katalonien erhält einen Autonomiestatus, der vom Verfassungsgericht 2006 bestätigt wird. Die Wirtschaftskrise von 2008 trifft vor allem Spanien sehr hart. Das Bruttosozialprodukt geht 2008 um 0,3 Prozent zurück, die Arbeitslosigkeit klettert auf 20 Prozent, bei den Jugendlichen bis 25 Jahren sogar auf das Doppelte. Die spanische Gesellschaft steckt vollständig in der Krise. Das Land kann sich dank eines Darlehens der Europäischen Union seinen finanziellen Problemen stellen. Die Regierung erlässt mehrere Sparpläne, jedoch ohne Erfolg, was den Ausgang aus der Krise betrifft. Dafür entstehen neue Proteste, etwa die der *Indignados*, der «Empörten». Es sind junge Spanier, die die Plätze in den Innenstädten besetzen und einen radikalen Politikwechsel fordern und ihr Misstrauen gegenüber den traditionellen Parteien ausdrücken. José Luis Zapatero kündigt an, dass er bei den kommenden, für 2012 vorgesehenen Wahlen kein neues Mandat als Regierungschef anstrebt. Anlässlich der auf 2011 vorgezogenen Wahlen ist der PP, der *Partido Popular*, der große Gewinner. Ihr Vorsitzender, **Mariano Rajoy** (geb. 1955), wird Regierungschef.

Seit dem 19. Juni 2014 ist Juan Carlos' Sohn **Felipe VI.** (geb. 1968) König.

VI

Die Sowjetunion und ihre Satelliten nach 1945

1. Entstalinisierung in Etappen

Chruschtschow und der Versuch der Modernisierung

Nach dem Zweiten Weltkrieg ist die UdSSR in einer zwiespältigen Position. Sie genießt einerseits großes internationales Prestige wegen ihrer Rolle im Krieg, ist aber zugleich menschlich und materiell durch eben diesen Krieg verheert. Die Anstrengungen für den Wiederaufbau sind gigantisch und enden 1950. 1949 legt sich das Land Nuklearwaffen zu, 1953 ist es im Besitz der

H-Bombe. Stalin regiert mit eiserner Hand und entwickelt einen ausgeprägten Personenkult. Er stirbt am 5. März 1953. **Nikita Sergejewitsch Chruschtschow** (1894–1971) folgt ihm an der Spitze des Staates. Auf dem 20. Kongress der KPdSU im Februar 1956 gibt er einen Bericht, der eigentlich geheim ist, aber dennoch schnell bekannt wird: Darin prangert er den Personenkult unter Stalin an und öffnet damit den Weg zur Entstalinisierung. Er spricht sich für eine normalisierte Beziehung zu den USA innerhalb einer friedlichen Koexistenz aus. Diese neue Position führt 1960 zum Bruch mit China. Chruschtschow will zudem die Sowjet-Gesellschaft modernisieren und den Lebensstandard anheben. Er will «die USA um 1970 aufholen», wie er in seiner Rede vom 27. Januar 1957 vor der Vollversammlung des 21. Kongresses der KPdSU sagt. Eine ehrgeizige Politik der Erschließung von Neuland wird 1959 gestartet. Der neue Siebenjahresplan, der an die Stelle des früher üblichen Fünfjahresplans tritt, will die Binnennachfrage und den Wohnungsbau fördern. Das Rentenalter wird auf 60 gesenkt, die Wochenarbeitszeit von 48 auf 42 Stunden gekürzt. Die Reformen führen zu Widerständen, die durch das Scheitern des Planes noch verstärkt werden; er wird «unterwegs» aufgegeben, auch wegen schlechter Ergebnisse in der Landwirtschaft. Die *Apparatschiks*, Leute aus dem Apparat, die der Partei ergeben sind, die ihnen Macht und Status verleiht, bereiten Chruschtschows Sturz vor. Der Westen geht gleichfalls auf Distanz, als die UdSSR 1956 den Volksaufstand in Ungarn niederschlägt. Zuvor hatten sowjetische Truppen am 17. Juni 1953 in Berlin Aufstände gewaltsam niedergeschlagen, als sich die Bevölkerung gegen mannigfache staatliche Repressionen zur Wehr setzte. 1961 verlangt Chruschtschow die Internationalisierung Berlins oder aber die Anbindung an die DDR, um der Flucht der Deutschen aus Ost-Berlin ein Ende zu machen. Das lehnen die Amerikaner ab; so wird im August 1961 die Berliner Mauer errichtet. Der Eiserne Vorhang ist nun vollkommen geschlossen.

Eingreifen in Polen und Ungarn 1956

Chruschtschows Bericht von 1956 wird in einigen Volksdemokratien, den Satellitenstaaten unter sowjetischer Herrschaft, als erster Schritt in Richtung politischer Freiheit gedeutet. Im Juni 1956 streiken die Arbeiter der Stalin-Fabrik im polnischen Posen. Die Regierung lehnt jegliche Verhandlungen ab. Polizei und Streikende liefern sich stundenlange gewaltsame Gefechte; mehr als 50 Tote und Hunderte von Verhafteten sind die Opfer. Doch in Ungarn ist

der Wille, sich von der verachteten sowjetischer Vorherrschaft zu befreien, sehr stark ausgeprägt. Der gemäßigte **Imre Nagy** (1896–1958) wird dort Premierminister und bildet die erste Regierung seit dem Krieg, die auch Nicht-Kommunisten offen steht. Zunächst reagiert Moskau nicht. Die ungarischen Studenten sehen die Möglichkeit, noch weiter zu gehen, und streiken für ein Mehrparteiensystem und Demokratie. Dieses Mal zögern die Sowjets nicht. Im Oktober dringen sowjetische Panzer nach Budapest ein, ersticken den Aufstand in Blut und Schrecken; es gibt Tausende von Toten, Deportierte und Exilierte. Imre Nagy wird zwei Jahre später nach einem typisch stalinistischen Prozess gehängt. Erneut senkt sich ein bleiernes Gewicht auf Ungarn herab.

Ein erstarrtes Land: Die Ära Breschnew

Bei der Eroberung des Weltraums gibt es spektakuläre Ergebnisse: Der erste künstliche Satellit, der Sputnik, wird 1957 ins All gebracht; der erste Mensch, **Juri Gagarin** (1934–1968), umkreist 1961 die Erde. Doch die eingeschlagenen Reformen machen die Hierarchen der KPdSU und die Nutznießer des Systems, die *Apparatschiks*, unzufrieden. Nach dem Ende der Kuba-Krise 1962 verdrängen sie Chruschtschow Schritt für Schritt aus seinen Ämtern. Er wird im Oktober 1964 durch **Leonid Iljitsch Breschnew** (1906–1982) ersetzt, der bis zu seinem Tod 1982 an der Macht bleibt. Er riegelt die UdSSR erneut ab und erlässt die sogenannte Breschnew-Doktrin der «beschränkten Souveränität» der Satellitenstaaten, die in Wahrheit von Moskau vollkommen abhängig sind. Im Jahre 1968 endet der Versuch des *Prager Frühlings* unter **Alexander Dubček** (1921–1992), als Truppen des Warschauer Pakts in die Tschechoslowakei einmarschieren. Der Warschauer Pakt war 1955 als Militärallianz der Sowjetunion und der Länder des Ostens (bis auf das blockfreie Jugoslawien) als Antwort auf die Nato gegründet worden. Breschnew kehrt zudem zur politischen Praxis der Stalin-Zeit zurück, indem er alle Macht auf sich vereint: 1966 schafft der 23. Parteitag der KPdSU für ihn den Titel des Generalsekretärs der UdSSR; 1976 wird er Marschall und 1977 Staatschef. Auf die «friedliche Koexistenz» folgt die «Entspannung» in den Beziehungen zu den USA, was allerdings in beiden Ländern zu immer mehr Aufrüstung führt, bis anlässlich der SALT 1-Gespräche *(Strategic Arms Limitation Talks)* der Wendepunkt erreicht ist; man einigt sich auf eine Begrenzung der strategischen Waffen. Die Verträge von Helsinki 1975 erkennen die Grenzen in Europa an und betonen die Achtung der Menschenrechte und die Souveränität der Völker. 1979 eweitern die SALT-2-Gespräche den Umfang der zu berücksichtigenden Waffen. Doch in diesem Jahr interveniert die UdSSR in Afghanistan, um dort ein kommunistisches Regime zu stützen, das als das sowjetische Vietnam in die Geschichte eingehen wird.

Der Prager Frühling

Seit Anfang 1968 ist die Tschechoslowakei in Aufruhr. Der Wunsch nach Veränderung und Demokratie kommt bei Intellektuellen, aber auch bei der Masse der Menschen und selbst in der Leitung der tschechischen KP auf. Es muss daran erinnert werden, dass die Tschechoslowakei das einzige Land ist, das nach den Versailler Verträgen neu entstanden war und zwischen 1919 und 1939 die Demokratie eingeführt hatte; alle anderen waren in der Diktatur versunken. Es ist also eine Rückkehr, die von der Bevölkerung angestrebt wird, nichts Neues. Alexander Dubček, Generalsekretär der Kommunistischen Partei, will den Sozialismus bewahren, indem er ihn verändert, als «Sozialismus mit menschlichem Antlitz»: Die Planwirtschaft soll nicht mehr bindend sein, der privaten Initiative soll mehr Raum gegeben werden, die Partei wäre Anregerin von Reformen und nicht mehr allmächtig. Im August 1968 werden Dubčeks Hoffnungen zunichte gemacht. Die Sowjets wiederholen die Lektion der ungarischen Zerstörung von 1956: Wieder intervenieren sie und schicken eigene Truppen sowie weitere des Warschauer Pakts. So setzen sie dem brutal ein Ende setzen, was man den «Prager Frühling» nennt.

Verschärfung in Polen

1970 sind es erneut polnische Arbeiter, die anlässlich eines Streiks zu Opfern von Repressionen werden. 1980 gibt die polnische Regierung auf Anstoß von **Lech Wałęsa** (geb. 1943) ihre Zustimmung zur Bildung einer unabhängigen Gewerkschaft, der *Solidarność* (Solidarität). Diese ist nach großen Streiks im März auf den Danziger Werften entstanden. Der sowjetische Konservatismus kann einen Gewerkschafts-Pluralismus nicht dulden; nur die von der Kommunistischen Partei anerkannten Organe dürfen existieren. Die UdSSR übernimmt die Leitung der polnischen Partei, und am 13. Dezember 1981 wird von General **Wojciech Jaruzelski** (1923–2014) der Ausnahmestand verkündet.

Weder die Rote Armee noch die Truppen des Warschauer Pakts intervenieren dieses Mal; das Ersticken der Proteste geschieht durch Rückgriff auf örtliche Unterdrückungsapparate.

Die Zeit der Alten

1979 bekräftigen die SALT-2-Verträge das nukleare Gleichgewicht zwischen den beiden Supermächten UdSSR und USA. Doch bis auf die Schwerindustrie stagniert die Wirtschaft in der UdSSR. Um Hungersnöte zu vermeiden, ist der Staat mehrfach gezwungen, Getreide zu importieren. 1979 führt Breschnew das Land in einen Krieg gegen Afghanistan, aus dem die Sowjets schließlich als Verlierer hervorgehen. Seine Nachfolger im Amt sind gleichfalls alte Männer, denen wenig Zeit bleibt. **Juri Wladimirowitsch Andropow** (1914–1984), ehemaliger Leiter des KGB, gelangt mit Unterstützung der Armee an die Macht. Die Wahl des polnischen Papstes **Johannes Paul II.** (1920–2005) im Jahre 1978 verärgert die UdSSR, die später verdächtigt wird, hinter dem Attentat auf den Pontifex im Jahre 1981 zu stecken. Juri Andropow beginnt den Kampf gegen die Korruption in der Partei, auch wenn er selbst ein alter *Apparatschik* ist. Dies mündet später in die Politik der *Perestroika*. **Konstantin Ustinowitsch Tschernenko** (1911–1985) folgt ihm, setzt allerdings der relativen Öffnung ein Ende und kehrt zu den Normen der Breschnew-Diktatur zurück. Schwer krank, stirbt er nach kurzer Zeit.

2. Reformversuche und Implosion

Ein Reformer an der Macht: Michail Gorbatschow

Michail Sergejewitsch Gorbatschow wird 1931 in eine Bauernfamilie im Nordkaukasus geboren. Er hilft seinem Vater bei der Arbeit in der Kolchose, ehe er die Erlaubnis zum Studium in Moskau erhält. Als Mitglied der Kommunistischen Partei übernimmt er mehrfach Verantwortung vor Ort. Er macht einen Abschluss als Agrarbetriebswirt, ehe Juri Andropow ihn entdeckt, der sein Mentor wird. Gorbatschows Aufstieg geht danach sehr schnell vonstatten. Er wird mit 40 Jahren ins Zentralkomitee gewählt und bekleidet dort das Amt des Sekretärs für Landwirtschaft, ehe er ins Politbüro aufgenommen wird, die eigentliche Führung der Kommunistischen Partei. 1985 wird er Generalsekretär der KPdSU. Doch man täusche sich nicht: Gorbatschow ist überzeugter Kommunist, der damals noch keinen Augenblick lang das Ende der UdSSR in Erwägung zieht. Er glaubt vielmehr, das System von innen her reformieren zu können. Vom Ausmaß der Veränderungen, die er angestoßen hat, wird er schließlich überholt.

Die Sinatra-Doktrin und des Ende des Ostblocks

Michail Gorbatschow, der Wunschnachfolger Andropows, gelangt an die Macht. Er beginnt eine ehrgeizige Politik, den Sowjetkommunismus zu reformieren, und stützt sich dabei auf *Perestroika*, d. h. Umstrukturierung, und auf *Glasnost*, Offenheit. Als sehr junger Staatsführer von erst 54 Jahren – jung vor allem in Hinblick auf seine direkten Vorgänger – öffnet er das Land wieder, trifft Margaret Thatcher und Ronald Reagan. 1989 zieht er die sowjetischen Truppen aus Afghanistan ab. Sein persönliches Charisma entfacht in Europa und den USA das Phänomen der *Gorbimanie*. 1989 reist er nach China, lässt den Eisernen Vorhang in Ungarn einen Spalt breit öffnen und verhindert die Intervention der Armee anlässlich des Mauerfalls in Berlin. Seine Doktrin wird – mit Bezug auf den berühmten Song von Frank Sinatra, «My Way» – die Sinatra-Doktrin genannt. Gemeint ist, dass jeder Satellitenstaat seinen eigenen sozialistischen Weg gehen solle. Zunächst zögerlich angesichts der Erinnerung an die blutigen Aufstandsunterdrückungen von 1953, 1956 und 1968, gehen die von der UdSSR beherrschten Länder nun immer schneller auf Distanz. Im November 1987 gibt in Polen General Jaruzelski die Macht ab, nachdem er ein Referendum verloren hat, das ihn eigentlich bestätigen sollte. Im Mai 1989 zerschneiden die Ungarn den Eisernen Vorhang, der sie von Österreich trennt, und öffnen ihre Westgrenze. Ostdeutschland bricht am 9. November 1989 zusammen. Die Berliner Mauer wird mit einer spektakulären Bresche geöffnet, so wie in Ungarn einige Monate früher Tausende von Menschen sich nach Westen aufmachen. In diesem Augenblick findet die Tschechoslowakei ihre verlorene Demokratie mit der «samtenen Revolution» wieder, so genannt, weil sie ohne einen einzigen Schuss und ohne Tote den ehemaligen Dissidenten **Václav Havel** (1935–2011) an die Macht bringt. Ende Dezember 1989 sind alle Volksdemokratien Europas vom sowjetischen Joch befreit, ohne dass die UdSSR darauf mit Gewalt reagiert hätte.

Die Implosion der UdSSR

Michail Gorbatschow wird 1990 mit dem Friedensnobelpreis für sein Wirken am Ende des Kalten Krieges ausgezeichnet. Doch in der Sowjetunion selbst schätzen die Armee und die KPdSU die Reformen nur wenig. Die Völker des Kaukasus, die traditionell und schon zu Zeiten der Zaren gegen die russische Zentralmacht waren, greifen zu den Waffen. 1991 verkünden die drei baltischen Republiken (Lettland, Litauen und Estland) ihre Unabhängigkeit. Die UdSSR zerfällt im Inneren. Im August 1991 wird Gorbatschow, während er im Urlaub auf der Krim ist, Opfer eines Staatsstreichs. Eine Gruppe konservativer Kommunisten erklärt ihn für unfähig, die Regierung zu leiten, und ruft den Notstand aus. Er steht ohne Macht unter Hausarrest, wird aber durch ein energisches Eingreifen von **Boris Nikolajewitsch Jelzin** (1931–2007) gerettet. Jelzin wird Präsident der Russischen Sozialistischen Föderativen Sowjetrepublik (RSFSR); danach entziehen sich die Ereignisse seiner Kontrolle. Am 8. Dezember 1991 erklären Russland, Weißrussland und die Ukraine sich zu unabhängigen Staaten. Im Parlament verkündet Boris Jelzin die Auflösung der Sowjetunion und die Unabhängigkeit Russlands, dem sämtliche ehemaligen Sowjetrepubliken folgen. Am 25. Dezember 1991 dankt Gorbatschow im Rahmen einer Fernsehansprache ab und bestätigt offiziell die Auflösung der UdSSR. Diese hört um Mitternacht auf zu existieren.

3. Die Russische Föderation seit 1991

Nach dem Zusammenbruch der UdSSR schließt sich die Russische Föderation der Gemeinschaft der Unabhängigen Staaten (GUS) an, die 1991 gegründet worden ist. Dazu gehören 11 der 15 ehemaligen Sowjetrepubliken und ein assoziierter Staat: Russland, Weißrussland, Kasachstan, Usbekistan, Tadschikistan, Kirgisistan, Armenien, Moldawien, Aserbaidschan, Turkmenistan, die Ukraine und die Mongolei als assoziierter Staat. Auch wenn zahlreiche Exekutiv-Institutionen dort existieren, gibt es die GUS eigentlich nur auf dem Papier, und sie ermöglicht Russland, weiterhin gewisse Rechte im Hinblick auf die Angelegenheiten der ehemaligen Staaten des Sowjet-Imperiums auszuüben. **Boris Jelzin** öffnet die Wirtschaft in Richtung Liberalismus, und dieser Schritt zur Verminderung der Zahl der Unternehmen und ihrer Standorte hat einen starken Anstieg der Arbeitslosigkeit, die Halbierung des Bruttosozialprodukts und eine Verarmung der Masse der Russen zur Folge. Umgekehrt fördert diese Entwicklung eine kleine Gruppe neuer Unternehmer, die sehr schnell sehr reich werden, die «neuen Russen». Das politische Leben wird von der liberal-demokratischen Partei Russlands bestimmt, die von **Wladimir Wolfowitsch Schirinowski** (geb. 1946) geleitet wird und fremdenfeindlich und nationalistisch ist. Jelzin macht nach seiner überraschenden Abdankung im Dezember 1999 **Wladimir Wladimirowitsch Putin** (geb. 1952) zum Interimspräsidenten. 2000 wird dieser zum Staatspräsidenten gewählt, was er bis 2008 bleibt.

Putin, der starke Mann Russlands

Wladimir Putin, 1952 in eine Leningrader Arbeiterfamilie geboren, ist Meister der russischen Kampfsportart Sambo und hat Jura studiert; er wird Mitglied im KGB, dem sowjetischen Geheimdienst, hat dort mehrere subalterne Funktionen und wird wegen seiner Deutschkenntnisse geschätzt. Von 1985 bis 1990 ist er Spion in Dresden, unter dem Deckmantel kultureller Aktivitäten. Der Zusammenbruch der DDR führt ihn nach Leningrad zurück, wo er sehr schnell und immer noch als Mitglied des KGB Berater des Leiters des Stadtparlaments wird; aus Leningrad war wieder St. Petersburg geworden. Danach setzt Putin seine Karriere in Moskau in der Umgebung von Jelzin fort. 1998 wird er zum Direktor des Inlandsgeheimdienstes FSB ernannt, der den KGB ersetzt.

Als Staatspräsident stützt er sich vor allem auf die Geheimdienste und erweitert die Macht des Präsidenten. Er kämpft gegen einige Oligarchen, kontrolliert die Medien sehr stark. Als Folge der Finanzkrise von 1998 strukturiert er weite Bereiche der Wirtschaft neu und setzt dabei vor allem Gas und Öl als Rohstoffe ein. Militärisch greift er in Tschetschenien und Südossetien ein. Seit dem Jahre 2000 hat Russland wieder ein kräftiges Wirtschaftswachstum aufzuweisen, jährlich ca. 6 Prozent. Im Mai 2008 folgt als Staatspräsident **Dmitri Anatoljewitsch Medwedew** (geb. 1965), doch Putin bleibt sein mächtiger Ministerpräsident. Die angefangenen Reformen werden fortgesetzt. Medwedew kämpft gegen die Korruption und legt einen ehrgeizigen Plan zur Technologie-Entwicklung auf. 2011 erhält die Partei «Einiges Russland», Putins Partei, mehr als 49 Prozent der Stimmen. Die für 2012 vorgesehenen Wahlen sind die Gelegenheit, um eine ohnehin vermutete Abmachung der beiden Män-

ner zu offenbaren: Sie wechseln erneut ihre Posten. Das zeigt sich am Ausgang der Präsidentenwahl im März 2012, als Putin wieder Präsident wird und Medwedew zum Ministerpräsidenten ernennt. Auf großen Demonstrationen wird die angeblich ordnungsgemäße Wahl verhöhnt, doch die Kundgebungen werden schnell unterdrückt. Eine Verfassungsänderung hat die Verlängerung des Präsidentenmandats von vier auf sechs Jahre ermöglicht; es kann wie früher einmal erneuert werden. Nichts aber spricht am Ende dieser 12 Jahre dagegen, dass die Ämter ein weiteres Mal getauscht werden – sofern die russischen Wähler mitmachen. Obwohl seine Popularität nach mehreren Mandaten leicht nachgelassen hat, bleibt er der starke Politiker, der in den Augen der meisten Russen dem Land seine Macht wiedergeben kann.

VII

Die USA nach 1945

1. Die Zeit der Supermacht

Truman und der Fair Deal

Harry S. Truman (1884–1972) ist von 1945 bis 1952 Präsident der USA. Als Nachfolger von Roosevelt beginnt er nach dem Wiederaufbau in der Nachkriegszeit, und um gegen Überproduktion und Inflation anzugehen, eine Politik des *Fair Deal*, ein Erbe des *New Deal*. Dabei geht es um die Erhöhung des Mindestlohns und 1949 um die Abstimmung über den *National Housing Act*, der den sozialen Wohnungsbau fördern soll. Doch Truman strebt die Schaffung eines sozialen Sicherheitssystems für alle an, was mit dem Liberalismus der Amerikaner kollidiert. Die Entstehung der Volksrepublik China 1949, die Ausdehnung des Kalten Krieges und des Koreakrieges führen in den USA zu einem intensiven Antikommunismus. Als große Sieger des Zweiten Weltkriegs und wirtschaftliche Führungsmacht der Welt müssen sich die USA innenpolitisch wie außenpolitisch mit Konflikten auseinan- 10 dersetzen. Im Koreakrieg kämpfen von 1950 bis 1953 das kommunistische Nordkorea, das von China unterstützt wird, und das von den USA unterstützte Südkorea gegeneinander. Von 1950 bis 1956 betreibt das Land eine regelrechte Kommunistenjagd, bekannt als *Red Scare* (Rote Angst) oder auch als *McCarthyismus*, nach seinem Initiator, Senator **Joseph McCarthy** (1908–1957). Diese Hexenjagd wird durch das Gesetz von 1950 markiert, das Kommunisten und Anarchisten aus der Verwaltung jagt. Das Ehepaar Ethel und Julius Rosenberg wird exekutiert; sie waren angeklagt, den Sowjets zum Besitz der Atombombe 1949 verholfen zu haben. In diesem Umfeld wird die Truman-Doktrin verkündet: ein Bruch mit der isolationistischen Tradition des Landes. Die USA bieten nun allen Staaten ihre Hilfe an, in denen die Demokratie bedroht ist. Eine der ersten konkreten Maßnahmen ist 1947 die Auflage eines gigantischen Hilfsplans für den Wiederaufbau der Wirtschaft in Europa, der *Marshall-Plan*, da Armut dem Kommunismus den Weg öffnen würde. In den USA selbst führt der Wohlstand zur Verbreitung des *American way of life*, der auf materiellem Wohlstand und der automobilen Kultur gegründet ist. Doch nicht alle kommen in seinen Genuss: Noch 1969 gibt es 25 Millionen Arme, vor allem innerhalb der Gemeinschaft der Schwarzen.

Eisenhower und der mittlere Weg

Der ehemalige General **Dwight David Eisenhower** (1890–1969) ist von 1953 bis 1961 Präsident der Vereinigten Staaten. Nach dem Tode Stalins 1953 verfolgt er eine Politik der Entspannung, wobei er die amerikanische Politik der nuklearen Abschreckung bekräftigt. Er ist für eine Strategie der massiven Vergeltungsmaßnahmen, d. h. des Einsatzes von Atomwaffen. Die Doktrin, dass jede weitere Ausdehnung des Kommunismus verhindert werden müsse, wird umgesetzt. In Eisenhowers Namen wird die Regierung von Guatemala gestürzt, weil sie die amerikanische *United Fruit Company* verstaatlichen wollte. Eisenhowers Regierungszeit ist durch bedeutende wirtschaftliche Prosperität gekennzeichnet, doch das gesellschaftliche Umfeld bleibt weiterhin explosiv. 1957 greift die Nationalgarde ein, um die Behörden der Stadt Little Rock in Arkansas zu zwingen, das Gesetz zu respektieren, welches die Rassentrennung in den Schulen verbietet.

2. Kennedy, der Reformer

JFK und die «New Frontier»

John Fitzgerald Kennedy (1917–1963) wird am 29. Mai 1917 in eine reiche Bostoner Familie geboren. Sein Vater wird 1938 zum Botschafter in London ernannt, wo sein Sohn einen Teil seiner Studien absolviert – mit mittelmäßigem Erfolg, da er das Studium häufig wegen gesundheitlicher Probleme unterbrechen muss. Trotz seiner Rückenkrankheit, an der er sein ganzes Leben leidet, nimmt er am Zweiten Weltkrieg teil, wird verletzt – noch einmal am Rücken – und ausgezeichnet. Nur wenige Menschen können sich den Leidensweg vorstellen, den Kennedy zeitlebens gehen muss; die meisten Menschen werden durch den aktiven, braungebrannten, lächelnden und sportlichen Präsidenten getäuscht. Seine Rückenschmerzen sind unerträglich, er überwindet sie mit festem Willen, aber auch mithilfe von Dr. Max Jacobson, der ihm diverse Substanzen injiziert und sich den Beinamen *Dr. Feelgood* verdient. Nach dem Krieg wird Kennedy ins Repräsentantenhaus gewählt, 1952 wird er Senator von Massachusetts. 1953 heiratet er Jacqueline Bouvier (1929–1994). 1960 kandidiert er bei der Präsidentschaftswahl gegen den republikanischen Kandidaten Richard Nixon und gewinnt knapp. Er kämpft gegen Armut und rassistische Ungerechtigkeiten; er widmet sich der sogenannten Eroberung des Weltraums und beginnt das *Apollo*-Programm. Am 22. November 1963 wird er in Dallas, Texas, ermordet. Sein Vizepräsident **Lyndon B. Johnson** (1980–1973) beendet das Mandat, ehe er seinerseits zum Präsidenten gewählt wird.

«JFK» ist das größte Symbol aller bisherigen amerikanischen Präsidenten. Er hat im Wahlkampf das Motto der *New Frontier* thematisiert, das allen Amerikanern seit der Eroberung des Westens am Herzen liegt. Die Grenze, die es nun zurückzudrängen gilt, sei die der Armut: Alle Bürger sollen von den Früchten des Wachstums profitieren. Doch Kennedy muss sich auch der intensivsten Phase des Kalten Krieges stellen. Im April 1961 ist es der Fehlschlag einer amerikanischen Landung in der **Schweinebucht in Kuba**. Von amerikanischen Soldaten unterstützt, sollen Exilkubaner an Land gebracht werden, um Fidel Castro zu stürzen. Kuba ist der Küste Floridas zu nahe, um kommunistisch bleiben zu können. Castro ist jedoch informiert; der Versuch der USA endet in einem Massaker. Der erst 43 Jahre alte Kennedy erscheint vielen nun als unerfahren und kaum in der Lage, das Land mitten im Kalten Krieg zu schützen. Geschickt übernimmt der Präsident in einer Fernsehansprache die Verantwortung für das Scheitern. Dieses Bekenntnis und die Entschuldigung kommen bei den Amerikanern gut an.

In der Nacht vom 12. auf den 13. August 1961 wird mitten durch **Berlin** die Mauer errichtet; die USA sind machtlos. Kennedy nimmt das Ruder erneut in die Hand, indem er nach Westberlin fährt, wo er seine berühmte Rede hält, die in dem Satz gipfelt: «Ich bin ein Berliner.» Der **Vietnamkrieg** (1959–1975) wird durch das amerikanische Engagement ausgeweitet, doch es ist die Kubakrise, die im Oktober 1962 die Welt an den Rand eines Dritten Weltkriegs bringt.

Die Kubakrise

Im Oktober 1962 bricht eine russische Flotte nach Kuba auf. Kennedy reagiert mit einer Fernsehansprache, in der er seine Mitbürger informiert, dass es sich hierbei in seinen Augen um eine Aggression gegen die USA handele. Er verkündet die Blockade der Insel Kuba durch amerikanische Kriegsschiffe. Würden die Sowjets versuchen, diese zu durchbrechen, würden die USA den Krieg erklären. Eine Woche lang hält die Welt den Atem an. Dann gibt Chruschtschow nach; die russischen Schiffe kehren um. Es ist ein durchschlagender Sieg für Kennedy, der dadurch internationale Statur erlangt. Nach dieser Episode wird zwischen Moskau und Washington das «Rote Telefon» eingerichtet, in Wahrheit ein Fernschreiber, der den beiden Staatschefs ermöglicht, direkt miteinander und ohne Zwischenstufen zu kommunizieren.

Martin Luther King

Die Präsidentschaft Kennedys ist ab dem Augenblick, da die Rassentrennung ihrem Ende zugeht, untrennbar mit der Geschichte des Pastors **Martin Luther King** verbunden. 1929 wird MLK in Georgia geboren, wo noch die Rassentrennung herrscht. Sein ganzes Leben kämpft er dafür, dass die schwarzen Amerikaner die gleichen Bürgerechte erhalten, wobei er Gewaltlosigkeit praktiziert. Er organisiert den berühmten Marsch auf Washington für die Gleichheit der Rechte der Schwarzen und Weißen und hält am 28. August 1963 vor dem *Lincoln Memorial* seine berühmte Rede «I have a dream – Ich habe einen Traum». In diesem Traum haben seine schwarzen Kinder die gleichen Rechte wie alle anderen Kinder. Er erhält 1964 den Friedensnobelpreis für seinen gewaltlosen Einsatz für die Minderheiten. Im April 1964 wird MLK in Memphis, Tennessee von einem weißen Anhänger der Rassentrennung ermordet.

Lyndon B. Johnson und die «Große Gesellschaft»

Nachdem er das Mandat des ermordeten Kennedy übernommen hat, dessen Vizepräsident er war, wird **Lyndon Baines Johnson** (1908–1973) im Jahre 1964 zum Präsidenten gewählt. Er setzt die Politik seines Vorgängers fort. Während seiner Regierungszeit werden die Gesetze zur Beendigung der Rassentrennung beschlossen. Johnson macht aus den USA einen Wohlfahrtsstaat, bekannt als «Grand Society». Durch Annahme des *Voting Right Act* von 1965 legt Johnson das *Medicare Program* auf, eine Krankenversicherung für Bürger über 65 Jahre; das *Medicaid Program* war für die Gesundheitsvorsorge ärmerer Bürger gedacht. In der Innenpolitik sieht sich Johnson mit der Radikalisierung der schwarzen Protestbewegungen konfrontiert, die für sich *Black Power* reklamieren, etwa die *Black Panthers* und ihr Anführer **Malcolm X** (1925–1965). In der Außenpolitik intensiviert Johnson im Sinne der «Dominotheorie», wonach jedes Land auf der Welt, das kommunistisch wird, seine Nachbarn mitziehe, die amerikanische Intervention in Vietnam. Nachdem anfänglich nur Militärberater nach Vietnam entsandt worden sind, haben die USA bald mehr als 500 000 Soldaten vor Ort. An den Universitäten weitet sich der Protest der Studenten gegen den Vietnamkrieg aus – in einem Moment, da die Wirtschaft schwächelt. Die in Kalifornien entstandene *Hippie*-Bewegung bringt Teile der Jugend dazu, die Welt ihrer Eltern abzulehnen. Die Frauenbewegung *Women's Lib* nimmt nach der Veröffentlichung des Buches von Betty Friedan *Der Weiblichkeitswahn* (1963) Fahrt auf. Das Ende von Johnsons Amtszeit ist durch den Zweifel an der Stärke der USA bestimmt. Er verzichtet darauf, sie ein weiteres Mal zu repräsentieren.

3. Die Zeit der Krisen

Richard Nixon und Watergate

Richard Milhous Nixon (1913–1994), der republikanische Kandidat, wird zum nächsten Präsidenten gewählt. In seiner Regierungszeit 1968–1974 beginnt er, die USA aus dem Vietnamkrieg zurückzuziehen, entsprechend der Nixon-Doktrin, die einen Rückzug an allen Fronten des Kalten Krieges vorsieht. 1975 wird der Krieg mit dem Sieg Nordvietnams und der Unterschrift unter den Friedensvertrag in Paris beendet. Die Zeiten für eine ständige Intervention Amerikas an allen Fronten sind vorüber, dafür kommt die von **Henry Kissinger** (geb. 1923) angestrebte *Realpolitik*. Sie besagt, dass die Welt die USA nicht mehr als Polizisten betrachten und auf deren Eingreifen zählen solle; die Staaten sollten untereinander ins Gleichgewicht kommen, wobei Amerika nur mehr der Garant sei. So nähern sich die USA auch China an, und Nixon macht 1972 eine vielbeachtete Reise dorthin. Die erste Ölkrise 1973 stürzt das Land in eine Wirtschaftskrise. Während seiner Kampagne zur Wiederwahl wird Nixon durch den Watergate-Skandal gestürzt. Seine Amtszeit bleibt dennoch bedeutend, auch durch das Raumfahrtprogramm der USA mit Apollo 11, in dessen Verlauf am 20. Juli 1969 der erste Mensch den Mond betritt.

Der Watergate-Skandal

Der Watergate-Skandal beginnt 1972, als fünf Männer festgenommen werden, die in das Wategate Building in Washington eingebrochen sind, in dem die Demokraten ihre Wahlkampf-Zentrale für die Präsidentschaftswahl 1973 eingerichtet haben; u. a. wollten sie Abhörwanzen installieren. Zwei Journalisten der *Washington Post*, Carl Bernstein und Bob Woodward, starten eine Untersuchung und decken die Verbindungen zwischen dem Weißen Haus und den erwähnten Einbrechern auf. Präsident Nixon legt bei seiner Verteidigung eine solche Ungeschicklichkeit an den Tag, dass der Senat 1973 einen Untersuchungsausschuss einsetzt, dessen Sitzungen vom Fernsehen übertragen werden. Der Skandal ist ungeheuer. Im April 1974 leitet das Repräsentantenhaus nach dem Ende der Debatten das *Impeachment*-Verfahren ein, die Amtsenthebung. Richard Nixon kommt dem zuvor und tritt am 8. August 1974 zurück. Vizepräsident **Gerald Rudolph Ford jr.** (1912–2006) beendet dessen kaum begonnene Amtszeit, die von 1974 bis 1977 währt. Er wird mit der Wirtschaftskrise konfrontiert, die auf die erste Ölkrise 1973 bis 1974 folgt. Im Wesentlichen gilt seine Politik dem Kampf gegen die Inflation, was um den Preis einer ernsthaften Rezession geschieht. Seine Amtszeit ist so glanzlos, dass er – bis zu dem Zeitpunkt der einzige Fall in der jüngeren Geschichte Amerikas – nicht wiedergewählt wird.

Jimmy Carter und die Menschenrechte

Von 1977 bis 1981 ist **James Earl «Jimmy» Carter Jr.** (geb. 1924) demokratischer Präsident. In seine Amtszeit fällt die Geiselnahme in Teheran, die seine Position schwächt: Im November 1979 wird die Botschaft der USA in Teheran besetzt, das Personal in Geiselhaft genommen. Eine Rettungsaktion scheitert; erst 1981 werden die Botschaftsmitglieder befreit. Carters wichtigster Erfolg ist die Unterschrift unter das Abkommen von Camp David am 18. September 1978, in dem die Bedingungen für einen Frieden zwischen Israel und Ägypten formuliert werden. Carter misst den Menschenrechten in seinen diplomatischen Beziehungen einen besonderen Platz bei; er nähert sich der UdSSR an, kann aber die Invasion Afghanistans durch sowjetische Soldaten 1979 nicht verhindern.

Ronald Reagan: «America is back»

Bei den Wahlen von 1981 wird ein ehemaliger *B-Movie*-Schauspieler gewählt, der Republikaner **Ronald Wilson Reagan** (1911–2004). Sein Wahlkampf ist auf die machtvolle Rückkehr der Stärke Amerikas angelegt. Die große Nation soll im Inneren zuversichtlich sein, im Äußeren aber gefürchtet, was sich im Slogan äußert: *America is back*. Zweimal wird er zum Präsidenten gewählt, insgesamt von 1981–1989. Am 30. März 1981 wird er Opfer eines Attentats, übersteht aber seine Verletzungen. Er verfolgt eine liberale Wirtschaftspolitik, bekannt als *Reaganomics*. Sie führt zu einem durchschnittlich besseren Einkommen der Amerikaner – um den Preis allerdings der Vervielfachung der Zahl unterqualifizierter Arbeiter.

Krieg der Sterne

Reagan kehrt zu einer Konfrontationspolitik zurück, die man mit dem Ende des Kalten Krieges für überwunden gehalten hat: Er verfolgt eine Politik der Standfestigkeit gegenüber der UdSSR, die an Provokation reicht. So verkündigt er in einer im März 1983 ausgestrahlten Fernsehansprache die Schaffung einer Initiative der strategischen Verteidigung (SDI, *Strategic Defense Initiative*), die sehr bald von Journalisten in «Krieg der Sterne» umgetauft wird. Im Rahmen dieses Projekts soll jenseits des amerikanischen Territoriums ein elektronischer Schutzschild errichtet werden, der in der Lage ist, jeden gegen die USA gerichteten Marschflugkörper ausfindig zu machen und zu zerstören. Diese nicht umzusetzende Idee wird nach und nach aufgegeben.

Bush Senior und die neue Weltordnung

George Herbert Walker Bush (geb. 1924), ebenfalls Republikaner, folgt 1989 bis 1993 auf Reagan. Nach dem Fall der Berliner Mauer 1989 unterstützt er die deutsche Wiedervereinigung. Nach der Invasion Kuwaits durch den Irak – die einerseits dem traditionellen Anspruch des Irak geschuldet ist, dass Kuwait eine zu erobernde Provinz sei, andererseits einem Streit über die irakischen Schulden und die Ölpreise – startet Bush, durch die UNO gedeckt, die Operation *Desert Storm*, Wüstensturm. 34 Staaten sind an der Koalition kriegführender Nationen beteiligt. Es ist der Beginn des Ersten Irakkriegs (1990–1991). Dieses Land wird schnell besiegt und zum Rückzug aus Kuwait gezwungen. Doch der irakische Führer **Saddam Hussein** (1937–2006) ist dadurch nicht geschwächt; er hält sich an der Macht. Den schiitischen und kurdischen Minderheiten ist unter ihm ein beklagenswertes Los beschieden, was sie zum Aufstand treibt. Schnell sind sie ihrem Schicksal überlassen und werden gewaltsam unterdrückt – die Schiiten sofort, die Kurden nach Ende der Operation *Provide Comfort*, die ihnen nur einen zeitweiligen Schutz von April bis Juli 1991 bietet.

1991 unterstützt Bush den russischen Präsidenten Michail Gorbatschow, als einige Kommunisten einen Staatsstreich versuchen. Am Ende dieses Jahres macht der Untergang der UdSSR aus den USA de facto die einzige Supermacht. Ebenfalls 1991 leitet Bush die Madrider Konferenz über den israelisch-arabischen Friedensprozess. George Bush definiert dabei die großen Linien der *New World Order*, der neuen Weltordnung, die auf Verbreitung von Demokratie und Marktwirtschaft beruht. Seine außenpolitischen Erfolge können indes nicht die inneren Probleme überdecken, vor allem die Arbeitslosigkeit. Die Wahlkampfmannschaft seines Herausforderers verspottet ihn, den sehr reichen Präsidenten, der wenig von den alltäglichen Schwierigkeiten seiner Mitbürger wisse, u. a. mit dem Slogan: *The economy, stupid – Die Wirtschaft, Dummkopf!* Bush wird nicht wiedergewählt.

Bill Clinton und die Kunst der Diplomatie

Der Demokrat **William Jefferson «Bill» Clinton** (geb. 1946), aus bescheidenen Verhältnissen stammend, danach brillanter Jura-Student, wird 1992 und dann noch einmal 1996 zum Präsidenten gewählt. Er hält an den amerikanischen Einsätzen in Somalia fest, die seit 1993 dort im Rahmen der Operation *Restore Hope* erfolgen, sich aber zur Katastrophe ausweiten. Örtliche Machthaber führen einen mörderischen Guerillakampf, und die Amerikaner verlassen 1994 und 1995 das Land. Clinton führt die USA in die Nato-Mission während des Jugoslawien-Krieges 1991 bis 1995. Er leitet den Oslo-Friedensprozess 1993, der Israel und Palästina einander annähern soll. Dies ist die Gelegenheit für einen historischen Händedruck – unter den Augen des amerikanischen Präsidenten – von **Jitzchak Rabin** (1922–1995), Premierminister Israels, und **Jassir Arafat** (1929–2004), Präsident der Palästinensischen Befreiungsorganisation (PLO). Doch der vorgesehene Friedensplan wird nicht umgesetzt. Clinton kann in seinen Amtszeiten die amerikanische Wirtschaft wieder stärken. Von 1997 bis 1999 wird er vom Skandal um **Monica Lewinsky** betroffen, einer Praktikantin im Weißen Haus, mit der er sexuelle Kontakte hat. Doch er wird seines Amtes deswegen nicht enthoben.

Bush Junior und der 11. September 2001

George Walker Bush (geb. 1946), Sohn des ehemaligen Präsidenten, folgt von Januar 2001 bis Januar 2009 auf Bill Clinton. Mit **Colin Powell** (geb. 1937) machte er einen Afroamerikaner zum Außenminister; ihm folgte in Bushs zweiter Amtszeit die Afroamerikanerin **Condoleezza Rice** (geb. 1954) nach. Am 11. September 2001 werden die *Twin Towers*, die Zwillingstürme des *World Trade Center* in New York, Symbol der wirtschaftlichen Übermacht Amerikas, durch Al-Qaida zerstört. Die Terroristen steuern zwei Linienflugzeuge in die Türme, die kurz danach einstürzen. Ein drittes Flugzeug stürzt auf das Pentagon, den Sitz des amerikanischen Verteidigungsministeriums. Das vierte, das gleichfalls in Richtung Hauptstadt fliegt, stürzt auf freiem Feld ab, nachdem sich Passagiere und Besatzung gegen die Terroristen zur Wehr setzten. Im Gegenzug intervenieren die USA in Afghanistan, wo sich Osama bin Laden versteckt hält, der Verantwortliche des Attentats. 2003 startet Bush eine weitere Militärintervention im Irak, dem man vorwirft, Massenvernichtungswaffen zu besitzen. Die Offensive beginnt im März und endet bereits im April mit dem amerikanischen Sieg. Saddam Hussein wird gestürzt, doch die amerikanischen Truppen sollen vor Ort bleiben mit dem Ziel, einen demokratischen Staat aufzubauen. Bush legt in den USA auch ein ehrgeiziges Wirtschaftsprogramm auf, das allerdings eine getrübte Bilanz aufweist. 2008 bricht die Krise der *subprimes* aus, der Hypothekenanleihen, die von den Gläubigern wegen Zinserhöhungen nicht zurückgezahlt werden können, was die gesamte Welt in eine Rezession stürzt.

4. Obama, ein neuer Reformator

Barack Hussein Obama, geboren am 4. August 1961 in Honolulu / Hawaii, Sohn eines Kenianers und einer Amerikanerin aus Kansas, verbringt einen Teil seiner Jugend in Indonesien. Er macht seinen Jura-Abschluss in Harvard und arbeitet als Sozialarbeiter, ehe er an der Universität Chicago Recht lehrt. Von 1997 bis 2004 wird er in den Senat des Staates Illinois gewählt, danach in den Senat der Bundeshauptstadt Washington. Im Februar 2007 lässt er sich als Kandidat der Demokraten für die Präsidentenwahl aufstellen und überholt damit Hillary Clinton (geb. 1947), die Ehefrau von Bill Clinton. Offiziell wird er im August Kandidat. Im November desselben Jahres zum Präsidenten gewählt, übernimmt er das Amt im Januar 2009.

Er ist der erste Afroamerikaner, der Präsident der USA wird. Als Mann des Kompromisses und Anhänger des Multilateralismus betreibt er eine Politik der Regulierung der Finanzwelt und beginnt eine sehr ehrgeizige Gesundheitsreform, die für Millionen von Amerikanern, die bislang davon ausgeschlossen waren, eine Krankenversicherung vorsieht. Im Oktober 2009 erhält er den Friedensnobelpreis für seine Bemühungen innerhalb der internationalen Diplomatie. Er verzeichnet einen großen Erfolg, als er am 1. Mai 2011 den Tod des Chef-Terroristen **Osama bin Laden** verkünden kann, der das Attentat vom 11. September 2001 angeordnet hatte. Im Jahr 2012 gibt es erneut Präsidentenwahlen, wobei sich Barack Obama und der republikanische Kandidat Willard Mitt Romney (geb. 1947) gegenüberstehen. Obama wird für eine zweite Amtszeit von vier Jahren wiedergewählt, in deren Verlauf er die USA aus der Krise führen und eine Politik der größeren sozialen Gerechtigkeit umsetzen will. Auf internationaler Ebene initiiert Obama ab 2014 eine Allianz zur Bekämpfung des Islamischen Staates in Syrien.

Nach einem erbitterten Wahlkampf gegen Hillary Clinton wird im November 2016 **Donald Trump** (geb. 1946) als Kandidat der Republikaner zum 45. *President of the United States* gewählt.

Die Reform des Gesundheitssystems

Es ist eine der wichtigsten Maßnahmen der Präsidentschaft Obamas, die in den USA ein allgemeines und verpflichtendes Krankenversicherungs-System etablieren soll – nach dem Modell, wie es Frankreich und England nach dem Zweiten Weltkrieg ins Leben riefen. Dabei sollen *Medicaid* und *Medicare* ausgeweitet und Millionen von armen Amerikanern sozialer Schutz geboten werden. Nach einer gewaltigen juristischen Schlacht im Repräsentantenhaus, danach im Senat, wird – nachdem der Text gegen die Generalstaatsanwälte, die ihn als unvereinbar mit der Verfassung ansehen, angenommen wurde – der *Patient Protection and Affordable Care Act* am 23. März 2010 beschlossen und erlassen. Dieses Gesetz macht es für alle Amerikaner verpflichtend, bis spätestens 2014 eine Krankenversicherung abzuschließen. Es werden Maßnahmen ergriffen, die den Bedürftigsten helfen sollen, damit die Versicherungsgesellschaften sie nicht ablehnen können. Im Juni 2012 billigt der Oberste Gerichtshof der USA dieses Gesetz.

VIII

Asien seit 1945

1. China nach 1945

Der rote Kaiser

Nachdem die japanischen Truppen abgezogen sind, bricht 1945 erneut ein Krieg aus: zwischen der Kuomintang von Chiang Kai-shek und der Kommunistischen Partei China (KPC) unter Mao Zedong. Im Jahre 1949 beherrscht Mao fast das gesamte Land. Im Oktober 1949 wird die Volksrepublik (VR) China gegründet. Sie praktiziert eine gewaltsame Unterdrückung aller Nichtkommunisten. Im Oktober 1950 wird die Kampagne «zur Auslöschung der Konterrevolutionäre» gestartet, danach 1951 die *Drei-Anti-Kampagne* gegen Korruption, Verschwendung und Bürokratismus. Sie wird im folgenden Jahr in der *Fünf-Anti-Kampagne* fortgesetzt: gegen Korruption, Steuerhinterziehung, Verschwendung von Staatsgeldern, Betrug und Diebstahl wirtschaftlicher Informationen. Es sind dies weitere Mittel des Regimes, Angst im Land zu verbreiten. 1954 wird die Verfassung der VR China erlassen. Sie wird 1975, 1978 und 1982 modifiziert. Die KPC herrscht total; sie ist die einzige erlaubte Partei und wird gleichgesetzt mit dem politischen Leben. Sie besetzt die verschiedenen Instanzen, die Nationale Volksversammlung, die die Legislative bildet, den Staatsrat, der die Exekutive ausübt, den Obersten Volksgerichtshof, der die Judikative darstellt (Verfassung von 1982). Der Präsident der Republik wird von der Nationalen Volksversammlung gewählt. In Wahrheit gibt es nur einen Kandidaten, der von der Parteileitung bestimmt wird.

Von Februar bis Juni 1957 initiiert Mao die **Hundert-Blumen-Bewegung**; ein politisches Manöver, um seine Gegner innerhalb der KPC zu schwächen. Grundsätzlich sind die Chinesen befugt, alles zu denunzieren, was nicht im Sinne der Partei und der Institutionen ist. Doch sie nehmen auch das neue Recht auf das Wort in Anspruch: Sie stellen alles in Frage, prangern Störendes und unberechtigte Privilegien an. Diese Bewegung wird nach einigen Monaten jedoch gestoppt, und die Unzufriedenen, die sich geäußert haben, werden verfolgt, verhaftet, deportiert oder umgebracht; mehrere Hunderttausend Opfer sind das Ergebnis. Von 1958 bis 1960 startet Mao den **Großen Sprung nach vorn.** Unter dem Vorwand, die chinesische Wirtschaft zu modernisieren, wird der Boden nach stalinistischem Vorbild kollektiviert. Riesige Arbeitsvorhaben werden initiiert und gigantische Industriekomplexe geschaffen. Und es ist erneut eine Gelegenheit, das Land zu unterdrücken und jeglichen Protest gegen das Staatsprogramm zu eliminieren. Ohne jeden Bezug zur ökonomischen Realität führt dieses Programm China an den Rand des Chaos und hat eine Hungersnot zur Folge, die den Tod von ungefähr 20 Millionen Menschen nach sich zieht. Das Scheitern ist so offenkundig, dass Mao von 1960 bis 1965 von der Macht verdrängt wird. Er bleibt an der Spitze der KPC, muss aber von seinem Posten als Präsident der Volksrepublik China zurücktreten. **Liu Shaoqi** (1898–1969) wird an seiner Stelle gewählt. Er bemüht sich, die Auswirkungen der Katastrophe des *Großen Sprungs nach vorn*

zu verringern und stützt sich dabei auf den Generalsekretär der KPC, **Deng Xiaoping**.

Doch Mao kehrt an die Macht zurück und beginnt die Kulturrevolution, die sogenannte **Proletarische Kulturrevolution**. Sie stützt sich auf die Jugend, die in **Roten Garden** zusammengefasst ist und durch die Lektüre des *Kleinen Roten Buches*, der Mao-Bibel, die *Worte des Vorsitzenden Mao Zedong* fanatisiert ist. Die Jugend liefert das Land dem Terror aus, übt Gewalt gegen die «Revisionisten» der KPC, traditionelle Eliten, Intellektuelle und Künstler aus, zerstört religiöse und kulturelle Monumente, die an das alte China erinnern. Sie will unter allen Umständen **die Vier Alten** ausrotten: alte Denkweisen, alte Kulturen, alte Gewohnheiten und alte Sitten. Die Denunziationen und Verurteilungen durch die *Roten Garden* sind an den Mauern in Form von *Dazobao* öffentlich zu lesen, Plakaten, die namentlich diejenigen bezeichnen, die noch der alten Ordnung anhängen. Mao erreicht sein Ziel, die Kontrolle der KPC, um den Preis eines Landes, das am Rande des Bürgerkriegs steht. Erst **Zhou Enlai** (1898–1976) kann dank seiner diplomatischen Qualitäten den Ausschreitungen nach und nach ein Ende machen. Er verhindert die Zerstörung der Verbotenen Stadt, obwohl die Roten Garden ihr Werk bis zum Tode Maos 1976, wenn auch nur sporadisch, fortsetzen.

Deng Xiaoping und die Zeit der Reformen

Das heutige China wird in der Folge von **Deng Xiaoping** (1904–1997) geformt. Mao hat sich zu seinem Nachfolger **Hua Guofeng** (1921–2008) ausersehen, der zunächst die **Viererbande** vertreibt: die Mao-Witwe **Jiang Qing** (1914–1991), **Zhang Chunqiao** (1917–2005), Mitglied des Ständigen Ausschusses des Politbüros, **Wang Hongwen** (1936–1992), Vizepräsident der KPC, und **Yao Wenyuan** (1929–2005), Mitglied des Zentralkomitees. Sie gelten als die Verantwortlichen der Auswüchse der Kulturrevolution; sie werden verurteilt und aus ihren Ämtern entfernt. Doch Hua Guofeng hat weder die Persönlichkeit noch das Charisma noch die Unterstützung von Deng Xiaoping. Als Ministerpräsident und Parteiführer wird er bald auf ehrenamtliche Funktionen beschnitten, ehe ein Anhänger Dengs, **Zhao Ziyang** (1919–2005), ihm 1980 als Ministerpräsident folgt. **Hu Yaobang** (1915–1989) löst ihn 1981 als Parteivorsitzender ab; er ist offen für Reformen innerhalb des politischen Systems. Auch wenn er sich auf den Titel eines Vorsitzenden der Zentralen Militärkommission beschränkt, leitet de facto Deng Xiaoping das Land. Er bringt Wirtschaftsreformen auf den Weg, gibt den Bauern ein Stück Land, dessen Produkte auf dem freien Markt verkauft werden dürfen, und er verleiht den sogenannten **Vier Modernisierungen** (Industrie und Handel, Ausbildung, Armee, Landwirtschaft) neue Impulse, die von **Zhou Enlai** (1898–1976) angestrebt worden waren. Er reist in die USA, verhandelt mit England über eine Rückgabe Hongkongs an China für das Jahr 1997 und mit Portugal über die Rückgabe Macaos für 1999.

So ist ihm durchaus möglich, sein Prinzip des «Ein Land, zwei Systeme» zu formulieren, die wirtschaftliche Koexistenz von Kommunismus und Kapitalismus, ohne die absolute Hegemonie der KPC in Frage zu stellen. Er versucht, das Bevölkerungswachstum Chinas zu bremsen, indem er die Politik der Ein-Kind-Ehe installiert, bei Strafe wirtschaftlicher und sozialer Sanktionen. Hu Yaobang, der liberalen Reformen gegenüber als zu offen gilt und die Allmacht der Partei in Frage stellt, wird nach 1987 aller Ämter enthoben. Er stirbt 1989, was die Demonstrationen auf dem Tiananmen-Platz in Peking zur Folge hat. Der Platz des Himmlischen Friedens wird von Studenten besetzt, die ein Mehrparteiensystem fordern, dazu die Gewährung individueller Freiheiten und die Entlassung der politischen Kader. Der Tiananmen wird damit zum Zentrum der Anfechtung der Macht. Deng Xiaoping zögert zunächst, weicht dann aber konservativen Kräften, darunter Ministerpräsident **Li Peng** (geb. 1928). Am 20. Mai wird das Kriegsrecht erlassen, am 4. Juni drängt die Armee auf den Platz und vertreibt die Studenten mit Gewalt. Diese Repression soll mehrere Tausend Opfer gefordert haben. Deng Xiaoping gibt kurz darauf seine Ämter offiziell auf, bleibt aber als graue Eminenz der Regierung bis zu seinem Tod hinter den Kulissen.

Die Nachfolger Dengs

Deng hat **Jiang Zemin** (geb. 1926) zu seinem Nachfolger gewählt, den Bürgermeister von Shanghai. 1993 wird er Staatschef. Er setzt die Politik der wirtschaftlichen Öffnung seines Mentors fort und verfolgt dabei einen liberalen Sozialismus chinesischer Prägung. 1989 schlägt er einen Aufstand in Tibet mit Gewalt nieder, wobei er die Aufgabe Hu Jintao überlässt. 2003 zieht er sich zurück, nachdem er seine Nachfolge geregelt hat, die auf **Hu Jintao** (geb. 1942) übergeht, der bis 2013 Präsident der VR China bleibt. Nach ihm wird **Xi Jinping** (geb. 1953) zum neunten Präsidenten der VR China gewählt.

2. Japan nach 1945

Japan unter amerikanischer Verwaltung

Nach der bedingungslosen Kapitulation vom 2. September 1945 wird Japan unter amerikanische Verwaltung gestellt. Damit ist der **Supreme Commander of the Allied Powers**, SCAP, gemeint, der Oberkommandierende der Alliierten Streitkräfte. Doch die vier alliierten Streitkräfte beschränken sich auf die amerikanische Besetzung des Landes. Die USA halten es für ihr Recht, die Neuorganisation Japans zu überwachen, nachdem sie den Pazifikkrieg allein geführt haben. Zwei Generäle üben nacheinander die Herrschaft aus, **Douglas MacArthur** (1880–1964) von 1945 bis 1951 und **Matthew Ridgway** (1895–1993) von 1951 bis 1952. Die amerikanische Besatzung dauert sechseinhalb Jahre. Eine neue demokratische Verfassung wird am 3. November 1946 erlassen und tritt am 3. Mai 1947 in Kraft. Der Kaiser verliert seinen gottähnlichen Status und sämtliche Macht, wird stattdessen zum «Symbol des Staates und der nationalen Einheit». Die Exekutive wird einer Regierung übergeben, an deren Spitze ein Ministerpräsident steht, der vom Parlament gewählt wird. Die Legislative geht an eine Nationalversammlung, die aus zwei Kammern besteht, die durch allgemeine Wahl bestimmt werden, Unterhaus und Oberhaus. Das Schulsystem wird nach amerikanischem Vorbild reorganisiert. Eine Agrarreform ermöglicht 1946 den Kleinbauern den Zugang zu Landbesitz. Ab 1948 erlauben entsprechende Gesetze die Empfängnisverhütung, um die Zahl der Geburten zu begrenzen.

Der wirtschaftliche Boom

Japan erlangt 1951 seine Souveränität zurück. Am 8. September 1951 wird der Vertrag von San Francisco unterzeichnet, der Japan die vollständige Unabhängigkeit zurückgibt. Nur die Präfektur Okinawa bleibt bis 1972 unter amerikanischer Verwaltung. Die Kriegsverbrecher werden ab Januar 1946 vom Internationalen Militärgerichtshof für den Fernen Osten verurteilt. Dieser Prozess in Tokio ist das Pendant zu den Nürnberger Prozessen in Europa. Das politische Leben in Japan ist bis 1955, bis zur Gründung der wichtigsten Partei der Rechten, der Liberal-Demokratischen Partei (LDP), sehr bewegt. Die LDP regiert von 1955 bis 1993, von 1994 bis 2009 und wieder seit 2012.

Ihr wichtigster Gegner ist die Demokratische Partei Japans (DPJ), gegründet 1996; es ist eine Mitte-Links-Partei, die zwischen 2009 und 2012 an der Regierung ist. Nach der Zeit des Wiederaufbaus, erleichtert durch Beibringung amerikanischen Kapitals, erlebt Japan eine Zeit großen Wachstums – den **Izanagi-Boom** – mit einem Bruttosozialprodukt, das von 1965 bis 1970 um jährlich mehr als 11 Prozent wächst. Seit 1968 ist Japan die zweitstärkste Wirtschaftsmacht hinter den USA. Seinen wirtschaftlichen Höhepunkt erreicht das Land gegen Ende der 1980er Jahre. Das «japanische Wirtschaftswunder» endet mit dem Platzen der Spekulationsblase zu Beginn der 1990er Jahre.

Aus der Zahl der Ministerpräsidenten, die Japan ihren Stempel aufgedrückt haben, sollen einige erwähnt werden.

- **Shigeru Yoshida** (1878–1967) steht mehrfach an der Spitze des Staats und erlässt die Yoshida-Doktrin, wonach Japan sich auf seine wirtschaftliche Entwicklung konzentriert und seine Verteidigung den amerikanischen Verbündeten überlässt.

- **Eisaku Satō** (1901–1975), auch er ist mehrfach Ministerpräsident zwischen 1964 und 1972, betreibt eine Friedenspolitik, die dem Kampf gegen die Verbreitung von Atomwaffen gewidmet ist, was ihm 1974 den Friedensnobelpreis einbringt.

- **Kakuei Tanaka** (1918–1993) hinterlässt eine zwiespältige Erinnerung. Er ist sehr populär, wird aber nach der Enthüllung des Lockheed-Skandals zur Abdankung gezwungen. Lockheed, amerikanischer Flugzeug-Hersteller, hat ihm ein Bestechungsgeld von 3 Millionen Dollar überwiesen, um 1974 einen Auftrag zu erhalten.

Die neueste Entwicklung

Yasuhiro Nakasone (geb. 1918), zwischen 1982 und 1987 mehrfach Ministerpräsident und Mitglied der LDP, gibt der japanischen Wirtschaft eine liberale Wendung. Er privatisiert Großunternehmen, vor allem die staatliche Eisenbahngesellschaft. **Tomichii Murayama** (geb. 1924) ist der erste Sozialist, der Ministerpräsident wird (1994–1996); er ist Mitglied der Sozialistischen Partei Japans (SPJ). 1995 hält er eine berühmte Rede, in der er die Länder Südostasiens um Entschuldigung für die während des Zweiten Weltkriegs begange-

nen Grausamkeiten bittet. **Jun'ichirō Koizumi** (geb. 1942), LDP, regiert von 2001 bis 2006. Sein Werk als Wirtschaftsreformer ist bekannt; er hat erfolgreich die Privatisierung vorangetrieben. Seine Haltung zu den Untaten des Weltkrieges irritiert jedoch die asiatischen Nachbarn in hohem Maße. Seine wiederholten Besuche im Schrein von Yasukuni, in dem die nationalen Kriegshelden Japans begraben sind, darunter auch die im Tokioter Prozess Verurteilten, werden als Provokation wahrgenommen. Vom 8. Juni 2010 bis zum 26. August 2011 ist **Naoto Kan** (geb. 1946) der Chef der DP, die in der japanischen Politik eine Mitte-Links-Position innehat. Seine Amtszeit ist durch die Nuklear-Katastrophe in **Fukushima** gekennzeichnet: Am 11. März 2011 verwüsten ein Erdbeben und ein nachfolgender schwerer Tsunami den Nordosten Japans. Das Atomkraftwerk Fukushima erleidet einen nuklearen Zwischenfall der Stufe 7, vergleichbar dem von Tschernobyl.

Naoto Kan wird bald bezichtigt, nicht adäquat reagiert zu haben. Nachdem er die Leitung der DP/DPJ abgibt, ist er auch nicht mehr Ministerpräsident. Finanzminister **Yoshihiko Noda** (geb. 1957) übernimmt dieses Amt im September 2011. Seit Dezember 2012 ist **Shinzō Abe** (geb. 1945), Chef der LDP, neuer Ministerpräsident. **Kaiser Hirohito** (1901–1989) herrscht sehr lange, von 1926 bis zu seinem Tod. Wegen seiner Haltung im Zuge der japanischen Expansion während der 1930er Jahre und seiner Rolle im Zweiten Weltkrieg umstritten, halten die amerikanischen Besatzer dennoch nach 1945 an ihm fest. Nach dem Krieg beschränkt er seine Aktivitäten auf Protokollarisches und auf diplomatische Repräsentationen. Sein Sohn Kaiser **Akihito** (geb. 1933) besteigt nach Hirohitos Tod 1989 den Thron. Damit beginnt die **Heisei-Zeit**, «Frieden überall», nach der **Shōwa-Zeit**, «Ära des erleuchteten Friedens», seines Vaters.

3. Der Nahe Osten im 20. Jahrhundert

Palästina: Britisches Mandat

Die «Nahost-Frage» kommt nach dem Ersten Weltkrieg auf. 1915 versprechen die Engländer den Arabern, die damals noch unter türkischer Herrschaft stehen, ihre Unabhängigkeit anzuerkennen und die Unverletzlichkeit ihrer Stätten zu garantieren. Kurz darauf verkündet die **Balfour-Erklärung von 1917** die Möglichkeit einer «nationalen jüdischen Heimstätte» in Palästina. Der sehr vage gehaltene Begriff – noch ist von einem jüdischen Staat nicht die Rede – lässt sämtliche Deutungen zu. Durch die Verträge von San Remo 1920 erhält England das Mandat für Palästina. Die Zukunft der Region hängt von den Versprechen ab, die England den Juden wie zugleich den Arabern gegeben hat. Eine jüdische Agentur, die **Jewish Agency**, vertritt in Palästina die Interessen der jüdischen Gemeinde bei den englischen Autoritäten. Eine Versammlung wird gewählt, jeder jüdische Ort hat seinen Stadtrat. Eine Untergrundarmee, die **Hagana**, wird geschaffen. 1939 stellen die Juden 30 Prozent der Bevölkerung Palästinas. Die Zusammenstöße von Arabern und Juden häufen sich, ohne dass England reagiert, bis auf die Veröffentlichung der beiden «Weißbücher» mit Empfehlungen, denen allerdings keine Taten folgen. Während des Zweiten Weltkriegs greifen zionistische Gruppen die englischen Truppen an.

Der Staat Israel

1947 ist England nicht in der Lage, eine befriedigende Lösung zu erreichen, die der jüdischen und arabischen Bevölkerung das Zusammenleben ermöglicht. England übergibt sein Mandat der UNO, die im November einen Plan zur Teilung Palästinas vorlegt, wodurch ein jüdischer und ein arabischer Staat geschaffen werden. Am 14. Mai 1948 verkündet **David Ben Gurion** (1886–1973) die Geburt des Staates Israel. Ein erster israelisch-arabischer Krieg bricht aus, in dem der Libanon, Ägypten, Transjordanien (Ostjordanland) und Syrien gegen Israel kämpfen. Der Krieg endet 1949 mit dem Sieg Israels. Der Palästinenser-Staat scheitert, ehe er überhaupt entstanden ist. Mehr als die Hälfte der Araber aus Palästina fliehen in die arabischen Nachbarstaaten, wo sie in riesigen Lagern leben. Ihre Zahl beunruhigt schließlich König **Hussein von Jordanien**, der sie 1970 massiv vertreibt, nachdem die Fedajin – palästinensische Kämpfer, die zum Selbstopfer bereit sind – sich heftige Kämpfe mit der jordanischen Armee lieferten; diese Episode ist als «schwarzer September» bekannt. Die Palästinenser haben schon früher, 1964, die **Palästinensische Befreiungsorganisation** PLO gegründet. Ihr Name ist mit dem ihres wichtigsten Führers, **Jassir Arafat** (1929–2004), verbunden. Israel betrachtet die PLO als Terrororganisation – bis zu den Oslo-Verträgen von 1993, wo die Errichtung einer palästinensischen Autonomie beschlossen wird. Es folgen weitere Konflikte, der Sechs-Tage-Krieg vom 5. bis 10. Juni 1967, der Jom-Kippur-Krieg 1973, die 1. Intifada oder «Krieg der Steine» von 1987 bis 1993, die 2. Inti-

fada von 2000 bis 2006. Im **Sechs-Tage-Krieg** werden Syrien, Jordanien, Ägypten und Irak angegriffen und in wenigen Stunden besiegt. Die Israelis reagieren damit auf die Entscheidung Ägyptens, ihren Schiffen die Durchfahrt durch die Meerenge von Tiran zu verwehren. Der Sieger annektiert die besetzten Gebiete: die Golanhöhen, den Gazastreifen, die Sinai-Halbinsel und das Westjordanland. Im **Jom-Kippur-Krieg** vom Oktober 1973 kämpft Israel gegen Ägypten und Syrien. Beide profitieren vom Jom-Kippur-Fest, dem «Versöhnungstag», einem Feiertag, wo alle Aktivitäten ruhen sollen; doch es ist auch Ramadan, als die Angreifer in den Sinai und auf die Golan-Höhen vordringen. Eine Woche später werden sie zurückgeschlagen, doch diese wenigen Tage des siegreichen Vordringens lassen die arabische Welt den Krieg als insgesamt siegreich darstellen.

Das gilt vor allem für den ägyptischen Präsidenten **Muhammad Anwar as-Sadat** (1918–1981), der danach der Annäherung an Israel zustimmt und 1978 seine Unterschrift unter die Verträge von Camp David setzt; dies geschieht unter der Patronage von Präsident Jimmy Carter. 1981 wird Sadat während einer Militärparade von Soldaten ermordet, die einer dschihadistischen Bewegung angehören und ihm die Friedensverträge mit Israel nicht verzeihen. 1982 erhält Ägypten den Sinai zurück. Der mit den Verträgen von Oslo begonnene Prozess scheint einen zukünftigen Frieden zu versprechen, was aber durch die Ermordung seines wichtigsten Beförderers **Jitzchak Rabin** (1922–1995) zunichte gemacht wird.

Das Öl

Das Öl trägt weiterhin zur verzwickten Lage bei. Bis 1945 wird Öl großenteils von den Engländern kontrolliert, und zwar unter der Ägide der *Anglo Persian Oil Company*. Nach dem Zweiten Weltkrieg intervenieren die Amerikaner in Saudi-Arabien mit der *Arabian American Oil Company*. Die anderen großen Ölfördergesellschaften, bekannt als die *Seven Sisters*, sind sämtlich im westlichen Besitz und halten den Öl-Preis bis 1973 bei 1 Dollar pro Barrel (1 Barrel gleich 164 Liter). Die Förderländer bemühen sich, einen größeren Anteil an den Einkünften aus dem Öl zu erhalten. 1951 versucht der iranische Premierminister **Mohammad Mossadegh** (1882–1967) einen Gewaltstreich und verstaatlicht die iranische Ölgesellschaft, wird aber 1953 durch ein vom CIA geschürtes Komplott abgesetzt. Erst nach der Errichtung der **Organisation Erdölexportierender Länder** (OPEC) 1960 organisieren sich diese Staaten. Ursprünglich sind nur Saudi-Arabien, Irak, Iran, Kuwait und Venezuela Mitglieder. Der Sitz dieser Organisation ist zunächst in Genf, ab 1965 in Wien.

Neue Mitglieder schließen sich der Gruppe an, die bis 2013 auf 13 Mitglieder anwächst. Durch die Verstaatlichungen und die Neuverteilung der Erdöleinkünfte haben die OPEC-Staaten die Kontrolle über die Profite aus der Ölförderung übernommen. 1973 schmieden die arabischen Mitglieder der OPEC eine politische Waffe gegen Israel, was zur ersten Ölkrise und zur Vervierfachung des Öl-Preises pro Barrel führt. 1979 vertreibt die iranische Revolution den Schah, der mit dem Westen verbündet ist; es folgt eine von **Ayatollah Chomeini** (1902–1989) geführte Theokratie, was eine zweite Ölkrise und die Verzehnfachung des Ölpreises zur Folge hat. Die Entwicklung ist jedoch unstet; 1986 lassen die Ölpreise infolge von Überproduktion um 50 Prozent nach. Die OPEC repräsentiert nicht mehr als 40 Prozent des weltweiten Ölhandels, nachdem neue Ölquellen, etwa in der Nordsee oder vor Mexiko, erschlossen werden. Die Frustrationen um diese Goldgrube «Öl» bleiben, nehmen politische Dimensionen an.

IX

Die Kunst in Europa seit 1945

1. Die großen Kunstströmungen nach 1945

Seit dieser Epoche ist die beherrschende Frage nicht mehr: «Was ist Kunst?», sondern: «Kann man noch von Kunst sprechen?». Die Kunstgeschichte hat bislang Hierarchien der künstlerischen Genres aufgestellt und ordnete sie in Gestalt größerer Strömungen an, was aber ungeeignet war, um die «verworrene» Produktion zeitgenössischer und postmoderner Werke zu klassifizieren. Alle möglichen Wege, um sich künstlerisch auszudrücken, werden erforscht, alle Materialien, alle Formen – und dennoch erklingt das Totengeläut der Kunst aufs Neue. Die Umwälzungen, die sich in Geschichte, Kriegen und Revolutionen ereignet haben, lassen auch in der Kunst etliche Umwälzungen stattfinden.

Die Kraft dieser neuen Kunst kann sich in ihrer Fähigkeit zur Negativität und Destabilisierung zeigen, in der Fähigkeit zur Störung unserer verinnerlichten, herrschenden Darstellungsweisen und Wahrnehmung, und in ihrer Fähigkeit zur «Dekonstruktion». Die moderne Kunst hat weiter die Ästhetik und das Schöne thematisiert, die zeitgenössische Kunst stellt Fragen zu sich selbst und zu den Rahmen, innerhalb derer sie sich definiert. Die großen Strömungen wie etwa die *Happenings*, Konzept-Kunst, *Body Art*, die ephemere, flüchtige Kunst und viele andere verändern ständig die Grenzen der Kunst und bleiben doch ständig diesseits der Erwartungen des Publikums. Die Ideologien sind verschwunden, die formellen Kriterien für Neuheit gleichfalls, die Anhänger der zeitgenössischen Kunst wollen neue Kühnheiten. Die Postmoderne kommt im Bereich der Architektur auf, indem sie das Scheitern der Moderne (Gropius, Le Corbusier) aufgreift. Die Malerei erneuert sich durch eine höchst anspruchsvolle Technik, die die Grenzen zur Photographie verwischen; gemeint ist der Fotorealismus. Das Kino ist voll von Spezialeffekten; die Architektur findet zum Ornamentalen zurück. Die zeitgenössische Kunst will absichtlich den Status des Kunstwerks zerstören und die Dekonstruktion der Kunst zum neuen Ziel erheben. Dadurch hat sie es geschafft, dass sich das gewöhnliche Objekt und das Kunstwerk gleichsam vermischen. Nachdem die Grenze zwischen industrieller Ästhetik und künstlerischer Ästhetik aufgehoben ist, kann ein Stuhl, ein Kühlschrank oder ein Auto zu Kunst werden. Das Publikum selbst macht Kunst; es bestimmt, was es als Kunst anerkennt.

Die Nachkriegsdebatte in Westdeutschland: Realismus oder Abstraktion?

Nach 1945 gibt es in Deutschland infolge der Ächtung moderner Kunst während des Nationalsozialismus einen intensiven Nachholbedarf und das Bemühen um einen moralischen, geistigen und formalen Neuanfang. Zwischen den weiterhin dem Realismus verpflichteten Künstlern und jenen, die der expressiven Abstraktion, dem geometrisch-abstrakten Konstruktivismus und dem Surrealismus folgen, entzünden sich heftige Debatten. In München schließen sich sechs Maler, darunter **Willy Baumeister** (1889–1955), **Rupprecht Geiger** (1908–2009) und **Fritz Winter** (1905–1976), zur *Gruppe ZEN 49* zusammen. In Frankfurt am Main entsteht 1952 um **Karl Otto Götz** und **Bernard Schultze** die Künstlergruppe *Quadriga*, 1953 in Düsseldorf die *Gruppe 53* mit **Peter Brüning**, **K. F. Dahmen** und **Emil Schumacher**. Künstler wie **Otto Dix**

(1891–1969), **Karl Hofer** (1878–1955) und **Werner Heldt** (1904–1954), die figürlich-gegenständlich malen, bilden ebenso wie ins Ausland ausgewanderte deutsche Zeichner und Maler, etwa **George Grosz** (1893–1959), eine Minderheitsposition.

Die documenta in Kassel

Eine wichtige Plattform stellt die documenta in Kassel dar. 1955 erstmals veranstaltet, bietet diese 100 Tage dauernde Schau alle fünf (anfangs alle vier) Jahre einen aktuellen Querschnitt durch das weltweite Kunstschaffen; sie wird daher auch «Museum der 100 Tage» genannt. Sie entwickelte sich neben der Biennale von Venedig zum wichtigsten Ausstellungsort zeitgenössischer und Avantgardekunst.

Die Künste in Ostdeutschland nach 1945

Im Juni 1945 wird in der Sowjetischen Besatzungszone von der Sowjetischen Militäradministration der «Kulturbund zur demokratischen Erneuerung Deutschlands» ins Leben gerufen. Im November 1945 stellt die wenige Monate zuvor von **Edmund Kesting** (1892–1970) initiierte Künstlergruppe *der ruf – befreite kunst* in Dresden aus. Zu den sich an der klassischen Moderne orientierenden Malern gehören neben Kesting Hermann Glöckner, Hans Christoph und Karl von Appen. Nach der dritten Gruppen-Ausstellung in den Staatlichen Kunstsammlungen Dresden, an der auch Künstler aus der englischen Besatzungszone (Ernst Wilhelm Nay) und West-Berlin (Wolfgang Frankenstein) teilnehmen, löst sich die Gruppe auf, weil die Künstler im Widerspruch zur offiziellen sozialistischen Kulturpolitik stehen.

Wenige Monate nach Gründung der DDR entbrennt der «Formalismusstreit». Die SED schließt sich der Linie der Sowjetunion an, die Volkstümlichkeit und parteiische Eindeutigkeit anstelle individuellen Ausdruckwillens favorisiert. 1950 wird die Deutsche Akademie der Künste gegründet, später **Deutsche Akademie der Künste der DDR**. Ihr obliegt es, die kunstpolitischen Anweisungen durchzusetzen. Im selben Jahr entsteht der Verband Bildender Künstler Deutschlands (VBKD), ab 1969 Verband Bildender Künstler der DDR. Die Mitgliedschaft ist verpflichtend, will man als Künstler offiziell ausstellen, in einer der 42 Galerien des Staatlichen Kunsthandels verkaufen oder öffentliche Aufträge erhalten.

Hans Lauter, Mitglied des Zentralkomitees der SED, verkündet 1951, abstrakte Kunst sei «objektiv» gleichzusetzen mit der «Unterstützung der Kriegspolitik des amerikanischen Imperialismus». Der «Formalismus-Beschluss» fordert im März 1951 von den Kulturschaffenden unbedingte Loyalität zu den Dogmen des Sozialismus ein, das Einhalten der Maßgaben des **Sozialistischen Realismus** und «optimistische Kunstwerke». Die Angriffe auf die Moderne dienen dazu, der Kunst «die Marschrichtung des politischen Kampfes» (Otto Grotewohl) zu weisen und sie von zeitgenössischen Entwicklungen und Einflüssen der Avantgarde des Westens freizuhalten. Am 31. Oktober 1951 gibt Walter Ulbricht vor der Volkskammer der DDR vor, wie Kunst in Zukunft auszusehen und auf welche Weise sie sich politischen Vorgaben ein- und unterzuordnen habe: «Wir wollen in unseren Kunstschulen keine abstrakten Bilder mehr sehen. Wir brauchen weder die Bilder von Mondlandschaften noch von faulen Fischen. Die Grau-in-Grau-Malerei, die ein Ausdruck des kapitalistischen Niedergangs ist, steht im schroffsten Widerspruch zum heutigen Leben in der DDR.»

Der Kunst-, Antiquitäten- und Antiquariatshandel liegt ab den frühen 1950er Jahren nahezu ausschließlich in staatlicher Hand und wird vom Ministerium für Kultur kontrolliert. 1954 werden alle Künstlergruppen zwangsaufgelöst und in eine Berufsgenossenschaft, die «Verkaufsgenossenschaften bildender Künstler», überführt.

Die Repression verstärkt sich infolge des seit 1959 propagierten «Bitterfelder Weges». Künstler sollen nun einzig die Realität der Arbeitswelt darstellen und «das Antlitz des neuen sozialistischen Menschen» heroisiert abbilden. Nach dem 11. Plenum des ZK der SED im Dezember 1965 setzt eine neue Verbots- und Zensurwelle ein. Der Maler Bernhard Heisig wird nach einer Künstlerverbandsrede 1964, in der er sich für die Moderne und gegen Bevormundung ausspricht, als Rektor der Hochschule für Grafik und Buchkunst in Leipzig abgesetzt. Erst Ende 1971 setzt eine Liberalisierung ein, expressivere Ausdrucksformen werden anerkannt.

Der abstrakte Expressionismus

Der abstrakte Expressionismus ist auch unter der Bezeichnung *New York School* bekannt. Gesellschaftliche und künstlerische Normen werden abgelehnt, vor allem der spontane Ausdruck des Individuums wird gesucht. Nach dem Krieg entstanden, zieht der abstrakte Expressionismus viele Kunstströmungen in

Europa, Japan und New York nach sich. Zwei Wege sind zu unterscheiden: das *Action painting*, das man v.a. mit **Jackson Pollock** (1912–1956) verknüpft, der ab 1940 seine Leinwände mit «automatisch» hervorgebrachten Linien füllt. Er entwickelt das Malen mit dem Körper, wobei eine Bild-Choreographie entsteht. Als gebündelte Energie befreit die Arbeit Pollocks diese Choreographie von jeglicher Absicht, als wäre sie gleichsam im Zustand eines Mediums. Um 1947 entsteht das *dripping*: Die Leinwände werden auf den Boden gelegt, worauf Pollock die Farbe aus einem Topf rinnen lässt und sie mit einem Stock auf der Leinwand verspritzt. Dies nennt man die *all over*-Technik, die die Malerei überall gleichmäßig ausbreitet. Es handelt sich nicht mehr um Malerei-Schichten, sondern um Farb-Schichten.

Art brut, eine Kunst der Verrückten

Der Ausdruck *Art brut* wurde 1945 von dem französischen Maler **Jean Dubuffet** (1901–1985) geprägt und bezeichnet die Kunst von Menschen, die sich von allem kulturellen und gesellschaftlichen Konformismus befreit haben. Dazu gehören die Ausgeschlossenen, Kranken und die, denen die künstlerischen, gesellschaftlichen und kulturellen Werte unbekannt sind. Für Dubuffet repräsentiert das die reinste Form der Schöpfung. Wenn auch diese Kunst nichts als eine «Kunst der Verrückten» ist – ungeachtet der vielen Studien, die sich mit der Kunst von Geisteskranken beschäftigen –, so ist es doch vor allem eine Kunst von Autodidakten und eine Kunst der Unmittelbarkeit, in der die Betreffenden von ihrer Beziehung zur Welt Zeugnis ablegen. Jean Dubuffet zeigt, ausgehend von unterschiedlichen Materialien und Techniken – Haaren, Pflanzen, zerdrücktem Papier, das mit dem Bild, mit Sand, Erde oder Teer vermischt wird – eine Kunst, die einem tiefen Ausdrucksbedürfnis entspricht. Andere Künstler der *Art brut* sind: **Aloïse Corbaz** (1886–1964), **Adolf Wölfli** (1884–1930), **Aristide Caillaud** (1902–1990).

Die Gruppe Cobra: Das Experiment

Die Gruppe Cobra (CoBrA) entsteht 1948, wird drei Jahre später wieder aufgelöst. Ihre Bezeichnung spielt auf die Städte an, aus denen die Gründer stammen: «Copenhagen, Brüssel, Amsterdam». Gemeint sind **Karel Appel** (1921–2006), **Corneille** (Guillaume Cornelis van Beverloo, 1922–2010) und

Constant (Constant Anton Nieuwenhuys, 1920–2005). Sie wollen an das kollektive Unbewusste anknüpfen und daraus eine andere Kultur als Reaktion auf das Figürliche und die Abstraktion entstehen lassen. Die Gruppe bildet sich gegen die kulturelle Rolle von Paris, um als Nordeuropäer gegen den Mythos Paris anzugehen. Das Experiment wird einer ihrer wichtigsten Themen, weshalb sie die Zusammenarbeit von Malern und Schriftstellern suchen. Die wichtigsten Werke stammen von Corneille und von **Christian Dotremont** (1922–1979) mit seiner Serie *Expériences automatiques de définition de couleurs* (*Automatische Erfahrungen mit der Definition von Farben*) 1949, von Karel Appel, *Les enfants* (*Die Kinder*, 1951), von Constant, *Végétation* (1948). Die Zeitschrift *CoBrA*, das offizielle Organ der Bewegung, kommt über eine Auflage von 500 Exemplaren nicht hinaus.

Pop Art: Warhol, Lichtenstein, Oldenburg

Pop Art ist eine künstlerische Bewegung, die in den 1950er Jahren in England aufkommt, gegen Ende des Jahrzehnts dann in den USA. Auf dem europäischen Kontinent findet sie nur ein schwaches und entstelltes Echo. Man verbindet mit Pop Art einen neuen Realismus sowie Künstler wie Yves Klein, Arman, Christo oder Jean Tinguely. Der Ursprung der englischen Pop Art geht auf die Einrichtung eines interdisziplinären Seminars 1952 der *Independent Group* um die Maler **Eduardo Paolozzi** (1924–2005), **Richard Hamilton** (1922–2011) und den Kunstkritiker **Lawrence Alloway** (1926–1990) zurück. Diese Gruppe zeichnet sich durch ihr Interesse für gewöhnliche Gegenstände aus wie auch durch das Vertrauen in die Macht der Bilder. Die Heimstätte der amerikanischen Pop Art ist in New York und hat ihre Wurzeln in der Volkskunst der Schildermaler des 18. und 19. Jahrhunderts, im Kubismus und den *Ready-mades* von Marcel Duchamp. Pop Art hat großen Einfluss auf die Künstler anderer Länder, in Spanien etwa auf die *Equipa Crónica*, die von 1964 bis 1981 aktiv ist. In England sind **Richard Hamilton** und **Peter Blake** (geb. 1932), in Deutschland ist **Sigmar Polke** (1941–2010) zu nennen. Die Pop-Art-Künstler bewahren ihre Ironie, wenden sich ab 1970 allmählich strittigeren Themen zu. In den 1990er Jahren verbindet ein Künstler wie **Jeff Koons** (geb. 1955) mehrere Kunstauffassungen, etwa die *Ready-mades* von Duchamp, die Pop Art von Andy Warhol und die Riesenobjekte von Claes Oldenburg. Die wichtigsten Künstler des Pop Art sind:

▪ **Andy Warhol** (1928–1987) malt 1960 seine ersten Bilder, die Popeye oder Dick Tracy darstellen. Seit 1962 zieht er dem allerdings die allgegenwärtigen Bilder der Konsumgesellschaft vor. Berühmt sind seine Campbell-Suppendosen oder Coca-Cola-Flaschen. 1962, als Roy Lichtenstein seine ersten Bilder ausstellt, die nach Comic-Zeichnungen entstanden, und als Marilyn Monroe stirbt, kauft er ein Foto von ihr und reproduziert es als Siebdruck; dieses Verfahren vervielfältigt ein Bild mechanisch auf eine Leinwand, wobei es die Darstellung auf wesentliche Züge reduziert, damit das fertige Produkt eine größere visuelle Wirksamkeit erzielt. Auf diese Weise kann das Bild unendlich oft reproduziert werden. Ein Jahr darauf eröffnet Warhol seine *Factory* in einer leer stehenden New Yorker Fabrik. 1968 wird er zum Opfer eines Mordversuchs. 1972 malt er erneut und schafft Porträts vieler Berühmtheiten.

▪ **Roy Lichtenstein** (1923–1997) gilt als einer der größten Pop-Art-Künstler. Nachdem er expressionistische Bilder gemalt hatte, entsteht 1961 bis 1964 sein ganz originelles Werk, das von beliebten Comicstrips inspiriert ist; häufig stellt er auch Konsumartikel dar. Danach malt er Bilder, die wirken, als wären sie durch Drucktechnik entstanden: schwarze Konturen, gesättigte Farben, synthetische Zeichnung. Er will die Energie von Comics bewahren, als er 1963 *Whamm!* malt. Dieser Blick auf einen der wesentlichen Aspekte der Massenmedien erklärt sich durch die Begeisterung der Amerikaner für Comics, die in den 1950er Jahren aufkam.

▪ **Claes Oldenburg** (geb. 1929) schafft Werke, deren Thema die Darstellung des Alltäglichen ist. Er hat die Monumentalskulptur neu definiert, indem er Haushaltsgegenstände in überdimensionalem Maßstab zeigt, eine Einladung an die Vorbeigehenden, über das nachzudenken, was sie umgibt. Immer wieder tauchen auch Nahrungsmittel in seinem Werk auf, auch in *The Store* von 1961. Die Hamburger aus bemaltem Gips oder Papiermasse und die bemalten Kuchenstücke sind wie jede beliebige Ware zu verkaufen.

Informel-Kunst: Der spontane Akt

Die Kunst des Informel umfasst verschiedene Richtungen der abstrakten Malerei, die, im Gegensatz zur geometrischen Abstraktion, auf jede Regel zu Form und Komposition verzichtet und vielmehr den spontanen Akt will. Die Informel-Malerei hat ihren Ursprung in der zweiten Pariser Schule, wo sich

zwei Tendenzen ausprägen: die der gestischen Malerei von **Pierre Soulages** (geb. 1919), **Georges Mathieu** (1921–2012), **Serge Poliakoff** (1900–1969), **Hans Hartung** (1904–1989), und die Maler um **Jean Bazaine** (1904–2001), die die Textur von Objekten wiedergeben (Texturologie). Die Farbpaste wird erhöht aufgebracht und enthüllt so ihre Geheimnisse: dicke, gerillte Farbe bei **Jean Fautrier** (1898–1964), geschichtete Farbpaste bei **Poliakoff**. Die amerikanische Abstraktion verwendet in jenen Jahren Mischungen dick aufgetragener Farben, die reich an Pigmenten sind: Jackson Pollock (1912–1956), Willem De Kooning (1904–1997) oder der Kanadier Jean-Paul Riopelle (1923–2002).

Das Informel dominiert ab den frühen 1950er Jahren auch die deutsche Kunstszene. Zu seinen wichtigsten Vertretern zählen der in Frankreich ansässige deutsche Maler **Wols**, **Ernst Wilhelm Nay**, **Karl Otto Götz** (geb. 1914) und **Bernard Schultze** (1915–2005).

Typische Vertreter des Informel

- **Antoni Tàpies** (1923–2012) vermischt die Materialien, fügt seiner Malerei Lehm- und Marmor-Staub hinzu und benutzt zerrissenes Papier und Flicken; er versieht seine Werke mit Einschnitten, Einrissen und Schrammen. Sein plastisches Vokabular erinnert oft an Kreuzmotive, die er mit Klecksen, Graffitis und Rechteckformen abändert.

- **Pierre Soulages** (geb. 1919) malt abstrakte Bilder, in denen Schwarz dominiert. Seine Bilder erinnern sehr an Minireliefs, an Furchen und Einschnitte, die auf dem schwarzen Farbauftrag Lichtspiele bewirken. Dies ist das eigentliche Thema seiner Arbeit, weniger die schwarze Farbe an sich.

- **Hans Hartung** (1904–1989) malt seine ersten Bilder mit geschlossenen Augen: große Wirbel aus schwarzer Tinte. Er gilt als Haupt der lyrischen Abstraktion, sein Werk sucht die Annäherung an die Bereiche Farbe, Ausdruck, Gleichgewicht.

- **Wols** (Wolfgang Schulze, 1913–1951) geht in den frühen 1930er Jahren nach Paris, arbeitet als Fotograf und beginnt unter dem Einfluss des Surrealismus zu zeichnen. Mehrdeutige und diffuse Formen dominieren, Schraffuren, feine Tuschelinien und spinnennetzartige Kratzspuren prägen seine Ölgemälde. Als Illustrator erschafft er lyrische Traum- und Phantasielandschaften.

■ **Ernst Wilhelm Nay** (1902–1968) setzt vor allem auf die Farbe und ihren rauschhaften Gestaltwert. Unter den Nazis als «entartet» verboten, kann er als Soldat nur im Geheimen malen. Für sein Werk nach 1950 von besonderer Bedeutung ist die rhythmische Bewegung. In seinen Bildern verbindet er die Strenge der konkreten Kunst mit der impulsiven Freiheit des «Informellen».

Kinetische Kunst und Op Art

Die kinetischen Künstler sind insofern jenseits der Vielfalt von Techniken und Befindlichkeiten angesiedelt, als ihre Werke eng mit den wissenschaftlichen Entdeckungen und dem technischen Fortschritt des 20. Jahrhunderts verbunden sind. Sie benutzen neue Materialien und technische Hilfsmittel wie Plexiglas, polarisiertes Licht und flexiblen Stahl. In der Skulptur wird diese Bewegung durch Rückgriff auf bewegliche Werke erzielt. Doch die kinetische Kunst benutzt auch optische Täuschungen, die Vibration der Netzhaut und die Unfähigkeit unserer Augen, den Blick gleichzeitig auf zwei Farbflächen zu richten, die im starken Kontrast sind. Die ersten Zeichen dieser Kunst finden sich nach 1910 in einigen Werken von **Marcel Duchamp** oder **Man Ray**. Doch das erste kinetische Kunstwerk stammt von **Naum Gabo** (1890–1977), ein durch einen Motor in Bewegung versetzter Metallstab, es schafft die erste Verbindung von Naturwissenschaft und Kunst. In den 1920er Jahren – eine Zeit, die durch die Ästhetisierung der Maschine gekennzeichnet ist – entsteht auch der Ausdruck «kinetische Kunst»; bis dahin wurde der Ausdruck «Kinetik» nur in der mechanischen Physik und der Chemie benutzt. Die kinetische Kunst will das wechselnde Erscheinungsbild eines Kunstwerks, das durch tatsächliche oder virtuelle Bewegung erzielt wird.

Der Ausdruck **Op art** oder **optische Kunst** wurde zum ersten Mal von einem Redakteur der *Time* im Oktober 1964 benutzt, als Vorbereitung zur Ausstellung *The Responsive Eye (Das Auge, das reagiert)*, die im Museum of Modern Art (MoMA) in New York stattfand. Damit sind zweidimensionale Konstruktionen gemeint, die durch Psychologie wirken. Die geometrischen visuellen Reize mithilfe von Linien und Schwarz-Weiß-Rastern oder farbigen Oberflächen und Strukturen werden seit langem innerhalb der Bildenden Kunst, aber auch in der Volkskunst und im Handwerk eingesetzt.

■ **Victor Vasarely** (1908–1997) führt seine optischen und kinetischen Untersuchungen um 1950 durch. Die «Fotografismen» – Federzeichnungen, die per

Fotografie sehr stark vergrößert werden – führen zu zufälligen, komplexen Formen. Vasarely legt bei seinen Erkundungen verschiedene Graphiken auf transparenten Materialien übereinander, danach folgen binäre kinetische Schwarz-Weiß-Strukturen. Schließlich wird Farbe hinzugefügt, die einfarbig auf jedes Element aufgebracht wird, wodurch eine unendliche Anzahl mögliche Kombinationen entsteht, die «Farb-Formen». Die Op Art steht jenseits geometrischer Abstraktionen, bietet vielmehr Vergleiche mit den Arbeiten der Gestaltpsychologie an.

Calder und seine Mobiles

Alexander Calder (1898–1976) schafft in den 1930er Jahren Neues im Bereich der Skulptur: Er erfindet das Mobile. Calders Kunstproduktion beginnt in New York, wo er ab 1920 seine ersten Werke schafft, doch erst 1931 fertigt er sein erstes Mobile. Die ersten Mobiles, die durch mechanische Vorrichtungen bewegt werden, werden 1932 in Paris ausgestellt. Seither bilden seine Skulpturen «Bewegungs-Kompositionen». Seine motorisierten Konstruktionen (*Machine motorisée*, 1933) gelten als Mobiles; **Hans Arp** dagegen nennt die festen Skulpturen «Stabiles». Doch **Calder** ist vor allem wegen seines Zirkus Calder (1931), *Cirque de Calder*, bekannt, in dem kleine Drahtfiguren als Schausteller agieren, die von Calder selbst nach traditioneller Zirkusmusik bewegt werden. Weitere Werke: *Horizontal Yellow* (1972), *Mobile* (1941).

Der neue Realismus

Der **Neue Realismus** entsteht um Künstler wie **Yves Klein** (1928–1962), **Arman** (Armand Pierre Fernandez, 1928–2005), **Pierre Restany** (1930–2003), **César** (César Baldaccini, 1921–1998), **Niki de Saint Phalle** (Catherine Marie-Agnès Fal de Saint-Phalle, 1930–2002), **Jean Tinguely** (1925–1991) in den 1960er Jahren und hält ein gutes Dutzend Jahre an. Diese Bewegung will eine neue Realität beschreiben, die aus der alltäglichen Wirklichkeit der Konsumgesellschaft entstanden ist. Die künstlerische Methode ist sehr abwechslungsreich: Kompressionen von César, Akkumulationen von Arman, autodestruktive Skulpturen von Tinguely, die *Schießbilder* (1961) von Niki de Saint Phalle, die Verpackungen von **Christo** (geb. 1935). Parallel zur amerikanischen Pop Art will der Neue Realismus die Rückkehr zur Wirklichkeit, im Gegensatz zum

Lyrismus der abstrakten Malerei. Die verwendeten Materialien sind nicht edel; vielmehr werden Zement, Gips und Blech benutzt; **Daniel Spoerri** (geb. 1930) geht so weit, sich der Abfalleimer seiner Nachbarn zu bedienen, um auf die Konsumgesellschaft aufmerksam zu machen.

■ **Yves Klein** (1928–1962) zeigt ab 1955 seine Schöpfungen im *Club des Solitaires* in Paris, wo er seine verschiedenen Monochromien unter dem Titel *Gemälde* ausstellt. Ab 1957 beginnt seine blaue Periode; während dieser Zeit bis 1958 sind die Bilder einander absichtlich ähnlich, wie es vergleichbar auch die industrielle Standardisierung erfordert. Die Inspiration zu seinem Blau stammt von Giotto, den Klein bei einer Reise ins italienische Assisi studierte. Später kommt noch Gold dazu, die Farbe der Alchimie und der Ikonen, danach Rosa als Farbe des Fleisches. Farbe ist für Klein das Mittel, Sensibilität zu erreichen. Seine wichtigsten Werke: *Peinture de feu sans titre* (1974), *Ci-gît l'Espace* (1960), *L'Arbre grande éponge bleue* (1962)

■ **Arman** (1928–2005) trifft 1947 Yves Klein in der Judo-Schule, die sie gemeinsam in Nizza besuchen. Arman interessiert sich für die Beziehungen, die die moderne Gesellschaft zum Gegenstand hat; sie verleiht ihm einen Status zwischen Sakralisierung und Konsum. Ab 1970 stellt Arman, indem er Polyester-Harz benutzt, einen Zyklus organischer Mülleimer *(Poubelle)* her. Seine *Colères* (Wutausbrüche, 1961) bestehen aus zerstörten Gegenständen, etwa Teilen von Geigen oder Klavieren, die horizontal auf Mauern fixiert werden. In den *Combustions* von 1963 werden Gegenstände verbrannt.

■ **Jean Tinguely** (1925–1991) baut seit 1959 kleine motorisierte Maschinen, die er *Méta-Matics* nennt und die selber Werke hervorbringen. Die Bewegung ist bei Tinguely mit dem Zufall und der Tatsache assoziiert, dass die Maschine scheinbar Leben annimmt. Mit seinen Werken will er darauf aufmerksam machen, dass das einzig Sichere die Bewegung, die Veränderung ist und dass es keine absoluten festen Werte gibt. Anstatt die Dinge in ihrer Stabilität zu betrachten, zeigt Tinguely vielmehr die Dynamik der gesellschaftlichen Mentalität. Die Angst vor der Katastrophe und dem Tod spielt eine immer größere Rolle in seinem Werk. *Der Zyklop* (1969–1994), eine gewaltige Metallstruktur in Form eines Kopfes, gebaut aus 600 Tonnen Metallschrott, ist ein Gemeinschaftswerk, an dem u. a. Niki de Saint Phalle, Armand und **Jesus Raphael Soto** (1923–2005) mitwirken; es bleibt sein bekanntestes Werk.

■ **Niki de Saint Phalle** (1930–2002) hat nicht sogleich Erfolg. 1965 zeigt sie in Paris ihre ersten *Nanas* aus Papiermaché, Drähten und Wolle. Ihr Werk wird erst dank ihrer *Schießbilder* bekannt: Ein Farbbeutel wird durch eine von der Künstlerin geschossene Kugel zerfetzt.

Land Art: Außerhalb der Museen

Diese Gruppe amerikanischer Künstler, die gewaltige Werke produziert, will damit etwas erschaffen, das nicht in Galerien oder Museen passt. Sie benutzen Video und Fotografie. Zumeist wird dabei vom amerikanischen Minimalismus ausgegangen. **Frank Stella** (geb. 1936) schafft *Le Mariage de la raison e de la misère (Die Hochzeit von Vernunft und Elend)*, wo Schwarz in Form eines auf dem Kopf stehenden U dominiert. **Donald Judd** (1928–1994) vertritt gleichfalls den Anti-Expressionismus. Doch die Land Art ist die Aneignung des Bodens und der Natur. So packt **Christo** (Künstlername von Christo Vladimirov Javacheff, geb. 1935), der zusammen mit seiner Frau **Jeanne-Claude** Denat de Guillebon, 1935–2009) arbeitet, Monumente ein und verändert Landschaften: *Verhüllter Reichstag*, Berlin, 1995. **Robert Smithson** (1938–1973) legt eine gewaltige Sandspirale im Salzsee von Utah an, wobei er das Wasser als Unterstützung der Plastik einsetzt.

Fluxus und Joseph Beuys

Fluxus wird ab 1960 zu einer der wichtigsten Kunstrichtungen der sechziger Jahre. Diese Bewegung, deren bekannteste Vertreter **Wolf Vostell** (1932–1998), **George Brecht** (1926–2008), der Medienkünstler **Nam June Paik** (1932–2006) und der Komponist **John Cage** (1912–1992) sind, sieht sich in der Nachfolge des Dadaismus. Das Kunstwerk im traditionellen Sinn verliert bei Fluxus seinen Sinn, die Grenzen von Leben und Kunst werden fließend. Fluxus zielt darauf ab, durch künstlerische Aktionen, «Konzerte» genannt, neue kreative Lebensformen zu kreieren. In den «Konzerten» verbinden sich choreographische, musikalische und klangakustische Elemente zu Happenings, die sich gegen die Konventionen der Konsumgesellschaft richten.

Einer der wichtigsten Fluxus-Künstler ist **Joseph Beuys** (1921–1986). Früh inspiriert von der anthroposophischen Lehre Rudolf Steiners, beginnt er mit Aquarellen, wechselt dann zu als nichtkünstlerisch geltenden Materialien wie Filz, Fett und Margarine. Es entstehen raumgreifende Installationen voller Anspielungen auf archaische Mythen und auf seine traumatischen Erfahrungen als im Zweiten Weltkrieg abgeschossener Flugzeugnavigator. Seit Mitte der 1960er Jahre löst er Debatten durch seine Kunst-Aktionen (*wie man dem toten hasen die Bilder erklärt*, 1965) und Veröffentlichungen aus, in denen er das ganzheitliche Prinzip der «Sozialen Plastik» und einen «erweiterten Kunstbegriff» propagiert, demzufolge jeder Mensch ein Künstler ist. Eine wichtige Rolle für die Entwicklung der ökologischen Kunst spielt Beuys durch sein Landschaftskunstwerk *Stadtverwaldung statt Stadtverwaltung (7000 Eichen)* 1982 auf der documenta 7. Ein spätes Fluxus-Echo sind die szenischen Aktionen im öffentlichen Raum des Film-, Theater- und Opernregisseurs **Christoph Schlingensief** (1960–2010), etwa *Die Kirche der Angst vor dem Fremden in mir* (2008).

2. Die Kunst nach 1970: Postmoderne

«Die Postmoderne ist keine Bewegung, auch keine künstlerische Strömung. Sie ist vielmehr der momentane Ausdruck einer Krise der Moderne, die die westliche Gesellschaft betrifft, und vor allem die am meisten industrialisierten Länder des Planeten. Mehr als eine Vorwegnahme einer Zukunft, die anzuschauen sie sich weigert, erscheint sie vor allem als Symptom eines neuen ‹Unbehagens in der Kultur›.»* Die Kunst der Postmoderne definiert sich nicht nur durch das Unbehagen, das unsere Gesellschaft betrifft; sie definiert sich auch durch alle Veränderungen und Umwälzungen, die die Gesellschaft angehen. Der Ausdruck «Postmoderne» wurde zuerst in der Zeit um 1960, 1970 in der Architektur benutzt. Danach wurde er auf sämtliche künstlerische Bereiche ausgeweitet, wodurch das Bild des Künstlers obsolet wird, der die Grenzen der Kunst je nach Phantasie immer weiter verschiebt. Die Schwierigkeit, eine Definition zu geben, liegt darin begründet, dass die jeweilige Frage von einer kulturellen, historischen oder philosophischen Diagnose aus geschieht. Als das Thema Postmoderne in der Architektur aufkommt, geschieht das durch die Forderungen vor allem von **Robert Venturi** (geb. 1925); Forderungen, wie eine Architektur sein soll, die den kulturellen, gesellschaftlichen und territorialen Kontext ernst nimmt.

* Marc Jimenez, *Qu-est-ce l'esthétique?*, Gallimard, Folio essais, Paris 1997, S. 418.

Weitere wichtige Architekten der Postmoderne sind: **Charles Willard Moore** (1925–1993), **Philip Johnson** (1906–2005), **James Stirling** (1926–1992), **Rob Krier** (geb. 1938), **Leon Krier** (geb. 1946) **Oswald Mathias Ungers** (1926–2007), **Michael Graves** (1934–2015), **Hans Hollein** (1934–2014).

Kennzeichen der postmodernen Künste

Drei Haltungen können angesichts der postmodernen Kunst ausgemacht werden: ein Hang zur Neudefinition von Kunst und Ästhetik, ausgehend von Kunstwerken, die als Referenzwerke gelten; die Neigung, die Vielfalt ästhetischer Erfahrungen zu zeigen; schließlich das Ziehen von Verbindungen innerhalb dieser Vielfalt, um daraus Kriterien zu erkennen, die sie definieren und organisieren. Da die Kunst nicht mehr auf eine große Erzählung verpflichtet ist, beruht das Kunstwerk auch nicht mehr auf irgendeiner objektiven Struktur; von daher ist nun alles möglich in der Kunst. Das ist nichts anderes als die Entsakralisierung der Kunst. Sie will uns nicht mehr nur eine einzige absolute Wahrheit vorführen, sondern eine Wahrheit, die relativ in Bezug zu unterschiedlichen Standpunkten ist, relativ auch in Bezug zur intellektuellen Ausrichtung dessen ist, der da ein Urteil über Kunst fällt.

Nach allem Infragestellen des Mal- und des Schöpfungsaktes greifen die Künstler in den Jahren nach 1980 sogar die Fundamente der Malerei an. Alle technischen Komponenten, die Pinselführung, die Dicke der Farbe werden angegangen, auch die traditionellen Codes von Farbe und Raum. Die Fragen an die Kunst konzentrieren sich also auf alles, was zur bildnerischen Gestaltung gehört. Diese Periode der Rückkehr zur Malerei ist auch durch die Befragung der Codes bestimmt, die die Darstellung und die formale Organisation ausmachen – Befragung all dessen, was zum bildnerischen Vokabular gehört: Linien, Punkte und Farben werden analysiert, um die Mechanismen zu zeigen, die sich hinter ihnen verbergen. Die Jahre ab 1980 sind zudem durch eine Rückkehr zur *Art brut* gekennzeichnet, und zwar über den Umweg über die Graffiti-Kultur, repräsentiert etwa von **Jean-Michel Basquiat** (1960–1988). Doch geben in den 1970er Jahren auch einige Künstler der Malerei ihren Status als privilegiertes Medium zurück.

Neo-Expressionismus: Der Künstler als wirtschaftlicher Akteur

Der Neo-Expressionismus, in Italien auch *Transavanguardia* genannt, in den USA *Bad painting*, in Frankreich *figuration libre*, hat eine gemeinsame Formel: «Alles ist gut». Die Künstler dieser Richtung gehen von der Überlegung aus, dass jede Form von Transzendenz zukünftig sinnlos ist. Es gibt keine Transzendenz des Urteils über das Schöne, das das Wesen der Malerei definieren könnte. Zudem kontrollieren die Künstler den Kunstmarkt recht gut und beherrschen die kulturelle Szene, was der Kunst eine gewisse Autonomie verleiht. Durch diesen neuen Status gelangen sie quasi in den Expertenstatus. Der Neo-Expressionismus verläuft Anfang der 1980er Jahre in einer bemerkenswerten malerischen Vielfalt.

- **Die *Neuen Wilden*** kommen in Berlin als Reaktion gegen die minimalistische und Konzept-Kunst auf. Indem sie mit der Avantgarde brechen, stellen sie den Augenblick vor die intellektuelle Erklärung, und zwar in einer heftigen, ja brutalen Malweise. Dieser Stil entwickelt sich in Deutschland und Österreich; wichtigster Repräsentant ist **Martin Kippenberger** (1953–1997).

- **Die *Figuration libre***, eine von **Benjamin Vautier** (geb. 1935) begründete Kunstrichtung, ist vom Expressionismus beeinflusst und kommt gleichfalls als Reaktion gegen den Minimalismus auf; sie will durch ihre künstlerische Arbeit das ganze Leben zeigen, was sie durch eine von der *Art brut* herrührende Mischung der Stilmittel erreicht.

- ***Bad painting***, 1979 in den USA entstanden, kommt als Reaktion gegen den Intellektualismus auf, nimmt Anleihen bei Straßenkunst, Graffitis, Schablonen, bei deren Themen und Methoden. Und sie bezieht sich auf Randkulturen. **Jean-Michel Basquiat** (1960–1988) und **Keith Haring** (1958–1990) sind die wichtigsten Künstler.

- **Der *Neo-Geometrie Conceptualism (Neo-Geo)*** betrifft eher die Bildhauerei als die Malerei und ist eine Synthese aus Minimalismus und abstrakt-geometrischer Op Art. Meist sind die Werke großformatig, bunt und reich an Motiven. **Peter Halley** (geb. 1953) ist der wichtigste Vertreter.

■ **Die *Transvanguardia***, in den 1970er Jahren theoretisch erfasst von **Achille Bonito Oliva** (geb. 1939), strebt die Rückkehr zur Malerei an. Dabei ist der Kunstmarkt im Fokus, der sich als gewichtiger Verbündeter gebärdet. Von daher rührt ein Mythos, der zu einem Großteil auf Events, Medienstrategien und auf Rekordverkäufen beruht. Die wichtigsten Künstler sind **Enzo Cucchi** (geb. 1949) mit seinen dunklen Bildern, **Mimmo Paladino** (geb. 1948), **Francesco Clemente** (geb. 1952), **Sandro Chia** (geb. 1946).

Kunstentwicklungen in Deutschland seit 1970

In der Kunst der Bundesrepublik Deutschland herrscht in den siebziger und achtziger Jahren eine große Liberalität. Internationale Strömungen, minimal art und Concept Art, werden ebenso verarbeitet wie neue Medien aufgegriffen. Zu den erfolgreichsten Künstlern gehören **Georg Baselitz** (geb. 1937), **Gerhard Richter** (geb. 1932), **Sigmar Polke** (1941–2010) und **Anselm Kiefer** (geb. 1945). Zu Baselitz' Markenzeichen werden expressiv gemalte, seit 1969 verkehrt herum gemalte und aufgehängte Menschendarstellungen. Richter wechselt virtuos zwischen abstrakten Formaten und realistischer Darstellung. Sigmar Polke ironisiert in seinem Werk Zeitgeist und künstlerisches Pathos und experimentiert mit alchimistischer Farbenlehre. Kiefer lotet in großformatigen Arbeiten und Skulpturen deutsche Geschichte und Mythen aus.

Eine Sonderrolle nimmt der virtuose Aquarellist, Maler, Radierer und Illustrator **Horst Janssen** (1929–1995) ein, der ein umfangreiches Werk vorlegt, in dessen Zentrum die Erforschung des Bildes vom Menschen in mehr als 1000 Selbstporträts steht.

Die **Kunst der DDR** ab etwa 1960 ist geprägt vom Einfluss der klassischen Moderne, vor allem Max Beckmanns und des Expressionismus bei **Bernhard Heisig** (1925–2010) und der altmeisterlichen Verarbeitung der Kunstgeschichte bei **Werner Tübke** (1929–2004). Tübke arbeitet von 1976 bis 1987 in Bad Frankenhausen an seinem Hauptwerk, einem 1722 Quadratmeter großen Panoramabild über den Bauernkrieg, eines der größten Tafelbilder der Welt. Mit Heisig und Tübke bildet **Wolfgang Mattheuer** (1927–2004), der ebenfalls an der Hochschule für Grafik und Buchkunst in Leipzig Malerei lehrt, die «Leipziger Schule». In seinen Arbeiten verarbeitet Mattheuer deutsche Romantik, die französische Moderne des 20. Jahrhunderts und Neue Sachlichkeit.

Der parteikonforme Sozialistische Realismus, ein didaktischer sozialer Realismus, der das heroisch idealisierte Leben von Arbeitern und Bauern vorführt, wird vertreten von **Willi Sitte** (1921–2013) und **Walter Womacka** (1925–2010). **Hans Christoph** (1901–1992) lehrt von 1949 bis 1955 an der Hochschule für Bildende Künste Dresden und arbeitet nach Anfeindungen wegen «formalistischer Tendenzen» bis 1968 als Gebrauchsgrafiker. Sein Spätwerk entspricht dem Informel, seine abstrakten Gemälde entstehen nicht durch einen Farbauftrag auf die Leinwand, sondern – ohne Kenntnis des *action painting* des Amerikaners Jackson Pollock – durch Tropfen und Spritzen. **Hermann Glöckner** (1889–1987), zurückgezogen vom Kunstbetrieb arbeitend, ist der bedeutendste Vertreter des Konstruktivismus, der Autodidakt **Albert Ebert** (1906–1976), der «Henri Rousseau aus Halle an der Saale», der wichtigste naive Maler. Der Thüringer **Gerhard Altenbourg** (1926–1989) und **Carlfriedrich Claus** (1930–1998) aus Annaberg/Erzgebirge erarbeiten als sich der offiziellen Kulturpolitik konsequent verweigernde Außenseiter Lebenswerke voller Poesie. Seit 2004 macht die figürlicher Darstellung verpflichtete «Neue Leipziger Schule» weltweit von sich reden, die oft Sujets in magisch-realistischer Manier darstellt. Ihr Hauptvertreter ist **Neo Rauch** (geb. 1960).

Die Neuen Wilden

Die Gruppe der **Neuen oder Jungen Wilden**, auch **Neo-Expressionisten** genannt, bildet sich im West-Berliner Stadtteil Kreuzberg als Reaktion auf minimal art und Konzeptkunst. Inspiriert von Punk, Rock- und New-Wave-Musik und mit der abstrakt-konstruktivistischen Nachkriegsmoderne brechend, beziehen sich **Salomé** (geb. 1954), **Rainer Fetting** (geb. 1949), **Elvira Bach** (geb. 1951), **Albert Oehlen** (geb. 1954) und **Bernd Zimmer** (geb. 1948) auf den deutschen Expressionismus. Ihre Malerei ist «heftig», direkt, bewusst anti-intellektuell und ganz der Intuition verpflichtet. **Martin Kippenberger** (1953–1997) geht ironisch mit Klischees auch der Expressivität um.

X

Die zeitgenössische Literatur

1. Deutsche Literatur im 20. Jahrhundert

Literatur in Deutschland von 1900 bis 1945

Der literarische **Expressionismus** setzt um 1910 ein und endet Mitte der zwanziger Jahre. Die politischen Probleme und die vielen als überlebt erscheinende Instabilität des Spätwilhelminismus, gepaart mit Umbrüchen der technologischen Moderne, lassen ihn zur ekstatischen Ausdruckskunst von Krisis und Untergangsstimmung werden. Entstanden als Gegenreaktion zum Symbolismus, artikuliert der Expressionismus kollektive und individuelle Befindlichkeiten. In den Dichtungen von **Jakob van Hoddis** (1887–1942) und **Georg Heym** (1887–1912) mutiert die Großstadt Berlin zum Moloch.

Den expressionistischen Roman, vertreten durch **Alfred Döblin** (1878–1957) mit *Die drei Sprünge des Wang-lun* (1916) und *Berge, Meere und Giganten* (1924), kennzeichnen dieselben Charakteristika: Rausch, Gewalt, Hoffnungslosigkeit, das Gefühl des Untergangs. Doch die Literatur vor dem Ersten Weltkrieg ist noch immer stärker beherrscht von den Strömungen des späten 19. Jahrhunderts und des Fin de Siècle, von Naturalismus, Symbolismus, Impressionismus und epigonaler Neoromantik. Die Dramen von **Frank Wedekind** (1864–1918), vor allem *Lulu* von 1913, kreisen um bürgerliche Doppelmoral und zeigen den Einzelnen als Getriebenen unterdrückter Emotionen. Ein Außenseiter in seinem Werk wie in seiner Lebensführung ist **Stefan George** (1867–1933), der in München einen Kreis von Jüngern um sich schart, die ihm als «Meister» huldigen. In seiner homophiles Pathos nicht scheuenden Lyrik, für die er eine eigene Orthografie erfindet, greift er auf römische Antike und Dante Alighieri zurück.

Der Erste Weltkrieg und die von ihm ausgelöste zivilisatorische Krise stellen eine Zäsur für eine ganze Generation dar. Nun muss Literatur die subjektive Innenwelt ausdrücken und eine neue Wahrheit finden. Ästhetische

Konventionen und feste Regeln sind dabei nicht mehr entscheidend. **August Stramm** (1874–1915) ignoriert in seiner Lyrik alle Regularien, Sprache wird bei ihm zum reinen Klangereignis. Die Expressionisten veröffentlichen in Zeitschriften wie *Der Sturm* (1910–1932), *Die Aktion* (1911–1932) oder *Das neue Pathos* (1913–1914). Ihre Worte zerschlagende Sprachneukunst beeinflusst auch die kurzlebige Gruppe der **Dadaisten**.

Dada

Die Künstler der Dada-Bewegung versuchen, die Poesie auf den einfachsten Ausdruck zu reduzieren. Im Februar 1916 treten **Hugo Ball** (1886–1927), **Tristan Tzara** (1896–1963), **Richard Huelsenbeck** (1892–1974) und der Maler **Hans/Jean Arp** (1886–1966) im Cabaret Voltaire in Zürich auf. Dadaistische Literatur – Lautpoesie mit Aktionskunst, bewussten Nonsens mit Radikalität verbindend und so ein einflussreicher Vorläufer von Kunstformen der sechziger Jahre wie Performance und Happening – ist der explosive, konsequente und zugleich schrille Versuch, Kunst, Literatur und Sprache aus den Fängen traditioneller Ideologie zu befreien und sie von Musealisierung und Intellektualisierung abzukoppeln. Ein Ableger bildet sich nach 1918 in Berlin. Der bildende Künstler **Kurt Schwitters** (1887–1948) aus Hannover gibt mit seinem Lautgedicht *Ursonate* (auch: *Sonate in Urlauten*, mehrere Fassungen zwischen 1923 und 1932) dem nach 1920 abklingenden Dadaismus eine individuelle Note.

Kultur und Künste in der Weimarer Republik

Neue Medien wie die Illustrierte Presse, das Radio und die Fotografie lassen nach dem Ersten Weltkrieg immer breitere Schichten an der kulturellen und wirtschaftlichen Kommunikation teilhaben. Berlin wird zum Zeitungsparadies der zwanziger Jahre. Die Stadt zieht zwischen 1918 und 1925 zahlreiche Journalisten aus Nord-, West- und Süddeutschland und aus Österreich an. 1928 erscheinen in Berlin 90 deutschsprachige und 10 fremdsprachige Tageszeitungen. Dazu kommen mehr als 100 Periodika, überwiegend Unterhaltungsblätter, und 400 Fachzeitschriften. Die großen Verlage Ullstein, Scherl und Mosse prägen das Zeitungsviertel zwischen Wilhelmstraße und Spittelmarkt durch Konzernzentralen und Redaktionshäuser. Im Oktober 1904 erscheint mit der *BZ am Mittag* das erste deutsche, vollständig auf Straßenverkauf eingestellte Boulevardblatt. Mit täglich bis zu vier Ausgaben wird es

zur schnellsten Zeitung der Welt. Auch zahlreiche Theater und Kabaretts bieten Verdienstmöglichkeiten für Journalisten und Texter.

Das 1920 vom Feuilletonisten, Theaterkritiker und Kulturredakteur **Stefan Großmann** (1875–1935) begründete linksliberale Kulturmagazin *Das Tage-Buch* versammelt von Hugo von Hofmannsthal bis Joachim Ringelnatz, Thomas Mann und Walter Benjamin prominente Mitarbeiter. Direkter Konkurrent ist die Zeitschrift *Die Weltbühne* des Theaterkritikers **Siegfried Jacobsohn** (1881–1926). 1905 als *Die Schaubühne* gegründet, wird sie 1918 umbenannt in *Die Weltbühne. Wochenschrift für Politik, Kunst, Wirtschaft.* Durch Jacobsohns Mitarbeiter und Nachfolger **Kurt Tucholsky** und **Carl von Ossietzky** avanciert sie zum wichtigen radikaldemokratisch-sozialistischen Forum, für das viele wichtige Vertreter des literarischen Lebens schreiben. Beide Zeitschriften sind trotz mittlerer Auflagenhöhen wichtige Warner vor dem Nationalsozialismus. 1933 wird *Die Weltbühne* von den Nationalsozialisten verboten, die letzte Ausgabe erscheint am 7. März. 1938 erliegt Ossietzky, dem 1936 rückwirkend der Friedensnobelpreis für das Jahr 1935 verliehen wird, seinen in der KZ-Haft seit 1933 erlittenen Torturen. Kurt Tucholsky, gesundheitlich angeschlagen und politisch verzweifelt, verstummt publizistisch und stirbt am 21. Dezember 1935 in Schweden, wohin er 1929 gezogen ist.

Die «kleinen Formen», das Feuilleton, die Reportage, die Glosse, die Prosaminiatur, die Kritik und die Gerichtsreportage, führen **Alfred Polgar**, **Kurt Tucholsky**, **Walter Benjamin**, **Siegfried Kracauer**, **Franz Hessel** und **Victor Auburtin** sowie **Sling** (Paul Schlesinger) mit großer Originalität und subjektivem Zugang zu neuen Höhen.

Das literarische Kabarett erfährt nach Kriegsende einen starken Aufschwung. Autoren wie **Walter Mehring** und Kurt Tucholsky verfassen schmissige Chansons und satirische Nummern. **Joachim Ringelnatz** (1883–1934), der im Ersten Weltkrieg bei der Marine gedient hat, tritt seit 1919 auf Kabarett- und Theaterbühnen auf und rezitiert im Matrosenanzug seine parodistisch-ironische humorvolle Lyrik.

Die Literatur der Weimarer Republik ist geprägt von einer Ungleichzeitigkeit der Strömungen und Tendenzen. Es existieren Dadaismus, Spätexpressionismus, psychologische Romankunst, Neue Sachlichkeit und politisch engagierte Dramatik nebeneinander. **Lion Feuchtwanger** mit *Die häßliche Herzogin* (1923) und *Jud Süß* (1925) sowie **Emil Ludwig** mit *Napoleon* (1924) und *Michelangelo* (1930) reüssieren im Genre des historischen Romans und der Romanbiografie. **Thomas Mann** (1875–1955) erhält im Jahr 1929 den Nobelpreis für Literatur zugesprochen. Im Roman *Buddenbrooks* (1905) hat er das Ende einer bürgerlichen Familie geschildert, im ironischen Bildungsroman *Der Zauberberg* (1924) zeichnet er ein Panorama von scheinbarer Weltabgewandtheit, Vergänglichkeit, Zeit und Kultur nach. Mit der ökonomischen Stabilisierung der Republik ab 1924 setzt die Neue Sachlichkeit ein. Walter Mehring zählt zu den spöttischsten Textern für Kabaretts und literarische Revuen, Joachim Ringelnatz, **Erich Kästner** mit *Herz auf Taille* (1928) und Mascha Kaléko bringen mit ihrer «Gebrauchslyrik» einen neuen frischen Ton in die Literatur der Weimarer Republik, die hochgradig politisiert ist.

Auf der Linken stehen die Dramatiker **Ernst Toller** (1893–1939) mit *Hinkemann* (1923) und *Hoppla, wir leben!* (1927) und der ab Mitte der zwanziger Jahre dem Marxismus anhängende **Bertolt Brecht** (1898–1956) mit *Mann ist Mann* (1926) und *Die Dreigroschenoper* (1928) sowie der mit avantgardistischen Konzeptionen experimentierende Regisseur **Erwin Piscator**. 1925 konstituiert sich mit der *Gruppe 25* eine linksdemokratische Schriftstellervereinigung, die sich gegen den Konservativismus in Politik und Kunstverwaltung wendet. Im Roman *Die Geächteten* (1930) schildert **Ernst von Salomon**, ein wegen Mordversuchs rechtskräftig verurteilter Rechtsextremist, autobiografisch gefärbt die Aktivitäten rechtsextremer Freikorps in der Frühzeit der Republik und die Ermordung des Industriellen und Außenministers Walter Rathenau. Um Zeitschriften wie *Widerstand. Zeitschrift für nationalrevolutionäre Politik* und *Die Tat* formiert sich ein nationalistisch-antikapitalistischer, antiliberaler Kreis, der ideologisch den Nationalsozialismus befördert, darunter Autoren wie Ernst Jünger, sein Bruder Friedrich Georg Jünger und Arnolt Bronnen.

Deutschsprachige Literatur aus der ehemaligen Donaumonarchie

- Karl Kraus (1874–1936) gibt in Wien von 1899 bis 1936 die ab 1912 allein von ihm geschriebene Zeitschrift *Die Fackel* heraus und verleiht Sprachkritik und Polemik neue ungewohnte Schärfe.

- Aus dem Nachlass des Pragers **Franz Kafka** (1883–1924) erscheinen *Der Proceß* (1925), *Das Schloss* (1926) und *Der Verschollene* (1927). Die Manuskripte hat sein Freund, der Autor Max Brod entgegen der Bitte Kafkas nach dessen Tod nicht vernichtet. Mit diesen Romanen setzt der Weltruhm Kafkas ein. Für die zwischen verzerrter Groteske und bürokratischer Paranoia oszillierende «Kafka-Logik» bürgert sich nach 1945 das Wort «kafkaesk» ein.

- **Stefan Zweig** (1881–1942), humanistisch-weltbürgerlich gesinnt, kann mit seiner feinsinnigen Prosa wie *Verwirrung der Gefühle* (1927) und seinen historischen Miniaturen wie *Sternstunden der Menschheit* (1927) keiner Schule zugeordnet werden.

- **Joseph Roth** (1894–1939) mit Zweig eng befreundet, erzählt in *Flucht ohne Ende* (1927) und *Hiob* (1930) von Heimatverlust und Entwurzelung. Im Spätwerk, in den Romanen *Radetzkymarsch* (1932) und *Die Kapuzinergruft* (1938), beschwört der aus Galizien stammende Roth ein idealisiertes Bild ethnisch harmonischen Zusammenlebens im Vielvölkerstaat Österreich-Ungarn.

- **Robert Musil** (1880–1942) kreiert mit *Der Mann ohne Eigenschaften*, dessen erster Band 1930 und der erste Teil des zweiten Bandes 1932 erscheint (der Roman wird von ihm nicht abgeschlossen), eine ehrgeizige Sonderform: ein von essayistisch-philosophischen Exkursen durchsetztes Roman-Panoptikum über Gesellschaft, Masse, Philosophie, Liebe und Untergang.

Zeit- und Kriegsromane zwischen Links und Rechts

Die Zeitromane *Der Untertan* (im Juli 1914 vollendet, erst 1918 nach der Aufhebung der Zensur erschienen) von **Heinrich Mann**, *Der Steppenwolf* (1927) von **Hermann Hesse**, der München-Schlüsselroman *Erfolg* (1930) von **Lion Feuchtwanger**, *Fabian. Die Geschichte eines Moralisten* (1931) von **Erich Kästner**, *Kleiner Mann - was nun?* (1932) von **Hans Fallada** und *Das kunstseidene Mädchen* (1932) von **Irmgard Keun** durchleuchten Alltag, ökonomische Krisen und die Mentalitäten der Gegenwart, das disparate Lebensgefühl der jüngeren Generation und das antidemokratische Obrigkeitsdenken staatlicher Institutionen.

Gegen Ende der zwanziger Jahre erscheinen belletristische Bücher, in denen auf unterschiedliche Weise der Erste Weltkrieg verarbeitet wird. Das erfolgreichste, der Roman *Im Westen nichts Neues* (1929), stammt von **Erich Maria Remarque** und entwickelt sich zum Weltbestseller, bereits ein Jahr später wird das Buch in Hollywood verfilmt. Aber auch **Arnold Zweig** mit *Der Streit um den Sergeanten Grischa* (1927), Joachim Ringelnatz mit *Als Mariner im Krieg* (1928), **Ludwig Renn** mit *Krieg* (1928) und im rechtsnationalen Spektrum **Ernst Jünger** mit *Feuer und Blut* (1925) legen Bände über Erfahrungen und Erlebnisse im Krieg vor.

Die Literatur nach 1933: Exil, Anpassung, Innere Emigration

Die «Machtergreifung» der Nationalsozialisten am 30. Januar 1933 und die Inhaftierungswelle infolge des Reichstagsbrandes vier Wochen später führt zu einer Fluchtwelle zahlreicher jüdischer und demokratischer Schriftsteller ins Ausland. Die beliebtesten Zufluchtsländer sind Österreich, Frankreich, Großbritannien, die Tschechoslowakei, die Sowjetunion und die Niederlande, ab 1940 vor allem die USA und Mexiko. Antifaschistische Intellektuelle wie Erich Mühsam werden verhaftet und in Konzentrationslager verschleppt und ermordet. Am 10. Mai werden in vielen Städten **Bücherverbrennungen** von Werken von der Diktatur verhassten oder als unliebsam deklarierten jüdischen und nichtjüdischen Autoren durchgeführt. Aus öffentlichen Büchereien, Bibliotheken und Buchhandlungen werden auf der Grundlage der «Liste des schädlichen und unerwünschten Schrifttums» mehrere tausend Titel von rund 500 Autoren entfernt.

Im Exil

Zeitschriften wie die in Prag erscheinenden *Neuen Deutsche Blätter*, *Das Wort* (Moskau) und Klaus Manns *Die Sammlung* versuchen wie weitere rund 400 deutschsprachige Periodika des literarischen Exils, Schriftsteller im Widerstand gegen den Nationalsozialismus zu einen und ihnen Gemeinschaft stiftende publizistische Foren zu bieten.

Viele fühlen sich abgeschnitten von ihrem Land, ihrem Publikum, ihren Themen. Nur wenigen bereits vor 1933 auch außerhalb des deutschen Sprachraums bekannten Autorinnen und Autoren wie Vicki Baum, Thomas Mann, Franz Werfel und Lion Feuchtwanger gelingt es, auch im Exil an ihre Erfolge anzuknüpfen und ein materiell abgesichertes Leben zu führen. Die meisten Exilautoren sind gezwungen, sich andere Tätigkeiten zu suchen. Andere wie Walter Benjamin, Stefan Zweig oder der Kunstschriftsteller Carl Einstein setzen in tiefer Verzweiflung ihrem Leben ein Ende.

In der Literatur des Exils floriert das Genre des historischen Romans, in dem Geschichte als Spiegel der Gegenwart dient. Autoren wie Heinrich Mann mit *Die Jugend des Henri Quatre* (1935) und *Die Vollendung des Henri Quatre* (1938), Thomas Mann mit der Tetralogie *Joseph und seine Brüder* (1933–43) und Bruno Frank mit *Cervantes* (1934) lassen in ihren mehr oder weniger geschichtstreuen Romanen und Romanbiografien die Folie der Gegenwart durchschimmern.

Weniger verbreitet ist, auch auf Grund der überschaubaren Zahl von deutschsprachigen Exil-Verlagshäusern, der Zeitroman. **Anna Seghers** (1900–1983) schreibt im mexikanischen Exil mit *Transit* (1944) und *Das siebte Kreuz* (1942/47) zwei Romane über Flucht und Terror. Zahlreiche im Exil geschriebene Bücher erscheinen in Deutschland erst nach 1945, je nach ideologischer Orientierung der jeweiligen Autoren teils nur in Ost- oder nur in Westdeutschland.

Anpassung und innere Emigration

Im «Dritten Reich» machen mit dem Nationalsozialismus stark sympathisierende und ihm treue Autoren Karriere: Börries von Münchhausen, Hans Friedrich Blunck, Werner Beumelberg, Erwin Guido Kolbenheyer und Kuni Tremel-Eggert. Andere wie Ernst Jünger ziehen sich auf elitäre Positionen zurück, Hans Grimm (1875–1959), Autor des Romans *Volk ohne Raum* (1926), wird nach Konflikten mit Goebbels geschasst, bleibt aber bis zum Lebensende glühender Anhänger Hitlers.

Jüdische Verlage wie der Ullstein Verlag werden «arisiert». Der Großteil der Verlage wird ab den späten dreißiger Jahren direkt oder indirekt vom NSDAP-Zentralverlag Eher kontrolliert. Als offizielle Leitlinie wird Propaganda-, Kriegs- und sogenannte Blut-und-Boden-Literatur ausgegeben. Weitaus mehr gelesen wird aber heitere Literatur, so *Der liebe Augustin* von Horst Wolfram Geißler, die Romane Heinrich Sperls (*Die Feuerzangenbowle*, 1933) und die Trivialliteratur von Ehm Welk, Felix Dahn, Ludwig Ganghofer und Karl May.

Für jene, die sich bewusst für das Ausharren in NS-Deutschland entscheiden und ideologisch keine Gefolgsleute der NSDAP sein wollen, beginnt die Zeit der sogenannten Inneren Emigration. So versammelt die konservative Zeitschrift *Das Innere Reich* (1934–1944) unter ihren Beiträgern gläubige Nationalsozialisten, aber auch eine Generation jüngerer Autoren, die direkte Kritik scheuen und in Idyllik und scheinbar unpolitische Naturbetrachtung ausweichen, so Georg Britting, Georg von der Vring, Reinhold Schneider, Jochen Klepper, Peter Huchel, Günter Eich und Oda Schaefer.

Literatur in Westdeutschland 1945 bis 1989

Aufbruch in Trümmern

In den ersten Jahren nach der Befreiung vom Nationalsozialismus spielen in der «Trümmer-» oder «Kahlschlagliteratur» Krieg, Heimkehr und Todeserinnerung eine wesentliche Rolle. Expressionismus und häufig mythisch unterfütterter Sozialrealismus sind die Bezugspunkte von Autoren wie **Wolfgang Borchert** (1921–1947) mit *Draußen vor der Tür*, **Walter Kolbenhoff** (1908–1993) mit *Heimkehr in die Fremde* und **Heinrich Böll** (1917–1985) mit *Der Engel schwieg* (1949/50). Das im Dezember 1946 in Zürich uraufgeführte Stück *Des Teufels General* von **Carl Zuckmayer** (1896–1977) ist ein großer Bühnenerfolg. Im Mittelpunkt steht ein Fliegergeneral, der einen dämonischen Pakt mit dem Nationalsozialismus eingeht und am Ende umkommt.

Nach dem systematischen Missbrauch der deutschen Sprache durch die Propaganda der Nationalsozialisten erfolgt eine Besinnung auf Klarheit. Es wird an im Jahr 1933 abgebrochene Tendenzen der Moderne angeknüpft und ausländische Literatur, die zwölf Jahre lang kaum zugänglich gewesen ist, intensiv gelesen, zum Beispiel der französische Existenzialismus und die Bücher amerikanischer Autoren wie Ernest Hemingway, William Faulkner und John Steinbeck.

Zwischen aus dem Exil zurückkehrenden oder im Ausland bleibenden Autoren und jenen, die in der Inneren Emigration die NS-Diktatur überstanden haben, kommt es zu heftig geführten Debatten über die moralische Deutungshoheit der jüngsten Geschichte.

Die Gruppe 47

Einer Gruppe von Literaten, die nie eine feste Vereinigung wird, hängt seit dem ersten Treffen 1947 am Bannwaldsee im Allgäu der Name *Gruppe 47* an. Ihr Spiritus rector ist der Autor **Hans Werner Richter** (1908–1993). Ursprungsidee ist, sich in diesem Kreis gegenseitig aus Texten vorzulesen und diese nach der Lesung offen und freundschaftlich zu kritisieren. «Ob die Tagungen später in Gasthöfen, Burgen oder Strandhotels stattfanden», schreibt die Österreicherin **Ilse Aichinger** (1921–2016), immer sei ihnen eine «Atmosphäre der Heiterkeit, der Geborgenheit im Offenen» gemeinsam gewesen. Zu den geladenen Autorinnen und Autoren zählen unter anderem **Günter Grass**, **Martin**

Walser, **Hans Magnus Enzensberger**, **Günter Eich**, **Ingeborg Bachmann**, **Uwe Johnson**, **Peter Weiss** und **Peter Handke**. Bald stoßen einflussreiche Kritiker wie Joachim Kaiser, Hans Mayer und Marcel Reich-Ranicki dazu sowie Verlagslektoren. Gegen Ende der fünfziger Jahre steht die *Gruppe 47* im medialen Wirkungszenit. Ihr angeblicher Einfluss löst heftige Debatten aus, Kritiker werfen ihr eine einseitige Literaturästhetik vor. Weitere Kritikpunkte betreffen die in manchen Fällen schneidend formulierten Ad-hoc-Urteile und die je nach Standpunkt als autoritär empfundene Verurteilung von Autoren wie **Paul Celan**, der 1952 bei der *Gruppe 47* liest und auf Unverständnis stößt. **Günter Grass** (1927–2015) erlebt mit einem Auszug aus seinem Romanmanuskript *Die Blechtrommel* den internationalen Durchbruch. 1967 löst sich die *Gruppe 47* auf.

Die fünfziger Jahre

Die Literatur der fünfziger Jahre steht im Zeichen des deutschen Wirtschaftswunders und der Stabilisierung der Demokratie einschließlich restaurativer Tendenzen. Die Belletristik reagiert mit Zeitkritik, so **Heinrich Böll** mit den Romanen *Billard um halbzehn* (1959) und **Alfred Andersch** (1914–1980) mit *Sansibar oder Der letzte Grund* (1957), sowie mit satirischen und grotesken Darstellungen, **Martin Walser** (geb. 1927) mit seinem ersten Roman *Ehen in Philippsburg* (1957) und **Wolfgang Hildesheimer** (1916–1991) mit *Lieblose Legenden* (1952). **Siegfried Lenz** (1926–2014) debütiert 1951 mit dem Roman *Es waren Habichte in der Luft*. Mit dem Kurzgeschichtenband *So zärtlich war Suleyken* (1955) etabliert er sich als erfolgreicher Autor, als sein wichtigstes Buch gilt der Roman *Deutschstunde* (1968).

Die Lyrik der fünfziger Jahre ist formal vielgestaltig. Nicht selten unterzieht sie Sprache unter dem Einfluss kritischer Sprachphilosophien einer fundamentalen Kritik. Zu den wichtigsten Vertretern zählen **Günter Eich** (1907–1972), die Österreicherin **Ingeborg Bachmann** (1926–1973), die ab 1953 erst in Deutschland, dann in Italien lebt, der virtuos verspielte **Peter Rühmkorf** (1929–2008) und **Hans Magnus Enzensberger** (geb. 1929). Der Holocaust-Überlebende **Paul Celan** (1920–1970) und die 1940 nach Schweden geflohene jüdische Berlinerin **Nelly Sachs** (1891–1970), der 1966 der Nobelpreis für Literatur verliehen wird, finden für den Ur-Schrecken des Holocaust gewaltige, der Literatur der surrealistischen Moderne und der jüdischen Tradition entlehnte Bilder, die das Schweigen und Verschweigen bannen sollen und entsetzte Sprachlosigkeit angesichts millionenfachen Massenmordes mehr als nur streifen. In seinem dichterischen Spätwerk ab 1945 findet **Gottfried Benn** (1886–1955) zu einem neuen Ton, der zwischen großstädtischer Sachlichkeit, Melancholie und bewusst eingesetzter Trivialität oszilliert. Experimentelle Literatur wie Konkrete und Visuelle Poesie (**Wiener Gruppe**, **Eugen Gomringer**, **Ernst Jandl**) hat ihre Anfänge in diesem Jahrzehnt.

Eine wichtige Rolle spielen für Autoren die ab 1949 gegründeten öffentlich-rechtlichen Rundfunkanstalten. Das Genre des Hörspiels ist für viele Autoren interessant und lukrativ, so für Günter Eich, Wolfgang Weyrauch, Fred von Hoerschelmann, Marie Luise Kaschnitz, Ingeborg Bachmann und Ernst Schnabel. Alfred Andersch und **Helmut Heißenbüttel** (1921–1996), die ab den späten 1950er Jahren eigene literarische Werke von Rang vorlegen, sind als Radioredakteure wichtige Ansprechpartner und Förderer, etwa von Arno Schmidt, der literarhistorische Hörbilder schreibt. Das literarische Feature als akustische Kunstform nimmt in jenen Jahren seinen Ausgang.

■ **Wolfgang Koeppen** (1906–1996) schreibt mit *Tauben im Gras* (1951), *Das Treibhaus* (1953) und *Der Tod in Rom* (1954) zeitpolitische Romane. Die von ihm später unter dem Begriff «Trilogie des Scheiterns» zusammengefassten Bände präsentieren unter Rückgriff auf modernistische Montagetechniken eine schneidende existenzialpsychologische Analyse der Nachkriegsentwicklung, des Bonner Politikbetriebs, des Opportunismus des Individuums und des Umgangs mit der NS-Vergangenheit. In späteren Jahren widmet sich Koeppen der Reiseschriftstellerei.

■ **Arno Schmidt** (1914–1979) ist der große Einzelgänger der Nachkriegsliteratur. Er erarbeitet ein Werk, das die avantgardistische Moderne des 20. Jahrhunderts auf ausgeprägt originelle Weise weitertreibt und alle erzählerischen Konventionen sprengt. Mit seinem Spätwerk *Zettel's Traum* (1970) und *Abend mit Goldrand* (1976) führt er vielfältige Lektüreeinflüsse und die von ihm erarbeitete Etym-Theorie mit Psychoanalyse zusammen. Die Bände erscheinen in limitierter Auflage als Typoskripte im DIN-A-3-Format, von *Zettel's Traum* erscheint erst 2010 nach jahrelanger typografischer Arbeit eine regulär gesetzte Ausgabe.

■ **Hans Magnus Enzensberger** (geb. 1929) sorgt 1957 mit seinem Lyrikdebüt *die verteidigung der wölfe* für Aufsehen. Bis heute hat er ein vielgestaltiges Werk vorgelegt, das von Medienkritik über politische Essays, Übersetzungen, Libretti, Versepen wie *Der Untergang der Titanic* (1978), Romane wie *Der kurze*

Sommer der Anarchie. Buenaventura Durrutis Leben und Tod (1968) bis zu Bühnenstücken wie *Die Tochter der Luft* (1992) reicht. Der geschmeidige Analytiker von Zeitgeist und Trends gehört 1980 zu den Mitgründern des Kulturmagazins *TransAtlantik* und gibt von 1985 bis 2007 die bibliophile Reihe *Die Andere Bibliothek* heraus.

Die sechziger Jahre

Die sozialen Verwerfungen in der Bundesrepublik der 1960er Jahre können nicht länger ignoriert werden, zu Beginn des Jahrzehnts setzt eine immer stärkere Politisierung der Literatur ein. Verbindendes formales Kennzeichen der engagierten Literatur ist **Dokumentarismus**. Authentische Dokumente werden literarisch verarbeitet durch das Montieren von Presseartikeln, Interviews und Protokollen. Zu den wichtigsten Vertretern des Dokumentarischen Theaters gehören **Peter Weiss** (1916–1982) mit *Die Verfolgung und Ermordung Jean Paul Marats dargestellt durch die Schauspielgruppe des Hospizes zu Charenton unter Anleitung des Herrn de Sade* (1964), **Rolf Hochhuth** (geb. 1931) mit *Der Stellvertreter* (1963) und **Heinar Kipphardt** (1922–1982) mit *In der Sache J. Robert Oppenheimer* (1964). Der Roman dieser Jahre wird bestimmt von Autoren wie Heinrich Böll, Martin Walser, Uwe Johnson und Günter Grass, der auf seinen Welterfolg *Die Blechtrommel* die Novelle *Katz und Maus* (1961) und den Roman *Hundejahre* (1963) folgen lässt. Grass, Heinrich Böll und Siegfried Lenz engagieren sich zugunsten Willy Brandts im politischen Wahlkampf.

Max von der Grün (1926–2005) begründet die «Literatur der Arbeitswelt» mit *Irrlicht und Feuer* (1963), prominentestes Werk der 1961 in Dortmund gegründeten *Gruppe 61*. Von ihr werden Erfahrungen harter körperlicher Arbeit unter Tage, in Fabriken und Betrieben beschrieben, so in *Die Honigkotten* (1965) von **Bruno Gluchowski** und in den *Bottroper Protokollen* (1968) von **Erika Runge**, die die Arbeiterliteratur mit dem Dokumentarismus verbinden.

Die siebziger Jahre

Der einsetzende Terrorismus der Rote Armee Fraktion (RAF) und das institutionelle Scheitern der 68er-Bewegung führt in der Literatur zu einer Wende nach innen und zu einer Distanzierung von politischen Vorgängen. Die Betonung der Subjektivität bedeutet eine stärkere Zuwendung zu Identitätssuche und zu Bekenntnishaftigkeit. Das eigene Ich steht im Mittelpunkt, oft melancholisch und resignativ, nicht selten heimgesucht von schweren unheilbaren Krankheiten (**Fritz Zorn**, *Mars*, 1977), daher auch die Bezeichnung «Neue Innerlichkeit». Beispiele dafür sind *Lenz* (1973) von **Peter Schneider** (geb. 1940), *Klassenliebe* von **Karin Struck** (1947–2006) und *Keiner weiß mehr* (1968) von **Rolf Dieter Brinkmann** (1940–1975). Der wichtigste Dramatiker der Neuen Innerlichkeit ist **Botho Strauß** (geb. 1944) mit *Trilogie des Wiedersehens* (1977) und *Groß und klein* (1978). Der bekannteste Vertreter der Neuen Innerlichkeit in Österreich ist **Peter Handke** (geb. 1942).

Die achtziger Jahre

Die Literatur der achtziger Jahre versucht den begrenzten Erfahrungshorizont der Neuen Innerlichkeit zu überwinden. Außerdem wird die Trennung zwischen west- und ostdeutscher Literatur aufgelockert, eingeleitet durch gemeinsame Treffen und die Übersiedlung ostdeutscher Schriftsteller in die Bundesrepublik. Themen wie Technik- und Fortschrittskepsis sowie Geschichtspessimismus und apokalyptisches Grundgefühl dominieren die Lyrik der 1980er Jahre. Der erfolgreichste deutsche Roman des Jahrzehnts ist *Das Parfum. Die Geschichte eines Mörders* (1985) von **Patrick Süskind** (geb. 1949).

Literatur in Ostdeutschland 1949–1990

Die Geschichte der Literatur in der Sowjetischen Besatzungszone (SBZ) und der DDR kann in fünf Phasen unterteilt werden.

«Auferstanden aus Ruinen»

Von Kriegsende 1945 bis etwa 1950 geht es um antifaschistische Sammlung, um Aufarbeitung der Gräuel des Nationalsozialismus, den Aufbau eines neuen sozialistischen Staates sowie um die Rückholung exilierter Künstler und Intellektueller, darunter **Bertolt Brecht** (1898–1956) und der Komponist **Hanns Eisler** (1898–1962), **Arnold Zweig** (1887–1968), **Anna Seghers** (1900–1983) und **Johannes R. Becher** (1891–1958). Becher wird 1954 zum ersten Minister des neu geschaffenen Ministeriums für Kultur der DDR ernannt, Zweig zum Präsidenten der Deutschen Akademie der Künste berufen, Brecht erhält am Schiffbauerdamm ein eigenes Theater, das «Berliner Ensemble», das sich auch nach seinem Tod seinem Werk verpflichtet fühlt. Eisler komponiert 1950 die Musik für die offizielle Hymne der DDR *Auferstanden aus Ruinen*, der Text stammt

von Becher. In Berlin wird im August 1945 der programmatisch benannte Aufbau-Verlag gegründet, der zum wichtigen literarischen Verlagshaus der DDR avanciert. Wie alle anderen Verlage befindet er sich in der Hand des Staates und wird von den Parteibehörden kontrolliert.

Sozialistischer Realismus

Ab 1950 setzt auch in der Literatur der **Sozialistische Realismus** ein, der direkten Bezug nimmt auf die gleichnamige Tendenz in der Sowjetunion der 1930er Jahre. Es handelt sich um Aufbau- und Produktionsliteratur mit ausschließlich positiv gezeichneten Helden (**Hans Marchwitza**, *Roheisen*, 1955). Ab 1959 wird für die folgenden fünf Jahre der «Bitterfelder Weg» propagiert. Literatur soll auf das Engste mit der Arbeitswelt verklammert werden. «Greif zur Feder, Kumpel» und «Schriftsteller an die Basis» lauten die Schlagworte. Bis 1971 wird auch «Ankunftsliteratur» geschrieben, in deren Mittelpunkt in der Regel jugendliche Protagonisten stehen, die in Konflikt mit den Lebensverhältnissen in der DDR geraten, am Ende dann aber ihren Frieden mit dem System machen und im Sozialismus «ankommen». Eines der Hauptwerke ist **Brigitte Reimanns** Erzählung *Ankunft im Alltag* (1961). In der Lyrik und in seinen Romanen *Levins Mühle* (1964) und *Litauische Claviere* (1966) lässt **Johannes Bobrowski** (1917–1965) mit großer Wortmagie ein mythisches Land namens Sarmatien erstehen.

Beispiele für den «sozialistischen Bildungsroman» sind *Die Aula* (1965) von **Hermann Kant** (1926–2016) und *Der geteilte Himmel* (1963) von **Christa Wolf** (1929–2011). Wie diese behandelt auch schon **Uwe Johnson** (1934–1984) in *Mutmaßungen über Jakob* (1959) die Thematik des geteilten Deutschland, aber auf sprachlich und formal avancierte Weise. Dasselbe Thema reflektiert Johnson, der 1959 nach West-Berlin, später nach Großbritannien zieht, auch in seiner vierbändigen Romanfolge *Jahrestage. Aus dem Leben von Gesine Cresspahl* (1970–1983). **Erwin Strittmatter** (1912–1994) wird mit *Ole Bienkopp* (1963) und der Trilogie *Der Laden* (1983, 1987, 1992) zu einem der beliebtesten ostdeutschen Autoren. Der Lyriker **Georg Maurer** (1907–1971) lehrt von 1955 bis zu seinem Tod am Literaturinstitut Johannes R. Becher in Leipzig, zu seinen Schülern gehören **Volker Braun** (geb. 1939), **Sarah Kirsch** (1935–2013) und **Rainer Kirsch** (1934–2015), **Adolf Endler** (1930–2009) und **Heinz Czechowski** (1935–2009).

«Tauwetter»

1971 setzt eine kulturpolitische Liberalisierung ein, die zu einer stärkeren Konzentration auf Subjektivität und den Konflikt von Einzelnem und Gemeinschaft führt. Außerdem wird feministische Emanzipation ein Thema. Zu den wichtigsten Werken gehören Christa Wolfs *Nachdenken über Christa T.* (1968) und *Kindheitsmuster* (1976) sowie die magisch-realistischen Romane *Leben und Abenteuer der Trobadora Beatriz nach Zeugnissen ihrer Spielfrau Laura* (1974) und *Amanda. Ein Hexenroman* (1983) von **Irmtraud Morgner** (1933–1990). Jüngere Autoren debütieren, darunter **Ulrich Plenzdorf** (1934–2007), der mit dem Stück und der Prosaversion *Die neuen Leiden des jungen W.* 1972 der Jugendrebellion Ausdruck gibt, **Jurek Becker**, **Volker Braun** und die Lyriker **Thomas Rosenlöcher**, **Uwe Kolbe** und **Durs Grünbein**. Der Naturlyriker und Hörspielautor **Peter Huchel** (1903–1981), der 1962 vom Posten als Chefredakteur der einflussreichen Literaturzeitschrift *Sinn und Form* entbunden worden ist und seither nicht mehr in der DDR publizieren darf, reist 1971 aus und lässt sich in Staufen im Breisgau nieder.

Repression und Protest

Am 16. November 1976 verbreitet ADN, die offizielle Nachrichtenagentur der DDR, die Meldung: «Die zuständigen Behörden der DDR haben Wolf Biermann, der 1953 aus Hamburg in die DDR übersiedelte, das Recht auf weiteren Aufenthalt in der Deutschen Demokratischen Republik entzogen.» Drei Tage zuvor hat der regimekritische Liedermacher und Poet **Wolf Biermann** (geb. 1936), über den 1965 in der DDR ein Publikations- und Auftrittsverbot verhängt worden ist, in Köln gastiert. Das Konzert, von DDR-Behörden offiziell genehmigt, wird live im Radio und im Fernsehen übertragen. Mit Biermanns Ausbürgerung endet das «Tauwetter». Zwölf Schriftsteller der DDR, **Stephan Hermlin**, **Sarah Kirsch**, **Christa Wolf**, **Volker Braun**, **Franz Fühmann**, **Stefan Heym**, **Günter Kunert**, **Heiner Müller**, **Rolf Schneider**, **Gerhard Wolf**, **Jurek Becker** und **Erich Arendt**, unterzeichnen einen öffentlichen Protest, dem sich in den nächsten Tagen mehr als 70 Künstler, Sänger und Intellektuelle anschließen. Flugblätter werden gedruckt, es kommt zu Verhaftungen. Da sein kritischer Roman *Collin*, der in hochrangigen DDR-Funktionärskreisen spielt, 1979 in einem Verlag in der Bundesrepublik erscheint – in der DDR ist die Veröffentlichung abgelehnt worden –, wird der Romancier **Stefan Heym** (1913–2001) aus dem Schriftstellerverband der DDR ausgeschlossen. Zahl-

reiche Schriftsteller und Intellektuelle verlassen in den nächsten Jahren das Land und lassen sich in der Bundesrepublik nieder, darunter Jurek Becker, Sarah Kirsch und Günter Kunert, Rainer Kunze, Hans-Joachim Schädlich und Thomas Brasch, sowie die Schauspieler Manfred Krug, Armin Müller-Stahl, Angelica Domröse und Hilmar Thate.

Die achtziger Jahre: Anpassung und Auflehnung

Bis 1989 laviert die Literatur zwischen Repression und Anpassung. **Christoph Hein** (geb. 1944) mit *Der fremde Freund* (1982), **Christa Wolf** mit *Kassandra* (1983) und *Störfall* (1987) und **Monika Maron** (geb. 1941) mit *Flugasche* (1981) greifen zivilisationskritische Themen und fundamentale Probleme wie Umweltzerstörung, Naturraubbau und Entfremdung von Bevölkerung und erstarrtem Regime auf. Der Dramatiker **Heiner Müller** (1929–1996) zeichnet unter Rückgriff auf antike Mythen Zerfallsszenarien. **Peter Hacks** (1928–2003) greift in Bühnenstücken wie *Das Jahrmarktsfest zu Plundersweilern* (1973) und *Ein Gespräch im Hause Stein über den abwesenden Herrn von Goethe* (1976) auf die deutsche Kulturgeschichte, vor allem die Weimarer Klassik, zurück. **Franz Fühmann** (1922–1984) setzt sich in *Das Judenauto* (1962) mit Autobiographie und Krieg auseinander und in dem literarischen Tagebuch *Zweiundzwanzig Tage oder Die Hälfte des Lebens* (1973) mit den Verhältnissen in der DDR. Der erste Gedichtband *Abwesenheit* von **Wolfgang Hilbig** (1941–2007), bis 1979 Werkzeugmacher, Heizer und Erdbauarbeiter im Braunkohletagebau seiner Heimatstadt Meuselwitz/Thüringen, erscheint 1979 in Frankfurt am Main, 1985 verlässt Hilbig die DDR. Seine Romane *Eine Übertragung* (1989), *Ich* (1993) und *Das Provisorium* (2000) behandeln Heimatverlust, Zerrissenheit und Unterdrückung.

In den achtziger Jahren bildet sich im Ost-Berliner Bezirk Prenzlauer Berg sowie in Leipzig, Dresden, Erfurt und Halle eine in Opposition zur Kulturpolitik der SED stehende literarische Bohème-Szene heraus, die sich auf Avantgarden des 20. Jahrhunderts wie Dada und Surrealismus bezieht. Autoren wie **flanzendörfer**, **Bert Papenfuß-Gorek**, **Rainer Schedlinski**, **Johannes Jansen** sowie **Stefan Döring** und **Sascha Anderson** (diese beiden werden nach 1990 als Inoffizielle Mitarbeiter der Staatssicherheit entlarvt), drucken ihre Arbeiten in selber produzierten Künstlerbüchern und in Untergrund-Zeitschriften wie *Liane*, SKLAVEN, *Mikado* und *Ariadnefabrik*.

1987 fordern Christoph Hein und **Günter de Bruyn** (geb. 1926) auf dem 10. Schriftstellerkongress in ungewöhnlich deutlicher Form die Aufhebung der Zensur und das Ende aller Regularien. Am 4. November 1989 halten Stefan Heym, Christa Wolf und andere Intellektuelle auf der Alexanderplatz-Demonstration in Berlin Ansprachen. Ende desselben Monats initiieren diese Schriftsteller den Aufruf *Für unser Land*, in dem sie für eine eigenständige DDR mit demokratisch-sozialistischem Regierungsmodell und gegen eine Vereinigung mit der Bundesrepublik aussprechen. Diese Petition wird von 1,17 Millionen DDR-Bürgern unterzeichnet. Nach 1990 reflektieren Schriftsteller wie **Erich Loest** (1926–2013) in *Der Zorn des Schafes* und **Reiner Kunze** (geb. 1933) in *Deckname Lyrik* (1990) ihre Lebenserfahrungen in der DDR.

Deutsche Literatur seit 1990

Zu Beginn der neunziger Jahre wird in der sogenannten Realismus-Debatte von jüngeren Autoren wie **Maxim Biller** (geb. 1960), **Helmut Krausser** (geb. 1964) und **Matthias Altenburg** (geb. 1958) eine Abkehr von der «Väter-Literatur» gefordert. Dies bezieht sich auf die Tendenz des vorhergehenden Jahrzehnts, als sich Autorinnen und Autoren mit Leben, Charakter und Verfehlungen ihrer Eltern in der NS-Zeit auseinandergesetzt haben (**Christoph Meckel**, *Suchbild. Über meinen Vater*, 1982; **Ruth Rehmann**: *Der Mann auf der Kanzel. Fragen an einen Vater*, 1979; **Peter Härtling**: *Nachgetragene Liebe*, 1980).

Romane, in denen die Teilung Berlins und Deutschlands, Mauerfall, gelebte DDR-Geschichte und die Umbruchzeit 1989/90 zentrale Rollen einnehmen, legen **Thomas Brussig** (*Helden wie wir*, 1995), **Reinhard Jirgl** (*Hundsnächte*, 1997), **Ingo Schulze** (*Simple Storys*, 1998), **Julia Franck** (*Lagerfeuer*, 2003), **Uwe Tellkamp** (*Der Turm*, 2008) und **Lutz Seiler** (*Kruso*, 2014) vor.

Ernst-Wilhelm Händler mit *Wenn wir sterben* (2002), **Rainald Goetz** mit *Johann Holtrop* (2012), **Thomas Lehr** mit *42* (2013) und **Ulrich Peltzer** mit *Das bessere Leben* (2015) durchleuchten in komplexer, den Realismus abstreifender und sprachlich teils unkonventioneller Manier Charaktere und Mechanismen der zeitgenössischen Wirtschaftswelt. Der wohl erfolgreichste deutschsprachige Roman seit dem Jahr 2000 ist *Die Vermessung der Welt* (2005) von **Daniel Kehlmann** (geb. 1975).

Der deutsche Film seit 1945

Der erste deutsche Nachkriegsfilm ist *Die Mörder sind unter uns* (1946) von **Wolfgang Staudte** (1906–1984), gedreht bei der Ufa-Nachfolgeproduktionsgesellschaft Defa in Ost-Berlin, mit der einundzwanzigjährigen Hildegard Knef in der Hauptrolle. Fünf Jahre später verfilmt derselbe Regisseur Heinrich Manns Roman *Der Untertan*. 1948 dreht Robert A. Stemmle mit **Gert Fröbe** in der Rolle des Kriegsheimkehrers Otto Normalverbraucher – rasch wird dieser Name sprichwörtlich – die *Berliner Ballade*, die in der Ruinenlandschaft Berlins angesiedelt ist. Das Genre des «Trümmerfilms» endet 1949 und wird abgelöst durch den idyllischen Heimatfilm, der in den fünfziger Jahren die deutschen Kinos dominiert (*Schwarzwaldmädel*, 1950; *Der Förster vom Silberwald*, 1954). Emigranten versuchen, wieder im deutschen Filmgeschäft Fuß zu fassen. Viele scheitern, so **Peter Lorre** (1904–1964) mit *Der Verlorene* (1951). Der aus den USA zurückgekehrte **Fritz Lang** hat Erfolg, z. B. mit seinem Abenteuerfilm *Der Tiger von Eschnapur* (1959). Die Kinoleinwände beherrschen Schlagerfilme und Komödien mit **Heinz Erhardt**, **Heinz Rühmann** und **Peter Alexander**, ab 1959 Verfilmungen von Edgar-Wallace- und wenig später von Karl-May-Romanen.

1962 veröffentlichen 26 westdeutsche junge Filmemacher das «Oberhausener Manifest». Sie erklären «Opas Kino» für tot und plädieren, beeinflusst von der französischen nouvelle vague, für zeitgenössisches gesellschaftskritisches Erzählen. Zu den Unterzeichnern gehören unter anderem **Alexander Kluge** (geb. 1932), **Edgar Reitz** (geb. 1932) und **Peter Schamoni** (1934–2011). Das «Manifest» ist die Keimzelle des Neuen Deutschen Films, der ab 1970 mit Regisseuren wie **Alexander Kluge**, **Hans W. Geissendörfer**, **Volker Schlöndorff**, **Michael Verhoeven** und **Hans-Jürgen Syberberg** bekannt wird. Ein sehr produktiver Regisseur ist **Rainer Werner Fassbinder** (1945–1982), der in *Die Ehe der Maria Braun* (1979), *Lili Marleen* (1981) und *Lola* (1981) deutsche Geschichte des 20. Jahrhunderts reflektiert. Regisseure der jüngeren Generation wie **Doris Dörrie**, **Tom Tykwer**, **Fatih Akin** und **Andreas Dresen** sind mit Filmen wie *Männer* (1985), *Lola rennt* (1998), *Gegen die Wand* (2004) und *Halbe Treppe* (2002) international erfolgreich.

In der DDR wird die 1946 gegründete Deutsche Film AG (DEFA) in Potsdam-Babelsberg zum zentralen Produktionsstudio. Wichtige Regisseure sind **Frank Beyer** (1932–2007) mit *Nackt unter Wölfen* (1963), dessen systemkritischer Film *Spur der Steine* 1966 verboten und erst im Oktober 1989 erstmals öffentlich gezeigt wird, **Konrad Wolf** (1925–1982) mit *Goya – oder der arge Weg der Erkenntnis* (1971) und *Solo Sunny* (1979), dem Porträt einer Außenseiterin, und **Heiner Carow** (1929–1997) mit *Die Legende von Paul und Paula* (1973). **Wolfgang Kohlhaase** (geb. 1931) ist ein gefragter Drehbuchautor. Beliebte Filmschauspieler der DDR sind **Manfred Krug**, **Armin Müller-Stahl**, **Rolf Hoppe**, **Otto Melies**, **Angelica Domröse** und **Winfried Glatzeder**. 1992 stellt die DEFA ihre Tätigkeit ein. Bis dahin sind 700 Produktionen, von Märchen- über Kinder- bis zu Historien- und Musikrevuefilmen, anspruchsvolle Literaturverfilmungen und auch Indianerstreifen mit Gojko Mitić entstanden sowie von 1959 bis 1990 rund 600 Filmbeiträge für das Fernsehen der DDR.

2. Die französische Literatur nach 1945: Die großen Debatten

Die Literatur nach dem Zweiten Weltkrieg ist pluralistisch. Sie ist geprägt von Berichten über den Krieg wie in Primo Levis *Ist das ein Mensch?* (1947), von den Anfängen der Vierten Republik, vom Kalten Krieg, den Kolonial-Konflikten, dem Existentialismus und Strukturalismus, vom *Nouveau Roman*. Man kann sie nicht nach zeitlichen Perioden oder einer bestimmten Ästhetik einordnen. Sie ist vielmehr durch das Sich-Überkreuzen mehrerer stilistischer Richtungen gekennzeichnet. Die Fülle an Werken und ihre extreme Unterschiedlichkeit wird von großen Debatten begleitet, die sie mit ihren unterschiedlichen ästhetischen Perspektiven beflügeln. Durchdrungen von den neuen geisteswissenschaftlichen Erscheinungen des Jahrhunderts – Psychoanalyse, Linguistik, Zeichentheorie, Entwicklung der malerischen Künste – erschließt sich die Literatur jener Zeit unablässig neue Gebiete. Der *Nouveau roman*, das neue Theater, auch die neue Poesie – das Streben nach Erneuerung bleibt einer der wichtigsten Grundzüge. Die Zeit unmittelbar nach dem Krieg zeigt den Schriftsteller in seiner Rolle als Kundschafter der Humanität. In seiner Schrift *Was ist Literatur?* fordert Jean-Paul Sartre 1948 das politische Engagement von Literatur. Viele Schriftsteller haben sich damals dem Kommunismus zugewandt: **Paul Éluard**, **Roger Vailland**, **Louis Aragon**, **Julien Gracq**; Letzterer kritisiert die Literaturpreise, den Existentialismus sowie die wirtschaftliche und gesellschaftliche Dimension von Literatur.

Zu dieser Zeit entstehen die «Husaren»; diese Bezeichnung stammt von **Bernard Franck**, nach dem *Hussard bleu* (1950), dem *Blauen Husaren* von Roger

Nimier; gemeint ist die Literatur-Avantgarde um **Antoine Blondin**, **Françoise Sagan**, **Michel Déon**, das von aller ideologischen oder metaphysischen Reflexion freie Schreiben. Mit den genannten Autoren wird der Übergang zum *Nouveau roman* vollzogen, der die traditionelle Anlage des Romans ablehnt. Die Geisteswissenschaften beeinflussen mit Elementen aus Linguistik, Strukturalismus und Psychoanalyse die entstehenden Werke, die ihrerseits die Vorstellung des Subjekts zugunsten des Unbewussten oder der Vorherbestimmung durch Strukturen ablehnen. Die Entkolonialisierung ist Stoff der französischsprachigen Literatur: *Anthologie de la nouvelle poésie negre et malgache de langue française – Anthologie der neuen Poesie der Schwarzen und der Madegassen französischer Sprache* (1948) von **Léopold Sédar Senghor** (1906–2001) oder die Revue *Tropiques* (1941), von **Aimé Césaire** (1913–2008) auf den Antillen gegründet. In dieser Vielfalt finden sich der Kriminalroman, zunächst aus den USA übersetzt, dann auch die Comics, die durch Kino und Fotografie gefördert werden. **Michel Tournier** (1924–2016) nimmt alte Mythen und Legenden auf: *Le Roi des aulnes – Der Erlkönig* (1970), eine deutsche Erzählung über einen Oger, der kleine Kinder frisst, angesiedelt in Nazideutschland. Das bestimmende Thema der Bücher ist die Identitätssuche; auch Probleme von Einwanderung und Entwurzelung werden behandelt. Jeder Roman, jede Erzählung oder Novelle von **Jean Marie Le Clezio** (geb. 1940) zeigt Menschen auf der Suche, die mit dem Leben und der Natur gebrochen haben, wie *Der Goldsucher* (1985).

Von 1950 bis heute: Tod des Autors?

Seit den 1950er Jahren wird die Literatur mit ihren Bestsellern und Literaturpreisen durch den Umweg über die Verlage eine kommerziell ertragreiche Angelegenheit. Nach dem *Nouveau roman* befindet sich das erzählerische Genre in voller Blüte. Figuren und Geschichte sind zurückgekehrt. Die 1980er Jahre schreiben gegen das schlechte Gewissen der Nachkriegsjahre an, mit Romanen von **Romain Gary-Ajar** (auch: **Roman Kacew**, 1914–1980), mit *König Salomons Ängste* (1979), aber auch mit *Du hast dein Leben noch vor dir* (1975), beide unter dem Pseudonym Émile Ajar. Die Historie wird zum bevorzugten Genre und bezeichnet das Unnennbare – **Robert Antelme** (1917–1990) mit *Das Menschengeschlecht* (1947), ein autobiographischer Bericht über seine Zeit in einem deutschen Konzentrationslager, oder **Patrick Modiano** (geb. 1945) mit *Place de l'Etoile* (1968). **Georges Perec** (1936–1982) erweist der Geschichte seine

Reverenz. Oder es werden in der zeitgleichen Literatur bestimmte historische Epochen verarbeitet, etwa von **Marguerite Yourcenar** (1903–1987) *Ich zähmte die Wölfin. Die Erinnerungen des Kaisers Hadrian* (1951). *Die schwarze Flamme* (1968, *L'Œuvre au Noir*) spielt gegen Ende des Mittelalters. Nach dem Erfolg von *Bonjour Tristesse* 1954 schreibt **Françoise Sagan** (1935–2004) Werke von großer Leichtigkeit. Die Avantgarden und großen Theorien werden zugunsten einer großen formalen Vielfalt vernachlässigt, die Gräben zwischen den verschiedenen Kategorien werden überdeckt. Wie bereits in *Tod des Autors* (1968), dem Text von **Roland Barthes** (1915–1980), kommt das Ich des Autors erneut auf, wenn auch alles andere als romantisch, etwa in **Georges Perecs** *W oder Die Kindheitserinnerung* (1975), einem Roman, worin sich Fiktion und Autobiographie abwechseln.

Die 1990er und 2000er Jahre sind weiter durch Vielfalt gekennzeichnet. Äußerst fruchtbare Autoren sind **Amélie Nothomb** oder **Marc Levy**, als feministische Autorinnen treten **Virginie Despentes** oder **Catherine Millet** hervor – um nur einige Namen zu nennen. 1995 erhält **Andreï Makine** (geb. 1957) den Prix Goncourt für *Das französische Testament*.

Der literarische Existentialismus: Ein neues Denksystem

Auch wenn Julien Gracq in *La Littérature à l'Estomac* (1950) es als «wider die Natur» bezeichnet hat, wenn der Name Sartres mit dem von Camus verbunden wird, so haben dennoch – in einer Welt voller Veränderungen, da Valéry, Bernanos und Gide verschwunden sind – die beiden genannten Autoren ein neues Denksystem etabliert: den Existentialismus. In dem Jahrzehnt von 1940 bis 1950 kommt der literarische Existentialismus mit **Jean-Paul Sartre** (1905–1980) und **Simone de Beauvoir** (1908–1986) auf.

▪ **Jean-Paul Sartre** verarbeitet in seiner Literatur das Denken seiner ersten philosophischen Werke: *Das Sein und das Nichts* (1943), *Ist der Existentialismus ein Humanismus?* (1945). *Der Ekel* (1938) gilt als sein erster existentialistischer Roman. «Existieren» wird zum Schlüsselbegriff in diesen Jahren nach dem Krieg, weit entfernt von allem trügerischen Idealismus; er ist eine Botschaft der Freiheit und der Aktion. Die berühmte Formel, die dieses Denken bezeichnet, lautet: «Die Existenz geht dem Wesen voraus.» (aus: *Ist der Existentialismus ein Humanismus?*) In seinen Werken will Sartre, nach einer Formulierung von Simone de Beauvoir, «in literarischer Gestalt metaphysische

Wahrheiten und Gefühle» ausdrücken. *Die Fliegen* (1943) zeigen den tragischen Gegensatz von Freiheit und Schicksal. *Das Sein und das Nichts* sowie *Geschlossene Gesellschaft* zeigen die Auswirkungen von Unaufrichtigkeit in zwischenmenschlichen Beziehungen. Zu seinen berühmtesten Dramen gehört *Die schmutzigen Hände* (1948); hier wird die Idee der Freiheit behandelt, zu der der Mensch verurteilt ist.

■ **Simone de Beauvoir** betritt die literarische Szene mit *L'Invitée - Sie kam und blieb* (1943). *Die Mandarine von Paris* (1954) spielen im Pariser Intellektuellen-Milieu und berichten vom Leben zweier Intellektueller, die ihre Liebe sehr frei leben. Der Roman ist eine offenkundige Umsetzung des Paares Sartre und Beauvoir und der Beziehung, die Beauvoir mit dem amerikanischen Schriftsteller Nelson Algren hatte. Ihr berühmtestes Werk, *Das andere Geschlecht* (1949), zeigt das weibliche Bewusstsein. Indem sie die Situation der Frau analysiert, analysiert sie auch die ihre: «Woher kommt es, dass die Welt immer den Männern gehört hat und sich die Dinge erst heute ändern?» Nie hat Beauvoir versucht, in ihren Essays ein philosophisches System zu errichten. Sie präsentiert praktikable Lösungen und begnügt sich nicht damit, einen Gedanken in Worte zu fassen; dies findet sich in ihrem gesamten Werk. Später schreibt sie ihre Memoiren: *Memoiren einer Frau aus gutem Hause* (1958), *Ein sanfter Tod* (1964), *Alles in allem* (1972).

Absurdes Theater

Nach dem Zweiten Weltkrieg befindet sich die westliche Welt in politischen wie auch gesellschaftlichen Schwierigkeiten und zugleich in einer Krise bezüglich dessen, was sie als Wahrheit anerkennt. Das Theater ermöglicht einen Bruch mit dem Erbe der Tradition, indem das psychologische oder philosophische Theater und auch der ideologische Diskurs abgelehnt werden. Das Theater des Absurden, dessen wichtigste Vertreter **Samuel Beckett** (1906–1989) und **Eugène Ionesco** (1909–1994) sind, will kein Theater des Engagements oder der Botschaft sein. Antonin Artaud mit seinem Manifest über das *Theater der Grausamkeit* und mit *Das Theater und sein Double* (1938) hat bereits das Bedürfnis an den Tag gelegt, das Theater, das auf Wort, Text und Dialog aufbaut, abzuschaffen. In den 1950er Jahren vertreten alle Dramatiker die gleiche Überzeugung: die Absurdität der Welt. **Camus** und **Sartre** haben ihre Figuren in eine Form des Absurden getaucht und sie zudem der Verzweiflung ausgesetzt, das alles aber in traditionellen Strukturen. Die Autoren des neuen Theaters jedoch stürzen das Publikum in Unsicherheit – was ehedem das Los der literarischen Figuren war: Viele Aggressionen gegen moralische Normen kommen hoch, gegen sprachliche Normen, den Sinn der Wirklichkeit und das logische Denken.

Der Nouveau roman: Kritik der Romantechniken

Was man seit ca. 1950 den *Nouveau roman* nennt, bezieht sich auf einige Autoren wie **Alain Robbe-Grillet** (1922–2008), **Michel Butor** (1926–2016), **Nathalie Sarraute** (1900–1999), **Claude Simon** (1913–2005), die alle mit demselben Verlag zusammenarbeiten, den *Éditions de Minuit* von **Jérôme Lindon** (1925–2001). Der Ausdruck *Nouveau roman* stammt von Émile Henriot, der in einem Artikel in der *Monde* vom 22. Mai 1957 über *Die Jalousie oder die Eifersucht* von **Alain Robbe-Grillet** und die *Tropismen* von **Nathalie Sarraute** berichtete.

Der *Nouveau roman* ist keine Schule oder künstlerische Bewegung, sondern stellt in den 1950er und 1960er Jahren die grundlegenden Techniken in Frage, die bis dahin den Roman ausmachten. Er versteht sich als anderer Roman, und zwar als Roman ohne Handlung, ohne Figuren, ohne Inhalt. Oft gelten die Bücher *Zeitalter des Misstrauens. [Vier] Essays über den Roman* von Nathalie Sarraute (1956) und *Argumente für einen neuen Roman* (1963) von Alain Robbe-Grillet als Manifeste dieser Stilrichtung. Der *Nouveau roman* hat keinen anderen Gegenstand als sich selbst: die Mechanismen, durch die er entsteht. Ist er erst einmal derart entblößt, erzählt dieser Roman die Geschichte seiner eigenen Entstehung. Eine neue Logik kommt damit auf, die darin besteht, jede Bindung an die Wirklichkeit und das Wahrscheinliche aufzugeben. Es entsteht eine Komposition in Rätseln; ein Bild ruft das nächste hervor, eine Szene die nächste. Keine zusammenhängende Handlung kann entstehen. Einige andere Autoren sind später zum *Nouveau roman* gekommen:

- **Michel Butor** (1926–2016) schreibt 1957 mit *Paris-Rom oder Die Modifikation* seinen ersten *Nouveau roman*. Wie in seinen anderen Büchern, ist auch dieser Roman aus zweien zusammengesetzt. Der eine ist realistisch – eine Handlung zwischen drei Personen: Frau, Mann, Geliebte – der andere symbolisch: Er führt uns ins Geheimnisvolle, entfernt uns vom Alltäglichen.

- **Marguerite Duras** (1914–1996) wird nicht durchgängig als Autorin des *Nouveau roman* bezeichnet, dennoch nähert sich ihr Schreiben dieser Richtung an. Sie hat in mehreren Genres gearbeitet: Roman, Theater, Film, wobei sie zuweilen intensive Polemiken hervorrief. Mit *Die Pferdchen von Tarquinia* (1953) und vor allem mit *Moderato cantabile* (1958) findet sie ihren so persönlichen Stil, der voller Uneindeutigkeiten, Intuition und Ellipsen ist. Dekor und Ereignisse sind auf ein Minimum reduziert. Der direkte oder indirekte Dialog ist von fundamentaler Wichtigkeit. Im Verlauf der 1980er Jahre werden ihre Bücher immer autobiographischer: *Der Liebhaber* (1984), *Der Liebhaber aus Nordchina* (1991).

3. Die englische Literatur

Die Realismus-Welle, die direkt nach dem Krieg so präsent war, verliert immer mehr an Lebenskraft. Die sozialen Unsicherheiten der Nachkriegszeit sind Sache von Autoren wie **Archibald Joseph Cronin** (1896–1981) und *Die Zitadelle* (1937); hier wird regelrecht Anklage gegen die Minenbesitzer geführt. Das politische Gewissen ist eines der Themen, die **George Orwell** (1903–1950) aufgreift und wiederholt. Sein Roman *1984* (1949) verurteilt die Mechanismen von totalitären Regimes; auch **Graham Greene** (1904–1991) greift dies mit *Die Kraft und die Herrlichkeit* (1940) auf. Nach dem Krieg versucht die Bewegung der *Angry Young Men*, der «wütenden jungen Männer», deren Kopf **John Osborne** (1929–1994) ist, die geschriebene Sprache der regionalen anzunähern, um den Roman zu revolutionieren: *Blick zurück im Zorn* (1956), *Der Entertainer* (1957). **Agatha Christie** (1890–1976) verfasst fast 80 Romane, u. a. *Alibi* (1926), *Mord im Orient-Express* (1934); eine weitere wichtige Autorin ist **Katherine Mansfield** (1888–1923), *Das Gartenfest* (1922). Die phantastische Literatur wird von **John Ronald Reuel Tolkien** (1892–1973) vertreten, einem Schöpfer außergewöhnlicher Welten: *Der Herr der Ringe* (1954). Neben Schriftstellern, die bereits vor dem Krieg bekannt waren, wie **Arthur Koestler** (1905–1983), **Evelyn Waugh** (1903–1966) oder **Angus Wilson** (1913–1991), deren Ruf weiterhin anhält, soll auch der Name von **Lawrence Durrell** (1912–1990) genannt werden, der in Frankreich großen Erfolg mit dem *Alexandria-Quartett* (1957) hat. Auch **Anthony Burgess** (1917–1993) muss erwähnt werden, der sich durch seine Sprache als eigenständiger Autor ausweist: *Clockwork Orange* (1962). Vom *Nouveau roman* beeinflusst, der in Frankreich aufkommt, wird die Sprache zum Studienobjekt in der englischen Literatur. **Samuel Beckett** (1906–1989), Nobelpreis 1969, hat bereits 1938 mit *Murphy* eine Kritik der

Wirklichkeit geliefert. 1984 wird der Literatur-Nobelpreis **William Golding** (1911–1993) zuerkannt; in seinem Werk wird eindringlich nach dem Bösen im Menschen gefragt: *Herr der Fliegen* (1954), *Der Turm der Kathedrale* (1964), *The Pyramid* (1967, noch nicht auf Deutsch).

In den 1980er Jahren erneuert sich die englische Literaturlandschaft durch den Auftritt von Schriftstellern, die eingewandert sind: **Salman Rushdie** (geb. 1947) und *Die satanischen Verse* (1988), **Amitav Ghosh** (geb. 1956) und *Bengalisches Feuer* (1986). Sie begründen ihre eigene literarische Tradition. Das Theater erfährt 1969 ebenfalls eine neue Dynamik, als die offizielle Zensur abgeschafft wird, die bislang verhinderte, dass einige Tabu-Themen behandelt wurden. Ab den 1990er Jahren erzielen auch britische Bücher internationale Bestsellererfolge, etwa die Krimis des Schotten **Ian Rankin** oder **Joanne K. Rowlings** *Harry-Potter*-Romane (1997–2007).

4. Die italienische Literatur

Am Vorabend des Ersten Weltkriegs wird die italienische Literatur vom Futurismus dominiert, von der Befreiung von alten Kunstformen hin zur eigenen Persönlichkeit. Im Theater ist der Name von **Luigi Pirandello** (1867–1936) allgegenwärtig. *Jedem seine Wahrheit* (1917) und *Sechs Personen suchen einen Autor* (1921) betonen die Unfähigkeit der Menschen zur Kommunikation. Im Bereich des Essays erweist sich **Benedetto Croce** (1866–1952) als Ästhetiker, der den Theorien Hegels getreu folgt. **Antonio Gramsci** (1890–1937), Marxist und Verfasser der *Gefängnisbriefe* und der *Gefängnishefte*, bezeugt ein tiefes Gefühl für das politische Scheitern; er saß jahrelang unter Mussolini im Gefängnis. Von den berühmten Romanciers seien genannt: **Giuseppe Tomasi di Lampedusa** (1896–1957), dessen *Leopard* (1958) weltweit bekannt wird. **Alberto Moravia** (1907–1990) mit *Der Konformist* (1951), **Giorgio Bassani** (1916–2000) mit *Die Gärten der Finzi-Contini* (1962) sind weitere anerkannte Autoren. Typische Vertreter der Nachkriegszeit sind auch **Elsa Morante** (1915–1985) mit *Lüge und Zauberei* (1948), *Arturos Insel* (1957) sowie **Primo Levi** (1919–1987), *Ist das ein Mensch?* (1956), worin er über seine Zeit in Auschwitz berichtet; ferner **Pier Paolo Pasolini** (1922–1975), bekannt vor allem wegen seiner Filme. Er sieht das Schreiben als privilegierte Kunstform an: *Die Religion meiner Zeit* (1961), *Die Asche Gramscis* (1957). **Antonio Tabucchi** (1943–2012) schildert in seinem Roman *Erklärt Pereira* die Zeit der portugiesischen Diktatur. Sein *Nächtliches*

Indien ist eine faszinierende Suche des Protagonisten nach sich selbst. **Umberto Eco** (1932–2016), Medientheoretiker und Philosoph, erlangt mit seinem Roman *Der Name der Rose* (1980) einen Welterfolg; in seinen Romanen finden sich ungezählte Verweise auf Werke anderer Autoren, weshalb man sie zu postmodernen Werken *par excellence* erklärt hat. Die letzten Literaturnobelpreise für italienische Autoren wurden 1959 an **Salvatore Quasimodo** (1901–1968), 1975 an **Eugenio Montale** (1896–1981) und 1997 an **Dario Fo** (1926–2016) vergeben.

5. Die spanische Literatur

Als die Diktatur aufkommt, taucht auch eine neue Schriftsteller-Generation auf, deren wesentliches Thema die moderne Zivilisation ist. Wichtigster Vertreter dieser Richtung ist **Gerardo Diego** (1896–1987) mit *Amazona* (1956). Das Theater entsteht neu mit **Federico Garcia Lorca** (1898–1936); es ist ein Theater nahe am Volk: *Bernarda Albas Haus* (1936). Er bleibt einer der großen Dramatiker der *Generation 27*, einer Gruppe, die sich 1923 bis 1927 bildet. Lorca ist auch durch seinen Gedichtband *Romancero gitano* (1928) bekannt, in dem er der aufgewühlten andalusischen Seele Ausdruck verleiht. Der moderne spanische Roman wird am ehesten durch den Wunsch charakterisiert, das nationale Leben zu zeigen, ohne sich lange bei psychologischen Nachforschungen aufzuhalten. Die ewigen Themen Spaniens sind auch bei **Camilo José Cela** (1916–2002) zu finden, so auch in *Pascual Duartes Familie* (1942), *Viaje a la Alcarria* (1948). **Juan Goytisolo** (geb. 1931) festigt seine Position im Hinblick auf gesellschaftliche Probleme, indem er sich auf die Suche nach Identität macht: *Identitätszeichen* (1968). **Luis Martín Santos** (1924–1964) zieht die Bilanz aus dreißig Jahren Diktatur: *Schweigen über Madrid* (1962), *Tiempo de destrucción* (1975, *Zeit der Zerstörung*). Als 1975 die Demokratie kommt, entsteht eine neue Autorengeneration, u. a. mit **Juan Benet** (1927–1993) und *Volverás a Región* (1967). Seit den 1980er Jahren steht die spanische Literatur im Zeichen von Freiheit und Vielfalt.

6. Die sowjetrussische Literatur

Von 1917 bis 1932 erleidet die russische Literatur in der Nachfolge der bolschewistischen Revolution die Auswirkungen des Marxismus, 1932 bis 1953 wird sie zu einer regelrechten Institution des Staates. Die Generation der postrevolutionären Schriftsteller ist noch von der Revolution heimgesucht, überträgt dies jedoch in eine Art von Romantik: **Boris Andrejewitsch Pilnjak** (1894–1937), **Isaak Emmanuilowitsch Babel** (1894–1941), oder in Realismus und Satire wie **Andrei Platonowitsch Platonow** (1899–1951). **Michail Alexandrowitsch Scholochow** (1905–1984) erhält 1965 den Literatur-Nobelpreis für *Der Stille Don* (1928). Das Theater wird volkstümlicher und bietet von 1917 bis 1920 massenhafte Aufführungen. Nach dem Tod Stalins 1953 werden zahlreiche Tabus aufgehoben; eine bedeutende Erzählungs- und Romanproduktion über den Krieg und den Gulag kommt auf. **Alexander Issajewitsch Solschenizyn** (1918–2008), Verfasser von *Ein Tag im Leben des Iwan Denissowitsch* (1962) und dem *Archipel Gulag* (1974), ist der wichtigste Vertreter dieser Literatur.

7. Die amerikanische Literatur

Zu Beginn des 20. Jahrhunderts wenden sich die Romanautoren den Niederungen der Städte zu. Durch die Hässlichkeit und die moralischen Mängel, die sie zeigen, glauben sie, neue dramatische Effekte zu erreichen. Vom Krieg gezeichnet, sind sie illusionslos, was die Kultur und Gesellschaft angeht, in der sie leben. **Ernest Hemingway** (1899–1961) zeigt die Verzweiflung, die der Krieg hinterlässt, in seinem Roman *In einem anderen Land* (1929). Über den Stierkampf berichtet er in *Tod am Nachmittag. Der alte Mann und das Meer* (1952) ist die Geschichte eines bereits gebrochenen Mannes, der sich bis zum Ende durchschlägt (Nobelpreis für Literatur 1954). **William Faulkner** (1897–1962) erhält 1950 den Nobelpreis für sein Gesamtwerk, das voller Schilderungen von Gewalt ist, und jedes seiner Bücher birgt eine wahrhaft griechische Tragödie: *Die Freistatt* (1931), *Griff in den Staub* (1948). **John Dos Passos** (1896–1970) zeigt den Schrecken des Krieges in *Three Soldiers* (1921), dessen Thema die moralische Zerstörung junger Menschen durch das Militärsystem ist. *Manhattan Transfer* (1925) zeichnet ein Bild der dunklen Seiten von New York. **Gertrude Stein** (1874–1946) gehört den Naturalisten an: *The Making of America* (ver-

öffentlicht 1925). **John Steinbeck** (1902–1968) ist der Mann der Krise von 1929 und zeigt die Ausbeutung der Arbeiter durch die Großgrundbesitzer: *Früchte des Zorns* (1939), *Von Mäusen und Menschen* (1937). Er zeigt die unkontrollierbare Seite der menschlichen Leidenschaften. **Scott Fitzgerald** (1896–1940) ist zugleich satirischer Romanautor, dabei aber reich an Phantasie, was vor allem für seine Novellen gilt. Seine von Luxus umgebenen Figuren, durch ihren materiellen Reichtum verdorben, zerstören sich gegenseitig: *Der große Gatsby* (1925), *Zärtlich ist die Nacht* (1934). **Pearl S. Buck** (1892–1973) steht eher abseits, weil sie das Leben in China beschreibt, wo sie ihre gesamte Jugend verbrachte. Nach der Wirtschaftskrise von 1929 wendet sich Amerika dem Erfolg zu. **Truman Capote** (1924–1984) hat die entsprechende Überfluss-Gesellschaft beschrieben: *Frühstück bei Tiffany* (1958). Er zeigt sich als Nachfolger von Fitzgerald: *Die Grasharfe* (1951), *Kaltblütig* (1966).

Verteidigung verschiedener Anliegen: Von Faulkner bis Kerouac

- **William Faulkner** (1897–1962) erhält 1949 den Literaturnobelpreis. Seine Bücher beschreiben den Niedergang der Südstaaten der USA seit den Sezessionskriegen. Die Rassenunruhen nehmen einen großen Raum in seinem Werk ein: *Schall und Wahn* (1929), *Die Freistatt* (1931).

- **Ernest Hemingway** (1899–1961) erhält 1954 den Literaturnobelpreis, nachdem er den Pulitzerpreis für *Der alte Mann und das Meer* erhalten hat. Zu seinen weiteren wichtigen Werken gehören: *In einem anderen Land* (1929), *Wem die Stunde schlägt* (1940).

- **Henry Miller** (1891–1980) tritt in *Wendekreis des Krebses* (1934) in offene Rebellion gegen Amerika. Er erwirbt sich einen Ruf als Anarchist, Rebell und erotischer, um nicht zu sagen: pornographischer Schriftsteller mit seiner Trilogie: *Sexus* (1949), *Plexus* (1953), *Nexus* (1960).

- **Truman Capote** (1924–1984) beschreibt erbarmungslos die Oberschicht: *Sommerdiebe* (postum 2005), *Frühstück bei Tiffany* (1958).

- **Jack Kerouac** (1924–1969) beschreibt Jugendliche, die von der Gesellschaft enttäuscht sind und sich lieber dem Abenteuer oder auch der Irrfahrt hingeben: *On the Road – Unterwegs* (1957).

Jüdische und schwarze Literatur

In den 1960er Jahren zeichnet sich die New Yorker jüdische Schule ab; tatsächlich aber ist das Entstehen dieser jüdischen Renaissance bloßer Zufall. Die wichtigsten Autoren sind: **Philip Roth** (geb. 1933), der mit *Portnoys Beschwerden* (1969) die jüdisch-amerikanische Literatur in Erscheinung treten lässt; er zeigt die Frustration der Juden in ihrem Alltagsleben als amerikanische Staatsbürger. **Isaac Bashevis Singer** (1904–1991) gilt als der größte jüdische Schriftsteller des Jahrhunderts. 1978 erhält er den Literatur-Nobelpreis. Seine Kultur liefert ihm die wesentlichen Themen seines Schreibens. Die jüdischen Sagas, *Die Familie Moschkat* (1950), und die rabbinische Lehre geben ihm die Themen seiner Romane; auch das Übernatürliche findet sich, etwa in *Satan in Goraj* (1934).

Es gibt auch eine Literatur der Schwarzen: **Richard Wright** (1908–1960) mit *Native Son – Sohn dieses Landes* (1940) und **James Baldwin** (1924–1987). Dessen *Eine andere Welt* (1962) erzählt von der Liebe zwischen den Rassen, wobei am Ende die Helden dem Wahnsinn verfallen. **Ralph Ellison** (1914–1994) hat als Thema seiner Romane die Notwendigkeit der Schwarzen gewählt, sich in der Welt der Weißen einzurichten: *Der unsichtbare Mann* (1952).

Das Theater

Das Theater entwickelt sich erst in jüngerer Zeit, da der Puritanismus zuvor dessen Erscheinen behindert hat. **Eugene O'Neill** (1888–1953) beherrscht das amerikanische Theater der Nachkriegszeit. Er zeichnet Gefühle – *Anna Christie* (1920); er versetzt dem materialistischen Mythos einen Hieb – *Der große Gott Brown* (1926); und er ist dem Unbewussten auf der Spur – *Strange Interlude* (1923, *Verhängnisvolle Liebe*), *Trauer muss Elektra tragen* (1931). 1936 erhält er den Nobelpreis. Der Ausblick auf die Gesellschaft der 1940er Jahre findet sich bei **Tennessee Williams** (1911–1983) in seiner *Endstation Sehnsucht* (1947); auch bei **Arthur Miller** (1915–2005), *Tod eines Handlungsreisenden* (1949) und in *Hexenjagd* (1952), desgleichen bei **Edward Albee** (1928–2016) und *Wer hat Angst vor Virginia Woolf?* (1962). Im Jahre 1946 gründen **Elia Kazan** (1909–1991) und **Lee Strasberg** (1901–1982) in New York das *Actor's Studio*. Die größten Schauspieler wurden hier ausgebildet; die Grundlagen ihres Unterrichts entstammen der Psychoanalyse. Das Theater wird immer mehr zum politischen

Werkzeug und Ort von Forderungen, auch zum Protest gegen den Vietnamkrieg. Amerikanische Minderheiten finden im Theater ihren Platz. Nach 1970 festigt sich das Theater; **Bob Wilson** (geb. 1941) versucht eine neue Annäherung, indem er im Theater Raum und Zeit neu vermisst.

Trends seit den sechziger Jahren

Sind die 1950er Jahre von der *Beat Generation* und Jack Kerouacs *On the Road* (1957) bestimmt, so sind die 1960er durch Gruppen gekennzeichnet, die verschiedene Themen behandeln: Schwarze, Frauen, Homosexuelle. Die Frage nach Macht oder Ohnmacht der Literatur bleibt offen. Die Entwicklung von Minderheiten-Literatur bringt in den 1980er Jahren einige große Autoren hervor.

- **Tom Wolfe** (geb. 1931) bezeichnet einen Wendepunkt innerhalb der amerikanischen Literatur. Sein erster Roman, *Fegefeuer der Eitelkeiten* (1987), ist nach Art der Romane Balzacs oder Zolas verfasst. Der Held, Sherman McCoy, erlebt, nachdem er in der Bronx einen jungen Schwarzen überfahren hat, wie sein Privatleben in den Schrecken abgleitet

- **Toni Morrison** (geb. 1931), eine afro-amerikanische Autorin, erhält 1993 den Literatur-Nobelpreis. Ihre Bücher beschreiben das Elend der Schwarzen in den USA, wobei sich genaue historische Beschreibungen mit irrationalen erzählerischen Elementen mischen: *Sula* (1973), *Paradies* (1998), *Menschenkind* (1989).

- **Paul Auster** (geb. 1947) beschreibt New York in einem Großteil seines Werks. Er schreibt auch Gedichte. Zu seinen Werken gehören: *New-York-Trilogie* (1987), *Timbuktu* (1999), *Mann im Dunkel* (2008)

- **Stephen King** (geb. 1947), fruchtbarer Autor und unbestrittener Meister von fantastischen und Schreckens-Geschichten, zeigt in seinem Werk die Übel und Exzesse unserer Zeit: *Carrie* (1974), *Der Talisman* (1984).

- **Bret Easton Ellis** (geb. 1964) schreibt über verdorbene, lasterhafte und junge Protagonisten. Seine Werke spielen in den 1980ern in der Spaß- und Konsum-Gesellschaft: *Unter Null* (1985), *American Psycho* (1991).

Seit den 1990er Jahren sind Bücher von Bestsellerautoren mit Rekordauflagen international erfolgreich, so etwa **John Irving** (geb. 1942) *mit Gottes Werk und Teufels Beitrag* (dt. 1988), **Jonathan Franzen** (geb. 1959) mit *Korrekturen* (2001) oder **Dan Brown** (geb. 1964) mit *The Da Vinci Code* (2003, dt.: *Sakrileg*).

8. Die südamerikanische Literatur

Im 16. Jahrhundert sind Lyrik und Theaterstücke die ersten literarischen Genres, die von den Missionaren und Siedlern verbreitet werden. **Luis de Góngora y Argote** (1561–1627) hat bis zum 18. Jahrhundert einige Nachahmer; es war eine Zeit, da Wissenschaft und Streitgespräch regierten. Auch Frankreich übt Einfluss auf die Schriftsteller jener Zeit aus, und Rousseaus *Gesellschaftsvertrag* gehört zu den meistgelesenen Werken. Zeitungen erscheinen, was eine regelrechte literarische Erneuerung nach sich zieht. Die Romantik erreicht mit dem Dichter **Esteban Echeverria** (1805–1851), einem Anhänger Saint-Simons, eine neue Form: die Sozialromantik. Ab 1845 erscheinen historische Romane, beeinflusst von Walter Scott oder Eugène Sue. Sehr bald aber finden die Autoren ihr Thema in der Hinwendung zu den Indios. So verlegen **Manuel de Jesús Galván** (1834–1910) und **León Juan Mera** (1832–1894) die Handlung ihrer Werke stets in die Kolonialzeit. Der europäische Einfluss erfolgt auch über Einwanderer und führt zu den gleichen Themen wie in Europa ab ca. 1870. **Eugenio Cambaceres** (1843–1888) gilt als Begründer des realistischen Romans mit *En la Sangre* (1887). *Isamelillo* (1882) von **Cubain José Martí** (1853–1895) gilt als erstes Werk des *Modernismo*, der bald ganz Lateinamerika erreicht, bis daraus der *Criollismo* entsteht; eine Literatur, die lateinamerikanische Regionalismen betont. Die Reaktion darauf lässt nicht auf sich warten: Man wirft dem *Criollismo* vor, sich zu weit von hispanoamerikanischen Themen zu entfernen.

Zwei Namen beherrschen den Beginn des 20. Jahrhunderts: **César Vallejo** (1892–1938) mit *Die schwarzen Boten* (1918, Gedichte), und **Pablo Neruda** (1904–1973) mit dem *Canto General* (1950). Doch bald wird eine andere Literaturgattung bevorzugt: die fantastische Dichtung. **Adolfo Bioy Casares** (1914–1999) mit *Morels Erfindung* (1940) und **Jorge Luis Borges** (1899–1988) mit *Fiktionen* (1944) und *Universalgeschichte der Niedertracht* (1935) führen die Leser in eine bizarre Welt, wo Fantasie und Realität sich ergänzen. Die hispano-amerikanische Literatur ist vor allem durch ihre extreme Vielfalt

gekennzeichnet; es finden sich Essays zur geistigen Welt des betreffenden Landes, zur Geschichte und Philosophie: **Alejandro Korn** (1860–1936) mit *Influencias filosóficas en la evolución nacional – Philosophische Einflüsse auf die nationale Entwicklung* (1936). Die Chilenin **Gabriela Mistral** (1889–1957) ist die erste Frau nach dem Zweiten Weltkrieg, die (1945) den Nobelpreis erhält: *Sonetos de la Muerte* (1914).

9. Die jiddische Literatur

Als eine Mischung aus dem Hebräischen, Deutschen und anderen Sprachen wurde das Jiddische von aschkenasischen Juden gebraucht, die seit dem 13. Jahrhundert in Deutschland, Polen und Litauen lebten. Es war zugleich die Sprache der aschkenasischen Gemeinden, die ab der zweiten Hälfte des 19. Jahrhunderts auswanderten, was ca. 6 Millionen Menschen betraf. Die ältesten Texte der jiddischen Literatur sind Nachdichtungen: Übersetzungen von höfischen Gedichten oder Epen aus dem deutschen Mittelalter. Der *Artus*-Roman aus dem 14. Jahrhundert ist eines der ältesten Werke, das sich erhalten hat. Im 15. Jahrhundert häufen sich Übersetzungen heiliger Texte, die dadurch erst einer breiten Leserschaft verständlich werden. Im 16. Jahrhundert folgt eine Nachdichtung des Pentateuch von **Jakob ben Isaak Aschkenasi aus Janow** (1550–1625), mitsamt Kommentaren, Erklärungen und Erzählungen. Die *Haskala*, die jüdische Aufklärung, bedeutet zugleich das Erscheinen moderner jiddischer Literatur. Tatsächlich waren bis dahin jiddische Texte vor allem aus Westeuropa verbreitet worden. Seit der *Haskala* aber entsteht auch im Osten jiddische Literatur. Sie will sich der chassidischen Aufklärungsfeindlichkeit entgegenstellen, indem sie alle Literaturgattungen bedient, auch das Theater. Dieses Theater wiederum verbindet sich mit dem Namen seines Schöpfers **Avram (Abraham) Goldfaden** (1840–1908). Zwischen den Weltkriegen entsteht jiddische Literatur vor allem in den USA, Russland und Polen. Durch das Theater wird die jiddische Literatur auf dem neuen Kontinent verbreitet. Bald kommen auch die anderen Genres auf, an drei Orten: in New York, in Warschau und in Odessa. Die Presse in New York hilft den Schriftstellern, die zumeist den Redaktionen der großen Zeitungen angehören.

Die Brüder Singer

Die Familienchronik beginnt mit **Israel Josua Singer** (1893–1944) mit *Di brider Aschkenasi* (1937). Sein jüngerer Bruder **Isaac Bashevis Singer** (1904–1991) erhält 1978 den Literaturnobelpreis wegen der Originalität der Welt, die er in seinen Werken schildert. Die Romane *Satan in Goraj* (1934) und *Der Zauberer von Lublin* (1960) schildern die Atmosphäre innerhalb des jüdischen Bürgertums, was auch für *Die Familie Moschkat* (1950) gilt. Singer führt in seine Romane gerne Teufel, Gespenster und übernatürliche Gestalten ein. In *Satan in Goraj* schildert er die mythologische Gestalt von Schabbtai Zvi, der sich selbst als Messias darstellte; er lebte von 1626 bis 1676. Singer beschreibt die Erwartung und Hoffnung in einer jüdischen Gemeinde in Polen.

10. Die arabische Literatur

Der rasante Aufschwung der zeitgenössischen arabischen Literatur hängt mit mehreren bedeutenden politischen Ereignissen zusammen. Vor allem die Begegnung von Orient und Okzident wirkt sich seit der Ägypten-Expedition Napoleons aus. Libanesische Emigrantengruppen, die sich in der zweiten Hälfte des 19. Jahrhunderts in Ägypten niederlassen, spielen eine große Rolle bei der Entstehung der Literatur. Diese Literatur bezeugt den Einfluss des Abendlandes auf die orientalische Welt. Ein Pionier und Vordenker dieser Renaissance des Arabischen *(Nahda)* ist **Dschamal Ad-Din al-Afghani** (1830–1897), der in Ägypten lebt. Er schreibt eine klare und einfache Prosa. Auch die Presse entwickelt sich intensiv, was sehr bald Auswirkungen auf die Kultur und Ausbildung des Arabischen hat. 1876 wird in Ägypten die Zeitung *Al-Ahram* gegründet. Weitere Presseerzeugnisse werden überall in der arabischen Welt verbreitet, in Beirut, Aleppo und Damaskus. Viele bedeutende europäische Bücher werden übersetzt: Erzählungen, Novellen und Romane von Autoren der Romantik und der Moderne. Doch auch Werke wie die Bibel (1840) oder die *Nikomachische Ethik* von Aristoteles (1928) werden übertragen. Die Namen von **Butrus al-Bustānī** (1819–1883) und **Nāṣīf al-Yāziǧī** (1800–1871) sind mit der Übersetzung der Bibel verbunden. Genres, die vom Westen inspiriert wurden, erschienen gleichfalls, so etwa der historische Roman, wie ihn **Dschurdschī Zaidān** (1861–1914) schreibt, der Libanese, der einen Großteil seines Lebens in Kairo verbrachte.

Er gründet die berühmte Zeitschrift *al-Hilāl* und schreibt Romane, die die wichtigsten Etappen der arabischen Geschichte erfassen. Doch vor allem Novellen und Erzählungen, die zeitgenössische Sitten schildern, haben den größten Erfolg. Am Vorabend des Zweiten Weltkriegs erlebt die arabische Literatur einen zweiten Aufschwung.

Das moderne Ägypten unterscheidet sich in seinen literarischen Werken deutlich von anderen Ländern, gefolgt allerdings vom Irak. **Nagib Mahfuz** (1911–2006) gilt als Meister des zeitgenössischen arabischen Romans. Realismus bestimmt seine Werke: *Zwischen den Palästen* (1956), *Palast der Sehnsucht* (1957), *Zuckergässchen* (1957, die Kairoer Trilogie), *Geschichte ohne Anfang und ohne Ende* (1971), *Der Dieb und die Hunde* (1961). Im Jahre 1988 erhält er den Literaturnobelpreis. Auch **Ali Ahmad Said** (geb. 1930), genannt **Adonis**, muss erwähnt werden, ein Schriftsteller aus dem Libanon, der eine Anthologie arabischer Dichtung sowie Lyrik-Sammlungen veröffentlicht: *Erste Gedichte*. Nicht vergessen sei die irakische Dichterin **Nazik Sadiq al Mala'ika** (1922–2007), die hauptsächlich Gedichte verfasst.

11. Die chinesische Literatur

Die wirtschaftlichen Beziehungen und politischen Eroberungen am Ende des 19. und Beginn des 20. Jahrhunderts bringen das Interesse des Auslands an China mit sich, vor allem interessiert sich Europa für die Kultur Chinas Seit der Mitte des 19. Jahrhunderts werden u. a. in Paris Kurse über chinesische Sprache und Literatur abgehalten. Zur selben Zeit wird Shanghai zum Zentrum der Verlagslandschaft. Am Ende des 19. Jahrhunderts, nach dem Krieg mit Japan, öffnet sich China definitiv dem Westen. Unter der Herrschaft Cixis stützt sich der Staat noch immer auf die konfuzianische Ethik, wird aber reorganisiert. Diese Reform zieht zugleich Umwälzungen in der literarischen Welt nach sich, und die Kultur wird immer mehr im Volk verbreitet. Die Literatur wird zunehmend in der neuen Umgangssprache verfasst, wodurch die Werke in alter Sprache und im alten Stil an den Rand gedrängt werden. So wird die Bevölkerung rasch mit republikanischen und demokratischen Ideen bekannt gemacht. Auf diese Weise wird auch der politische und gesellschaftliche Konfuzianismus bekämpft. Die Umgangssprache, die aus dem Peking-Dialekt hervorgegangen ist, wird an den Schulen gelehrt.

■ **Lu Xun** (1881–1936) zeigt sehr schön diese literarische Erneuerung; während der 1920er und 1930er Jahre offenbaren seine Reflexionen und philosophischen Essays das Ausmaß seiner Kenntnisse der westlichen Welt. Mit Blick auf die wichtigen Denkströmungen des 20. Jahrhunderts legt Lu Xun allerdings – wie *Das Grab* (1927), eine Sammlung von Texten vor der literarischen Revolution von 1919, zeigt – gewisse Zweifel gegenüber Wissenschaft, Vernunft und Freiheit, den wesentlichen Tugenden des Westens, an den Tag.

■ **Yu Dafu** (1896–1945); *Versinken* (1921) und *Verlorenes Schaf* (1927) sind Romane über das «Ich».

■ **Lao She** (1899–1966) beschreibt die traditionelle Welt kurz vor ihrem Verlöschen: *Das Teehaus* (1957).

In den 1960er Jahren sind die wirtschaftlichen Probleme der Entwicklung von Literatur nicht förderlich. Erst von 1977 bis 1980 dringen neue Richtungen an die Oberfläche, inspiriert vor allem durch die tragischen Erfahrungen während der Kulturrevolution. **Ai Qīng** (1910–1996) ist einer der größten zeitgenössischen chinesischen Schriftsteller des Realismus. In Frankreich studiert er Literatur und Philosophie, wird Professor an der Volksuniversität Peking. Er beschreibt das Elend der kleinen Leute und die Grausamkeit des täglichen Lebens.

12. Die japanische Literatur

Nach dem Zweiten Weltkrieg bis ungefähr 1960 befindet sich Japan in einem Stadium großer kultureller Verwirrung. Das Land schwankt zwischen der Ablehnung der eigenen kulturellen Identität und der Bejahung eines westlichen Lebensstils. In dieser Zeit erlebt Japan eine intensive künstlerische Produktion, die die Gespenster des Krieges bannen soll. Erschreckende Bilder gibt es von der Malerin **Maruki Toshi** (1912–2000, geboren als Akamatsu Toshiko); sie zeigt mit ihrem Mann nach 1945 die Opfer von Hiroshima: *Bilder der Atombombe (1950)*. Neben diesen Bildern verfasst und illustriert sie auch Kinderbücher, so etwa *Das Mädchen von Hiroshima*. Doch die Nachkriegszeit bedeutet auch Öffnung der Grenzen und die Entdeckung des westlichen Kunstmarkts, zum Beispiel auch Picassos. Seit den 1950er Jahren findet eine

künstlerische Erneuerung statt, auch die Literatur erlebt eine fruchtbare Zeit. Der Roman wird unter westlichem Einfluss zum geschätzten Genre. Ein neuer Stil und eine neue Art des Schreibens kommen auf.

■ **Jun'ichirō Tanizaki** (1886–1965) erlebt erst 1947 und 1948 die Veröffentlichung seines Meisterwerks *Die Schwestern Makioka*.

■ **Yasunari Kawabata** (1899–1972), *Yukiguni* (*Schneeland*) wird 1947 vollendet. Er erhält den Literaturnobelpreis, wodurch er im Westen bekannt wird. Das Thema – die Liebe einer Frau, die wegen eines Mannes aus dem Schneeland in die Stadt kommt –, überrascht durch seine Schlichtheit. In *Tausend Kraniche* wird der Leser in die uralte Welt und Ästhetik der Teezeremonie eingeführt. *Die schlafenden Schönen* führen den Autor an den Rand seiner mentalen Hölle.

■ **Yukio Mishima** (1925–1970), mit eigentlichem Namen Kimitake Hiraoka, entstammt einer Familie von Samurais. 1946 begegnet er Kawabata, der ihn ermutigt, seine ersten Manuskripte zu veröffentlichen: *Geständnis einer Maske* (1949), *Liebesdurst* (1950). Er schreibt auch für das Theater: Zwischen 1950 und 1955 entstehen *Fünf moderne Nō-Spiele*. Wenig später beschreibt der Roman *Der Tempelbrand* (1956) den Wahn eines jungen Mönchs, der Feuer an einen berühmten Tempel gelegt hat. *Nach dem Bankett* (1960) beschreibt die Eheprobleme einer Geschäftsfrau. Nach den 1960er Jahren schließt sich Mishima der äußersten Rechten an und entwickelt seine eigenen fantastischen Theorien mit *Die Stimme der toten Helden* (1966). Im November 1970 gibt er sich im Hauptquartier der japanischen Streitkräfte den Tod, indem er *Seppuku* begeht, die rituelle Selbsttötung durch das Aufschneiden des Bauches.

■ **Kōbō Abe** (1924–1993) hinterlässt ein Werk, das durch die unablässige Suche nach Identität gekennzeichnet ist. Seinen internationalen Durchbruch erzielt er mit *Die Frau in den Dünen* (1962). In seinem übrigen Werk greift er auf Abenteuergeschichten zurück und auf Sciencefiction, um die großen Themen wie etwa die Schwierigkeit des Kommunizierens und die Isolierung des Einzelnen besser erfassen zu können: *Das Gesicht des Anderen* (1987), *Der Schachtelmann* (1973).

■ **Ōe Kenzaburō** (geb. 1935) veröffentlicht 17 Werke, zumeist Novellen. 1958 wird er mit dem Akutagawa-Preis für *Der Fang* ausgezeichnet, worin die Welt der Kinder behandelt wird, ein bevorzugtes Thema dieses Schriftstellers: die Erschlaffung der japanischen Jugend bzw. deren Ohnmacht, sich des eigenen Daseinsgrunds zu vergewissern. 1994 erhält er den Literaturnobelpreis.

■ **Kenji Nakagami** (1946–1992) veröffentlicht 1973 seine ersten Novellen und erhält für seinen Roman *Misaki – Das Cap* den angesehenen Akutagawa-Preis. *Die See der toten Bäume* (1977) bestätigt dies. Er gilt als ein bedeutender Autor im heutigen Japan und hat als einer der Wenigen die dunklen Seiten der japanischen Gesellschaft und ihrer Diskriminierungen beschrieben.

13. Die indische Literatur

Man sollte sich, auch wenn die Namen von Salman Rushdie und Anita Desai einem großen Publikum bekannt sind, klarmachen, dass sich die indische Literatur in 21 Regionalsprachen aufteilt: u. a. Hindi (300 Millionen Sprecher), Telugu (60 Millionen), Tamil (50 Millionen), Bengali/Bangla (55 Millionen) etc. Die klassische Sanskrit-, Pali- und Tamil-Literatur geht bis auf das 2. Jahrtausend v. Chr. zurück, während die Regionalsprachen erst vom 11. bis 14. Jahrhundert aufkommen und sich bis zum 18. Jahrhundert während des Goldenen Zeitalters der Mystik verbreiten. Kalkutta ist von 1858 bis 1912 Hauptstadt Britisch-Indiens. Die bengalischen Schriftsteller leiten mit ihren neuen Ideen im 19. Jahrhundert den Beginn des indischen Nationalismus ein und wenden sich auch aktuellen Fragen zu.

Das Ende des 19. Jahrhunderts wird von **Rabindranath Tagore** (1861–1941) geprägt, dessen universelle Ausstrahlung ihm 1913 den Literaturnobelpreis für seine Gedichtsammlung *Gitanjali* einbringt. Der Roman kommt auf, und **Mahasweta Devi** (geb. 1926), die in Bengali schreibt, ist eine der bekanntesten Romanschriftstellerinnen. Ihr Erzählstil, der sich von Tagore herleitet, wird in ganz Indien verbreitet. Seit 1940 prangern die Autoren die bestehenden gesellschaftlichen Ungleichheiten an. Bis zur Unabhängigkeit 1947 sind Romantik, politisches Fortschrittsdenken und gesellschaftlicher Realismus die beherrschenden Themen der Literatur jener Zeit. Das Jahr 1950 bringt einen weiteren Wendepunkt mit dem Nachdenken über Marxismus, Psychoanalyse, Existentialismus und mit der Öffnung gegenüber dem Westen. Die nach 1950 entstandenen Romane behandeln eigentlich alle die gleichen Probleme: die Konfrontation Indiens mit dem Westen und die gesellschaftlichen Prob-

leme. In den 1980er Jahren treten auch unterdrückte Autoren auf; solche aus niederen Kasten, die von ihrem Leid berichten. Und es entsteht eine feministische Literatur.

▪ **R. K. Narayan** (1906–2001) gilt als einer der Begründer des modernen indischen Romans. Sein Roman *Die Reifeprüfung* (1935/2004) schildert ironisch den Eintritt des Protagonisten in das Leben in der fiktiven indischen Kleinstadt Malgudi.

▪ **V. S. Naipaul** (geb. 1932) erhält 2001 den Literatur-Nobelpreis. Er wächst in der Karibik auf, blickt von dieser Warte in seinen Reiseberichten auf Indien und andere Länder Asiens und Afrikas. Sein Werk ist teils autobiographisch; immer wieder setzt er sich mit dem Einfluss des Westens auseinander.

▪ **Salman Rushdie** (geb. 1947) wird nach der Veröffentlichung seines Romans *Die Satanischen Verse* (1988) mit der Fatwa bedroht. Rushdie, der Günter Grass als Vorbild anführt, gilt wegen seines phantasievollen Stils, in dem sich Realität und Märchenhaftes decken, als Vertreter des magischen Realismus.

▪ **Vikram Seth** (geb. 1952) liefert mit seinem Epos *Eine gute Partie* (1993) eine breit angelegte Familiensaga, die die Zerrissenheit Indiens nach dem Ende der Kolonialzeit zeigt.

▪ **Rohinton Mishtry** (geb. 1952) lebt in Kanada. Sein Roman *Das Gleichgewicht der Welt* (1995) schildert die Begegnung von vier Protagonisten unterschiedlichster Herkunft in Bombay, was dem Autor die Möglichkeit gibt, die sozialen Ungerechtigkeiten Indiens mitsamt der Korruption schonungslos darzustellen.

▪ **Kiran Nagarkar** (geb. 1942) schildert in *Raven und Eddie* (1994) ironisch die alltäglichen Probleme des Überlebens in Bombay. Sein Roman *Gottes kleiner Krieger* (2006) widmet sich dem Problem des Fundamentalismus.

▪ **Amitav Ghosh** (geb. 1956) bettet seine Romanhandlungen immer wieder in die Geschichte Indiens und angrenzender Länder ein. *Der Glaspalast* (2000) schildert die gewaltsame Eroberung Burmas (heute Myanmar) durch die Engländer; *Das Mohnrote Meer* (2008) berichtet vom Mohnanbau, der der Landbevölkerung Bengalens von der englischen Regierung auferlegt wurde.

XI

Die Geisteswissenschaften

1. Die Philosophie nach 1945: Eine vergrößerte Perspektive

Während des Ersten Weltkriegs werden auch jüdische Philosophen zum Kriegsdienst eingezogen. **Franz Rosenzweig** (1886–1929) schreibt in den letzten Kriegsmonaten sein religionsphilosophisches Hauptwerk Der Stern der Erlösung (1921). Viele jüdische Philosophen wandern aus. **Gershom Scholem** (1897–1982) geht 1923 nach Palästina ins Exil, **Ernst Cassirer** (1874–1945) 1933 nach Oxford, **Martin Buber** (1878–1965), ein weiterer Vertreter des geistigen Zionismus wie Rosenzweig, entkommt 1938 nach Palästina, als die Nationalsozialisten zunehmend das politische Klima in Deutschland bestimmen. Im März 1933 wird das von **Max Horkheimer** (1895–1973) geleitete, der Kritischen Theorie verpflichtete Frankfurter Institut für Sozialforschung geschlossen. Die meisten festen Mitarbeiter siedeln in den folgenden Jahren nach New York über.

Die Frankfurter Schule: Die Kraft der Vernunft

Die Frankfurter Schule entsteht infolge eines Befundes: Man fühlt die Notwendigkeit einer ständigen Institution, die sich gesellschaftlichen Phänomenen widmet. So wird 1923 das Institut für Sozialforschung gegründet. Es wird 1933 geschlossen, als die Nationalsozialisten an die Macht kommen. Die wichtigsten Mitglieder werden ins Exil gezwungen. Es handelt sich um **Erich Fromm** (1900–1980), **Max Horkheimer** (1895–1973), **Theodor W. Adorno** (1903–1969), **Herbert Marcuse** (1898–1979), **Ernst Bloch** (1885–1977); **Jürgen Habermas** (geb. 1929) gehört der zweiten Generation dieser Schule an, er ist wichtig bei der Wiederbegründung der kritischen Theorie. Alle Genannten, zum Teil Marxisten, interessieren sich für die Rolle der Vernunft bei der Verbreitung von Herrschaft im 20. Jahrhundert. Die Frankfurter Schule ist auch wegen ihrer Hinwendung zur Massenkultur innerhalb der

modernen Gesellschaft bekannt. Um kritisches Denken hier sinnvoll einzusetzen, bedarf es entsprechender Forschungen zu Wirtschaft, Soziologie und Psychologie.

Adorno, die negative Dialektik und Kunst

Theodor W. Adorno (1903–1969) war nicht nur Philosoph, sondern auch Musiker, Musikwissenschaftler, Soziologe und Literaturkritiker. Gegen den Primat der Vernunft setzt er die negative Dialektik. Im Unterschied zur Hegelschen Dialektik, die zur Synthese von Subjekt und Objekt tendiert, deren Gegensätze systematisch überwunden werden, verharrt die negative Dialektik im Gegensatz von Subjekt und Objekt, wo das Subjekt sein Anderssein zur Sprache bringt und nicht versucht, das Objekt zu beherrschen. Diese Annäherung an Dialektik bleibt stets im Zentrum von Adornos Denken. In seiner *Negativen Dialektik* von 1966 widersetzt sich seine Philosophie dem deutschen Idealismus, der die Überlegenheit des vernünftigen Subjekts über das passive Objekt betont. Adorno widersetzt sich der Behauptung Kants, wonach das «Ding an sich» nicht zugänglich sei und das Subjekt in sich einschließe. Adorno bringt eine Vorstellung historischer Wahrheit vor, die behauptet, dass das Subjekt an der Geschichte seinen aktiven Anteil hat, wobei es seine kritische Freiheit angesichts des Zustands der Welt, der Dinge ausbildet. Die negative Dialektik ist das Ergebnis des Primats des Objekts und der Rolle, die das Subjekt einzunehmen hat. In seiner *Ästhetischen Theorie* von 1970 sind zwei Vorstellungen zu unterscheiden: Die Natur der Kunst manifestiert sich in der Betrachtung bestimmter Kunstwerke; diese wiederum haben eine besondere Weise des Seins, eine besondere Identität.

Adorno untersucht die der Kunst eigene Dynamik in drei Bereichen, die einander durchdringen und sich dabei gleichsam unmerklich verändern: das Kunstwerk, seine Rezeption, seine Produktion. Das Kunstwerk präsentiert nach Adorno einen paradoxen Zustand; etwas, das existiert, indem es wird. Sein Wesen ist die Spannung. Adorno zeigt, dass Kunst ein Ort der Freiheit und der Kreativität innerhalb einer technokratischen Welt ist. Die Welt der Kunst muss ein utopischer Ort sein, ein Ort der Sehnsucht nach einer befreiten Welt. Von seiner Philosophie untrennbar sind Adornos Studien zur zeitgenössischen Kunst. Für ihn ist Kunst sehr viel mehr als ein bloßer Reflex der Gesellschaft: Das Kunstwerk enthüllt die Gesellschaft in ihrer Struktur, und seine Gestalt bildet den ideologischen und gesellschaftlichen Gehalt. Seine Monographien zu Wagner, Mahler und vielen anderen zeigen Kompositionstechniken auf; die Textur eines Kunstwerks ist der Reflex der augenblicklichen Ideologie. Adorno bezweifelt die Möglichkeit, nach Auschwitz noch Gedichte schreiben zu können; die Philosophie stellt eine unmittelbare Neubildung der Kultur in Frage. Auschwitz bedeutet für Adorno das vollständige Scheitern der Kultur.

Herbert Marcuse

Die Theorien von Herbert Marcuse (1898–1979) sind von Adorno und Horkheimer beeinflusst, die den «Kulturkonsum» untersucht haben. Marcuses Name ist mit den Protestbewegungen verbunden, die in den 1960er Jahren in den USA und Europa aufkommen. Martin Heidegger begutachtet 1932 Marcuses Arbeit über Hegel: *Hegels Ontologie und die Theorie der Geschichtlichkeit*; damit wollte sich Marcuse habilitieren. Nach dieser Arbeit wird er Mitglied der Frankfurter Schule und geht in die USA ins Exil. Sein erstes dort entstandenes großes Werk, *Triebstruktur und Gesellschaft* (1955), liefert eine neue Topographie (nach Marx und Freud) der revolutionären Theorie und Praxis. Marcuse sagt ferner, dass jeder Fortschritt auch eine Regression sei und seinen ontologischen Wert durch den Gegensatz von Todestrieb *(Thanatos)* und Lebenstrieb (*Eros*) erhalte. In *Der eindimensionale Mensch* (1964) greift er den Ödipuskomplex an, da dieser nicht die Sozialisation berücksichtige. Es handele sich vielmehr um eine «repressive Desublimierung», um eine falsche Authentizität, und Marcuse kritisiert die Illusion von Freiheit in den Industriegesellschaften. Die protestierenden Studenten von 1968 nehmen Marcuses Begriff der «Phantasie an die Macht» auf; einzig dadurch könne man der Gewalttätigkeit der modernen Welt entkommen.

Jürgen Habermas

Auch wenn er nicht direkt der Frankfurter Schule angehört, ist **Jürgen Habermas** (geb. 1929) dennoch ihr Erbe mit seiner Schrift *Technik und Wissenschaft als «Ideologie»* (1968). Sein Denken führt ihn bis zur Bioethik, aber es lässt sich nicht auf eine Disziplin festlegen. Er wendet sich vornehmlich der Anthropologie, Psychoanalyse, der Theorie der Sprechakte, dem Recht, der Moral und der Soziologie zu. Nachdem er seine Doktorarbeit über Schelling geschrieben hat, arbeitet er journalistisch und wird später Professor für Philosophie und Soziologie an der Universität Heidelberg (1961 bis 1964), danach in Frankfurt (1964 bis 1971). Ab 1971 leitet er das Max-Planck-Institut

zur Erforschung der Lebensbedingungen der wissenschaftlich-technischen Welt in Starnberg, ab 1980 Max-Planck-Institut für Sozialwissenschaften. Ab 1983 lehrt er wieder an der Frankfurter Universität. Seine wichtigsten Theorien betreffen Technik und Gesellschaft, als Ideologie wie auch als kommunikatives Handeln.

Technik und Wissenschaft als Ideologie

Der Sammelband *Technik und Wissenschaft als «Ideologie»* (1968) wird zu Ehren von Herbert Marcuse verfasst, um die gegenseitige Abhängigkeit von Wissenschaft und Technik aufzuzeigen. Beide bilden einen regelrechten «wissenschaftlich-technischen Komplex», der als Fortschrittsmodell erscheint, da er die Instrumentalisierung des Menschen legitimiert. Technik und Wissenschaft sind zu den wesentlichen Produktivkräften kapitalistischer Gesellschaften geworden. Man muss das Ausmaß dessen bestimmen und analysieren, wie die wissenschaftliche Vernunft auf die gesellschaftliche Welt einwirkt, und außerdem die Nachwirkungen auf das Funktionieren der Demokratie abschätzen.

Kommunikatives Handeln

Mit der *Theorie des kommunikativen Handelns* (1981) gewinnt Habermas Abstand von der kritischen Theorie der Frankfurter Schule und beschreitet eine neue Richtung, indem er sich dem Geist der Aufklärung annähert, wobei er die «Kommunikation» aufwertet: Nur sie ermöglicht eine demokratische Übereinkunft. Das Werk von Habermas will also eine neue Theorie der Gesellschaft vorlegen, die auf Kommunikation gegründet ist, wobei eine Geschichte der modernen Theorien von **Max Weber**, **George Herbert Mead** und **Émile Durkheim** vorgelegt wird. Zudem bedient sich Habermas der Errungenschaften der Sprechakttheorie von **John Austin** (1911–1960) und **John Rogers Searle** (geb. 1932). Habermas will in seiner Schrift zeigen, dass Vernunft in der Sprache und im Diskurs verankert ist und somit eine kommunikative Funktion hat. Er vertritt eine Kommunikations-Ethik, gegründet auf der Diskussion. Die philosophischen Voraussetzungen der Theorie des Handelns werden in *Der philosophische Diskurs der Moderne* (1988) dargelegt; dort integriert Habermas seine Doktrin in eine Theorie der Moderne.

Existentialismus: Das Interesse an der Existenz

Mehr als eine Schule, erweist sich der Existentialismus als eine Art des Philosophierens. Auch wenn er viele Denker beeinflusst hat, ist Existentialismus doch nicht gleichbedeutend mit einer einzigen Denkrichtung. Der Existentialismus setzt dort an, wo die Philosophie durch neue Formen, durch Kunst und Literatur sich von innen her zu verwandeln sucht – nicht nur ihre Konzepte, sondern auch die Möglichkeiten, diese Konzepte durch Sprache umzusetzen. Die Verbindung zwischen Kunst und Literatur wird bereits im ersten Drittel des Jahrhunderts von den Surrealisten gelegt. In den Jahren ab 1950 haben Philosophen wie **Foucault**, **Deleuze** und **Lacan** eine Schreibweise entwickelt, die ihrer jeweiligen Wissenschaft gemäß ist und zugleich einen Bruch mit dem vorherigen philosophischen Schreiben darstellt. Sartre ist hier keine Ausnahme: Er führt den literarischen in seinen philosophischen Schreibstil ein, und durch diese gegenseitige Durchdringung entstehen beiden Disziplinen gemäße Begriffe.

Der Existentialismus definiert sich vor allem durch sein Interesse an der Existenz, wobei das Individuum als singuläre Persönlichkeit gesehen wird. Die wichtigsten Themen des Existentialismus sind Freiheit und Verantwortung, wobei jeder für seine Wahl selbst verantwortlich ist und somit jeder zum Urheber seines Schicksals wird. Seit den 1960er Jahren verliert jedoch die Quasi-Totalität der existentialistischen Thesen stark an Bedeutung.

Sartre: Der Ort der Subjektivität

Die Schrift *Ist der Existentialismus ein Humanismus?* gilt als Gründungsakte dieser Denkrichtung. Die erste Begründung des Existentialismus Sartres findet sich in der Unterscheidung von *Sein an sich* und *Sein für sich*, wie es in *Das Sein und das Nichts* definiert ist. Das *für sich* ist das bewusste Ich, das *an sich* ist im Gegensatz dazu das, was mit sich übereinstimmt, ein materielles Objekt, die Welt zum Beispiel, die uns umgibt und die nicht anders sein kann, als sie ist. Währenddessen ist das *für sich* das veränderliche, bewegliche Bewusstsein, wobei kein Zustand vollständig er selbst ist. Das menschliche Ich, das dem *für sich* geschuldet ist, ist frei und somit verantwortlich. Daher rührt die Angst, die sich angesichts der Wahl seiner Handlungen vor dem Ich auftut. Durch Unaufrichtigkeit versucht das Ich, der Angst zu entfliehen, indem es vor sich selbst die eigene Freiheit und Verantwortlichkeit verbirgt. Zeitlichkeit ist eine wesentliche Eigenschaft des *für sich*.

Seine wichtigen Bestandteile – das Gegenwärtige, die Vergangenheit und die Zukunft – sind keine Abfolge von Jetzt-Momenten, aufeinanderfolgend und voneinander getrennt, sondern wie die strukturierten Augenblicke einer originellen Synthese. Das *Ich*, das notwendig eine Vergangenheit hat, ist immer auf der Flucht in Richtung Zukunft. Es bestimmt gleichermaßen die Existenz des Anderen sowie die konkreten Beziehungen vom *Ich* zu diesem Anderen. Die Existenz des Anderen ist ein *für sich*, das mich anblickt und dem ich wie ein Objekt erscheine. Die Scham lässt mich spüren, dass das Andere ein Subjekt ist, das mich betrachtet und dessen Blick mich in ein Objekt verwandelt und dabei in mir die Existenz von Eigenschaften deutlich macht, die ich mitnichten anerkenne. Um auf diese Situation zu reagieren, sind mir zwei Haltungen möglich: die Freiheit des Anderen zu erobern, was das Ideal der Liebe, zugleich aber auch Quelle von Kämpfen und Konflikten ist; mich dem Anderen zuzuwenden und seine Freiheit zu unterdrücken oder gar sadistisch auszulöschen. Im letzten Teil seines Werkes entwickelt Sartre eine Theorie der Handlung und der Freiheit. Haben, Machen und Sein sind wesentliche Manifestationen der menschlichen Wirklichkeit.

Maurice Merleau-Ponty und die Phänomenologie

In seiner Schrift *Phänomenologie der Wahrnehmung* (1945) beschreibt **Maurice Merleau-Ponty** (1908–1961) die Hauptlinien seiner Philosophie; er spricht sich für die Rückkehr zur Natur der Wahrnehmung aus, indem die Grenzen der wissenschaftlichen Vorstellung von Wahrnehmung aufgezeigt werden. Durch die Feststellung der Unfähigkeit des ontologischen Dualismus von «Sein an sich» und «Sein für sich», sich der üblichen Phänomene der menschlichen Existenz bewusst zu werden, erweist sich Merleau-Ponty als Denker der Mehrdeutigkeit, des *zwischen beiden*. Wie schon die *Phänomenologie der Wahrnehmung* stützt sich auch *Das Sichtbare und das Unsichtbare* (1964) auf das Studium des Körpers. Es gibt nämlich ein Problem mit dem Dualismus von Subjekt und Objekt, das Merleau-Ponty beseitigen will. Und er will eine dritte Struktur jenseits von Subjekt und Objekt errichten: den «eigenen Körper». Körperlichkeit wird zu einem herausragenden Ort der philosophischen Reflexion, der Körper verstanden als fruchtbarer Quell für Fragen an das Sein der Welt.

Philosophien des Ethischen und des Politischen: Levinas, Foucault

Das Entstehen von Demokratien hat dazu geführt, den Menschen in Bezug auf Begriffe wie Freiheit und Gleichheit zu denken. Die kulturellen Unterschiede, die verschiedenen gesellschaftlichen Veränderungen und die unterschiedlichen Kollektive haben die Anerkennung des Anderen problematisch werden lassen, weil dessen Andersartigkeit bedacht werden muss. Das Problem der Anerkennung des Anderen zieht auch die Anerkennung von dessen Ethik und Moral nach sich. Eine ethische Sichtweise ist nur in Beziehung zum Anderen möglich. Ethik kommt von *ethos*, im Plural *ethè*, Moral, und aus dem lateinischen *mos*, Verhalten; beide Begriffe meinen die Art zu leben und wie man dies tun sollte: also die Wahl einer Lebensweise, die der Pflicht oder dem Guten entspricht. Wenn Moral und Ethik Synonyme sind, dann gilt: Sobald sie sich auf eine Lebensweise beziehen und darauf, sich gemäß den durch die Gesellschaft definierten Imperativen zu verhalten, dann bezieht sich der Begriff der Ethik im strengen Sinn auf die theoretischen Überlegungen bezüglich dieses Verhaltens wie auch auf die Bedingungen dazu. Ethik ist ein Teil der Moralphilosophie, steht aber auch in Beziehung zur politischen Philosophie. Sie erweist sich als untrennbar von Politik. Indem sie auf alte Grundsätze von Verantwortung und Kultur zurückgreift und diese dabei neu begründet, wird alles kommunikative Handeln, jede Ethik, sich nach unterschiedlichen Formen ausrichten: religiöse Transzendenz nach **Emmanuel Levinas**, Verantwortung nach **Hans Jonas**, Kommunikation nach **Jürgen Habermas**, Immanenz nach **Robert Misrahi**, **Marcel Conche**, **André Comte-Sponville**, aber auch als Rückgriff auf griechisch-römische Vorbilder, so bei **Pierre Hadot** und **Michel Foucault**.

Emmanuel Levinas (1905–1995): Suche nach dem Sinn von Ethik

Die Philosophie von Emmanuel Levinas hat der Ethik die Theorie des «Antlitzes» hinzugefügt. In *Ethik und Unendliches* (1982) legt er seine Theorie des Anderen und des Antlitzes dar. Der Andere steht im Zentrum der Beschäftigung des Individuums, das Antlitz ist für Levinas der originäre Ort der Ethik. Er, der die Erfahrung des Totalitarismus hat machen müssen, findet im Anderen und der Begegnung mit ihm die Welt des Unendlichen. Je mehr ich jemandem ins Antlitz schaue, desto mehr verlasse ich jede individualistische Perspektive. Das Antlitz deckt den Anderen als fragil und schwach auf; ich

sehe dort die absolute Differenz, seine Nacktheit. Das Antlitz zeigt den Anderen als hermeneutisches Symbol der Transzendenz. Das im Raum unerreichbare Unendliche existiert somit im Anderen – was ich dort zutage bringe, ist die gesamte Menschlichkeit. Als Gegenströmung zu Erkenntnis-Philosophien definiert Levinas die Subjektivität als uneingeschränkte Verantwortung für den Anderen, womit er den Begriff der Gerechtigkeit neu fasst.

Bei Levinas ist der Wunsch sichtbar, sich von seinen philosophischen Arbeiten zu lösen, die er als seine «konfessionellen Schriften» bezeichnet. Er möchte den Unterschied betonen zwischen seiner Neuinterpretation des Judentums, die von seiner Talmud-Lektüre oder von alten Texten herrührt, und seiner philosophischen Argumentation, wie er sie in seiner Habilitationsschrift *Totalität und Unendlichkeit* dargelegt hat. Der Talmud ist für Levinas die Zusammenfassung der Bedeutung der Heiligen Schrift im Geist der Rationalität. Neben die hebräische Bibel stellt er die griechische. Er bemüht sich, all jene rein hebräischen Intuitionen, die den Griechen unbekannt waren, in griechisch-philosophische Begrifflichkeit zu übertragen. Dieses Umbiegen der Theologie in Richtung Ethik ist unauslöschliches Kennzeichen einer jüdischen Tradition, die das Eigene des Ich leitet und lenkt und es zum Anderen hin ausrichtet und bestimmt.

Michel Foucault, mehrfach

Foucault (1926–1984), Phänomenologe, Historiker und Philosoph in der Kant-Nachfolge, Historiker der Geisteskrankheiten, Straf-Historiker, Literaturkritiker und Vordenker des Mai 1968 – zu all diesen Bereichen hat er gearbeitet und publiziert. Er ist durch seine Kritik der gesellschaftlichen Institutionen bekannt – Medizin, Psychiatrie, Gefängnisse; durch seine vielschichtigen Theorien zur Macht und den Beziehungen, die diese Macht mit dem Bewusstsein verbinden; durch seine Studien über die Geschichte der Sexualität wie auch über den Ausdruck in der Rede in Bezug zur Geschichte des westlichen Denkens. In *Die Ordnung der Dinge* kündigt er den Tod des Menschen an. Von Nietzsche und Heidegger beeinflusst, was das Thema der Subjektivität angeht, ist ihm wichtig, die positiven Bestandteile des Spiels der Wahrheit zu erschließen, das er analysiert. Er will Regeln aufspüren für das, was als wahr und was als falsch gilt. Er hat zu zeigen versucht, wie unsere Kultur sich organisiert, indem sie die Kranken, die Verrückten, die Kriminellen ausschließt, die Inkarnation dessen also, was verschiedene Gesellschaften zu verschiedenen Zeitpunkten offenbar brauchten, um außerhalb dieser genannten Personenkreise sich selbst und ihre eigene Identität zu bestimmen. Foucaults wichtigste Werke: *Wahnsinn und Gesellschaft. Eine Geschichte des Wahns im Zeitalter der Vernunft* (1961), *Die Ordnung der Dinge (1966)*, *Überwachen und Strafen. Die Geburt des Gefängnisses* (1975), *Sexualität und Wahrheit* (1976–1984), *Archäologie des Wissens* (1969).

Die politische Philosophie: Strauss, Arendt, Canetti

Die politische Philosophie entwickelt sich in verschiedene Richtungen, darunter in die Kritik des historischen Denkens, wie dies **Raymond Aron** (1905–1983) für Marx oder **Louis Althusser** mit seinem *Das Kapital lesen* (1965) leisten. Die politische Philosophie erfährt eine Renaissance; sie setzt die Ethik fort, indem sie etwa Fragen über die Stadt, über Recht und Gerechtigkeit stellt bzw. über das, was unsere Zukunft in den Städten begründet.

■ **John Rawls** (1921–2002), amerikanischer Philosoph, ist Begründer einer rechtspolitischen Theorie. In seiner Schrift *Eine Theorie der Gerechtigkeit* (1971) widerspricht er dem Ideal der Utilitaristen. Für ihn sind die gesellschaftlichen und politischen Institutionen richtig und gerecht, solange sie Regeln gehorchen, die von der Mehrheit der Mitglieder dieser Institutionen anerkannt sind. Er definiert zwei Prinzipien der Gerechtigkeit und stellt zur Diskussion, ob man das Richtige und das Nützliche vermischen sollte. Das erste Prinzip beschreibt eine Gesellschaft, in der jeder das gleiche Recht auf fundamentale Freiheiten bezüglich der Menschenwürde hat; das zweite Prinzip besagt, das gesellschaftliche und wirtschaftliche Ungleichheiten unter bestimmten Umständen gerecht sein können.

■ **Leo Strauss** (1899–1973) lebt ab 1938 in den USA. Eine politische Abhandlung innerhalb der 17 Bücher und 80 Artikel dieses deutschen Philosophen sucht man vergeblich. Vielmehr finden sich zahlreiche Studien über große Denker der Antike, des Mittelalters oder der Moderne. Strauss ist bekannt wegen seiner Reflexionen über die «Krise unserer Zeit», aber auch wegen seiner Schriften über das Naturrecht. Mit 13 Jahren wird er Zionist und ist überzeugt davon, dass eine jüdische Assimilierung nicht tragfähig wäre; vielmehr sieht er den politischen Zionismus als eine Option. Er hält an der jüdischen Tradition fest und versucht, das Denken von Maimonides gemäß den Bedingungen der Moderne zu vertiefen. In *Philosophie und Gesetz* (1935) konzentriert

sich sein Interesse für die mittelalterliche jüdische und arabische Philosophie zwischen Athen und Jerusalem auf die große Spannung zwischen Verstand und Offenbarung. In *Naturrecht und Geschichte* (1953) gibt er, nachdem er eine Kritik des Historismus vorgelegt hat, den er gegenüber dem Naturrecht verteidigt, eine eher umfassende Definition des Naturrechts, das er auf die grundlegenden politischen Prinzipien einer jeden Gesellschaft ausdehnt.

▪ **Hannah Arendt** (1906–1975), geboren als Johanna Arendt, geht 1933 nach Frankreich ins Exil, 1941 dann in die USA, um den Nationalsozialisten zu entkommen. An ihrem Werk, das jahrelang im Verborgenen bleibt, kommt man innerhalb der politischen Philosophie nicht vorbei. Das gilt vor allem für *Elemente und Ursprünge totaler Herrschaft* (1951). Sie berichtet vom Eichmann-Prozess in Jerusalem, was sich in *Eichmann in Jerusalem* (1961) niederschlägt. Diese sehr polemische Artikelsammlung wird zum Gegenstand zahlreicher Kontroversen. Sie folgt dem klassischen Gang der Politologie, der von Aristoteles bis zu Montesquieu und Tocqueville reicht, um das Wesen dessen zu umreißen, was für sie ohne Vorläufer ist, nämlich der Totalitarismus; ein Regime, das das Leben der Massen organisiert und das in der Konsequenz zur Zerstörung der Politik mitsamt der Menschen und der Welt führt. Der Totalitarismus ist die Folge des Zusammenbruchs der Klassengesellschaft und des aus dem 19. Jahrhundert übernommenen Parteiensystems.

Der Totalitarismus beschwört am Ende die in Nationalstaat und bürgerliche Gesellschaft getrennten Elemente herauf und gibt ihnen eine Gestalt, die in der Massengesellschaft endet. Die totalitäre Ideologie kompensiert diesen Verlust der Welt, diese Trennung vom Ich, die die Masse der Individuen zu spüren bekommt. Diese Ideologie wird in der Politik eine bedeutende Rolle spielen und wird zum Handlungsprinzip: Sie füllt die Leere der Überzeugung und des Interesses, die die Erfahrung der Trostlosigkeit hinterlassen hat. Der Terror ist das andere Prinzip des Totalitarismus; er hat es nicht nötig, die Angst als Einschüchterungsmittel zu benutzen. Das Werk Hannah Arendts hat wegen der Vielfalt ihrer Standpunkte etliche Stellungnahmen nach sich gezogen, sei es in Soziologie, Geschichte oder Philosophie.

▪ **Elias Canetti** (1905–1994), auch er im politischen Exil, erhält 1981 den Literaturnobelpreis. Zu seinem Werk gehören Theaterstücke, Essays und seine Autobiographie. 1960 veröffentlicht er *Masse und Macht*, worin er den Ursprung der Macht in den archaischen Erfahrungen der Menschheit sucht und sich dabei auf eine Phänomenologie des Konkreten beruft. Die Masse ist ein symbolischer und pathetischer Körper, pathetisch im Sinne einer Dimension des Affekts, aus dem die Macht ihre unersättliche Energie bezieht. Canettis Buch befindet sich im Schnittpunkt von Sozialpsychologie, Ethnologie, Anthropologie und Philosophie.

Die Hermeneutik

Von der Antike bis zum 19. Jahrhundert gilt die Hermeneutik als normative Wissenschaft der Interpretationsregeln in Philologie, Exegese und Recht. Am Ende des 19. Jahrhunderts hat man in der Hermeneutik eine Methodologie der Geisteswissenschaften gesucht, eine Suche, die für gewöhnlich **Wilhelm Dilthey** (1833–1911) zugeschrieben wird. Leider bleibt es nur ein Entwurf, er kann die erwähnten Regeln nicht aufstellen. Mit Heidegger nimmt das philosophische Nachdenken über Hermeneutik die entscheidende Wendung. Er trennt die Frage nach der Methodologie der Geisteswissenshaften von der Frage nach dem Sinn des Seins. **Hans Georg Gadamer** (1900–2002) gibt mit seiner Schrift *Wahrheit und Methode* (1960) den Arbeiten über Hermeneutik den notwendigen neuen Schwung. Die Hermeneutik soll sich darauf beschränken, die Art und Weise phänomenologisch zu beschreiben, wie sich Verständnis und Wahrheit in den Wissenschaften ereignen. Der Name von **Paul Ricoeur** wird im 20. Jahrhundert mit der Hermeneutik verbunden, er definiert sie als eine «Wissenschaft der Interpretation».

Paul Ricoeur

Paul Ricoeur (1913–2005) gilt als geistiger Erbe der Phänomenologie **Husserls** und des christlichen Existentialismus. Er hat ein umfangreiches Werk hinterlassen, in dem er die Beiträge der Psychoanalyse berücksichtigt und eine Philosophie der Interpretation liefert. «Was ist die Aufgabe der Interpretation der Symbole innerhalb der philosophischen Reflexion?», lautet Ricoeurs Frage in *Hermeneutik und Strukturalismus* bzw. *Hermeneutik und Psychoanalyse* (München 1973 bzw. 1974). Diese Interpretation sowie die der Zeichen, Symbole und des Textes gestatten uns, den Schleier vom Dunkel der Existenz zu heben. Die Hermeneutik bezieht heute ihren Ursprung aus der Notwendigkeit, Verständnis und Interpretation von Texten sicherzustellen, indem man sie vor Unverständnis und zufälligen Deutungen bewahrt. Ricoeurs wich-

tigste Werke sind: *Geschichte und Wahrheit* (1955), *Zeit und Erzählung*, 3 Bände (1983–1985), *Das Selbst als ein Anderer* (1990).

Zeitgenössisches religiöses Denken

Unsere heutige Welt hat neue Fragen an den modernen Menschen, an die Art, wie er «in der Welt ist». Diese Welt hat auch neue Antworten, die aus den Problemen dieses «Seins in der Welt» und der Darstellung des modernen Menschen resultieren. Indem der Mensch sich mehr und mehr von den Zwängen und Einschränkungen, die ihm die Natur seit mehr als 2000 Jahren auferlegt hat, befreit, erfährt er zugleich den Prozess der Entgrenzung, der ihn dazu gebracht hat, sich immer deutlicher als Herr seines Schicksal zu fühlen. Und es wird für ihn zusehends schwieriger, eine ontologische Bindung zuzugeben, die ihn Gott als Norm und Bezugspunkt seines Schicksals unterwirft. Ist andererseits der Umgang mit dem Tod zu einer der Herausforderungen der Medizin geworden – und dass sie den Tod immer weiter hinauszögern konnte, wurde zu einem ihrer größten Siege –, so ist dies zugleich eine Erklärung dafür, warum die religiöse Frage vorerst hinausgeschoben wurde. Doch das Heilige überlebt den Niedergang der religiösen Institutionen, es überlebt auch das Verschwinden der Schöpfungsmythen der Moderne – aber um den Preis einer Verlagerung des Begriffs: Die Gesellschaft verlangt nach einer Resakralisierung des Zusammenlebens, und die Menschen treten erneut in eine gleichsam mystische Übereinstimmung mit ihrer Umgebung ein – *New Age*, neue Religiosität etc. Die Frage nach dem Heiligen betrifft alle Gebiete von Geisteswissenschaft, Philosophie, Soziologie, Geschichte des Denkens, politischer Analyse wie auch deren erkenntnistheoretische Begründung. Das jüdische religiöse Denken ersteht durch Levinas neu, das islamische durch **Henry Corbin** (1903–1978), das christliche schließlich durch **René Girard** (1923–2015).

Die Postmoderne in der Philosophie

In der Philosophie geht die Postmoderne von der Schrift *Das postmoderne Wissen* (1979) von **Jean-François Lyotard** (1924–1998) aus. Er behauptet, es gebe eine Legitimationskrise des Diskurses, vor allem des philosophischen Diskurses. Die Postmoderne ist durch diese Legitimationskrise, durch die

10

Krise der «großen Erzählungen» gekennzeichnet, die sich als Geschichtsphilosophie ausgeben, wozu etwa das Nachdenken über den Sinn von Geschichte und Fortschritt zählt.

Der Ausdruck «Postmoderne» bezeichnet gleichermaßen, geschichtlich betrachtet, eine Epoche der abendländischen Geschichte, deren Grenzen je nach Autor variieren. Die Konstruktion des Begriffs Postmoderne mit einer Vorsilbe legt eine Binarität nahe, die einen zeitlichen Bruch mit der Moderne anzeigt, einer Zeit, die keine Zukunft haben wird. Der Ausdruck bezeichnet einen Zeitabschnitt, einen soziokulturellen Zustand, doch auch eine Ästhetik. Von der Krise des Rationalen betroffen, einen Bruch mit der Aufklärung darstellend, ist die Postmoderne auch das Scheitern der großen Ideologien; der Mauerfall 1989 in Berlin sowie das Auseinanderbrechen des Sowjetblocks bilden hier zwei Höhepunkte.

Der Vorwurf, den man dem Universalismus gemacht hat, lautet, dass er keine identitätsstiftenden Bezugspunkte geliefert und sogar die Identitäten aufgelöst habe. Der Universalismus-Diskurs ist der Diskurs der Moderne selbst. Die Intellektuellen, die diese Definition der Moderne abschaffen wollten, werden Postmodernisten genannt; sie definieren die Moderne als vollständig atomisierte Gesellschaft. Durch das Buch von Jean-François Lyotard, *Das postmoderne Wissen* (1979), wird diese Denkrichtung zu einem Teil der Philosophie und Soziologie. Weitere Philosophen führen dies fort: **Cornelius Castoriadis** (1922–1997) mit *Gesellschaft als imaginäre Institution* (1975); **Jean Baudrillard** (1929–2007) mit *Die Konsumgesellschaft. Ihre Mythen, ihre Strukturen* (1970); **Félix Guattari** (1930–1992) mit *Psychanalyse et Transversalité* (1974); **Paul Feyerabend** (1924–1994), österreichischer Philosoph, mit *Wider den Methodenzwang* (1975); **Richard Rorty** (1931–2007), amerikanischer Philosoph und einer der wichtigsten Vertreter des pragmatischen Denkens, mit *Kontingenz, Ironie und Solidarität* (1993), *Der Spiegel der Natur* (1979) und **Gianni Vattimo** (geb. 1936) mit *Le Avventure della differenza – Abenteuer der Differenz* (1980).

Differenz und Dekonstruktion: Derrida, Deleuze

Die Art und Weise der kulturellen Transformation, das Auftauchen einer neuen Gesellschaftskritik sowie andere historische Gegebenheiten, die die philosophische Landschaft seit Ende der 1960er Jahre beherrschen, führen zu neuen Betrachtungsweisen und einem neuen Denken über die Unterschiede,

die daraus resultieren. Die Philosophie findet zu einem neuen Denken darüber, wie diese Differenzen als solche erfasst werden können.

■ **Jacques Derrida** (1930–2004) ist der Philosoph der Differenz und der Dekonstruktion mit seinem Werk *Die Schrift und die Differenz* (1967). In seinen frühen Texten *Die Stimme und das Phänomen* (1967) und *Grammatologie* (1967) führt er aus, dass die abendländische Philosophie in ein begriffliches Gerüst eingeschlossen ist, das von der Metaphysik stammt und seit Platon auf dem Bruch zwischen dem Fühlbaren und dem Verstehbaren beruht. So organisiert diese westliche Philosophie unser Denken etwa in Bezug zu Gegensatzpaaren wie drinnen und draußen, Zeichen und Sinn, Geist und Körper. Derrida schlägt vor, diese Gegensätze zu dekonstruieren. Der «Logozentrismus, die Metaphysik der phonetischen Schrift», die Metaphysik von den Vorsokratikern bis zu Heidegger, ist durch die Dominanz des *logos* gekennzeichnet, der Vernunft, des Wortes, der Stimme, damit also durch die Verdrängung der Schrift. Dekonstruktion ist eine Übertragung von «Destruktion»; ein Begriff, den Martin Heidegger in *Sein und Zeit* (1927) benutzt. Die wichtigsten Diskurse von Platon bis zu Heidegger neigen dazu, das Wort zum Nachteil der Schrift zu bevorzugen, wovor man sich jedoch hüten sollte. Weit davon entfernt, die Anwesenheit der Wahrheit zu garantieren, hängt die Schrift – weil sie zahlreichen Neudeutungen unterworfen ist und somit als instabil gilt – von der jeweiligen Meinung ab. Was der Schrift abträglich ist, ist die Instabilität ihres Sinnes; sie widersetzt sich der lebendigen Gegenwart des Wortes im gegebenen Augenblick, der Selbstpräsenz des bewussten Subjekts. Das Wortpaar Schrift – Wort wurzelt in einem Phänomen, das Derrida als *Differenz* bezeichnet, auch als *Spur*; wahrnehmbar einzig durch die Unterschiede, die es erzeugt. Die Differenz impliziert den Aufschub der Suspendierung der Zeit, die Suspendierung der Wunscherfüllung. Sie impliziert auch die Diskrepanz in der Differenzierung, das Anders-Sein und im Gleichklang die Differenz. Die Dekonstruktion ist keine Philosophie, auch nicht wirklich eine Methode – sie ist das, was in jedem Text am Werk ist.

■ **Gilles Deleuze** (1925–1995). Zwei Phasen sind im Werk von Deleuze auseinanderzuhalten: erst die Zeit der Essays über Hume, Nietzsche, Bergson, Spinoza; dann die Zeit seiner Reife mit *Kapitalismus und Schizophrenie I und II* [1. Teil = *Anti-Ödipus*], verfasst zusammen mit **Félix Guattari** (1972), und *Was ist Philosophie?* (1991) sowie mit Werken über Literaten wie Proust, Kafka und Beckett; auch Schriften über Kunst und das Kino gehören hierzu. Seine Phi- 10 losophie ist gegen Hegel gerichtet, sie ist antidialektisch und unterstellt nicht, dass das Denken sich durch Opposition oder Negation manifestiere. Das Werk Deleuzes, das rund 25 Titel umfasst, unterscheidet sich durch die Originalität seines metaphorischen Vokabulars: Nomade, sesshaft, Einzigartigkeit, Rhizom, Körper ohne Organe, Maschinenprozess ... Seine Philosophie hält die *doxa*, den gesunden Menschenverstand, für widersinnig. In seiner Ontologie lehrt uns Deleuze, dass sich nichts wiederholt, so wie im «Gewässer» von Heraklit: Alles fließt im beständigen Werden, jeglicher Eindruck von Stabilität existiert nicht wirklich.

2. Der Strukturalismus

Zu Beginn des 20. Jahrhunderts ist die Geschichte der Geisteswissenschaften durch das Auftauchen zweier bedeutender Faktoren charakterisiert: Die Linguistik befreit sich 1916 mit **Ferdinand de Saussure** und seinen *Grundfragen der allgemeinen Sprachwissenschaft* von der Philologie; die Ethnologie löst sich von der historischen Methode. Der Strukturalismus ist keine Theorie, sondern eine Methode. In dieser Eigenschaft ist er eine Denkweise, zu der Linguistik, Geschichte, Psychoanalyse und auch Ethnologie gehören; alle zusammen bilden aber wegen ihrer Unterschiedlichkeit keine Doktrin. Die Geschichtswissenschaft greift das auf mit den Arbeiten von **Fernand Braudel** über *Das Mittelmeer und die mediterrane Welt in der Epoche Philipps II.* (1949) und von **Georges Dumézil** über *Jupiter, Mars, Quirinus* (1941–1948).

Aber die Offenbarung des Strukturalismus für das große Publikum geschieht durch die Ethnologie, als nämlich **Claude Lévi-Strauss** (1908–2009) im Jahre 1949 seine *Elementaren Strukturen der Verwandtschaft* schreibt. Dies ist der Beginn des Goldenen Zeitaltes des Strukturalismus, veranschaulicht von Michel Foucault mit *Die Ordnung der Dinge* (1966) oder von Roland Barthes mit *Am Nullpunkt der Literatur* (1953).

Der Strukturalismus beruht auf der Frage nach dem Status des Subjekts und seiner Freiheit. Wie kann man den Menschen als frei begreifen, wenn er doch von Strukturen abhängt? Kann er unter solchen Umständen noch Geschichte hervorbringen? Das ist der Gegenstand des Streits, der die Strukturalisten in Opposition zu Sartre bringt, der den Menschen für fähig hält, die Strukturen zu überwinden, um Geschichte zu bewirken. Der Strukturalismus bietet ein wohldurchdachtes Werkzeug, doch dessen Nutzen wird bald

als zu begrenzt empfunden. Wenn er so viel negative Kritik auf sich zieht, dann deshalb, weil ihm das Gleiche wie dem analogen Denken vorgeworfen würde, nämlich zwei Worte, zwei Vergleiche einander gegenüberzustellen bzw. einander anzunähern, die jedoch schwer einander zugeordnet werden können.

Die strukturelle Methode: Der Mensch als Produkt eines Systems

Man hat die strukturelle Methode mit dem Moment verknüpft, als die Geisteswissenschaften sich gerade entwickelten. Sie ist eine Methode, um menschliche und kulturelle Phänomene zu studieren, wobei der Mensch nicht mehr das zentrale Subjekt eines ganzen Systems ist; er ist vielmehr dessen Produkt. Dem Marxismus und dem Existentialismus wurden dadurch schwere Schläge beigebracht, desgleichen den Begriffen des Subjekts und des Bewusstseins. Es zeigt sich, dass ein jedes Verhalten von einer Struktur diktiert ist, deren Bedeutung und Regeln uns entgleiten können. In der Tat und genau genommen ist es kein Denken, welches das Subjekt unterdrückt, sondern es auflöst und systematisch verteilt, es vertreibt und von Ort zu Ort wechseln lässt, es zum Nomaden macht, der aus Individuationen besteht ... Unser gesamter Glaube, unsere Riten und unser spirituelles Verhalten werden zu Strukturen. Indem man sich auf reale Fakten bezieht, geht es darum, schlüssige und einfache Modelle zu entwickeln. Konsequenz davon ist eine Infragestellung, deren Umfang die gesamte Geisteswissenschaft erschüttert. Der Begriff des Unbewussten bleibt das gemeinsame und kennzeichnende Merkmal aller gesellschaftlichen Tatsachen.

Claude Lévi-Strauss und die Prinzipien der strukturellen Linguistik

Keine vorkulturellen Verhaltensweisen

Der Strukturalismus von Claude Lévi-Strauss lehnt die Idee der bloßen Funktion von Strukturen ab, indem er aufzeigt, dass man soziale Systeme nicht auf sie zurückführen kann. Dies würde nur kulturelle Ähnlichkeiten hervorheben. Lévi-Strauss glaubt im Gegenteil, in der Organisation der Gesellschaft die unbewusste Einwirkung von Denkstrukturen erkennen zu können. Ausgangspunkt seiner Arbeit ist die logische Unterscheidung von *Kultur* und *Natur*, von Mensch und Tier, und er zeigt, dass sie *universellen Determinismen* gehorchen, gleichzeitig aber auch unterschiedlichen Regeln. Es gibt kein vorkulturelles Verhalten. Normen und Regeln, wie auch immer sie beschaffen sein mögen, gehören dem Bereich der Kultur an, das Universelle aber dem der Natur.

Der Strukturalismus räumt mit einigen kulturellen Grundannahmen auf und behauptet:

- **Es gibt kein vorkulturelles Verhalten** innerhalb primitiver Gesellschaften oder eines primitiven Zustandes der Menschheit.
- **Das Wesentliche einer Kultur ist nicht ihr Inhalt**, sondern ihre Strukturen.
- **Die Leugnung der Geschichte primitiver Völker** hat dazu geführt, ihre Kultur als uninteressant darzustellen. Im Gegensatz zu unseren Gesellschaften, die sich linear entwickeln, sind primitive Gesellschaften geschlossen und bauen keinerlei Veränderungen in ihre Systeme ein.
- **Das Unbewusste ist gemeinsame Eigenschaft** und Eigenart gesellschaftlicher Gegebenheiten. Alle Völker besitzen unbewusste mentale Strukturen.

Die Methode: Der Beitrag der strukturellen Linguistik

In der Arbeitsweise von Claude Lévi-Strauss kommt der Beitrag der strukturellen Linguistik zum Tragen. Lévi-Strauss wendet die Prinzipien dieser Linguistik auf das Studium kultureller Gegebenheiten an. Sie werden nur als System betrachtet, worin jedes Element seinen Sinn einzig durch die Beziehungen zu anderen Elementen erhält. Saussure hat die «Zufälligkeit des Zeichens» betont: Wenn ich ein Wort ausspreche, gibt es zunächst einen bezeichnenden Klang, danach den bezeichneten Sinn. Dieser Prozess spielt sich vollkommen unbewusst in uns ab und bezeugt Normen, die wir selbst nicht gewählt haben. Ohne deren Vorhandensein wäre jede Kommunikation unmöglich. Lévi-Strauss überträgt diese Konsequenzen in sein System und sagt, dass das Verhalten der Menschen innerhalb der Kultur zum großen Teil im Unbewussten stattfinde. Von dieser Feststellung ausgehend, erweitert Lévi-Strauss seine Hypothese, indem er zeigt, dass bei allen Völkern unbewusste mentale Strukturen vorliegen: «Die Gesamtheit der Gewohnheiten eines Volks ist immer durch einen Stil gekennzeichnet; sie bilden Systeme.»* Die Anwendung dieser Überlegung, die elementaren Verwandtschaftsstruk-

* *Tristes tropiques*, Plon, Paris 1955, S. 205. (Dt.: *Traurige Tropen*, Frankfurt a. M. 1978)

turen, bezeichnen «die Systeme, bei denen die Nomenklatur es unmittelbar gestattet, den Kreis der Verwandten und den der Verbündeten»* zu bestimmen. Lévi-Strauss wendet die phonologische Methode an und kann dadurch im System der Verwandtschaft das System der Bezeichnung (Bruder, Schwester, Onkel) von dem der Haltungen unterscheiden (die Rolle, die von den Familienmitgliedern eingenommen wird). Von den Verwandtschaftsstrukturen gelangt Lévi-Strauss zur Mythologie. Der Mythos ist ein Ergebnis des Denkens, das laut Lévi-Strauss vollkommen autonom funktioniert. Doch der Mythos ist nur dann interessant, wenn er zum «mythischen Denken» führt, dem eigentlichen Werkzeug des Mythos. Seine Schriften *Mythologica I bis IV*, die allgemeine Grammatik der Mythen, zergliedert sie in Elemente bzw. in Mytheme, die nur in der Kombination einen Sinn ergeben.

Konsequenzen des Strukturalismus

Überprüfung

Interessant ist die Weigerung des Strukturalismus, sich in das menschliche Erscheinungsbild einzufügen. Er hat uns geholfen, den Subjektivismus, die «Mythologie des Subjekts» auf den Prüfstand zu stellen. Er hat uns gelehrt, dass das Unpersönliche ein Element ist, das das jeweils persönliche Universum strukturiert. Die Arbeit von Lévi-Strauss hat uns außerdem gezeigt, dass – gleichgültig, ob die Strukturen sich verändern – es eine Universalität des menschlichen Geistes gibt, dass «die gleiche Logik auch im mythischen Denken am Werk ist».** Weit davon entfernt, auf anarchische Weise logischen Gesetzen zu gehorchen, sind Mythen «logische Modelle, um einen Widerspruch aufzulösen». Der gesamte Reichtum kommt nicht notwendig vom Menschen, wie Lévi-Strauss in den *Traurigen Tropen* sagt: «Die Welt hat ohne den Menschen angefangen, und sie wird ohne ihn aufhören.» Die Strukturalisten haben das Subjekt der Gesellschaft, den Menschen, durch unbewusste Strukturen ersetzt.

* *Les structures élémentaires de la parenté*, Mouton de Gruyter, Berlin, New York 2002, S. 309. (Dt: *Die elementaren Strukturen der Verwandtschaft*, Frankfurt 1992.)

** *Anthropologie structurale*, Plon, Paris 1958, S. 255 (Dt. *Strukturale Anthropologie I*, Frankfurt a. M. 1967)

Tötung des Ereignisses

Die zweite Tötung nach der des Menschen ist die des Ereignisses: die «neue Geschichte», formuliert in Bezug zur traditionellen Geschichte – die sich bemüht, das Ereignis zu rekonstruieren – und verkündet von der 1929 gegründeten *École des Annales*. Diese Annales-Schule lehnt jegliches Interesse an einer auf Tatsachen ausgerichteten Geschichte ab, weil sie sich jeder wissenschaftlichen Erklärung widersetze, sondern einzig durch Tradition sanktioniert sei. Die Vorstellung einer langen, beinahe fixen Zeit, auf der die Bräuche, Mentalitäten und geographischen Beschränkungen beruhen, hat vor allem das betont, was die kulturelle Identität der Gesellschaften bestimmt. Die Denker des 20. Jahrhunderts haben in erster Linie den Begriff der Authentizität vertieft, und die Vorstellung dessen, was gut und böse ist, haben sie ihren Vorgängern überlassen.

Der erweiterte Strukturalismus

Die wichtigsten Strukturalisten sind: Lacan, Althusser, Foucault.

- **Jacques Lacan** (1901–1981), Psychoanalytiker, liest Sigmund Freud neu. «Es», «Ich» und «Über-Ich» bilden bei ihm die Struktur eines Diskurses und sind eher der Reflex der Sprache als einer mentalen Struktur. Ziel jeder Analyse ist, einen stimmigen Diskurs der drei Komponenten neu zu finden.

- **Louis Althusser** (1918–1992) legt eine neue, strukturalistische Marx-Lektüre vor. Die Jahre von 1845 bis 1850 markieren eine klare Entwicklung im Denken von Marx. Marx hatte bemerkt, dass es nicht genügen würde, die Hegelsche Dialektik zu restaurieren; die Dialektik selbst müsse zum Gegenstand der Wissenschaft erhoben werden. Althusser unterscheidet im Menschen mehrere Strukturen, die «Instanzen» oder «Niveaus»: das ideologische, ökonomische oder politische Niveau. Ein jedes davon ist autonom und hat seine eigene Dialektik.

- **Michel Foucault** (1926–1984) sieht im Strukturalismus ein Raster, durch das die Wissenschaftsgeschichte gelesen wird. Die Wissenschaften haben, folgt man ihrer jeweiligen Geschichte, ein Epistem, ein logisches System gehabt, das den *apriorischen* Elementen Kants entspricht. Es handelt sich um ein

historisches *Apriori*, weil es Erkenntnisse durch das Epistem erklärt, das seinerseits interessante Entwicklungen durchgemacht hat. Foucault wird dadurch zu dem Schluss verleitet, das die Wissenschaften den Menschen nicht in seiner Gesamtheit bedenken können: die transzendentale Dimension des Menschen entgeht ihnen.

3. Die Musik im 20. Jahrhundert

Auflösung der Tonalität

Das wichtigste musikalische Ereignis im beginnenden 20. Jahrhundert ist die Auflösung der Tonalität. Damit endet ein musikalischer Zeitabschnitt, der vor 500 Jahren mit der Renaissance begonnen hat. Die Tonalität – das Komponieren innerhalb einer festgesetzten Tonart – hat sich seither und gerade auch über populäre Musik-Arten wie Film- und Unterhaltungsmusik in aller Welt durchgesetzt. Die **Auflösung der Tonalität** vollzieht sich schrittweise; als eines der Ursprungswerke dieser Auflösung wird meist das Vorspiel zu Wagners *Tristan und Isolde* mit seiner Bitonalität genannt. Vollender der Auflösung ist schließlich **Arnold Schönberg** (1874–1951), der die Zwölftonmusik erschafft, die von seinen beiden Schülern **Alban Berg** (1885–1935) und **Anton von Webern** (1883–1945) übernommen wird. Dabei sind alle zwölf Halbtöne der abendländischen Tonleiter gleichberechtigt, jegliche Zentrierung auf ein mögliches Tonzentrum wird vermieden. Die andere große Neuerung des beginnenden 20. Jahrhunderts ist der musikalische Impressionismus von **Claude Debussy** (1862–1918) und **Maurice Ravel** (1875–1937); namentlich Debussy hat sich auf der Pariser Weltausstellung 1889 von Stichen des japanischen Künstlers **Hokusai** anregen lassen und dadurch zu ungemein malerisch und illustrativ wirkenden, zumeist sehr zarten Tongemälden gefunden. **Igor Strawinsky** (1882–1971) durchläuft dagegen mehrere stilistische Epochen. Seine frühen Ballette für die Kompagnie von **Sergej Diaghilew** (1872–1929), vor allem *Sacre du Printemps*, die in Paris für einen Skandal sorgen, weisen eine extreme Betonung der Rhythmik auf. Später wendet sich Strawinsky dem Neoklassizismus zu, danach auch der Zwölftonmusik.

Richard Strauss (1864–1949) kann als der große Antipode Arnold Schönbergs gelten; beide verbindet eine intensive Abneigung; Strauss rät Schönberg gar zum Schneeschippen statt zum Komponieren. Strauss verfasst mehrere expressionistische Opern (*Salome* 1905, *Elektra* 1909), ehe er sich, insbesondere in der Zusammenarbeit mit Hugo von Hofmannsthal, einer konventionellen, spätromantischen Musiksprache zuwendet; bedeutend hier *Der Rosenkavalier*, 1911. Zudem hinterlässt er wichtige «Tondichtungen»: *Don Juan*, *Ein Heldenleben*, *Alpensinfonie*; sowie mehr als 200 Lieder.

Béla Bartok (1881–1945) gilt als Erneurer der ungarischen Musik, was er durch seine Hinwendung zur ungarischen Volksmusik erreicht. **Sergej Prokofjew** (1891–1953) kehrte nach ruhelosen Zeiten in den USA und Paris in die Sowjetunion zurück, wo sich seine Musiksprache um der Verständlichkeit willen in späteren Zeiten immer mehr vereinfacht und wieder tonal wird. **Dmitri Schostakowitsch** (1906–1975) ist der zweite große komponierende Gegenspieler Stalins. Sein sinfonisches Werk gilt auch als Zeugnis der Tragik, unter Stalin und in der Sowjetunion leben und arbeiten zu müssen.

▪ **Die Musique concrète** wird in Terminus und Technik von 1949 **Pierre Schaeffer** (1910–1995) inauguriert. Sie besteht darin, Klänge des Alltags und der Umwelt – Technikgeräusche, Straßenlärm – elektronisch aufzunehmen und künstlerisch zu verfremden. Boulez dagegen wirft ihm «Bastelei» vor.

▪ **Die serielle Musik** bestimmt mit ihrer Ästhetik die Werke von **Pierre Boulez** (1925–2016). Sie sondert in Fortsetzung der Zwölftontechnik nicht nur die Tonhöhe, sondern auch weitere Parameter des einzelnen Tones wie Tonstärke und Klangfarbe voneinander ab, um so Musik von vermeintlich großer Klarheit und vor allem unabhängig vom persönlichen Geschmack des Komponisten zu schaffen. Ein weiterer prominenter Vertreter dieser Richtung ist **Karlheinz Stockhausen** (1928–2007). Er verbindet z. B. Gesang, Sprache und elektronische Klänge zu seinem *Gesang der Jünglinge* (1955–1956).

Yannis Xenakis (1922–2001) ist nicht nur Komponist, sondern auch Assistent des Architekten Le Corbusier, für den er mehrere Bauten in aller Welt betreut. Für sein eigenes Projekt des *Philips-Pavillons* auf der Brüsseler Weltausstellung 1958 entwirft er ein Gebäude mit hyperbolischen Kurven, mit deren Hilfe er zuvor schon seine musikalische Komposition *Metastasis* verfasst hat. **John Cage** (1912–1992) wiederum, der mit einem Mikrofon die Klänge des New Yorker Times Square aufnimmt und das Ergebnis als Musik präsentiert, wendet sich der chinesischen Weisheit zu. Mithilfe des *I Ging* entwirft er die Strukturen mehrerer seiner Werke. Sein bekanntestes Werk indes ist *4'33''* – eine Klaviersonate in drei Sätzen, die aus nichts als vollständiger Stille besteht; kein Ton wird angeschlagen.

■ **Die Minimal music** ist eine weitere Gattung «klassischer» Musik: Kleinste und endlos repetierte Bestandteile, durchaus tonal und harmonisch, werden zu großen Werken, ja ganzen Opern zusammengefügt, so etwa von **Philipp Glass** (geb. 1937), der 1980 seine Oper *Satyagraha* schreibt, die den gewaltlosen Kampf Mahatma Gandhis zum Thema hat.

■ **Die Spektralmusik**, in Paris entwickelt, geht von den Obertönen eines jeden Tones aus und macht diese zu Bestandteilen der Komposition, die auf Veränderungen der Klangfarben basiert. Wichtige Vertreter sind hier **Giacinto Scelsi** (1905–1976), ferner die Franzosen **Tristan Murail** (geb. 1947) und **Gérard Grisley** (1946–1998).

Luciano Berio (1925–2003) wird zuweilen als postmoderner Komponist bezeichnet, da in seinem Werk *O King*, das dem ermordeten Martin Luther King gewidmet ist, Kompositionen von Mahler, Berg, Schönberg, Debussy und anderen eingesetzt werden. **Arvo Pärt** (geb. 1935) schließlich kehrt zur Tonalität und zu einfachster musikalischer Faktur zurück. Sein hauptsächlich religiös motiviertes Werk beruht auf Dreiklängen und Tonleitern; auch die Rhythmik ist bewusst einfach gehalten. Seinen Stil bezeichnet er als *Tintinnabuli*-Stil (lat. für Glockenspiel). Die zugrunde liegende Dreiklanglichkeit einer Komposition kann allerdings durchaus durch die Oberstimme in Frage gestellt werden, da diese nicht unbedingt in derselben Tonart stehen muss.

Populäre Musik: Von Jazz bis Techno

Wie die «ernste» Musik, die im 20. Jahrhundert als Reaktion auf klassische Ausdrucksregeln entsteht, um sie zu vertiefen oder sich von ihnen zu distanzieren, so erfährt auch die populäre Musik eine bemerkenswerte Entwicklung. Sie hat einen Teil ihrer Wurzeln in der Musik der Sklaven auf den Plantagen der Südstaaten und ist eng mit Improvisation verbunden.

■ **Der Jazz** erfährt zu Beginn des 20. Jahrhunderts dank einer Reihe talentierter Künstler eine bedeutsame Entwicklung: **Jelly Roll Morton** (um 1885–1941), ein Pianist, der in den 1920er Jahren den Ragtime mit dem Jazz verbindet, **Duke Ellington** (1899–1974), Pianist und Orchesterleiter, **Django Reinhardt** (1910–1953), Gitarrist und erster großer Musiker des europäischen Jazz; sie gehören zu den Pionieren. **Louis Armstrong** (1901–1971) ist Sänger und außergewöhnlicher Trompeter. **Count Basie** (1904–1984), Pianist, Komponist und Bigband-Leader steht in den Jahren 1930 bis 1940 am Ursprung des «Swing». **Dizzy Gillespie** (1917–1993), Trompeter, ist ein Pionier des Bebop, als dessen unbestrittener Meister **Charlie «Bird» Parker** (1820–1955), Altsaxophonist, gilt. Der Kontrabassist **Charlie Mingus** (1922–1979) verbindet Modern Jazz und Blues, während der Trompeter **Miles Davis** (1926–1991) Initiator der Fusion von Jazz und Rock ist, die ab ca. 1960 beginnt. **John Coltrane** (1926–2007), Tenor- und Altsaxophon, und **Oscar Peterson** (1925–2007), Piano, sind wegen ihrer Improvisationen berühmt. Die Jazz-Sängerin **Bessie Smith** (1894–1937) hat großen Einfluss auf Jazz und Pop. Im Bereich des Jazz ist **Billie Holiday** (1915–1959) zwischen 1930 und 1940 auf dem Zenith ihres Könnens.

Der zeitgenössische Jazz hat viele Strömungen mitgemacht und subtile Einflüsse erfahren, die ihm in jeder Spielart eine eigene Färbung verleihen. So hat sich der Acid Jazz, auch Groove Jazz genannt, seit 1990 entwickelt; er fußt auf dem Soul.

■ **Der Soul** ist eine weitere bedeutende Musikrichtung der schwarzen Musiker Amerikas; er wird auch mit der Bürgerrechtsbewegung in Verbindung gebracht. Soul ist sehr gefühlsbetont und hat eine seiner Wurzeln im Gospel. Wichtige Musiker: **Ray Charles** (1930–2004), **Otis Redding** (1941–1967), **Aretha Franklin** (geb. 1942), **The Four Tops.**

■ **Der Rock** hat seinen Ursprung in einer Verbindung aus *Countrymusic*, amerikanischer Popularmusik, dem *Bluegrass*, benannt nach den Blue Grass Boys, der ersten Gruppe von **Billy Monroe** (1916–1986), sowie dem *Rhythm and Blues*, der eine der Ausdrucksformen des Jazz ist. In den Jahren ab 1950 wird er in den USA als Rock 'n' Roll verbreitet (so der Titel eines Songs von 1934, wörtlich «wiegen und wälzen», ein Euphemismus für Beischlaf). Vor der Ankunft der **Beatles** und der **Rolling Stones** ist **Elvis Presley** (1935–1977) ohne Zweifel der größte Rockmusiker: der «King». Er ist im Hard Rock zuhause, der den Gitarrenriffs und dem Schlagzeug herausragende Rollen gibt. Die wichtigsten englischen Gruppen dieser Richtung sind **Led Zeppelin** und **Deep Purple**. **Jimmy Hendrix** (1942–1970) ist ein außergewöhnlicher Musiker, kaum einzuordnen, was sein Gitarren-Spiel betrifft; er spielt Psychedelic Rock und musiziert unter dem Einfluss bewusstseinsverändernder Drogen. Der **Rock** geht über in den Punk, dessen emblematische Gruppe die **Sex Pistols** sind. Auch **Heavy Metal** mit seiner Tempobeschleunigung und Lautstärke muss genannt werden, die ihn aggressiv machen sollen, z. B. die Gruppe **Metallica**. Zu den

erfolgreichen auf Deutsch singenden Rockmusikern gehören **Marius Müller-Westernhagen**, **Herbert Grönemeyer** und **Peter Maffay**, der seine Karriere als Schlagersänger begonnen hat.

▪ **Der Disco-Stil** wird durch den Film von **John Badham** (geb. 1939) geprägt: *Saturday Night Fever*, mit **John Travolta** in der Hauptrolle. Danach hat der Erfolg von *Grease* dazu beigetragen, das Genre durchzusetzen, das sich immer mehr in Richtung Funk entwickelt. Der synkopierte Funk wird von **Michael Jackson** (1958-2009) vertreten; man tanzt zu ihm in Diskotheken.

▪ Der **Rap** ist dem **Hip-Hop** verwandt; der erste Hit dieser Musikrichtung wird im September 1979 in New York von der **Sugar Hill Gang** aufgenommen: *Rapper's Delight*. Der Rhythmus ist extrem betont und deutlich synkopiert. Seine afrikanischen Wurzeln lassen die Texte eines (westafrikanischen) *Griots* (Sänger, Geschichtenerzähler etc.) erahnen, auch wenn es sich beim Rap um keine Geschichte handelt. Die kurzen, aneinandergereihten Sätze drücken Kränkung, Aggressivität und Widerstand aus.

▪ **Techno** stammt aus Chicago und ist eine Mischung aus Synthesizer und rhythmisch betonter Musik. Techno spielt im Deutschland der 1990er Jahre eine wichtige Rolle. Die von 1989 bis bis 2006 jährlich in Berlin abgehaltene Love Parade zieht weit über eine Million tanzbegeisterter Besucher an.

11

ELFTER TEIL

DER START INS 21. JAHRHUNDERT

Seit 1991 bildet sich eine neue Weltordnung heraus. Sie ist aus den ungelösten Konflikten des vergangenen Jahrhunderts hervorgegangen und zugleich der Boden für das Entstehen neuer Mächte und Machtkonstellationen. Die europäische Einheit, der Nahe Osten, die neuen Nord-Süd-Beziehungen, die Entwicklung Afrikas bilden die Kernfragen des gerade begonnenen 21. Jahrhunderts.

1. Europa: Erfolge und Zerreißproben

«Europas Einzigartigkeit», schreibt Dominique de Villepin, von 2005 bis 2007 Premierminister Frankreichs, im Jahr 2006, «beruht auf diesem unerhörten Reichtum seiner Erinnerung. Welcher andere Kontinent könnte von sich behaupten, dass sich unter der Asche seiner Vergangenheit die bitteren Fluten des Mittelmeeres mit den kalten Strömungen der Nordsee mischen, die Gründungsmythen Homers Seite an Seite neben den glühenden Worten des Apostels Paulus stehen, auf die Einheit des karolingischen Reiches die Aufteilung in Nationalstaaten folgt, den italienischen Madonnengesichtern die arabischen Kalligraphien der Paläste Andalusiens gegenüberstehen?»

Mit dem Vertrag von Maastricht 1992 werden Leitlinien für die Umwandlung der Europäischen (Wirtschafts-)Gemeinschaft in die **Europäische Union** (EU) beschlossen. Diese hat eine Wirtschafts- und Währungsunion zum Ziel, eine gemeinsame Außen- und Sicherheitspolitik und engere Koordination auf den Feldern Inneres, Justiz und Umwelt. Im Jahrzehnt zuvor sind Griechenland (1981) sowie Portugal und Spanien, beide 1986, der Europäischen Gemeinschaft beigetreten. 1993 werden Aufnahmekriterien für weitere beitrittswillige Länder fixiert: eine freiheitliche und demokratische Rechtsordnung und die Achtung der Menschen- und bürgerlichen Grundrechte. 1995 folgen Schweden, Finnland und Österreich, 2004 Polen, die Tschechische Republik und die Slowakei, Slowenien, Litauen, Lettland und Estland sowie Ungarn, im selben Jahr Malta und Zypern, 2007 Rumänien und Bulgarien und 2013 Kroatien. Erweiterung und Vertiefung werden politisch-administrativ erfolgreich bewältigt.

Der Euro wird 1999 als Buchgeld und 2002 als Bargeld eingeführt und löst die nationalen Währungen ab. Doch nicht alle der 28 Mitgliedsländer entscheiden sich für die neue Gemeinschaftswährung, es gibt eine Eurozone, die 19 Länder umfasst, und eine Nicht-Eurozone. Im Jahr 2007 setzt eine **welt-**

weite Finanzkrise infolge der Ausgabe von überwiegend ungesicherten Immobilienkrediten durch Banken und Immobilienfinanzierungsgesellschaften ein («Subprime-Krise»). Banken werden davon existenziell in Mitleidenschaft gezogen. Von den Regierungen ihrer Heimatländer werden sie finanziell gestützt, um größere volkswirtschaftliche Verwerfungen zu verhindern. Dies überführt die privatwirtschaftliche Überschuldung in die öffentlichen Haushalte der EU-Mitgliedsländer. 2009/2010 führt dies zur **«Eurokrise»,** einer Staatsschulden- und Wirtschaftskrise mit Schwerpunkt vor allem in den Mittelmeeranrainern Griechenland, Spanien und Italien, auch in Portugal und Irland. In Kooperation mit dem Internationalen Währungsfonds, flankiert von Zinssenkungen der Europäischen Zentralbank (EZB), werden finanzielle Rettungsmaßnahmen («Eurorettungsschirme») lanciert. Deren juristisch wie politisch strittige Legitimität und die umstrittenen ökonomischen Folgen – Stichwort: Sparpolitik – führen europaweit zu öffentlichen Debatten um ein eventuelles Ausscheiden einiger Länder (in Bezug auf Griechenland «Grexit» genannt), die Zukunft des Euro und die Rückverlagerung von Rechten an die einzelnen Mitgliedsstaaten. Im Juni 2016 wird in Großbritannien eine Volksabstimmung über den Verbleib oder den Austritt des Landes («Brexit») aus der Europäischen Union abgehalten. Das Ergebnis: Bei einer Wahlbeteiligung von 72 Prozent votieren 52 Prozent der britischen Wahlberechtigten für den Austritt, wobei es Unterschiede zwischen Stadt und Land, zwischen England und Schottland sowie Nordirland gibt, wo mehrheitlich für den Verbleib gestimmt wird. Parteien an den Rändern des politischen Spektrums, die den EU-Institutionen und der Europäischen Union als Ganzes skeptisch bis ablehnend gegenüberstehen, verzeichnen in allen Mitgliedsländern verstärkten Zulauf. Ebenfalls nehmen föderalistische Tendenzen und Abspaltungsbewegungen zu, in Spanien betrifft dies die Region Katalonien und in Großbritannien Schottland.

Außenpolitisch sieht sich die EU mit starken geopolitischen Ansprüchen **Russlands** konfrontiert. Diese finden in der Okkupation und Annexion der völkerrechtlich zur **Ukraine** gehörenden Halbinsel Krim durch Russland im März 2014 ihren vorläufigen Höhepunkt. Die Kampfhandlungen in der Ostukraine zwischen prorussischen Milizen und regulären ukrainischen Truppen halten an.

Im Sommer 2014 setzt eine massive Flucht- und Migrationsbewegung über das Mittelmeer nach Europa aus dem Nahen Osten, Nordafrika und Afghanistan ein. Die Ursachen sind vielfältig: Kriege, Bürgerkriege wie jener in Syrien, und Terror, ethnische Vertreibungen, politische Unterdrückung, Armut, Verelendung und ökologische Katastrophen. Auf eine einheitliche, abgestimmte **Flüchtlingspolitik** können sich die einzelnen Mitgliedstaaten nicht verständigen und gehen unterschiedlich vor. Die politischen Maßnahmen reichen von einer «open door policy» bis zur Abschottung und zum Bau von Grenzzäunen.

Eine Gefährdung der offenen Gesellschaft in Europa ergibt sich durch die Zunahme von **Terroranschlägen**. 77 Menschen, die Mehrzahl davon Jugendliche, werden im Juli 2011 in Norwegen Opfer eines rechtsextremistisch motivierten Attentäters. Von Islamisten durchgeführte Anschläge auf Zeitungen, jüdische Einrichtungen und Geschäfte und auf die breite Bevölkerung mit zahlreichen Todesopfern ereignen sich in Brüssel im August 2014 und im März 2016 sowie in Paris im Januar und November 2015 bzw. in Nizza im Juli 2016.

2. Naher und Mittlerer Osten

Konfliktherde

Der Nahe und der Mittlere Osten bleiben potentielle Konfliktherde. Die jüngste Geschichte hat das immer wieder durch die endlose Folge von Revolutionen und Kriegen bestätigt: Sechs-Tage-Krieg, Jom-Kippur-Krieg, Bürgerkrieg im Libanon, iranische Revolution 1979, die Golfkriege, der Syrienkrieg etc.

Die Verhandlungen zwischen Israel und den Palästinensern sind an einem toten Punkt. 2004 zieht sich Israel aus dem Gazastreifen zurück, seit 2007 hat dort die islamistische Hamas die Oberhand. Die Errichtung eines Palästinenserstaats ist *sine die* verschoben worden. Die israelische Siedlungspolitik im Westjordanland und auf dem Golan schürt den Konflikt weiter. Zentrale Streitpunkte bleiben: die Frage nach dem Status von Jerusalem, die Rückkehr der Flüchtlinge, der Zugang zum Wasser.

Der Zusammenbuch der Sowjetunion hat einige Staaten ermutigt, eine aggressive Politik zu betreiben: 1990 dringt Saddam Hussein nach Kuwait ein, was die Reaktion der USA und ihrer Verbündeten nach sich zieht. Der Erste Irakkrieg wird im Januar und Februar 1991 durch die Operation *Desert Storm* schnell beendet. Die arabische Welt selber ist dadurch geteilt, dass sich Regierungen und islamische Bewegungen gegenüberstehen, die einen einzig vom Koran beherrschten Staat wollen: die Moslembrüder in Ägypten, die palästi-

nensische Hamas, die Hisbollah im Libanon, al-Qaida, der Islamische Staat in Irak und Syrien.

Zur Zerstörung der Twin Towers in New York am 11. September 2001 bekennen sich die Terroristen der *Al-Qaida* – wegen der Nichteinhaltung des Versprechens der Amerikaner, ihre in Saudi-Arabien stationierten Truppen nach dem Irakkrieg zurückzuziehen. Insgesamt lehnt die *Al-Qaida* die arabischen Regierungen ab, die mit dem Westen verbündet sind, sie lehnt die Existenz des Staates Israel ab sowie die Anwesenheit westlicher Truppen im Mittleren Osten. Durch ihr Netzwerk hält die *Al-Qaida* die gesamte Region in permanenter Spannung. Nach der Tötung ihres legendären Anführers **Osama bin Laden** (1957–2011) muss die Organisation sich neu orientieren. In jüngster Zeit haben sich weitere islamistische Gruppen etabliert, die gewaltsam ihre territorialen Ansprüche durchzusetzen versuchen: *Boko Haram* in Nigeria, der *Islamische Staat*, der große Teile Iraks und Syriens (gegen den amtierenden Präsidenten **Baschar al-Assad**) unter seiner Kontrolle hat. Seit 2014 hat sich eine internationale Allianz unter US-amerikanischer Führung zur Bekämpfung des IS gebildet.

Hoffnung auf den Arabischen Frühling

Der Ausdruck «Arabischer Frühling» kann mit dem «Völkerfrühling» verglichen werden, womit das Erwachen der europäischen Nationen und die entsprechenden Revolutionen von 1848 gemeint waren. Es handelt sich um Volksaufstände, die diktatorische oder autoritäre Regierungen vertreiben wollen. Alles beginnt mit der Jasminrevolution in Tunesien, die im Dezember 2010 einsetzt und Präsident **Zine el-Abidine Ben Ali** (geb. 1936), der seit 1987 an der Macht ist, im Januar 2011 zur Flucht aus dem Land zwingt. Danach folgt Ägypten, wo unter dem Druck der Massen das Regime von Präsident **Hosni Mubarak** (geb. 1928), der seit 1981 regiert, im Februar 2011 stürzt. Der ehemalige Staatschef wird unter Hausarrest gestellt und später zu drei Jahren Haft verurteilt. Doch die Hoffnungen auf Demokratie stoßen in Libyen auf viel lebhafteren Widerstand, wo von Februar bis Oktober 2011 ein Bürgerkrieg tobt und durch den Tod von **Muammar al-Gaddafi** (1942–2011), der seit 1969 regierte, beendet wird. Im Jemen ist es ähnlich, wo Präsident **Ali Abdullah Salih** (geb. 1942), wie Gaddafi, Stammesrivalitäten ausnutzt, um sich an der Macht zu halten – trotz des Bürgerkrieges von Februar 2011 bis Februar 2012. Zu diesem Datum verlässt er unter internationalem Druck das Land, nachdem er den geeinten Jemen seit 1990 regiert hat. In Bahrein scheitert der Arabische Frühling angesichts der Koalition der anderen Golf-Monarchien, die die herrschende Familie unterstützen, aus Furcht vor Ausweitung der Unruhen in ihre eigenen Königreiche.

Wo der Arabische Frühling erfolgreich war, ist er mit immensen Herausforderungen konfrontiert: Neue Institutionen müssen geschaffen, das politische Leben um ein Mehrparteiensystem organisiert und die schlimmsten sozialen Ungerechtigkeiten beseitigt werden. Dabei müssen Forderungen nach religiöser Identität gewahrt werden, ohne dass man gegen entsprechende Äußerungen angeht, die von den religiösen Parteien erhoben werden, welche nach der Abhaltung der ersten freien Wahlen immer bedeutender geworden sind.

3. Die neuen Nord-Süd-Beziehungen

In der Nachfolge der Begriffe «Dritte Welt», «unterentwickelte Länder» oder «Staaten auf dem Weg zur Entwicklung» kommt ab den 1970er Jahren der Begriff «Nord-Süd-Gefälle» auf, um die Beziehungen zwischen den reichen und entwickelten Staaten des Nordens und den armen Ländern des Südens zu bezeichnen. Wichtigstes Kennzeichen der Staaten des Südens bleibt die große Armut: Die Menschen haben weniger als 1 Dollar pro Tag zum Leben. Zwei Giganten bilden eine weitere Gruppe unter den **Schwellenländern**, die eine beträchtliche wirtschaftliche Entwicklung aufweisen, dabei aber noch nicht den Schritt zur Massen-Konsumgesellschaft getan haben, durch die die entwickelten Länder gekennzeichnet sind: Gemeint sind China und Indien. China ist (Stand 2016) die zweitstärkste Wirtschaftsmacht der Welt. Auch Indien und Brasilien gehören zu den zehn größten Wirtschaftsnationen der Welt. In beiden Ländern profitiert jedoch nur ein geringer Teil der Bevölkerung von dieser Entwicklung.

China: Wirtschaftlicher Erfolg und demokratische Herausforderung

Es ist nicht zu leugnen, dass Deng Xiaopings Politik der wirtschaftlichen Öffnung es China ermöglicht hat, sich auf den zweiten Rang der Weltwirtschaften aufzuschwingen. Dabei geht es einen eigenen Weg, den der «sozialisti-

schen Marktwirtschaft». Hinter diesem Oxymoron verbirgt sich der Wille, eine politische Ideologie und ein kommunistisches Ein-Parteien-System aufrechtzuerhalten, dabei aber die Regeln des freien Marktes anzuwenden, was nichts anderes als Kapitalismus bedeutet. Doch dieses System hat seine Grenzen. Wenn auch eine Mehrheit der Chinesen den Markt akzeptiert, was darauf hinausläuft, im Austausch für verbesserte Lebensbedingungen ein autoritäres System zu erhalten, so fordern doch einige Gruppen mehr Demokratie und Rechtsstaatlichkeit. Ihre Wortführer, Studenten, Journalisten, Anwälte oder auch Künstler wie **Ai Weiwei** (geb. 1957) und Schriftsteller wie **Liu Xiaobo** (geb. 1955) sind massiven staatlichen Repressionen ausgesetzt. Darauf folgen stets kritische internationale Reaktionen – dies allerdings bei gleichzeitiger Bewunderung für eine Wirtschaft, die seit zwanzig Jahren um jährlich zweistellige Werte anwächst, während die entwickelten Länder zwischen Stagnation, Krise und Rezession schwanken. 2008 veranstaltet Peking die Olympischen Spiele, 2010 findet in Shanghai die Weltausstellung statt. Eine weitere Herausforderung erwartet China im 21. Jahrhundert: die gesellschaftliche Ungleichheit. Hat auch das Land 2011 mehr als 100 Milliardäre, stehen dem dennoch 300 Millionen Arme gegenüber. Die wirtschaftliche Expansion, die den Reichtum der Küstenregion ausmacht, erreicht Zentralchina und die Massen der Bauern nicht. Millionen von illegalen Binnenmigranten ziehen vom Land in die Industriestädte, wo sie ein Subproletariat bilden. Jedes Jahr muss China ein gigantisches Ziel neu erreichen: der Jugend Arbeit geben, die auf den Arbeitsmarkt drängt. Dafür ist ein Wirtschaftswachstum von mindestens 10 Prozent eigentlich unabdingbar. Seit 2013 ist **Xi Jinping** (geb. 1953) Staatspräsident der Volksrepublik China.

Indiens Gegensätze

Seitdem Indien 1947 seine Unabhängigkeit erlangt hat, hat sich dieses Land bis Anfang der 1990er Jahre einer wirtschaftlichen Entwicklung nach sozialistischem Vorbild verschrieben, wobei der Staat die wirtschaftlichen Aktivitäten streng kontrolliert. Dieses Modell läuft mit der wirtschaftlichen Liberalisierung aus, die in der Regierungszeit von **Narashimha Rao** (1912–2004) stattfindet. Rao setzt Reformen in Gang, gibt vor allem den Protektionismus auf, was für Indien eine Zeit des großen Wirtschaftswachstums bedeutet. Indien gehört der Gruppe der BRIC-Staaten an (Brasilien, Russland, Indien, China) und gründet wie die anderen Mitglieder seinen wirtschaftlichen Erfolg auf die Entwicklung seiner Industrie, vor allem der Spitzentechnologie, mit Bangalore als Zentrum der Informationstechnik, dem indischen Silicon Valley. 2016 liegt Indiens Wirtschaft auf dem 9. Rang. Die «größte Demokratie der Welt», mit 1,2 Milliarden Einwohnern nach China (1,3 Milliarden) das bevölkerungsreichste Land der Welt, ist zugleich mit der Armut konfrontiert: 2010 gelten geschätzte 300 Millionen Inder als arm. Wie im Falle Chinas ist auch in Indien die Beibehaltung der hohen Wachstumsrate eigentlich unabdingbar, denn anders als in China hat Indien zudem noch ein demographisches Problem: Die Bevölkerung wächst schneller als die Wirtschaft – genau das erhält die Armut aufrecht. **Narendra Modi** (geb. 1950) ist seit 2014 neuer indischer Staatspräsident. Seine Rolle als *Chiefminister* des Bundesstaates Gujarat während der blutigen Ausschreitungen zwischen Hindus und Muslimen, bei denen es zu Pogromen gegen Muslime kam, ist bis heute weltweit umstritten.

Brasilien, Riese in sozialem Ungleichgewicht

Um die Wende der 1960er Jahre setzt in Brasilien die Zeit des starken Wirtschaftswachstums ein, als 1964 eine Militärdiktatur an die Macht kommt. Erst 1985 herrschen wieder demokratische Verhältnisse. 2002 wird ein ehemaliger Gewerkschaftsboss, **Luiz Inácio Lula da Silva** (geb. 1945) zum Präsidenten der Republik gewählt. Er erhält 2006 ein zweites Mandat. Danach folgt ihm **Dilma Rousseff** (geb. 1947) im Amt, die erste Präsidentin in der Geschichte Brasiliens. Ende August 2016 wird sie ihres Amtes enthoben. Als fünftgrößte Volkswirtschaft der Welt (Stand 2016) mit mehr als 200 Millionen Einwohnern muss auch Brasilien das schwierige Problem der gesellschaftlichen Ungleichheit lösen, um zu der Gruppe der entwickelten Länder mit Massenkonsum aufzuschließen. Wie in China und Indien darf man über das Vorhandensein einer Mittelschicht die Millionen Brasilianer nicht vergessen – ungefähr ein Viertel der Bevölkerung –, die unterhalb der Armutsgrenze leben, v. a. im Nordosten, in Amazonien, wo sie in *favelas*, den Elendshütten, hausen. Das ist auch ein Problem für das Land, das 2016 die Olympischen Sommerspiele in Rio de Janeiro ausrichtet.

4. Afrika

Südafrika den Afrikanern

Seit 1948 hat die weiße Minderheitenregierung das Regime der Apartheid («Getrenntheit») errichtet, dabei Mischehen verboten und die Schwarzen verpflichtet, außerhalb der den Weißen vorbehaltenen Gebiete zu leben. Internationaler Druck bleibt erfolglos; der Chef der wichtigsten oppositionellen Bewegung, des *African National Congress* (ANC), **Nelson Mandela** (1918–2013), wird 1962 zu lebenslanger Haft verurteilt. Das Ende des Kalten Krieges beschleunigt das Ende der Apartheid. 1990 kommt Nelson Mandela frei und erhält 1993 den Friedensnobelpreis, zusammen mit **Frederick de Klerk** (geb. 1936), dem damals amtierenden Präsidenten; er leitet das Ende der Apartheid ein. Er legalisiert 1990 schwarze politische Bewegungen und Forderungen, damit auch den ANC, und leitet im Folgejahr den Übergang zur verfassungsmäßigen Demokratie ein. Dieser Prozess ist 1994 abgeschlossen, und es finden die ersten freien Wahlen auch für Schwarze statt. Nelson Mandela wird zum Präsidenten der Republik gewählt und bleibt dies bis 1999. Er betreibt eine Politik der nationalen Versöhnung zwischen Schwarzen und Weißen. Sein ehemaliger Vizepräsident **Thabo Mbeki** (geb. 1942) folgt ihm bis 2008. Danach wird **Jacob Zuma** (geb. 1942) Staatschef des Landes. 2010 richtet Südafrika als erstes afrikanisches Land die Fußball-Weltmeisterschaft aus. Diese Anerkennung durch den internationalen Sport verhindert nicht, dass Südafrika den häufig auftretenden Problemen der subsaharischen Länder Afrikas ausgesetzt ist: Der Prozess der Verarmung betrifft mittlerweile einen von zehn Südafrikanern.

Der afrikanische Kontinent: Herausforderung des 21. Jahrhunderts

Wenn sich auch das Ende des Kalten Krieges positiv auf Südafrika ausgewirkt hat, indem es den Untergang des Apartheid-Regimes beschleunigte, so gilt das doch nicht für den gesamten afrikanischen Kontinent. Tatsächlich haben sich einige Regimes lange an der Macht gehalten, indem sie den Gegensatz der beiden Machtblöcke ausnutzten. Der Untergang der UdSSR zieht sie mit in den Ruin, und es entstehen ethnische Konflikte, die durch das Erbe der kolonialen Grenzen verschärft werden, die sich nicht nach den Ethnien richteten und richten. 1994 hat die Regierung von **Ruanda** in Kigali durch die Hutus Massaker an den Tutsis verüben lassen. Im Kongo tobte von 1996 bis 1997 ein erster Krieg, als Marschall **Sese Seko Mobutu** (1930–1997) die Macht an **Laurent-Désiré Kabila** (1939–2001) verliert, der dem Land die Bezeichnung **Demokratische Republik Kongo** verleiht. Der zweite Kongo-Krieg dehnt sich sehr viel weiter aus: Neun afrikanische Staaten sind von 1998 bis 2003 daran beteiligt, was die Massaker zwischen Tutsi und Hutu weiter anstachelt und dem Krieg zwischen Staaten und politischen Gruppierungen, die je nach Interessenlage von einem aufs andere Territorium wechseln, eine ethnische Dimension gibt.

Von 2003 bis 2007 fordert der Bürgerkrieg in **Darfur** im Westsudan Tausende von Opfern. Im Süden des Landes herrscht ein bewaffneter Konflikt zwischen der Regierung in Khartum und Muslimen aus dem Norden, die gegen die nach Unabhängigkeit strebenden Christen und Animisten aus dem Südsudan kämpfen. Dieser Konflikt endet 2011 mit der Ausrufung der Unabhängigkeit des Südsudans, der zur **Republik Südsudan** wird. Von Khartum anerkannt, bleibt diese junge Republik dennoch weiterhin unterschiedlichen Ansprüchen und Forderungen ausgesetzt, die hauptsächlich durch die Ölvorkommen bedingt sind. Afrika ist der Kontinent, auf dem sich derzeit die größten Konflikte gleichzeitig abspielen. Dabei handelt es sich um Kriege zwischen Ländern oder um Bürgerkriege, aber auch um bewaffnete Bewegungen etwa im Dienste eines Präsidenten, der Wahlergebnisse nicht anerkennt, was etwa für den lang anhaltenden Konflikt in der **Elfenbeinküste** zwischen 2002 und 2011 gilt. Diese Krise entstand durch den Streit zwischen den bewaffneten Armeen Präsident Laurent Gbagbos und den Rebellen, die den Norden des Landes kontrollieren; der Konflikt endet mit dem Sturz des Präsidenten. Die große Herausforderung Afrikas im 21. Jahrhundert besteht darin, einen dauerhaften Frieden auf dem Kontinent zu errichten, der unerlässlich für jegliche Entwicklung ist. Dies ist das Ziel der 1963 gegründeten *Organisation für Afrikanische Einheit* (OAU), auf die 2002 die **Afrikanische Union** folgt.

Personenregister

Vor- und Frühgeschichte
1
Die frühen Hochkulturen des Nahen und Mittleren Ostens
2
Die klassische Antike in Europa
3
Das Mittelalter
4
Die Renaissance in Europa
5
Die Welt im 17. Jahrhundert
6
Die Welt im 18. Jahrhundert
7
Die Welt im langen 19. Jahrhundert
8
Die erste Hälfte des 20. Jahrhunderts
9
Die zweite Hälfte des 20. Jahrhunderts
10
Der Start ins 21. Jahrhundert
11